湖南氏族迁徙源流

（增订版）上

湖南图书馆　编

岳麓書社·长沙

湖南姓氏史话

1 什么是姓氏

姓是社会成员最基本也最重要的识别标志和符号，是区别这个或那个有着血缘关系（或其他联系）的家族的标志和符号。比如孔子的孔，据《姓氏寻源》卷二四“《广韵》云：孔，殷汤之后，本自帝喾次妃简逷吞乙卵生契，赐姓子氏。至成汤以其祖吞乙卵而生，故名履，字天乙，后代以子加乙，始为孔氏。至宋孔父嘉遭华父督之难，其子奔鲁，故孔子生于鲁”。孔子苗裔至今已传至70多代，也都是孔姓。

为什么姓是一个有着血缘关系的标志和符号呢？这可以从姓的字形来探求姓的意义。姓是会意字，由女、生两字合成。东汉许慎的《说文解字》云：“姓，人所生也。……从女生。”由此可知，姓的本意是女人生的子女，同一个母亲生的子女就是同姓，同姓也即同祖。中国的姓起源于距今五六千年前的远古时代，即只知其母不知其父的母系氏族社会。当时，以女子为中心，形成一个共同始祖母的母系氏族，若干个氏族组成一个原始的部落。为了区别不同血缘的这个与那个母系氏族，每一个母系氏族都产生了自己特有的标志和称号，而这些标志和称号就是最原始的姓。最原始的姓有姬、妫、姒、姚、姜、妘、嬴、子、好、姞、任（妊）、隗、芈、弋（姒）等，大都从“女”字，恰恰说明了姓是远古母系氏族社会的产物。有了姓，可以辨别同一部落中不同氏族的后代，主要起着“明血缘，别婚姻”的作用。“同姓不通婚”，使原始时代的群婚制发展到了以血缘为准则的婚姻制，标志着人类文明发展到了一个新的阶段。姓的产生，是人类文明发展史上的里程碑。

母系氏族制度经过一段繁荣发展之后，生产力有了较大程度的提高。男子在生产中的地位越来越重要，最后取代妇女居于主导地位，但氏族内部的结构、制度以及氏族之间的关系并没有发生本质的变化。在同部落若干个母系氏族中，一些处于重要地位的男子需要有符号作为自己的标志，于是就产生了氏。氏是由姓衍生出来的分支，是男子在母系氏族社会逐步取代女子地位的象征。“姓者，统其祖考之所自出；氏者，别其子孙之所自分。”（《通鉴外纪·注》）“氏”字起先用“是”，表示存在的意思，即谁谁在这儿，也就是部落支系的居住地，往往借用图腾、徽号或地名作为标记。在从父系家长制家族向奴隶制家族的社会转型过程中，出现了大量有姓氏的家族。传说这些家族在原始社会末期的历史舞台上驰骋风云，演出了一幕幕丰富多彩的氏族悲喜剧。比较著名的大致有如下家族系统：一是神农氏系统，姜姓，最早的族长是炎帝。最著名的家族有烈山氏、共工氏和四岳。二是伏羲氏系统，风姓，最早的族长有太皞、少皞。《帝王世纪》说这个家族从太皞死后，共传了从女娲氏、太庖氏到无怀氏十五代。三是高阳氏系统和高辛氏系统。高阳氏最早的族长叫颛顼，高辛氏最早的族长叫帝喾，这是两个有较近血缘关系的家族或部落。这两个家族人丁繁衍特别兴旺，《史记》根据传说，把虞舜、夏禹说成是高阳氏的后裔，把唐尧、殷契、周弃说成是高辛氏的后裔。四是轩辕氏系统，最早的族长是黄帝。传说黄帝同蚩尤作战时，曾率熊、罴、貔、貅、貙、虎参战，这应是以兽为图腾的六个氏族，所以黄帝又称有熊氏，说明黄帝既是轩辕氏，又是有熊氏的族长。传说黄帝有 25 子，即 25 个家族，其得姓 14 人，为 12 姓：姬、酉、祁、己、滕、箴、任、荀、僖、姞、儇、依。又传说姬姓为黄帝的嫡传，建立周王朝的姬姓周家族是黄帝的轩辕氏的嫡系。至于司马迁的《史记·五帝本纪》说少皞、颛顼、帝喾是黄帝的子、孙和曾孙，那只是传说中的一种记载而已。各种传说流传下来，形成了不同版本的说法。

姓是“别婚姻”，氏则是“明贵贱”。正如《通志·氏族略》说的那样，“贵者有氏，贱者有名无氏”。在夏商周之时，姓氏分而为二。秦汉以来，姓氏合而为一。《通志·氏族略》载：“秦灭六国，子孙该为民庶，或以国为姓，或以姓为氏，或以氏为氏，姓氏之失，由此始……兹姓与氏浑为一者也。”自此以后，姓即氏，氏即姓，姓氏或氏姓成了姓或氏的一种书面用语。而在不同场合，姓和氏的使用是有区别的。例如在社会人际交往中，不相识的人碰在一起，往往会礼节性地问：“请问贵姓?”答曰：“免贵姓×。”从未听说有“请问贵氏的”。在家谱、族谱的题名上却是《×氏家谱》《×氏族谱》，很少有《×姓家谱》《×姓族谱》的。为什么会有这种区别呢？大概在口语中问“贵氏”犯忌，因“氏”与“死”同音。“氏”在远古时代是男子的标识符号，家谱、族谱是记录某一姓氏男姓家族成员的血缘关系的图册，所以家谱、族谱的题名用某氏。

2 湖南有多少个姓氏

据有关文章介绍，中国曾经使用过12000个姓氏，目前仍在使用的有3050个，常用姓氏不到200个。湖南境内使用过和正在使用的姓氏有多少呢？恐怕没有一个人能准确地回答这个问题。要获得比较权威的数据，只能依靠政府统计部门。可是中华人民共和国成立以来，从来就没有公布过姓氏数。湖南也尚未出版《氏族志》，氏族研究比较薄弱。姓氏数是一个变数，不同历史阶段姓氏数有很大的不同，即使在相近的年份，姓氏数也会不一样。人口在流动，在自然增长或自然消亡，姓氏数也随着人口的变化而变化。大姓人口流动，一般不会影响姓氏数的变化，像李、王、张、刘、杨等姓，人口再流动，也绝不会从一个省消失。但小姓、希姓就不同了。有些小姓、希姓的人口数极少，有的就几个人，甚至一个人。一旦流出省外，或者自然死亡，这样的姓氏就没有了。有些湖南原先没有的姓，又会不断进入湖南。如1990年统计，全省有51个民族，其中40个民族是近现代以来因工作、学习、婚姻等原因从外省迁入。不少少数民族姓氏是湖南没有的，所以姓氏数很难有一个准确的数字。虽然全省没有《氏族志》，但不少市（地、州）、县（市）出版的方志上有姓氏名称和数量的记录。根据对这些记录的综合整理，分析排比出在20世纪80年代后期至90年代前期，湖南境内使用的姓氏有2113个：

一画 乙 **二画** 十丁卜八几乃刁刀力又了乜 **三画** 干亍于工士土下大万与才寸弋上山巾亿千川义久凡丸么及广门尸己弓卫也女叉习马子乡幺 **四画** 比支云亓元天夫专井木歹互瓦王五牙屯车丰韦友太犬尤戈历厄区巨少日中冈贝见仁仆化仉仇仍仅从币介仓公分殳壬毛午牛升长片反氏乌勿勾丹月风凤计卞六文方亢户冗火为心邓双以引孔幻允尺尹办丑巴予水书 **五画** 刊邗巧邛功艾节平灭丙正玉示古末未术本击世甘东厉布石右左龙戊可旧归帅叶叭卢占卡只兄另业旦田由申甲电皿四囚史央冉仕付代仟仪仔犯卯印饥令仝冬丛禾矢生丘白句包鸟用乐冯让议汁汉邙邝忉礼立玄兰宁永头闪加对奴召圣丝矛民弗皮发尼司辽边母 **六画** 邦邢刑动戎耒巩圾地朴机权芋芃芝芎吉西亚耳吏共列有在达戌戍成百扣扦执扩扬毕尧过臣匡匠此贞师尘尖当光吁吐吓屿则刚吕早网同因回曲竹丢先氖迁乔年朱缶传伟伍伏优仲仵任伦仰仿伉伊华延自血向乓后舟全会合兆邬旮危匈旭刘齐交衣亥庄庆闫问闯州次汗江汲池汤汝壮宇宅安关羊兴米讲许设祁军农那异导寻艮阮阵阳阶阴收奸妃观欢羽牟买孙红纤约纪巡 **七画** 玖麦寿戒远违攻坛坏址坎坟坑杠杜村杉极杈邯郦豆丽克贡汞志芙芜苇芷芮苋花芹苁芬苍苈

芳芦芯苏苡劳走赤孝杏李吾严巫甫束西励邳否还辰来扶批折抑抛抗抖轩连匣医求毕步卤坚肖吨呕听吟吩吧吼时旷助町邮别呈吴员岗岑男围园里串牡针利每告秀氙估何佐攸但佃伸伯低佟位伴佛邱兵囱役彷邻佘余岔谷希犹狄任饫饬饭肝肘彤邸邹系角免条言辛吝忘庇应庐序疗怀忻忱闰闲间闵灿灼冻况冷汪沐沤沙沃沂沦汹没沉沈羌弟完宋宏穷评识诉诏社补初罕启良张君迟陆际阿陇陈附陂陀邵郚甬驳妙纭纰纱纵纹纾　**八画**　环青表奉武垆坦垃坭枉林枝枥枇杪枚析松杭枕杷取封画直若苗英苻苟茆苑苞范茅昔幸杰杳枣者其或雨事殁矿郁奈奇奄态垄厓郏顶拓拔拣拈拐抵拦拧抿招披斩软欧殴郅妻势叔卓虎虏贤非尚味咙呻咄咋呼鸣岭帖贩旺明昀畅岩忠昊杲炅昆昌易昂罗具迪国固图咼果牧物钍和刮制委季竺氛乖垂秉佳侍供使例侠侥侄侦侗侃侨依货岳岱迫征徂往彼欣所剑贫舍念金肴爸采饯饴肤郇鱼昏忽咎周於刻郊享夜卒育庞店庙府底庚废怵怛怏怕怩怪怡闸闹炉炎洗净浅法河泷泸泪泗淹泊泡注泮泻泳泥波泼泽治郑单宗定宠宜审宙官宛实宓空学卷洼诗诘诙诚诛诜诟诠祈衬郎郓房弧刷帚录居屈肃陕限妹姑姓虱迦迢驷驼驿绀练织终绍经孟沓贯承函　**九画**　珑珍奏春契贰项城垢柑柯柄相柏柳柿栏树政故胡封荆郝郦南茜茬草茧茌茶荀荡荨茛荩荫茹荔荪荣荧革带查贲哉赴赵甚柬殂殃研耐厚咸面拭挝挺括指挣挪轲轳轵轶轸轷轹轺轻鸥战点临省哑哈哪昧昭贴盼蚁是显星曷冒贵畏胃思罘骨禺牲拜种秋科钛钞钟钡钦钭钮缸卸郜复香看竿笈笃氟毡重修保促俭俗信侯俟俊顺段贷皇泉禹徇徉律须郗郛盆俞爰狭狮独狡饶蚀饷胜胖盈昝施哀亭亮音彦奕度庭疮疯疤迹恰恽闻闼闾阁阂洪洒洏浃浊测洗洽洛洋浑浓将前首觉宣宦室宫客姿柒染美姜类娄送诬语诰诱诳说祖神祝冠弭费屏除院胥眉姥姚姣娜贺勇怠垒柔癸羿绒结给络骆逊　**十画**　艳珠班敖蚕秦泰埔埂埃梆桂郴桓档桐桥桅桃校核样耻耿都鬲真索袁莆莽莲莫莳莉莠莪荷莜荼莶获莘恭莹盐聂晋栗贾速起栽载础砾顾烈夏原捕损捡换捣捃轼顿致热哲柴虔党哺哦唁唆贼赂晓畔蚊晃晁晏罟鸯圃圆钱钜钹钺钿铀铁秧称秘缺笔笋笆乘俸债值倾倒倏候倪健躬臭徒徕徐殷舱豹翁爱奚衾途卿脐皱臬留逢旅效部郭高衷离旁斋畜栾席唐症疼悯阃烘烊郯凌凋浦涟消涠浞涓浩海涂浮流润浣涨涩浚朔益兼害宽家宵宴宾宰窄容资诹诸诺诽课诿调谈祯祥袒袖朗冢冥剧展屑陬陵陴陶姬娌娥能桑通验勐　**十一画**　理堵培彬梧梅检梓梯梭职聊酗教敕乾勒副鄄萌萝菌萸菜菊菏菠萧营黄票曹基梦硎硅硕龚袭盛厢戚爽雪捱捺掎捶接掷掸探救虚堂常唬啡唯啥啵啶啸赊晤晚眶眭眼略蛇鄂崔崇晨曼患逻匙铜银移矫甜敏笼笪符笤梨犁偶傀假袋悠您得船盘领鸽斜欷彩悉猛象祭逸馗凰族毫商章望庶庹庵庾庸康鹿麻痊痒惨阎焕烽凑减清添鸿渐淑淌淦淆渊渔淳液淡淙淀涫深渌涮羚断敝剪着盖寇寅宿密渠梁谋谌谍

谏谒谓谔谕谝袱扈敢尉屠逮逯隋随隍隗隆婢婉袈蓼绩绪续维绽绿巢　**十二画**　琪琳琥琼琚靓琵琴博堪堙堤椰楮植棍棚棺联敬戟韩朝期斯觌彭葛董蒐葡蒋葭葵喜覃粟焚惑惠森幸越超硫雄厦厥雳雯揍揖揭援紫辈辉棠掌喝喂喘喻嵯嵋赐畴蛛戢崴暑量景黑遇铸锁锅锋嵇程税稂黍等筛筒智傲傅傈储牌集焦奥街徭徧釉释舒畲翕舜番猩腊腋腕觞然鲁竣童赓痨敦愀愉阑阔湛港渫湖湘湿温滑渴渭溆湾渡游翔曾奠孳普羡寒富寓寐窖窗粪道遂说谢谥谦谧禄裕雇强粥属屡隘疏媪媛婷婿絮登缄缎　**十三画**　瑜瑗瑟填楔椿槐楼赖酮靳靶戡甄斡鼓蒯鄢勤蒜蓝蓖蓟蓬蓑蒴蒲蓉蒙楚想碗感雷零辐输颐裘訾龄虞嗜嗬嗦嗝嗌嘣嗤睦睢跬路跟蜀盟照遣错锡锣锦辞简筱筋愁催敫魁微艄遥馏腥鹏腾解鲍戥煞詹靖鹁韵新雍意麂廉痴慎阙煸溱滦满漠源溪漓溶滩羧猷数慈骞寞誉谩谫谬福褚裸殿缤剿　**十四画**　瑶静碧敖槛榻鹕赫酵酶暮摹慕蔡蔺蔚綦聚截碳愿臧需摞摧摘熙裴翡嘎嶂蜴蝇蜱蜩蜷蝉蜿螂蜢墅锷镁毓箕箩管舞僚僮僧貌鄱孵觫鲜缧端彰膏廖瘟瘦慢慷憎阚熔漆漕漂滴漏精鹚寨赛谭谯谱綮暨嫡翟翠鹜熊凳缩缪缫　**十五画**　璜慧增横槽樘敷蕺蕉蔬趟磊霉撑嘬噢噙噜噌幢蝽蝶蝗暴镇稽稻靠黎德虢樊滕鲤颜毅廛摩懂憔憧潜澎潭潦潘澄糊鹕翦鹤翩憨慰劈履缭缯　**十六画**　璞榜樵融薛薪薄薛燕磺霓霍霎擂操擅冀噶赠蹁默器穆篙篱赞儒衡膨膛膦雕壅羸廨廪磨憷懒懈懔潞激澹澶濂黉羲褶隰缰　**十七画**　璩檬檐檩檀鞠藏藓戴霞瞩螺嶷镣魏儡徽繇臁襄縻麋濡濮濞蹇臂檗孺　**十八画以上**　檫鞫藤藩謦礤攒壤馨瞿黼曝嚷酆氍翻簿攀戳籍纂穰鑫瀑麒爔燸禳瓤

复姓　上官　长孙　东郭　司马　司空　司徒　亦官　宇文　毂梁　欧阳　单于　皇甫　诸葛　淳于　綦刘　慕容

这个数据或许不够精确和权威，会有些出入，但基本上符合实际情况。至于姓氏的使用面，大概排在前面的仍然是李、王、张、刘、陈、杨诸姓，而具体到某一个县市就不一样了，比如说东安县，唐姓人数最多；茶陵县，谭姓人数最多；排在全国200个常用姓氏以外的滕姓，在麻阳县排名第二；居全国第六十七位的邹姓，在新化县列名第四；希姓义姓，在江永县居第六位。据华容县1990年统计，全县有465个姓氏，其中1姓1人的有81个，占17%以上，这就说明了姓氏使用的不均衡性。

3 湖南姓氏从哪里来

湖南在夏、商和西周时代，不直接处于中央王朝管辖之下，境内“蛮”“越”族聚居，自成体系，基本上仍处在原始氏族社会的后期。“蛮”“越”族所形成的部落，是否使用过姓氏，有多少姓氏，尚待研究，即使有，也是极少的。据传说记载，炎帝部落的某些支系由于黄帝的追逐征伐以及后来中原华夏集团和夏、商、周王朝势力的威胁、排挤，于是进一步往南流徙，从洞庭之野直到九疑苍梧。同时，祝融部落的成员也从西北黄土高原南迁。在这些部落的不断迁徙繁衍过程中，姓氏也在不断分化增加。春秋战国以后，湖南进入楚、秦版图，大批楚人、巴人等楚国境内的民族相继南下湖湘，华夏族系和汉族成为主要居民，姓氏数也有较快增加。隋唐五代时期，湖南大多数时间战乱少，社会比较安定，北方人口继续南迁，特别是安史之乱后，北方战乱频仍，更引起人口大批南来，湖南姓氏随着北方移民的增多而增多。两宋时期，湖南的户、口数一直在上升，靖康之难，北方居民扶携南渡，很多人流寓湖湘，或经浙江、江苏、江西转徙湖南，寻求新的居留地。湖南家谱、族谱中的记载充分反映了这一时期人口的增长和姓氏的变化情况，是湖南姓氏大量增加的一个时期。元末明初，湖南大部分地区仍为陈友谅旧部及元朝残余势力所控制，朱元璋的军队与陈友谅旧部进行了长达数年的拉锯战，湖南一地深受其害，生灵涂炭，哀鸿遍野，田畴荒芜，十室九空，无论是北方移民还是土著居民已经寥寥无几，使用的姓氏随农民逃荒外省和大量死亡而急剧减少。明王朝控制湖南以后，鼓励东南各省居民迁入湖南，苏、浙、皖、赣人，特别是江西人大批涌进湖南，遍布三湘四水，从征、屯垦、宦游或从事商贸活动，也有一批北方军人因随征“平蛮”而落籍湖湘的。笔者经眼 3000 多部湖南族谱，60% 族谱称始迁祖于元末明初自江右徙居湖广，又主要来自江西吉安府的泰和、庐陵、吉水和南昌府的丰城、南昌诸县，进行了“江西填湖广”的人口大迁移，湖南姓氏数也出现了一次大的增幅。令人遗憾的是，历朝历代都没有姓氏数的统计资料。历史发展到今天，封闭的社会状态已经打破，社会全方位开放，人口流动频繁，姓氏数自然也不断增加。可以肯定地说，今天的姓氏数比历史上任何一个时期都要多。

4 希姓、小姓在湖南

湖南 2000 多个姓氏，不到 200 个是大姓，其他都可以归入小姓。在小姓中又有不少姓氏只在某一个地方，甚至某一个村落使用，这样的姓称为希姓，稀少、罕见的姓。湖南的小姓、希姓，如永定、桑植一带的庹（tuǒ）姓；桃源的翦姓、璩（qú）姓、燕姓；常德的贵姓、铁姓，铁姓似为蒙古族后裔；岳阳的政姓、淦姓；郴县的首姓；邵阳的卿姓、银姓；安乡的蹇姓，慈利籍的蹇先任、蹇先佛姊妹都是老红军、老革命，两个弟弟是革命烈士，其父是安乡人，从安乡到慈利谋生而落籍；辰溪的让姓，是一个20世纪30年代随兵工厂从汉阳徙辰溪的管理人员，其后人是否有落籍者，尚不得而知；华容的呙姓，是从湖北过来的姓；湘阴的伏姓，著名的楹联专家伏嘉谟，湘阴（今汨罗）人；浏阳的寻姓，出了一个著名的革命烈士寻淮洲；醴陵的耿姓，自然会联想到将军外交家耿飚；邵阳的车姓，明末清初是望族，名人辈出，惜后无闻人再现；辰溪的米姓也是同样的情况；耒阳的资姓，著名的金融专家资耀华，生了资中筠三姐妹，各有所成，谓“资氏三朵花”；东安席姓，有席宝田以擒获幼天王洪天福贵和干王洪仁玕而升贵州按察使，官虽不大，却敛财有方，为清末东安首富；江永义姓，女书传人义年华，前几年撒手人寰，女书后继乏人；江华虞姓，无产阶级革命家江华姓虞；长沙丑姓，丑本为畲，因畲字难认，改为丑，又因为美醜的“醜”字简化为“丑”，于是丑氏族人中有人倡议改姓，丑姓中有中国科学院院士、气象学家丑纪范；长沙有一个劳姓，很有名，电视里天天有“九芝堂”的广告，声名远播，其前身为“劳九芝堂”，是劳氏人创办的。长沙有两支劳氏：江苏劳氏和浙江劳氏，九芝堂是江苏劳氏开办的。浙江劳氏不经商，出了不少名人，清咸丰、同治年间有劳崇光，官至两广总督、云贵总督，其族裔孙劳启祥，任长沙雅礼中学校长20年，桃李满天下。还有劳干、劳君展、劳远昌、劳远琇、劳思光，都是浙系劳氏一脉。有一个各种字典、词典都查不到的姓氏用字：毕（guàn），其族人主要居住在安乡县安全乡槐树村，在安乡县境内有500来人，据说是被商纣王剖心而死的比干的后代。始祖比干德成，字海涯，其后人在明初合“比干”两字为“毕”。毕姓人饱尝了因姓氏的生僻而带来的麻烦和苦恼，曾先后多次要求有关部门将“毕”字收录到字典、词典中去，但问题始终得不到解决。“毕”字是“比干”的合成字，倒不如复姓为“比干”，很响亮，又有值得族人引以为傲的始祖比干。

5 湖南的“望”姓

古时有“郡望”“望出”之说，是指某个世族（姓氏）世居某郡（地方）为当地所仰望，这个郡（地方）就称为某个世族（姓氏）的郡望，隋唐以后称为“望出”，翻其意，这个姓称为“望”姓，乃笔者生造。所谓湖南的“望”姓，是指在湖南境内使用的几个姓在全国同姓中所占比例较大，历代出的名人湖南也最多。一是欧阳氏，还包括部分欧氏、阳氏，许多欧氏、阳氏实际上就是欧阳氏。像担任过几届政协副主席的阳忠恕，衡阳人，本姓欧阳，新修的家谱已经更正过来了。湖南的欧阳氏，从古至今，代不乏人，在中华民族的历史上，闪烁出夺目的光辉。唐初四大书法家之一欧阳询，人称楷书“翰墨之冠”；五代衡山人欧阳彬，后梁贞明四年（918）赴成都向蜀王衍献《万里朝天赋》，得用为嘉州刺史，出为宁江军节度使；元浏阳人欧阳玄，官翰林直学士，与修四朝实录，后任修辽、金、宋三史总裁官，卒后封楚国公；清衡山人欧阳正焕，应聘修《湖南通志》；浏阳人欧阳中鹄，博学方正，支持谭嗣同创办算学社；其孙欧阳予倩，一代戏剧大师；予倩侄儿欧阳山尊，话剧艺术家；湘潭人欧阳立安，革命先烈；宁乡人欧阳钦，第五届全国政协副主席；桂阳人欧阳海，勇推惊马、保列车旅客安全的爱民模范；湘潭人欧阳平凯，生物工程专家，中国工程院院士。另一个是易氏，《中国人名大词典·历史人物卷》收历代易氏名人 10 人，其中湖南籍 6 人：东晋浏阳人易雄、北宋潭州（今长沙）人易元吉、明湖广攸县人易绍宗、清善化（今长沙）人易棠、龙阳（今汉寿）人易顺鼎、长沙人易培基。再一个是谭氏，湖南绝大多数县市的谭氏族谱称可奕（亦）公为迁湘始祖，唐懿宗时携子守禄，由金陵太平府当涂县（今安徽当涂县）贵游乡迁江西吉州府泰和县高行乡，咸通十四年（873）再迁楚之长沙府茶陵县上塘太平园。守禄生武兴，武兴生进峰、进鸿、进颇。三公派下有子宏俭、宏赛等十八“宏”，析地分支，衍散四水三湘。至今，谭姓仍为茶陵第一大姓。谭姓在湖南螽斯衍庆，人文蔚起，最为知名者有清末浏阳人谭继洵，官湖北巡抚署湖广总督；其子谭嗣同，清末维新志士，“戊戌六君子”之一，“我自横刀向天笑，去留肝胆两昆仑”，何等壮怀激烈；清末茶陵人谭钟麟，历官陕西、浙江巡抚，陕甘、闽浙、两广总督；其子谭延闿，官至民国国民党政府主席、行政院院长；新化人谭人凤，老资格同盟会会员，武昌起义后任粤汉铁路总督、长江巡阅使，袁世凯授陆军上将，辞而未受；当代攸县人谭震林，无产阶级革命家；湘乡人谭政，无产阶级军事家；耒阳人谭冠三，长沙人谭希林，茶陵人谭家述、谭善和、谭文邦、谭天哲、龙开富（原名谭罗仔），浏阳人谭尚维，攸县人谭冬生，中国人民解放军高级将领；衡阳人谭靖夷，水利建设施工专家，中国工程院院士；长沙人谭盾，“当今国际乐坛最重要的作曲家之一”。还有一个萧氏，湖南是当今萧姓人口最多的省份，湘籍萧姓名人也不少，仅以 1949 年以后在世的而言，《中国人名大词典·当代人物卷》（上海辞书出版社，1995 年版）收录萧姓名人 119 位，其中湖南人 20 位，占 17%。《当代湖南人名辞典》（湖南出版社，1992 年版）收录中国人民解放军萧姓将军 10 多人，包括大将长沙人萧劲光、上将嘉禾人萧克；国内外有影响的科学技术专家 20 多人，其中有中国科学院院士长沙人萧健、凤凰人萧纪美。湘乡人萧瑜，1918 年和毛泽东、蔡和森在长沙发起组织新民学会，任总干事，其弟就是1922 年加入中国共产党的著名诗人、翻译家萧三。湘乡人虚云，佛学家，曾任中国佛教协会第一届名誉会长，俗名萧演彻。

6 湖南少数民族的姓氏

湖南境内，有 50 来个少数民族，他们的姓氏使用情况，笔者不甚了然，但就几个人口比较多的少数民族而言，他们所拥有的姓氏和汉族基本是一致的，只有多寡的区别而已。少数民族的先民本来无姓，后受汉族文化的影响，在和汉民族的互相渗透、聚合、融合中，创造了一些汉字姓氏，如苗族的刀姓、瑶族的盘姓，更多的是接受了汉字姓氏，不可能从姓氏上来判断一个人的族属。如吴、龙、石、麻、廖、向、舒、田、覃等姓是土家族、苗族的大姓；瑶族中人口最多的盘瑶一般都自称 12 姓，盘、沈、郑、黄、李、邓、周、赵、胡、冯、包、蒲，不同的地方 12 姓有所不同，这 12 姓中，又以盘、赵为多。瑶族图腾崇拜盘瓠，尊其为始祖盘王，传说盘王之长子赐姓盘。侗族也没有本民族的专用姓氏。北方一些少数民族迁徙湖湘后，改用汉字姓氏。如湖南桃源翦姓，是维吾尔族，因为出了著名历史学家翦伯赞而闻名遐迩。《［桃源］翦氏族志》述翦姓由来时，说翦氏本姓哈，新疆维吾尔族，因战功卓著，受皇帝（一说是元帝，一说是明太祖）“赐姓”，始祖哈勒·八十及其子拜著战死后，荫授翦氏后裔为常德卫正指挥使，历时五代。可明清《常德府志》只载其后裔任过左千户。据笔者推断，拜著次子常黎落籍桃源后，忘情桃源山水，在桃花溪对岸剪刀溪筑庐定居，为了更好地融入当地的社会人文环境，于是因剪刀溪之名，易哈氏为剪氏。因邑而氏，古之通例。直到清道光以后，剪氏后人因“剪”字不雅，改“剪”为“翦”。还有从外地进入湖南的少数民族，并不讳其所出，如回族马氏，主要居住在长沙、邵阳、常德等地，在明朝时进入湖南，一支由北南下，多为军旅之人；另一路东溯长江，入洞庭，沿湘江到达湖南腹地，多为商贾。又如湘潭梁氏，蒙古族，清咸丰年间由广西临桂避乱来湘潭，清末民初著名实业家梁焕奎即出自是族，与著名哲学家梁漱溟（原名梁焕鼎）是堂兄弟。这些姓氏的家谱都明白无误地说明了本族的家世源流，并不回避少数民族的身份。

世居古为苗蛮之地湘西的土著少数民族，其远祖绝非汉人，后民族混居，渐次汉化，但总是“苗蛮”后裔。已经汉化的少数民族，为了提高家庭的社会地位和取得社会认同，讳其所自出，乃以远祖托名于往代伟人，演绎其迁徙源流，附会出显赫的家庭世系背景。如城步《杨氏通谱·源流总序》中称杨氏“衍于黄帝”，受姓始祖为杼公，生于周成王三十年，食采邑杨国，为杨侯大夫，始以杨为姓，杨国古号宏（弘）农，乃黄帝所封之地。三十五世祖杨震，字伯起，东汉人，有廉声，汉安帝敕命封为关西夫子。屡传至再思，生于唐懿宗咸通元年（860），五代时奉命守沅州，梁太祖开平四年（910），擒斩盘踞飞山（靖州界内飞山峒）之叙州蛮首潘全盛，以功封银青荣禄大夫、辰州刺史。“再思确有其人（见乾隆《湖南通志》苗防二，再思原作再兴，按再兴，南宋时人，其为再思之误可无疑），五季时飞山有承磊者，附于叙州蛮潘全盛，为楚将吕师周所杀。既擒全盛，承磊族人再思以其地附于楚。旋复自署为诚州刺史，以其族姓散掌州峒，号十峒首领，值天下乱，再思能保据一方，著威惠。没后民怀思之，至今庙祀不绝。……伯起与再思渺不相及，其出于假托，尤显然可见，且飞山之杨初不始于再思。”（谭其骧：《湖南人由来考》）杨氏本西南溪峒著姓，唐末以来，繁衍于靖州、通道、绥宁、城步、新宁一带，其谱述源流歧义自现，间有神话故事，难以自圆其说。即使少数民族中的大姓望族，也落托名造祖的窠臼。如溪州彭氏，湘西众土司之长，名称“北江诸蛮，彭氏为大”，历五代梁、唐、晋、汉、周和宋、元、明、清九姓王朝，为时817年。彭氏宗谱称溪州彭氏为江西吉州庐陵（应为吉水）人彭瑊之后。彭瑊，正史、杂史均无传，《通鉴》载：梁开平四年，吴遣“水军指挥使敖骈围吉州刺史彭玕弟瑊于赤石，楚兵救瑊，掳骈以归”。于是有学者曰：“楚以瑊为溪州刺史，子彦晞（一名士愁）为靖边都指挥使，守溪州刺史。”清同治《龙山县志·土司志》则称，“其先有老蛮头吴著冲……因延江西吉水县彭氏助理，彭氏以私恩结人心，日渐强盛。至彭瑊，谋逐著冲”，著冲败走，又命人困毙于洛塔山石洞。“瑊于梁开平间归顺，命为溪州刺史，子彦晞（一名士愁）为靖边都指挥使，守溪州刺史。”而梁开平四年（开平之末一年）瑊犹在吉州，为吴将敖骈所围，焉得与吴著冲争雄于蛮中乎？吉州之彭与溪州之彭既并著于一时，使其固为同宗，何以五季诸史，竟无一言提及乎？谭其骧先生曰：吉州之彭与溪州之彭“则殆如风马牛不相及，断乎为绝无关系者也”。后晋天福四年（939），溪州刺史彭士愁引锦、溪州蛮万余人寇辰、澧二州，楚王马希范命左静江指挥使刘勍讨伐，越二年，士愁兵败，遣其子师暠率诸蛮纳溪、锦、奖三州印请降。马希范采以“蛮”治“蛮”的羁縻安抚策略，仍命彭士愁为溪州刺史，并立铜柱以盟誓。铭文中有曰：“溪州彭士愁，世传郡印，家总州兵，布惠立威，识恩知劝，故能立三四代，长千万夫。”而彭瑊至彭士愁仅二代耳，彭氏被命为溪州刺史，果如自瑊始，在铭文中必有所反映。因此，彭氏后人或凭口述谱系，或存心作伪，冒籍江西而已。

7 古往今来说改姓

在中国人看来，姓氏是随便改动不得的，经常有人赌咒发誓“行不改名，坐不更姓”，来表示对自己行为的负责。这实际上是不可能完全做到的，历史上改名换姓的事时有发生，人们往往因为避难、避祸、避讳或兼祧承继等原因改姓更名。安化有一支邓氏，本姓李，是南唐李后主煜的从母弟李从镒的后裔。李煜，词写得很好，凄婉动人，无出其右者，而皇帝却当得窝囊，拱手把先祖打下的江山送给了宋太祖，不仅自己“日以泪洗面”，且殃及子孙。宋太宗即位后，“诏江南诸路捕南唐宗室”，李从镒之子李衡侥幸脱逃，易李姓，以父封国邓为氏，削发为僧，游闽越间。邓（李）衡次子邓连，宦游常德府，离任后卜居溆浦，其次子邓处恭由溆浦迁安化潺溪坪。湖南有邝、旷二氏，据邝（旷）氏家谱云：唐神龙年间有黄贤，生二子，长曰旦，次曰丞，黄贤失守边关，二子逃外易姓，长旦添邑于右为邝，次丞添日于左为旷，仍未离黄姓本意。此说法姓氏书无载，不知所本。邝、旷氏以衡山为界，衡山以南为邝，衡山及其以北为旷。长沙有一所名校——周南女中，创办人朱剑凡，毁家兴学，校址就是其父周达武的豪宅。父亲姓周，他为什么又姓朱呢？原来朱剑凡是明朝朱姓皇帝后裔。明英宗第七子朱见浚就藩长沙，封吉简王。明亡，第七代吉王的子孙隐匿民间，将“吉”字加“门”为周。民国时复姓朱，朱剑凡原来叫周家纯。中国共产党早期卓越领导人之一蔡和森，本姓林，先祖林启秀，康熙十年（1671）随祖母之侄蔡开臣由福建来湘乡永丰习商，年甫十二。开臣娶妇无子，视启秀如己出。开臣弃世，启秀笃念恩义，遂“奉其祀以蔡为氏”。后因以命氏打官司，于是兼祖蔡祖林而为蔡林氏，但后人却以单姓蔡名之。清同治年间城步籍进士关常兴，满族，原姓瓜尔佳氏，后改姓关，为城步关氏始迁祖。湖南邱氏，本为丘氏，清雍正皇帝诏书避孔丘讳而加邑，遂为邱。1912 年任临时参议员的邱逢甲，台湾人，祖籍广东，以诗名世，倡议复本姓丘字，似乎只得到广东、福建沿海一带及台湾岛的“邱”氏响应，毗邻广东的湖南却仍为邱氏。

当代很多湖南名人改姓，其中原因，外人很难知道。但有的并非严格意义上的改姓，只是对外使用符号的变换。如临澧人丁玲，原名蒋伟，是民国开国元勋蒋翊武的族侄女，她的女儿蒋祖慧，从母姓，“祖”字辈；同为临澧籍的诗人未央，原名章开明；诗人于沙，原名王振汉；嘉禾人作家古华，原名罗鸿玉；中国人民解放军上将甘泗淇，宁乡人，原名姜凤威；隆回籍少将白天，原名魏巍；电影表演艺术家白杨，原名杨成芳，汨罗人；作家白薇，原名黄彰，资兴人；张闻天夫人刘英，长沙人，原名郑杰；其弟刘彬，原名郑家献，曾任冶金工业部副部长；无产阶级革命家江华，江华人，原名虞上聪；他的一个儿子以所在区名为姓，一个儿子以所在乡名为姓，可见革命前辈对家乡深深眷念之情；原总参顾问江文，原名陈辉侃，浏阳人；曾任中国科学院副院长的永顺人李昌，原名雷俊随；曾任中共中央军委副主席的张震上将，原姓吴，后随继父姓张，名祖寿；“电影皇帝”金山，沅陵籍，原名赵默；有“女包公”之称的中纪委副书记章蕴，原名杜韫章，望城人；湘阴籍作家康濯，原名毛季常；衡阳籍言情小说家琼瑶，原名陈喆。任过中共湖南省委书记处书记的周惠，是江苏灌南人，由中共湖南省委党史研究室、湖南省中共党史人物研究会编著的《二十世纪湖南人物》一书说周惠，原名周惠珏，应该是原名惠珏，姓惠名珏，他有一个哥哥叫惠浴宇，曾任过中共江苏省委书记、江苏省省长，这是题外话。

8 说不清“贵姓何来?”

“贵姓何来?”需要回答的是某一个姓氏的源流，当今泛滥成灾的姓氏方面的书籍似乎都在回答这个问题，其实都是站在各自的立场上图解古籍上的一些关于姓氏源流的记载，与姓氏的演绎发展是很隔膜的。各个姓氏的家谱、族谱也或简略或详尽地缕述姓氏源流。家谱是一个家族的自我记录，其有强烈的宗族意识，攀宗附祖，牵强附会地夸大、编造本族的煊赫历史，按照儒家礼教重新塑造祖先的形象，规范先人的言行，随意地甚至天方夜谭式地溯“源”系“流”。湖南王姓，几为“姬姓之王”，系出周灵王太子晋；马氏尊战国时赵将赵奢为受姓始祖；天下孔姓，无一不称自己是孔子后裔；姬姓杨氏，“周朝三封杨侯国”，以国为氏也；李氏系出理利贞，属高阳氏裔，历虞夏商，世官大理，以官为氏，至纣时利贞逃难“于殷侯之墟，食木子而得全，遂改理为李氏”；利氏，也称是理利贞之后，以祖字为氏；吴姓自称为周太王之子太伯、仲雍之裔；湖南张氏，皆推远古一个叫挥的人为受姓始祖，挥是“黄帝子少昊青阳氏第五子”，“为弓正，始制弓矢，子孙赐姓张氏”；在湘陈氏，都称胡公满为受姓始祖，尊东汉太丘长陈寔为先祖；满氏也自称是胡公满之后；胡氏“或云胡公满封于陈”，其后亦为胡氏；谢氏，炎帝之裔，申伯以周宣王舅受封于谢，后以国为氏，至于开派始祖，有的说是东汉的谢夷吾，有的说是南北朝的谢灵运；谭姓均称受姓始祖是春秋时代谭国的谭子，尊唐宪宗时幽州大将军谭忠为先祖；等等。“家家都是古代帝王和古代名人之后，不知古代那些小百姓的后代都到哪里去了？”（胡适：《曹氏显承堂族谱序》）

一些氏族为了标榜自己姓氏的源远流长，一直上溯到传说中的祖先黄帝、炎帝那里。有一部《刘氏族谱》序称“刘氏家族历经四千三百余年，显于三代，著于春秋，盛于汉室”，受姓始祖源明公为“盘古神农后帝喾高辛氏之子帝尧唐氏即伊祁氏生”，刘邦为第七十五世祖，刘备为第九十五世祖，至第一百五十世祖广传公，元配罗氏，生九子，继配杨氏，生五子，有八十一孙三百六十曾孙，“详考历朝子史诸书，普天下刘氏皆系罗杨二祖妣之后裔也”，纯粹是无稽之谈。姓氏来源的途径多种多样，特别是像“刘”这样一些大姓，姓源更为复杂。据一些姓氏书所说，刘氏之源主要有四：其一源出祁姓，为帝尧后裔。相传帝尧本伊祁氏，其裔孙一支以祁为姓，受封于刘，故以封国为氏；其二源出姬姓，周文王后裔，相传周成王封王季之子于刘邑，子孙以封邑为氏；其三赐姓，汉朝建立后，刘邦赐一些功臣以国姓，如项伯改刘伯，娄敬改刘敬等；其四，少数民族姓，汉高祖刘邦曾嫁宗室女于匈奴单于冒顿为妻，按当地风俗，贵者以母姓命氏，其子孙多以刘命氏者。各支刘氏瓜瓞绵绵，衍散四面八方。湖南除汉族刘姓外，还有湘西苗族、土家族刘姓，湘南瑶族刘姓，慈利白族刘姓，湘中回族刘姓，外来满族刘姓以及他姓改刘姓的，等等，难道“普天下刘氏皆系罗杨二祖妣之后裔”乎？

在姓氏探源上，这样将姓源上溯到黄帝轩辕氏或炎帝神农氏，且不说黄帝、炎帝是两个传说中的历史人物，即使存在的话，这种溯源也是姓氏探源上的误区。所谓“中华民族是炎黄子孙”，只是一种文化认同，并非存在血缘上的关系。中国古代的姓氏有一个漫长的演变过程，各个家族在不断地迁徙繁衍，分化聚合，再加上民族的融合，姓氏上的血缘已经淡化，要想从血缘关系上找到现代某个家族与远古时代某个家族的姓氏之间的血缘关系是完全不可能的。匪夷所思的是，一些研究姓氏、家族史的学者缺乏最起码的科学精神，在无任何史料佐证的情况下，武断地作出某些姓氏源流上的荒谬结论。如新近出版的《毛姓史话》，对韶山毛氏的源头，往上一代一代追溯出“陕西华县是毛泽东家族的祖籍源头，华县是河南宜阳毛氏的祖籍，宜阳是河南原阳毛氏的祖籍，原阳是浙江衢州毛氏的祖籍，衢州是江西吉水毛氏的祖籍，吉水是湖南韶山毛氏的祖籍（中间毛太华在云南永胜若干年，留下清二、清三等后裔）”。韶山毛氏受姓始祖是“周文王之子毛伯（郑）”。不知依据在哪里？而《韶山毛氏族谱》为“存实信”，以迁湘始祖毛太华为第一派祖，对毛太华以上世系“直削不录”，这还有些实事求是的精神。台湾亲民党主席宋楚瑜回湘潭祭祖时，电视屏幕上出现坟前花圈上有“武王后代”字样，一位知名的炎黄文化研究专家出来对记者纠正说：宋楚瑜的先祖不是“武王后代”，应该是黄帝的第162代孙，是商汤的后裔。宋楚瑜说自己是“武王后代”，只好由他说去，而这位专家却更正为是黄帝的第162代孙，言之凿凿，可黄帝是否真有其人，史学界从未有过定论，更遑论其子孙。至于现在每年祭黄帝陵、炎帝陵，还有几处争相祭舜帝陵，那是政治需要，现在更是为了开发旅游资源的需要，是断不能作为理论依据的。因此，各个姓氏都不必盲目地去认古代的帝王和名人为祖，那绝对是荒诞无稽的事。封建社会都讲“五服之亲”“九族之义”，更何况文明社会的今天呢！

湖南图书馆一向注重家谱、地方志的收藏及研究，成立了家谱收藏研究中心，组织人员对馆藏家谱、方志和相关资料进行辨析爬梳，整理出《湖南氏族迁徙源流》（增订版），费时多年，辛劳莫名，功亦大焉！“源流”虽涉及湖南全省姓氏，鉴于各种原因，缺漏甚多，但毕竟是一件前人未做之事，为研究湖南姓氏的专家、学者铺路搭桥，曲径探幽，更为芸芸众生寻根问祖提供线索，能达到此目的，“源流”编撰者之愿尽矣！主编寻霖先生嘱余写序，序湖南姓氏之源及其在三湘四水的流转，笔者自感不支，非不为也，实不能也！乃剪裁旧文，连缀成篇，权以上述“史话”应嘱，是为记。

邹华享于长沙云雾斋

目　录

二画

三画

四画

五画

六画

七画

八画

九画

十画

十一画

十二画

十三画

十四画

十五画

十六画

十七画及以上

丁

长沙荷佳冲丁氏 始迁祖成名公，字广衡，宦游楚南，占籍宁乡。四世祖先树公，字绳武，邑庠生，由宁乡徙居长沙，世居湘江之西荷佳冲。

浏阳浒山丁氏 迁祖良尧公，明嘉靖间自江西万载沙桥迁浏西浒山，取名丁家弄。生五子：长、满房居丁家弄，二、四房居株木港，三房居浏北永安。1939、2011年纂修支谱。2011年续修时，前十卷复印老谱，后二卷为新增丁口。派字：天昌秉元宇，山景仲志彰。守济焕正必，良应以昭光。世德多承庆，宗先定延祥。芳名来奕叶，福寿永安康。

宁乡丁氏 始迁祖南孟、南仲、南季兄弟三人，原籍江西吉安府泰和县早禾渡梅子坡，后唐同光二年（924），值藩王李不遵约束，到吉州占夺圳上民居一百八十里、民田三十万顷，居民尽数遣发湖南府县安插立业开垦。南孟隶籍益阳，安乡、汉寿两邑丁氏为其分支。南季隶籍长沙沱市，双井、汾湖洲等处丁氏为其分支。南仲字德荣，行千一郎，徙居宁乡烟田冲停钟桥，传至十五派，分元一、元二、元三三房。元三公裔至十七派分文贵、祖贵两房。文贵公下又分绍麒、绍麟两房，麒、麟两房又分为崇义、明义、尚义、兴义四房。明崇祯间始修族谱，清康熙五十二年（1713）合宁乡、益阳、安化、汉寿四县续修，乾隆三十三年（1768）麒、麟两房三修，同治元年（1862）四修，光绪二十一年（1895）五修，1925年六修。班词：忠孝流传远，诗书佑启长。作求凝令绪，为善嗣定昌。玉树金枝备，庆笃圣贤生。奇钟豪杰积，满门福泽全。千里风云会，正己振纲常。匡君隆辅弼，乘休登阙用。际运同熙翼，瞻拜肃冠裳。功化光天地，清白衍家声，人文昭四邑。

宁乡、湘乡、湘潭丁氏 始祖南仲公，传至十五派分元一、元二、元三三房。元三裔十七派分文贵、祖贵两房。祖贵公裔至二十六派子相公，字辟恭，随母于清顺治十八年（1661）迁湘乡一坊沙子江大桥埠，第三子隆玉公复徙湘潭。清康熙三十三年（1694），宁乡、湘乡、湘潭三邑始修族谱，康熙五十三年（1714）续修，乾隆三十三年（1768）三修，道光二十四年（1844）四修，光绪十八年（1892）五修，1924年六修。班行：忠孝流传远，诗书诒泽长。齐家崇谨慎，华国重文章。世德征麟凤，先声兆玉璜。惠畴昭睿智，熙载觐恩光。爵命隆三锡，荣豪冠一邦。勋猷辉宝鉴，祝颂类甘棠。伊传经纶裕，皋夔典谟煌。公松尝衍庆，相杏永含芳。桂籍夸江右，奇钟焕济阳。本支昌百代，总集荫千祥。

湘潭丁家河丁氏 始迁祖文域公，明洪武二年（1369）自江西丰城县沙湖迁湘潭六十四区丁家河。1947 年三修族谱。

湘乡丁氏 始迁祖必隆公，名国才，明洪武元年（1368）自江西南昌府新建县迁湘，卜居横洲涧。子继先，生文宝。文宝生志中、志谅、志琳、志仁。志中、志琳外徙。志谅生三子：赞、宣、常，志仁生奇。宣生万璋、万琼、万瑚、万瑮，奇生万显、万材。宣裔世居横洲涧，奇裔移居邑城。至六世共衍为“万”字辈璋、琼、瑚、瑮、显、材六大房。清乾隆四十二年（1777）建宗祠于北门。乾隆二十九年（1764）宣裔、奇裔合修族谱，嘉庆十七年（1812）宣裔续修，道光二十七年（1847）三修，光绪十年（1884）四修，1927 年五修。光绪十八年（1892），奇裔续修族谱，1928 年奇裔三修。万瑮生郁祖，郁祖生僖，僖公为楚山、仁山、文山三大支联支成族之祖。1925 年楚山、仁山、文山三支五修族谱。班次：（自二代始）继宝志魁，万祖廷仕。应必尚时，文光圣世。横洲涧续班：（自十八代始）宗德广大，代起荣昌。家声益振，显耀南湘。北门续班：（自十八代始）仙鹤鸣华表，祥麟献锦章。士钧成玉碧，梦再应松苍。善积家余庆，德修后自昌。济阳锦远泽，忠孝冠名邦。

醴陵新田丁氏 该族以晋代宣公为居醴鼻祖。宣公于东晋咸和三年（328）令于醴，解组后卜居邑之东城。传至宋应奎公，由省元登进士，历官礼部尚书。子公卿，官宣议郎，生兴二。兴二生三子：秀一居澧田，景一居昭陵，辛一迁攸邑北江。辛一又三子：诒居北江，谋居杉树山。谏字顺臣，复由北江迁居醴南新田。明万历三十五年（1607）始有谱略，清雍正元年（1723）、乾隆四十二年（1777）、咸丰九年（1859）、光绪九年（1883）、2000 年续修。康熙四十一年（1702）创建宗祠于雅士坪。至 1948 年，全族人口 7000 人。排行：世德大启，一本传芳。家修廷献，永卜其昌。英贤济美，诗礼承先。光远愈耀，庆泽长绵。

醴陵潭塘丁氏 始迁祖友才公，元末由江西永丰迁萍乡，明洪武间再迁醴陵潭塘。明天顺四年（1460）始修族谱，清乾隆元年（1736）续修，光绪三年（1877）三修，四修不详，光绪三十一年（1905）五修，1995 年六修。六修时人口 9369 人。字派：友明朝显允，廷单向引年。英人承启，仕尚贤良。经文纬武，定国安邦。德昭名立，业建勋扬。宏开宗烈，继世荣昌。

醴陵西塘丁氏 始迁祖梦麟公，元至元间迁此。民国时曾七修族谱，堂名彝叙。

醴陵长水丁氏　始迁祖安淑公，明洪武初年自江西新喻迁长水，族人分布于神福、攸坞、冷水、梅筱、三洲。至1948年，全族人口约4500人。

醴陵攸坞丁氏　始迁祖景一公，自雷钵山迁居攸坞。族人分布于泗洲驿、沙阳。至1948年，全族人口约800人。

醴陵荷花垅丁氏　该族为醴陵老寨户。至1948年，全族人口约60人。

攸县江涧上浔塘丁氏　始祖宣公，东晋咸和戊子授湖南醴陵令，遂卜居东城。传至宋代应奎公，号潢溪，官礼部尚书，迁居醴陵潢田。应奎生公卿，公卿生兴二，兴二生秀一、景一、辛一。秀一居潢田，景一居攸坞。辛一字序煌，由潢田迁此。至1948年，攸北丁氏子孙已传28代，共3800余人。宗祠在甘棠乡禄田。辛一公第七代裔孙兴伯公，明成化间由攸北高枧迁界溪。明隆庆五年（1571），攸北丁氏始修族谱，清雍正二年（1724）、乾隆五十五年（1790）、道光五年（1825）、咸丰十一年（1861）、光绪二十三（1897）、1932年、1998年续修。2020年界溪续修。字派：作文尊理，行思祖光。宗泽万世，富贵绵长。新松兆庆，美玉呈祥。敦伦睦族，纲序昭彰。

衡阳丁氏　一代祖世杰公，字俊英，原江南人，宋元丰间出任武职，除长沙守备，卒于任。子国秀，字永日，扶梓沿湘江而上，遂籍于衡郡北关外。五世惟高公，始徙金兰石冈坳。清雍正十年（1732）、乾隆四十二年（1777）、道光二十年（1840）、光绪元年（1875）、光绪三十四年（1908）、1933年纂修族谱。字派：世国嘉同泰，君臣庆并康。孝义通添子，宗祖绍兴芳。伯顺达尧舜，荣华定吉昌。清时士迺贵，诗书业为良。懋德宏先绪，人文兆永祥。

衡山丁氏　始迁祖奉永公，字长年，世居江西吉安府永新县禾水桥头诸葛武侯祠下。明洪武初授校尉，征讨陈友谅有功，命守衡山，卜居河东道楞伽寺。四代衍瑶、环、珂三房。瑶房族谱始修于清康熙三十九年（1700），乾隆四年（1739）、嘉庆十四年（1809）、同治五年（1866）、光绪二十八年（1902）续修。班行：世永承洪绪，中和昭懋修。振家惟力学，献国在宣猷。

衡山白果丁氏　始祖义公，始居江西高安县白茅村，十六传至丰公于唐代时由白茅村迁丰城县明溪。后斯时公又由明溪迁临江府清江县夏湖团。传至子立公于明万历元年（1573）徙居衡山县白果市。至1948年，人口1000人。

邵阳芙蓉冲丁氏　始迁祖祖正公，先世来自江西吉安府泰和县，后迁隆回罗白。系千户九一公之子绍伯公之玄孙，兄弟九人，公居长。明嘉靖间徙居邵阳县长乐乡天子村芙蓉冲。清道光二十年（1840）创修族谱，1912年与邵阳、武冈成公裔合修，2020年三修族谱。字派：绍添汝文祖，宗本崇万景。世元天正尚，贤能立志仁。嘉祥（常念）存心厚，积善有余光。洪范修伦理，功名勋业彰。

武冈丁氏 始迁祖成公，原籍江苏扬州府江都县，官授武略将军，明洪武三年（1370）征南楚，捐躯葬靖州。二世俊公，移镇武冈府。清道光十年（1830）、1913年、1994年、2020年四修族谱。字派举例：（白沙井房）成俊用宣辅世麟盛镇天国维元文明应仕宗承，嘉祥存心厚，积善有余光。

岳阳东茅岭丁氏 始迁祖道通公，明洪武年间自江西南昌县铁柱观迁至岳州巴陵县南门外东茅岭。清道光十七年（1837）纂有族谱。

平江虹桥丁氏 始迁祖必丙公，南宋乾道六年（1170）自江西迁此。至1994年，全族人口1842人。

常德丁氏 始迁祖兴旺公，讳文运，原籍江西吉水（一说丰城），元仁宗时赐进士出身，为山东参将，升河南汝宁府汝阳县指挥使，至正四年（1344）奉命征楚苗，携四子屯澧州：千一郎徙衡州府清泉县。千二郎居武陵县下新村，后裔有迁宝庆、靖州者。千三郎居石门县洞口，后裔有迁澧州、安福、武陵者。千四郎之长子应福迁武陵黄鹂滩（黄泥滩），次子应祖徙辰州府安乐街，三子应祥迁湖北松滋县。

桃源大洑溪丁氏 迁湘始祖兴旺公，原籍吉水，官指挥使，镇澧州，卒葬澧州九盘山。生四子，均袭千户。长迁衡州，次居澧州。三郎、四郎于明永乐二年（1404）同迁汉寿、常德。孙应祥，迁松滋，后裔辗转迁桃源西路大洑溪。清咸丰九年（1859）创修族谱，光绪十二年（1886）续修，1948年三修。其时人口500余人，分布于丁家坊、丁家坪、皇伞坪、高都驿、玉奇湾、万僧寺、株木桥、曾家山等处。支祠建于大洑溪。

澧县、临澧丁氏 迁湘始祖世杰公，字俊英，原籍金陵，宋崇宁间宦长沙，偕子国秀卜居衡城北关。国秀生琏、珍，开衡阳东、西两房。琏裔天富公，明初从曾国公调镇慈利，扎屯九溪卫，生子从、祥。祥公承顶前坪正军籍，隶安福。从公籍澧州，世居后山丁家坪。清光绪三年（1877）一修族谱，1927年续修，2008年祥祖房七倾堰支三修。

石门仙阳丁氏 该族二修谱称始迁祖朝俸公，原籍河南汝宁府汝阳县，明洪武十七年（1384）知南直凤阳府，二十年调知湖广澧州府，秩满卜居石门。长应麒，居渫阳，今仙阳。次应麟，居津市新洲。三应相，居慈利。四应慧不详。三修谱称始祖文运公，原籍江西南昌县，一说吉水县，元至正四年（1344）奉命征苗，卜居澧县金沙洲上首宋家港，次子朝俸，行千二郎，肇籍汝宁，司牧澧阳。清乾隆四十三年（1778）始修族谱，同治九年（1870）二修，其时存丁 2498 人。1938 年三修，其时存丁 3417 人。2004 年四修，存丁 7110 人。派语：景易原自永，志善俊秀贤。文武安邦国，荣华富贵传。敦崇良昌盛，佳尚德士联。宗祖大佑启，世代庆长延。

安乡丁氏 始迁祖开泰公，字平世，自江西南昌府丰城县古油坝老湾卜居安乡黄山南高田村。清乾隆三十八年（1773）创修族谱，1923 年续修。原派：文士承先志，长才裕后传。家声期克茂，正大万斯年。新派：忠孝宜时守，诗书启世良。学业昭前绪，作善定吉昌。

张家界丁氏 始迁祖成公，淮安山阳人，明洪武二十三年（1390）官永定卫指挥使。子贵公袭职，遂著族永定。

益阳丁氏 始迁祖济川公，元至正二十三年（1363）由江西吉安吉水圳上携三子徙南，初居长沙碧湘街，后徙宁乡。长子广一奉济川公迁汉寿，次子广二居宁乡油草铺，三子广三迁益阳。广三生大复，大复生子宸、冥、宥、宁。宸居古城山，冥居克让村，宥居九甲湾，宁居大华村。宸房因人丁蕃盛，又分良、忠、学、赞四房，忠裔子望公因有光于族，另列一房。合冥、宥、宁三房共八房。子姓散居益阳、汉寿、安化、宁乡四邑。自清康熙间至 1999 年，谱凡九修。派语：自吴徙潭州，派语始于济。广大必志贵，熊楚贤能立。国邦盛祚宏，忠义相传继。祖德佑绵长，作求凝令绪。为善嗣定昌，玉树祥枝备。庆笃圣英生，奇钟豪杰积。一庭福泽全，千里风云会。正己振纲常，匡君隆辅弼。乘休登阙用，际运同熙翼。瞻拜肃冠裳，功化光天地。清白绍家声，人文昭四邑。

溆浦丁家村丁氏 始迁祖叙昌公，原籍江西丰城县，宋庆元时迁来。

靖州丁家湾丁氏 始祖太宁公，居华阳。其子国良公，于元末迁靖州，再迁大由乡丁家湾。又一支于明洪武三年（1370）由江西迁靖。

靖州回族丁氏 据乾隆宗谱称，该族身宗教门，本默德国人。远祖典公，字汉沙，帅师由大食落籍金陵，助明太祖起兵，以军功授武德将军，生子朵，字罗秃。罗秃生福，字聿怀，奉命南征楚境，累建奇功，赐姓丁氏，秩升武节将军，加骁骑尉。时朝廷以苗民出没无常，为屯田计，遂家世焉，子孙世袭。至四世分为四大房：颛、显、颖、頫，聚族于飞山、艮山口、渠阳等地及州城内外。清时始分析会、绥、沅、永诸县及滇、黔、粤、蜀等省。至清光绪三十四年（1908），已传 18 世。

卜

浏阳社冲卜氏 据黄征《浏阳乡土志》：先祖于元时已居浏阳，传至贤公，以岁贡官明光禄寺监事，始居浏东小河，其子正珠徙南冲，分徙井泉。历传至端琅公，明季时由井泉迁居社冲，后衍为三支，散处西、北、南三乡。

浏阳三口朋斗卜氏 始祖本玉公，唐宪宗时由曹州迁居金陵达通巷，为江西始祖。传十八世至久也公遭谗，子孙散迁各地。至二十世家瑄公，字光裕，于明永乐时迁居浏阳三口朋斗，至二十三世衍为常、安、泰三大房。清雍正三年（1725）始修族谱，嘉庆四年（1799）续修，道光八年（1828）三修。派字：家宁营燕宇，兴应思齐能，永昌宗耀祖，文学绍前贤，英俊裕廷用，忠厚发绵延，上苍锡纯福，世代芳声传。行字：孝友睦姻任恤，智仁圣义忠和。浑厚克承先德，诗书启迪后贤。历代人文蔚起，才能永世蕃昌。荣耀增光前烈，声名直溢乡邦。

浏阳小河前冲卜氏 先世居镇江丹阳后衙。明永乐元年（1403），国让公因贸易迁居浏东小河老屋场。生正奇，正奇生蕃龙，蕃龙生体謂、体证、体誼、体诚。謂居小水塅冲头，证居大屋场，誼居前冲，诚居内冲。清光绪十五年（1889）纂有族谱。字派：国正蕃体，一巨由长。麟选有兴，昭福泰济。世秉宗修……

醴陵仙石卜氏 始迁祖万余公，清康熙间自广东梅县徙居醴陵仙石。至1948年，已有1000余人，族人分布于荷花垅及攸县等处。

炎陵康乐桐睦卜氏 始迁祖品科公，清顺治九年（1652）自广东兴宁迁此。

益阳三吾寨西村湾卜氏 始祖少倪公，字美心，唐僖宗时为端明殿大学士、上柱国、司徒，加封国，赐紫金鱼服，由陕西迁居浏阳。传至十六世孙楚玉公，字均祥，号德洪，元代人，筮仕通城县尹，后升益阳知州。元末至正间，楚玉公剿寇遇害，卒于军，安厝益邑白鹿铺大枫山白石子，宜人刘氏不忍归籍，偕子惟德避难三吾寨，结庐西村湾，遂为益阳人。后人分布于石洪、陈家坪、人家坪及桃江石牛江等地。明崇祯三年（1630）始修族谱，光绪十三年（1887）七修。字派：楚惟桂思志，芳永绍国邦。究祖洪应茂，希贤世祚扬。盛朝开泰运，名佐显忠良。大道传光泽，佳章觐国光。甲元南士美，昭穆定纲常。

常德卜氏 始祖少倪公，生二子：延诜、延瑞，因避唐乱由陕西播迁楚南浏阳。诜公居浏阳石桥，瑞公居浏阳汉江。诜公十四世树德公，生三子：希荣、希华、希富。明永乐初，希荣迁澧，希富迁蜀，希华居武陵东关外中淰村。清光绪二年（1876）、1923 年、1997 年纂修族谱。字派：希言公彦诚，宏闻贞尚衍。翊胜朝国士，文运启元良。正大昭明德，光天化日祥。

津市卜氏 一世祖彦良公，原籍河南开封府杞县，明洪武间为驾前指挥，镇守永定卫大庸所。永乐二年（1404），四世谏、论等七公后裔共十一人迁居津市。清道光二十一年（1841）、光绪二年（1876）、1933 年、2010 年纂修族谱。宗派：（自七世始）世吉应国子，允佑文运开。大正宗功懋，中和祖德培。儒林传秀仕，博学育英才。显达名方著，华章理攸该。

新化卜氏 始迁祖福公，自河南怀庆徙居新化乌牛塘。其孙深美，自乌牛塘徙居洋溪之龙潭湾。

刁

醴陵刁氏 始迁祖日相公，清光绪二十年（1894）自浏阳迁醴陵枫头洲。至 1948 年，全族人口仅 8 人。

平江献冲田岩刁氏 始迁祖腾云公，明崇祯九年（1636）自江西慈化迁此。至 1994 年，全族人口 92 人。

蓝山大慈乡大石源刁氏 清初自江西迁来。

干

岳阳干氏 元末明初，伪汉乱华，始迁祖名一公，明洪武二年（1369）兄弟三人由江西迁湘。名一落业岳阳干家山，名二迁常德，名三迁四川。1994 年七修族谱。字派：名添廷斗万子允能文景尚兴士大加兆昌虎榜登英才……

于

浏阳于氏 始祖元成公，原籍洪州南昌丰城瓦子湾，后唐同光二年（924）偕兄元湘公宦游来楚之武陵（今常德），授朗州营中校尉，不数载升潭州都司，解组归田，过寓浏北潦浒市文坪，遂置业河背官山畲（今于家坪）。复归奉母携子俊虎、俊龙、俊麒来浏。俊虎卜居潦浒清涟之处，俊龙迁梧凤石嘴之间，俊麒徙浏邑南乡路口。后裔分析孙家山、大园、茶园坡、善邑坳头冲诸处。清乾隆三十七年（1772）创修族谱。老字派：元俊景士一，吾国侯范尚，汝时闻应仲，纲原文必添，志大廷忠敬，主嘉言世锦（志大再兴宗，胜荣昌秀锦）。续派：清桂熙均锡，洪材焕坤镇。法权辉基钜，源本炳培铭。

祁阳周塘于氏 始迁祖八三郎，字开代，明洪武初年自镇江府金坛县随父宦粤，经祁阳而爱其山水清丽，故卜宅于祁阳县南驿路附近之周塘龙头上，后人分布于观桥乡、同文乡及东安县、四川等地。至1948年，已递传24代，共1500人。总祠建于周塘。

桃源高东于氏 始迁祖秉驷公，明崇祯时自江西迁湖南慈利，再迁桃源县北高东粟家坪，赘于粟氏。清光绪十年（1884）始修族谱，1928年续修。至1948年，全族人口500余人，分布于莫家桥、芭茅洲、于家台及天门、慈利等县。道光七年（1827）建宗祠于粟家坪磨玉山。

桃源大田于氏 始迁祖海公，明崇祯间由江西吉水迁桃源县东大田村之石岩保。1944年纂有族谱。至1948年，全族人口600余人，分布在县东各乡及常德等地。清嘉庆五年（1800）建宗祠于石岩保。

临澧六合堰于氏 始祖明时谦公世居钱塘。后裔兴仁、旺仁由江西迁南楚，始卜筑慈利，继迁石门，复徙临澧六合堰。1944年创修族谱，以志源公为一世。谱中“始祖发源”称：“两公由江西迁南楚，始基慈利，终徙临澧所辖之六合堰，遂家焉。历世十有六代，人丁繁衍，因谱牒未修，年远失传，致迁楚朝代不知，两公长幼莫辨。志源公不卜两公谁氏所出。惟二公与诸妣均葬柳家山脚，有碑志尚存。兹创修家乘，故谨志之。”派次：光大世业，丕振家声。超宗耀祖，孝子贤孙。诗书礼乐，修齐治平。后先济美，今古流芬。

慈利八卦井于氏 迁湘始祖升龙公，字文用，原籍钱塘，迁江西，由明赐进士，宦于慈，世居邑城东关内八卦井。

绥宁洛口山于氏 始迁祖仁公，河南汝宁府新蔡县人，南宋淳熙三年（1176）出任统领，镇守绥宁，辞官不返而卜居洛口山，后裔现分布于李熙桥、双河、朝仪等地。

蓝山大慈乡新铺上于氏 始迁祖启茂公，清康熙间由桂阳迁来。至1931年，凡4户，男17人，女16人，全族人口共33人。

万

长沙清泰街万氏 初祖秩公，字有典，行二，江西南昌县籍，明朝人。五世孙善公（1492—1562），字添相，国学生，出为福建同安丞，擢知长沙茶陵州，敕授文林郎。公居官范士爱民，州人德之，年五十九以目疾致仕，遂入郡城，寓北门清泰街。清光绪三十三年（1907）三修族谱。

浏阳柏嘉山万氏 始迁祖清三公，世居江西抚州临川县划然湾窑前坪，明洪武间携子国七、国八、国九来湘。国七随父归里，国九迁潭邑，国八留居柏嘉山。清嘉庆十一年（1806）、同治六年（1867）、光绪二十六年（1900）、1943年、2019年五修族谱。字辈：清国正添京，邦言明开启，志士人如玉，品端重直方，泰临缘作善，忠义自显扬。

宁乡万氏 始祖泰公，原籍江西吉安，明时南昌宸濠之变，始迁湖北黄州府麻城县，继承十传至闻知公，生善公、千公。千公及子邦贞因明末兵燹不知所之。善公于明嘉靖时由麻城迁湖南宁乡，后裔衍为应达、应选、应逵三大房，卜居于邑西洋泉都、回龙铺、油铺湾、白洋冲等处。该族始迁祖善公与长沙万氏始迁祖善公应非一人。族谱始修于清嘉庆十九年（1814），咸丰十一年（1861）续修，光绪十七年（1891）三修，1921年四修，1996年五修。宗祠建于乾隆二十一年（1756）。

湘乡枧巢万氏 始迁祖思礼公，名魁，字魁泰，明初由江西省泰和县因避乱迁湘，开基于湘乡县胜岩乡枧巢，后裔分布于青山、毛田、陈家塘、石山塘、洪山殿、乔木堂、毛家冲，远至益阳、西蜀等处。至1949年，已递传22代，男女丁口2000余人。宗祠在棋了桥。

湘乡小罗万氏 始迁祖壬一公，原籍湖广荆州，由荆州转迁江西吉安府泰和县，中元进士第，任江南徽州府太守。明洪武八年（1375）偕弟壬二来湘，卜居湘乡十七都小罗塅尺塘湾。越十二世无谱，清康熙五十六年（1717）各房合修，咸丰七年（1857）各房分修。其中廷柄公房咸丰七年（1857）、光绪二十四年（1898）、1941年纂修族谱。思芳公房光绪二十三年（1897）、1942年纂修族谱。楚珪公房1927年、1998年纂修族谱。班序前派十四字：壬福绍嗣思楚伯，胜廷国正添心顺。后派二十八字：希方长全嘉景象，承祖自新必能先。经崇逢元民光大，理一安邦定永年。

湘乡、邵阳万氏 始祖鐇公，后周世宗显德二年（955）拜陕州刺史，居湖北荆州下马桥金蓝，宋开宝间赠太子太师、开国男。子勉怀公，官江西吉州。怀子汝珽公，官泰和。珽传六世康年公，宋宗学博士，迁安成。逮十二世用喜公，明成化嘉靖间人，偕弟等从安成迁湖南湘乡、邵阳，卒葬邵阳三溪六都雷王寨杨家冲朱家坪。清乾隆五年（1740）创建宗祠。

醴陵花草桥万氏 始迁祖钧公，明洪武初自江西丰城迁此。族人分布于白兔潭、泉山下。至1948年，全族人口1000人。

醴陵冷水坑万氏 始迁祖鹏九公，明崇祯末年自江西迁此。族人分布于沩山。至1948年，全族人口200人。

醴陵泉山下万氏 始迁祖年鸿公，清康熙初自江西南昌迁此，至1948年，族人约200人。

茶陵铜峰庄万氏 始祖仲华公，和州人。南宋中叶，其子逮公官抚州，逮子益公遂家于抚州郡城东隅，元初再迁湖南茶陵铜峰庄。1929年八修族谱。

炎陵十都小江万氏 始迁祖以能公，元至顺年间自江西丰城迁此。

武冈城内万氏 始迁祖仁禹公，江西人，官重庆府通判，从桂王入武冈，遂隐居于此。

岳阳渭溪赤塘万氏 始迁祖举公，原籍南昌金沙村，后唐同光间卜居巴陵之渭溪。至十六世南宋时孟公，生二子：璥、瑜。璥仍居渭溪，瑜迁赤塘。璥生源德，后裔分为七支；瑜生源安，后裔分为六支。后裔居巴陵者有宗一、宗二、胜、忠、成、大水、小水七支，其他分居华容、湘阴、湘潭、平江及湖北监利等处。1943年十一修族谱。

华容塔市万氏 谱以毕高公为一世，六十四世至文魁公，讳举，官莅岳郡。后唐同光二年（924），诏令天下诸官有愿离祖籍而就业者听遂其志，遂卜居巴陵渭溪。七十九世益初公，讳孟，子二：璥、瑜。璥生忠公。谱又称忠公明初由江西南昌始迁监利。忠公第三世友仁生子三：从虎、从珏、从智。从虎、从珏留居监北。从智于明嘉靖末年徙居华容县塔市，其十一世万年淳，字弹峰，乾隆举人，官六安州同知，纂有《洞庭湖志》。嘉庆七年（1802）始修族谱，道光十四年（1834）续修，1917年三修，1994年四修。三修派语：志学守教，传授良谋。克承善道，永继嘉猷。监北统一世派：忠均友从单，志单显单双。单双本同支，国家庆长祚。述齐芳正大，光明孝弟纯。经贻昭典则，道传启善良。裕后绍统绪，恢先振纪纲。至诚循周哲，清廉学安翔。崇展超云汉，宗功永辉煌。

华容南山、唐家店万氏 始迁祖发旭公，南宋淳祐年间图谋发展，由巴陵渭溪迁华容南山。生七子，两子留巴陵，五子随迁华容，居南山、东湖之滨和西来庵，称南支。明洪武二年（1369）后裔又相继迁居华容唐家店万家湾，称东支。派语：源发豫章国，唐诏之楚邦。宋代钟人杰，祠开大显康。伏宗名国兴，世代永熙邦。祖德宏恩远，时亨运际昌。经贻昭典哲，裔绍美端祥。佑祚森贤则，恢先教义方。英才联锦焕，渭绪普初张。

湘阴沅潭万氏 始迁祖康隆公，清康熙中偕子祖朋自湖北监利迁湘阴。

平江清水万氏 始迁祖发逊公，南宋咸淳元年（1265）自岳阳迁此。至1994年，全族人口2255人。

汉寿、常德万氏 始迁祖琼瑶公，明万历十九年（1591）偕子咸宁、咸望、咸华、咸有、咸珊，及咸宁之子春还、春秀，由江西吉安府吉水县拖船埠因贸易迁居常德县后河永南村韩公湾。之后望、有两公迁汉寿株木山，华公及春还、春秀迁汉寿南赶障，珊公迁汉寿辰阳村。又有琼瑶公同宗兄弟琼祯，由南昌府进贤县迁常德县流花口。清嘉庆十九年（1814）、道光二十五年（1845）、同治十三年（1874）、光绪三十年（1904）、1934年纂修族谱。

桃源郑驿万氏 始祖辰二公，明正德二年（1507）自江西南昌西梗迁湖广澧州安福（今临澧）之佘市桥。越三世，庭华公于万历间自安福迁桃源县南白石村之郑驿。郑驿当辰常孔道，明末兵乱，复返安福。清顺治六年（1649），邑境稍安，澧州迭被兵燹，其子宏道，复归桃源郑驿。康熙十三年（1674）避吴三桂乱，复返安福。二十二年乱平，而安福御瓦桥家居被洞庭水贼强劫，其孙文辉，复归桃源郑驿。至1948年，全族人口1500余人，分布于西东沙坪、两家冲、澄溪等处，宗祠建于郑驿上街。清嘉庆二十四年（1819）创修族谱，光绪元年（1875）、1914年、1943年续修。

桃源稻罗坪万氏 始祖金福公，明弘治间自江西南昌东梗迁桃源县南白石村之郑家驿。越数世移居稻罗坪。至1948年，已传16代，全族人口800余人，分布于郑家驿、朗家冲、沙坪等地。宗祠在稻罗坪。清嘉庆二十年（1815）创修族谱，光绪八年（1882）二修，民国初三修。

桃江大栗港万氏 始迁祖伯勋公，明洪武时由江西经商至益阳，第四代孙先吉卜居桃江大栗港。

临澧万氏 始迁祖代公、雄公，原籍江西吉安府吉水县清南村，明永乐二年（1404）迁楚南。代公择居桃源。雄公卜居澧州安福县永大里山斗村南斯桥。清同治七年（1868）、2013年纂修族谱。派歌：（自一世至十七世原无派字，自十八世始）盛朝嘉丕绩，亘古乐匡襄。孝里宗风远，云台世泽长。创垂纯祖武，承继迪前光。作善天其佑，千秋卜炽昌。

新化城南万氏 始迁祖绍宗公，明正德间避宸濠之乱，从江西灌城九都徙居新化城南。

新化万氏 始迁祖藕溪公，原居江西吉州府安城县永嘉里万家村。明嘉靖四十年（1561）与人合伙经商，来湖广新化县南门湾经营店铺，遂家焉。其子南泉早逝，幸得孙子朝生有三子：国堂、国俊、国伦。国堂后居新化南门，后人徙居上渡、锡矿山中连溪。国俊居枫林、月照、洪家塘，国伦徙居毛易长铺村、炉埠村、金竹乡当正村。清康熙间后裔又有迁广西恭城者。宗祠建于新化薰和门外。2005 年二修、2018 年三修族谱。旧派：子国年方文正奇，光忠定有世逢时。一庭毓秀承先泽，启迪贤良跃凤池。1992 年续增二十八字：志向科学振家业，遵章守纪裕后昆。礼行义顺慰宗祖，洪端及第永昌期。

宁远春陵乡清水桥万氏 始祖銖公，明初由江西南昌丰城五都三江口沧桑桥迁湖南永州府零陵县乐郊里。明朝中叶，国贡、一魁由零陵迁宁远县春陵乡清水桥。至 1948 年已递传 21 代，男女丁口 310 人。宗祠在万家村。

沅陵万氏 先世宋末由江西迁湖南黔中郡辰州府同文巷，又迁北溶万山桥。明万历间，支祖本四公又迁横石保明家坪岩水井。2003 年纂修族谱。字派：本仕国尔正大，世代启心开。员贵相一泽，春桂绍兰芳。

上官

湘潭上官氏 始祖东阳公，自唐、宋、元以来世居江西抚州府金溪县五都，生子有五，各择一方安营定所，置产兴家。支祖云宪公，字亭秀，明嘉靖二十七年（1548）迁湖南湘潭县城外三十都，今十六总火宫殿而落籍，后复迁仙林冲、鹅鸭冲、铜瓦塘等处。五派春公，清康熙间卜居杉树山，派分两大房。清康熙五十五年（1716）初修墨牒，嘉庆十二年（1807）续修，同治元年（1862）三修，光绪二十六年（1900）四修，1926 年五修。清同治时建祠于西六都姜市杉树山。派语：（自二世始）德仁闻生世，国添顺象之。宗先贻泽远，后嗣绍鸿基。

醴陵泮川冲上官氏 始迁祖世明公，清顺治末年自福建邵武迁此。族人分布于王家坊、贵州。至 1948 年，全族人口 300 人。

益阳上官氏 始迁祖肇普公，明正统间自江西迁楚南，落业益邑治北十五里，支分两大系。清道光间始修支谱，光绪九年（1883）续修，1937 年三修。

桃源上官氏 始迁祖圣升、圣德、圣慧三公，明永乐二年（1404）自江西丰城县拖船埠八里湖因兵乱迁桃源。圣升居栗树岗，圣德居土地岗，圣慧居艟舫洲。清乾隆五十八年（1793）圣德支倡议三房合派建祠未果。至 1948 年，全族人口 800 余人，分布于后春村、栗树园、土地岗等地。宗祠在官家嘴。清咸丰十一年（1861）圣德支纂修支谱，光绪二十四年（1898）续修。光绪二十三年（1897）圣慧支纂修支谱。1941 年三房总修族谱。原派：圣贤英俊琼忠信，博厚仁慈笃爱恭。续派：承先为孝，兆占其昌。洪昭祖德，丕锡时光。道传训典，儒安家邦。天保定尔，衍庆孔长。

义

江永义氏 清光绪三十二年（1906）《义氏族谱》称：始祖伯阳侯，因周幽王黜申后，逐宜臼，王崩，侯迎太子归国而立之，遂谥以义阳侯。厥后因以“义”为氏。迨宋代恒公，从山东济南府平原县，于景德二年（1005）为春陵道州营道令，家于道州城西。凡六代，至太初公，淳熙戊戌进士，历典高、琼二州。传万盈公，徙居邑东甘益村。字派：义守本良彦太万永仁秉友贤德荣仁常俊文胜道天国……又据 1995 年《江永县志》载，始祖义阳公，原籍山东德州平原县，宋开宝二年（969），随官任居春陵（今宁远），迁营道（今道县）。天圣年间移居永明。初居寨山脚（今夏湾村北附近），移居濂滨（今达滩附近），定居葛覃，分脉湾头、棠下、大路下、甘益、神湾、倒水洞、甘积头、栎马、锦福、夏层铺乡的高家村、洞子上等地。今为江永县第六大姓，占总人口的 2.2%。

习

益阳桃林乡习氏 始迁祖逸庵公，讳书琢，原籍江西泰和县，元进士，历官西蜀藩府。弟卧江公，讳书磨，元举人，历官贵州哈州州牧。值元时伯颜、哈麻相继弄权，伯仲偕隐。洪武八年（1375）始徙湖广德安府云梦县，转迁长沙府益阳县长江村。后裔多聚居于益阳县桃林乡罗带河、尹家村等处。宗祠落成于 1935 年，位于益阳桃林乡石井头。1948 年六修族谱时，已传 25 代，共 7000 余人。清乾隆九年（1744）一修族谱，乾隆四十九年（1784）、道光二十四年（1844）、光绪十二年（1886）、1920 年续修，1948 年与汉寿、临湘、澧县合修。老派：书合位登台阁佐辅朝廷，兴希正楚护国安邦。新派：勋名畅达德业丰芳，英才卓立笃实辉光。续派：敦诗学礼孝友贤良，家声益远先泽孔长。

汉寿习氏 始迁祖鸿达公，明永乐二年（1404）自江西吉安府吉水县拖船埠迁居湖南汉寿。1948 年与益阳、澧县、临湘合谱。

澧县习氏　始迁祖必成公，原籍江西，清康熙二十八年（1689）奉檄镇守九溪卫，遂落业澧郡。长子作礼居白塘堰，次子作化居新安坪，1948 年与益阳、汉寿、临湘合谱。

马

长沙县明道乡马氏　始迁祖崇云公，原籍江西南昌府丰城，明洪武初封英武将军，出镇长沙，始迁长沙省城，继迁明道乡水渡河，又由水渡河迁纯化乡苦竹坳分支。总祠在明道乡龙华岭，分祠在纯化乡苦竹坳。至1948 年，已传24代，约2000 人。

浏阳浏东马氏　迁湘始祖贻潇公，明永乐时自江西分支湘潭，传三代至时曾公，明嘉靖元年（1522）自湘潭落业浏东。弟时端、时用，析居东冲。九世胜文，生国器、国梁、国售，清乾隆间建业三口毛家湾。1936 年三修族谱。字派：敦厚贻芳远，时明贵极清，光华传胜国，万世允昌隆，祥兆英贤起，源开道学崇，淮湘承祖德，云梦继宗功。

浏阳马氏　尊南宋时仲十郎为宁化太祖，生十子，以二郎、七郎为一世。二郎世兴公为浏东昌集冲始祖，七郎世茂公为万载大桥山枣岭始祖。后裔明末清初分迁闽、粤、湘、赣等处。清同治五年（1866）建总祠于万载大桥。清光绪二十五年（1899）始修族谱，1915 年续修，1942 年三修。名派：理学源流著，扶风令绪长。宗功千载立，祖德万年芳。忠孝传家国，文章启俊良。才成生定久，奕世永荣昌。

宁乡长桥马家滩马氏　援公传至二十七世仲翥公，为江西吉水县令，解组卜筑于吉水百步湾。再传至宋末二十九世跃潭公，宋咸淳进士，宋亡隐居不仕，卜居历城。三十一世始迁祖成虎公于元英宗至治二年（1322）偕兄成龙公宦游南楚。成龙公家于新化长鄄，今属隆回。成虎公居于宁乡长桥马家滩。成虎公生子二：添禄、添福。禄公徙本邑扶峰山麓马家冲，福公仍居故土。宗祠位于宁乡十都东田冲，建于清同治四年（1865）。族谱初修于明隆庆五年（1571），清嘉庆十一年（1806）续修，光绪元年（1875）三修。龙房班次：成添文子贵，仲昌才志高，再慕荣宗祖，福寿永远康。虎房班次：成添国章，盛烈亿杨。万宗朝乾，世代荣昌。祖德光耀。龙、虎两房合议班次：忠孝传家训，诗书贻泽长。象贤崇典礼，敦本振纲常。该族名人：马濂，明嘉靖进士，南京户部陕西清吏司郎中。

湘潭湖田马氏 鼻祖文渊公，起家茂陵，卒葬凤翔之扶风。自唐显庆以后，有由茂陵官吉州路者，子孙因民之爱，遂留居永新城东之木塘。递传至仔仪公，宋元之际徙新邑六都西山下，明时谱牒尊为始祖。一传为天升公，字京甫，以贡士简学政。子四：圣可、文可、祥可、敬可。敬可之长子正初又四子：成东、成中、成开、成克。成中公号晚益，为始迁长沙之祖，元至正二十二年（1362）因陈友谅之乱，挈其家属徙衡之安仁。明洪武元年（1368），成中公抵长沙投武指挥，卜居大托铺。其子光佑荫职，于永乐八年（1410）奉其母及妻、子，由长沙溯流而上，泊石州岸，由港口进，见杨溪埠及湖田一带山环水抱，遂卜筑于斯。自是光佑生彦祯、彦祥。祥生惟敬，敬生添诚。添诚生九子，而良支独盛于潭邑。良生宪、金、恩、松、乔、权老六房，后乔、权失传，惟四大房云礽相承，息衍愈盛。宪房下传至二十二世马英九。族谱一修于清康熙六十年（1721），嘉庆十八年（1813）、咸丰十一年（1861）、光绪二十六年（1900），1933 年凡五修。派语：（自第十四派始）世士尚志，学遵大人。英才继起，克佐天廷。懋昭先绪，显扬芳声。树德宣猷，邦家之荣。民风欧化，匡时立言。勉维宗法，广植心田。明伦重道，忠孝节廉。发祥昌炽，福禄长绵。

湘潭林塘马氏 远祖文进公，原籍北直永平府抚宁县。次子让公生四子，第三子崇得，字添命，随明太祖征，加百户长。洪武七年（1374），分隶长沙府长沙卫中所，生兴、隆。明永乐二年（1404）奉旨屯田，兴、隆两公雅不欲仕，由长沙过昭潭，卜居河口，继迁杉树林，又择大林冲而居。清雍正十二年（1735）、乾隆二十七年（1762）、嘉庆三年（1798）、同治六年（1867），1927 年、2008 年纂修族谱。班行：云升芳秀，名德传扬。昭文华国，力学振湘。承先善述，孝友贤良。家声大起，世泽其昌。

茶陵马氏 长沙楚王马殷之孙宏芳，于后梁开平元年（907）由长沙徙茶陵古城（即马王城），后裔分徙腰陂马加、枣市东、西岭等地。

醴陵马氏 该族为唐代蟒公之裔，蟒公授江西吉安永新令，遂家焉。至十世仔仪公，讳汾，号象轩，隐居读书，厌城郭车马之嚣，乃徙永新六都西山溪冈，故江西马氏谱牒，以仔仪公为其初祖。又传五世至成中公，字晚益，因避陈友谅之乱，挈家溯流而上，徙衡州府安仁县。及明太祖定鼎，以军功授校尉，从征武冈诸蛮。其子光佑，袭父荫，职授校尉，转迁湘潭杨溪埠下、湖田等处，是为湖田之祖。又传六世至葛彰公，讳能，字又从，号洪厓，明洪武四年（1371）自河南汝宁府确山县知县解组后偕妻刘孺人与子子恭、子英迁醴陵，经泗洲站、昭陵、寒婆坳徙民安山金湾楼。子恭生女三，子英生子五：璜、玿、琛、琳、瑜。惟琛公徙永州，其余子孙均聚散于湘潭、衡阳、醴陵间。宗祠创建于清咸丰初，位于醴西马家垅。明万历四十年（1612）始修家谱，清乾隆二十六年（1761）续修，道光二年（1822）三修，光绪十九年（1893）四修，1914年五修。至1948年，已传20代，全族人口3000人。班次：上添之载，光如邦家。祖宗式德，开楚定华。汉洪晋续，声振名扬。传经济世，乐道守常。元勋显达，正学昌明。征文考献，辅治佐平。懋功同建，先绪恒通。民权初肇，国运永隆。

衡山灵官潭马氏 光佑公居湘潭湖田，生彦祥，彦祥生惟敬，惟敬生添旻，添旻生铎。铎生敦实，出居武冈州，生胜虎。胜虎于明嘉靖间复由武冈迁居衡山灵官潭。清道光六年（1826）始修族谱，同治五年（1866）续修，光绪三十三年（1907）五修。班次：成光彦惟添单敦胜春泰国单正。续派：同湖田马氏。

邵阳马氏 元至治二年（1322），成龙、成虎、成豹三公自山东济南宦游来楚。龙公肇基新化，虎公落业宁乡。豹公出守吉安，子进才公，明初复自吴迁楚，隶籍邵阳。清嘉庆十六年（1811）创修族谱，同治十二年（1873）续修，宣统三年（1911）三修，1940年四修。派次：进应宗胜骥，自才思廷仲。登世之文章，盛家德业洪。甲第承先哲，诗书启后英。资湘钟俊彦，永远定昌荣。

邵阳马氏 该族为回族。始迁祖成公，原籍江苏泰兴县，元至正时官枢密院使。明洪武元年（1368）自南京迁宝庆（邵阳），定居府城西关外。子五：仁、义、智、芳、信。信公早迁古滇。清康熙二十四年（1685）仁、义、智、芳四房创修墨谱，道光五年（1825）四房合谱，成公祠建于西关外，族人分布于九公桥、桤木山等处。

隆回长鄄马氏 始祖金童（宁乡谱作金龟），宋咸淳进士，官至御史，隐居济南历城。子良公率成龙、成虎、成豹，于元至治二年（1322）宦游南楚，卒葬宁乡长桥对河云山。成龙定居新化长鄄，今属隆回。成虎居长桥。成豹居宝庆信街，后迁居武冈长庆团。成龙，字云卿，二子，添祺居枧田，添麟仍居长鄄。清乾隆六十年（1795）首修族谱，光绪二十八年（1902）四修、1948年五修、1990年六修族谱。至1948年，共6000人。后裔多分布于长鄄村、马家桥、朴塘、白溪等处。清康熙五十三年（1714）创建宗祠，1935年重修，于右任题额。班次见宁乡马氏。

城步马氏 始祖成公，明洪武元年（1368）从金陵以百户隶籍宝庆卫，居洪仁二都。景泰间，其孙赞率族人兵卒征讨城步地，遂落籍城步拦牛峒。

平江南乡小茅马氏 始迁祖新亭公，清乾隆二年（1737）自广东平远迁此。至 1994 年，全族人口 431 人。

常德百户马氏 该族为回族，始祖成公，世居江南通州泰兴县，元至正时官枢密院使，明洪武改元后挂冠迁居湖南宝庆府（今邵阳），隐居郡垣之西。孙赞公累袭百户爵，故称百户马氏。后裔彬先迁益阳车门塅，再迁武陵落籍。

常德八斗湾马氏 该族为回族。世居顺天固安。始祖建公，明洪武年间发第北京，戎游楚南。越三世超海，登陕西西安府高宁县，即卜居此。至七代忠、和两公，嘉靖年间来常，落业八斗湾。至清光绪九年（1883）传十九世，始创族谱。后裔分居八斗湾、下垅邑、夹溪岭、太平桥、官沟坪等处。

常德马氏 该族为回族。始迁祖如龙公，任湖南提督军门，清同治年间从云南奉调来戍守常德，后落籍草坪夹溪岭、白云村一带。

澧县、石门马氏 始迁祖大望公，原住江西，因明末年征剿九溪蛮族，迁徙澧县，历经石门，于是定居九中所辖鲍家河，即今水口庙。又有迁九王庙、大堰垱、蔡家岗、驷马桥者，散居湘鄂两省。清光绪十八年（1892）、1943 年、2018 年三修族谱。宗派：大胜廷龙，云之上士。儒宗正业传先训，继业（积善）敦经祖（美）德存，爱国尊亲道义丕，成才宏启振家声。

临澧马氏 始迁祖添麟公，原籍江西南昌府丰城县五马房，明永乐间迁安乡焦圻黄山。二世荣、祥、清、忠公，又迁安福城东白猫洲。1917 年创修族谱。

桃源回族马氏 迁湘始祖德成公，字集圣，原籍北直顺天府固安县兴乡村，官居指挥使。明洪武二年（1369）奉徐达之命与平蛮将军翦拜著、宗兄建公征湖南。既平，二公见常德乃丰腴之地，遂落业郡城东门外柳堤沙河，子孙徙居桃源剪旗营，复迁督粮冲，后裔散居督粮冲、游家冲、南北中三堉等处。德成公葬郡城外回回岗，夫人翦氏，推其姓氏，当为翦拜著之亲，封恭人，葬桃源剪旗营。清乾隆七年（1742）、乾隆五十七年（1792）、道光二十二年（1842）纂有草谱，皆未成书。光绪八年（1882）首次修谱，1925 年续修。派语：德单有单，廷单遇尚，永士如单，宏大文汝。桃常合族派语：积善先培本，新开景运隆。家声长丕振，厚泽庆扶风。常德前河马氏原派：早树超群，志昌维玄。士登国斯，光如有元。

桑植龙潭坪乡白竹坪村马氏 该族为回族，祖居西凉，因征战来中原。后于湖广辰州府为官，定居沅陵县四都。清康熙初年，始祖宣公因辰沅饥荒而携眷徙居桑植白竹坪。其神龛楹联：聚米为山传胜迹，授徒设帐振家风。横批：

古泽西凉。

桃江峡流溪、枯杉马氏　始迁祖应祥、应诏、应山，明末由江苏包山迁此开垦。

桃江马家湾马氏　始迁祖西泉公，明万历时由江苏包山经商，卜居桃江十二里三官庙马家湾。

永兴马氏　一世马殷，五代时为楚王。八世禁暹公，宋宁宗时由长沙肇基于安仁龙溪。二十一世彦和、彦礼、彦良、彦章、彦春、彦诚六公先后外迁，子孙散居永兴、安仁、酃县。彦章公于明洪武二十六年（1393）由安仁琉璃塘迁居永兴草堂，清康熙三十四年（1695）建宗祠于此。明正德八年（1513）始修族谱，万历六年（1578）续修，清康熙五十三年（1714）三修，乾隆五十一年（1786）四修，道光十五年（1835）五修，同治二年（1863）六修，光绪二十年（1894）七修，1933年八修，1994年九修。派行：禁载文士，希仲世元，子思孝义，敏彦惟恭。续派：仁厚永应，崇礼必昌，广名立绳，克用成良。新派：安恭笃庆，积善垂芳。睦族正本，华夏增光。勤能光盛，明德孔长。承先继志，尊荣显扬。

临武暖水马氏　始迁祖文辅公，江南上元人，明洪武初任太医院医御，偕中表兄弟桂阳太守徐士铭驻守桂阳，遂家州城西门内。九世万珊公，卜居临武社下。十五世良松公，又卜居暖水。清康熙三十三年（1694）、嘉庆十年（1805）、光绪十七年（1891），1923年、2014年纂修族谱。字派：良善嘉必富，忠诚福自长。承先惟孝弟，世代有余光。

溆浦潭头坡马氏　始祖由江西吉水迁居山东曹县，明初从军辰州，遂留居沅陵。后裔兴贤，清初徙溆浦潭头坡。

靖州马氏　元时由含山迁居靖州，至清光绪三十四年（1908）已传26世。

靖州银家团马氏　谱称始迁祖盛麟公，明洪武二年（1369）以户侯调征靖州，子晔参将，孙载守备，呈文总兵，应鳌袭指挥，遂为靖人。

丰张

衡山丰张氏　丰姓始籍浙江绍兴府山阴县，明洪武时青铭公迁居金华府汤溪县六都黄塘，递分十八房。其一全德公，生仁悦，明嘉靖时迁居衡山石湾。仁悦孙礼训，赘于张，遂蒙张姓。清康熙二十年（1681）、乾隆四十五年（1780）、道光二十年（1840）、光绪二十九年（1903），1940年纂修支谱。班行：仁义礼智信，敦睦忠孝弟，丕振光前烈，诗书裕后昆。继起有人才，馨香闻百世，豫顺在家庭，祥和弥天际。

王

长沙桃花洞王氏 始迁祖鼎山公，南宋绍兴三年（1133）自江西洪都官广西，致仕首迁浏阳后徙长沙。至1948年，已传30代，有万余人，族人分布于承祖、沙田、春华、明道等乡及河西。宗祠在桃花洞。

长沙春华石塘铺王氏 始祖瑞兴公，元末由江西南昌府吉水县因红巾军之乱迁湘，开基于长沙县明道镇张公岭。历五世至景福、景先、景贤三公，迁万寿都石塘铺。至1948年，已递传25代，共21000余人。宗祠在长沙县春华乡石塘铺。

长沙液塘王氏 始迁祖神麒公，字慕仙，江西南昌县人，明洪武初迁居善化液塘。清光绪六年（1880）、1914年、1942年三修族谱。派语：神福仕万太，永正顺天时。文华光自得，贵享禄元齐。辅国显经济，安邦乐盛熙。孝恭绵世泽，诗礼振先基。

长沙圭塘王氏 始迁祖寿卿公，明初由江西迁来，生明征、明贵。明征生智灌、智慧，明贵生智义、智礼、智聪、智明、智高。清同治九年（1870）、1923年纂修支谱。派语：寿明智廷万单，世家国正，天开文运。大启先声，笃承祖训。恩荣新治泽，道业代兴昌。

长沙王氏 谱称始祖霸公，字与权，居江西吉安府泰和县大江壁。北宋元符二年（1099）与契友谭元亮、陈一继、贺真行同携眷避乱于湖南攸县之大坪紫云峰。九世崇德，元末累以军功升昭信校尉。明洪武元年（1368），太祖伐伪汉陈理，湖广镇抚周兴率公以攸州兵粮进呈，授以长沙卫镇抚之职，遂居长沙，立册四十八户。十一世凯公，生十子：隆、凤、祯、祥、麒、麟、献、瑞、福、禄。福房迁居长邑荷叶围，今属望城新康。明万历十年（1582）倡修族谱，清康熙二年（1663）二修，乾隆二十五年（1760）二次续修，嘉庆二十年（1815）五修，咸丰十一年（1861）六修，光绪十九年（1893）七修，1925年凯公、伟公等后裔共十七房合修，为八修。2004年福房九修。派语：（自十八世始）启兆万龄，绵衍愈耀。简笃象贤，德先忠孝。树立宏猷，光昭学校。大振本元，家声远绍。

长沙白田新坝塘王氏 始迁祖开平公，字以能，号道普，明洪武二年

（1369）自江西泰和县大江壁迁湘，落业于善化县白田铺新坝塘。至十三世汝杰，生七子：国富、国贵、国清、国洪、国淇、国治、国湜。国贵无传，衍为六房。宗祠位于新坝塘，建于清道光六年（1826）。嘉庆二十年（1815）始修族谱，光绪五年（1879）续修，1917 年三修族谱。派词：开朝文运起基业，福发昌公应汝国。士志经猷逢盛时，孝友传家裕厚德。光宗耀祖思贻名，正本清源幸承泽。

长沙大贤镇若溪冲王氏 始祖元隆公，北宋政和年间因世乱自江西迁居攸县大坪紫金山，传至十一世添禄，明成化时迁此。至 1948 年已递传 30 代，共 2000 人。建支祠于若溪冲。

长沙东乡王氏 先祖于明初官湖南攸县，遂居攸之塞江大坪。传至添锡，讳智，于明中叶迁长沙城，后迁长沙东乡。至 1949 年已递传 18 代，共 1539 人。宗祠在石门乡学士桥。

长沙王氏 始迁祖沾公，自江苏上元县（今南京）朱家巷任岳州通判，迁居长沙城，子举公，明嘉靖举人。十二世王先谦，曾任国子监祭酒。

浏阳王氏 始迁祖兴一郎，后唐同光时自南昌迁浏。清乾隆三十三年（1768）三修族谱。

浏阳牒江坡桃花源王氏 始祖鼎山公，敕封光禄大夫，江西南昌围子洲八斗塅人，南宋高宗建炎间任广西协镇，迁总兵，至潭州，爱其山水风土，解组后遂家于浏北牒江坡之桃花源。次子琼公，生国英、国彰、国耀。国英徙居长沙尊都槐树坪，后裔散居长、宁、益、沅、汉等县。国彰徙居瞿家园，后裔散居浏、攸等县。国耀居桃花源，后徙湘阴灯笼桥，再迁长沙临湘都茶园山。三子霸公，生国清、国高、国真、国寿、国源。国高仍居桃花源，余无传。清康熙四十四年（1705）始修族谱，至 1949 年，国英、国彰、国耀、国高四裔二十一支九修族谱，其时男丁 7660 人，女口 5598 人。派语：（自八世始）廷安伯贵，宗泽显扬。克承巨任，德绍祖光。宏猷懋启，继述崇昌。秉敦庆锡，纯士才芳。发荣代盛，名世必彰。文传道学，景运舒长。儒师贤哲，植纪维纲。恢昭先绪，秀甲南湘。

浏阳云兴王氏 先世居江西南昌，后之子孙由南昌徙善化，居分三塘，派衍两甲。传至允昌公，字开先，明嘉靖中携弟南兮自善化迁浏，初居县城东郊罗公桥，后迁北乡下云兴泉坡。十五派余开，即前国家副主席王震。清光绪三年（1877）始修族谱未成，1940 年一修，2004 年续修。派语：允志国子，德能兴正。上大荣华，富贵余庆。忠孝思先祖，讳书裕后昆。家修昭道学，廷献振乾坤。

浏阳王氏 始祖晋公，讳乔，传四十九代至畴公，生六子：劼、勃、勔、勴、助、劝。勃公四传至维国，讳鼎兰。日昌，讳鼎桂。助公四传至均德，讳鼎腾。均辉，讳鼎芳。后裔蕃衍，徙居星散。明末清初，自粤、赣迁浏阳。清光绪二十年（1894）续修族谱。合族排行：鼎新诚念本，礼义振纲常。积善昭余庆，安邦定佐良。崇贤名显耀，忠厚福荣昌。丹桂欣培植，谋猷继述长。

浏阳严坪澡上王氏 始祖宋均德公，居闽中，为武平始祖。又数传至明万历时达朝公，讳兼善，号禄堂，子四：应缙、应绅、应富、应贵。清初应富、应贵自武平迁居浏阳、万载。清道光十四年（1834）于万载白水建达公祠。贵公业浏阳，光绪元年（1875）建享堂于浏东严坪澡上。清嘉庆十一年（1806）始修族谱，1941 年五修。旧派：积善开先代，承祧本后英。其惟多懿行，定见有芳名。国正思康阜，家和叶泰亨。绵延长世泽，宝牒重连城。新派：应其廷上宗，昌定见祥云。荣蕃多善庆，奕世绍书香。

浏阳葫芦园王氏 始祖儒德，字服初。子一：顺信，字法一郎，原居粤东惠州府，清康熙年间迁江西万载县东门图前立居，再迁浏阳西乡十五都大源冲居住。至八代思来，自浏西十九都北冲后迁南乡迎仙村大坝上葫芦园落业，子二：发富、发贵。

浏阳河田王氏 始迁祖定光，字如雨，恩登仕佐郎，清康熙年间自江西庐陵县哑子庵徙居浏阳南乡十三都沙溪柳家巷（即王家屋场）。

浏阳大平桥王氏 始祖儒爵，字邦贤，名胜三郎。至五代能辉，配曾氏，原籍广东惠州府龙川县樟树坪，清雍正年间迁居湖南浏阳县西乡十八都大平桥立业，生子四：子文、子武、子祥、子伟。

浏阳龙驾湾王氏 始祖法展。传至六代彦珑，清雍正十三年（1735），由广东嘉应州河源县篮能都康禾约下遥南山甲安宁寨，迁至浏阳南乡十六都荆坪冷水冲立业。另支始祖东遇公，明嘉靖万历间人。传至十代达贵，字科元，清时由醴东迁浏阳南乡枫林市。

浏阳上洪王氏 该族系出太原王氏，分为性谅公、国赞公两支，皆唐初名相珪公七世孙琮公后裔。琮公于唐末迁居修水，该族奉为一世祖。其二十世孙通公居修水县何市镇大里何家嘴，长子性谦，曾任广东电白教谕，留居何市；次子性谅，于明初自江右分宁徙浏，始迁于邑城，续迁于官渡镇头，终后聚族于上洪。清乾隆中期，琮公二十九世孙、国赞公后裔梁义、材义（二人系堂兄弟）由江西万载白水竹山下迁浏阳上洪文竹石子岭（今田溪村文竹片石子岭组）。性谅公支字派（琮公二十一—三十二世）：“性宁勋用友东国玉兴显应万”。国赞公支字派（琮公二十三—三十二世）：“国应期汝以仁义元良允”。自琮公三十三世起，性谅公支、国赞公支均采用大同字派：“槐庭俊彦，诗礼芳声。中和位育，科第显荣。崇信谟典，贵尚敦诚。龙章宠锡，振耀名宗。光明际会，遇合奇缘。鸾交鹤舞，锦绣庄严。东山安石，北海鲲腾。星罗棋布，亿兆绵联。群沾化日，共乐尧天。”1916 年之前，该族与修水合修族谱。1916 年独立修谱。1993 年与修水、铜鼓等地联动修谱，但未设统一谱局，各地相对独立完成。该族最近一次修谱是 2016 年联合纂修的《太原堂王氏宗谱》和 2017 年编修的《太原堂迁宁始祖王琮一脉志》。该族现当代名人有王首道（新中国成立后任湖南省人民政府主席、交通部部长、中南局书记、广东省委书记）、王一帆（中国农工民主党创始人之一）、王肇勋（著名心脏学专家）等。

浏阳南乡驳夫、碧溪塅、料源王氏　始祖万进，字云鹏，祖居粤东，明万历至清康熙时人。五世孙道英、道康、道卿、道院为驳夫塅支祖，道元为料源支祖。道昌，字安民，为碧溪支祖。

宁乡王氏　该公二十七传至兴、忠、荣、庆、用、贵、爱、显、昂九祖，明初先后迁宁乡。昌公字兴国，国忠公字良佐，荣公字景棱，庆善公字最乐。荣公房居观音石、迎江山，兴国公房居长田冲、流沙河，庆善公房居峡山、压田坝，国忠公房居牛头岭、唐公庙。清同治五年（1866），宁乡、益阳、长沙太原王氏裔孙共三十四房于宁乡大西门内合建总祠，奉该公为始祖，诸别子为支祖，分为郗、邵两房。郗、邵为该公玄孙，郗公传至保忠，分居正、居仁两大支，共二十六房。邵公曾孙著、宰两大支，共八房。其中宁邑二十三支，益邑九支，长邑二支。清康熙五十年（1711），王文清主修宁邑王氏九房合谱，嘉庆十一年（1806）、道光二十三年（1843）、光绪四年（1878）兴、忠、荣、庆四房三次续修。派语：礼乐修明定，湘南世泽长。家邦惟克造，忠孝自堪扬。郅治躬逢盛，中兴运际昌，诗书经济备，励志迪前光。

宁乡茶堂湾王氏　该公二十七派国忠公，字良佐，儒士，明洪武间由江西庐陵栋头迁居湖南浏阳。子朝钦，字饬纲，洪武间由浏阳迁居攸县，继迁宁乡。朝钦之子贵财，字以和，明景泰间迁居于宁益接壤之茶堂湾，传六派衍为万儿、万众、万年、万荣、万华五房。茶堂湾支谱始修于嘉庆四年（1799），二修于咸丰八年（1858），三修于光绪十三年（1887），1914 年四修。派语：（自九派始）礼乐修明定，湘南士业成。本宗延世泽，培植起文英。该族名人：王永章，清同治间官至湖南提督。

宁乡东湖王氏　始迁祖荣公，元末自江西吉水县圳上迁居湖南宁乡东湖符山。四传至澄、清、淮、汶、海，衍为五房。族谱始修于清康熙四十九年（1710），乾隆三十四年（1769）续修，道光六年（1826）三修，同治七年（1868）四修，光绪二十八年（1902）五修，1929年六修。该族名人：王坦修，清翰林院检讨。班次：礼乐修名定，文章泰治开。生逢仁孝世，代毓国家才。彩璧联奎耀，祥麟应凤来。义方垂燕翼，庭桂万年培。

宁乡龙凤山王氏　始迁祖荣公，字景棱，原籍江西吉安府庐陵栋头，明成化间迁浏阳。五派玉和，字贞吉，弃浏迁宁，落业二都龙凤山。清康熙五十年（1711）宁邑九大房合修族谱，嘉庆十一年（1806）荣、庆、兴、忠四房二修，道光二十三年（1843）四房三修，光绪四年（1878）四修，1912年荣房及庆房纲支五修。1943年荣房六修。派语：礼乐修明定，湘南世泽长，家邦崇道德，忠孝纪文章。

宁乡峡山压田坝王氏　始迁祖庆善公，先籍江西庐陵，明太祖时以功授锦衣卫都指挥，卜居峡山压田坝，八传至潮岐、潮峻，开两大房。清康熙五十年（1711）宁乡王氏七房合修宗谱，嘉庆十二年（1807）庆善公房续修。

宁乡铜瓦桥王氏　始祖该公居庐陵，子二：余、肱。余公二十一派孙弼，讳贵，号天相，明洪武时官辽东指挥，为铜瓦桥始祖。其子辅，字翼卿，亦于明永乐间授指挥，同征云南。弼公归镇辽东，辅公封怀远将军，奉旨屯长沙卫，安置宁乡铜瓦桥。清乾隆十一年（1746）建支祠于王家湾阿公岭。十五世孙文清，字廷鉴，雍正进士，任内阁纂修，宗人府主事，奉旨掌教岳麓书院。清康熙五十年（1711）文清纠修宁乡王氏七大房族谱，乾隆三十六年（1771）又修铜瓦桥、石坝、火烧塘三房族谱，道光六年（1826）、同治六年（1867）、光绪二十年（1894）又续修，1931年又修铜瓦桥、株山桥、梅溪滩、油草铺各支族谱。七大房派语：礼乐修明定，湘南泰运开。今逢清鼎位，代毓国家材。世际人文起，源从晋祚来，子孙发千亿，贤仕策金台。

宁乡大冲王氏　始祖该公，十五传至恭公，官岳州，家磊石，再九传至必胜公，字毅斋，官明指挥，由岳州卜居宁乡治西八都大冲。长子彦纹居古塘，次子彦富远徙莫稽，三子彦青无嗣，四子彦铭生志忠、志善，遂开两大房。后人分居于宁乡、湘乡等邑。清咸丰十年（1860）始修族谱，光绪二十一年（1895）续修，乾隆二十五年（1760）建宗祠于大冲田坪滩。派语：必彦志添桑宗庭，明潮正万兴禹芝。英才杰士培前美，敦本循源启后芬。孝友传家同立德，诗书继世共登云。声名远耀酬先泽，台阁宏开翰墨勋。

宁乡乌石王氏 始祖该公，二十三传至用公，字大才，号荣祖，一字光庭，原籍江西吉安府吉水县，明洪武时以宣慰都使司官楚，家宁乡之乌石，后裔分福、祥两房，分布于栗溪乡、塔门泉、益阳之泗海冲等处。至1949年，除徙外省者，约共3000人。清同治十三年（1874）四修，1913年五修，1939年六修支谱。派语：文运人才盛，奎光斗汉堂。葆衷恢世泽，作善振芳声。植树先知贵，魁英实得名。绪从忠厚衍，瑞应集簪缨。

宁乡龙潭桥王氏 始祖该公，二十世孙耀昆、耀光于明初迁居楚南，其子孙三徙至宁乡龙潭桥。1929年三修支谱。

宁乡东仓湖王氏 该公二十五派孙希良，子时遥，字宗文，由江西吉安府庐陵县四十五都安宁里儒行乡栋头保徙湖南善化县玉潭岭滴水步。明嘉靖元年（1522）复徙湘乡十三都状元乡金城里横塘中洲庙蒋家塘。又六传大贵公迁宁乡东仓湖。派语：（自三十一派始）大成庭明德，性道定邦国。承先必修，学业继祖，远振家声。惟其孝友，和顺因之，兰桂增荣。

宁乡殷家冲王氏 该公二十八派孙辑宝公，原籍江西吉水县，明洪武四年（1371）徙邵阳洪仁十二都太阳山下。十二传昌荣，字维奇，徙宁乡二都四区殷家冲。派语：（自四十二派始）崇礼宣盛治，辅佐用忠良，祖德传家泽，宗功裕国光，锡恩增爵禄，载道在文章，承启贻谋远，云昆亿万长。

宁乡浅水湾王氏 该公三十五派显楚公，明季由湖北黄州黄冈县上五冲林倍村迁宁乡西乡三都一区关王滩，后徙居浅水湾。字派：（自三十三派始）儒风显圣子，世代宗枝荣。道德光前业，诗书启后昆。相承垂统绪，克绍锡勋名。庆衍簪缨胄，家恢阀阅声。

宁乡造钟下观台王氏 该公三十二派平绥公，字荣膺，其先十八派子诚公，由江西泰和圳上迁安化资江。二十派仲德迁七星岩。平绥公八子，长仍居七星岩，余随父同迁宁乡九都造钟下观台。字派：（自十五派始）先善友至子，仕仲孟文廷。万生永以用，秉德信元平。仁崇礼可育，中正本和心。亿代资祺寿，亨佳福庆兴。凤宇辉星汉，泷章耀锦城。令名光世泽，禄位自重申。彝鼎铭功远，诗书启俊英。家声传益盛，前武克相绳。

宁乡白羊冲王氏 该公二十二派孙昭洪公，元至正年间由江西吉安府吉水县徙湖南宝庆。三十七派应友公，四子：仕祥、仕相由宝庆武冈陡溪往蜀。仕福由陡溪徙湘乡竹山坳，清康熙四十一年（1702）复徙宁乡三都二区白羊冲。仕相也于康熙末由蜀迁宁乡三都二区老屋山。清光绪五年（1879）续修族谱，1921年三修。字派：（自四十派始）再希昌茂光，裕德显文章。贤良承世业，永远绍书香。

宁乡回龙铺王氏 该公三十派孙诠公，字隆秀，清康熙间由福建汀州府连城县隔川乡甲头村迁宁乡三都回龙铺。字派：（自三十派始）诠国思正道，齐家本孝贞。文运承先泽，修明起世英。

宁乡乌江口王氏 该公三十一派礼堂公，字明高，其先世由江西落业宁乡五都，清乾隆初礼堂公始由五都十四区蓝田坪徙二都八区乌江口。字派：（自三十一派始）礼乐修名定，文章泰治开。生逢仁孝世，代毓国家才。

湘潭三界王氏 始迁祖崇实公以陈友谅之难，元至正十九年（1359）偕其弟崇廉公由江西迁居湘潭三界。江西底定，廉公复返故丘，今居三界者皆实公后裔。明崇祯十年（1637）、清乾隆三十二年（1767）、同治四年（1865）、1937年纂修族谱。字派：兆国朝之远大，光世德以增荣。士庆文明景运，家敦孝友昌隆。

湘潭留田王氏 始迁祖祥公，字子名，行成九，江西吉安府泰和县民籍，明洪武初迁居湘潭县崇岳乡留田。三世景铭公一支大部徙川。清乾隆七年（1742）一修族谱，时人口1490人。乾隆三十七年（1772）二修，时人口2689人。嘉庆九年（1804）三修，时人口3539人。道光二十年（1840）四修，时人口4380人。光绪六年（1880）五修，时人口4746人。宣统三年（1911）六修，时人口4972人。1947年七修，男6009人，女3190人。2013年八修，男12821人，女12866人。字派：（自第十派始）王廷昭世德，继序裕洪昌。孝友家声振，诗书祖泽长。力田崇质朴，登第策贤良。晋宋勋猷重，璠玙永绍芳。

湘潭云湖沙湾王氏 始祖安仁公，明洪武时偕子贡元、汉元、良元，由江西南城县王家村下屯长沙南门外醴陵坡。贡元仍居长沙，良元迁湘乡。汉元讳鉴，于洪武二十八年（1395）移屯湘潭县十二总。故以汉元公为湘潭王氏一派祖。二派祖合舞公，讳庭，徙居城外王即塘。三派祖攸赞公讳天甫、攸龙讳天章，于嘉靖间继徙三十九都云湖沙湾。至五派衍为国、彪、岐三房。族谱始修于清乾隆三十八年（1773），咸丰七年（1857）续修，光绪二十二年（1896）三修，1923年四修。

湘潭泉冲王氏 始祖该公，十七传至辅泰公，元至治三年（1323）由江西安福县金田以举人官善化教谕，卒于官。其子汝砺公，因避徐寿辉之乱而迁居湘潭泉冲（今易俗河大王岭泉冲桂山一带）。后人分布在岳阳、沅江、长沙等处。宗祠在易俗乡桂山。清乾隆十一年（1746）始修族谱，人口352人。嘉庆九年（1804）二修，人口530人。咸丰二年（1852）三修，人口745人。光绪十八年（1892）四修，人口 861 人。1933 年五修，人口 1277 人。

湘潭石浦王氏 始祖该公，十八世士元公，字信六，由庐陵分居吉水，有曾孙五人：瑶、琼、璧、琳、瑯。瑶仍居吉水。琼公，字石成，从明太祖征伐，授都指挥，屯镇湘潭，诸弟皆从徙。琼公开凿石、樊田、梅冲三房，璧公开三门、江东两房，琳公开麦子石房，瑯公开峨雅堂房。族谱始修于明代，清康熙五十一年（1712）续修，乾隆四十三年（1778）三修，嘉庆二十三年（1818）四修，咸丰九年（1859）五修，光绪十八年（1892）六修，1928 年七修。1994 年樊田房八修。派词：裔荣（英）笃本，先德显扬。绍修世泽，俊达廷芳。

湘潭淦田浒涧王氏 始迁祖庆荣公，原姓欧阳，明初自江西庐陵迁此，娶王氏女，遂改姓。今属株洲。1929 年四修族谱。

湘潭云湖王氏 始迁祖仲其公，字亚伯，明永乐二年（1404）由江西南昌丰城圳上徙居潭邑上游四十里许旧三十三都之沙子坝。祠堂在沙子坝。清嘉庆九年（1804）始修族谱，道光二十九年（1849）、光绪六年（1880）、1919 年、2019 年续修。派词：（自十三世始）国世良昌，青紫贻芳。绍承先绪，乃大有光。

湘潭毫光塘王氏 始迁祖本立公，明永乐二年（1404）由江西安福迁湘潭油麻岭。越四传新邦公卜居毫光塘，后裔衍新池、庭池、西池、近池四大房。清康熙五十六年（1717）、乾隆十七年（1752）、乾隆五十七年（1792）、道光二十年（1840）、光绪八年（1882）、1932 年纂修族谱。班派：（自十五派始）乔习吾楚生开正，昭垂世德蔚起大，文家修廷献拔萃，超群敦崇忠孝策，励功勋声显名达，泽厚流芬。

湘潭花石蓝下王氏 迁湘始祖吉公，宋淳熙间由江西泰和圳上迁湖南衡山沙泉。吉公传九代至双朋公，生七子，第六子全文公于明永乐二年（1404）由衡山沙泉迁湘潭黄茅驿，复徙蓝下。明天启四年（1624）始修族谱，清乾隆五十一年（1786）二修，嘉庆间三修，同治十二年（1873）四修，宣统二年（1910）五修，1943 年六修，2008 年七修。字派：（自十三代始）王绍永远昌，本支庆泽长。文章存国粹，孝友肃家常。德沛先人普，才储后嗣良。槐庭留和荫，百世继前芳。

湘潭移风乡王氏 其祖系出太原王氏，明时自太原避乱迁赣州，两代后又迁衡阳西乡。居数世，明成化时东山公又迁湘潭黄龙巷。传至朝侨公，迁石泥塘。朝侨生中傅，中傅生骏，迁长沙，骏生士播，士播生闿运，民国初曾任国史馆馆长。

湘潭大样王氏 始迁祖智高公，明弘治元年（1488）由江西西乡上塘挈眷来楚，落业湘潭原下五都王家山。清康熙时纂有墨谱，咸丰十一年（1861）续修，1943 年三修。同治三年（1864）建宗祠于大样塘。字派：（自第五派始）国恩开世德，继序绍祯祥。孝友培芳本，贤英耀祖光。诗书钦典训，经济裕文章。鼎纪勋猷盛，名传俊杰昌。

湘潭莪洲易家巢王氏 始祖宽平公，讳坦，原籍江西吉水，以乡举仕丰诚教谕。二世求政公，讳柄，明弘治十年（1497）迁湘潭莪洲易家巢。清乾隆十六年（1751）、道光五年（1825）、同治三年（1864）、光绪二十六年（1900）、1942 年纂修族谱。名派：加赐仕三宗，德盛振家庭。敬修开泰运，志学启光明。俊秀文章焕，忠良世代荣。恢宏先绪永，锡庆光耀名。

湘潭霞石王氏 始迁祖冕公，明正德间自江西迁此。清咸丰十年（1860）三修宗谱。

湘潭云湖王氏 始祖世珍，字渊甫，宋中叶因兵乱迁湘，居攸县塞江。至崇德公于明初因兵乱任职长沙。至受袁公，字吴起，于明嘉靖间由长沙迁湘潭七都一甲乌砂塘冲。族人分布于湘潭、湘乡、衡山、常德等处。至 1948 年，已传 18 代，共 2700 余人。宗祠在湘潭一甲云湖。

湘潭淦田王氏 始祖该公，三十五世孙禧孙公，自庐迁居淦田，今属株洲。清光绪五年（1879）重修族谱。

湘潭王氏 始祖该公，裔孙勋公迁居栋头，子孙分为上院、下院两支。始迁祖宓公，出上院支，明时迁居湘潭。清咸丰九年（1859）续修族谱。

湘乡永乐王氏 始祖仝公，五季时征梅山，殉节于安化驿头铺，诏授司徒。其子浚公奉主入湘，浚公之子靖爱鹤山灵秀，遂置业永乐。族人分布于衡、郴、湘潭、宁乡及江苏、安徽、陕西、四川、新疆等处。至 1948 年，已传 40 余代，共万余人。宗祠在湘乡鹤后乡第四保。族谱始修于宋绍熙间，二修于元至正二十五年（1365），三修于明洪武八年（1375），清时又凡三修，至 1933 年七修。该族名人：王以宁，字周士，宋建炎元年（1127）以枢密院编修官出守鼎州，明年由京西制置使升显谟阁学士。善作词，风格近贺铸。有《王周士集》行世。王容，字南强，宋淳熙十四年（1187）中进士第一名，官至礼部侍郎，有《王光禄集》传世。派语：（自二十三派始）礼乐诗书，忠孝相承。英贤发祥，源绍庭宗单。国正明安，万世昌隆。德业开先绪，文谟启后昆。修齐平治备，禄爵在其中。根本由江右，人才毓上湘。勋名垂竹帛，冠冕耀槐堂。

湘乡苏塘王氏 该族原籍江西吉水县，宋时敏公为抚州府乐安县教谕，卒于署，子孙遂居乐安县安乐乡提扬保。始迁祖祖贵公，元至正间迁居湘乡苏塘。清乾隆三十四年（1769）、同治九年（1870）、1930年纂有族谱。旧班：祖国太平安，世兴万载昌。仁义加增志，永代绍书香。（祖国太平安，仲修福庭元。正俊英正德，永代绍书香）。新班：孝友承先训，诗礼启贤良。文才济南楚，道学冠涟湘。

湘乡荷塘王氏　始迁祖桂魁公，由苏吴而仕咸宁，元末隐居湘乡荷塘。清乾隆元年（1736）、乾隆四十五年（1780）、嘉庆二十二年（1817）、同治四年（1865）、光绪二十六年（1900）、1927年、2009年七修族谱。班行：（自六世始）大朝必定显公卿，文武耀联振国成。德业光明垂泽远，兴宗缵祖乐昌荣。

湘乡苍柏园王氏　一派志春公，字公选，行兴二官人，原籍江西南昌府丰城县圳上，值元季徐寿辉之乱，弃产抱器避游南楚，卜居湘潭石潭。五派添芳，字托山，号济川，别号道正。由湘潭石潭又迁湘乡万家墩。清康熙四十二年（1703）、乾隆四十三年（1778）、同治二年（1863）、1913年纂修族谱。班序：志礼玘世添朝，我岐学之昌。光宗维迪德，秉正启贤良。湘衡培元运，作述焕典章。矩矱由前范，衣冠裕后康。

湘乡叠禄冲王氏　始迁祖制远公，字文征，元末明初自江西迁居湘乡迎恩一坊叠禄冲。清乾隆四十八年（1783）、道光二十三年（1843）、光绪十年（1884）、1929年纂修族谱。字派：制惟宗本，茂廷兴太。承祖光显，荣锦敬信。克绍先泽，永远家声。崇善迪哲，达德立诚。诗书礼乐，忠恕质文。门闾昌炽，世代隆平。

湘乡桑枣园王氏　始迁祖荣忠公，明洪武初年自江西凤凰山迁此。1930年纂有族谱。

湘乡湾头王氏　始祖宗显公，元末官金华知府，明初升授江西抚州府，卒葬抚州。生有四子：世余任衡山令，世贵官武冈州，世庆无传，世明于洪武二年（1369）任湘乡教授，卜居二十七都湾头，派衍海、荣、华、聪四房。族谱始修于清康熙三年（1664），续修于乾隆八年（1743），咸丰九年（1859）三修。班行：世恩自有庆，文廷显正元。寿禄于天（兴起祖宗）佑，百代永祯祥。

湘乡品泉王管王氏　始祖该公，唐末自蜀迁江右，其九世孙俊、吉。俊公裔至十六派万禄公，于元时因致仕来湘，卜居湘乡城南三眼井，因地名品泉王氏。吉公裔至二十三派千隆公，字添仲，于明洪武二十八年（1395）卜居湘乡县四十都大屋湾富公车，今属娄底万宝。千五公、托湖公也于明时接踵来湘乡，分居于尹家湾、托里子等处，因富公车、尹家湾、托里子三处皆王氏管业，因名“王管”。族谱始修于清乾隆九年（1744），嘉庆二十一年（1816）续修，同治八年（1869）三修，1916年四修，2004年品泉五修。总祠在县治南正街。王管王氏千禄房下十七世孙王昭兰，又名廷钧，字子芳，妻秋瑾。班序：庆绍家学文，开朝世代远。冠冕昭德孝，纪纲守先典。时逢雍睦化，运际承平显。仁让笃宗亲，贻谋宏其善。

湘乡横塘王氏 始祖仲舒公，唐中叶迁居庐陵。始迁祖法宗公，于明时自江西安福百丈迁居湘乡官埠桥。再迁祖帝玺（法宗之孙）自官埠桥迁邑城小南门横塘。后裔分为两房：八世乘龙，字海宇，建支祠于石咀村石坳。汝龙，字化宇，建支行事石咀黄龙吐舌。清道光元年（1821）、咸丰八年（1858）、光绪十二年（1886）、1930年、2010年、2021年纂修族谱。字派：国正天心运，宗开诗礼传。济时邦柄重，举步汉南专。德义思遵训，声名乐启贤。槐庭培养久，嘉荫振华年。该族名人：湘军将领王鑫。

湘乡荆薮王氏 始祖该公，传至二十六派袭洪，明时自江西庐陵栋头迁居湘乡荆薮。至三十三派蒂珍，行三，于清时卜居坳头。1942年蒂珍房八修支谱。旧派：大成庭明德，性道定邦国。宗孔孟诗书，绍文武谟烈。新派：承先必修学业，继祖远振家声。惟其孝友和顺，因之兰桂增荣。

湘乡潭市王氏 始祖祐公，宋太祖时晋国公，为迁汴始祖。传四世至太常正卿巩公，为迁杭始祖。至十世祖积翁公，为迁苏始祖。又越八世至志文公，讳兆培，原字志南，性好山水，遍历南省，始客沔阳，继寓湘潭，明弘治间卜居湘乡潭市，子四：长子在斌居沔阳，次子在珊无传，三子在敬、四子在钦守庐墓。族谱始修于清康熙二十年（1681），嘉庆二十四年（1819）续修，咸丰八年（1858）三修。宗祠在潭台，建于嘉庆二十四年（1819）。班行：志在廷献，以时昌大。尚仕国别，永膺康泰。宗泽祐隆，道远显达。诗书代兴，德行思赞。

湘乡安乐王氏 始祖该公，二十七世孙庆守，讳守，字尔道，号信庵，行十四，明朝中叶由江西庐陵县四十五都儒行乡栋头村迁居湖南湘乡县治北七十里弦歌乡（今金石镇）安乐山。庆守公生二子：长子怀吴，开新伯、文伯、凤伯三房。次子省吴，开宪寰、定寰、遇寰三房。清光绪三十三年（1907）七修族谱，1929年八修，2007年文伯房九修。班词：诗礼传庭训，经纶耀国光。勋猷昭晋盛，道学绍明芳。该族名人：南宋状元王容。

湘乡崟塘王氏 始祖该公，传二十四世至诚物公，明时由江西庐陵迁居湘乡县崟塘，生四子：长子攸积居宁乡之火熵，次子攸芳徙安化之蓝田，三子攸卓仍回庐陵，四子攸赞世居荃塘。清嘉庆八年（1803）湘乡、宁乡两支合修族谱，咸丰九年（1859）、宣统元年（1909）湘、宁、安化三支续修。总祠在荃塘，建于乾隆四年（1739）。老班次：大诚庭明德，性道定邦国。新班次：承先必修学业，继祖远振家声。惟其孝友和顺，因之兰桂增荣。

湘乡虞塘王氏　始祖汉忠公，其长子文福由浏阳迁居湘乡大村李家湾。文福公第三子自元，字添泰，迁居长沙。再传至仰文公，转徙于湘乡六都虞塘市。清光绪二十六年（1900）续修支谱。旧班：斯文自源单，百万兴世代，千载永昌隆。新班：诗礼传庭训，经纶耀国光。勋猷昭晋盛，道学绍明芳。

湘乡道塘王氏　始迁祖智明公，字博学，太学生，明正德二年（1507）由江西吉安府庐陵县方谷乡迁湘乡五都道塘。清乾隆三十六年（1771）、道光三十年（1850）、光绪十三年（1887）、1920 年、1942 年五修族谱。派序：智尹万时金。应泰先世贤，荣盛福泽联。昌隆支本定，作述代相传。

湘乡同凤里王氏　一世祖万庄公。十五世大椿公兄弟九人清顺治间由衡阳渔溪迁居湘乡同凤里。清乾隆四十一年（1776）、同治七年（1868）、1921 年纂修支谱。字派同衡阳渔溪王氏。

湘乡山涛王氏　迁湘始祖受禄公，原居江南常州无锡县枣子巷柳树坪，明初从军，子恩作，从征武冈铜鼓卫，遂居武冈石浪、石屋山。十世永福公，生世选、世贡，清顺治十年（1653）自武冈石屋山迁居湘乡梓田。清雍正二年（1724）、乾隆五十七年（1792）与武冈总祠合修墨谱，道光二十八年（1848）、光绪二十一年（1895）、1941 年、2005 年湘乡续修。班次：受恩锡道祖朝廷大梦，永世德尚，宏才再展，光荣绍先，贤良敏惠，万代振兴。

双峰梽木双江王氏　始迁祖大能公，元至正四年（1344）由江西吉州泰和十五都五甲陇头冲银圳上迁湘乡梽木山双江口，今属双峰。清乾隆十四年（1749）、道光十年（1830）、1912 年纂修族谱。班序：大必重源，有庆至诚。再兴万代，显祖荣宗。安邦定国，世远偕昌。传家之道，忠厚俭勤。敦本笃学，蔚起鸿文。景仰先哲，克绍前勋。

双峰牢田王氏　始祖季十公，元至正间由江西吉安府安福县徙居湘乡牢田黄塘坪，今属双峰青树坪。族谱创修于清乾隆二十年（1755），1918 年续修，1997 年三修。宗祠建于高召。该族十六世仁兴，曾与罗泽南、刘蓉等共办团练。1997 年三修族谱时人口 8701 人。编排：添元用羲祖，承显立铉宗。忠孝守仁义，安邦定太平。世业绍前德，诗书裕后昆。修齐为国本，名教耀芳声。

双峰泉塘王氏　始祖该公。十九世孙士元，子二：与兴、与斌。与斌，字汝需，后裔徙江南。与兴，又名得仲，字汝霖，元至正二十四年（1364）调岳州卫，又签调广西桂林中军卫，明洪武元年（1368）解组，由江西庐陵县迁湘乡甘棠冲，原名泉塘，今属双峰，生六子衍为六房。族谱始修于清道光十四年（1834），1917年续修，1998年三修。宗祠于1912年建于圳上神冲口。旧班：得云应文治，辉玉兆嘉祥。继绪家声远，贻安世泽光。续班：维新昌运祚，正叙厘纲常。佑启芳馨蔚，宗支衍豫湘。

双峰同德王氏　迁湘始祖橘甫公，元末自江西安福县金田迁居湖南浏阳菜花山。越四世至汉忠公，讳斯愉，于明洪武十七年（1384）携子文福、文礼由浏阳迁居湘乡同德大村李家湾（今属双峰县），后福公居水口，礼公裔迁居梓田。宗祠在水口。族谱始修于清康熙三十九年（1700），乾隆二十五年（1760）、嘉庆二十五年（1820）、道光四年（1824）、光绪四年（1878）、1929年、2013年续修族谱。班词：斯文自源单，百万兴世代。千载永昌隆，运际升平会。正道翼三才，逢福齐六合。作述承天佑，忠良宏祖泽。敦伦全大义，雍睦在同德。修身崇儒学，孝友生贤哲。

双峰鞋定王氏　始迁祖必富公，行念九郎，江西庐陵人，明初来湘南二十八都四甲鞋定（今属双峰县）立业。嗣子显通之子师海世居鞋定，生友琥、友珀、友珪。珀房乏嗣，珪房子孙星散，惟琥房聚族于斯，衍为爵、受两大房。族谱始修于清乾隆十二年（1747），光绪二十六年（1900）续修，1942年三修，1996年四修。班排：文达必显，师友欣从。庭庆元福，国代平安。光大惟学，佑启宜良。德修志尚，世守永昌。忠孝绍前哲，诗书裕后昆。

双峰铃山阴山冲王氏　始迁祖崧卿公，明永乐四年（1406）由江西吉安安福县百丈迁官埠桥，后转迁于此，又称横塘王氏。

双峰湖江边王氏　始迁祖修庆、修应，原籍江西吉安，明弘治间迁居湘乡二十九都廖家冲湖江边，今属双峰。清乾隆三十四年（1769）始修族谱，同治九年（1870）续修，1929年三修，1996年四修。原班：修福庭元，正俊英世德，昌为善顺天。旧班：修福庭元，正俊英世德，永代绍书香。孝友承先训，诗理启贤良。文才济南楚，道学冠涟湘。

醴陵湖头塘王氏　始祖必贤公，字仁翁，号石屏，江西吉安府安福县涪源人。长孙存忠公，元末明初由涪源迁居醴东枧头洲，以后至七世贵本公又徙湖头塘。清乾隆三十九年（1774）、咸丰十一年（1861）、光绪三十二年（1906）、1943年、2017年五修族谱。字派：世有哲士邦家之光，永怀先德克绍其芳。

醴陵湖头塘王氏　始迁祖安南公，明洪武初年自江西安福迁醴陵湖头塘。

族人分布于泗汾、黄田。至1948年，全族人口约2000人。

醴陵攸坞王氏 始祖祐公，字景淑，宋兵部侍郎，封晋国公。十一代闻銮公，元顺天府丞，因乱于元至正二年（1342）由江西南昌徙居湘阴，安插营田，生万璧、万鼒、万宗。万鼒生仲寅，仲寅生国垣，徙居醴陵。清乾隆六年（1741）、嘉庆十五年（1810）、咸丰五年（1855）、1913年、1943年纂修族谱。祠联：系出太原明德远矣，祥开攸坞继序皇之。字派：梦日则志，仁政治世。树业垂来，受先之祜。会际风云，鸿飞鹤举。大振家声，燕喜吉甫。

醴陵南城王氏 始迁祖安仲公，字培厚，号植斋，明洪武初自江西安福金田迁居醴东左埠，尔后定居南城二圣桥。清乾隆十一年（1746）合族建祠，析上坪、西林、双滂、湖下四大分。清道光元年（1821）始修族谱，咸丰十年（1860）续修，光绪二十三年（1897）三修，1937年四修。1995年五修时已递传28代，人口15000余人。分布于北乡上坪冲、南乡西林、西乡双滂。派名：安志斯南，英才世第，堂允廷绍，国之嘉士，近添子光，荣昌大启，邦家显扬，礼崇先正，祖德舒长，鸿图克振，槐树腾芳。

醴陵黄谷田王氏 始迁祖文渊公，明洪武初年自湘潭迁醴陵黄谷田。族人分布于深坑。至1948年，全族人口约1000人。

醴陵泗汾髦坪王氏 始迁祖宽公，字彦忠，号大彦，明洪武间由江西吉水奉授巴陵郡司铎，挈眷赴任，道经醴陵，适兄贞公摄醴篆，邸宿不幸疾作而卒，其子完略兄弟四人落业于此。后人分布于髦坪、荷塘、罗村等处。至1948年，已递传24代，共1500余人。宗祠在髦坪。

醴陵横塘基王氏 明洪武初年自江西萍乡迁醴陵横塘基。至1948年，全族人口约1000人。

醴陵大西滩王氏 始迁祖贵清公，明永乐初年自江西庐陵迁醴陵大西滩。族人分布于南乡塔下、青泥湾。至1948年，全族人口约900人。

醴陵金桥湾王氏 始迁祖宪公，明万历年间自江西安福迁醴陵金桥湾。至1948年，全族人口约2000人。

醴陵王家湾王氏 始迁祖建宇公，明万历间迁醴陵王家湾。族人分布于攸坞、茶坑。至1948年，全族人口约500人。

醴陵化仙桥王氏 始迁祖梦熊公，明万历间自湘阴迁醴陵化仙桥。族人分布于船湾、豆田。至1948年，全族人口约600人。

醴陵卸甲山王氏 始迁祖立德公，明崇祯初年自常熟迁此。至1948年，全族人口共100人。

醴陵小林桥王氏 始迁祖天隆公，原籍江西吉安府安福县新乐居，明崇祯间率子作人徙居湖南醴陵东乡十一都小林桥。至1948年，全族人口约60人。

醴陵普口市王氏 始迁祖茂卿公，明崇祯初年自江西南昌迁醴陵普口市。族人分布于峤岭。至1948年，全族人口共621人。

醴陵小洞塘王氏 始迁祖应章公，明崇祯末年自江西泰和迁醴陵小洞塘。族人分布于五里牌。至1948年，全族人口约4000人。

醴陵鳌仙王氏 始迁祖启所公，清顺治初年迁醴陵鳌仙。族人分布于西林、泗汾及江西萍乡。至1948年，全族人口约5000人。

醴陵蔡家坊王氏 始迁祖荣槐公，清顺治初年自江西吉安迁醴陵蔡家坊。族人分布于冷水坑、李家山、黄家垅。至1948年，全族人口共204人。

醴陵塘冲王氏 始祖儒辅公，字福恭，一字莲塘，明弘治嘉靖间人。其孙兴凤，字楚江，一字仪亭，由湖南善化永康乡徙居浏阳西乡枨冲。兴凤长子一登，字仁所，邑庠生，清时由浏西徙居浏南太平乡居义里麦庄保。应章，字君美，为一登三子，清康熙年间由浏南麦庄保徙居醴东依仁里塘冲落业。

醴陵塘冲王氏 始祖景玉公，明正德五年（1510）生。传至七代仕英、仕美兄弟，自江西赣州府龙泉县王家屋场同迁醴东十三都塘冲丁家山开基立业。

醴陵白市荷花台王氏 始祖儒宗公，字起晋，原名起林。至四代以锡，字乾初，清康熙初年由江西省吉安府吉水县同水乡臻善里谷平保五十八都迁居醴陵县东乡崇仁里。

醴陵唐家坊王氏 始迁祖振纲公，清康熙初年自广东龙川迁醴陵唐家坊。族人散居萍乡。至1948年，全族人口共170人。

醴陵观口王氏 清乾隆间自江西萍乡迁观口。至1948年，全族人口约300人。

醴陵尚堡牛冲王氏 始祖应所公，字淮川。至七代宗清公，清乾隆初年由祖居攸邑北乡湖头龙船金山迁此。

醴陵四十八坡王氏 始祖湛公，明崇祯时人。传至五代以瑛，由广东迁湖南醴陵东三区十三都铁坡开基创业。

攸县陂下市王氏 始迁祖文卿公，明初自江西安福县迁居攸县北乡陂下市。

攸县安四乡王氏 迁湘始祖寿公，字永隆，明初随父兄自江西安福县金田徙湘衡山县城四乡，卜居衡山汉塘石冈坳。传至十一代孙万兰公，字祥楚，明中叶由汉塘徙居攸县安四乡。族人分布于夏泉、圳下等地。至1948年，已传22代，共千余人。

衡阳渔溪王氏 湖南王氏多派衍太原，该支系出瑯琊。鼻祖万庄公，字敬斋，宋初人，原籍真定府灵寿县，以进士官邵阳令，与弟万滨、万韬同至衡阳。万滨居清化乡沙塘，万韬居怀节乡叶荷坪，万庄居长平乡渔溪。北宋嘉祐六年（1061）四世祖永贤始修家谱，南宋宝庆元年（1225）二修，元延祐三年（1316）三修，元至正四年（1344）四修，明正统十一年（1446）五修，成化七年（1471）六修，万历三十四年（1606）七修，清康熙元年（1662）八修，雍正六年（1728）九修，乾隆五十九年（1794）十修，道光六年（1826）十一修，同治四年（1865）十二修，光绪二十六年（1900）十三修，1938 年十四修族谱。字派：志定绍万载，邦永思卿德。宗原仕伯添，文世大梦宁。朝端启嘉庆，俊秀继芳诚。一元余运会，安本乐宽平。厚道传先训，显扬集国英。昌隆才必贵，顺迪吉恒盈。承祖联科第，崇儒肇盛名。楚良开泰景，远代信光亨。

衡阳三湖王氏 始祖应贤公，原籍江西安福金田村，宋末官于楚。三月挂冠归里，尝南望移情，有《寄怀洞庭》句：翠箦栖丹翮绿波，储素鳞盖不忘岳。爰命子少怀携眷卜居衡阳三湖町。少怀生本立、本成，本成赘出唐姓。清乾隆十八年（1753）、嘉庆二十二年（1817）、同治五年（1866）、光绪二十八年（1902）、1943 年、1999 年、2011 年纂修族谱。班行：少本宾学宗，必茂世代友。仲仁天百福，惟思万朝兴。远大延先德，明达昭继光。积庆崇式序，元会永嗣昌。

衡阳邗江王氏 先世居江南邗江高邮州打鱼村。邗江又称广陵、江都，今属扬州。鼻祖仲一公，从明太祖渡江，功授山东青州左卫正千户。二代成公，从明祖南下，升衡州卫指挥同知，乃宅于衡，为迁衡始祖。十一世王夫之，字而农，号姜斋，明末清初著名思想家。清康熙四十四年（1705）始修族谱，乾隆四十五年（1780）续修，道光六年（1826）三修，同治五年（1866）四修，1917 年五修。字派：（自十三代始）生永嘉承世德传，勋庸著述启长源。吉人待守循斯志，武业文光嗣祖先。

衡阳王氏 一代敬公，盛京锦州人。明洪武五年（1372）授护卫指挥使，八年调衡州卫，世袭，籍衡。1922 年四修族谱。班次：高仰祖恩光，三体国运康。天心福善士，余德庆永昌。忠孝家声远，诗书世业长。人文欣蔚起，蕃衍大宗潢。

衡阳松泉王氏 始祖暹公，原籍南京镇江府丹阳县瑯琊村，明洪武十五年（1382）任衡州卫前所指挥，屯种于衡阳县政义乡排冲。二世铭公，袭职，阵亡于北京真定府藁城。三世贵公，复任衡州，六子：谦、诚、谏、谅、议、证，惟诚、证分衍排冲、班乐园二地。清乾隆六年（1741）始修族谱，乾隆三十六年（1771）、嘉庆九年（1804）、道光十七年（1837）、同治九年（1870）、光绪二十七年（1901）、1936 年、2003 年续修。嘉庆间建宗祠于松泉山。班次：一国元德，立朝硕辅。克振宗功，允绳祖武。世运光昌，贤才选举。登用在廷，显扬期汝。诗礼传家，文明启宇。厚福同膺，深仁代著。庆典常昭，承恩有序。于万斯年，受天之祜。

衡阳银溪王氏 始迁祖青山公，原籍山东莱州府胶州和名乡七溪社人，敕赐世袭昭信校尉，明洪武间宦籍来衡，开基于银溪。清乾隆三十六年（1771）、道光八年（1828）、咸丰十一年（1861）、光绪二十三年（1897）、1928 年、2012 年六修族谱。字派：青友贵瑛单单单梦乔长单。嗣洪开万世，积善绍前修。孝敬家之宝，忠贞国大猷。永怀高厚德，用作燕贻谋。

衡阳东阳里王氏 肇基祖廷珪公，号庐溪。三世仲一、仲五两公，由原籍江西吉安府永新左家村因贸易迁衡山紫界乡。仲一生可远，仲五生可旺，从明太祖征，因功分垦衡阳屯田，遂落屯于东阳里。清乾隆十三年（1748）、嘉庆十一年（1806）、1931 年纂修族谱。排行：发祥庐溪公，廷宽仲可得。如文志延世，大本朝元国。兴邦定一言，立政宣三德。忠孝承先绪，诗书启后贤。

衡阳王氏 一代始祖浔公，原籍江西安福县义丰乡怀德里，宋咸淳间任高安县，葬于任所。生子必安、必宁。必安徙独城，必宁徙新建失传。必安裔十一代孙锡照，明正德间迁湖南宝庆，转徙衡阳长乐。十二代孙宗惠，明嘉靖间迁湘乡七帐。十三代孙一鋆，明崇祯间迁衡阳重江。清嘉庆二年（1797）、同治七年（1868）、光绪三十四年（1908）、1939 年四修族谱。班联：（自第八代始）文任自锡宗一国应绍邦有家学尊上元扬继先承绪振代。修其孝友，训本义方。富贵利达，正大亨光。

衡南沙塘王氏 迁湘始祖绍冕公，宋初由河北真定出仕湖南邵阳县令，卜居衡阳南乡，生三子：万庄开宗渔溪，万滨开宗沙塘，万滔开宗怀节荷叶坪。清顺治十六年（1659）、康熙元年（1662）、乾隆四十八年（1783）、道光二十三年（1843）、光绪三十年（1904）、2008 年纂修族谱。派语同衡阳渔溪王氏。

衡山荆花桥、宝米洲王氏 一代祖德载公，抚州金溪人，唐末任江西吉州刺史，留居安福金田。十二代应初、应东，子孙派分衡山十大房。其中二十代嘉公，字嘉谋，明洪武初迁居衡山湘东荆花桥。常公，字其五，迁居衡山宝米洲。清康熙二十四年（1685）、雍正九年（1731）、乾隆二十五年（1760）、乾隆四十九年（1784）、道光二年（1822）、咸丰七年（1857）、光绪十年

（1884）、1921 年衡山王氏纂修通谱。1942 年荆花桥房八修支谱。其时男丁 488 人，女丁 264 人。2003 年宝米洲房八修支谱。班行：绍书香在德，光代绪惟贤。孝友承先志，忠良继祖传。

衡山王氏 始祖文贵公，任明四川宣抚司。子福兴公，奉母迁衡。福兴生铎公，铎公生石峰、竹山二公，开白云、沙泉两房。清光绪十年（1884）六修合谱，1914 年、1944 年续修。沙泉房字派：绍书香在德，光代绪惟贤。孝友承先志，忠良继祖传。白云房字派：桂向阶前馥，兰从苑内馨。栽培真笃厚，枝叶自长青。

衡山新桥治坪王氏 始迁祖祥、华、衡三公，元末明初自江西吉安泰和县先后徙楚之湘潭十五都。祥公居湘潭留田。华、衡二公居湘潭龙口，明洪武二十二年（1389）再迁南岳山后之衡山新桥治坪，分居治坪月形山和黄泥町。清乾隆五十六年（1791）倡建祠修谱，嘉庆五年（1800）、咸丰五年（1855）、光绪十一年（1885）、1914 年、1946 年、2017 年续修。曾麟书、曾国荃、曾广钧分别为三修、四修、五修作序。世派：（自第十派始）王廷昭世德，继序裕洪昌。孝友家声振，诗书祖泽长。力田崇质朴，登第策贤良。晋宋勋猷重，璠玙永绍芳。

常宁王氏 始迁祖应寿公，原江西泰和人，值元末兵乱，避居衡山草市。洪武初委受千戎，为户长，以本职移镇常宁，因隶籍常宁屯大堡。弟梓寿，仍居草市。清乾隆四十三年（1778）、嘉庆二十四年（1819）、咸丰十一年（1861）、宣统元年（1909）、1948 年、1995 年纂修族谱。班辈：云民元祚化，天朝宗祖永。世代承先德，家声振楚邦。孝友贻谟善，诗书锡庆长。裕后勋功著，光前事业彰。

常宁弥勒王氏 始祖松公，行万五郎，江西泰和鹅颈圻人。再传至应受公，明洪武二十四年（1391）以茶陵卫伍参军奉调常桂隘口，卜居弥勒。清乾隆五十六年（1791）、道光三年（1823）、光绪二十年（1894）、1925 年纂修族谱。班次：希大国加仲，守祖定安康。元明贻世泽，忠孝振纲常。

安仁新渡洲王氏 籍祖迪吉公，原籍北京真定府。长子光党，封武德将军，明初授衡州卫镇抚，建阃安城之北北营司。五世孙元可，由城北徙居新渡洲，衍金、球、恭三房。明正德二年（1507）始修族谱，嘉靖三十八年（1559）二修，三、四修不详，清乾隆三年（1738）五修，乾隆五十六年（1791）六修，道光十年（1830）七修，同治八年（1869）八修，1915 年九修，1942 年十修，2008 年十一修。排行：数传名宰相，辅弼致平章。槐树恒成瑞，梅花益自香。

根深征叶茂，源远见流长。

邵阳田庄王氏 先世南宋咸淳五年（1269）由江西安福徙邵阳，居大东乡孟公坡。其后伯三始居田庄，后卜居富阳二都紫云观下江边。仲三始居桥头。叔三居邑东。后人分布于邵阳郊区、邵东一带。1933 年五修族谱。世次：世际元亨泰，绍宏烈祖芳。敦穆仁维厚，时逢瑞吉昌。彝伦承典则，德礼振书香。

邵阳皮林王氏 始迁祖子元公，字廷魁，元至大元年（1308）携子惠政、惠德由江西泰和迁居邵东中乡里皮林桥南阿殿。清乾隆四十七年（1782）、光绪十七年（1891）、1924 年、1994 年、2008 年纂有族谱。旧班：子惠玉（宗）天（世）才，景时祖定兴。日永正大明，国泰贞祥美。新班：忠厚贻基盛，慈和继序长。先猷勤似续，万载迪前光。

邵阳龙口井王氏 始祖成公，原籍扬州，元至正间从明太祖征，累功至御前指挥，任宝郡，因家于郡城内龙口井。生子贵、真。清道光二十年（1840）、光绪三十三年（1907）、1993 年纂修族谱。贵公房旧班：（自八代始）大朝仲宗祖，世代荣昌，楚文章华。真公房深公柱旧班：（自八代始）继学国正大，光承祖德，兴贤佐圣。真公房洁公柱旧班：（自八代始）祖惟重爱一，世代荣昌，兴贤佐圣。合班：（自二十一代始）作述宏先业，人才立纪纲。子孙延泽永，忠孝绍前芳。

邵阳槎江王氏 始迁祖法寿公，字中阜，号国辅，明洪武间进士，升北京工部郎中，左迁四川参政，系江西吉安府庐陵县连岭东房，迁居宝庆梅塘。1947 年三修、1992 年四修族谱。班次：（应荣、应富公房）法原应汝义，通思文廷朝。仲大登国正，钜济荣耀在。（祖贵、祖林、祖荣、祖秀公房）法原祖志春，仁才廷仲兴。继宗承国太，永正万年亨。续派：庆延沾前德，观光冀后昆。祚泽绵湘邵，修齐颂治平。

邵阳王氏 始祖德载公，任吉州刺史，卜居金溪。五世定国，为南塘派祖。经国，为东山派祖。南塘十八派大仁、崇鉴，仁裔二十派仕美衍化、河两房，时美衍宣房。崇鉴生益中，益中生乾，乾生震。仕美公明永乐时由江西吉水迁居衡阳县。化公又迁邵阳。清嘉庆十二年（1807）、同治九年（1870）、1928 年邵邑化、河、宣、震四房纂修族谱。班行：化庭芠尚日，慕尧舜德泽。英雄朝显祖，永远贻典则。正治民安泰，念源诚志兴。世守修先绪，长体敬爱心。宗祠在邵阳东乡斫坛。

邵阳金田王氏 始祖德载公，讳顺，唐进士，任吉州刺史，卒于官，二子兴周、兴齐徙居安城金田。清同治六年（1867）、宣统三年（1911）、1941 年邵阳金田后裔各支纂修族谱。

邵阳易田王氏 始迁祖友公，北平府妫川州人，授宝庆卫百户。孙渲公，亦授百户，后辞职居小东路易田。

邵阳高城村王氏 始祖万二十五郎，居衡阳县金兰。子山蟾，始居邵阳县太平一都高城村。

邵阳县街王氏 始迁祖凤禄公，河南祥符人。清顺治八年（1651）从续顺公、沈永忠至宝庆，因居邵阳县街。

邵阳曹婆井王氏 始迁祖寅公，清康熙初由河南归德府宁陵县携仆来邵，因道梗难归，卜居城东门内曹婆井。

邵阳大田王氏 始迁祖乾公，自江西迁宝庆城东，其子庚公复迁邵西桥头村。

邵东王氏 鼻祖充俊公，原籍江西安福县兴德乡，明时偕弟充耀、充绪、充玺迁居邵东。俊公居万安蓼叶山，耀公居安上五泉塘，绪公居万安柳基塘，玺公居万安蒲塘冲。清道光十年（1830）、光绪二十五年（1899）、1932年、1986年纂修族谱。俊房班排：充显顺绍时，明文学（国加）本源。清吉世代荣，昌定毓邦彦。孝友光先业，诗书贻后贤。绪房班排：充显顺绍时，明文学本源（宗德大世第）。清吉世代荣（永泽兴代荣），昌定毓邦彦。孝友光先业，诗书贻后贤。玺房班排：充显顺绍时，正国文学才。德泽兴仁义，昌定毓邦彦。孝友光先业，诗书贻后贤。

新邵北路王氏 始迁祖文瑞公，明代自江西安福迁邵。其孙大杰居北乡上三溪。大任徙居县城北钟楼边，其子承贤迁隆回一都，次子迁小水庙，后世又迁白莲江、蔡家庄。

隆回隆治王氏 第一代盟盛公，原籍江西吉安府吉水县三十八都秀溪冲柳家村，官任重庆知府。第三代添骥，元大德三年（1299）始籍邵阳县隆回。第四代衍为荣、华、富、贵四房。清康熙三十九年（1700）始修族谱，乾隆元年（1736）续修，嘉庆二十年（1815）三修，同治九年（1870）四修，1932年五修。总祠建于隆治乡鸟树下。三修时以宋晋国公之曾孙大理寺评事明远为宝庆诸王始迁之祖，五修时认为明远为宋代巨室世家，贵盛无比，又为内廷职官，何以于神宗安乂之时越居蛮烟榛莽之域，故五修仍以盟盛为第一代，盟盛以上不再稽考。至1948年，后裔共6万余人，分布于水西洋、古村、元古坳、雨伞铺、磨阳、柘田、龙潭及新化、武冈、溆浦等地。班次：盟光添万祖，良才文思廷。秀清希国正，世代守乾坤。祥云调化育，师闻有道周。鸣凤维景德，本立学实优。迪前恢令绪，齐治永新猷。忠孝贻谋远，蕃昌厚泽留。

武冈牛栏山王氏 始迁祖明运公生崇伯，崇伯第四子正信，原居隆回四都，宋光宗绍熙间镇守保靖卫。正信生子远，子远戍守江西铜鼓卫。延至十二世复清，明正统二年（1437）自江西迁武冈牛栏山。2015 年纂修族谱。字派：忠孝承家训，兹惠征瑞芳。岐晋宏基业，汉唐显篇章。

武冈罗团村王氏 始迁祖荣叟，江南人，明弘治中徙武冈。

洞口王氏 谱称始祖明远公，北宋元丰八年（1085）由江西迁湖南潭州，其裔孙性还、复清、复深、万贵、巽权、英爵于明宣德、正统年间定居三阳、岐石、栗山、岩山、江潭、三元塘等地。多分布在毓兰、秀峰、江潭等乡镇。

新宁洞头乡王氏 始祖明远公，祖籍江西泰和县，宋时迁长沙，复迁邵阳，再迁新化。明代，后裔权公迁新宁县洞头石门，雄公迁堆上。

新宁盆溪王氏 始迁祖珉公，祖籍江西庐陵县，明洪武年间迁此。

新宁温塘王氏 始迁祖万寿公，祖籍江西，明洪武年间迁此。

新宁白云乡王氏 始迁祖景文公，祖籍江西泰和县，明永乐年间迁新宁县军田，后迁白云乡油马村。

新宁栗叶王氏 始祖仲甫公，祖籍江西庐陵。明正统年间，其四世孙绍郁携弟绍清、绍荣迁此。

城步王氏 始迁祖光喜公，南宋淳祐二年（1242）由江西泰和县十万圳头徙靖州绥宁县，十二年（1252）移居城步隘头，后落居冷水坪。后人分布于白云洞、金水、儒林镇等乡镇。

城步千户王氏 始迁祖洁公，一说浩公，山东宁海人，授靖州卫正千户。明弘治十四年（1501）调守城步，其后居崇礼坊。传至家宾公，骤致富厚。族人居小清溪。

城步千户王氏 始迁祖麟公，江陵人，授靖州卫副千户，明弘治间调守城步，其后居金城坊。族人分布于城内外大街、隘头等处。

岳阳王氏 原籍江西南昌府新建县铁树观双井巷，明时洪升公六郎随兄谷兴公二郎因宦游南楚，迁居巴陵。谷兴公定居新墙板桥坊，洪升公定居王桥坊。1990 年五修族谱。旧派：宗志念庭朝，伏胜大嘉启，仁裕光先祖。新派：尊祖承洪绪，心怀德泽长。家声传义训，国典兆龙章。本立道生茂，才高用心良。贤能钦宝善，显达在书香。

华容东山王家垸王氏 始迁祖文溪公，原吉安府吉水县人，南宋进士，任成都知府，授中宪大夫，后任岳州知府。喜华容山水，咸淳年间偕妻子定居东山王家垸。后人聚居三封寺、黄洋渡、普贤岗、高山、万庾等地。宗派：希天廷文用，嘉起曰臣之。续派：大运方兴承世昌，传家忠孝毓贤良。振纲立纪规模正，福禄荣名庆久长。

华容鲁家铺小耳山、沱江右蟠龙山王氏 迁华始祖荣一郎，字思敬，号俨瞻，原籍江西，元大德年间迁华容，居小耳山（今万庾鲁家）。胞弟荣厚，字思智，号震东，与兄同迁华容，居沱江右蟠龙山。后人丁繁衍四房，尊思敬、思智为一世。派语：礼乐光先祖，诗书裕后昆。志宏延泽远，绍闻世必谦。大庆从天锡，修德自能成。功名辉中国，仁义永传家。

华容凤山王氏 始祖伯二公，居江西南康府建昌县（今江西奉新县）。至四世子民，廷试第二，任翰林院学士，以直言忤旨，谪江西新喻令，又忤权贵，贬华容明山古楼巡检。巡查于洞庭湖，覆舟致死，葬明山。妻周氏与子琛流落华容。明洪武四年（1371）在凤山置田产，称明山堂，尊子民为一世。至七世俨公，字民望，成化进士，经成化、弘治、正德三朝，官三十余年，清明廉正。致仕后，于凤山建宗祠，附建“槐荫书屋”数十间。子孙聚居南山，星居全县各地。华容续派：（第十五世始）师先世自永，立德名斯良。文学成功广，忠贞述志长。新派：行惟孝友，守在端方。存心克一，其传必昌。

华容洋河渡王氏 先祖本姓黄，世居湖北石首熟田湖黄氏圻。元末，寿富五子安仁，字克明，童年因兵祸逃澧县，娶妻室，以黄误王。十四世邦国，字丑文，清康熙末年由石首迁华容洋河小州地，为始迁祖。后裔集居万庾、新民一带，散居华容各地。老派：邦猷宗孔学，家世德永昌。秉道宏国祚，谋贻太原长。续派：敦行本孝友，继述在文章。立志能光裕，惟贤定显扬。

华容白鹤窖王氏 始祖该公。传至十一世庭珪，宋时进士。又经五世朴公，字叔通，居冷溪，尊为始祖。后人繁衍八房：敏、渊、洪、淮、烈、懋、慧、瑶。四房后人迁居益阳。始迁祖涣源，住益阳五马坊明星池，清光绪十年（1884）迁华容白鹤窖，又名白合，开荒种田，后人分居各地。派语：文仕庭继良，中道德崇光。世大钟源本，徽猷振益昌。运开隆景福，业广倬云章。家祚宜兴起，英贤裕栋梁。

南县九都宋田山王氏 始迁祖大本公，明洪武时由江西迁居南县九都宋田山西南。

南县王氏 始迁祖庆燕公，明末由福建台州迁此。

临湘忠坊大石坳王氏 始祖千五公，名彦才。三世祖伏四公，字福祥，明洪武十二年（1379）由江西南昌因避乱迁湘，开基于临湘县忠防乡大石坳。族人分布于忠防、新田畈、车站、桃林等地。宗祠设在忠防木形及车站等地。至1948年，已传25代。

平江王氏 始祖均彝公，宋朝人，生子九：千一郎迁崇阳高枧，千二郎迁浏阳滩头桥，又分徙长沙石塘铺。千三郎迁平江南江马鞍山，千四郎迁平江北城岭上及四乡等处，千五郎至六世明钦迁平江姜源岭，千六郎迁平江梓江，千七郎迁平江晋坑清水，千八郎迁平江车田小塘铺。千九郎世居王家坊，又迁平江西乡七星台。清同治四年（1865）三、六、七、八、九房合修族谱。至1994年，全族人口23249人。合族派语：（自二十一世始）思昭甲第联，徽猷原有自。令绪禾相传，忠孝光前烈。诗书启后贤，熙和征泰运。保合庆长延，家业三槐显，朝勋德泽绵。

湘阴县前王氏 始迁祖中行公，郢州人，北宋宣和三年（1121）进士，官潭州佥判，占籍湘阴。

湘阴下湾王氏 始迁祖应胧公，元初自江西吉州安福县迁此。清咸丰间纂有族谱。

湘阴王通垸王氏 始迁祖文远公，元至正中自江西吉水迁袁州萍乡，再迁湘阴。

湘阴高明王氏 迁湘始祖世坚公，字巩固，原籍江西省吉水县金井街，元末迁湘，初居巴陵县长湖庙。四世祖宗千公率五子思安、思福、思寿、思聪、思盟，于明洪武初年再迁湘阴石牯牛（即湘阴县高明乡北境）。至七世，长、三、四、五房皆易姓杨，惟二房思福公裔姓氏无改，历二十五世仍居高明乡石桥湾及道南乡。宗祠在石桥湾。至1948年，全族人口共1700多人。

湘阴斗房王氏 后晋时金池公，讳天雨，自太原迁江西吉水金田。历十传始迁祖昱远公，值元季兵乱，徙家萍乡，再迁湘西王通垸。生五子，第三子应孙，字罗斗。明万历十八年（1590）、清康熙二十四年（1685）、同治二年（1863）、光绪二十五年（1899）纂修族谱，1947年斗房续修。派语：廷本显宗国，世上大元正。光衍经纶美，文章学业精。先畴培泽厚，令绪发枝荣。孝友承彝训，诗书广盛名。

湘阴百亩坨王氏 一世霸公，原籍江西泰和，宋元符时因兵变四野，遂与贺直行、陈一继、谭元亮三人结义，僻居攸邑大坪金紫山下。传至明初七世斗元公，字庚一，落业长沙府湘阴县十六都百亩坨，今属汨罗。清嘉庆、道光二十三年（1843）、光绪十年（1884）、2015年纂修族谱。派行：庚士文训仲益显本均。伏金胜以之，兴宗祖德继。富贵尚诗书，贤才为国器。孝友振家声，清廉光世第。

湘阴百亩托王氏 始迁祖旭旦公，明洪武中自江西宜春迁此。

湘阴罗家埠王氏 始祖鼎彝公，南宋初迁居杭州，其五世孙康功，于明初自河南开封府迁此。清光绪十二年（1886）纂有族谱。

湘阴枫树塘王氏 始迁祖道常公，明初自江西丰城迁此。

湘阴古塘、沅江苏峰岭王氏 始迁祖自九公、自十公，明洪武年间自江西庐陵徙湘。自九居湘阴古塘村，自十居沅江苏峰岭。清道光三年（1823）始修族谱，光绪八年（1882）续修，1916 年三修，1942 年四修。派语：自绍玉昆诚，经纬雄才具。安邦定国荣，文光昭盛治。懿瑞振家声，敦本前谟显。修伦世道平，体仁知绪永。

湘阴莲荷珑王氏 始祖元隆公，宋人，居攸县大坪紫金山。始迁祖明翁，行宁八郎，明时由攸县紫金山迁湘阴樟湖岭神潭湾。清道光五年（1825）始修族谱，咸丰十一年（1861）、光绪二十二年（1896）、1935 年、2003 年续修。咸丰九年（1859）建宗祠于樟湖岭莲荷珑王家湾。派语：明启智祖，德开文人。光洪懋焕，理钧泽荣。耀培锡润，树炳堂镕。清材燮执，绵法本勋。

湘阴王思岩王氏 迁湘始祖显坝公，明洪武二十二年（1389）自江西吉水迁浏阳。显坝之子伯明生二子：琛、广。明正统三年（1438），琛、广迁此。

湘阴界市王氏 始祖顺公，字德载，唐末由江西临川金溪官吉州刺史，遂家于安成县（今安福县）金田。裔孙于明嘉靖时由安成县金田迁居湘阴界市。老谱毁于元末，故始迁不详。清咸丰十一年（1861）纂修族谱，始自二十世续友公。1914 年、1947 年续修。清咸丰间建支祠于界市。派语：明德光昭世集贤，河汾道范庆长绵。庭前槐树今仍茂，果有人文耀后先。

湘阴城南王氏 始迁祖思宝公，本姓刘，邵阳人，明嘉靖中袭都指挥使职，避家乱迁湘阴。三世改姓王。

湘阴韩湾围王氏 始迁祖子旭公，清康熙三十一年（1692）自湖北沔阳迁此。

湘阴锡福围王氏 始迁祖运筹公，清康熙中自湖北沔阳迁此。

汨罗九桥王氏 始迁祖究公，后唐同光中自江西吉州迁此。

常德周家店王氏 始迁祖斗南公，原籍四川重庆府。南宋德祐元年（1275）袭父爵，官指挥使，奉旨征讨张、倪、康三寇有功，帝命镇守常澧，遂家于此。至 1948 年，共 195 人。祖祠设桃源永乐乡。宗派：斗鑰澄万国仕存彦道玉宗一大应朝士金运猷宣化树德同绍前绪泽。

常德中淦村王氏 始迁祖公道公，元末自常德杨家湾迁此。1928年四修支谱。老派：世德丕承，作述维勤。家传孝友，朝纪修明。续派：续派合孔孟，运用在文章。代振光前业，贻谋裕后昌。新派：礼乐仁民道，诗书育子方。风嶶征日盛，世泽卜年长。

常德官桥坪王氏 始祖尚文公，原籍江西吉安府吉水县。次子大江公，于明洪武五年（1372）官澧州入湘。至七世祖志坤公，以澧州贡生官益阳教授，落业于益阳长堰冲牛路滩，后官常德卫，因徙常德官桥坪。至1948年，已传26代，共700余人。宗祠建在官桥坪甘堰塘旁。

常德后乡石公硚王氏 始迁祖发祥公，原籍江西，明洪武年间奉命征楚苗，屡奏凯旋，敕授武略将军，挈眷徙武陵，生子二：千镒、万镒。万公生子三，长国材徙慈利二十二都凉水井，次国钺居常德后都三十里铺，三国鉴居玉皇庵冯家冲。千镒子国顺住石公桥。宗祠在石公桥王家庙。至1948年，共440人。宗派：发镒国嘉仲，永世克肇兴，天开景运。续派：忠孝崇先正，人才自玉成。熙朝宏作育，百代庆文明。

常德后乡皮匠铺王氏 始迁祖希贤公，原籍江西吉安府吉水县柳林港大樟树，明洪武迁常德杨家桥皮匠铺。宗祠建在皮匠铺。至1948年，共94人。宗派：金胜国发之，世朝正生明。道德开运榜，永代万年春。续派：宗厚传来远，功成富贵长。祖祠皆福寿，天保乐期昌。

常德后乡牟家硚王氏 始迁祖弘公，原籍江西吉安府吉水县大栗树，从明洪武讨陈友谅，迁常德北关外太阳山沱潜鸡头村，子孙因以安业。祖祠在牟家桥。至1948年，共94人。宗派：仕木思朝应，尚之起开金。原派：世祚绍天长，安国际运昌。文明多英哲，维学启贤良。续派：淳德钟毓秀，奇才显上邦。鸿猷家泽远，顺谟永传芳。

常德后乡六甲湾王氏 始迁祖惟仁、惟信，原籍江西吉水县大栗树，从明洪武讨陈友谅，徙于湖南常德太阳山沱潜乡鸡头村，子孙卜居于斯。祖祠设六甲湾。至1948年，共150人。族谱创修于清乾隆四十四年（1779），咸丰四年（1854）、光绪三十一年（1905）续修。派语：文运方开泰，家邦久治宁。富延嗣克永，善士化朝廷。

常德后乡王家障王氏 始迁祖槐福、槐禄，原籍江西吉安府吉水县大栗树，明永乐二年（1404）同迁湖南常德武邑张家桥。禄公转徙马援山，厥后以障垸新淤，岁获大利，其子孙再同迁王家障。至1948年，共183人。福公房原派：槐植祖公传，淳良道学绵。仕之人文启，克昌德必先。禄公房原派：槐植祖公传，淳良道学绵。国正天心顺，官清德必先。续派：家庭敦孝友，永远昭名贤。开诚延世泽，藏修广心田。

常德龟山王氏 始迁祖庆公，原籍江西吉安吉水县，明永乐二年（1404）偕弟亨公奉旨来常。庆公居永巷街，继迁前河龙湾头，后徙仁丰里沙石港。亨公落业武陵后乡赵塘村杉木桥龟山下。至1948年，共2120人。宗祠设龟山。宗派：长茂（秉义）当培本，诗书乃毓贤。显名逢盛世，立志在英年。

常德大龙陂王氏 始迁祖寿清公，原籍江西吉安府吉水县大樟树，明永乐二年（1404）迁湖南，落业常德府北，生子四：珍、礼、德、伯。礼、德二公居大龙陂、王家桥、茶垣等处，珍公迁万金障高甫堰及慈利风树塔。惟伯公子孙传十余世而斩。宗祠设大龙陂。至1948年，共815人。宗派：大尚世政良，汝载善为昌。立本敦仁厚，道生裕盛芳。培植光先代，儒林绍书香。

常德马鞍铺王氏 始迁祖福友公，原籍江西吉安府吉水县大樟树，明永乐二年（1404）迁居于常德马鞍山。至1948年，仅60人。派语：维曰天心正，万邦命运昌。文官开学士，大道启元良。

常德后乡贵家坪王氏 始迁祖纪、纲、综三公，原籍江西吉安府吉水县大樟树，明永乐二年（1404）同迁湖南常德府武陵县同古村，落业贵家坪。二房六世蓁公迁大藏寺麓张家冲，三房八世鸿公、新二房鹦公同迁十里铺南坪岗。宗祠设于贵家坪，至1948年，共200人。宗派：圣朝天子，德化万方。光明有道，永嗣宏昌。

常德大官堤王氏 始迁祖惟圣公，原籍江西吉安府吉水县拖船埠大樟树，明永乐二年（1404）率子志一来楚，居常德武陵，旋迁官堤。祖祠在周家店中街，至1948年，共266人。宗派：惟志肇凤，永远朝廷。用国之宗，文学为运。孝友泽长，诗书承祖德，甲第及兰芳。

常德东江王氏 始迁祖惟贤公，原籍江西吉安府吉水县拖船埠大樟树，明永乐二年（1404）父子兄弟来楚。学、文二公落业澧阳。公同季子立公、厥弟圣公转徙常德武陵阳城村，圣公旋迁广德落业官堤。志道、志德、志仁三公系澧阳庠生，有落业长岭岗者即其苗裔。宗祠在土地铺，至1948年，共120人。东江宗派：廷兴贤启之仁宗，槐林光文士泽长。诗书燕翼昭来远，有道传家万世芳。阳城宗派：惟志原世玉，水廷兴之卿。道学应国昌，人文肇帝邦。

常德镇德桥王家栗山王氏 远祖原籍豫章，明永乐年间迁常东马耳山，因栗树甚多，名曰王家栗山，子孙世居于斯。远祖名讳难稽，断自聘三公始，公清乾隆时州庠生。至1948年，共192人。宗派：方正永先泽，丕振绍克昌。文章隆盛德，道学自名扬。

常德贵湖、樊陂、渡口、汉寿中窖王氏 始祖上昭公，子已靖，原籍江西。已靖生思政、思教、思凌、思赞四子。明正统年间四公皆由江西吉安府吉水县大樟树迁常德。政公卜居贵湖，凌公卜居樊陂，赞公卜居渡口，教公卜居汉寿中窖。祖祠在周土乡六保，至 1948 年，共 2120 人。派语：上已思旭升远，玄国德臣正道。家邦方其昌，朝锡启文光。作述宜时用，运开化良长。

常德后乡土桥湖王氏 始祖定山公，字镇峰，原籍江西吉安府吉水县，于明弘治办军来楚，落业常郡。传三世瑚公百户迁澧州，玺公逸士迁辰州。铎公世居常德，为武龙分迁祖，传至四世祖操江御史仲仪，生子四：化、德、靖、殷，今环居土桥湖者多属四公苗裔。至 1948 年，共 184 人。宗派：人文启世盛，祖泽万年芳。

常德封火王氏 始迁祖世科公，随父宦游湖北郧阳，父殁于官，后避张献忠乱携仆从由安陆奔武昌，走巴陵，至澧州清化驿龟山铺等处，乃卜居于武陵北关外，即今封火王姓现居地。祖祠在封火王家。至 1948 年，共 310 人。宗派：世道家先大，王朝盛德成。以传华国彦，广继永文明。

常德后河王南山王氏 始迁祖肇元公，字仲连，号镇湘，原籍江西吉水县大樟树土地拖船埠，实授衡山县教谕，旋升常德太守。因明世兵燹，遂迁于武邑乡村落业，至 1948 年，共 150 人，祖祠在王南山。宗派：友廷清子国，家大志学朝，用昌明英华。续派：英华传盛代，继起本贤良。祖德贻芳远，槐荫秀发长。

常德后乡张家桥王氏 始迁祖仲清公，字九河，原籍江西吉安府吉水县，职授南京工部侍郎，明季迁居常德武陵，生子三：可大、可会、可行。今居张家桥者皆大公子孙，徙居渐水桥万金障者皆会公子孙，而行公子孙卜居于汎洲。至 1948 年，张家桥有 215 人。宗派：仕之人文起，克昌德必先。家庭敦孝友，永远昭名贤。

常德后乡镇德桥、江家桥王氏 始迁祖广胜公，字南阳，原籍江西，迁徙常德，由军门提督致仕归田，落业镇德桥。至 1948 年，共 120 人。宗派：广木本向点定登文朝王，大开道学丕宗功化育长。

常德后乡野吉庙王氏 始迁祖德有公，由江西迁常德，卜居镇德桥。传二世积盛、积昌、积财三公，积盛迁湖北施南，积昌、积财子孙世居于此。至 1948 年，共 152 人。宗派：德积兰桂芳，善施永共昌。正大光明世，宗功化育长。

常德、汉寿王氏 谱称系出三槐，宋末时伟公由江西安福高峰柏下迁居吉安府吉水县仁寿乡归仙里黄师保六都横溪。至明洪武三十一年（1398），太祖悯常德遗孑零丁，艰于服役，命下吉安等府遴选巨族析丁居住，族人多逃。八世祖继真公乃慨然与里胥诣县，宰壮其志，命为十长，率众即行，卜居武陵县牛桥，又召弟贵真同来创业，共为牛桥始祖。正统六年（1441），兄弟出粟二万二千石助赈，圣谕旌奖。从兄福真至而复归，子槐筠、槐嵩，定居武陵县黄塘岭，为黄塘始祖。又有原居道公于元顺帝时建基武陵县之中淦村杨家湾，子明真、昌真迁龙阳县（今汉寿），明真为鹤齿山始祖，昌真为栏冲始祖。族谱以明宣德十年（1435）福房创修为始修，以1948年福、继、贵、道联谱为八修，1997年福、继、贵、明、昌五房联谱。原派：真槐鼎明单廷绍臣良一大学者。续派：治心宗孔孟，运用在文章。新派：采用王文韶五行派语。“章”字后接“烈”字。五行派字：锡丞本焕先，钟汝植烈起。钊泽材灼培，铉法树焰基。锦满荣秋在，录源楚勋均。鉴清权耀重，铨治乐熙坤。镐洛槐笃睦，钦浚极为型。镕润果然者，镫澈集炬城。

汉寿军山总冷水村王氏 始祖和忠公，居江西吉水鹅颈坵。四传至仁寿，子三：道元、道仁二公均居梓里未出。道重公于明永乐二年（1404）奉檄来湘，卜居汉寿军山总冷水村。两世单传至允享公，生有四子：怀德、怀安、怀楚、怀乐，衍为四房。乐公仍居冷水村，德、安二公徙于西村莲花形，楚公移居西村福塘。清道光三十年（1850）始修族谱，光绪二十四年（1898）、1924年、1947年续修。老派语：道德允怀，朝崇运泰。顺宇荣华启，孔孟诗书定。新派语：文昌光汉业，世泽永开明。孝友家声振，英才庆治平。

汉寿檀树湾王氏 始祖仁彬公，生叙忠、良、礼、俭、让、明、节七子。忠、良、俭仍居江西。礼、让、明、节四公于明永乐二年（1404）奉开垦之敕，由江西永丰小岭南迁龙阳县南疆总檀树湾。清康熙二十六年（1687）、乾隆五十七年（1792）、道光十九年（1839）、同治二年（1863）、1915年、1948年、1995年纂修族谱。派语：仁叙如忠金，宪正善立之，尧宗际道德。传家世贤良，启绪代荣昌。文明开景运，发达庆宏光。

安乡王家湾王氏 始迁祖能凤公，原籍江西吉安府庐陵县，明选西蜀马湖府同知，旋解组。与同支议公后裔子艺公联宗，子艺公派属三世祖，原系江西吉安府安福县。祖祠在王家湾，至1948年，共1250人。宗派：先代垂芳泽，勋名永远登。诗书超盛祚，万载有贤能。

安乡花林岗王氏 始迁祖友端、友仁两公，原籍江西吉安府吉水县大樟树，明末清初宦游湖南，落业安邑花林岗。至 1948 年，人口 720 人，祖祠在花林岗。宗派：友淮仲玫，支家九维。孙承宗代，汝用明章。任重道远，兰桂腾芳。

澧县九澧王氏 长房一世祖仲铭公，生茂、盛、英、华、著。茂公以明正统三年（1438）由监生治今石门，子孙住石邑二都坪。盛、英二公居安乡、武陵，华公居澧州合口，著公居佘市桥。清乾隆十九年（1754）、道光二十六年（1846）、光绪二十二年（1896）纂修族谱。三、四房始祖宣公，与廷朝公、诗公、礼公于明永乐二年（1404）从军南征，镇守楚地，诗公、礼公分屯常澧，宣公由监军解组僻屯澧州安福县佘市镇，而廷朝公始任黄州，转屯卫所龙口峪。清嘉庆五年（1800）、咸丰七年（1857）、1922 年纂修族谱。1947 年合族四修。派语：锡丞本焕先，钟汝植烈起。钊泽材灼培，鋐法树炤基。

澧县老王屋湾、夜湖港王氏 始祖成公，原籍山东青州府寿光县银杏村，元、明两朝敕封万户侯。明洪武年间守御莱州，在任病故，妣林太君扶柩归原籍。子二：用、进，钦袭父职，授守湖南，徙居澧州东关外北十余里石岭冈。传二世，昊、昱、昂、晚昆四公遂分四房，子孙繁衍，移居北围垣、夜湖港、尹家庙、花耳堰、锁市铺、单家坊、大围垸以及安乡、临澧、石门及四川巫山、巴东诸地。祖祠设澧城龙家巷。至 1948 年，已传 23 代，老王屋湾 450 人，夜湖港 120 人。宗派：文定贞祥，向业道光。承继诗礼，永远克昌。用宏先绪，永守宪章。书香世泽。

澧县唐家峪王氏 始祖克建公，宋都尉护，原籍河南汝宁府汝阳县。子二：宣议、宣诰，由宋南渡迁杭。宣议授训于蒲，宣诰随兄来蒲，遂家于蒲圻南门，诰公仅三传而止，今所存者皆议公之裔。越数世之传公生三子：良撰、良技、良扶，自蒲圻徙石门，而良撰、良技又徙于澧州唐家峪。祖祠设唐家峪。至 1948 年，全族人口 277 人。宗派：传祚之良，国士明昌。正学启世，大道安邦。

澧县新堰垭王氏 始祖斌公，字惟暹，元时江西高士，后因陈友谅之乱，乃偕弟渊、美游学三湘，潜踪衡岳。美公从湖广平章杨璟南征广西，渊公就业湘潭之仙岗冲，斌公卜居益阳，遂为益阳之望族。斌公生子英贵，英贵生震、浒、文、武、清、渌、廉七子，称为七房。震裔至九世先礼，迁居湖北施南建始县佘金坝，甫及一传而祖德、祖富移还湖南澧西东门口嵩祝桥新堰垭，即今之双桐、涔元等乡境内。祖祠设益阳。宗派：英孝必友思，继志承先祖。孔孟永能遵，启佑光三楚。仁厚传家道，忠贞报世主。笃守太和风，芳名播万古。

澧县犀望堰王氏 始祖武略将军琥公，叔祖斌公，原籍江西吉安府吉水县大栗树。元末明初以征讨有功宦游来澧，遂家于金牛池。至八世士贤，迁居澧西犀望堰，厥后分徙白塘堰、荣家河、乾溪滩、和同铺及宜昌府鹤峰等处，至1948年，全族人口178人。派语：遇泽启文明，逢恩自耀荣。敬师崇道学，华国振家声。继述前光迪，恢宏祖业承。德修征必大，忠厚定其兴。佐治功应盛，希贤本可敦。礼循昭正典，乐作会元音。永念书开室，全培树在庭。嗣昌延远兆，务守有传经。

澧县白米垱、靛王家湾王氏 始迁祖唐、春二公，原籍江西吉安府吉水县。明永乐二年（1404）均以千户之职帅师来澧。唐公屯于白米垱，春公屯于大围垸。厥后乱平，遂各就所屯而卜居。彼此往来，累世无间。至1948年，白米垱120人，靛王家湾135人。宗派：胜尚国登士，宗承永远传。志学生芳采，崇德大文元。世业观光盛，家修献举全。居室孝为本，立朝忠必先。秉礼应昌祚，安仁可绍矣。

澧县御史桥八王家王氏 始祖春公，原籍湖北应山县马坪港，明洪武起义随御驾亲征，积功任正千户职，诰封武毅将军，明洪武二十二年（1389）同李、杨、王三姓垛籍九溪卫，把守边隘。二世茂公生子三：现、瓒、环，子孙分析澧县、石门、慈利，河北鹤峰县、恩施县，四川等地。五世儒公捐基于祠堂湾修建祖祠。至1948年，全族人口2万余人。宗派：大廷良继学，之士国朝，宏运万振，世业作承，道德光华。

澧县袱坵坪王氏 始迁祖永福公，原籍江西吉水县，明洪武二年（1369）偕伯仲禄、位、名、寿四公奉旨迁移，遍历澧西，至袱坵坪，见云山高拱，涔水映带，遂家于此。禄、位、名、寿四公失考。福公越九传至积中，登进士第。至1948年，全族人口5600人。祖祠在袱坵坪。派语：永逊子衡（清）志，王胜兴应家（学廷世承）。国太（来泽）之孙士，定受恩与锡。续派：立本惟孝友，登朝选忠良。义厚怀先德，敷荣兆克昌。

澧县王家塌王氏 始迁祖永福公，原籍河南开封归德州虞城县，明成化迁澧卜居王家塌。四传万兴公，生四子：聪、愈、殷、懋。愈公迁大堰阁，殷公徙江公桥，聪、懋二公安守先业，仍居旧址。至1948年，王家塌有310人。宗派：永仲钊万愈，应爵之国世。遇士学宏宗，守正自登廷。

澧县大市桥王氏 始迁祖辛一公，原籍江西吉安府吉水县十八都大堰边皂角树，元仁宗时仕楚，赠奉直大夫，避英宗乱，挂冠居澧州丁公桥，配张氏，生子受卿。子孙椒衍，徙居大市桥。祖祠设大市桥。至1948年，全族人口5008人。宗派：世崇鸿业兆，道水大观联。振运怀先泽，钟芳继盛传。

澧县王家大堰王氏 始祖辛一公，原籍江西，明末迁安乡梁公岗。二世廷凤，三世璠又迁湖北石首雷击埠。四世成才，于清康熙时始徙居澧南十里坪鄢家湾等处。祖祠设道溪乡王家大堰。至1948年，共57人。派语：上大光明克，学宗绍祖先。文运开国选，诗书启后贤。

澧县三条岭王氏 始祖覃友仁公，祖籍陕西汉中府南郑县，以都督奉征来石门，遂家于添坪。再传至彦才，迁澧，散居覃家庙、南高庙等处。又阅数传至登贤，悯岳翁王维奇公无嗣，以一身兼承二姓宗祧。至1948年，共209人。派语：世继宗光祚，家声庆远长。文章遵正道，事业佐明堂。定国忠谟显，安民厚泽扬。亿年常辅治，百代普联芳。

澧县裴家堰、临澧阳明溪、九姊妹堆王氏 远祖憬公，字秀川，明永乐年间自江西落籍澧阳西隅里湖田庙官陂堰。友纪、友纲自江西落籍入澧阳明溪。伏英、桂英自江西落业临澧九姊妹堆。一金、一银自江西落籍澧县转徙拜塌嘴。四支联谱。祖祠在裴家堰。至1948年，共395人。宗派：宪章善化，康济兆民。忠孝仁爱，信义和平。基绪丕振，睿哲维新。

澧县玉皇阁王氏 始迁祖胜刚公，原籍衡阳，明洪武二年（1369）迁澧，卜居玉皇阁。子孙分居三元墩、万华寺、花园嘴等地。祖祠设玉皇阁。至1948年，共410人。宗派：朝承家士祖，宗德传文昌。续派：学守崇明训，修齐制义方。治功昭远定，道化协平章。广大培生厚，忠贤继祚长。

澧县周家庙王氏 始祖思敬公，原籍湖北公安县。数传迁楚南，卜居澧州之龙凤山古城堤。祖祠设周家庙。至1948年，共32人。宗派：思士相日，大世启良。新派：宏仁开业永，盛德肇基长。孝友承宗泽，诗书继祖芳。

澧县毛里湖桃林东王氏 始迁祖世鳌、世荣两公，原籍江西吉安府吉水县大樟树，于明末清初迁澧北，旋迁毛里湖桃林东。荣公生冕公，今散居于汇口及安乡尖刀嘴、康兴垸、石首六波、公安喻和垸者皆其子孙。至1948年，共有120人。宗派：执元士世，本绍廷永。远宗孔孟，长怀修省。祖泽绵延，家声丕振。正大光明，子孙蕃衍。

澧县打鼓堆、新店铺王氏 始迁祖润公，明永乐间由顺天府涿州迁澧，越五传，始分六房，迄清初兵燹，惟居澧属新店铺、打鼓堆及临澧太浮山数支未紊，其余迁四川、湖北、陕西诸地。祖祠设打鼓堆。至1948年，共820人。宗派：传家宜敦本，永世在循良。有克承前志，自能锡汝光。鸿章开景远，修德启隆昌。必用培心远，其中继美长。登明惟秉正，广取应怀方。相国庆元盛，逢天保太康。诗书垂世表，孝友作伦常。立进名经选，连昭玉殿香。和宗延祖泽，显爱报高堂。奉守贻谋久，同观裕后祥。

澧县柏杨湾王氏 始祖文葵公，原籍湖北观音港林家垱。传至宏朴、宏榜兄弟，相率来澧。厥后朴之四代孙祖祯、祖祥，榜之四代孙祖尧、祖舜，兄弟四人又不知何年弃澧迁湖北巴东。惟祖尧之禋祀已绝，而祯、祥、舜旋以洪杨之乱仍归故里。至1948年，共62人。宗派：安树祖德昌，一家孝友长。佑启国民兴，忠臣定帝邦。

澧县白塘堰王氏 先祖原籍江西吉安府吉水县大樟树，自明洪武二年（1369）被兵逃散，三先祖应荣、应亨、应选，选公承禋祀于本籍，荣、亨二公齐奔澹津来至澧西白塘堰，离城二十余里，子孙安居于斯。祖祠在白塘堰。至1948年，共150人。宗派：应之启有宏，登文盛德大业。新派：先兴安祖传，宗功定国章。开科吉庆美，朗照三槐堂。亨运耀振彩，世守永言昌。博厚高明远，丕显家声扬。

澧县纸王河王氏 迁湘始祖信公，明永乐二年（1404）由山东武定府海丰县宦游常德。二世英、雄二公，雄公继外家纸氏，嗣袭荫常德卫指挥使。至三世怀瑜，乃复姓还职，由常迁澧，生子五：宗、祖、福、德、宝，迄今称为五大门。祖祠设澧城棚厂街。至1948年，共420人。宗派：为国世大，孙应永昌。亦毓才德，廷选贤良。名位荣盛，经济显扬。光照东省，声振南方。克绍先绪，愈远发祥。

澧县王家岗王氏 始迁祖凤尧公，原籍江西吉安府吉水县大栗树，于明正统迁澧州东厢村。后明季兵燹，九世祖可泰徙城南襄阳街，可卿徙澧东王家岗。至十一世美、圣二公徙澹津单家拐刘公桥。十五世绶公同胞照、进二公，一徙澹津双济桥，一徙洋湖口，子孙世居。至1948年，共127人。派语：正大光先业，守经绍祖德。鸿文永兴启，忠孝振家国。

澧县王家峪王氏 始迁祖登甲、登魁、登榜、登科四公，原籍江西吉安府吉水县佑神观宏鹤山白鹭湾黄诽港。于明万历间迁湘。登甲生子二：明、镇，明公分析和尚洞，镇公分居王家峪，修建祖祠于玉皇庵台东南里许，后被蚁毁坏，复迁于白家峪凤形地。至1948年，共113人。宗派：志大廷有应，学国文宗承。尚则思丕振，士表永昌兴。

澧县白水港王氏 始祖自辅公，原籍江西南昌，数传迁湖北江陵，徙石首，因洪水泛滥，于湖南临澧合口下之三元口登岸，落业于澧县之白水港。至1948年，共62人。宗派：自继向汉士，登昌正大宗。如宜光道德，永岸启先宏。

澧县渡口王家王氏 始祖华兖公，原籍江西吉安府吉水县大樟树，生子三：

朝雄、恩明、朝觐。长朝雄于明永乐二年（1404）敕封湖南总督巡查各府、州、县，时同三弟朝觐、妹丈胡静宦游澧城，遂落籍于澧南黑山湾九根松彭山庙王林坪。华究公仍安故里，至景泰初，因次子恩明为澧州牧，迎养澧署，卒葬澧城西北柘林山，恩明遂近茔作室，子孙俱家于澧。祖祠设白云乡四保。至1948年，共1620人。宗派：德教及九有（远），世（庆）祚延锡光。治化崇忠厚，经文守典章。怀仁心广大，志道业荣昌。宜室征定保，安邦永绍芳。

澧县袁家闸王氏　始迁祖珪公，文林郎，原籍江西南昌县。明末清初迁澧州东门外，后徙居涔河大栗树。祖祠设袁家闸。至1948年，共130人。派语：廷良尚道禄，启宽家之志。儒士应宏远，学敏宗德大。裕国承昌运，光祖献世敦。丕振槐芳茂，先泽有余庆。

澧县大新乡古经堂王氏　始迁祖瑚公，由湖北监利迁澧，卜居白塘堰古经堂。至1948年，共68人。宗派：荣廷之则大，应远本世宗。士承光邦辉，家学耀福龙。

澧县柘茨笼王氏　始迁祖暄、銮两公，原籍江西吉安府吉水县。明初，暄公以指挥使偕銮公征九溪蛮，蛮平落业慈利十三都，继迁澧州。暄公子孙居澧西柘茨笼，銮公子孙居安福县（今临澧县）北白崖寺。祖祠设汉景乡拖锹堰。至1948年，共809人。宗派：士应昌宏成，志业登荣盛。学者能如之，作述自光明。邦家钦其道，天命永维新。芳声传久远，子孙乃尚进。

澧县珠伏峪王氏　始迁祖志富公，原籍江西吉水，明洪武十五年（1382）来澧，家于西山。维时大乱甫定，立草为标，初卜观音寺，再徙珠伏峪。三世单传至世斌，生子四：珍、琇、魁、权。珍公传世不远，琇公当身即止，今所传者皆魁、权两公之子孙。至1948年，共779人。宗派：志安永文单，大继甫登之。福寿康宁远，贻谋世业滋。在国本忠贞，传家广孝思。诗书绳祖武，礼乐象天仪。先声长丕振，芳泽延缉熙。英明逢昌运，佑启万年基。

澧县东岳寺王氏　始祖舆公，自江西吉安府小合寺大樟树迁岳。二世祖正伦由岳徙澧南打岩厂，三世国兴迁澧城棚厂街八角井华市坊，四世兴仁迁城外桐山里阴溪沟。至有桂公始徙澧西东岳寺，祖祠设东岳寺。至1948年，共150人。派语：士宗显明世，永远祖德先。朝锡鸿承在，尔福培自庆。维以志能守，芳祚克长延。庭开光昌运，家乘万载传。

澧县泉垱沟王氏　始祖清公，原籍江西，迁湖北江陵县马家寨。越数传至师望，旋徙湖南澧西天供山泉垱沟。至1948年，共110人。祖祠设天供山下。派语：永玉奎言，国仁师系。年木生光，家兆大昌。英才毓秀，贤俊肇祥。诗书泽远，德礼庆长。培植敦厚，辅翼谆良。功宗业广，学修行芳。荣应凤诰，宠锡龙章。佑启咸正，永保安康。

澧县翊武镇襄阳街王氏 始迁祖理公，原籍江西，明洪武朝以武职从征湖广永定卫等处，厥后由永定卫下屯澧阳北隅村十里坪王家大堰。至1948年，共80人。派语：开业原崇德，诒谋在存仁。绵远千世焕，燕翼万年新。

澧县槐市王氏 始迁祖银和，原籍湖北荆州监利县莲台河王家台，后迁湖南澧县王家厂。至1948年，共360人。宗祠在湖北监利。宗派：银士廷正登，玉克修其志。

澧县江湾王氏 元末先祖镇海将军由江西隐居湖北蒲邑池江团西凉山，明洪武年间因西凉山伴水太近，寇盗日侵，复徙居池口，后又拓地于安丰九甲。镇海将军曾孙文龙长子子仁迁居湖南岳州澧州等处。至1948年，共110人。宗派：正大述前绪，光明绍朝仪。祖泽良开远，心传世代裔。

澧县太清山王氏 始迁祖源公兄弟两公，原籍江西吉安府吉水县大栗树。明洪武二年（1369）迁居澧西西隅里官陂堰玉皇庙。祖祠在太清山。至1948年，共150人。宗派：士大生荣昌，儒家耀祖先。朝清文定国，世泰武安邦。君恩崇孔训，盛德显忠良。钦命传三楚，继槐永发祥。新派：国宗士学，家祚景明。文德贻远，武功懋成。

澧县花园桥王氏 始迁祖福元公，明洪武时由江西吉安府吉水县迁澧，落业花园桥，子一：士美。祖祠设花园桥。至1948年，共160人。派语：福士大廷，国启之祚。永朝宏文，传家作度。道德克明，治安可务。先训世承，子孙光裕。

澧县衙前寺王氏 始迁祖守成公，原籍江西吉安府吉水县，明洪武二年（1369）迁武昌安陆府沔阳卫景陵县官城村，至二十三年（1390）自湖北来澧，居澧西衙前寺。至1948年，已传20余代，共120人。祖祠设衙前寺。旧派：思光宗祖德忠孝。新派：为子习礼义，与世振纪纲。政治臣相用，文学圣贤尚。修福寿必大，作善名自扬。统绪绍永远，门祚兆祯祥。

澧县王官峪王氏 始迁祖开万公，字公启，明诰授儒林郎，本屈姓，原籍江陵，明中叶迁澧阳，生子三：瑄、琢、琏。王氏舅智远无嗣，生三女，分配之，遂以女启血统，受王氏遗产为王氏。后瑄公子文贡，明嘉靖举人，历任定海宛平知县，授广东知府，转升云南迤东道。琢、琏二公皆显，里人称之，谓其地为王官峪。至1948年，共1524人。派语：中朝兴盛典，华国维经章。绍祖恢先绪，承宗迪前光。裕后征德泽，敦本重伦常。孝友传家远，诗书继世长。

蕙佩三闾洁，兰滋九畹香。人才辉凤阁，相业懋槐堂。上溯高阳系，忠诚奕祀芳。

澧县二虎垱王氏　先世原籍江西南昌，后徙湖北江陵。迨至祚公，水涌江陵，举族云散，有迁四川巫山、巴东者，有迁吉水、大庸、石首者。祚亦率才公赴德安应城，历年未久，又偕节公来澧西，家于临澧合口，后注籍九中里五区。才公生国珍、国玉。国玉公生宏鉴，而开楦、梁、相三大房。祖祠在御史桥南。至 1948 年，二虎垱 82 人。派语：节贯昴祖，启之化行。孔德国昌，文运家邦。敬天钦民，守忠怀良。型仁兴让，麟凤呈祥。世济其美，丕振槐堂。德泽绵远，子孙永芳。

澧县千工峪王氏　始迁祖思忠公，原籍江西南昌府大栗树，明洪武十二年（1379）迁湖北安陆府京山县，永乐二年（1404）再迁澧县北关外三十五里千工堰。三世文智生六子，长、四、五房徙新安合口，二、三房住老祠左右，一房出继蔡姓为嗣。瓜绵椒衍，或迁宜沙，或散湖北施南、松滋、安乡、公安等县。祖祠在梦溪乡八保。至 1948 年，共 810 人。派语：思金文山（玉）庭，梦好嘉为命，孙水世圣朝。续派：祖训彰万代，明德承中和，文学宗先正。

澧县锁市铺王氏　始祖维摩公，原籍山东青州府寿光县银杏村。二世梓公，历任石首。迨六世安仁迁澧阳锁市铺。后裔分居张天堰、陈家垱及慈利桃林东张公垱。祖祠在澧城州后街。至 1948 年，共 450 人。派语：祖德传芳，福履步扬。修成经志，毓子迪光。道希孔孟，学在文章。善以懋永，家业隆昌。丕振后昆，世开其祥。

澧县复胜寨王氏　始迁祖禄公，原籍江西，后徙居澧西，厥后分迁石北信块区穿山河。祖祠落于乐仁乡王家湾。至 1948 年，共 110 人。派语：承应自士，大学中庸。廷树永佩，光启有宗。书泽继家，世秀远宏。克绍先绪，焕耀遵崇。君思丕振，帝祚昌隆。礼乐广治，仁义攸同。圣经贤传，儒业孔孟。正贻典则，文武显聪。

澧县双龙王氏　始祖熙公，字亮辉，任北宋太常博士，建炎间由太原随宋室南渡，迁澧州南区，经汉寿、华容旋居枫林大山。七世文忠、文启，文启出嗣张姓。文忠裔十七世宜宁公，清顺治间由枫林大山迁山庄堡，今澧县双龙乡。清康熙四十一年（1702）、嘉庆二十年（1815）、1948 年、2012 年纂修族谱。字辈：运永宜从学，天心与象贤。明经承先志，世远丕家传。鸿才敦国宝，绍绪克光前。修齐士之本，作述卜万年。

澧县王氏祠王氏　始迁祖才清公，字天成，元季授澧州军民司指挥使，自云南临安府建水县来澧，卜居东乡军牧里。单传五代至仲洲，生子三：大道、大本、大胜。道公之后有迁沅江者，本公之后有迁澧东北十回港者，而胜公则全迁十里坪鸡公垱。祖祠设三洲乡二保。至 1948 年，共 350 人。旧派：秉世朝永兴，志定传于家。孝友恢先绪，文章启国华。新派：孝友恢先绪，忠信启后昆。诗书敦伦纪，文章冠鲜英。

澧县王家垣王氏 始祖太清公，原籍澧阳郡，卜居楚江村。子启登。该支尊应浩公为始迁祖。祖祠设于三竹园。至 1948 年，共 90 人。宗派：之尚祖士经，正远万元兴。洪大叶宗先，承学振高明。朝顺应定国，光兆永安邦。

澧县王家山、汇口、龙潭口，临澧白岩寺王氏 始迁祖景芳、永清、聪、太荣四公，原籍江西吉安府吉水县大栗树，于明代先后来澧。发迹于白岩寺者为元房景芳公，繁衍东关门、支分于王家山者为亨房永清公，绵延于邓家滩灵阁湖者为利房聪公，而贞房太荣公子孙蕃芜于栗树嘴，转徙于汇口。惟以迁徙不一，居处各殊，且以前宗派不无异同，计自承、谟、丕、显等派以后，始归划一，于是以景芳公为提纲开祖，永清、聪公为四世祖，而太荣为五世祖。祖祠设白岩寺。至 1948 年，白岩寺 62 人，王家山 100 人，龙潭口、汇口共 520 人。宗派：承谟丕显，用光治化。素学以展，超萃冠群。时为帝简，馨香奕润。先德明远，子孙克绍。遵章崇本，义合乾坤。理执训典，振武修文。锦荣端冕，论道经邦，河清海宴。

澧县易家桥王氏 始迁祖罡公，本戴姓，原籍江西吉安府，于明初迁澧。子添珏以甥继舅入赘王姓，子孙蕃衍，簪缨不绝，于易家桥建有戴王祖祠，以示两不忘本。至 1948 年，共 158 人。派语：必仲应添春，朝廷胜有君。仕方永光大，锡泽世鸿承。作述林上凤，启绍金玉鸣。

澧县周公渡王氏 始迁祖纲公，原籍江西南昌，由南昌而武昌，至明初始迁澧阳，落籍枫村、夜鹤、魏家、北民垸等处。生子七，长臣、次折、六銮仍居澧阳。三清、四富、五贵由澧阳迁四川重庆府铜梁县三姊妹土地，再迁湖北宜昌长阳县、磨市山坪、长乐县清水堰枚二冲数处。祖祠在周公渡。至 1948 年，共 420 人。宗派：经国维鸿绍祖业，传家以书礼文章。

澧县渡口王氏 始迁祖必敬公，字端庄（一作临庄），祖籍江西吉安府吉水县大栗树，于明建文三年（1401）宦游湖南茶陵州。弟必玉、必富俱雅爱湖南，故均无回籍意，必玉即居茶陵，必富暂居龙阳。必敬公旋闻澧州为荆南第一名州，夙号神仙窟宅，至永乐二年（1404）泛舟游澧，泊桃林东，落家于塌木桥旁，以桃林名里。至 1948 年，共 1008 人。宗派：必以祯祥，国大金峰。

尚先应孙，志宗孔孟。传家有道，修德维常。克绍先绪，永保元良。文学盛起，声华远扬。礼法遵守，表正模方。

澧县八里河、保宁桥、青宁寺王氏 始祖麟公，原籍金陵，明成祖迁燕，随驾移居顺天府武清县，嗣后奉旨征苗有功，职封指挥，坐镇湖南慈利九溪卫，遂家于此。其裔忠、佑、宽公均职袭将军。传至诚、亨、柳三公，诚世居九溪卫，亨迁居澧县八里河，柳移居青宁寺，称三大支。祖祠设青宁寺。至 1948 年，保宁桥有 352 人。原宗派：尚尔聘治，孙极名丝。世泽昌隆，正启燕贻。续宗派：宗功丕显，奕叶芬芳。涵育润远，槐荫愈香。来哲继兴，循守典章。恢宏先业，蔚为国光。

澧县大堰垱王氏 先世原籍江西吉安府吉水县。传至旻、鼎两公，于明季来澧，卜居大堰垱河北王家台。祖祠设王家台。至 1948 年，传 20 余世，共 650 人。宗派：国正天永清，朝安世大定。君相宏远谟，士儒际昌亨。文明昭百载，书经绍千圣。光先宜崇德，顺祖方为荣。

澧县王家湾、晏家峪王氏 始祖如山公，原籍金陵。自十世祖一昌公肇迁荆楚江陵，继徙澧西，了孙散处湖北长乐梅坪、石门太清山，澧县张顺桥、断口、闸口、卢家桥等处。祖祠在晏家峪。至 1948 年，递传 20 余代，共 732 人。宗派：山水孙文金仲木守王一三德家廷作文启宗为学昌士。续派：明良之时，定国以道。崇尚先训，大志克宏。再续：祖有毓前庆，慈必多祯祥。振立绪久远，诗书永膺芳。履正宜高显，玉美自观光。晋升希联太，安谦可复长。功烈能绳武，绍兴理成章。开继恩泽广，登贤耀君邦。

澧县龚家湾王氏 始迁祖国贤公，明代始居于澧州关山杨正岗烂泥堰。至 1948 年，共 124 人。宗派：国文成祚朝邦作大宏克。续派：顺尔祖德，传家本道生。世代光明业，永远定章程。

澧县王家港王氏 先世原籍江西，六传至守元公迁澧，卜宅王家港。至 1948 年，共 152 人。祖祠在王家港。宗派：启登大尚，槐国俊彦。诗礼方正，科发显永。

澧县盐井王氏 原为土著，始祖及原籍均不详。今断自学珍公，始卜居澧北盐井。至 1948 年，共 190 人。宗派：志学承祖高，正大光明邦。继绪赖英士，朝廷重文章。

澧县新洲王家嘴王氏 始祖泰华公，原籍江西吉安府吉水县大樟树，明孝廉，授江南知府，赠博士，因兵变，携子文轩、侄文郎及胡公迁澧，卜居新洲嘉山孟姜垸。胡公后以嗣继之，越三世传位苞、位口、先浦、先寿，分为四房。

至清咸丰后仅苞、浦、寿三公之裔有传。至1948年，共62人。宗派：位永知应维，国正天心顺。祖德光昌大，传家世泽长。崇儒宏学业，明道焕文章。

澧县新洲王氏 始迁祖载四公，原籍江西吉安府吉水县，一说南昌府丰城县老鸦塘，于明永乐二年（1404）迁澧，落籍新州附近啸虎坪，今属津市。单传五传至琳公，生子五，长胜松、次胜柏、五胜权今谓三大房，三胜机、四胜彬未详。至1948年，共2535人。1947年、2011年纂修族谱。宗派：大德受天命，道昌永正兴。续派：道学克正，家运定兴。绍尔先绪，祖烈丕承。世代久远，多生贤能。观光上国，科甲连登。

澧县熊家台王氏 始祖衡公，原籍江西南昌府南昌县，明末兵燹，子孙徙浙、鄂、蜀、湘。迄数传至君聘，字朝选，明崇祯时，流寇滋扰，自江西迁徙澧城东门外兰江驿分路口。二世天如公移津市，子三：之鼎、之冕、之升。冕、升二公别迁失考。独鼎公生三子：宣、恺、慈，至清乾隆间宣、慈二公卜居涂家塔，后更名熊家台。祖祠在夹堤口南岸。至1948年，共440人。派语：国正家兴仁，本立道自生。厚培光祖德，砺学希贤能。

澧县王家板桥王氏 始迁祖如彦、如圭两公，原籍江西吉安府吉水县大栗树。明末清初彦公、圭公同来澧，彦公落业于王家板桥，圭公落业于白马寺。至1948年，王家板桥64人。宗派：福朱有楚守，如彦庭训久。奕世正光昌，富贵永远长。

澧县王家码头王氏 先世原籍湖北荆州府公安县。始迁祖启谟公，清康熙间来澧，落籍西关外熊家河。祖祠设停弦渡。至1948年，共62人。宗派：启士廷上书臣忠，定国安邦治道隆。纲纪修和光大业，嘉猷永远代天功。

临澧王汉坪王氏 始迁祖福公，原籍江南滁州虎贲卫中所大市街铁锁桥，明洪武时以都指挥衔，奉镇湖广永定卫大庸所，遂卜居。祖祠设王汉坪。至1948年，共760人。宗派：天臣一国，永元德宏。应乐先泽，文明运升。

临澧七姑山王氏 祖籍江左。始迁祖浦公自金陵从明王西征，明永乐二年（1404）又受命征湖南，有功封显爵，镇澧阳，见湖南土地肥腴，遂家于临澧东乡，即鳌山七姑山下。至1948年，共640人。宗派：子之以世。续宗派：长遇安乐，应启文明。光宗正学，熙祖嘉程。尚怀致泽，宏开尊荣。永敦大道，师保朝廷。

临澧王家沙垱王氏 始迁祖代言公，江西抚州人，明成化间适楚，初家慈利，继籍临澧。先世相传慈邑尚有言公后裔，清初尚通往来。临澧乃二世廷臣公之一支，其间或迁湖北施南，或徙天门慈邑，或去懒板凳，或游三望坡。祖祠坐落在王家沙垱。至 1948 年，共 600 人。清光绪十七年（1891）、1948 年、2022 年纂修族谱。宗派：应继仕宗明，世泽永昌兴。成家惟孝友，立本裕大敦。

临澧碧楼湾王氏 始迁祖封禄公，原籍江西吉安府吉水县大栗树，明代迁澧西，卜宅鱼形地。传珠公，珠公传梁公，梁公传思楚、思正两公，楚公传受公，正公传乐公，守兹安业。祖祠在新安乡四保。至 1948 年，共 186 人。宗派：尚德开鸿运，承先绍世光。传家宗孝友，华国在文章。续派：念尔祖泽，志道安仁。庆荣福寿，百代维新。

临澧九王庙王氏 始祖远公、寿公、甫公，原籍江西瑞州府高安县。远公生子三：宪、灏、堂。宪公自明洪武二十二年（1389）扈从明祖征南，任百宰之职，镇守九溪卫九百户，卜籍九王岗。灏公职司黄户军官，屯住三板桥，后同父归往原籍。堂公诰封武毅将军，卜居湾堰淘。寿公子平公，剿蛮有功，实授将军之职，落业堰井淘。甫公无嗣。至 1948 年，共 408 人。宗派：国之家士政，德学大邦兴。宏启登朝廷，永振万世荣。良材光祖业，经济立芳声。承继存训远，文谟定策盛。

临澧陈二铺王氏 始祖荣一公，原籍江西吉安府吉水县竹查坡，明太祖洪武元年（1368）徙湖广岳州府道水南村十都里命区，卜宅光古山侧。今居临澧陈二铺者，即由岳州转徙之子孙。祖祠在陈二铺。至 1948 年，共 1202 人。派语：登运景秀，尚兆吉祥。修德秉道，进选承芳。光大先业，丕振家声。绍开佑辅，宗泽远扬。

临澧洞子坪王氏 始祖必远公，原籍江西吉安府吉水县，妣陈氏，迁居澧西慈邑九溪王家垭（亦名矿垭）。三世应贵，生子三：暹、珍、信。珍公失配。信公居故地。暹公徙新安洞子坪，派衍友清、友智、友伦三大房。后裔分析夏家冲、任家坊、王家河、月堤寺、慈利矿垭。宗祠设在洞子坪。至 1948 年，共 8000 人。旧派：国之启自，正大光明，世守永昌。新派：宏开先业，心学久长。德功建盛，景运平章。文安武定，辅有元良。立朝作用，恩绍槐堂。

临澧看花山王氏 始迁祖开泰公，原籍江西吉安府吉水县，明永乐二年（1404）迁澧阳南街驿，原服指挥使职务，事平率子四人屯落于临澧乡看花山，子孙繁衍，散居安乡、石门等县。祖祠设在看花山，至 1948 年，共 3100 人。宗派：开金永以文，廷言汝国正。士世承天运，明良兆作邦。荣鸿家道庆，学业著龙光。

临澧王家湾王氏 该支原本徐姓，明以前不详。明洪武开国，达公称元勋，首官辅国大将军，封爵中山王。长子辉封魏国公，次子增寿阳武侯，一门显赫，逮燕王嗣统，晦迹免患，改姓王，而以辉公为鼻祖。辉生子三：龙公居岳州巴陵城陵矶，麟公居安福虎山湾，凤公居常德武陵双桥坪。祖祠设王家湾。至1948年，共1250人。安邑原派：王必允显徐，正徐国贤之。士世上大立，万朝丕宗年。武陵原派：天必允显朝，应单之如连。世王学立万，嗣文道千年。合谱新派：永远同昌盛，绍业裕后昆。明哲邦家瑞，鸿儒金殿珍。

临澧吴家乡沿谭王氏 始迁祖宾公，字自先，明庠生，明永乐二年（1404）由衡州县迁澧，卜居临澧沿潭，又称王家。至1948年，共350人。宗派：之日光昌大，士如明月登。丕振家声久，克绍书籍永。

临澧阳明溪王氏 始迁祖友纪、友纲两公，原籍江西南昌府明丰县，明建文时靖难兵起，两公秉节钺率军旅驻湖广岳州永定卫，子孙因以居焉。纪公之裔仍返故乡。纲公生子三：环、现、琥，现、琥后裔徙居别县，惟环公住阳明溪。宗祠在上胜街。至1948年，共1250人。宗派：宪章善化，康济兆民。忠孝仁爱，信义和平。基绪丕振，睿维哲新。

临澧修梅乡王家峪王氏 该族原籍江南，一系金陵广洋卫后所，一系常州无锡。始祖兄弟有四：义、通、仲铭、仲鑅。通、仲鑅两公归原屯；义、仲铭二公于永乐二年（1404）屯落安福王家峪佘市桥合口、石门县、安乡县汇口王家湾各处。至1948年，有500余户。明洪武间，义公功封指挥将军加封世袭督御史，生思贤，传至四世分庆、鹤、鹏、鳌、鹉、鹦六房。仲铭公，明洪武诰封忠义大夫，生茂、藏、英、华、著五公，茂迁居石门，藏公迁安乡学正，英公迁武陵学正，惟华公屯合口，著公住佘市桥。清康熙年间，义公裔建总祠于王家峪，仲铭公裔建祖祠于佘市桥等处。至1948年，王家峪共650人。派语：锡法树光远，钟泽本烈培。铭治材炜重，锦源相炳圭。钧沐枝照玉，练涵格焯垂。钜深柬煦在，镇汝果焘堆。

临澧新安后白岩寺王氏 该族肇迹河南，发祥楚北。始祖文秀公元末迁玉沙。再传世清、国清、义清三公，义清以顶军务返故里，国清迁永丰垸，今俱无考，惟世清公为琦瑛垸河头之祖。又数传，人丁渐起，户口日繁，远迁施南建始、湖南澧州、四川梁山，近徙伍家厂上三房及石首等处。祖祠在湖北监利汪家桥。至1948年，共60人。宗派：国正朝里，一德维光。克宗其绪，同本必昌。

临澧南望岗王氏 该族原籍吉安府吉水县，迁湖南大庸县姚及冈。明时华泗公旋迁临澧东乡南望岗。祖祠设王家湾。至1948年，共460人。宗派：祖德光明，佑启鸿文。经典宗守，斯道丕承。朝嘉封崇，尚敬以正。世远克绍，昌运允征。

临澧新安上五里坪王氏　该族原籍江西吉安府吉水县大栗树。始祖兄弟五人：仁、义、礼、智、信。信公即新安上五里坪支祖，明洪武元年（1368），信公由吴出征楚地，落业湖广安陆府钟祥县王家台、兴官、瓦铺、猪食街等处。洪武二十年（1387）徙岳州及澧邑之大堰垱，后澧邑改为直隶州，又徙所属都司九溪卫新市北叶家溶。传二世思才、思华，华公又徙新市西南五里坪，为西南五里坪始迁祖。祖祠设新安上五里坪。至1948年，共487人。宗派：世宗守承，善良克兴。孝家忠国，令名永膺。

临澧安王坪王氏　始迁祖得荣公，原籍直隶安徽省凤阳府定远县昌易乡大塘堡，从军征讨，勋劳卓著，明太祖褒封平安王，世袭九溪卫安福所指挥使司。祖祠设何家冲。至1948年，共120人。宗派：朝廷取士，忠正为芳。佐理盛治，奕世名昌。宗德遐绍，景运延长。发科联元，克配卿相。

临澧合口王氏　始祖福祖，由江西出仕于湖北公安，解组后遂家焉。传至四世兴宗，建宗庙于谷升寺，再传至八世望帝，以避清季军差之烦，偕胞弟辅帝徙居湖南临澧合口乡。支祠在合口市。至1948年，已传11代，共245人。宗派：锡宗开大业，应世启宏基。

临澧兴隆山王氏　联宗始祖海、相、邦、友才、彬、胜祖、思望、昂、廉、铭、光兴、俊、廷桂、秉金等，原籍吉水，皆于明永乐二年（1404）同落业于常德、桃源、澧县、石门、临澧等地。宗祠在临澧兴隆山。至1933年，人口900余人。1933年创修族谱。

临澧太浮山王氏　一世霖公，居临澧太浮山前。1923年纂修族谱。宗派：霖源万家之启世正宏廷国光文学立志自。尚廉知耻，修德行仁。居礼由义，大名可成。

桃源八方坪王氏　始迁祖斗南公，原籍重庆，宋德祐时奉命出征常澧并因功镇守此地，落业于桃源县北莫林村之八方坪。至1948年，历传32代，全族人口2000余人，分布于莫林、高东、温泉、九溪、水田、大田、漆河、黄石、灵岩、漳江等地。清初建宗祠于八方坪。族谱创修于1932年。

桃源沙坪王氏　迁湘始祖子明公，元世祖中统间自吉水迁安化，后因族大丁繁，后裔分迁桃源珠龙山、大小乾溪、蒋家洲、西溪、王家湾、大湖、稻罗坪等地。至1948年，全族人口千余人。宗祠在安化江南。族谱创修于明宣德年间。清康熙五十六年（1717）、道光四年（1824）、1921年续修。

桃源木塘雷家湖王氏　迁湘始祖志果公，明洪武时由江西宦游至常德，落业于善卷村。至十二世孙瑞公，清初再迁桃源县东木塘之雷家湖。至1948年，已传24代，全族人口140余人，分布在常德善卷等处。清光绪二十二年（1896）建宗祠于雷家湖。族谱创修于嘉庆五年（1800），1933年续修。

桃源王牌港王氏　始迁祖德寰公，原籍江西吉水，明初迁居湖南桃源县东杜青村之王牌港。至1948年，历传21世，全族人口900余人，分布于李家洲、河洑、王家桥、裴家码头、土桥等地。宗祠于清咸丰六年（1856）建在天皇寺狮子山。族谱创修于光绪三十二年（1906），1928年续修。

桃源浯溪杪园王氏　迁湘始祖德兴公，明永乐二年（1404）由吉水宦游至常德。传至三世辂公，再迁至桃源县东浯溪杪园。至1948年，已传24代，全族人口千余人，分布在督粮冲、小山寺、老灌垱等地。宗祠于同治年间建在浯溪河。1919年创修族谱。

桃源乾坪王氏　迁湘始祖岱公，原籍丰城，明季宦辰州，解组后寄籍巴陵双凤铺，后迁慈利九都一区，越三世传至如珽，清乾隆二年（1737）再迁桃源县北上七里村。至1948年，已传18代，全族人口800余人，分布在温泉、高东等处。族谱创修于清咸丰九年（1859）。

石门王氏　谱称："自载卿公于后汉章武年间随戎征蛮，由江西转徙湖南。直至晋、唐、宋、元及明洪武初元止，中阅千二百有余年，其袭爵者仅二十八代，既无伯叔，终鲜兄弟，妣氏未载，葬何莫考。虽云以孙袭祖者有之，要亦不无脱误可疑者。今依秦文恭公《五礼通考》，以迁祖为始祖之义，开先起系，断自有明，以迁石门之武德将军天宝公为一世祖。其前之二十八代别为一编。"又称："王成公报守备职，随周德兴、胡友德两大将军扫清容桑诸司，王赞公从戎又为常德营千总，敕镇新关，任居分水岭。传九世及明末天宝，公为添坪总旗，至礼茂公征讨福通，升走避隘，子孙袭爵，兹十有一世。"清同治九年（1870）、1926年二修族谱。派歌：世大忠国，嘉永显承。祈开远命，尔祚长庆。修文作德，崇儒登伦。书香继美，善良代生。

石门樱桃岗王氏　始迁祖方远公，原籍江西吉安府庐陵县清定乡，元朝时迁入石门。祖祠在樱桃岗。至1948年，共68人。派语：崇先思一本，立志尚贤良。盛德恒昌茂，宗传世泽长。

石门罗坪王氏　一世祖仕魁公，由江西迁往湖北石首查家河。二世祖镇龙公，原系查姓，后改姓王，由石首迁临澧合口南湖档。三世宗元公，携母屈氏迁至石门县罗坪。2000年纂修族谱。排行：仕镇宗大道，维德广应昌。祈泽光万国，文明绍九邦。

石门王家王氏 始迁祖希贤公，原籍江西吉安府吉水县柳林港大樟树，明初时偕子友臣、友亮南徙于楚，落业常德北关外泄陂村白骡塞。臣公居老屋，永乐二年（1404）亮公移居于杨家桥寨子山，今称两大房。祖祠设皮匠铺。宗派：金胜国登之，世朝正生明。道德开连榜，永代万年春。

石门王氏 一世希祥公，四世思炤公。五世礼公、荣公，自湖北蒲圻、湖南华容迁石门。1934 年、2018 年纂修支谱。派序：从世代忠良，家传祖德昌。文运光宗国，武功永宪章。明道本绍典，行仁基慈祥。继序延先泽，端品振朝纲。

张家界王氏 始迁祖荣公，本郑姓，赘于王，改从王氏。明洪武二十三年（1390）由合肥置永定卫，开基于今张家界市之永定镇。族人分布于永顺、沅陵、慈利等地。至 1948 年，已传 18 代，共十万余人。宗祠在张家界城内吴庙庵。

慈利王氏 溇水流域王氏，大部分为明洪武二年（1369）自江西广信府贵溪县龙虎山大栗树，或吉安府吉水县大栗树，或南昌府丰城县柳林湾等处迁来。2016 年溇水流域凤山公、重三公、必远公，湖北学成公、学贵公，灰塘坪犀牛园大胜公，龙王岗万俊公，熊家庄、兴隆铺、斋公坡、江垭白堰、长峪铺、象市放马、走马、杉木桥、高峰、湖北公安、沙市多支合修族谱。统一字派：必子应，讳友讳冉，思讳胜。国之启自，止大光明，世守永昌。宏开先业，心学久长。

桑植王氏 先世祖籍太原，后迁江西，至沔阳，转云南至广西，再迁九溪卫（今慈利）。始迁祖德任公，于明洪武二十五年（1392）落籍桑植。后人分布在瑞塔铺、竹叶坪等乡镇。

桑植芙蓉桥王氏 该族为白族，祖籍云南大理。元初蒙哥寸白军遣散后，朋凯公自江西转徙于此落籍。后人主要分布于芙蓉桥、瑞塔铺、洪家关、澧源等乡镇。

桑植五里桥王氏 始迁祖兴鲤公兄弟，清乾隆三十年（1765）自江西安福县西乡十七都贩卖瓷器至桑植，因亏损无力回乡而滞留今五里桥乡蔡家峪落籍。后人主要分布于五里桥、澧源、南岔、岩屋口等乡镇。

益阳山青王氏 该公下传至十一代庭珪公，字民瞻，号泸溪，北宋政和八年（1118）进士，南宋绍兴十八年（1148）放辰州，流寓资阳。为益阳紫罗、山青、跳石水口三支之共祖。十九派仲容为紫罗桥之祖，本孙、大孙、畅孙、秀孙、世孙、继孙为山青铺之祖，季容为跳石之祖，应轸为水口之祖。明崇祯十三年（1640）三支创修族谱，清乾隆三十二年（1767）四修时三支分修。1949 年山青支九修，1997 年山青支十修。本孙房派文：茂宗富胜镇，时言希训邦。圣道钟源本，徽猷振益昌。大孙房派文：以魁星天太，希宗文时邦。其道钟源本，徽猷振益昌。世孙房派文：世大正源本，徽猷振益昌。继孙房派文：盛朝之忠士，文章华国基。诗书绵世泽，道义秉芳规。太原通谱派文：吉州初兆，三白凝禧。滋蕃亚陆，溢誉中西。楠杞珪璋，逸伦拔萃。俊烈坚刚，嘉谟伟度。

益阳大泉王氏 始迁祖惟暹公，元末明初自江西吉安府吉水圳上迁益阳大泉。惟暹生英贵，英贵生八子，惟震、浒、武、渌四支分布各地。清康熙四十年（1701）、乾隆二十九年（1764）、嘉庆七年（1802）、咸丰八年（1858）、光绪十六年（1890）、1921 年、1945 年、2005 年八修族谱。字派：英孝必友思，继志承先祖。孔孟永能遵，邦家常克辅。贤良大业传，康乐洪恩普。景运焕文昌，匡襄开建树。

益阳王氏 始迁祖信辅公，元至正时自江西吉水徙桃源，又徙益阳桃花江东冲，六派鍪公移居添子桥。明永乐七年（1409）、弘治十四年（1501）、嘉靖十六年（1537）、清乾隆二十八年（1763）、道光二十四年（1844）、同治十三年（1874）、宣统三年（1911）、1942 年纂修族谱。字派：士学惟正大，才高定显登。安邦能建国，世代永隆昌。

益阳王氏 始迁祖定公，字则凝，号庶斋，职授盐运司。明洪武间由江西泰和落业益邑浮丘山。1922 年五修族谱。

益阳紫罗王氏 始祖庭珪公。九派至仲容公，明洪武初自江西吉州安成冷溪徙居益阳五马坊明星池，长子宜恭立业于邑城长乐街，次子宜俭又迁紫罗桥。清雍正四年（1726）建宗祠于明星池，咸丰间建支祠于紫罗桥。康熙十年（1671）二修族谱，雍正四年（1726）、乾隆三十二年（1767）、嘉庆二十二年（1817）、咸丰十一年（1861）、光绪二十四年（1898）、1921 年、1948 年续修。派语：文仕庭继良，中道德崇光。世大钟源本，徽猷振益昌。运开隆景福，业允伟云章。家祚宜兴起，英豪裕栋梁。

益阳水口山王氏 该公十一世泸溪公，宋熙宁时官敷文阁学士，又十九世始迁祖应轸公，字烈捷，明洪武间从父时维，挈子蔚南，由江西安成冷溪徙居益阳水口山。明崇祯十三年（1640）创修族谱，1914 年九修。

益阳桃林石湾王氏 始祖祎公，字子允，原籍浙江金华府义乌县。其子庆、胜、绅三公受左参军职，奉诏征滇，凯旋敕屯常德。四派祖文宁、文忠由常德迁益阳，带甲屯耕，开基于益阳桃林乡王家大冲打石湾。至1949年，已传24代，共3000余人。宗祠在石湾，今属桃江。明万历五年（1577）、清乾隆二十九年（1764）、乾隆五十九年（1794）、道光七年（1827）、咸丰七年（1857）、光绪十六年（1890）、1920年、1946年纂修族谱。

益阳大桥乡软桥、桃源乡芸田湾王氏 始祖该公。三十一派至景祥公，明洪武间由江西吉水县迁湘。原分两房：长士端，置业于益阳大桥乡软桥。次士杰，世居益阳桃源乡芸田湾。族谱自清乾隆十年（1745）至1915年凡五修。派语：（自二十一世始）奋权孚厚修，庆公世利启。士曰敦序希，祚又承厥美。家声作善昌，大业兴仁起。富贵绍光荣，忠信崇纲纪。立国用贤良，安邦先义礼。景运启宏开，奇才知定取。道德盛熙时，朝廷隆治体。恩锡永相传，正名思至理。

益阳、沅江王氏 鼻祖海公，字宗源，号容川，明初官授指挥使，由河南开封府祥符县宦游吴西，致仕迁楚，落业湘潭栀子港。长子泰生，次子泰用。泰用始迁益阳张家塞，后徙沅江。泰生生志勉、志润、志良、志明，兄弟迁益阳天成垸黄栀子坪及甘溪港。容川公祠位于益邑城内北街，创建于清乾隆间。泰生房谱清乾隆四十五年（1780），道光元年（1821）、咸丰七年（1857）、光绪十六年（1890）、1917年、1943年凡六修。泰用房谱康熙间、光绪十三年（1887）凡二修。1997年两房合谱，仍称七修。泰生房派语：海泰志敬槐，国瑛尚施元。贤良洪臣大，烈盛绍家传。守正思先达，敦宗继世昌。道明崇孝友，礼教振纲常。品望隆千载，人材萃一堂。本深枝必茂，源远流方长。泰用房派语：海泰胜电近，壁禹远书启。承先人光大，仕耀家声宏。功昌达祖道，德克修俊贤。超拔定策兴，宗显扬雅化。

益阳桃花江王氏 始祖宋晋国公祐。十四传至宜恭公，明洪武初年由江西吉州安成迁楚南益邑之长乐街（一说十八传至元圭、元堃迁长乐街），十九传至礼纲、礼义、礼铭三公，爱益邑山水秀媚，自白鹿铺挈家而来，卜居桃花江。族谱始修于清康熙二十九年（1690），乾隆二十四年（1759）二修，咸丰元年（1851）三修，光绪二十三年（1897）四修。源流派：祐旦素民珪，峋詹澜朴昭。存芳仲宜敦，洵庭元嗣续。原派：礼廷朝学曰，启坤永世宏。安邦维孝友，正道庆时清。新派：忠厚传家宝，敦伦祖德延。文章可华国，诗书作教先。

益阳岐市王氏 始迁祖贯公，明洪武十一年（1378）授益治文林郎。长子鉴公，字三畏，北直国学永乐乙酉科京都亚元，因父久任终于资土，遂筑室安家于岐市。清雍正九年（1731）、乾隆四十七年（1782）、乾隆五十一年（1786）、道光六年（1826）、同治十三年（1874）、1916年六修族谱。派语：大业成世锡极，荣宗建有庭槐。德泽家声远，文章士运开。光前崇礼教，裕后启贤才。

益阳王氏 一世鼎山公，南宋高宗时屡见武功，始除广西协镇，既迁总兵，年高致仕，迁居湖南浏阳。生琼公，琼子国英，宋绍定二年（1229）生，由浏阳迁长沙，落业槐树坪。后裔散居长沙河西、益阳等处。十世宗汉公居长沙，宗洪公迁益阳。清道光十四年（1834）与长沙合修族谱，后因长沙丁多地隔，光绪十一年（1885）益邑始分修支谱，1927年三修。字派：（自五派始）千廷安伯贵，宗泽显扬，克承巨任，国正心顺，官清民和，继述期……

益阳王氏 始祖寿可公，肇基于闽。十一世嘉元公生之麟、之凤。麟裔世居闽。凤公生福、寿，寿公子天贵适蜀，福公清康熙四十年（1701）从凤公由闽徙益治南之黄公嘴，再传天有，转徙实竹村。天有生世荣、世华、世富、世贵、世昌。贵、昌不传。今衍荣、华、富三房。清乾隆五十七年（1792）、同治二年（1863）、宣统元年（1909）、1941年纂修支谱。派语：寿以得琮绪仕理，伦仲标嘉之万天。世正大源本，声明国自昌。诗书崇祖泽，孝友启忠良。

益阳回族王氏 始迁祖顺廷公，号佐才，清乾隆间由宝庆迁益阳七里撩叶坳。同治间安宝公又迁常德。清光绪三十三年（1907）、2014年纂修支谱。派语：太原家声远，大学之道天。心顺世清民，安邦贤佐圣。作述宏先业，人材立纪纲。子孙愿泽永，忠孝绍前方。

沅江赤山墨池塘王氏 本籍金陵，自一派祖椿年公，讳梁，偕伏波将军马援征五溪。二派凌云公袭父爵，居常郡。三派恢先公，讳继隆，偕弟继昌迁沅，家蠡山，今赤山。因二公卜居于此，则东汉以前为金陵人，历晋、唐、宋、元又为沅邑土著。至1943年，已递传100派。至1948年，全族人口2000人。宗祠在赤山墨池塘。清道光二十四年（1844）三修、1943年四修族谱。派语：有章汝焕，式德联昌。修礼立义，守本安常。兴家成业，锡庆致祥。功昭道显，声远名扬。

沅江、益阳王氏 始祖元仁公，南宋时由西秦徙豫章，卜居吉水之滨。传九代至明洪武朝时芳公，生四子：伯容迁龙阳鸦头山，仲容迁益阳紫罗桥，季容迁益阳跳石。叔容，字荣道，明洪武间由江西营府升任湖广协，占籍沅江四都港子头。生二子：德明、盛明。德明九世孙昌甫又由沅迁益，落业油麻垸、千家洲。盛明裔仍居旧址。清乾隆五十二年（1787）两邑合建宗祠于沅邑。清道光四年（1824）始修族谱，同治七年（1868）续修，宣统三年（1911）三修，1941年四修。派语：道明思智之，良忠元世尚。嗣必大人兴，起于楚有光。清源传自远，锡庆兆其祥。本裕支连甲，诗书显达长。

沅江三姑托王氏 始迁祖志和公，字协衷，号音雅，因谋生计，于明洪武三十一年（1398）由江西吉水县永丰乡安田保上马段大树下鹅颈大丘迁湖南沅江邑城东门沙嘴头，永乐四年（1406）回籍一次，复来沅。正统间落业于龙船埠、沙嘴头，置买郎荆堤保东山茭叶塘、余家塘二处。族人分布于南县、华容等地。至1948年，已传21代，共7000余人。宗祠于清嘉庆十八年（1813）设于三姑托。清光绪三十年（1904）四修族谱。1948年三姑托支、方里支（支祖朝选）、东兴垸支（支祖该国）、长滩洲支（支祖裕音）、甘溪棠支（支祖洪明）五修族谱。三姑托支、东兴垸支旧派：志贝如玉屿，延三嗣臣日。方里支旧派：凤卜光芒玉，明良佑后宗。诗书华国远，孝友大丰隆。长滩支旧派：裕普仲纯宁明尚君。甘溪港支旧派：洪功永继国举吉。五支合派：（自十一派始）大本成功立，光宗可锡名。时良多俊士，祖德启家声。

沅江新安垸王氏 先世居江西饶州府乐平县乐平乡青冢。始祖伏一公，明洪武初携子兴旺入籍江陵渔总、堤湖。十一派蘧公由堤湖徙石首朱里岗。清康熙二十七年（1688）十二派三汲公复自朱里岗徙常德府沅江县郎保黄金赛，屡迁落业新安垸。清顺治二年（1645）、乾隆三十八年（1773）、咸丰六年（1856）、1913年、1946年纂修族谱。派语：栓朝文名远，盛世德泽长。先则能垂裕，嗣英定克昌。

沅江龙池港复兴垸王氏 始祖该公。至三十一世曜公，字绍怀，清康乾间人，原籍江西安福县，因经商来楚，卜居于沅江县七都龙池港复兴垸，衍为椅、楷、彬、桃、杜五房，支祠在复兴垸大林港。

安化王氏 1921年安化王氏联宗合谱，以周太子晋公为一世，四十七世该公迁庐陵，为庐陵始祖。该公十四孙知达公迁庐陵合田，为合田始祖。衍至明代，子孙络绎迁湘。世系：（以该公为一世，自二十六世始）玉金水元梦，丹之修大成。文武志允世，远嗣昌达荣。敦本安凝益，宗德福祥生。贤良明性道，功业代恢宏。

安化王氏 始祖该公迁吉以来，至范公复徙山东，镇公仍迁泰和，立三槐堂。传九世至子明，字仁牧，元世宗中统时召至京，拜大中大夫，固辞不就。至德祐中，国纪散乱，兵燹四作，移居湖广潭州之安化，为迁安始祖。明宣德四年（1429）、清康熙五十七年（1718）、乾隆四十一年（1776）、道光元年

(1821)、同治六年（1867)、宣统元年（1909)、1937 年纂有族谱。字派：派传先善友，子仕仲孟文。廷万永以用，秉德信元平。仁崇礼可育，中正本和心。益代资祺寿，亨佳福庆臻。骥足腾云路，鸿章重玉京。令名光世泽，禄位自能申。彝鼎垂功远，贤书启俊英。家风传必盛，前武克相绳。

安化王氏 始迁祖子明、子诚公，宋理宗景炎间，因世乱由江西太和圳上迁安化。子明公裔居一都二甲、六甲地。子诚公生仕荣，仕荣生六子，居常安丰乐以及宝庆、武陵等处。第四子仲雍迁县南门，第五世镛公，生三子：洪、泮、清，居安化碧溪。泮公裔居资水，清公裔居栗林柏树湾，洪公裔柳林松山、茅田铺及益阳五里。族谱一修于明宣德间失传，清乾隆二十年（1755)、嘉庆十六年（1811)、光绪十一年（1885)、1933 年续修。字派同子明公裔。

安化百花台王氏 始迁祖子明公，元大中大夫，由江右迁安化，八世祖永铎公，由塘头冲迁居百花台。

安化东坪宗祠王氏 始祖该公，十四世知达公，二十五世缙、伸、纪、纲、处敬五公，先后由庐陵合田、轸塘迁湖南安化。清光绪二十九年（1903)、1941 年纂修族谱。

安化栗溪口王氏 明英宗正统十四年（1449)，知达十二世孙纪公孙锐，因其父琳去庐陵合田授徒于安化栗溪口，遂携弟钦、钊从父受学，然犹时返庐陵。中年后，元配刘亡于原籍，子汶、孙元宗亦相继逝，乃于安化续娶，生子潍、济、汉，是以锐公为由庐陵迁安化之始。钦公已先于天顺二年（1458）娶于安化，居二都羊角，生子澜，明弘治间由栗溪口迁居湛溪睦里冲。

安化善溪水澜湾王氏 明景泰二年（1451)，知达十二世孙纪公孙镳，由庐陵合田来安化，殁于益阳。镳子滚，于嘉靖二十五年（1546）继来，亦殁于湘潭易俗河。滚子元宰携弟元宏，遂迁安化湛溪河家湾，依从父滋公以居，旋落业于善溪水澜湾。子孙分居江南坪、严家冲、长田冲、台冲、上官溪、桐皮园、益阳长岭等地。

安化唐家观王氏 知达十二世孙纲公曾孙元骞携弟元兰，明隆万间由庐陵合田迁居安化唐家观。

安化湛溪塘湖田王氏 元骞公孙鹏公，明末由安化唐家观迁居湛溪塘湖田。其后转徙益阳黄茅冲、檀木桥等处。

安化龙塘王氏 元兰公孙郁公，清康熙初由安化唐家观迁居龙塘。其后分徙桃源蓝家湾等处。

安化株溪口王氏 知达十二世孙纲公曾孙元南公，明中叶由庐陵合田迁居安化株溪口。其后分徙大湖坪、洞溪口等处。

安化熙宁坪王氏 知达十二世孙纲公玄孙元宷公携弟元宾，明中叶由庐陵合田迁居安化熙宁坪。

安化柘木王氏 知达十二世孙纲公玄孙元宾公之子梦朱，明中叶复由安化熙宁坪分居柘木。其后分衍石门阮家段及益阳软桥铁炉冲、尧家段等处。

安化县治西门外王氏 知达十二世孙纲公曾孙元富公，明中叶由庐陵合田迁安化县治西门外。

安化潺溪口靛溪王氏 知达十二世孙纲公曾孙元富公之孙龙公，明清间由安化县治西门外迁居潺溪口靛溪。其后分徙对口溪、深溪、萧家湾等处。

安化西洲王氏 知达十二世孙纪公孙铧公，明弘治间由庐陵合田迁居安化西洲，铧殁葬株源虎形。长子演，落业西州，其后分居柳溪马蹄岩芒东坪小溪及桃源上白石村和平溪、木旺溪等处。

安化桥口王氏 铧公三子潮公，明嘉靖间由安化西洲分居桥口，其后分徙盘古岩等地。

安化湛溪泻油冲王氏 铧公次子湘公，明嘉靖间由安化酉州迁湛溪泻油冲。其后转徙益阳史家洲。

安化田溪冲王氏 澜公曾孙俨公，明万历间由睦里冲迁居田溪冲，其子孙分徙大毗溪、羊脑滩等地。

安化仙溪王氏 始迁祖魁凡、美凡，明末由湖北迁此。

安化河家湾王氏 始祖该公，至二十八派滋公，字淑五，明正德时自庐陵合田转徙湖南安化二都河家湾。至三十派梦星公，字寰宇，衍为襄、乔、举、誉、齐、啇六支。族人多聚于安化二都八、九、十保。至1949年，共9980人。宗祠在王家坪老人湾。

安化、宁乡王氏 始祖该公，生二子：余、肱。余裔八世勋公，宋熙宁间由江西连岭迁居庐陵栋头，十七世保忠公，生居正、居仁、居明、居义，分东南西北四房。东房居正公，又三子：仕昭、仕俊、仕元。元公后裔居宁乡流沙河、长田冲、牛头岭、唐公庙。俊裔二十四派廷孚公，生世宇、世宙、世宏、世宁。宇、宙二公后裔居梅东、小桥、高坪等铺及东山、梅溪与邵阳等地。世宏公裔居龙田、月塘、石灰冲、毛冈、三万冲、顺冲等处。世宁公裔居安化柘木、梓山冲、黄罴洞、益阳磨刀江等处。世宇明永乐间由栋头迁居安化西路柳林石壁，世宙卒葬邵阳陈岗坊，世宏明永乐间迁居新化茶溪堰塘。清乾隆十五年（1750）一修族谱，光绪十六年（1890）四修，1926年五修。派语：廷世志德本，政名祚卓平。仁崇礼可育，中农士万宁。奕代资祺寿，亨佳福庆兴。凤宇辉星汉，龙章耀锦城。令名光后泽，禄位自重申。彝鼎铭功远，玉书起俊英。

新化金凤山王氏 始祖明远公，字一统，宋元丰八年（1085）奉诏南迁，从江西经潭州（今长沙），初居麻石郊，复迁邵阳隆回十栗山，后卜居上梅金凤山下即芭蕉冲。长子崇伯，又生四子：正道、正诚、正忠、正信，衍为四房。清道光十五年（1835）、同治十年（1871）、宣统三年（1911）、1947 年、1993 年、2015 年纂修族谱。班次：家政以诚，本在修身。行端矩立，化（汉）洽祥呈。善为楚宝，儒作国珍。典型克绍，勋业能宏。承恩赐命，显亲扬名。永昌邦族，大振槐庭。

新化高平灵真村王氏 其先十六郎，字良辅，明初授宝庆卫后所千户，没葬邵州南关外。六世雄，亦千户，居新化高平灵真村。

郴州华塘三合王氏 一世祖十三郎，元至正十七年（1357）因避兵乱，携眷从西鲁隶太原，转由洪都江右等郡西行千里，居郴州吉阳乡（今华塘镇）土坡洞。生五郎、七郎、八郎。明万历元年（1573）、清康熙四十九年（1710）、道光五年（1825）、同治元年（1862）、光绪二十年（1894）、1943 年、2019 年七修族谱。十三郎公派下排行：十郎贵友必，思量永孟天。尚仲大应两，宗政启开先。湘南通派：湘南司上理，笃造硕田标。教科加普训，作哲庶常超（“宗政启开先”对应“湘南司上理”）。

郴州永丰乡仙溪冲王氏 始迁祖杰公，明初由江南江都县守尉郴州，因卜居于此。

资兴复兴乡双溪王氏 始迁祖思溥公，五代时自江西临川因避乱迁湘，开基于资兴县复兴乡双溪。族人分布于资兴东南西北四乡区。宗祠在县城内。至 1949 年，已传 33 代，共 5000 人。

桂阳板桥王氏 始迁祖清斋公，宋祥符年间由江西迁入桂阳板桥乡小溪真武塘。

宜章桐油坪王氏 始迁祖曾公，字孝先，原籍江苏苏州，宋景祐二年（1035）出仕郴桂史，奉剿湖侗，始迁桂东万王城，再徙宜章油桐坪。至 1949 年，已传 39 代，共 5000 余人。族人多分布在郴县良田铺和宜章。

宜章白沙乡鹤渚脚王氏 始祖周毕公，西汉时由姑苏迁四川。至熹曾公于唐时，一说宋理宗时由四川迁此。至 1949 年，已传 45 代，共 600 余人。宗祠在鹤渚脚。族人分布于衡阳、宁远、广东乐昌、广西桂林等地。

宜章石下王氏 明景泰时自福建迁此。

宜章新塘王氏 自广东乳源县迁此。

嘉禾百步岭王氏 鼻祖仁鞠公，字子养，官名子恭，号嵩山，江西吉安泰和县桐枧下人，宋康定元年（1040）同姑表雷大郎迁居蓝山杨鸟田，后迁甫口。七世安远，由大泉迁临武下桥。十二世景源，迁王家湾。十三世决秀，由王家湾迁桂阳鉴塘。二十二世贤信，清初迁嘉禾百步岭。安远公派下宗谱始修于明万历三十一年（1603），清康熙三十八年（1699）、乾隆六年（1741）、嘉庆七年（1802）、道光二十二年（1842）、光绪元年（1875）、1928年、1992年续修。仁鞠公裔排行：添彦卿再进，安天叟叔伯。景决以思自，友存念祖宗。贤良方德宜，善必绍先猷。功当开来继，学求匹伊周。才期宏正治，京兆着家声。熙载全忠义，本支百代绵。

嘉禾甫口王氏 迁湘始祖仁鞠，江西吉安泰和县桐枧下人，宋仁宗时以军功封平蛮侯，后归隐蓝山杨鸟田，后迁赤竹渡，再迁里田。裔孙彦环卜居嘉禾甫口，故称甫口王氏。后人分布于虾塘、行廊、石角塘、小街田等地。

嘉禾王阳圃王氏 始祖绍冕公，江南苏州人。子三：万壮、万韬、万滨。长子万壮于宋淳化四年（993）为邵阳县令，罢官之后与弟万韬流寓衡阳。韬之三子载通迁桂阳州下燕塘，再八传至宗旺、宗煦分居王阳圃。后人分布于长塘下、梓木墟、老虎山、百步岭等地。

汝城磻溪王氏 始祖念五郎，讳亶，江西吉安府庐陵县人，宋政和时授郴州训导，解组居卢阳（今汝城），卜居邑西荷塘。子万八郎由荷塘迁居磻溪，万九郎徙资兴双溪，万十郎徙宜章上渡。清雍正十二年（1734）、嘉庆十九年（1814）、道光三十年（1850）、光绪二十一年（1895）、1931年纂修族谱。至1932年，已传37代，共1000余人。

汝城文明乡竺下王氏 始祖彩华公，宋靖康间由江西庐陵县徙庐阳荷塘，复徙宜章上渡。至渐铨公，于清康熙间由宜章上渡迁汝城县文明乡竺下。至1948年，已传10代，共220人。宗祠在宜章上渡。

永州高仓王氏 始迁祖任魁公，明洪武间由江西泰和迁居永兴高仓。生文胜、文禄、文开。开无传。胜生四子：敬、斌、聪、珪。禄生五子：恭、敏、海、清、秀。清乾隆间创修草谱，道光二十二年（1842）始付梓，光绪二十二年（1896）、1940年续修。班行：仕魁祖德尊，人文振王门。志廷惠正仁，尚思应万春。永佐盛朝国，方显祖宗兴。修齐敦孝友，辅弼笃忠贞。承继延先绪，贤良世代生。

永州冷溪王氏 始迁祖义公，原籍江南凤阳府定远县麻布街人，明洪武间以功除授宝庆卫，四子：健袭镇抚职，谦居祁阳牛尾洲，质、智同居零陵冷水市。孙镛改授永州卫，卜宅冷溪。清嘉庆十四年（1809）、咸丰七年（1857）、宣统二年（1910）纂修族谱。班次：一之宗升，嗣昌恒泰，振秀象贤，彰明先德，永绍祚芳。前朝贻裕，光大文元。长守家礼，继武万年。

零陵王氏 始祖百五公，原籍江南苏州府太仓州马船埠。明洪武间迁湘，长子千一公居邵阳一渡水。三子千三公居零邑冷水市上五里栗山铺，继居大应桥黄泥坝。清光绪七年（1881）、宣统二年（1910）、1944年、2003年纂修族谱。字派：百千万吉兴，壬癸思永文，廷世王国云登一。臣道宗正士，王恩锡祯祥。子孙（华夏）颂书香，贤名大有彰。天开洪运茂，祖德益传扬。

零陵滩市王氏 始迁祖守德公，明时由安徽省凤阳县宦游广西，开基于湖南零陵县之滩市镇内，族人分布于本镇附近，一部迁居桂林城内。至1949年，已传22代，男女丁口千余。宗祠在滩市镇南街口。

祁阳黄炎王氏 始祖寿泉公，世居山西曲阳县。次子肇先公，于明末迁江左，其后分离转徙，先后蕃滋于湖南祁阳黄炎乡，分布于农稼村、明远冲、栏桥头、新塘湾等地。至1948年，已传24代，共4500人。宗祠分建于农稼村、新塘湾。

祁阳王氏 始祖陵官公，明初自江西迁永州。越二世，必恭、必敬、必亮相率来祁，定居白水石坝里、燎皮甸、萧家村一带。

祁阳段王氏 鼻祖段保公，行一郎，明洪武二年（1369）由江西吉安府庐陵县迁祁阳县文明市江湘乡乐安坡，复迁白溪町。四世后因田产差徭，遂从妣姓，易“段”为“王”。五世文明公，字乐天，迁石梅，开派七支。文敬公迁元珠山。清道光二十四年（1844）、光绪三十年（1904）、1933年文明公裔纂修族谱。道光二十二年（1842）、光绪五年（1879）、宣统元年（1909）文敬公裔纂修族谱，1948年文敬公裔廷五房四修支谱。班次：子嗣顺文，思下单名取。用曰道大朝，金水木火土。诗书忠孝泽，祖德裕诒谋。继述光前绪，发祥绍远猷。承恩延圣学，辅治慎家修。

祁东古木塘王氏 始祖信公，元末由江西泰和匡山祠举家初迁湖南茶陵，再迁祁阳古木塘（今属祁东）。长子朝先后裔散居大栗、矮陂桥、延山寺、油榨头。次子朝村后裔散居畔田、铁坡湾、落排洲。三子朝祖后裔分居古木塘、山水陂。四子朝宗后裔散居三望甸、宫夏塘、官坪、丁字桥。五子朝觐后裔分居书林寺、灌渡桥、西冲、小山冲、汪家坳。至1948年，已传23代，共15000余人。

新田明义乡放乐洞王氏 始迁祖元九公，元末因避乱自江西泰和迁此。宗祠在石鼓湾老屋。

新田长信乡下排王氏 始祖太郎公，明时自江西迁居湖南桂阳县塔下。后裔析居于新田县长信乡下排。至1949年，已传22代，共900余人。宗祠在下排。

新田博大乡石古湾王氏 始迁祖郎公，明时自宁远经商迁此。至1949年，已传21代，共451人。宗祠在石鼓湾。

新田中和乡王氏 始迁祖国光公，清时因逃难自江西庐陵迁此。至1949年，已传10代，共80余人。

新田博大乡龙凤圩王氏 始迁祖武成公，清初因经商自江西庐陵石家坝迁此。至1949年，已传8代，共100余人。宗祠在龙凤村。族人分布于枧头圩王家等处。

新田崇益乡观音坪王氏 始迁祖敦义公，清乾隆时自宜章迁此。至1949年，已传11代，共350人。

新田中和镇樟树下王氏 始迁祖德芳公，清乾隆时自福建上杭迁此。至1949年，已传9代，共50人。

黔阳双溪乡冷水井王氏 始祖衍公，原籍浙江武林郡温州府永嘉县。三派祖成元公，字则乾，元泰定年间因避乱迁湘，卜居于此。族人分布于会同、靖州、贯州、长沙等地。至1948年，已传22代，770余人。宗祠在冷水井。

沅陵王氏 始迁祖进道公，宋嘉定三年（1210）自江西南昌府铁炉巷奉调辰州通判，遂定居水田村（今高坪乡），子孙分居县境各地。

沅陵王氏 始迁祖道、赞两公，宋嘉祐三年（1058）自江西吉水迁沅陵。

沅陵白岩王氏 始迁祖应龙公，明永乐四年（1406）由江西南昌迁沅。明末明二公子奉一公从铁炉巷迁白岩介。1946年大庸、沅陵、慈利三邑合修族谱。2017年白岩续修。字辈：人本周晋起，荣兆刚中亮，添字三公应，振兴槐扬名。奉仲万楚文，廷加世正德。大国天成治，宗邦教泽长。克家昭远代，作述绍先光。

溆浦大湾王氏 始迁祖赞田公，始由四川迁居湖南新化，明洪武二年（1369）徙溆浦大湾。

溆浦岭脚王氏 始祖添冀公，原籍江西吉水县，迁居邵阳隆回。子万华，复由隆回徙溆浦岭脚。

麻阳新营下担王氏 谱称明洪武二年（1369），朝廷割旨移民，以江西填湖南。始迁祖兴发公，自江西婺源县圳坝上移居麻阳县新营下担安家。族人主要分布于兰里、绿溪口、岩门、谭家寨、江口圩、拖冲、隆家堡等乡镇，迁往本省各县及四川、贵州、湖北者也为数不少。字派：兴天正景仲，文宗王朝万。用国上大人，义方子士联（连）。志学惟孔孟，道德希圣贤。诗书宜诵读，礼法应习娴。孝友齐家政，忠信治心先。启佑能敬承，光祖肇宏源。师效高名训，进升金庭前。成周昌九有，三槐永世传。

泸溪檐棚下王氏 始迁祖金榜公，字殿元，清康熙间由吉安府庐陵县延复乡五十三都二图九甲直岭阁因贸迁此地，其后嘉庆十五年（1810）顶入民籍。

永顺龙塔王氏 该族为土家族。谱称始祖墨着王，原籍江西吉水县娥媚湾，支系太原。先世避秦奔楚，开辟蛮荒，苗土向化，称为墨着，即土语“王”。传四世值吴敖骈乱，明、亮、清、聪四公闻有吉水邻人彭瑊者为辰州刺史，暗约平蛮后分治其地。蛮平功奏朝廷，敕封彭氏为溪州刺史，明公授王家村长官司，亮公授分巡把水司，清公授暴武总理司，聪公长官分巡司兼授西古村长官。明万历间，聪公裔肇凤公迁居龙塔。清雍正间，改土归流，王氏子孙散居于永顺、保靖、龙山、桑植间。宗祠于清嘉庆间建于龙塔。1934 年始修族谱。字派：世宗启文仲，荣化福连东。正大光明策，永远兆儒宏。锡丞本焕先，钟汝植烈起。钊泽材灼培，铉法树照基。锦满荣秋在，录源楚勋均。鉴清权耀重，铨治乐熙坤。镐洛槐笃睦，钦浚极为型。镕润果然者，镫澈集炬城。

永顺富坪王氏 始祖惠公，字怀仁，因避朱宸濠乱，明正德七年（1512）由江西丰城县大西门外鸭子渡黄堂观携眷来湘西永顺，卜居富坪渡口西岸。至 1949 年，已传 18 代，共 375 人。公祠在城东。

元

宁乡黄材元氏 该族原籍洛阳。始祖览公于宋嘉定间徙江西南昌，子孙繁衍，迁居抚州、长沙、岳阳等地。迁宁始祖仲修公，字隆让，为思敬公幼子，于明正德十五年（1520）由江西乐安来湘，爰宁邑风土淳厚，卜居黄材，生有四子：朝辅、朝相、朝堂、朝斌。堂、斌两支因兵燹他徙，惟朝辅公孙明亮、朝相公孙明宗两房仍聚居于此。族谱始修于清嘉庆四年（1799），道光二十七年（1847）续修。班派：朝楚明正应，国泰永昌荣。道立基先植，贤传世泽长。振家资继起，文运代生光。

临湘元氏 湘鄂一世祖天舆公。十一世昊公，宋绍兴间进士，官户部尚书。

二十二世次山公，隐居江西武宁安乐乡，生贤、圣、照。贤生亮，仕元，因乱避隐贵州恩州府黄道溪。子伯海，明初与同母弟伯河、伯湖又迁回武宁，居长乐乡芒村永元坊造纸坑、阳凤尾等处。伯湖生禄生，禄生生玉受、玉保。玉受生思恭、思让、思敬。思恭于明正统十年（1445）迁临湘县治湖里龙德嘴石家坊。思敬由武宁迁居华容。思让仍居武宁，生仲鼎，鼎生贵福，厌武宁徭繁，于成化七年（1471）亦迁龙德嘴，今同德桥一带东关宗支即为贵福之裔。清同治十三年（1874）纂有宗谱。字派：伯禄玉思仲贵玉天尚元天世必春日生光廷祚永昌为国……

韦

长沙韦氏 迁湘始祖之晋公，唐时出任湖南观察，家眷随往，之后任潭州（今长沙）刺史，卒于任所。子孙定居于此。

岳阳韦氏 始迁祖蟾公，出任岳州刺史，家人随往，后留居于此。

常德韦氏 始迁祖乾度公，京兆人，任御史中丞，后被奸臣陷害，贬任朗州（今常德）刺史，家眷随往。

澧县韦氏 始迁祖彤公，京兆人，出任澧州刺史，后人定居于此。

零陵韦氏 始迁祖善道公，明南海人，任零陵知县，后裔即留居于此。

江华韦氏 谱称先世居湖南宝庆府邵阳县大窝韦家村。元末国宝公官粤西宾州府，携四子友金、友忠、友望、友材赴任。因贼盗围城，国宝公殉难，四子冒险逃出，同至永州江华之岭东。友金卜居金狮寨，迁于高岭、木山口、鸿福田、横冲等村。友忠明洪武八年（1375）卜居龙会村，迁于七郎、金狮、练江、新寨等村。友望后居广西贺县南乡。友材流寓广东连山。该族今为壮族。清咸丰五年（1855）友忠裔建祠于龙会村，同治四年（1865）始入籍，1939 年江华岭东韦氏十二村创修宗谱。班辈：世代和平，顺时纪联。肇立宏喜，富贵相传。东南尽美，沛泽延年。

宜章老湾韦氏 明嘉靖时自广东南海县徙宜章老湾。

云

桃源陬市云氏 始迁祖金公，明中叶自浙江迁于县东陬市之云家湾。至 1948 年，已传 15 代，全族人口 100 余人，分布于载家坡及常德放羊坪等地。宗祠于1930年建于云家湾，同年创修族谱。

车

邵阳车氏 始祖用宗公，元代人，原籍镇江丹徒，仕广西平乐幕，因世乱未归。用宗公之子舒公，遂以平乐贺县籍登永乐戊子（1408）科广西乡荐，官御史。舒之子济公以贡士仕江西赣州府，功升湖广荆州府通判，因过邵陵，乐其风土，遂家焉。十世孙万育，字与三，号鹤田，清康熙进士，官户部给事中、补兵部升掌印，寄居江南，奉旨谕葬江宁府上元县，为金陵车氏之祖。子鼎丰、鼎贲，因刊刻吕留良著作而罹祸。清嘉庆十八年（1813）始修宗谱。派语：承大以万鼎，木日土心田。方新昭世德，金马人立言。该族名人辈出，有著述传世者即有二十余人，如车大任、车大敬、车以达、车以遵、车泌书、车万合、车万含、车万期、车万启、车鼎黄、车无咎、车照、车寅庆、车元昺、车望湖、车鼎晋、车玉襄、车以庸等。

戈

湘潭戈氏 始迁祖景济公，字立山，行荒八，明嘉靖二十四年（1545）由江西南昌府丰城县兴仁里白马塘迁湘潭十三都六甲石壁。清乾隆二十年（1755）、乾隆三十九年（1774）、1943年三修族谱。老字派：世泰治隆盛，时和惠泽新。绍先宏继序，昭代启文明。新增字派：承训忠良孝，传家佑吉祥。裕后登兰桂，科卫显荣光。

靖州红溪屯戈氏 始迁祖景宜公，始居江南苏州府长洲县鸡窝乡金甲桥，以布衣从戎，明永乐间授湖广指挥使，奉檄南征，坐镇楚地，宦游南靖，卜宅于城内红牌楼，继迁莲塘，又迁红溪屯。子二：厂公仅六世而绝。能公至六世以忠公，分为宗善、宗化、宗伋、宗祥四房。后人分布于红牌楼、红漠屯、黔阳等地。族谱始修于清同治三年（1864），1917年续修。字派：（自十六世始）忠孝承先泽，文章起世华，正际明良运，学道白齐家。续派：行仁延厚福，作善召贞祥。慎守祖功德，佑后代吉昌。该族名人：戈鉴，字保三，咸丰同治间率军镇压太平军及贵州苗民起义，升知府，加按察使衔。

贝

浏阳船仓贝氏 贝氏之先出姬姓召康公之支子，初采食涢水，继授封郥国，后子孙去邑为贝。始迁祖南叟公，元明之间由四川迁此。清乾隆五十五年（1790）一修族谱，光绪三年（1877）二修，1917年三修，1947年四修。派系：万代兴隆，开宗大福，良国崇光，显荣华耀，世德尤昌。远承先志达，宏启裕昆祥。抡才文治美，佐政英名扬。该族名人：贝允昕，民国间曾任长沙律师公会会长。

江华贝氏 该族为壮族。始祖祖庆公，居广西平乐府贺县南乡洞，传至五世祖社春公，于明万历间游遍四方而移居桂林七里冲，居数载后迁居湖南江华岭东下段城岗。

牛

宜章城东牛氏 始祖邦康公，字承宰，明天启间因经营粤盐来宜章多年，先得籍贯，居宜章梧潭。其第五子太冋，字景星，清康熙间因子凤翔为广东乳源县学教谕而随来宜章，遂家焉。凤翔后解组携眷归来，亦居宜章新里永吉巷，后改为牛家巷。族人多分布在城东、梧潭及郴州永宁乡等地。至1948年，已传24代，男丁380余人，女口400余人。凤翔公祠在城东长街，建于清康熙年间。

毛

长沙毛氏 始祖渐公，江山毛氏后裔，宋时官湖南转运副使，其嫡系一支寄寓长沙。元末大乱，族人各徙府州，独毛用有产，后世遂奉用公为始迁祖。1916年纂有族谱。

韶山毛氏 始迁祖太华公，元至正间人，因避乱自江西吉州龙城迁云南澜沧卫，生有八子。明洪武十三年（1380）以军功官入楚省，惟长子清一、四子清四偕行，始居湘乡县北门外绯紫桥，后清一、清四卜居湘潭县之韶山，至四世衍为震、瑞、鉴、深四房。震房分竹溪、彬溪、介溪三支，瑞房分显色、显名、显定三支，鉴房分泉溪、高溪两支，深房分立睽、立明、立旸、万支四支。毛泽东为震公竹溪房二十派孙。族谱始修于清乾隆二年（1737），光绪七年

(1881) 二修，宣统元年 (1909) 三修，1941 年四修，2001 年五修，时男女丁口 8800 余人。旧派：（自第七派始）立显荣朝士，文方运际祥。祖恩贻泽远，世代永承昌。续派：孝友传家本，忠良振国光。起元敦圣学，风雅列明章。

湘乡下禾坪毛氏 始祖让公，字伯逊，南唐时官大理寺评事，宋工部尚书。子休公，字子美，宋时仕国子监祭酒兼殿中侍郎，守吉州，遂迎让公就养于官，卒葬吉州龙城。至十一世道公于宋咸淳间由江西吉水迁居湘乡下禾坪。道公三派而衍为应诚、应奇、应甲三大房。清乾隆三十五年 (1770) 纂修族谱，道光十一年 (1831)、光绪十年 (1884)、1948 年续修。四修时全族男丁 6368 人，配偶 3601 人，已嫁女 5906 人，未嫁女 1362 人。班次：治际熙隆日，笃培衍运昌。体仁亦炳义，远德耀恩光。

茶陵火田毛家坊毛氏 始迁祖继祠公，元代从岱棠徙居火田毛家坊。后裔分支徙居马江毛家村。

茶陵丰头毛氏 迁湘始祖子德公，本江西吉水固溪人，明初迁居茶陵丰头。五子：继宗、继宣、继周、继镐、继京。镐公永乐时又迁茶陵北门栗子坪走码陇，京公洪武间迁安化赵源，其后嗣复迁永兴八甲。宗、宣、周三公子孙世居丰头。清乾隆二十四年 (1759) 肇修族谱，嘉庆十八年 (1813)、光绪十一年 (1885) 续修，1924 年四修。乾隆三十七年 (1772) 创建宗祠。光绪十一年谱载老字派：子继添道琫，玩正日尧训。纹昌荣名显，世代允兴隆。新增字派：为善家中宝，诒谋裕象贤。习诗承祖泽，明德益长绵。

衡山吴集毛氏 始祖河南杞县德公。德公子成国，初以勋授滇南大理卫。又一传至信公，袭调云阳（茶陵）。信公弟忠公长子良公，字世臣，号吴泉，尝从茶江泛舟而下，至衡山吴集市，爱其山川融结，遂于明景泰四年 (1453) 徙居于此。清乾隆五十年 (1785)、嘉庆十年 (1805)、光绪十七年 (1891) 纂修族谱。字派：世慕唐虞，盛象传孔，孟书衡湘，钟大美积，善庆常余。

邵东毛氏 始迁祖立根公，明初由江西吉水鹅颈大田迁邵东栗山，传及六世分添麒、添麟、添象三公。麒公守旧土，十世裔兴东公复迁祁邑。麟公徙居楼底坝上，自成一族。象公迁四川，又成一族。1915 年创修族谱，1992 年续修。班行：立远诚再道，添思廷邦兴（咏志荣济仕）。国正朝（钦凤贵）宗祖，家齐永世（开泽吉原）昌。福禄先德佑，贤良绍前光。洪隆恩耀大，寿康定绵长。

武冈东塔寺毛家园毛氏 始迁祖候主公，行三，明洪武时由江西泰和县溪圳上迁居湖南武冈县城东东塔寺毛家园。族人分布于县东乡高船岭、南乡萧家岭等地。至 1948 年，有男丁 4856 人，女丁 5682 人。总祠在县城内四牌楼。族谱始修于清乾隆年间，道光间续修，1940 年三修。

益阳毛氏 宋工部尚书伯逊公始历十六传至明正统间景忠公，为江西吉安府庐陵县第八都敛禄保王家港白马垅人，宦游来湘，乐益阳山水之胜，拟卜居焉。时值英宗北狩，群盗四起，景忠公挈眷侨居，迁徙靡定，后率子孙复归江右，卒庐陵原籍。清康熙四十三年（1704）、乾隆四十年（1775）、道光二十五年（1845）、光绪二十六年（1900）纂修族谱。字派：景鼎孟嵚宗，然九纯成正。国士绍承先，孝友为家政。式宪聿有传，守法其惟敬。作善时光大，万世衍余庆。

沅江毛氏 始迁祖庭信公，明洪武间自江西吉水县鹅颈大丘迁居沅江，长子允达居沅江，次子世达迁桃源，三子通达迁益阳桃花江。

安化、新化毛氏 谱称始祖太参公，讳俦，唐贞观间为湖广岳阳太守，高宗显庆二年（657）知江南西道，由荥阳徙西昌之钱洲。第四子珪公，字国器，由钱洲徙瑞州府新昌县十七都厚埠。至宋让公、休公居吉州龙城。迨二十三世慎一公生荣仲、廷虎、仁则。荣仲公五代孙凤庭、凤义、凤庄，廷虎公五代孙吉祥与仁则公五代孙鸾、凤、凰兄弟，明时由厚埠同徙南楚。今居安化滔溪、仙溪者凤庭裔也，居苏溪者凤庄裔也，居新化者凤义裔也，居益阳龙山、龙溪、山田者吉祥裔也，居武陵白羊保者鸾公裔也，居安化培硐者凰公裔也。清同治九年（1870）倡修合谱，光绪七年（1881）谱成。通谱派行：凤应中元汝，善庆正天伦。世泽绵先绪，诗书启后英。盛代光华普，明时德力崇。

新化毛氏 始祖福二公，宋神宗熙宁间由江西官籍居湘，镇守长沙，元至元十六年（1279）由庐陵九里毛家园迁湘乡伏龙桥。递传六世元祯、文祯、文祥，祥祯迁居新化，元祯卜居水车八都。文桢、文祥派衍新化城厢、毛家巷、青峰毛家台、琅塘晚坪、苏溪、塔山、四都、官庄、冷水江等处。祥祯择居邓家溪、芦茅塘、毛家冲等地。文祥支旧派：福叔务荣昌，伯祯添志凤，光廷岩正旸。元祯、祥祯支旧派：福叔务荣昌，伯祯添志景，秀泰朝廷时。1992 年安化、新化毛氏福二、洪岩、伯远、凤义四派九户修合谱。合派：（自十六世始）应学万家盛，献策上丹墀。凤应中元汝，喜庆正天伦。世守相和顺，诗书启洪贤。

新化河龙田毛氏 始祖维瞻公，唐时由江左迁湘乡伏龙桥。越十余世至宋淳熙时德仁，由湘乡迁新化，再传二世至洪岩，字振南，立业石马三都河龙田。

新化蒋坪、苏溪毛氏 始祖伯远公，宋末元初由江西迁新化。传三世至道生，迁永八都一甲。又传三世泰昌，生二子：朝凤、朝显。朝凤衍蒋坪（今晚坪），朝显衍苏溪。

汉寿毛氏 始迁祖左德公，字良正，与其弟右德、成德、仁德于明洪武二年（1369）自江西吉安府吉水县永丰八都吉水滩迁湘。左德公居汉寿县铁桥，右德公居汉寿江东市，成德公居武陵县七丘村，仁德公居武陵县北嘉山。族谱始修于清乾隆五十五年（1790），咸丰四年（1854）、光绪十八年（1892）、1916年、1936年、1996年续修。总祠在汉寿县东观。原派：德承壬美植，碧琮庭世兴。仲尚国学羽，正丽文华新。续派：远耀光繁荫，荣和守大经。景仪昭厚固，隆盛庆吕明。

桃源毛氏 始迁祖汝江、积厚、玄冠、继周、深仁、令闻、忠谋、培先、则万等九公，明永乐二年（1404）因避兵乱自江西吉水县永丰八都镇迁居桃源。汝江居大安村，积厚居黄婆店，玄冠居三田口，继周居毛家桥，深仁居绿溪口，令闻居黄市上，忠谋居司家岗，培先居双溪口，则万居蜂子洞。清道光元年（1821）一修联谱，光绪九年（1883）、光绪十四年（1888）、1919年、1925年、1937年、2004年续修。1931年新建宗祠于黄婆店乡下龙车寺笋壳湾。汝江房原派：汝佑玉京真，廷显伯凤友（廷朝国凤胜）。单同年世志（应思大日光），大承洪绪祚（名继承绳祚）。积厚房原派：积得修本伯，延汝腾胜友。单同年谷顺，成子洪绪祚。玄冠房原派：玄正天福斌，荣时凤尚友。单同年谷顺，成子洪绪祚。继周房原派：继奉可仕梁，廷单元凤乘。之大起文光，宏宗延绪祚。深仁房原派：深根枝发贻，丕流孔明文。廷单应宏代，兆宗延绪祚。令闻房原派：令道子奇志，永良应生国。学文年谷顺，成嗣洪绪祚。忠谋房原派：忠孝守先训（忠礼时单永），江单辉君奇（廷应国凤友）。希胜上金玉（之宏仁世元），成（运）子洪绪祚。培先房原派：培本长发育，丕振金声日。鸣启应有光，国太洪绪祚。则万房原派：则宜仲善鹏，景思学国应。登之廷邦立，正人和绪祚。1937年桃、常、汉、澧、慈、石六修联宗谱，通派：远耀光繁荫，荣和守常（大）经。景仪昭厚固，隆盛庆昌明。

石门子良乡毛氏 一支始祖大经公，原籍江西南昌府丰城县东关外毛公岭，北宋末年避乱迁澧。尔后一支从澧州北迁湖北松滋、枝江、长乐等地，明末清初，一晓、一相终迁石门子良横冲峪。1920年创修族谱，2007年续修。派行：国正天心顺，永安万世芳。文武登秀士，大廷传儒光。

澧县毛氏 始祖廷辉公，唐吏部侍郎。六世孙大经公于宋绍兴十三年（1143）因避乱由江西南昌府丰城县迁居澧州东关外响水桥丹凤溪。十三世山甫、荣甫、华甫、德甫、奇甫，后裔散布于澧、临、安、津、石、慈、大、鼎、桑、华及湖北公安、松滋、建始、巴东、石首等邑。清乾隆十八年（1753），山甫、荣甫、德甫三公后裔三十三支于澧州重修澧州毛氏总祠，乾隆二十年（1755）、光绪三十年（1904）、1937 年、1949 年、2013 年纂修族谱。澧县官陂堰派：（自九世始）景颖志仕金水木火土应一棲文载金永木光大祖德宏士先。澧县车溪河派：景颖志仕金水木火土应一棲升载大光秀士祖德芳文运先。石门马鞍铺派：景谒志仕金贵伯羽廷宠应逊九国世德相承永启家声克先。石门子良坪派：景颖志仕金水木火土庠本文廷忠一国正天心顺永定万先。安乡石柱岗派：景俊志仕传凤乔玉鹏仁应遇之嗣腾兆文昌永际世康祖先。慈利沙爬坪派：景仪得思仲淮文廷凤应大胜启国忠士宗万承鸿声丕振先。顺治初澧州毛氏原定派语：鸿声丕振，耀祖维伦。裕守先泽，运隆开仁。兴让济美，愈贤希圣。淑慎醇谨，书香长存。

澧县毛李湖毛氏　山甫公，元进士，官山西平阳府知事，迁居毛李湖，生景悠、景忠、景恕，后裔散居武陵、临澧、慈利、石门等县。清光绪三十年（1904）始修族谱，1937 年二修，1999 年三修。原派：尚思方崇元，鸿声丕振先，彩章光华国（广华美），钟毓启后贤。续派：传家惟孝友，经纪重定衡。克复敦仁礼，修齐裕治平。

慈利毛家山毛氏　始迁祖念玖公，明洪武九年（1376）由江西南昌府丰城县大栗树始迁岳阳府临湘县烟冲跳石港，十年后迁慈利县治西二十都（今溇南乡）毛家山。至 1948 年，全族有男丁 1980 人，女丁 1616 人。清乾隆三十六年（1771）建祖祠于邓家坪。嘉庆十九年（1814）、2020 年纂修族谱。字派：念思彦源，安伏仕伯。迁良言风，永世文宗。廷（学）先明新，至善诚正。修齐治平，仁敬教慈。忠和位育，广大精微。敦厚崇礼，聪敏睿知。

益阳、湘阴毛氏　始迁祖长沙运粮尉季温公，明洪武初从江西吉安府庐陵县落籍湘阴关公潭。三传克敬、克明、克善。善裔不详，敬公迁益阳朱良桥，明公仍居湘阴。清乾隆十三年（1748）、咸丰五年（1855）、光绪二十三年（1897）、1933 年、2010 年纂修家谱。字派：元克胜永沈，子学启成正。国士绍承先，孝友为家训。忠厚开基业，诗书育俊良。文明逢盛世，有道佐兴邦。

湘阴古塘毛氏　始祖谦益公，字虚怀，原籍浙江宁波府鄞县，生三子：天福、天禄、天寿。天福公于明初官湖广，遂偕弟禄、寿率仆从百余来湘，卜居于湘阴县古塘围。天福，字又崇，明洪武初年从靖海侯吴正御倭寇，功升湖广都指挥使佥事，分居益阳青修山。天寿分居沅江，惟天禄公世居湘阴古塘。至

1948年，已传30代，人口约万人。总祠在沅江县泚湖口，建于清光绪二十八年（1902）。沅江、湘阴、益阳三邑共派：忠孝昭彰，长发其祥。克家骏茂，传世鸿昌。岳云献瑞，湘泽流芳。化隆端本，治庆维纲。

汨罗毛家坊毛氏 始迁祖御凌公，字鸣凤，原籍安徽宝庆府东门速丰桥，南宋建炎间任兵部尚书，绍兴时解组，卜居汨罗李家垅，今名毛家坊。长子元德徙长邑，次子元行徙善邑，三子元吉仍居祖地。清顺治十五年（1658）始修族谱，嘉庆间二修，道光二十七年（1847）三修，1916年四修，2004年五修。五修时入谱人丁1648人，较四修时增添925人。光绪十四年（1888）新建宗祠于毛家坊。字派：御元兴国学，文运肇维新。以德培其本，科名列缙绅。从启尚永正，世远定经纶。鼎甲琼林发，鸿开景象春。

平江毛氏 始祖俦公，字太参，唐贞观时由陕西荥阳参知江南西道政事，遂家于江西新建县钱洲。四子珪公由钱洲迁新昌厚埠。越八世至令筠公，于唐乾符二年（875）以武功知总管府右护事，镇守长沙，迁居平江毛家巷。传九世至（宋）辰孙公，官重庆府安居县令，携子权、模、梁复迁江西。模公居新昌县之逍遥，至十四世孙性吾公复于元末迁居平江县毛源。清雍正四年（1726）一修族谱，乾隆三十八年（1773）二修、嘉庆二十二年（1817）三修、1947年八修。宗祠在平江县爽口，建于乾隆三十一年（1766）。派语：朝际英贤会，家传雅乐章。克昌惟孝友，经训耀荥阳。

华容胜峰毛家巷毛氏 迁湘始祖榜公，字清远，宋绍兴间任岳州安抚使，迁居岳州。其子胜宗，字光耀，长沙都统，宋乾道间迁居华容东乡沙渚港（今胜峰毛家巷）。后裔居县境毛家巷、话儿岗、泰安、唐家、毛家铺、普贤岗、三叉河等地。宗派：宗梦应富，天兴楚仲。续派：永廷凤羽云，一自然时正。文章经世远，孝友燕贻良。善述光先德，仁声庆择扬。新派：志仰高人品，心怀太古风。齐家崇厚道，报国本精忠。

宁远毛氏 始迁祖仁真公，南宋末年由江西吉安府泰和县因避乱迁湖南宁远县东乡。至六世祖晚公，卜居泠东乡上芦洞。至十六世大富公慕九嶷山水之奇，复迁县南太平村。至1948年，已传25代，人口2000余人。

祁阳大忠桥毛氏 该族以千一、嘉本、福整、吕万八、寿公、满卿六公为始祖。千一郎世居江西鹅颈塘前，明洪武二十八年（1395）偕弟千二郎挈眷舟行至祁南白水而家焉。永乐二年（1404）移居大忠桥。嘉本公明万历间随父由岳阳迁祁阳石坝里扬泥塘。福整公明永乐二年（1404）由北京大名府滑阳县受永州卫千户，居永州潇湘门。吕万八郎明时从江西迁零陵梁木桥石山埠。寿公字纯嘏，明末由江西托迹楚南，为国报效，官居总兵，后徙居祁阳县滴水市三姓团。满卿公，先祖于洪武间始由江西迁居衡州常宁河洲大虎坪，后居祁阳石梓塘。清道光二十二年（1842）合建宗祠于大忠桥。清光绪中叶千一、嘉本、福整三支创修族谱，民国间六支又合百十一公、添震支共八大支续修，2001 年六支四修。四修族谱二十世班次：湘楚振昭英，吉星耀祎林。理善承延瑞，华夏兆清平。二十世号辈：裕贵家运旺，宽厚典范扬。德高东海禄，望重南岳康。

东安毛氏 始迁祖永诚公，原籍江西临江府新喻县，明景泰、嘉靖间人，成化间迁祁迁零，而终迁于东安小堰塘。前曾有墨谱，1942 年首修。旧班次：永福毛钟，生呈如之。云应世楚，振起文师。上继先德。新班：家传惟忠厚，孝友正贤良。显扬光祖国，宏祚定荣昌。

江永锦堂毛氏 唐秘书监衷公，由衢州授广西贺郡守，因家富川鳌岗，卜迁秀峰。迄宋十世祖十二官，讳钜，宦游广东，道经永明（今江永）锦堂，见其山川奇秀，风俗淳朴，命其子孙安居焉。孙嫩八官，讳立，宋皇祐间遂自秀峰而徙居，为锦堂一代始祖。族谱自宋以来，至 2002 年凡七修。明隆庆间所定班辈：（自一百十一世始）际绍国朝，方辉树鸣。鸿仪展彩，举步云霄。

溆浦东象冲毛氏 始迁祖一禄公，原籍江西吉水县，元末迁湖南辰州，复徙溆浦东象冲。

溆浦大渭溪毛氏 始祖应升公，原籍江西，明代迁湖南沅陵。后裔金桂公，清初由沅陵徙溆浦大渭溪。

嘉禾毛家毛氏 始祖维瞻公，自江西迁来，始居嘉禾南区唐家。五传至顺显公，迁居梅溪。至 1930 年，已传 18 代，凡 30 户，男 63 人，女 66 人，共 129 人。

仇

衡阳长乐仇氏 始迁祖受名公，明初以西蜀成都太守解组来衡，隶籍长乐下二里大陂头虎形山下。生子三：文远公居老屋，文通公居狮塘，文达公外徙。远公四代孙思兰公生子二：长庭玱公移居大陂头，后裔散处新屋大马坪、叉子塘、石牛口、山塘。次庭瑄公移居毛公塘，后裔散处洲石埠、高公塘、梅古塘。通公四代孙思蓝公生子二：长庭贤公分居窑上，次庭表公分居狮塘，后裔散处莫叶塘、山背、相公塘。族谱创修于明季，续纂于清乾隆，三修于道光之初，皆未付梓，咸丰七年（1857）族谱始付梓，光绪二十七年（1901）续修，1924

年三修。旧编班行：受文景仁思，庭绍嗣宗祖。永代兴隆盛，德茂克绳武。国朝正昌明，士林起良辅。俊才逢泰运，科甲庆高取。新编班行：元善久诒谋，孝忠成美举。功勋树旂常，伯仲方伊吕。贤智本超伦，祥荣天自与。雍和萃一堂，今誉冠南楚。

湘阴大众塅仇氏 迁湘始祖甫清公，明洪武二年（1369）自江西新建县迁巴陵之八仙桥。传四世至寿俎公，于明正统七年（1442）迁湘阴大众塅，今属汨罗市。清乾隆九年（1744）、乾隆二十四年（1759）、道光元年（1821）、同治八年（1869）、光绪二十四年（1898）、1933 年、2016 年七修族谱。字派：则五敬寿志，万山正金单。应承祖武，继立宗文。凤鸾世第，义让先声。秉道毓德，隆礼敦仁。懋宣令绪，载扬清芬。该族名人：仇道南，省立湖南图书馆馆长。仇亮，同盟会员。仇鳌，湖南省军政委员会委员。

邵东仇氏 始迁祖发子公，明永乐间携子华四、华五自安徽和州迁居湖南邵陵东里，落担中乡梅塘二都大田营，复徙皂塘铺。族谱一修不详，清光绪二十五年（1899）续修，1988 年三修。班次：发华荣志廷，伯大兴宗祖，万世永吉昌。孝友为家政，诗书佐国良。文章光可久，忠厚庆由长。英才登科第，贤德重安康。

安化仇氏 始迁祖鸾和公，明弘治二年（1489）自江西吉水县迁安化四都碾石坪，再迁辉耀冲。

凤

桃源漆河凤氏 始迁祖敬乾公，清康熙三十年（1691）自江苏迁桃源县北漆河牛厂坡。至 1949 年，已传 9 代，有 300 人。族人分布于九溪、漳江、莫林等处，宗祠在漆市。

蓝山凤氏 该族为瑶族。始迁祖德金公，宋时迁此。至 1933 年，共 148 人。族人分布在大坦、大塘、千家洞、宁江寨、石壁冲。

卞

长沙、宁乡卞氏 始迁祖辅元公，南京人氏，明洪武初迁宁乡。子尚仁、尚丽自宁乡迁长沙八曲河。清康熙四十七年（1708）一修族谱，乾隆五十一年（1786）二修，咸丰七年（1857〉三修，光绪二十一年（1895〉五修，1930 年六修，2020 年七修。2016 年十一世恒佩公支续修。派语：重志祥胜，廷朝仕惟。之永迪方，思绍家徽。昭忠笃信，学礼敦诗。书香大启，祖德恒诒。久承世泽，远寿纯熙。金兰益秀，宝树征奇。

宜章堡城卞氏 明初以茶陵卫千户调守郴州，移守宜章。

蓝山凤感乡大冲凹卞氏 始迁祖兆庆公，清嘉庆间自宜章县迁此。至 1931 年，凡 2 户，男 6 人，女 3 人，共 9 人。

文

长沙东乡文家垿文氏 始祖汉代四川成都太守文仲翁。至唐春元公，由蜀迁江西，官指挥使，遂为迁赣始祖。又传十八世至惟英公，子二：善吾、善端。宋端平元年（1234）由江西永新县固塘木马冲迁湘。善吾落业宁乡流沙河。善端落业长沙新康，越二传生固清公。固清公之十一世孙时彭公，于明万历间由河西迁潮宗门，再迁白沙河，三迁长沙东乡鼎公桥（今称文家垿），衍为九大房。清道光二十四年（1844）始修族谱，光绪元年（1875）、光绪三十四年（1908）、1931 年续修。派语：（以固清公为一世，自十五世始）师圣希贤，承家辅国。世济其美，克光祖泽。仁孝立本，德义允全。发名成业，福祐万年。

长沙高桥文氏 迁湘始祖戴公，字士异，号谷岩，原籍江西永新县，元至正间任贵州黎平太守，厥后徙星沙河西都新康市，三世祖笃爱公，由河西都徙锦绣都白泥冲。五世楚衡公，徙居平塘。六世潮斌徙居锦绣都枫林市。十五世培吾公，名希溪，字西庚，清道光初年由枫林市迁居锦绣都高桥市。

长沙杨林文氏 始祖春元公，讳时，仕后唐庄宗，授帐前指挥使，宦留永新钱市固塘。至五世卿公，字春旸，任吉州守，家庐陵永和秀水沟文家庄。传数世至文山公（天祥）。文山公七世孙钦煌公，于明洪武初迁长沙府，子三：丙一立业于益阳紫梁岩，丙二立业于攸县沙陵坡，丙三立业于善化杨林冲（今属长沙县）。后迁金马桥，传五世枝分为志高、志聪、志诚、志和、志能、志良、志青七房。族谱始修于明万历十八年（1590），至 1931 年七修。宗祠落成于清咸丰七年（1857），位于长沙麓山镇杨林冲。派语：常守先德，光大前哲。惟善锡福，孝友忠烈。英贤蔚起，名振楚泽。前修登仕，经纶华国。

浏阳文氏 始迁祖铉朗公，明初偕弟芳成自江西迁浏北湘都塘。芳成后分居小陂。铉朗之子益贵、益春分居车田，衍为三支。

宁乡文家冲文氏 始迁祖旂公，字励宽，江西永新人，南宋理宗端平元年

（1234）宦游来湘，开基于宁乡文家冲。九传彦荣公，生汉光、汉武、汉广、汉林、汉杰。广、林、杰外徙，光、武两房徙居宁乡。族人分布于益阳、湘乡、沅江、汉寿、安化及四川、广西、陕西等地。至1948年，已传30余代，在宁乡者约9000人。总祠在赵家湾。元至正十年（1350）与江西永新固塘合修族谱为一修，明永乐五年（1407）与固塘二修，隆庆六年（1572）三修，清雍正十年（1732）四修，乾隆四十五年（1780）五修，道光六年（1826）六修，咸丰十一年（1861）七修，光绪二十一年（1895）八修族谱，1925年九修，1949年十修，2005年十一修。世次韵语：绍复廷承尚，崇俎维乾万，兴家世有光，海邦隆盛德，永试进忠良。

宁乡嘉会堂文氏 始祖春元公，后唐庄宗年间自蜀迁赣。始迁祖丙三公，于元末自江西徙居湖南善化杨林冲，五世孙亨再迁宁乡。建祠于嘉会堂。1930年纂有支谱。

湘潭文氏 迁湘始祖宝公，宋咸淳间由江西任衡州教授，家衡山。传六派至受卿、佑卿、俊卿三公。佑卿传四派思贤公，明洪熙徙居湘潭赤石，又传四派崟公居坪上，鋆公居西塘。清康熙四十九年（1710）、乾隆四十五年（1780）、嘉庆二十二年（1817）、咸丰八年（1858）、光绪十七年（1891）、1926年、2018年纂修族谱。字派诗表：庭中秀士集，诗礼懋家声。登选承先泽，官朝立盛名。

湘潭柏阳文氏 迁湘始祖宝公，宋末元初自江西永新迁居湖南衡山。始迁祖廷书公，于明弘治年间徙居湘潭花石，四世孙思政再迁邑之柏阳。清道光十三年（1833）纂有族谱。

湘潭鹿岭文氏 始迁祖周朝公，江西庐陵永新固塘人，时公二十派孙，明洪武时任湖广卫，卜居湘潭花田鹿岭。明弘治间、清雍正元年（1723）、嘉庆十九年（1814）、咸丰十年（1860）、光绪二十年（1894）、1926年纂修族谱。命名字派歌：文德芳传，世泽辉联。家声远绍，载锡英贤。

湘乡长田文氏 谱载："吾氏之得姓文王支孙讳祈，以谥为姓也。十八传而产子禽公讳种。"该族即以文种为一世祖。文种，字子禽，春秋时仕越，官任上卿。二世高公，徙居山西太原交城。十五世仲翁公，汉景帝时为蜀郡太守，遂留家焉。至五十世麟公，唐开元年间移居剑南。五十八派春元公，讳时，任唐庄宗指挥使，徙居江西吉州永新县。六十六派玑公，字在瑹，随父任居开封，宋大观元年偕兄璇公同来荆州，绍兴元年徙居潭州，即今湖南长沙府属之初祖。玑公子三：珀琰、珀玜、珀琦。珀琰徙居浏阳；珀玜徙居醴陵。珀琦字辉璋，宋徽宗大观元年宦游来楚，开派于湘乡长乐乡，地名长田坪，子三：琮珚、琮球、琮瑞。琮球派衍善化卯田，琮瑞公派衍益阳新田，琮珚袭居祖地。琮珚传四世至必忠公，生五子：思淙、显淙、旺淙、渊淙、海淙。显淙居耙石河，旺淙居太平让化段，渊淙居双井，海淙居石塘、月塘，思淙仍居长田。清宣统三年（1911）、1938年纂有族谱。派语同龙潭文氏。

湘乡龙潭文氏　珀琦公之六世孙显淙公，字振南，生于明洪武三十一年（1398），自长田徙居南山冲耙石河龙潭湾，生二子：益正、益安。清顺治十七年（1660）纂有墨谱，康熙六十年（1721）重修，乾隆五十三年（1788）三修，同治四年（1865）四修，1913年五修，1993年六修。谱中文氏大宗越大夫种公开派次序歌：苍姬溯源远，越晋陈来由。蔡鲁多能卫，吴舒广泽庥。蜀秦声教洽，燕郑典常修。裕后联芳兆，康祥济禄优。辟征兴善化，乡时颂和调。通愿泰平庆，达求亨利交。琨瑛启继光，彦采斐然昭。瑞珀琮开天，必淙益楚朝。

湘乡高冲文氏　伯琦公于北宋大观年间自赣来湘乡，居长田，再传六世至渊淙公，于明成化年间自长田迁居高冲双井。子二：益选、益循。益选公生四子：楚显、楚恩、楚宪、楚用。楚用公字旭庭，裔十九世孙锦薰，字芝仪，道光元年（1821）生，光绪十四年（1888）卒，配贺氏，女三，第三女适湘潭毛，即毛泽东之母。清乾隆五十三年（1788）高冲文氏重修支谱，道光二十九年（1849）四修，光绪三十二年（1906）五修，1937年六修。派语：大明嘉应国，万年道德绵。正士端期上，英才望拔先。诗书徽甲第，礼乐绍薪传。在昔垂忠义，克绳仰象贤。

湘乡茅田文氏　始祖春元公。其二十六世孙琳公（字峣夫）、瑯公（字乃超），于清康熙二年（1663）相偕由江西永新徙衡山，越十年再徙湘乡茅田。瑯公后徙云南。琳公子二，长子国宝衍政漳、政渼、政浈、政湖四房。清咸丰五年（1855）肇修支谱，宣统三年（1911）续修。道光二十八年（1848）建支祠于湘乡茅田。

醴陵石羊文氏　始迁祖泰发公，原籍江西萍乡之西碑石，宋端宗景炎间，皤然出游，至醴北石羊上长冲许家坝，见其山川秀丽，遂居焉。明万历间始修族谱，清雍正七年（1729）、嘉庆十二年（1807）、咸丰元年（1851）、光绪元年（1875）、1935年、2004年七修族谱。一说始迁祖宁福公，元至正二十年（1360）自江西萍乡迁醴陵石羊。族人分布于长冲、八步桥、青泥湾、花桥、五里牌、黄田、萍乡。至1948年，全族人口约13000人。该族名人：文启龘，南社社员。

醴陵卦嘴文氏 始迁祖如海公，宋咸淳间自江西吉安迁醴陵卦嘴。族人分布于盐山。至1948年，全族人口共100人。

醴陵东堡文氏 始迁祖贤叟，元至正初年自江西庐陵迁醴陵东堡。族人分布于沩山、土步桥、姜村、柘塘坪。清道光二十三年（1843）、咸丰八年（1858）纂有族谱。至1948年，全族人口3000人。

醴陵文家塅文氏 始迁祖美济公，元末自江西临江迁醴陵文家塅。族人分布于攸县、萍乡。至1948年，全族人口约1500人。

醴陵芷泉文氏 始祖春元公。十六世济美公，字凤亭，先世原籍江西庐陵县淳化乡富田村，明洪武元年（1368）自江西临川新淦黄山再迁醴南芷泉岭，后裔分居高塘、沈潭、官桥等地。谱牒始、续二修皆与江西合修，清同治二年（1863）芷泉三修，1934年四修，2002年五修时新录丁口1700余人。清乾隆间创建宗祠。字派：（以春元公为一代，自二十六代始）应世其昌，大振家声。咸昭慎守，显达增荣。继起恢先，光耀宗盟。熙朝人瑞，寰海镜清。

衡山文氏 祖翁公由舒宦蜀，传十四叶至唐指挥时公，由蜀宦吴，而家永新。复传十二叶至宋教授宝公，由吴宦楚，而家衡山礼厚。又传五叶至敏贵公，开受卿、佑卿、俊卿，而分坪山、观湘、山门三祠。俊卿裔有迁苏州者。受卿传四叶至鑰公，又开升、昂、昱、鼎、晁五房。清康熙四十七年（1708）三祠合修族谱，乾隆十三年（1748）坪上、山门二祠合修，观湘祠分修，乾隆四十五年（1780）三祠仍合修，嘉庆十三年（1808）三祠又分修，道光十八年（1838）各祠续修。班行：（自二十三派始）德立传家学，祖先庆泽长。诒经光世业，绍述灿新章。

衡山坪上文氏 始祖宝公，字惟善，宋宣教郎，原居江西吉州永新固塘，宋咸淳七年（1271）任衡州教授。元移宋祚，遂留家衡山二十二都礼厚大屋山。传至六派受卿公，元末明初自礼厚徙居坪上。宋德祐元年（1275）、元延祐四年（1317）、至正十一年（1351）、明洪武二十四年（1391）、永乐四年（1406）曾五修族谱，皆修于江西固塘。明成化十七年（1481）衡山始修，称六修，正德十年（1515）七修，清顺治十七年（1660）八修，康熙四十八年（1709）九修，乾隆十三年（1748）十修、乾隆四十五年（1780）十一修、嘉庆十三年（1808）十二修、道光十八年（1838）十三修、同治七年（1868）十四修、光绪二十四年（1898）十五修、1933年十六修。字派：显应宗文聘茂，而必佑昌成盛。德立传家学，祖先庆泽长。诒经光世业，绍述灿新章。

衡山六义堂文氏 始祖时公，后唐庄宗时自蜀迁江西永新。南宋末，十二世孙公行，号蓬山，生子六人俱以《诗经》登第，文天祥题其堂曰“六义”。六义堂裔孙肇郎、养晦、益云等于明初先后奉诏应募，西徙湖南衡山，启城南、梅桥、圳头三派，为衡山六义堂文氏始迁之祖。1932 年六修族谱。

平江三墩文氏 始迁祖永锡公，明崇祯年间自湖北江夏迁此。至 1994 年，全族人口 233 人。

隆回天塘山文氏 始祖春元公。其十三世孙福八公，于宋末自江西永新县固塘徙湖南醴陵县，再徙邵阳西乡塔石坪。福八公之五世孙又分徙天塘山（今属隆回县）。族祠在天塘山。至 1948 年，已传 27 代，男女丁口 2200 余人。

隆回高田黄龙桥文氏 始祖春元公。至二十一世孙世瞻公，于明永乐时由江西永新县固塘徙居湖南宝庆府邵阳县西乡高田黄龙桥（今属隆回县）。宗祠在高田。

益阳文氏 始祖春元公。至二十一派潮麀公，于明初自江西吉安府永新县文坊迁益阳石头铺，后徙梓梁岩围田山。其子福道公生四子：绍禄、绍通迁居梓梁岩，志成、志高居治南小街尾。绍禄又生仕恭、仕望、仕日、仕月。日房不传，余为一、七、九房祖。绍通生宽，为二房祖，下又分友通、友智、友良三房。后人分布于南坝、千家洲、泥湾、梓梁岩、文家渡、软桥等地。清雍正十二年（1734）禄、通、成、高、渊、源、达七房建总祠于益治常乐街西关祠，乾隆二十六年（1761）重修。

益阳文家溪文氏 一派文种。五十八派时公，由蜀成都迁江西永新。七十八派明时潮麀公，由江西永新迁湖南益阳石头铺。八十派禄、通二公自石头铺迁松木塘子良岩。八十六派大泮公，由子良岩迁文家溪，今属桃江县。2001 年八修族谱，其时男丁 1402 人，女丁 1257 人。子良岩派语：潮福绍仕友，昌章宗大应。尚胜嗣维贤，万邦隆盛德。永世进忠良，明显昭谟烈。宏达唤书香，心传其肇孔。慎修克发扬，四海承声教。三湘咏乐康，都欣生意厚。遥祝历年长，夷裔求能立。中原竞自强，飞翔犹凤舞。腾举又龙骧，治可希虞夏。功宜迈汉唐，轩黄道泽远，攸久固吉祥。

益阳文氏 始迁祖潮麀公。三世绍禄、绍通，绍禄为一、七、九房祖，绍通为二房祖。自清康熙三十五年（1696）至光绪十四年（1888），凡六修族谱。前三修合益阳文氏为一帙，四修以下分而又分，1933 年七房、九房合七修。二房人数蕃衍，丁口几当各房之半，1933 年二房德、慰、球、选、廷五支亦七修。本宗派语：潮福绍仕友，昌章宗大应，尚胜嗣维贤，万邦隆盛德，永世进忠良，明显昭谟烈，宏达焕书香，心传其肇孔，慎修克发扬。

益阳县城西门外文氏　始迁祖丙一公，明洪武年间由江西徙湖南，定居于此。其后衍居华林塅、连河冲等地。

益阳华林塅文氏　始迁祖真鸾公，明洪武间自江西庐陵迁此屯田。

益阳合兴垸文家湾文氏　继台公，世居江西庐陵，后迁湖北沔阳。进先公于清顺治初落籍益阳十七里合兴垸。清咸丰七年（1857）、宣统三年（1911）、1941 年、2010 年纂修族谱。派语：世宗忠良，家祖仁敬。学尚明经，品期守正。履时全盛，逢国大庆。赐爵受封，褒美士行。

益阳清溪文氏　始迁祖震备公，清雍正二年（1724）自祁阳浯溪迁益阳十八里九烈山。清光绪二十六年（1900）、1921 年、2010 年纂修族谱。派语：元佐定谋策，为邦教化彰。舒怀材博济，植命理纯方。积庆莹昭富，逢源泽被长。清修贻谋式，洪范颂平康。

沅江马公铺乡文氏　先世明初自江西富田迁湘，分居湘潭、长沙、益阳及沅江等地。来沅江的一支初居文家托、瓦石矶。清康熙末年迁居县城学后街。乾隆间定居于黄泥桥、小榨南湖等地。后人散居马公铺乡及茶盘洲等地。

新化南门口石槽铺文氏　始祖时公，字春元。传至二十三世孙至秀公，字清雅，明朝人，徙居安化观音堂。生三子：德谅裔衍居安化安乐、思游、涟源、珠梅一带。德纪居益阳梓梁岩。德机字世臣，由安化析居新化南门口石槽铺，后人分布于吉庆镇陇山村及新邵龙溪铺、田心、冷水江三尖乡三尖峰等地。1996 年新化、安化、涟源、冷水江文氏六修族谱班次：平德自尊崇，思承奉圣廷。一必存忠孝，节义正纪纶。燕翼治家瑞，宣扬锡庆祥。明修传汉代，治化定经邦。典范光前哲，洪泽裕后昆。国泰民康富，长久乐升平。

桃源文氏　始迁祖必达公，字仙洞，后唐庄宗帐前指挥使轻骑都尉春元公十七代孙，宋信国公天祥五代族侄孙。兄必发，弟必适、必财、必聪、必富，世居江西吉安府吉水县尧山十二都松背岭。明洪武初，必发公功升副使，二十二年（1389）因讨平九溪洞蛮，兄弟迁楚。必财居安福浮麓，必适居澧南古堤桥，必聪居澧南二神滩，必富居石门望仙树别湖溶，必发、必达同迁桃源东乡杜青。必达生四子：大本、大用、大政、大任。本、用、政三房世居牧塘坪，传五代分五房。任房迁居县南大安村，传五代分八房。1928 年四大房合修族谱，1999 年、2011 年续修。本、用、政三房旧派：（自十六世始）机儒起南国道承先正。任房旧派：（自十二世始）嗣臣士之上锦绣光愈隆丕振忠。合派：（自二十五世始）敬铭同佩，熙鼎式襄。仁培元本，业守典章。蓉松瑞兆，协赞名扬。寿增恩锡，秀蔚祚长。

桃源牧塘文氏 始祖必发、必达二公，原籍吉水，明洪武二十二年（1389）随静宁侯叶升平湖广九溪洞蛮来湘，落业于县东杜青村之牧塘坪。必发居上牧塘，必达居下牧塘。至 1948 年，全族人口 9000 余人，分布在县境吕贞女桥、松云巢、水田等处及武陵、慈利、安福等县。必达三世孙文澍，明成化二年（1466）进士，必发十三世孙文志鲸，清康熙三十年（1691）进士。必发房家庙在文家河，族谱创修于康熙二十五年（1686），乾隆二十五年（1760）、道光八年（1828）、同治八年（1869）、1917 年、2013 年续修。必达房家庙在马鞍坡。二世大任支谱创修于康熙四十八年（1709），道光十六年（1836）、光绪二十年（1894）续修。大用、大本、大政三支合修始于同治七年（1868），光绪三十四年（1908）续修。

石门北乡文家岗文氏 该族为土家族。始修序以汉文翁为发基鼻祖，数传至球公。球公历十四世至时公，官唐镇江西，留家永新钱市，又历十四世至文天祥。天祥公越三传美化公迁临江，生三子：长念一徙楚北荆门，次念二徙夷陵。季念三由临江来楚，落马石邑北乡南岔，未几，又徙文家岗，为该支基祖。念三子大秀公移居马鞍村荒田溶。清光绪二十三年（1897）创修族谱，1947 年续修，1998 年三修。1998 年之谱又称：念三公于吴元甲辰（1364）来仙阳南岔，其子大秀公随覃天顺平寇，以武功封百户土官，屯天门关（今沿公渡）。“清初改土归流，全部被迫汉化”。正气序韵：念人再祖嗣，安彦宗单仲。必应世国显忠良，佑启德泽绍书香。志希先贤能达道，荣登榜首永腾芳。正气家风振，靖宇强楚邦。继绳百代昭雄业，孝友仁厚迪前光。英俊豪杰千秋盛，贻谋持恒富贵昌。建绪开隆运，步康景象新。信义真诚秀古训，望顺礼法士民遵。典章概述渊源远，瑞兆本支万年春。

石门文家岭文氏 文天祥无子，继弟壁之子升公为嗣。升公孙官武陵太守，值元末时乱，溯沅水而上，隐居泸溪县武溪镇，化名迁伍，以授徒为业。迁伍生四子，宗一、宗二裔多居泸溪，宗四迁桃源木塘坪。宗三迁沅陵北河深溪，一说白田头，其孙满一居沅陵文家界。满一第六代孙国佐，生七子二十四孙，其孙之鲸、之鲲、之学迁石门西北关取甲峪。1914 年、1948 年、2018 年三修宗谱。字派：迁宗可满胜仲朝，应正国登，之世光学。盛景宏开，兴启体元。明贤长庆，荣华万年。

临武坦下文氏 先世祖籍江西吉安泰和县。始迁祖士坦公，南宋淳熙年间迁此。至 1982 年，全族人口 3949 人，其中同益有 3131 人。

东安宣上乡花桥文氏 始迁祖汝霖公，宋高宗时由江西吉安府庐陵县因屯田来湘，开基于此。后人分布于常宁、永明、江华及广西灌阳、全县、兴安、恭成等地。

东安燕桂塘文氏 春元公十四世孙光霖公，因宋亡避地楚南全州。传五世至贵公，徙居东安。七世财公，徙居燕桂塘。至1948年，已传27代，共2680人。后人分布于新宁及广西恭城等地。总祠在燕桂塘。

东安阴陂庙文氏 始祖义叙公，宋末宁宗时由江西永新永和镇徙全州。传至世昌公，卜居湖南东安县阴陂庙。族人分布于石溪河、井头墟、泰和塘等处。

东安文氏 始祖文翁公，为汉西蜀太守，定居成都朝阳门兴庆坊。时公宦游江西而寓居永新。时公五世孙文卿公，宦居吉安庐陵。文卿十七世孙允恭公，于元末避乱迁居湖南湘阴。允恭之曾孙光云、光电、光闪，于明洪武九年（1376）分徙东安下花桥（今花桥乡）、上花桥（今塘复乡）、观音桥（今山口铺乡）。1948年湘桂两省十九县三十五支设局于东安，纂修联谱。

新田县城西正街文氏 始迁祖子升公，因经商于清乾隆间由零陵县迁此。宗祠在新田西门。

新田崇益乡岗上文氏 始迁祖光仪公，清乾隆间因避乱由宜章迁此。至1948年，已传11代，共130人。

泸溪武溪文氏 始迁祖迁伍公，原籍江西南昌，宋末任湖南武陵太守，因世道变乱，避兵弃职，隐居泸溪，开基于武溪镇正街，子四：宗一、宗二入籍泸邑。宗三迁辰溪北河，宗四迁居武陵之桃源。宗祠在武溪镇。至1948年，已传23代，共千余人。

溆浦文家村文氏 先世原籍江西吉水县，宋末因乱避地湖南，寄居泸溪。元时庚一公复由泸溪迁此。

方

长沙清泰都涂家仓方氏 一世祖轨公，字范九，志笃业儒，赐进士，明洪武十七年（1384）由江西徙居巴陵，后徙罗湘密岩山汪家洞。四派至大楫、大桢，大楫仍居密岩，大桢徙居丛塘。桢裔十派文圣公，字俊卿，明崇祯五年（1632）生，清康熙六十一年（1722）卒，自密岩迁长沙清泰都三甲涂家仓。清咸丰十一年（1861）纂有支谱。派语：正邦怀大志，金成永兴文。立启士声美，光家百世荣。宏才开甲榜，伟业佐朝廷。继序思端本，名传裕后昆。

长沙柞山方氏 始祖子刚公，侨居歙，至蕴才公为歙令，其子文浚公家于此。又传至起莘公，筮仕豫章，知浮梁县事，遂卜宅浮梁。始迁祖竹泉公，于明中叶自浮梁迁居长沙县麻塘冲。族谱始修于清乾隆五十一年（1786），道光十六年（1836）二修，光绪二十八年（1902）三修。

长沙方氏 所知始祖应庠公，字明甫，号连云，明嘉靖万历间人，郡庠生，博学明经，董槐等上疏交荐，不仕，事载府志。清同治九年（1870）、1926 年纂修族谱。字派：立启俊祥荣，英雄永昌成。敦本维先泽，光宗庆盛名。

宁乡赵家河方氏 始迁祖孔成公，原姓李，明宣德年间由江西永新县徙居楚南宁乡一都三区赵家河。传至四世，值明清鼎革之际，以李姓差役繁重而改姓方。1929 年四修支谱。

湘潭永安乡侯伯冲方氏 该族原籍南京直隶凤阳府定远县升高村西贰乡。后支分徙浙江严州府淳安县大兴乡曾公渡。至可盛公，字允炽，唐廉州刺史，徙江西抚州府金溪县白鹤山下大田。传至六世祖遥公，字宜之，号远山，宋淳熙十二年（1185）由金溪县徙湖南茶陵县十三都营坡。至十二世祖秩公，字天叙，从征有功，升尉州卫百户，明洪武间由茶陵屯居湘潭县永安乡侯伯冲，分布于彭何观、石坝冲等处。清乾隆四十八年（1783）始修族谱，嘉庆二十三年（1818）续修，咸丰十一年（1861）三修，光绪二十年（1894）四修，1924 年五修。乾隆二十四年（1759）建宗祠于湘潭十四都九甲侯伯冲大屋湾。至 1948 年，已传 34 代，族人 7000 余人。派序：恭日名盛化，正大启崇光。荣华彰显达，富贵必绵延。继述思为善，作求世德传。才开隆佐治，猷建广新田。常映南峰秀，永涵楚泽源。修齐征兆瑞，慈孝耀高曾。

湘潭双板桥方氏 可盛公籍江南常州府无锡县，佐明太祖有功，授镇殿将军，守茶陵州，四子：扬、体、馨、乾，由茶陵徙湘潭。扬、体二公落居邑十四都侯伯冲，乾公分居善化西鄙。馨公落屯双板桥，开奇、銮、显、本、秀、潮六房。清乾隆五十年（1785）、嘉庆二十一年（1816）、同治十年（1871）、光绪二十九年（1903）、1928 年五修族谱。字派：（自十六派始）国正添新运，家修重守先。代有人文起，时怀忠厚传。

醴陵神福港方氏 始迁祖君甫公，明天启初年自安徽休宁迁醴陵神福港。族人分布于黄冈冲、萍乡。至 1948 年，全族人口约 1000 人。

益阳方氏 始迁祖清溪公，明成化十三年（1477）由北直大兴公指挥佥事随长沙吉简王之国，其季子晓窗迁益沿河垸之王庄。清乾隆九年（1744）、道光五年（1825）、咸丰八年（1858）、光绪二十四年（1898）、1936 年纂修族谱。字派：东来登大吉，昌荣华显达，佐朝贤良世，家……

桃江浮丘山、桃谷山方氏 始迁祖信孚公，明代由湖北安陆避兵至益阳，后衍居桃江浮丘山、桃谷山。

岳阳方氏 始迁祖万甫公，讳寿一，任岳郡万户侯，后唐同光二年（924）由江西南昌铁柱观义门关前左市迁巴陵。至十一代仲明公，字碧镜，于明中叶自沙陂迁石墨港竹山坡即高垅。仲明公第四子渊公生信公，信公子七，无嗣者四，长廷暹为上关祖，四廷旻为中关祖，七廷晖为下关祖。族谱创修于清乾隆间，1914年四修，1992年五修，四修时4993人，五修时7208人。该族名人辈出：中关六世方显，字周谟，号敬斋，曾任四川、广西巡抚，有《平苗纪略》。十一世方功惠，字庆龄，号柳桥，曾任惠州知府，为湖南四大藏书家之一。十一世方大湜，字菊人，曾任山西布政使，著有《蚕桑提要》《堤工摘要》《授时通考》等书。宗派：祖德宗（应联）功大，朝荣国庆增（永继承）。贤才逢郅治，康乐颂升平。耀远光宜蓄，源长泽益宏。肃恭同守训，景祐必蕃臻。

岳阳、临湘方氏 福三公分宗后十一传昱公，由江西饶州德兴府迁湘，明洪武元年（1368）授定远卫镇抚，累官四川。十二世琳公，授岳州镇抚，十三世忠公、十四世泰公均袭授官职。泰公生应源、应清、应滨，应清生良鉴，由岳卜居楚营铺。清道光二十四年（1844）、咸丰五年（1855）、光绪十三年（1887）、1938年四修族谱，皆未付梓。1947年又与临湘桃林关合修。岳阳楚营铺派语：鉴永大行兴，逢时尚可光。德修自阀阅，来许世其昌。临湘桃林派语：良希贡自大，昌国来祥同。其运永传家，敦孝友士尚。英贤宗功振，烈荣望恢先。

临湘方氏 始迁祖雷塘公，宋太宗至道二年（996）由浙江桐庐白云源迁临湘小源堡鱼梁港。传至宣仪公，生荣一、荣二、荣九。元泰定中，荣一迁监利灵溪河，厥后易铭公由灵溪河徙居沅江。荣九不详。荣二世居祖地，生天福、天富、天玉。天富子二：朝宗世居小源。朝京出继外祖，改姓张，世居本邑板冲。宗祠建于清雍正十年（1732），1921年纂有支谱。

华容东乡望夫山、杨家堰、鸡婆湾方氏 迁湘始祖昱公，字赫一，明洪武元年（1368）由江西德兴县迁湖南临湘。其子琳，官岳州镇抚，迁居岳州大东门和柴家岭。越九世，两桂、两柏、两槐三兄弟，于崇祯四年（1631）迁华容东乡，分别定居望夫山、杨家堰、鸡婆湾，后人集居望夫山和南山。堂名富文阁。派语：统是炎轩胤，珠联肇丕基。粹威张壮武，宁静养和怡。田野思劳力，官庭懔惠慈。吾侪均勉励，亲睦足纲维。

平江方氏　方姓始祖方雷氏，越一百二十八世至迪公，唐天祐四年（907）由福建莆田徙迁江西洪都铁柱观前桐柳巷。生五子，次子仕南于后唐同光元年（923）迁平江虹桥天井山。族分十二：石岭、道石、官溪、荻坪、瑗、大屋场、鉴金、滔、璛、子清、郑田、阳坪。宋绍兴二十四年（1154）首修宗谱。1941 年修汇同宗谱。1992 年修光源谱，录入 32270 人。2015 年修光大谱，录入 44263 人。派语：（自二十一世始）万礼义良仕，向必恭文学。孔儒宗训典，承绪衍蕃昌。克壮猷传盛，联元梦纪祥。培才绵令望，余庆景前元。

桃源莫林方氏　该族原籍江西丰城，明中叶始迁湖北大冶，继迁通城、临湘、巴陵。明成化十一年（1475），汝安之子仲良、仲明、仲贤由巴陵迁桃源县北莫林村之左家垱。至 1948 年，全族人口 2000 余人，分布于方家湾、方家桥、新安、涂家墒、彰善港、陬市、漳江、河洑等地及安乡、慈利、桑植、松桃等县。清嘉庆三年（1798）建宗祠于报本庵。族谱创修于乾隆十四年（1749），光绪十三年（1887）、1936 年续修。

新化圳上方氏　始迁祖秉忠公，唐宣宗大中十三年（859）自浙江淳安县迁此。

新化二都太阳乡唐家村方氏　始迁祖震公，以军功受封万户侯，后隐居不仕，明洪武二年（1369）由江西吉安府泰和县圳上鹅颈大坵携家徙宝庆府新化县二都太阳乡唐家村。子三：继宝迁居新化圳上灵官庙，金宝迁邵阳白马庙，国宝迁高平乌湖庙。震公及婿康茂才仍居新化。族谱一修于清雍正三年（1725），道光十一年（1831）续修，光绪间三修，1929 年四修，1996 年五修。派语：（一至三十五世）阜庆念逢秉，昌日学彝德，景震继孟受，友广东永万，祖文世应仲，自以加增续，谱定吉祥太。续派：（三十六至七十世）贻泽远绵延，忠孝著南楚，诗书传后贤，英哲承（嗣）先（前）业，洪其肇豫荆，家和征瑞兆，百代播清声。

汝城欧家泷方氏　始迁祖孔衢公，明中叶自桂东县大塘迁来。至 1932 年，已传 15 代，百余人。

溆浦东山方氏　始迁祖云芝公，原籍江西东乡县，清乾隆时迁此。

新田博大乡尹家方氏　始迁祖荣二郎，清初自桂阳县迁此。至 1948 年，已传 21 代，400 人。族人分布于尹家新屋场、龙泉土朝岭等处。

桂东方氏　先世自安徽桐城迁休宁，再迁江西遂川。至友善公于明初由遂川迁湖南桂东中和乡东坡村，子四：述辅、希文、希武、希亮，分居江西遂川及桂东东坡、龙溪、普乐四处，后裔有迁资兴廖江市及汝城、酃县、江西崇义等地者。至 1948 年，已传 26 代，有男丁 5980 人，女口 5170 人。宗祠有二：一在中和之东坡，建于清乾隆五十三年（1788）。一在东平之普乐，建于雍正七年（1729）。

祁阳方氏 始迁祖天宠公，原籍江西南昌府丰城县永丰乡，生子毕正，毕正生希广，希广生伯高，明嘉靖时伯高由永丰迁祁阳烟竹冲。清光绪二十二年（1896）创修族谱。1940 年与常宁合修，称三修。2010 年四修。班行：荣华彰显达，福寿必绵延。继述思为善，作求世久传。才开隆佐治，酉建广新田。常映南峰秀，永涵楚泽源。

计

益阳石燕村胡家坳计氏 始迁祖胜海公，明正德年间自江西泰和迁此。

尹

长沙乌山尹氏 始迁祖铉公，北宋大儒程颐门人尹焞之孙，于南宋中叶由河南迁楚南，隶籍善化。二世岳秀，迁南京。六世靖宦，明洪武初由金陵复归潭州，寓长沙河西都五甲乌山，今属望城。清嘉庆十九年（1814）、咸丰八年（1858）、光绪二十五年（1899）、1933 年、2010 年纂修家乘。派语：仕知汤民莘，一仁光世运。炳蔚启宏规，继嗣文华盛。周翰佐中兴，生甫延余庆。蕃昌应治隆，孝友为家政。

浏阳尹氏 始祖思贞公，谥简，子二：愔为北派祖，忆为南派祖。忆公四传至雍京公，仕南唐，从边镐取马氏，封衡山伯，子三：翼飞居攸县洴田。鹏飞于宋初仕大司马，居酃县留田。雄飞宋初仕嘉议大夫，开基于茶陵火田。雄飞子二：昉公、昭公。昉生三子：晋、革、豫。晋公传八世至宣、安二公。宣公六世孙智高公于明洪武二年（1369）由茶陵火田迁居浏阳西乡镇头市华山，为浏西尹氏长房肇基祖。安公十三世孙天爵亦于明成化五年（1469）迁居华山，其子兴公徙居顾村，为浏西尹氏二房肇基祖。族谱始修于宋嘉定年间，清乾隆十五年（1750）七修，咸丰元年（1851）八修，1923 年九修。明正德间建宗祠于火田。

湘潭朱亭、衡山白果尹氏 始祖思贞公，唐开元间封天水郡公，生二子：长愔为北派祖，次忆为南派祖。愔二十传至雯公，于元季由河南迁湘潭，占籍朱亭，为湘潭朱亭始迁祖，今属株洲。忆二十传至震公，于明洪武六年（1373）自浏阳徙衡山尹家町，为衡山白果始祖。清光绪十三年（1887）湘、衡两邑六修族谱。行派：家之秀发，自周建勋。洛传理学，楚萃人文。名贤永吉，盛代宣勤。

湘潭水口尹氏 愔公六传至晖公，居河南洛阳江夏，二十三传至雯公，元致和间因避陈友谅之乱，自江夏迁居湘潭朱亭，派分龙、凤、麒、麟四房。清康熙四十四年（1705）建宗祠于水口。康熙五十九年（1720）一修族谱，乾隆三十九年（1774）、乾隆四十八年（1783）、嘉庆十一年（1806）、道光二十五年（1845）、光绪十三年（1887）、1920 年、2003 年续修。族人分布于宁乡、湘乡、衡山、茶陵、攸县、邵阳等处。至 1948 年，已传 24 代，共 5000 余人。行派：万怀居国，于尹先笃。家之秀发，自周建勋。洛传理学，楚萃人文。名贤永吉，盛代宣勤。

湘潭石潭尹氏 一世迪震公。七世福亮公，因洪武破汉平定湖南，见江西吉安府太和县族盛丁多，承乏徙居湘乡云田。五传至政纪公，由湘乡又迁湘潭。建总祠于湘潭石潭。十六世尊子公、傒来公。尊子公讳长民，后裔衍廷献、柏友两房。清康熙三十九年（1700）、乾隆三十九年（1774）合纂族谱。同治五年（1866）傒来公房纂修支谱。光绪三十二年（1906）、1943 年、2018 年尊子公房又三次纂修支谱。行序：士超盛治尚经纶，国景才能启世铭。再祐祖宗垂统序，成功千亿绍书声。

湘潭藷叶塘尹氏 始迁祖如新公，明洪武年间迁此。

湘潭竹埠港、大坝垅尹氏 始祖雄飞公，北宋太祖朝官嘉议大夫，世居茶陵火田。雄飞生昉，昉生革、晋。晋公传至二十四世一仪公，于清康熙三十九年（1700）自火田徙居湘潭竹埠港陈家塘。革传至二十四世一进公，于清康熙四十年（1701）自衡山七里滩徙居湘潭大坝垅。清道光九年（1829）、光绪二十六年（1900），1933 年、2013 年四修族谱。字派：一士维之，祖宗功德，源本垂久，万代千叶，恭维明达，树基中湘，作师传道，世泽书香。

湘乡扬古峒尹氏 始迁祖必诚公，字天岳，明成化间由茶陵城北迁居湘乡侧水，复迁扬古峒。清道光十一年（1831）纂修墨谱，同治五年（1866）、1916 年续修。班次：天单百万兴，嘉世代乾坤。士乐敦本财，源裕循良明。功业恢先绪，文德毓群英。学优成大器，保定庆升平。

醴陵樟树村尹氏 始迁祖宣公，明万历间迁居醴陵樟树村。族人分布于攸县。至 1948 年，全族人口约 200 人。

攸县新田尹氏 始迁祖天伦公，为唐思贞公二十五世孙，明洪武间由江西永新沙田迁居湖南攸县鸾山镇新田。自五世始支分八房，长、七房无嗣，八房外徙云南。明成化十八年（1482）始修族谱，清雍正七年（1729）续修，乾隆四十四年（1779）三修，道光七年（1827）四修，同治七年（1868）五修，光绪二十九年（1903）六修，1938 年七修，1990 年八修，1999 年九修。九修时人口 3200 余人。清乾隆四十二年（1777）重建宗祠于茶背冲。班行：（自十五世始）时思继祖，崇本立常。笃志昌泰，传世有光。衣冠济美，雍穆一堂。家传诗礼，国焕文章。

攸县凉江石塘 始迁祖二十七世秉智公，明洪武二年（1369）由江西永新竹山横塘迁居攸县凉江石塘。清光绪二十三年（1897）六修族谱。2011 年荪舫支纂修支谱。2015 年四十四世大伦公字简堂裔纂修支谱。排行：秉元学成玉天志，敦习孟茂一士惟。之祖高大自作懋，德兆庆承宗开世。

茶陵尧水、濯泉尹氏 始祖雄飞公，世居茶陵火田，长子昭，次子昉。昭公徙月江，昉公仍居火田。昭公三子：孚、鼎、恒。恒公自月江徙茶陵城北江口。十九世宣二郎与胞弟奉二郎徙尧水，庆二郎自尧水迁濯泉。清雍正六年（1728）、乾隆二十九年（1764）、嘉庆十八年（1813）、道光三十年（1850）、光绪七年（1881）、宣统三年（1911）、1940 年火田尹氏纂修族谱。2012 年尧水、濯泉纂修支谱。字派：源会显扬，懋昭烈光。庭敦诗礼，朝选纯良。名成德立，志洁行芳。景仰前哲，垂裕孔彰。

炎陵洞里尹氏 始迁祖祖盛公，宋隆兴年间自江西宁冈迁酃县霞阳洞里，今炎陵县沔渡镇洞里村。

衡阳双牌界尹氏 茶陵火田基祖雄飞公，子二：昉、昭。昉公生晋、革、豫。昭公生孚、鼎、恒。孚公以下又六世伸文公，宋时为大理寺评事，宋南渡后由河南避乱挈家隐于衡阳。又数传至俊二公，家于永新烟冈竹山，复徙于衡阳双牌界杨柳村。后人分布于白鹭江、尹家村、九渡铺、西乡、南乡等处。至 1948 年已传 20 代，共万余人。宗祠在衡山算田。清嘉庆十九年（1814）、咸丰十一年（1861）、光绪三十年（1904）、1938 年纂修族谱。

衡阳长乐尹氏 始迁祖兴瓒公，清康熙末自衡南泉口迁来，生五子，长子国祯失传，衍国祥、国祚、国祜、国礼四房，至今族人约 700 人，分布于今关市乡乌石村、梅林村一带。

衡山鱼石尹氏 革公五世孙彦德公，即岳飞题赠“一经堂”额者。彦德公十传至荣公，于明洪武二十二年（1389）因元末之乱自茶陵火田迁衡山，开基于堡霞乡鱼石。族人分布于算田、团树下、托源、衡阳酃湖、湘潭泸口等地。至1948年，已传20余代，共2100余人。荣公祠在衡山王公塘，建于清咸丰十一年（1861）。

衡南泉口尹氏 始迁祖德二郎，元至元间自江西南昌迁居清泉县清化乡二十三都八区横塘村，今名衡南县鸡笼镇泉口片朝阳村，四世衍为子贵、子明、子受、子温、子清、子尽六房。至今已传26代，族人5700余人。

常宁南塘尹氏 迁湘始祖子瑢公，明洪武年间由江西泰和县迁湖南常宁北乡大柏洞。一说南宋直公，江西泰和县人，以孝行著闻，生二男，一由江西迁衡山，历明而嗣宗公生瑢，徙居常邑。至八世分光、荐、道、达四房。达房仍居大柏洞，光、荐、道三房迁本邑南塘，后达裔亦宅焉，遂为南塘四派。清嘉庆二十三年（1818）始修族谱，光绪二十六年（1900）续修。行辈：（自十五世始）才为邦宪大，学绍洛宗长。立尔希贤志，常成道德光。

常宁尹氏 始祖思贞公。二十四世孙明俊公，明洪武时由江西吉安府泰和县迁常宁乐荫田，继迁菓子树下，卜宅上安。七子：长子廷举裔徙桂阳现田，第五子徙四川，余五子皆居常东。清道光二十一年（1841）、光绪五年（1879）、1923年、1997年纂修族谱。字辈：彦俊修为大，英才继述长。诗书承祖泽，忠孝达家邦。

邵阳洞霞尹氏 以唐代歆公为一世祖，思贞公为二世祖。至二十五世嘉志公（字法澄），偕兄嘉从（字法魁）、弟嘉尚（字法清）于元朝中叶自江西泰和五十四都牛星圳上迁居邵东太平里洞霞村。后嘉从复徙万安都沇下，为井边始祖。嘉尚复徙新宁都，为茅冲始祖。清嘉庆元年（1796）、咸丰十年（1860）、1928年、1992年、2013年纂修族谱。始修时全族人口4560余人，二修时5810余人，三修时10328人。1913年明公房纂修支谱，1914年宽公房纂修支谱，1915年清江公房纂修支谱。该族名人：尹锡纶，清户部陕西司主事加三级。尹兴禄，记名提督，例授建威将军。尹殿飏，翰林院庶吉士加五级。班次：太再添源仲，世代兴文武。安乐思名道，显荣庆国祚。德修纪寿传，功懋宗周辅。芳矩遇隆朝，洪勋承盛祖。忠孝家应大，诗书泽孔长。群伦咸惇叙，百叶履平康。

邵阳井边尹氏 始迁祖法魁、法澄、法清，明洪武初自江西泰和迁邵东太平之洞霞。澄裔世居洞霞，清裔移居新宁茅冲，魁公率子彦华复由洞霞迁居万安井边。清乾隆四十一年（1776）始修族谱，光绪十八年（1892）续修。井边班次：君嘉彦应仲，必志政添宗，世代兴文武，安乐思明道，远猷庆国祚。洞霞班次：太再添原仲，世代兴文武，安乐思明道，显荣庆国祚。茅冲班次：汝添世应友，魁文兴大邦，安乐思明道，显荣庆国祚。新班次：德修能继述，善积定呈祥。力学崇和靖，展才效晋阳。懿范留传裕，宏勋启佑良。绪由为宪盛，含秀共芬芳。续修新班次：卓立乾坤上，宜如何事功。家庭敦孝友，作忠嗣清风。

邵阳井田尹氏 始迁祖道南公，讳政清，原籍江西吉安府泰和县圳上，明初为把总，破陈友谅于武昌，升游击。明洪武七年（1374）率家人徙居宝庆府邵东百里余田冲，后又迁仁风井田村。清康熙五十九年（1720）始修族谱，乾隆二十九年（1764）、嘉庆六年（1801）、道光二十一年（1841）、光绪八年（1882）、1946 年、1994 年续修。班次：政福兴文广，泰添廷绍卿。仁义良百世，继武乐千春。笃学隆时遇，敦伦显德名。代传承茂训，厚积振家声。

隆回尹氏 始迁祖鼎初公，字儒黉，原籍江西吉安府泰和县灌塘，科中武魁，官指挥，南宋亡，弃官卜居隆回四都大官田。生十子：南沾、南漳、南河、南国、南楚、南全、南青、南吾、南庆、南昌。惟南青世居隆回。2018 年纂修族谱。2020 年南清第三子才汉房七修分谱。班次：鼎南才应仕，志思福文元。守利天道顺，崇善祚昌全。大显华邦业，宏开正徽先。端厚培吉庆，兆隆世德延。续派：雍睦敦伦纪，贻谋媲美前。纯良国本固，孝友家基坚。功续述来哲，诗书启后贤。寰环竞发达，祖泽定长绵。

武冈尹氏 始祖思贞公，唐十三州刺史，封天水公，卒谥简，为尹氏各派所共祖。长子愔集贤院学士，为北派祖。次子忆江南安抚使，为南派祖。北派衍至宋末鼎初公，由江西泰和县灌塘以指挥官镇永、宝，隶籍邵西隆回大官田，传南沾、南全、南青三房。后裔藩衍武冈、新宁、城步、新化、宁乡、湘乡、益阳、安化、芷江诸邑。全裔才庆、才亮、才高，青裔才伯、才禄、才旺于明初由大官田迁居武冈，才庆裔居沙田，才亮裔居隘田，才高裔居洪田，才伯、才禄、才旺裔居醪田。清乾隆六十年（1795）纂有支谱，道光二十七年（1847）二修，光绪二十七年（1901）三修，1925 年四修。1947 年与溆浦才盛公裔五修，1992 年六修，人口 59590 人。2014 年各房七修。总祠一在隆回大户坪，一在武冈县城内。鼎初公派下班行：鼎南才应仕，志思福文元。守利天道顺，崇善祚昌全。大显华邦彦，宏开振恢先。端厚培吉庆，兆隆世德延。同治八年（1869）南北二宗九修通谱班行：明志汉天，单尚先尹。一士惟之，祖宗功德。源本垂久，万代千叶。位禄名寿，诗书厚泽。忠孝传家，文章华国。仁义恭和，孔谋燕翼。

城步松山尹氏 始迁祖宗文公，浙江归安人，明嘉靖间避倭寇至湖广，徙城步安化四都。子兴宁，居城西松山。

益阳县东长乐街尹氏 始迁祖文光公，明洪武年间自湖北江夏来县开垦而定居于此。

桃江桃林溪尹氏 始迁祖仕祖，字赞忠，明天顺二年（1458）由江西丰城县南门头迁益阳五里桃林溪，今属桃江。前与衡阳樟木乡白鹭江尹氏合谱，2004年独修支谱。派语：伯志仕思大，万福兴调文。开宗功德盛，佑启嗣昌荣。祖泽源长远，光前裕后昆。联科登甲第，显耀振芳声。

安化烟溪车辔头尹氏 始迁祖廷鸾，明代中叶由江西吉安迁此。

岳阳荷塘黄沙街尹氏 始迁祖紫营公，明洪武六年（1373）自江西南昌府新建县铁树观迁居岳阳黄沙街廖家山，七传衍为三大房：璟公房居廖家山，景公房居周家冲，琛公房居黄沙街老街。1925年十修族谱。1994年修谱统计，璟公房时有1161人，景公房392人，琛公房2770人。字派：（以思贞公为一世，自三十世始）志万宗大祖有兴隆应登文仲世启邦家开运发大克。

永兴尹氏 始祖盛公，由江西宁冈社背迁居湖南酃县九都孚溪蓝田。子德卿，字仔桂，宋末元初人，由酃县蓝田迁居永兴县牌楼下。七世衍为旻、贤、云、恭、才、通、文、奇八房。清乾隆四十八年（1783）与酃县合修族谱，道光五年（1825）永兴分修，称五修。同治四年（1865）六修，光绪三十年（1904）七修，1932年八修，1999年九修。至1948年已传26代，共4000余人，分布于下牌楼、萧家坪、吴棋头、上南冲、樟木塘、新田雯等处，宗祠在大冲头。派语：德宗必原廷子士，文思贤显倡福庆，洪玉齐添万斯年。孝友家声著，忠良国运绵。诒谋期裕后，守业务光前。道学承先训，修为澶圣传。皇朝广作青，伏翼甲科联。

澧县尹氏 始迁祖明公，字显达，号子通，明洪武时由豫章迁金陵，后叛匪作乱，公因征讨有功，以总兵擢授武德武略将军，旋又奉敕屯戍澧阳，遂籍澧。清光绪二十五年（1899）、1921年纂族谱。字派：良相士伊，邦必应绍，朝臣继宏。荣华耀日，祖业肇光。

临澧尹氏 始迁祖日昌公，明永乐间自衡州府安仁县迁安福县胡家峪、张家冲。清道光十五年（1835）始修族谱，光绪十四年（1888）、2000年续修。派次：国嘉士朝光，大德世远芳。启绪承鸿业，丕振安兴邦。作述遵先制，典谟垂后昆。

临澧尹氏 始祖元敷公，原居江西吉安府庐陵县宣化乡义平里水东团永兴堡，子克渊迁居临湘方道山。传至绍熊，迁居湖北五峰渔洋关。绍经迁居湖南石门北乡深溪河清水湾。再传至世旺公，由石门迁居临澧官亭塔林家桥。2001年林家桥家房纂有族谱。林家桥老派：惟绍再胜祖，世上太正儒。忠相达治道，大德开化天。

桂阳现田尹氏 始迁祖廷举公，北宋天圣元年（1023）自陕西长安迁居桂阳，落籍坛山岭背之白田。孙叔振，开基现田，六传衍为四房，至今族人约8500人。

桂阳尹氏 始迁祖少伍郎，讳惟贞，南宋末年由江西泰和鹅颈丘迁居桂阳北乡，卜居开基冲，今属板桥乡今堂村。至今族人约600人。

零陵尹氏 茨塘房一世祖宗胤公，生殁葬失考，公以上失考，不知由何处迁居于茨塘。伞叶房基祖法铭公，生殁失考，公以上失考，据墨牒相传，明末清初自江西鹅公大丘来永，始择零邑北乡伞叶房居住，生二子，长世守公业，次迁硖石坝。1942年纂修族谱。

嘉禾平田尹氏 迁湘始祖实通公，籍名登辅，江西泰和人，宋高宗时进士，任湖南蓝山知县，卒于官，葬东乡长溪。其子幼四郎守居于此。数传而移居今平田区尹家。后人分布于湾里、赵家岭、龙眼坪、年塘及蓝山石姑塘、侯坡，常宁吴家冲、荷叶塘等地。

新田崇益乡尹氏 始迁祖崇曙、崇儒，清时自桂阳县徙居新田崇益乡。至1948年，崇曙公递传7代，共160人，宗祠在福泉江，族人分布于上流洞、福泉乡等处。崇儒公递传7代，共36人，族人分布于永、桂、城等处。

麻阳兰村尹氏 祖籍江西吉安府圳坎上，明洪武年间徙湖南沅州府榆树湾（今怀化市），继迁黄金坳江口浣，后又迁凉亭坳居住。1951年土改时，因尹姓有田在大坳，故迁大坳桐坪定居。分布于兰村、高村、江口墟、隆家堡等地。至1994年，共360人。班次：绍德承先续，文明列相贵。宏彩厚自重，忠善福悠全。大启孝阳业，金华遗泽长。理学万邦庆，光辉定桢祥。

新晃尹氏 邵阳始祖嘉志公，元末自江西吉安府泰和县五十四都牛星圳迁居邵阳县太平里洞霞村，今属邵东。递传至显渭公，字镇雍，清道光末年因经商自洞霞迁居新晃。洞霞尹氏族谱始修于清嘉庆元年（1796），咸丰十一年（1861）、1928年、1992年续修，2000年新晃独修，其时人口888人，班次同邵阳洞霞尹氏。

孔

长沙孔氏 孔子四十七代孙传公，又名若古，字世文，南宋建炎初偕大宗衍圣公端友，随高宗南渡，遂寓衢州。五十五代克成公，字集夫，元至正八年（1348）由衢州任荆州刺史，卒于任，子孙遂居其地。克成生希初、希祁、希祐、希祥。祁、祐、祥三房子孙他徙。初裔五十九代宗彦，字一山，明成化十年（1474）自荆门迁居华容望夫山。六十一代宏烈，字世休，明弘治元年（1488）自华容游学长沙，遂家明道都水口山，又名新塘坪。一说始迁祖谟公，元末明初自湖北监利县太码河孔家谭迁居湖南益阳，旋迁长沙明道都新塘坪水口山，后人散居于长沙、益阳、浏阳一带。清宣统三年（1911）长沙、善化、益阳、宁乡四邑续修族谱。派语：希言公彦承，宏闻贞尚衍。兴毓传继广，昭宪庆繁祥。

浏阳滩头孔氏 始祖瑛公，唐末阻于兵而寓平江，十八传至靖安公，于明洪武初年自平江徙居浏东滩头。至清光绪三十三年（1907），已传20代。

浏阳枫林孔氏 始祖瑛公，字孟章，孔子之三十八代孙，官湖南，因阻于寇未归阙里，故家于平江县治三阳街，卒葬西乡瓮江。又十九传至言诗公，子四：公训居平江沙段，公祥居石湾，公略居高坪，公信居北山。公训生八子：彦美、彦圣、彦华、彦光后裔分居平江沙段、浏阳三口、枫林及长沙黄花市。迁浏始祖彦光公，字日曜，号明远，世居平江，明弘治中以幕游历名山大川，晚年诗酒自娱，正德元年（1506）偕妻由平江沙段迁浏阳北区枫林中垸墈。至1948年，递传17代，共万人，族人分布于平江、萍乡等地。宗祠在枫林中垸墈。

浏阳浅船岭孔氏 始迁祖承玉公，明天启中自平江迁此，至清光绪三十三年（1907），已传13代。

湘乡孔氏 圣祖五十五代克成公，字集夫，元至正八年（1348）任湖广荆门州刺史，官卒未归故里。子希初，寄居杨田村。五十八代涣公，生三子：彦祖、彦宗、彦易，由华容游学长沙。彦祖卜居慈利，彦宗卜居善化。彦易字魁赞，明天顺八年（1464）卜居湘乡。清顺治九年（1652）与华容合修族谱。乾隆二十七年（1762）湘乡纂有墨谱，乾隆六十年（1795）湘乡始修。明洪武二十九年（1396）赐派：公彦承宏，闻贞尚衍。清世祖顺治元年（1644）赐派：光毓传继广，昭宪庆繁祥。

茶陵孔氏 迁湘始祖得公，明洪武二年（1369）自合肥迁居茶陵。明万历三十二年（1604），其后裔应瑞移居贝水。

华容东山望夫山孔氏 始迁祖承惟公，孔子六十代孙，明初因避兵祸与家人失散，落籍华邑望夫山。有子四，繁衍四房：长房居望夫山、来家铺，二房居梅田湖、孔家岭，三房居护城、孔家台，四房迁长沙。历代皇帝赐派：希言公彦承，宏闻贞尚衍。兴毓传继广，昭宪庆繁祥。令德惟垂祐，钦绍念显扬。民国间孔子七十六代孙令贻呈北洋政府内务部批准咨行全国同宗续派：建道敦安定，懋修肇彝常。裕文焕景瑞，永锡世绪昌。

平江三阳孔氏 始迁祖瑛公，唐大历十四年（779）自山东兖州迁此。至1994年，全族人口2333人。

益阳香炉山孔氏 始迁祖音伯公，明永乐年间自湖北荆州迁此。

桃源木塘孔氏 迁湘始祖端位公，字子著，历城人，孔子四十八世孙，任常德录事参军。孙抃公因金人南侵而附籍于桃源，落业于杜青村孔家河。至1948年，全族人口约700人。清乾隆二十五年（1760）创修族谱，1931年建宗祠于孔家河。

邓

长沙格塘邓氏 始迁祖均祥公，原籍江西南昌府进贤县，明洪武二十三年（1390）任宝庆府邵阳县教谕，解组寄籍长沙郡城南门外，后迁长沙县新康都格塘。明正德五年（1510）、清康熙五十九年（1720）、乾隆二十九年（1764）、乾隆五十六年（1791）、咸丰三年（1853）、光绪三年（1877）、1912年、1948年纂修族谱。1933年湖南各县邓氏187支纂修联谱。派语：均添宗林思志言。大朝文维盛，洪楚伯侯兴。英俊荣邦国，名扬彩凤登。诗书培世泽，忠孝万年承。

长沙灌山邓氏 始迁祖斌公，明成化十七年（1481）由江西南昌迁善化，落业灌山。三传为隆公，生子五：朝祖、朝武、朝金、朝旸、朝銮。金、旸、銮三房之后无传。朝祖公后居潘家塘、李家坪、营塘桥、刘家坪等处，朝武公后居桃谷、洞井、星沙、潭邑等处。祖、武两房族谱始修于清乾隆四年（1739），道光二十四年（1844）、1915年续修。派歌：朝廷添元启，学世祖文思。功立太常纪，名传金榜知。绍先承邓序，裕后振宗支。爵让徽猷贵，政留广爱奇。

浏阳南山桥邓氏 系出友忠公派。友忠公之六世孙谦亨，宋末由荐辟任隆兴总管，建三贤书院，欧阳圭斋先生为之记。谦亨公生五子：杞、桂、椿、柏、梓。桂字狮岸，元时偕弟梓由江西奉新县迁湖南浏阳县，梓衍浏北白洲邓家桥。桂居浏阳南山桥，裔孙居浏北连溪镇南山桥及平岗洞等地。宗祠在南山桥。至1930年，男丁290余人，女口160余人。班序：狮达伯应汝，梓宗志惟仁。正显崇守德，本贵再明伦。继序彰全盛，绍先文武同。盈庭诗礼训，万世振家声。

浏阳茨山冲邓氏 系出谦亨公五子梓（一作紫）。梓生世显，世显之子立夫生应福，明时由江西迁浏阳北乡。后裔世居沙市街茨山冲及长沙七家冲等地。宗祠在茨山冲。至1930年，男女丁口30余人。

浏阳白洲邓氏 系出谦亨公五子梓（一作紫）。梓之子世显生明夫，明夫生三子：南高、应荣、义卿。南高、义卿二公子孙居长沙南城。应荣，字十四，于明洪武初由江西奉新县迁居浏阳白洲段，应荣公之子汝珪子三：梓琦、梓珊、梓琳。后裔居华果园、湖背屋、淳口段、下神山、上字口、彰家坡、大屋山、枫林洞、云峰台山麓、长春埠、廓下横垣坡七里桥、团塘栗家湾、虾龙塅及浏南、长沙等地。至1930年，男女丁口1200余人。班序同南山桥。

浏阳团塘邓氏 系出应荣公子汝珪。汝珪之子梓珊之长子宗义，字制宜，明正德间由油榨塘迁居团塘，生四子：志韬、志瑞、志端、志先。裔孙居浏北团塘、高陂段、栗家湾、渡头园等地。宗祠在团塘，支祠在栗家湾。至1930年，男女丁口200余人，班序：狮达伯应汝，梓宗志惟仁。正思兴大承，祖武世泽隆。忠孝光先绪，英才集盛廷。芳声传万载，嘉会永昌明。

浏阳西湖桥邓氏 系出谦亨公五子梓。梓之子世显生明夫，明夫第三子应禄，字义卿，元至正二十六年（1366）生，由江西奉新县迁浏阳北乡西湖桥，生有五子：汝珍、汝珠、汝宝、汝隆、汝兴。后裔居西湖桥、黄金坪、梨树坡、梓木冲、铜古寨等地。支祠在西湖邓家湾。至1930年，男丁160余人，女口100余人。班序同南山桥。

浏阳降峰岭邓氏 系出谦亨公五子梓。梓生世显，世显第四子良夫生应发，字德厚，明时由江西迁浏阳北乡，生子三：汝立、汝林、汝桂。后裔世居降峰岭。至1930年，男女丁口仅20余人。班序同南山桥。

浏阳九溪洞邓氏 系出谦亨公五子梓。梓之子世显第三子文夫，文夫长子恭美，明洪武十七年（1384）生，由江西奉新县偕弟应宏迁居湖南浏阳北乡九溪洞杏仁树下，生三子：瑞祯迁茅里，瑞祥迁沙市。瑞鳌生五子：焕祖、焕宗、焕隆、焕高、焕注。焕祖裔世居藤庄岩前，焕宗裔世居九溪洞岩前，焕隆裔世居大屋岩前、炉烟洞等地，焕高裔世居大屋、双江口、邓家湾等地，焕注裔世居岩前。宗祠在藤庄。至1930年，全族人丁近□□余人。班序：瑞焕南阳善庆长，光先继序日蕃昌。人文蔚起储英彦，道学兴隆远发祥。

浏阳九溪中川邓氏 系出谦亨公五子梓。梓之孙文夫次子应宏，字春梅，元至正二十六年（1366）生，偕兄恭美由江西奉新县迁居湖南浏阳，应宏公裔孙世居九溪中川等地。祠合九溪藤庄。至1930年，男女丁口100余人。班序：仁汉尊德万伏兴，金富乾坤必有成，裔鼎良奇百代发。

浏阳中孚堂邓氏 恭美公次子瑞桢，字南英，明永乐二年（1404）生，由九溪徙居茅里，生四子：贵先裔世居茅里，支祠名“皆吉堂”。贵昭裔世居茅里，支祠名“和顺堂”。贵义裔世居龙转，支祠名“德馨堂”。贵林无考。总祠名“中孚堂”，在茅里邓大屋前。至1930年，三支人口共600余人。班序：瑞贵日大，长久仁成。明秉兴福寿，荣显定高崇。学富光辉著，行修品望隆。

浏阳周洛邓氏 系出骘公十八世孙懿美之第五子熙生。熙生之三十三世孙承富子二：宝彬、宝柱，由广东迁湖南平江南乡田陌口，复迁浏阳北乡周洛。至1930年，男丁20余人，女口10余人。班序：承宝树肇家望。

宁乡邓氏 一世祖东汉禹公，字仲华，封高密侯。至六世遄公、遐公于建安末年因诸侯割据，民无所定，乃弃职徙江西洪都（即南昌）。至四十世天骑公，南宋末年中明经科，迁江西新建大洲。至四十六世祥泽、祥学、祥业、祥仕、祥任、祥儒六支，明洪武年间由大洲迁湘。祥泽居宁乡玉堂铺，祥学居宁乡枫坪，祥业居宁乡石板，祥仕居宁乡清溪，祥任居善化塘赤，祥儒居宁乡邓河。清雍正元年（1723）六支始修族谱，嘉庆八年（1803）学、业、仕、任、儒五支合建宗祠于玉潭，道光十八年（1838）五支合修族谱。光绪五年（1879）儒房三修。纪世诗：德庭均文子，祥开殷泽传。振基先绪丕，绍美祖功贤。礼法承家日，谟猷辅世年。一支敦本厚，嗣续庆云联。

宁乡邓河邓氏 始迁祖祥儒公，明洪武初自江西新建大洲迁湖南宁乡邓河。儒公三子：开忠、开孝、开义。义公乏嗣，忠裔世居邓河。孝裔五传至基益公，明嘉靖时迁本邑渣山塘及小冲杨荷塘。处益公子二：长先彝，次先德。德裔美三明万历时徙居湘乡马林桥，彝裔美贤康熙时迁居宁乡北湖。该支名人邓日胜，记名提督。

宁乡湄冲邓氏 谱称该族自汉高密侯仲华公起河南新野，至六世祖遐公汉末避曹氏忌，乃随兄棠邑令由河南徙籍江西城南，厥后子姓四散。惟该支支祖兆圣公明初由江西庐陵迁沩宁一都湄冲，后复分琦、璋两大支，有徙居六都月湖冲者，有徙居八都南门口及隶籍湘潭、资江等处者。宗祠建于清嘉庆间，位于宁乡八都南门口。道光间纂修支谱，1935 年续修。老派：国承先瑞，时运昌隆。瀛应明林泽，裔锡簪缨。支派：裔锡廷枝茂，家声益克彰。续派：诗书诒后嗣，忠孝笃前光。东汉官箴肃，南阳世序长。

宁乡邓氏 初祖实夫公，讳直，原籍福建，以举人授邵阳训导，占籍邵阳棠溪江口村。九派天德公迁居宁乡黄材大穴场。1925 年三修族谱。字派：直鼎仁文世，显应正启宗。朝庭国有道，添星永……

宁乡铁史冲邓氏 一世禹公。五十二世学道公，字文元，清康熙乾隆间人，康熙时由宝庆迁居宁乡释褐乡铁史冲。清康熙二十年（1681）、道光三十年（1850）、光绪十五年（1889）、1922 年纂修族谱。派字：至大方钦赐，万朝守奕世。士学奇能尚，德隆国祚昌。新建宏谟烈，永定吉安康。

湘潭邓氏 始迁祖扬声公，讳达，字灵籛，世居江西吉安泰和县，为禹公三十八世孙，官太原武职，明洪武初任长沙太守，永乐元年（1403）卜居湘潭六都三甲黑子塘邓家塘。子思聪，字昭明，永乐二十年（1422）迁居黄甲港。清乾隆五十七年（1792）三修族谱，同治七年（1868）四修，宣统三年（1911）五修。班序：扬思必洪志连允振国单之单世承盛德大启（声名）先达昭如日星克嗣其业应若兴云。该族名人：邓政升，记名提督。邓名远，记名总兵。

湘潭严冲邓氏 始迁祖信公，明嘉靖间自茶陵迁居湘潭严冲。1937 年五修族谱。

湘潭塔岭邓氏 始祖瑞祯公，由广州三徙至郴，其后十三代孙贤资、贤宪、贤敏之子孙又先后迁居湘潭。清宣统二年（1910）五修族谱。

湘乡大乐坪邓氏 汉高密侯禹，字仲华。传十一世至晋安帝时表政公，仕长沙，为太守，遂家于湘。清乾隆间建宗祠于大乐坪。该族名人：邓崇峰，字峙南，乾隆壬申副榜。邓文泮，字圣泽，乾隆丙戌进士，擢御史。

湘乡长田邓氏 始祖仲华公崛起新野，受郡南阳，佐光武中兴，封高密侯。始迁祖大璨公，字开疆，号乐只，元至正三年（1343）由江西吉安府泰和县十八都鹅颈大坵圳上徙湖南长沙府湘阴县，继徙湘乡白洲，三徙湘乡长田，建望光楼而居。三世分宗铭、宗达两房，达房清道光二十五年（1845）创修家谱，同治三年（1864）铭、达两房创修合谱，光绪二十七年（1901）两房续修，1943 年三修，1999 年四修。班序：大源宗祖贵，应梦正登吉（守希）。国泰（民安）定世久，万代永昌期。先德光汉治，英才佐良时。积厚贻谋远，文武绍前徽。续班序：秀里科名显，诗书燕翼长。继承延令绪，杞梓重邦家。

湘乡西溪邓氏 西溪始祖伯埙公，字元音，元时人，先世原籍四川邛州。初居湘乡义学地，后迁原四十一都桃花井下西溪。四世必胜公五岁失恃，六岁失怙，赖谢家姨娘抚养成立，以谢为姓。生四子：仕忠、仕元、仕华、仕能。仕元公功成，诰封盟威将军，明永乐十年（1412）奉旨归宗，后迁南京上元县。仕能绝继迁徙，不一其说。其世居西溪者，惟忠、华两房。清道光二十一年（1841）忠房纂修族谱，光绪二十年（1894）续修。道光十八年（1838）华房纂修族谱，光绪七年（1881）续修，1928年忠、华、能三房合续，1994年三房续修。忠、华、能三房老班：仕文志景仲，秀国武（仁）良廷。绍（大）前（先）垂（光）世泽（德），福（安）寿（邦）映台星。续班：乾坤恒益泰，丰履萃家人。谦豫中孚贲，咸观鼎晋升。

湘乡茶冲邓氏 迁湘始祖安宁公，明洪武七年（1374）由江西吉安府泰和县十八都鹅头大坵圳上徙湖南湘乡县茶冲塘弦麻田。永乐二年（1404），上命徙黔，再迁贵州威清卫左所东门灵官庙，后改为安顺府清镇县。原配匡，生子四：邦富、邦仁、邦财、邦贤。富裔外徙，余三房仍居茶冲。继配孙，生子一，子孙居贵州。清嘉庆十五年（1810）始修族谱，光绪十七年（1891）续修，1948年三修，至此已递传22代，人丁2300人。宗祠在相思桥。字派：宗祖兴大九，思亲再显荣。续添绍先泽，士林振家声。忠孝兆良贵，雅颂乐承平。朝廷崇道学，寰宇庆澄清。

湘乡江口邓氏 始祖仲华公，世居河南新野。历三十四代至梅官、梅显兄弟，因世乱徙江西泰和县。至四十四代大瑜公，元末由泰和迁湘阴。长子吉，生五子：学成、学金、学魁、学元、学朝。学金徙湘乡西溪，学魁徙湘乡高枫沙石，学元徙湘乡湖潭坳，学朝徙邵阳龙富。长子学成，徙湘乡思老，晚年修建滑石义渡，人称邓氏渡，至今犹存。学成生景良、景达。景达开茶冲、新市、梓田、茅田诸族。景良生子五：必荣衍熟房，必华衍仁、海、义三房，必富衍乌房，必贵衍瑄、贤两房，必清衍石房，八房世居邓氏渡。清乾隆中叶，建仲华公祠于湘乡县治南门，嘉庆初年建学成公祠于湘乡永丰，今属双峰。景良公以下派序：必志友永世澜兴，宗祖逢自士大平。维笃伦常昭顺德，斯隆人艺发声名。仲华垂训冀前美，伯智让封希与京。忠上孝亲千古悦，敦诗崇礼万年荣。

双峰梓田邓氏 始一世禹公。四十六世学成，元末明初自湘阴迁湘乡思老，次子景达，生四子，开茶冲、新寺、梓田、毛田四族。景达第三子必能为双峰梓田始祖。1943年四修族谱，派序：必志公明允正朝，宗祖天祚谟裔林。世泽家声垂裕远，广通典籍胜诒金。仲华立训冀前美，伯智让封希与京。忠上孝亲千古悦，敦诗崇礼万年荣。

醴陵塘邨邓氏 始迁祖贞公，字敬德，一字梦荣，行甲七，原籍江西安福县东乡瓜畬，元至正二十四年（1364）迁居醴南塘邨。三代始分四房，分居塘邨、杉仙、熟路、琥塘。明嘉靖三十年（1551）始修族谱，清雍正五年（1727）、嘉庆二十四年（1819）、道光二十八年（1848）、光绪十年（1884）、1934年、2003年续修。乾隆十五年（1750）建宗祠于塘邨。至1948年，全族人口1000人。字派：（自八世始）邓闻森学，谆凤其荣。时绍运启，昌大声宏。增家之光，树德传芳。英才秀发，继世名扬。

醴陵南阳桥邓氏 始迁祖朝卿公，明洪武十六年（1383）自江西庐陵迁此。族人分布于枫头洲、泗汾、板杉铺。

醴陵东门邓氏 始祖友兴公，明永乐十七年（1419）生，由江西永丰创业福建龙岩。清顺治康熙间，后裔徙居江西萍乡、湖南醴陵、浏阳等地。乾隆间三邑共建宗祠于醴陵东门。居醴陵者多群萃于醴东双江、白市、黄沙。清道光五年（1825）首修族谱，同治四年（1865）、光绪二十六年（1900）、1933年、1995年续修。字派：友德本可仕，从植日世命。启诚正崇光，文元绍宗盛。鸿运方增泰，培名永锡庆。

醴陵烂泥洲邓氏 始迁祖魁万公，清康熙间自福建龙岩迁此。族人分布于县南、萍乡。至1948年，全族人口3000人。另支始迁祖在中公，于清康熙间自福建龙岩迁此。族人分布于白兔潭、攸县等地。至1948年，全族人口4000人。

醴陵夏家坪邓氏 始迁祖仕海公，清乾隆间自广东嘉应迁此。至1948年，全族人口612人。

醴陵温泉邓氏 始迁祖福干公，清时自福建龙岩迁此。族人分布于白兔潭、尖高山、灌冲。至1948年，全族人口4000人。

茶陵邓氏 南宋淳祐元年（1241）由南京金花桥迁潞水。后裔部分徙居虎踞、腰陂布庄等地。

衡阳沙头、尹家村邓氏 始迁祖之琔公，为禹公四十三世孙，原籍江西庐陵瓜畬，元季明初随兄之瑝公迁衡，瑝公居茅山头，另谱。琔公居沙头尹家村。清乾隆五十七年（1792）一修族谱，光绪十四年（1888）二修，1925年三修。旧订班行：祐菊开之辈，思随接本源。独名还万派，廷后复单晅。国族于斯聚，茂才以仕掀。同宗绵世学，贤哲合贞元。新续班行：秀里书香远，南阳惠泽长。先人绵钜业，后代有余芳。敬祖敦雍睦，和家兆吉祥。贻谋逢泰运，福履庆安康。

常宁邓氏　鼻祖汉末常春公。延二十三世至桢岳公，宋淳祐间会仙姑指示，逢溪下担，由耒阳迁桂阳州北乡。二十八世朝宗、朝岂。朝宗生志文，朝岂生志良、志寅。志文裔居常宁大湖坪邓家冲，志寅裔居宁远石鼓源，志良裔居常宁黄洞、零陵新罗麻江、宁远鲁塘大坪、祁阳九疑坝长吉山。清乾隆四十八年（1783）常、祁、宁三房合修族谱，道光二十四年（1844）、1929 年常宁续修。

常宁上湾邓氏　始迁祖绍禹公，行成四郎，明洪武间由江西吉水县邓塘迁常宁依波塘上湾，垦田立户。清道光二十年（1840）、光绪三十年（1904）、1943 年、1994 年、2020 年五修族谱。班行：如学世昌，永以为方，道宗孔孟，运际成康，大文华国，茂德显邦，祖恩耀宇，昆裕昭光。

邵阳田家渡邓氏　始迁祖理公，元皇庆元年（1312）自江西徙县城北资江。十一世必文公，自邵阳新宁上一都庙冲徙居田家渡。

邵阳邓十村邓氏　始迁祖汝福公，元成宗时自江西泰和莫恒里迁邵南尚贤里邓十村。

邵阳邓氏　始迁祖伯万、亿万公，明洪武间自江西吉安府泰和县清塘圳上，伯万迁新化。亿万公子秀仁卜居邵邑城北三十里毛坪，秀仁生五子：必魁、受、富、权、贵。清光绪十三年（1887）纂修族谱。新化旧班：伯思祥君万，世志文永兴。绍伏祖朝（枫尚）承，昌长显盛光。邵阳旧班：亿秀必才文，志仲宗仁兴。□有彦得忠，光昌显美盛。邵新合班：南阳宏翼赞，高密定勗勷。伟业扶新运，殊勋懋对扬。云台欣及第，白水佐平章。一脉中州起，声名重楚湘。

邵东七井邓氏　始迁祖天俊公，明洪武二年（1369）自江西泰和迁居邵东新宁下一都七眼井龙富塘，生五子：日惠居北路塘口，日畴居湘乡长田及邵阳山脚，日慧迁桂阳州，日正迁衡阳遗泽塘，日智仍居龙富。清嘉庆十六年（1811）始修族谱，光绪元年（1875）续修，1925 年三修，1991 年四修。班序：天原宗祖永，文武定太贤，国正安仁义，世代荣昌前，裕后贻谋远，敦伦素志坚，家声宣畅遂，先泽克流传。

邵东观山桥邓氏　始迁祖学良公，明洪武九年（1376）由江西吉水县长圳迁居湘乡武障，次子文敬又迁湘乡虞塘，后落籍邵东观山桥。清道光十八年（1838）始修族谱，光绪续修，1943 年三修，1990 年四修。班次：学文道显万廷，祖兴世代有名，朝中安邦定国。作善光先德，存诚启后昌。诗书传久远，仁义振常纲。

邵东槎江邓氏　始迁祖先恭公，明洪武间由江西吉安府太和县鹅田梅子坡迁邵东槎江，生三子：璨、瑛、琔。清同治五年（1866）、1915 年、1944 年纂修族谱。班序：先原宗有资，启兴隆安泰。国瑞惟林茂，康贤绍荣材。惠泽承高厚，恩辉及久长。

新邵田心邓氏 始祖伯万公，江西吉州泰和人。传至七世孙志湖公，自新化梅山溪洞徙此。

武冈石虎村、黄家亭邓氏 谱以仲华公为一世祖。四十三世鹤林公，由江西泰和县迁湖南湘阴。四十四世大瑜公，因世乱复迁泰和县梅子坡。与湘乡江口邓氏族谱所载有异。大瑜公长子吉，五子：学成、学金、学魁、学元、学朝。学朝第七子天军公官居指挥使，明洪武间自泰和鹅头大坵圳塘上初徙邵阳县柏树村，生富、贵二公，复徙武冈县石虎村，生祥、通二公，终徙武冈黄家亭，生仁、义二公。清同治间通房纂修族谱，清光绪三十二年（1906）富、贵、祥、通四房续修。至 1930 年，全族男丁 2000 余人，女丁 2000 余人。富房老班：天礼志邓文，邓祖仁庭彦。学（仕）国（世）有德运，伯禄盛宏贤。贵房老班：天礼志邓文，邓祖朝景大。凤国正德远，世禄盛洪贤。祥、通、仁三房老班：天礼智信仲，仁义宗祖文。朝之惟茂可，立必达上成。新班：昌集联昭穆，彝伦品序敦。升恒观益晋，履泰复咸临。

武冈邓氏 学朝公长子天俊，天俊长子原智生三子，第三子宗太子二：世吉、世安。明洪武元年（1368），兄弟俩由江西吉安府泰和县圳上梅子坡鹅颈大坵迁居湖南武冈县。世吉，字祖燦，派分三房，后裔世居宝白团之篡彼头、木莵塘、义江、横板桥、崇山、石子塘、千秋塘等地。宗祠在宝白团落马井。至 1930 年，男女丁口 300 余人。世安，字祖煌，派分四房，后裔居洪庙、王家冲、满堂、紫溪、新田踏水桥、南乡周民团波鸟山、黄桥铺、邵阳桃花坪及四川、云南、贵州等地。宗祠一在洪庙冲，一在紫溪，一在新田。至 1930 年，男女丁口 1600 余人。清道光二十年（1840）吉房纂修族谱。吉房旧班序：世海仲再法，汝景宜宗本。思志崇甫式，代荣继开列。安房旧班序：世从应友征，本宗承万凤（添）。朝志期光元，之学庠贤良。吉、安两房新班：宿首天呈瑞，升恒运会新。圣明钦叙典，敷教在敦伦。

武冈邓氏 始祖得遇公六世孙天俊生二子：原智、原涛。原涛公派下居武冈东路花石桥。原智公之子宗太生世吉、世安，兄弟于明正统间自江西泰和县圳上迁湖南武冈。世安子二：应铭、应祥。应祥生三子：友明、友斌、友谅。友明子必兴，友斌子必受，友谅子必缘、必祯、必祥。友明、友斌二公之裔居新宁北乡回龙市双滩村，必缘公后裔居邵阳麻芝窑，必祯公后裔居雷打滩，必祥公后裔居武冈马埠田。至 1930 年，必祥房男丁 800 余人，女丁 700 余人。宗祠一在回龙市，一在马埠田。班序：世应友必文（汝），敏（聪）志思庭继。承印文荣（良启）朝，式代永昌明。

武冈毓兰山邓氏 天俊公长子原智，原智长子宗兴，宗兴第三子祖清，始迁武冈毓兰山桥上，生三子：永宝、永庆、永玖，后裔居社学团、毓兰山、桥上、老潭团、宏家坊等地。祖清公宗祠在毓兰山桥上。至 1930 年，男女丁口 1400 余人。班序：祖永通子仕，思再文景允。琮俎林松常，时茂桂兰应。

武冈延岗冲邓氏 始迁祖子贤公，明洪武三年（1370）生，由江西吉安府泰和县鹅颈大坵官湖南靖州学正，卜居武冈东乡双井村延岗冲，生二子：必魁、必才，后裔居桐木塘、潩溪冲、青井、高霞山、水浸坪、鸡公山、樟把塘、延岗冲、马蹄江及全州、益阳等地。子贤公祠在青井村乌鸦井。至 1930 年，两房合计男丁 2700 余人，女丁 2700 余人。班序：子必仕仁宗，文思映帝宫。南阳肇基远，东汉发祥隆。

武冈石牛塘邓氏 始迁祖元太公，字公望，明洪武三年（1370）由江西吉安府泰和县大桥头棋盘巷圳上偕弟元敬、元富迁居武冈，后裔世居石牛塘。宗祠在石牛塘。至 1930 年，男丁 140 余人，女口 120 余人。班序：元日祖宗文思再必友。盛朝星万代，立学正荣昌。东汉家声大，南邦世泽长。

武冈库楼场邓氏 始迁祖庙凤公，字来仪，元至正二年（1342）生，原籍江西吉安府泰和县，由举人擢贵州安顺府同知，升广西太平府知府，致仕归，卜居武冈光远市库楼场。子汝森生四子：世远、世富、世祥、世末。后裔居石塘大屋里、石陇园、暗溪山、栗头冲、横楼脚、乾溪园、洞下冲八合等地。庙凤公宗祠在八合。至 1930 年，男女丁口 1400 余人。班序：世大必有永，惟庆宗祖朝。继述光宏发，建启裕良谋。

武冈石山背邓氏 始迁祖富钦公，明时自江西迁湖南武冈石山背，生五子：旭、璟、理、镒、鉴。后裔分布于石山背、洞井、高沙市、牛轭塘、石柱江等处及贵州独山、大定、广西兴安县富足村等地。富钦公祠在城西石山背，支祠在洞口区黄演村。至 1930 年，男女丁口 600 余人。班序：富旭宗思永，仁添元再受。万年绳武承，先德贻谋启。

武冈邓氏 迁湘始祖政钦公，由河南官湖广指挥，宦游黔阳，卒葬黔阳鸬鹚滩。子三：仲保、仲伍、仲民。明永乐时，兄弟同迁武冈。仲保生四子：添权、添厚、添佐、添惠，后裔居东关厢、龙溪铺、石路江、牛斯塘、安乐桥、飞水岩、巷口湾、小茶山、袁家冲、栗子塘、邓家坳等地。仲伍生四子：荣称、贵称、善称、如高，后裔居巷口栗树脚、茅坪里、莫家冲、鸬鹚塘、马家山、鸭子塘、龙潭铺、青井团等地。仲民生五子：添寿、添筹、添辅、添淑、添全，后裔居城东官田、榱山、瞿家祖、吴家塘及绥宁瓦屋塘、四川秀山县等地。至1930年，三大房男丁4000余人，女口4000余人。宗祠一在县城转龙街，一在西北乡李家渡油麻田。班序：政仲添仕文（如志子），浩宗日朝一（友思宗祖祥）。良国维明敦（文林光南扬），孝友（大祚）圣代陈。

新宁邓氏　始祖得遇公，其子思齐生鹤林。鹤林子大瑜生三子：受吉、受亨、受文。受吉生六子：学成、学元、学金、学魁、学朝、学汉。学魁子二：天旺、文叟。学汉公子四：天隆、天华、天钦、天道。兄弟六人于元顺帝时由江西迁居湖南新宁。天旺房班序：天原再德子，庆润金文林。雨永生世明，新善在家定。文叟房班序：文克思贤必，才运良三运（自春）。志朝廷（开）时世，新（学）善在家定。天隆房班序：天原再诚昶，志通绍奇（选璧）以维。起文愈世明，新善在家定。天华房班序：天原克道志，思禄之朝文。宗正应先梅，广善在家定。天钦房班序：天永必仲斌，文子添才自（继守）。世国芳开上，大人在家定。天道房班序：天原再友永，显必仕伏仰。应远之绍觉，新善在家定。至1930年，六支合计男丁2851人，女口2706人。总祠在县治南门外御史街，天隆房支祠一在浮桥头，一在邓家湾，一在坪头山，一在杨柳田，一在连村。天华房支祠在长湖村葭塘，天钦房支祠在邓家湾，天道房支祠在老屋里塘乾。

新宁龙回邓氏　始迁祖傅公，明时自江西迁居湖南新宁县北乡龙回。傅公生三子：存经衍古竹房，存禄衍沙井房，存豹衍龙回房。支祠一在东安县苦竹塘（苦竹、沙井两房合建），一在新宁西乡杨溪村栗山口（龙回房建）。至1930年，合计男丁200余人，女口200余人。班序：友可伯宗璇，明存文仕宣。仁世登承上，大维国正中。

岳阳邓受屋邓氏　始迁祖成七公，元天历间由江西迁岳阳长湖金沙坪，四传至受公，明正统八年（1443）卜居岳阳中村乡伏太村邓受屋。1992年纂有族谱。

岳阳龙湾邓氏　始迁祖尔那公，明初由江西迁楚，卜居巴陵龙湾。生七子：明一迁贵州，明三迁华容，明四迁陈宋山转迁长沙，明五迁磨刀坑，明七迁枫树门，分迁麻塘铺成排头，明二、明六居长湖，明二四世孙文通迁临湘谢塘，文远自谢塘迁尖山黄泥洞。清光绪二十四年（1898）纂有族谱。

华容邓氏　一世祖十五郎公，宋末因避兵乱自江西丰城县落星桥迁长沙北门，元初又自长沙迁华容谭子湾。四世正本、正源、正始、积宗诸公。正本为仁分始祖，积宗为义分始祖。仁分籍邑东沙港，义分籍邑东邓家山及花砖头。

正本公裔八世分十七房，1989 年七续族谱，2011 年升二房八续族谱。仁分老派：学以成家政，儒宗祚自永。奕泽惟忠恕，敦崇德乃本（“永”字后改用通派）。义分老派：宏文传可大，本笃兆其昌。惟学克修诚，以斯久益彰（“昌”字后改用通派）。通派：国运昌隆际，名垂竹帛时。簪缨联世胄，兰桂秀芳枝。创业崇勤俭，为人止孝慈。协修绳祖武，厚德启鸿基。该族名人：邓冕，明成化二年（1466）进士。邓辅德，著有《古垄头集》二卷。邓友鸣、邓永浩，明兵部车驾司郎中。

华容东山红岗邓氏　始迁祖明武公，字积宗，世居江西丰城县落星桥，元初兵乱迁长沙北门，元至元年间，转迁华容东乡杨公岭五公庙（现东山乡红岗村 9 组），后人聚居东山红岗、先红、天井一带，分居全县各地。建祖祠于红岗黑湾，堂名三登。老派语：尔积千辅友永伯公玉一而于。续派语：（自十三世始）宏文传可大，本笃兆其昌。惟学克修诚，以斯久益彰。1990 年监利、岳阳、华容、江陵同祖江西丰城之邓氏子孙联宗修谱，定联派为：（自二十一世始）同庆联新谱，经书育茂才。遵循先哲训，忠义耀云台。续派用至“昌”字止，“昌”字派合通派“庆”字派。

华容津湖垸邓氏　始迁祖仁寿（“英”字派），原居望城靖港隔塘村邓家坪，为生计，清光绪六年（1880）迁居华容津湖院。现族人分居护城、城关、新河和岳阳、湘潭等处。派语：钧天司制兆，鸿楚伯侯兴。英俊荣邦国，名扬彩凤登。诗书传世泽，家族万年存。

湘阴牛口塅邓氏　始迁祖春华公，明洪武间由塅山迁牛口塅。子二：显盛、原赵。后裔世居牛口塅、六方湾、韩湾围、复兴围、牛洲等地。宗祠在牛口塅。班序：国正天心顺，家齐祖德昌，诗书垂永裕，发越有声扬。

湘阴邓家坝邓氏　始祖孟全公，出自金鸡山邓氏，居长沙万寿都，传四世至朝相公，于明万历二十四年（1596）迁湘阴邓家坝。

湘阴樟湖岭邓氏　始祖惠迪公，生亲三，亲三子之先，字明生，清康熙十一年（1672）自江西新淦县登贤乡长乐里迁居湖南湘阴樟湖岭。之先公生二子：高贤、高才。高贤子六：学顺、学谪、学文、学孔、学成、学仕。高才子六：学勋、学宇、学武、学中、学诗、学礼。后裔居樟湖岭、长沙靖港口、南县灵官洲等地。班序：先高学乃大，功懋德斯宏。

平江安定宦田邓氏　始迁祖恭公，清顺治元年（1644）自广东嘉应迁此。清同治间平江客家邓氏曾合纂族谱。

平江大坪邓氏　系出禹公支裔以成公。以成公十三世孙永禄生三子：兴国、兴邦、兴家。清乾隆间，兴国由湖北荆州监利县迁湖南岳州府平江县东乡大坪源，生二子：宝周、宝用，后裔世居于此。班序：以虞日选全，惟佳伯仁先，乔俊嗣永兴。

平江黛屏源邓氏 系出骘公十九世孙亮生之三十四世孙兴国。兴国之子宝周，字显有，清康熙五十六年（1717）生，由广东迁江西，复迁湖南平江东乡黛屏源，后裔世居于此。班序：志道克遵详，修文立法良。经传垂泽远，宝树肇家望。

平江交冲、斑鸠坳邓氏 系出骘公十九世孙亮生之三十四世孙元泷。元泷之子宝明，字昌明，清康熙四十九年（1710）生，由广东迁江西，复迁平江南乡，生二子：树仁、树魁。后裔居平南交冲、平东斑鸠坳等地。班序：元宝树肇家望。

平江平东邓氏 系出禹公支裔明叟、隆叟、荣叟。荣叟十二世孙子连生四子：先泷世居郴州伯村洞阳坡头曹田湾，元泷由曹田湾迁平江新江辜家洞口，玉泷、吉泷无考。后裔居平江东乡斑鸠坳、高段、交冲等地。宗祠在蒋山。班序：和叟甲显必，永珂林希仟，明应化子泷，宝树肇家望。

平江芦溪邓氏 系出禹公支裔开泰。传七世至裕麒，裕麒之子其禄生昌隆，昌隆生三子：顺德居西岭脚众庄，顺清居周台，顺遂居下壕。顺德生三子：庭礼、庭让、庭猷，顺清四子：庭树、庭梓、庭柱、庭材，后裔分居枣树湾、五德贯、芦溪等地。支祠在枣树湾。班序：裕其昌顺庭，朝承大兴应。才高光世守，宝树肇家望。

平江坑口黛屏源邓氏 系出志斋公五世孙传聪。传聪八世孙尚义，清康熙时由广东迁浏阳，复迁平江东乡濯水坑口黛屏源，生二子：任喜、任珑。后裔世居此地。班序：传宗兴广素，正有士尚任，宝树肇家望。

平江钟洞邓氏 系出志斋公曾孙子才。子才之九世孙垂兴，清时由广东迁浏阳，复迁平江北乡钟洞，后裔世居于此。班序：才福修文立法，良经传垂泽远，宝树肇家望。

平江宦田苏家垅邓氏 系出志斋公九子信。信公十一世孙垂泰，字均常，清康熙时由广东始迁江西镇平，继迁浏阳，复迁平江宦田苏家垅，生四子：泽贻、泽施、泽广、泽盈，后裔居平江东乡宦田横槎、钟洞、恩溪、苏家垅等地。班序：信克子质羡，文立法良经。传垂泽远，宝树肇家望。

平江许南邓氏 系出志斋公六世孙子仁。子仁八世孙朝林生宝缙，由广东迁浏阳，复迁平江南乡许南，后裔居平江南乡许南。班序：仁文材松可，聪德贤朝，宝树肇家望。

平江长田市登湖邓氏 系出志斋公十二世孙德荣。德荣生元生，元生之四子登湖由广东迁浏阳瓦子坪，复迁平江南乡长田市李家塘，登湖生六子：宝凤、宝发、宝富、宝荣、宝彬、宝汉。后裔居长田市李家湾。班序：德元登，宝树肇家望。

平江尖峰殿邓氏 系出志斋公十二世孙德荣。德荣子元生子六：登楚、登兴、登旺、登湖、登煌、登发。清康熙时登楚由广东迁浏阳瓦子坪，复迁平江南乡安定桥田陌口尖峰殿，登楚子四：宝振、宝纲、宝立、宝纪。后裔居平南田陌口尖峰殿等地。班序：德元登，宝树肇家望。

平江田陌口邓氏 系出志斋公之子礼。礼公三十二世孙简生，清顺治十一年（1654）生，由广东迁浏阳，复迁平江南乡田陌口，后裔居田陌口尖峰殿。班序：礼钦友政时，仁文嵩泷敬。如德简景，宝树肇家望。

平江宦田兰亭邓氏 志斋公之子仁公十世孙垂绛子二：泽雨、泽展。泽雨自广东迁江西赣州府赣县，继迁浏阳。泽展，字承文，于康熙间自广东迁江西赣州府赣县，继迁平江县东乡宦田兰亭里，子三：远钦、远齐、远仕。后裔居平东宦田兰亭里。班序：志道克遵祥，修文立法良。经传垂泽远，宝树肇家望。

平江长田栗山邓氏 系出志斋公。其三子恭公十一世孙色连，于清康熙时由广东迁浏阳，复迁平江长田市栗山。后裔世居长田栗山。班序：色孟洪，宝树肇家望。

平江南乡邓氏 系出志斋公。其三子恭公十二世孙子宪子文烘，文烘子宝谦，明天启三年（1623）生，由广东迁浏阳，复迁平江南乡。后裔居南乡及浏阳双江等地。班序：宪文，宝树肇家望。

平江南乡邓氏 系出志斋公。其子恭公十二世孙尚登，尚登子声富。声富子宝占，字登魁，清康熙五十九年（1720）生，由广东迁居浏阳，复迁平江南乡，生四子：树超、树越、树起、树趣，后裔世居平江南乡。班序：恭祚文敬日，珑琦耐法景。祥宜肇兴，宝树肇家望。

平江柳家洞邓氏 始祖志斋公，子恭，十一传至宜鲁公子二：玉连、玉英。玉连，清康熙四十六年（1707）生，由广东偕弟玉英同迁湖南浏阳，继迁平江东乡柳家洞，生三子：文兴、世兴、良兴，后裔居东乡柳家洞。玉英自浏阳继迁平江北乡大洲子，子五：荣兴、华兴、富兴、贵兴、永兴，后裔世居平北大洲、烟冲等地。班序：恭祚文敬日，珑琦耐法景。祥宜玉兴，宝树肇家望。

常德邓氏 始迁祖纪公，原籍江西吉安府吉水县大栗树，明永乐二年

（1404）调屯永定卫官仓坪。纪公弟恒公迁湖北沔阳。又一支赛公，原籍安徽凤阳府虹县，明永乐十八年（1420）调屯湖广九溪卫，子衍公，卜居安福东乡九安里。又有文公、寿公等，同迁孱陵（今安乡）方角村。清乾隆二年（1737）恒公裔一修族谱，道光七年（1827）赛公裔二修，同治八年（1869）赛公裔三修，光绪五年（1879）纪公裔四修，光绪十八年（1892）赛、纪、孱陵三支五修，1928年三支六修，2006年三支七修。派行：光（尚、必）绍继绪业，俊秀振书声。泰和开景运，家邦万载荣。

常德落耙、雁门邓氏 始迁祖国玺公，字文信，名朝印，号琢成，明永乐二年（1404）由江西南昌府丰城县迁居常德阳城落耙、雁门二村。原派：祖宗国兴尚文诗列廷名必大希之世元开应以家声宜丕振毓。1947年与汉寿五、六甲邓氏合谱合派。

常德上淦村邓氏 始迁祖文礼公，字碧璋。父宗趾，明仁宗元年（1425）由武冈州迁江西吉安府吉水县拖船埠。文礼于明成化十年（1474）徙常德上淦村，后裔蕃衍于实竹坪、老渡口、善卷村、新陂桥、和尚桥等处。原派：祖宗文思庆庭朝文了大尚世国希光承有志应德振兴隆汉邦。1947年与汉寿五、六甲邓氏合谱合派。

汉寿马龙滩、王家嘴邓氏 始迁祖思聪、思明两公，明成化五年（1469）由江西吉水始迁龙邑马龙滩，即大围堤第五甲，后思明析居第六甲王家嘴。谱以宋淳熙辛丑（1181）朱熹赠序之南昌旧谱为始修，明崇祯九年（1636）续修，清光绪十九年（1893）六修，1928年七修，1947年与常德上淦村、落耙村、雁门村邓氏合谱合派。乾隆四十六年（1781）建总祠于马龙滩，道光间六甲建分祠于王家嘴。五甲旧派：祖宗文思镇羊景，禾良应日士司之，大有乐年逢家声。六甲旧派：祖宗文思朝相广，奎元应启士司之，大有乐年逢家声。五、六甲合派：家声宜丕振，毓秀肇钟祥。克光传孝友，德泽庆弥长。常汉两邑合派：祖宗文思正，福泽起南阳。传世惟忠孝，承谟本善良。沅湘滋发达，时代衍荣光。佑启人才盛，同联庆永昌。

汉寿上林村端平塔邓氏 始迁祖世通公，原籍河南邓州钳庐陂，南宋末因得罪贾似道，安置潭州，后迁居龙阳上林村端平塔。1948年七修族谱。

桃源浯溪邓氏 始迁祖伯纲公，明永乐二年（1404）由江西吉水迁于桃源县东浯溪田家河。至1948年，已传20世，全族人口千余人，分布于青云、莫溪等处。宗祠于清嘉庆十七年（1812）建于张家河，族谱创修于同治十二年（1873）。

桃源浔阳坪邓氏 仁、义、礼、智、信五公，明成化二年（1466）由江西丰城徙籍湖南常郡。仁居白沙村，义居德山老渡口，礼居澧阳郡，智居瑶港囫囵坡。信居苗人巢，继迁桃源浔阳坪。至1948年，已传16代，全族人口约300人，分布于沅上、崇义、木塘、云岳、渔父等地。宗祠在县城边街。族谱创修于1917年，1944年续修。原派：信思士文，用恩明禹，南国盛林，政廷启泽，儒宗孔道。续派：声教宣扬，世绪光昌。克绍先烈，源远流长。

桃源围鼓坪邓氏 迁湘始祖华一公，明嘉靖间自江西新建率妻子奉旨赴四川简州资阳令任，道经常郡，殁于途，葬善卷山。其子遂迁于桃源县北九溪围鼓坪。至1948年，已传12世，全族人口约300人，分布于兴隆庵、六一角、观音寺、热水坑、邓家台、杨柳湾等地。宗祠在围鼓坪，族谱创修于清光绪二十七年（1901），1935年续修。

石门新关邓氏 系出禹公支派。始迁祖冲公，行七郎，宋朝时以都司官永定（今张家界市），因时值鼎革之际，兄弟十五人遭乱播迁，因留家永定天门山，生二子：再望裔居永定，再一裔居石门中乡、南乡、慈利下二十五都、永定、澧州合口等地。宗祠在新关。班序：国正开景运家盛兆。文德敷远迩，武功佐帝邦。谟猷笔史册，继承庆恢皇。

石门新关邓氏 始祖国安公，原籍闽中漳州府龙岩州，后迁南靖县。子二：惠通、惠达。惠通子二：德旺、德兴。德旺生五子：庭静、庭安、庭富、庭华、庭福。庭华之后裔一华、一量由龙岩迁湖南石门县中乡皂市区白竹界二都区青山河及分迁广东阳春与江西。德兴子二：庭宪、庭贵，后裔居石门新关三江口、慈利界溪河、柳溪口等地。宗祠在新关。班序：存治化，秉礼让。敦文理，永隆昌。祖业传宏绪，家声继远光。明德克昌裕，盛世大文章。元善贞九有，君泽培万方。绍先宗典则，尊师振朝章。

石门南圻邓氏 元初自江西吉水迁居石门，传三世至均忠公，以破侗蛮任宣慰司。另支清雍正间自福建迁此。

石门升坪邓氏 清初自江西迁此，族谱始修于清光绪三十年（1904）。

临澧邓氏 枣木桥支祖荣一公，江西吉安府吉水县人，明初奉旨领旗镇守九溪卫，至今1800余人。二支支祖道臣公，明洪武时自江西吉安屯驻九溪卫，子经、纪，随迁临澧新安洞坪。三支支祖秀公。四支支祖经四公，明初自江西吉水县大樟树迁来，落屯安邑坪。五支支祖义公，明初由江西吉水迁九溪峪永定卫刘家浴。六支支祖原籍江西吉安府吉水县大栗树，迁居安福刻木山观音岩。七支支祖元十公，原籍衡阳，明永乐二年（1404）迁安邑新溪峪。清宣统三年

(1911)、2009年纂修族谱。七大支老派各异，如一支老派：荣必讳讳朝友乔恩自之尚廷文武安邦。合派：克纯先泽，丕振家声。昌宗耀祖，作相为卿。前恢骏烈，后著芳名。子孙发达，万代英杰。

张家界邓氏 始祖重九公，生载文、载艺，艺裔居石门。载文生得臣，得臣生仲纲、仲宪。仲纲自江西南昌府丰城县先迁慈阳岩泊渡，观慈阳之胜境，慕永邑之休风，复卜居永定卫上八都褚家岗。1923年、2015年纂修族谱。字派：万良崇林，可汝藩邓。其年光大，承先克昌。学绍东鲁，基开南阳。传家忠厚，华国文章。世序宗祖，代兴纪纲。道明泽远，德盛祚长。

益阳、宁乡邓氏 鼻祖禹公，字仲华，河南南阳新野人，东汉高密侯。一派祖献公，字希贤，号哲人，居豫章赤塘。生子三：谦光、谦江、谦淮，兄弟三人由吴徙楚，初则共处星沙。光公字倡先，号绍宗，派衍资阳，子儒行徙居益邑心田枋檀树塘杜家冲。江公字致长，派衍沩宁，子儒泽、儒彬、儒森分徙宁邑玉堂铺港湾山、界头邓家湾塞口塘、邓塘泉溪。淮公字四达，派衍资阳，子儒言徙居益阳克让村。清乾隆三十六年（1771）益、宁两属创修谱牒，至1928年凡五修。老班行：儒行忠必太，仁义佐朝宗。文明邦国正，祖代永兴隆。肇修班行：含章光大德，诗书俊彦功。振策凌云志，启佑万年同。重修班序：敦化治安久，中和善泽长。英华承继起，名禄兆熙昌。三修班行：孝顺先声远，荣封世业扬。理学辉经典，炳蔚耀伦常。四修班行：庆集家廷盛，祥开福寿征。传心存厚通，勋位定超增。新班行：雄才能树立，景运应时雍，裕本恢麟凤，培元焕鼎钟。

益阳邓石桥邓氏 先世由河南迁长沙，宋宁宗时复迁益阳文岭。传至赞成公，字襄哉，宋绍熙元年（1190）生，迁居清溪。后裔居清溪、邓石桥、新市渡、城南及南县、安化马家塘、宁乡、洞庭明月湾、云南等地。宗祠在邓石桥。班序：赞浚传实泽，先通聪志华。时守国子以，添生武正贤。述应善忠起，大德垂荣盛，才良必克昌。洪开光继学，立达显宗邦。孝义相联会，敦修定发扬。儒中高士致，著作胜前章。

益阳北峰山邓氏 始迁祖宏开公，字昌衍，宋宝祐二年（1254）生。后裔居北峰山、欧公店、大河坪、响板滩及襄阳等地。支祠一在北峰山牛良湖，一在欧公店。班序：宏谋绍祖先，秀廷正惟国，良梅仁启贤，文章先达士，道艺传家厚。

益阳东塘山邓氏 谱称禹公四十二传至德卿，明洪武初由江西泰和县圳上徙居资阳灵宝山，继居东塘山。德卿生秉四。秉四生均才、均祥、均锡。均才生七子，第三子沂英迁沅江。均锡生二子，世居资阳。自明万历五年（1577）创修族谱，清光绪二十五年（1899）六修族谱，1937年沅、益七修。益邑旧派：德秉均英，用子惟思，允绍宗承，继嘉千万，光增福泽。沅邑旧派：德秉均英，文人时遴，尚祖林嗣，之系元亨，本中生正。益沅新派：先志充成，希彰达道，丕振芳声。多因济美，久以昭明。其祥长发，家世昌荣。1930年湘乡、衡阳、醴陵、新化、宁乡、安化、湘潭、湘乡、长沙、邵阳、武冈、益阳、沅江、平江、浏阳等二十一县合修联谱，联谱派语：动静分翕闭，类族始于寅。亚当标异说，盘古属遗言。溯厥轩尧初，干劲支柯萦。舜日咨尔契，庞命膺眷求。荫袭封叔曼，逮祁刚造端。聘鲁见交邻，强种潢胄频。懿哉我司徒，指挥拯陆沉。加秩享疆邑，亘次冠五辰。执艺淳且备，来昆普遵循。缨簪缵旧服，介祜万斯年。

益阳黄泥湖邓氏　迁湘始祖天俊公，由江西迁宝庆龙富塘。其子秀仁由龙富塘迁居茅坪。秀仁之子必魁生才副，才副生四子：文荣、文祯、文贤、文瓒。文荣公之六世孙国太，明时由宝庆茅坪迁居益阳黄泥湖猫公塘。文贤公之七世孙有进生三子：彦琥、彦忠、彦林。彦忠子三：得贤、得位、得学。彦林子三：得科、得开、得显。得学、得科、得显三公同迁益阳。得开迁居常德，子孙复返益阳。文瓒公之六世孙国环生二子：有宪、有富，由宝庆迁宁乡。有宪公裔仍居宁乡。有富公生三子，第三子彦喜由宁乡十都狮冲迁居益阳八里花桥，生八子：得学、得儒、得韬、得耀、得略、得文、得武、得理。儒、韬二公后裔迁四川，另几房世居益阳花桥黄泥湖、麻阳塘、毛家坝等处。宗祠在九里邓家湾。班序：天秀必才文，志仲宗仁兴。国有彦得忠，先昌显美盛。

益阳邓氏　禹公四十六传至暮堂公，为衡阳司训暮春公之弟，生甲一（字美先）、福二（字大先）。元末时乱，甲、福二公随伯父暮春公由江西临川府新喻县徙永州祁阳。明洪武四年（1371）安插诏下，凡流寓听其采择。于是甲公卜居祁阳大岭，福公卜居祁阳城山头。厥后甲公裔十四世三泰公于清乾隆七年（1742）徙居益阳二十里，落业衡龙桥萧家村、刘家村等处。福公裔子孙世居祁阳，至林钱、林钦、林开、林奇、林春五公，清康熙间先后来益。清道光间始修支谱，同治十三年（1874）、1922年续修。派语：三国朝成，学尚忠正。步履吉祥，常久锡康。

益阳上梓山村邓氏　始祖得遇公五传至学清公，迁居祁阳大岭。学清公之十世孙顺章生三子：林铨（一说林开，衍七代失传）、林钱（号德生）、林钦。清康熙四十九年（1710）林钱、林钦兄弟由祁阳城山头同徙益阳十五里。林钱生五子：登尧、登禹、登启、登顺、登兰，世居上梓山村邓家湾、莲花塘、英家港、龙井村罗家园、桃花岭、包家村、黄家垣、曹家村、竹山湾及安化小园、南县乌嘴、沅江新富坑等地。林钦子二：登昌、登明，世居沙河塅、团堤桥、莫子坡、沈家村、窑坡岭、观音岩、李大桥等地。支祠在上梓山村。班序：暮先世应志，德永思文云。章林登三国，朝成学尚忠。正步履吉祥，常久锡康隆。

益阳衡龙桥邓氏 系出祁阳大岭，始祖珄呈之子登凯，派名麟韬，清康熙八年（1669）生，生五子：三泰、三祥、三宝、三品、三元。三宝、三品、三元仍居祁阳，三泰、三祥兄弟在父登凯公卒后四年始迁居益阳二十里衡龙桥刘家村。三泰子四：国汉、国雯、国治、国仁。三祥子二：国炳、国炎，后裔居衡龙桥刘家村及沅江、南县、华容等地。三泰公支祠在刘家冲。班序：暮先世应志，德永思文云。章林登三国，朝成学尚成。正步履吉祥，常久锡康隆。

益阳桃花江邓氏 秀仁公之子必贵生才高，才高公之子文珑子四：志琥、志连、志敏、志政。志琥之七世孙彦俊于清康熙四十八年（1709）由宝庆塘溪迁居益阳桃花江三里泥港冲，生有六子：得荣、得华、得富、得贵、得纯、得全。志敏之五世孙国珍生二子：有学、有举、有誉。清康熙四十八年（1709）有举迁居祁阳，有学、有誉则由宝庆塘溪同迁益阳三里锡溪。有学子四：彦龙、彦麟、彦凤、彦鹏。有誉子七：彦福、彦瑞、彦祥、彦吉、彦华、彦文、彦成。后裔世居桃花江、邓家湾、锡溪、泥港、杨芳湾、安田坪、三房湾等地。宗祠在九里邓家湾。班序：天秀必才文，志仲宗仁兴。国有彦得忠，先昌显美盛。

益阳连河邓氏 始祖必呈公，生仁西。仁西之子良恩生世祯，世祯之子应魁子三：多禄、多祥、多祝。多祥、多祝二公后裔居邵阳。多禄，字子林，于清康熙四十二年（1703）由邵阳迁居益阳，生三子：福建、福运、福连。后裔居十一里连河冲、龙塘湾等地。宗祠在龙塘湾。清光绪三十三年（1907）续修、2018 年三修族谱。班序：直中方文远，思念必仁良。世应多福寿，乾坤开吉祥。蔚起贞元第，型家孝友彰。俊英宏作育，万代永书香。

益阳谢林港邓氏 始祖亨玑，一名玉现，清乾隆七年（1742）由广东迁居益阳谢林港，生五子：利荣、利华、利富、利贵、利杰。后裔居益阳十六里谢林港、阳雀嘴等地。班序：常进如新隆，家声安富贵。乾元亨利贞，德顺香和远。

益阳邓家冲邓氏 始祖安裾公，清康熙十六年（1677）生，由广东惠州龙川县张坊约固岗岭迁居益阳城广岐市，后居十三里邓家冲，后裔世居益阳十三里邓家冲。班序同谢林港。

益阳邓家河洲邓氏 系出武冈元太公十世孙元鹤，子三：日滑迁居沅江蓼花洲，日渊迁居桃花江。日清号资源，于清康熙十八年（1679）由武冈独力团石牛塘徙居益阳十里徐家湾，即今邓家河洲。后裔居益阳十里邓家河洲、长郕鹏家塘、姚家塅及沅江蓼花洲等地。支祠一、公祠三均在邓家河洲。班序：元日祖宗文思再必友盛朝星集联昭穆。

益阳谭家洲邓氏 系出武冈子贤公，其子必魁传九代至南栋、南章、南音、南奇兄弟，清康熙三十六年（1697）由武冈漠溪鸡公山同迁益阳。南栋四子阳光居分水坳，五子阳贵居南坝冲。南章三子阳杰居牛轭湾，南音长子阳胜居石龙山，南奇长子阳敏迁宁乡二都甘冲子。宗祠在谭家洲。班序：子必仕成宗，文思映啻宫。南阳肇基远，东汉发祥隆。世（赋）鸿钧开泰，万代显昌荣。辅国忠贤美，传家孝又良。诗书昭德业，礼乐振纲常。燕翼贻谋远，芳庭兰桂香。

益阳谭家洲邓氏 系出武冈政钦公子仲伍，传十一代至子桂公，字明泰，清康熙三十六年（1697）迁居益阳谭家洲。宗祠在益阳二十里木鱼岭下。

桃江邓氏 谱称自汉禹公籍起南阳，传三十五派至经公。经公长子献公，生子三：谦光、谦江、谦淮。兄弟由江西徙湖广，初居星沙，后迁沩宁、资阳等处。经公次子霖公，字甘澍，号雨亭，原居江西新吴赤塘，生谦嵩、谦岳，与谦光等共徙星沙，卜居南阳街。谦嵩传三派至兴山公，字参赞，号育轩，于明初由星沙徙益之桃花江（今属桃江），生三子：开源、开江、开浚。江徙湘阴，浚徙汉寿。源公生二子：畿祝、畿邦。邦生期旺、观旺。观旺子孙又徙横岭，期旺转徙空头冲船形湾，今称邓家湾。1930 年，期旺房七修支谱。由赤塘迁星沙原派：谦儒。继迁派：兴开畿旺，士尚崇嵚。旧班行：永世朝国太，清熙绍代昌。新班行：隆恩光大德，诗礼俊贤良。振策凌云志，家声亿万芳。

沅江邓家成邓氏 谱以禹公为一世。四十一世至德卿，行祖五，原籍江西泰和县圳上，明洪武初迁益阳火田垸开垦，后定居车塘，越正统间四世沂英复迁沅江福宁都邓家成。生子文质、文泰、文华三房，清乾隆十四年（1749）创修草谱，咸丰九年（1859）续修。

沅江邓家湾邓氏 系出景义公。其十世孙德祥，字其昌，明正统元年（1436）由江西吉安府泰和县迁湖南沅江七都瓦窑湖邓家湾（一名邓家山）。后裔居邓家湾、汉寿牛鼻滩等地。宗祠在邓家湾。班序：德宣志道人文本，玉美荣华庆后燃。诗书承世泽，发达振家声。邦国勋名显，忠良克立诚。

安化两重溪、颜家坪邓氏 始祖禹公。四十八代孙伯万公，由吴迁楚，初居宁乡，继居新化。复历数传，至昌泰公，生羲伯、尧伯，明永乐间由新化金塘迁安化，羲伯居城西两重溪，尧伯居清塘铺颜家坪。清乾隆十二年（1747）、乾隆五十六年（1791）、嘉庆十三年（1808）、同治五年（1866）、光绪三十三年（1907）纂修族谱。旧派：可思合中，元必之文（时成尚大）。超宏作立，世德远兴。新派：世长传汉代，国建启周邦。宗庭期显达，运会觐龙光（际隆昌）。

安化潺溪坪宣城邓氏 谱称该族本诸宣城，南唐烈祖李升之后，后主李煜之弟从镒，为后主所爱，封邓王，及入宋，从镒之子衡公耻事之，徙江西新淦桃花溪，易姓为邓。衡长子球，球子君仪，生忠旺，登进士，官至贵州廉访使。旺子三：饱仁、饱义、饱礼。饱义名连，字仲高，官湖南武陵郡守，宋高宗六年（1132）解组，值金兵南下，路阻不得归，偕弟饱礼同上辰州，礼公落籍沅陵漪溪。义公落籍溆浦栎杨乡，四子：长处厚居溆浦张智湾，三处仁居溆浦潭头坡，四处义居溆浦茅坪及风香岭。二处恭，宋孝宗淳熙十年（1183）徙安化县潺溪坪。族谱始修于明嘉靖二十年（1541），至清光绪二十八年（1902）已六修，1931年饱义公五世孙焕良、焕让派下七修族谱。字派：饱处之邦焕子，九玉学尚时。一海如天大，士延万世兴。必以宗承绍，宏开正可期。春秋传道永，文武象恒熙。该族名人：邓寿荃，民国时任湖南省财政厅、建设厅厅长。

溆浦邓氏 一世饱义公，忠旺公次子，名连，字仲高，原居江西临江府新淦县桃花溪，由乡荐官武陵郡守，解组兵隔，偕三弟饱礼同上辰州，择居溆浦栎杨乡。清同治十三年（1874）、光绪二十七年（1901）纂修族谱。

溆浦谭头坡邓氏 饱义公生四子：处厚、处恭、处仁、处义。处仁居溆浦谭头坡。2003年首修族谱。字派：饱处念八尚，刚钦子永聪。荣汝文孟思，明希兆可邓，士延万世兴，必以宗承绍。

新化南路金塘邓氏 始祖伯万公，宋熙宁年间自江西吉州泰和县圳上徙居湖南长沙宁乡，后迁宝庆新邑南路六十里之金塘立业，递传祥甫，生三子：君玉开派老屋庄屋前，君才裔衍居金塘湾、场里、黄家冲等地，君德裔失考。清乾隆二十一年（1756）创修族谱。旧派语：伯思祥君万，世志文永兴。绍伏祖朝承，昌长显盛光。续派语：南阳宏翼赞，高密定勛勷。伟业扶新运，殊勋懋对扬。云召欣及第，白水佐平章。一脉中州起，声名重楚湘。

新化苏溪、潘洋、枫林月照邓氏 始迁祖南纲、南井两公，自安化迁新化。旧班语：贤良方正，举佐名邦。承继宗清，声华光绍。大经立本，士能忠孝。诗礼传家，永代显耀。后改派：声华光复旦，功德永隆昌。先哲崇文会，大和发吉祥。开来谋定远，裕后庆延长。立志能高尚，传家必显扬。

新化梓木冲邓氏 始祖十四郎，由江西吉州泰和迁湘乡西溪。至万有公，始居新化县学前，再传五世至通公，始居河东梓木冲。通公孙正信、正礼居炉观，别为炉观邓氏。该族名人：邓显鹤，清嘉庆举人，曾编纂《沅湘耆旧集》《资江耆旧集》等。

郴州邓氏 坳上支始迁祖宏仁公，原籍江西泰和，元延祐五年（1318）携幼、福、华三子徙居郴北郴永团。原班：贵富礼汝先文仕，子有承宗必大邦。天德良善启运永，奕嘉积厚长增光。蒲塘支始迁祖均寿公，原籍四川，明初携子宗法、宗福、宗庆徙居郴城西门坳丁字街，后迁郴北栖凤银凤山蒲塘。原班：均宗友添思文正，尚义存仁继世兴。应积经常光道德，实修美善启贤能。砂石岭支始迁祖七郎公，由嘉禾汉溪迁郴凤德乡砂石岭。原班：少才再正友，思文良仲一。子国由天定，荣华世代昌。花林支先世元顺帝时由粤乐迁郴王忠寨。原班：朝承万子国正才，良应洪逢大吉昌。宗族敦睦昭长久，名业发达著辉光。石盖塘支始迁祖玑公，由广东乐昌塘村徙居郴州沙江，后迁花林高冈双寨轩。原班：奇才方贵显，荣华震大廷。文名著百代，道统传万春。下湄桥支始迁祖保二郎公，茶陵人，元末托身行伍，明洪武二年（1369）来守郴，卜居城西五里湄水。原班：保永思文友，一国大子良。上朝隆俊士，圣学庆鸿昌。白水支始祖昱公，江西临川人，明景泰间任郴检，成化六年（1470）卒于任，子琮、珏、瑾遂隶籍焉。原班：上朝隆俊彦，熙代启贤良。礼义传嘉德，诗书显高光。街洞支始迁祖锠、鉴两公，徙居郴州西凤乡白溪塘。原班：才志恭思，仁文绍承。永启国泰，万世昌荣。忠孝敏学，诗书立名。陂副支始迁祖祖智公，三子：必缘居汉溪，必善明朝迁居郴县凤鸣区小埠，必恂明中叶迁居郴县永宁区陂副。原班：子孝孙慈亲睦，桂馥兰馨昌荣。祥钟麟趾茂先声，堂构箕裘辉映。瓦灶支支祖洪公，明弘治间迁居郴县西凤乡栖凤渡瓦灶。原班：肇基洪公，仲德绵延。光应宗祖，志如尚仁。良义存正，必有成文。1923 年湖南邓氏欲创全省通谱，并拟百字派序：动静分翕辟，类族始于寅，亚当标异说，盘古属遗言。溯厥轩尧初，干劲支柯萦。舜曰咨乐契，庞命膺眷求。荫袭封叔曼，逮初刚造端。聘鲁见交邻，强种潢胄频。懿哉我司徒，指挥拯陆沉。垣次冠五辰，加秩享疆邑。执艺淳且备，来昆普遵循。簪缨缵旧服，介祜万斯年。1935 年郴州邓氏十四支联修族谱，采用省派。

郴州坳上邓氏 始迁祖宏仁公，字元长，号率真一郎，原籍江西泰和，元延祐五年（1318）徙郴，卜居永兴长庆乡香火塘。六世三成公又迁郴县坳上。清乾隆六十年（1795）、道光十六年（1836）、同治三年（1864）、同治六年（1867）、光绪二十年（1894）、1924 年、1993 年、2019 年八修族谱。班行：贵富礼汝先文仕，子有承宗必大邦。天德良善启运永，奕嘉积厚长增光。

桂阳上溪邓氏　始祖少十六郎，旧谱称江西泰和鹅颈大丘人，南宋时卜居郡北上溪。明万历三十八年（1610）、清康熙五十三年（1714）、乾隆三十四年（1769）、道光六年（1826）、同治三年（1864）、光绪三十二年（1906）、1934年纂修族谱。排行歌：始祖少十六，六十七郎承。楚贤生福寿，汉祥仲伯兴。思善（景）宗邓禹，秉良尚孔文。仁义希孟学，孝友立芳名。启佑惟崇德，荣华亦积廷。世家全美庆，国用任公卿。仰高如凤举，望重似蛟腾。远大常昌盛，贤才继万春。

桂阳岐山邓氏　始迁祖少卿公，行五七郎，宋仁宗崇宁时由九嶷零陵偕弟五八郎至桂阳，卜居郡北下溪官口冲岐山。二传为迎公，三传为小四、小五二公。小四公仍居故地，小五公开交溪各户。小四公派下十世元时彬仲公由辟举官抚徭将军，铭仲公官陕西按察使佥事。彬仲公长子均善公任福建莆田县知事，由下溪开创陈溪，次子均玉公任广东海丰县知事。清光绪三十三年（1907）各支合修宗谱，1937年续修。命名旧排行：元德承天，孝思嗣祖。大启人文，载光宗谱。取号旧排行：芳兰琼玉，广生明庭。亨嘉式远，振其美声。命名新排行：传家惟礼义，辅国在忠良。克继先贤序，隆名万代场。取号新排行：一本春枝茂，同公世泽长。英才联伯仲，富贵定齐昌。

桂东全溪邓氏　始迁祖肇诸禹公第六子训公，派衍二十七世子文公，为广州佥判。又六传至如嵩公，盛于江西崇义富下。又十六传至才贵公，字春和，由江西崇义富下出任广东仁化县知县，明永乐二年（1404）解组后迁居湖南桂东县全溪，生二子：伸叟、俊叟。俊叟公，字公耆，明宣德二年（1427）授沅州府编桥卫卫官，因居沅州。伸叟公之子国佐生三子：志华、志高、志荣。志高公徙江西上犹县高洞，志荣公徙汝南邓家湾及鄗县等地。志华公生四子：佑忠、佑缘、佑清、佑斌，裔孙世居全溪、蛟洲、大汾等地。清乾隆二年（1737）建宗祠于全溪。清雍正十年（1732）、嘉庆十六年（1811）、光绪二十二年（1896）、1933年纂修族谱。班序：才伸国志佑，斋思守伯正。启（尚）继承贤书（良茂英），家敦尧舜仁。修齐宏作述，谟烈丕显荣。

桂东源流邓氏　系出禹公四十八世孙洁公，宋绍兴间徙居广东乐昌县。洁公之子世魁生锦，锦之次子才生义方，义方长子东阳于宋咸淳八年（1272）为郴县令，因家于此。东阳长子宗湘生科，科之长子高源子二：长子桂柏，于明洪武二年（1369）由郴入桂东，居城南，六传至化元再迁一都下山口邓家湾。再五传至奇雅再迁源流，后裔居源流及上下山口芳大村等地，以及宋家地、小岭、羊石、酃县茅坪、萝卜坑、江西南康、四川成都等地。宗祠在桂东县治西南郭外。高源次子桂松于元至正间赴广西宣化县。班序：桂学懋永敬，化积仕文朝。奇一荣华世，昌大家声扬，由仁全性德，守道启邦光，忠厚敦伦纪，礼仪正典常。心传宗允执，奕代绍书香。该族名人：邓飞黄，字子航，民国间曾任湖南省财政厅长。

永兴湖洞邓氏 始迁祖兴郎，元末由江西饶州府安仁县迁永兴县湖洞。七世尚义，字以正，明正德进士，大仆寺少卿。

宜章北门邓氏 始迁祖权甫公，字继宥，宋理宗时由徽州迁居湖南宜章县城北门内，后人分布于广田岭南乡、郴县、蓝山县等地。宗祠在县城北门内，建于明永乐间。本支名人（明）邓庠，为权甫公七世孙，以南京户部尚书解组归田。

宜章城厢邓氏 宋宁宗时自徽州来宜章城厢。

宜章沙市左村邓氏 南宋时自湖北荆州迁此。

宜章下楼邓氏 南宋后自湖北荆州迁此。

宜章塘尾邓氏 元至正时自连州水口迁此。

宜章洛阁邓氏 始迁祖荣叟，元末明初由江西广信府迁郴州柏叶树下，后与弟荣叟公分基来宜章章江北门。荣叟又迁梅田鹿角山，后卜居白沙乡洛阁。后人分布在本邑及郴州、桂阳、嘉禾、蓝山、四川等地。

宜章道士湾邓氏 一派振兴公，二派纲维公。三派扶验公，字证山，元顺帝至正五年（1345）进士，原籍江西饶州府万年县，任广东平远知县，谢政徙居郴州宜章八里排道士湾。子孙卜居邑内城隍祠前。清康熙五十七年（1718）、嘉庆十一年（1806）、光绪六年（1880）、1924 年纂修族谱。字辈：振纲扶纪必，用法度单单。良廷楚逢元，崇宏学盛贤。祖宗积德远，善信继先言。

宜章岑水邓氏 迁湘始祖瑞祯公，明洪武间自广州府迁湖南衡州府，继迁郴州南门燕子泉。长子必达以武功授韶州府副将，明永乐间奉旨剿梅辽山，阵亡。必达公生二子，长子君用开基于宜章县白沙乡岑水，族人分布于岑水村、温塘及湘潭易家湾、蓝山毛俊排下、郴州寒溪等地。宗祠在岑水，建于明弘治十年（1497）。

嘉禾阳五端邓氏 始迁祖五一郎，宋末自江西泰和宦湘，迁阳五端。后人分布于神背长沙洞、大路下、新田塘罗、蓝山甘溪等地及新宁、宁远、蓝山等地。至 1930 年，全族人口 203 人。

嘉禾石马邓氏 始迁祖吉甫公，元泰定间由今新田新凤村迁石马。后人分布于佩理塘、井塘、梽木山等处。

嘉禾翰门邓家邓氏　始迁祖光明公，明景泰时由广西迁嘉禾县翰门邓家。至1930年，凡54户，男105人，女95人，全族人口200人。

汝城庐阳邓氏　始迁祖平直公，原籍湖南衡阳，陈永定初，辟为庐阳令，后卜居福城。后裔分徙白泉、城南、长湖及广东东岭熟水等处。至1932年，传44世，共700余人。该族名人：邓文璧，字良仲，明弘治进士，云南按察使司副使。

汝城象形湾邓氏　始迁祖志荣公，清中叶自湖南桂东县全溪迁汝城象形湾。传二世东福分居广东乳源县，至大益复迁汝城，至1932年，传10世，100余人。

汝城上理洞邓氏　始迁祖升公，自广东韶州府曲江县迁汝城上理洞。传二世永祥徙早禾实，永隆徙堪上。至1932年，传13世，丁口100余人。

零陵九甲邓氏　始迁祖泽十五郎，明洪武中由赣宦湘，侨居祁邑川塘，郁居三秋，又迁零陵辛乐乡。至富公二十八郎，号思才，生赞、相、通、良四子，衍四房，赞、通两房居本乡定霞山、小腊凹，相房居本乡靛口冲太阳凹，良公往川。1938年纂修族谱。旧班：世起国正一，尚三光祖锡。君明德大有，荣耀自天集。新班：信义继忠孝，博爱复和平。鸿功延汉祚，骏业振家声。

零陵、祁阳邓氏　始迁祖日福公，原籍江西吉安府泰和县鹅颈埏，元末兄弟三人徙永州，长孝公欲为徭，今祁阳茨木塘、长溪山皆其裔。次良公欲为民，今祁阳秧田、花山皆其裔。三福公，始为军，官指挥使，落业零陵牛鼻滩、仙人桥，三传宽公、信公迁祁阳大忠桥、旗头町等处，敏公、惠公仍居牛鼻滩。今牛鼻滩后裔约1000人，祁阳大忠桥后裔约5000人，四川后裔近万人，其中营山后裔约3000人。清光绪三十二年（1906）始修族谱，1942年续修，2004年三修。字派：（自十世始）登茂国尚仕开祥云翊家席南阳第官崇东汉候本源垂远荫作述绍箕裘发振助吾享裕怀维新。

祁阳邓氏　始迁祖天仲公，明初由江西太和迁祁阳大町。其子癸公又由大町迁祁西良村，衍桢、椟、清、隆四房。清道光二十二年（1842）创修族谱，隆支不与。光绪十六年（1890）二修，椟支不与。1933年四支三修。班次：天癸子单信，思国良懋一。名之文永世，济其昌诗书。裕后贻谋远，敦伦素志坚。家声宜畅遂，先泽克流传。

祁东砖塘邓氏　始迁祖天万公，行十郎，为高密侯四十七世孙，明洪武二年（1369）由江西泰和迁祁之砖塘（今属祁东）。天万公生悠公，悠公生宗许、宗选。后嗣分居岩门前、白泥坑、烟后甸、石板铺、四角丘、文明铺一带。清道光二十二年（1842）、光绪四年（1878）、宣统三年（1911）、1943 年、1991 年、2020 年纂修族谱。班次：裕后贻谋远，敦伦素志坚。家声宜畅遂，先泽克流传。

东安三河邓氏 系出禹公支派。始迁祖邦畿公，宋初由河南新野县白水村迁居湖南东安三河乡石瑞村，子三：明钟、明钦、明镜。明钦公之九世孙梓生五子：天祐、天祺、天裕、天禧、天礼。天祐公衍九甲，裔孙居三河乡石瑞江、八复、田心等地，班序：继承惟孝子，才公祖万传。启梦一义绍，缘和福寿全。天裕公衍三甲，裔孙居三河乡柳木井、官田、龙口、老屋桥等地，班序：纯厚宏源序，诚敬定嘉祥。益恒克秉顺，济世盛荣昌。天礼公衍五甲，裔孙居城区夫子山、鱼田、琵琶屋、渌埠头、三河乡王子塘等地，班序：祖懿芳型叙，裕嗣燕翼长。家声均富阔，秩位永隆匡。

东安邓氏 共有十一支：第一支祖伯一郎、伯二郎、千十九郎、法善，第二支祖付七郎，第三支祖贵甫公，第四支祖幸一郎，第五支祖以纲公，第六支祖毓祯公，第七支祖福十二郎、恭十三郎，第八支祖三凤公，第九支祖孟日公，第十支祖赞明公，第十一支祖虎公。迁居东安时当在元明之际。除第八支原籍本县火烧坪外，余十支均原籍南京马船埠。迁居东安后，第一、二、三、四、五、十共六支后裔分居仁智乡大城头、老屋村、新屋村、元桂村、通角垭、腊屋场、花坞井、学士桥、对门村。第六支分居恭安乡大山岭、牛栏山、石桥村、铜鼓岭。第七支分居仁智乡大江口、学士桥、邓家村。第八支分居仁寿乡文竹山、鸟塘脚、邓家村。第九支分居仁寿乡双龙桥、邓家坝。第十一支分居仁智乡大城头等地。支祠一在石瑞，一在八复，一在田心，一在城东。班序：丕昭前烈，垂裕后昆。群英特起，显爵高膺。

东安仁智乡邓氏 始祖以纲公，元明之际自南京马船埠迁居湖南省东安县通角垭，传至十一世仁心公再迁花坞井。至 1948 年，已传 11 代，人口 1300 人。族人多分布在本邑大城头、虎啸潭、石塘村、大溪江等地。

宁远大金盆邓氏 始祖松柏公，南宋宝庆时人。一传望道公，再传琳公。琳公赐进士，官南京礼部尚书，原籍江西泰和县鹅颈塘。长子志祥，元末因世乱迁新田县，继迁宁远县春陵乡大金盆。至 1948 年，已递传 22 代，人口 1274 人。族人分布在凤形岭、村头坊、大金盆等地。族谱始修于清康熙三十六年（1697），1943 年三修。宗祠分设于凤形岭、村头坊、大金盆。

宁远石鼓邓氏 始祖慕春公，字盛楚，号嵩林，元末以选拔贡由江西临江府新喻县选任衡阳教谕，旋因世乱挂冠弃仕，率四子二侄隐于衡阳长乐里。后长侄美先徙居祁阳矮岭，次侄大先徙居祁阳城头山，长子仕先卜居祁阳永昌乡花山，三子守先卜居广西全州，四子庆先卜居祁阳归阳乡。次子遵先开基于宁远县龙凤乡石鼓源，称为石鼓邓氏。族人分布于中围坊、东田、源头、泉塘、泉江、西岭坳、南冲源、蒋家冲、富家冲、梅子塘、枧下、水东、太源口以及常宁县之洋山板角、四川之合川等地。总祠在石鼓源朝阳市，支祠有二：香公祠在源头，宅公祠在中围坊。

蓝山大慈乡甘溪邓氏　始迁祖钦公，原籍嘉禾青山脚，宋建炎元年（1127）迁禹公岩，复迁上邓家，三迁甘村。至1931年，凡187户，男299人，女255人，全族人口554人。

蓝山在城乡邓家湾邓氏　始祖子胜公，元朝人，由江西泰和宦游来此。至十代元贵，分居邓家湾。至1931年，凡9户，男32人，女34人。

蓝山凤感乡洋田邓氏　始迁祖文佑公，清康熙年间自广东乳源迁此。至1931年，凡18户，男50人，女41人，全族人口91人。

蓝山舜乡石坪邓氏　始迁祖醉成公，清乾隆时由广东迁此。至1931年，凡15户，男26人，女25人，全族人口51人。

新田车田邓氏　始迁祖京辉公，宋时因兵燹水灾自江西泰和迁此，族人分布在秀岗以及祁阳、冷水滩等地。至1948年，递传30代，人口800人。

新田长信乡三涨塘邓氏　始迁祖松柏公，宋时自江西泰和避乱迁此。至1948年，递传36代，人口50人，族人分布于土桥坪、留家田、杏冈等处。

新田明义乡厦源村邓氏　始迁祖五三郎，宋时自江西泰和迁此。至1948年，递传21代，人口60人。

新田三和乡塘罗邓氏　始迁祖小七郎，宋天圣间自嘉禾迁此。至1948年，递传32代，人口5000人，分布于银塘、马冈岭、大坪等处。

新田博大乡石龟头邓氏　始迁祖伯元公，元时自江西吉安因兵燹迁此。至1948年，递传24代，人口230人。

麻阳三跃邓氏　始迁祖显公，世居江西枣子园，明洪武年间，以都司从军出征楚黔，与其金兰友周、颜、熊、毛、曹、欧、彭、雷以军功而家，称九姓军家，后屯居贵州施秉县周家达。永乐二年（1404）由黔而下，拨军下屯麻邑绿溪口水漫溪军田冲，屯居数载，周、邓、颜同徙锦固溪（三跃村），熊、曹、毛同居木江溪，欧、彭、雷同居太平溪。九姓在木江溪共修九姓军庙。派语：仁祖子文启，旦思兴景国，大有万世上。朝纲经纶继，家传功德昌。绍宗先维志，安泰支元良。修齐增延懋，盛代庆正长。

麻阳拖冲长坪邓氏 始迁祖直明公，明洪武年间实授邵邑训导，后建文时，由宝郡邵邑老鸭田迁居麻阳。派语：仁亚卧必丹，子土如尚兴。学应成永玉，大开光明继。克绍鸿谟显，熙忠善述长。修齐恒振志，懋德自流芳。

会同邓氏 始迁祖伏俊公、伏伍公，明时由江西丰城县南门外落星桥关帝庙门首迁居湖南会同县。伏俊公生三子：元榜、元甲、元科，裔孙世居大冲。伏伍公之子元魁生四子：有元、有怀、有政、有通，裔孙世居翁桃村。班序：伏元有必，志政文秀，再通光昌。盛治安进，大云庆忠。公之万道，始学奇宗。良幸俊直，步汉庭荣。

新晃邓氏 始祖大章公，元至正间自江西吉水出任泸阳县教谕而定居沅州。传五世至福宗迁西蜀，其长子徙居洋溪，次子、季子住沅州，分西北两房。至十世有西房后裔文光之子士谐，于明崇祯间因避兵乱而由沅州徙晃州之黄獭垅，子孙分布于红岩、十甲坪、新村、花草溪、洞坡、甘家桥等地。

双

汉寿双氏 始祖大亮公，字名迪，明建文二年（1400）授翰林院起居注官，永乐二年（1404）由江西南昌府丰城县分迁汉寿橘林洲大汛村鲁家河。清康熙十年（1671）鼎建祠堂于河沙地而未成，乾隆五十一年（1786）重修，毁于水。宣统二年（1910）重建。清光绪二十四年（1898）、1927 年纂修族谱。原派：斗大行单应，廷（贞）文单元单，云璧单士单。续派：名登光世泽，功著振家声。敦本能培植，群支自发荣。

甘

长沙颜家嘴甘氏 始祖洪叟公，传四世至镛公，官广东巡按。镛公次子霖公官常州知府。霖公第三子淮公传三世至镜公、鉴公。镜公，字朗照，太学生，明弘治间与弟鉴公由湘阴徙居宁乡北关外大托岭，正德间又将田土屋宇概付弟鉴，遂迁长沙县鸭子铺杨柳坪颜家嘴。镜公之子勉公生四子：志金、志玉、志银、志宝。志玉徙浏阳，金、银、宝皆留守长沙。1938 年纂有草谱。

长沙常家冲甘氏 始祖洪叟公，元至治年间自江西迁居湖南湘阴，传五世至霖公，霖公之长子潮传十世至元典公于清顺治年间由湘阴徙居长沙县常家冲。

浏阳甘家湾甘氏 始祖三国时兴霸公，仕吴为折冲将军，晋灭吴，迁于新吴（今江西奉新县）。传至俭公，元至元时由新吴迁居浏阳小江甘家湾，至十一世玉寰公迁居江西萍乡县桐木，至十三世四及公于清康熙十四年（1675）迁居浏阳大路下。至1948年，全族有男丁755人，女丁678人。族人分布在大路下、甘家湾、桐木等地。排行：德高恩厚，本茂源长。乃祖垂裕，宜尔发祥。家传孝友，邦国之光。鸿开盛业，世代隆昌。

醴陵泗汾甘氏 始迁祖正叟公，元至正十二年（1352）自武林迁醴陵泗汾。

醴陵鄱官塅甘氏 始迁祖世杖公，明洪武间自江西萍乡迁此。至1948年，全族人口约600人。

醴陵瓦子山甘氏 清顺治初年自福建迁此。至1948年，全族人口100人。

衡南花桥镇、祁阳普乐乡九牛坝甘氏 鼻祖福五公字子章，福六公字子六，福七公字子邦，明洪武八年（1375）由江西丰城骊塘迁居湖南。福五公居清泉县之南乡茨山塘，即今衡南县疏市镇古山白莲村。长房受昌公从茨山塘迁居庙门前，传至第六代彦贵公，由庙门前支分斗山冲。二房受荣公仍居茨山塘。其后裔分迁衡阳、安乡等县，今茨山塘已无甘姓后裔。福六公居东乡白水岭，今属衡南县花桥镇。福七公生受贵，始居长沙，后又支分祁阳县普乐乡九牛坝。清乾隆二十四年（1759）创修宗谱，1947年四修，2002年五修。乾隆四十八年（1783）建宗祠“源远堂”于茅洞桥斗山冲。班纪：福受应必志，彦永如大世。新尚正学茂，昌鸿嗣嘉继。宗功昭典谟，祖德培兰桂。常守诗书训，连登科甲第。先代贻谋远，群贤古荫长。传家崇礼让，华国盛文章。

湘阴东湖甘氏 始祖从矩公，世居润州丹阳，唐季官洪州都铃辖，遂居丰城骊塘。传十九世至洪叟公，字彦彬，元至治间以孝廉自江西丰城官潭州提举，因兵乱避地湘阴白鹤山东湖。传四世至镛公，明永乐中巡按广东，著有《独慎斋集》。至五世衍为棠、霖、栗、桀四房。霖官常州知府，十五传至清时化公，从左宗棠征西，官西宁府知府。族谱始修于清雍正元年（1723），乾隆五十七年（1792）、嘉庆二十一年（1816）、咸丰八年（1858）、光绪十八年（1892）、1928年六修族谱。派词：（自十五世起）元吉肇开泰，瑞征祖德隆。英才应运起，福泽定恒丰。峻茂枝增盛，滋培本益崇。文章光远世，孝友振家风。

湘阴高明乡甘村甘氏 明洪武初年由洋桥红花田狮子塘徙湘阴县高明乡甘村，族人分布界碑山、甘家山。至1948年，共2300人。宗祠建于清道光初。

常德枫林村甘氏 始迁祖令德公，明洪武二年（1369）自江西丰城迁居武陵县枫林村。生三子：同解、同会、同状。衍为三房。

桃源郑家冲甘氏 迁湘始祖令德公，明洪武二年（1369）由江西丰城迁武陵前乡枫树村之五泉山。十三世子琏再迁桃源郑家冲。至1948年，全族人口1000余人，分布于水溪、南竹山、马湾、马家坪、大洑溪、县西街盘龙桥、朱家港、甘家湾等地。支祠在郑家冲。族谱创修于明万历三十一年（1603）。清乾隆三十年（1765）、嘉庆元年（1796）、同治九年（1870）、1913年、1943年续修。

益阳甘氏 始祖令文公，字厥祥，号吉庵，宋朝人。传至缙普公，字育昆，号枳园，明洪武二年（1369）由江西迁居湖南益阳县上岐市。至九世文宪、文鼎、文升。文宪迁本邑桃花江，后十三派分居宁乡。文鼎迁本邑钟塘。文升迁居沅江马公铺。族谱始修于清乾隆二十九年（1764）。旧派：缙修纲纪，福泽贵昌。文世继梦，沛维绍章。朝廷选举，定作忠良。续派：相在大国，功建名邦。有能立志，克景其芳。振起家声，永锡先光。

艾

平江艾氏 艾氏自春秋受姓以来，居分秦蜀二派。迄五季时中庸公生四子，列为东、西、南、北四房。西房祖冲虚公数传而至华仲公，宋南渡时由江西乐安县望仙源徙平江县东乡杨坊罗庄。华仲生朝阳，朝阳生三子，长成一派九世孙容远为上房祖。次成二派九世孙明远为下房祖。上房至十五世科公、穆公，科公字晋卿，明举人，曾任苏州教谕。穆公号熙亭，官太仆少卿，迁都御史，巡抚四川，以劾时相张居正而声震天下，著有《终太山人集》传世。穆公生二子：而庆、而广，孙日芳，因明末兵燹复徙本邑东乡宦田。明万历二十八年（1600）艾穆始修族谱。清康熙五十二年（1713）、乾隆三十六年（1771）续修，皆以华仲公为始祖。乾隆四十七年（1782）增修，以唐翰林海清公为始祖，以华仲公为海清公十一世孙。道光四年（1824）、咸丰七年（1857）再修，亦因讹承讹。光绪十年（1884）续修，仍因万历旧谱，以华仲公为始祖。宣统二年（1910）科、穆两房合修，1933年科、穆两房重修。至今族人5000余人。派行诗：自生起文彩，世远发其祥。礼义宏先绪，忠良绍祖光。德盛嗣绵达，仁昭后愈昌。孝弟家之宝，声名万代扬。

邵阳开化里艾氏 始迁祖财安公，明洪武三年（1370）自江西吉安迁此。

邵阳刘艾氏 始祖文通公，明初入赘于邵南银杏山艾氏，生子天贤，复姓刘艾。

汉寿艾氏 始祖延秀，宋靖康时由河南居余杭，后迁吉水。子君说，居坪溪。君说子邦本、邦基、邦镇、邦业。邦本分居余杭，邦镇分居洪州，邦业分居永丰，邦基仍居坪上。邦基子伯通，宋孝宗时累官湖南运判，生世荣、世华，由此分为东西二族。世荣为东族，生从道、从懋、从吾、从太。世华为西族，生从礼、从周、从善。从善生季谊，季谊生明卿，明卿生本隆，本隆三子：文升明永乐时迁汉寿荷塘，文鼎迁汉寿文武桥，文昊迁汉寿南阳嘴。1914 年纂有族谱。字派：文孟奇瑞添政荣汝春应国正世守诗书光祖……

澧州艾氏 始迁祖汇公，乃渡馗腾武公之子，明天顺八年（1464）生，原籍江西南昌府丰城县，以吴越壤地偏小，遵皇榜均民之例，于正德元年（1506）携家迁湖南澧州之东艾家巷。生六子：贵、益、鉴、干、铎、羽。贵、羽两公始迁湖北监利卜子湖，后转迁湖南华容县东山横风岭。益、干二公始迁湖北松滋县果合洲，后转迁湖南澧州白马庙。惟鉴、铎二公世居艾家巷。清光绪十年（1884）纂有墨谱，1922 年创修族谱。派语：廷士正文，启明芝承。兴昌永茂，明德传应。华国天道远，圣学世泽长。敦厚开宏运，守典本宪章。

益阳团堤桥（腾蹄桥）艾氏 始迁祖志江公，明洪武年间自江西吉安来此定居。其后衍居北门蝦、艾家河、郭家湾等地。清乾隆四十七年（1782）一修、道光六年（1826）二修、咸丰八年（1858）三修、光绪三十一年（1905）四修、1930 年五修族谱。老派：志向洪楚国，允乐正乾坤。启应全承远，文名世大敦。新派：诗书成德业，忠敬显荣昌。廷献贤良盛，家修礼义长。五修新增：继肇先声振，民安庆吉祥，祖贻仁孝绪，嗣传富贵芳。

新化大坪村艾氏 始迁祖尚奖公，瑞州高安人，明万历间客游新化，因居新化大阳下八都小坪村。

溆浦桥江艾氏 始迁祖祖伦公，原籍江西东乡县，明景泰六年（1455）迁此。

麻阳老田艾氏 始迁祖老止，明永乐二年（1404）自江西豫州府乌雅县（瑞金）黄土坝杨寨坪艾角音徙麻阳老田，土名方座。后裔分布隆家堡、文昌阁、锦和等乡镇。字派：冲祖朝启大，一士自文学。光宗永世昌，历代发其祥。续派：佳声隆禹舜，勋烈耀显扬。仁义礼知信，根本正伦常。诗书存为宝，忠厚庆久长。

古

浏阳东乡古氏　始祖成公，十一世革公，十八世学贤公，明洪武间自广东梅县迁居湖南平江。二十五世衍国公，字明凡，明万历二十八年（1600）自古家垄迁居浏阳南乡十五都四甲古家冲，继迁东乡三口六堆古家凹及毛家湾。后人分布在浏阳县城、溪江白洲村、集里办事处长青三冲组、戴家段、古港三口乡、大光乡东冲、荷花办事处云桥村、关口乡丁家村、集里乡杉松村、大瑶镇、大和蒋家湾以及城步、娄底、湘潭、长沙等地。至1997年，已传41代。字辈：（自十八世始）学业传流远，文章衍派长。贻谋绳祖德，燕翼振家纲。积善培元理，存心致吉祥。秀从山岳发，名与盛世扬。池上人为凤，阶前树是梁。本支今百世，自尔炽而昌。

浏阳观音堂古氏　始祖成公，十一世巩公，二十九世元昌、元吉、元旺，清康熙十八年（1679）自广东和平县迁居湖南浏阳东乡观音堂古家排。字派：（自二十八世起）先元尚良，周正文章。光添南楚，秀毓东方。世德作求，祖武维扬。忠诚锡福，和善迎祥。

浏阳大瑶镇古氏　始祖成公，十一世革公，三十一世奕新公之裔孙居于浏阳大瑶镇路西村。

浏阳东乡古氏　始祖成公，十一世革公，三十世纲体公后裔于清代自广东迁居浏阳东乡，后人分布在东乡西溪、牌坊下等地。

浏阳永和古氏　始祖成公，十一世巩公，二十九世佳才公自广东迁居湖南浏阳永和。

浏阳深坑冲古氏　始祖成公，十一世巩公，二十九世贤义公，清乾隆间自广东长乐县（今五华县）梅林约下冲寨迁居湖南浏阳南乡十四都深坑冲。三十二世席吉公，字家珍，于道光十一年（1831）迁居攸县。

浏阳南乡古氏　始祖成公，十一世巩公，二十五世自良公，字贵仁，清乾隆元年（1736）自广东长乐县（今五华县）迁居湖南浏阳南乡十四都西岸彭家冲博罗坪湖头大王下，裔孙现居于槐树段家组杨家排。

醴陵河溪境古氏　始祖成公，十一世巩公。十八世应亮公，字南冈，因元末之乱而携家自粤来湘，始居浏阳县，明洪武三年（1370）又迁醴陵河溪境古家岭，后裔居湘赣二省。

醴陵荷叶塘古氏　始迁祖凤仪公，明洪武初自广东龙泉县（龙川）迁来。

族人分布于黄田。至1948年，全族人口300人。

醴陵白兔潭古氏 始祖成公，十一世巩公，二十六世雷胜公，明清之际自广东长乐县（今五华县）迁居醴陵白兔潭媚溪垅。

醴陵杨坑古氏 始祖成公，十一世巩公，二十四世素相公，明末清初自江西龙泉县（今遂川县）北乡二十七都鹿洞（今大汾镇鹿坑村）迁居醴陵杨坑。后人居于洪源乡磨山村、白兔潭镇、桃花乡小阳坑村、绿江乡杨冬村及江西萍乡等地。

攸县古氏 始迁祖国重公，自江西遂川县七岭迁居攸县峦山乡陶坪村。

岳阳古家垄古氏 始迁祖十九公，明末自江西南昌县铁柱观鹅公大丘迁湘，开基于岳州府巴陵县（今岳阳县）油港河南岸古家垄。裔孙散居新墙、渭河、十步、筻口、荣湾、三合、芭蕉等乡镇及岳阳市、华容县、湖北、江苏、四川之万县、奉节县。1919年三修族谱，1990年四修。字辈：（自古十九公起）十万百组，元天万大。孟兴之中，昌远由芳。功助先泽，荣昭国华。典常式序，科第起家。本厚发祥，克敦仁让。俊士育时，道高品上。续派：升平际旺，绍律隆纲。继往开来，根固宁张。

平江南江古氏 始祖成公，十一世革公，十七世虎臣公之子学贤，明洪武间自广东梅县松口迁居岳州府平江县南江乡十二都福园里荣田下同原枫树坡，生三子：业儒，明代徙居湖北武昌府咸宁县。业崇，明代徙巴陵（今岳阳县）十步桥。业师，其派下二十四世孙章礼于明万历六年（1578）自红石岩徙居古家垄。章礼子衍国，字明凡，于万历二十八年（1600）徙居浏阳南乡十五都四甲古家冲，继迁东乡三口六堆古家凹及毛家湾。三十一世孙祖朝于清代迁四川。祖传之子德荣，字华茂，清代时携妻朱氏徙居永州江华县。

平江献钟古氏 始祖成公，十一世革公，二十八世长兴公之子育奇，清康熙五十三年（1714）自广东潮州府大埔县山河坝阴那冲简坑岗勘上屋场迁居岳州府平江县东乡献钟黄家砠。裔孙散居嘉义镇高岭村、大岩村、献钟村、五星塘、三市镇低平村等地。字派：山自生奇秀，贤能运吉昌。承先思继志，行仁庆泽长。克绳其祖武，奕世绍书香。

平江黄金洞古氏 始祖成公，十一世巩公，二十六世明凤公，居广东惠州府河源县，二十七世廷泰之子习礼、习义兄弟与玉泰之子自师因时沧桑同逃至平江东乡黄金洞柑子窝，后人分布在长寿街及常德等地。

平江东乡古氏 始祖成公，十一世巩公，二十一世廷兰公，自广东龙川县移居和平县南丰都古镇约水西山塘，后代又居本邑南乡潭溪古寨麻雀坑等地。

二十四世恒蕙公又落业潭头永安村。二十九世生道公于清康熙年间自和平县北边迁浏阳，未几复徙平江县东乡黄野洞。二十九世予位公于乾隆年间迁来平江县东乡长寿镇。

平江长寿磉溪古氏　始迁祖一楠公，清康熙四十五年（1706）自广东大埔迁此。至1994年，全族人口347人。

常德古氏　始祖成公，十一世巩公，二十六世明凤公居广东省河源市，二十八世习礼、习义兄弟居平江县，三十五世吉辰公，清时携妻儿自平江县迁居常德市。

临武正冲坝古氏　始祖向道公，宋人，原籍河北，九世正纲公之长子天福，自江西武宁县迁此。

江华古氏　始祖成公，十一世巩公，三十一世秀色、秀梅、先庭三公，清时自平江县迁此。三十二世岳周、嵩周、廷周、琼周、瑞周于清季自浏阳迁此。另一支十一世巩公，十七世虎臣，三十二世德荣，字华茂，清时自平江迁此。

蓝山舜乡墩树头古氏　始迁祖记得公，明洪武时由山西河东县迁此。至1931年，凡4户，男16人，女9人，共25人。

蓝山凤感乡李家冲古氏　始迁祖廷凤公，明时由江西龙祥县迁来。至1931年，凡9户，男31人，女26人，共57人。

蓝山舜乡上尾菜古氏　始迁祖锦成公，清乾隆时由江西迁来。至1931年，凡7户，男16人，女12人，共28人。

沅陵高台子古氏　始祖向道公，宋人，原籍河北新安郡。八世孙国炳，于明季自江西武宁县二十五都古家村迁此。

会同双石桥古氏　始祖向道公，籍河北新安郡，九世孙正纯，裔孙自江西武宁县迁此。

左

长沙南门口左氏　始祖郰公，原籍润州丹阳，仕晋为衡州司马，迁居江西吉安府永新县逢桥。传二十代祉公，明嘉靖间由逢桥迁居长沙省垣之黄道门即今长沙市南门口，其时有黄道半街之称。迄清初吴三桂之变，族人或亡或逸，惟殿臣公一人徙居长沙东乡常家冲。至1948年，有男女丁口4000余人。宗祠在长沙县青云乡左家老屋。

宁乡茅栗铺左氏　一派郰公。十派伯瑜公为湘乡溪口支祖，如篪公为湘潭富晓冲、宁乡茅栗铺支祖。如篪公裔二十二派正本公，先世由江西吉安府永新县禾川逢桥迁湘乡溪口，正本公于明嘉靖时又由溪口迁宁乡茅栗铺。清乾隆八年（1743）八修族谱，咸丰九年（1859）九修，有曾国藩序。宣统元年（1909）十修，1938 年十一修族谱。班序：第泽传辉茂，伦纲重赋都。家规敦孝友，诗礼步韩苏。裕后春秋训，迪前纸贵谟。丹阳源浩远，千载继鸿儒。

湘潭长丰左氏　始祖郧公，五代时自丹阳徙居江西永新之逢桥。传至仁性公，于明永乐二年（1404）自逢桥迁居湖南湘潭县十四都斗门冲，为长丰开派祖。族谱始修于宋绍熙二年（1191），元修者一，明修者三，清乾隆九年（1744）湘潭、湘乡、宁乡、攸县、衡阳、邵阳六邑合修，称八修。嘉庆十四年（1809）九修。宗祠建于乾隆三年（1738）。派语：仁良武玉正，国单应显钟。江鸣定世茂，伦纲重本宗。文才观震萃，礼义益恒丰。士美由英俊，家声贵友恭。经书传代久，敬守力行中。

湘乡左氏　始祖郧公，字富书，号一初，原居润州丹阳，仕后晋为衡州司马。子璩公，南唐保大初避乱徙江西吉安府永新县逢桥左坊。九派至宋时安期公，子二：伯瑜为湘乡溪口支祖，如篪为宁乡支祖。伯瑜裔至明时二十三派一初公，字元甫，徙居湘乡宣丰里二十都溪口。自宋绍兴二年（1132）至清乾隆八年（1743）郧公后裔于逢桥总祠八修通谱。咸丰九年（1859）湘、宁之伯瑜、如篪裔独修，称九修。1943 年伯瑜裔三十世再忠房十修，1997 年再忠房十一修，2021 年再忠房十二修。溪口宗祠建于清乾隆年间。派序：郧璩诏提恂咸廷时安伯登幼育与至性南思将直崇朝一文水荣子安元球明。第泽传辉茂，伦纲重赋都。家规敦孝友，诗礼步韩苏。裕后春秋训，迪前纸贵谟。千喜（载）继鸿儒，丹阳源浩远。

湘乡沧溟左氏　始迁祖应诚公，字惟一，明初由江西永新县逢桥因避乱迁湘，开基于湘乡县兴仁乡金凤塅。至添祐公复由金凤塅迁居兴让乡三沧溟前。族人分布于兴让、铜梁、荷塘、景庆、同风、首善、东凤、凤音、归鹤、德田、永新、宣风、梓门、望春、新安、纯化、潭台、湘涟、永丰等乡镇及湘潭永安乡元家河、衡山新桥等地。宗祠在本县桂花树。至 1948 年，已传 26 代，人口 2 万余人。1939 年九修，2007 年十修族谱。班序：第泽传辉茂，龙光重国都。天仁华富安，诗礼步韩苏。湘楚春秋谕，绍前典胜谟。忠义扬丹桂，孝友继鸿儒。

醴陵左氏　始祖孚冕、孚俊、孚杰、由坎、由艮五公，均于元末明初先后自江西安福县夏塘因避乱迁湘。孚冕公初由醴陵城北上坊开基邑北平桥乡档下村，族人分布于新阳、档下冲、睦华村、芦村、黄毛岭、板杉铺、南田桥、花桥等地。孚俊公开基于邑南泗汾，族人分布于豆田、枫梓村、嘉树下等地。孚杰公开基于城南下坊，族人分布于盐山、杉仙、鹿角村、焦村、左家湾等地。由坎、由艮二公开基于县西铁江乡双滂，族人分布于双滂、铁江口、攸坞、罗家岭、弯塘等地。至1948年，人口3250余人。宗祠在双滂，支祠分设新阳、鹿角村、枫梓村等地。

醴陵双滂左氏 始迁祖开先公，明季迁此。至1948年，全族人口约1000人。

攸县左氏 始祖元永公，字升闻，明成化嘉靖间人，郡庠生，生负天才，卓荦不羁，博通经史词赋，明弘治间访名流，玩奇胜，道经攸东鸾山，羡其山水清丽，风俗仁厚，遂携家人由禾川旧庐卜宅北门头。1941年三修族谱。

湘阴左家塅左氏 始祖志远公，南宋时从江西迁湖南，世居湘阴东乡左家塅。二世汤盘公，讳大铭，登宋嘉定进士。明万历间心南公（左天眷）官行唐县知县升辽东监军道。左宗棠为心南公九世孙。派系：志大贡云仲福成，德盛通万有，百事天知应，以定逢人启，宗昭新景焕，垂典玉方来，家肇南湘庆，长培树俊才。家庙联：纵读数千卷奇书，无实行不为识字。要守六百年家法，有善策还是耕田。

衡阳左氏 始迁祖克通、克进二公，元末由浙江武林来衡，卜居城南灵官乡三甲芮子园。克通子四：友财、友富、友华、友诚。克进子六：鼎、昱、昂、晟、昪、升，衍为大头冲房、井头房、南冲房、西塘房、桥头房、烟竹房、山底房、牌头房、山塘房、江丫房共十房，族谱始修于清康熙二十八年（1689），乾隆五十九年（1794）二修，道光二十六年（1846）三修，光绪十二年（1886）四修，宣统三年（1911）五修，1939年六修。合族班行：新绍先修德，洪昌肇福全。才华光上国，英俊超名贤。为善崇家范，存心守祖传。诗书隆奕代，忠孝嗣长年。

邵阳左氏 谱称晋秘书监思公为丹阳初祖。至南唐保大初，郕公由丹阳迁江西永新逢桥。明洪武间文昱公由逢桥迁宝庆府邵阳县丰家山。文昱公六代孙翁诚、翁贵同迁邵东巴石冲，共衍十房，同为巴石始祖。族谱创修于宋绍兴间，明时已七修，清嘉庆四年（1799）邵阳八修，光绪十一年（1885）九修，1929年十修，1994年十一修，2005年十二修。班排：（自十一代始）廷朝守兴大，光天星自明。德泽传辉懋，词赋华国家。鸿猷显经济，厚恩利民生。海岳声名振，简策勋业昭。金玉联孝友，贞元美乾坤。裕昆诗书远，绍前忠义先。

邵阳长排左氏 郕公二十代孙应福公，由江西逢桥迁邵阳孔雀滩，子孙聚居长排。应福公兄以祯公，籍孔雀滩，其孙达明、大镜，徙新宁回龙镇高阳村。2007 年与巴石左氏合谱。长排班序：应元文才志，用仲思宗祖。朝廷世大荣，德泽传辉懋。词仁华富安，诗礼步韩苏。湘楚春秋谕，绍前典胜谟。新宁以祯房班序：以珂达能文，思才宗朝一。世大继丘明，德泽传辉懋。

邵阳西门左氏 郧公七世孙光祖，生二子：万拱、万孚。万拱传十一代至文昱，于明洪武初迁居邵阳丰家山，为巴石都赋堂初祖。万孚传十三代至明善公，于明宣德年间迁邵东西门石桥，为南华堂初祖。清乾隆九年（1744）湘乡沧溟左氏合赣、湘两省四郡六邑合修族谱，称八修。道光十三年（1833）、光绪二十二年（1896）、1946 年、1996 年、2006 年邵阳西门石桥续修。班序：世代永昌茂，龙光重国都。天人钦至德，孝友作良图。悦圣名东鲁，赞经牖后儒。典章昭来许，绳武守先谟。

洞口左氏 郧公十九代孙祖原，明永乐间由逢桥徙今洞口县江口镇麻溪界。生二子，次子善初第四代孙至善再迁武冈石桥钟家铺。2007 年与巴石左氏合谱。班序：以宣启宗祖，顺受才志永，远兴训寿财，至文得隆芳，应泽传辉懋。

麻阳左氏 清代中期，有兄弟三人自江西吉安丰城县徙麻邑定居。长房尚公居黄土田、锦和，次房正公居对溪，三房美公居梅子坪。裔孙分迁江家溪、铜仁等处落业。族人分布锦和、郭公坪等乡镇。至 1994 年，共 350 余人。字派：以道秉公正，文成志学良。洪希先德茂，继子大名扬。

厉

浏阳厉氏 始祖温公，汉末为汉郡守，封义阳侯。宋天禧间，五十七世祖敦睦公，字学唐，号慕典，由江西抚州临川西门厉家街迁万载厉公陂。又十二世仲贵公，生四子：万钦、万铨、万松、万纯。万钦公之孙天和，天和之子薇芳，字文中，明万、启间迁浏阳东乡上洪。万铨失传。万松、万纯明成化间迁浏阳北乡蕉溪岭余家铺。1997 年湘赣厉氏合纂族谱。

邵阳厉氏 始祖紫孙公，始居新化龙溪，其子应塘于明永乐十二年（1414）居邵阳永宁三都栗坪鹅塘湾，今属新邵县。

蓝山厉氏 始迁祖邦相公，宋嘉熙年间自江西新喻迁居蓝山。至 1948 年，族人 3259 人，分布于永启、咸园、五嶷等乡。

蓝山南平乡石礅厉氏 始迁祖荣举公，由江西迁此。至 1931 年，凡 160 户，男 340 人，女 310 人，共 650 人。

石

长沙石氏 始迁祖仁叟公，后唐同光元年（923）自洪都瓦子巷迁居长沙万寿乡石岭。传至十一世邦英公，值元运之衰，干戈遍起，又迁岳州黄蓬市。至明洪武七年（1374），天下大定，复返长沙春华山三洲坪。明天顺八年（1464）、万历十二年（1584）纂修族谱，之后各支分修。1929年又三修族谱。字派：子尊文仲思，义世大安邦。定谷志友永成敬，恭宽信敏惠。中正如可必，贤良广立廷。俊杰逢昌运，家声庆益新。

长沙石氏 始祖春谷公，元时自江西徙湘潭，总祠堂在湘潭姜畲石家坊。至清中叶，始迁祖养悦公迁来长沙。后人置业长沙东乡鹧鸪塘陈家坪。据1992年未刊家谱载，最后排派为：家声定克昌祖。堂号乐山。

湘潭云湖石氏 自宋守信公再传至全振公，始隶潭州籍。始迁祖春谷公，讳元蕃，迁湘潭。再下十二传至清仁吾公，子云野、禄野，一居学坪，一居云湖。云野后裔居学坪、善化、衡山马桥湾、窑山冲、双庙等处。禄野生子四：开宪、开祖、开云、开宝，其后裔迁居云湖堈兹塘、许家坝、福冲、泥湾、潮江冲等处。清同治四年（1865）五修族谱。派语：（自十九世始）孝友前芳久，诗书善训长。贤材诚蔚启，德教振湖湘。湘潭石汉声一支派语：培养承先世，家声定克昌。祖宗贻泽远，继绪载文章。

湘潭石家坊石氏 始迁祖元蕃公，明初自江西迁湘潭四都石家坊。子四：长子元一迁苏州，次子元二迁长沙碧湘街，三子元三迁兴国，四子元四守石家坊。清嘉庆元年（1796）二修族谱，同治七年（1868）三修，光绪二十四年（1898）四修，1928年五修。

醴陵枣子园石氏 始迁祖维林公，明洪武间自江西迁此。族人分布于攸县。至1948年，全族人口约500人。

醴陵上堡冲石氏 始迁祖秀峦公，清康熙间自福建汀州迁此。至1948年，全族人口约1600人。

炎陵十都黄上村石氏 先世清雍正年间由广东南雄始兴县迁入霞阳石下（今十都乡黄上村）。后裔分布于十都大院。

邵阳石氏 始迁祖万三、千三、百三，宋建隆间自江西吉安府泰和县千秋乡水伯堡徙居宝庆府。万三公落业佑溪桥，不数年回籍。千三公落业石陂桥，支分五房：通、达、贵、逵、暹。百三公落业茶园山，支分为桂、相、椅、隆四房。后人分布于邵阳、益阳、湘乡、宁乡、新化及江西、四川等地。两支族谱始修于乾隆二十五年（1760），嘉庆十六年（1811）百房二修，道光二十七年（1847）百房三修，光绪十八年（1892）百房四修，1917 年百房五修。1948 年千、百两房六修。百公裔旧派：邦思原志楚，仕兴永吉昌。续派：一宗多国用，美翠自生光。两支合派：景德耀先者，芳声孝友传。显扬昭盛代，家世裕魁元。

邵阳石氏 始祖九鼎公，字任重，号南楚，宋建隆元年（960）来守邵州，任满仍归江西泰和县水伯堡圳上。历数世至光赵公，号连城，生万金（行万三郎）、万富（行千三郎）、万镒（行百三郎）。复来邵州，万金居佑溪赤金钿，万富居石陂头紫金钿；万镒居茶园山银金钿。万金后归原籍，万镒后隶新化时荣桥。万富世籍邵阳，生五子：朝通、朝达、朝贵、朝逵、朝暹，分里石武、石文、石奇、石祥、石权。明正统十二年（1447）始修族谱，隆庆二年（1568）、清康熙二十七年（1688）、嘉庆六年（1801）、道光三十年（1850）、光绪十五年（1889）、1915 年续修。同治间建宗祠于田心坪。班序：万朝成受以，子应添汝明。文武正永定，荣华大吉昌。景德启盛世，安思庆楚邦。嗣秀通京国，显隆士俊良。义方遵祖训，孝友绍家纲。裕后诒谋远，承先福泽长。教典昭敦睦，儒材誉锡乡。诗书崇甲第，勋业赞平章。圣学心传续，纯臣矩范详。继绳储杰伟，兰桂郁资湘。

绥宁石氏 始迁祖仕明公，原籍江西泰和，为官云南，于明成化间卸任归里，路经绥宁，见山水秀丽，遂定于岳二里（桃坪一带）栗木田。后裔分布于盐井一带。

华容墨山石家垸石氏 始迁祖万三郎，祖居饶江府丹阳县（今江苏丹阳市），官岳州指挥使，奉诏征苗有功，受封后守岳州，致仕后于宋淳祐元年（1241）迁居华容墨山石家垸。其弟万四郎随兄迁华，同居石家垸。原派：大国鸣世铎，汛秀美重钧。润述烈增锦，洪策焕堂钦。续派：汉楚煦尧镇，河东凤培钟。湘材炳坤锡，淮树熙在铁。

平江黄金洞抛石石氏 始迁祖朝凤公，清乾隆二十五年（1760）自赣州长宁迁此。至 1994 年，全族人口 161 人。

湘阴古塘围石氏 始祖谦益公，字虚怀，原籍浙江宁波府鄞县。公性旷达，好山水，明初长子天福官湖广，公与次子天禄、三子天寿率仆从百余来湘，止于湘阴县古塘围。天福字又崇，明洪武初从靖海侯吴正御倭寇，有功升任湖广都指挥使佥事，分居益阳青修山。天寿分居沅江，惟天禄世居古塘。清光绪二十八年（1902）建总祠于沅江县泚湖口。清乾隆九年（1744）三支始修族谱，嘉庆二十年（1815）续修，咸丰八年（1858）三修，光绪十八年（1892）四修，1933 年五修，1994 年六修。新派：忠孝昭彰，长发其祥。克家骏茂，传世鸿昌。岳云献瑞，湘泽流芳。化隆端本，治庆维纲。

沅江琼湖镇石氏 先世明洪武三十一年（1398）自江西吉水县宦湘，落业于沅江县沙头（今属益阳），后裔分居于县境琼湖镇及益阳张家塞、泚湖口、沙头等地。

常德石氏 始祖悉公，字敏若，原籍河南，宋哲宗时进士，因不附权阉梁师成而游幕于楚，后因河南没于金而不得归籍，遂家于常德。数传至廷河公，拜元初万户侯，以孝谨治家，子孙十世同居。廷河以前世系不可考，故以廷河为常德石氏一世祖，1948 年八修族谱。族人有迁居桑植、慈利、石门、澧县、临澧、桃源、南县、施南等地者。祖祠在常德石公桥。至 1948 年，递传 25 代，共 5 万余人。原派：尚元开盛道，嘉瑞振纲常。业在思维则，宏图恪运昌。续派：孝友贻谟，诗书垂训。克绍前声，丕承发正。

澧县石氏 始迁祖坚公，明洪武间自江西豫章迁澧，初居澧州东厢里二府庄，生二子：廷著、廷河。后廷河公迁常。常、澧二府石氏均为坚公后裔。清同治十一年（1872）、1944 年、2008 年三修族谱。派语同常德石氏。

宁远石氏 始迁祖文庄公，行八郎，原籍江西泰和鹅颈塘，元末明初之际，明太祖授以都司，镇守舂陵，开基于湖南宁远县石安乡石家洞。子玉生，生三子：午荣开派石溪，午笃开派祁阳金刚渡，午敬开派牛丫垇。族人分布于祁阳金刚渡、江华石围塘及本县白虎营。宗祠在石家洞。至 1948 年，全族人口 5000 余人。

新田下淶石氏 始迁祖光优公，清康熙年间由江西宁州（今修水县）来湘贸易，开基于新田县仁智乡下淶。至 1948 年，已传 8 代，男女丁口 50 余人。

会同石氏 始迁祖宣义公，宋政和二年（1112）自福建莆田由乡榜除会同令，后因受阻于苗而家会同。族人分布于西门外等处。

通道石氏 始迁祖大月公，明洪武年间由江西吉安府泰和县徙通道。

通道罗平溪石氏 始迁祖再立公，明洪武年间由江西吉安府泰和县迁通道罗平溪。

泸溪石氏 始迁祖开基公，南宋祥兴二年（1279）自江西吉安府因贸易迁此。

保靖石家洞苗族石氏 明末自四川贵棚迁峨容，再由峨容迁保靖毛沟镇石家洞。

保靖苗族石氏 清朝中期从沅陵县棋盘岩迁保靖，聚居于梅花乡断桥村、阳朝乡石家村。

龙山扒湖苗族石氏 始迁祖大魁公，由花垣迁兴隆街苗沟，后迁扒湖。族人分布于扒湖、克溪沟。

龙

长沙河西龙氏 西汉太守伯高公以钜鹿人官楚，遂家楚之武陵。二十四世暹公任道州学政，遂家道州。二十八世庚公唐末由道州任江西吉水，因择居永新。始迁祖得时公，讳本达，明洪武九年（1376）偕兄秀二公由江西吉安府吉水县迁湘，秀二公落业湘阴县石洙。得时公落业长沙县河西赤岗冲，至七世分为策、旺、荣、伦四房。族谱始修于清康熙三十七年（1698），嘉庆二年（1797）二修，咸丰八年（1858）三修，光绪二十七年（1901）四修，1935年五修。老派：本为秉礼，进廷选朝。续派：国正添心顺，官清民自安。再续派：孝友传家，文章御世。新派：伯高敦厚垂芳远，庆衍南湘贺治平。

长沙龙氏 始迁祖万一公，明洪武间由江西丰城县瓦子巷徙居长沙万寿乡栗山嘴，生福禄、福寿。福禄开桥口、象形、江边、墙背、石桥五支。福寿开上垅、松园及浏阳大桥一支。1912年八支合修族谱，1942年续修。至1948年，递传22代，人口6000人。长沙七支原派：福归志思永太兴，国安民正定乾坤。英贤蔚起文星运，功德昭垂烈祖恩。浏阳大桥支原派：福必添潮思正丹，献兴应民尹泰馥。承绶世泽焕星运，功德昭垂烈祖恩。新派：敦厚廉威著训词，皇廷祥瑞纪官师。荣登科甲知逢印，声震南邦在赋诗。

浏阳枨冲龙氏 始迁祖秋元公，明崇祯间自江西吉安迁浏西乌石垅，后分为两支，一居枨冲，一居邑南亭子岭。至清光绪三十三年（1907），已传11代。

宁乡麟峰龙氏 始迁祖定海公，字梓开，号翥溟，明嘉靖三十八年（1559）由湘乡迁宁乡四都河冲。至1948年，全族人口3000余人，多聚居于麟峰乡。民国初建家庙于本乡湖基塘。

湘潭井华龙氏 始迁祖跃湖公，字蔚起，号潭州，元至正二年（1342）偕弟跃海公自江西南昌府丰城县迁湘。跃海公落籍湘乡县南门，跃湖公徙居湘潭县井华龙家坊。清康熙三十六年（1697）始修族谱，乾隆二十七年（1762）续修，道光二年（1822）三修，咸丰九年（1859）四修，宣统三年（1911）五修，1934 年六修。道光五年（1825）建宗祠于大屋湾。世派：（自十一世始）嘉兆光宗，鸿章名世。振起炳图，家声克继。泰运景开，良士欣际。盛泽永昌，显扬先绪。

湘潭月塘龙氏 始迁祖树宇、树先，清初由江西永新来潭，卜居于十二都石头碑，后衍为琦、瑾、瑜三房。清同治三年（1864）建宗祠于月塘。清光绪六年（1880）纂修支谱。字派：（自三十二派始）龙作正光，名安永灿。琼英南湖，家声振万。代受恩荣。

湘潭龙家冲龙氏 始迁祖荣宗公，由茶陵迁居湘潭龙家冲，清光绪三十年（1904）续修支谱。字派：荣胜奇缔近楚邦平宗泽明垂大启……

湘乡城南龙氏 始祖通方公，号碧岩居士，宋时官大理寺评事，为零陵太守伯高之苗裔，宋建隆元年（960）由茶陵迁居湘潭县木通榜塘。曾孙广东提举瑞公、中书瑄公于宋仁宗天圣元年（1023）由湘潭迁湘乡，居城南泰和坊太极道院旁。元末兵乱，族属散避，独瑞公十一世孙彦清守故土，派衍富、贵、禄、俊四房。清康熙十二年（1673）创建宗祠，康熙三十九年（1700）始修族谱，乾隆三十六年（1771）、嘉庆十三年（1808）、同治四年（1865）、1916 年续修。字派：（自二十四派始）宏荫昭先德自芳，显扬宗祖在贤良。家修廷献襄平治，永绍贻谋世泽长。

湘乡大洋潭龙氏 始祖述公，字伯高，官汉零陵太守，历代专祠崇祀名宦。迁湘祖通方公，官宋大理寺九评事。派祖永清公，支祖昭文公。世居湘乡潭台十都大洋潭。

湘乡凹头龙氏 始祖通方公，四世孙瑄之长子希胜兄弟五人由湘乡县南门第三坊迁居大育桥，复迁珍琏江。希胜公长子跃公于元至元四年（1338）又迁凹头，派衍团田、乌洲、大岩塘、龙家坊四房。族谱始修于清康熙四十年（1701），乾隆五年（1740）续修，嘉庆三年（1798）三修。班行：（自二十三世起）浤应招华清，继承代有荣。相传维忠孝，敦厚振家声。

双峰杏子铺龙氏 一派祖通方公，宋太祖建隆元年（960）由茶陵迁居湘潭木通榜塘。四派祖瑞公，官广东提举，宋仁宗天圣元年（1023）自湘潭迁居湘乡城南泰和坊，为城南支祖。弟瑄公先居湘乡城南，再徙宣丰杏子铺，为宣丰支祖。元末兵乱，十五派祖远清公徙江西吉安永新。十七派祖沅公，字寿相，号本浚，明永乐七年（1409）生，弘治十四年（1501）卒，由永新县横江顾村复迁故土，开乾、巽、坎三房。清康熙三十九年（1700）一修族谱，乾隆三十六年（1771）、嘉庆十二年（1807）、光绪四年（1878）、1922 年、2003 年续修，六修时人口2433人。该族名人：龙惠南，提督衔福州总兵。班派同湘乡城南龙氏。

娄底万宝龙氏 一世祖通方公，官宋大理寺评事，由茶陵迁湘潭，为城南始祖。四世瑞公，字双峰，官广东提举司提举，宋天圣元年（1023）由潭迁湘乡泰和坊，时逢战乱，人丁散失，惟十五世祖彦清公镇守故土，开湘乡龙门一派。至十九世添民公下应濂公，字思台，号溪亭，官祁州判，于明万历八年（1580）迁居磨子石新柏村，今属娄底市万宝镇。宗祠建于清光绪二十五年（1899）。字派同城南龙氏。

醴陵城东、学背岭龙氏 始迁祖响五公，明洪武四年（1371）迁此。族人分布于庙背冲、荆潭板三铺。至1948年，全族人口2500人。

醴陵黄谷田龙氏 始迁祖紫升公，明洪武二十二年（1389）自攸县迁此。族人分布于黎家桥、大溪山、湘潭。至1948年，全族人口3000人。

醴陵高桥龙氏 始迁祖友信公。1925年五修族谱。

攸县梅城龙氏 始祖庚公。其八世孙耀公，唐天祐间任茶陵令，子孙遂家茶陵褒书东山。至二十六世清公，字悦仲，明洪武二年（1369）由茶陵徙居攸县学门前，为攸县开基祖。长子仕信生楚珍、楚琳、楚瑞，次子仕鼎生楚瑛、楚琼、楚瑶。琼公徙云南，瑶公徙醴陵黄谷田，余皆居攸县。族谱始修于清顺治十二年（1655），1999年九修。该族名人：龙锡光，户部广西司主事加四级。龙湛霖，刑部右侍郎加四级。龙汝霖，山西高平县知县。龙璋、龙绂瑞、龙伯坚等皆有名。中国入世首席谈判代表龙永图为琳房十九世孙。字派：（以清公为二世，自十三世起派）伯高兆祚，来自永新。世传理学，廷显良臣。泽承先正，光启后昆。忠信为本，谦和乃珍。星辉霞灿，柏茂松荣。家训同佩，吉庆长臻。

茶陵龙氏 始迁祖必荣公，唐天祐间自江西永新宦游至茶陵，后定居于此，后裔迁居严塘长江、舲舫大岳。

茶陵龙氏 始迁祖定甫公，元至正二年（1342）因兵祸自江西永新黄琪徙秩堂东首，后裔徙居湖口、马江、小田等地。

衡阳龙氏 始迁祖昊澄公，为琮公苗裔，宋景德间由江南迁衡阳三合桥。清道光七年（1827）、同治四年（1865）、光绪二十四年（1898）、1936年纂修支谱。光绪十六年（1890）衡郡总祠合修通谱。班字：昊极逢亨运应继礼昌文景一云仁如�志天理信智富贵安。衡郡通班：作求光祖业，燕翼启英奇。忠义传家范，诗书裕国知。代存敦厚概，世守大贤规。克笃征全盛，衣冠集陛墀。

朴素咸宜效，美誉定久传。

衡山龙氏 一支始迁祖大衍公携四子义、彰、林、高由江西永新来衡山，散居各处。另支有望公之子明聪公，明洪武初由江西泰和甘竹奉调衡州，子孙亦落屯于衡，生受文、受政、受法。受文居衡阳，受政、受法奉调常宁。受法之子庆滔又徙衡山。清乾隆三十七年（1772）、嘉庆二十五年（1820）、咸丰四年（1854）、光绪十三年（1887）、1917年、1947年六修族谱。班行：原本武陵远，诒谋统绪长。清廉端仕节，忠义振朝纲。理学符周孔，文章炳汉唐。见田昭盛世，后裔发祥光。

安仁东城龙氏 伯高公二十四孙暹公，为道州学正，遂家道州。暹公四世孙庚公，为避安史之乱，迁居江西永新。庚公十八世孙昌旻，明初由永新授广西庆远府思恩县儒学，道经安仁，致仕遂家安仁东城，继住草塘洲，传三世派衍六房。清乾隆三年（1738）始修族谱，乾隆五十年（1785）续修，道光五年（1825）三修，咸丰十一年（1861）四修，光绪二十五年（1899）五修，1931年六修，2002年七修，时男丁2509人，女丁1947人。排行：子开绪乃定，景运渐光昌。诗礼承先德，衣冠兆世祥。玉文声炳蔚，霞印积芬芳。吉水渊源远，熊山厚泽长。

耒阳龙氏 九十五公生受二，受二生庆三，庆三与同族庆九先后迁徙耒邑。庆三裔居城牌小湾，既迁四都。庆九裔居城西社头岭，既迁沙头。庆三房族谱纂修于清道光五年（1825）、光绪元年（1875）、宣统元年（1909）、1937年、1994年。庆九房族谱纂修于清道光六年（1826）、咸丰十一年（1861）、光绪十九年（1893）、1937年、1994年。四都房排行：九受庆文仁，思单子朝天。上大佳宗盛，国祯赐正元。熙城钟泽杞，煦地锡深林。焕壁铭沾树，辉皆锦济荣。沙头房排行：庆景单胜单廷尚，朝有文人祖宗光。一心存厚道，必定得荣昌。发福宏先志，家声世泽长。

耒阳紫云龙氏 迁湘始祖九十五公，为伯高四十三世孙，南宋理宗开庆年间，因蒙古破临江，入瑞州，江西震惊，乃由江西泰和县迁湘，开基于耒阳县城厢城牌小湾。至1948年，递传24代，有男丁4708人，女丁4622人，多聚居于紫云乡。宗祠建于清乾隆四十五年（1780）。1937年四修族谱。

常宁望湘门龙氏 始迁祖召保公，明初携九子自炎陵县调镇常宁总旗。第四子太四公镇守望湘门，子孙遂家于此。传至秀公，子四：世卿居大桥之龙家冲，世化居望湘门内失传，世曜居车公庙，世相居步云桥之龙家园。

邵阳万安龙氏 始迁祖海亟公，为伯高五十四世孙，明永乐十五年

(1417) 由江西永新徙零陵，继徙邵阳万安院塘。清嘉庆十三年（1808）与祁邑海宗公派合修族谱，同治十三年（1874）分修，光绪十六年（1890）与衡阳、清泉、衡山三县同宗合修，1948 年四修。班行：（自十四代始）士其怀先德，斯能受吉昌。忠厚贻谋远，孝慈家庆长。振声腾茂彩，永世发书香。

邵阳龙家冲龙氏 始祖祖兴公，一名学兴，原籍江西吉安府永新县鹅掌圻圳上，因楚地兵燹扰攘，无人耕种，奉诏移楚耕耘，偕兄学良公迁湘。学良公于明成化间迁居祁阳县丝塘，桂林状元龙启瑞即其后裔。学兴公迁居邵阳县南乡下盘村张官冲（后称龙家冲），衍富、贵、爵三房。族谱始修于清道光二十五年（1845），光绪三十三年（1907）续修。光绪十五年（1889）建宗祠于龙家冲。老派：（自二世起）文凤应起，国时万能。有为惟天显，永立中正衡。续派：光大世祚际，长发胜其祥。朝廷安太顺，乾坤诚克昌。

邵东龙氏 一世伯高公，三十五世耀公，唐昭宗天祐间自江西永新迁茶陵褒书东山。三十七世通方公，宋太祖建隆元年（960）徙湘潭榜塘。四十世福瑞公，宋仁宗天圣元年（1023）迁湘乡城南泰和坊。四十九世时滂公，第五子仲公，居安化石凳铺。五十八世祖兴公，明永乐间由邵邑神（城）滩渡迁邵东万安院塘，开旻、贵两房，旻居院塘，贵居上干。子孙繁衍于桐江两岸龙山桥附近。清康熙间，后裔有迁四川安岳者。1992 年五修族谱。四川旧班：大梦源林仲，祖宗德志应。永兴国安邦，文明治世定，必久成泰运。续班：训行先孝友，师范奉廉公。学守光敦厚，时清代效忠。

武冈龙氏 始祖宗麻公，越十五传而生国显、国侯二公。国显公字泥封，讳裕光。国侯公字荣封。皆元明之际人，徙居武冈县东西二乡，为武冈龙氏始祖。国显公后裔分居在西乡破塘、青龙、渠渡庙、龙门山、九涧塘、泻油寺、尧王寺、晏家岭、江边、竿子溪、东田寨、石笋一带。国侯公后裔居东乡沿滩河、丰田、高石山一带。族谱始修于清嘉庆二十年（1815），光绪二十八年（1902）四修。

绥宁龙氏 始祖庚公。三世孙况公，生五子：钦、琮、瑊、瑀、琳。第二子琮裔七世孙采濂，字高儒，行三，应天府黄池县人，宋英宗时任会稽令，宋神宗时迁居河南汲县。子禹官随外祖居吉安府泰和县白下驿，元丰四年（1081）任南昌节置副使，既而南蛮作乱，调升湖南安抚招讨使，卒葬常德南门外。生五子：宗麻、宗朝、宗灵、宗廷、宗旺。宗麻公字元爵，南平侯，随父任湖南宣抚处置副使，平定长、衡、永、宝、岳、常、沅、靖等地，不二年苗民感服，移营绥宁东山，寝疾乞休，遂家铁冲，为东山始祖。宗祠建于东山。

清嘉庆十一年（1806），钦、琮、珹、瑀、琳五房合修族谱，宣统元年（1909）东山龙氏合修宗谱。派语：欲令建表翁，颜定便远志。汉奇甫艳均，幸嗣兴道怀。宪章开景运，立本正家邦。继述昭先德，统绪永炽昌。祥肇言官际，贤圣启书香。敦厚基鸿福，忠忱树纪纲。东山钟灵淑，普处益腾芳。高飞呈世瑞，麟凤庆锦长。妇派：闺正彝伦叙，坤维毓秀基。端庄金玉节，温惠凤鸾姿。秾棣赓贤淑，沼蘩展孝思。亲桑勤植美，主馈约精炜。謦旦贻阃范，择邻式母仪。徽音昭令德，兰桂馥丹池。

城步青苗龙氏 为青衣苗著姓，分布于上木宜。

岳阳龙氏 始迁祖德九公。民国间双塘冲、游港、黄腾源、土城畈、蓝桥、分水坳、树山龙、眉山、柘山、麻塘、欧龙嘴、婆婆桥等支纂有族谱。

华容南山新原岭龙氏 始祖云祥公，元末率子七人自江西吉安徙湖北监利朱河。至德远公，明洪武二十四年（1391）迁居华容南山新原岭，另兄弟六人留监利。后人分居治湖、津湖潭、城关等地。派语：志大光宗祖，正邦尚用文。忠孝承先训，永世广贤明。应时开景运，华国振家声。敦厚贻谋远，竹书记盛名。

湘阴天井山龙氏 原籍江西省宜春县石港烟竹坑，始祖十一郎，子众多难尽考，惟秀二始迁丰城县，秀三始迁吉水县，秀六仍居原籍，明洪武间先后迁湘，立业湘阴。秀二居灯笼桥甑盖山，秀三居滂江熨斗山。秀六居道贯冲天井山，衍渊、溪、泊三房。清道光十三年（1833）秀六公裔三房始刊族谱，光绪八年（1882）续修，清乾隆间建宗祠于道贯冲天井山。老派：秀生海派渊溪泊，志诞仁兮递兴确。兼有允正汝联承，自思相续道昭烁。续派：祖德恒培昌世泽，宗功佑启振家声。伯高敦厚传芳远，庆衍南湘贺治平。

湘阴熨斗山龙氏 始迁祖秀三公，原籍江西吉水县，明洪武二年（1369）偕兄弟迁湘，秀三卜居湘阴盘江石熨斗山。1917年纂有族谱。

湘阴高明乡龙家桥龙氏 明洪武初年由江西丰城县徙湘阴县高明乡龙家桥，族人分布于燕塘，听园、三塘湾。至1948年，共1552人。明嘉靖五年（1526）建祠。

常德龙氏 始祖禹官公。次子朝宗，仍居常德花园，生子颜公。字派：祖父荣贵子，家兴往汉阳。再应存儒德，杰英立纲常。文武安邦国，世代永远芳。

常德丹州龙氏 一世祖仲云公，宋宁宗时由江西泰和县因避金乱迁湘，开基于桃源县尖山峪，后裔迁常德朗平乡丹州。至1948年，递传26代，男女丁口万余。明天启间建宗祠于丹州。该支名人龙襄，万历举人。其弟龙膺，万历八年（1580）进士，刑部主事，太常寺卿。

汉寿龙氏 始迁祖万二公，明洪武初由江西吉安府泰和县甘竹乡徙居辰阳县治泰平桥青家巷。七世衍为琥、瑶、琎、玲、大本、耀宗、耀元、耀吉八房。清光绪二年（1876）纂修族谱。谱中家规有“忤逆不孝，重杖三百，论罪轻重处治”等内容。派次：尚其学道，以继先泽。文思肇开，家必定克。登进在廷，名扬邦国。允锡嘉祥，丕彰祖德。

桃源高岩、新店驿、县城龙氏 始祖仲云公，元明之际由泰和迁于桃源县东尖山峪，孙四：得荣迁武陵河洑，得华失传，得财迁桃源县南新店驿，得贵迁桃源县西南高岩。至1948年，已传24代，全族人口3000余人，分布于长冈头、尚志坪、古黑溪、龙家冲、县城、黄狮岩、沉溪、寺坪、高岩等处。宗祠一在新店驿，一在高岩。族谱创修于清乾隆四十一年（1776），道光二年（1822）、同治元年（1862）、光绪十九年（1893）、1930年续修。

桃源兴庵龙氏 始祖仲云公，元末自泰和迁于常德，传至七世日达公再迁桃源县北莫林村兴庵。至1948年，全族人口2000余人，分布于硖州、大田、温泉、陬市等地。清道光十年（1830）与龙家嘴龙氏合建支祠于兴庵。族谱创修于乾隆十一年（1746），道光二年（1822）、同治元年（1862）、1923年续修。

桃源龙家嘴龙氏 始迁祖至澄公。清道光十年（1830）与兴庵龙氏合建宗祠。

石门新关龙氏 原籍江西，明末迁湖北蒲圻，清初再迁澧州安福（临澧），转迁石门新关。族谱始修于清同治二年（1863）。

永定龙氏 始迁祖廷周公，吉水人，明洪武初官永定卫，遂著族于此。

益阳龙氏 宋评事通方公孙象乾、体乾。象乾归籍永新，生福玖、福珺，珺公落业滇省。玖公登宋宣和进士，绍兴时擢潭州太守，爱楚南俗美，遂由湘潭落业益阳衡龙桥五里牌。传至六世攀桂公，值元末兵燹，徙本邑车门塅，生四子：攻、敏、政、信。攻居合水桥之桥头坪，敏居风香塅之株树湾，政居三板桥，信居田家冲。清乾隆十年（1745）攻、敏、政、信四房合修族谱，之后攻、敏、政三房合修，至1931年凡六修。信公生四子：文贵迁安化，文荣迁茶陵，文华迁新化，唯长子文荣世居益阳，派衍为奇瑛、奇璋、奇瑄三房，至2000年谱凡七修。派语：通贞象福明，绍联荣攀公。子仕（孟）文（兴）奇（廷）隆（凤），腾（潮）廷（再）朝（应）应（承）宗（余）。日（德）光（大）希（昌）贤（家）圣（声），家（定）训（远）尚（长）寅恭。礼义承先泽，诗书迪后昆。良慈成德化，忠孝启侯封。百世传敦厚，千秋一本同。

益阳石燕村龙氏 始迁祖得时公，明洪武年间自江西吉安来此。

安化排门龙氏 谱以时霶公长子贵公字朝暹、行九郎为一世祖，居安化排门，为一甲始祖。二世天祥公。三世志道公，生八子：聪、义、泉、美、明、敬、忠、兴。天祥公率孙思泉迁县治，聪、义、美三公仍居排门，明、敬、忠、兴四公徙外省。1937 年安化四房建宗祠于排门。思泉公生五子：必升、必晟、必昌、必端、必竣，衍五房。1942 年泉公裔六修族谱，2005 年七修。谱以思泉为安化一世。十九世龙锡庆，官浙江布政使。派语：贵天志思必，水祖凤大生（时）。惟德嘉山在，来登应可知。云腾开泰运（甲第），雨化际昌（良）期。蔚起才原盛（盛世鸿勋业），传家泽远垂（燕翼贻）。

安化、新化龙氏 时霶公，官泉州知府，生五子，贵、道、兴、伯、仲，因厌兵乱于元至元三年（1337）自湘乡同迁安化梅山。贵公居丰乐一甲丝塘，道公居丰乐八甲龙塘，兴公居丰乐八甲观塘。伯公徙新化，入赘蔡姓。仲公居安化石磴铺，后裔有迁四川安岳石杆场者。清雍正八年（1730）三府六邑合修族谱，乾隆五十七年（1792）贵、道两房续修，咸丰七年（1857）贵、道、兴三房重修，光绪二十三年（1897）、1930 年、1992 年续修，2014 年道公房七修。贵公房老派：天志思必洗，祖凤大生（时）。惟德嘉山在，来登应可知。道公房老派：景文思仕永，廷兴彦祖宗。高明承世德，正大继君封。贵、道、兴三房合派：云腾开泰运（甲第），雨化际良（昌）期。蔚启才原盛，传家泽远垂。

新化茅坪龙氏 以伯高公为一世祖，三十六世通方公，三十九世瑞公。四十八世时霶公，字沛寰，宋元之际人，任泉州知府，定居湖南湘乡，子五：贵、道、兴、伯、仲。元末至元年间，因朝纲不振，兵戎四起，兄弟由湘乡同迁安化龙塘排门观塘后，贵居安化及平，道居安化丰乐，伯招赘入蔡，仲居安化石橙。兴徙宝庆新化太阳七都古塘村官渡桥茅坪，为新化始迁祖，生六子：德、宝、琦、富、应、受。其后人分布于太阳乡魁溪、茅坪高塴、洋溪及邵阳杉木江洋溪桥等地。族谱始修于清雍正八年（1730），1992 年六修。班次：云腾开泰运，雨化兆昌期，盛达鸿勤业，传家泽远垂，修齐绵统绪，群议续前规，翰彩辉如许，廉威振本支，昔贤师项秀，延助重根基。

新化白塘龙氏 始迁祖兴许公，明正德十二年（1517）从江西宜春县迁新化大同镇，继徙洋溪。

资兴龙氏 始祖辛公，元进士，原籍江西吉水县岭口，宦籍鄠县，其子万公子三：明一、明二、明三。明二、明三回赣居吉水。明一于元末明初因避兵乱由鄗县徙资兴北乡田庄坊，子二：善庆、善福。庆、福二公又各生五子，析居资兴各处。族谱始修不详，清雍正十一年（1733）二修，道光二年（1822）三修，光绪八年（1882）四修，1948 年五修。宗祠建于龙泉。

汝城龙氏 始迁祖作治公，明天启时自茶陵始居汝城大平墟，后卜居龙家。至 1932 年，已传 26 代，人口 70 余人。

祁阳龙氏 祁阳毛桥支始迁祖学存公，字国宁，明永乐十七年（1419）自江西永新迁祁阳毛桥楼宰塘。祁东大河山支始迁祖诚公、睿公，元元统间自永新迁祁阳河山。祁阳城山头支始迁祖海礼公，自永新迁来。祁阳江口桥支始迁祖霄公，字礼昌，元元统三年（1335）自永新迁来。祁阳大忠桥支始迁祖海晏公，明永乐二十二年（1424）自永新迁来。祁阳枫霖铺支始祖让公，衍柏、椿两支。常宁大湖坪支因文献无征，以荣富公为三派祖。祁阳归阳河水塘支始迁祖贵公，明永乐十六年（1418）自永新迁来。祁阳隆兴桥支始迁祖成富公，明永乐十七年（1419）自永新迁来。祁东新塘支始迁祖海孔公，明洪武初自永新迁来。祁阳系塘支始迁祖原道公，讳法受，明永乐二十二年（1424）自江西永新迁来。祁东大云市支始迁祖海宗公，明永乐十五年（1417）自永新迁来。1995 年各支八修族谱。班行：（自十四世始）士其怀先德，斯能受吉昌（才可定家邦）。忠厚贻谋远，孝慈益庆长。振声腾茂彩，永世发书香。继武弘扬广，开迪百代芳。建功复立业，名望耀衡湘。

蓝山南平乡龙氏 始迁祖元礼公，宋哲宗间由江西泰和县避乱迁此。至 1931 年，凡 71 户，男 200 人，女 201 人，共 401 人。

蓝山凤感龙家坊龙氏 始迁祖天修公，元至正间由江西泰和县迁此。至 1931 年，凡 300 户，男 580 人，女 600 人，共 1180 人。

蓝山南平八仙桥龙氏 始迁祖子荣公，由江西迁此。至 1931 年，凡 73 户，男 201 人，女 212 人，共 413 人。

芷江龙氏 始祖宗旺公，宋初自江西泰和迁居贵州天柱、锦屏等地，后支族迁居于此。

芷江龙氏 始迁祖福禄公，明洪武五年（1372）自江西吉水随邓愈平蛮进剿辰澧蛮寨而留居芷江。

新晃侗族龙氏 始祖必胜。族人分布于贡溪碧林、黄雷绞壁、新寨朝阳、禾滩冬溪等地。

麻阳龙氏 祖居龙（隆）家堡，分脉而立。云辅迁居石龙溪，贤辅迁居曹家坪（豪侠坪）、杨柳坡，爱辅（女）嗣侄辈迁居龙家汛，贵辅迁凤凰蜡尔山。石龙溪、豪侠坪龙氏字派：德明自我之祥世有贵光长延祖宗宏绪大启四得仁文忠佑贤良俊秀上照景新庆云。续定字派：正有帮家嗣绪永承先志师文布四登方平远着秀。

麻阳龙氏 始祖智公，元武宗二年（1309）自江西永新县桥头上宦常德府武陵县，遂居武陵。云飞公于元至元年间自武陵迁沅州顺一里蒋家村。伯益公于明建文二年（1400）迁麻阳之石惹畈（后改名石垅溪），永乐十年（1412）移景家坪（隆家堡），永乐十四年（1416）迁贵州思州府施溪司石门（今龙门），永乐十九年（1421）迁居麻阳曾家村（今龙家湾）。荣甫、贤甫兄弟于永乐二十二年（1424）复迁石垅溪，贤甫编石惹里三甲，清康熙时改归四甲。荣甫居小溪，编石惹里四甲。贵甫居石垅溪董家岭瓦屋场，寻迁五司。字派：（六十六世后接）贤甫系（石垅溪）：正有邦家嗣绪，永承先志斯文。兴朝培元作秀，多士步汉登云。荣甫系（豪家坪）：长延祖宗宏绪，大启世代人文。钟毓贤良俊秀，上兆景星庆云。

沅陵龙氏 始祖采濂公，南京应天府人，北宋英宗时迁河南卫辉府汲县，生二子：长子禹官由汲县徙居江西泰和县，次子禹甸世居汲县。禹官子五：宗麻、宗朝、宗灵、宗廷、宗旺。或居绥宁，或归桃源，或迁会同。宗旺辗转越播而后定居沅陵大龙，四孙：存璋、存江、存凤、存锦。璋、凤留居沅陵，清光绪二年（1876）纂有族谱。

芷江中心镇龙氏 始祖洪兴公，字涵宁，谱称为永新始祖庚公五世孙琮公之裔，原籍江西丰城县桥东乡，元泰定间由乡举授云南杨林县令，至正间解组，落于沅州（州治在芷江县）郡城西五里黄朝冲。至1948年，递传24代，男女丁口6000余人，多分布于中心镇、忠武、忠明、文和、舞北等乡及四川南充、合川、武胜、金堂、贵州羊坪、湖北来凤等县。宗祠位于芷江县中心镇上河堤。

会同清溪龙氏 始祖禹官公，生五子：宗麻、宗朝、宗灵、宗廷、宗旺。朝公衍常德派，灵公后裔不详，旺公衍沅州派。廷公于宋哲宗时任江夏县宣教郎，其时金人犯境，乃于宋徽宗时致仕道经会同而卜居清溪红花园，为会同龙氏始祖。廷公生二子：霦、霨。清光绪十七年（1891）纂修族谱。岩壁派语：大章思克孝，承吉庆常安。成清逢景日，贻世永登翔。大臻桥派语：才潜显泰运，家国庆安邦，英华昌百代。

会同龙氏 始迁祖顺天公，原籍江西，侨居河南，宋靖康年间擢任贵州学政，回梓经洪江为兵乱所阻，遂落籍会同。

会同龙氏 始迁祖禹淑公，元末自江西永新迁居会同。

龙山龙氏 该族为苗族，由贵州迁龙山，族人分布于桃子园、紫云山、二台坪。字辈：才全显泰运，陞平耀治安。英华昌百世，灵瑞兆祯祥。

龙张

邵阳官桥铺龙张氏 该族原姓张，始祖表宣公明洪武二年（1369）随舅龙于田由江西吉安县迁湘，开基于本省邵阳县平六乡官桥铺。于田无子，以甥为子。表宣公之后复姓张氏，不忍忘其舅故，故称龙张氏。族人分布于本邑梏株山、排山屋、霞光岭及祁阳县之龙爪塘等处，宗祠在熊家湾。至1948年，已传23代，有男女丁口约5400人。清乾隆五十五年（1790）始修族谱，同治四年（1865）、宣统二年（1910）续修。班次：一绍世守泰，明大光祖忠。清传齐璧到，正起自天同。佑启家珍萃，思贻本业崇。敬修承懿训，卓立树前功。

平

醴陵双滂平氏 始迁祖万益公，明洪武间自江西修水迁此。至1948年，全族人口约100人。

卢

长沙小北门卢氏 始祖义甫。十三世孙发达，清康熙年间因商徙居长沙小北门。

浏阳东乡姜卢塅、三口卢氏 始祖植公。后裔均公，唐宪宗元和进士，由隆兴西山迁居建城高岭（今江西宜丰县石市乡十都村）。传至朝用、朝佐，明洪武间因世乱兵燹，迁居浏东姜卢塅及三口。朝用子孙分居铜坊、白沙、东门、长丰冲、渡头、邑北匾山。远及道州、桂阳、常宁、平江，江西萍乡、陕西、广西等省，朝佐子孙分居县城、三口。1995年与达浒、甘塘等地卢氏合修族谱。

浏阳甘塘卢氏 始迁祖国正公，明洪武初年偕弟国忠，由江西吉安府庐陵县东村南岸卢家洲迁居浏西。国正长子孟一复徙岳州府临湘县鸭栏矶，次子孟二由浏西白田大水垅移居甘塘，孟三迁醴陵三羊。以孟二公一支繁衍最盛，先有其重孙德公一支迁居浏东古港仙洲，继而德公次子恺公因宦籍浙江，子孙遂世居鄞县。以往浏、浙合修。清乾隆五十八年（1793）浏阳创修支谱，同治五年（1866）、光绪三十四年（1908）、1944年、1993年、2019年续修。派语：国孟允廷万刚，京正兴再胜贤（甘塘支）。国孟允廷思日，清再兴大天明（古港支）。富贵荣华美，诗书礼乐芳。贻谋存后汉，家学绍前唐。

浏阳达浒卢氏 始祖植公。二十一世清献公。三十八世金荣公，明成化间自江西修水中塅乡卢源徙居浏东达浒卢公坪。迄今二十余世，人丁散居不一，远则贵州之贵阳、陕西，近则平江、本邑西乡柏嘉山、本乡椒花苦竹园等地。

浏阳古港仙洲卢家台卢氏 始迁祖思潭公，明正德初由安徽泗县离任，卜居浏东古港仙洲卢家台。

浏阳文家市大顺田卢氏 始祖唐时宗泰公，居江西虔化。传至宋时处信公迁闽。始迁祖志维公，字德吾，明末由福建汀州府永定县携家避乱徙粤、徙吴、徙楚，至清顺治七年（1650）始迁居浏邑欧家园染布为业。志维公之子秋公生尚文，始于大顺田置产构庐。清咸丰三年（1853）创修族谱，光绪二十四年（1898）续修，1940年三修。宗祠建于浏东石湾，名“开源”。字派：尚自国效学方为本期开……

浏阳、江西万载卢氏 文宝公十六世孙延震之曾孙振华公，为浏邑东乡张家坊之祖。文宝公十六世孙延嵩之曾孙振祥公，为浏东三口塅之祖。文宝公十六世延裘之孙依德公，为浏东双源冲之祖。延裘之曾孙云朝公，为浏南大坑之祖。清咸丰五年（1855）、光绪十年（1884）、1915年、1948年四修族谱。

浏阳石湾乡石湾村田心卢氏 始迁祖尚定公，清康熙九年（1670）自福建永定大塘坳（今坎市镇一带）迁此。

浏阳东乡卢氏 始祖敬甫，居平江。十二世绍选徙湘潭。十三世承阀，清康熙十三年（1674）迁浏阳县东乡，承阀弟承烈，清顺治间迁长沙高坪。十六世孙永柱，于乾隆间迁龙山县。

宁乡卢氏 始祖元亮公，字有章，南宋孝宗隆兴中授中宪大夫，出守豫章吉安，卒于官，子孙遂家于泰和县大坝塘圳上。六派孙华廷，字甸英，一字亨男，元顺帝至正初年因避红巾军之乱负谱徙楚，隐居潭州天马山，生四子，一徙善化，一徙湘阴，一徙益阳。惟第二子思远随父徙宁乡玉潭，洪武初年由玉潭徙双凫，未几又徙麦田。华廷公传四代至胜怀公，派衍为桦、章、辉、杰、泉、茂、橓七大房。清乾隆间建宗祠于麦田。明永乐间始修墨谱，清光绪十七年（1891）五修，1924年六修，2017年八修。堂号范阳。世语：思文智胜宁时吉，怀应兴庭仲大贤。德见我仁朝正国，传家忠孝本原全。续世语：衔沩懋炜，喜录源根。煌重镌沕，业烈垂铿。

湘乡谷水窑冲卢氏 宋时楚华公，任吉安太守，归休后徙居清江县。其子国泰，移居湖南湘乡谷水窑冲。子九，分迁安化、益阳、涟源、新化、辰溪诸县，至今已传25代，人口数万。

湘潭甕门湾卢氏 初祖万山公，因五湖云扰，自北迁南，始居茶陵三十三都东江江田，后居三十一都小潭，生三子六孙。值元季红巾之乱，元至正间，孙辛三公迁湘潭七都古湖，辛六公迁湘潭城内卢家围。递六派，天儒、天政两公由卢家围又迁十都三甲古塘桥甕门湾。清乾隆三十五年（1770）、嘉庆三年（1798）、道光二十年（1840）、光绪十四年（1888）、1927年五修族谱。字派：士光先立本，忠良大有成，穀诒湘泽远，裔肇渭璜英。

湘潭卢氏 始祖敬甫公及其孙信公，原居平江县。至十二世孙绍选公，因经商定居湘潭。

醴陵八步桥卢氏 始迁祖用和公，明洪武末年自江西高安迁此。族人分布于攸县。至1948年，全族人口300人。

醴陵高林卢氏 始迁祖锦盛公，五子：昶、经、玉、卿、发兄弟，明季中叶自饶州乐平迁长沙府醴南五百垱。至清雍正间，其裔孙由五百垱再迁湖井境营里高林。清光绪二十八年（1902）纂有族谱，堂号敦伦。族人分布于萍乡、攸县。至1948年，全族人口300人。

醴陵东乡水坪村卢氏 始迁祖显康公，清康熙间自广东程乡县大密村迁此。

炎陵大塘卢氏 始迁祖子辉公，因旱灾于清康熙十七年（1678）自广东始兴迁此。

衡阳金兰卢氏 始迁祖祥簌、祥德二公，明洪武年间徙居衡阳县金兰乡。

邵阳卢氏 始祖太崇公，宋末迁居安化县。太崇生以秀，以秀生召南，召南生文仲。明太祖为吴王时，文仲以战功授万户，生子泽。泽公洪武初奉命守宝庆卫，遂籍邵阳，后征云南，阵亡于东川，子兴嗣爵。兴公永乐时征交趾，阵亡于可留关，子孙世袭千户。兴公生钟、钊、鍏、钢。钊房回安化守祖，余三房皆在邵。至1948年，已递传25代，男丁600余人，女丁300余人。宗祠位于邵阳城东铁炉巷。明嘉靖年间、崇祯五年（1632），清乾隆五十六年（1791）、咸丰三年（1853），1920年、2011年纂修族谱。班行：应国传名世，宗开万祚延。长生钧治杰，烈皇配贞元。

邵阳桃林卢氏 始祖楚华公，宋真宗时官吉安，居临江府清江县修德乡江湖头。数传至佑公，名国泰，宋元之间迁居湘乡谷水，生九子，第八子绍基生明叟、必通。必通世居新化白云庵，明叟居新化高坪。明叟生天祥，由新化卜居邵州桃林。清乾隆三十五年（1770）、道光十九年（1839）、光绪九年（1883）、1915年、1948年纂修族谱。旧谱班行：天孙世应源，宗隆立大昌。祖兴永定政，志仲德文章。通谱班行：先贤本至善（福），顺豫自成康。积（泽）厚开荣发，升恒锡庆光（祥）。敦伦昭典则，起绪广纯良。新邵武安益，湘原誉颂扬。

湘阴卢氏　始祖钧公，字和叔，代居新昌，举唐宪宗元和进士，为岭南节度使，以清惠著名，解组后由新昌十都遁迹建城高岭。越数十传至文斌、文美、文郁，三公原籍江西庐陵县铁树观卢家洲，因元末明初兵燹频仍而徙楚。文郁徙居益阳。文斌、文美始迁湖广浏邑，继迁湘乡，斌公居花石桥，美公卜居龙凤桥。斌、美二公传五世而分仿、儴、伶、侨、倬五房。族谱创修于清乾隆三十一年（1766），嘉庆十五年（1810）续修，咸丰四年（1854）三修。乾隆四十三年（1778）建宗祠于湘阴盐田塅。旧派语：文朝允迪，修仲金应。之一廷启，开先盛德。续派：本家声显耀，世泽永贻芳。清惠垂猷远，循良庆运昌。

华容桃花山秦家湾卢氏　始迁祖子芳公，江西人，喜游览山水胜地，明宣德九年（1434）至华容桃花山，以为乐土，在今石首九佛岗秦家湾入赘秦氏。后裔添祥开夏家圻支，志贵开施南府支，志和开普贤岗支，志惠开艾家垸支。子孙聚居东乡墨山铺和西乡普贤岗。与石首支共同派语：祖儒遵道从先进，盛德元猷振士林。甲第开家传绪远，文章裕后纪恩深。

平江献钟卢氏　始迁祖志道公，明洪武二十八年（1395）自江西吉水迁此。至1994年，全族人口3342人。

桃源新店驿卢氏　始迁祖清公，元初自北京宛平芦沟桥迁桃源县南新店驿。至1948年，全族人口千余人，分布于牯牛溪、太平铺及湖北施南等地。宗祠在安平太平铺，支祠在新平乡牯牛溪龙家园。1911年始修族谱。

桃源卢家坪卢氏　始迁祖先明公，明永乐十四年（1416）由江西吉水县拖船埠大栗树迁桃源县西赫曦乡江家坪，今称卢家坪。至1948年，已传20代，全族人口700余人，分布于三阳乡及慈利、燕子岩、白林堉等处。宗祠在三阳港王家坪。1944年创修族谱。派语：登士之邦，继序其昌。善积祖德，克绍前光。佑启尔后，福禄永康。

桃源、慈利卢氏　始迁祖南州公，原籍江西吉安府吉水县，明永乐二年（1404）迁居桃源陬市。另支始迁祖旭公，明永乐十四年（1416）由武昌府通县迁桃源夹州乡锡城古刹栎山埫。另支宗圣公，原居麻阳县铁炉巷铜骡子村株木冲，清康熙四十年（1701）后裔应相迁慈利龙潭河高家埫陈家坪。另支始迁祖兴祖公，生明洪武二十二年（1389），卒成化九年（1473），由武昌府兴国州大冶县存仁坊果里村迁慈利。2004 年桃源南州公支、先明公支、旭公支，慈利宗圣公支、兴祖公支联修族谱。兴祖公支派语：兴之文京，尔大可德。宗珠应时，玉维梦学。遵守先志，继述洪昌。源深泽广，万世同芳。南州公支派语：士字必全大，兴源运时昌。体仁传微远，宗德庆有光。敦原承先泽，辅治裕朝邦。廷献克胜咎，荣显丕延芳。旭公支派语：单万仲金延，应世胜单文。国正宗丕振，家道永长生。

澧县卢氏 始迁祖陞公，金陵人，元时携四子文荣、文华、文富、文贵自江西南昌府丰城县铁树宫来澧州。文贵字世选，行万四郎，生八子，明洪武时卜居澧城三皇山之东，为该支落业始祖。清道光间、光绪十八年（1892）、2016 年三修族谱。字派：希汝以伏永，廷政凤学应。士登如昌大，洪宗兴基业。基业开景运，作述耀祖芳。忠孝家道振，甲第早荣扬。

益阳、安化卢氏 卢氏肇自姜太公孙傒父，食采于卢，因以为氏。厥后由范阳迁陕西靖宁州庄浪县。汉末大抡公官袁州，因黄巾之乱，遂家江西新犹县。宋真宗时楚华公任吉安太守，因故土人稠，迁清江县。传至佑公，名国泰，宋末由清江县迁居湖南湘乡县谷水，生九子：长子太崇，字元亮，继迁安化二都太阳坪，子三：以秀、以信、以实。信、实二公裔一迁安化丰乐东石山，一迁桃源县卢家滩。秀公世守二都，子三：周南、召南、图南。周裔世居安化，召裔迁邵阳，图裔迁益阳五里株木潭。清康熙三十年（1691）周、图两房合修族谱，雍正十年（1732）续修，乾隆九年（1744）三修，嘉庆十四年（1809）周房独修，咸丰九年（1859）两房五修，光绪三十四年（1908）周房又独修，1935 年两房七修。嘉庆间安化建祠于太阳坪，光绪间益阳建祠于株木潭。安邑老派：太以南仲均，思嗣必可绍。文兴正大光，明先贤有训。益邑老派：太以南仲均，思金允伯玉。明泰绍承祖，万先贤有训。续派：……本至善，顺豫自成康。积厚开荣发，升恒锡庆祥。敦伦昭典则，起绪广纯良。新邵武安益，湘源誉颂扬。

益阳火田卢家园卢氏 始迁祖元莒公，明洪武五年（1372）自江西吉水县圳上迁湖南益阳二十一里火田卢家园。五世孙浩鼎、浩鼐、浩鼒三兄弟，别为塘头湾、西林院、鹅公嘴三大支。清嘉庆十三年（1808）首修族谱，同治七年（1868）续修，有郭嵩焘、易堂俊序。光绪三十一年（1905）三修。1947 年五修族谱，堂号培元。字派：元基开德浩，天允廷时中。光明惟正达，万世定荣封。孝友本立，启秀承宗。克家传业，远著芳声。

桃江栗山河卢家村卢氏 宋南渡后，太崇公由吴迁安化二都，孙召南徙桃江天湾高峰，玄孙均海于明洪武十七年（1384）卜居栗山河卢家村。

桃江大桥塘卢氏 始迁祖宗义公，明洪武初由直隶迁桃江大桥塘。

安化太阳坪、金铃山卢氏 谱载宋末元亮公，讳太崇，闻梅山初辟，偕弟英玉、继玉（字太渊）迁湘乡县谷水窑冲，继迁益阳太阳坪（后属安化）。英玉迁居益阳马市。继玉又迁湘乡黄沙检头，子孙复迁安化常安金铃山。至1948年，递传25代，男女丁口2万余，聚居于安化县太阳坪、丰乐乡东石山、常安乡金铃山，益阳株木潭，桃源卢家滩，新化白云庵等处。

新化资东蜈蚣桥卢氏 始祖国泰公，原籍江西临江府修德乡，迁居湖南湘乡胜岸十九都谷水窑冲。第七子太灵，字秀英，名昭益，镇守苏州府吴江，明永乐二年（1404）解组归屯，始迁新化城东松山坪，继迁资东蜈蚣桥，生三子：友贤守新化故里，友质迁益阳，友宾徙贵州。族谱始修于清嘉庆十一年（1806），同治九年（1870）二修，1917年三修，1991年四修。派语：国家桢干，士林楷模。培立名节，扬颂清声。1991年新增派语：合谱辉前业，升恒锡厥强。敦伦昭典则，起绪广纯良。新邵武安益，湘源誉颂扬。

新化石鼓卢氏 始祖八郎，字绍基，由湘乡迁居新化白云庵，子二：明叟、必通。通公世居白云庵。叟公徙居邵阳谷州，继迁高坪，至三世祖添祥公卜居新化石鼓。族谱始修于清乾隆四十二年（1777），嘉庆七年（1802）续修。班行：景大廷文尚，国家仁义昌。一时逢盛治，万派笃伦常。礼乐修身本，诗书继世香。青云能捷步，富贵永流芳。

汝城左江卢氏 始迁祖千一郎，江西上犹县人，南宋乾道间迁汝城。后裔徙东沙、横江、社溪、乾浦等处。至1932年，已传25代，1000余人。

汝城大栗水卢氏 始迁祖清寿公，明嘉靖时由江西迁汝城，始居县西祖江，后分居延寿。至清时寿祖迁大栗水村。

汝城中心洞卢氏 始迁祖上烈公，清雍正时自广东仁化县迁汝城中心洞。至1932年，已传11代，人口50余人。

零陵观文廛卢氏 始迁祖世芳公，字兰陔，明嘉靖末由江西省瑞州府高安县一速乡卢家村因贸易迁湖南永州东安县黄泥洞，旋再迁零陵县兼爱乡承平洞观文廛尚仁里。至1948年，已传17代，人口4000余人，族人分布于尚仁里、磐石洞等地。清道光间建总祠于观文廛。

江永桐口卢氏 始迁祖绍基公，字芳庭，宋时由山东曲阜县因出任道州刺史，迁湘开基于永明县（今江永）兴明乡桐口村。族人分布于江永神岗口及广西焦昌口等处。至1948年，已传27代，男女丁口400余人。宗祠在桐口村。

新田长信乡石溪村卢氏 始迁祖千三公，宋时自江西泰和避乱迁此。至1948年，已传22代，人口300人。

新田仁智乡牛栏冲卢氏 始迁祖相形公，明洪武间自江西龙泉因贸易迁此，族人分布梨山洞。至1948年，已传7代，人口50人。

会同卢氏 始迁祖昌富公，明万历时因水灾自江西吉安府迁徙靖州会同县。

靖州卢氏 始迁祖万才公，明洪武二年（1369）自江西吉安府先迁湖南辰州，后迁靖州县开荒种植。

靖州卢氏 始迁祖万镒公，明洪武二年（1369）自江西吉安府泰和县先迁湖南邵阳，后迁靖州县开荒。

靖州卢氏 始祖旺公，山东博兴县人，明洪武二年（1369）任云南指挥，生三子：清、玉、春，皆武职。永乐元年（1403）玉公子桢公，自云南徙居靖州。

帅

长沙帅氏 该族《世本》姬姓，为晋司马兵曹尚书师昺公之苗裔，因避景帝讳，奉诏更姓为“帅”。基祖逢原公，宋进士，原籍浙江婺州金华，任江陵都统。十九世登辅公，自江西南昌府奉新锁石店分派湖广襄阳府枣阳县，明洪武二十五年（1392）又迁长沙府善化九都帅家湾。清乾隆三十年（1765）、嘉庆十二年（1807）、同治六年（1867）、1912年、1943年五修族谱。字派：登荣贵万元廷绍。时学文林启，光昭世绪兴。孝友传家政，诗书作述新。

益阳帅氏 始祖伏远公，明永乐年间自江西永丰迁居汉寿。其后裔于明弘治年间再徙益阳十八里柳塘山开垦定居，其后一支居于十五里裴家坝。

汉寿帅氏 始迁祖伏远公，明永乐二年（1404）由江西德安府迁居汉寿西南梅溪总山区席家坪。二世文绅公衍富、贵、富、华四房，文继公衍政、资、扶、周四房。清乾隆间纂修墨谱，咸丰九年（1859）、光绪十八年（1892）、1928年、1997年续修。三修时益阳周房不与。四修时八房合修。派语：远文龙连治，友朝兴明闻。以世法之正，大学盛可承。先泽开昌运，家声起吉人。儒宗传克广，绍绪德维新。

叶

长沙碧湘街叶氏 始祖淋泗公，字源开，南宋时人，原籍苏州府吴县洞庭山。至第五世于端公，闻南楚风俗敦美，偕弟于楷元末时居于长沙碧湘街。端生正权。权生斌、赋、缃、絓。斌居益阳，赋居宁乡，缃居湘乡，絓居浏阳。谱以清康熙年间末刊草谱为始修。乾隆十三年（1748）赋、缃、絓三支合修。班行：文运自天开，家仁祖德培。宗功传世久，学士位崇来。

长沙、宁乡叶氏 自南宋大经公开派，大经公晚居广东梅州程乡县。八传而德茂、德成、文保、德真，别为四大派。德茂子仲华、仲彰，德成子仲显、仲盛，文保子仲仁、仲义、仲礼，德真子仲胜、仲腾、仲明，衍十大房，后裔分析长沙、宁乡、益阳等地。1931年四修族谱。

长沙团山湾叶氏 始祖大经公，宋宝庆丙戌（1226）进士，德祐间弃官隐广东梅州，居曾井。越元迄明，子姓昌炽，清康熙初由粤肇基楚南。清同治间建祠于河西古冲，光绪二十八年（1902）改建于善邑七都团山湾。道光七年（1827）、同治九年（1870）、光绪三十一年（1905）、1931年、2017年纂修族谱。派语：鼎复需颐萃，恒升泰渐临。师谦观晋益，履豫贲咸丰。该族名人：建威将军头品顶戴提督叶东元。

浏阳叶氏 叶氏源流始于春秋之世，叶公诸梁食采于沈，因以为姓。七十九世清臣公，登宋天圣戊辰（1028）科进士，官入翰林。八十四世正简公，登宋绍兴元年（1131）进士，由闽入粤。九十三世康隆公，生四子：梅友、梅林、梅朋、梅实。梅友居海丰，梅实居惠州府石子头，梅朋居程乡，梅林居龙川。后裔明末清初迁浏。清光绪二年（1876）建宗祠于浏阳县北门外天后宫后。1917年十一修，1948年十二修族谱。派语：（自百十一世始）世祖兴能良，奕友绍宗长。贤俊应时起，文名定显昌。清华从旭日，瑞景拱朝光。敦厚臻余庆，中和致吉祥。道生端本立，发达永传芳。

宁乡八仙石叶氏 始祖淋泗公。七世孙赋公，字敷陈，明正统十年（1445）生，正德十六年（1521）卒，隶籍沩宁。至十一派分为楚钧、楚铧、楚铝、楚镐、楚铎五房。谱以清乾隆十三年（1748）赋、缃、絓三支合修本为始修，咸丰四年（1854）续修。

宁乡、益阳叶氏 始祖元天历间文晔公，字冠九，官吉安府学训导，籍隶浙江丽水县。七传二允公，明成化十六年（1480）由浙江随明吉简王就封潭州，供职藩邸，遂家长沙碧湘街。又数传至万历间南衢公，长子大有占籍宁乡，次子大用占籍益阳。清乾隆五十八年（1793）、道光十四年（1834）、同治三年（1864）、宣统元年（1909）、1931年五修族谱。派语：文明耀祖，武毅光邦。日应大星，芝嗣继永。承德开先世，传家毓俊英。敬循忠孝矩，定振汝芳声。

湘潭叶氏　始祖守桃公，行六，宋绍熙三年（1192）知丰城县，长子可和随父之任，家于丰城松湖大板桥。次子可併始居保昌，继徙泰和。可和十三传至传彩，有子三人：长太府徙醴陵。次明府徙沩宁。三均府，字成西，明成化七年（1471）由江西丰城县因经商迁湘，开基于湘潭县姜畲乡炭山坝，族人分布于株洲等处。至1948年，已传21代，宗祠在今株洲三家田。字派：均盛启满常。廷传茂崇震。续派：开世昌明大，先德定显扬。文章昭景运，礼义达中湘。务本家余庆，承宗泽久长。百年人以树，诒翼发祥光。

湘潭叶氏　始祖适公，字正刚，宋官司业，事详《宋史》本传。始迁祖应凤公，字舜仪，由洞庭东山杨湾迁洞庭西山之莘村湾。后裔国泰公，字芳玉，由江苏迁长沙，复迁湘潭。国泰公之曾孙叶德辉，字凤梧，号涣彬，行一，为湖南著名藏书家。

湘乡叶氏　始祖淋泗公。七世孙缃公居湘乡，子三：继福、继禄、继寿，衍为三大房。清乾隆十三年（1748）赋、缃、緌三支合修。清嘉庆间缃支曾独修支谱，光绪十年（1884）续修。该支名人叶广胜，提督衔记名总兵。

醴陵豆田叶氏　始迁祖口精公，明崇祯末年自江西南康迁此。族人分布于清江、萍乡、浏阳、攸县。至1948年，全族人口5000人。

醴陵漏水坪叶氏　始迁祖昆海公，明崇祯初自广东嘉应迁此。族人分布于白兔潭、萍乡。至1948年，全族人口1000人。

醴陵汆鸡垅叶氏　诸梁公一百六世常生公，明崇祯间由粤东惠州迁楚南醴邑东之汆鸡垅立基。清康熙二十七年（1688）、乾隆十一年（1746）、嘉庆二十三年（1818）、道光十三年（1833）、光绪四年（1878）、1917年纂修族谱。

醴陵仙石叶氏　始迁祖道芸公，清顺治初年自江西龙泉迁此。族人分布于大屏山、清水江、萍乡。至1948年，全族人口1000人。

茶陵叶氏　先世于南宋宝庆元年（1225）由浙江龙游迁茶陵。后裔分居舲舫长鸭、枣市岩口及八团等地。

炎陵九都长江叶氏　始迁祖秀华公，清康熙五十三年（1714）自广东梅县迁此。后裔徙沔渡洞里、上馆、下馆及十都黄上、麻莱。

炎陵水口水西叶氏　始迁祖捷岳公，清雍正元年（1723）自江西上犹迁此。后裔徙船形。

桃源涪溪叶氏 始迁祖青公，号永茂，明洪武时由江西迁桃源县东涪溪田家河。至1948年，已传24代，全族人口300余人，分布于延溪、灵岩等处。清咸丰六年（1856）建宗祠于叶家大屋。1930年创修族谱。

澧县叶家岗叶氏 始祖文修公，明永乐间五代裔孙均定公自福建松溪迁澧州叶家岗。明嘉靖间与福建松溪均定公后裔同修族谱，清顺治十五年（1658）叶家岗独修，乾隆二年（1737）、乾隆四十六年（1781）、道光二十三年（1843）、咸丰四年（1854）、光绪十七年（1891）、光绪二十七年（1901）、1930年、1947年、2011年续修。派行：大志祥盛祚，函征培泽宏。家声秉其世，文秀长光宗。仁德承先业，敦本启乃雍。存心以为友，克守自宜从。祖述传永远，同寅兆协恭。广学继昭代，典章益显庸。

临澧叶氏 始迁祖兴公、富公、德公，原籍江西南昌府丰城县大栗树。明洪武二年（1369）兴公自湖北安陆府升授湖广常德府指挥使，二十二年湖广千户夏德忠诱九溪洞蛮为寇，兴公与弟富公、德公从靖宁侯叶升及胡大海讨之，有功，因屯军于此。兴公屯九溪卫，卒葬临澧新安市十鸭儿潭。富公镇守永定卫，永乐二年（1404）迁澧阳南璋。德公屯驻江陵。兴公裔居石门五岭坪、临澧叶家溶、澧县亘山、大杨树、甘溪滩。富公裔居临澧叶家庙，德公裔居澧县老木寨。1939年、2006年统修族谱。字派：愈大光先世，文明正发祥。育材延祚远，敦本树业长。修齐崇仁孝，治平重纪纲。作为循典则，继述体宪章。丰功铭钟鼎，缵绪恢周邦。

平江城西滩里叶氏 一派祖本魁公，字占一，出身乡科，宋端宗元年（1276）例补瑞金知县，宋末自豫章瑞金弃官而迁湖南平江，家城西滩里。四派仲文、仲才支分派别。两支合谱创修于清乾隆九年（1744），道光二十三年（1843）、同治十一年（1872）、光绪三十三年（1907）凡四修，1937年仲文公房五修。嘉庆年间合建祠宇。派语：本思永仲尚，丹天春一时。开万象生世，昌隆发远枝。传家敦孝友，华国树猷为。继德昭先烈，成功绪业垂。该族名人：叶树谦，翰林院待诏。

平江叶氏 该族以楚司马诸梁为一世祖。六十二世中庸公，字千一，生元至元二年（1336），卒建文三年（1401），由江西武宁县迁湖北蒲圻，为蒲圻始祖。第五子永寿，字仁重，明洪武二十五年（1392）由蒲圻复迁平江上塔市燕额岭，为迁平始祖。清乾隆五十五年（1790）与蒲圻合修族谱，光绪二十二年（1896）六修，1935年七修。时有人口1019人，嘉庆十三年（1808）创建宗祠。派语：中永胜兴单，正春方维其。愈大光先世，文明应发祥。良材绵国祚，伟烈焕朝纲。率祖谋猷远，承宗德泽长。和平家集祜，振奋族图强。同隶炎黄胄，南阳万代昌。

平江白水洞杨基坡叶氏 始祖思信，行六，始居龙川东坝，再徙吉安龙泉（即遂川县），思信生应椿，应椿生时发，又回龙川碧泉。时发公九传至世佩公，清康熙六十年（1721）徙于湖南平江白水洞杨基坡。

益阳叶氏 始迁祖文高公，字思龙，明洪武六年（1373）自江西吉水县圳上迁益阳千家洲垦田。传三世秀玉、秀七两公，秀七迁贵州。秀玉生应才、应储、应斗。才裔世居益阳。储裔明天启间迁石门，历八世景荣公于清康熙间安插回益。斗裔迁汉寿。清乾隆十三年（1748）始修族谱，乾隆三十九年（1774）二修，嘉庆十七年（1812）三修，咸丰四年（1854）四修，光绪四年（1878）五修，1914年才、储二裔合修，2003年七修。至今族人2万余人。派语：文明秀应，恒达友时。南乔宗景，震启乾坤。植德昌隆兆，荣华定久长。承先敦孝义，向上作忠良。

桃江武潭叶氏 始迁祖思龙公，明洪武六年（1373）由江西迁益阳。五世孙恒逵于正统十四年（1449）迁良疆界，衍居桃江武潭。

沅江叶氏 始迁祖楚封公，明万历间由江西吉安府吉水县迁沅江，四世衍为永羲、永融、永和、永成四大房。清嘉庆六年（1801）创修族谱，宣统元年（1909）续修。老派：楚明俊永，枝如木本。文定光宗，世家人振。新派：祖德毓英，腾茂蕃兴。维新邦国，克绍先声。

邵阳叶氏 邵陵叶氏诞迁之初居非一地，溯各房开派之源人非一宗。如千一、千二、千三、千四、千五数公，原籍江西，明初来邵，卜居文场，因年湮代远，溯源无据。故以秀、遗、虎、贵四公为一世。秀、遗二裔或徙或斩，虎、贵二公卜居双江口倚石庙。清道光九年（1829）倚石房纂修墨谱，光绪十一年（1885）续修，光绪三十二年（1906）与谷皮洞萍公裔合修。谷皮洞叶氏，始祖萍公，子椅、樟两公居府城，三世荣公裔有根、有弘迁峡口塘，六世自高迁谷皮洞蒋家村，光绪二十四年（1898）续修墨谱。虎、贵公房旧班：单志廷朝正，光明显祖宗，永世兴孝义。椅公房旧班：单单单春有自滋，必起永世荣盛昌。有根房旧班：单单单春有自滋，必起永世荣盛昌。有弘房旧班：单单单春有自滋，芳应世大国盛昌。合修班次：迪吉惠元善，传家本长敦。贤良承先泽，文章毓俊英。1993年续修合谱。

新化东门河街坪叶氏 始祖彦周公，原籍南京凤阳府，明洪武十六年

（1383）委镇贵州安顺府伍开卫，卒于任。妻陈氏于永乐二年（1404）偕五子敏、效、考、微、林，奉旨拨居新化东门河街坪。因彦周公与一杨姓同僚有生死莫逆之交，故彦周公后裔取姓“叶杨”，并建祠毕家巷。后人分布于横阳、水车、木瓜、横溪等地。谱一修于明万历三十七年（1609），1996 年七修。派语：源本焕圭锡，涵椒煜城钧。汉校煊台锦，海棠照璧铭。泽柏煌坤镇，湘梅焯基镕。润桂辉坚铠，治梓炽培钦。仁义崇先哲，诗书启后英。武文多俊杰，世代广贤明。

宜章坳下叶氏 自广东乳源梅花徙宜章坳下。

汝城金山叶氏 始迁祖广信公，明成化中自广东南雄县迁此。后裔分布社溪、蜡树脚、濠头、双鲤等处。至 1932 年，已传 24 世，1000 余人。

汝城高氹叶氏 始迁祖生智公，清乾隆时自广东始兴县迁汝城高氹。至 1932 年，已传 10 世，丁口 40 余人。

东安叶氏 始迁祖重岩公，明洪武时由江苏苏州因官授永州府卫兼指挥使迁湘，开基于东安县南应乡上南江桥。族人分布于株洲、零陵、重庆等地。至 1948 年，已传 21 代，男女丁口 1900 余人。本支名人叶永曜，号景唐，因军功升用知府，补用同知直隶州知州。

溆浦桥江叶氏 始迁祖昌科公，原籍江西进贤县，明洪武二年（1369）徙溆浦桥江。

溆浦邓家坡叶氏 始迁祖天元公，原籍江西建昌县，清顺治时徙溆浦邓家坡。

龙山叶氏 始迁祖尚瑾公，明嘉靖三十七年（1558）自浙江处州府遂昌县迁居龙山猫儿滩镇叶家寨。今为土家族。2003 年纂有族谱。字派：尚仲朝盛，文仕永正。光宗显祖，成德立明。润泽辉生，菡碧馥馨。培植有本，世代向荣。

申

邵阳申氏 始祖朝奉公，字逸翁，原籍江西泰和县鹅颈丘，官福建副使，宋末元初宦湘，迁居邵阳小东路太平乡桥头。子三：试隆官贵州婺川县知县，卒于任，子孙附籍。试仁迁南京。试辅之子儒奎，仕元荡寇将军，生崇长、崇俊、崇衡、崇荣、崇富。崇长公于明洪武时任宝庆卫总旗，析户申受。崇俊公居本里太平，析户谷俊。崇德公迁祁阳蓝桥。崇荣公居本里太平，析户申九。崇富迁居县西滩头，至六世派衍再德、再雷、再政三房。至 1948 年，已传 30

代，约5万人。宗祠在邵阳水东江承水右岸，名“惇叙堂”。各房各自修谱，创修于清乾隆初。长、俊、衡三房先后五修，荣房1930年四修，受房1942年五修。1995年合族倡修通谱，2022年续修通谱。长、富房原班排：朝试儒崇重，才载添大贵。荣显本绍宗，兴士佐廷用。道济群生泰，治成人文光。令德为邦望，家门永嗣芳。俊房原班排：朝试儒崇重，源文添世广，定万子如松。民安才上国，永泰曰兴宗。迪光瞻圣范，贻芳续贤名。实学承廷举，龄高礼授经。守仁传道济，锡福大显荣。纪序其惟念，庸从昭德音。荣房原班排：朝试儒崇重，才载应思敬，祖永受邦兴。安国定有志，传家代守文。裕后仰宗功，诗书承令绪，忠孝迪前庸。树德贻芳远，光华允在中。柏房原班排：朝试儒崇重，才载添大季。惟友定先君，臣启安国仁。治道隆正泰，邦家庆永兴。文章经济本，裕德迪明良。

祁阳申氏　始祖朝奉公，宋咸淳间自江西泰和徙居邵阳太平二都大竹山下。五世孙知照公，籍祁阳，后裔申在廷、申大年、申翥皆有名。至1948年，已传30代，5000人。宗祠在水东江承水右岸。

石门进里坪申氏　始迁祖万甫公，元末由山西太原徙居河南南阳府，宦游湖广澧州路慈利县九溪卫，元顺帝三十四年（1366）落业三官寺。长子德龙于明初迁居石门县易市乡进里坪。族人分布于易市乡、新关乡、蒙泉乡、太平乡及临澧县合口申家溶。宗祠在易市乡双溪坪及蒙泉乡申家坪。至1948年，共有人口1000余人。

靖州申氏　始迁祖德公，字彝秉，明正德间任黎靖指挥正千户，授武德将军，由六安州迁居老鲁屯。子五：江居盈团，汉居老学宫，淮、河、湖无考。至清光绪三十四年（1908），已传15世。

麻阳锦和申氏　一世祖朝奉公，元时由江南徙江西，落籍湖广宝庆府邵阳县太平乡后店、仁凤等处。十八世佐银，字克和，于清道光年间流迁麻阳县锦和经商定居，现人口分布锦和、高村，至1994年，共40余人。老派：朝试儒崇重，才载添大贵。荣显本绍宗，兴士佐廷用。道济群生泰，治成人文光。令德为邦望，佳名永嗣芳。1941年邵阳新修族谱合派：乾坤舒瑞气，诞发肇周姜。经师推汉学，绂纲布晋唐。星辰焕江右，忠厚溥蒸湘。渊浚修明远，嘉猷浩泽长。言行树功业，诗礼照前芳。存诚亮在兹，荫余保寿康。孔叙其维念，笃睦纪彝常。茂育缵先绪，诒谋德秉壮。聪敏勤自作，悠久令名彰。羲和辉日驭，亿兆更繁昌。（新派“右”字对老派“泰”字）

田

湖南田氏 始祖百祥公，原籍江西泰和县早禾市圳上，宋开宝三年（970）诏圳上居民以实邵州，于是百祥公留兄百顺公守圳上旧业而自徙邵州，落屯新安乡，后移南岳，再迁潭州。后裔散处于安化、武冈、益阳、石门、邵阳、麻阳、桃源、新化、湘乡、溆浦三府七县，分为十八支。合谱始修于清光绪六年（1880），1915年续修。始迁原派：（各房俱同）百智远友仁，继廷思俎绍。梦龙裔景义房：梦仲景斯贵，有伯泰庭凤，应国起尚光，昌茂洪才开，甲第广楚建。梦龙裔景福房：梦仲景斯仁，锦潮观世文，问益起尚光，昌茂洪才开，甲第广楚建。梦虎裔仲瑞房：梦仲景伯象，金全子正有，玉世大起光，昌茂洪才开，甲第广楚建。梦虎裔仲器房：梦仲叶熊吉，山岳毓文庭，胜发可有生，启之洪才开，甲第广楚建。梦虎裔仲荣房：梦仲景远悬，渊贵世克顺，颜朝大明钟，昌茂洪才开，甲第广楚建。梦虎裔仕良房：梦仲景中立，仕灵重志郁，凤万可右生，启之洪才开，甲第广楚建。梦虎裔仕华房：梦仲景中立，仕子必志重，汝大时葛起，应之逢开世，泽业胜韶光。梦虎裔仕真房：梦仲景中立，仕子必志道，积善家余庆，荆庭后克昌，英才期蔚起。梦虎裔仕献房：梦仲景中立，仕子必志重，正碧有学守，葛之逢开世，泽业胜韶光。梦虎裔仕玉房：梦仲景中立，仕元九汝原，宗养国正启，大兴洪才开，甲第广楚建。梦魁裔仲阴房：梦仲景文郁，必京应用时，国世忠开登，上贤行学致，显扬惟达孝。梦魁裔仲旸房：梦仲景志必，祖兴永正良，时守大学光，昌茂洪才开，申汉广楚建。梦魁裔仲芳房：梦仲景伯志，永万兴正文，国世大启光，昌茂洪才开，申汉广楚建。绍贵裔七星房：七魁子文志，有宗伏受兴，隆永启大家，承国昌高开，世泽广楚建。合修新派：荣耀成先德，南湘本自同。代长昭盛美，锡祚定均崇。

长沙田氏 始迁祖嵩森公，前明迁居楚南，居长郡东乡郭公渡丁田湾。传至德山、德河两公均远徙北直武清县，德福公居长沙王子渡田家塅，德禄公徙长沙田方坊，五传至兴嗣公，衍楚、焕、均三大房，建祠于田家山。清康熙五十七年（1718）、乾隆三十年（1765）、道光五年（1825）、同治三年（1864）、宣统三年（1911）纂修族谱。派语：嵩山开之德，源远理时兴。盛启国正永，朝宗兆文明。维家大有庆，忠孝辅邦基。廷荣世业光，本立学道彰。该族名人：田汉。

浏阳田氏 始祖寅公，居岳州之平江。八传至之凤兄弟，元末自平江迁浏。

又四传至均亮、均福，析为两支，分迁田家湾、淳口段。至清光绪三十三年（1907），已传24代，丁口2000余人。后人分布于北盛、龙塘、淳口、押口。

浏阳大江塅田氏 始祖寅公。十五传至惟敬公，明正德年间自平江迁浏北雷田湾。至清光绪三十三年（1907），已传25代。

湘乡田氏 始迁祖仁可公，讳旺广，元至元二年（1265）自江西省安福县圳上卜居湘乡县麒台冲，至八派衍为积、税、裴三房。清乾隆三十七年（1772）始修族谱，咸丰九年（1859）续修，光绪三十年（1904）三修，1930年四修。嘉庆间建宗祠于湘乡大田家冲。字派：光裕成宗德，诗书启俊贤。文章华上国，科甲世常传。

醴陵昭陵粮头田氏 始迁祖宏政公，宋嘉熙末年自山西迁来此处。族人分布于攸县、湘潭、浏阳、宝庆。至1948年，全族人口共8000人。另一支始迁祖层汉公，字潮洪，行二，原籍江西省安成县福冈，元末官茶陵巡宰，解组后侨寓湘潭，又迁醴西昭陵粮头。后人分布于湘阴、攸县、益阳、顺天、武清等地。至1948年，已传27代，丁口14000余人。宗祠在昭陵及攸县睦田芙源、湘阴云田等处。明嘉靖四十一年（1562）始修族谱，清康熙十三年（1674）、乾隆二十七年（1762）、道光八年（1828）、光绪十九年（1893）续修。派语：层德俊士宗，辉万大秀益。春应玉景开，乾坤复泰来。纯和新运焕，发育振芳才。

茶陵田氏 先世元元贞元年（1295）由南京迁入茶陵尧水。后裔散居丁腰陂布庄、枣市田家。

邵阳田氏 明洪武初，受公钦授驾前指挥司马，伏俊公官礼部侍郎，兄弟同游三楚，落籍宝郡东门内田家湾。受公子三：宗海、宗源、宗涝。涝房失传，海公迁居小东乡青山，历六传至武公迁梅塘鲁家冲下田家冲。源公落业大东乡田家栗山。伏俊公生仁杰，袭父职，始徙泡石塘田家渡。三传祖财公，生子四：聪、明、正、直，迁居邵东乡田家桥，称东房。聪公四代孙子瑛转徙南乡厉家坪，称南房。清光绪六年（1880）创建宗祠于官道旁。清同治九年（1870）创修族谱，而东、南两房未与，宣统三年（1911）各房合修，1938年又续修。受公房原班：（自八世始）有大国光秉，万世永昌明。伏俊公房原班：伏仁祖思志，彦子万朝守，永大德兴亲贤绍。合族公议新班：启良定述敬，应生广隆文。时序际全盛，显见发尊荣。三修公纂新班：合德垂久远，英俊济满庭。雍睦传规训，孝友历代承。

隆回花桥村田氏 始迁祖才贵公，江西安福人，明洪武间徙邵阳隆回三都花桥村。

汨罗营田田氏 始迁祖应彰公，明洪武二年（1369）自江西吉水徙汨罗市营田。

常德田氏 始迁祖大有公，原籍盛京锦州府锦县，从明太祖征伐有功，授锦州府指挥使，后改授鼎州，把守五溪。永乐二年（1404）携子落业武陵县北关外建宁乡同古村文龙堰。清道光二十九年（1849）纂修草谱，同治元年（1862）、1918年续修。字派：（自六世始）春子永朝，国万生年起。世农思中道，继学正腾芳。泽广宏开甲，家声丕振长。

桃源夺甲桥田氏 始迁祖本安公，原籍江西丰城拖船埠，明正德年间因避宸濠之乱迁居湖南桃源县北东七里夺甲桥。长子永芳、仲子永庆移居热水坑，季子永琪移居五汊堉、水田坪。至1948年，全族人口1500余人。宗祠在夺甲桥。族谱创修于清光绪二十二年（1896），1946年续修。字派：本永伯廷国，大龙应单年。有世贤绍宗，德政自广宣。高泽开宏业，克家承祖传。

桃源浯溪田氏 始迁祖廷爵公，清初由武陵花山徙居桃源县东浯溪让家坝。至1948年，全族人口约70人，分布于本乡各处及常德花山。光绪十六年（1890）建宗祠于让家坝。族谱创修于光绪二十一年（1895）。

石门黄溪坪、马鞍铺田氏 始祖承满公，原籍江西吉安府吉水县。宋真宗间，父均公镇守四川，隶籍四川成都府华阳县万里桥梅花树。宋仁宗庆历间，五溪苗叛，承满公奉敕镇抚九永城。该族以闾士公为一世祖。清嘉庆十三年（1808），江、洪、滋三支合建宗祠于石门南乡黄溪坪。清道光初，祚斌、祚瑛两支合建宗祠于石门北乡双溪坪之东马鞍铺。黄溪坪祠至今人口2000余人。派语：锦永相光至，钟冰极美时。一本传宗泽，经书启象贤。“宗”字后采用通派。马鞍铺祠清同治二年（1863）首修族谱，至今人口1000余人，派语：祚永崇孔孟，秀启应万钟。相世承文德，家声自恢洪。圣朝登义士，上国为荣宗。“朝”字后采用通派。

石门白洋湖田氏 始迁祖万达公，元末明初由赣徙楚，落籍石门田家巷，生三子：遇一徙永定天门，遇二徙临澧修梅田家坪，遇三居石门南乡白洋湖。明崇祯间始修族谱，清乾隆十六年（1751）二修，咸丰九年（1859）三修，1928年四修，至今约5300人。字派：万遇受仲单永单大万春（胜）国（春）登（正）虞（起）单（之）种（世）光（应）。士淳民良，长裕启祥。家有余庆，祖德荣昌。2005年湘西北田氏联修宗谱，拟定通派：岱惠容高雅，复祠振伟积。凯岸舒皓欣，知严育健骐。白洋湖田氏自“余”字后采用通派。该族名人：田载龙，陆军中将。

石门磨市田氏 谱称先世原籍山东青州府益都县，其籍南京十字街洗马巷，落业江西吉安府吉安县大栗树。明永乐间，乐熙公兄弟三人迁居湖广辰州府泸溪县三都抚路坪。支祖朝庆、朝元、朝甫、朝轩、朝秀兄弟五人，清康熙二年（1663）由辰州府迁石门，分布于九渡河、杨柳、雁池、磨市等市。字派：永廷兴时应，朝国启文明。万士登金榜，洪基绍先生。“生”字后采用通派。

澧县田氏 始迁祖均公、朋公，兄弟两人原居江西吉安府吉水县北门外，明季兵变，迁澧西大堰垱北田家庙冲。后道贞、道远一居田家坪，一居青树岭。清道光二十七年（1847）纂修墨谱，1919 年续修。均房原派：均道永志单，应学再春玉。宗枝登大位，世绪达朝廷。朋房原派：朋道永志礼，应学再春玉。宗枝登大位，世绪达朝廷。

临澧田氏 临澧田氏大致四支：三寨公支，始迁祖三寨公，宋末千总，由江西吉水迁永定卫乐二里，今临澧灵泉寺。达江公支，见临澧土圈门田氏。志和公支，始迁祖志和公，由江西迁永右里，今临澧修梅、停弦。芳年公支，始迁祖芳年公，清康熙初由辰州泸溪迁石门竹巷口油匠湾。清咸丰五年（1855）、宣统三年（1911）、1941 年、2003 年曾合修族谱。派语同土圈门田氏。

临澧土圈门田氏 始迁湘达江公，原籍淮右，明中叶屯卫天门山，长子遇一居天门。三子遇三居石门南乡。次子遇二长子受五功升云南大理卫，次子受七落居澧阳南村。清咸丰十年（1860）修族谱，1914 年续修，1941 年三修，2003 年四修。字派：三子兴洞正武文。永□有应，汝国时之。士遇于世，宜逢辅家。启宗自齐，早卜宏基。继述丕振，祖泽必知。育尔后代，守乃先为。农学光显，明德如斯。从兹远达，乐善可期。文运盛开，千祥云集。

永定田氏 先世江西南康人，明初自成都迁岳州，以征蛮功官永定。

益阳西湾田氏 百祥公于宋开宝三年（970）由江西太和迁衡山，四世孙友受徙潭州益阳二十五都，九世孙荣俎生绍贤、绍贵、绍尧。绍贤生梦龙、梦虎、梦魁。清康熙六十一年（1722）、乾隆五十九年（1794）、道光二十五年（1845）、光绪七年（1881）、1915 年、1996 年纂修族谱。2014 年家修公后裔余学、余裕、余容三房补修。派语：百智远友仁，继廷思俎绍，梦仲景斯贵，有伯泰庭凤，应国起尚先，昌茂洪才开，甲第广楚建。

新化坪头湾田氏 始祖百祥公，宋乾德间奉命自江西泰和圳上早禾市鸦鹊林南迁。十世孙绍贤公始居新邑坪头湾，子三：龙居金滩渡口竹山凼，虎居新化、安化、益阳、隆回、沅陵、武陵，魁居坪头湾、黄龙坪等处。1915 年五修族谱，1997 年六修。班词：百智远友仁，继廷思俎绍，梦仲景伯志，永万兴文正，国世大启光，昌茂洪才开，申汉广楚建。荣耀成先德，南湘本自同。代长昭盛美，锡祚定均崇。

新化上团田氏 始迁祖思让公，因事奉母出云南，返途经仰溪而家焉。派语：思志汝仲，万单兴自园。长世生国泽，是必泰远逢。正际开承盛，永给愈洪隆。庆寿锡多福，咸恒豫秦丰。本立益昌茂，光远文学钟。明述和生序，继还在敬宗。

蓝山凤感田氏 始祖时显公，字誉彰，原籍江西泰和县鹅颈滩，元皇庆初署湖南临武知县，遂卜居临武粗石江大湾。二世祖万三公，字启后，于元泰定元年（1324）由临武移居蓝山县凤感乡朱家湾，后人析居南湾、邝家湾、田心铺。至 1948 年，已传 23 代，共 3800 余人。

郴州晓溪田氏 时显公之四世孙再华公，字茂春，因其父应昌公秉铎郴城，于明洪武间开基于郴州秀才乡晓溪。至 1948 年，已传 21 代，共 5600 余人，族人分布于临武、蓝山等处。

汝城田家田氏 始迁祖宦臣公，明初授广安守御千户，遂家居下菌坪田家。至 1932 年，已传 16 代，200 余人。

宁远禾村溪田氏 始迁祖源公，字长发，南宋时由四川洪雅县因任湖广零陵郡通判，开基于湖南宁远县禾村溪。后裔有分迁新田仁智乡田家村者。至 1948 年，已传 25 代，共 600 余人。宗祠在田家村。

沅陵田氏 先世山东青州府益都县，后移江西吉安府吉水县。至贵张公，生三子。长万州往云南。次万川游至辰河青浪，贸易数载，财发万金，卜居北河口鸭子坪石排柳。清道光十二年（1832）、2007 年纂修族谱。2007 年拟定派语：岱惠容高雅，复祠振伟积。凯岸舒皓欣，知严育健骐。

溆浦鹤田垅田氏 始迁祖真子公，明永乐二年（1404）由贵州五开卫拨屯，徙溆浦鹤田垅。

麻阳板栗树田家寨田氏 先世原籍蓝田，隋朝时来湘西乾州为官，后裔衍为大族，其中一部分迁居麻阳，分居板栗树田家寨等地。派词：祖宗庆兴应，景儒茂仁宏。

麻阳田氏 始祖延昌公，宋咸淳年间知浙江余姚县，解组后定居余姚老鸭田。其孙三辅生有五子：德明、德兴、德璋、德瑛、德寅。德明于元至正年间任麻阳主簿，解组后落籍官村，兄弟均居麻阳。德明系字派：德亚志子永，单正成养大。生士望宗继，天开世代昌。德兴系字派：德亚辅保善，宗永胜学庆。

时朝正尚启，生士祖嘉继。德璋系字派：德万永单祖，宗有士之新。心仁文景盛，绍学先我第。德瑛系字派：德成妙伸单，古荆元上大。现启迁国土，世代正文祥（起心其本良）。德寅系字派：德亚廷保天，尚正有胜室。宗子永宏继，荆开世代昌。清乾隆四十八年（1783）合派：必达连年盛，先人懋绩长。诗书昭善述，蔚起灿云章。

新晃侗族田氏 谱称始祖宋时汉权公，山东青州临淄人，于淳化年间奉命征晃州，与蛮结昆季之好，封为晃州刺史，此为晃州田氏之始祖。后派衍十甲，分居崇仁寨、西冲、田垄头、墓山坪、蒋家溪、林溪冲、深红溪、柏树林、蚂蝗塘、十甲坪、上寨、闪溪等地。

芷江六合乡富家围田氏 始迁祖君美公，字元惠，元末至正时仕江西南昌府知事，后由漫水迁湘，开基于芷江县六合乡富家围。族人分布于芷江、黔阳、贵州天柱等地。至1948年，已传24代，共3000人左右。宗祠在芷江县城舞水西岸。

芷江田氏 始迁祖三辅公，字祖荣，宋末由浙江绍兴府余姚县迁居麻阳，后迁芷江定居。后人主要分布在大龙、洞下场、土桥等乡镇。

靖州新庄团田氏 先世明洪武二年（1369）由江西迁靖，居新庄团。

花垣田氏 始祖宗显，为黔中太守，居巴峡。四世克昌，唐高宗时卜筑思州。传至祖成，居花垣腊乙坪，今为苗族。字派：祖宗庆兴应，景儒茂仁宏（循回使用）。

凤凰田氏 始祖宗显公，隋开皇元年（581）授黔州刺史，遂家黔。越十四世至宋祐恭知思州军民事，遂为思人。又八世至明儒铭公，以征十五峒功封定蛮威武大将军，任沱江宣抚使。五子从征有功，各以所辟地分膺长官。族人分布于沱江镇、上五峒、溪口、筸子坪及芷江、贵州思南、印江、朗溪、万山等地。宗祠在老营哨喜鹊坡。至1948年，有男丁30000人，女口15000人。2012年纂修族谱。字辈：祖宗庆兴应，景儒茂仁宏。该族名人：田兴恕，官贵州提督。

保靖田氏 始迁祖志明公，原籍四川酉阳秀山县，明末同胞兄志仁、堂弟志义同迁保靖叒乌。土司授志明公把总。2006年纂修族谱。字派：祖宗庆兴应，景儒茂仁宏。

永顺十万坪田氏 一世祖良忠公，原籍江西瑞州府高安县。四世规腊、规敦，清乾隆间迁永顺万坪开矿炼铁。2010年纂修族谱。班行：良善守规，广锡继毓。克传家学，承绍荣昌（永昌其后）。英贤振起，积德流芳。长登甲第，历代钟祥。

龙山里耶田氏 清中叶由沅陵溯酉水而上，经龙山岩冲打火溪，而至保靖野竹坪落籍，现定居龙山里耶镇大板社区岩科落。2019 年纂修族谱。字派：仁宏太宗庆，兴应景维茂。时丰荣贵永，世裕德泽长。

史

长沙史氏 先世系江苏溧阳侯三十四世孙惟净公，官至礼部侍郎，自埭头迁丹阳千口。至三十九世普荣生三子：廷珪、廷璋、廷实。其中廷实迁江苏溧阳永定乡赵圩，传至四十四世文奇，字国典，明初自永定乡迁长沙王子渡。文璧字连起，明初自永定乡迁长沙城外史家坡，子二：应通、应选。文贵字秀尚，迁长沙城东山。文澜字源泉，明初与堂兄四人同迁长沙河西芭茅湖（今史家山）、青山桥等处。1914 年长沙史氏纂有宗谱。字派：师水弥之卿，孙公祖必士。本立自元季，起宗在节义。积善致攸久，济美习庭训。纯采名高荣，慎终仍复初。

长沙史氏 始迁祖璇公，元至元末年迁长沙，族人多分布在江苏、湖南、浙江等地。至 1948 年，男女丁口 5000 余人。

长沙城东史氏 始迁祖松公，自江苏仪真迁长沙城东。

浏阳史氏 始祖才珍公，陕西庄浪卫人，其孙秉文，四子：朝福、朝禄、朝爵、朝寿。朝福自陕西徙浏阳，朝爵迁岳州巴陵，朝禄、朝寿从浏阳迁北京。

湘潭史氏 始迁祖必珍公，字均宝，以明经进士任郴州牧。元时自浙江临山卫徙湘潭城，今聚族江车史家垇、马桥等处。清乾隆三十一年（1766）首修族谱。班序：鸿绪承先泽，锡光启世昌。士人咸表秀，家学永垂芳。

醴陵史氏 始迁祖玉振公，字兆成，清初由广东迁来。

醴陵西山史氏 始迁祖君扬公，清康熙元年（1662）自广东嘉应迁此。至 1948 年，全族人口约 1500 人。

衡阳史氏 始迁祖兴公，字仲淑，行刚九，授豹韬总旗，明洪武四年（1371）征潭州，有功，封衡州卫副千户指挥使，因官自溧阳徙衡州府城外黄牛嘴等处。

邵阳史氏 始迁祖和广公，原籍江西南昌观村，明时以功封内殿正印左将军，自吉水迁宝郡，任千户指挥使。其子德盛公升授宝庆指挥，居南路勒马坳，子四：仁义、仁礼、仁智、仁信。义公袭职指挥，后居宝庆西关外梭子巷，明嘉靖七年（1528）迁西路塔后，礼公居隆回热水井，智公居南路下花桥。各支分修族谱，1996年三支合修。仁义支旧班次：和德仁朝载，直圣存可复，祖荣才显达，代启绍先猷，正大……仁礼支旧班次：和德仁朝载，直圣可知书，廷仕文章佐，国昌考友兴，家振……仁智支旧班次：和德仁朝再，直良正大光明定，时彦顺前昌，佑启贻燕翼。合修新班次：（自二十三世始）合同宗，永传世泽长。功高千秋庆，民富念恩东。锦秀裕后昆，博学登科峰。志宏治安邦，英俊美名扬。

湘阴史氏 涓公之子弥久，南宋时迁象山，管智门寺香火。其后裔公诜公之曾孙九韶，明洪武十六年（1383）中举人，任湘阴教谕，因官从浙江象山迁湘阴。

平江长寿马嘶史氏 始迁祖历瑄公，清康熙四十三年（1704）自江西上饶迁此。至1994年，全族人口171人。

益阳史氏 始迁祖斌公，字明远，明洪武三年（1370）由河南经商益阳史家湾。另支正翔公，字养真，授长沙卫经历，明崇祯八年（1635）由江南应天府溧阳县徙磊石。清初两族合谱。

常德史氏 始迁祖尊然公，清顺治间自江西吉水拖船埠迁常德城东关外德山。

汉寿史氏 始迁祖午炎公，字文光，号理窟，由进士授礼部员外郎，任龙阳州，元时自眉山徙龙阳黄土坡等处。

汉寿史氏 始迁祖茶公，字文正，明洪武期间从慈利迁龙阳。

汉寿史氏 始迁祖诚干公，明时自江西吉水迁龙阳。

慈利史氏 一世祖崇公，东汉司空溧阳壮侯。传至三十八世孙秉衡。原籍浙江绍兴府，南宋宰相嵩公之后，元时官慈姑州牧，卒后葬于南山鸳鸯地，子孙世居慈利东岳观前五里史家峪。原派：秉俨洪鼎笔，鉴义昭简策。惟善儒东正，希国应永红。大文先尚德，基传万载昌。达学开家运，长宗庆显光。师水弥之卿，孙公祖必士。本立自元孝，起宗在节义。积善致悠久，济美习庭训。纯采名高荣，慎修仍夫初。

慈利陵坡桥史氏 始迁祖本载（四十四世），明时从慈溪迁陵坡桥，子二：芳、薰。

澧县荣家河史氏 始迁祖嘉璋公，清雍正间自湖北当阳河溶市史家渡迁居澧县西门外荣家河后史家铺。至今已传12代，人口220余人。

临澧史家坪史氏 迁湘始祖太辅公，原江西南昌府丰城县钟陵乡徐亭村人，明嘉靖二十五年（1546）仕澧阳推官。长子万忠，居临澧停弦渡史家坪，次子万纲居津市魏家垸，三子万才居澧县大堰垱。清嘉庆间湖南史氏合修族谱，1947年湘西北史氏十二支二续合谱，2003年史家坪、史家冲、太浮山、荣家河、史家岭等支三续。合派：（自三十四世始）师水弥之卿，孙公祖必士。本立自元孝，起宗在节义。积善致悠久，济美习庭训。纯采名高荣，慎终仍复初。续派：（自七十四世始）大中其允从，昭文锡光又。昌言顺汝求，时敏同秀茂。

临澧太浮山史氏 始迁祖天贵公，原籍江西吉安，明永乐二年（1404）偕兄天富、弟天贤徙居澧城分司街。天贵子信公迁太浮山下史家冈，天富迁鄠古山，天贤仍居澧。

临澧史家冲史氏 始迁祖卜海、普海二公，元末因避战乱，自江西吉安迁福建漳州龙溪，明永乐二年（1404）又自龙溪迁湖南安福珠日桥百草堰史家冲。

桂阳州史氏 联谱称东汉溧阳侯崇公为一世祖，居地在江苏溧阳长荡湖南埭头。至三十世惟则公，后晋天福四年（939）从陕西终南迁浙江慈溪，旋迁明州鄞县（今宁波）洗马桥东。宋末元初，宁波史家来桂阳州落户者三支：三十三世诏公后裔旸孙（三十九世），字超伯，元初自宁波迁居桂阳州水屋渡。三十二世翰公后裔乐升，字元范，因官桂阳州州牧，宋时自诸暨迁深塘。三十五世浩公曾孙桀卿之子昭孙，于元大德十年（1306）自鄞县湖田布金寺，携弟旺孙、晃孙、暻孙、曜孙迁桂阳州北之亭下（洋市乡），至明初旺孙、暻孙二公后裔又由桂阳迁永兴金陵乡。三支后裔播散桂阳、郴州、永兴、衡阳、蓝山等地。1993年郴州、桂阳、永兴联修族谱。清咸丰四年（1854）（湖南）《史氏宗谱》字派：（从三十四世到七十三世遵照宁波史氏编名）师水弥之卿，孙公祖必仕。本立自元孝，起宗在节义。积善致悠久，济美佩庭训。英采名芳荣，懋功应隆运。续编：大中其允从，昭光锡光又。昌言顺汝求，时敏同秀茂。

桂阳亭下史氏 始迁祖昭孙公，元大德十年（1306）自鄞县湖田布金寺，携弟旺孙、晃孙、暻孙、曜孙至桂阳北之亭下（洋市乡）。昭孙居亭下，旺孙迁永兴平乐，暻孙迁永兴沙圳头，晃孙迁黄田北斗陀头，曜孙迁桂阳族里。清同治三年（1864）旺、暻两房创修族谱，光绪三十一年（1905）续修，1937年三修。

桂阳黄田北斗陀头史氏 始迁祖晃孙，元大德十年（1306）自鄞县湖田布金寺，与兄弟五人迁湘，晃孙迁黄田北斗陀头。今族人分布清兰乡李王庙村、陈家湾村、张家岭村、毛头冲村、塘头村。四十一世祖哲由北斗迁平乐洞，后裔有迁三塘乡揭家村者。

永兴沙圳头史氏 始迁祖暻孙，后裔居永兴油市十里洞、洋塘沙圳头，千余人。

永兴平乐史氏 始迁祖旺孙，现平乐油麻3000人，马田、罗尾、悦来、陈家洞5000人。

宜章白沙史家村、麻田史氏 始迁祖宗贵公，元至元十三年（1276）以孝廉自江宁府溧阳县任湖南宜章教谕，卜居麻田玉峰山。族人多分布在史家村，圳头下、大窝、上史家村等地。至1948年，已传25代，男女丁口1600余人。清嘉庆十五年（1810）建宗祠于史家村。

新田敷荣坊史氏 始迁祖玖九郎，字伯伍，因避五代之乱自江西泰和迁湘，开基于湖南新田县明义乡敷荣坊（即史家村）。族人多分布在本乡之荒唐窝及宁远县。至1948年，已传19代，男女丁口300余人。宗祠在史家村。

蓝山舜乡廖葭庄史氏 始迁祖继统公，唐贞明时由桂阳州迁此。至1931年，共86人。

蓝山大慈乡史家史氏 始迁祖法公，由江西来蓝山。至1931年，凡11户，男12人，女11人，共23人。

麻阳史氏 先世明洪武期间自江西圳坝上采食埞徙沅州，后一居麻阳新场，一居通溪。族人分布石羊硝乡，共140多人。字派：西国成邦应祖宗，大有荣光永世长。树照贤正乐，吉学勤昌文。承道明先自，军宜少代兴。

永顺史氏 始迁祖孔伦公，清顺治间自柱阳州迁来。

叫

攸县叫氏 始迁祖仲康公，字肇绩。幼有丈夫四方之志，长而勇力过人，智谋过众，性好骑射，六韬三略无不悉知。后得功官拜都阃，佐胡国公正南将军帐下。明建文间，迨因国事进退两难，遂丧志仕途，寻胜过攸，卜居斑竹菜花坪。明万年间初修族谱，清康熙间二修，乾隆间三修，道光间四修，民国五修。今约300人。字辈：正叫流光应宗祖……

冉

平江瑚珮冉氏 始迁祖文彬公，明崇祯十三年（1640）自武昌东门迁此。至1994年，全族人口仅13人。

石门冉氏　明初由湖北江陵迁石门。

溆浦曾家溪冉氏　由沅陵徙溆浦曾家溪。

丘

安化丘氏　始迁祖仕猷公，为元代江西吉安郡守广道公后裔，率子侄寻胜安化，卜居龙塘。清光绪十四年（1888）三修、1925年四修、2009年五修族谱。

汝城大王冲丘氏　始迁祖乾首公，由广东乐昌县小廊迁此。至1932年，已传9代，丁口40余人。

江华东河乡文亮村丘氏　始迁祖永绍公，清乾隆间因贸易自福建上杭迁江华东河乡文亮村。至1948年，已传8代，丁口1000人，分布于岩东、水口、濠江等处。宗祠设在文亮村。

白

湘潭白氏　始祖钦公，明宪宗时兵部尚书，其长子圭任长沙参军。圭公之子洪公，字泉溪，随父任，明成化间开基于湘潭县天台乡佛祖桥栗坪岭。明万历间，洪公曾孙允辉徙衡山河东，为衡东房祖。洪公孙友彪随四子允仪留居湘潭，为湘潭房祖。族人分布于衡山、湘潭、华容及广西柳州等地。至1948年，已传20代，共800余人。宗祠在天台山。清康熙五十四年（1715）草纂族谱，乾隆四十六年（1781）、道光二十四年（1844）、光绪十七年（1891）、1923年、2007年续修。班辈：（自十一代始）自凝湘岳秀，淑景仰宗先。德积功言立，诒谋阅世昌。梓楠成国栋，怀本荫斯堂。

岳阳白氏　素轩公长子吴山公，字元芳，明洪武三年（1370）由进士授南京工部郎中，升福州知府。洪武七年（1374）致仕，初迁山西太原，洪武十六年（1383）又迁岳阳楼侧上五里定居。孙俭公，又迁城陵矶，再迁临湘马头园白家冲，衍为瑄、琮两支，清乾隆三十年（1765）纂有族谱。1997年与华容二甲白合谱，人丁266人。瑄支派语：大之光祖德，文明世运昌。邦国崇儒道，家声在忠良。琮支派语：先开永顺道，文明世运昌。邦国崇儒士，家声在忠良。

华容白氏　始迁祖恒轩公，讳尚吉，元时由江西万安县令开调长沙知府，寻归故里而风阻于洞庭，泊舟华容南山，遂居于此，称“一甲白”。侄吴山公于明洪武十六年（1383）迁居岳阳。恒轩公弟素轩公四世孙整公，字思齐，明永乐十二年（1414）由北直丰润县知华容县事，以老致仕，籍居华容，称“二甲白”。整公十代孙寅公，字守溪，清初由华容南山迁居岳阳北岭白鹤观，又迁旧江村白沙套（今属湖北监利）。清乾隆十年（1745）、道光二十六年（1846）、光绪十八年（1892）、1936年“二甲”曾四次纂修族谱。1947年“一甲”“二甲”曾议合修族谱未果，1997年“二甲”、岳阳吴山公支、监利守溪公支合修华容白氏志。2019年华容“一甲”“二甲”又与监利合修。二甲白氏至1948年男女丁口6000余人，宗祠在华容东乡纱帽山。该族名人：白蒹，清康熙进士。白定燮，提督衔即补芜湖协镇。白瑜，台湾“立法院”委员。“一甲白”派语：山高仲益志，麟风相文如。庚声锡启荣，世忠大学正。孝友开鸿福，名显光祖庭。安邦惟继美，传家守一经。“二甲白”派语：（自十一世起）为之铭洪第，敦德定朝邦。尊祖斯培本，传宗克启祥。家修明治道，廷献重文章。有志承先绪，子孙自永昌。

平江南乡白水白氏　始迁祖士客公，清康熙四十六年（1707）自广东乐昌迁此。至1994年，全族人口122人。

宜章上白家、下白家白氏　明末自广东乐昌县斗湾迁此。

汝城上桃金洞白氏　清雍正时由广东和平县迁此。至1932年，丁口100余人。

道县白氏　始迁祖应通公，辽东人氏，元末明初，南蛮作乱，随军征剿来此，事定遂落籍焉。族人居住城墙脚湾里街等地。

蓝山舜乡岩口洞白氏　始迁祖恒金公，清乾隆时来自江西。至1931年，凡13户，男54人，女48人，共102人。

麻阳江口圩白氏　先世自常德丹洲夹街徙麻阳江口圩居住。至1994年，共100人。派语：祖泽计谋远，诗书好学良。望朝勤选用，应盛久鸿献。文明必有礼，大得少相山。丕俭成先述，留全亿万年。

仝

宁远仝氏　该族原蒙古族，始迁祖夹谷烈必秃，元末系御前指挥，奉诏镇守宁远北境备瑶，结营东山口（今鲤溪乡）。明洪武初，遂稳居于此。以“夹”字三人同一，改姓仝，子孙分居太平堡、高家山。至1933年，全县有仝姓556人。

印

桃源印氏 始迁祖德修公，原籍江西洪州，宋乾德五年（967）及第，官监察御史，累官至兵部员外郎，以不克大用，偕陈、葛二夫人率三子惟明、惟华、惟善由吴来楚，落籍于桃源黄沙村（大洑溪）。惟明居武陵，而七里桥、桃源二里冈、水溪、大小洑溪等处其后裔也。惟华移澧州印家村及湖北沙市等处。惟善公迁入辰州，子孙蕃衍，散处湘西上游。明初有印伟公，娶三氏生九子，宁一、四、六、九四支分入永顺、桑植及四川秀山。宁三、五入沅陵籍，分居白田头、凉水井及辰溪双溪大坪。宁二、八入泸溪、溆浦、凤凰等处，均以耕读为本。1943 年创修族谱。历代派歌：一德二惟三系正，四应五体六单名。七清八天九鱼字，十国十一学为真。十二宗字十三世，十四十五光仕分。十六十七分文道，十八十九辨君仁。桃源派歌：（衔接历代派歌）二十廿一单相继，廿二廿三廷玉清。廿四一字单廿五，廿六廿七司弘明。廿八廿九金方别，三十卅一谦尚承。士兆廷献，秉正华玉。必宜善恃，贤正秉原。临澧印家溪派歌：（衔接历代派歌）二十廿一单相继，二十二世又见文。廿三廿四儒单接，廿五廿六以司明。廿七廿八国士别，二十九世起字行。临澧印家坪派歌：（衔接历代派歌）二十廿一单相继，廿二廿三彦单清。廿四廿五上镇接，廿六廿七世朝新（朝新一派）。廿八又是单相继，廿九才定有派名。临澧印家溪、印家坪合派歌：（共三十派）起登大光祖，先人奕泽长。建立逢明圣，继序裕后昌。家道克丕振，文名远播扬。创修族谱续派：（共二十派）瑞聚浮峰美，祥钟澧水前。根深枝叶茂，富贵万斯年。

益阳印氏 惟明公居桃源。次子正方刺陕州。正方生应明，累官观察使，应明生体仁、体义。体仁累官兵部尚书，生宏、魁二子。体义生龙、凤二子。龙公知金溪县事，子清永为御史中丞。凤公子清安，擢刺史，递传至仁声公，明成化十六年（1480）迁益邑三里板溪印家湾。清咸丰十一年（1861）纂修支谱。派语同桃源印氏。

溆浦斜里印氏 始迁祖禄永公，原籍泸溪，清康熙时徙溆。又一支原籍沅陵，后徙溆。

乐

醴陵、湘潭乐氏 始祖广公，居南阳，官拜尚书。数传至仕揞，字垂绅，明初由江西泰和圳上卜居楚南衡阳，生卿云、碧云。卿生百福、百喜，百福徙湘潭失考。百喜徙醴陵，为醴陵始迁祖。碧生百禄、百寿。百禄开派田心。百寿徙湘潭十四都大仓，为大仓房支祖。1930 年醴、潭两邑四修族谱。醴邑老派：光华开昌远，明良起家声。田心房老派：为应兴宗祖，廷和本守忠。潭邑老派：楚志尚明世，国良宗祖昌。两邑新派：（自十四代始）继远昭前德，承先集后贤。文章新甲第，福泽永斯年。

邵阳千秋乡乐氏　始迁祖海公，自江西泰和迁原武冈县紫东里花石桥，今属邵阳千秋乡。

宁远乐氏　始迁祖绎公，字篪，北宋末年因靖康之难迁湘，开基于本省宁远县潇水乡麻池塘。至 1948 年，已传 30 代，男女丁口 20000 余人。宗祠在麻池塘。该支名人乐雷发，字声远，宋理宗时赐状元及第，著《雪矶丛稿》。

新田崇益乡潭溪乐氏　始迁祖应律公，宋时自广东避乱徙居此。至 1948 年，已传 30 代，人口 1200 人。宗祠在潭溪。

新田大同乡乐聪村乐氏　始迁祖义卿公，宋时自江西泰和避乱迁新田大同乡乐聪村。至 1948 年，有 500 人，分布在宁远等处。宗祠在乐聪村。

新田博大乡乐塘村乐氏　始迁祖振鼎公，宋时自广东凌江避乱至新田博大乡乐塘村。至 1948 年，已传 30 代，人口 1000 人，分布于平凤塘、欧家山、黄土岭等处。宗祠在乐塘村。

包

湘潭包氏　居潭始祖寿武公，字镇宇，原籍江南庐州府合肥县，后徙居江西赣州。明洪武三年（1370）与南雄侯来楚镇守长沙府，落屯湘潭八都光泽乡白沙洲包家营。清康熙三十五年（1696）、乾隆十六年（1751）、乾隆四十五年（1780）、嘉庆十年（1805）、咸丰二年（1852）、光绪十六年（1890）、1924 年纂修族谱。派语：万应奇启仕，尔为裔之光。一本宜深立，德泽定传芳。

益阳包氏　始迁祖天度公，字集乾，原籍福建汀州府上杭县卢丰村，清初任岳州都司，康熙时与弟天清，字廷章，及启先、启圣、启辉，同迁益邑洞上村。清嘉庆二十一年（1816）、咸丰八年（1858）、光绪二十三年（1897）、1941 年纂修族谱。

华容柏木港包氏　远祖拯公，字希仁，宋龙图阁直学士迁御史中丞。一世祖世旺公，原籍直隶和州（今安徽和县）千秋坝，元至正乙未（1355）归明祖军，隶开平王部下，明洪武十年（1377）以军功充小旗，十一年（1378）升总旗，诰封开国将军。六世祖升公，号十万，初袭岳州卫副千户，明正德间迁居华容，世居东内乡柏木港。老派：系良一万，洪元世太。昌大宗绪，先泽克戴。续派：钜汉谋熙载，钟源本笃培。镇海模勋远，鉴清相列垂。

汝城牛角颈包氏 始迁祖维义公，清初自老波家迁汝城牛角颈。至1932年，丁口200余人。

麻阳姚家潭包氏 始祖蒙泉，官御史，廉介。至郁三、元清，明洪武十三年（1380）自江西饶州府乌雅县圳坝上移居湖南辰州。郁三公孙志刚第七子永旺，明天启年间任铜仁知府，诰封忠宪大夫，解组后迁居麻阳县姚家潭。裔孙又从姚家潭徙居辰溪县安坪三家滩和麻阳绿溪口、锦和等处。派语：子（郁）文志永显，世大如朝廷，国正天心顺。郁三系自“顺”字、元清系自“礼”字定新派：贤良忠太昌，敦伦承先绪，齐家秀荣长。

辰溪岩屋塘包氏 元清公移辰州辰溪县七都二甲，地名岩屋塘开基落业。派语：介允鸿天元（郁）禹志子文，思启兴朝宗，上大仁义礼。

邝

炎陵东坑邝氏 始迁祖良恪公，清雍正年间自宜章迁此。

平江芦洞邝氏 始迁祖国正公，清康熙三十九年（1700）自宜章迁此。至1994年，全族人口72人。

宜章广田洞邝氏 始迁祖千禄公，原籍江西庐江县，元至元十六年（1279）由拔贡授宜章县教谕，遂开基于城西广田洞。传五世至忠肃公邝埜，字孟质，永乐进士，官兵部尚书。族人多分布于宝云山及广田洞。至1948年，已传24代，有740人。宗祠建于清乾隆九年（1744），位于近城得胜门。

嘉禾蟠溪坊邝氏 始迁祖三六郎，宋时由新田县班村迁嘉禾蟠溪坊，后以近太公钓鱼岩，故名神渡邝家。至1930年，凡21户，男39人，女40人，共79人。

嘉禾龙江邝氏 始祖著公，字子晦，行幼四八郎，宋绍兴间由江西吉安府敖城迁临武寿塘，即今世科里大邝家。子三：富国、安国、定国。富、安守寿塘，定之孙右甫分迁宜章白石渡。含甫仲子志联，字安道，于庆元间迁今东区邝家，是为龙江邝氏。至1930年，凡243户，男528人，女449人，共977人。

永兴邝氏 始祖黄贤，生旦、丞，因族难，旦公改姓旷，居河南陈留。丞公改姓邝，居吉州敖城。丞公生懋公，传十余世至幼四八郎公，宋绍兴间迁湖广临武寿塘。又十余传至元至正间，千三十郎分居永兴金陵塘老鸦山。清道光二十二年（1842）、光绪六年（1880）、宣统二年（1910），1946 年、1986 年、2016 年纂修族谱。排行：都千万如文，邝友仁孔一，添宗永正国。秉道笃家绪，贤良应世生。功能光祖德，立朝佐圣明。

临武寿塘邝氏　始迁祖著公，宋绍兴年间从江西吉安府敖城迁临武寿塘。至 1982 年，有 10892 人，主要分布在武水（3062 人）、土桥（2038 人）、双溪（1883 人）、南强（1017 人）。明永乐十年（1412）第一届纂修族谱，2018 年第十五届续修族谱。字派：庐江著国甫，志发道（伯）相承。垂诸孟仲季，彦绍思宗（时）兴。祖贤良世德（廷延忠义士），崇（朝）熹兆祥凝。诗书生孔代，文献载周乘。景星光荣第，佳瑞庆联登。友爱敷家训，和顺启休征。

临武邝氏　丞公改姓邝，徙居吉州，历传至宋，日以蕃衍，有分于庐陵、泰阳、永新、遂宁，以及两粤三楚、临武、宜章等处。而泰和太祖居正公之后源礼、源惠二公，生于南宋绍兴间，礼公幼业诗书，赋性颖异，怡情诗酒，不介意于富贵，惟以遨游山水为快，于宋乾道间由吉州泰和游访名胜，途经临武，见其山川秀丽，遂定居于蓬水头。迨后惠公六传至才安公，亦于南宋末叶，携琴书游临，定居于寿塘四排头。

蓝山舜乡五家村邝氏　始迁祖元甚公，明时自江西迁此。至 1931 年，凡 14 户，男 28 人，女 43 人，共 71 人。

新田颁村邝氏　迁湘始祖仁表公，字爱民，宋真宗景德年间由河南陈留县东村迁湘，始迁宜章县马口冲，后因瑶民作乱，偕孙昭锷复迁永州府宁远县陶岭（今属新田县），再迁本邑颁村。逮友伟、友仲、友伸，友伸分居临武榜山，友仲徙居嘉禾。至 1948 年，已传 37 代，有 598 人，族人分布于洪江、塘下、水富坊等处。宗祠在后龙山。

冯

长沙冯氏　始祖有运公，字秉枢，元末人，世居江西丰城县冯家圳上，因避兵乱，挈子来楚。三子：斗牛裔衍湘潭霞湾，斗祥裔衍湘潭油麻岭。斗璧字光陵，又字敬远，元进士，后裔散居长沙、祁阳、茶陵、攸县、湘潭、衡阳、醴陵间。斗璧生文联、文魁。文联讳中，字太初，号琪园，侨寓长沙省垣南关外南湖港，后徙北门外碧湘街，明永乐二年（1404）卒葬南门外金刚院。子四：万武、万贯、万成、万邦。文魁生至善，后人分布于长沙、湘潭、祁阳等地。

长沙冯氏 远祖京公，原籍广西宜山，宦游江夏。传至七世祖斗璧公，官江西，占籍南昌丰城县。十一世德祥公，明洪武末筑室长沙城北石渚数珠山（觉华山）。生清、明、信、亮四公。清公外徙，信、亮奉母迁祁阳，唯明公随父留居石渚。1948 年纂修族谱。派名：祥明世万荣庭。永国名源，尚立序传。家维忠思，孝秀中华。仁丰谊厚，谋远志昂。耕精策密，业旺声藏。

长沙西湖冯氏 始迁祖学华公，字念溪，明季由江西避兵楚南长郡沩宁皂山。清康熙二年（1663）续迁善邑六都之西湖，生子四，分为四大房。清咸丰间建宗祠于西湖。乾隆三十三年（1768）创修草谱，道光二十年（1840）付梓，光绪十四年（1888）续修，1933 年三修。宗派：学希国世大，正开修祖德。孝友家昌达，文章业显荣。贤人常继起，本立树芳名。

浏阳龙船湾冯氏 始迁祖千五公，讳镇，明洪武间因商自江西南昌府丰城县落业浏西二十五都龙船湾，今称冯家塅。清乾隆十八年（1753）创修族谱，同治四年（1865）、光绪二十八年（1902）、1937 年续修。派语：千安成其盛，旸水尚木时。光玉文明开，国运孝友振。家声定显隆，士业启英俊。辅世本忠纯，与人思笃信。

湘潭冯氏 迁湘始祖有运公，第三子斗璧字光陵，居省垣北门外碧湘街，长子文联，曾置业湘潭滴水埠。文联子万武，讳阜，字原锦，号理乾，明指挥使，晋秩副将军。万武子添寿，讳学，自长沙徙居湘潭沧浪岸之冯家坪。清同治元年（1862）纂有续谱。行派：（前十三派）有斗文万添渌仓国邦相楚君之。（自十四派始）廷振开新，运启光华。诚修名达，泽厚传家。

湘潭麻姑滩冯氏 始祖斗虚公，明初由江西从外舅宦湘乡，因爱两湘间山水之秀，于明永乐二年（1404）卜居湘潭普庵塘，长子现祥复徙麻姑滩辰沙洲。至 1948 年，已传 24 代，4000 人。宗祠在麻姑滩。

湘潭石潭冯氏 该族祖籍江西，元朝中叶自圳上南徙一支于湖南浏阳。明初仕海公（讳阙，生卒阙）客游湘潭，遂侨寓梅下渡，为第一派。逮弘治二年（1489），子志昂公卜居石潭北岸。族谱始修于清康熙三十三年（1694），乾隆二十八年（1763）续修，嘉庆二十三年（1818）三修，同治五年（1866）四修，光绪二十一年（1895）五修。1920 年六修，1943 年七修。该支名人冯茂春，提督衔。派语：秩典敦先德，传家裕秀良。祥和征孝友，瑞锦辅荣光。

湘潭裴公市冯氏 迁湘始祖亮公，元末兵乱，由浙挈家来湖南，卜居茶陵。

二世琼公，虽宦游西粤，回籍后转徙湘潭。公生子三：恒、忠、信。恒、忠二祖历屯三门。信公于明永乐时分居湘潭裴公市月形山，生子四：倚、杰、俊、武，派分四大房。清康熙间有墨牒，至宣统三年（1911）凡四修。老派：亮琼信任言国讳应吉时逢世仕。正大光明，承先启后。祖泽维新，人文毓秀。忠孝贤良，家修廷献，万代传芳。

湘潭霞湾冯氏 始迁祖斗牛（字光南）、斗祥（字光北）二公，明洪武初由江西丰城胥宇中湘霞湾白石涧。斗牛生文昭，文昭生原用，原用生必倡、必盛、必纯、必洪，衍四支。其中洪支远徙云南，十代作宾由滇返潭，居湘潭作江湖，六修时方合谱。清乾隆二十四年（1759）、嘉庆七年（1802）、道光二十年（1840）、同治四年（1865）、光绪三十四年（1908）、1943 年纂修族谱。六修时四房总计男丁 2358 人，配氏 1052 人，未字女 690 人。排行：承芳植本，维先树德。继承日新，振家辅国。

湘潭油麻岭冯氏 始迁祖有运公，明洪武二年（1369）由江西南昌府丰城圳上，携三子斗牛、斗祥、斗璧经醴迁湘潭霞湾。后斗璧随父回江西原籍。斗牛裔居霞湾。斗祥裔居油麻岭。清乾隆三十三年（1768）、嘉庆六年（1801）、道光十六年（1836）、同治六年（1867）、光绪二十九年（1903）、1933 年、2020 年七修族谱。行派：（自十五派始）承芳植本，维先树德，继起日新，振家辅国。

湘乡山田冯氏 始迁祖益公，官居总辖，宋建隆二年（961）由金陵迁湘乡，子孙世居山田，至十四世分为瑺、涟、禄三大房。清康熙二十一年（1682）、乾隆十三年（1748）纂有墨谱，道光十二年（1832）一修，光绪二十七年（1901）续修，2000 年三修。宗祠明季毁于火，乾隆二十八年（1763）重建于山田。益公九世孙子振，字海粟，元时官承事郎、集贤院学士，著述甚富，尤以《梅花百咏》为最。班序：（自二十四派始）廷家添运盛，世代永传声。大树名芳远，新枝毓秀荣。前贤诗百咏，继述在奇英。勋业同光显，昌期庆治平。

湘乡铜梁都冯氏 鼻祖桦一公，行一，原籍江西吉安府泰和县，世居鹅颈大岗，明洪武三年（1370）携子必文、必祥偕胞弟桦二、桦三、桦四卜迁衡阳西乡。桦一落居重江东庄，编籍八甲。桦四携子必亮、必孝落居本里上东庄，桦二落居光政花园，桦三落居清化土锡塘。后桦一后嗣生齿渐蕃，必文之孙思聪移居九里渡，思敬子孙移居湘乡铜梁都，思礼子孙仍居东庄。必祥之孙思通、思太兄弟移居滩头。文、祥两房子孙居址不一，惟九里渡较著。清初纂修族谱，桦二、桦三两房分隶各都，未列世系。惟桦一、桦四两房同里，素为一族，至十一修始合卷。派行：桦必政思应嗣友宗祖世荣华维添德大盛昌名绍时嘉……

醴陵马家洲冯氏 始迁祖云山公，明洪武初年自四川迁此。至1948年，全族人口1000人。

醴陵仙石冯氏 始迁祖奇恩公，明崇祯末年自广东龙川迁此。至1948年，全族人口200人。

醴陵峤岭冯氏 清雍正初年自江西萍乡迁此。至1948年，全族人口100人。

茶陵冯氏 明永乐二十一年（1423）由江西永新夏幽洞溪迁茶陵，后人分居于高陇古城、湘东长兴。

华容鲇鱼须冯氏 一世越公，明末因兵乱由江西南昌丰城冯家坝迁湖北石首小河口。六世支守公，字职先，号爵一，清乾隆年间从小河口迁华容鲇鱼须，后人分居鲇鱼须普贤三岗、万庾兔湖垸、护城花子坟等地。堂名三元。派语：本裔荣耀，支孙辉煌。百年传芳，世绪隆昌。

湘阴两虎岩冯氏 迁湘始祖季拔公，字溪甫，后唐同光二年（924）由江西丰城县铁树观迁湖南湘阴县上十都三甲洪源洞两虎岩。十一世太潮公，官佐击，清顺治八年（1651）自祖门粟嘴头迁居司礼街凤山冲。清康熙、乾隆两修草谱，道光元年（1821）、咸丰九年（1859）、光绪十六年（1890）、1924年、1997年、2014年续修。派语：始祖原派式，季福添廷元。彦汝万德景，大胜文宣师。允垂家有法，世序善相承。忠孝培根本，诗书启后昆。光宗钦典礼，安国重儒林。

湘阴洪源洞冯氏 始迁祖召太公，明洪武中自江西迁洪源洞，今属汨罗。

平江东乡大源冯氏 始迁祖清甫公，洪武年间自江西新昌迁此。至1994年，全族人口2435人。

平江芦洞古家冯氏 始迁祖德励公，清康熙十七年（1678）自湖南桂东迁此。

桃源古岩屋冯氏 始祖子器公，明洪武十四年（1381）任辰州太守，遂落业于辰。越十世文盛由辰迁于桃源县西土东村古岩屋。生一子时钟，女时英。时钟乏嗣，时英赘婿胡申，冯业胡承，至清康熙间改复冯姓。宗祠建于泥窝潭。清光绪二十二年（1896）续修族谱。至1948年，人口千余，分布于土东、西东、漳江等地。

桃源浯溪冯氏 始迁祖时贵公，清顺治十二年（1655）由湖北黄州麻城仙居乡永宁村迁于桃源县东浯溪冯家坪。至 1948 年，已传 13 代，全族人口 800 余人，分布于蜂子洞、联桥、鹿田坪等地。宗祠在冯家垱。族谱创修于清宣统二年（1910）。

永兴冯氏 始迁祖荣公，元元皇间与弟柴公由江西安成徙永兴。生敬宗，敬宗生五子，衍五房。柴公落业郴州凤德乡。明嘉靖十三年（1534）一修族谱，何孟春、李永敷序。清乾隆三十五年（1770）、光绪二十一年（1895）、1924 年、1991 年、2019 年续修。排行：荣崇志弘，允良嘉一，时上春京单。廷试文名显，德修继序昌。绍先光大业，忠孝振家邦。该族名人：冯允中。

零陵冯氏 始迁祖克铭公，明洪武元年（1368）自江南直隶宁国府宣城县清流乡第一都第一图从戎，二年调道州守御，十三年升永州卫，因家零陵水北乡堡里桥座梓坝。清同治十年（1871）、1940 年、2007 年纂修族谱。三时修废除各支旧班，统一为：子朝冯一定，国正永吉祥。德志福贤祚，嗣承宗支芳。培源茂树植，有本显文光。星焕当今运，洪敷家道康。该族名人：冯天柱。

祁阳冯氏 始祖德祥公，讳至善，元至正六年（1346）生，明永乐六年（1408）卒，由江西丰城迁长沙数珠山，葬长沙县临湘都八甲石株市，生清、信、明、亮四子。清公不可考，明公居石株市。信公、亮公迁祁阳，世居南乡沙埠塘、余塔洲等处。清乾隆五十八年（1793）、道光二十二年（1842）、光绪三年（1877）、1934 年祁、长两邑纂修族谱。字派：德单位单志朝友继贤先登三上开家维学与校……

道县审章塘冯家村冯氏 谱称十四世祖积堂公，娶妻李氏，生廷刚、廷国、廷套三子，于明嘉靖年间由广东阳山沙坡迁湖南江华湘江桐冲口，后因人多地少，生计艰难，廷国、廷套再迁移道州登封乡（今审章塘乡）立宅求生。今分布于审章塘乡冯家村、北门冯家等村。

蓝山大源山冯氏 始迁祖成保公，清雍正二年（1724）由宁远冯家洞（现下灌彭家洞）来大源山入赘郑姓为婿，改郑为冯。

蓝山舜乡沙子岭冯氏 始迁祖瑞光公，清乾隆时由广东分来。至 1933 年，共 19 人。

蓝山舜乡大冲冯氏 始迁祖君廷公，清时来自广西。至 1933 年，共 15 人。

蓝山舜乡陈夏源冯氏 始迁祖喜生公，清时来自江西。至 1933 年，共 7 人。

沅陵冯氏 一世祖惟德公，河南祥符人，明洪武十四年（1381）官辰州知府，府治沅陵，旋升湖广右布政，卒于官，葬辰州北城外重兴山。子均旸不忍离去，遂占籍沅陵。均旸第三子以善，字本初，迁柳林汊下桥港。至十七世福潮公，生子四，第四子凌凰，清道光十二年（1832）卒。1928 年凌凰房纂修支谱。凌凰长子云兴，云兴念沅陵山多田瘠，徒耕必难瞻家，乃改习商，即家设肆。常德之西，辰州之东，二百里无壮廛，生货输出，熟货输入，以柳林汊为集中，家遂发。云兴长子锡仁，光绪丁丑（1877）进士，曾官工科掌印给事中、湖南谘议局副议长，藏书甚丰，今多入藏湖南图书馆。子士杰，贵州候补道。士倜，河南候补道、湖南省议会议员。士仪，早卒。士修，澧州地方检察厅检察长。士价，府学附生分部郎中。冯怡怡家庙，建于 1917 年，位于柳林汊。冯给事中祠建于 1923 年，位于柳林汊瓮子洞。字派：（自十八世始）凌云志士本，宗泽丕承祥。绍祖光恒永，启贤克正昌。家安邦国泰，朝盛治明良。敦祚应先兆，继兴万代长。

黔阳冯氏　迁湘始祖维德公，字子器，原籍河南开封府祥符县，明洪武间知辰州府事，超升湖广布政使司右布政，卒葬辰州府北关外。十三子，均禄、均玉、均道、均华、均实、均用、均福、均寿回原籍，均旸居沅陵柳林汊，均礼居武昌，均祥居沅陵清平坊，后徙泸溪。均平从戎贵州，后迁溆浦龙潭，均仕卜居黔阳红莲坪。

芷江致和坊冯氏　鼻祖暹公，字显泗，原籍江苏常州府无锡县景云乡，以明御史巡按云南，致仕归里，道经沅芷，见其山明水秀，俗淡风淳，遂卜居芷江城北致和坊。清乾隆五十年（1785）肇修族谱。字派：（从九世始）大国师仁德，文龙启俊英。永嗣宗祖义，昭代维昌明。登朝陈五典，佐士振千春。

宁

长沙卯田宁氏　始迁祖对麓公，讳玉乾，明万历间偕胞弟玉坤、堂弟玉明、玉镇由善化县河东洞泉铺挈家徙省垣，旋落业善邑河西卯田。族谱始修于清道光二十七年（1847），清光绪元年（1875）二修。宗祠建于乾隆五十九年（1794）。派语：玉邦之宗，仕开尚文。章成显达，恢复家声。世敦孝友，克立勋名。增其培植，永保昌荣。

醴陵北城宁氏　始迁祖炳魁公，清康熙间自江西莲花迁此。族人分布于东富、萍乡。至 1948 年，全族人口 200 人。

茶陵云阳宁氏　始祖时发公，南宋光宗时以大理寺丞出知吉州，解组居永新洋江，再家神泉。九传至仕槐公，以武举押运被参，始从洋江徙于茶陵。清道光二十八年（1848）六修族谱。

衡阳城福乡宁氏 始祖干公，原籍河南荥阳，隋仁寿二年（602）为衡阳司马，因家于衡阳回雁峰下。至唐僖宗时，族人因避黄巢之乱徙邵阳，乱息后复由邵阳归衡，住今太平乡玉兰村。传至元末时道可公，字仕南，由玉兰村徙邵阳富田，为邵阳基祖。荣公自玉兰村徙祁阳马江埠，为祁阳基祖。宁司马祠，位于衡阳城福乡，建于明正德间。衡阳宁姓，以城福乡为最。1940 年衡、邵、祁三邑宁氏九修族谱。至 1948 年，衡邑男女丁口 12000 余。该族名人：宁钦，衡阳人，正德间御史。宁咸，明时人，著《易象》等十余种。宁良，祁阳人，明正统进士，浙江布政使。

邵阳宁氏 始迁祖道可公，元时自衡阳太平乡玉兰村迁居邵阳中二乡富田。明中叶创建宗祠于富田。清康熙、咸丰间重修，1940 年衡、邵、祁三阳宁氏九修族谱。至 1948 年，有男丁 22200 人，女口 21100 人。以邵阳县属中二乡、中一乡、仁风乡及隆回县碧山等处为最。

常德石板滩宁氏 该族 1942 年续修谱称，始祖蒙格，江西临江府清江县人，仕元太祖，统兵为大将，累著战功，蒙赐名忙哥铁木耳，拥兵南征，因家湖南常德卫，数代皆显宦，遂卜居武陵关外七丘村之石板滩。至武略公始分居湖田洲、雷公洞等处，其弟铁木耳，各垂世胤，迄今守同姓不婚之约。2000 年族谱称："原籍为辽阳，明永乐初因靖难之变迁武陵。"清道光七年（1827）创修草谱，光绪二年（1876）、光绪二十八年（1902）续修草谱，1917 年创修印谱，1942 年续修，2000 年六修。宗派：蒙佛言示系，希汝中有正。龙必如学永，昌之光宗廷。新增宗派：敦诚辉道德，宏茂振文明。厚泽传家远，良才启运新。铁氏宗派：戈兴俊勋添，世廷应士时。作文中秉正，大学有光明。新增宗派：绍敦先德，佑启仁英。宽宏孝道，家国永兴。

安化东山宁氏 始迁祖祥公，明洪武年间由江西迁益阳桃花江，再迁安化东山。

汝城后溪湾内宁氏 始迁祖志修公，清康熙时自湖南桂阳州迁此。至 1932 年，已传 8 代，120 余人。

让

溆浦让家溪让氏 始迁祖首发公，明代迁此。

司马

湘阴司马氏 始祖碧潭公，号月川，明洪武年间自浙江绍兴府山阴县长乐乡为潭州提学，生子三，次子成龙居湘潭，季子如龙居湘乡。长子化龙公则居湘阴环萃洲，传至宏、宁、宣、实、宇、富、宽、完，衍为八房，环居湘水间数十里而遥，惟实公房迁徙不一，近而长、平、潭，远而桃源、石门。清咸丰七年（1857）修谱，1944年续修。派语：开先承祖德，继述裕家传。鉴学宗资治，文章启后贤。续派语：东浙源流远，南湘惠泽长。地灵钟后杰，百世颂其昌。

皮

长沙长花园皮氏 始祖文通公，字峤山，明正统间由子倡公自河南开封迎养来湘，开基攸县清阳乡，卜居水头、沙汪等处。十一世辅公，官四川岳池，解组归居长沙，始分隶善化，族人聚居于长沙县石门乡长花园。至1948年，男女丁口1000余人。清宣统元年（1909）、1949年创修支谱。字派：积德家声远，传经世泽长。同心敦乃善，笃庆锡之光。该族名人：皮殿选、皮宗潮、皮宗石。

攸县水头皮氏 始祖文通公，字峤山，宋朝人，世籍襄阳，因季子倡公为衡郡太守，卒于任，公乃偕长子休、次子体迁居攸县水头。至九世衍为松、楠、梅、相、枢、楫等若干房，散处长沙、衡阳、湘潭等地。族谱一修于明正德十三年（1518），清康熙元年（1662）续修，乾隆元年（1736）三修，同治十年（1871）四修，1915年五修。该族名人：皮东山，明御史巡按大同宣府。皮辅，明成化举人，岳池知县。字派同长沙皮氏。

平江皮氏 袭美公传六世徙丰城曲江，又八世徙南康府安义县塘溪。更四世至宋绍定进士君遴公，字朝选，原居塘溪，以岁贡士任筠阳（高安）教授，遂卜居南门。又九世光斗公，字南山，明隆庆四年（1570）自高安迁平邑南门毛家巷，十世承宪公迁平江西门。清嘉庆二十四年（1819）、同治四年（1865）、光绪二十八年（1902）、1934年纂修族谱。四修时全族男丁620人、妇丁365人。至1994年，全族人口1731人。派歌：君子卿德绍，广观玉光承。一文必为贵，万世永兴隆。

沅江黄荆塘皮氏 始迁祖顺彝公，明正统七年（1442）自江西安福县榴花渡来楚，乔寓资阳桃花江，至景泰二年（1451）又携子用宽、用勤、用谨卜居沅江黄荆塘，衍为三大房。清乾隆二十六年（1761）创修族谱，道光八年（1828）续修，光绪五年（1879）三修，1912 年四修，1942 年五修。宗祠位于县治。派语：（自十四世起）锡名光作述，敦本效贤良。德茂先猷远，家荣祖泽长。

常德皮氏 远祖龙荣公，宋度宗时观文殿大学士，生珍、璇、琯。珍公孙宗玟公，明洪武元年（1368）官衡阳，后居武陵皇家庄，后裔散布澧县、津市、安乡及湖北。琯公仍居吉水。璇公孙宗元公，元顺帝至元六年（1340）由吉安府吉水县文昌乡九渡口大樟土地迁湖广，落业武陵韩公渡同心障水西湾。清道光八年（1828）纂修族谱。2004 年璇公裔七修族谱。派语：宗德照廷臣，纲维大志凌。金玉推希应，锦绣映启文。恒泰才仁世，光明祖烈昌。立朝宣奏对，登弟焕词章。

边

衡山边氏 远祖隆公，以唐进士官灵丘县尹，调任江西吉州节度推官，遂家新淦桂竹。二十二世韶美，讳乐，明乡贡进士，官衡山训导，没于任，葬于衡。长子学古、季子学勤归江右。仲子学监，守墓不忍去，遂籍于衡山。清乾隆五十三年（1788）、道光二十年（1840）、光绪五年（1879）、1914 年、1949 年五修族谱。班行：名臣宗中道，绍述祖先猷。德泽贻谋久，芳声远裔留。

匡

醴陵花桥匡氏 先世居山东平原，系稚圭公子孙，宋太宗太平兴国间迁江西新喻县西门。传十余世，家族日繁，人广地狭，明洪武三年（1370），震隆公字离照，遂携家迁醴陵县北乡花桥境古八都八甲（清乾隆时称一都）。生子五：秀轻、秀重、秀轮、秀辕、秀轂。族人分布于耿境、陈家冲、石塘冲、茂田、老关、萍乡、浏阳。至 1948 年，全族人口 6000 人。清雍正四年（1726）合族七大房建祠堂于花桥东岸。清康熙间创修族谱，嘉庆七年（1802）、咸丰元年（1851）续修。名派：震秀文匡永匡万守匡明士之邦匡，光显上国，经学传世，敬承先德。

双峰湄水桥匡氏 始迁祖学金公，字金三，宋绍兴间自江西迁居湘乡湄水桥杨梅庄，今属双峰。至十代贤仲公，生财可、财玉。财可生元明、元聪、元通，为匡家塘、匡家垅、长山田心之祖。财玉生元发，世居湄水桥。族谱始修不详。清雍正十二年（1734）、道光八年（1828）、光绪二十八年（1902）、1949 年续修，其时已递传 35 代，男女丁口 6700 余人。班次：学通朝法，武应梦明。景贤才元，安继再友。文尧太祖，良臣佐国。定逢清世，颂肇麟振。敬修先泽，惟是俊英。道隆作述，德裕志行。声名远大，万载显荣。时际昌盛，礼乐淑陶。诗书诵读，业广功高。谋猷廷献，益赞皋赓。泰运长庆，海宇升平。

益阳匡氏 始迁祖诚贵公，明洪武时由金陵籍隶资阳，馆甥赵宅，一传生文禄，文禄生福洪、福显、福恕、福铭、福全、福缘。长、三、四房远徙无稽，惟二、五、六房子孙繁衍。清乾隆三十二年（1767）、道光八年（1828）、道光二十年（1840）、同治九年（1870）、光绪二十六年（1900）、1930 年六修族谱。派语：松国正昌隆，贤良诏上封。英才常蔚起，明哲耀先宗。

耒阳匡氏 始祖元济公，唐中宗时山东兖州人，初任江南繁昌，再任大庾，致仕家江西泰和。生芳、昌永。芳公以下十三世咸平，五代时武城人，仕后唐为吉安泰和令，宋时以进士为湖广道州教授，秩满游耒，遂家云峰浪溪。昌永公十三世孙虞侯公，五代晋时人，始迁资兴。昌永公下二十一世贵禄，为资兴、永兴两邑之祖。元济公三十八世孙礼盛公，为永兴始迁祖。元济公三十四世孙瀛公，为郴州大溪始迁祖，南宋孝宗淳熙间携子六人自江西泰和鹅颈丘迁来。元济公三十四世孙景安公，由桂阳迁郴州小埠招旅。元济公二十五世少五郎，迁桂阳。元济公二十九世乾元公，由泰和迁桂阳。清康熙二十七年（1688）郴州初修族谱。1941 年耒阳、资兴、永兴、桂阳、常宁五邑匡氏四修通谱，其时耒阳阆、闻、闵三房生丁 9089 人，资兴何家山生丁 194 人，永兴洞口生丁 268 人，桂阳三塘生丁 1882 人，常宁匡家坪生丁 46 人，共计 11479 人。2015 年六县五修族谱。

祁东匡氏 始迁祖义宣公，明永乐七年（1409）偕子仕隆、仕贵（后迁宁远下乡清水塘）、孙添瑞，由江西泰和金华山迁居今罗口町乡洄水湾。后其曾孙思明徙居泰和堂，思亮徙居祖山湾，思文仍居洄水湾。清道光二十八年（1848）、光绪七年（1881）纂修族谱，1941 年四修。班次：义仕添思永，必文景单大。万世宀元其，以前十五代。国正明良定，守宗代增光。作成群俊彦，秉简上玉堂。

绥宁匡氏 始迁祖公良、公清、公节三公，原籍江西泰和县三都塘鹅颈丘，元顺帝至元年间辗转绥宁都二里渡头坪（今盐井乡境）落籍求业，复迁铁湾。后裔今分布于盐井一带。清咸丰元年（1851）纂修族谱。班次：通公祖永仕再文，能继孝友义方员。

武冈匡家桥匡氏 始迁祖仲荣公，原籍江西吉安府泰和县，明洪武年间迁宝庆黑田铺，永乐二年（1404）再迁武冈城南匡家桥。子宗华、宗贵再迁匡家榜石盖头，定居于古底。清光绪三十三年（1907）、1947年、1993年、2007年纂修支谱。字辈：世必仲宗祖，子文元再朝（十代转宗）。1947年二修时新增：立德光前远，荣华邀天恩。诗书传奕叶，礼乐永乾坤。

常德匡氏 始迁祖贵璋公，明洪武二十五年（1392）自江西吉水县迁武陵县前河中诠村夏家桥，即今匡家桥。清道光十七年（1837）、光绪十八年（1892）、1924年、1949年、1996年、2008年纂修族谱。字派：贵秉升仪时，洪大子国正。应志仁义绍，开光明景运。丕显承先业，培植德泽长。克昌传有本，荣庆耀家邦。

桃源硖州匡氏 始祖贵璋公，明永乐二年（1404）由江南吉水迁常德匡家桥。至五世孙时钟公，再迁桃源县东硖州匡家湾。至1948年，全族人口100余人，分布于木塘、桃源后街等地。宗祠在常德匡家桥。族谱创修于1923年。

石门、临澧匡氏 先祖文贞公，明朝人，生南京苏州府昆山县，后迁江西吉安府吉水县匡家垣大栗树，生四子：以通、以道、永华、永堂。以通居安福龙沉堰匡家拐，以道迁西蜀，永华、永堂迁石邑八都匡家坪。1918年、2008年纂修族谱。临澧合口老派：五世正朝，永国家鸿，嗣祖德业。石门南乡老派：兴隆启大，世立朝清，嗣祖百行。1918年合定新派：朗昭先绪，克迪前光。贻谋传远，盛泽绵长。

隆回匡氏 始祖崇源公，原籍江西吉安府泰和县，明初以俊秀出身，补授湖南宝庆府邵阳县北路隆回都匡家铺。四世友期，生再广、再福。再广居下屋头，再福居上屋头。友衡生再高、再兴，迁溆浦县匡家坳。清乾隆二十六年（1761）、乾隆六十年（1795）、同治四年（1865）纂修族谱。隆回派语：崇贵孝友再应必仕结前景秀。朝元顺祖宗，尧舜开治运。礼乐光前烈，诗书启后贤。尊亲隆爱敬，忠厚守家传。溆浦派语：崇贵孝友再孟庆学结前景承。宗元正文永，尧舜开治运。礼乐光前烈，诗书启后贤。尊亲隆爱敬，忠厚守家传。

麻阳土军寨、岩门双冲匡氏 始祖崇源公曾孙友期之孙景佑，移居麻阳县土军寨。景佐字天助，明永乐二年（1404）由隆回匡家铺先迁贵州镇远县，续下移湖南沅州府麻阳县正都二都五甲双冲居之。清雍正五年（1727），崇源公十九世孙上明、上礼移学入籍，续移居槽田冲数载，后又移居太平堤。岩门双冲派语：崇贵孝友再，应必仕结前。侍（景）荣兰万朝，廷士学世上。大国兴盛明，永承宗启贞。吉安开代远，茂源本光亨。泰和绍恩泽，宏文换家声。拖冲字派：崇贵孝友再，应必仕结前。景永廷时达，国朝起士家。帮以兴隆绍，世代毓英华。

邢

益阳邢氏 始迁祖举敦公，字从理，明洪武初由河南新郑县因贸易迁湘，开基于益阳县箴言乡山梧村。族人分布于新民乡沿河堰及南县、沅江、华容、湘阴等地。清嘉庆十三年（1808）建支祠于新民乡段祖堤。至1948年，已传22代，共2800人。

麻阳岩门对河邢氏 原籍江西乌雅县（瑞金）乐祥桥。明初徙湖南麻阳岩门对河邢家落业，子三：长祖兴迁黄泥冲，次祖英仍居邢家，三祖寿徙重庆（均在弘治年间）。后人分布岩门、谷达坡。至1994年，丁口近600人。老派：上大可学生，立有成家国。续派：继修开昌运，安邦世代长。字先启人伦，绍庆儒再康。

吉暨

浏阳吉暨氏 始迁祖大宝公，后唐同光间由江西庐陵迁浏。十六世至渊、源两公，其时陈友谅作乱，源公变“吉”为“暨”，居洞溪。渊公居塘泉。清乾隆十一年（1746）始修族谱，道光十七年（1837）续修，光绪三年（1877）三修，光绪三十三年（1907）四修，1936年五修。谱以大宝公为鼻祖，云公为少祖，渊、源二公为大宗，本、章、志、诚、纲五公为小宗。开源派行：太上日元储万有奇季佳伯秀清扬云。初修派行：景立彦从仁正德，宗宏文武一齐芳。俊廷荣懋登朝仕，克绍光修世愈昌。重修派行：务本承先志，敦伦裕后生。忠良存厚道，礼让振家声。

成

宁乡成氏 始祖缵公，唐时由山东过江南，迁居江西泰和县悬湘。子嘉穗之子慰安公，于后唐同光二年（924）自江西宦湖南长沙。传至十二派祖四公，于元至正间由长沙迁宁乡，长子福三居五都，开东湖房，从“彦”字派分三支。三子福八居四都，开梅湖房，从“玟”字派分四支。东湖总祠位于芳储乡成家冲，建于清乾隆四十七年（1782）。梅湖总祠位于高露乡成家桥，建于同治元年（1862）。清乾隆二十年（1755）始修族谱，道光二十二年（1842）、光绪十年（1884）、1931年、2009年续修。至1948年，有男丁9000人，女口6000人。字派：龙章光日曜，凤应瑞云熙。传家乃孝友，启绪在忠良。泽延源自远，本立运其昌。欣阳关祖樾，昊翰溢宗香。该族名人：成世卿，明天启举人，著有《易经解成》。成章瓒，道光进士。成绍光，甘肃布政使、按察使。成国柱，平贵州苗乱，积功至总镇。成光耀，国民革命军中将师长。成克襄，主讲湘、鄂、赣各书院。成刚，国民革命军第十四军军长。

湘乡成氏 始祖华甫公，字慰安，宋末元初（一说元末明初）自江西泰和圳上杨光庙携子世相、世台及侄发魁迁居湘乡城江，创业于何家埠孙家边，后迁于溪口石湾。支分两支，一居何家埠，堂号敬爱。一居西阳，堂号敦本。光绪末二族于溪口石湾合建总祠。清乾隆十七年（1752）纂有族谱，同治光绪间两支分修，清宣统三年（1911）下族三修，1921年上族三修。旧派：华世庚千万，德思则忠光（允海），仲仁兴应尚（廷文绍大国），魁立人伦（盛梦贤良）为，达道希圣本（祖中庸）。续派：诗书经济远，敦厚泽绵长。作述期能继，芳名永代扬。该族名人：成舍我，著名报人。成思危，前全国人大常委会副委员长。

醴陵黄梁桥成氏 始迁祖万广公，明嘉靖十年（1531）自山东上谷迁此。至1948年，全族人口共50人。

衡阳九渡成氏 始迁祖光岳公，字楚望，号柱南，元至正间自山东上谷迁居衡阳九渡铺。子姓繁衍，散居于衡阳栗坪、前后沙坪、渔子塘、兴隆庵、车江、长乐、双板桥者为上八房，散居于衡山萱洲、宝米洲、枫根塘、托塘、晏公庙、梅桥、石门、白衣港者为下八房。清雍正四年（1726）始修族谱，乾隆五十七年（1792）、道光十一年（1831）、咸丰十一年（1861）、光绪十六年（1890）、1929年、2001年续修。乾隆五十八年（1793）建总祠于九渡。派语：宗德（大）启贤良，名儒（学）兆吉祥。三元荣锡命，一体映华堂。

新化成氏 始祖华甫公，宋元之际官湖广，遂家湘乡，葬湘乡溪口石湾大圣殿。生二子：世相子三：庚一、庚二、庚三。世台，字湘年，子五：庚四、庚五、庚六、庚七、庚八。侄子世魁，又号发魁，携侄子庚一、庚二、庚三徙居新化烟田，继迁澧溪、潘洋。后世魁仍归湘乡，与世台共宅溪口石湾。庚一居新化石马二都潘阳，庚二居新化大一都澧溪，庚三居新化石马二都潘洋，庚四居荆州江陵，庚五居安化十二都。庚六居安化十二都，再迁辰州。庚七失考。庚八居郴州。新化庚一、庚二、庚三族谱一修于清乾隆十五年（1750），道光二十一年（1841）二修，光绪二十五年（1899）三修，1936 年四修，1997 年五修。庚一、庚二房班次：华世庚辛元，文思志惟广，公廷奉应正。自芳光启明，达昌其裔本。诗书经济远，敦厚泽绵长。作述期能继，方名后代扬。庚三房派语：华世庚辛元，玄文添志万，伯暄廷化应。国士尊经义，贤财迪盛昌。词章华翰苑，德泽绍南阳。世业贻谋远，诗书裕后长。根深枝自茂，利用庆观光。庚五房派语：华世庚千万，德思则信椿，仲仁兴应国，正武人伦为，达道希圣本，诗书经济远。

蓝山富阳里成氏　始祖景隽公，字超，又名少泰，河北范阳人（今河北省定兴县固城镇），祖籍山东青州临淄县牛山稷门村，南朝梁武帝时奉命剿平郴寇，后择居南平县（今蓝山县）西关外富阳里。族人分布于洪田洞、岩口洞、成家村等地。至 1948 年，已递传 50 余代，6000 余人。族谱始修于元泰定二年（1325），至 1948 年第十八次续修。该族名人：成应钦，明洪武九年（1376）充布政司，以抚瑶功授土巡检，子孙世袭。成俞卿，清咸同间长江水师江阴营镇。派语：（自七十八代起）高怀凌青云，英哲盛齐湘。乐善群生惠，敦品笃行强。刚毅炳日星，雄风泽万方。博雅众山小，守洁自寿康。伟业宜振建，策勋辉璧堂。

新田黄栗山成氏　始迁祖庆桂公，字良桂，明洪武间因贸易自桂阳县迁居新田县仁智乡黄栗山。族人分布于黄板沅、桂阳竹里。至 1949 年，共 60 余人。

新田中和成氏　始迁祖枝秀、枝桃两公，清乾隆年间因经商自桂阳迁新田县中和镇城内北门。族人分布于崇明乡蚂蝗洞、中和镇水头等地。至 1949 年，已递传 8 代，共 300 余人。

宁远享福坪成氏　始迁祖九九郎，明洪武九年（1376）因避乱自江西迁此。族人分布于白美、东成等地。至 1948 年，已传 26 代，族人共 9000 余人。

麻阳成氏　明永乐二年（1404）自江西徙入，始居黄旗（今黄溪）、罗子冲（骆子村），后人分迁于程禾溪、金陵溪、小坡、岩洞寨及芷江、常德等地。江口圩、隆家堡字派：自祖天文启，尚明飞士秀。光宗永世应，朝廷代有拔。后续字派：宏恩施泽远，遗徽绍书康。忠厚传家大，荣华定显扬。

毕

长沙毕氏　始迁祖汉八公，字朝钦，由安徽迁湖南善化。

邵阳毕氏　始迁祖子亮公，原籍清苑，明洪武中隶宝庆卫。

新化上梅镇东正街毕氏　始祖贞公，元至正间任湖广汉阳令，后卒于职。生子二：庭钊、庭创，拥父柩葬于蒲圻县城北芦湖陈家山，未几，因兵乱被迫迁居邵阳城南四十里（今新邵言栗乡）。元至正二十四年（1364）庭钊转迁新化县城毕家巷即今上梅镇东正街。谱一修于清康熙五十五年（1716），道光二十五年（1845）、光绪二十四年（1898）、1998年续修。班次：明天成世第，绍祖焕先猷。盛泽芳名远，嘉模后裔留。德仁礼周训，邦家永保禧。克勤常敬守，多福建遐基。继前立大业，奋进振华兴。智勇忠孝全，富贵久荣存。

麻阳咸池坳毕氏　始迁祖胜耿公，清乾隆年间迁麻阳咸池坳毕家定居。族人分布谭家寨乡，今有100余人。字派：胜世承宗广，开康万进国，师荣永兴隆。

师

长沙东山师氏　始迁祖玉显公，宋高宗时宦潭州参军，卜居十江坪。生三子：瞿亭、瞿高、瞿亮。宗祠建于长沙城内浏正街，族人散居长沙、浏阳、华容等县。派语：一元开万象，圣德立文明，孝友嘉声远，诗书利约芳。

醴陵伯公庙师氏　先世明正统初年自江西奉新迁此。族人分布于板杉铺。至1948年，全族人口500人。

吕

浏阳吕氏　先世清咸丰年间自江西丰城迁浏。后人聚居于城关、淳口、蕉溪。

浏阳吕氏　始迁祖文昌公，清末自江西吉安迁浏。后人聚居于百宜轩、大埠岭。

湘乡白龙吕氏　始祖清赏公，先世居江西安仁县（今余江县），生三子：河世守庐墓，钦徙湖南东安，宝徙湖南新化。河公传二十一世至再富公于明洪武初年迁居湖南武冈州涟溪。又八传至万萃公，性嗜风景，遍览名胜，于清康熙年间卜居湘乡县白龙，为白龙始祖。宗祠在茅坪湾，建于道光年间。同治三年（1864）始修族谱。武冈涟溪班序：再原丹锦，思必宗祖。万大仕韵，雯正代允。典礼基开，嗣占名魁。贤良忠义，超选登台。新班序：恪守儒训，教植芳槐。隆飞书瀚，继序臻辉。

茶陵吕氏 先世南宋淳祐年间由江西泰和迁入，后裔分居于枣市东岭及湖口、八团等地。

邵阳金称吕氏 始祖茂孙公，世居江西泰和县鹅颈大坵圳塘上，子四：再荣、再华、再富、再贵。茂孙公与长子再荣卒葬江西，再华、再富、再贵与长嫂石氏于明洪武三年（1370）卜居武冈东乡社溪田，即今邵阳市金称溪田村。荣裔居溪田背塘，华裔居田心及三星、架冲、石羊等地，贵裔居大塘。富公生四子：真居溪田，才居边溪，宗居新化冲圳井塘等地，胜居青山。族谱始修于清同治二年（1863），1916 年由著名历史学家吕振羽的祖父吕德良经理续修。老派：再振虞臣烈，惟寅夙夜赅。嘉谟千载见，祀典一时开。续派：敬绍芳徽远，调和盛业恢。忠勤承济美，拔远庆登台。家率儒林范，名超翰苑魁。河东培俊杰，用作栋梁材。

邵阳吕氏 始迁祖正洪公，字行彝，一字宗元，明洪武间偕兄弟正和、正保由江西吉水县迁湖南邵阳，正和卜居东乡，正保居南乡上贤都，正洪居东乡桥头，传三世而开八房。族谱创修于清康熙五十五年（1716），道光十三年（1833）续修，光绪十四年（1888）三修，1929 年四修。老班：绍义志正应添原，宗祖文才思仲仁。兴福荣昌增显达，安国永享太世基。新班：明良开景运，忠厚守家传。上治崇尧舜，纲常振万年。

常宁吕氏 始迁祖惠公，原籍河南祥符县，元至正间随明太祖南征，洪武初镇安仁县，洪武二十八年（1395）奉剿常宁峒寇而家常宁，生三子：孟春、孟姜、孟和。后人分布于六合、江南、敦信、同益各乡。至 1948 年，已传 24 代，男女丁口 2320 余人。宗祠在宜阳镇。族谱始修于清嘉庆三年（1798），道光二十七年（1847）续修，光绪八年（1882）三修，1922 年四修。派语：一大人心顺，万年永昌荣。诗章华国典，孝友正家型。信义昭中道，贤良著盛名。贻谋存善法，继述达先芬。

城步城西百户吕氏 始祖廷玉公，溧阳人，明初官浙江嘉兴知府。四世让公，靖州卫千户，成化间以功加指挥。让子震公，授靖州卫百户，弘治十四年（1501）调守城步，其后居城西。

临湘吕氏 始迁祖细祖公，元顺帝元统二年（1334）与萧细文、黄细武、皮细宗四人结义，由江西南昌县鸡鸣山岳家冲同至岳州府临湘县西井八甲，落业芦洲菜花园。长萧落业萧家畈，次黄落业师公嘴，后迁白水塘，三皮居皮家畈，四吕迁居黄泥塘殷家托。明成化间，四姓共建祠堂于师公嘴，同派创修四姓合谱。至清雍正时，萧、皮无传。清乾隆十七年（1752）吕氏纂修族谱，道光五年（1825）黄、吕合修，同治七年（1868）黄、吕三修，光绪三十年（1904）吕氏四修，1935 年、1991 年、2019 年吕氏续修。派语：细闻潮海士，百忍万文胜，时希启永仕，朝廷桓希爵，仁义传家大。

华容吕氏 始祖仕贵公，字世显，元河南信阳州人，任石首知县，致仕因兵乱无法回原籍，留居石首。子三：福一居监利，福二居石首，福三明初入赘华容刘氏。迄今居华容子孙多系福三后裔。福三支派语：钟泽相光培，锡源本照全。鉴清模烈在，铨法材为先。后联宗派语：兴国铸鼎第，文靖显忠良。德政承先绪，义方启后彰。耀祖宜勤学，振邦必向阳。继志传英烈，联行庆其昌。（福三支“锡”字，福一支“在”字，福二支“林”字，采用联派“兴”字）。

平江吕氏 始迁祖远达公，明洪武二十九年（1396）自江西丰城迁此。至 1994 年，全族人口 446 人。

汉寿、桃源、常德吕氏 远祖亨仁公，生任厚、任泽。任厚生和照，和照生仪礼，仪礼生明辅，明永乐间由江西吉安府泰和县迁居益阳十里石牛冈，后裔有居石牛冈者，有迁汉寿毓德铺、晒谷岩、龙潭冲、雷神庙、乔家湾者，有迁安化浆溪、南县青家院何家台者。任泽生和煦，和煦生仪师、仪武，仪师生明用，明永乐间由江西袁州府萍乡县大嶷山迁居益阳红船埠，子祯在公继迁汉寿，生允洪、允魁、允达、允通。兄明务公，迁居常德西关外花苗堤。明隆庆元年（1567）一修族谱，清乾隆四十年（1775）、咸丰八年（1858）、光绪三十年（1904）、1930 年、1998 年续修。汉寿派语：（以梦奇公为第一世，自二十一世始）思文武正国惟应盛德光辉大本敦孝在先贤士承。桃源派语：永续其宗元声人起周登上之名风必光先世业兴高。常德派语：续世能让文贤必应忠之功景培本以孝成志维道。

桃源吕氏 始迁祖允达公，字用监，号道丑，明用公之孙，原居益阳红船埠，后随父祯在公迁龙阳，明成化二十二年（1486）又迁桃源大安村。清光绪十七年（1891）始修族谱，1921 年、1948 年、1998 年、2015 年续修。派语：永续其宗元，声人起周登。上之名风必，光先世业兴高。

益阳沿河垸车家湖吕氏 始迁祖绍园公，清康熙间自湖北嘉鱼来县开垦。

宜章鹅毛塘吕氏 先世自广东乳源县迁此。至1941年，已传10代。

汝城姜阳吕氏 始迁祖贵爱、贵斋两公，由广东乐昌县九峰迁汝城姜阳。至1932年，已传11代，丁口150余人。族人有分居木瓜冲者。

汝城官溪坑吕氏 先世由南安浮江迁此。至1932年，丁口60余人。

蓝山冷水源瑶族吕氏 始迁祖第一公，明洪武二十九年（1396）携妻儿从广东连县石马堡来高良源，承继陆德明产业开基立业，相互通婚讲瑶语。

蓝山舜乡冷水源、庙冲吕氏 始迁祖均公，自广东迁来。至1933年，共192人。

朱

长沙棠坡多福堂朱氏 明洪武二十四年（1391）夏，太祖立皇十八子楩为岷王。景泰元年（1450），岷王薨于位，谥庄，是为岷庄王。其后历经变乱，传至八世孙小鲁，韬晦转徙，历宝庆、南陵，而定居长沙县东麻林市，既而迁省城。十三世祖玉堂公徙居东乡。十四世祖雨田、岳舲创业长沙省城。岳舲子荷生，讳访绪，其孙镕基，字长庚，曾任国务院总理。家谱始修于1924年，1995年续修。岷府派序：徽音膺彦誉，定干企禋雍。崇理原谘访，宽镕喜贲从。增派：祈京犹愈叔，珮守则微墉。亮秦贞年宅，亨含契化秾。

长沙朱氏 始祖楩公受封岷州，旋抚云南，永乐二十二年（1424）转镇武冈。第六派禄筹公卜居长沙北关外朱家园。清道光二十六年（1846）、同治十二年（1873）、光绪十四年（1888）、1917年、2018年五修族谱。宗派：徽音膺彦誉，定干企禋雍。崇理原谘访，宽镕喜贲从。先业洵光显，荣名萃隽英。忠良培国本，孝友振家声。

长沙鹅洲朱氏 始祖志达公，字为先，原籍江西饶州府鄱阳县，授翰林直学士，官京华郡学正，明洪武元年（1368）避乱来星沙南门外，定居椅子湾。六世恩公，字继周，明正德元年（1506）迁居善化六都鹅洲。清宣统元年（1909）三修族谱。派语：（自七世起）世荣万衍，克振家声。敬遵理学，恪守先型。联绵甲第，光大门庭。

长沙湘春门朱氏 始迁祖德补公，名国安，世居江西庐陵县朱家巷，明季以东郡太守转迁长沙，卜居湘春门外，至五世衍为宝禄、呈禄、胜禄三大房。族谱始修于清康熙五十三年（1714），嘉庆七年（1802）二修，道光二十五年（1845）三修，同治十年（1871）四修，光绪二十七年（1901）五修。

长沙黄金园朱氏 始祖唐师古公，因避黄巢之乱由苏州迁安徽歙县。子环公徙婺源。至七世祖志公，因避金人之乱于北宋末迁居湖南衡山。九世祖清公，字若水，应朱熹之邀而于绍熙间卜居长沙驿步门（今大西门），为迁长始祖。族人分布于仁德乡、福庆乡及宁乡等地。明万历二十二年（1594）始修族谱，清乾隆三十二年（1767）续修，道光十七年（1837）三修，同治十年（1871）四修，1913年五修，1945年泉塘房等六修支谱。至1948年，已传37代，共9400余人。宗祠在福庆乡黄金园。字派：紫阳彰道范（家声孝友堂），南楚继书香。蔚起人材盛，宏开甲第长。端详循礼法，和顺笃伦常。诚正遵彝教，相期积善昌。

长沙青山朱氏 始迁祖玘公，字玉隆，号山辉，元延祐元年（1314）由江西永修县仕潭州刺史，解组后落业于长沙东乡晋家山（即青山乡境内）。至1949年，已传25代，共2350余人，族人分布浏阳、益阳、澧州。宗祠在青山乡桥上屋。

长沙东乡赛头铺朱氏 始迁祖必达公，熹公八世孙，柱公四世孙。柱公于南宋景炎间官授左评事，宋亡后弃职至豫章，后遁迹平江岑川嘴头。必达公自岑川嘴头迁长邑清都石牯牛下马头嘴。1932年纂修族谱，2010年必达公十七世孙开泰支纂修支谱。字派：应天有德，惟绍克昌。永思祖敬，伯庆能良。基宏开达，世业维新。象贤承烈，丕振家声。

浏阳淳口段朱氏 始祖熹公之次子埜，埜孙某为乌程令，徙杭州。其子槐再徙湖州。槐生炀，元初迁长沙南城，继迁浏北。炀之子秀，生五子，第四子华四之裔世居淳口段，衍为五大支，散处四乡及长沙、善化、平江、萍乡等地。1943年七修族谱。字派：（自四世始）朝惟广孟尚，绍世载兴文，时逢宜立志，运际树奇勋，正学源延远，材良枝益芳，太平昭盛世，庆会步青云。

浏阳朱氏 始迁祖启凤、启智二公，明初自江西赣州迁浏。后人分布于永和、朱家口、水口。

浏阳朱氏 以正公为第一世，六十一世至熹公，生三子：塾、埜、在，以下九支明末清初时迁江西万载、湖南浏阳等处。派行：沛国传源远，紫阳庆泽长。文章超碧汉，理学纪明堂。维后家兴振，从先德泰昌。缙绅恒茂发，兰桂绍书香。

浏阳东乡朱氏 始迁祖恺明公，清顺治年间以父母不容自广州迁此。清光绪二十八年（1902）纂有族谱。

宁乡、益阳朱氏 始祖唐天祐中茶院环公。二十派守隆公，生五子：世宾、奇、秀、宝、辅。世宾元至正二十一年（1361）由长沙驿步门（大西门）太平街徙居宁乡枫江冲白泥桥，世奇徙居宁乡煤炭坝，世秀徙居益阳汾湖洲，世宝徙居宁乡稽加山，世辅徙居益阳碧云峰枧桥。明成化十四年（1478）创修族谱，清道光八年（1828）、同治七年（1868）、宣统元年（1909）、1942 年续修。旧派：守世蜚名，诒谋燕翼。本敦辉奕叶，源远振家声。初房派：家声孝友堂。开房派：紫阳彰道范。合派：南楚继书香。

宁乡朱氏 一派廉公。十一派通公，原居江西泰和千秋乡水伯保梅子坡圳上，后唐同光二年（924）徙居湘潭县唐兴湾。生六子，第二子大福，宋建隆元年（960）由唐兴湾徙居湘乡黄安，后裔梦江，元至正间由黄安徙宁乡。第三子大禄，由唐兴湾徙湘乡科坳，二十一世彦文徙宁乡朱家坳。1923 年五修族谱。派语：世泽景思溥海大仁厚昌成勋绍芳。贤才际泰运，家国美鸿章。忠孝承先德，诗文继祖光。懋修宜立业，端品贵敦常。本固枝从茂，源培道孔臧。

宁乡大田朱氏 始迁祖汉南公，号梦江，明洪武元年（1368）自江西吉安泰和县迁湘，开基于宁乡县大田乡。族人分布于大田乡八都十区一带。至 1949 年，共有丁口 1 万余人。宗祠在大田乡慕磁山（原名大子山）。

宁乡界田朱氏 始迁祖嘉甫公，字美元，明洪武年间自江西庐陵莪田迁居宁乡界田冲，派衍懋、让两房。清乾隆间建宗祠于朱家湾。祠联：作大贤子孙规步矩行毋忘家礼，仰先人祠庙水源木本共念宗支。咸丰六年（1856）始修族谱，光绪九年（1883）续修，1916 年三修，1948 年四修。懋房原派：（自第三世始）添以廷万大荣守潮国泰天心顺。让房原派：（自第三世始）添以廷万大显希潮国泰天心顺，添以廷万之彣见学仕光先绪启。续派：（自十六派始）道德传家永，经纶辅世昌。诒谋昭祖泽，念典继书香。

宁乡、长沙朱氏 始祖西麓公，原籍南京，三子：义林、义志、义高。义林落业宁乡薛家洲，九派世昶，生子三：绍亭、爱亭、继亭。爱、继二公居宁乡，绍亭徙长沙临湘都黎家尖山下朱家冲。清嘉庆二十五年（1820）、同治三年（1864）、光绪二十一年（1895）纂修族谱。派语：祖派惟繁，难征遐远。九代初详，世希嘉启。胜宗应泰，允德昌鸣。文章华国，诗礼传家。宏声克树，先泽钦承。祥开景运，后裔兴隆。

湘潭渚头桥朱氏 始祖通公，字圣基，宋开禧时自江西泰和县梅子坡圳上游学湖南，卜居湘潭城西唐兴湾，生七子：大儒徙善化，大清、大福、大麓徙湘乡，大福裔孙梦江又于元至正间分迁宁乡，大广仍居唐兴湾，大文徙居本邑渚头桥。大文公字象先，号默轩，晚号渚头居士，后更名为大一，为渚头桥始祖。宗祠在永安乡瓦子坪，重建于清康熙五十七年（1718）。乾隆二十一年（1756）始修族谱。至1948年，全族人口15000余人，多分布于湘潭十四都石鼓湾以上，歇马以下及湘乡、宁乡、益阳、澧县、长沙等地。派语：作述后先起，建修次序成。才与昌山秀，品同义泽清。怀仁嗣必盛，立志道行能。九重锡凤诏，万代颂治平。

湘潭炭山桥朱氏 始迁祖斌渊公，明洪武时（一说成化间）因乱播迁，自江西永新县圳上朱家村携子宗葵、宗仁宦游于湖南湘潭，寄籍于三十三都炭山桥。族谱始修于清康熙二十三年（1684），嘉庆四年（1799）续修，1915年三修。该族名人：朱卓英，翰林院编修。派系诗：（自第十三派始）承先佑启，世德荣昌。存心忠厚，青紫传芳。

湘潭朱氏 始祖瑰公，四派惟甫公为江西九邑祠祖。十四派卓然公仕吉州，解组籍安福，子孙因家于安福王慕。十八派允良公，生宜琏、宜璟、宜瓅、宜瑾。瓅裔不可考。璟公于明永乐二年（1404）来湘，瑾公于永乐七年随璟公南来，琏公则传至二十四派准所公始迁湘。清道光元年（1821）、同治六年（1867）、光绪二十三年（1897）、1928年、2012年纂修族谱。班行：廷殿世荣发，文名肇大贤。维南钟秀士，家学得心传。

湘乡江边朱氏 始祖圣基公，宋太祖建隆元年（960）由江西吉州迁湘潭。又九年子太广迁湘乡荷塘。嗣后叠经兵燹，丁男大半播迁，谱牒无不残缺。自太广代传十九至应运公，生鸿业，元末明初人，为江边始祖。清乾隆二年（1737）、乾隆三十六年（1771）、嘉庆十六年（1811）、咸丰五年（1855）、光绪二十八年（1902）、1928年、2006年纂修族谱。班序：太平全盛中，海内崇道风。福寿元昌继，文明代应鸿。荣恩照南公思正，大朝国定兴隆庆。世德作承启庭光，天祺锡祜增优胜。1928年六修时，有程潜、白崇禧题词。

湘乡大坪朱氏 始祖圣基公，居湘潭城西唐兴湾，生七子。第二子福公，居黄安，四传至天庆公，至元间移居大坪。清雍正十三年（1735）、咸丰七年（1857）、1929年、1996年、2008年纂修族谱。一、二修与大石合修。五修时实有人口10488人。班序：应世希公必惟，天仲志汉以胜。朝隆先祖增光，德贤达代嗣兴。家运新开泰，纲明纪自清。玉海涵恩浩，金山仰望荣。该族名人：朱南桂，官提督。朱刚伟，官国民革命军少将。

湘乡五里牌朱氏 始祖振公，宋天圣间人。五派祖文公，讳熹。十四派祖德闻公，字名扬，明洪武十二年（1379）自江西庐陵县朱家村东乡圳上鹅颈大丘迁湖南湘乡县尧塘桥，继迁长桥五里牌。原属北京后堂卫军籍，后因子贵而脱籍。至三世大荣、大华、大富、大贵四公，惟华房有传。族谱始修于清乾隆三十三年（1768），光绪二年（1876）续修。宗祠在本县大军山下边过垅。派语：（自二十派始）彝训昭垂久，名儒道义崇。诗书贻泽懋，甲第振家声。

湘乡上扶朱氏 始祖明太祖元璋，其六子桢封湖广，曰楚昭王。桢公之子善良徙居湘乡第一坊鸬鹚桥，后住水东门。至九派祖明宇、明宙卜居南小段上扶丰山。族谱创修于清康熙三十三年（1694），道光八年（1828）续修，光绪二十五年（1899）三修，1930年四修，1994年五修。五修时有丁口1163人。同治间创建家庙，1926年重建。派语：（自九派始）明儒元应，金宝振声。承宗万代，裔远昌荣。银潢流演，湖湘纵横。光华复旦，景星庆云。

湘乡洲上朱氏 始迁祖万钟公，行回十四郎，明洪武间由江西吉安泰和县迁居湘乡洲上。清乾隆三十四年（1769）、同治十一年（1872）、1932年纂修族谱。三修有国民政府外交部长王正廷序。班序：万天大志乎，广文廷伯秀。再生之惠永，承宗继世昌。必希贤俊德，用绍祖先传。玉海崇儒重，金山待诏宣。该族名人：朱富春，字啸山，道光十九年举人，官景山官学教习。

双峰沙田朱氏 始祖明太祖之十七子权，洪武二十四年（1391）封渝，后就藩大宁，永乐元年（1403）改封南昌。传十世至伟仁公，讳议泗，字子发，清初由江西新建县徙湘乡二十二都梓田聂家屋场，今属双峰，为沙田朱氏始迁祖。清光绪二十二年（1896）纂有族谱。

双峰大塘朱氏 始祖通公长子太广，宋开庆元年（1259）偕弟福、禄、贵、清由湘潭迁湘乡江边。通公六世孙大郎公，明洪武十五年（1382）偕伯父斗雷公迁居湘乡泥湾，旋迁二十二都亭子塘，递迁大塘，为大塘始迁祖，今属双峰。族谱始修于清嘉庆十三年（1808），同治八年（1869）续修，1928年三修，1943年四修。派语：潮澜兴世代，文武定升平。仁义承先泽，忠良启后英。传家倡正学，留槛表贤声。积德培根本，枝开叶茂荣。该族名人：朱萱，字尧阶，与曾国藩、罗泽南讲学邑中。朱费隐、朱玉崧兄弟，国民革命军少将。

双峰大石朱氏 始祖圣基公，讳通，南宋开禧元年（1205）携子太广、太福、太禄、太文、太贵、太清、太儒立业湘潭唐兴湾。后太文公世居湘潭。太广、太福、太禄、太贵四公转迁江边、科坳、唐冲，称江边朱氏。太清公于宋开庆年间由湘潭迁湘乡大石高塘，今属双峰，后人居于大石、小富、赛田、白杨一带，称大石朱氏。太清公传六世至希政、希文、希斌、希敏。希政公，字景忠，号嗣源，明朝人，生四子：瑞、珍、琼、瑗。族谱始修于明崇祯九年（1636），清宣统三年（1911）六修，1999年七修时，人丁67764人。派语：大诚宗有庆，万子得奇方。福寿广文庭，元昌正与继。太原珪彦士，梦应世希公。必惟天仲志，汉以胜朝隆。先祖增光德，贤达代嗣兴。家邦扬显烈，宇宙乐升平。所性炳前徽，相期务归极。人道允钦崇，鉴观昭上际。

双峰泉坝朱氏 始祖密公，字广章，原籍江南泰和县千秋乡，后徙永新县义禾乡新城里。明成化二年（1466）设教湖南湘乡宣丰二十都地名花家窑，今属双峰。长子国祥定居泉坝。清乾隆四十一年（1776）建宗祠于泉坝。清嘉庆间始修族谱，咸丰八年（1858）二修，1929年三修，1999年四修。老班序：国朝喜尚德，添象文名景。远维新隆盛，启后振家声。三修班序：创邦光扬显，南楚庆泽长。自昔渊源远，安湘世代昌。

娄底西阳朗潭朱氏 始祖通公，居江西吉安吉水县白水保，自江西迁湘潭县唐兴湾。至国器公，明嘉靖年间自唐兴湾迁湘乡谷水唐湾。至始迁祖朝元公，定居西阳朗潭，今属娄底。后裔散居西阳、杉山、大科、小碧等处。

醴陵仙山长岭朱氏 始迁祖义甫公，元至正年间自江西高安县迁此。族人分布于渌口、晓岭、金鱼石等处。1919年四修族谱。

醴陵晓岭朱氏 始迁祖智甫公，字宣泗，元末自江西高安县坡山迁醴北石羊，明洪武初落屯晓岭。八传而衍瑄、玺、瑢、珊四房。族人分布于高沙洲、渌口、胡琴滩。至1948年，全族人口约3000人。明隆庆四年（1570）、万历三十九年（1611）、清乾隆二十年（1755）、光绪十四年（1888）、1942年纂修族谱。字派：智俊圆功澄初，明朱玉文楚国。世之应开志学，绍宗芳德隆继。祖昌齐家光裕，大平治启祯祥。

醴陵宝架楼朱氏 始迁祖圣谟公，明洪武初年自江西迁此。族人分布于宝岩寺。至1948年，全族人口约8000人。

醴陵高塘冲朱氏 始迁祖政甫公，明洪武初年自江西高安迁此。至1948年，全族人口约1000人。

醴陵李家渡朱氏 始迁祖隆公，明洪武四年（1371）自江西吉安迁此。至1948年，全族人口约1000人。

醴陵浦口市朱氏 江西定南开基祖景胜公，明成化八年（1472）由闽汀武平徙居江西赣州定南陈坑。八世昌名公于清康熙四年（1665）迁赣县沙石埠黄秋垅，生三子：松、柏、相。柏公妻谢氏于康熙四十九年（1710）携五子迁醴陵浦口镇李洲村。清乾隆十一年（1746）、嘉庆十五年（1820）、光绪八年（1882）、1998年定南景胜公裔纂修族谱。光绪三十年（1904）醴邑纂修族谱。2010年群儒公支系续修，2019年荣先公支系续修。至1948年，全族人口共

2015人。世派：松熹塾鉴浚，林烇坦福子。景礼旻召曰，贤隆庆名正。爵禄荣廷钦，儒学乃发兴。世美成珍有，时昌立达能。

醴陵渔潭洲朱氏　太始祖挟公，传至五十八世孙敬则公，敬则公八世孙钦公，居金陵磁器街（今朱家巷），又传九世孙俊理公，为湘闽赣始祖。谱以俊理为一世，俊理生升廷、升延。升廷生乾章，升延生乾元、乾亨。乾章裔九世常德、常信、常礼。俊理公后裔散居赣、闽、湘诸省，如乾元裔十四世十七郎由福建龙岩迁醴陵石亭渔潭洲。光绪三十四年（1908）六修族谱。2017年常德、常信、常礼、乾元、乾亨诸房十修族谱，亦即渔潭洲房八修。字派：十九万均元，宗福仲宜文，广凤原伯民，德世士云章，承家昌昭启。勋业东藩耀，开明运际新。集成崇道学，显谏笃忠贞。

醴陵渔潭洲朱氏　始迁祖三鸣公，清康熙间自江西迁此。族人分布于下浦口。至1948年，全族人口1000人。

醴陵龚家坊朱氏　先世清康熙末年自江西赣州迁此。至1948年，全族人口约300人。

醴陵石矶头朱氏　先世康熙初年自福建汀州迁此。至1948年，全族人口共822人。

醴陵黄田朱氏　始迁祖文宗公，清雍正初年自湖北监利迁此。至1948年，全族人口100人。

醴陵赤竹岭朱氏　始迁祖孟循、孟雷、孟伯，清雍正间自江西万载迁此。至1948年，全族人口300人。

醴陵虹桥朱氏　始迁祖发荣公，清嘉庆间自广东迁此。至1948年，全族人口共60人。

醴陵豆田、东河街朱氏　始迁祖法觐公，由江西迁此。至1948年，全族人口140人。

攸县谭家垅朱氏　始祖师古公，唐中丞，引兵镇新安，遂家安徽歙县。九派祖熹公，宋建炎四年（1130）提举南京。十六传至积善公，子二：茂芝、紫芝。茂芝公字尚奇，明代任湖北郧阳府都司，解组后迁湘，立基于攸县谭家陇，派衍五房。族人分布于中兴镇、安西乡、善化乡、宏翘乡等地。至1948年，已传12代，共12500余人。宗祠在中兴镇。

茶陵朱氏　始迁祖光海、光湖两公，元末自福建建阳游学楚地，分别留居境内秩堂、沂江、潞水。

茶陵坑口朱氏　先世清康熙三十年（1691）由江西赣州五云桥迁此。

炎陵康乐石鼓朱氏 始迁祖有科公，明末自广东辽水迁此。

炎陵稿东朱氏 始迁祖有喜公，清康熙四年（1665）自广东辽水迁此。

炎陵下湾朱氏 始迁祖有万公，清康熙三十九年（1700）自广东辽水迁下湾，今属水口镇。

衡阳泉地朱氏 始迁祖乾元公，邑庠生，世家新安，宋孝宗乾道六年（1170）游学衡阳，赘于陈家城鼓楼下，遂为楼底朱氏。清道光七年（1827）、1931年纂修族谱。

衡山朱氏 该族以汉大司农邑公为一代。三十三代至宋时宏道公，派衍长、衡两郡十三房，子孙散居长、株、潭、攸、醴、衡、常、祁诸县。清初建总祠于衡山城南。清乾隆二十八年（1763）十三房合修族谱，1940年六修。其中六房始祖懋循公，字昭玉，原籍江西永新，任武昌府，爱黄州黄陂山水之胜，遂家于此。八代瑞书公，字伯祥，任重庆府通判，升淮安驿盐道，解组始迁衡山县朝字十区横山，今分白果、大泉、马带、灯山、黄仑坝等支。班行：礼法先型懋，仁心德泽长。诗书昭简策，宗绪永垂芳。家学传经义，象贤振雅林。文光培善庆，祥发式南金。

常宁朱陂塘朱氏 远祖均玉公，徽州婺源人，宋末元乱，以军籍应募，救襄樊，军溃，偕昆季三人避乱于湖南桂阳蓝田。均玉公五世孙义邦公，明洪武间由蓝田徙居常宁朱陂塘，赘谢姓，生礼荣、礼富，开八房。清乾隆四十七年（1782）、同治六年（1867）、宣统元年（1909）、1936年纂修族谱。班行：均升叔可义，礼单显单名，文万国应廷，一世永昌兴。忠孝承先志，诗书裕后昆。盛代隆俊秀，贤哲建鸿勋。

邵阳泥湾朱氏 一世钦公，字戒庵，官通判。先世季公回籍河南开封府祥符县翁家村，递传至宋世，中间世系难以尽稽，故以钦公为宋代始祖。五世孝庄公，宋孝宗淳熙十三年（1186）进士，官吉州刺史，复家庐陵。十世元藻。十九世仲郇，为枫林支祖。仲郇生淇清，淇清生绍铨、绍锡。绍铨生循、复，绍锡生宪、宽、安、字、溉。明正德中，复、安二公皆徙邵阳富阳乡二都泥湾。1917年续修族谱。堂号惇和。

邵阳义胜朱氏 始迁祖孝麒公，明洪武七年（1374）由江西吉安府泰和县鹅颈大圻迁湘，开基于邵阳县义胜乡第十二保泉口铺。族人分布于义胜乡、行仁乡、时雍乡等地。至1948年，已传25代，共2000人。宗祠在义胜乡十二保祁邵通衢之侧。

邵阳银录朱氏 始祖铭公，世居江西吉安府泰和县千秋乡水伯保梅子坡圳上。五代孙俊福、荣绍，明洪武初同迁邵阳，俊福居北乡西坪银录村，荣绍居东乡朱街坊竹头湾。清嘉庆十一年（1806）始修族谱，咸丰十年（1860）、光绪十六年（1890）、1921 年、1952 年、1994 年续修。光绪间建宗祠于银录。俊福房旧班：俊南原世应，添志景文廷。学孟大吉昌，永正乾坤久。荣绍房旧班：荣珑茂孝旻，才必景思文。志廷学宗有，载兴乾坤久。新班：芳训开先德，渊征发后贤。彝伦昭楚盛，继述灿徽传。

邵阳桐江朱氏 始迁祖新楚公，官指挥，明永乐二年（1404）由安徽桐城就地乡圳上初迁邵阳小东路夜光塘，继迁中乡三都百丈山官冲坪。三世祖德旻公，再迁桐江上游朱家坝。清咸丰十一年（1861）始修族谱，光绪三十一年（1905）、1937 年、1995 年续修。班行：新荣德文兴思永，添凤定仁光。长守本有则，乾坤世代昌。希良原宗政，应国裔万春。绍述承先绪，立志笃亲贤。言行能方正，邦家庆安全。

邵东昊岭朱氏 始迁祖添义公，元至大间由江西泰和县阡秋乡梅子坡圳上迁邵东洞霞村白茅坝，建祠昊岭。族人居太平、万安、新宁、中乡各处。清道光五年（1825）、同治二年（1863）、1913 年纂修族谱。班序：添庆德正都，宗再瑄仲祖。仁惟兴朝廷，安邦定勋辅。诗书奕叶传，世代荣铨举。

邵东横田朱氏 宋代始祖钦公，五世孝庄公知吉州事，复籍庐陵。十世元藻公迁东界彭塘庄。十九世仲郇公析居枫林，二十二世安公由江西迁居楚南邵陵东乡泥湾。又传四世禄公，清初由郡城东关外高家巷卜籍于邵东万安乡横田。1913 年横田朱氏贤公房纂有支谱。班次：泰民安顺邦，学成登大廷。膺锡思祖德，世泽庆恒新。

岳阳朱氏 岑川支祖江公、京公。江公第三子应昴，生天鉴、天镇、天铎。天鉴长子友才，迁辽东沈阳。次子有经，生三子，长宗德，传绍友迁盘山高桥。次成德，迁巴陵，传绍海，转迁牛角铺。天镇为塘冲门祖。天铎为大丰山祖，传至绍孔，迁牛角铺。江公第五子应晨为嘴头门祖。京公七子，长应錑，子天祥生友江，迁山后、湘潭等处。三应铨，第三子天显为巴陵增华堂祖。第四子天正，为岭背园、田背祖。传克股，迁肥田榔杭。传绍纪，迁巴陵大城池。传本敬，迁烟舟大湾屋。七应升，生天宣、天文，为巴陵双石祖。天宣传孟德，迁临湘西井。天文传惟斌、惟汰，迁常德。

湘阴朱氏 始祖熹公，四世桂公，宋景炎间居平江。九世应长公，明万历间官湘阴教谕，遂自平江岑川移家湘阴。1924 年五修族谱。又十三世惟常公，为佘家冲支祖。清咸丰九年（1859）、1915 年、2012 年三修支谱。派语：惟昌永思学，闻富庆能良。光昭先世德，谨仰继前芳。

湘阴朱氏 明洪武初，长沙校尉国才公偕弟国兴、国珍由江西南昌府铁树观迁楚南。国兴落业平江岑川丰仓，国珍落业湘阴团林头。而国才公寓居湘阴龙凤桥，二派景祥家东门外望东桥大鸭头。四派子显成化时徙樟树港朱家冲，子能仍居大鸭头，子泰由望东桥徙沅邑叶婆塘，其子复回朱公托古塘村，子高、子贤、子通、子颜分析澧溪港枫树园、佘家垸。又二派景瑞孙子昭迁居牛坎塅，子奇转徙星沙王衙口，子超则世守居地。清乾隆间始修族谱，同治十一年（1872）三修。前十六代旧派：守国景友，子单玉廷。正应之天，永庆能良。乾隆三十七年（1772）续二十代派：光宗逢泰运，继祖启昌文。本培枝必茂，千亿大芳声。

湘阴荣家山朱氏 始祖千一公，南宋时自建阳迁居江苏吴县。十二传至尚一公，清顺治年间自吴县徙居湘阴东乡十二都荣家山。清乾隆五十五年（1790）、咸丰二年（1852）、光绪十一年（1885）纂有族谱。

华容三封寺柿树港朱氏 一世介公，十二世熹公，十三世在公。十八世浩良公，派名孔嘉，名元善，仕福建建阳县，任浙江台州府知府、谏议大夫。元至正初，弃职从台州避居湖南临湘南村熊家坡狮山，至正九年（1349）转徙华容东乡骊源桥（今三封寺柿树村）南二里许落居。子五，次子孟政居岳阳东乡，五子孟敦仍居狮山。三子孟敬、四子孟教同居华容，现集居白鼎山、许家沟、万庾，散居松木桥、宋家嘴、南山等地。清道光二十五年（1845）、光绪八年（1882）、1938 年、1992 年、2021 年纂修族谱。宗派：孔孟美文明，大贤本添成。惟吾崇正学，克绍盛光荣。新派：仁德怀先绪，儒宗道永钦。敦培观继述，佑启裕后昆。

华容普圣堂朱氏 始祖小友公（二十世），字昌后，号开轩，因兵乱，元至正末年携弟由江西徙湖北石首东乡落居。历经十八世训春，甚感生活维艰，清道光年间从石首迁华容城南普圣堂（今护城前进村）落居。宗派：（自二十四世起）在政蒙天元，民孙世希贤。增派：启心承先训，家宅永传芳。新派：怀仁宜盛发，从善自荣昌。忠孝定谋远，文章华国良。

华容集成垸朱氏 与华容普圣堂朱氏同出一源。始祖炀公（十七世），字千一，于南宋末年迁浏北淳口。炀之子秀第五子万舞，元江陵路总督，清浪卫指挥，官籍监利，其后裔清末民初迁华容集成垸。现集居集成、大港一带，分居砖桥、塔市驿、城关等地。老派：文教绍先哲，家声期明光。荣显传经济，敦宗必大彰。才房老派：任世洪秉，懋修道学。淳口原派：学正源延远，材良枝益芬。太平昭盛世，庆会步青云。合派：同源思正本，继志振宗功。玉树涵培久，金章锡受隆。

华容东山乡神龙屋场朱氏 一世祖荣武公，原籍安徽省安庆府桐城县北阙下祠迹乡，元至正进士，明洪武六年（1373）授职长沙。正统二年（1437）四世禧、斌二公徙居华容县东乡神龙屋场。十一世知桂、知政、知麟，为避明末兵乱，曾更姓曹，后复归祖姓。族谱始修于清道光十七年（1837），同治十二年（1873）续修，1915 年三修，1995 年四修。该族名人：朱绍清，中国人民解放军少将，中共福建省委书记。原派：绍文开世，学知木元，钟洪杞裕，志锦淮霖。二修派：光其锡泽，贻谋远钦。淳秀焕重，镇湘东焜。三修派：源达德修，荣华绪能。本立道用，继美先行。四修派：传宗承明，延祚有清。柏出辉耀，桐芳永馨。

华容津湖垸朱氏 始迁祖树村公（“家”字派），祖居江西，由司衡迁居宁乡赤岗，因生计，清光绪二十年（1894）迁华容津湖垸，后人分布华光、鼎山庙和石首章华港、南县集贤垸等处。派语：万必志添良，正成勋绍芳。贤才际泰运，家国美鸿章。

平江岑川朱氏 始迁祖四评事公，原籍江西南昌府丰城县珠冠巷口，避宋末之乱，弃职遁迹平江岑川。或称柱公，字肇隆，号郅亭，宋景炎间授左评事，避宋末之乱，弃职走豫章，遁迹平江岑川嘴头。1930 年七修族谱。

平江朱氏 始祖邑公，字仲卿，号忠信，庐江舒城人，世居徐州沛县朱陈村，后迁桐乡。三十五世至延广公，字荣德，号端人，原籍江西瑞州府高安县林溪湖，后迁铁柱观朱家村。又四世至忠山公，字盛翁，号茂亭，元末由江西迁居平江，生三子：光夫为梓岗祖，荣夫为画桥祖，显夫为石塘祖。清同治七年（1868）四修族谱。

常德朱氏 始迁祖成大公，明洪武五年（1372）以指挥职，由浙江丽水赴常德领卫务，扎驻东关内宣化坊鹭鸶桥。三传至绎公，生六子，衍前后河六大房。清雍正二年（1724）草纂族谱，乾隆五十年（1785）、道光七年（1827）、咸丰十年（1860）、光绪二十三年（1897）、1930 年、1998 年续修。字派：成水系日玉，金文言之国。愈年云大光，振世肇廷芳。易理承家学，忠心景汉良。

常德朱氏 始祖唐时环公，九世至熹公、清公。清公裔二十世至中规公生二子：福升、福恒，明永乐二年（1404）由江西吉水县拖船埠迁常德，升公居青泥湖西岸牛桥冲，恒公居南岸新桥嘴。恒公长子寿世居故址，次子寿身迁居汉寿朱杨湾。清道光八年（1828）恒、升两房纂修族谱，咸丰九年（1859）、光绪十一年（1885）、1947 年续修。

常德朱氏 一世祖纹修公，明永乐间自江西南昌迁居湖南常德北关外穿紫桥，越二世林公复徙本邑前乡上得村栗树坪。1925 年续修族谱。

桃源绿萝朱氏 始迁祖文安公，明初由江西南昌府丰城迁居桃源县南绿萝坪。孙翰公，移居金溪厂。明末兵乱，存者寥寥，幸八世珽公有子 6 人，瑚公有子 7 人，即所谓六、七两房。老祠在绿萝，新祠在瓦渣坪。清道光三年（1823）创修族谱，光绪十二年（1886）、1924 年、1945 年续修。至 1948 年，全族人口 2000 余人，分布于狮子岩、两家冲、陬溪、叶溪、柳岔冲、朱家冲及常德阴树湾等处。名派：文必水世草，嘉祚玉序系。之木永联庆，际会克昌嗣。孝友正一家，学修敦高志。德成名以隆，道立才可式。

桃源木塘朱氏 始祖珍禹公，明永乐二年（1404）自江西迁桃源县东杜青村朱家园。至 1948 年，已传 19 代，共 300 人，分布于朱家冲、莲子堉等地。清光绪二十二年（1896）建宗祠于朱家河。

桃源雅儒堉朱氏 始迁祖北唐公，派名期鼎，字绍宗，官侍卫，明嘉靖四年（1525）自江西丰城来桃源，落业小陬市。清同治九年（1870）、1936 年、2006 年纂修族谱。字派：耀宗广扬，克绍书香。大兴仁让，永安家邦。修德崇善，定兆荣昌。英贤继起，万代洪芳。

桃源灵岩朱氏 先世清康熙五十年（1711）由江西迁桃源县北灵岩之雅儒堉。至 1948 年，全族人口 2000 余人，分布于罗汉寺、黄坡庄等地。宗祠在雅儒堉。族谱创修于清光绪五年（1879），1937 年续修。

汉寿朱氏 始祖环公，二十一世尚德（庆二）、福升、福恒、小朱真公、祥远叔侄九人明永乐初自江西丰城、吉水等迁楚，分别落业汉寿西洋桥、新桥咀、堑板、常德官桥坪，汉寿朱家村、浏浃河等地。1994 年六祠纂修联谱。合派：泰运展经纶，诗书华阀阅。凤彩兆家祥，龙章崇绪正。著述绍繁昌，功献昭英述。达道复扬名，韬略隆贤哲。

汉寿朱氏 始迁祖祥远公，原籍江西吉安府吉水县仁寿乡，明永乐二年（1404）同族中兄弟叔侄九人奉旨来龙。著远公居浏浃河，祥远公落业赤山总，复迁龙池总，又迁朱家冲。清光绪十九年（1893）三修，1930 年四修族谱。老派：祥永孟守，明曰廷应。懋之开者，十一派名。新派：裔远遐芳际运昌，广洪先世泽恩长。久思尚道文元起，必复超宗华国良。

汉寿朱家铺朱氏 始迁祖仪然、祥然、俊然、斐然四公，明永乐间由江西丰城县拖船镇泊濂村迁居湖南龙阳马头山，即今汉寿县朱家铺镇，1994 年六修，2003 年七修族谱。旧派：胜用昭伏克伯兮，然林日汝之世其。文国必如真士志，孟宏大一以于时。正良元仲思吾继，可懋邦宗永景维。若启怀崇方鼎有，华光彦达述前徽。三宗派语：可行则思常，道源以善继。吾家敬守之，子孙必昌式。志学宗圣贤，光裕崇仁义。国宝重儒珍，忠良待显遂。旧派“于”字后改用三宗派语“崇”字后。

石门、临澧朱氏 始迁祖先、理、良、彦、景、鼎诸公，明成化间由江西丰域县三都五图登仙乡泊濂里迁楚。先公葬石门福田乡沈家冲，良公葬临澧修梅乡罗家大堰，彦公葬临澧张家嘴，景公、鼎公葬石门白洋乡落马坡，理公迁临澧佘市桥。清嘉庆十年（1805）、同治六年（1867）、光绪二十九年（1903）、1948 年纂修族谱。四修时有男丁 1794 人，女丁 908 人。老派各房不一，如先房老派：然林曰汝之世其文自必尔方守。合派：祖传德泽盛，一本大有彰。时亨玉生秀，家声远振香。

慈利三里朱氏 始祖珪公，字初八，江西南昌府南昌县漳江门水官桥得胜堤大栗树人，南宋绍兴间进士，任慈利知县，后升常德府，解组后卜居慈利，卒葬县东落马坡。六世孙思济于明洪武初擒慈利土司覃垕，封谷用大元帅。后裔称三里朱氏，衍为麟、寿、纪三房。族人分布于环溪镇、溪渔乡、长宜乡、广林乡、龙景乡及大庸、桑植、石门、湖北等地。至 1948 年，已传 27 代，共 4 万余人。总祠在慈利县城内。明嘉靖、万历间纂有族谱，毁于兵。清顺治间重修，康熙间续修，道光、同治间各修房谱，称三修。光绪十五年（1889）合修房谱，称四修。1931 年五修，2004 年六修。六修时麟房入谱人数 19187 人，其中新入 8769 人。寿房入谱人数 9483 人，其中新入 2693 人。纪房入谱人数 20183 人，其中新入 7116 人。共计六修时新增人丁 18578 人。字派：（自十八世始）声邵迪咸际纯熙允敷常宪克敦典彝若斯愈蕃惟是恒孳昌盛继述福介以时。1931 年慈利朱氏十祠议定派语：先祖常有言，德行士之基。伦敦可及远，安定乃其宜。心忠才愈良，法立民用持。本治克永保，功业启平时。国大宗必强，子贤家以维。文章化成日，万代自仁慈。

慈利三甲朱氏 始祖瑾公，为俨环公十三代孙，南宋绍定间，与胞弟珪公同举进士，淳祐三年（1243）珪公任慈姑州牧，瑾公任武陵知县，因金兵南侵，兄弟遂留居慈利。瑾裔分为一、三、五、六、八、九、十甲，珪裔称三里朱氏。瑾裔五传至添锡公，分为三甲。清咸丰间创修草谱，1927 年二修，1932 年三修，2005 年四修。四修时上谱人数 18163 人，其中已故 11405 人，现有人数 6758 人，多居县南龙潭河。大房派语：初良孟延子添仕均万永显仁世文宗登嗣必赤德绍南正慈方休声际会昌。

慈利九甲朱氏 江西始祖瑰公。传至十二代梦云，生瑾公（初六）、珪公（初八），原籍江西南昌，瑾公任武陵事，珪公任慈姑州事。因金人南侵，不克归里，定居慈利九渡溪。瑾公六世添福为一甲祖，添富为二甲祖，添锡为三甲祖，添铭为四甲祖，添钦为五甲祖，添甫为六甲祖，添济为七甲祖，添铅为八甲祖，添秉为九甲祖，添从、添祥为十甲祖。九甲族谱始修于清光绪二十年（1894），1938年续修，2002年三修，族人3600余人。字派：初良孟延，子添仕单。祖悦景绍，廷可守长。邦有道单，世上洪熙。永正家学，传衍先师。厚德广福，敬修立基。明昭文治，万年於斯。宽宏大量，湘秀满堂，栋梁保太平。

慈利辰宗朱氏 先世居南昌，明永乐间迁辰州。清康熙间，时禄公自沅陵迁居慈利，生六子。清嘉庆二年（1797）创修草谱，1914年续修，2004年三修。字派：龙虎风云会，富贵光裕宽。原存祖德远，洪福自天永。廷朝太时启，文元必宗之。经纶锦学业，家运际昌亨。开国贤良盛，安邦显大明。承先思继序，传述有书声。

益阳跳石朱氏 始迁祖汝斌公，明洪武三年（1370）自江西丰城避乱来此。其后衍居欧公店、西坝村、南坝、血脉村等地。

益阳黄溪桥朱氏 始迁祖萃贤公，明洪武年间自江西迁此。后裔居西坝村、车田坊、大花村、黄蜂塘等地。

益阳甘溪港朱氏 监利朱河始祖力舞公十三世孙伦公八代孙昌大公，清康熙间由芦湖迁益阳甘溪港，子孙分布于益阳、沅江、南县、华容等处。1916年、2013年纂修族谱。字派：然化国昌任，世洪秉茂修。同源思正本，继志振宗功。玉树涵培久，金章锡绶隆。

益阳老牛塘朱氏 始迁祖文班公，清康熙年间自安徽经商来此。其后衍居庙仑上一带。

益阳沧水铺朱氏 始迁祖顺荣公，清乾隆年间自江西来此经商，后裔居绿荷冲、滴水村等地。

新化朱氏 始迁祖娱本公，为避宋末之乱自江西永丰贸易来湘，卜居新化东门外井头街。生五子：魁伍、洪寿、庆丰、裔昌、恒久。后分迁永宁八都、渭溪、周家冲，后移石鼓村、段心庙、下渡江、杨家桥、石板村、萧家坳、石槽等处。族谱始修不详，清乾隆二十八年（1763）二修，同治四年（1865）三修，1944年四修，1995年五修。长房班次：魁侯经广芝，烈文长思国，永正万代光（明）。二房班次：洪兴家和顺，永振逢光明，子一通显戴（成）。三房班次：庆明仲永万，兴秀添大友，仁义礼智信（家）。四房班次：裔添文应敏，永廷显思仲（华）。五房班次：恒振家声绪，绍思显英国，良永应泰昌（富）。五房合派：新安勤述作，裕后益流芳。

资兴秀流朱氏　始迁祖彦能公，南宋时由庐阳迁徙资兴青云里秀流。清顺治七年（1650）、康熙九年（1670）、雍正四年（1726）、乾隆五十九年（1794）、咸丰八年（1858）、1926年纂修族谱。

永兴朱氏　始迁祖朝五、朝七两公，由江西泰和县避乱徙永，初迁安福司，继迁黄草，三迁香梅八垒塘、塘丫冲。清同治四年（1865）、光绪二十四年（1898）、1931年纂修族谱。排行：朝克仁义礼，邦德尚成崇。安宁兴国泰，世远显文明。文明肇运，圣治流光。业开梁宋，秀毓衡湘。诗书佑启，诒谋泽长。传之万祀，谟烈永扬。

桂阳朱氏　始祖均玉公，字方平，先世婺源人，咸淳间值宋元兵变，以武职总戎与均贤、均圣、均琪自江南来楚，后卸官职，籍于桂阳。均玉公居上蓝田，均贤、均圣二公卜居上下草田，均琪公居下蓝田。均玉公四传而生俊可、用可、万可。俊公生奇叟，仍居蓝田。用公生和叟，移居常宁。万公之子富叟生宁伯，宁伯子三：子全移居县北二十里园里，子仁世居故土，子朝卜居聂锡。至1988年，全县共2501户，10000人，占总人口1.42%。明万历二十五年（1597）均玉公裔始修族谱，1936年六修。俊、用、万三房派语：鼎列金山峻，咸和沛泽长，渊源崇宝训，集注肇前芳，交泰占亨吉，中孚喜颂扬，英豪淮右起，器宇表轩昂。

宜章璜头朱氏　始祖五经公，自金陵砀山迁居桂阳。至宣国公，明时由桂阳迁居宜章璜头。至1949年，已传37代，共400余人。宗祠在璜头。

汝城外沙白沙朱氏　始祖毗公，字玉田，江苏徐州府砀山县人，后唐明宗时随父埙公节度广州，父卒葬乐昌下马桥，公归汴过桂阳，因家得靖。三派祖日兴公居汝城长宁乡廊木坊。七派祖量本公自廊木徙居外沙，量义徙居白沙。族人分布于长宁、文明、太白、首善、津泰、新民等乡镇。至1948年，已传40余代，人口2万余。宗祠在外沙村。族谱创修于明景泰三年（1452），清雍正十年（1732）续修，乾隆五十三年（1788）三修，道光七年（1827）四修，同治六年（1867）五修，1918年六修，2000年七修。派语：惟守王日，继承先世。孔绍文明（克大其家），存仁由义。性裕中和，事宏经济。德崇业广，休全用备。永隆作述，光昭万亿。该族名人：白沙世系十二世经贯公，字汝唯，宋宁宗庆元间钦赐状元。外沙世系二十一世朱英，字时杰，号诚庵，明时官甘肃巡抚、两广总督、右都御史，累加太子少保，著有《诚庵奏稿》《认真子集》传世。三十七世朱良才，字少时，号乘隆，解放军上将。

汝城埠头、西城朱氏 始祖毗公，字玉田。十一世明时周熊公生有四子：必能、必文、必聪、必秀。必能公历三传而至朝瑞公徙居桂阳埠头（今属汝城），必聪徙居桂阳西城（今属汝城），子孙散居山口等地。1913 年能、聪两房合修族谱，2002 年续修，新录丁口 1431 人。埠头排行：朝廷元良，一永万世，嘉贤维邦，继承国治，光先忠义。西城排行：文学明廷重，德行清国光。忠义祖宗美，孝友世永传。同增排行：忠义传道尊，孝友思相会。泽裕咸垂训，书礼益昌荣。

汝城秀水朱氏 始祖毗公。七世祖量本公徙居汝城外沙。十九世祖攀龙、攀凤、攀麒、攀麟。攀麒生子五：思谦、思让嗣讫，思谏、思议仍居外沙，思谅于明洪武二十五年（1392）迁居秀水。2000 年秀水朱氏第九届续谱，派语同外沙、白沙朱氏。

汝城廊木朱氏 始祖毗公，字玉田，居汝城得靖，生万珠、万传。万珠仍居汝城，万传北归砀山。万珠生七子，第五子日兴，由得靖迁居长宁乡廊木坊。七世量继、量本、量义、量蒋、量满。量本居外沙，量满迁资兴，量继居廊木上楼，量义仍居廊木，量蒋失传。2004 年廊木朱氏量继公裔兰江房，量义公裔廊木房、洞头房、烟竹房等续修族谱。字派：万如昌大有，宗显用家兴。礼乐传国宾，诗书启后贤。龙章能宠锡，凤诰膺福绵。

汝城大村朱氏 始迁祖进士公，原籍江苏徐州府砀山县，北宋仁宗时迁汝城县大村。至 1932 年，已传 34 代，共 600 余人。

汝城蓝田朱氏 一世均玉公，字方平，其先世婺源人，宋咸淳间值宋元兵变，以武职总戎与伯仲均琪、均圣、均贤，由江南来楚籍桂，卜居蓝田。1936 年四修族谱。堂号立本。

汝城岭头朱氏 始迁祖俊伯公，明洪武间由江南省砀山县迁汝城县岭头。至 1932 年，已传 22 代，200 余人。

汝城西湖朱氏 始迁祖东伯公，明洪武间由江南省砀山县迁汝城县西湖。传十二世良次迁杉树垅。至 1932 年，已传 20 代，200 人。

汝城沿坪埂朱氏 清康熙时由广东仁化县渡洛迁汝城沿坪埂。至 1932 年，丁口 100 余人。

道县新车朱氏 始祖政公，字颐德，号施家，山东沂州府莒州箕屋山人，唐乾符间，奉旨为总管行军刺史，追剿黄巢，由荆衡抵西粤贺州，卒于途，其子南强、南武、南仲扶梓归至湖南道县西乡新车，奉诏赐葬，遂以新车为家。族人分布于尚义乡新车对河处、新仁乡、崇礼乡、广贤乡及江华县等地。至1949年，已传46代，共2万余人。总祠在新车老宅。宋端拱、乾道、淳祐，明永乐、正德九年（1514）、嘉靖三十八年（1559）、万历十三年（1585），清康熙五十七年（1718）、道光二十年（1840）、1933年、2017年十一修族谱。辈行：南先东惟夫，希子孙邵能。枝汝为灯白，鹏宏淑雷天。迅仁法思盛，宗珍文贤仲。大有嘉添献，仕开永学可。同治十一年与江华贝芝头重修合谱新增辈行：建隆治恩显，承延万载光。纯修绍祖德，远代定荣昌。

道县禾塘塘下村朱氏　始祖崇泰公，二世显忠，三世天生字祥明，山东人，生于宋宝庆三年（1227），咸淳元年（1265）授湖广平节度使，因旨贬营道州卫，终于住所。子孙择居于登封乡（今午田乡）禾塘塘下村。族人分布午田、寺下、塘下、宝塔脚、蒋家洞、八家、新车、烟丝垒、五福、红盆等村。

蓝山在城乡花果园朱氏　始迁祖贤公，宋绍兴间由江西泰和县来蓝，居楠木桥。六代景云迁塔下洞。二十代俊生，清顺治迁花果园。至1931年，凡91户，男256人，女270人，共526人。

蓝山舜乡所城朱氏　始祖一君公，明洪武时山东武定县武举，后裔明万历时迁此。至1931年，凡30户，男59人，女57人，共116人。

新田古牛岗朱氏　始迁祖子明公，字秀华，因宋末之乱徙宁远。越三世至康祥公，行二，由宁远美水坊迁此。至1949年，已传22代，共350人。

新田万义乡朱家村朱氏　始迁祖读公，清时由江西泰和迁此。至1949年，已传12代，共120人。宗祠在罗家坪。

溆浦鹤田垅朱氏　始迁祖太通、胡保二公，明永乐二年（1404）由贵州五开卫拨屯，徙溆浦县鹤田垅。

麻阳郭公坪牛牯坪朱氏　始迁祖天毓公，原籍江西省南昌府丰城县圳坎上，后徙湖南辰溪麻田。子二：启宏、启福。明永乐二年（1404）因瑶民作乱，启宏迁麻阳牛牯坪，启福迁贵州铜仁柞桑坪定居。老派：天启惟秉本，成一朝文有，廷仕之仁光。新派：光宗懋修德，显祖重贤哲。能绍先圣学，齐家必正国。明道永隆师，荣秀昌万代。

朱刘

双峰永丰朱刘氏　迁湘始祖朱士晟公，守仁宇，号同峰，原籍山西平阳府襄陵县赵曲市草巷口，明崇祯十年（1637）携家丁行监于楚南上湘，清康熙五年（1666）始侨居永丰市。生宗仲。宗仲艰于嗣，抚刘氏长吉公第五子承祧。清嘉庆五年（1800）、同治五年（1866）、光绪二十七年（1901）、1931 年、2006 年五修族谱。班行：士宗文嗣大，先泽庆嘉祥，本实开荣盛，源宏发绪长，孝慈兴礼让，忠义启贤良，常际升平治，门庭万奕昌。

乔

茶陵乔氏　始祖观光公，讳卫凤，字史云，原籍江西，为桂阳令。子新韦，生讲、诰、训，于明永乐年间由江西禾川徙居茶陵西乡千里坪今梱椅形。1939 年三修族谱，2007 年四修。字派：世德绍良始，家声肇卫新。命道盛廷用，乔庆正光明。启迪文礼运，泰开日升平。宗风千古秀，孙棱万代宁。

醴陵漏水坪乔氏　始迁祖才公，自河南汝宁迁此。族人分布于大岭背。至 1948 年，全族人口 160 人。

邵阳宁远伯乔氏　始迁祖成公，宁陵人。明洪武初随征宝庆，因隶宝庆卫籍。

武冈千户乔氏　始迁祖伍公，南直泗州虹县人，明洪武中授武冈所副千户。

伍

长沙伍家井伍氏　始祖醇公，宋治平进士，因乱自福建宁化迁江西吉州之安成。历数代，又迁长沙清都古华山，繁衍三房。

湘潭伍氏　始祖隆公，以宋大理寺评事谢职之后别庐陵而迁新化三塘村。十六传伯远公，字德九，明成化间由新化三塘迁居湘潭云湖七都一甲鸬鹚塘碟子塘。清道光四年（1824）始修支谱，同治七年（1868）、光绪二十三年（1897）、1923 年、1949 年续修。派语：德醇征炳蔚，先贤启佑长。世兴沾厚泽，逢盛职名彰。钟鼎开丰富，经纶展赞襄。

湘潭良湖伍氏　一世祖隆公，字顺昌，号龙山，宋大理寺评事，兄弟四人：龙、虎、彪、豹，后改隆、辅、标、报。隆公于宋庆历八年（1048）由江西吉安府安福县前街迁湖广湘潭县三十九都良湖北冲塘。生四子：志、光、德、华。光迁浏阳，德迁新化，华迁耒阳，志公仍居湘潭。清嘉庆二十二年（1817）、咸丰七年（1857）、光绪二十年（1894）、1926 年、2020 年五修族谱。派序：

隆志国正顺，安邦永吉昌。云开君显世，凤汉良明道。学景时桂裕，绍起家声祥。文章辉祖德，礼乐振宗光。

双峰楠竹山、金家冲伍氏 隆公十五世孙邦佐公，明万历间由新化迁湘乡二十八都，置产于楠竹山、金家冲等地（今属双峰）。清道光二十四年（1844）湘乡伍氏纂修支谱，咸丰元年（1851）又与新化祖祠合族八修，1925 年又独修。老班序：文仲楚安邦，定国朝尧舜，光阴景星拱。

衡阳永兴伍氏 始迁祖旻一郎，元至正间迁居衡阳城西伍家台，明洪武间再迁衡阳南乡永兴市江滨。至 1948 年，全族男女丁口共 4000 余人。宗祠在永兴市。

桃江伍家洲伍氏 始迁祖性中公，明洪武时由江西永福徙桃江伍家洲开垦。其后衍居伍家洲、董家坊等地。

邵阳东田村伍氏 始祖隆公。十传至天继公，元至元时自新化三塘初迁东安县，后迁邵阳南乡留旗坪，最后居东田村。今分居邵阳县九公桥、东田等乡（镇）。七修前与新化合修，嘉庆八年（1803）、光绪十三年（1887）、1925 年邵邑分修。1993 年邵邑碧兴、碧轩、碧连三房十一修族谱。字派：再文碧仲彦，廷朝良凤大。国正世泽永，华发开芬蔚。

新化三塘伍氏 始祖隆公，字顺昌，号龙山，宋大理寺评事，敕授文林郎，由江西庐陵县安成迁居都梁（今武冈）之湖田，宋神宗时章惇疆理梅山，自湖田再迁新化三塘。子四：三郎、德、华、忠，长房无嗣，忠裔无传，故衍为德、华两房。后人散居于安化、宁乡、益阳、溆浦、邵阳等地。元大德七年（1303）始修宗谱，明永乐五年（1407）、嘉靖七年（1528）、万历十四年（1586）、清康熙二十八年（1689）、乾隆九年（1744）、嘉庆六年（1801）、咸丰元年（1851）、光绪十六年（1890）、1925 年续修。1995 年华房十一修。派语：德纯征炳蔚（华发开芬蔚），先贤锡祚延。修身遵善训，植品在英年。前烈规模巨，真材器识全。升庭群济美，丰业日丕宣。

新化洞下茑松塘伍氏 始祖隆公。十一世孙鉴公，于明洪武年间自三塘避难至洞下茑松塘。至十三世良甫、贤甫，各生四子，衍为上四房、下四房。宗祠在湄水上游。族人分布于益阳、沅江及广西之资源、全州等地。

华容万圣堂伍氏 长沙伍家井伍氏二房新祥公，字福廷，居长沙麻里桥，清光绪末年因地少人多，租赋奇重，为生计，奉父母和叔父母同兄弟三人，迁至华容城西万圣堂落居。子孙分居白顶山、三岔河和岳阳等地。派语：振起维新，善全本有。定福之基，衍庆祈久。文运宏开，永世克受。培植根源，长庚盛祖。

平江三墩伍氏 始迁祖叙绵公，元至元六年（1340）自江西新昌迁此。至1994年，全族人口594人。

桃源剪市伍氏 一世祖宪刚公，明弘治二年（1489）自江西安成来桃，落业蹇市后沙田垅。清宣统二年（1910）、1938年、2008年纂修族谱。宗派：宪刚三子经汉端，世崇福文志学单。山秉真玉用正大，人际美景心愈安。继述先志丕前德，佑启嗣昆广为贤。秀生南金荣祖泽，代有英俊必达三。

汉寿伍氏 始祖醇公，为安成始祖。长子端原，分派后街。次子杰，分派前街。杰公生二子：长元传，次承俨。承俨生陵、附、隆三公，附公徙江南。隆公宋熙宁间迁武冈，复迁新化三塘。陵公世居前街，后裔绍乾，生四子：安福、安寿、安康、安凝。明洪武二年（1369）由江西安成迁居龙阳南街铁巷。福公仍居铁巷，寿公徙横港铜盆障，康公徙西口陈住岭，凝公徙南疆燕山村。1948年纂有族谱。字派：绍安宗天清世单思文凤星卓正良音友经邦成继礼法……

石门伍氏 始迁祖安广公，原籍豫章洪都，宋末辽居石门邑北渫阳。五世彦才，元末佐覃添顺赞助机务，卫民拒敌，明初纳土归附，授武略将军，掌细沙隘印，生八子，衍八房。清乾嘉间纂有墨谱，宣统二年（1910）禧、祯、珪三房始修。谱以安广公为始祖，而不侈攀阀阅之盛。派名韵语：（自六世始）天生祖宗善良，子孙忠孝永昌。世代万年积德，本支千载芬芳。声名盛美周汉，勋业远绍陶唐。道学遵敦孔孟，广开仁义久长。

慈利伍氏 始迁祖仕纯公，原籍江西南昌府新建县，宋宝祐间任常德府通判，卸任隐居慈利羊角山麓。景定元年（1260）又迁五里坪，今称伍家坪、贾家坪。清同治二年（1864）纂修族谱，2007年续修。派次：国品启致德，光明忠孝昌。荣宗大元显，焕盛庆祚长。学道鸿赞翼，誉成咸茂芳。世家绍先业，远传正典章。

桑植伍氏 明朝时，吉安知府文定公奉命西征，留次子显国公驻湖北，率长子开国公过洞庭至湖南驻宝庆府新化县宦地而家焉。至明末，开国公之后绍鉴、纬鉴二公由新化迁桑植南岔而定居，尔后生齿浩繁，分支迁住伍家峪、胡家湾、鸣鼓山、赤溪、长坪、新街、蹇家坡及打鼓泉等地，现已数千人。1996年十一修族谱。

耒阳伍氏 始祖醇公，原籍福建汀州宁化麻仓乡，五代时官福州长史，解组后迁居江西吉州安成。九世常公，由安成徙居衡阳积善坊。十一世宣义公，宋时由衡迁耒，为耒阳一世祖。生九子：千一、千四、千六、千九居衡山，千五、千七居宝庆，千十居衡阳，千十五失考。千十七仍居耒，至九世得海，衍白羊房。得源，衍野鹅塘。得清，衍梅树房。得济，衍大湾房。得潜，衍槐树房。得淮，衍长塘房。得漳，衍七甲湾房。得河，衍樟隍岭房。1994 年八修宗谱。该族名人：伍若兰、伍中豪、伍云甫、伍绍祖等。排行：（自十八世始）人文大启，先声懋昭。徽猷允绍，经学克昌。宏汝祖训，世锡邦光。孔孟道义（德），周召赞襄。忠勋基厚，安定泽长。

零陵伍氏 始迁祖继宣公，明景泰元年（1450）从大军自江西吉安府泰和县鹅公坵徙居永郡零邑城西咸阳里，后移居白源塘。后裔派衍于娘和、班竹塘、大车甸、东湘桥等处，及江华白芒营、广西兴安光华铺、四川等地。1942 年零陵、江华、道州、宁远及广西全县等伍氏合修族谱。源塘旧班行：继思永华文才明伯朝国正大（一大）士学德登申（禄尚）基宗升高年荣康泰万载治世臻。娘和并班竹塘旧班行：继思永仲富（文兴）志时（廷）应朝国元景泓若伍（学有）其开玉（尚顺）宗升高年荣康泰万载治世臻。大车甸并马子渡旧班行：继思永华文才明伯典成子（朝人居）大士复（学）纯登甲顺宗升高年荣康泰万载治世臻。合修族谱续班行歌：绍业绵先绪，克昌仰后贤。恭宽信敏惠，作则贵宜全。

新田长信伍氏 始迁祖幼四郎，宋时自江西泰和因避难迁湘，开基于新田县长信乡伍家村。族人分布于龙水洞及宁远大源洞。至 1949 年，已传 25 代，共 1000 余人。宗祠在伍家村。

祁阳伍氏 始迁祖顷十三郎、顷十八郎，元末明初由江西安福迁湘，开基于祁阳县保太乡、保定乡沿江一带，族人多分布于苏油坪、黎家坪、斗米冲、周塘江等地。至 1948 年，已传 20 代，男女丁口 10000 余人。宗祠在齐公坪。

麻阳岩门伍氏 先世原居福建，清乾隆年间始迁麻阳岩门。现人丁分布岩门镇，近 50 人。字派：华发开前玉，先贤锡汝言。修仲忠献顺，治品在思年。乾烈奎模举，理财奇志全，丰艳自彼宣。

伍赵

湘潭伍赵氏 原姓伍，始祖醇公，由福建迁江西安成，为安城一世祖，衍派二分：前街、后街。后街传八世至文英公，明永乐二年（1404）由安成迁居湘潭十四都千户塅，承祀于赵，称伍赵。清乾隆十三年（1748）始修族谱，嘉庆十五年（1810）、咸丰九年（1859）、光绪二十一年（1895）、1924 年、2001 年续修。派语：文道伯绍，宪永以（希）思。荣华昌后世，日敬启家声。修德昭宗泽，朝廷永显名。该族名人：赵启霖，官御史，出为四川学政。

伏

汨罗伏氏　始迁祖焕乎公，字纪有，号成章，始籍山东，继籍江西南昌，后唐同光二年（924）徙居湘阴县武昌乡神鼎山麓双石桥大屋场（今属汨罗）。清乾隆五十四年（1789）创修族谱，光绪三十年（1904）四修，时有男丁 1389 人，女口 822 人。1932 年五修时有男丁 1678 人，女口 991 人。2013 年又修。族人分布于武昌庙及溆浦县城、湖北公安县毛家港等地。宗祠位于武昌庙。派行：焕丙秀重，应千显丕。源远星汉，彦士世万。仲金太兴，学正宏启。明教育德，辉煌治理。承先向志，英才正统。培职宗祠，光前裕后。

任

浏阳任氏　始祖北宋初言忠公。第十世世笈，时在元末明初，生三子：彦真、彦良、彦高，明洪武二年（1369）自江西丰城迁浏。后人聚居于乌龙、香宝冲、义头尖。1924 年四修族谱，2010 年合石洞支五修。五修时男 1652 人，女 1476 人。旧派：志心世彦再，大显德正生。兴思添文武，贤贵尚奇逢。新派：继后承先泽，光前耀令名。渊源宗阙里，统绪启丰城。该族名人：任贵宸，同治十三年进士。任瞻山，以医名。

宁乡二眼塘任氏　始祖宾一公，原籍江西，宋理宗时官夏官司马、兵部左道侍郎。长子太一迁居星沙。次子太二，讳统智，号廷辟，迁湖北江夏县太平村，传至九派坤仲公，于清康熙年间转徙宁乡三眼塘，为迁宁始祖。清道光十二年（1832）始修支谱。旧派：统景大伯志，英朝有兴本。加启通开兆，应祝和嵩永。续派：祖德培基远，昌明裕后先。家声承善继，忠孝迪光前。

湘潭、衡阳任氏　始祖兴汉公，落籍河南，宋祥符初官枢密直学士。子福公，仁宗时为环庆总管。三代开布、端两支。布公字应之，谥恭惠，后裔迁江南镇江府溧阳县，明洪武时绵蕌公，偕子庆庞以指挥衔迁衡阳城北五里牌。端公后裔迁江西抚州府乐安县，明永乐时应先公率两子有富、有荣，奉旨安插湘潭十五都景市。清嘉庆二十四年（1819）、咸丰十一年（1861）、光绪二十五年

（1899）、1932 年纂修族谱。布房老班：元永开坎攸，绵庆通政扬。勋业震寰宇，名爵达京邦。端房老班：国延福与高，伯铎应有庆。太添朝明吉，忠厚开元显。合族新班：继美成先志，贤才聚一堂。鸿猷期远绍，文治启辉光。克守诗书训，长增位禄康。传家惟孝顺，敦本定荣昌。

洞口任氏　先世明洪武初由江西迁武岗，始居鸬鹚头，继卜里隆桥，今属洞口。清光绪二十一年（1895）、1931 年纂修族谱。班次：乾坤继友子，永世常康宗。祖德同文武，诗书建业崇。忠厚遗远泽，懋裕振家声。祥征千载盛，休和百代隆。

湘阴任氏　始祖魏荣公，自晋阳安邑迁江西临川。又二十世至宋时仙桂公迁丰城。又十三世至明彦升公，迁居丰城乌溪湾。生玉鉴、玉铎。玉鉴字先照，衍晟、昶、易、清四房。玉铎衍旻、景、智、梅四房。子孙相继迁湘，散居长沙、善化、宁乡、益阳等处，尤以湘阴县樟湖岭为最。清康熙四十六年（1707）始修族谱，其时丁口 236 人。道光四年（1824）续修，其时丁口 2068 人。光绪九年（1883）三修，其时丁口 2471 人。1918 年四修，丁口 3398 人。2011 年五修。同治八年（1869）建宗祠于乔口古正街，今属望城。该族名人：任锡纯，光绪间进士。任典伍，花翎提督衔记名总兵。旧派：玉显国绍光，元文明会典。清泽世延长，永年隆黻冕。续派：忠孝承先德，诗书裕后昆。英才能继美，蔚起焕龙门。再续：祖荫贻谋厚，孙枝大业昌。渊源传万祀，华胄允名扬。

湘阴毛塘任氏　始祖恭安公，讳珪，原籍江西洪州（今南昌）东门十八乡老鹳塘，后唐同光间奉命征剿黄巢余党，落业于长沙惊下岭等地。传至元延祐间，宾一公之子太一生五子：景春居高明乡荷塘，景仪居长沙乔口雁塘，景季居长沙霞凝港，景荣居益阳烂泥湖。景德居湘阴毛塘，今属汨罗。至 1948 年，湘阴毛塘共 5800 余人。又 1919 年（湘阴）《毛塘任氏四修支谱》称：一世祖宾一公，字道坦，原籍江西隆兴府，即今南昌，生于宋淳祐五年（1245），卒于元大德元年（1297）。长子太一，字星垣，一字义之，宋秘书丞，又由楚迁荆州第八都大水坝，再迁长沙十三都毛塘大贤镇金虾岭擂鼓园，第五子景德迁湘阴。任弼时为景德公派下十九世孙，谱名培国。派语：宾太景福兴应必。永胜良尚，子文元孔。孟开科国，光裕培基。学懋经训，典重伦常。本敦源远，谊美志芳。道隆作述，瑞兆嘉祥。英名骏发，功业显扬。

湘阴毛塘任氏　始祖夔公，后唐同光二年（924）自江西南昌县铁树观迁居湘阴县一都樟树湾。明初添庆公又迁一都石壁毛塘，今属汨罗。清乾隆十一年（1746）始修族谱，嘉庆二年（1797）、道光十七年（1837）、光绪八年（1882）续修。谱以夔公以下年湮代远，无从稽考，故世系自明初添庆公始。添庆公以上不敢妄编，添庆公以下据实详明。二世至八世，其伯叔祖虽附录，有传无传不敢臆断，盖恐远适他省，亦未可知。其八世以下，皆耳闻目击，传之有无，悉皆注明，庶久远不至有假名冒顶乱宗混族者。派语：添必公永胜，大仕本兴启。学乃朝廷崇，正道文章理。孝友承先德，贤良延世纪。

华容任氏　始祖添统公，长子福隆之子希颜，字学圣，宋邑庠生，任岳州州判，任满，宋嘉泰四年（1204）居华容东山。希颜有三子，长、次官成都，外迁。三子良桢，字巨材，绍兴间举孝廉，置产迁居西乡九都三郎城北。又希孟，嘉定进士，官居重庆，孙朝盛，元末明初因兵乱徙湖北江陵。朝盛裔孙从鳌、从鸾（十五世），于明正统十二年（1447）从江陵迁华容穆家嘴（现鲇鱼须镇西岗村），鳌公后裔转迁南山。现子孙聚居鲇鱼须、操军，分居注滋口、南山和南县九都、钱粮湖。宗祠建于岳阳筻口。派语：布伯忠添福，希良朝廷瞻（秀）（希示芝贤秀，希示仕德永，宪贵立位登）。瑞永必志朝（克绍永彦崇），伯万大嘉启。文明邦国显，本德钟泽懋（万世佑启长）。继述荣先绪，联宗庆大昌。浩气振乾坤，光华兆太平。立新勤翰墨，艺苑续贤声。

安化任氏　该族前四修族谱皆称万寿公由吴迁楚，传三世至志清公，明洪武三年（1370）由江西太和宦游长郡善化。五修时据湘阴荷塘任氏族谱，称宾一公，宋末时人，生太一、太二。太一生五子，第四子景荣公即志清公。志清公生九子：福初、道、琮、秉、珍、贵、高、裾、礼。道、琮、秉三公居安化，礼公居宁乡。清乾隆二十八年（1763）、道光八年（1828）、光绪四年（1878）、1913年、1944年五修族谱。前四修仅合道、琮、秉、礼四房，五修时福初房又与焉。字派：宾太景福，绍祖孟朝。秉守国泰，民安才光。世盛希圣，诜宗亲忠。新派：学懋经训，典重伦常。本敦源远，谊美志芳。

常德任氏　该族原籍回籍，明永乐间播迁南楚，定居常德。1917年始修族谱，因始迁祖无从考据，故世系自九世瑚公始。旧派：宏开世泽，丕振元兴。新派：业隆济正，希贤以文。克宽永顺，乐安长荣。

澧县任氏　始祖宋时忠公，字正一，自江西南昌官岳州刺史。其子添统封绥远侯，生八子：福隆、福庆、福源、福佑、福兴、福熙、福远、福梅，衍为八大支，散居湘、鄂、粤、川、渝等省市，建总祠于岳阳。二房福庆之子希游，官澧州州判。希游之子良植，卜居斑竹港，生三子：庚一、庚二、庚本，又衍为三支。清道光十七年（1837）建祠于澧州城内棚厂街。乾隆十五年（1750）

始修族谱，1935 年五修，1999 年八大支合修，前五修均以忠公为一世，六修通谱改以布公为一世，忠公为三世。庚一房原派：布伯忠添福希良庚友壁绍潮实祥态玟万成心三维永遇宗祀远世承祖泽长修齐贻后。庚二房原派：布伯忠添福希良庚晓翘仲必胜铉以琢廷大秉尚维永遇宗祀远世承祖泽长修齐贻乐。庚本房原派：布伯忠添福希良庚享旺元继邦灏逢明显世经尚光秉维宗士承其祖先绪丕振家声名。八大房合派：（自三十六世起）功烈昭彰展，支开依复源。敦伦培基裕，瑞兆乐安延。

麻阳乐嘉冲任氏 始祖圣儒公，元元统间由江西迁襄阳，其子又迁回江西抚州府安乐县。至五世孙讳覃兴，字一龙，明初自安乐县迁湘，开基于麻阳县永新乡乐嘉冲。至 1948 年，已传 24 代，共 200 余人。宗祠在乐嘉冲附近。字派：国正天心顺，时和景远光。品高三元秀，基厚万载昌。

华

益阳华氏 入闽始祖京一公位下八世念三郎、九二郎、八二郎、伯四郎，裔衍于连城、长汀、上杭各邑，孙支延蔓。至二十世以下始由闽迁益。如尚连公，京一公二十世裔孙，清康熙间由闽徙湘潭，子仕恭、仕敬，偕母赖氏复徙于益阳十六里鹿上村。清嘉庆七年（1802）纂修支谱。光绪三十二年（1906）益阳华氏合修家谱，1935 年又合修。派语：（自二十一世始）仕承荣国显，诗礼启家光。本立文章雅，功宏德泽芳。

常德华氏 始迁祖维正公，字端方，原籍江南常州府无锡县，明时迁湖南常德府武陵县北关外小西门华家口。清同治七年（1868）、宣统三年（1911）、1933 年、2001 年纂修族谱。宗派：维与环言丝，文玉人国良。世车之木自，光映明廷章。

衡阳华氏 始迁祖滋祥公，元末明初自江西迁居衡阳三塘，生二子，世曇居衡阳，后裔衍为九房。世海迁居邵阳。2001 年衡、邵两邑共十房四修族谱。宗祠建于三塘竹雅桥。海公二房原班：世应忠必德，有天大仕朝。锦崇生逢成，正太永诵尧。

平江东乡土龙华氏 京公家江南而仕福建，其子孙家福建连城。越十二世孙德昌公由连城迁江西会昌，十八世仕鉴公由会昌发迹雩都。清雍正元年（1723），腾辉公、利吉公、侣源公，自江西会昌迁平江。至 1994 年，全族人口 558 人。1916 年纂修宗谱。堂号武陵。派系：如宗孔子文，章定国建树。崇本敦忠孝，传家应宝珍。清平承祖训，文献绍先人。

向

宁乡大沩向氏 始祖敏中公，六世士璧公，任湖南安抚使兼潭州知府，葬平江。夫人吴氏，携子避居北直宛平县韩家堡。九世大佐公，元季携子元音、侄元章迁居宁乡三都一区好婆塘。清乾隆五十三年（1788）始修族谱，咸丰八年（1858）续修，光绪三十三年（1907）三修，1937年四修，2004年五修。派语：传系宗子许，士公之大元。友能成孝道，至立可祚孔。尊世文源发，祥瑞贤哲隆。家声本楚宦，勋业肇开封。礼法修明定，熙朝正佐清。英才承诏锡，华国启云孙。

宁乡罗家山向氏 始祖文皋公，南宋由江西迁湖南邵阳县。始迁祖大德公于清康熙初年转迁宁乡罗家山。1926年与同邑七都大济支合修支谱。

湘潭白沙洲向氏 始迁祖永春公，字长青，号荣发，原籍江西吉安府安福县，因壬申岁兵灾，明永乐二年（1404）迁居湘潭白沙洲。三派衍为富、禄两房，六派衍为材、炳、高、虎四房。明万历间始修族谱，清雍正四年（1726）续修，乾隆、嘉庆、咸丰间纂有草谱，同治三年（1864）五修，光绪三十四年（1908）六修，乾隆五十年（1785）建宗祠于白沙洲。至1948年，男女丁口约2500人，分布于醴陵、长沙、浏阳等处。名派：（自十二派始）正应新昭盛，宗泽世熙隆。德茂功修建，家声裕后丰。

湘潭大屋湾向氏 始祖北宋敏中公，传至十二世祖元贤公，于明永乐四年（1406）携次子有铭由善化迁此。清光绪三十四年（1908）五修族谱。

湘潭石潭小荷塘向氏 始祖敏中公，第三子文荣，后裔分居湖北汉阳府汉川县新店铺。清初荆川公由新店铺肇迁湘潭。清咸丰三年（1853）、光绪二十一年（1895）、1930年、2016年四修族谱。字派：（自六派始）德绍宗祖，本先孝友。树立鸿名，庆贻益久。福泽继长，百世其昌。豫大显达，为邦家光。

湘乡琥珀向氏 始迁祖庚八公，原兄弟八人，元明鼎革之际由江西吉安府泰和县圳上分徙长沙、宁乡、湘潭、衡山、溆浦等处。庚八卜居湘乡琥珀大屋冲。一传为友华，再传分通肃、礼、义、贤、谅，肃房无传，衍为四房。清乾隆六十年（1795）、嘉庆二十一年（1816）纂修族谱未果，道光间各房分修，光绪三年（1877）合修，1912、2003年续修。旧班：友通文子允，彦伯再朝廷。仁正定元良，福嘉世代昌。续班：立纪承先远，敦伦裕后长。尊亲隆孝让，树德显明扬。

茶陵白沙江向氏　始祖敏中公为宋左仆射。五世孙尧庆公，于靖康之乱后自金陵隐迹茶陵叶坪。又五传至寿卿公生四子：文祥居攸县白茅洲，文荣徙湖北潜江白莲塘，文信徙衡山白莲寺。文贵字富新，号凌云，文林郎，明洪武二年（1369）徙居茶陵白沙江海堂。清乾隆六十年（1795）建宗祠于罗堂。清初始修族谱，乾隆四年（1739）、嘉庆十二年（1807）、咸丰四年（1854）、光绪十七年（1891）、2000 年、2016 年续修。至 1948 年，有人口 800 人。派语：尧盛让君秀，卿文法以道。永玺处体能，汝学高鸣远。承宗必显荣，继业恒昌泰。孝友思前绪，诗书裕后人。钦遵忠厚训，谨守圣贤箴。甲第连开日，家声大有亨。

衡东白莲向氏　始祖敏中公，宋真宗时官太尉，谥文简。五代孙尧卿，宋南渡时自金陵迁居江西永新，后徙湖南茶陵叶坪。后越五代至受卿，生四子：文祥迁攸县白茅洲，文荣迁湖北潜江白莲塘，文贵迁茶陵白沙江。第三子文信，明洪武时迁衡山白莲坊。清康熙二十五年（1686）始修族谱，雍正四年（1726）、乾隆四十四年（1779）、嘉庆二十年（1815）、道光二十六年（1846）、光绪四年（1878）、宣统二年（1910）、1940 年、2002 年续修。1940 年八修时有男丁 7810 人，女口 6328 人。2002 年九修时，有男丁 12400 人，女口 12184 人。班行：（自十一世始）嗣世鸿文显，纶恩大典荣。贤才修德业，诗礼振声名。该族名人：向燊，字乐谷，民国初官陇南观察使、湖南省财政厅长。向德，民国间发明煤气车，建国后曾任长沙市副市长、省政协副主席。

邵阳新建乡向氏　传为当地土籍，约 150 人，居铁甲塘村，源流无考。

洞口向氏　谱称始祖文皋公，南宋时由江西南昌新建任辰阳太守，以治蛮夷。子纯公，字居仁，迁居溆浦胡铛溪，生七子，浚、哲、文、英居莲花池，敏、明、行仍居胡铛溪。明公生如松、如梧。如梧卜居寨头岩，生通江。通江居安江阳坡坳蒋家坪，生子思。子思生银仲，银仲生庆荣，元季明初迁居武冈会龙山，今属洞口。清嘉庆十九年（1814）创修族谱，道光二十四年（1844）续修，光绪元年（1875）三修，宣统元年（1909）四修，1948 年五修。班次：庆行子德思，文汝通光日。兆朝廷用云，礽迪传书章。乾垣生瑞彩，坤运启祯祥。祖赐勋名大，家承绪业长。银台隆仕籍，绅宦守辰阳。恪绍伦音训，诒谋定炽昌。

绥宁桃坪向氏　始祖文皋公，卜居沅陵麻溪狗子潭。后裔祥一公，号子龙，元至元二年（1336）自安江沙坡头迁桃坪香山坡。清乾隆十年（1745）、道光二十五年（1845）、光绪三年（1877）、1917 年、1993 年、2020 年纂修族谱。老班：得（德）思文仕汝通光。续班：绍先祖志奕吉昌，宗传毓秀家声振，承启永远照余芳。

平江、湘阴向氏　始祖敏中公，字常之，宋太平兴国五年（980）进士，赠太尉，谥文简。五世孙许虔，字诚一，号笃轩，守洪州，有惠政，卒于官。其从子士衡、士龙、士雄、士渊由洪州洗马市扶梓迁居平江，葬公于邑西下东山铁门槛。士衡字开云，居石轧头黄金坪。士龙字见田，居张古塘。士雄字飞仙，居湖源西山。士渊字学海，居湘阴白果洞。宗祠设在平江伍市，建于清乾隆五十一年（1786）。族人分布于平江长江源、石洞、大头岭、桥墩，湘阴向家洞、三合庙，长沙霞凝、麻林桥、源头洞等地。至 1948 年，男女共 12400 余人。族谱始修于乾隆五十四年（1789），道光五年（1825）续修，咸丰七年（1857）三修，光绪十年（1884）四修，1914 年五修，1946 年六修。2021 年古培三合庙支七修。旧派：朝廷重贤贵，国泰振兴良。家富青云至，永载显名扬。续派：贻裕源先德，文光曜楚云。增修逢万寿，福泽庆长延。

桃源大里坪向氏　始迁祖五郎公，元末自江西吉安泰和迁湖南桃源县西大里坪。至 1948 年，已传 23 代，全族人口 2000 余人，分布于善溪、绿萝坪、向家坪等地及武陵龙湾渡、龙阳五路湖、辰溪羽溪泊等处。宗祠一在八公桥，一在白麟洲。清雍正十三年（1735）创修墨谱，光绪八年（1882）、光绪三十二年（1906）、宣统元年（1909）、1936 年续修。

桃源青云向氏　明初自江西南昌徙桃源县北青云乡向家坪。至 1948 年，全族人口 1000 余人，分布于莫溪、莫林、浯溪、漆河等地。宗祠在向家坪。族谱创修于 1941 年。

桃源太平庵向氏　始迁祖万春公，明初自江西丰城徙居桃源县北莫林村向家冈。至 1948 年，全族人口 700 余人，分布于大田、九溪、漆河、温泉、三阳等处。清同治元年（1862）建宗祠于太平庵。族谱创修于道光十二年（1832），1914 年续修。

桑植向氏　元末蛮酋向仲山，以讨鹅梯有功，授宣慰司职，拥有上下桑植之地。后嗣分布在凉水口、廖家村、上洞街、新街、官地坪等地。

桑植竹叶坪向氏　始迁祖元友、元凤二公，清康熙中叶自湖北鹤峰红土坪岸门泉迁桑植竹叶坪康三峪。民国年间与旧土司裔合谱。

湘鄂向氏　始祖元四川靖安宣抚使都总管官肇荣公，生八子：大雅、大元、大亨、大利、大贞、大乾、大坤、大潮。大雅守靖安故壤，驻容美司（今属湖北鹤峰）。大元宦游云南，后裔又离川迁居慈利四牛坪。大亨宦游西蜀桃符口，大利宦游湖北长阳，大贞宦游湖北松滋，大乾宦游石门、慈利，大坤宦游辰、常，大潮宦游岳州、临湘、武昌。1914 年石门、慈利、鹤峰三县联谱，1931 年慈利、桑植、大庸、鹤峰四县联谱。1948 年湘、鄂、蜀大雅、大元、大乾、大坤四支合修，2007 年湖南桑植、慈利、大庸、石门、古丈，湖北鹤峰、来凤大雅、大元、大坤、大贞支又修。字派：绪延左师，理扬义应。中蔚文简，家齐国兴。承先启后，务本敦伦。继志述事，崇尚尊亲。圣贤儒哲，敬慎修身。经典宜学，积善存仁。时会常易，明德唯精。心传永执，百福天成。

益阳向氏　远祖世居河南怀庆府河内县，及智公迁居荆州。数传至洪德公，原居荆州府当阳县石马头。子天圣，字燕容，明长沙潭王太傅，见言事见谗，谢职隐居益阳七里向家堤，为迁益始祖。又一支贤暹公，明时自溆浦迁益阳舒塘。清道光十六年（1836）两支始合修宗谱，称三修，光绪四年（1878）四修，1917 年五修。贤暹公房派语：述延以序德，志士克承先。建基舒国步，大启本家传。洪德公房派语：名贤以序德，志士克承先。建基舒国步，大启本家传。

新化河思乡西陂溪向氏　始祖宗彦公，南宋绍兴年间自江西南昌丰城县铁树观栗村向家巷迁居湖南沅陵莲花池。传十一代至文皋公迁居溆浦栗村麻阳水，其孙必才公于元末随父希庸公由溆浦麻阳水迁居新化石马二都大陂塘（今河思乡西陂溪）。必才生宗宪，宗宪生文质、文彬、文贵。质、彬居大陂塘，文贵居安化城北小石桥。谱一修于明嘉靖四十五年（1566），清康熙五十一年（1712）二修，嘉庆十八年（1813）三修，道光二十六年（1846）四修，同治十三年（1874）五修，1930 年六修，1990 年七修。旧班：文纯恭如，震贤子仁，希必宗质。质房续班：景秉元显，廷胜大国，立兴加富贵。彬房续班：景秉元承，一世经大国，立兴加富贵。贵房续班：景崇琼守，承维大日国，安凝忠生治。1930 年六修班次：惟品修宜笃，仪容在克庄。平康咸迪吉，开济业其昌。溆浦麻阳水向氏班次：维善乃为宝，行义由立身。孝友施家政，济美蔚云礽。

黔阳秀州向氏　始祖文皋公，宋孝宗隆兴元年（1163）由江西吉安府宦游辰州，任太守，退居沅陵莲花池。子纯公，纯公生恭浚、哲、文、明、焕、敏、礼。恭敏由溆浦迁居黔阳滩头岩山脚，生二子，长子如梓由滩头迁居安江斗字街，又生五子：湖、海、汉、江、济。第五子通济居秀州，今属洪阳。清光绪十九年（1893）创建宗祠。道光十六年（1836）一修族谱，光绪二十一年（1895）二修，1936 年三修，1994 年四修。字派：纯恭如通列基勤德通光仕思汝文万必方子正朝邦永世嘉泰昌宏贤克维先泽宗。

黔阳沙湾向氏 始迁祖通海公，字明甫，因兄弟分居而自沅陵迁居黔阳县沙湾乡在头。族人多分布在黔阳县各乡及龙山县镇南坝以及湖北来凤县黄茅坪等地。至1948年，男女丁口万余人。宗祠在沙湾乡在头。

东安向氏 始迁祖大奎公，自江西吉安府鹅弓迁来，卜居白堤。另支始迁祖梓富公，明季由江西莲花厅迁来，卜居新墟。1947年两支合修族谱。鹿马桥房旧班行：甲文法元贵，彦庭岂众富（禄尚拱），学昌至宗正，天上有光明，祖德。新墟房旧班行：梓辛壬癸义，元文廷启明（尚、安）。君仁之礼智，星顺月登。新议班行：奉先思孝弟，福备道亨彰。业修笃敬爱，圣贤克成祥。

永顺下榔保腊葱洞向氏 元时向孛烁为洞民总管。子世贵，明洪武三年（1370）为长官。

永顺驴迟洞向氏 元时向达迪，为洞民总管。

溆浦向氏 始祖文皋公，原籍江西新建县，南宋孝宗隆兴年间任辰阳太守，因蒙古兵祸，不得归，遂卜筑沅陵狗子潭。子纯公，宋端平中登科甲，为大理寺评事，自沅陵徙溆浦湖铛溪，了孙蕃衍，远则徙居川、黔、粤，近则散居武冈、新化、安化、邵阳等地。自六世始分为浚、清、伯、礼四房。清光绪间建总祠于溆浦。1938年四房合修通谱。各房班次不一，自二十一代起改订新班：派衍从中宪，厚荫延祚长。积德绳乃绪，作善发其祥。孝弟垂彝训，礼义合伦常。同敦亲睦念，左师泽流芳。

麻阳向氏 先祖属江西赵州府乌雅县（瑞金）大田坪左右池塘，明建文二年（1400），自伏波开辟辰河一带，移居辰州府莲花池四方井居住。明永乐元年（1403），大房官正二子君保、君佑移居麻阳三家村，二房官员三子移居黔阳，三房官清二子移居芷江、泸溪，四房官义留居老屋。清乾隆三十四年（1769）修谱议定三家村老字派：官君亚（单）有宋朝祖大正胜可春。嘉庆五年（1800）续议：聪明俊秀，宽裕宏昌。尧舜性德，商周忠良。姬公福善，宣盛祯祥。金枝时茂，玉叶添香。仁义绍述，礼智清纲。

新晃向氏 该族为侗族。自称先祖文皋公，原籍江西泰和，继徙丰城县。南宋乾道二年（1166）官辰州太守，后迁溆浦马底坪，因蒙古出兵而返迁江西。至纯公又迁溆浦，生七子，分居沅陵、黔阳、永顺等地。传六世至元亨公，徙居贵州铜仁，继迁晃州百姓寨。子孙分布于洞坡、伞寨、岑朗、丈溪、步头降等地。

会同向氏 始迁祖德世公，宋时自江西吉安徙居会同。

全

衡阳全氏　始迁祖子才公，原籍现不可确考，南宋理宗时避金元之乱来衡阳城南金钱冲，后迁居广西灵川三街镇。元末荣郎由广西灵川迁回衡阳南乡斗岭，衍为景隆、景贵、景富、景智四房，后三房迁外地。自荣郎公至1929年，已经传至23代，人口逾万。族谱初修于清乾隆六年（1741），1929年五修，2005年六修，2023年七修。祠堂于乾隆六年（1741）初建在衡南茅市泛市村，2005年迁址茅市柿花村栋湾组。清康乾、民初年间，衡阳全氏部分迁往四川、重庆、贵州、云南、广东、广西、长沙、永州、郴州。现衡阳籍全氏总人口近四万。班行：百世本支同，子才来自宋，荣郎启衡阳，景旻宜尔众，惟单仁永用，世大良孟仲，本宗彰继述，先德裕宏昌，孝友承家庆，声名膺国光。

临澧石屋湾全氏　始祖税公，原籍江西省乐安县，元顺帝时起兵抚州，分处检点，统军调守安陆，明洪武二十二年（1389）卒于任。子德远公调守永定卫。德远长子晟公于永乐二年（1404）迁居临澧东乡之石屋湾，衍为友直、友昊、友谅三房。自税公起至1948年，已传24代，有男丁1720人，女口1440人，宗祠在临澧青龙山，建于清同治年间。德远之次子荣公，始居沅陵，至四代祖宪公迁桃源硖州真武观。

桃源硖州全氏　始迁祖号公，明永乐二年（1404）由江西徙居桃源县东硖州真武观。至1948年，已传20代，全族人口100余人，分布于陬市、洋洲等处。清光绪三十二年（1906）建宗祠于花树湾。族谱创修于1939年。

沅陵全氏　其先姓刘。明初金镒公从戎湖广。子思忠公，明永乐十八年（1420）自江西丰城大栗里迁沅陵一都七甲坪。英宗间伯泰公，因赋重，改全姓。四子：万英居官渡坪，万弘居夏园寺，万辅居七甲坪丰合屋，万弼外迁湖北松滋。后裔中又多有居桑植者。清光绪十九年（1893）、2011年纂修族谱。派语：思应伯万友，秀玉俸文良。士宗上大人，世清永兴邦。承继启宏发，家齐必荣光。朝廷崇政治，明德兆廷芳。

双牌全氏　始祖云七郎，明洪武十八年（1385）江西吉安府泰和县鹅公颈迁永州府零陵县兴仁乡（今双牌县麻江镇、茶林镇）定居。传至第五代贵二郎生三子：长子荣一郎名永聪，定居今麻江镇麻江村。又云七郎曾孙道成生三子，长子贵亮生一子名永隆，定居今茶林镇五家湾村。又云七郎第六世孙永祥定居今五里牌镇全家洲村。2009年纂修族谱。麻江镇麻江村系辈次：永文世恩应，正国定朝安，大明登贵相，高照生瑞彩，百万遂成祥。茶林镇五家湾村系辈次：道贵永文，志应尚世。登一二仕，大光先祖。载兴徐陈，名存天良。克守忠德，宁期正昌。五里牌镇全家洲村系辈次：永文腾世，兴百达仕。一二三四五，正理昌明顺。红花赏茂开，日月常保定。

危

湘乡危氏 迁邵始祖贵一公，元季自江西南丰县徙湖广宝庆府邵阳县棠溪。子德隆生四子：懋、聪、海、亮。懋徙北京，世系莫稽，海裔迁安化，亮裔迁宁乡、安化等地。聪之长子思鉴于清顺治初年迁居湘乡石门，次子思贤迁居湘乡丰溪，共为湘乡始迁祖。族谱始修于清嘉庆二十年（1815），同治七年（1868）续修，光绪十八年（1892）三修。总祠在邵阳棠溪，分祠在湘乡石门、丰溪。老派：宗祖正天上，大应世仁光。国学启万兆，财显永加昌。续派：诗书传礼义，道德发文章。忠信昭前代，从今育秀良。

湘阴楚塘危氏 始迁祖泰兴公，明正德元年（1506）自江西余干县偕兄烈迁湘阴楚塘，今属汨罗市，烈迁樟树港。

平江东乡爽源危氏 始迁祖士旺公，清康熙十八年（1679）自广东平远迁此。至1994年，全族人口446人。

新田丰美塘危氏 始迁祖宗仁公，明初自宁远县迁居新田县中和镇丰美塘。至1949年，已传22代，共260人。

邬

宁乡西城邬氏 远祖单公，字子家，春秋时人，孔子弟子，封聊城侯。十六世至道公，明经修行举为司训。四十一世至彤公为唐翰林博士，工草书，世称草圣。四十六世至宋君襄公，生子三：梅溪公居抚州战坪祖乡。梅轩公随任读书，亦子三，伯、仲居勺溪，季居罗溪，皆丰城地。梅林公迁居浙江。五十五世至明在恭公，官翰林庶吉士，其孙本道公。道公孙景和公，为明驸马，官都尉，其曾孙发伍、发贤两公，明隆庆间始迁宁邑西城。谱尊景和公为开派祖，发伍、发贤为支祖。清康熙时始立支祠。清雍正间始修族谱，道光间续修，1928年三修。

醴陵老虎坳邬氏 始迁祖文英公，清顺治初年自江西萍乡迁此。族人分布于龙虎湾。至 1948 年，全族人口 600 人。

醴陵县城邬氏 始迁祖遇祥公，清同治间自江西丰城迁此。至 1948 年，全族人口 20 人。

醴陵官山口邬氏 始迁祖相朝公，清光绪元年（1875）自广东迁此。至 1948 年，全族人口 100 人。

炎陵天坪邬氏 始迁祖有朋公，清雍正年间因避兵乱自广东梅县迁此。

沅江邬氏 始迁祖华山公，原名菊正，号朝菊，明嘉靖三十九年（1560）自江西南昌府丰城县勺溪小江口迁居沅江廖保金盆洲。五派廷标公，因其地势低洼，湖乡漂泊，清康熙二十五年（1686）又迁沅南谢家塞。清同治二年（1863）创修族谱，1914 年续修，1947 年三修。派语：一派始于华，川原秀乃嘉。良金成正绪，鸿运永传家。泽启承先肇，声名定克昌。以之光祖德，可有万年芳。敦本谟猷远，荣生孝友堂。凤仪昭吉瑞，宏业耀南湘。

桃源水溪邬氏 迁湘始祖本源公，明永乐二年（1404）携子孟钢、孟鉴由江西丰城迁常德。越四世孟钢一支迁桃源县南桃花源上游水溪。至 1948 年，全族人口 1000 余人，分布于沙港、沙坪等处。宗祠在常德涂家湖。清乾隆八年（1743）创修族谱，道光九年（1829）、同治十三年（1874）、1921 年续修。

新化桑梓镇西江湾邬氏 始迁祖继仲公，南宋末年自江西吉安泰和迁湖南常德武陵，转迁宝庆梅城承熙寺，三迁河东坪底（今桑梓镇）西江湾。后裔衍为显发、显彰、显鸿三房，分布于云望白溪、澧溪、下连村、黄沙村及陕西、四川、广西、湖北、安化、武冈等地。族谱一修于清嘉庆十三年（1808），光绪三十四年（1908）续修。派语：继兴云添寿，文仲思廷显，万春正光芳，永国立承宗。甲第朝恩厚，先贤世泽长。培材能启绪，繁衍笃其庆。

庄

醴陵官庄庄氏 始迁祖朝公，明嘉靖间自广东海丰徙龙川，再迁此。族人分布于沩山、焦湖、阳坑。至 1948 年，全族人口共 36 人。

华容刘家垸庄氏 始祖普贞、普贤兄弟，世居山东，明景泰二年（1451）由山东迁湖北监利朱河。后裔佐山，苦水灾，1914 年迁居华容刘家垸，开荒垦田。后人居插旗和城关等地。派语：有经传世远，宗道振家声。继志荣华茂，守珍绪业长。1941 年与华容注滋口庄氏合议并族，立定新派：普贵文显芳，宝时学启。正大光明，秉德昭先。两房原派中，各有“远”字，以此字起新派。

华容注滋口庄氏 始祖宣庆公，世居南京。孙先公，明永乐二年（1404）功授千户，奉旨赴常德开垦土地，落籍益阳三里桥。至清康熙四十四年（1705），启达、俊秀叔侄转迁益阳甘溪港，清末迁居华容注滋口一带。派语：远志方英哲，佳诚笃允良。守忠天泽雅，先德定熙昌。

益阳筑金坝庄家村庄氏 始迁祖奉先公，元泰定时由江南凤阳徙益阳筑金坝庄家村（今属桃江），其后衍居甘溪港等地。明洪武十七年（1384）一修族谱，1946 年十九修，1987 年二十修。字派：邦以芳声显，仁义立纲常。世业肇前功，传家裕后昆。鸿章辉上国，添府策嘉名。千秋秉祖德，万代亨荣华。又一说：奉先公世居金陵，于明永乐二年（1404）授千户侯，赴常德卫，开垦于益阳三里腰家庄。嘉靖五年（1526）廷茂公又徙二里。清嘉庆二十年（1815）、光绪十三年（1887）纂修族谱。1941 年与益阳南北二族合修。

益阳、监利庄氏 始祖普真、普贤二公，明景泰二年（1451）由山东徙居楚泽，出游荆沔，卜居玉沙三叉垸，今属监利，为北房。其后举公、俊公、胜公，分为三房。胜公后裔九世启达偕侄正秀，清康熙间由湖北监利迁居益阳，为南房。清康熙二十八年（1689）、嘉庆二十四年（1819）、同治十三年（1874）、1917 年纂修族谱。1941 年与奉先公房合修。北房旧派：有经传世远，宗道振家声。继志荣华茂，守珍绪业成。合谱新派：远志恢鸿业，家声合永扬。守成宗泽广，锡庆定熙长。

刘

长沙高岸刘氏 一代筠公，字芳远，原籍江西瑞州府新昌县，赐进士出身，除六科都给事，为潭州太守，宋乾道九年（1173）卜居善化县谋塘。分为木马、长薮、高岸、长港、粮船湾五大房。十六代永珊公为高岸房支祖。十七代正乐公一传而中饶，再传而邦琦、邦兴，邦琦生一龙、一凤，邦兴生一寿，分为三房。清同治四年（1865）、1913 年纂修支谱。字派：芳甫仲应人子得，思梦均添信本朝。名永正中邦一世，若可志士秉纯良。1919 年五祠合一新字派：（自二十九世始）大端先孝友，笃后泽长存。维新履景运，崇善庆传经。

长沙田坪刘氏 始祖筠公，字芳远，卜居善化县谋塘。四世祖亨高公，字蔚华，由谋塘沙渚分居三都田坪，为田坪刘氏一派祖。清光绪三十年（1904）纂有族谱。班序：（自四世起）亨世元克廷，太正一明德。若能继祖宗，可以定君国。孝友承先业，忠良庆上恩。文华开景运，经学启家声。

长沙刘家坝刘氏 始祖芳远公，卜居谋塘。六世子源公由谋塘迁蓝田刘家坝，为刘家坝支祖。清乾隆五十一年（1786）、道光九年（1829）、光绪八年（1882）、1931年纂修支谱。字派：芳甫仲应，人子闻万。魁正鹤嘉启，如开世文熙。培植厚立业，志士秉纯宜。大端先孝义，笃实泽长治。维新履景运，崇善庆传经。

长沙绮霞湾刘氏 始祖翔公，宋人，世居江西丰城，避金人之乱，挈家以迁湖南。四世鉴公，徙居荆州，传二世，其次孙振文，授浏阳县教谕，继任善化，爱此邦山水之盛，遂落业绮霞湾。清咸丰十一年（1861）、光绪二十五年（1899）纂修族谱。字派：万国廷昌，仕天朝应。文茂声崇，肇启大任。显达逢时，立本忠信。祖德绵延，孙枝承庆。

长沙延苍刘氏 始祖显然公，字体仁，号秀峰，江西人，元代官湖南潭州路教授，始占籍长沙。至第三代铭、鉴、理三公，鉴、理二公迁湘潭。铭公字明正，官靖安主簿，赠万安知县，为长沙始发祖。子孙田庐丘墓多在长沙万寿乡石回嘴及河西乡亭子庙、白虎塘、龙潭坝等处。祠堂始建于清乾隆五十四年（1789），位于省城北关外厢总铺古铁佛寺及东岳庙西南隅，咸丰间移置于本籍东乡明道都七甲杨高冲。族谱始修于乾隆五十一年（1786），道光二十二年（1842）二修，1936年三修。派语：（自九代起）夫衍方大，世正卓昌。吉人宣立，介系用光。家承孝友，国本忠良。为善克永，守典必长。

长沙南坪刘氏 始祖戊寅公，字汉江，龙图阁学士，诰赠紫金光禄大夫，居江西南昌府丰城县梓溪村白茅坪。传十六世至福渊公，讳世骅，字静深，号潜龙，行居三，明敕授承德郎，洪武初年因避兵燹由江西迁湖南长沙新康都南坪，子二：吉常、仲常。衍东西两大房，传七世，东房衍为三支，西房衍为七支。族谱草修于清康熙四十一年（1702），1937年五修，2021年六修。康熙元年（1662）建祠于南坪善家岭。派语：常启长辉兴，清元国盛凝。知文宣大烈，守典树芳型。忠孝光前远，诗书裕后深。本根固培植，兰桂发余馨。

长沙河西枫梓塘刘氏 始迁祖宗盟公，明洪武元年（1368）与晓公、昭公由江西泰和县鹅颈大丘水圳头镇上迁湖广。昭公落业浏阳，晓公落业宝庆城埠。宗盟公，字顺承，号虔然，落业长沙河西枫梓塘，至五世衍为昌玉、昌吉、昌映三大房。族谱创修于清咸丰二年（1852），光绪二十二年（1896）续修，1946年三修。派语：圣贤立文章，宗维泰祖昌。允人承必若，世国正增光。士彦传经学，雄图振汉邦。克家明俊德，忠孝树纲常。

长沙河西刘氏 始祖仕乾公，字正坤，明洪武二年（1369）由江西丰城梓溪迁居长沙河西。子二：至恭、至敬。衍为两房。族谱始修于清同治三年（1864），光绪三十三年（1907）续修。十五世孙国斌，字子梅，以军功起家，官至记名提督。派语：仕至继国，朝福廷时。子学之以，正大光明。辉映传业，绍述诒经。本培孝友，世尚廉贞。英贤卓启，景运焕兴。广延先泽，永振家声。

长沙、浏阳刘氏　始祖普道公，隶籍江西丰城县。子汉铭公，字叔仲，明洪武二年（1369）别父偕弟新景（字南仲）、上均（字文二）迁湘，卜居长邑洞田，后来三公又分迁各处：汉铭公居浏北刘家郙，新景公居潦浒市，上均公居长沙旺冲。普道公祠位于刘家郙，建于清道光十五年（1835）。道光八年（1828）汉铭、上均两房合修族谱，光绪五年（1879）续修，1931 年三修。均房老派：添思得祥文，世东再学荣。显元高百孝，书香启俊荣。铭房老派：北志必朝兴，泰添福生春。俸令全忠孝，书香启俊英。合派：善积家锡庆，德厚绪麟臻。心正身之宝，儒修国大宾。绍裘承裔业，发达永宜昌。富贵扬声裕，兰桂久腾芳。

长沙蔆冲刘氏　一世心宝公，明洪武二年（1369）由江西新建梓溪来楚承办西平坝卫将军，官守得职，卓有颂声。赣水迢遥，归宗非易，遂家于长沙西乡蔆冲，开君起、太印、太岳三大房。清嘉庆十六年（1811）、光绪八年（1882）、1924 年三修宗谱。派语：心志际昌平，位赞廷仕忠。高登远照世，绪德启文明。基开欣本立，实大益声宏。孝友承先泽，诗书蔚国桢。

长沙花山刘氏　始迁祖维纲公，明洪武间由江西吉安县宦湘，开基于长沙县新康乡花山，再迁团头湖。传至五世，支分永乾、永高、永述三房。族人分布于宁乡、益阳、华容、南县、沅江、湘阴，湖北公安、石首等地。1933 年五修族谱，堂号敦睦。至 1948 年，已传 23 代，全族人口约 3400 人。清乾隆五十七年（1792）建宗祠于团头湖。

长沙泉山刘氏　始迁祖极公，明洪武间自江西吉水徙居长沙府善化县六合山，未几再徙邑之泉山。九代“正”字派衍为八大房。清道光元年（1821）、同治元年（1862）、宣统元年（1909）、2012 年四修族谱。堂号传经。派字：极量宣（宽）冠，万鼎北廷正，国启世士宏。仁义承先志，诗书集大成。英贤逢泰运，俊杰际时清。孝友传家宝，忠良继令荣。该族名人：刘运炎，翰林院待诏。

长沙泉塘刘氏　始迁祖炳诚公，明洪武间自江西吉安府庐陵县皂潭圳上蟠龙山迁居宁乡桑塘及蔡家塘等。清乾隆四十六年（1781）一修族谱，道光十五年（1835）、同治六年（1867）、光绪十九年（1893）、1918 年续修。派语：贤能开鼎甲，忠孝焕南湘。定赞经纶茂，家声万世昌。

长沙花林冲刘氏 始迁祖浩公，明初自江西徙居善化湘江西花林冲。清光绪间三修族谱，堂号藜照。

长沙牌楼口刘氏 始迁祖源公，原籍江西南昌府丰城县，明永乐间授指挥使，下屯善邑牌楼口。清嘉庆十年（1805）、同治元年（1862）、1929 年纂修族谱。字派：文学之宗光世泽，洪恩永锡振家声。敬承孝友昭先德，志秉忠良显大廷。

长沙刘氏 迁湘始祖允洪公，字芳莱，明成化间由江西瑞州府高安县天宝迁居湖南省垣。迁善始祖文滔公，字必达，由省垣落业善化九都蛟溪刘家湾，后人世居十都万福塘立山。

长沙云田刘氏 始迁祖吉公，明嘉靖时由江西安福县迁长沙尖山。长子崇高转徙金凤山，五世益生又迁云田。清乾隆四十九年（1784）首创墨谱，道光二十二年（1842）一修，光绪十八年（1892）、1930 年续修，2014 年七世植三公后裔纂修支谱。字派：吉崇廷时应启佑，元朝裕光。克承先志，百世其昌。家传忠孝，名焕文章。

长沙曲江刘氏 迁湘始祖吉公，原籍江西吉安府安福县，明嘉靖末年幕游南楚，因览湖湘胜境，迁居长沙尖山。长子崇高居金凤山。次子崇明，携子迁寿、弟崇博、崇厚，复自尖山转徙善化河西六都曲江。清咸丰十一年（1861）、1916 年纂有族谱，堂号惇叙。字派：吉崇廷之学世经，正文开泰家业兴。恢光祖德惟忠孝，大显宗功在治平。该族名人：刘嵩，湘军将军。

长沙刘氏 始迁祖楚涣、楚敬、楚珍三公，明末清初时由江西迁居湖南长沙。楚涣支居河西八曲河刘家山，楚敬支居河东格塘刘家湾，楚珍支居河东刘四塅。民国间三支三修族谱，堂号九睦。

长沙大东茅巷刘氏 始祖天声公，字上载，明朝江西人。传四世至睿公，字沛楫，宦游来湘，开基于长沙市。族人分布于长沙县四乡，益阳永乐、侍郎，宁乡莲花、石潭等地，以及华容、南县、沅江、浏阳、湖北等地。至 1948 年，已传 26 代，全族人口约 2 万人。宗祠在长沙市大东茅巷。

长沙刘氏 始祖宋时器之公。传十世至武德公，南迁来楚。清乾隆四十六年（1781）三房合谱，道光七年（1827）续修，光绪十一年（1885）三修，1937 年四修。

长沙刘氏 始祖子英公，原籍江西丰城县，明任湖北荆州将军，其孙应时公，字和宇，清顺治初年自安化迁居善化。

长沙刘氏 始祖安公，字西庵，诰封振威将军。二世祖宗礼公，字少泉，河南汲县人，清康熙间官湖南辰州总镇，诰授振威将军。三世祖之邦公，字沛先，留寓湖南，隶籍善化。

长沙河西贯庄刘氏 始迁祖永瑞、永福公，涟公十三世孙，清康熙初自广东始迁浏阳万家坊，后徙善化河西贯庄刘家湾。

长沙麻田刘氏 一派允明公，原籍江西吉安府，卜居善化河西乡。五世开仕仪、仕质、仕彬、仕文四大房。质、文两房清乾隆四年（1739）移楚北。仕彬生六子：志道、通、暹、迎、逊、迥，居麻田、古塘、卯田等处。2016 年志道房纂修家谱。派语：允仲兴朝仕，志昌世代新。人文光国运，孝友序存亲。

望城乔江刘氏 迁湘始祖世麟（字灵长）、世骅（字福渊）、世麒（又讳世乾，字黄配），明洪武初年自江西南昌府丰城县梓溪村移殖来湘。麟、骅二公开基于乔江南岸长沙青苏埂。麒公初居湘潭九总街，传至四世开基于乔江北岸湘阴沙田坪。三公后裔分布于本省中部各县及湖北公安、石首、嘉鱼、江陵，江苏高淳、浙江富阳等地。至 1948 年，全族人口 10 万余人。麟公祠在青苏埂田心坪，骅公祠在青苏埂射蛟岭，麒公祠在沙田坪刘家塘。1947 年合修通谱，称“乔江刘氏”，拟建总祠于长沙市。

望城乔江田心支刘氏 宋时初祖戊寅公，字汉江，原籍江西丰城县梓溪村金山白茅坪，官潭州太守。十六世至世骅、世麒、世麟。世骅奠业长沙射蛟岭，世麒建祠于湘阴刘家塘。世麟，字启周，号灵长，于明洪武二年（1369）落业长沙乔口镇田心坪，今属望城，生五子：德明、德新、德耀、德裕、德华。二房后迁益阳，三房后迁浏阳，复迁善化，长、四、五房仍居原址。清康熙四十一年（1702）长、四、五房创修族谱。乾隆间建总祠于田心坪。长房德明公，生玟斌、玟贵。玟斌六世支分允富、允禄两支，玟贵六世支分允党、允赞两支。道光十一年（1831）、咸丰十年（1860）斌支续修，光绪十七年（1891）斌、贵两支合修，1930 年斌支五修，2002 年斌支六修。三房德耀房道光十年（1830）、咸丰十一年（1861）、光绪十五年（1889）、1948 年续修，同治初建支祠于湘阴沙田垸。四房德裕公四世源敏，生三子：次子允欣支迁湘阴白马寺，三子允玉支迁宁乡检图坪。长子允镜世居田心及万寿东乡，该支十八派人瑞，同盟会员，陆军中将。2007 年五房合修族谱。派语：世德文源胜，允兴承邦荣。光正添工亮，勋高万代名。典常师作述，科甲应升平。有本先河远，因材玉树盈。世骅、世麒、世麟通派：世镇湘枝灿，基衔赣干焮。陶钧流柱炜，鼓铸浚梁烝。墨鉴鸿模炯，尧钦沛臬焜。堂钊湖集燕，室锡洛来熊。执锐滋桃灼，增锋汛柳营。坚钢淳朴炽，培炼漱楠熏。

望城刘氏 始祖道德公，明中叶自江西迁居善邑七都西乡梅溪滩燕子窝。传至汉卿兄弟乃徙木栗塘，后衍为八支。草谱创修于清乾隆五十八年（1793），道光二年（1822）续修，皆未付梓。1925年又修，堂号彭城。九世刘鼒和，字叙含，号少珊，日本法政大学毕业，为民国间湖南著名学者。派语：（自三世起）国正天心顺，家和世泽长。祖宗诒绪业，孝友植彝常。

浏阳西城刘氏 始祖锜公，德顺军人，南宋中兴四将之一，历知潭州，加太尉，尝过浏，题诗霜华寺，其子遂占籍浏阳。至清光绪三十三年（1907），已传30余代。

浏阳龙伏刘氏 始迁祖仲四公，元至元中自江西新昌迁浏北龙伏市，五传至惟隆公，迁居党上。至清光绪三十三年（1907），已传22代，丁口1000余人。

浏阳永安市刘氏 始迁祖南仲公，元元统初年自江西新昌迁浏北枫浆桥，继迁永安市。至清光绪三十三年（1907），已传20代，丁口2000余人。

浏阳南市街刘氏 始祖仲一公，元元统初年自江西新昌迁浏阳南市街，后人分布于南市街、杨花、枫林、青草市。至清光绪三十三年（1907），已传21代，丁口2000余人。

浏阳金刚头刘氏 始祖选文公，字司权，元至正间因经商自江西新昌三江寓居湖广，卜居长沙南门外雨坛坪。其子新辑公，讳岳，字霍山，迁居浏阳南乡金刚头。族人分布于金声、复兴、大瑶、崇丰各乡以及岳州之巴陵、萍乡之湘东与上栗市、醴陵之刘家弄、攸县之大都等地。宗祠在浏阳金刚头。清乾隆二十七年（1762）、嘉庆十九年（1814）、咸丰九年（1859）、光绪二十年（1894）、1925年、1997年纂修族谱。字派：文新继至，必元伯显，希存应启（大），金国正（宏开家）运，孝友为性，宜守宗法，克遵祖训。

浏阳浏南刘氏 始迁祖孟贵、孟川。孟贵公元时自江西南昌迁浏南五马，后卜迁于当背。孟川公三代孙荣盛明季由江西瑞州迁浏南柞树湾。贵房族谱始修于清乾隆五十九年（1794），川房族谱始修于道光十八年（1838）。光绪十七年（1891）、1943年两房合修。贵房老派：孟仲叔季，源承洪兴。盛咏继立，纲常显明。学怀经济，世享清平。贤能蔚起，克振家声。川房老派：永兴多士启，光宗世德承。立志崇圣学，日思兆文明。

浏阳圳口刘氏 始迁祖郭公，明洪武中自江西瑞州府新昌县天宝乡迁居浏阳城南皇仓街。至清光绪三十三年（1907），已传21代，丁口2000余人。

浏阳洋岭刘氏 始迁祖郭公，字和斋，原居江西瑞州府新昌县天宝乡，宦游金陵，扈潭王朱梓来潭州，官职行事，卜居浏阳东城。至十五世佑荣公分居洋岭，故称洋岭刘氏。十九世人熙，字艮生，号蔚庐，清光绪间任工部主事、直隶州知州、广西道员。辛亥后回湘创办船山学社，1915 年驱汤运动后曾任湖南督军兼省长。子伯远、仲迈、通叔，皆有著述传世。

浏阳白水刘氏 始迁祖开一公，明正统间知平江县事，解组后迁居浏西白水段。

浏阳钟甲塘刘氏 谱中源流世次纪以源明为一代，百四十九代至开七公，官授梅州总管府，子广传，讳弁，字毓正，旧谱一名源衍。明洪武初由江西赣州府会昌县尉平寇，筑宁都州瑞金县城，以功迁瑞金县令，立业瑞金塘背，因家焉。后迁赣州府府尹。生子十四人，衍为十四房：源、淥、沠、渊、海、浪、波、涟、江、淮、河、汉、浩、深，散处闽、粤、江西各州县。清初藩变，多徙湖南浏阳，各支始迁祖及始迁年代不一。清初来浏者共十四房一百七十余支。嘉庆二年（1797）建宗祠于浏邑东城钟甲塘。族谱始修于道光十三年（1833），至 1942 年凡四修。涟房派语：（自十一世始）习大永开第，文上全熙隆。继世昌明德，承先启佑功。宗传宜广笃，祖泽在钦崇。慎守儒家业，诗书禄万钟。

浏阳葩兰村刘氏 刘氏自源明公中天肇姓，夏代始济乐公，商代始歆公，周代始笃庆公，春秋始乔公，汉代始邦公，晋代始晨公，至唐代逊公凡一百二十七世，而天下刘氏无不异枝而同根。逊公避乱居安成，即古吉州之安福，其子贿公，生三子，长祺公徙衡州，支派未详。季禋公徙婺州金华，次祥公徙福建汀州宁化。历至二十一世必高公，官梅州总兵，生广传，官赣州府尹，住瑞金。广传生巨源，巨源生集文，集文生德甫，住赣州安远县。又历四世至思和公，由安远徙吉安信丰。又越四世至仕星公，明崇祯末年由信丰徙浏阳。清光绪七年（1881）、1914 年、1942 年纂修族谱。

浏阳平山刘氏 始迁祖发隆公，字居茂，清康熙四十年（1701）由江西高安县南城一都朝阳门外柿栗村贸易来湘，卜居浏阳南乡金刚头平山。至 1948 年，已传 12 代，全族人口 400 余人，分布于金声、复兴两乡。祠堂在浏阳金声乡平山。

宁乡北城刘氏 一派彦举公，原名栩，字士用，宋端平二年（1235）进士，累官翰林院侍讲学士，由江西宦游来宁，居宁乡北城。十世守恒，生汉培、圭、圮、福、禄、寿。圭、圮、福、寿后裔无考。培公又四传至宪魁、朝魁、应魁。宪魁为汤泉房祖，朝魁为新塘房祖，应魁为河斗房祖。朝裔后又失传。

清康熙五十四年（1715）、乾隆三十九年（1774）、道光十四年（1834）、光绪八年（1882）、1919年纂修族谱。1949年培裔德成公支、维翰公支及福裔叔彩公支六修族谱，2010年培裔七修。字派：传家（祖德）本忠义，英才际盛时。承先开大业，治国运昌基。

宁乡东岗高迁刘氏 始迁祖洪公，字浩然，号若潢，宋嘉熙间由江西泰和宦楚，致仕来宁，卜居汤泉之西东岗赫家湾。四派祖均载公，字从厚，号桂林，徙居高迁，衍为十四房，遂称东岗高迁刘氏。八派端公，字直庵，授西安太守，修泾阳广惠渠以利民，县志有传。族谱创修于明成化二十二年（1486），1929年九修，2000年十四房之一学博房、日生房又续修。派语：（自十四世起）尚杰植名教，敦厚固根源。绵延传万世，组绶若星联。

宁乡花桥刘氏 始祖天汉公，南宋淳熙间由江西豫章迁宁乡唐市。六传至文广，再迁今之花桥，文广生应成，应成生仁才、仁德、仁义，衍为三房。1924年四修族谱，堂号太乙。

宁乡刘家冲刘氏 始迁祖心传公，元末自江西安福县迁至宁邑五都十一区刘家冲。清道光三十年（1850）三修族谱，堂号彭城。

宁乡灰汤刘氏 迁湘始祖禄公，明洪武七年（1374）由江西吉水迁衡山。越五派荣章公明永乐间来宁乡，卜居白石新塘。族谱始修不详，清道光六年（1826）、同治九年（1870）、光绪二十八年（1902）、1935年、2005年续修。派语：荣华富贵，俊秀贤良。宗祖显应，仁义礼智。大本宜先立，家从积善昌。诗书传后嗣，科昌永联芳。该族名人：刘典，帮办陕甘军务通政使，署陕西巡抚。谥果敏。

宁乡南塘刘氏 始迁祖时显公，原居江西吉水，明中叶因长子长庚（名宝）出宰于楚之资阳，公夙慕湘滨沩麓之间秀毓灵钟，乃率其子宝、楠、恩及孙邦益、邦义、邦礼等卜筑宁邑南乡距城六十里之茅田滩。邦礼之子返籍。邦益子日映、昭、晖、旺，邦义子日旼，衍为五房，自茅田而析居各处：映居上南塘，昭居石栗冲，晖居火煽冲，旺则半留茅田、半徙洴田，旼居画林。族谱创修于清康熙六十年（1721），嘉庆七年（1802）续修，同治五年（1866）三修，1921年四修，2008年昭一房、昭四房五修。宗祠建于乾隆间。昭房十三派孙绍选，字渭璜，即前国家主席刘少奇。班次：（自九世起）起序端方，绍允维藏。麟勋渠翰，际运隆昌。枝荣本固，家庆绵长。世守耕读，辉耀先芳。

宁乡安成刘氏 始祖潘公，号便山，因兵燹避乱居江西安福观溪。十五传一飞公，字汝翥，官千总，例授武略骑尉，家于宁乡县西四十里玉堂硚东瓦子坪，为玉堂房支祖。五传至羲伦公，生潮奇、潮弼，分两房。清道光二年（1822）、咸丰元年（1851）、光绪二十七年（1901）、1943 年、2011 年五修族谱。旧派：潘珠汶庭淙子安知有志立寿庆成一昭格建业羲潮兴仕俸应如学国正金星明紫署春。续派：光明丕显，远启宇翼。诒谋士沐，诗书泽家。

宁乡沩山刘氏 始迁祖成九公，讳允谐，明天顺时由江西吉水以宦楚南，解组后卜居益阳桃苍港。四传至富春公，明万历二年（1574）复迁宁乡沩山，生荣、华、耀三公，遂分三房。清乾隆四十二年（1777）、咸丰三年（1853）、光绪十八年（1892）、1923 年纂修族谱。派语：成荣永富，光必庭应。祖修全德，继世名贤。文行兼用，仁义心传。孝友大本，礼义宜先。元和自协，海宇同瞻。书声高拔，科甲芳联。

宁乡田湖刘氏 始祖义公，原籍江西庐陵县。传至廷璋公，仍居庐陵。廷珪公分居吉水。璋公裔孙经源公徙居宁乡横田。珪公裔孙庚公始居善化，传七世至元二公，于明嘉靖四年（1525）徙居宁乡小湖，又五传至芳楫公于明天启四年（1624）由小湖徙居罗湖，故两房即以“田湖”两字统之。族谱创修于清康熙五十五年（1716），嘉庆八年（1803）、道光十一年（1831）、同治三年（1864）、光绪二十七年（1901）、1932 年续修，乾隆四十年（1775）建宗祠。派次：文名昌世德，立盛赞熙荣。定茂贤良作，家声永克承。

宁乡刘氏 始祖宋时诗典公。传至赞富、赞绵二公，于明成化间携子思亮、思晖由江西庐陵来湘，思亮落业于宁乡枫树湾，思晖由宝庆转迁宁乡保家湾。清嘉庆四年（1799）合建宗祠。族谱始修于嘉庆二十年（1815），同治十年（1871）续修。班行：诗书万古传，广代盛世赞。思应必大添，文明光其汉。德业开鸿章，修齐克永昌。知前宗泽远，有本庆名扬。

宁乡双井刘氏 始祖荣卿公，讳官贵，世居长安。四传至章叨公迁吉安。七传至泰和公迁永新。二十一传至道云公，讳戊寅，宋仁宗时宦游潭州，尊为迁湘始祖。道云公之子庚荣兄弟有四，复徙上湘赤苎茄，四传至太远公升授巡职，又传十一世至古源公，徙居宁乡双井，为双井始迁祖。清康熙五十三年（1714）始修族谱，嘉庆三年（1798）续修。宗祠建于康熙五十七年（1718）。班行：基钜润兰煐，堂铭永树勋。远钦源本烈，圭锡汉谋焜。孝鉴泽槐耀。

宁乡高田冲刘氏 始祖戊寅公，字道云，宋徽宗建中壬午科举人，癸未殿试进士，授翰林院加封金紫光禄大夫，由豫宦楚，致仕徙居潭州石潭市，继徙湘乡石脚山赤石茄，南宋建炎年间卒葬潭州沕潭寺。十一世起潜公，于元至顺间与五子古通往吴经商。古通次子添锦，字孟明，号寿一，明永乐四年

(1406）与子德赞自江西吉安府永新县灵官庙回湖南宁乡，卜居三都四区高田冲鸡笼山屯田。派行：戊庚世友正大元善宗仕起古添德允楚良安定贵富仲助朝基钜润兰熯垂铭。

宁乡平扶塘刘氏 始祖戊寅公，仕宋为龙图阁直学士。始迁祖世麟公，戊寅十五世孙，元末由江西吉水县迁湖南长沙县田心坪，明洪武十三年（1380）再迁宁乡平扶塘。世麟六传而分为国瑚、国球、国琏三大房。1945年六修支谱，堂号务本。

宁乡荷塘刘氏 始迁祖福一公与弟瑶、琼，明洪武三年（1370）自江西泰和县圳上迁湘。福一公落籍宁乡荷塘，瑶公落籍湘潭清水，琼公落籍长沙石门。福一公单传五代，至六世始分为用和、次宽两房。福一公房荷塘族谱始修于清同治十三年（1874)，光绪二十三年（1897）续修，1928年三修。1925年宁乡、湘潭、长沙三支建总祠于长沙省城黎家坡。

宁乡刘家铺刘氏 一派焞公，字焕章，行一，原籍江西吉安府安福县西乡二十三都三村里，明洪武二十三年（1390）携二子徙楚，占籍宁乡佘家洲，地以姓著，名曰刘家铺。生文汉、万绳，开两大房。清康熙五十三年（1714）合古塘、佘家洲、城北、桑园合修族谱，嘉庆十二年（1807)、道光二十年(1840)、同治十年（1871)、宣统三年（1911)、1945年续修。字派：基钜润兰熯，垂铭永树熏。培钟源本烈，增锡汝模烝。均鉴泽荣耀，相生五五承。该族名人：刘康。

宁乡古塘刘氏 始迁祖可清公，明永乐四年（1406）以武职遵屯政自江西永新县迁湖南攸县东江乡，永乐十年（1412）始占籍宁乡古塘基，以下绵历四纪，丁单绪微，至四世罗峰公始衍为新泉、新堤两支。清光绪二十七年(1901）五修族谱，堂号藜照。

宁乡大研刘氏 始祖廷銮公，字国柱，号紫阁，一号辉楚，明正统间由江西丰城县偕弟廷旭徙楚南，始寓湘潭碑头市，后徙益阳浮云铺，厌驿路嚣尘，乃弃之卜业于宁乡长岭大研。廷旭公乏嗣。廷銮公六派至沅一、沅三，分为大小两宗，大宗又分为腾瑞、吉人两房，小宗又分为中表、五卿两房。族谱始修于清乾隆三年（1738)，嘉庆二十四年（1819）续修，同治十年（1871）三修。乾隆三十九年（1774）创建宗祠于刘家冲，同治七年（1868）重建。至1948年，已传19代，全族人口7000余人。派语：廷端思朝友，沅维之泰和。龙登云汉近，雨润桂兰多。毓秀绵诗礼，钟奇绍甲科。传经承祖德，高第壮山河。

宁乡石邨刘氏 始祖德言公，唐朝江淮转运使。四传至宋代端木公，原籍江西庐陵，官邵阳令，徙居长沙新康（今属望城县）。六传至崇卿公，官山西太原主簿，解组归避红巾之乱而卜居长邑西门外。七传至伯玉公，讳汉琳，明翰林检讨，徙居宁乡石郫，为石郫派祖。十三传至永明公，衍仁、义、礼、智、信五房。族谱始修于清乾隆五十三年（1788），道光二十四年（1844）续修，光绪九年（1883）三修，1914 年四修。宗祠建于乾隆二十七年（1762）。字派：汉章荣国美，志永立朝邦。正学昭先训，培元世祚昌。忠孝延芳远，贤才应运起。馨德达天庭，英声耀梓里。

宁乡北城刘氏 该族出北宋名臣刘安世后，世居江西安福前溪。至绚公，字素智，明弘治初由举人仕宁邑，迁宁乡北城，衍芳、葶、茂三房。第三子茂，开梦关、梦乾、梦祥、梦阔、梦椮五房。绚兄政伦公，九世孙业广、业勤，明末避乱亦由安福迁宁乡北城。又一支经公，其子志通由北城分迁二都八区豹子塘。清康熙五十三年（1714）合修，二、三、四修或分或合，1916 年各支五修族谱，堂号彭城。五修新派语：培钟源本烈，增锡浩模烝。李鉴泽荣耀，相生五五承。

宁乡沙田刘氏 始祖庄公，字敬斋，仕南唐大理寺评事，乾宁二年（895）任陕州司户参军，世居江西宜黄县。子垡公，字衡斋，宋初调吉州长史，奉父就养于距城南七十里安城前溪。明末清初间子孙移居湖南邵阳、武冈、宁乡等地。其中迁宁乡沙田者为庭谏公之子楚邦，庭赞公之子肇邦、球邦，庭荐公之子邦祖，庭涌公之曾孙美枢，庭敬公之曾孙芳奇，共五房。清康熙六十一年（1722）、乾隆五十五年（1790），邵、武、宁三邑合修总谱，道光二十年（1840）、光绪三年（1877）宁邑五房分修，均称“前溪刘氏”，1931 年修谱时改称“沙田刘氏”，时存男丁 380 人。派语：（自二十六世起）邦以芳声显，仁义立纲常。世业肇前功，传家裕后昆。鸿章辉上国，人品重玙璠。

宁乡烟田冲刘氏 始祖应新公，元至正间由江西泰和徙湖南湘乡，三迁而卜居洴田迪坑。十三世孙太杰、太秀、太科，明清鼎革之际复由洴田迁宁乡沉钟桥烟田冲。清光绪间宁邑二修支谱，堂号立本。

宁乡平冈刘氏 始迁祖世用公，明季自福建上杭县先寓长沙府善化县螺头山，后定居宁乡二都九区平冈。1927 年四修族谱，堂号集英。

宁乡仓岭、香炉山刘氏 始迁祖崇魁公，先世江西安福人，清康熙四十二年（1703）徙居湖南宁乡北城。崇魁六子，长子留居安福，四、五、六三子乏嗣，次子起凤、三子起蛟复自北城析居东城仓岭和北城外香炉山。清宣统元年（1909）纂有支谱，堂号彭城。

宁乡、邵阳刘氏 始迁祖源荫公，字胜天，明洪武元年（1368）自江西吉安府庐陵县皂潭圳上蟠龙山迁居湖南宝庆府邵阳县东乡长塘村，初落业黑田铺，复迁老虎、小水桥、洪塘等处。生远龄、远珍。龄公生遗富、贵、聪、禄、宣，珍公生遗旻、华。遗富递传九世至儱公，生垂贵、荣、富。垂贵生正元，垂荣生正傀、正儒。富公无后。正元、正儒明崇祯间迁宁乡长桥、宁家坊、廖家滩、老粮仓、龍塘等处。正傀仍居邵邑。清乾隆五十二年（1787）、道光五年（1825）、光绪十一年（1885）、1921年、1948年纂修族谱。班次：源远遗芳盛，根深厚泽垂。正应自汉定，宗继仿书希。向学传经久，勋名大显扬。绍香恢绪业，蔚起迪前光。

宁乡、益阳刘氏 始迁祖子朋公，号鉴亭，字珖达，江西吉安府吉水县人，明洪武初授职指挥使，任理长沙卫事，永乐初屯田宁乡下洋泉湖田辛。生友益，友益生继善、继美。继善生文旻，迁居益阳大泉坡。继美生文星，仍居田辛。至今族人12000余人。清乾隆四十四年（1779）一修族谱，道光十二年（1832）、光绪二年（1876）、光绪三十三年（1907）、1934年、2003年续修。派语：子友继文俊槐能，仕钦道梦一元开。正国安邦逢景运，光前裕后赞三才。忠厚传家延远泽，诗书绍业扩鸿裁。潋长应识源先定，支茂端由本素培。

湘潭龙塘刘氏 始迁祖玙公，元初由江西迁来湘潭株山龙塘。清光绪十五年（1889）纂有族谱，堂号忠慎。

湘潭田心刘氏 始迁祖起凤公，明洪武二年（1369）由江西吉安府吉水县鹅丘中村迁湖南湘潭县，卜居白石港田心。清光绪七年（1881）六修族谱，堂号映远。

湘潭白云峰刘氏 始迁祖德先公，明洪武二年（1369）自江西吉安府吉水县迁居湖南湘潭县易俗河乡。族人多分布在市乡等地。至1948年，已传20代，男女丁口1000余人。宗祠在白云峰。

湘潭丰田冲刘氏 始迁祖韬公，明洪武六年（1373）自江西吉水来潭，下屯于上四都丰田冲。明嘉靖三十七年（1558）、清康熙四十五年（1706）、乾隆十五年（1750）、同治三年（1864）、1920年纂修族谱。字派：韬士道尊祖仪正兴必明传世文汉国之玉昆金友善集家庆潭州启孝子忠臣。

湘潭大岭刘氏 始迁祖沛传公，字遗祥，原籍江西吉水县圳上，明洪武八年（1375）挈子国仲、国应由江西来湘，屯卜于大岭刘家田。国仲生咸源，国应生咸浓、咸邦，两房三祖分居三处：长居黄岗塘，仲居捍扶塘，季居山田冲。清嘉庆十一年（1806）山田支修谱，道光七年（1827）、同治四年（1865）三房合修，光绪二十二年（1896）三房四修族谱。派语：（自十三派起）式泽光辉远，家声大起扬。英才廷上举，祖绪美传芳。懋德维纯厚，崇基克永昌。

湘潭乌泉刘氏 始迁祖谦公，字伯臣，号慎斋，明洪武初来楚，下屯星沙西湖桥，复迁湘潭县二十三都上车坪。清嘉庆二十三年（1818）、咸丰十年（1860）、光绪二十年（1894）、1924年纂修族谱。原派：国正添心顺，允复廷可庆。希启应世大，开学鸿文运。明道业乃光，立德家斯振。甲第显南湘，祖泽昭才盛。续派：一本长继承，万代贻谋颂。建树绍宗功，后嗣广登进。

湘潭刘家湾刘氏 始迁祖元纲公，明洪武初由江西安福县迁湘潭县，永乐二年（1404）徙六都刘家湾。初修、次修皆为墨谱，道光三十年（1850）三修，光绪二十七年（1901）四修。字派：以元科肇芳丰隆兴。祖泽传逢仕，朝廷尊光明。文章华国典，忠厚振家声。俊杰扬先志，修齐辅治平。

湘潭蝉塘坪刘氏 始迁祖德润公，明洪武间自江西安福县下村来居湘潭蝉塘坪。清光绪二十年（1894）三修族谱，堂号星鉴。

湘潭戚里铺刘氏 始迁祖元一公，原籍江西南昌府丰城县梓溪圳上，明洪武二十一年（1388）一户九人出族落业湖广汉镇，未几自汉镇徙居湘潭白石巷，后又徙居城内三义井及湖头岭。永乐二年（1404），元一、元二兄弟两人卜居戚里铺。至四世衍为润鉴、竹塘两大房。润公传至六世分为公钊、公期两房，竹公传至五世分为世茂、世寰、世从、世衡四房。宗祠建于清乾隆四十一年（1776）。族谱始修于清嘉庆二年（1797），道光二十二年（1842）、光绪三年（1877）、光绪三十三年（1907）、1943年续修。派语：（自十二世起）祖述开家，绍修先系。书声远传，克昌其裔。蔚起人文，光辉门第。宗德长绵，孝思善继。

湘潭戚里铺柳湾桥刘氏 始迁祖元一、元二公，明永乐间由江西迁湘潭戚里铺，流传日久，生齿甚繁，似棋布星罗，势难复合为一，如川堂、栗山、雷塘、沙坪、月影塘，又各殊以房。而为柳湾桥者，则川、栗两房。清康熙三十一年（1692）、乾隆三十一年（1766）、道光二十三年（1843）、光绪十四年（1888）、1944年五修族谱。字派：绍祖荣华，日新世德。忠孝克传，为后人则。上达功名，广培贤哲。源远流长，永绵福泽。

湘潭岱头刘氏 始迁祖德孙公，字昌后，原籍江西庐陵圳上，元末因兵乱而挈妻子遁迹楚南，洪武年间迁居湘潭唐兴桥，明永乐二年（1404）再迁十七都三里岱头桥，传二世衍为清、华、铭三支。1932年五修族谱，惟清公一支世守庐墓。清乾隆二十三年（1758）建宗祠于岱头。

湘潭三洲坝刘氏　始迁祖答海公，京师河间府兴济县人，明永乐二年（1404），以军功奉调驻长沙卫前，遂家湘潭水竹湾。答海四子，长子政，分驻七十七都上营三洲坝。清光绪间三洲坝六修族谱，堂号传经。

湘潭升廷山刘氏　始迁祖万柏公，与兄万松公于明永乐二年（1404）自江西吉水迁湘之衡阳，松公落籍衡阳。柏公于永乐七年（1409）徙居湘潭姜畲市后升廷山，传十世衍为辕、潮、湖、汝、端、武六房。族谱始修于清乾隆十年（1745），至1931年四修。宗祠位于升廷山，建于明，清咸丰时重修。派语：（自十四派起）启文光祖德，训仕佐君仁。忠孝家声远，经纶世系新。

湘潭碑头刘氏　始迁祖髦嗣公，字镇邦，明永乐中以武功由金陵迁官长沙，二代度仪公官武冈州，遂占籍中湘，定居碑头石。清乾隆三十五年（1770）、道光元年（1821）、1913年纂修族谱。班次：（自三世始）汉大廷世承奇，应（宗）朝元亨利贞。森然垂铭永新，默执锡治本焜。城钧温穀焕在，钟淳五行迭运。该族名人：刘元烈，国子监学正。刘元炳，翰林院检讨。刘元熙，翰林院编修。刘亨地，国子监司业，翰林院编修。

湘潭水口刘氏　迁湘始祖鹤云公，元顺帝年间自江西安福县依榜文来湘，开基于宁乡县。越三世至华四公（一曰志学公）因避兵乱徙居湘潭下索铺水口。族人多分布在湘潭、湘乡、湘阴等地。至1948年，已传25代，男女丁口约3000人。宗祠在湘潭清田乡下索铺六亩滩。清同治四年（1865）下索刘氏五修族谱，堂号藜光。

湘潭义井刘氏　始迁祖仲贤公，字希元，明代自江西庐陵泮塘迁居湘潭。七传孚九公卜居邑城义井，派衍四房。清乾隆二十六年（1761）、嘉庆二十三年（1818）、同治四年（1865）、光绪二十四年（1898）、1931年纂修族谱。字派：（自十一派始）朝泽本辉，增锦滋树。光培锡远，世系方长。则效先式，寅溯乃常。

湘潭梅村刘氏　一派三吾公，字如孙，茶陵人，明洪武时官至翰林大学士、礼部尚书。六传祖高公，由茶徙攸，祖高子崇威迁湘潭梅村。清乾隆四年（1739）、嘉庆九年（1804）、道光二十六年（1846）、光绪三十一年（1905）、1928年纂修族谱。班行诗：三吾预知兴，继志道高极。崇绍法尧天，嗣荫承汉日。永正邦畿昌，明伦国之光。文章征世泽，孝友树家纲。燕翼诒谋远，宗功裕后长。诗书绵奕祀，荣耀振熊湘。

湘潭茅田刘氏　始祖汉长沙王刘发，后封建成侯。传五十八派至忠信公，字心言，原籍江西丰城县，避兵徙楚，由上湘林家湾入赘李氏，后因差役繁重，又徙湘潭茅田油榨塘。三传至臣甫、臣报。臣甫生广华、广庆、庆雷，臣报生广旸、广贰、广叁，衍为五房（广贰公乏嗣）。族谱始修于清乾隆四十四年（1779），同治五年（1866）续修，1923年三修。宗祠建于乾隆三十七年（1772）。

湘潭碧泉刘氏 高祖封弟交为楚王，传十五世，晋元帝封楚王后裔瑕公为泉陵郡公，因兄璞官安成太守，故从寓安成。瑕公传二十九世榛公，自江西迁茶陵，三十六世居性公，字懋宗，明永乐天顺间人，由茶陵迁衡山，复迁湘潭古塘刘家坪，生敬神、敬明。敬神留居刘家坪，敬明迁居碧泉上浒塘。清乾隆十九年（1754）、嘉庆十三年（1808）、咸丰八年（1858）、光绪十八年（1892）、1931年、2011年纂修族谱。派系：居敬子友汉，胜时汝吾文。宗世仁光祖，芳名起家声。承先本忠孝，养志尚笃诚。礼崇纪丕建，泽远基益宏。

湘潭清水塘刘氏 迁潭始祖瑶公，次子书谟，生六子：志功、志烈、志明、志亮、志显、志达，衍为六房。1929年六修族谱，其时人口2606人，其中男1448人，妇708人，女450人。派语：瑶书志源万代□□□□百世期昌益千年鸿业辉先。自二十二世后与荷塘、石门合派：豫江贻祖泽，湘岳蔚贤良。士德承天阁，芳声振楚乡。该族名人：刘同升，记名提督。刘添麒，总兵。

湘潭石潭刘氏 始迁祖德文公，字志聪，明时由江西安福圳上仕湖南桃源知县，解组后挈家南徙，卜居湘潭县石潭乡大哲坝，生六子，惟第三子由升公留守湘潭故土。族人多分布在岳冲、江畲、石潭等地。至1948年，已传22代，男女丁口5000余人。宗祠在石潭乡上岳冲刘家湾。

湘潭东塘刘氏 始迁祖达三公，字德一，明中叶由江西迁居湘潭上四都鹅洲。五世至祈孙公，名尧系，清初又迁十三都四甲东塘冲。清康熙十年（1671）纂修族谱，嘉庆十三年（1808）、道光二十六年（1846）、光绪九年（1883）、1913年、2004年续修。字派：（自八派怒）振元崇启一本自新文明笃秀基业修承忠孝相辅国家远钦体先贻范百世昌荣。

湘潭吟江刘氏 始祖德言公二十六世孙紫极公，元末自江宁迁湘。四传至保公，再迁乌石峰下后所冲。清同治七年（1868）建祠吟江。1933年三修支谱，堂号冰鉴。

湘潭乌石峰下后所冲刘氏 始祖德公，南唐时来居江西安成丛桂里。二十六世孙紫龄公，明初由饶州先后寄迹于湖广之茶陵及攸县柞树塘，后始卜居中湘乌石峰下后所冲。清光绪二十八年（1902）续修支谱，堂号冰鉴。

湘潭蓝下刘氏 遐公后传二十二派至椿公，由江西泰和徙茶陵。三十二派鳌公，由茶陵又近湘潭蓝下。清光绪十一年（1885）五修，1918 年六修族谱。字派：忠良正直，辅世长民。德昭泽厚，继起超伦。

湘潭白汜刘氏 始迁祖天荣公，字钟秀，江西泰和县人，明正统间征蛮有功，实授茶陵卫右千户，袭百户职，继拨调分屯长沙卫，迁湘潭涟滨之南大陂白汜。清乾道间初修支谱，咸丰十一年（1861）续修合谱，光绪三十二年（1906）三修，王闿运序，1929 年四修族谱，堂号崇让。字派（十二代始）：学圣光前泽，名成启嗣芳。齐家敦孝友，立品尚端庄。

湘潭严冲刘氏 始祖程道公，生亭和。亭和生法宁、法明、法灵、法行、法晟。法晟生元鼎、元醇。元鼎居茶陵。元醇于明成化间由茶陵奎斗徙居湘潭严冲，衍三房。清乾隆五十八年（1793）、咸丰七年（1857）、光绪二十三年（1897）、1927 年四修族谱。字派：刘若言真东，臣涒祖世德。大昌振家声，作述昭先泽。继起永光宗，培植长发越。良才登高第，贤能佐邦国。

湘潭樊田刘氏 长沙定王次子苍公三十二派孙瑚公、琏公，明成化间由江西安成厚宵迁湘潭樊田村。清康熙五十九年（1720）、嘉庆八年（1803）、道光二十九年（1849）、光绪十四年（1888）、1919 年、2009 年纂修族谱。1948 年统计全族存男 586 人，女 263 人。已逝男 1372 人，女 847 人。

湘潭金盘刘氏 始祖德言公，南唐时来居庐陵荆山，十三世孙仕宁，南宋时由荆山徙居永新县太平乡炎村石泉。仕宁八世孙景尧，明万历间由石泉迁湘潭十二都潭湾，后建祠金盘山麓。1930 年四修支谱，堂号邦声。

湘潭石嘴头刘氏 始迁祖廷曾公，原籍江西抚州府临川县，明末因贸易游滇、黔、东粤等处，万历间继而憩迹南楚，卜居湘潭九都石嘴头。生国锦、国铉，衍两房。清康熙三十七年（1698）、咸丰九年（1859）、宣统三年（1911）三修族谱。字派：敦本宗庭训，芳名耀祖先。传家惟孝友，厚德树心田。礼义培英俊，诗书学圣贤。

湘潭纯塘刘氏 始迁祖城公，明季由江西永丰县紫溪圳上先迁茶陵，旋与子必富再徙湘潭锦石市，定居于市西南纯塘。1942 年五修族谱，堂号笃本。

湘潭东塘横坝刘氏 始迁祖诚公，明清之际避兵乱由吉安泰和县迁来湘潭三都九甲东塘横坝。七孙：光荣、光照、光耀、光秀、光显、光彩、光明，遂启七房。清光绪二十四年（1898）三修族谱，堂号诚敬。

湘潭铁梨疤刘氏 始祖仁信公，明代来居衡阳。始迁祖焕若公，清乾隆十六年（1751）再迁湘潭八都三甲铁梨疤。清咸丰二年（1852）续修族谱，堂号敦本。

株洲晓花洲刘氏 谱称始祖嵩公，字伟高，号岳云，明正统时由江西袁洲分宜县白沙湾徙居湘潭朱亭乡冷水潭之晓花洲，今属株洲县。清康熙五十四年（1715）肇修族谱，乾隆五十一年（1786）续修，道光元年（1821）三修，咸丰九年（1859）四修，光绪十六年（1890）五修，1922年六修。乾隆五十二年（1787）始建宗祠。派语：（自十一派始）远绍让德，世守其声。诗书礼乐，文士传经。

湘乡槠山刘氏 始祖元贵公，字爵生，世居江南徐州府丰县彭城驿，后唐庄宗同光二年（924）迁粤西桂林府临桂县，嗣于宋太祖建隆二年（961）复迁湖南长沙府湘乡县，卜居治南百二十里神童乡乐善里万宝坪老槠山，今属娄底娄星区万宝镇。族谱始修于清咸丰六年（1856），光绪六年（1880）二修，郭嵩焘序，光绪三十三年（1907）三修，1947年四修，2002年五修，2020年六修。宗祠建于康熙五十六年（1717）。祠联："孔氏弦歌，鲁国新声闻壁内；汉家箫鼓，祖庭余韵在人间。"由曾国藩书写。班行：元大焕兴中（子），万汉绍诚一，添先宗祖仕。再思瓚福德，广志时必有。忠（运）常培国本，显耀振鸿文。永远恢宏绪，昌明建伟勋。孝友传家久，宽仁衍泽长。敬恭延瑞庆，敦笃迪辉光。肃雍成矩在，秉体奕世芳。该族名人：刘蓉，字孟容，号霞仙，为该族二十七派孙，谱名常徇，官陕西巡抚。

湘乡窦溪、埛上刘氏 始祖德言公，南唐人，仕宋中散大夫，封南昌郡开国男。传十八代至紫云公，偕弟紫恒公于明永乐年间由江西庐陵徙湘乡。紫云公居窦溪托上，四代孙有徙衡山栗田罗渡、湘潭小南港、铸家冲、宁乡八石头等地者。紫恒公居埛上，五传至奔、能，奔生三子：尧华、尧武、尧保。能生尧育，别为四房。族谱始修于元元贞年间，至清道光二十二年（1842）九修，皆窦溪、埛上两房合修，光绪十四年（1888）埛上四房独修，光绪十八年（1892）窦溪独修。合族旧派：季球宣畀日，荛学沅成启。士伯庠开远，永代甲第登。合族续派：念昔先人泽正长，家声克振迪前光。恩迎京兆增荣耀，秀蔚湘南起善良。窦溪续派：国朝崇孝治，积厚庆同兴。

湘乡坳头刘氏 始祖德言公，仕唐员外郎，封男爵，生三子：长程居荆山，次秩居山角。季税任吉州推官，居侯故地，尊为一代祖。至九代祖仟亿公徙居洋口，传四代衍为十大房。传十九派至迁湘始祖肇鸣公，字汝凤，行三，明成化十五年（1479）生，由江西迁居湘乡坳头（今属双峰县）。族谱创修于宋靖康元年（1126），至清光绪五年（1879）九修。宗祠建于康熙五十九年（1720）。班序：肇文一古，贤生鸿世。天开景运，时际升平。敦伦饰纪，课读勤耕。恢宏器宇，广大家声。二十三派象贤公，字若启，号懿庵，崇祯举人，与王夫之为儿女亲家。

湘乡湴田刘氏 始祖德言公，宋太祖时累官江南转运使，封开国男。裔孙星图公，讳应新。元至正二年（1342）由江西泰和县圳上迁湖南湘乡芗泉，继迁湴田，今属涟源，一传再传衍为兴、旺、富、贵、荣、华、福、禄八房。旺、富两房一部徙宁乡，荣、禄两房远徙无稽，至今兴、贵、福房仍居湴田、迪康。清乾隆九年（1744）始修族谱，道光六年（1826）续修，1944 年三修，1995 年四修，时有人口 2 万余人。清乾隆间建老祠于湴田，嘉庆间建新祠于迪康。派语：应必世文寿启，祖朝承太邦。存仁添福正，万载永传芳。显达光先德，荣华裕后贤。纯良嘉善述，愈远庆绵延。积厚培根本，呈祥毓俊英。齐家敦孝友，辅国笃忠贞。雍睦宏尧祚，飞扬慕汉勋。思皇长缵绪，复旦涌卿云。

湘乡暮潭刘氏 始祖大旺公，元至正间由江西吉安泰和圳上鹅颈大丘迁湘乡旧三十一都大丰塅廖家岭，后属珍琏十七都，连界二十都。五世德铭公，生斌、恭、敬。清乾隆二十五年（1760）初修族谱，同治二年（1863）、光绪三十三年（1907）续修。嘉庆十年（1805）建宗祠于暮潭。班序：廷兴文希仕，定国安邦远。远承忠厚泽，继志守诗书。祥瑞光门第，善存锡庆余。政治昭仁让，齐家重典常。衣冠开济美，兰桂永联芳。

湘乡常林刘氏 始迁祖文基公，原籍江西吉安府太和县早禾市梅子村，宋政和七年（1117）随兄文炼公任永州太守，因忤当道，降任解组，兄弟后徙于湘乡城边。公性喜幽静，偕弟文圣、妹三娘择居锦石常林。生朝皇、朝良。朝皇生运达、运道。运达生宏教，宏教任开泰、开学，开学裔迁新化水竹。开泰生盛修、盛功、盛治，盛修生庭一，庭一生汉南，汉南生三子：应寿居东腰，应通居新田，应明居常林。东腰房清乾隆二十二年（1757）、光绪二年（1876）、1939 年纂修族谱。新田房清乾隆间、光绪二年（1876）、1947 年纂修族谱。常林房清雍正间、乾隆二十二年（1757）、同治十年（1871）、1993 年纂修族谱。2008 年三房合修。东腰房班序：文朝运宏开，盛庭汉应世。再添兴闻仕，思元友志伯。仁秉必继述，光先代荣昌。新田房班序：文朝运宏开，盛庭汉应世。再添兴闻仕，思元友志伯。成孔必继述，光先代荣昌。常林房班序：文朝运宏开，盛世从善宗。福召祖晌术，千万本兴再。仲必登忠孝，光先代荣昌。

湘乡赤石刘氏 始迁祖元震公，字亨甫，宋乾德二年（964）生，天圣四年（1026）卒，由江西迁湘乡赤石。四派开先、栗、胜三房。清康乾间各房分修支谱，咸丰七年（1857）、光绪三十三年（1907）三房合修，1940年胜房续修。班序：元世仲友，龙虎定贤良。朝廷添嗣本，万峰齐楚江。兴嘉登昌开，宗祖永经文。祚德仁为美，名成集大勋。

湘乡井头刘氏 始迁祖魁普公，生殁字号未详。宋时自江西吉安府泰和县南渡，始迁湘乡，卜筑井头。清雍正十年（1732）、嘉庆二十年（1815）纂修族谱。字派：魁梦必志仲思永万文朝有时芳光尚礼教……

湘乡大坪刘氏 始祖世初公，字元泰，行八，元至正间由杭州迁居星沙太坪庄。二世德盛公由星沙迁居湘乡潭市，数年又迁龙集，数传丁口日繁，散居黄丝、大坪、泉塘冲、峡山湾等处。清乾隆间建宗祠于大坪，今属双峰。乾隆四十九年（1784）始修族谱，光绪二年（1876）续修，1930年三修，2003年四修。班序：世德恢前志，孝友重秀廷。居朝印信定，天正庆升平。文章辉圣治，学业焕宗功。秉礼光华盛，安仁富贵同。燕翼谋贻远，鸿图祚永长。后贤征特达，万代冀馨香。

湘乡洞井刘氏 始迁祖广三公，元至顺二年（1331）由江西泰和县圳上迁居今双峰花门镇大坝大屋里。清康熙五十四年（1715）创建宗祠。清嘉庆二年（1798）始修族谱，同治五年（1866）续修，1924年三修，1999年四修。编排：梦应志嗣试，汉楚安邦定。国朝仕尚贤，文章光先宗。祖泽昌百代，富贵启后昆。福禄寿长久，永享升平春。

湘乡杨家滩刘氏 始祖翊圣公，字益赞，元朝江西泰和圳上人，初官凤阁学士，后谪潭州，卜居湘乡三十二都今龙山乡暮潭，旋徙居安化县常安乡蓝田，生有十子：天祯、天祥、天富、天寿、天贵、天柱、天与、天顺、天锡、天奇，散居湘、安、新、邵之间。天祯公十传至永衡、永庭、永舜。庭、舜二公由安化徙居湘乡四十二都纯化乡大田坊即杨家滩对岸。族人多分布在杨家滩、崇信乡、安化县玉马乡等地。至1948年，男女丁口共2942人。翊圣公祠在安化县蓝田，庭公祠在大田坊，舜公祠在杨家滩。

湘乡石磴少山房刘氏 始祖翊圣公，字益赞，元泰定间由江西泰和县迁居湖南湘乡暮潭上车埠，第九子天锡，字太元（一字端甫），世居石磴，至十三世孙万翊，字少山，明时由江口冲迁夏湖老屋湾，为该支支祖。长子继芳，字心田，衍为福初、纯初、玉初、荣初四房。清雍正四年（1726）建宗祠于石磴，嘉庆元年（1796）建少山支祠于夏家冲。少山房谱始修于道光十九年（1839），光绪八年（1882）续修，1923年三修，1949年四修，1998年心田房五修房谱。旧班序：翊天银文应则楚汝思江廷德万继元大。续班序：世能期悠远，时亨景运昌。忠良扶上治，孝友秉家纲。再续班序：祖泽湘同寿，宗功汉肇祥。贻谋垂裕永，绍述迪前光。

湘乡石磴石泉房刘氏 尊天锡公之裔则安公为一世。六传至廷珂，号三峰，生辰山、罗山、鹏山。鹏山生万谱，字石泉，为该支支祖。支谱始修于清嘉庆三年（1798），咸丰四年（1854）、光绪二十六年（1900）、1928 年续修。班序同少山房。

湘乡大田坊刘氏 始祖翊圣公，字益赞，原籍江西泰和县圳上早禾市梅子邨，元大德十年（1306）生，官凤阁学士，忤当道，屈为潭州别驾，致仕后退居湘乡潭市潭台，生十子，分徙不一。长子天祯生银明，落业安化常安。五派至文焴、文熿、文炼、文炳，遂开四、六、八、九甲族。文焴裔至九派福琼公，复迁湘乡大田坊。清道光三十年（1850）建祠赛里湾，堂号务本。清同治六年（1867）大田坊始修族谱，宣统三年（1911）续修。班序：翊天银延文添思汝福永万荣春仕世朝宗祖江东理泰青日新兆祥呈嘉瑞庆衍毓奇英醇厚继前绪诗书迪后昆孝友循家榘琼林玉树枝上国辉仪羽。

湘乡城江刘氏 始祖翊圣公，字益赞，元泰定间自江西落籍湖南湘乡，派衍十族。次子天祥自湘乡迁居安化小冲，再传至运泰公，复迁湘乡南门。运泰公次子定亨，行庚二郎，再徙城江。族谱始修于清光绪十年（1884），1917 年续修。宗祠建于嘉庆十四年（1809）。十四派孙厚富，名松山，字寿卿，清同治九年（1870）督攻甘肃宁夏府吴忠堡，阵亡，谥忠壮。十五派孙显谟，名锦棠，字毅斋，官甘肃、新疆巡抚，谥襄勤。派语：天文运定远，永万承一加。君玉世代秉，忠厚显国家。诗书传孝道，勋业广声名。禄阁先贤校，才华集士英。

湘乡箭楼刘氏 先世元季由江西吉安迁湖南湘乡昆仑桥。明正德嘉靖间，寿益公，字大德，迁居邑之大丰塅，卜居箭楼，开知、怀、模三房。清乾隆六十年（1795）知、怀两房合修族谱，道光六年（1826）模房续辑，同治十一年（1872）三房合修，1918 年三修，1997 年四修。同治九年（1870）建祠于箭楼。派语：寿孝印元之以待添。世德永培昌，兴仁定吉祥。恢先联甲第，裕后焕家光。

湘乡大富刘氏 迁湘始祖显孝公，原籍江西，官岳州，元明鼎革之际，避居邵阳太一乡，今属邵东。派衍泰观、泰覾两房。观房居湘乡小富，覾房居湘乡洞井大坝桥，今属双峰。清乾隆四十三年（1778）建宗祠于大富塘。乾隆二十六年（1761）创修族谱，同治九年（1870）续修，1947 年三修，1997 年四修。观房旧班：绍公仁永显，泰复忠仲邦。启尧再文武，国良顺大名。觐房旧班：绍公仁永显，泰复忠源志。嗣世兴万国，昌良顺大名。合班：安定青藜照，积善迪吉康。德泽承先绪，经书裕俊英。洪范传禄阁，学海继墨庄。宗功垂奕叶，兰桂竞腾芳。

湘乡长塘刘氏 始迁祖钟泰公，元朝末年由江西泰和县迁居衡阳九峰，生景开、景琇。琇公后裔居衡阳白露塘，称衡房。景开生必逵，至第六代祖世恩，生大学、大选、大忠，忠往蜀，大学生兴儒，大选生兴泰。明嘉靖间儒、泰由衡迁居湘乡铜梁乡，今属双峰，称湘房。儒公后裔任、玉、贵称上三房，泰公后裔钦、克、赞为下三房。清乾隆三十三年（1768）建祠于长塘。嘉庆十三年（1808）始修族谱，咸丰二年（1852）、光绪二十四年（1898）、1934 年、2004 年续修。班行：景必福政友，世大兴宗祖。永远得荣昌，人文耀南楚。诗书光甲第，忠孝振家声。持志常思敬，修行务立诚。

湘乡桥湾刘氏 始迁祖定乾公，明洪武元年（1368）偕弟定亨、定大自江西吉安府安福县钱溪徙居湖南湘乡城南十里桥湾。又说始祖翊圣公，字益赞，自江西泰和县徙居湖南湘乡潭市，生有十了，次了天祥迁居安化小冲。天祥之子文通生运泰，由安化转徙湘乡县城南门总。运泰公之长子定乾，字沅贞，曰庚一郎，明洪武元年由南门迁桥湾，为桥湾一派祖。族谱始修于清同治元年（1862），1914 年续修。派语：翊天文运定，福维寿智必，仔有十万芝，正兴启嗣廷，习（世）□荣其锠。续派：先德本悠长，曾分太乙光。声名垂简册，百祀袭余芳。该族名人：刘祥胜，记名提督，浙江温州镇总兵。

湘乡铜梁里刘氏 始祖仁寿公，明洪武元年（1368）携子由江西迁邵之曲塘。数传之后，自邵之东乡曲塘徙居湘乡铜梁里，今属双峰。族谱始修于清乾隆五十二年（1788），道光二十年（1840）续修，光绪十二年（1886）三修，1932 年四修。

湘乡白田刘氏 始祖颂鄗公，南唐人，由江西庐陵隐居安福。传十三派至安礼公，于明洪武间徙湖广衡州府衡阳县金兰乡巷子口。又十八派至尔忠公，字进诚，原讳之臣，号楚湘，偕从堂弟德辅公于明末迁居湘乡南薰白田，为湘乡一派祖，派衍三房。清嘉庆二十二年（1817）创建宗祠。道光十五年（1835）始修族谱。班序：安居百代添，仁孝永贤嗣。闻道真君子，才德进潮庭。运泰功名显，家和富贵长。持身宜忍认，作善集千祥。

湘乡天堂刘氏 始祖天彰公，字斗山。长子世兴，字贤淑，明时由江西白竹迁居湖南湘乡洞溪锦石天堂。族谱创修于清乾隆四十一年（1776），堂号藜光。宣统元年（1909）续修。班次：天世德寿应，兴宗祖大时。允显达胜潮，隆文贤良忠。孝友仁义志，敦行启家声。清淑扶景运，光裕定国功。庆余绵福泽，芳名远迩通。

湘乡水田刘氏　始迁祖志能公，原籍江西吉安府永新县三十九都安仁乡福德里停田保，明正统三年（1438）携子大方、大政迁居湖南湘乡县水田。大方房七世宗宦公万历间创居湘田，分四大房，大政房子孙移居衡阳。清嘉庆二年（1797）、同治元年（1862）、1947年纂修族谱。三修序称："自志能公以下历今五百余年，无显官而多以力农经商为事。其人率崇朴俭，竞守礼法，不敢为非。"派语：志大仲永显，再宗祖兴邦。国泰民安正，荣华世代昌。文武才能广，忠孝定贤良。朝廷久胜立，福寿平天长。

湘乡店边刘氏　始迁祖任辅公，字岩山，明正德三年（1508）由江西安福县因避难迁湘，开基于湘乡县清溪乡大嵩山下店边。族人多分布在本县本乡。至1948年，已传16代，男女丁口600余人。清光绪十九年（1893）建宗祠于店边。族谱始修于光绪二年（1876）。

湘乡小冲刘氏　始迁祖钦和公，字东陶，明成化十九年（1483）自江西庐陵因避乱迁湘，开基于湘乡县乐善乡小冲。族人多分布在本村及湘潭、安化、长沙等地。至1948年，已传17代，男女丁口约1600人。明末建宗祠于小冲。

湘乡东塘坪、壍板塘刘氏　始迁祖季钦、季塘二公，明正德初由江西南昌府丰城县游湖南。季塘卜居湘乡十都潭市东塘坪，分房居十二都石牌子湾。季钦卜居湘乡七都壍板塘，分房居湘潭十四都歇马市。清乾隆二十七年（1762）、道光九年（1829）、咸丰三年（1853）、光绪二十三年（1897）、1927年五修族谱。2018年季塘公裔国定房六修。排行：季鸾仲伯希文之国，汉世秉元亨。承先光祖绪，垂裕振家声。

湘乡车湾刘氏　始祖瑕公，仕晋安成太守，居安福笪桥。传四十世至文商公，字宗涟，明天顺间自茶陵徙居湘乡学前总第一山，其后迁三坊车湾，再迁蒿子坪，终迁洙津渡月塘湾。清乾隆十三年（1748）与茶陵刘氏合修族谱，咸丰八年（1858）独修，光绪三十一年（1905）又续修。宗祠建于乾隆四十三年（1778）。

湘乡白石刘氏　始迁祖允达公，明景泰间由湘潭戚里铺排仙桥迁来湘乡白石大屋。允达孙楚汉、楚澄、楚源、楚潮，衍为四大支。1925年四修族谱，堂号藜阁。

湘乡刘氏　始迁祖雅城公，字衡斋，明天顺己卯经魁，仕楚而落居上湘，后裔别为潭市、水口、湖山、城字、田冲、浒洲六房。1925 年三修族谱。

湘乡湘田刘氏 始迁祖志能公，明正统三年（1438）由江西永新迁十竹，聚居锁石、单家井，称湘田刘氏，今属双峰。

湘乡溪口刘氏 始迁祖一楼公，明嘉靖间因商由江西三舍迁入湘乡溪口聚居，今属双峰。

湘乡锁石刘氏 始迁祖元孚公，明嘉靖间由江西永新迁湘乡锁石，今属双峰。族人聚居新泽、锁石、界岭，称梓乔刘氏。

湘乡茶佩刘氏 始祖建德公，长子业盛于明宣德间由江西庐陵迁茶陵。至八派祖太栢公于明万历间由茶陵迁善化，十派祖雯贤公因明崇祯间兵甲四起而自善化碧湘街迁湘乡迎恩一坊，旋卜居同风五都茶佩。族谱始修于清光绪十年（1884），1914 年续修。班序：建业从本立，振兴太舒雯。登胜先祖泽，百世永荣昌。依常先启后，余风衍瑞长。思念源清远，声名显达扬。

湘乡、宁乡、衡阳三舍刘氏 始祖适公，字时行，行十八，初家南康，仕南唐官至工部尚书，退就寻访山水，经安福县南之上井，爱其秀丽，遂卜居谷木塘之北。适公曾孙愍，愍生员，员生知刚，三世相继贡于宋，成均为上舍生，乡里荣之，目以“三舍”。明成化十五年（1479）创建三舍总祠，宋绍兴三十二年（1162）始修族谱，明成化九年（1473）续修，嘉靖二十四年（1545）三修，万历四十一年（1613）四修。明代中叶后裔南迁，清乾隆三十八年（1773）南迁各支之居湘、宁、衡三邑者独自五修。至 1944 年七修时设局于湘乡白田祠。世派：廷培良器，家裕学行。人文大振，锦采辉明。纲维教泽，显达先声。惟道翔洽，涵养从容。率常由典，敦质重名。三十四世器钧，陆军中将，中央测量总局局长。

湘乡、邵阳刘氏 始祖万户公，字封侯，仕元，官万户，明洪武元年（1368）携三子德润、华先、应昌自江西丰城县因避乱徙湖南湘乡石底。稍后华先公留居石底，德润公迁居邵阳南冲，应昌公徙居邵阳界江。三房合谱创修于清乾隆二十八年（1763），咸丰三年（1853）续修，1919 年三修，1990 年四修。清道光三十年（1850）建万户公祠于邵阳南冲。南冲旧班序：廷再兴宗祖，仲应天子邦。吉定有道文，武全永代芳。石底旧班次：廷再兴宗祖，仲应定安邦。国正天心顺，武全永代芳。界江旧班次：汝孝大嗣必，世万添子邦。吉定有道文，武全永代芳。续修班次：先泽贻谋远，宏范启祚长。诗书光前业，忠义佐明良。

醴陵刘氏 始祖遐公，字成始，一字正长，号从远，仕晋安成太守，留居安福笪桥刘家巷。传十世至大年公徙居和州，永年公世居笪桥，延公徙安福龙云下村，迺公徙安福石屋。延裔二十世又分为承勋、承嵩、承贵、承宾、承覗、承美六大支，后人散居醴陵、攸县、茶陵、湘乡、宜章、衡山、郴县、湘潭、酃县、邵阳、武冈及江西各地。裔孙中不乏名人：庐陵清水派三十八世刘尧诲，临武人，明时官至两广总督、南京都御史、户部尚书。醴陵义井派四十八世刘佛年，华东师大前校长。醴陵清安铺派五十二世刘建绪，民国时任福建省主席。

醴陵东山刘氏　始迁祖伏可公，宋大观间自江西南昌迁此。族人分布于美田桥、萍乡、攸县。至 1948 年，全族人口 800 人。

醴陵东山井头刘氏　始祖珠公，南宋初自江西南昌徙居萍西竹山下埠，生子三：玉龙、玉虎、玉凤。玉凤生三子：望露、望霖、望霈。迁醴始祖继益，望霈曾孙，元末卜居醴陵东山井头。继益再六传，一徙青山，一居故地，从此两歧并秀。后人分布于泗汾、夏家坊、攸县、萍乡等地。1923 年续修族谱，堂号敦伦。至 1948 年，全族人口 700 人。

醴陵圆通庵刘氏　始迁祖以文公，宋淳熙间自江西南昌迁此。至 1948 年，全族人口 60 人。

醴陵刘氏　始迁祖德寅公，原籍江西吉水北冲金家园，元末任职云南临安府，解组归里，因乱卜居醴陵雅玉堂。明弘治十七年（1504）、清乾隆二十八年（1763）、同治六年（1867）、1916 年、2006 年纂修族谱。派语：昌洪万渌廷孔仕泰显榜朝时庆宗思之大登荣。世德绍先绪，声名振楚邦。

醴陵田心刘氏　基祖珠公，因金人之祸由江西南昌梓溪携家避地吉安，又自吉安徙袁州萍乡竹山下埠。子龙公由萍西徙醴陵幕田。宋绍兴间霞公又自幕田始迁沙田。定公于元至元间由沙田始迁田心。明嘉靖三十一年（1552）、万历十五年（1587）、崇祯元年（1628）、清顺治十八年（1661）、康熙三十六年（1697）、乾隆元年（1736）、道光七年（1827）纂修族谱。同治三年（1864）、1920 年、1943 年沙田纂修家谱。至 1948 年，全族人口 500 人。字派：德音孔昭居国南乡，穆如清风俾尔炽昌。大宗维翰长发其祥，克咸厥功载锡之光。

醴陵社泉刘氏　始迁祖真一公，明洪武元年（1368）自江西分宜迁此。族人分布于黄茅岭、八横田。至 1948 年，全族人口 1000 人。

醴陵官村刘氏　始迁祖泰海公，明洪武三年（1370）自江西萍乡迁此。族人分布于长茅港、关上、萍乡。至 1948 年，全族人口 3500 人。

醴陵栗山大茅田刘氏　始迁祖宗益公，明洪武三年（1370）由江西永丰县阆平乡迁萍乡青溪，继迁湖南醴陵，卜居醴邑北乡上官庄大茅田。族人分布于高枧、马脑头、浏阳。至1948年，全族人口2000人。

醴陵蛇头刘氏 始迁祖仁仲公，明洪武四年（1371）自江西丰城迁此。族人分布于黄村。至1948年，全族人口700人。

醴陵新洲刘氏 一世可成公，原籍江西安福，明洪武七年（1374）任醴陵训导，继升宛平知县，历凤阳府推官。解组归，殁于途，灵梓经醴，遂葬于城东学署后之学背岭，子孙蕃衍于城东丁家坊新洲。清嘉庆元年（1796）、同治元年（1862）、光绪三十一年（1905）、2000年纂修族谱。至1948年，全族人口1400人。字派：（自十六世始）载锡之光，家运宏昌。增新世业，济美书香。

醴陵义井刘氏 始迁祖和卿公，明洪武八年（1375）由湖南茶陵迁醴陵县义井头，后裔派衍为六大房。分析东乡栗山、北乡寨下、官庄。至1948年，族人2500人。

醴陵王家坊刘氏 始迁祖明叟，明洪武初年自江西南昌迁此。族人分布于豆田、转浦口。至1948年，全族人口520人。

醴陵雅玉塘刘氏 始迁祖义公，明洪武间自江西吉水迁此。族人分布于小南冲、汉家湾、塘下湾。至1948年，全族人口4000人。明弘治十七年（1504）、清乾隆二十八年（1763）、同治六年（1867）、1916年纂修族谱。字派：世德绍先绪，声名振楚邦。传家宏道学，华国焕文章。

醴陵湖溪刘氏 始迁祖希岩公，明洪武间自湘阴迁此。族人分布于湛陂潭、攸县。至1948年，全族人口1200人。

醴陵嘉禾桥刘氏 始迁祖将保公，明洪武初自江西丰城迁此。族人分布于刘家圳、花桥、香炉山等地。至1948年，全族人口300人。

醴陵符田刘氏 始迁祖明德公，明洪武初年自江西安福迁此。族人分布于蛇符铺、茂田、仓卜里。至1948年，全族人口4000人。

醴陵庞田刘氏 始迁祖德可公，明洪武间迁此。至1948年，全族人口1000人。

醴陵竹山刘氏 始迁祖倡杪公，明洪武初年自江西南昌迁此。至1948年，全族人口1000人。

醴陵富步田刘氏 始迁祖允富公，明洪武初自江西南昌迁此。族人分布于攸县、茶陵、萍乡。至1948年，全族人口1000人。

醴陵书坊冲刘氏 始迁祖子高公，明洪武间自江西丰城迁此。至1948年，全族人口600人。

醴陵东冈营刘氏 始迁祖万伍公，明洪武初年自江苏迁此。族人分布于瞿家铺、长沙。至1948年，全族人口1600人。

醴陵潭塘（淳塘）刘氏 始迁祖源远公，明洪武初年自江西安福县筸桥迁醴陵淳塘，清光绪二十七年（1901）四修支谱，堂号藜照。族人分布于湘潭、攸县。至1948年，全族人口500人。

醴陵陈家坊刘氏 始迁祖良庆公，明洪武初年自江西安成迁此。族人分布于泗汾、船湾。至1948年，全族人口1210人。

醴陵温泉刘氏 始迁祖望霓公，明洪武初年自江西南昌迁醴东温泉石下陇。族人分布于白兔潭、泮川冲。1939年刘宗臣公祠合修宗谱，堂号衍宗。至1948年，全族人口1200人。

醴陵黄田刘氏 始迁祖琮璜公，明洪武间自湖北黄冈迁此。族人分布失鲤浦。至1948年，全族人口200人。

醴陵刘氏 鼻祖珠公，兄玠公宋德祐中从李芾殉难，珠公避地袁州梓溪，三子：龙、虎、凤。八孙：望云、雷、露、霞、霖、霓、霈、霄。散居潭、攸、萍、醴，尤以醴居多。清光绪二十九年（1903）纂修族谱，谱中垂丝、齿录仅自始祖至各分支祖止，以后各支支谱毋庸赘垂。名派：（自二十四代始）传经世业，永诵先芬。本仁立义，为德之薰。

醴陵塘山刘氏 始迁祖志德公，明永乐间自江西萍乡迁此。族人分布于渌口、南岸、株洲。至1948年，全族人口2000人。

醴陵金鸡坡刘氏 始迁祖敏直公，明天顺间自江西吉安迁此。族人分布于攸县、湘潭。至1948年，全族人口1500人。

醴陵峡上刘氏 始迁祖仲泗公，明成化二十年（1484）自江西南昌迁此。至1948年，全族人口108人。

醴陵杉仙刘氏 始迁祖光望公，明嘉靖间自湘潭迁此。族人分布于楚东桥、泗汾、萍乡。至1948年，全族人口1400人。

醴陵夏平桥刘氏 始迁祖厚川公，明嘉靖间自江西安福迁此。至1948年，全族人口600人。

醴陵陈家坊刘氏 始迁祖庆公，明代自茶陵迁醴陵东乡陈家坊。1940年纂有房谱，堂号敦叙。

醴陵杨柳江刘氏 始迁祖蒂英公，明崇祯初年自江西吉安迁此。至1498年，全族人口100人。

醴陵沩山刘氏 始迁祖钦文公，明崇祯末年自江西永新迁此。族人分布于水口、南乡、北乡等地。至1948年，全族人口400人。

醴陵西塘刘氏　始祖明初广传公，因官来居瑞金塘背。广传十四子，其第八子巨涟，迁粤东兴宁县。巨涟生九子，内第二子君玹、第六子七十三郎后裔，于明末清初陆续由兴宁分迁醴陵西塘、萍乡上栗市居住。清道光二十二年（1842）醴、萍二裔合修宗谱，堂号彭城。

醴陵淇陂塘刘氏　始迁祖可斋公，清顺治初自湖溪迁醴陵淇陂塘。至1948年，男女丁口200人。

醴陵白兔潭刘氏　始祖永升公，字永定，清康熙时自江西安福县因经商来湘，开基于醴陵县东乡白兔潭。族人分布于本乡四境及江西萍乡、湘东等地。至1948年，已传11代，男女丁口1400余人。清嘉庆四年（1799）建宗祠于白兔潭。

醴陵唐家冲刘氏　始迁祖云蛟公，清康熙间自浏阳迁此。至1948年，全族人口1200人。

攸县中洲刘氏　始祖偁公，字汉臣，三国吴泰和年间由蜀出任安福，择居蜜湖。传二十三世至瑞一公，字必达，号盈廷，行八，元明经进士，元至正间迁居湖北潜江沙口，复移居攸县东乡中洲。瑞一公传三世至景高公生三子：渊、澄、荣，分为东、西、北三大房。族谱始修于清乾隆三十九年（1774），至2000年七修。宗祠位于中洲老屋土，建于雍正十一年（1733）。派语：瑞继景旭显珍立乔昊汉锡治本熙均钜源标炳垂祖德家声远。原铁道兵副司令员刘克（谱名垂湘）为北房二十世嗣孙。

攸县鸾山刘氏　始祖六一公，原居江西安福县梓溪，后迁永新严塘。子俊可公，字应魁，元至正间由严塘迁居湖南攸县鸾山乡大硚。族人多分布在攸县全境。至1948年，已传24代，男女丁口约16000人。宗祠一在鸾山乡东院，一在中兴镇。

攸县南云巷刘氏　始祖遐公，为安城太守，居笪桥。遐公传十八世至祥公，迁永新县中村。祥公传六世沆公，为宋名相。沆公传七世绍宽，字学章，从明太祖定鼎，以锦衣卫指挥使解组，徙居攸县南云巷，即今攸县城关来宝巷。今递传26世，人口5000余人。明崇祯十五年（1642）创修族谱，至2002年凡十一修。班行：（自十世始）楚士鸿泰，惟刘永昌。崇正尚年，万世垂芳。昭兹来许，光裕堂皇。书声振达，绵远舒长。

攸县丹陵刘氏　始迁祖宝翁公，号安斋，原籍江西安福蜜湖，元至正间任湖广宣教，巡行楚南，见山水清秀，而于明洪武初年家于攸北走马铺丹陵桥。族谱始修于明崇祯十六年（1643），2000年七修，2019年八修。清康熙十二年

（1673）建宗祠于皇图岭茶园。班序：一刘传万世，培祖愈增芳。德茂待朝采，允为家国光。书校天禄阁，藜燃太乙堂。继周征百代，远荫载遐昌。二十二世孙刘进，派名增羡，原任国民革命军第一兵团副司令。

攸县北门刘氏 始迁祖文娄公，明初自江西永新浯塘迁湖南攸县黄塘，其子麟山再迁攸邑北城第一峰。清道光二十八年（1848）北门刘氏六修族谱，堂号元本。

攸县穆塘刘氏 始迁祖泮举公，名文用，性耽山水，乐攸风土，明洪武五年（1372）自江西吉水南岭麓角山西迁居攸西穆塘。明隆庆间创修族谱，清雍正十年（1732）续修，乾隆二十二年（1757）付梓，嘉庆二十一年（1816）三修、咸丰八年（1858）四修，光绪三十二年（1906）五修，1999 年六修，2018 年七修。一至六修以刘交为始祖，七修因参考江西谱牒，改以刘邦为始祖。字派：文章自吴兴，汉鼎春曰嘉。启尚刘宗楚，开元发昌荣。本源恢远大，世德永相承。宏传先祖绪，光显振家声。

攸县圆湖刘氏 始迁祖荣祖，原籍江西蜜湖，明洪武二十二年（1389），从父官常德府武陵县大尹，迁居攸县擢秀乡圆湖岭。明万历四十年（1612）一修族谱，清乾隆五十四年（1789）、嘉庆二十二年（1817）、道光二十八年（1848）、光绪八年（1882）、1916 年、1940 年续修。派名：（自六世始）子政名高汉，家声自克昌。一经传世德，七业衍书香。乐献中和颂，欣观上国光。墨庄绵祖泽，兰桂永联芳。

攸县望云刘氏 始祖光远公，讳珠，官醴陵县令。五代巨懋，生季公，字尔成，明洪武间由江西永新分居攸县峦山。明正德九年（1514）、清嘉庆三年（1798）、道光二十九年（1849）、光绪二十九年（1903）、1926 年五修族谱。排行诗：士鸿世德芳，积善锡庆长。忠厚承先泽，家声自远扬。云礽绳祖武，彬雅儒林光。百泰贻谋绪，振裕启书香。

攸县石虎岭刘氏 晋明帝时遐公为安成太守，居安福笪桥。遐后九世延公自笪桥迁安成龙云乡下村。延后七世逊公，生三子：赋、赊、贿。赊生祯、祥，适五代之乱，自安成徙永新北山中村。明洪武初文忠公，号文娄，自永新浯塘迁攸邑北江乡黄塘。第三子旭彰，号麟山，自黄塘迁攸城北门花园，后更为石虎岭。清康熙三十七年（1698）、雍正五年（1727）、乾隆二十六年（1761）、乾隆五十三年（1788）、嘉庆二十一年（1816）、道光二十八年（1848）、1913 年、1943 年、1996 年、2010 年纂修族谱。字派：树大枝茂，龄增（年久）世昌。积德斯盛，惟和致祥。一经遵守，永绍书香。红光普照，文武名扬。

攸县泉底刘氏 始迁祖虎泉公，元末明初由江西瑞州府新昌县徙居攸县清都泉底村。年暮无嗣，抚以岷（原曾姓）、应瀣（原阳姓）承祧。顾复怀抱，不啻所生，各授田粮八十八硕，官丁十六丁。二公焚香告天，誓不归宗。三修以前岷、瀣两房合修，四修后两房分修，七修时瀣房派衍注、海、源三分。1940年瀣裔三分八修族谱。班行：应福思邦，兴朝相（汝）杨。祖宗世德，文章乃长。先泽培之笃，家声庆永芳。贻经垂教远，懋学绍荣昌。

攸县香山刘氏 始迁祖俊三公，字应魁，名俊可，太学士，元末自江西莲花严塘迁攸县峦山大桥头。清康熙二十一年（1682）、雍正四年（1726）、乾隆二十九年（1764）、道光二年（1822）、咸丰二年（1852）、光绪二十年（1894）、1924年、1996年、2016年纂修族谱。辈序：（自八世始）钦生刘伯，自世愈昌。文光有耀，经学端详。建功立业，名显悠长。澍典裕德，明昭大扬。该族名人：刘葵、刘昌期、刘友光、刘自娗、刘典新。

茶陵刘氏 始迁祖茂龄公，后周广顺二年（952）由江西泰和早禾市徙居茶陵马首，后裔散居火田、尧水、腰陂等地。

茶陵铁潭刘氏 始迁祖元旺公，字永昌，号沙溪，江西庐陵金滩人，宋末官广西桂林太守，因元变卸事归里，路经云阳，遂留城东而家焉。元旺公十一代孙信爵公，清康熙三十二年（1693）由茶陵沙濑迁居醴陵清安铺。清雍正十年（1732）、乾隆三十六年（1771）、嘉庆十八年（1813）、道光三十年（1850）、光绪十二年（1886）、1947年、2006年、2019年纂修族谱。字辈：春景子伏显，仁义礼智信。贤良方正举，佐辅建奇勋。精一传家法，忠贞映瑞云。世昭唐陶泽，长颂大平文。该族名人：刘建绪，曾任福建省政府主席。

茶陵巨田刘氏 迁湘始祖攀龙公，南宋宝祐间偕兄自江西永新中村徙居茶陵茶园路辖村。次子天璜公七世孙禄荣生明经，明经生序良，为茶陵巨田派始祖。2015年十修族谱。字辈：序绳成荣祖，春表邦多钦。宗永远世德，礼义庆朝廷。文章华国早，兰桂继家兴。典训光如玉，传为教子经。

茶陵通湘门刘氏 始迁祖汉霄公，字达上，元至正二十二年（1362）自江西吉安府泰和县早禾市迁居茶陵通湘门，生四子：荣耀、荣显、荣祖、荣升，衍为四房。明天启七年（1627）一修族谱，清康熙三十年（1691）、乾隆三十八年（1773）、道光四年（1824）、同治三年（1864）、光绪三十年（1904）、1936年、2006年续修。排行：禄阁登名士，经传大道彰。英贤宏世德，继美应承芳。

茶陵秩堂黄草刘氏 始迁祖纪公，明贡士，嘉靖初由江西永新北乡仰山

（桂山里）迁茶陵黄甲。清咸丰元年（1851）、1924 年、2019 年三修族谱。字派：纪震沛荣汝世良，汉刘日正家声昌。诗书承宗泽，礼乐作义方。笃学崇仁善，博业尚品格。

衡阳三甲牌楼刘氏 谱以宋元间由江西广信府铅山县紫溪迁衡阳紫霞之洁庵公为鼻祖，不敢远攀，恐失实也。洁庵讳景荣，字昌衡，邑增生，生三子：文宾、文祥、文广。建祠牌楼。有明一代，赋役繁重，氏族之大者分支摊派，该族占籍光政十八都三区，又称三甲牌楼刘氏，编为五、七、一、六、二、八、十共七摊。清乾隆六年（1741）、乾隆四十六年（1781）、道光十九年（1839）、光绪九年（1883）、1949 年、1996 年、2020 年七修。班行：富景文清自佐宗尧训朝廷重俊贤汝守。明德定（孝为先）康运，克（永）知礼让（尚）隆。至诚昭品望，英奇亿载同。

衡阳渣坪刘氏 始迁祖青石公，讳宠，宋时自江西广信府铅山县紫溪迁居湖南衡阳六都渣坪。历十四传至明洪武十四年（1381），诏天下编定赋役黄册。该族编为一、五、七、十甲。一甲户名刘庚二十二，五甲户名刘细六，七甲户名刘富，十甲户名刘庆十五。宗祠于清乾隆二十九年（1764）建于渣坪。自雍正十年（1732）一、五、十甲合纂谱牒，至光绪二十九年（1903）五修，七甲皆不参与。

衡阳洪落堰刘氏 始祖安成太守瑕公。十八传至祥公，字思望，行仁八，唐景福间自安成徙居永新中村北山。祥公十一传至相公，字仁宽，自永新徙居湖南茶陵石陂。十九世刘三吾，明洪武时官翰林学士。二十五派延纲公，字思良，由茶陵石陂迁衡州瓦子坪洪落堰，为衡邑始祖。族谱始修于清乾隆五十八年（1793），咸丰七年（1857）、光绪二十二年（1896）、1925 年续修。班行：永光宗耀祖，世代益昌隆。德礼传家道，仁贤广治功。续班行：朝廷荣禄位，富贵显文章。大业声名振，英才启汉邦。

衡阳新桥刘氏 始祖才富公，号学五，元末自江西庐陵徙居湖南衡阳新桥白沙大基坪，生五子：祖龙、祖虎、祖榜、祖润、祖阔。龙、虎、榜三公世居衡邑田头、滩头、窑头，润公迁居印紫，阔公迁居会江。清乾隆四十三年（1778）建宗祠于新桥。乾隆三十年（1765）白沙、印紫、会江分别创修族谱，至咸丰五年（1855）合修时始统名为白沙刘氏，2000 年六修时，阔房又分析别修。

衡阳侯山刘氏 始迁祖应祖公，元末因兵燹自江西徙湖南，卜居衡阳、湘乡、邵阳三邑之交古城峰。1937 年五修族谱时，男丁 3431 人，女口 1911 人，未嫁女 562 人。清乾隆十六年（1751）、嘉庆十五年（1810）、同治四年（1865）、宣统二年（1910）、1937 年、1993 年、2015 年纂修族谱。班次：添源福受进，荣得仁义大，邦惟友志士，家修希国载，忠孝笃启承，明良运交泰，汉纪传广宇，先泽贻厚爱。该族名人：刘异，著名学者，民国时任教于武汉大学。

衡阳当福刘氏 始迁祖正四公，字明道，江西吉安府吉水县人，明洪武十八年（1385）进士，官湖广安陆府太守，封中宪大夫，建文逊位，挂冠隐衡，偕三子得六郎、得十二郎、得十四郎卜居长乐当福里。明嘉靖十八年（1539）创修族谱，代远失传。清雍正八年（1730）首修，道光十一年（1831）续修，同治十二年（1873）三修，光绪三十一年（1905）四修，1945 年五修。六郎与十四郎两房原有班行：正得宗仲胜永廷单应世文章盛才华国启后英敏。十二郎公裔胜云平塘房原有班序：正得宗仲胜永廷仁士朝良咏定升显添必昌信敏。十四郎公裔胜霖木口湘乡房原有班行：正得宗仲胜朝廷仁士永学大荣耀宗祖世庆笃敏。合族新编班行：高贤传先志，相承济裕宏。诗书隆代祚，孝友振家声。

衡阳蒸溪刘氏 始迁祖子荣公，原居江西南昌府丰城县。子宣议，明洪武初迁居衡山县十六都小塘冲。再传评事公，永乐间迁衡阳县长乐乡，生财、庆、义、富、荣。洪熙间又迁金兰乡大悲寺前。庆裔迁武昌，义、富迁邵阳，荣裔迁四川。财公仍居衡阳，生志和、志科。清嘉庆五年（1800）续修族谱，同治七年（1868）三修，1915 年四修，2004 年万纪公支五修，2010 年八修族谱。班行：子宣评添志，必定惟仲世。方文贤才贵，朝廷万载兴。盛时昌泰永，佐治喜臣良。孝友传家国，思纯祖德长。

衡阳白露塘刘氏 始迁祖钟泰公，字东岱，明洪武间自江西泰和迁衡阳蒸西永伏十六都十区刘施桥，生景开、景琇。景开公裔迁湘乡长塘，景琇公裔居衡阳白露塘。清嘉庆二十四年（1819）、同治二年（1863）、光绪二十一年（1895）、1930 年纂修族谱。字派：钟景必福政友，世大兴宗祖。永远得荣昌，人文耀南楚。诗书光甲第，忠孝振家声。

衡阳乌石桥刘氏 始祖柔公，居江西永新中村，生四子，椿、楠、榛、相。相徙茶陵石陂。榛徙茶陵英田，传至丙十四郎，明洪武二年（1369）与兄丙十三郎由茶陵英田迁徙衡阳箕花山溪田，子任七，由溪田迁北乡乌石桥。清同治四年（1865）、光绪三十年（1904）、1944 年、2000 年纂修族谱。班行：志必添文仕，廷大永世兴。正国维忠义，荣华富贵春。传家重孝友，普治显贤良。自守三常太，光明万载扬。

衡阳西湖刘氏 一世子昭公，字可与，南京安庆府怀宁县人，元延祐二年（1315）进士，官两广盐运。四世国宝公，字定楚，行二，元进士，官平章政事，元至正二十四年（1364）致仕，明洪武元年（1368）迁衡阳永伏大平村。清顺治初创修族谱，乾隆三十二年（1767）、道光二十六年（1846）、光绪十四年（1888）、1920 年续修。班行：义源中一继惟世，允守朝熙世茂昌。定启声名光先德，必开景运振衡湘。

衡阳均陂刘氏 一代祖铭叔，行万十郎，生梦珍，行祖十郎。三代应隆、应寿，应隆派衍淮、渊，淮开韶、成两房，渊开佑房，合寿裔共四房。清康熙四十七年（1708）、嘉庆二十一年（1816）、道光二十九年（1849）、光绪二十三年（1897）纂修族谱。原派：福志嗣友大，廷胜永安邦。续派：念先行可法，延祚世其昌。端本维修德，敬宗定启祥。明经传圣学，英俊耀文光。该族名人：刘近鲁，与王夫之友善。

衡阳南政坪刘氏 迁湘始祖文治公，元至元间由江西吉安府迁永州府祁阳县。五世德良，明建文间由祁阳苋菜堂迁衡阳南政坪毛家皂。清光绪二十四年（1898）、2012 年纂修族谱。祁谱班行：文孔元正德，龙端仕训廷。尚程应朝启，景泰康安宜。衡谱班行：祖宗恩本厚，子孙自必隆。家开甲第榜，大喜闻名堂。

衡山柏树湾刘氏 始迁祖文智公，名煦，字原康，号大慧，为江西遐公二十三代孙，宋真宗时由江西吉安府永新县迁衡山岳后柏树湾。派衍延满、延海、延清、延净、延渭五房。清道光间改建宗祠于柏树湾。清咸丰十年（1860）始修族谱，光绪二十三年（1897）续修，1941 年三修，2001 年四修。班行：文延仕允仲，元彦汝思珺。维从嗣若德，克善世永良。

衡山严塘尹刘氏 原姓尹，元季兵燹，志文公由茶陵迁衡，易姓刘。其后绶芳公仍归故土，所遗李夫人携子符童择居马虎塘。符童生五子：永富、永定、永朝、永泉、永泰，朝房乏嗣，开四房。清乾隆元年（1736）、嘉庆二十年（1815）、咸丰六年（1856）、光绪十三年（1887）、1916 年纂修族谱，1949 年永定房六修。字派：绶符永端伯，刘宗希楚芳。本支长茂盛，福寿万年昌。凤彩腾云景，龙章灿日华。勋名光上国，诗礼作通家。

衡山湖头螳峡刘氏 始祖俊三公，字应魁，庠名俊可，元至正间由江西永新严塘迁湖南攸县鸾山，五传至子明，字昭父，号辉南，明洪武元年（1368）自攸县香山岭迁衡山县永平乡蓬源山下湖头。越五世又分螳峡。清康熙四十四年（1705）二修族谱，1995 年十修。字辈：万子忠文永，玖刘钦世三。自刘世泽传家远，佑启礽云绪益长。礼教承先昭法守，科名振楚庆观光。

衡山冶坪刘氏 一代嗣宗公，为德言公之后，明初由江西永新圳上迁衡山冶坪，开五房：恭、宽、信、敏、惠。恭、宽远徙。清乾隆二十二年（1757）、道光十年（1830）、同治十一年（1872）信房纂修族谱，宣统元年（1909）、1931 年信、敏、惠三房合修。班行：光大承先祖，诗书启后贤。一登金诏选，万代勋名传。

衡山界牌刘氏 始迁祖明五郎公，原籍江西安福笪桥，元朝末官衡郡太守，见衡西秋溪黄冈之秀，偕弟隐居。又二传至源海公，于明惠帝三年（1401）迁衡山界牌。1943 年六修支谱。班行：明庆必源文。永兴嗣万代，宗祖世荣昌。添常重典礼，懋修汉祚光。忠孝传家政，诗书定国祥。贤才登士策，硕辅耀衡阳。

衡山大塘刘氏 谱称晋泉陵公遐，传二十三世至五代周时茂龄公，由江右泰和上村徙茶陵马首。传十六世至汉清公，由茶迁衡，卜居大塘。汉清公居茶时生四子：鼎连、鼎赞、鼎暄、鼎章，皆居茶，迁衡后生鼎岳，为该族之祖。宋绍定五年（1232）、元泰定三年（1326）、明洪武二十九年（1396）、永乐五年（1407）、嘉靖二十二年（1543）、清康熙三十二年（1693）、雍正五年（1727）、乾隆四十二年（1777）、嘉庆二十五年（1820）、同治十一年（1872）、光绪二十八年（1902）、1930 年纂修族谱。班行：宗一世和顺，家声定吉昌。衡南开景运，安福裕贤良。业绍龙云远，经传禄阁光。沛丰绵祖泽，万代继书香。

衡山刘氏 得姓祖源明，传白五十世至传公（或作广传），明初由嘉应州兴宁县出守江西赣州，任满即落业瑞金塘背。传十四子，俱以“巨”字命名，其第十四子巨深又生八子，内有六子迁湖南衡山。1941 年衡山刘氏四修族谱。

衡山铁头岭刘氏 始迁祖敦叙公，明成化十年（1474）由江西安福县前溪迁居湖南衡山县月山乡梅桥。族人多分布在石湾乡铁头岭一带。至 1948 年，已传 20 代，男女丁口 2000 余人。清康熙年间建宗祠于铁头岭。1944 年十三修族谱。班行：安成宗泽远，德望重衡湘。忠孝传家久，诗书裕后昌。

衡山道中刘氏 始祖庆甫公，由江西吉水徙家永新田南，数传至南萃，复由田南开基邑之山田。始迁祖继源公，约于元代由山田迁来衡山道中。

衡山、湘潭刘氏 始祖德言公，字绍闻，宋江淮转运使，封南昌郡开国男。二十六传至紫荣、紫极，明初由江宁迁楚。紫荣卜居衡山白果，紫极卜居长沙碧湘街，紫极公四派髦嗣公徙居湘潭。紫荣四传至道富，衍世济、世溶，而开兴、晓、泰、鼎、监、广诸房。紫极四传至礼、广、鉴、胜、保，衍汉栎、汉翥、汉灵、汉仁，而开璹、淮、唐、虞、焕诸房。元元贞间创修族谱，至正间续修，明洪武三修，建文四修，天启、崇祯间五、六修，清乾隆五年（1740）七修，乾隆四十一年（1776）八修，嘉庆十七年（1812）九修，咸丰三年（1853）十修，光绪十三年（1887）十一修，1923年十二修，1999年十三修。乾隆四十七年（1782）建宗祠于白果聂家坪。字派：元亨利贞，森然垂铭。洪材继起，克振家声。敦本修纪，守敬存诚。明体达用，富有日新。传经述训，佑启人文。该族名人：刘玉章，为黄花岗七十二烈士之一。刘东轩，大革命时期创建全省第一个农民协会。刘廷芳，民国间主持创办湖南省银行和国货陈列馆。

衡山岳后井塘刘氏　迁衡始祖道暹公，字日进。先人城公，原籍江西吉安府永丰县，继迁茶陵，由茶陵又迁湘潭十五都三甲纯塘。传五世至公，析居湘潭刘家湖，又迁衡山义母井塘湾。清康熙五十年（1711）、乾隆八年（1743）、道光十年（1830）、光绪十六年（1890〉、1920年、1943年纂修族谱。班行：道自朝廷福胜兴，荣昌永远正全昆。奇才佳士时名显，治世英贤德业纯。

衡山黄板桥刘氏　始祖遐公，其下为三村三派，由吴徙楚，又复以官名户。继安公率顺公由鸠湖迁黄板桥，派衍五房。清宣统二年（1910）十二修、1947年十三修族谱。十三修时五房共男1334人，妇747人，未字女370人。班行：新率继贵添，源应尚芳先，汉世孙子自尧唐。安成宗泽远，德望重衡湘。忠孝传家久，诗书裕后昌。

衡南紫溪刘氏　始迁祖维馨公，元至正间由江西吉安府泰和县迁衡南县今谭子山镇香花村。清嘉庆十九年（1814）、咸丰二年（1852）、光绪六年（1880）、1913年、2000年纂修族谱。班行：维文友添应福思□。代兴世尚景，永远子孙昌。端本隆忠信，清源启吉康。

衡南豆俎坪刘氏　始迁祖福达公，明洪武二年（1369）携弟远、通二公由江西泰和梓溪里迁湘。远公裔居祁、常，通公裔居新田珑珠。福达公居衡南隆兴寺大泉豆俎坪。清乾隆二年（1737）、五十年（1785）、道光二年（1822）、同治三年（1864）、宣统元年（1909）、1949年、2000年纂修族谱。班行：福万兆亿芳，汉裔瑞祚长。德裕登名试，海宇羡忠良。经伦建大业，功烈振衡湘。诗书培俊秀，仁义冠家邦。

耒阳南关刘氏　始祖克儿公，唐进士，入宋更名式，字叔度，官至工部尚书、员外郎，隶籍江西临江府清江县荻斜村。其长孙政游历于衡山之南，遂家于此。政之元孙友荣，字应华，于政和间徙居耒阳南关。

耒阳刘氏 始迁祖友荣公，原籍江西清江县，北宋政和间由衡山迁居耒阳南关外，生二子：大泉、溪泉。溪泉居常宁。大泉居耒阳，开五大房。清雍正八年（1730）、嘉庆十三年（1808）、道光二十六年（1846）、光绪二十年（1894）、1991年纂修通谱。字辈：高瞻岐建秀，厚德显洪功。仁礼嗣基绪，和恒启世雍。

常宁刘氏 始迁祖蕴夫公，元时因官自江南迁常宁。至1948年，已传25代，全族人口3000人，族人分布于祁阳等处。宗祠在长江大屋。

常宁刘氏 一世真公，江西吉安府泰和县鹅颈丘大竹山人，元季避兵始迁湖广茶陵。未几有黄杨山寇变，寓籍安仁浦阳一都。明洪武二十三年（1390）奉例编徙新附人户，从戎衡州卫中千户所。既而常宁奉虎晚作变，洪武二十八年（1395）奉调镇守，遂为常宁刘氏。

常宁庄泉刘氏 始迁祖兄弟五人，明洪武间自江西泰和迁湘。兴祯居衡阳泮滩，兴禄居常宁北乡大柏洞，正公居常宁西乡陶岭，兴祥居常宁西乡磨石堡。震公，行宝一郎，元末官指挥使，挈其子道宗奉调来衡，卜居常邑西乡庄泉，清乾隆六十年（1795）五房创修族谱，有翰林院检讨李如湘、钱沣序。道光十四年（1834）、光绪二年（1876）、1917年、1949年庄泉房续修。1949年时庄泉房人口2330人。班行：（自十六世始）湘楚钟奇秀，诗书启俊良。五星联璧耀，金玉发廷芳。

常宁刘氏 始迁祖隆公，原任豫章左营卫，奉调镇守常宁。明洪武二年（1369）自江西泰和县鹅头桥迁常宁南乡板桥。生四子：泰、利、耀、祖。祖公奉调陕西，泰公居西湾冲，利公居新田坊，耀公居鹧鸪塘。清嘉庆十八年（1813）、同治五年（1866）、光绪二十三年（1897）、1930年纂修族谱。字辈：□政旻□均源万□一友志大（应）世永昌。盛德绍先，芳名启祚。诗书维宗，忠孝克裕。

常宁曲十刘氏 元季念邠公由江西上成迁居酃县霞阳里，五世幅善，字希韶，生二子，次子镇宁，明景泰七年（1456）奉母龙妣由酃迁居常宁北乡田尾大栗。清乾隆六年（1741）、乾隆四十六年（1781）、道光四年（1824）、同治七年（1868）、光绪三十年（1904）、1931年纂修族谱。班辈：士敦诗书，尚友哲人。志期时敏，德懋日新。笃修家学，升作廷臣。恭宗礼教，谊重懿亲。

常宁刘氏 始迁祖贤公，携松、柏二子由江西梓溪迁常宁，落担于邑南鱼崽桥，其侄孙八郎迁邑东古塘。1930年四修时两支合谱。清嘉庆二十三年

（1818）、同治元年（1862）、光绪二十九年（1903）、1930年纂修族谱。字辈：（自八世始）廷文本光志，汉元自学仁。义敬遵书训，修齐守礼经。承先忠厚泽，荣显耀宗亲。

安仁渡口湾刘氏 始迁祖振昂公，字美基，明时由茶陵盘溪迁居安仁县军山乡楠木坪，后再徙渡口湾。族人多分布在渡口湾及衡山龙虎冲等地。至1948年，男女丁口约600人。宗祠在渡口湾。

邵阳刘氏 始祖吉祥公，宋元丰八年（1085）由江西吉安府泰和县早禾市梅子村迁邵陵。四传至南卿公，六传而分镃、□、镇三户。明崇祯九年（1636）、清康熙十九年（1680）、嘉庆十六年（1811）、同治五年（1866）、1915年、1950年六修族谱。班次；文才必仲仁，祖宗永世应朝廷。家祚蕃衍盛，裕国安邦万载兴隆。该族名人；刘盛松，黄埔一期毕业。

邵阳白果园刘氏 太祖百万公，原籍江西吉安府太和县圳上。宋神宗元丰八年（1085）长子吉茂率弟吉祥、吉蕴随叔文政、文远、文韬同迁星沙，居南门左。四传至秉懿，任宝郡学正，因家焉。其子德仁偕弟德义复由府城移居上梅。德仁生立勋，立勋生万钟、万镒、万镃，元明之际，归吴省墓，因寇氛未靖，避兵湘潭。居未几，万钟转新化横阳山，万镃徙辰州溆浦县。万镒胥宇邵北栗江村白果园，衍应寿、应禄、应福三房。清乾隆十九年（1754）、道光八年（1828）、同治五年（1866）、宣统三年（1911）、1939年、1985年纂修族谱。字派：立万应文仲至，永久延世系，宗支恢家邦，荣华显后裔，孝友承。

邵阳田心奇户刘氏 初祖仁仲，字义甫，江西吉州泰和人，南宋末颁檄来守潭州，即而改迁邵州。二世祖秉懿公，字伯良，为邵州教授。义甫公历传十世开户十五。原杰公为奇户支祖，生祖霳、祖凤、祖凰、祖诚、祖虎。凰、虎无传，诚二世无传。霳、凤两房居老屋场。清乾隆二年（1737）、嘉庆二十年（1815）、光绪八年（1882）、1928年奇户分修族谱。

邵阳茂房刘氏 始祖义甫公，讳仁仲，江西吉州泰和人，任潭、邵二州制史，膺命平郴盗，兼洗洞蛮，道经邵西芙蓉岭前，屯兵于其野，览其山水清秀，命子伯良托处焉。子秉彝，字伯良，官授邵州教职，听父命家屯兵坪。茂房支祖原秀公，生祖恭。祖恭生吉诚、吉寿、吉俊、吉琳、吉隆。俊、琳迁金滩，诚裔不详，寿、隆居石背。清嘉庆二十年（1815）、光绪九年（1883）、1931年纂修族谱。三修时人丁472人。

邵阳雷湾刘氏 始迁祖振仁公，字凤岐，号楚轩，行三十五郎，元延祐六年（1319）由攸县因避乱迁居邵阳县中一乡雷湾。至1948年，已传32代，男女丁口6000余人。宗祠名“敦睦堂”，位于雷湾，建于清乾隆二十四年（1759）。清乾隆九年（1744）、嘉庆九年（1804）、光绪十二年（1886）、1931年纂修族谱。班行：振贤希应德，思仲本海彦。正大光明久，文章忠心现。芳踪垂范远，卓立起家声。仰步前修品，群瞻席上珍。

邵阳刘氏 始祖肇进公（字熿），官部指挥，元至正间由江西泰和县因官昭陵迁邵阳县仁凤乡何公殿。弟肇光公（字有耀）居中一乡西坪。进公三传而生仲仁，仲仁生茂公，茂公发六房：刚、源、海、吉、聪、清。吉、聪两房迁川，另四房居仁凤祖址。至1948年，已传26代，男女丁口约8500人。进公房宗祠名“黎照堂”，位于仁凤乡何公殿，建于乾隆二年（1737）。光公房宗祠名“崇彝堂”，位于中一乡潭家町，建于道光二十四年（1844）。清嘉庆十五年（1810）、光绪九年（1883）纂修族谱。

邵阳堆头刘氏 始迁祖万卿公，字镇佐，元至正间由江西吉安府泰和县迁居今邵东仁风堆头。明成化九年（1473）一修族谱，清康熙四十八年（1709）、乾隆二十九年（1764）、嘉庆八年（1803）、道光二十年（1840）、光绪元年（1875）、1912年、1945年、1994年续修。班行：万绵汝宗世，文永邦廷兴。大朝天子位，鼎祚德昌荣。乐善传家远，存仁积庆长。诗书扬盛泽，忠孝继前光。

邵阳鸭山园、双泉刘氏 瑕公下至必泰公，生三子：时、雨、旸，三公鼎峙。时公四世孙侍孙，元至正间由靖州改组归吴，道经宝郡，因兵燹卜居城东七舍鸭山园。雨公四世孙侍儒，由庐陵迁汉阳，其后八传复由汉阳迁城东双泉。清雍正十二年（1734）、道光二十八年（1848）、光绪十三年（1887）、1918年四修族谱。侍孙公房老班：侍必仲宗子，宁仁添万伯。应朝安国正，永享太平春。侍孺公房老班：侍必福宗子，宁仁本万添。朝廷安国正，永享太平春。三修合班：祖泽恒丰厚，崇庆嘉时新。贤良赓盛世，秉德肇于纯。

邵阳双江桥刘氏 始祖广太公，字发庠，元至正时因避兵乱自江西泰和县迁湘，开基于邵阳县太一乡双江桥，派衍麒、权、佑三房。族人多分布在双江桥，以及湘乡、宁乡、益阳、沅江、黔阳、四川巴县、贵州铜仁等地。至1948年，已传23代，男女丁口共10360人。宗祠在双江桥。族谱始修于清道光二十三年（1843），光绪元年（1875）、1916年、1949年、1995年、2021年续修。初、续、三修体制纯为欧式，因卷帙浩繁，四修删繁就简，采用柳式。五修、六修因之。班序：广载添源志，泰安邦仲兴。仁义继宗祖，文才尚可珍。嗣贤光国瑞，郅治显良臣。忠孝培基厚，嘉祥福咏纯。

邵阳刘氏 始迁祖世龙公，明洪武间由江西吉安府泰和县迁新化，生四子：荣、华、富、贵，又迁邵阳。荣居小溪市田心村，华居小溪市扶田村，富居塘田市三清村，贵居塘田市水津渡。2017 年富公后裔纂修家谱。字派：富定仲才必，彦仁再思德。宗祖文应仕，国正天星顺。为学大有荣，茂修以光成。书升瞻显达，展彩见贤明。

邵阳梅塘刘氏 始迁祖孝宥公，原籍江西吉安府庐陵县，明洪武间徙宝庆府邵阳县小东乡梅塘，始居杏子树，复迁谷皮村。1916 年创修族谱。班次：孝义宗祖志，廷添正永兴。万大定国安，邦敬承先荣。习学贤良美，温恭礼肃亨。乘规传奕叶，简策乐升平。

邵阳社村刘氏 鼻祖光祖公，元时任江西吉安府，籍吉水县，生鸾凤、鸾翔，明洪武三年（1370）迁湘，居邵东炉前冲下窑冲。鸾凤生虎，居新化时永桥。鸾翔生增、泰，泰公四传至鸣公，鸣公生志隆，由下窑冲迁社村。清康熙三十三年（1694）纂修墨谱，道光二十三年（1843）、光绪三十三年（1907）、1948 年三修族谱。一、二修用欧式，三修用柳式。班歌：应祥宗祖志，文定国安邦。万代朝添子，世习永吉昌。克继先德远，贻裕后昆长。诗书开甲第，忠孝启贤良。

邵阳小冲刘氏 基祖俊翁公，系遐祖三十三世孙，世居江西安福上城戴家垅，生七子，次玉田、三德辛、四德文仍居故址。长景祥、五用和、六帝荣、七必诚转迁楚南。帝荣公之子应才、应德，明洪武间徙邵东佘田桥黄土坝台，必诚徙佘田町水冻屋场。长房景祥公后裔肇祺，明初由江西落业邵东小冲。清乾隆二年（1737）创修族谱，道光二十四年（1844）续修，光绪二年（1876）三修，1912 年四修，1949 年五修，1993 年六修。字派：逸仲福禄明，萃层翁复致。功烈迪前光，贻谋传后世。孝友本顺德，忠义护瑞祥。作善锡嘉庆，敦仁毓秀良。宗祖培元厚，文章广国华。贤能相继起，万载振邦家。

邵阳长塘刘氏 始迁祖维值公，原籍江西泰和县，明洪武二年（1369）偕弟斌、旺南迁邵阳县小东乡长塘，斌居野雉坪，旺不传。清乾隆五十五年（1790）、道光二十年（1840）、光绪二十五年（1899）、1942 年纂修族谱。原班排：维天仲志心，邦贝文水世，先道登正永。续班排：绍祖宗功德，克昌万载荣。仁贤光上国，孝友作良臣。

邵阳三台刘氏 发源祖后汉高祖刘知远之弟刘崇。六世政公，由江西樟树迁寓楚南。十六世始迁祖芳公，元至正间携子楚立公由衡州府耒阳县大和圩乡老元子山迁邵东中乡朱壤。楚立公生三子：念可、庆可、湛可。念可居台洲，庆可守祖居，湛可继舅父李富五公派衍大埠江。清乾隆十五年（1750）、嘉庆二十二年（1817）、光绪十年（1884）、1938年、1994年、2019年六修族谱。念、庆两房班歌：芳立可俊文（添偲），子得宗祖定（惟文杨月仁）。仁义礼智信（义邦朝应元），忠孝（光国）兴大本。肇绪自平阳，恩荣万代昌。大埠江班歌：国正天星顺，官清民乃良。素位显先志，上达安家邦。诗书承善道，文章灿龙光。

邵阳曲塘刘氏　始迁祖仁寿公，明洪武元年（1368）自江西吉安府庐陵县迁居湖南邵阳东乡曲塘。子才敏，生二子：义华、义富。义华公派衍两房，义富公之子必荣生友志、友斌，支分八房。族谱始修于清乾隆五十五年（1790），道光二十年（1840）续修，光绪十二年（1886）三修，1932年四修。班次：仁才义必友，志万廷添兴。子启承基位，永守任品荣。世德纯如一，宗祖定再亨。忠孝光前代，庆昌裕后生。谨行超高士，节烈敬常存。明良维邦国，时际振家声。

邵阳刘氏　始迁祖源荫公，原籍江西吉安府庐陵县，明洪武元年（1368）迁邵东老虎小水等处，派分两房，应龄公守旧址，应珍公迁洪塘。清乾隆五十二年（1787）、同治六年（1867）、1913年纂修族谱。班行：源应承宗子，文万添芳辉。晋卿贻泽永，汉士校书希。向照为学则，和长惟孝传。经久日忠得，世扬在后贤。

邵阳刘氏　始祖盛典公，江西吉安府泰和县人，子二：得富、得秀。明洪武二年（1369），富、秀二公终父丧奉母迁邵北花桥。后富公移居棠溪，子孙散居宁乡、益阳、安化等邑，裔孙思彬公，字质斐，清康熙年间迁居宁乡长田冲。秀公守居花桥，子孙衍居隆回长源江。清嘉庆元年（1796）富、秀两房始修族谱，同治二年（1863）、1914年、1943年续修。派语：盛得再以道，景潮廷添芒。学思允正定，万国世大承。忠上安邦志，敦宗应必长。闻名芳百代，选达启荣光。孝敬熙先泽，诗书迪后英。衡湘钟毓远，阀阅树家声。该族名人：刘济人，国民革命军中将。

邵阳锡岭冲刘氏　始迁祖海公，明洪武二年（1369）由新化县茅坪苏溪关迁邵阳县南乡锡岭冲。族人多分布在时雍乡火烧田、老铺，谷洲乡浸底井、甘井、巩桥，亲睦乡兴隆凹等地。至1948年，已传22代，男女丁口1600余人。宗祠在锡岭冲。

邵阳观音桥刘氏　远祖盛公，明洪武四年（1371）偕弟克利公，由江西吉安府安福县鹅颈大丘播迁邵东油铺塘与白溪村。清道光二十二年（1842）、光绪二十八年（1902）、1949年三修族谱。三修时登谱丁口4133人。仰山房旧班：单单崇正永，单志仁廷兴。凤启登国家，贤生胜承先。

邵阳彭城刘氏 始迁祖观珩公，明洪武间由江西泰和县鹅颈大丘迁居湖南宝庆府邵邑东乡西洋江冲头村（今属邵东），其子殊绚公生奇钊、奇清，派分两大房。族谱创修于清嘉庆二十年（1815），光绪十五年（1889）二修，1921年三修。三修时认为“冲头村”称呼不雅，改称“莲城”，1994年钊裔十世明升公房四修时改“莲城”为“彭城”，以端源头。班次：得观珠奇汉，应鉴邦广明。仕才兴显秀，孟季永朝东。元和昭盛世，敦厚启贤良。大业光华远，芳修万代传。达道行先后，长宗秩叙谟。继开书日月，参赞易乾坤。

邵阳城东马鞍山刘氏 始迁祖允雷公，名属，原籍江西泰和，官武宣知县。明洪武间始迁于邵，其后居马鞍山麓。后裔居富阳都、鸡笼山、戴家桥诸处。其八世孙应龙，字文见，一字在田，万历进士，授昆山知县，迁南京太常少卿，著有《一得编》，诗见《沅湘耆旧集》。

邵阳小溪市刘氏 始迁祖长庆公，明洪武初年自江西吉安府来宝庆任职，因兵乱未返，隶籍邵陵。族人分布于小溪市乡川门、托斗等村及霞塘云、黄荆、白马等乡。

邵阳双江刘氏 始祖惟胜公，字瑞士，明洪武初年由江西省安成县迁湘，开基于邵阳县中一乡双江。族人多分布在邵阳等地。至1948年，已传20代，男女丁口800余人。清嘉庆十七年（1812）建宗祠于双江。

邵阳双江刘氏 旧谱原以本邑鸭山园侍孙公为始祖，后又以新化玉盛公为始祖。今以晚四公为始迁之祖。清道光十年（1830）创修族谱，咸丰八年（1858）二修，宣统元年（1909）三修，1929年四修，1995年五修，2021年六修。乾隆五十五年（1790）创修宗祠。班次：晚忠孝文万，廷兴朝承宗。应大光明显，泰和韶揖让。陶唐化熙雍，兆睦亲修齐。家政懋典礼，一堂惇善基。

邵阳老屋桥刘氏 始迁祖立明公，明洪武间由江西泰和县梅子村圳塘上徙居湖南邵阳县南路五花坪老屋桥。四子：长志固，仍居老屋桥。次志国，分居刘官冲。其后分派七什田、荷叶塘。三志回，分居牛角山。四志因，外徙。清光绪三十四年（1908）长、次、三房续修族谱。

邵阳塘田市水津渡刘氏 始迁祖贵公、富公，明初自江西吉安府泰和县迁入。贵公居水津渡，富公居今塘田市乡刘富村。

邵阳网塘刘氏 始迁祖兴诗公，字可以，原籍江西吉安。明正统元年（1436）迁邵，择居安平乡楠木桥。再传祖澄、祖清，复迁网塘村老神堂。清嘉庆二十三年（1818）、光绪八年（1882）、1932年纂修族谱。班次：兴祖有大廷，朝正乾文武。定国安邦泰，世代永昌隆。礼义传家远，经书积庆长。光宗多显耀，万载盛名扬。

邵阳刘氏 始祖棨公，初名讚，字叔美，既仕后隶籍江西。传七派至孝德公。十五派至显离公，字光道，明正统二年（1437）生，原籍江西吉安府安福县中鹄乡古塘边，自江西游云南，转徙邵阳县治北西坪白鹿豪塘。子二：遐、迪。时又有孝德公九世孙仲行、恢福、选、齐、钊五公由江西迁居邵阳。七房后裔散居邵阳、安化、宁乡、新化、益阳、龙阳、沅江、湘乡、湘潭等县。清康熙六十一年（1722）、乾隆五十九年（1794）、嘉庆四年（1799）、道光二十三年（1843）、光绪十八年（1892）曾合修族谱。至1948年，已传36代，男女丁口约万人。宗祠建于汤仁桥。合族班次：（自二十七派起）开国尚中庸，贤才方启佑，俊杰肇洪光。礼义生富贵，和顺致吉祥。积德昌隆远，存仁福禄长。

邵阳北乡抱隆潭刘氏 始迁祖汝龙公，江西泰和县人，明时迁邵，居北乡抱隆潭。

邵阳枫江溪刘氏 先世左千百，始居宝庆，生应福，应福生元义。枫江溪刘保无后，以元义为子，更名仁义，称左刘氏。

邵阳洪桥刘氏 始祖翊圣公，字益赞，仕元凤阁学士，谪潭州，隐居上湘三十二都，生有十子，分居湘、邵、新、安等邑。大祥公为其一。大祥生四子：顺、遂、亨、通，遂、亨、通分别卜居湘乡、永郡和安化，顺公则卜居邵阳三溪六都洪田。顺公又生用、拱、志、亮四公，亮公生五子：道、德、迪、扳、陞。道公字太瑜，又生七子，留二子居洪田，率另五子迁居洪桥。族谱始修于清康熙五十三年（1714）、道光二十年（1840）、光绪三十三年（1907）、1942年纂修族谱。派行：翊天文承高，汝义元添思。志永吉武仕，忠能有兴隆。后派：世文武伦序，崇庠呈嘉瑞。庆衍毓奇英，纯厚继前绪。至1948年，已传29代，有1400人。宗祠设在维一乡。

邵阳刘氏 鼻祖廷梅公派下一世祖用道、二世祖绍渐、三世祖琼汪，原籍江西吉安府安福县四十一都南边院中鹄乡第十五团石桥保广头土地，明成化三年（1467）万祉、万祥始徙邵东乾田冲黄峰坑。越四年，万祉复卜居下马巷，万祥复奠基上马巷。清嘉庆十四年（1809）初修族谱，咸丰十年（1860）、光绪三十年（1904）各建宗祠，各祖其祖。祉房谱续修于清光绪七年（1881），祥房谱续修于光绪十五年（1889），1926年两房各三修，1991年两房合修，为四修。班行：廷用绍琼万敦（均）。庆学朝添子，国泰永定兴。尚贤德胜祖，富贵正荣华。继续汉明世，承先沛泽长。经邦能显大，后代克隆昌。

邵阳陂丁刘氏 始迁祖先粹公，明孝宗弘治八年（1495）携子衮自江西庐陵丁陂村迁邵阳县东乡三溪里陂丁村，今属新邵。清乾隆六十年（1795）、咸丰六年（1856）、光绪十六年（1890）、1929年、1993年纂修族谱。班序：虔昆朝廷应元昌，天锡洪范寿永长。善积宗功开俊杰，谋诒祖德启贤良。承先孝友征家政，裕后诗书肇国光。韫得瑾瑜欣有耀，培成兰桂定生香。

邵阳大户刘氏 始迁祖大邦公，明嘉靖间自江西安福县梅林村徙居湖南邵阳尚贤都仁厚里，入大户籍。五传而分泽、演、沚、淇、江五派。1946年大户刘氏十修族谱，堂号磐宗。

邵阳五峰铺刘氏 始迁祖澄公，明隆庆二年（1568）自江西庐陵县安福乡迁武冈，复迁邵南尚贤里。

邵阳刘氏 始迁祖文祥、文贺，原籍江西吉安府安福县新乐乡，明隆庆五年（1571）迁楚南宝庆府邵阳县扒船庙。文祥子汝璨、文贺子汝琼，又迁邵阳新田枫木山。清嘉庆二十一年（1816）、同治十二年（1873）纂修族谱。老班：文才必仲仁，祖宗永世应朝廷。家祚蕃延盛，裕国安邦万载兴。新班：代隆继述善，孝友克敦伦纪明。惟德能光显，卓高诗礼远昌荣。

邵阳刘氏 始迁祖善祥公，明万历间由江西吉安府泰和圳上早禾市梅子村迁楚，初居武冈高沙市，后携子应魁迁邵阳。2006年三修族谱。班次：善应登昌尚，世代定荣华。功德招源远，依传富贵家。

邵阳小滩村刘氏 始迁祖秉良公，明万历年间自江西安福徙邵阳小南山小滩村，今属新邵。

邵阳横江刘氏 始祖兴国公，字正和，明崇祯间因土地不阔由邵阳县中乡石口迁居本邑中一乡横江。族人多分布在中一乡、东茅乡等地。至1948年，已传13代，男女丁口约2400人。宗祠名“永睦堂”，位于横江冲，建于清乾隆五十六年（1791）。1996年七修族谱。班次：珍添源魁汶，必祖得克贤，万本廷兴大，国朝永载禄，宗良渊远茂，贻谋燕翼长，科甲恩荣庆，人才寿炽昌。

邵阳杉木源刘氏 始迁祖希浩公，明末清初自江西莲花县迁居湖南邵阳县中一乡杉木源。族人多分布在本县本乡以及四川大竹县归化乡。至1948年，已传17代，男女丁口600余人。清同治间建宗祠于檀香嘴。1915年创修族谱。

邵阳心塘刘氏 汉景帝封其子发于长沙，是为长沙定王。定王生拾，封为建成侯。拾之后凡二十传至唐则荣公，为饶州刺史。刺史生阳昌，为司马员外。

司马生天定，为吏部郎，迁袁州分宜小白茅。传至巨容，卜迁安成上湖。厥后支分派别，曰集凤、曰田心、曰博罗、曰刘田、曰邵阳。而邵阳一派又剖为塘头、下屋、下园、田中、楼上。其二十世秉赞，卜居心塘。清同治八年（1869）、1925年邵阳、宁乡纂修族谱。心塘班次：定家兴仁让，治邦需贤良。宁乡班次：廷家作朴彦，盛邦需贤良。龙光辉楚宝，凤彩耀衡湘。

邵阳刘氏 始迁祖属公，字允雷，一字震雷，明纪选状元，任撰修，由江西吉安泰和县迁宝庆邵阳，卜居府门右。清道光五年（1825）、咸丰十年（1860）、光绪二十五年（1899）、1931年纂修族谱。该族名人：刘应龙，明万历八年（1580）进士。

邵阳、湘乡十字路刘氏 始祖洞元公，明正统元年（1436）由江西抚州府乐安县桥西堡仲源团迁宝庆府新化县顺水桥，复迁邵东安平一都袁家蓬。六世兴盛公迁湘乡三十三都台洲头，梓大公世居原所，故称邵湘刘氏。后裔繁衍于十字路、潮水荡、台洲头、袁家蓬、龙陂廖家冲。宗祠建于十字路。清同治三年（1864）、1933年、2009年三修族谱。班排：洞祥兴汉正，梓瑞吉昌太。时来万代荣，克绍前业大。俭勤承世泽，继述定腾芳。忠厚传家永，诗书积庆长。

邵东枫木堂刘氏 始迁祖罗汉公，元末自江西泰和县迁居邵阳东郊张家冲。传四代宗芳公，再迁小东路仁风学堂园。清嘉庆十二年（1807）始修族谱，同治十年（1871）、1913年、1948年、1994年续修。五修时谱载自始迁始男丁2606人，其中健在1256人；妇口2214人，其中健在1097人。班次：宗圻廷朝文，启学之腾风。世泽贻诗礼，万载振家声。敦本崇性道，尊亲树功名。邦国永安乐，慈爱定兴荣。

邵东仙槎桥刘氏 先代自宋迄元世居山东高平县七里街之兰木桥。元明间有祖敕授指挥者，宦屯黎平府。永乐初袭膺指挥瑄公，领一百八户移宝庆昭陵东乡仙槎桥铜鼓营。清嘉庆八年（1803）、光绪二十六年（1900）纂修族谱。字派：汝继泰泽宗，昌达如江海。传家惟礼义，启秀藉诗书。忠厚培先德，英贤施广誉。

邵东软塘刘氏 始迁祖熊公、弟纪公，明正德间由江西吉安府庐陵县鹅颈大丘迁邵阳羊牯岭。六世登俊公率弟复迁短陂桥，开五支：应祯、应祥、应祚、应福、应禄。祥、福两房失传。清道光四年（1824）、光绪二十六年（1900）、1987年三修族谱。班行：纪必思廷有，登应永正明。本宗上大吉，文昌日月时。朝天宪仁德，万鼎世荣邦。

邵东刘氏 1949年邵东刘氏巍公房、受公房、愈公房、远公房、克利公房三修族谱，五房人口共4136人，堂号藜照。班次：裕昆芳声远，明伦教泽长。诗书绵富贵，忠孝绍陶唐。

隆回刘氏 始祖吉祥公，宋神宗元丰八年（1085）自江西泰和县迁居邵西隆回槲木山，子孙散居邵阳、隆回、湘乡、宁乡、新化、武冈、益阳、绥宁八县，3万余人，1944年八邑创修通谱，至1948年方始竣工。通派：（自二十六世始）立兆声华富（衍盛裕国安），尊崇沛泽长（星台庆吉懋）。韬略资辅佐，功绩启贤良。英雄齐松茂，豪杰续杏芳。宏勋超楚宝，伟业冠衡湘。教育敦培植，班联效赞襄。缉熙开鸿运，笃敬仰健纲。建树经纶放，修治品节端。载道勤庶政，积善绍书香。欣会贞元利，绵延福寿臧。藜辉昭直省，藻采耀中堂。诗颂遵古训，清廉奉圭璋。和平膺厚锡，千秋乐炽昌。

隆回槲木山刘氏 始迁祖吉祥公，字安康，宋元丰八年（1085）随父文斌公、叔滔公、远公及兄弟蕴、茂、才、星等自江西泰和县早禾市梅子村圳上上刘家迁湘。吉祥公居湖南邵西槲木山（今属隆回县），生五子：承信、承仁、承佐、承佑、承倚。承信房下五世又分为应麒、应麟、应虎、应龙、应凤五房。1914年，麒、麟、虎、龙、凤五房合修族谱，1948年五房又与信、仁、佐、佑、倚房，遐公裔立桢、悬监、秉赞三房首创通谱，1994年续修又增遐裔松柏、惠公、玉公三房。

隆回刘氏 始祖义甫公，讳珙，字仁仲，原籍建宁府崇安县，宋时仕潭、邵二州刺史，兼湖广安抚使，卒葬隆回黄河冲，谥忠肃。子秉彝，字伯良，讳伦，授邵州教谕，创修明伦堂。时值苗乱，义甫公往来抚绥，道经邵西大江东，览山水明秀，遂停车雷鸣观前之北屯兵坪，命其子托处于兹，兹后子姓蕃衍，散布杜石田心，即今桐木桥。自义甫公历传十世，开户十五：麟、泰、才、宝、奇、辛、富、晚、长、惠、茂、亥、敬、受、八。明正统九年（1444）、隆庆三年（1569）、崇祯元年（1628）十五户合修宗谱。至清雍正四年（1726），因人稠地阔，乃各户分修，嘉庆二十年（1815）又合修一次。清乾隆二十三年（1758）、道光三十年（1850）、1916年宝户分修。光绪六年（1880），富户续修房谱。嘉庆二十一年（1816）才户纂修。1931年茂户五修。派语：（自七世起）仕添原祖吉，惟子志成才。永立文邦正，纲纪守荣华。继述期光应，遵从必顺延。笃循思启裕，世祚锡安全。孝弟存吾性，逢时辅盛明。睦宗敦仁义，储作国家珍。德教肇大业，道学诒良模。传家宝诗礼，云礽恒芬芳。

隆回伍户刘氏 始祖义甫公，六世显然公，迁桐木桥杜石田心。四子：仕安（富户）、仕宁（伍户）、仕诚（晚户）、仕昌（长户）。伍户落业洪家冲茅坪，发添政、添信两房。添政迁司门前，又发謜、谅、诠三房。添信安故址，又发贵、荣、华、聪、明、智六房。清嘉庆二十二年（1817）伍户合修族谱，光绪初分修，1925年又合修。班次：仕添原祖吉，惟子志成才。永立文邦正，纲纪守荣华。继述期光应，遵从必顺延。笃循思启裕，世祚锡安全。孝友存真性，逢时辅盛明。睦宗敦仁让，储作国家珍。

隆回金滩刘氏 一世义甫公。四世允遇公，徙居邵阳西坪渔溪乡。六世洞然公，转迁隆回六都寨。九世原秀公，字茂翁，以字标户，名曰刘茂，迁居隆回四都望云山麓之石背。十二世惟援公，明成化二年（1466）因瑶酋劫毁，由石背迁居隆一金滩栗田村。清乾隆十三年（1748）、嘉庆二十年（1815）、光绪七年（1881）、1948年纂修族谱。派语同隆回刘氏。

隆回栗山刘氏 迁湘始祖大夏公，总督两广。元至正十八年（1358）致仕终老，道经衡阳，阻于兵侵，携幼子仲玖，留寓其地。仲玖生三子：克明居衡阳长乐乡，为圳边刘氏之祖。顾明居邵阳中乡，为栗山刘氏之祖。汝明居祁阳黄甲山，为滑田町刘氏之祖。字派：仲明泰应恭惟善志延永兴朝承吾家福禄全文武科第盛孝友守……

武冈烧纸铺刘氏 始祖滔公，宋元丰八年（1085）偕兄远，侄吉祥、吉蕴迁楚。滔公居溆浦，远公居新化茅坪，吉祥再传南卿，居邵阳槲木山，吉蕴再传南辅，居梅城黄杨山。明洪武八年（1375）滔公后裔由溆浦分迁武攸。世龙公生六子：荣伯、华伯、富伯、贵伯、春伯、成伯。荣、成世居牛栏山，贵伯徙黔阳，华伯徙邵阳，富伯居山门。春伯居武攸西桥铺株木山，生思贤、思聪。1932年荣伯、富伯、春伯、成伯四房七修族谱，2005年春伯房八修。思贤公房派语：春思文明必仲，仁义斯宗祖。闻振元魁常，先泽传忠厚。贻谋期善良，续修克慎重。思聪公房派语：春思文必兴，唯可君国正。天星顺官忠，礼教定大胜。

武冈高沙刘氏 始迁祖洪三公，元延祐间自江西知湖南武冈州事，解组后落籍武冈县蓼溪乡水南团岩门前。至1948年，已传30代，男女丁口10余万人。族人多分布在本县各乡及四川等地。宗祠在高沙西路岩门前。

武冈毓兰山刘氏 始祖玉盛公，其八世孙荣伯公，明洪武八年（1375）由溆浦县溥源因避元末明初陈友谅之乱及苗乱而迁居武冈县牛栏山（现名毓兰山）。族人多分布在茶园头、烂泥坑、泻油市等地。至1948年，男女丁口18600余人。清乾隆二十四年（1759）建宗祠于泻油市。

洞口前溪刘氏 始祖庄公，字敬斋，南唐时官大理寺评事。子垦公，号衡裔，宋初调吉州长史，居前溪。传至怡公，由安福迁武冈沙罗田。

新宁砖屋房刘氏 始迁祖彦仁公，元末自江西安福迁新宁县境油头村。四传移居县城东门外，后裔分居水头、高桥等乡。清末两广总督刘长佑系其裔孙。清嘉庆十二年（1807）建宗祠于东关外花渡桥。

新宁白马田刘氏 始迁祖铭钦公，明初由江西泰和县迁县境杨溪。后嗣移居白马田。清末淞江提督刘光才为其后裔。

新宁罗基塘刘氏 始迁祖楚华公，明永乐年间由江西泰和县迁新宁县罗基塘。

新宁莲山刘氏 迁湘始祖昂生公，明初由江西泰和县迁新化县，明宣德年间，其子仁一、仁二同迁新宁县回龙寺老屋刘家。

新宁沙田刘氏 始迁祖福四公，明弘治年间由江西庐陵迁新宁县安山老屋刘家。

新宁石田刘氏 始祖世贤公，明正德年间由江西安福县迁新宁金城里。清末两江总督刘坤一为十一代孙。云贵总督刘长佑亦属该族。

城步刘氏 始迁祖文钦公，原籍江西省吉安府泰和县，以进士任湖南直隶州绥宁县正堂，因解组归里，于明洪武十七年（1384）落籍城步四都清水塘（今金紫乡）。

岳阳窑岭刘氏 始祖兴甫公，字起原，号盛所，后唐同光元年（923）由江西南昌铁树观仪门十二街迁楚南长沙大王桥。二世祖仕海公，字必宗，号隐耕，继迁岳州巴陵第二十七都公田茨花塘。六世祖嵩岗公，字思陞，号风仪，因避难而迁巴陵窑岭。族人多分布在博爱乡第十八、二十保，华容、平江等地。至1948年，已传33代，男女丁口约2000人。清乾隆五十三年（1788）建宗祠于本乡第十三保傅义。

岳阳河西刘家冲刘氏 始祖仲元公，字子俊，明洪武三年（1370）由湖北沔阳州今仙桃市徙巴陵刘家冲。至八世，分为五房：崇庆、崇寿、崇山、崇善、崇甫。清乾隆五十七年（1792）创建宗祠。嘉庆七年（1802）始修族谱。至1997年，已传28代，近300户，丁口1000余人。旧派：崇仕伏宗子，一文大祖德。忠心思达道，孝友能光国。续派：先代壮洪猷，遐支新伟策。传经继述全，世远均奇特。

岳阳石井刘氏 始迁祖处志公，明永乐二年（1404）由江西吉水县选调迁湘，开基于岳阳县金城寨镇。族人多分布在益阳等地。至1948年，已传22代，男女丁口4000余人。宗祠在松林乡石井头。

岳阳刘氏 始祖仲二公，元代自江西新昌县徙居临湘县土门界。子福四，生辛三、辛八、辛九，明清之际，后裔陆续迁巴陵高桥、大屋、塘坎、墩上、仙安桥、双港嘴等处。1947 年三修族谱，堂号彭城。

华容刘氏 始祖宗公，山东东平人，其子隆公，宋靖康间从岳飞图复中原。隆公子宝，勇略过人，尤为飞所重，进官都统，及飞遇害，遂散其部曲，自淮右逾大江，卜居华容老鹳冲。六传至文珍公，文珍公长子用明子三：安器、安鼎、安泰。安器生天泽、天浩，子孙世居东山，安鼎五传不祀。安泰生天与、天常，天与迁监利，天常迁柏木港。泽、浩、常三房族谱创修于宋乾道九年（1173），至光绪三十二年（1906）十三修。十二世孙刘行简，明赠兵部尚书。十三世孙刘仁宅，官抚察副使，赠兵部尚书。十四世孙刘大夏，官兵部尚书，谥“忠宣”。至 1948 年，已传 34 代，男女丁口约 10 万人，宗祠在老鹳冲。宗派：宗隆宝皋。老派：文用安天元，光必行仁大。祖如世可希，好学师允在。续派：惟子守承应，克绍迪友怀。启佑宜以德，秉国重斯才。再续派：运器资道量，煦类悦群来。敛修清节懋，丰施乐利偕。

华容永固垸苏家塌苏刘氏 该族原苏姓，始祖苏添祥，元元贞元年（1295）由石首迁居华容永固垸。子四，第三子启陵，字如山，入赘东乡刘姓，生子从母姓。其子孙聚居松木桥、莲花堰一带。

华容军刘刘氏 始祖烁公，字晦伯，宋乾道进士，本江南徽州婺源人，因从朱子游，徙福建建阳。至四世止公，字政通，明太祖时封千户侯。正公长子泉公，永乐时授岳州指挥使，子三：桀、椿、栋。桀、栋二公迁居华容小荆湖，后裔散居岳阳、华容、临湘等地。族谱创修于清乾隆二十三年（1758），道光六年（1826）续修，同治十三年（1874）三修，1912 年四修。宗祠建于鸡冠庙。

华容民刘刘氏 始祖仁亢公，山东东平人，宋时镇守袁州（今江西宜春市），政显，民留以居，遂家袁州紫溪村。至十世永政，元末人，因兵灾，明初迁居华容东山大荆湖。其后裔惟忠，明熹宗时任谏议官，后削职为民。崇祯即位，惩治魏党，启用惟忠，褒题“补衮堂”以赠，故又称补衮支刘氏。后裔分居华容东乡和石首等地。派语：天人贤维庆，宗定之德盛。启家校书业，治国在秉政。孝友敦大本，咸和致瑞祥。修齐承先绪，世祚自永昌。

华容官刘刘氏 始迁祖超伦公，字迂庵，前溪刘氏第二十二代孙养正公长子，明处士，生正统三年（1438），卒正德六年（1511）。兄弟三人，弟超绪、超经寓宝庆府新宁县。明成化十三年（1477），超伦公因族大齿繁，由江西安福前溪迁华容骊源桥东。生四子：文祥、文禧、文祺、文祉。斯时簪缨济济，人才蔚起，皆一世之盛，人称“官刘”。清咸丰七年（1857）纂修族谱，2011年二续。字派：养超文纯效之光钟清植焕增锦泽杼耀德衍……

华容茶港坪刘氏 俗称官刘。一世祖庄公，字敬斋，南唐大理寺评事，先世居辅川宜黄县（今江西宜黄县）。其子垔，宋吉州长史，见安城（今江西安福县）城南七十里之前溪港山水秀丽，由宜黄迁前溪。至二十二世绍溪，明永乐初同兄资元迁居华容西南乡茶港坪，为茶港坪支始祖。二十二世超伦，明永乐初迁居华容仰山庙。二十三世宪公，明成化间任徐州知府、淮安知府，致仕后迁居华容莺歌山、千义，明永乐初迁居华容南山上插旗。二十五世奇定，明成化间迁居华容万庾涛湖。二十六世资安迁居华容蒋家山，资良迁居华容落下坪，伯钺迁居华容西乡普贤岗，资粹迁居华容沙渚港，庭松迁居华容黄土窑，资道迁居华容津湖港，资贞迁居华容汤家桥，资奎迁居松木桥。派语：（自三十三世始）以兹淳厚宅，衍作五行传。忠孝绍先泽，读书启后贤。

华容江黄中垸刘氏 先世祖居江西吉水县紫溪村，始迁祖东甫公清嘉庆年间率二子迁居华容江黄中垸。长子载光居旧地，次子迁湘西。现聚居江黄村，散居全县各地。老派：君东载文学。新派：德天平治世，光大正其家。厚培延永祚，忠孝启良贤。

华容安济垸刘氏 始迁祖必达公，祖居益阳泉交河崩坎潭，因生计，清光绪二十年（1894）迁居华容安济垸。现人丁分居操军、护城横堤和重庆等处。派语：德仁天文旭，永继可如贤。汝思学之美，伯仲必光前。诗书承世泽，孝友振家声。倬善终余庆，必传永执中。

华容护城康公庙刘氏 始迁祖书堂（“高”字派），因生计，清光绪三十三年（1907）由湘阴乔口迁居护城康公庙，现人丁分布万庾新生、护城万圣、五星等地。派语：世德文先训，永兴承邦荣。观众天光亮，勋高万代明。典常书倬士，科教应升平。

华容幸福乡幸福村刘氏 属磐宗刘氏天门支。始迁祖振源公，原居湖北天门县。因当地人多田少，爱华容地广土肥，于清宣统元年（1909）迁华容公乐垸（今幸福乡幸福村）。派语：顺天广壮，永启应昌。文俊传世，名声振扬。德纯通立，清源敦本，弥兴汉唐。贤才举用，修美孔彰。

湘阴文家铺刘氏 始迁祖朝胜公，字文才，号如云，宋景炎间自江西南昌府丰城县紫溪村迁湘阴县黄谷市（今属汨罗）。生三子：辛十四郎居县城。辛十五郎居麻塘，传五世至子荣公再迁文家铺。辛十六郎居道贯冲。至1948年，已传27代，男女丁口4万余人。宗祠在文家铺。

湘阴刘家塘刘氏 始祖世乾公，字黄配，一名世麒，原籍江西丰城县梓溪，元末不仕。明洪武三年（1370）徙居湘潭县九总街。至四世开阳公，字三泰，自湘潭徙居湘阴县乔口柳林江北岸。七世廷禧公，字前川，又迁沙田坪刘家塘。清乾隆八年（1743）建祠于刘家塘。族谱创修于嘉庆四年（1799），咸丰二年（1852）续修，光绪十年（1884）三修，1947年四修，2011年五修。旧派语：世元真开本伏，廷颜国大守光。武中兴文章德，汝宜永绍书香。勖作哲人吉士，忠孝廉节名扬。十八世孙刘潜亮，亦名德瑨，字季刚，晚号昭园，与黄兴、仇亮等东渡日本，参加同盟会。

湘阴高明乡三甲刘氏 先世明洪武间由河南上蔡县迁湘阴高明乡三甲，族人分布于石牛冲、雷家山、枫树坪。清嘉庆间建祠。

湘阴沙坡岭刘氏 始迁祖肇平公，明初由江西丰城梓溪徙居湖南湘阴沙坡岭。1917年纂有族谱，堂号梓溪。

湘阴河南街刘氏 始迁祖萧公，字九官，明成化二年（1466）自江西清江迁居湖南湘阴县河南街，后一部迁杨梅铺，一部迁西乡。族人主要分布河南街。至1948年，男女丁口共110人。清初建家庙于河南街。

湘阴檀木港刘氏 始迁祖贵显公，明成化三年（1467）由江西吉水迁湖南湘阴县檀木港，后一部迁青龙冲，一部迁赶洲嘴。族人多分布檀木港、青龙冲、赶洲嘴。至1948年，已传16代，男女丁口共362人。清初建家庙于檀木港，清末迁建河南街。

湘阴燃乙堂刘氏 迁湘始祖汉广公，江西吉安府吉水县人，世居圳上禾场大丘。于元明递嬗之交以卫指挥随军由赣戍湘。徙居攸县，转徙长沙，奠居长沙府黄道门外灵官渡。一派祖德文公克承父职，解组后卜屯沩宁。二派祖荣宋公补廪长沙，奉母奠居益邑。五派祖秀梅公迁居湘阴塞资围，六派祖永监公亦于明正德十五年（1520）由益阳移居湘阴陆家营。此皆三派祖添富公之裔，而三派叔祖添凯公之后仍居益阳东冲湾，添泷公之后徙居谷塘，均为一本之亲。清乾隆三年（1738）、道光二十二年（1842）纂修支谱，光绪十一年（1885）与益祠合纂三修族谱，1948年湘阴四修支谱。原派：德荣添文秀，永继可如贤。汝思学之美，伯仲必光前。续派：诗书承世泽，孝友振家声。作善征余庆，必传允执中。

湘阴东关外八甲刘氏 始迁祖崇岳公，明代自江西南昌县龙坵迁居湖南湘阴县东关外八甲。1914年三修族谱，堂号彭城。

湘阴三阳夹刘氏　始祖宗公，宋靖康之难自山东东平县徙居岳州华容陈家山。六世孙用九再迁监利新兴院。十六世孙正辞，清顺治九年（1652）与兄正奎复由监利移家湘阴三阳夹，今属汨罗。清光绪六年（1880）纂有族谱，堂号仁粟。

湘阴福家湾刘氏　太始祖开府公，原籍山东历城县大刘村，官任湖北郧阳府守备，卒于任。子尚裔，字凤山，因三藩之变，兵戈途梗，未得归籍，乃播迁沔阳、浏阳、沅江，清乾隆初始卜居福家湾。清同治初元纂修家谱，有周寿昌序。宣统二年（1910）续修，有王先谦序。皆手写上板。派语：尚士培本，惟厚克昌。人才蔚起，世泽绵长。丕显前谟，恢宏先绪。大振家声，允昭绳武。

汨罗流花洲刘氏　始祖文涣公，宋绍熙元年（1190）由江西抚州府金溪县紫溪铁树观松树塘迁长沙。历四代华松公徙平江富华乡嵌江苦竹神。十六世永受公，生六子，长远相、次远泉，于明洪武时迁今汨罗流花洲。1928 年、2017 年纂修族谱。字派：必志道珊孟，胜大应惟添。国祚昌隆启，宗兴世泽绵。孝义垂家法，诗书裕后贤。

临湘刘氏　谱称蜀汉北地王刘谌，不肯降晋，哭庙死。子豪，晦迹成都，豪二十五世谦，由上川徙涿州。谦八代式，避契丹之乱，自涿州迁江西清江县。式六代用贤，避金兀术之难，由江西迁湖北蒲圻石灰坑。贤七代秀五，由蒲圻迁临湘土门界。清光绪四年（1878）二修，1948 年三修，2006 年四修族谱。派语：仲富辛得，志淮万兴。师孟思宇，潜绍君家。焉东原竣，再启嗣胤。修齐衍庆，长崇文明。

平江上台刘氏　始迁祖光谦公，唐天宝十四年（755）避安史之乱，由婺州金华迁平江上台。1934 年八修族谱。

平江刘氏　始祖宗臣公，字石波，官授虔州判事，卒葬福建宁化。生有八子，长子贵盛公于元末明初自闽迁东粤潮、惠、嘉、应等州，三世孙广传生有十四子：巨源、巨湶、巨洲、巨海、巨汇、巨汉、巨浩、巨涟、巨江、巨渊、巨浪、巨河、巨波、巨深，各房皆于明末清初时先后迁居湖南平江县长寿乡。宗臣公第八子贵隆公之四世孙十郎、十一郎、十二郎亦于清初先后迁居平江。族人分布在全县东、南、西、北各乡镇及金寿、嘉献、思安等地，以及浏阳、巴陵、湘乡、江西义宁、铜鼓等县。至 1948 年，已传 28 代，男女丁口 23000 余人。宗祠在长寿老衙巷，建于清光绪四年（1878）。光绪二年（1876）、1918 年、1938 年三次纂修通谱。

常德高迹里刘氏　始祖崇公，南宋初自京兆万年县从大军征讨入闽，遂居建宁麻沙镇。崇孙子荣公，避兵乱徙湖南武陵高迹里。又七世支分之选、之受、之海、之美四房。1923 年续修族谱，堂号禄阁。

常德柘林堰刘氏 先世明永乐二年（1404）自江西吉安府吉水县大樟树迁常德鼎城区镇德桥镇朱家桥村柘林堰。2011 年五修族谱。派语：众积可国，克宗绍业。嗣绪兆兴，永远为则。时逢锦泰，运辑文明。

常德蓝家坪刘氏 始迁祖甍公，原籍江西吉安府万安县，明万历间敕守常郡，三世贵用公落业蓝家坪。后裔曾一度改姓蓝。清光绪三年（1877）、1919 年、2002 年纂修族谱。宗派：甍镇贵兰祖彦凤廷学正启之文宗士金元。传家孝友，辅国贤良。师儒丕振，德泽永昌。

常德谢家铺刘氏 始祖存远、及远两公，明永乐十二年（1414）由江西宜春徙居湖南汉寿。传至万才公，崇祯元年（1628）又迁居桃源县泥窝潭乡湾坪。谱尊万才公为一派祖。传至十派祖天武公等兄弟八人于道光二十年（1840）先后由桃源迁居武陵铁炉冲（今鼎城区谢家铺楠竹山村）。1997 年三修族谱。派语：万文承应登，之士世朝天。祖德绍芳美，继起永传辉。

常德泉塘军籍刘氏 先世由江西至武陵，世居泉塘。清光绪三十年（1904）纂有墨谱，钞本未刊。

汉寿金盆山六甲刘氏 始祖天贵公，宋元之际人，世居江西吉水三十八都永丰村。始迁祖必达、必选、逊昌，天贵公六世孙。必达、必选明初奉民稠地抽丁实湖湘之命徙龙阳落业。必达子孙世守金盆山和樟树洲，必选子孙世守九灵山。逊昌公官河南武陟县，因乱挂印归乡，经潭州，寄居岳麓，复落龙阳。昌裔谱首修于明成化七年（1471），二修于清乾隆三十一年（1766）。达、选二裔二修于嘉庆九年（1804），三修于咸丰九年（1859），四修于光绪十六年（1890），五修于 1922 年，六修于 1946 年，七修于 1996 年。派语（前派一）：天通秀华正，必鼎金庭应。可广文永水，士国大承先。（前派二）：仑昌道寅玉，广贤爱国仕。成应胜永绍，汉启文明运。

汉寿刘氏 始迁祖君用公，字则行，原籍江西吉安府吉水县鹅颈大丘十二保紫溪潭，明洪武五年（1372）举人，洪武三十年（1397）出教常德府推官，致仕遂居于龙阳之南小塘总康家山西汉桥旁。

汉寿军山铺白莲冲刘氏 始迁祖江公，明永乐二年（1404）携家由江西庐陵县六十五都三图徙居湖南常德府龙阳县军山铺白莲冲。三子：长元三，后裔派衍白莲冲、龙井冲、七星桥、走马堤、安乐湖、金竹冲等地。次子元道，后裔派衍大七冲、三才障等处。幼子元通，后裔派衍牌头港。清光绪二十三年

（1897）续修族谱。至1948年，已传23代，男女丁口3000余人。同治三年（1864）建宗祠于乐三乡纸料洲。1940年三修族谱。

汉寿军山铺刘氏 始祖汉景帝第七子长沙定王发，发子苍封安成侯。后裔兰芳，字振祖，原籍江西吉安府吉水县上南乡紫溪十七保灵佑社，明洪武二十九年（1396）举人，永乐二年（1404）任常德府推官，遂居龙邑东乡军山总堤背湾。清乾隆九年（1744）、道光十二年（1832）、光绪十三年（1887）、1924年纂修族谱。旧派：兰孟温嘉（彦）泰，延世国宗（青载应绍）成宏（远）。新派：先毓其胜，时际升平。克家光裕，贤达昌荣。训诰有典，守道敦行。永传正学，焕启文明。该族名人：刘棣芬，曾任民国湖南省国税厅厅长、湖南省财政司司长。

汉寿花薮刘氏 始祖存远、及远两公，明永乐十二年（1414）由江西袁州府宜春县迁居湖南汉寿县木盆堰。存远子四：伯海、伯江、伯湖、伯渊。江、湖二公仍归江西，海、渊二公因迭被水灾而于宣德十年（1435）落业龙潭上乡花薮里。及远公子伯宝，宣德年间落业龙潭上乡木瓜园。族谱创修于清康熙元年（1662），乾隆六年（1741）、嘉庆元年（1796）、道光十年（1830）、光绪九年（1883）、1929年续修。派语：伯与显郁流，廷文清仲顺。胜泰世承应，同名大振扬。先代征仁厚，诗书德业长。熙朝崇礼教，多士庆观光。

汉寿刘氏 始迁祖乐荣公，原居江西吉安府吉水县旺门塘大堤头，明正德十年（1515）迁居沅江砖磁窑，复迁龙邑赤山总履实冲。生八子：道、远、通、遥、选五子无征，惟四房达公、六房暹公、七房迪公鼎立。清道光六年（1826）、光绪四年（1878）、1914年、1947年、1996年纂修族谱。派语：乐志应为，汝文章秀。毓嗣克开，世德传芳。绍先永远，光大其昌。明达之后，英俊豪强。才华卓越，家国栋梁。

澧县土桥峪刘氏 始迁祖必敬公，南宋末年为避蒙古南侵之乱，偕夫人彭氏、幼子贤斋，自江南吉安府吉福州南兴昌（今安福县）五十一都崇信里小水团迁澧阳，卜居县衙侧今新洲镇。明嘉靖四十四年（1565）、康熙二十八年（1689）、康熙五十九年（1720）、乾隆四十七年（1782）、道光二十四年（1844）、光绪二十二年（1896）六修族谱，1949年澧、临、石、安、津、公六县通谱未刊，2016年八修族谱。派语：必贤汉海源（以下八派各甲不统一）。续派：位禄名寿兴，显承学士荣。绍先光祖德，继启振家声。

澧县华溪桥刘氏 始祖守祯公，明洪武初兄弟五人由江西南昌府丰城县来楚，一居澧北东田堰，一居常德西关外，守祯居澧南华溪桥，余二人仍返原籍。

守祯生胜宗，胜宗生本福、本禄、本玄，衍为三房。清雍正三年（1725）创修族谱，嘉庆九年（1804）、咸丰五年（1855）、光绪十二年（1886）、1938 年续修。十世正位公清康熙间曾随军赴台平朱一贵乱。字派：胜本源显，走尚从永。正汉文学远，绍宗德降长。合派：宪章虞夏，祖述商周。丰沛肇迹，良平运筹。

澧县刘寺岗刘氏 始迁祖帝禹公，原籍江西吉安府吉水县，明初迁居澧州北门外，落业刘寺岗。清同治七年（1868）、1949 年九澧刘氏联谱，2016 年刘寺岗支独修。字派：（自十四世始）裕后清廉慎，模范式商周。丰沛毓王迹，咸阳献籍图。

澧县万福寺刘氏 始迁祖必源公，明永乐二年（1404）自江西吉安府永丰县大栗树迁澧北万福寿。1918 年、2014 年纂修族谱。宗派：大昌士再之，启朝方登明。家国上学文，春开自有盛。

澧县滟洲刘氏 开祖茂公，明永乐二年（1404）由江西吉安府庐陵县安平乡四十六都迁岳州府澧州津市三洲村下保杨家湾北陶土地居住。八世孙如清公，清康熙间自澧州梦溪寺上湾滟洲。清光绪二十五年（1899）、1936 年纂修族谱。字派：裕后清廉慎，治家伦纪明。存仁斯富有，积善自光荣。

津市穆长堡刘氏 始迁祖必达公，字正斋，翰林院修撰，原籍江西吉安府吉水县二十四都折桂乡新兴里下黄保中团社，生四子：子诚、子敬、子安、子斋，明时宦游来楚，卜居澧阳穆长堡后之株木山。1922 年三续族谱，1949 年与修九澧刘氏通谱，2017 年四续族谱。字派：（自十四代始）学文正德，世传忠良。建功立业，论道经邦。

临澧菖蒲堰刘氏 先世原籍江西吉水大桌树，明洪武二年（1369）始迁湖南，有支子居石门南北墩。清康熙年间，有自南北墩迁临澧新安交口者，名讳不详，今称其为启祖。启祖三兄弟，分三房：交口为长房，菖蒲堰为二房，双堰、龙岗为幺房。1940 年、2005 年纂修族谱。世派：光大圣朝友，道章忠良强。衣冠耀汉室，礼乐振家邦。彭城泽常远，休侯德孔长。

临澧宗源刘氏 始迁祖澄公，原籍安徽歙县，明永乐二年（1404）从龙征澧，八蛮慑服，以功御赐土地四十八亩，落屯于楚澧刘家中洲，今临澧县停弦渡镇山洲村一带。清乾隆间创修族谱，光绪二年（1876）、1919 年、1949 年、2013 年续修。派序：超廷振世学，圣朝显文宗。宏开新民泽，光兆泰道崇。仁义忠孝立，礼智信成功。恩德绍先业，万代昭时雍。

桃源菉萝坪刘氏 原籍江南淮安府盐城县，宜公、仲公兄弟晋宋间来常，其后裔迪公官至龙阳县令，迪公子兴祖任桃源县同知。一说始迁祖迪公，原籍盐城，宋末进士，官龙阳知县，迁常德。后裔落业于桃源县南之菉萝坪。至1948年，已传20代，全族人口1000余人，分布于县北门坪、二里冈、新店驿等处。宗祠在菉萝坪。清乾隆六年（1741）、光绪四年（1878）、1932年、2005年纂修族谱。四修时男1683人，女2050人。派语：志道逢时，宗其有光。前为之振，集东祚昌。源本厚培，金耀复长。四修新派：政清体和，民殷邦强，家修廷献，毓俊绍良，诒谋彰显，先德宏扬。

桃源燕子湾刘氏 先世元顺帝时自长沙迁桃源县北漆河燕子湾。1918年创修族谱。至1948年，全族人口1000余人，分布于街头坪、莫家坪、兹茅堉等地。宗祠在燕子湾。

桃源东村坪刘氏 先世明洪武时自江西迁于桃源县北灵岩东村坪。至1948年，全族人口1000余人，分布于九溪、黄石、莫溪、莫林等地。宗祠在本乡东村坪。清光绪六年（1880）创修族谱。

桃源芙蓉坪刘氏 先世明洪武时自吉安迁于桃源县北漆河芙蓉坪。1937年创修草谱，至1948年，全族人口1000余人，分布于刘家坪、刘家冈、石板坪等地。宗祠在芙蓉坪。

桃源华岩河刘氏 始迁祖汝彬公，明洪武二年（1369）由江西南昌府丰城县拖船埠迁湖南常郡慈利县九都朱家港，洪武八年（1375）再迁桃源县莫溪乡华岩河砖多坪，衍为溶、淋、浩、潮等四房。宗祠在华岩河。族谱始修于清道光二十九年（1849），2001年四修时，入谱人丁13146人。派语：汝安水思木，景金子道一。伯祚士学绍，正宗志大清。兴汉登隆运，继业起人文。丕振世绪远，其昌永光明。

桃源老棚刘氏 始祖汝彬公，明洪武二年（1369）迁于慈利朱家港，继迁桃源县北华岩河。四传至元海，明成化初再迁县北上七里村老棚。1914年创修族谱。至1948年，已传17代，全族人口100余人，分布于温泉及慈利等处。宗祠在老棚。

桃源七庄坪刘氏 始迁祖鼎魁公，明洪武十三年（1380）自吉水迁桃源县北青云七庄坪。1938年创修族谱，2005年续修。至1948年，全族人口4000余人，分住北路各乡。宗祠在七庄坪。派语（自十六代始）：太运明昌，顺呈开祥。清泽华玉，景兴宣芳。宗正启美，道德永彰。

桃源大田神冈刘氏 始迁祖景铨公，明永乐二年（1404）自丰城迁于桃源县东大田村辖神冈。1918年纂有族谱。至1948年，全族人口2000余人，分布于县城、慈利、永顺、龙山、常德等处。宗祠在敫家嘴。

桃源马鬃岭孔水坡刘氏 始迁祖忠公，明永乐二年（1404）自江西南昌府丰城县大栎树与表兄李凤岐同迁桃源莫林村栎林岗。清道光二十二年（1842）建宗祠于孔水坡桑林坪。1944 年二修族谱，其时人口千余人。2005 年三修。字派：忠伏思永万显胜再启单光宗耀祖定国安邦代成。新派：清泰庆隆运，先贤令祚长。才高咸顺达，泽厚克恒康。绍述业能广，谋为美愈张。盛时声丕振，悠久集祯祥。该族名人：刘炎，曾任新四军第一师政治委员。

桃源观甫湾刘氏 始迁祖刁宗公，原籍江西九江府湖口县，明正统间率本族兄弟数十人来湘贸易，散落湖南各州县，刁宗公于正统十一年（1446）卜居桃源沙萝溪梅子冲。1937 年七修，2005 年八修族谱。1921 年建宗祠于观甫湾。宗派：刁安上启大，志代胜尚祥。国士文必单，广长景运昌。盛世敦宗德，成才学正良。克明宏永锡，丕振绍平章。忠孝全先业，勋名纪太常。协和昭至道，承继耀前光。仁厚垂家法，礼义立朝纲。中兴效东汉，人民乐健康。贤佐同时起，奏功自辉煌。福寿延天禄，万载有余芳。

桃源畲田刘氏 始迁祖恺公，明景泰二年（1451）自江西迁于桃源县东畲田白龙洞。1913 年创修族谱。至 1948 年，已传 20 代，全族人口约 500 人。清同治十年（1871）建宗祠于蔡家堰。

桃源南坡堤刘氏 始迁祖彦斌公，明弘治间由江西迁居桃源菉萝坪，生三子：经、纶、络，分居八仙坪、雁落坪、发旺坪。清嘉庆二年（1797）建宗祠于高岩，1920 年改建于八丁坪南坡堤。道光五年（1825）始修族谱，1931 年续修，2003 年三修。派语：彦单单仕单廷单自德汉必宗单鸿上。大人之学，明新为先。世辅国家，裕后光前。祖德丕振，继述思良。允恭克让，文运大祥。炎汉玉祚，启佐邦昌。域开定鼎，钦明延长。

桃源老棚刘氏 始祖纠纲公，明中叶由江西迁慈利二都。越六世传至廷凤公，再迁桃源县北上七里村老棚。1924 年续修族谱。至 1948 年，已传 20 代，全族人口约 2000 人，分布于温泉、高东及慈利、石门、大庸等处。清道光初年建宗祠于老棚。

桃源木塘流水朝刘氏 始迁祖东序公，明天启二年（1622）自吉水迁于桃源县东木塘之流水朝。至 1948 年，已传 27 代，全族人口约 400 人，分布于燕子湾等处。族谱创修于清同治九年（1870），1920 年续修。宗祠在木塘流水朝。

桃源盘塘黄麻湾刘氏 始迁祖念儒公，明天启七年（1627）自黄州麻城迁常德鼎城区蔡家岗镇芭蕉堰村。子天相公移居桃源盘塘黄麻湾。宗祠在岩亚嘴。至 1948 年，已传 20 代，族人 350 人，分布于慈利、永顺等处。2012 年首创家谱。派语：念天文宗国，正承大学士。安邦定志君（光祖德），继述鸿先绪。仁孝道礼义，英贤登金榜。永世振乾坤，千秋福泽长。

桃源木塘刘氏　先世自江西吉水大栗树迁桃源木塘坪刘家河。天贵、天顺两公落穴于木塘桂花园。谱以贵、顺二公为一世，二世登龙、登元、登科诸人又迁石门县蔡家巷。清康熙十九年（1680）元、科诸人又迁桃东水田坪。四世俊、杰、伟、珍，衍四大房。1936 年创修族谱。字派：天登绍单汉单光单。宗道正学，宏世克邦。发达宽广，嘉名益彰。孝友继起，品行端方。

桃源木塘刘氏　始迁祖君岳公，清初自泸溪迁于桃源县城通道桥。至四世登朝再迁县东杜青村朱家冲。宗祠在县城。至 1948 年，已传 13 代，族人 50 余人。

桃源郑驿刘氏　始迁祖凤凰公，清乾隆初年自龙阳迁桃源县南下白石村郑家驿。1919 年创修族谱。至 1948 年，已传 7 代，全族人口约 100 余人，分布于沙坪、西溪坪、杨家桥等地。光绪末年建祠于县城东街。

桃源穿石刘氏　始祖吉蕴公，宋神宗元丰八年（1085）自泰和迁湖广新化平砥。越二十二世孙嗣福于清乾隆间自新化迁桃源县南穿石。宗祠在穿石。至 1948 年，已传 12 代，有 200 余人，分布桃源县南穿石各处。

石门刘氏　始迁祖源公，明嘉靖间奉皇差自江西吉安府吉水县至石门为官，后隐居石门中乡仙凤山汉高祠新兴庄河家峪，今新铺乡河曲村。1931 年石门县 131 支联宗合派。1949 年澧县刘子叔（国民革命军中将）领修九澧刘氏通谱。2014 年河曲支续修。旧派：继绪建大业，湘楚焕域……

石门仙阳常家峪刘氏　始祖南湖公，原籍江西，元至元间宦任辰州府同知，落业安乡永丰里。九世朝阳公，明天启崇祯间由江陵客邸转徙石门北乡仙阳常家峪。清嘉庆五年（1800）纂有草谱，道光二十二年（1842）首次印刷，宣统元年（1909）续修，1927 年九澧刘氏联谱，2004 年四续，现有人口 900 人，其中女 458 人。安乡旧派：立志名成，维以其芳。敦中秉正，景哲师良。承宗贻子，允式为常。道光新派：志立名成维美，家兴道学声长。子孙世庆光大，克绍祖宗贤良。正士恒登化国，永膺天锡显相。廷尊德泽宏远，兆启兰桂腾芳。今采用九澧联派。

石门刘氏　始迁祖永高公，明末清初由江西迁澧州，聚居石门易家渡刘家坪、新关闫家峪、蒙泉白羊湖等及临澧、澧县、津市、安乡诸县。清光绪十八年（1892）、1994 年、2011 年纂修族谱。堂号天禄。长房老派：大庭思宗源，国正士民安。宏勋光祖德，才学显朝端。一支传万代，作述业斯恢。立本郭黎阁，荣先启良显。幺房老派：仲守永承大，国正士民安。鸿勋光祖德，家学显朝端。宗支传万代，作述业斯恢。立本敦忠孝，荣光启俊才。

石门刘氏 始迁祖嘉忠公，清康熙间自江西吉安大栗树迁来，先至辰州，再迁石门兰溪蹇家湾。2014 年纂修族谱。

石门刘氏 始祖自江西背井西奔，避兵于湖广岳州府永定天门山下，为慈利三都民籍。传至元福公兄弟，自慈利杨家溪徙石门，一居澧南五都坪，一居澧北进里坪（今刘家坪）。1937 年建天禄祠于刘家坪。1999 年纂修族谱。派序：忠孝振家声，仁爱继世长。信义多福泽，和平寿宜昌。积善隆子孙，勤俭兆吉祥。甲科步青云，天禄定群英。

石门、澧县刘氏 始迁祖丕振公，原籍江西吉安府吉水县西乡，明洪武二年（1369）迁居澧县闸口天供山白鹤岭。生祚、祜二公，后丕振公携祜公回原籍，祚公仍留居于此。四世奎珠公，明正统间迁石门南圻。1948 年始修族谱，2000 年续修。派语：大益珠升汉，应学德启承。朝元开甲士，永远有洪恩。

张家界刘氏 始迁祖武忠公，又名海公，原籍江西吉安府吉水县高桥庙紫溪里大栗树，元末从朱元璋征，授湖北沔阳指挥使。至正间土官向克武、向仲山乱，留镇岳州慈利安福所，居桑植县，葬蔡家冈乐坡葛家湾。设千户四员：朱、高、袁、李，四姓世袭，轮流助防。武忠公生三子：福、贵、寿。福公自愿为民，择居桑植中溶龙堰峪。传至明大公，自龙堰峪移居永定教字垭柑子坡。明进移居永定桥头乡岩槽门，明凤移居永定唐家坪黄茅岭。2018 年纂修族谱。紫溪字派：公尔延世大，天荣永贵中。文武全忠义，诗书礼乐同。九溪字派：明国启贤上，忠承世业开。宣统元年（1909）字派：经纪绍前芳，祖汉永安康。科甲宏景运，积厚长发祥。

张家界刘氏 始迁祖中公，字怀良，江南直隶通州（知）〔如〕皋县大南门打兰巷人，明洪武二年（1369）杨璟拨调淮通八府武弁镇守湖南天门古郡，累功授昭信校尉，官指挥使，封怀远将军，世袭七代，驻守永定卫，遂家刘家巷，后又移居县城南关外木茅二坪。族人分布在永顺刘家寨、西坝湖，澧县刘家河、江西定番县、云南等地。至 1948 年，男女丁口 1000 余人。总祠在天崇乡第八保中木讷里，分祠在附城土门外永定镇。

慈利东岳观刘氏 始祖念庆公，宋祥符间由江西泰和县长炉村率师征蛮，落籍于湖北鹤峰，为安抚司。传至世达、世贤，明洪武初随土司唐涌归顺，为青山隘正、副百户。念庆公十六世安相公，明末清初由鹤峰迁居桑植，再迁慈利东岳观刘家湾。清光绪三十年（1904）一修族谱，1940 年续修，1999 年三修。派行：念文知源印，甫世志得永。广名大良尚，安朝应纯汉。汉祚绍天长景运际。湘楚焕域，镇治森煌。封锡衍植，灿重银洋。该族今为土家族。

慈利刘氏 始迁祖纠纲公，字四维，号纪堂，原籍江西瑞州。明成化间迁慈利县二都老棚，六世时有廷凰公复由慈利迁桃源。子孙散居慈利、桃源、石门三县。清道光间纂修墨谱。同治十二年（1873）、1934 年二修族谱。堂号德馨。字派：纠志裕汉朝，廷启万世宗。士克绍先德，永远嗣贤能。国运正昌盛，化道自久长。家兴延祖泽，与之咸大光。

慈利刘氏 始迁祖鼎汉公、鼎魁公。后裔分居于六角堰、慈利烟厂、桃花溪、漆家河、杨家湾、刘家冈、长堉、枫树湾等地。1938 年纂有族谱，堂号禄阁。

桑植刘氏 始迁祖武忠公，祖籍湖北黄冈县鸭丹洲。明洪武三年（1370）以武举授沔阳指挥，改任酉水守御千户所。后人分布于刘家坪、洪家关、瑞塔铺等乡镇。

桑植刘氏 始祖光祖公，明正统末年自湖北黄冈来安福所访寻武忠公子孙，后入赘今南岔乡檀木溪李万纯为婿，改姓李。其后嗣因坟返宗复姓刘，而保留李姓派系，视李姓为亲血统，不通婚，自称“双姓人”。后人分布在洪家关、南岔两地。

桑植刘氏 始祖自朝公，原居湖北黄冈县净瓶州刘家巷鱼桥，因平湖南西北土人叛乱有功，授以千户，镇守安福守御千户所。自朝殁，弟自纲替职。后人分布在五道水、桥自弯、洪家关等乡。

益阳、宁乡刘氏 宋赞善大夫叔度公发迹豫章，以《春秋三传》起家。八传至中池公、万山公，为宁益二宗之祖。中池公，三传至伯河、伯汉、伯源、伯清、伯瀛兄弟，自江西徙居湖南益邑桥河、牛田、汾湖等处。万山公，字式卿，岁进士，赠兵部左侍郎，世居江西泰和县万子庙，明洪武二年（1369）迁湘。传进通、进迓。进通徙新化石马。进迓，兵部侍郎，随父徙居宁乡，落籍龙洞、瓦子坪、湾田冲等地，传至秉尧、秉舜、秉颜，颜公失传，尧、舜两房子孙散居宁乡、益阳、桃江等地。通、迓两房族谱始修于清康熙五十五年（1716），至 1930 年六修。2003 年迓房七修，其时人口 4430 人。总祠位于益邑治西门外，建于同治四年（1865）。旧派：万进秉贤，明文思贵。祖诚永兴，时曰大宗。德乃显启，翼绍有勋。续派：先泽维长盛，家声定继荣。才华隆建树，功业记恢宏。忠孝传良训，诗书发俊英。楚邦垂远绪，佐理庆升平。

益阳刘氏 始祖式公，字叔度，宋太宗时赞善大夫，传八世，分中池、万山二宗。万山裔衍宁乡。中池公，宋理宗淳祐间进士，传署、齐、圣、广、渊五房。齐、圣、广、渊裔居泰和、安福、庐陵等地，署公居吉水，生孟、仲、叔、季。传至嗣洛公，字伯河，号汝海，为中池公四世孙，世居江西梓溪，元至正二十三年（1363）督兵镇楚，落业益阳铁炉巷。生应宗、应良、应贤、应富、应明。富、明不传。应宗居桃江刘家冲，应良居益阳十七里阳龙坝。清康熙五十五年（1716）伯河公裔合修族谱，嘉庆六年（1801）、咸丰十年（1860）、光绪十九年（1893）、1923年应良房续修，2002年良裔炽淮、炽宽两房六修。嗣洛公裔派语：嗣应崇昌炽，名登治国朝。光宗德乃显，启翼绍方超。先泽维先盛，家声定继荣。自二十一派始采用公派。

益阳八甲刘氏　始迁祖青山公，讳松，字允坚，原籍江西吉安府吉水县，元至大二年（1309）自京赴粤东任州判，道卒益阳。其子源锦、源材、源良遂落业益阳。清康熙间始修族谱，乾隆四十二年（1777）、同治九年（1870）、光绪三十三年（1907）、1943年、2002年续修，至今人口4500余人。派语：源清孝秀至，士鉴正宗善。仁德培书教，文章应上选。鸿范启家声，守克承先典。笃庆锡其光，襄赞勋名显。

益阳金鸡山刘氏　始迁祖文佐公，元至正十二年（1352）由江西泰和迁此，今属桃江，后衍潘家山、荷塘。

益阳桥头河天麒公房刘氏　始迁祖南仲公，元至正间携子嗣澧（天麒）、嗣沄（天麟），兄子嗣洛、嗣溢，弟子嗣瀠，族子进迓自江西迁居益阳。嗣澧居桥头河，七传衍为明珠、璋、鹤、鸧、景、鼻、导七房。清康熙五十五年（1716）合洛、溢、沄、瀠、迓五房创修族谱，1912年五修。派语：嗣应崇昌炽，名登治国朝。光宗德乃显，启翼绍有超。先泽昭长盛，家声定继荣。才华隆建树，功业纪恢宏。忠孝传良训，诗书发俊英。楚邦垂远绪，佐理庆升平。

益阳桥头河天麟公房刘氏　南仲公元至正二十三年（1363）携子嗣澧（天麒）、嗣沄（天麟）自江西吉安徙汉寿军山铺，澧、沄兄弟又迁益阳十里桥头河。清康熙五十五年（1716）沄房合洛、溢、澧、瀠、迓房一修族谱，乾隆四十一年（1776）沄房合澧房二修，嘉庆二十一年（1816）各房分修，咸丰八年（1858）、光绪十五年（1889）、1923年、2018年沄房续修。字派：嗣应承昌炽，名登仕国朝。光宗德乃显，启翼绍有超。

益阳南道塘刘氏　始迁祖嗣瀠公，元至正间自江西吉水宦游益阳，初居白鹿寺铁炉巷，后迁居于此。后衍居宁家铺、宝林冲、刘家桥等地。

益阳沙头刘氏　始祖光泽公，家白水村。宋仁宗时迁江西吉安府吉水县罗水溪大河桥莲花塘圳上。元至元时升泰公生四子：正礼、本林、仲显、必庸，于顺帝至正三年（1343）行商路经常德、长沙等州县，当时寇贼未息，江河壅塞，遂寓止益邑水竹山包茅洞。嗣后正礼、必庸后裔徙新桥观严家河莲花井等处，本林开垦紫罗桥，仲显开垦新桥观铁炉冲、邹家桥、高城坊、龙仙桥等处。清咸丰四年（1854）本林、仲显两房始修族谱，光绪十五年（1889）两房续修。乾隆四十八年（1783）严家河、莲花井、紫罗桥、新桥观及沙头四支共建宗祠于城内五马坊，本林、仲显两房建支祠于沙头。派语：庆锡隆源启，伯恒礼义祥。明继述先贤，文章华远昌。善才开鼎甲，大本在经常。家人英杰起，昭穆永传芳。

益阳赤壁村刘氏 始迁祖有达公，讳本浤，元季携弟有通公，讳本源，由江西安成迁居益阳山田村，筑庐赤壁山下。清乾隆二年（1737）与江西合谱，乾隆八年（1743）一修族谱，嘉庆二年（1797）、道光二十年（1840）、光绪二十八年（1902）、1943 年续修。赤壁村旧派：本宗益德金，廷先添朝国。惟继祖承先，隆士文光起。文木村旧派：本宗益德音，今子有尊大。希承上嗣芳，朝廷珍俊杰。大栗港旧派：世克仕有道，万廷朝重芳。应之远先亦，宗德永大昌。三宗通派：忠厚迪家传，诗书步前美。品学盖湘南，声名盛都里。

益阳漩塘刘氏 先世居益阳刘山冲，元末兵乱，大见公落业同邑漩塘。生祖玉、祖金，衍为两大房。清嘉庆九年（1804）始修族谱，道光二十三年（1843）、光绪五年（1879）、宣统元年（1909）、1933 年续修。派语：尊祖昌荣贵，胜克应思天。顺遂安国邦，孙支世代贤。传家以忠孝，信义品端方。诗书起门第，鼎足同显扬。

益阳白鹿塘刘氏 始迁祖开福公，元至正间自江西吉水官常德卫总兵，罢卫归屯至益阳，定居于此。后衍居白鹿塘、大海塘、茈湖口。清乾隆三十年（1765）、道光元年（1821）、光绪元年（1875）1914 年、1948 年、2003 年、2006 年纂修族谱。字派：开极受钟隆，朝天玉膺黉。之若禹声显，光大耀文宗（后接百字派）。

益阳河塘刘氏 始祖光世公。十九传至文佐公，行六，元至正间由江西泰和县圳上迁居湖南益阳县三里金鸡山（今属桃江县），明洪武初偕子兴公、孙禹通公徙居九里潘家山，二十八年（1395）转迁河塘（今属桃江县），七世衍为潜、铭、洪、拱、溶五房。清康熙二十年（1681）、乾隆十一年（1746）、嘉庆十六年（1811）、道光十一年（1831）、同治四年（1865）、光绪十九年（1893）、1923 年、1996 年八修族谱。八修时入谱人丁 9304 人。乾隆四十八年

(1783) 建宗祠于狮子山。旧派语：如添爵吉祥，怡恩永克昌。忠厚传家泽，诗书启俊良。端温昭淑度，雍睦协陶唐。慈孝垂悠久，贤才锡庆长。1918 年益阳刘氏合修族志公派语：懿铄伊耆胄，资江占籍繁。簪缨遗晋豫，侯度谨梁藩。芷茂充闾馥，楠乔作栋坚。谟猷孚谏院，霖澍渥农田。拔萃廉兼惠，连标梓仰桥。仪容符品藻，凯韵协箫韶。林麓驰骐骥，云霄奋鹗鹏。夏官襄燮理，班史颂禧龄。奎璧澂莹质，璠玙干济材。赓飏张庶政，骧步贺萱阶。

益阳汤家冲刘氏 始迁祖崇赞公，自江西官洞庭协，元至正间宦游至益阳，后定居于此。后裔居汾湖洲。

益阳浮丘刘氏 一派祖铣传公，元末兵乱时由江西迁益阳九里浮丘太平寨，今属桃江。清嘉庆四年（1799）创修族谱，道光元年（1821）始付梓。同治六年（1867）续修，光绪二十九年（1903）三修，1928 年四修。派语：本太正尚大，永开世德基。征祥承善教，宏远乐光熙。富礼恢先绪，嗣昌启后贤。家声震湘楚，祖泽溯渊源。四修派语：福祉宗功迪，云仍怿朴淳。英材时蔚起，孝友叙天伦。

益阳刘氏 始祖伯川公，仕元，自南昌宦游至常德，流寓桃源。元末兵乱，其子明远遂携六了徙益阳。

益阳官庄刘氏 始迁祖应显公，字全裕，元末明初由江西吉安府泰和县习山乡徙湖南益阳十里水白坊。三世祖显达再徙官庄。五世鉴公生以让、以昌、以显、以通、以崇、以甫，分为六大房。清康熙五十七年（1718）、乾隆二十八年（1763）、嘉庆十年（1805）、道光十九年（1839）、光绪二年（1876）、1916 年、1949 年纂修族谱。

益阳河塘官庄刘氏 始迁祖继泗公，元顺帝初年自江西泰和迁此。三世派分应降、应华、应祥三房。衍居迎丰桥、河塘官家嘴、六甲冲，今属桃江。民国间六修族谱，堂号天香。

益阳新桥刘氏 始祖西源公，世居江西，生正礼、仲伦、必庸。元末明初兄弟相率迁益，正礼居十七里官家塅，必庸居十九里泉交河，仲伦居十九里下新桥。清嘉庆二十五年（1820）、同治四年（1865）、光绪三十年（1904）、1926 年新桥支四修族谱。派语：仲如汝廷，怡然生麟。汉相其明贤，勋开百代传。家声思丕振，忠孝道为先。

益阳碧田刘氏 始祖显南公，字易传，号新田，明洪武二年（1369）挈子家规、家表自江西泰和县鹅颈大圳上迁楚之益阳四里王母村。家表四传返迁泰和。家规定居四里，生三子：和润、和熙、和溶。熙、溶传绝。润公于永乐间复徙四里三堂街，为三堂街肇基祖。族谱创修于明弘治间，至1913年五修，堂号彭城。派语：业大声名扬，家和祖泽长。上信朝纲在，宗宏万世昌。贤良方正选，佐佑焕邦光。学人昭黼黻，寰宇庆平康。忠孝文章炳，经纶礼乐详。凤麟仪治国，金殿效赓扬。

益阳邹家桥刘氏 始祖敏公，字於事，明洪武三年（1370）由江西吉水县鹅颈大垭圳上迁居湖南益阳治北邹家桥。传至六世福龚、福仙，分迁九条岭和过路坪。族谱创修于清乾隆四十九年（1784），至1947年五修。旧派：敏雍崇永嘉。续派：福廷高应耀，亿德祧平修。忠信安邦远，文章治世优。宏才敷万代，伟业炳千来。法守惟诗礼，兴隆自有由。

益阳源桥刘氏 始迁祖善扬公，字风南，号汇川，明洪武间兄弟三人由江西吉安府泰和县同宦游楚，卜居益阳刘洋坪。明正德六年（1511）创修族谱，清乾隆十九年（1754）、嘉庆二十三年（1818）、咸丰六年（1856）、光绪十二年（1886）、1919年续修。派语：善子源必廷，崇学大邦希。仁和顺绍贤，良嗣业恢先。

益阳三甲湾刘氏 始迁祖自一、自二、自三兄弟三人，明洪武初年自江西吉安府吉水县泰和圳上同来湖南益阳。自一公居汾湖洲，即十甲。自二公占籍三甲湾，衍松、森、彬三房。自三公徙居楚北不详。族谱创修于清道光八年（1828），至1938年四修，1948年五修。三甲原派：自应天性达，以惟廷奉登。龙镇世远国，大青风教维。十甲原派：（仕一公下八派）尚文忠人，登廷兴岳。三甲与十甲续派：日月光天德，山河壮地维。典常承郅化，孝友正家规。履泰群贤进，临观大象垂。勋高垂奕叶，万代仰朝仪。

益阳宝积刘氏 始迁祖之廉公，明洪武间由赣转鄂而迁湘开垦，落业益阳县宝积乡河皮垸金鸡岭。族人多分布在益阳、湘阴、沅江、华容、南县等地。至1948年，已传13代，男女丁口1000余人。大宗祠在湖北监利县朱陵河，小宗祠在益阳宝积乡金鸡岭。

益阳山青铺刘氏 始祖宝善公，字镇楚，别号珍亭，明洪武间由江西吉安府吉水县徙居湖南长沙麻阳坪，建文时又徙益阳山青铺刘家山。衍彩、彰、彪、彲、彧、彦六房。清嘉庆九年（1804）、道光二十三年（1843）、光绪二年（1876）、光绪三十二年（1906）、1934年、2007年六修族谱。至1948年，已传25代，男女丁口约2991人，多分布在云龙、兰溪、泉河、箴言等乡以及南、华、安、沅、汉等县。字派：开春荣盛，宝瑞征奇。芳美显忠良，文明世德昌。懿铄伊耆胄，资江占籍繁。

益阳水口庙刘家嘴刘氏 始迁祖魁科公，明洪武初年自江西来此开垦。后衍居六房冲、鄢家嘴。

益阳烂泥塘刘氏 始迁祖道清公，明洪武年间自江西瑞金迁此。后衍居千家洲、土桥冲、黄梅冲等地。

益阳寺滩刘氏 始迁祖子驯公，因避乱于明洪武间自江西庐陵迁此。后衍居杨家塅、蒋公塘等地，今属桃江。

益阳刘洋坪刘氏 始迁祖汇川公，明洪武间自江西泰和宦游益阳而后定居于此。后裔居欧公店等地，今属桃江。

益阳一家洲刘氏 始迁祖德文公，明洪武年间自江西吉水官长沙卫守府，宦游益阳，卜居于此。后衍居东村、月堤垸等地。1930 年四修支谱，堂号然乙。

益阳刘氏 始祖仕达公，字宦南，明永乐二年（1404）皇封开垦东南亩千户侯，迁居湖南桃江，传四世至万纪公。后裔居刘家湾、大栗港、板溪、玉溪、何家村等处。派名：世克仕有道，万廷朝重芳，应之远生奕，宗德永大冒，忠厚（下接 1918 年益阳刘氏合订百字派语）。仕达公二十五世孙刘大熙，号人奎，官授少将，曾参与湖南和平解放运动。

益阳大栗港刘氏 始祖肇庆公，世居北直宛平县朱家巷，山东勤劳王事，三传至仕达公，率兵来朗，明永乐二年（1404）屯垦益阳大栗港。清乾隆二十三年（1758）建祠于此。雍正八年（1730）、嘉庆元年（1796）、道光十七年（1837）、光绪十八年（1892）、1929 年五修族谱。老派：世克仕有道，万廷朝重芳。应之远光奕，宗德永大昌。新派：忠厚传家久，贤能传国长。文明开泰运，声教盛南湘。

益阳朱家冲刘氏 始迁祖继显公，明永乐时由江西临江府峡江县迁居益阳烂泥湖。三子，彦安迁安化，彦忠迁新化，长彦源世居益邑十九里朱家冲。清乾隆五十年（1785）一修族谱，嘉庆二十二年（1817）二修，光绪五年（1879）三修，1929 年四修。朱家冲派语：继彦髦崇古，造世泽以荣。昌永建基疆，奠宏开能长。彦安房资阳派语：继彦单才邦，三芳世永良。圣朝文义士，善守应能长。敦厚贻谋远，熙和景运光。修齐隆锡应，毓俊绍嘉祥。彦安房沅江派语：继碧水允青，本钦明徽起。芳立宗大原，蔚成家裕礼。

益阳、沅江刘氏 始祖继显公，明永乐十九年（1421）自江西峡江火田奉旨采办，事毕遂家于湖南益阳十九里烂泥湖，仍其地名为火田垸，示不忘旧。生三子：彦源公居益阳二十里朱家庄，彦忠公居新化黄杨山。彦安公生五子：

渊一居沅江七都马家塘，海二留居益阳烂泥湖，贤三、再五居益阳二里大河口，达四居安化大溪。至1948年，已传24代，共14500人，多分布在新化黄杨山、益阳、沅江等地。民国初年建总祠于益阳县城。宗祠一在益阳二里马迹塘，一在沅江七里马家塘。支祠一在益阳二里谭家园，一在益阳二十里朱家村。1930年七修族谱。

益阳石井、梅溪刘氏 迁湘始祖处志公，先世江西吉安府永丰县永丰乡人，明永乐二年（1404）调守岳州府金城寨，遂流寓岳阳。生在明、景明，迁益阳兰溪千家洲。在明生清雅、清彻，再迁九里杨家坳。清雅裔居石井，清彻裔居梅溪、高峰。清乾隆三年（1738）始修族谱，1932年石井五修、2020年石井七修。石井、梅溪、高峰派语：元富均郎志，明清锭（锃）永世。应曰钦向士，继泰本成宗。泽启中邦盛，声传上国隆。文光常有耀，家运乐时雍。大业诗书振，奇勋道德崇。英才洪作育，忠孝晋荣封。

益阳刘家巷子刘氏 始迁祖可清公，明永乐间自江西永新迁此。后衍居古塘基、洪家墩、青山塘等地。

益阳九峰山刘氏 始祖占明公，明永乐年间自江西吉水流寓益阳，定居于此，今属桃江。

益阳华林墩刘氏 始迁祖廷銮公，明正统年间自江西丰城迁此。

益阳南岸山刘氏 始迁祖显际公，明成化年间因避乱自江西清江来此，后衍居衡龙桥、八甲湾、心田等地，今属桃江。

益阳朱家坊刘氏 始祖插清公，官指挥，因称指挥公，明正德间由江西迁来宁乡，越数世至文昱公，复分支益阳二十里冲东山湾朱家坊。1934年宁、益二派五修族谱。

益阳刘冲刘氏 始迁祖汝海公，明时由江西迁居湖南益阳十里刘冲。至四世祖炽高公支分明、辉、安三房。族谱创修于清康熙五十五年（1716），乾隆三十年（1765）、嘉庆二十一年（1816）续修，咸丰十年（1860）明房四修支谱，堂号彭城。康熙年间三房子孙建宗祠于水口。派语：汝应思炽德，廷允芳朝清。国泰乃显启，翼绍有勋衡。世泽维长盛，家声定继荣。才华隆建树，功业纪恢宏。忠孝传良训，诗书发俊英。楚邦垂远绪，黼黻庆升平。

益阳泉塘村石嘴上刘氏 始迁祖千泗公，清康熙年间自福建上杭迁此。后衍居侍郎桥、水满冲、南坝等地。

益阳官楼坪刘氏 一世玉公，河南汝宁府上蔡县人，明洪武进士。三世思源公迁江西。六世志和公生彦斌，明永乐二年（1404）迁湖北襄阳府光化县，后又迁蒲圻。十七世淑淇、淑茂、淑虎、淑虔，清康熙时由蒲圻迁益阳十七里官楼坪。清同治八年（1869）、光绪二十七年（1901）、1934 年、2007 年纂修支谱。派语：祖德肇修纪，宗功起大昌。传家惟孝友，报国以文章。

益阳三堂街刘氏 始迁祖大经、大橳二公，清康熙时由湖北迁此，今属桃江。

益阳、沅江刘氏 始祖乾道公，生明洪武四年（1371），宣（值）〔德〕间卒，葬湖北荆州江陵县李公垸村。明万历间六派祖廷学携第三子忠贞来游资阳，爱其山川秀丽，遂落业益阳千家洲。廷学公弟廷桂及长子忠选、次子忠亮仍居江陵。九派祖国顺又购沅江东兴堰。清光绪二十三年（1897）资阳刘氏续修支谱，资阳刘氏 15 支，入谱 8 支。2017 年国顺房续修。派语：乾元广大亨，廷忠希国启。世永在文明，贻谋承真梓。培源绍祖体，树德振家声。本厚发奇光，青云映万里。

沅江刘氏 汉时长沙定王发之次子苍，封安成侯，传三十五派至盛公，为避黄巢之乱而迁居江右。盛公再传二十派至厚岳、厚嵩，嵩公迁居鄂北。岳公则于明洪武八年（1375）自江西吉水县桐庐保兰溪都丽水村贸易来楚，侨寓湘邑之湾河，后迁沅江开垦而落业于花陇冲、大宗头等地。支谱肇修于明万历十二年（1584），清咸丰四年（1854）二修，光绪三十一年（1905）三修，1930 年四修。派语：祖泽如江汉，德厚启云霞。万户国廷化，仕仁可知佳。文才经时大，学足胜荣华。美秀传今古，儒声永世家。

沅江刘氏 始迁祖仲简公，原籍庐陵，明初由西而南，揽洞庭之胜，卜沅江鹿池场。传三世衍义用、义和两支，散居齐头山等处。清道光五年（1825）、光绪六年（1880）、1918 年纂修族谱。派语：三宗人之正，大教衍继绳。华国士为宝，齐家孝义兴。

沅江永丰垸刘氏 始迁祖天辅公，原名府，原籍湖北黄州府麻城县刘家河，明正德九年（1514）徙居湘南沅邑龙保新惠都，后衍居大河东西各垸。族谱创修于清乾隆三年（1738），至 1947 年五修。乾隆四十七年（1782）建宗祠于永丰垸。派语：（自九派起）金良斯远焕，本正定长延。守典承先志，储英启嗣贤。

沅江新湾镇龙山村刘氏 先世明初自江西安福县迁汉寿县军山堤背湾。明崇祯时，一支迁居赤山。至 1985 年，全族人口 2500 余人，散居赤山各乡村。

安化浮青刘氏 始祖驹公，唐朝人，原籍江西泰和县圳上潼江湾，其子嚣公，以功赐爵楚侯王，谥仁忠。传至五派祖先豪公，因功敕授指挥而官宝庆，遂家焉。先豪公之子玉琦徙居新化，生三子：海、源、崇，崇留守新化，海、源同徙安化县常丰乡。海公居浮青，源公居栗山秦家冲。清康熙二十八年（1689）、乾隆九年（1744）两房合修族谱，咸丰间分修，光绪二十五年（1899）又合修。族人多分布在安化之仙长乡、十里牌、茅坪段、芙蓉、岐山、乐安桥、一都、四都等乡，以及陕西、广东、广西等地。至1948年，男女丁口在万人以上。老祠在新化苏溪关。清光绪十四年（1888）安化刘氏子羽、允迪、玉琦三公后裔建祠于邑城南门文曲街。玉琦公裔派语：玉日昌如仕（子），思政彦（德）廷应（承）。国正天星（益志元文）大，永安凝世绪。忠孝绍名贤，继述定光前。道义绳家学，宗功万代传。

安化卧龙桥刘氏 始祖唐时驹公，隶籍江西泰和县圳上潼江湾。三传至景隆公生四子：先英、先雄、先豪、先进。先进公字俊，后周进士，居成都，尊之为一世祖。其子玉盛，宋初居新化苏溪，生政、远、滔。滔公因征辰蛮有功而落业溆浦，六传至日新公，由溆浦迁居安化卧龙桥。日新公子鹭公，子三：应祥，其裔远徙。应信居柘溪。应诚子五：永宁、永洪、永清、永澄、永泰。族谱始修于明万历十年（1582），1935年，宁、洪、泰裔八修族谱，生丁2900人。宗祠位于卧龙桥。派语：先玉滔靖椿，晖宗新汝应。永子廷单大，日元有志国。世其昌君立，宽洪昭益丰。克让文明化，明雍兆睦亲。孙谋宜自振，祖武更相绳。忠孝家之本，诗书众所称。素修为可继，美举会须能。福泽源来远，嘉祥喜共增。清光绪间玉盛公五十三户建总祠于新化城内，创修通谱，订立通派：仁让兴唐化，时雍兆睦亲。泰和家政懋，孝友一堂春。有道欣同轨，观光利用宾。后贤方蔚起，尚勉迪前人。规模传汉代，继述守成章。楚国多才俊，诗书世泽长。

安化边江刘氏 始祖先进公，后周显德三年（956）进士，授内阁中书，改授成都太守。二世祖玉盛公，宋邵州太守，奉编徙新化茅坪。三世祖滔公，以征苗功封平服掌管相，授淮南节度使，徙居溆浦。十世祖应通公，明洪武间始迁安化边江。

安化城北刘氏 始祖先进公，子玉盛，字绪昌，号福裔，宋初以官籍落业邵州，旋迁上梅茅坪，卜葬苏溪，子三：政、远、滔。远公六传至允迪公，字循道，宋大观三年（1109）自苏溪迁居安邑城北三里桥。族谱创修于清乾隆二十三年（1758），道光二十一年（1841）续修，光绪十年（1884）三修，1947年四修。光绪十四年（1888）安化刘氏子羽、允迪、玉琦三公之裔共建宗祠于邑城南门文曲街，三支郡望同称彭城，始迁同自江西。子羽公裔派语：泰简万丹宗，仕大可思钟。荫学腾麟凤，春光起鹤龙。贤能宏世业，俊彦庆时雍。诗礼传家政，忠良受国封。允迪公裔派语：先玉远崇泰，世如师允叔。□之□□□，□□广（诗）□。□□□□□，□□□□□。重修光积庆，时雍肇睦亲，泰和家政茂，孝友一堂春。玉琦公裔派语：玉日昌如仕（子），思政彦（德）廷应（承）。国正天星（益志元文）大，永安凝世绪。忠孝绍名贤，继述定光前。道义绳家学，宗功万代传。

安化河曲刘氏　一世先进公，二世玉盛公，知邵州，生政、远、滔，滔以征辰苗，功擢淮南节度使，不仕，隐溆浦溥源塘。八世一新，迁安化范溪。十世应通，又迁安化一都河曲高溪墹，生三子，长子子明居义路口，又生五子：长子文忠籍外，次子文通徙归化圳上，文宗、文显、文秀仍居旧址，衍为十一房。清光绪三十二年（1906）纂有族谱。字派：先玉滔靖椿，晖宗新汝应，子文彦单时，守承崇尚秉，福禄永安凝。绍修昭祖德，作育集廷英。保世惟忠孝，齐家有治平。

安化刘氏　伯让公长子泰懿公，字春融，号葛庵，原籍江西瑞州府上高县，建文二年（1400）进士，官衡州太守，因靖难，遂择地隐居，卜安化县治南街，旋立业于城西之柳林。有子六：正简、行简、荣简居上高，珍简、澄简、贵简居安化。明万历三年（1575）始修族谱，清康熙七年（1668）、康熙五十一年（1712）、嘉庆十年（1805）、咸丰十年（1860）、光绪二十五年（1899）、1930年续修。泰和公字谦融，原籍江西新昌县，越三世至万武公始迁安化县南芦茅塘。泰肆公字公达，明永乐十二年（1414）由江西新昌迁居安化县归化乡驿头铺。泰通公字达生，永乐二十年（1422）由新昌县迁居安化县小桥铺、驿头铺。泰峰公字念高，正统年间自庐陵县迁居安化。泰陞公字位高，永乐十一年（1413）自高安县迁居安化。泰玉公字礼云，明洪武初自泰和县迁居益阳，越四世至丹友公始迁安化。泰懿公房派语：泰简万丹宗，仕大可思钟。荫学腾麟凤，春光起鹤龙。贤能宏世业，俊彦庆时雍。诗礼传家政，忠良受国封。

安化蓝田刘氏　始迁祖思南公，讳添寿，明万历间由江西吉安府庐陵县潭源迁湘之安化县蓝田市，今属涟源。族人多分布在本市区及马王乡石马山等地。至1948年，已传12代，男女丁口约100人。享堂在蓝田南岸。

安化东寓刘氏　始迁祖在田公，父席儒公由江西官湖广宝庆教谕，卒于官，在田公遂落业安化归化漩塘。四世兄弟六人，今仅传三房：大房瑀公，三房瑺公，六房玘公。清乾隆间、道光九年（1829）、同治二年（1863）、光绪二十六年（1900）、1930年纂修族谱。字派：荣章天有启，远大正光明。福应昌和顺，宗功本世英。崇文开景泰，锡庆颂先声。佐国忠良佑，传家孝友成。

安化九甲刘氏 始祖翊圣公，生十子。长子天祯公，生银明，落业安化常安大珠渊。银明生延龄，延龄生文熇、文熄、文炼、文炳，开四、六、八、九甲。清顺治间创修族谱，乾隆四十三年（1778）、道光六年（1826）、同治七年（1868）、宣统元年（1909）、1947 年续修。班行：翊天银延文添正富有思祖宗朝元启大兴嗣续荣。昌永青自新，兆祥呈嘉瑞。庆衍毓奇英，醇厚继前绪。

安化刘氏 南迁始祖翊圣公，派开十户。二世天富公，传景宁公，景宁公传文灿公，文灿公三子：贵一、贵二、贵三。贵一裔居安化常安峦峰、田心山等处。贵三裔居安化芙蓉、新化永溪等处，生三子：仕荣、仕任、仕美，2014 年纂修族志。贵二裔居安化小水、归化甘冲、黎湾、横洋山、株山等处。贵二公房谱始修于清雍正十年（1732），嘉庆四年（1799）、道光二十七年（1847）、光绪十五年（1889）、1914 年、1946 年续修。旧班：翊天景文贵，学应忠纹武。志绍永楚思，道德昭先盛。新班：光明启自新，兆祥呈嘉瑞。庆衍毓奇英，醇厚继前绪。诗书迪后昆，孝悌循家榘。琼林玉树枝，上国辉仪羽。

安化桨江刘氏 始祖翊圣公，元进士，官凤阁学士，由江西泰和县迁湘。六世祖应琥公，由六甲湾迁躲石团，开三房，世居常安乡桨江。

新化城南刘氏 始迁祖现公，原籍江西泰和县早禾市圳上，宋治平间进士，授陕西延安府推官。宋神宗熙宁五年（1072）章惇开梅山，置新化县，诏徙泰和之民以实新邑。现公以宦途艰险，不乐仕进，于元丰八年（1085）携家徙新化城南，人称城南刘氏。明永乐六年（1408）册立户籍，分忠、福、顺户。清乾隆五十四年（1789）始修族谱，道光二十年（1840）二修，光绪六年（1880）三修，1936 年四修。四修时子华公裔与修，称华户。其时四户男丁 5497 人，妇口 3432 人。忠户字派：现亨时汝思，子钦侯寿继（贵）。廷忠志允大，正宗夫应成。士景隆显绍，作家声裕光。福户字派：现亨时汝思，子孙友应必。文景平伯楚，廷正仁国尚。仕荣宗显祖，作家声裕光。顺户字派：现亨时汝思，子孙克源谦。志大万廷希，正广充德贤。士景隆显绍，作家声裕光。华户字派：现亨时汝思，子孙克源得。志廷影添秉，正广登应贤。士景隆显绍，作家声裕光。

新化刘氏 始祖景隆公，原籍江西吉安府泰和县圳上。子先进，后周显德中登进士第，授成都太守。先进公之子玉盛，官邵州刺史，解组居新化茅坪，生三子：政、远、滔。政居成都，后裔转徙新化、益阳、龙阳等邑。远居新化茅坪。滔居溆浦、安化、武冈、新宁等地。明万历十八年（1590）始修通谱，清咸丰四年（1854）、光绪二十五年（1899）、1933 年、1999 年续修。总祠建于新化城西。通班：（自三十一世起）仁让兴唐化，时雍兆睦亲。泰和家政茂，孝友一堂春。有道欣国轨，观光利用宾。规模传汉代，继述宋成章。楚国多才俊，诗书世泽长。

新化富源刘氏　一世景隆公。六世奉公，卜居富源桥。九世师圣公，生允忠、允贞、允宗。忠、贞二公衍富源、渭溪、塘头、万宝户。宗公迁大坪。清嘉庆二十一年（1816）、光绪元年（1875）、宣统元年（1909）纂修族谱。班次：景先玉远袠，奉世如师允。贤通添子文，克必仲成朝。永大兴宗祖，时杰有万年。

新化坪砥刘氏　始祖刘邦，传六十世至文彬公子四：吉祥、吉茂、吉蕴、吉才。宋元丰时四公及其叔远、滔两公由江西泰和县梅子市早禾渡迁湘，滔居溆浦，远居新化茅坪，吉祥居邵阳新宁乡槲木山，吉茂居邵阳九都及沅陵。吉蕴居新化坪砥，至七世衍应怀、应戢两房。族谱始修于明万历三十六年（1608），前三谱通修，清嘉庆十二年（1807）两房分修。1995 年两房八修。怀房十三世应祯因岳家无人，更顶聂姓（康熙间复姓），生晚明、晚武。晚明衍荣、华、富、贵四房。1947 年晚明裔八修族谱。明成化十六年（1480）建宗祠于坪砥。排行：吉绍公子秉仁彦俊友梦天大孙志福永广廷朝凤世显卿嗣先维楚应经华。（自三十五世起）助道登宗基，尧钟汉业烈，重镇泰和熙。远钜洪模耀，圭锡湛新辉。敬孝资长久，勋猷树卓威。明堂敦古训，兰桂喜腾飞。

新化高坪刘氏　始祖百万公，派衍彭城，家于江西吉安泰和县早禾市圳上。越十余世至元至元间，有为宋大理寺评事者徙居湖南新化高坪观庄，因家谱残缺，新化始迁祖之讳字皆缺，故以官为名称评事公，评事公生五子：赓甫、贵甫、申甫、南甫、义甫。申、南、义三房各立土著，别为宗祧，惟赓、贵二户依始祖故址而居。清乾隆七年（1742）赓、贵两房始修族谱，嘉庆二十一年（1816）、同治十一年（1872）、宣统元年（1909）、1948 年续修。班行：文运贤良化，时雍兆睦亲。泰和家政懋，孝友一堂春。有道欣同轨，观光利用宾。后文方蔚起，尚勉迪前人。

新化坝上刘氏　始祖江西泰和人。至均祥公始居新化栗坪。均祥下五世光德，居城西坝上。

郴州寒泉刘氏　始祖三郎，明洪武初以小旗升总旗，授百户，由江西吉水县徙郴城西南隅寒泉。后裔散处西凤乡、永丰乡、德诸乡。

郴县黄茅刘氏　始祖淑远公，字子静，宋末因遭世乱自江西泰和迁湘南临武县乌陂洞。传十世至志禹公，字九畴，明嘉靖间迁居郴县秀才乡黄茅。至1948年，已传18代，男女丁口4000余人。宗祠在黄茅。

桂阳刘氏 先世宋元符三年（1100）由江西泰和迁入莲塘。宋末建康时登公为桂阳军知军，后留居桂阳城。

桂阳福洞坊刘氏 始迁祖才广公，字十万，南宋时因避乱自江西泰和县迁湘，开基于桂阳县贵临乡福洞坊。其后裔中一支迁居新田县北门正街。至1948年，已传24代，男女丁口120余人。宗祠在双溪岭。

资兴刘氏 始祖跃龙公，字腾飞，江西吉安庐陵人。元大德二年（1298）进士，由赣省特授湖广武昌府兴国州知州，后升湖南永州府知府。第三子智由吉水来永州，经郴之兴宁，占籍资兴县城。越二世、三世，分派三房：祥明、祥灵、祥秀。明永乐十年（1412）、清雍正十二年（1734）、乾隆二十六年（1761）、嘉庆九年（1804）、道光二十八年（1848）、光绪二十二年（1896）纂修族谱。排行：（自三世始）祥钟仕绩茂，治道协舆情。醇良传诗书，承先启俊英。嘉谟昌万纪，惠泽美三春。学富恒超拔，时丰乐太平。族人多分布在资兴、酃县、衡阳等地。至1948年，已传27代，男女丁口数万人。宗祠在资兴县城南门外头团街。该族名人：分巡台湾道刘良璧，其高祖日华公由兴宁迁衡阳。

永兴刘氏 始祖富道公，江西吉安府泰和县人，宋名臣式公之裔。宋南渡后由泰和徙居永兴金陵乡凫塘。子孙繁衍永兴全境。明成化三年（1467）、万历四年（1576）、清顺治十八年（1661）、乾隆二十七年（1762）、嘉庆三年（1798）、道光二十四年（1844）、光绪九年（1883）、1917年、1990年、1994年纂修族谱。字派：富盛顺安叟，辅子卿德宗，刘永孟仲季。汉祖定邦国，道高世代昌。绍承鸿骏烈，福寿启庭芳。清和开善治，亨达曜文章。纯学征修士，藜燃太乙光。

永兴刘氏 宋代式公发迹清江，三世孟二郎由江西来衡，由衡徙耒。十一世梦壬公，生富道、富远、富通。富道公迁永兴凫塘，富通公迁永兴天塘。富远公迁耒阳白鹭塘，传三世文昌、文秀、文宝、文星、文惠五公，又由耒阳迁永兴。清道光二十五年（1845）、同治十三年（1874）、光绪三十四年（1908）、1942年纂修族谱。谱以富远公为始祖。佐公排行：房祖富远起，钟文二辈订。才子思宗友，德正万代兴。世承光祖继，永远传芳名。仁公排行：房祖富远起，钟文二辈订。才子思友大，显朝永正邦。祖宗兴汉业，源远传芳名。续行：积善培根本，崇仁发达长。齐治宏先训，同心守典常。

宜章水尾刘氏 始祖天龙公，元元统元年（1333）由福建上杭县任广东乳源知县，因事沧桑迁湘，开基于宜章县黄沙乡第一保水尾刘家。族人多分布在宁远县笠头洞、台霄洞、潭源洞、连县、乳源、四川等地。至1948年，已传19代，男女丁口2600余人。清乾隆二十五年（1760）建宗祠于水尾。

宜章蓝坳水刘氏 明初由茶陵卫戍宜章。

宜章晓夏街刘氏 明洪武时自江西徙宜章晓夏街。

宜章车田刘氏 始迁祖祠荣公，字继光，明永乐间由茶陵县因军功来宜，开基于宜章县笆篱乡车田村。族人多分布在后洞、廖家铺、糍粑岭、山门、太窝寮、道士岩、旗山下、十三户等地。至1948年，已传23代，男女丁口约2000人。宗祠在车田。

宜章龙村刘氏 始祖振远公，字礼存，官名刘清，世居茶陵，明嘉靖间以总旗职奉命来宜平抚莽山苗瑶，后卜居宜章县龙村刘家。族人多分布在本村及宁远、蓝山、兴宁等地。至1948年，已传17代，450余人。清康熙年间建祖祠于上刘家。

宜章车木塘刘氏 始迁祖本释公，罢官曲江县令，自宜章赤石乡徙居车木塘。至1948年，共600人。

嘉禾侯寨刘氏 始祖惠卿公，宋隆兴间自江西鹅颈丘迁桂阳蓝桥背。其伯子泽洪以剿匪功官总兵，卜迁临武月华铺。又八传而至国安，始居沙坪，旋迁侯寨。后人分居于陂头、唐家、车南窝、乌泥塘等地。

嘉禾芹菜塘刘氏 始祖均才公，宋嘉定年间由桂阳分居牛狮寨，旋迁芹菜塘。后人分七族，居于路下坪、下庄岭、上塘、枫木队等地。

嘉禾栗窝里刘氏 始迁祖宣义公，宋时由江西泰和迁居湖南嘉禾县厚宝乡栗窝里。族人多分布在新田县留石坊等地。至1948年，已传38代，男女丁口约135人。

嘉禾儒峰刘氏 始祖永聪公，字彬宝，本姓李，蓝山新村李家人，明洪武年间迁此。七传而承外祖刘翁祧，遂姓刘氏。后人分布于新儒峰、老儒峰，皆以垦荒兴业。

嘉禾山口刘氏 始迁祖天富公，明洪武时由临武上山口迁嘉禾山口，以农起家。后裔分析下园山、大岭头、长山多处。至1930年，凡66户，男156人，女120人，共276人。

嘉禾湾凤刘氏 始迁祖子朝公，初居嘉禾铜鼓坪，明永乐年间迁湾凤。生六子，长子志禹之后裔分居于湾凤、乔木庄、鲁塘岭、郭家岭及郴县黄茅洞等地。

嘉禾秀溪桥下坊刘氏 始迁祖文德公，明时由桂阳县青口迁此，即小溪刘家上下二村。后人分布于桥下里、田心湾等地。至1930年，凡48户，男123人，女83人，共206人。

嘉禾黄甲头刘氏 始迁祖再德公，明时开基，由嘉禾小溪栗窝里迁黄甲头。至1930年，凡286户，男636人，女587人，共1223人。

嘉禾石富冲刘氏 始迁祖高攀公，原系耒阳东乡马水洞坪田圩老屋场人氏，清嘉庆十年（1805）迁嘉禾石富冲。2015纂修族谱。字派：高瞻歧建秀，厚德显洪功。仁礼嗣基绪，和恒启世雍。贻谋照燕翼，悠远益亨通。廉逊敦伦纪，咸安盛化中。

临武刘氏 始迁祖淑远公，字子静，江西泰和县仙槎乡减饭岭人，元时偕淑道、淑通、淑达、淑连、淑近因避乱迁湘，开基于临武县。族人散居本县及桂阳、嘉禾、蓝山、宁远、江华、衡阳等地。至1948年，已传25代，男女丁口5万余人。宗祠在临武县城东街。

汝城下仓刘氏 始迁祖圣鸾公，江西吉水县人。明洪武八年（1375）任桂阳县山口司，遂迁于此。后裔文远迁泷头。十九世德俊分居下河，德风分居塘头。

汝城良田刘氏 始祖景益公，明洪武初年因定边剿寇而自茶陵首马驻庐阳（今汝城）广安所，后至斌公卜宅于汝城县文明乡良田村。族人多分布在本乡宣溪、老鸦凳等地。至1948年，已传21代，男女丁口600余人。清雍正三年（1725）建宗祠于良田村。

汝城东藏刘氏 始迁祖潮公，明初以指挥使奉命驱寇，屯田于桂阳（今汝城）。后裔分布东区田庄、益将，南区下庄东岭，西区文明等村。至1932年，已传16代。

汝城东岭夏礼洞刘氏 始迁祖赞魁公，原籍江西泰和县，明末由广东仁化县迁此。至1932年，已传16代，500余人。

汝城牛田刘氏 始迁祖相元公，明崇祯年间自宜章县迁汝城牛田。后裔分布浙江山、脑子狗、船铺头等处。至1932年，已传12代，200余人。

汝城大盈刘氏 始迁祖上通公，清乾隆时自广东乐昌县九峰迁此。至1932年，已传8代，丁口70余人。

宁远马鞍岗刘氏 始迁祖拱北公，字星灿，宋德祐元年（1275）生于江西泰和县，官湖南道州刺史，后家于宁远马鞍岗。族人多分布于广济乡之鹅婆井、石龙泉，东屏乡城盘源、新福塘、琴溪坊、东城、月亮塘、冷水、瑟琶岗等地。至1948年，已传25代，男女丁口2000余人。

宁远云潭乡刘氏 始迁祖忠正公，原籍江西，宋时因避乱迁宁远县大陂洞（今云潭乡）定居。子孙散居禾亭乡拱桥刘家、仁和乡刘安仲等村。

祁阳刘氏 始祖庄公，号敬斋，唐时人，先世自江西抚州府宜黄县迁居吉安府泰和县。传至孔戎、孔成、孔圣、孔文、孔章、孔诗诸公，元末明初先后由江西迁居祁阳。孔戎公南宋初期由泰和迁居清福县梧桐街，下传十一代戍公，明万历间因统军迁居永州东北羊角井。孔成公南宋初期由泰和随军迁居零陵今永州仓前街五墩坡。孔圣生美甫，美甫生长二郎，明洪武八年（1375）任永州总镇，迁居永州。孔文生行甫、存甫，行甫七传至思政公，明洪武四年（1371）隐居祁南下水町，继居堡头、楠木井。孔章生魁甫，魁甫生贵荣，南宋咸淳时，贵荣由泰和迁居祁阳下马渡、七星岭、河沙头等处。孔诗生中甫，中甫生贵福，咸淳时迁居祁阳泮水池，2005年六房及茅岭上、鲤鱼塘、观冲塘合修联谱。其时孔戎房388人，孔成房362人，孔圣房576人，孔文房7961人，孔章房688人，孔诗房978人。班辈：（以“孔”字为一世，自二十一世始）孔戎房：一三士成天，九继昌启友。孔成房：世朝仕能光，国明德应远。孔圣房：尚良元在天，柏茂宗文泰。孔文房：济美绍宏开，万世显荣昌。孔章房：一绍宗祖家，继起发昌明。孔诗房：良智先宗德，胤建昌隆时。茅岭房：永成一家实，茂繁昌本立。

祁阳刘氏 始祖秉伦公，官宋广平太守，世居江西吉安府泰和县。三传至贵荣公，宋度宗咸淳间偕弟贵华公迁居祁阳，后贵华公裔法山公又迁衡阳长乐。贵荣生子政，子政生应通，应通生贤三郎，贤三郎生镛、鈂、铭。元末寇乱，贤三郎迁居黄绫桥。清雍正八年（1730）衡、祁邑合修，乾隆十六年（1751）、乾隆六十年（1795）一续、再续，道光十三年（1833）祁邑分修，同治九年（1870）五修，光绪三十二年（1906）六修，1936年七修。镛房原班：孔甫贵子应，贤景文晏熹。介敬香承越，楚世正登尚。子兴元在运，继起发昌明。鈂房原班：孔甫贵子应，贤景文化思。风崇尚有愈，克绍忠良遵。先贤肇祖运，继起发昌明。铭房原班：孔甫贵子应，贤景文一思。元崇世有愈，复绍汉良遵。先贤肇祖运，继起发昌明。祁、衡、邵三阳续谱合班：敦本传家训，存心自守成，中孚观大有，谦巽晋恒升。

祁阳罗口刘氏 始迁祖应三公，明洪武时携子德成由江西南昌县梓溪迁居祁阳上文明乡罗口。四代而分八房。康熙六十年（1721）墨谱云：“祁邑之有刘氏，非土著也。元末民无忠厚，士鲜礼乐，曷可胜道！先朝明洪武定鼎金陵元年戊申，命营阳侯杨璟等进攻永州，四月克之，而祁邑诸寨悉平。七年甲寅，江西大旱，爰降诏徙江南民于凤阳，并徙江西民于永阳，官给牛种，开垦荒田，新附之民乃倍于土著而错居焉。”清嘉庆二年（1797）、道光二十五年（1845）、（三修不详）光绪三十三年（1907）、1941 年纂修族谱。

祁阳火田垇刘氏 始迁祖福生公，明嘉靖间自江西南康府都昌县斗头坝鹅井大丘迁祁，始居崩土矿，继迁白毛江，终落业火田垇。五传至天凤、天秀，派衍两房。清同治十年（1871）、1914 年、2017 年纂修族谱。字派：福德法思，应天成时。文尚大忠，一永世昌。孝友传家，明伦敦本。祖武克承，纲常同振。

祁阳白水市刘氏 始迁祖相公，明中叶由江西庐陵以贸来祁，居祁阳白水市。三世恒公，五世镃公官宁远。清道光二十五年（1845）、光绪元年（1875）、1932 年、1994 年纂修族谱。班行：世士文昌，祖德发祥。能修家政，方生纯良。

东安刘氏 原籍江西庐陵丹桂里儒林乡，明弘治间迁东安鹿马桥。偕、伉公卜宅在下，称下房。德辉卜宅在上，称上房。清光绪间两房合谱。1944 年续修草谱，因日军入侵湘南而未成。1946 年三修，有胡庶华、皮宗石序。2011 年四修。偕、伉公房班次：一师原知三，朝廷兴明良。德辉公房班次：刘世大生永，远宗仁义邦。合班：先（家）联同笃本，培厚自荣昌。孝友宏经济，诗书贻泽长。英才齐绍起，勋业迪前光。

蓝山舜乡林佈刘家刘氏 始迁祖甲千公，唐天宝时由江西鹅颈塘迁此。至 1931 年，凡 27 户，男 95 人，女 49 人，共 144 人。

蓝山桥头江刘氏 始迁祖济弼公，江西泰和县人，宋初迁今嘉禾县邓林村，后分居蓝山桥头江，子孙散居洪观、早禾、太平圩、大洞等乡。至 1931 年，族人共 148 人。

蓝山洪观乡坦头刘氏 始迁祖肇基公，江西泰和县人，宋景祐年间迁蓝山洪观乡坦头，后分居总市乡刘景福。至 1931 年，丁口 830 人。

蓝山凤感乡刘家刘氏 始迁祖上玉公，明末由福建迁此。至 1931 年，凡 9 户，男 26 人，女 18 人，共 44 人。

蓝山舜乡高桥刘家刘氏 始迁祖万瑞公，清乾隆时由江南迁此。至 1931 年，凡 15 户，男 38 人，女 32 人，共 70 人。

蓝山南平乡上平岭刘氏 始迁祖太乙公，由江西宦游来蓝，族人分布架里村。至 1931 年，共 256 人。

新田小坪塘刘氏 始迁祖进府公，宋时自桂阳县迁居新田县中和镇小坪塘。至1948年，已传25代，男女丁口约200人。宗祠在小坪塘。

新田双溪岭刘氏 始祖先杰公，南宋时因避金人之乱而自江西泰和迁居新田县崇益乡。族人分布于小源、大元冲、大江、粘禾田、茶元脚、山林江、金陵坊、钱塘坊、大窝里、泮塘、荷池坊、山田上、神堂下、新屋场、西溪流、桥头、永桂城等地。至1948年，已传28代，男女丁口1000余人。宗祠在双溪岭。

新田秀岭水村刘氏 始迁祖钜清公，子清八郎，宋时因靖康之乱而自江西泰和迁湘南桂阳县桥溪，后迁新田秀岭水村。族人多分布在本县。至1948年，已传30余代，男女丁口约2000人。宗祠在桂阳县城。

新田莲花乡刘氏 先世祖居江西泰和县鹅颈塘。宋时逃难至桂阳福洞，再迁入新田县莲花乡，后分布全县。至1990年，约23300人。

新田鸦鹊塘刘氏 始迁祖荣海公，元末时因避乱自江西抚州迁湘南新田县长信乡鸦鹊塘。族人多分布在坝上村、凄凄岩等地。至1948年，已传29代，男女丁口约330人。宗祠在坝上村。

新田新宅坊刘氏 始迁祖千四公，元时因经商自江西鹅井塘迁居湘南新田县博大乡新宅坊。至1948年，已传25代，男女丁口共130人。宗祠在新宅坊。

新田豪山刘氏 始迁祖顺孙公，字绍祖，明洪武初年因避乱自宁远县迁居新田县博大乡豪山。族人多分布在燕村、南园村、秀连山等地。至1948年，已传21代，男女丁口约600余人。宗祠在豪山。

新田乌下刘氏 始迁祖志禄公，清乾隆间因经商自江西崇义县迁居湘南新田县仁智乡乌下。至1948年，已传8代，男女丁口300余人。

新田平井塘刘氏 始迁祖仁一公，因经商自江西鹅颈塘迁居湘南新田县博大乡平井塘。至1948年，已传24代，男女丁口约100人。宗祠在平井塘。

怀化刘氏 始祖文质公，字彬儒，自江西南昌宦湖南靖州知州，解组时因陈友谅之乱阻隔而滞留湖南，遂卜居黔阳县铜湾。生七子：辛一，讳大兴，居泸溪县兰村。辛二，讳大旺，居麻阳县锁住。辛三，讳大长，居沅陵县三洲。辛四，讳大发，居辰溪县城外野泉井。辛五，讳大龙，居溆浦县。辛六，讳大虎，居黔阳县铜湾。辛七，讳大榜，居芷江县。至1948年，辛四公裔孙达17000余人。

溆浦刘氏 始祖玉盛公，自江西落业新化茅坪，分发政、远、滔三支。滔公复由新化迁居溆浦溥源。滔公下分靖、霆两房，子孙由溆而迁安、益等他州县者合计达十数万丁，而世居溆邑守庐墓者靖房未达千丁，霆房八千余丁，总计不上万丁。自咸丰四年（1854）新化苏溪总祠合修通谱后，八十余年靖、霆二公裔孙各修支谱。1937年溆浦刘氏续修通谱。

溆浦渡头刘氏 始祖滔公，原江西泰和县人，宋建隆三年（962）奉母来溆。后裔日新公，自溆迁居安化。越八世，至以豪、以英兄弟，于清顺治间由安化榨溪口避难，复来溆，居吉家村，改姓吉，后徙渡头。清宣统三年（1911）合族归宗复姓刘。

溆浦高桥刘氏 始迁祖芳远公，原籍江西南昌府，元至正时迁此。

溆浦罗山溪刘氏 始祖文质公，江西南昌府人。元末罢官靖州，留居黔阳县铜湾。子大虎，旋由铜湾迁此。

溆浦乾汉刘氏 始迁祖伯川公，原籍河南开封府，明永乐时，奉母冯氏屯田来溆。

溆浦桥江刘氏 始迁祖载征公，原籍江西庐陵县，清雍正二年（1724）迁此。

溆浦小江桥、弓湾刘氏 始迁祖裕三公，原籍江西金溪县，清乾隆时迁此。

麻阳刘氏 始祖应良公，因避祸迁居江西南昌府梓溪土口。生十二子，第九子文质任湖南靖州直隶大夫，生有七子，第七子坠江被滕姓老人救起，遂改姓滕。文质公后定居黔阳铜湾炉罐坡刘家垅（今属怀化市辖），余六子各居一方：长居泸溪，二居麻阳，三居沅陵，四居辰溪，五居溆浦，六居黔阳铜湾。应良第三子文锦子二：发明、发亮。明洪武六年（1373）文锦与长子发明同异姓兄弟一起徙湖南蓝田海螺坪，继迁宝庆、溆浦、辰溪铜湾溪，其裔孙又迁居麻阳鹅家颈。文锦之五世孙于明中叶徙居岩门大路坳。大旺房老字派：文辛秀必子天流，永祖宗廷朝大人。启长汉世福隆昌（兴），恩绍钦明帝择杨。华国成（呈）章荣亿代，曾元招运辉陶唐。青山咀老字派：文辛秀必子天流，永祖宗廷朝大人。启长汉世福隆昌，恩绍钦明帝择良。华国成章荣万代，曾元招运辉陶唐。岩门大路坳文锦系字派：锦先裕滔万，文义紫仕景，朝廷宗旨邦。化方其世上，家元云华昌。贤杰起恩泽，良富贵荣英。传百代家声，丕振辉陶塘。岩门大路坳文质系字派：锦先裕滔百，文义秀必盛，祖景朝其士。上开大有子，宏昌一定嘉。祥恩肇钦明，惠泽良富贵荣华。传百代家声，丕振辉陶唐。

麻阳刘氏 始祖彦九公，元至正元年（1341）自江西南昌府梓溪任湖广靖州牧，任满归途遇红巾军阻隔鄱湖，遂卜居黔阳铜湾。生六子，明洪武二十二年（1389），长子辛一，字大兴，移居碧溪。次子辛二，字大旺，移居麻阳县一都里。后人分居于梓木冲、注竹溪、青山等地。

麻阳刘家垅刘氏 始迁祖道公，原籍黄州府广济县，元末明初镇抚安民抵泸阳，后因仕途不乐，遂辞官隐于麻阳刘家垅。派词：停成尚世恩纨心，有洪光绍万代兴。宗祖永淮仁义正，天子龙门国长春。

麻阳锦和刘氏 先世清代时自湖北麻城迁贵州江口闵孝红石。同治十一年（1872）因避乱迁麻阳小坡滩头坪，一年后迁锦和。派词：景先亿陶万，文心谢昭尹。显仕元朝世，永承上大仁。国家重归主，十子祚汉庭。

芷江刘氏 先世宋代自江西南昌县迁靖州，复迁沅陵，再迁芷江。后人主要分布于垅坪、芷江镇、岩桥等地。

靖州刘氏 谱称系出刘累。明洪武初年，始祖崧公，谥恭介，荐授国子监。其孙由江西迁靖。至清光绪三十四年（1908），已传24代。

泸溪刘氏 一世为帝尧长子源明，一百三十八世祖文质，系应良公第九子，字彬儒，号斐然，行彦九。原籍江西省南昌府南昌县梓溪里土口。元顺帝至正三年（1343）进士，授湖广省靖州府知州。年迈解任归，留住黔阳之铜湾。2004年文质公裔大兴公房纂修族谱。派语：藜阁家馨远，乾元世泽长。贤螽邦国耀，俊秀绍书香。宦途光前德，门廷裕后祥。

辰溪龙池刘氏 始迁祖彦成公，原籍江西吉水县大栗树马至坪，明宣德初官辰州指挥将军，择址辰溪县龙池。2007年纂修族谱。字辈：先玉仁福绍，膺克武彦亮。一宗天弘道，士世尚文光。国家昌盛大，永远万代兴。明祖恩德长，汉廷传贤良。吉安开泰运，成公发千祥。

永顺龙山刘氏 始祖景隆公。始迁祖泰昌、庆祥、瑞祥兄弟三人，清康熙间由新化高坪迁永顺县仓坪两岔河。后庆祥徙外待考，瑞祥徙龙山马蹄寨。2010年纂修族谱。字派：燕翼开元运，贻谋裕后昆。规模初焕彩，气象复从新。藜光堪照读，基绪缵彭城。扬声沾化泽，悠久荷鸿恩。

凤凰水打田刘氏 一世先进，二世允迪（讳玉盛），三世滔，四世万德。五世彦九（讳文质）任靖州知府，定居黔阳铜湾炉罐坡刘家垅（今怀化市中方县铜湾镇），生辛二（讳大旺），洪武初居麻阳县兰里镇所柱村新亭。辛二生秀二，讳逢时，返南昌，因“承顶军户”，又自江西吉水县滩头迁湘西辰州府五寨司（今凤凰县城南水打田）。2018年纂修族谱。字派：万文辛秀必，永单志单廷，朝天长元大，士可祖宗益，发家道昌宏。金昌献瑞（起秀文），璟运亨通。

花垣刘氏 先进公十九世孙万宝公，清康熙间以行医、任教为业，自桃源迁花垣，生沙科、沙柳、沙老。2017 年纂修族谱。

刘罗

新化刘罗氏 始祖吉蕴公，宋神宗元丰八年（1085）徙居新化。十三世应祯，生晚明、晚武。晚武生什一，什一公因母改适罗汝祥，改姓罗，清康熙间奉旨归宗，仍称刘罗氏。什一公衍为富、贵、政、聪四房。贵公远徙梅州。富公生铭、恭、敬，政公生温，聪公生让、震、通，又支分七房。明万历三十六年（1608）创修族谱，之后各房或分或合，1947 年武裔七房与明裔四房合修，称八修。1995 年铭、恭、温、让、震、通六房九修，以刘邦为一世，吉蕴公为六十一世。铭、恭、敬、温四房班联：吉绍公子秉，仁彦浚汝迪，祖文应晚什，文思海（源）万永，广宪希宗良，世惟凤嗣汉。让、震、通三房班联：吉绍公子秉，仁彦浚汝迪，祖文应晚什，文思渊万廷，兴嘉国宗（可）天，应芳凤嗣汉。新班：尧钟沛业烈，重镇泰和熙。基钜洪模耀，圭锡湛新辉。

齐

宁乡石板塘齐氏 元以前渺不可考。元末乱起，群寇掠宁，举家逃匿山泽中。一派天佑公，字吉人，元末迁宁乡芳储乡石板塘。五世友权公，生乾公、崇公。清乾隆八年（1743）一修族谱，道光五年（1825）二修，光绪三十三年（1907）乾房续修，1913 年崇房续修。1929 年合族三修族谱。旧派：文之显达，华辅朝章。敦仁垂裕，世业荣光。新派字：忠厚传家永，诗书流泽长。远行须笃敬，庸德在伦常。

湘潭晓霞峰齐氏 始迁祖成公，籍隶南京徐州砀山县，为明太祖旗武将军，奉征江西鄱阳湖，水战阵亡，钦赐诰命，封其子齐兴为千户世职。永乐二年（1404），成公妻周氏率子齐兴来湘潭，落屯在晓霞峰后之百步军营。齐白石即其后裔。族谱初修于明朝，至 1931 年五修。班行派语：（自十三派始）齐盛添潢，万贯纯良。秉忠怀信，增高继长。文学宜广，德修有常。咸敦孝友，萃庆蕃昌。

株洲马迹齐氏 始迁祖卿公，明初携子原铭由金陵采石街迁居湘潭大埠桥。原铭字宇忠，明永乐十二年（1414）举人，官福建邵武建宁知县，谱尊为一代祖。生珪、瑚、琏。瑚、琏无传。珪生杰、显，显为马迹、攸县福、禄、祥支祖。杰生禋、容、端、音、洪、海。音、容、海三支无传，端房隶籍广东。禋、洪两房族谱始修于清乾隆三十二年（1767），乾隆五十三年（1788）续修，嘉庆十八年（1813）三修，同治二年（1863）四修，光绪二十五年（1899）五修，1937 年六修。乾隆八年（1743）建宗祠于淦田市马迹。至 1948 年，已传 26 代，丁口万余人。字派：（自二十一派始）先声隆佐治，后业永宏扬。忠孝贻谋远，诗书裕泽长。

常德齐氏 始迁祖泰公，明惠帝时兵部尚书，生福、震二公，避居江南常州府宜兴县阳汇港钟鼓坪，永乐二年（1404）转迁安福县。福公居会仙桥，震公居余家桥。清咸丰九年（1859）、光绪八年（1882）、1917 年、2005 年纂修族谱。派歌：承国世宏大（之文士朝邦），祖（有）德永昌兴。绍先怀丕振，家学守隆庆。心正方宗典，天开运自生。经传章本立，道统以成名。

新田长信乡邓家齐村齐氏 始迁祖景升公，自江西避难于此。至 1948 年，已传 21 代，共 240 人，分布零陵等处。

羊

长沙排头羊氏 始迁祖汉川公，清道光间由常德汉寿迁来。

邵阳中乡楼望冲羊氏 始迁祖斗魁公，字占五，元皇庆二年（1313）携子乾三、乾象、乾健、乾九、乾德自江西泰和城北迁楚，卜居邵东中乡三都团鱼塘腰股坝，即今楼望冲。乾三子宣夔，徙居万安，派开羊塘、竹山、石桥等房。乾象子宣美，仍居中乡，派开庄屋房。乾健子宣善，徙居仁风，派开下边山房。乾九子宣义，仍居中乡，派开清水塘房。乾德子宣羲，亦居仁风，派开柳塘观房。至 1948 年，已传 25 代，丁口 8000 余人。五世孙明羊光日，字有功，号石庵，有《知非集》行世。族谱一修于清乾隆五年（1740），乾隆四十八年（1783）续修，咸丰十年（1860）三修，光绪十三年（1887）四修，1917 年五修，1944 年六修，1994 年七修。道光四年（1824）建总祠于羊塘。班次：晋开以直重，衍裔肇山东。将相勋业建，贤儒学术鸿。清廉诒泽远，经济启后隆。继述善承烈，发祥奕叶崇。续班：硕彦钟毓秀，俊杰步裘踪。燕谋蠡斯蔚，厚德育人龙。

关

临澧三桥关氏 始迁祖鹤公与胞弟鸣公、鸠公，明正德年间由江西迁来，初与鸠公同落安福佘市桥，继又再迁。鸣公落业澧州五马桥，鹤公则落业安福和尚桥。清嘉庆二十五年（1820）创修宗祠。光绪六年（1880）始修宗谱，1918 年续修。派语：大世楚上，中绍远学。朝廷赐肇，启序成章。浩业可茂，敦伦履常。培修衍庆，志裕振纲。承绪维正，延生致康。锦堂彦义，瑞献家邦。崇本问道，卜年永昌。

晃县洞坪关氏 始祖道森公，原本姓苏，讳良御，元末挈三子游湖广之武冈州，寓居关家渡，乐其山水，不忍舍去，令其次子庚二改姓为“关”。至九世景栋由武冈迁晃州洞坪，后裔多居明月屯。字派：庚子知昌才，茂光景良开。养贤书是本，育俊善为培。孝友遵家训，文章守国裁。万年思祖德，化叙肇经魁。

城步关氏 该族为满族，原姓瓜尔佳氏，辛亥革命后，带眷属落籍城步，为避难而改姓关。至 1989 年，全族人口达 210 人，主要分布在儒林镇和丹口区。

米

辰溪米氏 始祖洪崖公，居山东兖州曲阜县太平庄圳坝上银杏村。曾孙惟雅公兄弟四人，于宋徽宗时奉旨征蛮，之后诸公归籍，独惟雅公留湘，开基于辰溪县永和乡龙头庵红花园。至 1948 年，已传 40 代，丁口万人以上，分布于湘西各县。辰溪米氏自明嘉、隆以后即为文学世家，如：米万钟，瓮安令。米助国，天启进士。米肇颐，崇祯岁贡，有《踞松吟》传世。米元倜，崇祯举人，有《罗峰文集》三卷、诗集十卷、诗余二卷。米元侗，有《满竹园集》传世。宗祠一在龙头庵，一在辰溪县城，一在武冈板凳冲，一在贵州松桃下寨垸。班次：祖泽光昭允，仁贤庆久长。承家先孝友，立本自伦常。学必纯方显，心存敬乃章。儒生咸志道，发达启嘉祥。1943 年修改班次：继绪宗文武，肇基溯鲁姜。习修期致远，信义为之纲。业尚工耕读，治隆繁富强。楷模存万世，运命际明良。

新化温塘镇米家崖米氏 惟雅公卜居辰溪龙头庵，后迁瓦砖坪。裔孙朝虎公，明洪武元年（1368）由辰溪择居新化田坪（现温塘镇）米家崖。生福、禄、寿三子，寿生正祖、正宗、正功，开三房。后人分布于新化、怀化、沅陵、隆回、洞口等地。班次同辰溪米氏，与辰溪米氏合谱。

溆浦米氏 明初自湖南辰溪迁溆浦县，现主要集居八斗垅、米家庄、虎皮溪、虎儿岩。米家庄始迁祖天明公，虎皮溪始迁祖君禄公，虎儿岩始迁祖世亮公。

江

浏阳江家垅江氏　迁湘始祖启任公，明万历年间迁居长沙古华山。子圣富、圣贵始迁浏北江家垅，后衍为三支。

浏阳江氏　始迁祖汝恭公，字安礼，号令德，原籍江西瑞州府上高县正度，明初来浏教授生徒，洪武十年（1377）偕弟汝敬、汝尧卜居浏南十五都净溪桥。1941 年五修族谱。

宁乡江氏　始祖万里公，字佐远，号古心。原籍江西鄱阳，宋理宗时拜左丞相，谥文忠。数传至德绥、德莼兄弟，由资阳分徙湘阴、江西，明永乐间两兄弟又先后归居益阳江家坪。至重黄公，明景泰二年（1451）创置长沙鹅洲铁站坝。又数传至镜圆公，明正德间携子广珑、广湖、广春徙居宁乡二都商家冲。珑公无嗣，湖、春二公为宁邑分房开派祖。清嘉庆间创建宗祠于茶子山。清康熙二十三年（1684）、乾隆三十三年（1768）纂修墨谱，同治三年（1864）始付梓，1914 年续修。派语：广显邦瀰正添心柽嘉明寿大方启序承封荫。

宁乡江氏　远祖万里公，卜居饶州。四世八郎迁居福建上杭，七世百十郎迁大浦县，后因行商至粤东嘉应州，生念二郎，因隶籍焉，传五世开深、潜两大房。深房君塘，潜房君贵、君和、君相、君显、君振，六房后裔大半明末清初间迁居宁乡枧头坪、钱家山、六渡庵，善化白箬铺、山枣铺、谭家山、长沙易家坝等处。清同治六年（1867）、1913 年、1944 年纂修支谱。派语：百念千万汉，碧秉波君名。奇肇可佳美，英才华国新。仁慈生孝友，真靖定安平。世泽延长久，洪均开泰清。

醴陵江家洲江氏　始迁祖子坚公，宋宝祐元年（1253）自江西分宜迁此。族人分布于西林、萍乡。至 1948 年，全族人口约 700 人。

醴陵江家山江氏　始迁祖宥公，宋末自江西迁此。族人分布于江家滩、湾塘。至 1948 年，全族人口约 500 人。

醴陵江家冲江氏　始迁祖富春公，元季自江西都昌迁此。族人分布于西塘。至 1948 年，全族人口约 2000 人。

醴陵台州上江氏　始迁祖授甫公，明洪武十二年（1379）自江西吉水迁此。族人分布于江家冲、白兔潭。至 1948 年，全族人口约 8000 人。

醴陵下江家山江氏 始迁祖善庵公，明洪武初年自江西迁此。族人分布于崂山。至 1948 年，全族人口约 200 人。

醴陵潘家河江氏 先世明洪武间自江西迁此。族人分布于江家冲、苏家垅。至 1948 年，全族人口约 3000 人。

醴陵上江家山江氏 始迁祖大辅公，明永乐二十二年（1424）自茶陵迁此。族人分布于攸县、萍乡。至 1948 年，全族人口 100 人。

醴陵佘家港江氏 始迁祖日卫公，明崇祯末年自广东嘉应迁此。族人分布于普口市、江家托。至 1948 年，全族人口 800 人。

醴陵渣江江氏 始迁祖亨通公，清康熙末年自广东嘉应迁此。族人分布于普口市、茶园口、佘家港。至 1948 年，全族人口约 900 人。

攸县新市江氏 江氏自伯益子元仲公传世三十一至济公。又传世五十至统公，长子俨公居金陵，肇基江村。次子霈公，传广唐公，官永新，家梅溪，转徙瑶溪。又传世三十二至朝宗公，三子，长子德清公，字楚鉴，号朗斋，文林郎，元大德四年（1300）迁居长沙府攸邑物都龙翔。次子清二公居新市，三子清三居太禾冲。1937 年新市七修族谱。班行：江上文秀兴，源远流其清。淮自功德懋，汉长会导成。广大宏发育，贤良振家声。

茶陵高陇江氏 先世元至顺元年（1330）从江西永新禾川迁此。后裔分支白水龙。

茶陵湖口江氏 先世明弘治十六年（1503）自江西会昌迁此。

炎陵水口江氏 始迁祖元纲公，清顺治时自福建汀州迁此。

湘乡测水江氏 一世元仲公，封于江，子孙以国为氏。百十一世万里，宋理宗、度宗时官居左丞相，赠太师益国公，谥文忠。子惠福，字国通，同父殉节。惠福子丰礼，名兴祖，字六云，吏部侍郎，宋德祐元年（1275）因元兵之乱，自江西泰和县挈眷来湘，卜居测水、牢田。子一德、一和、一春。德公开籍测水、山田等处，和公开籍牢田、黄龙桥，春公失传。清乾隆四十二年（1777）始修族谱，道光二年（1822）、同治十三年（1874）、1915 年、1943 年、1995 年续修，至此有男丁 3644 人，女口 2394 人。总祠建于锁石坳。江西原班：世景承芳桂，千家万惠丰。德房续班：一必嗣福寿，祖德伯万正。时绍嘉吉庆，忠良永远兴。和房续班：一必嗣福寿，祖德再兴隆。忠义廉上信，正直明贤梁。两房合订续班：仁让同心志，声名定显扬。诗书贻后泽，孝友迪前光。积善殷培养，本支自蕃昌。

隆回江氏 始迁祖仕贵公，明中叶由安徽休宁来楚武攸，落籍今隆回横板市。生六子：鳞、鲛、鲲三裔徒川、贵、湘、宁、新化等处，鲸、鳌、鲤三裔居武攸。清同治十二年（1873）、1943 年、1991 年纂修族谱。班行：仕之龙自南，永世立本钦。承学忠良祚，廷光俊茂英。

新宁杨溪江氏 始祖大琅公，始居宝庆新化永宁乡黄泥石。四世祯祥自新化黄泥石徙新宁杨溪。

衡南石桥江氏 始迁祖君应公，明洪武间由江南徽州歙县迁衡，开进五、荣五、际五、凤五四派，世居清泉东乡三十九都石桥。

岳阳江氏 始迁祖源远公，字淮人，原籍江西武宁县，明初迁居岳阳。长子居巴陵落马桥，次子居临湘北门，三子居华容天井山，四子碧山公居巴陵茅头岭。碧山公五世孙顺聪，迁湖北监利。清道光九年（1829）始修族谱，光绪十一年（1885）续修。派序：中国文济美，世泽庆绵长。本厚枝兴耀，家乘永克昌。

岳阳江氏 一世万洋公，字子寿，宋元之际人。生维桢、维常，维桢生朝宗，字王谷，任元南京阳凤府句容县、金坛县事，元至正十三年（1353），奉遣料理贵阳洞蛮军务，事竣因时局动乱，遂落籍巴陵天井山南。清嘉庆七年（1802）、道光十三年（1833）、同治十一年（1872）、光绪三十年（1904）、1948 年、1995 年、2017 年七修族谱。派语同华容东山柏木港江氏。

华容东山柏木港江氏 万洋次子维常后新九世岷公，字建华，明正德七年（1512）任岳州正千户职，明嘉靖九年（1530）出守华容，遂居华邑。后人聚居牌坊，分居塔市驿、江洲、洪山头等处。维桢支老派：禹山有金，济世佳璧。士荣其上，泽延万代。维常支老派：大有文昌，世袭冠裳。永镇后学，先绪克光。新派：钟源树烈，均锡洪材。光先鉴永，乐焕堂铭。续派：守为承祖训，英华自展舒。仁义崇孔孟，道德继唐虞。

湘阴高明乡魏家冲江氏 先世元季由平江徙湘阴县高明乡魏家冲，今属汨罗。族人分布老屋江、油铺塅。至 1948 年，共 108 人。

平江江氏 始祖廷秀、德秀，因避元季之乱，于元天历三年（1330）自江西南城县迁居湖南平江县西乡。廷秀公始居东山，继迁学堂，子三：仕雄、仕昭、仕俊。德秀居坳头大备塅，子四：居仁、居义、居礼、居智。清乾隆四十二年（1777）两系合修族谱，之后分合不一。廷系俊支二修于道光二十二年（1842），廷系昭支二修于咸丰元年（1851），德系二修于道光二十四年（1844），廷德两系三修于同治十年（1871），廷系四修于光绪二十七年（1901），德系四修于光绪二十八年（1902），1935 年廷、德二系五修族谱。

1996年德系长沙祖桂支分修。廷系派语：仕宗丹永海，仲成天亿荣。福庆从忠孝，诗书绍祖芳（福庆源流远，咸储应聘珍）。德系派语：居焕有定伯，文章启圣荫。兴旺从忠孝，诗书绍祖芳。合派：英贤宏世泽，建树志荣光。学茂家修起，明新道益全。昌隆开国运，敦本振伦常。富厚承基业，声华显达长。

桃源浯溪江氏　始迁祖德亮公，明永乐年间自吉水迁居桃源县东浯溪江家堉。至1948年，已传22代，共300人。族人分布于罗家店及慈利等地。1943年建宗祠于江家堉。

桃源大田江氏　始迁祖万椿公，明永乐二年（1404）由吉水迁居桃源县东大田村南竹湾。至1948年，已传22代，全族人口约500人，分布在浯溪、小洑溪及慈利等地。1914年建宗祠于江家堉。族谱创修于1941年。

澧县江氏　始迁祖德新公，字明卿，号毅庵，原籍江西南昌府新建县蛟溪樵舍，明洪武辛酉科选拔，任上海县知县。二十八年（1395）调守湖广永定卫，永乐二年（1404）致仕屯道溪佘市中三湾，今河湾。子琼公生荣、贵。贵公生昂、昊。昂公居石门，昊公往四川。荣公生鼎、旻、升、勗、昴五子。旻公又生仁、义、礼、智、信，散处澧水流域。清咸丰八年（1858）、光绪二十一年（1895）、1948年、2010年纂修族谱。原派：济应希国士，运以启方兴。学用惟崇正，时来定大登。续派：传家承孝友，保世裕忠贞。建业光天锡，宗邦自显名。礼义隆祖泽，诗书绵先芬。诒谋兆丕振，修齐臻治平。

益阳江家坪江氏　谱称鼻祖宋时万里公，籍豫章鄱阳，子三：茂镐、茂盛、茂荣。镐、荣二公随父殉难。盛公子三：乾山、乾美、乾臣。臣公官平江尉令，致仕值兵乱，随兄带侄居湘土。乾美、乾臣二公失传未考。乾山生光瓒，光瓒生耀先、耀星、耀明。耀星居平江，耀明居湘阴坳鸦塘。耀先于元顺帝时由湘阴徙益阳秀公港江家坪，为益邑始迁祖，后裔衍为五支。清嘉庆五年（1800）建宗祠于火田烟竹冲。乾隆二十五年（1760）创修草谱，乾隆四十九年（1784）一修，道光六年（1826）二修，咸丰六年（1856）三修，清光绪二十八年（1902）四修，1937年五修。派语：万茂乾兴耀，继德重潮邵，崇永大式明。立国忠芰显，传家青白声。嗣棕培泽远，垂统俟功成。佑启洪恩盛，流辉映日星。

益阳江氏　始迁祖明镜公，明永乐二年（1404）偕弟明允、明徹自江西九江德化县迁宁乡王才，明允后徙长沙，明徹仍归故里，惟明镜留居。明镜二子：富安、富学，景泰元年（1450）复迁益阳桃市西溪街，继迁梅林寺，后又迁江家湾。富安生蔚公，蔚公生杰玟、杰式，于明正德三年（1508）又迁龚家冲。

清同治十二年（1873）四修族谱，1922年与由江西迁宝庆府新化县永宁乡黄泥石之大郎公支五修，1999年六修。明镜公支派语：明富长杰友怀朝，夏志龙自超。雍熙昌盛世，诗礼启承高。祥善书声振，光宗祖德昭。允芳传百代，继述泽前饶。大郎公支派语：大万祯春日，潮大廷应山。有登献上忠，孝慎勤世泽。合派：衣冠承祖授，仁义永留芳。宏志创伟业，贤才定安邦。

益阳鸟窠山江氏 始迁祖昌明公，明代自江西吉水来此开垦，后裔居江家塅、分水坳。

益阳合兴垸江家湾江氏 始迁祖天福公，清顺治年间自湖北黄冈来此开垦。

益阳合兴垸江氏 始祖其祥公，宋末饶州人，宦于楚，入籍楚北黄冈县庶安乡石屋山。生九子，其中万二公徙居新州。其祥公十四传鼎公，偕弟来南，卜居芷水瓦阳塘，清康熙间由沅徙益，领币修筑合兴垸。1937年与江家坪江氏合修族谱。两支合派：瑞贡知行举，盈科进化隆。安邦承正道，振汉在新民。

益阳桃江江家坝江氏 始迁祖应孟、应禄两公，原籍福建仓岩州，迁居湘阴，清雍正二年（1724）经商又迁益阳江家坝，今属桃江。

安化江氏 谱以叔奎公为始祖，居江西庐陵县。以汉准为开派祖，汉准公生三子：道俊迁居新化，道传、道凝明永乐二年（1404）籍隶安化，道传居丰乐，道凝居常丰。清乾隆二年（1737）、嘉庆十九年（1814）、咸丰五年（1855）、光绪三十一年（1905）、1937年五修族谱。派行：道德齐本用，胜盛谨承储。万兴宗祖显，永远世其昌。明大恒常茂，英华佑启先。忠厚家长庆，文运有国隆。

新化、新宁江氏 始祖大郎公，宋理宗时人，本贯江西，后自云南解组归田，偕弟晚郎迁居新化。生五子：子、午、卯、酉、正，衍为五房。后裔分徙邵阳、武冈、新宁、益阳、新化、城步、桃源等邑。清康熙三十一年（1692）、嘉庆十六年（1811）、光绪三年（1877）纂修族谱。江忠源为新宁卯公房十七世孙。

新化城南江氏 始祖丰礼公，字六云，宋德祐元年（1275）自江西吉安泰和携眷避乱来湖南湘乡。传至十五世孙玉盛公由衡阳迁新化，落业城南。后裔衍为德、和两房。清乾隆四十二年（1777）始修族谱，1994年六修。德房派语：一必嗣福寿，祖德伯万正。时绍嘉吉庆，忠良永远兴。和房派语：一必嗣福寿，祖德再兴隆。忠义廉上信，正直明贤良。

汝城江家江氏 始迁祖取善公，原籍江西。南宋绍兴时官郴州，返籍卜居汝城庐阳下江。至1932年，已传30代，共100余人。

汝城南门口江氏 始迁祖少儒公，明末自广东省乳源县迁汝城文明乡坪息垅，后迁南门口。后裔分布北乡江家、东乡濠头等处。至1932年，已传11代，50余人。

道县石灰窑江氏 始祖文桂公，明成化三年（1467）由福建汀州上杭县紫荆山迁广东韶州乳源县梅花乡。至九世孙绣峰，于清康熙年间自广东迁湘，开基于道县石灰窑。至1948年，已传21代，男女丁口1200余人。宗祠在石灰窑。

祁阳、常宁江氏 始祖宗源公，原籍江西永新，生二子：楹、柽。明初柽公裔正信公迁居祁阳，生五子：克己、克明、克振、克昌、克美。楹公裔亦有迁祁阳、常宁者。清乾隆二十五年（1760）正信公裔五支创修族谱，道光元年（1821）续修，咸丰七年（1857）祁、常楹、柽两支合修，光绪十八年（1892）楹、柽两支四修，1925年五修时楹公裔进伟房不与。

麻阳陶伊大河堡江氏 始祖成公，明正统六年（1441）自江西吉水瓦磁巷圳坝上奉命征楚，屯兵辰州西关，解甲后卜居辰州。生两子：长子文杰任云南楚雄盐井提举不归，次子文聪移居于此。子孙分居于高村、栗坪、兰里等地。清咸丰十一年（1861）修谱。字派：文必永景。仁义开国久，忠孝定家邦。正大光明显，万代绍宗芳。

新晃苗族江氏 其谱自称宋代居安徽歙县，后徙居江西泰和。至十一世銮公复迁丰城，其玄孙演公次子虎公任职龙标而落籍沅州，继徙溪卫，为晃州江氏一世祖。至十世祖新公又从玉屏分居古里。子孙分布在鱼市、林冲、晏家等地。

芷江江氏 始迁祖虎公，字宁远，明初人，原籍江西丰城县，因兄龙公官于沅州（州治芷江），遂偕弟凤公同居沅城。嗣奉命征蛮，镇守平溪，睹舞水清秀，遂家于世承平三里，其时尚属沅郡。清雍正间，置玉屏县，改卫为民，遂划入贵州籍。至二十一世仁祯，迁居贵州天柱县下翁道，为下翁道始祖。

池

攸县斑竹池氏 始祖芭斋公，原籍江西赣州东镇，后徙直隶南京凤阳府五河县第八都。子义公，调湖广茶陵卫。明洪武初由茶陵徙居攸邑南乡十八九都斑竹镇。清康熙二十三年（1684）、乾隆三十六年（1771）、咸丰元年（1851）、光绪间纂修族谱。派行：学业深醇仁乃大，池宗若森登上达。能开万代名贤士，日升月恒永垂芳。继承先声荣甲第，振启光华世泽长。

茶陵湖口池氏 先世于清康熙九年（1670）由江西会昌迁此。后裔散居舲舫、虎踞。

平江三门滩池氏 始迁祖云周公，清雍正三年（1725）自福建上杭迁此。至1994年，全族人口637人。

石门新关池氏 先世明成化间自江西金溪迁南昌，清康熙间迁此。

汤

长沙汤氏 始祖廷瑞公，宋乾道间人，原籍徽州，后以官守籍江西丰城，其子孙先后播迁落籍湖湘平、益、巴、浏、潭、宁等处。六世贤臣，字祥钦，赠光禄大夫，适元季陈友谅之乱，各省居民纷纷避寇，公挈其眷属由江西徙浏阳。七世千一郎，字钧镇，号衍檀，明户部右侍郎，授光禄大夫，由浏邑迁长沙，为长沙始迁祖。至九世衍为存泰、存旺、存金、存敬四房。族谱始修于清咸丰初年，光绪间四房分修，1918年三修。派语：（开始四派）名贤千仕。（续立十八派）存有中山俊裔腾黄远，德本一心万世家声显。（新增十六派）鸿文克启景运延昌，永启其业为国之光。（广增四十派）书纪丕承绪，诗征长发祥。开基贻厚荫，传代续余其。学守人伦重，功思我武扬。才多雄海陆，族大耀衡湘。

长沙靳江汤氏 始祖有德、有隆两公，明初自建业迁楚之宁乡。隆公五传至学魁、学斗，德公五传至学义、学性。明朝末年，学魁、学斗、学性三公徙居善邑河西，继迁省会，卜居南城外马棚街及东关外分路口，学义公留居宁乡。族人多分布在长沙市及宁乡一带。至1948年，已传16代，男女丁口约395人。清嘉庆二十三年（1818）建家庙于长沙高正街。

浏阳花桥汤氏 始迁祖致举公，宋熙宁时由江西洪都迁浏，卜居金坑。历三传生璹公，居厚田江，生二子：范玉仍居厚田江，范金返金坑，子孙散居浏东各地。传至锡智公，南宋恭帝德佑时避乱迁居衡州安仁县，子有商公复返故籍，卜居花桥。清乾隆三十六年（1771）始修族谱，同治十一年（1872）、光绪三十年（1904）、1940年、1992年续修。老派：璹范绍先业锡有东永胜世万文台明月清风忠心显耀运代昌隆。新派：英才能济美，培源裕祖先。成章华国用，克绍继前贤。峻节贻谋远，徽猷嗣后绵。诗书垂令德，簪缨庆辉联。

浏阳汤氏 始祖璹公，宋淳熙丁未（1187）进士，终直徽猷阁，始占籍于浏。其后廷皋、廷珪分居达浒，廷辉裔分居街口、渡头、查田、丰田、滩头、蓝家园、金钟桥、殷家塅、洞庭滩等地，廷恩分居坳头，华德分居麻洲，仁可分居金坑、呼田、西源，寿可分居书堂，达可分居金坑船底窝，福可分居河东，仲聪分居坎上，正宇分居中溪，有商分居花桥，世奇分居汉塘，作周分居茅栗，山海分居圳田，均道分居汤家冲，谨益分居普迹，世益分居游田。各支合建宗祠于邑城龚家塘。至清光绪三十三年（1907），已传30代，全族人口25000余人。

宁乡麻山汤氏 该族先世居江西泰和县，唐黄巢之乱时迁长沙，后唐时又因募迁湘乡。其族谱以南宋度宗时宗一公为始祖。第四世载荣，明初迁湘潭七都狮子山，四子：胜祖、胜宗、胜名、胜德，共迁宁乡麻山。清康熙五十年（1711）创建宗祠。明嘉靖十二年（1533）、崇祯十一年（1638）、清康熙四十年（1701）、乾隆七年（1742）、乾隆五十一年（1786）、咸丰九年（1859）、光绪十七年（1891）、1922年、2006年九修族谱。一至六修名“麻山汤氏”，七、八修名“三湘汤氏”，九修名“三湘紫林汤氏”。一至五修与宁乡兜潭汤氏合修，六修起不复合修。该族名人：森房易支达孚，派名期训，字德新，号汉槎，宁乡人，即太平天国将领朱衣点。汤彦和，派名期实，字义方，号翕庭，湘潭人，随左宗棠入疆，官陕西河州总兵。汤期裕，字寿吾，提督衔。派语同兜潭汤氏。

宁乡兜潭汤氏 始祖宗一公，南宋时人。四派祖振荣公与麻山汤氏四世祖载荣公为同胞兄弟，元末兵乱之际，由湘乡高田避居宁乡白鹤寨。入明初定，徙居兜子潭。族谱始修于明弘治三年（1490），清康熙四十年（1701）续修，嘉庆三年（1798）三修，同治六年（1867）四修，光绪三十三年（1907）五修。派语：国朝师正道，宜与世昌期。臣子能忠孝，用昭光大基。岳峻湘源秀，英贤应运兴。赞襄彰盛治，勋业庆丕承。

湘潭大山汤氏 一派宗一公，先世江西泰和人，徙居上湘白鹤山等处。生于冲、于凉。凉裔徙宁邑麻山冲。冲裔四派定荣，迁居潭邑六都南东桥大山，遂名大山汤氏。明万历间始修族谱，清康熙元年（1662）、康熙五十二年（1713）、乾隆二十二年（1757）、乾隆四十七年（1782）、同治五年（1866）、1919年续修。字派：国朝师正道，宜与世昌期。臣子能忠孝，用昭光大基。

湘潭道岭汤氏 始迁祖志高公，明洪武八年（1375）自江西迁湘潭县汤家荡，原名道岭。清乾隆十三年（1748）、乾隆五十六年（1791）、道光十四年（1834）、同治十一年（1872）、光绪二十八年（1902）纂修族谱。字派：（自十六派始）大作其宗，自必光华。顺德克全，祖业慎守。奉正葆元，声名益久。

湘潭昌福汤氏 始迁祖洲公、宣公、柱公兄弟，明洪武间自江西吉安府泰和县因游学迁湘潭昌福。洲公生铭友、铭华、铭组。铭组远出失考，洲公与铭友居昌福。铭友生永忠、永言，永忠裔世居昌福，为永忠房。永言裔居湘乡同凤五都今虞塘、山枣，为永言房。宣公生朝觐、朝淇、朝迪、朝庠。宣公随朝觐迁湘潭十五都金塘，为朝觐房。朝淇迁湘潭十一都，为朝淇房。朝迪、朝庠远出无考。柱公迁衡阳。清乾隆三十六年（1771）、咸丰三年（1853）、光绪二十三年（1897）、1939 年纂修族谱。2008 年永忠派霞房五修。字派：（自十代始）思宗正世道，宜兴昌贤良。忠孝光先绪，声名耀楚湘。崇源垂泽久，敦本向荣长。佑启中山后，书传万代香。

醴陵仙石汤氏 始迁祖思哲公，宋绍兴三十年（1160）自江西萍乡迁此。族人分布于庄埠、柘塘坪、石湾。至 1948 年，全族人口 7000 人。

醴陵汤坪汤氏 远祖焔公，宋代人，第六世钦文、钦明由萍乡宣封徙醴东仙石。钦文裔秀仲，字天明，明洪武初开籍汤坪，为西坪始迁一世祖，族人分布于湘潭、长沙。1915 年纂有墨谱。至 1948 年，全族人口约 12000 人。

醴陵庄埠汤氏 始迁祖商书公，明嘉靖末年自江西南丰迁此。族人分布于普口市、姜湾、泮乡。至 1948 年，全族人口 3900 人。

衡阳黄梅汤氏 汤姓实自殷始，初居太平秋浦之殷村。后有殷文太公，博学能文，唐乾宁间登进士第，授汴梁宣谕判官，晋大学士。长子崇义仕南唐为宰相，次子崇礼授抚州宣谕使。宋兴，避太祖赵匡胤讳，改殷为汤。崇义更名悦，崇礼更名净。凡金陵之汤，皆悦公所出。临川之汤，皆净公所出。迁衡始祖启后公，原籍金陵，宋时继由济南迁衡西上洲，一传而分塘梅，五传而分金鳌，六传而福禄公迁十六都黄梅塘。清嘉庆五年（1800）创修族谱，至 1943 年凡四修。上洲、塘梅、金鳌共建宗祠于盐田，道光十年（1830）黄梅另建宗祠。追补班行：玉书文章定，风调雨顺乘。原编班行：国泰平安洪，福赐正元永。祖宗世代再，兴隆昌明逢。荣华征学守，显达在贤良。礼义传家政，修齐佐治光。新编班行：新铭钦训典，肇纪笃彝亲。懋德扬先烈，发祥裕后昆。

衡阳塘梅汤氏 该族原隶南京，继籍济南。元初启后公偕内兄制吏杨倬来衡，家于城南。子人型、人才，人型开上洲、黄梅、金鳌三房，人才居盐田塘梅，为塘梅始祖。八世友瑄仍居塘梅，友智分居后塘。嘉庆三年（1798），塘梅始析出，别纂族谱，道光二十四年（1844）续修，光绪六年（1880）三修，宣统三年（1911）四修，1940 年五修。宗祠创建于康熙五十三年（1714），新建于嘉庆十五年（1810）。又有一说，迁衡始祖玉景公，字仕忠，又字崑林，贵池人。宋建隆中授湖广安抚司，因仕落叶于衡阳西乡胥宇观山。十四世至安凤，生四子：洪赋、洪文、洪贤、洪华。文、贤迁徙未详，赋公四传至永鸿，为金鳌始祖，华公籍入塘梅盐田，为塘梅始祖。

衡山汤氏 始祖万一郎，元时官太常，生护生、广生。护生因官云阳教授，偕弟广生由江西厦阳徙居茶陵。自万一郎五传至谕、珉、寅、审、真、贤、宇、端八公，先后开籍衡山，至1948年，已传21代，男丁6500人，女口3600人，以衡山安石镇岭泉乡为最。明正德十三年（1518）、清康熙五十一年（1712）、乾隆二十九年（1764）、嘉庆十年（1805）、道光二十五年（1845）、光绪八年（1882）、1915年、1945年纂修族谱。字派：（自十四代始）懋修家训，克绍前光。芝兰毓秀，芹藻飘香。辉增甲第，瑞集庚堂。中山泽厚，源远流长。

邵阳汤氏 始迁祖兴公，字德臣，原居南京凤阳府定远县板桥头，明洪武初授宝庆卫指挥佥事，落籍邵阳。礼公，又名醴，字以治，与兴公同籍，洪武初授都督元帅，封忠武将军，生十子：四文、五武、十旺，同徙居武攸。文公字诞敷，原任陕西都司西安卫，洪武二十七年（1394）调征武冈，卜居宝庆城内太平巷。旺公原名荣旺，原居武冈州花桥，子亮公，迁居邵阳岩峰。清乾隆十一年（1746）兴房始修族谱，乾隆十九年（1754）礼房始修，同治九年（1870）两房续修，光绪三十年（1904）三修，1941年四修，1993年五修。兴房原班：兴彝目金水，玉雨心言中。国三有承映，万世永昌宏。文房原班：礼文荣言玉，之衣戈宪伊。克自尚安乐，万世永昌宏。旺房原班：礼荣文才志，允秀德廷思。彦宗祖泗代，万世永昌宏。合班：大业隆先泽，诗书广见闻。齐家怀典训，佐治著功勋。敦本崇亲睦，培元蔚善良。让廉昭钜范，忠孝迪前光。

邵阳指挥汤氏 始祖省公，凤阳府定远人。生重公，明太祖起兵滁州，征战六年而没。三世兴公，明洪武二十二年（1389）授宝庆卫指挥佥事。四世贤公居邵阳县东门外船厂里，能公居邵阳县小东乡。

岳阳汤氏 始迁祖福九公，明中叶由江西南昌徙居岳州南乡。后因湖水大涨，其裔瑞映之后迁上屋，万千、万材、万茂、万隆迁中屋、下屋，继昌、臣熙迁新屋，正典迁上栋，景荣迁下栋，增庠迁元冲门，友善迁下新屋，万贵迁万贵屋。1928年纂有族谱。派语：福显万维廷，启兴胜永增。家承世代盛，乾坤庆大升。祖德诒谋远，宗功泽孔长。云初思继绪，积厚自流光。

平江浆市汤氏 光禄大夫希成公为建昌磨刀渡嫡祖。至和一学士碧涧公讳作新，迁长沙浏阳得金坑沙江。后老樵公，生万一（讳本程），宋庆历间自南昌迁平江浆市大湾，万二（讳本源）迁平江南江。明建文元年（1399）、嘉靖十六年（1537）、清康熙五十二年（1713）、乾隆三十七年（1772）、嘉庆八年（1803）、道光十八年（1838）、同治五年（1866）、光绪二十六年（1900）、1931年九修族谱。字派：作伯启厚载，重实本千秋。希贤传智大，习学任优游。敬明丹正永朝文，金兴可显懋昭勋。日承宗德增荣福，发达如春世泽新。

澧县汤氏 远祖和公。三世全公，原籍江南扬州府江都县日新巷，后定籍永定。六世清公、源公，同迁澧州，源公居澧城北关内，清公居澧西涔源、白衣。清咸丰八年（1858）、光绪二十八年、1922年（白衣支）、1938年（澧西支）、2017年纂修族谱。澧西支老派：清文彦应新，言良宗中友。之士林兴启，光明永世祚。志可安家邦，华国本自守。白衣支老派：祖德世守，孙志允光。庭多学士，其祚乃长。合派：志可（多学）安家邦，华夏立爱楚。际盛定作宾，登受道成久。

桃源汤氏 始祖倍公，明代迁桃源南乡白马渡钦山湾。传至士奇公，再迁陈家山。1915年纂有族谱。

张家界汤氏 始迁祖醴明公，信国公汤和之子，明洪武五年（1372）官永定卫，控蛮有功，世袭其职，子孙遂聚族焉。至1906年，已传13代。

张家界汤氏 始迁祖澄公，江都人，明洪武二十一年（1388）官卫千户，家永定。

益阳汤氏 该族原籍江西吉水，宋末元初（一说后唐同光时），守宗、守祧兄弟迁居益阳汾湖洲。宗裔至今居此。守祧派下四世彦达迁长沙黄道门，七世梦本复归益阳，居兰溪千家洲。至九派必荣、必茂，分为两大房，荣公居千家洲，茂公居沙头洗脚塘。大宗祠于清康熙年间建于桃江城内。族谱始修于乾隆二十一年（1756），嘉庆二十一年（1816）续修，咸丰七年（1857）三修，光绪二十六年（1900）四修，1931年五修，2000年六修。六修时有人口5068人。清道光山东道监察御史汤鹏即为茂房二十三派孙，谱名懋玟。旧派：守子友彦大，兴梦应必贤。世邦能启立，中正德安然。新派：（与江家岭合派）礼义懋昭，允迪烈光。钦维成式，咸宜宪章。修明教学，崇尚端方。于时克绍，载锡其昌。

益阳南仓汤氏 始迁祖守宗公，后唐同光二年（924）由江西吉水徙于益阳，落业汾湖洲。传七世分五、七、一三甲，梦祥为五甲支祖，梦黼为七甲支祖，梦彪为一甲支祖。梦黼传四世又分砖墙、塘头、南仓、太北、车塘、承三六房。南仓再传九世又分岑吕、南俊、四康三房。清乾隆三十八年（1773）六房原为一谱，道光后分修，1915年南仓房四修，1916年塘头房三修，1946年南仓房五修。字派同益阳汤氏。

益阳汤氏 始迁祖本盛公，原籍江南上元县，元末迁居益阳八里桃花江。清乾隆三十一年（1766）、嘉庆十一年（1806）、道光二十三年（1843）、光绪八年（1882）、1922年纂修支谱。老派行：升清志文贤，世朝希继大。中正德安然，礼义才良士。新派行同益阳汤氏。

益阳五甲汤氏 始迁祖守宗，由豫章迁长沙益阳，七传至梦祥，明代人，为第五甲始祖。再传十世贤智、贤仪，析分智、仪两房。清宣统二年（1910）仪房纂有族谱。字派同。

益阳江家岭汤氏 先世居江南上元县，西汉阳朔三年庆父迁江西临川县，唐武德六年（623）懋公兄弟三人迁安仁县。传至忻公，字悦中，迁余干县，后因避宋宣庙讳改姓汤。迄元末山瑯公迁湖南攸县错绣乡，传二世至本真公，字永信，号琵洲，迁益阳县治东南十八里江家岭。谱以唐时忻公为始祖，以明时本真公为迁益始祖（一派）。本真生福公，福公生十六子。传至“日”字派（六派），又分多房。族谱始修于清乾隆二十一年（1756），道光十七年（1837）续修，光绪十年（1884）三修，1931年日文房四修支谱。1935年日辉、日新、日表、日威、日华、日章、日圣、日康八房四修支谱。老派：盛朝宏启日，思之德安然。新派：礼义懋昭，允迪烈光。钦维成式，咸宜宪章。修明教学，崇尚端方。于时克绍，载锡其昌。

沅江汤氏 远祖殷庆父公，世居江南上元。西汉阳朔间因地震迁江西抚州临川县东乡小浆市，子孙散居安仁、余干、临川、贵溪、金溪、都昌、弋阳、万年等县。该族以博公、忻公为始祖，唐武德间博公与堂弟愈、懋、恕同迁饶州安仁县兴安镇。忻公，唐僖宗时人，为懋公裔。先世居余干汤源，忻公以上世系不可考，故以忻公为汤源始祖。传至明成化、嘉靖、万历间，博公、忻公子孙分别由江西迁居湖南常德、桃源、汉寿、沅江四县，尤以忻公子孙为多。清乾隆二十八年（1763）建总祠于沅江南嘴。康熙四十四年（1705）一修族谱，同治六年（1867）二修，光绪三十四年（1908）三修，2003年四修，其时健在人口4402人，男2224人，女2178人。派语：（自二十八世始）大之惟礼乐（科甲速登第），才名必（万）世传。楚珍崇广训，章泽毓高贤。裕晋声华茂，荣陞道义全。盛朝恩至厚，家学作恭先。

新化汤氏 始祖发隆公，江西吉州泰和县剡溪人，明洪武三年（1370）迁居善化老塘冲。越十世至贤公，字亚夫，明天顺间迁居新化杨桥石马三都范家桥。后人分布于茶溪、铁炉冲、杨桥汤家湾及祁阳等地。谱一修于清康熙四十九年（1710），乾隆十四年（1749）二修，道光二十二年（1842）三修，光绪十七年（1891）四修，1928 年五修，1995 年六修。派语：（一至十三派）发庭祯重华，君兴天德贤智思万。（十四派起）国朝师正道，宜与世昌期。臣子能忠孝，用昭光大基。1995 年六修谱增派语：祖泽贻谋远，宗荣卓有商。经伦传典范，英俊尚纯良。邦固希长治，家齐克富强。新维承启迪，鸣凤显高皇。

溆浦塘下垅汤氏 始祖德公，原籍沅陵，明代来溆，居坪里。六世孙德美遭牛兵乱，逃往沅陵，族党皆死石盘寨，清康熙时仍回溆，居塘下垅。

麻阳汤氏 先世明时自江西迁入黄喇溪（今隆家堡乡境），旋迁居齐天坪。清咸丰间，其后裔再迁桐木垄、舒家村、岩门等地。字派：永忠如祖启朝上，达士而可盛成王。国正千年天心顺，元亨利贞万世兴。

安

醴陵盘石安氏 始迁祖益信公，明洪武初自江西上高迁此。族人分布于松冈塘。

醴陵泽万安氏 先世清同治八年（1869）自株洲迁此。至 1948 年，全族人口 27 人。

茶陵安氏 先世明宣德元年（1426）由江西安福迁居茶陵湘东水头。

益阳安氏 始迁祖士琅公，清康熙时由安化迁益阳，衍居峡山口、茶园村，今属桃江。

新化城隍庙姚家巷安氏 始祖乐公，江西吉安泰和人。第五子伯五郎，宋熙宁五年（1072）奉命迁移以实梅邑，首迁梅邑维山，再居城西门内城隍庙后姚家巷。谱一修于清雍正十年（1732），嘉庆十六年（1811）、同治三年（1864）、宣统元年（1909）、1994 年续修。班次：其长正士相国光，大显忠良寿永昌。志首守先思立德，绍祖承宗代发祥。1994 年续派：久恒力作育新梁，润泽英华满世芳。盛达勤和知礼义，荣科敬学耀家邦。

祁

沅江祁氏 始迁祖有智、有道公，明永乐间自河南汜水县拖船埠幕游来沅，后裔由七都澄潭万子湖迁居青草港石滩子沿河，衍为宝、宠、宁、惠四房。清嘉庆间一修族谱，光绪二十一年（1895）续修，1930 年三修，1947 年四修。字派：有才逢景运泰必生仁世喜兴应万春业宏德美……

许

长沙河西石碑岭许氏　始迁祖必珍公，字席儒，原籍江西南昌县瓦砾街，明洪武间宦游来湘，永乐二年（1404）落业于长沙河西石碑岭。子三：文材、文岳、文奎。清乾隆五十九年（1794）创建宗祠，门联：五经泽永，八恺风高。清乾隆五十九年（1794）始修族谱，道光十四年（1834）续修，皆未付梓。光绪十一年（1885）三修，1935 年四修。该族名人：许如骏，清江苏补用知府加四级。列派：必文允一廷添之，启陞昌应如星月。惟有忠厚可传家，慎修敦序光先泽。

长沙官冲许氏　始迁祖万公，明正德时自江西迁湖南长沙东乡官冲，族人分布于岳阳、黔阳、龙山等地。宗祠在九峰镇。1922 年纂有族谱。至 1948 年，已传 16 代，共 1000 人。

长沙许氏　始祖懋盛公，号松轩，原籍陕西灵宝县，生寿公，为迁杭始祖。寿公生斌公，斌生子贤、子良、子成、子立四大房。二房九世履坦，字德龙，号若洲，清乾嘉时随父来湘，流寓善化。四房十世观公，字介亭，乾隆时游幕永州，卒于长沙。观公弟璜公，字渭亭，随兄游幕来湘，流寓善化。三公共为迁湘支祖。二房十二世许有麟，同治戊辰（1868）进士。现代湘中名士许崇熙为璜公派下十二世孙。

浏阳许家坊许氏　始迁祖子淇公，明初迁居浏阳北乡三十三都许家坊。清光绪七年（1881）纂有族谱。

浏阳许氏　先世清康熙间自广东迁浏。后人聚居于中和雅山村。

浏阳许氏　始迁祖高场公，清康熙间自江西迁浏。后人聚居于镇头、柏加、官桥。

宁乡许家坝许氏　始迁祖关宝公，宋孝宗年间自河南许州宦湘，先迁长沙，旋迁宁乡莲花乡许家坝。宗祠在许家坝。至 1948 年，已传 35 代，共 7000 人。

宁乡长冲许氏　始迁祖觉富公，号通一，原籍江西吉安府永丰县，元元贞间迁湘潭县株洲白石港，至元元年（1335）又迁宁乡麟峰乡十四保长冲。六派时衍为绍绅、绍瑛两房。绅房又开昂、昊、旻三房。瑛房十派祖师桥公迁大盛桥，开明台、明瑞、明玉、明珍四房。清乾隆间两房共建宗祠。至 1948 年，全族人口 4000 余人。道光二年（1822）绅房始修支谱，同治六年（1867）、光绪三十一年（1905）、1946 年续修，四修时存丁 914 人。乾隆五十九年（1794）瑛房始修族谱，道光十三年（1833）、同治十三年（1874）、宣统三年（1911）、1940 年续修。瑛房建祠宇于泉口塘。合族派语：（自十七世始）敬承祖德，道在敦宗。英才蔚起，世业恢宏。

宁乡高坪许氏　始祖行简公，字正位，原籍河南开封府长葛县。长子孝慎，明正统戊午（1438）科举于乡，旋知湖南益阳县事。子思敬，袭官益邑儒学，遂家于益。明正统十四年（1449）由益迁宁乡西城道安街，再传为元、亨、利、道四大房，落业于大马湖、南托、陶家坊、许家湾、黄材铺等处。各房均有支编，合谱创修于清道光十八年（1838），光绪十年（1884）、1915 年续修。至 1948 年，全族人口约 1500 人，分布于长沙、益阳、湘潭、华容等地。宗祠在高坪。派语：行孝思恒如，廷敬承应宗。祖世锡荣芳，家声振起新。礼乐文章备，经伦辅佐明。光先兴大业，源流益昌隆。

湘潭许氏　始祖文安、忠简二公，宋时辅高宗南渡，自河南徙建业，复寓江西吉安府吉水县南之梨花村。元初君弼公等七人来楚，落业湘潭姜畲颜家坝等处。明初元奉公仕明太祖有功，封宁南伯，屯驻湘南，子福明公兼屯湘潭河东、湖田、大托等处。清康熙十四年（1675）一修族谱，乾隆四十八年（1783）、嘉庆十六年（1811）、道光十五年（1835）、同治五年（1866）、光绪二十三年（1897）、1929 年续修。

湘潭颜家坝许氏　始祖通一公，字觉富（宁乡谱载讳觉富），原籍江西吉水县。元至正间卜居湘潭县株洲白石港，明洪武元年（1368）徙居宁乡长冲。至六世绍纲，字叙伦，明弘治三年（1490）生，嘉靖四十年（1561）卒，迁居湘潭六都颜家坝，为由沩迁潭始祖。族谱始修于清乾隆四十五年（1780），道光二十年（1840）续修，同治十年（1871）三修，宣统三年（1911）四修，1947 年五修，2022 年六修。该支名人许铭彝，字笃斋，民国时湖南知名学者。字派：（自三派始）潮彦添绍单朝万国木宏水祚金玉维良先泽昭章培承厚德载锡之光孝治家邦辉照九有纯嘏自晋永世昌阜。

湘乡湖洞许氏　始迁祖文魁公，明隆庆间由安徽休宁来楚，卜居上湘湖洞。堂号继进。

湘乡龙泉许氏　始迁祖彦良公，自宁乡五十八都迁居湘乡龙泉井。1932 年五修族谱。

醴陵杉仙许氏　始迁祖承嗣公，明洪武间自江西安福迁此。族人分布于凤仪塘。至 1948 年，全族人口 1300 人。

醴陵观口许氏 始迁祖辉德公，清乾隆末年自广东兴宁迁此。族人分布于马墩桥、石灰冲。至1948年，全族人口30人。

醴陵峤岭许氏 先世清道光末年自江西萍乡迁此。至1948年，全族人口60人。

炎陵沔渡仓背许氏 先世清代自福建迁十都障下（今十都青石冈村），旋迁黄烟铺（今沔渡仓背）。

衡阳零泉许氏 始祖昌裕公，名展成，号伏四，元末自江西泰和筮仕于楚，明洪武初年偕子添洪、添广、添秀迁衡阳零泉四甲塘头念湖坪。广、秀两公迁居衡山。洪公守衡阳故土，支开华、贵两房。族谱始修于清嘉庆二十五年（1820），1938年三修。班行：（自十六世起）廷光常济美，道泰克荣先。显耀家声振，昌隆令望传。崇文开俊士，立学启名贤。辅国昭前哲，高阳庆永延。

衡阳许氏 始迁祖万镒、万贵公，明洪武初由江西吉安府太和县迁居衡山斗塘神壁，继迁衡阳东乡慕道，万镒落业耙田，万贵落业欧田。清雍正十三年（1735）、嘉庆元年（1796）、道光二十二年（1842）、光绪四年（1878）、1913年、1942年六修族谱。镒房旧班：万孙思赐福，履尹智祖宗。兴尚世大节，显敦伦端秩。贵房旧班：万孙思赐福，履源子志均。应尚大添兴，允敦伦端秩。新班：叙定纲常振，祥征景运隆。贤良崇简拔，道义协和中。

衡山许氏 始迁祖揆公，携子六人由江西庐陵徙永新，又徙衡山，衍六房：娄田、同霄、城东、南岳、吉里、澎陂。明崇祯间始修墨谱，清乾隆十年（1745）续修，嘉庆间各房三修，同治三年（1864）合族四修，光绪二十五年（1899）五修，1930年六修。堂号太岳。

常宁许氏 始迁祖才义公，江苏吴县太平七都泉柳村，明洪武二年（1369）以中军指挥使奉调常宁，落屯常宁长冲铺，又调征柳州、宜章黄沙堡、交趾、广西等处，殉难。子子良补父职，回衡。四世开文、武、纲、纪、经五房。长房文公之子南纪，策名享世，袭指挥使，徙西川。武公、纲公仍居故址南乡长冲铺。纪公长子南翥公迁衡山黄崎岭，次子南翮始徙衡山洪塘洲。经公居季溪。清嘉庆十六年（1811）、同治四年（1865）、光绪三十一年（1905）、1941年纂修族谱。派语：才子直道镇南乡信书用异常宏流原巨海大本立远前……

耒阳大义乡青塱许氏 始迁祖开泰公，字亨一，原名肇明，浙江嘉兴府人，宋度宗咸淳戊辰（1268）进士，任湖南观察使，宋端宗景炎二年（1277）因元兵进犯，遂隐居耒阳邓衙塘，继迁太义乡之青塱。子三：宏仁、宏义（分谱另派）、宏道（官江西饶州府，入籍乐平）。迄今耒阳、永兴许氏皆宏仁之后。宏仁生三子：功嵘、功峻、功岐（失考）。功嵘生安闾，迁贵州。安阖居永兴塘屋六甲祠，安间、安阁不详，安阆居耒阳许家祠。功峻生安阀，居永兴黄泥乡洋冲祠，安闵居永兴塘屋桥头祠，又称十甲许氏。安阅居永兴塘门口三祝祠。安言居耒阳青琅，开派六房，散居耒阳、永兴、衡南三邑。清乾隆三十六年（1771）居耒者建宗祠于邑城南门内。乾隆五十八年（1793）创修宗谱，道光二十二年（1842）续修，同治十三年（1874）三修，光绪二十八年（1902）四修，1932 年五修，1996 年六修。通谱排行：大开宏功，安必允臧，祖训是皇。家声远耀，闻誉显扬。勋焕盛朝，清时孔彰。贤俊代衍，名振南方。品学济美，辉华玉堂。

邵阳桃田许氏 始迁祖孟魁公，明洪武初自江西丰城县迁居邵东桃田村。子应辅，生文礼、文聪、文智，礼裔四房，聪、智裔八房。礼房与聪、智两房分祠分谱。清乾隆三十九年（1774）礼房一修，同治十二年（1873）、1941 年续修。乾隆三十八年（1773）聪、智房一修，道光十九年（1839）、1920 年续修。1992 年三房合修，称四修。班行：孟应文宗祖，添元志仲必。思才绍永从，景正定复兴。荣耀启先兆，祥光发自长。圣贤垂统绪，家世尚醇良。

武冈镇抚许氏 始祖道光公，南直隶无锡人，封镇抚。子德清公为武冈守御所镇抚。

安化常丰许氏 始祖衡公，字仲平，号鲁斋。派祖孟魁公，由江西丰城县迁湖南宝庆府。六世祖元宇公，由宝庆府迁安化县城，世居常丰乡。

岳阳高阳许氏 尊西汉武帝时肇公为一世祖，十三世祖西晋时述公迁居江西奉新县。三十六世祖德俊公，因宋靖康之乱而迁居湖南平江县南港，四十九世祖文六公，字贞观，明初迁居巴陵龟港篮家屋场。派语：崇朝必单，文仲廷大。一宗希时，伯万忠良。钦诚尚志，定国安邦。维纯淑修，以启嗣后。循方自立，才端学贞。名升世辅，佳士联晋。有恒能之，祖佑永应。

岳阳荷塘湖口许氏 始迁祖可泰公，宋人，因与从弟可崇等讼争祖业，官断可泰居巴陵，因自湘阴迁居巴陵荷塘湖口。1920 年纂有族谱。旧派：存志景仕万，得梦继启兴。大胜永家国，平康登上理。新派：积厚洪基建，宗支运泰昌。诗书传世范，礼义迪前光。亲睦彝伦叙，宽仁祖泽长。匡时英杰举，明德乐馨香。

湘阴白茅村许氏 始迁祖均公，江西吉州五里牌人，后唐同光元年（923）迁湘阴黄沙田，再迁白茅村。生六子：可崇、可鉴、可雄、可恭、可彤、可峰。

后人分布在黄谷、长乐等乡。宗祠在湘阴城北正街。清嘉庆十四年（1809）、咸丰八年（1858）、1946年纂有族谱。至1948年，已传38代，共万余人。

平江许氏 一代祖许国开国君文叔公，三十三代邵公。三十六代肃公居南昌府西山青翠岩，第三子述公迁罗塘。六十代德俊，北宋末年因靖康之乱自罗塘迁平江南港。五十四代权公由罗塘迁湖广蕲黄石兰村，曾孙孝康公，居分宜县莲花塘。六十二代俊明，居吉郡尚洛，生富、贵。清乾隆间，贵公裔八十六代和临，八十七代华渊、华佑、华济、华江、华学由江西各地迁平江东乡。富公裔八十二代守华、守联，清康熙四十二年（1703）由广东迁平江南乡献钟。又八十一代国海，于康熙五十六年（1717）由广东经江西万载迁平江东乡田岩，八十三代恭文，康熙间广东嘉应州经江西赣州迁平江爽源。八十五代孚远、原发，清康熙四十七年（1708）由赣州迁平江九岭灶门洞。八十四代兆圣，康熙间由浏阳迁平江东乡蚕山。清光绪十四年（1888）十房重建宗祠于献钟横街。2003年首修通谱。东乡贵公裔原派：仁润子文胜，友得和能贞。家传维积善，克绍祖先声。南乡富公裔原派：文廷发祥，家国有光。祖德徽声远，宗功积泽长。经书传后代，世第绍前芳。北乡族老派：崇潮必单，文仲廷大。一宗希时，伯万忠良。钦诚尚志，定国安邦。大同通派：（自通宗八十七代始）华中遗从训，章贡启大同。昌江承盛世，雍睦永兴隆。

桃源乾潭许氏 始迁祖思民公，明永乐二年（1404）由江西迁居桃源县西高桥村。传十一世至天一公，又于清乾隆初年再迁上坊之乾潭。至1948年，已传19代，全族人口300余人，分布于白洋河、浯溪一带。宗祠在乾潭。咸丰十一年（1861）创修墨谱，光绪二十三年（1897）续修。

桃源浯溪许氏 始迁祖于保公，明永乐二年（1404）自吉水迁于桃源县东浯溪河。至1948年，已传20代，全族人口2000余人，分布于官坪、姜家坤、许家塌等地。宗祠在老官坪。族谱创修于1924年。

张家界许氏 始迁祖传可公，原籍四川重庆，元至正间由进士官慈利，因家慈利，分籍永定。至1906年，已传23代。

益阳北门许氏 始迁祖谟明公，南宋末年自山西夏县奉任岳州太守，赴任途中遇战乱，遂定居于县治北门。后裔居新桥河、许家洲等地。

沅江、益阳许氏 始祖清公，居总府职，由豫章迁湖北。二派祖胜景公随父任，家于荆州府监利县大城垸。三派祖源远公生二子：长子先进，裔孙居于沅益东兴垸、阳龙坝、大潭口。次子先栋，裔孙居于沅益黄荆塞、上风湾、中洲垸。清嘉庆二十五年（1820）创修谱牒未成，咸丰八年（1858）首次付梓。

长房旧派：清胜源先国乾（坤）启。次房旧派：清胜源先应澖有。续派：廷开隆俊秀，家贵效贤良，本大时荣茂，流长百代昌。

新化许氏 始祖子贵公，原籍南京朱家巷，明洪武初授贵州黎平府伍开卫，子五：仲先授平溪卫指挥，爱远授偏桥卫指挥，见远授耳海卫指挥，闻远授荆州卫指挥，成远授伍开卫镇抚职。成远公越六世至铎、铠、钦、礼四公，由伍开卫中潮所分拨湖南宝庆新邑。铎居永宁乡观音阁。铠居太阳乡九龙坪。至七世济宝公、安宝公徙居新化云溪。谱一修于清康熙二十六年（1687），乾隆十三年（1748）续修，道光二十四年（1844）三修，宣统二年（1910）四修，2000年五修。派语：高登自之士，国运受维新。功犹宏治泽，昌泰应崇熙。仁孝良文景，隆盛继其兴。后则风传定，芳辉佳见升。

郴州吉阳乡高岱许氏 始祖忠公，元顺帝时驸马，因避难由河南河内至江西南昌府，病故。其子念魁、念科奉母渥温氏至郴，居吉阳乡之高岱。后人分布于桂阳、广东等地。宗祠在郴县梨园。至1948年，已传23代，共万余人。

永兴羊冲许氏 始迁祖开泰公，宋理宗时自浙江嘉兴宦湘，卜居于永兴县仁勇乡。后人分布于羊冲、唐明乡、宗祠在羊冲。至1948年，已传28代，共18000人。

资兴镜塘许氏 始迁祖武材公，元顺帝年间自江西南康奉令来湘剿匪，卜居资兴县北区镜塘。后人分布于牵牛坰、白筱等地。宗祠在南城外。至1948年，已传23代，共1160人。

汝城王家塘许氏 始迁祖玉芳公，清道光时由广东乐昌县黄圃司迁汝城王家塘。至1932年，已传5代，30余人。

道县许家坪许氏 先世居山东青州。始迁祖子良公，唐进士，道州刺史，卒于官，子孙因居道州。族人分布许家坪、接龙头、许家、三海洞、许家坝等村。

会同许氏 始迁祖粮勷公，宋元丰间自江苏南京宦湘，首迁新宁潭湾，再迁会同。宗祠在会同广平乡。至1948年，已传27代，共1486人。

麻阳跳岩许许氏 始祖望元公，兄弟四人自江西南昌徙郴州府永兴县壁塘。至四世文祥公，明永乐二年（1404）寄屯居辰州府麻阳县尚家村跳岩许，耕种屯田，名充军丁。后裔分布舒家村、江口圩、锦和、郭公坪、长潭等处。老派：望君如文思，仲朝正可登。生国长宏远，万世昌大启。续派：良贤昭盛德，温厚笃忠贞。克绍伦常振，懋修福泽临。

靖州许氏 始祖成公，元末随沈总兵起兵，从明太祖征中原，明洪武调靖州卫左所千户，世袭百户。七传至应瑞公，清顺治中徙居鸡公塘。至清光绪三十四年（1908），已传19代。

靖州许氏 始迁祖伦公，原居邳州，明永乐十年（1412）授济州卫千户，宣德六年（1431）调靖州卫前所千户世袭。至清光绪三十四年（1908），已传18代。

许胡

汉寿许胡氏 始迁祖许爵公，子德盛，籍贯江南常州府无锡县东阁内石灰巷鹭鸶桥，原任标下都督指阃府，明洪武十八年（1385）云南告警，爵公祖孙父子同征鹤骊柑子坪，越二年唱凯荣归。二十二年夏得忠猖獗，爵公又镇守永定二卫，至永乐二年（1404）奉旨落业辰阳。德盛娶同里胡士万之女，生福益、福贰。胡氏无子，遂以福益抚以为孙，承胡氏之祧，生六子：祯、祥、礼、裕、祈、祉，分六房。清嘉庆四年（1799）、道光二十三年（1843）、光绪五年（1879）、1919年、1949年纂修族谱。一修背许而宗胡，二修易胡而宗许，三修后统两姓并一宗。派语：有仲文正朝，世国顺登应。永元本宗大，嗣实光家运。毓秀泽弥长，钟英才愈盛。善庆积高阳，万代承□□。

寻

浏阳社港寻氏 谱载寻氏自有夏斟鄩氏受封诸侯，子孙袭寻为氏。始祖祥甫公，后唐同光二年（924）由江西吉水县新江乡因世乱迁湘，开基于浏阳县莲溪乡玉田湾。传若干世，至元末衍为忠一等八房。惟忠六公世居玉田，衍为志和、志杰、志善、志礼、志益五房，分支迁浏邑东乡、南乡、华容、万载、湘阴、长沙、蒲圻、新田、平江等处。族谱始修不详，续修于清乾隆六十年（1795），道光二十八年（1848）三修，光绪八年（1882）四修，1920年五修，1995年六修。族人聚居于社港市等处。至1948年，男女丁口12000余人。同治元年（1862）建宗祠于社港市，1930年毁于火，1937年重修。今山西荣河、山东金乡、安徽盱眙、江西吉安亦有少量寻姓。该族名人：寻淮洲，曾任红军军团长。寻先仰，曾任四野后勤部长。派行：（自第二世始）志达思颜孟，名贤代继醇。英才逢盛世，道学本先民。孝友传家泽，诗书启后人。用能承祖绪，余庆自长新。

新田博大乡老山溪寻氏 始祖祥甫公，后唐同光二年（924）徙居浏阳。后裔迁居新田博大乡老山溪。至1948年，已传4代，共20人。

岳阳寻家湾寻氏 有族人300余人。

阮

临湘楠木冲阮氏 五世祖居仁公，加赠宪爵敕命大人，原籍交趾东潮县，以孝廉举中乡科，奉旨于明景泰二年（1451）出宰临邑，两任复升河南第三府，因老致仕，奉旨拨善田土名新县垅百亩。敕凡仕国中者，竟不许还，复家于临湘菖蒲塘。殁于成化二年（1466）。子时奉，朝廷钦差祭酒，敕赠御葬南门外望城岭楠梓冲。后裔分析楠木冲、毛港头及沅潭等处，也有移居别省者。清道光二十六年（1846）创修族谱。道光八年（1828）创立祖祠于楠木源荆竹山之麓牌刑。

安化阮氏 始祖昭公，南宋孝宗时自江西新淦县迁居吉安。其八世孙珫公，字明聪，因地狭人稠，谋求发展，于明洪武二十七年（1394）由庐陵城北小市头迁湘，开基于安化县仙长乡白泡潭（今称百宝潭）。族人分布于九渡水、岐山、大洞溪、千丘墩、蓝石、桃林坪等地。昭公八世孙璞公迁益阳，十二世孙喜君公迁新化。至1948年，已传17代，男女丁口约4000人。咸丰十一年（1861）建宗祠于九渡水。

邵阳阮氏 始迁祖清公，原籍江西庐陵，明初携弟林、奎、璧迁湘。清公始迁邵阳南路三里桥，继迁九公桥、杨栎，三迁东田冲。林公回原籍。奎公因永城三都九甲唐隍保丁稀粮少，难以承办徭役，遂顶当籍，以唐为氏，落业城南三里桥。璧公落业邵阳西路桃花坪。1933年纂有族谱。

汝城白扶阮氏 先世明正德年间自广西怀县迁此。族人分布于永乐洞、坳背等地。

蓝山舜乡所城阮氏 始迁祖有元公，明洪武时江苏上元县守御官，后迁蓝山所城。至1931年，凡20户，男290人，女240人，共530人。

孙

长沙孙氏 始祖文忠公，官至太常寺正卿。逮传至四世斯浑公，由徽州休宁迁湖南长沙，而浏而醴而宁，复传至七世海岳公，以万年县令假归泌水，隐居老塘。清乾隆二年（1737）、咸丰十一年（1861）、1916年纂修族谱。派语：居方斯继鲁，其谦克自昌。乐安廷学世，祚锦士长良。立达钟鸿业，勋华锡汝彬。该族名人：孙良贵，清乾隆四年（1739）进士。

浏阳沙溪孙氏 始祖致主公，系出江西富春孙氏支派，后唐同光三年（925）由江西吉安府泰和县凝滂乡车头井边迁潭州。三世汤盘公隐住于善化太平乡，汤聘公迁住于长沙锦绣乡。之后两支嗣裔皆迁浏北珠溪，迨至二十七世平槐，于明季从县北南徙，定居于南乡沙溪大坪，为浏阳大坪孙氏始祖。后裔主要分布于大坪、锁匙湾、官坡、上青山下、滥泥冲、老山冲、石牛潭及萍北、攸县等处。至1948年，已传40余代，共3000余人。宗祠在沙溪大坪。1936年六修族谱，堂号乐安。

浏阳浒澌段孙氏 始祖致主公，后唐同光三年（925）自江西泰和迁居潭州，四传至永传公始迁浏北珠溪。又传至应道公于明永乐初年迁浒澌段。

浏阳枨冲孙氏 始迁祖文忠公，明崇祯十三年（1640）自江西南昌迁此。

宁乡孙氏 始迁祖若梅公、若桢公、若栋公，后唐同光二年（924）自江西乐安锦成里孙坊迁楚，分别开基于宁乡小水冲、中梅、资阳。族谱始修于明嘉靖五年（1526），清乾隆九年（1744）、道光六年（1826）、同治六年（1867）、光绪三十年（1904）、1934年续修。派语：若德高青祚，望隆通后先。四朝香孟叔，述立庆经筵。玉涧灵芝显，尚有登前贤。岱泽培南楚，诗书世业传。家庭征典则，礼义永昭宣。国治崇淳厚，宗规重孝廉。人文欣蔚起，道学乐长锦。二十一世孙玉瓒，字廷宝，明正德时官吏部侍郎。

宁乡孙氏 始祖绍四公，明初偕弟绍康自豫章迁湖北黄冈。其十二世孙俊卿公，因避兵于明末携弟德卿、明卿转徙宁乡黄土潭，为迁宁始祖。清乾隆间，俊卿后裔家相由楚入蜀，隶籍川东夔州府万县，为迁蜀始祖，后人散处云阳、万县及湖北利川。1922年宁、蜀二地三修族谱。

湘潭韶山孙氏 先祖万登公，安徽休宁人。四世溱公，明代中叶由安徽贸游京口（今江苏镇江市）。传至象乾，字健甫，初任沔阳同知，后任长沙湘阴分巡下湖南道佥事。明末清初，弃官隐遁。清顺治五年（1648）卜居湘潭七都韶山。

湘乡孙氏 始祖盛公，三国时任长沙太守，遂居长沙，传至南仲公，宋时筑室湖湘之东，生四子：日奎之长子景秀、次子景和卜居邵阳沙田、西坪，三子景新、四子景週卜居衡山，日英之子景倾卜居祁阳，日宽之子景茌、景任卜居邵阳龙回紫阳。日珣之长子景鸿卜居衡山，次子景鹤卜居邵阳冷水坑。景鹤越十一世至邵寰、邵寅、邵寓等由邵阳迁居湘乡。合族通谱始修于明万历间，续修于清康熙五十九年（1720），三修于乾隆四十三年（1778），四修于同治十年（1871）。湘乡支谱始修于咸丰十年（1860），宣统三年（1911）续修。嘉庆二十三年（1818）湘乡建宗祠于东白水龟山。同治十年（1871）四修通谱班次：贻谋燕翼长，积善有余芳。孝义多时启，诗书肇吉昌。承先宜重本，立念在能刚。代际清和会，名传万载祥。1911 年湘乡支谱班次：先汉芒瀫正，自廷邵雯光。安邦定才学，积善有余芳。孝义多时启，诗书兆吉昌。承宗宜重本，立志在能刚。代际青和会，名传万载祥。

湘乡孙氏 始祖景阳公，原籍江西丰城，南宋初年官居左丞侍郎，传至十五世钟、箕两公，于明初开湘乡孙氏两大支。钟公之曾孙仙寿讲学来湘，卜居铜梁乡大埠桥，为钟房迁湘始祖。箕公之曾孙献宝卜居庆善乡胡家铺，为箕房迁湘始祖。族谱始修于清嘉庆七年（1802），道光六年（1826）续修，同治十一年（1872）三修，1937 年四修。班序：世代隆兴高士望，德业峻伟振乾纲。远传雄杰冠湘楚，永显芳名宇宙扬。

双峰单家井孙氏 始迁祖应雷公，元至正元年（1341）自江西吉州迁居湘乡中里单家井，今属双峰青树坪镇。清乾隆十六年（1751）初修族谱，同治十二年（1873）续修，1933 年三修，2004 年四修。四修时入谱在世人口 8446 人。十二世惟倖、惟供清乾隆初迁居四川云阳县。班序：应汝源居文才汉子义孝宗祖惟忠崇庆世显荣昌承先模范诗书裕昆大启。

醴陵旱禾冲孙氏 始迁祖朝署公，元时自江西丰城迁此。族人分布于湘潭、萍乡等地。至 1948 年，族人共 6751 人。

醴陵大汾垅孙氏 始迁祖求寿公，字朝署。先世江西丰城同造里人，明初徙醴陵邑东大汾垅落籍开基。后人分布于孙家坳、旱禾冲等地，及湘潭、萍乡等地。至 1948 年，族人约 3000 人。

醴陵西岸境孙氏 始迁祖平凰公，清康熙间自广东龙川迁此。族人分布于盘树铺、漏水坪、萍乡。至 1948 年，全族人口 2000 人。

邵阳、新化孙氏 太和始祖仅公，宋祥符时权知虔州，卜居浮潭。传至元大德时季山公，生邦达，元至正十二年（1352）为避红巾之乱而自江西泰和圳上韭菜园徙居邵阳东关羊牯岭沙子田，今属新邵。生五子：应炎、添信、胜佑、于蓼、地莪。后邦达公又携第三子胜佑返迁江西原籍，莪、蓼居武冈，炎、信奉母居邵阳。添信传三世至继先，生八子，五子居邵阳，三子可珊、德珊、选珊及堂弟元一于明初徙新化梅山，分居于洋溪、浆溪、虎溪、白沙溪等地。谱一修于清乾隆三十二年（1767），嘉庆十八年（1813）、同治二年（1863）、光绪三十三年（1907）、1937 年、1990 年续修。一至四修皆邵邑西北乡应炎、添信、胜佑三房合修，1937 年五修时合隆回、新化、武冈同宗合修。大房旧班次：邦应政梦世，均原永万祖。朝廷宗继承，嗣可光显昌。二房旧班次：邦添行应荣，志永万仲伏。朝廷继世谋，可光显时昌。三房旧班次：邦胜申梦义，文才原万永。秀朝廷兴继，学世代景行。合派：忠孝传光泽，诗书裕后昆。孝友传家政，诗书翊国纲。发祥宜积厚，衍庆由培元。圣教敦伦纪，人生重本根。宪章隆典礼，勋业振乾坤。

邵阳孙氏 一世祖南仲公，三世景秀、景和居邵阳沙田、西坪，景鹤居邵阳冷水坑。1990 年景秀公裔邵东沙田房，景和公裔三溪房、西坪房、丘塘房，景鹤公裔冷水坑房纂修族志。其中农业户 1484 户，非农业户 636 户，外地 451 户。总人口男 4023 人，女 3233 人。派语同湘乡孙氏。

岳阳石潭乡孙氏 始迁祖伯一公，宋宣和元年（1119）自江西南昌迁湖南巴陵新家塘石潭乡，后有分迁大古塘、东冲口、石井冲等地者。清光绪间纂有族谱，堂号乐安。

华容鼎山孙氏 始迁祖景钊公，字克明，号柳塘，诰封奉政大夫。明正统初由江西南昌府进贤县徙华容鼎山，七世分承恩房、北祥房、裕后房。族人分布于孙家汛、花子村等地。该族科甲绵延，簪缨鼎盛，以文章致显位、勋业垂信史者代不乏人。清道光二十五年（1845）、光绪元年（1875）、光绪二十九年（1903）、1996 年续修。至 1948 年，共 2400 人。宗祠设在华容县城。派语：（自九世始）日大惟其正，时中永在贤。文明咸志学，忠孝本承先。兴邦臣道立，辅世士行全。克懋愈良贵，恒贞自永传。

平江东乡曲溪孙氏 始迁祖高月公，明崇祯间自江西安远迁此。

常德孙氏 始祖禧公，原籍江西吉安府折桂乡十八都花堰巷，明洪武二年（1369），长子廷三随堂叔武陵教谕裕公至常德府，落籍东关。

桃源陬市孙氏 始迁祖文通公，明洪武二年（1369）自丰城迁桃源县东浯溪黄花冈。至 1948 年，已传 20 代，全族人口 500 余人，分布于陬市、浯溪、莫林及慈利等地。宗祠在莫林乡新庵。族谱创修于清光绪三十四年（1908），1933 年续修。

桃源岩门冲孙氏 始迁祖葵公，明成化间自南京迁居桃源县南下白石村之岩门冲及上大安村之青山口。至 1948 年，已传 17 代，全族人口 300 余人，分布于县境官溪冲、白鹗湾、马甲坪、瞿家冲、易家冲、郑家驿等地。宗祠在岩门冲。族谱创修于1929年，1943年续修。

临澧孙氏 始迁祖宜公，字道安，明初由江左宦游江西吉安，转任湖北安陆府，永乐间由安陆迁澧南石墨山。清同治二年（1863）二修族谱，1915年三修，2004年四修。派次：文明兆开，观光上国。朝举忠良，万邦和协。世有贤才，宗传长泽。

益阳腊湖孙氏 始祖应德公，字千七，明洪武间自江西泰和县西乡圳上来湘，初寓桃花江，继居马头冲，再迁腊湖西南岸。族谱始修于清乾隆五十七年（1792），至1948年六修。宗祠于乾隆五十六年（1791）建于老屋洲，后又建于兰市。该族名人：孙锷，西隆州知州。孙耀恒，记名提督，诰授建威将军。孙阳升，少将。派语：应仲玉原景，廷松承继立。文崇明国璧，武耀大邦翼。孝友传家政，诗书启俊良。显扬逢盛世，勋业振朝纲。

益阳孙家湾孙氏 始迁祖长廊公，明洪武间因避乱自江西吉水迁此。其后衍居衡龙桥、孙家湾、薛家冲等地。

沅江孙氏 鼻祖汉时硕公，居河南汲县，后迁河南彰德府安阳县。九世新公，官唐代团练使，迁江西南昌府丰城县。发派祖初公，传至文俊、文奂，元末避兵乱迁湖北石首。文俊三子：子和、子敏、子敬，居澧州。文奂三子：子隆、子彬、子阳。子彬明初由石首迁汉寿黄插坪，永乐二年（1404）落业赤山黄家村，今属沅江。清道光二十六年（1846）、光绪十一年（1885）、1934年、1998年纂修族谱。派语：祖泽方传裕，宗功克建明。敦行光世业，崇学振家声。秀毓英杰，瑞萃人才。先绪永绍，文运宏开。

沅江新湾镇孙氏 先世于唐代自河南彰德府出仕江西，移居南昌府丰城县。传七世因避元末兵乱迁居湖北石首县。后其中一支迁居湖南汉寿县小罗赛曹家坪。明穆宗隆庆二年（1568），一部分迁居赤山黄家村（今新湾镇龙山村）。至1985年，全族人口2000余人，散居赤山各乡。

汝城东藏孙氏 始迁祖提领公，宋初由江西庐陵县徙汝城东藏。后裔分居姜屋山坑。至1932年，传26代，300余人。

汝城浆湖孙氏 始迁祖子盛公，清乾隆时自江西庐陵县徙汝城浆湖。三世德禄公迁龙虎洞底坑。至1932年，传10代，丁口100余人。

零陵阳阿孙氏 始迁祖寿保公，原籍浙江杭州钱塘。明洪武初，授护卫指挥使司，镇守湖广永州府，遂卜零陵进贤乡，开基于零陵县普惠乡阳阿地方。族人分布于普惠乡山头村大青口及四川、江华、宁远、道县等处。至1949年，已传27代，共27000余人。宗祠设阳阿村。

零陵孙氏 始迁祖恩公，明初封武德将军，卜居零陵，后裔分迁邑之杨梅岭、道县泥口坊、全县军山里、兴安富贵岭、恭城界木洞、江华黑石脚、宁远延塘。

零陵孙氏 始迁祖倪安三郎，明初征蛮有功，卜居零陵，后裔分迁邑之黄山里、江华白饭营、东安三河乡、城区乡黄塘陶家冲、广西恭城西岭镇。

零陵孙氏 始迁祖社保公，明初以武职由江宁官永州，卜宅于零陵。后裔分布于邑之乌龟井、宁远领爵洞。

零陵高凌塘孙氏 始迁祖四保公，明初任总兵，转调稀永总兵，卜宅于零陵高凌塘。后裔分迁邑之屯眉铺、绕玖佩、坝头。

祁阳孙氏 始祖安国公，明初迁居祁阳观音滩，生在朝、在廷，均移居墙口市。清道光二十八年（1848）纂修墨本，光绪十二年（1886）续修墨本，光绪二十九年（1903）续修缮本，1920年初修宗谱，2003年续修。字派：家敦雍睦，连享隆昌。贤才济美，奕叶书香。福受经文，定传俊杰。继启忠良，名扬楚湘。

东安大西塘石山湾孙氏 始迁祖受五郎，因官元至正年间由江西吉安府泰和县迁湘，开基于东安县三水乡大西塘石山湾地方。至1948年，已传23代，共1000余人。宗祠设在田心铺对门。

沅陵孙氏 始迁祖成公，原籍顺德府内丘县，明洪武元年（1368）仕宦于辰州，遂籍于此。裔孙散居于武陵、龙阳等地。清同治五年（1866）始修族谱，光绪二十七年（1901）续修，堂号文献。

溆浦社坪孙氏 先世由安庆潜山迁湖南，拨军屯溆。至始迁祖仁公，徙溆浦社坪。

靖州孙氏 始迁祖志万公，明成化二十二年（1486）自江西南昌府丰城县乐安郡宦游湘土，始居会同，继居靖州贯四里水口团金城堡。清雍正七年（1729）、乾隆三十五年（1770）、咸丰十年（1860）、光绪三十二年（1906）纂修族谱。原派：志高还应元加国之珍世大永远兴隆俊秀惟可尚。新派：宗德宏光显，开先绍美良，传家常有庆，继守定荣昌。

麻阳孙氏 以宋末侯公为始祖，居宝庆。传三世至荣、华、贵三兄弟，荣迁辰州小滩，贵徙黔州黄坪。华于元至元六年（1340）迁麻阳石垅溪，后人分布于舒家村、长潭、大桥江、江口圩、锦和等乡镇。老字：永和仲天山，继贞宗开仕，万代自兴隆。老字取至“代”字，后“自兴隆”三字不用，续以十字：君会正家叙，益本心德固。1930年修谱时又续议二十字：善绪明先泽，修定建奇功。立品金玉贵，扬名孝禹忠。

阳

醴陵瓜畲坪阳氏　始迁祖景元公，宋宝庆初自湖北江夏迁此。族人分布于珊田冲、东堡、谢家巷等地。至1948年，全族人口5000人。

醴陵瓜畲阳氏　始祖杨大巽，南宋末以功封醴陵县开国男，卒葬城北姜桥。次子霖，元初避难远遁，改姓阳，难平，复迁于瓜畲。传十二世至明季，分为鲤浦、东冲、瓜畲三派。

嘉禾水乾阳氏　始祖海翁公，初居黄花窝，宋代人。传至七世孙道胜迁居水乾。

城步阳氏　明初由江西迁居新化陈家寨，再迁巫江车田（今城步清溪），后由车田分支兰蓉、独宿、浆坳头等地。

城步节孝坊阳氏　始迁祖进章公，江西人，明初徙城步。

牟

汉寿牟氏　始祖才公，明永乐二年（1404）以百户侯奉圣命由四川西充县桂井村镇守辰常，见龙阳（今汉寿）软桥膏湖湾观音堂山川幽秀，土田润腴，乃家焉。才公七子，长、四两房失传，子孙有迁东岳庙、黄陵冈、杉木堤、新屋湾、东冲、南冲者。清康熙四年（1665）初修族谱，乾隆二十三年（1758）续修，道光四年（1824）三修，同治元年（1862）四修，光绪七年（1881）五修，1915年六修。

麦

蓝山舜乡上报源、路水源麦氏　始迁祖土秀公，清时来自桂东。至1931年，凡6户，男20人，女26人，共46人。

扶

湘潭驾马塘扶氏　始迁祖菊开公，桂开公之弟，同为始祖嘉公四十三世孙。

明洪武二年（1369）菊开公随宦由浙江来湘潭，屯于龙安峰（今仙女山），后迁驾马塘。明嘉靖间创修族谱，清道光间凡三修，光绪二十三年（1897）五修，1936 年六修，2014 年七修。名派：菊芳家万曰，清高一定朝，导德绍兴盛，国正添心顺，南宫淑景先。

新化扶氏 始祖启荣公，陕西西安府人，明洪武四年（1371）任安化县知县，宦居安化。传六世至才贤、才高兄弟迁居新化黄羊，再迁蜀溪，三迁文青双江口、石窑。后人分布于双江口、水江展望村、上渡、花山、铁牛、双梓、石桥乡、蜀溪等地。谱始修于清康熙五十七年（1718），道光九年（1829）续修，光绪十一年（1885）三修，1930 年四修，1993 年五修。派语：启夫庚受富，才志添克文。景永大显应，上登正学承。安定邦维教，植纪笃宗亲。先德传家绪，昌隆运自新。宏图光甲第，世代远扬名。

桂东中和扶氏 始迁祖丰芝公，字仁甫，宋时自江西上犹县迁居湖南桂东县中和乡扶村。族人分布在桂东县各乡，以中和乡、云从乡为最多，以及酃县、江西金坑等地。宗祠在中和乡扶村。至 1948 年，已传 28 代，男女丁口 4500 余人。又据 1999 年桂东《扶氏族谱》：宋时元芝、林芝、丰芝等兄弟九人，林芝以荐元官桂东，卒于任，子汝端，无力归榇，乔寓桂东城南。丰芝任江西上犹军卫，元芝任光禄大夫，同解组来桂，置业中和乡龙塘。后元芝派广东乐昌，汝端派衍酃县，蕴芝派桂东三都冬瓜洞及江西遂川山田，茂芝派江西遂川城南太元，凝芝派湖北襄阳，献芝派江西南唐大庾。故以丰芝为桂东扶氏基祖。

溆浦温里扶氏 始祖保一公，原籍浙江汤溪县，明末迁居辰溪。后裔邦相公，复由辰溪徙溆浦温里。

汝城姜阳丫头山扶氏 始迁祖朝铨公，清乾隆时由广东乐昌县九峰上廊迁此。至 1932 年，已传 8 代，丁口 60 余人。

花

华容花氏 鼻祖云公，世居安徽凤阳府怀远县。从明太祖起兵，以功封安远大将军，守太平，卒封东邱侯。子世炜，授湖广岳州卫指挥司事。六世韶，荫袭指挥职，宦居岳州，生三子：绣、綵、绶。绣、綵移居临湘白金桥花家冲云溪。绶公明隆庆年间，自岳州迁华容东山乡长岗庙之北落居。后人分居花家畈、杨家堰、花家铺等处。与临湘、石首、沔阳花氏同出一源。原派：应之露国生，廷锡泽楷光。绍述忠良士，永传万世昌。续派：理铎洪相烈，培钟谓栋勋。先铭源本焕，重镇汉材蒸。

严

长沙沱川严氏 该族以汉武帝时会稽太守助公字义兴为始祖。五十派常公，字敦伦，原籍浙江兰溪县灵泉乡，宋嘉熙间任潭州指挥使，卒于任。子景、昱二公，避宋末之乱，托籍于长沙河西都四甲金凤庵、楠木冲。景公生以华、以彩，昱公生以是、以武。以武明初宦游西鲁，以彩、以是徙居湘潭。惟以华，字敷荣，落业长沙沱川，为沱川始祖，子孙散居长沙、湘潭、宁乡。清康熙间纂修族谱，乾隆八年（1743）续修，乾隆三十一年（1766）湘鄂合修，1948 年八修。道光五年（1825）建总祠于沱川。沱川房排行：以正朝廷，治立福德。子必应承，久远光兴。莳竹塘房排行：以正朝廷，治立福德。子必应纹，国政添心。炉七冲、燕子冲房排行：以正朝廷，简应宗孔。正立福德，章纹武继。南山冲房排行：以正朝廷，简应宗孔。正立永源，簪缨蔚起。严家坪房排行：以正朝廷，治立福德。子潮海承，有瑛仕世。严家河、画桥房排行：以正朝廷，治立福德。子必潮宗，尚士志世。北门房排行：以正朝廷，治立福德。子必应远，长轻志世。清嘉庆十二年（1807）旧增五言派语：家泽征人瑞，鸿才耀楚湘。培元昭大典，忠孝启贤良。1948 年新增五言派语：经济文章盛，诗书世代香。丰功资建树，礼教重传扬。

长沙石燕铺芦塘严氏 祚公分迁长安。至十四代支祖承仔公，字子臣，明万历间由华容迁公安，复徙善化石燕铺芦塘。清乾隆三十一年（1766）、嘉庆十七年（1812）、光绪三年（1877）、光绪三十四年（1908）四修支谱。旧派：承尚玉长世，口仕克开先。文学光宗绪，声名自永传。通派：梦首循天一，克开先有章。其文钦奉若，定得久全昌。

浏阳严氏 始迁祖仁饶公，兄弟三人自华容迁浏，卜居浏西韩家巷。越五代至忠训公迁浏东金亩田，始定居立业建祠。清道光六年（1826）始修族谱，咸丰五年（1855）、光绪十三年（1887）、1917 年续修，1996 年与华容合修，时有男女丁口 1100 余人。派语：仁敬梦朝忠，兴高显福崇。祖宗凡远近，家运定昌隆。

湘乡娄底坪底严氏 明洪武二年（1369）由袁州迁安化温塘，部分转迁湘乡娄底坪底等地，今属娄底市。

醴陵大林桥严氏 始迁祖仕俊公，清乾隆四十九年（1784）自广东迁此。

族人分布于东坑、赤竹岭、漏水坪等地。至1948年，全族人口80人。

炎陵常平严氏 始迁祖敬举公，清康熙末年自广东乳源迁郴州桂阳县乾甫，旋迁酃县常平乡七都倒坑。其子茂兰，又于雍正年间迁常平乡七都杨柳湾（今中村乡龙坪村）。

邵阳白马田严氏 始祖荣公，江西泰和人。明弘治间徙邵阳县东关外。后裔德正居长烟铺，寺珵居白马田。

洞口严氏 唐时安国公由会稽迁华容，宋末铎公迁江陵，成公迁江南。明洪武七年（1374）成公转居华容。循恒以江南上元县籍官邵阳。清康熙中，一仁自华容迁洞口。

常德、汉寿严氏 原籍浙江严州桐庐。佃公长子奇之公十三代孙绪公由浙江迁江西。绪公五代孙奇公、香公由江西迁常德武陵。香公居牛鼻滩，生德明、承载，承载后又迁龙阳施茶凹。佃公次子清之公十三代孙由湖北孝感迁龙阳，启樑居大茅冈，启海居曹家坪。清光绪七年（1881）、光绪二十七年（1901）、1934年纂修族谱。三通省谱老派语：梦首循天一，克开先有章。其文钦奉若，定得久传昌。续派语：骏业欣长建，鸿功乐永康。明宗征迪吉，睦族自休祥。

石门严氏 祚公由吉安府鸭子垱大栗树迁湖北公安堠堤，生明、清、统。后裔九子皆由公安南迁，贵公落澧邑贵溪湾，祥、稿二公落安福香火垱（今临澧县文家），稿公后裔迁常德花猫堤，必英兄弟同居临澧县太浮山麓黄金塌，必怀兄弟同居石门白洋湖。清咸丰八年（1858）、光绪十八年（1892）、1923年、2015年四修族谱。

华容严氏 湘鄂严氏，大抵出自唐剑南节度使武公一脉，武公随唐玄宗入蜀。子安国，自关中南迁，卜居章华红柿村，一说安国后唐同光二年（924）自江西迁华。安国子广远，为马楚评事，一说广远后唐天成间自江西南昌历珠港迁华容。生隆、祚、达。祚公迁湖北公安，为段堤严氏之祖。隆公卜居华西仁义乡，为官路严氏之祖。达公卜居华东十三都，为青湖严氏之祖。族谱始成于宋，再成于明。清乾隆三十一年（1766）严首升主修湘、鄂合谱。严首升，号濑园，所著《濑园集》，清乾隆时列为禁毁之书。官路严氏族谱，续修于乾隆三十六年（1771）、道光四年（1824）、咸丰七年（1857）、1919年。青湖严氏族谱续修于乾隆三十八年（1773）、道光二年（1822）、咸丰八年（1858）、光绪十八年（1892）。1996年东西两支及浏阳、湖北潜江又合修族谱。该族名人尚有严立铭，康熙乙未进士。严克庄，乾隆丁丑进士。严开茂，乾隆丙辰进士。严中甲，光绪戊戌进士。严国桢，民国元年省议会议员。字派：承惟永大，仲本希而。自正廷献，必然文明。梦首循天一，克开先有章。其文钦奉若，定得久全昌。绍宗敦孝敬，振绪启贤良。世远知传述，立征祖泽长。

平江严氏 子陵递传二十五世至浚，生三子：文、武、英。武为华容祖，英为平江祖。及至天祐，讳福，宋乾道进士，第五子宽，南宋淳祐间由国学书魁授平江教谕，生三子：邦禄、邦荣、邦积。邦积随父自浙江兰溪来居，落籍于西门严家滩，至今全族人口 1800 余人。清嘉庆二十二年（1817）、同治二年（1863）、光绪二十一年（1895）、1925 年纂修族谱。字派：邦性敏必资学，万用由斯觉。正道辅开先，有章其文博。源发嘉兴远，名标绵绣高。贻谋敦德泽，衍庆启贤豪。

益阳十九里严家湾严氏 始迁祖汉声公，明永乐年间自江西吉水迁此。

安化严氏 始祖助公，字义兴，汉武帝时人。传至五十世仕仁公，字锦章，明洪武二年（1369）由江西分宜县界桥迁湘，开基于安化县城东门。子二：天福迁居本邑丰乐乡温塘，天禄迁居本邑常丰乡太平塅。

溆浦严氏 始迁祖英公，原籍浙江桐庐县。宋末官湖南，因避元乱，遂家于溆。族人分布广福桥、章池。

劳

长沙劳氏 劳氏原为姬姓，其先居山东崂山，因以劳为姓。宋朝时兵部尚书劳修，因金兵南侵，随高宗南渡长江，为南渡始祖，子孙散居武林、余姚、崇德等处。长沙劳氏有浙、苏两系。浙系劳姓，多居绍兴府山阴县。该地文风极盛，读书人甚多，而清代科举制度，每一地区取录名额都有一定限制，因此该地读书子弟出身甚难，于是改弦更张，不求官而学幕，由此绍兴师爷之足迹遂遍天下。清初有劳姓师爷游幕来湘，留居不归，此即湖南浙系劳氏之始祖。堂号师俭堂。该系自入湘以来，已传 10 余代，原系寄居。至第六代文毅公劳崇光，始入湖南善化县籍。劳崇光，字辛阶，道光十二年（1832）进士，选庶吉士，授编修。咸丰元年（1851）署广西巡抚，参与镇压太平天国运动，后调任广东巡抚兼两广总督。同治二年（1863）授云贵总督，卒于任所，赠太子太保，谥文毅。有《常惺惺斋集》传世。今楚怡校址即其故居。民国元年，长沙、善化二县合并，浙系劳氏遂为长沙籍，至解放前夕，全族男女仅 120 余人，子弟多以读书游官为业。习农工商者甚少，族中既无巨富，亦少贫寒。该系名人除劳崇光外，尚有劳启祥，字洛生，雅礼大学毕业，后留学美国，获芝加哥大学理科硕士学位。1928 年回国，任雅礼中学校长达二十年。曾参加湖南和平起义，为长沙市第一届各界人民代表会议代表、湖南省政协特邀代表。劳君展，女，派名启荣，周南女校毕业，曾加入新民学会，赴法勤工俭学，历任上海暨南大学、北平大学教授，建国后任中国人民大学教授、第四届全国政协委员、九三学社中央常委。命名排行：祖开鸿业，崇文启远。家绍贤声，存心裕本。

苏系劳姓 原居武林（即杭州），元末有名劳达者，字福九，见时事日非，大乱将至，爱太湖山水之美，便由杭州迁居吴县（苏州）洞庭西山崦边建石桥。清初劳澂，字在兹，晚号林屋山人，为劳达十一世孙，工诗，通医术，而画尤入神品，与王石谷齐名。性好游，足迹半天下。晚年归自滇南，寓居阊关外白莲泾。长子劳栋，字梓材。次子劳楫，字巨能。劳楫于清康熙间由吴徙湘，侨居善化县治坡子街。清时善化县治与长沙县治同在省城内，约以今五一路为界，善化居南，长沙居北。劳楫生劳琰，字席珍。席珍生禄久，字名亭，号诚斋，乾隆四十七年（1782）创设九芝堂药号于坡子街，开子孙不世之基业。虽经 1938 年文夕大火，财产悉归乌有，然信誉犹存，蹶而复起。劳栋生劳掞，字舒亭。舒亭生肇基，字振沧。振沧生克竣、克宽。克竣卒于常德府，无后，以劳席珍次子克敬长子成惠承嗣。故苏系劳姓又分一大房。劳楫七世孙鼎勋，字勉存，光绪辛卯科解元，历署广东曲江、惠来县知县，广东乡试同考官，改署江西饶州府知府，擢升道员，遂入善化县籍。迄解放前夕，已递传 10 代，有男丁 60 余人，女丁 80 余人。2009 年纂修族谱。命名排行：克成祖志，永绍先声。文章华国，忠厚传家。

苏

长沙苏氏 始祖孙连公，字汤新，清康熙四年（1665）由福建永春州亭上因兵燹迁居江西万安县，其子华秦、华蒂于清康熙十九年（1680）由赣迁湘，开基于长沙县嵩北乡洲尾。至 1948 年，已传 13 代，男女丁口 1200 余人，族人分布于安山、太平岭、巷口。宗祠设在杨家桥。

望城龙塘苏氏 该族以苏武为一世，四世亮公葬武功，五世章公为清河太守，籍栾城，十九世味道公，谪为眉州刺史，因家眉州。三十三世辙公长子迟公，官南昌训导，籍江西泰和，三十七世士类公，官淮安道，后徙南昌。四十三世义金公，明初由南昌府丰城县迁居湖南浏阳。越二世，承秀公于明洪武二十六年（1393）由浏阳迁居长沙乔口，落业龙塘，今属望城。派衍富、贵两房。清雍正三年（1725）建祠于龙塘。族谱始修于明万历四十六年（1618），清康熙二十四年（1685）二修，乾隆十一年（1746）三修，嘉庆七年（1802）四修，咸丰六年（1856）五修，1926 年七修，2000 年又续修昭视公支谱。派语：义忠承友伯，邦允荣继明，启国朝源远。光昭新世泽，盛大振南湘。文业宗家学，英华益炳芳。传经开俊彦，树德毓贤良。通达辉金榜，猷为耀玉堂。诗书垂后祀，功烈绍先皇。麟阁遗型在，鸿图应瑞长。

浏阳苏氏 洪都始祖符公，为东坡公之孙。符公之七世孙如日公，字环六，次子裕伯，字图南，宋理宗时赐吏部侍郎，值宋元鼎革之际，与弟崇侯奉亲隐遁，徙居长沙南关内苏家巷，元大德时卜居浏阳北乡缎牌。裕伯子四：孟仲、季仲、清仲、才仲。崇侯公字衡南，子才兴，字惕。才兴公生有三子：淮、河、泗。淮、河随父徙居善化南塘，泗迁居江西吉安。故浏阳苏氏实为裕伯之裔，堂号四仲。族谱始修于清雍正六年（1728），道光二十五年（1845）续修，同治三年（1864）三修，光绪三十三年（1907）四修，1937 年五修。宗派：（自十五派始）正学崇先达，文光有俊良。安邦书泽远，修业后贤昌。立本敦伦道，传家秉义方。基高培益厚，自必发其祥。

宁乡苏氏 苏轼长子迈，迈之后敦源，任江西泰和县令，解组卜居泰和圳上千秋乡水柏保梅子湾。生培，培生起梧、起初。起初五子：缙荣、缙卿、缙贵游南楚诸邑，缙笏仍居圳上，缙朝迁浙江山阴。起悟子缙鸿，字翼云，先迁山阴苏家湾，宋淳熙十四年（1187）下担长沙新康驿油草铺，今属宁乡。生绅莹，绅莹生福盛、福隆，嘉定间迁城西邓家山。淳祐八年（1248）由狮子山乔迁上乡西大路右侧冲。福盛生厚生、厚德、厚道，福隆生厚载。厚生子宏泰往武冈，厚德次子宏业未详，厚道子宏文徙邵阳，厚载子宏谋居武陵。厚德长子宏绪仍居故址。1930 年六修族谱。字派：起缙绅福厚宏先泽光华日有明学应才成大兰桂永昌隆英贤……

湘潭韶山苏氏 一派老泉祖讳询，次子辙，辙生迟，迟生玳，玳生养真，养真生德，德生师旦，师旦生刘义，刘义生广，广生泰，泰生植。始迁祖天培公，讳植，原籍江西，明洪武三年（1370）开科取士，公得引乡荐，后补授长沙教授，携家居苏家巷。初公居官清洁，以故居楚时家最贫，数年后家渐饶裕，久之创建铺地房屋百余间，复置腴田三百亩，一坐醴邑，一坐湘潭七都，一坐湘潭八都。子竹山居醴陵，铭石居七都，铭山居八都。1928 年七修族谱。堂号忠孝。

醴陵潭塘苏氏 先世元末自江西永丰迁此。至 1948 年，全族人口 400 人。

醴陵黄田苏氏 始迁祖华三公，明洪武十年（1377）自江西萍乡迁此。至1948年，全族人口300人。

醴陵苏家垅苏氏 始迁祖华二公，明洪武十年（1377）自江西萍乡迁此。族人分布于溪头坝。至1948年，全族人口2500人。

醴陵泮川冲苏氏 先世清顺治初年自广东迁此。至1948年，全族人口120人。

醴陵湖下里苏氏 始迁祖贵萱公，清康熙初年自广东长乐迁此。族人分布于王仙、李家山、萍乡、浏阳。至1948年，全族人口1500人。

醴陵荷田苏氏 始迁祖纹生公，清康熙末年自广东迁此。至1948年，全族人口100人。

攸县南屏苏家坝苏氏 始迁祖兴公，字诗可，明永乐二年（1404）由金陵宦湘之茶陵县。解组后开基于攸县南屏乡苏家坝。至1948年，已传20代，男女丁口1000余人。明末建家庙于苏家坝。

茶陵云阳苏氏 始迁祖谆公，字毅然，原籍江西泰和县早禾市七田里，元至正间官广东韶州路教授，解组辙经茶陵，因兵阻遂居茶陵秦人洞。清康熙五十七年（1718）始修族谱，乾隆三十三年（1768）、道光二十六年（1846）、光绪六年（1880）、1914年、1947年、2006年续修。字派：于（官）兹发英，庭启训学。文承（成）许（孟）国（仲），联芳秉铎。积德必昌，为善至乐。后裕前光，修其天爵。笃厚纯明，循良中恪。喜述清芬，景仰先觉。

茶陵苏氏 始迁祖兴华公，原籍江西吉水县，明永乐间任长沙府茶陵知州，遂家茶陵。

邵阳苏氏 老泉公二世轼公，守湖北黄州。四世珍公，迁江西吉安。九代兴公，官籍武昌大冶。十五代福、禄、寿、喜、祯、祥六公，明洪武初年迁宝郡。清道光五年（1825）、1918年纂修族谱。各房旧班不一，石山村、仙槎桥、仙鹅嘴、鹧鸪塘班次：聪彦普沾恩，宗万士祚生。必世代勋承，继德作人纯。界岭、接草村班次：聪彦普沾恩，宗万志汉有。定国安邦久，继德作人纯。野鸡塘班次：聪彦普沾恩，宗廷承时学。文崇久世大，荣德作人纯。郭家冲班次：聪彦普沾恩，宗万士仁文。奉国正添星，继德作人纯。新班：祥自祝融肇，名由武功扬。眉州延庆远，豫章发秀长。北湖贻燕翼，南楚振馨香。尔克家声绍，方增祖泽光。

邵阳苏家冲回族苏氏 鼻祖通公，明洪武初年任宝庆卫指挥，由燕京宦游湘邵，慕双清六岭之胜，遂卜居城西黄土墙。政公荫袭父职。再传御公，时于永乐间迁居南乡塘山冲（即苏家冲），生锦、铎、镕三公，派分三房，后裔分徙益阳、汉寿、武冈、隆回等县，及蜀、黔、桂、滇各省。现四川隆昌等处即有铎公后裔。家乘首创于清乾隆二十七年（1762）。

城步回族苏氏 明弘治十七年（1504）城步置县，从靖州卫调回族千户苏胜世守城步，子孙遂定居城步。

华容永固垸苏家塌苏氏 苏轼五代孙昱，任湖北石首县教谕，落居石首。再传五代至添祐、添福、添祥三人。祐、福分居石首三都岗、黄山庙。祥于元元贞元年（1295）迁华容游堤夏堤堰（即永固垸苏家塌，今梅田湖西侧）。添祥子三，启商居原地，启名迁邑东苏家涧（今胜峰石伏山东侧），启陵入赘东山刘姓。现子孙分居梅田湖、万庾顶台铺、石桥铺、胜峰石伏、南山廖家涧。堂名原为武功，后改为眉山堂。旧派：大元亨仕添启锱淑宗彻志万继自美贤能水全门长国惟。新派：传家宜尚达（俊），述祖有全昌。允迪光先德，明昭锡尔祥。续派：克绍箕裘业，修身守典常。存心为孝友，秉义作忠良。

湘阴三姊桥苏氏 始迁祖祐（一曰福二）公，祖籍江西丰城，明洪武二年（1369）流寓长沙，洪武十七年（1384）自长沙迁湘阴三姊桥，今属汨罗。

湘阴高明乡蓝家冲苏氏 先世明洪武十七年（1384）由江西丰城县徙湘阴县高明乡蓝家冲，分布于苏家嘴、碧塘湾。至1948年，共400人。清乾隆五十二年（1787）创建宗祠。

常德堡堆冈苏氏 谱称开基祖允龙公，字希夔，弟允虎，字希朱，于明永乐间由江西吉安吉水县竹巷坡，始迁武陵之南葛麻山，复卜居于堡堆冈。清乾隆五十九年（1794）创修宗谱，光绪三十年（1904）续修。嘉庆三年（1798）创建宗祠，门联：本支百世，俎豆千秋。世派：允朝邦岐时国文登水世德宏词儒才大学君子明思五经魁士一木连枝光昌其祖克启必宜长绵万顺永定宗规。

桃源印家铺苏氏 始迁祖观达公，明永乐二年（1404）自江西吉水迁于武陵白沙村，旋迁桃源县城东街，落业县南之官庄坪。至1948年，已传20代，全族人口300余人，分布于鸭公坝、桃树冲、蒋家冲等地。清光绪十八年（1892）修总祠于大岭山。道光十三年（1833）、光绪十八年（1892）修有墨谱，1915年与苏家堆合修总谱。旧派：观继绍太显世岕，邦杰文国芳名宏。士必登朝昌大永，业炳南天锦上宗（使用至“昌”字止，后接新派）。新派：祖德滋培植，祚荣启书相（自“祚”字派接联派）。联派：联本源定广，新旺长安康。群英健伟业，富贵显荣杨。

桃源陬市苏氏 始祖阿受公，原籍眉山，徙苏州嘉定县，明永乐二年

（1404）再迁桃源县东苏家堆。至1948年，已传24代，全族人口240余人，分布于东北路及常德等处。宗祠在县边街，1915年续修族谱。派语：车遇文廷日守弘朝，木民如上草园宗应。

石门苏氏 本祠始祖大凯公为明初总兵，洪武元年（1368）由江西吉安府吉水县东关大栗树迁居湖南辰州府泸溪县榔木溪。十代孙文科、文选于清康熙四十四年（1705）复迁澧州石门县庵同溶。族谱始修不详，道光二十六年（1846）石门续修，2002年石门、桃源、慈利、泸溪、古丈五县三修，2021年与临澧荣、洪、贵房四修。旧派：明友刚胜祖，天启承文得。正心顺光学，官清世太安。2001年与石门苏玹公裔合派。玹支旧派：再正秀必昌，志景光用常。继述思宜善，祖德永传芳。两支新派：鸿源联登远，业昌必显长。先绪维定国，忠孝万家芳。志豪景运盛，诚信裕后强。科法廉节义，华宇振兴邦。

临澧苏氏 始迁祖荣公，明洪武二年（1369）自江西屯驻九溪卫芭茅渡邵家河，后落业于新安板桥。洪公原籍江西南昌府高安县苏家溪，明洪武间入湖平叛，转居临澧合口龙沉堰。贵公同征九溪卫，驻慈利九溪岗，后落业新安洞子坪。清光绪二十二年（1896）荣房创修族谱，光绪三十一年（1905）洪、贵两房创修族谱，1948年澧水流域澧县、临澧、石门、慈利四县联宗合谱，2005年三修。2021年与石门凯么支四修。荣房旧派：曰雨单民秉纯启道之名芳百世文章华国经纬。洪、贵房旧派：正万伏世尧胜启宗梦向开文运先昭德久长象。合族宗派：前哲宏基绪，嗣服膺寿康。修齐崇诗礼，治平资贤良。

益阳苏氏 始迁祖固营公，宋嘉泰二年（1202）生，景定五年（1264）卒，自江西丰城宦游来楚，遂家于益阳二十一里汾湖州。生能超、能逊。超无传，逊生三子：福贵、福荣、福泽，衍为三房。贵房居克让村，荣房迁居十八里之天子坟，泽房多居火田垸。1948年六修族谱时有男丁3671人，妇口3036人。2002年七修。堂号梓谊。派语：前八派从阙，今仍始固能。福文盛志彦，祖崇永安成。国正天心顺，光昌启俊英。

新化苏氏 梅山苏氏史迹见于唐以前典籍。宋熙宁五年（1072）梅山峒领袖苏方、苏甘凿空顺势，迎款宋使。明万历间、清康熙二十九年（1690）两修族谱，已失传。乾隆十五年（1750）子旺、得常房三修，道光元年（1821）、同治八年（1869）、光绪二十六年（1900）、1932年、1991年、2018年续修。五修前老谱囿于旧俗，讳言蛮夷，不著录方、甘两公，祖系遥联邻省，皆称源系江西吉州泰和千秋乡水柏堡梅子湾，宋元丰间落籍新化梅城贯乡，卜居大阳乡九都、十都及石马两乡。1932年五修时，主修凤初对苏氏元丰间迁入之说表示疑义，认为得常公迁新，必不在元丰年间，而远在元丰百年前之唐末或五季。学者李抱一认为此说仍“语涉骑墙”，建议“尊族若直以为梅山旧民，则可斩尽葛藤，如破竹者之迎刃而解，更无阻碍处”，而凤初公以为“旧谱传之已久，而事无明文，故不便确指为方、甘之后”。七修时前言罗列凤初、抱一所述，而谱以太极公（文盛公）起派，尊为鼻祖。以子旺、子隆、得常、得轻、得贵、长三公发派，尊为始祖。仍称元丰江西迁入，尊旧说也。各房老班不一，如得常房：太得相伏林宗谷文必才景。子旺房：太子卿甫梦，翁志景永广。秀元仲凤生，九本光希德。得常、子旺两房续派：肇传先业，继嗣其昌。贻谋润远，懋绪昭彰。毓荣蕴藻，启美钟良。典彝笃庆，惠化滋强。

新田仁智乡白鹤仓苏氏　始迁祖日绮公，清时自常宁县迁此。至1948年，已传10代，100余人。宗祠在白鹤仓村。

会同苏氏　始迁祖尚元公，元至元元年（1335）自北京宛平官广东韶州府尹，后徙会同。其弟尚太、尚定皆武举，后裔居广平地方。

靖州苏氏　始迁祖光舒公，明时由武阳迁居靖州贯保渡，分居岩脚。至清光绪二十四年（1908），已传19代。

靖州高枧苏氏　明景泰时知州忞公，御苗战死，葬高枧，子孙居墓侧数十家。

杜

长沙栗子港杜氏　始迁祖伯铭公，明洪武初由江西迁居善化十连塘，后人世居善化杜家河十连塘，后移居长沙长桥栗子港。

浏阳杜氏　始迁祖文久公，清代自广东梅县迁浏。后人聚居于中和杜家湾。

宁乡杜氏　始祖元凯公，讳预，仕晋，封当阳成侯。十三派至甫公，四十派至光隆、光炽二公。光隆公讳铭，子三：庭位为阴浏支祖，庭佑为长善支祖，庭俊为潭邑支祖。光炽公讳良，明天顺三年（1459）由江西德化县迁楚，官宁乡县丞，解组后占籍宁邑西城淡家岭，其子庭佐于弘治九年（1496）卜居县治西南白马滩，为沩宁支祖。族谱创修于明崇祯六年（1633），清乾隆三十年（1765）二修，道光十一年（1831）三修，同治十二年（1873）四修，1917年五修，1945年六修。老派：仕起诗学，名振楚邦。永守先业，克绍前光。续派：庭泽朝宗益，盛理建丰章。忠孝传家大，经纶济世昌。三续派：耕读（德厚）贻谋远，宽和德量深（心平衍庆长）。人文期蔚显（显达），培植贵殷勤

（裕荣芳）。

双峰大木冲杜氏 明初照公原籍庐陵，官衡卫指挥佥事，卒于衡阳官署，其子文、武、先、厚因奔父丧而就地落籍。明宣德二年（1427），武德公曾孙太甫公，字开国，由衡阳演陂桥迁湘乡大木冲，今属双峰。清同治八年（1869）三修、1919 年四修、2001 年五修族谱。历四世而分高、兴、旺三房，今聚居冲内及周边者多为兴、旺二裔。高房自永清公明嘉靖间定居湘乡潭市。清乾隆十八年（1753）始修族谱，道光二十七年（1847）续修，1946 年三修，2002 年四修。班名：太友宗祖志，文庭永显兴。万春荣世载，安邦定国民。祚启声扬远，功成佑后昌。祥发从周汉，勋猷盛晋唐。凤林遵先训，继美焕天章。忠孝传家久，承业增锦绣。诗书开俊爽，群芳震环球。十七世邦俞，又名俞，1916 年授陆军中将，著《悔岳轩丛刻》。十八世杜心如，派名定贤，国民革命军中将。

双峰栗山杜氏 始祖仲敏公，讳璧，卒葬江西抚州府乐安县浦田。第三派遵训，徙居湖广衡州。第四派崇一又归原籍。崇一次子寿庆，名如胜，明正德十一年（1516）再迁湘乡五十一都大水头，今属双峰。清同治八年（1869）三修、1919 年四修、2001 年五修族谱。班文：文伯仲叔遵，崇寿世子希。一天星斗献，荣胜德朝元。肇业宗先祖，传家重典章。光明隆显达，永代启繁昌。

双峰永丰杜氏 老谱失传，始迁不详。2005 年续修，齿录自十六世始。堂名凤立。班名：天起兴洛广，仲正再宗泉，献代应自贤。忠信成祖武，世泽永昌绵。

茶陵枣市海潭杜氏 先世明景泰二年（1451）由江苏大仓迁此。

华容新河南堤杜氏 始迁祖四和公，原居益阳泉交河七都围，因地少人多，清光绪二十六年（1900）迁居华容新河南堤，开垦荒洲。现人丁分居新河、沙口、新沟等地。派语：可方敏迎庭，余维学重习。远达龙盘图，圣贤礼义兴。肇仁光世泽，杰菊贯群英。

华容坝上杜氏 始迁祖贤才，清光绪二十五年（1899）因蝗灾，自湖北沔阳杜家台（今仙桃幸福村）徙居华容坝上，先居洲土，从事樵渔，后开荒垦植成为良田，后裔居注滋口一带。沔阳支老派：秀国文郎，友金允梁。世士景仰，延年纪康。立家贤子，佐治永良……1988 年，沔阳、监南、监北、嘉鱼峡山四支统一新派：同宣令泽，盛誉远扬。仁爱敦厚，礼义昭彰。英俊建业，雄伟安邦。棠棣青翠，兰桂芬芳。珠联璧合，长发其祥。

平江杜氏 始祖晋时元凯（恺）公。十三传甫公，号子美，由夔来楚，卒葬岳阳，其孙嗣业以归葬偃师未果而迁葬平江，留子孙守其墓。至宋让能公生三子，分迁各省。清初荣凤公驻台湾未归，其妻吕氏携子世周（字发林）、世尚（字新林），于清雍正三年（1725）由福建汀州武平县徙湖广岳州府平江县西乡英集岭，清乾隆元年（1736）转徙南乡蛇弯何公洞。族谱创修于嘉庆二十二年（1817），同治七年（1868）续修，光绪二十二年（1896）三修，1927年四修。派语：世德源流远，家声衍庆长。诗书开圣道，端彩永呈祥。《平江县志》载：杜甫墓在平江南乡小田杜家洞天中湖癸山丁向，并言耒阳杜甫墓为衣冠冢。

新化白溪杜氏 先世宋元丰年间徙居湖南新化白溪，后人衍居于桃江、新邵、邵东等地。派语：传家诗礼重，芬烈孝开先。祚启馨名远，功成佑后贤。祥发明周汉，宏猷显晋唐。麟凤宗遗训，继美焕龙章。

常德杜氏 始迁祖常富、常贵两公，明洪武年间由江西丰城县洗槽湾迁湖南武陵前河百度鹗子湾，又分迁于三门。清同治六年（1867）纂有草谱。

桃源九溪杜氏 始迁祖敏公，明中叶自江西来常郡，遂卜居桃源县北之灵岩乡。至1948年，已传15代，共300人，分布于鹗子湾、樊家坊、杜家坊、杜家河、王家溪、羊毛滩、杜家溶等处。宗祠在灵岩寺。族谱创修于清宣统年间，未曾刊印。

桃源灵岩杜氏 先世明永乐时由江西迁于桃源县北灵岩。至1948年，已传20代，全族人口500余人，分布于黄花埫、杨家庄、儿溪、黄石等地。宗祠建在灵岩寺。族谱创修于清光绪三十四年（1908）。

澧县杜氏 始祖京公，原籍江西南昌丰城，明洪武二年（1369）子孙四十八人避乱来湘，恐年久莫能复识，乃于预公墓前碎锅四十八块为凭。其中文广、文通二公因父镇守楚南永定天门山，同来定省，为迁湘始祖。文广公子孙徙慈利、石门、临澧、武陵、桃源等地。文通公孙璋公始迁澹津，派衍六房，分迁本省九澧、慈、石、临、永、安六邑及福建、湖北新滩、四川夔州、公安淤泥湖等地。总祠在澧县玉林街，建于清乾隆十五年（1750）。合族族谱始修于乾隆十七年（1752），嘉庆二年（1797）续修，1923年三修。派语：世昌必佳，慎修方登。谟烈名显，继先祚运。承宏启武，步作陞朝。

石门杜氏 据2000年三修谱称，预公十一代孙宪章，因徐敬业之乱，与子极南由襄阳避祸闽粤，道经江西抚州宜黄县莱源渡炎田寨而居。至明洪武二年（1369），京武携子文广、文通，由江西丰城迁湖南永定天门山。今属张家界市永定区。文广生万祖、寿祖，文通生万宗、福宗、万全。万宗生宁、清、集、轩、贤五子，宁公仍居天门山，清公居城南鄢家湾，集公居石门杨柳池，轩公迁金鸡岗龙池堰，贤公居澧县龙神湾（今澧县方石坪镇岩河村）。贤公子高贞又迁杜家巷（今澧县中武乡南田村）。至清康熙三十年（1691），先鼎公又由杜家巷徙居石门仙阳坪杜家岗，为石门始祖。清嘉庆二年（1797）创修族谱，1923 年续修。派行同澧县杜氏。

石门杜氏 文广生万祖、寿祖，万祖生晟、洪、梅三子，由永定天门山徙居安福、石门。晟居安福铜溷堰枫香垱，洪居石门中乡龙溪口，梅居石门南乡壶瓶。清乾隆十七年（1752）、嘉庆二年（1797）、光绪二十四年（1898）、1933 年纂修族谱。派语同澧县杜氏。

益阳杜氏 迁湘始祖章显公，官工部侍郎，原籍江西南昌府丰城县，元末解组，避地闽省。明洪武三年（1370）分户口，公身列齐民，领帖至扬州，居便益门城门，又于永乐二年（1404），请票南游于楚，居浏阳大小石洲。生四子：可福、可发、可祯、可祥。福、祯、祥后裔仍居浏，可发于永乐十八年（1420）迁居益阳岐市鹅羊池。清康熙五十一年（1712）始修族谱，乾隆九年（1744）、道光十八年（1838）、光绪十七年（1891）、1924 年续修，2004 年廷瓒公支六修。派语：可芳冕瓔廷，儒庠学仲纹。远大崇邦国，圣贤礼义兴。肇承光世泽，克述冠群英。本植敷荣永，万年乐太平。

宜章黄沙乡堡城杜氏 宜章邻粤东，因连、韶二郡侗瑶之乱，均保公于明成化八年（1472）由湖南茶陵县奉调镇守，开基于宜章县黄沙乡堡城。族人分布于宁远、嘉禾、广东等地。至 1948 年，已传 21 代，1158 人。宗祠在黄沙堡城。

汝城东兴杜氏 始迁祖万泉公，明季自江西省迁此。至 1932 年，已传 16 代，共 30 余人。

新田白杜窑杜氏 始迁祖和甫公，因避乱自新宁县徙居新田县白杜窑。族人分布于秀岭水等地。至 1948 年，已传 31 代，族人共 390 人。宗祠在白杜窑。

溆浦江口杜氏 始迁祖显公，宋端平三年（1236）自江西泰和县徙溆浦江口。

巫

浏阳、醴陵、平江巫氏 东晋末年五胡乱华，暹公由山西平阳郡夏县避乱山东衮州，转徙福建剑津。隋大业间，昭郎公率子罗俊再迁福建宁化黄连峒。

又传十三世志乾公徙宁化三都龙湖，子光一郎迁上杭胜运里。至太一郎南宋绍兴间偕七子迁广东韶州杨梅，第六子仕敬生福、禧、禄，第七子仕猷生祈。禧公宋绍熙间由杨梅徙兴宁罗冈洋塘，生回公。回公生景发、景成、景新、景茂、景松。今醴陵东乡虹桥、浏阳炮家湖、炎陵寨背垅、石鼓、桐车湾、安化大冲等处多景发、景新后裔。清乾隆初各建宗祠于江西万载株镇。乾隆三十二年（1767）创修族谱，嘉庆六年（1801）、道光十六年（1836）、同治十年（1871）、光绪二十七年（1901）、1946年续修。字派：礼乐传芳远，诗书绍统长。祥麟呈瑞彩，丹凤耀华光。

醴陵虹桥巫氏　始祖罗俊公，隋大业间由闽剑津迁黄连峒。其三十二世孙应田公，清顺治初年自广东兴宁县移居醴陵县东乡二十五都五仙境虹桥樟树帘。乾隆五年（1740）一修族谱，道光二十八年（1848）二修，1929年三修。派语（三十四世起）：积善培德，家国治光。恢先绍远，克守伦常。雍和辑睦，孝友一堂。永垂纲纪，万载芬芳。

醴陵泗汾巫氏　始迁祖禧公，清顺治初年自广东兴宁迁此。族人分布于盐山、楚东桥、庐峰岭、萍乡、攸县、湘潭。至1948年，全族人口3000人。

醴陵堋田冲巫氏　始迁祖汉广公，清乾隆初自广东长乐迁此。至1948年，全族人口200人。

醴陵王仙巫氏　始迁祖高彩公。族人分布于苏家洲、桐木冲、龙塘、木家湾。至1948年，全族人口3000人。

炎陵石鼓巫氏　始迁祖开文公，清代自广东梅县迁此。

平江长寿白沿巫氏　始迁祖昆祚公，清康熙四十八年（1709）自广东迁此。至1994年，全族人口301人。

蓝山舜乡墩树头巫氏　始迁祖仁光公，清康熙时由广东分此。至1931年，凡3户，男5人，女5人，共10人。

李

长沙李氏　始祖伯顺公，字从和，宋时人，居江西南昌府丰城县湖茫。十四世祖从哲公，字智明，宋景定三年（1262）迁居湖南长沙三都花果园，至二十世祖邦芝公仍居花果园。十四世祖从先公下十七世祖源通公，为千夫长，明时战死长沙，后人始寓湘城，继徙锦绣都，至二十世开必贤、必选、必端三房，分居于金家垅、大木山、赤石河。1914年四房始合修族谱，称三修。

长沙李氏　始祖德裕公。十七世至始迁祖旺文公，字就五，太学生，宋咸淳间由江西迁长邑清泰都福湘市。兄旺政居尖山，弟旺敏徙华容，旺效徙湘阴。清嘉庆七年（1802）创修族谱，同治三年（1864）、1932 年续修。老派：旺再加添，本源崇尚义，守启大吉昌。新派：青云曾有志，华璧用光辉。忠厚期开美，诗书克嗣徽。

长沙碧湘街李氏　始迁祖千一公，宋朝时自江西泰和迁湖南善化县碧湘街十里冲。清光绪间纂有族谱。

长沙高桥李氏　始祖伯顺公，宋时天官，居江西丰城湖茫。十六代学明公，为广东布政使，生九子：元道居湖北蒲圻，元通居长沙西乡塅，元运居湘潭，元迪居善化，元迎居湘阴，元迅居宁乡，元递居益阳，元逢居长沙河西后塘。第三子元选，元至正间迁居浏阳东乡，十八代定亿公复迁浏北，二十代安远迁居长沙金井，二十七代大慧迁金华山，二十八代道书迁高桥途冲。明永乐三年（1405）于浏邑创修支谱，清乾隆十三年（1748）、嘉庆二十四年（1819）、道光三十年（1850）、光绪六年（1880）、1934 年、2004 年续修。乾隆二十七年（1762）建宗祠五福堂于高桥镇蔡家冲。李维汉为该族三十六派孙，谱名运楷。字派：（自十八世始）定国安邦扶润廷朝子大道之腾世年逢新景运厚德本延长兆启英才盛光昌太有常。

长沙良善李氏　宋时三贵公讳宝，徙居湘潭。福信公字近义，元顺帝至正年间孤身避兵迁居善化神通山良善湾（今属长沙县）。清乾隆四十六年（1781）始修族谱，咸丰十年（1860）、1913 年、1948 年续修。派字：本支世宏永，时遇景运章。忠厚开先绪，经书启义方。

长沙东山、杲山李氏　始祖肇衡公，字权量，原籍江西庐陵县，元至正间以千户职官湖南，始迁长沙碧湘街，再析东山陶埠迹、杲山李家湖，族人分布于东山林塘、杲山木鱼洲一带。至 1948 年，已传 23 代，共 4100 余人。宗祠分东西两祠。

长沙北山李氏　始迁祖源用公，明洪武时偕昆弟徙长沙东乡北山，以儒为业，总祠在北山源。

长沙广塘湾李氏　始迁祖吕德公，字明斋，原籍安徽怀宁县，明洪武初年因避乱迁湘，开基于长沙县桥头驿沙河西岸下三里许（即九福乡广塘湾）。族人分布于广塘湾附近及湘阴、南县、华容、岳阳、益阳、洪江等地。至 1948 年，已传 23 代，共 4000 人。宗祠在广塘湾。

长沙尖山李氏　唐昭宗之孙伯顺于唐亡后由长安遁居江西之乐安。十八传至思荣公，字定昌，明初由江西乐安县药师冲转徙长沙河西胥宇竹子冲，地近尖山，故称尖山李氏，厥后分八房。清雍正十一年（1733）建家庙于杉木桥。嘉庆八年（1803）八房创修族谱，咸丰间各房分修，1949 年又合修。2022 年三修。宗派（一至十三世）：思志单廷单世国春天地元光大。（自十四世始）文章昭著，景运肇开。祖德崇长，贤才佑启。先猷式守，敦笃彝伦。和敬钟祥，家声永振。远怀前哲，高亮恢宏。克裕贻谋，道明礼顺。达仁由义，慎诏后昆。世颂清芬，丕承骏泽。该族名人：李寿蓉，咸丰六年进士。

长沙新桥李氏 始迁祖发广公，元举人，明初由江右丰城迁长沙，世居临湘都新桥。

长沙楚塘李氏 始祖琼公，世居江西南昌。三世廷禄公，字在中，元进士，官至左都副使浙东讨虏右将军，明初迁居星沙楚塘。六世衍为寿、义、秀、和四大房。清道光间始修族谱，光绪八年（1882）续修，1923 年三修。同治元年（1862）建祠。旧派：琼单单单单扬恢式绪豁达起纹心顺德家（和阳鸣忠之应一方宗志荣昌）运泰临。新派：谨厚贻谋远，宽仁裕后长。勋高华国策，道直永书香。

长沙泉山李氏 旧谱以南唐后主李煜次子宋武翼大夫仲杰公，字邦特，为金陵别派。十三传鲁斋公，由江西迁直隶真定。又三传至宗二公，字二仪，明洪武初以百户职官长沙卫，由真定府定州西洋村迁湖南，卜居善化嵇珈山下。终明世为武家，及于有清，族隐于农，泉、栗二山世载其业。家庙在今望城泉山。清嘉庆十六年（1811）、咸丰七年（1857）、光绪二十年（1894）、1922 年、2010 年纂修族谱。派语：九文世光，道正恒昌。清湘毓秀，真定兆芳。孝友传远，诗书泽长。该族名人：十八派孙李肖聃，谱名恒恢。

长沙源头李氏 本姓吕，宋宰相吕夷简谥文靖之后。明永乐间，月山公，讳元，由安徽巢县迁长沙，接李氏之业，遂改姓李。三世友鉴公，讳恭，迁长沙城东上源头。清康熙四十一年（1702）始修族谱，乾隆六年（1741）、道光十二年（1832）、同治七年（1868）、1925 年续修。清道光间建宗祠于长沙高桥范林。七世李棠，明嘉靖进士，南京兵部右侍郎，谥恭懿。十五世象溥、象鹄、象鹍，清嘉庆进士。十六世家俊，十七世世瓛，光绪进士。字派：（自十二世始）宏开景象，家世克昌。承宣祖德，永锡贤良。

长沙、湘潭军营李氏 始祖汇拔公，讳泰卿，原籍江西庐陵县，官潭州卫指挥，调征滇、广，因功擢升都指挥，调守武冈，解组后初居攸县，永乐间徙善化湘西之军营。子华国，讳宗文，遂占籍善化（今属长沙）。绍国，讳宗武，占籍湘潭，皆以军营名其族。族谱始修于明万历四十五年（1617），清道光二年（1822）二修，光绪六年（1880）三修，1915年四修。派语：德树心培福，人开运鼎昌。鸿猷恢世泽，先绪耀南湘。

长沙曲江李氏 始迁祖辛士公，江西南昌府丰城县湖茫里人。明永乐初长沙遇变，居民鲜少，公以逸士托足湖湘，卜居善化六都长乐乡长松里曲江。清康熙四十八年（1709）、乾隆四十年（1775）、嘉庆十七年（1812）、咸丰六年（1856）、光绪十九年（1893）、1924年纂修族谱。字派：（自九派始）本日守承先世逢，绍廷政学安邦国。书田基业振家声，景运文明光祖泽。

长沙清泰街李氏 丰城始祖伯顺公。传十六世至学明公，生九子，自江西丰城同迁湖南，次子元通于明永乐间卜居长沙小春山，九子元逢居李家坪，后裔散居星沙及湘阴樟湖岭、沅江泗湖山等地。明永乐三年（1405）合修通谱，清乾隆十三年（1748）通、逢两房合修，道光八年（1828）、咸丰十年（1860）、光绪十六年（1890）、1938年两房续修。乾隆二十七年（1762）建总祠于省垣北门清泰街。旧派：年逢新景运，厚德本延长。兆起英才盛，光昌太有常。续派：业恢忠孝美，佾荐必芬香。矩矱遵先哲，家庭集百祥。

长沙雷田坪李氏 始祖元公，行五，原籍江西丰城县湖茫人。明宣德年间，奉例开垦，率四子：谨、诜、让、谟迁湘，开基于长沙嵩北乡雷田坪。至1948年，已传23代，共5800余人。宗祠在雷田坪。清康熙二年（1663）、雍正元年（1723）、乾隆十二年（1747）、乾隆五十四年（1789）、嘉庆二十年（1815）、同治十二年（1873）、1917年、2020年纂修族谱。字派：元谨荣华伯仲大汉正时明。文章经国，忠友光庭。家修德立，瑞应祥呈。李文炤为该族十二世孙。

长沙福善堂李氏 始籍江西石城，宋时徙居宁化，元初念一公迁福建上杭。传二十派至迁湘始祖占春公，清乾隆间由福建上杭迁长沙府善化河西六都白箬铺颜家冲。清道光二十九年（1849）、1915年、1948年、2010年纂修族谱。字派：廷春瑞光，大焕其邦。家声永振，世业隆昌。

长沙赤冈冲李氏 始迁祖朝斌公，清同治六年（1867）开基于长沙市苏家巷，后迁居福庆乡赤冈冲。至1949年，族人共109人。宗祠在赤冈冲。

浏阳膏田李氏 始迁祖迩昌公，字迁，后唐同光二年（924）携弟通、遐，自江西南昌府丰城县徙湖南浏阳北乡。通公居泊荆，遐公居金竹，迁公居膏田。清宣统元年（1909）初修、2007年续修族谱。字派：迩遐福自生，柏景重朝廷。德怀光宇顺，本宗兴万清。凤鸣能应世，同乐泰平声。经学才猷远，贤良功业纯。龙华绵厚泽，博义振高风。

浏阳泊荆李氏 始迁祖念亨公，后唐同光二年（924）自江西丰城县迁居湖南浏阳县北羔雁乡泊荆。1929年纂有支谱。

浏阳坪上李氏 始祖西平郡王晟第十子、陇西郡公宪之五世孙焕公，官吏部员外郎，后唐同光二年（924）挈子望春迁浏北桎木市坪上。至清光绪三十三年（1907），已传35代。

浏阳合口段、西坑李氏 始祖后昌公，字必大，元至正二十三年（1363）率子文书、乐书自江西丰城迁浏。文书别居浏北西坑，乐书裔世居合口段。后人分布于龙伏等地。

浏阳邓公山李氏 始祖唐太宗三子恪公，字为德。迁浏始祖芳梅公，字雪筠，元至正二十五年（1365）由平江黄裴培山迁浏，始居大江里。长子宗江分居芦溪迁栗树坪，次子宗河分居七娘山迁浅船岭，三子宗淮分居泮春邓公山，四子宗济分居社港市迁许家冲。清光绪二十六年（1900）建芳梅祠于邓公山。乾隆四十一年（1776）创修族谱，嘉庆二年（1797）、嘉庆二十二年（1817）、道光二十八年（1848）、光绪四年（1878）、光绪三十四年（1908）六修。原派：宗本邦国正，存元仲时兴。文武建齐定，朝廷贵进升。新派：怀才逢盛世，行道有名贤。忠厚祥长发，荣华福永全。

浏阳山下里李氏 始迁祖发梁公，字东山，原籍江西南昌府丰城县大坡头湖茫里，元末明初，因避兵乱迁湘，开基于浏阳县金声乡山下里。族人分布于山下里、易马等地。至1948年，已传21代，丁口1000余人。宗祠在山下里。

浏阳东乡李氏 祖居江西丰城县湖茫，再迁义宁州武乡河塘。始迁祖志良公，元末明初迁居湖南浏阳东乡，奉为迁浏始祖。清同治五年（1866）纂有族谱。

浏阳大荣滩李氏 一代火德公。六代锦泰公，明洪武元年（1368）由江西丰城湖茫瓦子坪迁浏邑西乡二十都下西薮碑湾落业，七代存陞析居大荣滩。清道光二十七年（1847）火德公裔合修族谱。1921年建总祠于邑城下壕。1937年大荣滩支三修族谱，其时男丁418人，女丁364人。派语：（自十三代始）单兴万正尚，忠国世荣芳。兴明新学启，炳蔚后贤昌。维庆宗功伟，咸钦祖德长。

浏阳柘溪李氏 始祖庸弼公，字殿良，明洪武元年（1368）时因避乱自江西丰城徙吉安，再徙袁州，三徙湖南浏阳南区金声乡柘溪董家园。族人分布于萍乡、醴陵等地。至1948年，已传22代，共4100余人。宗祠在柘溪市庵场坪。

浏阳麻园李氏 始祖伯顺公，籍江西南昌府丰城县瓦子街。十七传至元选公昆季九人于明洪武初年同徙于楚。道公迁蒲圻，通公迁长沙西乡塅，运公迁湘潭，迪公迁善化，迎公迁湘阴陶陵，迅公迁宁乡，递公迁益阳，逢公迁长沙后塘。元选公字于众，历任广东保昌县知县，明洪武三年（1370）迁浏阳东乡八都，其子定南，字仲之，号文清，任河南开封府经历，由浏东迁北乡麻园。定南公生三子：国贤裔迁湘阴，国泰裔迁平江，国盛公传至扶才公生运福、运云、运日、运明，衍为四房。族谱始修于清乾隆二十一年（1756），道光九年（1829）二修，咸丰三年（1853）三修，光绪十三年（1887）四修，1924年五修。老派：定国安邦扶运至，洪芳大景日尚时。续派：再兴华胜润，厚德本延长。兆起英才盛，光昌太有常。笔花园总祠增订派语：业恢忠孝美，俎荐必芬香。矩矱遵先哲，家庭集百祥。

浏阳、长沙大路李氏 始祖万级公，二十一郎，明洪武十二年（1379）由江西丰城县瓦子街湖茫花墙发迹迁浏阳县北乡二十八都，距永安市大道五里许，因称大路李氏。传至五派友政公生廷先。友德公生廷达、廷沧、廷广。先、沧、广三公仍居祖地，达公之子永泰迁居长沙，距榔梨市五里许，衍为先、达、沧、广四房。清乾隆十六年（1751）始修族谱，乾隆五十三年（1788）续修，嘉庆二十一年（1816）三修，同治十年（1871）四修，1918年五修。派语：邦家延炳运，经业式培基。锡晋昭芳泽，荣因兆代期。

浏阳乐善里李氏 原籍江西庐陵，明初迁浏阳邑城乐善里。清光绪十九年（1893）纂修族谱，唐才常序。堂号燕翼。字派：万世长高发，尚华端显良。廷大加隆善，继承永锡昌。宏文开景运，耀德庆观光。盛朝荣志士，清宗应名扬。

浏阳朝天李氏 始迁祖用斌公，明初自湖茫占籍浏西镇头朝天桥。二世梓、柏两公，一居朝天桥，一居善化三峡田。清乾隆三十八年（1773）、嘉庆二十二年（1817）、道光二十八年（1848）、光绪四年（1878）、1916年、2010年纂修族谱。

浏阳李家洲李氏 始迁祖宗甫、宗漭、宗显兄弟，明洪武中自江西南昌迁浏西李家洲，衍为三支，分居浏阳及善化腰塘、西塘等地。至清光绪末年，已传18代，丁口1800余人。

浏阳中洲李氏 始迁祖文绣公，明永乐二年（1404）由浏阳平村迁本邑大河中洲。清道光十三年（1833）、光绪十二年（1886）纂有族谱。

浏阳葩南李氏 始迁祖发贵公，明永乐间自江西丰城县迁湘，落业于浏阳县大瑶乡葩南村。至1948年，已传18代，族人约500人。宗祠在金声乡。

浏阳小板桥李氏 始迁祖伯萱公，字伯宣，明永乐时由江西丰城县迁湘，开基于浏阳县永和乡小板桥。族人分布于永和乡达浒、东门、古港、高平等地及岳州、衡山等地。至1948年，已传18代，共3000余人。宗祠在小板桥。

浏阳岩前李氏 始迁祖旺公，明正德九年（1514）由江西瑞州高安迁居浏南岩前。五代支分兴荣、兴华两支。清乾隆五十九年（1794）、道光七年（1827）华支纂修族谱，光绪五年（1879）、1915年两支合修族谱。派字：昆松昭盛德，家国振芳名。为学朝廷立，继传宗大成。行字：智仁圣义忠和，孝友睦姻任恤。礼乐射御书数，齐楚燕韩赵魏。

浏阳李氏 一世李利贞，四十六世唐太宗弟元婴封滕王，生仕聪，封南昌王。五十一世白。六十世萦，萦生高，为上党始祖。高生荣，荣生仲福，仲福生承鼐，佐后唐有功，封丰城侯。七十六世遇中，生焘、熹、薰。遇中公率焘公由四川眉州丹棱县归湖茫，未几，徙浏邑城内而居焉。1944年四修族谱。

浏阳六碓李氏 始迁祖文通公，明代自平江迁浏东六碓。后人聚居于三口、六碓。

浏阳白沙李氏 始祖系出唐哀宗子天佑之后，故居丰城县湖茫。历传至仲素公，始迁宁州河塘。又五传至贵斌公，迁浏阳，其孙三：华、芳、岳，分居濠溪、黄花洞、黄泥坳，称三门李氏。

浏阳李氏 一世皋陶。七十七世至宋时进奇公，字珠，乡贡，葬广东嘉应州松田乡。五子：金德、木德、水德、火德、土德。木德、火德为同母兄弟，木德居福建龙岩。火德公字闽海，原居福建汀州宁化石壁邨，后徙居上杭胜运里丰朗冈。生三子：三一郎名元培，居福建漳泉州。三二郎名乾培，居福建胜运里坎头乡。三三郎名坤培，因元末兵乱自上杭徙居广东程乡县上垅雅。子孙散居于广东、江西，尤以粤省居多，明末清初陆续迁浏，清雍正五年（1727）建总祠于县治龚家塘，清光绪三十三年（1907）纂修宗谱。派行：雍睦膺禔祜，绵延席衍蕃。谟猷臧式榖，苞殖庇深根。

浏阳沙螺李氏 始迁祖瑞阳公，清初自浏阳中洲迁沙螺。清道光十三年（1833）纂有族谱。

浏阳官渡李氏 始迁祖佩瑶公，清顺治初年自江西袁州迁居浏阳县东乡官渡市添子岗。清光绪三十年（1904）纂有族谱。

浏阳大和李氏 旧居江西洪都抚州临川崇德乡八十一都桥田中富堡，元末四方云扰，明太祖督义师扫僭伪，驾幸洪都，以邓参政保障临川。始祖志仁公，字巽三，随张总兵收闽来广之潮州，后调于程乡守御。十世至奇宣公，为潮州

行营把总，生三子：则生、则俊、则亮。清康熙间，则俊、则亮迁居浏阳大和冲。1925年六修族谱。派语：则日相芳，南山寿长。家传正道，世代荣昌。贤才广毓，登进循良。清芬永诵，载美秋阳。

浏阳山枣李氏 迁浏始祖捷元公，名勤朴，原籍广东兴宁县西厢�竹里留兰堂。清康熙初迁浏，康熙三十年（1691）始购浏东小溪山枣树下业居焉。生子二：正榛、正楠，衍为两房。清康熙间建宗祠于山枣。派语：雍睦膺禔祜，绵延席衍蕃。

浏阳古港李氏 一世恒发公，清乾隆二十一年（1756）自江西迁来。2012年纂修族谱。字派：恒振大久光，兴荣崇义盛。万年长显达，世德永昌隆。

宁乡东城李氏 始祖宋时纲公，字伯纪，号梁溪，福建邵武人，南宋建炎初知潭州。子植公，字培仁，落籍宁乡双市，为迁宁始祖。十传至允信公，子三：兴邦、兴宗、兴国。兴邦公字嘉言，明洪武间以监生任监察御史，累迁至佥都御史，有风骨，权贵畏之。兴宗之子守中，曾任扶州知州，以廉能著称。族谱始修于明初，清乾隆十四年（1749）续修，光绪十五年（1889）八修，光绪谱更以致远公讳超，为迁宁始祖。清嘉庆间建祠于宁乡县治东城。派语：祖（宏）德（启）培（经）基远，敦伦笃孝思。立诚昭敬慎，行义懋敷施。翊赞勋猷伟，修齐典则垂。传家存宝训，有穀万年贻。

宁乡李家坝李氏 始祖太源公，生四子：玫常、玫定、玫烟、玫平，南宋淳熙中自江西泰和县圳下与子玫平、玫烟徙居宁乡秀土乡之烟竹。族谱始修于明正统间，至清光绪八年（1882）八修。三、四、五修称烟竹李氏，六修称麻山李氏，七、八修称李家坝李氏。宗祠于乾隆间建于李家坝。派语：荣熙在锡，泽业炳增。锦湘材焕，封镇永森。

宁乡鸡啼坪李氏 迁湘始祖峣贤公，南宋时自江西泰和迁湖南善化碧湘街十里冲，子福公又迁宁乡鸡啼坪等处。

宁乡李氏 初迁祖黄华公，世居江西吉安，为庐陵诸生，明永乐时迁居邵阳清水塘。六世祖俨、祖俸、祖秀、祖传四公之裔始迁宁乡，落业五都北湖等处。清乾隆五十七年（1792）、道光二十年（1840）、同治四年（1865）、光绪二十九年（1903）、1947年纂修支谱。堂号正元。派语：崇志奉正宗，祖方应兆龙。荣华发达茂，永远曜先公。文光恢世绪，良泽启廷封。长振家声大，祯祥国祚雍。

宁乡石板桥李氏 始祖世富公（字攸宁）、世贵公（字子华），原籍安化县丰乐乡，清康熙间，因三藩之乱和贸易之事而迁居宁乡，分别开基于上流乡马鞍坳和罘罳乡石板桥。族人分布于汉寿、益阳、湘乡及广东、四川等地。至1948年，已传12代，族人5000余人。宗祠在石板桥。

宁乡粟溪李氏 始祖世金公，南宋时由江西吉安府吉水县迁武冈，清康熙时由武冈迁湘乡溆水。至大成公，字毓生，清雍正时由湘乡迁宁乡三都，后居宁乡六都。至1949年，族人已达500人，多聚居于粟溪乡石壁。宗祠在粟溪乡石壁脚下。

宁乡李氏 迁湘始祖怀德公，字宁仲，后晋天福八年（943）自江西吉州迁居湘乡城涧，今属双峰石牛乡常汉。二十一代孙世馥，字维先，清雍正初迁居今宁乡青山桥和平村苦竹冲。1935年始修支谱，2004年续修。派序同城涧李氏：先世祖泽长，家声定发祥。善积庆自大，行修业愈光。诗书崇圣训，忠孝绍（浩）前芳。运翊清时盛，材储国器良。

湘潭枫梓冲李氏 始祖观公，唐御史大夫，其季子贵公于光启三年（887）知潭州醴陵县事，遂由江西丰城迁潭。传二十五世至志兴公，明景泰间葬于十五都四甲枫梓冲。民国间四修族谱。

湘潭石桥垅李氏 旧谱载唐高祖神尧皇帝，其先陇西人，传十余世至于宪宗，数传至元宾公，讳观，官于江右。又传五世至怀德公，由江右升官潭州。元宾公传十二世至思能公，生子三：长曰逊，族聚湘潭高陵。三曰迈，派行湘乡城涧。仲曰述，乃开湘潭石桥垅。述公又传十余世至正乾公，开继梅、继桂两大宗，子孙分居湘潭、湘乡两邑。宗祠建于石桥垅。清乾隆十三年（1748）、嘉庆二十三年（1818）、咸丰十年（1860）、1929年纂修族谱。派次：（自二十一代始）正公能继宇，启荣国世昌。隆光昭建树，中积和顺良。祖泽长龙广，勋名久益通。居安心自裕，守道诣方崇。

湘潭龙船港李氏 始祖晟公。先世宋时自江西袁州迁居湖南茶陵。二十二派孙德护，字行之，元末时因避难由茶陵砻溪中洲迁湘潭龙船港白石头埠口，今属株洲。宗祠在龙船港。一修时与茶陵怀麓堂共修，清康熙五十九年（1720）、乾隆三十三年（1768）、道光十一年（1831）、同治十年（1871）、光绪二十五年（1899）、1935年、2015年续修。七修时健丁5000余人，八修时16000余人。字辈：德以仕大，万李春胜。赐隆先光，开联荣荫。人文蔚起，升朝辅政。世泽孔长，家风愈盛。书法家李立为四房二十一派孙。

湘潭河头李氏 始祖宪公，唐西平忠武王第十子，为江西观察使，迁岭南节度使，遂家茶陵之中洲。一说宪公数传至庆远公，知茶陵，遂家焉，后又由茶陵迁至湘乡，再迁至湘潭，时约宋代。而1923年《中湘河头李氏族谱》李光裕序称，李氏系出唐西平王李晟，其后裔宪公定居茶陵，至十二世永量公于明正德元年（1506）迁徙湘乡，旋迁湘潭河头。

湘潭高塘李氏 始迁祖祥公，源出唐西平王晟公第十子宪公，世居江西丰城县，明洪武初大乱甫夷，海内户口繁稀不一，天子诏移民，公乃奉户帖迁湘潭光泽乡高塘村，至五世衍为彦铭（居高塘）、彦聪（居张塘）、彦实（居浏田）三大支。彦铭房十世孙李腾芳，字子实，号湘洲，明万历进士，官至礼部尚书，赠太子太保，谥文庄。清康熙五十年（1711）一修，乾隆十二年（1747）二修，乾隆二十三年（1758）三修，乾隆五十五年（1790）四修，嘉庆二十五年（1820）五修，道光八年（1828）六修，同治四年（1865）七修，光绪二十八年（1902）八修，1929年九修家谱。字派：邦家之光，大宗维翰。克广德心，介尔景福。思皇多士，文武是宪。昭格烈祖，永锡祚胤。

湘潭营鹏湾李氏 始祖志德公，字敷文，号大庵，明洪武初年自江西丰城县湖茫分支来潭，卜居县南石壁口下之唠凤坡。子二：茂公为石屏堂支祖，海公为泉湖堂支祖。泉湖堂又开仓岸、红山、社山、书山数堂。宗祠在营鹏湾。明崇祯七年（1634）始修族谱，清乾隆二十八年（1763）、嘉庆九年（1804）、道光二十三年（1843）、光绪十四年（1888）、1930年续修。派语：（自十派始）嗣逢景大，世锡文明。祖泽源远，万代昌荣。修齐有道，辅国清平。佑启孔厚，克振家声。

湘潭白汑李氏 始迁祖华什公，讳裔远，原居江西吉水县城东之立棋山，明洪武初挈家来潭，屯居白汑，传至六派衍为群、岳、禄、辐四房。群房十六世孙征煦，曾随左宗棠平疆，著有《平定新疆纪略》二十卷，任新疆拜城县知县。清雍正十年（1732）建宗祠于白汑。清乾隆三十一年（1766）始订墨谱，乾隆五十二年（1787）、道光七年（1827）、光绪三年（1877）、宣统二年（1910）、1938年续修。字派：（自十四派始）宗士慎修德，家声懋锡光。诒谋崇孝友，敦本裕贤良。笃谨承先泽，诗书发后祥。人文斯蔚起，兰桂允联芳。

湘潭高岭李氏 一派受倡公，世居江西吉安府吉水县北极门外太白贤祠，元至正二年（1342）以拔贡出身任永州府零陵县训导，解组居零陵县青草市。孙必光、必荣，于明洪武二年（1369）又迁湘潭。清乾隆二十八年（1763）、道光二十年（1840）、同治十年（1871）、宣统元年（1909）、1936年、2016年纂修族谱。派序：大本崇先德，逢时毓俊英。忠良开国运，孝友振家声。

湘潭茅亭李氏 前三修谱称：祖籍湖广荆州府石首县高山庙织机巷，明洪武六年（1373），祖妣苗氏因夫张继已故，同男张礼佑随带杨、郑二姓人往湖南长沙府湘潭县十三都石壁口内荆竹桥落业，易为李姓。而四修谱则回避改姓之说。明正德九年（1514）、清康熙三十五年（1696）、乾隆五十九年（1794）、道光二十七年（1847）（五修不详）、1913 年、1943 年纂修族谱。行派诗：望族起龙门，根源远且深。枝分湘水秀，泽沛楚天宏。花萼开南国，诗书启后昆。薪传精一炳，担荷敬恭承。

湘潭长塘李氏 始迁祖友才公，字佐寅，号益斋，明永乐初年由江西吉水县授官解组迁湘，开基于湘潭县易俗乡长塘。族人分布于范家冲、下摄司。至 1948 年，已传 20 代，共 7000 余人。宗祠在王家冲丝草坝。

湘潭茶园驿李氏 始祖彦六公，字谦吉，元初由豫章迁安福。至六派祖启源、德源、丙源三公于明永乐初年先后由安福迁湘，开基于湘潭县天衢乡茶园驿。族人分布于茶园铺、茅塘坳、姜畲山门、马家河、板塘铺及华容县、四川彭水等地。至 1948 年，已传 25 代，共 7300 余人。宗祠在茶园铺狮形山。

湘潭韶山李氏 始祖镩公，字伯宗，原籍江西吉州南昌圳上，明永乐五年（1407）奉诏屯田湖南茶陵犁头嘴，三传至椿公于明成化初迁屯湘潭清田乡韶山。族人分布于益阳、沅江、新化、宁乡、湘乡及陕西西安等地。至 1948 年，已传 23 代，共 1700 余人。宗祠在韶山。

湘潭李子托李氏 始迁祖明原公，明永乐间由江西鄱湖县景德镇迁湘潭李子托。至五世分为少元、少溪两大支。清乾隆间纂修族谱，光绪十八年（1892）续修。字派：（自十二世始）承家佐国，衍庆传芳。永嗣先德，百世其昌。

湘潭神冲李氏 始祖太二公，明洪武二年（1369）由江西瑞州高安来楚，宦游浏阳，托迹星沙。传至五代，兄弟星罗云布于善化、浏阳各处。六代祖廷辅公，字宣翊，号祖兴，明弘治间迁湘潭戊寅港神冲。祖兴生双桥，双桥生策、简、篪，分为三房。清乾隆五十九年（1794）、道光五年（1825）、咸丰十年（1860）、1919 年四修。字派：天正启贤，远传宗系，大显家声，孝思维德。

湘潭心田李氏 始祖唐邺侯泌公，传至十五世孙悦来公迁居湘潭松竹坪。又八传至达云，复迁桥头心田。清同治十一年（1872）四修、1933 年六修族谱。

湘潭韶山李氏 派系：文应学国士，武定建元勋。德宏仁裕溥，亿世永昌隆。模范承先训，诗书启后贤。韶林恒毓秀，鼎甲庆长绵。

湘潭高月塘李氏 始祖宗扬公，明代自上元县迁湖南宝庆府武冈州。其孙高公于清顺治七年（1650）迁湘潭县经营白蜡行，为迁湘祖。1931 年四修族谱。

湘潭响塘李氏 清康熙五十二年（1713）自广东嘉应州迁此。

湘潭、衡山金陵李氏 该族系出南唐李煜，其子仲杰，官吉州刺史，卒葬江西安福江背。谱以仲杰为第一代，十五代常翁公生志道、志宏，奇翁生志彬、志广、志琦。明初志彬、志广、志琦及志宏公后裔十九代利观公，迁衡邑岳后杉木桥瓦子坪，旋再迁湘潭十五都泥湾。光绪二十一年（1895）建宗祠于泥湾。明永乐十年（1412）、万历二十九年（1601）、清乾隆四年（1739）、乾隆五十八年（1793）、道光三十年（1850）、光绪三十四年（1908）、1944 年、2020 年纂修族谱。前修皆彬、广、琦、宏房合修，末修宏房不与。班行：志用惟梓添，光宗绍豫章。国隆应廷家，大祖原安福。衡湘玉树联，秦楚正槐茂。荣枝垂美实，妙荫在书田。

湘乡桥头报本堂李氏 迁湘始祖茂隆公，官评事，五代汉时举孝廉不就，于乾祐三年（950）携二子由江西吉州泰和县徙湘乡，卜居桥头高山。六派万建公生二子，长邦邵裔为一甲李，次邦杲裔为二甲李。一甲因争讼，十一派应洪公裔于清乾隆间另立“报本堂”，而应彬、应玟、应纪、应聪、应禄等仍同二甲共立“本源堂”。报本堂清乾隆二十四年（1759）肇修族谱，同治元年（1862）续修，1916 年三修，2001 年四修。二修总修登胜，为李续宾之父。三修总纂李前普，为李续宾之孙。李续宾，字迪庵，荐举出家，洪杨之初，随师罗泽南募练乡勇，次年至长沙从曾国藩团练，旋领湘军右营转战鄂、赣、皖间，为湘军著名大将。累官安庆知府、浙江布政使，加巡抚衔。咸丰八年（1858）11 月，率部 6000 人与陈玉成、李秀成十万大军对抗于庐州三河镇，全军覆没。史称其时湘乡“家家举丧，户户哀声”。谥忠武，咸丰九年（1859）归葬湘乡四十三都黄牯冲，同治八年（1869）改葬排官殿鹤爪山。李续宜，字克让，号希庵，早年与兄李续宾同师事罗泽南，后随罗、兄率军转战各省，咸丰十年（1860）授安徽按察使，次年升安徽巡抚，同治元年（1862）督办安徽全省军务，旋以丁母忧回籍，卒于乡，谥勇毅。以兄子承嗣。李光久，字健斋，李续宾之子，江南侯补道，光绪二十年（1894）中日甲午之役，随湖南巡抚吴大瀓出关援辽，兵败归。光绪二十五年（1899）调补苏淞太道，晋浙江按察使。光久子前普，亦有文名。李报本堂宗祠在湘乡桥头枫树铺（今涟源市荷塘镇枫树村）。班序：茂于万邦居彦友，应如再添兴，文仕思元永，志必仁本白。登续光前进，贻谋裕厚群。续修班序：逢年基振发，兰桂世芳新。三修班序：守和启广存，丰纪兆昭纯。繁中传伟远，庆德咸高春。四修班序：道儒佳才学，诗书颂敦行。

湘乡桥头本源堂李氏　始迁祖茂隆公，字孔安，北宋建隆元年（960）由江西吉州泰和县迁湘乡县桥头。清乾隆二十四年（1759）创修族谱，道光二十八年（1848）、1928年、2011年续修。原籍班行：茂子重世桂。旧纂班行：万邦诸彦友，应如再添兴。文仕思元允，志必仁本白。乾隆续增班行：肇基宏复远，廷芳毓景魁。扬光锡善庆，名登献策台。

湘乡遥湖李氏　始祖唐时良器公，讳晟。第十一子塑十九传至大忠公于宋理宗时累官湖南观察使，遂家长沙。四子：长子济南公，讳启良，宋嘉熙举人，任河南延津县尹，元至元十一年（1274）由长沙迁湘乡。又七传至缙、绅二公，缙公分居遥湖，派衍汛、洪、洗、法四支。绅公派衍涛、淇、湘三支。族谱自宋元迄明凡四修，清雍正五年（1727）、乾隆十三年（1748）又二修，嘉庆二十五年（1820）遥湖汛支续修。咸丰九年（1859）、宣统三年（1911）、1935年又合修。老班：原裕广崇兴，时青显达隆。贤良昭祖训，俊秀绍先忠。交慎缔兰蕙，名思齐岳嵩。居常修品行，廷献见英雄。乾隆十三年（1748）新班：循序新前代，敬宗允吉昌。孝廉光御殿，丛桂兆庭芳。

湘乡木林、常乐山李氏　始祖峣贤公，原籍江西吉安府泰和县二十二都平乡里柏村。元顺帝时奉上总理赋税，有功屡蒙赏赐，为武昌藩府，迨明洪武初由江西宦徙长沙府善化县碧湘街十里冲。生子八：长舜元为涧山岩前祖，次舜亨不详，四舜贞为壶天岐头祖，五舜福不详，六舜寿为渡头坪富公车祖。七舜康居宁乡。八舜福为宁乡渡头坪湾田祖。三舜利，居湘乡西阳，生子六，长子祖陆，居江河东，为该族脉祖。祖陆生子四，长宗玟、次仁政。宗玟为木林脉祖，仁政为常乐山脉祖。清道光三年（1823），宗、政两支合修族谱，同治七年（1868）续修。宗玟支旧派：祖宗添志仕，春绍再芳荣。太道常仁义，安邦定帼铭。仁政支旧派：祖仁思崇仕，廷兴纹朝俎。宗世生显达，光先绪永代。两支续合派：庆余原积善，孝顺与忠诚。养正尊真品，传心重笃行。

湘乡连山李氏　迁湘始祖峣贤公，字千邑，自江西泰和迁湘乡，生八子，第三子舜利之孙明试公迁居珍连十七都连山。清道光十九年（1839）建宗祠于两头塘。清嘉庆十五年（1810）始修族谱，光绪三年（1877）、1921年续修。班序：世志必思廷，万时兴之春。友士尚忠廉，义家传孝亲。泽集勋圭锡，治荣熙载钦。永新焜远鉴，洪业焕堂铭。启后谋贻燕，怀先善庆长。崇文同正典，枝叶竞芬芳。

湘乡岐头、壶天李氏　始祖峣贤公，由江西泰和宦楚，卜居长沙碧湘街，生八子，第四子舜贞由碧湘街迁居湘乡县岐头坪。舜贞传九世至应雷公，子四：

宗柏之裔世居歧头，宗远之裔徙居壶天，宗松、宗道无传。岐头宗祠建于清嘉庆九年（1804），壶天宗祠建于嘉庆八年（1803）。族谱始修于道光三十年（1850），光绪二十一年（1895）续修，1929年三修，1994年四修。

湘乡涧山李氏 始迁祖峣贤公，行千一，字千炆，元时由江西吉安府泰和县宦游南楚，为武昌藩府，始居长沙善化碧湘街，后卜居湘乡。其子舜元，隶籍湘乡涧山、岩前、田坪、草萝巷、围梓山等地。清咸丰十年（1860）始修族谱，1947年三修。宗祠位于渡头坪。班序：峣舜祖宗建，楚继应裕志。太元文芝芳，培时朝相时。骏业昭唐史，鸿图肇吉阳。嘉谋贻有縠，绳武履平庄。勤俭循古训，英豪著令望。宏猷绵奕叶，蕃衍卜龙城。

湘乡天堂李氏 始迁祖应祥公，号法雷，行千郎，元授指挥使，宋末避完颜之乱由江西安福县南门迁湘乡托山铁矢荡，不数传而家天堂，衍为莹、芳、鉴、琼、茂、高六支。宗祠在天堂，建于清嘉庆间。族谱始修于咸丰十一年（1861），光绪二十五年（1899）、1946年、1994年、2016年续修。族人分布于湘乡、宁乡、安化、武冈及湖北、四川等地。至1949年，已传20余代。派词：应世仕友必，福德兴文思。元良国朝时，逢时照盛名。代纪传扬久，忠厚启家庭。仁义存心性，由行定克成。格致先诚正，修齐复治平。

湘乡厚峰李氏 始祖应龙公十一郎、应凤公十二郎、应祥公千郎，宋末因避完颜之乱由江西徙湘乡天堂。十余年后，应龙公徙居石狮江托塘寺，为厚峰李氏始迁祖。族谱始修于清乾隆六年（1741），同治九年（1870）续修。班次：应世自有必，万仪峰然之。声玉朝正洪，添星顺昌炽。燕翼传家久，贻谋启螽斯。仁智存先德，端行定隆兹。

湘乡丰山李氏 始祖文定公，讳迪，字复古，宋代人。十五世孙宣义与兄弟宣仁、宣智于明洪武初年由江西泰和圳上迁楚。宣仁卜居益阳尖山，宣智卜居宁乡高山。宣义卜居湘乡丰山，衍为汝林、汝声、汝魁三大支。家庙于明弘治间始建于丰山瓦子滩，清乾隆间重建于三迁大茅坪，光绪间又建于丰山白沙塘。族谱三修于宋，一修于明，四修于清，光绪二十九年（1903）八修。派语：大启世贤良，宣汝德添庆。思福胜重宗祖，泳源楚国安邦。景慕相传广远，兴隆万代呈祥。三十二派李克常，记名提督。

湘乡长塘李氏 始迁祖甫祖公，讳伍齐，明洪武十二年（1379）携二子富、贵由江西吉水县大德村圳上迁湘乡，十传至分也公，讳大派，子四：镇无传，镡、银、钰后裔世居一坊沙子江，衍为三大房。清乾隆四十年（1775）墨谱未刊，道光九年（1829）续修，光绪十五年（1889）三修。祠堂在长塘。班次：伍仲兴馨，万应朝廷。正大光明，定开良正。孝友增庆，仁义笃行。本源深厚，百世齐荣。

湘乡佩霞李氏 始迁祖彦龙公，明洪武间偕弟彦虎自江西丰城县湖蒙村迁此。清光绪六年（1880）纂修族谱。

湘乡金薮李氏 丰城湖茫始祖胜公。四派从公，字白顺，衍为湖茫、小塘、大陂三宗。湖茫二十三派万俊公，讳伟，号守静道人，明末升湖广长沙府同知致仕，殁葬湖茫村塔山。其孙孟顺、孟学徙居湘乡县金薮。孟顺五子：汝平、汝本、汝实、汝性、汝齐，汝平居湖茫，其余居金薮，后人素称金薮李氏四大房。清雍正十二年（1734）初修墨谱。嘉庆十一年（1806）、咸丰八年（1858）、光绪二十九年（1903）、1930四修。四修入谱人丁9324人。2005年五修，2011年六修。六修入谱人丁28000人，尚有遗漏。派语：（自十九派起）宗南世与万邦孟，汝以允志迪，斯文秉公良。启佑怀懋德，克绍兆昌应，联元定有光。敬先承祖锡，福庆永传芳。振作安家国，和济开吉祥。仁爱贯宇东，贤才展宏图。

湘乡黑门台李氏 始祖观公，世籍江西南康府星子县。十派支祖升禄公居麻城。十二派祖月敦公派衍光辉、光明、光彩、光勋、光裕五房。辉、明二公徙居辰州等地。彩、勋、裕三公明末清初游历来湘，居湘乡圣岩十九都。裕公无后，彩公居小江清溪街，勋公居高塘坳。明弘治四年（1491）一修族谱，万历十四年（1586）、清康熙十年（1671）、咸丰六年（1856）、1913年、1940年续修。宗祠位于湖北麻城亭川乡，支祠位于湘乡大风塅黑门台，建于清乾隆间。派语：观利贞怀常荣用邦。腾升日月光，天德山河壮。先世祖泽长，家声定发祥。诗书易孝远，本教万代康。

湘乡车垅里李氏 始迁祖仕虎公，原籍湖南东安县，清顺治初年率子成方、成远、成茂徙居湘乡薛家渡。成远，字圣卿，再迁湘乡石头埠之车垅里。至1949年，已传10代，300余人。李远公享堂在车垅里。派字：高中仕成文，元彦永锡隆。

湘乡湖山李氏 一世祖光第公。清光绪二十七年（1901）三修族谱，1931年续修时，因费巨难举，仅续修三修竣后之齿系。

双峰城涧李氏 始迁祖怀德公，字宁仲，宋真宗天禧间由江西省吉州任所升潭州推官，遂家潭州。又七世（一作三世）谏公以后子孙世蕃，居上湘城涧。族人分布于湘潭、邵阳、祁阳、衡山等地。至1948年，已传23代，共11000余人。清乾隆十年（1745）建宗祠于城涧，今属双峰。清乾隆十三年

（1748）始修族谱，嘉庆十二年（1807）续修，光绪五年（1879）三修，2016年四修。该族名人：李嗣亮，康熙四十四年贡生，著有《天听楼偶兴》十二卷，乾隆时列为禁毁书。班次：先世祖泽长，家声定发祥。善积庆自大，行修业愈光。诗书崇圣训，忠孝绍前芳。运翊清时盛，材储国器良。

双峰鳝塘李氏　始迁祖靓公兄弟，元英宗至治年间由江苏淮安入此。后人分布于沙塘、沙田、梓门，称唐楼李氏。

双峰新泽李氏　始迁祖应续公，讳万春，明洪武间由江西吉安迁湘乡新泽，今属双峰印塘乡。越二世生淑公、激公。淑公四传生昌远、昌政，激公三传生源寿、源命。远公派土畲房，政公派白泥房，寿公派寺山房，命公派东窑房。清康熙五十六年（1717）建祠于土畲。乾隆十四年（1749）创修宗谱，同治元年（1862）续修，1921年三修，2007年四修。宗祠位于湘乡邑城南。土房九传岱荣公由新泽徙居湘乡县城，十四传邦举，又由湘乡县城迁往安化蓝田，今属涟源。十九传李燮和，字桂中，谱名代均，号铁仙，辛亥时任吴淞光复军司令。世次：万清福梦源，昌彦志安文。国正民邦泰，天平世代兴。忠孝承先训，经伟奉朝廷。祖德千载续，宗祚亿年新。

双峰定胜桥李氏　远祖原系陇右，籍改山东，明洪武间迁江左苏吴之地。始迁祖洞山公，讳芳，明天顺间由江苏吴县出宰宁乡，旋任广西平乐县，升授郡侯，解组后卜居湘乡潭市。子静庵公，讳彦达，迁居永丰定胜桥（今属双峰）。静庵公生七子，往衡阳金溪庙者四人，居湘南者三人，派开槐、魁、桂、松四房。清乾隆四十年（1775）、嘉庆十二年（1807）、咸丰五年（1855）、光绪二十年（1894）、2010年五修族谱。班序：芳彦朝香日，嘉学茂春参。志起文名振，德修雅望涵。本源发江上，宗泽裕湘南。积善祥光永，荣昭锡命三。

双峰黄田李氏　始迁祖笔贤公，字文仲，明洪武初自江西迁居湘乡县城侧杨州桥。数传至圣寿公，字万福，明永乐二年生，成化十三年卒，又迁黄田。清同治八年（1869）一修族谱，1942年二修，2004年三修。班序：文盛才广，笔梦生花。圣誉显达，兴福奇夸。天潢演庆，箕裘邦家。声开先绪，大启国华。经传道德，培植泽长。贤能济美，忠孝增光。

双峰回湾埠李氏　始迁祖世华公，明永乐十八年（1420）由江西迁此。后人分布于东华，称土库李氏。

双峰乐调李氏　始迁祖仲鸯公，明嘉靖十一年（1532）由江西临川迁双乔聚居，称乐调李氏。

双峰白羊桥李氏　始迁祖宗华公，明崇祯年间由江西迁黄龙，聚居花门，称白羊桥李氏。

娄底西阳李氏 始祖峣贤公，字千炆，行千一，由江西泰和县宦游南楚，卜居长沙碧湘街，后徙湘潭江东，明洪武元年（1368）复徙湘乡岩前。子八：舜元、舜亨、舜利、舜贞、舜福、舜寿、舜康、舜宁。舜元占籍湘乡，兴衍涧山、岩前、渣冲、坨塘等处。舜亨未详。舜利、舜贞占籍湘乡，兴衍岐头、壶天等处。舜福未详。舜寿占籍湘乡，兴衍渡头坪、富公车等处。舜康，占籍宁乡。舜利公字若金，行三，偕第五、六子分往新化，第二子祖合，卜居湘乡西阳，今属娄底，称一派祖。1996 年三修族谱。班序：峣舜祖宗伯仲惠绍永楚思廷大义世朝志士显文才祥。孝友诗书第，雍和礼乐家。前徽新气象，后嗣焕光华。

醴陵李氏 始祖魁公，县之老寨户。至 1948 年，全族人口 30 人。

醴陵新阳李氏 始祖莹重公，宋理宗景定元年（1260）自江西丰城湖茫迁居渌口镇华观殿侧。四世广益公元大德间迁长沙乌龙塘，七世清甫、德甫复迁醴陵廖家店。八世思忠公，明宣德元年（1426）奠居本邑平桥乡新阳。十世衍为十五房。清雍正五年（1727）一修族谱，乾隆十八年（1753）、乾隆二十九年（1774）、乾隆五十九年（1794）、嘉庆十九年（1814）、道光十四年（1834）、咸丰四年（1854）、光绪四年（1878）、1938 年续修。族人分布于新阳、大土里、何家冲、观背窟、下湾、茅陂桥、龙窟洲、荷叶塘等地。至 1949 年，已传 28 代，共 2800 余人。族祠在新阳。2005 年大房十修。名派：清思永景生，象笏登然士。志大学经文，明光万人纪。敦伦延世泽，乐道继书香。祖德辉宜绍，宗功庆益长。

醴陵北城李氏 为西平王晟公第十子宪公长子游公后裔。始迁祖璧公，元大德间由江西丰城落基醴北林都市鸿仙寺（今株洲市仙井乡雷家桥村）。自十六代又分为城分、合分、湾分三支（城分又称台分）。清乾隆间建宗祠于醴陵北城拱极门内。族谱前四修自明末至民国间各支分修。2015 年三支合修，称五修。至 1948 年，全族人口约 7000 人。行辈：家运昌隆，人文蔚起。宗枝齐振，用笃前修。弘德尚义，孝友培根。诒谋致远，祖泽永长。

醴陵李家牌李氏 始迁祖庭新公，元至正间自江西丰城迁此。族人分布于攸县、浏阳、四川等地。至 1948 年，全族人口 1000 人。

醴陵蕉源李氏 始迁祖定公，明洪武二年（1369）自福建汀州迁此。至 1948 年，全族人口 700 人。

醴陵宏夏桥李氏 始迁祖受甫公，明洪武二年（1369）自江西丰城迁此。

至 1948 年，全族人口 700 人。

醴陵妙泉李氏 始迁祖荣松公，明洪武三年（1370）自江西庐陵迁此。族人分布于三刀石、君子桥、攸县、萍乡。至 1948 年，全族人口 3000 人。清道光二十五年（1845）、光绪十年（1884）、1916 年、1944 年纂修族谱。字派：福松正时茂，日生成秀华，大学裕家修，前光允迪耀，彝伦惇国典，余庆滋长绵。

醴陵嵣山李氏 始迁祖子贵公，字文忠，原籍江西省丰城县，明洪武十四年（1381）由江西徙楚南之长沙，卜居里仁坡，后又徙醴陵嵣山。族人分布于北乡枫树桥、李家冲、嵣山、杨坑及萍乡秋江等地。至 1949 年，已传 20 代，共 2000 余人。宗祠在嵣山李家湾。

醴陵李家坪李氏 始迁祖缔徽公，明洪武初年自衡阳迁此。族人分布于豆田、长水、里都、盐山。至 1948 年，全族人口 100 人。

醴陵新阳嶝上李氏 始迁祖作肃公，明洪武初自江西迁此。族人分布于南城外流碧桥。至 1948 年，全族人口 100 人。

醴陵三都李氏 始迁祖兴坚公，明洪武初年自江西临川迁此。族人分布于神福港。至 1948 年，全族人口 900 人。

醴陵河夹垅李氏 始迁祖开凤公，明洪武间自江苏迁此。至 1948 年，全族人口 200 人。

醴陵西塘坪李氏 始迁祖荣集公，明洪武间自江西万载迁此。至 1948 年，全族人口 1000 人。

醴陵枧头洲李氏 一代祖晟公。二十一代景初公，居萍乡长丰里，生六子，文贤徙醴陵富里，文汉、文秀、文从失考，文祥徙萍乡车田。文署于明洪武间徙居醴陵双江口，拓业大石塘，卒葬枧头洲。子四：楚诚居大石塘，楚训居杨林塘，楚谟居渌石墩，楚谥居坛头园。至 1948 年，已传 24 代，共 4620 人。宗祠在东乡枧头洲。清康熙三年（1664）始修族谱，乾隆四十九年（1784）、道光八年（1828）、同治二年（1863）、光绪二十八年（1902）、1939 年、1991 年续修。字派：（自八世始）学思士之日，正遵朝廷人。才华舒秀锦，经纶应运昌。忠武承先志，恢宏载锡光。该族名人：李石岑，哲学家。

醴陵富里李氏 始迁祖淑一公，讳文贤，字宗敏，明永乐间由江西萍乡车田迁居醴陵东乡富里。清康熙二十九年（1690）始修族谱，乾隆三十九年（1774）二修，嘉庆二十四年（1819）三修，咸丰九年（1859）四修，光绪二十三年（1897）五修，1940 年六修。六修时男女丁口 5300 余人，1997 年七修，时男女丁口 11595 人。字派：文用单大万，春单当嘉登。国正天心顺，枝青发秀昌。传家惟孝友，绍绪盛才良。善积祥恒集，名扬庆益长。宅仁居道义，衍富祖留芳。

醴陵齐家村李氏 始迁祖时庵公，明正德贡士，官醴陵教谕，遂自四川巴州籍醴陵齐家村。

醴陵小林桥李氏 始迁祖国捷公，明天启间自福建建宁迁此。族人分布于沩山、大冲、赤竹岭、白羊田、漏水坪。至 1948 年，全族人口 1000 人。

醴陵泉塘李氏 始祖宋火德公，居闽汀上杭，任河南节度使，生三子，其后多散处闽粤间。而由粤来楚者，醴、萍、浏、潭、攸为盛。清乾隆三十七年（1772）始鸠五邑之裔建祠泉塘。清同治七年（1868）、光绪九年（1883）、光绪三十四年（1908）、1936 年纂修族谱。

醴陵李家村李氏 始迁祖安仁公。族人分布于攸县。至 1948 年，全族人口约 300 人。

醴陵清水潭李氏 始迁祖合盛公，清顺治初自广东兴宁迁此。族人分布于鳌塘等地。至 1948 年，全族共 514 人。

醴陵北乡杨柳冲李氏 始祖木德公，福建龙岩人，宋朝人。传十五世至常秀公，于清康熙间奉母来浏，居南乡翟家湾，旋卜西乡黄茅冲北冲，后再迁醴陵北乡杨柳冲筲箕坡。裔孙散居浏阳、醴陵及江西萍乡等地。

醴陵清潭桥李氏 始祖火德公，宋时由福建宁化李家坊迁上杭胜运里丰朗冈。传至十六世孙李翀，于清康熙十三年（1674）挈家自闽迁醴东清潭桥。

醴陵清潭桥李氏 始迁祖应祥公，清康熙十三年（1674）自福建上杭迁此。族人分布于沩山、姜湾、老鸦山、漏水坪、转浦口。至 1948 年，全族人口 1200 人。

醴陵湖下里李氏 清康熙初年自广东长乐迁此。至 1948 年，全族人口共 351 人。

攸县社魁李氏 始祖晟公，十五世孙庆远，宋时自江西宜春徙茶陵。二十世孙祁公，字一初，号希蘧，又号危行翁，籍茶陵砻下。次孙承松，字子温，元至正年间由茶陵徙居攸北今高枧三龙村。生子二，派衍两房。现多聚居在攸县社魁附近，也有散居醴陵、望城、广东等地。清康熙十年（1671）初修族谱，乾隆十四年（1749）重修，光绪五年（1879）三修，1914 年四修，1999 年五修。行辈：士光万世，盛德传辉。永久发祥，昌泰显耀。鸿建文明，展运才华。

攸县烈塘李氏 始迁祖宗四公，字学士，号宗全，广东吴川县教谕，明初自江西萍乡来攸。明洪武二十七年（1394）卒，归葬萍乡白竹，配张氏，葬烈塘。1940年八修族谱。

攸县竹垅李氏 始迁祖安甫公，晟公二十二世孙，明洪武初，因“屯田如归州地，屯田军户随之定居入籍”之旨，由江西丰城徙迁攸县北乡苦竹陇大展堂。1949年六修、2015年七修族谱。排行：世德宏家运，文明映祖光。笃培仙李茂，垂裕迪传芳。

茶陵李氏 始祖日余公，江西宜春人，唐时任茶陵同知，离任留居舲舫中洲。后裔徙官溪、滋坑及虎踞黄坪等地。

茶陵李氏 先世于北宋靖康元年（1126）由江西安福迁入高陇龙集。后代散居秩堂安坑、火田五门、湘东九渡等地。

茶陵洞头李氏 晟公第十子宪公，居豫章。宪公第七子游公居袁州白芒。游公次子丕公，徙庐陵福塘。丕公长子迈公为茶陵高陇砻溪祖，丕公次子遵公为洞溪祖。遵公生华公，华公生唐公，居吉水谷村。唐公十一世孙明公居永新，生克宽。克宽生德成，德成五世孙继业，振铎茶陵，居火塘，为洞头李氏始祖。继业生鉴光，鉴光生德昂，明成祖时由火塘迁洞头，衍思聪、思和、思敬、思忠、思成、思达六房。明弘治七年（1494）、清乾隆七年（1742）、乾隆四十六年（1781）、道光三十年（1850）、光绪十四年（1888）、1937年、2012年七修族谱。一、二、三、四、五修分别有李祁、彭维新、周㤗、萧锦忠、李子荣序。排行诗：嗣宗贵永继，鉴德思文子。崇万添芳仁，世正遇良明。定国安邦显，登高萃禄荣。抒怀端诩赞，名誉著群伦。

炎陵城东店下、板溪李氏 始迁祖克岐公，北宋雍熙元年（984）自江西永兴淦田因避兵乱迁此。次年，其弟克嶷迁坂上（今垅溪坂溪）。后人分居于县城、城东、石洲、垅溪。

炎陵城南李氏 始迁祖国右公，元皇庆元年（1312）自江西永兴迁此。

炎陵梅冈李氏 始迁祖沧公，清顺治九年（1652）自江西遂川迁此。

炎陵水口洞石角头李氏 始迁祖运美公，清康熙中期自福建汀州迁此。

益阳马轮冲李氏 始迁祖必远公，字四照，原籍江西吉安府吉水县泰和圳上，因元明之际兵乱而随堂兄必通公迁武陵上大村。必远公后落籍于益阳马轮冲。其曾孙一支单旺公徙居沅江县。续派同安化十二都董木溪李氏。

益阳西平李氏 始祖唐时西平王晟公。第十子宪公，字章武，为洪州刺史，迁江西观察、岭南节度使。传十一派至忠公，字贞护，号信卿，居江西庐陵县朋田，元大德中官颍州司理，至大初升益阳知州，解组后卜居益阳城东。其子福公于明洪武五年（1372）卜居长乐街，晚迁江南市。福公之子敏公生四子：元、贞、道、云。贞、道二公不详，元公下衍为恭、俭、川三房，云公下衍为智、信、文三房。族谱始修于清康熙二十年（1681），乾隆九年（1744）续修，乾隆五十八年（1793）三修，道光八年（1828）四修，咸丰六年（1856）五修，光绪十七年（1891）六修。乾隆二十三年（1758）建宗祠于石磨湾。派语：洪都绳其度（文章绳节度），楚国绍伊先。光辅家声大，奇勋世泽延。懋和昭典训，慈孝代宣传。

益阳南道塘李氏 始迁祖天隆公，明洪武二十八年（1395）自江西吉水县谷村徙益阳南道塘岗板村，生子五：应富、应贵、应荣、应华、应启，衍为五房。清嘉庆元年（1796）创修族谱，咸丰十年（1860）续修，光绪十七年（1891）三修，1921 年四修，1998 年五修。清咸丰五年（1855）建天隆公祠于南道塘。谱中旧派：天应志绍万，时亶贤先枝。山镇资湘大，宗嗣显孝思。嘉庆五年（1800）益阳李姓七支共建宗祠于邑城北关内。光绪三十三年（1907）拟定合派：思端雍睦重，祈合协平康。惠迪恒年吉，辉延复旦祥。典模仪古训，清慎式官方。学博业香邺，才优策轶唐。在林怀简静，升阁仰轩昂。诚笃培根永，安贞翊祚长。诒谋能赞述，耒许悉昭彰。攸叙彝伦久，声徽百代扬。

益阳黑山、井山李氏 始祖太官人义公，后唐同光间由江西泰和迁居善化县榔梨（今属长沙县），冉迁安化丰乐乡首兜村。四世祖君行公，字维新，一名魁，由丰乐迁长乐。八世祖均德公，字修报，明洪武初由陕西宁夏县随征陈友谅，封武德将军，子文卫由长沙迁居益阳县西关常乐街，为黑山派祖。均镇公由山西定襄来湘，子文星由安化迁益阳，为井山派祖。族谱合修于清乾隆九年（1744）。乾隆四十九年（1784）、道光三年（1823）两支合修，同治间分修，光绪二十六年（1900）又合修，1930 年均镇裔六修，1947 年又合修，称七修。谱以均德、均镇为始祖，以文卫、文星为一派祖。黑山原派：卫嗣瑛耀玉，立志潮添荣。光辉廷秀美，隆盛遇先春。井山原派：文景荣人金，胜绍木太雍。学高邦大美，隆盛遇先春。续派：卓武宏忠俊，贤良佑上宾。善能崇祖绪，阅代益昌兴。恢声源自远，后启象全新。畴范开元运，咸恒垂泽清。南雅其祥合，西都本度呈。和敦观左右，富有庆安平。

益阳李氏 迁益始祖玉亭公，讳时颁，明洪武间由江西泰和圳上迁居湖南益阳，四子，衍为和仁、和义、和忠、和信四房。忠公而下越三世又分昌文、昌德、昌材三房。昌文裔居华林塅、旱塘冲、谭家桥、朱良桥、小元冲、侍郎桥、乔口、铁角嘴、塞梓围、豌豆垸、锡合围、齐公桥等处。昌德裔居汾湖洲、上湖盖、小狮湖、江界坪、麻叶坡、湾塘山、西林垸、牛头岭、鄢家岭、铁角嘴、白湖岭、菱子塘、柏叶冲、横洲等处。昌材裔居高家桥、邱家岭、姚家冲及湖北等处。清嘉庆五年（1800）仁、义、忠、信四房合建宗祠于县垣。嘉庆十二年（1807）四房合修族谱，同治六年（1867）、光绪三十三年（1907）、1940年忠房续修支谱。江西老派：易简乾坤定，时和万象昌。益阳老派：传经思祖泽，敦厚有余芳。益阳续派：泰运元逢甲，隆名肇楚良。

益阳七里桥李氏 始迁祖天贵公，明洪武间自江西吉水迁益阳十五里七里桥。清乾隆三十九年（1774）、乾隆五十七年（1792）、道光九年（1829）、同治七年（1868）、宣统三年（1911）、1937年六修族谱。一、二、三修体遵欧式，四、五修先苏而后欧，六修一律变用苏式。

益阳沙港坪李氏 始迁祖普瑞公，明洪武年间自江西泰和迁此。后裔居千把垸、李家塅、亭塘、陈家坪。

益阳李家湾李氏 始迁祖应荣公，江西吉水人，曾任山西巡检。明洪武年间因避乱迁此。

益阳华林塅李氏 始迁祖秀岭公，江西吉安人，元代为千户侯，明初宦游益阳，遂定居于此。后裔居于华林塅、汾湖洲、新桥。

益阳千家洲李氏 始迁祖和义公，明洪武年间自江西泰和迁此。

益阳李氏 迁湘始祖恕忠公，明正统、弘治间人，原籍江西，迁祁阳。八派德钧公，子瑞明，迁益阳，落业东道、新田诸村。清道光十八年（1838）、咸丰十年（1860）、光绪二十三年（1897）、1932年四修族谱。派语：恕思道弼万芳元。德时玉三良，士逢有必昌。文教经世大，名成正上邦。

益阳清溪、牛头岭李氏 一世传镕公，字用纪，号道元，江西吉安人，明正统间进士，授靖州知州，升宝庆知府，解组落业资南十八里清溪。子经华、经荣，华公居清溪，荣公迁二十里牛头岭。镕公祠建于九烈山。又称镕公兄弟三人，公居长，次传铸，季传鉴。铸公徙沅江，鉴公徙宁乡。清道光八年（1828）镕、铸两房曾合修族谱，1922年五修。合建大祠于益城内。字派：传经思祖泽，敦厚有余芳。泰运沅逢甲，名……

益阳侍郎桥李氏 鼻祖琼公，原居江西南昌县。三派廷禄，明初自江南迁居湖南长沙楚塘。六世衍为寿、义、秀、和四房，建宗祠于格塘。寿公子立公由楚塘迁宁乡铜鼓洲，其子政六，孙得梧、聘梧始迁益阳侍郎桥。清嘉庆八年（1803）、光绪十六年（1890）、1924年格塘三修族谱，2002年侍郎桥四修。派系：扬恢式绪豁，达起纹心顺，德家运泰临。谨厚贻谋远，宽仁裕后长。勋高华国策，道直永书香。

益阳李氏 始迁祖德灵公，明季南迁。1947 年三修族谱。

益阳李氏 鼻祖德川公，明洪武初自江西吉安府吉水县湖茫里携子必发、必达、必周、必通迁居湖南善化珠紫山，复迁湖北监利县林长河。必周公裔十一世孙献朝，携子学海、学师于清乾隆十九年（1754）先迁湘阴西林湾。学海、学师后迁益阳沙头永丰垸，后裔聚居沙头绿豆子湾、大潭口青泥湾二地。2003 年纂有支谱。原派：献学兴光显，昌隆振吉（启）祥。续派：传家惟孝友，治国在忠良。继志恢先绪，懋修耀玉堂。熙朝勤选拔，贤士庆名扬。

桃江梓梁岩李氏 江西吉安始祖英雄公，字仲生，号光权，南宋时人。四世祖伯珍公，字启嵘，号少郎，讳鼎言，别号素斋，由泰和县圳上枣子坪迁居善化之榔梨，再迁安化丰乐乡。次子维命，字长明，号四郎，讳庚，明洪武元年（1368）迁居益阳县梓梁岩罗山坪。维命公之长子应贵授桐城县事，生四子：兴、荣、发、达，衍为四房。应贵公祠位于益阳治东，建于清雍正元年（1723），后人分布于大山冲、岩子潭、欧公店、新市渡等地。1937 年六修族谱。楚南派字：时和万象昌，传经思祖泽，敦厚有余芳。续派：泰运元逢甲隆名肇。

桃江道场村李氏 始迁祖器重公，明洪武时自江西吉安迁益阳，衍居桃江县八里道场村。

桃江大桥塘李氏 始迁祖卓室公，明洪武时由江西吉安徙桃江大桥塘避乱定居。

桃江车门塅回族李氏 参见常德沙河街回族李氏。俗称北李。端公明宣德午间迁桃源翦旗营，生朝松、朝柏。朝松世居桃邑，后徙督粮村。朝柏于明成化间择益阳五里车门稜栗树砦老屋湾，今属桃江。生国锭、国钢、国铳、国锴。锭、统、锴三公之后，鼎立为三房。后裔分析常德、桃源、汉寿、南县及湖北松滋等处。至 1948 年，已传 20 代，2500 余人。宗祠在车门光申坝。

桃江车门塅回族李氏 俗称南李。始祖象贵公，元时自南京迁安徽凤阳县奔步街，后宦游迁湘，开基于常德东门。五世祖挹枝公，明嘉靖十年（1531）再迁益阳碧螺乡车门塅。族人分布于碧螺、九冈、舞凤等乡。清乾隆十五年（1750）始修族谱，以象贵公为始祖。嘉庆二十年（1815）、咸丰十年（1860）续修，以唐太宗支子婴公为始祖。光绪二十六年（1900）四修，1930 年五修，仍以象贵公为始祖。原派：佳祥雅挹，直秉义尚。正大光明，毓秀敷荣。续派：

绍承前盛业，恩惠永昭章。士习端南楚，文星照善堂。至1948年，已传22代，2400余人。宗祠在车门塅。

桃江源嘉桥李氏 始迁祖瑞明公，明正统时由江西吉水徙桃江十二里伍家坳，衍居源嘉桥。

桃江克让村李氏 始迁祖宗哲公，明成化时由江西泰和徙桃江县克让村。后人分布于李家枫树山、克让村等地。

沅江李氏 始迁祖景湘公，原居江西吉水谷村，明洪武八年（1375）迁居沅江七都。三子：昌居太平托，善居长山托，美居沔湖托。十世芷江，清顺治六年（1649）自长山托迁居益阳。清乾隆三十八年（1773）沅益始修族谱，道光七年（1827）续修，同治七年（1868）三修，光绪二十六年（1900）四修，1933年五修。派语：景继修凤玉应，春世时之成。大学文名显，鸿勋泰运新。克勤功益懋，遵道治常隆。德遇明扬进，材资作育兴。守训承先志，敦行尚本真。有恒斯建业，能立定增荣。

沅江团山大垅田李氏 唐时义陵公以官籍落业于沅邑之团山大垅田。至元末陈友谅蹂躏洞庭，湘南公逃往江右，居于南昌丰城之赤塘湖茫。明鼎定后，湘南公命长子兴贵归籍，遂以湘南公为始祖。四传有思深、思洪、思源、思沅四支。清光绪二年（1876）、1913年、1938年三修族谱。乾隆初年创造祠堂，嘉庆十三年（1808）重修，与关庙合建。班派语：正大光明可，发元茂德功。学立家声远，诗书道业隆。

沅江犀眠湾李氏 始迁祖商贤公，明洪武十一年（1378）自中州迁此。清光绪六年（1880）纂有族谱。

沅江新安托李氏 始祖道琳公，字普济，原籍江西，当元明兵燹之余，隐身自全，明永乐二年（1404）由新淦县来沅，落业新安托。子振选，又因居地地势低洼，复迁胡埠桥白鹤仙娘下。至三派衍为六房，至五派衍为九房。族谱始修于清道光十年（1830），光绪六年（1880）、1914年、1948年续修。派语：道振允玉，李希子春，世之生发，有贤良绳。续派：传家以孝，佐国惟忠。务由正大，耀祖光宗。

沅江杨梅山李氏 先世于明景泰年间自江西吉水县迁居沅江县东门张家桥。明弘治后分居河塘、河山陂、戴公塘等地。至1985年，全族人口约3000人。

沅江嫩草江李氏 始祖唐时西平王晟公之子宪。十三派至用期公为沅潭派祖，累世居吉水谷平。传至云可公率子孙于明洪武间迁居武昌，景泰间又迁居龙阳。传五世至汝德公生有五子，长子如璋成化间迁居益阳，后迁沅江嫩草江，衍为五房。清乾隆五十七年（1792）始修族谱，光绪六年（1880）、1913年、1948年续修。派语：宗本生成日，为之上可章。仪来征吉瑞，庆衍发余祥。孝友家传久，才良世泽长。克遵先祖训，立志绍书香。

衡阳埜塘李氏 始祖宽公，字裕卿，唐宪宗元和时由巩昌府来湖南衡阳城北之石鼓山讲学，遂开基于衡阳北乡埜塘。族人分布于衡阳、衡山两县。至1948年，已传37代，共20000人左右。宗祠在樟木市。

衡阳五甲李氏 始祖昉公，谥文正。七世燕翼公，宋淳熙间自江西吉安鹅田迁居衡阳江东。清乾隆三十九年（1774）始修族谱，乾隆五十一年（1786）、道光二十八年（1848）、光绪十八年（1892）、1928年、2003年续修。道光四年（1824）创建宗祠。班行：燕千兆元，胜富寿源，志单修单。九大应兴，万馥朝廷。一本宏开，荣华显明。诗书集庆，淳厚锡光。家传顺道，运隆孔扬。

衡阳陶田李氏 始祖晟公。十七传至仲昭公，字奉先，南宋时由江西吉安府泰和县以进士官衡阳县令，乃迁衡。三传至庚四公，居金兰陶田，又六传至兴华公，生福铭、福俊，俊官于燕，开蓟北族。铭公仍居陶田，生监、锦、锡三大支。1997年六修族谱。班行：庚孝慕膺德，兴福添大茂，荣芳奇士子，文学孔圣贤，常明思宗祖。

衡阳七甲李氏 始迁祖崇赋公，字石溪，本贯巴蜀，元大德间迁衡阳五都七甲，五代衍为祖武、祖珍、祖旻三房。清嘉庆、道光、同治间三房先后肇修族谱，光绪二十七年（1901）三大房合修，为二修，1943年三修。班行：崇儒效宗祖，应与志景思。懋荣华富贵，正际文明时。盛（光）大诗书业，宏开道德基。克昌征积厚，启祚庆繁禧。

衡阳李氏 始祖崇焕公，讳文四，生元大德间，籍江西吉水县谷村，年逾六旬携家迁衡。五世至登珑、登科、登第。珑裔至九传列玉、列品、列宦、列辟，派衍发源滩诸房。科裔至七世思楪卜居衡西托塘滩，第裔至六世谦松卜居衡西马桥滩。族谱创修于清嘉庆三年（1798），道光二十四年（1844）续修，光绪九年（1883）三修，1922年四修。

衡阳金溪、山霞李氏 晟公二十派孙自衡公官桂阳知军，落籍衡山岳后杉木桥，二十二派思幅公由杉木桥迁衡阳金溪庙，二十三派朝显公又迁回江西吉安府泰和县。二十四派大贤公字丞贰，以元进士为衡州同知，遂开基于衡阳县永福乡金溪庙。生子五，一返原籍，一早逝，留湘者三：添阼居金溪，添祥迁星沙，添瑞落籍山霞。明正统六年（1441）创修族谱，清乾隆五十九年（1794）二修，道光九年（1829）三修，光绪五年（1879）四修，宣统三年

（1911）五修，1942 年六修，2000 年七修，2019 年八修。嘉庆六年（1801）再建总祠于白果，祠联：聚族托名区，看涓水横前，衡岳对峙。登堂怀祖武，有长源勋业，太白诗文。堂号为“五知”：谓知时、知难、知命、知退、知足。派次诗歌：大福源忠信，景玉成居良。映奇新康银，时建焕春光。孝顺绵基绪，诗书启俊英。学能敦古训，定可振家声。承先树伟业，裕后乘长风。旭辉照普天，华夏乐太平。

衡阳金溪李氏　远祖十八郎，南宋进士，官桂阳知军，自江西丰城湖茫迁衡山黄土坝。衍至大贤公，字丞贰，号壬四，行大，元进士，因官衡隶籍金溪。生五子：浩福（仍归江西）、鸣福、鸾福、清福（官长沙卫，落籍璧湘）、鸿福（迁衡山山霞）。清雍正二年（1724）、乾隆三十九年（1774）、道光二十四年（1844）、光绪十八年（1892）、1934 年纂修族谱。班次：大福智忠信，文才必素梅。国德应有庆，世守常增培。孝顺绵基绪，诗书启俊英。学能敦古训，定可振家声。

衡阳湘东李氏　始迁祖定远公，原籍江西永新，长子隆叟元明之际迁居衡东三十六都凰飞镇，次子隆英迁居安仁清溪里，后转徙衡东托付塘。清乾隆四十五年（1780）、道光七年（1827）、光绪二十一年（1895）、1923 年纂修族谱。排行：荣华昭令绪，焕耀尚存真。文运开先德，家声振后人。贤才光国士，名誉立朝宾。瑞积衡湘盛，常瞻景象新。

衡阳清泉李氏　始迁祖眉海公（又名梅海公），元明之际自江西庐陵迁湘，开基于衡阳县东清泉乡，族人分布于贵州、云南等地。至 1948 年，已传 24 代，族人 2 万余人。

衡阳井田李氏　始迁祖正五公，乃唐西平王晟第十子宪公苗裔，明初时由江西吉水县迁居湖南衡阳县东井田，传三世至福高公生九子，惟原赞、原玑、原珏、原聪四房聚族于斯。族谱始修于清乾隆三十一年（1766），嘉庆二十五年（1820）、咸丰十一年（1861）、光绪二十四年（1898）、1930 年续修。派语：正景福原，志思大茂。恭宽信敏，惠承宗兆。文昌开泰，治道光明。孝弟力田，端重彝伦。本义昭仁，允存定则。振启家声，克修竣德。

衡阳李氏　一世唐十八郎，元末明初人。二世德隆，居江西袁州。三世仕勋，开老屋场。老屋场在赣在湘，无考焉。四世留福仍居原址，留禄始迁衡阳。五世芳名，六世远贤、远道。七世远贤长子有斌居祖地，次子有朋徙川。远道二子有湘、有沐均徙广西。该族前五代广衍赣、湘、川、桂四省，留湘者仅及四分之一。清道光二十一年（1841）创修草谱，光绪十四年（1888）、2002 年续修。班行：（自二世始）德仕留芳远有仲庭正尚泰启昌世永锡祥。文明继先志，作述绍高贤。

衡山小初桥李氏 始迁祖循公，字善遵，元世祖时人，由江西永新桥头仕衡州安仁教谕，后家衡山。清雍正六年（1728）纂修族谱，乾隆十三年（1748）、五十年（1785）衡山李氏三十六房两次合修通谱，道光元年（1821）小初桥分修，为四修，咸丰九年（1859）五修，光绪十九年（1893）六修，1926年七修。采用通派。

衡山司马江李氏 始迁祖万一公，明洪武间由江西洪都迁居衡山第一都司马江。万一生申山，申山生子智、子诚、子惠。子惠生昌志，昌志生瑞、玮、璋、瓘、琼、珏六公，现仅留瑞、琼两支。明嘉靖间初修，清乾隆四十五年（1780）、道光二十八年（1848）、光绪十三年（1887）、1914年、1942年六修族谱，2005年瑞裔文舜房元芳支安忠公位下七修支谱。老派：（自六代始）百世文兴芳生，忠臣杰士永传。“杰”字后改用通派。

衡山板仓李氏 始迁祖官禄公，字鼎铉，西平王三十一代孙，旧籍江西，明洪武间官都督，任永州协，致仕后挈家徙衡，四子：誌、谅、诚、诏。诚、诏他徙，誌、谅为衡山颜公桥、板仓两房分派祖。清乾隆三十七年（1772）、道光二年（1822）、咸丰九年（1859）、光绪二十一年（1895）、1936年、2000年、2019年七修族谱。字派：官友必宗，茂正方员。满最兴隆，世代荣昌。行本祖德，祚自天长。宏开仁育，华国文章。

衡山天托李氏 始迁祖文益公，字文卿，明初由江西吉安府泰和县圳上迁衡山一都天托。清康熙五十五年（1716）、乾隆十四年（1749）、乾隆四十九年（1784）、道光二年（1822）衡山李氏四修通谱，咸丰十一年（1861）、光绪二十六年（1900）、1931年、1995年、2022年天托李氏续修。班行：（自十一代始）国正添星顺，安宗在立本，萃植待春来。万甲和松懋，群英象梓开。向阳真泰遇，得养乃良才。有道芳声大，逢年可作梅。

衡山杉木桥李氏 始迁祖世德公，明永乐自江西丰城湖茫迁居岳后杉木桥，传五世生前江公，开华、仕两房。清康熙五十三年（1714）、乾隆十三年（1748）、乾隆五十年（1785）衡山李氏三十六房合修通谱，道光元年（1821）、同治九年（1870）、光绪二十八年（1902）、1936年、1999年杉木桥续修。通派：光宗在立本，萃植待春来。万甲和孙懋，群英象子开。向阳真泰遇，守正乃良才。有道芳声大，逢年可作梅。

衡山渊房李氏 李氏派分衡山，衍为三十六房，皆为唐西平郡王晟公第十子岭南节度使章武公之苗裔。清康熙五十三年（1714）、乾隆十三年（1748）两修通谱。之后各房分修。该支始迁祖渊公，字敬祖，明弘治元年（1488）由江西南昌丰城湖茫迁衡，爱岳灵之秀，落籍于河东之红岭湾，生万红、万通，派衍两房。1947 年渊裔合修族谱。采用通派。该族名人：李子荣，清光绪十二年进士。李子茂，清光绪十二年进士。

衡山田心李氏 始祖宪公。十七代道宗公，生祖岳，字五峰，为田心房开源祖。清康熙五十三年（1714）、乾隆十三年（1748）、乾隆四十五年（1780）、道光二年（1822）衡山李氏合修族谱，咸丰十年（1860）、光绪十八年（1892）各房分修，1925 年田心房七修，2013 年八修房谱。

衡山沙泉李氏 始祖邺侯，归养衡山。后裔建总祠于县城沙泉。清康熙六十一年（1722）、乾隆四十七年（1782）、道光二年（1822）、咸丰九年（1859）、光绪十二年（1886）、1914 年续修族谱。采用通派。

衡山南谷房李氏 始迁祖滋、祥、勉三公，明代中叶自永州零陵沙井头迁居衡山，祥公为山冲房祖，勉公为渡头坪房祖。滋公字长发，生庭达，为南房支祖。庭春为谷房支祖。庭达生三子，光荣派衍南塘，仲荣派衍界江，侃荣派衍油麻田。庭春生四子，献、迁派衍谷塘，犹派衍上景冲，迪派衍僧田。清康熙五十三年（1714）、乾隆十三年（1748）衡山李氏三十六房合修通谱，乾隆四十五年（1780）、道光元年（1821）南谷房分修，光绪元年（1875）、1912 年、1942 年、2004 年南房续修。班行：光宗在立本，萃植待春来。万甲和孙懋，群英象子开。向阳真泰遇，守政乃良才。有道芳声大，逢年可作梅。

衡山桂林李氏 始迁祖复深公，明代自茶陵迁衡山桂林龙湾。1944 年桂林房八修族谱。

衡山大薮李氏 始迁祖桂栋公，父仲甫公，明时由江西湖茫官长沙，桂栋居衡岳新桥大薮。清道光五年（1825）始修族谱，同治十年（1871）续修，1921 年三修。班行：仲桂馥有贵，世代荣昌隆。光宗在立本，萃植待春来。万甲和荪懋，群英象子开。向阳真泰遇，守正乃良材。德道芳声大，逢年可作梅。

衡南李氏 始祖宗宽公，字得众，原籍江西袁州府宜春县，明洪武间授安仁知县，殁于任。子荣一、荣二、荣三，先家安仁，后迁衡阳丑田，越数年，复迁衡南九江庵。后荣一裔徙郴州，荣二裔居安仁，荣三仍居九江庵。清乾隆六年（1741）、四十六年（1781）、咸丰五年（1855）、1913 年、2012 年纂修族谱。班行：宗荣应文，德仕存嗣。廷时成芳，正大光明。贞元永会合，国运庆隆昌。忠孝传家远，诗书际世长。

常宁李氏　西平王子宪公为江西观察岭南节度使，殁葬袁州，子孙蕃昌吴楚，吴楚李氏多宪公之裔。南宋时福轩公佐军御冦，卓著功勋。八子，次宗二。宗二传景清，景清传惠七，惠七长子贤庆于明洪武间由江西调常，卜居神仙塘。清道光七年（1827）、同治十二年（1873）、1913 年、1947 年四修族谱。字派：承训遵先泽，荣显益发祥。书声贻国瑞，忠义振朝邦。

常宁李氏　始迁祖文三郎、文五郎、文七郎，明洪武间自江西太和迁常宁。文三郎居独石，文五郎居曲潭，文七郎居西岭。清乾隆四十五年（1780）三支合修而未成。道光二十五年（1845）、光绪三十三年（1907）、1943 年西岭房纂修族谱。

安仁江口洲李氏　始迁祖广西盐铁使朝擎公，南宋淳祐十年（1250）因世乱辞官，避居于此。1994 年八修族谱。

安仁草塘李氏　始迁祖兴宗公，字诗伯，原籍江西泰和，南宋末年官桂阳知军，卜居安仁邑西金钩湾。明建文元年（1399）初纂族谱，天顺四年（1460）、清康熙三十二年（1693）、乾隆三十年（1765）、嘉庆二十四年（1819）、同治九年（1870）、1919 年、2004 年续修。八修时全族男丁 1153 人，女丁 1000 人。

耒阳南亭李氏　始迁祖君防公，由进士累官连州刺史，唐昭宗乾宁二年（895）解组归道，卒葬耒阳县临江之南亭山，子孙家于上堡，称南亭李氏。

耒阳行乐房李氏　始祖守和公，字达中，江西临川人，任德安学博，卒于任。四子：君材、君栋、君桢、君樑。君樑公号行乐，元泰定间官郴州别驾，率四子维庆、维星、维源、维武南游，卜居耒阳黄糯冲。维庆开三房，维星开五房。清同治三年（1864）曾续通谱。老排行：钦逢盛朝治，勋猷启俊英。令绪师成宪，兰桂植阶庭。

耒阳西门李氏　始祖为义公，江西人，元末致仕为湖广郴州刺史，家于耒之障尾长塘。其曾孙政公迁居西门，遂为西门李氏。

耒阳失鞭塘李氏　始祖兰庆公，字香远，元末进士，由江西吉安府吉水县同水乡谷村因初任湖南桂阳州牧来湘，生有四子，第三子君泰、第四子君甲与父归途中卜居耒阳南乡四都失鞭塘。族人分布于耒阳东、西、南三乡及常宁等地。至 1949 年，已传 25 代，约 3000 人。宗祠在耒南失鞭塘。清康熙二十五年（1686）、道光八年（1828）、同治三年（1864）、光绪三十一年（1905）、1949 年纂修族谱。排行世纪：典修孚作育，选举佐康衢。花萼怀周雅，书香步鲁儒。泽绵咸笃祜，萃拔羡联珠。俊秀群英集，琳瑯灿上都。

耒阳南桥新屋李氏　始迁祖文德公，字躬行，号如天，原籍江西赣州。明初时迁湘，开基于耒阳县旺桥乡南桥新屋。族人分布于耒阳、常宁二县各地。至1949年，已传20余代。宗祠在南桥新屋。

邵阳李氏　鼻祖啻臣公，字长青，号青山，原籍江西泰和，宋建隆间奉诏南巡监修岳殿，卒于王事。传七世敏公，生三子：程秦、程奉、程泰。秦公世居衡郡，奉公迁祁。泰公生才旺、才贵、才亮。亮迁邵陵中乡枫木山，旺、贵由衡迁邵东梅塘。清咸丰十年（1860）、宣统三年（1911）、1948年纂修族谱。字派：程才仲祖德，志念兴春国。光政大富贵，常思崇孝顺。文教启名贤，宗亲贻谋远，英豪代有传。

邵阳西乡同庄李氏　始祖杰公，宋进士，官湖南安抚使。知永州时，以俸禄买田于邵阳县西乡，名为同庄，以义田赡族人。后裔犹有居邵阳县西乡永成二都秋田村。

邵阳洋江李氏　始祖道旺公，江西泰和县人，宋开禧时迁邵阳县城东三铺。明时仁公居县西洋江楠木村。

邵阳城福李氏　派祖观公，唐中叶由陇西迁江西萍乡。五传至怀德公，官潭州，家湘乡城涧，又传十一代至福海公，生琼玉公，琼玉公生庭秀、庭芳、庭兰，宋度宗时迁邵阳中乡，为城福肇基祖。明景泰五年（1454）始修族谱，明隆庆二年（1568）、清康熙二十八年（1689）、乾隆三十七年（1772）、道光三年（1823）、同治九年（1870）、宣统三年（1911）、1945年续修。族人多聚居于城福及祁阳、隆回、益阳等地。至1949年，已传29代，共49000余人。宗祠在城福。班次：福琼庭叟成甫卿仁新志仕山本宗春继龙中日之可登大任世际明良。元善其修，维德斯昌。敬心恒存，天锡祥光。荣先裕嗣，万年永长。

邵阳府道前李氏　其先姓赵，宋理宗后。宋亡改姓，易理为李。以邵州理宗潜邸，因徙居之。

邵阳连溪李氏　始迁祖与行公，宋末由江西吉安谷村迁此。清嘉庆八年（1803）复修族谱。

邵阳三溪塘李氏　始迁祖万三公，元初由江西吉水迁邵东三溪塘木冲。八传“添”字派八人，贵、荣、雷、震四房居邵阳。清嘉庆二十三年（1818）、光绪十年（1884）、1924年纂修族谱。旧班：万汉六孝才，友梦添景文。思志念宗祖，允世大兴隆。新班：寿高长久远，淳厚启祯祥。忠义传家美，承先裕裔光。

邵阳申明亭李氏　始迁祖云公，元初由江西吉安府谷村奉旨播迁邵北申明亭，生四子：添荣、添华、添富、添贵。荣、华两支族谱始修于清道光四年（1824），同治八年（1869）续修。

邵阳金盆李氏　始迁祖儒兴公，江西吉安府泰和县圳口人，元至元间由常州徙邵东仁风金盆。六世广誉公派发三房：政凤公居中华山，政淮公居把关坰，政宗公居鲤鱼町。清嘉庆二十五年（1820）创修墨谱，光绪十一年（1885）首修。班次：儒友继必添，广政启兴文。宗仁子述光，祚荣世代昌。朝廷安邦永，禄位应加升。国孝名显泰，乐德万载春。

邵阳大禾塘李氏　始迁祖文聪公，字耳顺，元成宗时自江西泰和迁湖南宝庆邵东潭府高坪坝，又迁大禾塘（大和塘）大陂屋落业。

邵阳横石李氏　始迁祖义公，号自明，元至正间因避乱自江西泰和县云平乡枣子坪圳上迁居邵阳县城东五里之横石头，生子承公，承公生清、涧二公，清公随父迁云南不详。涧公生四子：志通、志纲、志泰、志让。清道光间子孙出亡过半，唯志纲公第三子廷宪一支独存，衍为横石、湘乡、古塘、白马四房。道光八年（1828）四房合修族谱，1912 年四房续修，抗战间古塘、白马两房先后续修，1948 年、1995 年横石房续修。旧班次：志廷朝一，正大光明。天锡洪恩，寿永长清。新班次：敦本传忠厚，安荣继起良。显扬祖宗德，家世远隆昌。

邵阳潭府李氏　始迁祖民钦公，晟公二十四世孙，元至正四年（1344）南游宝庆，占籍邵阳潭府。明初编定黄册，择殷室有才德者为里长，十年轮应大差，余为甲户，公本粮一百二十硕，编入三溪一都八甲。清康熙四十五年（1706）、乾隆五十七年（1792）、1912 年、1948 年纂修族谱。班行：友景子大志原思，永定安邦兴万载。元成振士传忠孝，显祖荣宗尚佐朝。文章达宪承世泽，风起云联德懋时。

邵阳李氏　远祖断自唐邺侯泌公，近祖原于元翰林仲琏。邺公以衡山布衣出膺江西观察副使，次子遂家焉。始迁祖慕公，字洪辅，原籍江西吉安府泰和县圳上，元季迁湖南宝庆府邵阳县，居小东路李慕冲，生三子，长添禄居石鼓塘，次添库居坳上，三添琳居燕子塘，琳房又分荣、华二小房。清嘉庆二十一年（1816）始修族谱，同治二年（1863）、宣统元年（1909）、1949 年、1993 年续修。禄房旧班：慕添福广太，廷理文兴登。成明目安世，国道清荣盛。库房旧班：慕添运子吉，志朝宗祖永。开芝茂启继，时道清荣盛。荣房旧班：慕添载仁民，志时维定国。安邦泰嗣玉，茂道清荣盛。华房旧班：慕添载继乾，单单文廷宪。宗大春国仕，永守朝荣盛。四房新班：功德光扬远，修齐绍述长。传家崇孝敬，敷治尚忠良。

邵阳八甲李氏 始祖致由公，元末由江西吉安府泰和县迁居宝庆武冈龙宫乡三都水口杨家洲。子福八徙祁阳。福八公次子君十八郎生三子。次子应麒，元延祐五年生，明宣德元年卒，由祁阳牛练塘迁邵阳九龙岭杨林屋，生显公，显公生森、宗、芳、圆，衍为八房。清嘉庆十九年（1814）始修族谱，同治元年（1862）、光绪三十三年（1907）、1941年、1992年续修。至1948年，已传25代，共17000余人。宗祠在九龙林。班次：应嗣继仁子，志文仲显廷。祖宗永世德，时长开祐增。续班：本正发祥懋，肇启有忠纯。立学光前代，家传瑞运新。声华成盛业，孝义一庭荣。

邵阳李氏 始迁祖熹烈公，初居江西吉安府庐陵县，元末偕弟熹禄、熹文、熹满迁居邵东。后禄公徙邵阳，文公徙祁阳，满公徙新宁。1947年熹烈公裔创修族谱。荣房班次：熹寿志祖仲朝仁奉伏茂永仕开廷秀厚道安家国。富、华、贵、旺房班次：熹寿志李起正尚汉一（永文）楚维（孟）成元天锡纯良世代荣昌。

邵阳万安李氏 始祖民望公，字懋德，江西吉水县人，以孝廉任湘乡令，值元末离乱，地远兵隔，偕子斯贤、斯贵、斯贞避居邵东龙山，贤公兄弟复迁万安。明洪武十四年（1381）编定天下黄册，以粮多者为首，贤公房立为一甲李仁，贵公房立为六甲李庆，贞公房立为五甲李什四，至清康熙三十八年（1699）均甲，则李仁合入五甲。族谱始修于清雍正四年（1726），嘉庆二十四年（1819）续修，同治七年（1868）三修，光绪二十五年（1899）四修，1927年五修，1995年六修。派语：斯时再天，必有重瑞。安邦定国，日新其德。绍先启嗣，文章功业。忠孝振家声，诗书延世泽。积善福缘长，万载多英哲。兰桂庆腾芳，馨香永和燮。

邵阳万安李氏 始迁祖仲贤公，字德远，元季明初由江西迁居邵东万安三上冲，立户一甲。洪武十八年奉本府札经理卫务，后又奉选为北京安东中屯卫军。生亮明，亮明生添富、添旺、添信、添高，衍为四房。清道光二十七年（1847）创修族谱，光绪十一年（1885）续修，1915年三修，1942年四修。1995年富房五修。一修用欧式，二修苏欧并重，三、四、五修用柳式。班行歌：江客楚仲亮，添贵（绍）庭勉（源）仁。才上兴万世，福寿永安宜。秉忠承道德，守正大经纶。宗功应运会，时泰配乾坤。景良代光显，积泽兆昌荣。作述相传远，建立庆长增。

邵阳官桥铺李氏 始迁祖汝清公，元末明初由江西吉安府吉水县因中原鼎沸迁居邵阳县平六乡留里冲官桥铺。生时库、时庸。时庸失传。时库生才旺、才富，富失传。才旺生文广、文斌、文海。族人分布于留里冲、官桥铺、潘家冲等地。清道光元年（1821）、光绪二十一年（1895）、1937年三修族谱。至1948年，已传23代，共7000余人。宗祠在大崇山。字派：文景仲仁单，廷应大正可。生登荣世早，宗嗣开仕科。卫国贤声远，平泉德泽长。继承如有志，万代绵书香。

邵阳学堂村李氏　始祖仁贵公，字高位，籍江西吉安府泰和县鹅颈洲上。子仲荣，字芳华，明洪武二年（1369）迁居湖南宝庆府邵阳县东乡学堂村，至三世衍为才贵（字文望）、才通（字文贯）、才旺（字文盛）三房。族谱始修于清乾隆四十一年（1776），同治八年（1869）续修。旧派：仁仲才思志，时友添春大。凤正朝廷继，再世永子定。续派：敬慎凝禧寿，谦抝兆炽昌。绥予祺益远，介尔福弥长。

邵阳麦兰李氏　始迁祖孝期公，明洪武二年（1369）自江西泰和县圳上鹅颈大坵迁湖南宝庆府西路离城五十里地名麦兰，衍富、贵两房。清同治六年（1867）创修族谱，1917年续修，1936年三修。谱以孝期公为始祖，公以上文献无征，不敢远溯，惧诬也。

邵阳大塘村李氏　始迁祖仲祯公，原籍江西吉安府安福县安乐乡黄四冲，明洪武三年（1370）与弟仲祥奉调来邵阳县，下担于城南九十里上贤都高霞山田东里。洪武七年又徙开化都泉田铺，再迁大塘村。清乾隆十六年（1751）、光绪七年（1881）纂修族谱。班次：仲应傻仁义，志信思添廷，朝大国生时，逢春景又新（景又新三字未用），舜世启显喜（舜世启三字未用），洪尚达茂期。新班：淳德宜敦本，高阳世泽垂。根深光有耀，积厚福纯熙。

邵阳官场李氏　始迁祖真官公，字三级，明洪武三年（1370）由江西吉安府泰和县迁邵东乡潭府，复迁安平一都黄陂桥官场里。清道光三年（1823）、光绪二年（1876）、1927年纂修族谱。谱用柳式。班次：才仲梦思志，原祖永代兴。国正天心顺，安邦定乾坤。久远传忠孝，英雄万世荣。禄高多景泰，显耀振家声。

邵阳江村李氏　始祖信公，原籍江苏盱眙，明洪武间授百户。二世韩原，奉调来楚，驻宝庆卫，先居茶园，今邵东双泉铺乡，后徙江村。下分谊、盟、谅三支，分居邵阳、宁乡、双峰等地。清乾隆三十一年（1766）始修族谱，光绪十六年（1890）二修，1947年三修，1995年四修。乾隆十六年（1751）建宗祠于江村黄龙。班次：伯尚梦朝廷，国大应时芳。祖必加增起，永世定隆祥。宗远思仁孝，文明万代昌。善良敦道义，圣治正纲常。

邵阳山塘李氏 始迁祖祖二公，明洪武间由江西南昌府丰城县湖茫迁居宝庆郡西梅子市。长子宗仁落业山塘，次子宗义落业车塘。宗仁三子，长子元明入赘杨氏，明宣德间编籍三溪一都四甲，立户杨李贵。次子元魁编籍三溪一都三甲，因清康熙间役重，遂附籍四甲，亦改杨姓。惟三子元华仍李姓。清乾隆二十八年（1763）、嘉庆十五年（1810）、同治十年（1871）两塘合修族谱，1925年山塘四修。山塘班次：祖宗元才仲景志万邦永文昌茂盛光世秉公良启佑宏心德克绍兆亨应联璧定有祥读书香益远存厚泽自长。

邵阳江口李氏 始迁祖福公，字寿卿，官吏目，明洪武间定居宝庆田家湾。衍五房：聪、忠、恭、敬、芳。明嘉靖二十二年（1543）、万历十四年（1586）、清康熙五十七年（1718）、乾隆四十三年（1778）、同治元年（1862）、光绪三十二年（1906）、1994年纂修族谱。班次：基思金玉丝，春风孟一水。木火土生希，仁贤有道盛。世永诒宗德，书多绍祖香。传家惇敬让，华国广文章。

邵阳李氏 固公原居南京兴济巷，子孙占籍江西吉安府太和县东安乡丰乐里梅子坡古圳上。迨至琪公，生必璋、必祥、必荣、必隆。宋末必璋公携兄弟子侄由江西谷村南游于楚，占籍新化。次子梦兴，兴生荣、华、富、贵、仁、斌、信、贤八甫，荣甫于明洪武间由新化龙溪卜宅邵西石塘、坳头等处。清道光二十二年（1842）、光绪三十四年（1908）、1945年纂修族谱。班行：荣通彦如宗，文才凤春廷。国正永安定，盛世济明君。德远开万代，修齐致治平。性全能赞良，参天惟一诚。

邵阳砂石、甘棠李氏 始迁祖进士公，讳敬传，明初携二子惠权、惠荣自江西吉安府泰和县迁居湖南邵阳，惠权为砂石祖，惠荣为甘棠祖。进士公祠建于新田岭。清嘉庆八年（1803）始修族谱，同治四年（1865）、宣统三年（1911）、1941年续修。1995年惠权裔政缘、政祥、政华及惠荣裔诸房纂修房谱。班排：景政必宗祖，世代永兴隆。顺天福自至，安邦定太平。学醇存语录，道显见经言。守家惟务本，光国在培贤。大德先克孝，宏谋贵能忠。诗书承圣哲，礼义训乾坤。

邵阳指挥李氏 始迁祖春、和两公，源出安徽，明永乐以指挥官由江北就职宝郡。和公原籍江南凤阳府临淮县，清属安徽省泗州盱眙县，地名三侯李家。洪武时袭指挥佥事，建文初升湖广黄州卫指挥使。永乐中致仕，授田宝庆府邵阳县富阳一都拖埠头。春公为伍二公子，明洪武八年（1375）升授宝庆卫指挥右所副千户，因家焉。清康熙二十三年（1684）、道光二十六年（1846）、光绪十七年（1891）春裔纂修族谱。嘉庆十七年（1812）、同治九年（1870）和裔纂修族谱。1916年春、和两房合修族谱。春房旧以伍二公为始祖，和房旧以贞公为始祖。合修时春房以迁邵之春公为始祖，和房以四公为始祖。春房旧班：时成光之民，运会隆兴，圣作贤赓。和房旧班：希应鼎光明本实永长茂维。合班：忠勋绵绪，仁勇秉钧，厚培基业，宏展经纶。

邵阳泉塘李氏　始迁祖仲荣公，字元茂，原籍江西泰和，明永乐五年（1407）偕弟明、清二公迁居邵阳泉塘，子孙蕃衍，散居于湘乡、宁乡、华容及四川三台等县。清嘉庆五年（1800）创修族谱，咸丰七年（1857）二修，光绪三十一年（1905）三修，1942年四修，上谱人数8680人，存丁2909人。1992年五修。班派：世代安邦永兴隆，朝添定国应昌宗。克绍光祖德，诗书振家声。继承常显达，福禄寿康宁。泰和余庆远，敦睦道醇延。士品东南望，芳名楚汉宣。

邵阳李氏　贞公生明永乐之世，由茶陵攸邑迁衡阳西乡。二世通公、达公复迁邵阳。清乾隆四十七年（1782）、咸丰四年（1854）、光绪三十一年（1905）、1933年纂修族谱。班排：世代友廷仲，兴朝永国正。泉源进自远，培本发长荣。继志绍先烈，存仁启俊英。宗功贻厚泽，祖德显盛名。

邵阳下花桥李氏　始迁祖和公，明永乐致仕，以屯田定居邵阳富阳一都拖埠头。

邵阳杨梅塘李氏　始迁祖洪公，明成化七年（1471）由江西吉水迁邵阳杨梅塘。生四子：荣政、荣华、荣富、荣贵，政、贵两房远徙。族谱始修不详，清嘉庆元年（1796）、咸丰十年（1860）、1912年、1941年、1996年续修。班次：洪荣宗祖世，继国正安邦。定志乾坤久，传名万代昌。

邵阳李氏　先世由祁迁邵，由梅塘迁仁风里中，称大冲李氏。始祖先麒公，二世嗣显公，明举人。清嘉庆十九年（1814）、同治元年（1862）、（三修不详）1941年纂修族谱。四修时总共红丁5249名。班次：应嗣继仁子，志文仲显廷。祖宗永世德，时长开祐增。方际其昌大，材良映朝兴。本正发祥懋，肇启有忠纯。

邵阳车塘李氏　始迁祖祖二公，长子宗仁居山塘，次子宗义居车塘。清康熙二十三年（1684）始修族谱，乾隆八年（1743）二修，嘉庆十五年（1810）三修，同治十年（1871）四修，1924年五修，1996年与隆回琪公房六修。班次：祖宗元必文仲思家廷福朝才子允其学秉公良启佑怀心德克立意耀先哲群睦发祯祥登高求上进振兴功千秋。

邵阳龙山李氏　始迁祖鲁亮公，自江西吉安府安福县迁居湖南宝庆东关一厢，生贯器、和鼎、耀鼎。耀鼎失传，和鼎裔多迁益阳。贯器生资达，又迁黄益村黄石袁。清道光十七年（1837）、光绪二十三年（1897）、1926 年、1999 年四修族谱。

邵阳李氏　始迁祖富公、祥公，自新化迁邵阳。清同治十二年（1873）、1913 年纂修族谱。字辈：宗志仁（原）必思廷仲添大正世光明福承永时。

邵东蓼冲李氏　始迁祖再荣公，字复硕，号受四八郎，原籍江西吉安府泰和县云平乡枣子坪圳上，元至正间迁邵东京隆桥蓼冲。生四子。清嘉庆九年（1804）、咸丰七年（1857）、光绪三十年（1904）、1939 年纂修族谱。良房惟冕公裔邦贤，清道光间由太平台上屋迁三都铺水源冲。邦梅迁流光岭乌龙庙。1997 年，邦贤、邦梅裔五修支谱。班排：再思原仲仁志大，梦添应惟崇宗祖。安邦定国遵文武，永佐朝廷世代兴。敦本明伦昭雍睦，泰和正学乐善良。宇宙忠君隆习厚，行端节让万亿长。

邵东潭府李氏　始迁祖民钦公，行彝六，字文思，号敬庵，原籍江西吉水谷村，元至正间南游宝庆，遂占籍邵阳潭府。清光绪二十一年（1895）、1941 年纂有支谱。班行：友景子大志原思，永定安邦兴万载。元成振士传忠孝，显祖荣宗尚佐朝。文章达宪承世泽，凤起云联德懋时。璧藻翠华春臻灿，天锡纯昌历代长。教育英才崇理学，家齐国治庆明良。

新邵龙溪铺李氏　始迁祖千魁公，江西吉安县人，元泰定四年（1327）困兵燹蹂躏，始迁邵阳县龙溪铺。生四子：仁、试、益、诗。长子仁公，至正中自龙溪迁东陂冲。明天顺元年（1457），海公、清公由东陂迁白水洞。次子试公，元至正间由龙溪迁湴田（一曰湴田始祖千公，金陵人，洪武三十一年（1398）徙邵阳县新宁二都）。清嘉庆十八年（1813）一修族谱，同治五年（1866）二修，1915 年三修，1987 年仁、试、益三房四修。仁房旧派：志廷朝宗添，仁（大）定永生元，忠义承先德。试房旧派：缙仲廷朝正，大应（一光）明世有，显达永代德。益房旧派：发松志凤相，廷朝正大光，明世有显德。诗房旧派：添必兴廷朝，宗国正大光，明世有显德。合派：基锡洪材炳，均钟泰业焜。型铭源本灿，垂鉴汝模荣。

武冈黄甲坊李氏　始迁祖思济公，大平富金人，元至正元年（1341）官武冈路学正，因家焉。

新宁小溪李氏　始迁祖国祥公，南宋理宗年间携两子友蓝、友监，自江西泰和迁居新宁北乡小溪，后裔分布一渡水、三渡水、对江、回龙寺、塘尾头、清江桥等地。

新宁窑市镇盆溪、萧家湾李氏 始祖师佑公，原籍江西吉水县，唐禧宗时骠骑仕粤，落籍全州。十七代孙钢公次子文标，于元代迁新宁县盆溪。至1995年，已传26代。

新宁水头李氏 始迁祖十六郎（一曰千六郎），元至顺年间从江西庐陵迁居新宁水头李家湾，清末农民起义领袖李沅发为该支二十一世孙。

新宁军田乡滩脚底李氏 始迁祖春公，元末明初自江西迁新宁县油头村滩脚底。至1995年，已传27代。

新宁赤五甲李氏 始祖富伯公，江西吉水人。子通甫，避元季之乱徙新宁。通甫孙敏公，字资明，号白沙，永乐进士，授行人，迁福建监察御史，巡抚广西，卒于官。

新宁仓背底九甲李氏 迁湘始祖清淑公，祖籍江西吉安，宋末元初迁邵阳竹林寨。四传至庆伯于明初迁新宁县城南街，传至鼐公又移居城内仓背底。至1995年，已传30代。

新宁黄龙镇田心八甲李氏 始迁祖文德、仲良两公，祖籍江西，明洪武年间迁入。文德居金湖乡虾塘（今白马田乡），仲良定居四和乡官塘（今黄龙镇）。至1995年，已传21代。

新宁白沙镇八甲李氏 始迁祖怀仁公，祖籍江西。明永乐四年（1406）进士，官居云南兵备道。解官后定居新宁大白村（今白沙镇）。至1995年，已传23代。

新宁飞仙桥乡杨柳冲李氏 迁湘始祖九郎，明成化年间自江西迁武冈，第三子魁三迁新宁白羊坪。传至五代茂晨，移居新寨杨柳冲。至1995年，已传22代。

新宁万峰乡白羊坪李氏 始迁祖育魁公，原籍江西上高县，明万历间迁新宁县新寨村。至1995年，已传20代。

新宁碧田乡吉山李氏 迁湘始祖费可公，祖籍江西泰和县，明代由邵西澄水迁武冈草塘（今属洞口县杨林乡）。传至六世思万，迁居新宁吉山。至1995年，已传22代。

新宁万塘乡白莲江李氏 始迁祖思胜公，祖籍江西，明时迁新宁县王家坝，后移居白莲江。

新宁金石镇藕塘边二甲李氏 始迁祖志道公，祖籍南京，明赐进士出身，任云南参议道，卸任后定居都梁（现武冈）城南，后移居县治东部金城村。至

1995年，已传24代。

绥宁李氏 始祖光兴公，后唐同光元年（923）携子自江西泰和戎守楚南，偕次子可进落籍徽州梨树坊（今绥宁县关峡苗族乡文家村境），长子定居大坡头（今会同县境），三子定居黄羊坪（今白玉乡境）。后嗣分居绥宁关峡、长铺，城步平林、羊石、柳寨等地。

绥宁李氏 始迁祖浚淯公，明正德三年（1508）自南京徙入绥宁。

城步李氏 始迁祖时秀公，明万历四十一年（1613）由江西豫章徙居城步北关新开田（今新田）。

岳阳毛田李氏 始迁祖龙公，字万甫，号巨卿，后唐同光元年（923）由江西丰城县铁树观磨刀山壁厢街迁湖南岳州金鹗山芭蕉盘。后其子分迁新墙松栎园（游港）、茅田聚龙坡（小港）、岩岭平地（石港）。清嘉庆二十五年（1820）、咸丰十年（1860）、光绪十六年（1890）、1919年、1992年纂修族谱。派行：显耀宗功，和衷熙载。时际升隆，迪光前代。作育群才，诗书咸佩。家道齐昌，用兴俊义。

岳阳东淇李氏 始祖希玄公，后唐同光二年（924）由江西南昌府铁柱观磨刀坑宦湘，开基于岳阳、湘阴界之岐山冲。至1948年，已传37代，共6000余人。宗祠在岳阳县东淇。

岳阳李氏 始祖唐吴王恪，食采郁林，子孙因家焉。恪九传至仲宝，其孙道、术始迁江西义宁。道生少贤，少贤又生四子：轩、辕、軿、辂，分迁瑞昌县青盆及义宁磨刀石、桂堂里、樱田。軿之后再迁湖南平江长庆乡。至百禄，又自平江徙巴陵，清光绪三十年（1904）巴陵、平江、瑞昌、义宁诸支合修大全族谱。

岳阳月田李氏 始祖纲公，南宋末年自平江迁此。1932年五修族谱。

岳阳李氏 始迁祖子铭公，明洪武十三年（1380）自江西湖茫迁湖南巴陵。清光绪十六年（1890）续修支谱。

临湘响山李氏 始祖瑀公，居江西丰城湖茫里。子隆四公仕唐，封朝奉郎，唐末避难由湖茫迁居湖南岳州府临湘县楚冲里大冲源马王洞大竹园。至十七世祖清三公生三子：祥一居汀畈，祥二居沙滩。祥五字应祥，号景缘，居响山。祥五裔至二十一派衍为思能、思贵、思任、思贤、思斌、思沅诸房。族谱创修于南宋端平元年（1234），至1994年十九修。派语：尚德进序定，垂名宗正学。美大懋华英，秀升嘉显晫。泰运应祥麟，清时来瑞□。恩荣启隆昌，忠厚昭谨壸。品成金在镕，本植玉宜琢。庆衍深根培，纯修至道握。

临湘王禾里李氏 始迁祖南金公，元末自江西丰城县湖茫迁此。1930 年纂有族谱。

临湘西井李氏 始祖邦德公，迁居岳州木瓜塘。传若干世至祥公，号蒐，佐明太祖定鼎，以武功封昭勇将军，谥忠愍，由岳州迁临湘西井。族谱始修于南宋端平元年（1234），清顺治九年（1652）九修，1926 年十七修。派语：先生培笃永彬荣，学正伦修士拔英。敦本联芳逢泰运，光增甲第绍家声。

华容桥头李氏 相传先世素居关中，唐贞观时有号江湖散人者隐居华邑，繁衍于全家冲，厥后分居石龙冲、七星墩等。自唐迄元，谱牒失散，因以元末时德一公，字行芳，为华邑桥头开族之祖。明中叶由华容迁湖北石首之天福公，为石邑东山开族之祖。清顺治间华、石两邑创修草谱，康熙二十五年（1686）、乾隆九年（1744）、嘉庆六年（1801）、咸丰六年（1856）、光绪十六年（1890）、1922 年、1990 年、2000 年、2020 年华邑续修。宗派：德正庚添仲言阳天。桥头续派：东楠先后惟文盛科名世代新石潭。东山续派：应乔子崇春时祖烈延家大（徽懿）孙谋师。合派：必有淳良起，本源自可祥。同宗传以信，远绍定荣昌。

华容李氏 一世祖仁用公，世居山东莱州府昌邑县八角井，南宋宝庆二年（1226）任荆州税课清理司，落籍石首县绣林山八仙洞。七子：廷发、廷兰、廷珪、廷瑛、廷臣、廷瑞、廷辅。廷发曾孙永清，元至正间迁华容章华台。廷珪后裔迁居华容梅田湖、新建、先锋、操军岳城寺等处。廷臣后裔迁居新河乡。廷瑞孙珙公，明初居岳州府，子永诚、永恭。永诚于明永乐间征云南有功，致仕迁居华容墨山金牛堰，后人分迁麻李港。永恭于永乐间迁居华容白竹寺，后裔散居护城之施家嘴和万庾康王庙等地。总祠建于石首江波渡刘田冈。1948 年纂修族谱。石、华两邑派语：（自六世始）金水木火土，谦良本性同。中和承祖德，豫顺必兴隆。有美循先绪，绍文广太昌。贻谋裕久远，兰桂定腾芳。

华容南山李氏 始迁祖明远公，字臣汤，南宋人，南宋咸淳元年（1265）因避兵祸逃至华容，落居长圻嘴（今终南乡夏家庙），称南山李氏。至 1988 年，在华容境内之男性 955 人，女性 656 人，聚居南山南竹村，分居三岔河、洪山头、城关等地，尚有迁往监利、澧县和四川者。明弘治十三年（1500）、清康熙二十四年（1685）、康熙四十一年（1702）、嘉庆十年（1805）、嘉庆二十四年（1819）、咸丰八年（1858）、1921 年、1989 年、2017 年纂修族谱。老派语：明宣宝昆士。原派语：玉水火廷伯，言从芳自人。世泽宗宣德，文章光永兴。南山支续派：春林开远秀，忠厚发祥荣。佳树培元盛，丹凤振和鸣。南山支新派：传家惟孝友，英才必昌胜。礼义遵先进，诗书耀后昆。南山李氏传至十五世一支迁县城北五里牌（今胜峰乡境内）。五里牌分支派语：永荣丙在学，斯文世赢宗。大家思远裕，忠孝志齐从（南山支原派“世”字与五里牌支“永”字同是一代）。

华容时家圻李氏 始迁祖初公，字华田，名德卿，世居南安府南康县（今江西赣州市），庠生，元末明初从朱元璋征战有功，封官赐爵。至明成祖即位，退隐田野。因曾过华容时家圻，欣赏其山水，弃官后，于明永乐初年买船载资率家眷迁华容，落居于时家圻北头。1915 年建宗祠于时家圻。清光绪十九年（1893）、1929 年、2007 年、2017 年纂修族谱。原派：初志文传应，朝承代有人。家学可自新，继统绍先明。续派：勤书光祖烈，贻翼必隆昌。孝友为珍宝，忠良是义方。诗礼训子贵，道德守典章。品望超湘泽，鸿才大名扬。

华容县城南门李氏 始迁祖功盛公，明洪武十七年（1384）率兄弟子侄及眷属迁居华容县城南门。尊功盛之父权正公为一世，功盛四兄弟，支分四房。建宗祠于状元街，称章华台李氏。清乾隆十五年（1750）迁建宗祠于墨山之阳，地势居高，又称高李。清乾隆十八年（1753）、道光二十五年（1845）、光绪十九年（1893）、1992 年、2017 年纂修族谱。原派：功全忠孝，启绪仁从。宏才大志，道隆裔宗。支德蕃远，青云长松。善惟继述，祥庆永逢。新派：发明振业，几会中庸。书相在是，田力如农。荣华再耀，福禄是钟。延平克绍，万事攸同。

华容东山大旺厂李氏 一世孜公，唐代人，世居豫章。四世炎，由豫章丰城湖茫里籍迁居岳州府临湘县王禾里（今桃林）。至十九世潮仪，入赘谢氏，子思聪于明洪武十八年（1385）补顶外祖父从军，改姓谢，由临湘迁巴陵。明永乐四年（1406），慕东山秀色，从巴陵铜溪街迁华容东山之庙嘴（今大旺厂廖家湾）。思聪曾孙受，为武进士，袭职镇抚，任指挥同知，封千户，镇守岳州，明正德九年（1514）复姓李，更名李芳，别名铜溪，死后立铜溪庙。后人聚居东山，星居全县各地。清康熙三十九年（1700）、乾隆二十五年（1760）、道光九年（1829）、同治七年（1868）、光绪二十九年（1903）、1948 年、1992 年、2017 年纂修族谱。派语：（自十世始）应钟允集美，世初树泽光。维学绍其德，克家继以昌。锦开自仕锡，洪任必先芳。振起宜宗正，作新在善良。

华容蔡家垸李氏 一世迪中公，明末人，字之抄，号霜林，住南昌府新建县，避明季之乱，客游江湖，选湖北监利周老嘴之南岭落居。子四，长子子吉、次子祥吉仍返居江西，三子宇吉徙河南。四子仁吉，字碧崖，清康熙四十九年

(1710）从监利迁居华容城南蔡家垸，派衍三房。子孙聚居护城蔡兴村李家老坮子和李家长坮子，分居注滋口、兔湖垸、石伏山、城关和南县、石首江波渡等地。1917 年、1991 年、2017 年纂修族谱。老派语：迪吉应寿，其德克扬。文章孝友，世为典常。续派语：远系原光弼，新支本建昌。传家崇厚道，亲爱自绵长。

华容李氏 始迁祖仲芳公，明季由四川迁华容。1924 年纂有支谱。

华容禹甸垸李氏 始迁祖桂秋公，为谋生计，于清光绪十九年（1893）自益阳泉交河迁居华容禹甸垸。今人丁分布北景港、宋家嘴、新河等地。派语：易简乾坤定，时和万象昌。传经诗祖泽，腾厚有余芳。泰运元亨甲，隆民肇楚良。

华容古树台李氏 始迁祖寿春公，为谋生计，于清光绪二十四年（1898）自湘阴金塘围迁华容古树台。现人丁分布梅田湖、潘家、新河、护城和湖北石首等处。老派：象官天文承锦，发宗祖德宜昌。新派：宗支克蔚南楚，诗书百代传芳。能守先贤忠孝，西平永庆明扬。

南县沙港子李氏 长沙星沙楚塘李氏十七世孙昌迎公，约十九世纪末从宁乡迁南县沙港子。

湘阴黄冈田李氏 始祖阡公，同邓、彭、许、戴四姓随邓侯由河南新野县迁湘，开基于湘阴文家乡之高华岭下。至讳光，字绍祖，号东岩，南宋嘉定十年（1217）登进士，官饶州佥判，迁居湘阴高明乡，今属汨罗。族人分布于高明、白水、三神、文家诸乡及长沙、四川、江苏各地。至 1948 年，已传 53 代，4000 余人。明正统间建宗祠于高明乡黄冈田。

湘阴归义街李氏 德裕公下传十一世远、达、进、退四公，进裔徙范家园豹山，退裔失考。远公下传四世兴达公，字峻峰，徙湘阴邓婆桥，继迁归义街。达公迁湘阴罗卜塘。明洪武十三年（1380）、嘉靖三十六年（1557）、清顺治八年（1651）、乾隆三十三年（1768）、嘉庆十五年（1810）、同治十一年（1872）、光绪十九年（1893）、1996 年续修。2018 年栗嘴头、曹家、独峰、金鸡冲、团山、豹山六支合修。世次：德旦发璘阜，五定国安邦。扶运至世家，兴旺再加荣。枝本攸承日，声名来自添。柏蔚增辉久，兰芳发秀长。

湘阴荆塘李氏 始迁祖重九、重十两公，元至正元年（1341）由江西萍乡县茶兜园访道岳麓，嗜湘阴山水，卜居荆塘。重九公四代孙世材七传至应尧、应舜、应雯、应舞，析为四支。清道光十八年（1838）、光绪四年（1878）、宣统二年（1910）、1948 年纂修支谱。宗派：重思安世闻，必万廷正应。象观天文呈锦，法遵祖德宜昌。宗支克茂南楚，诗书百代传芳。

湘阴高明乡李家山李氏 元至正间由江西吉安徙此，族人分布凸桥。至1948年，凡400人。

湘阴高明乡神仙坳李氏 始迁祖公寿公，明洪武初年由平江岑川迁来四门李，复徙湘阴县高明乡神仙坳。族人分布于大屋李、杨树冲、唐家嘴等处。至1948年，共2000人。清嘉庆十四年（1809）建祠。

湘阴高明乡九峰李氏 明洪武初由江西曹公塘徙此。族人分布于伏仗山、伏家屋、刘家坝。至1949年，共600人。

湘阴荆浒李氏 始迁祖万三公，明洪武四年（1371）由江西省丰城县金鸡滩因战乱徙湘，开基于湘阴县荆浒乡三江口。族人分布于荆浒乡及岳阳凌云乡。至1948年，已传24代，共1000余人。宗祠在马公墩。

湘阴桃林冲李氏 始迁祖元迎公，字子铭，明洪武十二年（1379）由江西湖茫徙居巴陵彭机塅柏树，建文二年（1400）复由巴陵徙居湘阴北乡桃林冲。清光绪十六年（1890）续修、1929年三修支谱。

湘阴苏溪塅李氏 始迁祖崇文公，明嘉靖间自江西新建县竹牌村迁湖南湘阴新市，又迁四都苏溪塅。1914年纂有支谱。

汨罗高华冲李氏 始迁祖迁伍公，字千亿，号肇湘，祖籍江西丰城，元元统二年（1334）迁长沙霞泥港，明洪武中自长沙徙居湘阴胡鼻寨汤家洞，厥后子孙繁盛，永乐十八年（1420）徙高华冲，今属汨罗市。清道光二十七年（1847）三修、光绪十七年（1891）四修、2008年五修家谱。派语：肇基德厚，思佐景期。胜应可贤，逢发生枝。星联辅相，运启文章。士培英俊，治进纯良。家修廷献，恩锡名扬。齐承祖泽，永耀南方。李星沅为该族十七派孙。

汨罗石牛冲李氏 始迁祖肇兴公，明洪武元年（1368）自江西南昌迁此。

平江岑川李氏 始祖皋公，唐朝人，因平乱有功而留居湖南潭州轸星池。其孙敬先因避乱而迁居平江岑川雷峰山下。清嘉庆二十四年（1819）七修，道光二十六年（1846）八修，光绪间九修，民国间十修宗谱。

平江李氏 始祖唐太宗第三子恪，封吴王。传十三代至承永公，字泰陵，号碧山，后晋天福二年（937）由江西建昌磨刀迁平江，始居黄裴，后居培山。传至明成化间兴发公，字后重，迁居石坑张古塘。传三代至大富公，后裔荣祜公迁居长沙源头洞，荣林公迁居汨罗横冲，荣发、荣富二公仍居石坑。清乾隆五年（1740）始修族谱，至1994年八修，新录丁口892人。李氏大同派：（自二十三代始）惟兴添大伏，永远再荣昌。家传原积厚，裕后有书香。荫泽生贤嗣，含英兆瑞祥。锦翰咸振采，宝树益联芳。继述同思善，清声定颂扬。

平江新田李氏 唐太宗第三子吴王恪，传至蜀郡刺史峄。又传至承事郎冲，字少贤，避朱温之乱，携四子轩、辕、軿、辂，徙江西建昌。辂又由剑池迁鹦田。辂长子浩初迁袁州，越三世而泰陵公，始迁平邑培山。至晟仲公又置产于巴陵黄龙港。又传至清潭、淮潭。淮潭生克勤、克公，克公又迁平江石碑。清潭生克智、克敏。克敏生五孙：岳昭仍居培山，仁昭迁城西门，德昭迁城北门，可昭迁下乡茶山，胜昭迁杨林源口。1995 年纂有族谱。

平江天岳李氏 始祖承永公，字泰陵，后晋天福元年（936）由江西建昌迁平江，始居培山。十八传至远公，字远山，元代再迁县北天岳山麓之田坪。至 1948 年，已传 23 代，共 26000 余人。族人多聚居于天岳乡及长沙、岳阳等地。宗祠在天岳乡之长庆。清光绪三十三年（1907）七修族谱，1940 年八修。派次：远万高和玉，茂广绍兴隆。克承先世德，嗣述永昌荣。良谟诒后泽，光大迪新猷。善继前人志，诗书启懋修。忠孝传家训，纲维重本源。英贤襄盛治，景运庆升恒。

平江板江李氏 始迁祖承永公传至钿公而分为五昭，德昭六子时习之裔万章、方成于明初由平江北城迁黄裴，继迁板江硬树坪。清宣统元年（1909）纂有族谱。

平江瓮江李氏 迁平始祖承永公，后唐官给事中，自江西迁居平江。三世祖文鑛公，宋初官都指挥使，定荆南，后致仕乞归，上出名花数种赐之，公归就培山宅畔为花园，今平江浮潭上岸所称花园是其遗址。迁瓮江始祖乃二十八世祖均益公。

平江山木洞李氏 近祖忠愍公，讳祥远，字蒐山，肇基湖茫，明洪武初授岳州卫指挥使。十二世凤麟公于清康熙间自临湘徙平江腰古源，复迁山木洞。清乾隆三十四年（1769）、道光十八年（1838）、光绪十年（1884）纂修族谱。派序：添延崇可道，长荣大发昌。远学同登第，诗书裕后祥。

平江南乡蒋山李氏 始迁祖德开公，清乾隆四十五年（1780）自江西龙泉迁此。

平江西关李氏 始迁祖正富公，自湖北莼川迁湖南昌江（今平江）西关幕阜之麓小洞。清光绪十七年（1891）四修族谱。

常德李氏 始祖晟公。第十子宪公，江西观察使，长孙游公继为袁州刺史，遂家江西。子孙蔚起于吉安、吉水、分宜、泰和。二十九世显旦公，生乘、熏、重、秉。元明之际，干戈扰攘，四公后“必”字辈共二十五房先后迁居湖南常德、安化、汉寿、桃源、益阳等地。乘公生世芳、世立、世允。世芳八子：必达字凤翥，为常德六李湾始迁祖，必华字中华，必和字中和，必庸字中庸，必荣字中荣，同为东湖山始迁祖。必通为金鸡坳始迁祖。必道字凤鸣，为麻腊嘴始迁祖。必远为益阳马轮冲始迁祖。世立三子：必朝字朝凤，必阳字朝阳，为善卷村始迁祖，子孙分居斗姆湖、赤塘湖、黄市港等地。必龙字龙寿，为长堰冲始迁祖。世允生必旺，迁裔公嘴元普庵。熏公生世銮、世高、世和。世銮生必赏，其裔散居半月障、黄金庙、团山、王家港。世高生七子：必宝、必宥同迁桃源南竹山，必实、必宽同迁益阳修山，必赁、必贽其裔蕃衍石灰山、黄土店、龙船湾，必真迁四川。世和生必贤，其裔居李伍滩、鹿角坪、鸿鹤冲、太极障。重公生世良，世良二子：必贵迁黄壁坪，必贸迁花岩溪。秉公生世奇、世可。世奇子必赉，其裔居汉寿木山。世可生必贡，其裔居汉寿七星堆岗塘坪。1948 年各支合修族谱，百字派语：能儒天特重，利建守邦基。发祥定有喜，慧聪范愈规。科甲同济向，锦乐昶瑞宜。诰典伟章贵，醇让福禄绵。腾辉崇上兆，丕业创砚田。仁秀蕴颖悟，琼瑶则爱亲。言信昭康运，宽裕耀唐庭。高超绳俊杰，丰足道恒盈。协华参修若，楷模庆善成。

常德上大村李氏 始祖宪，唐西平郡王李晟第十子，官江西观察使，遂留居江西。二十一传至应高、应成兄弟于元末由江西吉水县谷村圳上迁湖南武陵县前河上大村。清光绪间三修族谱。

常德、沅陵李氏 始祖泰和、富山、荣诸兄弟，元末随朱元璋起兵，以军功官江西，同落业于丰城县拖船埠清泉铺。三公之子或仕常德、或官沅陵，复自江西迁居常德、辰州。1924 年四修族谱。

常德前后两河李氏 始迁祖钧鸣公，明洪武七年（1374）由江西吉水县折桂乡彭胜里迁湖广武陵前后两河，1948 年合修族谱。

常德六李湾李氏 始迁祖凤鸣公，原籍江西吉安府吉水县折桂乡拖船埠，因元明之际兵乱，于明洪武七年（1374）偕长子逊忠、三子逊吾迁居常德六李湾，后人分居于常德前乡青泥湖、麻腊嘴、六李湾、白沙、芦州障、河婆桥、实竹坪、东门岩桥及苏家渡等处。麻腊嘴老派：凤逊渊洪茂德（友）伏木大国朝（万尚登启）学水本元家传树声荣华承。湾堤老派：凤逊渊洪茂德伏木大国应胜世代宗祖承先启后荣华恒。

常德沙河街回族李氏 始祖宋时斌公，因征西失败，遂入赘回教于哈氏。历四派至明初化公生五子：长宗秩，迁安徽。次宗勋，世居北京顺天府固安县。三宗法，为湖北沔阳参将，遂落业锅镯湾。四宗文，迁江西南昌府。五宗燕，字开先，原居北京，明太祖时任云南副将，永乐二年（1404）调迁湖南常德，落业府城东关外，居沙河街，生四子：身端、身贸、身方、身正。贸迁桃源凤凰山，方迁武陵庄坪，正迁武陵梁山，端于明宣德间迁桃源剪旗营。

常德东关回族李氏 始祖象贵公，原居凤阳府凤阳县之奔步街。明永乐征剿有功，官迁常卫，遂落业东关。贵公子佳期，期生祥呈、祥吉，吉迁长沙，呈生雅能、雅有，有迁湖北施南府。能生挹枝、挹林。挹林公于明时迁居武陵西庄坪。

常德李氏 始迁祖晖公、寿辉公，明洪武二十二年（1389）自江西丰城县拖船埠十八都湖茫岭迁居常德。1997 年六修族谱。晖支原派：伯仲景文明，阳德之继宏。承先传厚道，启盛兆昌平。寿辉原派：添廷凤春大，世可正光明。运隆应有象，万代振家声。

常德花岩溪李氏 始迁祖思敬、思贤、思聪、思明、思方等公，明洪武间自江西南昌丰城县迁此，散居皇极坪、港二口、李七桥、逆江坪、花岩溪等地。清光绪九年（1883）三修，1914 年四修族谱。原派：思玺淑纯姿，□廷富春浯。大登尚凤翔，洽作箴传家。

常德五家嘴李氏 始迁祖殿公，明洪武间宦湘，卜居常德东关外城头村五家嘴沿江保。

常德桃源湾李氏 一世祖文郁公，原籍江西南昌府丰城县大树枫，明洪武二十一年进士，官辰州太守。三子：景一居辰州芦溪，景二居辰州朱洪溪，景三居桃源西溪。景三子铭公又迁常德七姑山后桃源湾。清光绪十八年（1892）始修族谱。派语：文亨开泰，世运隆昌。道宗孔孟，诗学全堂。克绍先绪，大起明良。

常德青泥湖李氏 始迁祖凤翥公，明永乐二年（1404）由江西吉水县十二都拖船埠迁此。

常德石门桥竹子岭李氏 始祖顺晁公，明永乐二年（1404）因经商自江西南昌来湖南长沙，卜居常德。裔孙清初徙居此地。原派：国经廷显文宗如大绍有。

常德东湖山三渡港李氏 始祖泽梁公，明永乐间自江西泰和宦游常德，子三：承诗居斗姥湖，承书居洞头冲，承易落业三渡港下李家湾。老派：盛泽承东汉国家之维廷方正光先德人。

常德维新八斗湾李氏 始祖碧公，明永乐年间携子仕华、仕荣，及六李湾一世祖凤翥公之子汉逊昆季等，先后自江西吉水县拖船埠大樟树迁来湖南常德。

八世祖均世居维新乡八斗湾。九世祖芳道、芳眉、芳迎、芳远四公起因人丁日繁，而徙居石门桥龙潭庵、韩家吉、伍家嘴、枫树岗、德山街、岩滩寺、桃树岗王家咀、三湖乡芦湖里、皇木关。龙潭庵老派：鼻仕允贞元应祚长方登灼先维新世泽作述振家声荣。

常德长堰冲李氏 始迁祖龙寿公，原籍江西吉水谷村，明永乐间迁湖南常德府武陵县前河中淰村（今唐家铺陈家冲脑）。历二世省週公，再徙长堰冲。老派语：龙省清钦桓春正学子功名远文人德泽长有谋贻万。

常德李古子岗李氏 始迁祖仁公，明永乐间因经商自江西吉水县十二都拖船埠大樟树迁居常德东门外八官障李古子岗。原派：宗正家兴可知先应启文朝大学士万代永隆昌。

常德李氏 始祖泰书公，原名崇绪，原居江西吉水县查滩，生二子：法镜、法明，明洪武时调镇辰溪，永乐间移屯常德，法镜居下新村毡帽湖，法明居上新村高堰冈。法镜十世孙世官公又迁汉寿护国障白莲湖。与汉寿李氏合谱。

常德穿紫桥李氏 始迁祖惠公，原籍江西吉水县拖船埠大樟树，官北京宛平县，明弘治二年（1489）迁常德后河穿紫桥。1914 年纂修草谱，1995 年纂修族谱。字派：惠于何述兰应，绍兹来许，纯其祖武。圣朝德泽远，永保同宗芳。人文咸蔚启，万年长发祥。

常德槠木山李氏 始祖凤鸣公，传五世至德鹏公，于明嘉靖年间迁芦州障白沙湾堤，德鹏公之孙樽公因水灾于明万历年间迁居后河渐安乡岗市槠木山。

常德花岩溪黄土店李氏 始迁祖楚胜公，明时自江西南昌乐平县迁湖广黄冈，明末复徙居武陵黄土店北岸。

常德沧浪乡胡家高桥李氏 始祖自元公，明时自江西迁湖南常德，始居三渡港，复徙长堰坪，再徙鸡子山。后人散居栗岗岭炉头冲、宣恩、桑植等地。老派：自文应兴汝儒为席上珍明和清与后必有。

常德七耳湖李氏 始祖凤鸣公，传八世至楷公，迁居常德苏家渡万民岗，旋迁后河七耳湖。

常德稻罗岭李氏 始祖曾明公，明末自江西吉水县大樟树经商至北京宛平，旋迁湖南龙阳大围堤丁家吉，后因水灾再迁白沙堤。其裔孙先麒、先麟、先虎、先龙四公于清初迁居常德文甲乡之稻罗岭。老派：曾应朝尚正先试春治经週代长永聚庆。

常德紫山李氏 始迁祖毕敬公，明代自江西吉水县谷村湖茫里迁湖南武陵县紫山。清同治间纂有族谱。

常德蓝田庙李氏　始祖德惠公。五世启贵公官益阳，卜居三塘街，启荣公携弟启富公卜居常德蓝田庙毛公港。老派：启正仕春明端方永宏庭花开如兆远木子遇长青。

汉寿李氏　太和公以武进士偕弟富山公、荣公随明太祖征伐，同落业于南昌府丰城县拖船埠清泉铺。厥后富山迁吉安府吉水县沙溪坪红白岩，荣公迁吉水县大樟树。太和公子乾一，袭父职，镇守五溪蛮，与富山公子乾信、乾松同落业沅陵岩溪头。荣公子乾曙迁常德官门州。三支后裔皆有迁居汉寿者。1924年三支合修族谱，称四修，1947 年三支又合希季公支、承先公支五修。

汉寿李氏　始迁祖子义、子寿、子凝三公，明洪武三十一年（1398）由江西吉水县查滩迁居汉寿小塘总康家山。子义生二子：崇旭为砖墙开派祖，崇蕴为彭华冲开派祖。子寿生崇科、崇范，其后徙居益阳长田坊。子凝生崇绪、崇经，其后分徙常德及汉寿白莲湖。清顺治十一年（1654）始修族谱，乾隆五年（1740）、道光七年（1827）、咸丰十年（1860）、光绪二十二年（1896）、1927 年续修。名派：子崇永绍正，懋育协资生。本固枝弥远，花繁实益盈。厚培恒毓秀，广植定敷荣。佳致清风酿，高标晓露凝。荫垂依峻极，庆锡自天成。

汉寿李氏　始祖信生公，原籍江西永丰县，明永乐初率二子阁达、阁迪奉命南迁，卜居汉寿县毓德总石人坳。因赋税繁重，迪公隐居植木山，后裔不详。达公凿塘得石，石有“彭”字，遂改姓彭，四世衍为宗文、宗绍、宗明三大房。清道光二十一年（1841）续修族谱方改彭复李，光绪二十二年（1896）三修，1924 年四修。

汉寿李家篩李氏　始迁祖书文、书汤、书馥、书馤四公，明弘治二年（1489）由江西饶州余干县瓦磁街迁湖南，落户辰阳洲口庄蒲障李家篩。后汤裔迁湖北，馥裔居汉寿南关外龙背冲，馤裔居下梁垈曾家坎。清光绪三年（1877）、1920 年、1942 年、1998 年、2021 年纂修族谱。字派：书香绳翰墨，英华万树春。相应护大国，正本宏明德。传宗敦孝友，继彦盛蕃昌。

汉寿牌楼嘴李氏　始迁祖拱、挹兄弟，明正德间自江西余干县迁此。

汉寿明月障李氏　始祖泰和公之子乾一公，明朝人，宦湖广辰州，镇守五溪蛮。传四世至达显公迁居汉寿。后人分布于明月障、永兴障、堤边湾、六房坪、庙德河、六景山、吴家桥、毛家冲、王家港、港二山等地。清道光间初修族谱，同治七年（1868）、光绪二十八年（1902）、1924 年、1947 年续修，老派：乾第应鸿达朝赓浩克彰循贻斌赞建惕尚定延祥守列昭。

安乡永丰村李氏　五世昉公后裔九世景仁公，为两浙转运使，与弟景智居江西吉安府吉水县谷村。景仁重孙十二世淑先，元大德间任岳州教授，依附外兄毛兴旺宦居澧州小斗村。淑先重孙十五世仲温，因元季兵燹，迁居安乡县城西十里永丰村。九世景智重孙十二世淑进，元成宗时亦迁永丰村。1935 年、2015 年纂修族谱。排辈字序：振贤士（才）绍泽，弘修永贻芳。积庆原佑善，垂裕祚延长。

安乡李氏　始迁祖仲温公，字太和，号景孔，明廪膳生，官江西建昌府新城县主簿署县事，因元季兵燹，迁居安乡井子冈、万食堰、渔浦、鲍家塌等处。又一支始迁祖怀江公，原籍江西吉安府吉水县谷村，因金元兵扰，宦游楚郡，落业澧阳小门村。三子，迁安乡永丰村。2010 年纂修族谱。派语：蒙先楚遇斯，昌大家道丕。振贤才绍泽，弘修永贻芳。积庆原佑善，垂裕祚延长。

桃源铁山溪李氏　始迁祖均用公，明洪武间自吉水迁桃源县南白石村之铁山溪。至 1948 年，已传 20 代，全族人口 1000 余人，分布于江里溪、寺坪、庐家坪、沙坪、澄溪等地。宗祠在铁山溪。族谱创修于清道光二十八年（1848），1915 年、1944 年续修。李世松，清乾隆七年（1742）一甲第二名武进士。

桃源李家坪李氏　始迁祖应举公，明洪武间由江西迁居湖南澧州，旋迁桃源县北上七里村之汤家坪东岳官。至 1948 年，已传 20 代，全族人口 700 余人，分布于温泉、高东、狮子头等处，及慈利、石门、汉寿、桑植各县。清同治十年（1871）建宗祠，与万福桥，仙娘、棠梨冈、天会山各处李氏联宗。1943 年创修族谱。

桃源马鬃岭李氏　始迁祖鼎华公，明建文元年（1399）落基于常德杨池落爬障。2011 年二修家谱。辈序：国正定年远，君正施泽长。诗书代可习，忠孝世宜彰。

桃源大枫树李氏　始迁祖重富公，明永乐二年（1404）自江西吉安府吉水县大栎树迁桃源高乔浒家坪。始修草谱未刊，2009 年二修。旧派：重文单廷，国应占人。新派：自世春如长，志士定大邦。上作光先祖，本正子必昌。学贤绍华国，登朝明能彰。德冠风云会，宗泽永发祥。

桃源畲田介子冈李氏　始迁祖顺兆公，明永乐二年（1404）自吉水迁于桃源县东之介子冈。至 1948 年，已传 21 代，全族人口约 600，分布于延溪口等处。宗祠建于介子冈。1932 年创修族谱。

桃源关山湾李氏　始迁祖永伦公，明永乐二年（1404）自江西丰城徙居桃源县东水田关山湾，族人分布于畲田、大田及常德等地。至 1948 年，已传 19 代，族人约 500 人。宗祠在关山湾。

桃源木塘雷湖李氏 始迁祖鉴魁公，明永乐二年（1404）由江西吉水迁桃源县东木塘之雷湖李家坪。至1949年，已传21代，全族人口3000余，分布于白麟州、裴家码头等处。同治年间建宗祠于李家坪野猫港。1927年创修族谱。

桃源木塘李家湾李氏 始迁祖曾宗公，明永乐二年（1404）由江西吉安迁于桃源县东杜青村之李家湾。至1948年，已传17代，全族人口300余人，分布于桥头等处。清光绪三十一年（1905）建宗祠于李家湾。1928年始修族谱。

桃源畲田溪西坪李氏 迁湘始祖凤翥公，明永乐二年（1404）自吉安迁常德青泥湖。至玉公再迁于陬市王家滩（即畲田乡李家坪溪西坪）。至1948年，已传20代，全族人口约140人，分布于水田、常德善卷村等处。宗祠在常德青泥湖。1936年创修族谱。

桃源祝庚潭李氏 始迁祖仁忠公，明永乐九年（1411）携弟仁惠、仁恕自江西丰城湖茫里迁湘，仁惠居沅陵红土坪，仁恕居龙阳（今汉寿）康家山。仁忠居桃源九庄峪，生景昌，景昌生鸾，明成化间分迁祝庚潭。清光绪三十年（1904）始修族谱，1930年、1997年、2004年续修。字派：万国恩明玉之春，珍如学德必自新。有志永昌际盛世，观光宏振耀宗庭。象贤济美绍祖业，孔泽显远裕来人。诚信为本传家风，毓秀文章润斯民。

桃源浯溪李氏 始迁祖盘铭、盘钺，明永乐年间自江西饶州余干县迁湖南桃源县东浯溪之道塘桥。至1948年，已传21代，全族人口300余，分布于白麟州、八王坪、剪家溪等处。1931年建宗祠于道塘桥。1931年创修族谱。

桃源观国山蛇市桥李氏 始祖国柱公，明永乐间因经商自江西吉水县李家园大樟树来湘而卜居此地。其裔孙又于清初迁居常德东门外苏家渡。

桃源畲田兴隆李氏 始迁祖三星公，明中叶自江西吉水迁于桃源县北畲田兴隆。至1948年，已传19代，全族人口300余人，分布于黄龙观、神仙桥等处。清光绪二十八年（1902）建宗祠于灰山口。清同治十二年（1873）创修族谱。

桃源岩坝湾李氏 始迁祖锦公，明中叶由江西迁桃源县北莫林村岩坝湾。至1948年，已传18代，全族人口200余人，分布于莫溪及慈利等地。清光绪三十年（1904）建宗祠于岩坝湾。1944年创修族谱。

桃源陬市李氏 始迁祖必超公，明嘉靖间自江西丰城迁于桃源县东陬市凉伞柳。至1948年，已传20代，全族人口6000余人，分布于八湖坪、陬市、盘龙桥等处及常德、慈利等县。清道光六年（1826）建宗祠于陬市土地岗。同治三年（1864）创修族谱，1916年续修。

桃源浔阳坪李氏 始迁祖华公，清顺治末年自安徽始迁湖南安乡县，数传迁桃源浯溪河，后迁浔阳坪。至1948年，全族人口不足百人，分布于中卷河、车溪冲、戚家冲等地。

桃源畬田溪东李氏 始祖玉佩公，字振鹏，原籍昆明。清康熙时赞助吴三桂反正，由云南镇衡州，败死。其长子宏德扶榇葬于桃源县东新洞寺之团溪湾，其后落业于溪东坪。至1948年，已传13代，全族人口500余人，分布于陬市、浯溪及衡阳等地。清光绪十八年（1892）建宗祠于溪东坪。1935年创修族谱。

桃源陬市水田坪普山咀李氏 始祖凤翥公，六派祖知忠公落业汉寿大围堤獠牙咀，数十年后复徙于此地卜居。

澧州药园寺李氏 始祖晟公。一百二十三世延琛公，居江西吉安府吉水县鸦鹊垱，生得清、明、源。明洪武二年（1369），清、明两公同迁澧州东乡，清公居澧澹乡新堤村魏家堰，明公居澧澹乡上福村药园寺。清同治六年（1867）、1916年、2014年纂修族谱。宗派诗：承先秉志，启绪自荣。务乃丕业，宜尔道生。祥昭显达，美著和清。遵孝友式，崇忠义贞。永敦一本，克振家声。

澧县丫角山李氏 始迁祖世贤公，原籍衡州府衡山县大栗树，明洪武间率兵征九溪，屯于澧州西首石塘堰。首修不详，1913年、2011年续修。派行：大崇如应国，登启尚自正。开泰传先祖，永远德成名。宏宗恩泽长，仕定昌达邦。茂盛名昆显，家声振文章。

澧县、临澧、张家界李氏 始迁祖锦先、锦成、锦亮、锦明四公，明永乐二年（1404）由北京顺天府迁南楚，先公居澧县鳌山，成公居临澧太浮山，亮公居永定天门山，明公居临澧龙虎仙山。清道光二十七年（1847）、1947纂修族谱。原派：锦德山绍阳，廷应陞起上，宏光福禄昌。世代登荣运，源远永振纲。续派：继承增茂盛，垂裕自芳华，孝友绳宗祖，文章焕国家。

澧县李氏 始迁祖吉安公，原籍内江，明时官华王府教授，遂落籍澧州。其子李充嗣，明成化二十三年（1487）进士，以功晋户部右侍郎、工部尚书。其孙李檠，明嘉靖十七年（1538）进士，工科给事中，出为临安知府。

澧县野园李氏 原籍江西，明客于澧城。又经七世，清康熙初年由应龙再迁野园。清宣统元年（1909）、1948年、2006年纂修族谱。派字：致兴光先序，必大显祯祥。世泽肇虞夏，勋名甲汉唐。道德家声久，忠孝福祚长。盛朝开景运，佑启在贤良。

临澧五合李氏 始迁祖昌公，明永乐二年（1404）自江西吉安府吉水县平蛮屯落澧州古老峰，今临澧县杨板乡五合村上李家组，后裔迁徙澧县及湖北鹤峰等地。清道光六年（1826）纂修族谱，2014 年二修。

临澧千户李氏 始迁祖应智公，原籍山东兖州，明洪熙元年（1425）随华阳王朱悦耀建藩澧州治第。袭承千户，人称“千户李”。派分道、通、学、美、亨、榜、荣、配八支。清光绪二十年（1894）、1927 年、2008 年纂修族谱。派语：应正如大明国，忠厚传家至宝，道学经世鸿昌。作士敦培祖泽，尚德永绍宗邦。守先新开祥运，盛朝定兆辉光。

临澧大松湾李氏 始迁祖雷公，生于明正德三年（1508），封威武将军，因与宰相不和，由江西吉安府吉水县迁至湖南澧县城北，隐居顺林驿，今澧县梦溪乡。后人分居澧南黄栗山、大松湾一带，今属临澧县。清乾隆六十年（1795）首创墨谱，1930 年二修，2014 年三修。原派：雷子大应奇，承尚志士宜。科联光祖德，本荣发孙枝。续派：文明开昌运，作育树良规。传家惟孝友，经国在仁慈。

临澧许家桥李氏 一世祖正公，字尔玉，初由江西大樟树迁湖北潜江县，清初又转徙临澧县北合口乡许家桥，生有三子：宗荣、宗元、宗先。

临澧范家冈李氏 一世祖相奇公，清康熙三十年（1691）由湖北石首迁居此。生有四子：尚有、尚利、尚赢、尚郡。

临澧黄陵桥李氏 一世祖必盛公，字世葵，清乾隆年间由湖北监利县程家集迁居湖南临澧县合口乡上黄陵桥。

临澧、石门李氏 始迁祖滨阳公，原籍江西，历任四川省川东道及左都御史等职，致仕过澧，卜居合口，生子八，剖玉为符。明季兵燹，子孙四散，散处于今临澧县合口乡龙池堰上下及对河游家洲等地。

张家界李氏 始迁祖文震公，江西人，明洪武时以指挥使官永定卫，遂著族焉。子孙分析四坪、四溪。

张家界青安坪李氏 先世自江西大栗树下华光土地迁大庸。清乾隆间世贤公迁仪安乡青安坪。2018 年纂修族谱。字派：世士宏开国，学成定大邦。太平生玉美，兰桂万年芳。

慈利观物坪李氏 谱称晟公十子宪公之后文道公，原籍江西吉安府吉水县，南宋淳熙间为武陵刺史，其弟文广随任，迁居桃源七里村，后居慈利观物坪。其道光谱有“世袭官爵序”，称其先世为土官。1996 年纂有族谱。今为土家族。

字派：春元世长大，国泰有明良。经书修官德，永远祚义邦。家道昌隆盛，万功必自成。哲贤惠广宇，福泽齐瑞祥。

慈利李氏 始迁祖俸公，一名宏禄，字百受，原籍江西南昌府（奉）〔丰〕城县胡毛里，元至正二十二年（1362）官辰州知州，元亡后即留居湖南慈利。生二子：自捷、自刚。自刚往四川不详。自捷生必荣、必华、必富、必贵、必胜。荣公长子思仁为慈利甄家坪祖，荣公四子思广为谢家落祖。华公后裔居永定李家岗，富公后裔居沅陵杨家溪。清乾隆三十七年（1772）慈利李氏十八房建宗祠于夹石口。20世纪30年代慈利李氏合修宗谱，颁定通派：联宗纪源，美举振昌。思维先烈，理官发祥。宣传道德，文化显扬。建树鸿伟，正统兴邦。敬希嗣祚，启迪祖光。

桑植老官潭李氏 始迁祖荣先公及其子思志，因避元末战乱于元至正二十六年（1366）自江西吉水李家村迁居慈姑州十五都老官潭七甲里（今五里桥老官潭）。后人分布于南岔、洪家关、刘家坪等乡镇。

桑植李氏 始迁祖樵公，明洪武二十五年（1392）自金陵以千户奉命修安福所城。后人分布于五里桥、刘家坪、上河溪等乡。2005年纂修族谱。字辈：世大承恩泽，尚林正国时。自天兴发茂，长如万年枝。

桑植木耳坪李氏 始迁祖脉公，因避乱自江西吉水迁居桑植五里桥乡木耳坪落业。后人分布于刘家坪、马合口两地。

慈利东岳李氏 始迁祖应科公，清初因苗乱由沅陵县迁居慈利县东岳乡平溪。族人分布于平溪、磺厂等地。至1949年，已传11代，共700人。宗祠在慈利南门。

安化丰乐首兜冲李氏 始祖唐时德裕公，长子璋，居江西吉安府泰和圳上。后唐同光三年（925）子孙四十九人由吴入楚，同至善化榔梨，后徙各处。洪太，字元隆，卜居安化丰乐首兜冲。至维新公，生宋徽宗大观二年（1108），殁宋宁宗庆元三年（1197），始卜居一都长乐罗纹。维新公三世孙林椿、林柏，椿公居安化长乐滔溪，柏公五世孙原道徙居龙阳。椿公子均泽、均海仍居安邑。清康熙五十一年（1712）一修族谱，道光十九年（1839）、光绪六年（1880）、1916年续修。至1948年，族人共24000余人。派语：应子林均焕，先原彦祖宗。必成文武志，永代发兴隆。盛世才华显，昌明道学宏。传家本忠孝，福禄自长荣。

安化李氏 洪太公兄弟父子卜居安化丰乐首兜冲。生君甲，君甲生能，能生先，先生学，学生高，高生斌，斌生盛，盛生纯，纯生千一、千辅、千九、千十五。清康熙三十五年（1696）、乾隆五十年（1785）、道光十一年（1831）、光绪四年（1878）、1924年五修族谱。字派：国正添必茂，高腾秀起（品）彰。宗荣征瑞庆，祖泽远光昌。德盛繁家社，修悠发久祥。于时增振耀，奕祀衍其行。

安化李氏 始祖唐德裕公。传至太於、炳於两公，炳於裔君继七郎由江西徙南楚，侨居潭州。继七郎长子义禄迁宁乡竹田。次子义福公徙安邑上归化东山，派衍道、远、良、恭四房。清乾隆间创修族谱，道光二十四年（1844）、光绪四年（1878）、宣统元年（1909）续修。四修有庄赓良序。堂号六箴。派语：君义元志文，添绍大梦承。高明正有时，朝上英华国。式训传家永，宗恩锡庆长。贤才辉盛典，佑启兆嘉祥。该族名人：李英榜，册名魁连，记名提督。

安化常丰七甲李氏 旧谱称先世居吉州太和圳上，后唐同光二年（924）有名“祚”者侨居潭州益阳县资江乡塘头，遂世其家，宋熙宁六年置安化县，拨资江乡隶焉。明景泰元年（1450）、崇祯五年（1632）纂修族谱，俱未授梓。清乾隆十年（1745）始付梓。谱以祚公后裔英立公为一派。班行：英正大伯维，鼎金廷系世。竹应来风时，文必有（定光）宗日。盛道佑贤良，国献皆猷树。勋培镇湘楚，卓烈垂铭注。

安化塘头七甲李氏 始迁祖鼎言公，后唐同光二年（924）由江西迁益阳塘头，北宋熙宁六年（1073）设安化县，塘头划归安化，后再迁梅城。

安化常丰李氏 始祖恭祥公，字敬之，元至正四年（1344）生，甲辰流寇肆乱，公奉命平服有功，受封千户，择地开创，隶籍常丰，生四子：元德、元道、元瑛、元礼。元德远戍云南越州卫，元瑛裔无传。清咸丰六年（1856）建祠于油萝溪。乾隆九年（1744）、十一年（1746）元道、元礼各修族谱，嘉庆二十五年（1820）、光绪元年（1875）、宣统三年（1911）、1944年两房合修。旧派：元仕志斯文，维冀日逢成。朝廷恩爵重，宗祖永安兴。续派：世泽湘南远，征才上国荣。登崇光盛业，显庆锡嘉名。

安化董木溪李氏 始祖晟公，字良器，唐时洮州临潭人。传二十八世至旭隆公，字仲颖，宋朝人。再传四世至“必”字派，衍为二十五房。必通公字四逵，原籍江西吉安府吉水县泰和圳上，宦游至武陵，因元明兵乱隐于桃源谷罗村，再迁竿子坪、安化北门小石桥，终迁十二都董木溪金鸡坳。与必通公同来此处的有其堂弟必旺公，字四维，后裔有迁武陵官仓李家坪和云南越州卫者。老派：必可绍单仕志朝时德之其标以汝美利见大邦基发祥正。

安化白沙溪、李家棚、马斗山李氏 始迁祖本一公，明正德、嘉靖间由江西迁安化县白沙溪。本二迁李家棚，本三迁马斗山。

安化四甲李氏 谱尊汉卿公为丰乐四甲之祖，登泰公为分衍之祖。清嘉庆二十三年（1818）、同治七年（1868）、光绪三十一年（1905）、1937年纂修族谱。派行：太司千万近，汉登从富明。思永维春继，祖代必朝天。顺世运长茂，高腾秀锦章。崇行钟美树，合义咏光昌。

新化李氏 始迁祖嗣松公，北宋熙宁五年（1072）由江西吉安府泰和县长丰乡万福庙迁梅城，初下担龙溪，继迁高坪。生念三郎，念三郎生四子，小二郎衍龙溪房，小六郎衍壶天、七都、大坪、黎源、大竹、老屋房。清乾隆三十四年（1769）、道光三年（1823）、同治十年（1871）、光绪三十一年（1905）四修族谱。1949年五修不果，1992年各房分修，为六修，2016年七修。字派：杰绍承先泽，洪基肇吉安。嘉谋诒有谷，来哲秀如兰。

新化高坪李氏 始祖璋、琪二公，为陇西郡唐西平王李晟之后，于唐末五季徙居江西吉安泰和。璋公派衍五房，琪公派衍六房，同于宋熙宁时相继南徙，始居安化丰乐乡，继迁新化高坪。族人分布于新化全县各地。至1948年，已传26代，共10余万人。总祠在西门戴家巷。清道光间两支合修通谱，1920年续修。

新化松山坪李氏 始祖泰公，字光阴，原籍泰和县南乡村圳上，宋嘉祐进士，熙宁间任福建邵武府同知，解组后元丰间自泰和徙邵州城内报恩寺，又徙新化，居城东菱角塘松山坪。至五世衍为温、良、恭、俭、让五房。族谱始修于清乾隆四年（1739），同治四年（1865）、光绪三十年（1904）、1932年续修。咸丰间建宗祠于铁山村桥头。班次：作殿文光宗泽长，多才继世绍书香。传家孝友承先德，亿万斯年启后昌。续派：修齐平治古今用，华胄蕃滋事业丰。诗礼台枢绳祖武，中和位育贯西东。

新化金子山李氏 始迁祖嘉贞公，宋元丰年间自江西迁来新化河上坝（今金子山）。清康熙三十五年（1696）始修族谱，1937年与四川罗坝村合修。派语：长发方开树，多祥起益臣。若为贤懋德，宗昌必继荣。孝友传家政，清真作善基。存心思祖训，后裔衍前光。续派：合谱联蜀桂，俊彦建奇勋。功名皓寰宇，循代笃群英。

新化丹桂李氏 始祖民辅公，字士明，号惟圣，江西吉安泰和圳上人，北宋元丰八年（1085），与弟民佑奉命移江右之民“以实新化”。民佑居湖南潭州，民辅则居新化丹桂村株木山，谱称“丹桂李氏”。越六世，派衍桂、善、聪、文、权、政六房。清乾隆八年（1743）始修族谱，嘉庆十九年（1814）、咸丰十一年（1861）、1913年、1946年、1995年、2022年续修。班次：（自十九代始）经纶承祖泽，光裕报家声。肇建洪模永，宗友裔代荣。

新化龙溪村李氏 始迁祖嗣松公，江西吉州泰和长丰乡人。宋季与表兄袁光三郎、光五郎徙新化侯田，嗣松自侯田移居大平。七世添奇居龙溪，又一世派衍源兴、源进、源通三房。清雍正二年（1724）、咸丰六年（1856）合修族谱，光绪及民国初分修，1993年又合修。旧班：八九祖添源志应永兴廷才正世大友文尚光宗清荣先维继述裕后。应富公房旧班：应祖宗志仁必思廷仲添大正世光明福承永时彦吉士班。祖千公房旧班：祖添源志应仁重才文添必兴廷朝宗国正大光明世有显德基锡洪材炳。该族名人：李文，谱名先质，国民革命军陆军上将。李规，黄浦六期生。

新化五户李氏 始迁祖仲章公，字司为，一作汉彰，宋末人，由江西吉安府泰和县谷村徙居安化丰乐乡首兜冲，旋徙新化，谱称“五户李氏”。族谱始修于明，清乾隆四十二年（1777）续修，道光二十四年（1844）三修，光绪二十年（1894）四修，1994年五修。派语：仲秀七文忠，福景百万兴。廷大朝臣芳，楚玉志国定。惇叙传谟典，洪基肇吉庆。嘉谋诒有穀，来哲秀如兰。孝友绵余庆，英华蔚钜观。泰和家政协，鼎甲焕新班。

新化连溪李氏 始祖仲章公，宋末弃官归田而携子侄南游，占籍新化。传至五世孙添铭于元末明初卜迁新化连溪，衍通、胜、清三房。清乾隆十二年（1747）、嘉庆八年（1803）、道光二十五年（1845）、光绪六年（1880）、1924年、1989年、2010年纂修族谱。一、二修老派：仲君道季添，德仕应景兴。万廷时朝大，曰绍必承先。

新化李氏 一世祖隆公，元时自邵迁新，二世义良公。清乾隆十三年（1748）、嘉庆八年（1803）、咸丰元年（1851）、光绪二十八年（1902）、1931年纂修族谱。老班：义鉴思兴廷，景朝仕大文，昌吉必承先。后接通派。

新化连溪村李氏 始祖与行公，原江西泰和谷村人。三世道仙公，元至元间自新化迁居连溪、牛角冲、滴水一带，今属冷水江市。

新化望龙李氏 始迁祖千一公，字惟奇，号同太，明洪武间自江西吉安府泰和县圳上永丰乡万峰庙迁新化望龙山，复率三子添寿、添康、添宁徙居邵阳大严村。长房即家于此，二房分居石牛塘，三房分居白面石。清乾隆二十五年（1760）、道光二十六年（1846）、光绪十六年（1890）、1932年纂修族谱。寿房老班：添志思永廷，兴朝宗应国。世大守乾坤，诗书传家则。康房老班：添仲志权应，廷朝仁世宗。正大光明坤，诗书传家则。宁房老班：添志思永廷，兴朝宗应国。世大守乾坤，诗书传家则。三房合派：文章显玉京，声华定超特。佐治展经纶，齐礼道以德。

新化千户李氏 始祖仁公，华亭人，明洪武中隶五开卫籍。仁之孙世雄授五开卫千户，明永乐二年（1404）屯田于新化城东，因家焉。其后居下渡村河上坝。

新化李氏 始祖大郎，字君和，明朝人，生有九子：应龙、应麒、应虎、应豹、应彪、应风、应宿、应雷、应雨。应龙公字神宇，明洪武间由安化丰乐乡迁居新化永清乡蜈蚣村，二世添祯，奠居水竹，衍"源"派富、奇、忠、贵、海、琼、斌、胜八房。族人分布于兴让、永清二乡。至1948年，已传28代，共11681人。宗祠在蜈蚣村太平里。清乾隆二十五年（1760）一修族谱，派语：尚志贤荣福禄绵。嘉庆八年（1803）二修，派语：必承先祖业，以立裔人基。善积能延庆，书香永荫重。咸丰七年（1857）三修，光绪三十一年（1905）四修，1931年五修。道光二十三年（1843）一修通谱，派语：惇叙传谟典，洪基肇吉安。泰和家政协，鼎甲焕新班。1921年二修通谱，派语：惇叙传谟典，洪基肇吉安。嘉谋诒有穀，来哲秀如兰。孝友绵余庆，英华蔚钜观。雍穆绳其武，勋功震宇寰。昭宗开甲第，雄豪似涌澜。泰和家政协，俊杰换新班。

新化锡溪村李氏 始祖焕文公，江西泰和圳上鹅公大丘人，徙居湘乡三十都横石桥。传十四世至吉祚公，字文长，清乾隆二十八年（1763）自湘乡罗塘携妻子经邵阳、靖州卜居新化大熊山南麓锡溪村。清乾隆二十年（1755）一修族谱，光绪三年（1877）续修。派语：仲孟得思应志大，兴天正国朝廷吉。盛有才能身荣贵，安邦文武定乾坤。文武安邦业，诗书祖泽长。光华经道远，锡命在金堂。

郴州冈脚李氏 始迁祖宏甫、明甫、元甫，宋末元初义不帝元，由江西泰和县信实村鹅颈丘率子侄十七人迁郴州、桂阳州。宏甫隐于祖宅后高冈寨，为冈脚祖。元甫隐于本乡严矶寨，为水忿祖。明甫隐于桂阳石虎寨，为莲塘祖。又《序》称宋荆湖制置使李庭芝生宏甫、明甫、元甫，兄弟三人应湖南提刑李芾募，散籍郴、桂。清乾隆四十一年（1776）、道光十三年（1833）、同治十一年（1872）、光绪三十三年（1907）、1941年纂修族谱。旧排：甫魁文友伏思克启显永孟仲季。续排：甲第先登学道成，安邦定国振家声。勋猷鼎建辉南楚，德泽腾芳世代荣。

郴县李氏 始祖禹谦公，行三生，北宋初年迁郴永交界之杨碧塘，是为郴州一世祖。传至应惠、应诚兄弟，于明洪武年间迁居西凤乡洞尾，是为郴县西凤乡洞尾之始祖。清光绪二十三年（1897）续修族谱。

郴县秀才乡李氏 始迁祖辅南公，籍江西，宋时迁湖南郴县秀才乡秀下里大溪头，分居水龙坳上、龙门池等处。至1906年，丁口万余人。

郴县西凤乡李氏 西凤乡李氏数支，原籍均为江西鹅颈垅。栖凤渡始祖应升公，明初因奉调永兴县教谕，遂居此。大屋图始祖如宝公，明初而来。瓦灶始祖兴明公，洪武时迁来。朱家湾始祖胜明公，明正统时由宜章笆篱堡而徙。

郴县永丰乡李氏 始迁祖世权公，行十二郎，明洪武二年（1369）由桂阳县迁郴县永丰乡雷溪鳌头。1916年重修族谱。

郴县老女桥李氏 始祖晟公。传至华公，生四子：伯金、伯玉、伯元、伯亨。兄弟四人北宋年间自江西泰和同陂迁居湖广郴阳府资兴县，伯金遇珠则落，伯玉遇瑀则落，伯元遇玉则落，伯亨遇璜则落。伯玉公为峡瑀始祖。传至亨时公，行万十郎，元至大年间迁永兴，后徙郴州西凤乡西二里八甲老女桥。单传十代至春和公，开派五房。元至大三年（1310）创修族谱，明永乐二十二年（1424）、嘉靖四十年（1561）、清康熙十二年（1673）、雍正八年（1730）、乾隆三十九年（1774）、道光四年（1824）凡七修，前七修均在峡隅宗祠编修，光绪二年（1876）柘木江宗祠八修，1921年亨时公派于老女桥宗祠分修，1950年老女桥祠十修（1948年设局）。派行：克庭春应永，洪希正万元。文章昭宇宙，德泽显乾坤。孝友传家宝，诗书戴国恩。谟烈恢先绪，忠良世代存。

郴县李氏 始祖伯玉公，自江西迁湖南资兴，至师福公迁宜章，至进荣公由宜章迁郴县。族人分布于永丰乡、吉凤乡。至1948年，已传24代，5100余人。

资兴李氏 始祖唐时光弼公。至十八世泰咏公肇基兴宁，今资兴。旧排行：龙门英俊显，应启朝廷兴。组绶荣湘楚，儒冠振凤城。老排行：毓秀钟灵，焕彩含芬。蔚为国华，世代流馨。新排行：焕炳昭文盛，高标步武清。联芳咸嗣美，万祀永扬声。

资兴程乡李氏 谱称该族先世家居陕右陇西，次居洮州临潭。至晟公十子宪任江西观察使，长子游，殁于袁，因家袁州府分宜县白芒源。递传至维公，三子，皆居泰和县之三万石同陂。大一郎生子四：伯金、伯玉、伯元、伯亨，始迁于兴宁，今资兴。伯金居珧珠，伯玉居峡瑀，伯元居厚玉，伯亨居璜塘。伯玉公传十一世厥昌公开派程北上中田，再传六世道兴、道权诸兄弟，分布于程乡各庄。

资兴峡瑀李氏　始祖伯玉公，字益纲，号如岳，原籍江西泰和同陂，北宋年间因避世迁湘，开基于资兴县南乡二都峡瑀。族人分布于资兴东、西、北三乡及永兴、郴县、宜章、汝城等处。支谱创修于清雍正十年（1732），1934 年三修。至 1948 年，已传 39 代，共 7 万余人。宗祠在峡瑀。

资兴凤凰窠李氏　始祖晟公，三世游公居宜春，六世德澄公居泰和，十世侃行公居永新鹅峰山小水。十一世克岐公徙衡州右陂，宋初官郴阳万户元帅，落籍于郴阳南塔。十三世和甫公，讳景南，又迁兴宁学前凤凰窠。清康熙五十年（1711）始修族谱，道光十八年（1838）、1921 年续修。至 1948 年，已传 25 代，共 2450 人，分布于城厢镇、昌平、保民各乡。宗祠在凤凰窠。派行：景仲朝必彰，子仕宦廷光。孙贤荣显贵，福禄远奇昌。世永英雄茂，才高道义良。德崇通达泰，学广姓名香。传家敦孝友，经国著平康。志继元科振，功垂善庆长。派衍廷南楚，支分自豫章。声称扬云梦，令誉播潇湘。

资兴竹园李氏　鼻祖饶公，宋绍兴时由江西安福游田卜居郴县之东陇下，四子：廷炎、廷炜、廷贵、廷芳，惟廷炜世居东乡，炎、贵、芳三公迁县南竹园。清嘉庆八年（1803）、咸丰三年（1853）、光绪元年（1875）、1933 年纂修族谱。

永兴塘尾李氏　承乾七传至光显，原籍江西吉安府龙泉县鹅岭，唐僖宗中和元年进士，官茶州刺史，解组卜居北湖塘。三世冯佐、冯佑，担落永兴十九都大壕枧下。四世万宣、万宇，分派上下二洞。清光绪二十六年（1900）六修、1924 年七修族谱。

永兴陇西派李氏　始祖君昉公，唐宣宗进士，广东连州刺史，葬耒阳。子孙遂家耒阳上堡。十六世方虎，由耒阳上堡徙居永兴李家冲，子崇德徙上彦洞，顺德徙台冲，昭德徙庐门前。至光绪三十二年（1906），已传 38 代。

永兴大路上李氏　始迁祖承信郎，字子齐，唐西平忠武王晟公之嫡派，而高祖渊之旁支，由江西泰和徙居湖南桂阳郡板溪，其裔复分居檀烟、小街等处。三世祖四三郎，字茂昌，又由桂迁永，择居油榨坪。迄明末世乱，避居各地，而总名之为“大路上”。清乾隆二十八年（1763）、光绪二十六年（1900）、1943 年、1990 年、2011 年纂修族谱。排行：四六七八千，祖福德克思。文仁世一应，本信义通。忠孝承先代，光华颂盛朝。勋名照永远，骏业定崇高。

永兴李氏　始迁祖八森三郎公，宋末由江西南昌府丰城县正信乡七十二都湖茫来任永邑高亭司巡检，卒于官，子富六郎就居罗塘。明嘉靖、清康熙间曾纂墨谱，清同治五年（1866）、宣统元年（1909）、1948 年纂修族谱。排行：森富源受添，思仁均祖正。汉林光远铨，清士永培金。宗枝逢盛世，德业启荣昌。孝友昭忠烈，文章著善良。

永兴豪山李氏 始迁祖辛公，字昭阳，庠生，明洪武元年（1368）由江西泰和县鹅颈大洲徙居湖南永兴水尾，复徙永兴大坡头仁勇乡豪山。至1948年，已传24代，共4881人。总祠在豪山。清同治十一年（1872）、光绪二十八年（1902）、1940年三修族谱。字派：世友必子，文志玄邦，尚孟仲季，国应宗昌，远法近守，永振贤良，盛德辅朝，英俊显扬。

永兴西平派李氏 始迁祖仕一郎，明永乐间由江西安福县迁永兴。子孙分派茶陵、安仁等处。至光绪三十二年（1906），已传23代。

桂阳石羊山李氏 始祖秀柏公，宋时因避兵乱自江西泰和县迁湖南桂阳州北之白羊山。越五世至发泰公，始卜居金陵乡石羊山之井冈。清道光二十二年（1842）、光绪三年（1877）、光绪二十九年（1903）、1932年纂修族谱。

桂阳南门李氏 始迁祖湘甫公，明季自武昌奉调来桂阳州，卜居南门。

宜章长诵李氏 始祖令夫公，字单如，北宋治平二年（1065）由江西吉水县出任广东连州府。熙宁九年（1076）奉檄剿抚莽山，凯旋舟覆身亡，子孙居莽山之下。传十四世至余公再迁宜章县黄沙乡长诵（即长冲）。族人分布于长诵附近、宁远、蓝山等地。至1949年，已传37代，共4000余人。宗祠在长福。

宜章栗源李氏 始迁祖宏远公，原籍江西庐陵县高坳头村，南宋时因避辽金之乱而迁湘，开基于宜章县栗源乡北岸村。族人分布于栗源乡各村及宁远县湾井各地。至1948年，已传32代，共2250余人。宗祠在北岸村。

宜章黄溪李氏 始迁祖统公，字光绪，南宋末年由南京东门徙长沙，继则避乱奔宜章赤石古城，再居黄溪。族人分布于郴县、桂东、慈利等地。至1948年，已传28代，共4000人。宗祠在里田黄溪。

宜章大园李氏 始迁祖伯渊公，元时自河南徙湘，开基于宜章县黄沙乡大园村。族人分布于广东连县等地。至1948年，已传38代，族人共1241人。宗祠在大园村。

宜章桐木湾李氏 始祖世忠公，字守敬，明洪武二年（1369）由茶陵茶乡关头奉调郴阳镇西凤乡菊花庄，洪武二十二年（1389）因西莽山贼猖獗转调宜章，敕镇笆篱堡，开基于笆篱乡桐木湾。生二子：长子归居郴阳，次子居桐木湾。至1948年，已传25代，共977人。宗祠在桐木湾。

嘉禾李氏 远祖晟公第十子宪，为岭南节度使。宪生游，封宜春侯，遂家宜春。游子丕生遵，徙居吉水高村。遵子华生唐，后唐天成二年（927）徙居吉水谷村。唐子三：千护、千秋、千林。千护公任桂阳郡守，先居桂阳城南，后迁于富乐乡星溪大村（今属嘉禾），子孙散居湘南桂阳、宁远、嘉禾、新田、临武、蓝山、道县、郴州、宜章等县。1935 年纂修通谱，主修人李抱冰，名韫珩，曾任湘军第九混成旅旅长，国民革命军十六军军长。2001 年续修通谱。通谱派行：（以元公为一代，自三十一代起）造物资陶铸，民彝气至刚。经纶襄育煦，基序溯源长。高峻赓崧岳，睦雍颂棣棠。谋贻绵燕绪，宝鼎祝馨香。

嘉禾星溪楚江李氏 始祖千护公，五子：孟庄、孟萱（开派马峰）、孟芳（开派星溪）、孟荟（开派仓溪）、孟懿（无续）。孟芳公第十四世孙六六郎，讳明诲，旧居桂阳郡星溪竹山里（今属嘉禾），数传徙高村。1921 年、2004 年纂修族谱。字辈：志大高登肇启荣昌光祖德天开泰运继承发达振宗风。

嘉禾托山李氏 始迁祖鳌公，字奠极，江西吉水谷村人，南宋时官翰林院学士，以奉祭九嶷流寓湖南，后卜居托山，后人分布于托山、汪洋塘、下元山、大浆洞等地。

临武乌溪洞李氏 始迁祖发胜公，元世祖年间由江西泰和县桐枧乡鹅颈村仕归卜居湖南临武县乌溪洞何家庄。族人分布于大李家、元富头、太平水、栗山、屋地坪、李家庄等地。至 1948 年，已传 30 代，共 4500 人。

临武李氏 祖籍江西泰和。南宋淳熙年间，令全公出授广东连州牧，而居于连州松柏。传至十五代迁居于临。至 1982 年，族人 17351 人，大都居于南强（2328 人）、接龙（2111 人）、武水（1715 人）、三合（1715 人）、楚江（1100 人）。

汝城九塘李氏 始迁祖吉甫公，江西崇义县人，官郴州通判，后官庐阳宣尉，宋淳熙时迁汝城。子文琪分徙田心，文琭分徙富处，文献分徙塘头。至 1932 年，已传 34 代，共 500 余人。

汝城金山井头李氏 始迁祖希颜公，原籍江西省上犹县，官河南永宁县主簿，升大理寺评事，南宋时迁汝城井头。长子道盛仍居井头，次德馨徙长湖，次仁八郎徙田庄，后裔分析濠头、康家、淅江山等处。至 1932 年，已传 28 代，丁口 1000 余人。

汝城二都白水李氏 始迁祖良可公，原籍江西吉水县。明洪武授南康教谕，洪武末迁居汝城。后裔十二世徙横江，十六世清照徙古爽洞。至 1932 年，已传 25 代，1000 余人。

汝城广安所李氏 始迁祖兴公，明洪武二十九年（1396）由湖北襄阳府均州铁里头迁汝城县广安所。后裔分布坳背李家、益将、矮寨等处。至 1932 年，已传 25 代，3000 余人。

汝城新坡李氏 始迁祖傅公，字六梯，原籍广东仁化县石塘崩土山，明正德五年（1510）因兵乱迁湘，开基于郴州庐阳（今汝城）城溪李家湾，后再徙延寿乡新坡村。至 1948 年，已传 18 代，共 2300 人。族人分布在中村、新坡村、后洞等地。宗祠在新坡。

汝城龙湖李屋李氏 始迁祖祥甫公，明万历间自江西吉水县迁此。至 1932 年，已传 21 代，460 余人。

汝城濠头大窝石子下村李氏 始迁祖得术公，清顺治初自广东省乳源县迁汝城。后裔分布牛角垅、上下山等村。至 1932 年，已传 13 代，200 余人。

汝城大坪李氏 始迁祖如茂公，清顺治初自广东仁化县迁此。至 1932 年，已传 11 代，200 余人。

汝城圆墟李氏 始迁祖士公，系出均四。清康熙时自江西庐陵县迁此。至 1932 年，已传 10 代，40 余人。

桂东李氏 始迁祖林纲公，字克举，元时因兵燹自江西吉水谷村迁湘，开基于桂东县宜城乡之西城。族人分布于桂东四都、西靖乡以及资兴、汝城、蓝山等县。至 1948 年，已传 23 代，共 2900 余人。宗祠在城西。

东安阴陂庙李氏 始祖忠公，字信甫，元末时由江西庐陵县宦湘，开基于永州府，卒于任。子仁卿、弟清甫始迁居东安清溪观，再迁阴陂庙。族人分布于紫溪乡等地。至 1949 年，已传 23 代，共 1700 人。宗祠在阴陂庙。

东安十甲李氏 始迁祖壬一公，元末自江西庐陵迁来。清咸丰元年〈1851）、光绪六年（1880）、宣统三年（1911）、1941 年纂修族谱。字派：（自六世始）廷孔宗单生神元芳词成一本来虞士……

东安李氏 始迁祖志亨公，明洪武三十年（1397）由四川忠州府梁山县张家坝迁居东安芦洪天源头。1914 年创修族谱。班行：志千万辛道以仁梓（正）尚时（天）春登高（拔有）元文昌世永殿朝。贤良光国用，孝弟启家传。昭然循大本，宝贵自长绵。

道县寨子脚李氏 始祖荣胜公，原籍山东青州苦竹洞上颈滩。因兵燹年荒，洪武年间光恩公、光惠公来湖南永州府道州之西卜居。未几人繁地隘，乃另居于罗汉神后之虎形山，五代已成盛族。分布华岩、寨子脚、桐溪尾、下长兴洞、社湾、乌家山、马垒、陡岭、上追塘等村。

宁远下灌李氏 始祖道辨公，字严明，原籍陕西省临洮府狄道县，南齐永元元年（499）为开拓南蛮大使，后卜居九凝山之麓沐堂。十六派祖郜公分居该县黄村尾。二十一派祖永旷公再自沐堂迁宁远舜陵乡下灌。至1948年，已传56代，共5000余人。宗祠在下灌。

宁远春陵李氏 始祖千护公，字守真，宋时由江西吉水县谷村因授桂阳郡守迁湘，开基于嘉禾县大塘头村。二十一世祖永功公由大塘头迁居宁远县黄马砠。二十四世祖希斋公再迁春陵乡礼士湾。族人分布于左家、坝子头、广头、三文洞、普落洞、长岭上、寒潭、茹子园、花桥等地。至1948年，已传24代，共万余人。宗祠在礼士湾。

江永上江圩朱家湾李氏 祖籍千家峒，元大德九年（1305）遭洗劫，逃往广西，颠沛流离，徙灌阳，迁富川，移居江华车下、小源。后于元至元元年（1335）迁回永明朱家湾定居，后分脉黄甲岭油榨屋。

江永夏层铺李家尾李氏 自称祖籍千家峒高山岗。元大德九年（1305）为避兵乱，迁山东青州，数代后迁道州（今道县）统里源居住数代。至幼一公、幼二公，迁居永明分石岭。五、六代后又迁永明十五都夏层圩（今夏层铺）李家尾定居。后又分脉底铺、洞子上、冷水铺昔形塘等地。

江永井边车田李氏 祖籍千家峒，元朝遭兵乱，徙往江华，后从江华大林江迁往车田定居。

江华瑶族李氏 先世由千家峒迁桂林省平乐府富川县连山乡七都八界岭铜盆村，于元末之时迁江华南区苍梧乡竹子尾宿按子团。至1949年，已传32代。

江永洞美李氏 原姓里。明代落居洞美，为避官府追杀，附李家尾姓李。

蓝山在城乡社门口李氏 始祖仁通公，唐时由宁远迁蓝山。至十四代友政公分居此。至1931年，凡42户，男84人，女73人，共157人。

蓝山凤感乡尧冲、上坪山李氏 始迁祖文昱公，宋淳熙间（一曰元时）由江西泰和县迁来。至1933年，共938人。后裔有分老屋里者（138人）、厚冲（310人）、塘下（58人）、江溪洞（173人）、润冲（46人）、寺下（38人）。

蓝山在城乡隔河李氏 始迁祖汉臣公，宋时人，任衡阳知县，由江西泰和县来蓝山。至七代铭叟公分居隔河。至1931年，凡16户，男48人，女50人，共98人。

蓝山在城乡李家村李氏 始迁祖常政公，宋绍兴间江西泰和县人，与弟常熙公来蓝山。后代分居李家村。

蓝山在城乡井背李氏 始迁祖文质公，元初任道州刺史，解组来蓝山，居城东街。至六代茂乡公迁井背。

蓝山土市李氏　始迁祖文卿公，原籍江西泰和，初迁衡州，元至正十年（1350）再迁蓝山土市之新村、马袅等地。

蓝山舜乡所城下马石李氏　始迁祖宗保公，明洪武时江苏上元县守御官，后迁蓝山。至1931年，凡80户，男210人，女180人，共390人。

蓝山舜乡上尾菜李氏　始迁祖奇羊公，清乾隆时由广东迁此。至1931年，凡6户，男28人，女21人，共49人。

蓝山舜乡黄坭铺李氏　始迁祖鼎谋公，清乾隆时来自广东高州府。至1931年，凡13户，男30人，女40人，共70人。

蓝山南平乡新村李氏　始迁祖文卿公，由江西泰和县迁居此。至1931年，凡200户，男382人，女367人，共749人。

蓝山南平乡大洞村李氏　始迁祖文星公，由江西避乱来蓝。至1931年，凡30户，男60人，女70人，共130人。

蓝山在城乡下岐山李氏　始迁祖翰臣公，江西泰和人，任衡山令，改组后来蓝山，居下岐山。后人分布于竹围上、新围场等地。至1931年，共81人。

新田油草塘李氏　始迁祖以恭公，字安桑，唐时由江西吉水县徙居湖南新田县明义乡油草塘。族人分布于油草塘、道塘等地。至1949年，200余人。宗祠在油草塘。

新田道塘李氏　始祖千护公，字守真，宋开宝年间由江西吉安府宦湖南桂阳，开基于嘉禾县富乐乡里溪，族人分布于新田、嘉禾、宁远、蓝山、桂阳等地。其十六代孙明夫迁居新田县长信乡道塘。至1949年，已传23代，共1000余人。宗祠在油草塘。

新田李家坊李氏　始迁祖百一公，原籍江西泰和县，宋末因鹅湖之变迁湘，开基于新田县明义乡李家坊。族人分布于李千一、李千二、大坪、新头岭等地。至1949年，已传40代，共1200人。宗祠在李千一村。

新田千马坪李氏　始迁祖千三公，字三十四郎，元代人，因时局变迁徙居新田县崇益乡千马坪。族人分布于隆兴塘、石嘴头等地。至1949年，已传23代，共300余人。宗祠在千马坪。

新田东阳春李氏　始迁祖长公，字诗轩，明洪武时因贸易自江西泰和迁湖南新田县仁智乡东阳春。族人分布于杉木坑、茶园头等地。至1949年，已传13代，共230人。

新田李溪坊李氏　始迁祖福公，字五郎，明代由江西吉安府吉水县迁湘，卜居新田县仁智乡李溪坊。族人分布于蓝山、宜章、嘉禾、宁远、东安等地。

至1949年，已传20代，共200人。宗祠在李溪坊。

新田李郁村李氏　始迁祖十富公，清初由江西省鹅井塘迁居湖南省新田县博大乡李郁村。至1949年，已传22代，共400余人。宗祠在李郁村。

新田井水漕李氏　始迁祖孀魁公，清乾隆年间由江西省龙泉县因贸易徙居湖南省新田县仁智乡井水漕村。至1949年，已传18代，共140人。

新田本江源李氏　始迁祖坊来公，清时因经商自江西遂川徙居湖南新田县仁智乡本江源。族人分布于门楼下等地。至1949年，已传7代，共128人。

祁阳洪山李氏　鼻祖崇公，字广仁，唐进士，任荆州刺史，复任洪州刺史，遂居江西丰城广丰乡葛山。六世思立，迁居祁阳。十世炼公，开冲头、洪山、豪头、邵阳九龙岭、广竹塘、油丝塘等处。琦公开柿塘江、白茅滩、乌塘、本菜塘、桐毛等处。清乾隆六十年（1795）始修族谱，1949年六修，1991年七修。班次：（自十六代始）方际其昌大，材良映朝兴。本支发祥懋，兆启士斯文。立学光宗祖，家传瑞秀宾。声华成世德，孝义一庭荣。

祁阳桥头李氏　始祖茂隆公，五代汉时举孝廉，未就职，乾祐三年（950）偕二子由江西泰和迁居邵阳中乡萧家园。传七代至应珪，字祖钦，殁葬祁阳乔木堂，为迁祁始祖。清嘉庆间创修族谱，1947年四修，1991年五修。

祁阳石鼻头李氏　始迁祖德进公，原籍江西庐陵。初迁常德武陵梅泉，元末由武陵迁祁。始住陶阿村，继住石鼻头，后裔散居观音滩、萧家村等处。

祁阳李氏　始迁祖伸晚公，原名酉，明洪武间自江西来楚，卜居祁阳零陵交界樜塘，生三子：公庆、千瑚、千珊。公庆为祁阳樜塘基祖，千瑚为宁远初日涧基祖，千珊为祁阳三宝冲基祖。清同治四年（1865）创修宗谱，光绪十八年（1892）续修墨谱，1914年续修宗谱，1948年三修宗谱。庆房旧班：庆子海真世，廷文天一登。三奇正士志，维明大有成。瑚房旧班：千思胜绍文，才仁义志信。国正天心定，邦家大有成。珊房旧班：千道志讳文，万理尚国洪。春三正大光，明克本有成。合班：清树辉垂锦，求荣耀在钧。深根熙致铄，康乐焕时银。

祁阳缎硚李氏　始迁祖行十六郎，明初由江西迁邵阳花山，又自邵迁祁阳梅下潭。三传志通公，继由梅下迁缎硚，时与谭姓共户，户名李谭杰，后因以“杰”为行。清同治五年（1866）、光绪十三年（1887）、1917年、1947年纂修族谱。

祁阳李氏　真三、季四、魁奇、大龙、玄五等十大房，明初由江西袁州万载、吉安太和先后迁居湖南，集居于两祁、邵阳谷州等地。族谱创修年代不一，光绪九年（1883）、1947 年、1993 年联修族谱。如真三公，明洪武时奉诏来江西万载来祁，派衍文政、文富、文珍三大房。清乾隆元年（1736）、嘉庆三年（1798）、光绪九年（1883）、1915 年、1947 年纂修。真三公房班次：真时文继道荣兼，永肇金城山递传。邦尚如参傍水秉，以之唐共玉承先。世德相承，本宗合一，仁孝同敦。宏启诗书，广育才能。

祁东杨梅李氏 始迁祖吉甫公，明洪武初年率三子元卿、光卿、廉卿从邵阳城福迁移祁阳杨梅（今属祁东）。元卿后嗣分居白水、丙溪冲、湖塘东村。光卿后嗣分居油塘、白地市（今属祁东）、甲子桥、李家湾、丝塘、鱼子桥、云盘甸、紫山冲。廉卿后裔分居洪桥、石牌江、朵云山、原山町、大营市（上两地今属祁东）。

怀化黄金坳李氏 始迁祖世美公，宋初由江西泰和徙居泸溪县岩垅溪。传至永福公于明初避狄难迁今黄金坳乡里三元定居。

沅陵蓝溪李氏 始祖廷魁公，字逢贵，明初任河南彰德府汤阴县知县。子国珍落业溪子口，孙毓昌明永乐间随叔祖廷宪（时任辰州府卫）来辰，子闔、问先居岩矶头，后迁蓝溪枫香坪楠竹园。二十世纪初曾纂草谱，2002 年重修。班序：占（正、才）高思显达，继世永贻芳。德泽长中秀，仁怀必自强。传家唯孝敬，俊杰振朝纲。先祖建功业，智子善文章。共和顺民意，科学能兴邦。青莲育精华，族盛源隆昌。

沅陵李氏 始祖福公，原居武陵万金村，明洪武元年（1368）征广西有功，镇守永州，升总旗，旋镇宝庆（今邵阳），其子芳袭父爵守辰州，遂卜居于此。

沅陵乌栖李氏 始迁祖元七、龙一。因老谱已毁，来历不清，据 1933 年《李起规家谱》载：起规原居江西吉安府吉安县，明洪武二年（1369）为沅陵主簿，满期落业马底驿麻田。生斯奇，斯奇生朝枝，朝枝生天文，天文生承祖，承祖生龙一等九子。2008 年纂修族谱。班辈：元龙思子盛，玉广启天金。仲茂仕长国，正大必显荣。培本希宏结，叶华实满枝。家风标远代，继守步丹墀。

溆浦李氏 始祖祥公，原籍江西吉安府，宋时官辰州，奉其父太甫，遂留居焉。祥生四子：统仁、统义、统智、统信，宋时均徙溆浦县。族人分布通仙里、县城、长潭诸处。

溆浦小横垅李氏 始迁祖仁公、伏受公，均原籍江西，明永乐二年（1404）由贵州铜鼓卫屯田来溆，卜居小横垅。

芷江李氏 始祖胜公，由抚州临川县临川桥徙居南昌府丰城县湖茫。十七派庆月公，由进士官云南楚雄郡守，时回“逆”大变，带兵征剿，阵亡。子龙公昆季扶柩旅归，路经黔川交界处乌罗驿，见山川清奇，遂葬焉。庆月公三子：龙、虎、凤。虎公生元泰定元年，卒明洪武三十年，任云南河渠提举，解组隶籍沅州，四传分三、四、六甲。

麻阳西门街李氏 始祖均保公，江西丰城湖茫里人，南宋末年受命制五溪苗叛，遂与弟均成、均义于南宋祥兴二年（1279）由江西来楚地沅郡（郡治芷江）。均成居浦市，均义居沅郡，均保居麻邑西门街。均保生五子：长、四、五子领兵去云南守边关，次子居西门街，三子居下岔。二房裔孙散居上麻阳，三房裔孙散居下麻阳。上麻阳老字派：时思本宗，万事兴隆。长（懋、茂）昭祖德，永（枝）代（叶）荣（凡、藩）昌。下麻阳老派：单伏必景视，时庭大朝启。丹天子万年，永享太平春。清光绪八年（1882）修谱派语：家传逢盛运，士克树金光。汝继超铭彦，钟元耀国祥。

新晃侗族李氏 始祖虎公，字罹峰，明初自江西丰城迁入沅州河西坪。传五世至梓材公，于明永乐间迁晃之大鱼塘，传三世至明然公由大鱼塘徙居磨沟。族人分布于大晏家、转水、皂溪、土库、寸口、冲首、天堂、波洲等地。

新晃李氏 与侗族李姓同源，字派也一致。自称原籍江西南昌丰城，明初迁入沅州，继迁大鱼塘经商。后裔分布在县内20个乡镇，一部分同化为侗族，今舞水沿岸之波洲、兴隆、大湾罗、方家屯、鱼市等地李姓乃是汉族。

会同隘头李氏 始迁祖裕公，浏阳人，宋奉议大夫，绍兴戊午（1138）进士，迁居会同远口乡隘头。

会同李氏 始迁祖华之公，原籍江西，明初随军征蛮而落籍会同。

会同李氏 始迁祖锦兴公，明初因避乱自江西吉水隐居会同。

会同李氏 始迁祖震公，明初率兵征蛮，自江西吉水落户会同。

会同李氏 始祖祖化公，原籍江西吉水，生四子：化龙、化主、化科、化兴，元泰定元年（1324）奉命征蛮至靖州落户，后徙居会同。

靖州李氏 始祖化主公，字昌言，上有胞兄化龙，下有胞弟化兴、化科。元朝进士，官至西台御史兼任户部左侍郎，原籍江西吉安府吉水县，因飞山丁孙仔作叛，奉旨南征，观渠阳胜地，水秀山明而落籍焉。清顺治六年（1649）、康熙四十一年（1702）、乾隆三十六年（1771）、道光五年（1825）、咸丰十年（1860）、光绪十九年（1893）续修。宗派：化念少千五叟夫文智子昌政定。贤永朝廷荣，大俊秀仕通（添世景李玉，宗仲元大加，可必先登学）。致宏开（英辉）显任，全茂广须升。方上达新奇，丕振乐咸亨。抒迥盛建滋培厚，吐向长扬际会专。敬祖超时隆克用，云章凤彩远延年。

靖州茶冲团李氏　金大定三年（1163）由江西迁靖，今居茶冲团。

通道李氏　始迁祖中庆公，明洪武年间自江西吉安泰和县迁此。

龙山招头寨李氏　始迁祖如德公，清顺治间由辰州莲花池迁来。2017 年纂修族谱。字派：如奇化武正，志照文凤登。鸿光开万世，永远德隆兴。

杨

长沙青山杨氏　先世为王姓。始迁祖王茂宗，元时由洪州迁湘居杨家园，明初徙居青山。四世孙添琦、添明，改姓杨。族谱创修于明嘉靖间，清乾隆二十三年（1758）、道光八年（1828）、同治五年（1866）、光绪二十七年（1901）、1935 年续修。派字：凤起彩云先，鸾升玉树占。千枝藩永日，万本衍长年。

长沙油草塘杨氏　始迁祖修公，字祖奕，号远昆，南昌府丰城县人，生丁元季，以布衣从军，有功特授指挥，后因与杨宪议事不屈，旋罢去，来湖广，侨寓潭州城中。时兵燹之后，地旷人稀，游长邑临都油草塘，见山水颇清淑，欣然动适彼乐土之思。该族名人：杨世基，号福田，湖口总兵，补松江提督。

长沙水矶口东堂房杨氏　始迁祖克明公，字思伯，明洪武二年（1369）由江西抚州府金溪县大塘迁长沙新康都水矶口。子二：世荣、世华。世荣为东堂房，世华为西堂房。世荣公越四世至“万”字辈，有兄弟八人，其中四人无嗣，衍为万高、万爵、万柏、万宝四房。清康熙二十三年（1684）一修族谱，1933 年七修。康熙间创建宗祠于水矶口。东堂房支谱创修于嘉庆三年（1798），续修于道光十年（1830）、咸丰十一年（1861）、光绪十八年（1892），1924 年东堂房鹌、麒、麟、鹗、桂五支续修。派语：克世子宗万，楚立振以惟。永绍昭先德，诗书启俊奇。贤嗣承吉泽，中道守芳贻。修定征文献，兴隆应凤仪。盛朝开景远，本大日蕃枝。该族名人：杨友胜，花翎提督衔。

长沙水矶口西堂房杨氏　一世克朋公，二子，世荣为东分，世华为西分，东分衍四房，西分衍两房。清嘉庆八年（1803）、咸丰四年（1854）、光绪三十三年（1907）、1944 年、2008 年西分纂修族谱。派语同东堂房。

长沙河西平山杨氏　始祖时公。始迁祖世云公，明洪武二年（1369）自庐陵随父落业善化（长沙）河西平山。明万历二十八年（1600）、清康熙五十六年（1717）、乾隆四十四年（1779）、道光十一年（1831）、同治元年（1862）、

1913 年至 1944 年、2021 年纂修族谱。字派：惟大祈光，以承先志，玉树崇荣，声华克继，文学昌明，道德丰裕，国献家猷，达人善士。

长沙大河塘杨氏 伯仲五人明洪武三年（1370）由江西南昌府丰城县东岳门祠社杨家村迁楚，世龙公落业湘潭高桥坪，麒、麟、鸾、凤四公落业善化西塘。麟、鸾、凤三公裔清乾隆五十七年（1792）合修族谱，道光二年（1822）建祠于大河塘。同治四年（1865）续修族谱，1912 年三修。派语：定派从世添，启芳善士正。单禄如元维，明开国士恢。熙朝膺大泽，忠孝景前徽。泰运申猷焕，家声树德培。承先垂裕后，光耀绍宗规。

长沙沙坪杨氏 始迁祖宪表公，明洪武间自江西丰城隔港村迁居长沙，建祠于沙坪南岳庙。清康熙五十二年（1713）、嘉庆十一年（1806）、光绪二年（1876）、1920 年纂修族谱。字派：宪元正时万忠启惟枝天名世宗继洪顺。大业昭宣，克承重任。允兆嘉祥，积善余庆。

长沙栗塘杨氏 始迁祖达斋公，字材远，系辂公二十世孙，明初由江西泰和经茶陵迁长沙城南新开铺龙潭湾，终居栗塘。清道光十一年（1831）、同治十二年（1873）、光绪三十二年（1906）、1936 年、2019 年五修族谱。堂号白凤。字派：远继单秉单，宗嘉先生开。国正天心顺，家和祖泽芳。诗书承大业，孝友笃前光。该族名人：杨和贵，记名总兵署福建漳州镇总兵。杨家珌，署陕西平利县知县。

长沙杨氏 始迁祖思㥜公，明初由江西宦游南楚，卜居长沙新康都。子经公，设教河西靖江口，瑚公仍居新康都。清乾隆间纂有族谱，咸丰九年（1859）续修。

长沙托上杨氏 一世祖德安公，字泰舒。三传至友孙公，字宏长，明洪武初年由江西吉安府永新县徙居湖南攸县，六子：子隆、子华、子荣、子正、子成、子庸，于明永乐间分徙他处。隆、荣徙居星沙，正徙浏阳北乡，成徙湘乡东坡冲，庸徙长邑黑石铺。子荣公，字贵川，徙居星沙淳化都六甲枫神塘，又四传至世仁、世美、世表，衍为三房。清乾隆七年（1742）重建宗祠于枫神塘。清康熙二十一年（1682）始修族谱，光绪二十七年（1901）五修，1931 年六修。六修时生存丁口 916 名，死亡丁口 362 名，失考 103 名，远适 47 名。派字：德雷孙子仁玉林世学爵克奇春锡本支肇兴大承先烈孝友传家文章华国。

长沙大山杨氏 始迁祖先乘公，字紫虬，号灵槎，原系江西吉安府允封县留名乡第七都，明洪武二十五年（1392）徙潭州，落业长沙大山茶园坡梨树屋场。清嘉庆十六年（1811）、道光二十五年（1845）、咸丰十年（1860）、光绪二年（1876）、1913 年、1943 年纂修族谱。原派：先世德于仁，福大兴朝廷。应任之超举，胜芳启后昆。续派：孝友传家宝，文章报国恩。显荣遵祖训，源远本同登。

长沙蒲塘杨氏　始祖文斌公，字应雷，明永乐初年由江西吉安随父诚泗公宦游来湘，开基于长沙县尊阳乡蒲塘。文斌长子安雅，居土桥。次子安权，居平江县小洞，安权之二子又析居华洋山。季子安全，居蒲塘，递传至杨平祥，生杨昌运、杨昌济、杨昌恺。杨昌济，谱名宏芬，湖南大学教授，女杨开慧。族人分布在蒲塘、涧山、拔茅田及平江西乡之小洞、华洋山等地。至 1948 年，已传 24 代，全族人口 7000 余人。清乾隆四十年（1775）建宗祠于拔茅田。清康熙五十六年（1717）一修，乾隆四十年（1775）二修，嘉庆二十四年（1819）三修，前湖南学政汤金钊序，咸丰十年（1860）四修，光绪二十四年（1898）五修，1929 年六修族谱。派语：文安廷伏仲，朝添大启云。仍学世延，万象宏开。名传道立，业照东南。景运光昌，远昭先业。笃志守真，秉承祖泽。培植英贤，栋家千国。

长沙杨氏　始迁祖诚泗公，明永乐二年（1404）携长子昭文公由江西迁长沙，一传而生安权、雅、铨、信诸公，而权、雅、铨三公皆星离各修。清光绪八年（1882）、1916 年安信公裔纂修支谱。派语：文安思礼浩，洪基世代荣。光辉承祖泽，源远振家声。蔚起新邦国，昌期裕后昆。嘉谟敦孝友，庭训大仪型。

长沙古港杨氏　始迁祖在发公，讳逢春，明正德间由江西南昌府丰城县瓦子街迁居长沙县治万寿都五甲古港。四世衍为再福、再禄、再光、再辉、再英、再旺、再贵、再凤、再凰、再虎、再龙诸房。清光绪二十五年（1899）纂有族谱。旧派：逢朝廷再应，启支永正兴。大国文学仕，高名振家声。新派：作育贤材，乃用时济。绍述芬芳，令贻百世。

长沙石马铺杨氏　始迁祖守明公，明嘉靖末年由江西南昌避难迁长沙青山冲，继迁善化石马铺之北冲。

长沙佘家滩杨氏　始祖发祥公，字兆基，号骥材，明万历三十年（1602）由江西丰城县因览湘西胜概而迁居湖南湘潭县石塘南北潭，嗣迁长沙县含浦乡佘家滩。族人分布含浦、长乐、望岳、美桐等地。至 1948 年，已传 15 代，全族人口 5000 余人。1914 年建宗祠于含浦乡枫梓冲。

长沙卯田杨氏　始迁祖两一公，字贵山，明万历间自江西吉安迁湘，开基于长沙河西美桐乡卯田百泥塘。族人分布在宁乡芳储乡。至 1948 年，已传 24

代，全族人口1000余人。宗祠在卯田毛家山。

长沙清泰仙童杨氏 始迁祖美生公，字玉登，清顺治十年（1653）由湖北监利县美林庄因避乱迁湘，开基于长沙县清泰乡浅头源。至1948年，已传14代，共900人，族人分布福临乡、白石乡及平江县平绥乡等地。宗祠在清泰乡仙童殿。

浏阳婆潭杨氏 始迁祖贵宗公兄弟四人，原居江西仙婆塅，元顺帝时迁居贵州潭溪市，二十余年未见其发育，于明洪武时弃贵而复迁浏邑东乡婆潭。清乾隆四十五年（1780）、道光二十年（1840）、光绪二十三年（1897）纂修族谱。派语：宗德省思，允绍隆裕。秉明自传，光达代崇。先以尚春，之添起纹。运世昌泰，福广家兴。

浏阳杨家湾杨氏 始迁祖友贵公，字缔锡，明洪武初年由江西万载县因兵乱迁湘，开基于浏阳县南乡杨家湾。族人分布在金刚头、观音阁等地。至1948年，已传18代，全族人口600余人。清光绪二十七年（1901）建宗祠于杨家湾。

浏阳谢家洲杨氏 谱以以良公为分支始祖。以良字继繁，明洪武二年（1369）生，天顺二年（1458）卒。先世居福建，始由将乐而宁化连城南坑杨家坊，继卜芷溪背园，又卜上杭胜运里白沙至石铭瓦仓背杨福潭，几历屡迁，靡所定处，至公始迁龙岩州大池社九曲岭。子二：德振讳凤，贵旻讳麒，衍为四房，迄明季被乱，子孙络绎迁楚，散居浏阳、醴陵、沅江、益阳、湘阴等县。清初建良公祠于沅江万子湖。其中迁浏阳者有庆公，字修善，号国祥，自闽来楚，寄迹潭邑，居数年将基捐于天妃圣母建修庙宇，继而迁浏南花江等。1923年建总祠于湘阴十字街。

宁乡白石杨氏 始迁祖万真公，南宋咸淳八年（1272）由江西庐陵县洴塘徙湖南宁乡五都桃仁塘白石。清同治十年（1871）四修族谱，1913年五修。

宁乡苦竹塘杨氏 始迁祖文谅公，原籍江西吉水，明洪武初封镇南将军，致仕归籍，落业于宁乡三都苦竹塘。1922年纂有族谱。

宁乡靳江杨氏 谱尊万宝公为江西吉水迁湘始祖，明初因贸易迁湘。万宝公有一女，适萧庆四公。萧庆四公讳宗亮，明初迁善化，置业果子园，旋入赘河口杨万宝之女，遂家于靳江河口。由万宝公八传至志泰、志盈、志海、志友、志先、志连等。志泰公裔孙多居宁乡四都，志盈公裔孙多居湘潭、宁乡、长沙等地。海、友、先、连四公裔孙居宁乡五都者居多。至1948年，已传28代，全族人口8400人。明末建宗祠于石潭乡白云洞。明万历四十六年（1618）一修族谱，清顺治十二年（1655）二修，三修不详，康熙五十一年（1712）四修、嘉庆十四年（1809）五修，咸丰八年（1858）六修，宣统元年（1909）七修，1945年八修，2005年九修。派系：德友伸志，胜时春朝。正大光明士，经纶奕世宗。文章培国运，忠孝振家声。策建功名永，才高事业隆。爱亲敦教化，笃本重彝伦。道备智仁勇，箴铭清慎勤。日星昭令范，杞梓会群英。谱载名人杨奕镈，清道光进士，授刑部主事。杨世焯，字季棠，善工绘花鸟草虫及人物。

宁乡硐子口杨氏 始迁祖讲公，先世由江西吉水县徙益阳，后从戎，居长沙，明永乐时徙居宁邑弛担大胜桥，卜宅泉坝硐子口。五世孙胜葛号绍堂、胜蕾号纶堂，别为分支。清乾隆二十四年（1759）两支建宗祠于小坝。光绪七年（1881）两支三修族谱。该族名人：杨芳桂，提督衔。

宁乡旗头湾杨氏 始迁祖信常公，讳根益，明永乐间由江西万载县因幕游迁居宁乡三都十区菁华铺牛角湾。清嘉庆九年（1804）建宗祠于旗头湾。道光二十二年（1842）始修族谱，同治二年（1863）、光绪三十三年（1907）、1937年续修。字派：根茂继孟文，景天德凤鸣。登云方上达，学仕振家声。建树昭良显，清廉纪盛衡。恢基惟令嗣，钟毓肇群英。

宁乡杨金滩杨氏 辂公传二十世至能履公，讳居仁，明正统末由江西积富迁居潭州马鞍铺，又迁宁乡杨金滩。清雍正元年（1723）续修族谱，乾隆十年（1745）三修，乾隆五十四年（1789）四修，道光二十八年（1848）五修，光绪十年（1884）六修，1923年七修。

宁乡杨氏 谱尊辂公为始祖，定居庐陵。二十传至明代中叶通、广、珮、瑛四公。通、广、珮三公由吉水北坑迁居宁乡县城，五十年后，瑛公曾孙登煌也迁宁乡，广公四世而绝。清乾隆三十年（1765）通、珮、登煌三支共建家庙于宁乡县城化龙溪北岸。雍正五年（1727）始修族谱，乾隆五十六年（1791）续修，道光七年（1827）三修，同治三年（1864）四修，光绪十六年（1890）五修，1922年六修，2000年七修。世次：立德登华英，治修培世业。忠孝敦伦纪，文章耀鼎铭。鸿猷承祖泽，翊赞振家声。

湘潭小南港杨氏 始迁祖继孙公，元末明初因避兵乱，由江西吉安府泰和县观音山迁湘潭小南港。清乾隆五十九年（1794）、咸丰十年（1860）、光绪二十三年（1897）三修族谱。2017年懋公房续修。班行诗：朝廷垂大策，祖道振南邦。敦本传宗德，家声定克昌。名贤昭代尚，佑启毓嘉祥。远绍安平业，源闾丽泽长。

湘潭凉伞桥杨氏 始迁祖承珊公，明洪武元年（1368）由湖北荆州府石首县携子材一、材二、材三徙居湘潭凉伞桥，屯田为业。后思故土，仍偕材二、材三返荆，独材一公留焉。明天启间初修，清乾隆五十九年（1794）、道光二十年（1840）、同治十二年（1873）、宣统二年（1910）纂修族谱。字派：（自十七派始）辉声远绍立，德益大光昌。清白传家永，诗书继世长。

湘潭雨湖杨氏　始迁祖维岳公，原籍陕西华阴，明洪武初迁居湘潭黄龙巷，七传其臧公，四子：金、洪、磷、鉴。金裔居株洲观湘门，磷裔居潭城，鉴裔居石潭小冲。洪公生璧治。璧治第三子小塘，后裔居乐桥、渌口。第四子怀塘，后裔居石潭、总上。第五子丁塘，后裔居九总。清康熙五年（1666）一修族谱，乾隆五十六年（1791）、道光二十二年（1842）、光绪二十五年（1899）、1931年续修。1914年建宗祠于观湘门内。派序：（自十九世始）力善崇先志，修仁继祖光。成章昭德业，富有际平昌。

湘潭棠湾杨氏　始迁祖克胜公，字裕昌，原籍江西南昌府丰城县圳上，明洪武初年官零陵主簿，后落籍湘潭二都七亩丘之杨家湾。四派至肇宇公，又分徙下四都易家塘。清康熙十六年（1677）始修族谱，乾隆四十九年（1784）、道光二十三年（1843）、同治四年（1865）、光绪二十六年（1900）、1926年续修。道光间建宗祠于湘潭下四都七甲棠湾。派次：克贤家辉，瑞文之宪。传世大灿，垂铭显彰。芳声远振，厚泽永昌。懋昭在德，笃庆锡光。

湘潭蝉塘杨氏　尊南唐辂公为始祖。由辂公十八传至莅禄公，讳应秩，号历山，原籍江西吉安府庐陵县杨家庄。洪武丙子（1396）举孝廉，建文辛巳（1401）简岳州府教授，成祖登御，潜迹星沙，越三年，卜居湘潭蝉塘。由莅禄公六派至云峰、敬江、乐江、思淙等，分为二十七房。二十七房合谱一修于清康熙十一年（1672），光绪二十七年（1901）六修，1937年七修。乾隆二十四年（1759）建宗祠于中湾。行派：（自十三世始）士逢盛世，克开甲第。祖泽绵延，家声善继。

湘潭涓江杨氏　始祖太通公，明永乐年间由江西庐陵宦湘，开基于湘潭县晓忠乡鹧鸪坪。族人分布在涓江流域一带。至1948年，已传20代，全族人口约1800人。清嘉庆二十年（1815）建宗祠于鹧鸪坪。乾隆四十八年（1783）纂修墨谱，嘉庆二十年（1815）一修，同治元年（1862）二修，光绪二十六年（1900）三修。派语：世锡声清显，承家祖泽延。力田安本业，发志绍宗先。经学关西重，勋名冀北传。惟期忠与孝，门第振湘涓。

湘潭下营杨氏　始祖聪泽公，明永乐年间自湘乡迁居中湘下营。清雍正十一年（1733）建祠于石塘冲，乾隆五十四年（1789）又新建于松树岭。康熙六十年（1721）上湘草罗巷公祠合修五支族谱。乾隆五十九年（1794）下营支始修墨谱，道光十四年（1834）重修付梓。祠联：安福著先型溯当年诏赐绯鱼新淦历称世阀，中湘开后裔卜弈叶祥征饷雀宏农永振家声。士食旧德奚迪前光须知环兆三公只是传家清白，农服先畴休忘世泽当念莲开四蕊无非报政精勤。

湘潭易俗河杨氏　始迁祖汉公，字为章，明时自江西清江县迁湘，开基于湘潭县易俗乡涓南、杨家垅、杨家塘。族人多分布在涓江易俗河一带。清道光六年（1826）始建杨氏家庙于潜江附近之南塘，光绪十三年（1887）迁建至涓江。至1948年，已传21代，1000人。

湘潭西冲杨氏　始迁祖芳节公，由江西吉水县杨家庄迁湘乡。四世祖朝洋公，由湘乡迁居湘潭。

湘乡草萝巷杨氏　始祖宋末大郎公，徙居上湘老二十八都水口。至六世惟鉴公又迁邑城草萝巷，衍为草萝、水口、黄泥、下营、枯塘五房。清康熙六十年（1721）五房肇修族谱，建祠于县治草萝巷。同治十年（1871）续修族谱。派行：仰高师丕显，履厚翊深闳。泽远常余庆，光培自裕明。克昌逢吉象，永锡肇嘉名。立本征伦叙，昭来保业成。

湘乡桐瑞台杨氏　谱称楚良公元时由江西浮梁（今景德镇）迁湘乡县治西二十里，因门前初春桐花茂甚，因名其地“桐瑞台”。楚良生本立，本立生志铭、志安、志贤、志膏、志纹、志全。铭、贤远徙。志膏居泥湾，俗称湖塘杨家。志纹居黄连坪，俗称北门杨家。志安居邓氏渡；志全居桐瑞台，生两子：思孙、思谅，思孙生文广、文敏、文昌，思谅生文苍、文升、文俊。至今已传24代，丁口30000人。明崇祯二年（1629）始修族谱，1996年六修。乾隆八年（1743）建宗祠于桐瑞台。班序：楚本志思文，添承万海德。才（祚）永祖世代，荣昌显宗烈。贤能展大朝，忠廉达上策。克遵先哲训，悠远定卓越。文升公十二派孙杨昌浚，字石泉，官陕甘总督兼甘肃巡抚。杨昌鹏，光绪间与刘锦棠创建东山书院。

湘乡古塘杨氏　始迁祖淑瑞公，字文定，一字定光，原籍江西吉安府泰和县千秋乡铜柱观，明洪武二年（1369）有诏移吴西之民以实楚南，淑瑞公偕兄文节同迁湘乡县治南一百二十里神童乡乐善里之大坪，复落业于木塘，即今古塘。清光绪二十四年（1898）始修族谱，1940年续修。字派：淑继祥添志礼浩伯汝兴荣承大贵朝廷世泰。迪光载锡永，笃庆贻谋新。作述宏先泽，高华启达人。

湘乡扶塘杨氏　始迁祖九文、泮五、振宇、鉴六，明时先后由江西避难迁湘。九文明正德间由江西抚州乐安县迁居湘乡天托岭。泮五讳文范，明嘉靖间由南昌府丰城县迁居湘乡扶塘。振宇讳国治，明万历间由丰城迁湘，始居娘娘殿，后葬扶塘，后人遂居于此。鉴六居两丝。四房共建宗祠于扶塘。清道光二十一年（1841）四房合修族谱，光绪十四年（1888）、1925 年续修。班序：九世同居仁义海，万福齐添永吉祥。英贤继起承先泽，清白传家庆锦长。

湘乡谷水杨氏 洪公次子自引生建远，远生必发，由邵阳迁西乡永丰一都，传九世国桐公，又迁湘乡谷水。1939 年与邵东江村隆房合修族谱。

醴陵南横岭杨氏 于唐武德间卜居于此。

醴陵杨氏 鼻祖维岳公。五世源清公，生德林，明洪武间由江西迁居醴陵渌口街后樟树山下佛泥塘，生五子：棠、棣、松、槐、梾，棠公失传，衍四房。槐公派下惠公明嘉靖间迁湘潭城围港。清光绪八年（1882）纂修族谱，1928 年续修。字派：祥开周代，族衍吉安。国朝清大，世泽传芳。信崇义重，友爱家邦。克己复礼，攸久永长。积善余庆，修德必昌。源本江右，业绍醴湘。

醴陵潭源冲杨氏 始迁祖念九公，明洪武初年自江西永新迁此。族人分布于沙窝、铁河口、县城等地及株洲。至 1948 年，全族人口 3200 人。

醴陵檀山杨氏 始迁祖友富公，明洪武八年（1375）自江西庐陵迁此。至 1948 年，全族人口 1300 人。

醴陵杨家桥杨氏 始迁祖义翁公，明洪武间自江西奉新迁此。族人分布于黄獭嘴、寨下、浏阳。至 1948 年，全族人口 500 人。

醴陵黄田杨氏 始迁祖祐祉公，明洪武间自攸县迁此。至 1948 年，全族人口 400 人。

醴陵大阳冲杨氏 始迁祖荣可公，明洪武二年（1369）自江西丰城迁此。族人分布于麻石、长沙、萍乡、船湾。至 1948 年，全族人口 1100 人。

醴陵瓦子坪杨氏 始迁祖元达公，明洪武二年（1369）自江西庐陵迁此。族人分布于包村。至 1948 年，全族人口 1000 人。

醴陵杨家冲杨氏 始迁祖必荣公，明洪武二年（1369）自江西庐陵迁此。族人分布于玉带桥、泉水湾。至 1948 年，全族人口 500 人。

醴陵明月乡台上杨氏 始迁祖邦钦公，字思敬，明洪武初年自江西吉水县洴塘迁湘，开基于醴陵明月乡台上。族人分布在湘、攸各邑等地。至 1948 年，全族人口 3000 余人。宗祠在明月乡台上。

醴陵茶岭杨氏 始迁祖贵彩公，明洪武间自江西南昌迁此。至 1948 年，全族人口 300 人。

醴陵太障杨氏 原姓李，宜春侯宪公之后，明洪武初，寿十一公偕寿一、寿三公自江西萍乡迁醴陵。寿一居石塘，寿三居富里。寿十一公子禧祥，承杨姓，居太障，生槐、栋、梁、柱，支分四房。清乾隆二年（1737）续修族谱，同治八年（1869）三修，1933 年四修。至 1948 年，全族人口 15000 人。字派：禧梓林荣昌，方国正李宗。士之登上宪，咸和宏泰运。光华阶世德，伯仲远益崇。应言西平茂，诒谋允攸隆。

醴陵吴田杨氏 始迁祖寿七公，明洪武初年自江西丰城迁此。族人分布于桐木冲。

醴陵下三洲杨氏 始迁祖承震公，明洪武六年（1373）自江西庐陵迁此。族人分布于茶山坡、檀山境。至 1948 年，全族人口 300 人。

醴陵泉水湾杨氏 始迁祖朝文公，明洪武末年自江西庐陵迁此。至 1948 年，全族人口 500 人。

醴陵塘头杨氏 始迁祖才可公，明洪武末年自江西庐陵迁此。至 1948 年，全族人口 600 人。

醴陵雷鼓桥杨氏 始迁祖永华公，明正德间自江西丰城迁此。至 1948 年，全族人口 500 人。

醴陵野猪岭杨氏 明天启末年自广东嘉应迁此。至 1948 年，全族人口 412 人。

醴陵三塘湾杨氏 始迁祖远公，明崇祯初自湖北迁此。至 1948 年，全族人口 300 人。

醴陵匡扶塘杨氏 始迁祖望公，明崇祯初自湖北迁此。至 1948 年，全族人口 300 人。

醴陵佘鸡垅杨氏 清康熙初年自福建龙岩迁此。至 1948 年，全族人口 330 人。

醴陵温泉杨氏 始迁祖万春公，清康熙八年（1669）自广东迁此。族人分布于泮川冲、野猪岭、普口市等地。至 1948 年，全族人口 700 人。

攸县管塘杨氏 辂公而下十五传至秀父，其长子一政公，字北七，元末明初由江西庐陵徙居攸北管塘。明嘉靖二十一年（1542）、清乾隆二十七年（1762）、乾隆五十六年（1791）、道光二年（1822）、光绪六年（1880）、1914 年、1947 年纂修族谱。排行诗：治国径邦，宗德传芳。世开文运，甲第鼎昌。秉礼守义，笃庆锡光。永振家声，长发其祥。

攸县莫田杨氏 鼻祖应绮公，自金陵宦游洪都。至普仲、文仲，明初自洪都瑞州府徙居攸水莫田。明万历元年（1573）、清乾隆三十四年（1769）、1925年三修族谱。三修时聘邑人夏策纂修。排行：志日士弘魁，文章华盛朝，经新成大有，恩诏……

攸县杨氏 谱称来自吉水，吉水旧谱始祖辂公，九传至忠襄公，忠襄公生振文，振文生炎相，炎相生德彰，德彰生汇瞻。湖田始祖象周公，汇瞻公子。竹田始祖源绶公、金坑始祖源福公、鸦塘始祖源德公，皆汇瞻公孙。清道光七年（1827）四房合修族谱，1928年五修。排行：杨清肇兴，世德家庆。念存忠良，范昭爱敬。先泽长贻，烈芬诵咏。发达荣华，代传昌盛。

茶陵尧水杨氏 始迁祖景贤公，元至正年间由江西吉水大付迁此，后徙火田麻芙、高陇光泉及八团等地。

茶陵走马陇杨氏 始迁祖起昌公，明初自泰和徙茶陵走马陇。清同治二年（1863）续修族谱。

炎陵梅冈杨氏 始迁祖元、亨、贞三兄弟，清顺治十七年（1660）自江西赣州迁此。后裔徙下村、策源、水口、垅溪、十都、王家渡。

衡阳草塘杨氏 始迁祖德八公，原籍江西泰和县早禾市白家桥，元至正十一年（1351）迁居衡阳樟木市，继迁永伏石峒岩。明初行垛集令，乃以永伏三都军屯立户收籍，明洪武六年（1373）复奉红牌事例拨发重江一都七甲草塘管竹垅立屯，遂世以衡州卫右所三缺屯户著籍。明正德十四年（1519）始修族谱，清康熙五十四年（1715）、乾隆四十九年（1784）、嘉庆十六年（1811）、道光二十三年（1843）、光绪十年（1884）、1927年续修。至1948年，已传22代，全族人口3万余人，分布于长乐、洪罗庙、永伏及宁乡等地。

衡阳柘村杨氏 始迁祖禄公，字受二，明永乐间自耒阳县城东十里合桥因人口过繁迁居衡阳县新城乡柘村大屋。族人多分布在冠市乡第五、六保及耒阳县北乡、兴业乡、湾塘、师塘、金钩湾、上马塘等地。至1948年，已传19代，全族人口900余人。

衡山、湘潭杨氏 鼻祖于旭公，原籍南昌府丰城县。其孙昊公，明洪武元年（1368）奉钦命镇理长沙卫，遂卜居湘潭花市九十七都大分冲下屯，为迁湘始祖。后裔散居衡山、湘潭各地。族谱始修不详，清乾隆二十七年（1762）、道光三年（1823）、同治十三年（1874）、光绪三十四年（1908）、1941年六修支谱。字派：（自十六世始）肇修逢泰运，振采应时芳。先绪积祥远，嗣徽裕后长。

衡山福严庄房杨氏 衡山杨氏，共三房十支，福严庄支属县城房。支祖源公，明洪武福建省福清县举人，永乐时司铎衡山，任满留居于衡。明嘉靖十五年（1536），枫木桥房、周田冲房、县城房合修通谱，清乾隆二十七年（1762）周田冲房、县城房续修，道光三年（1823）县城房中之福严庄、五里牌、龙塘、老虎塘、石桥铺、鳌康冲、后山七支三修。1944年福严庄支分修，为七修。2006年八修支谱。字派：肇修逢泰运，振采应时芳。先绪诒谋远，徽猷裕后长。

衡山仰塘杨氏 始迁祖惟高公，原籍金陵上元县后湖，明洪武初迁居衡山仰塘，今属湘潭县。至第八代分派十三房，今存八房，族人共2万余人。清雍正三年（1725）始建宗祠。乾隆十四年（1749）一修族谱，嘉庆九年（1804）二修，咸丰八年（1858）三修，光绪十七年（1891）四修，民国间各房分修（如1935年容峰房五修），2004年六修。班行：（自十三代始）景代隆清叙，家承孝友传。敦诗兼学礼，裕后益光前。该族名人：杨玉书，提督衔记名总兵。

衡山南冲杨氏 鼻祖惟高公，明洪武间由金陵后湖迁居衡山岳后之茅坪仰塘，因地界衡、潭，遂称衡湘杨氏。八代晚峰公，讳荣武，行仁五，又由仰塘迁居南冲，遂为南冲杨氏，开衍三房。清乾隆间建宗祠于茅坪。祠联：支分赤岳，籍隶金陵。清康熙二十五年（1686）创修族谱，光绪十七年（1891）四修，其时丁口796人。1924年五修，其时丁口925人。班行：（自十二代始）景代隆清叙，家承孝友传。敦诗兼学礼，裕后益光前。

南岳杨氏 始迁祖发济公，讳宗饬，字仲宏，原籍江西吉水，元至正间为衡邑山长，慕衡山山水，遂迁衡山大岳滩。二代祖亦添公迁衡山城，五代祖竹亭公居八里坪，十二代祖位南公又迁珠塘。清乾隆五十五年（1790）始修族谱，道光六年（1826）、同治四年（1865）、光绪二十六年（1900）、1934年、1983年续修。班行：（自八代始）大宗垂正作，本文世泽延。诗书承宝训，家国盛名传。

耒阳合桥杨氏 始迁祖位公，字宗易，号玖五，元孝廉，自江西泰和徙居此。

常宁应复里杨氏 始迁祖正二郎，明洪武初年自江西泰和迁楚南衡阳正平乡，后又携四子有成徙常宁邑西应复里（即平泉乡）。有成生道佑，道佑开庭、言、奇、高、永五房。言裔失传，高裔往外，余三房世居常宁。族人多分布在本邑西、南、北各乡。至1948年，已传22代，全族人口4000余人。宗祠在应复里。2013年常宁杨氏十二支合修通谱。十二支中除白沙湖溪桥支为吴王杨行密第四子藩公所传，余十一支均为震公二十九世孙辂公之后。

邵阳杨氏 始迁祖元芳公，宋末自江西泰和县以校尉镇守宝庆，占籍邵阳。

生四子：浩、汉、洪、淮。浩公迁居邵东报公铺，生昌、荣、华、秀四子。清嘉庆四年（1799）始修族谱，咸丰二年（1852）续修，光绪二十三年（1897）三修，1948年与国和公房、彦敬公房、志佑公房四修。四修谱有孙科、李宗仁、何应钦、程潜等四十六人题词，及何键、杨杰、朱绍良、林蔚、刘斐、孙连仲、杨爱源、刘建绪、彭学沛、杨虎、徐永昌、胡宗南等人序。其时全族男女人口7211人。1991年五修。字派：万元仁单廷，单志一可之。逢国正天嗣，文宗永锡祥。（以上派字各房不一，自十九代“永”字派始归划一）和能修敬致，位育在名贤。硕德廉清守，家声孝友传。该族名人：杨金龙，署理长江水师提督。杨良，国民革命军中将。

邵阳杨氏 浩、汉、洪、准四公宋末由江西迁宝庆东关外杨公岭。洪公递传至必隆公，元至正间卜居山塘，生文聪、斌、富、政、秀。清道光十九年（1839）、光绪二十五年（1899）纂修族谱。班次：文才仲景志，万邦永国兴。世代光明照，英贤久大增。积德知源远，承家见泽长。诗书能佑启，忠厚定荣昌。

邵阳杨氏 一世伯侨。四十八世惟圣，宋时迁居宝庆府邵阳东关外杨公岭。五十一世世通，字履元，元初迁邵北石马江井口塘温泉山。清道光二十年（1840）、光绪二十六年（1900）、1941年纂修族谱。老班：世元孟才仲，万添材士必。重祖廷永正，朝式大明诗。新班：书经能纪远，孝友克传家。光显遵先德，英贤盛国华。

邵阳王城门前杨氏 始祖士兴公，明洪武时自江西徙邵阳县温和里五峰铺白旗冲。十三世析居城中王城门前。

邵阳田心坪杨氏 始迁祖九郎公，字永世，明初自江西泰和县来楚，卜居邵阳东关外杨公脑，既而徙居新化白竹山，复转邵阳三溪五都灵官殿。生九子：辛九、桂子、桂别、洲仁、辛义、桂财、桂禄、辛荣、桂九。除辛义、桂财、桂禄徙居新化外，其余六人均居邵阳。九传至兴字派，又有徙居宁乡者。清乾隆十七年（1752）建总祠于邵阳田心坪。乾隆二十九年（1764）邵、宁两邑始修族谱，道光九年（1829）续修，光绪七年（1881）三修，1929年四修。至1949年，全族人口5000余人。编班：先源添应汝，文武仲兴隆。世代承宗祖，永定正乾坤。圣道开泰运，多士庆荣光。孝友敦家本，忠厚启俊良。

邵阳江村四甲杨氏 九郎公于明洪武初由江西吉水迁居宝庆，生九子，季嗣桂九公迁居东乡山塘铺，又生五子，次子必寿公居江村，为江村四甲杨氏始祖。清乾隆三十年（1765）始修族谱，道光二十五年（1845）、光绪三十三年

(1907)、1951 年续修。班行：文才仲景志，万邦永国明。朝廷添爵禄，世代正乾坤。圣道开泰运，多士庆荣光。孝友敦家本，忠厚启俊良。

邵阳东关外杨氏 始祖清吾公，北直人。子开奇，明天启时自江西迁邵，世居城外东关。

邵东新桥杨氏 始祖福开公，字法魁，南京资善大夫政公之子，明洪武元年（1368）自江西吉安府吉水县圳上携子隆、亨、元徙楚宝庆之邵东，卜居瑶田村。隆公仍居旧址，亨公居柳东，元公徙贵州黎平。由福开公四传为“仕”字辈十四房。清乾隆五十九年（1794）始修族谱，道光二十一年（1841）续修，光绪十七年（1891）三修，1941 年贤、华、兴、亨四房合修，1996 年贤房五修。乾隆三十五年（1770）建宗祠于新桥。班序：福嗣思仕允，安定邦万兴。再添文共武，护国镇乾坤。世德光先代，贻谋裕后人。正宗传理学，清吏绍名臣。立志严三惑，题诗让四邻。相才千载重，公论百年遵。救雀功何巨，留鸾韵亦新。鼎台昭大烈，孝友庆长春。

邵东桑林杨氏 始迁祖资善大夫政公，家世南京，为避胡惟庸乱，率子法隆、法魁由金陵南迁邵东桑林。清道光四年（1824）、光绪十六年（1890）、1940 年、1992 年纂修族谱。班序：从惠仕永定，文邦（吉）福兴（再）添。朝廷旺（兴）万国，宗祖世代传。忠光成孝道，汉宋本支连。清德才华裕，家规善守绵。

邵东江村杨氏 鼻祖洪公，系唐虞部侍郎辂公之后，由江南官寓豫章，复徙邵陵，生二子：自弘、自引。自引后裔迁湘乡谷水。自弘生廷万，廷万生必隆，明初自邵陵迁居邵东山塘江村，生五子：聪、斌、富、政、秀，派分五房。清道光十九年（1839）始修族谱，光绪二十四年（1898）续修，1938 年三修。班次：自廷必文才仲景志，万邦永国兴。世代光明照，英贤久大增。积德知源远，承家见泽长。诗书能佑启，忠厚定荣昌。亲睦思尧典，修严载礼经。孝慈恢先绪，仁让溢盈庭。

邵东杨氏 始迁祖敬公，原籍南京凤阳府怀远县，明洪武初以千户侯军户调任湖广武昌、宝庆等卫。子荣公，文生五子：琳、瑄、璒、璟、瑔。琳裔迁蜀不详，瑄裔居仁风杨家湾、中乡上沙江，璒裔居银杏村，璟裔居仁风杨丝塘，瑔裔居楠木山。清同治八年（1869）创修族谱，1919 年、1989 年续修。创修纯用欧式，续修改用柳式。璒、瑔两房老班：单单单单廷，文明时（益）大仕。瑞启德正定，安邦宗仁允。瑄房老班：单单单单廷，文永太继明。应世大朝定，安邦宗仁允。璟房老班：前班五代单，仕庭正朝大。楚学先登时，安邦宗仁允。

新班次：传家维孝友，立品尚贞良。农圃林泉乐，诗书翰墨香。贤能敦国本，名教肃纲常。衡岳千年秀，箕裘百代光。

武冈石围山杨氏 始祖再思公（八十二世），子政修居赤水。一百三世再荣公，明洪武八年（1375）由城步赤水迁居武冈大东路石围山大田坊。清道光二十二年（1842）、光绪六年（1880）、1914 年、1989 年、2016 年五修族谱。班次：再政通光昌，盛进天开张。泰运文明远，贞元景福常。诗书传世久，词赋继先长。典则贻前代，弘农庆永芳。

武冈杨氏 始祖文益公，字仁宇，元末明初因避元末之乱自江西泰和迁湘，开基于武冈县小车乡沙塘村。族人多分布在四望、金龙两乡。至 1948 年，已传 22 代，全族人口约 1500 人。宗祠一在梅益村，一在大水桥。

洞口社山杨氏 该族先世源流不详，以明时宗受公，字克承，落籍武冈山门社山（今属洞口）为一世，三世衍为子华、子义、子仁三房。子华派衍洞口杨华，子义派衍社山，子仁派衍隆回石嶷、仙峰寨。清雍正十年（1732）、乾隆二十七年（1762）曲塘、茅塘二修族谱。嘉庆二十一年（1816）三修时宗受公裔始合，仍称三修。1925 年六修，1993 年子华、子仁房七修，1994 年子义房七修。1915 年三房共建宗祠于社山金塘村，今为市级文物保护单位。社山老班：宗祖子杨思文添元宇洪日宗祖叔侯常惟守。石嶷老班：宗祖子必彦宗福秀文汉元添忠厚传常惟守。杨华老班：宗祖子杨才仲应廷元宗学宏农旧家常惟守。六修统一班次：相期恢大烈，济美迪先贤。贵以诗书永，富从俭约延。持身昭肃慎，立品重贞廉。蒸蔚联云礽，声闻远迩宣。

洞口水口杨氏 始迁祖琳公，明洪武时官翰林侍讲，为太子太傅，明建文四年（1402）因靖乱之变，由金陵潜踪武攸山门。延至隆宝公，始由山门定居水口。清嘉庆二十一年（1816）始修族谱，咸丰八年（1858）、光绪二十六年（1900）、1927 年、1993 年续修。班次：应翁隆宗仕，杨崇祖添元。世起宏农旧，家风清白鲜。相期恢大烈，济美迪先贤。贵以诗书永，富从俭约延。持身照肃慎，立品重贞贤。蒸蔚联云礽，声闻远迩宣。

洞口杨氏 一世荣中公，二世伯辅公，三世璋公。四世琳公，明洪武时太子太傅，同建文逃奔武攸，潜迹椒岭。弟璟公，字璞玉，号辉明，洪武四年（1371），明升据蜀未附，公以副将同征西大将军汤和征伐，始降。五年，辰宝蛮作乱，公为征南将军，同邓愈、廖永忠讨平之，克四十八峒，加荣武冈侯。长子宗统、次子宗绪。宗绪洪武时因星变之故，与兄偕亲奔黔阳罗翁山中，韬光隐迹，后随七子住郭村。三子宗泰，由罗翁徙桃源小江坪，后迁会同洪江岩头湾。

洞口杨氏 该族发祥黔阳湾溪，徙居武冈三门。鼻祖端玉公，系杭州推官元翁公次子。清咸丰七年（1857）纂修族谱。堂号乾元。

绥宁杨氏 始祖再思公，生十子，三正修，五正款、六正绾，均居绥宁赤水、罗岩、东山等处。清宣统三年（1911）三公后裔设局于桥头老家祖庵，纂修族谱。字派原“再正通光昌晟进”七字循环，后因“转移甚速，一转再转之间，不无参差离合之弊”，1914 年修、款、绾三公后裔合修时改为“再正通光昌，晟进显文章。鸿勋经国瑞，骏德定家祥。克明敦世泽，继述庆延长”。又有女派“姐妹祯闺女，芙蓉珠玉美。桃红鸾凤娣，柳翠娇娥嫦。梅菊莲花秀，艺兰桂月香”。

绥宁杨氏 始祖思公。子正修公，卜居赤水。昌福公（思公五世孙）自杉坊分居石井，希鲁公（思公十一世孙）自石井迁空洞口，俱城步地。尚清公（思公十四世孙）明时迁居绥宁上白土，衍秀远、秀全、秀轩、秀赞四房。清同治六年（1867）远、全、轩三房创修族谱。1917 年四房次修墨谱，因经费困难，未付梓。1931 年四房三修印本。班次：再正通光昌，晟进焕文章。宏勋经国瑞，骏德定家祥。克明敦世泽，继述庆延长。

城步杨氏 自称始祖再思公率其第三子正修于梁高祖时由陕西淮南因奉令擒剿迁湘，开基于城步县古赤水乡京凉杉坊。族人多分布在清平、兰蓉、青润、巫清、凤凰、咸宜、横岭、碧溪、安凤、蓬瀛等乡镇。至 1948 年，已传 37 代，全族人口 4 万左右。1929 年建宗祠于县政府后街。

城步渡溪、新枧水杨氏 该族族谱以受姓始祖杼公为一世，四十八世隋炀帝广，四十九世元德太子昭。昭第三子侑，封代王，李唐后徙居淮南。五十三世盛公由淮南徙居江西吉安泰和县桐木冲鹅颈大丘。五十九世居忠，生再思、再韬、再兴。再思生于唐懿宗咸通元年（860），五代梁时授辰州刺史，后周显德元年（954）卒于靖州飞山，葬城步上棺村，生十子，第三子正修居城步赤水。1922 年正修公裔下合修通谱。班次：再正通光昌，盛进焕文章。祖宗明德远，礽云世绪长。作述承先泽，万代永流芳。

城步岱楼边杨氏 始祖再思公生十子。第三子正修，生通昭。通昭二十世至德公，卜居大竹坪，后转徙赤水里铺头，终居岱楼边。谱以再思为鼻祖，德公为分支祖。清光绪七年（1881）始修族谱，1947 年续修。原班：通光昌盛进再正，远大宗支开文运。志立全才守先公，永世兴隆家传定。新班：再正通光昌盛进，祖宗明德大有庆。文谟武烈世代馨，齐家治国天保安。

岳阳杨氏 始迁祖文弼公，五代后晋天福六年（941）自湘阴剑滩金坑坪迁此。族人主要分布于月田、步仙、康王区。清咸丰九年（1859）、1922年纂有族谱。至1986年，全县共5343户，21689人。

岳阳、临湘杨氏 始迁祖千一公，北宋时其祖富公因官岳州守备，遂自江西南昌徙至岳郡。南宋初，千一析居郡之临湘县大冲源中杨亭，后裔星散荆楚，而以岳阳为众。清乾隆四十年（1775），巴、湘两邑合修宗谱。千一公七世孙华公于明代由通城复迁巴陵，生四子：典、兴、与、舆，其嗣散处巴陵、临湘、华容、监利诸邑，而归宗于西塘、白湖、马鞍山三关。清乾隆末各关始修族谱，道光二年（1822）三关合修，宣统元年（1909）五修。

临湘杨氏 始祖宫公，五世孙网公，明天顺二年（1458）迁居临湘。1916年纂有族谱。

华容杨家畈杨氏 始迁祖世杰公，字公英，宋洪都安抚使，谥宣义，原居陕西同州府华阴县。其子美实，字伯充，任宋宣议郎，于理宗淳祐年间任华容县令，任满，因兵乱，同父等人落居华容。传至五世，有杨元勋继姑母黎氏后，改姓黎，后人称杨黎氏。族派：世美绍孙郎，茂玉金钧祖。言彦春水尚，时自彩宗廷。宗派：克大远文运，斯开长福祥。经书传道允，德厚必增光。续派：忠孝继先哲，仁让启后贤。好学全在裕，兴隆维有年。

华容狮子山杨氏 元末蔚公子伯七，任岳郡，因兵乱定居岳州朝阳门。伯七长子时公，字师孔，元至正十二年（1352）携次子秀二等人避兵樊陀山（今狮子山）东麓，后建祠于洪水港，分三、四、九房。有迁居岳阳、监利者。派语：春思志芳悠，夏德焕宇中。秋成登万宝，泰和裕三冬。大化循周序，绍继应运宏。忠孝传先祖，世代庆昌隆。安邦尚文治，开国用武功。谟列发秀远，显承永光宗。1922年集监利、岳阳、华容同宗15支公派：新汉立法，诗书作则。祖德永敦，宗功攸克。孝友传家，贤良定国。诚正先修，齐治后业。金玉保贞，灵瑞来格。道学耀南，万载遗泽（前派“焕宇中秋成”五字与合派“新汉立法诗”五字合）。

华容南山觐孤山杨氏 始祖鐩公，字子更，云南昆明人，岁荐。明正统年间任华容知县，卒于官，葬云南。原配孟氏，卒于华容。孟氏所生长子士骏，字万英，景泰初年由云南至华容扫墓，知云南兵乱，接妻子奔华容，落居南山觐孤山。原派“方宜泽懋学”五字与“新汉立法诗”五字合。

华容护城益丰杨氏 一世景春公，明万历间随父由成都回归豫章，不幸于荆江船翻落水，仅景春幸存。后由监利周家垴收养，招为女婿。至六代孙涧，字兴伯，因监利兵灾，率三子步先、盈先、岳庵，于清康熙四十一年（1702）迁居华容蔡田垸大湾（今护城益丰）定居。子孙聚居护城益丰、万庾承丰，星居兔湖、胜峰、潘家等地。原派：芳如光奕世，鸿楚焕文章。孝友传家远，诗书启后长。续派：和同修国政，信义振朝纲。学道宜忠恕，承先在善良。

华容万圣堂杨氏 始迁祖其发公，清光绪二十四年（1898）自湘阴文家园迁入华容开发洞庭湖洲，落籍万圣堂。后人分居陈济垸、官洲岭等地。派语：灵昭穆培本，贻世贵宗仁。添新廷春应，之士启恒升。正大恢先绪，长宏庆显荣。积修成大道，循宪耀中行。

湘阴剑滩杨氏 始迁祖镇科公，原籍江西丰城县，后唐时迁居湘阴剑滩，今属汨罗。其曾孙文弼于北宋初分迁巴陵窑岭，他人仍居湘阴。1943 年剑滩杨氏纂有族谱。

湘阴大湾杨氏 始迁祖天相公，明洪武二年（1369）由江西丰城县迁巴陵，再徙湘阴北乡大湾。清光绪十八年（1892）五修，1937 年六修，1994 年七修，2017 年八修族谱。字派：天朝必珀木仲春孟大应之士启先人臣仰升平盛。

湘阴罗山冲杨氏 始迁祖贻庆公，原居南昌府丰城县之拖船埠，明洪武二年（1369）偕子世云、世礽、世林迁湖南之湘阴罗山冲。

湘阴马公坝杨氏 始祖惟忠公，江西丰城人，本姓王，元末官利州安抚使，其子铭孝以避余海祸易姓杨。铭孝之子元亮迁平江。元亮之子清于明洪武中叶迁湘阴大桥。清之孙世财世居大桥，世聪迁马公坝。

湘阴新市杨氏 始迁祖作淑公，字遇春，明永乐间由江西丰城县曲港迁湘，开基于湘阴县新市。族人分布在武昌、源塘、长乐等乡。至 1948 年，已传 20 代，全族人口约 300 人。宗祠在新市中街火烧坪。

湘阴临泚口杨氏 始祖仲旺公，明正统中叶自江西清江县迁临湘，八传至登岩于清康熙年间迁湘阴。

湘阴佘家垸杨氏 始祖觉荫公，明季自江西丰城迁湘阴之马公坝，传五世至支理再迁佘家垸。

湘阴韩湾围杨氏 一派迁沔始祖子云公，祖籍安徽凤阳府定远县十三都东城乡，元至正间幕游鄂渚，爱沔阳山水，遂卜居河里汉伏波将军祠侧。十三派南迁始祖天材公，妻乐氏于清顺治康熙间携子三人又迁湘阴韩湾围杨家湾。2000 年四修支谱。字派：（自九派始）元伯光令天。日月星辰，基镇湘枝。诗书启后，孝友匡时。

湘阴杨氏 始迁祖世聪公，迁湘阴石嘴头。清乾隆二十四年（1759）、嘉庆五年（1800）、道光十八年（1838）、同治十二年（1873）、光绪三十二年（1906）纂修族谱。

汨罗长乐杨氏 始迁祖忠衢公，明洪武二年（1369）自江西南昌迁汨罗长乐。

汨罗大桥杨氏 始迁祖子清公，祖籍江西丰城，明洪武中自平江徙汨罗大桥。

汨罗大湾杨氏 始迁祖添湘公，明洪武中自江西吉水迁汨罗大湾。

平江虹桥杨氏 始迁祖德宣公，元大德元年（1297）自江西万载迁此。

平江中村杨氏 始祖诚泗公，明洪武年间携子昭文、昭武、昭义自江西吉水宦游南楚。昭武公字文斌，任长沙郡守，卜居长邑之蒲塘。昭武公子三：安权、安全、安雅，分别居平邑中村、蒲塘、土桥。安权公号钧平，子二：朋初、元初，分别居中村和小洞，由安权公五传，分十五房。其中孟春、琇春、翰春、香春、遇春、旺春、檀春或无传，或无考。清嘉庆三年（1798）华春、方春、桂春、绍春、梓春、松春、槐春、吉春八房合修族谱，清光绪二十三年（1897）续修。古派：祖开泰运普，祥发谟烈辉。文章光上国，忠孝范苗裔。绳武期克肖，兰桂永代培。精诚昭慧达，源本万年归。旧派：初汉思仲秀，春盛芝茂香。家声从此振，世大立纲常。续派：德泽流芳远，诗书礼义长。贻谋绵甲第，今古乐遐昌。

常德八官障杨氏 始祖再海公，原籍江西，明初三世祖贵公由江西吉安府吉水县迁居湖南常德鸟儿岭。传至明末，九世祖凤高公衍为仲礼、仲瑾、仲德三房，迁居常德八官障姚家湖。清光绪二十五年（1899）创修族谱，1940年续修。派语：金凤仲正，大有万治。应知世宗，克昌永绍。名人丕振，家定成兆。先业传受，恒久维昭。

常德建平杨氏 始祖足二公，字仲智，谱名达，直隶广德州建平县昭德乡上阳保人。明初营阳侯杨璟大将军之次子。洪武三年（1370）从父征蛮，驻澧州北门外。洪武二十年因诖误从军常德卫中八所，征云南赤水河，洪武二十三年重回常德卫中八所，带兵屯驻湖南燕雀寨（今澧县方石坪）。是年，父璟获罪，公隐匿于此。二十五年，澧州守御千卫所移设于武陵，公及其后裔渐脱离明军户籍，于燕雀寨屯垦。后裔遂由此向常德城北门外二十五里下阳坪等地迁播。三世孙恭公，落业武陵善桥下阳坪，衍玺、瑛、璧、琳四房。八世孙杨凌云为光禄寺卿、兵部侍郎，曾任湖广布政副使、广西、贵州布政使。九世孙杨鹤官陕西总督、兵部侍郎，杨鸿为南明东阁大学士兼礼部尚书，杨鹗在南明福王时任为兵部右侍郎、总督川湖军务。十世孙杨嗣昌为东阁大学士、督师、兵部尚书、礼部尚书，杨嗣典为陕西大参戎，杨申为常德副总兵、宣威伯。十二世孙杨卓然为南明枢密副使、兵部尚书。十三世孙杨超曾为兵部尚书、吏部尚书兼两江总督。清光绪九年（1883）四修、1933 年五修、1998 年六修、2015 年七修族谱。派语：足德恭（让、政）玉水，金兆芳鸟嗣，山农系曾大。孝敦政本，学启家谟。承先思敬，体国惟儒。

常德磻石滩、新庄、鸟儿岭杨氏　始祖再海公，原籍江西吉安府吉水县十二都急水滩拖船埠大栗树。二世文兴，生子四：生、成、富、贵。成公未迁，生公迁常德龙门乡磻石滩，富公迁常德崇孝乡新庄。贵公，行四郎，明永乐间落业武陵七丘东村，后称渐安乡鸟儿岭。1948 年贵房三修族谱。

常德、汉寿杨氏　始迁祖慧义公，为杨侯五十八世孙，明永乐二年（1404）由江西吉水徙居龙阳（今汉寿）沧港。长子达尊居青泥湖丕家溶，次子达道居常德善卷村，三子达德居常德牌楼坡之掉二湾。门户各建，祠谱各修。丕家溶旧派：（自五十八世始）慧达源本万单廷得国启之世必文华寿永昌尊贤。善卷村旧派：（自五十九世始）淑志正兴昌，应芳景世光。祖兆德泽永，人文毓秀长。臣贤为国宝，子道发家祥。孝友敦庭训，龙章体大邦。掉二湾旧派：（自五十九世始）淑经传应忠。春学登之绍，文名光盛朝。丕振承先志，丰隆世泽高。1945 年三房始合修通谱，三房合派：（自五十八世始）慧达源本万年归。清白传彝训，诗书毓秀长。修明崇友爱，继盛在群良。作善隆余庆，雍熙裕后康。英才宏建树，丕振定家邦。

常德杨氏　始祖伟公，明永乐时由吉水徙辰州。三世腾凤公，明中叶再徙武陵。清光绪十九年（1893）三修族谱。

常德太阳山杨氏　始迁祖杰公，明弘治间由江西南昌迁武陵太阳山麓。清光绪元年（1875）、光绪三十一年（1905）、1936 年、1998 年、2011 年纂修族谱。派语：讳讳廷讳应如文正希运（启水）启州有世之国登廷万（朝继）道甲忠传志定邦。

汉寿花园杨氏　始祖昌敬公，原籍江西吉水县桐江五里冈南八村南团社，明洪武初徙居湖南益阳古堤洲。其子启后，再迁龙阳之花园，生三子，分智、仁、勇三派，后子孙分居益、汉、沅三邑，清乾隆间建祠于汉寿花园南岸。1914 年四修族谱。

汉寿杨氏　始迁祖奇一、奇二两公，明永乐二年（1404）奉旨自江西吉安府永丰县、吉水县拨填来龙阳。奇一生成荣、成华，奇二生成贤、成能，分为四房。成荣居石板滩，成华居晒谷岩，成贤居白牛塘、石洞，成能居沙洋坪。清康熙三十四年（1695）创修草谱，乾隆二十六年（1761）补续，道光五年（1825）三修，咸丰十年（1860）四修，以上皆合修。光绪十三年（1887）五修时贤房未与。1917 年六修时贤房廷彬支与荣、华、能三房复合。1945 年七修。1998 年八修时奇一、奇二两房分修。2015 年四房又合九修族谱。康熙间建宗祠于邑城。派语：奇成九凤，单芳嘉清。春声景应，士超名登。永大宗先德，宏开荆树荣。祥光联瑞彩，秀发庆昌明。

澧县杨氏　始迁祖肇伦公，原籍江西丰城，乃华阳王之舅，明初随华藩来澧，授任澧郡，历迁府道，告老返回江西，后裔子孙谨遵祖训，先后迁澧。清乾隆元年（1736）纂修族谱，二十三年、五十八年踵修，统称一修。光绪八年（1882）、2004 年、2019 年续修。字派：乾坤复震，萃孚家人。同鼎既济，丰豫咸临。履泰益谦，晋观恒升。

澧县方石坪杨氏　始迁祖添祥公，字顺膺，号作善，原居江西南昌府丰城县东门外麻塌坪。明洪武四年（1371）仕澧，职满落籍澧城东门外仙眠洲七里庙瓦窑堡。六世应兰公，携子之枢、之柄迁居杨家湾老屋场。2016 年七修族谱。派语：添单廷守单。应之士启，宗德祖功。名登大学，朝正作述。钦敬仁义，济世安邦。上承先绪，子孙光昌。

澧县杨氏　始迁祖忠公，明永乐二年（1404）自江西吉安府吉水县大樟树迁澧县大堰垱柘茨垅、郭巨河、长堤堰、金鸡岗、谭家等地落业。2000 年、2014 年纂修族谱。字派：友一继应国，修德迪前先。永君大上士，登廷多鸿儒。从学宗明道，立朝展才良。

澧县东田堰、合同堰回族杨氏　一世祖源公，字朗瑚，明弘治时与弟春公自北京顺天府火汾县奉命征广东，镇佩浦，敕封武略将军，后落籍澧北东田堰，分居合同堰。清光绪六年（1880）聘刘某纂修家乘，1917 年、2017 年续修。派次：天应元国，其逢永日。宗正支远，光祖耀先。传家有道，存心修缘。文章明世，振起后贤。大业克绍，仁义长绵。昭穆理得，立法必延。

澧县、公安杨氏　始祖效旦公，明洪武间自江西宦游澧阳，继迁公安，生四子：纪仪、纪伯、纪惠、纪贤，分四支。清同治九年（1870）四支合修族谱，1931 年贤分选支，惠分、贤分暹支，仪分纂修支谱。2013 年续修。字派：纪盛世思元冠。嗣我先泽，曰维西江。志宜正大，心必明光。传家孝友，经国文章。贞以忠厚，尚其克昌。

临澧三堰堤杨氏　始迁祖天德、天福、天寿公，元末自江西迁湖南，天福公居武陵画眉堤，天寿公居澧县白杨堤，天德公居临澧县南王化乡龙潭村三堰堤。1948 年、2006 年纂修族谱。字派：天再宗继守本扬腾应春正世朝廷国士逢（崇）。学乃传家策，儒为席上珍。明良庆翼赞，光大延其门。礼乐承先志，诗书启后昆。三公知预兆，祖德永垂勋。

临澧新安杨氏 始祖才卿公，明洪武时自江西清江县因随太祖平服九永土司，除授锦衣卫校尉，落业慈姑（今慈利县）。生七子，后因夏三、夏四之叛而于永乐年间迁居临澧新安等地。族人分布在石门县属洞子坪、岩门口、西山垭以及临澧县属之新安、吴家、杨家河等地。至 1948 年，已传 23 代，族人 3000 余人。宗祠在新安市大巷口。1946 年、2007 年与永銮公裔合修族谱。至今人口 4600 人。

临澧杨氏 始迁祖彝公，原籍江西安福，明洪武初迁居华容墨山，再迁临澧新安洞子坪杨家缺口。至今人口约 800 人。

临澧二甲坪杨氏 始迁祖兴富公，原名圣裔，先世居江西吉安府吉水县，又迁居湖北荆州北门外老虎巷黑公保，明洪武十八年（1385）兴富公自荆迁澧州，卜宅太浮山麓二甲坪。字派同太浮山杨氏。

临澧太浮山杨氏 始迁祖兴贵公，先世居江西吉安府吉水县樟树村双栗树，明永乐二年（1404）自湖北荆州迁居临澧金鸡庙朱伦桥之东建子坪，后迁太浮山。清嘉庆十五年（1810）与二甲坪支创修族谱，道光二十七年（1847）二修，光绪元年（1875）三修，光绪二十七年（1901）四修，1930 年与杨家湾支、杨家团支、天鹅坑支等五修，2004 年六修。字派：兴文浩春大如天（起）自之（逢）士（廷）祖（绍）开（有）子（应）孙（正、光）孝（伯、上）友（世、维）丕（永）绪承先业学定荣昌崇道树德。

临澧天鹅坑杨氏 先世原籍江西吉安府吉水县大栗树。始祖与太浮山杨氏始迁祖兴贵公于明永乐二年（1404）同由吉水迁荆州府枝江县，后由枝江迁居太浮山，三世单茂公，分居临澧县东观音乡天鹅坑。

临澧杨氏 始迁祖文銮公，原籍北京，明永乐二年（1404）迁居澧州大坪白塘堰，子孙转徙临澧停弦渡游家洲、澧县张公庙镇云盘岗等地。1946 年、2007 年与文卿公支、文敬公支、彝公支、敷先公支合修族谱。至今该支人口 1600 余人。新安总祠通派：德永昌祖，业隆贤声。庭敦孝友，国选忠贞。书详人纪，诗念民生。心存至善，怀励澄清。允显良胤，雅颂载赓。

临澧杨家团杨氏 始迁祖纲公，字五常，原籍江西吉安府吉水县北门外大栗树，明永乐二年（1404）来澧平苗，扎营太浮山后，因家杨家团。字派：纲应维将师光正（邦）子（继）淮（汉、洪）自（廷）文培大家兆（士、友）汝（壁、丕）鸿（绪）开基业学定荣昌崇道树德。

临澧杨家湾杨氏 始迁祖明金公，原籍江西吉安府吉水县大栗树，明永乐二年（1404）因平苗调守永定卫，后移临澧杨家团。五世堂公，迁居彭嘉桥杨家湾。字派：明兴经堂德维将师光正吉（绍、业）大廷文兆（士、友）汝（璧、丕）鸿（绪）开基业学定荣昌崇道树德。

临澧烽火分水岭杨氏 一世德椿公，字木柏，原籍陕西西安府咸宁县南村里，随朱元璋起义。二世荣公，字仁之，镇守湖南岳州府永定卫。今以临澧县烽火分水岭族人最多。清嘉庆二年（1797）、光绪九年（1883）、1941 年、2009 年纂修族谱。派语：德永泽芳，宗昌运长。宏绍先业，光耀家邦。贤良守道，和善呈祥。晋孝书章，敦忠必旺。

桃源黄石后坪杨氏 始迁祖播公，字名远，祖籍江西南昌府丰城县大栗树，元末迁南楚，落业于桃邑之北黄石后坪。播公四传至廷诏、廷训、廷诰、廷谟、廷试，衍为五房。1931 年澧县、石门、临澧、桃源、常德、慈利、大庸，湖北之长乐、五峰、施南、鹤峰、建始、巴东等十三县杨姓联宗修谱。联宗通派：万年春一统，南北共和成。宪法遵五权，主义守三民。礼教新旧合，运会古今分。哲嗣相继起，宇宙享太平。

桃源新平杨氏 始迁祖思贤公，元顺帝时自江西丰城十二都迁于桃源县南上白石村之新店驿。至 1948 年，已传 22 代，全族人口 1000 余人，分布于安平、杨溪、漳江及湖北樊城等地。宗祠在新驿市。1926 年创修族谱。

桃源大山坪杨氏 始祖足二公，明洪武初年自建平迁居武陵。传至添凤再迁桃源县北上七里村之白鹤山下大山坪。至 1948 年，全族人口 50 余人，分布于温泉、杨角垭一带。1933 年续修族谱。

桃源杨家桥杨氏 始迁祖锡点公，明初自江西丰城柳家河船埠湾迁于桃源县南下白石村之白蒙溪。至五世心溪再移居郑家驿上二十里之杨家桥。至 1948 年，已传 19 代，全族人口 1000 余人，分布于白象溪、寺坪、沙坪等处及武陵等县。宗祠在郑家驿之杨家桥。1921 年创修族谱。

桃源陬市杨氏 始迁祖懋公，明永乐二年（1404）由江西迁桃源县东陬市中街。至 1948 年，已传 19 代，全族人口 56 人。宗祠在陬市后街。1941 年创修族谱。

桃源陬市杨家巷杨氏 始迁祖秀显公，字惟诚，原籍武冈，明永乐二年（1404）进士，官云南按察使，旋卒葬武陵，其家落业于桃源县东陬市之杨家巷。至1948年，已传20代，共720人。族人分布于三连口、杨家山边及常德等地。

桃源木塘杨氏 始迁祖发祥公，明永乐二年（1404）自江西吉水迁于武陵仁丰村之大溪口（后属桃源木塘第九保杨家冈）。至1948年，已传21代，全族人口700余人，分布于曾家坡及常德等处。清同治三年（1864）建宗祠于杨家冈。1915年创修族谱。

桃源浯溪杨氏 始迁祖真兴公，明永乐二年（1404）自江西吉水迁于桃源县东浯溪之杨家坟山。至1948年，已传20代，全族人口1200余人，分布于慈利、澧州等县。宗祠在杨家坟山。1931年创修族谱。

桃源高东杨氏 始迁祖庭秀公，明永乐三年（1405）由江西丰城迁于桃源北高东乡之杨家坪。至1948年，已传18代，全族人口1000余人，分布于天会山、仙人山、金家堉、大阳山、粟家凹等地。宗祠在高东乡之杨家坪。1937年续修族谱。

桃源西街杨氏 始迁祖庭瑞公，明中叶自江西吉水迁于桃源县城西街绿野坊。传三世至澍公再移龙船坡。至1948年，已传15代，全族人口1000余人，分布于古坟坪、浔阳坪、张家巷、南岳宫、龙潮寺、岩子坡、老龙冈等地。宗祠在龙船坡。1923年创修族谱。

桃源岩板滩杨氏 始迁祖显祖公偕弟显高、显智，明嘉靖初年自江西吉水迁于桃源县西土东村之黄泥冈，数传再迁岩板滩之剪家市。至1948年，已传18代，全族人口600人，分布于杨家垭、向家傍、阙家桥、百灵庵、沙坪等地。宗祠在岩板滩。清乾隆五十三年（1788）创修族谱，嘉庆二年（1797）、咸丰三年（1853）、宣统二年（1910）、1930年续修。

桃源土洞湾杨氏 始祖衍公，明万历间避世乱迁居桃源深水港土洞湾。清乾隆六年（1741）创建宗祠，光绪元年（1875）重修。2003年三修族谱。该族今为土家族。派名：时胜起（珊）思登国尌（绪）文士先正大德光明朝庭荣显世济则仁宏运昌顺春秋振兴忠友尚武伟学其成。

桃源菉萝坪杨氏 始迁祖春盛公，明末由江西迁桃源县南菉萝坪。至1948年，已传15代，全族人口400余人，分布于菉溪、水溪、港塌坪、三里坪、二里坪及贵州铜仁南门外等处。宗祠在土东乡港塌坪。1933年创修族谱。

石门阳泉坪杨氏 始迁祖孝祖公，原居江西吉安府吉水县鹅公桥糯米坟大栗树，元末明初携子富纲、富纪迁居澧州庹杨河，复徙石门北乡中坪北流溪、南圻朱家坪等地。富纲又由白鹤岗迁阳泉坪。明万历间创修墨谱，清乾隆五十三年（1788）续修，1922 年三修，2003 年四修。派语：舜禹益忠孝。富贵满朝廷单。国正天心顺，官清民自安。世德芳声久，仁厚应克昌。龙光昭大美，永远绍书香。

石门杨氏 始祖明甫公，字辅，号伏源，明初进士，祖籍江西南昌县官口，明洪武十二年（1379）任常德知府，旋定居常德。三世祖朝俊，官石门教谕，遂留籍石门，为石门杨氏关西祠嫡祖。宗祠建于邑城下河街。清康熙五十二年（1713）初定原谱，咸丰七年（1857）续修，1915 年三修，1998 年四修。世辈派字：（自十二派始）道长之我，宗延万代，天锡其昌。多生名士，远继贤良。昭兹来许，鸿烈丕彰。兆自先泽，克配上芳。世承清德，列祖有光。钟灵蔚秀，积厚致祥。资财丰汇，繁荣兴旺。英杰涌起，勋著辉煌。该族名人：杨锡文，字文林，1926 年随贺龙参加革命，曾任山西省副省长。

石门皂市杨氏 始迁祖元佐公，明洪武二年（1369）自江苏常州府无锡县东门外凤凰村迁居石门县西三十里三岔溪、南溪坪洞湾、悬钟峪、阎家溶、杨家村等地。清嘉庆十四年（1809）一修族谱，同治十年（1871）二修，2004 年三修。派行：名作大学芳声远，世宗儒书统绪长。自存忠厚培祖德，任承孔道立伦常。仕行仁孝多隽品，福延万代启贤良。志得青云建功业，国恩家庆天运昌。

石门杨氏 始祖安如公，子宗美，由江西迁石门南圻坪，子孙迁西溪峪。清同治十年（1871）与皂氏、杨氏合谱。后不详。

石门杨氏 始迁祖文敬公，原籍江西丰城，明万历间迁居石门翠津渡，今名易家渡。清光绪二十一年（1895）纂修族谱，1946 年、2007 年与临澧文銮公支、文卿公支等五支合修。至今人口 1900 人。

益阳杨氏 远祖辂公家庐陵，二子，锐徙吉水杨家庄，铤徙吉水湴塘。铤子宏徹，徹子延宗，派分长沙、善化、萍乡。锐子宏嗣，嗣子延安，安子克明，明子允素，派分泰和。至十五世家齐公，生三子：宗远、宗兴、宗旺。兴徙桂阳，远徙资阳，为该族始迁祖。宗远生道岳，道岳四子：友胜、友贤、友仁、友义。友胜子德荣徙南京，友贤子德理徙常德，友义徙常德东门，转徙资阳。友仁家益阳三吾村啄子山，复迁谢林港，又衍文、行、忠、信四房。清嘉庆间建友仁公祠于益邑城南。族谱始修于明成化间，清康熙二十四年（1685）、乾隆二十六年（1761）、嘉庆二十一年（1816）、道光二十六年（1846）、光绪二十一年（1895）、1942 年续修。派语：友德必思文，本廷锦明太。庆其之知正，嗣昌世应开。传家运大隆，纲纪在礼经。惇厚承先业，廉慎绍清芬。崇朴光贻训，徽典锡嘉名。志学希贤哲，奇英立伟功。

益阳杨氏 始迁祖茂公，元末自江西吉安府吉水县徙益邑十九里扛鼓塅，垦业八甲冲。其后三支，居八甲湾、孟公塘、杨家湾等地。清乾隆五十七年（1792）、咸丰十年（1860）、光绪三十三年（1907）、1937年、2014年纂修族谱。派语：元德克允朝，习立正大光。后世乾坤远，安乐定平康。诗书敦教化，忠孝启贤良。继述承先绪，英嗣愈见昌。

益阳杨氏 始迁祖辛八公，明洪武初自江西吉安府安福县落业益阳赤冈陂等处。四世安福公下添荣、添忠两房布居于大河塅、华林塅及宁乡，安祥公下添派仍居故址。清雍正元年（1723）始修墨谱，咸丰六年（1856）、光绪二十六年（1900）、1942年续修。

益阳杨家垇杨氏 始祖万钱公，原籍江西吉安府泰和县鹅颈大丘圳上。兄万金迁常德府武陵县夔家嘴，万银迁宝庆府新化县灵官庙。万钱子二：世和、世睦。睦裔不详。世和生流汉、流淮，明永乐二年（1404）迁楚之岳州，转迁益阳兰溪千家洲。淮裔又不详。汉裔明景泰二年（1451）复迁九里桃花江西岸杨家垇。清乾隆间、道光二十二年（1842）、光绪十年（1884）、1926年四修支谱。派语：万世流芳远，千秋职在廷。永兴大正国，麟现瑞祥文。应可登科甲，英贤代有荣。从知先泽厚，美富起家声。

益阳十九里七甲团杨氏 始迁祖尧俊公，字菉淇，号秀士，世居江西吉安府永丰县圳上，明永乐时偕弟尧杰、尧位来湘。杰居湘潭，位徙湖北。俊公卜居益阳十九里七甲团。生四子：允恭、允宽、允信、允惠。恭房迁沅邑沔湖托（今属湘阴），余三房仍居益阳泉交河镇。一、二届四房分修族谱，三届合修，四届又分，1932年五届又合，1995年恭房六修支谱。恭房老派：尧允源大世，运泰之士醇。有发上林秀，芳政朝纲立。四房新派：兴作邦家彦，升登甲第香。绍庭维继述，华国以文章。

益阳马鞍铺杨氏 始迁祖能履公，明正统年间自江西吉水迁此。其后衍居安庄冲杨家大屋。

益阳二十里枫子冲杨氏 始迁祖忠胜公，明嘉靖年间自江西吉水迁此。

益阳、宁乡杨氏 鼻祖营阳侯璟公。十三世孙昌材，清康熙二十三年（1684）由武冈（龙居乡牛栏山新江）迁宁乡，未几由宁乡界头分徙益阳泉山村长铺子。清同治七年（1868）创修族谱，1912年续修，1939年三修。派语：万仲汝安帐，林居再政通。光昌顺俊秀，显达启芳中。世代永承德，百年文运宏。宝贵长保守，荣华一本同。

沅江皮郎蒋杨氏 鼻祖璟公，征元有功，卒葬泰和。子十二，忠唐、忠虞、忠殷、忠周、忠灏、忠颐，皆迁徙失传。惟忠博、忠厚、忠高、忠明、忠悠、忠久由江西迁湖南，卜居沅江皮郎蒋等保。1930 年纂有族谱。派语：忠孝贻谋远，贤才定策长。恭宽信敏惠，克守永隆芳。仁义能安政，诗书可建邦。奇英多聘召，显达振朝纲。

沅江师古潭杨氏 始迁祖嘉莹公，明时由江西泰和迁居沅江师古潭，明末离散，族人多居益阳响水坝。清道光十四年（1834）续修族谱，同治七年（1868）三修，光绪二十七年（1901）四修，1940 年五修。派语：嘉猷宣有利，大道耀中天。首元儒其礼，继述启鸿贤。诗书端正学，忠孝本家传。敬祖隆先德，英才必胜前。

安化杨氏 始迁祖秀文、四杰、四佑、四佐、大勇、真普六公，宋、元、明之际均由江西泰和迁居安化。秀文公于宋时居安化南路蓝田大江，四杰公于明时居安化西路浮青，四佑公于明时居安化小东路芙蓉杉山及邵阳安坪一都，四佐公于明时居安化北路横溪，大勇公于明时居安化一都滔溪，真普公于明时居安化常丰白桃坳。清光绪三十一年（1905）六支合修族谱，1936 年续修。秀文房派语：砺畏执秀潮，思国朝汝庭。通添开纲烈，一五时必汉。景太良文学，世兴崇守正。立大功克绍，书香裕后英。四杰、四佑、四佐房派语：四海乐升平，朝廷嘉政生。文士学前美，书香裕后英。真普房派语：永荣昌华家，族道有泽必。谅真廷奇日，月凤首大时。思文德先业，宗亲重嗣贤。大勇房派语：大秉正隆名，溶忠承文武。志芳荣世远，传清白后英。集合各房续修新制派语：合代恢先业，宗亲重嗣贤。修身敦孝友，崇道本心田。发达常存善，祥和锡庆垂。良才昭圣瑞，俊彦起高轩。

安化湛溪杨氏 始迁祖士荣公，原籍江西吉安府泰和县东里，明洪武五年（1372）领引辟楚南荒，填安化县二都七甲籍，落业湛溪。清乾隆四十一年（1776）创建宗祠于湛溪金鸡里。嘉庆六年（1801）始修族谱，咸丰七年（1857）续修，光绪十五年（1889）三修，1921 年四修，时有人口 7178 人。原派：士森兴绍祖，永远大庭先。承应必达天，广厚禄崇连。兰玉腾芳彩，冈陵介寿年。续派：英才光世第，彝训守家传。科甲声名显，诗书教泽延。修和隆作育，经济任敷宣。

新化杨氏 始祖忱德公，字师周，江西庐陵人，一说泰和人，官广西签判，宦游至楚，侨寓邵州东关外杨公岭，旋迁新化，为新化始祖。由师周公五传至天继公绍卿、天绶公受卿、天绋公荣卿、天绿公命卿、天瑰公富卿，衍为五房。各房谱修不一，清宣统元年（1909）五房首次合修，1946 年续修。总祠设在县城城西。五大房班次：圣约景晖槐，天仁必宗政。文友祖廷显，朝应奉可嘉。孝敬心源笃，尊亲礼教同。家传宏作育，人道庆昌隆。

宜章赤石杨氏 始祖白清公，南宋时宦湘，开基于宜章县赤石乡平和月梅村。族人多分布在赤石、近城两乡以及四川大足，湖南资兴、新田、郴县等地。至1948年，全族人口达11500人。清光绪三年（1877）建宗祠于赤石乡平和市。

宜章土桥杨氏 始祖白清公，南宋时宦湘，开基于宜章县赤石乡平和。四传至洪礼公，再徙赤石之土桥。族人多分布在土桥。至1948年，全族人口约908人。清乾隆四十一年（1776）建洪礼公祠于土桥。

嘉禾新堂杨氏 始祖从荣公，山西大同人，宋时官都尉指挥，奉命抚南夷，经此而爱其山水。及归报朝命，乃率其子瑀复来卜居，名其宅曰“新堂”。

汝城延寿石篱下杨氏 始迁祖翠成公，明洪武五年（1372）由广东始兴县迁汝城延寿石篱下。三世福祯徙白金村，福源徙西岭。至1932年，已传21代，共1800余人。

汝城东岭白石头杨氏 始迁祖德富公，清顺治九年（1652）自广东仁化县扶溪黄石坑村迁此。后裔分布下沙界、塘湾山下及广西、广东连州。至1932年，已传11代，300余人。

汝城曲坑杨氏 始迁祖士友公，清康熙时自广东乐昌县杉木洞迁此。至1932年，已传8代，共10余人。

零陵水口山区杨氏 始祖智通公，明天顺年间自江西泰和客游湖湘，明成化三年（1467）至长沙定冲桥，成化六年至十九年在永州和零陵西乡隆庆里一带经商，并定居于梅溪。族人分布于大皮口、楼子底、大树脚等地及四川。

道县登封乡一都杨氏 始祖系福建泉州府镇江县人，清顺治十八年（1661）随海成公进京，康熙元年（1662）奉旨按察衡州府。因力不能耕，转回投旗。二十四年到永州府，三十六年到道州登封乡一都一甲落业。后人分布达头山、草鞋坪、兴桥、官家岭、罗洞、豪福等村。

东安杨氏 始祖相师公，宋英宗时任户部尚书，为避金乱，于北宋末携四子道、远、通、达游泉陵，遂卜居。远后任东安教谕，定居东安。

蓝山北屏杨氏 始迁祖璋山公，名畋（一曰始迁祖从荣），宋乾德年间奉旨南征，由山西大同县转汴梁迁湘，开基于蓝山县北屏乡石爻村。族人分布县境各乡镇及嘉禾、道县、广东乳源等地。至1948年，已传38代，共4300余人。合族总祠在北屏乡牌楼脚，分祠有十五处。

新田博大乡砠脚坊杨氏 始迁祖百一郎，元时自福建侯官因兵乱迁此。至

1948年，已传22代，共110人。族人分布十字铺。

新田博大乡杨家杨氏 清咸丰年间自宜章徙居此。至1948年，已传9代，共200人。宗祠在上杨家。

祁阳杨家洲杨氏 始祖千仕公，明洪武初年从江西迁零陵，定居黄阳司堆塘。越三世孙才通转迁祁阳杨家洲。后嗣分居丝塘冲、双江口、宝方寺。

祁阳下七渡杨氏 开基祖树德（六十八郎），明洪武间由江西吉水迁入祁阳下七都（今下七渡）。

湘西杨氏 谱称嫡祖再思之父居本于唐文宗开成四年（839）由淮南（扬州）丞调守叙州（今湖南黔阳、会同一带），治龙标（今黔城），开拓五溪（舞阳河、清水江、渠阳河、辰水、巫水）侗寨。唐懿宗咸通元年（860），再思生于五溪侗乡，十四年随父居叙州，后因功知叙州事，守沅州（今湖南芷江）。五代时再思仍奉唐朝正朔，改叙州为“诚州”。后周显德元年（954）逝于诚州，葬今贵州黎平佳所长岭岗。娶五氏，生十子：政隆、政滔、政修、政约、政款、政绾、政岩、政嵩、政权、政俭（钦）。政隆兄弟于宋太祖开宝八年（975）贡土称臣。宋廷封政岩为诚州刺史。政隆为临州知府，治湖南洞口。政滔为湖耳古州柳州等处都总管防御史，治贵州湖耳。政修为刺史，治湖南城步。政约为古州抚使，治洪州。政绾为播州知州，居湖南绥宁。政嵩为防疆使，治防疆。政权为太尉，治潭溪。政俭为威胜将军，镇黔阳。并追封再思为诚州刺史，赐爵英惠公，立庙于湖南靖州飞山。后裔分布于湘、黔、滇、桂、川五省六十八县，有苗、侗、土家、瑶、布依、水等多个民族。名人甚多，如果勇侯杨英，鸦片战争间率部抵御侵略。杨荩臣参加辛亥革命，为贵州首任都督。杨胜治为第十军上将军官。杨至诚为中国人民解放军上将。

怀化杨氏 始祖明则公，北宋年间由关西迁江西泰和鹅颈大丘赵州桥梅丁坳。三世祖首选迁贵州铜仁府，首达迁靖州莳竹县九宕梆洞。首达生七子：正金居托口，正玉居洪江岩头湾，正满居岩里，正堂居新路河，正福居辰溪木州，正禄居泸溪，正寿居常德太平门。正堂生四子：才稳居铜安（铜湾）龙家湾（后改杨家堤），才广居卧龙杨氏屋场，才进居白岩青山下（黄溪），才祯居淇滩。

怀化卧龙杨氏 始祖继隆公，明永乐年间由江右迁湘，开基于本省黔阳卧龙乡（今怀化接龙乡）。族人多分布在黔阳、溆浦、辰溪、湖北来凤等地。至1948年，已传22代，全族人口达到2万余人。清乾隆四十年（1775）建宗祠于卧龙老屋院。

黔阳杨氏 始祖克勤公，讳辛，江西赣州府宁都县人，明初自江西宁都从黔宁王开滇，授武略将军，世袭云南左卫左所千户，入官籍。至十二世文赐，字聿修，历仕安徽安庆府，以孙官赠中宪大夫，家黔阳，是为迁湖南祖。十四世兆李，字仲燮，号梦莲，乾隆举人，仕河南汝州直隶州知州，有政绩，晚居省垣。同怀兄兆杏，字春晖，号晴园，历仕湖北通山县知县，署汉阳府盐捕通判，为官清廉，致仕时一文不名。

沅陵杨氏 各支由江西、南京、四川等地迁来，分布于县境及邻近辰溪、大庸、永顺、古丈、溆浦等地，各立门户，自定班派。其中自江西迁沅者有同庆、庚七、遇公、开宗、隆一五大房。同庆公、伟公明洪武二年（1369）由江西吉水迁湖南辰州，定居沅陵。永乐间又有庚七公、厂公、遇公等奉旨拨军下屯，卜居沅陵城郊、楠木铺、沐濯铺。又有开宗公自湖北汉阳差拨授辰州府守备。同庆、同原公支于清乾隆五十五年（1790）、道光七年（1827）、光绪二十年（1894）三修族谱，于沅陵县城文昌门修建宗祠。居于官庄、荔支溪、楠木溪之庚七、厂公、显荣、仲庭支于1928年联宗修谱。居于杨支界、锅厂、溪口之遇公支于光绪二十五年（1899）纂修族谱。

沅陵清浪杨氏 明洪武二年（1369）辟土开疆，大移豫章稠民，始祖木庆公自江西迁常德，后移辰州。四世孙汝玉偕弟定居清浪。

溆浦阳和坪杨氏 始迁祖徽猷公，原籍江西吉水县。北宋建隆三年（962）同其甥滔徙溆浦阳和坪。

溆浦小水田杨氏 始迁祖显英公，原籍江西泰和县。后周显德中，由进士任谏官，宋初弃职徙溆浦小水田。

溆浦小横垅杨氏 始祖士贞公，原籍江西泰和县，明初驻防贵州，旋徙溆居桃山。明永乐二年（1404），其子镰、铭、钊等复以屯田徙居小横垅。清宣统年间，与张、贺、李诸姓相约，屯田不许卖出外姓。

溆浦杨家坪杨氏 始迁祖圣经公，原籍江西清江县，明嘉靖时徙溆浦杨家坪。子二：贤斐、贤征。

麻阳库屯杨氏 明永乐元年（1403）自江西迁江口石垅溪，生四子，长、次居库屯，三子迁贵州，四子迁苗乡。

新晃杨氏 始迁祖虎威公，字朝缵，明洪武初年由会同县四洞乡移居晃县琴堂乡同古。族人分布在楚、黔、滇、蜀等地。至1948年，已传29代，全族人口12000余人。支祠在登丰乡橙村街头。

新晃中寨侗族杨氏 始祖天应公为再思公十二世孙。天应公高祖总公，曾祖寿公因避元乱，散住八闽豫章，承袭遂绝。祖凤公由江西泰和移居武陵龙阳

（今汉寿），父康公，叔父宁公徙居城步县罗蒙寨，复徙靖州飞山。天应公于明洪武二十三年（1390）生于飞山，明永乐年间徙居新晃中寨出云洞。三传至再权公，字文炳，再权公子四：正音、正曾、正宗、正润。四房于1914年合修族谱。清乾隆五十七年（1792）建祠于高枧村，清道光二十九年（1849）建新祠于中寨。字派：再正通光昌胜秀，承先宗序顺天长。世遵清德风标远，学绍名儒手泽芳。祖述善谋诒燕翼，宪章伟烈振麟祥。相传宏作群英炳，代起人文艺苑香。

芷江杨氏　始迁祖文政、文才、文斌，明洪武末年由江西丰城县朱氏巷迁此。

芷江杨氏　始迁祖通一公，明永乐二年（1404）由江西丰城县株树巷洪桥头因避兵旱之灾迁此。

会同杨氏　序称："我杨氏自伯起公以来，后居江西吉安府泰和县石榴坪河湾渡，乃世族也。始祖万福公北宋时荷蒙朝恩，授御史，因岁荒民困，不忍流离，悉将家资赈济吉安泰和，遭吏部私恩邀结等情劾奏，律以边戍山西大同府。行至湖广襄阳县，因平素遗爱在民，惟德动天，故梦一神，爰指此城之外地名兴发潭，又名王家潭，久蕴珍宝，次早父子行至江边，果拾金盆一个，进献朝廷，幸免发遣。尔时羞归故里，因择地而迁。神宗年间居黔阳托口，后居靖州会同。"又称："越十一世至政海，笃生四子，各择乐土，以贻子孙。于是高团、翁博、酿溪，分卜其宅。其世居杨家渡者，皆四子通清公之裔。"清乾隆二十四年（1759）、五十四年（1789），道光八年（1828）、同治元年（1862）、光绪二十四年（1898）、1932年纂修族谱。世派：昌顺俊秀，再政通光。朝廷文武，云汉中华（再政通光）。秉德兴仁（逢熙定世），大配天心。辅国安邦，永远荣盛。克承先绪，甲科连登。

会同高椅村杨氏　始祖通碧公，原籍江西吉安府泰和县鹅颈大丘中排屋基，其孙昌国公于宋末元初携子盛隆、盛榜徙楚之靖城，旋隆、榜两公徙会同水一里瓦窑平。盛榜公子四：廷秀、廷茂、廷先、廷科。秀、茂两公徙居会同水二里高椅村。秀、茂房族谱始修于清嘉庆十一年（1806），光绪三年（1877）二修。旧派：廷进再政通光昌盛（循环使用）。乾隆间重订派语：廷进再政通，光昌盛世宏。国运荣其远，家声吉庆同。继承思祖泽，万代永兴宗。该族名人：杨柳青，道光进士。

会同杨氏　始祖达公，江西金溪人，元大德间敕千户，出任云南，秩满过会同而卜居安一里吉巢村。

会同杨氏　迁湘始祖景伍公，元至正年间自江西泰和奉旨征苗，落籍靖州，其子于明洪武间徙居会同。族人分布在万坛背、城八甲、丰山、和平等地。明末清初建总祠于县城内。至1948年，已传20代，丁口1508人。

会同杨氏 始迁祖昌远公，明洪武年间自江西丰城宦湘，定居会同。

通道江口太阳坪杨氏 始迁祖大伞公，明洪武年间从江西吉安泰和县迁徙此。

通道杨氏 始迁祖进昌公，明洪武初年由江西泰和县宦湘，开基于通道县中心镇。族人分布在高寨、黄强、竿子溪、大经流溪、寨老、杨家屯、黄土屯等地。至1948年，已传23代，全族人口1200余人。宗祠在县城中山街。

泸溪杨氏 始迁祖士龙公，明宣德初年由江西吉水县官湖南泸溪典史，开基于泸溪县武溪镇。族人分布武、浦两镇及忠孝、和平、仁义等乡。至1948年，全族人口2000余人。宗祠在县城上西街上坊十甲杨家巷。

来

临湘来氏 始祖复一公，元至正十六年（1356）由萧山整军至楚，平陈友谅有功，封楚守御，始居汉阳镇，继迁武昌保安门，不数年，又徙蒲圻寄鱼埠。生四子：邦宁、邦平、邦奇、邦彦。邦彦仍居寄鱼埠，邦奇与邦宁公子世镒、世锡居临湘万庳里。镒、锡先迁芭茅嘴，后由河田阪徙城陵矶。邦平居嘉鱼怀仁里。1927年纂修宗谱。

连

长沙连氏 远祖江公，讳仁业，发迹福建省延平府尤溪县魁城，传数代又徙漳州府龙岩州。至清康熙初年以盛公，讳兴亮，携子南迁，以农事起家，落业于善邑八都黑石铺大河边。同治十一年（1872）始修支谱，1912年续修。祠屋位于长坑垅。派字：兴有锡文清，炳培本立启。乃嗣绍贤良，大名长慎取。齐家学孔训，教国斯可以。克笃先人光，受福永宜尔。

汉寿东华冲、益阳连氏 明洪武时楹公为御史，靖难之变，尽节于金川门。五传而生光曜公，仕都指挥使，生得元、得先二公，自江西临川县崇德乡连家港迁楚。元公居龙阳（今汉寿），先公居益阳。清嘉庆二十一年（1816）创建宗祠于汉寿县毓德乡东华冲。清咸丰七年（1857）始修族谱，光绪三十二年（1906）续修，1943年三修。

汝城下营连氏 始迁祖三元公，清康熙时自广东省乐昌县迁汝城下营。至1932年，已传8代，30余人。

毕

安乡毕氏 1936年《安乡县志稿》载：聚居梅景乡，土户，始祖比干德成。后合“比干”二字为“毕”。

时

麻阳时氏 明洪武年间由江西迁来，现分布江口圩、兰里镇，共800余人。清光绪三十二年（1906）续修族谱。老派：华义兴荣文景庭，万盛大朝正，运必新英隆。新派：星生维有德，祖宗宏恩赐。绍启克自新，世代继光明。续派：政治崇先别，才献任赞参。化育长焕耀，庶民庆濡涵。

吴

长沙吴氏 始迁祖春事公，因元季兵燹，明洪武二年（1369）自江西南昌府丰城县瓦子街九湾大丘赤竹坡迁长沙、湘阴间，落脚大埠头，隐居鹿角寨，定居临都洞冲，今属望城区丁字镇。子崇荣、崇渊，一居北山，一居茶亭寺。至第六世，衍大金、大银、大松、大柏、大恩、大汉、大旺七房。清乾隆四十一年（1776）、道光二十一年（1841）、同治四年（1865）、光绪二十五年（1899）、1931年五修族谱。2014年大旺公房六修。派语：春崇元万世大兴正学文开承仕应安邦定国。英贤忠孝，本立隆昌。象星景运，载锡之光。该族名人：进士吴英樾，举人吴伯皋、吴邦治。

长沙星沙冷木坑吴氏 始迁祖开宏公，字佐昌，江西南昌府丰城县大培桥人，明洪武二年（1369）与弟倚正迁于星沙。后倚正应诏赴金陵，太祖擢为翰林学士，归籍南昌。开宏乃留居善化洞井铺金井塘冷木坑，继又立业湘潭高桥坝易家湾。洪武十一年（1378）建宗祠于金井塘。1928年纂有族谱。派行：开庆思智再景日时朝万启之世上士敦正学文明大。

长沙石板桥吴氏 始祖宣公。十九代孙春敬公，原居江西南昌府丰城县南斗街铁树观圳上，元至正十一年（1351）迁居吉安府庐陵县避难。明洪武二年

（1369），兄弟三人又迁长沙县大埠头吴家井。次子崇叟永乐元年（1403）由大埠头迁居石板桥杨林山口。清嘉庆二年（1797）创修族谱，道光二十四年（1844）、同治十二年（1873）、光绪二十六年（1900）、1934年续修。清乾隆四十六年（1781）建宗祠于石板桥。派次：崇元以友万，单曰思正可。必善复之申，士尚安定学。本立名显，业勤德成。宏开甲第，大启贤英。

长沙坑口吴氏 春敬公四子：崇銮、崇叟、崇富、崇贵。明永乐元年（1403）四子分往各处，富公卜居湘阴县清溪塅，贵公徙居湖北沔阳州，銮公卜居长沙县锦绣都坑口。至1948年，已传28代，人口2万余人，分布于长沙东乡路口畲、石门廊一带。清乾隆间建宗祠于石门乡峡山口。支谱始修于清嘉庆十五年（1810）。坑口吴氏派次：崇益钧汉兆，三仁友兴旺。再加添（道德宏）定国，安邦家学起。续派：英贤忠孝，本立世昌。象开锦运，永锡之光。

长沙洗马塘、青山吴氏 始迁祖显达公，讳赓，明洪武七年（1374）由江西吉安府吉水县瓦子街泗洲庙荷塘神迁长沙县雾阳乡五十七都（淳化都）洗马塘。长子添智明成化时迁大贤都青山。清道光时纂有族谱，咸丰十年（1860）添智公下君选房续修支谱。

长沙吴氏 迁湘始祖源河公，讳福朝，明洪武年间由豫章迁居湖南新化。传七世至从礼公，讳嘉诚，复徙永州零陵县石矶市。又三世至台宇公，讳正任，生五子，清康熙三十二年（1693）台宇公之配邓太君从子君相公（讳登科）昆季之请，相率徙居长沙河西之蕃家潭。台宇公祠在蕃家潭，建于清道光年间。清道光十三年（1833）始修族谱，光绪十七年（1891）续修，1948年三修。派语：正登仕朝，能大立光。显应名成，继起书香。续派：家承至德，世涌清芳。石矶近祖，绪绍远宗。

长沙七封山吴氏 始祖孟敬公，明永乐四年（1406）解组归里，由江西万载赴垦益阳。其子明聪公又由益阳徙居宁乡。明聪公之子添荣公复自宁乡迁居长沙七封山之蛟龙冲，生有六子，衍为六大房。族人分布于长沙、宁乡、湘阴及四川一带。清乾隆五十七年（1792）建宗祠于七封山。族谱创修于乾隆二十年（1755），嘉庆十四年（1809）二修，同治五年（1866）三修，光绪三十四年（1908）四修，1934年五修，2016年六修。派语：朝廷取贤，本因祖泽。孝友齐家，和平守业。志在经常，心仪道德。敬修其训，又绵斯则。

长沙望岳吴氏 始迁祖启泰公，清光绪间自浙江宦湘，开基于长沙望岳九峰乡。族人分布于沅陵、芷江、湘潭等地。至1948年，已传6代，族人共40人。

浏阳竹山园吴氏 始祖胥宇公，明洪武初年自南昌府丰城县清江迁浏阳西城营盘街。越三世至从善公徙居北乡蕉溪岭下竹山园，从善公之子奇公生四子：益伦留守竹山园，念伦迁居水源冲。本伦移居大路边，传至振宇公之子北淳入赘长沙周氏，家虽在长而仍籍浏。瑞伦移居鹅峰嘴。宗祠在竹山园。清乾隆四十六年（1781）益、念、瑞三房合修族谱，嘉庆二十二年（1817）续修，光绪六年（1880）、1915 年念伦房分修。派语：祖功宗德，笃庆锡光。代钟贤哲，济世安邦。学诗敦礼，桂馥兰香。家声丕振，先绪辉煌。

浏阳慈姑尖吴氏 始祖崇叟公，明洪武初年自江西吉安迁长沙尊阳都石板桥。十四传至之纪，清乾隆间始迁居浏北慈姑尖。

浏阳仙州塅吴氏 始祖璋公。长子延祚，字庆之，雄武卫上将军节度使，谱尊为第一代。十八代舜溪，元时徙湘阴。至二十代存忠，字玉明，号国宝，明正统九年（1444）贸易浏东仙州塅立业，为迁浏鼻祖。清乾隆三十七年（1772）建祠，堂号四行。嘉庆十年（1805）创修族谱，道光四年（1824）续修，同治十一年（1872）三修，光绪二十四年（1898）四修。派语：（自迁浏第二代始）彦文朝廷大，日时永世兴。祖宗仁万代，国正庆相承。孝友光先德，诗礼绍前型。佑启开昌运，显达炳元精。

浏阳车溪吴氏 始祖宣公由西蜀阆州徙居江西抚州临川县石井。宣公二十世孙潜公偕子铎十二公复由临川石井迁居浏阳东乡三都官渡，又迁一都卫上车溪。清道光二十年（1840）纂有族谱。

浏阳周家巷吴氏 始祖坤二公，江西南丰人，官博罗令，遂家焉。生三子：泰甫、兴甫、吉甫，其后裔先后迁浏，民国初年散居于邑东南乡。其在东乡者，别建祠于东门市，故称上东吴氏。

浏阳吴氏 清康熙初年，浏阳多旷土，吴氏六十余支自粤接踵而至。光绪十年（1884）共建宗祠于浏阳东门市，奉五代时宣公为始祖。清同治十三年（1874）、光绪十四年（1888）合纂通谱。

浏阳陈家洞吴氏 始迁祖可售公，生于广东畲脑村，清康熙初年率眷来浏阳陈家洞。派语：世祚传承远，鸿徽景纬光。积善融延庆，修仁宁启祥。宠章熙茂选，翰翼建邦良。志业宏先轨，惇宗万纪昌。

宁乡吴氏 始祖荌渊公，元时自江左无锡迁江右，后裔复徙居衡郡之衡山、长郡之攸县，继徙醴陵、昭潭、宁乡。数传至天佑公，世居江南，转江西，徙衡迁攸，明时以功授长沙卫指挥，子三：思文、思礼、思仁。思文公之子广，字通虚，生十一子，惟宽居湘潭，其他十人均徙居宁乡，惟洪、泰、志、纲四房有传。族谱始修于清康熙九年（1670），康熙四十九年（1710）续修，乾隆十一年（1746）三修，道光四年（1824）四修，咸丰十年（1860）五修，光绪二十九年（1903）六修。天佑公祠在湘潭十六都一甲南江桥，建于康熙六十一年（1722）。通虚公祠在宁乡二都东六区淡霞山，建于嘉庆三年（1798）。排行：万绍吴宗嘉映公，士登文学选朝中。济世安邦光祖德，言扬行举振先功。

宁乡老粮仓吴氏 始祖宣义公，由江西迁邵阳，后迁新化。初祖翠寰公，由新化水尾迁宁乡。明万历九年（1581）、清乾隆五十九年（1794）新、宁两邑合谱，道光二十七年（1847）、光绪二十一年（1895）、1922年、1994年宁邑分修。四修时全族人口1920人。旧派：岐均谕忠，寿志永仁。廷兴万大，福正奉承。续派：思文肇国，应诒光家。敦原敬典，德裕章华。

宁乡吴氏 始迁祖国昶公，明季自徽州休宁迁宁乡，清光绪十七年（1891）纂有族谱。

宁乡求已冲吴氏 始祖德辅公，明初自新安歙县溪南村迁休宁云源村。历六世至象先公，讳绮，即奇系公，明万历间自休宁迁湘潭，生二子：良知、良善。良善护母柩归休宁。良知生四子：文魁早夭，文炳徙醴陵，文宪、文学明末由湘潭徙居宁乡四都九区求已冲，各生八子，共十六房。族谱一修于清雍正十一年（1733），道光二十五年（1845）二修，光绪二十年（1894）三修，1932年四修。字派：奇良文光映朝廷，国政达天心。礼让家声裕，宗传大业兴。敬承宏建树，应运庆昌明。

宁乡老琥山吴氏 始迁祖继志公，明万历十年（1582）由江西抚州府东乡县白云社徙楚南，卜居宁乡三都老琥山，时仅二十一。族谱创修于清嘉庆十三年（1808），同治六年（1867）、光绪三十一年（1905）续修。

湘潭花石吴氏 一派祖添和公，字与忠，先世自江西永新迁湖南衡州，明永乐二年（1404）由衡州府衡山县吴集丰乐里徙居湘潭十五都花石龙潭冲。长子仁清生四子：如渊、如源、如海、如汉，衍为四房。清康熙二十九年（1690）创修族谱，光绪二十三年（1897）六修，2005年七修。乾隆三十九年（1774）创建宗祠。派语：（自十一世起）光良纯盛道，孝友绍家声。力田逢年，通经致用。扬于王庭，郁为时栋。六修主修孝熙，官名熙，字劭之，主讲船山书院，著《绮霞江馆集》传世。

湘潭乌石吴氏 始迁祖朝南公，字正阳，原籍四川成都府华阳县丁字堡。明洪武时官广东提督军门，永乐初卜居湘潭上十七都乌石寨。四世邦达公，置产黄草港右岸矿佳山，开四支。清嘉庆九年（1804）、咸丰四年（1854）、光绪二十六年（1900）、1942年四修族谱。班序：（自第四世始）宗明胜献自，希启世忠良。国政肇家训，修齐应运昌。春秋传礼乐，兰蕙诵芬芳。远继箕裘学，贻谋德泽长。

湘潭汜上吴氏　始祖兴公，明永乐初年偕弟自江西金溪县迁至湘潭十一都杨柳泉茶园塘牌楼山。越四世至崇显公，于嘉靖二十三年（1544）再迁六都四甲两头汜。清康熙四十四年（1705）创修族谱。字派（自十二代始）：大建文星，昭祖泽厚。孝友传家，芳声永久。

湘潭双龙冲吴氏　始祖茭渊公，宋时自江左无锡梅子村徙江右南昌府，始为湖北均州学正，后为衡州团练使。子二：胜龙失纪。胜虎二传至用忠公。用忠公生四子：长天贵公失传，三天伟公裔徙长善两邑，四天佑公徙潭邑三门。次天辅公自江右赴幽燕效力，以军功授长沙卫右营总旗，升任指挥使，出籍长沙卫，卜居潭都白市双龙冲（今属株洲市）。天辅公四传至如春、如秦、如来、如升，衍为三房（如秦失娶）。宗祠在株洲第二十一保吴家垅，建于清光绪五年（1879）。光绪二十三年（1897）三修族谱。至1948年，已传21代，族人共18000余人。

湘乡吴氏　始迁祖希敏公，职名宏，原籍江西，明弘治、正德间由孝廉任宝庆府城步县知县，因催科事繁，挂冠而隐居湘乡。清光绪十年（1884）、1928年四世大韬公裔纂修支谱。班序：清锡荣光耀，立志万世昌。祖宗祚泽厚，树本振家邦。

湘乡吴氏　始祖道贯公，字以吾，号澹庵。第三子嘉常生五子，第三子纯一居石井，生宣源，徙居庐陵儒林乡丹桂里。宣源公子二：用士、用正。用正生希信、希敏。希敏，讳宏，明成化元年（1465）生，嘉靖三十四年（1555）卒，由孝廉任湖南宝庆府城步县知县，因催科事繁而隐于湘乡。

湘乡小窑冲吴氏　始迁祖添祐公，明嘉靖间由江西南昌丰城县六十三都金滩经商来楚，开基于湘乡县四十八都小窑楠木冲。族人分布于梓门、望春、永丰、德田、永新、沐导、宣风等处。总祠在望春乡朱泥塘，另有三个支祠均设在梓门乡。清同治三年（1864）始修族谱。

湘乡望冲吴氏　始祖透公，唐天宝中以进士任安徽休宁知县，家于县西金竹。二十二传至嘉训公，字惟帧，一号楚南，偕弟汤于公于清顺治年间由皖迁湘乡，嘉训公卜居于宣丰二十都望冲，汤于公卜居于斗盐。望冲族谱始修于清乾隆三十六年（1771），道光二十七年（1847）续修，同治九年（1870）三修，1931年四修，四修时人丁1043人，1991年五修。1929年建宗祠于新桥。旧班：

文天嘉尚士，芝开联代传。英贤增德业，声闻裕才能。续班：松煌培铎，泽榜辉堂。铭湘森耀，垂锦淮梁。该族名人：吴隆海，记名提督。

醴陵枫树桥吴氏 始迁祖秀卿公，明洪武二年（1369）自江西丰城洋田村吴家市迁醴北枫树桥。清光绪五年（1879）续修族谱。至1948年，全族人口1000人。

醴陵古塘吴氏 先世明洪武初年自江西泰和迁此。族人分布于文家岭。

醴陵东冈营吴氏 始迁祖展鹏公，明永乐间自江西安福迁此。族人分布于衡阳、岳阳、四川。至1948年，全族人口300人。

醴陵高桥吴氏 先世明天启间自江西迁此。至1948年，全族人口1000人。

醴陵吴氏 该族以五代时宣公为始祖，有三子十八孙、七十七曾孙，其后裔散居闽、粤、赣诸县，清初陆续迁居醴陵。沩山支：宣公九世孙如金迁醴陵，子孙定居东堡乡沩山村。松阳渡支：其先自广东嘉应州长乐县徙居醴陵市神福港铁河口龙骨村和茶山岭乡湖下村。文家垅支：其先世于明崇祯元年（1628）由广东潮州府海阳县迁居江西吉安府泰和县，迄宣公二十一代孙奇周没，其妻刘氏于清顺治十三年（1656）率子来湖南醴陵县东乡仙石古塘冲落业，后康熙间继徙东乡十一都大林境文家垅定居，即黄沙乡山峰村。高林嘴支：宣公二十四孙茂玉于清雍正初由广东嘉应州兴宁县左鸟池来湖南长沙府醴陵县东乡汕草冲高林嘴定居，即今洪游乡永兴村。罗冲支：其先世由福建迁酃县，至宣公二十五代孙耀百，于清康熙间挈眷移醴陵泗汾罗冲邓家垅定居，即今泗汾镇荷塘村邓家垅。盐山支：其先世由广东龙川县迁居兴宁县，继徙江西泰和县方家村。迄至宣公二十一代孙佐南偕弟亦南于明万历四十二年（1614）迁居湖南长沙城东长街，其子临川于明万历年间迁居醴陵北乡吴家段。迄至宣公二十五代孙沅华由醴陵北乡油尖寨迁居大障乡盐山村。金刚市支：宣公二十四代孙复勤偕马妣，于清康熙年间从广东嘉应州长乐县南乡图西门楼横坑塘洋田三斗种迁湖南醴陵，后徙居浏阳县南乡金刚市定居。塘冲支：宣公二十四代孙复茂偕骆氏于清康熙间从广东长乐县南乡图西门楼横坑塘迁湖南醴陵县普口市鸟竹园，继徙居醴陵富里荷田柏树下，后至南桥乡塘冲定居。小洞支：其先世自广东迁江西萍乡。至宣公二十五代孙姬绅偕余妣，于清乾隆间从江西萍乡县北乡来到湖南醴陵东乡官寮，后在洪源乡小涧定居。水源冲支：其先世自广东迁江西萍乡。至宣公二十五代孙姬端随母邓氏，于清乾隆间从萍乡县北乡来到醴陵县南桥乡潼塘水源冲定居。黄丝坑支：其先从广东兴宁县曹碓坑徙江西萍乡县安乐乡张方岭居住，不久又移居湖南。迨清乾隆四年（1739）德信来醴陵北乡瓦子坪黄丝坑山丫坡立业。磨刀坑支：迄宣公二十五代孙德周之三子子云、四子子高，于清乾隆间由江西萍乡县安乐乡亭子岭迁居醴陵县洪源乡磨刀坑。尖山支：宣公二十二代孙启新，于清康熙间从广东兴宁县罗浮司迁湖南醴陵白兔潭镇尖山下三家坝定居。仙石支：宣公二十二代孙廷相、廷禄，于清康熙间从广东潮州府丰政都汤田来湖南，先寓居长沙，后迁湘潭，终择醴陵东乡普口市大燕塘（浦口镇荣坪村）定居。廷禄子孙移居王坊乡灌冲。廷相五子均往四川，后三子若礼、五子若信从四川返醴陵，其子孙居浦口镇茅坪村塘下里，散居三铺村、仙石村、东方村、保丰村、李洲村、天符村、冷水村、碧泉村、洪源乡光明村和石溪村，南桥乡石笋村高家冲和凤形村，白兔潭镇及大山村、水口村、鲤鱼村、尖山村，王坊乡泮川村、清平村、石山村等。清道光三十年（1850）文家垅、仙石、尖山、塘冲四支创修族谱，光绪四年（1878）、光绪三十三年（1907）、1940年十四支合修，2002年五修。同治间宣公下五世孙泰甫公裔十四支共建宗祠于邑东门营盘山，门联：祭则受福，享于克诚。联派：廉让开祥远，友恭发庆长。亨嘉逢康泰，运会际明昌。传家宜忠厚，立品尚端方。自从名永定，勋业振纲常。该族名人：吴德襄，字称三，咸丰拔贡，官宝庆府教授，有《石笋山房集》。

醴陵荷田吴氏　始迁祖宝公，清顺治末年自福建建宁迁此。至1948年，全族人口1000人。

醴陵南岸吴氏　始迁祖裕储公，清康熙元年（1662）自江西丰城迁此。

醴陵香水渡吴氏　始迁祖永章公，清康熙间自江西萍乡迁此。族人分布于李家山、老鸦山、萍乡。至1948年，全族人口500人。

醴陵潼塘吴氏　始迁祖介英公，清康熙间自福建龙岩迁此。族人分布于泶塘陂、香水渡、崇香渡、泗汾、清水江。至1948年，全族人口1000人。

醴陵水口吴氏　始迁祖兴甫公，清康熙间自福建龙岩迁此。族人分布于潼塘、王家坊、李家洲、萍乡。至1948年，全族人口约1万人。

茶陵洣江五垄坪吴氏　始迁祖远瞻公，因避兵乱于元至正二年（1342）由江西永新迁此。后裔分支移居洣江欧江、枣市灵官、湘东马渡等地。

炎陵石鼓吴氏　始迁祖彩华公，清嘉庆初年自广东梅县迁此，后裔徙沔渡蕨背、王家渡镇蚂蟥塘。

衡阳吴氏　始祖本九公、本十公，南宋嘉定间因金人南侵，由杭州迁衡郡，本十居市江桥。本九居上桥，生枝阖、枝开、枝发、枝茂四子。开公生用禄、用福，用禄世守上桥，用福分居大冲。咸淳末年，用禄返浙杭，用福迁江西。

越数代，用禄公裔怀仁公归衡，初居学门前，继仍居上桥。用福公裔安才公，亦于宋元之际自江西泰和县鹅江洲回衡，仍居大冲。怀仁公生六子，衍六房。清乾隆三十四年（1769）始修族谱，1936年五修，1996年六修。班联：贻谋绵祚远，恢绪喜祥麟。儒业本支用，鸿才必重仁。孝义通添子，荣华世代兴。得志思宗祖，福寿永康应。集瑞占泰运，豪杰乘时生。

衡山兴乐江吴氏 始祖峦公，字翠峰，明洪武元年（1368）偕弟梿、升、絧自江西永新县迁衡山白果，后升公迁湘潭十四都，絧公复迁江西抚州乐安县，梿公随兄居白果瓦屋冲。清道光元年（1821）建宗祠于兴乐江。2001年七修族谱。班行：（自十一代起）君星乐太平，寿命绍家声。至德嘉祥辑，时雍喜起庚。梁材蔚荆楚，国器重南衡。耀远楼台萼，丰镐竞玉成。

邵阳六逸山前吴氏 始祖家相公，抚州金溪人，清嘉庆间从其祖贸易宝庆。至同治时，子维新入籍于邵，居六逸山。

邵东百丈山吴氏 始祖武德公，与衡阳本九公同祖，由杭迁江夏，元时封建威将军，其裔元末由武昌迁邵东。1936年与衡阳上桥吴氏合谱。班联：音容推三让，武士镇乾坤。从顺凤臣兴，朝庭万载明。定国乐盛世，时道应景星。

城步花桥梓吴氏 始迁祖继周、继茂，宋末由江西徙居城步花桥梓。

岳阳吴氏 始祖恕公，唐咸通中为洪州节度使，居南昌，生天伸、天佐、天佑。伸公后唐间出镇荆湖，昆季遂居潭州（今长沙）。至宋时，伸裔居湘阴铜盆金堆，佐裔居平江田崖，佑裔居长沙杨林山口。天佑生幼相，相生光业，业生世福，福生用、轲，轲生勋、樵。勋公北宋景祐三年（1036）迁湘阴桃林，生文肃。文肃七世孙正五，为岳阳县曲尺塘吴伏九之祖。文肃六世孙钧，为湘阴大东塘之祖。文肃八世孙梦桂，为汨罗桃林之祖。文肃九世孙辉庆，字受福，为岳阳鹿角乡君港吴受福村之祖。1942年四修族谱。字派：卿思志廷必，万子允兴崇。道大邦成德，安康国运宏。玖玉开民任，承先秀茂芳。昭隆元积庆，腾乐世荣昌。

岳阳吴伏一十二都吴氏 始迁祖伏一公，明洪武年间由江西南昌府铁树观筲箕坡迁此，族人主要分布在鹿角、黄沙街、步仙区。

岳阳吴氏 始祖大有公，宋代人，世居江西南昌县吴家岭。传至四世祖铎公，字觉世，明永乐间由江西迁楚，落业于巴陵穆湖村茅湾，生五子：永滨居巴陵石桥，永渊居华邑老岭，永沼居巴陵黄古墩，永泗居巴陵赵家排，永洙居巴陵茅湾。清嘉庆十五年（1810）两邑始修族谱，道光七年（1827）续修，同治十一年（1872）三修。石桥、老岭、茅湾宗派：祥肇起文（述美重文）新世泽，先勋自古远腾芳。传家之道惟仁让，懋德千秋载宠光。

湘阴铜盆吴氏　始祖思道公，原籍洪州，三子：天伸、天佐、天佑。后唐同光二年（924），天伸侨居醴陵峡上。宋建隆间，天佐徙平江田岩，天佑移长沙杨林山口。天伸再迁湘阴铜盆里东桥，七代承祖公改移清溪。清顺治、乾隆四十三年（1778）、道光七年（1827）、光绪三年（1877）、1944 年纂修族谱。五修时合计男 1968 人，女 1058 人。农 707 人，工 379 人，商 252 人，学 77 人，军 148 人，警 16 人，法 1 人，政 8 人，医 18 人，技术 14 人，办理地方公益 27 人。

湘阴申明吴氏　始祖潮宗公，元末自江西徙湘。子舜八公居益阳桃花洞，舜七公居华容桃花岭，孙秀三公居湘潭吟塘。秀三公之曾孙俊甫公因元末兵乱而于明洪武年间自湘潭吟塘迁居湘阴胡鼻山下道士冲，后再迁于鹰窝峰下大屋吴。四子：荣、贤、富、贵。族人多分布于申明乡大屋吴、嘴上吴、牛栏塘、伞铺吴、旋家坳等地。宗祠在申明乡第十四保，建于清道光八年（1828）。至 1948 年，共 2780 人。族谱始修于清乾隆三十二年（1767），嘉庆十一年（1806）、同治五年（1866）、1938 年续修。派语：道大宏开运，英贤应世兴。齐家敦本立，治国重明伦。忠孝全先德，荣昌焕懿亲。乡邦瞻钜望，祖泽庆长春。该族名人：吴英锐。

湘阴吴家湾吴氏　始迁祖宗华公，原居江西临江府清江县家湖渡修德乡，明洪武三年（1370）兄弟四人由赣迁湘，宗益居湘阴南湖洲长丰村，宗芰居汨罗川山坪石版村，宗茹居益阳泉峰，宗华居湘阴古塘围荷波塘，后裔清康熙间又迁凤兰乡吴家湾。清嘉庆十三年（1808）一修族谱，道光七年（1827）、咸丰九年（1859）、光绪三十年（1904）、2003 年续修。派语：显祖荣宗胜，士朝志庭芳。守应景时大，文才启俊良。本深枝愈茂，源远泽弥长。勉力崇先德，诗书亦世光。

湘阴石板吴氏　始祖元三公，江都人，洪武初中山王徐达定湖南，元三充右护卫占籍长沙。三传至髦梓公，于明永乐中迁湘阴石板。

湘阴吴氏　先祖原籍江西丰城县铁树观南门第七家吴家巷。始迁祖文湘公，明中叶迁居楚之湘阴，三代单传，四传始有云龙、云凤两房。长房散居吴家坪、常家塅、黄柏塅、蓝峒等地，二房散居界头铺、熊家湾、砂林头等处。清乾隆二十五年（1760）始修族谱。宗派：文金大云台，宜宏翼亮才。勋名荣国史，节义纪容台。自是人中杰，定为天上魁。日升光正永，继世运长开。该族名人：吴应台，字伯能，崇祯进士，授浦江令，因仕绩入载志书。吴翼行，字玉山，官终信阳知州。

临湘西井崩坎吴氏 始祖伯阳公，名温，字兆一，明追赠中宪大夫，南直隶庐州府合肥县店埠村洗马巷人，元末迁湖南岳州府临湘县西井崩坎。族人分布于桃寿、忠防、云溪等乡及岳阳、湖北监利、四川等地。清道光十六年（1836）建宗祠于柳林乡畈上屋，光绪三十年（1904）移建于柳林乡骆家坪。族谱始修于乾隆十六年（1751），1991 年八续。至 1948 年，已传 22 代，共 2988 人。派支：元运时开泰，治熙景际康。惟贤邦国定，守礼朝家昌。永保先宗泽，长垂百代芳。进敦清顺世，大绪发其祥。二十世熙藻，字凤孙，号子长，榜名獬，清光绪十五年（1889）进士，著有《不易心堂集》。

华容莲花堰吴氏 该支属延陵支吴氏顾师殿分支。始迁祖峤公，东汉初年自江右迁居华容东乡莲花堰，至今已有八十余代。现居插旗、三封寺、新建、城关等地。另有七十世省三迁居监利火把堤。派语：千秋永世泽，惟本勉仲季。友袱应尚大，道省文朝宗。士锦清新照，齐治庆国典。忠孝光祖德，文章启英贤。钟远巍焕昌，声镇广汉良。智载纯佑翼，余烈增镛祥。

华容洪山头江山、周家垱、城关吴氏 始迁祖铎公，字觉世，兄弟八人世居江西南昌县吴家岭，明建文四年（1402）避兵乱，自南昌迁岳阳河西茅湾柳林洲（今君山农场），晚年迁华容茅草岭（现洪山头江山村）。二弟昭公，字明三，同住茅草岭，后迁华容周家垱。三弟青公，后迁华容城关。四弟卿公，迁岳阳石桥黄洞岩。派语：述美重（祥肇起）文新世泽，先勋自古远腾芳。传家之道惟仁让，懋德千秋载宠光。

华容南山、新河拓山圻吴氏 始祖太皋公，世居江苏句容县七户桥打铜巷，子四：易东、图南、雨西、北江。明成祖时，因避兵乱，举家外迁。建文四年（1402），易东迁华容南山，图南、雨西迁新河柘山圻竹篙窑，北江则徙监利。后人分居鲇鱼须、新河、南山、终南、万庾、三封寺、胜峰、潘家等地。老派：（自四世始）卜元孟志，建本从之。续派：火土金水木。新派：士世家良，师年道长。时维丕作，名甲尚方。

华容万庾涛湖吴氏 属延陵支吴氏军吴分支。迁湘始祖首汇公，字清江，南昌吉安县太平巷人，明洪武间任湖广岳州府同知。其孙尚澄，字渊，明永乐二年（1404）任岳州卫指挥使，宣德二年（1427）兄弟四人同子孙迁居华容万庾涛湖。因其先祖出身军旅，称军吴，后人分居万庾、鲇鱼须、新建等地。老派：首思尚志，永一万心。世祚振启，家文昌廷。新派：多士继美大，德修学必纯。鸿才光上国，有守在忠贞。

平江吴氏 始迁祖璋公、澄公，唐末迁平江，衍长寿、土龙、恩溪、五门、下乡、五角六族。澄公字元清，世居歙州婺源，后唐时因干戈纷纭，厌时不仕，隐居岳州穆家塘，后喜平江县东连云山川之秀丽，遂卜居永宁乡田岩。1942 年六修璋、澄二公大同族谱。

平江吴氏 始祖唐刺史宣公，孟知祥之婿，因察知祥有王蜀之心而弃官挈眷自蜀之阆州渡江西徙临川石井。子三：经留守石井，纶、绍随父徙居南丰。后裔散居闽、粤、楚诸省，平江吴氏大抵清初自广东惠州、潮州、嘉应诸属迁来。清咸丰十年（1860）创修宗谱，1915 年续修，1913 年建宗祠于县治北坳背。宗派：（自宣公二十一世始）世祚传承远，鸿徽景纬光。积善融延庆，修仁宁启祥。宠章熙茂选，干翼建邦良。志业宪先轨，惇宗万纪昌。

平江谢湾吴氏 宣公二十四世孙万良、万贵、万兴，清康熙十八年（1679）奉母钟氏自广东长乐县迁居湖南岳州府平江县南乡谢湾。清道光七年（1827）始修族谱，咸丰十一年（1861）续修。派行：德沼琮声远，渊源益庆长。徽音盈海宇，承启正芬芳。

常德花山进溪村吴氏 一世复公，字伯起，明朝开国功臣，谥威襄。明洪武年间由江南庐州府奉旨平蛮来楚，遂落业常德府武陵县花山进溪村。单传至七世昂公，生三子：经、纬、维。经、纬世居常德前河、后河，维公子衮于明末迁居桃源。清乾隆五十五年（1790）修建宗祠。乾隆二十五年（1760）肇修族谱，道光二十一年（1841）续修，光绪六年（1880）三修，1948 年四修。派略：（自十七世始）嘉名肇锡，运际其昌。学宗周孔，道正朝常。元勋光启，宏业宣扬。允文振武，兰桂腾芳。

常德药山吴氏 始迁祖超远公，字群占，丁元季之乱，明永乐二年（1404）兄弟九人由江西吉安府吉水县三都大樟树迁楚，卜居武陵药山坪万福寺。清道光、光绪十六年（1890）、1923 年、1998 年四修族谱。原派：启开文运达，应尚可以之。廷世朝国永，祥光万代施。老二房原派：启开道必添，明廷自世希。学之朝国永，祥光万代施。老三房原派：久金成练玉，文正木凤国。士道之宗祖，德光万代施。老四房原派：启开文运达，应子可以之。廷胜朝国永，祥光万代施。续派：积善承先绪，嘉谋裕后昆。诗书绍圣泽，孝友振家声。

常德善卷吴氏 始迁祖华一公，明洪武初年自江西清江县窝团坡双碑巷宦游至常德府武陵县，遂定居于此。1929 年纂有族谱。

汉寿顺阳铺吴氏 始迁祖顺阳公，明天启间携弟楚阳公由江苏常州府无锡县太平街苏子巷永兴保迁居汉寿五里牌，今称顺阳铺。清嘉庆间肇修草谱，光绪十二年（1886）续修，1941 年三修。派语：于彼朝阳国，世玉成宏开。正大宗先兆，光明永达昌。文心连启裕，德枝发贞祥。

安乡吴氏　始迁祖希沆公，明末清初携眷由江西大樟树至洞庭湖西畔，捕鱼为生，辗转澧县毛里湖、临澧、安乡，后定居安乡边陲之东。2016 年纂修族谱。字派：希东三之士，邦家万里承。朝选思贤政，国真在良民。

桃源菉萝坪吴氏　始迁祖益公，明洪武时自江西宦游至常德，解组后迁县南菉萝坪。至 1948 年，已传 20 代，全族人口 600 余人，分布于海螺山、红岩嘴、桥木岭、小湫溪、大湫溪、岩门口等地。宗祠在红岩嘴。族谱创修于清同治十二年（1873）。

桃源黄石吴氏　先世原籍江西金溪，始迁祖牲水公，明朝中叶始迁桃源县东陬市。清初再迁黄石。至 1948 年，全族人口 200 余人，分布于青云、莫溪、灵岩、三阳等地。宗祠在黄石上街。族谱创修于清光绪三十年（1904）。

桃源浯溪吴氏　始迁祖国宁公，明末清初由江西迁慈利，再迁桃源县东浯溪之吴家坡。至 1948 年，已传 16 代，全族人口 200 余人。支祠建于吴家坡。族谱始修于清光绪十六年（1890）。

桃源赫曦峪吴氏　始迁祖鼎同公，明末清初因避乱由江西吉安迁来。2013 年纂修族谱。字派：山钟景先泽，广大治长兴。前德谕昭显，宏功永继承。才能传祖学，孝友迪贤良。从善登淳化，超宗守典常。该族名人：吴景鸿，曾任湖南省内务司司长。

桃源红岩嘴吴氏　始迁祖俸粟公，清康熙三十七年（1698）自新化龙塘迁桃源县西北之红岩嘴。至 1948 年，已传 11 代，全族人口 600 人，分布于吴家冲、菉萝坪、泰和桥、漳江镇、道人山、风火殿、黎家嘴、天宝山等地。宗祠建于红岩嘴铁炉湾。族谱创修于清光绪元年（1875）。

澧县、临澧吴氏　始迁祖守忠、守仁兄弟，原籍江西南昌，宋元之交迁湘。守忠公居澧州滟洲、仙鹤山、罗湖垱。又有恭公支下观音庵征鸾公一支，明永乐二年（1404）由江西吉安府吉水县大栗树迁观音庵。守仁公首迁江南徽州府歙县。明太祖时，守仁公支下三世孙吴履、吴贞、吴良兄弟随驾。洪武五年（1372），辰澧十八洞蛮反叛，良公随邓愈征讨，履公六子仲仁、仲义、仲礼、仲智、仲贤、仲伦随军赴澧。平定后礼、智、贤、伦落屯游家洲。两支前修不一，1922 年合四修族谱，2018 年五修。守忠公支派语：文葵展以□□□朝希廷国遇维志启国文明肇远泽。守仁公支派语：文蕉履仲□本□廷大应朝国首昌文章世承敦先泽。合派：（自二十一世始）泽传家学，业振沅湘。忠厚孝友，永保吉祥。

澧县吴氏 大门始祖期、复、良、海四公，安徽人氏。复、良二公随明太祖起兵。复公子杰公洪武四年（1371）随曹国公领兵设立九溪卫，把守苗“蛮”，授职千总，永乐二年（1404）屯驻澧州安石等地，落业唐桥寺、唐桥岗二处。期、海二公子孙随之落业澧州。二门必荣公一支由江西吉安府吉水县迁澧，初居坪湖柳家湾，后迁木溪峪。三门胜德公一支洪武二年（1369）由江西大栗树迁唐桥寺，落籍乾河。四门原居湖北荆州监利县，后迁石门渫阳、澧县杨家坊。五门原居宜昌府长乐县，后迁垱市涔阳村。上述五门1922年共建祖祠。六门明清公一支由华容迁澧州陈家湾。1940年六门曾合修族谱。又一支昌浦、昌茂二公，成化元年（1465）自江西吉安府吉水县大栗树迁澧州恺里长茅塌。2011年七支再续族谱。

张家界茅冈司吴氏 始迁祖统志公，元时官永定县茅冈司，遂家于此。

张家界朱家溶吴氏 始祖复公，字伯起，明太祖时因征战而自江南庐州府合肥县徙湘，开基于大庸县（旧永定，今张家界市）北镇乡朱家溶。生五子：元居张家界，亨徙常德，利迁石门，贞迁澧县，杰回合肥。族人分布于北镇、官尹、康中各乡、常德县老官堤、石门县打岩厂桐山村、澧县津市堤阳、湖口及合肥县等地。宗祠在张家界北街。至1948年，已传20代，约5000人。

慈利吴氏 始迁祖道隆公，元末携弟道辅徙慈姑州，道隆居溇北，道辅居澧南。另支始迁祖继源公与兄统志公，南宋末年由江西南昌迁慈阳周皋坪，今永定区官庄坪，后继源公又迁九都道湾峪。2005年慈利吴氏二十九支合修族谱。统志公裔派语：汝载尚文德，成名誉远扬。贤仁辉祖学，友爱迪前光。积善敦元化，敬先受运昌。

慈利笔津吴家塌吴氏 始迁祖道隆公，宋元时因征苗自贵州迁湘，开基于慈利县笔津乡吴家塌。族人分布于本省各县及川、贵、陕、豫等地。道隆公总祠在吴家塌。清道光间始修族谱。至1948年，已传28代，共4万余人。

桑植赤溪吴氏 始迁祖文采公携孙仲朝、母嬴氏，因逃难于清康熙末年自辰州泸溪县观音阁迁居桑植走马坪乡唐家塔苦竹界，再迁今赤溪乡吴家湾。后人分布在赤溪、竹叶坪、空壳树等乡。

桑植吴氏 先世祖籍江西泰和县西乡里。始迁祖应棵、正武兄弟，清雍正二年（1724）自辰州吴家寨迁桑。应棵落业于今利福塔舒家坪，正武落业于今官地坪黄家台。后人分布于唐耳口、洪家楼、南岔龙头、吴家坡、利福塔舒家坪。

益阳黄鹤村吴氏 迁益始祖镇裕公，以道公之孙。以道公由江西饶州府安仁县徙武昌府武昌县。唐懿宗时，镇裕公授益阳宣教，卒葬益西九里黄鹤村。子朝斐公遂落业益阳。南宋淳熙二年（1175）始修族谱，元元贞二年（1296）二修，明永乐元年（1403）三修，清乾隆五十二年（1787）四修，1916 年七修，1949 年八修。江西原派：宇宙光明憬，绵延肇大魁。修齐昭治法，以律镇朝霆。历代老派：义礼可承宗，贤良正学聪。嗣昌在积德，善本孝惟先。时逢克登仕，定功金奉源。国应兆荣芳，历世允安祥。续修新派：达道从前训，经书迪哲英。文章恢祖泽，敦信振家声。

益阳山梧村吴氏 谱称“自肇基以来，其远祖犹列垂丝，但生卒遗忘，杳难稽考。递传至评事国相之子兴教公，世籍安化，逮三代必元公，贸易资江，爱风俗之淳，挈发妻彭氏徙益之治南十六里山梧村，卜地居之，即我八房始迁祖也。今世系追尊安邑之兴教公为一派祖”。兴教公，字可述，号盛教，生元祥兴年间，没元至正四年。清雍正六年（1728）、嘉庆二十三年（1818）、同治元年（1862）、光绪十八年（1892）、1924 年五修族谱。派语：兴通必德谦，椿廷时子正。天佑太平晓，训佳邦大盛。光宗增志士，应运汇熙朝。品单升恒颂，功崇晋锡超。

益阳沙头吴氏 始迁祖福公，明初自江西吉安府吉水县圳上迁居楚南，数传至金富、金贵，落业益阳沙头。再传应祺、应祥，始分两房。清咸丰十一年（1861）、光绪三十四年（1908）纂修族谱。

益阳十八里兰家托吴氏 始迁祖德重公，明洪武三十一年（1398）自江西吉水来此开垦。后裔八支，六支外徙，二支居兰家托、干家洲。

益阳九都吴氏 一派祖学明公，子世春、世晖。世晖子冰鉴随世春于明正统、弘治间由江西临江府清江县崇学乡迁居益阳县，世春居三堂街，冰鉴居岐市。明万历四十三年（1615）、清康熙六十年（1721）、道光七年（1827）、同治六年（1867）、1913 年、1941 年纂修族谱。派语：学世鉴奇，献禀一忠。必召棠允，志宰传隆。守其成式，裕之有时。迪光惟哲，敦本可思。运会益昌，气醇以厚。实茂英声，从先振后。

益阳西湾吴氏 始迁祖圻公，字文广，明弘治八年（1495）由江苏吴县包山迁益阳圻首，建祠西湾。清乾隆七年（1742）、嘉庆四年（1799）、咸丰十一年（1861）、光绪二十四年（1898）、1929 年五修支谱。派语：思嗣周京，大启光明。家传远裕，国鼎垂勋。秀发英贤盛，昭彰世序新。敷荣增吉善，永绍庆升平。

益阳吴氏 始祖伯泰、伯芮公，伯泰公子孙多由江右迁湖广，伯芮公子孙多由江右迁八闽及五岭、两湖诸地。今则两房子孙多分布于长、宁、益、新、安各县，而在益者尤以泉交镇为多。伯泰公房分为共一、共二两支，伯芮公房分为崇甫、泰甫两支。共一传道卿房，共二传受树、受椿、受松、受梁、受柏、受材、受梅七房，崇甫传友文、友衡、友用三房，泰甫传福美、福育两房。伯泰公谱倡修于清雍正四年（1726），再修于乾隆五十九年（1794），三修于道光十三年（1833），四修于同治十年（1871），五修于光绪十七年（1891）。伯芮公谱创修不详，再修于乾隆三十二年（1767），三修于嘉庆九年（1804），四修于道光二十五年（1845），五修于光绪二十年（1894）。1927 年两大房合修。合订续派：笃生英哲，三让发祥。祚传唐宋，乃觉益彰。蕃衍南服，泽润湘江。诗宜绳缉，毓秀怀芳。

益阳吴氏　始祖瑞升公，明洪武初由江西吉安府永丰县迁湖北安陆府钟祥县。清康熙二十一年（1682），其十一代庭柄、庭柱迁湖南益阳甘溪港。后又有庭桢公子应吉迁益阳鹞子湖，后庭柱公孙正科兄弟迁西蜀。柄、桢两房后裔繁衍于益、沅、南三县。清嘉庆十七年（1812）柄、桢两房分别立祠纂谱，咸丰、同治间又各自续修，光绪二十七年（1901）两房合修，1930 年四修，2006 年五修。字派：瑞钟祖德，肯志谦诚。蒙可庭应，正大光明。如松之盛，宝树敷荣。诗书孝友，克振家声。

桃江大粟港、泉峰吴氏　谱称该族源出泰伯、仲雍，延陵季札传世，积厚流光，蔓延天下。传至第六十五代嗣孙均重公，于元成宗年间自江苏丹阳游学于长沙，后居益阳黄婆滩，今属桃江县大粟港。生八郎公，元末兵乱，避居高城寨。至孙伏二公，见桃江泉峰滩土肥地沃，风景幽雅，遂定居于此。自明嘉靖二十七年（1548）创修族谱，至 1994 年凡八修。以均重公为一世始迁祖。宗祠建于九里近仑湾。祠联：至德称三让，延陵第一家。泉流尽是朝宗水，峰峙无非顾祖山。正史肇记世家维我祖太伯自号句吴数千年胄裔寝昌迄于今讲让治礼犹是端冕典则，中华夙称农国溯先妣姜原载生后稷十二州人民以育愿此后吹逐歌雅无忘稼穑艰难。派语：延陵均郎伏，应胜必文崇。允承先世德，正继后贤宗。声名昭让国，秩序兆安邦。成才征蔚起，奕祀愈腾芳。振家传令范，贻泽润新梁。祺昌辉广宇，兰桂焕宏章。第二十一世孙吴尚，谱名昭庠，为国民革命军第八军军长。

桃江渣头冲吴氏　始迁祖兴华公，字羽仪，号晴川，原籍江西吉水县，元末明初兵燹之际自襁褓中脱离，后卜居益阳五里之渣头冲，今属桃江。生五子：汝聪、汝明、汝正、汝直、汝达，衍为五大房。四世时明琇徙常德，五世时廷锡迁汉寿，六世时著环、著珍迁桃源。常德、益阳、桃源、汉寿、安化、宁乡六县族谱始修于清乾隆二十三年（1758），嘉庆二十二年（1817）二修，咸丰九年（1859）三修，1917年四修。光绪二十年（1894）建宗祠于渣头冲。

桃江峡流溪吴氏 始迁祖继先公，原籍江南江阴，明永乐六年（1408）携子文政、文献迁居益阳峡流溪，厥后文政子孙转徙他方，分居黄泥湖、史家洲、龚家坪、鹿鸣桥等地。今椒衍蕃盈，聚居峡流者多文献后裔。清乾隆十四年（1749）、乾隆五十四年（1789）、道光七年（1827）、咸丰九年（1859）、光绪十六年（1890）、1914年、1943年七修族谱。字派：祖德继文，志凌道一。大贤忠良，辉映家邦。声名肇启，衍庆最长。永新世泽，锡祚其昌。十五派裔孙吴家榜，光绪间署理长江水师提督。

桃江沾溪吴氏 始迁祖良溥公，清雍正八年（1730）由桃江峡流溪迁沾溪。与泉峰吴氏合谱。

沅江老挖塘吴氏 始迁祖宗益公，明洪武三年（1370）由江西迁居楚南沅江县七都老挖塘。

沅江吴氏 一派伟渊公，字浩然，号澄斋，明洪武间由江西吉安府永丰县石马村始迁沅邑白驼保。二派福元公，赘顶萧门。三派分常、英两房，一居四都郎保，一居三都白保。清乾隆八年（1743）、咸丰十一年（1861）、光绪十一年（1885）纂修支谱。派语：伟振俊世理，必应孟奉士。嗣相廷金秀，吉辉功允起。景运正光昌，贤儒大道长。文章华国祚，明德肇书香。

沅江大潭吴氏 始祖溥阳公，明嘉靖间偕子士用公由江西迁居湖北沔阳州。士用子从周于清初南渡洞庭，见沅邑大潭山水之奇，遂卜居于此。清道光二年（1822）创建宗祠。道光二十四年（1844）创修族谱，光绪二十五年（1899）续修，1941年二修。派语：（自五派始）启白大朝堂，传家世德光。书林文国美，才学永隆昌。

安化丰乐吴氏 始祖南宋木兜公，南宋隆兴间自江西徙楚南宝庆府邵阳县三溪六都石陂。又传九世至通良公，于元延祐七年（1320）自邵阳迁居安化丰乐乡胡村冲（今属涟源市）。清康熙三十九年（1700）建宗祠于邑城西门。族谱始修于清雍正二年（1724），乾隆五十九年（1794）重修。

安化吴氏 始祖木裕公，南宋时偕堂兄木兜由江西迁居邵阳，兜房通良徙常安胡西冲。裕公裔通慧徙溆浦穿石江，至文贵公卜居归化印石。清光绪四年（1878）通慧房八修族谱。裕房派语：文彦兴孟明，振承尚国士。兜裕两房合修派语：世朝能大立（水长毓大立），光显应名成。兜、裕两房新辑通派：荣章逢泰运，华锦茂芳春。泽厚崇先志，祥开锡上珍。诗书培俊秀，治典际昌隆。纯笃怀仁本，时和育萃英。

安化三里桥吴氏 始祖安逸公，讳才余，世居金陵常州江阴县顺化乡圳上，生均敬、均礼。敬生凌汉，礼生凌演、凌溶。明成化二年（1466）汉公偕弟演、溶来楚，悦安邑山水之美，遂落业三里桥。演公旋徙仙溪，后裔复迁益阳泉峰滩、白马庙等处。溶公落业资水，另谱。清道光五年（1825）汉、演两支合修族谱，光绪十四年（1888）、1925 年续修。派语：立志光先祖，中兴世业新。仁厚开来远，孝友永能承。续派：习礼家声绍，逢时定吉昌。崇文彰盛典，上达显贤良。

安化吴氏 始祖文贵公。二十九世孙又绍公，宦名宇，号泮山，初任广西南宁府税课大使，升南京刑部司狱，解组归游，明万历间悦安化山清水秀，遂卜居安化。又一支文贵公二十八世孙椿公之子国立公自庐陵徙居安化长田。清乾隆五十四年（1789）泮山公裔建宗祠于安化三都镇东坪，光绪五年（1879）建总祠于安化县城西门内。康熙三十四年（1695）、康熙五十八年（1719）仍与庐陵箭山合修，嘉庆十二年（1807）、咸丰三年（1853）、光绪十年（1884）、1928 年安化续修。派诗：（以又绍公、椿公为安化第一世，自第五世始）光振恩荣让祖贤，文章礼义继宗编。簪缨历世登金殿，冠履盈庭乐锦筵。唐有贞观垂上誉，晋为太守操清廉。基由德化开斯盛，愿尔子孙万亿年。

新化吴氏 该族尊木兜公为迁湘一世祖，先世居江西吉安府泰和县，南宋德祐间官大理寺评事，迁居宝庆府邵阳县。九世通良公迁安化。十一世政理公，明洪武间自安化迁新化鹅洋塘，派衍德、朝、成三房。清康熙五十九年（1720）建通良公祠于新化城内东岳庙门首。明万历间新化、安化、湘乡三邑合修宗谱，为始修。清雍正五年（1727）木兜、木裕二公后裔合修宗谱，为五修。光绪三年（1877）二宗又合修，为八修。光绪十九年（1893）通良公裔独修，为九修。通良公裔派语：文章开泰运，嗣续茂芳春。仰维宗祖泽，敦本继家声。时际隆平会，恩敷治化纯。承先怀让德，万代毓奇英。

新化炉观吴氏 始祖木兜公，南宋隆兴间徙楚南宝庆府邵阳县三溪六都石陂，七世孙兴续公自豫章徙新化炉观，生文质、迁山。文质后裔仍居炉观，迁山迁居谢公滩。清雍正五年（1727）安化始修族谱，称五修，乾隆五十九年（1794）六修，道光二十年（1840）七修，光绪三年（1877）八修，1919 年九修。

新化龙源坪吴氏 始迁祖宣义公，北宋祥符五年（1012）由江西泰和县四十一都圳上奉编迁湘，初居邵阳黑田铺，继迁新化高坪，后再迁龙源坪上。七世孙寿孙公再迁风井茶园头水东湾，生三子：志贞公居上冲，志高公居下冲，志明公裔散居石漕、新桥边、高坪、水尾及宁乡等地。清同治十一年（1872）建宗祠于吴家冲。族谱始修于明万历年间。

新化龙潭吴氏 始祖道卿公，元大德中始居新化龙潭。十五世思树，字尚松，乾隆进士，历官岳州教授、新泰知县，著《通史》百卷、《治河论》八篇，《沅湘耆旧集》存其诗。

资兴双溪洞吴氏 始迁祖志富公，宋隆兴进士，世居江西泰和，奉简命出宰郴邑，历任永兴、兴宁（今资兴）县令，挂冠隶籍兴宁双溪洞头。越四世至光连公，生明、彭、禄、彰四子，析为四房，分居泸渡头、桂阳江头（今汝城）、双溪洞头、青草坦头。明万历间一修族谱，清康熙间、乾隆十二年（1747）、嘉庆十七年（1812）、道光二十六年（1846）、光绪十四年（1888）、1941 年、2004 年续修。字辈：志亮广光明，则富荪绍宗。王仕永大万，翰应晃文百。孝弟立本先，载锡庆清传。佑启家声振，腾芳奕代延。世得丕承休，英豪裕远猷。形端忠义顺，谟烈翼千秋。

桂东龙溪吴氏 始祖志富公，原籍江西吉安府泰和县县背，宋隆兴进士，授兴宁县令，遂籍兴宁黄泥桥。元末明初仲清公，由耒阳徙居桂东龙溪，历四代衍广斋、忠斋两房。清嘉庆十五年（1810）、道光二十七年（1847）、1916 年、1947 年纂修族谱。排行：家国盛齐治，道先诚正修。鸿才开泰定，骏望伟勋猷。洙洛源同浚，伊周仕匹优。创垂为可继，万世振箕裘。

宜章吴氏 先世淑公，字正仪，原籍江南镇江府丹阳县人，宋淳化中博士。子佑公，字启后，由指挥使镇守湖广桂阳州，著籍溪口。佑公四传至仲明，字东阳，元至元二十九年（1292）授宜章教谕，后卜居邑南十里许营吴家村。子孙析为三甲。清康熙三十年（1691）始修族谱，乾隆六十年（1795）、道光二年（1822）、光绪三十年（1904）、1930 年续修。乾隆四十六年（1781）新建宗祠于邑城南关。字派：（自十世始）廷必大应三（廷良天文显、朝本宏单先），国家集德延。楚南开统绪，章邑广宗传。科甲奎光灿，琼都瑞景宜。熙元增福寿，继述绍前贤。

宜章满塘吴氏 明初由茶陵卫调守宜章满塘。

汝城江头吴氏 始迁祖万全公，宋初自江西庐陵县徙汝城江头。后裔分析南乡九工圩、中乡高乾岭、泉塘、蛇岭脚。至 1932 年，已传 24 代，共 300 余人。

汝城吴家垇吴氏　始迁祖学举公，明中叶时自广东乐昌县迁此。至1932年，40余人。

道县石下渡村吴氏　先世居山东青州府益都县，至唐景宗时，一世祖宏公宦游长沙，尽忠楚室。二世祖可思避乱迁道州蒲渴。后裔宋仁宗年间迁居东门锦里。族人分布石下渡、绕塘等村。

蓝山南平乡下湾村吴氏　始迁祖二郎公，由广东凤阳分来。后裔分布楼下村。至1931年，共525人。

新田尧凤村吴氏　始祖寿六郎、康九郎，宋时由江西泰和避难来湘，始居宁远西洞，继徙邑南赤背洞之郑福禄村。至胜全公于明洪武年间迁居新田县明义乡尧凤村。族人分布于宁远县舜陵乡之田心吴家。宗祠在尧凤村。至1948年，已传20代，共300人。

怀化吴氏　始祖仁荣公，明隆庆年间受命至湘黔边境平苗，后留居火马塘。其后裔朝文、朝武迁往铜湾仓前，又传至第四代子忠、子臣于清道光年间迁入今活水乡龙星村。

溆浦岩板乡吴氏　始迁祖宗魁公，原籍江西泰和县，元至正时迁此。

麻阳吴氏　始迁祖富可公，原籍金陵，后徙江西泰和县枣子湾隐居。元皇庆元年（1312）宦贵州铜仁，途经麻阳新营而甚爱之，解组后遂卜居于此。富可与新营龚姓结为至交，改姓龚，子孙融入龚姓之中，后有部分后裔复姓吴，故有“龚吴一家”之说。明成化年间，一部分后裔分迁于程禾溪、米沙、咸子坳等地。1992年，龚、吴合议字派：祖德广众继千古，雄才博义续百标。府兼龙凤越九昊，院备图腾跃五高。

新晃吴氏　节干公次子六六公，讳亮，号月江，官任巡检。第三子世万，字斯年，号炽南，行七十六。先世由江西徙广西，后徙湖广会同远口。元至正间举茂才武略科，同兄奉旨救乱，兼平黔楚苗猓有功，封千户五品，留夜郎，后猎于沅芷之西溪，见山明水秀，遂于明永乐间邀同人姚君赞、龙奇盛、谢天飞并携外甥杨天应等均适乐土而家焉，为西溪开基祖。子品象，袭父职，生官、铭、保、阶、未、锡、晚、强、赛、鲁、寨、兰十二房。十房富鲁公居大坡寨，为大坡寨始迁祖。清同治间该族曾议修谱而未成，1937年始修。字派：再正通胜秀，文昌必克光。家风延至德，宗派衍天潢。燕翼贻谋远，书香继世长。树人培大本，桂子自腾芳。

新晃冲塘吴氏　始祖富赛公，行十一，明洪武十年（1377）因征苗自贵州迁湘，开基于晃县（今新晃）登丰乡冲塘。族人分布于本县及贵州三穗等地。

宗祠在冲塘。族谱始修于清同治元年（1862）。

会同岩头吴氏 始祖盛公，三传至节干公，子三：六五徙贵州鸡峒，六六徙渠阳，六七仍居远口。六六公长子世爵，仍归远口。子尚纲，字习珍，徙会同岩头阳田村。清道光十七年（1837）始修族谱。

靖州吴氏 远祖唐时兢公，官九江德化令。六世孙篪公生十子：哲居庐山，盛迁湖广天柱县远口，亮于元末迁居靖之贯头，雄居六团乡。至清光绪三十四年（1908），已传24代。

龙山双堰苗族吴氏 始迁祖廷广公，由四川迁此。字辈：廷均雨山高，家长传万代。文明宗友士，公德发天下。

吴杨

洞口山门吴杨氏 该族本杨姓，一世元翁公，字善长，原籍沅州府黔阳县，生七子：南玉、端玉、怀玉、兴玉、祥玉、荣玉、辰玉，居陇溪、卢里、苏家冲、张思坪、武冈等地。端玉第四子用初，元末明初人，自黔阳苏家冲迁居武冈山门，今属洞口，子宗旻、宗亮，伴居继父吴元受公而承吴祧。清康熙五十四年（1715）七房纂修草谱，道光二年（1822）山门吴杨氏始首次付梓，同治十三年（1874）续修，光绪三十四年（1908）三修，1992年四修。七房合班：元玉用宗仕，志景杨显万。再宗国朝文，邦永盛道传。央贤隆埋学，忠孝华国本。耀荣承先泽，积德家声振。

旷

南岳旷氏 始祖东汉河阳侯宣公，本姓黄，数十传至唐神龙间郓国公贤，生旦、丞二公，以难改姓“邝”“旷”。丞公徙江西吉州。凡二十传至善卿公，生汝霖、作霖。汝霖因慕衡岳山水之胜，元末明初自江西吉安府庐陵县境竹小源迁居衡山杨林头左家坪，今南岳祝融水口。作霖迁攸县。汝霖生道孙、进孙、胜孙。道孙生仁清、仁泰。仁清居衡山福田东湖，称东湖房。仁泰生惟宽，居南岳止观桥，后衍材、清、兴、诚四房。清雍正三年（1725）、乾隆元年（1736）、乾隆二十九年（1764）、乾隆五十七年（1792）、道光五年（1825）、咸丰十年（1860）、光绪十七年（1891）、1920年、1941年、1993年纂有族谱。至1993年，共有丁口48112人。班行：士本大儒（圣贤）学，一经启运昌。文章鸣国盛，礼义兆家祥。懿德流芳远，先畴缵绪长。忠良绳祖武，勋业振河阳。该族名人：旷深本，雍正年间武进士。旷敏本，乾隆元年进士。旷学本，乾隆二年进士。旷楚贤，乾隆四十六年进士。

醴陵梢冈旷氏 始迁祖若霖公，明洪武初年自江西庐陵迁此。族人分布于燕头、龙禹湾、榨平垅。至1948年，全族人口400人。

常德旷氏 该族以东汉宣公为远祖，本姓黄，治水有功，封河阳侯，家南阳白水。传至贤公，唐神龙间拜右相，居汴梁，二子以族难易姓，旦改邝，丞改旷，徙陈留。丞再徙吉州，后以安禄山之乱，调安城参军团练使，遂居东蒙冈。至寿一、寿二公于明永乐年间自江西吉水迁常德武陵。族谱创修于清嘉庆十六年（1811），咸丰十年（1860）续修，1941年三修。派语：（自十二世始）玉大文章秀，嘉言自汝昌。贤能待国用，名成必有光。庆余由善积，宏第焕湖湘。

洞口旷氏 始祖孟宗公，江西庐陵敖城人，官居学士。子中信公，宋绍兴间因金人南侵，而迁居武冈江南垅，今属洞口县管竹乡洪桥村，谱尊为一世。中信生三子：厚载、厚爵、厚禄。爵迁新化，禄迁沅江，载留居故土。后裔散居群溪、尖江、柘溪、路下冲、石井等处。清光绪元年（1875）始修族谱，宣统元年（1909）二修，1993年三修。至1948年，共有族人1218人。宣统二年（1910）创建宗祠于神溪。前班：中厚家国治，风云时会合。惟添道久永，行万世正清。仁理良自育，守志依昆仑。后班：懿德流芳远，先畴赞绪长。忠孝绳祖武，勋业振河阳。

咼

邵阳咼氏 咼氏著姓始于列国，以卞和之璧为咼，氏为和堂之名。原籍楚北，后徙吴西，复楚南及西蜀而居焉。始迁祖成公，明洪武四年（1371）自江西南昌迁居邵东深坑边咼家桥、郡内咼家园。清康熙二十三年（1684）、乾隆五十九年（1794）、光绪十一年（1885）、1937年、1997年纂修族谱。班序：仕景思一世，廷登懋养万。荣宗开文昌，助朝京殿安。心境本长美，书田桂发香。积善余庆淳，修身福寿康。

华容咼氏 始迁祖正德公，宋太祖时官大理寺评事，原居湘阴，后徙居监利。递传六世，有兄弟五人，分徙石首、公安、岳州等地。长兄西孙在南宋建炎末年迁居华容胜峰筲箕塌。有二子：长子门贵任淮海兵备道，致仕后落籍湖广荆州府公安县，为公安始迁祖。次子荣颁世居华容，子孙星居华容、石首各地。祖派：正从闻仁世，克寿孙荣成。思必仲海经，应养一鸣南。宗派：家人同履泰，鼎将晋升中。临豫师谦益，复观大有丰。续派：乾元恒济泽，坤利萃咸亨。积善征余庆，含章定可贞。

岑

蓝山舜乡清塘岑氏 始迁祖由贤公，清时自江华迁来。至1931年，凡1户，男6人，女8人，共14人。

利

蓝山宁溪利氏 始迁祖贤生公，明初由广东肇庆府高要县壮游江南，留守左卫，明洪武二十三年（1390）奉命来湘平乱，驻扎蓝山县宁溪，因剿寇有功而留居军屯。族人多分布于军屯、宁溪以及江华县等地。至1948年，已传21代，共250人。宗祠在军屯。

邱

浏阳大瑶邱氏 远祖伯显公居洛阳，三传至君道公迁浙江。四传至晋之公迁福建邵武，居建宁八都。五传珍宗公又迁江西吉安永丰层山，仅一传而仁周公偕弟尚仁徙吉水。又一传至元琈公，自吉水徙袁州，遂家于宜春城北。元琈七传至友廉公于明洪武二年（1369）携妻李氏自宜来浏，落业南乡大瑶。明嘉靖三年（1524）始修族谱，万历续修，清乾隆二十七年（1762）三修，道光二十八年（1848）四修，光绪十五年（1889）五修，1915年六修。派行：友祖必思奉，显承继宏荣。金其应光大，先正自昭明。忠厚传家远，贤良立志新。敬宗为道学，华国本仁亲。嗣守增修德，朝廷用作宾。彝伦宜世叙，礼义万年遵。

浏阳邱氏 始迁祖常十公，明天顺间自江西抚州迁浏。后人聚居于枨冲、韩家港、渡头、易田段等地。至清光绪三十三年（1907），已传17代，丁口2500余人。

浏阳指背冲邱氏 始祖烋公，居兴化莆田，官宋鸿胪寺卿，子三：成实、成益、成满。成实公举孝廉，官枢密，以言事干官禁贬罗源委吏，子君与官梅州刺史，生淑敏。淑敏生九子，第八子必仁赘汀州上杭，子二：福、禄，为迁浏所自出。必仁之裔在浏者二十余支，分布于双冲、双江口、茶园、朱木港、北斗湾、高坪、王家洲、枫林、沿溪桥、左家湾、大洞岭之小洞、大西洞、太平桥、庙冲、观音塘寺背冲、小溪平安洲、呼田、红稷段、达浒石板桥、小河爆石脑、小河石马、浆埠江、白驹、小水段、炉烟洞等地。合建宗祠于北关外指背冲，号称从祥祠邱氏。至清光绪三十三年（1907），丁口6000余人。清光绪三十年（1904）纂修族谱。永俊公裔字派：赓光章力厚，作善锡其祥。箕裘能宏绍，荣华定可望。永位公裔字派：定国彰久远，积德降祯祥。祖宗多显达，后嗣益辉煌。从化公裔字派：聿修增巨典，采藻赞鸿图。迪吉征来卜，书言惠有孚。

宁乡邱氏 始祖崇公。七世孙广仁公，字光祖，明洪武间为户部主事，通判长沙，摄篆宁邑，因靖难兵燹而卒于官。其子桂林，字友芳，行一，遂占籍宁邑二都石门。五传至立廉公，生四子：环徙益阳，璧徙安化。珂居宁乡，子二：学礼、学诗。玺居宁乡，子四：如昆、如仑、如泰、如岳。珂公房宗祠在宁邑二都十区黄泥港，创建于清乾隆五十八年（1793）。泰、岳两房公祠在宁邑二都十区大塘冲，创建于乾隆五十七年（1792）。珂、玺两房族谱始修于清乾隆十年（1745）、嘉庆二十一年（1816）、同治八年（1869）续修。老字派：广林高尚仕，立玉学民如。周克昭文伍，齐封世德舒。续修字派：启祖东南盛，联宗沩益良。根深枝自茂，源远泽由长。立志希贤哲，存心在显扬。芳声垂典策，雅道重湖湘。

醴陵杨家桥邱氏 始迁祖起贤公，明洪武二年（1369）自江西丰城迁此。族人分布于耿境、邱家冲。至1948年，全族人口2000人。

醴陵邱氏 始祖烋公，宋初徙居饶平，又数传至三五郎，生十子，九二郎长子百七郎生继龙，继龙生惟长、惟福、惟禄，长、禄二公为各支之祖。后裔居宁化石壁南坑、惠州、上杭、琼州胜运、大浦虎头等处。又数传而迁长郡醴邑。清康熙四十五年（1706）创修族谱，同治五年（1866）四修，光绪二十八年（1902）五修，1938年六修。辈行：继惟自渭阳，福荫及衡湘。淇国原多庆，兰亭益有芳。先贤如克迪，家道乃能昌。世业怀忠实，勋名振玉堂。

炎陵下村、水口邱氏 清顺治末年自江西遂川迁入。

衡阳九峰邱氏 一世祖万禄公，原籍武昌府江夏县，因子成公明洪武初官衡，建衙潇湘门内雍和坊，即今俗呼邱家园。子孙袭职，世籍衡郡，卜居九峰之下，派衍祥云、祥瑞、祥宁三房。又一支一世万福公，子祥公，字天瑞，行一郎，明洪武初由河南开封府洧川县迁衡西永福二都。1924 年三修族谱。清嘉庆十一年（1806）禄房一修族谱，嘉庆十三年（1808）福房一修族谱。光绪七年（1881）两房合修，1925 年两房合三修。班行：世代丰隆启，朝元景佑长。英贤承祖德，富贵大荣昌。传家惟孝友，光国在诗书。吉士芳声远，庭中庆有余。

邵阳邱氏 始祖国才公，字正文，北宋祥符八年（1015）由江西吉安泰和县圳上徙居湖南宝庆永固镇顺水桥。子立纲生有二子：亲书、亲诗。亲书曾孙五：万荣、万华、万富、万贵、万忠。富、贵二公徙太阳乡，贵公徙安化。荣公居故里高坪，后人分布于模塘村、铁坑、横阳等地，越十一世至宗宦公复由新化徙居益阳十六里三梧村匡家湾。亲诗徙安化通溪，越十六传至日克公徙居桃源宥公洞新店驿，诗公裔分布于通溪、梓木溪、田庄溪、石板溪、磨子坪等地。明万历间始修族谱，清乾隆二十六年（1761）荣、华、富三房续修，道光三年（1823）新化、益阳、安化、桃源四县合修，同治九年（1870）、光绪二十七年（1901）、1932 年、1994 年又续修。旧派：国立亲周德，万文重应组。永才福兴大，宗朝思仁义。续派：显元礼智信，光裕振家声。世代传昌盛，长远叙人伦。贻谋敦孝友，懋训笃忠贞。继述纲常建，佑启兆惟均。

武冈罗围村邱氏 始迁祖元仲公，明洪武初自江西吉水迁武冈。

平江邱氏 始迁祖永海公，徙居湖南平江，后分连芳、连蔚、连华、连芸、连瑛五房。清同治元年（1862）纂有族谱，堂名崇实。

平江思村横洞邱氏 始迁祖显贵公，清康熙四十二年（1703）自江西信丰迁此。

张家界邱氏 始迁祖森公，明洪武时征武溪蛮，留镇大庸，遂家永定。

益阳邱家坪邱氏 始祖为南宋绍熙间枢密公崇公，其孙惟吉任庐陵令而家庐陵。其裔孙广仁公宦湘，卒葬宁乡。广仁公五传至立廉公生四子：珂、璧、环、玺。环公字先进，自宁邑卜居益之邱家坪。祠堂在泉交镇，建于清乾隆四十三年（1778）。清乾隆十四年（1749）纂修族谱，嘉庆二十一年（1816）、咸丰七年（1857）、光绪十八年（1892）、1922 年续修。环房老派：文意时必世大能忠孝传家启祖东南盛联。

益阳蛟湖邱氏 始祖万忠公，历居宝庆府武冈县，元末明初携子承魁、承罡创业于资阳十里蛟湖。后魁裔外迁白鹿寺、鸬鹚湖，今聚居于蛟湖者多为罡公后裔。清嘉庆八年（1803）建罡公宗祠于蛟湖。1927 年五修、1997 年六修族谱。派语：德万承元仕，永绍益荣华。富贵昌嗣远，诗书庆善家。国运征祥凤，时光映彩霞。文明垂世泽，福祉沛天涯。

沅江大潭州邱氏 始祖广仁公，号光祖，明洪武二十六年（1393）进士，授户部主事，简授湖广长沙通判，调摄宁乡县事。七世祖璧公由宁徙益。九世祖以让公，字本和，官户曹，摄篆江南，因避兵乱屡迁不一，后随子时岳（字峻极，号于天）、时催（字韵府，号映联）由益来沅，落业大潭州关王冲。1916 年建宗祠于青龙山。清同治十二年（1873）与浏阳合纂族谱，1935 年沅江续修。派语：渭水源流远，琼山统绪长。才高湘楚盛，谋翊典谟良。功业隆彝鼎，勋名镇国邦。先声恢益振，绍述裕芬芳。

安化邱氏 始祖浚公，字思道，官尚书，发迹于闽中建宁府建安县。其裔孙广道公，字坤元，行一郎，赐进士，为吴西吉安郡守，家于吉安永丰县永丰乡。广道公之曾孙儒冠公，明天顺间任湖南长沙湘乡教谕。生三子：仕能、仕猷、仕贵。仕猷随父来楚，卜居安化丰乐乡龙塘，后送父归葬江西永丰。明成化三年（1467）仕猷偕子效祯、效祥、效裕、效禧及仕能之子效先、效智，仕贵之子效信、效礼前来安化。后效信、效礼徙新化，效祯、效祥、效裕、效禧、效先、效智六房留居安化，效禧裔又徙四川。安化六房族谱始修于清乾隆三十年（1765），咸丰五年（1855）续修。仕能、仕猷公祠在安化首兜冲蒿子坪，建于乾隆二十七年（1762）。派诗：广桂昭儒仕，效愈概通学。应立大三祖，高宗显泰奇。续派：厚德承先泽，仁贤代启熙。文章鸣盛世，英杰永昌时。

汝城东藏邱氏 始迁祖景福公，明初由长沙分居汝城东藏。至 1932 年，已传 12 代，丁口 200 余人，分布于濠头、东村、浆湖。

汝城大里湾邱氏 始迁祖有大公，清康熙时由广东仁化县迁汝城大里湾。二世信安，清康熙九年（1670）分迁新城坝。至 1932 年，已传 13 代，丁口 200 余人。

蓝山凤感乡洋田邱氏 始迁祖文彬公，清康熙间由广东乳源迁来。至 1931 年，凡 20 户，男 47 人，女 32 人，共 79 人。

蓝山舜乡上尾菜邱氏 始迁祖文祖公，清乾隆时由广东分此。至 1931 年，凡 24 户，男 78 人，女 66 人，共 144 人。

黔阳烟溪邱氏 始祖宋时正公，原籍江西南昌府南昌县。传至德一公，字达尊，宋宝祐年间自江西南昌出仕沅州州判迁湘，解组后卜居黔阳县双溪乡壕坑，后再徙烟溪。族人多分布在烟溪、芷江等地。至 1948 年，已传 27 代，全族人口约 1 万人。清咸丰年间建宗祠于烟溪。族谱始修于元至正四年（1344）。

麻阳黄溪邱氏 明永乐元年（1403）由江西徙居麻阳黄溪。今分布隆家堡乡，近200人。字派：腾英一国正，中学启文明。天开光祖德，万世承长兴。

何

长沙黄龙山何氏 始祖觐墀公，字益朝，原居安徽凤阳府定远县凤庭乡十三都何家桥。子四：光前、光元、光朗、光朔。光前，册名兴，字裕昆，行一，明洪武初官湖广长沙卫，授指挥佥事，卒葬湖南省城南门外，子孙十代均袭其职。光元公，册名必然，字今成，行二，明初自安徽官湖广长沙卫而迁居善化二十都。朗、朔二公不详。1940年四修族谱。派语：光道玉圣昭，廷家声忠楚。祖德联芳远，嗣昌世锡洪。荣华承泽荫，敦厚起英雄。本立文章焕，名传孝友同。经邦逢盛治，干国裕熙雍。万代征纯美，绵延福禄崇。

长沙贤塘何氏 始迁祖心一、心二、心三公，明洪武二年（1369）自江西南昌府丰城县铁树观迁来。后心一公仍还故乡，心二公卜居湘阴。心三公讳添心，落业星沙贤塘。添心生三子，三必达未洋，次必澄居浏阳何家园，长必清世居贤塘。清乾隆五十八年（1793）、道光二十三年（1843）、光绪六年（1880）、1915年纂修族谱。

长沙乌山何氏 先世居江西吉水县，后迁长沙锦绣都。支祖怀塘公，分徙河西乌山之北。明万历四十三年（1615）始修支谱，清乾隆十七年（1752）、同治五年（1866）、光绪二十八年（1902）、1928年续修。

长沙蛇嘴子何氏 一世祖一郎公，宋进士，居福建汀州宣化石壁村。八世全公，明洪武二年（1369）由福建武平县迁广东潮州府程乡县。子孙流徙江西雩都、广东程乡。明季兵乱，魁冲、秀冲二公携兄子三人避地来湘，由广东嘉应府兴宁县卜居长沙西乡，散处蛇嘴、古冲、渡子桥。清康熙五十五年（1716）始修族谱，道光八年（1828）、光绪二年（1876）、1914年、1949年续修。字派：从正承先泽，家声自远彰。敬修昭祖德，仁孝致祯祥。忠厚诒谋广，公诚伟绩昌。诗礼同恪守，积善定含光。

浏阳何氏 始祖子韶公，谥忠毅，官河南淮宁府陈州太守，南宋建炎二年（1128）在抗金中举家殉难，仅其嗣孙松公，字继甫，因徙浏从学杨龟山（名时）而幸免于难，遂家于浏北黄冈之凤岭。至十世衍为七房：盛峰之子大科、大清、大湖，盛嵩之子大桥，盛南之子大定、大银、大宝。大清公裔世居凤岭（又名奉岭），其余散居于李家冲、毛田、斑鸠市、纳税铺等地。族谱始修于清乾隆二十七年（1762），道光三年（1823）、咸丰四年（1854）、光绪二十九年（1903）、1937年、1993年续修。派行：敏隆盛大业，再明正德新。福源常映远，志高树芳型。显贵传世久，祖泽庆时逢。克昌启后代，华国述前勋。

浏阳何家塅何氏 始祖李庸辅公，元末自江西吉水徙江西袁州，再徙湖南浏南柘溪市，入赘何公君佐之女，生评漠，在李姓之上冠以何姓，三传至侃公改姓何。族人分布在南乡金声镇、大瑶、枫林、长沙各地。至1948年，已传22代，男女丁口约18000余人。宗祠在南乡金声镇何家塅。族谱始修于明崇祯十四年（1641）。

浏阳墨庄何氏 始祖谟公，字开明，明洪武二年（1369）自江西抚州府乐安县西村因兵灾迁湘，开基于浏阳县南市街藕塘，后再徙居金声乡墨庄。族人多分布在墨庄。明末清初，由于国政紊乱，子孙相继转徙四川、萍乡、醴陵、攸县、茶陵等地。本祠在墨庄，建于明正德十六年（1521），后经明崇祯、清康熙、1924年三度修缮。另有支祠在醴陵官庄、潼塘。族谱始修于清嘉庆二十一年（1816）。至1948年，已传24代，共4300人。

浏阳鲇鱼坪何氏 始迁祖贞发公，明洪武初自湖北襄阳卜迁浏东茅田里。清光绪三十四年（1908）三修族谱。派语：朝发儒林万显友日绍立九宗续正先贤文章华国。

浏阳何家园何氏 始迁祖清江公，明洪武年间自江西南昌迁此。后人有居长沙贤塘者。至清光绪三十三年（1907），已传20代。

浏阳高坪竹山何氏 谱以庶公为授姓一世祖。三十八世太乙郎，名旦，祖居安徽，后唐明宗天成元年（926）定居福建宁化石壁村，生十位福郎。后裔添瑾、添杰、添运、添益、添受、仕清、仕运、奇珍、淇彰，于清康熙时自福建武平县迁浏。建宗祠于浏东高坪竹山。2019年六修族谱。仕清房派行：添子芳名万，世传百代昌。心怀宗本远，裕后永烝尝。奇珍房派行：遇子仕宗杨，辉腾奕世昌。忠良安景泰，永发玉林芳。仕运房派行：永远增贤秀，盛典显荣昌。

浏阳三门何氏 始迁祖明攀、明跃两公，清康熙间迁此。后人分居茅田、欧家塅、田心等地。至清光绪三十三年（1907），已传10代。

浏阳碧水何氏 始迁祖贤耀公，原籍广东惠州府和平县甜鱼祭，清康熙初始迁江西赣州府兴国县，住二十八载，又迁袁州府万载县白水顿。清雍正初年始定居浏阳碧水。生子六，二、五失嗣。

浏阳社冲何氏 始祖唐国子监祭酒逸公，居剑州阳宁镇（今福建邵武府光泽县地)。五传至光远公，后周屯田员外郎，迁抚州金鸡。数传至亶文公，于清初自金鸡迁居浏阳东城外。亶文公之曾孙应清再徙社冲，至清光绪三十三年(1907)，已传11代，后人聚居在社冲、太平桥等地。

浏阳牛石岭何氏　始迁祖尚兰公，字文宣，号亮甫，自江西南昌丰城迁居湖南长沙府浏阳县南乡十五都牛石岭。

宁乡何氏　始祖太一公，宋熙宁间梅山方开，始由江右徙楚，其裔孙德明公于元时自新化迁居沩宁。数传至海潮公，卜居洋泉。再九传至章华公，生四子：希谋公，洪山庙之房祖。希猷公，冷水铺之房祖。希柽公，企湖之房祖。希能公则远徙四川。宗祠在宁乡三都九区白竹冲之四亩冲。清乾隆十九年(1754)始修族谱，咸丰九年(1859)、光绪三十四年(1908)、1923年续修。派语：有贤承启佑，作述振家声。忠孝敦先本，因之际盛明。

宁乡造钟何氏　始祖太一公(又称太乙公、尚一公)，由豫章徙楚南，历星沙，寓邵邑。数传至德明公(又称念祖)，再由上梅转徙沩宁造钟。德明公裔分为仁、义两房。仁公生七子：鸾、凤、麒、麟、玺、祥、辅，义公生四子：道、义、巩、浚，共十一房，散居于黄材、造钟各地。清乾隆年间建宗祠于造钟。1921年十一房合修族谱，称十修。此前仁房鸾、凤、麒、麟、玺、辅房已九修，仁房祥支与义房道、远、巩、浚房已七修。1949年十一修，1991年十二修，2015年十三修，族人分布于大沩、造钟、黄材、石笋、沙田、麻山、洋泉等处。至1948年，男女丁口约3万人。派语：有贤承启佑，昌盛在敦培。继志增家瑞，光逢景运开。该族名人：何叔衡，原名启璇，字玉衡，号琥璜，学名瞻岵。

宁乡麻山何氏　始祖福八公，元末明初自南昌迁湘乡下屯城前，传至六世孙孟息、孟巽始迁宁乡。

湘潭银塘何氏　始祖孟八公，字肇盛。明洪武二年(1369)奉户部给牒勘合土著，银塘何姓为湘潭七大旧姓之一。族人分布在易俗乡之银塘及谷塘附近之道院寺、凫塘附近之城塘冲及晓忠乡之西坡塘、何家嘴等地。清康熙五十七年(1718)建宗祠于银塘。1933年八修族谱。派次：(自十六世起)启秀中湘，经文纬武。大业恢宗，光昭茂绪。该族名人：何福，累官至左军都督前将军，封宁远侯。何浩若，字孟吾，曾任河南、湖南省财政厅长。何衢，字特循，曾任湖南教育司次长，著有《适然诗存》一卷。

湘潭银塘四甲何氏　谱称“吾族唐人也。自叔度公数传至宋启裕公，卜居楚之湘南。裕公生锦，锦生天开，传衍十余代，生道明。避元兵，徙东鲁。迨明初洪武建都，道明公自鲁归潭之银塘，又经五百余年矣。先代遥遥，有难悉考，遂奉道明公为始祖”。道明公字孔和，贡士。六代宁公，字道彰，号南塘。清康熙间纂修墨谱，咸丰十一年（1861）二修，光绪十三年（1887）三修，1929年四修，2015年五修。派名：洪光昭祖德，敦叙绍家声。孝友开元运，文章启盛名。

湘潭锦石何氏 一世祖必华公，字汝川，旧说本朱元璋后裔，明永乐二年（1404）由江西抚州府临川县迁居湘潭碧泉。入为何氏倌甥，因何乏嗣，即承祧为何。三世祖匪石公卜居城东义井，七世祖景旸公散处龙口。明万历四十年（1612）始修族谱，清雍正十一年（1733）、乾隆三十八年（1773）、道光十一年（1831）、同治七年（1868）、光绪二十七年（1901）、1929年、2014年续修。字派：嗣思承祖志，世德树芳声。书策传家远，诒谋裕后昆。

湘潭青山桥何氏 始迁祖琛公，明永乐间自桂阳迁此。清光绪二十七年（1901）三修族谱。

湘潭朱亭何氏 始迁祖仲宣公，明正统末由衡山义门徙湘潭九都垅范罗山，一传开端、履两房，五世而开四大房。清乾隆四十三年（1778）建宗祠于九都垅。清雍正八年（1730）、乾隆五十九年（1794）、道光元年（1821）、光绪二年（1876）、光绪三十四年（1908）、1947年纂修族谱。字派：期开秀藻，绍复衡湘。盛扬先烈，名显泽长。

湘乡城前铺何氏 始迁祖肇源公，元至正间自江西丰城迁湘乡城前铺。明崇祯元年（1628）、清康熙二十六年（1687）、同治九年（1870）、1921年纂修族谱。班行：楚仕必子孟，友明献嘉守。启开常定国，允泰得长久。盛世文章大，先仁德泽扬。宗功宜继述，哲嗣愈蕃昌。

醴陵何氏 始迁祖秀亨公，字雯山，江南庐州府庐江县人，世居南京同乐巷，宋理宗时贬岭南观察，客死潭州，葬醴北新阳。子楚荣、楚诚。诚裔衍东岗、东城、杉仙等处，建祠县城关家巷，为城分。荣裔建祠泗汾中埠，为乡分。清光绪十九年（1893）建总祠于杉仙。清同治三年（1864）乡分始修支谱，宣统元年（1909）续修，1948年三修墨谱，1994年三修支谱。明万历间城分创修族谱，清雍正十二年（1734）重修，道光三十年（1850）三修，宣统元年（1909）四修，1944年五修。字派：亨楚植攸仲发伟爵蒂孔水唐世万星堂子廷茂士添。金大树光培，一元允振宗。立心惟爱敬，科第庆云从。忠义承先烈，英雄建国功。泽湖照祖德，诗礼绍家风。该族名人：二十一世何天衢，雍正进士，官内阁中书。二十八世何键，字顺昌，号云樵，谱名元缨，曾任安徽、湖南省主席。

醴陵八步桥何氏 始迁祖华可公，元至元间自江西分宜迁此。至1948年，全族人口100人。

醴陵豆田何氏 始迁祖爵扈公，元季自江苏上元迁此。族人分布于萍乡、攸县。至1948年，全族人口2500人。

醴陵官庄何氏 始迁祖寿可公，元末自江西分宜迁此。族人分布于白兔潭、泉山下。至1948年，全族人口2000人。

醴陵何家山下何氏 始迁祖鸣朝公，明洪武间自江西分宜迁此。至1948年，全族人口400人。

醴陵长岭何氏 明洪武初年自江西新喻迁此。至1948年，全族人口1200人。

醴陵快山桥何氏 始迁祖俊伯公，明洪武九年（1376）自江西新喻迁此。族人分布于长岭、东冲铺、何家坪、天福庙、龙凤冲、桃花。至1948年，全族人口1万人。

醴陵笔山何氏 始迁祖政平公，明洪武初年自江西迁此。族人分布于清江、杨阁、大塘、宜家冲。至1948年，全族人口1000人。

炎陵十都皮坑何氏 始迁祖碧文公，清康熙十五年（1676）自广东河源迁此。

炎陵十都南流何氏 始迁祖世昌公，清康熙十三年（1674）自广东惠州迁此。

炎陵九都洞里何氏 始迁祖仕兴公、辉公，清乾隆七年（1742）同自江西赣州迁此。后裔徙沔渡下馆、蕨背、长江等地。

衡阳何家套何氏 始迁祖景才公，元至正二年（1342）由郴迁衡，居江霞滩，后裔世居衡州北城外何家套。

衡阳洋塘何氏 始迁祖敏谦公，字文衡，元至正间由金陵迁衡阳，居洋塘。传子清公，派衍三房。清乾隆三十年（1765）、道光二十一年（1841）、光绪十三年（1887）、1930年纂修族谱。班行：（自十四代始）业广欣逢盛，邦彦庆登崇。肇修敦本绪，积厚振家声。该族名人：花翎尽先游击长江水师江西湖口营把总。

衡阳何氏 始祖发哲公，字浚伯，元时携子自江西吉水迁于衡阳演武亭侧。三子景寿转徙郴州，生浩隆，以武功显于明，解组去郴归衡，生五子：海宗裔于清康熙间迁蜀，海锦裔世居衡北福陂，海鉴、海道二裔居衡西杉桥，海祚裔世居衡北栗坪。族谱始修于清嘉庆元年（1796），咸丰十年（1860）续修，光绪二十四年（1898）三修，1942年四修，1996年五修。班行：景浩海正廷，世大允兴隆。荣华富贵逢，传家惟孝友，裕国绍仁忠。祥开声益远，庆衍福绵同。教士人文盛，敦宗德望崇。

衡东晓霞峰何氏　始祖荣祖，宋时开埠衡阳，其后克明派下成二郎次子万福，明洪武间迁晓霞峰。明天启四年（1624）、清嘉庆二十五年（1820）、咸丰五年（1855）、光绪十三年（1887）、1922年、2006年纂修族谱。班行：嘉会欣逢盛，多士庆登崇。家修敦本业，积发效芳型。

衡山、祁阳何氏　一代沧洲公，原名潮，字维秀。长子克明，元进士，授茶陵州事，至治间授国子监丞，致仕归，闻国难，死之。立祠衡山。次子天明，始居衡山万税村，元末驻永州城，解组籍祁阳马江埠。1941年六修，1996年七修族谱。班次：启承昭瑞祥，代（永）远发清芳。佳仕隆光茂，贤臣盛业彰。作求惟德裕，继序自名扬。千年传中正，守先庆吉昌。

衡南何氏　始迁祖清仲公，明洪武二十年（1387）自江西丰城县迁居衡阳东慕道乡万寿山克蔡冲，今衡南县茶市镇何祠村荷叶塘。清道光七年（1827）始修族谱，同治九年（1870）、宣统元年（1909）、1940年、2002年续修。班行：德本宗功积，咸宣克继昌。学成维佐盛，勋定允传芳。锡庆人逢吉，发明代友光。英华文益振，敦厚毓贤良。

耒阳何氏　始迁祖发祥公，元至正优贡，由广东琼州府澄迈县任长沙善化县教谕，明大德时由广东迁郴，再迁耒阳。

常宁何氏　始祖敬公，字益谦，官太子少保，后唐同光间由潭州清江移居安仁坦市，为安仁始祖。明洪武二十八年（1395），义通、贵圆等十一房以武职由安仁调镇常宁。清康熙三十三年（1694）始修宗谱，乾隆二十九年（1764）、道光五年（1825）、同治五年（1866）、宣统二年（1910）续修。安仁字派：继延士友，公思文世。再兴仁义，永富贵昌。常宁旧派：贤克逢廷用，安行性智忠。祖宗能积庆，福禄万年同。常宁新派：德盛贻谋远，源深泽衍长。诗书承先代，荣显发家祥。

常宁石岭、西岭何氏　原韩世忠后。韩世忠生文松、文焕，元时改姓何，由江西丰城迁临武牛栏阁，共生九曾孙。长正一公之孙德政公于明永乐六年（1408）徙常宁烟洲镇石岭，正二公徙清泉黄石。石岭何氏清同治十一年（1872）、宣统元年（1909）、1935年三次纂修族谱。常宁西岭何氏来源不详，以兴一公为始迁祖。光绪四年（1878）、1936年纂修族谱。1995年、2015年石岭、西岭及清泉黄石何氏合修宗谱。石岭旧派：秉克瓒惟存，仁义礼智信。万国应恒丰，三才永昌盛。周宗远肇，韩祚永宁。穆雍奕载，惟兹德馨。西岭旧派：兴隆永万添，文绍奇彦大，仁义礼智信。守先能裕后，存养性中天。育德诗书士，观光步前贤。黄石旧派：思迁尚孟祖，继宗惟令德，淳叙以承先。笃庆纯其武，观光启俊贤。诗书征至道，孝友绍家传。

邵阳严塘何氏 始迁祖必宗公，字元善，原籍江南淮安，明洪武举人，任宝庆府教授，初居府城外东山寺，后迁邑东西平一都严塘，今属新邵县。四世衍为单瑛、单瑢、单海、单深、单良、单真、单辕、单椿、单鼎、单昂十大房。清乾隆五十年（1785）纂修族谱，咸丰六年（1856）各房分修，光绪十五年（1889）又合修，两江总督刘坤一序，1916 年四修，1992 年五修。排行：必法志单永，才震思兴万。大廷应其成，居上述前业。汉晋贻先泽，惟今运复隆。守家敦孝友，佐治笃忠贞。

邵阳何氏 始祖太一公，江西庐州府庐州县人，因仕家于福建武平县。七传至念五公，明洪武初携子幼郎自江西吉安府泰和县徙居邵北田家渡，继迁小庙头红罗坪，再迁湾田坳头岭。幼郎之曾孙添铭，明天顺六年（1462）迁河东岸河落桥，添銡迁小南村大增滩。宗祠一在河落桥，创建于清顺治年间。一在大增滩，创建于清顺治年间。一在平山村，创建于清光绪年间。至 1948 年，已传 23 代，共 1800 余人。清乾隆五十年（1785）始修族谱，道光二十八年（1848）续修，光绪二十三年（1897）三修，1921 年续三修，1991 年四修，其时铭房人口 1874 人，銡房人口 582 人。班次：幼思原添才，单永万承国。学大心正光，明仁述作崇。汉晋贻先泽，惟今运复隆。守家敦孝友，佐治笃贞忠。福广荣显世，祖德历代芳。安训贤久盛，良达定兆昌。

邵阳万安乡何氏 始迁祖义夫公，明洪武二年（1369）自江西徙邵阳万安乡。

武冈白仓何氏 始祖受钦公，江西泰和人，明初授指挥将军之职，驻镇宝庆，子四：源通、源善、源庆皆落籍邵阳，源智由邵阳黄田迁居武冈白仓。源智公生四子：彦宗、彦贵、彦世、彦显，衍为四大房。族人分布于四望乡、金龙乡等地。清宣统三年（1911）始修族谱，1946 年续修。至 1948 年，已传 25 代，全族人口万余人。宗祠在武冈白仓，总祠位于邵阳西直街海家巷。

武冈鳌山何氏 始迁祖德钦公，江南人，明永乐二十二年（1424）补武冈守御所百户，居鳌山之前。

新宁栗山何氏 始迁祖千十五郎，明洪武初由江西吉安迁居新宁小溪乡栗山，四世生才富、才贵，富、贵又生友铭、友德、友信、友庆、友礼，衍为五房。1915 年与西喉乡桂山何五郎公子孙创修族谱，1943 年与双田乡横溪景暹公子孙、龙回乡笑岩立贵公子孙续修，1994 年八房三修。五房老班：千思子才友，景添何希（大）其（朝），裕君孝士东（可以三士锡，应学张登世）。文正儒永存，章国光献等。宗书兴承如，继先烈隆盛。桂山房老班：五才何大子，再朝学永文。国正天兴存，绍先烈隆盛。横溪房老班：景添必何时，自大应文其。昌武森先珍，儒先烈隆盛。笑岩房老班：……立清，敬文登鸣正。天宁（星）顺世宗，承先烈隆盛。

岳阳平桥何氏　始迁祖尚公，原福建福州府福清县万安乡人，元至正二年（1342）任岳州路同知，九年迁宝庆府府尹，时因湖南凋敝，世乱未归原籍，于十一年寓居巴陵县南荷塘乡十都峦。子仲谦，迁十五都平桥庙下，即今岳阳县黄沙街镇坪桥老屋。仲谦生三子：真孙、福孙、元孙，福孙迁江西，元孙归福清祖籍。1949 年五修族谱。

临湘何氏　一世康公，南宋时居临湘，传至翼凤、附凤兄弟，同为宋理宗丙戌科进士。翼凤生鹏，鹏生栋。附凤生鹓，鹓生操、桢。之后因辽金叛宋，遂弃故宅而迁他乡。至元大德五年，操、栋公孙“万”字派共六人陆续自江西瑞金县龙坪坊回湘，万一裔居巴陵、监利。万二居雁岭，孙胜一迁何桥。万三裔居苦竹坳、居神堂、聂市等处，万四裔居西港庄所，万五裔居河塘、忠坊、长安、罗筐洞、凤凰山。万六裔先居岳州剪刀池、白它池、柴家岭，越数传，仍归临湘，居出水坡、梧桐铺、沧海冲等处。

华容何氏　华容庐江何氏多系瓘公之子铸公、铦公之裔。铸公字伯寿，南宋御史中丞、签书枢密院事，其四代孙克忠公，明中议大夫，先仕黔，后仕楚，仕岳游华，于明初居华容，裔孙集居万庾、鲇市、宋市、东山、南县华阁、石首等地。铦公字九锡，号洁庵，南宋兵部侍郎，同知枢密院事，其二世孙璋公，字仲秀，任国子监学务，迁户部司务，为避金人之乱，偕侄应生、应星、应聘迁居华容。仲秀居南山仙人洞，应生三兄弟居鼎山，至五世支分六房。一、二、三房集居南山、终南禹山和插旗八股，四、五、六房集居东山、万庾等地。明隆庆二年（1568）、崇祯九年（1636）、清康熙三年（1664）、康熙四十二年（1703）、乾隆五十七年（1792）、道光十年（1830）、道光二十六年（1846）、1913 年纂修族谱。1993 年铸、铦二公之裔合修续谱，铸公房列为长一房。2016 年续修时，又收入清道光间由浏阳迁华容千九郎公一支。铸公原派：文大天启申，正家远传世。孝友光先德，诗书裕后昆。铦公原派：其宏之任远，文学启廷光。贤祚钟英秀，克开世久昌。合续派：顺迪承家志，汉康璧维芳。贻庆定科武，道德永华长。千九郎公支派语：英华绵厚泽，盛典显荣显，本远增贤秀。该族名人：何长工，名坤，南山乡老河口村人，历任重工业部代部长、地质部副部长、全国政协副主席等职。

湘阴何氏 始祖施发公，字应元，官山东通判，宋绍兴间解组迁居湖北通城。二十传心二公，字应明，号中和，明洪武初由平江瑯洞迁湘阴大众塅井头坪（今属汨罗），为湘阴始迁祖。第四派衍为斗乾、斗坤、斗南、斗北、斗宿、斗真、斗仙、斗魁、斗罡、斗翼十大支，乾、坤分徙鄂、滇，余八房共立汴塘东、汴塘西、井头、归义、桃林五祠。清乾隆五年（1740）、道光四年（1824）、咸丰十年（1860）、1923年五祠合修宗谱。派词：心水谷斗之，益万志胜兴。显永远添加，大启德彰明。秀发文英盛，光增美玉莹。贻经昭世守，佩印振先声。朝举忠良佐，士修礼义行。兰香呈国瑞，桂馥兆廷祯。

湘阴文洲围何氏 始迁祖文占公，清康熙三十八年（1699）自湖北监利迁湘阴。

平江南江何氏 始迁祖元琪公，明洪武二年（1369）自南昌武宁迁此。至1994年，全族人口19149人。

平江何氏 始祖宋时施发公，由吴徙楚，卜居湘阴。三传至元六公，迁居巴陵。六传至庆九公，生四子均迁居平江：元友为平江中清塅开创祖，元清为高庄开创祖，元伯为松田开创祖，元琪为梓源开创祖。清乾隆九年（1744）合巴陵大桥肇修族谱。派语：乾坤丰履萃，震巽焕升随。颐观临鼎壮，谦受豫福世。续派：钜海宗祚重，钦承杰列增。铎源新炳塾，锡永树荣灯。乾隆四十年（1775）合通城续修，派语：发自千淙，振沅再洪。崇泰希孟，代兴如芃。通海源流，应近楚宗。然天眷德，累世昌隆。续派：元启文明运，亨忠家国光。利开英俊彦，贞公纪年长。嘉庆二十三年（1818）、道光二十八年（1848）、咸丰五年（1855）、光绪四年（1878）、1933年平江独修。

平江何氏 始祖大郎亶公，原籍江南庐州府庐江县四牌楼，授福建宁化县尹，遂寄居宁化石壁村。后迁南安岸狮子口手炉山。生五子，三郎居何田，四郎居赤岸。五郎居冷洋，继迁上杭来苏里。六郎居海丰，八郎居河源。清康熙初，因三藩之乱，后裔共十三公迁徙平江、浏阳。十四世培舜，清康熙十年（1671）由广东镇平迁浏阳，其孙文楚、文宗，文朋迁平江北乡十一都石塘何公洞、白毛岭、东乡早禾塅。十六世明槐，康熙二十八年（1689）由镇平迁浏阳，长子文佐，乾隆五年（1740）迁平江南横楼乌龟山，子孙散处小田、美潭江、濯水、岑川、范家洞等处。十六世明焕，清初由镇平迁浏阳，后裔分居平江南乡甲山杨公源。十六世明心，清初由湖北江夏迁平江黛屏源。十七世仁淑，康熙五十九年（1720）由广东平远县三门楼迁浏东芦波段牛塘，五子：庆瑚迁四川，庆琏迁岳阳清林洞，庆璋迁陕西汉平县，庆琨迁平江北乡瑚珮千石塅，庆□仍居牛塘。十七世文山，康熙初由镇平先迁浏东羊子埠，后迁平东嘉义岭。十八世庆耀，康熙初由平远迁浏东易家洞牛塘里，继迁平江浆坑。十八世庆佑，乾隆时由平远迁浏阳，再迁平江瑚珮。十八世耀兴，雍正间由广东和平县迁平南茅田唐家湾。生五子，一子迁陕西，余四子分居平江念田市、矮子山、新江、茅田等地。十九世谓喜，康熙末年由广东龙川县迁平东戊滩里，子孙散处县东濯水及县北岑川。二十世和祥，雍正间由广东兴宁迁平江百里房。二十一世肇祥，随兄德珍迁平江近江。二十二世孔廷，由广东迁平江献钟马鞍山，次迁北乡腰古源，三迁西乡驷马桥苏家垅。

常德何氏　始祖真公，原籍广东东莞，明洪武间进士，因职官湖南长沙藩司而来楚，解组后携子添时、添永、添锡、添佑迁常德，宅卜燕岭。后添永徙常德鼎城罗湾，添锡徙桃源东关，添佑徙澧州石门七都，添时留守燕岭。清道光二十九年（1849）建宗祠于溪儿港。清康熙五十年（1711）创修草谱，嘉庆九年（1804）续修草谱，咸丰十一年（1861）创修族谱，光绪二十四年（1898）续修。前派：性添元思道，绍起文正可。续派：国仲学士，际盛志远。光大永昌，朝廷贵显。后派：献庆成襄赞，敦临润泽荣。毓钟英隽蔚，炳焕玉昭明。

常德何氏　始迁祖绶公，明永乐间自江西吉水迁此。三世后分和、珊二派。清光绪二年（1876）三修族谱。

桃源县城何氏　始迁祖蓬公，明洪武自南昌迁常德德山，旋因兵燹携其子世贤再迁于桃源县城东关外。至1948年，已传23代，全族人口2000余人，分布于浔阳坪、车溪冲、象狮坡、何家溶、印家铺、何家坪、杨家桥、沈溪等处。宗祠在桃源县城。族谱创修于1917年，1944年续修。

桃源九溪何氏　始迁祖忠举公，明永乐二年（1404）自丰城县拖船埠大栗树迁于桃源县北九溪后坪。至1948年，已传20代，全族人口3000余人，分布于陬市、漆河、黄石、灵岩等处。宗祠在九溪。族谱创修于清咸丰八年（1858），1916年、2007年续修。派语：公正佐国，孝友传家。世业丕振，定兆光华。学成名立，志在克缵。先泽孔宏，继述日善。

桃源高东何氏　明永乐初年，何卢氏携其子自江西吉水迁于桃源县北高东村之何家坪。至1948年，已传22代，全族人口600余人，分布于显化冈、五官山、灌溪寺等处。清咸丰六年（1856）建宗祠于何家坪。族谱创修于民国初年。

临澧、石门何氏 始迁祖双公，原籍江南庐州府合肥县，明洪武二十年（1387）官随驾将军，领军平征洞蛮，与罗、萧、沈、郭、杨、刘、江、曾、李姓始屯九溪卫，明永乐二年（1404）卜居新开泉。四传而分为晨、杲两房。清光绪间各建支祠，1934年续修族谱，2007年与石门、澧县大智公裔，石门、临澧举公裔等合修。双公裔派语：双忠宽海晨鉴昭凤崇忠应大如廷正钟乃祖德诗书绍先绪。大智公裔派语：松应大文柏銮廷油承其文自一士宏宗正振家学人才培绪。新议合派：（自二十五世始）思远育英良，厚伦延发祥，瑞生原可立，孝友迪前方，礼义守业长。

石门何氏 一世祖举公，明初自江西南昌府丰城县大栗树迁居湖南澧州青石碑。子焕公，再迁石门南乡何家冲白洋桥，今属临澧县杉板乡。2006年四修族谱。字派：举焕元量漳文升廷省之登士胜正大宏学宗祖训道启世贤。

益阳何氏 该族自梅城发迹，太一公以进士及第，属籍安徽庐州府庐江县。太一生尚一，徙江西吉安府庐陵县。尚一生宣仪、宣仁，衍为念派十公。念一、念四、念七、念八、念九俱徙新化，念二徙中湘彭山，念三徙宁乡黄材草村，念五徙新化、邵阳，念十仍居江西。念六生子四：祖谦、祖谆、祖让、祖喻。祖谦为衡阳县丞，世系无考。祖谆生子二，长赓南，曾为光禄少卿，于元至治间从祖父伯叔兄弟徙楚居益邑城西岐市，再徙何家桥。石笋、九申湾、火田垸、毓塘坪皆其后。次赓福，曾为开封府教授，大华村、文家渡、桃花江皆其后。祖让生子五：长赓寿，曾为湖北县丞，板溪、石井头、在栗港皆其后。次赓九，占塘基、石燕村皆其后。赓上、赓甲、赓义隶籍各省。祖喻仍归祀豫章。清光绪二十年（1894）赓南、赓福、赓寿三房五修族谱。雍正二年（1724）创修，言原籍江西泰和吉水圳上。乾隆四十七年（1782）、道光四年（1824）、咸丰十年（1860）又三次续修。赓南公支派：赓忠乐均友，服清存德太。功平林季校，民安仁定久。赓忠乐均友，能绍祖允守。一正向国校，民安仁定久。赓忠乐均友，服清存德太。自期水添校，民安仁定久。赓福公支派：赓忠乐均友，必敬仲崇守。世楚正国校，民安仁定久。赓忠乐均友，必敬仲崇守。世良学国校，民安仁定久。赓寿公支派：赓忠乐均友，元彭智勇守。谆允月明亮，民安仁定久。新派歌：文郁升英俊，家声征大起。际运耀廷光，隆恩彰世美。

益阳新桥何氏 始迁祖凝公，原籍江南凤阳府，明洪武间落业益阳十九里新桥。清乾隆三十二年（1767）、道光元年（1821）、光绪二十二年（1896）、1929年纂修族谱。原派：公允子仁，兴国正如，之继其昌，盛肇荣书。续派：光昭祖德，应在贤良。懋学炳文，力田丰庄。忠厚一言，创守真方。以善为宝，世泽斯长。

益阳七里何氏 始祖宣仪公，自江西迁居新化，第三子念七派下景宗公一支，于明景泰间迁居益阳。景宗公次子洪，生有三子：永棠、永桂、永芬。永棠公裔孙分居七里何家村、大茅坪、新桥河、小梓港、桃江、沅江等，永桂公失考，永芬公裔孙分居杨林坳、周家湾等地。1996年七里何氏八修族谱。派语：赓德文庆友，能绍祖允守。一正向国中，朝贲紫衣久。廉方端立卓，家声征大起。际运耀廷光，隆恩彰世美。

益阳乌土湾何氏 谱称湖北蒲通一世祖施发公。迨后至大用公，号毅斋，宋理宗时授宣议大夫，由四川资县迁湖北蒲圻洪山里。传至清康熙间肇隆、禹拜、大受、金三、伯弼、运惟、尔立、汉若、胜伯、对日诸公先后涉洞庭而隶籍益治东十七里之乌土湾。清乾隆三十九年（1774）、嘉庆二十四年（1819）鄂、湘二省合修族谱，咸丰间湘省各支分修，1917年湘省五修，1942年六修。派语：元自周廷明奉先，亨光国鼎世魁传。利开佳士彰朝彦，贞祖承前学古贤。

安化何氏 远祖太一公，宋文帝间进士，原籍江西庐州府庐江县，仕闽中，落业福建武平县。至六派宣仪、宣仁。宣仪公子六：念一居新化澧溪，转徙椰塘蒋坪。念四居溆浦河底溪，转徙新化江东。念七居新化何家坪，转徙大洋溪。念八居新化石溪塘下山，转徙思澧溪。念九居新化白溪，转徙白沙坪。念十奉祀豫章。宣仁公子四：念二居中湘彭山，念三居宁乡黄材草冲，念五居邵阳河洛桥大曾口，念六居益阳小子港古塘基。念十之十四孙洛池、洛英于明成化间由江西抚州府金鸡县迁安化。族谱始修于清嘉庆十一年（1806），光绪元年（1875）续修，1930年三修，1995年四修。三修定派：洛文德祖天廷士，祥开世禄昌茂才。逢发育时光盛代，传家常有诏书来。续派：后启经纶沾圣泽，先贤谟典玉成材。亿载千秋斯为美，绵长东海厚培栽。

新化石溪塘何氏 始祖太一公，传六世至宣仪公，字元生，宋熙宁年间与弟宣仁公自江右乔迁湖南邵陵。仪公居梅城石溪塘，生有六子：念一、念四、念七、念八、念九、念十。后人衍居炉观、思澧溪、环溪、三江口、白溪何思、青石、琅塘蒋坪及桃源、安化、湘阴、绥宁、新宁、汉寿、洞口、武冈、四川、广西、江西等地。总祠在新化毕家巷。族谱一修于明崇祯十五年（1642），清康熙五十一年（1712）、乾隆十一年（1746）、乾隆五十八年（1793）、道光二十一年（1841）、光绪二十一年（1895）、1929年、1994年续修。班语：高瞻诚远盛，亲本爱惟先。正学思名世，传家启象贤。维新光祖业，上达裕深源。会合风云助，功勋亿万年。

郴州永宁乡村头何氏 始祖浚明公，原籍广东嘉应州，由朝散大夫知郴州军事，因卜居于永宁乡。历二十一世至俊公，明成化进士，官云贵提学。其子说公亦有名。

郴州永丰乡洞头岭何氏 始祖日玺公，江南华亭县人，元至正时知桂阳县事，致仕居于郴州永丰乡洞头岭。

郴县鲁塘何氏 始祖聘仲公，字一匡，宋绍兴初年由江西泰和宦郴，因夏金之乱不能归故里，遂开基于郴县永宁乡大屋场（即今上鲁塘）。族人分布于本县本乡及桂阳、贵州等地。至1948年，已传30代，全族人口万余人。清乾隆二十年（1755）建宗祠于上下鲁塘。

资兴台前何氏 明代老谱称自汉以来居郴县资兴乡。清乾隆谱则称宋明经鉴公来自庐阳之厚坊，心非王氏新法，徙隐台前，终老不仕。开基祖用奎公，积善衍庆，三传仕全公，登宋宝祐四年文天祥榜进士。恭帝德祐二年殉国难靖节。清乾隆四十五年（1780）续修族谱。字派：希德汉潮济，宗弘必绍香。瑶岭同华盛，衡江共泗昌。忠孝遵彝训，诗书演义方。绵延清淑象，奇特见龙光。

安仁港口何氏 始祖祇公，唐时由江西广丰任河南汝州太守，后迁任潭州（长沙）太守，致仕后卜居安仁熊耳乡龙源何家渡栋头山。至十二世仲修公，析为县、乡、竹三大房。县房又分为六小房。明洪武七年（1374）始修族谱，正统八年（1443）续修，清雍正四年（1726）三修，乾隆四十年（1775）四修，嘉庆二十四年（1819）五修，同治三年（1864）六修，光绪二十五年（1899）七修，1943年八修，2002年九修。宗祠建于港口。

安仁土坡何氏 一世明性公，字万兴，号凌云，南宋时人，居广东东莞县，九世久谟、久训，明初奉旨屯茶陵卫。永乐二年（1404），久谟子洁丰落户安仁县牌楼乡何古村，久训子广丰落户安仁县洋际乡侯堂仙紫木峰。明正德九年（1514）、嘉靖二十三年（1544）、清雍正十二年（1734）、道光十年（1830）、光绪二十八年（1902）、2004年纂修族谱。字辈：明良树奇功，荣发能久丰。庆允奉廷用，安行士志忠。经纶光国典，贤德耀祖宗。文谟继武烈，作述万代隆。

桂阳城西何氏 始祖万四公，号九四郎，宋末元初偕兄万一、万三自江西泰和因避兵乱迁湘。万一居桂南之车田，万三居桂南之榜山，万四居桂阳城西附郭之大凑山麓。族人分布于东乡之蚂蝗井、官溪、青山，南乡之枫木井、桃树下，西乡之石岭下、梓溪铺、西岭下，北乡之七里桥、北尾坪、塘木楼及新田县等地。族谱始修于清康熙二十四年（1685），至1936年九修。宗祠在大湊山麓，创建于明初，重修于清乾隆年间。至1948年，已传25代，族人3000余人。

汝城何氏 汝城何氏共二十支，溯其本源，皆祖玉公。始祖玉公，字敬宗，号冈陵，原籍江西庐陵白鹭洲，北宋大中祥符三年（1010）进士，官湖南郴州刺史而著籍于郴之桂阳（今汝城县）。生五子：名仕、学仕、珪仕、瑞仕、璋仕。名仕公祠即东垣公祠，又名九头总祠，清雍正年间建于汝城县东门内。1936年合纂大同宗谱，其时传衍36代，男女丁口四五万人。2020年续修大同宗谱。大同宗派：（以受姓祖允公为一世，自七十五世始）周宗远绍，韩祚永宁。穆雍奕载，惟兹德馨。高曾淳懿，弘宣典型。大同博厚，慎守箴铭。该族名人：何仲毅，字致达，曾任辽州知州。何绍怡，字鹿野，翰林院检讨。

汝城星村何氏 谱称何氏著历汉、晋、隋、唐，世远年湮，不敢强为牵引，今叙世系断自玉公始。玉公字敬宗，号冈陵，江西庐陵白鹭洲人，北宋大中祥符登进士，授湖广郴州刺史，生三子，次瑞仕、三璋仕，同迁兴宁暖水塘。谱以玉公为一世，十一世天志、天宝兄弟始自兴宁徙居桂阳。天宝再传二世至七十四郎，又自兴宁丰溪徙居桂阳西南乡星村。明嘉靖、清康熙五十九年（1720）、嘉庆十二年（1807）、同治十三年（1874）、1921年、2016年六修族谱。派行：愈试守忠，讳忠永孔。伯仲叔季，承先祖德。敬慎伦记，克学明经。邦家俊彦，宾学朝廷。

汝城西垣何氏 始祖玉公，字冈陵，原籍湖北荆州江陵县，后卜居江西庐陵白鹭洲，官于郴而家庐阳（今汝城）。七传至天寿八郎，宋进士，亦宦郴，由郴居兴宁青草井头大屋图，后返原籍桂阳（今汝城），初寓金山双鲤，卜宅城东西垣。生三子：念一居上西垣，念二居土桥，念三居中、下西垣。至1948年，全族人口4万余人。宗祠在上、中、下西垣及土桥，均建于清初。该族名人：何明亮，记名提督，江西九江镇总兵。

汝城径口何氏 玉公递传七世至天寿公始迁西垣。又九世盛淑公，字序三，由秀子塘卜居径口。至1936年，2000余人。原派：盛文仲仕缙，宽孔承启美。高明英奕世，永远绍宗芳。新派：宋儒崇性理，汉学尚循良。显烈光前绪，贻谋积庆长。

汝城九头文明江头何氏 一世祖通熙公，字凤云，号濂渚，玉公第十八世孙，知锦公之十三世孙，元拔贡，元至顺元年（1330）自城头徙居九头文明江头，为文明江头肇基之祖。生四子：祥轻居洞心，祥福居淇水虎头，祥辅居虎形仓下山，祥轩居东湾。至 1936 年，丁口约 200 人。原派：知术才能更可庸，诗书时习五经通。祥宗文道克胜万，何嘉国正永兴隆。续派：正谊端本，修厥彝伦。笃爱致敬，由义居仁。家珍孝子，国宝忠臣。千秋为教，奕世同春。

汝城九头西林何氏　一世祖惟六郎，玉公第十世孙，自永安迁西林。至 1936 年，共 1300 余人。宗派：仁隆茂试，则崇秉宗。文景伯万，生天道明。续派同江头何氏。

汝城九头淇水何氏　一世祖知钊公，玉公五世孙，始居永安象形湾，后迁西冲。后派衍淇水邹坪头、开山水东、上岭头、淇水宁宝洞四房。至 1936 年，共 1000 余人。原派：知小少念，兴惟仁隆。茂恭必富贵，守孟希日来，攀上大人。续派同江头何氏。

汝城冲头白钩何氏　一世祖小五郎，玉公六世孙，任四川马湖府判，由西林迁居冲头白钩。后人衍居于县背、簸箕冲、白钩老屋及上、中、下新屋，水流、坡塘、李园、秤钩湾、白鱼塘等地。清嘉庆三年（1798）、道光二十九年（1849）、光绪二十三年（1897）、1943 年纂修〔族谱〕。派词同江头何氏。

汝城九头永安何氏　一世祖尚九郎，讳文朔，字苏公，玉公九世孙，任广东潮州府太守，生终葬俱失考。至 1936 年，共 3600 余人。字派：敬材庆试，存永秉宗。克汝才益，应召元良。续派同江头何氏。

汝城九头寨头何氏　一世祖守清公，字以白，玉公九世孙，任淮安府刺史，始分居寨头，是为寨头始迁祖。至 1936 年，人口 200 余人。字派：（自十世起）守保濂贤，楚添日攸。清益王廷，世名自荣。续派同江头何氏。

汝城土桥上湾何氏　天寿八郎，玉公之六世孙，宋度宗咸淳四年（1268）进士，亦官郴州刺史，侨寓兴宁，后卜居桂阳西垣。传二世至文谅公，分迁土桥上湾，故尊文谅公为土桥上湾始祖。文谅字信侯，任山西应州训导。至 1936 年，200 余人。原派：天念文运，大肇宁清。忠孝传芳，国明仕兴。世有令德，光显家声。续派：桂兰继茂，代远云礽。祚灵集祉，祥发庆膺。景如朝日，复始东升。

汝城土桥怀普何氏　一世祖试保公，字怀普，号君峰，玉公十二世孙，生于明洪武十一年（1378），分居横塘，裔孙居土桥村后，故有“后户”之称。至 1936 年，2000 余人。原派：天念文建叟，叔世仲试何。子曰元先淑，德克绍英明。续派：孔曾作述，大学书行。格致诚正，修齐治平。万邦为宪，千古是程。端本善则，祖耀宗荣。

汝城土桥三香何氏　天寿公递传九世至试惠公，字恩普，明永乐三年（1405）由贡入监授永顺教授，后卜居土桥村之前门，故有“前户”之称，尊试惠公为前门肇基之祖。至1936年，2000余人。原派：天念文建叟，叔试仲仕何。子曰元先胜，允克绍英明。续派：孔曾作述，大学书行。格致诚正，修齐治平。

汝城土桥虞辅何氏　试惠公之孙仕律公，字正卿，诰封文林郎，生于明正统年间。至1936年，1900余人。原派：天念文建叟，叔试仲仕何。子曰元先胜，允克绍英明。续派：孔曾作述，大学书行。格致诚正，修齐治平。万邦为宪，千古是程。

汝城土桥荣昌何氏　一世祖淞叟公，玉公十五世孙，拔贡生，任岳州府教授。其曾祖父念二公为土桥始祖，淞叟公分居荣昌，为荣昌始祖。至1936年，共175人。字派同虞辅何氏。

汝城九垄何氏　玉公递传五世鉴公迁资兴台前，二十世香仕公明末迁桂阳九垄。至1936年，300余人。

汝城东岭苗竹村何氏　玉公递传十三世至文渊，始迁星村。又传八世均华，徙广东始兴县。均华公递传十世一举，清初复迁汝城东岭苗竹村。至1936年，100余人。派行：一士宠献，元亨利贞。万世庆衍，运际清平。慎乃作述，伦纪修明。克绍先绪，兰桂敷荣。人文炳蔚，联步云程。光昭前烈，永振家声。

汝城文明姜阳何氏　玉公递传二十世至均善，由星村迁广东始兴县。又递传至万从，迁回汝城文明姜阳。至1936年，100余人。原派：万积凤法道，正仲天恩德。泽民遇金榜，声名扬邦国。新派：兴仁由义士，朝廷举俊杰。

汝城热水百担丘何氏　始祖旺真公，原籍江南庐阳县，明永乐间任江西大庾县教谕，解组后遂居大庾聂都上阶。传至孔圣，转迁汝城百担丘。至1936年，140余人。原派：旺朝志德海，深孔尚廷世。邦有道文明，家中远锡赐。新派：继绳祖宗绪，贤能大发祥。笃亲崇礼义，富贵应延长。

汝城濠头上下河村何氏　始迁祖万福公、万康公，清初自汝城中乡西垣迁濠头上下河村。后裔吉房分迁酃县三都塘田，咨房分迁酃县七都长坪。至1932年，已传13代，300余人。

汝城坳口瓦屋村何氏　始迁祖允盛公，由汝城县东刘家岭迁坳口瓦屋村。后裔分徙益将、山田、县西文明乡铜锣垭。至1932年，已传12代，200余人。

汝城隆兴洞何氏　始迁祖而明公，清乾隆间自汝城县中乡西垣迁隆兴洞。至1932年，已传10代，200余人。

桂东何氏 始祖次道公，世籍安徽合肥县，东晋时以丹阳尹升护军将军加侍中录尚书平章事。传至贤甫公，宋末时宦楚，自安徽迁居桂东县三都长义。族人分布于本县及闽、粤、鄂等地。至1948年，已传23代，全族人口5000余人。宗祠一在县东门，一在三都长义。

永州何氏 始迁祖财招公，原籍苏州太仓马泉埠，明永乐十一年（1413）迁居零陵水北乡，生三子，皆居城塘。1933年、2004年纂修族谱。班次：才六志讳仕，永何梓天良。国一大联道，洪福绍纯方。礼义昭贤式，文玉颂昆岗。仁信佳祺友，诗书能安邦。

零陵、祁阳何氏 始迁祖坚公，原籍吉安，元末官道州刺史，迁居祁西渗塘。未几国富、大用、腾蛟、法旺诸公及辛八郎、熊十三郎均由江西迁楚，分居零陵、祁阳。法旺公以彭何为氏，元至正间偕妻兄雷明甫公，由江西吉安府吉水县南迁零北杉木桥、林家巷，继迁严家村。坚公裔居渗塘、荷叶塘、花果冲、显塘、汪福桥、堡里桥。腾蛟公裔居何家岭，熊十三郎公裔乌口，大用公裔居坳子头，国富公裔居沙坪，法旺公裔居严家村，辛八郎公裔居桥梓头。清同治十年（1871）、光绪三十四年（1908）、1930年纂修族谱。派语：大德开景运，积庆肇庆祥。宣昭宏作育，立基发荣光。

道县花台屋何氏 谱称守礼公梁简文帝大宝二年（551）授永州太守，因出巡舂陵而家名田（今属道县）。又历十八世至嗣全公，字邵先，感石崩不详，于北宋淳化四年（993）迁居石桥花台屋。清康熙十年（1671）、嘉庆八年（1803）、道光二年（1822）、光绪十一年（1885）、1926年纂有族谱。至1948年，全族人口6万余人，分布于桥头、鲁班屋、司屋山等处。乳名辈数：仕廷绍林忠，成立尚德同。进修名大显，裕发运常隆。志壮源流远，才高定普通。聚积生理厚，信见瑞征从。字号辈数：伯学济振世，家国正天伦。邦昌宣造化，鸣凤盛朝珍。美景图兴旺，象功愿喜申。书声开吉利，顺治共宜春。

道县东门何氏 始迁祖念三公，号松崖，宋嘉定间由山东青州举家南迁，定居道州东门。明正德八年（1513）始修族谱，清康熙四十八年（1709）、乾隆二十七年（1762）、同治元年（1862）、光绪四年（1878）、1938年、2006年续修。现有人口3220人。该族名人辈出：八世何钟，明成化进士。十八世何文粹，进士。十九世何凌汉，清嘉庆进士，卒赠太子太保，谥文安。二十世何绍基，清道光进士，书法名世。二十二世何维栋，光绪进士。又举人16人。派语：（自九世始）尧汝年孟其继之山志文启绍庆维积善华国成……

道县扶塘下何氏 始迁祖都天公，山东青州人，元时因贸迁道县，始居上关村。生三子：元、登、进。元顺帝时因上关距城近，又迁于州南白石岩，元公居扶塘下，登公居江华雷家峒，进公仍居白石岩。1931年纂有族谱。族人分布城东门、水南、郎龙、仙子脚区桥头。

蓝山凤感乡上河何氏 始迁祖仲祯公，元至正间迁来。至1931年，凡20户，男56人，女55人，共111人。

蓝山凤感乡下何何氏 始迁祖元泰公，元顺帝时由江西泰和县至桂阳州，旋来蓝山。至1931年，凡32户，男45人，女46人，共91人。

新田下漕洞何氏 始迁祖希福公，唐时因避黄巢之乱自江西泰和迁湘，开基于新田县长信乡下漕洞。族人多分布于三和乡、大同乡及嘉禾、桂阳等地。至1948年，已传46代，全族人口5300余人。

溆浦何家坡何氏 始迁祖成原公，原籍江西泰和县，明洪武五年（1372）徙辰州卫，永乐二年（1404）拨屯来溆浦，居何家坡。

麻阳何氏 先世自芷江罗旧徙麻阳。字派：启仕首廷久，正应世成光。绍忠开万代，永定德兴昌。

麻阳县城锦和何氏 自江西南昌府丰城县河湾里三甲徙麻阳县城锦和。字派：天开亿运奠邦家益道云光耀卫华周德祖世泽。

永顺勺哈上基湖何氏 始迁祖家元公，清康熙末年自江西高安县二十二都蔡坊迁居永顺首车。乾隆间许忠公又由首车迁勺哈上基湖。2005年纂修族谱。字派：昭兹来许，绳其祖武。于万斯年，受庆之祜。泸江清水，源远流长。人文蔚起，望重乡邦。

永顺何氏 清初由江西迁永顺首车。2012年八修谱牒。字派：仲日廷雯，至士良家。昭兹来许，绳其祖武。于万斯年，受庆之福。

会同何氏 始祖球荫公，自江西吉水官贵州牧守，因元末明初之乱，其三子分居各处，长子万年居会同。

何李

常宁何李氏 鼻祖李兴海，字号生卒无考，明洪武二十八年（1395）自安仁奉调平寇来常宁车子田崇杨树，阵亡无嗣，由弟李晚保顶职代役。晚保征交趾阵亡无嗣，由何贵昶顶补兴海小旗军职。何贵昶正统间征云南芦州阵亡，长男何亮承役。亮屡立战功，授勇略将军，敕命改何为李。清康熙三十年（1691）、乾隆二十九年（1764）、道光四年（1824）、咸丰七年（1857）、光绪十七年（1891）、1920 年、1995 年、2016 年纂修族谱。行辈：贤克逢廷用，安行性智忠，祖宗能积庆，福禄万年同。

佘

邵东佘氏 始迁祖朝奉公，号湖山，先世居山西雁门，唐代时迁湖南邵阳，卜居邵东佘田桥镇。二十世元时必能公，生三子：义宗、义泰、义臣，派衍三房。至 1948 年，全族人口 2600 余人。清嘉庆间建宗祠于邵东太平里。清康熙五十一年（1712）、道光十四年（1834）、光绪十七年（1891）、1931 年、1995 年、2019 年六修族谱。派语：辅永如元必义应，有再克廷兴大邦。显祖荣宗宽福庆，安仁定国佐乾纲。孝忠世守芳型懋，德礼承先继绪长。彝训钦崇同宝鉴，贤亲乐利萃嘉祥。

石门花薮佘氏 始迁祖吴万邦，明代时因苦于官吏苛求无厌而自湖北武昌通城县迁湘，开基于石门县花薮乡阜丘山东麓，生二子：显、兴，因不屑托于豪姓强宗而改姓佘。族人分布在花薮坪、太平岗、岩子岗、上五通、桑植县以及湖北省鹤峰县沙道沟等地。至 1948 年，已传 18 代，全族人口共 400 余人。族谱始修于清同治三年（1864）。宗祠初建于花薮乡樟木岗，1947 年迁于七星堰。

桃源高都佘氏 始迁祖锡祚公，明建文元年（1399）因平寇，自江西南昌府丰城来楚，事定卜居桃源北路华林岗、走马坪。另支始迁祖贵公，明洪武初年因奉命剿寇自江西丰城来湖广，卜居于桃源县北高都村走马坪。清乾隆三年（1738）两支共建宗祠于观音寺。同治三年（1864）共创族谱，锡祚公支自九派“国”始，贵公支自二派“胜”始。1923 年续修，1994 年三修，2015 年四修。字派：大宗绍绪，上协高曾。其子孝友，丕家光庭。学尚诗礼，成章曰文。体乃元善，存良则仁。

益阳十三里青山塘佘氏 始迁祖松生公，明洪武年间自江西吉水迁此开垦，其后衍居石板滩。

余

长沙谷塘余氏 始祖振公，明初自江西南昌府丰城县徙居长沙省垣黄道门内。历五世至爵公，字蒂锡，号阶斋，明嘉靖间置业善邑一都双塘冲、邱家冲及罗塘冲。至九世衍为四房：学益、学葱、学美、学兰。葱房裔尽。余三房清嘉庆十四年（1809）共建宗祠于苏家坝。清嘉庆间始修族谱，光绪二十六年（1900）续修，1942 年三修。旧派名：爵太仕邦学，应开元世芳。国家兴德彦，孝友启贤良。续派：盛代呈祥瑞，文名大显扬。诗书传久远，忠厚庆荣长。

长沙梓木港余氏 昶公原籍金陵，佐明太祖，尽节康郎山，列三十六忠臣内，封下邳侯。长子骢公，明成祖时靖难，有功封定远侯。次子昂公，世袭长沙卫镇抚，因家焉。昂公后裔惠公等落业于长沙梓木港、沙坪、下腰塘等处。清乾隆二十一年（1756）、嘉庆二十年（1815）、咸丰七年（1857）、光绪十一年（1885）、1917 年纂修支谱。派语：可嘉宗懋士，开来世宏猷。隆文传国宝，树立振家声。修身先正本，作善兆钟祥。光荣恢祖泽，敦厚益昌亨。

长沙筛罗水余氏 始祖钦公，字若臣，官集贤院大学士。五派良公，字宁仲，自歙州迁江西南昌府分宁州。良公孙琛公，生友、裴、融，后裔迁平江木瓜、垅石、璧潭等地。良公二十代公琥公，字炳雯，明正德间自平江迁居长沙尊阳都筛罗水。清道光二十三年（1843）创修族谱，光绪四年（1878）二修，1912 年三修，1948 年四修。派语：宗祖文明远，泽绵先绪长。珍传家必达，利用国之光。自冀基承训，当星耀发祥。尊荣洵久大，蔚起允隆昌。

长沙余氏 一世以生公，明末人，生六子：中宪、中元、中奇、中山、中武、中禄。该族为长沙望族，近世名人辈出，如余正焕，清嘉庆进士，主讲城南书院。余肇康，光绪进士，曾任山东、江西按察使、湖南粤汉铁路总公司坐办总理。余籍传，（民国）湖南省建设厅长。余箕传，湖南大学文学院院长。1947 年纂有草谱。字派：以中学成胜启宗（正）本肇传泽贻钟彦。

浏阳茅冲塅余氏 始祖守一公，明初自江西南昌府丰城县矩塘石崇观迁居湖南浏南十五都路口。传至十一世东鹏，于明末自路口徙居茅冲塅。清光绪十四年（1888）纂有支谱。1994 年浏阳余氏纂修族谱。

宁乡余氏 始迁祖士英公。其后裔分为国梁、国栋、国柱、国柄四支派。堂号东美。

宁乡卯田余氏 始迁祖士林公，字文煌，明末清初自福建落业善西六都卯田十亩丘。清同治三年（1864）纂有草牒，1915 年、2008 年纂修支谱。派语：士生荣有忠臣亨，锡泽承先义仕英。源远兴朝隆世德，本培当赏焕文明。文章洪世道，开焕振家声。蔚起贤良汉，怀志促进行。

宁乡、益阳余氏 始祖唐开元间翰林学士钦公，居闽。钦子昭武校尉杲公始居歙州休宁。四传至戬公，长子良公自新安（即歙州）徙洪州分宁县长茅里。传至源本公，字天一，明季因避难自豫章徙居湘之沩宁湖山，生二子：赞、哲。哲徙益阳梽木冲。赞之子理徙玉潭梅家田。理公五传至高公，徙双江佘家洲。高公子二：世、仕。世生良、才。仕生定、常。良、常二公留居佘家洲。定公于明万历年间迁居牌楼冲口，为益阳华林塅始祖。才公无传。祠堂一在佘家洲，建于道光五年（1825）。一在马家洲，建于道光十七年（1837）。清嘉庆九年（1804）两邑始修族谱，同治四年（1865）、光绪二十三年（1897）、1925年续修，2006年宁乡佘家洲五修。旧派：源开文运美，诗礼传家度。郡国斯起朝，光明正大助。懋志承先德，纯忠达上恩。典章昭义训，远代安定敦。续派：教育培基道，贤才造化成。昌期逢选拔，荣发著功勋。

湘潭佘氏 始迁祖雄公，明初由湖北黄冈县奉邀迁湘，开基于湘潭县株洲乡良图荡（今属株洲市）。族人多分布在攸县、醴陵、浏阳、长沙及四川乌山等地。至1948年，已传21代，全族人口约6400人。清康熙年间创建宗祠于株洲宋家桥。族谱一修于乾隆三十一年（1766）。

湘潭佘家冲佘氏 始迁祖益万公，明洪武时自江西迁湘潭西乡，其地后名佘家冲。清嘉庆十五年（1810）一修，咸丰八年（1858）二修，光绪二十年（1894）三修族谱，堂号延祝。字派：益启辉明瑞，少学国玫定，祚世开泰昌，家修诒泽远，绍祖锡名光，先廉新怀志，运久正兴隆，万代流芬苾，本固永钦崇。

醴陵佘家庙佘氏 始迁祖昊富公，明洪武初年自江西丰城迁此。族人分布于小桃花、长垅。至1948年，全族人口300人。

醴陵赵家塅佘氏 始迁祖兴吾公，明崇祯初年自湖北黄冈迁此。族人分布于石亭。至1948年，全族人口1100人。

醴陵一甲坪佘氏 始迁祖肇襄公，清顺治初年自广东嘉应迁此。族人分布于麻杉岭、高塘、木梓树下、玉管冲、崇塘。至1948年，全族人口1000人。

醴陵洋川冲佘氏 始迁祖岳洲公，清康熙间自福建建宁迁此。至1948年，全族人口600人。

炎陵十都佘氏 始迁祖文斌、奕斌兄弟，清康熙四十八年（1709）自江西遂川迁十都杨木江车溪村。后奕斌又于雍正七年（1729）自杨木江徙长湖深垅村。

衡山义母、湘潭育石铺、花石龙口佘氏 谱称系居江西，迁徙鄂州，历习陶艺，时因洪水泛滥，迁来湘省择地定居。佘由三十三世启良，生子六：佑坤、佑城、佑堤、佑培、佑珪、佑增。佑坤子三：我富、我贵、我华。佑珪子三：

我栋、我梁、我材。华、栋、梁三公于清初迁湘。我华二子：策纲、策纪，策纪无嗣，策纲定居衡山义母。我栋长子策凤定居湘潭育石铺，次子策凰定居湘潭花石龙口、盐埠等地。1918 年与湖北大冶原籍合谱，2002 年衡山、湘潭坤、珪两房续修。派行：（自三十六世始）尊祖问怀远，合修义广深。致知明圣治，博爱著贤声。建树辉先绪，嘉猷裕后昆。溢扬贻厚望，奕叶谱新春。

临湘余氏 始祖良公，居江西洪州分宁县之长茅。十五传至朝兴公，原名玎，字文荣，行达十五，生于元元统年间，入明籍岳州军卫，始居万库里，调征衡州，卒于军。其长子友福寓居于衡，宣德二年（1427）友福之子孙复由衡归于万库里。清康熙十四年（1675）始修族谱，1934 年七修。派语：熙时益起，登进秀良。惟孝克忠，家国尔光。贻谟尽美，振纪扶纲。发扬祖德，冠冕堂皇。

华容护城孔家洲余氏 鼻祖昶公，金陵人，长子聪公之后裔缘公等，落业于益阳杉木桥和湘潭擂鼓山。至清光绪年间，杉木桥后裔百源，苦益阳山区人多田少，迁居华容白鼎山西之孔家洲。子孙聚居孔家洲，星居各地。老派：承宗懋士开来永大年。合族续派：隆文昭定业，崇道著真诠。沃植先培本，知径用达权。勤俭基克广，敦厚祚长延。

湘阴青龙冲余氏 始迁祖一诚公，明洪武间自江西分宁县长茅里迁此。堂号新安。

平江木瓜、碧潭余氏 始祖唐时良公，字临仲，初名咸，字亨仲，自歙徙居江西分宁。四世裴公，字季夫，一字景度，五代时徙居平江东阳乡之木瓜。七世衍为琏、琎、璲三房。璲迁华容，不可考。琏裔世居木瓜。琎，字国珍，由木瓜徙居碧潭，子三：高、斌、瓘，衍为三大房。清雍正九年（1731）木瓜、碧潭合修族谱，乾隆九年（1744）木瓜与分宁合修族谱。乾隆二十九年（1764）碧潭独修，之后时分时合，嘉庆九年（1804）、道光二十三年（1843）、光绪二十三年（1897）、1933 年碧潭续修。光绪三十三年（1907）木瓜续修。木瓜派语：治本家修定，贤从德教成。传经彰盛典，学道振先声。碧潭派语：宗祖文明远，泽政本家修。贤能崇德教，经学绍先猷。

平江白雨湖余氏 始祖钦公，唐玄宗时太常博士，官至集贤院学士。钦生杲，杲生膺，膺生庸，庸生戭，迁居安徽休宁。戭生良、从、衮。衮之后京公居浙江钱塘，良之后庠公居洪州分宁。从公字韶仲，五代时自安徽休宁徙居韶州府之曲江县。传五世至仲荀公，迁江西吉水，其长子嗣昌迁居新喻。嗣昌生元吉，字元之，宋淳熙间由新喻徙居平江白雨湖，为平江始迁祖。同治四年

（1865）七修，光绪二十三年（1897）八修，1934 年九修族谱。字派：（自十一世始）万世添家永，远兴隆晓晖。才华昌厚泽，忠孝树初基。德与文同显，人惟圣可师。长平敦一本，泰运应斯时。该族名人：余云焕、余愔、余虎臣。

平江田岩余氏 始祖钦公。五世从公，自休宁徙居广东韶州曲江县。二十九世文卿公，字攀龙，又字纯睦，号廷相，清康熙四十九年（1710）由广东大埔县昆仑村迁居湖南平江县南乡田岩里。清咸丰四年（1854）始修族谱，光绪十五年（1889）、1912 年、1938 年续修。派语：奕世魁元定，荣华耀国光。多文崇美富，积善兆嘉祥。道学宗传广，谦恭益受长。克生忠孝士，景运庆明良。

益阳余氏 鼻祖昶公，长子骢公，次子昂公。骢公传至缘公，落业于益阳杉木桥及湘潭擂鼓山。昂公传至惠公，落业长沙樟木港。鼎公落业沙坪，德公落业上下腰塘。清乾隆二十一年（1756）、嘉庆九年（1804）、道光二十二年（1842）、光绪二年（1876）长、益两邑纂修族谱，1914 年缘公裔懋、急、忠、慇四房五修。老派：承嘉宗懋士，开来永大年。续派：隆文昭定业，崇道著真诠。沃植先培本，知经用达权。俭勤基克广，敦厚社长延。

益阳十九里竹东湾余氏 始迁祖昶公，明洪武年间自金陵迁此。其后四支，分居侍郎桥、十九里余家湾、十八里窑头山、十八里梁家冲。

常德余氏 始祖阙公，字弘毅，明正统四年（1439）自江西南昌县弃官解组迁居湖南常德县后乡余家巷，二世祖万林公因兵燹流离徙居前河下淴。族人分布在丁家港等处。至 1948 年，已传 19 代，丁家港等地余姓人口 580 人。宗祠在常德五泉乡丁家港。草谱修于清乾隆二十八年（1763）。

汉寿余氏 始迁祖作铭七兄弟，世居江西吉水县枫树坪、拖船埠、长茅岭等地，明永乐年间，或开垦、或宦游、或因人口过繁，七公先后自赣迁湘之汉寿。作信居莲荷塘，作宽居严家冲，作道居余家桥，作忠居升平桥，作循居芦洲荚，作铭居苏家吉，作灿居曹家坪。清嘉庆年间七公后裔建家庙于邑东，后改建于邑之小南门，名为七庄公祠。至 1948 年，全族人口 2555 人。清乾隆五十七年（1792）七房合修族谱，1943 年六修。老派：作述希贤哲，平章重睦亲。功昭恩泽沛，绪绍烈谟新。续通派语：仁孝贻传久，同源笃本支。昌蕃隆雅化，景运肇宏基。续增通派语：立德培元厚，育才继世长。光前恒建业，祖道定荣康。

汉寿余氏 一派诗仁公，字近恕，原籍江西吉安府吉水县，明初始迁辰州搞鱼潭，平贼有功，授指挥使。永乐二年（1404）莅任常德，落业武陵前河中谂村高湖坪千工坝。生崇庆、崇寿。崇庆一子，崇寿五子，衍六房。崇庆子胜明，居武陵二莫坊，清咸丰二年（1852）、光绪三十三年（1907）纂修房谱。崇寿五子：胜先、宗、高、学、演，胜先居孙家河，胜演居芭蕉冲，学荣居汉寿东门外，学考居湖北宣恩县砂道沟，翰纶居津市，同治五年（1866）、光绪三十四年（1908）纂修支谱。嘉庆六年（1801）、同治五年（1866）、1937 年六房共纂族谱。原派：诗崇胜正承添曰仲国尚学士翰林。续派：宏文开泰运，树德昭来时。宗功培植永，芳名必立之。

桃源灵岩余氏　先世于明永乐年间由江西迁桃源县北灵岩。族人多分布在本乡及九溪、黄石等处。宗祠在尼头山。至 1948 年，已传 20 代，族人共 2000 人左右。

桃源余氏　始迁祖明鉴公，明万历四十八年（1620）因避乱故自江西南昌府丰城县大栗司拖船埠迁居桃源草塔湾，生行礼、行仁。仁裔失考，行礼生玉珍、玉珠、玉瑛、玉瑚、玉琏。珠裔又失考。清光绪八年（1882）纂修族谱，1933 年续修。至 1948 年，全族人口约 1000 人，分布于大里平、黄土城及常德、慈利、四川等地。字派：明行玉万廷，应邦伯政世。有礼开洪泽，绍宗乐国存。志学心自安，继来汝昌时。修仁天必合，守本文士承。

桃源白石铺余氏　始迁祖胜华公，清康熙年间因避乱自浙江杭州徙居桃源县南白石铺小溪口。至 1948 年，族人 100 余人，分布于寺坪、沙坪等地。宗祠在寺坪。族谱创修于 1931 年。

桃源澄溪余氏　始迁祖胜荣公，族人分布于澄溪。至 1948 年，不足百人。派序与白石铺余氏相同。

澧县牌楼余氏　迁湘始祖文荣公，明洪武初由江西义宁州徙居湖南临湘万库里石滩村余家坡，今临湘市坦渡乡。生八子。明末清初时后裔有迁澧县、安福、慈利、石门者，如宝公、玺公迁澧县焦田堰、栗陇岗，昌汉公迁澧县东门，其贵公迁澧县贾家冲，永元公迁澧县花土里。牌楼支始迁祖胜宝公，明嘉靖间迁澧州城北门外十五里栗陇岗。清道光间、1931 年、2002 年三修族谱，2017 年与焦田堰支、东门支、贾家冲支、花土里支四修。牌楼、焦田堰支派字：胜嘉应国存士胜有继曰作求长承先泽（以）致祥熙时。

新化青山湾余氏　始祖庆一公，明洪武二年（1369）携弟庆二、庆三自江西吉安泰和儒衡乡丰城里早禾渡梅子坡金峰庙迁居湖南宝庆府新化县石马乡五通庙上首清水滩。后庆二移居新化，庆三移居辰溪，庆一移居青山湾。族谱始修于明万历二十年（1592），清乾隆四十八年（1783）、同治十三年（1874）、1917 年、1993 年续修。派语：文学可传世，诚和克致祥。江南薰业炳，楚泽派枝长。河涧廷通发，庆德志仲文。万爵正祖大，庭世之天应。1993 年增订派语：诗书百代香，垂询首伦常。本来耕与读，勤俭得安康。

新化千户余氏 始迁祖纪公，明初授贵州五开卫中潮所千户，子四：昊、景、晟、昆。昆公永乐二年（1404）屯田于新化东门外。

宜章余氏 始迁祖法聪公，字宏基，明代时奉母命自广东乳源迁湘，开基于宜章笆篱乡阙溪，族人分布在马头下、黄泥墩、吊井坪、冷水窝等地。至 1948 年，已传 18 代，全族人口 2730 人。宗祠一在马头下，一在岱下村，分别建于明成化年间和清咸丰年间。

蓝山凤感乡牛路脚余氏 始迁祖昌华公，明万历间由广东乳源迁来。至 1931 年，凡 11 户，男 22 人，女 16 人，共 38 人。

谷

湘潭长山谷氏 谱称系出颛顼，至扉子启封秦谷，因以为氏。世居陕西西安府长安县。汉代永公事成帝，以方正直立擢为光禄大夫。父吉公，为大司马，卒于官。永公奉木主南游，卜居耒东鳌山炉塘。数传至朗公，为九真太守。至北朝时，衮公仕慕容，封广武将军，徙居丰城桥东。至明初如春公，生五子，长子伏崇公与弟早魁公之子春芳公及弟得魁公同由丰城桥东儒行乡徙居湖南茶陵，继由茶陵先后分徙湘潭、湘乡。伏崇公开湘潭景泉潭房，后裔大芳公迁湘乡梓田；早魁公开湘潭垅窟塘房及湘乡流霞塅房；得魁公开湘潭长山坳房。清乾隆五十四年（1789）建宗祠于长山，光绪元年（1875）重修。乾隆四十六年（1781）初修族谱，同治二年（1863）续修，光绪二十九年（1903）三修。2005 年湘乡梓田房四修。字派：（自十二派始）先代家声远，诒芳德泽新。敬宗昭世系，光大振经伦。

茶陵潞水谷氏 始迁祖柄公，南宋绍兴元年（1131）由耒阳马水卜居茶陵城，后迁潞水。

衡阳谷氏 始迁祖崇正公，字隆高，原籍江西吉水，元末明初迁衡阳。2014 年七修族谱。

耒阳谷氏 汉卫司马吉公，代居长安，生永公。永公为汉官大司农，晚年由长安徙耒东敖山炉塘，为迁耒鼻祖。五世孙朗公，为三国吴九真太守。至南宋桓公，世居耒邑马水木村，六子：范、广、畴、泉、逢、杰。广公迁宜章，泉公衍常宁，逢公徙湘乡，杰公世守高炉。范公生二子：钦、璜，后裔多居耒阳。畴公越五代孙良公徙衡南。元至正二十二年（1362）始修族谱，至1994年凡六修，时钦公房14400余人，璜公房4000余人，畴裔2200余人。清乾隆二十七年（1762）建宗祠于耒邑南正街。排行：（二十一世始）先泽肇长安，云礽耀楚南。名豪光运会，风采四夷观。诗书循国典，孝弟继家声。威信昌华夏，丰功庆九真。

常德白族谷氏 宋元之际，蒙古南侵，元将元良合台自云南大理国率一支由白尼族组成的“寸白军”，出云南，道广西，攻湖南，南宋景定二年（1261）因战事平息，“寸白军”于鄂州解散。伍中将领谷均万、谷均千、谷均百及王朋凯、钟千一、熊再时等无法回滇，遂留居湘西大庸、桑植一带，“插草为标，指手为界”，均千卜居澧州，均百落籍鼎城。均万房谱创修于明宣德间，清嘉庆三年（1798）续修，至1918年与均千房合谱，称五修。均百房谱创修于清乾隆间，至1948年四修。1984年湖南省政府下文定桑植“民家”人谷、王、钟、熊、李、赵、杨、段、刘诸姓为白族。嘉庆三年均万房谱引言称：“吾祖均万公，祖籍原在江西吉安府吉水县，意或当年受姓分房后，子孙各天，徙居于此，是皆未可知。其自吉安来游楚鄙之大庸所，说者谓宋末元初，张宏范殉吉安，吾祖之父领乡兵，迎敌文山不克，吾祖偕其弟均千、均百避乱至此。”谱例又言：“始来与溪蛮峒苗错居，非联同种不足捍御外侮，因与同徙王、钟诸姓杂互联派，以为团结。”同治十三年（1874）均百房谱序称：“粤稽我祖籍隶江南，自始祖睿甫公字均百与妣张，值明建文时兵燹，偕弟均千、均万二公随扈黔南，永乐二年（1404）乱靖，同迁湖省，一居澧州津市，一居永顺桑植，睿甫公卜居常郡武邑同古村牟家当七姑山下，辟土宇而落业。”谱中系语：“均正景，永子文，万政胜，大明兴，再加良，相顺启，得从伏，志忠臣，祥和美，羽才伯，九栩作，汝首登，承灵祜，扬休烈，延显融，树丰泽，遗教施，昭若存，佑吾疆，荫繁荣，保持盈，谦道光，超百代，并芬芳，源云理，耀楚天，宗三雄，伟功建，达俊秀，贵博彦，振华宇，勇向前，求卓越，高科攀，创辉煌，逾兆年。”

宜章大演谷氏 始祖日敷公，宋人，自南京江宁徙陕西汉中。孙恒道迁长安。越数世义珊兄弟由长安迁武昌江夏。诚魁公字道选，元至正十四年（1354）因登进士第授湖广汉阳府太守，复徙广东潮州知府，赴任途经湖南宜章而卒，其子良凤公遂留住邝家村，旋徙宜章赤石乡大演，族人多分布在新田、资兴、永兴等地。明宣德四年（1429）纂修族谱，邝埜序。清乾隆五十七年（1792）、道光二十三年（1843）、同治十二年（1873）、光绪二十七年（1901）、

1932年、2020年续修。至1948年，已传23代，全族人口共3000余人。宗祠在大演。排行：日月安恒，忠义孔祥。诚进良光，卜吉允藏。贻谋烈伟，裕昆名扬。圣作贤述，言表行坊。克绳先志，绵接书香。家声宏大，科甲联长。曾孙有道，继序其皇。

宜章江厚谷氏 始祖乔公，东汉人，为谋生之故自汉口诸师巷（猪屎巷）徙居湘中芦蒲洞，裔孙再徙桂阳郡新屋堡。传至沾仁公，南宋淳熙十三年（1186）徙居宜章县赤石乡之江厚。族人多分布在长沙、耒阳、桂阳、宁远、新田、资兴、郴县、广东乐昌、四川大竹等地。至1948年，已传29代，江厚谷氏已达1287人。明成化二十一年（1485）建宗祠于江厚老屋场。族谱始修于明洪武三十一年（1398）。

狄

湘阴大源狄氏 得姓出自周成王之弟孝伯，封于狄城，子孙以地为氏。始迁祖祥虎公，明洪武二年（1369）与胞兄祥龙、弟祥雁自江西丰城县铁树观迁楚。虎公落业湘阴大塘源，生子四。建文时，长子岑公仍居大塘，次衍公迁徙大荆，今名大路狄。鑫公迁八石，庆公迁花桥，明万历四十五年（1617）纂修草牒，清乾隆三十一年（1766）、嘉庆十六年（1811）、道光二十五年（1845）、光绪二年（1876）多次续修，至1938年八修。堂号天水。

邹

长沙龙山塘邹氏 始祖德诚公，明任长沙卫，永乐时调征交趾，回卫居善化八都白田桃谷，后裔世居八都竹园，后迁居龙山塘。

长沙诗佳湖邹氏 始祖宗显公，明成化间由江西丰城迁长沙，世居临湘都诗佳湖。裔孙邹宣律，字象羽，著《竹溪剩稿》藏于家。其子南英，字彬雅，号石湖，邑增生，例赠文林郎，著《听竹庐诗集》行世。

浏阳托塘邹氏 始迁祖良旦公，元朝时自江西丰城迁浏北托塘。后人分布于托塘、枨冲、沙湾、县城等地。至清光绪三十三年（1907），已传24代，丁口2000余人。

宁乡峡山邹氏 始迁祖广文公，明天顺间由新化来沩宁，居于峡山。1938年四修族谱，堂号律生。

湘潭黄龙桥邹氏　鼻祖宋统制阿蛮公。二十七世时富公，明弘治间自江西永新访兄时华公（徙湖南安化），爰潭邑朱亭黄龙桥山水清秀，遂家焉，名其地邹家坪。五派开三房。明万历九年（1581）、清乾隆三十八年（1773）、嘉庆十四年（1809）、同治五年（1866）、光绪三十年（1904）、1948 年纂修族谱。字派：德时荣单思友单怀常明儒单启添征。世泽家声茂，文名国运昌。传经崇宝训，笃学绍书香。该族名人：邹云彪，追赠陆军上将。

湘乡董栗坪邹氏　始迁祖效和公，明正德间与效铭、效勤由江西抚州府乐安县十八都乐安乡堤阳里石陂保徙居湘乡。和公居粟山，铭公居大坪，勤公居三团坳。清嘉庆八年（1803）、道光二十九年（1849）、宣统三年（1911）、1942 年纂修族谱。老班：宗启省绍昂，再传效兴瑞。九一正文邦，福寿永吉祥。新班：盛世欣康乐，明廷重淑良。本仁成大德，厚泽庆延长。

湘乡邹氏　谱尊篘公为始祖，卜居江西饶州府乐平县。其五世孙堪羡、元琥于明弘治年间迁湘乡，为迁湘始祖。堪羡字沧海，为横、杨两房之一派祖。元琥为化、文两房之一派祖。清嘉庆、同治间各房分修族谱，宣统二年（1910）四房合修，称三修，清同治初年四房合修。宗祠在坳头（即五家冲）。清光绪间横、杨两房建支祠于大育三都二区南薮塅板仓屋场，化、文两房建支祠于悦来二坊下湾区石板塘。横房老班：堪承圣潮崇文士启国芳光俊。杨房老班：堪承茂忠尚学添宗祖世代芬。化、文房老班：元应文兴训学孔成志远昌隆。新班序：清先裕后，积德发祥。源开东鲁，庆衍南湘。家传孝友，品重纯良。前规克绍，允肃纪纲。

醴陵湾塘邹氏　始迁祖升二公，明洪武二年（1369）自江西上高迁此。族人分布于豆田。至 1948 年，全族人口 4200 人。

醴陵花桥邹氏　始迁祖诚二公，明洪武二年（1369）自江西上高迁此。族人分布于沩山、青泥、昭潭等地。至 1948 年，全族人口 4300 人。堂号叙伦。

醴陵耿境邹氏　始迁祖本二公，明洪武间自江西上高迁此。族人分布于丁家冲。至 1948 年，全族人口 8000 人。

醴陵泮川冲邹氏　始迁祖希尧公，明洪武末年自广东迁醴陵泮川冲。至 1948 年，全族人口 100 人，分布于泮川冲、沩山、青泥、大山垇、昭潭等处。

醴陵冷水坑邹氏　始迁祖朝来公，明崇祯间自广东龙川迁此。族人分布于萍乡。至 1948 年，全族人口 500 人。

攸县鸾山邹氏　始迁祖押衙将军元公，讳延卿，值明初蹂躏时，自江西安城卜筑于斯。明万历三年（1575）、清雍正二年（1724）、乾隆三十一年

（1766）、乾隆四十四年（1779）、道光九年（1829）、1942 年纂修族谱。

炎陵河漠邹氏 始迁祖运乾公，清康熙四十一年（1702）自广东兴宁迁此。

衡阳金兰邹氏 始迁祖世第公，北宋建隆元年（960）由江西入楚居衡阳金兰高汉。第十一世孙子忠迁江边石塘。民国间六修族谱，堂号泰和。

衡阳高召邹氏 始祖世守公，江西泰和人，宋神宗时任云南大理县签判，解组归经衡阳金兰乡，遂落业于此。生子有三：可、贤、圣。可徙新化，贤迁祁东石亭子乡秋塘坪，圣世守庐墓。圣裔十一传至谏四，生龙、虎。龙生应隆，移居柏坊。虎生景仁。仁生庆、祥，庆居高汉，祥居召田。1995 年高汉、召田邹氏七修族谱。班行：世希孔可仕，文才有邦训。谏如应景原，添大惟峣日。思绍英名祖，庭和本勖忠。学高家声振，品修贤誉洪。一生存美德，多福自全逢。行义常为重，达道贵能同。久盛由积善，远知在立功。1993 年新化、祁阳、衡阳共商新增班次：读书研科哲，宇宙融贯通。庆肇三湘秀，博济万夫雄。云腾期致雨，虎跃喜迎风。运筹辉华夏，勋业著钟镛。

衡阳邹氏 一代海公，明正统间选贡生，成化时官天长县，葬鄗县垅溪山。二代思义公，由鄗县迁衡阳江东岸南渡头。1941 年四修族谱。

常宁桃花洲、蓝江水口山邹氏 鼻祖仁显公，明嘉靖间携子盖、茂、□、萱由江西临川县来常，既而回籍。盖公落业冷水源，后移居蓝江水口山。萱公落业城西桃花洲。茂、□两房失传。清乾隆十八年（1753）、乾隆五十九年（1794）、道光十八年（1838）、光绪九年（1883）、1917 年、1948 年、1993 年、2018 年八修族谱。班行：绍修人纪定，积善兆隆祥。湘岳钟贤哲，家声继述长。

岳阳荷塘邹氏 一世祖可明公，后唐同光二年（924）自江西丰城县迁居巴陵桃花洞石井源。十世人一字万惠，迁居平桥，其长子希亨迁黄沙街，四子希源迁大梅湖。十六世友瑀迁梧桐冲，友惟迁仁宏门，学举迁临湘詹家桥，学举长子旭又迁临湘南箕岭。清光绪三十一年（1905）各支八修合谱，因可明公曾居荷塘，故称荷塘邹氏。堂号范阳。

湘阴塔寺前邹氏 始祖衍公，五十世孙应鼎，元至正间由赣徙蜀江津县，由蜀徙楚。子运亨，奉五尊神像乘筏至湘阴，落业八甲塔寺前。运亨传五世至元隆，生二子，长銮居堤南，次锦居堤北。銮支下宪居长岭，铠徙圣峰坪，镃徙淮溪坝，锦支下瑄居桐木冲余家桥，珩徙岳塘冲，璜徙曾家嘴。清道光二十八年（1848）长沙、宁乡、湘阴、临湘、平江诸邑建总祠于长沙北关外道林桥。咸丰元年（1851）该族另修支谱，光绪十九年（1893）续修支谱，1933 年与杨江、花桥、穆屯、课功桥五支合修通谱。同治初建支祠于县城西门内。

湘阴杨江塅邹氏 迁湘始祖季源公，元至正二十四年（1364）因兵燹由江西吉安徙居湖南浏阳。子善乡公，讳兴福，明洪武初由浏邑徙居湘阴一都杨江塅。善乡六子：文贵、文富、文政、文彬、文质、文衡。清嘉庆间创修族谱，1933年四修。宗祠初建于金星山，继迁水栎园，光绪八年（1882）重修于紫霞。

湘阴课功桥邹氏 始迁祖福六公，字迁罗，明洪武初昆弟游楚，一籍巴陵北斗岭，一籍平江南江。福六卜居于古罗十八都花园嘴，因其行善所修桥名之课功桥（一曰旷公桥）而得名，今属汨罗。

汉寿邹氏 始祖仁芳公，明初由江西吉安迁楚，居辰阳五宝山。越五世，明常公由吉水又来武陵沙溪坪。清道光十年（1830）、同治七年（1868）、光绪二十六年（1900）、1931年四修族谱。派语：仁元希单明，文廷大子丹，必一本东山。有道光昭远，贤能启后祥。心传宗孔孟，国运自隆昌。礼义家声显，诗书世泽长。

桃源木塘邹氏 始迁祖汶隆公，明永乐二年（1404）因兵灾携季子富公七郎自江西吉水泥田村大栗树迁桃源县西之龙潭水，再迁木塘。至1948年，全族人口500余人，分布于龙潭水、九溪、延溪、木塘等地。清光绪十八年（1892）建宗祠于龙潭水。光绪二十八年（1902）、2003年纂修族谱。字派：汶富嗣万仕永日凤国鲁人之单。邦应世大，家用本方。如其以德，祖泽愈光。

桑植邹氏 始迁祖世璋公，清乾隆四十六年（1781）自广东龙川县迁桑植汨湖乡邹家界。

益阳大南门邹氏 祖籍原居江西吉安府吉水县马碑祠，府学生员大孝公，字若舜，明洪武间游学益阳县，教读数载，后遂迁居大南门。子二：道岸、道学，衍为两支。道岸公裔分居玉皇洲、蓝溪、白水托、葵花湖、沙头及沅江廖保、周家坪等处。道学公裔徙居塘西坪、瓮托塘、泉交河及沅江郎保、邹家坪等处。清乾隆三年（1738）创修族谱，道光八年（1828）续修并建宗祠，1931年三修族谱。派语：大道孔颜应之文，如思孟鸿崇学行。秉正闲光端士习，永传忠厚启家声。

益阳邹氏 始迁祖瑞云公，明洪武间由广东迁居益阳七里莲花塘，生五子：道奏迁湖北，道懋迁宝庆，道有、道才、道发三公相守兹土。清康熙四十九年（1710）、嘉庆七年（1802）、光绪五年（1879）、1916年、1945年纂修族谱。家派：道德兴朝启，诗书大开贤。应学可正顺，凝昌泰茂恒。继绪家声振，贻祥裕后长。文华光上国，甲第永垂芳。

益阳邹氏 一派文敏公，原籍江西瑞州府上高县，元季与兄文海、弟文学避乱南游岳麓，后海仍返江西，惟学终居善化。明永乐五年（1407），文敏与长子仕胜又迁益阳十五里杨树村，次子任升迁益阳十六里缺头山。清咸丰九年（1859）、光绪十六年（1890）、1927 年纂修族谱。派语：凌阁图功烈，龙凤乘风云。克子连登甲，英俊同善文。仕盛启贤明，安邦显德清。必应超大用，忠孝振家声。

益阳邹氏 一世世爽公。五世盛文公，居邵阳。七世亨三公，原居邵阳田坪一都严塘坝，明天启间自邵迁居益阳三里葡萄村，建祠于大江口。清乾隆三十年（1765）、道光元年（1821）、光绪二十一年（1895）、1927 年纂修族谱。派语：世守应兴盛，庭亨大吉昌。一宗开十代，允远万年长。孝弟承先泽，诗书裕后昆。英贤能显达，继美展家声。

桃江桃花江邹氏 迁湘始祖世华公，元至元时由江西迁沅江，六世孙伯让徙桃花江邹家河开垦。

新化洋溪邹氏 始祖瓒公，字明仲，号泰和，又名世第。五代时官大理寺评事，后为观察使，后唐庄宗同光二年（924），由江西吉州泰和县圳上早禾渡梅子坡避淮南之乱，迁徙湖南，原居衡州金兰五都高坑。后唐明宗天成二年（927）又迁新化白水溪，生三子：长图、二图、三图。二图徙居溆浦麻阳水，三图仍归金兰高坑，长图由白水溪迁居洋溪。明洪武年间，编立晚才户、奇户、天寿户、希敏户、文绣户、贵孙户、庆户七户。清康熙年间又编立友文户。全清嘉庆间又衍为晚子户、才户、三顺户、奇户、荣寿户、友文户、敏诚户、贵孙户、庆户、文绣户、旭户、以礼户共十二户。“户”即今称“房”。1930 年十二户共建总祠于洋溪，并订合族新班：新序今联定，同修洽族亲。敦纯征至性，履敬笃常伦。华治先芬达，崇儒实业尊。宜扬家泽广，光远振熙春。清乾隆十六年（1751）奇、文绣、友文、希敏、天寿、贵孙六户合修，嘉庆二十五年（1820）二修，光绪七年（1881）三修，1920 年四修，1994 年五修。2018 年文绣户十修，敏诚户十一修。

新化庆户邹氏 始祖瓒公。传十三世至庆公，字均海，徙居罗洪响水洞梓木溪，后又徙至罗洪大塘里，今属隆回。子三：景思、景汉、景信，分为三大房。清康熙六十一年（1722）、乾隆五十一年（1786）、道光七年（1827）、宣统元年（1909）曾纂有族谱。排行：赞图仁继仕，允元彦子汝。九应孙景必，文才大惟然。思养英宗孔，世代永兴隆。敦伦首孝友，行谊重贤良。善继先人绪，贻谋亿万光。该族名人辈出，如邹汉勋，为湘中著名经学家，精究天文、算学、音韵、考据、舆地，有著述二十余种。弟邹汉章、邹汉池等皆有名。孙邹代钧为京师大学堂地理总教习，民国间掌各大学地理讲席者皆出其门。

新化才户邹氏 始祖瓒公。传二十世至清辅公，由国子监任广东惠州刺史。长子益先，字启元，于元文宗时由新化虎巷迁居官材村，后称长寿村。谱尊益先为一世。益先再传彰定公，生俊、杰、才、良四子，衍为四房，统称才户。清雍正元年（1723）、乾隆五十六年（1791）、嘉庆二十五年（1820）、咸丰九年（1859）、光绪二十六年（1900）纂有族谱。

新化栗山邹氏 始迁祖赞公。长房孙继琳于北宋开宝年间迁虎巷。第二十三世孙希富于元末明初由虎巷迁营盘陇。希富子志元徙居西塘邹家湾，志元子荣同再徙栗山。清宣统三年（1911）纂有族谱。

新化、溆浦、衡阳邹氏 前有邹永修序，略称唐末黄巢攻破江西，吉州尤被其毒。五代替乱，频遭蹂躏，泰和遗族悉避匿于鹅颈之丘。当时马殷王湖南，保境息民，差称乐园。安历苗裔曰权、曰杜、曰甫，兄弟也，甫公生赞公，幼孤，权公与弟侄谋，尽室避乱湘中，于后唐同光三年（925）率同族七十二人以行，权公宅益阳，杜公宅衡阳金兰高汉，赞公初依权公于益，再依杜公于衡，后唐天成二年（927）而入梅山，生名惠、功惠、友惠。宋太祖建隆初析居告关，立图各理分业。名惠裔为长图，居新化洋溪。功惠裔为二图，居溆浦麻阳水、祁阳芦塘。友惠裔为三图，居衡阳高汉，亦有留居新化洋溪田心者。清嘉庆二十五年（1820）、光绪六年（1880）、1920年、1930年三宗四次纂修谱弁。

新化洋溪邹氏 该族先世居麻城。始祖世守公，字孝先，宋元丰年间，任江西泰和县尹，转云南大理签判，解组归途经衡阳金兰，甚喜其地，遂居于此。次子希贤居祁阳，三子希圣居衡阳。长子希可，徙居新化洋溪，为洋溪开基祖。明崇祯九年（1636）创修族谱，清康熙二十五年（1686）、雍正十年（1732）、乾隆五十一年（1786）、道光二年（1822）、咸丰二年（1852）续修。乾隆三十一年（1766）建宗祠于洋溪。新邑老班：世希元顺志，文永思仕仲。十一至俊翁，单传生两用。用仁仲克忠，潮大政然崇。思绍英文祖，世代永兴隆。祁邑老班：世希孔可仕，雯承隆伯仲。文必思嗣志，定大尧守淑。楚元心顺愈，建昌兴祖礼。衡邑老班：世希孔可仕，文才有邦训。谏如应景原，添大惟尧日。思绍英名祖，庭和本守忠。新、祁、衡三邑合班：学高家声振，品修贤誉洪。一生存美德，多福自全逢。1930年三邑续班：新序今联定，同修洽族亲。敦纯征至性，履敬笃常伦。华治先芬达，崇儒实业尊。宜扬家泽广，光运振熙春。

新化、湘乡邹氏 新化始迁祖育文公，明正德元年（1506）自江西临江府清江县初来设教，卜居新化县太阳乡第九都当正村麻溪庙潭岩。又有良济公，与育文公同籍，迁居湘乡福潭之水碓塘。清嘉庆十六年（1811）新邑始修族谱，同治十一年（1872）、1931 年新、湘两邑续修。排行：育淳思时民，之克永昌荣。忠孝传家国，兰玉满阶庭。光华彰盛世，运会聚奎星。继述昭先泽，环峰树锦屏。

宜章大井头邹氏　明初自福建上杭县徙此。

宜章车头邹氏　清乾隆五十九年（1794）自江西新淦县徙此。

汝城岭下邹氏　始迁祖万道公，清初自广东仁化县迁汝城岭下。至 1932 年，已传 17 代，丁口 100 余人。

蓝山凤感乡邹家邹氏　始迁祖太泗公，宋时由江西泰和县迁来。至 1933 年，共 470 人。后裔分居杨家坊瓦屋下。

新田大塘背邹氏　始迁祖一郎公，因避金人之乱自江西省泰和县迁湘，开基于新田县明义乡大塘背。族人分布在大塘背等处。至 1948 年，共 320 人。宗祠在村右。

麻阳隆家堡邹氏　先世明洪武年间自江西往湖南为官，解职后定居麻阳县隆家堡。后裔孙从隆家堡分迁张家垅、潘家坪、车头等处。派语：章应国世元，文学有正藩。永绍承先志，长贻子道贤。云衢华丽秀，景远饧光天。俊产同斥显，□才赴任迁。邦家兴万代，大义兆京宣。尚德从忠恕，留恩富贵绵。朝庭昌定鼎，顺治或心安。入湘登隆庆，功名茂盛簪。祯祚昭穆本，惠瑞继宗传。

言

湘潭言氏　该族以先贤言子游，讳偃为始祖。六十一世寿孙，又名寿二，字德永，明洪武间自江苏常熟虞山迁湖广茶陵，再迁湘潭第三都宛在塘。清乾隆三十二年（1767）始修族谱，乾隆五十六年（1791）与常熟合修，道光二十三年（1843）三修，同治七年（1868）四修，光绪二十三年（1897）五修，1925 年六修，2020 年续修。宗祠建于湘潭城东。派语：（自第八代始）承必以启（希）之世泮衍玉。锡泽长荣，茂修秉礼。祖荫宗蕃，系嗣兴起。该族名人：言心哲，社会学家。

况

新化、邵阳况氏　得姓始祖烈公，受封于况，子孙以国为氏，始居水北。

十八传为昌和公，仕唐，食邑丰城之曲江，居水南。三十四传至政公，为河东节度使，食邑于筠州之药湖。政之孙国用析居上高之青城。至四十四传景仙，又自青城析居高安之云岗。五十五世奎琳，明嘉靖时任安徽太平县知事，奉调湖南新化，遂家于邑治毕家巷。生有六子：永龙、永高、永纪迁居邵阳，永虎、永彪、永文仍居新化。族谱始修于清乾隆十七年（1752），道光二十年（1840）续修。旧派：其克嗣先猷，忠厚衍余庆。源盛流益长，伯世承祖德。新派：锦水鸿图远，云冈燕翼昌。发秀三湘地，增辉百岁坊。

应

醴陵南门外应氏　始迁祖广贤公，清初自江西新喻迁此。族人分布于北门下沩山、神福湾。至1948年，全族人口800人。

冷

浏阳东门市冷氏　始迁祖泳沂公，清康熙间自广东兴宁迁此。

新宁、东安冷氏　始祖宝金公，明朝由江西高安莲花塘迁居湖南，生玉乾、玉坤。乾生自时、治志，坤生正伟、正弘，分四大房。自时居新宁金湖乡，治志居新宁西喉乡，正伟居东安龙桥乡，正弘居东安大炉乡。1942年创修族谱。自时公老班：自阳冷朝春，旸开兆正世，代荣昌德永。治志公老班：治良奇日绍，兴召万年春，世代荣昌盛。正伟公老班：正天庆一东，奇映国兴启，宏纲臣忠定。正弘公老班：正天庆一东，益祖明国太，三元福有光。合班：发祥延祚广，作述本能彰。立志承先制，贻谋裕后香。

岳阳冷氏　始祖谟公，唐僖宗时封西江忠义侯，食筠州，子孙遂家焉。传至彻公，后周时由武宁迁分宁，其曾孙又迁西坪乡泰清。再传至琼公，生四子。长子钦公，字得彰，为谟公二十五世孙，明代由江西分宁泰清迁巴陵。清嘉庆二十四年（1819）、1924年、1997年纂有族谱。派语：公省安一钦，日学成大行，名世忠辅德，述清芬文崇，家修恒念典。

平江浯口冷氏　始迁祖武公，明崇祯间自江西宁州迁此。1943年纂有宗谱。

益阳冷氏　始迁祖茂远公，讳达成，明洪武二年（1369）由江西高安迁益阳曹家河，后裔散居益阳、安乡、石门、沅江、南县、湘潭等县。1912年纂有族谱。派语：达泰燮熙朝，思芝应克超。光耀逢源本，诗书世德昭。懋修崇敬典，启裕必开先。文彩嘉名盛，端方正范传。

新化洋溪冷氏 迁湘始祖齐贤公，明洪武初由江西宦居长沙，子三：明阳字志高，迁居宝庆新化洋溪。朝阳徙居益阳，汉阳迁居浏阳。以志高公为新化始祖，后人分布于何家冲、赵家庄、葡萄洞、长冲、付家冲、狮子石、龙溪、海龙、蔡家冲、范家桥、塘井、安化等地。班次：由冷齐贤传，志思凤正法。万元方济兴，秀春（景）朝五斯。二修班次：金思孟仲圣，进士必昌隆。班位先荣显，朝宗会向东。德立贤相佑，多高道自崇。绍修千载上，发达启家风。四修班次：承宗后孝忠，德大贤能广，功深福道崇。绍枝联国盛，佑启振家风。诗书循礼义，才华永纪仁。

辛

澧县辛氏 始祖弃疾公，世隶江西。历数世至金南公第五子庆远公，于宋末自江西万载迁居湖南长沙。又五传至善宝公，明永乐间由长沙迁居澧州之驰马山。子孙散居澧州、石门、慈利、临澧四县。祖祠位于临澧县东关外姚家洲，建于清乾隆五十六年（1791）。支祠一在澧县粮山拱背桥，一在石门满天星，一在慈利辛家岭。1941 年四修、2010 年五修族谱。派字：（自第十八世始）家本崇先业，继序宝在书。象贤昭前代，作哲裕生初。懋勉敦恒有，忠良秉敬如。由来多法则，源流自延誉。

新化辛氏 始祖高林公。五传至及智公，乳名萃四，字仰聪，明嘉靖七年（1528）由江西丰城迁楚，始居上梅青岗山，二迁古塘夹州，传三世再迁白地。派衍五大房：学孔、学孟、学诗、学书、学礼。族谱始修于清乾隆五十六年（1791），光绪三十四年（1908）续修。班次：高传必添及，学一予朝昌，宏开功显烈，兰桂允胜芳。续班次：江右来支远，梅城继世长。贻谋瞻燕冀，祖泽久垂扬。

靖州辛氏 先世明洪武二年（1369）从戎由曹州迁靖。至清光绪三十四年（1908），已传 17 代。

闵

长沙闵氏 以春秋时闵子骞为一世。七十二世祖望公，率子耀湘、晓湘、荫福、荫棣迁居长沙小吴门外，衍为湘福、湘禄、湘寿、湘喜四大房。字派：（自七十九世始）诗礼传家，自强永盛。

宁乡闵氏　始迁祖璋公，明正德间由江西丰城正信乡赤塘里小塘徙居宁乡。民国间六修族谱，堂号百原。

醴陵闵氏　始祖高驰公，为醴陵老寨户。至1948年，全族人口38人。

邵阳闵氏　一代祖起文公，字武一，明洪武间以军功授指挥将军，自江西南昌府奉调镇湖南靖州，后调贵州黎平。明永乐二年（1404）转徙宝庆邵阳小东路中乡黄铜铺楼房冲。堂号孝哉。字派：起再祖思志自时兴廷宗武而天登盛世德承……

华容闵氏　远祖子骞公，以德行孝友著于春秋，表于各门。六十代恺公，明嘉靖间由湖北石首迁居华容九都宋田山，今南县南洲镇宝塔湖村。子环公，居铜罄里，生楚山、器汝、廷秀，衍三房。清嘉庆二十三年（1818）器汝房首修族谱，二十五年（1820）楚山、廷秀两房首修，光绪五年（1879）三房合修，1937年合湖北监利、湖南岳阳续修。2009年五修族谱。前派：子士友人，其兆允增。本敬敦和，心乎元贞。光昭令绪，德行常新。有基惟永，奕世全真。新派：笃圣功佑，四科启昌。诗书继述，兰桂腾芳。

平江龙门闵氏　始迁祖信淑公，元至正十年（1350）自江西双桥迁此。

湘阴羊山闵氏　始迁祖福泰公，明永乐间由江西进贤县徙此。清光绪七年（1881）、1930年纂有族谱。堂号植树。

临湘闵氏　始迁祖伯称公，字寿康，江西南昌府靖安县人，明永乐十四年（1416）迁居岳州府临湘县大云山楚冲里山望冲。清咸丰十年（1860）、1916年、1992年纂修族谱。江西老派：信彦邦和万，尚胜发希天。元亨利贞吉，仁义礼道全。湘湄老派：伯智思富春，大朝重应兴。联文从楚启，得运会时清。新派：齐家先孝友，治国在贤能。俊士廷观选，光宗世敬承。

安化闵氏　始祖兴历公，宦游江西，生起武、起举、起彦、起明。明洪武初四公由江西庐陵迁湖南安化三都。起武生四子：庙一公守本业，庙二公徙常德武陵，庙三徙湖北荆州石首，庙四公徙新化水口。起举迁安化四都杨桃溪。起彦迁新化岩口。起明返江西，历四世裔廪生章公复迁湖南宁乡椒子冲闵家桥。总祠位于安化东坪。历届续谱仅武、举、彦三房合纂，而明公及庙三支无缘编集。1949年四大支拟十修族谱。

新化闵氏　始迁祖起武公，字彦宗，号昆源，明洪武二年（1369）由江西丰城迁居庐陵辰溪里，洪武十一年（1378）迁居湖南安化三都东坪乡杉木坳。

四子：庙一守本业，庙二徙武陵，庙三徙石首。庙四字荣柏，明永乐十五年（1417）由安化东坪迁居新化太阳乡上八都维山湾关公庙双凤桥惜字塔，后再徙六都水口陡山垅。后人分布于邵阳、隆回、宁乡、冷水江、蓝田、东安等地。1994 年安化、新化、宁乡、邵东、涟源等合修宗谱，统一派词：长庆河衡邵，攸湘首汉陵。华岳宁维异，慈绥基溆辰。建怀沅豫陕，钦鲁棣敦伦。仁厚传昆久，腾桂展豪升。联科佥甲奕，耕读皆宜祈。齐湮诵易典，频高望晋鑫。

汪

湖南汪氏 始祖唐时道安公，由慈姑迁婺源。传至元时琪公，字公宝，行肇十，官司户，生二子：长子德礼，字敬伯，行礼二，后裔衍十一房。次子德和，字敬叔，行和二，后裔衍为四房。子孙散居长、善、阴、益等邑，迁湘时间不一，或洪武，或嘉靖，或康熙。清同治六年（1867）十五支首次合修族谱。运亨支：居益邑二十一里四区河西滩头垸。楚英支：一居长邑陶家湾，一居益邑滩头垸。楚才支：一居长邑淳化都鳌鱼塘，一居沅江县大潭口、益邑九条龙。楚轸支：一居长邑清泰都福临铺，一居省城。楚俊支：一居长邑清泰都百美山，一居大贤都垱头冲，一居省城。世科支：居湘阴北乡二十四都九甲营田汪家嘴。通支：居湘阴北乡牛口塅汪家冲、西乡三阳围蓝家铺。迪海支：居湘阴南乡清溪港、梓树港。迪沾支：居湘阴县东乡五都三甲丰仓。楚格支：一居长邑临湘都屯官窑后黄獭塘，一居锦绣都石门。楚栱支：一居长邑清泰绵绣都，一居善邑六都。楚杞支：一居善邑观音桥，一居益邑汪家垅，一居宁邑冯家冲。楚梓支：一居长邑新康都十甲水矶口，一居益邑十八里南道塘，一居湘阴荆塘围。派叙：（自二十三派始）贤良辅国，明达世征。人文振启，肇庆传宗。

长沙汪氏 始祖琪公，世居安徽婺源大畈村，元官司户参军。七传至锦公，字绚采，邑庠生，明嘉靖中迁居湖南长沙。二十传至汪诒书，字仲楞，号颂年，行九，清末进士，历任翰林院编修、广西提学使、山西提学使、山西布政使。

湘潭汪氏 始迁祖必敬公官茶陵，明永乐二年（1404）自安徽歙县迁湘，卜居湘潭十一都季阳塘。清康熙五十二年（1713）安徽合修宗谱，嘉庆四年（1799）、咸丰九年（1859）、光绪二十五年（1899）、1931 年、2016 年续修。字派：必光世德，经纬鸿谋。文明昭杰，大振宗猷。远贻万亿，永承其休。扬祖启后。忠良培国运，孝友久家传。为善延先泽，芳声亿万年。

醴陵汪氏 族出唐越国公华第七子爽。爽十传至介然，南宋初徙吉州永新八都凿石。再传至彦成，由永新迁鄱阳石门。彦成两子：长留居永新。次行名元二，随父家石市。元二四子：鼎一、鼎二、鼎三、鼎四。鼎二次子关善，生佛护，字安国。佛新，字重民。明初，昆仲由石市迁衡山南岳而处焉。佛新四传至应祯，迁安仁三口铺新塘。应祯九传至文仲，于清代开派醴陵美市。鼎三次子从新之子孟常、孟宪、孟良于明宣德间开派醴陵南螺田。鼎三四子从善，生孟恭、孟敬，于明洪武间徙醴陵北黄沙冲。恭复别徙，孟敬子礼堂、礼庆复由黄沙冲迁邑城北，衍山口、小溪、横烟、阳坑各支。1919 年元二公各支纂有族谱。自十六代始另编三公统一字派：掌符献瑞，龙骧继承。昭忠勋伟，武经道弘。穀诒燕翼，椒衍蕃升。蛟龙凤起，霞蔚云蒸。

醴陵黄沙冲汪氏 始迁祖利穆公，其先世由永新徙广信府弋阳县，元末避乱，利穆携家流离转徙到醴陵北黄沙冲。传十一世至良盖生四子：邦宁、邦安、邦实、邦守，衍为四房。清咸丰元年（1851）纂有族谱，堂号惇睦。

醴陵汪家垅汪氏 始迁祖从新公，明洪武间自江西莲花迁此。族人分布于粟山坝、攸县。至 1948 年，全族人口 5000 人。

醴陵山口棚里汪氏 始迁祖从善公，明洪武初自江西永新迁此。族人分布于攸县、湘潭。至 1948 年，全族人口 500 人。

醴陵美田桥汪氏 始迁祖文仲公，清顺治初年自江西迁此。族人分布于西城。至 1948 年，全族人口共 50 人。

茶陵潞水汪氏 先世于清康熙元年（1662）由江西庐山迁此。后裔分支散居于高陇、八团等地。

衡山上界汪氏 始迁祖佛护公（字安国）、佛新公（字重民），明初自江西永新县石市因避乱迁湘，开基于衡山县新东乡上界古塘。族人分布在衡山、衡阳、湘潭、醴陵、安仁、零陵等地。至 1948 年，已传 28 代，男女丁口约 5000 人。总祠在上界麟趾桥。1930 年续修统宗正脉四十卷，“统宗”取《礼制》“大宗合祖”之义，“正脉”取《春秋》“嗣统谨严”之义。谱中历代祖像数十幅，皆版刻精美。旧班：应必天长久，世代永兴隆。文运绍亨泰，家声振南衡。联合新班：礼义昭纯守，诗书益发祥。学修培福泽，宝贵迪前光。孝敬敦亲睦，和平晋寿康。高明传禄位，功盛誉垂芳。

岳阳三港咀汪氏 六十二世元瑞公，字六万，生千六、千七、千八、千九。始迁祖取历公，字再周，千八公之后，元初自安徽歙县迁华容新港，元至正十三年（1353）复迁巴陵三港咀。兄取信，字世财，迁湖北武昌马二里。明永乐间，取信公长孙仁径返迁临湘聂市王见畈。又千九公后裔辉先公，宋宝庆间任职岳州府，致仕居巴陵游港筻口。清乾隆三十五年（1770）、道光二年（1822）、道光二十年（1840）、同治七年（1868）、光绪十五年（1889）千七、千八、千九裔合修族谱。1928 年、1989 年、2020 年千八公裔分谱续修。字辈：（自七十五世始）伯爵一从夫，元会运世昌。忠诚培本厚，仁孝植伦常。仕品先求正，文华永树芳。

临湘西井畈汪氏　六十二世元瑞公，字六万，生千六、千七、千八、千九。千七公字彦四，宋政和间自安徽歙县迁临湘西井畈。清道光二年（1822）、道光二十年（1840）、同治七年（1868）、光绪十五年（1889）、1930 年、1990 年、2020 年纂修族谱。字派同岳阳三港咀汪氏。

华容小墨山汪氏　始祖仍伍公宦游长沙。孙渊公，明洪武举人，任广定府教授，居浙江宁波，洪武年间迁华容五里牌青紫桥，又官居嘉定，解组归田，定居华容，筑室于东乡小墨山。渊公子二：子远、子彰。其后人各立其祠，各序其派。现人丁集居小墨山，星居全县各地。清同治四年（1865）两支合派语：合璧全双美，联宗重懿亲。绍徽承先泽，开华起家庭。

平江长寿九岭汪氏　始迁祖元统公，清康熙五十四年（1715）自江西安远迁此。至 1994 年，全族人口 969 人。

澧县汪氏　始祖唐越国公华公，递传三十一世诚公，生福、禄、寿三子。福公第四子端公，原籍江西吉安府黄州吉水县汪家园大栗树。明初寇患剧烈，迁居澧州上游，落业永定天门山。成化二年（1466）又转徙澧西燕山。清同治二年（1863）与石门合修族谱，1915 年、1930 年、2004 年续修。宗派：琼仕翱钦阳，以一汝世启。正大希先德，文明崇盛朝。贤良宏作述，才学永光昭。绍绪孝友木，传家忠厚长。宗泽庆久远，华祚自克昌。

澧县汪氏　始迁祖添麟公，原籍江西抚州府崇仁县，明太祖洪武间迁居澧州城东关外珍珠街。2000 年纂有族谱。字派：鸿儒经盛国，学业绍先传。德泽昭芳远，兰桂启大贤。

桃源灵岩汪氏　先世明中叶自石门迁桃源县北灵岩之金花观。至 1948 年，全族人口千百余人，分布于龙潭、汪家垭等地。宗祠在金花观。族谱创修于 1937 年。

益阳汪氏　始迁祖历明公，字泰扬，元初时由徽州婺源迁益邑十里麻牛。六代应梓、应材，材裔迁岳州，居岳四世，明末复归益。清康熙五十五年（1716）、乾隆二十七年（1762）、嘉庆五年（1800）、咸丰十年（1860）、光绪二十一年（1895）、1931 年纂修族谱。派语：历学昔贤文，应嗣惟友大。从今世尚德，国正效清凝。继续源长远，功业延伦纪。肇基荣耀扬，佑启昭垂美。

益阳天湾汪氏 一派如祖，行伏九，明洪武初自江西吉安府泰和县圳上迁居益阳县西境天湾，生子华。清康熙四十二年（1703）纂修族谱，乾隆二十二年（1757）、嘉庆十七年（1812）、咸丰十一年（1861）、光绪三十二年（1906）、1931 年、1997 年续修。派行：祖子明碧友，玉国水之起。大公纯正世，绍休敦典礼。文学开鸿儒，功业延伦纪。肇基荣耀扬，佑启嗣垂美。

益阳汪氏 婺源始祖道安公。元末明初沅公任长沙督粮府，为迁湘祖，居长沙。而下五传油公，字大云，为该族支祖。油公生楚梓，楚梓生成炯，成炯生钜初、海若、波澄。钜初居长沙乔口，海若居益阳南塘村汪家湾，波澄居湘阴。清乾隆四十年（1775）、嘉庆十八年（1813）、道光二十六年（1846）、同治六年（1867）、1916 年、2012 年纂修支谱。派序：贤良辅国，明达世征。人文振启，肇庆传宗。

安化汪氏 一世伯彦，字士美，南宋高宗时为右相，后解组归，开禧二年（1206）迁长沙善化。子崇斋，字亦纯，官江夏令，解组归后居安化东坪乡芙桐塘。清光绪二十八年（1902）纂修族谱。

新化、益阳汪氏 该族以周鲁成公时颍川侯汪公为外纪始祖，传至六十八世伯彦公，宋开禧间自江西泰和迁湘。子崇斋公迁居安化东坪乡。崇斋公生三子：宛妙，行十一，居安化马辔市，改姓邓。宛如，行十四，迁居益阳县天河湾。宛姚，行十七，迁居新化，其子绍先生四子：子全、子胜、子明、子通，衍为四房。至 1948 年，已传 24 代，男丁约 1700 人，女丁约 1500 人。清乾隆二十六年（1761）建宗祠于益阳天河湾。乾隆二十一年（1756）新化、益阳、安化始修族谱，道光六年（1826）、光绪十八年（1892）、1934 年、1995 年续修。班词：（自二十一派始）自成光有良，积善家声扬。延伦惟重本，修业定传芳。1995 年增加二十字：根繁树叶茂，渊源远流长。祖先德望高，后代恒发昌。

沐

城步扶城黔宁王沐氏 本姓李，元中叶其祖葬于扶城石羊寨之寅冲。元末，李氏自扶城徙居濠州定远。至正间，李氏居室毁，李某死，其妻率子瑛避兵于野。后明太祖马皇后抚瑛，从姓朱氏，太祖谓：取朱之下，李之上，赐姓木。

洪武十年（1377）封西平侯，命世镇云南，加水为沐氏。成化初，黔武僖公琮遣其乡人蓝昌建，归原籍扶城垦田于栏牛，世守王坟。隆庆三年（1569），黔国公朝弼遣百户齐显勋至城步扶城石羊寨之寅冲修坟立碑，后存于扶城蓝氏祠左观音阁。

沙

桃源蒙古族沙氏 一世不丁公，元至正时左丞相。父廷用公，兄不花公。不丁公生三子：盟、海、人。海公居石首，太公居沔阳，盟公寄籍澧州。盟裔五世贵淳、贵浒。贵淳生栋、梁、松、柏，后裔居澧州、石门、安福。贵浒居安福殷家溪，生槐公。槐公生廷琼、廷义、廷相。廷相居安福，廷琼、廷义明末由安福迁桃源。越数载，廷义又由桃源迁桑植。廷琼后裔世居桃源北乡东七里村。清道光二十年（1840）、光绪十六年（1890）、1947 年纂修族谱。宗派：不丁盟（海、太）昊（彬）伯贵木（凤）廷（人）成（汝）可（心）中（自）应（钟）锡（瀛）洪（之）文（玉）明（萃）光（名）上（世）国（贻）忠（谋）孝（新）永。

桑植蒙古族沙氏 元末平章镇国将军不丁公在对抗明军时战死，葬于澧州安福，其子盟公在当地定居。清初因澧水泛滥，廷义公携亲眷迁居桑植兴贤里自生桥今河口乡沙家台，繁衍至今。

沈

湘赣沈氏 受姓始祖聃季公，传七十一世荣昌公，为吴兴始祖。由荣昌公再传至三十九世源裕公，字开文，生南宋淳祐十一年（1251），居上杭，生七子。七房子孙明末清初由闽粤迁湘赣，散居江西万载、宜春、萍乡及湖南平江、浏阳、衡山、攸县、醴陵等邑。清光绪元年（1875），建源裕公祠于江西万载株镇，清道光八年（1828）、道光二十五年（1845）、光绪四年（1878）、1914 年、1942 年五修族谱。字派：脉络源流远，诗书奕世传。贻谋长裕后，缵绪永光前。秉礼遵家训，敦伦克象贤。经邦馨祖德，佐国耀宗先。怀义名应发，行仁志益坚。崇文开学道，抡秀重官联。作善祥和集，建勋福寿全。登朝忠敬献，辅相靖恭延。立品宜同日，存心可对天。南京培植厚，燕翼万斯年。

长沙向家坝沈氏 始祖大殿公，明弘治年间自浙江定海县大田坪宦湘，开基长沙市，清初复迁长沙县东乡旧大贤都向家坝。族人多分布在本县本乡及汉寿、湘阴等地。至1948年，已传17代，人口2000余人。清乾隆五十九年（1794）建宗祠于青云乡第四保向家坝。

长沙鎏山沈氏　始祖梅公，字雪友，清乾隆五十六年（1791）以幕自浙江绍兴宦湘，开基于长沙县福庆乡黄家园沈家湾，因其宅后有鎏山，故称鎏山沈氏。族人多分布在福庆乡、仁德乡等地。至1948年，已传9代，全族人口共151人。民国初年建宗祠于沈家湾。族谱草修于1931年。

长沙沈氏　始祖文肃、武肃两公，一居浙江竹墩，一居江苏元和。该支为武肃支裔。秋涛公世居苏州阊门外枫桥，生友梅。友梅成进士，生松俦、九霞。九霞公于清嘉庆末年入湘抚巴哈布幕，并葬友梅公于长沙南关外仰天湖。松俦亦入湖南按察使敦良幕。兄弟遂占籍善化。清光绪三十三年（1907）、1947年、2021年纂修支谱。派字：秉德中和，受天福禄，传家孝友，宜尔子孙。

长沙沈氏　始迁祖天赞公，字万襄，清后期由江苏迁居湖南。

浏阳龙伏沈氏　始迁祖宁公，元延祐中自长沙迁此，衍为三支。至清光绪三十三年（1907），已传22代，丁口2000余人。

湘潭沈氏　始祖建昌公，字永炽，号寿庵，明洪武间由江西丰城县城南门外栗树亭迁居湖南湘潭一都白关铺沙田，生四子：宗玉、宗文居湘潭，宗亭归故里，宗元迁居浏西井坊。在湘三房因其居址又分为五堂：麓山、新市、砥方、会埠、井坊。清光绪十年（1884）新市、会埠、井坊三堂合建宗祠于新市。始初各堂仅缮墨谱，乾隆四十八年（1783）新市、会埠、井坊合纂，嘉庆十八年（1813）又合砥方三修，咸丰元年（1851）四修，光绪十七年（1891）五修时麓山堂仍未参入，1921年六修时五堂方才合纂一谱。派语：建宗用伯，自贵学忠。应系位文，其秀光隆。传家维厚，立德思崇。诗书继起，先绪恢洪。

湘乡沈氏　始祖士贤公，字廷章，偕兄弟季贤、任贤于宋宁宗时自江西高安县迁湘。士贤居湘乡县西乡岱头山，季贤居湘乡五都（上祠），任贤居花桥。族人分布在湘乡、宁乡、湘潭等地。宗祠在岱头山，建于清乾隆十七年（1752）。又建于凤形山，今湘潭县云湖桥镇石马咀村境内。至1948年，已传24代，共15000余人。清雍正二年（1724）创修族谱，乾隆三十年（1765）、嘉庆二十五年（1820）、咸丰元年（1851）、光绪十七年（1891）、1920年、2012年续修。该族名人：沈玉遂，花翎记名提督，镇守陕西河州等处总兵。派语：启嗣先烈永，绍祖裕名芳。伦叙昭洪范，传徽自久长。显谟钦达孝，彝训肃宏纲。松柏能培本，芝兰定发祥。

醴陵南灵桥沈氏 始迁祖德尊公，明洪武三年（1370）自江西丰城迁此。至1948年，全族人口1000人。

醴陵沈氏 一世受姓始祖聃季公。109世源裕公第五子流雩，原讳正徽，行万五郎，号德璋，由福建上杭迁广东嘉应州长乐县鹅公塘。永康、永位清康熙间由长乐杉树下迁醴北稍岗境郭家冲。1942年五修、2019年六修族谱。字派同湘赣沈氏。

茶陵沈氏 始祖约翁，浙江湖州武康人，世居南京，官梁吏部尚书。传至仪凤公，唐时为征东将军，孙祖清为袁州府县令，为袁州开基一世祖。衍至六世炳公、焕公，焕公始居江西吉州永新城南，建孝思堂。二十世兆先后裔建思本堂。二十三世铨公徙莲花厅梅溪，鉴公徙湖南临湘。二十五世相章、相誉徙湖南攸县井坪里，相举徙攸县石下。二十七世徙茶陵。二十九世文讳徙攸县。二十世兆化之子奇偬、落正由永新南乡白水徙竹山，建衍庆堂。奇伟徙茶陵。又洪武元年（1368）廷辅公八世孙仕材镇茶，子德升随父落址茶陵枣市。明弘治八年（1495）、清雍正元年（1723）、乾隆三十六年（1771）、道光十七年（1837）、光绪六年（1880）、1914年、1942年、2005年八修族谱。排行：子克祖金玉荣，应正宗堂昌显宏。俊伟光前烈，诗书启后昆。咸知肇基周室，分发茶城，亿万年丕振家声。

衡阳沈氏 始迁祖文秀公，自江西瑞州府高安县迁衡阳大岳滩，其弟文立公仍居原籍。迨明成化时，立公后裔贵亮公亦徙南岳三樟树。清同治二年（1863）续修族谱。班行诗同湘赣沈氏。

邵阳沈氏 始迁祖贵公、和公，职任千户，明洪武二年（1369）由江南扬州大兴县沙陀村迁居邵阳报国寺、临津门。贵公裔居邵北小水庙、段塘、渔溪，和公裔居邵东黄龙桥。清道光二十七年（1847）贵房始修族谱，同治七年（1868）和房始修，光绪十九年（1893）、1943年、1996年两房续修。贵房旧班：（自七世始）添立一大子，延学永世龙。和房旧班：添大朝国正，永吉万年龙。合班：荣华昌远代，高光耀兴宗。承先绳祖武，继志迪前功。才雄名益显，官清堂自宏。科理文韵全，定超圣贤峰。述作有俊彦，福禄亿载同。

湘阴黄柏冲沈氏 始祖勋公，元初自江西丰城徙居湘阴。勋之子有福，生惟琦、惟珍，其后辗转为沈家塅沈氏，今属汨罗。

湘阴沈氏 始迁祖志仁公，明前期自吴兴迁此。传衍三分，即爬关、县关、尖关。1929年六修宗谱，堂号世德。

临湘亦嘉桥沈氏 始迁祖志仁公，字宥寰，明永乐二年（1404）自湖北武昌迁湘，开基于临湘县羊楼司乡亦嘉桥。生宗政、宗明、宗启、宗敏、宗庆、宗文六子。族人分布于临湘县各地及湖北、四川等地。至1948年，全族人口共8000余人。宗祠在亦嘉桥，创修于明正德年间，清康熙三年（1664）重修。明嘉靖四十三年（1564）、清康熙十八年（1679）、乾隆八年（1743）、嘉庆十三年（1808）、光绪十六年（1890）、1929年、2016年纂修族谱。字派：（自十世始）士大荣昌，定尚德型。道惟守正，学必观成。

平江徐家洞长田沈氏 始迁祖瓒宗公，清康熙二十年（1681）自广东平远迁此。至1994年，全族人口1592人。

常德沈氏 始祖德威公，元代人，居江西南昌。其五世孙自端居龙阳（今汉寿），自旭迁武陵（今常德）北关外雁门村周家店，自禛迁武陵（今常德）北关外进阳村湾流陂。清光绪二十三年（1897）三支合修族谱，堂号三善。派语：（自十一世始）大学铭德新，至善正修诚。继述维忠义，家道应昌荣。

桃源大田沈氏 始迁祖赋公，明中叶自吉水迁于桃源县东大田村之朱家港。至1948年，已传20代，全族人口约350人，分布于硖州乡及常德等地。宗祠于同治二年（1863）建于莫家垱。族谱创修于1919年。

石门官渡沈氏 始祖仕爵公，清乾隆九年（1744）因经商自广东梅县来湘，始居石门所市，继迁石门官渡。族人多分布在官渡、所市、磨市。至1948年，已传9代，全族人口共584人。1941年秋建祖祠于所市高桥。1940年始修族谱。

澧州沈氏 始迁祖连公，元时人，原籍江西南昌府南昌县，以孝廉任西蜀永昌参政。元末兵变，择居澧南嘉山之东鲁家坪。清乾隆、嘉庆间二修墨谱，1930年三修，2017年四修。字辈：世遇尚儒学，鸿文启善良。本原思谟烈，仁泽兆吉祥。

益阳、沅江沈氏 始祖兴宗公，号吉庵，三子：原宝、守为、禾，分迁福建汀州府上杭县、江西吉水、苏州洞庭西山。至明初及清中叶，守为公七派孙复原，原宝公十八派孙不遇、不挠，十九派孙越兴，二十派孙福宽、福箕，禾公二十派孙福僖、二十一派孙禄葆、禄薰诸人，先后由江西吉水、湖北监利、洞庭西山迁益阳、沅江，分居于张家塞、沈家湾、南湖州、中兴村、蒋湖口、文家垸等处。清乾隆四十一年（1776）三支合修族谱，1996年六修。合族派语：复我邦族，黾勉同心。率履不越，福禄攸降。续字派：念兹皇祖，克咸厥功。绥予孝子，寿考且宁。

汝城沈氏 文贤公十二世孙仁上公、桥生公，清乾隆间由广东南雄邓坊镇雷公垭村迁汝城热水，其后裔再迁土桥龙潭桥沈家。清咸丰间又分三支：横坪山、破石界、山口王巷。2014 年纂修族谱。柴塘房排行：沈永万元兴朝国，宗传一本发世家。学明建立能显达，廷献宣昭定光华。

新田社团沈氏　始祖德宣公，宋季自浙江携眷来湘，初居零陵北境之莲塘，其后裔又于明季自零陵迁居新田县仁智乡之社团。至 1948 年，已传 22 代，全族人口 300 余人。宗祠在社团村。

溆浦举冲沈氏　始迁祖元良公，宋时由江西徙此。

宋

长沙宋氏　始祖訾裔公，原籍安徽凤阳府凤阳县谢家店宋家村。八世玉亭公，明洪武间奉旨屯湘潭迎春桥。玉山葬湘乡，玉仕落籍长沙东乡春华山黄狮渡等处。玉仕裔十六世人农，原名承容，字沙湖，明嘉靖十一年（1532）由湘潭始迁长沙锦都五甲宋家冲。又越三世，衍志诚、志通、志源、志英四房。清乾隆四十年（1775）一修族谱，嘉庆二十三年（1818）、同治元年（1862）、光绪二十四年（1898）、1934 年续修。派语：万朝志仲秉，时学宏仕民。邦正恒昌大，光前裕厚仁。孝友为家式，贤良在笃培。诗书原绍业，克复作英才。

长沙蛟潭宋氏　先祖大五郎于宋时居凤阳谢家店宋家村。始迁祖玺公于明永乐初年迁居长沙府城，其嗣孙文升至嘉靖时分徙蛟潭。1926 年五修支谱，有谭延闿、程颂万题记。

宁乡、湘乡宋氏　始祖贻孙公，后唐同光间官潭，传若干世至裔杰，字万一。裔英，字万二。裔俊，字万三。南宋度宗咸淳年间（一说后唐同光间）自江西泰和迁湘，万一居宁乡乌江，万二居宁乡温泉，万三居湘乡石潭。万一公生四子：骏仁、智仍居宁乡，义居沅江，礼徙益阳。族人分布于沅江、益阳、浏阳、湘潭、常德等地。清乾隆四十一年（1776）建宗祠于宁乡湖上。族谱始修不详，清康熙二十二年（1683）、乾隆七年（1742）、乾隆四十七年（1782）、咸丰八年（1858）、光绪十四年（1888）续修。

浏阳龙潭宋氏　始祖玉玺公，明洪武时由安徽定远县随军来湖南湘阴县，转徙湘潭、长沙等地。七传至朝玉公，号大璞，明嘉靖间迁居浏阳县枨冲市龙潭。至 1948 年，已传 15 代，全族人口 4000 余人。宗祠在龙潭。族人分布于枯石、庙山、大湾塅等地。

浏阳、醴陵宋氏　始祖元东公，字济川，宋代人，原籍江西瑞金县青草湖大伯地，生三子：新惠迁南京，派衍浙江。新悠迁雩都河口村，新恩迁广东长乐县琴江都中镇乡。后传潭沐公、振宗公，生四子，长子有仁，派衍程乡。后裔清初迁居江西萍乡、万载、湖南浏阳、醴陵等地：如登兴公于雍正二年（1724）迁浏南俏雅里，周策公于康熙四十五年（1706）迁浏西探骊湖，仁璋公于乾隆间迁浏北中嘴岭，达贤公于乾隆间迁浏北大步石，云辉公于康熙五十年（1711）迁醴北大杨坑，登卿公于康熙间迁浏南大坡，兆发公于康熙初年迁浏东赤塘，名景公于雍正间迁醴北桃花。三邑共建宗祠于俏雅里。宗谱创修于道光十三年（1833），光绪四年（1878）续修，宣统二年（1910）三修。合族通派：熙域钟汤本，材辉执镜清。凌梯熏坦镒，锡泽树煌坤。培锦江林焕，焌增钰沚森。模炘垂鉴永，汝梓照基铭。

湘潭昭山宋氏　始迁祖玉甫、玉林、玉尔三公，原为兄弟排行，明洪武初年均以武功显，自金陵迁居湖南。玉甫公字玉庭，明初授长沙右营总旗，奉调征九溪，升授锦衣卫正千户，洪武二十二年（1389）屯湘潭迎春桥。玉林公字福道，明初以平蛮功授通判，屯湘乡斗阁楼，后徙湘潭石潭、岳冲、官田、易俗河等处。宋楚瑜即为石潭房二十三代孙。玉尔公，名玺，明初从军进取金川，有功授指挥使，洪武二十二年初屯湘阴石子涧，后屯湘潭昭山。清乾隆五十二年（1787）三大支共建总祠于昭山，然谱仍各自分修。玉尔公生三子：德兴、时祥、玖彬。德兴又生敬祖、如昌、惟天。如昌远徙浏阳，惟天徙居姜畲仙女山等处，故通称敬祖公裔为油草塘房，如昌公裔为编竹居房，惟天公裔为仙女山房，时祥公裔为回龙铺房，玖彬公裔为白竹营房。清光绪八年（1882）玺公房五修家谱，拟定合族派语：（自十七世始）汝荣焕增，声扬楚镇。孝友永传，贤良日进。1912 年玺公房六修家谱。1941 年石潭房七修族谱。

醴陵毛岗宋氏　始迁祖华卿公昆仲四人，明初自江西丰城县十八都洞漕义井来湘，荣卿公居衡山白果，富卿居醴陵五石窑，贵卿居醴北王村。华卿字亮祖，号宏远，居醴西毛岗营，三派衍为枧头湾、宋家湾、桥头湾三支。清乾隆五十五年（1790）建宗祠于桥头湾。族谱始修于康熙十五年（1676），乾隆三十六年（1771）续修，同治八年（1869）三修，1916 年四修，1947 年五修。派语：卿云均集，肇启英贤。济时良士，德之秉权。铭汝荣焕，增锡洪延。勋在钟泽，楚烈堪铨。溢材耀尧，镜治森然。社鉴法杞，营疆锦涟。

醴陵宋氏　始迁祖潮二公，讳富卿，原籍江西安福县台冈里，明洪武初年迁居湖南醴陵县同仁乡龙潭桥水埠头。至四世寄璞公，复迁五石窑前。族人多聚居于此。宗祠在六皆环。至 1948 年，已传 26 代，共 5700 余人。1914 年五修族谱，堂号贻谋。

醴陵蛇头宋氏 始迁祖仁仲公，明洪武四年（1371）自江西丰城迁此。族人分布于黄村。至1948年，全族人口7000人。

醴陵杨柳江宋氏 始迁祖敏文公，明洪武初年自江西安福迁此。族人分布于攸县。至1948年，全族人口100人。

醴陵双江口宋氏 始迁祖秉德公，明洪武二十八年（1395）自江西吉州徙居此地。族人分布于饮水渡等地。至1948年，已传24代，共4000人。另一支始迁祖文祥公，清雍正初年自攸县迁此。族人分布于湘潭。至1948年，全族人口380人。

醴陵黄村宋氏 始迁祖淑希公，明洪武初随父自江西丰城迁居楚南湘潭凿石浦，后又于洪武末年由潭迁醴北十二都黄村。1923年五修族谱，堂号雍睦。

醴陵五里牌宋氏 始迁祖綦昌公，明崇祯初年自江西南昌迁此。族人分布于八步桥、石亭。至1948年，全族人口800人。

醴陵五里牌宋氏 始祖常公，楚北荆州太守。1926年三修族谱，堂号追远。

攸县溆水渡宋氏 始迁祖秉德公，字福全，号育德，任江西萍乡训导，萍、攸接壤，遂于明洪武二十八年（1395）由江西安成县永嘉乡迁此定居。清康熙四十八年（1709）建宗祠于溆水渡。至1948年，已传24代。

双峰青石宋氏 始迁祖庚九公，字临湘，明洪武末年携子思恭由江西吉安府泰和县圳上迁居湘乡青石铺堪上湾，今属双峰。思恭生文政、文祥、文彬，开白沙、白竹、石湾三大房。清乾隆五年（1740）建宗祠于白竹冲，同治五年（1866）移建于青石铺。乾隆二十二年（1757）一修族谱，道光五年（1825）二修，同治十二年（1874）三修，1922年四修，2004年五修。班序：庚思文景，伯义万吟。正继名良，时显达永。传世代绍，功成德耀。修礼崇仁，知敬言孝。敦齐伦纪，作育贤英。益增嘉美，长庆升平。

衡阳云集宋氏 始迁祖伏仲公，始迁郴州桂东县长乐乡一都章尾冲，明洪武初年以军功任衡州卫指挥佥事。子礼铭袭职屯于衡阳云集町，生智聪、智森，遂开两户。明成化二十一年（1485）、万历十六年（1588）、清乾隆十年（1745）、道光十三年（1833）、同治六年（1867）、1920年、2009年七修族谱。班行：伏礼智依仁，文宗彰以大。明添其祚长，景元维运泰。光耀有贤声，才华登甲第。作宝德永传，万世昭荣贵。

衡阳东江湾宋氏 始迁祖寿先公，字德隆，行朝九郎，元末至正间奉诏移民，由江西吉安府吉水县迁徙衡阳集兵滩东江湾。传至翰、管二公，开南北两房。清雍正十三年（1735）、乾隆四十一年（1776）、道光二十六年（1846）、光绪五年（1879）、1913 年、1941 年、1998 年、2020 年八修族谱。班行：士学政治，文贤兆芳。克修元本，衍庆锡祥。诗礼敦训，绍兴书香。崇功尚德，佐国经邦。昭明广厚，嗣祚永昌。

衡阳宋氏 始祖贵公，字名扬，号朴斋，明指挥使，世居江南，洪武初年由金陵宦荆楚，六年（1373）奉札住郴州，受屯田，生四子：添理、添铭、添学、添昭。添理字其中，荫袭官，隶籍衡阳，子孙居衡南江东宋家坪等地。添铭字楚光，添学字楚校，居衡北鸭子町达义桥。添昭字子彰，裔孙居衡西罗陂塘石灰冲。族谱始修于清乾隆二十五年（1760），嘉庆十四年（1809）续修，道光二十九年（1849）三修，光绪八年（1882）四修，1912 年五修，1944 年六修。前代班行：添礼义明志克。后代班行：启贤承祖德，和顺绍家传。运泰培元厚，功丰锡命宣。存仁敦孝友，笃政乐书田。俊哲征祥瑞，荣光庆祚绵。

衡山宋氏 始迁祖谋定公，明永乐间由江西丰城堆沙徙居衡郡南关。四世至任公，迁麋城南三步桥，生二子，派分两大房。族谱始修不详，清乾隆五十六年（1791）、道光十三年（1833）、光绪十一年（1885）、1914 年、1947 年六修。班行：光茂有常，典则文章。明作善述，相承多方。祖武克守，诒谋允良。本立原大，长发其祥。

邵阳向日塘宋氏 始迁祖卜彦公，原籍江苏扬州泰兴人。明洪武十一年（1378）调宝庆，因居南门向日塘。

湘阴蒋军坪宋氏 始迁祖鲁来公，讳伦，字济屯，居山东武定府阳信县，明永乐三年拔贡，七年授湖广武昌府江夏县丞，宣德元年（1426）升湘阴知县，子孙家焉。四世泾公携子栾公迁居湘阴一都花园塅影珠山侧。清道光二十四年（1844）、光绪十九年（1893）、1925 年纂修族谱。派字：（自十二世始）启祥开东济定立仕政。大振纲常，人文蔚起。

平江宋氏 始祖天瑞公，字奇祥，宋淳熙间由江西迁居湖南平江县城内十字街。三世大方公，举孝廉，任新阳教谕，其子瑛公为元时主簿，县志有传。瑛公子二：谦于明洪武五年（1372）乡试解元，不仕，世居城内十字街。让迁居华容。至 1994 年，全族人口 2118 人。清乾隆二十二年（1757）始修族谱，嘉庆十二年（1807）、咸丰五年（1855）、光绪二十年（1894）续修。老派：天复大贤，谦益孝廉。仕永兴成，金玉忠良。续派：殷辅魁廷佐，光辉德学隆。文章经济远，业广应功崇。

常德、汉寿宋氏 始迁祖象贤公，原籍江西吉水县花园，明永乐十二年（1414）游楚，卜居武陵流花口。生七子：子于居旧址，子英居杉木桥，子存居伍家圮，子贵居土桥湖，子惠居汉寿南关，子富居五村障，子恩游学荆襄未归。清康熙四十四年（1705）、乾隆三十八年（1773）、同治四年（1865）、1915年、1943年纂修家谱。派语：象子显永兴，廷尚德朝国。启绍儒宗，盛道惟崇。人才丕作，家运昌隆。功名远大，昭穆增光。克承先绪，长发其祥。

桃源乾潭宋氏 始迁祖万旸公，原籍江西南昌府丰城县枫岭云堆，明嘉靖间率子沔、琐客于桃源县南上坊村乾潭，派分上、下。上分者为三房讳登居乾潭，八房讳言居录溪，九房讳启居菉溪，分住武陵枫梓洞，皆琐公之后。下分者为一房讳祯居乾潭，分住武陵毛公坡、猫儿湖。二房讳祥居乾潭，分住郑家冲。五房讳祎居乾潭，七房讳褫居白羊坪。皆沔公之后。清嘉庆十九年（1814）建宗祠于南岩嘴。清顺治七年（1650）创修草谱，光绪二十二年（1896）、1996年续修。至1948年，已传17代，族人1000余人。字派：万世玉良德名起敦孔道开儒业宗教振奇文濂洛昌理学胤祚永洪勋。该族名人：农林总长宋教仁。

桃源宋氏 始迁祖荣魁公，原籍江西南昌府，明英宗时迁居桃源。1921年纂修族谱，1996年与万旸公支、仁公支合谱。旧派：荣济鉴英以单德（世）之单应（臣）孔单宗（迁）友（如）志尚学业家道继新丕光国宪裕启华民。

桃源宋氏 始迁祖仁公，号恻庵，明嘉靖间自江西吉水迁桃源，家丁邑之西乡，单传三代，至天祥公生廷荣、廷贵，始分两房，子孙环居于三阳前后。1914年始建支祠。1915年始修族谱，1996年与万旸公支、荣魁公支合谱。旧派：仁本天延以绍宏国单邦文元有志学士始云。

桃源大田宋氏 始迁祖思福公，明中叶自江西吉水迁居桃源县大田村之红岩山。宗祠建在宋家湾。至1948年，已传14代，族人约100人。

石门宋氏 始迁祖瑯公、璲公，瑯公原籍江西南昌府丰城县，璲公原籍江西吉安府吉水县，明嘉靖间游宦楚南澧州，卜居石门。清道光二十八年（1848）始修族谱，同治九年（1870）、宣统三年（1911）、1948年、2005年续修。字派：王系衣文，世大嗣家。如国正君，有道光华。元运隆盛，书声联芳。功德宏远，寿禄宁康。

临澧宋氏 始迁祖源公、琦公、佼公，发迹江西，明永乐二年（1404）镇守永定卫，而后家福邑东乡。源公居安梓桥。清同治五年（1866）创修族谱，1914年续修。字派：永怀（世家）大志（臣），方正光廷。秉中崇本，允式为型。祥兆瑞映，万年太平。

张家界瓦窑冈宋氏 始迁祖元虚公，明季自江西吉水宦湘，开基于此。族人分布于宋家湾、梅子谷等地。至1948年，已传18代，族人共3402人。宗祠在县城内。

沅江宋氏 始迁祖以德公，明洪武九年（1376）自江西吉水迁沅江白驼铺白渡桥。二世永安公，衍分四支：如绅、纶音两支仍居白渡桥，如纶迁洲子头，丝音裔迁官庄坪。清乾隆三十六年（1771）、嘉庆十五年（1810）、1915年、1993年纂修族谱。字派：以永系熙思，大振拱贤良（崇学鼎应霖）。玉习观其鸣，绍泽耀家声。人文新蔚起，先志自能成。

宜章笆篱乡堡城宋氏 始迁祖孟槐公，字得政，明洪武二十二年（1389）自桂阳州汝城县因奉君勤王，堵剿西莽两山苗瑶，开基于宜章县笆篱乡堡城。族人分布于桥头、莽山、江口、道县等处。清康熙年间建宗祠于笆篱乡堡城。至1948年，已传21代，共600余人。

汝城石塘宋氏 始迁祖成公，原籍直隶顺德府南和县，唐高宗时随父官广州刺史，遂徙居义昌之石塘。传至八世芳生八子，分八房，分析郴州、资兴、汝城溪头、桂东诸处。至1932年，已传38代，共7700余人。

桂阳沙溪宋氏 始迁祖伏三公，元后至元五年（1339）由江西吉水县迁桂阳北乡沙溪。清咸丰十一年（1861）、光绪十七年（1891）、1949年、2005年纂修族谱。排行：孟伏亨卿远宗召思，永正（守、朝）廷明国。显昌安邦兴，万世贤良德。新排：济美庆诗书，贻谋昭冀燕。教慈重典型，敬义尊程式。

新田砠腹宋氏 始迁祖仕堂公，宋绍兴间自江西泰和徙居湘南新田县明义乡砠腹村。族人分布于田心、星塘、陇下、石队等地。至1948年，已传38代，全族人口约3000人。宗祠在砠腹村。

新田星塘坊宋氏 始迁祖元成公，明成化间自江西泰和县因兵燹迁湘，开基于新田县博大乡。族人分布于星塘、苧麻园、对门铺等地。至1948年，已传30代，全族人口约700人。宗祠在星塘坊。

新田梅溪宋氏 始迁祖婆晚公，明洪武间自江西迁居湖南新田县中和镇梅溪。至1948年，已传25代，族人共320人。

沅陵宋氏 先世祖居江西南昌府新建县，移居吉安府吉水县，五代随马希范征苗，至沅陵而落业。继后天荣公率三子孟龙、孟虎、孟麒家于城西铁炉巷，以及散居县境江南、江北上下游河滨。

溆浦马田宋氏 始祖凤逸公，原籍江西建昌。子重贰迁湖南沅陵。越三世芳四公，明永乐间徙溆浦马田。

麻阳宋家湾宋氏 始迁祖万才公，号长全，原籍江西瑞州府高安县一都一甲泉团黄土坝和凤岭。明时，万才、万禄、万寿兄弟三人随父儒公履任湖南辰州府协镇，万历年间卜居麻阳宋家湾（原名崇稼原），后裔分布谭家寨、岩门、长潭、锦和等乡镇，至今共1700余人。老派：万云宗芳胤，人元朝宏怀。希承先懿德，世代泽深培。新派：（1944年增）靖献忠贞裕，宾周绪业开。敬恭修典礼，贤善嗣廷阶。文备圭璋器，武称桢干才。国家增富庶，民族发煌辉。

会同宋氏 始祖文贞公，自广州发迹，传四世祖邕公徙居江右，至三十二世祖东周公迁楚南。清嘉庆十四年（1809）、同治十二年（1873）、1916年、1988年纂修族谱。原派：以世国时兴，辅佐盛虞廷。翼运忠良显，芳传万载钦。续派：仁义道德永，立志纯修长。先贤克继顺，定建鸿猷昌。

会同宋氏 始迁祖启公，自江西丰城授靖州牧，遂迁居会同西城外。族人分布于宋家院子、道宽头等地。

张

湖南张氏 先祖为南宋名臣浚公，原籍四川绵竹，后谪居潭州。子栻公占籍宁乡，后裔又散居湘潭、益阳、善化、辰溪、沅陵、安化、邵阳、湘乡、浏阳、武冈、溆浦等地。清光绪二年（1876）各邑纂修通谱。通谱公派：（自二十三派始）德茂光先祖，良贻在克家。殷勤敦实务，谦厚发菁华。绂冕芬徽懋，圭璋品诣嘉。席珍留待聘，掞藻灿云霞。

长沙赤山张氏 始祖宋时汝明公，字祖舜，世居江西庐陵，后徙南昌府丰城县。始迁祖宗可公，字世亲，因元末兵乱而偕弟宗道率子侄避居长沙柘冲，宗道公于明洪武初年徙居浏阳。宗可公就近欧塘冲、师姑源、石塘等处置业，遂世为长沙人。至三派祖荣政公，爱赤山山水之胜而卜居于此。明万历十二年（1584）始修族谱，1915年七修。派序：（自二十一世起）孝友之德，克绍乃先。声振国家，光汝学业。该族科甲昌盛，进士即有七人，尤以十九世张百熙最著。百熙字冶秋，同治十三年进士，曾任山东、广东学政，迁内阁学士、礼部侍郎、左都御史，工部、礼部、吏部、户部、邮传部尚书，派充督学大臣等。

长沙花果园张氏 一世祖宗可公，元末明初由江西丰城迁居长沙县大贤都。十世武杰公，迁居万寿都花果园。清同治三年（1864）始修族谱，1912年续修，1948年三修。派语同赤山张氏。

长沙福庆乡楠木冲张氏 始迁祖均佑公，宋初由江西赣州因乱迁湘，开基于本省攸县。后裔明洪武年间再迁长沙县福庆乡杉木桥。清道光年间建祠于省垣贡院西街，后因变乱，于1930年迁建于张家湾。明万历十四年（1586）一修族谱，清嘉庆二十一年（1816）续修，同治元年（1862）三修，光绪三十三年（1907）四修，1938年五修。至1948年，已传42代，共2904人。

长沙张氏 一世祖诚公，南京临淮人，元末为盐商，往返于江都，后随明太祖征战有功，宦于长沙，遂家焉。清道光二十三年（1843）续修族谱。

长沙石门乡洞田市十二处张氏 始迁祖添福公，字大观，明洪武元年（1368）由江西省丰城县因督兵剿贼迁湖南长沙县锦绣镇洞田，族人最多分布在长沙东乡、浏阳北乡之交界区，子孙分布于长之洞田，浏之下房冲、大屋塅、大岭背、湾头、大江山、石嘴头、大陂头、何家山、桂花桥、板坡冲等十二处，故名十二处张。清乾隆三十一年（1766）建宗祠于长沙石门乡洞田市。1947年四修族谱。至1948年，已传25代，约6800人。

长沙小暮山张氏 鼻祖廷杰公，原籍江南江宁府上元县，世居大码头。明洪武三年（1370），随往镇守长沙，驻省城古太守署右侧公廨，后迁黄道门外皇坛岭，又迁黑石铺七里巷，接受毛、许二姓之业居焉。至第七世，衍为琙、琉、琨、珮、玳五房。宗祠位于小暮山。祠联：建业纪勋名五百年世泽相承聿昭荆楚屏藩熊湘俎豆，靳江毓奇杰廿余派云礽递衍敢诩镐京孝友燕国文章。门联：派分湘水，迹著京陵。清同治八年（1869）、光绪二十六年（1900）、1930年纂修族谱。派语：大启圣贤嗣，永承宗祖绪。治国思良相，安邦定泰平。孝友勋名远，诗书显达隆。聿开新景运，辅翊建崇功。

长沙峡山张氏 南宋绍兴七年（1137）栻公随父浚公由蜀来楚，居永州，后同葬宁乡十都官山。栻七传至元季文忠公昊，宦游江西，移寓丰城。明初子锡公护卫南京，洪武三年（1370）由丰城坪坝街移居长沙峡山，至八派衍为四支。清康熙十一年（1672）创修族谱，乾隆元年（1736）续修，同治八年（1869）三修，宣统三年（1911）四修。三修时有湖南巡抚刘昆及曾国荃序。谱以昊公为始祖，锡公为支祖，锡公子行清公为一派祖。派语：行文环廷，大朝显明。宏启开立，仕正必成。枝长叶秀，裔世昌荣。桂馥兰馨，京楚闻声。

长沙坳上张氏 始祖绳六公，字肇庆，号起宗，行一，原籍直隶，明洪武初迁居来湘，卜居省城。传四世至玉之公、俊之公时，有四十余丁。流寇至，存者无几，未及卅年，又值兵乱，俊之公四传至鸣公，后裔不知所往，或传其落业四川。惟玉之公避居河西滂塘冲。清道光十一年（1831）创修谱牒，光绪三年（1877）重修，1947 年三修。1919 年重建祠宇于坳上。门联：镐京孝友，燕国文章。宗派：献光王国声名远，孝友传家世泽延。肇锡宏庆，翊赞是明。振志宣定，应远维新。

长沙秀峰山张氏 始迁祖志安公，明洪武间由江西迁长沙县淳化都兴隆桥水莉莉。后裔清初又迁河西都秀峰山黄龙嘴。清咸丰十年（1860）、1918 年纂修支谱。派语：志子友仁，大兴世运。启发知举，仕国光昌。时敦美善，式效本源。继立成德，良为永传。

长沙樟树亭张氏 始祖栻公，十传至汉瀹公，原籍江西吉水县鹅颈大垢。明永乐间偕弟汉清来楚南浏邑东乡第二都圭法里红沙堡。后清公迁益阳。汉瀹公携子钊公卜居星沙北门外鸳鸯井，继居善化河西槽塘桥，后迁樟树亭。谱尊汉瀹公为第一派。三世雄春、应春之后兄弟八人端、琢、鸾、浩、俊、杰、佺、俍。鸾、俍无传，衍为六房。清嘉庆十年（1805）建宗祠于樟树亭。咸丰七年（1857）创修族谱，光绪二十六年（1900）续修，1948 年三修，2014 年浩房四修。派语：（自十派始）应正世大，光明显耀。承绍人文，永昭宗道。建立功□，进修德业。恢振先声，蔚启英哲。该族名人：张捷书，长江水师岳州镇总兵。

长沙城南张氏 宣公七世孙发、癸、祥三公。发公三子：贵文为山底祖，绍文为水口祖，景文为汤溪祖。癸公二子，会文、耀文为湘潭、湘乡祖。祥公子寿文，由江西泰和圳上迁长郡城南妙高峰下。清雍正十年（1732）、乾隆二年（1737）、咸丰三年（1853）、光绪三十年（1904）、1929 年纂修族谱。字派：（自八世始）寿彦子添瑄志必玉春以问明开国正德茂光先祖。传家尊理学，辅世重经纶。孝友兼名节，儒风百代新。

长沙学士桥张氏 始迁祖升公，字启昭，明正统九年（1444）生，以修撰学士由江西南城宦湖南，因老致仕，遂籍善化麓西学士桥。清乾隆十九年（1754）、光绪四年（1878）、1928 年三修族谱。派词：齐家治国，起文仕邦。光明正大，孝友忠良。克承先志，远绍书香。

长沙湖头张氏 始祖景宣公，元季之乱时因避难自江西丰城迁湘潭板石，其孙钧公，字道莲，又名埙，字元均，为九龄公之十九代孙，明成化间再迁长沙圭塘一带。因此地湖泽延袤，故名湖头张氏，至“万”字开六大房，族人分布于湘阴、益阳等地。宗祠在长沙县属九峰乡第五保湖头尊嘉岭之阳。清乾隆二十四年（1759）、道光十七年（1837）、同治六年（1867）、1918 年四修族谱。派语（自十一派始）：汝思先泽远，孝友振家声。大谊崇敦笃，高贤继令荣。连云上应宿，越汉益蕃英。且近陈宗谱，曰来自丰城。

长沙洋湖张氏 始迁祖天奇公，随吉王于明成化十三年（1477）由北直隶易州来长沙，下屯善邑河西六都麓山之南洋湖乡。四子：昶、晁、昂、旻。昶为山上房，晁为坪上房。昂为庙上房，无嗣。旻为茅埠房，远徙。清道光年间于山上湾创建家庙。咸丰八年（1858）始修家谱，光绪十五年（1889）续修，1937年三修。字派：（自十一派始）开国忠为上，承家孝在先。立基图远大，积德自绵延。

长沙落鹏桥张氏 始迁祖一敬公，明成化十七年（1481）随吉王由南昌迁居长沙落鹏桥。清嘉庆间纂修墨谱，1916年始修支谱。派语：世守先泽维，宾承鉴永恢。德家治国启，大美应运昌。立学宗光定，孝有达忠良。

长沙阅田张氏 该族原籍江西泰和，明中叶迁至湘省益阳。阅田始祖绍训公，明嘉靖时生于长沙古道巷，三传至任我公，清顺治初年迁大贤都三甲云鹤桥阅田湾。清同治元年（1862）移建祠于庙堂湾。清乾隆五十一年（1786）始修族谱，道光十年（1830）续修，光绪二十八年（1902）三修。

长沙碧湘街张氏 该族原籍江西吉水桐江，古泉公讳朝凤，明嘉、隆间始迁长沙碧湘街。清道光六年（1826）创修族谱，1921年续修。宣统元年（1909）建家庙于邑南大托铺。派次：朝世以启，玉书大陈。光宗继祖，扬名显亲。源开孝友，蔚起人文。远承先绪，永振家声。

长沙张氏 始迁祖绳六公，字肇庆，由直隶天津府南皮县迁居湖南善化。十一世孙作霖，号雨棠，官甘州、宁夏、庆阳等府知府，护理甘凉兵备道、平庆泾盐法兵备道、巩秦阶茶马屯田道。

长沙陶虞塘张氏 始迁祖安公，世居江西南昌府新建县铁树观，明季中叶始隶湖南长沙县，初居省垣南门外霜草园，旋迁北门外砚瓦池，再迁陶虞塘。民国间纂有族谱。

长沙河西杉树塘、新康格塘张氏 谱称宋时正葆公十二传至大晟，字咏清，号仰斋，明嘉靖三年（1524）由江西省丰城县北竹山迁居益阳桃花港。生四子：武宝、廷宝、楚宝、秀宝。明末武公迁善邑黑门楼，秀公迁河东金字牌，支分派别，各立祠谱。廷、楚二公迁居长沙河西杉树塘及新康格塘。廷裔又分国相、国槐两房。槐公生四子，分为老四房：绍松、隐松、梅松、镜松。隐房丁数较繁，捐资较胜，又分少四房：贵宇、钦宇、盛宇、立宇。楚裔亦分三房：锡级、明典、三甚。清嘉庆二十一年（1816）廷裔老四房、少四房及楚裔三房创修族谱，同治八年（1869）续修，1922年廷、楚二裔三修。道光十二年

（1832）创建宗祠。派序：大宝时国日万正仕祈芳九世家声远……

长沙长郡张氏 谱以福建龙岩千五公为始祖，后裔于清初迁居湘楚，散居长沙、浏阳、湘阴、醴陵、益阳各县，皆属原长沙府辖，故名长郡张氏。清咸丰九年（1859）于浏阳设局纂修族谱，光绪十七年（1891）又于浏阳续修，1934年三修。二修谱有户部主事、前翰林院庶吉士陈长櫑序。

长沙张氏 始迁祖国瑞公，字子文，本籍浙江山阴县，清康熙时任湖北白湖镇巡检，署江夏县知县，致仕后家长沙，后嗣隶籍善化。

长沙严冲张氏 先祖世居江西南昌县。远祖伏二公，明洪武初迁居黄陂县滠源乡三圣社殷家店扬九埠。第九世得篪，清康熙朝因莅任长沙，立业西乡严冲、平田冲、军田坪等处。清咸丰十年（1860）三修支谱，堂号宝鉴。1925年续修。派语：汉阳之泽，笃钟其秀。蔚起楚英，永宜尔茂。绍德迪光，家承孝友。敬培福基，益敦忠厚。

长沙河东小桥张氏 远祖九龄公，世居广东韶州府曲江。七世孙炎公，字本莹，由曲江迁江西洪州，生子二：元方、元直。元方生四子：均佑、均锡、均进、均式。后迁吉安府永新县胜业乡，因邻邑茶陵盗作，均佑迁湖南攸州东江乡台陂，均锡迁醴陵明日乡围塘，均进迁攸州兰村板塘，均式迁攸州兆江乡兰塘。均佑裔二十二世孙文贵公，字显道，迁居长沙河西七十四都杉木桥。又数传至二十八世“人”派，分任裔、价裔、杰裔各支。任裔之伍修公复由杉木桥迁居河东小桥。清光绪十三年（1887）始修族谱，1917年续修，1940年三修，1948年四修。光绪三十二年（1906）创建宗祠。派语：（自二十三世始）文友系维人，献言伍拱星。基锡江东焕，先铭湘楚耀。培钧鸿业光，垂鉴永森照。

长沙金牛岭后湖张氏 一世廷贵，迁徙不详。2015年纂修族谱。字辈：廷文甫启，万良永世。其昌祖传，以佑后嗣。

浏阳张氏 始祖甲一公，字东纲，宋绍兴时由江西抚州府临川县迁浏。

浏阳南普里张氏 始迁祖霖汉公，南宋德祐初年自江西吉州迁此。后衍为三支。

浏阳大浒市张氏 迁浏鼻祖天禄公，字书储，南宋绍兴四年（1134）生，宝庆元年（1225）卒，落业浏阳大浒市。派行集句：天可还元，周环方成。衡伯钟祖，友再兴廷。荣华富贵，万世清临。从新佑启，常大书声。英才济盛，治邦安人。家传金鉴，光耀文明。1942年六修族谱。

浏阳兰芬里张氏 始祖荆湖北路安抚使栻公，五世孙翼珍始自长沙老龙潭迁浏西兰芬里。

浏阳澄潭张氏 元季奉议大夫迁公，原居江西丰城县钱家巷，后徙高安县苏家港。元至治间因避乱迁居浏东澄潭，明洪武时迁邑城，子仲均，生安公。明建文元年（1399）安公复居澄潭，生轮、辅、輗、轩，轮公居原址，辅公居浏南，輗公居浏西，轩公乏嗣。清光绪三十四年（1908）改建宗祠，门联：修其祖庙，教以人伦。清乾隆五十四年（1789）始修族谱，道光十八年（1838）、同治六年（1867）、1924 年续修。派行：盛世传宏泰，谋宜锦绣坤。贤承良汝文，永兴鸣宗振。新派行：毓德启英才，存心全爱敬。忠勤辅国光，孝友征家庆。万代绍书香，千秋遗祖训。

浏阳河东张氏 始祖自云公，字瑞山，北宋元符年间原居福建泉州府同安县。元世祖间荣富、荣贵迁居江西南昌县许观桥。富公子祥兴携子伯承（字居泰）、简承（字居敬）于明洪武二年（1369）始迁湖南长沙府浏阳县东乡石缸，后落业河东黄花州。

浏阳浏北张氏 一派宗道公，字贤三，号谦士，元末由江西南昌府迁湖南宝庆府新化县，明洪武二年（1369）转徙来浏。清道光十三年（1833）、光绪二十五年（1899）、1942 年、2020 年四修族谱。字派：宗镇公可子，贵大金日希。文嘉尊孔孟，福寿与添齐。萃鼎豫恒丰，咸观复晋升。需师蒙益解，乾坤履泰临。

浏阳华园张氏 始迁祖成光公，字廷晓，明洪武四年（1371）自江西南昌府丰城县瓦子巷迁浏南冲田里上东冈华园。清道光二十八年（1848）、同治十三年（1874）、宣统元年（1909）、1941 年纂修族谱。派行：（自十一代始）仁义礼智信，万世定善良。贤才钟国瑞，孝友绍书香。德积英华茂，元培福荫长。声名宜显耀，生发庆隆昌。

浏东张坊张氏 谱以泰亨公为江右分宁始祖。十八派效贵公，原名兴贵，字宏声，明洪武初年干戈未靖，公思避地，先人坟墓未忍远离，以浏与宁绣壤相接，挂扫祭祀，可展孝思，爰携眷属，择居浏阳洞溪，为张坊一世祖。清雍正间与分宁合谱，乾隆三十一年（1766）浏邑分修，嘉庆十三年（1808）、咸丰五年（1855）、光绪二十二年（1896）续修。历代宗派：会玉仕靖志，辅相重廷仪。诗书崇孔孟，礼乐效唐虞。彬雅襄国政，硕彦定邦畿。怀才以待聘，秉道自光辉。继述承钜典，科第应昌期。世绪宗功启，贻谋厚德基。华阳称济美，源本永南溪。

浏阳连三湾张氏 始祖廉公，江西丰城县人，明洪武中为吉王辅导，宦游来湘。子三：谦居长沙，让徙衡州，诚迁浏西连三湾。诚公又名彝，字崇德，明成化进士，知长沙县，终于任。生有五子。万琅、万璜、万珍三兄弟嘉靖间从长沙织机巷迁居浏阳西乡，琅、璜置业连三湾，珍公居花园。清雍正八年（1730）、嘉庆元年（1796）、道光二十四年（1844）、光绪九年（1883）、1925年、1995年纂修族谱。派语：始彝万学天正，子龙国启金声。忠孝上承祖训，明德先行自新。家世敦本作善，贤良济美代兴。绪业克增光大，宗支永远昌荣。

浏阳燕舞洲张氏 始祖贤三公，明洪武间自江西南昌迁湖广宝庆，继迁浏北燕舞洲。四传至雄可、轸可，析为两支，一居彭溪渡，一居莲花塘。

浏阳张潭陂张氏 始迁祖贵先公，明洪武间自平江迁此。其孙万金于景泰初迁居张家山，析为三支，分居梁家冲、大东塘等地。

浏阳永安市张氏 始迁祖志洗公、志文公，明成化间自江西丰城迁此，后分迁浏西清水冲。

浏阳张氏 始祖化孙公为第一世，原居福建汀州府宁化县石壁都，后迁上杭县深坑。子孙先后迁居广东长乐、平远、程乡、兴宁等县，也有留居汀州者。至明末清初，后裔陆续迁浏阳及江西万载、萍乡、宜春等邑。如十七世庭清为浏阳桑冲发派祖，十八世心应为浏阳孙家塅发派祖，十九世万匡为浏阳簧门楼发派祖，二十世崇朗为浏阳老富冲排上发派祖，绳崇为浏阳小江发派祖，二十三世昌克为浏阳东乡黄家山发派祖等数十支。清雍正四年（1726）建浏阳宗祠于邑城柴家巷，民国初又联平江、铜鼓族人建宗祠于东门市三元桥。通派：化云腾上昊，承先绍启宗。仲兴山诒远，永庭应万崇。日振昌英俊，贤声继祖功。文运开世兆，科元定显隆。

浏阳张氏 谱以化孙公为一世，十七世庭一公（字六则），六子：初应、精应、芳应由粤东嘉应州迁江西义宁州排埠宝田，德应、达应迁浏邑东乡，兰应迁浏东莲塘。族谱六修于福建上杭，七修于江西，八修、九修于浏祠。清光绪二十九年（1903）芳、达、兰三支十修族谱。《张氏十修族谱源流记》称："我族族谱前经五修，明永乐元年六修于福建上杭，清乾隆十三年七修大成谱于江西省祠，道光六年又八修于浏邑祠，皆以受姓挥公为一代祖，以化孙公为百三十四代祖。光绪八年又九修大成谱于浏邑祠。光绪二十九年又十修则六公族谱，以挥公世远年衍，难以稽考，十修时以化孙公为一世祖。"

浏阳良源张氏 始迁祖球泰公，派名瑞应，行一，讳必琳，明崇祯五年生，清康熙年间殁。明季由嘉应石象头侨寓江西南康县罗江圩，二年再迁至湖南长沙府浏阳东乡第三都黄泥道良源。有子二：万定、万起。一修已失考，明永乐元年（1403）六修，清乾隆十三年（1748）七修，道光六年（1826）八修，咸丰九年（1859）九修，光绪九年（1883）十修，光绪二十七年（1901）十一修。堂号孝友。

浏阳板岗张氏 始祖衍公，南宋人，始居闽之上杭县深坑，至第九世启盛，明永乐时迁广东嘉应石坑堡石象头创业。又传至第十九世万怀，于清康熙间移居长沙府浏阳县东乡三都板岗。清咸丰九年（1859）七修支谱，堂号乐育。

浏阳突石张氏 始祖翰誉公，字德寿，其裔孙如历、如悦、如良三兄弟于清康熙初年联袂自粤东平远县因创拓迁湘，开基于浏阳县东乡突石。族人分布于江西万载、宜春、分宜、武宁等县。宗祠在突石。族谱始修于元至元二十年（1283），明天顺四年（1460）二修，清同治七年（1868）三修，光绪二十九年（1903）四修，1925 年五修，1942 年六修。至 1948 年，已传 13 代，共 2200 人。

浏阳山斗张氏 始迁祖友权公，自江西迁来，递传数代，支分七房。1936 年四修族谱。

浏阳西乡张氏 始祖化孙公。祥云、彼云二公裔隶籍西乡，分昭上、晶上、珍上、全上四大支。清光绪七年（1881）浏东、西、南三乡合祀一祠者合修族谱，光绪三十三年（1907）祥云、彼云二公裔续修。

宁乡长桥张氏 唐宰相曲江张九龄弟四川节度使九皋公十四传至宣公。宣公支分派别七传至继斌公，字廷芳，贡选教谕，未任，因元末兵乱卜居宁西长桥。斌五传至锡、铙二公，锡公三子：乾公迁蜀，艮公迁祖塔，坎公留居长桥。铙公生宪公，迁松坑。锡、铙两房合谱始修于明万历间，清乾隆二十六年（1761）、道光元年（1821）续修。铙房支谱始修于同治十三年（1874），光绪三十二年（1906）续修，1932 年三修。派语：派从继述良，孝顺子孙昌。为能光景祚，永瑞德含芳。礼乐崇周孔，诗书振楚湘。文明昭国泰，俊杰启家祥。

宁乡张氏 先祖南宋名臣张浚。浚卒，其子栻、杓葬父于衡山下枫林乡龙塘之原，即宁乡十都官山。后世张氏聚族于宁乡。奉栻八世孙仁秀为一世祖，其曾孙琮生锡、炼、锷、锦四子。1925 年锡、炼、锷三房七修支谱，堂号冠英。

宁乡茶盘冲张氏 一派祖荣宏公，字石桂，号裕甫，世居沩宁，元末明初避兵乱携家迁本邑治西五十里茶盘冲。十二传至应宗，字继峰，册名翊远。清嘉庆十九年（1814）创修宗祠于坝塘山，光绪二十二年（1896）又加以修缮，门联：彝伦攸叙，明德维馨。乾隆六十年（1795）始修族谱，咸丰八年

（1858）续修，光绪二十三年（1897）继峰公房三修支谱，1927年四修族谱。派语：荣华昌培远，富贵永流长。显应启高升，英俊承先泽。佳祥兆后禧，作求在世德。

宁乡张氏 始祖唐曲江之南康伯九皋公，八传至璘公徙成都。再六传至宣公，生二子：炳、焯。焯生羲、义二公。义公子毅甫公，仗义负文丞相骸骨葬江西之吉州，遂寄籍江右，四传至贵文、绍文、景文三公，明洪武元年（1368）兄弟由江西泰和圳上迁宁乡。贵文居山底，绍文居水口，景文居烧汤。贵文公下分良、善、聪、德、智、民六房。清康熙四十七年（1708）贵、绍、景三房合修族谱，乾隆二年（1737）续修。乾隆二十七年（1762）三支合建义公祠于西城外，之后各房各修支谱，光绪间又合修通谱。贵、绍、景三房派语：升文彦惟直，邦时应所之。枢炳培锡泽，新荣起锦期。恢宏勖经济，光耀庆洪规。运兴人进福，本正树开枝。孝友家声远，中和祖绪垂。

宁乡水口张氏 支祖绍文，居宁乡水口，衍礼、禄、祚、祐四支。清咸丰七年（1857）、同治三年（1864）、光绪二十年（1894）、1923年水口支纂修支谱。派语：升文添盛彦，纹允廷守崇。枢炳培锡泽，新荣起锦淇。恢宏勖经济，光裕庆洪规。国兴人进端，本止日开枝。孝友家声振，中和祖绪垂。

宁乡巃塘张氏 曲江相公九龄弟九皋公凡十三派生魏公，魏公生宣公，又八派至仁秀公，世居巃塘。仁秀公生敏、杰。敏公生纲、维、纬。纲公衍瑄、琮、瑢、玘四房，维公衍琦、珂、珪、瑆四房，多有迁往湘潭、湘乡者。纬公衍続、纯两房。杰公衍珠、珉、珍三房。总祠建于官山。明成化十八年（1482）、清雍正十年（1732）、乾隆三十七年（1772）瑄、琮、瑢、玘、维、杰六房合修族谱，道光后各支分修。道光三年（1823）、同治二年（1863）、光绪二十三年（1897）、1926年维房续修。道光六年（1826）、同治三年（1864）、光绪二十四年（1898）瑢房续修。光绪二十八年（1902）、1948年瑄房续修。道光十二年（1832）、咸丰八年（1858）、光绪八年（1882）、1921年玘房世朝支续修。道光七年（1827）、光绪十一年（1885）、1923年世廷、世邦及铨支续修。光绪十年（1884）又合修通谱。官山总祠通派：世大文子邦，兴启志思瑞。德茂光先祖，良贻在克家。殷勤敦实务，谦厚发菁华。绂冕芬徽鬯，圭璋品诣嘉。席珍留待聘，掞藻灿云霞。

宁乡茅埠张氏 始祖诚公，字存真，官北平指挥，随谷王自南京临淮迁长沙，卒葬湘潭淦田。季孙信公，信公长子亮公立业于善邑凤凰冲，次子升公居淦田，第三子胜公徙居宁乡茅埠。清乾隆九年（1744）建宗祠于茅埠。光绪三年（1877）三支纂修通谱，堂号四益。

宁乡道林南冲张氏 始迁祖龙公，字云从，号金星，江西抚州府金溪县人，明正德末年避宸濠之乱迁居宁乡四都道林。五世分道、义两房。道房徙寓涟湘，义房仍居沩阳。因住居星散，意见纷歧，以往未曾合谱，道房墨谱二，义房印谱三。1923 年道、义两房合建宗祠于南冲。1938 年纂修族谱。世次（自第四世始）：维宸世之昌，万代振家邦。孝友恩光锡，诗书教泽长。

宁乡麟峰张氏 始祖龙公，字金星，明正德末年自江西金溪县圳田上房因避宸濠变乱迁湘，开基于宁乡县麟峰乡道林市。族人分布于宁乡、湘乡、长沙、桃源等地。1923 年创建宗祠于麟峰乡南冲。族谱始修于 1928 年。至 1948 年，已传 20 代，族人共 4000 人。

宁乡狮冲张氏 始祖明公，世居蜀之绵竹，明嘉靖间以贡士官楚南安化县尉，解组后与长子士林卜居安化苏溪。七传至显达公，字志行，携子承鼎、承星由苏溪徙宁乡十都狮冲。清康熙间创建明公祠于安化城西，同治间建宁乡祠于狮冲王家寨。清乾隆十二年（1747）始修族谱，嘉庆二十二年（1817）续修，光绪二十二年（1896）三修。派语：明士贤正友宪胜显承英裔传合美大聿泽振家声西蜀芳规远南邦业世宏人才欣蔚起竹。

宁乡石坝张氏 始祖添祚公，原姓龚，赘于张，生泰应，字允锡，因姓张。明嘉靖初，泰应自江西迁湘乡洞山。子式阀，隆庆时由湘乡迁宁乡，万历间卜居二都宋家铺。清乾隆十七年（1752）始修族谱，道光十八年（1838）、光绪五年（1879）、1914 年、1939 年续修。1995 年敬达祠六修。派系：添泰式道联，士日思光国。文运复兴隆，继先希厚泽。本炽增铭润，荣勋孝锡洪。树熙培鉴汝，业灿在钧淳。

宁乡山底张氏 始迁祖文国公，讳银，字怀宇，为子玢公十九孙，明万历三十五年（1607）由江西宁州观溪徙居宁乡之西城，又迁星沙之金线巷，后卜居宁乡之湖田湾、青山冲、石脚盆、田心等处。1936 年三修宗谱，堂号积庆。

宁乡粟溪张氏 开派祖万枢公，字子长，元末人。支祖十二派作德公，字林宇，明末崇祯间自江西迁居宁乡粟溪。清道光五年（1825）、同治元年（1862）、光绪二十五年（1899）、1926 年、2020 年五修支谱。字派：万仲碧文廉，云锦深宇盈。士作大式名，忠孝立帝廷。应国纹明运，传家绍述荣。贻芳由旧泽，济世启新型。

宁乡福建湾张氏 祖籍福建龙岩赤水四图七甲里，始迁祖木云公，字辉良，清康熙五十八年（1719）自福建迁来湖南宁乡七都五区潘家冲，即福建湾。清光绪十九年（1893）三修支谱，堂号建本。

湘潭飞羊站张氏 一世祖才辅公，元代徙居湘潭飞羊站畔。1921 年五修族谱，堂号金陵。

湘潭花芬洲张氏 始迁祖兴龙公，字盛瑞，原籍江西吉安府安福县三十六区圳上张家村，明洪武二十六年（1393）设教湘潭县银塘何家，三载入赘勒塘李家，永乐元年（1403）置业十都六甲九峰岭下杨柳冲。清乾隆四十一年（1776）二修、同治二年（1863）三修、1914 年四修、1944 年五修族谱。字派：（自十派始）国正天心顺，官清民自安。诗书光世泽，孝友启庭兰。务本欣由赣，传家慕相韩。花芬绵远馥，石宝壮奇观。

湘潭十亩丘张氏 始祖兴公，世居临淮，明洪武初授永宁卫指挥佥事。四世明公，自临淮迁居长沙东屯渡，为该族一世祖。明生教公，迁湘潭熙春门外十余里湾桥，至六世子秀公，五子：楚寰、斗寰、铭寰、宾寰、云寰。清道光四年（1824）楚、斗、铭三房三修支谱，道光十二年（1832）三房共建支祠于潭邑上四都十甲十亩丘。同治九年（1870）四修支谱，1913 年又合长沙宾寰裔五修，堂号二铭、大忍。字派：开祚荣显，万选绍宗，修齐立本，家世时雍。

湘潭张公石张氏 始迁祖泗斋公，元末由江西吉安太和县出仕湖北，知黄安县事。明洪武初年致仕，择居湘潭白泥冲。清康熙八年（1669）、乾隆四十五年（1780）、道光十年（1830）、光绪二年（1876）、1933 年五修族谱。字派：颛明继道启佑元，本德宽泽之士开。盛世家声振，承宗后彦联。

湘潭戚里铺张氏 始迁祖林瑞公，明建文时由江西圳上落业湘潭北六都柑子园排仙桥戚里铺。一、二修皆为草创，清光绪二十一年（1895）三修，1929 年四修。派系歌：承先时朝一，启元正国之。世泽维新，士锦洪名。克昭祖德，永振家声。贤能辈出，俊彦同升。

湘潭八家湾张氏 一派祖宣公传至六派景渊，生二子：发、癸。发公字源升，生三子：贵文、绍文、景文。绍文为宁乡水口支祖，衍为福、礼、禄、祚、祐五房。癸公字恒升，生会文，会文之子关梓徙居湘潭，为湘潭支祖。清同治三年（1864）礼、禄、祚、祐及关梓房合修族谱。五房支祠位于湘潭八家湾。

湘潭铜陂军籍张氏 始迁祖友法公，原籍茶陵州西乡，仕明太祖，官云骑尉，永乐二年（1404）奉恩下屯中湘十都铜陂。清乾隆十七年（1752）、嘉庆二十一年（1816）、光绪十三年（1887）、1912 年纂修族谱。班行：奇开芝上达，蔚起振家声。立训崇纲纪，恢先在后承。

湘潭长沙营张氏 始迁祖政公，原籍江右吉安府吉水县，明永乐二年

（1404）迁楚南潭邑七十四都长沙营。清道光二十六年（1846）续修族谱，堂号三篋。

湘潭落笔渡张氏 始迁祖朝钦公，明永乐二十年（1422）由江西安福县之梅溪迁居湘潭，占籍小洲滩之桑湾。至弘治间，四世通智治产神塘，其后子孙环居落笔渡南北，号为落笔渡张氏。清咸丰五年（1855）三修族谱，堂号清河。

湘潭花田张氏 一世祖宁公，原籍江西吉州永新。明初携子朝三、朝六迁居南楚茶陵州。朝三生文政，朝六生文善。文政生文、行、忠、信四子。文善与文政之子文、行于明正统初由茶陵迁衡湘交界之花田（今属湘潭青山镇晓楠村）。信公第五子仙余亦于明弘治间迁花田。花田张氏清康熙四十一年（1702）、乾隆三十二年（1767）、嘉庆二十三年（1818）、咸丰九年（1859）、光绪十五年（1889）、1919 年纂修族谱。2009 年行公裔绅祖房纂修房谱。字派：大本华光立德，鸿星士子树名。家登启彦俊，国泰隆盛培。亿世尊宣训，克述肇开来。

湘潭花石张氏 一世祖宁公，二世朝三、朝六。朝三生文政，朝六生文善。清乾隆间，文善后裔复由花田徙居回水湾，另建支祠于花石。清光绪元年（1875）花石张氏四修族谱，光绪三十四年（1908）五修，堂号曲江。1919 年文政、文善支六修。2014 年南阳公支七修支谱。2017 年七修族谱。字派：大本华光立德，鸿星士子树名。家登启彦俊，国泰隆盛培。亿世尊宣训，克述肇开来。

湘潭回水湾张氏 朝六生文善、文教、文林。文善公初居湘潭回水湾，后建祠花石。文林公卜居湘潭十五都四甲厚粮冲，传及民珍、子风，又迁十一都七甲回水湾新塘冲，即建祠回水湾。清雍正七年（1729）初修墨谱，嘉庆九年（1804）二修墨谱，同治十二年（1873）三修墨谱，1915 年四修族谱。堂号绍忍。字派：（自十派始）仁如金玉贵，义似泰华尊。宗子传先训，芳心定永存。

湘潭杨梓塘张氏 一世福公，荆州潜江县七里乡张家湾人，元末从朱元璋军。其子聚公，明永乐初年封茶陵卫右千户所百户，住卫城南门。聚生义，义生项、旋。旋子雯，明成化十三年（1477）由茶陵迁居湘潭杨梓塘。项曾孙宝公，嘉靖、万历时人，亦自茶陵迁来杨梓塘。清康熙元年（1662）、雍正十一年（1733）、嘉庆元年（1796）、咸丰九年（1859）、光绪二十四年（1898）、1943 年六修族谱，堂号志合。派语：（自八世始）良克廉嗣。维前显朝国，令德振家声。绍启敦仁让，通经集大成。守先传训典，献策翼安平。忠孝绵世泽，功业永芳名。

湘潭两湖张氏 元末山东即墨人道广公迁居湖北襄阳，生六子，分六房，第四房中，道广十二世孙熹宦、熹堂，明末由襄阳迁居湘潭，其后分八房，是为南宗。仍居襄阳者则为北宗。南宗以道广七世孙云为一世祖。1924 年南宗五修族谱，兼叙北宗世系，故称两湖张氏，堂号敦本。

湘潭花桥张氏 始祖士银公，清康熙中叶由曲江迁茶陵，再由茶陵迁衡山，三迁湘潭北路花桥。宗祠在二都东八甲。

湘乡欧源张氏 谱称宣公生焯、炳，炳生明经、明养、明缣、明孙。明孙字耀南，法名十三郎，原籍江右，南宋淳祐三年（1243）徙居湘乡县西南八十里欧源，今属双峰。历八传始分景洪、景信、景瑜。景瑜传两派至廷治、廷汲。治生应栋、应宿，汲生应奎、应举、应试，衍为五房。清康熙五十五年（1716）始修族谱，乾隆十四年（1749）续修，咸丰六年（1856）三修，光绪二十九年（1903）四修，1995 年五修。乾隆十六年（1751）建宗祠于欧源。派语：明世庚辛，德俊音思。景仲伯廷，应星嘉施。仁正后代，文学永隆（文学永隆四派改就公派）。

湘乡大湖张氏 系出永丰龙图阁学士叔夜公，再传寄籍东鲁之济南。元末养浩公之子梅谷公，讳魁先，因召募占籍湘乡费子坳，继传伯麒、伯麟迁大富塅（又名大湖）。族人分布于金石大湖及湘潭、宁乡等地。至 1948 年，已传 26 代，共 4800 人。族谱创修于清康熙四十一年（1702），嘉庆六年（1801）续修，道光二十七年（1847）三修，光绪二十二年（1896）四修。清乾隆三十五年（1770）创建宗祠。班辈：国显登云士，名高发有人。文成昭世业，忠献作纯臣。祖德承家远，宗功继绪新。锡光思令典，志道在安仁。

湘乡沙江张氏 始迁祖清涛、清潢、清海三公，原居吉安泰和县圳上鹅颈长坵，元至正间，陈友谅据江西诸路，三人携家徙湘乡六都沙江。

湘乡花桥张氏 始迁祖汉诚公，字梦麟，元至正间由江右吉安府吉水县迁居湖南湘乡六十七都六甲，即后来二十三都五区之杨柳花桥。清乾隆三年（1738）纂修墨谱，乾隆五十六年（1791）一修，咸丰元年（1851）二修，光绪十七年（1891）三修族谱，1928 年四修。堂号孝友。字派：汉嗣文单，彦添尚单。嘉德名显达，世业正荣昌。忠厚承先泽，诗书播远芳。同居师百忍，蕃衍萃三湘。家学西铭在，循之永吉祥。

湘乡夏紫桥张氏 奉南宋理学家张栻为一世祖。栻葬父浚于宁乡沩岭官山，遂居宁乡。传至第十世铣，明洪武间迁居湘乡下寺桥（后称夏紫桥）。清宣统三年（1911）五修族谱，1944 年六修族谱。堂号清河。老派语：（自十四派始）

正子问名大，世代广兴隆（隆字未用）。光绪二年沩宁合修族谱，立公派四十字：德茂光先祖，良贻在克家。殷勤敦实务，谦厚发青华。绂冕芬徽悒，圭璋品诣嘉。席珍留待聘，掞藻灿云霞。

湘乡泥鱼石张氏 该族世居庐陵圳上，至清泉公徙新丰，其子鼎元于明洪武间迁上湘十七都泥鱼石。清嘉庆八年（1803）纂有族谱，堂号百忍。

湘乡城北张氏 迁湘始祖湧公，字泗泉，原居江西吉安府庐陵县圳上，明洪武元年（1368）迁抚州临川八十二都崇德乡。三十年（1397）迁湘乡城北壕里，后迁七圣殿。四子：安禧字恩渫，居北门。安墉字升项，居峒冲。安乐字心恪，居冲茄。安静后裔居瑯塘、泥鱼、桑塘等处。清乾隆六年（1741）、乾隆四十一年（1776）、咸丰四年（1854）四房合修族谱，光绪二十五年（1899）玉全房四修支谱。光绪二十八年（1902）、1937 年泥鱼、桑塘两支续修。合派通派：（自十一世始）安邦宗道学，耀祖肇湘湖。盛绍千秋鉴，通才式敬夫。迪光敦礼义，笃庆富名儒。仁德传良训，书香定远谟。

湘乡张家渡张氏 始祖南轩公，子二：炳、焯。焯生明义、明羲两子，明义公子毅甫四传至贵文、绍文、景文公。绍文公卜居宁乡五都水口，生子九，第六子添裕公于明永乐年间由宁乡迁湘乡张家渡，生子仁、义。清康熙四十七年（1708）贵、绍、景三支合修族谱，光绪三十二年（1906）张家渡五修支谱。

湘乡长岭张氏 该族本王姓，该公八世孙勋公居庐陵栋头，后十三世贞、诏又分栋头为上下院。下院二十一代孙志广公，客游四川成都华阳，居金线巷之子弟街，厥后携子茂贵迁湘。明英宗时，茂贵公入赘湘乡张有伦，遂改王为张，开基于湘乡县弦歌乡长岭。后人分布于板壁、金石、大湖、太平等地。至 1948 年，已传 21 代，族人约 11000 人。明中叶建宗祠于水口，再迁西林，清乾隆间建于弦歌乡第二十保宋家山文星祠。乾隆五十七年（1792）始修族谱，道光二十七年（1847）续修，光绪十一年（1885）三修，1914 年四修。派词：钟英家日盛，昌大在承先。孝友方昭德，勋名定永传。绪开宗远绍，光锡士齐贤。鸿泽盈湘楚，文思教克宣。

湘乡桐溪张氏 始迁祖添源公，明宣德十年（1435）自江西吉水县圳上太子庙奉令迁湘，开基于湘乡县锦古石乡桐溪。族人分布于邵阳及川东等地。清乾隆四十三年（1778）建宗祠于田塅。族谱始修于道光五年（1825），光绪二十四年（1898）续修，1949 年三修。至 1948 年，已传 20 代，族人约 1000 人。

湘乡七帐张氏 一世祖珪槐，班名鷴一，原籍江西吉水县，明弘治间由赣迁湘，卜居湘乡七帐。清康熙二十四年（1685）始修族谱，乾隆十二年（1747）、乾隆三十九年（1774）、乾隆五十九年（1794）、同治十二年（1873）、1922年、2001年续修。雍正九年（1731）创建宗祠，同治元年（1862）重修。派语：献其正大光明，恪敦忠孝芳声。开家绵远在德，本枝百代增荣。

湘乡潭台张氏 始祖光祚公，字魁，明江西南昌丰城教谕，子孙卜居丰城白石村。传至曾孙日八公，字周士，明嘉靖十六年（1537）自白石村迁居湖南上湘之潭市下石湾，为该房始迁祖。宗祠于清乾隆三十四年（1769）创建于湘乡潭台瓦屋山。道光二十七年（1847）、光绪十年（1884）、1917年纂有族谱。班序：日荣同春世，绍德道崇光。如能承祖志，才盛自经邦。

湘乡增家冲张氏 始迁祖枧溪公，明隆庆初年由江西永兴迁湘乡二十都增家冲，后代居杏子，今属双峰。

湘乡赫名楼、相思冲，湘潭张氏 始迁祖荣公，字华茂，行一，明万历间兵燹扰攘，播析流离，携子万锦、侄万秀、万起由岳郡巴陵县迁两湘。荣公、秀公落屯湘乡之七都浆坑。起公落屯湘潭之老三十三都，后徙湘乡六都之相思冲。荣公三传梅公徙居六都之巴江赫名楼。秀房则由浆坑而巴江，而终徙于湘潭之十四都。故荣公为巴江派祖，秀公为潭邑派祖，起公为相思冲派祖。清同治十年（1871）创建宗祠于赫名楼。清乾隆三十八年（1773）始修族谱，咸丰七年（1857）续修，光绪十九年（1893）三修。该族名人：张祖成，湖南宝庆协副将。派系：景洪谦叙思，继之中正炳。若衡经翊邦，承震秉韬鼎。祺昌日万载，有士生尚廷。代兴祖宗远，源肇华岳清。崇先蔚盛名，树德滋余荫。甲第国锡恩，诗礼家笃庆。

湘乡张氏 始祖积华公，明初人，居江西抚州府金溪县厚阴里，八传至正甫公，字鉴冰，行二，明神宗万历四十年（1612）自江西金溪县二十二都厚阴里顺德乡因遵父命随叔来湘乡县城贸易而定居于此。族人分布于县城、青树坪、巡司、虞塘、溪口、马伦桥、汪家亭、潭市、同睡台以及湘潭杨梅川、会同洪江镇、安化归化乡等地。清咸丰八年（1858）建宗祠于同睡台（桐瑞台）。族谱始修于道光十年（1830），1932年三修。至1948年，已传13代，共3000人。

湘乡龙返张氏 南轩公十二传至传贤公，字添与，明嘉靖三十年（1551）生，万历三十六年（1608）卒，由宁乡迁湘乡三十五都湖洲，再迁望春二十七都龙返。清咸丰初始修族谱，2005年续修，其时现存人口704人。原派：（自十代始）名声传万尚，百世永昌隆。后代沾先德，前程耀祖功。“沾”字后接通派“德”字。

醴陵蓝田张氏 先世于唐安史之乱时自河南祥符县入楚，居靖州会同县。始迁祖远佶，后周广顺元年（951）迁居醴陵五凤山，以季子入赘丁姓，遂又家于邑西蓝田青龙桥。清光绪十八年（1892）十修族谱，堂号鸣珂。后人分布于潘家河、东乡、大山下、富里、赵公岭等地。至1948年，族人约1000人。

醴陵涵溪张氏 始迁祖均祥公，元元统间自江西迁此。族人分布于齐家村、攸县。至1948年，全族人口400人。

醴陵双牌铺张氏 始迁祖敬可公，元至正十六年（1356）自江西曲江迁此。族人分布于流碧桥、渌口。至1948年，全族人口1000人。

醴陵县城张氏 始祖后江公，元末自江西丰城迁此。族人分布于贺家桥、挡紫山。至1948年，全族人口5000人。

醴陵樟树坝张氏 始迁祖善长公，明洪武二年（1369）自江西吉安迁此。族人分布于沩山、普口市。至1948年，全族人口500人。

醴陵石塘张氏 先世居清江，元时松灵公迁居新喻县之蓝陂。孙贤山公，字竹溪，明洪武二年（1369）由蓝陂迁居醴邑北乡十四都峡上。族人分布于渌口、石亭、井湾等地。清同治三年（1864）、宣统二年（1910）纂有族谱，堂号敦伦。字派：（自二十派始）大开宗德，光映南湘。传家忠厚，继绍荣昌。

醴陵龙凤冲张氏 始迁祖友浩公，明洪武七年（1374）自江西新喻迁此。族人分布于黄泥塘。至1948年，全族人口1000人。

醴陵南竹山张氏 始迁祖友诚公，明洪武八年（1375）自江西新喻县蓝陂村迁醴北清安山界塘。族人分布于枫树塘、南田桥。1938年五修族谱，堂号敬睦。至1948年，全族人口8000人。

醴陵蛇头张氏 始迁祖受钦公，字典谟，迪功郎，于明洪武初由江西新喻县汾上徙居醴陵县蛇头。生三子：君德、君才、君敬。1936年续修族谱。2016年君才裔十六派光熊公支续修族谱。字派：（自十四派始）正大光明，青钱万选。孝友贻谋，相为敦勉。钜振家声，慎守邦典。先绪克修，世泽传衍。英贤广生，预兆通显。

醴陵大塘张氏 始迁祖斗仰公，字祈远，号南山，明定鼎后由攸县涵溪迁居醴南大塘。生三子，长胜源世居大塘，次胜河因贸易迁醴西渌市，三胜江亦因贸易迁醴北乌树湾。清康熙三十八年（1699）、嘉庆二十三年（1818）、道光三十年（1850）、同治十一年（1872）、宣统三年（1911）、1942年纂修族谱。字派：文之士习，敦本贻芳。家声大振，蔚起贤良。

醴陵河溪张氏 始迁祖宗发公，讳兴，字玉振，元太常礼仪院博士，原籍江西吉水，明初自云南澜沧卫迁醴陵，卜居东乡河溪。生子四：本立、本仁、本源、本达。清乾隆四十年（1775）、道光二十一年（1841）、光绪二年（1876）、1912 年、1941 年、1992 年、2019 年七修族谱。堂号敦本。至 1948 年，全族人口 6000 人。名派：本孟克单九堂文允必之应世单。聿思先德，大振家声。学懋道修，品正心诚。日增康乐，培植兰英。

醴陵围塘张氏 始祖绍公，南唐时为光州刺史，后移镇江西吉安府安城壕上，遂家于此。六世孙清用，宋时迁攸县涵溪。清用十世孙汝恭生二子，长子斗瞻明洪武初由涵溪迁居醴南杨模塘，为杨模塘祖。次子斗仰，元至正间自涵溪迁醴南张公塘，为张公塘祖。斗仰子佐公，字鸾堂，又自张公塘转迁围塘，为围塘祖。1933 年围塘张氏五修族谱，堂号孝友。宗派：门景致仕，谁明奇国，立南时尚。星映云汉，彩照堪铭。源本燮理，鉴永树勋。载钟淑秀，恢基钦承。业焕增锦，相楚炽隆。

醴陵坪桥张氏 始祖辅宸公，唐末至后晋间人，世居江西。其二十二代孙銮公，明初宦于长沙，銮子泳扶榇归，道经醴南楚东桥，遂于桥侧老屋场家焉。

醴陵牌上张氏 始迁祖受钦公，明洪武间自江西新喻迁此。族人分布于渌口。至 1948 年，全族人口 9000 人。

醴陵八都宅里张氏 始迁祖德茂公，明洪武初自江西新喻迁此。族人分布于里都、唐家村、黄田境等处。至 1948 年，全族人口 1000 人。

醴陵花草桥张氏 始迁祖德茂公，明洪武初自江西上高迁此。族人分布于黄田、铁河口。至 1948 年，全族人口 5000 人。

醴陵书塘张氏 始迁祖万和公，明洪武初年自江西宜春迁此。族人分布于株抱樟、佘鸡垅。至 1948 年，全族人口共 623 人。清乾隆七年（1742）、嘉庆十九年（1814）、光绪元年（1875）、1924 年纂修族谱。名派：国正忠臣顺，家庭庆吉昌。科名联甲榜，兰桂永传芳。

醴陵扶竹村张氏 始迁祖德元、克诚公，明洪武间自江西新喻迁此。族人分布于萍乡、郴县。至 1948 年，全族人口 400 人。

醴陵失鲤浦张氏 始迁祖志广公，明洪武间自江西吉安安福县壕上张家村迁此。族人分布于荆潭、龙湾。清同治六年（1867）纂有族谱，堂号本立。至 1948 年，全族人口 2000 人。

醴陵崇仁里张氏 始迁祖春柏公，明洪武间自江西泰和迁此。至 1948 年，全族人口 50 人。

醴陵东城洞井张氏 始迁祖铭鼎公，字诚，号必安，行一，原籍江西吉安府安福县箕子园团山。明永乐二年（1404）携弟铭甫、铭庆迁居醴陵东城上坊都丁家坊新洲。清康熙二年（1663）、道光十一年（1831）、光绪十二年（1886）、2016年四修族谱。字派：九世同居秉鼎张，芝天仲友生荣昌。道学家声垂裕远，人文大启绍前光。

醴陵新洲张氏 始迁祖明甫公，字天相，号吉轩，原籍江西吉安府安福县鸡子园团山。明永乐间授经于醴，遂落业新洲丁家坊。弟明庆，占籍上版都。清乾隆七年（1742）一修族谱，嘉庆二十一年（1816）二修，道光三十年（1850）三修，光绪五年（1879）四修，宣统二年（1910）五修，2004年六修。族人多分布在珊田冲、小溪及萍乡、浏阳等地。1948年统计人口4000人。字派：明纯凤永伯堂廷承循子九世同居木火土金水生际盛朝维国之瑞守乃家传声华日贵。该族名人：张福言，革命烈士。张际春，中国人民解放军少将。张际鹏，国民革命军中将。

醴陵东堡张氏 始迁祖万端公，明永乐间自江西清江迁此。族人分布于沩山、石亭。至1948年，全族人口1500人。

醴陵楚东桥张氏 先世居濠州晋陵，后裔落业江西丰城瓦子街。明正统间倚平公任长沙卫千户，卒于任。子广汉公定居醴南楚东桥。谱以倚平公为始迁一代祖。七代定芝公生后江、龙江、曲江。龙江居浏阳，曲江居善化，后江仍居醴陵。清道光五年（1825）一修族谱，道光十五年（1835）二修，咸丰九年（1859）三修，光绪十八年（1892）四修，1942年五修，2005年六修。字辈：（自十三代始）添木心斯顺系承孝友思诒善名人才庆生维邦之光。

醴陵杨模张氏 始迁祖斗瞻公，生景祥、景瑞，三代分为致荣、致和、致海、致皋、致忠、致亮、致元七房。第五房致忠公，建祠下荆村，堂号崇本。2017年崇本堂纂修房谱。

醴陵界陂张氏 杨模塘祖斗瞻公三世孙三房支祖致海公，自杨模塘分居界陂。清光绪四年（1878）三房续修支谱，堂号务本。

醴陵秧田张氏 斗瞻公孙致皋，明永乐至弘治间人，其族世居秧田。1913年、2012年秧田张氏纂修房谱。

醴陵螺头塘张氏 始迁祖永恒公，清初自福建龙岩迁居醴东螺头塘。

醴陵江口张氏 始迁祖永球公，清康熙初年自广东兴宁迁此。族人分布于明兰寺、萍乡、浏阳。至1948年，全族人口120人。

醴陵峤岭张氏 始迁祖启鹏公，清康熙初年自浏阳迁此。至1948年，全族人口400人。

醴陵版石洲张氏 始迁祖伯云公，清康熙间自江西赣州迁此。至1948年，全族人口400人。

醴陵张家棚张氏 始迁祖应兴公，清康熙间自福建龙岩迁此。族人分布于潭湾、萍乡。至1948年，全族人口800人。

醴陵董家冲张氏 始迁祖世传公，清康熙间自福建龙岩迁此。族人分布于湘乡、益阳、浏阳、沅江。至1948年，全族人口2800人。

醴陵官洲上张氏 始迁祖维和、维照二公，清康熙间自福建龙岩迁此。族人分布于莲塘、横烟。至1948年，全族人口1600人。

醴陵莲塘张氏 始迁祖德元公，清雍正初偕弟聚元公自福建龙岩大池界背迁居醴东莲塘。

醴陵瓦子坪张氏 始迁祖尧伯公，清乾隆间自益阳迁此。族人分布于泗汾、东乡。至1948年，全族人口300人。

醴陵冷水境张氏 始迁祖衡发公，清乾隆间自江西清江迁此。族人分布于浏阳、衡阳。至1948年，全族人口700人。

醴陵西城张氏 始迁祖景辉公，清咸丰间自福建永定迁此。族人分布于长沙。至1948年，全族人口仅50人。

茶陵湖塘张氏 始迁祖玉蕙公，字应馨，宦游茶陵，自江西永新西乡桃村迁茶陵州西乡六都牛稚塘。次子十郎，字行远，元至正时又徙湖塘。清康熙二年（1663）创修族谱，乾隆五年（1740）、乾隆五十六年（1791）、道光二十八年（1848）、光绪二十八年（1902）、1940年、2011年续修。排行：十子文志孔，友正张永承。祖宗光显达，兰桂振芳声。昌隆昭盛业，笃庆辉勋猷。发育宏仁孝，家传应久留。

茶陵张氏 始祖钦公，唐昭宗时官柱国平陆侯。二十一世其明公，明景泰六年（1455）生，嘉靖二十五年（1546）卒，自江西永新桃村迁居茶陵一都西门。清乾隆十八年（1753）一修族谱，1917年五修，2004年六修。班行：世绍华国志，笃宗有贤良。敦本光先绪，人文大克昌。

炎陵东风高峰张氏 始迁祖仲广公，南宋淳熙二年（1175）自江西永兴迁此。后裔部分徙入桐睦。

炎陵三河石潮张氏 始迁祖捷铭、捷轩兄弟，明洪武间自广东兴宁迁此。

炎陵张氏 该族明末清初由粤来酃，其间或迁云阳宜溪，或徙资兴、永兴。科遴公乃孙化公二十世孙，生维楷、维枢，清顺治间自粤来酃，卜居一都老虎垅。清道光二十九年（1849）、咸丰元年（1851）、光绪十三年（1887）、1919

年纂修族谱。排行：化云腾上昊，承先绍启宗。仲兴山诒远，永庭应富崇。三元生式奇，德荣华振鸿。勋业昭虞夏，忠贞佐汉周。传家惟礼义，治国在谟猷。

炎陵水口联坑张氏　始迁祖光贤公，清顺治年间自广东兴宁迁此。

炎陵王家渡西塘张氏　始迁祖元高公，清康熙十三年（1674）自广东迁此。

衡阳桑田张氏　始祖坊公，字徽岳，原籍江西泰和县西城后街玉带巷，南宋开禧间进士，授耒阳教谕，累迁衡州太守，解组归乡至安仁石陂遇阻，遂居石陂。后裔祖二，字辛用，号仲翁，宋末元初自石陂迁衡邑桑田。1923 年六修，2005 年七修族谱。字辈：徽公传六代，夔文庚华景。志邦亨世间，本一显荣永。忠良绍祖德，仁厚振家声。先泽能光裕，诗书启俊英。

衡山张氏　始迁祖性源公，避胡元之乱，由江西迁衡。四传至荣椿公，生九子，惟朝佩、朝焕、朝上、朝先有裔。清雍、乾间修有墨谱，同治五年（1866）、光绪三十年（1904）续修。字派：性道庭荣朝，必思世士超。云礽难合一，新诗衍聊椒。正大光明第，诗书礼义堂。家和常进业，善积永呈祥。

衡山张氏　始祖曲江君政公。迁衡祖譔生公，子友亮、友亢、友坑。三传廷轩公，生五子，分五房，分居衡山竹湾坝、马岭铺、杨子坪、铁铺坪及湘潭、攸县等处。1930 年纂修族谱。

常宁张氏　基祖天锡公，讳瑄，号时泉，行森十三郎，明洪武二十五年（1392）由鄮县举人任常宁教谕，因家于常宁南门外时泉井。洪武末年升任广西全州学正，致仕后迁居邑南下筢岭。1946 年八修家谱。又有文贵公居县南南阳，琦公居湖葭洞。三公皆唐代钦公之后，明初或明中叶自江西迁来。清嘉庆三年（1798）、1994 年三支合修族谱。字派：德（世）泽源厚，光照永兴，经理家国，忠爱和平，孝友贤训，宏才轶群，笃修伦纪，福禄昌荣。

耒阳张氏　始迁祖文启公，原籍江西永新，宋时官耒阳县令，举家迁耒定居。

耒阳敖山区张氏　迁湘始祖坊公，由江西永新为衡郡教授，迁安仁，其子理诚由安仁迁耒之敖山区。

邵阳张氏　迁湘始祖通义公，北宋建隆元年（960）自江西吉安府泰和县携其子若孙居新化县大阳乡八都登天光。四世兴达始居邵，卜宅三溪茅田。子宽甫、宽申。宽甫仕元为南京户部，回籍居邵城沙井头，派衍富阳、甘棠渡支。宽申仍家旧址，开东坪、茶园、毬本、澄泉等处。清康熙五十九年（1720）、乾隆二十六年（1761）、道光十二年（1832）、光绪六年（1880）、1916 年、1948 年纂修族谱。甫房世次：通洪金兴宽世仲朝廷再宗文志伯大正启仕职必定中元魁声昌才学优。申房世次：通洪金兴宽发原思志普承廷乾文世大兴国正安邦仕清平声昌才学优。

邵阳曲塘桎木山张氏 始祖栻公。五代孙万祥，元大德年间自沅陵迁宝庆邵阳大东路洪桥，至明洪武年间迁曲塘桎木山。2012 年五修族谱。原派语：万德再有志，永定世仲朝。兴国承宗祖，安邦正泰良。义立名家泽，文开景运昌。士宏希上达，才大焕庭光。

邵阳蹄塘张氏 始迁祖得道公，元季以江西吉安籍官宝庆别驾，携二子致衢、致和之任，家于宝庆城南马蹄塘。嗣后致和徙武攸，致衢仍居故址。清光绪六年（1880）、光绪三十二年（1906）、1933 年纂修族谱。三修时丁男 974 人，妇 582 口。

邵阳张家冲张氏 始祖璞罗德，回族，明顺天府通州山河县牛角湾人，以都督指挥于明洪武元年（1368）调湖广宝庆府，旋征云南。其子版吕至明宣德二年（1427）回邵，附籍城廓张家冲，赐屯田百余亩，立户“张文龙”，以地为氏。版吕生登云、登贵、登虎三公，虎公累官锦衣卫，开府常德镇，子孙留居八斗湾。贵公后出居东乡、祁阳等处。云公世居张家冲，衍派四房：大房瑾公至五派镛公裔居张家冲，分居武冈车林铺，又分支宁乡。二房综公至八派廷安、廷实、廷圭兄弟三人：安卜居隆回，分支府城。实卜居云水铺，分支益阳。圭卜居梅塘。三房瑛公至六派海公卜居北江九江庙，明季学经公分支粤西桂林府临桂县。四房贞公至七派惠公卜居青草，分支益阳、四川。族人分布于水兴乡、榿木山乡、九公桥镇等地。清康熙间始修族谱，乾隆二十七年（1762）、嘉庆十九年（1814）、同治十二年（1873）续修。2020 年湘、滇、黔合修。字派：璞版登珅珊，瑞征廷凤应。学鸣大成正，宗仁存理升。纲常原道义，华贵显声闻。

邵阳宝丰冲张氏 始祖亮公，明洪武初年自直隶省顺天府山河县牛角湾宦湘，卜居宝庆府邵阳城东关张家冲，后又迁至邵阳东乡宝丰冲。族人分布在靖合、平六、槎江、保厘等乡以及祁阳，四川秀山、巴县，贵阳市等地。清道光年间建宗祠于靖合乡侯家塘。族谱始修于嘉庆十一年（1806），同治二年（1863）、宣统元年（1909）、1991 年续修。班辈：始迁祖亮公单单文大继。国正天星顺，官清民自安。孝义家声远，贤良世泽长。德硕荣华庆，功宏富贵昌。修齐宗仲友，平治颂成康。

邵阳东乡大水田张氏 始祖宣公，支裔徙居江西吉安府庐陵县圳上。宋元间千一公（又称千载公）又自庐陵托籍于岳州巴陵县新墙市。递传至嗣贤公，字帝用，明洪武初由巴陵新墙迁居宝庆府邵阳之东乡两广塘回龙桥（今靖合乡）大水田，生斌公、旺公，派分濂、海、濽、清、澄、源、滤七大房。宗祠在大水田。裔孙相逊公于天顺间由大水田迁居仁凤乡张家垅。族人分布于万安、卫东、保厘、槎江、靖合及四川铜梁县、壁山县大陆场等地，分祠在仁凤乡张家垅。清乾隆三十三年（1768）创修族谱，咸丰六年（1856）、光绪十六年（1890）、1920 年、1987 年、2002 年续修。班次：忠明千万世，嗣孝绍相廷。时正安邦本，文才永胜宗。国朝多吉庆，祖泽广兴隆。列圣钦鸿业，荣封锡汝桐。勋垂钟汉楚，熙载镇江东。

邵阳石牌坊张氏 始迁祖安金公，明时自江西安福县清化乡徙邵阳县河街石牌坊。

邵东坝上张氏 始迁祖文珍公，原籍江西袁州府宜春县，明景泰七年（1456）迁居湘乡县巡司，今属双峰。子志信，再迁邵阳县东乡新宁里，今属邵东城南坝上。清同治六年（1867）、1912 年、1992 年纂修族谱。班排：文志思玉，大守兴朝。国泰民安，尔德诚懋。天必福之，履盛华宗。

武冈张氏 始祖栻公长子焯生翔公，曾家江西泰和，复寓辰州。翔公孙万隆卒葬武冈杨林寺，隆公第三子再华，字学祖，户名胜保，元泰定四年生，明永乐三年卒，落业武冈三陂田石壁江。1930 年建支祠于田塘村。1949 年纂有族谱。旧班：再德毂应彰，友本文天廷（范），范（元）世（国）国（京）惟（大）京（学）。合班：光宗思继述，开胤启贤良。慈孝承先志，伦正祚永昌。

武冈清茅冲张氏 始迁祖民运公，明洪武时自江西泰和宦贵州黎平府，卸任后迁武冈城西进德坊。

洞口山门水口张氏 以黄帝五子挥公为第一世。一一五世至张栻。至一一八世翔公，任荆襄参知政司官，寓辰州，为迁辰始祖。第五世秀成公，原讳必信，号甲四，元时任武冈路总管，遂留籍焉，住山门水口（今属洞口县）。第八世良臣，子十三：泌亮居蔡山，泌才、泌兴仍居山门水口，泌录居月塘，泌文居吊水，泌达居石背，余不详。泌兴派下十三世仲文、仲富、仲贵为该族旦落始祖。族谱始修于明万历三十七年（1609），1992 年七修。咸丰间南轩公位下泌才、泌兴公等十五族建挥公总祠于武冈州旱西门内。五修班次：朝鹤忠龙秀，辅遂臣泌发。福显永良才，时大友之天。锡爵文明起，赐禄华映先。千年宏圣通，万世富崇原。家声绵祖泽，懿得复仙元。

岳阳张氏 先祖世居和州，南宋归邵公始迁居岳阳，而后分迁红桥之东、红桥之西、红桥之上，湘阴落马桥、新墙等地。清光绪二十九年（1903）纂有族谱，堂号清河。

岳阳新墙张氏 始迁祖千一公（又曰千载公），宋元之际自江西吉州府庐陵县圳上鹅头颈长垅举家迁此定居。

岳阳张谷英村张氏 始迁祖谷英公，讳釭，明洪武初年因择地而自江西洪州迁居岳阳新墙，再迁渭洞。族人分布在渭洞张谷英龙形大屋、长沙塅、潘家冲及城陵矶等地。清道光十年（1830）建宗祠于张谷英木坳右。族谱始修于乾隆三十三年（1768），1948 年五修。至 1948 年，全族人口 1000 人。

岳阳荷塘张氏 始迁祖存忠公，明初由江西南昌县迁居岳州巴陵，世居邑南荷塘学士村。

岳阳张氏 始迁祖百世公，原籍江西瑞安府高安县，明洪武间迁居巴陵杨林街，后落业青陵冲，为青陵冲、邓婆桥、皮家桥、大桥、马鞍山始祖。另一始迁祖实万，原籍湖北荆州，后唐长兴二年（931）迁居临湘碧潭，后裔隆公为湖北沔阳杨材湖始祖，礼公为巴陵置田庄、金盘山、大石坑、湖北嘉鱼牌洲始祖，信公为巴陵雷分垅始祖。1923 年两支四修族谱，1947 年五修，1992 年大桥关六修。派语：世传盛德，功绪恢宏。守先训典，国策敦崇。英俊继起，光大家风。本支万代，贻庆长隆。

临湘乾港张氏 始迁祖赓山公，明代自江西迁居临湘头陀山，其后文通公转迁乾港。清同治七年（1868）续修族谱，光绪三十一年（1905）三修，堂号两铭。

华容张氏 祖居曲江。一世意正公，晚唐人，至四世实万，宋初人，均居南郡（今湖北江陵县）之凤山和龙州。实万公于北宋雍熙二年（985）由南郡迁居湖南临湘碧潭。至十世福梁、福华、福淮、福泽、福光等六兄弟北宋末年分别徙姑苏、四川、监利、岳阳。六兄弟之后裔又相继迁入华容。原派：意子德万里，太平通道福，勋积源远齐，如端公持习，崇安希应启。续派：乾元定象，尚志克兴。肇祚承家，永光彤廷。新派：仁昭伦理，义立纲常。诗书继述，道德显扬。文词华国，善庆必昌。泰和征瑞，中正兆祥。福淮后裔至十三世源泽，字十六郎，元末由江南清河迁华容石山矶。福光后裔至十一世勋南，字汉文，元至元年间从蒲圻迁华容落脚堂。福泽后裔至十七世端辰，字太昆，明国子监生员，明万历二年（1574）由蒲圻迁华容。福华后裔至二十世习寿，字绍南，明崇祯年间因经商由监利走马岗迁华容万庚官洲岭落居。福梁后裔至二十一世崇志，于明末迁华容西乡合工垸张家码口，后人分居鲇鱼须、永固垸、朱家嘴等处。

华容西慕义下乡张氏　一世千六公，字居仁，名原义，原籍江西吉安府安福县，官副统制。宋末弃官，游楚南至华容，定居西慕义下乡。其子万二，字兴富，奉父由西慕义下乡迁至青湖珠头山北，自命该支张氏为青湖堂。1925 年纂有族谱。老派：张氏源江西，派分千万兮。福三添金志，廷应汝承希。续派：斯士其宗远，嘉名克振先。作善有余庆，积厚自久传。绍闻必曰显，好德能长兴。泰定辉大业，家世益坛荣。新派：继述光祖德，文学起良卿。端正以养体，济时用则行。壮猷安邦国，忠亮佐盛明。代膺崇勋位，昌达迈齐民。

华容章华台张氏　元时文、胜兄弟两人居江西南昌丰城县石雄山。文公之子元珍公，任吏部尚书，有四子：象仪公喜游览，常居荆楚。仪四子镐公，官巴陵，偶适华容，喜其山水，遂于元末迁居华容章华台，后裔分居沙流河、竹龙口、普贤岗、顶台铺、周北山、南山等地。旧派：永本闻学富，敦问良光廷。忠诚克祖烈，佳美绍芳名。新派：典则崇前代，遗辉引翼长。政施惟孝友，后嗣必荣昌。

华容操军张氏　先祖贵文公，为宣公八世孙，元明之际居沩宁山底。清光绪间锦枫公等迁华容。2020 年纂修族谱，丁口 200 余人。派语：升文彦惟直，邦时应所之。枢炳培锡泽，新荣起锦期。恢宏勖经济，光耀庆洪规。运兴人进福，本正树开枝。孝友家声远，中和祖绪垂。

华容普贤岗、陈子岗张氏　属金鉴支张氏。始祖天岳公，字植五，号迪吉，居江西吉水县骊源桥，元进士，升辰州府都督。有子五：斌、成、信、世泰、德珊，均因官迁岳州。世泰，字复唐，号东镇，明洪武进士，随三兄到岳州，明永乐二年（1404）卜居陈子岗（今鲇鱼须普贤村）。世泰迁华容后，其兄弟后人相继迁华容之龙开河、八户台、白花台、柞树嘴、刁家桥等处。老派：（自七世始）渊源孝友，仁让斯崇。祖贻典则，家克昌隆。续派：传心昭大道，懋学振鸿名。裕后承先烈，思光志自成。

华容张氏　一世邦达公，字坦一，明永乐季由江西新喻迁华容，寓居西里游桥仁义村。清咸丰九年（1859）、光绪十二年（1886）、1924 年、1998 年纂修族谱。堂号万石。名派：系宀守一拱，万甲玉召祥。德系克永继，兴可必其长。用志在为善，垂名纪厥常。鸿文家国炳，百代效忠良。

湘阴龙潭冲张氏　始祖亮公，唐太宗贞观年间官洪州。后裔细一郎于后唐同光二年（924）奉旨自江西迁居湘阴龙潭冲。明洪武间后人分迁湘阴各地。族人多分布在忠义、云静、显庆、文家、长乐等地。民国初年建宗祠于本邑衙前街。至 1948 年，共 118540 人。

湘阴白水冲张氏 始迁祖必海公，五代后唐同光二年（924）自江西洪州迁此。

湘阴石鼓河张氏 一世祖子通，世居洪州，元时知平江县，因家于邑中三坟源。其子受八再由平江迁居湘阴新市石鼓河，后又名张家河，今属汨罗。受八生五子：四、五二子远徙，惟长子胜宗、次子胜祖、三子胜文居湘阴，其后遂分三房。族人分布于武昌、源塘、长乐各乡及平江、长沙等地。宗祠在新市对河。1948年四修族谱，其时已传23代，共1500人。

湘阴高明乡八尺坳张氏 明洪武二年（1369）由江西建昌徙湘阴县高明乡八尺坳。族人分布于赤竹垅、张家糟坊、三都坳。至1948年，共1000人。宗祠建于清乾隆三十三年（1768）。今属汨罗。

湘阴麻沙洲张氏 始祖嵩龄公，本吴姓，山东曲阜人，明洪武中迁湘阴。后裔清康熙中叶，因滇藩之乱改从张姓。

湘阴赤竹塅张氏 始迁祖诚公，江西进贤县人，明初官吏部郎中，致仕后偕弟必达迁湘阴赤竹塅，今属汨罗。

湘阴高明乡桐梓山张氏 明洪武间由江西迁湘阴文家乡麻塘，明末再徙桐梓山，族人分布夏家冲。至1948年，共300人。今属汨罗。

湘阴机纺湾张氏 始迁祖荣珊公，江西吉水人，明洪武中官忠义卫知事，占籍湘阴。传十世至启训、之成，启训居机纺湾，之成居牛口塅。今属汨罗。

湘阴新市张氏 始迁祖子民公，明洪武中自江西丰城迁湘阴新市，今属汨罗。

湘阴一姓围张氏 始迁祖荣义公，明朝中叶自江西吉水迁湘阴荆塘之南塘，再迁一姓围。

平江张氏 谱称唐中叶九皋公自韶州迁居长安。曾孙孟常，初名景宜，字逸安，官太子右清道率府率胄曹参军事，会昌六年（846）从征长沙，后隐居平江东阳乡金鸡。十九传至宋元之际，锦隆公迁平江县城，为月池塘族始祖。二十三派分应雷、应隆、应宠、应万、应宗、应运、应厚七房。弟盈良迁宁州仁乡善堂道院，生康、宁、利、吉、亨五子，为龙门族始祖。清康熙五十五年（1716）锦隆裔创修族谱，1921年七修，乾隆十一年（1746）建祠于月池塘。龙门族谱始修于康熙三十六年（1697），民国间各房分修。1948年二族合修通谱。至1994年全族人口32330人。派序：（自四十四世始）传家敦孝友，辅治笃忠良。献策期安定，成功在自强。培元宗性理，垂统植纲常。

常德冷铺垱张氏 始迁祖信仔公，原籍豫章。先是，陈友谅乱后，湘南地凋，江西人稠，明洪武二年（1369）钦谕吉水县饬差护送与该处共十姓来常武前乡上湓村。信仔公卜居冷铺垱，生志谦，志谦生世泰、世昌、世英、世贤。信仔公仍旋旧壤。厥后世泰迁三甲冈，世英迁后河城湖口，世贤迁东湖湾，世昌仍居冷铺垱。清乾隆五十九年（1794）昌房首修家谱，光绪十六年（1890）续修，1921 年三修。乾隆三十一年（1766）建总祠于常德苏子巷，咸丰八年（1858）又建于冷铺垱。1947 年、1996 年合修族谱。派语：信志世舒单，宏秀凤单子。应胜启之国，正大心安履。传家惟孝友，淑性在诗书。丕振光先德，端诚以自居。

常德八斗湾回族张氏 始祖璞罗德，孙虎公于明永乐十一年（1413）授河南中护卫百户之职，至十九年，改调常德千户指挥，宣德年间调北京锦衣卫。及景泰三年（1452），致仕还常，后裔附籍八斗湾。

常德宜稼桥张氏 始迁祖耀远公，字光清，世居江西吉安府吉水县，其子凤公，明永乐间客游常郡，见其地风俗淳美，人物清华，下屯于武陵宜稼桥。清同治六年（1867）、1922 年纂修族谱。原派：支派源流远，兴廷文国昌。世之学和道，用以（鼎际）兆明良。续派：宗功德泽厚，广大景运长。鸿休克绍业，启祚维永光。

常德张氏 始迁祖天材、天相、天秩，明季由江西吉水迁常德，材居常德县城小西门，相居常德县前乡胡家桥，秩居前乡草坪张家嘴。1944 年、1998 年张家嘴支纂修族谱。字派：天光作亮乘。启定有家业，丕焕先声名。礼乐延门祚，诗书训子孙。

汉寿张氏 始祖九成公，厥后四世元浴，明洪武九年（1376）由江西迁龙阳冷水坊。元浤于洪武十四年（1381）迁龙阳冷水桥。清咸丰六年（1856）、光绪四年（1878）、光绪三十一年（1905）、1929 年四修族谱。

汉寿张氏 始迁祖瑛、护、忠、先四公，明洪武二十一年（1388）自江西庐陵迁楚，瑛公居龙阳安乐里，护公居南疆总堤巷村，忠公居河渡硚，先公居明月湾。1933 年三修合谱。

汉寿张氏 始迁祖绍公，字遵道，明永乐二年（1404）由江西吉安府吉水县拖船埠迁龙阳马涧。清乾隆五十七年（1792）、咸丰九年（1859）、光绪二十九年（1903）、1937 年、1995 年纂修族谱。派语：秉俊国朝心用正，兴文永武大昌庭。有家尚克光先德，作则宜知以法行。

汉寿总堤巷冲田张氏 宣公六世孙添禧，字居士，号子高，迁吉安府。明永乐二年（1404）携二子惟亮、惟显又由吉安府吉水县第八里张家冲钓鱼台土地祠下徙居龙阳南江总堤巷冲田。惟亮生文护，惟显生文忠、文信，信裔无嗣。衍为两房。十四世镶达、镶道、镶迪徙居沅江河渡桥，镶连徙居桃源穆家村。清同治二年（1863）建祠于陈家村（又名横冲）。同治十三年（1874）创修族谱，1913 年续修。派行：文伯宏节山，水再宗应元。镶昌运本政，德启家声时。仁贤光世祚，辅佐重朝廷。发祥先泽远，景绪后儒承。

汉寿黄丝港张氏 始迁祖琏瑚公，字华玉，原籍江西吉安府吉水县，京监生，明中叶遨游荆楚，落业汉寿黄丝港等处。清乾隆二十五年（1760）、光绪三十二年（1906）、1917 年、1947 年、1998 年纂修族谱。派语：廷征贤德，成大国朝。学文尚武，泽民安邦。钟灵毓秀，永世其昌。

安乡张氏 始迁祖仕选公，明嘉靖间自江西以军功补鄂州守备，知安乡多旷地，遂徙居之。

桃源麻寺峪张氏 始迁祖必显公，元进士，元末避兵乱由江西南昌迁桃源大高村田家河，生祥瑞，初迁黄坡店，再迁麻寺峪。清同治六年（1867）创修族谱，1932 年续修。派歌：一德仁必祥英应木宿火问其士国宏玉本支百世于斯万年。

桃源大里坪张氏 始迁祖万发公，明洪武二年（1369）自吉水迁于桃源县城边街，旋又徙于县西大里坪高桥。至 1948 年，已传 22 代，全族人口 1000 余人，分布于珊瑚坪、梭子堉、云亭冈、五里牌、玉皇殿、县城等处。宗祠在县城之梭子堉。1931 年创修族谱。

桃源陬市张氏 始祖三宝公，明洪武三年（1370）与兄大宝自吉水迁于桃源县东陬市后坪。洪武五年（1372）迁张家河，永乐二年（1404）再迁张家山湾。至 1948 年，已传 21 代，全族人口 300 余人，分布于土地坡、张家河、金鸡山及武陵、沅陵等地。清道光十六年（1836）建宗祠于浯溪张家冈，族谱创修于 1931 年。

桃源鹿踏岭张氏 始祖保元公，明洪武五年（1372）自吉水奉命征临沅一带，遂落业于常德府正街。传至十世祖国仕于清康熙间再迁桃源县北上七里村之菖蒲垭。至 1948 年，全族人口 100 余人，分布于温泉乡及常德德山、石公庙、牛鼻滩等处。1944 年建宗祠于大阳冈。族谱创修于清光绪二十九年（1903）。

桃源张氏 始迁祖维贵公，明洪武十三年（1380）自江西临江府新余县擢秀乡青华里迁居桃源县善溪桥五教书坪善溪。四子：世英居五教书坪。世雄迁居慈利，后裔又转归桃源牛车河。世豪居鸭子港，世杰居灵岩寺后岩坡。清光绪三年（1877）二修族谱，2005年三修。宗祠位于青云乡太平桥张家坪。派语：学登道岸，品冠群英。丕承祖泽，绍法先人。养深守定，体立用行。云龙际会，万载扬名。

桃源穿石张氏 始迁祖德政公，明洪武初自江西吉安府吉水县迁湖南，兄弟三人，一居辰州府沅陵县白溶，一居常德府龙阴云。德政公始驻长沙，再迁桃源县上沙罗村穿石，生志深、志源、志淋。源徙沉溪，不祀。深、淋二公房分上、下。1935年创修族谱。派语：德志单仲单，廷世应宗正。士文大启，朝学登邦。祖泽宏开，家国用光。

桃源白石铺张氏 始迁祖祖华公，明洪武间自湖北天门迁于桃源县南西东村之白麟，后世又移居澄溪、白石铺、寺平等地。1923年始修族谱。至1948年，已传20代，人口300余人。

桃源木塘张氏 始迁祖明公，明初自江西迁于桃源县南白石村之黄泥田，越数世有一支孙再迁木塘。族人分布于三叉港、雷家湖等地。清咸丰六年（1856）建宗祠于本乡张黄家。至1948年，已传20代，共500人。

桃源大田张氏 始迁祖寿公，明永乐二年（1404）自吉水迁于桃源县东大田村之阴功垭。至1948年，已传22代，全族人口仅30余人，分布于筲箕冈、左家垱及临澧陈耳乡张家湾、古池巷等地。宗祠在临澧张家湾，族谱创修于清光绪二年（1876）。

桃源浯溪白洋河张氏 始迁祖英公，明永乐二年（1404）自吉水迁于桃源县东浯溪之白洋河东岸。至1948年，已传21代，全族人口400余人，分布于漆河、黄婆店等处。清光绪二十年（1894）建宗祠于白洋河东岸。1931年创修族谱。

桃源风和殿张氏 始迁祖悌公，明正德十二年（1517）自吉水迁于桃源县西云霞村，始居楼屋冲，后移居黄家陇。至1948年，已传16代，全族人口300余人，分布于斗量冲、杨家溶、金花冲、大里坪、土公冲、玉皇殿、马家溶等地。宗祠建于清道光年间。族谱创修于嘉庆二十一年（1816），光绪十二年（1886）续修，宣统元年（1909）三修。

桃源张氏 始祖汝厚公，明正德间自江西吉安府吉水县大栗树迁湘之桃源北路高都村，开基张公峪。清道光间创建宗祠。清同治十三年（1874）始修族谱，1914年续修，1948年三修，2003年四修。四修时新录丁口约3200人，多聚居于桃北郝坪乡。派次：朝廷赐元，学成名登。以才辅世，本道为文。经济邦家，中正居心。光裕显承，应运恒升。祖作孙述，万代永存。该族名人：张登崧，国民革命军陆军少将。

桃源榨房冈张氏 始迁祖思良公，明中叶偕兄弟三人同自江西迁湖南，一居辰州，一居永定，思良落业于桃源县北东高乡之榨房冈。族谱创修于1918年。至1948年，已传18代，全族人口400余人，分布于高东、大田、莫林及恩施龙马山、汉寿太白湖等地。宗祠在榨房冈。

桃源畲田张氏 始迁祖登凤公，明中叶自吉水迁于桃源县东畲田之长岭冈。至1948年，已传19代，全族人口200余人，分布于朱家港、架桥及常德东门外等地。1937年建宗祠于长岭冈，族谱创修于1933年。

桃源菉萝坪张氏 始迁祖东池公，明万历二十八年（1600）自吉水官武卫都尉，随征播州杨应龙，播州平而辞官留居桃源县西云霞乡之马栈，生有四子：信、伦、魁、贤。伦与贤迁施南。繁衍于桃源者皆信子元逵孙文榜、文材、文奇三支。族谱创修于1921年。至1948年，已传13代，全族人口700余人，分布于风和殿、汪家溶、马家溶等地。宗祠在菉萝坪。另一支始迁祖秉醇，字承庆，因避元末兵乱自吉水迁于桃源县城南门阁外，落业于菉萝坪之张家山。至1948年，全族人口1000余人，分布于青铜溪、长冲、浔阳坪、牌楼坡、明水冲等地。宗祠在焦岩嘴。清嘉庆十年（1805）创修墨谱，1920年付印，1944年续修。

桃源黄泥田张氏 始迁祖永祯公，明崇祯时自吉水迁桃源县南下白石村之黄泥田。至1948年，已传16代，全族人口1000余人，分布于沙坪、杨溪等处。宗祠在黄泥田。1943年续修族谱。

桃源畲田坪张氏 明时自江西吉安府吉水县大栗树迁桃源郑家驿、新店驿、大田坪、龙虎山等处。汉元公始由罗刘坪张家台迁畲田坪，旋落穴于猪娘窝。1917年、1949年纂修族谱。字派：汉廷添应国，登玉之士明。照文光祖德，万年太运新。孝友源流远，清河世泽荣。家声承百忍，锡锦荷鸿恩。

桃源水田张氏 始迁祖进廷公，清顺治初年自江西吉水迁于桃源县东水田荷花堰。至1948年，已传11代，全族人口100余人，分布于硖州及桑植等地。清光绪十二年（1886）建宗祠于荷叶堰，同年创修族谱，1919年续修。

澧县张氏 太祖公讳同源，字本一，居江西南昌府南昌县。生四子：长子恩沛负瑛公、四子恩潭寿一公，明洪武二年（1369）迁澧州，恩沛居城北门外珍珠街，恩潭居嘉山脚下。二子恩澍贞公、三子恩溥来住公亦于明永乐二年（1404）一同迁澧。（恩澍原籍载江西饶州府安仁县。恩溥由江西宦游武昌，移驻于澧）恩澍居南乡杨板桥，分支大岩厂。恩溥居澧城遇仙桥（今丁公桥）。

清乾隆二十二年（1757）、光绪四年（1878）、1924 年、2017 年纂修族谱。字派：治开景运，儒业可传。鉴思绳祖，铭必守先。心存敦本，志在象贤。家声丕显，典制长延。该族名人：张允熙，清道光三十年进士。

临澧张家岗张氏 始迁祖晏子公，原籍江南凤翔府，明洪武二年（1369）任湖广兵备岳州府带守澧阳，携弟晏明、晏忠，堂兄晏纪赴任。晏子居澧州，子琨公又迁临澧陈二乡三板村张家岗舌头咀。晏明支居澧县张公庙，晏忠支居临澧烽火乡薛家坪，晏纪支居安福镇寒溪村、修梅镇罗仙村。清同治四年（1865）、1928 年、2012 年纂修族谱。派次：国正文有光，相继振南邦。大启朝承列，英华福禄昌。家敦万代盛，世传在澧江。祖宗培泽远，芝兰桂子香。

临澧张氏 迁湘始祖守道公，字小阙，原姓邓，祖籍江西吉安府庐陵县大樟树。青年从军，随朱明征战。洪武六年敕授参将军，赐姓张，镇守永定卫。子成公、宏公，又迁屯澧阳峰紫山，后裔又迁张家岗。1940 年创修族谱，2016 年续修。字派：良国正明居，运大著腾起。士学光宗显，世传永超天。朝廷鸿作相，绍逢长万年。

临澧观音庵张氏 始迁祖映公，原籍南京直隶庐州府合肥县，明洪武十二年（1379）敕封为武略将军，屯守九溪卫。永乐二年（1404）落籍澧州长乐里脚迹渡北坪，今临澧观音庵。清乾隆五十四年（1789）建祠于观音庵。嘉庆十八年（1813）始修族谱，光绪十三年（1887）二修，1926 年三修，2004 年四修。派字：国善其宗远，宾联希锦延。南楚兴文学，孝友绍祖先。家声克丕振，世泽卜长绵。贻谋定燕翼，绳武庆象贤。守成能创业，裕后自光前。继承昌顺达，派衍亿万千。

石门上南圻张家蓬张氏 明洪武二年（1369）自江西吉水迁此。1925 年修有族谱。

石门张氏 一世汝光公，二世志祥公，明洪武间自江西南昌迁石门。清同治间纂有墨谱，1920 年、1938 年、2012 年三修族谱。派行：学士文成可立名，克宏道德振家声。忠良孝友昭先范，俭让谦恭启后生。

石门张氏 始迁祖余公，字彤弓，原籍江西吉水县大栗树，明嘉靖时宦游南楚，任知善化，旋徙澧州，卜宅石门。清咸丰六年（1856）、光绪二十六年（1900）、2007 年纂修族谱。字派：国宗士之行，可开大家声。光先耀祖德，昌隆启文明。万代世祚永，孝友本天心。

石门仙阳张氏 宋度宗咸淳时，子英、子儒江西平乱，后定居江西吉安。明洪武六年（1373），飞鹏、飞生两公因平辰苗乱，生公总督辰州府，鹏公受禄桃源。清雍正七年（1729），国治公游学石门仙阳余家岗瓦窑潭设教，置业地坪，并将伯叔文、武、成、康四房人移居斯地。2005 年与洛吾公支、永凤公支纂修族谱。派语：飞寿伕良思，仕廷景启仲，国正天心定，泰和治道光，先德昭明远，仁贤绍美芳，立志成勋业，家声永世昌。洛吾公支派语：吾子甫一成，文学振宗声。孝友培祖德，忠良正国亲。鸿才光先泽，大业显英明。仁厚传家永，天恩世受荣。永凤公支派语：永奉文大国，正成其美圣。万仕登金榜，世继绍公申。

张家界张氏 始迁祖万户公，元泰定五年（1328）因避难自江西南昌丰城县铁炉巷大栗树迁湘，开基于湖南大庸（今张家界市）八都，继迁鲑谷，三世文美公再迁东平乡阳和坪。至 1948 年，已传 25 代，族人万余人，分布于北固、北镇、东平等乡。宗祠在县城文庙巷。四世兑明公，明洪武四年（1371）授翰林院编修。

张家界张氏 谱称先祖银公，籍江西南昌府丰城县大栗树，官楚澧阳州署，任满未归，落业澧州柏杨堤。裔孙万聪，“明成化时奉旨实授指挥至所，即慈姑州永定卫大庸所也。大明弘治间，见我祖聪公镇守多载，忠胆报国，将卫城西关鹞鹰坡直至龙凤庵一带山林之地恩赐给我聪公”。“大明崇祯三年，再弘蒙恩赐团官，故索溪界即张家界也。东六房岗、朝阳湾，西白羊山、楠竹垸、中坪等地，系兄团官衙署。感先祖荫袭之德，蒙敕旨建之，成，故有上马磴、下马磴”。至今已繁衍 17 代，人口近千。

张家界天门张氏 满公二十七世安公，迁临邛，十一世元成公迁华容。越十世，辛公迁武陵石公桥。又六世，奋公迁宿迁。二世哲公仍归石公桥，三世相宁公迁江西新渝玉界，二十八世正言公由玉界迁新淦砚溪。十一世端洪公由砚溪归楚，生万一、万二、万三。万三居辰州，万一居桃源。又三世才公，明正德间卜居永定天门山麓三岔村。清同治元年（1862）一修，光绪十八年（1892）二修，2004 年三修族谱。派序：（自才公第三代始）本敦永大，尚有世应。宗昌奕士，其先泰运。维家贻则，肇基用康。允式宏训，克迪前光。乃惇尔典，聿若斯彝。代生良翰，以赞时熙。

桑植刘家坪张氏 始祖庭槐公，明永乐年间自湖北汉阳县戎屯安福所，后嗣落籍今刘家坪。后人分布在五里桥、县城、洪家关等乡镇。

益阳炭溪、峡山张氏 谱称始迁祖俊世、富联两公为魏国公第五世孙镗公之后。镗公二子：惟孝、惟考。惟孝公子万宝、万全于元乱烹沸之际携家徙外祖汪谟任江西吉安郡守治地避难。明朝定鼎，万全公奉旨还知安梅，万宝公留居吉水县圳上村。之后其后俊世公闻荆南安定，于洪武间毅然迁楚之辰。阅二十年挈唐氏转徙于益治西之炭溪，为炭溪张氏始迁祖。惟考公于宋理宗景定五年（1264）迁往山左。元顺帝至正五年（1345）曾孙凤仪公复徙益水南之白鹿寺。其子富联公于明洪武间更迁于益阳峡山口，为峡山张氏始迁祖。炭溪谱牒明崇祯十一年（1638）、清乾隆八年（1743）、嘉庆十七年（1812）、咸丰八年（1858）、宣统元年（1909）1944 年凡六修。峡山谱牒自明末至 1943 年亦六修。1993 年两支首次合修。俊世公房派语：俊宗文穆时，忠国守良其。善成贤相继，德广启鸿基。富联公房派语：富标瑞世贵显都京唐宋挺秀元明尚应克让光尧代允恭裕舜朝中天开景运。合族派语：岐黄望族兴，姓字赐长弓。孝悌彰河岳，廉劼耀古今。丰功书竹帛，壮志贯霓虹。万代崇风范，新章谱胤雄。峡山房二十四世张国基，谱名裕晋，曾任全国侨联主席。

益阳栗山河张氏 始祖栻公，八传至仲瑛公，字大成，迁居湖南益阳岐市。仲瑛公之子天景公，字庆云，于明洪武年间自岐市徙居益阳栗山河（今属桃江）。谱尊庆云为一世祖。庆云公生有二子：长道富无传。次道贵生益秀，益秀生子四：世荣、世华、世富、世贵，衍为四大房。明嘉靖四十年（1561）创修族谱，清康熙二十八年（1689）、雍正十年（1732）、嘉庆十年（1805）四大房合修，光绪二十五年（1899）世华公裔松、柏、权三支五修。同治七年（1868）建庆云公祠于栗山河。至 1948 年，庆云公裔男丁 4911 名，女口 2468 名。支派：天道益世单，廷广时文应。之善良方（英裔传合）美，珂里步前修。第峻齐登甲（植远），芳徽洵鼎盛。孝友代相遵，国民守其正。宗功惇礼教，祖泽锡余庆。睿智启英豪，集群同化进。

益阳张氏 迁湘始祖仲瑛公，卜居益阳栗山，生华辅、艺辅。艺辅居山青铺，华辅居讲文，生九子，存聪、通、荣、富、贵五房。清康熙二十七年（1688）一修族谱，嘉庆十九年（1814）三修，咸丰十年（1860）四修，光绪二十年（1894）五修，1929 年六修。派语：辅政以斯文，廷召太极拱。承祖启贤良，齐家遵周孔。张氏通谱合派：（自四十二派始）诗书敦至教，孝友迪前光。大业能观国，奇才必达邦。

益阳张氏 始祖宣公。七派祖万全，生仲瑛。仲瑛生思贤、思信。思贤公裔世居小庐山沧市。思信公始居栗山，原名天景，后迁也悠村，因粮多，更名天信。五子：必昶、勇、达、会、卓。昶房世居栗山，勇、达、会、卓四房居也悠村。思信公支清乾隆二十六年（1761）、道光十八年（1838）、光绪五年（1879）、1913 年纂修族谱。1942 年五修乃贤裔、信裔合族纂修。栗山昶房旧派：思必志惠应，宪恩忠德聪。意念恕慈起，功懋垂源远。也悠村旧派：瑛思必志惠，仕立启登荣。位宏开耀慈，起功茂上世。续派：（自二十三派始）德茂光先祖，良贻在克家。殷勤敦实务，谦厚发菁华。

益阳炭山湖、瓮托塘张氏 始迁祖荣武公，字泰源，明初由江西吉水县来益阳，落业炭山湖。传四派分受禄、受富、受贵、受通四房。受通远徙，禄房徙瓮托。清乾隆五十七年（1792）禄房创修族谱，道光七年（1827）续修，光绪十年（1884）三修，1921 年四修。富、贵两房世居故里，乾隆五十八年（1793）创修族谱，咸丰十年（1860）续修，1918 年三修。1948 年三房首次合修，仍定名五修。清乾隆五十八年（1793）禄房创建宗祠于瓮托塘石桥湾，嘉庆间又另建于兰溪，光绪七年（1881）三建于陈甫岭。禄房老派：民德施先哲，流芳启俊英。三房联派：贤豪光国策，功烈振家声。世守诗书业，长传孝友名。

益阳张氏 始祖武公，字扬烈，世居北平固安县，明洪武初以行伍隶燕王麾下，官千户指挥使，建文三年（1401）任常德卫。子维景奉母及弟衔旨下屯，由常来益，占籍九里大水田、三里锡溪等处。维景生智，智生寰，寰生纲、纪、綎、绥、缙、级六子。纲公为锡溪俊、杰两房支祖，绥公为大水田仙、阁、海、亲四房支祖。清道光四年（1824）、咸丰六年（1856）、光绪六年（1880）、1929 年纂修族谱。派语：维贤逢盛世，学守振朝廷。允远文光汉，基开万选青。英奇时蔚起，继绪衍珂鸣。忠厚承先泽，勋名百代荣。

益阳南坝张氏 始迁祖全真公，明洪武三年（1370）自江西泰和迁此开垦。

益阳岐市张氏 始迁祖德翯公，明洪武十七年（1384）自江西泰和迁此开垦，其后一支居龙市街，一支居南坝。

益阳车山塘张氏 始迁祖志良公，明洪武间自江西吉水迁此开垦。后裔居车山塘、千家洲。

益阳清溪塅张氏 始迁祖亨五公，明洪武年间自江西吉水迁此开垦，后裔居十七、十八、二十里。

益阳泗里河张氏 始迁祖本让公，明洪武时由江西吉安宦游，卜居桃江泗里河。

益阳牌口陈北塘张氏 武公原籍江南凤阳府，后徙颍州府颍上县，明洪武间封将军。子文一公，袭授长沙指挥使，居小吴门。1929 年四修、2010 年五修支谱。

益阳板溪张氏 始迁祖正轩公，明永乐二年（1404）由北平授常德卫，世籍屯田板溪，今属桃江。

益阳牌口张氏 南轩公八世孙贵文公，元明之际居沩宁山底。贵文公五世孙邦淮，明景泰七年正贡，官广东朝阳知县。邦淮四世孙所安、所性居宁乡茅塘。五世孙之茂、之尊，明万历间因投军而落业归屯湘阴军民围，为牌口张氏支祖。2014 年纂修族谱。派语同宁乡张氏。

益阳张氏 始迁祖泽远公，原籍江西金溪县灵泉渡，因避明宦官王振之祸，于成化间徙湖北黄州府黄冈县，后徙益阳。六世以后分涧山、泉山、蓝溪三房。清光绪二十四年（1898）三房三修族谱，堂号清河。

益阳三堂街张氏 始迁祖宪茂公，明成化时由江西吉水宦游，卜居桃江三堂街杨家村。

益阳张氏 始祖隆钦公世居江西瑞州府高安县，越五传至一派祖魁公，字千都，明嘉靖间徙湖广武昌竹牌子。子本让又迁益邑二里四里河方竹山。又传至朝公，复迁三里板溪。清乾隆二十八年（1763）、嘉庆二十四年（1819）、同治五年（1866）三修族谱。字派：魁本金朝名，国正允立世，宏光胜启昆。祖泽贻谟远，承前礼教先。芳声传孝友，盛业显英贤。

益阳千家洲张氏 始迁祖树公，为南轩公十七派孙，明万历间由湖北沔阳新堤迁益阳千家洲烂柴港。清嘉庆十二年（1807）始修族谱，咸丰九年（1859）、光绪十九年（1893）、1929 年、2003 年续修。支派：（自十九派始）国正兆升平，年丰礼义兴。宗功延世泽，祖德远昌隆。

益阳十八里独木桥张氏 始迁祖逊列公，清康熙年间自福建龙岩迁此开垦。其后衍居千把垸、千家洲等地。

益阳、沅江张氏 始祖南轩公。始迁祖得名公，世居江西庐陵，元顺帝时避乱迁楚，观益邑托港口山水清秀，遂家焉。至再传分连、通、达、道四支。通支徙新化，达支徙武陵，道支徙沅江，连公仍居托港。清乾隆六十年（1795）、道光二十七年（1847）、光绪四年（1878）、1916 年、1941 年益、沅两支纂修族谱。派语：（自八派始）先志达青忝，继大世朝全。光明能德道，克绕允芳传。礼乐从前哲，诗书启后贤。同宗思孝友，余泽必长延。

沅江郎荆堤三姑圫张氏 始迁祖修公，元至正间由庐陵县占籍于此。清乾隆二十二年（1757）、同治八年（1869）、光绪三十二年（1906）纂修族谱。

沅江郎保三田洲张氏 始迁祖元通公，明洪武三年（1370）伯仲三人由江右迁此。清咸丰八年（1858）纂有族谱。

沅江张氏 始迁祖震公，字兆旸，明洪武进士，原籍吉安府吉水县河口白沙，明洪武七年（1374）官于沅，卜居赤山七丘村。清同治元年（1862）、光绪二十六年（1900）、1933 年纂修族谱。派语：宿鹤联江起，声闻玉树鸣。祖佐中兴国，经传孝友名。钦承思永守，百世庆昌荣。

沅江四都张家寨张氏 始迁祖添祥公，字学上，号步云，原籍江西吉安府庐陵县，明洪武间占籍沅江郎保四都张家寨。清道光二年（1822）、光绪三十二年（1906）纂修族谱。

沅江张家坝张氏 始迁祖太书公，字发兴，明永乐十七年（1419）由江西吉安府迁沅江河保大山村，见其风光秀丽，遂居焉，后迁马井村。清嘉庆十五年（1810）纂修草谱，同治四年（1865）、1914 年、1995 年续修。

沅江老屋山张氏 始迁祖元吉公，字祖庆，号静斋，原籍吴县洞庭山，明永乐间落业沅江老屋山。三传而衍源、淞、济三支。清光绪二年（1876）、光绪三十四年（1908）纂修族谱。堂号清河堂。旧派：元亨清水，文雨大继，善鼎之人，世泽日隆，书香克绍。新派：先志定承，本其忠信，发以和祥，邦家必达，笃庆锡光。

沅江沙头张氏 栻公八世孙玉瑛公居安化钟底，玉瑛六世孙合理迁益阳大栗港。合理孙缵列（字仰初），清顺治初迁沅江沙头十一咀。1929 年栻公五世孙惟存、伯清两房合修族谱，1995 年伯清支续修，2015 年惟孝支仰初房续修。字辈：玉旻光鹏传合明仰亮天之锡嗣宗应。世茂观先祖，良贻在克家。殷勤敦实务，谦厚发菁华。

南县、安乡、沅江张氏 挥公传一百六世至唐代宁公。宁公又传三十一世至明朝末年道洪、道源、道德、道寿、道康、道桂、道亨、道达、道承诸公。今南县、安乡、沅江、华容张氏多为诸道公之裔。清光绪八年（1882）纂修宗谱，1928 年续修。派语：青阳肇远绪，友吉炳成周。善颂钦君子，师臣作汉模。宗衍三溪秀，嗣昭六监图。必昌崇有德，亿万世年符。

南县荷堰村张氏 始迁祖文窗公，宋时自江西吉水滚龙坡迁居华容宋田山（今九都山乡小荷堰村）。

安化张氏 宣公七世孙万宝、万全，万宝为宁乡龙塘支祖，万全生伯瑛、叔瑛、季瑛、琨瑛、玉瑛、仲瑛、孟瑛、金瑛等。因元乱烹沸，近郡沅州、靖州、岳州、武冈州等处城路俱陷，万全公于至正七年（1347）携带家小徙外祖汪谟任江西吉安郡守治地避乱。有明定鼎，奉旨随偏还籍，洪武二十年（1387）卜居安化。伯瑛居岩底。叔瑛居五里牌，生祖懋，祖懋生宗道、宗德、宗文、宗彩。季瑛居马头。琨瑛居大范，生一飞、再飞。一飞衍量、仁两房，量房居大范，仁房落业八里潭。再飞迁柘溪，衍天庆、天寿两房，庆房后迁宁乡。玉瑛居钟底，仲瑛居益阳栗山，金瑛居冲头。清康熙二十五年（1686）合族建万全公总祠于县治西街。康熙、雍正、乾隆间三次合修宗谱。清咸丰八年（1858）、光绪十二年（1886）、1916 年、1944 年伯、玉两房四修族谱。雍正十年（1732）、乾隆十二年（1747）、嘉庆二十二年（1817）、同治五年（1866）、光绪三十一年（1905）叔瑛裔纂修支谱。前派：叔祖宗，时敏立，再国文，朝一汉。后派：英裔传合美，珂里步前修。第竣齐标甲，恩纶福泽悠。诗书承世业，孝友绍先猷。邦遇荣膺锡，家声永振球。汇族合选五言循环大同派行歌：钟灵征积厚，沩衍庆同熙。柱砥川腾壮，熳游景萃奇。城南留胜迹，锁阮重遗基。派续良模远，柯交奕叶蕤。炳高彪节义，培笃振弓箕。锦绣千秋贵，流芳百世师。林泉延道脉，燮理荷荣禧。墀拜杨休命，钧陶复旧规。通谱公派：德茂光先祖，良贻在克家。殷勤敦实务，谦厚发精华。绂冕芬征暡，圭璋品诣嘉。席珍留待聘，掞藻灿云霞。

安化三洲张氏 魏公四世孙镗公，靖宋难，其次子溟公，韬踪敛迹，自宁乡迁安化三洲。后数传而分斌、赋、斌三房。清康熙十一年（1672）、雍正十年（1732）、嘉庆十二年（1807）、同治六年（1867）、1912 年、1938 年六修族谱。字派：焕德文才绍，宗祖万式功。名允代兴盛，可一必昌隆。崇先忠孝志，承武大儒封。奇策丹廷献，祥开庆演宏。嗣徽继述绪，用力勉于中。理学昭来彦，佑启烈维雄。

安化小南门张氏 一派烺公，十六派玉东公，世居河南汝宁府确山县东柳堡，明万历二十年（1592）偕弟玉北从宦入楚，卜居安化县城小南门。清乾隆二十八年（1763）、道光九年（1829）、同治十三年（1874）、1918 年四修族谱。老派：秉德中和运，正大立纪纲。洪实继玉启，光承必定昌。新派：明儒盛应选，佳士遇时良。志远开先本，培来万树芳。

新化太阳张氏 始迁祖通义公，宋初建隆间（一说神宗熙宁间）自江西吉州泰和县徙居新邑太阳之八都登天光。通义公五传至添禄公。明万历三十六年（1608）创修祠堂于新化东门内。元皇庆元年（1312）及明嘉靖四十五年（1566）纂有草谱，皆未剞刻，清乾隆四十年（1775）首次付梓。乾隆谱排行：大奇泰茂玉，声昌才学优。道谊崇铭术，经纶绍策筹。家谋贻九世，国鉴著千秋。光裕惟忠孝，清河一派流。道光十一年（1831）重修族谱改订排行：万通洪金兴，添删元舜伯。德先思文时，永奉廷仁朝。大奇泰茂玉，声昌才学优。前贤垂淑矩，后嗣接徽猷。源远渊逾浩，枝荣叶益稠。

新化张氏 季瑛第四子天绅公，字昌达，常用名天升，亦作添升，于元末迁居新化白沙镇东北之石子湾。谱一修于明万历二十四年（1596）。派语：添伯原文思，单必兴仲德。应惟一自家，如可继懋光。先人贻植远，芳徽洵鼎盛。孝友代相遵，国民守其正。宗功敦礼教，祖泽锡余庆。睿智启英豪，集群同化进。

新化白溪张氏 始迁祖添升公，字昌达，明初由江西吉州迁居新化北溪（白溪），二世衍深、贤、元三房，三世启琦、宝、达、真、富、通、政七房。八世辅，授宝庆卫百户。九世大孝，明万历进士，官至四川按察使。明万历二十四年（1596）始修族谱，清乾隆四十一年（1776）二修，道光四年（1824）三修，光绪九年（1883）四修，四修时丁口即2万余人。字派：（自二十一代始）先人诒植远，佑启发隆昌。嗣续延年久，清芬载播扬。

新化潮水铺张氏 始迁祖孟政公，湖北黄州府城人，明成化岁贡，官授宝庆府新宁训导，徙新化县城西。

郴县郴阳张氏 一世祖隐茂公，唐相张九龄之后，元至正间由韶州徙郴州城东来鹤楼居住，其子孙分迁郴州之虎塘、龙骨井、曲江、马岭、曾家湾、飞鱼塘等处。清道光二十七年（1847）纂有族谱，堂号金鉴。

郴县西凤乡乌泥铺张氏 始迁祖隐泉公，元中叶由江西迁郴县西凤乡乌泥铺。族人分布于太平之碧冲、毛塘等地。

安仁赤塘张氏 始祖唐时应宿公，讳钦，字汉弼，祖居山东清河县，唐昭宗时监镇永新，为永新开派一世祖。传八世全子清公，名汝霖，字朝宗，南宋间自永新迁居湖南兴宁张家湾，生二子：长性道，仍居兴宁。次性遗，名启山，迁居安仁赤塘。清乾隆二十四年（1759）创修族谱，乾隆四十六年（1781）、道光二十年（1840）、光绪二十五年（1899）、2001年续修。至今族人4500余人，分布于安平、坪上、清溪、龙市及茶陵。排行：张庭思万世，俊德伟高明。祖宗余庆泽，礼让起家声。敦本祥和集，崇文道义生。前光能永绍，富贵益昌荣。

桂阳赤藻张氏 始迁祖开富公，宋朝时由江西永新县因长沙校尉调守桂阳而迁湘，开基于桂阳县赤藻村。族人分布于新田县长富乡社湾、营邑城西等地。宗祠在长富。

宜章满塘张氏 始迁祖希升公，明永乐间因奉调征剿自茶陵迁郴县，后又迁宜章。族人分布在满塘张家、林家牌、走马坵、仁洞、移木山及宁乡、蓝山、四川、广东等地。清乾隆年间建宗祠于满塘。族谱始修于清乾隆四十六年

（1781），1948 年八修，是时已传 21 代，共 8826 人。

嘉禾西河张家张氏 始迁祖少四郎，宋末自桂阳赤藻迁贵贤乡寿祝洞，旋迁西河。后人分布于山水塘、江山岭、杨梅等地。至 1930 年，凡 256 户，男 518 人，女 502 人，共 1020 人。

汝城秀水张氏 始迁祖平迪公，广东曲江县人，因功敕封平迪将军。宋季迁汝城。明正德间迁汝城西二区秀水。传十三世，召琳派迁居文明秀水，召先派迁居南二区少界，召化派迁居溪头、蒋家源，召都派迁癞岭及翰塘等处。至 1932 年，已传 38 代，共 1000 余人。

汝城大管塘张氏 始迁祖星桂公，清乾隆时自广东仁化县徙汝城大管塘。后裔分布濠头、坪山黄家等村。至 1932 年，已传 12 代，丁口 100 余人。

零陵发元坪张氏 远祖浚公，南宋西蜀锦竹人，葬宁乡县沩山。其子栻，后徙居衡阳，后裔居长沙、衡阳、宝庆、永州、辰溪等地。三世孙朝凤于宋理宗时在江西为官，遂落籍泰和县。四世孙允从泰和县迁居湖南沅陵，宋末复迁江西泰和。五世孙万隆、万盛、万祥于元初从江西泰和再迁湖南，万祥居衡州，万隆、万盛居祁阳、邵阳。万盛孙诲繁迁零陵发元坪，为零陵始迁祖。清初，万盛嗣孙有人徙蜀，历代繁衍，成为蜀中望族。

零陵张氏 始迁祖甲八公，明初偕妻刘氏自江西泰和县鹅公坝徙居湖南永州零陵胥字北乡白塘，后又转徙至西路孝悌乡，生四子：乙四郎、乙五郎、乙六郎、乙七郎。族谱始修于 1916 年。宗祠在白塘。至 1948 年，已传 20 代，共 1000 人。

零陵莲蓬塘张氏 始祖百五郎，世居江西吉水，一说泰和。四世庚二郎，明初迁居湖南零陵县烟竹山。八世彦和公再迁承平洞狮子口，复迁附近之溪流螺，成化元年（1465）始卜宅于今之莲蓬塘，垦荒谋生。族人分布在江华、四川等地。清乾隆年间建宗祠于莲蓬塘。族谱创修于 1937 年。至 1948 年，已传 19 代，共 900 人。

宁远大阳洞、云潭张氏 原籍江西泰和。元末兵乱，玄贵携三子避难来宁远，长子万一定居零陵接履桥，次子万二定居宁远大阳洞，三子万三定居宁远云潭。今大阳洞、云潭两乡约 12000 人。

蓝山舜乡罗家山张氏 始迁祖文瑞公，清顺治间由广东四会迁来。至 1931 年，凡 51 户，男 87 人，女 63 人，共 150 人。

蓝山卢家冲张氏 始迁祖惟瑞公，清顺治时自广东四会迁此。至 1931 年，共 45 人。

蓝山舜乡桥头张家张氏 始迁祖成继公，清康熙时由广东韶州府分此。至1931年，凡12户，男23人，女17人，共40人。

蓝山舜乡团圆山张氏 始迁祖云龙公，清乾隆时来自江西。至1931年，凡11户，男25人，女17人，共42人。

新田长信张氏 始迁祖开富公，宋末自江西永新县宧湘，初居桂阳县，再迁新田县长信乡司边张家。宗祠在本村。

新田张家湾张氏 始祖开富公，宋朝自江西宧湘，居新田县明义乡，传至仁选公，卜居明义乡张家湾。宗祠在长富。至1948年，已传13代，共2000人。

祁阳张氏 始祖浚公，宋孝宗隆兴二年（1164）葬于宁乡县沩山，其后裔散居于长沙、宝庆、衡州、永州、辰州各地。浚玄孙翔迁江西省泰和县。翔子允迁沅陵县，宋末复迁泰和县西山乡，元初迁来祁阳。在县内定居的有万隆、万盛兄弟和从弟万纯，其子孙分布在今邵东、衡南、祁东盘塘、永州和县境芳名亭、丝塘冲、腊园、张公亭、白水等处。

湘西张氏 始祖万户公，元泰定五年（1328）因避乱与同胞兄弟万金自江西南昌市丰城县铁炉巷大栗树迁永定。长子荣一，自大庸阳和坪岩朝门迁沅陵。荣一生文善，文善生志周、志祥。明洪武间因平杨应龙叛，志周为州官，州府设麻阳坪，称张州官。志祥为州民，称张州二。麻阳坪位于永顺县润雅乡。清嘉庆六年（1801）荣一公后裔明道公支二修族谱，1999年明道公支三修，2010年湘、鄂、川、黔荣一公裔四修。派序：良启大振道，渠苏识籍文。艺和崇忍德，淑敬耀朝庭。家修开九序，忠孝世泽荣。洪明仁圣选，万代福全兴。

怀化张氏 始祖熊飞公，因出征五溪而爱其山水，遂卜居辰邑石马湾，继徙麻邑羊牯脑。传至杰公，于明正德二年（1507）移居沅州岩街（今凉亭坳杨潭）。子孙散居境内各地。

沅陵城西张氏 始祖翔公祖籍洪州，任四川参将，北宋嘉祐四年（1059）由四川回湖南扫墓，经沅陵病卒，眷属奔丧至沅陵，次子申留居沅陵城西张家巷。族人分居马底驿黄笋坪、白雾坪等地。

沅陵黄草尾二甲张张氏 始祖仕毅公，原居江西泰和，后迁吉水。次子麟卿公，元季任湖广辰州路总管，生景藩公，自江西吉水县铁树寺黑漆桥迁沅陵。后至云春公，由沅陵府坡上移居黄草尾张家湾。清咸丰四年（1854）沅陵张氏合谱，以宏逾公为一世祖，宏逾生九遐、九龄、九皋、九彰。明嘉靖、清乾隆、道光二十六年（1846）、咸丰四年（1854）、光绪七年（1881）、1918年、2019

年七修族谱。

沅陵张氏 元至正年间，陈友谅进兵南昌而令灭尽南昌张姓。张氏乃去“弓”姓“长”。明建文二年（1400）苗乱，始祖长福吉从戎湖广，永乐四年（1406）干戈平息后乃择居桃源大庄坪，八年后转迁沅陵细茶坪定居，再过三载而复姓张。

溆浦张氏 一世翔公，字朝凤，号东梧，世居江西太和县东圳。南宋绍定三年（1230）官湖藩参议，嘉熙二年（1238）调江西吉州。解组后至四川绵竹柔远里省墓，随擢荆襄参政，过溆浦，卒葬辰州桐木山。子四：庚、申、器、允。申留居沅陵。器、允徙新化。庚公字鹤老，一字学老，以乡举官东安令，因母墓在溆，遂迁溆城鹤鸣山。五世衍胜、仁、义、礼、取、智、信、荣、显九房，分布城东、思蒙、低庄、张家桥等处。清乾隆十年（1745）、嘉庆二十四年（1819）、光绪七年（1881）纂修族谱，1928 年荣房四修。班次：甫国时单复单荣廷文立其宏于斯为开宗麟凤良。

溆浦小黄沙张氏 始迁祖大有公，明永乐二年（1404）由贵州黎平府开泰卫因苗乱迁湘，开基于溆浦县龙潭小黄沙。族人分布在本村及武邑桐本溪等地。宗祠一在小黄沙铜鼓湾，建于清嘉庆三年（1798）。一在志芋，建于同治年间。族谱一修于嘉庆十一年（1806），道光二十五年（1845）、光绪十四年（1888）、1918 年续修。至 1948 年，已传 21 代，共 2300 人。

溆浦莲河屯张氏 始迁祖信公，原籍江西临江府，明永乐二年（1404）由贵州开泰卫拨屯徙溆浦莲河屯。

溆浦小田垅张氏 原籍江南徽州府。明初自贵州屯田徙此。

麻阳绿溪口乡羊股脑张氏 始祖世杰公，宋朝范阳人（今河北定兴县）。其次子正心少从父军，宋亡而义不仕元，遂更名惟忠，遁居邵州老鸦田。惟忠次子雄飞于元泰定三年（1326）辞官卜居辰溪县石马湾，再徙居羊股脑。后裔散居绿溪口、黄桑、岩门等地。

麻阳张氏 原籍江西丰城县桥渡江。始祖万选公任湖广长沙府太守，任满后居湘潭。其长子监举有孙四：登明、登财、登逵、登秀。登明之五世孙居岩门屯里。登财之三世孙雄飞于元泰定间自江西迁辰溪石马湾，后定居麻阳羊股脑五溪桥。登财之次子提督生谷胜，字觐远，于明洪武二年（1369）迁居麻阳落业，生三子：长文通迁白泥田，次文蔚移居岩门，三文辅仍居旧县。提督之三子谷月之次子文琳之长房宗孝居黄双林，二房宗玉居毛坪。岩门屯里派词：提谷文发应才源廷永朝联世上兴（茂）大（仁）国（宏）。祖宗有盛德，景秀自传芳。明伦家道正，必定万年昌。白泥田字派：觐文宗子景祖廷志朝学世龙（士）道天成（星）如（已、绍）言家国长继青湘。

麻阳镇远头张氏 始迁祖仁春、仁广两公，明永乐六年（1408）自贵州省镇远府迁此。

新晃侗族张氏 源出江南，始居江西丰城县。至雄飞公于元泰定初官麻阳副将而定居，后迁邵阳，继徙辰溪。至十世福义公于明永乐三年（1405）从泸溪迁沅州之旧州（又名旧周，今李树），子寿星，孙乔海、乔禹、乔德、乔贵，分居高寨、岑转坡、田家寨、禾滩等地。

会同伏龙张氏 始迁祖启祥公，以字行，籍本金陵，后徙中州之汴梁，因安史之乱徙楚之长沙，数年后又徙居会同伏龙乡蓝田村。生二子：富世、春世。春裔世居蓝田，富裔三世孙资宇率弟资宙、子古周、士垒近徙上蓝田。族人分布于大顺溪、毛田冲、坪村、高村、地田、芷江、靖县、贵州天柱县等地。宗祠有三，分别在上蓝村、蓝田村、高村。明成化十五年（1479）、清康熙十九年（1680）纂修墨谱，乾隆二十四年（1759）、嘉庆二十三年（1818）续修刊行。字辈：嘉国朝子，宽益启世。运资古正，俊汉祥道。文永子应，张奉琴富。运资古正，汉自今传。再必宗光，愈久隆昌。在廷显相，荣耀满邦。克振前绪，甲第联芳。至 1948 年，已传 35 代，共 15000 人。

会同张氏 始迁祖尚谷公，河南祥符县云济桥人，北宋大观三年（1109）进士，政和元年（1111）任黎平府刺史，致仕归解组而家会同。族人分布于伏龙乡、皂旗等处。

会同高把坪张氏 始祖华辅公，明洪武十九年（1386）自江西泰和县因军务营生而迁湘，开基于靖县南关外马厂口。传至三世祖家公于成化八年（1472）由马厂口移居倒水，至汝松公又自倒水徙居会同之婆塘，后再移高把坪。宗祠在靖县。族谱始修于清道光十年（1830），光绪三十三年（1907）续修。

芷江张氏 始迁祖金城公，原籍山东青州益都桥头花园，官翰林院检讨，通判黔州，南宋淳祐间补官卢阳（今芷江）。越一年卒于县衙，葬卢阳南郊桃溪金杯山。清康熙五十九年（1720）、乾隆二十八年（1763）、道光三年（1823）、光绪八年（1882）、1936 年、1990 年、2021 年七修族谱。字派：（自第十三世始）盛邦化日长，实学秀成良。明道思先德，宏达克有光。

靖县马厂口张氏 始祖华辅公，明洪武十九年（1386）自江西泰和宦湘，卜居靖县马厂口。族人分布于通道、绥宁、会同等地。宗祠在本县。至 1948

年，已传18代，共3600人。

通道西应寨张氏 始迁祖正培公，明洪武年间自江西吉安泰和县迁通道，地连西应寨。

通道张氏 始迁祖万虎公，明洪武年间从江西吉安泰和县迁此。

通道张氏 始迁祖伴傍公，明洪武年间从江西吉安府泰和县迁此。

龙山中南苗族张氏 始迁祖天佐公由辰州迁此。字辈：世其元国文，天心君臣宗。社有朝廷大，祖德万世昌。

陆

长沙莲花墩陆氏 始迁祖溪一公，明正德间自豫章南昌迁楚之星沙，卜宅南门桥莲花墩。子孙衍居长、湘、平、浏等地。清光绪四年（1878）建宗祠于大垅源。

醴陵峤岭陆氏 始迁祖会来公，清康熙间自江西丰城迁此。族人分布于荷田、萍乡。至1948年，全族人口700人。

衡阳板桥陆氏 宋光禄大夫国清公，为象山先生后裔，原籍江西丰城县。子熹公，字三圭，行千一郎，元末官衡阳别驾，遂家于清泉县三都唤山岭，即今衡南县廖田镇利民村。长子开山，明洪武二年（1369）移居耒阳敖山赤壁冲，今耒阳市大市乡。次子庚山，移居耒阳兴业大禾坪，今耒阳市永济镇北平村。三子辛山移居清泉县板桥。清乾隆八年（1743）耒邑开、庚两房合修族谱，乾隆五十八年（1793）续修，道光十四年（1834）三修，同治九年（1870）四修，光绪三十一年（1905）庚山房五修，1940年庚山房六修，2000年庚山房七修，时丁口5697人。同治五年建庚山公祠于大皂里学堂嘴。辛山房谱始修于乾隆二十八年（1763），嘉庆二十一年（1816）、同治八年（1869）、光绪二十九年（1903）、1933年、2002年续修。耒阳敖山房排行：开胜景仕宗文单思应志念懋忠宪嗣。耒阳兴业房排行：庚世志景添胜振单大雄有仁义礼智。衡阳板桥房排行：千才重道思永世仕天庭一国兴仁德。三房续排行：绍祖联科秀，魁元试必崇。文章成瑞彩，理学启亨通。朝政庆清美，家邦积厚功。显荣光万代，福祚本昌隆。

邵阳板桥铺陆氏 始祖德晟公，宋时自江右迁湖南新化，六世良甫自新化迁邵阳县西乡板桥铺。德晟之子君富，后裔居东乡梅塘里仙槎桥相见湾。清嘉庆十年（1805）、同治元年（1862）、光绪二十三年（1897）、1921年纂修族谱。字派：志庭应朝承，复元善吉仁。存得宏永世，正道裕康平。诗书先代积，理学大儒钦。忠孝传家美，天开景运春。

武冈五里牌陆氏 始迁祖仕民公，明永乐二年（1404）自江西徙武冈城南五里牌。

新化石马三都圳上陆氏 始祖德晟公，北宋元丰末年自江西抚州府金溪县青田里徙居湖南宝庆新化县石马三都圳上干江村（圳上海龙陆家村）。传四世至魁一公，南宋绍兴十九年（1149）由干江村迁居白溪山下陆家，今白溪镇回龙村。五世纪公，派衍镇、信、良、清四房，信甫公仍居白溪，良甫公迁邵阳梅子岭，清甫公迁安化，镇甫公迁居吉隆祥，开佑、德、奇、宝四房，清光绪五年四大房共建德晟公祠于北溪。族谱一修于清康熙六十一年（1722），嘉庆九年（1804）、咸丰十一年（1861）、光绪二十五年（1899）、1931 年、1994 年续修，其时镇、信、清三房人丁共 7921 人。派语：德富兴魁纪甫如鼓文益添孙友志永祖广思应大龙维楚。宗嗣承先运，家声继序长。诗书培厚泽，景运际明良。忠孝乾坤振，礼智耀祥光。

平江泥鳅湖陆氏 始迁祖启滔公，清康熙间自长沙迁此。至 1994 年，全族人口 273 人。

汝城鱼王陆氏 明末由广东青远县到铅厂迁汝城益将青厂坑，后卜居鱼王上湾。至 1932 年，已传 10 余代，丁口 300 余人。

新田骥村陆氏 始祖瑜琴公，字才盛，行大一郎，江西抚州府金溪县人，钦命九门提督。宋高宗绍兴十六年（1146），其三子伯宝、伯瑨、伯瑺负其骸来湘，开基于新田县仁智乡骥村。族人分布在志门厦、流芳桥、象村、洞平窝、富锦塘等地。宗祠在骥村左侧田心洞。族谱一修于明万历十九年（1591）。至 1948 年，已传 36 代，共万余人。

麻阳桥溪陆家湾、坳头坪、陆家坪陆氏 始祖崇公，生德公，五代末辟地于江西抚州金溪延福乡青田。传数代至希颜，由抚州金溪徙湖广宝庆府邵阳县，旋徙辰州府麻阳县，始居桥溪陆家湾，三世祖景山居陆家坪，四世祖世隆居坳头坪。后裔分居文昌阁、拖冲、尧市、锦和、石羊哨等处。至今全县境内 1500 余人。老派：（以名为次）希川景世伟单宗单廷单名进必昌朝。新派：耀显承鸿绪，文明启士贤。保和隆盛代，绍述裕长年。祖泽贻谋远，家声孝友传。贞元辉大运，善庆锡从天。

通道陆氏 始迁祖度旺公，明洪武年间自江西吉安泰和县迁通道，住进张王下甲地。

通道小江寨陆氏 始迁祖玉中公，明洪武年间自江西泰和县迁通道蛇口小江寨。

陈

长沙清泰镇陈氏 一世祖端公，字朝祎，世居江州，唐僖宗时以功封威烈将军，官镇潭州，后唐同光二年（924）偕外甥孙彭滢、常均卜居长沙雾阳乡，卒葬浏阳下北乡界牌岭筲箕坡。后裔衍为十一房，散居长沙、浏阳等地。清光绪间建总祠于清泰镇蕃椒塅。1936 年纂修通谱，主修陈继训，赐进士出身，出使俄国参赞，曾任清度支部主事军饷司司长。派语：宗锳浚干，煜载镛沄。保蒸增钜，浩集熙均。钟淳懋烈，执镜澍荣。灼奎钦泰，秉灿垂钧。汝霖燮理，鉴渥权勋。培衔润棣，炽至铨清。

长沙北门陈氏 始祖端公。清初建祠省城北门。清雍正十二年（1734）、乾隆十四年（1749）、嘉庆十九年（1814）、咸丰十年（1860）、光绪二十年（1894）、1920 年纂修族谱。派式：（自三十三派始）添开锡汉，本光佳铭。湘楚勋在，作育才英。鸿钧大泽，培焕显荣。传延久远，振起声名。

长沙檀山陈氏 一世端公。二十三世得甫公，字山纪，元明间人，为檀山支祖。明万历二十二年（1594）纂修族谱，清乾隆十四年（1749）、道光十年（1830）、同治七年（1868）、光绪二十九年（1903）、1937 年续修。派次：（自三十七世始）敦本乃守正，文学定光宗。多士天增锡，世泽复兴逢。该族名人：陈时中，明末人，曾于长沙创办环中书院。

长沙七里营陈氏 始祖端公。传十七世至友明公，字光士，于明洪武初年由江西泰和因避陈友谅之乱迁湘，开基于长沙渫湾桥，再徙七里营。族人多分布在长沙西乡、湘阴、临湘等地。至 1948 年，已传 40 代，男女丁口共 2750 人。清光绪二年（1876）建家庙于长沙戥子桥。

长沙锦绣都陈氏 始祖端公。第八世团公生十一子，第六子可茂裔二十世高峰，原派太俊，讳华高，明永乐四年（1406）由江西南昌府丰城县瓦子巷迁湘，五子：鸾公迁湘阴，凤公迁茶陵，铭公、金公、鼎公分别落业于星沙城东五十里锦绣都清潭湾、崩坎、黄狮渡三处。清乾隆十年（1745）始修族谱，光绪十八年（1892）续修，1939 年三修。派语：兴启可大立，永远振家声。德崇继祖武，万世肇文明。

长沙高田陈氏 始祖端公。至团公，分为十一房，子孙分居长沙、平江、浏阳、湘阴等县。高田陈氏，为洪公之裔。1941 年纂有族谱。字派：……思克万廷邦学启应之昌开文维国纪拔。

长沙鹰狮塘陈氏 始祖端公，九世可秀公分业敛田庄，二十世太峰公徙居湘潭石灰嘴，长子宗明徙善化大陂田。二十九世璞先公，复来淳都雾阳乡，因纠建支祠于鹰狮塘。清雍正十二年（1734）、咸丰九年（1859）、光绪十三年（1887）、1920 年四修支谱。派语：（自二十一世始）宗元良祖，仲玉单名。启绍其文，祖德洪源。续派（自三十四始）：集熙均钟淳懋列执镜澍荣。

长沙凤子山陈氏 始祖端公。三十一世祖学福公，字九思，由石鼓留迁居凤子山，后人世居清泰都凤子山。裔孙陈保彝，派名本焘，字季原，为湖南图书馆创始人之一。

长沙鸭子冲陈氏 始迁祖洪公，后唐庄宗同光二年（924）由江西迁居湘西，世居长沙一都荷茄塅，后迁居六子岭侧鸭子冲。

长沙梅溪陈氏 先世居浙江会稽，唐元君九世孙三司使寿公由富阳迁仁和。寿公元孙十一世时中公任长沙府守将，擢山西潞安府总兵指挥使，辞不就，后元末兵变，群凶赤掠湖湘，乃隐于长沙河西距城二十里许天顶山，生二子：观我、观效。观效由天顶山分居德锦塘。清光绪二年（1876）建宗祠于燕子窝。清康熙元年（1662）、道光二十七年（1847）观我房纂修族谱，光绪二十三年（1897）两房合修，1947 年观我房四修，2021 年五修。观我房名人陈德隆，简放提督即补总兵。宗派：（自十世始）世文廾伯代，宗武正光明。忠厚传芳远，祥和庆福增。守仁丰义本，进德萃祺荣。

长沙古冲陈氏 始迁祖天佐公，元时自攸县青阳乡高视里迁长沙北门，其子佑亮再迁善化古冲。另一支始迁祖添俊公，明洪武年间自攸县迁居长沙府善化县古冲。1936 年纂有族谱，堂号颍川。

长沙大西门陈氏 始祖伯万公，由江西吉安府泰和县官都督。递二十世德源公，徙长沙大西门，明洪武间为武冈州守备，从军南雄侯，后加封定远将军。生四子：长志聪居湘潭，次志忠居湘阴，三志善徙益阳，四志量迁宁乡。忠裔二十六世尚信公生四子：长、四居关山，次无传。三华公至三十世昌辉公，生贤财、贤任、贤佐。财公徙平江梓木岭乾田塝，任公迁四川，佐公居丰仓高公冲、成江桥等处。清同治四年（1865）纂有支谱。老派：伯和翔诩昭，省尧古宗祖。奉玫君仲鉴，六倡宪通瑛。志亮惟宝玉，尚芳子光昌。贤才逢楚献，承远振家邦。新派：作育培元气，修齐秋典常。代生英杰士，华国在文章。功业铭朝宇，谟猷裕后长。诗书咸克绍，世泽自兴扬。

长沙石岭陈氏 始迁祖志胜公，字源远，江西丰城县瓦子街人，明洪武时与兄志旺同迁长沙万寿都石岭。志旺住新塘上，志胜住新塘下。旺房早落，志胜生二子，分居东西两房。清康熙间创建宗祠，乾隆间改建。乾隆三十五年（1770）创修族谱，光绪三年（1877）续修，1916 年三修，1948 年四修。派序：始志友爱，朝学世名。士开祖德，书启家声。文星远耀，景运维新。允传忠孝，克笃光荣。

长沙万寿都丁家铺陈氏 始迁祖廷楷，字百揆，行十七，明洪武间由南昌徙至长沙万寿都丁家铺。五世至麒甫、庆甫、瑚甫。麒甫派下八世衍为希孔、希文、希武、希贤、希禹、希汤、希善七房，希文派下十四世孙陈士雅，字莓田，乾隆五十二年进士。1937 年七房合修族谱。瑚甫生五子：时炘、时煜、时炜、时煌、时辉。清康熙间五房曾合修族谱，清宣统二年（1910）时煌支又续修。宗派：廷德钊万甫，时子希启宗。大云文士立，芳名炳正中。家规能恪守，世泽自延洪。道本当前是，勤修日有功。

长沙官山陈氏 迁湘始祖莹公，字魁父，号绳斋，原籍江西吉安府吉水县，明初宦游南楚，解组家居益阳上矶。四传至睿、亶、显三公，始隶籍星沙，亶公居河东，睿、显居河西新康镇官山，今属望城。清雍正三年（1725）一修族谱，乾隆三十三年（1768）、嘉庆十六年（1811）、道光二十七年（1847）、光绪十年（1884）、1922 年、2006 年续修。字派：钦宪元良，万纪朝常。崇志正谊，明道安邦。英资应世，祖德辉光。策书敬授，师范永昌。

长沙福水桥陈氏 始祖人龙公，明季由江西迁居湖南省城，四世祖宾所公，由省城迁居善邑龟塘，五世祖伯翼公，郡庠生，由龟塘迁居四都姚家冲，世居于此，后移居福水桥。

长沙印山陈氏 始祖端公。字派：国正添心顺，家昌文运鸿。开宗昭贵显，奕世愈兴隆。孝友敦庸行，车书协大同。克光前代业，宜树济时功。

浏阳沙溪陈氏 始迁祖和叟公，后唐同光二年（924）自江西九江德化迁浏，世居南乡沙溪里。清道光二十一年（1841）、同治八年（1869）、光绪十六年（1890）、1939 年纂修族谱。派行：嘉兴茂盛，永远蕃昌。绍闻典训，立纪维纲。学思向道，爱敬敦常。人才焕发，祖烈昭彰。义声克振，德惠宣扬。载之国志，万世传芳。

浏阳双淳陈氏 始迁祖信琥公，五代后唐同光二年（924）迁此。至清光绪三十三年（1907），已传 37 代。

浏阳白茅滩陈氏 始迁祖和公，南宋时自长沙迁此。后人分居于麻园、欧冲、芭蕉、黄泥塘等地及长沙炭坡。1916 年四修族谱，堂号德星。

浏阳东乡七溪陈氏 始迁祖海贤公，字子祥，元至正年间由江西宁州之榨溪迁居浏阳东乡七溪陈家溪。族人多分布在洞溪乡之兰溪、西溪、黄石洞及平江县北乡之南江、管马嘴等处。至 1948 年，已传 23 代，男女丁口 2000 余人。总祠在七溪，支祠有四。

浏阳金市陈氏 始迁祖荣绩公，字巨功，元至正年间由江西德安县因闻诏招民实地，携眷迁湘，开基于浏阳县金声乡金市。族人也分迁于广西阳朔及江西萍乡等地。至 1948 年，已传 26 代，男女丁口约 3100 人。清道光十四年（1834）建宗祠于金市。

浏阳大埠塘陈氏 始迁祖皋公，元明之际挈子孟登由潭州金竖庄迁浏阳北乡大埠塘。清光绪十八年（1892）纂有族谱，堂号颖川。

浏阳涧口陈氏 始迁祖斌淑公，为满公一百零六世孙，原居江西丰城县淩树湾。明洪武八年（1375）与兄斌伯、斌仲迁湘，著籍于浏西甘棠，之后伯、仲迁善化，淑公复迁涧口，三世分为仁、义、聪、海、兴五大房。清乾隆四十九年（1784）建宗祠于彰公山。至光绪三十三年（1907），已传 20 代，丁口 2000 余人。清嘉庆二十二年（1817）创修族谱，道光二十三年（1843）续修，光绪十年（1884）三修，1938 年四修。字派：斌景福单万用宪国正添心顺上清民自安贤能辉。

浏阳黄堡塘陈氏 实忠公之后德英、德方两公，明洪武十九年（1386）由江西南昌圳上迁湘，开基于浏阳县元贞乡黄岗岭，再迁黄堡塘。族人分布于浏阳、长沙两县。至 1948 年，已传 22 代，男女丁口约 1500 人。清道光元年（1821）建宗祠于黄堡塘。

浏阳丹桂里陈氏 始迁祖均玉公，因避兵乱于明初偕弟均金由湖北黄冈县黄林树下迁居浏南丹桂里。清光绪二十九年（1903）纂有族谱，堂号思敬。

浏阳陈氏 始迁祖贵一公，明初自江西丰城迁浏，后人聚居于镇头、柏加山、土桥。

浏阳陈氏 始迁祖凤公，明代自长沙迁浏阳。清乾隆三十三年（1768）重修族谱，堂号颖川。

浏阳梓江里陈氏 始迁祖再胜公，明中叶自江西丰城迁浏北车田塅，继迁梓江。

浏阳柏树邨陈氏 始祖智公，字耆英，由浏阳何家坊迁居浏阳南市街，其曾孙敬廷公、玄孙君斗公，由南市街迁浏阳兴德乡柏树邨。族人多分布于柏村、碧溪及江西萍乡等地。至1948年，已传17代，男女丁口2300余人。清同治十二年（1873）建宗祠于柏树邨。

浏阳塘尾冲陈氏 始祖端公，后唐同光二年（924）自吉州泰和县迁长沙。传三十世至一源公始迁浏北塘尾冲。

浏阳塘堤陈氏 始祖洪公，后唐时自湘阴牛眠洞迁善化河田柘连冲。至必享公，自善迁浏，落业塘堤。1924年纂有族谱。字派：……中义日守安太世汝应梦思再必仕廷光万来良学贵胜朝时瑞开前泽咸隆正。

浏阳虎潭陈氏 迁浏始祖开二公，字长发，相传由江西江州义门肇迁浏南十七都虎潭，其肇迁之时代年月及生没年月无考。清光绪二年（1876）始修族谱，1920年续修。原派：宗绍祖德显荣昭万世更良嘉兴启宏建景运光大。新派：人宜孝友，士贵端方。咸遵国纪，永守天常。存心忠直，履道平康。象贤济美，继序蕃昌。

浏阳陈氏 系出江州义门陈氏，宋嘉祐间分庄后，族人星处，几遍南国。清顺治、康熙间自粤、赣、鄂、闽等地及湖南他州县来浏者数十百支，建总祠于邑南城。清光绪三十三年（1907）、1939年纂有宗谱。通族派语：（自二十八传始）宗锳浚干，煜载镛沄。保蒸增钜，浩集熙均。钟淳懋烈，执镜澍荣。灼奎钦泰，秉灿垂钧。汝霖燮理，鉴渥权勋。培衔润棣，炽至铨清。

宁乡陈氏 始祖都督伯万公于后唐同光初由江西泰和迁楚，落籍新化之鹅塘。孙翔公因官居蜀，传六世仍归新化。十八传至昌远公，元至正间官任县尹，卒葬宁乡。四子分户，子孙益繁。又八传至良派，由新化分迁各郡州县，而尤以宁乡居多。清嘉庆间建昌远公祠于宁邑南城。宗谱创修于宋徽宗间，1936年十四修良派青、瀛、玉、容、护、初、金、纲、溟、政、言、信、贞、灵、永、材、星、荣、华、富、春、高、元、鹤、贵、禄、祯、复、桦、远、杰、连诸房宗谱。族人散居于宁乡、长沙、益阳、湘乡、湘阴等邑。谱以伯万为始祖，以昌远为支祖。始祖伯万公以下派语：和翔翊昭，省尧古康。祖奉孙晓，仲鉴禄昌。支祖昌远公以下派语：国尊英杰，邦宝忠良。守先贻泽，德载名扬。嘉庆二十二年（1817）续谱派语：世际文明会，家敦礼义中。诗书功必笃，孝友本宜崇。积善培基厚，登庸受福洪。聚星祥豫纪，令绪继宗公。1936年新化增派语：天开景运，汉鼎光荣。大学之道，诚正治平。

宁乡湘陕陈氏 迁宁始祖昌建公，原籍江西泰和县，历官成都太守，诰封宣议大夫。后唐同光二年（924）请咨来湘，卜居长沙湘春门，复迁宁乡珊瑚冲。至十一派衍为乾一至乾六六支，乾一、二、四、六房居宁乡，乾二不详，乾五迁安乡。乾四公派下三十六世孙心智公清乾隆十一年（1746）由宁乡迁陕西省石泉县马岭西沙河，弟心礼公子顺康亦于乾隆二十九年（1764）迁石泉县池河，民国陕西督军陈树藩即其四十三世孙。乾隆四十一年（1776）建总祠于宁乡县西关。雍正三年（1725）湘、陕合谱，乾隆四十五年（1780）、道光十七年（1837）、1931 年续修。光绪十二年（1886）宁乡六修，1941 年宁乡七修，1997 年宁乡八修，2019 年乾四公房九修。至 1948 年，已传 46 代，男女丁口 5 万余人，多分布于宁乡大成、粟溪、大沩、释褐、望北、大田、上流、洋泉、狮顾、陈家河以及湘潭、安化，陕西石泉、安康、汉阴等地。老派语：建国从英杰，聚邦正泰康。乾坤忠信海，万世乐荣昌。致治偕天久，垂统绍先庄。立朝廷楚启，镇大永纲常。新派语：世际文明会，家声振泽长。象贤资教育，骏烈定宣扬。孝友培根本，雍熙载吉祥。功高延汉祚，德耀纪星堂。尚志宜宏达，诒谋在迪光。人伦昭秩序，品节贵端详。硕彦崇彝训，通材守典章。瑾瑜征朗洁，兰桂自芬香。学得全球粹，名传五凤翔。显庸期汝嗣，百代集琳琅。

宁乡陈家河陈氏　始祖昌建公，五代后唐同光中自江西泰和县迁楚南宁乡珊瑚冲。传十一世至乾六昆季六人析为六大房。乾六避宋末之乱再徙粤西桂平县，其十六世孙先荣，于明季复归籍宁乡沩水之滨陈家河。1943 年五修支谱，2004 年六修。堂号光裕。

宁乡漆树湾陈氏　始祖子珍公，居茶陵东山。子汉文公，生二子：裴、勃。勃公字智顺，居攸县。裴公次子德公始徙攸县水头及鸾山。裴公相传九叶至楚渊公，生评、誾、询、諚、让，评公世居攸县，誾、询、諚、让四公由鸾山迁宁乡。清光绪十七年（1891）五修族谱。字派：千万贤朝均友，楚言九英一优。承孔之有兆，登朝发家祥。克乃全本理，所存定尚良。作宾占树立，基业亦世昌。

宁乡杨湾陈氏　先世居江右，宋季绍兴间试杰公科第刺潭州，曾道出资江，爱其山水青秀，解组后卜居益阳之清溪冲。传至明代佑生，讳良臣，字四邻，由益迁宁，派分三房：淑章、岳章、日章。清道光十四年（1834）建祠于杨湾。1914 年岳章公房八修支谱。

宁乡沙泉陈氏　唐时崇公肇基江西德安县，宋时伯九郎迁福建连城。清初志通公家福建龙岩，康熙时应、肇两派子孙相续迁湘。清乾隆四十六年（1781）建宗祠于宁乡沙泉。康熙三十五年（1696）、嘉庆二十四年（1819）、咸丰十年（1860）、光绪二十五年（1899）纂修族谱。

湘潭募功石陈氏　一世祖筠府公，南宋淳祐十一年（1251）由江西泰和迁上湘衙前。其子秀公入赘中湘大岭邓氏。秀之子仁叟始占籍湘潭十四都募功石。仁叟五子，以启三房：寿孙环山祖，添孙将军桥祖，志孙泉塘祖。寿孙亦生有五子，衍为思温、思萌、思恒三支。清光绪二十三年（1897）温、萌、恒三支续修族谱，堂号福田。1920 年寿、添、志三大房四修族谱，2016 年五修族谱。行派：（自七代始）德元时克绍，道彦志兴崇。文伯宜昌泰，仕显定荣宗。受训承先业，遗徽启后传。忠孝绵泽远，科第庆星联。

湘潭栗塘陈氏 始祖宜中公，字必先，南宋时官至左相。其子松于元初任长沙太守，解组后由金陵上元县后湖奉父隐居于湘潭五都栗塘。宜中六世孙福、禄、仁、美、良，长房福公返金陵。1914 年四房五修族谱。

湘潭花石陈氏 始祖熊飞公，元末至正间由江西泰和县早禾市徙居茶陵严溪云阳衷乡，顶理军民两籍，派衍六房，由茶迁潭者三房。清乾隆二十七年（1762）茶、潭合修族谱：嘉庆二十二年（1817）、咸丰七年（1857）、光绪二十六年（1900）、1931 年在潭三房分修。班行：（自十六世始）克绳基盛德，蕃衍福泽长。先绪诒谟烈，后昆应显扬。谋猷昭远代，垂裕永中湘。

湘潭竹霞冲陈氏 始迁祖楚任公，元代时携子添贵、添荣自湘阴迁湘潭梅市。添贵裔孙居竹霞冲，添荣裔孙居竹箕冲。清光绪二十七年（1901）竹霞冲三修族谱，堂号敦德。

湘潭、长沙陈氏 始祖爵公，字慎修，世居江西庐陵县陈家坊，宦游湖南，因避元季之乱，落籍湘潭六都和佳冲。越十四世显遂公，字良忠，分居善化陶公祠，今属长沙县。清道光十年（1830）初修族谱，光绪八年（1882）续修，1940 年三修。字派：（自二十派始）启仕添朝，邦家之光。惟贤克永，孝友恢先。培基立本，纬武经文，于国称允。世绪相承，千秋明炯。

湘潭湘河口陈氏 始迁祖谦公，元至正二十五年（1365）由江西丰城迁湖南茶陵，明洪武二年（1369）迁居湘潭五都湘河口。清光绪二十七年（1901）四修族谱，堂号彝伦。

湘潭东雾山陈氏 始祖伯万公，原居吉安府泰和县儒衡乡丰城里早禾渡梅子坡圳上金峰庙，于后唐同光二年（924）奉敕过湖广编插潭州，时年七旬，率子元和、利和、亨和由沔阳、湘潭、湘乡至新化横阳山而立基鹅塘。至友德公，讳仲兴，号恬庵，一号懋卿，官中书令，值元明兵乱，又由江西庐陵而卜迁于湘潭。至五派而开启光、启伦、启香、启智、启琼、启贤、启霆、启冥、启愚、启昱、启敏、启杰诸房。清初名宦陈鹏年，即启贤之玄孙。鹏年，清康熙进士，武英殿纂修总裁。子树芝同为武英殿纂修。1932 年五修、1949 年六修、2013年七修族谱。行派：（自五世始）启嘉元式年。树本在德，作士维良。福应天锡，忠孝传芳。家声大振，世代有光。先基克绍，长衍其祥。

湘潭少阳湾陈氏 始迁祖元二公，字允茂，号如川，原籍江西吉安府泰和县圳上，明洪武二年（1369）迁湘，卜居湘潭县姜畬乡第十八保少阳湾，族人多分布于长沙、湘潭等处。至1948年，已传23代，男女丁口3865人。建宗祠于少阳湾。清乾隆四年（1739）、嘉庆二十二年（1817）、光绪十六年（1890）、1924年纂修族谱。字派：文惟本宗盛，世系益先昌。德美芳声起，仁滋厚泽长。

湘潭黄栗塘陈氏 始迁祖希瑞公，字祥舞，明洪武初年由江西新喻县因避乱经商迁湘，开基于湘潭县株洲乡（今属株洲市）黄栗塘大塘冲。族人分布在株洲、藕灵及醴陵磐石乡等地。至1948年，已传25代，共15900人。清乾隆年间建宗祠于黄栗塘。

湘潭白汜陈氏 始迁祖绍先公，明洪武间自江西庐陵圳上奉朝廷移民实县之令徙居湘潭白汜。绍先五传至思旋、思玘、思络、思富、思舜，派分五房。清康熙二十二年（1683）一修，雍正十年（1732）二修，乾隆四十二年（1777）三修，道光四年（1824）四修，咸丰八年（1858）五修，光绪二十年（1894）六修。1932年七修族谱，堂号德星。字派（十三代起）：世守祖训茂，本培元家声。克振令德方，新笃生吉士。秀启贤昆泽，传仁里庆集。义门五伦有，叙奕代相亲。

湘潭铜梁陈氏 迁湘始祖景公，明洪武间由江西迁居茶陵东山。递传五世和鸾公，明嘉靖时由茶陵迁居湘潭十四都六甲神冲，又三世贵琼，再迁铜梁陈家湾。1928年初修支谱，1993年续修。班序：景文元克大，和彦贵高良。德正伟崇顺，贤名必后光。忠信昭先泽，诗书肇绪长。修齐为治本，令誉震家邦。

湘潭白鹿陈氏 一派义甫公，讳营中，宋翰林，历居茶陵。三传中复公，讳眉，随明太祖征伐有功，赐武烈将军。六派志守、志义，始由茶陵迁居中湘易俗市。清光绪十二年（1886）建支祠于石坝。清雍正二年（1724）、道光六年（1826）、同治八年（1869）、宣统元年（1909）四修族谱。

湘潭金凤冲陈氏 始迁祖受轻公，元至正间由江西泰和先迁长沙郡城，明永乐二年（1404）继迁湘潭陈家垅村。五传至太嵩、太清，分为两房。建宗祠于邑之十一都三甲金凤冲。清乾隆五十九年（1794）、嘉庆二十四年（1819）、光绪二十三年（1897）、1943年四修族谱，堂号遗风。字派：受继源志太希见国必。世学幼子定，祖泽锡余芳。名成科大显，孝友振家邦。

湘潭松江洲陈氏　支祖子珍公。始迁祖彦福公，字铭德，号厚庵，以军功封云阳伯，食邑湘潭松江洲，明永乐二年（1404）自茶陵迁湘潭十都湖塔坪，生友华、友让、友敬、友清、友贤，分为五大房。清康熙四十五年（1706）、乾隆四十五年（1780）、道光八年（1828）、咸丰十年（1860）、光绪十七年（1891）、1921 年纂修族谱。堂号双桂。字派：福友璁明东仁九，启我贤良达盛都。文萃咸升观晋履，家人益泰震书图。

湘潭罗山陈氏　始迁祖仲山公，明永乐元年（1403）偕兄伯山、弟季山，由江西吉安府太和县圳头分派，伯山徙泉塘，季山往宝属，仲山卜居湘潭十四都罗山。清乾隆二十九年（1764）纂修族谱，之后支谱屡修，1918 年续修族谱。字派：文大朝天子，德重振乾坤。忠孝光前代，诗书裕后人。礼让家声远，廉节皇恩荣。

湘潭真武山陈氏　鼻祖晓苍公，讳晚，江西永新人，以世乱于明洪武十六年（1383）移籍湖广宝庆府邵阳县杨柳冲西萼塘，置水田三百六十亩，得业承差，遂为邵人，生子数人，昂公居长。时靖难兵起，邵差繁重，公不堪其苦，遂以家产付兄弟，于景泰二年（1451）徙于湘潭草叶桥，虑邵役追及，尝改姓萧，家道日昌。昂公有七孙，五阙，仅得长孙添祯、七孙添华。添祯之后世居中湘，至孙辈别为三房：柳桥祖玉爵，近桥祖玉受，仲桥祖玉管。添华孙玉珠为还溪房祖，玉珍为儒溪房祖。清嘉庆二十四年（1819）再建宗祠于十四都八甲真武山，门联：灵钟真武，瑞映德星。明天启七年（1627）创修族谱，清乾隆五十年（1785）续修，道光二十五年（1845）三修，光绪十三年（1887）四修。该族名人：陈济清，历任天津镇、右江镇、川北镇、处州镇、海门镇总兵，浙江提督。排行：士文添景玉，万庭正虔坤。聪明道以立，发达志常存。孝友传家训，诗书作国藩。星辉光祖德，兴起在吾门。

湘潭姜畲陈氏　始迁祖密公，明弘治中由江西德安县太平乡迁湘潭姜畲塘湾。密六传而启芝瑞、芝兰两房，七传衍为九支。1933 年五修族谱，堂号星聚。

湘潭杨林塘、花石市陈氏　始迁祖钦政、贤晓二公，明朝中叶因商自茶陵迁湘潭易俗河。钦政之后再徙杨林塘，贤晓之后居花石市。清道光二十六年（1846）两房合修族谱，堂号颍川。

湘潭花田陈氏　始祖勃公，由茶陵徙攸县，次子大法徙安福乌兜。传至章公，又迁攸县擢秀乡坳头，四传迁大富垅。花田始迁祖友仁公，明万历间由攸县大富垅迁湘潭花田。清同治二年（1863）、光绪二十年（1894）、1930 年纂修族谱。字派：泰昌永茂，世德辉光。笃崇一本，启绪兆祥。云联继盛，克绍书香。

湘潭下砂冲陈氏 始迁祖洪策公，明万历间自茶陵迁居湘潭，六传而派开镜湘、楚湘、怀湘、爱湘四大支派，建总祠于七都九甲下砂冲。清同治四年（1865）纂有族谱，堂号德星。光绪三十年（1904）续修。

湘潭白洋塘陈氏 始迁祖宋公，出身行伍，明代自茶陵卜屯湘潭七都三甲白洋塘。清光绪间六修族谱，堂号时思。

湘潭旗头陈氏 始祖子珍公，北宋初由长沙（或云虔州）弃官退隐茶陵县茶乡马头圳。其十五世孙绍一之后徙湘潭城后，绍受之后迁湘潭黄龙巷。绍周三子：长子谟，字真瑀，八传于清康熙间迁湘潭文昌阁宋家桥。次子任，字仁瑀，由茶陵徙湘潭十一都涸水湾。三子进，字道瑀，明成化初迁湘潭十七都旗头。1928 年旗头陈氏合诸支八修族谱，堂号奎焕。

湘潭严冲、苍冲、石湾陈氏 始迁祖印堂公。字辈：俊英祖锡，显达扬宗。培元树德，本立道生，贤哲继起，孝友克敦，长贻世泽，永振家声。

湘潭易俗河陈氏 始迁祖文乾（长房），字首易。文简（二房），字肇。原居江西瑞州府高安县，明永乐时迁居湘潭易俗河。

湘乡竹园陈氏 始祖伯万公，其长子元和之三子翔世居鹅塘，次子亨和之三子羖返居沔阳。三子利和没于新邑，其子朔带眷属转徙湘乡南门，十余传至元鼐公于元武宗年间由县城新阳里石狮江徙居竹园花屋场。以元鼐公为迁湘一世祖。伯万公祠在新化，元鼐公祠在湘乡十九都白杨区竹园，建于清嘉庆二十年（1815）。清同治四年（1865）始修族谱，光绪二十六年（1900）续修，1932 年三修，2000 年四修。班序：元志仲思宗，允世定兴崇。万朝祖国贵，福禄得亨通。义里星长聚，虞适道执中。诗书新教泽，忠孝古家风。

湘乡石狮江陈氏 迁湘始祖伯万公，行名顶一郎，字金峰，号鹅塘，官都督，江西泰和县早禾渡梅子坡圳上人，后唐同光二年（924）奉旨过湖广编插，由沔阳州历潭州龙城至邵州府上高县（今新化）太阳三都卜居，地名横阳山鹅塘金台山梅子湾。三传至朔，由新化分居湘乡，为迁湘乡始祖。至十八世文质公，字彬卿，号华叔，谱尊为一世祖，生八子：镕、铎、镔、铭、钊、鉴、鯱、钺。鯱、钺两房居石狮江。鯱公下传八派祖玉先，字荣生，徙居石狮冲等处，派衍梅、相、权、榜四房。该支五世嘉谟，明嘉靖举人，官宁州知州。清雍正十二年（1734）建宗祠于石狮江，嘉庆十二年（1807）建彬卿公祠于湖天塘。钺公房谱始修于道光四年（1824），光绪四年（1878）续修，1926 年三修。编班：（自九世始）树本在德作。义门敦孝友，星里集贤良。奕世齐增庆，宗功裕远昌。

湘乡船下桥陈氏　该族自后唐同光二年（924）都督伯万公来楚，寓迹长沙、宝庆两郡之间，支分湘乡、益阳、湘潭、新化四邑。至明初彬卿公，生子八，四子铭，字志玹，居鹤里。支谱始修于清雍正九年（1731），道光七年（1827）续修。

湘乡测水陈氏　始祖伯万公。至明永乐四年（1406）二十九世孙彦德公由溆浦徙居武冈陈码头，递至子桂公生有四子：汝受、汝聪、汝明、汝远，遂分为四大房。此四房后裔自武冈续迁湘邑测水等处，称测水陈氏，尊彦德公为测水陈氏一派祖。清道光四年（1824）建宗祠于测水并始修族谱，同治十一年（1872）、1917 年、1947 年、1994 年续修。班序：添志子汝必思淙组大应万梓允定朝。文武全家泰，敦本继先声。垂训伦常立，循规器宇清。有心怀远举，多士冠群英。何用尊而显，惟其读与耕。户庭真乐地，忠孝乃扬名。仰望前光迪，端修自履亨。该族名人：陈介，民国间驻德国、巴西、墨西哥、阿根廷等国大使。

湘乡黄塘陈氏　始祖伯万公，长子元和世居新化。至十九派复九公，明宣德初年由新化鹅塘迁居湘乡荆溪黄塘。族谱始修于清乾隆十三年（1748），道光十四年（1834）、光绪九年（1883）、1932 年、1998 年、2014 年续修。乾隆四十一年（1776）创建宗祠。班行：伯万再兴，澗玉淙定。廷举惟光，士习其永。卜代年嘉，克康祖命。世守大方，时逢亨运。

湘乡尚义陈氏　远祖实公，字仲弓，世居颍川。十八世孙叔达，仕唐官礼部尚书，其子烈公，徙居古虔之马头。烈公五世孙公寿，仕唐，乾符中徙长沙。子珍公，周世宗时仕谏议大夫，徙茶陵。珍公十世孙天瑞，由茶陵徙居江西泰和。天瑞孙其善，号十五公，元泰定间由江西吉安府泰和县儒衡乡徙居湘乡县尚义三十一都深溪头。清雍正十二年（1734）始修族谱，嘉庆二年（1797）、光绪五年（1879）、1932 年、1994 年续修。班行：安邦源远，世大良九。惟（于）尧舜德，祖修有道。士希贤学，代启洪文。传家忠孝，继志光荣。圭璋特达，望重儒林。名扬亲显，立业在勤。登朝辅国，致主泽民。勋绩卓懋，简策长铭。笃念来哲，克绳先武。亿万斯年，载锡之祜。

湘乡扶槎陈氏　始祖汉南公，元时由江西吉安府泰和县迁居上湘水起。传数世至宗华公，字章甫，明初又自水起迁扶槎（今属双峰）。自清乾隆十九年（1754）创修族谱，乾隆六十年（1795）续修，咸丰十年（1860）三修，1914

年四修，1999 年五修。五修对历届修谱时健在人口皆有统计。清康熙间建宗祠于扶槎。班次编排：宗祖允仕再荣昌兴国元天兆才声名显。贤聚德徽长，星占自昔扬。诚和如玉立，佑启宝田芳。龙跃震乾坤，豫谦履泰丰。有儒临益晋，科教育精英。该族十八代陈旭麓，为全国知名史学家。

湘乡桃林陈氏 始迁祖梦良、梦康、梦修、梦山、梦庚，元末明初由江西泰和县同迁湘乡，良公居桃林，康公居杨柳、鸡爪、梅林等处，修公居仙人堆，山公居黄陈，庚公居白晃，后山、庚两房居徙不详。清光绪初年良、康、修三房合建宗祠于桃林。道光五年（1825）一修族谱，光绪二十六年（1900）二修，1946 年三修。老班：梦怀昭先泽，明治赞成章。伟建迈前哲，贻谋益辉皇。新班：积厚能光远，植茂自生宏。诗书征业广，忠孝慎心盟。礼让为彝训，衣冠盛楚衡。敦本崇雍睦，熙浩乐升平。

湘乡邓思渡陈氏 该族自宋嘉祐间江州义门分为 291 庄，而宗芳公分庄于湘乡，子孙或居湘乡，或居江夏。至明初得林公自江夏来湘，居于湘乡邓思渡，为迁湘始祖。四世衍为友高、友明两房。高房多居邓思渡，明房多居棕家滩。族谱始修于清康熙六十年（1721），雍正十二年（1734）续修，乾隆四十八年（1783）明房三修。乾隆二十年（1755）建宗祠于邓思渡黄陇山。班序：一国自忠良，崇添福寿长。隆名光百代，盛烈传三湘。清祚恩膏远，义门世泽芳。文章华紫殿，家运万年昌。

湘乡水荡桥陈氏 始迁祖子训公，行十四郎，明洪武二年（1369）偕弟子诰公因避兵自江西吉安府泰和县圳上徙居湖南湘乡县水荡桥，今属双峰。四传兴祖公，生八子：荣、华、富、贵、义、琏、隆、寿，衍为八房。清康熙四十五年（1706）始修族谱，嘉庆元年（1796）、光绪七年（1881）、1944 年、1990 年续修。班名：子再宗兴，安邦定国，礼道福有，才猷德胜，世代荣昌。绍祖家声振，门庭启善良。诗书传后裔，积学树琳瑯。

湘乡桂花树陈氏 始迁祖天祥公，明永乐九年（1411）自江西吉安府庐陵县长平乡迁居湘乡三十一都十竹山，八派祖本道公，复由十竹山迁居八都桂花树熊家塘。清道光十一年（1831）始修墨谱，咸丰十一年（1861）续修，光绪三十三年（1907）三修。班行：天景玉万定，正顺本世梓。仕意科荣华，添祖启光嗣。孝友家传美，诗书辅国良。显名维令德，培养愈安康。

湘乡花家窑陈氏 始祖伯万公。始迁祖潮益公，明嘉靖间由湖北沔阳迁湘乡杏子，今属双峰，再迁湘潭三十二都塔子山，派分四房。长、三房远徙，芳武、芳祖立基湘乡花家窑。清道光七年（1827）、咸丰八年（1858）、1930 年纂修族谱。班序：国泰本在德，作士惟贤良。隆汉星垣聚，旌唐世第香。虞汭流泽远，清祚沛恩长。孝友承先训，义门衍楚湘。

湘乡陈氏 谱称始祖伯万公于后唐同光间由豫迁楚，卜居新化，其后历宋、元、明数百年，支派繁衍，分为永、康、齐三宗五十七户。该支迁湘始祖永寿公系永宗派下，为伯万公二十一世孙，由祖居地安化徙外，旅居江西南昌县钟林乡城东村康王庙，明嘉靖四十年（1561）膺南昌知县。五子：锡玉、锡金、锡良、锡湘、锡诏。明天启四年（1624）因洪患，玉公子献表、良公抚子献爵、诏公子献策，率属迁湖，旅居湘乡西阳桥，旋至衡阳鞍马，复迁湘乡台州、永丰等地，今多属双峰。清光绪十九年（1893）创修族谱，1940 年续修，2000 年三修。光绪五年（1879）建祠于柿梓坪。班次：（自五世始）良奇国大兴，志善自显荣。令嗣光先德，贤才佐升平。守正崇祖训，世泽长芳馨。隆文科甲盛，鸿业炳日星。十四世陈芸田，原名荣田，字初元，曾任湖南省商会理事长，湖南省工商联主席，政协湖南省第四届副主席。

湘乡灵羊山陈氏 族谱称朝宾（讳利，行迭二）、朝郁（讳盛，行迭三）、朝用（讳良，行迭六）、克愈（讳盛，行辛一）、廷福（讳昌，行发八）、宪清（讳神保，行习二）、宪淮（幼名大眼，行敬九，号素直）七公为汉太邱长仲弓讳寔之六十四世孙，于明时由江西乐安县井田村迁湘，卜居灵羊山。清道光间合建宗祠于裕家湾。七公虽昆弟行，然不皆同父，且不皆同祖，上溯十世至宋时元礼公讳文，行五九，乃为七公所共祖。清嘉庆十八年（1813）始修族谱，光绪十一年（1885）续修，1924 年三修。排行：富贵征先泽，家声振楚湘。人文贻久远，诗礼启贤良。凤瑞前增美，鸿基后克昌。纯禧添锡尔，世代卜嘉祥。

湘乡黄金塅陈氏 谱尊自豫迁闽汀上杭之伯九郎为鼻祖，衍至明末清初，十一、十二、十三派时子孙络绎迁湘。其时迁湘乡共十一人。清乾隆四十二年（1777）初修族谱时，十一公后嗣皆蕃衍，光绪十一年（1885）续修，惟大运、大逵、仁泮、金政四支合纂，余七公后嗣或徙外郡，或竟乏嗣。金政字逸吾，为伯九郎十一派孙，清初时迁居湘乡宣丰里。仁泮字敬唐，为十二派孙。继宇字大运，为十三派孙，明万历时即迁湘。嘉庆二年（1797）建宗祠于黄金塅。老派：伯八仲元文福宗继玉世金仁大启（士）沅添（澜）实（正）泽（安）。续派：积德千年盛，存心百代昌。居家敦孝友，为政愈忠良。该族名人：陈东友，记名提督福建金门镇总兵。

湘乡、衡阳枣树陈氏 迁湘始祖宣广公，原籍江西泰和圳上，元末授学涟滨、石鼓、集贤等处书院。元至正三年（1343）迁居湘乡荷塘，生彦政、彦清。清房数传不祀，政公越七代而生瑄公、珍公，珍裔分徙衡阳，瑄裔仍居原籍。宗祠建于湘乡枣树。清乾隆间两房始修族谱，道光四年（1824）、同治四年（1865）、光绪二十五年（1899）、1929 年、2016 年续修。班序：大朝必兴宗祖庆，世祚公卿焕一门。习礼敦诗垂荫远，服畴绍德迪光蕃。英才荟蔚占星聚，凡诏荣颁表义尊。欲识泽长绵楚派，颍川正可溯渊源。

醴陵塔下陈氏 始迁祖茂清、茂濂二公，宋淳祐间自广东兴宁迁此。族人分布于洪源冲、八眼塘、五里牌等地。至 1948 年，全族人口 6000 人。

醴陵大石桥陈氏 始迁祖审先公，元至正间自河南杞县迁此。族人分布于夏坪桥、东冲铺、耿境等地。1916 年七修支谱，堂号培本。至 1948 年，全族人口 15000 人。

醴陵沩山陈氏 始迁祖才堂公，元末自河南颍州迁此。族人分布于大屏山、豆田、擂鼓桥及萍乡等地。至 1948 年，全族人口 4000 人。

醴陵乔厦陈氏 子珍公迁茶陵，生四子，次子汉文居东山，为东山一传祖。八传兰孙，兰孙生正二郎，正二郎生元翁，元举人，任宜春训导，因时艰，携子仲瑶隐居醴陵乔厦。清康熙五十六年（1717）、乾隆五十七年（1792）、道光二十二年（1842）、光绪二十八年（1902）、1944 年五修族谱，2017 年三房枧背鸿宗公支续修。字辈：垂训昭德懋，荣封徽猷光。奕世伊邃远，令闻益炯扬。

醴陵吴田陈氏 始迁祖履端公，明洪武六年（1373）自江西丰城迁此。族人分布于桐木冲。至 1948 年，全族人口 6200 人。

醴陵枫州陈氏 始迁祖贞葆公，明洪武九年（1376）自江西德安迁此。族人分布于茶子山。至 1948 年，全族人口 700 人。

醴陵板杉铺陈氏 始迁祖明良公，明洪武间自江西迁此。族人分布于澧州。至 1948 年，全族人口 6700 人。

醴陵五里牌陈氏 始迁祖魁公，明洪武间自江西德安迁此。至 1948 年，全族人口 1000 人。

醴陵陈家垅陈氏 始迁祖明二公，明洪武初自江西萍乡白竺迁此。族人分布于县城、盐山、益阳。至 1948 年，全族人口 1000 人。

醴陵伯公庙陈氏 先世明洪武间自江西吉安迁此。至 1948 年，全族人口 300 人。

醴陵同桥陈氏 始祖子珍公，宋太祖时隐居茶陵马头圳。宋神宗时勃公由茶陵迁居攸北马头岭，其子大法公又由马头岭迁居江西安福乌兜，至元时竹窗、梅窗二公又由乌兜迁居萍乡白竺。明洪武时，明宸公，字敬实，迁居醴陵青泥湾，后迁车公岭、铁江口，为醴陵始迁祖。1923 年续修族谱，2002 年三修。排行：（自二十一世起）仕学文安富，仁礼吉运全。家和万业有，荣华永昌锦。

醴陵茶子山陈氏 先世明万历间自江西新喻迁此。至 1948 年，全族人口 300 人。

醴陵黄田陈氏 始迁祖昌贤公，明万历间自茶陵迁此。族人分布于石矶头、雷钵山、小水湾等地。至 1948 年，全族人口 1000 人。

醴陵玉屏山下陈氏 始迁祖光远公，明天启初自江西德安迁此。族人分布于洪源冲、鹅颈里、湘潭、浏阳、攸县、萍乡。至 1948 年，全族人口 3000 人。

醴陵桐梓山陈氏 一派必先公，原籍江南扬州府仪征县三坝人氏，南宋末年卜仕楚南。二派松公任长沙太守，官籍善化。三派承宠公，明洪武时官长沙卫管军百户。六派显公由岁贡生任湘潭县教谕，始家湘潭。十派万贵公明崇祯间由湘潭迁醴陵，落业醴西南岸。族人分布于三望冲、丁泗桥。至 1948 年，全族人口 2000 人。清康熙四十年（1701）汇订墨谱，乾隆五十四年（1789）、道光二十年（1840）、1925 年续修。字派：万学庆政魁元启。朝廷待名爵，世禄振家声。哲士联班起，贤才应运生。

醴陵陈家村陈氏 始迁祖普隆公，明季自浏阳迁此。至 1948 年，全族人口 2000 人。另一支元季自浏阳迁此，族人分布于易家冲、湖龙坝、流碧桥，至 1948 年，全族人口 700 人。

醴陵栗山陈氏 始迁祖荣山公，清顺治初自江西迁此。族人分布于株洲、湘潭。至 1948 年，全族人口 300 人。

醴陵马家洲陈氏 始迁祖兴恺、兴辉二公，清康熙初自福建龙岩迁此。族人分布于清水江、湖北、江西。至 1948 年，全族人口 800 人。

醴陵黄甲村陈氏 始迁祖介仁公，清康熙间自福建龙岩迁此。至 1948 年，全族人口 2000 人。

醴陵江口陈氏 始迁祖建梁公，清康熙间自江西九江迁此。族人分布于唐家坊、马家洲、浏阳。至 1948 年，全族人口 1000 人。

醴陵荣家坪陈氏 始迁祖仕球公，清康熙初自广东海阳迁此。族人分布于漏水坪、王仙、长塘等地。至 1948 年，全族人口共 323 人。

醴陵三眼井陈氏 始迁祖三谋公，清康熙间自广东嘉应迁此。族人分布于大屏山、上堡冲。至 1948 年，全族人口 1000 人。

醴陵温泉陈氏 始迁祖良桂、良彬二公，清康熙间自益阳迁此。族人分布于泮川冲。至 1948 年，全族人口 400 人。

醴陵王家坊陈氏 始迁祖晋益公，清雍正间自江西宜春迁此。族人分布于萍乡。至1948年，全族人口200人。

醴陵陈家湾陈氏 始迁祖廷玉公，清乾隆初自福建汀州迁此。至1948年，全族人口300人。

醴陵丰洲垅陈氏 始祖汉杰公，自安仁县徙醴北斑竹园。四世孙孔雯再迁邑西二十一都丰洲垅文家坝湾。清光绪间四修族谱。堂号德雍。

醴陵花麦田陈氏 始祖季实公，讳禾，宋徽宗时官右正言，以直谏显，开族江西新城。传至八代本懋、本林，懋公仍居新城，林公迁居广昌上礼峰。林公十一代孙子绒、子紃、子纲、子纠、子纪、子纯，清康熙间自江西广昌上礼峰徙居醴陵花麦田。至清道光二十二年（1842）上礼峰已四修族谱，光绪二十五年（1899）花麦田独修支谱。派语：本敬贵得琳文万，应希大子经天象。继述祖传宏丕烈，显承谟猷焕龙章。诗书振起昭先绪，义让勋名翼世昌。忠良辅国家声远，科甲荣兴庆泽长。

攸县搏上庙陈氏 始祖子珍公，字光裕，号潮聘，周世宗时谏议大夫，宋初隐居茶陵东山。其后勃公，字智顺，迁攸县，派衍杜口、湖厂等处，越七世高规公，讳过，官监察御史，由杜口徙居北乡陈家巷口。至明洪武初生甫公，字福一，为舜百二十二世孙，胡公满八十六世孙，卜居楼阁下搏上庙，子孙蕃衍，遂以开族。清康熙十六年（1677）始修族谱，1915年六修。康熙五十一年（1712）建宗祠于板陇。行派：士陈祖德，世起文光。传家大本，宗兴其昌。功成名立，源远流长。百年人瑞，万代书香。

攸县杜口湖厂上村陈氏 始迁祖勃公，北宋哲宗时自茶陵东山徙攸县马头岭，生二子：次子大法徙安福乌溪，长子大善五世孙戡于南宋初避曹成之乱由马头岭迁居邑之杜口里。戡六世孙宗臣，字朝佐，生二子：长庸，字元中。次性，字道中。元明鼎革之际，元中由杜口肇基湖厂，道中则奉父徙萍乡白竺上村。

攸县元甲岭陈氏 始祖勃公，仕宋监察御史，由茶陵徙居攸县。传十一世至台甫公，明洪武初年卜居攸县元甲岭。族人分布在元甲岭、隆佳台、端睦堂、耐涵贤、大竹一带。至1948年，已传23代，族人共万余人。

攸县大洲陈氏 先世由江西虔州宁都马头寨一迁而居潭州茶陵之茶江，再迁衡山长坑。攸县大洲斛塘支祖丁美公，乃汉杰公第三子祥三公之后，由长坑分居攸县大洲斛塘。生子三：崇玉、楚玉、映玉，子孙世居此地。清康熙二十七年（1688）、乾隆元年（1736）、乾隆四十一年（1776）、嘉庆二十二年

（1817）、同治九年（1870）、1912 年六修族谱。另一支始迁祖致文公，字孟然，号元仲，住攸县大洲。

攸县东门陈氏 始迁祖旸公，原籍姑苏吴县大姚村陈湖，南宋淳祐年间进士登科，出为攸县县令，见攸邑山水清丽、民风淳厚而定居。清康熙二十一年（1682）一修族谱，康熙五十九年（1720）、乾隆二十五年（1760）、乾隆四十六年（1781）、嘉庆十四年（1809）、咸丰元年（1851）、光绪五年（1879）、宣统三年（1911）、1941 年、1997 年、2005 年续修。

茶陵茶乡墨庄陈氏 始祖福翁公，后唐明宗天成三年（928）自江西泰和县早禾市徙永新白渡，生子三：云蒸、云庆、云兴。云兴与次兄云庆又于后唐长兴元年（930）由白渡徙居茶陵茶乡墨庄，子二：天祯、天祥，分衍上、中、下三户，天祯开上户，天祥开中、下户。族谱创修于元至正时，1943 年八修。排行：颍川邦家善庆长，翼为明听焕文章。诗书礼乐春秋易，衣冠接踵继汉唐。从来敦睦称仁里，万代声名启俊良。志据依游克念力，敬承祖德永光扬。该族名人：二十一世陈纯德，崇祯进士，曾官福建道监察御史、提督，北直学政，谥忠洁。陈希云，曾任粮食部副部长。陈斌，任建设部副部长。

茶陵界桥陈氏 谱称始祖庆公，唐僖宗时居江西泰和早禾市，生三子：小益郎，唐天成二年徙永新白渡。小贰郎，世居早禾市。小山郎，字云兴，后唐长兴元年（930）由早禾市迁茶陵墨庄。十四世启贤，为界桥支祖。2006 年一修族谱。字派：开启绳祖武，世业振廷朝。嘉显明克秀，永镇定宏昌。忠厚传家宝，文章亲国光。由来功德远，万代发其祥。

茶陵专家湾陈氏 墨庄陈氏第十代绍隆公，南宋德祐二年（1276）迁安仁樟桥。其次子开仲，景炎二年（1277）携子启贤自安仁樟桥迁茶陵专家湾。清乾隆六年（1741）、嘉庆十五年（1810）、同治十三年（1874）、I938 年、2009 年纂修族谱。辈份：象贤绳祖武，世业振廷朝。嘉显明克秀，永镇定宏昌。忠厚传家法，文章覲国光。由来功德远，万代发其祥。

茶陵东山陈氏 始祖子珍公，后周世宗时居茶陵茶乡马头圳上。其子汉文迁居东山。汉文裔孙复分迁南中、富背、香山等地。

茶陵官溪陈氏 始祖子珍公，后周世宗时居茶陵马头。子汉文迁居东山。汉文公五世孙诚公任零陵县尹，告老还居官溪。明嘉靖三十七年（1558）、清康熙五十五年（1716）、乾隆四十八年（1783）、道光三年（1823）、咸丰八年（1858）、光绪二十一年（1895）、1923 年、2009 年纂修族谱。派语：圭璋灵秀钟，学海统朝宗。源远流应达，荣华庆有功。昌明盛世逢，俊杰表贤忠。富贵定亨大，桂兰联梓桐。

茶陵永慕堂陈氏 一世祖子珍公，八世天福，九世辰孙。辰孙第四子正十二郎由茶陵东山迁江西吉水文江。正十二郎生辛十六郎，讳达善，字存仁，元大德五年生，至正二十七年卒，由文江迁归茶陵西乡塘富。明弘治间、清乾隆十年（1745）、乾隆四十五年（1780）、光绪五年（1879）、1931 年、2010 年纂修族谱。排行：海端文碧彦，奇居希俊良。德盛才名远，功高勋业扬。书能安邦国，学以致君王。

茶陵良溪陈氏 始祖子珍公，生四子，第二子汉文居东山。九世元翁徙城西。十三世志兆，明洪武二十二年（1389）征广西镇安府南丹有功，升千户，授世袭，居良溪。明洪武二十六年（1393）、嘉靖三十年（1551）、万历四十三年（1615）、清乾隆三十四年（1769）、道光九年（1829）、同治十二年（1873）、光绪三十年（1904）、1947 年、2009 年纂修族谱。字派：（自二十八世始）源远本培，裕宏光显。丕振家声，其守尔典。

炎陵塘田南冲陈氏 始迁祖云峰公，明初自江西吉安打猎来酃，遂迁入康乐乡陈家湾（今塘田南冲村）。后人分布于三河、王家渡、东风。

炎陵七都大塘陈氏 始迁祖永吉公，清顺治年间自广东梅县迁此。

炎陵三河大坑陈氏 始迁祖学明公，清雍正六年（1728）自广东兴宁迁此。

炎陵十都麻莱陈氏 始迁祖常伦公，清乾隆元年（1736）自广东兴宁迁此。

衡阳甘溪陈氏 鼻祖仙公，原籍江西庐陵，宋建隆时官衡州太守，择居衡阳金兰。明洪武时编分八甲。十二代至元四公，开受七、受八、受九三支。清道光二十五年（1845）、光绪十九年（1893）、1929 年、1992 年、2016 年五修族谱。受七房字辈：元寿志添友，文宗孔圣宾（贤）。以文绍尧德，荣华世代新。受八房字辈：元受魁仲必，友宗兴德大。汉余恩圣朝，添赐贵常达。受九房字辈：元寿自荣先，移天景回正。永昌祖宗德，行方贵远令。三修统一字辈：积善贻家庆，培材炳国光。熙昌逢泰运，星聚复占祥。

衡阳顷田、茅市陈氏 始迁祖湘、灏二公，元延祐间由江西庐陵大湖迁衡。灏公子景华、景必、景仁，必公居祁阳高车，仁公居桂阳泗洲司。灏公及景华居清泉县政平大兴义木冲，今属衡南茅市。湘公迁今衡南管山陈家埠，生五子：景先、景新、景斯、景祥、景真。景新裔居衡南政平，景斯、景真迁桂阳泗洲寨，景祥迁常宁堑山，景先创业顷田。清乾隆十八年（1753）、嘉庆十六年（1811）、同治四年（1865）景先公、景新公两支合修，清光绪三十一年（1905）景先公裔应文支四修，1914 年景新公裔士谦支、士证支各四修，1944

年应文支五修，1943 年士谦支五修，1943 年士证支五修。清乾隆三十一年（1766）灏房一修，道光三年（1823）二修，同治四年（1865）三修，1915 年四修。2004 年湘、灏两房六修。应文支派语：湘景应思士公宗润文荣大汝尚三继。应彬支派语：湘景应富俊添志文单秉上奉以胜先泽。士谦、士证、士康支派语：湘景志思士庶文才大良汝希尚三继。景华支派语：灏景日永志单福能旸一明文兴宗启。合族新班：正康（永康、忠厚）贻谟远，诗书锡庆长。瑞征龙聚盛，吉协凤鸣昌。

衡阳金兰陈氏 宋代鸿公，仕豫章。长子命都公，居庐陵大湖塘凤凰山。元延祐间，其玄孙泳隆由赣迁湘，卜居衡南管山陈家埠。泳隆生开泰，开泰生演，演生义和，义和生以文，以文生仲玉，仲玉生景春、景芳、景青、景惠。景芳明正德万历间人，业落衡阳金兰六里保陈家庄，为该族一世祖。清乾隆四十年（1775）、道光三十年（1850）、1927 年、2020 年四修族谱。班次：景思文世伯，希尚朝启明。宏宗光益大，远祖德原清。富贵培根永，诗书扳桂荣。英贤传盛代，志士乐升平。

衡阳永伏陈氏 始祖均府公，隶籍湘潭县十四都泉塘樊山小冲。派衍六世至龙公，明初迁居衡阳县西乡永伏，官至指挥同知，世袭千户，生添德、添旻、添贤、添庐、添诚。旻、贤、庐居官部堂，诚居坪头，德迁衡山大塘（即今东湖）。清乾隆四十五年（1780）、道光二十二年（1842）、光绪十四年（1888）、1920 年四修族谱。前三修时东湖族不与，四修时五房合修。

衡阳陈氏 始祖信公，其先世于明初自维扬入滇，信公始转徙衡阳平政乡。孙四：天龙、天虎、天彪、天泰，兄弟各卜里居，遂开松柏、马头山、南门、桑园四房。天泰生守贞，守贞生嘉文，嘉文以桑园近市，再迁古竹园。嘉文三子，次子继禹、季子继良，启御川、湘川两房。1929 年御川、湘川两房四修族谱，堂号德星。

衡阳洪落庙陈氏 始迁祖仙公，原籍江西庐陵，官衡州府知府，遂居衡阳，世居西乡洪落庙。

衡山、衡东陈氏 衡山陈氏自唐至明，开埠始祖三十五人，存有后裔者三十四支。其中义门八支为陈宣帝六子叔明后裔，余为宣帝十七子叔达裔孙，明洪武、永乐间自江西高安县迁来。叔达长子贤德派衍河泉房，三子重德十传至元祖长子适（五十代）开岭下房、后港房。元祖次子明，其孙子珍。塘头、潭湖、白沙、鳌州、大州、上富、大江源各房为子珍长子汉杰后裔，庙蔚村、湾头、横岭、左家坪、大托、世冲、木林、平田、大泉、白果、町峰、石湾十二支为子珍公次子汉文后裔，坪口、依田两支为子珍公三子汉昭后裔，草市、龙头两支为子珍公四子汉舜后裔，曾于衡山县城建有义门、光禄、谏议三处宗祠。

衡山陈氏 一派叔达，十三派子珍公。二十三派德祖公，字涵有，号一斋，居衡山东烟冲，派衍平泉、杨坪、鳌洲三房。1922 年八修族谱。字派：（自三十九派始）绪开儒宗，传衍辉崇。起家有则，远守益恭。兴贤任重，志在作忠。积高增上，本立原逢。前敦善信，光振衡峰。

衡山岳北白果陈氏 始祖子珍公，为后周谏议大夫，迁居茶陵，生有四子：汉杰、汉文、汉昭、汉舜。汉文公三传至大法公，宋致和间分徙江西安福乌兜局溪。又七传至士琳公，再由江西迁居茶陵东山。士琳公二传至成羽、成八二公偕侄以仁于明初由茶陵迁居衡山之白果、町峰、石湾，分派三房。族谱始修于清乾隆六年（1741），2001 年七修。班行：景我先正，贤德一家。咸思祖训，必有光华。资忠履信，克复其嘉。

衡山町峰陈氏 始迁祖成羽公，原籍茶陵，随明太祖南征，官指挥，明永乐初（一曰元至正）与兄成八、侄以仁由茶陵落屯衡山南岳后之町峰。至六世万权、万林、万松、万柳，林公失考。

衡山开云镇后港陈氏 始迁祖公仁公，字世奕，原籍虔州宁都，宋初因父葬衡山安乐乡，于是迁居港坝头奉祀父墓。宋乾符间落籍后港，开派分支四房。清康熙五十五年（1716）三修、乾隆三十五年（1770）四修、嘉庆六年（1801）五修、道光九年（1829）六修、咸丰十一年（1861）七修、光绪十七年（1891）八修、1923 年九修族谱。至 2001 年，共 4000 人。班行：（自二十代起）思宏先世业，德茂定洪昌。积善传家永，庆延百代芳。

衡山贺家依田陈氏 始迁祖垂裕公，字乃俊，行福十郎，乡荐贡士，原籍江西吉安府庐陵县里居西桥头，元皇庆年间携子源进、源达宦游湖广南岳之衡山县，爱其山清水秀，遂卜居购产于依田（今衡山贺家）。班行：一元文映国，峻德世齐芳。玉树培基永，金枝发秀长。家兴学正大，平线作忠良。

衡山左家坪陈氏 始迁祖一宁公，字德载，行正十八郎，明洪武年间自茶陵东山迁衡山左家坪。以子贵，例封中宪大夫，配唐氏，生子五：珊、瑞、瑶、珪、瑚。五子瑚任广西平乐府知府，例封中宪大夫，生子二：友志、友隆。隆公四子：万忠失传。万臣生子添漳，开江边房。万载以子贵，敕封文林郎，生子二：礼、烈。烈宦名宪中，明嘉靖举人，任广西镇安府通判，敕授文林郎，为左家坪房祖。宪传至玄孙冠玉，世居左家坪。万相居柴山，派衍清泉思岭。至 2001 年，左家坪共 700 人。班行：肇开虞宗，传衍恢洪。诗书有则，远守益恭。兴贤任重，志在所忠。绩高增尚，本立原逢。全敦品德，光振衡峰。

衡山南岳陈氏 始迁祖文宝公，字谛玺，行一，原籍江右瑞州府高安县荷山寨中房，明永乐年间徙衡山南岳，后裔派衍四支。至2001年，共1265人。

衡山白果梓木港陈氏 始迁祖文澜公，字伯华，原籍江西瑞州高安县，明永乐年间迁衡山梓木港（今衡山白果）。生子一：希云。至2001年，繁衍513人。

衡山白果长冲陈氏 始迁祖文元公，字开榜，原居江西瑞州府高安县，明永乐年间迁衡山长冲（今白果），生子希圣。至2001年，共95人。

衡东潭泊垅岭下陈氏 始迁祖公求公，字秀昌，又名世昌，宋仕郎，祖籍江西赣州，蓝田叔达祖派衍。唐乾符元年（874）因父适公葬衡山安乐乡大洲长坪里，随父祀墓，遂留居衡邑武阳乡抛石岭（今衡东潭泊垅）。后裔开派分支三房。至2001年，共1200人。班行：登科世仕，祖德荣昌。贤能国宝，诗书家藏。本深枝茂，源远流广。于斯万年，福寿双全。廉良益旺，财盛日升。飞鸿腾达，前途美锦。

衡东霞流平田陈氏 始迁祖福公，字宣义，行一郎，为添亮四世长孙，由桑园而分居城里苑，发祥于江西吉安，宋绍定间落籍衡山霞流（今衡东霞流），后裔派衍三十房。至2001年，共8000人。班行：祖泽征传衍，家声卜吉昌。本原培植厚，兰桂永贻芳。学文世叙，锡封瞻云。长崇宾祚，立朝建勋。济时巨望，范在端勤。

衡东德圳大泉陈氏 始迁祖富公，字宣礼，行四郎，幼随父迁大门楼桑园，宋绍定年间落业衡山大泉（今衡东德圳）。后裔派衍五房。至2001年，共1万人。班行：肇自虞封，传衍恢宏。诗礼垂则，骏业式崇。蕃昌秩序，硕大丰隆。穆煌纪绩，调燮元功。

衡东石湾鳌洲陈氏 始迁祖德公，字涵有，行五郎，元大德年间迁衡山鳌洲（今衡东石湾），开派分支三房。至2001年，共5210人。班行：名克世其，肇自颍川。绪开虞封，传衍恢崇。起家有则，远守益恭。兴贤任重，志在作忠。积高增尚，本立源逢。全敦善信，光振衡峰。

衡东草市陈氏 始迁祖永明公，字景明，号熹斋，祖居茶陵，元皇庆年间徙衡山草市龙塘（今衡东草市）。生子六：福孙、福关、福禄、福兴、福祚、福崇，分别开派官塘、杨木塘团塘、龙塘丫尖、芒洲、耒阳县（失考）、茅镰洲。至2001年，共1100人。班行：（自十四代起）肇开虞封，传衍恢崇。起家有则，远守益恭。兴贤任重，志在作忠。积高增尚，本立源逢。全敦善信，光振衡峰。

衡东龙头陈氏 始迁祖永祥公，字文选，行端一郎，号心田，元至正十八年（1358）由茶陵马首迁衡山龙头老屋湾（今衡东龙头）。生子三：希文、天文、志文（无传）。希文二子：必富、必公。必富三子：长聪移居石枧，次谅住老屋，三海迁桂山。必公子善移居新屋。天文二子：长必敬住江边，次必让住潭泊。聪、谅、海、善、敬、让为龙头陈氏六大房。至2001年，共12251人。班行同衡东草市陈氏。

衡东踏庄陈氏 一派叔达公，十三派子珍公，十四派汉文公。二十四派福七郎，元进士，仕至太守，明洪武年间自茶陵东山徙衡山木林（今衡东踏庄）。福七郎孙海三郎为庙蔚村房祖，海八郎为潭江房祖，海五郎为中木林房祖。清雍正九年（1731）、乾隆五十九年（1794）、道光十一年（1831）、同治四年（1865）光绪二十一年（1895）、1920年、1941年纂修族谱。班行：肇开虞封，传衍恢崇。起家有则，远守益恭。兴贤任重，志在作忠。积高增尚，本立原逢。全敦善信，光振衡峰。

衡东栗木秋波塘陈氏 始迁祖文贤公，字登书，明进士，明洪武年间由瑞州迁衡山秋波塘（今衡东栗木）。生子四：希荣、希华、希富、希贵。荣公开派朱亭支房，华公开派陈家郾头房，富公、希公开派秋波塘房。至2001年，共1486人。

衡东栗木陈山头陈氏 始迁祖文幕公，字国惟，原籍江西瑞州府高安县荷山寨。明洪武年间徙衡山陈山头（今衡东栗木）。生子二：希安、希建，后裔分为两房。至2001年，共361人。

衡东甘溪大托陈氏 始迁祖一契公，字佐唐，明洪武年间自茶陵东山徙居衡山大托（今衡东甘溪）。契公生子三，次子二京公生子二，沧公留攸邑。海公生子四：懋林、懋升、懋贵、懋容。又由懋升公生子六，开派大托四房。至2001年，共1700人。班行：（自十三代起）肇开虞宗，传衍恢洪。诗礼垂则，骏业式崇。蕃昌秩序，为国思忠。寅直纪绩，调燮元功。

衡东木林世上冲陈氏 始迁祖一羽公，字翔飞，明洪武由茶陵东山迁衡山世上坪（今衡东木林）。生子二：二震、二兑。震公派衍大托厚田冲，兑公派衍世上冲。至2001年，共200人。

衡东木林陈氏 始迁祖一峰公，字胜福，明洪武年间由茶陵东山徙居衡山木林（今衡东），生子四：俨、侃、然、僖，开派四房。至2001年，共218人。班行：肇开虞宗，传衍恢洪。诗礼垂则，骏业式崇。蕃昌秩序，为国思忠。寅直纪绩，调燮元功。

衡东杨林湾头陈氏 始迁祖宗广公，行长二，明洪武间封中顺大夫。洪武、永乐年间自茶陵东山徙衡山瑶里（今衡东杨林）。至2001年，共334人。班行：宗晋福宏常正大，嘉卿必定显贤良。世生仁善贻谋远，代有英奇裕庆长。熙朝俊彦载赓扬，学富经纶本德昌。香发文明先绪振，彝伦谆笃葆维纲。云山献瑞诗呈祥，钟毓精灵镇泽湘。

衡东横岭陈氏 祖籍茶陵东山，始迁祖先文公，字砚田，号横川，明洪武进士，官国子监祭酒，明洪武七年（1374）自衡山油麻石竹箕寨定宅于草市横岭（今衡东）。生子六：荣一、荣二、荣三、荣四、荣五、荣六。荣二、荣三、荣四、荣五迁居异地，荣一、荣六派衍五房。至2001年，共3100人。班行：先荣德友廷朝正永乾坤宗祖佑咸昌。模范家声远，诗书世泽长。功名开汉宗，礼乐震衡湘。

衡东德圳长岭陈氏 始迁祖文魁公，字廷壬，原籍江西瑞州府高安县荷山寨里，明洪武年间迁衡山霞流市，后徙道字六区车头冲，再迁殷字五区九区长岭（今衡东德圳）。生子二：希盛、希虞。至2001年，共609人。

衡东南湾大江源陈氏 始迁祖湘二公，桐陵主簿，祖籍茶陵东山，明永乐年间落籍安仁江东（今衡东南湾）。后裔派衍六房。至2001年，共1007人。班行：祖宗昌盛，正国安邦。躬行仁让，谋猷允藏。维德是宝，庆泽孔芳。敬以承之，云礽衍祥。

衡东荣桓大岳滩陈氏 始迁祖邦祥公，字得耀，原籍江西高安县，明永乐年间偕侄良模迁衡山大岳滩（今衡东荣桓锡岩）。生子三：良惠、良襄、良舜，开派三支。至2001年，共141人。

衡东石滩河泉溪陈氏 始迁祖玉珊公，字金辉，明嘉靖间由萱塘卜居衡山河泉溪（今衡东石滩）。生子六，长子永郢生子七：尚久、尚远、尚为、尚记、尚福、尚德、尚全，开派分支七房。至2001年，共1388人。班行：昌明逢泰运，祖泽发源长。忠孝传家远，诗书裕后芳。敦伦惟爱敬，笃学定贤良。常记恢先绪，雍合在一起。格言宜服膺，展翅效鹏翔。树绩全瓯固，乐施祚胤祥。

衡东高塘塘头陈氏 始迁祖仲芳公，字崇茂，号兰溪，行十六，发祥于潭湖长冲，落籍于衡山塘头（今衡东高塘）。后裔开派五房。明永乐六年（1408）、崇祯十四年（1641）、清乾隆七年（1742）、乾隆四十六年（1781）、嘉庆二十二年（1817）、咸丰四年（1854）、光绪十一年（1885）、1929年纂修族谱。至2001年，共4800人。班行：辉洪士业，义班昭宣。衡湘聚香，诗礼家传。文成法立，玉润珠圆。辞华在后，器识居先。明允笃成，宏毅广渊。入孝出弟，作圣希贤。

衡南陈氏 迁湘始祖延海公，字静涵，号金墩，原籍福建莆田，宋初因平蛮有功，授宁海节度使，赐耒东平陵之流塘、石墩、塘坊、下庄等处田一万七千五百亩，遂由闽迁来，开耒永派。越四代至从邈公，徙居新城市。越九代至厚享公，生祖富、祖直。厚亮公生祖谦。三祖于清康乾间又迁衡州府清泉县，为湘东清泉派开派祖。清嘉庆十年（1805）四修、咸丰二年（1852）五修、光绪二十一年（1895）六修、1925 年七修、2018 年八修族谱。排行：（在耒）洪延希省从，念本存仁厚。（迁衡）祖兴宗荣财，天子得万世。（后续）文济忠良，显应克昌。盛朝儒重，英俊后扬。景运隆泰，家国安康。诗书传习，教育泽长。

常宁富贵塘陈氏 始祖顺宾公，生德新，德新生寿二郎，居宝庆府新宁县道田乡。寿二郎生思敬，思敬生清，徙居永州府零陵县蔡家田。清生尧一，字受润，行大郎公，明正统间来常宁，居富贵塘。清咸丰十年（1860）、宣统二年（1910）、1943 年三修族谱。字派：朝廷国正道良贤，祖德家兴大永年。佑启文英生茂达，荣光秀发瑞开先。

常宁陈氏 始祖延海公，食采耒邑，生六子：希郅、希郁、希邬、希郢、希郝、希郑，嫡孙十五，曾孙四十三。越八世仁安公及仁寿公之子福昌、福量，仁化公十二世孙继穆、继稿、继穮，由耒先后来常宁。仁安及仁化之裔居城西，仁寿之子居城北。清乾隆四十六年（1781）、道光三十年（1850）、光绪十三年（1887）、1925 年纂修族谱。字派：福胜道珏景，用应上大人。贤嗣绍典则，令绪启经纶。兰桂生香远，诗书兆泽新。家庭修礼让，宗属识尊亲。

安仁万里陈氏 始祖勃公，字以兴，宋初由茶陵东山卜居安仁松山乡颜家冲。至十世佐朝公，又由颜家冲迁万里。族人分布于颜家冲、万里、车桥、宝塔岭、凤岭等处。至 1948 年，已传 30 余代，共 800 余人。宗祠在万里。

安仁潭湖陈氏 始迁祖祥二公，字瑞珊，宋兴国时自潭湖长冲落籍衡山潭湖（今属安仁），开派分支六房。至 2001 年，共 900 人。班行：祖自盛唐，元明垂芳。家传诗礼，华国文章。忠厚贻训，庆礼孔长。嗣而守之，百世其昌。

安仁军山乡陈氏 始迁祖延宾公，宋景德年间由福建省迁湘，开基于安仁县青路（即军山乡）。族人分布于安仁之军山、凤城、熊峰等乡及攸县之渌田，耒阳之圳边，湘潭之花石。至 1948 年，已传 32 代，共 3 万人。宗祠在安仁军山乡龟形山麓。

安仁石溪陈氏　一世祖云兴公，为陈武帝霸先二十六代孙，于后唐长兴元年（930）由江西泰和早禾市徙居湖南茶陵墨庄。云兴公十二代孙绍隆公，于南宋德祐二年（1276）徙居安仁新塘。后裔派衍二十一房，分布于安仁安平、牌楼、坪上、清溪、平背五乡。清雍正十年（1732）安仁分修族谱，乾隆四十年（1775）续修，道光十九年（1839）四修，光绪二十一年（1895）五修，1948 年七修，1997 年八修。1940 年建宗祠于石溪。排行：祥俊伯应泰，宗祠万年彰。贤良从大体，继述振南湘。积善传家宝，丰功世泽长。鸿文华盛国，尊贵显名扬。

安仁白沙陈氏　始迁祖小六郎，字安象，元泰定年间自潭湖长冲徙衡山白沙（今属安仁），后裔开派分支两房。至 2001 年，仅数十人。安象生子三，长子二十四郎传至二十七代贵公徙攸县大洲。栋、梁、桂三公徙衡阳樟木乡新文村。

安仁渡口上富村陈氏　发祥地茶陵东山。始迁祖致光公，字季然，号尧仲，敕封中宪大夫，明洪武年间开籍衡山上富村（今属安仁渡口）。后裔衍派五支。至 2001 年，共 4500 人。班行：致君万臣贵，明希胜祖宗。名正伦纪叙，家和礼让崇。诗书遵先泽，人文继起隆。相传仕有德，世代守成功。

安仁新安陈氏　鼻祖沧公，字全熙，明洪武时任驾前指挥使，立屯茶陵卫，号军家营。生五子，长子芹公，官河南，其后归茶卫，由茶卫又迁安仁土陂神洲，继迁邑西网大塘。三子恭公，仍居茶卫，越七世贵品公，明弘治举人，卜居安仁邑南石头山洞口。清道光九年（1829）、光绪二年（1876）、1913 年纂修族谱。芹家老班：南楚熙皞治，角廷圣朝泰。宗祖芳智善，世代定乾坤。恭房老班：忠孝传高厚，文章可立升。学诗能礼义，显祖耀宗庭。芹房自“芳”字始，恭房自“诗”字始，更为“前人遗泽远，后嗣继书香。道德开光显，家声定吉昌”。

安仁坪口陈氏　始迁祖凯西公，字寿三郎，号全体，务一郎之子。明永乐年间自茶陵蒲江徙居安仁坪口泉陂塘。子孙分居乌陂渡、长滩、耒阳。后裔派衍六房。至 2001 年，共 89 人。

耒阳陈氏　始祖延海公，字静涵，号金墩，原籍福建莆田县，宋初因平蛮有功授宁海军节度使，检校太保，赐耒阳东乡之平陵琉塘等处田产七千五百亩。遂占籍焉。生六子十五孙四十三曾孙。宋淳熙间，海公七世孙乐山公创修家乘，明嘉靖间纂有大成谱。清康熙十年（1671）续修。乾隆十年（1745）、嘉庆十二年（1807）二次分修。咸丰六年（1856）十六房通谱。光绪二十年（1894）、

1924 年明照公嗣孙续修房谱。排行：龙恩申锡誉，耆寿列公卿。贤能标凤藻，雅颂咏和平。

邵阳老鸭田陈氏　始祖伯万公，自吉州泰和县徙邵州黄杨山，传八世分永宗、康宗、齐宗、广宗、庆宗五房。庆宗仍回吉州，广宗徙四川阆中，永、康、齐三公之胄繁衍邵、新、湘、益，新化尤盛。齐宗之后权甫（伯万之二十四世孙），元至正间由新化洋溪南岸徙邵阳老鸭田。1924 年八修族谱。

邵阳龙山陈氏　鼻祖伯万公，后唐同光二年（924）落籍新化黄杨山鹅塘，派别五十余户，添禄公户其一也。添禄公与子亨公仍归江西。亨公生天麒、天麟、天恩、天印四子。元末兵乱，亨公率恩、印复迁邵东龙山三溪，印裔后不考。明洪武初麒公孙元龙携子寿卿、中荣亦卜居于此。中荣生敬、智、顺、礼，派分四房。清乾隆五十九年（1794）恩房纂修族谱，以齐甫公为始祖。嘉庆二年（1797）麒房纂修族谱，以天麒公为始祖。咸丰十一年（1861）两房续修，1918 年两房三修，1943 年麒房四修，1992 年恩房五修，2001 年两房六修。麒房老班：天齐元寿中，宗祖文才志。邦定永汝大，兴世朝上久。恩房老班：君齐应天中，宗祖文才志。邦定永世大，兴久富安宜。合族新班：诗礼传家正，道学焕庭章。仁德名芳远，景星辉映长。

邵阳陈家坊陈氏　始祖伯万公。二十四传至始迁祖泰清公，字澄父，明洪武初年因人口过繁而自新化鹅塘邨迁居邵阳大东乡安平一都瓜塘。其子汝华由瓜塘徙居三溪一都和安乡陈家坊。派衍五房：荣、海、敬、庆、信。族人多分布在东冲、小白水、瓢厂里、鸭婆塘等地。至 1948 年，已传 24 代，共 3000 余人。宗祠在陈家坊。清康熙十一年（1672）、嘉庆二十年（1815）、同治二年（1863）、光绪十二年（1886）、1915 年、1942 年纂修族谱。班序：泰汝孝源思，添文永定邦，子世忠德景。惟今能显远，历代善名扬。端自肇基厚，继因衍绪良。量材修正业，素位守彝常。礼让家声振，诗书世泽光。

邵阳墨溪陈氏　始祖伯万公，字金峰，后唐同光二年（924）奉命编插潭州而自江右徙居湖广邵州府上高县大王三都黄杨山鹅塘（今属新化）。传二十一世至一兴公，明时徙居邵阳三溪五都田心肺子江，继徙墨溪，衍添祥、添华两房。清乾隆二十五年（1760）建宗祠于并眉山。清雍正元年（1723）、道光四年（1824）、光绪十年（1884）、1922 年纂修族谱，堂号敦本。至 1948 年，已传 22 代，共 5400 人，分布于湘乡、安化、新化等地。旧派语：一添必汝嗣秀志，文忠大吉昌，应学开世代，惟今能显远，历久善名扬。续定班次：节义传家法，诗书焕国光。聚奎辉祖德，复旦继前章。

邵阳荣户陈氏 伯万公下分永、康、齐三宗。宗荣户属康宗。支祖英琏公，由新化迁邵西车塘鸿鹤楼。传六世至荣公，担落托里，派衍五大房。清乾隆五十年（1785）、道光十九年（1839）、光绪十七年（1891）、1924 年纂修族谱。四修时通族合计 6846 人。班行：永远思念祖，廷文才必中。仁义本天德，历代善名扬。

邵阳陈氏 一世祖旺公，原籍江南庐州府合肥县酸枣街，明洪武初随所帅汤和征吴，授武略将军，充宝庆百户指挥使，遂来邵阳。传之四世镇公，以征苗功升宝庆千户指挥使。清乾隆五十九年（1794）始修族谱，同治五年（1866）、1916 年、1994 年续修。班次：大世汝元开，时明亨泰来。文章华国上，万载仰英才。孝义荣名在，诗书理学传。词宗怀雅咏，远智绍先贤。

邵东陈氏 始祖伯万公。始迁祖良公，原籍江西，明洪武三年（1370）奉敕镇守宝庆，携弟德、福二公及从弟湘公落籍邵阳东乡。清道光元年（1821）、咸丰二年（1852）、1933 年纂修族谱。班序：惟今能显远，历代善名扬。端自肇基厚，继因衍绪长。

邵东陈氏 始祖伯万公，后裔又复还吉州，而江南高邮、合肥，而邵阳东乡，迁徙靡定。至始迁祖万镒、万钦，明洪武初来镇宝郡。镒公居县前落凤坡，钦公居中乡太平。清乾隆三十二年（1767）始修族谱，道光十七年（1837）续修，光绪三十年（1904）三修，1949 年四修。光绪十七年（1891）建镒公祠于邵东杨柳村，光绪八年（1882）建钦公祠于邵东太一乡乌龙庙。字派：芳嗣昌百世，历代善名扬。端自肇基厚，继因衍绪良。量材修正业，素位守彝常。礼让家声振，诗书仕泽光。香台恢祖德，义柱焕宗堂。余庆原星聚，支绵奕叶长。

邵东陈氏 鼻祖伯万公，二十七代孙彬公，明永乐间由闽迁邵，生七子，其中三子失载。钦公世居霞光岭。鉴、铭、钧三公世居邵东，鉴公派衍湾塘、西塘、上沙塘等处，铭公派衍五里排、顾家町等处，钧公派衍洲上台、古大堂、芽塘冲、衡阳等处。清乾隆四十九年（1784）、道光二十四年（1844）、光绪二十八年（1902）、1942 年、1993 年纂修族谱。宗祠建于郡城临津门。班字：忠义能显远，历代善名扬。端自肇基厚，继因衍绪长。量材修正业，素位守彝常。礼让家声振，诗书仕泽光。香台恢祖德，锦帐焕宗堂。余庆原星聚，支延奕叶芳。

隆回洞下陈氏 始祖伯万公，后唐同光二年（924）徙楚，落担于今新化鹅塘乡横阳山，开永、康、齐、广、庆五宗。广宗迁四川阆中，庆宗返泰和原籍。永宗、康宗、齐宗三派于湘西新化、邵阳间。永宗四传至文成公（1286—

1349)，偕弟文贵、文仕，由溆浦迁邵阳隆回二都大水洞枫木坑落担，后又迁居洞下，领八甲户，世称八甲陈氏。族谱始修于明孝宗弘治六年（1493），1945年六修。1938年建宗祠于金石桥洞下村。永、康、齐三派班行：文才仲添志，永吉思万良。大国朝廷立，其宗亿世昌。惟今能显远，从古善名扬。端自开基厚，继因衍绪长。量功修正业，素位守彝常。礼乐家声振，诗书教泽光。香台恢上德，义柱焕先堂。星聚千秋照，支绵累叶芳。

隆回雉田陈氏　太始祖伯万公。仲才公北宋元丰八年（1085）徙居新化上下莲塘。七世英琏公又迁邵邑西乡车塘黄鹤楼。二十五世宗富公由车塘迁雉田，生祥、寿、贵，派分三房。清嘉庆三年（1798）、同治五年（1866）、1915年纂修族谱。堂号三相。班次：宗兴安邦定，国万太朝凤。永有尚智仁，亘古善名长。

武冈观背底陈氏　始祖昭德公，江西南昌人。三世仕杰公，避元季之乱徙武冈。

武冈金秤陈氏　始迁祖应琇、文旺两公，明洪武初年由新化县因避元乱而迁居武冈县古峰乡金秤市老屋冲。族人分布在金秤市附近及惟一、四望两乡。至1948年，已传24代，共万余人。宗祠在金秤市，今属邵阳县。

绥宁李熙桥陈氏　始祖伯万公。十代孙享公于南宋绍兴四年（1134）迁居绥宁红岩，后转徙李熙桥陈家寨。后裔现分布于李熙桥、盐井、黄土矿等10余乡。

新宁南乡金家村陈氏　始迁祖和公，原籍江西泰和，明洪武时曾任粤西桂林知府、云南道尹，后解甲归田，道经新宁，悦其山水而卜居南乡金家村。清代第十五世孙尧钦，壮年徙川，定居四川乐至县。陈毅即为陈尧钦第九世孙。至1995年，已传26代。

城步西岩陈氏　始迁祖自有公，奉旨镇抚都梁，由江西下籍城步，居西岩沙基头。

岳阳饶溪陈氏　始祖岳公，字纹峰，宋仁宗天圣间由江州德安县太平乡儒教里迁居湖南岳州巴陵县，仕岳州路判，后解组回籍，但命次子彬居岳阳剪刀池。传五世至武岳将军广平公迁居饶溪，又传四世至灿公生七子：一发、一植、一沅、一墀、一英、一桂、一隆，当时有“祥开七户，秀毓三湘”之美誉。至1948年，已传30余代，共39000余人。宗祠在饶溪贺家湾。

岳阳陈氏　始祖岳公，字纹峰，宋仁宗朝进士，任岳州路判，生三子，长子与三子归江州义门原籍，次子彬公，字彦纹，喜岳阳山水之秀，遂由德安家于岳阳剪刀池。至十一世千一公，元大德八年（1304）徙居车田，生三子：原扬无嗣。原高裔迁居平江杨田墩。原寿于明洪武八年（1375）自车田徙千石段，生八子：亮、琦、珍、琳、琛、瑢、琏、瓒，衍为八房。至2002年，已传32代，9万余人。清光绪十八年（1892）岳阳亮、琦、珍、琳四房及平江高房续修族谱，堂号颍川。派语：青云其捷步，恢振赐书荣。义重传家远，修齐赞治平。续派：光华开复旦，万国庆常新。任巨资英俊，行成在礼仁。合群敦孝友，奕世绍文明。谟训承先泽，贤才望后昆。同宗隆爱敬，念祖倍尊亲。达道宜兼善，兴邦贵正伦。均权依宪法，笃志建洪勋。位禄偕名寿，千秋典策馨。

岳阳集凤园陈氏　始迁祖德仲公，元末避乱自金陵江浦县迁岳州巴陵县集凤园。德仲之子日新生四子：海、清、珑、琥，分居茂田、黑漆门楼、望东园、早禾段，遂开四房。1937年纂有族谱，堂号颍川。

岳阳港南陈氏　始迁祖桂林公，明洪武间自豫章迁湘，先居巴陵杨林里柳家沅，后卜筑治里莱塘湖东岸港南。1926年三修族谱，堂号星聚。

临湘陈氏　始祖宗升公，江州人，宋时任蒲圻令，遂家于此。历六传至寿二公，字鹤龄，元至元间进士，授成都知府，迁居湖南临湘西畈。1915年纂有族谱，堂号颍川。派语：芳式我应，良甲翼贻，昌（端）纯嗣大，文章光国，道学传家，士守忠孝，人尚明达，世泽孔良，定绍重华。

华容陈氏　先世为湘潭人，后唐同光间迁来华容。尊宋元之际的小四郎为一世祖。1929年纂有族谱，堂号德星。

华容桃花山陈氏　始祖正五公，元代人，居江西丰城县木犁村。有三子，长子伏一之子胜祖于元末从丰城迁居华容桃花山。老派：良文在锡龄，宝祚惟传经，墨会原钟毓，世昌自芳馨。续派：志裕能从学，功修可定邦。逢时登绪首，上国庆观光。新派：宗德映政华才同海量。耀祖立勋业，承先继远扬。

华容县城南门陈氏　始迁祖文宝公，字上珍，元代人，赐进士，居江西南昌，任常德府指挥使。年老致仕，居常德府武陵县东门外黎子岗。后选胜地，于明初迁居华容城南门。有七子，子孙原居县城西白鼎山，分居全县各地。宗派：继所嘉云，玉之德鹏。锡远惟贤，支绍其昌。续派：孝友辉祖，秉礼斯迪。中正以传，嗣修国良。

华容方陡岭、杨树港陈氏　明时天爵公之三子世宝，曾在湖北监利任职。其曾孙万江、万金，见桃花山山林秀色，于明正德四年（1509）迁桃花山。万江居方陡岭，万金居杨树港，子孙多居东山一带。原派：孝友传家永，忠贞缵绪长。义风常恪守，遗泽自流芳。增派：典训光前德，育新必善良。奇才盛昌世，国统大端祥。

湘阴金鸡岭陈氏 始祖翦公，江南西路江州人，宋中叶迁巴陵饶村。传八世至孟周迁湘阴鼓楼湾。再传六世至万美于明万历中叶迁金鸡岭。

湘阴牛口堌陈氏 始祖旺公，居江州德安县，传十五世至可兴于宋嘉祐中叶迁此，今属汨罗。

湘阴陈氏 一世祖四四郎，南宋时由闽迁湘，五传至季五郎，生有四子：广济、广源、广渊、文深。广源迁广东嘉应州，未合谱。广济开派宁乡。广渊、广深肇基湘阴。清嘉庆二年（1797）、道光二十一年（1841）、光绪十年（1884）纂修族谱。1947 年合宁乡大房续修族谱，堂号光裕。派语：长希万良士，文兴启发洪。业丰昌盛远，光耀世德隆。美善兼明达，心传道法崇。敬录先正烈，惇允用其中。

湘阴苏溪堌陈氏 始祖端公，唐末江州德安人。其二十世孙太丘于元明之际立业湘阴苏溪堌。堂号聚星。

湘阴长乐街陈氏 始祖端公，唐朝人，江州德安籍。其二十世孙太策于元明之际由湘阴牛口堌迁长乐街。清光绪二十四年（1898）纂有族谱，堂号颍川。

湘阴营田陈氏 始迁祖熙公，明初迁此。堂号德星。

湘阴新桥、丰仓军族陈氏 一世祖福公，原籍扬州仪征三坝人，明初以军功授长沙卫，因家于南门外碧湘街，号军门。其孙万甫于正统间徙湘阴东乡新桥，隶屯籍。又三世至玉琏、玉琳迁丰仓，以启两房。

湘阴杏花村陈氏 始迁祖忠藩公，号十万，明初自江西临江县长塘卜居湘阴乔口河北街杏花村。生有四子：孝履（字礼门）、孝由（字义门）、孝�（字松门）、孝衢（字路门）。孝衢旋迁长沙城大西门流水桥。明末寇乱，孝履后裔徙益阳竹泉山，孝筠裔徙湘阴樟湖岭。清嘉庆二十二年（1817）、咸丰元年（1851）、光绪三年（1877）、光绪三十二年（1906）纂修族谱。1937 年乔口河北街孝由支并孝履、孝筠两支五修。2014 年六修。堂号德星。字辈：忠孝传家祚，谟猷启后英。大纲名正泽，立本道生荣。树业恢先典，敦和应盛平。励舆龙笃烈，诒范继芳声。

湘阴林子市陈氏 始祖可庆公，明初分业梅薮，继迁湘阴力江。其十一世孙仲容迁湖北黄冈县，其子太山复回湖南，落业于湘阴西乡林子市。清同治年间纂有支谱，堂号文蔚。

湘阴塔寺泉陈氏 始祖端公，唐朝人，祖籍江州德安。其八世孙团公生有十一子，北宋嘉祐七年（1062）分庄，其第五子可恭受业湖南。可恭之十三世孙荣朝于明隆庆间自湘阴力江迁邑东塔寺泉。清嘉庆十年（1805）、咸丰三年（1853）、光绪十八年（1892）、1924 年纂有族谱，堂号义门。

湘阴陈氏 始祖伯万公，唐代自江西泰和迁湖南宝庆府新化县横阳山鹅塘。传二十世至德源，再迁长沙大西门，生有四子：志聪迁湘潭，志善迁益阳，志量迁宁乡，志忠迁湘阴。清宣统元年（1909）湘阴陈氏纂有支谱，堂号颍川。

湘阴陈氏 始祖德兴公，由福建出仕粤东，宦籍西山，生才用。才用生希白、良、宽、芳。白、良、宽三支后裔清初分迁楚南，1999 年与益阳青草港陈氏合谱，时有人口约 400 人，半居湘阴、益阳、南县，半居湖北。派语：臣昌海山开，泰嗣绪维新。诗书延世泽，忠孝笃天伦。治国宜静正，齐家贵朴纯。荣贤期竣起，光大迈前人。

湘阴、益阳陈氏 始祖受六公，字启佑，明洪武举人，诰封奉直大夫，洪武二年（1369）由江西南昌府迁居湖北监利县林长河窑湖垸石家渡，子二：如华、如海。如海公生二子：玺、斌。清康熙三十三年（1694），斌公房十一世舜惝（字帝卿）由监利迁居湘阴佘家垸，之桢公徙居益阳滕牌垸，玺公房之启徙居湘邑杨柳图。族谱创修于清乾隆三十九年（1774），同治七年（1868）二修，堂号义门。监邑派语：尧舜之世，本大肇封。汉嘉茂德，唐振义声。南昌济美，东陵绍芳。祖居林长，绳承万年。

平江陈氏 始祖端公，唐僖宗时以功封威烈将军，敕镇潭州，解组后留居长沙雾阳乡沧浪溪。传十四世衍开、表两支。开公四传析为友余、友庆、友杰三房，表公四传至友祥房。四房后裔散居平江县西门、白茅、烟竹坪、淤泥塅等地。族谱始修于清乾隆十四年（1749），1949 年七修，全族人口达 3322 人。咸丰五年（1855）建端公祠堂于长沙蕃椒塅，乾隆十八年（1753）建平江宗祠于卢家坪。派语：隆开士学光（昌），英发定荣长。作述绵延善，渊源浩大彰。芳华传美盛，久远继真良。

平江北岭陈氏 始祖满公。传七十世至俛公，字世服。北宋嘉祐七年（1062）江州义门陈氏析为 291 庄。八十三世祖思先公，字聿修，号念哉，官节度推官，居平塘泽庄，宋高宗建炎二年（1128）因避李成寇乱而徙居平江北岭，族谱尊为平江一世祖。思先公传二十四世至新符公，字玉璋，号瑞圃，清例授修职郎，衍为士楠、士楷、士晋三房。宗祠建于卢家坪。1934 年新符公裔合修族谱，堂号聚星。派语：万楚民文一，光维世德新。士纯崇大道，学正显奇珍。懋建良家烈，荣观上国宾。又闻昭有义，善述发长春。

平江朱霞陈氏 始祖满公，八十世至仲公，仲公之次子端，唐时以威烈将军官镇潭州，解组后落业于此。端公传二十世至太山公，由长沙迁居湖北黄州。再传十余世至玉恒公，讳德帅，字侍卿，清初由黄州胡度道南迁岳州府平江县西乡湖源山下桐梓坳，子二：明芳世居平江朱霞。仕芳之长子世英世居平江朱霞，次子世荣分迁湘阴、岳阳等地。族谱始修于清光绪二年（1876），1934 年续修，堂号集义。咸丰八年（1858）建长平湘浏总祠于长沙县沧浪桥。玉恒公八世孙陈长簇为民国时湖南高等法院院长。派语：星堂增德耀，世大永昌隆。业绍家声远，犹怀浑穆风。

平江陈氏 始祖满公。四十三世至东汉实公。七十五世至旺公，由庐山徙居德安县太平乡常乐里。八十世衍为六房：伉（字世高）、侍（字世贤）、仲（字世安）、俛（字世服）、伟（字世彦）、伸（字世启）。清康雍间，六公裔孙相继由齐、吴、闽、粤徙湘，尤以嘉应州为多。宗谱始修于清光绪二十四年（1898），1925 年续修，堂号颍川。光绪十八年（1892）建宗祠于南乡到湾。通派韵语：有国开先业，膺封肇自周。宗功垂世绪，廷献本家修。明道征星聚，纯儒信学优。贤才能济美，经训念贻谋。应运文丕焕，清源泽远流。英华隆继述，建树展鸿猷。

常德葛藤桥陈氏 始迁祖一士公，明洪武二十八年（1395）自江西吉水迁来常郡，卜居武陵、汉寿之间的葛藤桥。1942 年三修族谱，堂号如德。

常德芭蕉冲陈氏 始迁祖容公，明洪武间由安庆府桐城县随军征战湖南，后卜居常德府武陵县芭蕉冲。1915 年纂有族谱，堂号安定。

常德陈氏 始迁祖景元公，明洪武间自颍州徙江西，再迁湖南常德，生有六子：星椿、星富、星怀、星锡、星盛、星远。后人散居湖南、江苏、江西等地。1939 年六支纂有族谱，堂号颍川。

常德石公桥陈氏 始迁祖金榜公，原籍江西吉水，明洪武时任常德府教授，遂家武陵。十七传至锐公，字伯弢，清光绪十九年（1893）举人，著有《褒碧斋集》传世。

常德洩陂村陈氏 始迁祖虎公，明代中叶自江西吉安宦居湖南武陵县洩陂村。清同治三年（1864）纂有族谱，堂号颍川。

常德陈氏 先世为明指挥，由永嘉屯常德。1921 年纂修族谱。堂号赐福。该族名人：陈启迈，官江西巡抚。

汉寿石板滩陈氏 始迁祖恩公，明永乐二年（1404）率六子自江西吉安府吉水县拖船埠迁湖南汉寿，始居邑之七星桥，终落业于石板滩。仕贤居青泥湖，孔德徙汉港堰，孔茂徙荆冲，孔禹徙姚家冲，孔盛徙张家坊，孔昭徙太子庙。

清嘉庆二年（1797）、咸丰九年（1859）、光绪十二年（1886）、1915 年、1936 年五修族谱。堂号德星。字派：圣学昭谟烈，治国显道崇。士以绍先泽，人才正焕隆。厚德传心广，佑启永光宗。

汉寿软桥陈氏 始迁祖养廉公，明弘治初年自江西丰城县藻溪因商客楚，落业于汉寿县软桥。族人多分布在新兴、梅溪、毓德及常德县城厢里、七桥等地。至 1948 年，已传 14 代，共 2000 余人。

汉寿象贤庄陈氏 始祖长园公，明正统二年（1437）由福建晋江御殿头乡分迁泉州府惠安县獭寮乡。七世祖秉贤公之长子鹏举，武进士，清康熙初年平定厦门、金门、铜山等岛，康熙八年（1669）奉旨督垦湖广常德府龙阳县（今汉寿）南八铺，挈眷并标下官员吴、陈、林、蔡等十六人来龙。族谱始修于清道光八年（1828），光绪二年（1876）、1916 年、1933 年、1997 年续修。道光二十六年（1846）建宗祠于象贤庄。派语：维奋祥玉，嘉德永昌。克守先训，世德绵长。延鸿笃庆，贻燕元良。存心康济，贵寿日强。勋齐嵩华，道润琮璜。荫国受福，栋家腾芳。大启尔宇，亿载有光。

桃源浔阳坪陈氏 始迁祖万鉴公，元明之际因商自南昌迁桃源县南治关登瀛坊。至 1948 年，已传 17 代，全族人口 2000 余人，分布于尧天坪、陈家溪、西溪坪等地。宗祠在杨家湾。族谱创修于 1930 年。

桃源土东陈氏 始迁祖万福公，明洪武二年（1369）自吉水迁于桃源县西之土东村。至 1948 年，全族人口 700 余人，分布于陈家滩、金牛山、陈家桥等地。清光绪三十三年（1907）建宗祠于牛车磴。族谱续修于 1941 年。

桃源浯溪河陈氏 始迁祖良贵公，明永乐二年（1404）奉其母庹氏自吉水迁桃源县北浯溪河。至 1948 年，全族人口 800 余人，分布于八王坪、浔阳坪、白洋河等地。宗祠在浯市。族谱创修于 1930 年。

桃源硖州陈氏 始迁祖万福公，明永乐二年（1404）自江西迁于桃源县东硖州之车家坪。至 1948 年，已传 21 代，全族人口 1300 余人，分布于大田、水田及常德、临澧、汉寿等处。清乾隆三十五年（1770）建宗祠于车家坪。族谱创修于 1933 年。

桃源浯溪仙坞陈氏 始迁祖富三公，明永乐二年（1404）自丰城铁路冈迁于桃源县东浯溪之仙坞。至 1948 年，已传 20 代，全族人口 1700 余人，分布于土地坡、杨家坟山及常德之河洑等地。清咸丰四年（1854）建宗祠于仙坞殿。族谱创修于清光绪十九年（1893），1932 年续修。

桃源沅南田陈氏 先世明永乐二年（1404）由江西吉安府吉水县大栗树土

地奉先王移民之政携家迁桃源。历数世降至明末，有逆贼王进才、马进忠于湘西沅水一带恣其屠戮抄掠，所谓“王马反常”者即此。我祖大器、祢公适逢其时，遭其蹂躏，先世即有宗盟已荡然无存，以致先祖妣之名讳生没葬所无从可考，二公是否为兄弟亦无从可稽。1932 年首修族谱。

桃源基隆山陈氏 始迁祖富一、富二公，明永乐六年（1408）自江西丰城迁居桃源栖凤山，今称基隆山。清光绪七年（1881）始修族谱，1924 年续修，2003 年富一公房三修。至 1948 年，全族人口 6000 余人，分布于县北各乡及常德、慈利、石门、临澧、龙山等县。乾隆十年（1745）建宗祠于栖凤山东北隅。宗派：富思郎有添绍万。显大善之一士，廷宗兆启其祥。高瞻三光上国，作育治化孔彰。盛德原由仁起，垂训必崇义方。敦厚自培本立，学道益明贤良。尚志登朝选用，安全定守典章。丕振先序遗泽，继述永世克昌。

桃源青云洞溪桥陈氏 始迁祖景安公，明永乐九年（1411）自丰城县栗树乡葵花井迁于桃源县北青云之洞溪桥。至 1948 年，已传 20 代，全族人口 1000 余人，分布于北路各乡。宗祠在洞溪桥。族谱创修于 1940 年，2008 年续修。派语：景玄仲思水世士登（上祖）邦。秉之国学，文星显耀。朝廷大选，必得其志。名占魁元，光宗永昌。

桃源陬市陈氏 始迁祖富二公，明永乐间自丰城同兄富一迁桃源县东栖凤山。至八世祖显又迁于陬市之岩坡湾。至 1948 年，已传 23 代，全族人口约 320 人，分布于水田、浯溪、畲田及龙山、保靖等地。共建宗祠于栖凤山。族谱创修于 1924 年。

桃源鸟岩峪陈氏 始祖祥公，原籍丰城，随明太祖定鼎有功，授常德卫指挥，落业小西门外。传至三世源再迁常德牟家垱。又四传至言道始迁桃源县北上七里村之鸟岩峪。至 1948 年，已传 20 代，全族人口 600 余人，分布于温泉、高车及常德、慈利等地。1935 年建宗祠于鸟岩峪。族谱创修于清同治十二年（1873），光绪三十一年（1905）续修。

桃源金盘堆陈氏 始迁祖美舜公，明中叶自江西迁常德丹洲，旋因明末张献忠之乱携其子显通、显达迁桃源县南大安村之金盘堆。至 1948 年，已传 16 代，全族人口 200 余人。1917 年创修墨谱待梓。其裔孙陈修毕业于湖南大学，捐田百余亩创办私立沅南小学。

桃源杨溪陈氏 始迁祖志禹公，明季自江西迁于桃源县南下白石村之杨溪。至 1948 年，已传 17 代，全族人口 400 余人，分布于隆平、碧云等地。1914 年建祠于营州。族谱创修于 1937 年。

桃源新店驿陈氏　始迁祖必厚公，清初自安化迁于桃源新店驿。至1948年，已传14代，全族人口260人，分布于新平、安平等处。宗祠在新店驿。

石门陈氏　始祖省华公，字则美，宋朝四川保宁府阆中县龙门岗人。八世栋公，字君晓，以征虏有功，官都督，出仕江西抚州临川县，落业于临川县十八里牌头铺。十一世奇公徙居湖南石门县南乡七都泗水坪，生二子：世传由南乡泗水坪迁居北乡商溪龙家坪。世傅留居泗水坪。至1948年，已传38代。宗祠一在商溪，一在太平乡苦竹坪。

石门磨市竹溪陈氏　原籍江西，后迁湖北长阳，元时迁石门南乡，元末再迁北乡。

石门陈氏　始迁祖泰瞻公，明初自江西丰城县拖船埠迁居澧阳十二堰。生子大同，大同生敏、铭、兴、复、源。铭裔多居石门任家坊、青山河、八坪峪、柘慈溪等处。清道光元年（1821）、道光十九年（1839）、1922年、2012年四修族谱。派语：世善守汝（仁），大三之应。祖学永维光，绍文家其昌。心原本克一，忠正尚有方。

石门忠隘百户陈氏　始祖祥公，明代征蛮，受封忠隘，世袭百户。

澧县北民垸陈氏　始迁祖华公，原籍江西南昌府南昌县拖船埠大栗树。明洪武间因父添锡袭祖祥公职，守御安福县，授九溪卫添平所忠靖隘百户，落业澧州北乡合同铺。宗祠在北民垸。1925年纂修族谱。派语：国之君启宗，绍大永远宏。德立逢时显，才高际会隆。盛业恢先绪，奇勋继祖功。诗书绵世祚，孝友振家风。

澧县七倾垱陈氏　始迁祖友声公，原籍江西吉安府吉水县，授将军职，领三旗兵。明永乐二年（1404）来澧镇守，下屯九中四，事后平定落业七倾垱。清嘉庆二十五年（1820）、光绪十七年（1891）、1940年、2021年四修族谱。派语：学兆仁芳，敦本克彰。祖德允迪，福祚延长。

澧县箭楼湾陈氏　始迁祖世杰公，原系江西南昌府丰城县人氏，明成化间宦仕楚南，致仕偕弟侄三人同至澧州，爱其山水之美，一居华溪桥，一居木马山，世杰公居澧县桃林东里。2008年九修族谱。字派：学兆仁芳，敦本克彰。先泽允迪，门祚延长。文开易象，贤占星光。中和旌义，家裕明良。

澧县陈氏　始迁祖必贤公，原籍江西吉水大栗树。明成化时，公与源祚公迁澧，一居澧西燕子山，一居澧西岩版垱。清嘉庆十一年（1806）、同治四年（1865）纂修墨谱，1917年、1946年纂修族谱。燕子山老派：必怀（恺）仲思单，世登大学，其廷永正，名显中国，位本德尊。始创老派：精一开传，道统长存。义门续起，丕振家声。贻谋久远，光昭吉庆。续修新派：有兆呈象，克绍三君。汝容法规，历季盛行。

澧县陆家桥陈氏 一世祖思公，明初由赣迁湖北江陵县六合垸，三世亦祥，清初遭吴三桂之乱，移殖澧阳之西陆家桥。与燕子山陈氏合谱。

澧县沙岭陈氏 始迁祖子相公，第八子伏荣居澧州九垸乡沙岭村。老谦称先世原籍江西，太丘陈实之后，因世变子孙播散，徙移湖广岳州府慈利县，家居数代，地名唤狗渡，发烟灶百有余房。传闻祖有军差，复移家澧州观音港。2012 年纂修支谱。

临澧陈氏 始迁祖忠公，原籍江南松江府汝宁卫，明洪武初从驾攘蛮，以指挥落业于九溪卫。忠公生兴公，兴公生英公，英公生勇公。勇公移镇澧西九溪司新安后坪。1938 年续修族谱。旧派：单云今嗣宗单厥际清祚乾元隆昌。续派：远绍帝舜，祖德流芳。尊贤养士，论道经邦。

临澧陈氏 始迁祖俊公，字秀元，义门兢公之裔，宋初世居江西吉安府分庄。明洪武间诏移吴民实楚，公于永乐六年（1408）迁居澧州临澧县永左里三区锡城寺马鬃岭。1948 年创修族谱。该族名人：陈祺，官国民革命军少将。谱有何应钦、刘峙、陈长簇、成刚序。

张家界陈家岗陈氏 始迁祖仲正公，先世不详，原籍江西吉水县，明敕封振威将军，奉旨征蛮来大庸，遂家于邑西陈家岗。清乾隆初始修族谱，光绪间二修，1921 年与纂湘西陈氏合修族谱，2017 年四修。字派：仲本良国应宗显知世宏启振恩泽培。生初均一本，发育庆珠联。祖德文明启，家声孝义传。

张家界陈氏 始迁祖高公，南昌丰城人，明永乐时迁澧州安福，再迁大庸所。

张家界陈氏 始祖子金公，原籍江西吉安府吉水县，明初奉旨官于辰州，迁沅陵八都。生三子：国朝、国泰、国政。国朝生朝聘，朝聘生上清，上清生应表。清顺治十五年（1658），应表公携子万乾、万坤由辰州江洋溪迁永定邑大庸所桑木溪。2006 年、2018 年纂修族谱。派语：子国朝上应，万士可启宗。文明开德泽，光华世代隆。继贤绳祖武，永远源流通。家齐膺厚福，毓秀钟英雄。

桑植陈家坪陈氏 始迁祖之佑公，原籍江西吉安府吉水县，北宋时因平蛮有功而宦湘，留居桑植县达泉乡陈家坪。族人分布于慈利马合口、龙山、陈家寨、大庸、永顺、贵州等地。至 1948 年，已传 29 代，2 万余人。宗祠一在陈家坪，一在县城西街。1923 年纂有族谱，2004 年续修。派字：（自十一世始）政大再学仕，楚以永吉昌。立名天才广，功峻克百方。生初均一本，发育庆珠联。祖德文明启，家声孝义传。

慈利溇北陈氏 始迁祖华公，原四川成都府人，南宋末年任御史，宋亡后避兵乱于湖湘，爱慈利山水雄奇，卜居杉木桥镇清水溪村陈家峪。降至大南、诏南、逊南三公，分为三房。清乾隆五十四年（1789）、咸丰八年（1858）、光绪二十八年（1902）、1932 年、2015 年纂修族谱。字派：大明国良汝，载昌荣扬隆。盛万世康光，宗耀祖美壬。志述事长礼，义清廉德芝。

慈利二都岗陈氏 始迁祖允科公，明弘治间由江西迁大庸竹园坪。四世国忠、国仁、国敬同迁慈利二都岗。清乾隆五十六年（1791）、光绪十一年（1885）、1935 年、2010 年纂修族谱。派语：允万良国应邦志。永庆在盛德，文明延世昌。克培宗祖业，继序启嘉祥。

益阳花林陈氏 始迁祖文六公，字武一，后唐官宣议郎，庄宗同光元年（923），诏江西各州县选德行贤能者领金牌往湖广开垦，公奉诏由泰和迁益阳十九都庄上冲，即今赵塘基。性爱花木，四时培植，灿烂一方，因号为花林陈氏。族谱创修于元代，明宣德八年（1433）、万历二十五年（1597）、清顺治十年（1653）、康熙二十六年（1687）、雍正元年（1723）、乾隆三十二年（1767）、嘉庆五年（1800）、道光二十一年（1841）、光绪二十年（1894）、1918 年续修。派语：楚国贤良盛，本朝恩典洪。孝慈思继述，方正著和同。启运勋猷远，逢时德业崇。教家惟作善，辅世在怀忠。

益阳清溪、河图洲陈氏 始祖伯万公。传至经公，徙居江西饶州安仁县圳上。经公生隆公，隆公生子英、子华。子英字试杰，刺潭州，因金辽之变，遂择居资阳清溪，为宁乡密岭塘、益阳板梓桥、陈家山等处支祖。子华字试英，随兄游潭州，徙居汉寿桂家嘴，又迁攸县十都石板桥，为益阳河图洲、长塘冲、秧田冲、苏家冲等处支祖。清乾隆十年（1745）两支曾合修族谱，之后各支分修，1943 年又合修。2008 年河图十修。英房旧派：子元友汝峣应大思安志宗祖必兴良显贵仁崇福。英房新派：世守三光耀基开百。华房旧派：子元友汝峣应克测凤来仪必兴高允良亲宗光世。华房新派：序守三章法基开百。1941 年资阳陈氏伯万公联族通谱新派：英才高汉室，厚德积中州。华茂由培本，源闳导浚流。九江称望族，三湘著鸿猷。孝义余徽重，书香世胄留。宗盟敦永睦，通谱庆良谋。隆泽绵延远，清芬奕祀麻。

益阳沙头塘陈氏 一派祖应联公，字廷魁，号迈群，一号波洲，明洪武二年（1369）由江西吉安府吉水县迁益邑十七里青阳嘴，子孙繁衍，散处沙头塘、罗夹堤、邓家港、枫树塘、清水潭、夏子口等处。清乾隆四十八年（1783）纂成草谱，嘉庆九年（1804）一修，道光二十六年（1846）、光绪十一年（1885）、1920年、1946年续修。字派：应友用文源，万飏方光英。雅言诗书雅，学古孝忠清。积厚流斯远，本深枝自荣。庆余征世泽，秩祜作王桢。

益阳沧水铺陈氏 始祖伯万公，字顶一，号金峰。始迁祖汝福，字超夔，号万金，江西吉安府吉水县人，明洪武初官成都，解组寓居益阳沧水铺观澜桥东岸。清乾隆五十年（1785）建宗祠于沧水铺灵宝山。子孙星散，惟第四派祖存义留居益阳。存义原名德，字君质，明成化至正德时人，为沧水铺支祖。清乾隆三十一年（1766）始修族谱，嘉庆十九年（1814）、咸丰十年（1860）、光绪十九年（1893）、1928年、2000年续修。派语：汝必思存仲，时文启世贤。忠孝安邦国，诗书耀祖先。杨名祈有显，务实贵能传。德星辉应远，光绪永昌延。

益阳垅坪陈氏 始迁祖妙思公，明洪武间由江西吉水迁居益阳县西粟公港垅坪。五派衍为支谦、支恭两支。清乾隆二十九年（1764）始修族谱，嘉庆十九年（1814）二修，咸丰五年（1855）三修，光绪七年（1881）四修，1915年五修，1947年六修。派语：妙道伏应支，本亿时子嘉。大用奇璧产，华国善和集。功高增厚泽，德永益长年。政立邦基固，家兴礼义宣。

益阳汾西陈氏 始祖得源公，原籍江西吉安府吉水县，元末迁湖南攸县北江乡野鸡垅，又迁长沙大西门，明洪武时任武冈州守备，落业湘潭十八都四十三区大田营邓家洲，生四子：志聪、志忠、志善、志量。志聪阵亡无嗣，志忠迁湘阴，志量迁宁乡。志善于明永乐初由长沙大西门徙居益阳汾湖洲烂泥湖，谱尊为汾西陈氏一派祖。1938年汾西陈氏纂有世谱。派语：志贵惟俊玉，尚芳了光昌。贤才逢楚献，允远振家邦。忠厚培元气，修齐应典常。多生英杰士，学业佐明良。该族名人：陈鼎忠，又名天倪，湖南大学教授，著《六艺后论》《尊闻室稿》《六艺论衡》等。

益阳四甲陈氏 始迁祖志善公，字斗瞻，号裕斋，原籍江西吉安府吉水县，明洪武四年（1371）率二子迁湘，首迁湘阴樟湖岭，后迁益阳滩头坪、金竹坪等处。清雍正十年（1732）始修族谱，乾隆三十七年（1772）、嘉庆七年（1802）、同治二年（1863）、宣统二年（1910）、1941年、2001年续修，今有族人9362人。派语：志佥天友伯，允廷芳仕宗。亦世载其烈，英由励祝嵩。延光灿楚照，庆代畀丰功。惟人宣哲邵，钦乃迪攸同。诗书承祖泽，礼义振家声。秉德常端范，衡时度裕隆。元勋洪正典，彝训尚孚中。

益阳下花桥陈氏 始迁祖用中公，明洪武年间因经商自江西吉安迁此。

益阳大海塘陈家湾陈氏 始迁祖受一公，明洪武初年自江西吉水宦游益阳，遂定居于此。

益阳十八里油麻湖陈氏 始迁祖大任公，明洪武年间自江西吉水宦游至益阳，遂定居于此。

益阳观澜桥陈氏 始迁祖汝福公，明洪武间自江西吉水来此开垦。后裔三支，其中一支居欧公店。

益阳陈氏 开籍祖千福公，字封喜，系江西吉安府吉水县十二保紫溪潭鹅颈大丘人，明洪武三十年（1397）奉诏拨补益阳县苍水铺龙尾保土桥村。衍诣、濡两房。1917 年三修支谱。诣房老派：千自立肇道，金荣子思应。正大光明起，永远克昌盛。濡房老派：千自立肇道，金少忠有启。贤良垣发达，文章家传盛。新派：贞元为兆，恢前烈芳。朝封太纪，后代垂长。

益阳华林塅陈氏 始迁祖志荣公，明永乐间自江西吉安来此开垦。有后裔八支，居小河桥、百年桥、华林塅。

益阳四方山陈氏 始祖伯万公。一世天佐公，初居攸县青阳乡高枧里十都石板桥，明初迁长沙府城北门内。二世佑亮公，迁善化古冲，三世凝富公，永乐时再迁益阳四方山。下衍宣、兴、义、胜四房，明万历三十五年（1607）、清康熙四十三年（1704）、乾隆四十五年（1780）、道光十七年（1837）、同治五年（1866）、光绪二十三年（1897）、1945 年、2005 年纂修族谱。八修时总计人口 13755 人，其中男 6996 人，女 6759 人。派语：天佑凝和永，廷维以子良。继宗嘉士梦，瑞应伟元邦。运启鸿文聚，祥天凤藻香。崇名先孝义，笃实立纲常。

益阳梓山陈氏 始祖伯万公，居新化。后裔裔满公，元季以进士官广东惠州副史，落业龙川。谱以裔满公为一世。十一世国伦公，清康熙五十五年（1716）避兵燹自龙川县大坪塘迁于益阳治南十五里梓山村盖庄坪。数年后又回粤迎亲就养，偕弟国麟、侄文相同来。清乾隆二十四年（1759）始修支谱，道光元年（1821）、同治五年（1866）、光绪二十四年（1898）、1929 年、2004 年续修。派名：裔志希庭裕，宗文应善奇。国家贤式启，英俊本逢时。立礼昭先德，敦诗建大章。惟祖修明训，仕爵显南湘。

益阳双桂垸陈氏 支祖彦芳公，子达公，任四川巡抚兼都察院，葬巴陵县。传二派续殷公，自巴陵迁湖北监利牛车垸。清康熙间，十一派启梁公自监利迁居益阳十七里双桂垸瓦屋岭。今有人口 650 余人，以湘阴为多，1999 年与青草港陈氏合谱。派语：一学自友之，文季开世绪。赓杨逢盛国，立本应兴隆。尊祖恒全义，安邦永秉忠。端身思淑善，念典贵谦恭。

益阳、汉寿陈氏 迁益始祖冕公，自福建汀州因贸易游楚而至益阳，雅爱山清水秀，俗美风仁，遂落业于斯。生三子：元、亨、纲。三公又衍珍、琥、珪、珙、璲五支，后裔散居益阳、汉寿两邑。前曾与闽汀三修族谱，咸丰十年（1860）益、汉两邑合修，为四修。1928 年续修，为五修。派语：钦饬伦梅万，宗华夏国风。均仁为纪美，代尚立奇功。志孔文名大，英熙德泽全。先扬荣贵显，后启肇英贤。

桃江谈稼园陈氏 始迁祖宗铉公，世居浙江宁海县越溪。明永乐时因从军来常德卫，后改屯益阳一里武潭、二里谭家园、黄土塘、三里大栗港等处。清嘉庆十二年（1807）、同治元年（1862）、1916 年纂修族谱。1995 年续修时名“陈氏文史资料”。

沅江青草湖陈氏 始迁祖谦训公，字吉六，号受益，原居江西临江府清江县瓦子街，明弘治间徙益阳厢外里羊角城，旋迁沅邑龙保青草湖，四派衍为潭、涌、洲、渭、晓、淮、裁、贵八支，后贵房不传。十六派陈道民，国民革命军陆军少将。清道光二十年（1840）始修族谱，光绪十五年（1889）、1917 年、1948 年、1999 年续修。派语：子谦宣尚，世曰文启。国正储昌，家和裕美。端本善则，兴诗立礼。惟教有方，以明大义。

沅江陈氏 始迁祖芷泉公，讳杰，字楚英，先籍原隶江右，明弘治间由南昌丰城县始来沅，家于市。再传而子溶，生五子：仁、义、礼、智、信。惟义、智、信后裔支分派衍，编为孝、悌、慈三支房。清嘉庆元年（1796）肇修墨谱，道光七年（1827）一修，光绪三十二年（1906）续修，1947 年三修。至今全族人口约 2000 人，居于今琼湖镇、团山乡、南竹山乡和三眼塘镇等地。

沅江陈氏 始迁祖万清公，原籍江西瑞安府高安县信义乡长沙园朱桥东保缺塘巷口，明正德间来沅，叶落市城东，生大湖、大涟、大珂、大瑛。清嘉庆十一年（1806）、道光三年（1823）、光绪十年（1884）、1915 年纂修族谱。老派：万大吾玉国然宗竹士应秉。新派：秉启家声振，祥增百世芳。鸿开新景运，祖德海天长。

安化陈氏 原不一支，明洪武初自江西迁安化。1929 年盛明、汉明、养中、平溪、公模、公林、邦大、一行八房五修族谱。昉公，宁乡罗家塅龙田沩山祖塔等处一世祖。邦大公讳云，字知辅，宋宝庆元年卜居抚州荆公山文昌庄，生八子：邑、印、都、祁、文、武、韬、略。后印、都、韬三房子孙迁居安化、蓝田，为蓝田一世祖。煜公号盛明，为安化县城及宁乡等处始迁祖。焕公号汉明，为安化九渡水、乃湾塘等处始迁祖。淳公讳灿，为安化观浄塘始迁祖。公模公为安化后乡、桃源等处中西东三房一世祖。公林公为安化蓝田、峡溪等处脉祖。宗贵公号平溪，为安化蓝田始迁祖。派语：原绍从先育，伦常历代新。贤裔忠孝友，佑启奕传英。国泰安和遂，年丰瑞霭明。诗书钟世泽，耕稼乐升平。

安化陈氏 始祖伯万公，派衍百十余户，支祖兴受公，明初避新化之乱，迁安化归化秦家硐。传五代至纪鉴公，生秉钦、秉铨，钦世守旧业，铨迁由石门而家益阳。1920年纂修支谱，采用通派。

新化鹅塘陈氏 始祖伯万公，字顶一，号金峰，原籍江西泰和县儒衡乡丰城里圳上早禾渡梅子坡。后唐庄宗同光二年（924）任湖广招讨宣抚防御使，携子元和、亨和、利和及孙子多人由湖北沔阳经潭州湘乡至邵阳高平县太阳三都，驻军横阳寨（今西河镇鹅塘），卜居于此。后元和留居新化，亨和迁沔阳，利和迁湘乡。元和子翔公迁四川阆中，至九世永宗、康宗同归鹅塘，齐宗归泰和。明弘治六年（1493）新化陈氏始修族谱，万历十六年（1588）二修，崇祯十五年（1642）三修时，合元和公派下57户、亨和公派下1户、利和公派下9户，又知则公派下3户，共70户。清康熙三年（1664）四修，雍正元年（1723）五修，乾隆四十九年（1784）六修，道光二十年（1840）七修，同治十二年（1873）八修，1935年九修，1996年十修时，合元和公派下189户，亨和公派下1户，利和公派下13户，合计203户。老派：伯传和翔诩昭省尧古宗祖奉文君仲监六昌先通英才景文智广材元学兴立有虞明之。清乾隆四十九年（1784）合族派语：（自三十五派始）惟今能显远，历代善名扬。端自开基后，继因衍绪长。量才修正业，素位守彝常。礼乐家声振，诗书世泽光。香台恢祖德，义柱焕宗堂。余庆原星聚，支延万祀昌。

新化陈家坪锦屏陈氏 伯万公之长孙翔初任山东博州知州，继入蜀，任新井县令，后弃官居阆州西水，遂为西水陈氏。传八世至汝嘉公，字居美，于宋景炎间宦邵州。后因元兵阻断归程而隐居于梅山（今城关镇陈家坪）。后人散居于桃林、白土溪、黄壁冲、横阳山等地。南宋祥兴元年（1278）始修族谱，明正德元年（1506）二修，万历二十八年（1600）三修，清雍正元年（1723）四修，乾隆四十九年（1784）五修，道光六年（1826）六修，同治十二年（1873）七修，1920年八修，1995年九修。派语：寿祖孙应思永伯文大元世孟仲长宗嗣申英玉立克敏可效先。诗礼传家训，忠良启后贤。功崇能继志，德厚定光前。1997 年九修新增二十字：修齐治平道，仁义智信全。育人创业坚。

新化白溪陈氏 始祖昉公，宋时授文林郎，三子：常、远、谋。曾孙始由江州迁新喻。十二世孙一行，明时迁居新化白溪市，厥后子孙蕃衍，复迁于宁乡罗家塅、沩山、祖塔等处。

郴县凤德乡下凤、家洞、东湾陈氏 始迁祖景泽公，元至正中由江西柳溪徙郴县凤德乡下凤、家洞、东湾等处。

郴县秀才乡小岔陈氏 始迁祖彦千公，江西泰和县人，元末任衡州参将，徙居城内一街，复徙郴县秀才乡小岔。

资兴陈氏 始迁祖从璋公，北宋政和四年（1114）自耒阳平陵琉塘石不迁兴宁西庄。清雍正八年（1730）、道光八年（1828）、同治元年（1862）、光绪二十一年（1895）、1927 年纂修族谱。班行：孝弟传家，继述永昌。本深枝茂，修纪植纲。才高业广，克绍书香。贻谋燕翼，科甲绵长。

资兴陈氏 始迁祖益孙由乡进士任楚之茶陵刺史，解组后同弟益孺、益宗、千四卜居兴宁东乡烟竹坪、何家坪、平石、水口、株坪、白叶坑及南乡翰塘等处。清道光二十五年（1845）纂修族谱。

永兴坪头岭陈氏 始迁祖信念公，浙江湖州吴兴县人，南宋嘉定年间为广西梧州府总戎，解甲归田后由浙江迁永兴县悬钟寨，清初其后裔文聪迁居金陵乡坪头岭。

永兴陈氏 始迁祖祥一公，又名宏一郎，明洪武六年（1373）由江西临川县徙居湖南永兴县五洲堡，后移徙县东门立业。至三世衍开六房：长房政徙居金陵乡沙圳头，次房敬徙居滩头洞陈家村，三房敏徙居大江边，四房旻居东关故址，五房启徙居老虎塘观音桥，六房沅徙居资兴县金盆形下板桥。族谱始修于清乾隆四十五年（1780），1941 年四修。宗祠位于邑城内。堂号元龙。排行：祖宗光显，万象生发。茂盛时昭，芳名远达。诗书克绍，邦国选贤。宏开家业，科甲永联。温良恭俭，仁义礼智。福禄寿喜，乾坤正气。

永兴军家桥、陈家冲陈氏 军家桥始祖信三公、陈家冲始祖信四公，世居茶陵卫东山，侯封千户。明洪武二年（1369），奉调守御蓉城，平寇有功，奉旨赐金牌，随府、州、县踩地插标为记，息居蓉城大北关乌雅甸地。宣德元年（1426），信三公迁永兴金陵乡四车堰（后更名军家桥）。信四裔仍居大北关，五世孙文斌，弘治元年（1488）迁永兴金陵乡寨岭背，即今陈家冲。军家桥谱前已届三修，陈家冲谱前已届二修，1992 年两支合修，称四修。2018 年两支五桥排行：信志如陈书，思天均孔朝，万国定兴尧，世代加增业，永远……家。陈家冲排行：信志如陈楚，文宗宽正仕，才祖万大应，积德开昌义，……裕显朝廷。

宜章蜡园背陈氏 始祖闻中公，明永乐九年（1411）由茶陵栗梓树下因奉调来宜驻防而徙居宜章县笆篱乡蜡园背陈家。族人多分布在本县欧家、李家山、北江村各地及宁远、蓝山，广东连县、阳山县等地。至1948年，已传20代，共1062人。明嘉靖三十九年（1560）建宗祠于蜡园背陈家。

宜章严廊陈氏 始祖延海公，居耒东平陵琉塘。传十二世至孟荣、孟华，徙居宜章县赤石乡严廊。族人分布在宜章大竹株山背、拔贡门等处及桂东、汝城、资兴、广东等地。至1948年，共2290人。宗祠初建于年郎，后移建于严廊。

汝城濠头陈氏 一世子仁公，隐居江西崇义小坑，生绍富、绍良，南宋末年徙桂阳（今汝城）濠头丹田岩。四世世昱卜宅黄泥江，世旻卜居营内上陈，世景卜居丰亨。清乾隆四十年（1775）、道光二十一年（1841）、光绪九年（1883）、1924年纂修族谱。排行：子绍英世。秉孔文学懋，邦仕都其良。祖德兴名盛，宗功继善长。云礽克绳武，科第庆联芳。勋猷光上国，忠孝永传扬。

汝城锦堂陈氏 始迁祖少三郎，原籍江西泰和县。明初官廉州，任满取道桂阳，遂居苏仙岭。传二世格器徙苏仙岭脚、磨刀坑、溪浦等处，格森徙蜡树脚等处，格禘徙足田东坑杨家山岗岭背。至1932年，已传30代，5000余人。

汝城留坳陈氏 始祖聪一郎，字颖悟，明时自广东始兴县因匪乱迁湘，开基于汝城县延寿乡第九保留坳。族人分布于岭屏、长宁、文明、太白以及广东等地。至1948年，已传18代，共2000余人。宗祠在留坳。

汝城下车陈氏 始迁祖茂盛公，明万历时自广东乐昌县九峰凰落迁汝城下车。至1932年，共100余人。

桂东西下街陈氏 始祖元任公，淮东节度使，唐僖宗乾符二年（875）因旱灾和世乱而由赣迁湘之潭州，其重孙子珍任谏议大夫，后退隐茶陵。子珍十二传至圣叟，因亲胡党受株连而退隐桂东城西。至1948年，已传24代，共5000余人。清乾隆元年（1736）建宗祠于桂东西下街。

桂东寒口陈氏 始迁祖宝公，原由闽迁南京，再迁郴桂，明洪武三年（1370）以武功调镇寒口堡，世袭百户所，开基于桂东县厢都寒口。族人多分布在本县各乡及江华县、江西遂川县等地。至1948年，已传21代，共2800余人。宗祠在寒口上洞。

零陵西乡陈氏 始祖子珍公，周世宗时谏议大夫、指挥使，宋初自潭州退隐茶陵。五世孙淑伯公，宋徽宗、钦宗时谏议大夫，因宋臣多与金主和议，遂隐退，由长沙来衡永居焉。又越五世，宗政公卜居零陵西乡。清乾隆二十三年(1758)、1920年、2007年纂有族谱。班次：远佐宗志芳，思彦永兴世，朝廷国大正，有周斯盛时，才德光宇宙，钜源标耀基，钧治乐炎墀，钦汝荣烈在，金泥模焕垂。

零陵、东安陈氏 一世福公，佐明太祖定天下，起家卫弁，授指挥使同知，洪武二十年（1387）诰封武德将军，世袭永州卫中所千户。至三世长房敏公，开基黄木町。二房政公，传至曾孙顺公，官河南，遂家于河南。三房荣公，开基西江町。1944年七修族谱。班次：（自第十三世始）天（宗）良一本肇祖功，显世祥光发自宏。贤达有志思前德，继述作求万代隆。

零陵普惠乡茶叶湾、黄沙岭陈氏 始祖文祥公，明万历年间负父骸由江西高安县迁湘。开基于零陵县普惠乡茶叶湾、黄沙岭。族人多分布在茶叶湾、黄沙岭、李家湾、船头、陈复塘及笃信乡背岭冲等地。至1948年，已传17代，男女丁口2000余人。宗祠在普惠乡茶叶湾。

宁远水市镇石马村陈氏 原籍江西，元时变乱，至德公携子室经宜章来宁远，见山川秀丽，接壤舜陵，便披荆斩棘，开疆启土，卜筑于今水市镇石马村定居。

宁远神仙洞、杨塘陈氏 始迁祖永胜公，明时携家眷从江西泰和鹅颈塘避居桂阳泗州寨，再迁宁远县神仙洞、杨塘等处。子孙散居上龙盘、哓睦塘、桐木漯等乡。

宁远跳礅石陈氏 始祖文皓公，由常德迁宁远县城东郊跳礅石。族人多分布在沙洞、高源、老鹅坝、四渡等地。至1948年，已传32代，男女丁口共1940人。宗祠在跳礅石。

江永城关陈家街陈氏 鼻祖子刚公，自青州徙营道，明代初年又徙居永邑之东。后分脉文德乡雄洞（今上江圩东塘）、黄甲岭高塘、汉江源口（今雄川）、井边莲塘、古宅等地。

江永红山陈氏 始祖初盛公，宋绍兴年间由山东青州逃难徙居营浦（今道县），再迁县治城东。至四世祖继兴公移居山竹岭（今厂子铺何家湾与岗上之间），再移居接龙桥。直至明初，九世祖千得公始卜居层山，分脉石角，与城关西门陈姓同宗。

蓝山东江佛子岗陈氏 始迁祖谏公，先后任侍御史，封州、循州刺史，唐文宗大和三年（829）致仕，始居郴州。唐大中四年（850），由郴州迁居东江佛子岗，后子孙散居在城关、龙溪、所城等乡镇。

蓝山龙溪芙蓉井陈氏　始迁祖怀忠公，原籍江西泰和县，唐咸通元年（860）由郴州徙居城东秀峰山下（今龙溪芙蓉井）。

蓝山洪观乡三广村陈氏　始迁祖伯环公，北宋天圣三年（1025）迁蓝山县洪观乡三广村，后散居洪观、土市等乡。至1933年，共1040人。

蓝山凤感乡关溪陈氏　始迁祖千公，南宋景定元年（1260）由江西庐溪县迁来。至1931年，凡60户，男170人，女109人，共279人。

蓝山在城乡芙蓉井陈氏　始祖平斋公，宋时由郴州迁蓝城北。至十代孙仁义公迁此。至1931年，凡38户，男92人，女120人，共212人。

蓝山舜乡彭家围陈氏　始迁祖正生公，清顺治时自江西迁此。至1931年，凡25户，男58人，女67人，共125人。

新田长信、明义乡陈氏　始迁祖铨公，字一郎，原籍江西泰和县，隋朝时因避乱徙湖南新田县长信乡蓝溪坊。族人分布于明义、三和等乡及长信乡上下梧村、晒渔坪。至1949年，已传40代，长信乡4700人，明义乡3100人。各村均有宗祠和族校。

新田三和乡欧家窝陈氏　始迁祖环三公，字外八郎，原籍江西泰和县，唐时徙湖南新田县三和乡欧家窝。族人分布于鹅井塘、三源头、龙坪铺等处。至1949年，已传40代，共2200人。宗祠在欧家窝。

新田蓝溪陈氏　始迁祖铨公，原籍江西泰和，唐时因避乱迁湘，开基于新田县三和乡蓝溪地方。邦用公分居东田村，自邦用公至1949年，已传25代，共600余人。宗祠、族校设在东田。

新田礌溪头陈氏　始迁祖如珍公，宋时自湖南某地迁新田县三和乡礌溪头。族人有分居嘉禾西溪者。至1949年，已传24代，约300人。宗祠、族校在礌溪头。

新田国宝头陈氏　始迁祖永生公，字道邦，宋时由零陵县徙新田县三和乡国宝头。至1949年，已传22代，约100人。宗祠、族校均在国宝头村。

新田中和镇西门陈氏　始迁祖云彩公，字瑞卿，清康熙自江西省大庾县因商迁湘，开基于新田县中和镇西门。至1949年，已传10代，共70余人。

祁阳陈氏　始祖唐时烈公由长安蓝田徙居江西宁都。传至元公于乾符间徙居长沙。至子珍公于宋太祖初年退隐茶陵马头圳上。至仲孙公，字用宾，举万户，元末时移镇祁阳，为祁阳陈氏始祖，世居马江埠，子二：与贤生六子：子良、子芳、子政、子铭、子文、子贵，因子芳早卒，故派衍五房。与和徙迁辽东。清康熙间，与贤公下五房后裔共二十一支奉清圣祖仁皇帝招民徙蜀诏而由祁阳迁蜀，落土安居县即今铜梁县。1999年二省合修族谱。祁阳字派：（自十一世起）我伟国宏文正。科开彰祖德，有道应时昌。家学宗铭载，世遵永发祥。

祁阳洪桥陈氏 始迁祖顺宾公偕兄用宾、弟仪宾自江右迁湘，用宾公居祁东马江埠河洲，仪宾公居零陵并头石塘，顺宾公居祁北，后裔世居东北隅洪桥新塘村。

祁阳陈氏 始祖子珍公，居茶陵，传至千一公，迁祁阳，千一公五传分仁贵、仁寿两房，贵房居桎木山，寿房居坪山。清嘉庆九年（1804）、道光二十五年（1845）、光绪十一年（1885）、1926年四修族谱。班次：国永兴贤相，荣开福恢宏。先德延芳盛，家基锡庆长。修和昭赞化，文学耀天章。

东安陈氏 一世祖祥柏公，宋末元初人，原籍江西泰和县鄂江大垢，迁永州府北关外司马塘，生敬暹，继迁东安县南关内兴贤坊，复徙上花桥应溪塘。1921年纂有联谱。

湘西陈氏 1938年湘西凤凰、麻阳、沅陵、泸溪、辰溪、永顺、保靖、龙山、桑植、古丈、乾城、吉首、永绥、桃源、芷江、黔阳、大庸、慈利及湘东攸县共十八县陈氏合修通谱。谱由陈渠珍倡修，攸县陈延祚时任麻阳县长，自愿附入本谱。凡十二卷，依次为《肇始篇》《各县各支世系表》《述德篇》《述言篇》《轶行篇》《事略》《垢陇篇》《祠祀表篇》。各支始祖不一，皆祖江西，如麻阳、凤凰始祖寿公，字松龄，明洪武初以锦衣卫都指挥由蓝山县下屯麻阳。谱中陈渠珍谱名开琼，其世原籍麻阳，祖父宏文为寿公十二世孙，始家凤凰。联合字派：生初均一本，发育庆珠联。祖德义明启，家声孝义传。同宗昭爱敬，缵绪仰英贤。永祝膺天佑，祥征万亿年。

怀化沙坪陈氏 始迁祖均玉公，元末由泰和庄任黔中太守，去官后下车湾潭，复迁沙坪。生仲颜、仲贤。仲贤早逝，仲颜生四子，惟文武仍留在沙坪老宅。文武又四子，惟武勇留居老宅，生八子，衍八房。2003年纂修族谱。字派：均仲文胜必仕世启志再天尚宗国大。廷有俊贵，永代克昌。先泽宏远，传家忠孝。宜守祖训，勋华可继。该族名人：陈汉章，国民革命军中将师长。陈渥，中将副师长。

黔阳双溪乡小澜田陈氏 始祖邦治公，字沛泽，号佐才，原籍江西省吉安府泰和县，职居副帅军旅，卒道，葬泸。生子二：志亮、志聪。明永乐十年（1412），兄弟自江西泰和徙湘，开基于黔阳县双溪乡小澜田。族人分布于双溪乡附近。至1948年，已传18代，共2400余人。宗祠在小澜田。

沅陵八都颍川堂陈氏　始迁祖恭鼎公，原籍江西南昌义门陈里，生元后至元六年，殁明永乐十六年。事陈友谅，事败，避匿于酉水西岸苗、土间。明隆庆五年（1571）兴祠修谱，其时户四十八，人丁二百。天启五年（1625）、清康熙十二年（1673）、雍正十年（1732）、乾隆五十七年（1792）及民国续修。衍至大亨、邦、腾、海、强、荣、章、鹏八房，分居四川酉阳、秀山、贵州凯里、天柱、湖南永顺、古丈等地。派语：大明有先学，天光文应长，圣朝崇孝义，祖德昭隆章，经书腾毓启，家传礼道昌，本赐恩泽远，永世绍颍香。

沅陵下怡溪陈氏　始迁祖万福、攸福、同福，明洪武元年（1368）自江西吉水征苗至洪江，兵败，攸福流落保靖。同福流落沅陵东关，后择下怡溪定居。

沅陵梅溪坪陈氏　始迁祖引、丑二公，明末清初由江西吉水县大栗树迁沅陵清浪内坪溪，再迁周家溪，三迁长坪寺，终迁梅溪坪。1988 年、2005 年纂修族谱。宗派：廷添万国尚大，人文志士宏有。祖德流芳远，宗功永耀珠。子孙长发达，宝贵久名儒。

溆浦曹坡陈氏　始迁祖彦九公，原籍江西清江县，元时徙溆浦曹坡。

溆浦陈家湾陈氏　始迁祖虞爵公，原籍新化，初任溆浦镇宁司巡检，后升辰州府经历，于清初徙溆浦五区陈家湾。

靖州陈氏　一世一元公，正千户，先世苏人，初居江南苏州府东门外附郭十里大窑郇，后迁应天府溧阳县来苏乡马前市。明初以功授职，赠武德将军，洪武四年（1371）蛮乱，调卫靖州，未几以疾卒，返葬原籍。子安三，从父在军，仍父职，领其军。洪武五年从江阴侯吴良讨会同、五开、潭溪、古州诸蛮，留守靖州卫。1943 年纂修族谱。

麻阳陈氏　始祖寿公，原籍桂阳蓝山香木林，明洪武十五年（1382）以功升贵州镇远都司，永乐二年（1404）解组。荣、宝、华三公屯田于麻阳，籍仍镇远，清雍正七年（1729）划入麻阳二都三甲。寿公系派词：发颜思文仲祖嘉启王上于自希。续编：宏恩开泰运，世代际隆昌。秉得继先志，怀仁锡庆长。家兴昭作述，国治乐安康。宝公系派词：金玉尚大道，国善继廷达。士宏祖恩佑，昌启万代兴。续编：忠良长发福，仁厚永为祯。文学超选拔，恭慎佐圣明。

麻阳逢爷坪陈氏　始迁祖华二公裔，元末时自江西吉水迁此，后分居上龙头。派词：汉以思祖仲源永景大楚其士守自。续编：宏开文运，肇启武功。裕昌家世，光耀祖宗。

通道陈氏　始迁祖周杰公，明洪武年间自江西吉安府泰和县迁通道上寨銮安龙地安虎坐山。

通道上下陈团陈氏 始迁祖苗阶公，明洪武年间自江西吉安府泰和县迁通道上下陈团。

龙山西湖陈家湾陈氏 先世自江西迁湘，在浏阳分支。运举公于清乾隆间迁湘西龙山陈家湾。第五代孙昌宗、昌彦后迁猛必上游村巴拉湖。第七代孙代高迁桑植东风坪。2012 年纂修家谱。字辈：显仕永朝昌，世代富贵香。宗功传圣统，继述绍前光。

陈李

衡山陈李氏 该该原陈姓。始迁祖俊沧，原籍江西临江府清江县观下，明弘治间与兄陇溪公迁衡。珑溪居岳前。俊沧居白果，传至三世继堂，因明末差烦，乃更姓李，迁居湘潭十四都铁铺滩。清初六世祖瑞甫公因先人庐墓俱在白果，复返故里。清乾隆十六年（1751）与衡邑诸李合谱。二世以上从陈，三世以下则从李，而冠以陈。嘉庆十五年（1810）、光绪二十四年（1898）、1994 年续修。班行：其枝仕荣，宗绪永贞。源衍江豫，祥开岳衡。懋昭先训，克振家声。崇德继善，人文绍亨。炎黄肇世，万朝续昌。山呼河汉，代见名扬。兴国顺祚，化育伦常。雄风照耀，功列未央。

邵

浏阳邵家塅邵氏 始祖维公，康节先生弟，官长沙，遂家湘阴。迁浏祖玘公，进士，由湘阴迁浏阳，世居北乡邵家塅。

湘阴禄塘铺邵氏 始迁祖维公，宋康节公雍之弟，宋嘉祐中官左卫，占籍湘阴。

邵阳邵氏 始迁祖成公，元末由山东迁宝庆邵阳县，落担城内打信巷。五传俊、杰、伟三公，明成化间迁邵西洪仁五都水口。又五传震亨分居茶亭边，应亨迁居鲁铎朝水村。清道光十九年（1839）、咸丰六年（1856）、1918 年纂修族谱。班次：成铭宣遂，俊昂永文。亨祖建万，世代荣昌。开国传家远，崇基衍庆长。修齐遵德化，光大有贤良。

益阳赤塘、招佃村邵氏 始祖必云公，明代由广陵迁龙溪，曾孙文聪迁赤塘、招佃村，今属桃江。

安化邵氏 始祖雍公，八传至贤公，贤公又八传至明钦公。钦公第四子道元公行万四郎，第五子道清公行万五郎，明洪武间自江西吉安府迁居楚南安化金铃，后清公裔迁邵阳。清乾隆二十九年（1764）纂修族谱，道光十一年（1831）续修。班行：仲必思胜志，世添兴显祖。崇文继美卿，忠信乾元嗣。经济传周盛，名□□宋隆。本坚枝自茂，俊杰振华宗。

郴县永丰乡百丈邵氏 始迁祖祖戊公，以廪生举孝廉，出任江南。明洪武二年（1369）由桂阳县徙郴县永丰乡百丈。

奉

新化永靖奉氏 始祖朝瑞公，字半周，原籍桂林，登进士第，筮仕江南，为访察都运使。宋绍熙间奉命南征，袭武略将军之职，加升镇国上将军，后补充防遏使，著功卜居江东，列籍梅邑（今新化）坪下。族人多分布在邵阳、溆浦、安化、东安、武冈及四川、云南、湖北、陕西等处。清乾隆间建宗祠于永靖乡坪下。至1948年，已传38代，全族人口共42020人。族谱一修于元大德十一年（1307），1998年十二修。前辈班行：文宗应天绍，清尚贵长珍。甫瑛志添如，振楚奏朝应。国一学（嘉恩）君廷，圣帝锡显名。续修班行：孝友光先策，诗书迪季伦。承修昭美大，支延万祀荣。再续班行：克家惟令嗣，世德永芳声。积厚勋铭鼎，钟灵毓俊英。

零陵奉氏 始祖百十郎，明末因徙民事自江西吉水县迁湘，开基于零陵道县西北接壤之直接坪，既而迁居零陵南区永江河之葩漯。子伯诚郎，号孔清，又转迁道县北区三江乡大甲里。族人多分布在芹菜漯、梓毬坪、野猪江、白叶漯、伍家岭、大甲里等地。至1948年，全族人口700人。宗祠一在大甲里，一在芹菜漯，一在荷叶塘。

祁阳奉氏 始祖天门公，南宋淳祐间靖边，任袁州副将，讨安南黎氏有功，先迁衡山凌溪，再迁桂阳白水洞。五传千一、千二、千三、千四，自江西萍乡上栗县彭高镇入湘，居宁远猛江浆滩，今属祁阳。清光绪三年（1877）、1926年、2004年、2015年纂修族谱。字派：天高九辛千万志仁义大弘思正道德君信海。子孙昌文明，继起光永耀。忠孝传家学，贤才立纪纲。

宁远云潭奉氏 始祖洞然公，字永盛，南宋淳熙末年由江西泰和县鹅井塘避难迁湘，开基于宁远县东屏乡云潭村。族人多分布在山塘、佳塘等地。至1948年，已传28代，全族人口共1284人。清乾隆三十九年（1774）建宗祠于云潭村。

湖南氏族迁徙源流

（增订版）

下

湖南图书馆　编

岳麓書社·长沙

武

浏阳硖石武氏 始祖洪仁公，自燕京大兴府大兴县迁居衡山。五传至宗礼公，明天顺初年自衡山迁江西，转迁浏北硖石。至清光绪三十三年（1907），已传21代。后人分布于龙伏、硖石、沙市、杨林、中洲等地。

湘潭武氏 迁湘始祖洪公，元至正二十三年（1363）自顺天府大兴县官衡郡，如落籍桔子市，继迁樟木市，子姓复徙衡山武家庄。递传六代派分七房。明道公为上京北开派祖。明道公递传至席珍公，席珍公长子添秀公，自衡迁湘潭印子山武家湾。传至志、儒、黄、臣四公，分四房。前三修与衡合修，咸丰十一年（1861）分修，光绪三十四年（1908）、1941年续修。派序同衡阳武氏。

攸县田心武氏 始迁祖兴忠公，讳兴中，号鼎臣，岁进士，授大理寺评事，原籍山西大原府文水县，明初立籍攸县晏都田心。生桂芳、茂卿、朝旭，分为三大房。明隆庆五年（1571）始修族谱，清康熙四十二年（1703）二修，道光二十五年（1845）三修，光绪三十二年（1906）四修，2003年五修。班行：（自十四世始）伯士光宏，盛业忠良。国恩广厚，家庆隆昌。长承先德，万绍书香。敦宗念本，万代流芳。

茶陵武氏 始迁祖兴隆公，佐明太祖定天下，世袭职掌印指挥，由金陵发迹官长沙，遂徙居茶陵学门，生雷、俊、安、威、通、伯六公，分居长、善、宁、攸、衡山、湘乡、湘潭。族谱初修于清康熙元年（1662），1924年五修。派语：必胜朝廷用，永思大祖光。传家起忠孝，华国显文章。诗书应德泽，礼乐发祯祥。后嗣守先烈，万世庆安邦。

衡阳武氏 始迁祖洪公，字九畴，原籍顺天府大兴县，元至正间督师衡州，侨寓衡州桔子巷，后迁樟木市，开派十大房。清乾隆十八年（1753）肇修族谱，乾隆四十七年（1782）、道光三年（1823）、咸丰十年（1860）、光绪十六年（1890）、1914年、1944年、2003年续修。总祠建于衡山县南正街，1948年族人共5万余人。班行：（自第七代始）锡衍自周彰，临衡流泽长。芳馨崇盛业，忠良佐朝纲。立心期广厚，树品在端庄。永承先世绪，庭开万代昌。

溆浦武氏 鼻祖应纪，字子祥，南宋咸淳进士，原居四川广汉邛郲，授石门主簿，迁辰郡太守，生丙杰、丙发。丙杰居沅陵。丙发摄溆篆，卒于官，葬溆浦散水，生和卿、瑞卿。和卿生志远、志恭，志远居湖头，志恭居麻阳水。瑞卿生永远，居三树及沅陵旋场，后共衍为十大房。明隆庆四年（1570）一修族谱，清康熙十三年（1674）、康熙五十年（1711）、乾隆五十九年（1794）、嘉庆十八年（1813）、光绪五年（1879）、光绪九年（1883）、1912 年、1930 年、1995 年续修。班次：（自二十六世始）清材熙坦镇，淑汇煦培钧。治业辉增鉴，渊模耀重银。洵标勋埒锦，况树烈基铏。泽楙丞堪录，潢彬焕在铭。

郴州武氏 明洪武初由衡山徙郴县西凤乡大壤塘。

青

汉寿青氏 始祖文胜公，原籍四川大宁县，明洪武时任龙阳县典史，因地洼赋重，抗疏捐躯，钦谥惠烈。五世春公生六子，分为大、八、九、二、五、六房，大房时中公分居宝塔河、王家庄、马家障，八房时举公分居张家湖、三义障、西保障，九房时芳公分居张家坝，二房时和公分居茶塘障，五房时俊公分居毛月障，六房时杰公分居傅家巷。1948 年四修族谱。字派：……时单宗阳祚史缔道愈日家声以义光……

黔阳青氏 始迁祖明远公，原籍江西吉安府进贤县鹅颈坵圳上，明万历间迁湖南辰州青泥湾。二世必星公由辰迁黔，卜居罗翁青草丘。三世益龙公自罗翁迁石桥。益龙生维斗，维斗徙翁巴湾。清光绪三十二年（1906）纂修族谱。堂号亲睦。归宗派传：维秀再正通，光昌兆文敏。宏开邦国泰，富贵发万年。

幸

醴陵泉塘社幸氏 始迁祖伯茂公，明洪武三年（1370）自广东梅县迁此。族人分布于王仙围塘。至 1948 年，全族人口 600 人。

醴陵锅铺里幸氏 始迁祖永仁公，清乾隆末年自广东嘉应迁此。族人分布于箭竹山、花椒冲。至 1948 年，全族人口 100 人。

苗

东安苗氏 先世自河南开封府迁东安县现南桥镇苗家院子。后裔有清康熙间迁四川广安华蓥者。1927 年、2009 年纂修族谱，以智显公为第一代。至今百余人。字派：忠厚传家远，贻谋裕茂贤。千秋仰祖德，万代庆绵延。

范

长沙范氏　始迁祖凝祥、凝祐，为范仲淹十二世孙，原居江苏和州溧阳县。明洪武七年（1374）凝祥调戍长沙，十四年（1381）督兵云南，凯旋卜居省垣湘春门内彭家井。胞弟凝祐，随兄卜居长沙北门三角塘。凝祥公祠在省垣北正街，族谱一修于清道光二十四年（1844），二修于光绪二年（1876），1916年三修，2004年四修。凝祐公祠在北门三角塘，族谱一修于清道光十二年（1832），同治十一年（1872）二修，1922年三修，2004年四修。凝祥公裔派语：（以范仲淹为第一世）仲纯正直公良士宗先训修凝有厚单单希单时单可单式单大。祖德贻维善，奇才定克昌。传家忠烈显，守世义田芳。声重功臣纪，荣怀楚泽邦。诗礼恢前绪，甲第灿朝堂。凝祐公裔派语：凝有厚德培，源景星应学。国嗣承启安，邦定治新英。才宏作育传，习在经纶守。世心田种声，名积实成荣。怀征泽广远，大绍前程。

长沙脱甲桥范氏　凝祥公十六世孙光雄公，自省垣湘春门徙居清都一甲脱甲桥，生文献、文翔。清道光三年（1823）、咸丰十年（1860）、光绪三十年（1904）纂修族谱。1938年长、潭、阴三县凝祥公后裔谋修通谱而未成。1947年脱甲桥四修族谱。派语同长沙范氏。

长沙蛇嘴子范氏　邵州始祖大贡公。十七传至德虎公，子基俊、基裕，清康熙间迁宁乡蔡家冲，转迁今望城白若铺杨家湾，建家庙于蛇嘴子。清道光三年（1823）、同治九年（1870）、1916年邵阳纂修族谱。2009年蛇嘴子创修支谱。字派：德基培修华国，嗣芳贤才钦仰。庆泽隆昌帅时，昭考举能其官。

望城江家桥范氏　始祖秀宗公，字耀祖，号焕堂，为范仲淹十三世孙，明永乐年间由江苏苏州吴县宦湘，任长沙守备，落籍长沙。六世衍为泽源、承源、逢源三大房。后泽源、承源同迁宁乡涧西，逢源无传。承源之五世孙忠纯，字美臣，号君凤，清康熙十年生，清初由涧西迁居善化七都东门冲江家桥，今属望城县黄金乡日明村。清光绪二年（1876）泽源、承源两房合建宗祠于江家桥。族谱始修于道光九年（1829），宣统元年（1909）续修，1999年三修。老派：乾士纶辉澄，埒昌松巇钟。旧派：秀仁世德宏，源龙思国纯。光增荣朝阳，应达永昭明。续派：文诚传后代，志楚起家声。礼义诗书裕，修齐学道成。贤良端政治，俊杰振功名。继序恢先业，安邦乐太平。

宁乡范氏　始祖仲淹公。五派公健，字天顺，宋度宗时出使荆湘，守樊城，宋咸淳九年殉节。子士前，隐居衡山下。十二派松公，元进士，官辰沅道，生巘公，字詹山，元至正间官靖州总管。巘公次子钟和，字仲人，随父由靖州来宁，立业于邑东北一都一甲尧口冲及三甲竹塘等处。钟和长子秀钦，生仁贵、仁禄、仁爱。仁爱他徙。仁贵居邑东沙河，衍世高、世美两房。仁禄居竹塘，衍世良、世荣、世清、世旺四房。贵、禄两房各修谱牒。清嘉庆二十五年（1820）两房共建宗祠于一都八家桥。光绪二十九年（1903）合修族谱，为五修，1935 年高、美、荣、清、旺房又六修。老派：仲纯正直公士纶辉澄埒昌松巘。旧派：钟秀仁世志永玉祖宗金继立日绍绳守国忠显承。新派：文献新鸣盛，材能教化先。诗书垂后代，礼乐慕前源。发达光增耀，家声佑启贤。

湘潭范氏 始迁祖崇善公，原籍江南凤阳府太和县，文正公十二派孙，明初从军，官指挥军尉，调戍黔西及荆、郴等处，洪武二十七年（1394）解组挈家迁居湘潭十都十甲官冲、鹿鸣冲、鸳鸯井、享塘等处。清康熙三十二年（1693）一修族谱，乾隆十五年（1750）二修，乾隆四十七年（1782）三修，道光十二年（1832）四修，1922 年六修。嘉庆十五年（1810）长沙、湘潭、湘阴建总祠于省城贡院东，二十一年（1816）迁北正街。

双峰巡司范氏 始迁祖世桂公，明末自江西高安县长沙铺迁湘乡武障巡司。2008 年首修族谱。

醴陵尖山下范氏 始迁祖如符公，清雍正初自广东兴宁迁此。族人分布于黄泥湾、仙石、横塘。至 1948 年，全族人口 230 人。

邵阳范氏 始祖天贡公，字淑仁，范仲淹之七世孙，原籍福建福州府罗源县常熟乡，元大德十年（1306）任邵阳令，卒于任。其子爱贤以举人初任永州通判，继升山东廉使，闻父卒于任乃奔丧至邵，遂卜居邵西塔泥墟。天贡公四传至应升、应贞、应午、应常、应旻、应高、应聪、应忠，衍为八大房。族谱始修于清道光三年（1823），同治九年（1870）续修，1916 年三修。班次：率时昭考，举能其官。允恭克让，论道经邦。彝伦攸叙，降之百祥。严惟丕式，家用平康。

邵阳范氏 始祖天贵公，原籍福州府罗源县，随兄天贡公任邵，解组后因家焉。天贵公生三子：爱源、爱溥、爱溢。溢公又生根、敦、笃。根房始祖永根公，派下功纪公，避乱自宝庆迁坵塘范家湾。敦房始祖永敦公，居富阳，后衍栋、梁、荣、珑、庆五房，栋房无考，梁房居洪塘，荣房居严塘，珑房居矿漕长流水，庆房居涟源常林草蛇塘。清道光十年（1830）、光绪五年（1879）、1916 年、1992 年纂修族谱。严塘班次：天爱永应，继思祖宗。崇本志高，久大延长。德基培修，华国嗣芳。坵田班次：天爱永应，继思祖宗。功魁达缔，朝正大光。明晓培修，华国嗣序。长流水班次：天爱永应，继思祖宗。献纪大一，登国正克。德基培修，华国嗣芳。

邵东范氏 谱称鼻祖椁公，生五子：天贡、天琳、天贵、天光、天赐。天贡、天贵落籍邵阳，天贵元大德十年（1306）偕兄天贡附籍邵东在城一厢。生三子：梁、林、龙。林公落籍严塘冲，龙公落籍范家岭，梁公落籍红塘。1940年敦公房纂有墨谱。谱以天桂（贵）字叔馨为一代，二代爱溢，三代敦公。班次：德基培修，华国嗣芳。贤才钦仰，庆泽隆昌。

华容范家岭范氏 支祖琮公，字知闻，任岳州刺史知军事，因元兵阻而落籍巴陵，世居东乡内范家岭。

湘阴长乐范氏 始祖直谅公，宋代范仲淹之曾孙，自姑苏宦游来湘，卒于湘阴，葬衡山。又六世至先辉公徙居辰州，其子训清于元初至元十年（1273）始来长沙，卜居湘春门外开福寺黑水塘壕上邓家神一带。谱尊训清为一世。四世兴旺公，明洪武十一年（1378）迁居湘阴一都长乐，生三子：添锡、添青、添佑。清康熙五十八年（1719）六、九、十甲合修族谱，道光五年（1825）六甲续修。嘉庆二十一年（1816）建长沙、湘潭、湘阴三邑总祠于省垣北关。派语：兴添以单召，惟友希胜单（景德明朝廷）。邦之文新瞻（达圣承新瞻），奇敏嗣源腾。在周开世系，自宋启贤能。大义传全业，宏功象上尊。北洋政府教育总长范源濂、化学家范旭东，为该族二十二世孙。

平江西乡驷马桥范氏 始迁祖德连公，清乾隆四十三年（1778）自广东长乐迁此。至1994年，全族人口476人。

桃江高桥范氏 始迁祖应荣公，明万历四十八年（1620）由福建上杭县游历来湘，开基于益阳县桃林乡高桥土门，今属桃江。族人分布在高桥、土门、大水田、木瓜冲、大南冲、桃源乡、桃花江及县城等地。至1948年，已传13代，全族人口约500人。宗祠在土门梁家冲。

宜章高田范氏 宋末自江苏吴县徙宜章笆篱堡曹家山，后徙高田。

汝城三拱门范氏 始祖念一郎，南宋时自江西丰城县槎村宦湘，开基于桂邑（今汝城）三拱门文政坊。四世至尧咨公，宋政和五年登进士，生四子，衍为四大房。族人分布在横径、长安村、三拱门、城郭、贯草坡等地。至1948年，已传32代，全族人口11500人。南明弘光元年（1645）建范氏家庙于三拱门。族谱始修于清雍正元年（1723），1917年五修。派词：廷桂国重愈志应荣永时元良克承祖宗孟仲继贤世大名家善积益懋垂裕孔嘉中正为宪群经用传朝有硕德士作孚先存仁礼敬以厚其基庆笃万年升恒引之。该族名人：［明］范渊，字静之，号君山，官刑部郎中、云南按察司副使。［明］范辂，字以载，号三峰，改号质庵，曾任福建左布政使。［明］范永銮，字汝和，号苏山，曾任四川右布政使。［明］范永官，字叔修，号思斋，又号轴山，曾任南北两京粮储道。

汝城洞头范氏　始祖念一郎，南宋时由江西迁居湖南省汝城县津泰乡三拱门。传至良宏公，字士心，清康熙时再迁本县文明乡洞头。清道光年间建宗祠于洞头。至 1948 年，全族人口约 250 人。

汝城折溪范氏　始迁祖仕廉公，原籍陕西西安府三原县，袭正千户，加赠武节将军。明洪武二十九年（1396），奉旨调镇桂阳广安守御所，子孙占籍汝城。至 1932 年，已传 24 代，仅数十余人。

龙山范氏　始迁祖文达、文迁两公，清乾隆五十五年（1790）始由长沙湘春门荷花池迁居龙山，今主要分布于民安镇、大安乡。2002 年始修支谱。派词：兴添以单照，惟友希圣殚。邦之文必显，国泰庆平安。忠孝光经子，家声振楚南。诗书连甲第，仁让裕崇班。

龙山、来凤范氏　始迁祖式泰、式能，原居长沙垣门正街三角塘，清乾隆十二年（1747），式能携嫂及侄茀一行九人迁龙山他砂里招头寨甘家堡。茀公后裔一部分留居洛塔，一部迁来凤漫水。清道光二年（1822）、光绪二年（1876）、1916 年、2018 年纂修族谱。派语：仲纯正直公，良士宗先训，修凝有厚道，金希山时玉，可气式朝大。祖德贻维善，其才定克昌。传家忠烈显，守世义田芳。

林

湖南林氏　始祖晋安郡王禄公，宦游至闽，卜居莆田。十六传至披公，生有九子：苇、藻、著、荐、晔、蕴、蒙、迈、蔇，皆官唐刺史，时称“九牧”。九牧后裔散处长沙、望城、宁乡、湘乡、益阳、湘潭、湘阴、南县及广东、福建等地。清光绪十六年（1890）长沙、善化、宁乡、湘乡、益阳、湘潭、湘阴七县合修宗谱，1923 年益阳、湘阴、湘潭、长沙、善化、南县六县续修。

长沙林氏　始祖达公，字以顺，一字彦圣，行十，元末明初仕潭州刺史，携子福四（字汇东）自福建莆田迁湘，初居湘阴湖田。三世祖寿五公徙居长沙官山，寿六公徙居长沙沙田，寿七公徙居浏阳赵塘。族人分布在沙田、祝公渡、水渡河、大贤都、洞田及浏阳、平江、湘阴、武冈、常德等地。至1948年，已传27代，全族人口约6万人。宗祠在长沙白石乡林家坊。族谱一修于明崇祯十五年（1642），清乾隆十二年（1747）二修，同治十一年（1872）三修，1947年七修。

长沙林氏 始祖石枢公，福建泉州府同安县人，诰赠明威将军，其孙德公，贵州威宁镇游击，诰授怀远将军，寄籍善化。

浏阳林氏 明季由闽、粤迁来。1925年合平江一支、醴陵八支、浏阳五十七支，其中端州刺史苇裔四十四支，容州刺史藻裔十六支、邵州刺史蕴裔六支合修族谱，尊唐高平太守万宠公为一世。江西万载、湖南浏阳林氏字派：（自禄公始）绳继家声远，源流奕世昌。千秋昭祖德，万代绍书香。业并乾坤大，文增日月光。历朝遗凤阁，数载锡九章。雅颂承平奏，良才俊哲强。诒谋薰桂馥，培植庆兰芳。蔚展鸿图振，蕃衍燕翼长。功名垂竹帛，富贵永祯祥。

宁乡福田砯林氏 始祖端公，世居福清县，明洪武初年选举教谕擢刑部主事，为楚省太守，卒葬长沙官山。端公生三子：蛟、凤、龙。凤公落业长沙，龙公落业湘乡。皎公字海鹏，卜居宁乡县西关外三都二区之福田砯，五传衍为八大房：鼎、肃、琼、文、贵、俊、宣、学。宣、学两房远徙。宗祠初建于福田砯，后毁于兵燹，清道光二十六年（1846）再建于宁乡县城新桥湾。乾隆二十七年（1762）六房合修族谱，咸丰九年（1859）肃、琼、文三房续修。光绪十六年（1890）、1920年蛟房续修。派语：百万春辉宗，永正大经纶。盛世升平乐，兴朝福寿真。名家蕃衍秀，文风玉佩绅。匡国才猷远，荣华日月新。

湘乡林氏 始祖禄公。五十七世至宗亮，字乐经，明恩贡生，原籍福州闽县，任龙岩州教谕，为两湘林氏一派祖。八派至国栋，字宇中，清康熙间自江西萍乡湘东徙居湖南，卒葬湘乡迎恩一坊官埠桥，后改葬湘东峡山口。国栋生懋、芸、骅、贵、德、咏、隆七子，懋、骅、德、隆居湘乡，贵公居湘潭，芸、咏回闽籍。总祠建于莆田，支祠建于萍乡湘东峡山口。清嘉、道间纂有墨谱，咸丰十一年（1861）、光绪二十六年（1900）、1929年、2004年续修。派语：宗成应添惟瑞奇，国世仕朝辅弼熙。培原济运昌隆久，文武齐贤佐正基。

醴陵苏家冲林氏 明洪武初年自福建迁此。至1948年，全族人口200人。

醴陵柏庄林氏 清顺治间自江西萍乡迁此。至1948年，全族人口200人。

醴陵峤岭林氏 始迁祖文龙公，清康熙间自广东嘉应迁此。族人分布于华埠水口。至1948年，全族人口700人。

醴陵东源冲林氏 清康熙间自江西萍乡迁此。至1948年，全族人口

200 人。

醴陵马家洲林氏　清康熙间自广东大埔迁此。至 1948 年，全族人口 200 人。

茶陵坑口林氏　始迁祖云亭公，字荣新，清乾隆五十三年（1788）自福建上杭贸易来湘，开基于茶陵县坑口乡梭子冲。族人分布在五丰垅、郧坑、小江口、大汾及长沙、衡阳等地。至 1948 年，已传 7 代，全族人口约 600 人。宗祠在坑口圩对河由义坪。族谱始修于光绪十年（1884）。

炎陵河漠林氏　始迁祖上宝公，清雍正年间率五子自江西赣州迁此。

衡阳林氏　鼻祖磐公，宋嘉祐间人，出于福建莆田，成进士，官江西永新。秩满，家其地。阅十五代景通公，为岭南守宪，迁居湘乡六十都庆善乡新兴里北度泉田堡林家冲小岭。再传添鉴、添镕兄弟，迁衡阳库宗桥。清乾隆五十二年（1787）、嘉庆二十三年（1818）、光绪七年（1881）、1924 年纂修族谱。班行：景志添仲，德宗太祖。代世贤兴文，门风沛才长。传家惟积善，敦厚定生芳。孝敬功常贵，熙和道克昌。安邦程远大，仁政肇永康。

衡山林氏　明季自福建莆田迁入，分居大托渡、江浦等地。

邵阳西河林氏　始祖宋时端公，原籍福建莆田，奉旨南征阵亡，夫人蒋氏定居靖县甘棠镇下圳村。五世光宝公徙居东安尖山，七世胜高公于明英宗正统三年（1438）由尖山徙居武冈紫东里柿山村（今属邵阳县）。清嘉庆十九年（1814）始修族谱，1997 年四修。柿山老班：端思进定光成原胜幸文秀再昌顺锭晶观仁元大学圣。武攸合班：国运亨盛，亲睦道彰。肇维殷世，浚哲发祥。忠孝克笃，英才赓扬。愿益勉励，永代芬芳。

邵阳南冲林氏　泰煌公生三子：景椿、景梃、景柏。柏公居原籍福建莆田，梃公徙衡阳。椿公任零陵教谕，明成化六年（1470）迁武攸训导，解组居邵湘之界岭。生子华、子富，富公无传，华公卜居邵阳南林。1920 年创修族谱。字派：景子贵大兴宗祖世代永吉昌慈和应福祥……

武冈泉塘林氏　始祖元诚公，字和轻，明成化元年（1465）由绥宁县迁居武冈县同仁乡泉塘。族人分布在本县各乡镇及益阳等地。至 1948 年，已传 24 代，全族人口共 2500 余人。族谱一修于清乾隆三十五年（1770）。

洞口林氏　谱称始祖端公，字开远，福建莆田县贤良巷人，南宋宝祐五年（1257）征湖广红苗，卒于军。二世思义，奉敕镇守渠阳，家于会同。后裔元甫、元龙爱武冈山水之胜，由会同递迁武冈，定居洞口崇阳坪，后卜宅渡头堡南竹山。又有元益公裔均四于明初亦由会同迁洞口楂林。清嘉庆十九年

(1814) 元甫、元龙、元益裔合修通谱，并建宗祠于州城。咸丰八年（1858）、光绪二十三年（1897）、1931 年续修通谱，1994 年五修，合计人丁 13731 人。2009 年六修。会同班次：进定光成，均公幸文，秀再昌顺，世泽安长，运通溥济，宗枝显祥。武攸老班：元文秀再志光显，伏昌凤调正顺贤。上锡人民兆贞衣，中朝立化映洪天。才全仕学大邦作，胤子先登永绍元。武攸新班：国运亨盛，亲睦道彰。肇维殷世，浚哲发祥。忠孝克笃，英才赓扬。愿益勉励，永代芬芳。

洞口王家桥林氏 始迁祖世富公，莆田人，元至正进士，官邵阳县尹，从武冈路总管柳不华屯戍保山。元亡，遂隐居武冈之王家桥（今洞口）。至今已传 30 余代，多分布在木瓜、花鼓、秀峰、竹市等处。三世璧，字廷美，明天顺进士，授行人，迁御史，巡按山东，著《诗韵补遗》。

新宁城内林氏 始祖洽公，字和甫，莆田人，宋隆兴进士。至性忠、全忠二人之后，皆于明成化、嘉靖间次第新宁。

岳阳博爱林氏 始祖达公，字彦圣，明洪武二十三年（1390）由湘阴迁长沙官山。十世祖达春公再迁巴陵罗城，即今岳阳县博爱乡。至 1948 年，已传 24 代，男女丁口 1000 余人。清光绪六年（1880）创建宗祠于岳阳林间坡。族人分布于黄岸市、柞树嘴等地。2016 年纂修族谱。字派：达福宗志绣初大凤恒昌有德定光居家谦厚观道忠孝友业本诗书立功佐世正品敦儒。

湘阴县西林氏 始迁祖福公，福建福清县人，明洪武中官衡山县典史，占籍湘阴县西。

平江嘉义东山林氏 始迁祖永卿公，清康熙三十六年（1697）自广东镇平迁此。

常德林氏 始迁祖念四郎公、小四郎公，明永乐二年（1404）自福建上杭迁居常德。1998 年五修族谱。

临澧驷马桥、林家峪、林家砑林氏 始祖福伍公，职任指挥，明初督兵由福建莆田发迹屯甲衡州耒阳，生子二：康九、康十。九公生子二：必晓、必晴，后裔散处湘江间。十公生子二：必旺、必时。时公居故地。旺公袭福公职，征九溪蛮，因落屯澧州西门驷马砑，生子十二，系“德”字派，孙三十有奇，系“才”字派，仅四房震公一脉流传，居林家峪、林家砑，分居临澧驷马桥、莲花堰、大井泉、岩缸砑、季车堰等处。族谱一修于明崇祯十二年（1639），清同治十一年（1872）续修，1930 年三修，1944 年四修。民国年间修有祖祠。

临澧林家峪林氏 一世祖讳牌，原籍南京直隶和州（今属安徽），明初随驾亲征苗夷，历官湖广永定卫正千户。至七世茂，落屯澧州安福县（今临澧），下传至二十世祖堃，即林修梅。祖涵，即林伯渠。1944年福伍公支、牌公支合修族谱。班行：（自十世始）天钟世院春枝秀，长山承祖泽明……

石门林氏 始迁祖君德公，福建莆田万宠公后裔，元朝末年自江西迁湘，落屯澧州石门中乡兰溪坪仁块八区。三子：享、暹、信。享公落业于斯。暹公迁湖北枝江。信公留原籍，后迁江西。清同治八年（1869）、2021年纂修族谱。宗派：宗国联芳远，家道庆永昌。忠敬成祖德，文明近廷光。该族名人：林德轩，民国上将。

沅江团山林氏 元末自福建泉州府安溪县迁居漳州府龙溪县。清雍正年间迁居沅江县廖保澎湖大成垸。至光绪年间，部分人口留居光复乡等地，部分人口迁至城郊团山乡。

桃江浮丘、桃花江林氏 始迁祖益公，明崇祯时由福建上杭避乱益阳，衍居今桃江县浮丘万金村、桃花江、白竹园、十六里、二十里、十里等地。

安化林氏 始迁祖斌章公，九牧二公讳藻之十八世孙，明洪武元年（1368）由闽省莆田县以孝廉任湖广沅州学博，永乐二年（1404）卒于官。子天禄随任，卜居安化十五都坳头林马溪。五世派衍七大房。清康熙五十三年（1714）、乾隆二十七年（1762）、道光八年（1828）、同治九年（1870）、光绪二十九年（1903）、1933年纂修族谱。合族派歌：启成先世德，忠孝国家珍。礼义亲贤大，诗书育厚仁。联延光显绪，炳蔚耀纯伦。甲第传芳远，敦和亿万春。

宜章满塘林氏 明初由茶陵卫调守宜章满塘。

宜章金朝山林氏 明成化时自福建徙此。

汝城上章林氏 始迁祖万公，明万历时由广东乳源县梅花街始迁汝城姜阳，后居上章。至1932年，已传14代，丁口100余人。

蓝山凤感乡牛海冲林氏 始迁祖孟凤公，明正德间由广东迁来。至1931年，共32人。

蓝山南平乡枫木坳林氏 始迁祖逢才公，由江西龙塘县迁来。至1931年，凡12户，男30人，女22人，共52人。

新田林氏 始祖显祥公，明时自闽迁居楚之芝城北关外。十一传至希敏公，明末清初因兵燹自零陵迁居新田县仁智乡鱼形湾。

麻阳郭公坪林氏 由福建迁贵州瓦屋翁南溪，再迁入郭公坪乡定居。派语：志通素秀之，宗上奏朝元。祖德流芳远，光华万代荣。

麻阳兰里林氏 元至正年间从会同迁入兰里岩寨雄山定居。原派：进定光承，均公幸文，秀再昌顺。新派：世泽安长，运通溥济，宗枝选祥。续派：敦厚崇礼，永绍书香。则有其家，兰植培芳。景星瑞兆，善代忠良。宏开道德，选用家邦。云龙会合，先声远扬。再续：修祠续谱，为系纲常。勤谋振作，乔耀炎黄。望吾合族，金玉满堂。

靖州林家团林氏 由江西迁居靖之林家团。至清光绪三十四年（1908），已传27代。

靖州林氏 始迁祖思义公，南宋宝祐五年（1257）因征楚由莆田迁靖。至清光绪三十四年（1908），已传21代。

会同林氏 始祖端公，字开远，福建兴化府莆田县贤良港人，南宋宝祐五年（1257）同赵葵征讨楚粤红苗，卒于军。生九子，第九子思义与第八子思难镇守渠阳，思义遂卜居龙宝之夏郡。清同治十二年（1873）纂修族谱。

林彭

邵阳万安乡大泉林彭氏 该族本福建兴化府莆田县林姓，宋元祐间磐公以进士守永新，因籍城西门，其后世迁洛沟。十三世至始迁祖与茂、与诚，明永乐十二年（1414）由洛沟迁湖南，诚公居邵阳万安乡大泉里，茂公居新宁之炉前冲，数年后亦徙大泉。明成化时立户编册，因甲改彭，故称林彭。清嘉庆十一年（1806）创建宗祠，道光十三年（1833）始修族谱，同治十年（1871）续修，宣统三修。1938年四修。班次：崇显嗣定永，志兴万全方。日寿文武政，世代庆隆昌。敦笃维先德，诗书裕后昆。家声光远大，科第捷连元。至1948年，已传21代，共6000余人。族人分布祁阳、湘乡、四川等处。

郁

茶陵湘东九渡郁氏 明代由江西安福洋溪乡迁此。

桑植郁氏 始迁祖孔融公，清康熙末年自江西安福县迁桑植凉水口。后人分布于今芭茅溪、仓关峪、打鼓泉等乡。

欧

长沙河东欧氏 谱称欧之得姓，始于少康季子，食采欧山。明德之后，源流甚远。长沙一支自衡州安仁迁来，而衡州又自江右迁来。子明公始隶衡郡，道荣公始籍长沙。道荣公字日新，为子明公五世孙，明洪武戊辰科进士，任武冈总兵，永乐二年（1404）奉旨调授长沙卫。清咸丰五年（1855）二修族谱。字派：道景单单永单必之颖成云单世单立志承先德光宗。

浏阳永和市欧氏 始迁祖颐中公，宋开禧乙丑进士，官至徽猷阁学士，占籍浏阳。至清光绪三十三年（1907），已传30余代。

湘潭欧家町欧氏 始迁祖福喜公，字近怀，号辛斋，明初由衡山积堡迁湘潭欧家町。清光绪三十四年（1908）欧家町分修族谱，称九修。八修及前皆与衡山合修。1943年十修，2010年十一修。字派：国泰登贤良，诗书祖泽长。声名开甲第，家运应荣昌。

衡阳岳屏欧氏 一代鼻祖上肱公，字野平，南宋咸淳五年（1269）因兵乱，携眷由永州钴鉧潭避乱迁衡阳县演陂桥红荷园，衍益秦、益泰、益春、益奉四房。清乾隆二十一年（1756）秦、泰、春三房一修族谱，嘉庆十七年（1812）三大房二修，咸丰六年（1856）秦裔德位、德文、德辅、德武房三修，光绪二十八年（1902）秦裔德武房四修。秦公长子德位派班行：德应原子添，庆友志大廷。世南兴祖宗，生富贵显长。秦公三子德文、四子德武派班行：德应原胜思，天景正功文。永嗣惟宗祖，荣华世代庆。泰公长子德谓派班行：德应原开祖，奉国维仕天。庭世代映兴，广宗传万庆。奉公房班行：德胜原荣永，景仲廷世良。一大孟庆朝，阳开泰运方。合族班行：迪名肇盛绩，蔚启清时贤。敦本常由孝，克家必绍先。

常宁千户欧氏 始迁祖继荣公，明洪武二十二年（1389）由衡山调衡州卫，随委总旗征守常宁，官升千户，籍常而居。

常宁红泥桥欧氏 始迁祖以先公，宋朝末年由广州知府弃官道经常宁，择居北乡西阳堡红泥桥。字派：以议必旺（思）有（友）志（廷）爵宦（官）仕显明世安邦定适尚开良运诗书……

常宁黄旗塘欧氏 始迁祖应贵公，明洪武二十八年（1395）由江西泰和以军功调镇衡州卫千总，后守常宁，籍邑北田尾黄旗塘居焉。

汉寿欧氏 一派始祖荣祖。嘉庆老序称："吾族自前明来，世处兹土。因被明末兵变，家乘散亡，列祖列宗，莫溯自出。”后修皆袭此说。清嘉庆六年（1801）、咸丰三年（1853）、光绪二十六年（1900）、1938 年、2018 年五修族谱。字派：思尚学文先在德，继成有道启宏英。维新世泽崇宗本，光耀朝廷永盛名。

嘉禾欧氏 始迁祖尚南公，原籍江西吉水县大班洞，后汉乾祐二年（949）迁居嘉禾石桥。子大传公北宋建隆二年（961）投石守信军，开宝七年（974）入德昭王驾下，平三溪蛮地，封镇南将军。元至正六年（1346）一修族谱，明成化五年（1469）、清康熙三年（1664）、乾隆二十四年（1759）、嘉庆十六年（1811）、道光二十九年（1849）、光绪七年（1881）、1913 年、1933 年续修。1940 年宁远、新田、道县、临武、蓝山五县共八支系合谱。2004 年嘉禾尚南公系，宁远、新田太晚公系，宁远山头坊七九郎公系、宁远鲤溪山田村上肱公系、宁远笋田洞一细公系、宁远老鸦窝鼎和公系、道县茶园杰公系、临武莲塘尚贵公系续修。嘉禾神堂村旧班：尚大神细仲少十百万千辛大子志永廷孔胜贵成仁绍继昌兴富贵焕泽振书。嘉禾龙珠凤旧班：尚大神细仲少十百万千辛大子志信士玉荣凤仁义礼智诲崇宗景焕泽振书。1940 年嘉禾、宁远、新田、道县、临武、蓝山通派：（自二十二世始）令名贻久远，积厚定发祥。作述能济美，敦品式圭璋。风云得际会，望重誉芬芳。主静安贞吉，化育共赞襄。

新田云溪欧氏 肇迁祖太晚郎公，宋徽宗时自江西泰和游学楚南，设馆云溪。历嫩、上、志、礼四代，皆殁葬于斯。礼公生七子：德忠、德玉、德显、德正、德廉、德祥，子孙分居新田大利、云溪。德远公以进士官韶州太守，孙善堂公徙居宁远城北村。派语：太嫩上志礼，德海仕廷武，仁义世大显，文明永昌荣，克光邦国运，熙载喜康庄，令名贻久远。

宁远欧氏 始迁祖七九郎公，原籍江西南昌府丰城县，元大德间游猎至古舂陵。

宁远梅岗乡小欧家欧氏 元大德年间由江西南昌丰城迁入宁远，定居山头形，今梅岗乡小欧家。

道县欧氏 始迁祖杰公，原籍江西吉安府庐陵县北门外五里桥，明永乐间迁湖南道郡西门外桥背街欧家巷。

沅陵欧氏 迁湘始祖必信公，原籍江西吉水旌贤乡折桂里大栗树，明洪武初戍澧州，居永定天门山。生四子：黼、黻、鸿、猷。黼、黻、鸿三裔散居武陵。猷公裔居安福花薮坪，生守福、守禄、守寿。明成化间守禄公又迁沅陵红土坪欧溪。1922 年曾修草谱，2012 年再修。派序：守永必胜，万曰星京。启本成学文，上正国大明。安定乾坤远，世代自子荣。

麻阳欧氏　一说明洪武间随杨显平征黔楚而屯居麻阳绿溪口，后又徙太平溪。后人分布于吕家坪、兰村、谷达坡、高坡等地。一说于明季随熊、毛、曹、周、颜、邓、彭、雷八姓自江西迁湘。太平溪老字派：兴政文士启，世康应万大。国正天心顺，官清民自安。兰村老字：世达长登国，光荣定俊贤。清光绪二十一年（1895）合族修谱续议，太平溪到“安”字，兰村到“贤”字入新派：家道发达，景运吉昌。贻泽广裕，承绪久长。开基建策，德齐贤良。儒雅复习，树立纪纲。勤慎敦本，克绍书香。成章顺理，甲第联芳。积善余庆，锡福增康。笃生英俊，人品端方。培兰植桂，荐拔显扬。财隆经济，望重楚邦。席珍待聘，辅弼匡襄。怀宝登进，忠孝一堂。

欧阳

长沙河西尖子山欧阳氏　始祖添贵公，元季自安仁迁居善化，六世孙舒谏遂居善化河西七都尖子山。清光绪时纂有族谱，堂号本仁。

浏阳山田湾欧阳氏　始祖焘公，字普照，宋建炎间由星沙迁居浏邑县治龙津港。其孙桂公，字馨庵，又徙居浏东永和山田湾。清康熙五十七年（1718）修建宗祠。乾隆十七年（1752）始修族谱，五十八年（1793）续修。行派：本源祥发远，盛德辉宗祊。禹绩万年茂，启贤百世芳。中和宏位育，参赞佐家邦。依古谟猷大，存心福自长。

浏阳溁波港、洞阳欧阳氏　始祖安时公，宋时由防里迁浏东马渡。传五世圭斋公欧阳玄，元时文冠天下，历官翰林，追封楚国文公。又传八世至勋公，勋公子五，演为仁、义、礼、智、信五房。长子圣文由马渡迁浏邑西之溁波港，次子富文偕其兄弟由马渡迁浏邑北之洞阳塅。清嘉庆二十三年（1818）建勋公祠于浏阳洞阳之田坪。乾隆十六年（1751）五房始合修族谱，道光十二年（1832）续修，光绪三十一年（1905）三修，1936年四修。本支原派：家声欣永大，德道学宏开。士裕经纶业，庭储干济才。贤良荣聘选，诗礼笃滋培。室庆芝兰绕，词成锦绣堆。藏书通万卷，继绪应三台。建树光前烈，文章世泽恢。康熙五十六年（1717）长沙、善化、浏阳、益阳、安化、攸县、宁乡、湘潭八邑建万公祠于省城张家巷。通派：作述恢前绪，春兰秋桂芳。儒林崇学业，安福肃官常。礼乐传家宝，经纶辅国纲。至诚敦厥本，纯厚焕其光。时思达导义，日纪典谟章。文明一开启，永远显荣昌。

宁乡欧阳氏 始迁祖可大公，为托公裔，宋元丰间由吉安郡迁居宁乡玉潭桥。十六传至“彦”派，衍为彦镇、彦釭、彦文、彦才、彦诚、彦贵、彦钧、彦鉴、彦铭、彦镆、彦鏻、彦鏸、彦镛、彦钟、彦钢、彦錀、彦贵十七房。清嘉庆间各支纂修支谱，文、诚、贵三房道光二十三年（1843）、光绪五年（1879）、宣统元年（1909）、1936 年续修。彦铭房道光二年（1822）、咸丰四年（1854）续修。彦鏸、彦镛、彦钟三房光绪二十年（1894）合修。派语：可茂再汉宣，应克善斯添。德大惟忠孝，邦彦世遵贤。祖宥仁端正，临民子必先。作述恢前绪，春兰秋桂芳。儒林崇学业，安福肃官常。礼乐传家宝，经纶辅国纲。勋名兼节义，百代著荣昌。

宁乡大田、高山、水口、团山，湘乡三迁欧阳氏 唐时通公三传而生琮，为吉州刺史，琮公八传而生万，为安福县令，万生和，和生雅，雅生效、楚两房。效生谟、托、詃，楚生堂、宏、钺。托公五传至文忠公欧阳修。后又十二派于分支祖明甫公，宋时任吉州判官，因家于吉安庐陵。四传至迪辉公，衍华立、岳立、泰立、衡立四房。四公明时由江西迁星沙安仁井背，复迁宁乡，落业大田坊。华公分居大田，岳公分居高山，泰公分居水口、团山，衡公分居湘乡三迁。清康熙三十九年（1700）合修族谱，嘉庆间各支分修，同治元年（1862）华、岳、衡三房又合修。

宁乡井泉欧阳氏 始祖万公，唐僖宗时为吉州刺史，因家于此，至五世共得六孙，衍为六人派，其中托公居庐陵安德里。托公之十二代孙鼎翁由永兴徙星沙，转湘潭。鼎翁玄孙孝谦公，字德淳，元季徙居宁乡井泉。清乾隆四十六年（1781）、咸丰十一年（1861）、1912 年纂修族谱。堂号六一。字派：德人惟忠孝，邦彦世遵贤。祖宥仁端正，临民子必先。作述恢前绪，春兰秋桂芳。

湘潭锦石欧阳氏 始祖万公。十八代邦美公，字宣甫，原居江西吉安府安福县，明洪武初自庐陵仗剑来湘，授长沙卫指挥使，永乐间徙湘潭锦石。生志华、志亮：志华生景隆、景里、景英、景贵，称上四房。志亮生景升、景隐、景陟、景哄，称下四房。清乾隆二十一年（1756）始修族谱，乾隆四十九年（1784）、道光三年（1823）、同治十年（1871）、1921 年、2004 年续修，六修时子孙共 14582 人，其中男 7601 人，女 6981 人。派语：邦志景於世，显绍怀秉冀。日广树德，大廷之光。文士继起，敦本克昌。国恩锡庆，祖泽传芳。作忠以孝，允振书香。

湘潭韶山厚罗欧阳氏 万祖二十一世孙鼎翁公，元时自江西庐陵南适永兴。四派谦、诚、让。谦徙沩宁，让徙上湘。诚公为潭州观察使，创业于湘潭七都

�湖马蹄滩、阳家坝厚罗。清乾隆十二年（1747）、光绪二年（1876）、1917年、1946年、2013年纂修族谱。字派：鼎明元秉诚，文志卢伯廷。朝学思正道，盛泽诒芳远。兴衡振惠长，勋猷传典礼。德业世荣昌，嘉善登隆福。

湘乡欧阳氏 迁湘始祖泰臻公，讳梅，南宋景定三年（1262）由江西吉安府庐陵县十三都万硃乡庐港埠兴仁里绿竹保绿竹庙王兴隆徙湘乡东岸坪，卜居洋潭。递传十二代崇芠公迁下车湾。1930年纂修支谱。派序：泰季万福德，楚鉴芳子庭，兴崇象太添。世代明宗泽，文光绍祖先。恢宏奕载继，敦笃永年传。

湘乡田边欧阳氏 始迁祖材公，系出万祖，派分黄石，明洪武四年（1371）自江西泰和县蜀口徙上湘田边。清康熙五十年（1711）创建宗祠。乾隆十七年（1752）始修族谱，人丁1500余人。咸丰十年（1860）续修，人丁2000余人。1926年三修，人丁3000余人。2003年四修，人丁1万余人。该族名人：欧阳振声，湖南省议会议长。旧班：载兴志尔初，正邦国安泰。朝宗文明主，万世昇平拜。初修编排：仁孝克昌谟，诗书先圣意，钟英盛肯堂，高厚光宏赉。

湘乡车面欧阳氏 始迁祖坤伦、坤守，明洪武初年由江西吉州来卜居湖南，坤伦居湘乡团岭，坤守居邵阳斤冲，宗祠于清乾隆间建于湘乡车面。清乾隆四十三年（1778）、咸丰八年（1858）、1947年纂修族谱。班行：坤公光日，朝正安邦。国兴世代，添子明良。文学隆盛，祖德吉祥。受书载道，永佐荣昌。

湘乡石子江欧阳氏 谱称欧阳氏自晋永嘉渡江，世居长沙，唐广德以后又世居江右。始迁祖宝公，明初自江西太和县开基湘乡下车石子江。清乾隆十七年（1752）初修，1932年续修族谱。班行：文公允成惟兴再定世代正远显荣华久。孝弟敦仁贵，云礽安吉昌。圣贤隆集庆，和厚发其祥。

湘乡欧阳氏 始迁祖志隆公，明正统间由江西袁州萍乡来湘，卜居杨梅坳，派衍两支，绪分四房。清乾隆四十五年（1780）、同治八年（1869）、1918年纂修族谱。字派：志学单嗣曰春文再兴万代显祖荣宗安邦……

湘乡、邵阳欧阳氏 始迁祖元德公，世居江西抚州府乐安县，生高、明、辛三子。明嘉靖二十二年（1543）元德公之裔五人：朝兴、祥烈、志万、思志、集五徙湖南而开基。祥烈公居邵阳曾家冲，思志公居安化丰乐里，集五公居邵阳马鞍塘。清乾隆五十四年（1789）、咸丰八年（1858）、1929年、2012年纂修族谱。班次：兴添启文明。盛世公侯，爵禄绵远。诗书泽长，前德广大。后定隆昌，善积万代。

攸县塞口欧阳氏 始迁祖晚源公，字肇绩，号潆川，元至正间由吉州庐陵广济团迁攸北小冲。清乾隆十五年（1750）始修族谱，乾隆五十五年（1790）、道光五年（1825）、同治五年（1866）、宣统三年（1911）、1997年、2006年续修。字派：文光发辉，永继家声。世泽绵远，荣恩锡庆。礼祖泉福，智德成明。

醴陵阳家冲欧阳氏 始迁祖魁仲公，元至正间自江西钧源迁此。族人分布于渌口、枧上、攸县、浏阳、萍乡。至1948年，全族人口2000人。

醴陵吴家塅欧阳氏 始迁祖勋公，明洪武间自江西安福迁此。族人分布于同桥、黄沙。至1948年，全族人口100人。

醴陵枧溪欧阳氏 始迁祖南贤公，明洪武间自江西庐陵迁此。族人分布于左家山。至1948年，全族人口2000人。

醴陵枧上欧阳氏 一世始祖万公，五世誸公，为黄石始迁祖。二十一世绍中公，字存良，明建文间由江西韩水徙居醴南十八都枧上。二十九世东长，一名东志，字少峰，明末清初择居围塘明月里。清光绪三十三年（1907）五修，1942年六修族谱。族人分布于围塘、左家山。至1949年，全族人口700人。字派：（自三十四世始）大振文名，魁多士应，增荣楚之，光永延家，学继先声，端守尚书以传。

醴陵欧家湾欧阳氏 始迁祖德卿公，明天启间自江西庐陵迁此。族人分布于黄谷田、湘潭。至1948年，全族人口700人。

醴陵崇仁里欧阳氏 始迁祖开泰公，清康熙初年自江西泰和迁此。至1948年，全族人口300人。

炎陵三河潘家欧阳氏 五代后晋时，春官尚书林启公奉旨祭炎帝，因爱酃之山水，遂辞官携眷自江西庐陵迁斜濑渡定居。后人分布十水口、策源。

炎陵沔渡洞里欧阳氏 始迁祖悦轩公，宋末由衡山迁入霞阳陈家冲（今沔渡洞里）。

衡阳欧阳氏 一世万公。二十世壬十三郎，元至正时由江西庐陵迁衡西长乐清潭口，卜居柏树湾。明洪武编立牌甲，即以公之行为字，称七甲。四子：如清开河陂房，如通开高枧房，如珊、如智不详。清咸丰元年（1851）三修，光绪十七年（1891）四修，1928年五修族谱。字派：元亨惟一正，学道必思成。永念怀先德，宏猷显大廷。

衡阳欧阳氏 万公十八世孙初新公，原任安仁令，生应麒、应麟。麟裔世居安仁，称西城欧阳氏。麒公五世孙惟安，明初由安仁迁居衡郡西门，生二子：仕高、仕泰。仕高居城，生四子：复、熙、融、生，称为城四房。仕泰居乡，生四子：舒、光、升、旭，称为乡四房。初新公祠位于安仁西城城隍庙侧。清道光二十三年（1843）、光绪八年（1882）、宣统元年（1909）、1942年惟安公裔、仕隆公裔、廷洗公裔曾合修族谱。字派：廷奇（克）明柽训，国益绍才贤。世德启祥应，家声必永得。光显世代，同振伦常。忠孝继美，富贵永昌。

衡阳横江欧阳氏 始迁祖应诚公，行伯九郎，生于元末，显于明初，官指挥同知。明洪武三年（1370）奉母胡太淑人由江右迁衡阳，卜横江。生子五，惟次子训臣公承先启后，其四孙文中、文伍、文锡、文启。文中下传七世开天华、天然两房，棋布一甲燕窝及鸭婆塘。文锡子四：才瑞、才身、才哲、才奉。今星罗横江各处者皆瑞公裔。明季苦于赋役，议分十柱，轮流承充。现惟六、四、七、十、一、八六柱。族谱始修于清乾隆五十一年（1786），道光二十年（1840）续修，有杨健、曾国藩、欧阳厚均序。光绪六年（1880）三修，有曾国荃、李扬华序。1924年四修，有曾熙序。1999年五修。清嘉庆二十一年（1816）创建宗祠。班行：应训贵允有，文才必重仁。国正天心顺，安邦定太平。忠孝承先德，诗书启俊英。传家惟守厚，福祚庆长荣。

衡阳明德堂、世德堂欧阳氏 明德堂始迁祖景春公，字应林，行六郎，为万公二十四世孙。元至正间自耒阳燕窝岭徙居衡阳东乡建兴乡三十二都大屋冲。明万历间建祠于材冲，名“明德堂”。清乾隆三十三年（1768）创修族谱，1940年与世德堂合谱，称五修。世德堂始迁祖荣可公，讳典，字伯华，为万公二十一世孙，由吉水徙尚华，明初随太祖屡著奇功，诰封宣武将军，后奉令驻衡，遂与兄兴可公卜居衡阳酃泉里。清雍正间建祠于阳家坪，名“世德堂”。1940年与明德堂合修族谱。旧班：景宗才仁义志得均世大永正。新班：兴隆惟德荣，熙时运际昌。祖先沛泽远，继绪发余光。本崇枝自茂，源丰庆诒长。富贵常有锡，诞受由心藏。令嗣克承命，奕冀定毓芳。

衡南龙溪欧阳氏 龙溪始迁祖新三公，为安福令万公二十二代孙，文忠公仲子奕十三代孙。元末徙衡阳东乡龙溪。乾隆二十一年（1756）析衡阳东南乡增置清泉县，龙溪属焉。大桥始迁祖济川公，为文忠公从侄捃十四代孙。明末同隶衡东。清康熙、乾隆间两房各修族谱，嘉庆二十年（1815）、道光三十年（1850）两房合修。1922年龙溪房五修。合族班行：（自四十代始）传家纯厚，肇启贤良。存仁守正，在国有光。

衡山吴集化龙桥欧阳氏 衡山欧阳氏十三房，溯其源皆为唐安福令万公五代孙谟、托、詃、堂、宏、钺六宗之所衍，其中托宗裔六房。迁衡始祖来凤公，生兴旺、兴法、兴辅。旺衍吴集，法衍化龙桥，辅衍大源塘。1941年衡山欧阳氏七修通谱。

安仁西城欧阳氏 始迁祖初新公，原籍江西安福，南宋淳祐六年（1246）任安仁县令，致仕后遂卜居安仁东门外太平观小湖田。子孙分东、西两房，西房又分三支，西房建祠于西城。清康熙三十八年（1699）始修族谱，1942 年七修，2001 年八修，至今已传 30 代，人丁 2600 余人。旧派：道德文章华国诗。续派：光显世代，同振伦常。忠孝继美，富贵永昌。

耒阳欧阳氏 始迁祖景渊公，铱公派裔，明末由江西庐陵迁居耒阳清水铺。1933 年续修宗谱，人丁 12224 人。排行：（自四十一世始）明德昭形象，贤能裕炽昌。建功惟启迪，奏绩有循良。作述传鸿业，云礽振凤翔。前徽堪衍绪，厚泽永流芳。

常宁欧阳氏 鼻祖承公，原籍江西庐陵鹅颈大丘，元顺帝至元时南徙长沙，又徙衡山，落业鱼节杉木冲三亩田，生龙、虎、贞。贞公明初从英王剿奉凤晚，生贵公，派衍常宁。八世开濴、潮两大房。清光绪十六年（1890）、1923 年纂修族谱。派语：克君景奇堂，万宗应友以。祖大学智贤，诗礼明经文。

邵阳欧阳氏 鼻祖城福公，原居江西庐陵弘福乡，生志昌、志高、法灵、法清、克鲁。昌、高、灵、清四公明洪武时迁居邵阳。志昌居五泉塘，志高居桐江上游，法景失传，法清居玄福寺及仁风、砖塘等处。克鲁公支先迁江西南昌，后裔再迁邵阳安平乡冠贝底。1918 年初修族谱，克鲁公支不与。1943 年四支续修。班次：志太源再思，友添庭（仲友定）兴祖（国）。代荣昌隆朝（泰民安万世），礼继选德政。克悦证显定，安朝凤仁明。正祖古永代，世宗昌德政。

隆回泸溪欧阳氏 黄石祖詃公，五世孙子实，即宝庆官田、青冈、泸溪、连理四族始祖。第六子格公，居江西安福县黄石稽古堂。格生辉，辉生昺、暹、昙，昺生嗣声，暹生嗣祖、嗣昌，昙生永昌、用昌。永昌以下五世都政，为邵阳连理始迁祖。嗣声二子时俊、时选，时俊第三子嘉证，为邵阳官田始迁祖。时选第四子嘉彦，嘉彦生自息，自息长子茂翁，宋咸淳间由稽古堂迁居隆回泸溪竹山湾瓦子屋场，后派衍为瑜、珏、理三支。清嘉庆三年（1798）建宗祠于竹山院。清雍正四年（1726）创修族谱，嘉庆十二年（1807）二修，咸丰四年（1854）三修，宣统二年（1910）四修，1947 年五修，时男女丁口 6360 人。1996 年六修，时男女丁口 12921 人。珏房纪侍公裔欧阳煌，1948 年去台湾，官上将空军司令。

隆回兴隆乡连理村欧阳氏 始迁祖都政公，字玉畿，明洪武间由江西吉安府泰和县因贸迁邵阳隆回司门前瓦子坪连理村。族人多分布在隆回县兴隆乡司门前、坳背柴山严塘岭脚庙、三都大石铺及湘乡、邵阳、城步、溆浦、晃县和贵州大定、四川、湖北等地。至1948年，已传22代，男女丁口7000余人。清康熙三十四年（1695）创建宗祠于连理村。

洞口双洲欧阳氏 清同治二年（1863）邵阳、新化欧阳氏合修通谱，以万实公为第一世，第八世元亨为隆回官田始祖，第九世尧章为新化青冈始祖，茂翁为隆回泸溪始祖。官田始祖元亨、元通，宋淳祐间由江西安福稽古堂迁居邵阳小官田，今属隆回。衍为应福、应祥、应瑞三房，至六世又支分三十二支。九世文仁，自官田又迁武冈双洲，今属洞口，为双洲支祖。清乾隆十五年（1750）各房分修，嘉庆十七年（1812）官田三房合修，道光二十六年（1846）、光绪三年（1877）、1912年、1948年、1995年双洲分修，五修时人口5021人。双洲老班：光天化日，永大和昌。材崇通敏，道迪元祥。思亨立本，显庸敦良。如先正一，世济恒长（双洲老班“化”字后接通班）。官田、青冈、泸溪、连理、双洲通谱新班：洪范征恩锡，彝伦叙典常。余山贻厚泽，安福绍徽光。经学儒林盛，勋名仕官彰。畴图开甲榜，寿富启休祥。

武冈青龙团欧阳氏 始迁祖斌公，字武仲，明洪武二十年（1387）进士，官衡州知府，致仕游于武冈城西，因卜居于此。

绥宁欧阳氏 始迁祖文明公，江西吉安人，元大德年间任靖州太守，卸任后落籍绥宁县。后裔今分布于唐家坊、瓦屋塘、麻塘等地。

岳阳贾沙塅欧阳氏 始迁祖迁武公，明洪武时自江西南昌铁树观筲箕坡徙居巴陵贾沙塅。1924年、1943年纂有族谱，堂号庐陵。

华容石山矶欧阳氏 始祖景辉公，自江西万载白水迁居平江南扛桥。五子，派名受一、受五、受六、受七、受九。明洪武初年，受一、受九因生活所迫，迁巴陵君山后湖，三年（1370）转徙华容小北街巴陵门土地西（今石山矶附近）。受五后人也迁华容，后裔聚居白鼎山，分居坛子口、高桥、沙口、东山等地。平江老派：受思文尚，翼首开泰。丕成鸿烈，启迪时载。增派：长守忠训，克秉为怀。

湘阴石水江欧阳氏 始祖彝公，元泰定中自江西庐陵迁湘阴。传四世至中端、中瑞，中瑞后迁汨罗。

常德莲子冈欧阳氏 始迁祖立道公，号元泰，原居江西吉安府吉水县同水乡五十八都臻善里大夫团泉水口水南保圣宋团桑园三神冈庙。明洪武三十一年（1398）奉例徙楚，舟泊常德冲天湖，遂定居湖之南岸莲子冈。长子恂远居上新村菱湖坪，次子恂绍迁阳城村官潭湖，三子恂美迁太平社南黄冈，四子恂良居府城鹭鸶桥，五子恂海居赵塘村。1943 年常德、石门、临澧、桃源欧阳氏合修宗谱。派语：立恂伯公兴，绍正道初春。应世当成德，继元自有人。文章开后学，理法守先民。欣遇昌隆日，观光利用宾。忠孝诒谟远，诗书养性纯。传家富于义，报国志惟诚。高曾留典则，嗣胤得贤仁。藩衍由天授，华宗际盛明。

常德马头口欧阳氏 始迁祖立旺公，字寿兴，明初与弟立道公同徙武陵，旺公落业马头口东庄。派语同常德莲子冈欧阳氏。

常德官堤欧阳氏 始迁祖立伸公，字敬德，父荣可为立道公同堂伯弟。派语同常德莲子冈欧阳氏。

常德青泥湾欧阳氏 始迁祖正恂公，为立道公七世孙，明正德四年（1509）官常德知府，升盐运使，子道缯、道绘，居青泥湾。1936 年四修族谱。派语同常德莲子冈欧阳氏。

澧县欧阳氏 始迁祖文华公，明洪武二年（1369）自江西大栗树迁湖南澧县东门外十回港。2008 年始修族谱。字派：上朝宾选，大明乃登，文志华国，世作家卫，永远宏征。

临澧潘市欧阳氏 始迁祖建初公，任福州教谕，二子：德锜、德铭。明洪武初德锜与侄正信调戍澧阳，落业澧州，永乐间由澧州迁永定。信子猷定居于临澧之花薮坪，今称潘市。派语同常德莲子冈欧阳氏。

临澧欧阳氏 万公五世分宗托公八世观、旦、晔公分居永丰沙溪。晔裔十一世春公徙长乐坦涠（桂阳、衡阳），二十一世亲守公徙衡山，二十五世俭公徙衡阳四十都阳家坳，二十七世良业公徙河南省开封府荥阳县。二十八世祥公，明洪武二年（1369）奉敕任永定卫天门山总兵，镇守松关。二十九世亮公征蛮有功，升永定卫中所，永乐二年（1404）奉旨屯守澧南，居安福县永中里九区。三十一世开智、晋、春三房。清同治六年（1867）、1920 年、1947 年、2018 年四修族谱。字派：亮胜智政英伦凤时思歌圣九国宏文运世士应高明克。守安定训正，心绍祖德立。

桃源夹州乡欧阳氏 始迁祖胜上公，一说清康熙间由龙山迁来，一说由临澧潘市文寿公衍派。定居夹州乡王野鸡冈。派语同常德莲子冈欧阳氏。

石门磨市欧阳氏 始迁祖正间公，为立道公八世孙，原住湖北江陵县三十一都孔家渠。第五子道作，于父没后随母迁居澧州石门北乡信块十四区清泥溪公田坪富石保覃家社。派语同常德莲子冈欧阳氏。

益阳欧阳氏 始祖万公，字弥高，唐僖宗乾符间为安福令，子孙因居安福，至五派六孙衍为六房。谟公居安福洞渊，托公居庐陵安德里，誸公居安福黄石，堂公居庐陵永和镇，宏公居庐陵钓源，钺公居安福义历。堂公子殊公由永和徙分宜防里，堂裔十七派念五徙益阳，十九派文峰居梅子山，儒峰居蛇头山。又有伏一公，居西湾继江山。钺裔十二派道传公之嗣来益者居乌窠山。宏裔十六派好哲公、辇公迁居敷溪、善溪。清雍正十二年（1734）四山二溪合建宗祠于益治城东关后街。清乾隆二年（1737）创修宗谱，1919 年梅子山、蛇头山、继江山又六修合谱，2001 年梅子山七修支谱，乾隆四年（1739）倡修资江谱合派：禹裔历世纲，明德自垂长。泽远传家乘，时清继祖芳。咸丰九年（1859）四修复增派语：文章昭上国，忠厚笃前光。业本诗书贵，行敦孝友良。

益阳阳家山欧阳氏　迁宁乡始祖可大公，十六世孙邦仪因元末红巾之乱，自宁乡迁居益阳阳家山。清乾隆四年（1739）、乾隆四十七年（1782）、嘉庆十六年（1811）、咸丰九年（1859）、光绪十六年（1890）、1913 年、1947 年、1998 年八修支谱。字派：派语：可茂再汉宣，应克善斯添。德大惟忠孝，邦彦世遵贤。祖宥仁端正，临民子必先。作述恢前绪，英声振盛唐。儒林崇学业，安福肃官常。

安化石旗头欧阳氏　元通公字秀发，南宋理宗淳祐十一年（1251）随父嘉证、兄元亨由黄石稽古堂徙居邵阳小官田（今属隆回六都寨镇），生梦熊，梦熊生应瑞、应湖。元亨生梦熙，梦熙生应福、应祥。应福为官田受户祖，应祥为官田楼户祖，应瑞为官田树户祖。应瑞随母刘氏由官田迁湘乡一都尧溪里通达坪。应瑞第五子荣峰，字项祖十八郎，元把总，为迁安化石旗头（今属涟源市）始祖。2015 年石旗头十二修族谱。派语：荣圣国宗源，永尊绍廷兴，志大显文明。佑启光先绪，承传发世英。良图垂祚瑞，积善裕家声。道德征奇绩勋猷纪盛名。基开宏伟业，景运肇升平。嘉泰隆美誉，民殷亿代春。

安化田心欧阳氏　始祖万钟公，字弥高，为江西安福令。十六传至圣祥、圣斌、圣随三公。圣祥公字添湘，授征南将军，后立业于湖南安化田心罗子潭梅子岭，其孙宗义子五：源澄、源海、源渊、源滔、源湘。宗茂子五：源清、源洪、源淇、源浩、源浚。圣斌公字添润，奉诏征服宝庆，后辞职归隐于石旗头，其孙宗远子十：源灌、源润、源温、源淳、源济、源浙、源沂、源潭、源江、源淋。宗达子二：源河、惠能。圣随公字添派，其孙宗续子二：源漪、源滦。此二十四房中有或早夭或无传或无可稽考者，清顺治七年（1650）湘、洪、浚、灌、澄、海、淳、潭、江、河、淋十一房合修族谱。

新化团山、木山、梅山欧阳氏　文忠公十二代孙勋公，明时自江西吉水六十二都宦游至湘，任新化县令，后卜居梅城，为迁新化始祖。由勋公四传至万

七、万八、万九三公，万七居团山，万八居木山，万九居梅山，衍为三房。清康熙二十五年（1686）始修族谱，乾隆三十年（1765）续修，嘉庆十六年（1811）三修，咸丰十一年（1861）四修，光绪二十八年（1902）五修。宗祠在新化东门城内。七、九房老班：承基绍祖世家昌，作述维新祚自长。裔起贤良宗永叔，际时名彦振朝纲。八房老班：万仁祖兴文，嗣廷宗思泰。正永楚添长，国世家昌吉（木山铺）。万仁祖兴文，嗣绍一日久。永可宗添长，国世家昌吉（清潭桥）。合班：（嘉庆订）世家昌吉曜，作述启书香，德泽诒谋远，声名振豫章。（咸丰订）吉曜书香启，庥声厚泽贻。宝庭名震远，玉树代生枝。

新化炉观青山欧阳氏 始祖尧章公，字昭天，潭州主簿，南宋淳祐十一年（1251）携家眷自江西吉州安福县黄石稽古堂徙居新化青岗村（炉观青山）落户，子三：景荣居青岗山，景春居洋溪白塘木龙村，景华居孟公市沙江潭家冲。

郴县欧阳氏 先世于南宋时由江西庐陵迁郴，嗣因敏、昭、彦、邱各公由郴迁兴宁雷震，迨后迁徙不一，复由兴宁迁郴，散居永丰、秀才、西凤、凤德各乡。光绪三十年（1904）、1935 年、1994 年纂修族谱。排行：初祥金时期，太子伯才彦，天希宗必永，仕宦崇仁义，信廷正光文。家通圣学，忠孝咸遵。功允余庆，平成鸿恩。贤哲继起，英俊笃生。克绍前德，书香代馨。

资兴欧阳氏 华公传四代彦公，又由郴徙资兴四都绯紫源坊，为资兴开基祖。族人分布在资兴县东南西北各乡。至 1948 年，男女丁口共 2400 余人。宋时创建宗祠于县城。1932 年八修族谱。

宜章麻田欧阳氏 始迁祖庆公，字光裕，号吉斋，系出江西庐陵，唐末天祐年间奉令以知平章事兼节度使出镇郴宜，平寇有功，卒于官所，子孙遂家于宜章县白沙乡麻田。族人分布于宜章新村、道堂、广田以及桂阳、宁远、临武、沅江、西川等地。至 1948 年，男女丁口 14000 余人。清嘉庆十三年（1808）建宗祠于麻田。族谱始修于明宣德四年（1429），1920 年十二修。

宜章长策欧阳氏 宋欧阳修公第三孙恕公为荆南按察使，考察百僚至郴州，见郴地效灵，遂令其子华公于南宋绍兴四年（1134）肇基于郴之愈泉门东头街莲花桥。七世孙金敏公于南宋庆元六年（1200）迁郴之秀才乡，后徙宜章长策乡严廊坊。族人多分布在本乡新湾、策江坊、老湾、神泉村。至 1948 年，已传 40 代，男女丁口共 4796 人。明洪武八年（1375）创建总祠于长策乡之策江坊。1944 年十六修族谱。

嘉禾水乾欧阳氏 旧姓阳，后加欧为欧阳。始迁祖海翁公，宋末居嘉禾黄花园。传七世至道胜，自黄花园迁水乾。至 1930 年，凡 134 户，男 387 人，女

281 人，共 668 人。

桂阳欧阳氏 始迁祖如麟公，生于宋，高尚不仕，由江西徙桂阳山北。子二：谏五郎、谏六郎，派衍二、五、七、十四大甲。清道光二十六年（1846）创修草谱，同治九年（1870）首修付梓。

汝城西坪欧阳氏 始迁祖昭公，原江西庐陵县人。南宋绍兴四年（1134）随父恕公为郴州刺史，解组遂家于汝城西坪。后裔分析明洞乡，东乡金山塘湾，北乡内淇大麻等处。至 1932 年，已传 35 代，共 2000 余人。

汝城横巷欧阳氏 始祖承信郎毅公，字仁仲，原籍江西吉安府庐陵县。宋绍圣间官郴阳，遂家桂阳（今汝城）。后裔分析城内、桥冲、东藏寨、濠头等处。至 1932 年，已传 30 代，男女合计 2600 人。该族名人：欧阳复，字时亨，明景泰进士，官福建泉州府知府。

汝城欧村欧阳氏 始迁祖元复公，元季自江西庐陵县迁此。至 1932 年，已传 24 代，600 人。

零陵欧阳氏 始迁祖芳公，原名德仁，字长善，明洪武时官指挥，由江西吉安迁零陵，卜居水北乡岭口。生高伟，高伟生宗德、宗福。德生四子，福生三子，衍七房。清宣统二年（1910）创修族谱，1926 年续修。班次各支不一，如祖荣公支：芳高宗祖贤单志永胜世国单春光明单开启文运维新诚辉映。合族新班：（自二十六代始）清廉彝训在，勤俭先谟存。孝友立家政，诗书裕后昆。

宁远欧阳氏 1948 年《湖南氏族调查表》称：“始迁祖雅公，字庆崇，宋宁宗开禧二年（1206）由江西省安福县因避兵燹迁湘，开基于宁远春陵乡平田村。族人多分布在宁远县北路平田附近。至 1948 年，男女丁口约 5600 人。清嘉庆间建宗祠于平田村。明万历四十五年（1617）创修族谱，清雍正元年（1723）、嘉庆二十四年（1819）、光绪九年（1883）、1915 年纂修族谱。族谱称：鼻祖朝俸公，宋代秀士，嗜古力学，屡试不售，因游学三楚，家于九疑。迨至福庆公，生源聚、源授。源聚举宋咸淳进士，与子自安公于元至正间自江西吉州来居延唐北境太平洞、水源山、中江源、西江源等处。元末时有欧阳平章为恶，自安公远避至此，易姓杨”。1936 年所修族谱又称原籍江西吉安。北宋时，其祖任职桂阳。至皇祐年间，后裔德辉由桂阳迁宁远，初居神山下之西旱禾田。族人繁衍，散居于中和、新开、慕投、下坠、保安一带。元末时，旱禾田村欧阳中立之子平章随徐寿辉起兵反元。元灭，久与朱元璋相抗拒。洪武初，天下既定，视平章为叛民，将其族列入另册。中立遂率全族逃往桂阳大冲避祸。逾年，其孙恺述偕兄弟回平田，改“欧阳”为“杨”。清嘉庆二十一年

(1816)，杨上授官授兵部员外郎，始以复姓请于礼部，以“远无可考信”驳回。至其孙宗诰官户部员外郎时始获诺准，于同治六年（1867）恢复姓欧氏。今全县欧阳姓4.1万余人，仅平田村即近5000人，为宁远第二大姓。班行：源自德文，绍秉泽（海）宣。维世尚大，仁义礼智。宏先思永，敦绪必善。化本雍熙，基历久远。博厚高明，恒升寿茂。天保定尔，亦孔之固。

宁远春陵乡横龙岗欧阳氏 始迁祖贵聚公，字焕群，系于元朝末叶由浏阳马渡因避乱迁居宁远县九嶷山之延塘五里洞，明洪武三年（1370）又徙居春陵乡横龙岗。族人分布于老龙岗、新龙岗、清水桥、马子田等处。至1948年，已传24代，男女丁口约1600余人。宗祠一在老龙岗，创建于清康熙八年(1669)。一在新龙岗，创建于乾隆三年（1738）。一在绕塘腹，创建于道光元年（1821）。1918年六修宗谱。

江永黄甲岭欧阳氏 始迁祖宠公，字君锡，宦游来湘，后卒于任，其子岩公卜居于永明寒柏岭。族人多分布在黄甲岭村及允山、谢沐、刚隆等乡及富川、江华两县。至1948年，已传37代，男女丁口4000余人。宗祠在黄甲岭，堂号敬义。

新田长信乡道塘欧阳氏 始迁祖太晚公，宋哲宗时由江西泰和县因避难游学迁湘，开基于新田县长信乡道塘。族人多分布在江西泰和县及湖南宁远、临武、蓝山以及新田县云溪、宋家湾、砠下、下村、石桥等处。至1948年，男女丁口1000余人。宗祠在云溪。

新田仁智乡上庄欧阳氏 始迁祖昌公，宋时由江西省庐陵县迁湘，开基于新田县仁智乡上庄。族人多分布在上庄、上元板及宁远坠头西江脚等地。至1948年，已传32代，男女丁口约2900人。宗祠在上庄。

溆浦低庄欧阳氏 始迁祖应龙公，原籍江西，清初客寓益阳，旋徙此。

卓

炎陵洋岐卓氏 明末自江西樟树镇迁霞阳乡红南洋岐村。

平江东乡徐家洞卓氏 始迁祖自乾公，清乾隆元年（1736）自广东平远迁此。至1994年，全族人口730人。

慈利卓氏 始迁祖汝周公，讳太岳，字承宗，原籍江西丰城，任湖广岳州营游击，宋靖康元年，金人南侵，不克归里，遂寄籍慈利天门山，生休述、休福。述公世居慈利，六传至子成公，生文德、文庠。休福公子宇虎回原籍，五传至永熙，明太祖时奉命南征，亦居慈利。三支各述有谱，文庠支谱修于清光绪三十二年（1906），永熙支谱修于咸丰九年（1859），文德支十传衍为隆、江、海三房，谱分别修于1931年、1930年、1929年。1997年文德、文庠、文熙三支合修。至1948年，全族人口12000余人，总祠位于东岳观，于城门皇家台、杉枝桥、赵家铺等处建有支祠。宗派：汝休字本重。永熙公支谱宗派（旧号军家）：联美绍同启，光达显呈名。文庠公支谱宗派：子文福添甫，单一及自登。尔朝之先启，光达显成名。文德公五代下思敬公支谱宗派：子文权景江，思贞两荣大。廷单之自启，光达显成名。文德公五代下四贞公支谱宗派：子文权景海，思单及荣大。世双之自启，光达显成名。思恭公支谱宗派：子文权景海（隆），思宽两荣大。廷单学自启，光达显成名。雍正各房合派：崇仁尚志德，儒林家国珍。膺祚茂昌远，永吉万年春。合派后增派：乾元开绪运天长，坤道敬宗传益芳。书典超群诗易礼，克修宏业锦秀香。1928年新增派：亚夏环球为首祖，楚熊衍庆广绵延。汲湘饮茹恢鸿绩，强胤端资孙象贤。该族名人：原湖南省人民政府副省长卓康宁。

尚

桑植廖家村尚氏　始迁祖文韬公，明末自金陵从戎来湘，卜居于此。后人分布于县大部分乡镇。

龙山尚氏　始迁祖朝凤公，由沅陵莲花池迁龙山。族人分布于卡把湖、红花、大板上。

昌

邵阳昌氏　始祖世美公，原籍江西，明万历年间迁湖南宝庆府邵南温和一都大六小二甲大塘湾落旦。清宣统三年（1911）一修、2007年二修族谱。派语：世应大光明，诗书传家声。仁慈绍先绪，永远万代新。乐育启贤良，渊源德泽芳。芝兰培根本，友爱备湘江。

醴陵昌氏　开派祖玉瓶公，字步高，号云环，居江南徐州浦县，唐宣宗朝乡贡，官至秘书监。始祖中立，宋元鼎革之际迁来江右吉水。其五世孙化美、化良昆仲，明初分别开派江西萍乡县花庙前和湖广醴陵县豆田。清宣统二年（1910）续修族谱，堂号茂荫。

醴陵昌家桥昌氏 始迁祖显富公，明万历间自江西吉安迁此。至 1948 年，全族人口 200 人。

益阳夹流溪老屋坪昌氏 始迁祖复元公，字德潮，浙江余姚人。元末宦游南楚，因戎马蹂躏，解组归田，子妇数十人，家益阳八里夹流溪牌洲，复徙杨树塘及山嘴头。明洪武二十二年领军出籍。后裔居昌家湾、龙子山、白塘等地，今属桃江。清乾隆二十三年（1758）、嘉庆十一年（1806）、道光二十六年（1846）、光绪三年（1877）、光绪二十年（1894）、1914 年、1941 年纂修族谱。派语：时文国大贤，良允世安邦。忠孝芳名远，诗书庆泽长。才能修志业，礼义振朝纲。盛华开景运，典则焕成章。先声昭显应，明德发徽祥。继起人生远，传家自有光。

明

常德明氏 始祖晟公，二世华公、富公，原籍江西吉水，明永乐二年（1404）奉旨率军平蛮，事后驻澧州滟洲。三世耀公又迁常德西门外明家岗。子孙散居于澧县、临澧、常德、桑植、慈利，湖北恩施、鹤峰、五峰八市县。1938 年常祠、澧祠合修族谱。1998 年常祠续修，2019 年常祠、澧祠再次合修。澧祠旧派：启世良朝大时光嘉永思绍培祖德。常祠旧派：德大学之道，诗书惟良善。1938 年常澧合派：思绍培祖德（诗书惟良善）。文星高照，泰运克昌。家声丕振，先泽绵长。

会同若水乡明氏 始祖星公，字太玉，号泗溪，派名顺德，南宋绍兴间由江苏省淮安府清河县因奉命来湘征讨苗瑶，而落业于湖南省靖县勤慎乡石碑桥。明星公之子秀起公再由靖县徙居会同县若水乡。族人多分布在靖县、会同、绥宁、通道、桃源及四川秀山县等处。至 1948 年，男女丁口 5000 余人。总祠在靖县勤慎乡石碑桥之龙宝，支祠在会同县若水乡、靖县土溪铺及四川秀山等地。

麻阳郭公坪、锦和明氏 始迁祖进贤公，原籍浙江吴兴县，始徙会同县若水，继迁麻阳县锦和，旋又迁郭公坪溪口，后又迁官村、明家坪，清乾隆年间，同姚氏同时徙也乔坪（今野鸡坪）。老派：进顺秀再，兴文公道。应汉丰方，继承泽远。永传光大，世受隆昌。续派：上兴心良锡，文景运必通。志定汉传云，万代昭熙勇。

易

长沙易氏　始祖雄公，字兴长，谥忠愍，仕于晋而居于浏。十九传至欢公，字子来，北宋祥符元年（1008）自江西泰和迁湘，卜居宁乡沩上。再十二传至瑞公，字朝一，元顺帝时以荆州参将致仕长沙，卒葬长沙北乡金盆山。生子明、子俊、子秀。子孙分布在仁德、九福、安沙等地。至1948年，已传22代，全族人口约3600余人。宗祠在长沙市中山东路。清康熙三十五年（1696）、康熙六十一年（1722）、乾隆四十八年（1783）、道光十七年（1837）、同治十一年（1872）、光绪二十六年（1900）、1929年纂修族谱。派语：子必永仲绍道景万大承荣德启添文伯世之宗尚惟朝廷登士善兆继其克兴。

长沙瓦锡田易氏　始迁祖陨公，南宋时自宁乡迁此，七传后分为明、爵、托三房。明宣德元年（1426）首修，万历十四年（1586）、崇祯十五年（1642）、清乾隆五年（1740）、乾隆五十年（1785）、道光十八年（1838）、咸丰八年（1858）、光绪三十一年（1905）、1942年续修家谱，堂号添裔。派语同宁乡易氏。

浏阳易氏　始祖雄公忠愍侯，世居浏邑城西巨湖山，勤王讨逆，尽节东晋。清乾隆二十一年（1756）、嘉庆二年（1797）、咸丰四年（1854）、光绪十年（1884）、1914年、1949年六修族谱。弁言云：“浏阳为天下易氏发祥之地，其后重公派衍江西，亮公派衍湖湘，蔓延九宇，故浏谱竟关天下易氏全局焉。”派行：祖昌祚大，盛德维新，修礼守义，作述斯徵，行业慕孔，道传在曾，才全利用，贵必起伦，锡命笃祜，世绪克绳。

浏阳西湖山易氏　始迁祖万年公，吴黄武二年（223）自吴郡太仓迁浏阳西湖山易田段。其孙雄，晋春陵令，死王敦之难，子孙复他徙。南宋绍兴中，其裔孙麒公自宁乡沩上复还浏阳故居，衍为沙洲易氏、浒山易氏、汉塘易氏，为浏阳易氏三大支。沙洲易氏：麒公裔孙兴公分居沙洲，后散居邑东西二乡，至清光绪三十三年（1907），已传24代。浒山易氏：麒公生四子，仲子、季子均迁湘乡，仲四传至尼公复还浏之浒山，后散居东、西、南三乡，至光绪三十三年（1907），已传23代。汉塘易氏：麒公四传至万武、万韬，复还浏，居汉塘，韬后复他徙，武裔分居洋岭峡坪及醴陵、善化、江西萍乡等地，至光绪三十三年（1907），已传23代。清光绪十年（1884）师古桥、沙洲、锁头、严浒桥、浒山、黄洞、龚家坊等合修宗谱，堂号思忠。

浏阳阳谷滩易氏 始祖潮星公，字景铭，明永乐间由长沙迁浏，开基于浏阳县保庆乡阳谷滩。族人分布在淳口塅、芦诸湾等地。至1948年，已传22代，全族人口约2000人。宗祠在阳谷滩。

宁乡易氏 易氏之先居太原阳曲之引龙江，战国迁金陵。汉有仁福公兄弟占籍各郡，公孙万年公由太仓迁浏阳，遂为楚人。传五世生晋忠愍公雄公，字兴长，后裔隋大业间迁江西泰和，至亮公，生四子：欢、邦、述、达。欢公仍归长沙，居沩上，八传至几先公，又四子：祓、祁、□、祯。祓公为宋淳熙状元，累官至礼部尚书，封开国侯。南宋开禧三年（1207）创修族谱，明宣德元年（1426）续修，万历十四年（1586）三修，清乾隆五年（1740）四修，乾隆四十七年（1782）五修，嘉庆二十二年（1817）六修。族人分布于沩上一带及玉堂江、木梓塘、竹夏两湖、书湖、长薮、赤冈及湘潭、湘乡、湘阴、黔阳等地。派语：承维振培，华达家光。继忠述志，太原兆芳。修仁力学，行道名扬。忠愍公祠在浏阳县垣西关，祓公、欢公祠在沩上屏山，同治元年（1862）于星沙建兴长公总祠，颁立百字派语：祖功垂晋代，宗绪著南湘。大理贤声重，尚书世业扬。瑞芝称孝德，峻节本忠良。男爵廷恩渥，侯封制诰煌。圣经遵孔孟，精义法周张。甲第前专美，士林后克昌。传家维礼乐，华国在文章。潭水人分布，湖山地兆祥。敦伦兼植纪，源远复流长。万古科名盛，千秋俎豆香。

宁乡玉堂铺易氏 始祖后唐时明彝公，讳亮，子四：欢、邦、述、达。欢公字慰庵，宋祥符年间自江西泰和县千秋乡迁居宁乡。由欢公九传至云章公，讳倬，赠朝请郎。云章公之十三世孙玉甫，讳可华，徙居玉堂铺，生四子：方圣、方贤、方明、方正，衍为四房。清嘉庆九年（1804）始修族谱，1922年四修支谱。旧派：承维振培，桦达佳光。续派：恢先述志，桂兰继芳。崇儒敬学，典训昭彰。贞永守善，久运荣康。

宁乡壶山易氏 始祖欢公，字慰庵，宋祥符间自豫章徙居宁邑沩上。八世孙倬公七传至文忠、文亮二公，分别为上壶山、下壶山支祖。文亮裔分赞卿、齐卿、国卿三支。清同治二年（1863）忠、亮二裔共建易公忠亮祠。

宁乡双凫铺易氏 始祖后唐时亮公，生四子：欢、邦、述、达。述公之八世孙玺由吴徙居湖南宁乡双凫铺。由玺公十传至文林、文瞻二公，瞻公外徙。林公子二：志森、志舜。清同治八年（1869）志舜房八修支谱。合派：承维振培，华达家光。继忠述志，太原兆芳。续派：修仁力学，行道名扬。

宁乡湖下易氏 一派亮公。二十派朝贡，字敬东，生九子，长子理镕、三子理元、七子理宏。1930年沩宁易氏十修族谱。2016年沩宁易氏湖下房，即敬东公（狮顾祠支祖）派下大、二、三房，也称镕、元、宏房房谱。

宁乡竹湖塘易氏 始祖欢公，宋朝人。后裔振宗公明洪武年间自沩上迁邑之竹湖塘。清光绪间八修族谱。

宁乡木梓塘易氏 始迁祖启才公，清康熙间自常宁迁宁乡三都九区菁华铺木梓塘。1914 年纂修支谱。

湘乡大坪易氏 始祖亮公，亮公长子欢公之孙四十三郎生二子：麒、麟。麟公于宋绍兴年间由宁乡迁居湘乡，抚麒公之子晚郎为嗣。四传至元时炎正公，徙居湘乡大坪。清康熙十二年（1673）建宗祠于湘乡马头岭。族谱始修于康熙二十二年（1683），雍正二年（1724）续修。以炎正公为大坪一世祖，六传至秀公开派后托，之后析为纶、纪、经、宪四房。自炎正公起至 1948 年，已传 26 代，族人 24000 余人。字派：祖昌祚大，盛德维新。秉礼守义，作述斯征。行业慕孔，心传在曾。懋尔家修，利于国宾。锡命笃祜，永世克绳。该族名人：（清）易宗涒，字公申，博学多才，著述丰厚，曾任岳麓书院山长，有《半霞楼集》等传世。

湘乡峡上易氏 始祖炎正公，元进士，官宁乡县丞，人称涟溪先生。孙华公，字闻远，官参政，生六子，第五子文端，出嗣顺辅公，为峡上支祖。顺辅字祖三，元末明初由江西萍乡迁湘乡。清光绪十八年（1892）、1943 年纂修族谱。班次：祖昌乍大，盛德维新。秉礼守义，作述斯征。行业慕孔，心传在曾。才为利用，贵必超伦。锡命笃祜，世绪克绳。该族名人：易德麟，记名提督，谥壮节。易至忠，记名提督。易万胜，记名提督。易得贵，提督衔。易文光，提督衔。

湘乡界头易氏 始祖欢公，后裔民叟，明初由宁乡迁湘乡界头。清同治四年（1865）、光绪三十四年（1908）、1942 年纂修族谱。世次同大坪易氏。

湘潭易家垅易氏 迁湘始祖雄公，字兴长，谥忠愍，东晋人。雄公三十传至观德公，字玄甫，元末由江西吉水回湖南长沙，旋因避乱携长子清一由长沙再迁湘潭马公堰。观德子三：清一居马公堰易家垅。清二于元末由吉水迁燕京。清三于明洪武二年（1369）由吉水迁湘潭城东，后嗣又迁横头。清光绪二十年（1894）建清一公祠于易家垅。乾隆三十四年（1769）始修族谱，道光十二年（1832）二修，光绪三年（1877）三修，1922 年四修支谱。派语用通派。

湘潭淦田宏图易氏 始迁祖清三公，明洪武二年（1369）自江西吉水县洞水乡长乐里携子源政、堂兄锡祥迁湘潭城东易家湾。三传敬芳（堂号芳芝）、敬霖（堂号霖裔）。清康熙五十六年（1717）、乾隆三十三年（1768）、嘉庆二十一年（1816）、咸丰九年（1859）、光绪十五年（1889）、1921年、2003年纂修族谱。行派：正言思如，启盛之礼。祖宗世德，光昭甲第（“昭”字更通派“南”字）。

攸县松江易氏 谱称长沙亮公裔炎正公，元延祐间举进中第，为攸邑宰，卸任后乐松江之清风，高峰之明月，遂占籍焉。六传至云彰、汉彰两公，始建祠于苦株山。后云祠仍松江之旧，汉祠另建于明月桥。明嘉靖二十三年（1544）始修族谱，清雍正三年（1725）、乾隆三十五年（1770）、嘉庆二十年（1815）、道光二十八年（1848）、光绪四年（1878）、光绪三十四年（1908）、1936年续修。两支时合时分。八修时云裔现存男丁536人，妇丁除女生外向不计外，现存307人。2005年九修时云裔男丁997人，妇丁（出嫁女未计）924人。字派：天元会合，易应荣昌。传世忠厚，德盛名扬。文晋显耀，武能安邦。耕读为本，勤俭留芳。

攸县流塘易氏 始祖兴长公。始迁祖敬元公，自宁乡迁攸北明月桥。敬元公之孙朝卿公又迁攸南流塘。明正德九年（1514）、万历四十年（1612）、清康熙三十九年（1700）、乾隆元年（1736）、乾隆二十四年（1759）、乾隆四十七年（1782）、嘉庆十七年（1812）、道光二十二年（1842）、光绪十七年（1891）、1922年纂修族谱。

醴陵铁铺塘易氏 始迁祖明远公，宋绍兴末年自宁乡迁此。族人分布于水口、驴马塘、汉冲、易家山、毛田山、油草岭、大路坪、黄竹冲、台子上、萍乡、攸县。至1948年，全族人口900人。

醴陵鹿浦易氏 始祖楫公，号南渡，宋理宗开庆间由湖南宁乡迁居醴陵南清湾乡之鹿浦。族人分布在西林、冷水及攸县等地。至1948年，已传25代，全族人口6000余人。清道光间建宗祠于鹿浦对河之安全岭。

醴陵栗山易氏 始迁祖才公，为雄公三十一代孙，初名均才，字叁三，户名才孙，宋末元初山寇来靖，思长沙旧壤，自江西龙泉迁居醴南栗山。明万历三十二年（1604）一修族谱，清道光三年（1823）续修，1941年三修。至1948年，全族人口1500人，分布于东城、攸县、萍乡。派语用通派。

醴陵水口易氏 始迁祖清淑公，字魁吾，号万一，元末以武庠授平白卫千总，入明不仕。明洪武三年（1370）应湖广召募安插，自江西泰和龙踏桥徙居醴陵县东乡二十都水口。族谱一、二修为墨谱，清道光二十年（1840）三修，光绪二十五年（1899）四修，1941年五修。采用百字通派。五修时没丁男1863人，女1086人。生丁男937人，女772人，其中职业工108人，农454人，商

63 人，学 51 人，军 45 人，政 6 人，医 3 人，其他 31 人。至 1948 年，全族人口约 2000 人，分布于峤岭、霸背。

醴陵丫塘易氏 始迁祖星旻公，元末自湘潭迁此。族人分布于丫塘。至 1948 年，全族人口 7500 人。

醴陵龙潭桥易氏 先祖白七公，元时自江西迁湘潭株洲，后裔秀公于明初自株洲迁此。至 1948 年，全族人口 1600 人左右。1914 年四修族谱，堂号十义。

醴陵官寮易氏 始迁祖朝署公，明洪武初年自江西泰和迁此。族人分布于萍乡、浏阳。至 1948 年，全族人口共 5122 人。

醴陵茅田易氏 始迁祖子茂公，明洪武初自江西迁此。至 1948 年，全族人口 600 人。

醴陵冷水易氏 始祖欢公。十三传至墨仪公，明初由江西永宁县迁居湖南醴陵冷水，生二子：清远、乃敬。乃敬公子二：必敬、克让。清康熙年间建宗祠于大王山，后毁于洪水。光绪元年（1875）重建于黄竹坪，又毁于战火。1938 年再建于县城来龙门。1938 年始修族谱。派语用同治元年（1862）星沙总祠所颁百字派语。

醴陵大林桥易氏 始祖雄公，东晋人，自太仓迁浏阳。始迁祖福公，祖籍浏阳，明永乐元年（1403）以山东济南府尹解组，卜宅醴东大林。传至九世永卿、永通、永言、永道，遂分为四大房。族人分布于老鸦山、泮川冲、板杉铺及攸县、萍乡等地。明万历十一年（1583）始修族谱，清雍正九年（1731）二修族谱，咸丰元年（1851）三修，光绪三十二年（1906）四修。1940 年五修族谱，有何键、何元文等序。至 1948 年，全族人口 3800 人。堂号忠裔。字派：（自十七代始）国定家齐，友辅泰康。源鼎世树，廷俊启芳。总谱新派：承维振培，华达家光。继忠述志，大原兆芳。

醴陵高田桥易氏 始迁祖远阳公，明永乐八年（1410）自株洲迁此。族人分布于易背冲、高家塘、易家湾等地。至 1948 年，全族人口 4000 人。

醴陵三星里易氏 欢公十五代孙志清，一名清，字添雯，明正统间由宁乡迁居醴南二十三都三星里。清乾隆三十九年（1774）创建宗祠，乾隆五十五年（1790）始修族谱，道光十七年（1837）、同治二年（1863）、1943 年、2003 年续修。至 1948 年，全族人口 5000 人。采用通派。

醴陵荷田易氏 先世明崇祯初年自浏阳迁此。至 1948 年，全族人口 300 人。

醴陵浅岭上易氏 先世清康熙初自浏阳迁此。至 1948 年，全族人口

200 人。

醴陵板杉铺易氏 先世清嘉庆初年自江西丰城迁此。族人分布于县南门。至 1948 年，全族人口 100 人。

邵阳杨青易氏 始迁祖楚江公，宋元之际自江西吉安府泰和县迁此。

隆回三都花桥易氏 谱称易氏始居太原，汉时仁福公迁金陵，晋时雄公居浏阳，唐时常亮公徙豫章，复居潇湘。宋时子彬公卜居黔阳太平，其九世孙舜本公迁寓武邵江。至明嘉靖时，仲科由武邵江迁居隆回三都花桥。班次：仲守光元学，文武振朝纲。国泰民钟阜，显宗世泽扬。才能徽孔道，英俊启家邦。

武冈惟塘团易氏 始迁祖仲元公，江南兴化人。明洪武三年（1370）进士，官巡城都御，坐胡惟庸不轨，谪居武冈。

湘阴易氏 兴长公十八传至重公，重公十二世嗣孙邦达公，字维新，世居南昌县，至元九年（1272）为湘阴知县。曾孙性善，生四子。长子添福居老屋冲，为香山祠祖。次子添寿居三塘坪，为忠裔祠祖。清雍正间、乾隆二十三年（1758）、乾隆五十八年（1793）两支合谱。咸丰八年（1858）、光绪三十年（1904）、1932 年、1948 年、2014 年香山祠五修族谱。字派：宏嘉道士继开来，国润梁光垲镇汉。标勋垣钧鸿干炽，基钜清榜辉堃锡。

湘阴营田易氏 始祖景旻公，字仁覆，元至正年间自江西吉水县因避兵乱迁湘，开基于湘阴县东贯冲。六世祖学祖公，字龙桥，又徙本邑武穆乡营田镇。族人分布在营田、盘龙桥、黄甲桥、东港冲等地。宗祠在营田。至 1948 年，已传 19 代，全族人口 2500 人。

湘阴七柳树易氏 始迁祖宗源公，祖籍江西吉安，明洪武三年（1370）自平江迁此，今属汨罗。

湘阴馆驿桥易氏 始迁祖积善公，字崇本，号仁斋，明初自宁乡落业湘阴馆驿桥，清道光七年（1827）、光绪五年（1879）、1913 年、2006 年纂修族谱。字派：焕堂钟泽，桂灿基铭。洪材耀境，锦濯枝薰。培铨湘柱，照塾均清。

湘阴复兴围易氏 始祖大琦公，明成化中自江西南昌占籍湖北监利。传至四世孙栋于明季迁湘阴复兴围。

湘阴樟湖岭易氏 迁湘始祖积善公，字崇本，元至正十三年（1353）生，明宣德七年（1432）卒，由宁乡迁居湘阴横江桥。第七派景从公，明嘉靖万历间又自罗塘迁樟湖岭。2005 年创修族谱。堂号派洲。派语：景守成经礼，可之焕堂钟。泽桂灿基铭，洪材耀境鑫。

平江上塔市易氏 始迁祖崇什公，元至元六年（1340）自江西吉安迁此。

至1994年，全族人口5288人。

华容三郎堰易氏 始祖雄公。传至十九世常亮，返居江西吉安泰和千秋乡美人里早禾坪，有子四：欢、邦、述、达。欢公于北宋祥符五年（1012）由泰和返居湖南宁乡西沩上。二十九世小六郎、纹靖父子，于南宋淳祐十一年（1251）由宁乡迁监利。其长孙寿兴，元仁宗皇庆元年（1312）徙居华容东乡三郎堰落居。寿兴三子，次子、三子官居四川安县，惟长子之后世居华容，聚居三郎堰和西乡易家嘴，星居全县各地。清光绪三十年（1904）纂有族谱，堂号纯孝、太原、紫芝、玉枝。华容派语：添荣思均廷，汝本光尧钟。永东裕重镇，泽秉焕增铭。

益阳小坞坊易氏 始迁祖申公，北宋元祐年间自宁乡迁益阳中乡小坞坊，申生三子：公章、中厚、诚，衍为三房。三房之后又别为以宁、以贤、以政、以轩、以贞、以余、以滨七支。清光绪二十八年（1902）纂有族谱，堂号忠裔。

益阳易家坊易氏 始迁祖伯琥公，明弘治时由安化仙溪迁今桃江易家坊力田。

益阳河溪水易氏 始迁祖茂和公，清嘉庆时由江西经商，卜居今桃江县河溪水。后裔六支，其中一支居县城。

新化易氏 鼻祖雄公。二十传至欢公，北宋祥符间携子隆自江西泰和徙居湖南宁乡。隆公四世孙龙公徙居宝庆府新化长峰，虎公徙安化。之后又有千五郎自宁乡徙居新化高峰，千十郎徙居三尖峰，千四郎亦徙居高峰。族谱始修于清康熙六十一年（1722），乾隆四十九年（1784）二修，道光十七年（1837）三修，光绪二十一年（1895）四修，1929年五修。长峰原派：千振顺当景，宗志克兴伏。仲万大朝思，成登永道德。高峰原派：千福祯祥集，才卿文晋志。景兴思添朝，国大民安贤。尖峰原派：千鼎四柱添，孙汝思文志。兴伏景大士，可之生理顺。乾隆间合族公定班次：纯良念显祖，厚积启光华。忠孝承先哲，诗书守世家。

石门易氏 始祖赓公，字伯载，号懋卿，原籍江西南昌府丰城县，元元统二年进士，官户部尚书兼太子太保，至正二十年解组，明洪武二年（1369）迁永定天门山。生南一、南二、南三，公没后，其子随母皮氏同迁石门五都白洋湖。清康熙二十四年（1685）建总祠于澧州兰江驿正街，雍正二年（1724）迁建于州城内万寿宫左。清康熙十年（1671）、雍正八年（1730）、乾隆二十三年（1758）、咸丰二年（1852）、1922年纂修族谱。宗派：尚应年承鸿显光，秉忠善法继先长。懋才福锡受民选，维毓贤良德泽昌。续派：芝庭远大，祖述宪章。

诗书济美，孝友腾芳。文能定国，武可安邦。英奇蔚起，世第呈祥。

安乡毕家山易氏 始迁祖梁德兄弟三人自长沙靖港迁华容再迁汉寿。2016年纂修家谱。字派：润梁光凯，宗汉飘勋。承卿岱岳，俊仕昌凌。

东安易氏 亮公十七传廷权、廷衡公，由江西庐陵县太原庄迁东安，为易家桥、独木桥、毛竹山之祖。亮公十四世孙汝荣公，由宝庆迁东安，居竹源头、石井塘。亮公十六世孙癸一郎，居脉源头。亮公十八世孙乙二郎，居宅源头。亮公二十六世孙尔秀、尔茂，居陶家冲。1930年、2005年各支合谱。汝荣公支派语：（自十四世始）汝梓癸辛壬文福廷易弘心知克有国太京朝定永远。癸一郎支派语：（自十六世始）癸辛壬文思朝廷尚正宋元国太民安祖有声光。尔秀、尔茂公支派语：（自二十六世始）尔守增天奇信应秉学。合派：（自三十五世始）和平笃实，朴厚亲诚。整纲植纪，敬业乐群。

黔阳易氏 常亮公十二派孙子彬公，字适中，原居江西吉安府太和县，南宋时人。以进士官云南大理府知府，嘉定十七年（1224）解组归，道经沅州，遇潘王起兵，遂止居于黔阳县太平乡。清乾隆四十二年（1777）、嘉庆十五年（1810）、道光二十九年（1849）、光绪六年（1880）、光绪三十二年（1906）、1934年、2019年纂修族谱。旧派：子祖国廷仁，志良绍舜尧。孔盛图延传，思文继受陶。后采用全省通派。

麻阳吕家坪易氏 始迁祖信行公（绪字派），清乾隆年间自江西贸易迁麻阳吕家坪之稿潭溪，后人分布锦和、高村、尧市、吕家坪等处。锦和字派：宗绪住南湘，连理贤中重，上树世亚扬。

易弓

湘乡坳头易弓氏 清同治末年，甘肃兵荒中一弓姓少年饿蹶，被湘军文官易蔚卿救活，后遣送回湘乡坳头。今居唢呐冲一带，递传至今共第五代数十人，姓易弓。

呼

嘉禾呼氏 始迁祖千四郎，明末由桂阳州北门五当铺呼家迁嘉禾县呼家。至1931年，共143人。

罗

长沙罗家塅罗氏　始祖山斗公，名崱，唐末开基于江西庐陵戏下。十二世润谷公为潭州教谕，解组后占籍茶陵。其后裔启凡公，字斯光，明时自茶陵徙居长沙新康罗家塅。族人分布长沙、湘阴等地。至1948年，男女丁口1866人。清初建宗祠于罗家塅。

长沙渫湾罗氏　始祖友祥公，原籍江西南昌府丰城县，庠生，明天顺年间来湖南省城南门外杏花村大椿桥，入赘王伏泗家。其子名宣，再传至仕清，迁居大石潭，又迁至渫湾市。仕清五子，有迁居长沙城内，有迁居麻子坝，其中第三子湛后嗣最为繁盛。从友详至清光绪末年，繁衍18派，人丁1474人，其中大部分为第九派中的龙、凤、麒、麟四房人口。聚居长沙渫湾、望城坡、三汊矶、云母乡，分布宁乡、铜官、丁字湾及南京、四川等地。族谱始修于清乾隆五十二年（1787）。道光四年（1824）修建罗氏家庙于今长沙市黄兴路。1931年成立敦饬堂祠董会，于祠内开办私立敦饬小学，校长罗泽熙。派语：教振家声，大宜克笃。茂本培元，植基广泽。迪惟有光，恒崇先烈。继序其荣，宏开佑锡。

长沙平田冲罗氏　一派祖千八郎公，宋淳祐间由新化徙居隆回八都石门老营里。十三传至仁悦公，再徙长沙府湘乡县十七都风乐里，后又徙善邑河西七都平田冲。清嘉庆二十二年（1817）、同治七年（1868）、1913年纂修族谱。老派：道千同祖子应仕思宗永廷文才仁义礼智天运洪。新派：光耀征先德，显扬在后英。豫章恢令绪，忠孝续书声。

长沙九睦塅罗氏　迁湘始祖瑜宗公，后唐同光二年（924）自江西迁居浏阳。明正德间成满公自浏邑迁长沙九睦塅。清乾隆二十六年（1761）纂修家乘，嘉庆六年（1801）、道光七年（1827）、咸丰十年（1860）、光绪十八年（1892）续修。老派：成允有时，兴大朝家。添开文运，庆常发华。辅国崇经济，光宗益显扬。克昭忠孝业，世泽定荣昌。

长沙罗氏　一世祖琥公，字兰亭，初判南阳，复判三衢，叙升南京户部郎中，诰授中宪大夫，晋封荣禄大夫，由茶陵迁居长沙通货门内，崇祀乡贤。

浏阳水口罗氏　始迁祖岁八公，唐代自武陵迁浏阳。八传至有冕，卜居水口。1917年纂有族谱，堂号云蔚。

浏阳跃龙市罗氏　始迁祖荣松公，宋时因兵燹自江西吉安县迁湘，开基于浏阳县智道乡跃龙市。族人分布在浏西一带。至1948年，已传24代，男女丁口万余人。宗祠在跃龙市。

浏阳沔江罗氏 始迁祖清山公，元至正元年（1341）自江西吉水迁浏，后人分布于古港、沔江。

浏阳罗家冲罗氏 始祖汉时珠公。传至千一公，字继福，元末明初因避兵乱而自江西南昌府丰城县圳上迁居湖南长沙府长沙县甘草坑，继迁浏邑北乡社坪段，居十余年后又徙居石垢即今大山罗家冲。千一公之子贵三，生有三子：成惟、成性、宝山。成惟、成性二公迁居长沙。宝山公留居大山，子二：信才、信文。清光绪十一年（1885）建罗氏家庙于浏邑北乡三十八都九甲罗家村。道光十八年（1838）始修族谱，同治十二年（1873）续修，光绪三十一年（1905）三修。派语：千贵宝信歆，伏原万文显。兴时志发旺，安邦喜后贤。世德开宏远，嗣承定永传。英华能继述，俊秀克恢先。正大纲常立，纯良美善全。名儒多集会，富学必长延。

浏阳泸渚湾罗氏 始祖德兴公，明初自平江徙江右，旋迁浏北洞阳段。其子至慧、至清，立业于泸渚湾。

浏阳化龙桥罗氏 始祖震松公，明洪武年间自江西迁浏，三传至仁龙、仁虎，衍为两支，分居邑东北，有迁平江、陕西安康者。

浏阳罗氏 始祖珠公，汉时任治粟内史，其子孙多于清初自粤迁湘，散居浏阳东南西北各乡、江西各县郡、平江、醴陵、攸县等地。清嘉庆九年（1804）于浏阳县城营盘街创建通祠。道光十年（1830）浏阳与江西袁州合修族谱，光绪十一年（1885）续修，宣统元年（1909）三修。族派：盛应实用君，成彦伯公叔。以之懋宪光，秉兴克允福。亨运会时来，贤嗣序昭穆。富有本日新，德业世常录。忠孝传鸿烈，芳名振豫章。历朝荣显位，奕代佐元良。理学垂深久，英才毓瑞长。宗支同绍述，焕发衍嘉祥。

浏阳马坳罗氏 始祖珠公。十六传至绥公，名含，字均章，因与耒阳族人同名，遂改名绥公。生企生、遵生。浏邑营盘街罗宗联祠派列五大房，马坳房其一也。1939年续修族谱。

浏阳井泉罗氏 始迁祖喜捷公，原名启捷，字紫封，清康熙三十一年（1692）由江西南安府上犹县徙湖南浏阳西乡十八都石磉冲。清宣统二年（1910）纂修族谱。派语：喜德鸣仕锦，逢纯化普欣。崇儒彰显誉，修道自传芬。聿展湘中秀，齐瞻藻上文。先人垂令绪，继祖赞廷勋。

浏阳泥湖罗氏 始祖昭远公，行七十三郎，知福建泉州府事，解组后迁安溪县，偶往粤游，见兴宁山水秀丽，遂于南宋宝祐二年（1254）移居广东兴宁县立业。至万盛，迁平远。清康熙二十七年（1688），立乾、立恒兄弟携妻带子，从广东平远迁至湖南浏阳县东乡上四都婆潭泥湖立业开基。后裔分居湖南平江、江华、道州、攸县及江西、广西、四川等地。嘉庆九年（1804），珠琳、版贝、马坳、大桥、西乡五大房族联合建祠于浏阳西城营盘街。

浏阳珠琳罗氏 始祖汉时珠公。传至九昌公，又名秉昌公，行二，清康熙十三年（1674）自广东龙川县鸦髻约石雅头迁居湖南长沙府浏阳县东乡一都珠琳村。清嘉庆年间建总祠于邑城营盘街，光绪二十二年（1896）建支祠于珠琳村。乾隆四十九年（1784）始修族谱，道光二年（1822）续修，同治五年（1866）三修，1919年四修。派行：润若联佳致，思和兆发祥。启承观景象，参定远标扬。

浏阳通判罗氏 浏阳罗氏多为遵生系洪德公九妻十八子与企生系铭公九妻十八子后代。始祖振公，为洪德公裔孙，原居福建连城县瓜田里。元朝至大间仕广东潮州通判。因战乱干戈，遂居广东程乡县溪都下寨油房，配万安古氏，生子伯五。伯五生迁伯，迁伯传兴贤、兴隆。兴隆字文星，生于元至治二年，徙居湖南零陵陈家漯，生子应明，应明生惟政、惟敬。惟政举进士，生英、俊、贤、能。惟敬登贡，生玫、琼、璋、珪。璋生铎，九传祖缘，生福祥、福佑。十三传祥公后裔廷瞻、廷选、廷云、廷弼。清康熙三十三年（1694），廷瞻、廷选二公因地狭人稠而自广东迁湘，择居浏阳县东乡下四都之版贝，开户立籍五十三都三甲，册名罗钟贵。廷云、廷弼二公亦同时迁居浏阳县东乡下四都之沙江。子孙昌盛，支分达浒、泥乌、黄泥道、沙江、版贝等处，号称通判罗氏。咸丰十年（1860）始修族谱，光绪二十五年（1899）续修。祥裔派语：廷臣瑞生常，文章华国光。兴仁开永世，余庆启家堂。崇道荣先后，存心显善良。兰馨联桂馥，远代益隆昌。佑裔派语：廷臣瑞生大，九有应声名。礼义承前德，忠贞耀祖情。本丰培可盛，流广集恒清。守正规模立，时雍景象明。公派：朝尊元佐，位待英贤。纯儒端品，敬睦宜全。修和济美，教养引年。腾蛟起凤，春诵夏弦。惟勤克俭，继述相传。

宁乡罗宦冲罗氏 始祖南勋公，唐魏博节度使，封爵长沙。子绍威袭父爵。绍威长子应隆公因五代世乱而弃封隐居宁乡东乡长冲。应隆四传至六派祖仲儒公，字幼卿，宋绍熙进士，擢户部员外郎兼右谕德，卜居宁乡东乡罗宦冲。仲儒公孙四：光辉、光耀、光桂、光材，衍为四房。罗氏宗祠原建于宁乡县城内西街，清乾隆三十一年（1766）徙建于西门外街，同治三年（1864）迁建于龙潭湾。宋绍熙间始修族谱，明永乐间续修，嘉靖四十五年（1566）三修，清康熙五十四年（1715）四修，乾隆四十三年（1778）五修，道光元年（1821）六修，咸丰十一年（1861）七修，光绪十三年（1887）八修，1917年九修，2005年十修。2009年耀房十修。字派：（自第二派始）应世天文仲宝光，山川献瑞颂呈祥。作锡开怀惟万茂召庭承祖学。饶鉴清洪正，诗书继起长。盛名昭纪策，尚达定宣章。三十三派孙罗焌，字树棠，民国间任湖南大学教授。

宁乡罗氏 南宋初点公由翰林院编修累官端明殿学士，卒赠太保，谥文恭。三子：仲孩徙浙，仲仁未详，仲孺随舅易山斋来宁，卜居东乡。十二派锡庆公明洪武十四年（1381）由道林白泥岭迁金山，为金山房祖。十六派珍瑞公天顺七年（1463）迁聚山，为聚山房祖。十三派桂公立业石版塘，为石版塘祖。族谱一、二修不详，清乾隆十一年（1746）、道光十年（1830）、同治五年（1866）金、聚两房续修，1915年三房六修。班派：（自二十四派始）开文起基，孝友允宜。荣勋培鉴，源本熙垂。钟相懋烈，坤镇鸿枝。

宁乡道林罗氏 一世祖朝缉公，明崇祯时由江西高安迁来宁乡，为张献忠所杀。其次子廷梁自高安来宁奔丧，遂居于竹子冲。廷梁生五子，其后遂分五房。1925年五房四修族谱，堂号泰和。

宁乡罗氏 迁湘始祖尧登公，字汉高，元至正二十七年（1367）由江西泰和县迁居邵阳县西路永城一都。明崇祯八年（1635）君赞、君聘由邵徙沩宁。前三修纂于邵阳，清同治九年（1870）、1922年宁乡纂修支谱。派语：添礼志信必，思宗祖正大。光明朝廷凤，彦锦绣文荣。显达玉殿国，泰兆祥书香。万载德懋邦，成永世维昌。

湘潭鼓磉洲罗氏 始祖政斋公，谱名应隆，字世兴，明洪武初年由江西吉水徙迁湖南湘潭鼓磉洲南岸之鹧鸪坪。其子奇山，谱名源佐，字效功，生有四子：志聪、志明、志安、志亮，衍为四堂，分居于新屋、湖田、社山、蕨山。清乾隆十一年（1746）建总祠于鼓磉洲。明嘉靖四十年（1561）、清康熙二十年（1681）、乾隆十九年（1754）、乾隆五十四年（1789）、嘉庆二十五年（1820）、咸丰六年（1856）四堂合修族谱，称为六修，之后各堂分修。光绪三十年（1904）蕨山堂建祠于枫仙岭。清光绪十年（1884）蕨山堂七修、1914年八修、1948年九修族谱。光绪九年（1883）湖田堂七修、1914年八修族谱。派语：（自十世起）一本作新，绍修世德。正学传家，纯诚光国。远慕高瞻，培基厚泽。于万亿年，孝思维则。该族名人：（清）罗典，字徽五，号慎斋，任岳麓书院山长达27年，著有《凝园读书管见》《凝园读诗管见》《凝园诗抄》

等。（清）罗天阊，字开九，别字云皋，号西塘，著有《周易补注》《学古初稿》《西堂草》等。（清）罗汝怀，字研生，善训诂之学，著有《周易训诂大谊》《禹贡义案》《绿漪草堂文集》等。（清）罗逢元，字旋吉，武生，官至提督，入载《国史本传》及县志。罗正钧，字顺循，历任知县、知府及湖南学务处提调，晚年专事著述，著有《船山师友记》《左文襄公年谱》《王壮武公年谱》《官书拾存》《辛亥殉节录》等。罗学瓒，字志贤，号荣熙，中国共产党早期领导人。

湘潭梅林巷罗氏　始迁祖楚芳公，明洪武二年（1369）自江西迁潭邑六都一邑梅林巷。清乾隆五十三年（1788）三修族谱，堂号明德。

湘潭云湖罗氏　始迁祖珏公，明永乐时自金陵迁此。三世立本生玘、璥、瓘。瓘十三世时周徙居龟湖塘。清乾隆三年（1738）一修，乾隆五十二年（1787）二修，光绪二十二年（1896）三修族谱。光绪二十八年（1902）璥房四修房谱，堂号敬聚。1918 年龟湖房纂有支谱，堂号归厚。派语：（十四派起）克绍先人志，惟期世裔昌。传家敦本庆，华国以文章。

湘乡罗山罗氏　始祖平康公，祖籍南昌，字幼初，行二十四郎。居江西抚州崇仁高溪里。宋天圣年间，因游猎瑞州高安，卜籍高安马岭田心。生五子：六郎、八郎、九郎、十郎、十二郎。十二郎讳胜，字成甫，生太安。太安生炎、叠。炎生铭、泰。叠生极。铭、泰、极三公后裔于元末明初有 41 人先后从江西迁湘乡开基立籍。铭公后裔二十代朝磷后散居土桥、酒铺、潭市黄泥冲，称城南房。明钦子孙占籍夏梓桥、洪塘洲，称罗人湾房。承珊后裔肇籍金田官冲，亦称田东房。泰公后裔二十代世贤后散居洪塘、山田观、邓婆仓等地，称石门中房。瑗公后散居花坪、沙田、大桥、水口、上山岭，称石门下房。

湘乡罗山罗氏　始祖季一郎，原籍江西泰和，其子华八郎、华十三郎，因明初湖广地广人稀，乃遵编氓屯垦之法，挈妇将雏，自赣迁湘，兄弟卒于衡州，葬于苦竹山。华八郎之次子天珍徙迁湘潭，后不知所终。长子天琼赐宴公遂与华十三郎之子天琳赐松公卜居湘乡下罗湾洲，今属双峰。其时，季九郎之孙华五郎之子文用凤翔公亦自泰和而来，卜筑上罗台洲，今属双峰。清康熙十八年（1679）、乾隆十九年（1754）湾洲、台洲两支合修族谱，嘉庆间分修，光绪十八年（1892）、1931 年、2000 年、2020 年两支再次合修。雍正七年（1729）创建总祠“清德堂”于白竹山。班行：季华天（文）嗣（必）志（才）永（贵）景（恭）星（宽、希）兴（信、绍）再（万、敏、奎）良（惠）圣（一）光（连）如（世）日（兴）拱（隆），嘉泽（儒）兆（惟）长（仁）延（义）。

立德昌其后，登庸道自先。贞元开至美，克孝广彝传。天琳公十六代孙罗泽南，字仲岳，号罗山，咸丰二年与弟子王鑫、李续宾等创办团练，次年应曾国藩召率勇赴长沙，扩编为湘军，咸丰六年（1856）卒于军，为学专究程朱理学，著有《周易附说》《西铭讲义》《小学韵语》及诗文集等。

湘乡东岸罗氏 迁湘始祖履道公，字凤生，原籍江西吉安府，明洪武初以武庠佐邓愈南征，升宝庆知府，卜居邵阳东乡大树下。第七子邦彪迁居湘乡东岸罗家坳头。清乾隆间始建宗祠于东岸。嘉庆中始修族谱，光绪二十五年（1899）续修，1935年三修。旧班：道邦游梦世，继溶（湘）允彦宗。祖应太明试，代定名登朝。通班：缵述寻源日，欣逢汉鼎新。贻谋垂矩范，佩服乐书绅。谟烈绍来许，湘支克壮猷。俊英连拔萃，纪度荷前修。居室宜勤俭，和平备致祥。务滋基作圣，哲嗣普芬芳。

湘乡罗氏 始祖唐时舑公，居江西吉州庐陵县折桂里。十五派至履道公，为邵阳令，卒葬谢泗湾。十六派祖邦彪公，由安化洑口迁湘乡东岸，二十五派祖荣公，字思溪，明嘉靖四十一年生，卜居湘乡龙城南门九江庙，生二子：长子楚奇字顺宇，次子楚彦字仕我，衍为两房。清咸丰二年（1852）始修支谱。该族名人：罗国俊，礼部右侍郎。派语：祖楚三添万国定昌世亿溥沐渊源泽江洋浩翰深海淮江汉沛济泗涵澄清。

湘乡壶天罗氏 迁邵始祖道贤公，世居江西吉安，明洪武中为邵州守，既罢官遂移居焉。支祖应聪公。迁湘始祖守维公，清初移居湘乡壶天，后人世居壶天，后移寓白鹭湾。族人分布在壶天乡麻沙塘、云下、胜岩、丰乐等地。至1948年，已传11代，全族人口约500人。清光绪二年（1876）建宗祠于壶天乡麻沙塘。裔孙罗长裿，字申田，清末翰林，驻藏左参赞，创办陶龛义学。

双峰金田、官冲罗氏 始祖承珊公为平康公第十八世，字游三，生子誉福，于明嘉靖年间偕弟承宝、侄誉图，从江西高安县迁居湘乡永丰，先创金田，继立官冲。清乾隆四十一年（1776）一修，道光二年（1822）二修，同治十一年（1872）三修，1912年四修，2007年五修族谱。派语：盛应实用君，成彦伯公叔。以之懋宪光，秉兴克允福。亨运会时来，贤嗣叙昭穆。富有本日新，德业世常禄。

娄底罗氏 舑公传十三世至天衢、天伦兄弟，明初由江西秀川迁至湖南，天衢卜居湘乡县城，天伦迁居邵阳。天衢七世孙京礼之子国中徙居原三十八都大湾塘，传家皤乌山、柳河及雨寨砣等处。十一世发衍为先照、先遐、先登、先得、先容、先科六支。先科一支历居湘乡白鹭湾，其余五支移居今娄底百亩、涟滨、大科、西阳等乡，也有部分后人迁居林梅、南县及江西、四川等地。

醴陵罗家坪罗氏 始迁祖应真公，字存诚，号洁斋，为崱公十七世孙。明洪武间与弟应隆公由江西吉水县熻下迁湘潭县鼓磉洲，应隆公落业于此。应真公再迁醴陵北乡坪上。至1948年，全族人口1300人。清康熙六十一年（1722）、乾隆二十六年（1761）鉴、铭两房合修族谱，道光后两房分修，1942年铭房六修，2019年两房又合七修。字辈：大本能立，德盛道明。人文蔚起，理学绍清。光恢先绪，振发群雄。前程宏远，荣昌富兴。

醴陵高桥罗氏 始迁祖计一公，明洪武初年自江西迁居澧西钊陵桥下石湾。族人分布于大冲、马洲上。至1948年，全族人口300人。清同治二年（1863）三修族谱，堂号明德。

醴陵土桥罗氏 始迁祖寿保公，明洪武间自长沙迁此。族人分布于清安铺。至1948年，全族人口500人。

醴陵东茅街罗氏 始迁祖为纶公，明洪武间自攸县迁此。族人分布于楚东桥。至1948年，全族人口200人。

醴陵高塘罗氏 始迁祖枚隐公，明嘉靖十九年（1540）自江西丰城迁此。族人分布于寨下、东冲铺、茶子山等地。至1948年，全族人口2000人。

醴陵罗家冲罗氏 始迁祖昌贤公，明天启五年（1625）自江西庐陵迁此，族人分布于妙山嘴、栗山坝，至1948年，全族人口800人。

醴陵石门冲罗氏 先世明天启间自江西迁此。族人分布于殷家冲、湘潭。至1948年，全族人口200人。

醴陵高棚罗氏 始迁祖国明公，明崇祯初自福建汀州迁此。族人分布于普口市、马冲、李家山。至1948年，全族人口300人。

醴陵峤岭罗氏 先世明崇祯末年自广东迁此。至1948年，全族人口100人。

醴陵王仙罗氏 始迁祖焕伯公，清乾隆间自福建永定迁此。族人分布于罗家湾、大湾、大林桥等地。至1948年，全族人口280人。

醴陵泉水湾罗氏 先世清光绪初年自江西萍乡迁此。至1948年，全族人口200人。

攸县灵塘罗氏 吉水秀川罗氏十五世孙海润公，字式玉，元末明初人，官衡州教授，时际元明鼎革失官，偕子尊三流落湖湘，数迁择籍攸东灵塘。至四世“吉”字派衍为五支。族谱肇修于明天顺间，清乾隆九年（1744）、乾隆五十六年（1791）、道光二十三年（1843）、光绪十二年（1886）、1935年、2016

年续修。字派：海友罗吉秀巨族永尊公其成先世文学之宗书泽传守祖德昌隆。

茶陵纂溪罗氏 始迁祖天椅公，字润谷，鼑公十二世孙，南宋宝祐元年（1253）任潭州军学教授。子默公，读书茶陵。孙在治居茶陵大西门。在治子式金，生四子，第三子奎光迁县城西南马伏江纂溪。至1948年，已传37代，男女丁口约1860人。明万历四十六年（1618）、崇祯十五年（1642）、清康熙五年（1666）、乾隆三十一年（1766）、乾隆五十九年（1794）、同治四年（1865）、光绪三十四年（1908）、1937年、2011年纂修族谱。字派：景正名罗文，光鹏如珠生。发扬承祖德，显达起家声。英贤宾泰序，俊士蔚昌期。庆泽培兰桂，书香宝鼎彝。

茶陵罗氏 始迁祖百五公，南宋德祐二年（1276）自江西吉安迁此。后裔散居于枣市洞头、平水河东、虎踞高水等地。

衡阳罗氏 鼻祖应轮公，宋庆历间由江西吉安府泰和县籍衡。清乾隆四十年（1775）、道光二十一年（1841）、光绪十九年（1893）、1912年纂修族谱。

衡阳、永州罗氏 始祖青叟公，智略公子，祖籍江西庐陵熫下。宋宁宗庆元举人，开禧年为湖南湘阴县主簿，擢衡阳县丞。长子大伟移籍长沙东南下头埠。次子大器除衡阳县教谕，遂卜居衡阳城西十里罗家堡。大器长子忠，字赞甫，官南海主簿，由衡移居祁邑之黄冈。忠公次子宗之，仕翰林知制〔诰〕，致仕占籍铁塘，人丁兴旺，号铁塘罗氏。忠公三子体之，于明代移居永州零陵上里芹菜塘，即今冷水滩，子孙昌盛，号零陵罗氏。四子贞之徙祁阳步云桥，今祁东堆积，号堆积罗氏。大器三子恩，字翊甫，其四世孙明远子文进、文暹、文俊徙迁衡阳清泉，今衡南泉湖青叶，号衡阳三甲罗氏。见远子文富、文贵移籍祁阳黄冈，今祁东白地市镇元里坪黄土岭，号黄土岭罗氏。

衡阳罗氏 始迁祖继良公，元初由江西泰和迁居湘东石潭。生圭仲、达仲、尧仲。越九世至廷皇公，生仕钦、仕甫、仕章，衍三房。清嘉庆二年（1797）、道光二十七年（1847）、光绪九年（1883）、1923年、2010年纂修族谱。班行：继源时克明备，家修廷仕用良。绍文森正仁纯，祖国荣昌有光。德积承传忠孝，代贻定启书香。

衡阳竹陂田罗氏 始迁祖泰亨公，鼑公十六世孙，领除书从天官铨调衡州路任职，元至正十六年（1356）携子由江西庐陵化龙乡折桂里戥村徙居衡阳竹陂田。生三子：子嘉世居竹陂田，子惠徙衡山高脚庙，子元徙衡山沙泉。2018年五修族谱。班行：仁丙兴维大，守春世承尚。国大常赓飏，家齐永吉祥。湘衡昭至治，奎璧焕文章。

衡阳二甲罗氏 始迁祖舜仲公，因元季明初鼎革兵燹，迁衡清湘东慕道都塘冲坪。四世光荣公，二子：康二分置清江水，祥四守故址塘冲坪。清道光六年（1826）、光绪三十年（1904）、1933年、2004年纂修族谱。班行：子南光文，天嗣永正。世尚良大（可存）德，嘉国启道兴。礼义元章茂，诗书万代荣。一本开昌运，宏才显俊贤。敦伦传孝友，锡祚福长延。

衡阳洪罗罗氏 始祖崇公，明弘治间由苏州长州义山迁湖南衡阳，世居西乡十八都马家湾，后迁居十一都洪罗。

衡南湘东罗氏 始迁祖华金公，为含公三十六世孙，元至元间由衡阳徙新城。生荣开，荣开衍守辛、守亨、守高、守庆四房。清乾隆五十年（1785）、嘉庆五年（1800）、道光五年（1825）、同治十三年（1874）、光绪三十四年（1908）、2007年纂修族谱。班行：华荣守训典，巨业从兹展。代有达人钟，相承慎积善。景遇清和会，昌隆福泽长。贤良昭郅治，孝友肇祯祥。

衡南罗氏 始迁祖必诚公，字君实，避元季兵乱，明洪武初自江西吉水谷村迁衡，卜居清南政平南乡堡。清乾隆三十年（1765）、嘉庆二十二年（1817）、咸丰九年（1859）、光绪三十四年（1908）纂修族谱。原班：必仲宗嗣富，永定福方正（伯）。良（应）仁文继绍，国朝万代兴。新班：俊秀缘江发，湘琳世锡扬。诗书承祖德，雍睦萃一堂。

衡南罗氏 始祖含公。十九世汝贤、汝桂公开贤桂房。汝贤公裔居耒阳遥田。三十五世添禅公，明洪武间官封衡阳卫，定居清泉金紫滩泉水冲，户名罗伏十八。清康熙三十九年（1700）与遥田合修族谱，光绪三十四年（1908）分修，2019年续修。字派：仁履嘉吉，宗枝熙泽。庆荣载锡，忠孝克承。继序长远，家学崇经。

衡山北门房罗氏 迁湘始祖宗寿公，字寿先，原籍江西庐陵熪下。元至顺间为衡阳教谕，留籍府前，生五子：长真诚，开衡山野溪房。真参、真试、真敏，于明洪武四年（1371）先后迁衡山，肇基北门房。清康熙五十三年（1714）始修族谱，乾隆二十九年（1764）、嘉庆九年（1804）、道光二十五年（1845）、光绪元年（1875）、光绪二十七年（1901）、1922年、2003年续修。至今已传26代，9000余人，聚居于衡东县石湾镇、大桥乡、三樟乡、新塘镇、吴集镇，衡山县师古乡、东湖镇、马迹乡、南岳镇，湘潭县茶恩乡以及醴陵县，四川宜宾等处。清康熙间建宗祠于邑城北关外马峰前，嘉庆间重修。世派：光先士正之，斯文逢盛世。一经绍心传，明德馨香继。春秋佳日连，礼义乐丰年。孝友崇彝典，修齐尚哲贤。

衡山黄花冲罗氏 始迁祖鹤年公，轩公十二代孙，明洪武年间由江西庐陵秀川分籍楚衡，肇基于衡山北乡黄花冲车乐坪。派衍琏、信、佳三房。至今已传25代，600余人。聚居于衡山长江桥坪村、富台、宋桥、石子村。班行：文应仁其昌，贤声远发祥。哲人承祖泽，英嗣绍书香。积德光前代，存心锡福长。另支始迁祖觉从公，字学生，明成化年间由江右〔司〕铎衡山，授教谕，因官卜居衡山北乡黄花冲。派衍定星、定贵、定旻三房，至今已传19代，1000余人。聚居于衡山长江镇柘塘村、曹家凹、新泉村、袁家冲村、金门村、福田乡三座桥以及郴州、江西、广东等地。班行：士其绍孔孟，儒宗恩泽长。祖德诚高厚，象贤列衡香。冠冕垂道范，诗书焕文章。云龙宜魁首，积庆自腾芳。

衡东三抵石湾鳌洲罗氏 远祖胐公传十五世式金公，由江右秀川徙居茶（陵）城之西。十七传至汶公，衍四子：益、竣、崇、懋。益公之裔仍居茶城，懋公徙籍长沙，益、懋二公合谱于茶陵大西门。竣公卜居屏峰桥。崇公由茶陵徙衡山，筑室三抵，即下字二十二区洣水上游攸县、安仁、衡东交界三抵处。崇公长子惟善之孙禺、昂、圭、章、纲、恺聚族三抵。崇公次子性善由三抵徙居南湾，为南湾始祖，其裔分徙草市大对河、侧塘、老钟滩、大岳滩等处。然惟善公之季孙为恺公次子宝佐公为攸邑爽田乌塘房祖，四子宝径为界头石山房祖。季子宝玲于明弘治年间由三抵徙迁鳌洲，为鳌洲房始祖。至今，鳌洲房已衍至25代，3000余人。聚居于衡东县石湾鳌洲、石坝湖、贺家冲、颜家冲、石湾、茶石、坪里、导了坪村及株洲、长沙等处。班行：积善洵为宝，忠诚立大纲。祖遵饶顺道，家世德仁良。理学传之久，诗书泽自长。相承先祚永，裔代有余庆。

衡东黄华站罗氏 远祖唐时胐公，生达公，居江西吉水庐陵。达生皎，皎生议，议生遵，遵生元、翀、兴、轩。元、翀、轩三公后裔自江西迁衡，衍为衡山十八房。元裔成公，字旻七，行少七郎，明洪武元年（1368）迁居衡山黄华站荐子团，今属衡东石湾镇石桥村。生汝高、汝霖。汝高生子贵、子权、子贤、子忠、子欢。汝霖生子福，派衍梅冲、滩头、晓庄、三体、嘴头、罗陂六房。清雍正十年（1732）始修族谱，1943年七修，2003年八修，族人13900余人。班行：承先遵孝友，华国尚文章。善积云礽盛，经传甲第光。栋梁培伟器，龙凤兆祯祥。燕翼贻谋远，熊湘沛泽长。

衡东小山罗氏 始祖朝公，翀公十六代孙。明洪武初年由江西庐陵徙衡东珍珠，肇基于小山村，称小山房。朝公生六子：应宗、应升、应隆、应海、应亮、应荣。宗为山冲房祖，升为富塘房祖，隆徙湘潭，亮徙衡阳，荣徙湘潭跃龙市，皆启族繁盛，唯海徙八石峰，后裔甚微。自小山房开基以来，至今已衍24代，7000余人。聚居于衡东县新塘镇、珍珠乡，衡山县沙泉乡、乌石铺等处。班行诗一：朝应其志，必系自衮锦。贤名世起，藻翰振家声。班行诗二：一经传远泽，多士迪前光。继美恢先绪，贻谋克后昌。才华成国栋，德行济时匡。富贵卿云荫，仁和福寿长。

衡东黑田罗氏 始迁祖思聪，名仕谦，号汉明，鼐公第十五代孙，明洪武元年（1368）因湖南遭元末动乱后人烟稀少，由江西吉水县秀川化龙乡折桂里戡村迁至衡山黑田（今属衡东县荣恒乡）。汉明生正隆，正隆生元善、明善，元善生敬一，敬一生友华。友华七子：鼎、升、常、昂、永、显、冕，派衍七房。至1948年，已传25代，男女丁口7720余人，聚居衡山罗家垅、南湾、鱼形、横板桥和攸县等处。于衡山高水乡罗家垅建有黑田罗氏宗祠，衡山县城北门建有衡山县罗氏总祠。宣统三年（1911）在高水乡南湾市创办私立罗氏岳英高等小学校。第十八代慎镇，即罗荣桓元帅，字雅怀，号宗人，其子纪东，字东进，中国人民解放军中将。班行：（第一代至十二代）聪隆善敬友显自舒敦贵单士，（第十三代至十八代）登廷祖泽笃慎。第十九代至一百十八代遵通谱总派。

衡东荆花桥罗氏 始迁祖才仲公，字稀由，号虎堂，軿公十二代孙。其曾祖德政公，明洪武初由江西庐陵秀川迁衡山三十二都深塘上双江（今属安仁县）。洪熙年间，才仲公随父道珣由深塘上双江徙居今衡东城关荆花桥金峨村大屋坪。派衍德良、德让两房，今已递传24代，2000余人。聚居于衡东城关金峨村大屋坪、月塘村、珍珠乡界江村、杨林镇石硖村，甘溪镇夏浦村以及衡山沙头、攸县、湘潭等处。良公房班行：才胜德经源，万朝日文南。之世宏开大，本深继锡安。让公房班行：才胜德经源，万朝日文南。之世宏开懋，本深衍庆藩。新班行：建业修齐肇，恢先望象贤。张维存国粹，裕后乐华年。另支始迁祖才季公，名熙季，字希申，軿公十二代孙。原随曾祖父居衡山深塘上双江。明洪熙年间由深塘上双江徙居荆花桥南塘（今跳庄乡荆茗村南塘），人丁不多，无祠无谱，今已衍至26代，170余人，聚居于衡东荆花荆峨、踏庄乡荆茗南塘等处。至清同治九年（1870），深塘罗氏三修族谱时，才季公派合归深塘，列为南塘房。

衡东龙源罗氏 始迁祖思洪公，字仕逊，号禹范，軿公十代孙，明洪武元年随兄思聪、弟思德，由江西庐陵徙衡山县（今衡东）霞流乡燕子冲罗家托，又随兄思聪徙龙王桥黑石田，居十八年再由黑石田复徙龙源开基，今衡东县栗木乡龙源村。思洪生五子：仁、义、礼、智、信，派衍五房，1929 年七修族谱。至今已衍至 28 代，族丁达 6000 余人，现聚居于衡东县栗木乡龙源村以及衡山、衡阳、常宁、耒阳、攸县、长沙等地。班行：大烈焕南邦，纯明肇发祥，贤嗣宏世泽，云路日舒长。

衡东小阁塘罗氏 始迁祖宗福公，字德宏，鞥公十一代孙。元至正中，其弟宗寿为衡阳县司铎，明洪武初年宗福由江西吉水庐陵随弟来衡阳，游览衡岳风景名胜，悦山川之秀，遂卜居衡山之东小阁塘，今属衡东县横路乡石嘴村。至今已衍至 23 代。其中白果、七星町、巾紫垅、柳树垅、铁铺、泉山口等共 1500 余人，聚居于衡山县白果镇、长青乡、新桥镇、江东乡、岑坡乡、沙泉乡、师古乡、开云镇、长江镇，衡东县新塘镇、城关镇、三樟乡、德圳乡、栗木乡、草市镇、杨林镇，湘潭县茶花乡、白石镇，衡阳县杉桥镇，衡南县冠市镇等地。1932 年五修、1999 年六修族谱。班行：积德开文运，题名列玉堂。承先世泽远，启后家声长。万代诒谋永，兆年兰桂芳。仁和延福祚，安泰益隆祥。

衡东高脚庙罗氏 始祖子惠公，字友仁，鞥公十二代孙。其父泰亨于元末年间由江西庐陵戡村徙居衡阳竹陂田。子惠公于明洪武初年由衡阳徙衡山高脚庙开基，又名集秀堂。派衍文、万、绅三房，至今已传 23 代，800 余人。聚居于衡东新塘镇潭泊祝高、枫根村，城关大甸、月塘、鹤桥、新桥村，珍珠乡双凤文家冲，衡山城关等处。班行：世仕登科甲，丰功茂泽长。升平隆有德，献颂继书香。

衡东平溪罗氏 始迁祖思德公，讳仕宗，号汉懋，鞥公十代孙。明洪武元年（1368）随兄思聪、思洪由江西庐陵徙衡山霞流乡燕子冲罗家托，再徙潜字东湮。三传至海玺、玉玺二公徙石湾坪里，今属衡东县，肇基平溪房，又名一经堂。派衍廷宠，支派山溪、石南房。廷宥，支派乐溪房，至今已衍至 21 代，约 800 余人。聚居于衡东县石湾镇坪里村、大桥乡窑里村，株洲县龙凤乡三田村、李麻塘，湘潭县易俗河水竹湾，攸县上严湖等处。班行原用“待运洪家国”五字，从 16 代起续撰新班：力田传世业，勤学焕前光。汉代贻谋远，熙明振泽长。

衡东百叶罗氏 始祖肇竣公，字高任，鞥公十五世孙。明洪武元年（1368）自吴徙楚，籍衡山之东晓霞峰之南麓，今衡东县新塘镇百叶村，开百叶冲房，至今已传 23 代，达 3000 余人，聚居于衡东县新塘镇新堤村、百叶村、藕塘、雷市，栗木乡龙源村，大浦德圳，衡山沙头林子冲等处。班行：肇待余业，志良孟日。之仕经世，言廷盛必。开芳贤嗣，克家恢继。德积源垂远，恩深泽裕长。诗礼传奕裔，福祚允隆昌。

衡东大坪头罗氏 始迁祖崇荣公，明洪熙元年（1425）由江西庐陵花桥王田乡徙衡山之东大坪头开基，今属衡东县珍珠乡石江村。原配刘氏未生育，副配陈氏生五子：万椿、万松、万桂、万枢、万机。刘氏携晚男万机回故里。万桂传至十四代止。万枢传至十四代，其后裔出抚黄姓。唯椿、松二公之裔，瓜绵瓞炽，现派衍24代，2000余人，聚居于衡东县白莲乡白石、王家垅村，珍珠乡北冲、石江、珍珠村，踏庄乡大托，新塘镇潭泊以及金花大甸等处。清嘉庆十二年（1807）、道光二十七年（1847）、光绪二年（1876）、光绪三十三年（1907）、1937年纂修族谱。班行：（自八代起）日世宏开懋，子孙愈迪祥。彝伦敦孝友，甲第震衡湘。

耒阳马水罗氏 始迁祖含公，字君章，号富如，谥文肃，晋康帝时襄阳府左丞相，由江西庐陵爈下迁湘之耒阳。族人分布于淝江、敖山、马水、界石、肥田、高冲、乌冲、兴业、平陵等地。至1948年，已传55代，全族人口约3万，堂号清德，位于耒阳县城东马水。

安仁深塘罗氏 始迁祖德政公，字懋勋，軿公九代孙，官至指挥使司副使，明洪武初弃官归田，自江西秀川印岗徙楚南之深塘双江，原属衡山，今属安仁，至今派衍26代，子孙繁茂。分景、昂、量、昆、季五房，4400多红丁。聚居于安仁县深塘、双江、长冲、潭湖、黑保冲、抬头渡，衡东南湾、荆花桥；衡阳灵湖洞，郴州及滇、黔、蜀等地。班行：德忠道熙惠，正世尚声腾。齐家贤伯仲，继序嗣宗兴。谟烈千秋绍，诗书万代传。一经隆作述，昌大永光前。

安仁大水头罗氏 始祖胄公，居江西吉州庐陵县化龙乡折桂里戳村，生子达，徙延康里秀川。递传十五世至式金、相金、跃金，式金徙潭州，相、跃由潭州俱徙益阳，跃金子文光，复自益阳仍归茶陵大西门，再迁茶陵西阳皦原。又传五世，杨公于明正德间与胞弟相公同徙安仁县安平司大水头。清乾隆四年（1739）、道光七年（1827）、1917年、2006年纂修族谱。老排行：罗家源远，士美臣忠。先由秀川，斯惟我隆。孙承祖志，贤在书中。万世芳名，永尊罗公。新排行：敦典树洪范，崇高祖一经。遵绍谟烈显，积厚惟存心。

常宁罗氏 始迁祖灏公、成公、富公、逊公、逑公、运公、泰公、奉公，明时由江西泰和、丰城陆续迁常。1928年合修族谱。合班：秀彦从融毓，英才自楚生。诒谋辉祖泽，孝友笃和平。

邵阳杨青乡龙罗氏 始祖龙友亮公，安化人，宋真宗时隐居于新宁县乌龟塘、龙公庵等地，不娶，后以家产遗表弟罗会文，嘱其娶妻后为两姓承祧。罗娶唐氏，生子姓龙，三代后复改姓罗，今杨青乡龙、罗两姓实为同宗。

邵阳白鹿罗氏 始迁祖子辅、子发、子举兄弟，原籍江西吉安。宋末子发聚义兵佐文天祥扶宋抗元，兵败隐籍衡阳。子辅徙迁衡阳东山江，继徙衡邵交界之大云山麓，俄见白色鹿群，认为吉祥如意之兆，遂定居于此，即今邵东灵官殿石井、新星、金星、双桂、富家村等处，号称白鹿罗氏。江西都督罗达、罗安将军均白鹿人氏。至1948年，已传25代，人丁11000人，聚居于邵阳中一、中二、卫东、槎江等乡。清康熙二十一年（1682）始修族谱。

邵阳罗氏 始迁祖玉书公，讳孔端，原籍江西吉安府吉水县，元至正间任邵陵邑宰，偕弟玉振、玉科隐于邑东三汲塘，二世才兴公又迁白华塘。清嘉庆十二年（1807）始修族谱，咸丰二年（1852）续修，光绪九年（1883）三修，1915年四修，1944年四修，1989年六修。世次：（自十七世始）文章开科第，道学晋元升。邦宗永昌盛，乾坤亿载新。治安民康乐，贤能士望钦。忠孝恢先绪，诗礼光后登。杰泽长绵继，赓续贻培英。群利普述举，竖功大吉庆。

邵阳罗氏 始祖唐时旓公，为世居楚南衡州府耒阳县晋君章公十四代孙，占籍江西吉州庐陵县。旓公十四传至友进公，字德修，号荣钦，明洪武二年（1369）由江西泰和迁居楚南宝庆邵西潭井湾，生有四子：仲祥居永成二都二里，生才禄、才旺。仲先居永成二都九甲，仲奇、仲青二公居隆回四十二甲。清嘉庆八年（1803）仲祥公房禄、旺两支始修族谱，同治六年（1867）续修。仲先公房嘉庆九年（1804）始修族谱，同治七年（1868）续修。1922年祥房、先房合修。祥房班次：仲才文碧子，永思志朝添。春景生伯万，忠孝世代传。先房班次：仲才义必子，永思廷添士。祖宗承尚用，思孝世代传。奇房班次：仲邦必思永，远宗祖廷应。才尚国正经，纬安民广仁。青房班次：仲邦必思永，远宗祖庭应。才国正万方，奉承定广仁。四房合班：道德开昌运，家声信久延。学纯崇光大，品望步高贤。坚节同圭璧，清真益洁廉。临轩希硕彦，甲第并连元。

邵阳罗氏 迁湘始祖道能公，字德彦，明洪武三年（1370）自江西吉安府庐陵县迁衡阳县新城乡长乐里。生四子：兴绵、兴缘、兴绿、兴纲。绵公居长乐里桑林水东江，四世真寿公，永乐九年（1411）迁邵阳县小东乡鸡公山，缘公籍邵东石坝边鸿江岭，绿公籍郡城外盐码头，纲公籍邵东炉前。清光绪十六年（1890）、1948年纂修族谱。绵公旧班：道兴文真思，志本永定尧。应才宗祖合，意万载贤仕。缘公旧班：道兴文子以，志景廷应朝。万国泰民钦，永定安邦共。绿公旧班：道兴文才选，植德仁守振。大光明世代，永昌合意万。纲公旧班：道兴文理增，玉瑛志日春。尚朝定国安，康永远添锡。新班：承先启芳泽，基开绪自长。家齐传雍肃，垂裕绍书香。

邵阳长阳铺罗氏 始迁祖万锦公，明洪武四年（1371）自永丰迁此。

邵阳公田罗氏 老谱称："十五郎迁邵，兵燹后谱牒灰尘，老成凋亡。十五郎以前，源流莫所其所录，于是亦听之厥然。十五郎始，非略也，今曰不知也。"六修前皆沿此说。2019 年七修时，以哻公为一世，十五郎为九世，十五世德成公为始迁祖，明永乐十一年（1413）自庐陵秀川熝下迁来。清康熙三十三年（1694）建祠于公田汀里。康熙四十五年（1706）、乾隆五十年（1785）、嘉庆十六年（1811）、同治三年（1864）、1917 年、1994 年、2019 年七修族谱。字辈：德仲必志钟海才尧建思良。上达章方肇，高基立自平。培元生厚福，守正永嘉名。学道人常贵，传家代有声。民国陆军少将罗子勋、罗麒及前湖南省人民政府秘书长罗桂球皆其后。

邵阳宝西罗氏 始迁祖千八郎，明代自新化乌石迁邵西石门冲。清同治八年（1869）二修族谱，堂号豫章。

邵阳罗氏 始祖珠公。三十五世仲权公，生安庆、乐庆。安庆裔居铜壶公、九都村、石屋潭。乐庆七传至方广，生逢瑞、逢源。瑞之后分徙邵邑东路、新化大洋江、湘乡开秧村、宁乡七都等处。逢源十一派孙弟敷、弟导，一居枳木山之大村，一居枳木山之石峡湖。清道光二十二年（1842）、光绪二十一年（1895）、1930 年纂修族谱。派语：吉运方逢泰，传家祖泽长。诗书敦孝弟，俊杰镇南湘。守善承先训，崇高业用宏。英贤能显达，万代继其荣。

新邵山溪罗氏 一世哻公，居江西吉州庐陵县化龙乡折桂里戢村。五世云飞，宋仁宗皇祐间自江西泰和迁新化球溪。十五世天富，元初由球溪迁大阳九都白宁，即今新邵坪上镇黄珠村。清嘉庆十四年（1809）、同治四年（1865）、光绪三十三年（1907）、1916 年、1994 年、2006 年纂修族谱。班次：百代昭先德尚应世国天大士正明坤。光华承祖烈，忠厚振家常。诗书传后奕，贤哲满高堂。美举征祥盛，嘉猷庆炽昌。规模辉甲第，兰桂永流芳。

新邵新田铺罗氏 始迁祖应钦公，原籍江西泰和县，明洪武十三年（1380）迁徙邵阳北路沙子定居，是为今之新田铺始祖。后裔散居湖南各地。

新邵老虎坳小南山罗氏 始迁祖梦旭公，为道贤公三世孙，明成化年间自湘乡三十四都八湾麻田迁此，为小南山族之基祖。派语：缵述寻源日，欣逢汉鼎新。贻谋垂矩范，佩服乐书绅。谟烈昭来许，湘支克壮猷。俊英连拔萃，纪度荷前修。居室宜勤俭，和平备致祥。务兹基作圣，哲嗣普芬芳。

邵东铁塘罗氏　始祖青叟公，字诚斋，江西庐陵熂下人，宋庆元举人，开禧三年（1207）任湘阴主簿，后任衡阳县丞。有子二：大伟、大器。大器生有三子：忠、惠、恩。忠公字赞甫，号铁塘，任南海主簿，由衡阳迁居祁阳黄冈，生有四子，次子宗之，宋咸淳进士，官翰林知制诰，奉父命再迁邵阳中乡（今石株桥乡），买山隐居，建永慕堂，号"铁塘罗氏"。至1948年，已传31代，全族人口约36000人，聚居邵阳中二乡铁塘。明中叶始建宗祠，1925年改建。1996年九修、2018年十修族谱。字辈班次：青大心之半景永至用振水茂荣时仁义礼智信。积厚培基远，承先庆泽长。诒谋遵祖训，受爵肃朝纲。猷壮千秋焕，名垂百代光。书香绵甲第，品藻重琳琅。俊选雄南国，声华盛豫章。

邵东甘棠罗氏　始迁祖永公，字伯远，宋嘉泰年间由庐陵熂下延福乡徙籍湖南宁乡，再由宁乡徙邵州城东之甘棠。五世孙应伍生三子：景明、景祥、景察。景祥后移居邵东灵官殿佳木、石桥、中桥、仁前，支分新化为水及云南金齿卫。景察后移迁石株桥棠阴、连云、先家村，支分祁东蒋家桥、步云桥、南路谷州、隆回高巩桥及永州等地，均称为甘棠罗氏。1927年六修族谱。字派：（自五世始）伍景惟仁卿文克福源廷本尚朝明道用时经济世祚荣昌贤德光。

邵东东乡大树下罗氏　始迁祖道贤公，讳履道，号凤生，原籍江西泰和县东乡圳上，明洪武初以武庠佐邓愈南征有功，授职宝庆府知府，致仕卜籍邵东东乡大树下，为邵东罗氏肇基始祖。生九子，开九大房，子孙遍布涟源白马、湘乡壶天、新宁等地。长子邦富始迁西坪一都田心塘弦。次子邦贵，其次子祖泰移居邵西大坪头，后裔思俊移籍黄龙村，富贵初迁长源，后迁火烧屋场迁古富、马塘宝。三子邦庆迁籍龙山，子明宪占籍台年冲岱园，恩广、恩湖兄弟迁籍大畲里罗家岭。四子邦珑后裔以忠徙迁邵阳西关外，庆珠于明洪武癸酉占籍武冈龙江乡一都隆兴庙，以理子福万徙居湘乡跳坑。五子邦琥占籍武冈，后裔支分城步县猿峒、龙光、新化、邵阳择良村。六子邦凤迁邵南鱼头冲，支分武冈东乡三星团及长乐乡，太元居邵阳一都桃树坳，太亨居邵阳黄茅岭，太利居邵阳大丘边，必瑟由邵南迁湘乡三十四都八湾麻田。七子邦彪始迁西路长烟铺，支分邵小东路高桥边、安化袱口、湘乡东岸罗家坳头。八子邦麟迁西路长烟铺，支分木梁村、隆回八都石门。九子雷淑始迁西路长烟铺，支分隆回八都兰松冲等地。清道光四年（1824）、光绪二年（1876）、1917年、1949年纂修族谱。1931年将大树下旧祠改建为罗氏贤公九房总祠。至1948年，已传20余代，共10万余人。

隆回麻溪村罗氏　出自新化罗氏横阳山鼻祖一松公。一松第十一世孙智叔，智叔曾孙必聪，于明宣宗宣德年间徙居隆回二都麻溪。

武冈罗团塘罗氏　始迁祖增福公，福建闽县人，官岷王府左长史，因居武冈。

新宁水庙江边罗氏　始祖华朊公，祖江西泰和县，元至正年间迁新宁县石桥村，其子继受移居城郊水庙江边。

新宁田中间罗氏　始迁祖必富公，祖籍江西庐陵县，元末迁新宁县长湖村田中间。

新宁老屋里罗氏　始迁祖邦凤公，明洪武八年（1375）由邵阳东路三溪迁新宁丰田乡堆子村。

岳阳大云塅罗氏　珠公后裔实义公生有六一、六二、六三、六四、六五、六六。六三公朝奉，因朝廷昏乱，弃仕隐居，于元元统二年（1334）率子伏四、伏五、伏六、伏七、伏八由江西南昌铁柱观凤凰楼之花林嘴迁至湖广岳阳府巴陵县一都汴山下（今岳阳湖滨附近），再迁四都梅溪岭昆山古塘寺下、黄道山下等处，落业于二十一都一图古台洞。伏七公忠明，由古台洞迁居大云塅，入赘刘受二家。全国工商联名誉副主席、轻工业部部长罗叔章，即六三公第二十世裔孙。族谱创修于明正统元年（1436），1993 年七修，入谱人口万余。

岳阳罗步桥罗氏　始迁祖彦芳公，又名万儒，字春泗，伏七公曾孙，曾受敕将军之职，志切开创，择地别居，遂迁罗步桥。先后娶妻郭、胡、晏、陈、傅五氏。郭氏后裔散居罗步桥、十步桥、藕塘等地。胡氏长子世钰居岳阳鸡鹗山、塔前街，次子世锡居筻口、莲花塘、罗子冲、游巷等地，至今繁衍 600 余人。傅氏后裔在罗伏十二门，现有 2600 余人。

岳阳杨树桥罗氏　始迁祖昶公，明洪武时自湘阴古罗城北门外迁居巴陵县南乡荷塘里杨树桥。清光绪十九年（1893）、1928 年纂有族谱，堂号豫章。

临湘三渡港罗家冲罗氏　伏八公伴父落业，继起古台洞，生有四子。长子文富分袭旧业，又生有四子，曾孙琭惠先迁居铁楼坡，继而迁居柘坪。琭惠公之孙仲御，迁居临湘三渡港，仲御继子万柏又迁至罗家冲。五世孙添锡、添珍兄弟，于明嘉靖四十二年（1563）徙居临湘三渡港之罗家冲。琭惠公第五世孙添绫，别号白山，明嘉靖初年邑庠生，著《白山诗稿》。

临湘桃林罗家墩罗氏　伏四公为避军役，迁居临湘桃林罗家墩。

湘阴田心罗氏　始祖志洪公，行仲四郎，元时自江西吉水县先徙湘阴南门，后移六都罗家塅。子二：长讳宣，字均智，开界台房。次讳政，字均德，开田心房。均德公七传至隆山、月塘、象山三公，隆山公开梅轩、槐轩、振元、达卿、云冲五房，月塘公开一贯房，象山公开柏柯房。清乾隆四十五年（1780）七房合修族谱，1922 年四修，2001 年五修，上谱人口 7998 人。班序：一国云鸿登，大开宗祖启。来人首笃亲，克长先宜弟。敦叙教由书，仪文端自礼。奇资具性初，实学为根柢。平治本修身，用行须立体。勋名建及时，得志荣湘澧。

汨罗古罗城罗氏 先世世居古罗城，明洪武初昶公迁居岳阳杨树桥，六代监公、钺公仍归故地，钺公居楚塘北冲，监公居小洲古罗城北门外。清道光二年（1822）一修族谱，道光二十三年（1843）二修，光绪十五年（1889）三修，1943 年四修，2000 年钺房五修，2003 年监房五修。派语：玉金思文伯，祖大兴启如。承上敬守发，其祥裕后书。世德传声永，英才应运昌。本培枝正茂，源远泽天长。

华容东山罗氏 始迁祖惟忠公，居江西南昌，南宋淳祐元年（1241）进士，任荆州明威将军，往来华容数次，见山水明丽，于南宋淳祐年间迁居华容东山，葬桃花山鹅公凸。

华容终南山罗氏 始迁祖崇堂公，字顺庵，江西安福县顺安乡康泰里人，宋端宗时进士，夫人文氏系文天祥之妹。宋末，崇堂从文天祥率兵征伐，潮阳一战，部卒散落，不能回归故里，南宋景炎二年（1277）弃家避居华容终南山。明成化二十年（1484）、正德九年（1514）、隆庆四年（1570）、清顺治十六年（1659）、康熙二十九年（1690）、乾隆五十二年（1787）、嘉庆十五年（1810）、咸丰八年（1858）、1938 年、1993 年、2009 年纂修族谱。派语：尚心玉孟水用火圭自克星容土。锡泽愿万世，觐光永绍先。源长学必达，本立兴以传。续派：修福承祖德，作善思齐贤。昌家惟孝友，裕后在心田。

华容东山天井山罗氏 始迁祖君桂公，居江西南昌。长子福一（又名成一），明威远将军，徙岳州。福一公曾孙公政，有三子：叔铭、叔鉴、叔钊，约于明宣德年间在华容东山天井下落籍。与东山罗氏同远祖，同居地，本出一源，共建祖祠于天井山下，称东支。派语：惟有百千万，思庆仕宗永。大世祖启一，光璧行仁在（“惟”派为通派四十一世）。东支派用满后，清道光二年（1822）议定从豫章老派起用。豫章老派：盛应实用君，成彦伯公叔。以之懋宪光，秉兴克允福。亨通会时来，贤嗣序昭穆。富有本日新，德业世常禄。东支“大”字派，合豫章老派“公”字派，同五十一世。新派：忠孝全鸿烈，芳名震豫章。历朝荣甲第，奕代萃冠裳。理学家声远，英才国瑞长。云礽同绍述，庆衍发麟祥。

平江南江、马鞍山罗氏 始迁祖实颖公，永则公长子，字玑，号东山，官奉郎，宋时由湖北通邑园里迁平江南江上塔市，复迁马鞍山周家园，元延祐五年殁，寿八十一，葬罗家屋后周家园。

平江富家边罗氏 一世珠公。三十五世黄岗始祖六郎，字巍明，唐代人，由江西西山迁黄冈，后梁末帝贞明四年（918）殁。五十四世习琼，生六子：佳、俪、倣、倎、僔、伏。倎、僔、伏三公后裔迁赣郡雩都，后迁湖南平江。清光绪二十八年（1902）平江、黄冈合修族谱。派语：齐宋文宣宇，宗定永高庠。庇荫家庭立，宽宏宦宰良。庙廊膺帝宠，完产庆安康。主度宸宫廓，官寮守宪章。

平江城北画锦桥罗氏 始迁祖惟华公，字文锦，明永乐成化间人，葬二都壕塘罗家山。派语：惟孟斐孟绍，进求重士白。良彦光全楚，文林世泽昌。才华昭典籍，人品仰家邦。宠锡芳声远，荣膺令德彰。后昆绳祖武，集庆佐朝堂。

平江罗氏 清康熙初先后自广东潮嘉、福建汀漳、江西南赣各郡迁来，悉皆企生、遵生二公。清咸丰九年（1859）合建宗祠于平东义口钟家塅。清光绪二年（1876）合纂通谱，光绪三十一年（1905）续修。派语：盛应实用君，成彦伯公叔。以之懋宪光，秉兴克允福。亨运会时来，贤嗣序昭穆。富有本日新，德业世常录。

平江东乡渣坪罗氏 始迁祖达甫公，清康熙十三年（1674）从江西雩都迁来平江东乡渣坪。后裔散居平江、巴陵、浏阳等地。咸丰九年（1859）在平江东乡义口钟家塅八支罗氏联合建宗祠，八族分别命名为公、正、廉、明、仁、义、礼、智族。现今人口约2000人。

平江东乡土龙罗氏 始祖崧公，字山立，号长清，峀公之兄，居江西吉水陶银塘。七子：宗专、念郎、三郎、福郎、六郎、九郎、黄郎。六郎字巍明，唐光启年间由吉安迁万安黄岗，传至二十世辅杞，于明正德丙寅由黄岗徙雩都县禾丰中堡寨。后裔齐眉，字如光，清雍正十二年（1734）由雩都徙平江东乡土龙土公坳。

常德罗氏 始迁祖叶清公，明初自丰城迁此。清宣统三年（1911）纂有族谱，堂号湘水。

桃源七里桥罗氏 始祖永富公，字开原，元至元间自吉安迁湖广之澧州，旋迁桃源七里桥。四世海公，四子：吉、祥、安、寿。寿远徙，遂分为三房。至1948年，已传20代，全族人口2000余人，分布于莱萝坪、水溪、发旺坪、金牛山、西东村、沉溪坪等地。宗祠在七里桥。族谱创修于清康熙二十七年（1688），乾隆四十九年（1784）、咸丰十一年（1861）、1920年续修。

桃源下坊罗氏　始迁祖存五、存六兄弟，明洪武间自江西吉水迁于桃源县治之下坊村。至1948年，已传20代，全族人口2000余人，分布于浔阳坪、漆家河、菉萝坪、大安村、泥窠潭、野猪湖、芦家滩、杏花港、石武坪等地。清乾隆年间建祠堂于县南门观音巷。

桃源木塘罗氏　始迁祖松公，明初自吉水迁于桃源县东杜青村之罗家湖。至1948年，已传18代，全族人口700余人，分布于康家冈、锅塘湖、马草湖、易家桥等地。清咸丰九年（1859）建宗祠于罗家湖。族谱创修于光绪十七年（1891），1928年续修。

桃源陬市罗氏　始迁祖天颖公，明永乐二年（1404）自吉水迁于桃源县东后春村仙坞山下雷公堰。至1948年，已传21代，全族人口1000余人，分布于田家河、常德前河、启明镇、枫树冈、南北堰等地。宗祠在田家河，分祠在黎家坡，1948年创修族谱。

桃源九溪官庄坪罗氏　始迁祖鼎公，明永乐二年（1404）自江西吉水县迁居桃源九溪官庄坪。清同治七年（1868）始修族谱，1913年续修，2003年续修。派语：鸣其大泽，国廷元士。文德有志，本宗克昌。继体思孝，向善必光。品超怀止，邦耀业杨。年定丕显，立朝永芳。

桃源高东罗氏　始迁祖必寿公，明正统五年（1440）自丰城迁于桃源县北高东之罗家坪。至1948年，已传19代，全族人口1500余人，分布于福善港、温泉、汤口坪等处。宗祠建于福善港之上方。清宣统元年（1909）创修族谱。

桃源麦湾罗氏　始迁祖孟华公，明景泰时自江西吉水携兄弟孟黄、孟广落业于桃源土东麦湾，孟黄卜居雷堰，孟广则居罗官坪。至1948年，已传19代，全族人口900余人，分布于龙山、慈利、常德、汉寿等县。宗祠在麦湾。族谱创修于1941年。

桃源土东麦园坪罗氏　始祖安七公，明天顺间自江西兴昌迁湖广临湘之白沙都板桥里，生有四子：长子进澄落业土东村之西溪坪，次子贵澄迁土东村之麦园坪，三子、四子无考。至1948年，已传20代，全族人口3000余人，分布于沅上乡、西溪坪、土东等地。宗祠在麦园坪。族谱创修于清光绪十九年（1893），1915年进、贵两房合修。

桃源响水垱罗氏　始迁祖琏公，明成化十八年（1482）自庐陵迁桃源县东陬市，越二世迁荷坪，又三世至廷爵始迁县北莫林村之响水垱。至1948年，已传20代，全族人口700余人。族谱创修于清嘉庆十三年（1808），咸丰八年（1858）、光绪二十二年（1896）、1932年续修。

桃源九溪青山观罗氏 先世于明崇祯时自江西迁于桃源县北之青山观。至1948年，全族人口200余人，分布于罗家溪、黑岩嘴、抱甲山、鄢家坪等地。宗祠在青山观。

桃源畬田罗氏 始迁祖源公，清初自江西吉水迁于桃源县东畬田之罗刘坪。至1948年，已传19代，全族人口400余人，分布于浯溪、陬市及桑植等处。宗祠在罗刘坪。1926年创修族谱。

澧县罗氏 始迁祖受龙公同伯祖聪公，原籍江西吉水大樟树，明初旨封旗都尉，乃总统萧、刘、江、曾、李、沈、郭、杨十姓迁驻澧西。1915年创修族谱。旧派：清士永明，大宗克昌。丕承其绪，邦家之光。续派：丕承先绪，文武忠良。孝友立本，世泽乃长。

安乡、公安罗氏 始祖山斗公。十六世长卿公，元至正间授襄阳总镇，建业安乡，始迁长寿村熊家垱。十八世琼三，自熊家垱迁公安土门楼。1918年九修族谱。字派：诒安承先代，理学绍书香。孝友家为政，功名卜永昌。

汉寿罗氏 始祖眗公，数传至师政公，卜居江西富田水南。十八传友信公，生四子，长楚贞、次楚南守原籍，三楚绍、四楚文，明永乐间迁居辰阳（今汉寿）龙池湖，后楚文又迁居县城北头外。明成化十六年（1480）楚绍支首修族谱，清乾隆二十年（1755）续修。乾隆二十年（1755）绍文支创修，同治八年（1869）续修。光绪二十年（1894）绍、文两支合修，称三修。1930年四修，1994年五修。绍房旧派：楚训彦锦定，应正耀奇玉。太开文昌运，永振立朝纲。文房旧派：楚训彦锦兰，绅文缙万名。如致式洪家，法大立朝纲。合派：广成学益，道志富宏。荣华继盛，达守超隆。民国肇建，世祚延长。升平际合，启迪贤良。

张家界南庄坪罗氏 始迁祖本道公，原籍浙江绍兴府余姚县梅川二十五都恶蛇溪矮庄。明洪武间携弟本祖迁楚，本祖居安福（今临澧），本道居永定。清顺治八年（1651）建宗祠于南庄坪。光绪二十九年（1903）二修族谱，2003年三修。字派：万世宗远，宏大允长。士廷启振，文登国光。声显继序，运卜荣昌。绍先兆庆，传家有方。

张家界罗氏 始祖道通公，江西人，明永乐时征武溪蛮，旋戍大庸所，至国礼，遂家永定。

桑植城关镇罗氏 先世原系江西芦溪（今萍乡市）人，因随文天祥抗元，徙居湖北沔阳州荆南门费家巷。一世祖季清，官武当提典。至五世暹，明洪武年间因从戎，遂在九溪卫安福所安家定居。清雍正七年（1729）安福所改名桑植县。子孙繁衍，聚居于城关镇、罗村（原罗家庄）、罗家湾、枫香坪、蔡家峪等处。派次：（包括湖北仙桃、桃花堤等地同族）季道伏存暹，人宏大士万。瑞嗣胤延世，益昌启俊贤。自承祖宗德，文国福朝光。荣显旌加远，希绍永兴蕃。

桑植洪家关罗氏 始迁祖廷兰公，明永乐年间自江西吉水大栗树迁此。后人分布于洪家关、罗峪、罗子岭。

桑植铁板垭罗氏 始迁祖勇公，明成化二年（1466）自江西永丰县迁此。

桑植官地坪罗氏 始迁祖福卿公，明正德二年（1507）自湖北松滋县果盒洲迁澧州慈利县十五都梯市河北门垭、平头界老鸦泉落籍，再迁官地坪乡罗家湾、东流坪，后人亦聚居于此。

桑植罗氏 始迁祖经声公兄弟五人，清乾隆中叶自江西广信府龙虎山迁桃源县，再迁桑植大木塘乡。经声住金子山三家田观音坳，继芳住八家田，经友住老庄芭茅岗，军麒住将军岩，元武徙淋溪河。

益阳、宁乡罗氏 始祖汉时珠公，开基于豫章。二十九传至朂公，由豫章徙秀川戬村。由朂公五传至遵、晟、珣三公。珣公之重孙一松公，于北宋建隆二年（961）由江西泰和迁居湖南宝庆之新化，生三子：彦一、彦二、彦三。彦二公裔居横阳，彦三公裔居乌山。彦一公十传至甫派，明洪武间分为十一房：东甫、魁甫、明甫、成甫、通甫、用甫、信甫、义甫、韶甫、政甫、升甫。东甫公占籍于益阳十九里泉交河，韶甫公徙居益阳十五里，魁甫公裔、通甫公裔家宁乡。清乾隆四十五年（1780）宁乡、益阳四公后裔合修族谱，咸丰七年（1857）三修，光绪二十二年（1896）四房又合廉甫房四修。

益阳岐市罗氏 始祖天禄公，字彦三，由江西吉安府吉水县圳上随父一松公迁居湖南宝庆新化县横阳山。其子伯璋，字叔玉，徙居益阳岐市，传至四世祖思纲、思纪、思经、思纶，衍为四房。纲房又分中、行、和三房，纪房又分恭、辉两房，经房又分位、禄、名、寿四房，纶房又分方、正、用三房。明万历三十七年（1609）始修族谱，至1999年八修。派语：天伯仲思凤，履礼绍家声。宗德流芳永，之尚毓九文。时应祖光大，诗书佐盛隆。国祚传万代，海宁庆升平。继美贤良进，承先道义新。仁恩逢泰运，俊秀启词林。才华能显远，浩气最清明。圆通惟意路，阀阅衍江东。

益阳蛇山罗氏 始迁祖云邃公，祖籍江西吉安府庐陵。南宋建炎二年（1128）徙迁湖南益阳十四里寨山村泉田开基。七传大珛、大珍。大珛仕元封万户侯，升都元帅，讨白卢寇，援绝战死，建忠孝祠于贵州黄草霸。其世系欠详，清末川督罗佩金、民国四川省议长罗佩纶即其后。大珍传允恭、允敬、允惠，称益阳罗氏三大房。恭、惠两房居十四里蛇山，即今泥江口地。敬房后移籍八里洪莲村，即今桃江花果山红莲村。允恭次子诗教，名观，字尚宾，明朝为南京光禄寺少卿，升奉政大夫。允敬子诗敏，敕赠承德郎，户部主事，晋赠中大夫。其子崇安，字时泰，号南州，明戊戌进士，授户部主事，调江西按察使司、贵州参政，晋赠中大夫。敬房后裔喻义，明崇祯进士，仕礼部右侍郎，赠尚书。罗勋，清嘉庆七年（1802）进士。清乾隆二十六年（1761）、嘉庆二年（1797）、同治六年（1867）、1929 年纂修族谱。派语：文子致汝宗，祖大允诗崇。应嗣生敦义，贤良仕显忠。有孚萃寅若，功溥本明通。善继昌先世，希前作保容。

益阳罗氏 鼻祖含公。二十一传至裘公，派名学二，明嘉靖间由江西庐陵迁湘，奠居益阳十四里水满冲。生四子：金章、日章、成章、龙章。至清雍乾时，金、日、成三房已无传。龙章生源清、监清、子清、启清，衍四房。清嘉庆七年（1802）、道光二十四年（1844）、光绪五年（1879）、宣统元年（1909）、1941 年纂修族谱。派语：学章清义良，贤达通逢吉。礼乐绍前徽，诗书敦万裔。光昭忠孝原，裕大英明志。传世振家声，琅炳荆湘继。

益阳曾家村罗氏 始迁祖洪章、近章，清雍正时由广东嘉应州徙桃江九都曾家村。

沅江罗氏 始迁祖思柏公，子六：连一、昌一、兴一、少一、范一、裕一，明洪武时由江西吉安府吉水县迁湘。兴裔居沅江蒋湖口新开山，少裔居沅江蒋罗坊，昌裔居沅江新坝杨柳庄，连裔居沅江五谷神黑谷村三田洲，范裔居益阳小梓港，后迁居沅江龙皮两保。裕裔居益阳十四里道陵港，后徙沅江市保等地。族谱始修于明弘治四年（1491），1937 年十修、1996 年十一修。派语：一道经邦国，儒林泰运开。诗书崇孝友，忠恕育贤材。普庆和平福，咸宜敬事亲。义方如笃守，定允作新民。治秉先宗训，克绍冠英雄。正本家兴旺，永超世纪隆。

沅江罗氏 始迁祖少一公、兴一公。兴一公越八世分万瑞、万胜、万楚、万魁四支。少一公越四世分冠、魁两支。清康熙五十八年（1719）、嘉庆十一年（1806）、道光八年（1828）、1919 年纂修族谱。派语：培修祖德，理学开先。能承可贵，以序相传。朝廷英杰，家国昭宣。发达昌盛，继起皆贤。

安化田心罗氏 始祖唐时斞公，字玉蕴，号山斗，行十二，世居江西。传二十派至奎光公，宋庆元年间由江西徙居湖南安化竹排门。二十八派至仲三公又徙居田心，衍为辰松、辰柏、辰梓、辰杞四房，辰杞公又分为科、甲、联、登四支。清乾隆十七年（1752）松、柏、梓、杞四公合修族谱，为一修。光绪二十九年（1903）四修，1948年杞房又续修。乾隆年间安化罗氏鼑公裔十二支建总祠于安化城北，1940年重修。旧派：辰梦文兴绍远泰，万天寿日祥光发。鸿开俊彦正芳华，贤才昌盛宗英拔。续派：慎守先贤烈，昌隆代贵荣。绵延敷善泽，蔚焕益明新。礼义贻来哲，诗书训后人。道高期立达，教迪久同遵。辅佐昭梁栋，仪型重玉金。辉煌余藻采，培植积兰芬。麟瑞资钟毓，鹏程庆允升。源长咸锡福，嘉运启崇英。

安化酉州罗氏 始迁祖觉满公，明永乐九年（1411）由江西迁长沙，后裔再迁安化酉州。

安化罗氏 始祖太时公，居吉州庐陵县化龙乡折桂里。下十七传至秀川公，南迁于楚，旧谱多不及详。明弘治间秀川公次子仕安创业于邵阳西平，三子仕德分建于上梅云里，由是而安化、而宁乡、而资水、而东安，且有远徙于闽、陕、川、广者。明中叶安、德两房始修族谱，清乾隆二十四年（1759）、道光十年（1830）、光绪十年（1884）、1929年续修。字派：光绕衔清杰，熙时锦泰新。燮廷铨治业，烈达锡源荣。该族名人：罗绕典，字苏溪，清道光进士，官云贵总督。

安化高坪铺罗氏 始祖汉时珠公，传六十六世至绍仁公，字乐静，廪贡生，明嘉靖二年（1523）由江西庐陵县来湖广长沙府，寓东长街潘宅，馆延三载，至嘉靖五年始迁安化县西门泗圣堂，数载由楚返吴，偕眷又徙安化县东高坪铺创业。后裔衍为弼、绳两大房。清乾隆十七年（1752）弼、绳、松、柏、杞五房合修族谱，嘉庆十八年（1813）五房续修，同治元年（1862）绳、松、柏三房合修，弼、杞两房合修，光绪二十九年（1903）弼、绳两房四修族谱，1946年五修。派语同田心罗氏。

新化罗氏 宋太祖建隆二年（961），一松公、彦一公、彦二公、彦三公由江西泰和迁新化。另支云飞公，宋仁宗皇祐间迁新化球溪。历七传通甫公于宋理宗绍定元年（1228）由球溪迁鼎溪。宋理宗开庆元年（1259），四翁公由球溪迁洋溪。宋帝昺祥兴元年，海公由江西迁新化董溪。元世祖至元初，天富公由球溪迁太阳九都白宁，朝富公迁太阳九都虎寨村。明太祖洪武间，履道公卜宅宝郡东乡大树下。明成化二年（1466），学政公西来迁居太阳九都黛水。明成化间，尚敬公由江西迁新化潮水。明成化间，梦旭公迁居新邵间老虎坳。明弘治二年（1489），高清公迁居新化桃林。明弘治十三年（1500），茂德公迁居桃林。1943年纂修通谱，始自珠公。珠公以前不录，珠公以后以明万历三十八年（1610）大成谱为依据。

新化永宁乌石罗氏 始祖一松公，名皎，又名章，为珠公三十五代孙。宋太祖建隆年间自江西泰和县圳上木马屯金仙庙梅子岭迁居新化乌石。生有三子：彦一、彦二、彦三。彦一派分衍永七都、八都、罗洪、高平及邵阳、武冈、溆浦、辰溪、湘潭、益阳等地。彦二派衍横阳山、柘木岭、北溪、油溪。彦三派衍乌山巷、连溪、罗家山、塔前及溆浦等地。至1948年，丁口47800余人。清道光十五年（1835）建一松祠于柘木岭。清乾隆四十五年（1780）、嘉庆二十一年（1816）、道光二十八年（1848）、光绪六年（1880）一松公支、云飞公支合修宗谱。永七都派语：思一彦元千，洪关朝卿惟。甫淑仲原必，子政廷文时。应学民其光，启捷永世承。合派：教崇忠孝，治尚宽平。运逢庆盛，代沐昌荣。敦诗习礼，毓俊储英。克遵祖训，远振宗声。

新化洋溪罗氏 始迁祖云飞公，字元秀，为珠公三十七代孙。宋仁宗皇祐年间由江西吉州泰和县卜居新化球溪渡头（今冷水江市禾青镇），为球溪罗氏肇基始祖。云飞九世孙四翁长子仲荣派衍洋溪、梅溪。次子仲华支分新邵罗家桥。四子天富迁籍白宁，数传移居山溪重阳渡杨家冲。八翁长子仲聪派衍鼎溪新屋场，次子仲谅移籍宁乡、安化等处，七翁分居油溪、阳山等处，九翁子仲俊占籍水田七都。云飞十七世孙添隆派衍鼎溪阁边，后裔科汉、科洁、科清、科泽徙籍广西资沅白水村。映德裔居水东清江，正增孙时祚徙宁乡老粮仓唐市，后裔映梁子学虎、学和、学清从宁乡徙迁四川重庆、贵州铜仁、湖北咸宁县清水塘、广西、湖南永州道县、安化马路口等地。添环分居新化鼎溪太平竹山湾，清康熙年间其九世孙文爵与子时臣、时忠、时教、时信、时贡徙迁四川重庆府开基。添何居鼎溪山下，后裔学刚、学廉徙湖北襄阳河口，学奇移籍安化，学道徙广西，隆梅徙竹山县，隆忠、隆信徙籍永福。添富后裔居冷江矿山罗家院。后裔学朋、学德、学光移居广西兴安漓江乡及全州蕉江乡。添泰后裔分居维山水口及山溪江与四都羊牯岭，映容携子时堂与映其父子、映武等徙籍湖北施南府。添维居新化科头王西、鼎溪乌山，其后裔学书、隆义、隆智徙安化曾子溪。添聪分居科头楠木山，至映雄携五子徙安化苍场，又有时姬迁新化坪溪黄家坪。时材、映辉、学高父子公孙徙安化杨梢溪，时明、时朝、映维、映福、映元、映章等徙籍湖北襄阳，映孺、学兴父子移籍常德，时辉徙居广西，云飞十八世孙文富派衍新化梅溪天龙山水口、奉家山、新邵小南山等地，文通移居湘乡仓门前，文聪移籍新化小田、泥溪岭、竹山湾、隆回石桥铺等地，文秀派衍新化槎溪小陂头、洋溪冷水巷、石门溪竹山湾、烟竹江苍溪、四川两河口、泸州、广西全州、梅溪等处，文智居洋溪麻罗山黄家岭、探花岭、苍溪等处，文俊居洋溪麻罗塘湾、可兴岭冷水巷、油坪溪黄家冲、枫树岭、科头、桃林、太浪、隆回马安界、溆浦小沙江、冷江、梓龙等处，文谅派衍槎溪杨家边、上冲、四川纳溪县水狭铺等地，百行由白宁徙居新宁县，文昭居新化鼎溪牛鼻头湾新屋场、荆耙洞口、黄桥镇、施家渡牛轭陇石屋山、四川、永川、潼川安县、湖北竹山县对子河等处，文纲派衍新化温塘四维村、乾溪、乾塘、罗家山、武冈、坛固塘等处。十九世孙朝聪于明正德间从白宁再徙山溪重阳渡杨家冲立业，为山溪开基始祖，支分新邵罗桥村等处。德嘉后裔国泰从新宁移籍新化白水洞立籍。至1948年，全族人口12300余人，宗祠在洋溪七星桥。鼎溪派语：升景询云卿，唐从应千万。甫翁仲十义，子政九益添。必得志永朝，廷政文时映。学隆科甲，治尚宽平。

新化董溪罗氏 始迁祖海公，南宋祥兴元年（1278）携妻室自江西吉安迁新化董溪。越五世至均彰公派衍兴俊、兴秀、兴隆、兴杰、兴德、兴代、兴佑七房。兴俊之子世道于明永乐间迁居溆浦岩落，兴杰之子世荣徙湘阴临资口，兴秀之子世达于明景泰间徙居益阳三里竹荆坝，兴隆之子世迪裔居溆浦、安化、益阳等地。世鸿裔约于明正统年间徙居沅陵，后又于清雍正间徙居溆浦二都桶溪下黄泥溪。兴德公裔散居新化、安化、东安、邵阳等地，兴代之子世理裔徙居背溪托山垣及安化、武冈、广西等地，兴佑之子世谦裔于清康熙间徙居溆浦七都杨家湾。清康熙五十九年（1720）、乾隆十九年（1754）、道光二十四年（1844）、光绪三十三年（1907）纂修族谱。至1948年，全族人口10800人。派语：秉奇显均兴，世绪万斯年。钦承一大秀，继谱振洪都。迭盛建功业，经纶绕国光。慎守先贤烈，昌隆代贵荣。绵延敷善泽，蔚焕益明新。礼义贻来哲，诗书训后人。道高期立远，教迪久同遵。辅佐昭梁栋，仪型重玉金。辉煌余藻采，培植积兰芳。麟瑞资钟毓，鹏程庆允升。源长咸锡福，嘉运启崇英。

新化黄泥罗氏 始祖朝富公，字丰厚，江西清江柘庄人，元至元初为避兵乱携胞弟朝贵、朝政、朝海自江西经安化徙居新化大九都虎寨村严溪易荣塘湾下，后裔定耀迁居狭颈湾老屋场，数传至罗来家再迁黄泥寨岭下，为黄泥之祖。派语同黛水罗氏。

新化黛水罗氏 始祖学政公，明宪宗成化二年（1466）自江西泰和来湘贸易，寄居长沙府善化县，子四：永琦、永兴、永富、永贵。其四子因买木材至新化大阳乡九都黛水桥圳上，爱其山水而家焉。历七世有名帝龙者于清康熙二十七年（1688）奉例徙川而成为川中巨室。派语：朝思平太定，先泽应来长。

兴万庆永正，大世易昌隆。忠孝传家第，诗书启后贤。学永三汉钦，秀仁太荣兴。乾隆续派：先毓世泽长，传家惟忠孝。诗礼绍书香，光昌遵祖教。鼎萃开恒震，丰临益复随。晋观巽兑豫，咸履节谦师。

新化潮水罗氏　始迁祖尚敬公，明成化时因贸易事自江西清江县清泉乡迁湘南新化县潮水村。族人分布于潮水村、南烟村、三尖村、龙源村、珂溪村、石笋村、梅城镇、矿山镇、苍桐乡黄泥、黛水等地。至1948年，已传19代，全族人口3400余人。宗祠一在黎山东，建于清乾隆四十八年（1783）。一在黎山下，建于1937年。雍正十二年（1734）始修族谱，嘉庆二十年（1815）二修，同治十一年（1872）三修，光绪二十九年（1903）四修，1942年五修，1992年六修。乾隆四十八年（1783）创建尚敬公祠。派语：思桂翁体立，显八日尚世。绣以时国良，万大兴允福。亨运会年来，贤嗣序昭穆。睦族滋亲爱，修身在敬恭。对扬多俊杰，令望著湘中。历先荣盛第，奕代萃冠裳。理智家声远，英才圣瑞长。寿礽同绍述，庆衍发麟祥。

新化桃林罗氏　始迁祖高清公，讳鉴，字万镒，号君恩，明孝宗弘治二年（1489）携家室自江西南昌丰城县京堆来湘，始居益阳，再迁新化大一都黄霖树下，复迁滑石村，再徙太阳上八都珂溪大田湾，复卜居桃林萧氏院上下，遂世居此地。生有三子：希尧、希舜、希颜，后人分布于东瓜山、栗平、金凤及安化等地。1920年建宗祠于桃林水口山。至1948年，全族共610余人。派语：高钦维大良美自世荣昌百教崇忠孝治尚宽平。

新化罗家垣罗氏　始迁祖茂德公，字修来，明弘治十三年（1500）追访高清公而自江西丰城县京堆迁湘南新化桃林村。族人分布在桃林村之伍家园、永固镇、新宁之东竹铺等地。清末建茂德公祠于桃林罗家垣后。派语：茂景远应邦，其如知世芳，仁联元教崇，忠孝治尚宽平。

郴县凤德乡濠里罗氏　始迁祖世戊公，行二十二郎，明洪武时由江西迁郴县凤德乡濠里。

郴县西凤乡高车罗氏　始迁祖得荣公，原籍江西。明洪武初徙郴县西凤乡高车。

桂东罗氏　始祖展清公，珠公四十四世孙，为北宋名将彦环之后，任四川成都教谕，解组隐江西泰和县，生仲点、仲默。宋末仲默仕湖南耒阳，致仕居耒阳，元至大年间徙籍桂东流源侃大。仲点生四子：长宣实由吉水徙居桂东，次宣宝、三宣宾、四宣窦均移籍衡州。

桂东桥头罗氏　始迁祖绍九公、公佐公，均为珠公五十一世孙，原籍江西吉安府庐陵熝下。绍九公，行九郎，宋末由熝下迁徙桂东二都桥头开基立籍。生三子：平甫、仁甫、胜甫。后裔散居湘东、湘南及广东粤北等地。公佐公，行少十一郎，生子敬，字克壮，元至顺年间自江西吉水迁徙桂东二都径口塘堡下开基创业，为二都堡下始祖。生二子：教宏、佑我，后裔散居湘东与岭南诸郡。字派：宏文添际会，道业正维扬。品重昭儒望，才通冠楚良。诗书修乃献，金玉焕其彰。俊秀联科选，勋名历代芳。

宜章西门、金朝山、笠头洞罗氏 西门罗氏鼻祖赋公，字寅亮，号昌隆，祖籍江西庐陵熝下，登元泰定进士，初任湖广宝庆府太守，升广东承宣布政使司，致仕卜居宜章西门。金朝山罗氏始祖发钱，字万金。原籍江西庐陵熝下，随堂兄琯赴任福建上杭县儒学，明成化年间由闽迁居宜章曹家山立籍，生子通。通生六子：长宗盛，于明嘉靖年间由曹家山迁居金朝山。次宗能移居临武之山湾，支分于兰山、秉义团、龙泉塘。三宗达迁籍黄沙镇水沅山。四宗广、五宗显徙迁广西，子孙昌隆。笠头洞罗氏始祖万龙，祖籍江西庐陵熝下，生四子：金昌、金尧、金舜、金禹，于明嘉靖末年合家徙籍宜章黄沙堡太平乡笠头洞立业开基，遂成为笠头洞罗氏。西门罗氏派序：伯友仲恭，叔忠季良。金声玉振，风起龙翔。业广德懋，行修言扬。书香万代，后裔永昌。金朝山派序：通宗永远昌，先攀丹桂香。福禄加增寿，世代振朝纲。孝友为国政，仁义定安邦。祖德仲贤才，善承度荣光。诗书启后裔，万年绍芬芳。笠头洞派序：金正大吉昌，世代永流芳。忠孝传家远，诗书裕后长。敬宗敦礼让，华国焕文章。庆衍箕裘绍，声名播楚湘。

嘉禾二象坊罗氏 始祖以德公，行叔五郎，元至正间由桂阳枫木溪迁居石桥区罗家。后人分布于翰石、木牛桥、水边洞等地。至1930年，丁口183人。

嘉禾仙人桥罗氏 始迁祖秀卿公，始由江西迁湖南桂阳西湖塘，明成化间迁石门头，称仙江罗氏。至1930年，凡555户，男1177人，女1065人，共2242人，族人分布村尾庄、鸡眼窠、谢家道十几处。

临武罗氏 始迁祖梦丑公，字首仁，号幼通，宋宝庆年间自江西庐陵熝下罗家村（今印冈）来湘，卜居临武县衙东侧，生有四子：代元、菊轩、菊旺、菊通，子孙散居东门、京里、新百善、寨背、罗家巷等地。清康熙二十八年（1689）始修族谱，1991年九修。东门老家辈行：梦菊希义国，逢如似存思。朝廷文显贵，世代本宗昌。一基开万方，名才魁六合，大德振三纲。忠孝学贤圣，言行循善良。邦家同日永，云礽齐天长。京里辈行：梦代旺兴隆，孟如子思启。彦祖宗世大，荣福有志起。显达由富贵，积德性天成，仁义乃国本，学孙又希文。新百善辈行：玉万仲，定成名，永启宜宗圣德良。源渊理，锡重光，仁让式型遗泽长。华国文章世济美，传家孝友祚凝祥。琳瑯令望名钟鼎，子继孙承荷寿昌。新著作，映民邦，运会特开亿兆年。寨背辈行：一国云鸿登，大开宗祖传。本支芳百世，长久永同知。礼乐承先泽，诗书启后贤。贻流湘水远，增茂碧枫鲜。罗家巷辈行：子善彦职意，荣华富贵文。贤言存信义，忠孝达圣君。佑启遵诗礼，贻谋裕典坟。英才思蔚秀，邦国庆升闻。统一新编派行：秦汉后昆肇豫章，前修智勇绩辉煌。睦族合谱资淳化，哲俊蝉联绍熙长。

汝城罗氏　始迁祖俸公，珠公五十一世孙，原籍江西吉安府庐陵熛下。元朝任广东连州刺史，元顺帝至正壬辰年解组回乡，路经汝城，见山川秀丽，物产丰饶，遂与伯祖仪公立籍汝城文明乡开基。俸公生子福翁，福公生子文，子文生三子：伯庸、伯忠、伯韩。长子伯庸移居西村开基，次子伯忠定居老屋和东冲。三子伯韩生二子，长子占籍司背湾，次子移居库塘丘。三房后裔散居桐江冲、赤坑、长岐岭、竹下等地。至今子孙 6000 余人，分徙于湖南各郡及粤、赣、川等地。

汝城陈家岭罗氏　始迁祖美生公，清康熙时由江西竹县迁汝城陈家岭。至 1932 年，已传 11 代，丁口 200 余人。

汝城牛湖坑罗氏　始迁祖灿然公。清顺治时由广东乐昌县九峰茶料迁汝城牛湖坑。至 1932 年，已传 14 代，丁口 200 余人，族人有分居矫子垅、横垅者。

永州天里坪罗氏　始迁祖仁公，字体之，行癸九，原籍江西广信府贵溪县城西平阳里，元末明初携伯兄孝公字顺之、仲兄友公字宗之、季弟义公字贞之，自庐陵侨居岳州四载、衡州十一载，终居零陵天里坪芹菜塘。清咸丰十一年（1861）、1922 年、1937 年（与零陵门楼滩合修）、1993 年、2016 年纂修族谱。天里坪字派：（自十九世始）绍先贤（功基）懋（锡）清材焕坊钦治业营。门楼滩字派：（自十九世始）绍先功懋怀前哲融睿超虞舜。

新田冷水塘罗氏　始迁祖性翁公，明时自江西迁湘，开基于新田县长信乡冷水塘。族人分布在板溪坊、窑头坊、知司坪等地。至 1948 年，已传 25 代，男女丁口约 820 人。宗祠在冷水塘。

新田罗家坪罗氏　始迁祖文质公、文明公，清乾隆间由嘉禾县迁居新田县明义乡罗家坪。族人分布老上凤等地。至 1948 年，男女丁口约 300 人。宗祠在罗家坪。

新田大婆源罗氏　始迁祖鸣鏑公，清乾隆间因谋生自江西龙泉县迁湘南新田县崇益乡之大婆源。族人多分布在铁牛漕、下兰冲等地。至 1948 年，男女丁口共 114 人。

祁阳蔡山冲罗氏 始祖珠公，三十九世永公，南宋嘉泰元年（1201）自江西庐陵县徙邵阳中乡西村甘棠石桥头。四十六世仁华公又徙祁阳县永隆乡西隅太平蔡山冲。后裔清雍正间有徙川中资川者。

祁阳罗氏 始祖青叟公，南宋初年由豫章官湖南衡阳县丞，子大器公，官衡阳教谕而家于衡。大器公之子忠，自衡阳迁居祁阳黄冈。忠公次子宗之自黄冈徙迁铁塘。族谱始修时间不详，明成化十一年（1475）重修，1918 年八修，八修时存丁 5015 人。班行：积厚培基远，承先庆泽长。贻谋遵祖训，受爵肃朝纲。猷壮千秋焕，名垂百代光。书香绵甲第，品藻重琳瑯。俊选雄南国，声华盛豫章。

祁东步云罗氏 始祖青叟公。忠公由衡阳迁祁阳，家于祁东黄冈。第四子贞之公，又徒祁东步云桥，号步云（堆积）罗氏。2018 年五修族谱。字派：（自六世始）景永必文福志公廷凤仕成上大。国有明良会，宗重孝弟敦。道德传家学，诗书增智能。

麻阳罗氏 始祖一松公，原籍江西吉安府泰和县木马村金仙庙梅子岭，后徙居宝庆新化县，传十七世至廷汉、廷松、廷孜。廷汉留居新化，廷松、廷孜由新化迁麻阳石溪桥，后移马山潭、老冲。后人分居于老屋园、团山、五郎溪及芷江、铜仁等地。马山潭字派：廷单单全朝，大应文天启。清乾隆四十五年（1780）重修新增字派：教崇忠孝，治尚宽平。运逢庆盛，代沐昌荣。敦诗习礼，毓俊储英。克遵祖训，远振宗声。清嘉庆二十一年（1816）重修字派：贻泽征江右，清源肇豫章。开先培本厚，继序仰行芳。怀汉心如见，称名义可详。传家有至道，长奉笃伦常。

新晃罗氏 始祖乔林公，由江西吉水迁湖广宝庆，其子快良率弟于明洪武年间徙居贵州天柱兰田，生七子，分徙贵州剑河、黎平、镇远等地。长子锦通之子继禄之后裔徙居晃邑中寨、贡溪、四路，继祥之后裔居凉伞、香炉坡。今多为侗族，而居城郊、坳背、大湾、兴隆、波洲者则为汉族。

江华罗氏 永州、零陵暨江华罗氏均先后从赣、粤徙湘。广东兴宁铭公长子瑛，字实雄，元季占籍江华锦田高尾村。六子瓛，字实贤，徙宁远枫木塘及大祖脚凤乐山。十子璘，字实乡，移籍岑天河口楼子庙马鞍村。十六子瑊，字实衡，徙迁道县芭蕉冲及江华何家村鸭头源。钟公子珍徙双石桥靛塘冲、靖边营、石基洞、竹园寨、宝忏庙、马漕、文海、罗家寨、罗源、下留、锦岗、高田、富川米溪等处。

永顺毛坝乡罗氏 始迁祖秉计、秉和、秉木，清乾隆元年（1736）由江西瑞州府高安县莲花池，今莲花村，迁湖南永顺县毛坝乡五寨村。字派：秉兴克永福，亨运惠时来。

季

华容季氏 一世长公，江南和州矶保乡人，佐明建国有功，封明威将军，赐田于岳州郡之巴、华、平、临四县，子孙承袭。三世福公，明永乐三年（1405）改任岳州卫守备，遂籍岳州。五世敏、征、政、敬、效五公，明成化间离岳外迁，政公于成化二十三年（1487）卜居华容东山焦石山麓季家排。明崇祯间，征、敬后裔相继来华，征裔居穆山垄，敬裔居石家港。明嘉靖十六年（1537）、清康熙二十一年（1682）、乾隆四十九年（1784）、咸丰元年（1851）、光绪二十六年（1900）、1900 年、2008 年纂修族谱。堂名一诺。派语：有学光大道，贤良世绪昌。荣宗培祖德，诗书正家邦。四维聿章学先芳，忠信传家毓秀良。好善勤修增茂远，恒观泰复奉嘉祥。

竺

南县竺氏 始迁祖灵秀公，宋文帝元嘉七年（430）随丞相司马超人镇守荆州南郡，爱洞庭风光，举家由江西迁入华容九都赤沙湖宋田山（今属南县）落居。1922 年、2010 年纂有族谱。谱以纪公，字维五、号容江为第一世，宋绍兴间历任兵部左侍郎，葬九都赤沙湖宋田山。堂号清圣。宗派：（自十四世始）光明正大，忠孝为先。传之方来，世克永昌。续派：宜训钦祖德，鸿文启后贤。惇叙崇一本，立征家道全。

岳

宁乡岳氏 始祖汝通公，明洪武三年（1370）自江西迁居湖南邵阳城东关外铁炉巷。十传至光儒公即上珍公，始迁居宁乡。

衡东岳氏 始祖和公生飞公，飞公之子震公第四子琚公，字佩琼，南宋绍兴三十年（1160）生，袭统制，居杭州，卒于军，葬钱塘，子二：炳、煜。炳公四传至铉公（岳和十世孙），元大德年间向元帝献《大一统志》，元顺帝至元初授为江西吉安府教授，居江西泰和县。因明初乱世，十二世孙洄春奉父母举家迁居湖南衡山县静谷冲（今师古桥乡）。十五代孙宗尧，由衡山静谷冲迁居东塘乡沈坡塘，今属衡东。至1986年，已传18代，丁口700余人，也有散居湘潭、衡南及云南惠泽野牛坪、湖北建施等地。1943年衡山岳氏四修宗谱。班派：（从十九派始）友元仲大正，尚良应永兴。文昌开万代，学士绍三登。成宪惟能继，芳规乃克绳。荣名光典策，祖德世相承。

邵阳岳氏 谱称始迁祖汝通公，原籍江西庐陵，明洪武三年（1370）徙邵，卜居东关外铁炉巷。二世仲富，迁居洪桥田岳屋场，尔后定居三塘冲。清乾隆五十一年（1786）始修族谱，嘉庆二十三年（1818）续修，咸丰九年（1859）三修，光绪十五年（1889）与套公支合修。套公原籍山东曹县安仁都白黄店。二世俊公，明洪武间从军来邵，落业邵东曲塘。1924年两房又五修，1996年两房六修，六修时入谱人数31196人，其中在生人数19389人。雍正十一年（1733）建宗祠于邵阳市郊高崇山鸟山村大塘口。通房班序：汝仲应元永，添志廷继文。伯大正光启，祖宗万世荣。套房班序：套俊福胜广，政秀（珊）正世承。邦国朝元兆，太良才成安。合班：有子经纶重，诒谋德泽新。守先延绪业，待后广修明。书香培硕彦，孝道著家声。裔胄鸿钧发，长锦旺盛春。

常德岳氏 始祖和公。支祖琚公，子二：炳、煜。炳公四传至铉公，居江西泰和，传至逢春、洄春，因明初战乱失散，逢春流落吉水县，洄春迁居湖南衡东县。逢春四传至文贵、文友，于明永乐二年（1404）自江西吉安府吉水县迁居湖南常德南乡山口（今常德市鼎城区斗姆湖镇岳家山口村），后裔在此村建有岳氏宗祠，又称“精忠堂”，首建于清嘉庆年间，道光年间重修，1942年再次重修，联曰：汤阴泽远，武穆裔长。族谱一修于咸丰四年（1854），至同治九年（1870）才完成，1915年续修，1948年三修。派名：（自二十七代始）昭右有序，载锡之光。诗书道远，仁孝泽长。宗功丕振，祖德克扬。天开宏运，万世永昌。

石门岳氏 始祖岳飞。十世孙逢春落籍江西吉水，六传至正林，明成化七年（1471）自江西吉安府吉水县鸡公井塌儿山迁居湖南石门县黄木岗，后人分布在黄木岗、岳家棚、双溪坪、岳家铺、皂市、十里坪及临澧县新安镇、慈利县城、澧县杨家坊等地。至1990年，已繁衍500多年，499户，2188人。族谱始修于清咸丰六年（1856），2004年湘北岳氏二修族谱。派字：（自十六世起）正子玉准兴，学善仕宏开。上升光万国，有志成忠怀。德业绍先祖，文章佐贤才。传家克大定，永昌庆方来。敬宗宜外振，显名在修培。敦厚可立本，纯儒应占魁。

益阳岳氏 始祖显远公，自江南凤阳府临淮县太平港宦湘，落业于星沙北城外丝茅冲。明永乐年间，四派祖以礼公偕以信公之子海公由星沙转徙益阳县二十里大河堨聂家湾。海公子三：升徙黔地，昂乏嗣，昊复迁华林堨。昊公生有五子：时震、时雷、时电外徙他邦，时霖赴诏。时云字东江，留守祖业，卜居猪婆山。清康熙四十六年（1707）纂有墨谱，嘉庆二十五年（1820）续修，其时宁、益、安、巴男妇丁口千余人。光绪十五年（1889）三修，1926 年四修。乾隆二十八年（1763）建宗祠于白石塘松树桥。派语：（自十九世起）时太灵山钟异最，青云志尚佐朝廷。文章达启宏诗礼，敬作承先肇本宁。绪守虞衡常念祖，道宗孔孟重传经。安邦定国资家教，传烈丰功耀鼎铭。

金

长沙金氏 始祖可斋公，名再，自浙西迁居吴县洞庭西山明月湾。传至明时太垣公，居江西南昌府丰城县之老塘，子五：希圣、华茂、孟荣、资美、龙泉。希圣公之子蕴中于明正德间官湖广道，解组后携老父及眷属家于省城竹桐巷。华茂、孟荣、资美、龙泉四公亦先后迁来省城长沙。清道光五年（1825）五房共建宗祠于长沙市营盘街。嘉庆五年（1800）创修族谱，道光二十七年（1847）续修，同治元年（1862）三修，1935 年四修，2022 年五修。派语：（自十二世起）世友善士，先泽洪延。清源正本，崇德象贤。家修廷献，功立名传。克济其美，惟以永年。

宁乡金氏 始祖朝兴公，明朝人，子来旺生三子：玉甫、斗甫、元甫。玉甫公四传至开四公之子世永，居江西老塘。世永又子二：子锣由吴徙楚，旋归吴，子豹由吴卜居沩山十都。斗甫公裔无考。元甫公之孙万锭亦自吴徙居楚之玉堂三都。族谱始修于明洪武二十一年（1388），清道光十三年（1833）子豹、万锭二公后裔合修族谱。

宁乡金氏 鼻祖魁公，宋治平间由金陵占籍邵阳。逮十六传至支祖大贵公，由邵阳迁宁乡黄材头渡水。地睽人繁，谱牒之修势难合一。清宣统二年（1910）纂修支谱，1940 年续修。派语：大国兴安定，治盛隆和庆，贻谋豫厚昌。家纲敦孝友，邦纪笃忠良。

湘潭回族金氏 始祖开仕公，原籍江南。至清嘉庆五年（1800），绶章公，讳可遵，由江苏上元县籍至湖南湘潭落地，寄居湘潭县城外十二总后上雨湖街，以仁术著名，厥后回金陵，挈领家眷来湘潭定居。生子二：长申甫讳延福，次新甫讳延德，兄弟弃儒就商，营生铁业，名金德义总行，驰名南北省。于湘潭十四总后莲花街修造回教清真寺。申甫不续，新甫子八、女五。字派：（自十二世始）一可延佳士，元宏常茂存。建立惟忠直，试上有遐龄。相臣新得业，万代济贤才。

湘乡金氏 始迁祖头瓒公，字冕玉，明时由江西迁湘乡永丰。分五房：用房居金衢井，海房居砂石，璋房居陡山，官房居关门石，东房居桃林坝。清嘉庆四年（1799）、光绪八年（1882）、1933 年纂修族谱。班序：头从荣汉清，显廷安国兴。高祖裔恒茂，先宗泽久长。文华开泰运，才秀绍书香。俊杰逢时美，忠贤遇世昌。德恩福盛大，广发桂枝芳。

湘乡谷水金氏 始祖鳌魁公，字嶅山，明嘉靖九年（1530）由江西丰城宦湘，开基于湘乡县谷水金家坪金家湾。族人分布在珍琏、碧溪、壶天、胜岩、湘涟、首善等地。至 1948 年，已传 16 代，全族人口 1000 余人。宗祠在县城草萝巷。

醴陵金家垅金氏 始迁祖显南公，明洪武初年自江西万载迁此。族人分布于金家嘴、金家坳。至 1948 年，全族人口 1200 人。

炎陵王家渡金氏 始迁祖福寿公，明末自江西永兴迁王家渡雅雀堆（今王家渡镇翠群），以捕鱼为业。后裔部分迁入枧田洲。

邵阳青龙桥金氏 始迁祖魁公，金陵宜兴人，南宋治平间任宝庆教授，遂落籍青龙桥。二世传勋公，派分四大支。长五马公衍邵东安平、太平，次五章公衍邵西白莲江、新田，三五曜公衍新化、新宁、祁阳，四五良公，衍武冈石下江。清嘉庆十六年（1811）一修族谱，同治三年（1864）、光绪三十二年（1906）、1942 年、1997 年、2017 年续修。安平旧班：鸣文世应正，承奉维朝廷。太平旧班：麟凤鸣朝，应时有之，以作国祚。白莲江旧班：鸣廷世凤有，大国兴安定。新化旧班：鸣廷世应有，荣添作文谟。新宁旧班：鸣廷世应有，朝学祖光宗。祁阳张家坪旧班：可思如邵，志友鸣朝。上大世生，添作文标。祁阳木埠头旧班：可思如邵，志宗汝大。星世怀仁，德嗣义永。武冈石下江旧班：先乐鸣冈，重英迭贤，用作朝庭。合族新班：治盛隆和庆，贻谋豫厚昌。家纲敦孝友，邦纪笃忠良。

邵阳摇铃巷金氏 始迁祖之俊公，湖广按察使司副使，明崇祯初携子应贵，孙联科、联第徙居邵阳县城内摇铃巷。

常德金家冲金氏　始迁祖宏开公，明洪武间由江西吉水县奉命统率邑人开垦常德而迁湘，开基于常德县尧天乡金家冲。族人分布在下五冲、逆江坪等地。至1948年，已传17代，全族人口525人。宗祠在金家冲。

汉寿王家吉金氏　始迁祖道晟公，明永乐二年（1404）自河南祥符县迁湘，开基于汉寿县合荆乡王家吉一带。族人分布在常德、安乡、澧州一带。至1948年，已传18代，全族人口共13600余人。总祠在本乡王家吉。

桃源漆河金氏　先世明永乐二年（1404）由丰城迁于桃源县北漆河之李家嘴。族人分布于莫林、莫溪、九溪等处。宗祠在李家嘴。至1948年，已传20代，族人约500人。

安乡、临澧金氏　始祖刘子异公，官隋秘书监、唐弘文馆直学士。七世祖公，由毗陵徙安吉。九世辉公、能公，因避吴越王钱镠名讳，易刘为金。辉公后十五世安世公，宋绍兴间为华容令，卒于官，子孙遂籍安乡县长寿村。二十三世涧公、顺公又迁安福。明洪武二十年（1387）、嘉靖三十七年（1558）、万历六年（1578）、清康熙二十七年（1688）、乾隆十五年（1750）、1915年、1947年、2009年纂修族谱。字派：国汝一之，门有其在。传世以正，文行可则。廷献天高，显用必达。

湘阴金氏　始迁祖文渊公，字应龙，原籍江西南昌府新建县金城，官湖北黄州府麻城县尹。明嘉靖间解组来湘，卜居湘阴新市，今属汨罗。清道光十年（1830）、光绪十四年（1888）、1922年、2000年纂修族谱。派语：威镇刚显仕，元尔倾星重。继国以永，孔诏文字。宇士际昌明，世作邦家臣。智仁信道义，修之为席珍。

益阳、岳阳、华容金氏　晋时文纪公知邵阳府。纪公之裔遇公，宋崇宁进士，仕南昌丰城县，即宦居丰城之潦塘，为宋时西江祖。元末，其后裔受八公偕子世宝、世坚，受六公偕子世泰同侄世安自西江徙益阳瓦俎街，世安止益阳。二公又由益阳迁岳城南门外金家岭，未几，复过江居华容长冈庙，明初世泰守故居，宝、坚二公卜筑于巴陵二十一都。清嘉庆四年（1799）曾续修族谱。老派：三凤登台阁，五桂发瑶池。风云真际会，建立及明时。康熙改派：三凤登台阁，五桂发月池。孝友崇家政，文章振先时。光绪续派：怀仁培祖德，笃本茂宗支。道子千秋慕，忠勋万古垂。

安化金氏　安化金氏十房，彪公、表公居安化柳林，略公居安化马市，韬公居益阳石井，先公居安化江南，用成公居湘潭八都、益阳五里金家湾，良四公、良六公居安化小汴滩，凤冈公居湖北牌洲龙口，琚公居新化庙前。诸公卜居虽异其地，要皆骨肉一家，同根共本，从江西吉安府吉水县、庐陵县孙塘而来，散居三梅各县。清乾隆二十七年（1762）一修族谱，道光十四年（1834）二修，光绪十九年（1893）三修时，略、韬、用成、凤冈、琚公房人丁孤寡，经济困难，兼以相隔天涯，难于骤集，故未合谱。1931 年四修时，韬、良六两房又未合。派语：定焕英裔盛，重开运克昌。会逢家远泰，福禄永绵长。恢绪光先哲，声华应显扬。祖宗贻厚泽，佑启绍书香。

安化金氏 材先、材纯、材梁为兄弟行。材先生金珂，材纯生朋远，材梁生金华。金珂生天赐、天锡、天敦。朋远生季通，良四、良六为季通五世孙。彪公为天赐五世孙，略、韬、禄三公为天锡子，先公为天敦子。彪、略、韬、先、良四、良六诸公自元及明由江西迁楚，卜居安化。清康熙二十年（1681）纂修草谱，乾隆二十八年（1763）续修。

新化金氏 始祖魁公，江苏南京人，北宋治平元年（1064）任宝庆府教授，定居邵阳青龙桥，称为“桥头金氏”。传至七世孙来旺公，授官黎平府伍开卫云骑尉，明永乐二年（1404）朝廷解黎平府伍开卫，命官兵屯田自给。来旺公之孙荣即送之归乡未返，另一孙鉴则随七十二户来宝庆梅邑松山坪落业（今梅城镇向东街工农村）。宗祠建在肖家冲。族谱始修于清乾隆十四年（1749），嘉庆十六年（1811）、光绪三十二年（1906）、1942 年、1990 年续修。派语：国世明天作，文谟治盛隆。孝友承先志，诗书启后昆。1990 年五修增派：厚昌家纲敦雍睦，邦纪笃忠良。功高亮谱册，勋猷炳辉煌。俊哲绵奕叶，富贵万代香。

沅陵金氏 始祖镃公、思芳公，明建文二年（1400）自江西南昌府丰城大栗树从戎湖广，至永乐四年（1406）干戈平息，寓茶陵五年，后创业于岳州临湘县方竹坪，一年后又迁居桃源大庄坪数载。永乐十九年（1421）再移居沅陵杨家湾（现蚕忙境内）定居。

麻阳锦和金氏 原籍江西，始迁入秀山，再迁麻阳锦和居住。字派：向国时上，世代雍福（八字循环使用）。

泸溪武溪金氏 始祖宪公，字龙桥，明嘉靖间由江西丰城县田南巷贸易来湘，开基于泸溪县武溪镇。族人分布在凤凰、乾城等地。至 1948 年，已传 16 代，全族人口 200 余人。清咸丰年间建宗祠于县城十字街巷。1919 年纂修族谱。

周

长沙长山周氏 始祖江公，字汉宣，原籍江西南昌府丰城县铁树观。传十一世至广公，字文鼎，元末徙居湖南长沙星沙大贤都之长山。族谱始修于明正德九年（1514），清乾隆四十年（1775）续修，道光二十三年（1843）三修。旧派：荣廷光祖，治世经邦。学希维立，本尚进章。续派：继文承武，敦伦昭常。永祈善庆，万代发祥。

长沙南郫周氏 始祖隋时归仁公，十六传至宋时濂溪公，由道州家江西德化。由濂溪公四传至必大公居吉州。必大公八传至正宗公，以明经闻于时，至正之末因避乱自江西吉水县泥田携眷徙居善化南郫。生三子：友斌、友亮、友通。族谱始修于清乾隆五十五年（1790），道光十四年（1834）续修，光绪二年（1876）三修。道光十二年（1832）建宗祠于南郫。派语：国泰铭安定，钟奇楚秀彰。业熙培锡泽，荣耀地钦湘。

长沙萧公桥周氏 始祖必清公，元末因避兵燹自江西丰城县瓦子街迁湘，开基于长沙县鹿芝乡肖公桥。族人分布在朗梨、鹿芝、春庆等乡。至 1948 年，已传 20 代，全族人口 4000 余人。建宗祠于萧公桥。

长沙涧山周氏 始祖智公，字吉甫，出自江南和州含山县第八都桐城乡运造市，原任江西吉安守御，后镇长沙卫指挥。子二：德兴，封江夏侯，镇抚山西。德全，诰封将军，生三子：鼎分居司门，暹迁居清江，升于明永乐二年（1404）下屯湖南善邑涧山。升公生三子：颙衍湷、濂、沔、沄、泰、溱、潭七房，昂衍淮、逊、瀓、汉、涌、湖、江、渊、满、浍十房，叙公屯居九溪。宗祠初建于井湾，重建于步紫岭，清光绪十七年（1891）再建于涧山。族谱始修于乾隆元年（1736），道光二十年（1840）二修，同治六年（1867）三修，光绪二十六年（1900）四修。派语：（自十三世始）天开洪运远，文明启俊英。孝友家庭乐，诗书学业成。经纶光上国，甲第继先声。世代勋猷懋，昌隆纪盛名。

长沙司门前周氏 始祖智公，明洪武初年自和州含山县桐城乡迁吉安府永新县。传至四世祖威徙居长沙卫城内。明末创修族谱，清嘉庆九年（1804）续修，光绪十八年（1892）三修，1924 年四修族谱，堂号汝南。字派：（自十七世始）万国声先学，家和孝友芳。光宗培德业，才达本忠良。

长沙周氏 始迁祖必贵公，明洪武间由江西南昌丰城县迁浏阳，旋转徙善化长桥乐音塘。清乾隆十八年（1753）、道光二年（1822）、同治十二年（1873）、光绪三十三年（1907）纂修族谱。

长沙高桥周氏 始迁祖以和公，生于元顺帝间，卒于明永乐间，原籍江西安福县，后徙楚，家于长沙北门盐仓街。生五子：思荣、思齐、思盛、思贤、思成。盛、贤、成无传，荣、齐二公徙居邑西周家山、周家坝。字派：以思学政系志腾名尚荣自金良世……

长沙苞佳园周氏 始迁祖才九公，明洪武间由江西丰城迁长沙临湘都苞佳园。向传与塘冲、棣园两公均由江西迁湖南，或居长沙，或居湘阴，甚且傅会为伯、仲、季兄弟三人。清雍正九年（1731）、乾隆二十一年（1756）、乾隆五十六年（1791）、道光十九年（1839）、同治九年（1870）、1950年六修族谱。字派：才纹志允显，庭学子应运。世宗先宏开，玉堂彩瑞贡。孝恭垂政典，名品光家训。时代励英豪，昌期协麟凤。

长沙山塘周氏 始祖元鼎公，字通叟，号研山，原籍江西吉安泰和县圳上，初徙湖南上湘东台，后徙浏阳，洪武初年又由浏阳落屯善邑十都樟字区茅塘。其子正刚复自茅塘徙居山塘。族人多分布在善潭两邑。至1948年，已传26代，全族人口约2万人。宗祠初建于山塘，清光绪初年重建于善邑八都少字区宋家湾，名“先贤周子祠”。

长沙塘冲周氏 始迁祖荣禄公，明洪武五年（1372）由江西丰城迁长沙临湘都塘冲。清康熙六十一年（1722）、乾隆十七年（1752）、乾隆四十七年（1782）、嘉庆十七年（1812）、道光二十二年（1842）、同治十一年（1872）、光绪二十八年（1902）、1935年纂修族谱。字派：应天益思尹尚万世继承宗伯亿兆大时立本传家宏延正学象贤敦绍文士廷光。该族进士：宣猷、宣武、有声、树槐、树棠、有篚、玉麒、寿昌、道治、渤。又明通及举人58人。

长沙塘冲周氏 始迁祖大郎公，明洪武初自江西丰城县铁树宫徙长沙府三峡巷，永乐初年复徙临湘都星沙之塘冲。1924年六修族谱，堂号汝南。字派：应天益思，尹尚万世。继承宗柏，亿兆大时。立本传家，宏延正学。向贤敦肇，文仕廷光。

长沙石砚周氏 始迁祖通叟公，字元鼎，明洪武时自江西吉水县星落周迁居善邑十都樟字区双崩冲。传五世分八房，共建祠石砚。清乾隆二十九年（1764）、道光六年（1826）、咸丰十一年（1861）、光绪二十七年（1901）纂修族谱。

长沙遂篠周氏 始迁祖朝清公，明永乐二年（1404）携弟惟孝由江西吉安府吉水县迁楚，卜居善化靳江河西旧六都杨梅冲。后惟存公远迁施南。清道光十二年（1832）、光绪十九年（1893）、1949年纂修支谱。派语：让德光前烈，清风继绪隆。承仕文启大，书惟国世崇。裕业家声振，宏开万寿春。克昌昭载锡，传远庆歧东。

长沙周氏　始迁祖贤仁公，明成化、弘治间由江西丰城县徙长沙。1991年纂修家谱。字派：启明之宗，泽于家世。以嗣封锡，克宣其象。文字光昌，诗礼维法。忠厚传绵，长守先业。

长沙狮公桥周氏　始祖濂溪公。六代屈公，字二山，元末明初由道州徙湘阴汨罗，谱尊为第一派。四派銧，由湘阴徙平江。十派体乾，字谢元，号万端，举人，明中叶由湘阴徙长沙狮公桥。清康熙六十一年（1722）、乾隆三十三年（1768）、嘉庆二十一年（1816）、咸丰十一年（1861）、光绪二十三年（1897）、1931年纂修族谱。字派：朝廷仁大宗祖兴，开国承宣永世登。显相宏能肇继启，文通学达再嘉增。

长沙周氏　始迁祖东园公，原籍江西南昌府丰城县金陇，明嘉靖间与弟庚南公、峙梧公幕游楚南，东、庚二公落业长沙锦绣都三甲寻龙河。清咸丰三年（1853）、光绪十五年（1889）、1949年纂修族谱。派语：枝有志单，邦益启金。世兴锡本，立业敦诚。远昭祖泽，大振家声。贤能应运，忠孝余英。永联宗谊，代会隆平。

长沙茶梓山周氏　始祖伏十三公，原籍江西吉安府泰和县，明洪武中始迁衡阳，继卜居清泉泉溪市养老冲。九世应宾、应贵、应宥、应科相继徙居善化牧马。应贵又历四传即止。守泉溪旧址仅应仪一人。善化三房合泉溪共四房。创建宗祠于长沙茶梓山。清乾隆四十三年（1778）、乾隆四十八年（1783）、同治五年（1866）、1915年、1943年纂修族谱。世次：天光应仕，永正朝廷。德培忠厚，福庆昭明。缙绅济美，显达长荣。代承先泽，人守恒经。大宗维翰，盛世之屏。家声绵远，祥兆锡龄。

长沙烟墩冲周氏　始迁祖应神公，卜居于长邑九都烟墩冲。民国间六修族谱，堂号爱莲。

长沙南门周氏　系出江苏吴县洞庭西山，后居苏州葑门外，以懿冈公为分支祖。懿冈之曾孙顺宗于清康熙间徙居湘潭县城外。顺宗之孙玉斌兄弟于乾隆间再徙长沙南门内。1917年纂有支谱，堂号汝南。

望城黄塘周氏　始祖秉仁公，原籍江西南昌府丰城县铁树观，明师取江西，遂避地来楚，元配白氏与三子留守丘墓，率长子必富于明洪武十二年（1379）落业长沙府善化县十一都黄塘（今属望城）。清雍正年间建宗祠于神湾。1914年四修族谱。派语：秉必思甫添伏尧正汉荫志新文安国定本为佳……

浏阳泮春周氏　始祖琇公，后唐同光年间因避兵燹自江西丰城迁湘，开基于浏阳县庆福乡之泮春。族人多分布在泮春、向埠岭、南源等地。至1948年，已传33代，全族人口约1100人。明代中叶建宗祠于泮春虎形山，名“万辉祠”。

浏阳泮春周氏 始祖唐时正一公，居江西南昌府丰城县。八传至汉一公，后唐同光二年（924）因避兵燹由江西迁楚，落业于浏阳北乡泮春石牛山下。汉一公数传至宋末元初时，仅有子青公一支尚留居泮春暗山洞。

浏阳古港膏浒周氏 始迁祖遗祥公，南宋末年自江西修水迁此，后析为二十五支，分居黄佈、梅田、坝头、赤塘、大岸、浆田、黄冈岭、古港、白沙等地及善化之官山、平江之岳田等地。至清光绪三十三年（1907），已传27代，丁口2万余人。

浏阳泰和塅周氏 始迁祖才淑公，明洪武二年（1369）自江西泰和迁此。清乾隆三十四年（1769）重修族谱，堂号濂溪。

浏阳窑里周氏 始迁祖孟四公，明初自江西南昌府丰城县衙背瓦子角迁居浏北沙市官桥冲，后徙黄基塘，三世衍为贵宣、贵名、贵礼三房，聚居窑里附近。清嘉庆八年（1803）始修族谱，道光二十八年（1848）、光绪十五年（1889）、2005年续修。四修时人口9257人。嘉庆十一年建祠于槐棘园。派行：德贵志思，永祥兴伯。守正益清平，明良万化行。诗书延世泽，道学焕家声。

浏阳梓山周氏 敦颐子寿公，生纯公，官长沙，因卜居旌义乡周家嘴。钝公十传生秀章，官中书，居北直宛平，生熙公，熙公生祥公，仕元，官豫章上高县，致仕遂居城北。生英杰，英杰生丕振，丕振生寒梅、寒松、寒柏，柏居宛平，松迁浏北窑里，梅迁浏东石马。梅生绍三，绍三第三子能通，为梓山祖。清同治四年（1865）、1915年纂修族谱。派行：贵有良庆祥，春茂世昌玉。珍绍启宇嘉。远益传芳大，贤思耀祖光。兴家崇理学，华国颂文章。

浏阳膏浒周氏 一代存诚公，为良公长子，字文斋，官衔必诚，明建文壬午举人，初任江西进贤知县，有惠政，永乐七年（1409）升山东道监察御史，巡按河南，以老致仕，在籍设讲堂训俗乡里，今享堂铺是其遗迹。九代衍为二十五房。1938年纂修族谱。派行：存伯念思大，惟济显宗方。万年常镇世，国泰永安康。英才逢景运，良士应时昌。文经联武纬，耀祖辅朝纲。忠孝传家远，诗书衍庆长。后人资积累，历久愈荣光。

浏阳朱家湾周氏 始迁祖正纲公，明永乐间因避乱自江西吉安迁此。族人分布于长沙、湘潭等地。至1948年，已传24代，族人共2万余人。宗祠在朱家湾。

浏阳杨家湾周氏 始祖廷柏公，明季自江西吉安府吉水县迁湖南善化，四世祖榜再由善化迁此。至清光绪三十三年（1907），已传15代。

浏阳坪上周氏 三十八世从远公，自汝南徙居营道县之西营乐里（今宁远县南），后又迁道县西。四十一世敦颐，后裔迁江西新建县。五十一世德清，重返迁浏西二十一都坪上。德清弟必清，迁汨罗。清光绪十五年（1889）纂有族谱，1926年四修。

浏阳东门市周氏 始迁祖邦巽、邦松、邦宰，清康熙间自广东平远迁此，后分居于白面、石安洲、坳头、东坑等地。

宁乡涧西周氏 始祖辛甫公，字振宗，明洪武间率屯卫军由江西南昌迁湘，赐第长沙驿步门，遂家于宁乡涧西小源冲，生四子：志高公字若海，生马骥、马驭。志亮公字熙载，生马骏、马骧。志宏公字粲英，生马骐、马骝。志宽公字通见，无传。清乾隆二十四年（1759）建宗祠于益阳十九里下壕山。族谱始修于乾隆十三年（1748），嘉庆二十一年（1816）二修，同治八年（1869）三修，1916年四修，1999年道南公裔五修支谱，2021年之翰公裔五修支谱。派语：宪孔大家修，文章光上国。诗书启后贤，礼义辉先哲。该族名人：周凤九，国家公路局总工程师。周光召，中国科学院院士。

宁乡周氏 始祖以和公，明洪武间由吴西徙楚之星沙，生二子：偲齐、偲荣。偲齐公八传至伯修公，自善邑徙居宁邑之草溪塘。偲荣公宗祠在省城长沙斗姆街。派语：以偲学政系，志腾名尚荣。自金良世德，奇瑞振家声。忠孝传维永，诗书庆有成。贻谋昭后起，祥发契初生。

宁乡、湘乡周氏 始祖汾翁公，居庐陵乌东。至六世徙居吉水泥田，十四世思诚公移居厚田。二十世继逵公，字元智，明初自江西吉安永新厚田宦游来湘潭，卒于任，其六子均家于湘潭黄泷巷，第三子孟训后又迁居宁乡田坪，五派祖仕元公，生五子，第二子喜庵、第五子介庵分别徙居湘乡大湖塅和宁乡古塘坪。清乾隆元年（1736）、乾隆四十九年（1784）、道光二十七年（1847）、光绪四年（1878）、光绪三十三年（1907）、1934年六修。宗祠在宁乡七都古塘坪，嘉庆十五年（1810）改建于湘乡十四都大湖区新屋湾。派语：继孟官宗载，端贤明希邦。启国文先德，仁昭世业新。传家崇孝义，忠恕保其身。大道诚为本，名言学士珍。芳行魁楚泽，光耀庆同寅。

宁乡汤泉周氏 应远公偕孙必诚、必达、必信，明洪武二年（1369）自江西吉安府迁湘乡神泉。必达公由神泉分派三迁，后裔建祠宁乡汤泉。族谱始修于明，清雍正三年（1725）、嘉庆十九年（1814）、光绪四年（1878）、光绪二十九年（1903）、1938年、2021年续修。派语：德嗣益永受，孟廷季世贤，国正思宗大，洛柱炳埏钧，诒汉材熙执。

宁乡流沙周氏 始祖仲宪公，南宋景定五年（1264）由江西吉安府吉水县泥田徙居湘潭十三总黄龙巷。子成谋徙居上湘，成谋之子仕金于元延祐七年（1320）自上湘迁居宁乡香山村，仕金公之子栋于明洪武初年再徙宁乡之流沙。栋公七传至正侯公生五子：国通、国达、国远、国进、国选，衍为仁、义、礼、智、信五房。清康熙间曾各修支谱，乾隆五十四年（1789）续修，道光二十一年（1841）三修，光绪四年（1878）四修。

宁乡滩山周氏 支祖鸣皋公，讳思本，字鹤九，为濂溪公九世孙，居江西吉水泥田，出为荆州教授，无心仕官，与季子玉滨公卜业于宁乡滩山。滨公生五子：佩、杲、佾、儒、傅，衍为五大宗。佩、杲衍派滩山，佾衍派狮冲，儒衍派山底，傅衍派古楼。明成化间始修族谱，清乾隆九年（1744）各房分修，道光四年（1824）佾房与益阳合修，佩、杲、儒、傅四房合修，同治七年（1868）、光绪二十九年（1903）、1931 年四房续修，1998 年儒房七修。嘉庆四年（1799）建鸣皋公祠于滩山。派语：典雅思玉，德教性荣。国正天心顺，官清治绪贤。才逢光景运，勋业树鸿基。端本先敦孝，芳名奕世垂。

宁乡河坞周氏 始祖层楼公，字上一，明洪武间自江西吉水泥田徙湘，开基于宁乡河坞，生三子：华甫、华福、华禄，开三大房。清雍乾年间建祠堂于河坞。族谱始修于康熙四十二年（1703），嘉庆元年（1796）续修，道光九年（1829）三修，同治五年（1866）四修，光绪三十年（1904）五修，1931 年六修，六修时人丁 12573 人。派语：层华世思，永陟祖亭。乾元邦正，国善庆明。励志希儒，为学之珍。文成席聘，科第先登。家尚修齐，达以治平。功垂名列，佐辅良宾。德泽远守，嵩岳聚灵。英才蔚起，式廓长增。

宁乡井泉湾周氏 始祖元时成仲公，字明夫，子荣伯于明洪武四年（1371）自湘乡迁居宁乡平冈。荣伯公之子启忠生四子：添祺、添礼、添祐、添裕，衍为四房。添裕之十派孙鏻，字选贤，为井泉湾周氏支祖。族谱始修于明嘉靖三十三年（1554），1929 年七修。旧派：仲伯启添钦，永木耀堪金。溥枢勋在锡，世代仿兹称。续派：溥枢勋在锡，洛校炳培钧。汉树熙增锦，湘材灿执铭。泽标荣陛鉴，浚本照堂镛。五世周策，明正德十一年（1516）进士，任贵县知县。周策之子周采，历官四川布政使、云南巡抚。九世周堪赓，明天启进士，历官陕西道监察御史、光禄寺卿、顺天府尹、工部侍郎、副都御史、南京户部尚书等。

宁乡大屯营周氏 始祖懋公，字上林，明洪武年间由江西吉安徙居湖南宁乡县四都二区大屯营。清乾隆三十三年（1768）创建宗祠于蒋家湖。族谱始修于嘉庆十七年（1812），同治三年（1864）续修，光绪二十三年（1897）三修，1928年四修。派语：（自九世起）廷国希启胜，万世振家声。忠孝开基业，经纶佐治平。敬承思德泽，光裕焕文明。继志规宏远，诒谋集大成。该族名人：周含万，字荔腴，道光二年（1822）进士，任灌阳知县。周振汉，字铁真，曾佐刘锦棠办理新疆营务，在宣传移风易俗及反洋教中甚为有名。周家树，字仲玉，周振汉之子，陆军部中将顾问，驻海参崴外交联络员、陆军大学教授等职，著有《黄叶集》。另支始祖胜建公，字官六，系明藩吉端王子长沙郡王翊铤庶子，实姓朱，明亡后改姓周，世居宁乡县四都五区大屯营附近。子孙分布在道林、江湾等地。至1948年，已传8代，全族人口140余人。支祠在高露乡南天门。与懋公支合谱合派。该族名人：周达武，字梦熊，号渭臣，咸丰四年（1854）投湘军，历任四川、贵州、甘肃提督，光绪二十年（1894）加尚书衔。达武子家纯，号吕生，后名朱剑凡，一生致力于教育事业。

宁乡安乐铺周氏　始祖月三公，字昌基，明洪武四年（1371）由江西吉水泥田徙居沩宁县南仙凤二都十一区之鄢泉村。传至五世祖仕荣公生友直、友才。族谱四修于清嘉庆十八年（1813），1949年八修。道光十五年（1835）建宗祠于安乐铺。字派：（自五世始）仕友必思志福玉大桡汉政宗起岐丰裔鉴源槐焕里。

宁乡梨树周氏　始迁祖兴泰公，明正德十三年（1518）自江西吉安府庐陵县迁宁乡，开基双江口修文塘。清雍正三年（1725）、道光二十五年（1845）、光绪十四年（1888）、1929年、2019年五修族谱。派语：兴时振之日，华宣（文）瑞采宏。大才为世用，至德本良能。立志光宗绪，存心学显承。诗书培植厚，以道守家声。该族名人：周震鳞、周世钊。

宁乡龙田周氏　始祖世宏公，原居新化堰塘，生四子：俊、杰、伟、佑。伟、佑子孙仍居新化，俊、杰二公传七世至卓祥、卓相及侄平圣、平辅，于清顺治元年（1644）徙居宁乡龙田及安化，卜居三万冲、毛岗仑、石灰冲、顺冲等处。光绪二十八年（1902）建宏公祠于龙田。

湘潭沙塘周氏　始迁祖梦晟兄弟六人，元末自江西泰和圳上迁湘，梦晟居湘潭六都竹园村之沙塘，梦昌居永丰，梦鼎居方上，梦旼居下摄，梦昊居南坪，梦星同居沙塘无嗣。梦晟四传至思诚（生三子）、思温（生四子）、思敬（生一子），衍为八房。族谱创修于明弘治十三年（1500），嘉靖五年（1526）续修，清康熙五十五年（1716）三修，嘉庆十八年（1813）四修，光绪二十年

（1894）五修，1941 年六修。乾隆十六年（1751）建宗祠于沙塘。旧定字派：梦应志思道永启万一惟登。旧增字派：世开文名，光裕显扬。家传孝友，振卓贤良。续定字派：士先敦本，纯懿端方。有才华国，百代荣昌。

湘潭龙山周氏 始祖濂溪先生敦颐，七传至福公，元末自江西吉安府泰和县圳上挈家还楚，卜居湘乡县东台山。三派祖梦升公，字世昌，号楚芳，由湘乡县东台山迁居湘潭十一都龙山。由六派祖淙、源、复三公衍派十七房：思星、思洪、思礼、思彬、思荣、思贤、思富、思贵、思赠、思名、思应、思阡、思隆、思盛、思亿、思聪、思泷。明代建濂溪祠于龙山。族谱始修于清乾隆二十七年（1762），嘉庆二十二年（1817）、咸丰十一年（1861）、光绪二十年（1894）、1931 年、2017 年六修。派语：（自十六派起）志尚辉光泽，心怀绍祖传。家声循理学，积厚庆延年。贤房泉支二十二派孙怀烜，字芾棠，号振武，热心教育。荣房时支二十二派孙怀求，即周小舟，曾任中共湖南省委副书记。

湘潭方上周氏 一世祖梦鼎公，字邦镇，号泉湖，一号隐居，原籍江西吉安府泰和县，元至正间迁湘乡东台山，明洪武元年（1368）迁湘潭方上斗姥塘。清康熙二十年（1681）、雍正十二年（1734）、乾隆三十七年（1772）、嘉庆二十四年（1819）、咸丰十年（1860）、光绪二十年（1894）、1930 年纂修族谱。一、二、三修皆用缕板，四修后改为聚珍，七修铅印。字辈：方新昭世系，诒翼大名章。祖泽先声振，宗光远益扬。传家敦孝友，辅国笃忠良。敬慎修治懋，遵承正学昌。该族名人：周之屏，明江西左布政使。周之翰，明四川按察使。周系英，清礼、吏、户、兵、工部侍郎。周圣楷，著有《楚宝》。

湘潭瓦子坪周氏 始祖继逵公，字乐山，明洪武初年自江西吉水厚田徙居湖南湘潭龙山，后复徙清田乡瓦子坪。族人多分布在汉阳、湘阴、宁乡、善化、益阳等地。清道光二十八年（1848）建宗祠于瓦子坪。至 1948 年，全族人口 16000 余人。

湘潭周家湾、宁乡八只湾周氏 始祖仲宪公，字又章，明洪武初自江西吉水迁居湘潭周家湾。四世祖元公于明万历十八年（1590）徙居宁乡八只湾。清康熙五十二年（1713）、乾隆三十八年（1773）、道光二十二年（1842）、光绪十一年（1885）、1924 年纂修族谱。堂号世德。派语：肇官极世绪，永延宗泽长。忠良培国运，孝友裕家祥。仁义勋名显，文章德教昌。

湘潭阳塘周氏 始祖两峰公，字普祖，号梦星，明洪武初年自江西庐陵圳上奉户帖携眷迁湘之湘潭，生二子：全禄公分居七甲杨公桥，全忠公卜居九甲阳塘。清雍正二年（1724）建宗祠于阳塘。族谱始修于明万历二十八年

（1600），宣统三年（1911）七修，1943 年八修，八修定派：两全仕国尚，景文希定源。于世承先泽，嘉祥毓英贤。显名敦学业，笃本正心传。德立声扬广，昌隆代远延。

湘潭淦田周氏 始迁祖自升公，明洪武间自江西永新迁湘潭淦田铜锣山。二世宗政，三世鉴、钊。鉴公分义、信两房，钊公分荣、贵、全三房。义房分雷、霈、霑、霭四支，信房分贤、胜两支，荣房分新、佑、贡三支，贵房分庆、月、柳三支，全房分景、冕两支。清光绪二十六年（1900）五修、1939 年六修族谱。班行：祖训开鸿绪，传家启瑞祥。象贤昭泽本，作德允贻芳。

湘潭韶山周氏 始迁祖乐山公，明洪武初年自江西吉水迁湘潭黄龙，其第四子孟贤落籍今韶山杨林乡周家湾。

湘潭江口周氏 瑜公次子胤公，家居庐陵乌东。三十七派揆三公，明永乐间自江西吉水泥田携子子良，孙历政、历缘、历祖、历逊迁衡山、湘潭，历政居湘潭江口。清乾隆元年（1736）、乾隆四十七年（1782）、道光十年（1830）、咸丰十一年（1861）、光绪二十一年（1895）纂修族谱，其时湘、衡两邑或分或合。1925 年江口六修族谱。

湘潭高司岭周氏 始祖志亮公，明永乐时迁居湘潭，生有五子：翔徙居益阳，翱、鹤徙居浏阳，凤、鸿仍居故土湘潭。清咸丰年间建祠于湘潭高司岭下。清光绪十六年（1890）三修族谱，堂号亲亲。

湘潭白石周氏 始迁祖文高公，明宣德间由江西永新文竹迁湘潭白石，衍武、礼两房。清道光十九年（1839）、光绪十三年（1887）、1936 年纂修族谱。行派诗：文治天开，时学以新。家世尚上，昭代启承。洪声鼎振，书香克绳。垂之万纪，甲第长荣。

湘潭河头周氏 一派祖智公，字吉甫，原籍江南直隶和州含山县第八都桐城乡运造市，明洪武初授江西吉安府永新县守御所副千户，卒葬永新。四派祖威公改任长沙，迁居长沙城内。六派祖熊公，字德馨，官指挥使，明天顺元年（1457）迁居湘潭河头。清乾隆十六年（1751）始修族谱，道光十二年（1832）、同治十年（1871）、光绪三十年（1904）、1931 年续修。字派：（自八派始）思朝钦自景宽其祖述源崇裕，家传业继昌。先声惟克振，世泽久贻芳。

湘潭周氏 始祖智公，字吉甫，出自江南和州含山县，原任江西吉安守御，后钦镇长沙卫指挥。后裔桂、柯二公，由善邑迁湘潭六都七甲鸭头山。清咸丰五年（1855）、光绪十二年（1886）、1920 年纂修族谱。字派：（自九派始）正大光明，绳其祖武。鹄峙鸾停，鹏搏凤举。振起家声，宏恢先绪。永言孝思，昭兹来许。

湘潭秧田冲周氏 始迁祖绍豹公，明嘉靖间自江西迁居湘潭青草湾。四世祖可诚生五子，遂衍五房，后人建祠于秧田。1938 年五修族谱，堂号爱莲。

湘乡石柱塘周氏 始祖容六公，讳凰，字于飞，原籍江西泰和县圳上梅松岭，元大德间拔贡生，宋元之际宦湘，爱湘乡石柱塘之山水名胜而家焉。四派起亮、起允、起先、起道、起同、起昭、起珀、起珍、起珠，衍为九房。族谱始修于清康熙二十一年（1682），雍正八年（1730）、乾隆三十八年（1773）、道光十七年（1837）、1925 年续修，光绪十三年（1887）起秀房又续修。乾隆二十七年（1762）建宗祠于少溪湾。派语：同本连荣，如松之盛。期效才良，学优登仕。景行克贤，德建名立。

湘乡三塘周氏 始迁祖日权公，元时镇抚荆襄，挈眷自江西庐陵吉水丰城避地湘乡黄巢山下云溪寺。生泽远，泽远生寿琏、寿瑚、寿珊，寿琏开密塘、小源、马山、新庄，寿瑚开长塘、落祖山、曹家冲，寿珊开垅塘、石塘、杨林塘、衡阳。清乾隆三十五年（1770）始修族谱，道光六年（1826）、同治九年（1870）、1914 年、1945 年续修。字派：日泽寿必单盛志廷兴学文，国正添心顺。韶华光亿兆，孝友启忠纯。

湘乡华厦周氏 始祖德明公，字必信，号成仲，行三，原任襄阳府校尉，元季奉父命自江西泰和圳上小田坪徙居湖南湘乡神泉。三传至荣膺公，偕子开道再徙湘乡弦歌十四都金石区之华厦。清乾隆五十二年（1787）建宗祠于华厦。族谱始修于乾隆四十七年（1782），道光十九年（1839）续修，同治六年（1867）三修，光绪二十九年（1903）四修。

湘乡周氏 始迁祖廷芳、辛六昆仲，元明之际自江西永新厚田迁居湖南星沙城南，后迁上湘南门，辛六公又移居挽泥塘。清乾隆间，廷芳一支建宗祠于二十都之斗盐，辛六一支建宗祠于三十五都榔树井七星塘。道光间两支合纂族谱。廷芳支派语：廷均元玉万，兴隆应都嗣。宗国良士启，世代正风诗。辛六支派语：辛志良福应，仲从添必定。易泰永显宗，世代正风诗。续派：忠孝承先泽，仁慈裕后贤。东南开德望，西北庆长年。

湘乡三迁周氏 始祖应远公，字长白，元明之际携子福公，孙德诚、德珍、德明由江西吉水迁湘。德诚开神泉族，德明开平冈、华厦族，德珍开三迁族。清雍正三年（1725）、嘉庆十九年（1814）、光绪四年（1878）、宣统二年（1910）、1938 年纂修族谱。派语：德嗣益永受，孟廷季世贤。国正思宗大，洛柱炳埏钧。治汉材熙执，钟湘业焕垂。锦源模烈起，鉴汝树为基。

湘乡神泉周氏 瑜公次子胤公，因谪贬江西庐陵，为乌东周氏始祖。递传三十七世至应远公，字长白，原籍江西吉安府庐陵县圳上，明洪武二年（1369）偕孙必诚、必达、必信迁湘，卜居于湘乡县治西北六十里神泉。必诚裔世居神泉，必信裔开道、荣伯分派湘乡华厦、宁乡平冈。必达公由神泉分派三迁。清乾隆二十二年（1757）建宗祠于神泉。明隆庆、万历间始修族谱，1926年七修。派语：（自三世起）必贵泰思仲，惟万大日膺（学道）。启定承先德，仁开世永昌。传汉材熙执，钟湘业焕垂。锦源模烈起，鉴汝树为基。镇泽松焘域，铭藩桂灿墀。镜澄标煦坦，铎济植营坚。炼涤根辉炯，镕深本燮坤。

湘乡周氏 鼻祖汾翁公。二十八传继选公，明洪武二年（1369）由厚田而卜居上湘，衍朝佐、朝佑两支。清康熙四十九年（1710）、乾隆三十三年（1768）纂修族谱。咸丰八年（1858）朝佑公裔纂修支谱。班行：宗世宏开万叶秀，英嗣秀起益荣光。诗书济美声名盛，忠孝传辉德泽长。

湘乡斗盐周氏 始祖廷芳公，元泰定年间官湖广指挥，由饶州迁长沙。后代于明洪武二年（1369）迁斗盐，今属双峰。族人聚居于溪口。

湘乡墈上、东岸坪周氏 始迁祖元至元间恒丰公，官尚书，镇湖广，葬湘乡石头埠。四子：邃、伏、广、舒。邃又生五子，长仲鄂，生民钦，明洪武三年（1370）以先茔在楚，偕弟民寿由江西徙湘潭之宁乡巷，旋迁湘乡水东门东岸坪鹦口。明嘉靖十年（1531）、万历二十四年（1596）、天启四年（1624）、清顺治十六年（1659）、道光二十四年（1844）、咸丰十年（1860）、光绪二十二年（1896）、1928年纂修族谱。字派：恒生仲民士，金万玉时汝。良尚师文世，秀允道隆广。荣华泽本鸿，忠厚贤长象。百代兆嘉祥，清徽同景仰。

湘乡周家湾周氏 源祖辉岳公，讳必大，宋淳熙进士，为宋孝宗相，居江西泰和。至元季桓丰公，官工部尚书，敕镇南地，卒于任，葬湘乡石头埠。其后子孙如民钦、民寿、民望、民和诸公遂占籍湘乡，递衍四十余族，周家湾周氏为桓丰公第四世永受公之支裔。清光绪十年（1884）四修族谱，1937年五修。班序：必桓生仲民，永宗法思文。万正友三恒，应为仕佩金。世延理学绪，代振汝南音。远大光先德，贞诚效祖心。

湘乡士塘周氏 民钦生士忠，士忠生金铎、金铭，迁湘乡。铎生万文、万武、万峣。万文之裔今居湘乡冠曹、坎上、水口、新庄、东岸坪、枫塘。万峣徙安化。万武五子，长添明，居士塘，为士塘始祖，第六代分为源富、源贵、源玉、源珏四大房。清乾隆五十二年（1787）重建宗祠。嘉庆十七年（1812）创修族谱，同治二年（1863）、光绪二十四年（1898）、1929年、2014年续修。

旧班序：添受子得彦，源伯汉时应。续班序：国正天心顺，世清人自安。祚开宗祖盛，代远本支宽。忠厚诒良绪，显承启善端。华庭光有耀，庆衍振衣冠。

湘乡薛渡周氏　始迁祖仲魁公，明洪武四年（1371）自江西吉安府泰和县厚田迁居湘乡宣丰二十都濂溪塅周家岭。清康熙五十年（1711）一修家谱，同治六年（1867）二修，1922年三修。薛渡旧班：春象希和世，光大日增新。杨柳旧班：国正民先德，宗荣实泽良。合班：同源尊远祖，合璧萃群英。作述扬前烈，家邦起颂声。汝南多吉士，永代庆昌明。

湘乡杨柳周氏　始迁祖孟诚公，讳欧公，字云际，与薛渡周氏始迁祖仲魁公为同胞兄弟，原居江西吉安府吉水县，后随父元吾公迁居泰和县厚田。元至正五年进士，任长沙府同知，因朝纲不振，解组隐居岳麓。子建惠，徙居湘乡黄巢山，今属双峰。1922年与薛渡周氏合谱。

湘乡东陈周氏　始祖应清公，字德治，明初徙湘乡南熏之东江及弦歌之陈家冲，故称东陈周氏。清嘉庆年间建宗祠于十四都金石区龚家滩。族谱始修于嘉庆十五年（1810），咸丰十一年（1861）续修。派语：代远流长起，明兴盛世传。国正添心顺，官清民自安。忠孝光先德，荣华福祖思。

湘乡壶天周氏　远祖宋时显荣公，宋通议大夫。其嗣仁一公官至兵部尚书，弟仁六公，名标江右。仁六公之后民佳公官总兵宦寓潭州。民佳公之孙景翁，字伯莲，号重锦，明初自江西泰和梅松岭圳上徙居湖南湘乡三十六都壶天，其子大贵又自壶天徙居珍琏涌塘，生十子：志仁、志义、志礼、志智、志聪、志明、志亮、志直、志德、志旺，衍为十房。清乾隆四十四年（1779）建宗祠于李家坝。嘉庆四年（1799）志聪、志旺两房合修族谱，同治七年（1868）续修，民国间凡四修。派语：国泰廷光显，宗支应泽长。书香开鼎甲，士品冠南湘。积善多余庆，修身致百祥。齐家崇礼义，世第定辉煌。

湘乡伊家湾周氏　始祖濂溪先生敦颐，长子寿公裔六世良俊公，明正统年间自江西吉安庐陵徙居楚南邵邑之洪仁。良俊公子二：富公之裔世居邵阳，贵公之裔卜居湘乡。五世至大信、大侃、大化三公徙居湘乡二十三都伊家湾，大仁、大乾二公分别卜居于曹家屋场和石狮坪。族谱始修于清乾隆五十四年（1789），咸丰十年（1860）、光绪三十二年（1906）、2007年续修。祠名“忠厚”，位于湘乡桐梁二十三都伊家湾，今属双峰，建于乾隆四十九年（1784）。派语：永大富贵，锡汝嗣昌。士必意诚，学方显扬。仁义德厚，文武才长。爵隆公卿，名辉鼎常。安邦定国，宗祖有光。承先传后，世泽代彰。

湘乡黄沙洲周氏　始祖大伦公，世居江西瑞州，明成化五年（1469）出游湖南，卜居湘乡二十都黄沙洲。后裔居双峰县溪口、杏子等地。称黄沙洲周氏。

湘乡思乐周氏 始祖简公，字潋溪，行七，明嘉靖间因差烦赋重而自江西安福县十一都庆云乡水北渔赋洲鱼石庙徙居湖南上湘四十都思乐。宗祠建于清道光二十年（1840）。族谱始修于咸丰九年（1859），宣统二年（1910）续修，1938 年三修。旧派：万奇希盛之，福禄定荣昌。宗祖德良厚，昆仍绪正长。续派：绍庭贻瑞庆，作室笃嘉祥。秉礼常昭泽，崇忠永迪光。

双峰永丰周氏 一世玗公，居江西丰城，子洪扬，明成化时举人，始仕河东，擢城步知县，解组偕弟洪纪卜居上湘永丰镇周家码头。洪扬四子：玺、文、兴、旺。洪纪二子：必崇、必昌。清雍正七年（1729）创修，嘉庆十一年（1806）二修，光绪三十一年（1905）三修，2007 年四修族谱。班次：瑚洪必振朝，光学荣万代，承先启世贤。齐家本孝友，诗礼焕书香。祖德宗功远，显嗣永锡昌。

双峰井字镇柳家湾周氏 始迁祖偶式公，讳汤召，字右奭，明崇祯时携子嗣辉由江西永新路口迁湘乡井字镇柳家湾，今属双峰。1922 年四修、2010 年五修族谱。字派：尧舜禹汤，文武成康。孝友绵家训，诗书启□贤。

娄底梅林周氏 始迁祖文旺公，明洪武十八年（1385）自江西泰和迁居湘乡涟水金盆湾，今属娄底。生三子：景春、景聪、景源。景源裔数世而他徙，景春开明、华两房。景聪四传至嗣渊，由金盆湾迁秀溪，生兴禄、兴福。兴福由秀溪迁八湾，开八湾房。兴禄五传生召田、召朋：召朋由秀溪迁安化大福坪。召田三传至思印，迁西阳。清嘉庆二年（1797）建祠，道光十四年（1834）始修族谱，1925 年续修，1995 年三修。班序：文景志武嗣，兴宗世应廷。召希思德懋，朝福永自新。作述承前烈，诗书裕后长。传家敦孝友，护国秉忠良。

醴陵淇田周氏 始迁祖彝策公，宋咸熙间自江西安福迁此。族人分布于西塘坪。至 1948 年，全族人口 700 人。另支明崇祯末年自江西安福迁醴陵淇田。族人分布于萍乡。至 1948 年，全族人口 2000 人。

醴陵双牌铺周氏 始迁祖应辉公，元泰定间自河南杞县迁此。族人分布于浅梅高冲。至 1948 年，全族人口 1000 人。

醴陵花园周氏 始迁祖广才公，明洪武四年（1371）自江西丰城迁此。族人分布于燕头。至 1948 年，全族人口共 325 人。

醴陵南岸周氏 始迁祖政孙公，明洪武初年自江西安福迁此。至 1948 年，全族人口 500 人。

醴陵齐江周氏 始迁祖启荪公，明洪武初年自江西迁此。至 1948 年，全族人口1000人。

醴陵西塘坪周氏 始迁祖秀奇公，明洪武初年自江西庐陵迁此。族人分布于攸县。至1948年，全族人口700人。

醴陵枧下周氏 始迁祖继荣公，明洪武末年自江西吉水迁此。至1948年，全族人口400人。

醴陵大茶园周氏 明崇祯末年自福建建宁迁此。至1948年，全族人口共510人。

醴陵王家坊周氏 始迁祖凤仪公，清顺治初年自江西泰和迁此。族人分布于萍乡。至1948年，全族人口322人。

醴陵东城周氏 始迁祖建宝公，清顺治初年自广东嘉应迁此。族人分布于萍乡、攸县。至1948年，全族人口7000人。

醴陵仙石周氏 始迁祖必泰、必嘉、必祥，清康熙时自广东兴宁迁此。族人分布于泗汾、徐家冲、烂泥冲、峤岭、杨家坪。至1948年，全族人口2000人。另支始祖开朗公，清康熙间自广东惠州迁此。至1948年，全族人口800人。

醴陵冷水坑周氏 始迁祖思恭公，清康熙间自广东嘉应迁此。至1948年，全族人口460人。

醴陵石湾周氏 始迁祖宏昌公，清康熙间自广东兴宁迁此。族人分布于高陂冲、萍乡。至1948年，全族人口500人。

醴陵盘木铺周氏 始迁祖达昌公，清康熙十三年（1674）自广东兴宁迁此。族人分布于衡山、新田。至1948年，全族人口3000人。

醴陵王家坪周氏 清乾隆五十二年（1787）自江西丰城迁此。至1948年，全族人口120人。

攸县夏泉周氏 始祖继道公，字乐义，号古峰，原籍江西永新厚田，明洪武二年（1369）由赣入湘，经茶赴攸，落居夏泉田里屋。生七子：德元、德亨、德利、德贞、德凤、德圆、德隆，衍为七房。族谱始修于明末，2001年九修。宗祠建于清康熙十九年（1680）。原武警部队司令员周书田，谱名芳晋，为德贞房二十一世孙。班派：德荣宽仲玉，茂文邦尚忠。思日功常永，家导远传芳。诗书绍祖泽，礼义启贤才。应运作良辅，声名光上台。

茶陵舲舫河坞周氏 始迁祖梅郁公，祖居江西莲花，曾任广东廉州太守，元至正十四年（1354）离任后卜居于此。后裔一支徙桃坑东江。

茶陵湘东周氏 始祖诚公，为周瑜三十四世孙，居江西永新厚田，生四子：

克信、克圣、克恭、克千，衍为四房。长房廷镆、廷椿、廷铨，明正德十三年（1518）迁茶陵尧水南岸，二、三、四房子孙也相继迁湘，居椒溪上南岸、苏子树、尧水会口、花陇里、老虎山、接源冲、严塘等地。清乾隆三十六年（1771）一修族谱，道光九年（1829）二修，同治十一年（1872）三修，光绪二十八年（1902）四修，1946 年五修，2004 年六修。字辈：（自三十七世始）廷宗州祖台，垂森建室碧。相理荣昌发，光昭润金石。书传启贤声，典谟辉圣泽。英卓超寻常，芳名辉载籍。

衡阳濂溪周氏 谱称家世青州，唐天宝中如锡公迁道州司马，喜舂陵山水佳胜，择居于道州之宁远县太阳村。其裔孙虞宾生子十有二人，第二子从远徙居营道，从远生智强，智强生辅成，辅成生元公。元公以省舅氏龙图郑公来衡，览西湖之空旷，顾而乐之，遂植莲构亭。三世孙兴继，游学于衡，访祖遗迹，遂家于衡。兴继生三子，其一玄孙由拓里迁泉口，又生滔、湘、泓、沐四子。滔裔居泉口上厅，湘裔居湘乡龙塘云溪寺、邵阳元福村亭上园，泓、沐二裔居金兰、茶园。明嘉靖三十七年（1558）、清雍正二年（1724）、嘉庆五年（1800）、同治四年（1865）、宣统元年（1909）、1942 年纂修族谱。班行：庆昌育英衍，俊必盛朝扬。定国安邦策，希贤显佐良。绍先嘉乃志，延祚锡之光。式秉诗书训，贻谋百代芳。

衡阳木甫支周氏 始迁祖彦升公，宋理宗时由江西吉水迁居衡阳南乡矮岭，派衍三房。长木甫公裔居衡阳木口、衡南石笋，次林甫公裔居衡南蓝江桥、祁阳大营驿、邵阳东观桥，三森甫公裔居祁阳马江埠、贵州毕节。木甫公生三子，开仲诚、仲明、仲和三房。仲明官岳州，又开四房，长、次、四房裔籍岳阳，谱另修，季子璧秀回籍铜鼓山。清乾隆十一年（1746）、乾隆四十三年（1778）、嘉庆二十四年（1819）、咸丰八年（1858）诚、和两房合修族谱，1912 年合璧秀公房五修，1949 年六修，2003 年七修。班行：彦升木甫，仲应德名（杨均诚）。必单志朝（思世康希），大廷良兴（启逢芝可）。世尚（三元）永远，宗祖开继。治道克尊礼，高贤文学传。笃亲昭穆序，作述庆长绵。

衡阳二甲周氏 始迁祖洪祝公，进士，宋末由江西吉安府永宁县官衡阳，卒葬小西门外。子仁谓、仁寿、仁恺，遂家今衡阳市易赖街西湖。后谓、寿两房迁西乡重江均陂。恺房又分三房：子璞房居南乡珍珠镇，子瑞、子贤房居西乡新桥白石町。清乾隆二十五年（1760）始修族谱，嘉庆八年（1803）、嘉庆二十五年（1820）、道光二十九年（1849）、光绪六年（1880）、宣统二年（1910）、1932 年、2004 年续修。嘉庆十七年（1812）建宗祠于重江均陂。字派：洪仁崇思子志必仲朝廷，文道国兴隆。学宗先信远，德启后贤丰。典礼家声振，诗书世业芳。笃行惟孝友，懿范重纲常。应时（蔚起）才华盛，绵延福祚长。该族名人：周乐群，少将衔。周后元，工程院院士。

衡阳周氏 始祖添佐公，明洪武年间偕弟添定、添佑自江西泰和来衡。添佐居荷叶坪，三世后分荣、贵、星三大房，散居大洲及潭家冲。添佑居松柏花园，后世分居芽村、洛家村、白沙洲等地。添定徙桂阳临武。清光绪十九年（1893）三修、1926 年四修族谱，堂号植莲。

衡阳周氏 始祖成公。后裔明代中叶由河南中牟迁荆湘，落籍衡州，多居衡阳板桥周家坳。一至二修为墨本。1923 年四修，1996 年五修，2012 年六修。班行：朝士定鼎，崇尚有德。明听翼为，光启邦伯。世代昌盛，恢宏先业。富贵吉祥，文章华国。

衡阳周氏 始祖恭叔公，宋时居江西泥田。生思诚、考诚。思诚七传至宝权，明末迁衡，至友朋公为宗，所处庙溪、伏霞、会贤、石塘、拓塘。考诚公八传至应森，衍十二房，惟民瑚开仁、义、礼、智、信，生齿繁而迁徙靡定，散居武冈、湘乡、清泉、衡北政义、募化、募政诸乡。清嘉庆二十年（1815）、道光二十六年（1846）、光绪十五年（1889）、1919 年、1948 年纂修族谱。班行：忠孝传家永，纯良启祚长。宏才端上国，名显必隆昌。

衡南周氏 始祖天开公，讳逢吉，居江西吉安府吉水县泥田，生三子：长子载道，讳文孙，为孟宗开派祖，生一财，后裔衍为五房。次子远达，讳行孙，为仲宗开派祖，生一友，后裔衍为四房。三子七襄，讳云孙，为季宗开派祖，生一宁。元至正十年（1350）一财、一友、一宁由泥田迁湘，一财、一友为迁衡支祖。一宁始迁茶陵，再迁耒阳，八世芳玉公携四子来衡，至十一世分泉溪、宁乡两房。清乾隆三十七年（1772）三宗始修族谱，道光三年（1823）、同治七年（1868）、宣统元年（1909）、2002 年续修。派字：（自四世始）得贻后嗣芳，祚远绍书香。继序隆高位，荣名定振扬。有家承孝弟，保世重贤良。传道儒宗大，维新国运昌。该族名人：周名建，字屏侯，曾任湖南咨议局副议长。

衡山白果周氏 始祖濂溪先生之长子寿，七传至福公，字天锡，元大德八年（1304）由赣还湘，卜居湘乡东台山之灵溪寺，生五子：必先、必诚、必达、必信、必元。必诚公开湘乡神泉房，必达公开湘乡薮千房，必信公开宁乡平岗房。必先公字德彰，生四子：梦晟开湘乡石塘族，梦鼎开湘潭射埠方上桥族，梦升开湘潭龙山族。第四子梦昆公字世旺，元末明初举家徙居衡山白果鸡公台。族人分布于罗家冲、牌楼山、桐梓坳、江东桥、贯塘等地。清乾隆二年

（1737）建宗祠于白果市七总。至1948年，已传25代，全族人口7000余人。清乾隆二十六年（1761）白果、龙山合修族谱，乾隆四十六年（1781）白果二修，嘉庆二十三年（1818）白果、龙山又合修，同治六年（1867）白果四修，光绪二十八年（1902）白果五修，1934年白果六修，2010年白果七修。班行：福必梦原忝璇（玮）添伯廷嘉当之肇允昌。志尚辉先泽，心怀绍祖传。家声循理学，积厚庆延年。

衡山悬钟石周氏 始迁祖揆三公，原籍江西吉水泥田，明初教授衡岳，遂率子子良，孙历政、历祖、历逊、历缘家于衡。后历缘迁淮安，历政开湘潭易俗河江口房，历祖开衡山甘棠桥房，历逊开衡山悬钟石房。清乾隆元年（1736）、乾隆四十七年（1782）、咸丰三年（1853）、光绪十八年（1892）、1925年衡湘合修族谱。道光五年（1825）、同治三年（1864）、光绪三十年（1904）、1937年悬钟石房续修。班行：（自十一代始）文章开景运，方正赞升平。作善承先志，传家自显荣。

衡山甘棠桥仁房周氏 始迁祖揆三公。厉祖开派衡山甘棠桥。清雍正十三年（1735）始修族谱，2002年六修。清乾隆十一年（1746）衡山周氏仁、义、礼、智、信五房共建宗祠于邑城。以厉祖为第一代，十六代周方瑱，民国间任湖南省财政厅长，创办南华中学。班派同悬钟石房。

衡山延兴周氏 始祖琼公（字宴林）、萱公（字楚光）。琼公明宣德间自江西永新县厚田讲学来衡山三甲，开田陇房。萱公嘉靖时讲学岳北，长子朴庵仍居厚田，次子近庵、三子容庵籍衡山白果神王殿一甲，开珑护房。清雍正乾隆年间后裔合建二公祠于果山乡神王殿，名为“延兴祠”。至1948年，已传17代，全族人口3600余人。清康熙四十三年（1704）、乾隆四十五年（1780）、嘉庆二十二年（1817）、咸丰元年（1851）、光绪十年（1884）、1917年、1948年、2009年纂修族谱。班行：忠厚传家远，经书教泽长。承先惟孝友，裕后在贤良。树艺诒谋大，科名翰墨香。心田耕种德，累叶自流芳。

衡山周氏 始迁祖复通公，明成化二十二年（1486）自江西清江县迁湖南衡山县。1928年四修族谱，堂号汝南。

衡山智房、信房周氏 瑜公次子胤公三十一世孙思诚，生友端，友端生子七，长子子雅，字忠言，任赵州司户。越三代孙方叟，次子宝权，宝权生忠远，忠远生继通、继道、继达、继还。继道迁攸县夏家，继达迁茶陵，继还迁湘潭。继通迁衡山，为衡山周氏智房始祖。方叟三子与权，孙继韶，由厚田迁衡山，为信房始祖。信房族谱始修于清康熙四十八年（1709），又分为长岭冲、小塘、萱洲、义泉、小水湾、周田山六房，2000 年七修。

衡山义房周氏 义房为瑜公长子循公后裔，源出金陵上元县后湖，徙衡始祖为上元后湖二十一世祖元兵部侍郎舜民公长子邦俟公，为柳州太守，解组归里，途经衡山，阻于兵，遂家于邑城。邦俟长子易中，派衍学诵、学文、学礼、学宗、学端五房，次子昊中派衍立维一房。至 2001 年谱已七修，人口 3000 余人。

衡东礼房周氏 瑜公次子胤公传至二十二世孙政凝次子五郎，讳士叶，再至三十世恭叔，官锦衣卫指挥，生七子，次子子诚，越六世生道扬，道扬五子：长子孟言、四子孟誉徙茶陵大洲平溪，次子孟广、三子孟訚徙茶陵州衙前鼓楼下，五子孟贤留守厚田。孟广长子宁，生彦深，明洪武间由茶陵迁衡东杨子坪，为周氏礼房始祖，后裔以衡东杨子坪、洋塘、衡山鳌洲、永和、攸县老君潭为多。至 2000 年七修族谱，人口 13000 余人，入谱 7000 余人。

衡山吴集周氏 一世祖舜民公，元大德登进士第，至治间官兵部左侍郎，崇祀江南应天府上元县乡贤祠。二世祖邦俟公，元延祐登进士第，授礼部主政，官粤西柳州太守，解组经麋城，因故乡兵燹而家焉。六世祖学宗公，明弘治间由邑城迁吴集关居杨山，著有《涞溪诗草》。

常宁梅龙周氏 始迁祖庆一郎，元初至正四年（1344）自江西泰和因避难迁湘，开基于常宁县梅龙乡湖头村。族人多分布在飘头、湖边、楠木山等地。宗祠在湖边。至 1948 年，已传 25 代，全族人口约 5000 人。清乾隆二十一年（1756）与君八九郎（金塘铺祖）、才可（沙江湖头祖）、才杰（易头水口祖）四房合修族谱，道光二十二年（1842）、光绪二十三年（1897）、宣统三年（1911）、1942 年续修。班辈：盛会遵诒法，群英自显扬。经书隆作育，厚泽耀华邦。济美承先达，和平兆吉祥。永清昭瑞远，恒晋锡安康。

常宁麻埠周氏 始迁祖原惠公，明洪武初由江西徙常宁。清乾隆二十二年（1757）、道光五年（1825）、咸丰十年（1860）、光绪十八年（1892）纂修族谱。字派：原忠志思玉，万本宗德恩。生相国大成，易礼继家声。祥发连云□，□□□日新。绍先兼裕后，科第传芳名。

安仁龙源周氏 始迁祖延卿公，字世绵，号紫林，北宋建隆元年（960）自江西泰和青原迁居湖南安仁县松山乡龙源。族人分布在颜家冲、上龙源、荷叶塘及常宁、湘潭、道县、宁远、衡阳、耒阳、衡山、永兴等地。至 1948 年，已传 36 代，全族人口 10608 人。宗祠在上龙源。

邵阳周氏 始迁祖诚公，原籍江西泰和圳河江，其子玉喜于唐末卜居武冈紫阳乡州尾头（今属邵阳县），孙仪公，宋真宗天禧三年（1019）进士，为境内最早的进士。周仪子周湛及孙周钦亦相继成进士，人称“宋三周”。其后裔分居今邵阳县塘田市、蔡桥及新宁马头桥一带。

邵阳炉前周氏 迁湘始祖梦龙公，原籍江西吉安府庐陵泰和县，元时迁居邵阳东乡长塘庙大树下。生汝诗、汝滨、汝海、汝寿、汝祥、汝清。诗公派衍湘潭龙山，滨公派衍富阳，寿、祥、清三公派衍库里，海公派衍炉前。清乾隆五十八年（1793）、咸丰十年（1860）、光绪三十四年（1908）、1944年、1989年纂修族谱。班次：梦汝才应世，仲文志思永。兴隆万代昌，英雄朝显祖（荣）。国泰定安□（先维继述），裕后乐因贤。秩序本天则，彝伦在人全。谟烈由今绍，奕叶溥相传。家秉恪遵守，祥发远绵延。该族名人：周磐，国民革命军师长，陆军中将。

邵阳洪桥周氏 周瑜少子胤，原隶苏州。传十三世至汾公，事隋被谪，徙江西庐陵乌东。越五世孙宜滨于唐长庆间迁居吉水，又七世至彦卓，卓生万，万生宽，宽生监卿、才卿。才卿于后周显德时出镇湖南，家于道州之营道，生一真，一真生茂叔。监卿生春、美、安、充。安公生恭叔，恭叔生思诚，复迁永新厚田。越三世为方叟公，生以权、舆权、宝权。以权裔落邵阳库里，宝权裔落新化高坪。舆权生应远，应远公之子隆，元至正时自吴西迁河南汝宁光州固始县，生三子，长子必仁之子纯翼生三子：万壹、万圆、万城。万壹、万圆于明初随将军张辅过邵州征剿，卜居邵州洪桥。族谱一修于清乾隆三十二年（1767），道光二十年（1840）续修，光绪二十年（1894）三修，1924年四修，其时男丁1700余人。祠堂在洪桥。派语：荣先维继述，裕后乐英贤。秩序本天定，彝伦自人全。谟烈由今绍，功勋藉前传。家乘恪遵守，祥发永绵延。

邵阳甘井头周氏 先世江南上元人（今南京）。福大公明初以战功授宝庆卫指挥使。无子，以弟福四袭。福四子善公，指挥佥事，居城南富庶坊甘井头。

邵阳元福村堰塘周氏 始祖濂溪公生于道，学于衡。三传兴继公，迁居衡西柘里，为籍衡始祖。生子三：元孙、福孙、嗣孙。元孙公诞滔、湘、泓、沐四房。滔、泓、沐世居衡邑。湘公官宋大理寺学士，致仕归，自衡卜迁湘乡龙塘。再传红翼公，以武功封镇南将军，生配、麟、佐。麟、佐公裔世居湘邑。配公，明探花及第，掌宗人府事，生子二：立祥、汝祥。汝公裔居中乡茶云湾。立公官宝文阁讲学，生开和，开和生庆琳、庆贵、庆发。庆琳公例授文林郎，明天顺间由湘乡迁居邵东元福村堰塘。1939年六修族谱。

邵阳库里周氏 始迁祖梦龙公，二世六房，居库里者三房。第五房祥公传至礼公又衍六房。其中铭公裔居库里，珊公裔居泌水，瑚公裔居界江。清嘉庆二十二年（1817）、光绪七年（1881）铭、珊、瑚三房纂修族谱。

邵阳乾溪周氏　一世祖尚书公，讳朝，字祥光，宋崇宁进士，官至户部尚书。熙宁、宣和间兄弟五人由江西吉安府同迁湖南上梅，逢石下担，卜居新化高坪石脚。六世天一公始迁邵阳磨阳隘。清嘉庆间建祠于乾溪。清雍正元年（1723）、道光十五年（1835）、光绪四年（1878）、1917年纂修族谱。班次：尚梦应康世，天祖文才必。仲仁义礼智，信用邦国思。五属通班：荣先维继述，裕后乐英贤。秩序本添定，彝伦在人全。谟烈由今绍，奕叶普相传。家乘恪尊守，祥发永绵延。

新邵周氏　汾翁六世孙名墀号宜滨，徙吉水泥田。子整公，生四子。十二世至肇忠公，为朝议大夫，生五子，徙楚南上梅，逢石立基。长居高坪石脚，次居石步天河，三居石陂塘，五居石槽小南。四子五七郎，字受楚，宋熙宁、宣和间担落筱溪石城，今属新邵。又传五世至应哉公，生四子：希孟、希颜、希德、希圣。孟、颜失传。希德再传衍寿、贵、奇三房。希圣迁居时荣，衍旺、元、雄三房。1949年六修、2014年七修族谱。班行：受梦以文应，希贤伏忠单。仲永奉庭朝，万大纹才盛。荣先维继述，裕后乐英年。秩序本天定，彝伦在人全。谟烈由今绍，奕叶普相传。

邵东石碑周氏　始迁祖世魁公，行炳四，元明之际自江西吉安府泰和县徙居邵东石碑广竹坪。三世必泰公，派衍宾、贵、质、清四房。宾公裔居岩门前，贵公裔居治家坪，质公裔失传。清公五子：永富、鉴、能、琳、良。富裔发陂头房，鉴裔发冲嘴口房，能裔发王家冲房，琳裔发石坳上房，良裔发五洲、怀江、绍江、青山、南泉诸房。清道光十八年（1838）始修族谱，光绪二年（1876）二修，1920年三修，1994年四修。

邵东到潭周氏　始迁祖云智公，元季由江西吉水迁益阳，著籍一里。明洪武十七年（1384），二世祖廷受公、廷年公同镇宝庆。永乐三年（1405）分屯邵阳小东乡到潭。延年公裔清康熙中叶全部外徙四川夔州、衡阳横江桥等地。1948年益阳马迹塘莲花坪总祠八修族谱。1987年到潭九修族谱。2007年到潭十修，其时人口1280人。派语：云廷肇发，胤必曰祥。德大道尚，世钜荣昌。照远鉴源，本熙垂锡。泽新承家，昭盛典光。

武冈光远寺周氏　始祖务显公，江西人。子泽修徙武冈城西光远寺。后裔有分居社温冲、小水者。

绥宁周氏　始迁祖试英公，明永乐二年（1404）自江西泰和奉命率军赴绥宁县辰溪（今武阳镇一带）查勘荒田屯种，后定居于此。后裔主要分布于武阳镇。

岳阳驿马巷周氏 一世祖闾公，北宋末年自道州营道县荣乐乡迁居岳州驿马巷。其子彬公于南宋绍兴五年（1135）徙居巴陵大微湖之南。1948年六修族谱，堂号汝南。

岳阳塘源周氏 始祖濂溪公，曾孙镊公于南宋初年自江西洪州迁巴陵云龙山塘源。后人散居于湘阴、巴陵、临湘、湖北通城等地。清乾隆二十四年（1759）各支统修宗谱。

岳阳大微湖周氏 始迁祖汝基公，元末自平江徙居巴陵大微湖。至四世衍为爵、禄两房。清光绪二十一年（1895）建爵公祠于大微湖口。光绪三十一年（1905）爵、禄两房合修族谱。派句：汝水流长矣，大思应文启。兴承光祖德，名远肃纲纪。续句：统绪宏垂后，馨香累叶隆。家声齐卓越，世第自封崇。

岳阳周氏 一世祖于先，原籍湘乡县永丰乡，其孙天相，生于清雍正间，自湘乡迁巴陵八仙桥。天相之子心洋复迁巴陵罗伏下首黄柏冲。心洋之子顺贵于清咸丰间再迁罗伏下边屋。清光绪三十四年（1908）纂有族谱。

临湘羊楼司周氏 始迁祖文贵公，字章华，元季自江苏南京城内因官湖广左丞迁湘，开基于临湘县羊楼司乡塘湾坂。族人分布于细港铺、蒲圻、崇阳、杨林畈等地。明朝建宗祠于细港铺。至1948年，已传25代，全族人口约3585人。

临湘蓝地坡周氏 始迁祖寿一公，明洪武三年（1370）自江西南昌府新建县厚田迁居湖南岳州府临湘县唐家湾蓝地坡，今属岳阳市云溪区。生二子：福禄、福升。福升徙贵州。福禄之子得源徙居县城永宁坊，生二子：鍹居河关，衍为四房，锭居乡关移川堂黄公垅，派衍四房。清乾隆五十八年（1793）建宗祠于蓝地坡。咸丰九年（1859）、光绪十二年（1886）、1912年、1937年、1994年、2018年六修族谱。派语：世有贤能光先祖，家生俊彦佐元良。传心忠厚贻谟远，华国文章济美长。湘上开基隆北楚，江西迁业自南昌。图存太极书香永，代保宗舫庆发祥。

华容周氏 华容周氏各支均称出自江西吉水泥田村，奉唐代墀公为泥田始祖，又皆自称为北宋周敦颐后裔。宋末元初，陆续迁华容。墀公第十五世孙必世迁永固垸，第二十世孙耀章迁蒋师庙、耀前迁长岭，此三支皆迁自道州，以周敦颐之孙学纬为宗祖。第十九世源伯元初自江西进贤县迁黄司垱，第十八世邦畿南宋时自吉水迁通化山。1941年三宗五族合修宗谱，堂号汝南。宗派：允念教仁让，恒存裕德恭。先声乃以显，祖泽应能丰。续派：忠厚传家远，昌荣定可期。志诚归统一，天永锡鸿禧。

华容注滋口周氏 始迁祖承烈公率道铭、道铨、道钦三子，于清光绪三十四年（1908），从湖北沔阳逃荒迁至注滋口下洲土上。后道悦、道源、道济、道贵等人也相继迁华。分居插旗、南山、北景港、新河和南县华阁、钱粮湖等地。原派：杞尚昌之，作述显承。道光德茂，学彦元祯。增派：忠信仁义，丕振家声。继先启后，孝悌为本。自强发展，寰宇创新。恪守伦常，永世笃荣。堂号爱莲。

湘阴棣园周氏 始祖斛公，后唐同光二年（924）自江西奉新县梅花乡游草塘迁居湖南湘阴县永宁乡。族人分布于药铺田、官坡、大园等地。至1948年，族人约6286人。宗祠建于清乾隆四十五年（1780）。今属汨罗。清乾隆四十二年（1777）、道光九年（1829）、咸丰十一年（1861）、光绪八年（1882）、宣统元年（1909）、1948年、2020年纂修族谱。字派：斛湘纺先，民子真得。怀徙石珠，文乃训析。藤谱传宗，源流一脉。（自八世始）应用敬廷，彦世存宁。荣华富贵，嗣裔超群。清源正本，立德垂声。永锡光祚，大启人文。

湘阴黄泥塘周氏 始迁祖伯三公，宋钦宗时自江西南昌迁湘阴三江口跃马桥，传五世至福七迁居关王桥黄泥塘。后裔分迁各地，有明泗、胜祖、拔云、祥来、志明、孟秀、召孙等支。清嘉庆二十五年（1820）三修族谱，堂号汝南。

湘阴燕塘湾周氏 始迁祖鍢公，宋高宗绍兴年间因避难自道州迁居湘阴县高明乡第四保燕塘湾。族人分布于湘阴、长沙、湘潭、沅江、四川、湖北、广东等地。清咸丰五年（1855）建总祠于燕塘湾。至1948年，已传31代，全族人口3000余人，今属汨罗。

湘阴观音湖周氏 始迁祖朝王公，明洪武中自江西丰城迁湘阴。清道光二十四年（1844）进士周琛即其裔孙。

湘阴高明乡丁家冲周氏 明洪武间自湘阴县白鹤洞分支，落叶高明乡丁家冲。1912年建宗祠。

湘阴源泗周氏 始迁祖源泗公，明洪武中自江西丰城迁今汨罗市源泗。

湘阴茅坪周氏 始迁祖成泰公，明洪武中自江西南昌迁今汨罗市茅坪。

湘阴高明乡大石桥周氏 明洪武间自江西吉水徙湘阴县高明乡大石桥。族人分布于周家岭、七柳树。至1948年，共300人。清咸丰间建祠。

湘阴山陂冲周氏 始迁祖荣六公，明洪武中自江西丰城迁此，族人分布于万家塅、大禾冲、新屋周等地。今属汨罗。

湘阴砖剥塘周氏　始迁祖景方、景明公，明洪武间由江西吉安府吉水县鹅颈丘迁居湘阴十八都砖剥塘。清乾隆二十八年（1763）、嘉庆十九年（1814）、同治六年（1867）、光绪三十一年（1905）、1947年纂修族谱。派语：景文登仕万，永伯兴添尚。大仁义尊之，启开先卜望。忠孝发祥光，贤良端志向。承平国运隆，和乐家声畅。

湘阴大屋坪周氏　始祖平湖公，讳应元，明洪武年间自江西泰和迁居湖南湘乡东台山，再迁湘潭建宁乡。至四世祖政明公，讳光宇，明成化间因人口繁衍，迁居湘阴县南忠义乡大屋坪。族人多分布在忠义、文家、仁和、文洲、和丰以及南县、安乡、湖北公安等地。清道光八年（1828）建宗祠于大屋坪。1947年八修族谱。至1948年，全族人口4000余人。

湘阴白水周氏　始迁祖朝海公，字宗汉，明嘉靖间自江西吉水县因兵燹差繁而迁湘，开基于湘阴县白水乡第一保。族人多分布在大石洲、多世坡、周家硚、棘山岭等地。宗祠在白水乡大石洲。至1948年，已传17代，全族人口约700人。

湘阴周氏　始祖天富公，明时任临江参府，归隐吉水，迁居楚南攸县，后转徙沩宁。源公，字昆发，明嘉靖间由宁乡迁居湘阴酬塘围土坪，生希尧、希圣、希孟、希祖、希贤。希贤不传，衍为四房。清乾隆五十五年（1790）一修支谱，道光六年（1826）、光绪二十五年（1899）续修。字派：宗支德泽，名溢南湘。经传后世，文望永芳。盛斯克继，亿万隆昌。铭垂典策，光裕悠扬。

湘阴周吉岭周氏　明万历三十七年（1609）由巴陵徙湘阴县高明乡周吉岭。族人分布三阳冲、罗家洞、白水洞。至1948年，共400人。清嘉庆年间建祠。

湘阴玉笥山周氏　始祖东山公，明时迁居于此。宗祠建于清乾隆二十七年（1762），今属汨罗。

湘阴丝茅坪周氏　始迁祖希圣公，清康熙中自湖北监利迁湘阴。

湘阴周家嘴周氏　始迁祖正钧公，清康熙中自湖北监利迁湘阴。

汨罗周氏　始迁祖左元公，明洪武二年（1369）由江西丰城铁树观迁洞庭东汉罗江南岸小江塅陈花园，今属汨罗。1929年六修、2017年七修族谱。派字：左祥孟万先，允仲正文胜。兴隆成世泽，盛德启麟章。和顺英华发，其征昔国光。诗书享孝悌，道义智纲常。

平江托莲周氏　始迁祖上珍公，北宋熙宁六年（1073）自江西义宁澧头迁居平江东乡长寿塘口，生太庆、太青。太青立业城东周家湛。太庆传四世至

“可”派七人：可英居塘口，可效迁岑川，可法迁西塘，可从迁托莲，可风迁横江，可兴迁长田市，可仙迁庄头。清乾隆初可从房始修族谱，1993 年六修，六修时生丁男 3190 人，女 2945 人。老派：太禹邦思可，均惟志丹文。伯仲大继天，兴永承宗岐。续派：光开令绪，代典加详。传家孝友，辅国忠良。庆衍先美，德贻后芳。敬守前训，用兹表扬。

平江鹤陇周氏 始迁祖儒公，宋代自江西义宁迁湖南平江东乡塘口。五传至可从公，迁南乡托莲。历十三世至承恭，复迁鹤陇。1924 年初修族谱，堂号鹤在。

平江长寿镇新园村周氏 始祖敦颐公，二十一世元志，原籍广东惠州府和平县。清康熙时携子振春、振蔚，孙日茂、日荣、日焕、日辉同迁平江。茂居濯水，荣未详，焕、辉居周方河壖。焕生四子：启元、启千、启上、启仁，称上四房。辉生六子：启山、启芳、启忠、启才、启文、启青，称下六房。1992 年纂有族谱，时有族人 300 余人，分布于钱家塘、白竹坑、倒水江、新屋、河壖、坳上、潮洲坪、水口、姜坳、三市、砂田等处。

常德周氏 始迁祖万武公，原籍江西吉安府吉水县大栗树，明永乐二年（1404）迁澧州慈邑七相坪饭甑山，后复徙武邑北关外八十里同古村七姑山下鳌钟堰。清光绪十四年（1888）、1948 年纂修族谱。派语：之命曰正继，维道宏先绪。传家永克昌，国祚保安康。

常德周氏 始迁祖元公，世籍荆枝，明万历间因贸迁常郡东关外。至祯、祥二公，始分两房。清光绪十三年（1887）、1944 年纂修族谱。

常德周氏 始迁祖之毕公，明代自江西吉水县迁武陵县。清光绪三十二年（1906）三修族谱，堂号爱莲。

汉寿周氏 尊北宋周敦颐为始祖。至枝芳公携子务本、务清、务彦于明洪武二年（1369）由江西吉水县泥田来楚，三年后枝芳公复归江西，而务本落业龙潭花苑，务清公落业澄清西冲，务彦公落业周、鸭两港。族谱始修于明万历间，清乾隆间续修，道光十九年（1839）三修，光绪十九年（1893）四修。

汉寿周氏 始迁祖大理寺评事子椿公，明洪武间由江西迁居汉寿邑南梅溪里四区寨郙，三传至万礼公复徙三区剩里桥。又有子樱公，由常德路徙龙阳邑城。清道光十五年（1835）两支建祠于剩里桥。明嘉靖十九年（1540）、崇祯十三年（1640）、清康熙二十年（1681）、嘉庆二十年（1815）、咸丰十年（1860）、宣统二年（1910）、1949 年纂修族谱。

汉寿桔林江周氏 始迁祖维岗、维嵩、维岳、维界，明天顺三年（1459）

由江西吉安府吉水县泥田乡迁龙阳县桔林江，以捕捞为主。清同治二年（1863）、光绪九年（1883）、1922年、1997年、2018年五修族谱。字派：维延单宏长永廷邦正大光明善作克述文运应昌家齐国治世泰。

澧县、临澧、石门周氏 始迁祖兴辅、兴发、德谦、辅升、周禹、周清、月岩等公，元末明初由江西迁湘澧。兴辅为石门、澧阳之祖，兴发为临澧柏枝石墨山、藕池、农林之祖，德谦为澧县涔阳之祖，觉成为石门周家垱之祖，辅升为石门双溪坪之祖，禹公为临澧修梅仙人岗之祖，清公为临澧安福镇望城坡、周家巷、太浮南阳坪之祖，伦公为临澧望城杨明溪之祖，忠公为临澧安福镇梅溪桥、四季红、杨板万福之祖，大、小龙公为石门宝塔山之祖。清道光二十三年（1843）澧阳周氏合修族谱，1920年续修。1929年临澧烽火藕池三修，1944年石门二都三修，1947年临澧三修，2011年各支四次联修。联宗派语：（自十六世始）守尔先泽，用乃常训。自念克家（复），悉力尽性。云为秉礼，视履存诚。集思祈益，动心贵慎。

澧县梦溪周氏 始迁祖兴辅公，元末赐进士第，澧州路总管，自江西丰城迁澧州。六世孙敏公为梦溪周家岗之祖。清道光二十二年（1842）、1920年、2010年纂修族谱。字派：（自十六世始）守尔先泽，用乃常训。自念克家，悉力尽性。

澧县周氏 始祖品二公，明永乐二年（1404）自江苏常州宜兴县屯军澧州，卜居轻洲（今津市新洲）江家坪后。清乾隆十五年（1750）、咸丰十年（1860）、1919年、2009年四修族谱。派语：（自十三世始）士显尚玉，运财兴金。大德清敦，永定昌明。开学光国，安邦宗承。

澧县涔阳周氏 始祖天叙公，子三：峰、岳、嵩。岳居江西临川战坪，嵩居江西南昌府后港。峰居江西丰城县苦竹九凤池，传至德谦公偕二子森、枢，侄恭、孙叔复于明成化年间自江西丰城县苦竹九凤池上迁居澧州西北周家棚，衍为涔阳各支，即讱、谧、谏、淑四大房。现有子孙3000余人。

澧县周氏 始迁祖庆春公，明时由江西吉安迁居澧州新安后坪指挥滩桥北。清同治六年（1867）纂修墨谱。1918年续修。派序：庆国廷世继，应宗之宏。正大光明，先绍家声。德传忠厚，泽启俊英。天锡尔祚，儒士振兴。

临澧城南望坡周氏 始迁祖清公，明初封元中大夫。其子子武，封武雄侯，原籍江西吉安府吉水县，明初迁居临澧县城南望坡，现有子孙1800余人。

临澧东石墨山周氏 始迁祖兴发公，原籍江西丰城县苦竹九凤池上。曾孙德兴，明太祖时封征南大将军、江夏侯。其子诚、彬、思，随父征讨南蛮，招安永定、天门，遂定居临澧县东石墨山。现有子孙 3600 余人。

临澧佘市道沅桥周氏 始迁祖觉成公，字永福，原籍南京应天府三山街竹排港果子港。明永乐年间与同里王、刘二姓同迁湖南临澧县佘市道沅桥，现有子孙 200 余人。

临澧佘市桥独松树砠周氏 始迁祖世贤公（1495—1563），自江西吉安府吉水县迁入临澧佘市桥镇独松树砠，子孙 2000 余人。

临澧佘市桥团斗坪周氏 始迁祖鉴公（1506—1594），原籍江西吉安府吉水县大栗树，后迁徙湖南临澧县佘市桥团斗坪，现有子孙 1900 余人。

临澧新安镇周氏 始迁祖庭用公，明末因商自江西南昌县徙迁临澧县新安镇。世与双溪坪周氏如若昆仲，1946 年联宗合族并入双溪祠，现居新安子孙 300 余人。

桃源畬田周氏 始迁祖子华公，明朝初年自吉水迁于桃源县东后春村。至 1948 年，已传 19 代，人口 100 余人，分布于常德、桃源边界各乡。宗祠建在常德小西门外黄土山。族谱创修于清同治十二年（1873）。

桃源水田周氏 始迁祖应祖公，明永乐二年（1404）自吉水迁于桃源县东水田之美生湾。至 1948 年，已传 19 代，全族人口 500 余人，分布于木塘、畬田等处。清咸丰八年（1858）建宗祠于叶家坡祠堂湾。族谱创修于 1917 年。

桃源木塘二周湾周氏 始迁祖思恭公，明永乐二年（1404）自吉水四十八都迁于桃源杜青村之二周湾。至 1948 年，已传 21 代，全族人口 800 余人。清同治六年（1867）建宗祠于二周湾。族谱创修于 1924 年。

桃源木塘周氏 始迁祖芳秀公，明永乐二年（1404）自江西迁于桃源县东杜青村之周家坪。至 1948 年，已传 22 代，全族人口约 1470 人，分布于陬市、延泉、水溪等地。宗祠在木塘周家湾。族谱创修于 1919 年。

桃源浯溪周氏 始迁祖光一公，明永乐二年（1404）自吉水迁于桃源县东浯溪之牛厂坡辉玉湾。至 1948 年，已传 21 代，全族人口 800 余人，分布于八湖坪、剪家溪、河洑等。清咸丰六年（1856）建宗祠于田家河。族谱创修于 1929 年。

桃源双泉寺周氏 始迁祖富一公，明永乐三年（1405）自吉水迁桃源县西之双泉寺号洞溪（即赫曦乡之洞溪坪），其弟富二迁沅陵之黄杨坪，富三迁泸溪。至 1948 年，已传 25 代，富一公裔人口 3500 余人，分布于紫霞山、八仙坪等处。宗祠在双泉寺。族谱创修于 1948 年（注：监池坪、大风树十余户周姓俱属土著，同姓不宗）。

桃源连珠硚周氏　始迁祖国序公，明英宗末年由丰城迁于桃源县北莫林村之连珠硚。至1948年，已传16代，全族人口300余人，分布于漆河、陬市、灵泉、温泉、大田等处。清咸丰六年（1856）建宗祠于田家河。族谱创修于光绪十五年（1889），1930年续修。

桃源牧塘坪、汤家山周氏　始祖少祖公，号周用，明朝人，原籍九江，迁南昌，未几同兄弟少岩率其子孟元、孙兴国、兴邦迁于桃源县东杜青村之牧塘坪。至八世孙礼元因避祸率子珮、珂、珠、珪再迁大安村之汤家山。至1948年，全族人口1000余人，分布于陬市、延泉、周家山、许家桥、苏家渡、新湘溪等地。宗祠在周家坪。族谱创修于清光绪十七年（1891），宣统三年（1911）总修一次，1937年续修。

桃源九溪周氏　始迁祖爵公，明朝中叶自江西迁于桃源县北之九溪。至1948年，已传19代，全族人口1000余人，分布于猫儿头、桃花井、杨坪等处。宗祠在田家河。族谱创修于清光绪十五年（1889），1929年续修。

桃源菖蒲垭周氏　始祖万钟公，原籍大同，官总兵，败寇有功，见忌权奸。其子廷禹、廷宪惧祸，遂迁于桃源县北上七里村之五雷山麓立天门白杨坪。至1948年，已传15代，全族人口500余人，分布于温泉、高东、九溪、黄石等处。宗祠在菖蒲垭。族谱创修于清道光初年，1914年续修。

桃源黄石溪周氏　始迁祖存阳公，清乾隆时自安化迁于桃源县南大安村之黄石溪。至1948年，已传7代，全族人口100余人，分布于马家坪、青山口等处。清光绪年间建宗祠于安化陶田。光绪三十二年（1906）与安化合修族谱。

石门南乡周思安周氏　始迁祖昂公，原籍江西吉安府吉水县大栗树，明庠生，洪武初年封武德将军，镇守永定卫，遂落石门县南乡义块（即周思安等地）。现有子孙2000余人。清光绪二年（1876）、1937年、1946年昂公支、贤公支及团斗坪鉴公支、冷水街元公支合修族谱。2006年昂公支四修。字派：守尔先泽，用乃常训。自念克复，悉力竞信。

石门双溪坪周氏　始迁祖添辅、添升，明嘉靖间由江西吉安府吉水县大栗树朱家巷迁居石门双溪坪。清光绪十四年（1888）一修族谱，1920年续修，1947年石门、临澧两邑24支合修，2004年双溪四修。派序：（以“添”派为八世，自十三世始）文世光大其国永。用乃常训，自念克复。悉力尽性，云为秉礼。

石门二都傅家岔周氏　始迁祖月岩、月旦兄弟，明嘉靖年初自江西丰城县舡埠大栗树仙乡迁徙慈利县百步蹬，后移居石门二都傅家岔。现有子孙1500

余人。

石门新关镇五桂村周氏 始迁祖贤文公，原籍江西吉水县，后迁湖北石首县第三都，复于清康熙末年转徙湖南石门县新关镇五桂村，现有子孙200余人。派行：贤朝永。续派：昌大开明喜，士茂正家邦。祖德贻谋远，行章万里芳。

石门宝峰周氏 始迁祖大龙、小龙兄弟，由江西吉水县迁徙石门二都宝塔（今宝峰开发区），现有子孙200余人。派行：宗榜自高会，光国伦耀兴。万里庆天卫，永远得清知。

张家界周氏 始祖归仁公，生于魏，世居青州，官隋襄阳节度使。十传至宋时敦颐，敕封道国公。再十九传至铭公，字汤誓，佐洪武成帝业，诰封昭勇将军、平北侯，分屯特抚边夷，镇守永定卫，世袭十代，遂开基于张家界市官尹乡黑松关。族人分布于沧溪、罗水等地。宗祠在张家界市城北正街。至1948年，全族人口14000余人。1913年，原国民革命军第二师师长周朝武主持修纂《澧水流域周氏二十八支族谱》，并订立通派：笃叙怀昭考，嘉祥统祚新。尊荣闻达孝，智勇裕深仁。作述洪宣哲，忠贞美汉臣。英华恒保育，廉让克遵循。

张家界西溪坪周家坊周氏 始迁祖兴德公，原籍江南庐州府合肥县瓦街巷，明太祖时授湖广行省左丞，因慈利土酋覃垕之叛而驻屯。清光绪十三年（1887）纂有支谱。2002年续修族谱。

张家界、桃源、石门周氏 始祖万钟公，明嘉靖间以总兵败寇，见忌权奸，其子廷禹、廷宪恐不免祸，自大同徙居澧阳五雪山麓，今属张家界市。四世朝明公，生胤科、胤举。又一支泰公，自江西迁桃源，分处武陵冈市湖海坪。又一支自成公，清初剿吴三桂余党，自衡阳奠居石门木河堉。1914年三支合纂族谱。禹、宪二公老派：天玉士恒昌，有志定安邦。卜居宏正业，世绪远流芳。自成公老派：自守国朝，文武忠良。绍承世德，万邦永康。泰公老派：永世朝自启良兴家安国定邦。

慈利宝珠山周氏 兴辅公，原籍江西丰城县苦竹九凤池人，元末赐进士第翰林院，任澧州路总管，宦居慈利，卒葬慈利宝珠山。后裔分居澧水流域及湖北等地，衍锡公五门、和公七门、建公二门。清乾隆五十六年（1791）一修族谱，以兴辅公为始祖。道光二十二年（1842）续修，以烈公为得姓受封始祖，以峰公为江西远祖，以兴辅公为迁澧一世祖，烈公而上至于后稷，而存其说不著其系，不妄附亦不轻遗。前二修仅列锡、和两支。1920年三修，以后稷为鼻祖，以烈公为始祖，以峰公为江右远祖，以兴辅公为澧阳支迁祖，以德谦公为涔阳支迁祖。三修时补入建支。2015年和公六门红庙房四修。字派：（自十六代始）守尔先泽，用乃常训。自念克家，悉力尽性。

益阳洪桥周氏　始迁祖云智公，元季自江西迁益阳上游，生廷景、廷玉、廷芳、廷受、廷年。景、玉、芳三公落业一里粮承五、七、九三区，受、年二公从军镇宝庆，遂家邵阳梅塘。廷景生肇作、肇伸，传至学伸，迁居益阳庙子潭。廷玉生肇修，传至世比，迁居武陵黄土坡。廷芳生肇会，传至必鉴，迁居益阳洪桥，今属桃江。清同治十一年（1872）、1914 年五支合修族谱。1948 年九区廷芳公裔八修族谱。1995 年九修世谱。派语：云廷肇发，胤必日祥。德大道尚世钜荣昌。照远鉴源本，熙垂锡泽新。承家昭盛典，光国庆延英。

益阳周氏　始祖天富公，字建禄，元末明初由江西吉水宦游临江，后迁南楚，自攸而宁，居宁乡一都萧园冲。至四世伯盛公，迁居益阳泗洲庙。伯祥仍居宁乡萧园冲。清康熙四年（1665）、乾隆五十七年（1792）、咸丰八年（1858）、1913 年纂修族谱。派语：始祖天富公，燕翼贻后人。志骠伯时学，三昌启俊廷。光宗耀祖，显士增荣。世承德泽，源远吉逢。

益阳严市周氏　始祖宋时道国公敦颐，生二子：寿、焘。寿公递三传至世耀公自江州徙居吉水泥田，传至六代“思”派九公：思本、思德、思澜、思禄、思福、思净、思聪、思达、思安，由江西吉水徙居湖南宁乡、益阳。思德字修仁，明洪武九年（1376）携弟思澜、思禄由吉水泥田徙益阳东关外水泊桥教学授徒，后隶籍十九里黄花坪。思福字建南，洪武二十五年（1392）携弟思涛迁居益阳二十里沧水铺枫梓冲。思聪字凤鸾，居沧水铺河头湾。思达字世荣，建文时由江西安福五都师姑塘迁益阳二十一里欧江岔。思安，永乐元年（1403）迁益阳十九里钟家堤。公祠在益阳严市。清乾隆九年（1744）各房分修族谱，道光四年（1824）、同治七年（1868）、光绪二十二年（1896）、1927 年、2007 年续修。派语：思文维仕盛，时国正天立。大纲常知礼，贤才逢永锡。滋树荣培锦，湘楠照地钟。汝霖勋至钜，治懋庶堪钦。

益阳黄花坪周氏　始迁祖思德公，字修仁，号静轩，明洪武九年（1376）与弟思澜、思禄自江西吉水泥田迁益阳东关外水泊桥，授徒八载，又迁十九里黄花坪盐井坝，1927 年五修族谱。

益阳华林塅周氏　濂溪公八世孙超万，字有志，讳思鹏，世居江西袁州萍乡县观花乡永平里一二堡龙潭祠石桥堡，明洪武二十八年（1395）教学星沙，落业资阳华林塅。清乾隆二十二年（1757）创修宗谱，同治十年（1871）续修，光绪二十七年（1901）三修，1941 年四修。老派：典雅思从，维治学文。续派：学文高尚志，习武建勋猷。新派：德立家之本，名扬士以贤。诗书庭有训，忠厚世其传。

益阳二十一里周家垸周氏 始迁祖肇翔公，明洪武年间自江西吉水迁此开垦，后裔三支，居汾湖洲、十九里。

益阳宝林冲周氏 始迁祖国书公，明洪武年间自江西吉水行医来此，子嗣一支居黄蜂塘。

益阳黄花坪周氏 始迁祖世耀公，明洪武年间自江西德化迁此开垦。其后衍居兰溪、二十里。

益阳汾湖洲周氏 始祖志亮公，明洪武初年徙居湖南湘潭，生五子：肇凤、肇鸿、肇翱屯居湘潭，肇鹤居浏阳，肇翔由湘潭徙迁益阳第六区二十一里汾湖洲。清道光六年（1826）建宗祠于汾湖洲西岸周家垸。该族名人：（清）周开锡，原名开锳，字绶珊，号受山，行三，志亮公二十一世孙，属定绩房，《清史列传》有载，著有《汾湖草堂诗草》行世。周谷城，派名学超，行二，志亮公下定繁房二十四世孙，历史学家。旧派：志肇宏昭列，时旺玉堂轩。国子必尚义，言方定泽之。续潭益合派：开先理学善，相承庆自基。维祖宗明德，广克建中常。绍修贤以正，则笃永家光。

益阳三堂街周氏 始迁祖承四、承允、承九，明洪武初由浙江金华屯兵常德，永乐二年（1404）移屯今桃江三堂街周家湾。

益阳三田周氏 始祖荣亭公，字仁端，原籍江西吉安府万安县菖蒲塘，生二子：衡、衢。长子衡，字止平，明建文四年（1402）徙湖广茶陵，子鉴公，永乐二十一年（1423）再迁资邑永隆湾。鉴生聪，聪生顺侃，字玉显，号三田，居三田村。次子衢居道州。族谱始修于清嘉庆二十一年（1816），咸丰六年（1856）续修，光绪二年（1876）三修，1928 年四修。老派：顺良廉正纪，德重胜临卿。传名敷万国，允代振家声。旧派：大启昌期远，宏开福祚长。诗书承世泽，忠厚迪前光。续派：创业思先哲，守成在后贤。谟猷贻奕叶，科第庆绵联。

益阳田家垄周氏 始迁祖衡明公，明永乐时由江西万安迁今桃江六里田家垄。

益阳、沅江周氏 始祖濂公，字江源，世居江西吉水，二子：闻诗、闻礼。诗公子祖述，明弘治间迁益阳一里。礼公子祖达，达公长子诒亨，明嘉靖三年（1524）迁沅江县保六甲之周家湾。次子诒盛，嘉靖五年（1526）迁湖北襄阳龙首山。祖述公六世孙以仁、彩仁。以仁之后先后由益徙居沅江三眼塘等处，为富房。彩仁之后仍居益阳为贵房，诒亨之裔为荣房，诒盛之裔同治初迁益阳，为华房。又以富、贵、荣、华四房人众居散，难于理顺，遂析为新开山支、傅公塘支、普庵堂支、周家村支、岳家咀支、海上支、周家坝支、油塘坪支、甘溪港支、周家坪支等。傅公塘支始迁祖祖述公，明弘治间由赣迁益，至1949年，已传19代，男丁1258人，女口729人。海上支始迁祖道显公，清康熙间由鄂迁沅，至1949年，已传11代，男丁184人，女口119人。周家坝支始迁祖霖湘公，明嘉靖间由华容迁沅，至1949年，已传17代，男丁152人，女口88人。岳家咀支始迁祖德普公，清康熙间由鄂迁沅，至1949年，已传10代，男丁136人，女口86人。甘溪港支始迁祖明鉴公，清康熙间由鄂迁益，至1949年，已传14代，男丁112人，女口70人。油塘坪支始迁祖世美公，清康熙间由江南迁益阳，至1949年，已传11代，男丁68人，女口37人。周家湾支始迁祖龙池、龙飞公，明嘉靖间由广西迁沅江，至1949年，已传21代，男丁43人，女口25人。道光十七年（1837）创修族谱，光绪元年（1875）续修，1915年三修，1947年四修，1995年五修。1927年建族祠濂溪堂于沅江县城广济桥。海上支派语：道启玉光嘉，在文才世美。宏学慎修为，发荣良有以。周家坝支派语：京士永兴，文世其昌。与人家国，忠义名扬。修齐有道，孝友为光。克敦亲睦，于斯万年。岳家嘴支派语：学禹德光荣，家声兆治平。典谟昭道化，制作启休明。炳蔚才华古，诗书世泽长。全修逢景运，相继颂贤良。甘溪港支派语：上明祐应远，良贤显大邦。文章扬国泰，光辉耀凤祥。油塘坪支派语：必子尚一，士孔世维。令文宗正，永思志祎。邠岐启宇，丰镐开基。西京绍业，南国传诗。周家湾支派语：龙虎榜中文，麟显大魁名。楚南昭盛业，崇本振兴隆。傅公塘支派语：祖诒庭庆远，胜国大文章。其祚显先德，传守万代昌。家声隆厚道，忠孝振纲常。为善嘉祥备，敦信启贤良。公派：元吉能建则，安和克自成。延师宜执敬，教养允余贞。

益阳板桥周氏 该族以子琳公为第一派，葬江西吉水白竹溪，三派仕广，明弘治初迁居益阳十五里裴家村，生志祥，迁板桥，志祥生仲嵩、仲岳、仲泰、仲衡。岳、泰仍居故址，仲衡子朝孚徙岭口，仲嵩子朝卿徙牛田。清康熙六十年（1721）始修族谱，乾隆二十三年（1758）二修，嘉庆二十五年（1820）三修，咸丰八年（1858）四修，光绪十五年（1889）五修，1931年六修。六修时嵩房男421人，女241人。岳房男55人，女27人。泰房男2075人，女1141人。衡房男764人，女459人。共男3315人，女1868人。派名：子喜仕志仲，朝中大有光。思兼世其祚，继起绍贤良。鸿勋承祖泽，盛业耀名邦。礼法家之本，诗书国运昌。原中宣部副部长周扬，谱名起应，为衡房十七世孙。著名作家周立波，谱名绍仪，为泰房十八世孙。

益阳十七里仙峰岭周氏 始迁祖新靖公，明嘉靖间自江西来此开垦。另支始迁祖正毅公，明万历年间自江西吉安来此开垦。

益阳十里周氏 始迁祖良懋、崇轩、客言、泮池，明嘉靖时由江西吉水经商，卜居今桃江十里麻牛村、三堂湾、枯杉。

益阳苦竹湖周氏 始迁祖政毅、政庄公，明万历间由江西迁居益、沅交界处之苦竹湖。清乾隆十八年（1753）毅房、庄房、三塘坝房三族合修族谱，嘉庆八年（1803）毅房、山塘坝房二修，道光间毅房、三塘坝房三修，光绪十七年（1891）毅房四修，1934年毅、庄二族五修，2004年毅房六修。政毅族老派语：政承嗣朝，尚国允兴。邦文昌皆，显达升廷。政庄族老派语：政承嗣朝，尚国永兴。邦文昌开，世运绍述。新派：原起均姬胄，后来锡祚膺。莲香盈宇宙，味厚合缁渑。

益阳十七里杜公垸周氏 始迁祖祜金公，清康熙年间自湖北江陵来此。

益阳石脚周氏 始祖祥光公，宋元符间进士，官户部尚书，居新化石脚村。十五世宗圣、宗辉、宗耀，十六世仁流、仁矩、仁禄、仁伟、仁位等清康熙间相继由武冈迁居益阳。清同治十三年（1874）、光绪二十七年（1901）、1993年纂修支谱。

益阳野牛冲周氏 始迁祖忠公，字一心，自江西吉安府庐陵县徙居湖南益阳县青天寨二十六里之野牛冲，传至九派“思”字辈，衍为九房：思齐、思曾、思宗、思孔、思鲁、思甚、思祖、思容、思潮。孔、鲁、祖、容四房失传。

益阳千家洲周氏 孔信公由江西迁居湖北监利，其后六世良深公于清雍正四年（1726）由监利分徙湖南益阳千家洲。清光绪四年（1878）、1916年、1937年益阳分修族谱。祠号至德。

沅江白鹤嘴周氏 始祖玉莹公，子德纯、德粹于明永乐末年徙居沅邑县治之西吉水港乔木冲，旋居白鹤嘴。1913年纂有支谱。

安化周氏 远祖公瑾。三十四传分为子雅、子诚。诚房荣启公于宋元祐间由江西永新厚田任安化县令，解组隐居归化乡车田。雅房思越公明成化间由厚田迁居安化城西泗圣堂。清乾隆五十七年（1792）、道光二十九年（1849）、光绪十六年（1890）、1923年两房合修族谱。雅房原派：天思廷木大，承启泳宗光。诚房原派：（志美支）文章友教茂，承正大立光。（志义支）雯崇汝绍永，斐乾文维之。（志善支）文章有教汝，承正大立光。（文溢支）胜人志学祖，宗正有德光。合派：景介家传盛（定华夏万世），鸿图应（颂其勋）运昌。诗书登上国，礼义甲中邦。作善余庥祉，修和兆吉祥。

安化三甲周氏 谱称勍公宦游九江，隶籍吉安府庐陵县，十八传文郁、文卿。文郁公官常德府教授，明洪武三年（1370）始来安化，居十二都姐儿塘，七年（1374）迁居城西。文卿公永乐六年（1408）迁居安化城西。清乾隆五十九年（1794）始修族谱，道光二十八年（1848）二修，光绪十八年（1892）三修，1930年四修。乾、道谱皆称勍公为周勃之后，四修时本“疑以传疑”之义，以勍公为始祖，不复攀引绛侯。字派：志均伯仲，文崇绍日，汝王必金，应国正人，才启烈光。在大成平世，恩荣锡福长。传家忠厚久，永远庆名扬。

新化周氏 始祖监卿公，字天任，江西吉安泰和县圳上人，宋元丰间宦游楚南，生四子：子春、子美、子安、子充。美、充回江西原籍。春、安居新化，子孙散居小溪、白岩、周家坪、金家溪、北塔、灶门岩、丛溪、栗滩等处。1996年春、安两房七修族谱。雍正元年（1723）新、邵、武、宁各房合订班次：荣先维继述，裕后乐英贤。秩序本天定，彝伦在人全。谟烈由今绍，奕叶谱相传。家乘恪遵守，祥发永绵延。

郴州周氏 始祖均贵公，元至正间自滇南迁郴州永丰乡雷溪洞。其子志德、志明复迁本乡大面洲。清乾隆三十一年（1766）创修族谱，道光七年（1827）续修，堂号濂溪。

郴州骆仙铺周氏 元公长子寿公。越十三传万公，字亿庵，元至正末年自临武县因兵燹迁居郴县吉凤乡骆仙铺。族人分布在塘昌铺、秀水、攸溪等地。至1948年，已传28代，全族人口8000余人。宗祠在郴县中山西街，分祠在塘昌铺、龟上。清乾隆三十五年（1770）、嘉庆十九年（1814）、道光二十三年（1843）、光绪十年（1884）、1914年、1944年纂修族谱。字派：昌明昭代远，丕振玉堂书。甲第新隆世，良才庆有余。崇礼广学，含和咏仁。声华承焕，雍熙恒春。

宜章周氏 始迁祖安智公，宋末景炎间自茶陵奉调戍边而徙居宜章，生三子：世兴卜居笆篱乡白堆周家，世京定居栗源乡周家湾，世福卜居黄沙乡碕石。至1948年，全族人口共1136人。宗祠一在周家湾，一在白堆，一在碕石。

宜章周氏 始祖昌荣公，明洪武年间由茶陵因奉调从征迁居宜章，子二：仲华定居笆篱乡绿源水，仲祥定居黄沙堡水东。族人多聚居于绿源水和水东。清道光二十七年（1847）纂有族谱。至1948年，已传21代，全族人口共1990人。

宜章黄溪周氏 始祖才公，明正德间由福建上杭县迁居湖南宜章县赤石乡之黄溪。族人多分布在黄土塘以及汝城县文明乡上章管垅。宗祠在黄土塘。至1948年，已传16代，全族人口1205人。

宜章碕石周氏 始迁祖世福公，字实现，因奉命平乱而由茶陵迁居宜章县黄沙乡碕石。族人分布在石塘、余家湾、大坳等处。至1948年，全族人口约578人。清嘉庆年间建宗祠于碕石。

嘉禾花溪周氏 濂溪四世孙时泰公自福建汀州府归祭舂陵（即道州），而后卜居临武之燕溪。数传至明道公自燕溪迁北乡之油榨头花厅，即嘉禾油榨头花溪。明道公八传至景聪，为平田区花溪周氏支祖。

嘉禾清溪、石桥周氏 始祖万盛公，南宋咸淳九年（1273）自临武白竹迁居于此，称“清溪周氏”。至1930年，有444人。其后裔子美于元至元年间自清溪迁居石桥周家，称“石桥周氏”。

嘉禾石桥周家周氏 始迁祖子美公，偕子宗杰元初由临武清溪迁嘉禾石桥周家。宗杰长子先，分析清泉坊，至1930年，共553人。次子潮，分析丹桂坊，至1930年，共483人。

汝城马岭周氏 始迁祖少卿郎，宋嘉定时自江西吉水县泥田因官郴州太守而迁湘，开基于汝城县津岙乡马岭。族人分布在长塘、前山、下洞及郴州走马坪等地。至1948年，全族人口1500余人。宗祠在马岭。明万历四十二年（1614）、清乾隆元年（1736）、嘉庆八年（1803）、道光二十六年（1846）、光绪二十三年（1897）、1947年纂修族谱。排行：忠孝传家远，作述万奕新。钦承先俊彦，宏裕始尊亲。京国荣隆运，南邦大有人。文星宜克耀，荣来福自申。

汝城永丰周氏 始迁祖辂公，字万二郎，宋宁宗时自江西吉水县泥田随父仕湘而迁湘，开基于汝城县和平乡永丰。四世逢圣迁濠头丰亨，五世良叟迁高原，六世廷华迁江西雁湖。至1948年，已传28代，全族人口3000余人。宗祠在本乡之永丰。

零陵大梁园周氏 始迁祖景和公，原籍江西永新，明初官指挥，由江西携二子贵龙、贵虎由江西征永有功，得封孱陵侯。贵虎回原籍。贵龙留居零陵北区大梁园，传五世有玄孙十三人，衍为十三房，分处零陵、东安等处。清宣统元年（1909）建总祠于东安花桥。1925年十三房合修通谱。2009年柏公房贵臣公裔续修。字派：景贵添永廷，思仕汝仲道。胜京尚梦自，运联绍周之。大德长进芳，顺裕际安祥。本立怀先典，逢恩必显扬。

道县周氏 远祖宽饶。传至十二世从远，北宋初中进士，任指挥使，迁道州营乐乡石塘桥，生子智强，智强生子周识、辅成。始祖辅成，世居濂溪，北宋祥符八年（1015）进士，终贺州桂岑令。子敦颐，原名敦实，字茂叔，理学家，著《太极图说》《通书》等。敦颐生子寿、焘。寿字季老，一字元翁，宋元丰进士，善书法，著《周元翁诗集》。焘字通老，一字次元，宋元祐进士，官终宝文阁待制，著《爱莲堂集》。

道县清溪周氏 始祖隋时归仁公，世居山东青州府益都县。五传至如锡公，唐武德元年（618）进士，因言事不合，左迁道州司马，遂家于宁远县大阳洞，如锡公之孙福连再徙道县清溪村。至1948年，已传21代，全族人口2000余人。宗祠在清溪老村。

道县周氏 一世归仁公，十六世敦颐，二十一世应贵公。2018年应贵公裔纂修家谱。辈行：泰星云林禅，德显政光荣。庆锡天恩宠，仁人都镐丰。承启信良解，国祯广才华。

道县江村周氏 始祖成材公，字作栋，生于广东韶州，至湖南道州探亲时见州北江村山水清秀而甚善，遂家江村。族人分布在源头漯、金汤漯、老埠头、访尧滩、南漯、飘漯等地。至1948年，已传23代，全族人口1910人。

东安枧上周氏 始迁祖千九郎，明时由江南上元县马船渡迁居永州府东安县仁智乡枧上，见风清俗美，水秀山明，遂落业于兹。1933年创修族谱。各村旧班不一，如枧上村：千祥孟礼明，聚德思文喜。喜付贵子仁义永智忠天正立贤绍祖盛。公议新班：盛时勋业广，爵位庆崇高。和平致笃祜，振起为英豪。

江永周氏 原籍山东青州府。始祖归仁公，居青州，仕隋魏博节度使，左迁襄州刺史。至四世安时公，字朝用，生二子，长如鍉，次如锡。鍉公登唐进士第，任授韶州曲江县令，迁大理寺评事，出知道州路刺史，终于任所，葬永明潇水南清凉台（清凉寺）。锡公于唐贞观元年（627）继登进士第，历任高州刺史、征南大元帅、水陆马步都统、左金吾卫上将军、金紫光禄大夫，后因奏宫内事忤旨，贬道州充军司马。鍉公生子六：弘慎、弘怀、弘恂、弘磷、弘悯、弘惮。锡公生子十八：弘约、弘本、弘邵、弘道、弘正、弘章、弘沐、弘谦、弘德、弘量、弘交、弘度、弘明、弘顺、弘亮、弘意、弘利、弘颂，合称二十四弘。或任他邦而占籍，或相山水之宜居乡社，或慕田园之利，而散居各方。弘慎居神福地（今福洞）。弘悯居槐木，后迁居古调，分脉山田湖潭（今荷柏塘），又分脉栎口头、风塘。弘本居上甘棠，后分脉溪头、宋村。弘章居东江（今城关周家巷口），后分脉周家邦。弘亮居石枧邦鳌岗，分脉晶咏、思棠，至十七世次燿兄弟于宋元丰年间，由思棠徙居上林（今上洞村），分脉城下。弘量、弘顺居界头（今上界头），后弘顺十二代孙于宋乾德三年（965）分脉下甘棠及山水口。弘交居白象、秀水、周棠。弘度居雄川，弘恂居沐田。智毅于唐元和十四年（819）广西模州刺史以疾休官回，至永邑，瞩目潇源景趣，卜居于是，名曰达尊（今达村）。至曾公再徙白上塘，谓之塘背，后分脉山爻头。弘惮次子符，于唐开成二年（837）徙居石梯头（今三元宫）。全县周姓主要分布城关、允山、厂子铺、夏层铺、冷水铺、兰溪、桃川、上洞等9个乡镇。周姓既是县境古老的姓氏之一，又是第二大姓，约占总人口的9%。

新田三元头周氏 始迁祖一郎公，元代人，因经商事宜自江西泰和迁湘，开基于新田县博大乡三元头村。族人多分布在土地堂、文竹山及嘉禾石桥墟等地。至1948年，已传24代，全族人口300余人。宗祠在三元头村。

祁阳甘庄坪周氏 始祖葵花公，原籍江右豫州。子仪公，字天福，明洪武十一年（1378）宦湘，开基于祁阳县北九龙町。仪公生三子：汝玉迁居邵阳，开长霞一脉。汝进徙衡阳，肇白芍一支。汝旺则徙居本邑甘庄坪。族人分布在青山头、马头山、源山等地。至1948年，全族人口8000余人。宗祠名“孝贤祠”，位于青山头，建于清康熙年间。

祁阳文明周氏 始祖葵花公，字丹山，原籍江西泰和县，其子仪公于明季宦游来湘，落业于零陵郡祁山永昌。由仪公五传至宗礼公因避兵燹徙居祁邑文明乡。至1948年，全族人口数千人。宗祠在文明市，名“周子祠”，后毁于战火。

祁阳财塘、石湾里周氏 始祖贵孙公，元末避乱迁居鄠县。明洪武二十八年（1395）职居参将，镇守常宁，后嗣落户菜花岭。三世孙友亮生子五：瑺、球、璋、琼、璨。琼迁居祁阳财塘，璋迁居祁阳石湾里。

祁阳白竹湖周氏 鼻祖灏公，原籍江西吉安府吉水县龙桥村上洪都七里。十世继诚公，明洪武初因避战乱，自江西九江迁居祁阳，居城南白竹湖。生魁、勉、冠、寇、彪五子，衍五房。清同治十二年（1873）、光绪三十二年（1906）、1937年、2002年纂修族谱。班行：定礼崇德，文治昌明。鸿开景运，邦祚永兴。

祁东青山乡、大同乡周氏 始祖彦升公，元至元年间由江西泰和县鹅颈大坵迁衡阳南乡乐家塘，次子徙居今祁东青山乡、大同乡，后人分居祁东、祁阳各地。

黔阳周家垅周氏 一世祖七郎，字祥光，宋宣和年间自江西泰和鹅颈大丘迁湖南辰郡，六世祖天五迁黔阳太平乡老树溪，十一世祖基于明初自黔阳迁铜湾红岩板老龙口（新屋周家垅），今属怀化。

溆浦周家湾周氏 始迁祖天祐公，原籍江西吉水县，宋理宗淳祐时徙溆浦。生子二：荣卿、礼卿，居周家湾坐荷。

溆浦鹤田垅周氏 始迁祖名夫公，明永乐二年（1404）由贵州五开卫拨屯徙此。

麻阳羊古脑周氏 始祖郊、择、连、福四兄弟，居江西南昌府丰城县圳坎上塘下，父母双亡后，郊、福两兄弟遂于北宋庆历五年（1045）漂流至麻阳羊古脑定居，后人分布于牛屎洞、齐天坪、望远等地及泸溪、凤凰、贵州、四川、云南。江西老字派：禄明仁闻光，百代登千祥。永远天锦秀，世士高升昌。羊古脑续派：应国文明起，百得有书香。子孙兴万代，大玉发吉祥。1940 年牛屎洞、齐天坪、袁郊毛坪、望远周氏续议字派：祖朝世上大，国正天心士，仁义礼智信。尚志卜其昌，宏开与庆长。宜从先代遂，益我几多祥。

麻阳周氏 始祖显公，世居桂阳州临武县，后居江西枣子园，明洪武年间以都司从军平征楚黔，下屯麻邑绿溪口，后徙居锦固溪。后人分布于白岩坪、兰里土地坳及桃源、铜仁、辰溪、溆浦、洪江等地。字派：子以仁义。泰乙绍兴国文芳，盛朝永德启宗杨。诚心流远常思发，先祖志绪世泽长。1936 年续谱新增：正大光明昌家道，和顺孝敬兆吉祥。经纶纲纪乾坤久，荣华富贵金玉堂。

麻阳毛坪周氏 始祖正行、正衡兄弟九人，原籍江西圳坎上，明初分迁各方。正行、正衡居毛坪。正行之长子亮后移居大木山，次子绿移居羊古脑，三子善移居王子坪。传六代至永学迁居芷江。传九代至尚朴移居大陂。大陂字派：（自九世始）时开景成昌，有功绍学（子）光。宗（荣）华敦（登）崇（富）茂（贵），卜（地）泽（久）延（又）天长。发奇兴耒仪，岐凤鸣大祥。培根世秀枝，积深永流芳。

辰溪周氏 始迁祖迎恩公，携子应吉，明万历间自江西南昌府丰城县登仙乡熊梦里折桂坊竹溪中，因贸易迁辰溪龙门溪。2010 年与单公裔、道公裔合修族谱。单公明万历三十五年（1607）迁辰溪河上坪。道公明永乐二年（1404）自江西南昌府虹洲桥迁辰溪通河桥。迎恩公裔字派：迎应显祚之时光昌凌年。功德永远，福禄长全。申锡由祖，富贵自天。忠孝代有，家范世传。单公裔字派：单大洪梦光，世治永文昌。承志开朝国，明良启运长。道公裔字派：道万朝国正天心顺明良世自安家开景（呈修）永继先宏文。

会同周氏 始迁祖连升、士蒃，清乾隆四年（1739）自福建汀州府连城因避台湾逆乱而来会同，家于渡头河之长田尾，其子金鹏于道光十四年（1834）纳监入籍。

庞

湘潭石羊庞氏 始祖元顺帝时直公，有三子：复隆、复德、复兴。复隆公徙襄阳，复德公徙邵阳。复兴公讳森，明洪武以武功授千户职，自江西广信府玉山县圳上迁居湖南茶陵，永乐间又自茶陵宦迁湘潭石羊。其子贵公，生有两子：长子敬，子五。次子信，子三。共衍为八大房。清乾隆二十四年（1759）建祠堂于湘潭石羊塅。同治四年（1865）始修族谱，光绪二十四年（1898）、1928 年续修，堂号遗安。班派：（自七世起）民尚三加化，天高白玉堂。人文昌景运，世德显荣芳。绍祖声传远，承先裔泽长。象贤能建业，济美振家光。

临澧庞氏 始迁祖合住公，原籍江西南昌府，后迁江苏武进县元丰桥。明洪武元年（1368）因平叛有功，总任总旗。洪武三十一年（1398）调戍永定卫大庸所。长子楚富于永乐二年（1404）迁居今临澧县烽火乡陈仪村，生五子，衍三房。次子楚贵迁居长江以北玉沙县洪茅湖庞家咀，今属监利。清康熙十三年（1674）一修族谱，其时人口 200 人。嘉庆十一年（1806）二修，其时人口 680 人。咸丰六年（1856）三修，其时人口 1200 人。光绪二十七年（1901）四修，其时人口 1700 人。2005 年五修，其时人口 6800 人。字派：（自十六代始）承先传道长，盛业昭丕香。佑启维宗正，明经显家邦。登堂立训经，子孙绍祖芳。鸿儒隆新治，开国世运昌。原湖南省人民政府副省长庞道沐为该族十九代孙。

汝城西岭庞氏 始迁祖才一郎，字青山，明弘治年间由广东省乐昌县九峰乡黄落因寻胜迁湘，开基于汝城县延寿乡西岭高堪头。至 1948 年，全族人口约 400 人。宗祠在延寿乡西岭。明嘉靖四十年（1561）创修族谱，1947 年五修。

郑

长沙尊阳郑氏 始祖善果公，为江州刺史，世居江西。始迁祖寿山公，明嘉靖时宦湘，解绶留平江九眼桥，旋徙乌泥乡。再传至楚泽公，隆庆六年（1572）因避流寇之乱徙长沙东乡。族人分布于石门、沙田、白石、承祖等乡。宗祠在沙田乡第三保脱甲桥西岸，支祠在沙田乡第四保郑家塅。至 1948 年，全族男女丁口达万人。一门八进士，又举人二十余人。清乾隆五十年（1785）、咸丰二年（1852）、光绪九年（1883）、1918 年、2018 年纂修族谱。世次：（自八世始）玉世敦先业，家兆延昌。人文启瑞，孝友传芳。该族名人：郑世俊、郑敦允、郑敦亮、郑敦谨、郑业骏、郑绰先、郑家㧑（郑沅）、郑家溉等。

浏阳郑氏 谱尊东汉灵帝时大司农郑玄、字康成为一世祖。康成公六世孙平公后嗣有寄居湖南浏南郑家湾及浏东白驹者。康成公之三十八世孙宋时唐杰、唐举、唐彦公，三公后裔于清康熙年间由粤东徙居湖南浏阳各地。清道光五年（1825）肇修族谱，光绪元年（1875）续修，光绪三十四年（1908）三修，1939 年四修。乾隆三十六年（1771）建宗祠于浏阳县城。派语：（自五十五世始）贤为国宝，儒美席珍。修礼明义，立德行仁。才全学茂，忠笃孝纯。光耀宗祖，富裕经纶。敬敦先业，作述常新。

宁乡唐市、毛公桥郑氏 始迁祖敬公，字子礼，唐宪宗元和四年（809）自江西宜春宦游至宁乡，因留连其风景，唐文宗大和初年遣次子宗珙来宁乡唐市，置田舍。宗珙公三十四传至相贤、锡贤、德贤、见贤、启贤、弼贤、与贤、玉贤、益贤，为九大房。族人分布在宁乡唐市一带及沅江、安化等地。至 1948 年，男女丁口约 2000 人。清乾隆四十三年（1778）九房共建祠于宁乡毛公桥。道光二十二年（1842）曾续修族谱。

宁乡唐市郑氏 始迁祖敬公，字子礼，唐元和四年（809）以宣尉使赈旱南游，旋任潭州刺史而家于宁乡唐市。子三：宗瑾归籍袁州，宗璜宦居江左，宗珙留居宁乡唐市。宗珙公二十二传至忠葆公，子三：昌质、昌赞、昌贵。质、赞二公徙居湘潭。贵公留居唐市，七传至麒、麟、龙、凤四公。麒、麟二公外徙他邑。龙公之子馥兰，凤公之子畹兰。馥、畹两房合谱始修于清嘉庆四年（1799），道光二十二年（1842）续修，光绪十一年（1885）三修。乾隆四十三年（1778）创建祠堂于宁乡唐市。派语：信善元淳古，伦常庆永明。祖宗培继述，名实裕华英。运淑开洪宇，时清遇守官。显忠昌瑞应，崇厚衍芝兰。国尚贤良士，家传孝顺孙。绍先垂大泽，钟毓肇宏恩。盛世文光焕，修齐建远猷。丕基诒俊哲，模范纪千秋。该族名人：郑森，曾署云南思南府印。

宁乡郑氏 迁湘始祖仕文公，宋末元初由江西新喻迁居溆浦堆村。生五子，第三子均通后裔宣仪公于元至正十六年（1356）迁隆回二都，生长源，长源生文秀。文秀次子华二公，讳必知，明洪武二十年（1387）由隆回迁宁乡，今有人口约 2000 人，居住于县城及坝塘镇、白马桥、回龙铺、麻田、大成桥等地。派语：必正思永绍，庭玉德荣昌。启祖清高志，承宗福禄康。诗书培士品，礼义植家章。忠厚垂芳远，谟猷纪范长。

湘潭吴彦垅郑氏 世居湘潭。始迁祖祥能公，明中期徙居本邑洪家庄，复迁居邑之吴彦垅。

湘乡虞唐郑氏 始祖德邻公，原籍湖广德安府安陆县，元大德元年（1297）诣南岳探禹碑，迂道抵上湘，登韶山，观凤音亭，遂卜居湘乡虞唐。生宗茭、宗芒。四传衍为银孙、铭孙、镛孙、镇孙，皆茭公裔。钜孙、钧孙皆芒公裔。银、镛子孙世居旧业，其余迁低坪、永丰及湘潭大仓。总祠建于虞唐郑家塅。族谱始修于清乾隆十七年（1752），同治四年（1865）续修，1915年三修，2015年四修。班序：（自十七派起）大兴朝守国，永世定安宁。孝友隆芳品，忠良寓美名。地钟其秀远，天锡以禧宏。试听韶山上，凤音代续鸣。崇封仍合璧，巨派复寻源。清白家声丽，诗书祖泽存。

耒阳马水郑氏 始祖尧仲公，恐官显难继而引长子仁一郎迁居江西吉安泰和县大天塘，后又移居鹅颈塘。因连年饥馑，仁一郎携子福一、福二迁居湖广衡州府大井头青草桥桑园头。后福一郎由衡迁永，子孙居宁远、新田等地。福二郎留守衡州，数传后分为三支，一支徙衡阳之车阳，一支徙桂阳之官里，另一支庚八公于元初由衡州徙居耒阳马水黄砂岗，族人分布于耒阳马水及安仁、茶陵、四川等地。宗祠在马水乡第一保。

邵阳城郊郑氏 一世仕文公，祖籍江西吉安泰和，原籍江西临江府新喻。宋末任辰州刺史，居溆浦堆村。生均远、达、通、道、近。均通裔五世宣位公。十五世良纯公，清顺治间由堆村迁隆回二都夏屋湾。良纯长子国珍世守土桥，子孙再迁高西坳，次、三、四子廷槐、廷梁、廷柏始迁邵阳神滩渡。廷槐次孙国臣世居神滩渡（今新滩镇），三孙国宝迁茶园头。廷梁无传，廷柏迁新渡口。今有人口约2000人。清乾隆三年（1738）、嘉庆十六年（1811）、光绪二十二年（1896）、1933年、1994年、2021年七修族谱。派语：宣源文必思，志楚秀子添。良廷宗国学，文尚永定世。安邦家宜长，治有同功烈。

邵东郑氏 仕文公第五子均近公子绍奇公裔蕊公于元朝中叶迁邵东杉木桥，其子念祥公迁七带岭，四世孙仁安公迁塘尾塘，五世孙添泰公迁灵官庙，六世孙原新公迁九龙岭，开再兴、再旺、再富三房。清嘉庆九年（1804）创修房谱，同治九年（1870）、1921年、1993年续修，今有人口15000人。班次：蕊念子仁添，原再仲郑德。崇文朝大国，守学应世仕。起凤定邦伯，本有同功烈。

武冈郑氏 宣仁公六世孙福铎、福经、福保、福通四公，明时由隆回荷香桥迁武冈。福铎公始迁黄甲山，福经公始迁州城玉带桥，福保公始迁陡溪铺，福通公始迁文家坪，今有人口1700余人。经房十三世维城，明天启间武进士。

福铎房派语：宣源添宗重，福永秀子添。良国元锡如，立所昌能大。福经房派语：宣源添宗重，福致元显聪。玉益存国思，毓所昌能大。福保房派语：宣源添宗重，福志公子添。思友朝廷应，国所昌能大。

新宁郑氏 仕文公第四子均道公，生荣明、荣晖、荣昭。明、昭两房未详，荣晖因为官，入籍南京顺天府昆县太平庄。至世龙公，迁江西泰和县，后迁新宁柳山，为湖南新宁、广西全州、资源郑氏支祖。生五子：思藉迁广西全州落阳江，思胜居原址，思海迁广西桂林西延万乡大里溪沿洞，思恩迁桂林西延梨子坪，思恭迁广西资源县平水底。清咸丰五年（1855）思胜房始修房谱，今有人口 8300 余人。思胜房派语：思利必文守，再郑加良登。明运世学时，绍长清秀远。和平自觉从，本有同功烈。

隆回高洲郑氏 仕文公四世孙云甫公，生宣仁、宣位、宣荣、宣仪。宣仁迁隆回荷香桥，宣位仍居堆村，宣荣迁湘乡。宣仪于元至正十六年（1356）迁居隆回二都小渭溪，今属金石桥镇，今有人口 1 万余人，主要分布于高洲龙口、拖栗坪、长垅、干田坳等村。派语同溆浦堆村郑氏。

隆回荷香桥郑氏 迁湘始祖仕文公，第三子均通公生应荣、绍荣、文荣。应荣后裔迁安化芙蓉，文荣迁湘乡虞塘。绍荣子辛二郎云甫公，生宣仁，元至正间由溆浦堆村迁隆回荷香桥粘禾塘。

隆回岩口郑氏 绍荣公第四子耀甫，由溆浦堆村迁新化县南门外东岭，复迁石坳郑家，今属隆回县岩口乡郑家村。

隆回西冲郑氏 绍荣公之孙云甫公第三子宣荣公由溆浦堆村迁湘乡，生源清、源汾、源滇。源滇由湘乡迁隆回西冲，以宣荣公为一世祖。

湘阴樟湖岭郑氏 始迁祖荣耀公，元至正十七年（1357）自江西吉水迁此。

湘阴郑氏 先世由江西迁居湖北潜江县班家湾。显公，字永昌，又自潜江徙居景陵茅湖。七派暹公，字伯升，清康熙三十三年（1694）奉旨开垦，由沔阳盘缠洲徙居湖南，领垦湘阴韩湾围、三合围等处。清咸丰六年（1856）创修支谱，光绪二十四年（1898）、1947 年续修。派语：国世多佳作，贤能渐盛昌。人文光治化，祖德焕宗邦。运应声名著，荣华富贵扬。

汨罗归义郑氏 始迁祖克敬公，明洪武中自江西丰城迁汨罗市，今居归义、沙溪。

汨罗归义郑氏 始祖文德公，明正德间因避乱自江西抚郡金溪县郑公桥迁居湖南湘阴县归义街（今属汨罗）。族人分布在归上、武昌、归中、河市、祇园等乡镇。至 1948 年，已传 20 代，全族人口 9000 余人。清乾隆五十五年

（1790）建郑氏家庙于归义街。

临湘郑氏 始祖乘公，字千七，世居吉安府吉水县小村。其孙怀德，字思法，元仁宗至顺帝间人，生六子：必荣、必华、必富、必贵、必俊、必桂。明洪武间，六子先后迁居岳州府临湘县。清光绪二十一年（1895）纂有宗谱。

平江堰坡、茅湾、清水郑氏 始祖隋善果公，字元庆，家世荥阳泽生，袭父爵为开封县令，唐武德间授刑部尚书。七世孙元公，字戴仁，世居浙江浦江，唐永隆时官岳州刺史，遂居平江三阳街。历传至源光公生宏声、宏初、宏礼。声迁邑东茅湾。初迁邑南清水，或分迁星沙。礼居邑北堰坡。清嘉庆二十二年（1817）堰坡、茅湾合修族谱。咸丰七年（1857）堰坡合义宁之噪溪、西溪、马市、小溪及茅湾三修于义宁。光绪九年（1883）堰坡、茅湾四修于团山铺。1915年堰坡五修。派序：承本光均镇，淑楷焕特钟。洪材辉远鉴，溢叶裕先镛。

桃源木塘郑氏 始迁祖长远公，明初自江西迁于桃源县东杜青村之郑家河。至1948年，已传18代，全族人口100余人。1919年建宗祠于郑家河。族谱创修于1923年。

桃源水田郑氏 始迁祖永安公，明永乐七年（1409）自江西迁于桃源县东水田之郑家山。至1948年，已传18代，全族人口300余人，分布于武陵冯家桥及本境小长峪、脑毛、巴州等地。宗祠在郑家山。族谱创修于1913年。

桃源双溪口郑氏 始迁祖可、玺兄弟，明永乐二年（1404）自江西吉水迁桃源县北高东之郑家坪。至1948年，已传20代，全族人口600余人，分布于青龙山、杨家山、郑家湾、九溪、茶贫庙、漆家河等地。清咸丰二年（1852）建宗祠于双溪口郑家坪。族谱创修于1944年。

桃源鸟儿湾郑氏 始迁祖邦亮公，明天启二年（1622）自杭州迁于常德。其子贵因避张李寇乱再迁桃源县东西土东村之鸟儿湾。至1948年，已传18代，全族人口300余人，分布于杨溪、仙人溪、菉萝坪、云霞、桐木、延口溪等地。宗祠在县城上街。族谱创修于1917年。

桃源羯羊铺郑氏 始迁祖新宇公，因避王马之乱于清顺治初年携其子文林、子伯自沅陵迁桃源县南白石村之羯羊铺。至1948年，已传15代，全族人口500余人，分布于老岩山、燕庄、沙坪、郑驿等地。清光绪十年（1884）建宗祠于羯羊铺。族谱创修于光绪三十年（1904）。

澧州郑氏 始祖宋员外郎明时公，生八子，第七子志公占籍江西吉安府吉水县油榨滩大栗树土地。始迁祖聪公，元末迁慈利十七都南山坪，再卜澧州城东兰江与下枫林等地。后裔馨公迁临澧佘市桥，海公迁斋阳桥，和公迁石门三都福田乡，玺公迁石门四都白洋乡。清嘉庆十三年（1808）馨公、海公两支首修，二修时合修，同治十三年（1874）三修，光绪三十三年（1907）馨、海两支四修，2011年五修。馨公支派序：馨广仲伯廷，良国应曾来，宏宗绍祖，世德大昌，家承先业。海公支派序：海鼎维儒朝，贤国上楚玉，绍宗宏祖，世德大昌，家承先业。

张家界后社溪郑氏 始祖珏公，原籍浦阳，迁江西南昌府丰城县大栗树，生八子，奉五、奉八迁湖广公安、石首，旋迁湖南辰州府沅陵县。越数传，永刚、永贵始迁永定官黎坪。至国胜、国聘再迁后社溪。清道光二十年（1840）、光绪二十年（1894）、2006年纂修族谱。字派：廷世永国应大。士宗其家，祖德昌遐。明良开景运，经学绍前康。继启英才盛，仁贤发吉祥。

张家界郑氏 始迁祖在望公，徽州歙县人，以元进士为澧州学官，明初避乱迁永定。

石门商溪郑氏 始迁祖南琰公，以金元之乱，南宋末年由江西吉水油榨滩大栗树迁石门商溪河。清光绪十四年（1888）、1916年、2002年、2021年纂修族谱。字派：南北思仁，义礼智信，元亨利贞，天道之常，文韬武略，定国安邦，家敦孝友，朝显忠良。该族名人：郑洞国，黄埔一期生，曾任远征军副总指挥。郑家赤，解放军少将。郑建邦，全国政协副主席。郑家概，武警部队副司令员。

沅江郑氏 该族自桓公、武公肇封新郑之后，传四十代至晋文庠公，生平、昭两公。传十七世至侠公，侠公传十三代至宋时清之公，分下至玥峰公，世居江西，生三子：甫、杰、安。安公后裔迁星沙、湘阴、浏阳。甫、杰公裔居沅益羊胡岭、门楼山、大兴、东兴、万子湖、芷泉湖等处。谱尊宋时清之公为一世祖。支祖齐吉公于明天启三年（1623）由湖北黄州府之麻城迁黄冈。二传至以文公于清康熙四十六年（1707）携弟以静、以魁徙湖南常郡之沅江县。不二十年，以静、以魁仍回原籍黄冈。清咸丰八年（1858）甫、杰两房续修族谱，光绪十年（1884）三修，1919年四修。谱派：（清之公十一世孙起）源标炘堉钜，治東燮堪均，汉杰熙堂锡，淳材焕执镁，洪模辉堡锦，深树炳型铨，溥本照基镦，池柳煌堤录，洄荣烺塾针。

安化郑氏 仕文公三子均通公长子应荣公，由溆浦堆村迁居安化芙蓉。生乔伸，乔伸生贤胤、贤卿。贤卿后迁六亩塘黄龙，今属涟源市。贤胤生子隆、子甫、子秀，子孙世居东山乡东江村。今有人口1000余人。派语：贤子尚文明，允修德日新。卫家惟孝友，立所昌能大。

涟源郑氏 迁湘始祖仕文公，宋末元初由江西新喻县迁溆浦堆村。生五子，第三子均通四世孙世华，字贤卿于明初徙安化县常安乡芙蓉，后迁六亩塘黄龙村郑家院，今属涟源市，开福祯、福财两房。清咸丰十一年（1861）始修房谱，1920 年续修，今有人口 1000 余人。派语：世福思能友，永才秉仲兴。国正新明相，家和景庆祥。

新化郑氏 始祖云甫公，宋朝人，原籍江西吉安泰和西乡，其第四子宣仪，于元顺帝至正十六年（1356）自溆浦堆村徙邵阳隆回二都前山下。其裔孙徙居新化水车、龙口、文田等地。宣仪房班次：宣源文必思，志楚秀子添。良国元锡如，立所昌能大。

汝城北门郑氏 始迁祖辛五公，原福建省莆田县人，宋时迁汝城庐阳。传十三世彦卿徙梅木，士奇徙酃县。至 1932 年，已传 30 代，共 200 余人。

汝城中心洞郑氏 始迁祖宗朝公，清乾隆时自广东省仁化县迁汝城中心洞。至 1932 年，已传 6 代，丁口 60 余人。

祁阳白水廖塘、石湖塘、朱家桥郑氏 始迁祖玉公，原籍河南。生子六，五子祥于明洪武十四年（1381）出任祁阳知县，举家迁祁，落籍白水廖塘，六子友文定居石湖塘，长子天如定居朱家桥窠塘。

宁远、新田、蓝山、嘉禾郑氏 衡瑜公生四子：承福居宁远，承禄居新田，承祖居嘉禾，承祐居蓝山。并派村庄 300 余个，裔孙 10 万余人，分布于新田、宁远、嘉禾、蓝山、桂阳、道县、双牌、祁阳、零陵、江永、常宁、东安、宜章、冷水滩、广东连县、乐昌、英德、阳山、连南、广西灌阳及四川、重庆等地。清咸丰十一年（1861）始合谱，1914 年禄、祖、祐三裔 72 村联谱，2014 年四裔 48 户 331 村联谱。宁远八户老谱以福一郎为始迁祖。1914 年三裔联谱以衡瑜公为始迁祖。2014 年四裔联谱时宁远改尊承福公。1914 年联谱排行：（自衡瑜公派下三十六世始）欣逢鼎定乐升（清）平，诗礼传家有盛名。经学渊源隆辅相，长延人瑞治功成。

宁远上龙盘乡郑氏 祖籍河南开封。宋仁宗后期，福一郎从江西迁衡永，再移鲤鱼圳、龟石坊村（原属宁远，今属新田）。至幼六郎始迁石头岭之荷叶塘定居（今宁远上龙盘乡）。后裔散居柏家坪区的马头上、神山下、板里元、郑古元一带。

新田动水坊郑氏 始祖元公，字衡瑜，生于河南陈州，幼时随先祖自原籍宦游豫章吉安泰和县，寓居鹅颈塘，后因避五季之难再迁安福罗塘，生四子：

承福、承禄、承祖、承祐，继迁湖南衡郡青草市桑园头小住，后家于龟石坊。后再迁新田县南乡心安下鱼尾洲。数传至福达公，字禄显，明弘治间由宁远东乡侯桥坊迁居新田县三和乡动水坊。至1948年，已传20代，有200人。宗祠在动水坊。族谱一修于明正统二年（1437）。

新田查林坊郑氏 始祖元公，字衡瑜，五代时自江西迁居湖南新田县南乡心安下鱼尾洲。传十四至成甫公（又名城甫公），字明通，因经营事宜迁居本邑查林坊。族人分布在本村及道县近钱村。宗祠在查林坊。至1948年，已传22代，全族人口400余人。

新田大坪头郑氏 始迁祖承禄公，自新田县心安坊迁居本邑明义乡大坪头。族人分布在栗里洞、山下洞等地。至1948年，已传36代，全族人口500余人。

新田谈文溪郑氏 始迁祖富公，明洪武年间由新田县心安坊徙居本邑明义乡谈文溪。族人分布在赤石坊、新溪村、冈边坊等地。至1948年，已传23代，全族人口500余人。宗祠在谈文溪左侧。

新田龟石坊郑氏 始迁祖时叙公，由新田县徙居本邑三和乡龟石坊。族人分布于高山下村、石鼓凤等地。至1948年，已传32代，全族人口约1200人。

沅陵郑氏 始迁祖德行公，原居江西吉水县桃花巷，明初南征扎营桃源县郑家驿，后至沅陵莲花池。子福三居鱼塘湾，福五居黄桑岭，福六居桃源羯羊铺，福七居溶溪湘泗坪。今有人口约3500人，居住于凉水井、溶溪、白羊坪、天井坪、蚕忙坪、高坪、银杏、七甲坪、乌宿、明溪口等处。班次：永代宏开启，英明克绍先。心纯登泰畅，学裕化高贤。显耀隆昌美，荣华吉庆全。尊宗思锡久，发达定长远。

溆浦堆村郑氏 远祖唐时虔公，八代孙鸾围公，北宋间居江西泰和县西乡，生九子，第四子国明公由泰和迁居新喻县南门外三都毛家坪。传至仕文公，字贵本，宋末任湖南辰州刺史，因兵乱迁居溆浦东乡堆村。仕文生五子：均远、均达、均通、均道、均近。均远子孙迁长沙、岳阳等地，均达子孙迁麻阳、贵州黄平等地，均通子孙居地甚广，均道子孙迁新宁，均近子孙居邵东。后裔散居长沙、宁乡、麻阳、益阳、安化、湘乡、溆浦、隆回、辰溪、芷江、凤凰及四川、贵州等县市。清乾隆三年（1738）始修族谱，嘉庆五年（1800）、同治七年（1868）、光绪三十四年（1908）、1934年续修，2003年湘、黔、渝、桂仕文、友德、友善、友兰、德行等十支合修通谱。仕文公系班次：鸾国兴祖宗，腾华富贵仲。万代齐显仕，均荣甫。宣源文必思，志楚秀子添。良国元锡如，立所昌能大，时明自学从。本有同功烈，其光见尚生，邦起继周伯。

麻阳郑氏　迁湘始祖仕文公，居溆浦堆村，第三子均通生绍荣，绍荣生六子，第三子美甫生宣泰，宣泰生源柒，明初由堆村迁居麻阳县黄桑林。生三子，世兴居黄桑林，世宁迁贵州玉屏县，世元迁凤凰县都桐。抗英名将郑国鸿为世元公第十世孙。世元房班次：宣源世仕惠，景文永世国。之朝上大人，子安先通德。流芳远荥阳，本有同功烈。世兴房班次：宣源世如庸，亨学永廷启。万朝有大人，子正先通德。流芳远荥阳，驿泽长功烈。

新晃郑氏　远祖湜徒公，居江西，生太龙、太虎、太鳌。太龙生通、模、焕。通居抚州，模迁绍兴，焕迁福建。焕公生庄、潞二公。明洪武二十二年（1389）焕公随军屯贵州平溪，后迁玉屏。潞公生保公，保公生太乙，迁天柱县高也。后裔文丰公，于清乾隆十一年（1746）由高也迁居湖南新晃大湾罗乡高寨村，今有人口200余人。班次：亚再必文廷显祖。大振世泽，桂茂兰芳，光崇衍庆，永绍谟烈，定国安邦。

通道郑氏　远祖濂公，字仲德，世居浙江浦江，后移居安徽婺源县。迁湘始祖建文公，明万历间率四子迁通道，长子万元因贸迁居广西，次子万仁居临口，三子万兴居广南，四子万仕居县城十字街。

会同河口郑氏　始迁祖福松公，为宣仁公六世孙，原居隆回荷香桥，明时随楚王征渠阳，子孙定居会同。派语：宣源添宗重，福添开文远。廷大永逢国，立所昌能大。

会同宝田郑氏　清康熙中自贵州天柱县瓮洞胡家寨迁来。

芷江郑氏　先世自河南荥阳迁江西金溪，再迁贵州施秉县。始迁祖友信公，字辅仁，袭湖广偏桥卫右千户，受遣自施秉县屯居芷江南乡杆子屯。1931年三修族谱，今有人口3500余人，分布于下茶溪、楠木坪、竹坪铺、罗卜田、石口溪等地。班次：友显子通朝茂，凤廷有文章。永世祥光秀，再德福寿昌。

单

衡山单氏　始迁祖电公，字月朗，行小三郎，南宋淳祐三年（1243）由江西南昌县因由宦迁湘之攸县，族人分布在衡山、攸县、茶陵、安仁、衡阳、湘潭、醴陵、祁阳、湘乡、益阳、江西萍乡等处。宗祠在衡东南市乡草市。族谱始祖于明洪武四年（1371），1938年十修，时男7487人，女4483人。2004年十一修，时男15078人，女12964人。班行：诗礼彰庭训，家声周鲁培。洪昌谟自远，湘岳绪常恢。祖以初封显，系承可见来。本音原作善，忠厚启贤才。

宗

华容宗氏　始祖泽公，字汝霖，谥悯公，义乌人，抗金名将。七世孙忠朝，以军功授武昌百户，明永乐二年（1404）从江西迁居华容县城附近。堂名万里。与监利同出一宗。1947 年与湖北监利金辉公裔合修族谱，1998 年华容续修。旧派：报国先志忠，文开廷显仁。守身如奉玉，正以观其德，广思承善。合派：礼乐遵前制，诗书启后昌。一源同永茂，作述庆余光。祖传惟孝悌，经纶秉贤良。培植兰桂盛，修齐定安邦。

麻阳高村宗氏　明永乐三年（1405）晒银公由江西移贵州，晒谷公自江西乌雅县圳坎坝移居湖南麻阳县高屯坪（今高村）。后因水患，宣德六年（1431）雅多、雅伟、雅昌兄弟三人徙居火马坪，分居上下两寨。后代又有迁本县谭公冲、拖冲和贵州、凤凰、泸溪、辰溪等地。清康熙五十五年（1716）首议字派：朝启世上，有兴成生，开国家长。嘉庆六年（1801）续派：纲常惟自尽，礼乐必修明。宽仁美德政，协和万邦平。

定

益阳回族定氏　清末民初自湘阴迁益阳蓼叶坳。

官

石门南圻官氏　清乾隆间自江西金溪迁此。

汝城秀里山官氏　始迁祖相公，明嘉靖时由宜章县山水源马步塘迁此。至 1932 年，已传 12 代，丁口 20 余人。

溆浦统溪官氏　始迁祖廷秀公，原籍江西东乡县，清乾隆时徙此。

郎

麻阳高村郎氏　原居四川秀山县，清时先世因参加苗民起义，遭清廷迫害，祖婆杨氏率子再恕、再祥逃离四川，讨饭求生，至麻阳高村洲上，给马南滕姓看守竹园，佃地种菜度日，子孙今繁衍于绿溪口乡，共 80 余人。字派：再富士金文国德。礼义仁信，荣华安定。光祖辉廷，正直法明。勤习诗书，世代兴盛。

房

浏阳房氏　支祖万宝公，明初自福建宁化县迁潮州大埔银溪里。十一世廷福公，清康熙三十七年（1698）自悦来圩大塘下，携家口七人，迁居浏东一都白茅冲。同治十一年（1872）纂有族谱。

炎陵三都南冲房氏　始迁祖世伦公，清乾隆三十二年（1767）前后自广东连州迁此，后裔分布于南冲、天坪。

炎陵三都南冲房氏　始迁祖廷梧公，清雍正年间自广东梅县迁此。

平江嘉义岭房氏　始迁祖顺生公，清雍正二年（1724）自广东大埔迁此。至1994年，全族人口353人。

桂阳沙里房氏　始迁祖少道九郎公，宋元丰绍兴间人，原籍山东济南府汶上县，壮年受职新化，复而巡守桂郡蓉城，老而解组，选其胜景，择居沙里。清光绪二十五年、1999年纂修宗谱。始祖排行：九楚发国朝应叟均源必才友世天正。国用房排行：（自四世始）国朝思廷仲，应祖宗孟子，仁义礼智信，五常代维新。绶公房排行：（十六世始）林秉秀开芳，叶蓁枝茂昭云彩，树大根深显地光。必崇房排行：（自十世始）必德文启玉世万人兴光明朝开泰运。通修排行：（自二十四世始）泰运文华盛，家兴永宏昌，诗书传俊杰，忠孝启祥光。

蓝山舜乡房家润房氏　始迁祖寅公，明初由宁远迁来。至1931年，凡24户，男42人，女32人，共74人。

屈

长沙泗洲庙屈氏　始祖九峰公，明初由江西丰城县迁湖南浏阳县北乡茅田。七世祖大德公，太学生考选州同，敕授儒林郎，由浏阳迁居长沙，世居淳化都三甲泗洲庙。

醴陵宋家冲屈氏　始迁祖明甫公，自衡阳迁此。族人分布于石羊、龙窟洲。至1948年，全族人口100人。

双峰富托屈氏　衡阳屈氏始迁祖有仕公，宋太宗时任吉州路太守，遂居衡西秋溪。十传至南宋嫔公，官庆元太守，子四：发隆、发开、发明、发元。元裔失考，开、明二裔并居秋溪，隆裔散居衡湘各处。传至明末清初代鸾公，字友和，由衡邑永伏查山等处迁湘乡富托，今属双峰县。三传至祯、荣二公，各派三房。清嘉庆间祯房建宗祠于铜梁八区富家湾。清道光七年（1827）始修族谱，同治十三年（1874）、1914年、1942年、2003年续修。旧谱班行：发正吉添声，荣一继家庭。永代兴隆名，秀德能万群。续修班行：诗书光世泽，忠孝笃宗亲。蔚起贤才广，衡湘秉国钧。三修班行：先圣振科第，贻谋裕后人。锡章常耀祖，乐庆升平春。

衡阳屈氏　屈原长子承开第四十六代孙嫔，字绍灵，南宋宁宗时官庆元府知府，自湘阴迁衡阳永伏秋溪乡。生发隆、发开、发明、发元。发开又开支四房：寅、宏、定、宁，与发明子正世居衡西。宏公子辅能迁居新庄，四世志忠公生禹聪、禹魁、禹玟、禹琇、禹源、禹琕，魁裔失传，衍五房。清乾隆元年（1736）、嘉庆十九年（1814）、咸丰四年（1854）、光绪十年（1884）、1914年、1949年纂修族谱。旧班：发宏辅弼孟，友志禹永朝。添子正万年，继德光盛昌。新班：传家惟孝敬，敦本益淳良。典型遵前哲，令名远愈彰。

岳阳河塘屈氏　始迁祖东福、南寿、肇春兄弟三人，明洪武二年（1369）由江西吉安吉水县徙居岳州巴陵之河塘翁家冲。清道光间辑有墨谱，光绪二十九年（1903）续修。派语：成崇源子永明思。大以启正尚，应胜兴维旺。忠偲必诚元，家添绳祖亮。文光庆允延，德立隆贤象。敦本务纯修，登朝先礼让。

零陵屈氏　始迁祖才富公，字安一，号倾四郎，明洪武二年（1369）携眷随移民大潮自江西泰和县鹅颈大丘迁湖广零陵县崇文乡上里九甲松林桥。清光绪三十四年（1908）、1924年、2019年纂修族谱。班行：才应思友上，福永仕元天。世大子惟正，时文之奇先。祖德昭明顺，宗功继启贤。朝廷开治道，绍祚定科联。

张家界屈氏　嫔公之孙正四郎，南宋景定元年（1260）由江南苏州府常熟县十字街大树下印花桥迁邵西荒塘村。长子开公职授游击出仕星沙。开公子再四公，明建文间由星沙迁今永定阳湖坪，为永定之祖。其弟再五迁辰州府沅陵县屈家界，生公铭、慧铭。公铭又迁慈利五都，慧铭后裔国顺迁龙阳殿，故再五公为龙阳、五都之祖。开公之弟馆公，携子再隆、再延、再位从湖北黄州迁桑植枫香坪唐家桥及八大公山沙地坪，为桑植之祖。清道光元年（1821）、咸丰元年（1851）、光绪十一年（1885）、2015年四续族谱。派行：自产苏常家楚国，先臣方正宜为则。才宏学裕作祠宗，永远传闻怀祖德。

溆浦屈家湾屈氏 先世由江西吉水迁湖南。明末显兆、显坤同由沅陵徙居溆浦屈家湾。

江华屈氏 先祖廷鸾公于宋时由江西省安福县迁湘，开基于湖南省零陵县泮塘。元初时始祖九郎公，字源泉，复由零陵迁江华县上伍堡。传八传至懋宏公，明成化间又择县之岭东中段大佈而家焉。族人多分布在江华县岭东大佈、黄庭等村。族谱一修于清嘉庆十三年（1808），1934年四修。至1948年，已传25代，共1300人。宗祠在大佈村。派语：九承法惠仁，建祖懋致仕。屈应尚思文，屈鸿其金能。光绪十九年续编班次：大（廿一世）德昭先代，宗支永世传。日新光上国，修治道相连。自有明良遇，昌兴政化宣。熙朝崇品学，选举景高贤。该支名族人：屈华楚，明正统年间陕西任职洲同。屈希舜，任江夏县教谕。又一支大路铺屈氏，现有一百余人。派字：定国开承令德福盛衍良贤。

孟

炎陵孟氏 基祖知孝公，为亚圣第四十二代孙，因平蜀乱功封南川公，因其兄知祥僭王称帝而其子又荒淫无度，知孝公恐祸及自己，便远遁长沙，继徙茶陵云阳乡。至元代之秀公，字士儒，再徙酃县保定乡浆村。族人主要分布在浆村。至1948年，已传24代，共1700余人。宗祠在浆村。明洪武二十八年（1395）一修族谱，清康熙五十六年（1717）、乾隆十九年（1754）秉公裔、和公裔分别续修，道光二十一年（1841）二修，光绪十九年（1893）三修，2001年四修，2017年五修。钦赐派语：希言恭彦承，宏闻贞尚衍。兴毓传继广，昭宪庆繁祥。令德维垂佑，钦绍念显扬。

汨罗河塘孟氏 始迁祖江公，祖籍河南太康，明成化十三年（1477）自河南太康从吉简王就藩长沙，后迁汨罗市河塘。

石门孟氏 南宋时宗政公统制荆鄂，第七子璋公由荆驻澧。又数传至夔公，原名贞相，字调元，元时由澧迁石，子孙散居桃、慈、庸、武、松、鹤、龙、永等处。清乾隆二十六年（1761）一修，光绪十一年（1885）二修，1941年三修族谱。派语：（六十六世起）斯文丕振孙，家声有以传。思祖全作述，仁义自希天。务本祥瑞衍，中和千古延。继圣开良久，启世昌其先。修齐治平备，宏猷树万年。

桃源热水坑孟氏 南宋宗政公之第七子璋驻守荆澧，子孙遂居焉。数传至夔公由澧州迁居石门之黄侯侨，又传承璜、承魁分居桃源县北上七里村之家坪。

至1948年，全族人口100余人，分布于温泉、高东等处。清嘉庆间建家庙于石门棱金山。族谱续修于1935年。

澧州孟氏 宗政公生十子：玺、琛、璟、珷、珙、玘、璋、珠、珽、瑛。玺裔居石首，琛裔居沔阳、监利，珙裔居武昌、岳州，玘裔居益州，珠裔居兴国州，瑛裔居咸宁、岳州。第七子璋公，仕宋武功大夫。端平二年（1235），元搭每并师秃帅师入蜀，兄珙时置荆湖，以璋提兵十二万驻澧州，防施黔路，后封宁武侯，娶杨氏，生子之维，子孙世居岳、常、澧等处。清光绪十一年（1885）湘、鄂合纂族谱。

益阳孟氏 谱称孟姓受氏于孟孙，至亚圣公昌明仁义，用承三圣。五十一传及孝先公，字庆伦，明洪武初原官南京，后领吴西顾水县三百户来垦潭州，遂家益阳十二里涟河楼房冲。四子：尊仁、尊义、尊美、尊善。尊仁徙常德，尊义徙宝庆，尊善世居涟河故里。尊美公长子尧顺徙安化，三子尧启徙善化，次子尧敬系下衍为海、洪、清、涌、浈、滂六房，滂房又徙宁远，余五房尚居宁、益间。清乾嘉间创修支谱，仅及尧敬系下五小房，道光八年（1828）三修，则合全族而为之。同治元年（1862）、光绪二十四年（1898）又二次续修，皆为美、善两房支谱，1923年美公下尧顺、尧敬两支又续修。钦赐派语：希言恭彦承，宏闻贞尚衍。兴毓传继广，昭宪庆繁祥。令德维垂佑，钦绍念显扬。

南县宋田山孟氏 始祖之经公，字清远，南宋理宗时湖北省阳新县人，因任荆鄂都统制迁湘，开基于湖南省华容县东乡保母桥。子渊公徙华容县左田毛家垸，后再徙南县宋田山。族人多分布在南县九都宋田山及华容、安乡和湖北之江陵、石首、公安等地。至1948年，已传28代，男女丁口12000余人。清乾隆四十七年（1782）创建家庙于今南县县城。族谱一修于乾隆二十一年（1756）。

南县九都孟氏 宋淳祐年间，珙公自山西曲沃县知江陵府，爱九都湖山之胜，遂家焉。

安化孟氏 始迁祖克绳公，字守先，宋淳熙间由江西泰和县徙楚，卜居安化五都皮溪，生恭一、恭二。恭一迁探溪，再迁润溪。越五世显祥，生四子：长子均荣，生奉奖、奉旭，世守祖墓。次子均成，抚奉旭为嗣，迁新化龙溪。三子均寿，徙新化白水。四子均秀，生载文、武、韬、略、兴、富、贵、隆八子，分居各地。恭二裔迁居安化大福坪、孟家冲、横马塘、思游乡、青峰寨等处。清康熙四十六年（1707）始修族谱，乾隆二十一年（1756）、道光八年（1828）、同治三年（1864）、光绪十八年（1892）、1928年续修。班次：滋树炳坤基（禄爵永坤基），英贤育秀宜。致中全性善，敦本重伦彝。作述工良士，和平佐理师。修齐家瑞起，谋献泰运期。

蓝山孟家洞孟氏 始迁祖明公，宋朝人，知广西平乐府，致仕来蓝山，居孟家洞。至1931年，居汉下坊者有60人。

麻阳麻伊坪孟氏 始迁祖有顺公，由江西圳上徙麻阳，无嗣，后收留一下江人为子，取名永发，生二子：金魁、银魁，居麻伊坪。族人分布兰里镇，共100余人。字派：贤才国之宝，学为席上珍。诗书光祖德，仁义震家声。

陕

石门苏市陕氏 明时自山西五台山迁湖北公安，后迁石门。

练

南县练氏 始迁祖双飞公。父子宁公，洪武十八年迁工部侍郎，建文时改吏部左侍郎，拜御史大夫。不幸君国抱伤，汝谏不纳。燕王即位，即磔于市。双飞公遂于明永乐二年（1404）由江西新淦只身逃往华容九都（今属南县），卒葬育才垸内长兴桥北畔大湖村。

封

衡南封氏 始迁祖财馨公，字馥远，元末以诗文游衡，由江西迁衡南政平乡石牛山，明初复徙烟竹堂。生三子，开十柱。清乾隆三十年（1765）、嘉庆七年（1802）、同治元年（1862）、光绪二十年（1894）、1942年、2012年纂修族谱。班行：财汝仁添彦，永仲丹良希。定臣国祖大，景运应昌期。嘉谟传孝友，郅治庆升平。禄位熙朝锡，恩光万代荣。

新化白溪封氏 始祖仁禄公，江西泰和圳上人，宋熙宁年间徙迁安化麻溪口陈梁冲。其子景宣公为避元末之乱而徙居新化白溪，衍孟元、仲元、季元、利元四大房。孟元徙蓝山，仲元返安化，利元迁邵阳东路宣家冲。明初初修族谱，清康熙五十九年（1720）、同治六年（1867）、1929年四大房续修，1998年邵阳五修。蓝山旧班次：爵禄嵩汉知，世直师安如。夫五六七八，贵启得仁志。永友文俊杰，时明用道存。学贤良继善，大立举朝昌。常贞兴正国，荣福显华光。安化旧班次：尊祖溯渊源，仁禄始南迁。景仲思子彦，必元仕朝添。道仁纯可秉，万锦绍于前。邵阳旧班次：元思子文才，仲志必朝有。大国立世袭，尚达绍于前。新化旧班次：季先福寿贵，文高永万朝。庭显应有立，尚达绍于前。新化、安化、邵阳合订班次：禄位崇明哲，经纶裕后传。孝友为家政，家邦在举贤。词章千古秀，礼义作心田。太和德泽远，南楚乐尧天。

蓝山大慈乡杨美洞封氏　始迁祖汉升公，唐时由江西来蓝山。至1931年，凡30户，男85人，女75人，共160人。

蓝山大慈乡三美堂封氏　始迁祖明震公，元时由大封家移居此。至1931年，凡36户，男102人，女73人，共175人。

蓝山大慈乡山下坊封氏　始迁祖复盛公，由江西迁蓝山。至1931年，凡32户，男73人，女65人，共138人。另支始迁祖光德公，由江西来蓝，至1931年，凡28户，男76人，女69人，共145人。又另支始迁祖嗣贤公，宋时由江西迁蓝山，至1931年，凡38户，男93人，女103人，共196人。

蓝山大慈乡大封家封氏　始迁祖爵公，由江西吉安泰和来蓝，居大封家。至1931年，凡105户，男214人，女193人，共407人。

蓝山大慈乡岐石脚封氏　始迁祖仁侦公，由大封家移居此。至1931年，凡83户，男160人，女150人，共310人。

蓝山大慈乡牌楼脚封氏　始迁祖永顺公，由大封家移居此。至1931年，凡18户，男32人，女26人，共58人。

蓝山大慈乡塘腹封氏　始迁祖之月公，由大封家来此。至1931年，凡26户，男27人，女26人，共53人。

溆浦香炉湾封氏　始迁祖尚远公，原籍江西，清康熙时徙此。

溆浦七里冲封氏　始迁祖季远公，原籍新化，清乾隆时徙此。

项

宁乡西门铺项氏　始迁祖应选公，明崇祯间偕弟应遇由楚迁湘之安化。应遇落业安化，清顺治间应选别迁宁乡西门铺。

石门南圻、新吴项氏　明末自江西吉水迁石门茅坪。族谱始修于清光绪二十六年（1900）。

桃江大佛岭项氏　始迁祖春元公，明永乐时由江西泰和避难大佛岭，衍居上梅村、项家湾。

溆浦乾汉项氏 始迁祖瑜公，原籍江西，明末徙溆，卜居乾汉。

政

岳阳政氏 始迁祖欲治公，明清之际由岳州迁荷塘，衍散荷塘、金鄂山等处。清光绪二十八年（1902）创修族谱，1942年续修。派语：思启应发福，兴隆万代宏。才华光祖德，端正绍宗功。孝友恢先绪，诗书起养蒙。寻源宜报本，永世尚儒风。

赵

长沙嵩北乡杨林塘赵氏 始祖添杰公，明朝由江西吉安因任职长沙府儒学迁湘，开基于长沙省垣赵家坪。族人分布于长沙嵩北乡、湘潭、四川、陕西等处。至1948年，已传19代，男女丁口3000余人。民国初年创建宗祠于嵩北乡杨林塘。

浏阳赵氏 始迁祖德修公，为汉营平侯赵充国后裔，原籍洪州西山乐觉桥。南宋时宦楚，落业浏西竹园冲。孙洪嗣分居井头，今霞园、尚园、率塘皆其后裔。洪澄长子壬植，分居浏北泉水庙，次子壬泰分居浏西柏嘉山。清同治元年（1862）三支建总祠于柏嘉山，支祠一在率塘，一在泉水。同治十年（1871）三支合修族谱，1947年续修。派语：（自二世始）以洪壬万庭，为子若卿成。荫必望显单，立良应之文。添心常祐善，人贵自光宗。世业开宏运，英华庆国隆。笃怀基性厚，敏学定声扬。礼让敦伦重，忠贞继绪彰。康平逢瑞锡，建树著猷芳。后起家桢满，先型代耀良。

宁乡扶冲铺赵氏 始祖宋燕懿王德昭公，字日新，六世由汴迁居江西安福。十五派至德玉、德善、德瑄、德春、德英、德宗，于明永乐间自安福同迁楚之上梅（新化），分居城东满碉、岩下山、海南溪、渣渡、璇塘、上渡江。德瑄公七世孙伯禹于明崇祯间迁宁乡十都扶冲铺，后衍为琳、瑯、球、琢四房。清道光四年（1824）建伯禹公祠于扶冲铺。明天启六年（1626）、清雍正三年（1725）、乾隆五十七年（1792）、嘉庆十七年（1812）、1928年，玉、善、瑄、春、英、宗六房合修族谱，咸丰十一年（1861）、光绪二十年（1894），宁乡伯禹公支另修族谱。老派：德惟从世令子伯师希与孟由宜学（十四字周而复始）。续派：仁泽光先业，传家庆益长。兴宗时济美，继启有淳良。

湘潭洄溪赵氏　一世祖殿先公，原居浙江饶州，宋时官茶陵卫千户，北宋元祐三年（1088）自浙迁湘。八世青龙，卜宅湘潭洄溪。明万历三十四年（1606）、清乾隆三十六年（1771）、嘉庆二十二年（1817）、同治六年（1867）、光绪三十四年（1908）、1943年六修族谱。字派：（自十四世始）雯方之大，景福如春。承先继启，树德维新。文安武定，显达传名。光宗耀祖，永振家声。

湘潭白龙潭赵氏　明太祖功臣南雄侯赵庸，史载为庐陵人，晚居吴中虎丘。子突公，以讨苗功佩武略将军印，生三子：忠、宗、裕，永乐二年（1404）始来湘潭。忠公旋官茶陵卫，遂占彼籍。突公率宗、裕，爱白龙潭景物，定宅于兹。明弘治十六年（1503）、清康熙四十六年（1707）、乾隆三十九年（1774）、嘉庆十七年（1812）、同治六年（1867）、宣统二年（1910）、1944年七修族谱。字派：（自五世始）廷惟国继嘉赵之光，宗祖德泽彰。绍述承先正，文明启运昌。英材襄盛世，勋业建旗常。

株洲残梅赵氏　始迁祖伏铎公，字公升，原籍云南府宜良军卫。明洪武六年（1373）徙湖南湘潭一都三甲残梅，今属株洲。第五代宏智公，生三子：长宗鋈分守残梅、醴陵，为东房。次宗璧分徙浏阳荷塘，为西房。三子宗礐分居寺冲，另立一族。清乾隆十五年（1750）东、西两房纂修族谱，咸丰八年（1858）续修，宣统二年（1910）三大房三修，1922年四修，2011年五修。字派：赵嗣浤先泽，毓秀自南湘。源远滋培厚，永为国家光。

湘乡界头赵氏　谱称始祖为唐岭南节度使植公，四世光逢五季末避乱居越，复徙浙江衢州府。五世宁，由衢州迁潭州，居湘潭十四都状元桥。七世知吉，以母葬衡山，遂居衡。十二世才美公，自衡山迁湘乡之天井。才美公之孙朝益，元季时由深江桥徙主薄桥，复徙白洲，明洪武时编入民籍，卜居荆紫峰之赵家冲。后分为三大房：文璧、文轸为大房，正儒为二房，良宾、良贡、良楚、良齐为三房。谱以朝益公为第一世。清乾隆三十一年（1766）建宗祠于界头。班序：（自十七世始）宗泽洪昌，家声大振。学本修齐，士敦孝敬。俊彦云兴，誉名鼎盛。先德克光，心田有庆。

湘乡月城赵氏　望出山西闻喜，宋建炎南渡，鼎公在朝辅高宗，子汾公隐荆门无愁村。传至惠山，始由荆门徙湘上。至庭辉公，讳源，又名辉三，于明洪武间自白田薛家冲徙月城。庭辉四传分为六大房：文珍、思珍、碧珍、贵珍、景珍、智珍。景公外徙无考。至1948年，已传22代，有族人1万。文、思、碧、贵、智五房谱始修于明隆庆五年（1571），清同治四年（1865）四修，1916年五修。清乾隆五年（1740）创建宗祠于湘乡县治五十里之月城。派语：

（自十六派始）相焕兴先绪，士隆忠孝光。家传维厚道，敬慎守成方。清简官宜则，宽廉本克培。诒孙期学懋，念祖用基恢。

双峰深江赵氏 谱以植公为远祖。九代知吉公由衢州而衡，宦寓江西泰和。十四代才美，自衡阳徙湘乡天井赵家坪，复居黄茅洞财冲（才美公以上世系与湘乡界头赵氏有异）。十六代至宗辅，字清甫，号瀓江，又号宣仪，行七，明正德四年（1509）由潭州卜迁深江，编户立班派，派分仁、礼、潭、满、珪、理、瑢房。族谱始修于清乾隆二十一年（1756），道光二十八年（1848）续修，光绪三十二年（1906）三修，1948 年四修，2008 年五修。（1996 年潭房五修）班序：宗源志永，必定友文。安邦兴国，天子重朝。思祖载大，嗣世为光。祥开益盛，代际隆昌。名贤蔚起，多士腾骧。

茶陵赵氏 始迁祖启仁公，明洪武年间任茶陵知州，卸任后定居老虎山官仓坪（今思聪乡境内）。

衡阳满町赵氏 清献公抃，迟暮解组游岳，就衡山城前筑书院居之，不数年公仍归衢。季子棠公留守斯土。棠公生方公，方公生董、范、葵、嶷。范、葵、嶷开衡山赵姓诸族。惟董公孙璠公，宋咸淳十年进士，痛宋祚衰微，迁居衡西满町。明宣德元年（1426）湘东西八房纂修族谱。乾隆二十二年（1757）、道光七年（1827）、光绪元年（1875）、宣统元年（1909）、1941 年满町房续修。五修有曾熙序。

衡山赵氏 初祖植公，唐时为岭南节度使，七代昙公，始迁衢州西安，十代至宋时清献公赵抃，幼子棠公，原名岘，字辅微，少奉抃公致仕游衡，寄育于从叔纪，居城前，遂为衡人。棠之子方，字彦直，南宋淳熙八年（1181）进士，累官荆湖制置使，谥忠肃。忠肃四子：蕃（董）、范、葵、兰（嶷）。蕃之后归衢州，范、葵、兰（嶷）之后递衍为富、贵、荣、华、供、仁、树、材八房。族谱一修失传，明宣德元年（1426）二修，1929 年九修。班行：（自十七代始）逢嗣履盛安而吉，恒聚雍和福自生。绪衍古潭绵世泽，祥钟寿岳振家声。莹然品度昭唐代，卓尔勋猷懋宋京。佑我后昆常蔚起，前光克迪有嘉名。该族二十四代赵恒惕，字炎午，民国时湖南省长。

邵阳桐江赵氏 始祖唐贞元节度使植公居关内，四世逢公居洛阳，五世靖公居越，七世昙公徙衢，十世抃公、十六世得胜公居金陵，十七世思文公居庐陵。十九世膺昌公，字允民，一字毕大，号桐川，初居营杨侯杨璟幕府，后授指挥佥事，明洪武三年（1370）自江西庐陵迁居邵阳万安里围子村，建宅桐水之旁。五传支分天尧、天顺、天贵、天华、天祥、天礼六房。清乾隆二十九年

（1764）一修族谱，嘉庆二十年（1815）、同治元年（1862）、光绪二十四年（1898）、1925年、1999年续修。旧班：膺牧楚再天必友仲邦明应遇祯祥泰时逢世代成。新班：纯孝品行粹，先儒训可尊。执中斯协道，建绩在敦伦。全受承恒性，远扬锡至恩。平原声大著，清献范犹存。绍德宜方玉，持身仰读论。培植由来久，光前即裕昆。

邵阳赵氏 始祖宋清献公，传十世至应舜、应清、应贤、应麟、应美、应隆、应海，明洪武三年（1370）自江西吉安府庐陵县迁居邵阳安平、新宁、太平、万安、仁风、安上。清乾隆十八年（1753）一修族谱，嘉庆九年（1804）、道光二十四年（1844）、光绪十三年（1887）、1919年、1990年续修。安平、新宁原班：思才应必仲，友祖永兴隆。天元文汉楚，万代富贵昌。万安三甲原班：思才膺必楚，再天思邦永。定兴国太上，明安政福新。万安四甲原班：思才膺必楚，再天敬永心。用贤正文冠，万世礼昌新。万安七甲原班：思才膺牧楚，再天必友仲。邦明应遇正，祥泰时逢世。新宁二甲麟房原班：思才应琮祖，必永从定国。安邦兴隆维，万代富贵昌。石子寨原班：思才应必仲，友楚兴隆定。天继承求祖，世代富贵昌。合族派班：学宗纯修品，行守名士训。尚志可中立，存仁享荣庆。树德先声人，敦伦家纲振。绍泽宜厚本，光延传嗣盛。

邵阳万安四甲赵氏 宋清献公抃十世至膺舜，字尧夫，明洪武三年（1370）同叔父洗、智，弟清、贤、麟，从弟昌由江西庐陵县迁邵阳。膺舜卜居安平乡石井老屋，立户赵尧，生九子：必礼、连、信、谅、富、隆、祖、良、珍，又分九房。必良又迁万安棠夏桥，生楚通、楚廷。楚通立户四甲，户名赵晚。楚廷立户三甲。清乾隆二十八年（1763）始修族谱，道光十四年（1834）续修，光绪五年（1879）三修，1912年四修，1949年五修，1996年六修。雍正七年（1729）建宗祠于回龙山，光绪十七年（1891）重修。安平原班：思才膺必仲，友祖永兴隆。天元文汉楚，万代富贵昌。三甲原班：才膺必楚汝，再天斯邦永。定兴国太上，民安政福新。四甲原班：思才膺必楚，再天敬永心。用贤正文冠，万世礼昌新。新班：学宗纯修品，行守名士训。尚志能中立，近仁方荣庆。

新宁赵氏 一世抃公，七世得胜公，八世思兴公，葬庐陵乐义乡。十世膺舜公，字尧天，明洪武三年（1370）编籍邵阳安平乡，居石井老屋，户名赵尧。膺舜生必礼，必礼生六子，四曰仲富，迁新宁北乡，生三子：贤居抛江渡，智居木山铺，贵居一渡水。五曰仲贵，迁新宁西喉乡，生添祥，居江口庙。清同治间创修墨谱，1917年续修，1948年续修。木山铺原班：思才应必仲，友祖恒足廷。永本应之璧，运登文有世。一渡水原班：思才应必仲，存祖恒足用。永桂应一守，良登文有学。江口庙原班：思才应必仲，添显□□□。希良仁光能，登永世荣茂。续修合班：光明显达品，行秉哲士训。尚志可中立，存廉享余庆。

华容赵氏　始迁祖伏四公，元泰定二年（1325）负母带子由湖北宜城迁居华容，长子文秀后人住东乡小墨山一带，次子文璇建业于城西蔡田铺。后人星居全县各地。清光绪二十六年（1900）合并定派：祖训钦承远，宗功继述长。传家惟孝友，启后在贤良。

湘阴文洲乡赵氏　始迁祖维周公，明万历二年（1574）自山东曲阜宦游湘阴之文洲乡。至1948年，已传20代，有2000人，分布于江苏、湖北、长沙。宗祠在沙田坪。

平江朗坑赵氏　赵匡胤三弟匡美居南昌，为南昌赵氏之始祖。至十一世世赏公，率兵救文天祥，慷慨死节，葬南昌。次子荣宗，讳若兴，字千六，由南昌徙平江，初居东土龙，立业赵家屋场，继居长寿下市街，复迁朗坑。子孙散居城东，至七世分为八大房，惟一房万爵公、七房万贤公、八房万和公世居此地，另五大房别迁。清嘉庆八年（1803）始修族谱，道光二十二年（1842）、光绪二年（1876）、光绪三十三年（1907）、1941年续修。派语：（自三十一世始）德积祥光远，芳垂庆泽长。庭余兰桂茂，千古绍书香。

平江赵家坪赵氏　太祖德胜公，系南京凤翔府灵璧县新马铺孟杏屯人，从朱元璋起兵，封梁国公。次子勋成公，迁驻平江赵家坪。1916年三修、2011年四修家谱。派语：勋铭彝鼎，史册流芳。后嗣承之，百世其昌。尔大受禄，长乐永康。宣昭令德，载式南邦。

平江白沙岭赵氏　始迁祖兆清公，明建文三年（1401）自江西靖安迁此。至今族人5000余人。

常德赵氏　基祖第公，自明初年由福建省福州府侯官县糙米巷迁湖南常德武陵城西。族人分布于常德乡村，桃源浯溪、木塘、青云、土东、云岳等乡及桑植、慈利、贵州、四川、重庆、湖北来凤等处。至1948年，男女丁口2万余人。宗祠建于桃源县青云乡明月山下，支祠建于县城东街。

桃源陬市赵氏　始迁祖积德公，明永乐二年（1404）自江西余干县迁于桃源县东陬市上街。至1948年，已传24代，全族人口300余人，分布于水田坪、老官、黄石及常德南湖坪等地。清同治七年（1868）建宗祠于上街关岳庙左。族谱创修于1937年。

桃源木塘赵氏 始迁祖纲、纪二公，明弘治二年（1489）自江西丰城同迁桃源县东杜青村。至1948年，已传17代，全族人口800余人，分布于北冈头、柳树下、鸡笼山、水溪及常德南湖坪等处。宗祠在赵家河。族谱创修于清光绪七年（1881），1941年续修。该族名人：赵季平，国民革命军陆军中将。

澧县元考堂赵氏 尊魏王七世孙彦若公为始祖，哲宗绍圣元年（1094）自江西谪迁来澧。五世孙亨、泰，开大门、二门两房。八世开玺、清、纯、溥四房。明永乐十五年（1417）建宗祠于澧水北岸宋家渡。同治十年（1871）与慈利邹家峪合修族谱，1921年、2017年续修族谱。2019年澧州赵氏八支合修。派次：臣良中士元，裕永观启绍。宗学正昌大，世方景运开。

澧县天水堂赵氏 始迁祖怀远公，字虑先，宋季自江西来澧，伪姓宋，卖酒为业，世居澧城东关外澧阳桥、北门外柴家寺等地，数十年后恢复姓赵。清光绪三年（1877）、1938年纂修族谱。2019年澧州赵氏八支合修。字派：远绍祖业，家道从新。昭明佩玉，忠信书绅。富端履义，贵亦怀仁。德承清慎，修获本真。

澧州亲睦堂赵氏 始祖晰公，宋太祖孙。十四世纪公，元时迁居澧北。清乾隆五十八年（1793）建祠于澧北阳家山口并纂修族谱，咸丰七年（1857）、1929年续修。2019年澧州赵氏八支合修。字派：绍宗崇祖德，训子玉孙贤。丕振诗书业，鸿开礼义传。忠贞名远达，孝友祚长延。显作元良佐，荣兴富贵全。

澧县天水堂赵氏 鼻祖觉德公，原籍江西南昌府丰城县大栗树十字街，生四子：志江、志河、志海、志清，明洪武间因镇守苗疆，先后迁澧阳，江公居小铜山赵家巷，河公居游家洲，海公居御史桥，清公无传。清道光二十三年（1843）二修族谱，光绪十八年（1892）三修，1944年四修。2019年与澧州天水堂怀远公支、天水堂晟公支、元考堂彦若公支、亲睦堂晰公支、论语堂千公支、异香堂晰公支，半部堂礼公、显公支合修族谱。赵家巷宗派：志日永玉廷，宗邦文明世，大国书香登。游家洲宗派：志廷鸟世良，应文仕昌承，明宗祖启时。御史桥宗派：志祖英玉廷，世家良应国，登学士德泽。合族续派：忠厚传家远，深仁善政长。余庆基福寿，卜选兆休祥。骏烈铭彝鼎，鸿猷冠楚湘。恢先能继绪，丕振耀朝堂。

澧县天水堂赵氏 始迁祖晟公，字咬住，原籍江西南昌府丰城县赵家庄，明初从徐达征战有功，其子斌世袭指挥于永定卫，长子良公居永定卫袭官，次子贤公迁澧州东关外长草堰。清乾隆四十五年（1780）、光绪二十五年纂修族谱。2019年澧州赵氏八支合修。字派：光大正士，永远昌明。丕振祖德，自开家声。立志方泰，学本传经。文盛定启，鸿儒连登。

澧县论语堂赵氏 奉纪公次子千公为始祖，明初由中州开封来澧，相宅牌楼口。清乾隆四十七年（1782）建祠于赵家峪。道光七年（1827）、光绪二十八年（1902）纂修族谱。2019年澧州赵氏八支合修。字派：敬祖肇远业，克复振家声。训子伦常重，尊儒道德明。多能方显达，延祚本忠贞。礼自修齐裕，仁资孝友成。

澧县异香堂赵氏 尊晰公为始祖。纪公第三子克绳公之后。该堂由五支组成，大门盘龙溪支祖志江公，为克绳公十一世孙，明永乐间迁来。二门梦溪寺赵家巷支祖永镇公，为志江公之叔，原籍江西吉安府大栗树，明万历间迁来。三门荣市白鹤桥支祖添忠公，为志江公侄孙，原籍湖北荆门，迁澧时间不详。添忠公兄弟四人：添忠、作忠、效忠、则忠。四门三汊河支祖开启公，为作忠公之孙。清康熙间人，迁澧时间不详。五门赵家垱支祖坤公，为效忠公之子，原籍江西吉水县，明末兵燹迁澧。同治五年合族建祠于棚场街。同治十二年（1873）、1914年纂修族谱。2019年澧州赵氏八支合修。1914年与千公裔合派。

澧县半部堂赵氏 始迁祖礼公、显公，为太祖后裔恩溥公赵泽之后。原籍河南彰德府磁州武安县，俱进士。明宣德间礼公以藩司仕楚，显公以太守仕楚，家于澧阳安乡天王垸，复因地势沉塌，又迁澧阳东关外人和铺。清乾隆五十六年（1791）建祠于县城报恩寺。乾隆九年（1744）、1917年纂修族谱。2019年澧州赵氏八支合修。字派：清献家声远，贻谋德泽长。承先惟忠孝，华国焕文章。世守经书润，永传翰墨香。祖宗垂裕久，万代仰辉光。

张家界赵氏 始祖操哥公，凤阳人，明初有武功。子亮公，宣德元年（1426）官永定卫右所千户，遂著族焉。至1906年，已传20代。

张家界大坪赵氏 始祖皋公，江西南昌人，明景泰年间官湖广辰州府沅陵县巡检。子洪公，迁居永定大坪。至1906年，已传20代。

益阳井头赵氏 始迁祖显泗公，元末自益阳八都槎塘徙居邑之井头。支分井关、街关、水关、袁关四关。1919年三修族谱。

益阳赵家坪、火田垸、涧山赵氏 始迁祖万台、万浒、万卷三公，原籍河南祥符县，明洪武十年（1377），台、浒二公同迁桃源县穿石，台公又于洪武二十一年（1388）落业益阳兰溪赵家坪，为长房始祖，后裔七支；浒公落业益阳火田垸东塘湾，为次房始祖。卷公与台、浒二公并非同胞兄弟，元时迁居益阳涧山，为三房始祖。清咸丰之前三房族谱各修一次，咸丰八年（1858）因三公同自祥符迁益，三支合修族谱，称三修，1997年七修。以兰溪赵家坪松树山台公祠为总祠。咸丰新派：祖训良昭显，家传善继承，文章贻盛业，功德振芳声。该族名人：赵先雅，为台房彦珐支十四世孙，清嘉庆翰林院庶吉士授主事分户部江南司。

益阳克让村赵氏 先世初籍浙江，为魏国公赵孟頫之后。益阳舒塘始迁祖良公，至四派历经公，字文焕，进士，由舒塘徙居常德。至九派思麒公于明末兵燹之余，由常德徙居益阳西南百里之许崇山峻岭，地名克让村。清雍正十二年（1734）创修族谱，嘉庆二十三年（1818）、道光七年（1827）、光绪八年（1882）、1928 年续修。字派：良永昌历大洪子贵思原嗣玉邦庭文熙正世显达应朝纲诗礼。

桃江书堂赵氏 始祖子玉公，字辛一，元至正年间由湖北松滋随父远龄公宦游湖南宝庆，远龄公卒于任，时值元末乱世，子玉公乃卜居益阳书堂（亦曰舒塘，今属桃江县），生有三子：贵全、贵缘、贵贤。族人多分布在益阳、桃江、汉寿、沅江、华容、南县等地。明弘治十三年（1500）一修族谱，其时人丁 58 人。清康熙三十二年（1693）二修，人丁 658 人。乾隆五十七年（1792）三修，人丁 2074 人。道光十七年（1837）四修，人丁 2167 人。同治七年（1868）五修，人丁 2663 人。光绪二十四年（1898）六修，人丁 3067 人。1929 年七修，人丁 3645 人。1994 年八修，人丁 7062 人。全公祠位于枫山，贤公祠位于古李塘，缘公祠位于南湖托。派语：子贵思志仁，受克永同明。文章昌盛世，显达定超伦。华国良宜学，裕后须勤读。

桃江九峰赵氏 始祖孟鑊公，原籍河南，迁居江西，官湖广。由倢公留居荆州，迁居桃源花岩山，兴嗣公又迁益阳杉木村，转迁九峰（今属桃江），为益阳始迁祖。五派衍为仕荣、华、富、贵、禄五房。1916 年六修族谱。

沅江赵氏 始迁祖武俊、杰二公，明永乐十一年（1413）由江西迁沅江上岐头三保街市。清嘉庆二十一年（1816）、咸丰六年（1856）、1919 年、2012 年纂修族谱。派语：志稀喜兴永，文国启贤良。基业传家远，勋铭历世昌。乾坤皆有上，祖德显其扬。诗书宏正发，忠孝最绵长。

安化清塘铺、赵家岭、眉毛溪赵氏 始祖孟瑺公，名石琮，宋时人，太祖十二世孙。靖康时由江西吉州而徙安化一都，其后裔徙居常安之峡溪。元至正年间，文祖公生子四：仕斌、仕清、仕禄、仕福，分居清塘铺、赵家岭、眉毛溪等处。族谱始修于清乾隆十一年（1746），道光八年（1828）续修，光绪六年（1880）三修，1914 年四修。2011 年七修。派行：万学成世正，永远立朝纲。忠良维国本，祖德发祥光。大启崇先绪，鸿章锡庆长。贤能开鼎甲，盛烈佐隆昌。

新化太阳二都赵氏 始祖胜宗公，江西吉州安福人，明洪武时官台州黄岩。其子荣承袭父职，调贵州黎平府伍开卫，明永乐二年（1404）奉诏下放屯田，始来新化太阳二都，附为军籍。后人衍居于横阳山南冲、庙前、邓家溪、赵家坪、隆回等地。清雍正三年（1725）始修族谱，2000 年五修。派语：忠端（清）文必源应大君世全启兴灿耀明。桂馥兰枝茂，芹香毓秀廷。光辉承祖德，裕后庆长龄。国盛祯祥集，智勇韬略雄。才华昌锦运，地灵豪杰隆。

新化赵氏 始迁祖德玉公，明永乐年间携兄弟自江西安福徙长沙。后德玉公居新化城东下渡松山坪，其裔后迁居满竺。德善居岩下乐田冲。德寅居海南溪，裔孙迁宁乡。德英居璇塘，德宗居上渡江松山坪，德春裔居渣渡、洋泽、台西。明天启六年（1626）始修族谱，1993 年八修。派语：仁泽光先业，传家庆益长。兴宗时济美，继启有谆良。

汝城县东赵家村赵氏 始迁祖华一公，明洪武二十九年（1396）自南京松江府华亭县迁汝城县东。后裔萃若分徙县南塘坑口赵家。十九世廷心迁县东益将象形湾。至 1932 年，已传 24 代，共 60 余人。

蓝山舜乡荆竹河、黄南道赵氏 始迁祖财金公，唐时由广西来。至 1931 年，凡 21 户，男 38 人，女 45 人，共 83 人。

蓝山赵氏 明洪武初年，瑶人赵景华自广东连山迁江华小江源。长子友德居下雾江天师庙山场。次子友旺居紫良源、高良源。友旺次子启满则居大桥白龟源。明弘治十六年（1503），启满之子朝城、朝胜、朝友、进骄及凤流金、流喜、周芳由等三姓七人又迁凌江冲，自称“本地人”，史称“高山瑶”。

蓝山大源赵氏 始迁祖逊机公，明洪武年间由宁远徙蓝山县大源，子孙散居汇源瑶族乡各村落。

蓝山舜乡屯上赵家赵氏 始迁祖统幸公，清乾隆时由广东阳山县迁来。至 1931 年，凡 3 户，男 11 人，女 9 人，共 20 人。

新田长信乡上凤赵氏 始迁祖伯二郎，宋时自江西泰和因官迁新田长信乡上凤。至 1948 年，已传 32 代，有 50 人。

新田崇益乡东西沅漕赵氏 始迁祖法善公，清康熙时自广西避乱徙新田。至 1948 年，已传 12 代，有 230 人，分布欧菜园、东园漕等处。

溆浦鹤田垅赵氏 始迁祖贵公，明永乐二年（1404）由贵州五开卫拨屯徙此。

麻阳良善坪、坳头坪赵氏 始祖得胜公居南京，子二：思兴、思文。因朝廷招贤，随征过江西，卜宅庐陵，还迁金溪。明洪武元年（1368），兴公四子才隽始由江西发迹，偕兄弟子侄徙居邵阳安平乡万安里。兴公裔孙通公昆季由邵来麻编籍立户，首迁小坡，后迁良善坪。通公子孙迁坳头坪。后人分布文昌阁、拖冲、尧市、锦和、兰村等乡镇，至今全县共1800余人。通公房系派语：单天亚必单，文廷单兴国。学魁宗三单，清启盛长福。家振（治）维体正，嗣茂继先绪。洪公房派语：单三亚永单，单子廷胜国。万士贵世大，宏光永保福。家振（兴）维体正，嗣茂继先绪。两支合族续议：文开连代秀，和顺致人昌。贤能绳祖武，名显有嘉祥。

靖州赵氏 始迁祖希麟公，南宋景定三年（1262）以宣教郎官靖州，没为神旗将军。至清光绪三十四年（1908），已传26代。

郝

长沙郝氏 郝氏之先，商帝乙封子期于太原郡郝乡，因以为氏。元翰林侍读学士经公，生彬公，彬公生德公。德公，字懿之，浙江钱塘县人，从明太祖北伐，与子赟俱死于阵。赟子通，成祖时封昭勇将军，迁居长沙。一传而分三房：忠、恕、惵，再传而增二房：明、雍，三传而又增二房：文、武，蔓衍于长、善、阴、潭、浏及巴陵、沅江。清光绪十七年（1891）、1924年纂修族谱。派语：景象从英杰，贻谋裕炽昌，孝友恢先业，书田继绪长。

株洲北塘村郝氏 始迁祖先显公，明末清初由江西迁徙株洲。一支居株洲明照乡北塘村。

华容墨山郝氏 始祖聂公，传五世彦公居江西，元大德年间迁居华容墨山。六世兄弟五人：志升、志昂、志顶、志旻、志晟，支分五房，一、二房失传，三房居潭子口，四房住高山，五房住黄洋，也有迁湖北监利堤头。祠名曝书堂，典出晋郝隆。原派：应如文志均，光士茂成明，正定宗必万。衍派：宣昭世祚生，传家其本大，绍绪以忠行。

常德、澧阳、清化、桃源郝氏 常德始迁祖兴公，明永乐二年（1404）由江西吉安府吉水县迁居武陵（今常德）。澧阳、清化支则由北直迁来。桃源支则为兴公之昆弟迁此。兴公五代分镜、胜、财、相四大支。清咸丰八年（1858）常德、澧阳、清化、桃源始修族谱，宣统元年（1909）续修。咸丰年间修祠于龙门洞山之麓。武陵老派：应佑光先德绍清芬。清化老派：以朝光士大佑启先兆新。澧阳老派：永绍先德，宏裕祖功。桃源老派：士先单志学，宗世朝国邦。登廷如大用，建立超智常。四处合派：（绍、启、功、邦同属十七代，自十八代始）宗兆诗书远，家传孝友长。存心敦善本，立志作纯良。

荆

宁远梅花落地荆氏 始迁祖士孟公，明洪武八年（1375）由山西省临汾县奉旨来宁靖乱迁湘，开基于道县延唐，后徙居宁远县城东文昌坊。族人多分布在宁远境内三角嘴、压屋、湾井、梅花落地、上洞等处。至1948年，已传22代，男女丁口共3000人。清道光间建荆氏宗祠丁上洞。该族名人：荆茂，明成化十四年（1478）进士，历官浙江按察使。

溆浦荆氏 始迁祖绍先公，原籍河南祥符县，元至正间官溆浦学谕，遂家于溆。分居荆家湾、桐油坪、道士桥。

荀

岳阳荀氏 始迁祖万公，明洪武二年（1369）自江西南昌府南昌县铁树观迁岳州府巴陵县螺丝嘴今江木墩。正统三年（1438）万公孙文海又迁桃林双墩江。清乾隆十一年（1746）、嘉庆元年（1796）、道光六年（1826）、同治十年（1871）、1917年、1948年、2014年纂修族谱。派语：始必文天得，单仲友大祖，应之启万代，永昌生阀阅，吉耀加诗礼，光增国富强，馨香贵明德，世第自高阳。

荣

醴陵禚田市荣氏 始迁祖景贤公，宋徽宗末年自江西萍乡迁此。族人分布于长水、李家山。至1948年，全族人口2000人。

醴陵清水江荣氏 清顺治初年迁此。族人分布于里都。至1948年，全族人口1000人。

岳阳荣氏 自息好公于鲁受姓，递传至七十三世汉伯、灿仲、世美，兄弟三人自元代由永州同迁岳阳巴邑，各居一方。世美公入赘于姚，后裔随母姓姚。汉伯公居松木嘴，生五子：兴祖、宗礼、受礼、芳叟、兴志。兴祖公居石盘山，宗礼公居大碑冲，兴志公居大碑冲前，芳叟公居六都大塘。受礼公居原地，而其孙有朝迁钟家墩，世仙迁大冲松林塅，有龙迁居枫树坡。灿仲公居石泉山，生三子：伸祖、福祖、胜祖。福祖公初徙白水赵家村，后居渭洞薤藤园。胜祖公居荣家坡，后又居湘阴穆屯塅。伸祖公居石泉山，以此施于僧故，移居黄季塘侧。族谱创修于清同治十二年（1873），1923 年续修。派语：先泽垂书籍，宗功纪鼎铭，元昌昭茂德。

胡

长沙瓦湖胡氏　始祖乾健公，字秉峰，谥宪，原居江西丰城瓦子街，任湖南清河道。长子元亨公，字善立，号仁庵，明洪武二年（1369）由江西迁湘，开基于长沙东乡之瓦湖。传五世衍为震、辉、庸、端、滨、通、献七大房。次子元贞公受业龙潭河图胡家冲，三子元正公落业湘潭胡家坪，元亨公祠堂在春华乡第五保金盆山。清乾隆三十七年（1772）始修族谱，道光二十三年（1843）续修，光绪十九年（1893）三修，1933 年四修。至 1948 年，男女丁口 2 万余人。族人多分布在横坑河、九江冲、桂塘、龙潭等处。派式：元士有志，正大廷一。守嘉文应，献开来学。本立重华，源逢安定。功著麟经，道宗孔圣。仁让孝弟，礼义忠信。裕后光先，世德永庆。

长沙石子岭胡氏　始迁祖志公，字元亨，原居江西南昌府丰城县瓦子街，明洪武初徙居长沙二十四都（明道都）十甲石子岭。六世高道公、鸾即公，始分两房，长居长邑，次居善化、浏阳、醴陵等邑。清雍正十二年（1734）、道光六年（1826）纂修草谱，光绪十二年（1886）、1920 年续修。世派：（自二世始）宗汉天友廷，仁良国正学。之士开文兴，盛世光大庆。洪修维先业，钟鼎启家声。昌荣征德厚，忠孝永传名。

长沙大贤都胡氏　始祖藻公，字词臣，原籍江南江宁府上元县，明郡庠生，万历己酉科举人，特授湖南常德府桃源县知县，升任澧州直隶州知州，隶籍长沙，世居大贤都。十传至棣华，派名家镗，字少卿，民国初年曾任湖南省立图书馆馆长。

长沙春华胡氏　始祖天寿公，原籍江西临江府新淦县，迁南直隶徽州府休宁县石林桥。四世祖希颜公，明天启间由休宁迁居长沙万寿都春华市。

浏阳高坪胡氏　始祖刘宋阳山县男藩公，居洪州南昌。二十五传至城公，唐侍御史，初迁新吴县华林。子珰，官膳部员外郎。珰九传至叔罕，徙高安龙口。又七传至福二公，南宋咸淳五年（1269）迁浏阳高坪。至清光绪三十三年

(1907)，已传28代，丁口4000余人。

浏阳大溪泉塘胡氏 一世祖连元公，南宋末年因官迁浏阳东路大围山。至曾孙子真于元时再迁泉塘。清光绪二十六年（1900）六修族谱。

浏阳胡氏 居分三处，派分两支。元末时福受公偕弟福庆、福彩迁浏北三十三都。福受居黄岗塅，福庆居张周洞。后裔居蕉溪、丰福。清道光四年(1824）纂修族谱。另支始迁祖季公，南宋端宗时由江西迁衡山，复由衡迁浏西社冲。生道、珍，转迁邑治北城胡家巷。明万历时宪公又由县治迁北乡云兴。清道光二十五年（1845）纂修族谱，光绪三十三年（1907）福受公裔、季公裔两支三处合修族谱。

浏阳胡氏 一世季公，宋端宗景炎时人，原籍江西，因乱徙居衡山，又自衡迁浏，卜居西乡社冲。七世胡廷黼，明嘉靖三十八年进士，孙胡应台，万历二十六年进士。派行：一自承光启，弘开世祚昌。传家宜孝友，佐国懋忠良。

浏阳高车胡氏 始祖季公，因兵乱自豫章迁浏西乡，后徙县城。传至六世祖大鲸公于明季时再徙东乡小溪高车。七世祖渭川公官广东南雄府知府。九世祖泰六公历仕兵、刑两部尚书。清康熙四十五年（1706）始修族谱，道光十七年（1837）续修，光绪十一年（1885）三修。

浏阳朱陵胡氏 始迁祖均彰公，明初自江西丰城迁此，析居新塘、窑头等地。至清光绪三十三年（1907），已传20代，丁口2000人。

浏阳金刚冷水井胡氏 始迁祖尚奎、尚斗，明洪武初自江西石溪迁浏阳，尚奎居杨花，尚斗居金刚。

浏阳塅里山上胡氏 迁浏始祖仁辉，字克忠，为尚奎公长子，元泰定元年(1324）生，明永乐十九年（1421）卒。清道光间续修族谱。

浏阳西岭、樟槽、藻岭胡氏 谱称胡姓始祖满公，始自周初。第五十一世祖威公官徐州刺史，后调安定（今甘肃平凉地区的一部分），卒于任，遂家焉，故胡氏以安定为郡，谓安定胡氏。第六十三世祖藩公，封土豫章，爱豫章西之新邑（今江西奉新县）华林山水之美，遂自江苏邳州宿迁徙华林，为华林胡氏之始祖。南宋绍兴二年（1132），第九十二世祖汪公扶父用先公灵柩从福建邵武归华林，途经乐安浯溏（今江西乐安县龚防乡浯溏村），因冰雪塞途，权厝枫山寺，结庐墓三载，定居于此，尊用先公为浯溏一世祖。明万历年间，第一一三世祖、浯溏第二十世祖允钦公，行建十，徙居浏阳西岭（今文家市镇中和乡苍坊村），为西岭第一世祖。允欢公，行建二，其孙雯甫于清康熙初徙浏阳樟槽，为樟槽支开基始祖。允衮公，行雷五，其孙荣甫于明末清初徙浏阳高坪，为藻岭支开基始祖。清光绪十七年（1891）建允钦公祠于西岭孔建坪。族谱始修于南宋淳熙五年（1178），实为江西乐安浯溪胡氏族谱。清乾隆四十五年（1780），浯溪七修胡氏族谱，浏阳西岭胡氏一支入谱，八修、九修而未与闻，至光绪二十八年（1902）十修，西岭胡氏一支与浯塘胡氏合修大成谱。1943年，浏阳西岭、樟槽、藻岭三支胡氏合修族谱，接上为十一修，1994年十二修沿十一修例。胡耀邦为西岭允钦公十二世孙。西岭、西冲、樟槽、藻岭派语：（自一一三代始）允谦甫育，元奇志中。名成祖耀，德厚家兴。安仁培本，立训良谆。

浏阳南张乡荆萍胡氏　始祖藩公，南朝刘宋时官至太子左卫将军，赐土豫章。后裔分迁不一，传至仁台、明台，清顺治十八年（1661）自广东龙川县宁仁迁往江西上犹。康熙三十四年（1695）贤玖携妻带儿迁居湖南长沙府浏阳县南张乡十六都荆萍珠岗铺。贤玖生子三：世鼎、世茂、世豪，派衍三派。光绪十五年（1889）纂有族谱。

宁乡柳林、湘乡胡氏　一世祖廷玉公，宋景炎二年（1277）由江西吉安城东乡后村迁南楚宁乡三都亭下，生子四：象圭、象玉、象简、象笏。玉、简二公无传。圭公由亭下迁居乌林，生有三子：惟庭徙醴陵，惟鉴卜居柳林，惟时无传。惟鉴公又三子：继宗世居柳林，继祖迁上湘桃林，继贤迁上湘桑林。明嘉靖间三林合谱。清雍正十二年（1734）柳林续修族谱，乾隆五十九年（1794）三修，道光十二年（1832）四修，光绪六年（1880）五修，1946年七修。排行：梦应宗名尚书家，安定文章世泽霞。敦本培源光大远，继承祖德绍荣华。

宁乡双江胡氏　始迁祖登一公，字彦宗，原出江西泰和县儒衡乡曹域里梅子坡早禾渡圳上，宋时宦游荆楚，初寓居长沙铜官（今望城县铜官），后徙宁乡双江茶园头。后裔衍绍先、绍亨、绍安三房。清康熙六十年（1721）一修族谱，嘉庆七年（1802）、道光十七年（1837）、光绪五年（1879）、1922年、2016年续修。嘉庆七年（1802）建宗祠于宁乡双江口。至1948年，已传27代，男女丁口万余人。合族行派：开端征先泽，承封庆以长。传家惟厚道，典绪在书香。必式师苏矩，才留青史光。春秋夫子志，奉若是圭璋。

宁乡广济塘胡氏　始祖安国公。次子宏公，人称五峰先生，下传四世至震勋，字上圭，元至大二年（1309）以监生授职江西泰和县训导。震勋生二子：志振、志海。志海字祖元，时值元末干戈四起，由江西泰和迁宁邑六十一都，入赘甘氏（后称五都六区梨树甘家坝段家湾）。明洪武年间，又下屯于广济塘。

清宣统二年（1910）三修支谱。

宁乡麦田、益阳泉交河胡氏　迁湘始祖汉清公，字允元，原籍江西泰和县荣坪乡，元武宗时迁湖南醴陵。生子二：文秀、文迪。文秀公携子云龙、云兴徙居宁乡六都麦田。云龙公子三：福宗、福寿、福珍，宗、寿两公徙居益阳，珍公留居麦田。云兴公子二：福大、福昊，福昊公三世孙思敬公由宁乡麦田徙居益阳泉交河。清咸丰十年（1860）创建汉清公祠于益阳城西，嘉庆九年（1804）创建云龙公祠于宁乡六都麦田窑坡村。1934 年宁、益两邑五房始合修族谱。该族名人：胡达源，为昊支思敬公房二十世孙，官贵州学政，著《弟子箴言》等。胡林翼，达源子，加太子太保，谥文忠，著《读史兵略》等。泰和派语：鉴彦通文，德重政大。仲福正昌，志玉庆炳。宗秀才贤，洪华荣受。增兴上国，必出醇禧。宗支派语：文云福祖，嗣志丹廷。永绍继续，世正善成。祖用房派：文云福祖，思忠伯应。加仲继续，世正善成。祖通房派：文云福祖，嗣应万廷。永绍继续，世正善成。寿支派语：文云福廷，仕子清彦。世尚向秉，其三善成。珍支派语：文云福祖，添楚召义。廷万敦公，明正善成。大支派语：与宗支同。祖瑞房派：文云福祖，泰重华善。正位光庭，庆传万代。德政大邦国，鸿章锡远方。昊支派语：文云福俊益，思通义友冕。玉则光其贤，士民多显达。翼之学有本，安国才自超。宗寿珍大四支合派：德泽敷南国，鸿章锡远方。谦恭崇厚道，仁孝振纲常。诒谋原笃祜，缵绪克隆昌。勋业怀先代，钟祥保祚长。

宁乡东城胡氏　始迁祖克浚公，字导颖，先世由江苏如皋迁江西新淦县登丰乡化胜里上西源堡，明永乐初迁宁乡。明万历七年（1579）一修族谱，清康熙九年（1670）、乾隆五十三年（1788）、道光五年（1825）、同治四年（1865）、光绪二十一年（1895）、1928 年续修，七修时男丁 3724 人。派语：克仕旭□单秉九宗懋衷孝锡泽本光（麟）培（毓）镇（青）湘（黄）麓（凤）荣（鸣）增（朝）锦（阳）清（河）集（图）耀（献）在（瑞）鉴（洛）治（书）业（呈）炳（祥）均。

宁乡胡家洲胡氏　始迁祖克浚、克功，明永乐时自江西新淦登丰乡化胜里上西源堡迁至湖南宁乡，浚居东城，功居胡家洲，析为两支。清道光、咸丰间纂有族谱。

宁乡、衡阳胡氏　始祖导颖、导谦、导先三公，均于明永乐初年由江西新淦先后徙楚，颖、先二公籍宁乡，谦公籍衡阳。明万历七年（1579）创修族谱，清康熙十年（1671）续修，乾隆八年（1743）三修，道光四年（1824）四修，同治四年（1865）五修，光绪二十一年（1895）颖、谦两房六修。

宁乡团洲胡氏 始迁祖克峻公，字导颖，原籍江西省新淦县，明永乐年间迁南湖南宁乡县城。族人多分布在望北、洋泉两乡。清乾隆四十九年（1784）建宗祠于县城东门外杜家桥。至1948年，已传26代，约7000人。

宁乡乌石冲胡氏 迁湘始祖念五公，自江西迁至楚南宝庆。其十一世孙玉珍于清康熙间复迁宁乡乌石冲，生有三子：仕济、仕梅、仕愉，衍为三房。1936年三修族谱。

湘潭涌田胡氏 谱称始祖文定公安国，由福建崇安迁荆门，再迁湘潭，筑室碧泉紫云峰，与张南轩辈讲学，所著《春秋传》为世所尊。长子寅，号致堂，后裔居零陵、衡阳。二子宁，号茆堂，居益阳、宁乡，胡林翼即其胤。三子宏，字仁仲，号五峰，后居衡阳、湘潭，今衡阳观音房及湘潭拗柴房、涌田房、龙田房皆其后胤。宏裔七世彦良，字德五，号碧云，元至正二十一年（1361）卒，葬湘潭石坝市涌田，九世衍为志仁、志聪、志贤、志员、志梁、志常、志彰、志忠八大房。族谱自南宋嘉定十三年（1220）至1916年凡八修，一修曰“衡湘胡氏族谱”，二修敕修曰“闽楚胡谱”，三、四、五修曰“中湘花石胡氏族谱”，六修曰“胡氏族谱”，七修曰“涌田胡氏族谱”，八修分修名称各异。1949年，长房永澄公派下镛九修房谱。班次：（以安定公为一世，自十八世始）锡泽由于宋，洪基盛在湘。孝廉开甲第，正直得荣昌。作述家声远，贻谋世系长。修明逢泰运，继序有余芳。

湘潭龙口胡氏 始祖安国公，北宋宣和六年（1124）由闽崇安徙楚荆门，绍兴二年（1132）再迁湘潭。八世孙必得于明朝时徙居龙口。十世孙念湘生二子：兰、爵，衍为两房。爵子四：长胜思，次胜爱，三胜忠，四胜立。清光绪间兰、爵两房六修族谱，光绪二十年（1894）恩、爱、立三房七修。

湘潭大荷塘胡氏 始祖画先公，字贵一，世居江西吉安府泰和县圳上。元末因避战乱，远迁湘潭大荷塘。后裔分析潭邑大荷塘、板塘铺、黄土塘以及湘乡桃花港、衡阳等地。清康熙十一年（1672）、乾隆十二年（1747）、乾隆五十年（1785）、咸丰十一年（1861）、光绪二十六年（1900）、1936年纂修族谱。六修时男存丁1264人，妇存口1046人。字派：（自十六派始）继述光先绪，书田裕后昆。春秋传世泽，松柏振家声。

湘潭白林埠、醴陵酿福冲胡氏 始祖南俊公，原籍江西庐陵，元末与徐达征建康南，取道两广，北定中原，道经衡湘，过昭陵，爱其土地平旷，复念唐时老祖世居南楚醴陵而有落业之念，功成后便弃官携家由赣徙湘，卜居湘潭白林埠。南俊公生有二子：长子荣卿公世居湘潭，次子荣贵公则迁居醴陵酿福冲。族人多分布在蛟村、宋家垅、石背冲及湘潭大庙前等地。至1948年，共2315人。清乾隆四十五年（1780）创建宗祠于醴陵蛟村。

湘潭拗柴岭胡氏 始祖安国公，谥文定，为湘潭始迁祖。七世孙德祥居茶陵，子道权、道衡明永乐二年（1404）迁居湘潭拗柴岭。十世孙胜隆，明景泰七年（1456）徙居衡山一都，成化二十年卒，归葬湘潭拗柴岭。清雍正九年（1731）建宗祠于拗柴。明成化二十二年（1486）一修族谱，万历四十四年（1616）二修，清乾隆十年（1745）三修，乾隆六十年（1795）四修，道光二十八年（1848）五修，光绪九年（1883）六修，1929年七修，2001年八修。名派：始德道溟隆，本绍胡兴一。国正天心顺，官勤（清）民自安。文光昭祖泽，力学定扬名。贤良辉盛世，继起振家声。

湘潭胡氏 一世祖福公，字五臻，明中时由江西迁湖南茶陵，再迁湘潭。四世东海公，字清泉，始入湘潭籍。东海公子应宾，应宾又四子永弼、永明、永御、永华，弼无后，衍为三房。清光绪三十一年（1905）纂《胡氏世典》。该族名人：胡虞继，字芝庐，康熙五十四年（1715）进士，著述《秋心草》等，乾隆间遭禁。胡廷弼，道光二十一年（1841）进士，官直隶州知州等，其子胡湘，历任广东兴宁、南海等县知县。胡元倓，字子静，明德学堂创办人。

湘乡冠曹胡氏 始祖铨公，谥忠简，以直谏和金，与时宰不合，窜官衡郡。三传至汉清公，由安化蓝市迁湘乡谷皮林，即今高灯铺。又六传至汝字班，分衍隆、荣两房。清乾隆六年（1741）纂修族谱，嘉庆十七年（1812）、咸丰十年（1860）、光绪二十四年（1898）、1934年续修。班次：汉达潮用庭，国汝世德仕。必永祖崇显，太正守元朝。忠孝开基远，启承定炽昌。光前惟笃叙，裕后在循良。

湘乡杨梅台胡氏 桃林始迁祖继祖之孙聪于元末明初迁此。后衍分荣、祥、元、海四大房。清道光十年（1830）纂有族谱。

湘乡平地冲胡氏 迁湘始祖玉函公（一曰琅宝），明洪武年间从江西吉安府庐陵县迁居湖南星沙南台湘云阁。传四世至受因又迁居沩宁。受因下传二世至南翔，迁居湘乡。南翔下传二世至柳池、莲池，明末清初迁居湘乡二都平地冲。柳池、莲池下传至八世，分为乾、坤、兑三房。1913年、1937年纂有族谱。字派：正世仕宜先，修心万代全。传家敦孝友，华国尚仁贤。续编班行：积厚流芳远，贻谋德泽长。诗书承祖训，绳继迪前光。

双峰桑林胡氏 迁湘始祖君美公，宋元间自江西泰和迁居湘乡滑石滩。数传至文贵公入赘桑林白氏，为桑林开派祖，今属双峰。文贵公子三，以仁公留居桑林，以侦公徙贵州，以信公失传。以仁生四子：元福、元禄、元正、元祥，衍派四大房。桑林祠始建于清乾隆十二年（1747）。明万历、清康熙间纂有墨谱，乾隆五年（1740）与湘乡桃林、宁乡柳林合修，以唐山则公为宗。乾隆四十六年（1781）与衡阳观底合修，以宋安国公为宗。道光十四年（1834）福、禄、祥三房三修，以君美公为迁湘始祖，以文贵公为桑林始祖。光绪三年（1877）、宣统二年（1910）福、禄、正、祥四房四修、五修，皆以文贵公为断。1948 年六修，2003 年七修，七修时全族人丁 48933 人，男 25897 人，女 23036 人，又未上谱者约 4000 人。旧班序：文以元明景仲廷，本允希仁盛德清。明士亨嘉应祉庆，世代荣昌乐太平。新班序：先绪诒芳，后昆步履。笃守典章，敦饬伦纪。灵瑞萃钟，英贤蔚起。用昭国光，联开科第。

双峰华夏桥胡氏 始迁祖志楚公，字以敬，原籍江西庐陵县儒林乡丹桂里，明洪武初军籍调湖南，原居茶陵数十年，育有二子：元理、元珍。后于建文元年（1399）再迁湘乡曲江桥、龙公井、华霞桥等处。清乾隆五十一年（1786）建宗祠于华霞桥，又称华夏桥，今属双峰。元理生日立，日立生庆荣、庆华、庆富、庆贵、庆海五房。清乾隆十四年（1749）创修族谱，光绪三年（1877）续修，1922 年三修，2000 年四修。初修班序：元道庆启，胜友庭汉祖，永兴定国昌，天献文世代，吉泰万年安。合修老班词：迁湘始至元，日庆启正源。清汉祖永兴，定国昌添献。续修班词：承先世泽长，崇本敦伦常。继述维来善，远增华夏光。文耀映贤良，忠义馥兰香。荆枝开锦绣，亿兆享平康。

双峰华夏桥胡氏 始迁祖诸所公，原籍江西吉安府庐陵县儒林乡丹桂里，于明定鼎后迁湘乡石龙山。生子宁祝，宁祝生日新。日新落业麻下桥，今大脉山华夏桥。清咸丰八年（1858）纂修墨谱，光绪十二年（1886）、1944 年、2012 年续修。班序：老班列诸宁，日德曰正源。显泰万代兴，定国昌添献。朝廷贤士贵，忠孝应增光。继述书声远，传家世泽长。

双峰武障胡氏 始迁祖大斌公，原籍江西瑞州府高安县，明弘治间迁湘，徙居湘乡县二十八都武障巡司，今属双峰。谱牒始修失考，清咸丰七年（1857）续修，1949 年三修，2001 年四修时新录丁口 1060 人。班序：大行似中献，贞才可应时。世知良为鼎，安邦永再兴。孝友传家本，礼义树国祥。纲常崇显达，伦绪启隆昌。

醴陵丽村胡氏 始迁祖瑞麟公，字子振，号定斋，原住江南常州府无锡县，因至戚契友张逵为醴陵县宰，公乃三至于醴，见其山水风俗之美，于元至大二年（1309）携家迁居醴南丽村。1941 年八修、2016 年九修族谱。班行诗：广太如光耀，胡家世泽长。德修绍祖上，安定永垂芳。

醴陵胡家垅胡氏 始迁祖达泉公，元至正间自浙江安定迁此。族人分布于茶子山、攸县。至 1948 年，全族人口 600 人。

醴陵官庄胡氏 始迁祖添凤公，元至正间自江西永丰迁此。族人分布于浏阳。至 1948 年，全族人口 1000 人。

醴陵清江胡氏 始迁祖源海公，字润涵，号达泉，元末明初由苏州迁醴陵双江口麒麟山。老谱毁于火，清同治五年（1866）续修，1926 年三修。字辈：世德永远，安定家声。胡宗光大，仕正朝清。英贤蔚起，显达增荣。爱敬恭让，修齐治平。

醴陵胡家垅胡氏 始迁祖颜公，明洪武十年（1377）自江苏上元（南京）迁此。族人分布于胡家垅。至 1948 年，全族人口 1700 人。

醴陵黄茅岭胡氏 始迁祖添福公，明永乐间自浏阳迁此。族人分布于攸县、萍乡。至 1948 年，全族人口 400 人。

醴陵建安胡氏 始祖宋安国公，三代常〔原〕，迁居南岳。六代显公，驻江南常州，遂家焉。八代子振，迁居醴南郾塘。十五代庚山，字楚岸，号镇海，原居醴南丽山村，明正统九年（1444）迁居醴北建安山下胡家坪。清康熙五十八年（1719）建宗祠于丽村。道光十二年（1832）一修族谱，同治六年（1867）二修，光绪三十四年（1908）三修，1939 年四修。至 1948 年，全族人口 2341 人。派语：师道维新，家声益振。敬迪前光，礼崇先进。显达昌荣，福泽源浚。

醴陵莱子山胡氏 始迁祖保昌公，自江西泰和迁此。族人分布于篾织街。至 1948 年，族人约 100 人。

攸县胡氏 始迁祖积文公，为宋文定公七世孙。传至思文公，明永乐间由湘潭迁居攸县擢秀乡明月大桥。族谱始修不详，清乾隆三十四年（1769）二修，道光八年（1828）三修，光绪二十四年（1898）四修，1941 年五修。班行：积善思余庆，明德馨上闻。嘉祥发世泽，永锡凤麟承。诗书绍先绪，礼禄振家声。士贵能自立，福禄寿传名。

攸县湖沙陇胡氏 开基祖克闹公，为攸邑西关胡氏庆四公第五世孙，明正统间迁槚山乡湖沙陇。1948 年七修、2011 年八修家谱，现派衍 24 代，丁口 758 人。班行：克振家声远，宣扬事业昌。贻谋承世泽，积善锡恩光。祖宗垂百代，明德发新香。甲弟恢先绪，诗书续后良。

茶陵石湖塘胡氏 始祖亨郎公，字洪庵，元天历元年（1328）由江西吉安游学湖南，开基于茶陵县云阳乡石湖塘。族人多分布在西乡岩口、小车及安仁县等处。至1948年，已传24代，男女丁口共1500人。宗祠在县城内及胡家坪。

衡阳巷子冲胡氏 始祖文定公，次子宁公，字茆堂，卜居衡阳紫冈巷子冲。十四代衍为容、信、益、朝、朗、相六支。1999年衡湘胡氏十修通谱。班行：圭锡荣经义，心传启后基。衡湘英秀聚，家国庆咸宜。

衡阳泥湾胡氏 先世由江南泰州如皋迁江西新淦县化胜里。始迁祖克逊公于明永乐初年迁楚，居衡州府泥湾。清咸丰间六修族谱。

衡山贯塘胡氏 始祖德祥公，为胡安国七世孙，明洪武间以武略将军镇守茶陵延和寨。永乐二年（1404），二派祖道权、道衡奉例屯田于湘潭拗柴衡山桥。清雍正九年（1731）建祠于拗柴凤阿山。道权生溟宽，溟宽生显隆，显隆生本源，于明景泰七年（1456）由潭迁衡，卜居贯塘。2003年八修族谱。派语同拗柴胡氏。

衡山观底胡氏 文定公由闽之楚，隐居衡岳，季子五峰公遂家焉。五峰生守志，守志生善夫、信夫。善夫以太学授永宁教谕，晚由衡岳迁居观底。清乾隆四十六年（1781）观底胡氏分修支谱，称五修。道光十三年（1833）六修，同治七年（1868）七修，光绪二十四年（1898）八修，1929年九修。班行：淑植照堂锦，洪材灿域钧。湘楚蒸培钜，清标烈远钟。

衡山岳后胡氏 始祖安国公。十四世文理公，字祖峰，明嘉靖二十年（1541）生，万历三十五年（1607）卒。自湘潭花石迁居衡山岳后白果。1927年八修支谱，2004年九修。派语同涌田胡氏。

衡山黄门桥胡氏 始祖宏子三：安然、安惠、安礼，出江西泰和，徙楚南荆湘衡邑。安惠子天广官黄门，孙宗隆居募化槲塘，后世于黄门桥建寝庙，元末明初衍分辅、仁、直、贤四派。清同治二年（1863）六修族谱。

衡山莫家园胡氏 宏公少子常惺生有两子：覃黻、覃黼。覃黼开基于衡阳金竹园。十五代孙显恩携侄诗桢又迁居衡山莫家园、吴家冲、吴家市、厚家冲等地。

衡山帽岭胡氏 始祖志觐，子三：必通、必达、必连。必通落基帽岭，官至盐院司，后裔分析大村、石洪碑、官冲、扶溪、横石头等处。

衡山义城乡秧山胡氏 始祖震恩公，迁居东乡一都洣嘴港。传五代至自中，生有三子：永秀、永香、永季。永秀长孙仕钰迁居衡山义城乡秧山，次孙仕录迁湘潭。永香之孙仕鉴也落籍秧山，后代大纠迁居湘潭。永季之孙仕镒迁居铜铃。

常宁胡氏 一世安国公，三子宏。七世念一郎，讳七翁，卜居鄗县。十五世明一郎，讳铨，后易全，原籍鄗县七都，明洪武二十二年（1389）编充衡州总甲，二十三年又应总旗之职，二十八年奉调镇守常宁，封千户。二十九年征广西、道州、上犹等处，有功。永乐四年（1406）调征交趾。卒葬常宁湖塘。清乾隆五十四年（1789）、道光八年（1828）、同治四年（1865）、宣统元年（1909）纂修族谱。

邵阳秋田胡氏 该族清嘉庆间族谱称泰元公于明洪武三年由江西吉安府太和县迁居新化破塘开通寺。生四子：综贵居隆回七都九甲大塘底，综显居隆回四都塘冲，综荣居牛栏山，综华居荷香桥。同治续修谱世系上溯安命公，传十六世至贤隆公，妣陈氏，生三子：舆、才、登，失考。继妣钱氏，生二子：温公为石背、陕山房祖，另子泰元。光绪元年宗谱称历代源流汉晋以来世为邵人。安命公唐季居城东佘湖山，元和五年徙居城西秋田竹山湾。第八子公曾公，字静轩，号秋田，才高能诗，名冠一时，邵阳胡氏因其显达于世，名所居故里曰秋田。公曾公生有五子，第五子靖甫下传十一世至英敏有五子：贤隆、贤溪、贤新、贤源、贤文。贤隆分析邵隆四都漆家辅大屋冲，贤新落业邵西三供都马蹄印，贤溪肇基于邵隆一都塘冲村，贤源、贤文世守故土秋田。1943 年九修族谱。班次：安公甫彦宗祖。肇克居仁礼，诗书启英贤。孝应仲文才，必思景志德。永学万世显，达士有鼎元。华国光邦盛，春至益嘉新。敬业承先训，源远恩泽长。

邵阳塘冲村、荷香桥胡氏 谱称安命之八世孙公曾于唐季御葬邵西秋田。十六世孙贤溪于明代遭吴欧之乱迁居邵北塘冲村。传至子良于明永乐间复迁邵西荷香桥，发八房：荣、政、信、旺、盟、忠、亮、兴。后人散居宁乡、武冈、溆浦等地。清嘉庆六年（1801）、咸丰十年（1860）、光绪二十三年（1897）、1938 年纂修族谱。老班：贤子宗仲应，天思祖文才。孝义永兴国，履智信忠昌。新班：清德芳名显，麟经教授长。光前开甲第，裕后庆馨香。

邵阳窑上胡氏 始祖道祥公，字浚发，明洪武初年由南京因随任宝庆卫千户指挥迁湘，开基于邵阳县平六乡第七保窑上、石蒲塘、东田里。派分三房，次珊房无传，长贵房居石蒲塘，三伦房居窑上。族人多分布在邵城包流村、向家渡、熊家湾、龙山冲等地。至 1948 年，已传 17 代，男女丁口共 1600 人。宗祠在东田里。族谱一修于清乾隆二十一年（1756），道光十六年（1836）、光绪十年（1884）、光绪二十八年（1902）、1940 年续修。班次：道贵（伦）世添廷万朝正大光明显。本心思祖德，克念立前程。亮节高文定，英声振武平。

邵阳双泉胡氏 始祖赟，字文美，南唐任枢密院使，特授银青光禄大夫。下传十九世至道澄，明洪武年间从江西泰和县留车田迁居邵陵，落业于双泉。后裔分布双泉、黄栗塘、木瓜坪及武冈、益阳、祁阳和广西、贵州等地。1942 年续修族谱。

邵阳六亭岭胡氏 始祖叶荣公，河南汝宁人，明初以进士官湖广新宁知县，因家焉。子二：用亨、用享。用享归原籍汝宁。用亨举明经，授湘潭教谕不就。用亨之孙瑄，授嘉鱼教谕，亦不赴，明初徙居宝庆府治前六亭岭下。

邵阳沙井头胡氏 始祖万祥公，江都人，子应海，明永乐二年（1404）自江都县南门麦子桥徙居宝庆府治前沙井头。

邵阳指挥胡氏 始祖大公，武陟人。子谅，明永乐十三年（1415）以战功授宝庆卫指挥佥事。后裔世袭其职，分居于隆回、清溪各处。

邵东鸭村塘胡氏 迁湘始祖廷玉公，宋景炎时由江西吉安府太和县荣坪乡青坪里圳上枣河渡，率子象玉、象简、象笏迁楚沩三都亭下。元大德时长子象圭率男惟庭、惟鉴赴宁省亲落止。惟庭继迁醴陵。三子惟时守圳上，生文旺，文旺元季至宁挂祖，游览邵东，颇称胜景，遂隶籍斯土鸭村塘。清道光二十三年（1843）、光绪二十五年（1899）纂修族谱。派行：文应克景志兴才，举子朝东世代来。通达贤良辉先绪，安邦定国勋猷开。

邵东千鄭胡氏 始迁祖清公，明洪武二年（1369）由江西迁邵东梅塘一都，卜居千鄭村。清光绪二十九年（1903）、1991 年纂修族谱。班次：杰佐像万世朝大应其正宗照承玉林永远德亨通。

邵东安平、梅塘胡氏 始迁祖万户公、千户公，明初从江西吉安府鹅颈大丘迁居邵东安平、梅塘。万户公相传辅佐元朝有功，封爵万户侯，为官宝庆。因其名讳失传，后代尊称为万户公，千户亦如此。后裔分析隆回、麻阳、龙山扶田、湘乡等处。1940 年四修族谱。

岳阳新开塘胡氏 系出江西华林珰公之后。明建文初，文海公，字大容，号彦六自江西南昌府丰城县木牌楼下迁巴陵青岗驿下门落业。彦六生仲文、义、礼、智、信，嗣遭张、李之乱，义、礼、智、信后裔多迁湖北监利。仲文生迁、凯。迁生芾棠，凯生草棠。芾棠生晓明、斗山，斗山，回丰城原籍。四世孙朝治、朝贡，后迁巴陵庙山嘴。晓明生宗圣、天贯，后裔居虎形山、蒿梓山。草棠生天明，天明生宗颜，于明嘉靖年间由青岗下门迁新开塘前垅下抵坪，至明末清初衍为六支。清康熙间青岗驿老派：振启发达远，存忠自立兴。富贵永悠久，历代显扬名。同治元年（1862），青岗驿、庙山嘴、蒿梓山、虎形山四支合修，尊文海公为一世祖，立祠于青岗驿，重订宗派为：忠厚宏光绪，清廉绍汉邦。醇儒崇道学，熙国茂文章。士进功名显，宗蕃福泽长。同心成美举，继志仰贤良。1992 年青岗、麻塘、新开、荣湾、关玉、簟口、汨罗、华容诸支联谱，统一派语：安定增团结，文明纪盛昌。祠兼荆楚大，源溯豫章长。豪士盈湖海，耆贤乐梓桑。炎黄遗泽厚，家乘永留芳。

岳阳双石洞胡氏 迁湘始祖海公，后唐庄宗同光二年（924）自洪都铁树观迁平江山西岭金紫岩，旋迁湘阴大塘源。其孙福一于北宋皇祐二年（1050）迁巴陵双石洞，后世分居西源、坳头、茶园、双港、上庄、白沙湖等地。清光绪二十年（1894）四修族谱。

湘阴东塘胡氏 始迁祖源枝公，号智高，元延祐间自湖南平江庄头村金紫岩迁此。清雍正十二年（1734）、嘉庆十六年（1811）、光绪十二年（1886）、1914 年、1943 年、1995 年、2018 年七修族谱。字派：源远流长良万孟仲兴世友启。胜元科举，载锡之光。懋昭令德，克绍书香。

湘阴机仿湾胡氏 始迁祖登高公，原名登三，原籍江西吉安府吉水县圳上，明洪武年间随两兄游历湖湘。长兄登一落业宁乡胡家塅，二兄登二落业湖北未详。登高落业湘阴河西荆塘围南岸机仿湾。越八世衍为光华、启华、日华三房。清雍正三年（1725）始修族谱，嘉庆四年（1799）、道光十年（1830）、光绪八年（1882）、1919 年、1947 年、2003 年续修。道光六年（1826）创建宗祠。派语：（自四世始）允景文日华仕，其中先德昭彰。大振西江世业，肇开南楚书香。儒林家有师范，吏治史多才良。廷誉节称冬柏，舆歌政诵春阳。培成深谷梓杞，永为邦国栋梁。

湘阴胡氏 远祖克寿公，字清献，唐宣宗大中二年进士及第，司职饶州别驾，子孙登科进士诸多。传至房公，字令远，官封千里公，唐乾符六年（879），因避黄巢之乱，从升州迁居岳州平江县虹桥金紫岩。明洪武初，大纶、大经、大缙、大斌、志清五人自平江同迁湘阴，分居五方：大纶字智高，迁居湘阴渔丝塘。大经字维岱，迁居硖石。大缙字玉林，迁居翁洲（今呼大洲）。大斌字梓成，明洪武三年（1370）迁居鸡鸣湖。志清与大经同迁硖石，志清子彦通迁往归义，不久又落业石桥，为石桥胡氏始迁祖。

湘阴硖石胡氏 始迁祖维岱公，明洪武初年由湖南平江庄头村金紫岩迁居湘阴十都之硖石。清光绪二年（1876）纂有族谱。

湘阴车塘岭胡氏　始迁祖宗礼公，字道清，明洪武季年由江西吉安府吉水县圳上迁湘阴县荆塘围车塘岭。清乾隆三十九年（1774）创修族谱，嘉庆二年（1797）、道光八年（1828）、同治五年（1866）、光绪二十六年（1900）、1934年续修。派名：宗从巍世奇（玉试），显子廷火同。正天申硕范，扬志裕元功。克家敦礼让，辅国尚贤忠。应兆嘉祥远，咸承惠泽隆。

湘阴大洲胡氏　始迁祖源深公，明洪武间自平江迁湘阴翁洲，又名大洲。清光绪十六年（1890）纂有族谱。

湘阴晒谷石胡氏　一世祖甘公偕弟济公，明天顺间由江西南昌奉新县华林书屋迁湖南长沙府湘阴县东北乡长乐街东洞井源学堂坡，成化二年（1466）卜居胡家洞。济公七世孙对扬公后徙居晒谷石大垅垴。建宗祠于晒谷石。清乾隆十七年（1752）创修族谱，1947年七修。十六世孙胡范苏，派名敦俊，官至国民革命军中将。其弟迈，派名敦杰，民国间曾任长沙电话局局长。

湘阴曹溪寺胡氏　始祖房公，唐乾符中自建康府迁居岳州平江县东阳乡金紫岩。三十世孙起鸿于明嘉靖三十六年（1557）由平江迁至湘阴长乐市曹溪寺。清乾隆四十八年（1783）纂有族谱。

湘阴庄家园胡氏　始迁祖胜佐公，明代自吉水迁湖南沅江县，后几经徙移而居罗湘庄家园。清光绪二十三年（1897）纂有族谱。

湘阴罗城胡氏　始祖房公，唐乾符六年（879）与弟扉公避黄巢之乱，携家自金陵建康府迁湖广岳州府平江东阳乡庄头村金紫岩。传至明代奇公、亮公，由金紫岩石门竹山迁湘阴磊石新塘冲。1993年纂修家谱。派序：万兴友大胜元明，启立文昌道德成。宗祖福隆常发达，子孙世代永相亲。

汨罗白鹤洞胡氏　始迁祖映辉公，祖籍江西丰城，明正统十四年（1449）自浏阳迁此。

汨罗铜含口胡氏　始祖城公，唐侍御史，自江西南昌迁新吴之华林。孙令赟官潭州都督，迁西山。令赟二十二传至贤公于明正德十六年（1521）迁今汨罗市铜含口。

临湘胡氏　始迁祖仲高公，由袁州迁监利，因避水灾渡江南迁至临湘。清道光七年（1827）纂有族谱。

华容胡氏　始祖刚公，字以直，汉平帝时为大司宣，王莽之乱时隐于屠肆之间，莽败再归，道经华容时慕山水之胜遂家焉，族人分布在华、南、石、监各县。至1948年，男女丁口5000人。宗祠在华容县城南正街。明正统二年（1437）始修族谱，1947年十修。派序：自汉从隆盛，宗芝启兴云。美景淑乙正，纲然芳大明。相丞斯开佳，德修奉兆祥。守先惟孝友，裕后在文章。立志宜敦本，传家用迪光。英才能好学，国泰永蕃昌。

华容麦里嘴胡氏 迁湘始祖西公，字兆京，明弘治年间由吉安府泰和县芒桐福莲麟山徙长沙临湘都周家冲麻潭山之西落居。传五代，支分七房，学舜房后裔起贵，居长沙丁家湾。其次子家祥，字万顺，号呈瑞，为谋生计，于清光绪十八年（1892）自长沙迁居华容麦里嘴。后胞兄家祺，弟家齐、家禄、家寿均相继迁华，支分五房，居宋家嘴白鹤窖、麦地、护城治湖、华光、新沟、兴南等地。派语：朝正学开，仕国观光。起家克俊，经世贤良。敬承先业，载锡荣昌。永致远大，建树泽长。

平江金紫岩胡氏 始迁祖房公，唐末避黄巢之乱，由金陵迁平江庄楼金紫岩。族谱创修于宋宣和间，元至正二十六年（1366）六修，明洪武八年（1375）七修，清顺治十六年（1659）十一修，1944年十八修。

平江杨柳湾胡氏 一世祖节公，号镇广，原系江南常州府江阴县人，登进士第，宋淳熙年间分发长沙府浏阳县，以浏阳风土人情最为淳朴，落业浏阳，子孙繁衍济济者称极盛，白沙石街及高坪市、天岸寨、青山崖、火烧岭皆其后裔。至二十三世孙世登，字荣所，明末避乱由长沙县清泰乡古华山迁岳州府平江县伍公寺十六都杨柳湾棚子岭。宗祠建在平江永安乡忠信段杨柳湾。清道光二十六年（1846）创修族谱，光绪二十年（1894）续修，1915年三修。派语：鸿开基万亿，世应尚朝宗。邦国声名显，奇才应克生。词华真典贵，学业重精纯。规矩崇先正，文章望俊英。

常德三官殿正街胡氏 远祖融公，字讳明，唐进士，迁居江西吉安府吉水县五保村。传至仁朝，生子九：德文、德武、德辅、德举、德龙、德凤、德翰、德佐、德春。五房德龙与长房德文在明洪武年间迁居湖北黄州府麻城县孝感乡。永乐初，德文迁往湖南常德府三官殿正街落业，为常、汉胡氏始迁祖。德文五子，析居中牛桥、马涧里楠竹台、车子桥、宁乡麦田、汉寿灰山、常德塌水桥、辰州等处。清嘉庆九年（1804）创修族谱，咸丰十一年（1861）续修，光绪四年（1878）三修，光绪三十年（1904）四修，1920年五修，1946年六修。原派：德俊有主，吉智廷文。启顺之三，国祚维新。新派：盛泽冠南楚，祥开绪远芳。存心敦厚道，利见效忠良。

常德、汉寿胡氏 仁朝公居江西吉水县，明洪武间人，生九子，长子德文仍留原籍，余皆分迁。第七子德辅，明永乐间由江南太平府当涂县采石矶石城乡迁居常德大善寺。后裔散居常、汉两邑。清咸丰五年（1855）汉邑创修族谱，光绪十八年（1892）续修。常德老派：德民彦文，玉金宗应，虞征期维。汉寿老派：国民系贝，玉从正醇，庭训期维。续派：永世可学，志大定芳。名传万代，本立道昌。

常德花莲冲胡氏 始祖安宁公，字元祖，明嘉靖二十一年（1542）由江西吉安府吉水县宦游来湘，开基于常德县五泉乡花莲冲。族人多分布在丁家港、五里冲、五泉山、光天坪等处。至1948年，已传18代，男女共约2000人。宗祠在丁家港清凉山。族谱始修于清嘉庆八年（1803），同治七年（1868）、1920年、1946年、1999年续修。字派：胜应德承先，经登国启元。鸿业兆南邦，家声继绪长。科学诗礼艺，铭功祖泽绵。忠勇勤佐治，善纪美前贤。

澧县水泗堰胡氏 迁湘始祖东福公，原籍江南苏州府常熟县，明洪武元年（1368）因澧州八蛮作乱，奉令率师来澧，调守大庸卫，选总旗大将军。至永定议事坡，崩出石碑“若要覃王破，除非柴胡过”。蛮平报凯，官永而居。六世孙璇公，卜居水泗堰。自璇公后二十代约400年，未建祠修谱，仅1947年与修《胡氏联宗湘澧通谱》。2020年始独修族谱，以清道光间“达”字辈为第一代。字派：崇楚国之士，宗光明远达。昌大以定邦，承先启家法。忠孝永有祥，作仁逢元良。

临澧紫陵胡氏 始迁祖成公，原籍南京庐州合肥县，袭百户职，屯襄阳。其子镇公，移屯永定黑松关，明永乐二年（1404）下屯安福紫陵岗，称紫陵胡氏。浮丘胡氏始迁祖福公，同籍安徽，永乐四年（1406）屯永定，五世孙廷辅公明正德末、嘉靖初迁居安福浮丘，称浮丘胡氏。清道光十七年（1837）两支合修族谱，光绪四年（1878）、宣统元年（1909）、1945年、2005年两支续修。浮丘原派：福海璇世廷臣光恒永应士宗学朝凤。紫陵原派：成镇大玉良崇单顺永应士国正天远。合派：步云先长达，家风兆明清。景新善继志，作述超盛英。为相居贤佐，文章定太平。

临澧沿潭河祠胡氏 迁湘始祖福公，屯居永定。生十子：海、春、茂、琏、清、湛、膺、浦、斌、江，分居永定、慈利、澧州、安福及湖北公安、荆州等地。茂公子道公，下屯澧州湘堰铺，后落业合口合溪桥，为沿潭河祠支祖。1949年宋玉城、沿潭河、鹤子湾三祠合谱，2006年沿潭河祠续修。支派：福茂道俊永之文一从自世振起宗运鸿光开大廷绍硕。

临澧刻木山胡氏 始迁祖振兴、振卓、振奇，明宣德间自湖北荆门迁居澧西深沟。明万历间曾修族谱，清光绪十八年（1892）续修，1924年三修，1947年四修墨谱未成。2006年五修。派语：作述世（澍修）朝堂，孝友定忠良。志士建俊业，锡祚自隆康。传宗昭远则，祖德乐孔长。景明开泰运，文章观国光。

汉寿胡氏 谱载元末倡乱，湖广诸地蹂躏殆尽，有武陵老人李德裕告准奏拨江西庐陵吉水永丰四县民按册抽丁，奉诏拨补南楚。该族始迁祖庭柏公，明洪武初携子子斌，由江西吉安府庐陵县第七都洪慈乡敬居里枫树林鲤鱼塘迁居龙阳（今汉寿）东关外安乐里，三世光振居紫阳冲，光显居大、七两冲。明嘉靖二十六年（1547）始修族谱，清康熙四年（1665）、同治十三年（1874）、1916 年、1946 年、1994 年续修。江西旧派：趋庭子光恭，万胡尚志宗。芳成国以道，一正自兴中。新派：大德传家远，文风永世昌。本源思克绍，应启后贤良。

汉寿军山乡胡氏 始祖福亨公，字嘉会，号汶水，原南昌教谕，明永乐二年（1404）奉开种楚省敕田，由江西吉水安插至汉寿军山乡。传至六世孙衍为三房，侨公迁居南疆，伯公、仲公世居汉寿军山乡。三房族谱创修于清康熙八年（1669），乾隆三十八年（1773）重修，道光十年（1830）三修，同治六年（1867）四修，1917 年五修。派语：福元仲世广功胜，汝顺士运应之承。泽厚性天光大远，敦培仁孝古祥增。厥中精一心传久，经义昭宣道学兴。丕振南邦宏祖德，家声永与岳衡称。

桃源浯溪胡氏 始迁祖德沧公，明初自江西丰城迁于桃源县东浯溪黄花桥。至 1948 年，已传 18 代，全族人口 100 余人，分布于田家坪、覃家嘴、郑家坪等地。宗祠在郑家坪。族谱创修于 1944 年。

桃源郑溪胡氏 先世于明永乐三年（1405）自江西丰城迁于桃源县北漆河之郑溪。至 1948 年，全族人口 2300 余人，分布于陬市、架桥、九溪、莫林、莫溪等地。宗祠在郑溪。族谱创修于 1943 年。

桃源苏溪胡氏 始迁祖永智公，明永乐三年（1405）自江西新淦迁于桃源县北苏溪之崇寿寺。至 1948 年，全族人口 100 余人，分布于莫林、莫溪、高东、九溪等地。宗祠在崇寿寺。族谱创修于 1940 年。

桃源胡家洲胡氏 始迁祖志昌公，明永乐十四年（1416）由江西丰城宦迁桃源胡家洲，曾孙鼎、昂、旦，衍为三房。清光绪八年（1882）始修族谱，1930 年续修，2005 年三修，其时人口 1018 人，其中男 505 人，女 513 人。1924 年建宗祠于胡家洲婆山园。派次：志觉常日邦，顺来长维士。文方南国秀，性学世宗之。正大祥光作，元良允致荣。廷贵先益裕，克绍家业成。

桃源善溪胡氏 先世明正统八年（1443）自淦溪迁于桃源县北之善溪。至 1948 年，已传 16 代，全族人口 1500 余人，分布于高东、莫林、莫溪等地。宗祠在三层堰。族谱续修于1914年。

桃源晓溪坪胡氏 始迁祖忝质公，明景泰三年（1452）由吉水迁桃源县北漆市之晓溪坪连珠山。至1948年，已传20代，全族人口1000余人，分布于胡麻堉、郑家坪、方家湾等地。宗祠在晓溪坪。族谱创修于1937年。

桃源石溪胡氏 先世明成化十二年（1476）自观溪迁于桃源县北漆河之石溪。至1948年，已传16代，全族人口3200余人，分布于温泉、高东、莫林、灵岩等地。宗祠在石溪。族谱创修于同治十三年（1874），光绪二十六年（1900）重修。

桃源列甲桥胡氏 先世明中叶由江西迁桃源县北漆河之列甲桥。至1948年，已传16代，全族人口1600余人，分布于高东、莫林、莫溪等地。宗祠在列甲桥。1936年创修族谱。

桃源姚家坪胡氏 始迁祖仁朝公，清初自吉水迁于桃源县北九溪之姚家坪。至1948年，全族人口500余人，分布于陬市、兴隆庵、菁华山等地。宗祠在姚家坪。族谱创修于清道光元年（1821），咸丰八年（1858）、光绪十七年（1891）、1936年续修。

石门翠津渡胡氏 始迁祖北三公、万贯公，同属江西祖成公长子珰公之后，同为成公二十二世孙，各序迁徙不详，一说明洪武初同由澧州迁居石门易家渡新厂村胡家河大樟树。清光绪十七年（1891）万贯公裔创修族谱，光绪二十五年（1899）三公裔创修族谱，1948年二裔联宗合谱，2018年续修。字派：世良宗正学，达道启昌明。绍祖鸿先绪，家声长显荣。一堂传孝友，百代迪忠良。安定贻芳远，用作上国宾。

石门胡氏 始祖寅公。明中叶由江西迁来，一脉四传：清、济、湘、滈。传五世，分五房。清光绪二十三年（1897）、1948年、2013年纂修族谱。字派：永兴大希崇，自世振昌宗。运宏光开远，庭绍博士隆。伟彦朝中选，俊秀上春松。芳声惟以德，长发沐祖功。

永定胡氏 始迁祖福公，原籍安徽歙县，明洪武初年因任湖广指挥使，奉命平蛮来湘，卜居永定卫。族人多分布在大庸、临澧、慈利、桑植、永顺等地。至1948年，万余人。宗祠在大庸城内。清光绪元年（1875）一修族谱，1921年二修，2007年三修。派语：永之文一从，自世振起宗。运鸿光开大，廷绍硕士隆。伟彦朝中选，俊秀上春松。芳声维以德，长发沐祖功。

益阳郭家洲胡氏 迁湘始祖汉清公，江西泰和人，元武宗时挈眷来宁乡墨田，生文秀、文通。文秀生云龙、云兴。云龙生福宗、福寿、福珍。云兴生福大、福昊。福宗公后裔嗣斌居益阳十里郭家洲。清光绪三年（1877）、光绪三十三年（1907）、1940年纂修族谱。派语参见宁乡麦田、益阳泉交河胡氏。

益阳三塘街胡氏 迁湘始祖汉清公，四派廷俊公，字万子，号伟夫，明洪武二年（1369）同伯父福宗公来益阳，由四里修山迁至三塘街落业。清康熙二十四年（1685）三修族谱，乾隆三十四年（1769）四修，乾隆五十六年（1791）五修，道光二十年（1840）六修，同治九年（1870）七修，光绪三十一年（1905）八修，1930年九修。旧字派：汉文云福廷仕子清彦世尚向秉其三善成。康熙、乾隆增订：德泽敷南国，鸿章锡远方。谦恭崇厚道，孝友启贤良。习学通声教，观光任赞襄。规模绳祖武，俨若泰和乡。

益阳板溪胡氏 始祖青贤公，字芝兰，明永乐十三年（1415）由江西临川府清江县樟树街徙湖广之益阳板溪胡嘴湾。青贤公生有三子：有槐，其裔派衍映、受、孚、为四大房。有宾，其裔派衍礼、约、文、政四大房。有明公无传。清光绪三十二年（1906）建青贤公祠于益阳板溪。嘉庆元年（1796）创修族谱，光绪五年（1879）续修，光绪二十四年（1898）三修，1937年四修。槐房派语：松青有显，庭守光兴。正善成德，世代荣征。宾房派语：松青有显，庭守光兴。正善成德，泽敷南征。三修续增派语：逢吉开新运，声名大远昌。诗书传后启，忠孝振纲常。四修续增派语：文学昭华国，隆时尚典章。良和生俊彦，达道永嘉祥。

益阳黄源冲胡氏 始迁祖光肖公，明崇祯年间自江西高安避乱来此，其后衍居十九里新桥、十六里善厚冲。

益阳胡家湾胡氏 始迁祖志荆、志穆兄弟，清康熙年间自湖北黄冈来此开垦。

益阳洗澡坪胡氏 始祖宋宣和中文定公，由闽数徙至潭。二十二传至智照公，讳自念，清康熙间自新化麻溪初徙湘乡四十八都，后迁益阳十三里洗澡坪。清咸丰九年（1859）、宣统元年（1909）、1940年纂修支谱。字派：渊源诚有自，国典大清廉。俊士光昭代，徽猷绍祖先。家声相继振，前绪允能扬。纯朴贻规远，春秋教泽长。

桃江岛山胡氏 始祖文俊公，字智千，原籍江西泰和县，元季随父徙宁乡泉溪泥湾。迄五派祖嗣泰公，字迪菖，明永乐三年（1405）复由宁徙益，占籍岛山，今属桃江。九传至元派道、明、斌三公支分为三房。而道房不数传陆续往蜀，惟明、斌两房世居兹土。清康熙二十九年（1690），乾隆十九年（1754）与宁邑两次合修，道光元年（1821）、咸丰四年（1854）、光绪八年（1882）、

1930年益阳独修。始修旧派语：文云福祖，嗣添必廷。元朝国正，世奕承宗。续增派语：昌基显盛业，绳武振家声。经术传儒士，词章壮玉京。

桃江修山草冈洲胡氏 始迁祖恒忠公，明景泰二年（1451）由江西迁此开垦。

沅江胡氏 谱称该族原籍江西吉安府庐陵县，宋咸淳时恭德公六子：典治、典礼、典教、典政、典型、典事。各支迁徙不一，典治子溥渊，渊子艮，于明洪武二年（1369）迁楚，居汉寿木皮垸。六传至嗣仙，永乐四年（1406）迁沅江后江湖。典礼子泮林，林子坤，九传至椿，侨寓善化，椿子佐臣、佐夏、佐商，明嘉靖时迁沅。典教子洪范，传十五世至希旦，明季由华容迁沅。典政子浚哲，元贞时由豫章迁浙江，传五世至正蒙，明嘉靖丁未探花，爱芷江赤山而迁沅。典型世居华林，三子：海晏、海清、海洪。晏子寿五，原籍湖北监利，三传至仁致，仁致五传至大麟、大朝，大麟五传学文，由监利黄婆垸徙居沅邑。大朝二传至荣范，由监利迁石首，五子：辉甫、善甫、瑞甫、英甫、吉甫，清康熙时，辉、善落业沅邑郎荆堤。海清十三传至德禄，迁沅。海洪十二传至清永，亦由监利迁沅邑郎荆堤。典事世居江西吉水县鹅颈大坵，传至汉箴，元至正时迁湖南宁乡麦田，子勋杰，又迁沅邑皮保七都曹家岭。1941年六支合修族谱，其时男丁3450人，妇口2000人。1998年六支续修族谱，共男丁9730人，妇口9081人。谱中派语：廉静鸿修广，先培浩泽长。清芳基圣哲，孝友发祯祥。缉敬绳熙业，升平致治康。诗书连永奕，庭瑞耀南湘。

沅江南洲胡氏 始祖启生公，明末清初迁居监利。子成章，复迁沔阳。孙宗廉于清初自湖北沔阳迁沅江，为南洲胡氏始迁祖。1917年纂修支谱。

沅江芷水胡氏 始祖定元公，元末自西域卜居江西吉水。其孙钦若于明洪武中叶徙居华容。十三世孙希旦于清初迁沅邑蠡山之赤保杨坡村下罗家塘。清光绪十年（1884）、1917年纂有支谱。

安化峡溪、湘乡古台冲、谷皮林胡氏 一世祖铨公，字邦衡，号澹庵先生，谥忠简，因不满秦桧而被贬至湖南、广西。其次子俞公，字浚人，号拙斋，官侍郎，后卒葬于安化蓝市五昌山。俞公生有四子：汉川公海三郎居安之峡溪，汉阳公海七郎远徙他处，汉江公海九郎迁湘之古台冲、涧山等处，汉清公海一郎迁湘之谷皮林。清乾隆六年（1741）海一郎、海三郎、海九郎三房合修族谱，嘉庆十七年（1812）续修。班次：忠孝开基远（清正欲元善），启承定炽昌。光前惟笃叙，裕后在循良。理学宏经济，明伦立典常。荣华余有庭，万代发书香。

安化五都连里胡氏 始迁祖应珂、应珠公，元至正元年（1341）由江西迁此。

安化归化高坪铺胡氏 始迁祖应琼公，元至正元年（1341）由江西迁来。

安化五都沙湾胡氏 始迁祖应琏公，元至正元年（1341）由江西迁来。

安化神湾胡氏 始祖赟公，字质端，又字文美，后唐时期湖南潭州醴陵人。曾孙裕公于北宋初年任吉州签判，宦留泰和。赟公十七传至荣可公，元末至正年间自江西泰和迁湖南安化县五都神湾。荣可公六世孙桥公四传至日淮、日海、日汉，淮房无传。海公五子：正纲、正纲、正缘、正缙、正绅。汉公一子：正纬。派语：荣志应绍大材钦天养曰正秉忠光祖。国立贤能佐，家齐仁让兴。继述宏先绪，诗书启后昆。鼎钟勋懋建，松柏节长存。理学辉金简，词章炳谏垣。1935 年赟房与新化严房海、善两房及溆浦德基派权、涨两房合修通谱，统一派语为：能佐家齐谱，资湘心德同。一本广联合，芬芳泽远隆。

新化崇溪、白溪、苗田胡氏 始祖城公，字汤老，小字魋，生子五，惟长子珰留居华林，生令严、令赟。令严之孙仲尧、仲宣乃新化、冷水江、溆浦、邵阳、隆回等处华林胡氏之祖。仲尧公四传至杞、相、栝、楫、枞、根、朴七房。楫公五传为彦广公，朴公五传为念意公，均于北宋元丰八年（1085）分别由江西泰和枣和市圳上永丰三都果树城隍鹅掌大丘迁湘。彦广公卜居新化崇溪（今属冷水江市）。念意公之子大宇公复迁江西，传至十五世孙朝六公于明嘉靖三十六年（1557）由江西高安石街迁回新化白溪。令严公次子仲宣公十六传至社公亦于北宋元丰八年（1085）由江西奉新华林徙居今隆回苗田，派衍念一、马二、仲六、万五四房。谱称胡氏宗谱肇自宋政和壬辰，元延祐间又一修，明正统、正德、万历、崇祯间凡四修，清康熙、雍正、乾隆间又四修，1928 年又一修，1935 年安化赟房与新化严房社公裔（海户）、彦文念意公裔（善户）及溆浦德基派权、涨两房合修通谱。2007 年十三修。严房善房原订派语：彦代堂琦陆，桂添祖忠思。志文宗绍廷，朝世大起虞。自有延其长，万传任守光。卿相应嗣建，继仲学荣良。敦本和亲睦，敬重笃纪纲。先人贻泽远，道德显家邦。严房海户原订派语：正大光明启，宏开永世昌。齐家师孝友，佐国效忠良。远辉耀安定，清声颂豫章。华林传万代，继序在书香。会际周隆盛，承熙久发祥。

新化皮王滩胡氏 迁湘始祖彦广公，北宋元丰八年（1085）由江西泰和迁新化崇溪两头塘。谱以彦广公为一派，四派奇伯公由崇溪徙官庄，六派桂龙公由官庄徙沙江，十二派文集公由沙江迁昆黄滩（皮王滩）。清雍正元年（1723）、乾隆四十七年（1782）、道光二十年（1840）与沙江合修族谱。光绪二十八年（1902）分修支谱。字派：彦代堂琦陆，桂添祖忠思。志文宗绍廷，朝世大起虞。自有延其长，万传任守光。家和应远盛，继仲学荣良。

新化苗田胡氏 宋元丰时鄜公幼子七九郎，讳礽，系用讷公十六世孙，城公二十一世孙，由江西迁居新化苗田，派衍四房：念一、马二、万五、仲六。惟仲六世守于兹。北宋政和二年（1112）、元延祐四年（1317）、明正统元年（1436）、万历十九年（1591）、崇祯九年（1636）、清康熙二十五年（1686）、乾隆三十七年（1772）、道光十年（1830）、光绪八年（1882）、1916年纂修族谱。字派：正大光明启，宏开永世昌。齐家师孝友，佐国效忠良。远耀辉安定，清声颂豫章。华林传万代，继序在书香。会际周隆盛，承熙久发祥。

资兴城南胡氏 远祖公霸公，仕南唐为江西吉州刺史，遂家吉州。十五传至元末时祯公授楚湘阴学博，卒于署。其子豫淮、贵淮扶榇还乡，值陈友谅寇起，道路梗塞，避居兴宁之瑶岗岭刘家田。后贵淮迁清溪，其派另谱。居城南者皆豫淮裔。族谱始修不详，清乾隆二十七年（1762）续修，道光二十五年（1845）三修，嘉庆十五年（1810）四修，光绪十二年（1886）五修，1947年六修。旧排行：（自第三世始）必应思彦永孔胜廷文朝国家兴仁义礼智信远昭。新排行：（自二十三世始）虞圣衍庆，肇基吉安。瑶岭树峻，玉泉凝香。科第纯武，忠孝传芳。增修世纪，长发其祥。乾隆间创建宗祠于县城南门外。族人分布于资兴各乡镇。至1948年，已传25代，男女丁口约2000人。

资兴清溪胡氏 始祖公霸公。十八世祯公，任湘阴学博，卒于署，葬兴宁南乡瑶岗岭。三子：豫淮居城南登瀛桥，贵淮居清溪，景淮居沤东草堂。清溪胡氏清康熙五十四年（1715）创修族谱，乾隆五十二年（1787）、道光二十年（1840）、1926年续修。排行：贵纶添孙铭忠秉守万友加正俊朝清贤良智茂。孔孟昭明训，伦常应克全。行义必有达，世统永承宣。

临武双溪胡氏 祖籍江西南昌，北宋淳化年间，明德公携眷定居石燕。1982年，有9496人，以双溪（3868人）最为集中。

宜章新村胡家胡氏 始祖圣敬公，字东山，南宋嘉定九年（1216）由衡阳隆武乡迁至宜章县长宁乡十七都周家湾，再迁宜章城南，三迁新村胡家。族人多分布在广田、水上、莲塘、坦山、宁远等处。至1948年，已传25代，男妇共3100人。宗祠在宜章岳家巷，名“同方居”，建于清道光年间。

嘉禾、桂阳胡氏 始迁祖明德公，字复初，行盛十三翁，本籍南昌，宋淳化进士，官礼部尚书，奉命祭舜陵，道经嘉禾石燕，以为乐土可适，遂家焉。八传至文钦公，再迁桂阳州平都。清顺治十三年（1656）、康熙三十三年

（1694）、乾隆五年（1740）、道光二十五年（1845）、咸丰二年（1852）、1916年纂修宗谱。排行：明时元春思，舜子文慧景。均田胡添万，仲季正大光。日显祖荣亲，忠孝（治化）淳熙久。

嘉禾上宅胡氏 始迁祖芳伯公，元延祐年间由石丘下初迁小湖，旋迁大湖（即上宅）。至1930年，共1563人，族人分布麻池田、白竹园、焦元冲几十处。

汝城三塘胡氏 始祖铨公。传七世深斋，由江西吉安府芗城徙郴州之沤东草塘。深斋传三世至仕国，宋末徙桂阳江头湖上宅。再四传，关一郎徙三塘、官享等处，关二郎徙石泉，关四郎徙秀溪，关五郎徙资兴奖溪，关六郎徙星岸。至1932年，已传34代，共5000余人。

汝城中桂胡氏 始祖念五郎，宋末由湘潭县迁桂阳东藏胡家坪。传六世至瑞伯，迁马桥、中桂。后裔析矮江胡家、马桥、晴塘。至1932年，已传33代，共280余人。

道县洪家宅胡氏 宋太平兴国年间，始迁祖茂才公由山东青州移居道州濂溪江洲边。族人分布于洪家宅、塘枧、板塘、松柏塘、龙背岭、牛桥、寺院胡等村。

宁远胡氏 原籍江西洪都（今南昌），始迁祖乌山公，南宋淳熙四年（1177）任宁远县令，殉难葬于宁远东城乡。长子居东僚（今上胡家），次子居东城（今下胡家），三子徙嘉禾，四子居石城（今琵琶乡）。

新田明义胡氏 始迁祖明德公，由江西省南昌县因奉钦命祭九嶷事迁湘，开基于新田县明义乡，族人多分布在石愁湾、洞心、长冲坊、平乐坊、杨家洞等地。至1948年，已传34代，男女丁口4000余人。宗祠在平乐坊。

新田鱼溪胡氏 始祖九九郎，宋时由江西鹅颈塘迁湘，开基于新田仁智乡鱼溪。族人多分布在骥村。至1948年，男女丁口共240人。宗祠在鱼溪。

新田骥村胡氏 始祖九九郎，宋元时自江西吉安因避侗、瑶乱事迁湘，开基于新田县仁智乡骥村。族人多分布在杨家、槎源、黄公塘等地。至1948年，男女丁口1050人。宗祠在骥村。

新田山口胡氏 始迁祖十二郎，清乾隆间自江西迁居湖南新田县山口社门内。族人分布于鹅公井、零陵等地。至1948年，已传20代，男女丁口约2000人。宗祠位于山口。

双牌青山里胡氏 始迁祖明一公，字月亭，明洪武时自江西吉安府泰和县迁零陵永政乡西居里（今属双牌青山）。宗祠建于麻芝湾。清康熙三十六年（1697）有讳镐、多、容、从、钦、铢者徙居四川遂宁。清乾隆十五年（1750）

湘、蜀曾合谱，1999 年续修。从隋唐奉璋公至明一公三十二世字辈：奉天承命，日月照临。初开宇宙，奠定乾坤。安绵世泽，朝作忠臣。既寿永昌，万代常明。明一公入楚字辈：四三千万，贵荣良大。文士金其（之），应（玉）国（绍）弘（宏）世。清乾隆十五年（1750）楚、蜀合订字辈：学（子）正开宗，尚志登朝，又希维兴。

黔阳供洪乡石修胡氏 始迁祖荣钦公，南唐卫国公赟十八世孙，世居江西泰和，明洪武时避祸弃官，隐迹湖南黔阳，居罗翁山之野，永乐年间迁居黔邑供洪乡之石修。清嘉庆十五年（1810）纂有族谱。

溆浦胡氏 始祖德基公，晋江州刺史，子二十三人，皆以“宁”为字。十一子权宁、二十子涨宁，其后裔明初多支迁湘，落籍溆浦。权宁后裔住三、四都，涨宁后裔住二、五、六都。1935 年九修族谱。班派：荣春源添明，志应朝廷景。大兴万世新，昌莹行求淳。扬名（休）显（光）上策（国），济美耀宗亲。理学箕裘续，麟经轨范遵。产（钟）奇昭令绪，毓秀迈群伦。衍庆在（维）敦笃，荐馨典恒（永）陈。

溆浦蜈蚣屯胡氏 始迁祖尚志公，明初由贵州黎平徙溆浦蜈蚣屯。

溆浦鹤田垅胡氏 始迁祖若虚、先保二公，明永乐二年（1404）同由贵州五开卫拨屯徙溆浦鹤田垅。

溆浦乾汊胡氏 始迁祖作源公，原籍河南开封。明永乐时，同刘伯川来溆屯田，遂家乾汊。

沅陵胡氏 一世仁朝公，字守义，号诚仁，明初自江西吉水县柳林乡五保村大栗树迁来。生九子：德文居常德，德武居吉安。德科居湖北，后移澧州、安福、石门、慈利。德举不详。德龙居广西，后裔有迁会同者。德凤居黄州，德汉居四川，德佐居桃源。德泰居辰州沅陵县东树湾。清乾隆、嘉庆一、二修族谱，道光二十年（1840）、同治间、民国初续修。2015 年沅陵胡氏六修联宗族谱。班派：大业生贤佐，崇安泽久长。家声钦丕振，景运庆宏昌。孝友贻谋远，修齐治化光。宗支昭永笃，万世绍书香。

麻阳胡氏 始祖受公，居黄州府黄岗县龙叫湾，明永乐二年（1404）拨军屯辰溪县永安庄。其后裔迁居麻阳高村竹林坪，后又分迁各方。裔孙廷熙生有四子，清乾隆间，长一龙居胡家湾，次一点居谷积潭，三一大、四一寿居竹林坪。后人分布于胡家、庙坳、仓屋等地。老字派：兴秉敬朝士单启道宗。清道光二年（1822）修定字派：兴秉敬朝仕旦启，道宗世德定永安。天国民良正昌大，长有栋材庆万年。耀前继绪家声振，玉树联芳及弟先。景运义开登乍寿，经纶克展乐尧山。祖公垂荫玄嗣盛，保卫江河钦俊贤。岩门凉亭坡胡氏字派：文智正茂兴，庆启胜朝庭。一永光宗耀，天星定国贞。高大宽广博，清明真和平。富贵经悠久，道德利乾坤。世代荣华顺，炽昌运常亭。

会同胡氏 始迁祖原宗公，江西饶州鄱阳县人，南宋宝祐丙辰（1256）进士，任云南昆明县令，解组归经会同而家焉。族人分布于黄毛、官洲、瓦窑等地。

会同胡氏 始迁祖有谋公，江西吉安府永丰人，元至正二十年（1360）任靖州永平令，而家于会同。族人分布于龙孔、茶溪、杨柳冲等地。

靖州大由胡氏 明洪武二年（1369）源公居和州东良乡，征蛮有功，授指挥。生有二子：成、胜，为义勇将军，分居靖之大由乡。至清光绪三十四年(1908)，已传21代。

靖州古二里胡氏 谱称始祖勋公，谪靖为昭信校尉，由上蔡迁居石家驿。

永顺西喇胡氏 沅、永、保胡氏始祖永贵公，常州无锡人，明时出任辰州知府，遂居沅陵，为一世。七世西喇先祖其植公，清康熙间因贩卖茶叶，自沅陵迁永顺西喇。2016年纂修族谱。世派：其学文舜大光昌，经治丕承世泽长。科里连绵宏祖德，桂兰及第绍书香。

茹

衡山茹氏 鼻祖兴公，字文炳，宋末官至金紫光禄大夫，封柱国公。兴公派衍两房：长从善开派河南。次从政字殿邦，委任衡山县令，为衡湘茹氏开派始祖。六世孙瑺，明洪武时官兵部尚书，永乐间加封忠诚伯，衍鉴、铨、镛三房。鉴房后裔迁湘潭。明永乐初修族谱，清咸丰十一年（1861）续修，光绪十六年（1890）三修，1922年四修，2000年五修。班行：万国胜人，其昌永大。德泽传芳，功名纪载。湘岳咸钟，英贤斯在。景法先民，家声益泰。

柯

醴陵丁家坊柯氏 清道光间自福建永安迁此。族人分布于清潭桥、安福。

湘阴三合围柯氏 始祖潜公，字孟时，明景泰进士，官至少詹兼翰林学士，由闽省兴化府莆田县挈眷徙居湖北德安府应城后河港采花墩。明中叶其裔孙纲公、凤公由应城徙荆州监利。清雍正初年由湖北监利徙居湖南益阳，十二年

（1734）复徙湘阴三合围。嘉庆七年（1802）始修族谱，同治五年（1866）续修，1913年三修。

新化柯氏 始迁祖新佑公，字启后，漳浦人，明洪武元年（1368）生，进士，官南京户部侍郎户科给事，谪官任新化苏溪司（今琅塘），遂卜居梅城薰和门（今柯家巷），子思忠居新化城南。谱一修于清乾隆二十八年（1763），光绪三年（1877）三修，1923年四修。派语：济施宏爱育，世代永兴宗。祖德深似海，继起望明聪。

柏

宁远柏氏 柏氏出自伏羲时柏皇氏。至楚望之父衍庆，原籍江西吉安府泰和县鹅颈塘，因从珂兵乱，避难来楚，徙居衡州铁炉门，宋太祖开宝五年（972）生楚望。楚望稍长，迁宁远东乡桐木塘，生敦化、敦瑞。敦化分居松柏岗，生彩、隆，卜居东乡龙板及对河虎形，开柏万成户。敦瑞初守桐木塘，裔孙移居西乡漯塘下，即今三里塘尾，传至允春、允福。允福生应奎，于元泰定间迁祁阳，生仲林、仲彬，仲彬一支居祁阳乾冲坪，仲林生永安，仍迁故里柏家坪。允春下传四代至法祯，始卜长竹山立宅，后亦迁居柏家坪，开柏万胜户。楚望公七世孙自程，乳名四郎，原名希祯，于元初徙居广济乡禾亭墟里母江，今名里美江，开柏万发户。自程生文通、文达、文珠，明洪武初，通、达编籍广济乡八甲，珠列七甲。万成、万胜、万发三户裔孙后衍宁远、祁阳、桂阳及广西阳朔，四川广安、岳池、大足，贵州独山等地。1941年万成、万胜、万发三户合修宗谱。至1948年，已传32代，男女丁口1469人。里美江宗祠创修于清康熙四十五年（1706），上宅岗宗祠创修于乾隆十一年（1746），永兴坊宗祠创建于乾隆三十六年（1771）。

祁阳柏氏 谱称始祖荣福公，居宁远富阳乾冲坪，生仲林、仲彬。仲林于明永乐间徙居祁阳皇福塘，一称横木塘，生六子，一出继。清康熙间永秀、永茂两房迁蜀，永昌、永安、永诚三房云礽承业。仲彬仍居乾冲坪，其子永青徙居泮泥冲，永良徙居四方井。子孙散处祁阳、宁远各处。清宣统三年（1911）三修族谱。

柳

长沙长桥柳氏 一世祖翔甫公，字馥翔，官奉议指挥都司，原籍山西太原。

二世祖俊琪公，中书舍人，徙江西袁州府万载县西江立业。至五世玉英公，字碧鉴，宋南渡时徙浏阳北乡。六世日锁公，生五子：庆叟、伯叟、署叟、华叟、春叟。元大德间，伯迁湘潭压石河，署迁浏邑社冲，华迁浏邑新塘冲，春迁浏邑水源冲。庆叟字文政，由浏阳徙居长沙长桥。派次：叟必应福人，孟（光）如（春）可凤生。昌世廷先启，正大克树家。声宏基聿建，贻泽永敦士。希笃学国重，显名尊祖业，懋其再延承。该族名人：柳直荀，大革命时期曾任省农民协会秘书长。

醴陵五里牌柳氏 始迁祖春茂、捷茂公，清康熙初年自广东龙川迁此。族人分布于横山、沩山、曹家冲等地。至1948年，全族人口200人。

娄底柳氏 始祖成翁公，住江南扬州。传至四代孙十五郎，讳会，字子文，北宋至道元年（995）携眷裔奴婢300余人外庄客毛、彭、胡、张、王、廖六户，自江南吉州泰和县千秋乡水北保早禾渡仕湖南潭州，留寓湘乡沐道乡四十都（今属娄底），生子五：兴、仲、志、德、荣。志、德、荣三公他徙，兴、仲二公世居祖业。兴公九传至世荣公，为百亩井、枫洞冲支祖。仲公四传生固信、固万两房。固信五传生世高，为茅田、南陇、落花洲支祖。固万五传生世元，为茅塘、石底、蓝田支祖，世彬为茅塘、石底、广西七里支祖，世坤为梅下、岱头、湘城、潭邑支祖。清嘉庆六年（1801）创建宗祠于娄底上街头七宝庙。族谱一修于雍正间，乾隆七年（1742）、嘉庆七年（1802）、道光七年（1827）、同治八年（1869）、1919年五修。派行：（自八派始）本固邦基平，世文得效永，崇兴显祖荣。启裕后人盛，加官禄位陞。弼廷存正介，勷国任贤能。耀彩丁才广，馨香甲第登。千秋禋祀典，万叶子孙绳。

衡山柳氏 元至正中，机公为茶陵千户所指挥，因率族人居焉。机公子泰公，由茶陵之笆箩千户调衡州指挥，遂家衡山。生谨文，迁前山山底冲，派春、秋两房。谨清，派岳后及中湘稍江房与石塔庵房。谨和迁长沙。1941年六修族谱。派语：泰谨志隆表，凤应正茂垂。昌国世廷远，传家诗礼贻。纲维忠孝在，立本绍先归。书香长继起，科第振兴宜。

临湘柳氏 始祖乐公，字朋来，号泌滨，元顺帝时为长沙太守，由陕西西安府华元县迁江西南昌县铁柳巷，明洪武初又从铁柳巷迁湖南岳州府临湘县陈沙塅，再迁居石下落业。至1948年，已传26代，族人共3万余人，多分布在本县石下柳、坳上柳、七湾柳、陈家岭、烟冲、云溪、柳厂等处以及岳阳、湘阴及湖北监利等。宗祠有四：临湘祠在柳林乡，岳阳祠在黄沙街，湘阴祠在营田，湖北祠。

华容蔡田垸白泽湖北畔柳氏 始迁祖学补公，字秀元，居监利汪家桥，苦当地水灾，清同治年间迁居华容蔡田垸白泽湖北畔（现护城益丰村），子孙今聚居益丰，分居三封寺、万庾等地。老派：宗泽绵远，学文有光。世祚永盛，人才茂良。续派：忠孝承先志，诗书以传家。贻善斯隆盛，哲嗣为国华（老派用至“世”字，接续派“忠”字）。

宜章堡城柳氏 原籍衡山县，明初以百户调守宜章。

贵

常德贵氏 始迁祖继忠公，原籍浙江衢州府常山县，明永乐十年（1412）同弟继孝随父纯公有事于云南曲靖军民府，未几，纯公殁，继孝授金齿卫千户。继忠东归，十四年携眷经武陵，遂家于侯家港，召垦前后二洲。二世德福公生八子，衍为八房。明崇祯元年（1628）创修族谱，2000 年七修，时有丁口共 4827 人。宗祠在常德。派语：继德文子玉，志廷万邦启。大学为之先，国士应立体。树人祚永昌，承家重诗礼。世泽扬清芬，端方颂恺悌。

钟

长沙、宁乡、浏阳钟氏 始祖山公、岱公，四传其仁、其义。二公以下十二世“鼎”字派先后由闽、粤来南楚。仁支有鼎运公子仕万及鼎盛、鼎云、鼎英、鼎臣、鼎华、鼎桂、鼎甲、鼎泰、鼎吉诸公，义支有鼎宇、鼎宙、鼎寅、鼎智、鼎贵、鼎峻、鼎隅、鼎翔、鼎书诸公，散居长沙、善化、宁乡、浏阳、醴陵、湘潭等县。清光绪七年（1881）合修族谱。赣湘二省十三县通派：诒谋百代，典则千年。模猷克绍，道德光前。庭盈俊杰，性达经权。纯儒自勉，笃志宜坚。

望城新康黄沙河钟氏 千驷公居宁乡，八世福海、福川居麻山，福广、福兆、福浩居烟田，福祥居石岭冲，福万居老虎冲，福全居检头坪，福良居书堂山，福良则长邑黄沙河、宁邑泉湖一支试贵、迁三两公所自出也。试贵公明中叶居书堂山，至元堂公迁双江南岸雷家湖，至韵仙、韵霞、韵元、韵文诸公始先后卜居长邑。清乾隆二十一年（1756）黄沙河、泉湖支三修族谱，道光四年（1824）四修，咸丰七年（1857）五修，光绪十八年（1892）六修，1926 年七修，2008 年八修。派语同宁乡钟氏。

浏阳、平江、醴陵钟氏 始祖烈公，居河南开封府许州颍川郡。九十三传至宋时尚公，生三子：山、岱、峦。山公子友文、友武、友勇，岱公子友盛，峦公子友才、友能、友端，因王安石行青苗新法，兄弟避奔各省府县立业。清康熙年间，七公后裔由福建徙粤东嘉应州，分迁湖南平江、浏阳、醴陵、长沙、岳阳以及江西等地。清康熙六年（1667）、乾隆三十八年（1773）、嘉庆十二年（1807）、道光五年（1825）、咸丰九年（1859）、光绪元年（1875）、光绪二十九年（1903）、1924年纂有通谱。道光九年（1829）浏阳钟氏建宗祠于邑城升平街，光绪二十九年（1903）平、浏、醴三邑建总祠于平邑花溪港。平浏道光五年订派：（尚公十八世起）恢振连科甲，承修定炽昌。魁星高北斗，名士耀南唐。礼乐家声远，诗书世德长。文章辉上国，富贵永传芳。醴、浏、萍光绪二十九年（1903）订派：（尚公二十二世起）士人立志，孝顺宜先。克敦大本，明德久传。继起裕善，锡庆斯联。世济其美，祥发英贤。

浏阳溪江钟氏 始祖君贤公，明洪武年间由汉阳府徙江西铜鼓县温汤，其裔孙于明末清初再徙浏阳县东乡溪江。族人多分布在溪江、松江以及平江、宁乡、重庆等地。至1948年，浏阳钟氏达2000余人。宗祠在溪江。

浏阳石湾钟氏 尊居粤东嘉应州白墓前之四九郎为一世祖。八世祖国丽迁镇平县邹岭。国丽之子益周生有六子，皆于清康熙四十一年（1702）移居湖南浏阳县。长子云青后又移居江西萍乡大安乡，四子亮青定居浏阳东乡长鳌江下石湾，六子良青后迁居江西义宁州崇乡。此三房每年仍合祀祖先于浏阳。道光元年（1821）三支纂有族谱。

宁乡钟氏 始祖元海公。六传至妙选公，宋时由江西迁潭州，为迁湘始祖。孙景仁，生千岭、千驷，千岭徙居湘乡，千驷徙居宁乡。千驷公八传衍为海、广、浩三房。清乾隆二十七年（1762）建宗祠于北冲。明正统三年（1438）、清康熙四十七年（1708）湘、宁两邑合修族谱。乾隆三十年（1765）、嘉庆二十四年（1819），宁邑海、广、浩三房合修。同治十年（1871）昭明房分修，同治十三年（1874）瓒房分修，光绪三十一年（1905）仍海、广、浩三房合修，1925年石塘冲房分修，1928年昭明房分修，1934年瓒房分修。旧班：绍廷世国，子启家邦。昌大文明，贤才振兴。鸿仪耀彩，玉德增英。诗书继美，先泽维新。科甲永远，湘宁长隆。续班：孝修培亦绪，承显裕经纶。该族名人：钟开兰，湘军将领，官至威宁镇总兵。

湘潭、醴陵钟氏 湘潭关山岭支祖德志公，由福建上杭迁来。湘潭白石港支祖元通公，由江西南昌迁来。醴陵渌口关支祖复生公，由湘潭白石港迁来。

醴陵长垅、百井冲支祖祖兴公、祖佑公，其父平正公明洪武时由江西瑞州来星沙作幕，隶籍醴陵。采用光绪七年湘赣二省通派。

湘乡钟氏 始祖宋时元海公。五传儒侃，宋哲宗元祐时征讨有功，封为永宁将军，卒葬扬州。子妙选迁潭州，妙选生锡宁，锡宁生景仁。景仁生千岭、千驷。千岭由潭州徙居湘乡治南钟家湾，千驷徙宁乡麻山。明正统三年（1438）、清康熙四十七年（1708）湘、宁两邑合修族谱，乾隆四十一年（1776）三修时宁宗仅福祥支合测水宗颖公支参入。同治十三年（1874）四修时为千岭公及宗颖公支合修。清咸丰九年（1859），湘宗建宗祠于县城西南隅碟子塘。千岭公五世孙胜祚，生二子：凤、旺。旺公字继成，徙居台洲塘，今属双峰，衍为荣、华、富、贵四房，道光六年（1826）建宗祠于台州。1918年旺支五修，1922年凤、颖两支五修族谱，1999年六修。族人5000余人，分布于南塘、庆堂冲、腰子塘等地。二十四世孙钟林，谱名蔚麟，曾任重工业部副部长。班序同宁乡钟氏。

醴陵三刀石钟氏 始迁祖益才公，元至正末年自江西吉安迁此。族人分布于嘉树下、庄埠。至1948年，全族人口3000人。

醴陵西乡钟氏 一派祖燮莽公，明洪武四年（1371）自江右丰城徐寨湾挈其子福、甫、昭、丑迁抵湖南醴陵西乡。族人多分布在江边山、红宋冲、夏压冲、青山冲、午甲村等地。至1949年，男女丁口共2610人。清同治十一年（1872）建福公祠于铁河口江边山，同治五年（1866）建甫公祠于马家垅下马街。昭房又分洪、全两支，同治十三年（1874）建洪公祠于午甲村，光绪二十八年（1902）建全公祠于毛岗营。丑公祠建于神下垅。

醴陵潭塘钟氏 始迁祖友才公，明洪武初年自江西永丰迁此。族人分布于蕉园、长垅、五里牌及浏阳、善化、攸县等地。至1948年，全族人口9800人。

醴陵沙洲上钟氏 始迁祖贤祥公，明崇祯初年自江西宜春迁此。族人分布于洙塘陂。至1948年，全族人口600人。

醴陵花园陂钟氏 清顺治初年自江西泰和迁此。至1948年，全族人口300人。

醴陵汾石钟氏 尚公五代孙雪岩公（即十七郎），原籍福建汀州府，元至正二年官梅州，雪峰公亦司铎此地，兄弟遂家于州西五马坊。雪岩公九传至一代祖爱台公，居嘉应州兴宁县万安二图白沙约新塘角。清康熙间二代祖自玉、自新二公因闽粤之乱，兄弟同徙楚南醴东王仙境大汾垅胡家湾（即今钟家湾）。自新生二子发四支，故有“四维”之名。1943年创修族谱，堂号四维。谱中

“男女人口统计表”统计男女人口2151人。名派：爱自天国。正明裕文瑞，开发绍家声。为善培根本，敦书道义崇。

醴陵普口市钟氏 始迁祖惟秀公，清康熙初年自福建汀州迁此。族人分布于白兔潭。至1948年，全族人口700人。

醴陵古塘钟氏 始迁祖君锡公，清康熙初年自福建武平迁此。族人分布于萍乡。至1948年，全族人口223人。

醴陵大汾垅钟氏 始迁祖爱台公，清康熙末年自广东嘉应迁此。族人分布于版石洲、泮川冲。至1948年，全族人口800人。

茶陵湖口钟氏 清乾隆五十五年（1790）由江西会昌迁此。后裔散居于枣市、八团、虎踞等地。

炎陵水口钟氏 始迁祖同金公，明崇祯末年自广东梅县迁此。后裔徙中村、垅溪、十都、塘田。

衡阳柘溪钟氏 始迁祖厚山公，原姓郑，福建南安石井镇人，清初迁居衡阳柘溪，生守光，守光生国用，改姓钟，建祠于四亩塘。1929年续修族谱，2004年三修，三修时男125人，女125人。班行：守国凤朝仪，传家仰祖芳。文华开景运，世德有余光。明礼祯英俊，继贤祚昆昌。智孝财仕奇，荣强永兴旺。

南岳衡山钟氏 始迁祖九龙公，字奉朝，号洪州，元皇庆进士，入翰林院，寻授征边御史，历擢至东阁大学士。明初携妻和四子：应贞、应惠、应德、应祥隐居于南岳衡山。次子应惠留居衡山，长子应贞迁新化牛栏山，三子应德北迁益阳修山，四子应祥迁安化丫头山。字派：大海生金，国泰联荣。紫受龙应，祖景系廷。时朝明日，本立邦宁。道超德裕，发达文清。世泽广远，敦厚继承。庆登灵瑞，秀拔奇英。

耒阳钟氏 始祖惠公。六十一世宣羲派常宁，宣义派耒阳，宣美派衡阳。始迁祖宜义公，元至正间由江西宦游来湘，身仕善化，再迁耒阳观背。1915年福五公房纂修族谱。字派：宣福添子文仁人思应兴有鸣之大其昌一本含元琼林。

邵阳钟氏 始祖祖库公，字施仁，号藏用，任江苏常熟知县，生有四子：长子万一公，讳辉，字化及，任指挥司，后人散居邵东鸡笼山、沙湾、石鼓寨、锅塘冲。次子万二公，讳胜，字长兴，为桂阳参将，后裔居邵西梅子岭、龙潭、长乐平、太平东。三子万三公，字合极，后裔居邵南白田、背冲。四子万四公，字方宇，后裔居邵东横塘。清乾隆十四年（1749）四房始修族谱，嘉庆九年（1804）、道光三十年（1850）、光绪十五年（1889）、1931年、1991年续修。

武冈钟氏 始迁祖进朝公，世居江西吉安府泰和县鹅颈大丘钟家坝，明初卜迁宝庆府城步县枫门岭，复迁城步、武冈连界之苦竹山及武冈西乡陡山等处。后裔衍文据、文振、文扬、文流四房。清同治十三年（1874）、光绪十二年（1886）、光绪三十二年（1906）纂有墨谱，1939 年续修。老班：进世文子应再，祖廷楚仕添登。新班：文德淑良，太和启祥。显化大理，政治名扬。

武冈蔡家坊钟氏 始迁祖华叟公，江西人，明初徙武冈。

武冈钟氏 明正德间，娄妃母族避宸濠祸，易钟姓，支裔徙居武冈，世有显宦。

岳阳新墙钟氏 始迁祖季六公，明洪武初自江西迁湖南巴陵之新墙市，后裔分居于益阳、沅江、湘阴等地。清光绪七年（1881）续修支谱，堂号光裕。

平江鸣水洞钟氏 始迁祖湛公，北宋时由江西分宜迁居湖南平江县北门外之鸣水洞。清光绪三十年（1904）十修族谱。

平江迎水洞钟氏 始迁祖清溪公，北宋元祐五年（1090）自江西分宜迁此。至 1994 年，全族人口 22594 人。

平江白水里钟氏 始迁祖禄先公，清康熙六年（1667）随祖父久仁公自江西赣州定南县迁居平江县南乡白水里。

平江丽江钟氏 始迁祖有明公，清康熙四十年（1701）率子鸣凤、鸣廷自广东嘉应州嵩山迁浏阳。雍正九年（1731）鸣凤公再迁平江东乡义口丽江。

平江黛屏源钟氏 始迁祖环玉公，清康熙五十二年（1713）自广东嘉应州始迁平江，康熙五十七年又迎父明立公、弟珮玉公来平，始创于东乡长步岭，雍正间迁居黛屏源。后又有明立公胞弟明南公长子璇玉公于雍正间来平同居。

平江传梓源钟氏 千七郎公宋时移居上杭县来苏里中都村。十八传至昆山公，清康熙间由上杭迁平江县北乡传梓源，生六子。

平江雷公塘钟氏 鼎公生四子：仕佩、仕尚、仕任、仕登，世居广东嘉应州，清康熙间佩、登公迁居平江东乡落鼓石螺冲，佩公子象文，乾隆间自石螺冲迁居周方口、谢江、雷公塘，仕尚、仕任也同居于此。

平江大源桥钟氏 始迁祖移昌公，原籍江西赣州，清康熙年间迁居平江东乡大源桥。

平江许家洞钟氏 始迁祖所纪公，清雍正七年（1729）自广东嘉应州镇平县铁山嶂下迁平江东乡许家洞月池塘。

平江官舍钟氏 始迁祖声富公，原籍江西赣州长宁县，清雍正间流寓万载县，又迁平江东乡大桥。生二子：世振、世乾。世乾子孙复迁平江官舍。

湘阴营田钟氏 始祖湛公，自江西南昌迁平江。传九世至顺叔，迁湘阴杖紫岭，再迁营田，今属汨罗。

汉寿钟氏 始迁祖肇开公，江西永丰人，生四子：以德、以富、以贵、以积。贵公留永丰。德、富、积三公明洪武十七年（1384）迁汉寿，德公居龙邑西关濯缨坊，富公居龙邑南关外五里牌，积公居常德道观冲。清乾隆四十二年（1777）、嘉庆二十二年（1817）、同治九年（1870）、1914 年、1943 年五修族谱。派语：以敏承先志，金仁名国士。学日显清声，祖贻万代荣。启家大吉昌，登榜焕文章。礼乐光前远，诗书裕后长。

临澧钟氏 远祖贤公，世居江西南昌府之宁州，生必富、必贵，必贵迁桃源，必富于元至正七年（1347）率千一、千二、千三、千四、千五徙辰阳沅陵，千一徙桑植，千三长子从一迁湘西太浮山，原属永定卫，后隶安福，即今临澧。1922 年临澧、桃源创修族谱。

桃源陬市钟氏 始迁祖惟学公，明初自南昌义宁州迁于湖广之临湘，再迁桃源县东之栖凤乡。至 1948 年，已传 20 代，全族人口 9000 余人，分布于印山坪、仙坞殿、钟山台及常德等地。明末建宗祠于祠堂冈。1924 年续修族谱。该族名人：钟逢优，省咨议局议员。

桃源东乡古城坪钟氏 谱称始迁祖惟学公，明成化二年（1466）率二妻五子诸孙，由江西南昌府义宁州羊武乡二十七都迁岳州府临湘县，继迁常德郡城清平门，又历二年复迁桃源县东乡古城坪朱家峪。子鼎、景随父居桃源，昺、旻、昱仍居临湘。族谱创修于清道光六年（1826），2000 年五修。宗祠建于桃源架桥乡。祠联：高山流水，舞鹤飞鸿。立德立功立言，是谓不朽。有猷有为有守，如见其人。派序：（自十一世始）山之大盛，逢时克昌。发吉广生，同兆休祥。丕振先德，世泽延长。英才继起，用佐朝邦。观光上国，孝友文章。十六世钟时益，曾任（台湾）国防部审计局中将局长。

桑植白族钟氏 谱称一世祖尚公，字殿元，原籍江西南昌府丰城县，明洪武二年（1369）任慈利县知事，解组后居桑植麦地坪。长子觉性居澧北钟家山，次子友河居澧西白塘堰。性房四世又分宝、珠、珍、琥、旺、庆、曙七房，河房四世又分瑄、明两房，1948 年六修族谱。今为白族。派语：（自二十世始）大吉广生，预兆祯祥。丕振先德，世泽延长。英雄继起，用佐安邦。观光上国，孝友文章。

益阳钟氏 始祖九龙公，字奉胜，号洪州，仕元，后贬至广西，元至正间遭乱转徙衡山，生四子：应贞迁居新化，应惠迁衡山，应德徙益阳修山。应祥迁安化，其次子祖祚明景泰元年（1450）迁居益阳八里峡流溪。后裔共衍纲、绍、缦、縕、纪、绳、绵、纱八房。清嘉庆二十五年（1820）改建宗祠于益阳六里舒塘，今属桃江。明嘉靖十三年（1534）一修族谱，崇祯五年（1632）二修。雍正十三年（1735）应德、应祥合修族谱，称三修。乾隆五十四年（1789）四修、道光二年（1822）五修、咸丰八年（1858）六修时应祥裔不与。光绪十一年（1885）、1917 年、1947 年德、祥二裔又合修。1997 年十修，2021 年十一修。道光二年（1822）五修颁派：敷志能昭敬，芳声定启贤。典章隆代守，孝友合家传。修业希名士，怀才会盛年。高科逢上选，光显焕宗先。

益阳长乐钟氏 始迁祖孟和公，字纯一，号丹山，明永乐二十年（1422）生，成化三年（1467）卒，原籍江西吉安府庐陵县六十五都桃林保钟家坊，始迁益阳长乐街。四传而分定、富、宁、宝四房。清嘉庆六年（1801）始修族谱，同治三年（1864）、光绪三十一年（1905）、1946 年续修。派语：孟源宪正显，应其鸣世宾。翼朝开方远，文章华国新。

益阳、沅江钟氏 始祖季六公，明洪武二年（1369）由江西南昌迁湖南巴陵新墙市。传至四代祖源湖、源晨转迁湖北监利县，九代祖士清、士琦、士圣、士晋、士优后裔复由监利徙居湖南益阳、沅江（一说仍由新墙迁来）。士琦公裔十一代孔房校正、鲁房校德、校才、校尚、校贵于清康熙四十五年（1706）迁居益阳。孟房校朝、校伦迁居沅江。清咸丰间立士琦支祠于益阳沙头。道光元年（1821）、光绪七年（1881）、1914 年历次纂修支谱。湘、鄂合派：源文大启士，学校允宗支。祖德传芳远，荣名及世嗣。家声恒克振，立品自逢时。燕翼光昌盛，诗书万代贻。

新化南门青石街钟氏 始迁祖道德公，字圣聪，宋末由潭州徙居新化南门青石街，子二：炳导，其裔孙徙居邵阳罗丝洞；炳元徙居城东十里处鹧鸪塘，其裔孙分布于石窖、化溪、满竹、白石岩、冷水江、峡山口、明荣、三门厦等处。炳导房班次：炳元先廉迁，文升永应朝。承正大上献，佳玉叶发香。鹧鸪塘班次：炳元镇泰玺，万尚荣华兴。良世气开大，佳玉叶发香。

汝城横江钟氏 始迁祖君用公，字受禄，元岁贡，元至正时由江西赣县避乱迁汝城，居横江之龙珠村。后裔析白泥冲、龙珠村、堆白、水头附近。至 1932 年，已传 20 代，500 余人。宗祠在横江。

汝城羊角寨钟氏 始迁祖凤德公，原籍广东韶州府乳源县梅花村，明成化八年（1472）迁汝城羊角寨。至 1932 年，已传 18 代，900 余人。

汝城司前钟氏 始迁祖景陵公，明中叶由江西赣县初居淇江竹园，后居司前。传十九世松山分居秤钩湾。至1932年，已传20余代，100余人。

汝城寨下钟氏 始迁祖万朝公，清初自江西省龙南县迁汝城寨下。后裔分布寨下、东边山及四川省。至1932年，已传15代，丁口700余人。

蓝山钟氏 始祖大十五公。四传至嫩七公，名艺润，字沥液，号负扆，元延祐间自江西泰和迁湘，护衡岳以居。由嫩七公四传至荣卿公，殖产蓝山，为蓝山始迁祖。荣卿公子二：文福居高阳，文德居溪头。明嘉靖时九世富光公平瑶有功，奖抚瑶世职。清道光三年（1823）建宗祠于蓝山县城内西街。康熙二十三年（1684）始修族谱，1936年八修，时有男丁447人，女口398人。派语：念少嫩六，荣文原以。永世富贵，万子福德。正大立朝，良才华国。积学含弘，存心秉直。攸叙彝伦，高标器识。振武昭平，匡时赞翊。克绍崇光，允作仪式。运启昌隆，庆延兆亿。二十世钟伯毅，曾任国会参议院议员、湖南省财政厅长。

新田仁智乡下渫钟氏 始迁祖奕群公，清乾隆间自江西省龙泉县迁湘，开基于新田县仁智乡下渫。族人分布在栗家湾、龙岗等处。至1948年，男女丁口100余人。

祁阳钟氏 始迁祖惟贤公，字法仁，一号庚一郎，又号祥三郎，原籍江西，任贵州兴隆卫参军，明洪武六年（1373）迁居祁阳七里桥。生五子：思仁、思义、思礼、思智、思信。思仁、思礼、思智裔衍零陵冷水滩、田贝塘，思义裔衍祁阳人白峰、喉水陂，思信裔衍不详。清道光十一年（1831）建祠于张公坪。1923年三修族谱，鸿丁1224人。1994年四修，人口3604人，其中女丁1841人。祁阳派语：惟思仁（润）力（志）汉（埴）廷（定）崇（瑞）友（大）成（宾）志（世）应（鸣）上（养）天（秀）三（士）永（笙）五（奇）仕（绍）德（汉）大（名）人式贻经裕正贤崇元开履泰孝友本家传。零陵派语：惟思善文定经（纯）天桥（宾）尚友铬连美凤（子）生集仕学钜求荣炳基铣浩楚列垂锦洪材焕域钦治业勋培。祁东派语：道龙彦思友世廷兴鼎明天良方大成文学上国之光。功业昭楚汉，分法绍前人。乃祖家声远，多士永怀珍。

溆浦马田坪钟氏 始迁祖廷用公，原籍江西吉水县，屡迁湖南武陵、桃源、沅陵。明初复由沅陵徙溆浦马田坪。

溆浦龙潭乡纸塘钟氏 始祖全、金二公，明朝时自江西吉安府吉水县迁湘，始居溆浦县龙潭乡纸塘，后落业于龙潭关山小黄沙。族人多分布在小黄沙、寨垭上等处以及龙潭、柳坪、潘家岭等地。至1948年，男女丁口共226人。

溆浦温溪钟氏 始迁祖犹龙公，由江西永新县徙此。

段

宁乡凑田冲、白泥桥，益阳干溪、火田段氏 远祖翊公，南唐时为江西永新令，卒于官，葬于城池之西，生二子：谦居鄱阳，漠居西湖。传至十四世凤舞居永新之珊田。凤舞公子二：才甫公任长沙千户而落籍长沙，德甫公留居珊田。才甫公三传至行孙公，子三：祖贤居宁乡凑田冲。祖圣由长沙迁宁乡白泥桥，生子三：崇善、崇庆、崇富。崇善生日旭、日昆、日昺。崇庆无嗣。崇富生子贵，同徙益阳，旭、贵居火田，昺居新桥罗家湖。祖明迁居益阳牌楼冲，复徙干溪。清康熙四十二年（1703）肇修族谱，嘉庆五年（1800）、道光二十九年（1849）、光绪八年（1882）、1930 年续修。同治七年（1868）建祠堂于益阳十九里四区之小河桥。原派：翊谟哲修敏，九鼎居元渊。凌庆天凤才，秉恪行祖崇。日志允正文，一国光如成。立祀承先典，全名启玉昆。绍德昭前烈，延宗卜远龄。显荣传世茂，应兆佐朝廷。

宁乡白塘冲段氏 始祖于明朝迁湘。清道光二十四年（1844）建宗祠于宁乡二都十一区之白塘冲。

双峰段家桥段氏 始迁祖孔德公，为共叔段第七十一世孙，文昌公第二十四世孙，翊公第二十世孙，明初自江西永新太平乡盐沙村迁双峰段家桥。1992 年与邵东茶园、太平合修族谱，为六修。2016 年段家桥续修。

茶陵高径段氏 段氏为唐宰相文昌之后，五传翊，出宰江西永新，卒于官。子谦、谟，遂家焉。谟居邑之西湖，留守先陇。谦居邑之西安乡，九世孙孝直，于宋靖康间由永新鄱阳里徙居茶陵高径。越五传而至霓、云、霭。霓生友岳，厥后派生时甫、时茂、时通三房。云生友昆、友仑、友嵩、友隆，昆徙衡，仑无传。霭生友昌。共衍六房。清乾隆元年（1736）、嘉庆元年（1796）各房分修家乘，道光十八年（1838）六房合修族谱。霓公派老字辈排行：翊谦勤庄昭浣复戬孝克之思霓友忠文世邦时必尚仕道永成蕃华志义明纪纲能自守选秀庆登庸。云公、霭公派老字辈排行：翊谦勤庄昭浣复戬孝克之思云（霭）友忠应元可用愈贵宗仁德贤才显俊良隆兴长茂衍选秀庆登庸。霓公、云公、霭公合修新字辈排行：烈祖诒谋厚，家声振有因。凤庭钟吉士，象笏念纯臣。惇叙伦常正，雍和继述新。熙朝英杰重，佐治展经纶。

炎陵康乐龙脑石段氏 始迁祖楚英公，明景泰年间由江西鄱阳湖迁此。后裔徙居枧田洲、玉江、霞塘、石玉。

衡南段氏 始祖鄱阳谦公八代孙少严公，南游茶陵潢流堆田。少严公十四代孙富良公，元至正间由茶陵潢流堆田徙居衡阳南乡政平上一都松木塘。单传五代至聆公，开年、寿、福、禄四户。清乾隆十二年（1747）、同治八年（1869）、1924年、2004年纂修族谱。班列：继孔朝国正，世州佐（必）文明。前徽宜远（友）绍，嗣德复长荣。忠孝传先业，诗书启盛名。崇仁遵圣道，建绩茂贤声。

衡山斗米洲段氏 明洪武初年自安仁宦游衡山，卜居县之斗米洲。族人分布于三十六都、双江口、硖山等地。宗祠在花莲山。至1948年，男女丁口600人。

邵阳段氏 一世翊公，生谦、谟。谟公居西湖，今居邵阳南路锣声、太平、茶园者皆谟公后裔。谦公居鄱阳，后裔由鄱阳迁潢淇。十九世应贵公由潢淇迁邵陵。二十八世礼彩公，又迁居邵东潭府段家坝，生仲才、仲英，仲才生七子：宗荣居梅塘，宗铭徙芳山，余五子无考。仲英生显华，由段家坝迁居长塘庙。1932年三支合修族谱。

武冈龙江乡黄系岩、万安乡花园团段氏 远祖唐宰相文昌公，五传翊公出宰永新。十传至万椿公，宋理宗端平二年（1235）自江右泰和初迁湖南潭州碧湘街，旋徙湘乡茅塘，后落业新化下温。万椿公生有八子：必清、必华、必敬、必祥、必贵、必龙、必能、必恭。必清徙居湘乡县城隍堂，必华、必敬、必祥、必贵迁新化，必龙居潭州西门码头，必能迁衡州常宁，必恭迁邵阳广绩平。必恭公子二：正一留居广绩平，正二迁武冈县万安乡二都花园团。正一公之子明公于明洪熙元年（1425）迁武冈大塘团龙江乡一都黄系岩，子二：炳公衍祖通、祖权两房，俊公衍祖文、祖旺、祖荣、祖贵四房，文、贵两房又外徙。清道光十四年（1834）创建宗祠。乾隆十四年（1749）与新化三溪合修族谱，嘉庆二十一年（1816）武冈通、权、旺、荣四房独自补修，称一修。同治元年（1862）、光绪二十年（1894）、1924年续修。合谱班次：景友继其先，为班启世贤。祥和征泽永，隆盛庆熙延。

武冈蔡家团段氏 始迁祖宗礼公，原河南荥阳人，明永乐中宦于武冈，从征安南，卒于师，遂家于武冈城内进德坊。

城步段氏 始迁祖昌先公，又名可依，元大德八年（1304）由江西泰和徙都梁，落籍反坳（今西岩段界）。

湘阴临泚口段氏 始祖朝源公，元中叶自江西吉水占籍长沙县之大贤都。传六世至友志迁湘阴之牛口塅。友志传十五世至盛亨徙居临泚口。

益阳栗山段氏 谦祖十六传为小六公，十九传为志远、瑞远。志远生尚中、尚德，尚中三传为克庄，尚德二传为用砥。瑞远二传为复升，明洪武时，复升自鄱阳迁益阳栗山，克庄迁宁乡桃林村，用砥迁益阳汾湖洲。复升生五子：志高、志学、志魁、志经、志连。经、连无嗣，高、学之裔居栗山，魁裔居段家河黄泥嘴。1931 年栗山段氏六修支谱。

南县、华容东山段氏 始祖千驷公，元末宦游岳郡，卜居玉峰山下金门保。三传至时中、时祖、时聪，明永乐时时中迁居华容九都（今属南县），时祖仍守旧业，时聪居华容东山。清乾隆十七年（1752）中、聪两支肇修族谱，嘉庆十年（1805）、咸丰九年（1859）续修。宗祠建于宋田山。后人分布在南县九都，华容九斤麻、白莲、聂家拐、松木桥、长岗庙、城关及岳阳等地。派语：光祖修心德，传家孝友先。立朝崇正学，经世在名贤。

南县荷花嘴段氏 始迁祖道隆、道德两公，明万历间自湖北监利迁华容九都穆家垸（今南县荷花嘴乡荷花嘴村）。

南县段氏 始迁祖廷英公，卒葬九都金钩山走马堤西北畔（今属南县境），为明嘉靖段姓长房支祖。另支始迁祖廷菖公，卒葬九都松林山木头濉，为明嘉靖段姓二房支祖。另支始迁祖廷华公，卒葬九都大坟山段祠东畔，为明嘉靖段姓三房支祖。

桃江段氏 永兴祖僖房时松公第五代孙起禄公，清雍乾间自新化白溪田心迁来。前五修与新化合修，2014 年桃江六修。

新化段氏 始祖胜云公，九传至万椿公，生有八子：必清、必华、必龙、必敬、必祥、必恭、必能、必贵。宋理宗端平二年（1235）携家眷自江西泰和县圳上南迁，初至潭州碧湘街，留必龙居潭州西门码头。再偕众迁湘乡县茅塘，仅八月，命必清居此。又携众迁邵阳，命必恭居广积坪。复徙武冈花桥，至常宁县命必能定居。万椿公携其余四子迁居宝庆府新化梅城之税塘村。后必敬徙居满惆花树下、化溪、坪茅，必祥徙居化溪、口前，必贵徙居球溪，必华裔徙居梅溪等地。清乾隆十五年（1750）一修族谱，嘉庆二十五年（1820）二修，同治四年（1865）三修，宣统二年（1910）四修，1949 年五修，1990 年六修，2020 年七修。华房下温派语：必政辛千奉，庆志兴景思。文庭潮仕帼，信添可光运。华房梅溪派语：必政辛千奉，福思应志承。启子文范仁，世上可时运。华房邵邑水西派语：必政云可宗，祖永大正福。惟景祥文学，一自世重才。敬房化溪派语：必政辛千奉，添文社志兴。景思承时宗，应国明显祖。敬房下温派语：必正辛千奉，添荣福正兴。景思文廷湖，仁国明显祖。祥房化溪派语：

必正辛千奉，添文伏志兴。荣全俸仕政，子照可光明。贵房球溪派语：必正辛千奉，汝云升志兴。景思文廷朝，庆可光彩乾。自三十世起派语：延祥自吉泰，绍绪振先声。允佩前人训，常储后代英。传家敦孝义，翊治笃忠贞。仁美绵遗泽，刚方继令名。

新化横阳柴下段氏 始祖性善公，以进邑茂才理南昌兵房事，明永乐二年（1404）由江西南昌府进贤县钦风乡三十六都遣一世祖文达公戍黔省，至永乐五年（1407）以军籍屯田于湖南新化横阳柴下。族人分布在益阳、宁乡、安化、邵阳等地。至1948年，已传19代，男女丁口万余人。宗祠一在新化横阳，建于清乾隆二十六年（1761），一在新化圳上，建于清乾隆四十七年（1782）。

郴县塘下段氏 远祖翊公，居江西永新鄱阳。十二传规公迁居湖南安仁塘田，继迁源田。至思丰公，迁茶陵东流，第五子礼韡，明洪武四年（1371）官郴州卫百户，居塘下。

郴县秀才乡两湾洞段氏 始祖思忠公，江西庐陵县人，明洪武四年（1371）举人，任广东茂明县知县，卒于任。子必行公，迁郴县秀才乡两湾洞。

资兴段氏 鼻祖翊公，南唐天成初由鄱阳来令永新，卒于官。二子谦、谟遂家永新，衍为鄱阳、西湖两大支。北宋乾德二年（964）鄱阳派十二派祖规公，由江西迁居湖南安仁，第五子云明，居塘田。明初，思道、思礼又由塘田迁居兴宁（今资兴），思道居邑北桃源，思礼居邑西双溪、大山口、老屋图、下盘园等处。明万历及清康熙、乾隆间，赣、湘两省合修族谱，道光七年（1827）道、礼两房、黄沙房及郴州塘下房合修，同治七年（1868）续修，1995年道、礼房、塘下房又修，2002年三房又续修，称十四修。1944年建总祠于资兴茅坪。排行：傅受规云敬，仁文士宗师。公惟友伯世，应元思孝义。忠正必贤铭，才能全睿智。永绍平兴邦，盛绩辉彝鼎。荣光焕锦堂，珠照南湖远。吟梅有余韵，风采腾冠冕。振笏肃朝纲，凌烟绘褒鄂。酉阳翼经传，前民遵矩矱。

蓝山南平乡均田段氏 始迁祖善宁公，由江西避乱来蓝山。至1931年，凡37户，男102人，女103人，共205人。

新田青山脚段氏 始迁祖其昌公，明朝末年由宜章迁居新田县崇益乡青山脚。至1948年，已传9代，男女丁口共260人。

麻阳段氏 始祖胜云公，五代后唐居江西泰和圳上，其九世孙万椿生八子：必清居湘乡，必龙居潭州，必恭居邵阳（后迁武冈），必能居常宁，余皆随父定居新化县下温。十三世孙武叔迁居隆回四都鸟树寺。十五世孙仲九、仲十于明永乐初年分别徙居麻阳之麻伊、草平地。原议字派：仲夫亚仁必，名胜楼忙文。思兴永秉朝，上一国世可。自之俊学元，唐虞肇周纪。1918 年续议：敬承先祖德，宗嗣久安康。正大光明立，荣华富贵彰。传家敦礼义，继代振纲常。积善英才秀，天伦兆吉祥。

保靖甘溪段氏 一世共叔段。四十八世胜云公，居江西泰和圳上。五十六世万椿公，生八子：必清居湘乡，必龙居潭州碧湘街，必恭居邵阳后徙武冈州，必能徙衡州常宁。必华、必敬、必祥、必贵同父于宋理宗嘉熙元年（1237）偕婆李氏、妻舅李饶用，居新化下温。谱以文昌公为一世，胜云公为二世，万椿公为十世。必华裔十二世光举公，宋末迁黔阳。十七世仲九、仲十迁麻阳。三十三世一朝公，明末由麻阳麻伊黑角岔迁保靖复兴场，继迁甘溪。1918 年、2014 年纂修族谱。班辈：永秉朝上一，国世可自必。启学元唐虞，绍周继岐昌。

修

沅陵修氏 始迁祖九公，明正德年间自江西临川官辰州卫百户，遂定居沅陵。

信

邵阳信氏 始祖陈公，明永乐间由山东济南府巨野县雪覆店迁宝庆府邵阳县遥临巷。清乾隆四十一年（1776）纂修墨谱，道光二十三年（1843）始付梓，1949 年续修。班次：水系金玉凤，朝一仕三宗。国正天时顺，家和世泽长。诗书传祖德，礼义绍前光。大道昭嗣服，良谋佐赞襄。克昌开甲第，万载颂平章。

皇甫

常德皇甫氏 始迁祖贵公，原籍江南，明永乐二年（1404）奉旨征苗入楚，落旦武陵进溪。传四世派分胜正、胜贤、胜良、胜芳四支。后裔或居皇溪、或居砚滩，或迁慈县、桃邑。清同治三年（1864）纂有族谱。旧班次：胜明有仲家，昌士之道宗。正大光先业，英才□代逢。新班次：祖德垂芳远，继承永万年。人文添福寿，忠孝启多贤。

桃源延口皇甫氏 始迁祖万文公，江西丰城人，明天启进士，官云南楚雄府知府，解组后落业于桃花源上十里大安村之上庄坪。至十世祖国兴移居桃源县城从商。至1948年，已传17代，全族人口150余人。清咸丰初年建宗祠于蟠桃观庵。支谱创修于1931年。

禹

邵阳团山禹氏 始祖太白公，西晋咸宁间自江西吉州泰和迁湖南邵东罗纹之团山。传至三十五世时衍为沐彪、沐宁、沐阅、沐登、沐周、沐良、沐祀、沐富、沐信等九大房。元至元间沐彪公房下有迁湘乡三十都，沐周公房有迁新宁上一都，沐良公房下有迁太平二都高冲，沐富公一支则迁辰州溆浦县五都东山。明嘉靖元年（1522）纂有墨谱，清嘉庆十年（1805）始修，咸丰九年（1859）续修，宣统二年（1910）三修，1946年福公房四修，1995年五修，2018年六修。明时建宗祠于花山，清乾隆七年（1742）重建于团山。原编排：沐天应元崇宗祖，永佐朝廷富世兴。再加安邦定国志，金玉荣华贵万春。续编排：忠孝光前烈，诗书启后长。精诚明道学，仁寿灿南方。该族名人：禹之谟，谱名志谟，字稽亭，江苏补用知县，曾参入自立军、华兴会、同盟会活动，任湖南商会会董和教育会会长，1906年被清廷杀害。

侯

长沙侯氏 初祖讳晓，字行己，号端士，由中州密邑发迹，唐昭宗时以进士官湖南衡州刺史。四世祖君实公徙居衡山鹤岭，生松冈、松林，松冈迁安仁，松林仍居鹤岭。至七世祖钧章公由衡山迁湘潭横头（今属株洲淦田）。传至二十一世祖齐贤，字志道，号斋之，官江西抚州府太守，明景泰七年（1456）由湘潭横头徙居长沙靖港。齐贤公又历八传至之凤，字荣仲，于清顺治二年（1645）由靖港分居善化白箬铺（今属望城）。二松家乘肇修于宋绍兴，再修于元至正，三修于明永乐，四修于清康熙三十三年（1694）。靖港家乘肇修于清嘉庆九年（1804），道光十八年（1838）、光绪六年（1880）、1912年、1930年、2005年续修。箬驿家乘肇修于道光五年（1825），光绪二十六年（1900）续修，皆未付梓，1922年三修。衡山派语：衡州太守裔，建业盛冈林。文武多俊杰，历朝列缙绅。靖港、白箬派语：贤公经楚大，一家之世昌。国佐开基永（鸿业），宗源庆以长（家声振万方）。雍和承教育，焕发裕文章。名显光先德，英才绍远祥。

宁乡侯氏 远祖晓公，字行己，号端士，一号宏仁，唐昭宗进士，先世河南密县，后迁山东兖州，复迁西蜀重庆府巴县擂鼓滩摆阵河。晓公任楚南衡州刺史，解组后奠居郡西永丰坊。四世彦真徙鹤岭，生二子，元公迁安仁，宣公仍居鹤岭。七世钧章，由衡山鹤岭迁居湘潭第甲湾，即今株洲淦田横头。十一世奭公，任福建宁化县，解组后遂留居。十四公安国，宋淳祐进士，任广东梅州教授，卜居城东攀桂坊。十八世惟吉，任南京牧马所太史，卒葬南京。后裔成业，字元凤，清康熙间由广东徙湖南长郡，占籍宁乡一都杨家湾。又有奇锡、奇翁、奇经、奇纶、俊业、洪业，皆康熙间自广东迁来。1943 年宁乡侯氏三修支谱。

湘潭横头侯氏 钧彰公支十九派分克铭、克倡、克礼三房。倡公子信公，明永乐末徙居宁乡靖江，铭、礼二公仍居湘潭。南宋绍兴二十六年（1156）初修族谱，明永乐十年（1412）重修，清康熙三十三年（1694）合两松三修，乾隆十六年（1751）衡、攸、湘三邑松林支与安仁松冈支四修，乾隆三十四年（1769）潭邑钧彰公支又与衡、攸分修，嘉庆二十四年（1819）钧彰公裔六修，咸丰九年（1859）七修，光绪二十五年（1899）八修，1931 年九修。

安仁侯氏 始祖行已公，唐昭宗时以进士刺史衡州。四世彦真公，字君实，迁居衡山鹤岭松林，生二子：元公字达甫，宣公字通甫。达甫迁安仁松冈，通甫仍居松林。清康熙三十二年（1693）安仁侯氏一修族谱，乾隆九年（1744）二修，嘉庆二十一年（1816）三修，道光二十九年（1849）四修，光绪六年（1880）五修，光绪三十三年（1907）六修，1936 年七修，1996 年八修。排行：衡州太守裔，建业盛安仁。文武多俊杰，历朝列缙绅。仁义礼智信，温良恭俭让。忠恕泽宏广，清廉德茂光。英华辉上国，贤达显荣昌。宗唐勋烈继，绍晋典型彰。培植钟名士，修齐兆福祥。

邵东侯氏 始祖成公，原籍江南沛县，明洪武四年（1371）授职百户，因功给券，迁居邵东山塘。以下六代分鸾、佐两大房。清道光七年（1827）、光绪十年（1884）、1937 年纂修族谱。老班次：承国祖兴志，定安永邦明。新班次：天时人和泰，万载吉长清。元亨嘉文秀，利贞世代荣。光宗方显德，朝禄上昌寅。该族名人：侯明音，民国间湖南第一高等审判厅厅长，谱中载其年谱。

华容南山赤土坡侯氏 始迁祖成一公，字天六，明进士，官部郎，宣德年间自山东青州徙湖湘，舟泊华容南山，大风覆舟，落业南山赤土坡铁炉湾。孙胜公，字敬甫，从南山迁东山青龙嘴（今东山先红村），现人丁分居松木桥、墨山铺、城关等地。老派：始自成思祖，滕公乃东迁。志分清江海，万民派整然。中更文为一，邦仓复不异。新派：三觐定宗功，师道瞻善逢。守大范先正，开裕钦本中。其可心见广，惟学金宝同。世兆克贤仰，宜和任远崇。

汉寿侯氏 始迁祖添荣公，世居江西南昌府丰城县，明洪武十二年（1379）偕弟添华、添贵迁楚，贵居辰州，荣、华居辰阳。清乾隆二十二年（1757）、咸丰八年（1858）、光绪二十六年（1900）、1930年纂修族谱。

汉寿侯氏 先世迁徙不详。谱以邦殿公为始祖。邦殿公字泽斋，生元至正二十年，因明洪武间干戈四起，男妇概行军阵伤亡，仅逃一祖一妣藏于石桥下。前谱遗失。清光绪二十五年（1899）创修族谱。堂号清忠。老派：邦家新，开先国。方大得，绍宗堂。新派：其嗣裕吉昌，燕翼启攸长。守道同遵礼，万代表文光。

石门栎林岗侯氏 始迁祖添玠公，自江西迁居石南太浮山麓，今太浮山村栎林岗。清康熙三十三年（1694）与必有公支始修族谱，未刊。道光二十二年（1842）一修墨谱，1917年二修，1948年三修，2004年与必有公支四修，2008年添玠公支又独修。字派：允士其怀方，祚延令德洪。绍承光显耀，道学振清忠。儒书珍席品，圣贤希丕基。先代孔彰美，嘉惠隆哲师。

张家界侯氏 始迁祖亥公，原籍江西南昌丰城，明洪武时官辰州辰龙关游击，子孙留辰。清顺治初年，廷金、廷银兄弟率其子孙由辰州迁居永定。至1906年，已传13代，丁口1600余名。

新化浪思侯氏 始祖华荣公，江西吉安泰和县早禾渡梅子坡金仙庙人，任贵州黄坪州知州，后升黎平府知府。子三：昆山、昆伯、昆明。昆伯公四传至千一、千二、千三、千四、千五。千一移居湖南辰州府溆浦龙坛司葛竹坪，千二移居溆浦县五都油洋溪高庄，千三徙居新化县浪思，后裔移居城东二十里太阳十都满竹村、上栗溪、下栗溪。千四移居湘潭，千五迁四川成都。故尊千三公为新化始迁祖。族谱始修于清嘉庆十五年（1810），咸丰十一年（1861）、光绪三十三年（1907）、1947年、1989年续修。派语：银清林辉璧，祥自周长发，吉安传楚南，继承培祖泽，禄位起新班。

嘉禾平田侯氏 始祖行己公，唐僖宗时进士，官衡州刺史，因家衡州。后裔元亮于宋时迁居桂阳东塘。元亮之后裔仁勋于明初迁此。明季又有祖铭者分迁新塘（俗称破塘）。

会同滩头侯氏 始祖文益公，字千一，原籍江西吉安府泰和县。明永乐时因奉卫军之职迁湘，开基于辰州府溆浦县，后徙洪江，再迁会同朗江乡边区之大龙场对河之滩头。至1949年，已传24代，共数千余人。宗祠设滩头。

麻阳侯氏 始祖永禄公，明崇祯年间自辰州移居五寨司。有后裔清代迁麻阳，族人分布长潭、高村等乡镇，今共100余人。原派：永元祯胜思，文福秀胡九。正兴启大国，世代心安康。1938年续派：忠孝作天子，仁德克家声。科甲应宗祖，裕光显昌荣。

俞

长沙俞氏 始祖为明太祖开国功臣通海公后裔桂公，号月生，随明吉王来长沙，遂占籍善化（今长沙）。族谱始修于1921年。至1948年，已传18代。

长沙俞氏 先世德昭公，字玉山，明永乐间迁居浙江山阴陡亹俞家汇头，今属绍兴市斗门镇，下传至文瀚，行十二，清光绪间来湘，投奔从兄文葆，遂落籍长沙。其孙俞大光，中国工程院院士。绍兴班辈：子宏宗本，元善世昌。文明大启，声振家邦。

湘潭石峰俞氏 该族原籍郧下，至宋寿翁公知新淦，仲宽公知顺昌，若著公知宜州，一时人物称极盛。远祖靖一公与朱韦斋先生相友善，积学砥行，子孙昌炽，甲于金陵。自南渡多故，流离播迁，仅延一脉。至始祖廷玉公，生三子：通海字碧泉，通源字伯川，通渊字湛若。国家定鼎，与有微力，廷玉公得封河涧郡公，三子亦俱受公爵。迨后碧泉、湛若两公仍居河涧。伯川三子：训、谦、诵。训以教谕留江南，诵以商籍移浙江。谦公字受益，于建文二年（1400）蒙恩选授江西赣州太守，因王事未靖，解组离豫。至永乐五年（1407）偕妣金宜人徙居湖广湘潭，生维、雅、雄、稚，雅、雄迁居江南，稚迁居浙江。清乾隆二十一年（1756）肇修族谱，嘉庆十年（1805）续修，咸丰十一年（1861）三修，同治二年（1863）四修，1914年五修。乾隆四十七年（1782）建祠，门联：河涧世泽，湘北人文。字派：（自十五世始）祖起鸿泽，家传一经。大文远耀，作述维新。洪基绍涧，恢绪芳名。湘南昭代，邦国典型。

湘阴俞氏 该族自东粤来南楚，散处于长沙、善化、湘阴、宁乡、益阳各邑。寓程公始居福建汀州府宁化县石壁村，既而迁东粤潮州府程乡县。五世昭俊居黄洞，昭倬居小密。两房后裔清康熙间迁楚，从龙居湘阴沙田围，从荣居善化杨家冲，从云居益阳广合围，从彦居善化黄泥铺，从盛居宁乡萧家冲，以上为黄洞房后裔。仕儒、仕荣、仕朝居湘阴沙田围，显仁居宁乡三都一区，显云、显澜居湘阴沙田围，以上为小密房后裔。清咸丰六年（1856）、光绪十一年（1885）、1916 年、1949 年纂修族谱。派语：寓安远得昭。黄洞房：建士权峰必先文升从芳承守纲常。小密房：法思静子俊兴尚发仕显朝邦政英。合派：勋业绍前光，南湘衍庆长。人才咸蔚起，世泽永隆昌。

平江长寿俞氏　始迁祖德奇公，清康熙二年（1663）自江西上饶迁此。至 1994 年，全族人口 298 人。

益阳六里八都冲俞氏　始迁祖志才公，明初自江西流寓新化，复迁于此。

汝城三拱门俞氏　始迁祖念一郎，南宋时由江西丰城县槎村宦游迁湘，开基于汝城县津泰乡三拱门文政坊。族人多分布在长安、宏径、大平坪、文明等地。至 1948 年，男女丁口 1500 人。宗祠在三拱门。

俞

长沙俞家垅俞氏　始迁祖魁武公，字学博，行三，明时自江南松江府上海县宦湘，落业潭州今长沙九峰镇，五传至允坚、允堂兄弟。允堂公后裔迁湘潭，称中湘房。允坚公之孙廷尧公生有五子，长房、二房因兵燹离散，三、四、五房即朝经公季山房、朝纬公小山房、朝绂公松山房，皆居善邑。朝绂公之子彬宇生两子：星若、聚升。星若子两：又范、复初。聚升子四：岳载、进诚、健也、明也，又支分六小房。清康熙十年（1671）、嘉庆二十年（1815）纂有草谱，同治四年（1865）三修，1919 年四修。康熙五十年（1711）建宗祠于九峰镇殷家塘俞家垅。十六世孙承彰，为异姓抚子，虽官至总兵，仍列入附谱，不得与祭。纪范，中科院院士。派语：（自十五世起）继承先泽，伦纪修明。本源笃厚，世代尊荣。学崇典训，永远贤英。立名建业，大启家声。

饶

长沙饶氏　始祖元亮公，讳素，行十七，唐德宗时官浙东安抚使，世居江西饶州鄱阳，尝仕处金陵，晚归寓南城蓝田乡。其后由江西临川迁福建邵武。传至干公，字廷老，宋淳熙进士，官长沙令，时朱熹守潭州，治事之暇，相与讲学，解组后遂家长沙。孙瑚公归江西吉安，曾孙师武，值元季之乱，又由江西避难长沙尊阳乡蒿塘里。清乾隆二十年（1755）始修宗谱，光绪十年

（1884）四修，1920年五修，1995年六修。派字：干闻瑚师昆，宝灏载元志。均瑄胜显任，加忠德思之。先贤开景运，世第甲南湘。学业传家远，谟猷裕后长。才华储俊杰，品望重圭璋。俭慎敦醇朴，和平乐健康。修诚希圣哲，达道树经常。术艺欧同化，英奇汉发祥。灵钟衡岳秀，瑞蔼澧兰香。百代昌期续，陶唐永绍芳。

浏阳浒山饶氏　始迁祖添秀公，明嘉靖时自长沙迁浏西浒山，三传至侃、伟、仍三公，衍为三支。侃后失纪，伟之裔分居邑东小溪及县城，仍之裔分居邑西新溪段、张家店、普迹。合建祠于城南。至清光绪三十三年（1907），已传15代。

宁乡六度庵仙凫饶氏　始迁祖通甫公，明光宗泰昌年间自江西迁湘，开基于湖南宁乡六度庵仙凫地方。族人多分布在狮顾乡仙庵冲一带及长沙各地。至1948年，男女丁口共759人。清嘉庆十六年（1811）建宗祠于狮顾乡六度庵之仙凫。

醴陵王家垅饶氏　始迁祖天佑公，清康熙初年自江西迁此。族人分布于渌口、石亭。至1948年，全族人口60人。

炎陵沔渡圩饶氏　始迁祖及振公，清康熙五十七年（1718）自江西遂川迁此。后裔徙十都黄丰寨与低垅。

新化白溪饶氏　始迁祖德广（字溢斋）、德珠（字璞成），明嘉靖二十四年（1545）因生计自江西南昌府丰城县兴仁乡尚义里八十三都二图界三保徙居湖南新化白溪。德广裔秀清于明万历十二年（1584）移居石马三都赤石屯横溪口（今油溪饶家村）。清康熙年间，德广裔振韬远迁四川资阳市刘家庙乡天桥村饶家湾。德珠裔振唐（字哲先）于清康熙四十二年（1703）移居安化成山五都漾佳溪。族谱一修于嘉庆十一年（1806）。班次：德秀守添振，光前启后隆。荣宗扬日丽，锡祉庆家丰。世泽钟贤裔，书香茂远功。如兹蕃盛久，奕代耀仪鸿。1993年增订派语：纵目山河胜，新枝楚蜀青。高风怀志士，白屋育豪英。仁爱博天宇，忠贞誉族门。贻芳同济美，合谱一堂春。

城步介山饶氏　始祖彦明公，唐天宝进士，官浙西提刑，迁左拾遗，游抚州临川，卜居述陂。至宋德秀公，为丰城修职郎，睹介山风景秀丽，为介山始祖。传至良畏公，字严所，明神宗万历五年（1577）由江西丰城县介山因从父连山公经商来湘，开基于城步县城内，为城步始祖。族人多分布在县属巫清、赤水两乡。至1948年，男女丁口3000余人。宗祠在县城内。清乾隆十二年（1747）、嘉庆二十五年（1820）与介山合修，咸丰十年（1860）城步分修，因匪乱未成。光绪二十二年（1896）、1938 年、1987 年、2016 年续修。字派：良尚维聚开，梦从本宣化（梦晋国敦义、梦晋国抡才）。整饬（宗尧）家兴立，文治日光台。毓秀征善纬，发挥景厚培。正公嗣亮裔，明盛纪方来。

平江长寿饶氏　始迁祖廷凤公，清康熙五十二年（1713）自湖北通城迁此。至 1994 年，全族人口 1436 人。

桃源嘉德冈饶氏　始迁祖清堂公，明景泰二年（1451）自丰城迁于桃源北新安村之小苏溪。至 1948 年，已传 16 代，全族人口 100 余人，分布于黄石、松林及鹤峰、永顺、龙山等县。宗祠在嘉德冈。

桃源温泉饶氏　始迁祖体教公，明末清初自江西临川客居保靖，其子德煜于清康熙间随父避乱至石门县十八垭，越三世遂迁居桃源县北上七里村。至 1948 年，全族人口约 500 人，分布于温泉、高东等处。宗祠在九龙山下。

临澧饶氏　始迁祖太元公，原籍江西抚州府崇仁县桂花池，明永乐二年（1404）肇迁澧阳，复迁安福县太浮山之麓饶家岭。生四子，季子全公，迁杨家滩饶家河。五世近仁公迁湖北施南府，又有加舜公迁龙山，加富公迁长沙，加贵公迁湖北监利，加庆公迁东山，加云公迁资州。1947 年续修族谱。字派：（自四世始）仲仁应加添启之元亨利贞永作立传。

慈利饶氏　始迁祖玉镒公，江西金溪县人，明中叶佐理辰州，卜居沅陵池坪黄土坳。六代孙三元，配宋氏，子世能，清康熙间由黄土坳迁慈利零阳镇南洋村龚家峪。2010 年纂修族谱。字派：维国光人学，承家升以卓。余伦悦习敦，继述元良觉。

溆浦铁溪垅饶氏　始迁祖玉镒公，由江西迁居沅陵。清雍正二年（1724）复由沅陵徙此。

施

浏阳南溪施氏　始祖兼善公，字公达，原籍延陵义兴县（今江苏宜兴市）永寿乡河西岸，唐咸通二年（861）以进士官吏部拾遗，因避黄巢之乱，迁居九华山，传至元季训大，由池阳迁居浏阳大和里。明万历十六年（1588）一修，清康熙二十八年（1689）二修，乾隆四十一年（1776）三修，道光二十二年（1842）四修，光绪十九年（1893）五修，1935 年六修族谱。字派：训佑礼奇开成晋德绍仁际国兴，永大东邦绪，寅传汉代薪，明经宏世业，家学正彝伦。

醴陵潼塘施氏　始迁祖学儒公，明洪武初自江西永丰迁此。族人分布于西城、萍乡、浏阳。至1948年，全族人口共412人。

华容东山柏木港施氏 始祖顼公，字高杨，宋宝元年间从浙江吴兴徙饶州府余干县。至五世华卿，生四子：长子钦明正统八年（1443）任华容县丞，解组居华邑东山柏木港。次子锐迁居九都，三子镜迁石首绣林平湖，四子锦迁居华容城西田家湖。子孙聚居施家嘴，分居塔市驿、万庾富强、鲇鱼溪、南山等地。派语：世德辉先泽，衍传定发祥。声名崇大雅，绍述有余芳。品以敦伦重，祚禄积善昌。书香绵百代，门第自增光。

汉寿施氏 始迁祖兴公、元公，原籍江苏常州府无锡县东关外鹭鹚桥石灰巷，明洪武三十年（1397）随邓愈征苗，元公为辰州牧，兴公为龙阳令。兴公字隆昌，永乐二年（1404）解甲归田于县南郊十五里"九冲十八段"，现名施家巷。三世谅公，生七子：玉、玺、璋、珏、理、瓒、琥，分七房。清咸丰十年（1860）、光绪二十二年（1896）、1916年、1936年、1996年纂修族谱。五修时全族人口3668人。派语：兴有谅单仁宏民应凤。万世修明训，恩垂永远昌。隆文宗正学，盛德耀先光。

澧县三重堰施氏 始迁祖仲能公，生安徽广德州长乐桥二十五都，与世居广德名仲德者为兄弟。明永乐二年（1404）归附从戎，屯种岳州府永定卫之浮山。谱尊仲能公子潭公为一世祖，潭公子诚公，明正统间迁居澧县北民垸三重堰。至七世衍为文斐、文若、文明、文华四支。明崇祯七年（1634）吴、楚二省合修族谱，清康熙二十九年（1690）湘省首修，乾隆四十二年（1777）、道光十八年（1838）、光绪三十年（1904）续修。派序：文其范则世。士能治道，步学名贤。大光祖德，广启家传。圣功建立，仁泽承宣。继述丕善，宪章远绵。

姜

宁乡姜氏 始祖德厚公，字流光，原籍江西泰和，官评事，后唐同光二年（924）弃官迁湘，卜居宁乡黄材之熟乐姜坊。七传而分舜梅、舜雷、舜国三房。舜梅字百魁，初居街后，七世孙以隆公徙邑之道林。舜雷字鸣夏，居华坊。舜国字良治，守姜坊祖址。舜梅、舜国两房族谱于清乾隆十一年（1746）、乾隆五十九年（1794）、道光十四年（1834）、光绪二十三年（1897）凡四修。宗祠位于姜坊。舜雷十传衍为拒霜、深静、崇望、崇德、崇珍、桂芳六房。清道光十八年（1838）、光绪二十三年（1897）雷裔纂修族谱。梅房派系：德仲季杰彦明舜绍伯必广岱秀以天思念孟世兴守明新昌日上品。国房派系：德仲季杰彦明舜绍伯必广亨平政汝志子公道朝中用祥源大肇基。合派：人文逢景运，书升际治隆。勋名垂万代，禄位耀吾宗。

湘潭昆山姜氏 始迁祖天麟公，字世稀，号云轩，原籍江西，南宋嘉熙三年（1239）与胞兄天瑞、堂弟天祥来潭杨梅洲夑元圃帐子就傅。因宋季兵扰，不克归吴，遂居县南昆山。明弘治十二年（1499）、清康熙五十一年（1712）、嘉庆二十五年（1820）、光绪十四年（1888）、1916 年、1943 年纂修族谱。世次：钧遇正开，蕃昌定泰。世泽传芳，家声万代。绍修祖德，永锡良才。

茶陵姜氏 始迁祖晋隆公，元末自浙江慈溪迁入云阳水溪、大溪（今下东乡金星村境），后裔散居于高陇、城关等地。

邵阳姜氏 始迁祖万三公，明洪武二年（1369）自江西泰和早禾乡圳上徙居邵阳东乡流田，生六子：必荣、必进、必寿、必隆、必灏、必捷，衍为六房。与万三公同时迁湘者尚有万二公、祯一公。万二公徙居隆回。祯一公初居武冈白仓，后居新宁下北乡鹅口冲。万三公房谱牒始修于清康熙十八年（1679），咸丰七年（1857）万二、万三房合修，1927 年五修，1992 年三房合修。其时万三公房男丁 9580 人，女丁 6251 人。万二公房男丁 396 人，女丁 264 人。祯一公房男丁 420 人，女丁 280 人。万三公长子必荣公房十九派姜逸樵，长期从事图书馆工作和世界大同的研究，著《天下一家》等。万三、万二公派语：万必文才子，志顺朝廷兴。存仁守孝义，世代永华荣。传家惟信友，懋德启元芳。克振声明远，光天育吉祥。以学昌其业，贤良继述通。安邦绍祖泽，定国大宗功。礼典寅清著，璜呈会合宜。溯前崇骏烈，垂后焕鸿基。祯一公班次：子应景文才，正仲孟生之。万相春逢泰，德余积庆隆。

岳阳梅田姜氏 始祖松年公，北宋初人，其十三世孙时升于宋嘉定间由江西分宁县陂山迁巴陵（今岳阳）一都梅田。

平江姜氏 谱称姜氏之系始自炎帝，生于姜水，故以姜为姓。由炎帝传至太公望，其后子孙蕃衍，庆泽弥长。亨公任江州刺史，遂家其地。九世孙松年徙居分宁之陂山。传至爱公，字明道，宋季复迁平江杨坊，爱生兴，兴生汉玉兄弟八人，惟韫玉守土未迁，生五子：旭、昶、昱、晓、晏。明崇祯九年（1636）、清康熙五十四年（1715）、乾隆三十九年（1774）、嘉庆十六年（1811）、咸丰七年（1857）、光绪十六年（1890）、1922 年、1947 年纂有族谱。字派：万大元廷兴，思智仁义礼。恭谦文必达，科发绍先起。忠孝焕鸿基，荣耀永远济。书香世泽绵，承显臻纯美。

华容层山彭家湾姜氏 祖居饶州府余干县。历传至鸾公，字登庸，南宋末年为避战祸，家人失散，鸾年仅八岁，寄养于亲友之家，同逃至华容层山彭家湾，垦荒开基，创建家业，生子志宏。宏生三子：龙二、重一、彪三，支分三房。现人丁分居层山、南山、护城姜家山和注滋口等地。派语：（自八世始）祥呈渭璜，明正大源。相泽启承，恩绍克廷。德传先世，士延佳文。

湘阴高明乡滂塘姜氏 明洪武初自江西丰城徙湘阴县高明乡。至1948年，全族人口230人。清初建宗祠。

湘阴清泉冲姜氏 始祖松年公，后周显德元年（954）自江州迁居江西分宁县陂山。传十四世至应麟、应灵，富甲郡邑，僭奢极甚，诸子谏不听，惧祸各迁异土。应灵次子道传于明洪武七年（1374）迁长沙府湘阴县清泉冲大胜塘，为迁湘始祖。子信三，号清泉居士，生有四子，次子源别迁横山书院塘。

湘阴姜家田姜氏 迁湘始祖道焕公，明洪武间与兄道明、弟道彰、道宏由江西南昌府分宁县陂山内同徙湖南岳州府平江县，复迁长沙府湘阴县治北洞庭东汊姜家田。清光绪三年（1877）纂修支谱。字派：道崧玉椿祖。良必维永万，孟友本丹春。国正天开瑞，邦兴世运隆。诗书端士习，声教远方同。

澧县余家台姜氏 始迁祖允奉公，宋咸淳（一说元至元）间因战乱，自江西高安潮沙迁湖南澧县澧东乡长庆村。后裔十八世孙志远、志方、志来由长庆村迁今余家台乡蔡家村。清同治二年（1863）、光绪三十二年（1906）澧阳姜氏两修族谱，2019年余家台乡蔡家村续修。字派：允玉文思景玉胜廷万汝应（尚）梦（洪）之宗世承先志翼辅求守业兴家。

新宁姜氏 始祖祯一公，原籍江西泰和，明宣德进士，任黔阳县事，解组后迁徙于零陵。长孙华一郎，复迁武冈紫东里。两子：子文、子聪。子文四子：应澄、应海、应洪、应涧。除应澄随子聪居原处外，余于明成化三年（1467）迁居新宁。班次：子应景文才，正仲孟生之。万相春逢泰，德余积庆隆。

桃江九都村、青峰村、七户村姜氏 始祖流光公。十七世孙武嵩于明成化间由宁乡黄材迁益阳，子孙衍居九都村、青峰村、七户村。

桃江九里牌楼洲姜氏 始祖发隆公。十二世大镇于清康熙十五年（1676）由湘阴迁九里牌楼洲种田，衍居高桥、黄泥田。

新化姜氏 始迁祖发隆、厚德两公，元末明初时因兵乱自江西吉州、抚州来湘，初迁长沙，后迁新化。发隆公居城东满竹，厚德公居城西白溪。发隆公派衍最繁，其裔多居满竹、锡山及安化、益阳、宁乡、邵阳、武冈、新宁、四川等地。至1948年，男女丁口万余人。发隆公房族谱首修于明万历二十四年（1596），清康熙二十一年（1682）二修，嘉庆十四年（1809）三修，咸丰八年

（1858）四修，光绪十四年（1888）五修，1928 年六修，1993 年七修。派语：文世昌以发，景宗荣贵兴。潮孚如之尚，光大先承秀。兆和维孝友，交泰庆明良。敬义贻家训，寅清秩典常。

溆浦鹤田姜氏 原籍贵州五开卫，明永乐二年（1404）迁溆浦县鹤田。

娄

浏阳、宁乡娄氏 始祖师德公，字宗仁，号祉田，居河南开封府荥阳县，仕唐，以监察御史历河源军经略副使除同平章事兼纳言，谥贞。传至十三代浩公徙居新建。十八代时逊公以御史起家，生子五：景衡、景华、景誉、景隆、景和。世居新建，遭时变乱，明洪武初兄弟携谱来湘。衡公徙湘潭，誉公居宁邑，隆、和二公徙居外郡未详。华公徙居浏阳，是为浏肇基祖。华公生子三：瑞卿公居国井，政卿公徙居迎垅，荣卿公徙居湘阴。谯国娄氏之谱创修于宋之荥阳十三代浩公，续修于元之新建十八代时逊公。光绪六年（1880）浏阳国井支七修族谱，光绪十四年（1888）浏阳迎珑支四修族谱，光绪三十年（1904）宁乡四修族谱，光绪十九年（1893）华公在浏后裔合修族谱，1925 年湘潭衡公裔纂修族谱，1936 年浏沩合修族谱。派语：景卿白志，孟世溪添。宪尚成高，忠应启贤。良登首选，绍述儒宗。纲常辅翼，道义尊崇。家全孝友，国重勋庸。丕承先业，奉扬仁风。精诚团体，於穆时雍。根深源远，枝干益隆。

汨罗桃林娄氏 始祖全公，明初自江西庐陵占籍湘潭，传三世佐公迁湘阴桃林（今属汨罗）。

常德娄氏 始迁祖贵照公，字临周，由江西吉安府吉水县迁常德南乡上淰枫林口娄家洲。堂号东楼。

首

郴州首氏 五代后唐同光二年（924）邢州孟知祥为西川节度使，因据蜀称制，封其弟葭萌于汉中，为苴侯，葭萌心以知祥据蜀为不义因别姓异族。念孟、仲、叔、季孟乃居首，因别姓为首氏。历唐、宋、元、明，子姓云礽散处，或迁江西，或迁湖南之长沙、湘阴、平江、衡州。其在衡州东阳渡新塘站者，曰长庚，生三子：辛、壬、癸。癸公往川，壬公留衡。辛公，行十六郎，为郴州一世，于元至正初来郴，居郴之永丰乡大湾头。三世祖义公，岁贡。七世祖南公以明经历任武昌保康全州司铎。今族人分布于郴州市苏仙区白路塘镇金田、坪田、麻田、雅市、青山头、板桥。明万历三年（1575）、崇祯五年（1632）、清康熙四十六年（1707）、乾隆二十年（1755）、乾隆五十八年（1793）、道光二十七年（1847）、咸丰十一年（1861）、光绪二十一年（1895）、1940 年、1995 年纂修族谱。2022 年郴州首氏首届纂修通谱。堂号余庆。郴州排行诗：一元逢士裔，永启焕成章。联第昭云汉，名家著鼎常。光传先泽远，吉定贻谋良。敬慎学修敏，荣华奕代昌。云贵排行诗：一元逢士裔，永启焕成章。德正仁字顺，世代朝必昌。

江永首氏 始祖盛公，元初进士，由户部主事为衡州牧，见全州榄村山明水秀，遂家于此。至尊成公，元末徙居永明县黄柏岭村。越二代明洪武时光保公迁居本邑允山镇上首村。1914 年纂有族谱。字派：光文福才得道应惟世国开卓克承先泽祚……

洪

宁乡岀山洪氏 尊唐代玉公为一世，十七世福二公元末徙居攸县竹林。至二十世原俊，明洪武间从军长沙卫，充总旗，其子德崇公以军功授千户，孙兴翔公袭百户，下屯宁乡二都十二区之岀山。由兴翔公八传至畴、畯、畸、略。畸公无传。畴、畯、略三房族谱始修于清道光二年（1822），光绪四年（1878）续修，1927 年三修。族人多分布在狮顾石潭及长沙白箬等地。至 1948 年，男女共 15600 余人。嘉庆十年（1805）建宗祠于宁乡仙凤乡十七保社子冲。

宁乡西燕冲、石塘冲洪氏 始祖忠宣公，宋时人，生子八：适（字景伯）、遵（字景严）、迈（字景庐）、逊（字景介）、邈（字景徐）、迅（字景刘）、邃（字景裴）、逖（字景孙）。明成化时，景严派下茂林公由江西永新迁湖南宁乡西燕冲，景裴公派下元通公由江西永新迁湖南宁乡石塘冲。至 1948 年，男女丁口共 1000 余人，多分布于汤泉乡、粟溪乡、双凫铺等地。清同治间建宗祠于七都枫睦桥。元通公房谱始修于清乾隆三十一年（1766），续修于道光二十二年（1842）。茂林公房谱修于嘉庆间。光绪七年（1881）两房合修，1913 年续修。派语：兴应正光汝，承家永先志。尚德培基业，恢彰定有贤。诗书征锡类，孝友克昌传。瑞启谋猷远，祥钟秀杰绵。人文丕振起，国器重瑶编。

湘乡石桥湾洪氏 该族历尊唐代经论公为远祖，至十八世宋代忠宣公为近祖。三十四世逸庵公，讳国信，明成化间由衡阳迁居湘乡和安里之石桥湾。国信公三子：概、杲、椒。椒房失考。概公长子世经失考，次子世纶迁攸县，三子世绘仍居石桥。杲房际汤公一支明末迁宁乡，洪兆麟为该支四十七代孙。清嘉庆十二年（1807）湘乡、宁乡及湘乡同为忠宣公后裔时龙、时虎两支合修，同治十一年（1872）湘乡独修，1917年湘乡三修，1993年湘乡及时龙、时虎两支四修。宗祠建于咸丰间。班序：学士忠良全，名家孝义传。奇勋昭令绪，玉翰策英贤。保受光先业，书馨裕楚南。文章湘上焕，锡祚庆恩覃。

湘乡金石洪氏 始迁祖郁五公，明初由金溪迁湘乡。清乾隆三十四年（1769）、嘉庆十二年（1807）、光绪三十二年（1906）、1929年纂修支谱。郁五公祠建于弦歌乡金石。派语同湘乡石桥洪氏。

醴陵攸坞、廖彩洪氏 始迁祖承周公，明万历间自江西黄冈迁此。族人分布于杉仙、洪家湾。至1948年，全族人口400人。

攸县漕溪洪氏 一世玉公。十七世显公，字楚善，号毅斋，行福二，元初由江西永新花陂迁攸东漕溪。二十一世德佐公，字添胜，号仁轩，生七子，衍七房。明成化十三年（1477）始修族谱，嘉靖二年（1523）、万历八年（1580）续修，清康熙后各房分修，凡六修，1994年九修，2008年十修。字派：（自二十一世始）义兴万范谦，之卿启甫如。图书开文运，科第振家声。祖泽传芳远，诒谋世发荣。该族名人：洪性，明天顺进士。洪伦范，明嘉靖进士。洪云蒸，明万历进士。1994年九修时，男2683人，女2563人，2006年新增男358人，女635人。

衡阳满町洪氏 始迁祖贵善公，明洪武十三年（1380）由江西永新迁此。

平江洪家塅洪氏 始迁祖冀公，南宋嘉定十三年（1220）自江西乐平迁此。至1994年，全族人口2569人。

桃江修山洪氏 始迁祖敏江公，明代自江西经商来此，其后六支，分居沙头、黄泥湖、龙尾滩等地。

临澧、澧县洪氏 原本姓吴，江南宁国府宣城县陆港口朱氏街人。明洪武初，择洪、杨、温、许、吴为一总丙，轮替领旗。兴辅公以才干应选，镇守永定卫。长子道清开屯澧南长乐村，为安福祖。次子道贤迁澧北梦溪寺，建业洪家河，为澧北祖。三子道鸾为襄阳祖。四子道春（道贞）为桑植祖。1943年道清公房纂修族谱，1927年道贤公房纂修族谱，2016年两房合修。清房字派：道志子讳讳大仕讳。国载运世成，智仁正光明。丕振家学远，昌隆德业存。善以懋昭广，名自尊显荣。文章传祖训，作相佐朝廷。贤房字派：道嗣万讳福讳承国上之世绍先达志代光明（下与清房同）。

新化洪氏 始祖福公，原籍江西吉安府永新县新宁里景福乡洪家坊，元顺帝时携子茂林徙居南楚湘乡千户。十余年后茂林之子记周徙居宁乡鹿角岭。记周之孙传政于明英宗时择居新邑，长子端仁居潘洋，次子端智与三子端琏居岩塘。族谱创修于清乾隆年间，道光间续修，光绪间三修，1994 年四修。老派语：福茂记贵传，端广洪惟（兴）应。正光汝承永，宗先哲之训。续派：明德亲昭穆，忠孝启家声。祖泽馨芳远，经书育后英。1994 年续派：鼎新开泰运，钧天禹甸昌。繁华多硕果，世代乐安康。

祖

长沙祖氏 始祖德富公，由豫章迁居长沙，世居万寿都九甲。

祝

浏阳祝家源祝氏 始迁祖声远公，明正统十三年（1448）迁此。至清光绪三十三年（1907），已传 18 代。

沅江龙家亭祝氏 始祖怀海公，唐天祐年间自浙江官湖广观察，即寄籍湖北黄州黄冈县。元季时其裔孙思万公率子南迁，散居星沙、浏阳各邑。明朝时其裔孙弢公又自浏阳徙居沅江龙家亭。至六世“志”字派衍十二公，其中八房外徙。清乾隆三十四年（1769）建宗祠于龙家亭永丰垸窑头。康熙八年（1669）创修族谱，乾隆十三年（1748）续修，嘉庆二十年（1815）三修，同治八年（1869）四修，宣统三年（1911）五修，1946 年六修。旧派：（自五世始）国志胜世其，大成如凤光。家学因贤远，文名启绪长。续派：（自十五世始）家学荣昌远，文明兆发祥。贤良期显耀，锡庆应延长。

平江北乡祝氏 始迁祖世华公，清顺治十三年（1656）自湖北蒲圻迁此。至 1994 年，全族人口 548 人。

新化双江口吊钟岩祝氏 始祖翼松公，原籍江西临江府新淦县修德第五都祝农氹，子二：逊谦在江西，失考。逊谋于明洪武二年（1369）自赣迁楚南安化县铜天观，再迁新化小洋竹家岭，三徙水竹黄瓜岭，四徙双江口吊钟岩。后人衍居于水江、龙家冲、吊钟岩及长沙、东安等地。族谱一修于清光绪二十五年（1899），1948 年续修。派语：修正以忠良，翼逊少服升。必登永层景，世学赴朝廷。余宗贤胜祖，家万国兴隆。孝友流芳远，诗书启绪长。勤俭昭乃德，振发自光祥。士道延先志，典章佐令文。邦宪昌洪宪，京纲立显明。

郴州、衡阳祝氏 始祖芳叔公，原籍广东清远县，以明经判郴州路，秩满道经庐阳（汝城），喜其山水幽邃，遂卜宅焉。生三子：长仁夫居上祝南头，次俊夫居北头。三宁夫之子新伯居中祝，亲伯居下祝。元明之际，仁夫公五世孙日康迁桂东濠头，仁夫公玄孙宗华及俊夫公曾孙仲原屯卫衡阳。明嘉靖间祝咏合郴、衡而总修族谱。明万历二十八年（1600）、清顺治十六年（1659）两郡纂修宗谱。此后郴谱凡两续，衡谱凡五续。光绪十三年（1887）、1917年、1942年、2001年郴、衡续修宗谱。汝城旧班：（上祝南头、中祝松园）叔夫伯叟仲，宗曰友守（常）绍。廷庆元良大，振万邦化成。（上祝北头）叔夫伯叟仲，世（宗）曰友守绍。廷（念）庆孔良大，以邦国正隆。（下祝）叔夫伯叟仲，秉仕友守林（绍）。明尚兴启九，五承天文学。（桂东濠头）叔夫伯叟仲，宗曰思广绍。廷才一时大，启发万代成。衡阳旧班：叔夫伯叟仲，宗曰思永（凤受）绍。廷世学可懋（庆方允宁），维龄光（如一正）启兆。新班：尧舜开统（德裕传家），和平衍瑞。忠孝相师，礼让崇式。

汝城上祝祝氏 始迁祖芳叔公，原籍广东清远县，元顺帝时迁汝城县上祝。传二世宁夫，明洪武时分徙下祝。亲伯明洪武时分徙中祝。至1932年，已传36代。该族名人：祝咏，嘉靖进士，官陕西布政司参议。祝完，嘉靖举人，官徐州知州。

零陵祝氏 始迁祖受五公，原籍宁乡县浮丘乡三十六都，系长沙卫丘指挥麾下小旗。明鼎定，洪武元年（1368）调道州千户所，十三年调永州卫小旗，领屯田于零陵城东北五十里之垆塘冲居焉。二十四年调征云南，阵卒归葬。二世保大郎、三世思敬、四世萱公，征云南、广西、贵州等处阵亡。前代以武功起家，殁于王事者四世。清光绪三十二年（1906）纂修家乘。班派：励志崇道学，秉信启庥祺。葆贞佐治理，懋德振家基。

费

衡阳费氏 本孟姓。倬公宋理宗时由江西太和迁茶陵古塘基，改孟为费。后裔宗胜、宗伦，元至正十二年（1352）同迁衡阳。宗胜落屯良田町，户名费四；宗伦落屯魏家铺，户名费五。清道光十六年（1836）合修族谱，二、三修时分修，1940年又合修，2002年与武冈祯祥公裔五修。衡阳派语：宗友子忠思，永祖正尚希，用朝国之登，三元自添锡。武冈派语：祯广宣添汝，沁廷朝然时，益登嘉启上，呈应六良能。

祁阳龙泉费氏 始迁祖千一公，元至正间自江南迁来。

岳阳荷塘费氏 该族系出肇自大费公。传至子忠公，生于唐季，五代时始徙居巴邑荷塘落业。清康熙年间始修族谱，光绪年间、1944年续修。原派：高宗文，志思友。尚兴元，启再久。续派：道明光世泽，才伟建邦桢。隆盛传长庆，荣昌发万春。

平江虹桥费氏 始迁祖攻玉公，清初自湖北蒲圻迁此。至1994年，全族人口134人。

武冈费家亭费氏 始迁祖祯祥公，明末时因避乱自江西鹅掌大田迁湘，始居武冈东路黄沙坪，复徙武冈东路五十里许之满家塘费家亭。族人分布在本县及广西等地。至1948年，已传22代，全族人口400余人。1941年建宗祠于费家亭星子坪。

胥

湘阴胥氏 始祖林公，字明良，周广顺间官济南太守，见五代自梁唐以来，兵戈不断，民不聊生，致仕后与三子耀公于任所地家焉。命长子兴（字有道）、次子旺（字泽润）由豫章南徙。兴徙湘阴县牛口塅，寻再迁邑之大荆里，即后之胥家冲山里。旺徙蒲圻。惟四子祖公守祖先坵墓。有歌词曰：“宋时楚游四十春，兴旺耀祖一胞人。长兴落业长沙地，次旺迁居在蒲城。三耀随父山东去，祖镇先宅未离门。此是黄堂亲嫡派，子孙永执认宗亲。”林公弟甫公，字仲山，其三子希，由南昌省从兄有道于湘阴，经岳阳，爱其风景佳胜，挈家居岳阳城之剪刀池。明洪武间，林之裔孙万春仍居山里，为上门祖。万钟迁河边，为下门支祖。万权迁临湘泉塘关，为中门祖。1924年湘阴、岳阳、临湘四支胥氏合修族谱。后裔散居长沙、岳阳、平江、临湘、汉寿、湖北监利、石首等县。

姚

长沙姚氏 六亭公由江西迁益阳，十三派德相公由益阳迁居善化六都，十六派旼、礼二公分居潭邑，凰公仍居善化。清光绪二年（1876）、1919年纂修支谱。

浏阳谢家冲姚氏 始迁祖若海公，清康熙间自萍乡东姚家洲竹叶冲迁此。

1947 年三修族谱。

湘乡杨市姚氏 始祖元鼎公，宋元丰间自江西吉安泰和迁宁乡，三世承仲迁湘乡大育塅，十世添纬迁杨市，今属涟源，派分八房。清乾隆二十一年（1756）一修族谱，嘉庆二十二年（1817）二修，同治十年（1871）三修，1917 年四修，1993 年五修，2020 年六修。班行：元朝承万世，正汝应文添（积善定兴嗣）。仕志忠能友（伏厚传家远），昌隆立大春（自一大之光）。子嗣兴宗祖（朝廷必有用），诗书（道德）裕俊贤。仁缮长培本，英华定发荣。馨香酬后泽，簪笏替前刚。绪绍衣冠懋，基宏阀阅新。璧圭昭品谊，金石炳功勋。

醴陵黄霞垅姚氏 始迁祖清仲公，明洪武二年（1369）自江西吉水迁此。族人分布于黄田、姚家坝。至 1948 年，全族人口 1600 人。

醴陵攸坞、姚家湾姚氏 始迁祖植贵公，明宣德七年（1432）自北乡黄霞垅迁此。族人分布于西林、大富岭、黄冈岭。至 1948 年，全族人口 500 人。

醴陵辰塘姚氏 始迁祖忠甫公，自江西南昌迁此。族人分布于东岸、里都、三望冲。至 1948 年，全族人口 3000 人。

衡阳姚氏 鼻祖寿一公，明初官金陵昆山县，子金保。孙忠公，明永乐间功授衡州镇远将军，奉祖父由金陵家衡阳姚衙巷。生二子：纲、英。因避吴三桂之乱，英公裔有迁常宁者。纲公生胜公，胜公生相、松、柏，开三大房，世居衡西。相公第三子鳌公，迁于衡东慕政乡姚头洲。后裔靖屿公迁湘乡今双峰县石牛乡六十湾。1932 年衡、湘、常六修族谱，2000 年双峰姚氏七修。班行：绍应宗先世，古训是法程。传家惟忠孝，与国万年兴。永钟衡岳秀，常挹湘江清。祖德如山厚，长庆继显荣。

常宁姚氏 始迁祖似珍公，明初由江西吉安府庐陵县至楚南，卜居宜阳乡衡头市，洪武二年（1369）徙居本邑东岸白鸬塘。1943 年纂修族谱。堂号让德。

邵阳甘棠、砂田、留田姚氏 始祖岩公，字尔瞻，浙江桐庐人（一曰由浙江徙居江西泰和圳上），宋景定授武冈知军，卒于官。生子二：苾、芝。苾流寓武冈，长子义魁（字宏仁），元末世乱，由武冈徙邵东佘田，继迁甘棠。芝公子义昌由佘田迁邵北砂子田，开砂田支。另一始祖岳公，字嵩高，由浙江桐庐徙居河南汝宁府上蔡，岳公孙义贵宦宝庆，开留田支。清康熙间甘棠支首修族谱。乾隆四十二年（1777）三支合修，嘉庆二十一年（1816）、同治十三年（1874）、1921 年、1995 年续修。三支先代命名行派各歧，乾隆四十二年（1777）始归划一，自十七世始：为德本家珍。同治十三年（1874）续增：作述济美，积善庆长。永延贻泽，振绳代昌。1921 年又续增：共和肇建，咸乐平康。宏惟先祖，荫锡嘉祥。十九世孙姚喆，原名本鉴，1955 年衔授中将。

岳阳姚氏 始迁祖福三公，明永乐四年（1406）偕兄弟赓四、胜鼎自南昌府城东华门铁树街迁居岳州府平江县时丰坪，继迁巴陵菡草坪，复迁土地冲。自此兄弟分派，赓四复迁荷塘大塅，胜鼎继迁新墙姚名洲。1917 年四修族谱，1947 年五修。

华容桃花山姚氏 始迁祖荣公，字绿溪，原籍吴兴，明永乐年间隐逸华容桃花山。有子两人：长福厚，字鹏来，明进士，迁南山陈湖港（今终南夏家庙），后人分居护城马鞍山、注滋口、宋市和南县福兴港、华阁、岳阳、钱粮湖等地。次显厚，字从龙，邑庠生，后人分居潘家下高桥、学惠，南山南竹、仙人洞、新河、万庾兔湖和石首等地。原派：（自二世始）厚宗思得，定世良学。续派：大效可绍永，德盛瑞文升。名远光先哲，才华汝永兴。

湘阴公悦围姚氏 始迁祖永秀公，明初自江西泰和迁湘阴。

湘阴县城姚氏 始迁祖拱乾公，明嘉靖元年（1522）自上元县南京迁湘阴。

临湘姚氏 始祖禄集公。孙懋昌同堂弟懋功元末由安徽桐城迁往江西南昌，再迁临湘十甲畈落业。懋功后转迁壁山乡长坪村。又一支懋昭，原籍江南太平府鞠湖县鲁港，随明太祖征战，镇守荆、岳，定居岳阳。1919 年四修族谱，2003 年五修，2010 年五修补。派行：世泽昌盛，士品维常。传家孝友，赞国贤良。敬承佑启，仁实义方。能守此道，时万永祥。

平江长田姚氏 始迁祖思宠公，明崇祯二年（1629）自江西宁州迁此。

常德姚氏 始迁祖正魁、正斗、正楚，明洪武二年（1369）自江西饶州余干县宦游来常、辰两地。正魁居辰州失纪，正斗居常德窑河码头、沟河港岸，正楚居常德马桥。斗、楚两公衍重立、重章、重文、重富、重发、重敏六支。清光绪八年（1882）、1919 年、1946 年、1998 年纂修族谱。字派：重华开景运，贻泽万年新。孝友传家本，鸿儒作席珍。敦厚致修祥，兰桂永绍芳。良材逢殿选，勋烈焕云章。

常德重华堂姚氏 始迁祖广传公，原籍江西吉安府吉水县培兰乡文明里大樟树保，明洪武三十一年（1398）迁常德府武陵县城北丰胜村黄陂堰，衍六房。清康熙十三年（1674）纂修草谱，嘉庆元年（1796）一修，同治五年（1866）、宣统三年（1911）、1947 年、1999 年续修。字派：传纶景达学友明春可尚士国大（先）正启英虞昭芳泽焕。

桃源九溪姚氏 始祖进公，原籍江苏常州府无锡县新安乡，明初从军。子国泰，居星沙。孙汝贤，明永乐二年（1404）由湘潭县忠诚乡迁桃源，始居仙人山，继徙白沙坡。清同治十一年（1872）始修族谱，1938年续修，1995年三修。又一支始迁祖大郎公，原籍江西吉安府吉水县虎溪，明初迁桃源。明弘治间、清康熙六十年（1721）纂有草谱，咸丰八年（1858）一修，2005年续修。大郎公系老派：宗士光学以仁廷定万世登本成。进公系老派：国大光学以成。合派：绍善良，志上进，自克昌。贤才广启，景泽方新。先发能守，恒有达人。

桃源郑家河姚氏 始迁祖宗贵公，明永乐间由江西吉安府吉水县鸭婆峪大栗树土地迁桃源，世居马石溪古塘湾。贵公以上离乱转徙，家乘散佚，稽考未由。贵公以后其间或迁或徙，或存或绝，不无阙略。然历代相承之统系，大略可考。则居今日而上溯渊源，断自宗贵公始。至1948年，已传20代，约300人。宗祠在保子山。1927年创修族谱，2011年二修。宗派：宗子尚文思，国学（章）启志世，士登光大中，正名崇圣教，礼乐定邦家。

石门新关姚氏 明末自江西金溪迁湖南，清初迁此。族谱始修于清道光二十八年（1848）。

益阳姚氏 始迁祖釁禄公，字在中，号六亭，原籍江西吉安府泰和县圳上，其初筮仕燕京宛平县令，迁山西平阳县，转升湖南宝庆太守。致仕侨寓益阳，卜居十九里缺头岭东标公嘴，生承仕、承任。承任失传。承仕生贞性、贞情。贞情宦游湖北，家黄州。贞性生受一郎、福五郎。受一郎号鹿山，以国子监由金陵宰益阳，元季兵乱，立寨白鹿山，为白鹿姚氏支祖。明万历三十五年（1607）创修族谱，清乾隆五十六年（1791）、道光十一年（1831）、同治十二年（1873）、宣统三年（1911）、1938年续修。福五郎生顺一、权一、秉一、顺五。权一居九子冲，秉一居杉木桥，顺五居桃花江。顺一裔七世思义，生永宁、永宾、永霖、永闾。宁、闾两房迁宁乡邓家冲，后又迁长沙河东及湘阴金鸡岭。思义弟思信，居侍郎桥，生永定、永宥，分上、下梅塘两支。明万历三十五年（1607）、崇祯十五年（1642）、清康熙三十七年（1698）思义、思信两房合修宗谱，嘉庆二十二年（1817）、同治八年（1869）、1921年宾、霖两房续修，乾隆二十九年（1764）、嘉庆二十四年（1819）、同治八年（1869）、1914年思信房续修。受一郎房派语：衅承贞受文，必以仕秉正，安定邦立忠。华章逢国运，教育振家声。守道如珍友，敦修自景行。奇才光后裔，盛业继先程。经术儒林重，勋猷著鼎铭。福五郎房派语：禄承贞福顺，念思永志正，贤能显祖荣（下与受一郎房同）。

益阳下梅塘姚氏 始迁祖六亭公，讳衅禄，字在中，原籍江西吉安府泰和县圳上，宋末元初为宝庆太守，致仕落业资阳。越四派，至受一郎、福五郎分为两支。福裔传至八派定公为下梅塘支祖，宥公为上梅塘支祖。下梅塘支谱始修于清嘉庆二十四年（1819），同治八年（1869）、1913年、2003年续修。

益阳姚氏 始迁祖渲江公，讳景春，元至治元年（1321）自江西袁州府宜春县徙居益阳二十一里月堤垸（今属湘阴），传三代分四房。明制每里统十甲，姚分三、六、九甲。清道光五年（1825）、咸丰八年（1858）、光绪二十二年（1896）、1934年、2014年纂修族谱。派语：景元宗文笔，万世显才良。荣华生富贵，德礼正朝纲。长怀祖泽，永守家传。敦伦培本，作善承先。

安化姚氏 逢龙公，生三子：德颐、德运、德欣。颐公明永乐间赐进士榜眼，官京都御史，致仕由昆山迁居安化落栗林方井常丰一甲。运公偕兄同迁安化城南及圳上仙溪向家塅。清道光十六年（1836）、光绪三十四年（1908）、1948年纂修族谱。老派：麟角恢三吉，敦伦肇九经。宗基逢德世，伏景兆文庭。旧派：秀正贤均映，必来远大成。名儒崇理学，忠孝永宣扬。益裕延先泽，重光启后昌。

安化九渡水姚氏 始祖衅禄公，原籍江西泰和县圳上斜柳湾。宋嘉熙间因官徙居益阳标公嘴。六世孙念华于元季复自益阳迁安化九渡水。1933年纂有宗谱。

安化栗林姚氏 始迁祖顺公，明永乐年间由江苏昆山迁栗林。

麻阳姚氏 先世明成化年间由江西徙湖南桃源，旋迁沅州晃县等地。明末八世现楚公由沅州岩子坪迁居麻阳白泥田（今谭家寨姚家），十四世荣武由姚家移凤凰枫木湾，继迁麻阳也乔坪（野鸡坪）。十六世孙于清咸丰年间由芷江扎牛坪姚湾坪徙麻阳之西冲湾。派语：思维世志子，天永必通淮。正大贤文启，荣华复照忠（原派只取至"复"）。续派：绍祖炳元茂，敦伦岁应昌。国朝隆上选，英秀定联方。

靖州姚氏 宋咸淳年间自江西泰和迁靖，居大姚园。至清光绪三十四年（1908），已传26代。

新晃姚氏 谱尊河南鼻祖云公，汉侍郎，为一世，居河南陕州硖石。二十五世尚忠徙江西瑞州新昌县，至四十二世，良删（一字珊），行三，始居江西瑞州新昌灵源，继迁南昌府丰城县滥泥湾，明永乐十四年（1416）奉旨辰州卫，删公偕兄长良能、良德二公应诏来楚，卜居沅陵一都灰窑长坪。良删公宣德八年（1433）复迁沅州岩子坪。良能公析沅陵四都罗衣溪千龙坪，旋迁浦市江东沙堆角。良德公仍居长坪。删裔四十六世文献，字君赞，明时迁晃县之伞寨，子再聘、再榜、再麟、再行，衍至七世有兄弟十二，分居于脚寨、沙坪寨、石柳坡、颜家寨、地东寨、蒲寨、丈溪、旧倜、扶罗寨、田家寨、禾滩等地。该族今为侗族。谱牒一修于河南陕州硖石，二修于江西瑞昌灵源，三修于湖南辰州浦市，乾隆末晃州四修，道光二十九年（1849）五修，光绪十二年（1886）六修，1944年又修。原派：再正通光昌胜秀（七字循环使用）。新派：绍祖本源茂，敦伦瑞应长。彤廷隆选建，英哲定联芳。

永顺晓寨姚氏 一派良能公。十七世孙明华公，清乾隆二十一年（1756）自辰州铜山铜厂乌鸦坪徙永顺县外颗砂保三甲晓寨，业陶与农。2020年纂修族谱。字派：良宗千世文思志子添永必通惟。正大贤明启，荣华复良宗。绍祖本源茂，敦伦景象昌。国朝隆上选，英秀定联芳。

贺

长沙贺氏 支祖俊生公，原系宝庆府邵阳县安平一都班竹冲，侍从父正直公迁长沙府宁乡县，生三子：维明、在明、有明。维明生天赐，天赐由宁乡迁长沙县。清光绪三十一年（1905）始修支谱，2003年续修。派语：守正安邦国，世代永兴隆。昌炽宏基业，规模秉孝忠。

长沙贺氏 始迁祖宏声公，清雍正六年（1728）选授湖南按察使，致仕侨寓长沙。1929年纂有族谱，堂号滋德。

浏阳石湾贺氏 始迁祖伯清公，明正统间自平江迁浏北沙市街，继迁焦家桥上段石湾。至清光绪三十三年（1907），已传18代。

宁乡贺家坝贺氏 谱称文刚、文功两公，南宋咸淳十年（1274）由湖广迁湘乡龙潭，后裔徙湘阴葡萄山、益阳火堤垸、宁乡道山桥。功公四派伯三公明建文时由龙潭迁宁乡贺家坝。文刚公为湘乡白门楼、龙潭始祖，文功公为宁乡贺家坝始祖。1949年贺家坝贺氏纂修支谱。贺家坝班序：文丙万伯思斌，元绍廷楚大时。世朝忠胜传代，荣登科第兆年。龙潭班序：文丙万伯希子，惟邦廷楚绍兴。加宗国学传代，荣登科第兆年。

宁乡安乐铺贺氏 始迁祖新有公，明永乐中由攸县下屯宁乡菁华铺、安乐铺。民国间七修族谱，堂号四明。

宁乡鹅山贺氏 先世居江西吉安府吉水县圳上，以军功徙屯长沙，后迁攸县，旋又转长沙。始迁祖一中公，讳文亮，其父住长沙市黄道门钟鼓楼前，明永乐初年因宁乡山水之美而落业于宁乡回龙铺江家桥。清嘉庆四年（1799）始修族谱，道光十二年（1832）续修，同治七年（1868）三修，光绪二十四年（1898）四修，1928年五修，2006年六修。派语：炳耀仁孝，日新其业。如乐之和，声昭楚南。瞻彼前修，金相玉成。亦有光国，万代永耽。该族名人：贺懋椿，字彭年，清嘉庆进士，茂州知州。

宁乡龙田镇七里山贺氏　始迁祖复祚公，原居湘乡永丰，生于明宣德九年（1434），后迁宁乡七里山。至1998年，全族人口1673人，聚居宁乡七里山、棠甘山、直田、胜家岭、甘子古田湾、巷子口等地。

宁乡资福乡文星村贺氏　始迁祖世贵公，字万良，明景泰二年（1451）同兄世富由长沙迁宁乡六都四区毛镇桥开基。嗣孙迁贺家坪，复迁黑石塘，后迁资福文星村定居立业。至1998年，有子孙48人。

宁乡、华容贺氏　始迁祖旭鼎公，明成化时自湖南攸县迁宁乡县栗山六十里长村。清代后裔又迁益阳、长沙、南县、华容。清康熙十六年（1677）、乾隆四十七年（1782）、道光二十年（1840）、光绪元年（1875）、1917年、2016年六修族谱。派语：嘉国永昌伦，富邦承祖润。润树耀培锐，淳采炳起镕。沛植炯谷锡，源材焕时钟。

宁乡横市镇滩山村楚沩支派贺氏　始祖关公，江西永新人，元至元十三年（1276）迁湖南绥宁小湾，再迁宁乡小官坊。关公传至开名公，生五子。长子先进，派衍滩山楚沩支派。第四子先知，分宁乡流沙河乡为夏梅支派。至1998年，有裔孙共600余人。

宁乡喻家坳乡宋家湾贺氏　始迁祖廷贵公，字启宇，明崇祯年间由益阳迁宁乡。至1998年，有子孙约248人。除远徙外，聚居喻家坳乡宋家湾村、金民村、联群村、培基村、喻家村廖家组等村组。

湘潭花石贺氏　始迁祖福易公，字天申，元授汉阳郡太守，原籍南京镇江府丹徒县扬子江孩儿乡五圣庙。明洪武五年（1372）与弟容公携眷南来，居长沙北门外，复溯湘流而上，至湘潭九十七都栗树垅，即今贺嘉荣。五世祖志高公生龙、虎、鸾、凤、鸿、鹰、鹉七子，仅存鸾、凤、鸿三房。鸾房聚居涓口之西回旗山，凤房聚居碧泉之西白鹿冲之左银壶塘，鸿房仍居嘉荣。明崇祯十五年（1642）、清康熙十二年（1673）、乾隆四十九年（1784）、咸丰元年（1851）、光绪九年（1883）、1921年、1949年七修族谱。字派：（自十三派始）元黄开大德，嗣裔绍书香。礼乐家声远，诗文世泽长。

湘潭黄龙巷贺氏　始祖应禬公，居湘乡南岸，生伯景。伯景递传二十四代至正四公，讳汉宗，明洪武初自湘乡迁居湘潭城外三十都黄龙巷，生四子：志聪、志明、志福、志德。聪、福两房数传而止，志明生钧仁、钧义，志德生钧智、钧信，后裔居泉山河家湾、灵官塘、珩玻塘、乌泉等处。清康熙间创修草谱，嘉庆九年（1804）、道光二十六年（1846）、光绪二年（1876）、宣统二年（1910）、1931年续修。字派：（自九派始）国邦启世大开贤，德厚高明永绍先。显达南湘联甲第，家声日振万斯年。清超俊秀昭宗泽，品学崇隆纪盛传。

湘潭贺家塅贺氏 始迁祖崇寿公，字万虎，生没未详。明永乐间避乱由江右永新迁湘潭，葬湘潭十七都四甲罗家坝。清乾隆五十六年（1791）一修，咸丰十一年（1861）二修，光绪二十八年（1902）三修族谱。堂号四明。民国间纂有支谱，堂号明远。派行：崇克显朝，文受高学启，国世绍光宗，孝顺承先泽，诗书广德功，慎修贻谋远，兰桂发芳丛。

湘潭篁奇林贺氏 东汉时庆仪三传至纯公，避安帝父讳，始改庆姓贺。至知章，为太子宾客，敕赐镜湖剡川。至始迁祖智公，号湖山，原籍豫章吉安府永新县，明敕授武节将军，加骁骑尉。明正德间与兄礼公自永新来楚，侨寓于攸邑，旋由攸迁潭，卜居十五都之篁奇林。智公子五：英、萼、莲、芳、苓。清嘉庆十五年（1810）始修族谱，光绪十六年（1890）三修，1920年四修，1944年五修，2007年六修。清乾隆年间合建宗祠。原字派：湘南蔚起，方正贤良。家声益美，邦国之光。续字派：洪基绍越，恢绪由唐。聿昭世系，永植伦常。

湘乡贺氏 始迁祖达公，字万辅，后唐同光二年（924）自江西泰和圳上迁居湘乡南岸老二十都兼土桥白马塅。三子：长应祺居老二十都焙塘，今属娄底。次应禬，仍居白马塅，今属双峰。季应祯居老五都万秀塘，今属湘乡金凤。子孙散布湘、安、宁、益、涟、娄、邵、常等县。清乾隆二十六年（1761）应禬房始修族谱，光绪二十四年（1898）祺、禬两房合修，1993年祺、禬两房续修。祺房派语：万应伯诚特令源珍玙沾赏禄丙实政永太德修添禹硕泽芳渠凉正智仁思仲永乐寿荫昌元朝世光宣择文明启。禬房派语：万应伯逢居均仕子庆大德原才必敬克荣魁添少。后分诏、隽两房。诏房续班：继世纪南楚永肇振儒风清复志仁忠义昭明德胜崇文章奇道富贵士吉时钟家运鼎新。或：锡文天景时绍福寿玉秉纯匡信礼胜富贵朱门第传家运鼎新。隽房续班：隽豪杰道思文英仕明古今来有达志永朝臣日月光天崇学秘富贵朱门第传家运鼎新。

湘乡汝德公裔贺氏 该族尊伯景公为一世，伯景承应禬公居南岸，两公为祖孙、为父子，虚悬无据，即朝代亦不可究诘。二十三派汝德公，生三子：膺得、膺才、膺星。才公之子汉作，徙居杨州桥，后裔衍为崇熹、崇鼎、崇鼐、崇德、崇璞五房。宗祠建于今双峰白马殿。清嘉庆三年（1798）始修族谱，道光二十八年（1848）续修，1912年三修。编排：伯逢居均，仕子庆大。德原材必，敬克荣魁。添少洪祖，千万汝膺。汉志友仁芳，崇天福寿长。希圣文才广，兴隆永代昌。华显思承绍，安邦嗣彦良。富贵家声振，久远发书香。忠孝光前烈，精诚植纪纲。品望清时重，勋名奕世彰。蕃衍绵甲第，继续耀南湘。

湘乡翻江镇黉门贺氏 始祖伯仁公，系应祯公之子。其远孙均祥公于明洪武初由湘乡万秀塘迁湘乡角冲。而后子孙复迁云溪、黉门等处。至1998年，有子孙5800人，计黉门塘3901人，汉寿618人，湖北恩施293人，四川开县138人，宁乡石门207人，娄底西阳109人。伯仁公后裔下分六房：唐所（正卿）房、仰奇（正权）房、怀奇（正相）房、思奇（正大）房、孝奇（正升）房、宁乡县石门硕辅（正英）房。清乾隆五十年（1785）、咸丰七年（1857）、光绪二十年（1894）、1930年、1993年、2015年纂修族谱。班次：仁祥志思宗，添万兴正安。士世明良运，书香永镇湘。齐家敦孝友，崇德定荣昌。

湘乡沙溪贺氏 伯景公二十三代孙汝翰公，字贵芳，明正统间由白马塅迁沙溪。清乾隆二十三年（1758）、嘉庆十年（1805）、咸丰七年（1857）、光绪二十四年（1898）、1925年五修族谱。编排：伯逢居均，仕子庆大。德原材必，敬克荣魁。添少洪祖，千万汝膺。汉志友仁芳，崇天福寿长。希圣文才广，兴隆永代昌。

湘乡育塅乡轧桥贺氏 始迁祖友恕公，生于明宣德四年（1429），明朝时由双峰白马塅迁湘乡育塅乡开基。至1998年，有子孙共248人，大多居于轧桥乡南冲村，白田镇白石村、芋子村，少数住潭市镇清江村、月山镇南木村等地。

湘乡南门支派贺氏 始迁祖友仲公，为汝德公裔膺壹房嗣孙。明朝时由双峰印塘乡白马塅迁湘乡。至1998年，有子孙约2500人，其中本支2000人，黑门台200人，仁理房300人。

湘乡壶天镇壶天贺氏 始迁祖芳声公，字临远，号志高。明正德九年（1514）生。明嘉靖年间从双峰永丰镇西土桥迁壶天。至1998年，有子孙共819人。聚居于壶天镇以及娄底市小碧乡、宁乡县、长沙等地。

湘乡满底塘贺氏 始祖恭一公。十传至世轩公，因避兵燹而由邵东迁居湘乡满底塘。族谱始修于清嘉庆五年（1800），咸丰十年（1860）续修。宗祠建于嘉庆十八年（1813）。

湘乡潭市应煌公裔支派贺氏 始迁祖朝选公，字文远，生于清康熙四十九年（1710），为应煌公裔孙，由衡阳樟山坪迁湘乡市潭市镇十都鄢家坳开基。

至 1998 年，有子孙共约 300 人。

湘乡壶天镇金泉村贺氏 始迁祖万书公，生于清乾隆十九年（1754），从湘乡黄荆塘迁壶天筲箕氹。至 1998 年，有子孙共 70 人，聚居于合东村、金桥村、金泉村。

湘乡贺氏 一派祖曜公，行八十七郎，本姓赵，宋末人，原籍江南，宋淳祐六年（1246）隐居潭州，依岳氏长沙太守贺宗仁，遂姓贺。翁婿后寄籍湘乡县下塘底，又称洗马池。七传至从政、从隆、从秀，派分三大房。清同治六年（1867）封涻祠政公裔纂有宗谱。班序：绍世文章远，承先德泽长。本培滋茂达，积厚焕重光。该族名人：贺从政，明云南鹤庆军民府知府。贺表，明福建汀州府知府、吏部侍郎。贺幼珠，明云南按察司副使。贺详，明安溪知县。

双峰永丰镇太平寺贺氏 系昭陵支派膺福裔分支，始迁祖汉珍公，先祖由江西泰和圳上迁湘乡南岸。珍公于元时迁永丰镇太平寺开基立业。其后裔于 1994 年与其兄汉杰公后裔（邵阳市昭陵支派）联宗合族为昭陵五修族谱。至 1998 年，共 371 人。

双峰永丰镇白马塅贺氏 始迁祖志宗公，字敬祖，号鹤楼，生于明洪武二十五年（1392），原居双峰南岸，后迁白马塅。至 1998 年，共 3 万人，分居双峰、湘乡、衡阳洪市镇等地。

双峰梓田贺氏 始迁祖思胜公，明末由宝庆迁今双峰县梓田，聚居沙塘，也称宝庆贺氏。

双峰走马街镇贺氏 始祖志常公，字恒祖，永丰人，生于明洪武二十九年（1396）。嗣孙仁让公于清乾隆十五年（1750）迁走马街。至 1998 年，共 1165 人，分布在双峰印塘乡、杉木桥、走马街。

娄底杉山镇贺氏 始迁祖应祺公，后唐同光二年（924）随父达公由泰和圳上来湘，居湘乡三十九都现杉山镇。至 1998 年，共 958 人，其中周家岭筲箕氹 498 人，宁乡石田 240 人，白竹山 220 人。

娄底双江乡新庄村贺氏 一世祖天龙公，字在田，号渊泉，明洪武十八年（1385）偕子理绅自湘乡青山冲徙居新庄，由理绅公经永康公衍为必先、必贵、必华三房。华房失考。先公子二：循明字视达，迁攸宁湾始祖。循秀字钟毓，迁光裕湾始祖。必贵子三：循智字继仁，鼎子冲始祖。循渊字继泉，留新庄湾。循义字继信，失传。清嘉庆八年（1803）明、秀、智、渊四房合修族谱。至 1998 年，共2613 人，聚居新庄，分居双源、新联、洪山、企石等村并涟源市桥头河、青草、增加以及宁乡县花门楼、道林、大屯营、田心、云枚村，娄底市等地。另小碧乡栗山村28人，属本派分出，其人数已计在本支内。

娄底双江乡坪村泌水贺氏 始迁祖时桂公，字秋高，生于明正统十一年(1446)，生五子：绍钟、绍铭、绍镕、绍镇、绍钱。至1998年，共5676人，主居双江、青桥、义坪、小田、增加、小碧等处。

娄底双江乡横石贺氏 始迁祖景荣公，系天禄公后裔，生于明宣德六年(1431)，世居坪底，后徙横石。至1998年，共605人，聚居横石。

娄底小碧乡立冲村坪底支派贺氏 始迁祖富祥公，字景星，清道光年间从双江乡龙新村坪上塅迁小碧乡龙王殿。至1998年，共95人，聚居小碧村、立冲村、西阳乡，远徙贵阳市。

醴陵焦源白竹岭贺氏 迁湘始祖瑞龙，元初由江西丰城县太平圳升潭州总镇，遂家焉。瑞龙曾孙志富，元至正十一年（1351）避寇徙醴北西山塘，后再迁焦源白竹岭。子孙分居长沙、醴陵、浏阳等地。清同治五年（1866）纂有族谱，堂号聪听。

醴陵白竹岭贺氏 始迁祖康伯公，明洪武二年（1369）自江西丰城迁此。族人分布于板杉铺、鸭婆塘。至1948年，全族人口1400人。

醴陵双坝下贺氏 始迁祖发祥公，明洪武十五年（1382）自江西莲花迁此。族人分布于茂田。至1948年，全族人口40人。

醴陵百禄岭贺氏 始迁祖康玉公，明洪武初年自江西丰城迁此。族人分布于吴家塅、嘉禾桥。至1948年，全族人口1000人。

醴陵罗田贺氏 始迁祖昶荣公，字华岳，明永乐初自江西莲花厅田东迁居醴南罗田。生孔临、孔贤，临裔居罗田，贤裔居殿下冲及南门外。清雍正三年（1725）一修族谱，嘉庆八年（1803）、咸丰元年（1851）、光绪二十六年(1900)、1933年、2004年续修。字辈：（自十六代始）彝伦攸叙齐家，政惟慈孝友恭，学业习勤迪前，光在诗书礼乐。

醴陵贺家桥贺氏 始迁祖昶荣公，明宣德间自江西永新迁此。族人分布于东乡、西乡。至1948年，全族人口8000人。

醴陵杉园贺氏 始迁祖维章公，明天启四年（1624）自江西迁此。族人分布于豆田、玉塘、龙山港。至1948年，全族人口300人。

醴陵上贺境贺氏 始迁祖行所公，明崇祯初自江西迁此。至1948年，全族人口600人。

醴陵二圣桥贺氏 始迁祖韶武公，清乾隆间迁此。族人分布于三林桥。至1948年，全族人口100人。

攸县车塘贺氏 始祖天贶公，号宏林居士，宋建隆元年（960）由江西永新县良坊因避后周之乱而迁湘，开基于攸县东乡小车。三传至垣公，宋庆历年间由攸东小车迁居车塘。族人多分布在攸县城乡及醴陵等地。至1948年，已传33代，全族人口万余人。清康熙四十四年（1705）建宗祠于攸县甘棠乡湖里。

攸县小车支派黄丰桥、南溟桥贺氏 始迁祖壬九公，号涣溪，为仲龙公幼子。远祖天贶公于宋建隆元年（960）从江西永新良坊徙湖南攸县小车开基。壬九公再迁南溟。至1998年，共3000人，散居榨下、杨枧、南洲、龙家屋、小车、南溟等地。

攸县小车贺氏 楚秀公，号四秀，系壬九公第三子。在小车世守祖业，尊为小车开基祖。至1998年，共3000人，散居攸县各地。

攸县石羊塘乡贺家坪村贺氏 始迁祖茂山公，名秀远，约于明初迁此地开基。至1998年，共737人，大部分居贺家坪，小部分居洲上田麻铺、上云桥斜塘、小集等地。

攸县竹陇贺氏 始迁祖循重公，字宏钦，凭公二十代孙。明宣德间自江西永新龙溪迁攸北苦竹陇砂塘，今皇图岭镇皇新村。明万历十三年（1585）纂修草谱，清乾隆三十年（1765）、嘉庆四年（1799）、道光十六年（1836）、光绪十年（1884）、1925年、1995年、2010年纂修族谱。字辈：循潮振士琮础单霁再能单楚文。国泰锡龙光，家兴兆凤翔。祖功宗德懋，荣华耀玉堂。

攸县长桥贺氏 始迁祖廷礼、廷智两公，明正德间以业医自永新来攸，居攸北献都丝塘。1936年五修族谱，堂号常庆。

茶陵八团乡向阳村贺氏 始迁祖祖兴公，明万历四十三年（1615）随母罗氏从江西永新龙田乡湖田村徙居湖南茶陵八团大坪定居。至1998年，共643人（含大英村）。

衡阳西渡镇同井头清平贺氏 始迁祖德贵公，字荣华，号十一郎，江西庐陵人，明洪武元年（1368）徙居湖南衡阳县西渡镇同井头开基。至1998年，共4439人，散居于衡阳市、衡西清平、衡阳县西渡同井头、九峰、岘山以及衡西台源等地。

衡阳长乐贺氏 始迁祖澄公，江西莲花县良坊人，明洪武十四年（1381）迁湖南衡阳长乐源江界头冲开基。传至麓公，生四子十六孙。至1998年，共4221人。

衡阳栏垅乡枫树村贺氏 始祖应煌公，字灿明，江西良坊人，明初率子文堂迁至湖南衡阳樟山坪。后裔大卫公兄弟再徙衡西栏垅。至1998年，共460

人，分居衡阳县栏垅乡枫树村、垅塘村、西渡村、石鼓村、演坡镇、六塘黄泥冲。

衡阳石市乡明星村贺氏 始祖元祥公，字瑞吉，十三郎，明初由江西永新良坊龙田迁湖南，居今衡南县东乡慕道二甲贺水冲。传至兴凰公于明崇祯末年迁居今衡阳县石市乡三望冲。1913年纂修族谱。至1998年，共560人，居住石市乡三望冲、明星村、上吉村和界牌镇及衡山、马迹等地。

衡阳洪市镇贺氏 始迁祖崇颁公，明嘉靖年间从双峰白马塅迁衡阳洪市镇天柱村居住。至1998年，共1953人，主居洪市镇洪市村、高炉村、吉厚村、盘古村，水寺乡中心村，金溪镇登仙冲等地。

衡阳石市乡高桥贺氏 朝元公，字梦弼，系绪第六子仲荣（璋）公后裔。传至友镜公长子宗富，世居衡南县樟树脚。清嘉庆年间，朝元公嗣孙由樟树脚徙居石市高桥，仍尊朝元公为开基祖。至1998年，共3015人，散居衡阳县各地及衡阳市来雁塔下、演武坪、青草桥一带。

衡阳井头镇铁岗村贺氏 始祖朝魁公，生于明万历九年（1581），居衡邑小西门内。至嗣孙仕锦，于清康熙三十七年（1698）迁长乐。至1998年，共55人，住铁岗村41人，井市街14人。

衡阳岘山乡易市村贺氏 大历公，应煌公后裔，初偕兄弟居栏垅，后徙长乐易坡町。至1998年，共410人，分布衡阳县岘山乡易市村、彭家村、西渡镇、衡阳市、常宁水口山、祁东、郴州鲤鱼江及广东、广西等地。

衡南冠市贺氏 始迁祖范八公，字庶征，会稽人，宋绍兴间迁居湘东慕道里高冲口。1931年五修、2008年六修族谱。字派：范昕羲德让，孝弟承先训。书声启俊才，芝兰恒秀发。景象庆宏开，湘楚钟育英。

衡南江口镇贺氏 谱称江口贺氏系江西良坊贺氏支派。宋宝祐六年（1258）龙红公由江西永新县良坊（今属莲花县）迁至衡阳东乡小江口，今属衡南县江口镇。生子遇，遇生元宝，字以清，行十二郎，定居铁野坪今江口镇江口村贺家大屋，谱尊为江口始迁祖。元宝生秀一，秀一生成二，成二长子景诚，次子景详。景诚生邦财、邦信，景详生邦夺、邦荣、邦亮、邦智、邦贤，遂成七大房。族谱创修于清康熙二十年（1681），2000年八修。现有人口24599人，入谱人口18007人，散居江口、冠市、耒北、关美、九龙，亦有徙居衡阳县洪市镇、宋家冲、大岭及远迁外省者。乾隆三十九年（1774）建宗祠于小江口。班辈：开基两代祖，皆以郎纪名，三世字成仁。（自四十八代始）景邦祖单行。伯本大兴希，一士立朝廷。仁良允方正，光显启文明。礼义端家教，诗书育国英。儒宗先学在，长守赞清平。

衡南夹路贺氏 始迁祖舜一公，南宋宝祐六年（1258）与龙红公自江西永新良坊同迁衡阳东乡。龙红公为江口祖。舜一公为夹路祖，孙荣公，明洪武初迁居丁字桥。清乾隆三十年（1765）创修支谱，咸丰十一年（1861）、光绪二十六年（1900）、1921年、1949年、2004年续修。班序同江口贺氏。

衡南宝盖乡罗陂支派贺氏 始迁祖思立公为尧举裔孙，由江西安成界塘迁湖南衡南桑田，即今樟树脚开基立业。至1998年，共2000余人，聚居衡南宝盖乡樟树脚，散居常宁、安仁、衡山、耒阳、湘潭、攸县、茶陵及四川等地。

衡山祠琰支派贺氏 始迁祖千四公，为仲龙公长子。至1998年，共计1417人。

衡山祠美系贺氏 始迁祖沁公，始居衡山望岳门。至1998年，共240人，居衡山及衡东甘溪镇。

衡东甘溪镇贺氏 始迁祖文豹公，字炳森，生于明正德十三年（1518），世居江西鄱阳，后迁居衡东道字十二区殷家冲。至1998年，共2955人，分居衡东八个乡镇以及衡山县、南岳区、株洲、醴陵、攸县、茶陵，并有迁江西萍乡者。

衡东甘溪镇衡山祠绪系支派贺氏 始迁祖应苍公，朝贵公长子。至1998年，共375人。

耒阳贺氏 始祖凭公，以唐著作郎出宰江西永新。生了泰，泰生奭，奭生授，授生美、图、琰、绪。图裔祚公，南宋咸淳六年（1270）由永新迁居耒阳，生柏、桧、楠、夔四子。柏公开平田房，清乾隆六年（1741）祚裔始修族谱，嘉庆三年（1798）续修，道光二十一年（1841）三修，同治八年（1869）耒阳贺氏纂修通谱，光绪二十九年（1903）续修通谱，1940年祚房六修，1989年七修。排行：万庚甲付成（受），允道正仲庭。兴朝文季应，希传亿人尊。才鸿佐圣明，忠（元）良光国运。敬义（慎）启先声，敦厚宜师守。崇基贵绍承，伟烈恢懿泽。代继作儒珍，箕裘克昌炽。今柏公裔子孙12500人。桧公居哲桥，现有子孙2570人。楠公居长冲，现有子孙850人。夔公居耒阳城郊及东乡马水，现有子孙3500人。

耒阳东乡东福冲贺氏 始祖绪公，江西永新人，长子瑚于永新赖田终老。瑚公传至尽孝，字敦本，明洪武三年（1370）徙耒水之东东福冲。后嗣散居新市镇坪上、东湖、黄草、南阳、栗山下、大市乡敖山等处。至1998年，有子孙12580人。

耒阳东乡太平村贺氏 始祖绪公，江西永新人。次子琏公，字仲临，五代后汉乾佑三年（950）由江西永新县徙居湖南耒阳东乡太平村。至1998年，有子孙5688人，散居于导子乡垅上、垅下、中山坝及炎陵县、常宁市等地。

常宁斜溪贺氏 始迁祖辉叟公，又名正六郎。宋咸淳间其父廷贤公自江西泰和迁湖南桂阳，至辉叟公始定居城北斜溪开基立业。至1998年，共2190人，散居于桂北两胜乡秀水湾、横江，潭源乡下木水、莲塘坊、上、下斜溪，常属坛山下、黄茅洞、官陂洞等地。

常宁丫田、河洲、杨柳塘贺氏 始迁祖吉祯公，字荣兴，由赣迁湘，因战乱中族谱散失，故年代失考。传为洪武中迁至常宁开基。至1998年，子孙共7038人，主居于常宁丫田、河洲、杨柳塘及祁阳龙桥等地。

常宁杉树洞贺氏 始迁祖吉祥公，为吉祯公胞弟，原籍江西省泰和县，明洪武中携妻子偕兄迁湖南常宁西乡虎头矮坡定居。至1998年，子孙共1110人，聚居于常宁西乡杉树洞一带。另一支迁常德，人数不详。

常宁洋泉镇西庄园贺氏 显公，字守臣，明洪武初以都司职率兵自赣入湘，旋师卒于途，其子落籍常宁邑西。至1998年，共245人，聚居于常宁市洋泉镇西庄园一带。部分迁往四川，现今人数不详。

常宁板桥贺氏 始迁祖丑良公，字道清，江西泰和人，明洪武间以武职率兵入湘，镇守常宁，遂落籍南乡板桥，定居背里村。现有子孙189人，聚居板桥镇境内及背里村。班派：朝大文元一，添子福寿昌。宗礼传家学，存心重孝忠。德宏思业广，名远受恩崇。

常宁罗桥贺氏 始迁祖思贤公，原籍江西泰和，以武职随都司丑良公出征衡郡，后奉命守常宁千户所，遂落籍常宁南乡罗桥，居横树下。至1998年，子孙共505人，分布于罗桥横树下贺家滩、椆树山、老江边、白茅冲、青山背等处。字辈：思贤必福寿康廷永正仁祖先光荣定安国。宗礼传家学，存心重孝忠。德宏思业广，名远受恩崇。

常宁西湾贺氏 始迁祖贵文公，字经才，江西泰和人，明洪武二十三年（1390）迁湖南益阳，继迁衡山，终迁至常宁南乡西湾定居。至1998年，子孙共194人，分居于西湾、鱼丫塘、懒马冲、沈家湾等处。班派：贵友永天良荣茂国相卿世朝昌宗德。邦家裕代学，存心重孝忠。德宏思业广，名远受恩崇。

常宁贺氏 始迁祖法隆公，先世江西永新良坊人，明洪武中由泰和来常，驰担于邑南长江町，转徙丫田。四孙，分四房。其从弟同来常者元十一郎，为早禾冲、杉树及常德诸派始祖，明洪武间自泰和落业常邑西乡虎头矮陂。民国间五修族谱。

邵阳贺氏 以东汉纯公为一世祖，十六世为知章公，二十世为凭公，居江西永新良坊。二十六世应禬，后唐同光元年（923）自泰和圳上徙居湘乡南岸老六十都，今属双峰永丰镇南。四十九世汝隆公，三子膺寿、四子膺祥、二子膺麟之子汉仲、五子膺福之子汉杰，叔侄四房于明洪武元年（1368）又由永丰迁邵。清乾隆五十年（1785）四支合修族谱，同治元年（1862）、光绪二十二年（1896）、1935 年三次续修，1994 年汉杰、汉仲两支五修。

邵阳昭陵支派霞光岭贺氏 始迁祖朝玉公，为膺麟裔孙。至 1998 年，子孙共 1205 人，主居于邵阳市霞光岭一带。

邵阳贺家坳贺氏 系昭陵支派膺福分支。先祖自江西吉安府泰和圳上迁湘乡南岸（今属双峰永丰镇）。明洪武元年（1368）汉杰公，讳忠敬，从南岸迁邵阳市龙皇桥贺家坳。至 1998 年，子孙共 1115 人（徙外地者未计），主要散居贺家坳、龙皇桥、邵阳市、石桥铺一带。汉杰公另支万杨公裔，在湖南新邵县豪塘乡加角村另立分支，其开基祖仍尊汉杰公。

邵阳北路贺家冲贺氏 系昭陵支派。始迁祖膺祥公，明洪武元年（1368）从永丰土桥迁邵阳市北路贺家冲。至 1998 年，子孙共 780 人，散居于北路贺家冲、南路罗市桥、邵阳市等地。

邵阳谷洲、大泥冲贺氏 系昭陵支派膺麟公裔。先祖汉仲公，明洪武年间自双峰迁邵阳，其子彦茂公分居蚂蝗塘。其嗣孙文道公复从蚂蝗塘迁大泥冲。至 1998 年，子孙共 550 人，主居邵阳县谷洲、大泥冲一带。

邵阳长阳铺镇贯冲村贺氏 始迁祖广泰公，先祖系邵阳昭陵支派汉珍公，由双峰县清水塘徙居邵阳县长阳铺镇贯冲村枳木山。至 1998 年，子孙共 160 人。

邵阳里浒桥贺氏 始祖贞公，字元甫，宋嘉定间由江西吉安府安福县尹家乡老三十八都，以进士出任荆湖南路邵州知州军事，卒于任所。其子兴祖年幼，遂隶于邵州，后世子孙尊贞公为资阳开基祖。至 1998 年，子孙共 504 人，聚居里浒桥、财神桥、邵阳市区。

邵阳梅塘贺氏 始迁祖恭一公，江西吉安府吉水县人，明初徙邵，卜居九陇岭，后居梅塘一都填贤村。恭一生应神、应禄，应禄迁湘乡。应神世居填贤，生万贵，万贵生通仁、义、礼、信、敏。礼、信无嗣。通仁生文聪，为长房。通义生文昌、文俊，为次房。通敏生文忠、文恕，为晚房。清乾隆五十三年（1788）始修族谱，咸丰十一年（1861）、宣统元年（1909）、1950 年、1996 年续修，四修人丁3697人，五修人丁12000余人。2019年少三房六修。班排：恭应万通义，宗原友廷世。永守承祖德，汝可希尚志。孝顺绍前久，淳良启后昌。学隆光必远，本立道斯长。仁让为家宝，贤才乃邦基。从今钟毓盛，亿载庆常垂。丰豫同人萃，谦益大有临。鼎颐需渐晋，孚履济咸桓。该族名人：贺金声，清末组织大汉灭洋军。

邵东贺家桥贺氏 系昭阳支派。始迁祖宝源公，字时瑞，江西永新人。明洪武元年（1368）从江西永新西安乡正复里甘露渡迁湖南宝庆东路安平里龙头岭（今邵东县周官桥乡贺家桥）。至1998年，子孙共3422人，分布于邵东县贺家桥村江边、赛理冲，桥塘村中和堂、下思堂，先锋村罗塘，流泽乡龙陂，廉桥镇五一村磨石塘，界岭乡老虎冲，双峰县青树坪镇街上，青树坪镇五星村、黄田铺，锁石镇坪上山、锁石村、白源村，祁东县步云桥镇水口村，官家咀镇桥木塘，益阳县笔架山乡谭家桥村大屋山，邵阳市砂子坡等处。清嘉庆二年（1797）、同治十一年（1872）、1924年、1990年纂修族谱。班次：通璟宝仕子，友祖仲定添。守正安邦国，世代永兴隆。尊贤怀肇锡，秉礼绍儒宗。敦睦慎修意，思齐望敬宗。忠信传家远，仁义厚启鸿。富贵荣昌旺，英俊品德纯。

邵东贯山冲贺氏 系昭陵支派。始迁祖膺寿公，明洪武年间从永丰徙邵东贯山冲。至1998年，子孙共1680人，分布于邵阳市、严家桥、仁风、扶冲，并远迁祁东等地。

邵东石珠桥乡贺氏 始迁祖绍和公，江西良坊人，明永乐年间迁湖南宝庆府中乡谭家冲。至1998年，子孙共2500人，聚居于邵东县石珠桥乡谭家冲、灵官殿乡老官桥。

邵东灵官殿乡鸟树下贺氏 始迁祖招公，江西莲花人，明永乐年间由良坊迁邵东中乡鸟树下。至1998年，子孙共518人，居于灵官殿乡鸟树下、五星村、龙胜村等地。

邵东灵官殿乡阔口庙贺氏 始迁祖林昭公，明永乐年间由江西良坊迁湖南宝庆府灵官殿。至1998年，子孙共850人，主居于阔口庙、民安村一带。

新邵寺门前贺氏 始迁祖圣典公，系膺明公后裔。清乾隆年间从双峰县迁居新邵县寺门前乡。生子二：文依、文葡。文依居渔溪桥，文葡居沈家桥。至1998年，子孙共264人。

新邵酿溪镇上沙湾贺氏 始迁祖圣聪公，生于清乾隆二十五年（1760），由双峰山田徙居邵阳北乡渔溪桥上沙湾定居。至1998年，子孙共288人，聚居于上沙湾村。

隆回七江乡贺家桥贺氏 始祖贞公，宋嘉定中以乡贡知邵州，卒于官，后裔因家邵阳县。十三世伯达（1615—1689），讳捷，字步上，原居宝庆城内，明崇祯十七年（1644）因兵乱，携妻偕子，背负家谱，徙迁隆回鸟树下三里湾开创基业。至1996年，子孙共1645人，散居贺家桥、鸟树下、七江及隆回县城等地。

隆回滩头镇狮子村贺氏 一世凭公。十七世载公，字仁甫，元大德元年（1297）自江西吉安府安福县来湖南辰州任职。子渊卿，又名思卿，官辰州通判，任满落籍辰溪白竹坪。二十世一仁公又由辰州迁宝庆（今邵阳市）西乡温里，其长子仲五公后由温里迁隆回滩头镇开基。1914年纂修族谱。字派：一仲原永万宗祖廷从文才贵正国清明光显时逢鼎盛元。

隆回滩头镇苏塘排上贺氏 始迁祖仲六公，系仲五公胞弟，原偕兄居狮子村。后人口剧增，始迁苏塘排上另立基业。至1998年，子孙共9882人，散居于排上、屺石、贺家湾、罗塘、扒船庙、白茅冲、檀山头、温江、杨柳冲、太坪村、小江口、芙蓉山等地。

隆回金石桥镇黄金井贺氏 一代仁甫公，四代贵箴公。贵箴公第四子谊公，明景泰年间迁湖南隆回县黄金井开基。至1998年，子孙共9860人，主居于黄金井各村，少数居溆浦，亦有外徙邵阳、长沙、新化及外省四川、贵州、广西等地。清嘉庆二十四年（1819）、咸丰四年（1854）、光绪十九年（1893）、1923年、1949年纂修族谱。1994年十六代永移，字鹏程，号南图，后裔纂修房谱。班次：贵言日文廷，奇（宗）良先守大。世祚永昌隆，成才方显达。德泽培基本，诗书延绪长。克家期绍起，建树自名扬。

隆回金石桥镇黄金井贺氏 贵琳公，贵箴公之弟，以监生任贵州省安顺府永宁州通判，升湖北荆州府知府，其后裔于明嘉靖年间由辰州迁隆回黄金井开基。至1998年，子孙共297人，散居于黄金井、隆回、溆浦、娄底及外省广东、广西等地。

隆回高坪镇白地村贺氏 始迁祖永聪公。其先世景祥由赣迁湘，传至汉贤，始居新化县。汉贤公生四子：长荣聪，裔衍新化白溪、圳上二镇。次旺聪，裔衍新化城南石獐山。三兴聪，裔衍新邵县田心。四即永聪，定居高坪白地。至今子孙约170人（荣、旺、兴、永四支共计6000余人）。

隆回滩头镇贺氏 始迁祖继先公，溆浦人，后迁隆回滩头窑冲。子发瑞公定居滩头木山村，孙代范公生三子：宗、高、意。荣宗居木山，至1998年，子孙共256人，散居栗山、响鼓、荷叶、木瓜等地。荣高居塘边，现有172人，散居湎村等地。荣意居六姓村竹山，现有54人，居三溪等地。

隆回滩头镇木山贺氏 基祖仲阻公，字伋高，先祖瑞公定居木山，仲阻公世守祖业。至1998年，子孙共176人。

绥宁瓦屋塘贺氏 始迁祖恕公，明弘治十七年（1504）率子载用，自江西安成田南徙绥宁自崇（今瓦屋塘）。正德十一年（1516），载祯、载祥、载祈兄弟三人又徙来绥宁开基。至1998年，子孙共5364人，主居绥宁瓦屋、水口等地。

洞口山门镇贺氏 远祖系出江西永新。始迁祖材贵公，为绍公长子。材贵及其弟辈在洞口山门开基蕃衍后裔。至1998年，子孙共874人，其中材贵裔588人，聚居于山门地区，少数住武冈市。其他材旺、材舜、材富等裔286人，聚居山门镇上冲、小桥，少数迁居隆回横板桥乡。

洞口花古、坳上、高沙牛江贺氏 为绪系庆珣公支派。始迁祖材协公，为庆珣公之子。远祖出江西永新，迁于湖南洞口。至1998年，子孙共919人，分居于花古368人，坳上299人，高沙牛江252人。

洞口大塘、白玉村、月溪、攀溪贺氏 为图系道裔侔凤支。始迁祖材智公为侔凤公之子。远祖出江西永新，迁至湖南洞口。至1998年，子孙共906人，分居于洞口县辖石江大塘67人，白玉村550人，月溪、攀溪207人，石江千木82人。

武冈龙溪镇柳荫贺氏 始迁祖正友公，清嘉庆元年（1796）由邵阳市贺家坳迁武冈市龙溪镇柳荫桥开基。正友生天庭，天庭生二子：忠咏、忠永。道光十年（1830）忠永公由柳荫再迁文坪镇发派。至1998年，子孙共288人，分布于龙溪、文坪两镇各村。

岳阳鹿角镇牛皋村贺氏 始迁祖耕九公，江西南昌人。明永乐年间由南昌铁柱观筲箕坡迁湖南岳阳铜盘。至1998年，子孙共1100人，聚居岳阳县鹿角镇牛皋村、幸福村，岳阳县城、岳阳市及四川、重庆等地。

华容章华台贺氏 远祖铸公，宋进士，著名词人。曾孙绎，字官一，居江苏六合县。绎子采，字福五，明陕西泾阳举人，任江夏教谕，后改任华容训导，明正统末年留居华容章华台，支分五房，人丁集居万庾吴家桥，散居各地。堂号鉴湖，典出贺知章。清康熙三十八年（1699）、光绪三十年（1904）、2012年纂修族谱。六合、丹阳旧派：采福景綎伯柠凤世元盛（循文上君）大。新派：为仁泽永芳，时敏学宜常。述祖思孝德，绍先法忠良。荣遇期辅国，道行益安邦。才美用宏志，克裕祚自昌。

平江西乡贺氏　始迁祖平一公，宋咸淳八年（1272）自江西永新迁此。至1994年，全族人口3072人。

石门贺氏　始迁祖泰公，明成化间与堂弟炳公、琳公同由江西丰城洛市迁湖广永定天门山，今属张家界市。后炳、琳二公归故里，泰公复迁道溪河西老屋台，即今石门县官渡桥马塌村。越四世，炳公四代孙胜珠公于明万历间由江西随泰公之孙智公也迁石门，与智公之子胜銮、胜章、胜文共为四大房。清雍正三年（1725）修建宗祠，道光二年（1822）续修。乾隆八年（1743）纂修墨谱，道光九年（1829）二修，咸丰三年（1853）三修，1928年四修，1999年五修，至今3870余户、31650余人。派语：始泰溯渊源，二伯三智绵。四胜大文世，昌登子于传。孝友光宗德，忠良绍祖先。朝廷隆正士，家国尚英贤。佑启贻谋远，昭明继序延。诗书经万代，甲第永相联。

石门夹山镇官渡下新桥贺氏　安昌公，江西丰城人。明弘治六年（1493），安昌公之子思诚公由丰城铁炉巷迁湖南石门县夹山镇新桥恩子坪创业。至1998年，子孙共5220人，聚居于恩子坪、西周村，分居汉阳村、木山村、下官桥、活宝盖等地。

桑植洪家关贺氏　始迁祖崇先公，湖北安陆人。清康熙中叶从军来湘，任九溪卫指挥使，后升迁贵州，下落不明。崇先公夫人车氏偕子应奇、应贵、应科迁鹿耳山，再定居于儿溪，繁衍于儿溪洪家关一带。应奇、应科无后，应贵后嗣至1998年共750人，聚居桑植洪家关。贺龙元帅即属该族。

益阳贺氏　先世居浙江，继迁永新。至宋时及公，字仁甫，宦游鼎州（今常德），道经益阳，见书堂山水清秀，风俗醇朴，因占籍于此。至五世衍为兴祖、兴嗣两房。兴祖居下塔坊，兴嗣仍居书堂，今属桃江。兴祖四传而衍巄、嵩两房，兴嗣九传而衍沂、汉两房。祖、嗣两房各修各谱，1945年嗣房十一修支谱，1948年祖房十修支谱。祖房巄支旧派：凤逢嘉登美，贤良世际昌。鸿绪期久远，大德焕文章。嵩支旧派：中继绍友崇，廷朝世仕同。邦国人家永，贤能福再宏。嗣房旧派：玉兴水弥龙，师善必端宗。贤良方正德，诚信允存忠。两大房合派旧派：人家（文章）光上署，道学幸时庸。祀叶垂声远，簪缨迈代隆。新续派语：人家光上署，道学萃其时。得遇升平际，长赓作育诗。声名宜益大，功业定传奇。祥发先之泽，因为远立基。

益阳火田贺氏　一派祖文刚公，字平一，官吏部侍郎，宋咸淳十年（1274）由江西安城界塘迁居湘乡龙潭。七派惟德，由湘乡迁居攸县。惟德子继善，字达邦，明永乐间自湖南攸县迁善化。宣德间又迁益阳火田垸。清乾隆四十五年（1780）始修族谱，道光五年（1825）、同治三年（1864）、光绪二十一年（1895）、1930年、2001年续修。字派：文丙万伯希子，惟邦廷楚绍兴。嘉宗国学传代，荣登科第兆年。孝友承先志，诗书启后人。协和由笃本，教化重明伦。

益阳兰溪贺氏 始祖念政公由江南而迁江西吉安府安福县钱山，传五派至金铉公，明天顺八年（1464）迁湖南益阳十七里大都兰溪。再传明睿公，生璧、知、能三公，衍三小宗。清顺治十八年（1661）、乾隆四十年（1775）、同治三年（1864）、1919年、2016年五修支谱。派序：勋志锡东金孔明，良希秉政永宗承。国朝文达昌贤德，大焕光华百世荣。

安化大富乡九龙、岩门贺氏 始迁祖复初公，由湘乡迁安化九龙。至1998年，子孙共1511人，散居安化九龙三星村和岩门大福坪等地。

涟源七星街镇新长冲村长冲老屋贺氏 始迁祖志富公，系隽辅公裔孙，隽辅公于宋淳祐年间由安化迁桥头河水源村乌龟塘。志富公在明万历元年（1573）定居长冲，为本派开基祖。至1998年，子孙共1665人，集居于长冲及其附近。部分远徙川、粤、陕、台等地。

涟源渡头塘乡新联村贺氏 始迁祖世宦公，字镇岩，宋淳祐间人。由安化迁湘乡三十七都下坪底。至1998年，子孙共644人。

涟源桥头河贺氏 始迁祖天禄公，系风锡公后裔，明代中叶由湘乡坪底迁涟源桥头河。至1998年，子孙共5408人，其中居娄底双江小碧桥1680人，西冲550人，义坪1250人，青桥210人，坪底678人，正兰210人，涟源青草310人，增加210人，新联310人。

涟源岛石乡梅家冲贺氏 始迁祖秘槐公，湘乡人，生于清乾隆二十二年（1757）。从桥头河镇株木乡长冲村迁今涟源岛石乡梅家冲开基。至1998年，子孙共80人。

涟源七星街檀山坳贺氏 始迁祖复礼公，由永丰迁涟源市七星街檀山坳。至1998年，子孙共623人，聚居涟源檀山坳、龙贵等地。

涟源桥头河镇青草村贺氏 始迁祖景□公，现有子孙共472人，散居桥头河青草芦第、渡头塘群富村、杨柳等地。

新化北乡贺家坊木湾塘贺氏 始祖景祥公，江西吉安府永新县人，任长沙太守，故家于长沙。生有四子：齐贤居宁乡，楚贤居安化，晋贤居湘乡。汉贤字缘伯，由长沙迁新化北乡石马三都五甲贺家坊木湾塘。生四子：荣聪居白溪贺家坊，旺聪居城南石獐山，兴聪居遵路田心，永聪居永固镇高平。族谱始修于清康熙三十三年（1694），1993年六修。合派：会集延先泽，敦伦肃纪纲。诗书贻久远，家道庆隆昌。新增十字：宗功培族振，旭晖映华邦。

临武汾市贺氏 始迁祖有连公，随父大盛公于宋淳熙间从江西迁湖南临武兰山，即今汾市乡。至1998年，子孙共1850人，居于汾市八个自然村，有的外徙桂阳县。

安仁城南贺氏 始迁祖宣公，南宋景炎二年（1277）由越州出任衡州刺史。元大德三年（1299）宣公次子居义公徙安仁城南。至1998年，子孙共2000人，聚居本县清溪、朝阳、龙市、竹山、新洲、城关等地。

安仁华王乡潇湾贺氏 万亿公，籍江西泰和，居鹅颈长洲。九世孙法震公字霆烈，云公字天章，始迁湖南安仁南乡，即今之华王乡潇湾村。至1998年，子孙共2800人，聚居于华王乡。清乾隆七年（1742）三修族谱。

蓝山南平乡贺子清贺氏 始迁祖椽尹公，宋末由江西随父季韶宦游宜章，卜居于此。至1931年，凡76户，男195人，女198人，共393人。

蓝山南平乡贺子湘贺氏 始迁祖五郎公，由江西宦游居蓝山。至1931年，凡49户，男108人，女112人，共220人。

祁阳贺氏 始祖渊卿公，明洪武初年由江西出宰辰州，三世汝坟公迁零陵，十三世芳春公、魁春公始迁祁阳，分别居于振中乡之浅塘坪、四治乡之马源头等地。至1948年，全族人口800余人。宗祠在文明市内。

祁阳落底塘、种田贺氏 始迁祖继真公，原籍江西，明洪武四年（1371）迁祁南落底塘、种田等处。至1996年，祁阳肖家村、种田一带后裔有千余人。

祁东白地贺氏 始迁祖奉朝公，号遂翁，江西永新人，明洪武四年（1371）迁湖南祁东白地市。宗祠在白地市元里坪。1949年四修族谱。至1998年，子孙共12090人，散居白地市9012人，步云桥1848人，祁阳种田1230人。

怀化花桥镇火马塘贺氏 明初永正公由邵阳梅塘迁居麻阳西皮溪，有子三：启富、启聪、启麟。启富公于明朝末年从麻阳县西皮溪迁徙火马塘金鸡洞顶颜口垅开基创业。至1998年，子孙共988人，分居于金鸡洞404人，下坪乡庄稻村蛇溪38人，庄稻村毛坪154人，怀化市中方镇、石门乡石家垴、花桥镇大山铺、聂家村双山等处67人，芷江县罗旧乡庄上村、艾地坪乡赖家山49人，黔阳县双溪镇156人，洪江市街上28人，田坎上92人。

怀化石门乡犁头园贺氏 始迁祖启麟公，明万历末年从麻阳西皮溪徙迁怀化石门犁头园开基。至1998年，子孙共349人，聚居犁头园村等地。

怀化新路河乡笙竹贺氏　始迁祖荣朝公，明代由攸县罗源迁黔阳湛溪十二里袁家村，再徙怀化笙竹开基立业。至1998年，子孙共466人，散居于怀化市笙竹、涨水田、滩上、双坪印等地。

黔阳勾岩贺氏　始迁祖永纲公，其先祖华楚公于元代从江西泰和圳上迁徙湖南辰州。贵金公于元末明初又从辰州迁安江胜觉寺三犀角井贺家山，复迁龙田岩寨脚板木榅。永纲公于明代中叶再迁勾岩开基。至1998年，子孙共512人，分居于勾岩、向家冲、腊溪、乡坳脚等地。

黔阳龙田贺氏　始迁祖文武公，字贵魁，江西吉安府泰和县人，宋咸淳年间由江西永新迁湖南辰州黔阳县龙田。至1998年，子孙共4218人，聚居于龙田乡各村。

溆浦小横垅东冲贺氏　始迁祖志伦公，为子宾公三子，系材贵裔孙，从洞口山门迁小横垅开基。至1998年，子孙共588人，聚居小横垅东冲，小部分居黄垅江。

溆浦水东镇溪口贺氏　一代载翁，字仁甫，元大德元年（1297）由江西吉安府安福县迁湖南辰溪县白竹坪。四代贵箴公，字仁所，由白竹坪迁溆浦溪口村开基。箴公生子七，其第四子谊迁隆回县黄金井。第七子訚迁泸溪县浦市镇，长子谘、次子谟、三子喧、五子谦、六子谂之嗣裔，大多分布于溆浦县境，聚居于溪口村、湖塘村等地。至1998年，子孙共18000左右。

溆浦红花园贺氏　始迁祖八仙公，原籍安化，元至正间携子层一、层四徙溆浦红花园、大寨。

溆浦贺氏　始迁祖孟宗公，原籍江西吉安，明永乐二年（1404）征苗于黔，功勋卓著，赐号忠远，与张、杨、李、李四公由贵州黎平拨军来溆，居古义陵县南七十里小横永乐村。清光绪二年（1876）、1937年纂修族谱。班行：忠贺永文章贺宗祥朝承文章大洪家庭奇士克光裕方显广平世泽隆。

辰溪白竹坪贺氏　一代仁甫公，元大德元年（1297）自江西吉安府安福县偕子宦游辰郡。二代思卿公，任辰州府八番照磨，升通判，任满遂家本府辰溪县白竹坪，衍六房。清光绪三年（1877）续修族谱。六房老班次不一，如长房老班：贵言日文廷，嘉应贤全奇。士嗣永昌隆，成才方显达。新编班次：德泽培基本，诗书延绪长。登科金甲丽，捷步玉阶香。

麻阳西皮溪贺氏　始迁祖荣肖公，明末自贵州玉屏东移芷江，旋又从芷江迁麻阳西皮溪。现分布文昌阁乡，共200余人。字派：永单胜廷国，士大子朝兴。有怀祖德新，万世长昌顺。佑启原忠杰，志高超贤臣。强俊执环宇，嗣轩耀祥云。

芷江罗旧镇庄上村贺家坪贺氏 始迁祖永鳌公，由江西圳坝上迁湖南芷江罗旧庄上贺家坪（一曰成章公，于明末由麻阳西皮溪迁此开基）。至1998年，子孙共200人，分居于贺家坪130人，野禾坪14人，毛公坡11人，太田45人。

芷江艾头坪乡赖家山贺氏 始迁祖秀发公，明末清初由西皮溪迁赖家山开基。至1998年，子孙共450人，散居于艾头坪乡赖家山、曹家冲、天坪壤、楼池、波洞乡寨坝及贵州省三桧县等地。

泸溪高山坪贺氏 元大德元年（1297）自江西吉安府安福县迁辰溪县白竹坪，再迁溆浦溪口，传至文卿迁此。

骆

醴陵骆氏 始祖子昌公由浙江迁江西，元季时，官粤东惠州府太守，遭天下乱，遂挈家隐居古循州田心，即今之龙川县。传至三世，有仲贤、文忠两公，旋今数百年来，瓞衍椒蕃，支分派别，皆两公苗裔。其散处邑中者，东有沩山，南有垱下、湖头塘、泗汾何家垅，北有东冲铺、花草桥、佛祖岭、同化寺各处。而江西萍邑又有过风坳、栗山坡二处。清雍正十三年（1735）一修，光绪十年（1884）二修，1932年三修，2006年四修族谱。派语：子明仲应日，骆廷凤勋清。鸿象荣华朝，力邦正大崇。福进书香永，祥和兆景新。文章昭美善，世运庆昌隆。国治忠良发，家齐俊秀兴。思贤宏祖德，学道启先声。

醴陵东冲铺骆氏 始迁祖廷贤公，明朝时自江西迁此。至1948年，全族人口100人。

醴陵阳三石骆氏 始迁祖傅伯公，清乾隆四年（1739）自广东龙川迁此。至1948年，全族人口400人。

华容骆氏 始迁祖元珠，明嘉靖间由江西吉水驼杨树迁居湖南华容黄茅圻，今属南县。第六世玉华、从华、德华，玉、德留原籍，从华迁湖北石首。清雍正初创修族谱，1940年、2006年续修。派语：文章仕家（世第），天锡永芳。贤良正启，邦国遐昌。

平江横江骆氏 始迁祖崇选公，明成化七年（1471）自广东龙川迁此。至1994年，全族人口344人。

石门骆氏 始迁祖承文公，字焕章，原江西南昌城东秀水桥人，明世宗时任石门典史，遂留居西门巷，生四子：远、辉、道、毅。一居澧州四马桥，一居石门兰溪坪，一居南乡稻罗山，一居慈利牛角尖。清同治九年（1870）建宗祠于南乡稻罗山。宣统三年（1911）续修族谱，1998年三修。派语：公同渊源，丕振家声。伯仲叔季，诗书继成。儒珍必达，上占琼林。钟云毓秀，绵延恒贞。

汝城高滩骆氏　清雍正时由广东乐昌县迁汝城高滩。至1932年，共50余人。

蓝山大慈乡环连桥骆氏　始迁祖四十三公，明洪武二年（1369）由蓝山新田村鼓寨屏山分此。至1931年，凡120户，男279人，女268人，共547人。

新田骆铭孙骆氏　始迁祖良相公，字国佐，五代石晋人，由浙江会稽宦游来湘，开基于新田县明义乡骆铭孙地方。族人多分布在骆伯二、青山坪、河三岩、油榨屋及宁远之神窝塘、牛尾塘、五里洞等处。至1948年，男女15000余人。各村均有祠堂。

新田平山骆氏　始祖良相公，字国佐。至六世祖信卿公开基于新田明义乡平山地方。族人多分布在蓝山县环连桥及新田县明义乡长亭坊等地。至1948年，男女丁口800余人。宗祠在平山。

新田茅头坊骆氏　始祖良相公，字国佐，五代石晋人，由浙江会稽来湘，至九世祖佛佑公，开基于新田县明义乡，衍派茅头坊、小山下、平石头、井窝等地。至1948年，男女丁口过千人。宗祠在茅头坊。

新田厦源骆氏　始祖良相公，字国佐，五代石晋人，由浙江会稽宦游来湘。至十六世祖婆保公开基于新田县明义乡厦源村。至1948年，男女丁口300余人。宗祠在厦源村。

新田长亭骆氏　始祖良相公，字国佐。至十六世祖太一公，开基于新田县明义乡长亭村。至1948年，男女丁口300余人。宗祠在明义乡长亭村。

新田恩富骆氏　始迁祖百七公，南宋时由江西泰和县因宦游来湘，开基于新田县明义乡恩富地方。族人多分布在黄家湾、马鞍塘等地。至1948年，男女丁口共320人。宗祠在黄家湾。

新田三塘源骆氏　始迁祖龙贵公，清乾隆年间因贸易事，由平江县迁新田县仁智乡三塘源。族人多分布在西架源、石桥冲、杨家等地。至1948年，男女丁口共280人。

麻阳步云坪骆氏　祖籍江西圳坎上，明洪武年间，奉旨移居麻阳步云坪。现人口分布隆家堡乡步云坪、蛮溪。字派：寿德延方远，荣恩瑞应长。宏现明光显，忠义政国堂。

桂阳骆氏 始祖良相公，字国佐，号夔轩，望出会稽，于石晋天福间，持节粤海，以抚以绥。迄致仕归里，道出桂临，见山水之胜，不让会稽，于是相宅而居，为迁桂临一世祖。二世祖仲舒及子安世，周广顺初先后登进士第。逮八世祖廷玉，通判汉军。九世祖发兴，佐太祖覆元，以从龙之彦，侯封千户，由茶陵调守于州，官居乡土。生五子：文清、文浈、文海、文滨、文洪。清袭爵，郝兵屠城，遂斩其嗣。浈迁于郴之吉阳，滨移居山塘，洪徙居乌团园。海公分居西关，至五世而昌，各创基址，棋布星散各处。清同治十二年（1873）纂有族谱。族人分布于桂阳大乾乡之大溪头、沙坪、冷水、黎芙塘，贵临乡之山塘，同德乡之乌团园，城区之西关，迄今递传29代，男女丁口4400余人。

秦

长沙白箬乡印塘秦氏 宋时观公，号淮海，居高邮。其子湛迁无锡，复迁江苏洞庭。明成化年间，文瑞公，名志，号颐庵，因袭叔屯长卫迁湘，开基于长沙县白箬乡印塘地方。族人分布于宁乡、长沙等处。至1949年，已传21代，共2000余人。宗祠设宁乡仙凤乡新柳寺。清嘉庆四年（1799）、道光二十四年（1844）、光绪三年（1877）、1916年纂修族谱。派语：启佑光前，策勋载铭。永保荣华，衍泽桂薰。基镇湘楚，显达钟淑。材杰握铨，清和鸣玉。锡汝模烈，裁镕滋新。燮理钜治，权耀执钧。源本笃培，锦润采腾。重鉴鸿业，照远镜澄。

宁乡稽山温泉乡秦氏 先世居历城，唐玄宗时远芳公宦游豫章，遂家于吉安泰和。天宝末年公绪公流寓会稽，避乱南安，后家于高邮。宋恭宗时，万灵公以明经官南阳，因元人侵宋，故庐兵毁，遂挂冠南阳林下。明初从龙公，官翰林学士，子通甫、连甫。连甫留居南阳。通甫携子达先由南阳徙长沙，卜居宁乡稽山温泉乡。清乾隆五十一年（1786）始修族谱，道光十年（1830）续修，同治元年（1862）三修，光绪十八年（1892）四修。乾隆五十四年（1789）创修宗祠。字辈：通达嗣添兴俊秀，贤太廷学尚仕国。安邦远定基，继芳承厚泽。

双峰秦氏 始祖晚子公，字克明，明洪武三年（1370）由江西泰和县千秋乡紫陂集圳上迁居湘乡观山，今属双峰县洪山殿镇古塘村。至五代祖忠福、禄、远、应、贵五公。福公四子均迁贵州。禄公子志兴之后嗣出抚杨氏，应公出抚王氏，更名应忠。贵公迁邵阳三溪三都一甲罗江边，今属邵东。远公生志清、志彬、志明、志通、志常、志安。明、通二公失传，常公徙衡州，安公随叔贵公居邵邑，惟清、彬二公世居湘乡。自清乾隆二十一年（1756）湘、邵两支合谱。续修于同治七年（1868），首有曾国潢序。三修于1921年，2000年四修。湘派：晚良梦贯忠志文仲伯汝兴再秀大德朝廷世泰。邵派：晚良梦贯忠志文万伯朝添子思应敬祖宗世泰。合派：迪光载锡永，笃庆贻谋新。作述宏先泽，高华启达人。

衡山秦氏 始祖观公，字少游，居扬州。子湛公，任常州通判，家晋陵，十代而徙无锡。十三代景公，元时宦游楚南，因兵乱阻截，不得归，遂卜居衡阳二十四都九溪冲。三子：国贤、国宾、国宝。国宝后裔居吴集、域旗、大托、高坰、大冲头、秧山里、大塘冲、深塘冲、厚田冲。国贤后裔居下半都、义民、瓦子坪、山田冲、白禾冲、大吉冲、梅桥、石桥铺、罗汉岭等。清顺治间纂有草谱，乾隆二十一年（1756）始刊，乾隆四十年（1775）续修，嘉庆二十年（1815）三修，道光三十年（1850）四修，光绪九年（1883）五修。

平江南江秦氏 始祖琼公，山东济南府知府。传十一世至宋代再雄，任南昌刺史，迁居南昌，玄孙四人：龙、虎、凤、凰。宋大观间迁平江南江。

绥宁秦氏 始祖仁义公，宋绍兴八年（1138）因戍守自江西泰和落籍东山白竹山。传十五代后，进英迁居冻坡（今双河苗族乡境），再兴迁居双梁湾（今长铺苗族乡李家团村境）。

张家界秦氏 始迁祖贵、恺两公，原籍合肥县。明洪武二十三年（1390）官永定卫指挥使，子孙遂家永定。至1906年，已传16代。

益阳秦氏 始祖商公，字子丕，受业孔门，同列七十二贤，世居曲阜。五十四传至像公，像公四子冥秀公，为避靖难之乱，由江苏太湖洞庭徙居湖南永州。九传至自禄公，生在松、在梅，梅公居故里，松公于清初携子大仕、大伏、大仗、侄大位由永州零陵迁居益阳谢林港。清道光二十七年（1847）一修族谱，光绪十二年（1886）二修，1919年三修，1949年四修，2004年五修。至1948年，全族人口4000余人，分布于箴言、桃林、太古等乡及安徽南陵。派语：冥添受胜思，兴伯邦朝自。在大民国正，先有均能致。忠孝传芳远，诗书启隽英。文章光世业，淮海振家声。

沅江秦氏 始祖道建、行建两公。道建之子映霞与行建之子映弘于明宣德间由江阴二十一里秦家岭同迁常德沅江七都河西。1939年四修族谱。字派：道映单文朝单光楚永辉秉玉以锡士钟和本……

新化秦氏 始祖达、通两公，戍役南京，明洪武十六年（1383）调贵州黎平府铜鼓伍开卫，明永乐二年（1404）谕黎平府伍开卫拨移新化屯田，落户古塘。族谱一修于清嘉庆五年（1800），道光十九年（1839）、光绪二十五年（1899）、2000年续修。派语：思万孟尚，一志应求。世代兴隆，克承先绪。科甲连登，宣哲恭宽。孝慈仁让，忠信笃培。慎修兴学，福庆吉祥。

汝城秦家秦氏　始迁祖德育公，明成化间自湖南衡山县迁汝城县秦家。至1932年，已传22代，100余人。

零陵秦家洞秦氏　始祖兴辅公，行一，原籍江西瑞州府上高县红江白绣锦坊。明初因官湖南永州府刺史，遂家于零陵县孝弟乡下保里秦家洞忠心屋白竹园。族人分布于道县、宁远等处。至1948年，已传24代，共5000余人。宗祠设秦家洞。

东安官田桥秦氏　始迁祖兴贤公，字贵绍，号景武，原籍江西瑞州府上高县鹅公大坵洪江白绣井。明洪武二年（1369）与兄兴辅（号景文）迁湖南永州府零陵县孝弟乡下保里秦岩村。景武复迁东安官田桥，衍四房。清光绪二十一年（1895）、1928年纂修族谱。大、三、四房前代班次：兴以永显得，文应尚九时。一昌天世茂，朝廷科必先。二房前代班次：兴以永显得，文应正喜宪。守宗有必逢，明世昌才大。续班：东山宣道统，诸子广其传。至教开新运，诗书启万年。

敖

醴陵枫树坪敖氏　始迁祖友生公，清光绪末年自江西清江迁此。族人分布于濯冲。至1948年，全族人口10人。

华容东山长岗庙敖氏　宋高宗南渡时，庆荣兄弟避兵乱，于绍兴二年（1132）从江西新喻迁居华容东山长岗庙，后人分居华、石、监三县。派语：启家惟孝友，经国思文章。宗以行仁远，世因力学长。存心大可贵，秉道斯为良。用克绍先德，自兹永兆祥。

平江瓮江敖家敖氏　始迁祖孔公，明永乐间自江西新喻迁此。至1994年，全族人口314人。

桃源敖家坪敖氏　始迁祖道镇公，明成化间自宁乡迁桃源县北莫林之连珠桥。至1948年，已传19代，全族人口600余人，分布于九溪、畲田、浯溪、新平、莫溪、旸谷、温泉、灵岩、龙潭等地。宗祠建于清光绪二十年（1894），族谱创修于1914年。

袁

长沙袁家冲袁氏 始祖辉容公，讳光先，南宋时平浙寇，封侯爵。子巨献公，讳忠，袭父职，授湖广武陵郡参将，自江西泰和家潭州。辉容公二十六派大庄公生子七：长本纪为长邑马鞍铺支祖。添、良、醇、厚四公失考。本源、本志则迁善化袁家冲（今属长沙）。本源五传至之尧、之舜，尧开牧马房，舜开滕冲房。本志生林塘，塘生少塘、泉塘。泉塘徙潭邑界，开马山坳房。少塘三传开之诗、之书、之礼、之乐、之文五大房。清乾隆三十八年（1773）创建宗祠。乾隆四十二年（1777）始修族谱，道光十九年（1839）续修，同治七年（1868）三修。老谱派语：象玉润英品，长达自光荣。有美从斯定，其人式克珍。楚书惟宝善，晋聘振贤仁。世泽恢宏久，湘南冠国宾。新定派语：象玉润英，品光家国。定锡先恩，世承祖泽。

长沙纯化袁氏 始迁祖宗仁公，字瀚仙，元至正二十六年（1366）进士，历任吏部四清吏司郎中，由江西丰城县茶市迁衡山，再迁潭州长沙郡城湘春门外盐仓街，世居纯化都。十六传至袁绪钦，字敬祜，一字叔瑜，清末文士，有《涵鉴斋文录》传世。1921 年纂有族谱，2016 年兴萼公裔纂修家谱。字辈：宗志必人，崇万时尚。嘉以一开，国成洪绪。兴贤肇庆，世泽大昌。家声克振，孝友启光。

长沙黄沙港袁氏 始迁祖志荣公，字世华，号汝衮，明洪武十五年（1382）由江西丰城迁垦湖南益阳县桃花港，二十五年（1392）复迁长沙县新康镇之格塘中珠洲（黄沙港）。传三代分为西岸、柳林、杲山、东岸、南湾、湘江六大房。总祠设长沙市西长街。清乾隆二十一年（1756）、嘉庆二十一年（1816）、咸丰十年（1860）、光绪十六年（1890）、1917 年、1948 年纂修族谱。派语：仕之铭泰常，先泽允书长。忠孝光家国，文明继世昌。至 1948 年，已传 19 代，共 7000 余人。

浏阳周洛洞袁氏 始迁祖俊辅公，后唐同光间由江西庐陵天同十三都铁树观徙居长沙府浏阳县周洛洞。后人衍为五支，分居潭口、石塘冲、白茅洲及平江、长沙等地。清道光三年（1823）三修、光绪十三年（1887）五修族谱。

浏阳石围袁氏 江西远祖万赟公。元季群雄肩摩，四海鼎沸，万赟公六十四传禄苍由江西丰城迁楚，卜居浏阳之西。越三传，生文亮、景春、思沧、彦明四公，分为元、亨、利、贞四房。元、亨、利三房居石围，惟贞房分居马家冲。明万历三十六年（1608）始修族谱，清康熙六十一年（1722）续修，乾隆三十八年（1773）三修，乾隆五十九年（1794）四修，道光二十八年（1848）五修。乾隆四十七年（1782）贞房子孙建祠于马家冲，嘉庆二十四年（1819）元、亨、利三房子孙建祠于石围。派语：（自第二世始）宗文大志奇伟时添奉尚应兴。启富生贵，成家国光。名登榜首，宦绍汝南。鸿禧永锡，万世其昌。

浏阳东门袁氏　始迁祖景奇公，原籍江西丰城县，明正德间为避征徭役，来浏东濠溪，以设馆授徒为生涯，旋徙居东门市。清乾隆十八年（1753）三修、咸丰十一年（1861）四修、宣统二年（1910）五修、1938年六修族谱。派行：仕淑可祐，以子景恢。如春道有，世盛益隆。家贤从化，师正惟成。由理宗文，名镇长安。忠清贵显，拱立朝端。

宁乡袁氏　鼻祖文珊，讳公镇，号玉三郎，江西吉州泰和早禾渡中奉乡梅子坡人，后唐同光二年（924）携弟公亮徙居楚南潭州，落业土桥。后将土桥产业拨付公亮，徙居宁乡新康，后晋天福二年（937）再徙湘潭状元乡。宋开宝二年（969），天子诏调吉安圳上豪杰者赴邵州标管开产，文珊公闻诏赴郡差领鱼油籍贯，卜居宁乡曹碑市永积桥。文珊公下二十一世继富分祖才、祖诚、祖达、祖兴、祖贤、祖铭、祖续七房。清乾隆间七房分修族谱，同治九年（1870）兴房续修。派语：文万曰晏余，光丹和显仕。盛治广抡才，峻德宏经济。志继祖胜绍，景廷明大贤。嘉邦仁必庆，恩彦可存宣。应朝怀惠泽，高第喜升迁。思先昌以达，道义永流传。

宁乡袁家桥袁氏　远祖公亮，后唐同光二年（924）由江西泰和县出籍潭州。至伯庸开基宁乡新康土桥，后改迁湘乡案山、新化高坪。至明成化三年（1467），必凝公由新化高坪迁宁乡袁家桥。自必凝公至1949年，已传17代，共400余人。宗祠在神光山口。清光绪三十二年（1906）续修族谱，1934年增修。

宁乡廖家滩袁氏　天罡公历十传而至光五郎，南宋时由江西丰城迁居湖南新化高坪，发派十七户，合侄发顺户，共成十八户。至二十六传如谦公因避兵乱，于清顺治二年（1645）徙居安化菜花溪，生子五：尚恭、尚宽、尚信、尚敏、尚惠。恭裔仍守安化旧址，信裔往蜀，宽、敏无传。尚惠生子五：文伟、文侯、文伦、文佐、文俊。侯、伦、佐、俊四公递徙宁乡九都廖家滩。清同治十三年（1874）创建宗祠。明正统间、清康熙十二年（1673）、乾隆五十四年（1789）、道光十七年（1837）、同治十二年（1873）十八户共修族谱，光绪三十四年（1908）宁乡分修，1938年宁乡七修。十八户班行：（自三十六世始）

敦伦辉祖泽，积德致和祥。佑启英贤裔，诗书锡福长。吉安肇先绪，新化庆繁祉。雍睦笃宗亲，忠孝肃纲纪。

湘潭百井袁氏 始祖辛公，行十一，宋末年间居善化上厢坊，即长沙南门外碧湘街。辛公生万伯，万伯生用和，用和生寿孙，寿孙公元至正间随母避乱三十三都山塘铜瓶内七日，继而母死于难，公遂至醴陵留仙寨，播迁数年，甲辰携子冷、均、政来湘潭一都百井冲，受田出籍。明成化六年（1470）始修族谱，清顺治十七年（1660）续修，康熙三十九年（1700）三修，乾隆七年（1742）四修，乾隆五十三年（1788）五修，道光四年（1824）六修，同治八年（1869）七修，光绪二十四年（1898）八修。派言：（自二十派始）文章经国，孝友宜家。光昭德泽，森茂英华。

湘潭霞湾、石门楼袁氏 始迁祖钦一公字占先，偕弟钦七字福孙，明洪武初自江西南昌府丰城县何家垅之老袁坊客游湖南湘潭县，卜一都徐家冲。后占先公迁河东三都霞湾，福孙公迁一都石门楼。至1948年，已传20余代，族人5600余人。宗祠设株洲乡。

湘潭袁氏 始迁祖义莹公，明洪武五年（1372）自河南汝阳县徙居湘潭。历四世而分涟江公、德懋公两派。清康熙四十九年（1710）一修，乾隆三十六年（1771）二修，道光八年（1828）三修，同治十二年（1873）四修，宣统三年（1911）五修，1944年六修族谱。字派：映儒兆达，泽远名扬。传家孝友，华国文章。承先启后，长乐永康。贻谋世守，咸怀忠良。

湘潭石塘山袁氏 序称："吾族自南京寿州蒙城县袁家村，洪武骠骑四将军晋大司马封万户讳洪祖起家，再传长讳宇，官后军都督，次讳容，封广平侯世袭。子孙讳聚祖，调茶卫指挥佥事。延及扶桑祖，以明经膺岁荐，移屯湘潭十三都地名石塘山，是为湘潭之始祖。"扶桑公讳杲，字正东，子时祐、时祯、时禧、时祥，为四大支。清乾隆十五年（1750）、乾隆五十一年（1786）、道光九年（1829）、同治二年（1863）、光绪二十四年（1898）、1942年六修族谱。初修有吕肃高、张璨、张瑗、张九镒序。字辈：昌廷之遇显，世泽日增荣。孝友为家政，忠良作国桢。扬仁心可法，积善道宜亨。佑启才多秀，登朝立盛名。袁芳瑛为时祐房十二派孙。

湘乡袁氏 尊天罡为始祖，唐初自成都迁江西泰和。始迁祖广五公，于后唐同光时迁至湖南茶陵，子孙旋迁湘乡道山、暗山。宋咸淳时，嗣孙海亮再徙邑之番江宁家坪。族人分居于宁乡、新化、益阳等地。清乾隆十八年（1753）湘乡、宁乡续修族谱。

湘乡黄山杉林袁氏 远祖唐时天罡公由蜀郡迁江西泰和。宋嘉熙间光五郎落籍新化。明洪武九年（1376），必才公携子嗣荣由新化之高坪迁湘乡黄山杉林（一曰由宁乡侯田迁上湘），尊为一世。杉林谱始修于清乾隆二十七年（1762），道光二十八年（1848）续修。乾隆二十四年（1759）建宗祠于杉林。旧班：必嗣世崇仲兴太，安邦定国永和平。有志贤英宗先德，正大光明显业成。新班：圣绪开周彦，清修启汉良。祖功鸿庇佑，来耳愈腾芳。

湘乡新窑袁氏 始祖经通公徙楚岐居衡湘袁家冲，生子二：长昌语，生福地，析居大富塘。次篪，生子二，析居早禾冲、大冲。昌语传六世大宠公，明时由衡山大富塘迁湘乡新窑斗上，曰斗上房。篪公传六世大经公居湘乡大冲，曰大冲房。大经兄大维同居大冲，虽赘衡山町峰陈氏，裔孙仍归大冲。清乾隆二十九年（1764）始修族谱，嘉庆十九年（1814）续修，道光二十一年（1841）与衡山合修，光绪七年（1881）四修。班序：福寿廷万大，正祥乐倡凝。家传忠厚本，贻训裕萦膺。锡汝陈焜耀，镇湘极灿隆。钟涛标燮理，巨泽沐荣封。

湘乡袁氏 始迁祖念棠、思棠、三才，明万历间由江西南昌府丰城县老袁坊尊敬里张家边迁居湘乡虞塘。念棠公居石头埠羊角塘，后裔居樟树湾。思棠公仍居虞塘。三才公居黄莲塘，后裔居白泥塘。清同治二年（1863）念棠公房始修族谱，2003 年三修。班序：国懋秉孔道，克文肇贤振。继述昭仁厚，昌隆锡福新。家聚有功德，风顺玉烛莹。

醴陵渀坎袁氏 始迁祖晓东公，后晋天福二年（937）自金陵迁此。族人分布于耿境、金家冲、白兔潭等地。至 1948 年，全族人口 2000 人。

醴陵袁氏 始祖集成公，元至正时自江西丰城迁于萍乡南城，子魁孙于明洪武间卜居湖南醴陵烟竹湖。历八代至宝公，移居泉水湾。族人分布于萍乡等地。1922 年三修族谱。至 1948 年，族人 1000 人左右。

醴陵茂山岭袁氏 始迁祖惟善公，明洪武初年自湘潭迁此。族人分布于水口庵、梓了冲。至 1948 年，全族人口 3000 人。

醴陵赤竹岭袁氏 始迁祖魁孙公，明洪武初年自江西分宜迁此。族人分布于萍乡。至 1948 年，全族人口 1000 人。

醴陵夏家坊袁氏 清康熙间自广东平远迁此。至 1948 年，全族人口 600 人。

醴陵荣家冲袁氏 始迁祖国材、国臣、仲政、国仲，清康熙间自广东龙川迁此。族人分布于泮川冲、桃花、桐梓坪。至 1948 年，全族人口 300 人。

安仁太平里、江洲袁氏 先世由泰和县早禾市迁湘，开基于安仁县太平乡梅岭村、太平里、江洲岭、高冲等处。至1949年，已传40余代，共2000余人。宗祠二，设太平里和江洲岭。

邵阳杨林袁氏 始迁祖和镇公，字安重，明初自江西庐陵迁居湖南邵阳城北北江，旋徙东乡万安七里村鸿鹤庙杨林冲，后嗣或迁邑之樟树、鹅公井、黄龙桥、三溪，或迁上湘之灌溪、新化，或移蜀地。清雍正五年（1727）、同治二年（1863）、宣统元年（1909）、1942年纂修族谱。派序：（自七派始）世政兴大守，安邦定国朝。文学宗贤训，忠厚绍家传。德建伦纪叙，名树永腾芳。继述承先志，延熙庆祚长。

邵东袁氏 始迁祖子明公，原居直隶勇平府滦州令公寨，明洪武间任宝庆卫指挥，致仕率子福良、福振卜居大东乡三溪一都杉山村，即今邵东县范家山袁家湾袁家台。清乾隆五十九年（1794）始修墨谱，道光十九年（1839）一修，光绪十九年（1893）二修，1937年三修，1993年四修，其时男丁1611人，女口1568人。老班：春一阳生，龙跃九天。振声万里，彩德盛宣。新班：北祖之南方，光荣嗣代昌。传家崇孝义，邦国重贤良。该族名人：袁国平，新四军政治部主任，1941年皖南事变中阵亡。

隆回洞头垛袁氏 始祖珠公，自湖南新化徙邵阳县西平乡。珠公孙正东公徙居邵阳县隆回洞头垛。

武冈智胜乡袁氏 始祖天罡公，唐贞观时由蜀历江南居江西吉安府泰和县圳上，至五传祖广五郎分迁湘乡案山。至十传祖光五郎于宋元符间又迁新化高坪侯田。至十二传祖进现公，为前宋指挥使，开基于绥宁县岳一里。十七传祖光渊，字仲源，于明洪武二年（1369）迁武冈县西路洞口智胜乡袁蓬。至1949年，已传24代，1900余人。

岳阳袁氏 始祖天罡公，唐贞观时官袁州刺史，遂家袁州。其后五世徙居吉水九曲巷仓前。又五世正公，被寇乱，复徙居永丰石溪。宋宝祐间，元三公，讳孟振，迁居武昌府通城县左桥学堂坡。又六传至必先，字仲斌，生思道、思义、思方、思昌、思俊、思受。思道生友忠，后裔居滥泥洞、原窑坡、雪大门、彭家山、佛坳。友才后裔居改港、训畴、军冲、桃源。思方生友琦，后裔居下庄、训畴、长坪、清洞。思昌生友贤，后裔居湾门。1942年改港袁氏五修族谱。

华容鲇鱼须、新建乡袁氏 先世从南京迁居湖北石首绣林。至清同治年间，蔚然、鹏程和大成、大孝分别为两支始祖，迁居华容。堂名卧雪。

湘阴青竹庙袁氏 始迁祖岱山公，元末自江西丰城迁湘阴。

湘阴密岩袁氏 始祖辉容公，始迁祖碧贻于明初自江西丰城迁此。1936年纂有族谱。

平江南乡袁氏 始迁祖才七公，元至正十年（1350）自浏阳迁平江县袁家岭。至1994年，全族人口7079人。

常德袁氏 始迁祖彬公，原籍江西吉安府吉水县大栗树，明永乐二年（1404）徙居常德西关外丹洲坪，越数年后卜宅药王溪岩桥湾。清咸丰十年（1860）、光绪三十三年（1907）、1941年、1997年纂修族谱。派次：德玉启正鸟，世文国学昌。登庭成大志，吉庆有余光。

汉寿凤桥袁氏 始迁祖仲章公，世居吉安府吉水县四十六都文昌乡奉节里，明洪武三十一年（1398），偕弟仲宝、仲贤奉诏拨补龙阳（今汉寿县）。仲章赘于萧氏，遂居檀树界大罗村黄家郫，永乐间复徙凤桥。明成化七年（1471）一修族谱，嘉靖二十三年（1544）二修，万历三十年（1602）三修，清康熙三十九年（1700）四修，雍正十三年（1735）五修，乾隆四十九年（1784）六修，咸丰七年（1857）七修，1917年八修，1995年萧、袁合谱，2016年十修。字派：兴国自先一真希最厚嘉善可芳延道从本立世……

汉寿袁氏 始迁祖觊公，原籍江西吉安府永丰县古亢冲横江保书堂社。二世先烈公，荆州知府。三世达德、达道，达德生续、绪。续公任澧州教喻，明宣德元年（1426），兄弟来汉寿。续公落业毓德铺北益坪上峰，绪公落业小塘村黄藤碑杨家窝。清乾隆十年（1745）、咸丰七年（1857）、光绪四年（1878）、1917年、1937年、1996年、2016年七修族谱。堂号省春。派语：文明宗支大，正序定宜先。传承开作述，家道永凡昌。盛业登昭代，恩荣兆万祥。共和新宇宙，英俊振华邦。祖德贻谋远，声威四海扬。

桃源浯溪袁氏 始迁祖思敬公，明洪武初年自江西永丰迁于桃源县东浯溪之金龟坡。至1948年，已传22代，全族人口1500余人，分布于临澧、慈利等地。清道光二十年（1840）建宗祠于金龟坡。族谱创修于1931年。

桃源袁氏 始迁祖斌公，明洪武间偕妣阮氏率四子敬、宝、龙、虎由江西吉安府永丰县茶口园迁桃源巴溪障。敬居王家堰，宝居三阳坪，龙居原址，虎迁石门观国山。1932年敬、龙两支纂修族谱，为三修。2001年四修。原派：宏兆定宇，克达其作。仁孝自立，宗义传模。续派：兴诗建业，泽祥伟成。良才英杰，丕振家声。

桃源北路袁氏 始迁祖旋公，明永乐二年（1404）自江西吉水县安福乡十三都浅汉溪青龙咀迁居桃源县东袁家井，三世廷贵迁兰溪河，四世忠公迁双溪口高都（今古堤村），清乾隆间建宗祠于古堤村。乾隆二十四年（1759）、道光十八年（1838）、光绪九年（1883）、1917年与石门、慈利、澧县等邑合谱，2005年桃源五修。五修时现丁1331人。派次：为廷承德祖声昌废继荣治家……

张家界袁氏 始祖才公，原籍麻城。子成公，明永乐中官永定卫千户，子孙遂家永定。

益阳袁氏 始迁祖良正公，本汝南人。曾祖乔公任相江夏，祖基公随任隔居。充公仕隋为太史。丁隋末之乱，德公携二子至益。唐武德间良正公始卜宅益邑上乡二里九冈棱。清道光六年与安化岐圣公裔、宁乡天罡公裔合建祠堂于安化清塘铺并合纂通谱。同治四年（1865）续修。

益阳袁家巷袁氏 始迁祖羲仕公，字学优，原籍江西吉安府吉水县圳上。元至正间，天下兵起，乃隶马将军麾下，累战有功，晋都司。元鼎既革，明太祖受命，公以佐命功仕南京都统。洪武初以年老乞休，解组迁益，卜居十五都巷口。十传至“遴”派，衍为五大房：经、通、明、道、海。经房显支世守故业，柏、杞、柄、极、亮、梓六支尝迁沅江。明时避兵乱，柏公返居益阳南小街，杞公居益阳青山塘。柄公远宦云南，生三子：绍云、绍禹、绍汤，禹、汤返益，绍云递传三世庭生亦返益卜居樟树潭过鹿坪。清嘉庆间居益显、柏、杞、柄四支创修族谱，1934年四修。派语：羲道永恒宁，凤彩寿昌遴。祖绍训立承，宗正安邦国。

益阳袁氏 始迁祖秀廷公，明时自江西永丰迁益阳二十一里纸蓬汊。传三叶生四子：思恭、思敬、思仁、思义。恭、仁两房远徙不详。清乾隆元年（1736）、嘉庆十年（1805）、道光二十八年（1848）、同治四年（1865）、1931年纂修支谱。派语：秀茂思彦润，审凤怀绍世。忠良德泽流，芳远文名第。荣先维显耀，敦本定延长。诗书绵后启，孝友迪前光。

沅江团山乡袁氏 先世明惠帝建文元年（1399）自江西吉安府吉水县客游沅江，定居县北马保三杨柳庄。至1985年，全族人口500余人。

安化袁氏 始迁祖岐圣公，字若有，原居江西瑞州府上高县里贤村宁太团。为忠义公十一世孙，知湖南宝庆府事。明宣德五年（1430）卜居安化西门。五世胜祚公，明嘉靖间迁居东路清塘铺，子孙散居安化、宁乡、益阳三县。清道光九年（1829）建宗祠于清塘铺。乾隆十二年（1747）始修族谱，道光九年（1829）三县合修，同治四年（1865）三修，光绪二十八年（1902）四修，1929年五修。派语：福岐魁同可，胜秀世芳惟。天永嘉常选，才高美甲恢。新运开华国，书香绍祖传。勋名钟鼎贵，麟振万斯年。

新化袁氏 始祖天罡公，唐初出守袁州，为江西发源之祖。其后隶籍吉州泰和圳上早禾渡梅子坡。唐季黄巢之乱，有诏移民，广五郎于后唐庄宗同光二年（924）徙居茶陵州。子伯万，又生五子：必清、必敏、必荣、必华、必岩。必清又由茶陵迁湘乡长乐乡十七都营田道山，即今湘乡袁家坝。必清又生四子：公衮、公辅仍居道山，公镇徙宁乡，公亮分居宁乡士桥。公亮生伯庸，宋神宗元丰七年（1084）又居湘乡案山麒顾坪。伯庸子光三郎宋钦宗时由案山历宝庆落担新化南古高坪。光三郎生万富、万贵。谱以伯庸为第一世，富裔十五世思麟公，十六世兴进公，明天顺七年（1463）由高坪又徙七都清江坪。1993 年思麟公裔纂修族谱。字派：（自第二世始）光万开基忠，宣述兹惠庆，添孙世思兴，祖宗广大高，文尚应嗣加，贤良诗书辅，朝国道德昌。

新化黄信、侯田袁氏 后唐同光二年（924），广五郎由江南常州徙潭州，营宅茶陵东山，其孙必清由茶陵徙湘乡长乐乡道山（湘乡袁家坝），必清四子：公衮、公辅、公亮、公镇。第三子公亮生伯庸，宋元丰七年（1084）徙湘乡县状元乡案山。伯庸子光三郎、光五郎于宋钦宗时徙新化县之高坪（今属隆回），分别落业黄信、侯田，光三郎后裔衍为十二户、光五郎后裔衍为十七户。明正统九年（1444）一修族谱，清康熙十二年（1673）二修，皆尊天罡公为第一世祖。乾隆三十四年（1769）三修时，以光五郎始迁新化，改尊为第一世。道光六年（1826）、同治十三年（1874）、宣统三年（1911）续修。1948 年成户七修。1994 年八修族谱。班次：（自十六世始）必仲允有任，仁义礼智信。文章华国珍，家世愈名盛。敦伦辉祖泽，积德致和祥。代启英才裔，诗书锡福长。高平肇先绪，新化庆繁祉。雍穆等宗亲，忠孝肃纲纪。

资兴二五甲袁氏 始祖后唐郴阳太守学渊公，年老致仕，家于资兴程水乡。十三子，长子讳琼，以进士擢吏部左侍郎，归隐石背村，为二五甲与一七甲之继别宗。传十五世至仲叟公，当元季兵燹之乱，建寨辰冈，以捍卫里民，由是以二五番号名其里。族谱始修于清咸丰元年（1851），再修于光绪六年（1880），三修于 1927 年，四修于 1948 年。

桂阳袁氏 始迁祖用和公，行大一郎，原籍江西吉安府泰和鹅颈坵，生宋仁宗嘉祐七年（1062），卒高宗绍兴六年（1136）。甫弱冠，客游楚南桂郡西下冲刘家园。1948 年纂修宗谱。堂号扬风。

汝城南薰门袁氏 始迁祖溥公，江西宜春县人，宋真宗治平时迁汝城南薰门，继居西一区霞流村。三世智珠居霞流。智明归宜春后归南薰门，分居西城脚、东南门、上下营田、古塘。智达迁南区星岸。至 1932 年，已传 36 代，共

700余人。

新田三里亭袁氏 始迁祖敏文公，字隆锐，清康熙时因经商由湖南汝城迁新田县中和乡三里亭。至1949年，已传8代，共130余人。族人分布于凤仪山、木山塘等地。

麻阳尧市袁氏 祖籍江西省泰和县四十二都，明洪武年间徙湖南沅州之扎牛坪。1918年，后裔由扎牛坪迁麻阳尧市定居。字派：道德运经书承宗启后裔……

耿

醴陵北乡严家冲耿氏 始祖添爵公，原籍江苏上元。兄弟八人为生活所计，迁徙他乡。临别之时，破釜为八，各持一声，以为今后联系之信物。添爵公于明崇祯年间由江苏来湖广，落籍醴陵县北乡严家冲，垦荒置业，生息繁衍于斯。至1948年，全族人口1000人。派语：添开景运佑中帮，辅世民良大而昌。家之道在农兼学，兴养遵儒必有光。十八代在忠，字俊勇，即将军外交家耿飚。

聂

浏阳蕉溪聂氏 迁湘始祖思仕公，自江西清江宦游湖广，居湘阴，其子宗炳于元至元中迁浏北蕉溪岭，七传至景铭公迁居叠田段。至清光绪三十三年（1907），已传26代，丁口1600余人。

湘潭姜畲聂氏 始迁祖汀公，江西临江清江县人，明嘉靖间迁此。清光绪二十三年（1897）二修族谱，堂号秩宗。

湘乡印溪聂氏 始迁祖元光公，原籍江西吉安府泰和县，后唐同光间官长沙通判，因世乱未归。四子：长子荣一郎裔居衡山，次子何二郎裔居湘乡西阳，四子敷四郎裔居新化高坪。元光公偕第三子透三郎卜居湘乡三十九都雷家村，今涟源市渡头塘镇印溪。明正德九年（1514）、嘉靖五年（1526）、清康熙二十七年（1688）、乾隆五十六年（1791）、嘉庆七年（1802）、道光二十年（1840）、光绪二十三年（1897）、1943年、2012年纂修族谱。班行：福洪朝魁仲，应秉仕世（仍）志。嗣秀荣昌泰，思亲念祖宗。承先昭盛绩，绍绪启贤忠。茂德逢时显，芳名永代隆。

醴陵王仙聂氏 始迁祖盛贞公，清道光间自江西清江迁此。族人分布于香水渡、仙石、枧头洲。至 1948 年，全族人口 60 人。

华容鲇鱼须聂氏 始迁祖裕宾公，世居江西丰城县，清光绪十八年（1892）为贫困所迫，从丰城县樟树聂家坮迁居华容鲇鱼须，其二弟、三弟相继迁华，后人分居鲇市、城关、注滋口。

平江岑川聂氏 始迁祖本沅公，明嘉靖十年（1531）自湘阴迁此。至 1994 年，全族人口 254 人。

衡阳聂氏 始迁祖祥公，宋淳化四年（993）由江西吉安太和义山早禾冲迁衡阳金兰寺双厚垂裕堂。清乾隆三十八年（1773）三修、道光十六年（1836）四修、光绪四年（1878）五修、宣统二年（1910）六修、1939 年七修、1992 年八修、2022 年九修族谱。班行：肇祥汉安荣时大祖庆朝杞良。原永文世通，必显志均公，泰元思汝道，天宝福如东。廷献鸿猷焕，心怀喜效忠。

衡阳聂氏 始迁祖为政公，明弘治间由江西丰城县葫芦坪迁今衡阳金铺大悲寺，孙文才肇迁界头，文秀肇迁东乡，文禄、文贵肇迁岳后。清乾隆五十年（1785）一修族谱，道光十一年（1831）、光绪九年（1883）、1921 年、2004 年续修。岳后各房字派：文庭伯代永世昌，名敏良秀祖泽长。岳市房字派：汉茂正汝珺上文，世仕良秀祖泽长。界头房字派：文碧朝庭正应启，学征良秀祖泽长。大泉房字派：文碧潮承忠上世，维鸣良秀祖泽长。景冲房字派：开齐奉应子文荣，世上良秀祖泽长。湘南聂氏合族字派：文庭伯代永世昌，名敏良秀祖泽长。庆集一门敦五典，人占宏绪自同芳。河东第宇源周锡，江右家声绍晋阳。传远发祥知在守，诗书品望振衡湘。

衡山萱州聂氏 始迁祖曲鳌公，原籍南昌府丰城县，因人稠地隘，于明中叶徙湖南衡山紫盖乡之新庄。四传至受文，复迁萱州。清光绪三十三年（1907）五修，1936 年六修族谱，堂号礼图。

衡山荆林聂氏 始祖贵洪公，字心水，讳度，原系浙江籍，徙居江西抚州府棋子巷，登南宋景定三年（1262）进士，官至司马奏议大夫，致仕归田，复从抚州卜居临江府清江县板桥。子克恭，孙觉兴又相地于板桥之西遍植紫荆。四世元用，讳本，号茶峰，行一，元至正二十五年（1365）自板桥迁居于此，号荆林聂氏。至十三世应禅公，清康熙年间由江右游医湖广，侨居衡山，为衡山聂氏开基祖。清乾隆十三年（1748）赣、衡聂氏撰修通谱。光绪九年（1883）衡山独修，1916 年续修，1999 年三修，现丁 854 人。十六世先焘，乾隆丁巳进士，官陕西镇安知县，有令誉。十九世有豫，咸丰癸丑进士。子缉槼，曾国藩婿，曾任江苏、湖北、安徽、浙江巡抚。缉槼子其杰、其焜皆近代著名实业家。荆林名派：继先肇敏，有辑其光。崇本敦实，修吉致祥。景维曩哲，聿启晋阳。远耀而南，嘉植传芳。训行模范，述守典章。淳厚为珍，德义是坊。宜家淑世，经久宏昌。宗功克懋，福泽永长。

常德聂氏 始祖巨源公，生于江西抚州府临川县战坪，宋庆元间授丰城县教谕，即卜居丰城穆湖。传至十世、十一世于明时由丰城迁楚者共三十九支，散居武陵、桃源、汉寿、沅江、澧州、安福、慈利、永定、桑植、龙山、沅陵、益阳等地。明万历九年（1581）常德聂氏创修族谱，清康熙三十六年（1697）续修，并建总祠于武陵流花口，乾隆二十五年（1760）、嘉庆九年（1804）、咸丰十年（1860）、光绪十六年（1890）及民国间曾多次续修。派语：愈方由自起，率祖景其人。祚泽名年甲，谟昌先圣征。家声传久远，世代作宏新。承继斯为贵，和光永赋春。

桃源灵岩聂氏 先世明永乐时自江西迁于桃源县北灵岩之小苏溪。至1948年，全族人口600余人，分布于本乡及九溪等处。宗祠在小苏溪。族谱创修于清光绪十五年（1889）。

桃源浯溪聂氏 始祖明时巨源公，临川人，任南昌丰城教谕，其后裔分迁湖南十七县。此支居浯溪之黄花冈，至1948年，已传28代，人口400余人，族人分布于聂家桥、漆河、陬市等处。支祠在黄花桥。

益阳聂氏 一世祖子经公，居江西临川南城。十七世主器，名职，字文斌，行二，明成化十七年（1481）由江西丰城县徙居益邑西门外金城桥，后迁三堂街。明器，名聪，字文炳，徙居益邑西门外。盛器，名耿，字文鉴，徙居益邑，复迁溆浦。清嘉庆六年（1801）三修支谱。字派：（自第五世始）淳然梓慎，德叔可翁。本时迪道，器楚再应。品直乔迁，名高世远。安邦定国，泽普功烜。人文继起，忠孝宏宣。家声克振，组绶绵延。

益阳合兴垸聂氏 始迁祖广红公，清雍正年间自湖北蒲圻迁此开垦。

桃江白若溪聂氏 始迁祖胜谕公，明崇祯时由江西南昌避乱益阳十三里徐家冲，衍居今桃江白若溪、苏家冲、石冈冲、栗塘冲等地。

沅江毛公山聂氏 始迁祖仲谦公，明洪武间自豫章来楚，开基于沅江县马保毛公山。越四世至俊公生有十一子，永传者仅八房：金升、金鼎、金昂、金章、金冕、金华、金铭、金昶，编为仁、义、忠、信、性、道、文、章。清道光五年（1825）始修族谱，咸丰三年（1853）续修，光绪四年（1878）三修，宣统三年（1911）四修。派语：（自十五世起）光明正大，士志纯长。宗功丕焕，家道克昌。必宏锡庆，应远传芳。承先礼教，长发其祥。

安化聂氏 始祖淳公，任襄阳谷城教谕，后隐居江西丰城檀溪。十派孙时行，生迪简、迪哲、迪彝。哲失考，迪简生原尧、原文、原洪，迪彝生贯、舜、宏、盘。尧之后居安化三里烂泥冲，文之后居一里善溪、九里柏树冲、十里张家塅允定冲、三里板溪。盘之后文斌，居六里磨砖，又有分居小栗港、招佃冲、界头冲、伍家洲、桃花港者。盘之后文炳、文鉴，炳子祯祥迁安化潺溪，文鉴之后迁溆浦。

安化梅溪聂氏 三国时有聂友，其后魏钦，唐玄宗时由江西清江迁泰和圳上。传十一代孝礼，迁南昌。孝礼弟孝用，又十代敏亨由泰和迁安化梅溪。

新化聂氏 始祖仕臣公，世居江西吉安府泰和县东乡，唐宣宗时官御史，生四子：元光、元明、元正、元大。明、正、大仍籍江西。元光官长沙通判，解组未归，侨居长沙黄道门醴陵坡，旋迁宁乡伏虎庙，生有四子：长荣一郎迁居衡山大悲寺，次向二郎迁居龙潭金华铺。三透三郎迁居湘乡印溪，今属涟源。季敷四郎于后唐明宗天成年间迁居宝庆郡城玉桥铺。敷四郎生二子：致尧生承虎、承龙，致舜生承富、承贵，宋太平兴国间徙居新化高平。富、贵无传，虎、龙后裔衍为添如、添顺、添寿、添应四房。南宋理宗开庆元年（1259）始修族谱，明成化十八年（1482）续修，清康熙二十七年（1688）三修，乾隆四十二年（1777）四修，道光二十二年（1842）五修，光绪十一年（1885）六修，1945 年七修，1993 年八修。班次：仕元敷致承，缔恩举相卿。添子仲贵良，显兴荣文方。世大永吉仁，家传昭笃庆。贻绪启隆昌，诗礼崇先进。宗功锡泽长，亿载恒保定。新朝民作主，合族颂升平。信义悌忠孝，祖德育精英。

溆浦聂家坳聂氏 始迁祖九公，原籍江西南昌府，宋时徙溆，居聂家坳。

溆浦让家溪聂氏 始迁祖正洪公，明代由安化徙溆，家让家溪。

麻阳聂氏 始祖登先公，元朝江西泰和县东乡人，任长沙府通判，生四子，西徙湘乡、辰州、宝庆、新化。其裔孙亚绳迁居麻阳，生二子：长房祖忠远生惟聪，后人居市都五甲。二房祖怀远生惟贤，后人分居本里八甲。族人分布于拖冲、文昌阁、尧市、郭公坪、大桥江、锦和等乡镇及芷江、铜仁。字派：亚弥远惟单景单彦单单存希应登修天辉日名廷。汝志熙怡盛，芳声锡盛长。英贤承祖泽，万代兆荣昌。

莫

长沙九福乡莫家冲莫氏 始迁祖元亨公，原籍江西吉水县文昌乡，元末明初因移民迁湘，开基于长沙九福乡莫家冲。至 1949 年，已传 30 代，约 5000 人。族人分布在益阳桃花坪等地。宗祠设在莫家冲。

长沙白水湾莫氏 始迁祖继周公，明洪武二年（1369）由江西安福迁居湖广善化湘江西岸之白水湾。后人散居长沙、益阳等地。清光绪十二年（1886）纂有族谱。

衡阳莫氏 始迁祖诚公，字明诚，原籍河南开封府，元末迁居衡阳莫家峒。清乾隆三十八年（1773）、咸丰十一年（1861）、宣统二年（1910）、1937 年、1987 年纂修族谱。字派：万受仲必，永唯宗祖。朝元仁贤，明亮高世。昌隆景运，崇尚端芳。绍予前烈，自是允臧。蔚起人才，秀发书香。南国荣耀，令德显扬。

衡阳莫氏 远祖友泽公，世居河南开封府，生八子，第六子诚公，元末官衡指挥，遂籍衡。诚公生子祥，子祥生万衡，明洪武元年（1368）迁樟树冲。万衡生有华，有华生志高、志名、志麒、志理，衍四房，清乾隆六年（1741）、乾隆五十四年（1789）、道光二十八年（1848）、光绪二十七年（1901）纂修族谱。万卫公支乾隆三十八年（1773）、咸丰十一年（1861）、宣统二年（1910）、1937 年纂修族谱。字派：应万有志，维庆宗孔。世大可玉，汝文光重。一家景运，崇尚端方。绍予前烈，自是允臧。蔚起人才，秀发书香。南国荣耀，令德显扬。

邵阳留旗坪莫氏 始迁祖定国公，号时瑞，原籍江西龙泉县谟恒乡圳上，元都指挥使，诰授定国将军，元成宗时奉命戡乱入湘，开基于邵阳县南路上贤都留旗坪。五传至义桂、义明、义才。桂公至七世分海、深、沿、渭、清、斌、亮、兆八房，合明、才两房共十房。十四传至沿公裔兴公于明万历间迁居零陵东安交界的东安花桥。族人分布于留旗坪、武冈、东安等地。宗祠在留旗坪。至 1948 年，已传 28 代，5000 余人。族谱始修于清道光二十四年（1844），宣统三年（1911）续修，1943 年三修。班次：时万信礼义，方圆全文才。祖宗世士若，逊志如道德。予先思知奉，诒谋燕翼长。勋垂光禄第，钦赐锦衣乡。相业崇推汉，科名盛纪唐。簪缨承奕祀，亘古庆隆昌。

邵阳莫氏 始迁祖仁公，元季偕弟更公由江西吉安府庐陵县鹅江大丘迁益阳莲花坪。越一传显达公以指挥移镇宝庆卫。子受祖公世袭父职，明洪武间迁邵东梅塘青蓝冲。正德间澄公复由梅塘徙居回龙桥。清咸丰七年（1857）创修族谱，1920 年、1991 年续修。班次：仁显受荣礼铭添廷宗祖大如（兴）之（若）方非。士德崇文学，贤良登朝中。启承光惠泽，绍述守先功。民康维国泰，锡尔永昌隆。

邵阳莫氏 先妣熊氏，原籍江西泰和，明洪武间率两子仲才、仲志迁宝郡邵东白马铺，仲才继迁邵东芽塘。清道光间创修族谱，1916年续修，1991年与仁公裔合修。派语：仲汝有必景添思永才仁大子世继祖历朝开泰荣安居勤士业。

武冈大陂头莫氏 始迁祖仕清公，明时官知云南大理府事，后解组归田，道经湖南宝庆府，始寓城南祭旗坡，又改卜武冈县白仓墟山口甲地名大陂头。嗣后孙昌藩、昌合、昌秩于清乾隆间又迁至四川汉源九龙桥。后人繁衍于湘、蜀两地。1943年三修族谱。

绥宁李熙桥莫氏 始迁祖进溥公，原任江西泰和知县，卸任后于南宋绍定三年（1230）偕妻儿避金乱入绥宁县三都里（今李熙桥一带），定居于茆坪塘花台园。后裔今分布于李熙桥、唐家坊一带。

湘阴高明乡莫氏 始迁祖元保公，原籍江西吉水县文昌乡。元末明初因称民迁湘，开基于湘阴高明乡。

华容南山茅圻莫氏 始祖岩公，宋理宗时仕华邑。后裔怀洛，字伏九，居姑苏，明初随沐英征云南，封定远将军，明洪武二年（1369）由姑苏吴县洞庭西山迁居华容南山。初居水螺澥，复筑堂于茅圻。后人分两支，仲南支多居插旗杨家垸，仲偕支多居南山危岭。派语：（自十三世始）大启经文志，传钟佑国英。光宗其裕善，绍祖自延荣。

益阳莫氏 宋时若冲公，字子谦，知吉安吴江，有《语溪文集》十卷行世。次子流寓吉安，为吉安莫氏之始。元时世阅公，吉安府吉水县人，元末携子迁居益阳岐市，为益阳莫氏之始。弟世流迁益阳莲花坪，世昌、世荣、世贯分迁宝庆、常德、潜江。世阅孙诚瑛，洪武初卜居益阳之西大华里，附籍为民。清康熙二十五年（1686）创修族谱，乾隆二十五年（1760）二修，嘉庆五年（1800）三修，道光二十三年（1843）四修，光绪二年（1876）五修，1913年六修，1942年七修。宗祠在大华村。至1948年，已传30代，族人万余人。原派：石齐希应礼世贵诚续志友忠时子如可文若荫。续派：荫祚之长，允惟德芳。汝其自立，声振衡湘。人才蔚起，绍美书香。建功树业，际会明良。繁祉景福，备至嘉祥。十二派宗荫，曾任巢县知县、江南乡试同考官，著有《归休草》。十九世寿森，清附贡生，著有《梅园勘灾诗草》。

常德莫公桥莫氏 始祖礼公，江西吉水县人，南宋金人南下，子昆仲五人避乱湖湘，流落益阳等地。其三子世悠迁居武陵府城大西门莫公桥。1926年五修族谱。派语：政以大友思志时，本廷元绍及贤嗣。如若可详相益善，家崇道学丕成之。桃源、益阳合派：（“益”字改为“立”）立正家崇道，同源祖泽长。熙和延福祚，忠孝启隆昌。

常德莫氏 先世居安徽徽州府婺源县，明永乐间满盈公任江西吉水县正堂，坐升吉安府，迁湖广辰沅兵备道。解组后落业常德府桃源县新安村大湾坪头（八公桥），生八子：景松居莫婆店，景柏居古塘坪，景竹迁沅州府麻阳县招谕三江口，景芳居龙湖坪，景权迁慈利县，景伦迁武陵县，景珀居苏家滩，景玉世守故地。清光绪三十年（1904）合修族谱。景松公裔字派，桃源黄婆店：景文万廷必象自单如尚远可矜大之（后接通派）。桃源莫家桥：景腾之永单廷魁之文单恃尚以易有正登（后接通派）。桃源芦茅湾：景腾之永单廷魁之应虞恃尚以义可远（后接通派）。沅陵兰溪：景文万廷隆单志单永微辞与士单大如本熙（后接通派）。辰溪：景文万廷戊伏志天必忘辞让之非大祖荣可盛（后接通派）。飞旗河：景单思廷福万国启如尚正矜大之（后接通派）。景柏公裔，桃源古塘坪：景彦廷友思仲汝世宗自远可矜士若易文（后接通派）。景竹裔，麻阳：景心如文仲秉启朝大士可若非我远家常祥开桑（麻）百（后接通派）。慈利东阳、桑植罗峪：景心如文仲秉启朝大士可（世）若云（飞）维（我）远（绍）家兆祖德胜（后接通派）。慈利任家坪：景如文永启文胜保聪大永启文胜家兆祖德胜（后接通派）。景芳公裔，桃源龙湖坪、莫家台：景兴与思自太（春）天如中（我）非必世大之易（后接通派）。景权公裔，慈利渡潭坪、砂厂楠木坪：景彦子添单祖永大单减如自宗扬与远若矜大之章祖（后接通派）。慈利吐霞坪：景彦子添单祖永大（伯）矜（一）大之易有（后接通派）。慈利康家坪：景永思廷绍友汝若之世与（可）文士易修祖（后接通派）。慈利莫家河：景（二、三、四、五世不详）永大启廷宗扬遐文矜大之祖（后接通派）。澧县界溪河：景彦子添单廷应之士世宗代祖以易文（后接通派）。常德湖海坪：景永思廷胜友汝若之世如宗大易友大登（后接通派）。景伦公裔，常德香炉岭：景友添单志廷自远如人单士大能之易（后接通派）。景珀公裔，桃源苏家堆：景彦思廷□之民太士如宗学远可大之（后接通派）。景玉公裔，桃源新安村：景彦思廷显国如宗挟远可矜大之易文正登定（后接通派）。清光绪三十年（1904）各邑合修族谱，拟定通派：洪材焕圭鉴，汉树烈基钦。沅桃煊堃钰，澧桂耀培金。润采辉增锦，清标光□银。治懋勋坊铸，泰极燮尧钧。

桃源漆河莫氏 先世明洪武二年（1369）自安徽婺源迁于桃源县北漆河之汉宫庙。至1948年，全族人口千余人，分布于莫溪、灵岩、九溪等地。宗祠在汉宫庙。族谱创修于清光绪二十五年（1899）。

桃源灵岩莫氏 先世清初由江西迁桃源县北灵岩乡之莫家坪。至1948年，全族人口300余人，分布于湖斗坪及北路等地。宗祠在莫家坪。族谱创修于清光绪二十四年（1898）。

安化莫家塅莫氏 始祖礼显公，生子五。长子世佑，字起后，宋景炎二年（1277）率四弟由江西吉安府吉水县文昌乡同时迁湘，世佑开基于安化县城西常丰乡莫家江边，再迁龙须岩莫家塅。至1948年，已传26代，共千余人。次弟世悠落业武陵县开山坪，三弟世阅落业益阳县大花冲，四弟世流落业益阳县莲花坪，五弟世清落业邵阳县北窗。宗祠在南正街。

慈利莫氏 迁湘始祖满盈公，第三子景竹公迁麻阳，清康熙十二年（1673）景竹公第九代孙士炜、士煌自麻阳迁居慈利二十五都今东岳观、杨柳铺一带，称东阳莫氏。2003年慈利、桑植创修支谱。

澧县莫氏 迁湘始祖满盈公，第五子景权由桃源迁居慈利，子彦俊，传至玄孙福公，明正德十四年（1519）迁居澧阳北里仁和村。清道光十五年（1835）纂有族谱。

麻阳莫氏 始祖满盈公，明永乐间由吉州知府转升湖南辰沅兵备道，解组落业常德府桃源县新安村大湾坪。第三子景竹，任麻阳阳岩门守备，迁居麻阳水漫溪。生八子：焦龙留居水漫溪，焦虎居余子溪，银牙居靖州，成公居宝庆，亮彩仕云南，连公居辰州，申公仕镇远，酉公任益阳。2003年焦龙、焦虎两房续修族谱。龙房旧班：如文仲秉启，朝人士可若。非维正纲常，祥开百世昌。虎房旧班：永祖廷宗国，恃乐之世若。非维正纲常，祥开百世昌。新派采用通派。

桂

祁阳文明乡桂氏 南唐间有名桂卿者，历官至银青光禄大夫，国亡后隐居信州贵溪。其裔选朝公，元季由江西迁祁阳，卜居文明乡。生子四：长子庚一翁为八甲始祖，次子庚二翁为三甲始祖，庚三翁、庚四翁无考。清嘉庆二十二年（1817）、同治二年（1863）二甲合修族谱，宣统间分修，1941年三甲四修。命名派行：昭兹来许，庆既令居。以洽百礼，万邦作孚。取字派行：正树芬芳，毓秀钟祥。英贤代起，佐命朝堂。

沅江桂氏 始祖高公，居上饶，生长房林芳。林芳生辅，一房两派，迁西蜀、上饶、丰城。次房卿，官南唐司空，生熹、喜。熹公为西族，有两房十四支。喜公为南族，有六房二十四支。熹房六世荃，宋时迁抚州府临川县桂家林。再传至二十世昌华，生毓乾、毓坤、毓秀，明末清初由江西迁沅，落业郎保黄荆甲嫩草江东岸。1913 年续修族谱。

桃源浯溪桂氏 始迁祖思文公，明朝中叶自宁波迁于桃源县东浯溪之金鸡山。至 1948 年，已传 17 代，全族人口 500 余人，分布于陬市及龙山等地。1935 年建宗祠于金家山。族谱创修于 1937 年。

贾

炎陵东郊横岭贾氏 始迁祖经武公，清乾隆三年（1738）自福建武平迁此。

炎陵十都红南贾氏 始迁祖仲玉公，清乾隆五十五年（1790）自广东长乐迁此。

常德贾氏 一世秀九公，字景骧，原籍直隶应天府溧水县仪凤乡，明洪武初奉旨讨苗，总镇辰常。子福二，袭父爵，落籍常德县永寿南村。1947 年五修族谱。字派：秀福本文永远睿圣添应万士以思显宗道学希先哲人才佐……

益阳、沅江贾氏 谱称西汉谊公为长沙王太傅，遂宅长沙，之后子孙散居四方。至宋季惟德公，由西川致仕卜居益阳二里泥潭，子胜先，孙彦玉，世居兹土。彦玉次子寿公徙居沅江东门，长子祥公，生二子：友谅、友直。谅公析居南流坪，直公析居鹿上冲。明万历三十三年（1605）始修族谱，清乾隆十二年（1747）续修，嘉庆七年（1802）三修，道光二十一年（1841）四修，同治十三年（1874）五修，1913 年六修，1942 年七修，1997 年八修。祥公祠原在鹿上冲东山下，乾隆二十六年（1761）改建于楚山洲。寿公支老派：文原初可仕，大治如唐年。修有臣绍祖，中兴国万全。祥公支老派：祥友思志子，显廷时正文。衍祖安邦国，贤良永绍荣。续派：忠厚传彝范，俊秀振朝纲。世泽光明远，垂青兆德昌。

麻阳陆家坪贾氏 始迁祖福保公，明万历间由江西徙麻阳，首迁贾家堰，继迁陆家坪定居。子孙繁衍毛坪、桃源寨、冷水坪、西冲山等处。原派：福元（单）有（单）天（单）文朝龙胜必上（单）生（正）清（开）秀（启）正（明）常（志）有（大）德。陆家坪自“龙”字后改为：志树宏丙培，崇守祖宗德，绍开万代基，家有世王朝，四季鲁传熙。合族续议：忠义昭芳策，盛茂万载延。成周基第美，永传贵英贤。

夏

浏阳夏氏 先世本会稽人，后迁江西高安县，明洪武中播迁萍乡鸡冠山和浏阳南乡、西乡、东乡三口等地。浏阳南乡华园始迁祖贤周公，明洪武二年（1369）由江西瑞州府高安县三保图祠下迁浏，生二子：良朋、良友。良友生为美、为羔、为善，为善生正德、正心、正行，正德生必敬、必昌、必才。清同治二年（1863）二修支谱，1995 年续修。老派：贤良为正，必允日时，天宗希胜。兴仕文之锦，得名自有光。传家宜爱敬，操守贵端方。先世诒谋远，后昆继序长。英才能蔚起，运会庆隆昌。新派：景星高照远，庆云兆吉祥。贻谋振家范，儒才伟传扬。善义为怀德，福寿安康常。秉遵彝作典，钦继续华章。诗书敦孝友，赐泽永繁昌。

宁乡麻羊坪夏氏 始迁祖林海公，字汇川，北宋时由益阳迁居宁乡三都麻羊坪，子姓或居宁乡双江口，今称夏家洲，或居善化石坝长冲，由石坝又分衍出杨家冲支。清同治三年（1864）、光绪十八年（1892）、1931 年三支曾合谱。宁乡旧派：启典传元友，伏宝孔玉宋。文显仁之万，立达圣贤良。长沙麓山镇、宁乡夏家洲旧派：应济道义，光大治明。时尚公文，国学昌之。达显家声，职笃忠诚。

宁乡夏氏 谱称自前明永乐间原吉公嗣裔由湘阴迁华阴。至富松公，号楚环，徙居星沙省城南门碧湘街，清顺治七年（1650）又迁宁邑四都檀山湾荔枝桥龙塘冲等处。清乾隆三十三年（1768）各县合修通谱，道光二十三年（1843）、光绪二十年（1894）、1926 年续修支谱。派语：富贵天良文，昌泰运邦国。大光明德泽，乾坤永茂源。万世隆前后，增荣定普轩。

醴陵夏家坊夏氏 始迁祖清寰公，明洪武初自江西九江迁此。族人分布于官寮、篛坡。至 1948 年，全族人口 500 人。

醴陵夏家坊夏氏 始迁祖子乔公，明景泰间自江西九江迁此。族人分布于攸县。至 1948 年，全族人口 1500 人。

攸县南田夏氏 该族肇自宜春，宋朝外戚始祖子俊公，字秀夫，官少保节度使，以功封江南仁威利济侯，卜居于永新县汤村。元末迁于湖南者凡益阳、湘阴、攸县三支。迁攸始祖清远公，讳真护，元至正间卜居攸县南田，衍为六大房。明天启四年（1624）曾与汤村合谱，清雍正、乾隆、嘉庆、咸丰、民国间南田续修，1999 年七修。清道光己丑殿试二甲第四名夏恒即为长房第十七世孙。

衡阳夏氏 始迁祖景芳公，原籍江西临江府清江县广福乡清溪町会和村，明洪武元年（1368）携弟景茗、景茀迁湘，茗居益阳，茀居长沙。景芳落屯衡阳郡城小西门外易赖街，后居县西永伏乡延寿里，子继祖再迁紫霞镇。1949 年五修族谱，2000 年六修。班行：景继文永源，添代惟尧日。一朝成彦士，尚思绍明德。忠良传俊秀，守法显家常。佑启必长茂，积厚自余光。

衡山夏氏 始迁祖元公，明洪武年间自无锡迁居衡山县二十二都。民国间六修族谱。

常宁三益乡东门夏氏 始祖晚安公，南宋初随父尚忠，由江西玉山县因仕楚之潭州而迁湘，开基于常宁三益乡东门地方。族人分布于临武、常宁、衡阳等处。至 1949 年，已传 22 代，有丁口 5000 余人。宗祠设常宁东门。

邵阳西平塘溪夏氏 清嘉庆八年（1803）族谱尊东楼公为一世。至开希公（八十八世），讳仁祖，一名法先，元时由江西卜居宝庆邵阳西平塘溪，为邵阳、安化、宁乡、益阳四邑鼻祖。开希传大吉，大吉传友良，生子六：应衡、成、隆、鉴、顺、洪。应成、鉴、顺三公远徙秦蜀，应衡、隆、洪三公之裔隶邵、安、宁、益四邑。清嘉庆八年（1803）衡、隆、洪三房首修族谱。

邵阳南乡夏氏 由南昌丰城分派，传十三代季勉公，为明时湖南祁阳县教谕，卒于官。勉公第三子礼海，字朝宗，明洪武初徙邵阳梅塘，后又迁南乡。海公生子三：长义龙（字在渊，号克飞）、次义信（字以实，号克诚）、三义荣（字尊显），派衍三房。族谱始修于明成化年间，嘉靖十九年（1540）二修，清乾隆十六年（1751）三修，嘉庆二十年（1815）四修，道光三十年（1850）五修，光绪十三年（1887）六修，1931 年七修。清嘉庆三年（1798）创建宗祠。班行：礼义志祖宗，再时同正国。世大永安昌，万代生英杰。贤良储廷选，家学儒修则。尚文宏景福，守忠培厚德。锡光耀方兴，登拔显明哲。书思传瑞庆，清晏昭盛泽。该族名人：夏昌喜，随左宗棠平回，简放花翎提督。

邵阳夏氏 始迁祖添才公，明洪武中叶偕弟二人自四川成都瓦子滩迁邵南尚贤里石井、夏世、稠树、夏亮等村。

邵阳东乡夏氏 始迁祖永乐公，明嘉靖初年由四川大宁县迁居邵阳西路新渡口，复徙东乡洪桥下石界庙上夏家冲。清光绪十三年（1887）、1937 年纂修族谱。班次：永亨廷尚德，国家治运长。基祚光前远，杰贤良青选。校学儒修则，炳文宏景福。守忠培厚业，锡龄耀方兴。登拔显明哲，书诗传瑞庆。升平昭盛泽。

武冈桐木托夏氏 始迁祖开公，元末始居武冈。

武冈石坝头夏氏 始迁祖宗昌公，明初官指挥同知，始居武冈南关外。

武冈小水江夏氏 始迁祖进夫公，明初自上元徙武冈。

武冈高村夏氏 始迁祖伦公，岷府工正，因居武冈。

武冈西筵桥夏氏 始迁祖必谅公，自江西徙武冈路。

湘阴夏氏 先世本会稽人，后迁衢州开化。唐中叶，始祖膺公，不乐钱氏之政，又自开化迁居饶州德兴。元至正间，先人寓居武昌，值兵燹，播迁沔阳、岳州。十七世时敏公，明洪武中因教罗湘而家焉。生二子：原吉、启吉。启吉生瑛，瑛生崇义、崇贤、崇益。义裔居文家铺、李婆桥、虎狼冲、丰仓、大桥、粟桥，长沙脱甲桥、罗泽山、寿字石，浏阳古港、枫树冲，平江双江口、撑腰石。贤裔居突峰、白泥湖。益裔居柳家桥。清光绪五年（1879）创修支谱，1932 年续修。老派：膺彦霭诚罗舜渊询默百千万亿云礽芳真宜伦崇宏人守应言之金水木火土。新派：平成开世运，齐治本家修。敬典光先泽，扬名显远猷。

汨罗大众塅夏氏 始迁祖友忠公，明代中叶自湖北黄冈迁此。

益阳夏氏 始祖晋武帝时顾公，由浙江杭州五十四都以开府参将军累官洪都刺史，遂家于吉安府泰和县长安乡丰城里早禾渡梅子坡椒林。后裔伯升公于后唐同光三年（925）因黄巢兵后客游长沙，遂立业茶陵、醴陵、攸县等处。其后子孙有析居湘乡、安化、湘阴者。惟东首公迁益。东首公，字祖杰，行五，宋太祖建隆二年（961）迁益阳三十九都清修山，置庄十一所。子孙散居宁长麓山及本邑石桥、枫田、武潭。东首公之子世清，世清生成庸、成通，成庸生林礼，成通生林德、林海，礼生楚材、楚桓，材生善治，桓生善言。林海北宋时迁宁乡麻羊坪，为宁长楚山支祖。林德迁益阳一里武潭，为武潭支祖。善言元大德元年（1297）迁益阳十七里新店，为石桥支祖。善治第七代孙思明，明洪武间迁益阳一里枫树田，为枫田支祖。1935 年建总祠于益阳县治。清康熙五十四年（1715）清修夏氏一修族谱，宣统元年（1909）六修，1944 年合武潭七修。宁乡旧派：启典传元友，伏宝孔玉宗。文显仁之方，立达圣贤良。益阳石桥派语：世成林楚，善继佑安。汝应仁原，祖必思文。德志伯世，尊崇孝义。益阳枫田派语：（自八世始）大光逢世泽，德远肇基隆。南田家声永，熙朝学道崇。益阳武潭瓦子坪旧派：祚从政匡君，廷汝嗣世志。绍景及上修，东炘基铭淑。榜煇封锡明，德开家远纯。长沙麓山、宁乡夏家洲旧派：应济道义，光大治明。时尚公文，国学昌之。达显家声，职笃忠诚。益阳武潭、安化、溆浦四族公定新派：赞运功初定，咸熙克厚生。经邦怀懋绩，弼教念元勋。惠迪占休吉，嘉谟在俭勤。协和稽古治，四海乐平成。清修新派：允锡昭先训，钟英毓国祥。克家逢景运，树业振名邦。典盛徽猷远，才奇学道彰。彦修贻教泽，绍述焕荣光。益、长、宁、沅、汉五县合派：允锡昭先训，钟英毓瑞祥。克谐宏景运，树业振名邦。典重徽猷著，才奇乐道彰。彦修贻教化，绍述焕荣章。

益阳枫田夏氏 以世清公为一派。十一派安澧公，原名礼，字玉用，明洪武时以人才超越，选入南京锦衣卫。子思明，字宣晚，随父宦游南京，遂家江西吉安之永丰。明洪武初，兄弟三人游湖以南，长迁湘阴，次迁溆浦。思明迁益阳枫树田，为枫田始祖。清康熙三十七年（1698）创修族谱，乾隆五十七年（1792）二修，道光二十八年（1848）三修，光绪二十四年（1898）四修，1933年五修。派语：（自八世始）大光逢世泽，德远肇基隆。南田家声永，熙朝学道崇。该族人文斐然，著述甚富，如夏寿华，字卓春，晚号思痛，曾参加清末自立军起义及黄花岗起义，民国后在澳门创办《救国日报》。十九世夏楚中（1900—1988），1949年去台，“国防部”中将高参。

益阳武潭夏氏 一世惟政公。五世汝南公，明授昭信校尉，晋赠武略将军，册名贵，原籍江西泰和圳上，明洪武元年（1368）来镇益阳，卜居一里枫树田瓦子坪。清乾隆元年（1736）与安化团田合修，嘉庆九年（1804）、道光二十四年（1844）、光绪十九年（1893）、1931年续修。派语：祚从政匡君，廷汝嗣世志。绍景及上修，东炘基铭淑。榜辉封锡明，德开家远纯。

益阳一里夏氏 始祖孝章公，南宋之季即居安化二都，弟冕章迁溆浦，子章迁安化五都探溪。孝章四传至应元，分徙新化，其从弟廷卿之子汝南，明洪武元年（1368）来镇益阳，家益之一里。清光绪二十六年（1900）纂有族谱。

安化夏氏 始湘迁祖大宾公，字克相，宋翰林院侍读学士，原籍江西泰和县，生端平时，由进士官邵州通判，权宝庆府事。二世同文，宋绍定、宝祐间生，经商居益阳。三世孝章，始迁安化二都竹田油榔坪。清乾隆元年（1736）、嘉庆十一年（1806）、道光二十七年（1847）、光绪二十六年（1900）、1931年纂修族谱。乾嘉谱以显公为始祖。道光、光绪谱以大宾公为始祖。派语：祚从九大同章汝嗣必可绍祖永希彦宗单承惟以。性顺益敬明，德开（兴）基远纯。赞运功初定，咸熙克厚生。

新化圳上庙前关山冲明熙寺夏氏 迁湘始祖子章公，元末明初随父大宾宦游湖楚，始居安化五都探溪湖尾市。三世魁甫公由安化徙居新化圳上庙前关山冲明熙寺。四世应元公又移居永宁八都福田。清光绪二十二年（1896）老派：子才魁应长，君千添福永。志宗仲景朝，廷国兴正昌。隆世守先德，泽延新绪定。新派：咸熙克厚生，经邦怀懋绩，弼教念元勋，惠迪占休吉，嘉谟在俭勤，其中能允执，四海乐平成。

新化夏氏 始迁祖文发公，字受三，明洪武间官贵州黎平府伍开卫千户司。明永乐二年（1404）奉旨屯田新化，同来者72户，以屯户卜居城西太阳鹅塘横寨下夏家湾，生忠、凤。

桃源梅家堉夏氏 始祖成公，明洪武二十年（1387）由广德州之江都县奉征香炉案匪来湘，功成之后镇抚常德，其后裔遂落业城北泄玻村鳌山香炉寨下一带。历十四世至道清，因避吴三桂之乱而于清康熙初年迁居桃源县北七里村。族人分布于温泉等处及慈利、桑植等县。宗祠建于道光十八年（1838）。族谱创修于道光二十年（1840），1931年续修。至1948年，已传14代。

桃源木塘夏氏 始迁祖宗举、宗福、宗和三公，明朝中叶自安化同迁武陵仁丰村之夏家窝（现属桃源县境）。至1948年，已传18代，全族人口100余人。清宣统三年（1911）建宗祠于夏家窝，同年创修族谱。

桂阳大富乡夏氏 始祖远公，字光庭，唐时人。始迁祖秀岩公，讳国照，元季明初自江西泰和鹅颈丘徙湖南桂阳北乡大字山下，后迁大湾（大富乡）。清乾隆四十八年（1783）创修族谱，道光二十一年（1841）、光绪十年（1884）续修。世次：国景仲逢子思仁（祖）义（宗）肇继益光明显正大万世佑启家声。该族名人：夏时，谱名佑简，官工部主事，四川侯补道，总办四川滇黔边计盐务。子寿田，字午贻，光绪进士，翰林院编修，学部图书馆总纂，民国后入袁世凯幕。

汝城夏氏 始迁祖舜元公，明成化间自江西吉水县上陇洲村迁汝城县夏家园，后定居竹村。至1932年，已传19代，90余人。清嘉庆间曾纂修族谱，失传。1917年续修，又遗失。2012年重修。字辈：启祖学道显，文章经世远，德泽继前光，孝友志其芳。

宜章笆篱乡上百堆夏氏 始迁祖鼎旺公，字威远，因奉调镇守西莽二山，明洪武年间由江西泰和县迁湘，开基于宜章笆篱乡上百堆。至1948年，已传22代，有600余人。宗祠设上百堆。

溆浦川水夏氏 始祖大伍公，字克明，原籍江西永丰县，进士出身，知广西令，解组归，遇寇于途，于宋理宗绍定间迁居溆浦城东。子贵明、贵贤。元初大伍公仍归江西，贵明、贵贤兄弟并留不去。四世良佐、朝佐，始迁川水。清光绪二十四年（1898）纂修族谱。派语：大贵原佐用，善夏子海时。奉成贤学相，问永世泽长。万士立鸿修，应见致明良。际斯本其道，赓颂国家光。

溆浦文家村夏氏　始祖大宾公，原籍江西吉安府。孙冕章初随父贾居益阳，后迁安化，元天历初由安化徙溆浦县文家村。

溆浦均坪夏氏　始祖大宾公，江西吉安府人。后裔正道，清康熙时随父启武由沅陵徙此。

新田博大乡老夏荣夏氏　始祖志诚公，字知前，原籍江西泰和县。南宋时因经商，始徙永州，后迁新田县博大乡老夏荣。族人分布于油榨屋、新夏荣、十字坪等处。至 1949 年，已传 30 余代，共千余人。宗祠在老夏荣。

新田博大乡新夏荣夏氏　始祖源兴公，清初由江西鹅颈塘迁湘，开基于新田县博大乡新夏荣村。至 1949 年，共 500 余人。

顾

醴陵二圣桥顾氏　始迁祖永泰公，明万历间自浙江上虞迁此。族人分布于铁河口、萍乡。至 1948 年，全族人口 3000 人。

茶陵顾氏　明崇祯元年（1628）由江西莲花升坊迁入高陇芳市。

湘阴顾氏　始迁祖郭信公，原籍江苏扬州泰兴县，明成化间迁居湘阴。清乾隆三十四年（1769）建祠于杉木江。乾隆四十四年（1779）纂有草谱，嘉庆十九年（1814）一修，光绪三十四年（1908）续修。派语：梦尚必成隆，世传乐永洪。庆余先积善，本裕定枝丰。华国文章焕，承家德业崇。克昌延祖泽，滋大迪宗功。

常德城北顾氏　始迁祖仲名公，明永乐二年（1404）由江南淞江府华亭县（今上海市）阮家巷铁篱笆迁常德府武陵县今常德城北三十里铺。子孙繁衍于桃源、慈利、永顺、龙山、桑植等地，至今已递传 25 代。清嘉庆十三年（1808）始修墨谱，同治二年（1863）创成印谱，光绪二十二年（1896）、1920 年、1942 年、1997 年续修。宗祠位于梅家岭。百字衍派诗：仲思文聪荣（华勋）。玉鸟大汝，可自其应。世昌方懋，绍克有成。孔道中正，教学隆兴。元良肇起，毓秀光明。景天和惠，祥善用登。家邦永耀，宗国常新。希扬纯德，宏展至诚。天钟瑞运，晋泰联升。丰盈谦吉，安定兆临。孝友丕尚，锡祚维恒。同观熙盛，修齐治平。福延统绪，万代长生。十三世顾世珌，官河南偃师县知县。十四世顾昌运，官山东胶州知州。

顿

溆浦舒溶溪顿氏 始迁祖景先公，原籍沅陵，其先由河南陈州徙江西，继迁湖南，宋咸淳初徙溆，居大院子。

柴

益阳乌土湾柴氏 始迁祖开昧公，明洪武间自河南开封徙此开垦，后裔居千家洲、百家滩。

慈利杉木桥柴氏 始迁祖元龙公，原籍江西，官指挥，明成化间镇守九溪卫，后卜居慈利杉木桥栗湾。八世衍孟端、孟正、孟员三大宗。清嘉庆十一年（1806）创修墨谱，1919 年、2019 年续修。派语：元忠斌子海，嘉福孟万年。国泰臣继组，文德启家贤。立志崇隆本，登庭显达先。肇修兴丕业，绍述自长传。

晏

浏阳升田晏氏 始迁祖以敬公，元末迁此。至清光绪三十三年（1907），已传 21 代。

湘乡泥湾晏氏 该族由姜受姓，而以晏氏显族。唐懿宗时，墉祖字宗道，由进士升兵部员外郎，复擢江西道观察使，居筠州之晏原。生子延昌，徙居抚州，生部、邵二公，而派复衍于临川之沙河。自唐而宋，功勋、词翰、理学不一人，皆祖部公。迁楚始祖珍公，字文元，行五，唐季宋兴之间，由沙河城坡迁湖南长沙碧湘门，生士清、士富、士贵。富公四传尔玉公，后裔徙居湘乡之南门，继徙城西泥湾，有一、五、十甲之编。五甲居红船，十甲居理牌。七传时映生必聪、必选，必选后裔徙居天堂，必聪后裔衍泥湾巴江洞上、溪口、斗盐等处。清雍正、乾隆时纂有墨谱，道光二十九年（1849）、宣统元年（1909）、1948 年三修族谱。嘉庆间创建宗祠。派行：珍士玉盛，法尔时必。孝永思友，本茂子日。光明正大，奠亲安吉。桂性芬传，俭德庆积。家声远绍，祖泽长锡。英贤蔚起，增徽荣秩。

岳阳公田晏氏 始祖定祥公，举进士，世籍江西抚州临川县，有子七：长万一、次福二迁湘阴。万一公子二：次受宗迁沔阳，长受祖明洪武六年（1373）自临川迁岳阳公田。受祖三子仲礼，仲礼四子成泗，则自公田迁巴邑龙坡。1924 年三修族谱。派语：乾坤大定，万物天崇。续承先绪，继绍宗功。文章裕后，孝友作忠。名立德建，志远思宏。根源叶茂，永世昌隆。

岳阳高塘晏氏 一世祖定祥，其子伏二（或作福二）于明初与其侄受祖自江西丰城迁居巴陵，伏二继迁湘阴，复转迁巴陵高塘。1930 年二修族谱。

汨罗大湾晏氏 始迁祖子忠公，明成化中自江西南昌迁此。

平江浯口晏氏 始迁祖向炳公，明永乐二十二年（1424）自江西筠州迁此。至 1994 年，全族人口 821 人。

石门南圻乡晏家蓬晏氏 始迁祖文吉、文宝、文照，明时因贸易由江西省宜丰（新昌）迁湘，开基于石门县南圻乡晏家蓬。族人分布于石门各乡及湖北建始县官店乡等处。至 1949 年，已传 17 代，千余人。宗祠二，分设南圻乡、蒙泉乡。族校设南圻乡。

益阳桃花江晏氏 始迁祖崇安公，元至正年间自江西泰和宦游益阳，遂定居于此。

新化城南井头街晏氏 江右嫡派始祖墉公，为远祖景星公十八世孙，唐懿宗元年进士，任江西观察使时，以兵乱，遂无归志，居筠州之高安，江右晏氏自此始。至三十九世世礼，字典诒，号伯宗，明正德三年（1508）由江西临江府新喻县城隍庙后北门茶陵管第二甲三厢坊来新化，卜宅城南井头街畔，为梅城晏氏鼻祖。族人分布于湾塘、荦溪、苍溪、老人冲等地。至 1948 年，已传 19 代，共 2480 人。族谱一修于清顺治十三年（1656），道光六年（1826）续修，同治四年（1865）三修，1929 年四修，1994 年五修。原派：大启贻忠孝，才华毓彦良。家声期述绍，鸿业纪文章。增派：先泽传源远，兴宗积德多。修齐端习尚，平治秉中和。

新化罗洪晏氏 始祖韵初公，江西庐陵人。至十四世东贤，明景泰五年（1454）始入籍新化，编大阳七都十甲。

钱

宁乡狮顾钱氏 明代自江苏苏州迁此。

湘潭、湘乡钱氏 明嘉靖《湘潭县志》载：“钱氏，潭民七户之一。”序称“潭之钱为中湘七户之一，盖自元占籍焉”。始祖柽公，字宏道，行六，元至正年间（一说宋）由江西新喻迁居湖南湘潭钱家坪。一传至福公，再传而分为士怛、仲祖、叔翰三支。士怛、叔翰二公世居湘潭。仲祖公徙居湘乡，后裔衍同睡台、钱鉴冲、横洲涧等地。叔翰公裔登选公卜居湘乡茅浒洲、庵门前诸地。清嘉庆年间，合建宗祠于湘潭矶子滩。康熙五十九年（1720）三房合修族谱，嘉道间湘潭分修支谱，同治三年（1864）、光绪三十四年（1908）、1944 年、2012 年两邑又多次合修族谱。班序：（自十三派起）广诒彰世序，永锡茂宗友。绳武昭垂日，人文蔚起期。景仰先贤德，鸿基耀楚湘。诗书传后代，克绍振纲常。

隆回钱氏 始祖必寿公，居江苏常熟县打铁巷，生福大、福二、福三。福大居原宅。福二官湖南永州总戎，子文彬遂家零陵县黄阳司。福三以军功官永州，生文伯，由永州迁武冈紫阳铜江冲，今属隆回。清嘉庆九年（1804）、1915 年、2008 年纂修族谱。班次：文梦汝友应，仲祖思本崇。承世国太永，忠孝恭顺兴。新班：诗书垂先德，礼让振家声。伦纪千秋序，纲常万代明。

绥宁钱氏 始迁祖玉山公，明万历间自江西临江府新喻县徙绥宁。后裔今分布于东安铺、蓝家一带。

平江北乡磉坑钱氏 始迁祖云臣公，清康熙年间自湖北崇阳迁此。至 1994 年，全族人口 78 人。

常德钱氏 始迁祖钧公、伯贵、仲贵、亨贵、德贵，明永乐二年（1404）由江西迁楚，伯贵居常德钱王嘴，仲贵居澧县药山坪，亨贵居常德牟家垱，德贵居慈利雷公塔。清道光二十六年（1846）澧、常两邑合建宗祠于药王坪。同治八年（1869）两邑合修族谱，光绪三十年（1904）续修，1936 年三修。老派：贵贻升树达，玉万象益修。真养明哲永，昌振兴继绪。续派：正本学超文，赞焕第道立。克定述育在，宏恒兆承启。

蓝山舜乡钱家寨钱氏 始迁祖廷相公，清初由广东迁来。至 1933 年，共 64 人。

溆浦将军溪钱氏 始迁祖有文公，明时由江西徙此。

铁

常德铁氏 先世为赫连勃勃氏，匈奴族。始祖铉公，原籍河南邓州。明建文帝时兵部尚书，为成祖所杀。子戈公，永乐二年（1404）迁常德。清嘉庆八年（1803）创修草谱，1999 年四修家志。字派：……士声作文中秉正大学有光明……

倪

湘潭云湖倪氏　始祖若水公之子衡公，官唐右丞，生时思，谥赠康明公爵、兵部尚书，生子十六。第十子匡安字元成，官朝请大夫，知常州，居祁门渚口，生子四：士道、士达、士远、士毅。道生四子：尚纲、尚德、尚谊、尚纹。尚德生三子：科一、科二、科三。科二生二子：关祖、福祖。福祖生历年，历年生保四，讳与，字伯赐。伯赐生万十，讳师，避元末兵灾迁池州，乱未定迁舒城之东，复迁定远，设寨自卫，万十没，妣程氏遂率五子：明、恕、恭、良、忠迁桐城。明公历官南溪尹刑部主事，生子俊，字尊能，官楚南荆州将军，明洪武时授诏封职，行兵有功加封昭武将军，调镇湖广荆襄，至永乐二年（1404）奉旨屯籍长沙府湘潭县古八十四都烟水段，即今云湖姜家湾，是为中湘之祖。清光绪二十四年（1898）五修族谱。班派：（自十世始）金紫传芳远，修培继世长。祖德本忠厚，家声定显扬。希贤士尚志，毓秀楚之光。

攸县大仁倪氏　始迁祖大山公，为汨罗万春公七世孙，明崇祯初由湘阴迁攸县。2009 年创修族谱。派语同汨罗倪氏。

汨罗白竹塘倪氏　始迁祖万春公，始居苏州吴县洞庭山倪家井玉壶堡，明成化十年（1474）进士，授吏部员外郎兼屯田郎，后任楚南按察，与弟万能卜宅湘阴县城丰厚街。五世时兄弟五人，于明嘉靖时各徙一方，廷松徙东关外白竹塘，廷柏徙丁字湾霞凝港燕子窝，廷鸾、廷凤归苏州故里，廷奇徙北关外黄泥塘。清咸丰四年（1854）建宗祠于白竹塘，今属汨罗川山坪镇西北村。明嘉靖元年（1522）、清雍正六年（1728）、道光二十年（1840）、光绪二十年（1894）、1948 年、2014 年纂修族谱。派序：万泉贯珊廷兮大。光美如士，继世文章。滋培敦厚，佑启隆昌。治功宣楚国，为善树忠良。职本廉明重，源开孝友祥。

桃源红云山倪氏　始迁祖泰公，明末自江西安福迁于桃源县鸬鹚洲。数传至登朝再迁县北莫林村之红云山。至 1948 年，全族人口千余人，分布于陬市、羊州、莫溪等地及常德、南州、利川等县。清同治六年（1867）建宗祠于红云山。族谱创修于 1930 年。

临澧、澧县倪氏　始迁祖臣公，由原籍江南徐州府丰县迁江西吉安府吉水县大樟树，明永乐二年（1404），因明初杨凤城之乱，同里人游、李、罗各族又迁湖广临澧县倪家塝。三世胜贤公，生鸾、凤、潮、春。鸾公后居老屋湾，为大房。凤公后居六曲塆，为二房。潮公迁澧南菱角桥，为三房。春公远徙南昌，天启六年（1626）后裔良殷又迁澧县北关外倪家塆，为四房。清同治十二年（1873）、1944 年纂修族谱。大、二房老派：启国胤元亨，利正光明修。三房老派：廷朝永启士，世德多学士（菱角塘）。廷朝九其位，禄荣天宏开（孟家、月口）。四房老派：尚登必绍士，宏正大光明。新订派词：伯仲同一本，济和振邦家。勉承祖先志，玉汝子繁华。

益阳杨落倪氏 远祖正甫公，居河南，宋淳熙中以博学鸿词官晋吏侍兼直学士院。四世行谨，字希贤，以宦徙江西吉安。十四世廷禄，明弘治时由江西永丰李家棕树园迁益阳杨落塘。1921 年四修支谱。字派：行伯友叔成景德鼎载盛廷澄思大民昭世守先法才猷定厚昌善……

溆浦镇宁司倪氏 始迁祖景纲公，明初由江西徙此。

徐

长沙徐氏 始迁祖志洪公，字无垠，号广亭，江西丰城县大顺乡人。明洪武时与兄弟志德、志高、志海、志道、汉高、仲贤、志锦、美玉八公迁浙江衢州，转迁湖南。志洪公卜居长沙省垣驿步门外，九公后裔分布于长沙、善化、湘阴、湘潭、宁乡、浏阳、益阳、平江、醴陵等地。明嘉靖二年（1523）洪房纂修草谱，清乾隆二十五年（1760）洪房创修族谱，乾隆三十四年（1769）洪房续修，道光九年（1829）九房始行合谱，同治二年（1863）续修，1912 年三修，堂号东海。嘉庆年间建总祠于省城东长街。派语：树立本经，敬宗克孝。才达名儒，庆延华诰。该族名人：洪房五派腾芳，明中叶时官肇庆知府。十七派棻，道光进士，掌教城南、岳麓书院。十八派树铭，字寿衡，光绪二十五年（1899）升工部尚书。树钧，号淑鸿，光绪二十六年（1900）署江宁布政使。

长沙徐氏 始迁祖志海公，字谷宗，明洪武时由江西丰城县迁浙江，再由浙江迁湘，开基于长沙。传八代至邦谟公，子孙益繁，分一支迁居石门乡大坝桥。族人分布在宁乡、湘潭、湘阴、浏阳各地。总祠在长沙东长街。至 1948 年，已传 21 代。

长沙太阳冲徐氏 始迁祖恩阳公，明时自江西迁湖北，又移至湖南星沙昭山太阳冲。1927 年三修支谱。

长沙牧马徐氏 始迁祖霞灿公，字云衢，明隆庆间自江西来楚，“玩沅澧芷兰之秀，揽湖湘杞梓之英”，寓岳州平江县万古楼，后迁长沙善化县河东长乐乡西车埠。三代开金、银、海三大房。清嘉庆十四年（1809）、咸丰七年（1857）、宣统三年（1911）纂修族谱。字派：守应仕学，大廷之英。观家肇庆，敦厚广存。克承善志，忠孝恢光。显宗耀祖，世德永昌。

浏阳、长沙徐氏 远祖唐时安贞公，擢为中书侍郎，后与李林甫忤，罢官归第。天宝十四年安禄山乱，遂挈家由浙南迁，卜居湖南平江下台，为迁湘始祖。子任会公由下台迁丽江，孙五：鼎、伦、俛、侃、华。鼎公守下台故土，俛公守丽江故土，侃公迁平江落星滩，华公迁通城县九岭。伦公字维常，唐咸通五年（864）承父命分迁浏北大乐坪，为迁浏始祖。元顺帝时文生公，字德怀，号惟馨，以国学选授池州通判，以世乱罢归，明初复由浏北石牛寨白石社迁居浏西二十六都四甲徐家洲。至九世分为八房，后三房世居浏西，长房居浏北，余四房俱徙长沙。清乾隆五十六年（1791）建总祠于长沙春华山。光绪元年（1875）创修族谱，二十六年（1900）续修，1924 年三修，堂号东海。旧派：安任拓五福，广振国朝臣，绩溥利恢三，千清贤隆百，泰调辅山河。迁浏西派语：文瑞绵延荫九瑞。续派：思再从其永，仲简用以昌。礼明本先植，仁裕天锡光。克忠维世业，显烈必贻芳。祖武承恩远，洪猷继泽长。

浏阳枨冲徐氏 长沙始迁祖志洪公后裔显荣公，字耀宇，原居长邑明道都清风里，明天启初迁居浏西枨冲。2019 年纂修族谱。派行：之上英宏公，树会庆明良。怡谷怀先烈，传薪本义方。家声期远大，永世绍书香。

浏阳徐氏 一世祖惟勤公，仕元为柳州司马。越六世而景传、景贤、景山出汉琪，景发、景兴出汉珊，元吉出万馨，怀林出甲六。后裔明末清初迁湖湘。清同治中居浏景山、景兴两宗建祠于邑城北门外下壕。清光绪八年（1882）景传、景山、景兴、怀林四支创修族谱，1921 年续修。派行：伟绩承东海，徽猷奕祀昌。人文瞻炳蔚，际会庆明良。诒穀怀先烈，传薪本义方。家声期远大，永世绍书香。

浏阳、萍乡徐氏 始迁祖敬龄公，清雍正五年（1727）自广东长乐瞻坑迁居浏阳西乡堂交，后户口日繁，又于乾隆十五年（1750）分徙萍东茶园山。光绪十二年（1886）纂有族谱，堂号敦本。

宁乡徐氏 一派敏公，字有功。三十一派始迁祖良七公，明朝时迁居宁乡，五传至仲生公，为老屋湾八房开派祖。族谱始修于清嘉庆五年（1800），道光二十七年（1847）续修，光绪十一年（1885）三修，1917 年四修，1941 年五修，2014 年六修。堂号东海。字派：良继忠繁应，允享乐雍培。锡泽新荣在，录鸿本光垂。

宁乡徐氏 始祖明魏国公中山王徐达，生四子：辉祖、添福、膺绪、增寿。次子添福又生四子：元、亨、利、贞。元公自吴徙宁，亨公之裔亦徙居宁乡。族谱始修于明万历三十五年（1607），清雍正十二年（1734）二修，咸丰十年（1860）三修，光绪二十九年（1903）四修。堂号奉先。道光二十二年（1842）建宗祠于邑西百五十里之柳林。派语：忠孝传家远，诗书沛泽长。陶成资礼乐，树立重纲常。圭臬留贻永，人文荟萃昌。生为贤相后，懋勉烁湖湘。

宁乡徐氏 始迁祖明公，达公之弟，封合肥县男。明洪武四年（1371）元配胡氏携子添福等由江西吉安府庐陵县迁湘乡桑园。永乐间添福子世坑又自湘乡徐家湾迁宁乡五十八都十甲大冲。八代祖良贵又迁宁乡、湘潭交界处之韶山银田。后裔今多有迁湖北者。清乾隆二十四年（1759）、嘉庆十一年（1806）、咸丰十一年（1861）、光绪十九年（1893）、1927 年、2014 年纂修族谱。字派：良廷梦尚，名正大章。声洪东海，学重南邦。克家笃厚，立品端方。锡命受秩，先宗有光。

湘潭凤凰山梅冲徐氏 一世祖敏公，唐朝人，官蒲州。至六世祖勋公于宋雍熙年间宦游湘楚，于潭邑凤凰山下梅冲安家。后人散居于潭、宁、益、湘、浏、攸等县。民国间五修族谱，堂号东海。

湘潭稠泉徐氏 始迁祖隆峰公，明洪武末年自江西迁此。1923 年五修族谱，堂号味书阁。

湘潭花石徐氏 一派信公，字必诚，号仁山，原籍南京江宁府上元县定胜乡，由军功至成化元年（1465）升茶陵卫指挥，子孙袭职，因家于茶陵尧水迪路。三派玺公，明时偕五子勉、雄、彰、清、名，自茶陵迁居湘潭龙口花石山（后名徐家营）。其侄端公亦自长沙来湘潭，居石江，遂合为六大房。1936 年八修、2008 年九修族谱，堂号文苑。派字：（自十二派始）本基开代，永辉先泽。孝友传家，文章华国。

湘潭湛家塘徐氏 一派开咏公，字春归，原籍江西吉安府庐陵县泮塘，明弘治元年（1488）迁长沙府北门，孙有为迁湘潭。清乾隆三十五年（1770）、道光二十七年（1847）、同治五年（1866）、1922 年纂修族谱。字派：开元有庆，明文显世。均和家声，万亿扬德。泽肇中湘，名传大国。佑启后人，光昭先哲。

湘潭石潭徐氏 始迁祖兆真公，自徽州迁此。民国间五修族谱，堂号敦本。

湘乡徐氏 始迁祖希贞公，字士干，号鹤亭，因避兵难而于元末自江西南昌府丰城县桥东迁居湖南湘乡城内。三派衍为两房：承先公居北门，绍先公居南门。堂号东海。

湘乡花桥徐氏 迁湘始祖明公，明建文四年（1402）由江西丰城金龙塅迁湘乡轨桥团田陇。递传大贤公迁宁乡七都。又传明琥公，于万历四十五年（1617）迁湘乡鹤山十五都花桥。明万历二年（1574）、清康熙四十六年（1707）、乾隆三十一年（1766）、同治二年（1863）、1924 年纂修族谱。派语：元亨嘉利贞，大仲明福宗。乾坤安定国，登士庆升平。家人恒益萃，临节复丰颐。履泰需谦巽，咸观晋旅师。

醴陵落星湖徐氏 始迁祖偕仲公，字春晖，江西抚州金溪县人，南宋绍定二年（1229）因授醴陵县尉迁湘，开基于醴陵县东三十里落星湖。族人分布于黄沙、庄埠、河溪头、板石洲、双防、泗汾等地。至 1948 年，已传 25 代，共 9000 余人。宗祠在庄埠。

醴陵夏平桥徐氏 始迁祖怀远公，明永乐间自江西丰城迁此。族人分布于三洲、龙潭庙、麻石。至 1948 年，全族人口 2000 人。

攸县徐氏 始迁祖勋公，字文安，原籍会稽，今浙江绍兴。南唐时宦游楚之潭州，开基于攸县南屏乡渌田桐树湾。族人分布于攸县、安仁、茶陵、衡山、湘潭、长沙、云南、贵州等地。至 1949 年，已传 43 代，共 5000 余人。宗祠在攸县渌田瓦子坪。

炎陵大院牛石坪徐氏 始迁祖文潭公，清乾隆年间自广东和平县迁此。

衡阳徐氏 延休公，宋乾符进士，生铉、锴。铉公又生三子：勋、廉、庶。勋、庶迁攸县，廉迁益阳。庶公于宋咸平二年（999）由攸迁衡阳南涧，开四大房。清乾隆六年（1741）、嘉庆九年（1804）、道光二十八年（1848）、光绪九年（1883）、1918 年、2011 年纂修族谱。班行：福泰元宗伯，梦景友奇仲。万一良文立，时逢明盛世。洪启国朝运，诗书致显扬。传家昭厚泽，祖德庆荣昌。

安仁徐氏 始祖铉公，生三子：勋、廉、庶。宦游来楚，卜居攸县。后廉公徙益阳，勋公居故址。庶公于宋咸平二年（999）徙居衡南南涧，为南涧仕江一世祖。十世愈旻、愈富，明洪武间由南涧迁居仕江，开玉、礼、信、麒、麟五房，元泰定元年（1324）创修族谱，1942 年十三修，2003 年十四修。排行：文章华美尊贤盛，源本清芳世泽隆。远绍汉唐昭祖德，安邦乐业颂宗功。

常宁徐氏 徐氏自明洪武初由江西泰和来常，同居邑东冲头者有日甫、月甫、斗甫、贤甫、端甫兄弟五人及伯显、伯颉兄弟两人。后月甫徙居耒阳。清嘉庆五年（1800）、道光二十四年（1844）、光绪五年（1879）、宣统元年（1909）、1936年纂修族谱。班字：祥和昭瑞运，富教庆家清。盛泽延广大，为仁启继绳。

邵阳龙亭桥徐氏 始祖仲雅公，字东野，五代人，仕马希范，为天策府学士，后周显德年间周行逢将其流放邵州，因居邵阳县东关外龙亭桥。后裔经孙，宋进士，授浏阳主簿、湖南安抚使。良字明善，善书法，授钧州知州。清宣统三年（1911）至1921年，邵阳、新宁、武冈徐氏仲雅公支、通公支、万四公支、国玉公支、黑公支、省公支等联族通谱。

邵阳徐氏 始迁祖万四公，由沔官邵。一传应公，授宝庆卫正千户，遂家焉。再传荣、华、富、贵四大房，散居邵陵、武攸各处。明弘治间创修族谱，清嘉庆十二年（1807）二修、同治十二年（1873）三修，清宣统三年（1911）、1944年、1990年邵阳徐氏纂修通谱，分别为该族四、五、六修。该族班行：善传怀楚宝，庆奕肇家馨。谦尊致和睦，修齐迪治平。通谱班行：善传楚宝，奕肇宁馨。谦尊和睦，修齐治平。常怀先泽，克迪家声。发祥致庆，凤诏龙恩。

邵阳西门桥徐氏 一世宋大学士铉公。七世宏海公，牛敦仁、敦礼两公，明中叶由江西吉安永新迁邵阳万安西门桥。清嘉庆十一年（1806）合修通谱，光绪二年（1876）续修，1912年三修，1938年四修。班序：敦道景正兴（友）。应仲民安泰，载天永万代。祖德培元厚，宗功肇运长。仁贤方佑启，孝义定光昌。

邵阳千户徐氏 始迁祖友公，巴县人，授宝庆卫百户，生善公，升千户。

新宁徐氏 始迁祖国玉公，本籍河南开封府祥符县水北门关帝庙樟树下，元顺帝时官宝庆太守，四子：元聪、元懋、元兴、元恁。懋公居原籍。恁公卜居邵阳，历未合谱。聪公隶籍新宁西乡沙田龙头寨，派衍鸬鹚、长坪、三渡江等处。兴公曾孙添福、添寿落籍沙田，复迁县北檀山村湘塘坊，派衍涂江、赤木等处。清光绪十八年（1892）聪、兴两房纂修族谱。字派：元单才添子文应福宗大绍州世人有志良士生成景运……

新化城东郭徐氏 始祖孔泰公，江西南昌人，明洪武十六年（1383）徙居长沙，继迁宝庆梅城老鸦田，又移县城东郭。生有七子：映、曜、晰、卓、昭、晚、兴，衍居北渡、斜头、茅芦铺、田坪茶溪徐家寨、圳上半山白岩徐家冲、筱溪徐家垣、清塘、新邵坪上三溪、洪溪虎寨、涟源兰田石马山等地。

新化石马三都陂头村下茶溪徐家冲徐氏 始祖单公，字址齐，明永乐二十二年（1424）迁此定居。生四子：涧居安化漳江，湘居安化十三都水田坪，潢居安化十一都黄梅，灏居梅邑石马三都下茶溪。宗祠于清末建于新化井头街。1927 年与宁乡四修族谱。

常德徐氏　始迁祖必朝公，明永乐二年（1404）自江西南昌大樟树迁居常德北门外高峰堰，即今常德市武陵区南坪岗乡高峰村。清雍正四年（1726）始修族谱，乾隆四十八年（1783）续修，光绪五年（1879）三修，1931 年四修，1999 年五修。至今 700 余户，3000 余人。字派：（自十三世始）起兆良方，孔道成章，克尚正大，永应宏光。

常德徐氏　始迁祖伦先公，明永乐二年（1404）自江西吉安府吉水县清水陂迁至常德府武陵县，长子德美居中淦村，次子良松居阳城村，三子绍武居沙阳垠。清道光二十一年（1841）、光绪十五年（1889）纂修族谱。

常德徐氏　始祖万湖公，兄弟三人，明永乐二年（1404）自江西吉安府吉水县桥梁土地迁湘，百湖居慈利，千湖居桃源，万湖落业常德前河徐家冲（即今尧天坪下午冲）。三世现公迁张家冲，赞公迁枧槽坪。清道光二十年（1840）创修族谱，1931 年赞公房续修，1932 年现公房续修，1999 年两房合修。派语：国之安定自有方，文宗孔孟宪成章。仁义克笃惟道德，厚禄高官泽益长。

汉寿徐氏　序称该族自伯益子若木生调，封于徐，因得姓以来，数十传至若伋公。又数十传至安江公，生三子：国福、国贵、国厚，遂为三房开派祖。国福公为南昌府丰城县知县，其子正溪公留居其地，后裔胜贤公于明嘉靖三十五年（1556）由丰城高更里始迁汉寿梅溪杉木坝，希贤公迁八耳桥。国贵公由吴迁皖之凤阳府凤阳县，宋末元初遨游于楚，徙于长沙府益阳县东门五马坊，生三子，又迁龙阳，后裔择居刘家塅。国厚公裔忠福、忠禄、忠寿兄弟三人永乐二年（1404）迁汉寿东门外。各支各有支谱，如国福公裔清乾隆三十六年（1771）、同治九年（1870）二次修谱。国贵公裔同治八年（1869）纂修族谱。国厚公裔光绪十二年（1886）纂修族谱。光绪三十三年（1907）三房合修，称三修，1936 年四修。派语：国正成子源，郁永忠德全。贤登自善政，添运大昌明。文秀辉庠序，蔚然起俊英。

汉寿猴王庙徐氏　先世自江西吉安府吉水县拖船埠迁武陵关山。传至军耀公，明末清初由关山再迁汉寿猴王庙东关港。清同治三年（1864）、光绪三十年（1904）、1929 年、1994 年纂修族谱。派语：东海脉衍真，一二自军民。元天家世清，正立荣华新。贻留厚泽，仁孝忠良。能敬承继，日盛永昌。

临澧徐氏　始迁祖添麒公，明永乐二年（1404）由江西吉安府泰和县徙澧阳合口游家洲沿潭脑，衍朝、兴、盛、旺四房。清乾隆十一年（1746）、道光十九年（1839）、光绪三年（1877）、1924 年、2008 年纂修族谱。字派：振兆传世，光明远达。一经承祖业，万善绍宗功。长锡忠良厚，同登道泽宏。英贤克辅治，荣耀丕家风。

临澧徐氏 始迁祖应兴公，字奕盛，号金台，原籍江南庐州府合肥县高庙土地，明洪武初随征永定卫，生镇、隆、谅、相四子。谅公子德公，明永乐二年（1404）下屯石乌龟孟家桥。清嘉庆二十四年（1819）、咸丰九年（1859）、光绪十年（1884）、1913 年、1945 年、2006 年纂修族谱。宗派：学崇先进，尊德行仁。孝友传家，忠道永登。宗尚名达，祖作孙绳。丕振绍述，显延斯文。善自可继，本支昌荣。

桃源大田徐氏 始迁祖隆祖公，明洪武二年（1369）由丰城迁居桃源县东大田村。至 1948 年，已传 22 代，全族人口 200 余人，分布于湖北、石门等地。宗祠在徐家坪。族谱创修于清光绪三年（1877）。

桃源梯岩徐氏 始迁祖安源公，明永乐二年（1404）自丰城迁于桃源县北高都之徐家大溶。历四世至还入，再迁上七里村之梯岩堉。至 1948 年，已传 21 代，约 1000 人，分布于温泉、高东、漆河等处。清咸丰年间建宗祠于漆市，并修族谱。

桃源高东徐氏 始迁祖应兴公，明永乐二年（1404）迁居桃源县北漆河之碌厂硚。至 1948 年，全族人口 300 余人，分布于官庄坪、马耳垱、井湾等地。1931 年建宗祠于徐家大溶。族谱创修于 1936 年。

张家界徐氏 始迁祖思学公，清顺治初年由江西迁辰州，再迁永定。至 1906 年，已传 14 代。

岳阳徐氏 始祖安贞公，因禄山之乱，避隐昌江。越三世，衍五公。洎八世龙公迁巴邑。清嘉庆二十四年（1819）、咸丰十一年（1861）纂修族谱。光绪十六年（1890）、1920 年巴邑安贞公裔二次合修。字派：竹志永文公孟应正元启兴发流芳伯祀先祖德隆。

平江徐氏 始迁祖安贞公，唐天宝十四年（755）因避禄山之乱而自长安南游豫章迁湘，隐居昌平（即今平江），三传得五孙：鼎、伦、俛、侃、华。伦、华分迁他县，俛居嘉义丽江失考，鼎、侃二公世居本土。鼎裔十八传又分世旻、世清两支。清乾隆间世旻支与侃支合建宗祠于钟洞。嘉庆元年（1796）鼎裔一修族谱，道光八年（1828）、咸丰八年（1858）续修，光绪十四年（1888）鼎、侃二裔合修，为四修，1918 年五修，1948 年六修，1997 年七修。世旻房旧派：一从汉季来，东国自有人。诗礼传先德，英才庆日新。世清房旧派：万守尚光显，继昌世家人。诗礼传先德，英才庆日新。侃房旧派：远绍宗支继，世芳庆泽绵。文章增显达，诗礼代流传。合派：正气塞乾坤，枝繁玉叶秾。熏陶励忠孝，裕后乐雍容。

华容小门北徐氏 始迁祖孝思公，字辉祖，元至治二年（1322）由江西南昌府南昌县南门外之通化桥太平坊迁居华容南山乡荆竹山，生五子：朋、仁、会、文、华，衍为五房。字派：孝友传家远，忠贞辅国昌。文武本朝尚，声名继世扬。绍修开后运，作德迪前光。积善长余庆，承先克兆祥。

华容伍家庄徐氏 始迁祖世兴公，明洪武二年（1369）由江西泰和迁华容伍家庄。清雍正十一年（1733）、嘉庆三年（1798）、同治三年（1864）、光绪三十年（1904）、1999年纂修族谱。派语：世宗自金，水木天仲。口中道之，在钦永东。光其钜泽，树勋远钟。清秀炳应，钧鸿懋功。照先鉴法，模烈著铭。泰和显达，锦江标荣。

华容徐氏 始迁祖飞熊公，明初自湖北鄂州迁居华容红石岭，今胜峰乡珠头山、龙背山一带。生四子：世宽、世宏、世大、世量。宏、大远徙无考。至1999年华容徐氏合修族谱，世宽支人口已近1200人。派语：行文兴登进，芳名扬先辉。祖德光照远，昌大永发魁。贤相咏虹楼，英豪冠环球。丰功歌鲁晋，伟业绍衢州。

华容向家湾徐氏 始祖圻公，字于庭，居江苏太湖。九世至淮公，字大源，号一江，第五子守信，字涧西，明嘉靖七年（1528）迁居华容南山向家湾。守信又生五子，衍四房。字派：四之汝华容，世代永兴昌。诗书登甲第，锡泽有余光。祖德诒谋远，宗功燕翼长。存心希孔圣，学博正朝堂。

华容禹山、鼎山徐氏 始祖安贞公。曾孙伦公，居浏阳大乐坪。伦公孙广泽，后唐同光元年（923）迁居平江。三十一世九高公，生二子：万福字攸同，明时迁居华容禹山。万富字先贵，迁居华容鼎山。1999年华容徐氏合修族谱。派语：盛治怀仁远，光宗学绍先。廷能扬述作，世许庆班联。

华容江黄垸郑家台徐氏 始祖安贞公。曾孙华公，居通城。历十八世至孤山公，字孟一，迁蒲圻。又传十四世至大品公，由黄茅庄龙塘角迁华容江黄垸郑家台。清康熙三十六年（1697）、乾隆十一年（1746）、嘉庆二十四年（1819）、光绪十六年（1890）、1912年、1947年、1993年纂有族谱。派语：本立道成，存之斯昌。培原基绍，定见其光。克敦家范，大振朝常。承先继武，永远增祥。恢弘祖德，恪守伦纲。昭彰忠孝，海宇名扬。

华容注滋口徐氏 先世起于徐州，祖居江西南昌，后裔迁居湖北沔阳。至昌兴、昌早、昌友、昌彩四兄弟，苦沔地十年九水，于清光绪末年迁居华容注滋口，后人聚居注滋口一带，星居各地。派语：敬宗肇联合，运开后必宏。东海源流远，南州谱绪同。江西思祖德，楚北述前功。孝友家声振，甲第世泽隆。

湘阴虾蟆石徐氏 始迁祖受益公，宋元庆中自江西丰城迁湘阴蓝家洞。传五世至景华于明洪武五年（1372）迁虾蟆石，今属汨罗。

湘阴虎啸溪、花桥徐氏 始祖楚玉公，唐开元间为检校工部尚书，避安史之乱，携家过平江，建回台寺而居。传二十一世启隆于元大德间迁居湘阴虎啸溪，启唐迁居湘阴花桥。清光绪十八年（1892）四修族谱，堂号东海。

湘阴石子涧徐氏 始祖兴隆公，元时自平江县柑树园寮里屋迁来，落业柳家桥。1921 年四修族谱，1994 年五修。派语：兴名仁金，志益万允。添实应文，大胜宗本。嘉惠先敦德，荣光仰绍贤。开来生吉庆，振发显声传。孝友培其根，诗书以为宝。农复力耕田，彝训属遵好。

湘阴徐家塅徐氏 始迁祖仕忠公，明永乐中自江西新昌县迁平江，其子日新再迁湘阴徐家塅。

临湘珊塘徐氏 始祖安贞公，迁居平江。传至明时兴隆公迁居湘阴柳家桥，七传至万政、万胜、万常，于明嘉靖间迁居穆屯冲尾，称为珊塘徐氏。清乾隆三十五年（1770）万胜房纂修支谱，同治六年（1867）三房纂修族谱，光绪三十三年（1907）续修。道光五年（1825）创建宗祠。堂号东海。自始迁至光绪三十三年（1907），共 3050 人，其中男存丁 433 人，女存口 282 人。派语：万寿先朝志，兴允大正昌。子孙同添久，奉立启祥光。百代书香盛，勋名道德扬。宗枝卜显耀，衍庆远辉煌。

湘阴伍家墩徐氏 一世三奇公，字静仁，号乐静居士，宋大中祥符间由浙江金华兰溪迁江苏吴县西洞庭山。十七世继英公，字子伟，号近山，明嘉靖间客游楚南，万历二年（1574）卜居湘阴。2019 年五修族谱。字派：良承上应，开百世凤。治心敦孝友，立志本元良。尚德廷光大，崇仁启裕长。

湘阴黄泥塘徐氏 始迁祖世聪、世明两公，明万历间自江苏吴县迁湘阴十字街、铁板桥，明末迁至黄泥塘。派语：祖德修来远，贻谋百世昌。英才至景运，华胄焕祥光。作述忠贞笃，均平福寿康。南州垂典则，盛治颂明良。

汨罗白水、湘阴樟树徐氏 始祖腾云公，原籍江苏吴县洞庭山，明成化弘治间来湘，卜居罗湘古培塘。二派祖嗣和公移居湘城衙后街。至七世完初公，名明德，清初迁居白水熨斗山江石，今属汨罗。登甫公，名明选，迁居樟树港金台、石岸。清乾隆四十六年（1781）始修族谱，道光十二年（1832）续修，光绪十三年（1887）三修，2001 年四修，2017 年五修。派语：忠良昭茂德，孝友树鸿声。继志辉光泽，存心裕后人。

益阳马阿崆徐氏 始迁祖豫江公，讳名辅，原籍江西丰城。明洪武初奉命来益屯垦，生八子，居益者惟世馨、世才、世良三人。世馨为新桥、庙湾、杉木桥等处支祖，世良为白旄冲等处支祖，世才为蔡涟坝、大塘湾等处支祖。后裔衍为侃、宥、俊、宪四房。世才公房支谱始修于清乾隆二十三年（1758），嘉庆七年（1802）、道光十一年（1831）、同治十三年（1874）、光绪三十二年（1906）、1931 年续修。豫江公祠建于益阳县城，世才公祠建于马阿崆。派语：名世文彦，永绍廷时。钦子应鼎，日大其光。维祖明德，克兆延昌。守在典则，序以伦常。善之庆余，孚乃家邦。

益阳白旄冲徐氏 迁益始祖名辅公，生八子。第三子世良，为该支二派祖。生文景公，迁沧水铺寨子仑白旄冲。后裔衍光、辉、彩、耀四房。清乾隆二十八年（1763）、道光十五年（1835）、光绪元年（1875）纂修支谱。1916 年彩、耀两房四修。派语：名世文彦，永绍廷时。钦子应鼎，日大其光。维祖明德，克兆延昌。守在典则，序以伦常。善之庆余，孚乃家邦。

益阳徐氏 远祖稚公，西汉桓灵间居南昌，为南州高士。后裔繁衍，分为八大户，每户以一丁供军务，驻守黄木邨堡。虽历晋、宋、梁、陈及隋、唐、宋、元，犹聚族世居丰城县黄木脑，人称黄木脑徐家。始迁祖名辅公，与胞叔魏国公达佐明太祖定天下，明洪武三年（1370）由江右来长沙，任卫事，解组后迁居益阳十九都，落业严河南庙湾。五世衍为永安、永兴两房。永安房七传衍为仁榎、仁椓、仁彬、仁枫四支。仁彬公生八子：任一、伯二、侃三、信四、俭五、仪六、俨七、修八。伯二、俨七两支失传，衍为六支。清乾隆十九年（1754）建永安公祠于杉木桥，光绪三十一年（1905）又建名辅公祠于邑城东关。乾隆二十一年（1756）榎、椓、彬、枫四支合修族谱，同治间四支分修，光绪三十一年（1905）、1938 年枫房又续修。咸丰八年（1858）彬裔六支合修，光绪十三年（1887）续修，1924 年、1999 年俭五房又续修。派语：名世文彦，永昭呈祥。钦子应鼎，日大其光。维祖明德，克兆延昌。守在典则，序以伦常。善之余庆，孚于家邦。

益阳千家洲徐氏 始迁祖福文公，字敬典，号郁轩，河南开封府仪封县十六堡徐家庄人，明洪武初年，携子开、倡、宏、基迁居益阳，后宏迁云南，基返故里，开、倡落业土凌、小梓。1996 年七修家谱。字派：廷崇允嘉大，一正德贤良。孝友清时用，才华上国光。勋名辉盛世，伟泽焕鸿章。

益阳徐氏 汴河公靖康之际居江西安福。七传万一公（一派），宋宝祐二年（1254）安福迁居苏州洞庭东园里。十二派祖则稚公，原名起凤，字宗儒，号常乐，明崇祯间徙居长沙南门外惜阴街，清顺治十一年（1654）复徙益阳西门内。清嘉庆七年（1802）、咸丰七年（1857）、宣统元年（1909）、1948 年、2003 年纂修族谱。派语：万胜仲尚余昂暹，晟旻聂昊可则联。伦明以正德纯全，永承先业之崇延。绍修书礼世相传，孝友端方希圣贤。惇叙五典光祖泽，显扬青史垂千年。

益阳天门徐氏 始迁祖茂贤公，清初自湖北安陆府天门县蓼子湾迁至益阳东关下羊角潭。传至三派学庠公，生士标、士彬、士植，多居十七里甘溪内。清乾隆六十年（1795）、道光二十二年（1842）、光绪九年（1883）、1940 年、2005 年纂修族谱。派语：学士辉先，德鸿祉厚。礼法长传，诗书永守。秀启英才，善崇孝友。大振家声，泽流远久。

益阳徐氏 始迁祖秉山公，清乾隆十一年（1746）由湖北黄冈柳子港迁居湖南益阳沙头下民力垸中岭上。清咸丰十一年（1861）纂修墨谱，1920 年、2002 年续修。字派：达辅远道，以显大承。上克光学，世继秉文。慎修思永，惟德之行。其勤昭事，宪章先登。

桃江高东坪徐氏 始祖秀武公，字圣跻，号毅斋，元末由江右旅游来湖南宁乡苦竹山，十余年后（明初）徙迁资阳桃花江高东坪（今属桃江县）开垦荒芜。至五世衍四支：文政、文敏两公世居高东坪，文先公居廖家冲，文扬公居八都凉水桥。族谱始修于清康熙二十四年（1685），嘉庆十八年（1813）续修，同治五年（1866）三修，1916 年四修，1948 年五修，1995 年六修，其时人口 4321 人（出嫁未计）。道光十九年（1839）建宗祠于廖家冲。派语：秀景继必文，时升廷尚爵。善应大世昌，国正日朝康。泰邦成显达，嗣宗立纪纲。起凤家声远，腾龙德泽长。

沅江赤山杨阁老徐氏 始迁祖启凤公，官名穆，原籍江西吉安府吉水县，后迁湖北黄州府，明中叶任益邑知县。长子佑光于嘉靖四年（1525）迁龙邑赤山汪家村，次子佑裕家益邑沧水铺。清光绪二十年（1894）三修族谱，1998 年四修。三修时男 199 人，女 190 人。四修时男 356 人，女 290 人。字派：启佑兴楚盛，丕振家声长。纲伦传明德，师文久世昌。学运方隆际，英豪俊杰时。在廷同建业，辅国可平治。

沅江乐山徐氏 原籍江西南昌府，明万历间迁居乐山。派语：光裕容斯德，申和锡庆长。诗书昭楚国，孝友睦同堂。

汝城东山徐氏 始迁祖天凤公，字腾云，明正德二年（1507）由广东乐昌县因人口繁衍迁湘，开基于汝城县文明乡东山，其弟天鸾分徙圆峰坪。族人分布于东山、长洞、沙洲坪等地。至1948年，已传19代，共3000余人。宗祠在东山虎形。

汝城滥头徐氏 始迁祖俨公，清顺治时自广东始兴县迁来。

新田寿溪徐氏 始迁祖齐贤公，字六四郎，南宋时因避金人之乱而自江西南昌县迁湘，开基于新田县明义乡寿溪村。族人分布于寿溪村、徐家铺、猫仔山。至1949年，已传27代，共1000余人。宗祠在寿溪村。

溆浦鹤田垅徐氏 始迁祖伍公，明永乐二年（1404）由贵州五开卫拨屯，徙溆浦鹤田垅。

溆浦油洋徐氏 始迁祖万世公，原籍湖北沔阳州。清初迁居宝庆，旋由宝庆徙溆浦油洋。

宜章新垡徐氏 明初由茶陵卫戍宜章。

麻阳大禾冲徐氏 先世自江西徙湖南麻阳，首居铅子坑。二世朝龙、朝干于清咸丰初期移白泥田之大禾冲。字派：单子助朝庭，光祖元昌顺。宏开贤师钦，再经永懋银。安邦勤治国，发富又家兴。

殷

长沙殷氏 远祖唐顺宗时节度使侑公，传十二世至仁荣公，由抚州徙居万载。传二世至宗孙、官孙，支分湘潭、醴陵。宗孙再传二世至儒德徙浏阳。官孙再传二世至儒庆徙湘阴，儒善徙安化，儒福徙宁乡。三房后裔散居长、善、阴、宁、安、益等邑。清嘉庆十四年（1809）、咸丰十年（1860）、光绪二十五年（1899）、1929年庆、福两房四修支谱。儒福之长子泽士，讳万显，字香伯，生二子：世唐、世魏，世居湘阴殷家坪。明初，世唐、世魏于父殁后扶母迁长沙绵绣都杨泗庙双枧桥即今殷家塅殷家桥。宗祠建于清乾隆三十六年（1771）。族谱始修于道光二年（1822），光绪三十年（1904）续修，1946年三修。堂号汝南。原派：泽世仲必，文余庆再。万盛尊贤，光绍先美。续派：俊杰尚修作，良才开道本。维楚发祥家，允克树芳景。

醴陵殷氏 始迁祖宗孙公，明洪武二年（1369）自江西丰城拖船埠徙醴陵县西乡。生三子：长镇芳，世居醴陵西乡。次楚芳徙居醴之南乡。三智芳之子自醴陵徙湘潭南薮。后人分居于长沙、善化、湘阴、醴陵、湘潭、益阳、安化、宁乡八县及醴陵之殷家圳、官庄、军山等地。清乾隆二十五年（1760）、嘉庆十三年（1808）、同治四年（1865）、光绪二十三年（1897）、1934年、2017年六修族谱。堂号日跻、清远。名派：光绍先德，增修作良。洪开道学，维楚传芳。

衡阳殷氏 始迁祖开甲公，字祥发，原隶河南归德府偃师县，元至治间宦游豫章时遭变，弃官避居于今衡南县泉溪镇殷老垅村。清道光九年（1829）、同治十一年（1872）、光绪二十九年（1903）、1936年、2011年纂修族谱。班行：开幅峰永应，友原子文明。庭学宏钟仕，绍荣华德成。必昌高世第，维盛克和平。积厚全先绪，芳辉振楚清。

湘阴营田殷氏 迁湘始祖音亮公，明洪武初自安徽定远县官岳州卫指挥使，遂家华容。传十二世至可久由华容迁湘阴营田，今属汨罗。

湘阴殷家坪殷氏 始迁祖崇山公，明洪武中自江西丰城迁湘阴。

华容、湘阴殷氏 始迁祖亮公，明洪武初自安徽凤阳定远县迁岳州巴陵，后裔再迁华容沱水西。明末仲法、仲昂、仲荣、仲宝转徙湘阴，仲衍仍居华容。1916年五支二修族谱。

益阳殷氏 始祖唐时侑公。十二派至元时仁荣公，由抚州迁居万载。十四派至宗孙、官孙二公，今湘潭、醴陵皆宗孙后裔。官孙子三：大铎、大钲、大锐。大钲公字坚金，号远光，明洪武时赐锦衣卫指挥，由江西宦游南楚，迁星沙，生四子：儒德居浏阳，儒庆居湘阴，儒福居宁乡。儒善生有三子：灏、瀡、浒。瀡讳思敦，号益泉。浒讳思敏，号在河。两公居二十里衡龙桥下殷家塅。灏裔居六里沾溪及安化蓝田等地。后人分布于长沙、善化、湘阴、湘潭、醴陵、益阳、宁乡、安化八县。族谱始修于清嘉庆七年（1802），1948年五修。沾溪灏公房派语：大儒思守，胜世朝知。学成才高，方得心顺。衡龙桥瀡、浒公房派语：大儒思守，胜德廷尚。启之明国，正天心顺。八邑续派：光兆先美，增修作良。洪开道本，惟楚发祥。家声振远，祖泽延长。荣华富贵，显达书香。

安化殷氏 始迁祖国忠公，派名宾孙，原籍江西瑞州府高安县四十六都易俗乡。再传至文富、文贵、文宝三公，明洪武时佩引来安。清嘉庆十三年（1808）长、善、阴、醴、潭、益、安、宁八县合修族谱，又称宗孙、官孙、国忠三公先后由江西来楚。宗孙徙醴邑，其裔又由醴迁湘潭。官孙迁长沙，其裔分居浏阳、善化及湘阴、益阳。国忠公落业安化，其裔分居宁乡、益阳、湘潭等处。清康熙三十八年（1699）二修墨谱，嘉庆六年（1801）、同治二年（1863）、光绪二十八年（1902）续修。宗祠在安化县城北门。派语：国元文克水，金人尚耳惟。一志奇启瑞，新安定泰时。新派：美增修作良，洪开道本昌。楚发祥家庆，振远祖泽芳。

武冈北林塘殷团殷氏　先世明初由山东高密县始迁武冈西乡牛栏山，传二代分数支，一支居州治北之林塘殷团。

奚

麻阳锦和张公坡奚氏　先世祖籍江西郡，清中叶为官解组后定居麻阳县城（锦和）之东十里处张公坡。二子，一子移居鱼尾奚家，一子徙居芷江青叶树。族人分布长潭乡，共100余人。字派：可进成祖德，洪开定大昌。永世兴文献，钟刻吉祥兴。

翁

湘潭翁氏　始迁祖春鉒公，清康熙二年（1663）自福建龙岩迁湖南湘潭。1920年纂有族谱，堂号桂萼。

湘乡翁氏　始迁祖延公，原籍浙江衢州郡龙游县三十九都郭田，元时迁居湖南湘乡。子绥，生有三子：时璜、时通、时达。时璜又生三子：仕连、仕湖不详，仕献于明时卜居湘乡云下三十八都赖家冲。清乾隆十九年（1754）纂有族谱。派语：时仕世柏春，望启大文魁。名登辅国祚，朝廷垂拱正。

醴陵翁氏　始迁祖肇迹公，字楚基，明时由浙江衢州府龙游县二十五图迁醴，卜居西城。六代惟德公由城上坊迁居黄丫塘，清顺治时复徙十七都水口山枫梓陂，生四子，分四大房。六代惟庆公由城西卜居醴东铁门关，生三子，分三大房。清乾隆五十八年（1793）、嘉庆二十三年（1818）、咸丰八年（1858）、光绪二十八年（1902）、1941年纂修族谱。班行：肇宣仕临益望生泰中应。翁之世德，昌大光明。善承祖志，美振先声。家敦孝友，国懋勋名。典型永式，万载敷荣。

湘阴翁氏　始迁祖肃公，字叔元，原籍福建建宁。宋庆历间官翰林院，后任江西袁州府，因奉调镇荆湖讨平杨幺有功而授大夫职，衔加升信武都尉，爱湘阴山水之胜，驻足同员寨。生四子，遇塘卜居。迈字卜湘，居南塘黄谷市。逑字定湘，居河家塘罗洲。靖字兴湘，居楚塘官冲。崇字耀湘，居莲塘黄土坎。族人分布于河市、黄谷、长乐等乡。至1948年，已传27代，共1700余人。宗祠在黄谷乡翁家塅。清康熙初年各修支谱，乾隆五十二年（1787）建祠并合修谱牒，道光七年（1827）三修，光绪十三年（1887）四修，1919年五修。堂号盐官。派语：志君正明洪，泰章怀宝定。钦定懋昭康，开安维广毓。继世立观光，先泽庆延长。显扬家积善，后起自荣昌。阀阅三湘徧，芬芳六桂留。诗书绵燕翼，礼乐焕鸿图。该族二十世孙继思，随左宗棠平回，积功保总兵加提督衔。

平江长寿翁氏 迁平始祖宋时处朴公，讳积丕，宋进士，官授内阁中书，绍兴十三年（1143）为避祸权贵，由福建莆田迁平江东乡河南桥。五世孙孟富、孟文、孟武元末时乱，兄弟由长寿街分迁，富公居肥田，文公居稻田，武公迁湘阴云田。清乾隆二十年（1755）、乾隆四十二年（1777）、嘉庆二十五年（1820）、咸丰七年（1857）、光绪二十四年（1898）、1936年、1993年、2016年八修族谱。六年时与浏阳处休公裔合修。至1994年时，全族人口1045人。富房老派：积德流芳远，高明永再兴。继绍承先绪，爵禄世间存。从古衣笃世立，敷佑……文房老派：积德流芳远，开基创业新。承先堪添福，朝兴起祖代。继纯良笃志立，敷佑……浏阳派语：德厚源流远，功深世泽长。才名齐李杜，博雅传谷梁。烈爵铭勋鼎，开芳纪宋唐。

临湘枧冲翁氏 翁姓源于姬姓。始祖溢公为周昭王庶子，受赐翁山，今浙江舟山市定海区。三十四世轩公，唐时入闽，迁福建莆田竹啸庄。宋绍兴十三年（1143），处朴公由竹啸庄迁平江河南桥，今长寿街镇。四十五世远天、远地、远人。远天居肥田莲花塘，远地居稻田观音塘，远人居湘阴云田何家塘。三公后裔曾三修族谱，以后各立宗祠，各修各谱。明洪武二十年（1387），基业公由稻田观音塘迁临湘枧冲，今岳阳云溪区路口镇枧冲村。道光四年（1824）三修族谱，同治元年（1862）四修，光绪十八年（1892）五修，1923年临邑翁氏四关九房六修，1991年七修，2013年八修。派语：伯有本太文，时承学世尚。昌隆光祖德，立志兴仁让。继启声名显，钦贻福庆长。忠贞宏国安，孝仪正家常。

武冈黄茅冈翁氏 始迁祖旺公，明初自广西全州徙武冈。

卿

邵阳卿氏 始祖斗公，唐代时由江西吉安泰和县徙楚南衡阳，再迁邵东三溪衣塘里。至仲文公，明永乐十年（1412）携三子荣、华、贵由三溪衣塘里徙安上乡牛角村。华公无传，贵公裔外徙湘乡、宁乡、善化及四川等地。荣公派衍五房：隆、铭、镛、鍹、鐃。堂号孝思、著书。清乾隆三十八年（1773）荣房创修族谱，同治十年（1871）续修，1924年荣、贵两房三修。派语：仲宗再友志，原添祖仁义。世代万必献，彦永子孙昌。德厚培毓远，传家本孝思。光裕振先绪，明良兆纯熙。

新化、邵阳卿氏 始祖伯万公，后唐时自江西泰和圳上迁湘，卒葬南岳。子惟宗、万宗。惟宗生彦清，彦清生万容，宋熙宁间由邵阳迁居新化。万宗生彦明，彦明生万宽，居邵北长冲铺。后裔福祖明洪武初又迁居金耙。清顺治十四年（1657）新化始修族谱，雍正十年（1732）二修，嘉庆五年（1800）三修，咸丰十一年（1861）四修，光绪二十九年（1903）五修，1938年新、邵两邑合修，2001年两邑七修，其时新化人口9476人，邵阳人口3375人。新化班次：万政志兴思元杜应南祥福汝必应源宗克仲伏大秀显（奉）世继（绍）学德（良）朝廷授禄位安定启尊亲（群）光复昭新宪建树振先声开道同发达敦睦在。金耙班次：万必通兴思元忠念子仲仁承继才文志廷国秉应相上荣宏基世。学显裕禄位，安定启尊亲（群）。光复昭新宪，建树振先声。开道同发达，敦睦在联成。长冲铺班次：万必通兴思元忠福子仲仁铭亮秀志闻廷祖朝承相上荣宏基世。学显裕禄位，安定启尊亲（群）。光复昭新宪，建树振先声。开道同发达，敦睦在联成。该族名人：卿衡，民国间官常澧镇守使，陆军中将。

南县、湖北天门卿氏 始祖仲文公，自江西吉安府泰和县迁湖南宝庆府邵陵县卿家巷。至七世天崇公，世居宝庆武冈龙管乡，官授楚北景陵县（今天门市）正堂，解组后卜居天门县东南乡茅湖口杨林湾，生四子：长子用显随父定居，生四子：永华、永肇、永皋、永峰。永华公裔迁居湖南南洲厅等地。族谱始修于清道光九年（1829），1915年续修，1993年三修。派语同邵阳卿氏。

凌

长沙凌塘凌氏 始祖太纯，字建中，世居长沙，因元末之乱迁寓长宁，明洪武二年（1369）归籍本邑铁坪。清乾隆二十三年（1758）、道光八年（1828）、同治十三年（1874）、1916年、1948年五修族谱。字派：延必添云绍胜时学文，廷启思承玉，宏开定有基，家声忠孝本，世泽祖先遗，儒宗光德业，典范重端仪，功烈贤才显，述作圣明希。

浏阳龙伏关山嘴凌氏 始迁祖添禄公，明中叶迁此。至清光绪三十三年

(1907)，已传16代。

湘乡凌氏 远祖西江建昌仕夔公，为唐助教。三世孙云村公登唐太和进士第，授洪州录事参军，因家新建之杨林。十五传至国华公，以明经典教，选胜而居，开籍瑞州。历八代至宇完公，字全真，明朝人，世居江西高安。四传至才杰、广杰、汉杰、试杰，明嘉靖年间先后徙楚之上湘。才杰公字秀甫，居巡司石屋场。广杰公字观山，居永丰。汉杰字锁山，居新泽。试杰字功甫，居巡司市。今皆属双峰。族谱始修于清乾隆三十一年（1766），道光二十七年（1847）续修，光绪三十四年（1908）三修，2001年四修。宗祠位于萧家塘。派语：守□正杰，朝庆景熙。文逢盛世，士际良期。家传孝友，代启英奇。承继先德，永怀祖贻。

双峰凌氏 始迁祖思良公，明清之际自衡阳渣江迁居湘乡镜坪里姬子园，今属双峰。五代分为德娶、德祥、德学、德闻、德茂、德诗六房。2004年八修房谱，人丁700余人。班次：添叔宗友永，源朝福世文。思亲立大德，汉祖兴万春。均受生成惠，群沾富教功。传家惟孝敬，积善自昌隆。

醴陵凌氏 始迁祖高仲公，字荫广，明洪武四年（1371）由浙江乌程县宦游江西建昌县，迁湘开基于醴陵县城北。族人分布于北乡篾线街、崂山、五里牌、渌口、西乡黄田、东岗、东乡沩山等地。至1948年，已传23代，共15000人。宗祠在北乡篾线街。明万历二十年（1592）、清雍正四年（1726）、道光三年（1823）、同治二年（1863）、光绪二十九年（1903）、2016年六修族谱。字派：承国恩大，家运益祥。培元以德，立善惟良。学崇正矩，品贵端方。宗风克显，世允有光。

醴陵北正街凌氏 始迁祖鹄青公，清顺治初年自广东和平迁此。族人分布于龙虎村、樟树下、筱溪等地。至1948年，已传20代，全族人口2000人。

炎陵三口垅凌氏 清康熙末年自江西赣州长宁迁今垅溪三口垅村。

平江凌氏 始迁祖修然公，讳翛，五代时自江南镇江府丹阳县北城花井桥尚书堂宦游湖南平江，解组后留居平邑清水。传至十五世时派衍九大房：西门房、清潭房、新街坳房、三犊源房、清水房、芭蕉源房、塔头房、杨树源房、豪家庄房。族谱一修于清乾隆十七年（1752），嘉庆四年（1799）续修，道光五年（1825）三修，咸丰五年（1855）四修，光绪十一年（1885）五修，1915年六修，1934年七修。嘉庆二十二年（1817）九房共建宗祠于新街坳。派名：翛彦德光守士，允汝安应孝先。八元贤友宗，明锦世万云。文献能华国，辉煌谟烈盛。敏则有鸿功，作善业斯隆。忠厚传家远，勋名建树同。芳型敦礼让，懋绩展英雄。勉力怀彝训，长承祖泽丰。该族名人：凌盛仪，又名容众，同盟会员，创办启明女校。

益阳、沅江凌氏 始祖锡公，为南京中书行省，由浙江余姚迁南京寿州，生吉、富、贵。吉、富世居南京寿州洪石村。贵公明洪武间调镇郴州，赐封千户，生年云、年汉。年云袭父爵，遂家于郴。年汉为右副都御史，出巡粤省，后居嘉应州平远县。年云之后十一世明性、明士、明臣、明鉴。臣、鉴留郴。明士崇祯间任益阳县教谕，解组后与明性卜居浮丘山下大南冲。年汉之后十三世纯明，清康熙初年由粤来楚，卜居益阳易家村，数年由益徙沅江东兴垸。生四子：长登第迁西蜀，三登策迁湖北，次无传，惟四登廉世居沅江。益阳族谱创修于清嘉庆二十四年（1819），咸丰八年（1858）续修，光绪十年（1884）三修。沅江族谱创修于道光三年（1823），咸丰八年（1858）续修，光绪二十一年（1895）三修，1930年益、沅合修，称四修。2006年五修。益邑老派：明良启运，伯叔齐芳，勋猷克振。沅邑老派：祖泽渊源，荣名列鼎。道学贞纯，登瑞淮尹。哲士绍家声。益沅新续派语：孝慈同继美，俊彦耀南湘。历世箕裘盛，从今才德昌。传家守忠厚，安国迪前光。贻穀增绳武，爵禄万古长。

高

长沙江干坪高氏 始祖文贤公，元至正十三年（1353）由江苏扬州府泰州之凤凰山避乱迁江西泸溪，十八年（1358）因陈友谅乱，又徙吉安府安福县进贤门外黄婆街。文贤公弟伏庆奉拔为长沙百户，落屯善化县大江之大托铺，兄弟相继迁湘。文贤公开基于旧善化县一都，即长沙龙潭乡四保江干坪。至1949年，已传20余代，近2000人。总祠设江干坪。

长沙乔口高氏 始迁祖子政公，原籍江南，明洪武初任西安知府，升湖南粮道，退职卜居长沙县新焕乡乔口。后徙新康，落业六滩、楚塘两处。至1948年，已传22代，约27000人。宗祠设仁德乡白沙围。清康熙三十七年（1698）、乾隆四十五年（1780）、咸丰六年（1856）、光绪二十五年（1899）、1938年、2021年六修族谱。派语：子伯文彦万，习承贤思明。盛光绍追益，洪昌德泽荣。正本遵先训，襄猷秉国成。诗书开甲第，礼义振家声。

浏阳西南乡高氏 浏西始祖元华公，元至正间自江西南昌丰城县程流埠迁浏西。浏南始祖智学公，自江西南昌奉新迁浏南南流桥。元华公支明成化元年（1465）、清乾隆七年（1742）、光绪十五年（1889）、1925年、1995年纂修族谱。智学公支清同治五年（1866）、民国间纂修族谱。2017年两支合修。元华公房字辈：元均朝文，思世再子，顺伯彦廷，泰昌宗纪，允胜兴荣，先人有穀，万代庆诒，宏开甲第，大振家声。智学公房字辈：智永仲日崇，钦友子世显。学文佑兴启，茂德庆传芳。贤良开国运，忠孝振家昌。

浏阳高氏 始迁祖茂公，明初由江西高安县高家巷迁浏邑南乡小水受军田，葬浏南聂桥邓家塘。清道光四年（1824）、光绪七年（1881）、宣统元年（1909）、2012年四修族谱。派行：名兴代尚显，世泰国正长。礼义光先德，儒书启厚祥。富贵荣华继，家声永吉昌。积善恒有庆，隆平乐寿昌。

浏阳高氏 先世十郎公，元元贞间居福建宁化石壁千家围，子百一郎改业为商，迁居广东揭阳黄寨石坑。后裔又徙惠州府河源县大尺洞二合祠，后维俊公生世福、世禄、世兴，分迁江西袁州万载。仕朋公迁浏邑西乡，后复迁醴邑东乡。百二郎以下俊臣公之子建国、敬臣公之子齿一、子才，并明海、云朝、启秀公之子孙，清康熙间分迁于万载、宜春及浏阳、新昌等地。清道光二十七年（1847）、同治七年（1868）纂有族谱。

宁乡高氏 始祖李孟宗公，讳辛申，号清湘，系出陇西，隶籍豫章。元至正间以孝廉宦湘，明洪武初诏求胜国遗贤，公以先朝旧宦不复仕进，易李姓高，始居攸县，旋徙岳麓大石潭，二派支分六房：连、远、通、达、迴、逶。迴、逶两房无传，余四房隶籍沩宁。清嘉庆五年（1800）建宗祠于邑治东城。族谱始修于乾隆三十五年（1770），道光二年（1822）续修，同治二年（1863）三修，光绪十八年（1892）四修，1926年五修。派语：可以能邦立，光名耀汝先。诗书开甲第，忠孝启英贤。继绍材储懋，昭垂泽裕延。广文新景运，济美纪修年。

衡阳、湘潭高氏 始祖贤公，字尚尊，原籍安徽凤阳府凤阳县。元末赴长沙任指挥使，弃官退仕，率家人移居湘乡迎水桥。长子荣受籍衡阳黄龙东田，次子荣清籍衡阳鸡窝山溪田湾，少子荣宗迁居湘潭昌福。后裔多居湘乡、衡阳、湘潭诸邑。清乾隆二十八年（1763）、嘉庆二十四年（1819）、同治元年（1862）、光绪二十三年（1897）、1923年五修族谱。三修有曾国藩序。班行：荣荫隆先第，嘉谋载锡光。英才昭绩伟，善士庆名扬。孝友遵庭训，经纶守宪章。振兴修乃业，继序颂其昌。

武冈高氏 始迁祖行简公，明洪武二年（1369）自辽阳省顺天府柴隔洲海槟乡驼背树圳上高家，因国难从戎，迁武冈塘田团雷公铺龟田村，后徙塘田寺高家花园。友开公明嘉靖时由江西吉安府泰和县迁武冈城西十里夏政湾。尧兆公明洪武元年（1368）随军从戎，自江西泰和迁武冈离城三十里干田坳，后徙安心观八角亭。1916 年三房创修族谱。2012 年尧兆公支续修。2014 年友开公支续修。行简公房老派：宗祖登永锡，自芳茂盛昌。世远逢希泰，贤良定典章。忠正新克笃，迈代后隆光。尧兆公房老派：尧思时志盛，承荣必登科。光明朝廷选，永远定世昌。友开公房老派：友汝宗祖才高彦，再盛正世永祯祥。三房通派：鼎立同先业，贻谋厚泽长。修齐敦教化，忠孝重伦常。耕读传家训，名存万代香。

岳阳黄道山高氏　始迁祖善濂公，傒公七十四世孙，南宋末年由江西高安出宰湘阴。其兄善清公为岳州府尹，解组兄弟聚首岳州城南关外。后善清迁华容。善濂迁花凉亭，生福九、福厚。濂公谱系始修于清雍正十年（1732），合修于乾隆四十七年（1782），继修于道光九年（1829）、咸丰十年（1860），复修于 1919 年、1993 年，2013 年福厚公系八修。派语：福千万仲伏，盟闻单琮友。应上秉奉觉，则铭相兆承。试从敦本大，用达维先良。继启垂芳永，盛兴锡泽长。

华容砂山高氏　始祖善清公，宋绍兴二年（1132）奉诏守岳州，任知府，见洞庭湖区土地肥沃宽广，遂举家从江西迁岳州黄家嘴（现殷家铺东）。居六代，宋嘉熙间转迁华容砂山拍马迎官。子孙分三房：四甲、六甲、八甲，聚居终南砂山一带。原派：正大承宗继，任从彝以行。克守一元志，其家兆世昌。光培铭泰相，恢芳锡沛荣。续派：烈著鉴清本，熙先钟泽新。

湘阴文星桥高氏　始祖德胜公，宋末自江西吉水占籍安福县。十七传至日鸾迁湘阴。

湘阴高明乡塘冲高氏　元至正末年由江西吉水县徙湘阴县高明乡塘冲，族人分布于塘冲屋、里塘湾、枫嘴头等处。至 1948 年，共 908 人。

湘阴高明乡凤山高氏　明洪武间自江西庐陵徙湘阴县高明乡凤山。至 1948 年，共 200 人。

湘阴城南高氏　始迁祖万宝公，明季自江西安福迁湘阴县城南门。

常德高氏　始迁祖允公，明永乐元年（1403）自安徽全椒县迁常德东关外新碑巷筛子冈。1929 年纂有族谱，堂号全镜。

常德高氏　始迁祖启元公，字润九，号清溪，元顺帝至正三年（1343）生，明永乐十五年（1417）卒，原籍江西吉安府吉水县，授辰州府戎府，由辰而常，卜居武陵永南村。清道光八年（1828）、1946 年曾纂修族谱。字派：启世伯文单尚单宗若余男述祖忠厚传家来用先裕维……

汉寿高氏 始迁祖绅公，明初由江西永丰迁湖广龙阳，有元、亨、利、贞四子。亨子必达为罗坪祖，必道为金斗前分横山涧祖，必通为金斗后分小江祖，利子必遴为王下祖，必选为倒流祖，贞子必造为阡陌祖。后裔散居桃源、沅江、安化等地。1946 年八修族谱。派语：（自第七世始）光前在道德，绍绪以文章。忠厚家声永，诗书世泽长。

桃源盘塘桥高氏 始迁祖兴隆公，元顺帝至正二年（1342）由湖北麻城官常德卫，落业于桃源境内。越五世至应先迁居盘塘桥。至 1948 年，已传 25 代，全族人口 2400 余人，分布于常德、鹤峰、衡州等县。宗祠于清雍正十年（1732）创建，乾隆三十一年（1766）重建于盘塘桥北阜。族谱创修于光绪二十四年（1898），1931 年、2006 年续修。派语：兴正友再应志仲荣迁继尚世维明登。大邦振宗德，先绪永宏施。仁以延安祚，嘉祥佑远枝。

桃源畲田高氏 始迁祖载明公，明永乐二年（1404）由吉水迁桃源县东畲田之土地坡。至 1948 年，已传 20 代，全族人口 400 余人，分布于陬市、木塘及常德等地。宗祠在畲田坪，支祠在土地坡。族谱创修于 1918 年。

桃源灵岩高氏 先世明永乐时由江西迁于桃源县北灵岩之李柳冈。至 1948 年，人口 500 余人，分布在本乡及九溪等地。宗祠在杨柳冈。

澧县高氏 谱称星明、星富两公，由南昌徙吉安，遂为吉水始祖。越数十传至迁公，宋嘉定间进士，授宦慈利，卜居澧州珍珠巷，生桂芳，桂芳生丰、鼎、泰、颐、升、常，分列六房。清同治五年（1866）、1928 年、2009 年纂修族谱。老派：居清文必一，其国士承启。新派：正大先祖德，永守家道昌。经学明章显，华胄本贤良。续派：继述从安吉，开源肇澧阳。全修同立定，秀发迪前光。

临澧殷家溪高氏 始迁祖志敏、志惠公，原籍河南汝宁府光州光山县，明洪武间奉命征楚苗，驻永定卫，永乐二年（1404）遵例屯田永后里。惠公二子，分住石门白洋湖、官湾、陈二金鸡寺。敏公三子留居永定以守祖墓。清道光三年（1823）、咸丰十年（1860）、1933 年、2009 年纂修族谱。派字：系原州县光，志以文为良。上大汝楚正，启世士洪相。日监云仍敬，缉熙玉树芳。绳和怡一本，克孝发千祥。

益阳泞湖高氏 始祖伏子公，北宋时自扬州迁长沙南城善化县东窑港西塘湾。其六世孙应祖由善化再迁益阳十九里泞湖嘴。清同治九年（1870）创修支谱，光绪十五年（1889）与善化应宗支合修，1935 年泞湖支三修，2018 年四修。字派：伏堡志恩廷，应明尚仁义。昌荣振启文，光承宗国治。

益阳澄泉湾高氏 始迁祖辛公，字宗誉，行三，元泰定二年（1325）自江西吉安府泰和县圳上徙居湖南宁邑十都横塘冲，因地狭人稠，元至正间再徙益阳十一里之城山口。族谱始修于清康熙三十二年（1693），乾隆三十六年（1771）续修，嘉庆二十四年（1819）三修，同治三年（1864）四修，光绪三十一年（1905）五修，1936 年六修，时有男丁 5813 人，女口 3053 人。2020 年七修。乾隆二十五年（1760）建宗祠于澄泉湾。派语：仁义礼智信，良崇友大贤。立学安邦国，光明耀祖先。文章宏盛世，德业广新田。忠孝伦惟振，修齐道克宣。佐朝敷教泽，守典绍家传。元恺储遴选，芳声纪万年。

桃江赤塘高氏 始迁祖胜二公，明永乐二年（1404）由江西溧水迁赤塘马桥庙开垦。

安化高氏 先世为唐南平王崇文公嫡派，居江西吉安府安福县水车。至明代仲翔、宜宽、宜逊、宜魁、宜敏五公，宋时由安福水车来楚，占籍梅城。孟通、孟远居丰乐龙建石上，天祈、天祐居城东岩溪、高家仑，宁川、国佑居丰乐茹草，天珊居高坪铺独石冲，天命、天映居驿头铺龙梓桥，思仰居下张家冲，思仲居丰乐田塔。天伸、天俦居石板溪驿头铺青山冲，天仕居梨树坳。清乾隆七年（1742）、乾隆二十一年（1756）、嘉庆十五年（1810）、同治五年（1866）、光绪二十一年（1895）、1928 年六修族谱。字派：天士日之长，文明永世良。先人多德泽，蕃嗣庆荣昌。诗礼传家学，贤才是国光。勋猷昭伟烈，绳武绍书香。

新化高氏 始祖亿霞公（一曰益霞），字安民，号开先，明时籍江西吉安府安福县清化乡六十九都梅溪团忠孝里。后裔曰江、曰亭、曰虎三公于明正统年间由江西随军迁湘，开基于新化县城厢镇塔田上渡村白沙溪、永固乡、永安乡、亲睦乡等处。至 1948 年，已传 19 代，共 2000 余人。宗祠设于亲睦乡。族谱一修于清乾隆二十四年（1759），道光十五年（1835）二修，光绪三十年（1904）三修，1938 年四修，1993 年五修。旧班次：祖光书香第，宗德耀名邦。乐利永悠远，贤亲世泽昌。续修班次：祖光书香第，宗德正家声。敦伦恒裕后，建业续前辉。承先尚孔孟，育子重培根。自强天行健，平实定成金。

宜章花鼓岭高氏 始迁祖具马公，元至顺时以茶陵太守著籍宜章县城内。

蓝山南平乡泗头高氏 始迁祖玄公，宋时由江西避乱来蓝山。至 1931 年，凡 70 户，男 190 人，女 192 人，共 382 人。

零陵芝华塘高氏 文举公世居山东，授江西九江府道。孙升官公又自江西徙南京广德，以孝廉授四川重庆府，解组归田，徙零陵西乡芝华塘。子甲四郎、甲七郎部分后裔明末清初迁四川，散布于四川内江、泸州、中江、江油、安州、北川及重庆永川、大足、荣昌、铜梁、合川、北碚等地。1914 年与彪三公裔、万四郎裔、万六郎裔合修宗谱，称六修。其先自清康熙、乾隆、道光、同治间凡五修，间有合有未合者。光绪三年（1877）升官公裔二修，1944 年三修，1995 年四修，2018 年湘、川、渝五修。

溆浦高氏 高祖自明公，原籍江西吉安府吉水县马田庄，生佑元、佑富、佑贞、佑禄。佑禄居故里。佑元昆季三人明成化时剿靖州苗，克复后佑元以文学士由武冈入溆浦，先住官插九载，继定居于洞底湾，为大房。佑富以武功镇桂阳，生仰吾、景吾。景吾子孙世居益阳。仰吾子孙自星沙宦龙阳，又迁于辰郡高家巷，至八世思贤公始居溆浦官插。佑贞以都指挥镇辰阳，后裔散居于沅陵、辰溪、泸溪、乾州厅。清同治十三年（1874）、光绪三十二年（1906）纂修族谱。佑元公房班行：佑道如凌尚，高立必宗胜，文章光大有。佑富公房班行：佑吾正誊友，高立思绍祖，士超登天辅。佑贞公房班行：佑单单维一，廷仲学曰明，士凤世大国。三大房合班：（自十六世始）永远心顺安。裕德怀先绪，传延肇嗣良。培基宏建树，锡庆启嘉祥。

麻阳麻伊高氏 始迁祖廷二公，平苗后居麻阳麻伊。长房迁芷江便水、西凉溪等处。二房居柑子园，后移栗田和贵州、凤凰等处。三房居四方园，后移居麻阳东门外。四房居坡上园，后移儒林坪、马南。后裔分布兰里、和平溪、吕家坪、锦和、郭公坪等乡镇。老派：子胜廷仲朝上登，高必宗兴万代明。忠贤传周世，祥开自远扬。德厚钟俊彦，功伟定佳邦。续派：仁孝昌景运，光前裕后昆。诗书绵世泽，礼乐振家声。谦让增福寿，千秋播芳名。

泸溪高氏 清康熙时官于泸溪，因吴三桂乱，遂定居泸城西北高家头。

郭

长沙郭氏 始祖汝材公，字天培，明洪武二十二年（1389）自江西丰城因垦殖迁湘，开基于善化龙头铺。九世祖黄瞻于清康熙时率部分族人迁居长沙大贤里。十二世祖昆甫、仲甫兄弟于乾隆间又由大贤里迁居石门乡高桥。族人分布在益阳、及川、鄂等地。至 1948 年，已传 20 代，共 3000 人。总祠在龙头铺。

浏阳界底郭氏 始祖中和公，明洪武中自江西庐陵麻冈迁居湖南浏北永安市。七传至希贤公始迁界底。至清光绪三十三年（1907），已传 18 代。

宁乡梓兰郭氏 先世于唐朝时自江西安福县迁居湖南湘潭。至思公，清康熙初年再迁宁乡。至1948年，族人共300余人，称梓兰郭氏。

湘潭金霞山郭氏 始祖启元公，字东皋，原籍江西庐陵，元至正间进士，授永州零陵令，由卓异行取吏部考功郎，丁母难回籍，舟至九江，遇红巾军，水陆俱阻，明洪武二年（1369）乃携子庆孙由长沙经攸邑徙居潭城，卒葬柳丝巷，庆孙隐居金霞山。至四世衍为汶、源、濂、涧、海等房。族人分布于湘潭城内及易俗河、金霞山等地。宗祠在金霞山。至1948年，已传25代，共3800人。1929年八修、1942年九修、2014年十修族谱，堂号点额。派语：（自十四派起）世泽远传芳，人文振起昌。诗书开甲第，忠孝植纲常。该族十派孙［明］郭金台，字幼隗，本姓陈，幼育于舅氏，故从姓郭，著有《石村文集》等。十八派孙郭松林，字子美，入曾国荃营，官授湖北提督，卒谥武壮。

湘潭泉田郭氏 始迁祖东安公，原籍江西，明洪武四年（1371）由丰城迁湘潭，卜居三都泉田垅。至九世，金山居荷塘，金章居楮洲。清康熙三十七年（1698）创修族谱，乾隆二十九年（1764）二修，嘉庆二十五年（1820）三修，有尹作翰、徐昼堂序，同治三年（1864）四修，光绪二十年（1894）五修，宣统三年（1911）与浏西普迹支（始迁祖宏昌公，随兄公昌公自闽迁浏）、谢家山支（始迁祖富昌、进昌，明季迁来）合修。

湘潭楮洲郭氏 始迁祖克明公，字峻德，明洪武时因长沙太守之聘，自江西南昌丰城县游幕来湘，任永州东安主簿。解组后落籍湘潭县泉田垅原八都荷塘楮洲。至1948年，已传25代，5300余人。宗祠在楮洲之岸花湾。今属株洲。

湘潭云湖郭氏 始迁祖继仲公（或云名铎），晖公二十二代孙，明永乐间自江西庐陵麻冈迁湘潭云湖简家洲。百余年后，又有兴聪公，亦来自江西吉水，卜居石潭岳冲。清乾隆三十四年（1769）、道光三年（1823）、同治元年（1862）、光绪二十六年（1900）、1934年、2012年两支合修族谱。堂号汾阳。字派：郭之景崇，连久如新。敬承先德，克振家声。世传诗礼，代启人文。光远有耀，遗泽孔芬。

湘潭高桥郭氏 始迁祖励宗公，明代自江西安福白石迁湘潭十二都高桥。1933年五修族谱，堂号敦本。

湘乡潭市大坪岭郭氏 圣公十二传而生必贤、必良、必清，元延祐间卜居湘乡潭市。必贤后开醴陵、湘潭派。必清后开湖田派。必良公裔世居潭市，至远桂、远材，因元末兵燹，远桂迁长沙，远材迁山东，遂开山东派。远桂子永龄，不忘祖籍，因明定鼎，复回潭市。清光绪四年（1878）与安化郭氏合谱。

湘乡油榨铺郭氏 始迁祖子华公，字继实，元至正十三年（1353）由江西吉安徙湘，开基于湘乡油榨铺店里杉木屋场。族谱始修于清乾隆十四年（1749），道光二十三年（1843）续修，宣统三年（1911）三修，2001 年四修。派语：子重元世大，安邦庭国兴。仁文明德再，永代万年春。忠厚芝兰茂，衣缨福泽长。金台能济美，太守可齐芳。孝友敦伦纪，琴书育俊英。岳云传秀品，洞景溢徽声。

湘乡大育乡石屋冲郭氏 始祖好智公，明永乐元年（1403）自江西安福县白石迁湖南湘乡十二都横路桥大屋场后。其十五世孙端伦于清乾隆年间再迁大育乡三都石屋冲。1937 年三修族谱，堂号汾阳。

湘乡高坪郭氏 圣公后裔源淮、源珮、源德自江西迁居安化，淮居青草，德居浅塘，珮落业黄龙、塞海。珮公后裔天贵迁居湘乡高坪四亩田。清乾隆十六年（1751）修有支谱，道光四年（1824）、光绪四年（1878）与安化合修。

醴陵茂田郭氏 始迁祖玉益公，原名益玉，字宗艺，号公游，行肇一，原籍江西安福县，元至正二十年（1360）以兵乱迁居醴陵东山寨。明洪武十八年（1385）调屯云南景东卫，二十三年归休。族谱始修不详，清咸丰四年（1854）续修，光绪三十年（1904）三修，1948 年四修，其时族人 5000 人，分布于鳌仙、王侯冲、熊家地等地。2004 年五修。字派：（自十二世始）仕学世承，文学名登。功建业立，贤尚才能。惠英敏俊，德良智贞。勋隆仁伟，卓蔚韶昆。

醴陵石湾郭氏 始迁祖仲群公，明洪武初年自江西庐陵迁此。族人分布于攸县。至 1948 年，全族人口 600 人。

醴陵夏平桥郭氏 始迁祖法广公，明洪武间自江西庐陵迁此。族人分布于甘棠市、石门口、沩山等地。至 1948 年，全族人口 1300 人。

醴陵五里牌郭氏 始迁祖继昌公，明洪武间自江西南昌迁此。族人分布于社冲、章光岭。至 1948 年，全族人口 2480 人。

醴陵殷家冲郭氏 始迁祖蒙溪公，明永乐间自湘潭迁此。族人分布于唐家垅、封口冲、昭陵。至 1948 年，全族人口 5000 人。

醴陵熊家塘郭氏 始迁祖元锡公，清顺治间自茂田迁此。族人分布于攸县、萍乡等地。至 1948 年，男女丁口 700 人。

醴陵鳌仙郭氏 始迁祖含万公，自茂田迁此。族人分布在江口。至 1948 年，男女丁口 600 人。

茶陵马步江郭氏 始迁祖懋修公，明洪武元年（1368）自江西泰和龙泉符竹徙此。后裔徙居舲舫塘冲、界首仓下及湖口等地。

炎陵水口郭氏 始迁祖升定公，清康熙年间携子文伯自桂东堡下迁此。后裔集居水口、策源。

衡山郭氏 始迁祖应麟公，字瑞兆，号振南，武定侯郭英三子。明洪武二年（1369）谒南岳，爱岳山蜿蜒郁积，卜居一都托头村。1934 年七修族谱。

常宁郭氏 元末至正间，昌后公生善继、善述。善继生日、万、政三房，善述生添潮、添伦、添珑三房，时犹在江西泰和旧籍。明洪武时，六公由泰和鹅江大丘先后迁常，散处四乡。日公落业城东及义田，万、政两公落业北乡蓬塘东西两岸。添伦落业南乡后乐，添珑落业五洞乡石湖坪，添朝落业土坡江岸龙潭湾、石子塘等处。至 1948 年，已传 23 代，共 12000 余人。宗祠在土波江左岸罗公冲。清乾隆四十九年（1784）、道光五年（1825）、咸丰十一年（1861）、1949 年纂修族谱。

邵阳郭氏 始迁祖君文公，原籍江西吉水，明洪武三年（1370）以府丞调署宝庆府经政厅，任满卜居邵陵东门田家湾，始徙小东路五里牌元城塘，复迁九龙岭。清康熙十九年（1680）纂修墨谱，光绪三十一年（1905）纂修族谱。班次：文才仲政永，世廷万大国。然中天之士，衍裔克昌荣。佑锡维隆盛，敦仁道景纯。朝开良裕泰，祖德茂长清。

邵阳郭氏 鼻祖元禄公，明洪武间由江西吉安府庐陵县麻江边迁居邵阳鹿头岭，复徙炉前冲。五传至翁兴公，生四子：道明居郭家冲，道聪居西洋江及陈家冲，道智居姑嫂桥，道慧无稽。清嘉庆十八年（1813）始修族谱，同治八年（1869）墨谱未刊，光绪三十年（1904）续修。1992 年与君文公支合修。旧班：元应产才翁。道伯万廷大，朝继胜国宗。安邦荣有庆，世代永宽宏。新班：忠孝承先运，诗书裕后隆。贤良光祖德，礼义振家风。

洞口郭氏 隆回始祖梓兰公，原籍江西庐陵，元时迁居湖南邵阳澄水，今属隆回。四世支分隆、武、茂、义、信五房。武公孙维继，字发旺，由澄水迁居武冈山门，今属洞口。清雍正四年（1726）一修族谱，道光二十一年（1841）二修，光绪二十四年（1898）三修，1995 年四修。武房班次：梓柱念永希，公发朝必文，良友元景思，才邦允远昌，万国咸玉珍。续班：名世时逢泰，承家益树勋。燕诒传骏烈，佑启勖清芬。伟绩舒彝鼎，勤功定拔群。

华容石山矶郭氏 元时继贞公，世居江西郭家长岭，任青州知政。后隐迹远遁，元亡明兴，过华邑，见山水秀丽，于明洪武十五年（1382）挈家从江西郭家长岭迁居华容石山矶。后裔现居万庾郭家嘴、沙口、鲇鱼须、南圻咀和城关等地。旧派：仲传士承，宪维麟芝。续派：自元应立善，崇厚本为先。忠孝范家国，道心翼圣贤。再续派：成仁方致远，秉礼必光前。世守斯文训，炽昌忆万年。

湘阴县南郭氏 始迁祖思铭公，明洪武中自鄜州官广西苍梧县河泊使，占籍湘阴。

湘阴郭氏 汾阳五传至在徽公，仕南唐，官鸿胪右卿，始居吉州望云门。又一传至广国公晖，今吉安郭氏皆其后裔。元季缓新公，避乱徙广东，居南雄路保昌县芙蓉西溪。又数传至姚山公，由南雄迁湘阴。五世至遇贤、遇杰，分居城南、城西。清道光三年（1823）始修族谱，咸丰七年（1857）、2006 年续修。派行：姚山以字显，行派远难详。有大应三世，遇名渐繁昌。（自七世始）世家先立本，道德与文章。亿载功谟远，群宗庆系长。该族名人：中国首任出使英法大使郭嵩焘，为该族九世孙，谱名先杞。郭昆焘，著有《云卧山庄诗集》传世。郭庆藩，道员。郭德垂，著名化学家，其子郭道晖，法学家。

平江北乡石塘郭氏 始迁祖逢发公，清康熙年间自湖北武昌迁此。至 1994 年，全族人口 856 人。

常德、汉寿郭氏 始迁祖文忠、文政两公，为汾阳王长子曜公二十六世孙，明永乐间自江西吉安府永丰县层山迁居汉寿笑藤港及南关外。又汾阳王第六子暧公二十六世孙始成由河南迁常德流花口，始辅落业盐五汊，始钦、始海、始清落业鸡桥湾。正国由江西迁常德后江，邑江迁常德三角丘。1947 年合修族谱。原派：华文彦焕启可以明如宏建经昭穆隆。新派：庭训恢前志，贤良必有为。昌荣知定远，盛德吉祥临。和声回韵谱，长乐万家春。

汉寿郭氏 始迁祖盛公，明初自江西迁龙阳县南乡清安陂龙潭冲。1912 年续修族谱，堂号汾阳。

汉寿郭氏 始迁祖文政公，为子仪公二十六世孙，明永乐二年（1404）由江西南昌府丰城县迁汉寿城关。明万历二十七年（1599）、清康熙九年（1670）、乾隆三十年（1765）三修草谱，同治二年（1863）、1947 年、1995 年、2019 年续修。字派：文以景纯万，彬维玉嗣之。明学大治正，光宗耀祖先。丕振家声运，因德启后贤。

桃源扶善溪台子山郭氏 始迁祖太定公，明洪武二年（1369）自吉水官湖广兵备道，致仕率其子得智、侄子家同徙桃源陬市，旋迁县南扶善溪台子山。至 1948 年，已传 20 代，全族人口千余，分布于穿石、黄石、黄沙村等地。宗祠在台子山。族谱创修于 1936 年。

桃源大田朱家港郭氏 始迁祖胤珍公，明初自江西迁于桃源县东大田村之朱家港。至1948年，已传20代，全族人口约千余，分布于慈利、常德、南县等地。清乾隆年间建宗祠于朱家港。族谱创修于1940年。

桃源沙萝郭氏 始祖子仪公，七传至广国公晖，迁庐陵麻冈。又七传至训公，迁抚州临川。又九传至伯达公，明初官常德指挥同知，卒于官，子孙入籍桃源，卜居沙萝。清光绪十三年（1887）、1924年纂有族谱。至1948年，族人约8000人，分布于旺家庄、发人冲、红山冲、干旺冲、马家溶、沙坪、百灵庵、沉溪坪、郭家滩。宗祠在庙河。派次：伯元寿义单思单永单京维崇中士单愈用如世启兴学述孔宏邦臣全忠国。文明大开合，俾炽喜昌荣。桂芳丹凤美，蛟腾景运新。该族名人：郭璞，清乾隆元年（1736）进士，官提督。郭世嵚，亚元，著有《鸿旅山庄集》。

桃源大田郭氏 始迁祖伯达公，明初以千户随常德路总制胡汝招抚十七路头目并陈氏散军，积功授指挥同知，兵屯桃源，明洪武二年（1369）自临川迁桃源县东大田村之郭家坪。至1948年，已传22代，全族人口1800余人，分布于临澧、石门、慈利等县。清道光十九年（1839）建宗祠于郭家坪。族谱创修于1921年。派语：伯元寿义单思单永单京维崇中士单愈用如世启兴学述孔宏邦臣传忠国。

桃源杪枋溪郭氏 始祖伯达公，传八世至永寿，因避兵祸自沙萝迁黄石香山坡。又七传至永智，再迁蓝竹园杪枋溪。至1948年，已传10代，人口200余人，分布于温泉、高东、黄石等处。清光绪创修支祠于茅竹堉。

桃源高东郭氏 始祖应东公，字明远，明末自南昌迁于桃源县北高都村之黄金堰。至1948年，已传16代，全族人口300余人，分布于龙山、慈利、常德、汉寿等县。1941年修本支报惠祠于黄金堰。族谱创修于1928年。

临澧、石门郭氏 一世祖子兰公，字佩臣，原籍江西吉安府吉水县同塘坝大栗树，明永乐二年（1404）调屯湖南澧阳永定卫左所。二世维忠迁桃源，维庸迁慈利，维汉迁石门，三世服冕定居七重堰。清咸丰八年（1858）、光绪二十五年（1899）、2007年纂修族谱。宗派：服义进行，忠希万启。永正昌茂，继宗光祚。克大家声，鸿文成章。国恩锡庆，世德以长。

临澧辖神岗郭氏 始祖伯达公，居桃源沙萝村。九代文星公为辖神岗支祖。清康熙间纂修族谱，1912年续修，2005年三修。字派：世承宗光，述孔宏邦。能全家国，丕乃其昌。三修时人口3158人，其中男1594人，女1564人。

津市大潭溪郭氏 宣公后裔万盛、振温、福海三公，先后由江西吉水宦游荆楚。万盛为澧州古堤桥（今属津市）祖，振温为常德武陵卸甲坪转徙七里湖大潭溪（今属津市）祖，福海为安乡黄山岗祖。大潭溪郭氏 1918 年三修，2017 年四修族谱。

益阳郭氏 始迁祖宣义公，为郭子仪二十二世孙。原居江西安福县澄塘社小岭头，宋季挟资游楚，卜居益阳，传四世衍为致和、礼和、中和三房。清嘉庆二十年（1815）致房始修支谱，咸丰六年（1856）续修，光绪十三年（1887）三修，光绪三十年（1904）致、礼、中三房联修，1921 年致裔溶支续修，1941 年致房四修，1997 年溶裔世恩公支五修。老派：仕可原崇本，廷世德贤良。宏龄起昭穆，光彩焕文章。新派：凤诏宗纶锡，鸿勋振羽翔。储材培杞梓，应运蔚琳琅。济用商家楫，农明晋国庄。图书奎璧映，谟烈鼎铉彰。

益阳郭氏 始迁祖宣义公，宋末由江西安福县澄塘社小岭头迁益阳。子仕忠，为益阳郭氏开派之祖（一派）。五派衍洪、淳、淮、浚、溶五房。洪公生三子，淳公生二子。明弘治十七年（1504）纂修族谱，之后各支分修，清光绪三十年（1904）二修。1936 年五派祖洪、淳两支纂修支谱。2006 年洪房十二代孙良猷支纂修支谱。派语：仕可原崇本，廷世德贤良。宏龄起昭穆，光彩焕文章。凤诏宗纶锡，鸿勋振羽翔。储才培杞梓，应运蔚琳琊。济用商家楫，农民晋国庄。图书奎璧映，谟烈鼎铉彰。

益阳礼房郭氏 一派祖仕忠公。孙原吉，行四，名礼和。礼公祠在城里板塘村。清乾隆六十年（1795）、光绪二十一年（1895）、1925 年纂修支谱。1925 年时有男 1114 丁，女 847 口。

益阳桃花江郭氏 始迁祖盛祥公，元至正时自江西吉安迁益阳，衍居桃花江。

益阳团头坪郭氏 始迁祖爱公，字寿一，明永乐二年（1404）自江西吉安府泰和县二十一都仙茶乡迁居益阳城北团头坪。族人分布于香铺岭、响水坝、黄泗坝及沅江、南县、汉寿等地。清乾隆十二年（1747）建宗祠于益阳头堡贺家桥。乾隆三十四年（1769）始修族谱，道光四年（1824）续修，咸丰十年（1860）三修，光绪十八年（1892）四修，1922 年五修。堂号全福。至 1948 年，已传 29 代，共 15000 余人。字派：爱国忠单单，安邦彦武先。允魁文继维，龙辅任贤明。宏仁修德起，世景登朝程。才献生长吉，芬芳振凤麟。

益阳郭家洲郭氏 始迁祖元清公，明景泰时由江西吉水迁居今桃江郭家洲。

沅江郭氏 始迁祖湘吉公，明洪武二年（1369）由江西宦湘南沅江，落业桃林港、齐头山、株木山等地。至 1948 年，已传 14 代，共 3000 余人。总祠在县城，各地皆有支祠。

沅江郭氏 始祖党泰公，明洪武初年自江西南昌府南昌县广运门丁家山徙沅，置业南门，析居都一甲及黄麻塘，生两子：敬、诚。诚留居始迁之地。敬迁居郎保齐头山三角湖，其长子瓒数传至绍尧公，生六子：琦、玠、玮、瑾、玟、瑛。琦、瑾、玟无嗣，玠、玮、瑛后裔分布于三角湖、齐头山等地。清嘉庆间建宗祠于栗子山。光绪三年（1877）始修族谱，堂号汾阳。

沅江金甲坊郭氏 始迁祖豫源公，字准，号太初，明洪武年自江西吉安吉水县鹅颈大坵迁楚南沅江之白保金甲坊。至万历间六派必立、与立、芒立、长立、隆立，衍为仁、义、礼、智、信五房。族人分布在老屋湾、白竹岭、大泥冲、百福巷等地。宗祠建于清康熙年间。光绪二十年（1894）四修族谱，堂号汾阳。旧派：立言思孟，日循玉大。如发达永，厚重可载。续派：兴朝隆德泽，昌运毓贤良。孝友传家政，安平兆国祥。

安化郭氏 始祖子仪公，生子曜公，传五派至广国公晖公，落业江西庐陵麻冈，为麻冈一派祖。广国公四传而生龙、圣、宣三公。龙公徙高村社原，圣公居麻冈，宣公徙谢屯。宣公后裔寿公卜居安化南桥，隶籍常丰二甲，分衍柏树湾、田心、枇杷湾、界碑岭等处。圣公后裔瀚公卜居城内东门，后迁黄砂桥。奉公卜居采莲溪，崇茂公卜居黄梅，葵公卜居丰乐、半山，敬德公卜居黄沙岩下高坪铺，源淮公卜居青草，源珮公卜居黄龙、塞海，源德公卜居浅塘，弥邵公卜居新化青石街、三尖峰。清道光四年（1824）圣、宣二裔合修族谱，光绪四年（1878）、1917 年、1949 年续修。合派：合志开宏绪，敦伦定发祥。诗书传代业，仁义懋家纲。巨望鸣金鼎，殊勋灿汉章。贤才征济美，甲第永辉煌。

新化珂溪郭氏 始迁祖弥少公，庐陵人，宋末徙居新化青石街。其子海公徙居珂溪。

永兴郭氏 远祖子仪公，八子暧，生仲恭，恭生瞿，避黄巢乱，由金陵乌衣巷徙江西吉州龙泉乡十善镇。瞿生延嵩，由十善镇徙竹陵村，名其地符竹。又传洪霸、文暹、郜、敬文、宁公、桂夫、朝柱、云侣、潜光、冠伦、岱日、北学。北学生懋修，明洪武间由符竹徙茶陵马步江。一世和四郎，讳乐，字文贵，明洪武间由茶陵马步江迁永兴长乐。生三子：兴十一郎、兴十二郎、兴十三郎。十三郎分居山下，十一、十二郎仍居长乐。清康熙五十年（1711）、乾隆十一年（1746）、乾隆四十八年（1783）、道光十四年（1834）、同治六年（1867）、光绪二十七年（1901）、1931 年、1993 年、2010 年纂修族谱。字辈：（长乐房）兴应珍德重，如贤胜宗仁。思义必富贵，显达大通荣。（山下房）兴应珍德仲，初添贤昌礼。永开万士善（知），良达大通荣。新派：中丞辉祖泽，代国肇家声。俊彦联科甲，佐朝世有人。

桂东郭氏 始祖斌甫公，字宪亭，宋朝人，为郭子仪十七世孙。长子尧可奉母自江西龙泉藻林（今属遂川县）因避乱来湘，卜居桂东县零陵乡二都君辅上村。尧可公之子传道生四子：河叟、清叟、洲叟、滨叟，衍为四房。族谱一修于清康熙三十六年（1697），2001 年六修。派语：斌可道克文楚郭尚仰兆存运锡际永文华振国。英俊垂名远，蕙兰衍庆香。诗书绵祖绪，世代表忠良。该族名人：郭春涛，原名郭名忠，化名胡君健，建国后历任全国政协常委、政务院副秘书长。

嘉禾冷水塘郭氏 始迁祖景芳公，宋时自江西迁嘉禾冷水塘。至 1930 年，凡 16 户，男 33 人，女 31 人，共 64 人。

汝城塘腹郭氏 始迁祖清叟公，原籍江西攸富县，宋中叶迁汝城。七世分居西泉村、下湾等处。至 1932 年，已传 32 代，850 余人。

汝城溪浦郭氏 始迁祖文庵公，原籍江西省庐陵县。明初以艺游桂阳（今汝城），居文明乡山田，继迁城南之溪浦，又分居东区之益将。至 1932 年，已传 28 代，80 余人。

新田沙田郭氏 始迁祖全公，由江西泰和因变乱迁居湖南新田县明义乡沙田村。宗祠在沙田村。至 1949 年，已传 21 代，共 360 余人。

溆浦鹤田垅郭氏 先世明永乐二年（1404）由贵州五开卫拨屯，徙溆浦鹤田垅。

溆浦县城郭氏 始迁祖明道公，原籍河南，清初官湖南沅州，解组来溆浦县城。

麻阳郭氏 鼻祖永清公，南京常州府宜兴县人。次子鉴公，明中叶宦游南楚，官于沅郡，解组后遂家于麻阳石羊哨通达林，厥后分处县署头门外及十字街。清咸丰三年（1853）、光绪八年（1882）纂修墨谱，1915 年首修。班次：单秉单正单学有登大士绍。宗祖元昌，长发其祥。承家继代，忠孝贤良。茂召荣庆，万世流芳。

麻阳滩头坪郭氏 始祖通懿公，原籍北直真定府赵州老鸦溪，任黔省徐定军民府指挥使，因世沧桑难归籍，遂寓湖广辰州府麻阳县竹林坪，明永乐二年（1404）移居麻阳逢耶房滩头坪。至 1948 年，已传 21 代，共 2280 人。后裔分布高村、大桥江、板栗树、拖冲等处。老派：通亚再友单兴祖胜朝廷启生万单学。逢爷房：宏达荣昌。县前房：宗祖元昌。雄溪房：秀安帮昌。江坪房：宏达荣昌。茶溪房：文传芳昌。沅水房：单士子昌。续派：长发其祥。承家继代，忠孝贤良。明昭显（荣）庆，奕（万）世惟（流）光。

席

衡阳席氏 始迁祖寿世公，明洪武初随黔国公沐英征滇，卒于阵。两子：富神、富贵。富贵居衡阳。2001 年六修宗谱。老班行：寿富胜永华，文添守应朝。尧国景仲继，舜嗣世代贤。续班行：传家崇孝友，绍先在方正。德修光远耀，余庆兆簪缨。

醴陵寨下席氏 为醴陵老寨户。族人分布于老鸦山、夏家冲。

东安席氏 唐僖宗乾符间崇德公由抚州来高安，爱澧溪山水之秀，因家焉。至瀚顺公，谱尊为一世祖，生正文、正章、正谏、正国、正儒五子。正国无传，正谏裔归原籍，正文子珍公、正章子璞公、正儒子玉公、环公，明嘉靖中叶随正章自江西瑞州高安县徙迁东安。始同居芦洪市上游五里许之朴塘，后珍房卜宅芦洪市。璞房仍居朴塘，衍永丰。玉房居石期站，衍火箱桥。环房居伍家桥下关。湘军大将贵州按察使席宝田为环房裔孙，谱名朝焕。1937 年四修族谱。派语：（自九世始）承相朝启，世代宏光。大道惟一，辅国安康。家逢泰定，运兆祯祥。福元示锡，本茂嗣良。

唐

长沙龙潭唐氏 始祖玄真公，字伯岩，孙子受，因避兵乱而于明洪武元年（1368）自江西丰城县迁居长沙县龙潭乡。族人分布于长沙、浏阳、四川、河南、安徽、浙江、江苏等地。至 1948 年，已传 22 代，共 8000 余人。清乾隆四年（1739）建宗祠于龙潭乡金福湾。

长沙古潭唐氏 始迁祖京岱公，元末由江西南昌府丰城县瓦坟街而徙浏邑。明洪武二年（1369）转徙善邑，落业洞井铺古潭。传至六代，派分芳、诚、俊、显四房。清咸丰四年（1854）、光绪五年（1879）、宣统元年（1909）、2012 年纂修族谱。派序：京晋福子，文仲万允。世希名之，年如单曳。光宗耀祖，继志承先。祥征鸿业，启裕英贤。树立道德，大振家传。

长沙湘东唐氏 始迁祖文海、泽遥两公，明洪武初年自江西丰城迁浏阳，再迁长沙湘江东西两岸。文裔居湘东，泽裔居湘西。文海裔至四世衍为金、银、望、贵、定、高六房。族谱始修于清同治九年（1870），光绪三十年（1904）

续修。宗祠建于道光十四年（1834）。派语：枬珣钊伏万宗继胜鼎应仕世光廷永昌业绍名贤。续派：忠厚诒谋久，诗书治国先。

长沙唐家河唐氏 始迁祖泽遥公，字佑启，明洪武初携子道远兄弟六人自江西南昌丰城游南楚，五子分徙宁乡、湘潭、湘乡、善化及浏阳。泽遥与道远（讳南熏）居长沙东乡林家坝，三世楚缤公自东乡林家坝迁居河西寨头围（后称唐家河）。族谱始修于清康熙三十九年（1700），乾隆三十九年（1774）续修，嘉庆二年（1797）三修，道光六年（1826）四修，同治二年（1863）五修，光绪三十三年（1907）六修。该族名人：唐俊元，提督衔记名总兵。

长沙桐木桥唐氏 始祖克家公，佐明太祖定天下，封延安侯。次子伯合以指挥使从营阳侯杨璟征楚，道经湘西桐木桥（今属长沙），爱其山水而卜居于此。传五世培祖生光辉、光楚。光辉生元善、是若、谓圣，衍为三房。族谱一修于清道光六年（1826），咸丰十年（1860）续修，宣统二年（1910）三修，1947年四修。派名：胜敬福寿增光彦明廷正朝荣延世泽宏道文章业国治……

长沙潘家冲唐氏 始祖遂良公，讳伯征，明朝时自湘潭迁居宁乡石滩。九世添植公自宁乡迁善化。十三世崇祖公再迁河西潘家冲。族谱始修于清雍正四年（1726），光绪三年（1877）续修，光绪二十八年（1902）三修。

浏阳唐家塅唐氏 始迁祖彪公，元末自江西万载迁此。子二：希贤、希哲。希贤生钦俊、钦英、钦杰，希哲生钦明、钦鉴，衍为五支。俊、英、明、鉴之裔分布于小河、琥珀段、岩坪等地，钦杰之裔世居唐家塅。至清光绪三十三年（1907），已传22代，丁口千余人。

浏阳唐氏 始迁祖孟公，讳德铭，明洪武初由江西南昌迁浏。清道光十四年（1834）、同治九年（1870）、光绪二十五年（1899）纂修族谱。派行：德岳文朝，言日人良。金（廷）克火，永世其昌。宗先济美，佑启征祥。存心养性，顺理成章。

浏阳狮岩里唐氏 始迁祖万荣公，明正德间自平江黄社徙居浏北之狮岩里。清咸丰十一年（1861）纂有族谱。

浏阳江东唐氏 始祖昌图公，讳世明，唐昭宗时由永州刺史节度靖江。子佑，字承裕，仕宋银青光禄大夫，节度两粤，致仕后居湘潭，建圆通寺，即今开利寺。至华九公徙居湘潭一都二甲亭子前。由佑公传十七世至时文公，字忠雅，明嘉靖时因世更差繁，徙居浏西江东界碑岭。族谱始修于清乾隆四十五年（1780），同治七年（1868）续修，1949年三修。宗祠建于咸丰元年（1851）。派语：继一明之启，开朝振国光。贤良文武泰，世泽永增长。楚湘承鼎盛，日月自辉煌。克绍宏先德，其昌久发祥。正义应常在，崇高品乃庄。道思安定业，有志作时匡。

浏阳青山唐氏 始祖南浦公，字云章，号来仪，原名文浦，江西南昌人。唐昭宗天顺间令醴陵，后家于邑之达溪。二十二世朝象公，字和宇，原居澧邑南门，因差烦人众，清顺治二年（1645）弃产徙居浏南石霜青山湾。1937年三修族谱。原派：朝文奇宏启，世运庆昌隆。忠孝昭先德，英才耀祖宗。续派：大道传家国，贤能志向同。显扬征学士，名望自钦崇。

宁乡石滩唐氏 先世出自晋阳，唐代南浦公膺醴陵县令，著籍湘潭。至十三世明指挥使伯征公，字遂良，性喜山水，爱石滩之清胜，遂结庐而居。生四子：珍、珠、瑞、玙。子孙繁衍，散居长、潭、安、湘、宁各邑。明成化中叶五邑合修族谱，清康熙三十六年（1697）、嘉庆十二年（1807）、咸丰十年（1860）、光绪三十三年（1907）续修，1931年合宁乡伯微公支、湘乡伯徽公支六修。乾隆九年（1744）建宗祠于石滩。班序：伯宝涵全楚，清桂兴添住。仲允崇世万，继希志方启。钟济植耀达，锡汝新煌基。镇淑相照载，钦治乐鸣培。克绍彰先泽，诗书迪俊贤。传家惟孝友，福寿自连绵。鉴溯荣光运，钧求本烈坚。钜沛材勋重，镕深业炳垂。

宁乡唐氏 鼻祖彦宗公，原籍江西吉安府庐陵县。三世明洪武初迁居邵阳黑田。四世壮公，名再隆，洪武十二年又迁邵东西洋江。七世衍添荣、添华、添富、添贵四房。贵房后裔又有迁宁乡者。清光绪二十九年（1903）、1947年纂修支谱。派语同邵阳西洋江唐氏。该族名人：唐承年，陆军少将。

宁乡罗仙峰唐氏 伯征公弟伯微公，字魁一，明时由江西吉安府吉水县徙居潭州，后裔一支居宁乡五都罗仙峰。1931年与宁乡石滩唐氏合谱。

宁乡石壁潭唐氏 始祖隆道公，原籍江西庐陵县，元至正间任湖南宝庆路总管，元至正二十四年（1364），明兵攻宝庆，公率众战于东关桥外，阵亡。四子避乱梅城，后泰钟徙邵邑，泰赐留梅城，泰复徙武冈，泰济归江西故里。泰复长子汝先，汝先长子世彝，明永乐元年（1403）父子同徙武冈梅树田。传四世分荣、明、智、政、受、旺、华七房。智裔至十二派继金、继祥，于清顺治十八年（1661）由武冈托坪团唐福庙沙刀山徙居宁乡丝茅冲石壁潭。清嘉庆八年（1803）建宗祠于石壁潭。乾隆十二年（1747）与武冈合修族谱，道光十九年（1839）、光绪六年（1880）、1916年、1942年、1997年宁乡独修。派语与武冈同：世仲安宗祖昔友思孝试中继（按）名（再）仕昌。自十五世起：锡禄维贤俊，鸿禧泰运明。传家敦俭让，兴国显经纶。忠厚怀先哲，诗书教后人。

纲常千载肃，作述万年新。

宁乡洋泉唐氏 始祖隆道公，子泰复徙居武冈陡溪安乐东乡恒乐里。至十六世崇福公，号新禄，清康熙年间率子如胜、如清，徙居宁乡洋泉三都二区世家冲。咸丰四年（1854）始修墨谱，同治五年（1866）续修支谱。派语：锡禄维贤俊，宏谟启盛明。周孔垂训教，夔龙仰直寅。齐家敦礼义，开国显经纶。纲常千载肃，作述万年兴。

宁乡唐氏 始祖允景公，明正德间自江西丰城迁荆州监利。四世孙朝选转迁长沙。朝选之子遇桂于明末徙宝庆，继徙邵阳，终于清康熙间落业宁乡。子孙分居宁乡二都青山冲、一都贴紫塘（又名碟子塘）及益阳十三里七丘田。1927年五修族谱。

宁乡铁冲唐氏 衡阳祖永公。至十一世喜爵，清乾隆十年（1745）由宝庆武冈州移居宁乡铁冲龙湾潭开宗立户。乾隆三十七年（1772）建祠于龙湾潭。至今仅100余人。班序：祖永毕而文，思源停曾学，喜爵兴万年，才德光先集，作述朝圣明，道愿开帝业，天地与同流。

湘潭淦田、醴陵唐氏 始祖承裕公，讳佑，唐永州刺史，授靖江军节度，父昌图公，讳世旻。马殷据湖南，遣李瑭攻永，昌图公卒于阵。承裕公避地桂州，继徙衡州踏水桥，没葬湘潭淦田金烟冲，今属株洲。子潼、濽、汴。潼公迁醴陵橘子桥，至十一世德峻、德杰两公，析为仁、义、礼、智、信、忠六房。濽裔世居淦田，至十三世子常公衍为五房。汴裔居攸县。至1948年，已传37代，3万余人。潼公祠在醴陵南乡十七都烂柴冲，濽公祠在株洲淦田开利寺左。明正统九年（1444）、清康熙三十八年（1699）湘、醴两邑合修，之后分修。1934年两邑合为六修族谱。派语：（自二十三世起）青紫传芳，昭祖德升。恒继运焕，文光向荣。嘉树滋培，厚作善相，承卜永昌。该族名人：唐九德，明嘉靖进士。唐选、唐斯盛，明万历进士。唐世征，清顺治进士。唐紫瑞，乾隆进士。唐恒模，国民政府财政部秘书长。唐建藩，候补国会议员。

湘潭旧坊唐氏 始迁祖佑公，唐代自衡州踏水桥迁湘潭淦田。濽裔至十四世孙则恭生孟俊、孟杰、孟伟，三人于明初迁居县城柳丝巷，号旧坊唐氏。孟俊子四：英、雄、浚、哲。孟杰子二：槐、梅。孟伟子二：征、卫。从而衍为八大房。清光绪十三年（1887）八房合修族谱，称五修。

湘乡新园唐氏 始祖步峣公，讳封，原籍江西，以特科文学出身，为州司理参军，官湖湘间，因金人兵乱不得归里，于宋绍兴间卜居湘乡县西桃树塘。十五代孙世俊，字在位，居县治唐家湾，晚以新园自号，故称“新园唐氏”。

族人分布在湘潭、宁乡、益阳等地。清乾隆三十五年（1770）建宗祠于湘街昆仑总四牌楼。1917年七修、1948年八修族谱。派次：唐氏古名派，始自步德盛。应中人同直，乐从示知成。懋世振公一，峣伯之正诚。宗邦传业远，修齐达治平。祖述承先泽，百代定显荣。

湘潭锦石唐氏 衡湘始祖禧公，世居湘邑，宋理宗时诰封左武大夫、吉州刺史。三世泉公卜居于衡。七世梓庆，字吉玉，复归湘潭。生四子：储、儒、偿、停。储、停两公无传。清乾隆间儒、偿两房续修族谱，道咸间各房分修支谱，光绪二十一年（1895）两房第四届合修，1927年五修。嘉庆间建宗祠于锦石锦鸡潭。派语：（自七世起）梓棠崇世显福禄大加昌应培宗祖泽。先哲垂金训，承之在达人。端躬惟务本，克佩是时珍。

湘潭唐氏 始祖义华公，字国珍，行二，世居江西南昌府丰城县洗马池四排楼下，仕元永州太守，至正十五年（1355）挂冠归里，舟过潭之昭陵，偶值风阻，挈家泊岸十里许而居，至四派衍为芳、源两房。清康熙二十六年（1687）建宗祠于虎啸坝。清初纂成墨谱，康熙五十七年（1718）续修，乾隆十二年（1747）三修，乾隆三十五年（1770）四修，道光二年（1822）五修，咸丰八年（1858）六修，光绪二十八年（1902）七修，1937年八修。字派：（自十八世始）作述昭先泽，声名起继贤。传家贻令绪，树德务心田。

湘潭泉坝唐家湾唐氏 始迁祖义华公，元末自豫章迁湘潭。三传至仁孙迁泉坝。十世孙历高于明末清初迁泉坝唐家湾。1931年四修族谱。

湘潭唐家埠唐氏 始迁祖泽中公，原名永，字庸庵，明洪武二年（1369）自江西丰城县油煎寨七里洲螺头塘迁湘潭三都唐家埠。清嘉庆十一年（1806）三修族谱，1938年六修，2006年七修。派语：泽世胜希文，添万汉宪启。知国正天心，顺见时昌以。积庆超南楚，传家绍豫章。鸿开经济学，骏显祖宗光。

湘乡巴江唐氏 始祖唐建威将军休复公，至九派秀夫公迁居江西唐方。至二十四派茅庵公，明嘉靖间由唐方迁居上湘六都巴江，开横峰、顺庵两房。又秀夫公四世孙允明衍江西上城，七世孙尧瞻公入赘永新古竹，允明十二传素训公徙衡山治坪。休复公六派孙珪弼公徙槎源。清康熙五十九年（1720）湘赣两省唐方、城江、金田、槎源、巴江、丰溪、神源、湖源、水西、田边、古竹诸房合修族谱，咸丰三年（1853）巴江房续修。巴江旧派：经业定发远，儒风衍庆长。文章光百世，忠孝令名扬。（仅用至“儒”字即接新班派语）新班派：（自三十六派起）源溯江湘洽根标杞梓桢湶深流泽溥干植析枝荣。

湘乡汤家堠唐氏 始祖伯徽公，字忠弼，号耿臣，明时由赣迁湘。五世楚杞公复由湘迁陕。十一世仲荣公仍返居湘乡十七都汤家塅。1931 年与宁乡石滩唐氏合谱。

湘乡梓田唐氏 始祖绍尧公，字再勋，原籍江西泰和圳上。明洪武三年（1370）官贵州贵阳府教谕，任职七年，解组归籍，道经武冈，爱其山水，子伏泰、伏四、伏六遂家于武冈白竹山。伏泰裔十四传至清和公，讳再盛，清初徙居湘乡梓田（今属双峰沙塘乡）。族人分布在沙塘、白石、梓田等地。族谱清雍正十三年（1735）创修于武冈，同治四年（1865）梓田汝政、汝严两房重修，宣统元年（1910）三修，1941 年四修。1995 年五修时上谱人丁 1120 人。宗祠建于宣统二年（1910）。派语：绍伏魁仕万广友宗祖廷朝国泰民安天。天开文运悠远，诗礼世代书香。智仁信义忠和，福寿康宁永昌。续派：刚正雄健，果毅朴诚。敦厚笃实，奕叶辉光。

醴陵唐家冲唐氏 始迁祖文浦公，唐龙纪间由江西南昌出任醴陵县令，家于醴陵达溪。至藩公，字昆秀，明成化二年（1466）由县城徙居魁缠乡永平里枫树冲，后居北乡唐家冲。至 1949 年，已传 20 代，共 1500 余人。宗祠在唐家冲。

醴陵唐家垅唐氏 始迁祖魁公，元至元间自江西丰城迁此。族人分布于湘潭、萍乡。至 1948 年，全族人口 5000 人。

醴陵鸿仙寺下唐氏 始迁祖贤仲公，明洪武二年（1369）自江西丰城迁此。族人分布于关王庙、王家冲、南乡鱼塘等地。至 1948 年，全族人口 3000 人。

醴陵蕉源唐氏 始迁祖何寿可公，明洪武初年由江西分宜县迁居醴北蕉源，三子：纹用、纹忠、纹先。忠裔无传，纹先顶上蕉源刘景籍，后迁官庄，仍何氏。纹用顶下蕉源唐生籍，为唐姓。清同治十一年（1872）首修族谱，1923 年续修，2005 年三修。1948 年时全族人口 900 人。字派：寿纹继何友，大朝子志允。思仕应世敦，振兴家国自。维新钦有德，道卓定超群。骏业光先绪，鸿犹裕后昆。

炎陵塘旺唐氏 始迁祖隆三公，南宋绍熙五年（1194）自江西永新迁酃，后人分布于三河、塘田等地。

衡阳皇江金坑唐氏 始迁祖酬英公，行贤十二郎，元大德初由江西抚州府宜黄县以助军饷，授总指挥大使司来衡。偕来者有弟贤十四郎名酬建。酬建生天纲、天材，纲徙衡郡常宁，材徙湘阴。酬英生天权，留居衡阳登仙七里，生清德、清道。清德生明福、明禄、明寿。福、寿不可考，明禄后裔聚族金坑。

清咸丰元年（1851）、宣统二年（1910）纂修族谱。班次：天清明必以，永胜大兴邦。国正良才佐，臣忠世代康。继绪惟隆祖，家传孝友先。荣华征善庆，培本万斯年。

衡阳集福町唐氏 始迁祖朝尊公，讳葆真，一字存元，官名顺六，原籍江西，明景泰孝廉，明成化八年（1472）选湖广衡州府知衡阳县事，解组后卜居衡阳政义乡四十一都五区集福町。族人分布于政义、北乡、西乡及衡山、常宁等县。至1948年，已传24代，衡阳籍共1500余人。宗祠在集福町。

南岳唐氏 始迁祖成万公，明洪武初携三子文二、文伍、文珍，自江西吉安府泰和县圳上芦洲鹅颈大丘迁居南岳山后，文二、文伍两裔各徙他处，文珍立籍于衡，为支祖。至六世，志德开派渣泉、左家坪、流霞村。志温开派山田冲、唐方坊，志健开派清水塘、坪塘等，志礼开派金家冲，志大开派五里牌、唐子坪、白果等，志本开派南安冲、上塘冲等。明万历三年（1575）始修族谱，清乾隆十八年（1753）二修，嘉庆十五年（1810）三修，咸丰九年（1859）四修，1912年五修，1999年与衡东大桥乡义华房六修。文珍房班行：文万俊潮世，志百秀时仔。胜代允昌隆，一廷仕尚国。诗书承祖范，忠厚守家传。积善能增福，存心自启贤。大生英敏士，同结孝慈缘。克让名方远，兴仁祚正绵。义华房班行：义灵仁桂友，伯世龙邦元。尚之启辅鼎，自有作述昭。先泽声名喜，继贤传家贻。

衡山治坪唐氏 始迁祖素训公，明正统初自江西安福县兴德乡安和里迁居衡山治坪，即今新桥。四子：广修、广定、广志、广渊。广定仍居治坪，五传衍为启尧、启明、启章三房。宗祠在新桥。至1948年，已传21代，共5000余人，分布于新东乡及湘乡状元桥等地。清康熙五十五年（1716）一修族谱，乾隆元年（1736）续修，乾隆三十五年（1770）三修，道光三年（1823）四修，同治元年（1862）五修，光绪二十一年（1895）六修，1924年七修，2002年八修。班辈：唐勋卿名文，思安允恭让。德新睦平章，昭协和邦雍。女班行：纯性闰珍美，懿良□式贤。静闲宜顺婉，敬慎本嘉娟。兰秀芳徽茂，荑柔淑延质。英华聪慧至，礼范端庄全。十六代唐群英，为民初妇女运动领袖。

衡南唐氏 谱称始祖奇昌公，字荣松，原籍江西建昌府新城县，宋绍定举人，任衡阳县令。曾孙祖达、祖士、祖德、祖荣、祖显、祖富、祖贵、祖永、祖亨、祖福，因避元末兵祸，迁居衡、永两郡。祖显居衡阳小泉，后迁祁阳藕塘。祖富居衡阳新开坪，祖永居衡阳畔滩龙洲。祖福居衡阳杉木田，今皆属衡南县。清乾隆六十年（1795）四房创修族谱，道光二十二年（1842）二修，光绪四年（1878）三修，光绪三十四年（1908）四修，2000年祖永房第八子德洪裔五修。派序：奇伯世祖德，应思惟必景。志大以期远，国正端清永。文运承先代，声华在俊贤。明伦征自献，作著绍家传。学士才猷裕，达人甲榜联。诒谋忠与孝，继序万斯年。

衡南一、四甲唐氏 始迁祖开公，系出江西抚州府宜黄县码头唐家，元末宦楚，职授荆蛮将军，分镇衡州，爱衡山水清丽，遂落籍衡阳县政平乡石洞冲衙次塘。开廷佐、玉林两派，籍占一、四两甲。清嘉庆元年（1796）、道光二十一年（1841）、同治十一年（1872）、1948年纂修族谱。班行：祖宗仁景志，永仕明朝宪（忠义文政学）。光启崇前德（一应臣明世），常逢勋华建。荣耀先修福，三锡集高年。传家隆孝友，执礼大书田。

常宁唐氏 始迁祖富叟公，先世无考，宋代来常宁，始居磨石堡。六世了恭迁居唐家湾，生汝祥、汝祯，汝祯无传，汝祥生名清、名海，开上下两房。至今约500人。

常宁唐氏 始迁祖朝魁公，元朝末年携寿、富、贵三子自湖北监利迁居常宁阳田寺，后居坡田寺。寿公后迁祁东归阳。富公生世昌、世喜，世昌仍守坡田，世喜迁耒阳关山。贵公分居扶城，原居屯田所，后弃屯入民，生世期、世荣。世期支添华迁县北矮岭，添逊派衍白面石。世荣迁居县东衡头乡官坡。朝魁公胞弟朝尊公，原籍江西，明朝初年以孝廉选衡阳知县，留居衡阳集福寺。五世应彩公，明末奉调镇常，始住城南后街。清乾隆十一年（1746）、乾隆四十八年（1783）、道光七年（1827）、同治元年（1862）、光绪十九年（1893）、1925年纂修族谱。字派：有志成，先训敏。诗礼谋，绍忠贤。该族名人：唐训方，官湖北布政使。

常宁唐氏 始祖成万公，明洪武二年（1369）由江西泰和官衡山，裔孙昌舜于清乾隆间由衡迁常，居县城东门。

常宁唐氏 始祖万一公，原住零陵，后嗣应春、应彩，明末奉例投军，编入常宁，落籍于县西栏塘冲。至今约500人。

常宁唐氏 始迁祖尚松公，原居祁阳，清顺治间由祁迁常，始居县东白沙斗坪岭，又迁衡头官坡。

常宁唐氏 先世居祁阳藕塘（今属祁东）。十一世有元公，清康熙间携子帝臣迁常宁，居县北桐木冲。帝臣生文祥、文荣、文彩，文荣往川，文祥仍居桐木冲，文彩迁县南弥勒铺。

邵阳大南路李秀红鹤塘谢家冲唐氏 始祖运震公，生于北宋，原址武林，官升江西袁州府宜春县。任满卜居北门赤土。运、通二代单传，三世道庆子二：源鹤、源寅。源寅生三子：德谦、德寿、德益，均自吴徙楚。谦居怀化。寿定居邵阳大南路李秀红鹤塘谢家冲，数载后更名唐成。益居武邵江处。班序：运通道源德，仁义礼智信。思应宗祖有，虞禅允国正。时位维贤俊，宏谟启圣明。传佳灯以重，开日见京城。周公求真教，夔龙炳直云。江长千载数，作岁万年兴。

邵阳塘渡口唐氏 鼻祖长乐公，讳玉泉，字龙泉，元泰定年间由江西豫章入湖南，贸居湘邑两载，遂抵宝庆，卜居武攸（武冈）紫阳乡菜花墟。后世以人名地，称长乐冲，即今塘渡口乡之向阳村。生子五：万一、万二、万三、万伍、万玖。万一无考，万二徙马渡塘，万三迁邵东黑田铺，唯万伍、万玖居本乡。清光绪二十六年（1900）三修族谱，1995 年四修。三修班序：乾元用九，坤德安贞。兆开景运，定享升平。四修班序：瑞赋昊宇，五星弘达。

邵阳唐氏 始祖隆道公，字克敬，号完寓，元至正间自江西庐陵官宝庆，卒于任，子四：泰钟、泰赐、泰济、泰复，皆避地梅城。泰钟字际明，号芦山，行千一郎，明进士，至五世衍为琎、纯、兴、伦四支。兴公随父自梅城迁邵北巨口。纯公派世居新化梅溪，逮三世子寿公分派于邵东黑田。琎公徙居湘潭，伦公居梅城九都。清乾隆间琎、纯、兴、伦四房分修族谱。嘉庆、道光、光绪三年（1877）、宣统元年（1909）、1935 年四房合修。黑田原班次：隆泰彦邦纯，卿子天仲原，添得志时朝，万国奇宗安，世上延吉祥。梅溪原班次：隆泰彦邦纯，卿子添仲秋，文万兴应仕，凤绍思宗祖，光明显吉祥。巨口原班次：隆泰彦邦兴，卿子必文道，福太景廷正，应国家永世，荣宗延吉祥。林塘原班次：隆泰彦邦琏，卿子英良元，谟若如春自，仲学世代相，传远延吉祥。续班次：忠义承先德，诗书启后贤。炽昌辉楚域，蕃衍耀资川。

邵阳车田唐氏 一世始祖万公，当元明鼎革时由江西庐陵迁宝属梅城，后迁邵陵白马庞将军庙，复迁北路车田。生三子：魁、远、文。魁公居车田，远、文二公迁土溪坝。一、二修时仅魁公一支，1947 年三修时魁、远、文三支合修。字派：（自第五世始）汝伏兴懋元毓文应正大光明贲涣乾坤泰启……七世兴仁，字元守，明万历进士，初授龙游知县，世称廉吏，精经学，尤长于《春秋》三传。

邵阳雨溪桥唐氏 鼻祖嘉鸾公，元末弃儒为商，往来湖湘间，遭陈友谅乱，自江西饶州东门外十里堆迁居湖南宝庆南乡庙山。两子：谷黍、谷良。黍仍居祖地，良迁居武冈。派语同武冈荆竹唐氏。

邵阳唐洪坪唐氏　始迁祖必代公，明洪武二年（1369）由江右吉安府迁徙来邵，始居西灌冲沃，次迁人冲，三复迁唐洪坪。子孙藩衍，派分七房。后裔有迁居异地者，如三世富公迁居武攸马头桥，五世明逊公迁居金称市上七旗。清光绪四年（1878）始修族谱，宣统二年（1910）续修，1944 年三修。班序：富贵承先绪，荣华光裕彰。社稷泰运扬，民安豪情壮。展翘迎朝晖，英才露锋芒。立志创伟业，鸿德万载长。

邵阳罗城板木塘唐氏　始迁祖明旺公，字元贞，原籍山东济南府邹平县，后徙江西吉安府泰和。明洪武二年（1369）与兄信、亮、通、荣四公迁湘。信公居祁阳三官堂，亮公居邵西九公桥唐洪坪，通公居武冈紫阳，荣公居东安石板塘，明旺居邵阳罗城板木塘。子孙散居竹山、谷州、金源、大塘湾、东山、新挞塘等处。2000 年五修族谱。竹山派语：明先圣仁，志永继世，子承廷彦。闻思可福文，国正天大昌，晋阳贻泽长。谷州派语：明先圣仁，志永继世，子承天元。永仁义礼智，正大光明昌，晋阳贻泽长。金源派语：明先圣仁，志永继世，子承天元，永仁宗星廷，正大光明昌，晋阳贻泽长。大塘湾派语：明先圣仁，志信人孝。子嗣永继，一世福文。国正天大昌，晋阳贻泽长。东山派语：明先圣仁，志信人孝。子嗣永继，凤太福文。国正天大昌，晋阳贻泽长。新挞塘派语：明先圣仁，志信人孝。子嗣永继，凤太福文。国正天大昌，晋阳贻泽长。五修班序：长联金碧，余庆绵延，声华显奕，瑞赋昊宇，笃亲环珠。

邵阳县南唐氏　始迁祖仁达公，明洪武三年（1370）由江西吉安府泰和徙宝郡邵阳南二十里。原班序：仁子添福应，礼诗时朝凤。世大荣华景，祖宗万载兴。国定名文起，家安守继成。恩培光厚德，忠孝镇乾坤。续班序：群英建真义，神州春意临。科学治高邦，永立卓功勋。

邵阳黑田唐氏　鼻祖彦宗公，宋咸淳间人，二世仲仁、仲文，世居江西庐陵县常乐乡。三世邦钰、邦俭、邦俊、邦杰四公，明洪武四年（1371）迁居今邵东黑田，衍分贤、隆、诗、德、九、初、飏、富、清九房。清乾隆元年（1736）创修族谱，道光五年（1825）、光绪二年（1876）、1913 年、1948 年、1990 年续修。班次：彦仲邦再文，大登荣汝思。才添福寿永，朝生子世兴。光先承作述，裕嗣启奇英。必培本崇善，宜端品立名。广运开禅盛，协和庆吉亨。恒昌应可定，克绍振家声。

邵阳西洋江唐氏　始迁祖壮公，明洪武四年（1371）自江西庐陵迁邵东黑田，十二年（1379）又迁西洋江。清光绪二年（1876）、1913 年与邵东黑田唐氏合谱。字派：彦仲邦壮德，元添文才重。汝廷朝时凤，思宗祖永代。世先承作述，裕嗣启奇英。必培本崇善，宜端品立名。

邵阳洋溪桥唐氏 始迁祖迁世公，江西吉水县人，明洪武十六年（1383）迁邵阳县城东北洋溪桥。四世善，居城中六亭岭下，是为四川巡抚都御使凤仪之祖。子孙分居邵阳县双江口、塘溪、沙湾、洋溪桥诸处。今有族人1000余人。班序：迁仲念善秀，俊凤虞之武。天应永大振，人文世代清。道学忠诚远，嘉庆吉多训。

邵阳郦家坪唐氏 始迁祖旻远公，字文达，行二，原籍江西吉安府庐陵县双江口沙洲头樟树湾，本姓杨，元至正十二年（1352）迁湖广永州府祁阳县凤凰滩，入赘唐氏。明洪武中以避兵，又由祁阳再迁宝庆府邵阳县南乡开化都九甲唐雅保（今郦家坪）。生子五：仲、富、贵、荣、华。长德仲公归杨氏支，德富、贵、荣、华四公皆从唐姓。族谱创修于清咸丰九年（1859），1991年四修。班序：旻德单溶水显章凤仁义礼智国正世维昌晋观大有鼎萃中孚临丰益豫履泰成升贞吉。敦睦和万邦，兴教满庭芳。华夏宏文展，治绩垂典纲。培本枝繁茂，策源江汉长。余牒功告竣，嗣胤永发祥，安福延寿康。

邵阳江北状元洲唐氏 始迁祖宝公，明洪武间由江西来宝庆府江北状元洲，谱称刘唐氏。传至六世敏，生子六：珪、璋、珊、瑚、琏、瑞，遂支分派别。散居邵阳市、邵东、黔阳、邵阳、龙山。清嘉庆十年（1805）始修族谱。原班序：宝然德年仁敏玉志宗有国。正应世安邦，时遇景吉昌。光耀文章显，逢源定人纲。克绍家声远，宏开厚泽长。荣华昭万代，忠孝启贤良。1993年续班序：继持思祖德，永增学成庭。高登福禄达，朝栋英杰盛。

邵阳鹤田唐氏 始迁祖必胜公，字先叔，原籍江西泰和县圳上，明初迁居邵阳，始居秋田，复迁银仙桥老屋村。清雍正十一年（1733）创修族谱，道光二十五年（1845）、光绪二十七年（1901）、2003年、2019年续修。宗祠建于老屋村。班序：必祖永道志，文才思定奉。朝彦守国登，仕成龙德政。惟尧先建启，惇叙肇平章。广运钦明焕，咸熙教泽长。敬时传仲叔，克让赞元良。景庆光华泳，贻谋世代昌。该族名人：提督衔陕甘记名总兵唐凤辉。

邵阳唐鉴冲唐氏 始祖均公，字汝安，由江西泰和初迁广西全州玩月岭，复迁宝庆邵阳中坝，明初三迁邓家村（即诸甲亭乡唐鉴村）。子四：思远、思谅、思诚、思熹。尔后谅公落籍蒋家冲，后迁曹湾冲。熹公落籍直田冲，诚公仍回玩月岭，惟远公留居唐鉴村。清道光间创修墨谱，光绪三十二年（1906）重修付梓，1994年续修，入谱人口2260余人。同治八年（1869）建宗祠于唐鉴冲。原班序：如有世可国，时生学正绍，大成德文明，运际征佳兆，俊秀沿宗祖，光华万代荣，先贤昭显达，基业永恢宏。续班序：唯楚多才子，晋阳聚群英。力能移海岳，势欲步青云。齐登致富路，同跻图强梯。壮举惊欧美，雄姿展亚非。

邵阳塘田唐氏 一世祖贵卿，明初由江西迁居祁阳三官塘。二世祖荣卿讳洪淑，职员外郎，又迁邵阳塘田水西村。其子应隆官任衡州太守，生子十，后裔大多居塘田市镇。1912年创修族谱，1927年续修，2000年三修。至2001年，共13000余人。班序：洪应原再德，礼必太承良。京奇民自兆，永守福春芳。运际升平日，庶康庆谱庚。端由熙洽久，万汇致咸亨。宜本纯必孝，用以笃忠贞。勉力为公辅，家瑞定藩生。廉政如北辰，众星拱日行。英雄创伟业，韬略奠乾坤。

邵阳霞塘唐氏 始祖千万公，明中叶由江西吉安府泰和县螺川迁邵阳城东黑田铺，生子五。二世德清迁居城南火烧坪。三世成义迁居城西白茅塘。四世必亮、必通、必恒三公，恒无传，通仍居旧址，亮迁居霞塘。五世仲材、仲缘、仲青三公，青徙川无传，缘裔迁会同、益阳等地，惟材公仍居霞塘。清嘉庆二年（1797）始修族谱，光绪十三年（1887）续修，1932年三修，1997年四修。总祠在邵阳黑田铺。班序：凤彦应世文，虞之开万鼎（“彦”又用“希”，“开”又用“以”）。光宗宏远基，永定周安民。再续：孝友承先业，诗书启后贤。有为思久大，正士贵能全。三续：守经怀祖恩，谈道绍前猷。修齐斯致治，昭信自芳流。四续：振兴纲常辉，绵延喜今朝。瑞彩叶茂盛，祥和庆荣昌。

邵阳罗城唐氏 始祖万九郎，明时迁居宝庆，落业新邑南阳铺，后迁邵东黑田铺。生添权，添权又迁西乡白茅塘，派发三房。班序：添德道胜文，思才必朝廷。仕友应宗祖，世代永光明。正大昌宏业，中和育化成。存仁维国治，祥启晋阳声。

邵阳油麻田胡唐氏 始祖胡仁发，自江右迁湖广宝庆南乡温和四甲石头观（即石板老）落担，生一女，赘唐信荣为嗣，信荣子三：明、聪、才。明公随父母居油麻田石板老，承胡氏之胤。聪、才两公，一居东山，一居新挞塘，转唐姓继唐嗣。族谱始修于清乾隆五十九年（1794），1995年四修。至2001年，已传24代，人口1500余人。班序：仁信人才宗，尚廷正应壬（义）。重修班序：礼智天大昌，晋阳贻泽长。敦伦承祖德，作述万年方。续修班序：陶封同源，谱宜联合。秩序肃齐，纲常振作。四修班序：瑞赋昊宇，五星弘达。

邵阳孔塘唐氏 始迁祖文举公，自江西迁邵阳孔塘。生子四：世仁、世彝、世松、世柏。惟世仁依父而居，长子仲富生子维聪，次子仲贵生子维铭、维鉴，世居孔塘，派分四柱。原班序：世仲维有才，仁义礼智相。国正天再贤，哲迪启圣明。续班序：传家敦俭让，开魏显经纶。周孔齐声教，夔龙秉直寅。纲常千载肃，作述万年新。

邵阳邵南唐氏 始祖孝旺公，自江西迁居邵东洪桥。四传才佑公，胥于邵南立户。族谱始修于清嘉庆十一年（1806），光绪二年（1876）续修，1934年三修。至今已传20余代，有男丁4046人，女口2037人。原序：孝忠行纹。续序：才仲仁福时，庭宗守再兴。显文继世祖，光必万朝登。三序：弊美本天性，纯全在缉熙。承先立大志，启后振宏基。四序：崇贤培礼德，金玉明日月。昭宪吉思庆，安邦定昌国。

邵阳南门唐氏 始祖万青公，江南人，明初官桂阳指挥。洪武元年（1368）从廖永忠平广西，还，卒于永州零陵。至十三世联吉，清康熙中自永州徙于邵阳县南门。

武冈唐氏 谱尊天雍公次子万二公为始祖。万二公字坤六，号泰和，宋末元初人，由京官出守桂林，解组辰州溆浦，遂落籍焉，寻迁武攸欧溪大水。长子魁叟居栗头小水塘，次子魁启居塘免，三子魁贰居铁石头塘。清雍正十一年（1733）、嘉庆二十三年（1818）、道光二十七年（1847）、光绪十年（1884）、1930年纂修族谱。班次：万魁添元仕文思志德。（文思）通典籍，行谊学前贤。孝友昭亲睦，诗书代衍传。

武冈荆竹唐氏 始迁祖谷良公，原籍江西吉安府泰和县圳上，元末迁居湖南溆浦龙潭，后迁武冈，先居滥泥坑，后迁东江双井、白面石、棋山园。现有人丁4000余人。派语：嘉谷胜文祖永定仕思元万年以再兴。国庆天心顺，时清景运安。孝仁培本远，沅裕福恒宽。导业光先绪，敦伦垂大纲。诗书传亿代，礼义治家邦。经济熙世重，贤才乐显扬。盈庭希孔孟，作述继前芳。

武冈双洲唐氏 汝先生四子：世彝、世材、世松、世柏，明永乐间同迁楚南武冈。世彝居双井梅树村，世柏居宝庆白塔寺，世材居广西大埠，世松居光远寺唐家边。世松生大荣、大高、大华。荣、高失传。大华徙广西桂林府全州铁炉塘，生焘佐、焘佑，兄弟复徙武冈，后佑公徙辰州溆浦住毛湾，佐公居武攸城西，与朝虞公同住双洲。清道光十三年（1833）、光绪七年（1881）、1913年、1937年、1993年纂修族谱。佐房老班：焘玄智本明，显永福再宗。国泰天心顺，诗礼焕文章。虞房老班：朝廷宗志茂，文万秀应正。国泰天心顺，诗礼焕文章。新班：发祥有圣祖，继美多贤良。忠孝传千古，仁义化万邦。达德光日月，兴隆乾坤长。

新宁金城唐氏　始迁祖发祥公，宋末始居新宁金城关复古桥。子壮一居石桥茅坪里，壮二居新寨村龙塘，壮四居大白村枫木山。清咸丰八年（1858）、1916年纂修族谱。班次：盛运增光昌，吉祥继善长。孝贤昭惠泽，品望重珪璋。

新宁塘尾头唐氏　元末明初，仲兴、再仁偕同李文昂、李思豹、雷应岗者，五户为伍，奉诏命迁移，由江西吉安府兴安县适楚，先徙郡邑黑田铺，复徙新宁县北乡村、田村、军坝，后移居塘尾头。至1995年，已传27代。仲兴公班序，新寨：盛运增光昌，吉祥继善良。孝贤止。塘尾头：仲必礼子才，志思大世尚。再仁公班序：再彬文明盛，宗修德维富。两房合议班序：国正天星顺，官清永远明。

新宁白沙唐氏　始迁祖宗伯公，讳周达，字勋渠，原籍江西泰和，明洪武元年（1368）迁居新宁宣德街。

新宁马头桥唐氏　始祖必代公，原籍江西吉安府，明洪武二年（1369）迁邵阳。第三世富迁新宁县马头桥。

新宁唐氏　始迁祖元富公，原籍江西吉安府泰和县圳上，明洪武十四年（1381）率三子迁湘，长子均伯居新宁仙瓜，次子仁伯居新宁盆溪，三子永伯迁广西资原。清乾隆间与新宁白沙、新宕唐氏共建宗祠于邑城宣德街。仙瓜房老班次：大绍启仁仕，永宗光正支。德成基本立，达后裕开斯。继述承先志，恢宏际盛时。贤才储国彦，孝友定家资。礼用和为贵，人从善可思。作兴生济美，世代乐昌期。盆溪横洞老班次：大绍启仁仕，永宗光正元。德纯基本立，达后裕开必。祥述隆先泽，辉宏耀盛时。贤才储国彦，孝顺旺家裔。礼义和为贵，明崇善可斯。作兴宽美意，万载乐昌期。白沙老班次：家开时绍远，支定生文贤。永守张士吉，学振兆三元。新议合谱班次：先人裕泽芳，后昆浩栋梁。勤俭谋富贵，诗书安泰邦。齐望钦英武，兰桂郁芬香。

城步唐氏　始迁祖端公，宋高宗时由广西全州避难来楚，下籍绥宁洞冲。生三子：昌、盛、达。达公第三子仲齐，居城步。清道光八年（1828）、光绪十六年（1890）纂有族谱。族人分布于京凉土桥一带及宋溪等地。

岳阳唐氏　始迁祖承昍公，南宋绍兴时自江陵迁巴陵之大埠村阔田塅。清光绪十九年（1893），儒亨、文冲、阔田、李树坳、三旗港、青石冲、唐家垅、梅田等二十九支合修族谱。

湘阴唐氏　迁湘始祖球公，字美玉，号蓝田，偕弟次玉于元至元十八年（1281）由江西吉安府吉水县迁湘阴谷濛桥罗江青山岭。清乾隆四年（1739）、嘉庆二十一年（1816）、光绪二年（1876）、宣统二年（1910）、1947 年纂修族谱。派式：球宗楚朝添，应志万召单。思愈刁加良，聪明正盛常。联枝开秀士，继世耀书香。

华容白鼎山唐氏 始迁祖屹公，字岳如，名千十九郎，别号华山，元贡士，元元统年间迁居华容白鼎山落居。三孙：时顺迁澧州，时保迁临湘。惟时泰留居华容，衍分五房。原派：（自十世始）熙世崇士启，文宗志愈昌。景运庆先泽，忠孝永有光。续派：祖初传厚道，诗礼一家芳。立德邦惟尚，贤书锡诰章。再续：保大宜敦本，敬修发善良。显荣昭继述，福祚自隆长。

平江金鸡唐氏 始迁祖京公，唐乾符二年（875）自金陵迁岳州平江虹桥神湾，居港西之寺冲。三世祖顺项复迁洞口之洞头坪。五世祖大铭于北宋初迁居金鸡。1938 年十一修族谱。

平江黄社唐氏 始祖京公，唐代由金陵迁岳州平江虹桥神湾。始迁祖宗燉，金鸡祖大铭之裔孙，宋中叶自虹桥金鸡迁南乡龙湾神冲，二传至璋，复徙黄社戴家山。清光绪二十五年（1899）、1933 年纂有族谱。

常德沙河唐氏 宁雄公，避元不仕，隐居江西丰城县米岭，生谷宝、谷珠。谷宝生必富。必富当元末游学金陵，创业水西门外，后迁常德东关外之沙河。族人分布于桃源、沅陵、慈利、云南、四川等地。至 1948 年，已传 23 代，共 3000 余人。宗祠在玛瑙巷。清康熙三十年（1691）、同治元年（1862）、光绪二十五年（1899）、1947 年、1999 年纂修族谱。二修时有江西巡抚陈启迈、户部员外郎徐棻序。字派：廷方储显秩，家世启鸿章。锦序开荣锡，文华绍德光。诗书承述久，忠惠本源长。先代培基永，孙曾自蔚昌。该族名人：唐绍尧、唐诚、唐访，皆明进士。唐伯球，曾任湖南省参议会议长。

常德唐氏 始迁祖朝魁公，元末自湖北监利迁居常德，生寿、富、贵三支。清乾隆十一年（1746）、道光七年（1827）、同治元年（1862）、光绪十八年（1892）、1925 年纂修族谱。

石门唐氏 一世祖紫林公，原江西吉水县文昌乡新兴庄油榨滩大栗树人，元明宗时陈友谅乱，公招集义兵屯居石门。清咸丰三年（1853）、1920 年纂修族谱。1924 年、2006 年湘、鄂、川唐氏合修宗谱。

澧县达溪唐氏 始迁祖文浦公，唐昭宗龙纪间自江西南昌宦湘，开基于此。族人分布于唐家冲、唐家街、茶盘尖等地。至 1948 年，已传 20 代，约 1500 人。宗祠在唐家冲。

澧县蛍台乡清化驿唐氏 始祖丹崖公，讳节，唐开国功臣唐俭之兄，籍山东莒州。初任湖广永州府刺史，继迁浙江严州府淳安县都监。六世至观公，知江西瑞州府高安县，后徙檀溪，复迁江西南昌府新建县石山港。传至大让公，明成化间由江西迁楚，居澧阳清化驿，生子二，次玙徙贵州，长珊遂家于兹。珊公子三：采、楷、榜。清道光十五年（1935）纂修墨谱，同治十三年（1874）纂有族谱。1920 年慈利、石门、澧县、临澧合修九澧联谱，1949 年太让公裔续修。至 1949 年，已传 17 代，共 4000 余人。宗祠在清化驿。九澧合派：汇植耿基，镕涵树勋。圭钧淯材，焘地铨深。休烈孝铸，衍果笃甄。铄洪模庶，坦键注林。支派：大□□尧一良之士世宗正学家传宏儒道。

澧县唐氏 始迁祖荣浩公，明代洛阳人，为桂林知府，落业湖南澧阳。1916 年纂有族谱。

临澧杨板桥唐氏 始迁祖友德公，字尧亮，原籍江西吉安府吉水县，明永乐二年（1404）奉旨镇澧而以千户帅四旗军由衡至澧，屯驻九溪卫南村杨板桥，遂家于此。生有三子：景春住澧州，连安福界至峪口及南岳寺冲皆景春公后人。景通住杨板桥老屋坪，子孙世居于此。景榻世居永定界，后改属安福县。

桃源官庄坪唐氏 始迁祖秉圭公，名士瑛。先世原籍金陵，宋南渡时祖锜公官河间府推官。长子士璞、季子士璠皆仕宋。仲子士瑛仕元指挥，以武功显，武宗时封万户，由浙江金华兰溪迁桃源河洑，后迁官庄坪，随侍者二十四人。清乾隆二十五年（1760）、道光六年（1826）、同治七年（1868）、光绪三十年（1904）、1940 年纂修族谱。堂号令德。原派：以文兴可思，汝必继元嗣。若待临世会，志大显荣滋。续派：孝友家声远，诗书德泽长。英贤崇正学，华国炳鸿章。

桃源官店坪唐氏 始祖文宝公，沅陵人，传至五世孙本隆、本祥兄弟，于明中叶迁桃源县城，未几落业县西高桥村。数传至之勋再迁县南官店坪。族人分布于唐家溪、新店驿、常华冲等地。宗祠在官店坪。族谱创修于 1917 年，1942 年续修。

慈利三山唐氏 始祖堡公，元至顺三年（1332）袭四川宣抚使，迁居重庆府通垱坪，生国政、国心、国顺。至正十六年（1356），国政公征巫山南路，偕弟迁居慈利麻寮，政居大尖山，心居麻山，顺居半尖山。明洪武初，国政子涌公授麻寮所世袭千户，清公授副千户。清乾隆间三山建宗祠于邑城东关。清道光十一年（1831）一修族谱，同治八年（1869）二修，1924 年慈、石、澧、临等邑合修，2005 年四修。涌房斌支旧派：国涌贤斌盈雄冠大幸仁秉国宗麟德仁贤维世传自生熙纯敦祖典。1924 年各邑合派：（自二十三代始）汇植耿基，镕涵树勋。圭钧育材，泰地铨深。休烈孝铸，衍果笃甄。铄洪模庶，坦键注林。

慈利孟家山唐氏 始祖闻恩公，明初由江西迁辰州。子原滔生有四子：伏恭、伏敬、伏礼、伏信。恭、礼、信无传，敬生四子：荣奇、荣成、荣尧、荣杰。尧、杰弟兄随父由辰迁慈之八都孟家山。

慈利岩罅子唐氏 始祖伏国公，居辰州泸溪县，葬辰州浦市飞仙庙。子荣训因兵乱于明初携母迁慈之八都岩罅子，遂世居于此。生三子：受珍、受珠、受宝。

慈利西连唐氏 始迁祖正仪公，一名高大，明永乐间由长阳迁居慈利十九都三区西连。

慈利大峪唐氏 始迁祖伏寿公，原籍江西吉安府，明末兵乱始迁辰州泸溪。子荣胜，迁居慈利八都大峪。

慈利周家峪唐氏 始祖自江西吉安府吉水县大栗树迁广西全州府青乡县万全乡二十五都零田长冲。裔孙闻俸公，明崇祯末年因兄闻信职受湖南辰州甫口寨巡检官而随任落籍辰州泸溪。闻俸公之重孙荣高，字君崇，生于清康熙元年（1662），十二年（1673）随父伏显公由辰迁常郡桃源新店驿毛家溪，复迁慈利八都彭家浴六角垭，又迁周家峪，生三子：受玉、受美、受诏。

慈利桃家榔唐氏 始祖子清公，自江西迁辰州沅陵县，子二：志琦、志玮。志琦公子三：荣华、荣福、荣富。荣富生国进、国宝，国进公之子胜龙子二：德纲、德清。德纲公由沅陵始迁慈利八都桃家榔，世居于此。

慈利落庄唐氏 始祖君成公，字佩省，籍江西。子六：安一、安二、安三、安四、安五、安六。因元末之乱，安一偕弟安二由江西南昌府丰城县迁居武陵柳塘泄陂十甲。安一公字以礼，十传至文焕公，字元臣，清康熙十九年（1680）生，时因粤寇事起，常武一带多所侵扰，文焕公乃于康熙四十七年（1708）由武陵始迁慈利，后置业于梅子湾，卒葬李林溪陈家峪，妣携子明俊、明贤、明文又徙桥子峪唐家湾，遂世居于此。

慈利莫家湾唐氏 始祖志公，字气平，元末由江西迁武陵。曾孙有三：国求、国朝、国会，均生于清顺治时期，时粤寇事起，常武民半多涂炭，国会兄弟乃于康熙年间各徙一方，国求公徙辰州，国朝公仍守故址，国会公遂徙慈利九都莫家湾。国会公生四子：启鸾、启凤、启翱、启翔，世居于此。

慈利黄栗峪唐氏 先世居辰州泸溪第三都高龙头岩槽门。始祖自鸾、自凤兄弟。自鸾公之子仁贤兼祧自凤公，仁贤公四传至宣彝，字辅臣，生于顺治四年（1647），因清初战乱迁慈利七都黄栗峪。

慈利张家山唐氏 先世居辰州泸溪第三都高龙头岩槽门。始祖自鸾、自凤两公，自鸾公之子仁贤兼祧自凤公。仁贤公四传至宣斌，卒葬辰州泸溪，配谭氏，携六子启仰、启俊、启杰、启仕、启位、启伦迁慈利七都张家山，世居于此。

慈利孔夫潭唐氏 始祖仁党公，清初自辰州泸溪县携眷始迁慈利上五都孔夫潭。生安国，遂世居于此。

益阳唐氏 迁湘始祖南浦公，唐龙纪间迁居湘潭。传至震伦公，字在田，号云亭，明洪武四年（1371）由湘潭徙居宁乡三都水埠桥。又传四代而分兴乐、兴礼。兴乐迁益治二十里石牛坝，兴礼迁益治二十里邱家坪，历八派而分通、权、逵、礼、柏、仕、珩、琼八房，析居苏家冲、山青铺、大华冲、枯杉、汉寿、雷公坝、舒塘等处。清乾隆四十九年（1784）、道光二十六年（1846）、光绪二十一年（1895）、宣统元年（1909）、2006 年纂修族谱。派语：震远楚兴才，必孟应原庆。永庭绍胜文，学启安邦顺。国治先仁政，身修本孝经。诗书昭世泽，道德振家声。

益阳唐氏 始迁祖子岭公，字超平，江西吉安府吉水县鹅颈大丘人，明永乐四年（1406）迁湖南沅江西湖西岸，后迁益阳四都东山。清乾隆五十八年（1793）始修族谱，2002 年五修，其时人丁 1035 人。派语：宪玉思必明，木立辅卿应。人为文桂成，光宗逢景运。修德树丰功，安邦登大定。济美贤才盛，贻荣伟业新。敦伦国继述，万代庆昌隆。诗书传永世，礼义振家声。

益阳高嘉桥唐氏 系出唐两粤节度使承裕公，由道州迁湘潭，卒葬淦田。十五派祖俊、杰、伟三公由淦田徙居县城柳丝巷。杰公次子梅公，一名廷梅，字孟吟，明永乐、成化间人，又迁益阳高嘉桥。清同治五年（1866）、光绪十三年（1887）、1922 年纂修支谱。派语：富显仲表，倚添曰名。万世培本，庆远泽成。连开甲第……

益阳沧水铺唐氏 始祖千万公，宋时由江西吉安府太和县螺川迁湖南邵州城东黑田铺。第五子德清公迁邵阳县南门外火烧坪。传至珍斋公，明末清初徙居益阳之龙会桥。又十三派文琬、文炎兄弟，徙益十九里南江桥。清嘉庆二年（1797）、光绪八年（1882）、1914 年纂修支谱。支祠在益阳龙会寺侧，堂号横经。班次：凤彦（希）应世文，虞之开（以）万鼎。光宗宏远基，永定国安宁。孝友承先业，功用显明廷。有为思久大，后代乐升平。

益阳泉交河唐氏 始迁祖奇瑞公，清乾隆年间自江西金溪经商来此，其后居翠波港等地。

安化唐氏 始祖汝圣公，祖籍南京镇江，生五子：必贵、必达、必荣、必昌、必浩。南宋端宗景炎二年（1277）必达公迁居安化东坪，生宗宝、宗珍。宗宝居安化木榴，宗珍居东坪桥。明隆庆三年（1569）始纂草谱，清雍正十一年（1733）、嘉庆四年（1799）、同治四年（1865）、光绪二十五年（1899）、1933 年、1998 年、2019 年续修。班序：汝必宗之贵，景世志万海。永宪楚文思，启高成正大。一天扶上国，习学有奇名。慈和怡伯仲，忠孝奉君亲。祖德光辉远，长享太平春。

新化唐氏 一世隆道公，二世钟、赐、复三公迁新化。明代修谱四次，皆散佚。清乾隆十九年（1754）合修通谱，后因意见参差，各房分修。1934 年、2013 年新邑续修通谱。通谱班次：今序新开庆，同修笃懿亲。扬名期述典，敦本重怀仁。

郴县贤良唐氏 始祖嘉问公，字进思，宋熙宁时由江陵奉敕为江西赣州守，挂冠来郴省亲，甫至资兴，而父中宪公已召还京，遂落居资兴上坊。十六代孙必通公，字浚哲，明朝时迁郴县贤良乡。至 1948 年，已传 37 代，共 2000 余人。宗祠位于郴城民治东街。

资兴练团唐氏 始迁祖隆三公，讳应熊，原由江西吉安府占籍酃县，宋咸淳三年（1267）奉命南征，卜居资兴练团。清乾隆二十八年（1763）一修族谱，道光二十年（1840）、光绪七年（1881）、1932 年、2006 年续修。排行：时逢悠贵达，道义明景福。仕正启贤才，文武兴宗祖，俊秀永华开。清白承先德，经猷占斗魁。家声荣百代，科甲元三槐。

资兴唐氏 始祖均壹公，字体平，宋绍兴间自江西洪都徙居吉安府永新县胜业乡鹅子岭。后裔修礼公又迁湖南酃县七都陶溪。子思升公，明初徙居资兴北乡三都江东市，派衍蒋家塘、潭头湾、流华湾等处。清同治十年（1871）、1927 年纂有族谱。

宜章甘棠湾唐氏 元时自江西峡江县徙此。

宜章满塘唐氏 明初由茶陵卫调守宜章满塘。

嘉禾廊里唐氏 始迁祖念三公，字继贵，宋绍兴三十年（1160）由蓝山桐木林迁此。后人分布于龙泉洞、柏木山、半山岭、冲下岭等地。至 1930 年，凡 200 户，男 375 人，女 406 人，丁口共 781 人。

嘉禾富阳唐氏 始迁祖孟昌公，宋时自新田县唐家寨分迁嘉禾富阳（一说由嘉禾廊里迁来）。至 1930 年，凡 24 户，男 64 人，女 64 人，共 128 人。

嘉禾袁溪唐氏 始迁祖月滨公，元末由蓝山初迁禾仓堡转马鞍山，旋迁嘉禾袁溪。至1930年，凡175户，男395人，女375人，共770人，后裔分析下袁溪、大窝岭、二千木岭、上洞庄等处。

临武石里湾唐氏 始祖斌政公，字正人，原籍山西朔州，徙迁至江西吉安府泰和县鹅颈塘，官居谏议大夫，唐乾符二年（875）奉旨来临，卜居小湾。二十一世能奇公，立基石里湾。清康熙十九年（1680）创修族谱，1990年七修。至1982年，人口16219人，以汾市、土地、金江居多。排行：斌承水知明，士彦仲才文。思必伯叟志，用子汝友克能。如温良恭敬，德盛荣归兴。宗祖存仁孝，世代继贤英。再绍先积庆，复振旧家声。诗礼贻谋远，精忠报国恩。

临武社下唐氏 鼻祖思操公，原籍江西吉安府庐陵县，宋徽宗崇宁二年（1103）进士，授韶州太守，致仕携眷卜居衡州临武社下村。清康熙五十年（1711）、乾隆九年（1744）、乾隆三十八年（1773）、嘉庆九年（1804）、道光十五年（1835）、同治七年（1868）、光绪二十年（1894）、1926年、1990年、2011年纂修族谱。辈序：思才子成文伯仁，应兴祖宗世代荣。孝顺安昌忠友义，仕登光显佐添源。盛际交泰会，尚本学益彰。灵瑞开景运，亨贞兆吉祥。

汝城五里界唐氏 始迁祖庆泽公，明朝任庐阳县令（今汝城），因家于此。族人分布长湖、兰洞、南鲁塘、唐家等村。

安仁宜阳唐氏 始祖贵四公，字国干，籍出江西吉安泰和，后唐长兴间官郴州牧，因家于郴，居永兴野禾塘。清泰二年（935）卜迁安仁熊耳乡（今海龙乡）南轸大塘湖丘头。至宋时文三公，由大湖分居宜阳。明正统八年（1443）始修族谱，1995年十一修。班序：文朝惟友景，孟仲大公卿。续宜接姚训，永远庆芳名。德修征厚福，善积肇鸿声。国家全忠孝，恩伦世显荣。续序：群贤启新纪，卓荦振乾坤。祖泽钟毓秀，晋第益昌隆。

零陵达村、夏柳村唐氏 谱称隋时居谨公世居长安京兆。孙临公，字李德，仕唐太宗朝，其子维简。维简之后曰子迪者为廉州宪，与廉州太守周崇昌自益都出，徙于零陵之进贤乡鹅颈大丘居焉。又子暹、子罗八房计三百余户，居青州，后因朱泚之乱，流散诸州。子迪公生伽元，为中散大夫。伽元生谌，谌生钦。七世而宋真宗景德间揆公，字以道，以武功升授马步指挥，领镇春陵，其子紫修、紫丘、紫富因公卒，卜葬于濂源黎碧岐，遂择居于濂滨堡达村坊。今族人分布达村、夏柳、菱角塘、上塘家、井水唐家、石山唐家、新屋场等村。

零陵滩市唐氏 始祖百十公，元末明初因兵乱自江南应天马船渡至永州零陵县崇文里一甲，卜居藤木塘，今属冷水滩区。班序：百千万顷唐，思永宗应福。国学世登明，之友道开昌。祖祚传建业，守德定发祥。孝锡承先泽，相继自联芳。

零陵唐氏 鼻祖传禄公，原籍江西庐陵县，子家瑞，孙孝亲。孝亲字九仪，明初历任四川铜梁县知事、云南府府尹，致仕卜宅零陵郡北鸡笼山。生六子：长子友成万二郎居祁阳三角塘，次子友相万四郎居东安，四子友基万七郎居黄阳司等处，五子友训万九郎居矮陂，三子友杞万六郎、六子友斫伯七郎同居杨村甸、石溪坪。前纂有墨谱，清宣统二年（1910）二修，1940 年三修，2000 年四修。三修班序：亚澳欧非美，汉满蒙回藏。洲连分种族，黄白自图强。

零陵石岩头唐氏 始迁祖才叟公，明初由江西庐陵县马埠始迁金陵，再迁广西全州大梧江白水底，三迁此地。子孙分居滩头、嘉禾、古里、东鲁塘、蒿草塘等数十村，还有迁居江华、道县及广西全州、兴安、桂林、阳朔、灌阳、龙胜等地。

东安八甲唐氏 始祖世旻公，唐昭宗时为永州刺史。其子孙居零陵南乡黄田铺一带。后嗣冕公宋时自零陵迁东安龙溪（今白牙市镇）。东安唐氏，旧分十甲。八甲以玉甫公为立籍始祖，玉甫公系递衍至五世“仲”字辈，数十余房迁徙粤西。1933 年纂修族谱，2016 年续修。玉甫公派下旧班次：才克文仲仕继治友道宗敦子时雍开化日源远庆裔长。海公派下旧班次：海思才天明宗惟重敦德永远世代荣昌崇本善。续修班次：绳武光前烈，贻谋绵后传。发生枝广盛，蕃衍亿千年。

东安大唐家唐氏 始祖世旻公。一世祖国材公，字廷用，号静谷，宋元间人，原居东安紫溪市，后迁夏丰冲平宅村，生十子，分十甲。第二子良甫，立宅平宅村大唐家。明嘉靖三十年（1551）、清雍正十年（1732）、1920 年、2013 年纂修族谱。班辈：国良仲唐唐德胜应朝唐仁义礼智信。宗祖文名盛，元嗣孝道扬。多贤能远达，同立永荣光。

东安龙溪唐氏 始祖世旻公。宋时冕公迁东安龙溪，衍为十甫分房，其中荣甫房仍居龙溪。清道光、1927 年、2016 年三修族谱。班辈：荣添善喜以，太应尚廷世。人立高明志，纯修方可传。守宜开佐治，师济绍孚先。

东安芦洪唐氏 始迁祖孔彰公，江西吉安府鄂弓大丘人，元初登进士，宦游四川，解组回籍，途经东安，乐其风土，初居牛头寨，旋移居灌脚下，后卜居四方井，五世衍为志龙、志凤、志虎、志彪四房。虎房迁祁阳三官塘，彪房迁武冈黄塘。清咸丰四年（1854）建祠于芦洪镇西街。咸丰八年（1858）四房创修族谱，光绪十四年（1888）续修，1924 年龙、凤、虎房三修，2001 年龙、凤房四修，2016 年志凤房、志彪房续修。志凤房派语：辛壬癸甲道祖（启）廷正尚友德文昌。天元一大生，体裕用中存。世永高明性，士重仁义心。志彪房派语：孔子悦富志□□□□□时元连联支仕天国再昌发光宗克政治（荣宗必显达）毓远燕庭芳（耀祖启文章）。全族班次：诗书光峻德，礼义振家声。宏绍先贤烈，克绳俭与勤。该族名人：唐生智，国民革命军陆军一级上将，中华人民共和国成立后曾任湖南省副省长。弟生明，国民政府军事参议院中将参议，全国政协委员。

东安乐俭堂唐氏 始迁祖明荣公，明洪武初奉诏由江西吉安府吉水县鹅公大坵迁东安易家桥高田坊。清光绪三十二年（1906）、1943 年曾纂修族谱。字派：明仲仁礼义信志朝彦廷世文国（德）正天星（必）顺（佑）寿（自）臻（安）忠（官）良（清）陶封同福（民）。

东安唐氏 始迁祖仕昌公，明初自江西吉安市鹅公大坵迁东安石溪西河。生二子：希圣居小江口，希贤居石溪西河。清光绪二十四年（1898）、2015 年纂修族谱。

东安唐氏 始迁祖庆万公，原籍江西吉安府庐陵县，明建文时官礼部郎中，靖难之役，携子甲 逃隐东安小木町。清道光二十一年（1841）、同治七年（1868）、光绪二十四年（1898）、1928 年、2006 年纂修族谱。班行：仁义礼智信，一元本之敬。先哲启心传，群书昭典令。道在用其中，学宜见真性。克守前贤德，永世应昌盛。原湖南省人民政府副省长唐之享为该族二十三代孙。

东安陡砂铺田心角唐家唐氏 始迁祖寿卿公，讳仁贵，进士，官居云南永昌府太守，择居东安陡砂铺田心角。1912 年创修族谱，1927 年合磨房富公裔、五皇万公裔续修，1996 年又合贵州毕节芦林赛尧公裔三修。班次：洪应原再得，礼必太承良。京奇民自兆，永守福春芳。运际升平日，庶康庆谱庚。端由熙洽久，万汇致咸亨。宜本纯心孝，用以笃忠贞。勉力为公辅，家瑞定藩生。廉政如北辰，众星拱日生。英雄创伟业，韬略奠乾坤。

东安大江口赠鱼塘唐氏 始祖万一三郎公，原籍南京。明洪武初八四郎、八五郎为避乱，从南京马船埠南迁赠鱼塘。1936 年、2014 年纂修族谱。班辈：万八维永显子兴贵世汝京志先。学而时习之，文章能治国。

东安敦睦堂唐氏 开基始祖十六、十八郎，明嘉靖间因故乡兵变，由江西吉安迁易江井塘。1930 年纂修族谱。字派：德仁义志信，文庭云成明。大应国正天，星顺官清民。自安妻贤夫，和晓子孝父。心宽……

东安八甲堂唐氏 始迁祖万九郎、葱四郎，由江西迁东安雪风冲。1927 年曾纂修族谱。字派：万隆仁义信，国正天心顺。世太有宗良，安定贤才幸。福禄寿禧祥。2015 年敦睦堂、乐俭堂、八甲堂合修族谱。

江华沅田塘唐氏 始祖兴朝公，生于明建文、永乐间，自江西吉安府徙湖南零陵升平乡咸阳晓里塘，生子三：德甫、明甫、贵甫。其后徙江华沅田塘等村。

江华唐氏 始迁祖释兴公，字君道。由江西庐陵县马埠迁广西全州大梧江下水底，生子三：才叟、明叟、福叟，再迁零陵石岩头定居。才叟居丰兴里一甲，明叟居丰兴里四甲，福叟居丰兴里七甲，后三公子孙又迁徙江华各地。1997 年江华释兴公裔、兴朝公裔、零陵子迪公裔及广西富川太极公裔合修族谱。联宗班序：（男班）江海蔚欢乐，山河水秀波。爱书博异彩，淄略宇宙拓。（女班）湘粤似锦涛，大江南北娇。尽望鹏程策，任趣安邦豪。

宁远琵琶乡唐氏 先世原籍江西吉安府泰和县集贤村。宋末避金人之乱，迁徙湘南，慕宁远山清水秀，初居平田。因地处要道，兵匪频仍，后迁于东山潮水（今琵琶乡）。子孙散居太平、下坠、禾亭、仁和、冷水等乡。

江永唐氏 始祖行旻公，字昌图，原山西太原人，唐昭宗时为永州太守。四传至伸公，任重庆府知府，解组归转卜居永明县八都唐家村。历十二代至礼瑞公，宋时复由唐家村迁居兴明乡夏湾村。族人分布于江华县及广西恭城等处。至 1948 年，已传 21 代，共 1100 余人。宗祠在夏湾村。

江永城西唐氏 始迁祖朝玉公，元初自青州迁永明，初居富索，再徙层山下底村，三迁城西而奠居于此。迨明末九世祖文章、文豫二公，始编族谱，至清朝已续修五次。

蓝山月溪唐氏 始迁祖文朝公，江西泰和人，宋熙宁间偕弟文左、文右来县游览，筑室于南平乡月溪。后子孙散居在大洞、太平圩、毛俊等乡镇。至 1931 年，凡 90 户，男 190 人，女 182 人，共 372 人。

蓝山桐木林唐氏 始迁祖国远公，由蓝山月溪迁来。至 1931 年，凡 100 户，男 218 人，女 210 人，共 428 人。

蓝山南平乡下岐唐氏 始迁祖文森公，由月溪迁来。至 1931 年，凡 230 户，男 510 人，女 498 人，共 1008 人。

新田秀峰山唐氏 先世原籍江西吉安泰和县胜十乡五十三都鹅颈塘，宋乾德元年（963）避居湖南蓝山县石角塘，数传又分居宁远县稔塘。至少三郎，卜居新田县北面秀峰山。六传至子昌公，里中有一曰宋继晚者闻其贤，以财产概付昌公，自己则携子归居东安县。昌公不忘恩，乃嘱其子孙，生当从其姓宋，殁则仍复为唐，后人分布于文明坊、车头水等地。至 1948 年，已传 23 代，族人约 100 人。宗祠位于文明坊。

新田厚堂坊唐氏 始迁祖寅晚公，北宋时自江西泰和县鹅颈塘迁居湖南新田县明义乡厚堂坊。至 1949 年，已传 31 代，共千余人。宗祠在唐家村。

新田石塘铿唐氏 始祖八四郎，宋朝时自江西泰和县迁居湖南新田县明义乡。至子魁公开基于石塘铿。至 1949 年，已传 25 代，共 300 余人。

新田周家村唐氏 始祖必达公，明朝时自江南句容县迁居湖南新田县明义乡。十二世孙宗慧开基于该乡周家村。至 1949 年，已传 8 代，共 50 余人。

新田黄家舍唐氏 始迁祖承绪公，原籍江西南昌县，明时因避乱迁湘，开基于新田县仁信乡黄家舍。至 1949 年，已传 21 代，共 600 余人。宗祠设在村内。

新田肥溪源唐氏 始迁祖文茂公，清乾隆间因贸易事自江西龙泉县迁湘，开基于新田县仁智乡肥溪源。族人分布在人家源、肥溪源、夫人山等地。至 1949 年，已传 10 代，共 220 人。

祁阳唐氏 始迁祖全克、全俊、全德、全明四公，明洪武年间由江西迁入祁阳。全俊、全明定居祁阳麻托湾，全德定居祁阳李木塘。全克定居祁阳观音滩夏乐甸，生壬三、壬四，分为两房。1929 年四修、2008 年五修族谱。班行：乃可修业，惠养选培。昭示来许，盛遇鼎梅。

祁东泉溪唐氏 始迁祖万三公，家居河南，云游江西。明洪武间访叔父于祁，路遇故知黄寿一、李受二，同落籍祁阳，黄居黄司江，李居石碑江，万三居泉溪江。清乾隆四十七年（1782）始修族谱，1995 年五修。班序：景子初迁祁之阳，添友思应各分房。单名福志天尧后，虞楚忠大仁德良。祖泽开基见，学成愈显扬。克家敦教礼，继序永光昌。

怀化丰坡唐氏 始迁祖光森公，明正德年间由江西泰和迁此。

洪江唐氏 鼻祖廷京公，明永乐间由江西吉安府泰和县圳上鹅颈大丘，迁居湖南沅州府芷江县湖莲湖。传至国英公，生三子：俊、杰、位。复迁黔阳长碛枫木坪，今属洪江市。杰公迁峰坡，位公迁翁野。

沅陵麻伊洑唐氏 始祖昆公，居江西吉水县唐家村。其子子椿于宋淳熙十五年（1188）宦游沅水，卜居于此。

溆浦龙潭唐氏 始祖世椿公，山西太原籍，宦游广西，遂家全州圳上，厥后由桂而楚而溆，递守恭、以禄转辰州。礼彩公自溆浦入龙潭下里，生邦文、邦行、邦忠、邦信四子，衍为四房。清嘉庆二十三年（1818）创修族谱，1996 年六修，2012 年七修。乾隆时始建宗祠于接龙桥。原班序：宗元仕守，意利邦时。续班序：时文思显达，世德启荣昌。承嗣光先业，景远开家祥。经纬辉上国，忠厚积庆长。盛朝宏恩译，麟阁绍书香。

溆浦杜家潭唐氏 始迁祖隆周公，明中叶时由江西吉水县徙此。

麻阳唐氏 始祖元兴公，元时江西泰和人，世居乌鸦田。其长子挹芳，为麻阳唐氏一世祖，以武功任湖广游击。挹芳之子启尧于元至正间官居辰州通判，解组后迁梁家村。次子启舜赴兄任，迁居麻邑裴家园。后启尧公之长子章远迁居大坪。大坪唐氏字派：挹启远（章）焕文巽祖永子献用之士天惟继正宗臣学万邦秀序昭。

会同吉连团唐氏 始迁祖时俊公，字思经，祖籍广西全州，北宋政和二年（1112）进士。授湖广澧州刺史，绍兴二年（1132）致仕归田，道经会同，寇乱受阻，遂卜居会同县吉连团。五世衍为明卿、寿卿、宜卿、敬卿四房。族人分布在会同各乡及绥宁、贵州天柱等处。至1948年，已传30代，共4600余人。宗祠在会同南门外攀龙街。明代修谱二次，清代修谱六次，1929年、1987年、2010年续修。字派：仲承守仕仁，咨文思朝光。十字周复始，嗣续传无疆。新定世次：大德维先正，通才自永昌。邦家定必盛，治世之贤良。

会同唐氏 始迁祖国良公，宋朝人，因与宝庆有贸易往来而由全州兴安县迁居湖南靖州、会同等地。至1948年，已传36代，共3000余人。

会同桐木田唐氏 始迁祖光富公，南京鹅巷口人，宋哲宗朝进士，避金人之乱徙居会同桐木田。

靖州唐氏 始祖介登公，宋仁宗天圣八年（1030）进士，官至参知政事。十一传至国材，由桂之兴安迁居靖江东唐家团。四传至廷茂于洪武年间任靖州卫正千户。至清光绪三十四年（1908），已传32代。

保靖比耳唐氏 为唐静公第八十一世孙（湖南始祖唐祖显公第十四世孙）登晋公（乾嘉间人）后裔，由衡南县迁来。清乾隆五十九年（1794）与衡阳合谱，1928年参与湘西四省边界唐氏合谱，2016年独修。采用衡南晓泉村字派：祖嗣言应时，百万观以正。朝廷联登经，魁首传世盛。先代昭广德，承志在书香。忠孝绵宏远，家庆定克昌。

资

衡南、耒阳资氏 始迁祖鹏举公，字程万，祖籍河南南阳，元皇庆二年（1313）奉旨镇守广东韶州，后脱簪旋归，途经清泉县瓜垤垅（今属衡南县廖田圩勤丰乡），卜居于此，生三子七孙，六居衡邑：启宗派居上玉冲，启祥派居牛栏塘，启华派居铺门前，启初派居托玄、圳田等处，启谓派居大屋让家冲，启元派居晚皂。第四孙启彬，于元末龙凤间迁居耒阳。明万历十二年（1584）两邑创修族谱，清康熙五十九年（1720）、乾隆三十七年（1772）、嘉庆十九年（1814）仍合修，道光、光绪间两邑分修，1929 年衡邑七修，1942 年耒邑七修，2001 年两邑又合修。旧派：启俊克丹崇，世旦良绍九，一中原孔孟，卫国辅朝廷。1994 年续派：道义（泰）名（英）儒（襄）衍（振），诗书万古兴。承先弘祖德，裕后焕青春。豪贤光际运，文武定乾坤。该族名人：资凤，1955 年授少将。资耀华，金融学家，其女资中筠、资华筠、资民筠皆有名。

海

邵阳海家巷回族海氏 始祖盟石公，北平府顺义县人，明洪武元年（1368）授御前亲军指挥，二年（1369）改授宝庆卫指挥，十三年（1380），又改授分守云南毕节卫。生子三：伯、颜、馨。伯、颜随父迁云贵，惟馨公留于宝郡，居邵阳城内。后裔分析海家巷、榢木山、九公桥镇等处。1912 年续修族谱，堂号忠介。

涂

长沙涂氏 支祖澄阳公，江西丰城土桥祖。后裔学章公兄弟迁长沙，衍绍宇、仁宇、义宇、京宇、鳌宇、州宇房。支祖成二公，原籍江西南昌府南昌县铁树宫，明洪武初迁湘阴新市。后裔迁长沙，为近池公房。支祖石台公，明正德时由江西迁长沙北关外，衍成龙、成名、成望、成洪房，堂号雍和。澄阳公支清道光三年（1823）、光绪二十四年（1898）、1937 年纂修族谱。近池公房同治十年（1871）、1920 年纂修族谱。雍和堂支道光二十二年（1842）、同治八年（1869）、1921 年纂修族谱。2009 年各支合修，称五修。澄阳公房派语：学守吾宇光开文。世盛道辉焰，诒谋本豫章。鸿谟昭孝友，骏海迪伦常。近池公房派语：成志文瑄伏，柏用登亦近。继胜嘉兴大，德秀益荣昌。雍和堂房派语：台川本立，学成志定。朝纲宏开，家声乃振。永延先泽，谨遵彝训。

长沙涂氏 始迁祖石台公，明正德、嘉靖年间徙居长沙城北关外熙宁街。至三世万程公生有四子：正卿、玉卿、明卿、瑞卿。正、玉失传，明卿之后至六世而分六大支，存四支。瑞卿之后至六世而分七大支，存一支。族谱始修于清道光二十二年（1842），1921 年三修。嘉庆二十一年（1816）建宗祠于新塘湾。派语：台川本立，学成志定。朝纲宏开，家声乃振。永延先泽，谨遵彝训。式效敏修，联钟哲隽。普应廷征，长希积庆。

浏阳东门涂氏 始祖允公，五代时自新吴迁宜黄。传十六世至鼎一公迁居赣县，旋寓汀州。传至仁宏公始于元代迁居广东镇平。仁宏公五传至守中公生八子：明、声、聪、俊、宽、厚、盛、谟。其裔于明代时分徙湖南，明、聪、宽之裔迁浏。盛之裔徙平江，而分居邑之西南。明、聪、声、宽、厚六公之裔居平江、巴陵，江西义宁、万载、新昌、分宜、宜春者合建祠于浏东东门。清嘉庆二十三年（1818）、咸丰元年（1851）、光绪七年（1881）、宣统三年（1911）、1995 年纂修族谱。派语：桂馥先儒焕，经传绪业洪。克家常志学，守正大光宗。念祖昭功德，成人尚孝忠。发祥思一本，显世启昌隆。

宁乡朱良桥涂氏 始祖成二官公，明洪武五年（1372）自江西南昌县铁树宫迁居湘阴新市。传至四派祖衍为八房：瑄、瑶、瓒、璨、瑾、瑨、琦、鳌，其子孙蔓延于长沙、湘乡、宁乡、南县、华容、沅江、安化等县。其中瑄公由湘阴新市迁居宁乡之朱良桥，经两世单传而至七派祖衍为四房：用光、用宾、用贤、用忠。宗祠在湘阴新市。清乾隆二十八年（1763）八房始修族谱，1932 年续修时瑄房未与。1934 年瑄房五修支谱。派语同益阳涂氏。

醴陵卦嘴涂氏 始迁祖世贤公，明洪武七年（1374）自江西迁此。

益阳涂氏 支祖成二官公，明洪武五年（1372）自江西南昌府南昌县忠孝乡迁居湖南湘阴新市。四派分瑄、瑶、瓒、璨、瑾、瑨、琦、鳌八房。瑄裔八派登植公四子：学一、学二、学三、学四，迁居益阳泞湖涂家坝石泉山。清雍正三年（1725）、乾隆二十八年（1763）、同治二年（1863）、光绪二十九年（1903）与湘阴、汨罗合修族谱，1934 年、2002 年益阳续修。派语：成志文瑄伏，柏用登学应，世大荣昌。德立传家美，修培旋发祥。本根真远固，枝干定芬芳。振业恢前绪，贻谋裕后光。中和含位育，丕显耀南湘。

桃江涂氏 始迁祖林鸾公，字瑰意，号行轩，原籍江西南昌县。明嘉靖元年（1522），父琼瑶公迁居南京团蹄桥。嘉靖四十五年（1566），林鸾公迁居益邑八里大华村，今属桃江。清乾隆十七年（1752）、嘉庆九年（1804）、道光十四年（1834）、同治三年（1864）、光绪二十二年（1896）、1921 年、2003 年纂修支谱。二修时人丁 100 余人，七修时人丁 1190 余人。派语：德成志文，琼林元应。世大宗恩，重光荣显。扬名俊杰，选举贤良。家声益振，祖泽流长。

南县桂花园涂氏　始迁祖淑和公，字煦庵，号皋浦，浙江山阴人，进士，南宋初任荆湘江陵县令，后转任华容县令。建炎三年（1129）落居九都宋田山桂花园，卒葬涂家祠后畔。淑和玄孙镇铎、钊铎。钊铎子孙外迁，镇铎有三子：源、淳、洽。源房后裔居东山，淳房后裔散居各地，洽房后裔居南县梅田湖。至 1948 年，已传 20 代，约 8000 人。宗祠在桂花园。1935 年四修族谱。派语：方可绍南英，继世光先德，承宗有志人。堂名三妙，典出涂瑞。

平江东乡麻姑岭涂氏　始迁祖桂槛公，清乾隆元年（1736）自广东镇平迁此。至 1994 年，全族人口 1339 人。

湘阴涂家桥涂氏　始迁祖演义公，明洪武初年自江西南昌迁湘阴。

汉寿涂氏　始迁祖建伟公，号以才，原籍江西吉安府吉水县，明永乐二年（1404）宦游南楚，落业辰阳涂家塅。1995 年四修族谱。

汉寿涂氏　始迁祖发源公，字肇昌，原籍江西南昌府丰城县仁香浦江口，明嘉靖间迁居龙阳卫关外，转迁大围堤涂家岭。清同治间肇修族谱，光绪二十年（1894）续修，1935 年三修，1996 年四修。派语：应国大之，正道光明。允承先志，用树熙行。克家维孝，作忠以仁。昌言启汝，世泽其荣。

桃源董门桥涂氏　始迁祖道清公，明永乐初年自丰城迁于桃源县北莫林村。至 1948 年，已传 19 代，约 400 人，分布于莫溪、九溪、黄石等地。宗祠在董门桥。

涂陈

常德涂陈氏　安徽潜山县陈作圣公，家富无嗣，召涂春芳入赘，立婿承祧。春芳生三子：垕、纬、祚。明洪武二十年（1387）垕公南征来湘，后裔称涂陈。2000 年五修族谱。

浣

长沙浣氏　始迁祖立基公，字光南，明初由江西南昌府丰城县瓦磁街迁长沙县北关外浣家山。清乾隆五十九年（1794）、同治七年（1868）、1934 年、2022 纂修族谱。字派：国之仕尚，万正伦常。家传孝友，百世荣昌。远绪绍先哲，光明显后贤。

宾

湖南、广西宾氏 始迁祖垂绪公，唐末五代时人，先世居蜀郡成都绵州。后唐天成元年（926），唐以魏、郭二帅下成都，蜀中盗贼群成，公挈妻子以奔湖湘间，卜居广西升乡大田鸭头。后裔衍为十甲，散居桂北湘南。清同治十三年（1874）、1926年、2008年三修族谱。一甲老班：继学惟启应章守登仕国玉世荣昌临（梦盈廷才献培）泰运俊业怀恩泽。新班：自绵俊业怀恩泽，雍睦敦伦景福长。毓秀森芳昭焕发，名垂寰宇颂辉光。

湘潭宾氏 该族本王姓，始迁祖质斌，明洪武二年（1369）由江西吉安府安福县金田老八都迁湘潭县一都一甲金钩山。五派至必达，迁居二甲道山冲关公塘。因差重赋繁，改王为宾，衍为文、隆、富三房。清乾隆四年（1739）建祠道山冲。乾隆三十七年（1772）始修族谱，道光三年（1823）续修，同治六年（1867）三修，民初各房分修，1948年五修。派语：文武开泰，世衍书香。懋昭才学，邦家之光。国崇选举，声振名扬。祖宗培植，久远传芳。贻谋克绍，厚泽延长。民基永立，亿载隆昌。

衡山老军田宾氏 始迁祖贵久公，字德诚，因避兵乱，明洪武间由广西平南县迁湘，开基于衡山河东大山冲。单传五代，再迁河西老军田，派衍纲、纪、绅、绣四房。子孙分布衡山、衡阳、湘潭、攸县、桃源、东安等处。至1948年，已传25代，共15300余人，其中衡山8600余人，湘潭5200余人，衡阳1200余人，攸县200余人。宗祠设老军田。族校设于衡山、湘潭。清康熙八年（1669）、康熙五十八年（1719）、道光二十九年（1849）、同治三年（1864）、1926年五修族谱。字辈：聿本懋修，仕显鸿猷。光昭志典，阀阅延庥。

容

邵阳容氏 始迁祖玉书公，讳孔端，原籍江西吉安府吉水县，元至正七年（1347）任邵陵邑宰，偕弟玉振、玉科隐于邑东三汲塘。玉振裔居三汲塘，玉科裔居诲塘，玉书子才兴公明永乐间迁居白华塘。清嘉庆十二年（1807）始修族谱，咸丰二年（1852）、光绪九年（1883）、1915年、1944年、1989年续修。至1948年，族人分布于邵阳仁风乡者6000余人，分布于宁乡、武冈、道县者3000余人，分布于川、滇、桂各省者4000余人。世次：（自十七世始）文章开科第，道学晋元升。邦宗永昌盛，乾坤亿载新。治安民康乐，贤能士望钦。忠孝恢先绪，诗礼光后登。杰泽长绵继，赓续贻培英。群利普述举，竖功大吉庆。

谈

长沙石门乡紫云里谈氏 始迁祖伏公，字永江，一字海二，号禹门，行二，晋封中议大夫，浙江湖州知府，原籍江西南昌府南昌县铁树观斗门。元末明初，因勤王之乱迁湘，开基于长沙县石门乡第一保大埠头紫云里。族人分布于长沙、湘阴等处。至1948年，已传23代，共3000余人。

宁乡谈家岭谈氏 始迁祖万亿公，明永乐间由江西吉水徙宁乡西城谈家岭。孙云、义。云四子：思明、思辅、思侃、思杰。义子思文，衍为五大房。清乾隆九年（1744）一修族谱，乾隆二十九年（1764）二修，嘉庆十三年（1808）三修，咸丰九年（1859）四修，光绪二十年（1894）五修，1924年六修，2008年七修。派语：思绍永明嘉若，以之维世其昌。敷锡逢文治，英良应运开。国恩隆显耀，光庆本先培。

湘阴畎口谈氏 始迁祖伏公，明初自江西南昌迁湘阴。伏公子士奇，官吏部主事、浙江湖州府知府。

常德高碛村谈氏 始迁祖子隆公，原籍江西，元末宦游常德高山巷，后聚族于武陵高碛村。清光绪八年（1880）重修族谱。

陶

浏阳陶氏 先世居新昌之新溪，明嘉靖初，显较公徙居浏阳东乡所高湾，显佛公居南乡澄潭江。字派：显单在福继正守士钧浔树熙培镇源……

宁乡双江陶氏 始祖辛田公，明初偕兄弟六人由江西万载徙湘，长辛村徙浏阳，次辛庵徙安化，三辛轩居省垣，四辛斋徙湘乡。五辛田徙宁乡靳水双江老人仓，为双江陶氏之祖。六辛溪徙湘潭。双江陶氏族谱始修于清康熙二十九年（1690），1929年五修。堂号敬义。该族名人辈出，陶鹏、显位、汝鼐、之典、煊、煓、士偰、士僙，一门风流，著述如林，尤以汝鼐为著。汝鼐，字仲调，号密庵，南明福王授以翰林院待诏，明亡后一度出家为僧，号忍头陀，著有《荣木堂集》，与孙煊所著《石溪诗抄》于清乾隆时列为禁书。之典，官内阁中书。士僙，官福建按察使。派语：（自十四世起）文章鸿世美，忠孝懋先成。子克家贤允，人华国纪荣。

宁乡陶氏 始迁祖海晏公，宋时自江西庐江徙居湖南长沙府城，继徙宁乡，卜居七都石狮古塘冲。十九传至廷槐、廷梧居粟溪、大成两乡，廷松、廷柏居龙从、仙凤两乡，廷耕居洋泉下游，廷群、廷玉、廷序、廷学、廷义世居汤泉上游、石狮古塘等地，廷琮析居益阳泉交河。族谱始修于明成化年间，1947 年六修。堂号浔阳。

醴陵盐山陶氏 始祖东晋时侃公，居浔阳。传至三十五世均秀公，讳必清，兄弟四人于明洪武二年（1369）由江西丰城县陶家巷迁湖南醴陵。均秀公落业南乡符田花石山，美秀公落业谋田河边禁山洲，廷秀落业西乡南阳桥，四弟返归江西。均秀公之子世勋，生有五子，因受诬而改姓胡，转徙盐山，清初复改姓陶，遂为盐山陶氏。堂号敦厚。至 1948 年，全族人口 500 人。字派：必则世，咸一汝。应期生，再增仕。志荣扬，举学富。师忠孝，宏建树。效明哲，作良辅。显家声，步祖武。庆治平，定海宇。清道光十六年（1836）两江总督陶澍倡建安化、善化、湘阴、浏阳、湘潭、宁乡、醴陵、长沙八邑总祠于省城北正街，八邑通派：（自十七世起）英贤昭栗里，云路集嘉祥。忠孝传家永，雍熙应运长。卓立常丰裕，湘南启翰香。溯源同一本，奕祀袭龙章。

醴陵枧下陶氏 始迁祖莹玉公，明洪武间自江西长乐迁此。至 1948 年，全族人口 300 人。

岳阳陶氏 先世居柴桑栗里，明洪武间景和迁岳州城东门，景贤、景顺、景珍迁监利、沔阳，景福迁金泉墩，寿八迁临湘路口，开元迁李家河。清光绪四年（1878）纂有族谱。字派：宏景思君彦玉永世大兴隆百万家绍元昌必达文祖德军功……

临湘路口陶氏 陶氏先世自江西瑶溪分迁湖北监利，再迁湖南岳阳。路口铺始迁祖孟政寿八公，诰封武德骑尉，任湖广黄岳千总，镇守巴陵郡，遂定居临湘路口铺。清光绪四年（1878）、光绪二十五年（1899）、1937 年、1988 年、2014 年纂修族谱。字派：清柏寿钰胜，必福自之有，国朝定兴荣。诗礼敦家学，文明盛焕章。继传承祖泽，显达庆恩长。

湘阴陶氏 始祖成公，字之美，隶籍江西南康府星子县。明洪武元年（1368）其侄鲁授湖广布政之职，成公之子绪、富、贵兄弟往来鲁任，爱湘阴之地，遂迎父迁湘。绪公字裔昌，落业东关外李婆硚。富公字世武，世居东关外女子硚，再迁铁炉硚。贵公字世禄，落业女子硚。族谱始修于清乾隆五年（1740），道光八年（1828）、咸丰十年（1860）、光绪二十二年（1896）、1920

年、2021年续修，堂号浔阳。派语：联支垂永远，绍祖锡光辉。群名登显达，仕级占高魁。百世荣景祚，千载盛儒庭。忠义承先泽，文章启后昆。

湘阴高明乡灯笼桥陶氏 先世明洪武四年（1371）自江西丰城徙湘阴县高明乡灯笼桥。至1948年，共200人。

衡阳泰祉陶氏 始迁祖功公，元末明初由江西南昌府丰城县东堡村以戎武镇协衡州，遂籍衡郡四排楼苏家井陶家巷。五代琳魁公之后又派衍福华、福庆、福荣、福爱，庆、爱两房无征，荣房居址靡定。华公开镜、清两房。清康熙三十九年（1700）纂修草谱，乾隆四十五年（1780）一修，咸丰六年（1856）续修，1912年三修。

邵阳陶氏 始迁祖受志公，明洪武元年（1368）自江西泰和梅子坝徙居宝庆城外深坑边（今回澜街）。洪武八年（1375）仲先公由江西泰和县治迁衡阳，晚迁邵阳余田桥晚泉山。清乾隆五十二年（1787），仲先公裔纂修族谱。次年受志公裔纂修族谱。同治二年（1863）两裔合修，为二修，其时受志公裔约320人，仲先公裔约170人。1916年三修，其时受志公裔约460人，仲先公裔约170人。1993年四修，其时受志公裔约2480人，仲先公裔约860人。2015年五修，全族5087人。受房班次：受必原太钦文庭以大锡永光宗继祖明德馨贻远。仲房班次：仲添时思玉爵廷守尚以大国清才贵明德馨贻远。合班：明德馨贻远，裕昆孝友先。柳芳联百世，浔济万年传。

绥宁陶氏 始祖清奇公，祖籍安徽当涂，随父从戎，流寓贵州，生三子，于明洪武年间先后徙居绥宁都一里（今李熙桥镇一带）、武阳里（今白玉乡）、扶二里（今瓦屋塘、水口一带）。后裔今分布于李熙桥、水口、麻塘等地。

华容章华台陶氏 始迁祖思彬公，江西九江人，元至正进士，官岳州知府，解组后于元末迁居华容。子二：长福迁居东乡，后徙邑西，筑陶福垸（今鲇市旗杆一带）。次纲居北山，官指挥。子孙散居全县及石首各地。石首顾复垸及华容陶家埠头合派：诗书荣上国，孝友振纲常。道统昭前烈，咸和兆吉祥。

桃源延口陶氏 始迁祖朝允公，明永乐间自南昌迁于桃源县城东街。至1948年，已传20代，共300人，分布于大安、剪家溪等处。墨谱创修于清光绪末年。

桃源黄石溪陶氏 始迁祖崇仁公，明崇祯时自安化迁于桃源大安村之黄石溪。祖祠在安化小淹。至1948年，已传15代，族人300人。与安化合谱。

安化资江陶氏 始祖为东晋太尉大司马八州都督长沙公侃。传至升公，后唐同光元年（923）由江西吉州泰和县圳上徙居湖南益阳资江乡小淹，宋熙宁五年（1072）置安化县，割资江乡隶之，遂为安化人，世居陶家溪，又名陶家湾。后人因元末兵燹而播迁他地，惟舜卿独留故地，子孙衍居茅坪、柳林、梅城。族谱始修于明嘉靖四年（1525），1939 年七修，1996 年八修，2021 年九修。世系歌：汉代开封舍，晋侃历升迁。卿荣宗仕玉，廷金谱始镌。守承惟祖志，崇孝必英贤。文应希世用，武克定邦宣。勋业期铭鼎，忠勤允继先。运昌材益备，泽厚绪长延。绍德经传远，永思福尔全。舜卿公十五世孙必铨公，字士升，号茛江，著有《安化县志》《茛江诗文存》多种。必铨公之子澍，字子霖，号云汀，官两江总督，赠太子太保，谥文毅。

新化河街坪陶氏　始祖用中公，江西临江府新喻县安和乡白沙桥人，明洪武十七年（1384）戍黎平府伍开卫镇苗。永乐二年（1404），子振先辞袭父职，移宝庆府新化县河街坪屯居，后父子定居本村撞石湾。族谱始修于清顺治十六年（1659），乾隆十年（1745）二修，光绪十年（1884）三修，1994 年四修。班次：冶用振潮思，廷景永（祥）时绍。学应（万）有大成，文章世代诏。志行德泽长，贤良开嘉兆。卓功益弘扬，继述昭仁孝。礼道辉前勋，继序崇祖教。

零陵兼爱乡观音山陶氏　始迁祖永明公，明天启年间因贼乱由江西移居湖南，开基于零陵县兼爱乡之观音山。至 1948 年，已传 20 代，族人约 400 人。宗祠、族校设观音山。

祁阳陶氏　始迁祖以山公，字维岳，明洪武二年（1369）自浙江会稽以举人任衡州推官，继署祁阳县事，去职回浙，阻于陈友亮之乱，遂定居祁阳县东石洞源。其长子渊，由衡州令继摄祁篆，致仕后仍随父留居石洞源，生谅、谔、谏、详四子，谅房不详。至 1998 年，子孙约 3000 人。族谱创修于清雍正元年（1723），1998 年八修。堂号五柳。谔房原班：（自十二世始）士学大正，明廷世登。承其祖德，永望贤能。谏房原班：（自十二世始）士学观光，家际荣昌。宏基绍启，忠孝传香。详房原班：（自十二世始）世裔源远，宗泽孔长。宜绳先志，可步前芳。1946 年合定派语：（自二十世始）承先怀祖德，步武望贤良。厚泽同沾荫，宏基冀显扬。修齐崇孝友，敦睦重伦常。奕代书香继，千秋冶续芳。1998 年修定派语：承先怀祖，德望贤能。仁兴义盛，祥发咸恒。宏基肇启，武敏扬芳。泽隆积厚，修齐治平。该族谏房十七世孙陶铸，谱名际华，字剑寒，曾任国务院副总理。

黄

湖南黄氏　系出江夏，故合宗以江夏为断，以香公为始祖，香公字文强，江夏安陆人，官尚书令。清同治九年（1870）湖南黄氏各支建总祠于长沙。总祠通派：（以香公为一世，自六十一世始）大费生民始，渊源少昊长。名官怀德远，佑后作虞良。受命垂型日，承家食采方。发祥同子姒，肇锡类姬姜。善御功钦衍，分封域共江。会齐交自正，在楚祚弥昌。国仰春申义，篇成博士章。中山闻诏语，东观启书藏。两代通侯贵，千秋祖业光。合宗文节续，先泽炳淮阳。

长沙汀龙桥黄氏 始祖宗谅公，宋嘉泰三年（1203）由平江九峰徙居湖南湘阴石门寺。二世祖仲玑公，由湘阴徙居长沙汀龙桥。明崇祯七年（1634）、清嘉庆二十二年（1817）、咸丰五年（1855）、光绪十六年（1890）、1917 年、1942 年纂修族谱。2015 年经奂支纂修支谱。排行：江淮源流远，夏殷世泽长。伯启世泰宏，贤才为国经。时崇俊彦，学懋贞纯。承先树德，家业振兴。

长沙南门外南湖巷黄氏 始迁祖鸾、凤、凰、定四公，明洪武二年（1369）由江西南昌府丰城县瓦子街迁湘。鸾公居湘阴，凤公居善化，凰公居常德，定公居省垣南门外南湖巷。支谱初修于清乾隆二十五年（1760），同治四年（1865）续修，1922 年三修。乾隆间建祠于河西武家山。派语：（自二世始）荣华永远，达显朝廷。家国世宗，正直先型。谋贻百代，教授一经。竹苞松茂，桂馥兰馨。积德甚厚，流泽孔长。佑启后嗣，能迪前光。

长沙大河港黄氏 始祖东汉香公。传四十二世至益先公，又作奕宣公，明洪武四年（1371）自江西丰城县瓦子坪徙居湖南长沙。传十数世，子孙蕃衍。清乾隆二十四年（1759）卜地锦绣都大河港建立祠庙。道光九年（1829）闻所公房、荣所公房、志斌公房、本公房始纂族谱，光绪二十二年（1896）荣所公房续修，光绪三十一年（1905）志斌公房续修，宣统二年（1910）闻所公房续修。老派：益友启志万，朝金正文璜。原派：成德立本，世锡荣昌。学开贤士，家显才良。宗功裕远，祖泽腾芳。懋昭先绪，长发其祥。

长沙洞井铺、大河港、榔梨黄氏 始祖遐公，唐中叶自婺州金华迁江西丰城，为沆江一世祖。传十三世至天爵，生子六，三曰均美，四曰均慈。均美次子文保，字经魁，明洪武初迁湘阴，后迁善化之洞井铺。清乾隆间创修支谱，光绪十四年（1888）四修。均慈字执爱，自幼以明经学道为念，杜门著述，有《自好斋全集》行世，有子四：益先、廷柏、松汉、祐和。益先原名上一，字从亦，因避庙讳改作益，明洪武五年（1372）由江西南昌丰城县瓦子街迁居湖南长沙锦绣都二甲大河港。松汉公长子冠益公则明正统间偕弟凤益迁居长沙榔梨镇。清道光时两支合修谱牒，光绪十四年（1888）、1933 年续修。同治元年

（1862）合建祠于春华山。世派：（自十二世始）继述昌宗绪，家声庆祖贻。培基宜德懋，保世尚仁滋。扬显怀忠念，雍容裕孝思。永承恩泽广，敦笃达康时。该族名人：黄翼升（1818—1894），字昌岐，历任江南水师提督、长江水师提督等职。

长沙河西西楚桥黄氏 始迁祖颂公，字词美，明洪武初由江西泰和县迁长沙府，居郡垣万寿街，公素负文名，为当世所赏，翰林学士李孟拔以名上，元仁宗皇帝诏擢用，辞不赴。数传而下，复迁居河西都之西楚桥。族谱始修于清康熙十九年（1680），续修于道光十一年（1831）。字派：运昭源远，景庆时淳。忠孝有本，道范维新。显扬祖泽，培振家声。英贤继起，德业增荣。光腾金玉，秀集南衡。永延奕世，再叙鸿文。

长沙山桂黄氏 始祖辛四公，明洪武初由江西南昌府丰城县瓦子街双井钓鱼台迁湖南善化县之上堡土。传三世分兴富（居山桂）、兴贵（居坪上）、兴旺（居河头）三房，长房兴富，字元彰，徙善化之西塘塅。清乾隆末创建宗祠。同治元年（1862）始修族谱，1913 年、1948 年续修。派名：辛仕兴定景，续添万单日。国朝廷一应，邦本世起经。聚顺家延庆，修培业敬承。汝思增厚泽，在念振先声。该族名人：黄昌年。

长沙河头黄氏 迁湘始祖辛四公，明洪武初由江西南昌丰城县迁湖南善化县。二世祖仕雄生三子：兴富居三桂，兴贵居坪上，兴旺居河头。支谱始修于清乾隆四十三年（1778），道光三年（1823）续修，同治五年（1866）三修，1921 年四修。该族名人：黄有功，花翎记名提督。黄德谋，提督衔湖南记名总兵。

长沙经铿黄氏 谱尊国璋公，字大圭，号髦士，为始祖，明洪武年间从江西吉安府泰和县鹅颈坵迁长沙郡城对江滦湾市。三世衍为三支：长以敬迁宁夏，幼以忠居浏阳，次以诚仍居滦湾市，八世又衍为梅、植、模、格、梗五支。民国元勋黄兴为梅房十九世孙。模房九世孙洽中，为经铿支祖。十一世孙钫，字伯宣，清顺治孝廉，官四川华阳知县。宗祠建城内乐朋硚迄潮宗门之间。明崇祯十二年（1639）、清康熙五十一年（1712）、乾隆四十五年（1780）、嘉庆十二年（1807）、道光十二年（1832）、同治三年（1864）、光绪十八年（1892）纂修族谱。世派：（自十五世始）孝友维式，仁厚其孚。克昌宗业，载启宏图。承先之佑，永锡尔休。嘉嗣继武，卜世缵修。该族名人：黄模，明嘉靖举人，官云南府通判。黄洽中，黄模子，万历进士，官吏部郎中、太原知府、南安知府。黄式度，道光举人，德安知府。

长沙水口山黄氏 始迁祖均祥公，字超赞，官至武威将军，原籍江西丰城。明洪武初年落籍长郡浏邑，再徙善化水口山。清乾隆五十六年（1791）、嘉庆二十三年（1818）、道光十三年（1833）、同治二年（1863）、1924年纂修支谱。派韵：梦子昌先绪，明良毓凤文。发祥原有本，善积植家祯。宜思功德重，崇后裕传承。荫嗣贵贤哲，志立震坤声。

长沙黄氏 始迁祖琼纲公，明洪武间授宜章参将，由江西南昌迁楚，立业河东万谷岭。六世万才公居河西尖山画林塘，万通公仍居故地。清嘉庆二十年（1815）、光绪二十六年（1900）、1934年纂修族谱。宗祠在长邑河西许家洲。派行：琼思维藩孝，万廷绍尚明。正大文光华，盛佑启克承。祖德昌先代，宗功裕后昆。诗书绵世泽，忠义振家声。

长沙榨冲黄氏 始迁祖友富与从弟景富，明初避兵，自江西庐陵县曹竹湾迁于善化（今属长沙）榨冲。1946年纂修支谱。

长沙东华山黄氏 始祖荣常公，世居江西丰城县瓦磁街，明洪武六年（1373）迁浏阳镇头市。七传至芩（一作岑），与子廷玱（原名廷礼）由浏阳分迁善化西乡东华山（原名许家冲）。清嘉庆十一年（1806）、道光十六年（1836）、咸丰元年（1851）、1916年纂修族谱。派语：子廷用守朝之。元亨启大文，理学敦人伦。孝友笃其庆，德音秩在身。肇修惟以敬，裕后务能勤。道生先立本，积善有余芬。

长沙黄氏 始祖翼道公，字得之，号惺翁，黄庭坚之后国珍公之裔孙。自玘公由金华分居豫章，迨意公徙居岳州府平江县，世居西门，后裔分居平江二十二都方井里富花乡。翼道公四世孙孟松公，明嘉靖初由湘阴铜盆市迁居长沙县大贤都将军潭源株山庄。清嘉庆二十五年（1820）、同治元年（1862）纂修族谱。字派：孟廷大学，守思世心，正启洪业，克树先声，孝友传泽，诗礼培家，长延其秀，景运益嘉。

长沙黄家垅黄氏 谱称该族自江夏发迹，历汉、晋、隋、唐至义卿公于宋末由江西南昌丰城沆江迁长沙府攸县擢秀乡桐木洲。历四世端甫公第三子子寿公，明洪武六年（1373）迁醴陵县北乡官庄金沙台，又历十二世爱继公第二子必贵公，明万历时迁长沙县明道都八甲南冲塘。清同治二年（1863）创修支谱，光绪二十八年（1902）续修，1949年三修。派语：锦时南爱必器中学宗繁盛清世荣华开瑞应国运光昌。

浏阳月弦山黄氏 始迁祖万禄公，明授崇礼侯，任职年余即致仕，明洪武三年（1370）携眷由江西丰城县衙背街迁湖南浏阳北乡六十八都立业。建祠月弦，因名月弦山黄氏。其裔分九支，散居四乡。至清光绪三十三年（1907），已传24代，丁口2000余人。1946年六修族谱。字派：万辛成受友朝文伯时正兴大日明再加益盛祥秉道……

浏阳灌江桥黄氏 始迁祖垂公，字经南，明洪武间因元末之乱，由江西丰城始迁鄂，再徙湖南浏阳县金声乡灌水之滨。族人分布于浏阳县枫林、大瑶、复兴各乡及萍乡、攸县等处。至1948年，已传25代，男女丁口约5500人。1938年三修族谱。

浏阳株树塘黄氏 始迁祖受钦公，明洪武间自江西高安县埈上迁浏北株树塘路口。至清光绪三十三年（1907），已传20代。

浏阳道岸黄氏 始迁祖惟国公，明洪武年间自广西修仁迁浏东朱江紫竹坡，继迁道岸。至清光绪三十三年（1907），已传21代。

浏阳春坪黄氏 始迁祖俊光公，明初自江西南丰迁浏东上洪，继迁浏北春坪。至清光绪三十三年（1907），已传21代。

浏阳鸡公岭黄氏 始迁祖正文公，明弘治三年（1490）自江西高安迁此。至清光绪三十三年（1907），已传19代。

浏阳官桥黄氏 一派君洞，原籍江西南昌府丰城县沙石街铜桥湖六坊，迁居浏北三十一都洞阳市洞阳湾。四世子琳，为长沙李氏赘婿，遂籍长沙。七世友琦，明成化十八年（1482）生，嘉靖三十九年（1560）卒，复由长沙迁浏西江东，蕃衍于官桥。清乾隆四十年（1775）始修族谱，道光二十三年（1843）二修，光绪二十年（1894）三修，其时男丁954人，女口411人。1934年四修，其时男丁1103人，女口547人。本宗行派：君广左子孟，永友廷绍守。显金文木之，坤锡泗甲良。立志承先业，家声远盛昌。序述思宗德，恢宏益大光。笃生英俊启，辅国兆明扬。长沙官仓行派：君广左子孟，孝友廷如常。显继文世楚，晖洪绪纯良。立志承先业，家声远盛昌。浏北洞阳行派：君广左子孟，孝友廷如常。昌继元祥万，世永兴嘉良。立志承先业，家声远盛昌。序述思宗德，恢宏益大光。笃生英俊启，辅国兆明扬。

浏阳傅家冲黄氏 始迁祖碧湖公，明代自湖北武昌迁此。至清光绪三十三年（1907），已传16代。

浏阳枨冲黄氏 远祖唐时峭公，为徐州刺史，生二十一子，散居各郡。其中朝端公居江西丰城县，朝襄公居建昌府。枨市黄氏多为端、襄两公后裔，元末明初或明末清初自赣、粤两省迁来。清同治六年（1867）始修族谱，1915年续修，1947年三修。字派：存心钟厚福，敦本庆长春。贤才叨祖锡，景运自天申。

浏阳镜山、板陂洞、横山、何家坊、乱石岩、蒋坑黄氏 谱中《源流新序》称黄氏自陆终公发源后，子孙封于有黄之地，遂因以为氏。越百余世周末歇公为楚相，封春申君，生子十三，世居黔中，即今鄂州府江夏县，此江夏郡之所由来。第十三子琬封镇南节度使。又三十七世而至峭公，赐进士、平章阁大学士，妣上官氏、吴氏、郑氏，生子二十一。公因子孙众多，食用浩繁，谓三夫人各留长子侍养，其十八子令居四方。其中第十七子井公五代时迁江西南丰县双井头，宋时转迁瑞金县葛岗都。历数传至元末僚公，生子三：庆吉、庆华、庆寿。迄今支分派衍，惟僚公之后裔者居多。自清康熙年间廷秀、廷开、廷盛等由粤东迁居浏邑，或居浏东之境山、蒋坑、板陂洞、乱石岩，或居浏南之横山桥、何家坊，或居平江之定子坳、大福溪等处。乾隆间创建宗祠于板陂洞。镜山私派：志士宗升学，钟灵耀国华。庆闽开世第，庆衍振吾家。板陂洞私派：庆日文敬彝，应璧克茂伉。万忠起天庭，启宗锦山明（坤道）。兰桂相腾芳，英贤郁秀章。思荣标上国，世代永隆昌。横山桥私派：宗凤文兴起，贤良越代钟。盈廷朱紫贵，吉庆毓淮东。何家坊私派：仕廷富贵远，福禄永庆长。承先思继志，贤声远吉昌。克绳其祖武，奕世绍书香。总派：景德恢先绪，诗书继远芳。谟猷昭盛典，正大启谦光。宏建荣新彩，英才焕锦章。能承宗祖志，奕世发其祥。

浏阳洞溪黄氏 浏阳黄氏多祖香公。1945 年浏邑江夏堂后裔七十余支联谱，非江夏者概屏不录。1941 年建联祠于浏东张坊洞溪。祠联：江夏溯渊源念列祖由粤由闽迁辟斯土斩棘著辛勤吴楚关头垂大业，洞溪新庙貌冀后起允文允武焕发宏猷辉煌流世泽冠裳奕叶耀宗功。东汉肇家声二千年源远流长孝子忠臣光史册，南邦绵世泽七十祖支分派衍吴山楚水萃精英。燕翼仰贻谋系承江夏绩懋洞溪千百载德泽常新忠孝家风垂典则，鸿图展胜地秀毓南山灵钟淮水七十祖宗支汇萃春秋祀事肃明禋。浏阳县祠派语：（自香公六十一世始）敦叙隆纲纪，雍和兆显扬。绍闻江夏远，继述楚湘长。家瑞同悠久，邦贞合赞襄。贤良绳祖武，世代永蕃昌。县治朝阳街克清公房十五世黄彰任，曾任美国海洋石油公司副董事长、美国国会顾问。

浏阳井前黄氏 始迁祖大槐公，字郁元，明万历四十六年（1618）生，清康熙十九年（1680）卒，自江西萍乡鸡冠山迁来。清道光四年（1824）、咸丰九年（1859）、光绪二十六年（1900）、1941 年纂修族谱。

浏阳长丰冲黄氏 始迁祖九贤公，清康熙三十六年（1697）自广东平远县义化都东石堡东南甲上黄地沙罗湾迁浏阳南乡长丰冲。清光绪三十一年（1905）创修支谱。派语：儒贤惟成元，玉宗昌启先。上国经纶裕，观光志节坚。利贞开泰运，庸建起珠联。福祚凝祥远，长馨亿万年。

宁乡山塘、竹园黄氏 始迁祖谷一郎，元中叶自江西吉安府庐陵县圳上迁宁乡之道林峡山口，其后分山塘、竹园两支。1948 年田心支四修支谱。

宁乡塔田黄氏 远祖德隆公、世英公居江西吉州泰和县圳上。至富六、富十及杞、铭诸公避乱来楚，寓湘乡十四都军山塔龙桥，厥后各公派下迁徙不一。富十公偕侄仰（富六公之子）于元泰定四年（1327）徙宁邑灰汤，子志道于洪武二年（1369）入宁乡县学，旋登进士第，授亳州知州。季子世华，行兴七，当元季红巾之乱，入赘湘乡封山刘氏。大明定鼎，省刑薄税，民赖以安，旋赖以聚，于永乐九年（1411）得复守原籍于花园等处。杞公嗣俊公徙沩宁之西六都江坪，铭公嗣寿钦徙黄家冲。明成化二年（1466）富十公房创修族谱，清雍正八年（1730）富六、富十、杞、铭四房合修称五修，道光二十九年（1849）富十公房六修。派语：本先哲言，立继起则。修齐家政，崇尚儒德。汪洋为量，朴厚可格。克守制度，普贻惠泽。

宁乡冷水井黄氏 始祖必华公，本姓刘，其祖父中存，明永乐八年（1410）自江西安福县迁居湘乡南熏塘头冲。必华赘于宁乡灰汤冷水井黄氏，遂承黄氏之后。后裔分志亮、志明、志清三房。清雍正十二年（1734）一修族谱，同治八年（1869）二修族谱，1918 年三修，1948 年四修、2021 年五修。四修时男 2073 人，妇 989 人。学历初中 42 人，高中 9 人，大学 3 人，军校 31 人。文武官职 46 人。年龄 70 岁以上者 73 人，80 岁以上者 13 人，90 岁以上者 2 人。字派：必志某廷某，守希尚以良。梦宗思世胜，显应得安康。才名昭学懋，孝友迪前光。忠义先声振，诗书教泽长。

宁乡泉塘黄氏 迁湘始祖举信公。子至道，明洪武间自湘乡游宁乡双观。次子至中生应麒，应麒于明宣德间迁宁乡四都泉塘坪，后分韶、淮两房。元至元十九年（1282）、至治二年（1322）、明成化十二年（1476）、万历二十九年（1601）、清雍正四年（1726）、咸丰八年（1858）、光绪二十四年（1898）、1928 年、2012 年九修族谱。前四修于江西乐安县，后五修于宁乡。字派：志道时已启，显学振元勋。继述传诗教，宏开尚礼文。孝友为家政，忠诚佐国君。

宁乡双观黄氏 迁湘始祖宪副公，讳举信，由江西吉水托宦籍于涟湘。子至道，生元鉴、至中。元鉴字天贵，明国子监生，明成化间自湘乡迁宁乡，乐道林麟峰山水之胜，卜筑双观，遂占籍宁乡。清康熙五十二年（1713）、乾隆三十九年（1774）、道光九年（1829）、同治八年（1869）、1921年、2019年六修族谱。派语：懋勋培锡泽，荣耀均钟汝。树烈在铭洪，本煇增锦溥。

宁乡黄氏 始迁祖正光、正兴系堂兄弟，原居江西高安县新丰第一乡，明嘉靖年间徙来楚湘。正光居石子滩及傅家冲，正兴居双江口之冯家屋场，是为迁楚湘一世祖。

宁乡大坊坪黄氏 庐陵义城始祖嵩公，字高仲。迁宁乡大坊坪者，芸庄、清溪、精舍、社边四房之裔。芸庄房裔宅芭蕉铺、坎田，清溪房裔宅包指园，精舍裔宅雷家冲，社边裔宅坎田。清康熙五十八年（1719）四房合修族谱，乾隆五十九年（1794）、咸丰八年（1858）续修。嘉庆十五年（1810）建宗祠于大坊坪。

宁乡吉水桥黄氏 迁湘始祖仲仁公，香公四十七世孙，系出法氍公房翰公后裔，明成化间由江西吉水迁邵阳西坪都麻溪。后清初五派承忠公，字楚明，又由邵迁宁乡吉水桥。清嘉庆十八年（1813）、同治四年（1865）、宣统元年（1909）、1948年、2013年纂修族谱。派语：承志有吉大，合文昌礼乐。太费生民始，源渊少昊长。

宁乡萧家桥黄氏 世居湖南靖州绥宁。清代前期，始迁祖凌云公始从绥宁永宁乡迁居宁乡县西之萧家桥。后裔析为六房。1930年续修支谱。

湘潭黄氏 始祖元监国大夫惟瑕公，生高申、高盟。申、盟又生十一子，由浙江金华迁湘，惟时衡、时嗣、时文、时广四子有传。时衡（1324—1366）官学录，隶籍湘潭。一至四修皆衡、嗣、文、广四房合修。嘉庆五年（1800）、道光十五年（1835）、光绪二十九年（1903）、1930年、2017年皆时衡支续修。字派：惟高时继，胜弥文祖。廷守巡抚，正世安邦。孟基肇润，笃修纲常。敦崇孝友，用效贤良。该族名人：黄润昌、黄修杞。

湘潭桥头黄氏 香公四十二世孙钺公，生添甫，字维补，号美哉，太学生，初居豫章广信府贵溪县，适因元季之乱，于明洪武初偕父、叔迁徙湖广武昌府城。迨后又因乱寄籍岳州，寓星沙，卜居潭州，建业于黄峰寺风云桥。清乾隆五十五年（1790）始修族谱，嘉庆二十四年（1819）续修，光绪九年（1883）三修，1921年四修。宗祠建于桥头。门联：西江望族，东观名家。派语：（自第十派始）正启文世德，光昭际达荣。国朝垂厚泽，忠孝显家声。

湘潭奎头市黄氏 始迁祖茂五公，元至正贡士，值元季之乱，于明洪武二年（1369）与兄茂四公由丰城沇江迁湘潭，落业黄龙巷、花硚、石湖等处。后裔分居潭、善、长、宁四邑。清嘉庆四年（1799）建总祠于湘潭奎头市。宗谱创修于康熙五十七年（1718），乾隆二十八年（1763）续修，道光六年（1826）三修，同治五年（1866）四修，光绪二十二年（1896）五修，1929年六修。原派：启甲昭先佑，显光裕俊英。忠良开世泽，孝友振家声。续派：江夏芳诒远，熙朝景运清。修培延福履，兴育庆文明。

湘潭龙口黄田湾黄氏 始迁祖策学公，明洪武四年（1371）由江西分宜县黄家庄迁居湘潭龙口之上黄田湾下屯。其子纪洸、纪澄之后遂分为洸、澄两房。1926年五修族谱。

湘潭岳塘黄氏 明洪武四年（1371）自江西迁湘潭，落籍十二都九甲岳塘。明成化二十二年（1486）、清康熙二十年（1681）、道光二年（1822）、咸丰二年（1852）、光绪三十二年（1906）五修族谱。行派命名：（自六派始）卿国之世绍，书发胜任先。家本承裔德，永远起万全。

湘潭扶桥湾黄氏 始迁祖发一公，私谥质安，明洪武七年（1374）由江西吉水县迁潭，世居二都扶桥湾，历五代分四支。明嘉靖十七年（1538）、清乾隆十六年（1751）、乾隆五十六年（1791）、道光七年（1827）、同治二年（1863）、光绪二十六年（1900）、2021年纂修族谱。字派：发必思玉胜一克承元士百世永昌隆。孝友维常，文章应运。仁厚崇修，家声大振。该族名人：黄道奇，曾任中共湖南省委组织部长。

湘潭乐郊黄氏 奉南宋宁宗朝枢密副使寔公为始祖。寔公由江西吉州始迁茶陵潞水，其第七世孙正光于明洪武间由茶陵迁湘潭之乐郊，正光曾孙钊、柏、道叙列三房而为小宗。1930年四修族谱。

湘潭红花山黄氏 始迁祖友诚公，字德庵，明洪武间自江西迁居湘潭十三都三甲红花山菱子塘。

湘潭白泉、黄家洲黄氏 元末志章公（一名永世），世籍江西吉安府永新县，官至浙江台州知府，其子金福明初任湖南茶陵卫指挥，金福子声华、声远迁于湘潭白泉。金福弟金藩亦迁湘潭长岭黄家洲。1938年四修族谱。

湘潭箬林黄氏 始迁祖发广公，原籍江西吉安府禾川县（今永新县），明永乐二年（1404）迁来湖南湘潭县下四都箬林。清道光三十年（1850）、光绪十年（1884）、1918年、1939年纂修族谱。字派：家声永立，世序日新，敦本树德，启嗣昌宗，懋功韪道，笃学怡伦，灵钟丹凤，瑞应彤廷。

湘潭黄家山黄氏 始迁祖孟三公，明永乐间由江西分宜县宦籍湖南，遂落业湘潭六都，即今之黄家山。后裔衍于善化、湘潭各地。1914年五修族谱。

湘潭锦龟峰黄氏 系北宋丰城瑕公之后。明代诚公宦游来潭，卒后归葬丰城，其子、孙亦归葬丰城。其曾孙镇清始定居于湘潭十四都锦龟峰下石湾，是为始迁祖，时当明嘉靖间。清康熙二十四年（1685）、嘉庆二十五年（1820）、同治十三年（1874）、1918年、2016年纂修族谱。世次韵语：继利秉诚天道镇，忠正隆凤启昌荣。慈良世泽孝友传，克承先训家声振。国强善心泰，民富尚安康。

湘潭板塘黄氏 一世祖对南公，徽州府休宁县古林村人。二世祖体仁，明代迁湘潭上十七都铁炉山板塘。清同治元年（1862）纂有族谱。

湘潭黄氏 系北宋江西丰城瑕公之后，一世祖明德。清光绪元年（1875）四修族谱。

湘乡旧冲黄氏 保义公二十六代孙厚忠公生月庆，月庆生元德、元良、元科、元第，科无嗣。其先世自元季由江西各府属迁来，卜居湘乡旧冲。清同治六年（1867）街埠头总祠续修族谱，以保义公为始祖。1923年旧冲续修，以忠厚公为始祖。班序：世代有文光，家声定显扬。诗书绳祖武，科第振儒庠。

湘乡城北黄氏 始迁祖以德公，字仁山，行福一，遭元季兵乱，由江西陵江府清江县乐善乡徙湘，来湘贸易，旋返吴。明洪武十四年（1381）举族迁湘，肇居湘乡八都。生七子：海、河、江、珑、琥、瓒、肇，仅存海、河、珑、琥四支。清同治五年（1866）街埠头宗祠合修宗谱，称五修，1925年城北黄氏六修。旧谱以大廉公为一代祖。新谱以保义公为上祖，以以德公为一代祖。班序：世代有文光，家声定显扬。诗书绳祖武，科第振儒庠。

湘乡三眼井黄氏 始迁祖福三公，字玉堂，明初自江西吉安府庐陵县固江十四都井头徙居湘乡县三眼井。传若干世至必贤，谱尊为一世。二世益证、益诚。益证三传为南坡、盐溪、长村，益诚一传为淳公、良公。长村公房适蜀，留居湘乡者惟南坡、盐溪、淳、良四房。至1948年，已传25代，男女丁口3000余人。清乾隆三十年（1765）建宗祠于丰乐乡。乾隆三十五年（1770）四房合修族谱，道光三年（1823）盐房续修，道光五年（1825）南房续修，道光二十年（1840）良房续修，道光二十四年（1844）淳房续修，同治五年（1866）南房三修，同治七年（1868）盐溪房三修，同治十二年（1873）淳房三修，同治十三年（1874）良房三修，1913年盐溪房四修。盐溪房派语：（自九代始）星中文开天，祖宗培庭泽。际遇本兴隆，忠厚承先德。立志敦伦常，遵规树典则。定昭积庆余，继起多英杰。南坡房派语：（自十六代始）齐盛广渊明，允笃诚忠肃。恭懿宣慈惠，和克济其美。淳公房派语：（自十五代始）鼎复家人泰，咸观大有临。履丰谦益豫，蒙晋贲恒升。良公房派语：自十四代起与盐溪房同。

湘乡夏紫桥黄氏 七修谱称：“一世光源公，明永乐十年（1412）自江西泰和迁湘乡四排楼。”旧谱称：“启后公字裕昆，明洪武间由江西迁来。次子凤居宁邑，三子虎迁梅郡。长子龙公卜居湘乡。”清乾隆十年（1745）二修、嘉庆七年（1802）三修、咸丰十一年（1861）四修、光绪三十二年（1906）五修、1947 年六修、2020 年七修族谱。字派：万书应国子，文章世代昌。德泽承传远，绵延继嗣长。江夏钟英士，金华毓令望。三元辉甲第，九贵佐朝邦。

湘乡蒿子坪黄氏 始迁祖朝元公，字述全，世居江西抚州府乐安县十九都双湖田田心白杨村，明弘治间迁居湘乡县三十三都桃林。清乾隆三十八年（1773）、道光三年（1823）、1916 年、2008 年纂修族谱。班序：朝俊本怀之，文祖定安临。世代宗轮伟，邦国永远辉。

湘乡筻口黄氏 始祖南朝高显公，讳廷用。传三十三世至显琼公，明嘉靖间自江西乐安县迁居湖南湘乡县兴让里筻口。显琼四传衍为三房：文亨字延本，迁居湘潭县下四都六里磨坊冲。文栋字正和，文梁字明和。至 1948 年，已传 15 代，共 3000 余人，以兴让乡、铜梁乡等处聚居最多。清嘉庆十六年（1811）设黄氏宗祠于茶坊塅。族谱始修于嘉庆九年（1804），咸丰十年（1860）续修，1916 年三修，1947 年四修。派语：世代有文光，家声定显扬。诗书绳祖武，科第振儒庠。同富贻谋盛，湘南衍绪长。勋猷期济美，继述自荣昌。明和房十二代孙家杞，名础，字汉魂，号公略，行字六，曾任红六军军长。

湘乡街埠头东山黄氏 谱以保义公为一代祖。七代中渔公，字宗展，宋时由分宁双井迁抚州乐安同富村。后裔明中叶由江右迁湘者先后数十家。清康熙四十九年（1710）合建宗祠于湘乡东山五灵塘，乾隆初移建街埠头。宗展公下十代大同、大蒙、大通三房，蒙房失传。清同治六年（1867）同、通两房合修族谱，称五修。前四修为江西老谱。1927 年通房六修。字派：世代有文光，家声定显扬。承先宗孝友，守道重经常。开业丕成务，昭名树景行。弘谟传奕载，德泽永绵长。

湘乡黄氏 道诜公世居庐陵。长子福一，讳中正，迁湘乡五十八都黄栗山三井等处。三世至日达、日洪，派衍五支。清乾隆五十六年（1791）纂修族谱。字派：建复道中，雅日积仲。宗兴志祖，国泰民安。齐圣广渊，明允笃诚。忠肃恭懿，萱慈惠和。

湘乡水东黄氏 保义公传至以清公，生四子：玉镇、玉钧、玉俊、玉锭。钧房无传。清宣统元年（1909）纂修支谱。

双峰石门黄氏 始迁祖椿柏公，字孝祥，号再兴，原籍江西泰和。明洪武四年（1371）知宝庆府武冈州，十四年致仕，卜居湘乡石门，今属双峰。清乾隆三年（1738）创建宗祠，四十七年（1782）创修族谱，咸丰十一年（1861）续修，1941 年三修，2003 年四修。班序：椿可文祖友，景胜正朝良。万伯兴时仲，永代受荣昌。忠厚诒谋远，诗书沛泽长。宗先培养笃，世业诵芬芳。道学渊源濬，汪洋大度全。功勋期继起，德教绍前贤。志愿群英冠，情殷一本传。吾儒隆聘礼，科第喜绵联。

双峰大塘黄氏 远祖保义公，居婺州金华，为唐军节度使司军领。七派中浼公，字宗展，曾任兵马副使，宋时由分宁双井迁抚州乐安十六都同富村。至二十五代玨公，字源溪，自同富村迁居湖南湘乡二十都溪头湾（即大塘湾）。清乾隆时建宗祠于街埠头，后又建二十代章台公分祠于大塘，今属双峰。族谱创修于元至元十九年（1282），元至治二年（1322）二修，明成化十二年（1476）三修，万历三十一年（1603）四修，清同治六年（1867）五修，宣统元年（1909）六修。前四修系居江西瑞州高安同富所录，五修系街埠头祠堂所修，六修系大塘分祠所修。班序：世代有文光，家声定显扬。诗书绳祖武，科第振儒庠。同富贻谋盛，湘南衍绪长。勋猷期济美，继述自荣昌。

醴陵枫林黄氏 始迁祖贵海公，字必先，行端一，原籍江西瑞州府上高县高义村上团，元至正二十四年（1364）率子朝翁、名翁迁居醴北枫林市。清康熙五十七年（1718）建宗祠于枫林。乾隆五十二年（1787）始修族谱，同治七年（1868）、光绪二十七年（1901）、2000 年续修。至 1948 年，全族人口约 8000 人，分布于油田、八眼塘等地。字派：大朝承运安邦国，振起贤良世业昌。家道祖传敦孝友，声名显达允增光。十六派黄辅辰、黄辅相、辅辰子黄彭年、孙黄国瑾，原籍醴陵，寄籍贵州，一门四进士。

醴陵南乡冷水黄氏 始迁祖以清公，明洪武二年（1369）自江西永新迁此。族人分布于攸县、萍乡。至 1948 年，全族人口 400 人。

醴陵渌口黄氏 始迁祖海仙公，明洪武二年（1369）自云南迁此。

醴陵长垅黄氏 始祖玘公由金华徙居分宁双井。四派祖中浼公由双井徙居抚州乐安桐冈。十六派友礼公于明洪武六年（1373）由桐冈迁居醴陵长垅。族谱六修以前均与桐冈合修，清嘉庆二十二年（1817）、光绪九年（1883）、1937 年长垅续修。派语：梦子昌先绪，明良毓凤文。发祥原有本，善积植家祯。

醴陵快山桥黄氏 始迁祖贵湖公，明洪武初年自江西丰城迁此。族人分布于半江塘、渌口、石亭等地。至 1948 年，全族人口 8000 人。

醴陵盐山黄氏 明洪武初自江西迁此。族人分布于牢陂、石桥铺。至1948年，全族人口1300人。

醴陵冯家湾黄氏 始迁祖宗贵公，明永乐十五年（1417）自江西分宜迁此。族人分布于南乡冷水、官寮、株树下及萍乡。至1948年，全族人口3000人。

醴陵黄家坊黄氏 始迁祖仲曾公，明万历间自江西吉安迁此。族人分布于东富、攸县。至1948年，全族人口500人。

醴陵东冈黄氏 始迁祖世备公，明天启间自福建迁此。族人分布于文家坝、石亭、官庄等地。至1948年，全族人口500人。

醴陵黄家坝黄氏 始迁祖希铭公，明崇祯初迁此。至1948年，全族人口300人。

醴陵瑶湾黄氏 明崇祯初自江西迁此。族人分布于杉仙坳、苏家垅。至1948年，全族人口1200人。

醴陵醴东黄氏 明代诚宗公自古田迁龙岩，其后裔明启、明诰、明武又于清初徙醴东之香水渡荆潭洲马脑潭。清同治十一年（1872）纂有族谱。

醴陵丁家坊黄氏 始祖僚公，字海虎，号良臣，世居江西建昌府南丰县双龙井，登进士第，官琼州（海南）太守，遂家于程乡。三分十五房六十四支，明季避乱由广东相率迁醴，今族人居醴陵外，另分居萍乡、攸北、浏南等。至1996年，共2万人。族谱创修于清道光三年（1823），光绪三年（1877）续修，1921年三修，1996年四修时入谱五十四支。清初建祠于东城二四团，同治三年（1864）重建于三团丁家坊。名派：良庆诒谋远，谟猷一本传。发祥征孝友，积善启英贤。锦绪宜增美，芳声永绍先。恢宏昭世德，国士尧长绵。

醴陵新田黄氏 始迁祖海迁公，清顺治初自渌口迁此。至1948年，全族人口300人。

醴陵洪源冲黄氏 始迁祖长厦公，清顺治初自江西宜春迁此。至1948年，全族人口612人。

醴陵王家坊黄氏 始迁祖成伯公，清顺治初自福建永定迁此。族人分布于萍乡。至1948年，全族人口1000人。

醴陵唐家坊黄氏 始迁祖焕海公，清康熙初自广东嘉应迁此。族人分布于汉冲、株树湾。至1948年，全族人口1000人。

醴陵黄家湾黄氏 始迁祖天美公，清雍正初徙居此。至1948年，共300人。

醴陵西塘黄氏 始迁祖天章公，清雍正间自广东迁此，至1948年，全族人口300人。另一支始迁祖元孝公，清康熙末自广东嘉应迁此，至1948年，全族人口500人。

醴陵寨下李家牌黄氏 清初自江西迁此。至1948年，全族人口150人。

醴陵株树下黄氏 始迁祖霞楚公，自江西徙此。至1948年，有100人，族人分布于官寮、塘冲等处。

醴陵油塘黄氏 族人分布于丁家坊、八里坳。至1948年，全族人口2000人。

攸县田星黄氏 鼻祖武踪公，字添佑，号乐耕，为香公四十二世孙，原籍江西吉安府永新县，明洪武庚午科中贡士，宦游过攸，爱田星山水之胜，令子可章、可文、可立、可言徙居。清康熙五十九年（1720）一修族谱，乾隆四十年（1775）、嘉庆二十二年（1817）、同治元年（1862）、光绪二十六年（1900）、1932年续修。排行：纲常建树，永绍家声。庭敦孝友，申锡尊荣。澡身浴德，玉洁冰清。力耕勤学，利就名成。

茶陵黄氏 始迁祖汉祥公，元延祐三年（1316）由江西庐陵徙茶陵，后裔散居于舲舫、湖口、高陇等地。

炎陵县城北门黄氏 始迁祖梓清、梓斌两公，明正德十五年（1520）自江西瑞金迁此。后裔迁三河深坑、星光及黄挪潭（今策源乡）等地。

炎陵黄氏 炎陵黄氏多为峭山公、玉公后裔，其中峭山公21子有荀公、宁公、化公、衢公、井公、城公等裔，玉公后裔有子睿公、子琰公、子琛公等裔，大都来自嘉、惠两州。清嘉庆十年（1805）、咸丰八年（1858）、宣统元年（1909）、1943年、2017年五修族谱。字派：承家培哲士，树国聘英贤。论献兰台著，勋谟麟阁传。诗书敦孔孟，道德继颜曾。奕代孙元作，勉旃佩训言。

炎陵常平黄氏 始迁祖国用、承宗两公，清顺治十二年（1655）前后自广东兴宁分别迁常平乡上水西（今水口水西村）、垅坑（今三河乡垅坑村）。

炎陵康乐乡水东黄氏 始迁祖奇清公，清康熙三年（1664）自江西遂川因避兵乱迁此。

炎陵水口白源黄氏 始迁祖伦永公，清康熙三十五年（1696）自广东龙川迁此。

炎陵三河大坑黄氏 始迁祖伦燕公，清康熙三十五年（1696）自广东兴宁迁此。

炎陵七都大塘黄氏 始迁祖哲朝公，清康熙间自广东兴宁迁此。

炎陵石子坝黄氏 始迁祖坤玉公，清康熙年间自福建汀州迁此。

炎陵漕溪黄氏 始迁祖士祥公，清乾隆十八年（1753）自江西上犹迁此。

炎陵七都楂村黄氏 始迁祖家擎公，清乾隆三十七年（1772）自广东龙川迁此。

衡阳桐冈黄氏 始迁祖潮三公，元末自福建迁居衡阳桐冈，生必贵、必隆、必明。清嘉庆五年（1800）、道光三十年（1850）、光绪六年（1880）、宣统三年（1911）、1942 年纂修族谱。

衡阳黄氏 鼻祖得任公，明洪武初自郴阳黄家村来衡，汗马奏绩，镇守是邦，落屯衡西清化豆陂町。数代单传，及清公，生仪、俨、侃、你，支开四大房。仪公子孙世居豆陂町，俨、侃、你三公子孙迁居交栗冲及祁阳排山、衡城县门前。数传后侃、你两房失胤。明嘉靖二十六年（1547）、清康熙三年（1664）、乾隆三十年（1765）、道光二十年（1840）、光绪六年（1880）、光绪三十二年（1906）、1939 年纂修族谱。

衡阳黄氏 以虞廷伯益公为始祖，江夏文强公为太祖，豫章文节公为世祖，明初贵公为迁衡祖。贵公生应隆，以武功擢千户职。应隆生斌，袭父爵，官指挥，三子：荣、华、富。富裔籍江右。荣、华两公由衡东一迁衡南赤石堰，一迁衡西碱水冲。清嘉庆二十二年（1817）、同治十三年（1874）、1926 年三修族谱。荣公房班序：宗朝世大兴，启登永值名。华公房班序：万智一兴朝，世咸宁代名。新班：有志承先德，宏文振太常。诗书诒训久，家运自克昌。门祚增炳蔚，枝叶庆绵长。

衡阳、衡南黄氏 伏清、附清、福清、甫清兄第四人，福清居西乡更楼桥，甫清居南乡铁冈铺，伏清居衡北，附清居清东。西南各成一家，北东合为一族。同春派下远绣公迁居湘潭银田，又开一宗。1930 年四修、2019 年五修族谱。

衡南塘冲黄公 始祖文节公，世居江西分宁州双井。四世孙子洁，生八子，明初徙于衡郡。大郎天佑、三郎天麟落屯桂阳州。四郎天福、五郎天禄居衡阳灌山反车。六郎天寿、七郎天三、八郎天星立业清泉清化乡侍郎铺赤石堰。二郎天麒，字瑞元，落屯清泉塘冲，为该族支祖。清嘉庆元年（1796）、道光二十六年（1846）、光绪五年（1879）、1925 年、2006 年纂修族谱。班行：天文彦单宗，单庭世代应。朝国允扬名，建绩贤声远。科第联金榜，荣华富贵长。诗书昭祖训，孝友振家芳。

衡山杜木桥黄氏 后唐同光二年（924），远祖兰溪公由金华请社来衡山岳后。至鉴国大夫惟瑕公，衍嗣、衡、广、文四房。谱以惟瑕公为第一代。五代胜德，生三子：弥智、弥秀、弥善。秀无传，弥善于明洪武时分籍澧州九溪卫，弥智世居衡山杜木桥，弥善后裔八代纲、瓒两支又迁回衡山与弥智后裔同居。明嘉靖十四年（1535）、万历四十六年（1618）、清康熙二十六年（1687）、乾隆十八年（1753）、嘉庆九年（1804）、道光二十二年（1842）、光绪十二年（1886）、1917 年八修族谱。字辈：承箕绍润，笃修家常。敦崇孝友，用效贤良。培本树德，以迪其光。声名炳焕，延衡澧湘。

衡山平田黄氏 永新始祖照一郎，官名冈，字竹君，原居长安盐屋，宋崇宁间因宦卜居永新。七世崇诗，字雅章，号西园，以进士任湖南宝庆太守，元至正间解官过衡，因乱卜居衡山三十都平田。再传衍为五房。弟崇武，居衡阳。清乾隆十五年（1750）续修族谱，嘉庆十二年（1807）三修，道光二十九年（1849）四修，光绪十四年（1888）五修，1930 年六修，2004 年七修。派语：允新远发祥，寿岳峙清湘。大守家声振，芝兰世代芳。

耒阳黄氏 始祖峭公，宋祥符进士，生二十一子，其中井公居江西建昌府南丰县大井村。耒阳黄氏多为井公后裔。如九如公，宋淳祐进士，因国难隐居耒西布美。志诚公生邦用、国用、朝用、廷用、元用、君用，兄弟散居永兴、桂阳、常宁，惟邦用卜居耒东新城市。志清公生千一，世居耒西托福。光魁公生咸亨，仕衡郡县令，生兴一，卜居耒东芭蕉官铺头。敬胜公生羡诗，诗生元六，自泰和迁耒南东山铺。云上公生君亨，亨生兴九、兴以，自泰和迁耒，一住东乡鬼塘，一住城西花园坪。君伍公因元末兵乱，自江西迁居耒西黄泽源。流芳公自资兴迁居耒北黄草洲。文致公江西抚州人，子嗣源，卜居耒阳朱陂长洲。清光绪三十一年（1905）九房合修族谱。1943 年耒阳黄氏纂修通谱。

耒阳黄草洲黄氏 基祖玉公，字仙琚，后唐同光二年（924）任资兴县令。九传至锐公，生三子，长子文嵩开派资兴县清江。十八世流芳公，字福，号十三郎，居衡州江东岸，又迁耒阳城北黄草洲。1943 年流芳房四修族谱，2019 年流芳公二十世孙以禧公裔五修族谱。字派：流曰庆才仕良大伯绍其天（添）德仲纯如体。显以崇彝训，桂兰含秀芳。诗书延统绪，礼乐肃冠裳。

邵阳涟河、马岭黄氏 始迁祖均齐公，宋淳熙间由江西吉安府泰和县迁居邵东涟河。四世彦禄公，衍梦发、梦清、梦得三房，发、清世居涟河，得裔徙居马岭。涟河支清嘉庆三年（1798）、咸丰八年（1858）、宣统三年（1911）、1938 年纂修族谱。马岭支清乾隆四十五年（1780）、道光二十一年（1841）、光绪十九年（1893）、1930 年纂修族谱。1949 年三房五修合谱。老班：均生大文彦梦必汝应志得永定兴吉承世代朝源祖宗正乾坤万载荣。新班：笃培深远厚，作育启英能。豫顺延禧庆，雍和广锡绳。孝崇东汉盛，献毓楚材征。蕃衍恢先绪，云礽燕翼增。

邵阳查林黄氏　始迁祖均彝公，宋末元初自江西泰和圳上迁居昭陵东乡查林。六世必显公，生汝清、汝海。清嘉庆五年（1800）、咸丰九年（1859）、光绪二十九年（1903）、1920年纂修族谱。

邵阳墨溪黄氏　始祖中孚公，其先浙人，官唐兵马司正节度使，因劾李辅国，谪吉州，生文公，文公生梗、楠、杞、梓四公。梗公又名嵩，字高仲，居庐陵四十四都黄家坊，谱尊为一世。十六世中行公，字伏三，因兵变迁邵阳，为墨溪始祖。中行生恭一，恭一生景文，景文孙应斌为广西盐运使，应斌子志瑛为大石房祖，志琥为余家冲祖。清咸丰十一年（1861）三修，光绪二十六年（1900）四修、1936年五修、1994年六修族谱。班次：景德应志兴，永定大吉昌。道正文章焕，运泰庆云祥。才能承上锡，学足遇明良。维书克鼎盛，从厚万世扬。

邵阳黄氏　庐陵中孚公传十七世至伯溢公，元末明初迁居邵北巨口，支分礼、良、义、发、受、应六房。清嘉庆十五年（1810）、光绪八年（1882）、1920年纂修世谱。字派各房不一，如礼公房派：伯慕荣瑞，源财仲添，宽永廷朝，景世大友。文中佐国宪，允定学能竑。安邦恢绪业，则绍祖之崇。续班：承传宗有庆，登显士如金。道德开家运，勋猷建美音。

邵阳、新化黄氏　伯溢公自江西庐陵迁邵北巨口，颜所居曰黄家巷。又有庆云公，始随迁邵，后迁新化栗坪樟树下。清嘉庆十五年（1810）邵邑续修支谱，道光二十五年（1845）新邑续修世谱。光绪九年（1883）两邑合修。通族班次：浑和人似玉，登辅士如金。忠孝开隆运，勋猷建美音。

邵阳黄氏　始迁祖阳公，字必相，明洪武间由江西吉安府庐陵县四十四都义城迁邵阳县富阳二都六甲月塘村。1943年续修族谱。堂号笃庆。

邵阳六亭岭黄氏　始祖元贞公，字亨庆，明景泰进士，原籍江西泰和县圳上，天顺八年（1464）仕武冈州牧，致仕卜居宝郡六亭岭下之田家湾，五世衍为和、秀两房。清乾隆十二年（1747）创修族谱，道光六年（1826）续修，同治八年（1869）三修，1914年四修。和房老班次：承居文国道。秀房老班次：学桂云甲克。和、秀两房新班次：德永光明昌，绍宗述循良。纪传宏世锡，熙泽服延长。英贤振雄楚，鸿业继荆湘。

邵阳黄氏　始迁祖孟春公，明成化间由江西吉安府庐陵县买成一都以宦落业邵郡城东。生二子：纲江、纲源。源裔迁居新化，江裔世居邵之东南。清乾隆五十六年（1791）始修族谱，咸丰五年（1855）、光绪三十年（1904）、1938年、1992年续修。班排：孟纲文廷应，一朝国永安。世学承家政，嗣孙万代荣。传述守先德，显扬耀祖光。贻谋继善策，忠孝志循良。

邵阳马岭黄氏 大成公由江西吉安府泰和县迁邵东涟河，第四世登荣公，再迁马岭。厥后青公迁夏岭，材公迁玉京，富公迁楮塘。清乾隆四十六年（1781）、道光二十一年（1841）、光绪十九年（1893）纂修族谱。夏岭支旧派：大应梦元和君荣必文彦永仲思定兴祖志朝承仕宏远。玉京支旧派：均大文彦梦必汝思有志定兴永正邦国泰民安朝。楮塘支旧派：大应元君登必文意定国泰民安万代兴荣世守忠。三支新派：开继肇祥光，敦伦庆炽昌。育贤曜楚绣，相辅达宸章。

邵阳陡岭黄氏 始祖高显公，讳廷用，系出鄂州，南朝梁大通间出守豫章，卜居巴山新建邑城。三十三派良二公，由江西乐安衡塘迁宝庆府邵阳县梅材岭。子亥公又迁本县西坪一都中陡岭。民国间纂修族谱。派语：洪祥镇愈尚，承元世永昌。诗礼传家远，经书裕后长。

邵东马园黄氏 始迁祖孝成公，元中叶自江西义城庐水迁居湖南宝庆府邵阳县城东距城六十里江弦岭。传五世派分通、达、暹、远、邃、琳、聪、权八房。族人以马园最为稠密，清道光二十四年（1844）建宗祠于马园。嘉庆二十四年（1819）一修族谱，光绪十一年（1885）二修，1936年三修，时有男丁3991人，女口2194人。1990年四修，时有男丁7405人，女口5722人。班次：孝义添仲单，志永廷仁太。国正朝宗祖，世代必荣昌。乘际得任用，裕道致休详。文富书声振，才高令誉长。知谦能受益，作善自增光。根本勤培植，功勋应显扬。

新邵柏树园黄氏 始迁祖才清公，讳元瑞，为宋黄庭坚五世孙，元时官怀州刺史，明初自江西分宜县迁邵阳县北乡西平都柏树园（今属新邵县），传三世，派分福、禄、昌、升、达五房。清同治二年（1863）、1928年纂修族谱。石砌路旧班：应友必子材，兴思显廷添。仁尚正万世，文绍绪荣华。大坪旧班：应友必子材，兴思承九位。印调启嗣永，远绍绪荣华。新班：礼义传家训，诗书裕后贤。本源恒植盛，兰桂庆同鲜。

隆回九头岩黄氏 始迁祖才一公，江西泰和人，明初官武冈守备，徙邵阳隆回五都磨阳隘。三世显镕居九头岩，其后编洪仁一都三甲，寄新宁上一都。

武冈黄氏 宋龟年公奉命征苗，遂家于靖州绥宁，生七子，秀鞭公居武阳，数传至俊茂公，迁武冈扶塘，继迁攸岭。清乾隆九年（1744）、咸丰七年

（1857）、光绪三十年（1904）、1932 年纂修族谱。

武冈东门外黄氏 始迁祖子正公，字以端，临桂人，元至正中官云南儒学提举，致仕侨寓武冈东门外小街。

绥宁武阳黄氏 始迁祖龟年公，原籍福建永福（今永泰县），宋高宗绍兴八年（1138）徙渠阳（今靖州）落籍。第五子定居绥宁武阳。

新宁石鹅塘黄氏 始迁祖千二公，明洪武四年（1371）自广西全州迁新宁白沙石鹅塘。

新宁温塘黄氏 始迁祖君白公，祖籍江西吉水县，明洪武十二年（1379）迁武冈山岚铺，后移居尖山，其子才授迁居新宁县大庄团。

新宁龟山黄氏 始迁祖俊茂公，明洪武年间从绥宁迁武冈攸岭，其后宗保迁新宁碧田乡龟山。

新宁白田、清江黄氏 始迁祖德银公，祖籍江西泰和县，明末迁新宁县城。共子儒泰迁白田乡高坪铺，应泰迁清江乡檀山村。

临湘清水源黄氏 始迁祖志远公，明洪武三年（1370）由通城迁临湘清水源。1948 年纂有世谱。

临湘烟冲关黄氏 始祖仲三公，其孙定孙明初由通城徙临湘。1948 年纂有族谱。

临湘黄溪洞、洞关、青山、水田黄氏 始祖显公，黄庭坚九世孙。显生四子：忠、传、才、文，分别为黄溪洞、洞关、青山、水田支祖。清同治五年（1866）、1917 年纂有族谱。

华容东山狮子山（洪山头）黄氏 始祖知熙，住修口（今江西修水县），有子九，三子朝汶之长子文美，字千一，居双鲤井。因兵乱，南宋末年迁居华容樊驼山花果园（今洪山头镇境内），以耕为业。原派：尚志启庭芳，中和得长久。贤良真可乐，最美传文昌。泽楷光重锡，源保焕增铭。演植炳全镇，承模列时钦。

华容黄氏 一世玘公，八世庭坚公。十一世童公，生三子：诚、诫、诰。诚公生略，略生信修，修生镐，递传至璋公，宋元之际人，客华容，乐山水之秀，令子元旺、元玉徙居华容东山。诫公生序，序生鐕，鐕生铉，递传至鉴公、清公，佐明有功，采食于岳。清公长子金公居临湘青山，次子宝公居华容方台山，三子璧公、四子瑶公居巴陵河西军黄家嘴。诰公子孙居巴陵河西沟港铺等处。清乾隆五十九年（1794）、嘉庆十一年（1806）、同治六年（1867）、光绪三十三年（1907）、1947 年、1992 年、2015 年七修族谱。世派：（自三十世始）

元魁本先德，作求世泽长。传家惟孝友，理国重贤良。

华容岳城黄氏 始迁祖永怀公，为求良地，清道光末年自湖北监利迁居华容岳城寺。后人居操军、城关，散居全县各地。永怀同宗兄弟永义，亦居监利，慕永怀居地，清咸丰年间迁居华容岳城寺。

湘阴龙潭黄氏 始祖彦一公，仕宋为尚书郎，由江西南昌之宁州双井转徙临江府清江县修水乡。传至八世贵铭公，讳宗一，以孝廉任黄州通判，明洪武二年（1369）解组来湘，隐居湘阴女子桥。越四世，余公、兴公迁团仓坪，松公、安公迁佘家冲，柏公迁龙潭冲，分为三房。清乾隆二十三年（1758）始修族谱，道光六年（1826）、光绪七年（1881）、宣统三年（1911）、1947 年、2002 年续修。至今人口 3358 人。前派：邓潮百千万，祖复宗华廷。后派：原伯朝京大（应），正（文）明启象开。庆繁逢景运，美济焕英才。本茂先声振，支锦世德培。永昌同健顺，高选占元魁。

湘阴黄氏 以北宋黄庭坚为始祖。庭坚居江西，其五世孙瑑、瑜。瑑之十六世孙志祥、志宁，明初由江西迁湘阴西乡之丁家山，旋迁乔山围，称乔房。志祥七世孙学盟由乔山围迁居酬塘山，称酬房。瑜之十七世孙添麟于明初由江西迁湘阴西乡陆家营，生子世洪、世铎。世洪之子孙称洪房。世铎迁于古塘围北，其子孙称铎房。清光绪二十四年（1898）各房合修族谱。

湘阴乌塘黄氏 系出宋秘书丞庭坚公，先世本居江西南昌，后裔绶公明初自江西迁来湘阴，居豹山（亦名窖山），绶之曾孙智文于明洪武间始迁居乌塘。清宣统元年（1909）纂有族谱。

湘阴新开市黄氏 始迁祖连一公（字重器）、连二（字汝器），原籍江西高安县米山团，明初迁居湘阴，连一居同含口狮子桥，连二居新开市金家桥。清宣统元年（1909）三修族谱。

湘阴河塘黄氏 始祖元琛公，宋婺州金华县人，知江南西路临江，占籍清江县之大中坊。传十五世至先仕于明嘉靖中迁湘阴。

湘阴樟树港黄氏 始祖荣宗公，明洪武元年（1368）自江西丰城迁长沙。传五世至国琦于明嘉靖中叶再迁湘阴之馆驿桥，后再迁樟树港。

湘阴罗江黄氏 庭坚六世孙明于明洪武初自江西迁来湘阴，居县北之瑞灵台，今属汨罗，是为始祖。至第七世后遂析为二十六房。1928 年、2021 年纂有族谱。派语：明子必用惟世尚加之。启振朝廷仕，贤达庆逢时。光宗隆大本，绍祖裕宏基。进取成功德，修齐守秉彝。

湘阴文洲围黄氏 始迁祖腾应公，清顺治初年自福建上杭迁江西南昌，旋迁长沙，清康熙二年（1663）再迁湘阴河塘，今属汨罗。

湘阴高明乡屏江黄氏 清乾嘉年间由屏江徙湘阴县高明乡。族人分布于水佳坳、燕子湾、白屋湾等处。至1948年，共473人。宗祠建于清道光二十二年（1842）。

湘阴汀龙黄氏 始迁祖宗谅，一作子亮，由江西分宁迁湘阴县上四都石门寺。1941年六修族谱，其时红丁2126人。行派：（自二十一世始）时崇俊彦，学懋忠纯。承先树德，家业振兴。

汨罗脍鱼桥黄氏 始迁祖子谅公，南宋嘉泰中自江西分宁徙汨罗脍鱼桥。

汨罗清狮桥黄氏 始迁祖荣一公，明洪武二年（1369）自江西宁州迁汨罗市清狮桥。

汨罗前二都黄氏 始迁祖玉武公，明洪武中自江西丰城迁汨罗市前二都。

汨罗东江黄氏 始迁祖登二公，明嘉靖自江西高安迁居湖南湘阴二都之东江桥（今属汨罗市东江）。清道光二十七年（1847）创修草谱，光绪二年（1876）、宣统二年（1910）、1948年续修，四修时户口共60户，男丁174人，女口145人。族人分布东江桥、下界山、山门屋、胡公塘等处。该族名人：黄铭功，字琴荡，号弈叟，著《枰斋诗文集》等。黄昌燮，字绍琼，撰《高明乡志》《琼园联语》等。

平江黄氏 一世陆终，四十七世赡公，南唐著作佐郎，知洪州分宁县事，自金华迁分宁双井。五十六世朝干、朝经、朝烈、朝蒸、朝升、朝苛、朝鼎、朝太、朝桂、朝儒、朝理、朝凌、朝翰、朝晋、朝议、朝宣、朝昌、朝汶等支后裔宋末由江西宁州迁入湖广等处，惟朝泰、朝桂、朝儒、朝汶、朝政之裔散居长、岳各属。明正统十二年（1447）、万历十一年（1583）、清乾隆九年（1744）、乾隆五十七年（1792）、道光十一年（1831）、咸丰六年（1856）、光绪八年（1882）、宣统二年（1910）、1941年纂修族谱。派句：朝文世以日，丙万福仕孟。思宗益仲惟，志允文秉希。金枝衍庆长，联发萃南湘。甲第青云焕，家声奋显扬。

平江岑川三阳黄氏 始迁祖朝儒公，宋咸淳六年（1270）自宁州修水迁此。

平江卢溪里黄氏 始祖秩公，明处士，明成化二年（1466）由江西迁平江，世居南乡卢溪里。

平江长田黄氏 始迁祖代多公，清康熙五十九年（1720）自广东嘉应迁此。

常德丁家港黄氏 始迁祖辛一公，明洪武元年（1368）与兄维、兆、福三公由安徽安庆府怀宁县来常，卜居野鸭湖。维、兆、福三公后裔无考。辛一公裔十四世衍为河清、河润、河泽三房。1920 年、1947 年、1991 年、2019 年四修族谱。字派：（自四世始）家修世德昭，大举贤金朝。水木愈宗祖，际盛学登高。国泰开昌运，民安庆永清。丕振崇诗礼，绍绪启先声。

常德石公桥黄氏 始迁祖宏明公，明洪武间任武陵太守，弟宏升官武陵别驾，永乐间共占籍常德。后裔凡九支，分居十四处。兄稀允占籍澧州，三世选文迁安福，十一世世魁又迁武陵西洋坡野吉庙。清乾隆四十一年（1776）、道光十九年（1839）、同治十三年（1874）、1920 年、1999 年、2021 年纂修族谱。该族名人：黄爱，湖南早期工人运动领袖。

常德黄氏 世居江西丰城县，明洪武初官河南左获卫，以官籍隶开封府祥符县。一世源公，生三子：钟、镒、敏，皆以岐嶷著，而敏公尤卓异。明永乐间，敏公宦来常郡，卜居府城东之半面街，后世生齿繁衍，分迁前后河两乡。清同治间合修全省通谱，光绪四年（1878）纂修草谱，光绪十七年（1891）创修族谱，1943 年、1998 年续修。采用通省百派。

常德里田黄氏 始迁祖福公，明永乐二年（1404）因军功由江西吉安府吉水县迁湘，开基于常德里田罗陂堰。生璋、珪，璋公居罗陂堰，珪公居姜家园。族人分布于当地罗坡堰、鲁家坪、龙溪、甘蔗溪等地。1909 年洪水为灾，鲁家坪、甘蔗溪、龙溪诸地成泽国，族人转迁他处。至 1948 年，已传 24 代，男女丁口 3000 余人，祖祠设常德周家店里田堰。清乾隆二十七年（1762）、嘉庆二十四年（1819）、同治四年（1865）、光绪三十二年（1906）、1931 年五修族谱。派语：学昌惟及第，显达绍其先。孝友传家本，诗书广国贤。

常德教门冈、汉寿教门滩回族黄氏 始祖隆兴公，原籍顺大府固安县团舍村人，明初官授常德卫指挥，旋奉调北征，没于王事，赐葬边疆，妣金宜人携子德信、德忠两公于永乐二年（1404）迁居湖南汉寿之教门滩，后信公迁常德教门冈之附近清泥湖。明万历间创修草牒，清乾隆五十八年（1793）定东西分局，各修支谱：由教门滩迁外而散处者属东修，由教门冈迁外而散处者属西修。咸丰二年（1852）二修，光绪十八年（1892）三修，1919 年四修，1946 年五修时仍沿此例。原派：隆德从景朝廷友绍门民之自。世家文盛，修善纯仁。贤为国瑞，有道方恒。续派：诗书淑性，礼义时行。用宏体备，志立功成。金玉令范，学问攸深。光明俊秀，大雅超深。富贵炳耀，保泰持盈。南邦冠冕，品秩弥珍。树高声远，本固枝荣。先泽孔长，万代永新。

常德西庄坪回族黄氏 始迁祖有德公，原籍顺天府固安县兰麝乡千口村，明永乐二年（1404）以御前指挥奉旨镇苗民，宦游落业湖南常德武陵县上淴村官沟、西庄两坪。德公子四：廷虎、廷胜、廷龙、廷祖。虎公居西庄坪，生子四：桂、松、柏、梅，梅公后裔贸易云南。因王马犯于鼎州，致旧谱焚于兵燹，桂、松、柏三房清雍正二年（1724）初修草谱，乾隆三十六年（1771）、道光五年（1825）、光绪六年（1880）、1917 年续修。派语：廷云家朝国，士大文效尚。芳声承祖德，功名绍书香。隆运开清泰，富贵万年长。

常德黄氏 始迁祖太荣公，世居江西吉水县拖船埠，明永乐二年（1404）宦游长沙，卜居常德上德村纱帽翅。1923 年二修、1998 年三修族谱。派引：国正天心顺，光宗万世芳。孝友承先泽，诗书启后昌。

常德黄家洲黄氏 远祖贞利，原籍豫章，后唐时迁居安化。其后应元携其三子铏、尊、房迁武陵。房之后元杰，由江西吉安府吉水县大栗树土地迁湖南常德武陵前乡白羊村白羊桥仙鹤保，后世称为黄家洲。1928 年创修族谱。

汉寿黄氏 始迁祖右公，原籍江西吉水县，明洪武初以府尹官常德郡，遂籍汉寿南疆总五里牌。明嘉靖三年（1524）一修族谱，万历三十九年（1611）、清康熙二年（1663）、康熙五十八年（1719）、乾隆三十六年（1771）、道光十八年（1838）、光绪十年（1884）、1929 年、1996 年续修。派语：（以香公为一世，自四十四世始）实翁海思垂，道德皇中图。文甲若有之，儒风万代昌。大廷荣后绪，善述发其祥。

汉寿黄氏 始祖香公传至福九公，共一百十六代。福九公生班、瞻、若三公。班生思诚、显、仁、龙、伦、义、礼七公，瞻生忠公，若生友、朋两公，兄弟十人明永乐二年（1404）来迁湖广。诚、显、仁、忠、友、朋分居龙阳（今汉寿），义、礼落业龙邑南疆总，龙、伦籍隶安化龙潭。安化、南疆总各谱各修，诚、显、仁、忠、友、朋六房清康熙五十七年（1718）合修族谱，乾隆五十七年（1792）、咸丰二年（1852）、光绪十八年（1892）续修，1947 年六房六修合谱，时有男丁 3849 人，配氏 2509 人。咸丰八年（1858）建总祠于邑城。派语：思元友德凤，正日守甲门。士尚学先训，经书启贵荣。志大功能建，道明业永承。维贤继述远，嗣孝一家春。万代崇昭穆，文华景运昌。毓英成国佐，庆善自延长。

汉寿青峰黄氏 始迁祖镇一公，字乾元，号端公，峭公第十七子朝端公二十世孙。明永乐二年（1404）由江西袁州府分宜县上十八都新田坊迁汉寿青峰。清嘉庆二十五年（1820）、光绪八年（1882）、1914 年、1941 年、1995 年五修族谱。派语：镇觉长文惟，彦铢山明应。国正天星顺，官清民自安。忠孝培其德，绍宗树汝名。

临澧黄家峪黄氏 始迁祖琢公，字伯思，与长兄伯朋、仲兄伯伦于明洪武二年（1369）由江西吉安吉水县大栗树迁湖南澧州石门、安福。伯朋公落业石门窄口，伯伦落业石门黄家棚，琢公为安福即临澧黄家峪始迁祖。而联修族谱序称："伯伦公明初由江西吉安府永丰县迁至澧州桐山村七甲落业，即临澧县新安乡黄家棚。伯思公仍在江西，伯朋落业于石邑黄家峪。后裔分析御史桥、印家冲、黄家峪、澧县龙洞峪、石门双溪坪。"1947 年、2006 年黄氏联修族谱。伯伦公族原派：伯典宣祥文□胜（仕）应国之明世志廷道基昌宏开。正四公族原派：正兴道景钦（鳌）朝家启登金开学明德远光大作。琢公族原派：琢录廷愈文国一遵从之世应得成名宏士。元金公族原派：元思文祖学自从启正士世开家懋德继。大棋公族原派：大永志有生金国家邦学士。士宏公族原派：士锦世光耀先业家。新派：修身斯为本，立人在能强。良材咸云楚，多福尔乃康。伦纪维昭穆，孝友锡祚长。诗书绍百代，礼乐化万方。该族名人：黄道让，字思安，号岐龙，临澧人，后寄籍石门，咸丰十年（1860）进士，内阁中书，著《雪竹楼诗稿》等。

桃源水田龟山黄氏 始迁祖福海公，原籍丰城，南宋进士，仕鼎州知府，兵燹解组落业于桃源县东水田之石家湾。至 1948 年，已传 24 代，全族人口 2600 余人，分布于畲田、陬市等处。宗祠于明末建于龟山坪。1944 年续修族谱。

桃源水田沙湾黄氏 始迁祖学渊公，明永乐二年（1404）自丰城迁于桃源县东水田之沙湾。至 1948 年，已传 21 代，全族人口 200 余人，分布于县东北路。宗祠在莫林之沙家湾。族谱创修于 1939 年。

桃源水田罗湾黄氏 始迁祖纯公，明永乐二年（1404）自吉水迁于桃源县东水田之罗湾。至 1948 年，已传 20 代，全族人口 360 余人，分布在羊毛滩等处。宗祠在罗湾。1936 年续修族谱。

桃源水田德福黄氏 始迁祖谷溪公，明永乐二年（1404）由丰城迁于桃源县北水田之德福湾。至 1948 年，已传 19 代，全族人口 200 余人。宗祠在德福湾。族谱创修于 1913 年。

桃源中堉回族黄氏 始祖隆兴公，原籍顺天固安县，明永乐初官常德卫指挥，旋奉调北征，殁于任。其妻金氏携子德忠、德信居武陵之教门滩。德信十一世孙自昆于清康熙年间迁桃源县西之中堉。至 1948 年，人口 100 余人。以清真寺为祠堂，建于中堉。

桃源白云寺黄氏 始祖学渊公，明永乐初年自丰城迁于桃源县北莫林村。

至1948年，已传20代，全族人口800余人，分布于水田、高东、硖州等处，及常德、汉寿、临澧、石门、临湘等县。清咸丰初年建宗祠于白云寺之东。族谱创修于宣统二年（1910）。

桃源青云黄氏 先世明永乐时自吉水迁于桃源县北青云之枫林寺。至1948年，已传20代，全族人口2000余人，分布于柘鼓坪、黄家桥、徐家坪等处。宗祠在枫林寺。族谱创修于1931年。

桃源灵岩黄氏 先世明永乐时自江西迁于桃源县北灵岩之黄甲铺。至1948年，已传20代，有900人。族人分布于本乡及龙池等地。宗祠在黄甲铺。

桃源九溪黄氏 始迁祖瓒公，明永乐时由吉水迁于桃源县北九溪之菁华山。至1948年，已传20代，全族人口2000余，分布于高东、漆河、温泉、黄石、莫溪等地。宗祠在菁华山。族谱创修于清同治十年（1871），1930年重修。

桃源金子山黄氏 始迁祖成武公，明正统时由庐陵宦游至常德，明弘治年间迁于桃源县西高桥村之金子山桃花坪、赫曦、三阳交界处。至1948年，已传20代，全族人口1100余人，分布于沈公堉、楠竹园、老屋冲、黄家上下湾、易家冈、洛家峪、黄家岭等地。宗祠在桃天坪。族谱创修于1936年。

桃源七星冈黄氏 始迁祖元茂公，明正德间自江西迁于桃源县北上七里村之黄甲棚。至1948年，已传20代，全族人口800余人，分布于温泉、高东等处。清道光二十七年（1847）建宗祠于七星冈。族谱创修于光绪十三年（1887）。

桃源畲田蔡家堰黄氏 始迁祖财公，字泉源，于明中叶自吉水迁于桃源县东畲田之蔡家堰。至1948年，已传18代，全族人口800余人，分布于津市等处。宗祠在蔡家堰。族谱创修于1917年。

桃源浯溪黄氏 始迁祖云道公，明朝中叶由江西迁于桃源县东浯溪之枫树湾。至光绪三十二年（1948），已传18代，人口600余人，分布于莫溪、莫林、水田等地。宗祠在白岩溶。族谱创修于清光绪年间。

桃源畲田黄氏 始迁祖兆圣公，清初自江西迁于桃源县东水田坪，后再迁后春村之黄家台。至1948年，已传9代，全族人口100余人，分布于常德丹洲等处。宗祠在水田乡。族谱创修于1936年。

桃源佘家坪黄氏 一世成武公，二世恒春，江西吉安府庐陵县六十六都小塘保人，明正统九年（1444）生，弘治十七年（1504）卒，迁居桃源桃川。1936年、2001年纂修族谱。

石门磨市、雁池坪黄氏 元末由江西洪都寓武陵，明洪武二年（1369）迁石门。族谱创修于1912年。

张家界黄氏　黄家阁支祖海公，祖籍福建漳州府龙溪县，辗转江西，迁湖南安福县，其孙金、宝、玉迁永定黄家阁。黄官塔、黄家坪支祖元龙公，原籍江西吉水县大栗树，明洪武初奉命讨覃垕，屯永定卫黄官塔，后迁张盈坪（今黄家坪）。官坪支祖仁海公，原籍江西吉水县白果树，落业辰州府沅陵县东关外，其子国秀迁永定官坪乡漫沧坪。黄家河支祖洵公，由江西丰城迁善化，传至伯中、伯居，迁辰州府沅陵县城东关韩家巷。孔光三子世财迁沅陵洙洪溪，传至时亨公，自洙洪溪迁永定黄家河。黄家湾支祖良芳公，祖籍江西吉安府黄板桥，明末清初迁湖南安乡县黄家港，再迁永定枫香岗乡丁家溶，继迁三家馆乡黄家湾。永定关门岩老鸦口，慈利洞溪、高桥支祖万清公，祖籍江西吉安府大栗树，明末清初迁来。2007年张家界市黄氏纂修通谱，采用省派。

张家界黄氏　始迁祖思齐公，明万历三年（1575）自江西吉安府迁居永定。至光绪三十二年（1906），已传10代。

益阳许美堂黄氏　始迁祖立敬公，元末自福建连江迁此开垦。

益阳龙会桥黄氏　始祖辛三公，原籍江西吉水县，明洪武间选授浏阳县知县，其子孟奇徙居益阳龙会桥，后裔分三房，衍居丁公塘、黄家滩、十四里卜家坪等地。清雍正十三年（1735）、乾隆三十二年（1767）、道光二十三年（1843）、光绪十九年（1893）、1923年、2013年纂修族谱。派语：琳显仕曰金，玉应志朝廷。荣华增祖耀，允达启家声。守业昭先训，兰嗣乐太平。纯贤崇正道，光裕远传名。

益阳二十里长塘黄氏　始迁祖天爵公，明洪武年间自江苏金陵迁此开垦，后嗣两支，居华林塅。

益阳石头铺黄氏　始迁祖家胜公，明洪武年间自江西吉水避难来此，后裔居七眼塘、黄家垸、羊舞岭。

益阳泉河乡、云龙乡黄氏　始祖映星公，居江西省南昌府丰城县落星桥，公生五子：一子失考，崇坚公由西蜀令转宰善化。崇政、崇德、崇攸三公明洪武年间因宦游来湘，开基益阳县云龙乡黄皋塅。厥后，四公先后落业资阳。族人分布于泉河、云龙两乡。至1948年，已传22代，共1204人。建祠于益阳县云龙乡朱家冲。清雍正二年（1724）始修族谱，乾隆四十一年（1776）续修，光绪十七年（1891）五修，1921年六修，1998年七修。派语：（前五派）崇贵雍和显。长房中十派：学继俊绍胜，庭嗣启光安。二房中十派：福永仁美道，启文明象应。三房中十派：金信茂如希，胜光大乾奇。四房中十派：志永朝芳克，文明国象应。续派：秉善承宗泽，祥开景运锦。宏修昭世德，锡祚耀前贤。

益阳沧水铺黄氏　始迁祖祥良公，明初由江西吉安宦湖南浏阳，遂家于益阳沧水铺。其中琼、珍、瓒之后遂分三大房。1923 年五修族谱。

益阳黄氏　始迁祖鼎初、鼎诚，明宣德五年（1430）自江西新喻双井迁益阳武潭。诚公裔世居樊家稜、五羊坪等处。景泰五年（1454）鼎初又徙三里板溪。清乾隆二十五年（1760）、道光十七年（1837）、同治十年（1871）、1930 年纂修族谱。派语：鼎宽玉廷人，章国世维顺。孝友美佳声，文明昌景运。继起承先志，遗辉裕远芳。发科荣祖泽，立德绍书香。

益阳枯杉黄氏　孟英公由江西分宁双井迁居浏阳。第三子朝宗公，字清三，生显、干、纲、荣、炽，明景泰间迁居益阳，衍为五房。清乾隆三十二年（1767）五房创修族谱，光绪元年（1875）四修，光绪三十四年（1908）五修，1931 年六修，1949 年七修。派语：朝道彦俊芳，世学立宗廷。永远继昌大，贤良任纬经。诗书开甲第，盛德灿文星。典型昭雅范，华国桂兰馨。

桃江回族黄氏　世籍北京顺天府固安县团舍村。明太祖命王子棣节制山西、北平军事，隆兴公授部厅领兵，从戎殉难，赠显武将军，三代世袭。其妻金氏携子德忠、德信于明永乐二年（1404）由北南迁，落业常郡武陵之笑藤港、花家港。德忠世守于此，名为东族。德信徙居汉寿青泥湖，名为西族。其后东族之举之、千之，清康熙间迁桃江鲊埠大水田。举之长子自科，清康熙二十八年（1689）迁晚谷村。次子自选迁车门塅之西村，三子自宏居大水田之泉水村。

沅江黄家坊黄氏　始迁祖元德公，原籍浙江仁和县打金巷，元至正十三年（1353）举人，任长沙府通判，元末世乱，不能回浙江，遂落沅江莲塘，又迁居罗塘岭（后称黄家坊）。至第五世有裔孙纪、绅、缙、纯四人。

沅江团山乡黄氏　先世明洪武三十年（1397）自江西分宜迁沅江县城内袁家塘。明正统十年（1445）复迁城北团山乡铁炉村，继迁团山寺西畔杨柳庄定居。至今全族人口 900 余人。

沅江黄氏　始迁祖文仁公子南信、南音两公，明永乐十八年（1420）由江西吉安府永丰县十八都大塘坝来湖南沅江。两支分别于清乾隆五十六年（1791）、五十九年（1794）创修支谱。嘉庆二十年（1815）合修宗谱，咸丰二年（1852）、光绪八年（1882）、1914 年、1947 年续修。乾隆五十年（1785）创建宗祠，光绪六年（1880）毁于火，1912 年重建。至今人口 6000 余人。派语：文南子希上，润权魁锦曰。榜炳坚金枝，玉源宏业克。维善作福昌，家修定世长。中正成大志，济美启贤良。

沅江七星洲黄氏 始迁祖梓澄公，明宣德间自江西吉安府永丰县千安乡迁湖南常德府沅江县河保黄茅岭，后徙白保二甲七星洲。1915年三修族谱。

安化黄氏 鼻祖贞利公，原籍江西吉安府泰和县圳上，后唐同光间仕潭州，因马氏兄弟之乱，隐居安化龙塘。八传至万石公，发瑛、璋两房，元璋居柳林。元瑛居山下，生八子，今存者五，派衍清、华、能、隆、和五房。明万历四年（1576）、清康熙三十七年（1698）、嘉庆九年（1804）、咸丰七年（1857）、光绪三十一年（1905）、1933年纂修族谱。派句：始祖缘贞利，文守旧吴仍。再至允宗友，应梦万元承。仕思福如海，孝义永安宁。明时崇德力，正学一维兴。厚泽开贤嗣，成才尚景行。俊英宜世用，忠顺庆朝升。期绍先人盛，长依泰运新。

安化丰乐、常丰、印石黄氏 谱称一派祖高显公系出楚之鄂州，即汉之江夏。九派孙崇山，崇德。唐穆宗时，崇山官崇仁主簿，崇德官抚州兵马使。崇山支下至十八派文采、文英。文采公支三十二派孙瑞文，明时由豫章迁湖南宝庆郡邵阳梅村岭，文英公支三十三派孙瑞祥、鸾祥、廷召由豫章迁楚南长沙安化县丰乐乡上塞海。三十三派朝任公迁归化印石。崇德公裔迪武公徙居常丰乡喻家坪。明万历四十年（1612）崇山、崇德两支合纂族谱，清嘉庆元年（1796）、咸丰八年（1858）、光绪二十三年（1897）续修。1933年文英公支五修。文采公房老班：玉金丝朝守，大应凤吉世，允荣昌诗道。文英公房老班：洪祥镇愈尚，承元世永昌，诗礼传家远。新派：光远昭先泽，河清兆治平。祥开登甲第，学富占魁名。盛德儒林选，高才上国英。桂兰培植茂，万代振贤声。

安化黄氏 始迁祖禹钟公，字能禄，明正德十四年（1519）由江西瑞州府高安县枫岭避难迁居安化大福坪。清乾隆二十一年（1756）、乾隆五十七年（1792）、道光二年（1822）、咸丰二年（1852）、光绪八年（1882）、1914年、1942年、2015年纂修族谱。世次韵语：禹添正尚亨，明光有大兴。嘉文传世永，余庆兆先应。功业联云起，人才朝日升。道生知本立，祖武克相绳。

安化芙蓉山黄氏 迁湘始祖金鹤公（十六派），明弘治五年（1492）生，嘉靖四十三年（1564）卒，由江西迁湖南，落担新化石马三都油榨坪，子中拔公（十七派）迁居安化常丰芙蓉山羊岩。二十派求亮公生应荣、应瑞。清光绪九年（1883）、1930年纂修族谱。派语：中兴高求应，兆文学正纲。朝廷恩爵盛，永世定隆昌。忠恕怀仁义，兰桂秀腾芳。孝顺斯为美，俊杰起祥光。

安化黄氏 一世景恒公，四世廷安、廷辅、廷义。五世玉荣公，明嘉靖二年（1523）由江西临川县九十都迁安化归化八区下小尧，旋迎父廷安，亚父廷辅、廷义偕来聚居。清乾隆五十九年（1794）、同治三年（1864）纂修族谱。光绪二十八年（1902）因意见分歧，各修支谱。1930 年三修族谱。世次韵语：派祖景恒下，吉祯廷玉金。一德之奇应，文章华国兴。有本必能立，志道定思成。正大安盛世，上学永光明。

新化黄氏 始祖伯四公，字季，宋建隆三年（962）与胞兄伯三，堂兄伯一、伯二四人自江西吉安府庐陵县同徙湖南宝庆府。伯一居邵北巨口铺，伯二居梅南高坪，伯三居梅邑栗坪樟树下，伯四居新化井头街。伯四公后裔分布于乌石、小洋、青峰、青石街、冷水江等地。伯四房族谱始修于清嘉庆十七年（1812），光绪九年（1883）续修，1918 年三修，1990 年伯一、二、三、四房合修。伯四祖班次：伯承济克季，均太温序者，彝伦治勋昭，廊庙万古肃，纲常人同庆，中兴景运承，祖业荣光崇。通谱班次：浑德丁似玉，登辅士如金，忠孝信开隆，勋猷建美音。新增续班次：贤官怀柔道，佑启后代昆。合宗连续旺，先泽炳常春。伯一礼公房班次：伯慕荣瑞源，财仲添宽永，廷朝景世大，友文中佐国，宪允定学能，端安邦绪业，则绍祖之崇。隆回司门前班次：伯慕荣瑞源，财仲添宽永，正朝景世大，友升绍凤习，学守德垂纲，纪明乾坤宏，宪克光中祖。伯二房班次：伯承梦福震，添世应兴彦，廷朝文仁宗，可志永振里，大费生一堂，渊源少昊长，则绍善之崇。伯三房班次：庆承昌德益，思宗甫孟中，正添世应兴，彦朝万友参，宗佳大文昌，谨厚传绪业，则绍祖之崇。

资兴滁溪黄氏 开基祖日春公，长沙善化人。后唐同光间以广东清远县知县解组，归经资兴滁口而居焉。北宋景祐间始作草谱，宋元符间、宋光宗绍熙三年（1192）、明永乐间、明嘉靖间、清雍正七年（1729）、嘉庆七年（1802）、光绪十九年（1893）、2016 年八修族谱。字辈：德泽家声振，忠贞天日新。乔松由厚植，科甲起麟珍。（日春公为第九世）玉均开泰应，孟仲志福纲。道永崇尚兴，万元书成昌。弘先祥映远，才士继名邦。仁义嘉猷普，文章大显扬。

资兴黄氏 始迁祖玉公，字仙琚，后唐同光二年（924）进士，授楚资阳县令，侍父宦游岭表，占籍桂林，任满择居城西。厥子知聿，以选举任郴阳同知，复摄县簿，父子继世于湘郴。宋嘉定间，十一世文嵩公再迁资兴县南清江，文宪公迁汝城县南楼江，文权公迁乐昌县北樟村。至 1949 年，已传 47 代，共 75200 人，仍以资兴居住最多，其他分布于湖南汝城、宜章、桂阳、鄙县及广东仁化、乐昌、曲江，江西遂川、上犹等地。族谱创修于宋嘉泰三年（1203），元至正八年（1348）续修，明嘉靖二年（1523）三修，天启五年（1625）四修，清时又修五次，1947 年十修，1994 年十一修，2019 年十二修。字派：宏惟孔孟道文章，德仲纯如体性昌。由义存仁常守信，永崇宗本大邦光。该族名人：女作家白薇（黄彰）、黄士衡。

永兴长富坊黄氏 始祖日新公，元进士，湖南潭州路达鲁花赤总管。生子二：华甫、兴甫。兴甫籍湘潭。华甫迁永兴县右厢长富坊，至光绪三十二年（1906），已传23代。

桂阳桥市黄氏 明万历间由耒阳布美村迁此。族人分布于本乡大富口、陈家边、黄家图三村。

桂阳泗洲黄氏 始迁祖无銮公，清康熙五十三年（1714）由江西吉安府龙泉县迁泗洲寨欧菜园定居。

宜章白沙乡浆水黄氏 始祖鼎公，字时举，原居衡山，唐大历三年（768）进士，初任广东南海县县令，旋升连州刺史，任满后择连州松柏山居之。生子二：起顺、起宋。长子起顺，字大化，唐元和三年（808）由松柏山迁居宜章县西南五十里浆水，子孙分布于浆水村附近，少数居湘潭、宁远、蓝山、桂阳等县。至1948年，已传41代，共2万余人。宗祠、家庙、族立学校俱设浆水村。1941年十五修族谱。

宜章栗源堡老屋冲黄氏 始迁祖贻泽公，南宋淳熙间自江西吉安府太和县高衡乡六十四都早禾市司迁宜章老屋冲。明成化十二年（1476）、清康熙二十年（1681）、康熙三十一年（1692）、康熙五十七年（1718）、乾隆四十七年（1782）、同治十年（1871）、光绪二十年（1894）、1938年、1994年、2021年十修族谱。字派：贻谋启正选，文明胜义远。致道谨从良，元必世代昌，盛茂富有彰。才能三荣显，声誉扬楚邦。志奇流江夏，灵金见国祥。

宜章白沙乡龟爻黄氏 始迁祖星玉公，唐季由广西桂林宦游郴，后卜居宜章招募堡。至二十六世子琛公，元武宗至大三年（1310）以贡士任宜章教谕，任满后卜居于白沙乡龟爻。族人分布白沙数十里之锁石村、泗湾、黄家湾等处，杂居于郴县、临澧、嘉禾各县。至1949年，已传32代，居宜章者约2400人。1935年十修族谱。

宜章白沙乡梅溪黄氏 始迁祖子琼公，字朝琚，因助文天祥起义，勤王兵败，自江西丰城沆江始迁郴州北湖塘，旋迁宜章县白沙乡梅溪。族人分布于梅溪纵横十余里及蓝山、新田、宁远、桂东、衡阳、沅江、湘潭等地。至1949年，已传28代，男女丁口26000余人。宗祠设梅溪。族谱始修于明宣德七年（1432），1932年九修，1991年十修，2021年十修。排行：子友秀万国克德，义嗣新绍流康泰。正顺家兴盛，光明世永昌。文章增贵显，经济佐贤良。振起承先代，传延衍上祥。

嘉禾大畲湾黄氏　始祖鼎公，唐大历初进士，守连州，遂家临武赤土。后裔徙琶尾，旋又移岩口。数传至友素迁居浦溪月形，因明季兵乱迁居大畲湾。

嘉禾山下窝黄氏　始祖度公，字文叔，官至焕章阁学士，宋绍兴新昌人，《宋史》有传。传至六世孙仁德始迁临武。仁德之子玉明喜游览，过松山而爱之，遂卜居松山（今山下窝）。后人分布于湘滋塘、婆罗砠二村。至1930年，共222人。

嘉禾栗山黄氏　始祖都衙公，字弘规，号永藏，宋时由江西太和县和平乡迁居蓝山县南平乡锡楼村。生四子：长文德仍居锡楼，次圣德居嘉禾石田，三仁德居临武曲龙（今属嘉禾），四义德居桂阳北乡。仁德裔十四世应道公，又生四子，长子胜康分居栗山。2020年栗山纂修支谱。字派：都德念才得四通，代仲千万正太应。胜祖宗思廷朝光，明显达圣世英相。益乃生民本，渊源少昊长。

嘉禾石田黄氏　始祖都衙公，宋时自江西迁蓝山锡楼。子四，仲子圣德分迁嘉禾石田。至1930年，凡80户，男185人，女165人，共350人。

临武万水洁溪黄氏　祖籍山东青川。始迁祖德懋公，韶州府同知，在宋末离乱中由粤北上，道经临武万水洁溪，见山川清幽，遂定居于此。

汝城溪浦黄氏　始迁祖玉公，原籍江西南康县。后唐同光二年（924）迁汝城溪浦。十二世友道、友通分徙溪浦、龙塘排仔头、城福。至1932年，已传36代，共400余人。

汝城田庄青石江黄氏　始迁祖柏茂公，宋举人，系出后唐进士玉公，原籍湖南资兴县。宋中叶迁汝城，居北区下坡。子华分徙上黄门，谏分徙官路下，惟世分徙黄家村。至1932年，已传27代，共2000人。

汝城东岭黄氏　始迁祖添禄公，明洪武末由江西省龙南县迁汝城。后裔七世茂波生万继徙塘湾、竹楼，万玉徙松树岗。至1932年，已传15代，300余人。

汝城细垅尾黄氏　始迁祖长吉公，明崇祯时自广东乐昌县迁汝城细垅尾。族人分布金竹垅、莱塘。至1932年，已传13代，200余人。

汝城豹坑黄氏　始迁祖三心公，明崇祯时由广东乐昌县九峰迁汝城豹坑。至1932年，已传13代，丁口200余人。族人分居墙头埂。

汝城埠头黄氏　始迁祖云龙公，明时自福建汀州府迁汝城埠头。至1932年，已传13代，丁口100余人。

桂东黄氏 始迁祖卿公，字文善，元末由资兴迁居桂东一都寨，生英、蒋、美、仕、泰、琼、桂、熹，英迁陕，蒋、泰迁赣，琼迁广东，熹迁江南。至1949年，已传22代，桂东境内总计4800余人。宗祠一在中和乡、一在宜城乡。民国时曾创立黄氏族立蔚文女子学校。族谱始修于清康熙四年（1665），雍正十年（1732）、乾隆四十五年（1780）、嘉庆二十三年（1818）、同治四年（1865）续修。

桂东黄氏 始迁祖曰相公，字元翁，元末由资兴县迁居桂东之西城。族人居住以县城乡为多，其余分布各乡村及毗连赣省之堆子前。至1949年，已传23代，在桂东县属男女约5000人，县城西有黄氏宗祠一所。

桂东寨前黄氏 一世信叟公，字诚夫，谥宽简，黄庭坚二十一世孙。先世绍一郎由南昌宁州徙龙泉，即今遂川禾源。越数传彦道公与叔祖文宠公同迁崇义木寨。族大蕃衍，公祖礼浩公别迁上犹营前石溪。明初招抚，彦道公留兄信学公守石溪，自挈妻子徙居桂东寨前。清乾隆二年（1737）、乾隆五十六年（1791）、道光十七年（1837）、同治十二年（1873）、光绪三十四年（1908）、1937年纂修族谱。排行：信天什政永斋在，钦朝茂继嘉冠盖。敦修齐治振先猷，光显文章垂久大。德业崇高日月新，经纶富有风云会。楚材豫木宗枝远，桂树松林时雨霈。

零陵土塘黄氏 嬴龙公生庚十九郎，明洪武六年（1373）自江西吉安府泰和县鹅颈大丘迁永州零陵县归德乡德兴里。六世衍为四房，2013年纂修族谱，其时人口800余人。字派：庚辛壬癸永，思应时世国，大登志学克，道远元宏家，恩荣智仁德。

道县坪塘黄氏 谱称始祖天相公，原籍山东青州府，时明太祖登基，气候违和，瘟疫四起，聚族人而谋之，欲远徙，遂偕弟天臣、天龙、天武并子侄辈迁至湖南，正值瑶蛮愤事，遂由世袭充列行伍，征剿多年。明洪武八年（1375），至永州府道州修义乡（今上关乡）坪塘村，见其地势辽阔，因卜居焉。今分布坪塘、南塘尾、柑子园黄家、马江口、下追塘、腊树坪、三贵等村。

道县柑子园黄氏 始祖庭坚公，起永州零陵，家县治东隅府学前奎壁阁。至八世祖谏十二郎，迁宁远界头坊，越数年日林公复归零邑，卜居城西四十五里水字桥。清康熙间，凤贤公与侄孙道振公，由零陵水字桥迁道县柑子园。道光十二年（1832）水字桥纂修族谱，1911年界头续修，1949年界头续修，2002年柑子园续修，2020年柑子园五修支谱。字派：佳道中元，德懋纯修，文尚名世。光华基天汉，嘉猷肇大同。诗祖家声远，儒林万代崇。

宁远广济乡古坪村黄氏 始迁祖季茂公，唐代由江西鹅颈塘因避兵乱迁宁远县广济乡烟竹村，继择居古坪村。至1948年，已传39代，男女丁口600余人。宗祠设古坪村。族谱创修于清道光十六年（1836），续修于1916年。

宁远春陵乡黄泥坝亦芦溪黄氏 始祖辅之公，任江西瑞州府上高县知县，宋宁宗时，其子由上高县因金人兵乱迁湘。长子延龄居零陵礼塘，次子延祚偕侄大兴开基宁远县春陵乡黄泥坝。族人分布于杨家塘、啖面岭、黄土岭等处。至1948年，已传23代，男女丁口约500人。族谱始修于清乾隆六十年（1795），咸丰元年（1851）续修，同治八年（1869）三修，光绪三十一年（1905）四修，1940年五修。

宁远广济乡冯石村黄氏 始迁祖道瑞公，宋末元初由江西泰和县鹅颈坵因避兵乱，迁宁远县北境之腰江。二世祖原甫公迁居斗木岭，三世祖法祥公再迁居广济乡冯石村及木粟塘、小里岩、仙山屋、大塘尾等处。至1948年，已传24代，男女丁口约1500人。宗祠设冯石村。族谱一修于清乾隆四十七年（1782），续修于1925年。

蓝山大慈乡坪塔坊黄氏 始迁祖原籍江西吉安府泰和县，官任太守，五季迁桂阳州，宋太祖时迁蓝山倒印洞，再迁坪塔坊。至1931年，凡102户，男157人，女193人，共350人。

蓝山在城乡糯江洞黄氏 始迁祖都务公，宋仁宗时由江西来蓝山。二十二代明哲分居糯江洞。至1931年，凡25户，共160人。

蓝山黄氏 先世宋英宗时官指挥，神宗时擢指挥招讨使，以镇蛮瑶，隶蓝山壁古城，后以功升兵部侍郎，乞老就家于古城西北黄家冈。后裔移居蓝山城北门，分五房：臣透、臣贤、臣质、臣献、臣学。贤房失传。透房世居花果园，质房迁五方塘，又分居大富塘。献房迁居小泉坊，学房迁居白曜洞。明永乐十五年（1417）始修族谱，清雍正十二年（1734）、乾隆六十年（1795）、嘉庆十二年（1807）、道光二十八年（1848）、光绪十年（1884）、1931年续修。

蓝山楠市镇黄氏 始迁祖照林公，江西泰和县人，宋徽宗宣和二年（1120）迁今楠市镇道阴洞，复迁黄均德定居。后子孙繁衍，散居楠市镇、蓝屏乡一些村落。

蓝山南平乡锡楼黄氏 始迁祖都衙公，江西泰和县人，宋徽宗年间迁居蓝山锡楼，后分居土市乡一些村落。至1931年，凡240户，男521人，女510人，共1031人。

蓝山舜乡夏洞黄家黄氏 始迁祖义高公，明洪武时由广东高安县分迁来。

至1931年，凡64户，男128人，女110人，共238人。

新田中和镇肥源黄氏 始迁祖云梯公，字步月，号桂轩，原籍山东兖州青州县十字街，唐时授湖广省道州总管镇守湖南道州事，后置买水南街地基立宅，又立业于肥源。云梯公孙二：易常、易从。易从公居宁远北乡上团新田营（明崇祯后属新田县），族人分布新田县中和镇崇益乡、仁智乡。至1949年，已传41代，男女丁口7000余人。宗祠、族立学校分设城北及西门外。

新田中和镇古牛岗村黄氏 始迁祖孟三郎，宋末时由江西省泰和县迁新田县中和镇古牛岗村。至1949年，已传24代，男女丁口共200人。宗祠、族立学校均设牛岗村。

新田仁智乡留福村黄氏 始迁祖余祥公，字才盛，元朝由江西省鹅颈塘因避兵燹迁来。至1949年，已传20代，男女丁口180人。宗祠设留福村。族立学校在潮水洞。

新田中和镇杨柳塘村黄氏 始迁祖弘新公，明景泰时由湖南桂阳县迁来。至1949年，已传17代，男女丁口180人。宗祠设村内。

溆浦岩屋田黄氏 始迁祖贵三公，元末自江西吉水县徙溆浦岩屋田。

溆浦南村黄氏 始迁祖毅卿公，原籍江西吉水县，元末徙溆，居南村。

溆浦双江口黄氏 始迁祖志荣公，原籍江西清江县，元末徙溆，分布于双江口、两头塘、江弦村。

溆浦鹤田垅黄氏 始迁祖祖照、明一，明永乐二年（1404）同由贵州五开卫拨屯，徙溆浦鹤田垅。

溆浦铁溪垅黄氏 始祖启全公，原籍江西高安县，迁湖南辰州。越八世金明，清初由沅陵徙溆，家铁溪垅。

麻阳黄氏 先世唐大中年间居金华，天祐年间迁江西南昌县，南宋迁河南弋阳。伯益之一二五世孙珊生有三子：伯思、伯万、伯才。伯万子二：都里、都立。都立归原籍；都里偕三子均实、均义、均久迁居麻阳，均实居倒泥坪（和平溪朱木村），均义居败泥垅（郭公坪乡），均久居茶溪（吕家坪镇）。均实房字派：均子永宗兴，应廷朝上达，人启国先志。维（佳）山毓秀，雨泽呈祥。木巨源厚，干深叶芳。荣华富贵，福寿宜康。百亿千载，弥钎裕昌。茶溪均久房于清乾隆三十二年（1767）议定字派：士志宗金长，德泽增富光。立章方顺吉，桂茂昭书香。开起河带运，万世永兴昌。共田申由甲，一到复轮上。均义房老字：定亚洪成智建庭，大希光天俞之仁。宗祖盛世兴隆德，万发其海茂长春。清宣统三年（1911）续修议定均实房至“山”字止，均义房至“盛”

字止，均久房至“士”字止，新编百字字派：九贵昌前烈，明良起风文。发祥原有本，善积植家桢。宜思功德重，崇后裕付承。明嗣多贤哲，行立震坤声。和能襄永祚，让必兆显荣。慎履孚中吉，得心实超伦。开来兼继往，举谕典常敦。泽远方蕃衍，清俊汀克征。恢宏绍懋业，仕籍济康盈。迪纪循彝序，千载沐圣恩。

麻阳茶溪定马园黄氏　始迁祖元周公，宋仁宗年间自广西蒿草坪豆麻园奉诏平苗，驻守辰龙关，今沅陵县茶壶，后卜居于辰溪县龙门溪黄家田，再徙居麻阳县茶溪定马园。生二子：朝篡、朝龙。后裔分居于杨溪、尚坪、倒牛坪等地及怀化、泸溪、大庸等地。

新晃黄氏　一世祖俸公，自江西吉安府庐陵县徙于湖北孝感，传至六世徙四川重庆府永川县。十四世国举又徙江津县，其四子正泽于清同治年间移居晃州龙溪口经商，后裔分居于县城及方家屯、波洲等地。

靖州黄氏　谱称始祖龟年公，讳俊国，字德邵，为江夏祖香公第三十三代，丰城瑕公第七代裔孙，籍福建永福。南宋崇宁五年（1106）进士，官殿中侍御史，力劾奸臣秦桧，被贬鄞县。后因吕颐浩竭力援引，诏任吏部尚书，后改任兵部尚书。又因秦桧进谗，奉诏南征平蛮，率兵驻渠阳，爱其山水，遂留居渠阳龙宝乡上黄寨，原名领金山。龟年生十子，长子子衡居浙江鄞县，次子秀龙、三子秀凤居靖州黄覃团，四子秀虎、五子秀安、六子秀边徙绥宁黄石滩，七子秀千、八子秀秋、九子子锜、十子子镇居靖州。至民国时共分393房，散处湖南、贵州、四川、广西四省的靖州、会同、绥宁、三穗、黔阳、锦屏、青溪、剑河、天柱、芷江、通道、城步等10余县，男女丁口10余万。清康熙间创修草谱，乾隆二十八年（1763）、乾隆四十五年（1780）、道光二十二年（1842）、光绪八年（1882）、1935年续修。老派：（以20字为派序，然后周而复始）俊秀仁公定，真良均同透。万元再通光，昌传汉保尽。1935年七修世谱时采用通派。

会同黄氏　一世俊国公，二世秀龙，三世仁天。四世公元自吉巢徙白石。五世定高自白石徙黄家团。吉巢、黄家团今属会同若水镇。清光绪九年（1883）纂修族谱。

永顺白木溪黄氏　始祖龟年公。十七世景贤公，明正德间由江西迁沅陵辰州府。明末田氏祖婆携三子朝选（二十二世）迁居虎垭，短居后择居今沅陵县溪口镇近岩溶村白水溪。族谱始修不详，1923年、2018年续修。字派：景廷永万，子朝正士，明芝大道。学生天仁子，文朝（官）华国基。顺士（德）崇洪儒，兴照登高昆。

黄周

衡山白果长碧黄周氏　隋开皇时苾公自江夏迁金华，历九传至萦公，生洪、浩。洪生瑕、珌，浩生球、璞、玘，析为五大房。瑕裔丰城，珌裔未详，球裔监利，玘裔分宁，璞裔弋阳，皆自金华而迁。至后唐同光二年（924），该族远祖兰溪公开基于岳后高山寺院。谱以元监国大夫惟瑕公为鼻祖，字号生没无考，葬湘潭南阳寺。越三世时广公赘于衡山白果长碧周氏，遂承周姓，清嘉庆九年（1804）五修时冠黄于周，以明周之本为黄也。至文誉公凡七代，以下分俊、安、仕、依、存五房。俊房十四代周世金，著《易解拾遗》《周易句读》二书，收入《四库全书》存目中。存房后裔迁湘潭，八代周之屏、之翰、之基、之龙皆有名，或为进士，或为举人。之屏孙黄周星，字九烟，明崇祯进士。1923 年八修、2003 年九修、2020 年十修族谱。名派：承儿绍润，笃修家常。敦崇孝友，用效贤良。培木树德，以迪其光。声名炳焕，廷衡澧湘。

萧

长沙学士桥、石江塘萧氏　始迁祖庆一公，明洪武二十二年（1389）由江西庐陵白马庙始迁长沙北门内正街，经商致富，人称“萧半街”。五传至历山、度山，衍两房。至 1949 年，已传 23 代，男女丁口 7069 人，族人多居东乡学士桥、石江塘及长沙东乡麻林桥、荡头冲及浏阳西乡金江塅等地。该族宗祠有二：思孝祠建于学士桥，崇孝祠建于石江塘。清乾隆五十六年（1791）始修族谱，道光二十四年（1844）、光绪九年（1883）、1918 年、1998 年续修。派系：庆应言德，人臣汝鸣。羽宗本世，玉诏立光。楚恩延先，泽宏业广。孝友维式，景运昌明。清源正本，大启家声。该族名人：萧禹臣，明嘉靖二十六年（1547）进士。萧楚梓，清同治四年（1865）进士。萧荣爵，光绪二十一年（1895）进士。

长沙西乡沱市萧氏　始迁祖定恭公，明永乐八年（1410）由江西庐陵县迁长沙西乡沱市。子五：致宣、致用、致善、致德、致谦，以启五房。清乾隆间纂修族谱，嘉庆初续修。道光十八年（1838）致用房创修支谱，同治六年（1867）、光绪十七年（1891）、1926 年续修支谱。派语：定致如德成邦立，贤良方正允征祥。大希道学光先泽，绍启人文裕后昌。

长沙萧氏　始迁祖霁公，先家长沙，后卜居江西吉水县之螺陂，五代时登吴进士，为洪州武宁令兼知镇事，卒于官，吏民怀德为立祠祀。基祖金公，元至元年间避兵由螺陂徙居永新之虹桥。裔孙耀公，清嘉庆中年迁居善邑，诰赠中宪大夫。

浏阳横溪萧氏　始迁祖存富公，明洪武二年（1369）自江西清江县大阳洲先迁浏北槖塘骆家滩，再徙浏南横溪冲。清光绪二十四年（1898）三修族谱，1935年四修。

浏阳杨丁萧氏　一世太心公，六十七世继祖，明初由江西庐陵迁湖南浏阳，支分东乡大光、南乡萧家冲、西乡萧家坪等处。长子进良，讳本心，号德善，卜居浏北杨丁，为该族一代祖。清乾隆五十二年（1787）创建宗祠，嘉庆四年（1799）始修族谱，咸丰九年（1859）二修，其时人口2330余人。1944年三修，其时人口4900余人。派行：本厚根深，孝友敦行。健顺崇启，朝廷承盛。仁让教家，诗书光宗。克绍前烈，万世兴隆。该族名人：萧平波，国民革命军少将。

浏阳托塘萧氏　始迁祖崇富公兄弟三人，明洪武间由江西吉安来湖南，二弟崇贵居长沙学士桥，季弟崇盛居善化河西。崇富公始居浏北落家滩，继徙托塘下石子湾，今称拾柴湾。清乾隆五十年（1785）创修族谱，咸丰六年（1856）、光绪四年（1878）、1924年续修。宗派：崇沅志思大，正子再兴益。荣贵朝聘道，振起世承泽。时敏恒观书，谦光常学易。湘南声远扬，守业定其宅。

宁乡西城萧氏　初祖燧公，南宋绍兴进士，官国子监司业，累至参知政事，由江西宦居楚南。至元初，其裔孙经汉居湘潭鸿门，经修居宁乡西城。经修传至五世立安、胜一、端分居湘潭、宁乡、益阳，分为三大房。1943年经修裔三房六修族谱。

宁乡牌楼港萧氏　始迁祖孔源公，明时由长沙府善化县梅子湾徙宁乡牌楼港。1936年续修支谱。

湘潭易俗河萧氏　始迁祖祖与公，字振仁，号静山，元进士，原籍江西吉安。授衡州推官，旋升岳阳郡守，元至正二十年（1360）卜居湘潭易俗河口。四子：道泰、道南、道东、道隆。道泰四世孙宗英与道东之后世守湘潭。道泰四世孙宗成于明永乐二年（1404）徙居宁乡泉塘。道南分徙湘乡南门，道隆四世孙宗笃明正统十一年（1446）徙善化八都白田。总祠建于湘潭易俗河过山码头。清乾隆十五年（1750）、嘉庆八年（1803）、同治十年（1871）纂修族谱。光绪三十一年（1905）道泰公裔下宗成、宗荣两支五修支谱。清光绪三十二年（1906）道东支五修支谱。1930 年六修族谱。派语：绪谱彰仁孝，传家学业光。敦伦崇爱敬，甲第定联芳。

湘潭鸿门萧氏 祖与公次子道南入赘湘乡，为迁湘乡南门始祖。越五世分应文、序文两支，序文又分霖、纲、绍三支。绍一名韶，字虞宣，明时由湘乡黄泥坪迁湘潭鸿门。1930 年六修支谱。派序同易俗河萧氏。

湘潭鳌山萧氏 始迁祖然清公，讳自朗，行大郎，元孝廉，明洪武四年（1371）自江西吉安府泰和县迁居湘潭大仓鳌鱼。生三子：长子嗣宗迁湘乡岱上萧家冲，为岱上房。次子嗣修迁湘潭龙头井，为龙安房。三子嗣达居大仓，后裔分居霞岭，为霞岭房。清乾隆三十九年（1774）始修族谱，道光二十二年（1842）、同治十年（1871）、光绪三十年（1904）、1933 年续修。行派：年久子孙代，忠孝遇时兴。自嗣宜百世，福庆永昌宁。常守仁义礼，智信绍贻经。克俭思先训，敦伦启后行。本念依光远，心希作德贤。诗书扬祖泽，典则奉家传。

湘潭长塘湾萧氏 迁湘始祖然清公，长子嗣宗迁湘乡岱上萧家冲。嗣宗四传至福贵公生崇公、崖公、滚公。滚公三传至宁芳、宁蕃、宁兰三派。芳、兰二公子孙居湘乡者半，迁湘潭者亦半，而蕃公之裔则悉迁湘潭。滚公房因与崇、崖两房因拜谒生嫌，故独修支谱。清乾隆四十二年（1777）滚公房始修族谱，道光二十二年（1842）续修，同治十二年（1873）三修，宣统二年（1910）四修，1944 年五修。咸丰十一年（1861）建宗祠于长塘湾。祠联：士希汉杰，贤象周宾。行派：年久子孙代，忠孝遇时兴。自嗣宜百世，福庆永昌宁。常守仁义礼，智信绍贻经。诚敬崇家训，诗书耀朝廷。新续排派：典则思先圣，声名振楚南。宗功隆作述，祖泽沛星潭。

湘潭朱亭萧氏 始祖霁公传至躬厚公，由螺陂迁篁谷。十九世术公之子宗源公明初由庐陵篁谷而迁湘潭朱亭。源公二世分为芳华、芳桂两房。华房居大田营，桂房居上马迹。华房后又衍为芙、蓉、暮三房。华房明崇祯二年（1629）始修族谱，清雍正十二年（1734）续修，乾隆五十八年（1793）三修，道光二十九年（1849）四修，光绪二十四年（1898）五修，1931 年六修。班次：（自十一世始）系本殷代望重汉唐，继起贤俊奕世其昌。桂房清雍正十三年（1735）、乾隆五十七年（1792）、道光十四年（1834）、同治十三年（1874）、1920 年五修族谱。字辈：世德卓传，允言孝顺。笃学力田，家声远振。

湘潭三门磐石萧氏 始迁祖华明公，明洪武十九年（1386）由江西吉安府永新县鄱阳村迁楚，卜居湘潭野鹿洲。宗祠建于三门市。清乾隆三十三年（1768）、同治六年（1867）、光绪三十一年（1905）、1938年纂修族谱。堂号厚泽。班行：华国河南祖，湘楚希启文。玉树凌云秀，金兰映日薰。家声开景运，世泽挹清芬。

株洲琥栗湾萧氏 始迁祖祖奥公，元末明初兄弟三人由江西庐陵篁谷奉命徙于楚，祖兴居衡山乌塘，祖典居攸县界江。祖奥居长沙城南，三世玄岳，明永乐间迁居湘潭琥栗湾，今属株洲。清乾隆十六年（1751）始修族谱，2004年八修，其时人口4107人，其中男2133人，女1974人。班行：国正添心顺，长承大德光。振家惟力学，守厚世开祥。继绪宗文选，锦胤庆显扬。

湘乡平底萧氏 始祖长仲公，十子：汉一郎居湘乡荻田，今属娄底。汉二郎居安化印溪塘及萧家寨，汉三郎居新化九都黄泥虎寨及阳洞、小浪洞，汉四郎居武冈蓝松岭，汉五郎居邵阳霞光岭，汉六郎居湘乡秀溪，汉七郎居邵阳西坪，汉八郎居湘乡平底，汉九郎居邵阳安平乾陂，汉十郎居邵阳六都石桥、涧溪、马溪。汉八郎名汝雷，五季时封英武将军，历传至良、材、斌三公，析居一甲甘溪、斗罡等处。清康熙二十七年（1688）一、六、八、十房合修族谱，道光二十五年（1845）、1937年八郎公房续修。良房、材房旧班：俊斗如景鼎，志福世应（盛）兴。宗祖荣华朝，积德存仁庆。斌房旧班：俊斗如景鼎，志贵仕祖兴。旺昌荣福，积德存仁庆。三房续班：有序纲常植，惟和礼让成。清分延令誉，美秀启群英。

湘乡秀溪萧氏 谱称何公以下世居山东，至鼎公西晋永嘉二年（308）分隶江西吉安府泰和县早禾渡梅子坡圳上。始祖长仲公，始迁祖汉六郎，卜居湘乡秀溪，即今山塘、茶园头、秀溪、大岸等处。清康熙二十七年（1688）合一、六、八、十郎公房始修族谱，道光六年（1826）六郎房续修，宣统二年（1910）三修，1990年四修，2001年五修。嘉庆三年（1798）创建宗祠。旧班行：世应如汝必大成，思亲敬祖受元春。荣华肇启昌富贵，百万朝中胜佑庭。新班行：积德存仁庆有年，光前裕后毓英贤。正祥瑞宝惟忠孝，诗礼相承亿代传。该族后裔咸丰同治间多投入湘军镇压太平天国，如萧启江，赠巡抚，谥壮果。提督衔以上人物即有十余人。

湘乡石田萧氏 始祖方锡公，原籍江西吉水，元延祐六年（1319）堂兄进公仕宦长沙，徙湘南永丰文山。方锡公乃幕游潭州，迁居湘乡石田。清乾隆十六年（1751）、同治七年（1868）、1912 年、1993 年纂修族谱。旧班：天大再有元，世永必志汝，万兴居朝应。新班：汉湘肇隆勋，芳兰继令闻。才能宜济美，品望代超群。

湘乡文山、溪田萧氏　始祖进公，字方先，元延祐六年（1319）由江西吉水螺陂迁湘乡永丰驿文山（今属双峰）。进公之子大荣公，子三：长居溪田，次居上溪，三居城坪。进公胞兄方来公之曾孙以忠公由茶陵迁湘乡齐田。进公之从弟方锡公由螺陂迁湘乡石田。族谱始修于清乾隆二十五年（1760），综石田、齐田、溪田、上溪、城坪。再修于道光十五年（1835），溪田不与。同治初，石田不入。光绪五年（1879），齐田、上溪、溪田合修。2001 年溪田四修。派语：进大贵世子友志兴显万乾廷国正天。汉湘肇隆勋，芳兰继令闻。才华宜济美，品望代超群。立德先忠孝，传家尚俭勤。后贤承沛泽，际会庆风云。

湘乡萧氏　族谱源流总图以萧何为一世，二十六世萧衍，二十七世萧统。至三十五世俨公，俨生福远，福远第三子知彰，第五子知刚。彰裔十五派衍为四房：德章、魁章、宪章、大章。刚裔十七派衍为四房：天麟、天鹏、天骥、时中。明时陆续由江西吉安府安福县三十六都兴隆乡安和里兴祚祠徙居湘乡县。德章开派龙伏冲，魁章至二十三派兴权开派板山谷水，兴利开派溪口曹家边，宪章开派洞口坝，大章开派崟塘，天麟至二十三派绍亨、绍利徙犁头嘴，二十派如俨开派袁家坪，十九派孟荣开派女子桥，天鹏至十六派寓祖开派苏家段东江，十八派胜祖开派茶子坳，十八派效祖开派大塘冲，天骥开派船门前。时中开派湘潭郭家亭。族谱创修于明永乐二十一年（1423），嘉靖间续修，万历十六年（1588）三修，清康熙四十五年（1706）四修，雍正四年（1726）五修，乾隆三十一年（1766）六修，嘉庆二十一年（1816）七修，同治九年（1870）八修。1923 年天麟、天鹏两房九修，时有丁口 1300 余人。1926 年龙伏冲房九修，2022 年十修。派序：积德存仁庆有年，光前裕后毓英贤。伦常瑞宝惟忠孝，诗礼相承亿代传。

湘乡版陂萧氏　始迁祖绍涣公，元明之际由湘乡东台山迁邑之弦歌乡版陂。1930 年六修族谱。

湘乡萧氏　始迁祖志霖公，明弘治九年（1496）由宝庆卜迁湘乡。1924 年三修族谱。

双峰西塘萧氏　始祖唐知刚公。二十派至明时操公，字双川，卒葬湘乡二十都原西亨大冲塘（西塘），今属双峰。1938 年建宗祠于西塘。明永乐二十一年（1423）创修族谱，1923 年九修。2000 年二十五派洪臻公裔十修。派序：积德存仁庆有年，光前裕后毓英贤。伦常瑞宝惟忠孝，诗礼相承亿代传。

醴陵石子岭萧氏 始迁祖添佑公，元至正间自江西泰和迁此。族人分布于西林、王仙。至1948年，全族人口5000人。

醴陵乐家庙萧氏 始迁祖祯公，字巨兴，元末因经营自江西吉水螺坡先迁湘潭，后迁醴南六都栗山苦竹山。明洪武十四年（1381）一修族谱，崇祯十三年（1640）续修，清道光二十八年（1848）三修，光绪七年（1881）四修，1947年五修，时人口400人。2004年六修，时男539人，女386人，殁丁1703人。派语：（自二代始）景青星朝宗，元文荣广杨。子立萧志允，世经权继芳。国家钟群俊，祖恩衍宏昌。英豪掀蔚起，源远复流长。信义与礼智，仁孝永代传。

醴陵东城萧氏 始迁祖贵一公，元末自江西泰和迁此。族人分布于花草桥、山烟冲、八步桥等地。至1948年，全族人口2000人。

醴陵水埠头萧氏 始迁祖宗益公，元季自河南迁此。族人分布于青泥湾、茶陵、浏阳、长沙。至1948年，全族人口1000人。

醴陵蔡家坊萧氏 始迁祖君山公，明洪武初年自安徽婺源迁此。族人分布于冷水坑、李家山、黄甲垅。至1948年，全族人口2400人。

醴陵峡上萧氏 始迁祖添德公，明洪武末年自江西泰和迁此。族人分布于东塘、高沙、三门。至1948年，全族人口100人。

攸县梅城萧氏 始迁祖祖典公，明洪武二年（1369）自江西庐陵吉水携子童三、童四迁攸邑梅城。明隆庆四年（1570）、清乾隆十二年（1747）、乾隆五十七年（1792）、光绪二年（1876）、1920年、2013年纂修族谱。排行：萧梁起芳来，文章光世业。肇开宏经济，赞邦宠命锡。道德恢先绪，治盛怀良弼。昌期际运泰，家声继祖泽。

攸县界江萧氏 始祖江西螺陂霁公，七传躬厚公肇基篁谷。至十七世漉公，生相公，相公生子三：祖兴、祖典、祖奥。祖兴徙衡山乌塘，祖奥客居邵阳。祖典于明洪武七年（1374）由江西篁谷徙居攸县界江，四子：宝居界江茶坊垅，贤居莲塘坳中洞，贡居银坑上湾，贞居凉江月龙，衍为四房。清康熙十一年（1672）创修族谱，1942年六修，2002年七修。康熙五十六年（1717）创建宗祠。排行：偲廷世昌，远志光明。上眷维德，家祚长兴。文章国选，经济发荣。英贤增美，景福日新。积善庆余，代有达人。鸿猷克展，嘉尔典型。燕贻兆瑞，履泰恒丰。绍恢继述，戬谷频臻。

茶陵西关萧氏 始迁祖璞庵公，南宋景炎元年（1276）由江西庐陵携家隐居云阳南关，后建宅西关。璞庵公第六子宏公开六房，散居于雨帽岭、东山坝、龙化湖等地。清顺治十六年（1659）、乾隆二十八年（1763）、乾隆五十八年（1793）、道光十四年（1834）、同治十三年（1874）、光绪三十一年（1905）、1941年七修族谱。2012年三房南阳、南塘支续修。字辈：鸿绪开嘉瑞，芳徽肇楚英。训庭师慎学，献国佐朝珍。礼义躬之宝，经纶世有声。猷为万纪显，忠孝一家成。

衡阳萧氏 先世本贯江西洪都富城。唐末龙纪间受公始迁衡阳春溪井。传十余世以兵燹之祸，宗派失序。至元季必诚公始班班可考，故以必诚公为太祖。清康熙间创修族谱，光绪七年（1881）六修，宣统二年（1910）七修，1944年八修。

衡阳萧氏 霁公十八世孙相公，原居江西庐陵篁谷。生祖兴、祖典、祖奥。祖兴为衡山乌塘祖，祖奥徙邵阳、上湘。祖典元末迁衡阳上沅，因陈友谅乱，复迁衡西长乐山口。典公生福一郎，福一郎生淑权，淑权生四子：政公为二甲祖，贵公为七甲祖，贤三子孙迁川失联。第三子所山公，明洪武初由山口迁大桥铺，为六甲祖。清康熙间三户合修族谱。乾隆二十一年（1756）、嘉庆七年（1802）、道光二十年（1840）、光绪三年（1877）、宣统三年（1911）、1943年、2002年、2020年所山公支八修。班行：汉相传芳远，功高启俊贤。振家惟学业，延祚以承先。迪吉光前代，诗书裕后昆。本端经义重，锡庆受洪恩。

衡山乌塘萧氏 始迁祖冠南公，讳祖兴，字振甫，明洪武元年（1368）由江西庐陵县篁谷村迁湖南衡山，开基于高水乡第八保（旧称乌塘），以原定基于乌塘，故称乌塘萧氏。至1949年，已传26代，男女丁口约计4769人，族人分布于南岳石矶岭、夏浦、寒水寺、龙王桥以及衡阳、湘潭、攸县等。清嘉庆五年（1800）建衡山萧氏总祠、衡山乌塘萧氏宗祠等。明崇祯元年（1628）初修族谱，1935年十一修。

衡东塔底冲萧氏 始祖祖兴公，字振甫，号冠南，明洪武间自江西吉安螺陂迁衡山乌塘。四代祖原富公。十四代祖长意公，清雍正间由双桥迁塔底冲。富公祠族谱修于清康熙五十一年（1712）、乾隆二十二年（1757）、嘉庆二十四年（1819）。1995年塔底冲萧氏纂修族史。

衡南檀山堂萧氏 鼻祖正雄公，字帝宠，行大九郎，原籍江西，任元镇抚，奉命清剿荆楚诸路，元亡，因屯于衡阳南乡祖系坪。生七子，惟第三子仕达奠居故土。十八世以文，生桂宁、桓宁、柏宁、枋宁。桂、桓房屯居檀山堂。明洪武二十三年（1390）、成化十九年（1483）、万历三年（1575）、清康熙二十四年（1685）、雍正三年（1725）、道光三年（1823）、光绪十五年（1889）、2009年纂修宗谱。班行：正仕官仲德，景原应福清。宗子添文均，万大以宁朝。廷昌嗣嘉盛，吉庆臻延林。仁孝能教本，祥和自远条。

常宁升平乡阳山洞萧氏 始祖泰登公，号小九郎，宋淳祐间御史，去庐陵居湖南宁乡。六世孙子忠居新田。越八世，迁常宁祖仕敬公，号文八郎，明洪武时由新田县富伯，因时有奉贼作乱于山洞间，从军由京奉调湖北，复调长沙，来常宁征剿奉贼，有功，担落阳山，镇守五洞，由是遂居，开基于常宁县升平乡阳山洞。由仕敬公至1948年，已传20代，男女丁口1000余人，族人分布于西庄源、蒲竹源、茶盘源、板角洞等处。宗祠设阳山新湾里，族立学校设祠内。

邵阳涧溪萧氏 清道光八年（1828）邵阳《萧氏七甲萧留晚续修族谱》称，始祖长仲公，字次伯，生十子，宋建隆年间，兄弟十人同由江西泰和县早禾渡梅子坡圳上分迁武冈、新化、安化、邵阳、湘乡。汉一郎居湘乡荻田南岸，汉二郎居安化印溪塘，汉三郎住新化九都黄泥虎寨，汉四郎住武冈蓝松岭，汉五郎住邵阳茶冈，汉六郎住湘乡茶园秀溪，汉七郎住邵阳中团，汉八郎住湘乡涫溪坪底，汉九郎住邵阳乾陂。汉十郎字东鉴，住邵阳石桥涧溪。汉十郎一支明朝创修谱班次：元大景隆兴，志永昌立绍。宗义从新安，辉光书圣耀。康熙二十七年（1688），汉一郎斗江房、六郎秀溪房、八郎涫溪房、十郎涧溪房四大房合修复立班次：积德存仁庆有年，芳前裕后毓英贤。顺祥瑞宝惟忠孝，诗礼相承亿代传。

邵阳、祁阳萧氏 鼻祖鼎公，居江西泰和县，传四世至一菊公，携九子一女迁武攸。第五子汉公，又生十子，其中少汉八郎生应寿、应登、应星。应寿居邵阳黄粟山，应登居邵阳兔子陂，应星居祁阳白望陂拔茅冲。清康熙二十八年（1689）始修族谱，嘉庆三年（1798）、咸丰十一年（1861）、光绪二十年（1894）、1921年、1989年续修。班次：鼎霁升稽，一汉从应。奉东社穀，梦孝仁义。信福仲廷，仕汉凤时。祖功宗续，万亿恒承。泰和世泽，楚国名家。本源正大，继绍荣华。自“和”字起改遵通派“育”字。

邵阳萧氏 始祖一菊公，生九子一女，因避金人之乱，宋绍熙间由江西迁湖南武冈。第五子汉公生十子，第八子汉寿始迁邵东霞光岭，子应寿、应登、应星。应寿迁邵阳岩陂，应星迁祁阳白望陂，应登元延祐六年（1319）由邵东梅塘灵山寺迁邵阳安平兔子坡。应登公长子惟隆之裔迁邵阳东乡之光陂村，次子惟贤之裔则世居兔子坡。惟隆公裔万祖、万代又迁湘乡。清康熙二十八年（1689）寿、登、星三房合修族谱。嘉庆三年（1798）二修时仅寿、登两房合修，清道光二十九年（1849）三修，光绪二十二年（1896）两房又合四修。1927年惟贤房五修。1989年惟贤、惟隆两房六修。班次：一汉寿应，惟善必昌，能友思道，文德经礼，义体纲常，联芳永庆（坤），寿（启）福宜。1932年惟隆房五修，2005年惟隆房七修。隆房班行：一汉寿应，惟善必昌，能友思清，敬仲万朝，续礼义体。纲常联芳永，时祥化育洪。调和尊硕辅，佐理重儒躬。建立忠丞业，光扬镇武功。圭璋名士范，节艺哲人风。璧聘金阶上，辉连桂籍中。贻谋长守绪，灵秀自钟嵩。彝训家声正，典谟厥泽崇。本源循序例，作述允优隆。总祠在武冈横板桥，宗祠在宝庆城内官四保。

邵阳岩陂萧氏 始祖一菊公，生九子一女。从汉八郎公为一菊公之孙、汉五郎公第八子，初居邵邑隆回四方田，复居湘乡娄底，卒葬狄田南岸。生应寿、应登、应星。应寿迁居邵阳万安乡岩陂。一、二、三修均合应登、应星三房合修。光绪二十一年（1895）岩陂四修，1944年岩陂五修，1991年岩陂六修。旧班：一汉从应，惟善必昌。能友思道，文德经礼。义体纲常，联芳永庆。五修时男632人，女484人。

邵阳落马桥萧氏 始祖一菊公，字长仲，号从之，有九子一女。八郎山公卜居邵北石桥，子二：纹荣、纹虎。荣裔居新化栗坪，虎公字才胜，子孙居新宁五都落马桥。虎公房谱始修于清道光二十三年（1843），光绪十九年（1893）续修，老班次：丁重原必，景永伏大。兴万朝廷，仁义礼智。清嘉庆元年（1796）九公后裔合修总谱，拟定通派：（自二十一世始）健顺乾坤体，慈祥化育洪。调和需硕辅，佐理待臣工。建立彰鸿业，休嘉仰圣谟。本支昭次序，福禄自来同。

邵阳罗家段萧氏 始祖信允公，原籍江西庐陵儒行乡第四十五都永太里，传四世至廷纲公于明永乐间迁居邵阳永丰乡第一都罗家段。

隆回萧氏 始迁祖一菊公，原籍江西泰和鹅颈大坵梅子坡圳上，宋末携诚、明、政、治、汉、室、江、山、统九子及一女迁居武冈骡子团（今属隆回县），其后各择地定居，俗称“九公祠萧氏”。诚公、室公后嗣分布今洞口、隆回、武冈等县，明公后嗣分布隆回、邵阳、邵东、新邵一带，政公后嗣分布城步、绥宁、武冈等地，江公后嗣散居洞口、隆回、邵阳等县，统公后裔分布新宁、邵阳、隆回一带。通谱班序：（自二十一世始）健顺乾坤体，时祥化育洪。调和尊硕辅，佐理重儒躬。建立忠丞业，光扬镇武功。圭璋名士范，节仪哲人风。璧聘金阶上，辉联桂籍中。贻谋常守绪，灵秀自钟嵩。彝训家声正，典谟德泽崇。本源循序例，作述永优隆。

隆回萧氏 始祖一菊公，宋末自江西泰和徙宝庆。二世统公，居隆回四都银坑。江公后裔添泰、添福，泰居隆回三都七甲，福居隆回三都六甲。

隆回上车萧氏 一世祖一菊公，讳梓贵，字从之，号长仲，一字次伯，宋绍兴十四年（1144）生，避金乱由江西泰和县鹅颈大洲圳上梅子坡徙居武冈横板桥。第七子江公，字万川，由武冈迁邵北隆回三都上车。江公生八子，居隆回三都者二，上车为景公族，下车为春公族，余均远徙。越数传，上车族复分古镇、江东、郭家塘三房。宗谱创修于清康熙五十五年（1716），道光九年（1829）、同治十一年（1872）、1920 年续修。至 1920 年，古镇房男丁 516 人，江东房男丁 567 人，郭家塘房男丁 1060 人。老班次：添原必仕永文昌，荣华富贵最忠良。家世惟才兴大业，承宗绍祖立纲常。该族名人：萧才榘，光绪进士。萧惟简，广东护国军第一军第一支队司令。

隆回下车萧氏 七郎公原籍江西吉安泰和圳上，徙居邵北隆回一都金滩，再传添泰公，迁居三都锣鼓石，为下车祖，派分六房。清乾隆三十二年（1767）、道光七年（1827）、光绪十三年（1887）、1919 年纂修族谱，班次同上车萧氏。

隆回杨林萧氏 始祖一菊公，携九子诚、明、政、治、汉、室、江、山、统由江西吉安府泰和县迁湖广宝庆府武冈州横板桥。统公居新宁县洋田，再传玖子公迁邵西车塘铺，又再传道行公，明初迁居杨林，今属隆回。清康熙二十九年（1690）始修族谱，乾隆三十六年（1771）、道光二十一年（1841）、光绪二十六年（1900）、1941 年续修。旧班：仲添思宗祖，廷才仕义文。世代兴荣贵，永远大吉昌。（旧班“贵”字后接通班“坤”字）

武冈邓家铺萧氏 始迁祖一菊公，字子贵，号从之，有九子一女。第六子室公，自横板桥移居武冈沿河滩，复迁邓家铺。子孙分居坪上、严家塘、汉口、温塘、独山、孙家林、富田等处。八世衍为文礼、文聪、文贵三房，清道光八年（1828）建祠于横板桥。光绪三十年（1904）二续、1996 年三续族谱。采用通班。

武冈萧家坊萧氏 始迁祖必清公，名休，一菊公第七子江公后裔，迁武攸西乡萧家坊。1930 年一修族谱，2003 年二修，2011 年更正重印二修本。

武冈三里亭萧氏 始迁祖谦厚，河南睢州人，明永乐二年（1404）徙武冈城内。

城步落居坪萧氏 始迁祖政公，江西人，元至正二十四年（1364）徙绥宁安化乡之落居坪。明弘治中割属城步，分国高、国清两派。次孙国清，始徙武冈，后徙茶陵州。

岳阳鸣水洞萧氏 始迁祖千四公，字世基，璋公之子，定基公之弟，值宋端宗时因干戈打龙攘，由江西迁来。清乾隆二十二年（1757）、道光十五年（1835）、光绪三十一年（1905）纂修族谱。1948年由平江德卿、征卿、微卿公三支合修。派语：千一细福祖，元魁文友诗，万惟兴启嘉，显良明承支，添德照临远，名宗学日新。

平江萧氏 平江萧氏，肇自明初，始祖不一。德卿公为大水段支祖，征卿公为中坪支祖，微卿公为三口支祖。清嘉庆二十年（1815）、咸丰二年（1852）、光绪十一年（1885）、1914年三支合修族谱。1948年合巴陵鸣水洞支五修。大水段族原派：甫叔崇仁，德训丹中，攀思万载，兴启显祖，文正秉善。中坪三口族原派：定汝胜仁继，善述本前行，明体能达用，朝登上士成。巴邑萧家洞族原派：千一细福祖，元魁文友诗，万惟兴启嘉，显良明承支，添德照临远，名宗学日新。合订通派：孝友传芳久，名宗学日新，纯修归大道，永世贺昌平。

平江长寿萧氏 始迁祖德卿公，明永乐二年（1404）自江西吉水迁此。至1994年，全族人口1851人。

华容墨山、普贤岗萧氏 始迁祖渊公，字莲溪，江西庐陵人，宋进士，任岳州府军通判。绍兴二年（1132）与兄迁居岳郡十六都湖畔中都八咀（今属钱粮湖农场），约绍兴五年移居华容贾家圻（今岳阳县广兴区萧台村）。三世宣议、宣忠分东西两支。宣议为墨山支祖，又称东支，后人大部分居东山、南山。宣忠为普贤岗支祖，又称西支，后人大部分居华容西乡。清光绪二十四年（1898）三修族谱。东支派语：九伯宣季成友，希仕浩仲延。万世以同宗，怀善思可继。惟学宜先志，必茂巨科才。西支派语：九伯宣季逊，宝元太永玉。凤一时文盛，立名思有自。勉学宜先志，必茂巨科才。

湘阴北门萧氏 始祖芳公，登宋雍熙二年（985）梁灏榜进士，因官留居江西安福濠溪。十四传嘉庆，字来章，元末官湘阴，以乱作不克归，遂居邑之北门。1948年五修族谱。

汨罗营田萧氏 始迁祖逸山公，明嘉靖中自江西庐陵迁今汨罗市营田。

常德萧氏 一世祖雅洪公，字宁四，原籍江西庐陵，明洪武间授常郡同知，因家于武陵车桥老屋冲。后裔分居常德、汉寿两邑。清乾隆四十七年（1782）、咸丰九年（1859）、光绪二十七年（1901）、1934年纂修族谱。

常德仙源萧氏 始迁祖用贵公，明永乐间自南昌府丰城县迁常德府武陵县仙源。子赞琏复迁邑之百度村。清同治十一年（1872）、光绪三十年（1904）纂有族谱。

常德廖家嘴萧氏 明正统五年（1440）间，南京歉，该族始迁祖有襄公，字钝传，载米大赈七日，京民载德朝廷，赐爵不受，由江西吉安府吉水县板桥迁湘，开基于常德县五泉乡廖家嘴。长子、次子福深、福洋仍居吉水故址，三子福清居常德麻河。福清生二子：长子淑宽，分居天井麻河、廖家嘴、古堤，称东房。次子淑鸿，迁居翟家，称西房。清乾隆十年（1745）创修族谱，乾隆四十九年（1784）、嘉庆十年（1805）、道光二十五年（1845）、光绪二年（1876）、1916年、1933年、1996年、2008年纂修族谱。原派：有福淑南钟，绍邦九继学。之子宗元善，宏开应世昌。续派：运际熙隆会，庆承祖德长。人文光上国，丕振泽愈芳。

常德南堰冲萧氏 始迁祖开广、开达兄弟，明成化间自江西吉水县迁湖南武陵前河下大南堰冲。1931年五修族谱。

汉寿萧氏 十一世前世次无征，十一世时，派分为五大房。长房远开，明正德间自江西吉水县徙龙阳军山，旋再徙县城南。四房远显徙曹家坪，三房远铃徙潭明寺，二房远胜由江西迁开湖头，五房远吉随次兄居开湖头。清光绪二年（1876）纂有族谱。

桃源菖蒲垭萧氏 始迁祖学礼公，明末自江陵迁于桃源县北上七里村之菖蒲垭。至1948年，已传14代，全族人口100余人，分布于温泉、高东等处。清光绪四年（1878）建宗祠于高家塝。族谱创修于1934年。曾与黄石、石门、白洋湖及花薮坪萧氏合宗。该族名人：萧汝霖，陆军少将。

桑植萧氏 始祖一菊公，字崇之，又字梓贵。宋嘉定年间由江西吉安府泰和县鹅颈大坵圳上梅子坡迁湘，开基于湖南武冈县横板桥。生九子一女，七郎江公由武冈迁居邵阳隆回，至十二代孙富坤公再迁安化，又递迁桃源、桑植、龙山等处。总祠在邵阳县城，桑植县设支祠。

石门萧氏 官渡支祖永亨、文浩、文宇，祖籍江西南昌县大栗树萧家巷，明洪武初迁湖南，永亨自澧州迁石门南乡东西二泉山，文浩后裔居慈利县广福桥镇三丝村，文宇后裔仍居祖祠。澧阳支祖元、亨、利、贞四公，明洪武二年（1369）自江西万安县大栗树迁来，亨公又迁石门南乡条台坡。皂市桅岗支祖艮公，明初自江西峡江县扬名乡拖船铺善化里白路口迁来。皂市岳家铺支祖发禄公，明初自江西庐陵县吉水螺坡迁澧西焦家河联桂坊，生明鉴、明矿，明鉴裔之学公清初迁石门皂市麒麟岗。2008年各支联修族谱。字辈：知行达诗礼，仁智启栋梁。继先奉圣训，瑞际崇学商。荣华呈春润，和顺久吉祥。

益阳萧氏 清光绪三十三年（1907）益阳萧氏三十四支购城内陈宅为祠基，清宣统元年（1909）合修总祠，原题“萧相国祠”，后易为“萧氏总祠”。通派：群聚欣呈象，贞孚列宿张。弼偕资卓杰，史策表唐皇。

益阳八里萧氏 始祖安国公，名相治，德称公第四子，原籍江西吉水县桐水乡，元季官四川，居退袁州宜春县，后寓长沙浏阳门。其子佑远授攸县教谕，明洪武时迁益阳八里。安国公祠在七里黄甲山。原派：相左家声远，安朝定纪纲。显祖善良诰，衍阴绍先扬。咸丰间与信允公房合谱派语：阴合光先绪，和宗致福祥。英才宏圣泽，功业冠南湘。

益阳梓山冲萧氏 始迁祖高隆公，字映山，原籍江西泰和鹅颈大坵，明洪武间迁湖南衡阳，又迁益阳，落业梓山冲。派衍思富、思贵、思齐三房。清光绪二十五年（1899）建高隆公祠于邑城捕衙巷后街。子孙分居于益阳马迹塘、大华村、萧家村、四方山、岳家桥、车塘等处。清乾隆四十七年（1782）、道光二年（1822）、咸丰八年（1858）、光绪十二年（1886）、1918 年、1947 年、2002 年七修族谱。派语：高思必至文，彦廷正丹汝。大应洪楚国，时清永康宁。彝训家声振，绵延德泽长。新猷开后起，伟烈迪前光。世业传忠孝，芳规守宪章。相期逢盛治，励志作明夏（良）。

益阳大华村萧氏 始祖汉二郎，字宗海，传十二世至汝明公始由安化横柏界迁居益阳，又四传至记道公于明洪武时迁居益阳八里大华村。汝明公祠在八里大华村萧家段。老派：积善广行仁，福禄寿永应。汝受中元。续派：记秉廷文世，显定有清奇。祚衍有绳武，洪敷启后光。

益阳油塘坪萧氏 始祖一梅公，原籍江西泰和县鹅颈大丘。传七世至元佑公于明初徙湖南益阳十七里油塘坪落业。元佑公传四世至祖儒公，为开派支祖。元佑公祠在十七里油塘坪狮子山。派语：祖德昌洪立，宗廷永正纲。诗书明孝友，礼义灿文章。

益阳马市萧氏 始祖与国公，元泰定间住湖南星沙浏阳门白马庙。伪汉甲辰，明太祖下武昌，一代祖实卿公倡义首先归附，而后即以所置益阳之产乃充长沙护卫军，至从黔宁王南征，遂改澜沧卫。二代祖汉源公立基益阳二里之马市，卒于明洪武二十四年（1391）。族谱创修于清雍正十年（1732），乾隆、道光、光绪三次续修，1931 年四修原定派语：寔汉志文人，金永胜希良。日明修德大，恩合绍先扬。上启轩枢景，中兴命教祥。周封垂万亿，洪集旺南湘。典礼遵时定，诗书裕后昌。宗功传系远，祖泽普资长。

益阳萧氏 谱称始祖一菊公，因避金乱率九子一女由江西吉安府泰和县迁湖南宝庆府武冈州，第五子汉公生达公，达公生添奇，添奇生元佑，明初由邵阳洪仁六都四甲和尚桥黄泥坝迁益阳十九里油村塅。元佑生三子，光显析居石板滩，光宪析居锣鼓冲，光昊仍居油村塅。清康熙四十五年（1706）、乾隆五十七年（1792）显、宪两房合修族谱，咸丰二年（1852）、光绪十八年（1892）、1919年、1947年三房合修，2001年显房七修。乾隆四十七年（1782）建元佑公祠于石板滩。显房派语：元光安必达，廷正尊绍林。文昌世大兴，存仁行合义。宪房派语：元光安必达，惟应永守高。强德世大兴，存仁行合义。昊房派语：元光安必达，承明启后贤。上荣世大兴，存仁行合义。通派：群聚欣呈象，贞孚列宿张。弼偕资卓杰，史策表唐皇。

益阳萧氏 积昺公传十一代至汝全公，明洪武间徙居安化常丰横柏界。又六传至正信公生有三子：德、孟、颜。孟无嗣。德生四子，于明万历间徙居益邑三里鹿马村，裔孙散居板溪郭家村、四里赤塘。颜之子立宦于明万历间徙居二里谭家园，裔孙散居九里浮丘山下野鸡洞等地。正信公虽生没安邑而其子孙均先后徙居益阳，故尊之为迁益支祖。派语：鉴明先德源，盛业光端冕。佐育尚才全，合敬敦礼典。士林甲第联，科名隆俊选。道学才能传，贻泽庆蕃衍。

益阳谭家园萧氏 始迁祖韶期公与其兄韶独公，明天顺间自江西庐陵县迁益阳二里谭家园落业，韶独公五子均徙樊家棱，一传而止。韶期公裔散居庄家村、红泥村、铁猫村等处。清道光二十三年（1843）二修、1931三修族谱。老派：韶俊显兴文，时吉甫应如。以志允远绍，宗支喜校书。续派：裕后昭先泽，光前定肇基。科名香百代，甲第锡鸿禧。

益阳岐首、舒塘萧氏 始祖志宏公，原籍江西庐陵第三都，子二：衡琢、衡圭。衡琢生必学，衡圭生必明。必学于明成化时以豫章举人任潭州教授，解组后与其弟必明同迁益阳，必学落业岐首，必明落业舒塘。清康熙十九年（1680）、乾隆十一年（1746）、嘉庆二年（1797）、咸丰十一年（1861）、光绪十六年（1890）、1941年、2009年七修族谱。七修时入谱4200人，在生1400人。原派：志衡必木伯，日近可洪光。应瑞希昌盛，际泰焕文章。英才崇大学，治世重元良。继美芳声远，齐起达朝堂。该族名人：萧山令，1937年底任南京卫戍部队副司令，壮烈殉国。

益阳桃花江萧氏 始迁祖兴朝公，明成化时与兄弟兴国、兴明、兴安，自江西吉安府吉水县鹅颈大丘迁湘，兴国居长沙，后转徙益阳二里马迹塘。兴明居湘乡。兴安、兴朝居九里桃花江西溪坪。兴安公失传，兴朝公生有四子：祥荣、祥华、祥富、祥贵。华、富、贵三公均一传而止，今桃花江萧氏皆祥荣公裔孙。祥荣公祠在桃花江上首萧家山。清嘉庆九年（1804）始修族谱，1947年四修，1997年五修。老派：寔汉志文，人金永兴。续派：祥心臣应凤，升世泽延龄。光大恢先绪，修文上紫廷。贤良为国器，诗礼赞朝纲。

益阳圈门湾萧氏 始祖稷公，为安徽寿州刺史，遂家于此。其长子元远公以武功起于江左，生有二子：德、泰，皆以官迁长沙省城之营盘街，为迁湘始祖。泰公之七世孙凌秩由省城迁善化七都茆江桥新屋湾，号“茆江萧氏”。德公之曾孙贞、佑兄弟由省城迁湘阴油麻段之黄泥段。贞之五世孙登良由湘阴迁长沙万寿都，登品仍居湘阴。佑公于明嘉靖八年（1529）自湘阴迁益阳十三里周家村，因代有显秩，建立圈门，故曰“圈门萧氏”。元远公祠在圈门湾下首，泰公祠在善化七都茆江桥。清乾隆五年（1740）始修族谱，1927年四修，2002年十一派曙机公派下五修。德房原派：远德垂芳景，九凌鸣登仕。曙光运显庸，化日迪常纪。镇国赞勋隆，传家尚书美。泰房原派：远泰士愈盛，九凌承登仕。正光运显庸，化日迪常纪。镇国鄺勋隆，传家尚书美。

益阳十里马牛萧氏 始祖二郎，字宗海，宋熙宁六年（1073）自江西泰和徙安化，生有三子：积昺、积岩、积规。昺公传十一世至启，启生五子，明末时启携季子汝舟由安化迁益阳十里马牛。汝舟公四传至荣泉、荣源、荣士。源居万家洞，士居蛟湖，泉三传至国照、国光、国寒，国照不祀，国寒居克让村，国光生四子：泰恕、泰志、泰思、泰禄，分居柏木、归化、马牛等地。尊国光公为支祖。积昺公祠在安化城西。国光公祠在十里上马牛萧家湾杨泗园。老派：积善广行，仁福禄寿，有应汝儒，志文荣永，胜祈国泰，朝廷远大，鉴明先德。续派：鉴明先德源，盛业光端冕。

益阳柏树村萧氏 正礼公为积昺公十七世孙，明时由安化徙益阳二里，又二传至立堂、立贵。堂房三传至国宾公，居二里蔡家洲。贵房传可虔、可昆。可昆公居二里谭家园，可虔公三传至家诗公，生成飏、成衎、成螽、成斯。飏、衎、螽、斯四公均于清康熙间徙居九里柏树村。昺公祠在安化城西。老派：积善广行仁，福禄寿有应。汝英贝心景玉正，水立可天国家成。续派：鉴明先德源，盛业光端冕。佐育尚才全，合敬敦礼典。士林甲第联，科名隆俊选。道学才能传，贻泽庆蕃衍。

益阳土门萧氏 始祖汉源公，宋神宗熙宁六年（1073）由江右泰和迁安化丰乐乡印溪塘，生三子：积昺、积岩、积规。积昺公传十五世至伦应。伦应，字伯常，于明正德间迁益邑九里土门黄茅坑大水田落业。派语：应佐万仁义，智信乾坤日。月大礼中和，业盛声扬益。

益阳石牛冈萧氏 始迁祖清贤公，明万历间自江西迁益阳十里石牛冈落业。派语：清修历有年，云路兆登先。扬声开泰运，华祝入班联。

益阳克让村萧氏 国寒公生四子：泰贤、泰忠、泰坤、泰舞。贤、忠、坤均早逝，舞公之子朝庆于明末因避张、李之乱而由马牛卜居十一里侧船村，现改为克让村。派语同马牛萧氏。

益阳黄溪桥萧氏 始祖一菊公之长子诚公，字自朗，号然清，明初由吉州泰和县避世居楚，子三：长子居湘乡岱上，次子居湘潭龙安，季子嗣达居霞岭。由然清公传至十一派常林公，生子字守，于清康熙间自湘潭迁益阳在城里黄溪桥，故尊字守公为迁益支祖。原派：年久子孙代，忠孝遇时兴。开派：自嗣宜百世，福庆永昌宁。又派：常守仁义礼，智信绍贻经。克俭思前训，敦伦作后型。

益阳萧氏 始祖鹏公，由江西迁湖北黄冈县高沙村，传八世至大护公。大护公之五世孙维垣、维贤、维缵、维朝、维加于清康熙间徙迁益阳。鹏公祠在湖北黄冈县，大护公祠在益阳十七里羊角。派语：文大春良维，昌日士子服。运会际雍和，延绵歌戬榖。

益阳长春垸萧氏 始祖渊公原籍豫章，仕宋，因任岳州而卜居华容。其十六世孙宗舜公，清康熙二十三年（1684）徙居益阳黄金坝，其子智公又迁居本邑十七里长春垸巴茅村。大宗祠在华容。派语：伯宣季成友，希仕诰仲廷。万世以同宗，怀善斯可继。惟学宜先志，必茂巨科才。观光邦之辅，钟泽在修培。

益阳石坝口萧氏 始祖盈叟公为迁武冈洞口始祖。传十世至信廷，生二子：长子友蕙徙居宁乡。次子获春于清康熙二十七年（1688）由洞口迁益阳十三里石坝口，生三子：士华分居湘乡，士菁徙蜀。士竿生有四子：蓼、苓、兰、芝，衍为四房。获春公祠在十三里青山塘下撮箕坡。老派：叟用原仲兴，永伏茂景廷。中士一大捷，良任显昌荣。续派：汉相烈圻镇，铨澄本烛均。

益阳沧水铺萧氏 始迁祖三闻公，清康熙五十三年（1714）自永州零陵县崇文乡北安里高屋场徙居益阳二十里沧水铺老甫村。四传而衍为炳、焕、辉、灿、照、煊、熠、灯八大房。三闻公祠在沧水铺。原派：三鸣春声。又派：大德光宗祖，鸿猷启后贤。文章继国运，诗礼绍家传。

益阳清水潭萧氏 始迁祖先诚公，清康熙年间自湖北沔阳迁居益阳清水潭，生有三子：胜伦、胜辅、胜麟。先诚祠在益城五马坊。派语：先胜光辉大，成章德学修。信芳传弈业，立志绍嘉猷。

益阳衡龙桥萧氏 始祖仕兴公，原籍江西新喻县，后迁清江县。传十五世至绍枢公，生有七子，清康熙末年，留其长子日高守庐墓居原处，携其余六子日苏、日耀、日焕、日融、日显、日照，迁居益阳二十里衡龙桥。派语：仕本卿伯，言添在朝。国以克世，廷明绍日。大道开昌运，文光耀远宗。允中钦圣教，功业冠尧封。

益阳黄溪桥萧氏 始祖一郎汉才公，世居豫章吉州泰和，元末迁居上湘之荻田南岸。传十四世至正仁公于清顺治间徙居新化邹家桥毛田村。正仁公四传至德照公，乾隆初年由新化邹家桥迁居益阳在城里黄溪桥。派语：斗甫添以荣，仕必仁廷楚景国正贤继积德存仁庆有年。光前忠孝重，济世学才先。师俭垂家范，明经衍圣传。

益阳十二里蒋公塘萧氏 始祖一菊公，其孙榜公自沿河滩转徙邓家铺落业。传十六世至文卿，子三：世贤、世贵、世桢。贤、贵两公居邵阳。桢生三子：芝兰、芝秀、芝和，秀、和二公仍居邵阳，兰公于清乾隆四十三年（1778）迁益阳十二里蒋公塘。芝兰公祠在十二里南湖坝。原派：一代登南宝，武邵文耀宗。禹恩添受益，万世芝国光。

益阳在城里李家洲萧氏 始祖为唐相复公。传至八世孙霁公，世居长沙。至兴公迁湘潭，递传至定珍公，清乾嘉年间迁居益阳在城里李家洲。派语：国正添心顺，长承大德光。振家惟力学，守厚自开祥。继绪宗文选，登朝庆显扬。

益阳萧氏 始祖祖应公，籍宝庆武冈州龙江乡人伦里，子二：益惠于清乾隆间迁居益邑，益乡则徙居宁乡下落桥松树堤，其长子公乐于乾嘉间迁居益邑，与益惠公后同居。派语：元受必恩，理义宗祖。益公连接，文香楚力。天保延长，永镇南湘。

益阳双江山萧氏 始祖仲富公自湖北转徙益阳二十里枫梓村，生有三子：道海、道源、道渊。源、渊失考，海公再徙十四里双江山。仲富公祠在十四里双江山。派语：宗君仲道文，正廷子臣弟，友贤克大光，景运昌明会，邦家德泽余。

益阳十里萧氏 系出汉源公十三世孙。七世祖永富公迁居益阳十里，生有二子：胜亮转迁三里板溪，胜国守居十里萧家村。传六世至“修”派分五房，嗣孙建祠屋合祀，故曰“五修公”。大宗祠在马市上街。派语：寔汉志文人，金永胜希良。日月修德大，恩合绍先扬。上启轩枢景，中兴命教祥。周封垂万亿，洪集旺南湘。

益阳毛家田萧氏 始祖信允公，原籍江西庐陵儒行乡第四十五都永太里。

传四派至廷纲公于明永乐间迁邵阳永丰乡第一都罗家段。至六派祖德环公偕子文魁迁居益阳六里九都村口毛家田。原派：廷东德文克，思念承世楚。一举首登华，际荣仕国邦。续派：阴合光先绪，和宗政福祥。英才宏圣泽，功业冠南湘。

益阳、沅江萧氏 始迁祖务忠、务纪、务明三公，明洪武间由江西吉安府吉水县迁湘，务忠生本允、本宁、本长，后裔居益邑南疆乡。务纪传六世生积祥、积春，后裔居沅邑白保三甲。务明生本敬、本信、本贤、本能，后裔居沅邑白保五甲。1930 年两邑四修族谱。派语：务本笃性天，积厚守心传。锐志克绳武，富贵庆长绵。为孝秉纯良，贻翼裕征祥。芝兰连理秀，雍睦鼎三纲。

桃江浮丘山萧氏 始祖原籍江西泰和县，明永乐年间徙楚南善化之碧湘街。八传至滋江公，因明末之乱而迁居益邑浮丘山下之磊石仑。滋江公祠在九里西峰圭寺。派语：碧征联毓瑞，勋烈启滋芳。国正天心顺，咸期世运昌。

桃江黄泥田萧氏 始祖汉二郎生三子：积昺、积岩、积规。积昺之子善迪传十九世至檀园公。檀园公，讳学轼，字又占，因家住檀树坪而自号檀园。清乾隆十九年（1754）自安化一都田头迁益阳十里黄泥田（今属桃江）。裔孙散居于十里玉团、天团等地。派语：以彦福允孟，廷克全仁义。学绍依忠孝，名守崇职位。敦本启贤良，成才世泽昌。建元宣德教，佐治肇嘉祥。

沅江萧氏 始迁祖德广公、德纪公，明洪武三年（1370）由江西吉水县白沙螺陂迁居沅江，后广公子孙又迁华容不详。纪公传六世至临祥、临春，祥裔世居塘下，春裔析居四屋，衍为两房。清同治七年（1868）续修支谱，1915 年二修。老派：纪册明袭，光临凤文。继立之启，元正昌隆。荣华绍世，发青如春。宗支有典，永锡后人。

沅江萧氏 始迁祖子成公，字惠孚，原江西安福井背里人，迁居沅江芷泉河河东永宁托檀木社老屋。1929 年三修宗谱。派语：子友敬其，玉国学九。凤文立新，承世泽大。上士修志，允蔚景廷。本原懋建，克启宗英。

安化萧氏 始祖长仲公，生十子。汉二郎字宗海，宋熙宁六年（1073）自江西泰和徙居安化丰乐乡印塘。生三子：积昺、积岩、积规。岩居丰乐，规居湘乡，昺公后裔散居横柏界、田湖、小淹、小尧及新化、宁乡、益阳等处。昺、岩两公之谱一修于明永乐，再修于明崇祯，三修于清乾隆九年（1744），四修于嘉庆十七年（1812），五修于咸丰十年（1860），六修于光绪二十六年（1900）。光绪三十二年（1906）一菊公后裔始修通谱，1989 年二修，2005 年五修。昺房合派：（以昺公一世，自二十五世始）鉴明先德源，盛业光端冕。

作育尚才全，合敬敦起典。士林甲第联，科名评俊选。习学艾能贤，贻泽庆蕃衍。

安化萧氏 太祖一菊公，生九男一女，第五子汉公，字最清，又生十子，第二子汉源公字继先，号宗海，落籍安化，生三子：积昺、积岩、积规，岩住田湖，规往湘乡。昺裔仍居故址，生六子：善迁、达、远、迪、进、选。1938年昺裔德本、德郁两支六修族谱。班次：继铭先（才华光）泽厚，盛业荣昭远。作育尚才全，合敬敦礼典。文章甲第联，科名隆俊选。后学代能传，贻谋庆长衍。

安化萧氏 霁公为武宁长官，由南塘迁吉水县，嗣孙原章公为鄂州太守，居江西吉水县螺溪白沙。十五代孙德郁、德本，由白沙迁安化，始居柳林，继居邑市南门。后德本徙居茅田铺莫家桥，德郁徙居北路浮萍溪。清乾隆九年（1744）、嘉庆十八年（1813）与鄂州合纂族谱，咸丰九年（1859）、光绪二十二年（1896）安化续修。派语：德允一显时，应大国之儒。才华光宇宙（鉴铭先泽源），盛业荣昭远。作育尚恩全，合敬尊礼典。文章重正宗，朝廷隆俊选。

安化萧氏 积昺生六子，第四子善迪，善迪七传至应福，字子奇，由乡贡授山东沂州府郯城县丞，署理县事，扶病解组回籍，洪武十一年（1378）编为一都三甲正户兼领军籍。1937 年纂修族谱。该族名人：萧大猷，高祖檀园公自安化迁益阳。

安化萧氏 汉二郎传十二世至汝成公，汝成生景英、元英。景英世居塞木溪。元英公下又分两支：志斌、志清。志斌属望城坡、岐山等处。志清又分文韶、文贤、文明。韶、贤裔居仙溪，文明房十六世思球公居沂溪之筥箬。清光绪二十七年（1901）、1940 年汝成公位下纂修族谱。派语：鉴明先德源，盛业光昭远。作育尚才全，合敬敦礼典，文章甲第联，科名隆俊选，道学代能传，贻泽庆长衍。

新化炉观石牛潭萧氏 始祖郁服公，字昭甫，号必富，江西吉安府泰和县早禾市梅子坡圳上人，宋元丰五年（1082）进士，调望江令，擢监察御史，终蕲州令，生有七子：通澜、通清、通湘、通洁、通□、通滨、通淮。其中□、滨及淮之子国器于宋元丰二年（1079）皆奉慈命由江西同徙新化炉观石牛潭，通□居沙江，通滨居犖溪，国器居龙溪。清雍正十年（1732）一修族谱，乾隆二年（1737）二修，乾隆六十年（1795）合天福房、汉三郎公房五房三修，嘉庆十四年（1809）四修，咸丰八年（1858）五修，宣统三年（1911）六修，1913 年□、滨、天福房七修。1933 年八修，1995 年五房九修通谱。合族通派：

健顺乾坤体，时祥化育洪。调和尊硕辅，佐理重儒躬。建立忠丞业，光扬镇武功。圭璋名士范，节义哲人风。璧聘金阶上，辉联桂籍中。贻谋常守绪，灵秀自钟嵩。彝训家声振，典漠德泽崇。本源循序烈，作述永优隆。

新化大三都萧氏 始祖庆盛公，其长子天福，字龙江，宋崇宁元年（1102）由江西迁新化大三都黄杨山莲花寨后黄泥氹雾溪关庙前，后人分布于锡溪、白水溪、小门、湄头、茶溪、罗家井、析木溪、担柴溪等地。

新化骆马江萧氏 迁湘始祖汉三公，自宋时偕兄弟九人由江西吉安府泰和县梅子坡圳上迁湘乡荻田南岸，后兄弟分处各州县。而汉三公抵新化大三都，历住青石街、麻溪等处，落业于黄泥虎寨、朱木顶、老屋场等，为三、六两甲小浪及石坑杨桥、高枧冲、李福桥、朱木桥等处始祖。阅六世受甫公长子宗仁卜居大九都、下水竹、佩头冲，立户骆马江。自受甫公至1949年，已传23代，共1000余人，族人分居骆马江上下。于骆谭家硚右岸修建宗祠，族立学校三所，设于陈家坳、佩头冲、峡山冲。

郴县泰和坊萧氏 始迁祖龙华公，明洪武二十三年（1390）自江西庐陵安平乡迁郴阳城南之泰和坊。1948年续修族谱。

桂阳深塘萧氏 自出祖致中公，原居江西吉安府鹅颈塘玉墨溪，宋建炎间迁居桂阳西乡山塘。子万载生仁宝，字俊卿，又迁深塘。仁宝生五子：敬忠居深塘，明忠乏嗣，顺忠居带头江，适忠居长山，景忠居石马。深塘旧排行：万仁耆忠泰桂斋文钦天礼时兴正大光。五房合排行：传孝友象贤嗣守纯（忠）良。敦厚方扬祖德，卓能应振家声。崇道长生吉庆，锡祥永（允）定康宁。济美宏开俊秀，含华仰望英豪。诗书联登显达，富贵功辅益高。

宜章沿江萧氏 始祖宏绶公，官南京虎贲卫，调戍湖南郴州，子可立袭父职戍宜章居沿江。至1949年，已传24代，男女丁口17500人，族人多分布在沿江，其他地方不过数百而已。明末创建宗祠。1930年七修族谱。

嘉禾小街田萧氏 始迁祖昌兴公，元延祐初年自江西吉安府泰和县鹅颈丘迁此。后人分居于毛家、下萧岭、樕木桥及郴县、安源、宁远、蓝山等地。至1931年，凡184户，男366人，女355人，共721人。

嘉禾大村萧氏 始祖仲文公，自江西泰和迁平田区四口源即羊乌田。三传至子扶迁居木叶岭，其后裔子章于元至元间迁居大村。后人分布于醴家、井冲、源尾等地。至1930年，凡144户，男305人，女291人，共596人。

汝城白泥塘萧氏 始迁祖良辅公，原籍江西泰和县泸源，明初迁汝城县白泥塘。十三世桂明分居马头塭，二十二世格林分居巷头，文核分居濠头下、水溪、牛尾洞。至1932年，300余人。

汝城桃金洞萧氏 由广东始兴县迁汝城桃金洞。又有散居八担坝、上垅、江东、江水、杉树下等处者。至1932年，丁口300余人。

零陵冷水滩萧氏 始迁祖宝公，行二，明洪武四年（1371）携子子贵及婿侯辛五，由江西吉安府庐陵县阴阳街萧家村迁湖南永州潇湘门外。二世祖子贵率子普明迁高溪杨柳塘。至四世祖癸大郎公迁武冈州，癸二郎（仕恭）居永州壁刺塘，癸三郎（仕昌）居永州白玉冲，癸四郎迁冷水滩珍珠塘。清光绪六年（1880）建宗祠于陡岭。嘉庆三年（1798）、光绪二十年（1894）纂有草谱。1915年癸四郎房首修付梓。旧班行：宝子普仕付（文）善（景）福（世）永（彦）萧（应、伯）一（世）二（廷、应）三（继、可、国）四（鸣、显、忠）声（正、孟、成）春（在、自、士）大（有）德（本、宏）光（开）宗（金）祖（期、治）。新班行：（自二十一世始）鸿（振）猷启绪，诗礼绍先。笃生贤隽，运祚昌延。

零陵、祁阳萧氏 明洪武初先人奉旨填楚，让仁、让义、让礼三公由南京迁湖南长沙湘潭。历传数世，贵公娶刘氏，生二子，成化间迁永州府零陵黄阳司，衍四大房。厂房世居黄阳司，政、启、敳三房分迁祁阳老山湾。清康熙间上诏填川，该族留楚者半，往川者半。清乾隆四十三年（1778），川省倡首修谱，在川者详而在楚者略。同治八年（1869）、1921年楚省续修。取名排行：明良时以启，学士永宏兴。光显承宗祖，克家定庆荣。取号排行：清朝知德化，江汉景为春。今发齐梁代，怀芳本道心。

祁东麓门萧氏 世居江南庐陵，因陈友谅兵燹，相公二子兴、典、奥避难来湘。兴公居衡山乌塘，典公居衡阳山口大桥，奥公居衡阳长乐、黄田。奥公孙二十六郎徙居祁阳白水，二十八郎徙居武冈洞口，二十四郎分居祁北丫山口麓门，为该支支祖。至1993年，已传27代，丁逾4万，散居原祁阳县武忠、清源、久安三乡，即今祁东县黄土铺区与包圣殿、白地市一带。清乾隆二十一年（1756）一修族谱，1993年七修，其中初、二、三修与衡阳合谱。宗祠建于麓门驷马堂。班次：汉湘传芳远，功高启俊贤。振家惟学业，延祚以承先。迪吉光前代，诗书裕后昆。本端经义重，锡庆受洪恩。

蓝山正市乡磐石村萧氏 始迁祖穆林公，字克昌，号光裕，祖籍江西泰和鹅颈塘，宋高宗绍兴十五年（1145）出守衡州，孝宗淳熙七年（1180）致仕，路经蓝山正市乡磐石村而定居。后裔散居临武、郴州、嘉禾、蓝山、宁远、宜章等县。穆林公长子辅仁脉下相舜、相禹、相汤又由磐石迁园山。次子辅伦脉下八世孙昌兴迁嘉禾小街田，十一世仲兴由磐石分居界溪。2012 年纂修宗谱。磐石旧派：茂衍蕃昌大，兴贤绍楚英。汉宋鸿勋著，齐梁骏业崇。园山旧派：荣宗积德昌，兴隆茂正启。汉宋鸿勋著，齐梁骏业崇。西城旧派：继绍光宗祖，锦延福禄增。汉宋鸿勋著，齐梁骏业崇。界溪旧派：希贤圣安邦，正大兴永世。汉宋鸿勋著，齐梁骏业崇。小街田旧派：廷国家尧舜禹汤武德化成康政治纯祖述宪章传。新田旧派：启文明华国，光邦显万春。富本天来能，善守贵登金。宁远旧派：光尚万世克，昌天开景运。祥祉禧佑懿，善谦和致敬。萧克为穆林公八世孙昌兴公之二十二代孙。

新田明义乡萧氏　迁湘祖少十五郎，字崇隽，原籍江西泰和县，南宋时因遭兵燹迁湘之新田县明义乡子贞坊、清水湾、宅晚坊。族人分布于新田之山口洞、牛栏湾及宁远县之黎家、仁义坊、居家园。至 1949 年，已传 23 代，男女丁口 1000 余人。

新田中和镇石队萧氏　始迁祖复保公，宋末自桂阳徙居新田中和镇石队。至 1948 年，已传 21 代，有 800 人，族人分布于龙珠湾门楼下青龙坪。宗祠在石队。

新田上富村萧氏　始迁祖子忠公，明洪武年间因人口繁殖，由江西鹅颈塘迁湘。至 1949 年，已传 22 代，男女丁口 400 人。族人分布于燕塘窝、城背窝等处。宗祠、族立学校均设上富村。

新田青龙村萧氏　始迁祖代壹公，明洪武时因兵乱由江西省鹅颈塘迁来。至 1949 年，已传 30 代，男女丁口 320 人。宗祠、族校皆设于青龙村。

新田邓家村萧氏　始迁祖太五郎公，由江西万载因避难迁湘。至 1949 年，已传 29 代，男女丁口 2400 人。族人分布于陈村坊、李家边、鲁塘下、大挂岭、下新墟等处。宗祠设在邓家村。

新田山下坊萧氏　始迁祖少一公，明朝由江西庐陵迁新田明义乡高山竹园坪。至 1949 年，已传 25 代，男女丁口 400 人，族人分布于山下坊处。宗祠在村右，族校在公祠。

新田秀富萧氏　始迁祖义宽公，明朝由桂阳县迁新田县仁智乡秀富里。至 1949 年，已传 19 代，男女丁口 400 人。传至信彪公，清康熙时开籍右三都二甲。

新田骥峰萧氏　始祖景仁公，庐陵增生，其子芳远公官游南楚，旋因兵燹率家眷卜居郴州之南门。惟景仁公十五世孙廷兰公，于清康熙五十九年（1720）偕二弟自郴来新田，卜宅骥峰。清光绪十八年（1892）初修族谱。

新田新山溪萧氏　始迁祖文冕公，清道光年间因经商由江西省鹅颈塘迁新田县博大乡新山溪。至 1949 年，已传 9 代，男女丁口 110 余人。宗祠、族校均设新山溪。

溆浦清江屯萧氏　始迁祖廷简公，原籍江南昆山县，明永乐二年（1404）由贵州铜鼓卫拨屯徙溆，居清江屯。

溆浦鹤田垅萧氏　始迁祖乔保、丙三公，明永乐二年（1404）由贵州五卫开拨屯，徙溆浦鹤田垅。

麻阳三合乡萧氏　始迁祖清公兄弟六人，宋熙宁间带萧澜长子从江西吉安府泰和县早禾市梅子坡圳上同徙楚南宝庆府南门，兄弟分迁邵阳、武冈、洞口、城步、隆回。宾裔居隆回，宾裔孙元子房祥八，于明嘉靖年间先迁辰溪龙头庵，后徙怀化三合乡（1954 年划归麻阳），至今已传 20 余代，族人分布兰村、大桥江、尧市、高村等处。至今全县共 1500 余人。萧何以下至通宾字派：昆光俊彦魁明泽，毓纪宣扬福德隆。远模序统成芳杰，传道蔚启彩图丰。经纶勋翰瑞，锦绣显元功。祥庆恢宏广，亨贞定郁通。通宾房字派：洸甲楚天盖，汉南祖万文。祥八房（麻阳境内）字派：祥如仁荣祖，子天兴廷宗。启永国太民，文昌映世隆。希贤单贵秀，安邦必肇勇。绍光继大元，指南长柏松。1948 年与辰溪等处议定从“希”字后不用，重议新字派：守典崇诗礼，敦伦尚敬恭。美怀江左右，秀发海西东。

靖州萧氏　明洪武间由抚州迁居靖州。至清光绪三十四年（1908），已传 20 代。

梅

宁乡梅氏　始祖胜聪公，字九思，元至正十二年（1352）自江西南昌府南昌县迁湘之宁乡县八都柳林。子贤益生有二子：悠荣居八都，悠华迁一都狮顾。后人分布于湘阴、益阳等地。至 1948 年，已传 24 代，共 500 余人。清同治八年（1869）建宗祠于县东正街。荣房墨谱创修于明天启六年（1626），清乾隆七年（1742）续修。华房墨谱创修于明天启七年（1627），清乾隆五年（1740）续修。嘉庆六年（1801）两房合修，咸丰十一年（1861）两房续修，堂号悠承。荣、华两房老派：胜贤悠允添伯绍继。荣房续派：庭国新开泰必学德芝宗。华房续派：志单然思孝传家国诗书。合派：（自十九派起）教钟源杰焯培锦泽林炘在鉴洪材炜堂铭润桂焄。该族名人：（清）梅钟澍，字霖生，道光十八年

（1838）进士，翰林院庶吉士。梅英杰，清末办理新化锡矿山锑矿，编有《梅氏遗书》四卷等。

临湘、汨罗梅氏 汨罗大坪关梅氏始迁祖世雄公，明洪武三年（1370）自江西丰城县拖泥巷铁树观迁此，至1996年，有800余人。临湘白荆桥梅氏始迁祖绍先公，南宋时自江西建昌府南城县迁此，派衍中、丁两关，子德公复自白荆桥迁居湖北洪湖内，为湖北洪关始迁祖。临湘高关梅氏始迁祖绍圣公，明宣德四年（1429）由江西吉水县梅家村迁此。子七二公迁居中关，为中关始迁祖。至1996年，共3000余人。羊楼司高关梅氏，系由追殷公迁尖山，后七世祖再迁高山坳，至1996年，有300余人。源潭丁关梅氏始迁祖八一公，文桥丁关梅氏始迁祖毕泰公。六关合谱始修于清道光八年（1828），1996年五修。总祠建于临湘白荆桥。堂号苑陵。一、二修老派语：远追近绍，克笃斯康。永开甲第，长发其祥。光绪三十三年（1907）三修派语：志士全忠孝，贤能重显扬。学宏光上国，家系定联芳。1929年合派：孝贤恢先绪，英豪必振家。修齐为治本，百代灿光华。

桃源浯溪梅氏 始迁祖继先公，籍贯江南芜湖。明洪武二年（1369）授武陵中所千户，自金陵迁于桃源县东浯溪之酒潭冈。至1948年，已传21代，全族人口100余人，分布于金牛山、黄土城、常德等地。常、桃、汉三县合建宗祠于常德三眼井。族谱创修于1930年。

宜章金朝山梅氏 明成化时自福建徙宜章金朝山。

溆浦大塘梅氏 始迁祖文茂公，原籍江西泰和县，清乾隆时徙溆浦大塘。

曹

湖南曹氏 始祖子明公，号玉溪，自江西吉安来掌湘阴三峰关务，元时家于长沙玉溪，为湖南三峰曹氏始祖。后裔分房十九，分布于湘、鄂、川、赣、皖、苏诸省，湘者分居湘潭、长沙、平江、益阳、湘阴、宁乡、华容、南县、沅江、汉寿、浏阳。清道光十四年（1834）重建玉溪公祠于省城西长街。1919年各支编纂通谱，其时人口共40966人。通派：（自二十六世始）显承师俊业，圣哲立名邦。仁教怀三代，嘉征集一堂。宗功培至善，祖荫庆常康。该族名人：曹佐熙（1867—1921），字摅沧，益阳人，倡修《湖南通志》等，著述甚丰。曹典球（1877—1960），字籽谷，号猛庵，长沙人，曾代理湖南省政府主席。

长沙曹氏 始祖子明公，号玉溪。其次子懿澄之裔孙分籍湘潭之柱塘铺、长沙之麻林桥，湘阴之观音湖、翁家洲等处。清光绪元年（1875）纂有族谱。

长沙黄花铺曹氏 始祖玉溪公第五子懿海分居长沙黄花铺。海公裔孙彦尧、彦华世居株山，彦端居浏阳，彦靖迁乔口。清乾隆三十八年（1773）四房始修合谱，同治四年（1865）续修。乾隆六年（1741）建长房宗祠于省垣小吴门黄花园。宗派：玉懿汝贵良，彦文崇单行。太忠传国正，之启开先祥。家盛英才广，典修治策长。承宣逢泰世，振起在名邦。祖泽辉衡岳，宗勋焕楚江。存心培植久，作善发嘉祥。

长沙梁栈曹氏 玉溪公第四子懿河，字受四。递传至六派乂显，字庆三，号祥生，明时由长沙株山迁居善化六都梁栈。梁栈支谱始修于清道光四年（1824），光绪四年（1878）续修，1913年三修。

长沙曹氏 玉溪公五世孙彦靖居长沙，彦靖生崇教、崇政。崇教分籍长沙万寿乡、平江长寿街。崇政分籍长沙新康镇、益阳桃花江、湘阴、岳阳、安乡、南县等地。清光绪二十六年（1900）两支合修族谱。崇教房前十五世祖派语：玉懿汝良彦文崇单太忠国正之启开。崇政房前十五世祖派语：玉懿汝良彦文崇单恒应之昌远绍开。十六世以下合派：家盛英才广，典修治策长。承宣逢泰世，振起在名邦。祖泽辉衡岳，宗勋焕楚江。存心培植久，作善发嘉祥。

浏阳西乡、北乡，长沙河西，湘潭龙蛇桥曹氏 始祖子明公，字玉溪，生七子。第四子懿河，五世彦兴生四子：乂文居浏阳西乡十八都三藻岭曹家老屋及北乡三十一都，乂显居长沙河西六都良栈及潘家山曹家桥等，乂财居长沙城厢内外河西六都、七都及湘潭龙蛇桥黄土坎。乂升无传。1925年文、财两房合谱。文房派语：（自六世始）乂均永庭兴，仁启政泰开。家盛英才广，典修治策长。财房派语：（自六世始）乂均永志汉，子应学启开。家盛英才广，典修治策长。

湘潭五里墩曹氏 子明五世孙彦鼎析居湘潭五里墩。彦鼎子五：礼、义、仁、智、信。清同治二年（1863）始修族谱，光绪二十年（1894）续修，1935年三修。

湘潭柱塘曹氏 始祖子明公，明世末叶，其孙福一公由长沙迁湘潭九都五甲柱塘，为柱塘支祖，传十派开珊、凤、鹏、鹦四房。清光绪三十三年（1907）、1945年、2018年纂修支谱。派序：玉懿汝贤彦文崇硕思单庭单子继凤。家盛英才广，典修治策长。显承师俊业，圣哲立名邦。

湘乡曹氏 鼻祖祖七公，字赐阳，号卫溪，原居直隶真定府灵寿县，宋端平三年（1236）迁南康都昌石壁山，嘉熙间再迁湖南湘乡，生德儒、德武、德忠，德儒居磨河，德武居斗盐，德忠居西亨。磨河房又支分质、彬、德三小房，斗盐房支分鉴、湘、雄、英四小房。清乾隆四十二年（1777）三大房合辑族谱，道光二十九年（1849）西亨房续修，咸丰九年（1859）斗盐、磨河两房续修，光绪二十九年（1903）斗盐房三修，1934年磨河房四修，2002年磨河房纹德公支五修。班次：（自十四派始）泰式名运，稽志昭杨。芳规远振，继述荣昌。绪开真定，秀毓南湘。守经训义，笃庆锡光。骏才蔚萃，鸿烈炳张。伦敦纪肃，福茂泽长……该族名人：曹志忠，福建提督。

茶陵西乡海潭曹氏　世籍江西南康府都昌县，始祖文简公官湖南。其子礼公，讳友戴，字仪甫，知重庆府，以弹贾似道罢官，家茶陵，旋离州城大街徙西乡梅村，又自梅村迁海潭。

衡阳湘东曹氏　始迁祖发祥公，明洪武时由河南汴梁来衡，卜居湘东大埠头，开景元、景亨、景恭三房。元房居故址，亨房居旦陵，恭房居秋塘。清乾隆三十八年（1773）始修族谱，道光三年（1823）、光绪八年（1882）、1915年、2003年续修。班行：（自十七世始）传家敦孝友，辅国笃忠贞。绪启文昭远，规循汉相成。

常宁曹氏　始迁祖惠公，系安仁浦阳一都人。明洪武末因军务有功，封千户侯，调镇常守，建衙城东。厥后解官，落业邑北田尾平田湾。清道光二十六年（1846）、光绪十八年（1892）、1940年纂修族谱。班行；仕单志单伍，云安绍国思，光明正大显。礼义朝廷重，经书继永昌。贤人生奇达，文学起楚湘。

常宁曹氏　始迁祖志道公，字日富，原南京江淮卫人，职授省祭，奉命祀九嶷，道经宜阳，见其山水秀丽，风气淳朴，心窃慕之，解职后商之族众，愿入宁为先导，明洪武间偕弟志通公由江左沿流而上，入宜水，维舟烟江，卜筑相公祠。清雍正元年（1723）、乾隆五十五年（1790）、道光十年（1830）、同治十年（1871）、光绪三十四年（1908）、1946年、1993年、2009年纂修族谱。字辈：子应荣达，继必贤良。诗兴泽厚，孝启家祥。芳连甲第，声振朝堂。光予先祖，百世其昌。

武冈千户曹氏　始迁祖小八郎，高邮人，授武冈守御所千户。九世一夔，字子韶，又字双华，万历进士，授行人，迁监察御史，著《虚白堂集》。

岳阳曹氏　一世端礼公。十六世范钦公，字明远，任陕西西安府泾阳县知县，解组，由奉新迁宁州。生受禄、受祯。受禄生福三，福三生仲荣。仲荣于明永乐二年（1404）迁临湘詹桥等地。受祯迁巴陵张古坳。受禄公裔分为士门关、河西关、尖山关、长庆关四支，受祯公裔分为东关、西关两支。2011年纂修族谱，受禄公裔为八修，受祯公裔为六修。光绪元年合修公议派语：胜道逢清会，文章佐盛昌。西周贻泽厚，东鲁著名香。

华容东乡倒马岩和尚湾曹氏 始祖钟公，字万五，明洪武三年（1370）随父福一公流寓湖南长沙浏阳门。至宣德初年，钟公长子良，字子开，任华容县教谕，遂居华容东乡之倒马岩和尚湾（现青竹沟）。子孙分居东山荷叶、三郎堰、东旭和南山等地。建宗祠于三郎堰。清咸丰三年（1853）、1914 年、1989 年、2011 年四修族谱。原派：金子孟木应，廷才国忠如。启发荣光清，文奇宗希初。源本怀先锡，孝廉育后昆。丹心照汗青，紫阳兆麟经。

湘阴木梓桥曹氏 始祖玉溪公，孙福三，讳德庭，字兼能，明洪武时因遣戍逃籍，隐迹湘阴木梓桥，今属汨罗。清嘉庆十四年（1809）、光绪元年（1875）、1915 年、1997 年、2020 年五修族谱。字派：玉懿（受）福必（贤）彦大开胜实兴显（绪）常启后代。家盛英才广，典修治策长。先承师俊业，圣哲立名邦。

湘阴白马市曹氏 始迁祖彦万公，明中叶自长沙麻林桥迁湘阴之茶木垅。传十世至尚彝，其子胜链迁居白马市。该族名人：曹仁贤，总兵衔。曹仁美，提督衔。

平江尖山曹氏 始迁祖明谱公，明永乐十五年（1417）自江西宁州迁此。至 1994 年，全族人口 2016 人。

常德曹氏 始迁祖继宗公，原籍江西南昌，明洪武二年（1369）随父昌禄公征讨楚苗，留居澧州慈利县。生二子：必荣、必华。必华又迁澧西。清道光九年（1829）创修宗谱，2008 年永定、慈利、桑植、鹤峰、龙山等邑各支合修。合派：士登天廷，文开子兴。祚传永远，作述长延。家绍圣学，守礼光谦。明伦辉耀，正本清源。

常德相公祠曹氏 始迁祖志道公，明洪武间偕弟志通由江西沿流而上，卜筑相公祠，遂家焉。清雍正间创修族谱，1946 年六修。

常德尧天坪曹氏 始迁祖九泗公，明永乐年间自南京宦游来楚，卜居常德前乡尧天坪。1938 年四修族谱。

汉寿鹿溪曹氏 迁湘始祖伯达公，原隶河南陕州，元元贞时服官潭州益邑，乃家于此。八世祖永祥，明弘治时由益邑毛家山黄公塘迁龙阳卜家村，即今汉寿鹿溪。又十八世汝听，清嘉庆间由鹿溪迁桃江鲊埠蜡树湾。明成化元年（1465）一修族谱，万历元年（1573）、清乾隆二十二年（1757）、道光十九年（1839）、光绪三十一年（1905）、1948 年、1996 年续修。至 1948 年，已传 25

代，男女丁口约3882人。宗祠设鹿溪村。派语：伯甫均子文，希光永世大。修宗孔孟道，贤盛汝师之。士高向彤廷，明良会以应。秉忠继若祖，立本隆家庆。

桃源硖州曹氏 始迁祖志富公，明永乐二年（1404）由江西吉水迁于桃源县东硖州之曹家峪。至1948年，已传20代，全族人口180余人，分布于高桥、罗汉寺、芳草坪、观音寺、走马坪等地。宗祠于清乾隆年间建于曹家峪。族谱创修于1939年。

益阳曹家河曹氏 以玉溪公为一世，玉溪字子明，号三峰，原籍江西圳头，后居南昌府丰城县瓦子街，仕元封将军，来湘阴之三峰掌水利兼关榷，卒葬长沙万寿都古石塘铺茭塘。第三子受三，讳懿江，号达斋，仕元官益阳知州，明洪武初徙居益阳东南十九里凤凰湖。五世衍为彦祯、彦祥、彦礼、彦志、彦达、彦斌、彦才七房。彦祥字硕瑞，明初自南道塘徙河底（今称曹家河），后衍为喜、道、凤、岳、玉、聪诸房。岳房二十世孙曹佐熙，派名文济，省议会议员，著述甚富。清嘉庆十八年（1813）始修支谱，咸丰八年（1858）、光绪十三年（1887）、1917年、1947年续修。支派语：彦肇荣行万应世国大昌芝成士必方文明光景运道。

益阳凤凰湖曹氏 始祖玉溪公，字子明，原系江西泰和县圳上人，仕元以武功将军镇守长沙之三峰关，隶湘阴。第三子懿江，字受三，号达斋，于明洪武二年（1369）由长沙迁益阳凤凰湖。懿江第三子秀三，三子：普贤、荣贤、必贤。后裔居栗树山、团堤湖、羊舞岭。玉溪总祠位于长沙西长街，毁于1938年文夕大火。清乾隆间建受三公祠于益阳五马坊。必贤房支谱创修于康熙四十三年（1704），1997年七修。派语：家盛英嗣起，时安德泽芳。显承逢泰运，圣哲立名邦。守志昭宗茂，开基见祖长。鼎兴正有士，作孝永其祥。

益阳团堤、板溪曹氏 一世祖玉溪公，传至五世彦志公生有五子：必荣、必华、必富、必贵、必昌。必华字文华，尊为支祖，传至十四世祖锡仁公子三：良生居益阳十五里团堤窑，良求居宁乡孔家屯，良富居益阳三里板溪。良生、良富两房支谱一修于清康熙四十一年（1702），1916年五修。派语：良文教尔廷。家盛英嗣起，时安德泽芳。显承逢泰日，圣贤立名邦。守志昭宗茂，开基见祖长。鼎新正有士，作孝永其祥。

益阳曹氏 始祖玉溪公，五世彦志，生五子：必荣、必华、必富、必贵、必昌。必荣公房支谱分修于清乾隆二十四年（1759），嘉庆十九年（1814）、咸丰七年（1857）、同治十三年（1874）、1912年、1941年续修。五修时谱载人口1294人，六修时谱载人口1778人。派语：家盛英嗣起，时安德泽芳。显承师俊业，圣哲立名邦。仁孝怀三代，嘉征集一堂。宗功培至善，祖荫庆常康。

益阳团堤窑曹氏 玉溪公第三子受三落籍于益阳凤凰湖，受三生秀一，秀一生普贤、荣贤、必贤，荣贤生彦志，彦志生必荣、必华、必富、必贵、必昌。必昌房子孙世居益阳十五里团堤窑。1998 年七修支谱。

益阳芭茅滩曹氏 始祖乾肇公，讳隽，字孟康，世居河南长葛。四世祖仲逵，元贞元间随兄益阳知州伯达公来益，遂家焉。伯达八世孙永祥迁汉寿之鹿溪，仲逵五世孙福海，明正统间迁益阳芭茅滩，而有达士、达猷二公。猷公徙常德后河等处。士公下分远讯、远本、远善三支，世居芭茅滩。该谱始修于清乾隆二十三年（1758），1931 年六修。一修原派：远盛希九一，文昌开泰延。二修续派：显扬承大志。六修时益阳、汉寿两支联派：祖德诗书绍，家康孝友生。经纶华国宝，明哲济时英。积善思先泽，仁亲守令名。雍熙逢景运，翊赞庆升平。

安化曹氏 始祖宋济阳王彬公，子玮六世孙率为兆城兵马司，因南渡世变，避居江西庐陵。明正德间，述吾公由庐陵迁安化。1934 年五修族谱。

新化茶溪曹氏 始祖琳公生有四子：士忠、士政、士俊、士诚。政、俊两公失考。士忠公自江西徙长坪，九传至继锐公由江西庐陵徙迁安邑栗林，其长子子胶迁团营山，子胶之子永洪再徙新化桃茶村岩子冲。清嘉庆十二年（1807）始修族谱。旧派：泰运传真定，芳声振豫章。新基治祚远，宝善发祥长。孝友宜谟训，忠贞笃赞襄。升朝敷政教，溥海庆贤良。

新化黄沙村曹氏 士诚公之子邦达，字以清，号法君，明洪武年间自江西庐陵迁安化厚溪，子二：庶、广兄弟再迁新化黄沙村。后人衍居茶溪、澧溪、虾溪、柘石、石桥、安化、冷水江等地。派语同新化茶溪曹氏。

郴州三甲曹氏 始祖子升公，唐进士，刺史郴阳，卒于任。子士魁，侨居郴东曹家坪。士魁子代飞，居竹涧村，宋时加封惠泽龙王。子孙居永丰乡半都，分一甲、三甲。1931 年三甲续修族谱。排行：得益自谊仲，儒联方显文。才能昭万世，忠孝炳千春。诗书恒继绪，仁敬豫诒谋。实大经纶广，声宏福禄周。

郴州沤遂曹氏 谱尊辛公为一世。八世子闲公迁新化，九世季周公由新化迁武冈州。十四世真夫公官龙泉令，派衍荣华堂、步蟾堂两房。清嘉庆二十三年（1818）纂修族谱。排行：遂迪文乔，国应承继，元亨利正。天道之常，学宗孔孟，德修名芳。家声大振，奕世隆昌。

郴县永丰乡珠堆曹氏 始迁祖腥公，字一郎，明初洪武年间由湖南永兴安福司迁移郴县，开基于永丰乡珠堆。至 1948 年，已传 20 代，男女丁口 340 余，散居珠堆、野鸭塘、山河各地。宗祠设于珠堆。

资兴太平曹氏　始迁祖宋镇国天师贵传公，后周显德年间由河南卫辉府迁居今资兴市湖头村。越十七世至必华公徙居太平，开派嗣孙八房：仁、义、礼、智、信、荣、富、贵。义、礼两房于明永乐间迁居祁阳印塘村，后又有迁居沅陵者，余皆聚族于太平。清乾隆三年（1738）联祁、沅合修族谱，嘉庆十四年（1809）仍祁、沅合修，同治四年（1865）太平分修，1914 年四修。排行：贵公光显文，永定怀安国。德远源弥兴，景必如宗启。邦廷希广道，崇庆世逢亨。志守惟心向，含洪正继均。甲第恢先绪，贤名振古今。忠孝为家宝，节烈应时新。慈祥联伯仲，意气重和平。元良存大义，奕代允昌明。

永兴曹氏　始祖确公，字果能，河南汝州伊阳县人，迁光州固始县。其子安公，字中楚，官后唐大常寺少卿，封朝议大夫。后晋天福时，父子徙居郴州花林万岁桥。二十二世还溪，明正统间由郴迁永兴西门外学宫左，子孙散居塔垅、猴獭冲、高冲、木札塘等处。

永兴景致园曹氏　宋时彦约公，江西都昌人，尝从朱子讲学，登淳熙八年（1181）进士，历建平尉、桂阳司录，迁湖南转运判官，累迁至兵部尚书。其裔孙谅公徙居永兴。明初谅公之裔甲胜公又率子一郎、二郎徙居景致园。1929 年五修宗谱。字派：甲胜开景郎，宏思效永均。添仕尚孟应，仁良嘉季昌。立教先敦本，一源衍万龄。文忠延厚泽，武惠振芳声。

永兴安福湖塘曹氏　始迁祖千一郎公，讳翰章，字顺成，进士，避乱隐处，偕弟、侄由郴徙永兴高屋延堰。值红巾之乱，转迁安福司湖塘。逮官通判朝三郎公生明卿、德卿、寿卿，衍为三房。清光绪十八年（1892）、1933 年纂修族谱。排行：友添仁子礼，明用尚崇坚。安福源流远，文章世盛传。承先隆惠泽，继善辅升平。大启书香业，长开甲第英。

安仁曹氏　迁湘始祖安国，宋元丰间自河南光州固始县五家桥迁居湖南郴州花林万岁桥。七世师琳，生万三、万七。万三生朝四、朝五、朝八、朝十。朝五郎于南宋间又由郴州迁居安仁城北长角村，后裔衍为挖泉、曹石、北门、老鸦、坪山五房。清雍正九年（1731）始修族谱，乾隆三十三年（1768）、道光四年（1824）、咸丰十年（1860）、光绪二十二年（1896）、1938 年、1996 年续修。排行：大鹏程万里，宗德应光昌。孝友家声振，文明世泽良。智仁思一本，忠惠启联芳。永远承先绪，恒丰裕履长。

宜章启运曹氏　宋徽宗时自江西泰和县徙宜章彭家塘东江洞。

嘉禾扶溪曹氏　始迁祖文良公，字贤相，江西泰和人，宋宣和年间随父季南公备兵衡永，值乱避居茅栗冈而卜宅扶塘。后人分布于扶塘、花园头、桐油岭，号为三族。更有后裔分居于上青山、常宁之聚福塘、郴州之汉池塘、桂阳之长洛村。

汝城首善镇曹氏 始迁祖万九公，字俊叔，宋时由湖南郴县迁汝城首善镇北门地方。族人分布于涧布、龙潭、山口、周塘、仙脚等处。至 1948 年，已传 25 代，男女丁口 5000 余。宗祠在县治北门城内，族立小学设北门、涧布、龙潭等地。该族名人：曹琚，字仲玉，明弘治进士，官刑部郎中，梧州知府，著《家训》《诗说》。

汝城老屋塘曹氏 始迁祖义夫公，宋时由江西庐陵县迁汝城老屋塘。至 1932 年，已传 30 代，共 200 余人。

汝城古塘曹氏 始迁祖太三郎，原籍湖南郴州。元季始居汝城上峨山，后徙古塘。至 1932 年，已传 22 代，500 余人。

汝城沟浦岸曹氏 始迁祖万通公，清康熙时自广东乐昌县迁汝城沟浦岸。至 1932 年，已传 8 代，100 余人。

永州曹氏 始迁祖永坚公，字长远，进士，授潭州刺史，生宋宝庆元年（1225），卒延佑七年（1320）。清光绪二十七年（1901）纂有族谱。堂号绣虎。字派：永太必一庆添儒励志纯世廷承应国遇尔以五常德秉尊诒家训。

祁阳曹氏 始祖贵传公，世居河南，宋时迁居湖南郴州兴宁（今资兴县），十数传于宗义、宗礼两公于明洪武间迁居祁阳，宗义公居祁东印塘，宗礼公居祁南大花屯，后裔迁居五里山白茅冲。清乾隆二年（1737）、嘉庆十二年（1807）义房与郴兴二次合修，而礼房不与。义、礼两房合修谱始于同治二年（1864）。贵传公派下源流班行：贵公光显文永定怀安周德远源弥兴景必如宗启邦廷希广道崇庆世逢亨。义公派下旧班行：宗恭文友曹世大鎏应臣志先克志守惟心向含洪正继均宏进建勋。礼公派下旧班行：宗启锦发思彦祖成以忠有金茂文大立玉相恒增含宏进建勋。续增合派：甲科恢令绪，贤智本超伦。达孝为家宝，奇才作国宾。慈祥联伯仲，意谊尚和亲。元善诒谋久，绵延尽俊民。

新田明义乡下周山曹氏 始祖文良公，原籍江西泰和县乱草坪，随父季南公任湘南衡永郴桂道，宋末避难居临武茅栗岗曹家冲。至荣君公分派新田县明义乡下周山村。族人分布打石塘、曹家寓等处。自荣君公开基下周山至 1949 年，已传 24 代，男女丁口共 300 余人。

通道曹家冲洞杨寨曹氏 始迁祖代保公，明洪武年间自江西吉安府泰和县迁通道曹家冲洞杨寨。

麻阳逢爷坪曹氏 迁湘始祖荆华公，号彦约，原籍江西圳坝上，明嘉靖间自江西迁往湖南沅州府。生四子：长子子良居芷江蚂蝗田（曹家坪），次子子秀居麻阳逢爷坪曹家。芷江东门曹家派语：文大致启宗，国学万世兴。家传日新胜，吉庆中长应。芷江曹家坪派语：子言文与齐，思庭世昭光。继恕承先代，法可得久长。1948年麻阳曹氏与芷江曹家坪续派：景志仁玉庭，万（文）朝（正）维（万）贞（兆）启。世上生俊杰，久永享太平。祖正流芳远，仕相转佳行。

戚

邵阳戚氏 始迁祖太仪公，明时由黄州府麻城县徙楚，担落邵北酿溪。传五代，因明末遗失，星居四布，仁富公携弟仁贵公徙居麻溪。清道光五年（1825）、1914年纂修族谱。班序：太天玄朝秘，仁大自文光。启显明世泽，敦宗裕后昌。道义承继远，正直定荣祥。百年长有庆，万代永书香。

华容大仙垸戚氏 始迁祖明高公，居湘阴大仙围，为求发展，1915年迁居华容大仙垸。派语：文运肇世，思文应承。国选永庆，明良继宗。登朝佐圣，修德贻贤。家声远振，祖泽长绵。

溆浦赤壁垅戚氏 始迁祖子诚公，原籍浙江会稽县。明初徙溆浦赤壁垅。

龚

长沙大塘坪龚氏 始迁祖义公（字季四）、智公（字丙隐）、思元公（字辛七）兄弟三人，明洪武年间由江西南昌迁居湖南长沙县嵩北乡双溪桥，后智公迁扶冲，思元公迁春田。至1948年，已传24代，丁口2000余人。族人分布于大塘双溪桥、万古桥等处。1927年四修族谱。宗祠在大塘溪、春田坪、涂家塅等地。

长沙尖山龚氏 一世祖肇炽公，字世昌，明正德年间因避姚源之难自南昌携眷徙湘潭，其子庆惠再迁善化七都桃花段。传五世而派分七房。旧谱或云：始祖成南，字肇炽，于元明之际由江右迁楚南，其子进卜居善化尖山。1926年四修族谱，堂号武陵。

长沙东门冲龚氏 始祖子才公，明中叶自江西南昌府迁湖南攸县八都下屯。三传至必通、必达。达公居攸县。通公由攸县迁醴陵，再迁长沙省城，后归葬醴陵十八都十八甲。四传至魁、瑛两公。瑛公居醴陵。魁公字文元，号翰美，明正德元年（1506）生于长沙落棚桥明月池，后随父归醴陵，嘉靖初复迁省城外古李子园（即韭菜园）。五传至大荣，居醴陵。大爵字石泉，始定籍善化，析分三大房。至1948年，已传20代，男女丁口801人。清嘉庆十九年（1814）建宗祠于东门冲。咸丰十一年（1861）始修族谱，光绪二十四年（1898）续修，1926年三修。

浏阳龚氏 始迁祖希明公，明洪武四年（1371）自湘潭移风乡宣仁里梅花冲迁居浏阳县南乡二十四都冲陵里株薮大王神。嗣后震徐公迁居县治之南沙溪坎岭背落业，绍文公迁居县治之西花桥落业。明洪武间建祠于浏邑南城龚家塘（又称钟甲塘），清光绪间改建于南乡十三都鄱官山。光绪七年（1881）纂有族谱。大房原派：言方行卓，隆大光昌。文章华国，簪缨永长。本宗百代，接续发祥。荣耀显盛，富贵名扬。二房原派：上帝启之，兴延正国。载显嘉谟，允承先德。三房原派：俊秀崇伦起，彩凤贵铭香。高朝开景运，贻厚昭祖光。奎璧联辉照，堂中耀吉祥。成就千秋业，长发永攸芳。合族续派：同福临喜康，忠孝永继昌。兴旺人才广，富贵发文章。

湘潭沙头龚氏 始祖宗瑞公，元至正间由江右授湖广副使，任满家武昌，生有八子，长子荣自武昌迁居湘乡。荣公子二：常子、志子，明洪武二年（1369）卜居湘潭金霞山。至八派伯光、伯旺、伯高、伯良四房开文、伦、宝、珏、寿、球、玥、瑜八支，世称沙头龚氏。清道光三年（1823）常房始修族谱，光绪十五年（1889）两房续修。宗祠位于湘潭湘济街。班行：（自十七世起）文绍先世，克笃其昌。清华竣发，忠义传芳。荣扬祖德，光显家邦。科丌甲第，茀禄永康。

湘潭朱亭龚氏 始祖宗瑞公，第八子子高公，生荣相，明初落业湘潭朱亭白泥蒲湾。

湘乡洗笔池龚氏 始迁祖子凯公，原名建东，北宋时自江西泰和迁湖南湘乡县城洗笔池。五世孙伯铄、伯远、伯禄，别为三派。清光绪二十五年（1899）九修族谱，1915年伯铄支续修支谱，堂号武陵。

湘乡鹏山龚氏 始迁祖仕贵公，明洪武年间由江西吉安泰和县迁居湖南湘乡洗笔池，继居鹏山。另一支始迁祖伯宁公于明成化二年（1466）由江西抚州乐安迁居湖南湘乡桃林山，继居杨木塘。清道光八年（1828）两支合修族谱。

醴陵涧塘龚氏 始迁祖赞公，明建文三年（1401）自江苏迁此。族人分布于长沙。至1948年，全族人口500人。

邵阳临津门龚氏 始祖益畴公，抚州金溪县咸塘村人。孙显章，于宝庆经商，明嘉靖初始卜居宝庆府临津门教睦坊。后裔亶自县城迁北乡隆回三都江东村、棠畬冲。

邵东龚氏 元季宗瑞公，官湖广巡按副使，留家德安，生荣、华、富、贵、爵、禄、清、高八子。元祚终，明鼎定，荣公居益阳，转迁宝郡邵东元福村。华公居安化丫头山。富、贵、清三公世居新化。爵、禄、高三公世居楚北。清道光三年（1823）、宣统二年（1910）、1943 年纂修族谱。班排歌：子仕明怀志，朝廷兴绍永。万载祥锦绣，棣联芳桂荫。敦本溯渊源，伦行重名节。诗书仰循良，忠厚垂奕叶。

城步金紫乡龚氏 始祖荣仁公，江西德安籍，其子于明弘治七年（1494）由湘乡迁城步，卜居四都清水溏（今金紫乡白水）。

华容鲇鱼溪潭子口龚氏 远祖胜公，字君实，彭城人。传至思信、思敬，居江西洪都，元至正二十三年（1363）择地迁华容，定居潭子口（今属鲇鱼须镇），支分三房：长房居终南山龚家湾、注滋口全赋堂，二房居普贤岗、六合垸，三房外迁汉寿太子庙。派语：遇启承家学，传经诏宝章。人文恢道德，厥绪发元良。圣泽垂谟远，诗书裕后昌。祥辉光上国，万世显名扬。

湘阴道贯冲龚氏 始迁祖文气公，明洪武八年（1375）自江西奉新迁湘阴道贯冲，今属汨罗。

常德龚氏 忠公为建宁始祖，谊公为乐安始祖，昌焕、昌彦为泰和祖。昌焕生宗瑞、宗珍、宗珂、宗珮四子。宗瑞元至正九年（1349）授湖广副使，任满留家武昌，生八子：荣、华、富、贵、爵、禄、清、高。荣公卜居益阳修山，生日、月、暹。日公落业十都毛家山，七传庭泽，生大吉、大仕。大吉居三都樊家榱，大仕迁龙邑军山村。清光绪三十四年（1908）十二修族谱。

常德杉木桥龚氏 一世祖湖北蕲州钧公。九世晃公，明永乐时由鄂宦常，解组即留耕于进阳村。清同治十一年（1872）、光绪三十二年（1906）、1940 年纂修族谱。派语：公仕文大进，启继必明时。本立元中正，心泰允纯熙。一德方为美，同诚自合宜。良能仁与义，盛业礼和诗。

常德、汉寿龚氏 始祖宗瑞。始迁祖福一、福二、福三、福四、福五、福六，系出子荣公，均由湖南新化历益阳而落业常、汉两县。1921 年四修，2005 年五修族谱。

石门龚氏 一世祖永隆公，明洪武间由江西吉安府吉水县红洲沟大栗树迁湖南辰州府泸溪县沤溪岳武堂高村。四传至汰公、清公、治公、潺公、沛公、潘公偕侄大用公先后再徙石门。又后有由石门迁川、陕者。1935 年始修族谱。字派：大学之道，明德万世。肇兆裕振，丕承绍文。继绪长远，佑启正伦。宏开祖业，家声衍庆。秀士蔚起，代传圣经。新民至善，修齐治平。谱中男妇共 3488 名，现存男妇 1087 名。

桃源硖州龚氏　始迁祖定元公，字廷琇，原籍丰城，知济南府，明初宦游至常德，落业于桃源县东硖州二家溶。至 1948 年，已传 23 代，全族人口 2400 余人，分布于水田、畬田、大田、延溪、陬市、莫林等地。清乾隆四十六年（1781）建宗祠于二家溶之荷花山。1942 年三修族谱。

桃源马鬃岭龚氏　始迁祖暹、升兄弟，明永乐二年（1404）由南昌迁桃源县北莫林村之马鬃岭。至 1948 年，已传 21 代，全族人口 400 余人，分布于九溪、温泉、莫溪、浯溪等处。宗祠在紫霞山。草谱创修于 1940 年。

桃源浯溪龚氏　始迁祖尚文公，明永乐二年（1404）自丰城迁于桃源县东浯溪大滩。至 1948 年，已传 20 代，全族人口 300 余人，分布于白羊河、大家滩等处。宗祠在大家滩。族谱创修于清道光十七年（1837）。

张家界龚氏　始祖重一公，元至正二十一年（1361）自江西南昌县灌城乡悬塔里迁居湖南澧州安福县裴家河（今临澧城关），弟重二、重三公相继来澧，居兰江。三世南江公，于明洪武二十年（1387）始迁永定卫坝坪溪今张家界市永定区沙堤乡龚家垴。其时又有文甫公，原籍江西丰城，元季徙居岳郡，明洪武年间自巴陵迁居永定卫，永乐二年（1404）迁澧州永丰里。清道光十八年（1838）合慈利德新、德安、必通公等支纂修族谱，2002 年四修。派行：应真启自世，宏先永元良。明伦光道德，佑显翼朝常。善政昭齐渤，英才焕楚湘。继述凌云志，咸仪秉汉章。百代人文蔚，千秋懋绪扬。儒家敦孝友，裕庆咏平康。

澧县龚氏　始迁祖重二公，原籍江西南昌县灌城乡悬榻里，元至正间迁澧州东关外兰江驿。生存礼，存礼生良，良生瓒、瑚、琏、琼。明万历四十五年（1617）、清乾隆二十二年（1757）、道光十八年（1838）、1913 年纂修族谱。2008 年与重三公支、南一公支、彦魁公支合谱。宗派：金之遇昌承，传经绍祖芳。明伦光道德，佑启翼朝常。善政昭齐渤，英贤焕楚湘。继述宏先志，威仪秉汉章。

临澧龚氏　先世江西丰城，元季徙岳郡，明洪武间文甫公奉旨来巴陵，官指挥，领兵镇苗疆，住永定卫。永乐二年（1404）土司向化，撤卫为所，屯澧州长乐里西村，旋迁安福县东关外永中里，遂家焉。1935 年纂有族谱。字派：

（自第六世始）仲世承家学，传经绍祖芳。明伦光道德，佑启翼元良。新派：善政昭斋渤，英贤焕楚湘。继述宏先志，威宜秉汉章。百代人文蔚，千秋飏绪长。儒门敦孝友，裕后咏平康。

益阳禁簰龚氏　始祖忠公，原籍福建建宁松溪。二十一传宗瑞公，明初仕湖广，家武昌德安。瑞公长子子荣公迁居益阳修山。再传日、暹两公，再四传衍为思贤、思道、思敬、思铭四房。其谱中所载暹公世系与益阳南峰龚氏有异。明成化二十年（1484）始修族谱，万历九年（1581）、清康熙三十年（1691）、乾隆十八年（1753）、嘉庆七年（1802）、道光二十年（1840）、光绪八年（1882）、1913 年、1941 年、1994 年、2018 年续修。派语：昌耐荣进金，正思遵水允。廷朝邦守大，国泰定长春。亲德良高厚，家传尚慎勤。尽伦敦爱敬，为学在明新。士慕垂诗教，臣怀立汉勋。前贤均可法，后起益多英。

益阳龚氏　始祖子荣公，元末迁益阳修山，分日、月、暹三房。月房居袁家桥，又称龚家坪。暹房居张家厅，又称禁簰。各有支谱。日公居毛家山，五世至庭泽公，居二里樊家棱，分大吉、大仕两房。大仕徙龙阳龙潭。大吉五子：兴文、兴武、兴尧、兴舜、兴朝，世居樊家棱。文、武、尧三支失传。宋绍兴七年（1137）、元泰定元年（1324）、明洪武三十一年（1398）、正统十一年（1446）、弘治十五年（1502）、万历二十九年（1601）、清康熙三十三年（1694）、乾隆二十年（1755）、嘉庆九年（1804）、道光二十五年（1845）、咸丰十年（1860）、光绪三十四年（1908）十二修族谱。日房原派：日曰奇福泽，允敬凤朝阳。增订公派：亲德良高厚，家传尚慎勤。尽伦敦爱敬，为学在明新。士慕垂诗教，臣怀建汉勋。前贤均可法，后起益多英。

益阳南峰龚氏　一世祖暹公，明洪武时随父子荣公徙湖南宁乡，三派祖安凝公自新化返益阳，四派扶语、扶言，两公分立门户，扶语居禁簰，扶言子孙世居益阳袁家桥、黄金洲等地。言公生六子，惟渊、潮、源三公世泽恒绵，渊房又衍为和、绅、俊、兴、旺五房。明洪武三十一年（1398）三修、清乾隆六年（1741）四修、乾隆五十九年（1794）五修、道光九年（1829）六修、同治七年（1868）七修族谱。兹后丁繁族众，各房分修。宣统三年（1911）言裔长房仕和公支八修支谱，1930 年九修，皆渊、潮、源三支分修，其中渊房九修时，又和、绅、俊、兴、旺五支分修。1996 年渊、潮、源三支又合修，上谱人口 29829 人。2008 年源裔十一修。2016 年扶言公裔十一修族谱。总祠称“南峰堂”。明洪武三十一年（1398）三修时订湖南龚氏通派：武昌宗子荣，文朝伯万成。廷大兴世守，国泰定长春。亲德洵高厚，家传尚慎勤。尽伦敦爱敬，为学在明新。士慕垂诗教，臣怀立汉勋。前贤均可法，后启益多英。清乾隆六年（1741）四修时订益阳暹裔派语：日金安扶道，绍仕志单仲。大希文胜祖，良善世生贤。继先维树德，诗礼允传家。立品崇儒雅，观光应国华。英俊时逢盛，滋培泽正长。熙朝登进广，勋业振南邦。该族名人：龚生扬，花翎记名提督。龚浩，（台湾）“行政院”设计委员，东吴大学教授。

安化丫头山龚氏 宗瑞公第二子子华公，率第四子国民落户安化丫头山。国民生必禄、必荣，必禄迁邵东棠下桥，必荣仍居丫头山。清康熙三十三年（1694）、嘉庆三年（1798）、道光二十五年（1845）合际元公以下益阳子荣公裔、新化子富、子贵公裔、安化子华裔等湖南七府二十三县为一谱。同治四年（1865）丫山十一修族谱，光绪三十二年（1906）十二修，1941 年十三修，2015 年十五修。派语：国必天思显，庭时振应朝。祖归承楚景，绍化世荣昌。重英光泽里，继序润西江。

安化龚氏 始迁祖显庆、伯通、奇显等。显庆孙缘因，明时由江西迁安化常丰乡长冲。伯通公亦迁长冲，奇昌公迁安化仙洞。清咸丰间合修宗谱。

安化贯庄龚氏 出于新化流南山二世子富公。断自十二世世斗公，清康熙间自新化石渡江道人冲迁来。派衍三房。建祠石膏坳。1935 年一修族谱。派语：武昌宗子荣，文朝伯万成。廷大兴世守，国泰定长春。亲德洵高厚，家传尚慎勤。

新化龚氏 始祖宗瑞公，字鸿鲲，行一，原籍江西吉安府泰和县早禾渡金峰庙王圳上，元至正间任湖广副使，任满留家武昌安居。生有八子：子荣、子华、子富、子贵、子爵、子禄、子清、子高，元末明初携家南来。富公寓居新化流南山、圳上旧县村等地。贵公居横阳山沙江观音山，后裔再迁新化白溪。清公裔居新化九都百宁田家山。族谱始修于宋绍兴七年（1137），1994 年十二修。派语：武昌宗子荣，文朝百万成。廷大兴世守，国泰定长春。亲德洵高厚，家传尚慎勤。尽伦敦爱敬，为学在明新。士慕垂诗教，臣怀建汉勋。前贤均可法，后起益多英。

汝城坳下龚氏 始迁祖念宗公，明崇祯时自广东三水县迁汝城坳下。至1932 年，已传 13 代，50 余人。

会同龚氏 远祖愈公。一世乐安始祖谊公，字国泰，生勤公，勤生饶，饶生仕林、仕材、仕梅（六世）。仕材字举贤，生宋天圣三年（1025）。材公玄孙十世“昌”字辈 27 人，昌炽、昌悦为小洪江、下塞首发始祖。昌炽居江西丰城，其十五世孙邦基公，明时迁会同。昌悦自新淦县迁会同午溪。宋绍兴七年

（1137）、元泰定元年（1324）、明洪武十一年（1378）、宣德五年（1430）、弘治元年（1488）、隆庆元年（1567）、清康熙五十九年（1720）、乾隆二十八年（1763）、嘉庆二十二年（1817）、道光十九年（1839）、光绪三十四年（1908）、1994 年、2016 年纂修族谱。世序：秀再昌盛进，才文廷仲邦。永祚承先德，大学显荣光。

麻阳龚氏　始祖福科公，本姓吴，原籍江西吉安府安福县枣子园煞市街，元皇庆年间任贵州铜仁府尹，年老辞官后卜居麻阳新营。清康熙年间因吴三桂反清而恐九族之祸，子孙遂改姓龚。后人分布于兰里、吕家坪、郭公坪等乡镇。字派：富仲华友子，志永世廷朝。上大人士启，字绍定先超。本宗开元佐，发荣理长高。清明光正字，纯义崇万昭。1992 年，吴、龚二姓议定龚姓原字派取到“发”字止，新议 28 字：祖德广众继千古，雄才博义续百标，府兼友凤越九昊，院备图腾跃五高。

盛

湖南盛氏　始祖度公，字公量，累官尚书，曾绘《西域图》献宋真宗。传至明季，子孙多自豫章徙居湖广。玉魁字良圭，明正德间徙居安化县麻溪阿丘，后卜居江南镇。仲伍徙居新化西河镇西河村，仲陆徙居新化城关镇蕨根村，廷洗徙居邵东牛马司麦子口村，廷汉徙新邵岱水桥高坎村。德儒字席珍，迁居安化。德士字席上，明洪武元年（1368）迁安化，永乐二年（1404）迁居湘乡四十一都集祥乡清溪里黄港盛家冲，今属涟源市。友旺公后裔徙居桃江三官桥。1994 年德士公裔倡修合谱。派语：（以度公为一世，自三十七世始）业大裕后昆，英才显辉映，雅风秉弘扬，鹏程腾寰宇，青简标奇章。

长沙纠田盛氏　始迁祖朝金公，明洪武间由江西袁州府宜春县黄婆街迁楚，落业善化县。子贤公卜居纠田。再传至志能公子四：友正、友大、友光、友明。正、大两房失传。友光支分三房：惠、仲、密。友明支分四房：安、邦、印、政。至 1948 年，已传 20 代，有 400 人。七房合修族谱于清康熙四十六年（1707），乾隆二十二年（1757）、嘉庆二十一年（1816）续修，皆未付梓，光绪元年首次刊行，1932 年五修。宗祠建于嘉庆初年。宗派：朝子志友，必胜万宗。一嘉荣国，正天廷应。思利先祖，植纪振纲。维仁孝继，世久文运。日益隆显，达雄湘楚。

湘潭云湖盛氏　始祖福益公，明洪武间因奉派为湖南茶陵卫指挥使而自江苏常州迁居湖南湘潭，四传至龙、虎、彪、熊、麟兄弟，再迁县西七都云湖桥。龙公居长沙，虎公迁宁乡汤泉，彪公居云湖，熊公迁善化八都，麟公迁善化一都。至1948年，已传22代，族人5万余。清光绪十七年（1891）五房合修族谱。乾隆四十五年（1780）建宗祠于云湖盛家冲。派语：（自十六世起）修谱昭先泽，和亲耀远光。勋名怀北海，功业振南湘。继世才猷焕，贻谋爱敬长。传思恢朴厚，训永守纯良。一本开新远，千年绍典常。

华容宋家嘴白鹤窖盛氏 始迁祖江汉公，1913年随师学木工至华容，成家于宋家嘴白鹤窖。现人丁散居幸福、团洲、新洲、塔市驿、城关等地。派语：浩庭文尚世，永远绍宏强。大志开家运，英才启国光。有道时宜用，荣华发正长。

常德盛氏 始迁祖醇儒、先儒，明建文二年（1400）由江西饶州府余干县樟树保迁湘，醇儒居汉寿猪婆窑，先儒居常德窑泥窖。2005年与石门、桃源合谱。老派：儒后绥福政，延绵迪吉祥。应启宗廷国，学开天景昌。丕绪光方大，鸿才泽正长。

桃源盛氏 始迁祖卓六公，明时由江西抚州府临川县迁桃源县麻标山兰家桥。卓六生西槐，西槐生大捷，大捷生文昌，复由兰家桥迁武陵玉皇庵。1917年一修族谱，2005年与石门、常德合修。老派：卓西大文世志朝国际为有道新德永光常成诗易可安万广邦乃其祯仪泽攸祥。

慈利盛氏 宏秀，生清康熙二十一年（1682），卒雍正十三年（1735），原籍武陵清竹堡。子光明，原名国明，迁居慈利文家洞，2005年与石门、桃源、常德合谱。老派：时嘉含宏光大佑启文武联芳忠孝克绍先绪礼义振定朝纲。

汉寿军山盛氏 始祖庸公，仕明都指挥使之职，派衍江西。传至儒杰公，明永乐二年（1404）由江西吉安庐陵县踏水桥迁居湖南龙阳县（今汉寿县）赶山坪，因水淹，后再迁军山总之赵荣冲。族谱创修于清咸丰九年（1859），光绪二十七年（1901）续修。宗祠位于军山总盛家冲。老派：儒俊贵福，政延国昌。太广文宏，成之先光。续派：宗应后起绵，惟善本承天。守道敦行士，安邦济世贤。经纶惟克立，典则永贻前。青史大名炳，流风万古传。

石门盛氏 始祖开禧公，原系五溪土人，自后汉武侯征蛮授细纱峒长之职，历晋及隋，世受土职。远祖度公，字公量，宋进士，以尚书屯田员外郎奉使陕西，两子从。后长子申甫还朝，留仲子于陕籍焉。先祖德公因弟庸公明建文时封历城侯、平燕将军，受明成祖疑，致使德公受牵连。至宣宗，复其长子旺袭父职，授南京右卫所。仲子华，字从龙，陕西西安府咸宁县马巷口人，元明之际，因湖广九溪卫所细沙隘百户盛国祥故，调华补缺百户，世袭勿替。谱尊为一世祖。清光绪二十九年（1903）纂有族谱。2005 年与桃源、常德合修族谱。派语：（自第九世始）时嘉含宏光大，佑启文武联芳。忠孝克绍先绪，礼义振定朝纲。在前韬略继美，从今宝贵必长。一本相传久远，万代德泽永昌。

益阳盛氏 鼻祖千一公，出自苏州昆山，任吴西建昌太守，致仕落业抚州临川。历传至明弘治九年（1496），迁益始祖首元公（讳浩乾），及弟坤三公（讳浩富），南游于湘，落业益阳城西茶园村及张家村。首元公后传至四世有分徙沅江者，坤三公后传至三世有分徙宁乡者。清乾隆十五年（1750）始修族谱，嘉庆元年（1796）、道光十九年（1839）、同治六年（1867）、光绪十七年（1891）、1917 年、1949 年续修。派语：浩廷文上世，永远绍弘图。献略承先志，昌期广大都。济美光前代，勋名列鼎彝。华国贤声振，兴隆昌祚长。

新化盛氏 始祖度公，名公量。其裔孙仲伍公，字世昌，明朝人，居新化夏家湾（今西河镇）。仲陆公居新化城关镇蕨根村（现梅苑开发区）。族谱一修于清乾隆三十八年（1773），1994 年五修。旧派语：有志国家士，勋名必显扬。因时兴礼教，应运启贤良。大业朝廷展，鸿犹德泽长。崇先期可久，永远兆祯祥。新化、新邵、邵东旧派：廷必光如仕，学昌万代兴。忠厚贻芳远，宗功裕后昆。新化、新邵、邵东续派：业大裕后昆。英才显辉映，雅风秉弘扬。鹏程腾寰宇，青简标奇章。

零陵盛氏 一世升一郎、癸二郎、益三郎，系南京苏州府昆山县人，元末至正间入朱元璋军，洪武间由江西吉安府永新县至永州，分守城南，为永州盛氏开基始祖。升居吼狮井，癸居梁木山，益居江边。清道光末、光绪二十三年（1897）、2014 年三修族谱。派字：作善荣昌久，尊亲发达长。家传崇本业，富贵定名扬。

常

长沙欧塘常氏 始迁祖钧公，字黻绣，原字福绣，号秉国，一号毅斋，后唐同光二年（924）以孝廉官湖南刺史，与陈端、彭滐自江西庐陵追贼至长沙，遂隶籍长沙雾阳乡伙散桥，旋徙大贤都欧塘即常家冲老屋。族谱始修于清乾隆四十八年（1783），道光十四年（1834）、光绪二十六年（1900）续修，1936 年六修。派语：钧淑行师，彦洪守希，有允山式，重大汝梦，原惟通锜，尹世文仲，仁德仕开，朝廷庆显，孝友承光，本建传宏，敦培锡厚。2021 年长沙常氏欧塘、东薮、校书园、青山、清水塘、坑铺湾六支合修通谱。

长沙东薮常氏 始祖帮国公，字嗣春，号松岩，原籍连江，唐末黄巢之乱中以功官招讨使洪州刺史。传至钧公，字黻绣，号秉国，后唐同光间追贼至长沙，遂家长沙大贤里，故尊之为迁湘一世祖。传十七世徙居鹳林桥，复徙东薮陂。1928 年纂有支谱，其时人丁 1154 人。派语：（自二十九世起）朝尊道立，家振业修。本建传宏，敦培锡厚。先声克绍，正学景崇。

长沙校书园常氏 始祖钧公，十四世大真，由孝廉官江南无锡县，生汝贤、汝昌。贤裔十八世通政，世居欧塘冲。通贤分居缪家塅。昌裔十八世通贵分居校书园。1933 年校书园四修支谱。派语：钧淑行师，彦洪守希，有允山式，重大汝梦，原惟通单，尹世文仲，仁德仕开，朝廷庆显，孝友承光。

长沙青山常氏 始祖钧公。十四世大真公，生汝贤、汝昌。昌裔十八世通行公偕三子福、虎、鉴徙居青山。后虎公分居王家冲，鉴公分居小水源。清乾隆十七年（1752）、光绪二十五年（1899）、1942 年三修家谱。派语：钧淑行师彦鸿守希有允山式重大汝梦原维通福永世玉金明生。

衡阳常氏 始迁祖得公，又名德，字道卿，山东东平人。明洪熙元年（1425）授湖广衡州卫指挥使。四传至克宁公，四子：玉、珍、瓘、宝，派分四房。明正德六年（1511）、崇祯三年（1630）、清雍正二年（1724）、乾隆五十九年（1794）、道光二十七年（1847）、光绪十九年（1893）、1925 年、1995 年八修族谱。八修时有男 2907 人，女 2241 人。西乡原班：木火逢文明，育英代必荣。南乡原班：逢永如朝廷，光昭延万民。新班：国泰启家运，传绪鸿业新。万年长有庆，忠孝著芳名。该族名人：常英瑚，嘉庆十四年进士。子大淳，官湖北巡抚。

湘阴常氏 始迁祖枝柏公，明永乐中自江西高安宦湘而卜居湘阴县城。

湘阴县城常氏 始迁祖渝臣公，清康熙初自湖北监利迁湘阴。

桃源安平常氏 始祖朝凤公，清康熙二十年（1681）自沅陵迁桃源县南上白石村之新店驿。至 1948 年，已传 10 代，全族人口约 260 人，分布于安平、新平及湖北恩施等县。族谱创修于 1944 年。

眭

安化眭氏 宋景祐年间，诚仕公迁居江西吉郡龙福渡，生子念一、念二、念三、念四、念五。念一郎子子隆，徙居庐陵高沙乡。五世泰亨，字迪恭，官肇庆太守。八世淑临，明宣德间授零陵县令，后因功升宝庆府同知，卒于任。子韫琦，生时景、时冕。时景卜居安化四都潺溪，创业对口溪，次子坦敷居其地，长子坦湘迁城内府馆前。清道光二十五年（1845）、光绪十八年（1892）、1932 年纂修族谱。字派：诚念子可亨德于淑韫时坦学承应光文明。绍先人世业，思守永昌隆。祖德传家礼，宗功启后忠。

永州畦氏 始祖九成公，字凤仪，昭符公十二代孙，南宋末人，居江西永新县拿陂车塘。八代孙显政公，明弘治时由江西永新龙福桥来永州经商，卜居东安石期市龙王庙。子相黄又迁零陵西乡名山岭。1933 年纂修族谱。

崔

宁乡崔氏 始祖比公，字应奎，号密湖，宋时由江西吉安府安福县南乡迁居湖南湘潭。传四世于宋元之际析居宁乡，至九世元明之际克谐后称五甲屯籍，克让后称二甲民籍。族谱始修于元代，明代三修，清嘉庆十九年（1814）宁邑各房分修，光绪二年（1876）六修，1912 年七修。乾隆四十七年（1782）建宗祠于墨烟塘。至 1949 年，全族人口 9000 余人。派序：（自二世起）世太伯单单元山克安。五甲十代名派：允思显元廷朝文行忠信安富尊。二甲十代名派：彦单永单时守良道（崇）明开国启（承）胜（家）。五、二甲二十三代下合派：荣荫昌先泽，经纶裕继贤。敬宗怀孝友，光德庆长延。

宁乡博陵云岫崔氏 始祖比公，南宋自江西迁来宁乡。十六代守曾公，于明万历四十七年（1619）筑别墅于宁乡板石衡，题曰“云岫”。清乾隆五十七年（1792）、咸丰五年（1855）、光绪二十七年（1901）、1939 年四修支谱。

衡阳崔氏 始迁祖整公，字正家，号慎修，原籍河南嵩县。元至正末选充总旗，有功，明洪武十三年（1380）任衡州，实授千户。生二子：福居衡城，雄徙常宁。福裔四世衍为泰、甫、呈、和四房。清道光二年（1822）、道光十六年（1836）、同治六年（1867）、光绪三十年（1904）、1929 年五修族谱。派语：（自十世始）用臣鸣文朝添赐。敦本彰先德，家光庆益清。盛时隆运起，荣显在儒珍。

平江虹桥崔氏 始迁祖五龙公，元至正二十七年（1367）自江西万载迁此。至 1994 年，全族人口 431 人。

张家界崔氏 始迁祖思德公，河南开封人，明时宦游湖南，遂家永定。至 1906 年，已传 10 代。

益阳石岭崔氏 始迁祖旺公，字楚开，号裴轩，元末明初自江西南昌徙迁武昌，继徙益阳石岭村。派衍三房：彦景、彦洪、彦恭，景、洪两支世居资阳，恭迁辰阳，未曾合谱。宗祠建于清乾隆十八年（1753）。明季创修谱牒，清乾隆二十七年（1762）、嘉庆二年（1797）、咸丰八年（1858）、光绪元年（1875）、1921 年、1948 年、2005 年续修。派语：日彦廷王自，草维之继光。观应从希立，世泽启贤良。文章昭代盛，诗礼振家邦。祥瑞芳声大，宗枝定远昌。

郴州崔氏 始迁祖正国公，河南宜阳人，秦府长吏，谪郴州知州事，因家焉。

银

邵阳银氏 据光绪三十四年（1908）《邵阳县乡土志》载：得姓于五季，时马殷割据湖南，开科取士，银青、廖光图与胡文美同事马殷，均擢为光禄大夫。相传银青第十子隶籍武冈大东乡之大陂团，分衍武冈县大罗江、石厂团等处。至光绪三十四年（1908），丁口约七八千。1990 年七修族谱自称为仫佬族，始祖青光公，宋宁宗庆元二年（1196）落籍宝庆府武冈州岐山，今属邵阳县塘渡口。至二世衍为十房：大房居隆回周旺铺石门，二房、七房居广西罗城县，三房居邵阳盘壁水口山，四房、八房不详，五房居城步五团乡莫义峒，六房居新邵县言栗乡弄富村，九房居邵阳夏溢渡，十房仍居岐山。又衍为荣、魁、旺、达、海、滨、江、河、良、文、素诸房。清乾隆四十六年（1781）始修族谱，1990 年七修。班次：才仲克循礼，志信廷祖世。应才时逢泰，和运际勋熙。道庆明良遇，宏宣德化心。体健昭翊赞，嘉会策元勋。

城步银氏 分布于下木宜，清时乡土志称其为“青苗”。

符

湖南符氏 该族系鲁公之后，先世有公孙雅者，仕秦为符玺令，因以官为氏。后伟明公，讳融，以文学著名东汉。九传济南公，由建昌徙丰城。十七传希贾，又由丰城迁福建汀州。二十五传庆，生彦文、彦武。彦武仍居汀州。彦文字成章，元季授万户侯，由福建汀州协镇长沙，卒葬宁乡枫梓庙，生四子：公辅裔析居宁乡、益阳，公弼裔迁平江、湘阴，公旬裔迁衡阳。公嵚裔迁衡山，四传复迁攸县。四房通谱创修于清雍正十三年（1735），光绪三年（1877）续修。派语：文行全正纪，守任重臣子。彦公忠孝思，必应超大世。善友克邦廷，允约时之仕。德业振维宗，又方安以训。太和翔景运，郅治益昭明。敬典崇先泽，修名耀国荣。延长光令绪，卓茂显奇英。积厚垂辉美，隆规万代亨。

宁乡符氏 始祖彦文公，字成章，元季授万户侯，由闽宦湘，协镇长沙。长子公辅之次子忠宪，行二，析居沩宁。自忠宪十传至世材、世珑、世栋，衍为三房，世居沩宁。清雍正间创修通谱，咸丰七年（1857）宁乡三房续修。

醴陵攸坞符氏 始迁祖万春公，明成化十五年（1479）自攸县迁此。族人分布于贺家桥、明月山。至1948年，全族人口500人。

衡山符氏 始祖彦文公，生四子，第四子公嵚开基衡山。公钦生忠信，忠信生孝则，孝则生思达、思通。思达徙攸县，思通居衡山旧业。思通生必义，必义生应心、应德、应楚、应岳，心、德迁江西广信府弋阳县，应岳居衡岳前山，应楚居留笔塘。明正统十三年（1448）创修族谱，弘治九年（1496）、隆庆元年（1567）、清康熙二十四年（1685）、雍正十三年（1735）、嘉庆六年（1801）、道光二十二年（1842）、光绪三年（1877）、光绪三十四年（1908）、1949年续修。2006年班公房十一修族谱。2008年玉琱公房、玉琛公房、王金公房十一修房谱。班行用通派。

桃源漆河符氏 先世明天启五年（1625）由江西迁桃源县北漆河之黑岩嘴。至1948年，全族人口200余人，分布于漳江、沙坪、灵岩等地。宗祠在黑岩嘴。族谱创修于1914年。

益阳符氏 始祖彦文公，三传至忠烈（公辅长子）徙资阳，五传思诚、思得、思明（思盟）、思三。思诚居修山，生必道、必进、必华三房。思明（盟）居侧上冲，生必荣、必远。必荣土著。必远徙居郭公庙，分泰、伦、铭三房。清康熙五十九年（1720）诚、得、明、三四房合修族谱，雍正十三年（1735）合修全省通谱，之后各房各自为谱，1948年诚房九修。道光七年（1827）明房纂有族谱。道光八年（1828）、光绪元年（1875）得、三两房合纂族谱。光绪六年（1880）明房五修，光绪三十四年（1908）明房六修，1933年明房七修。派语同通谱。

沅陵马路巷符氏 汉代融二十九世孙宗杰迁辰州沅陵县马路巷。其孙辛八移居深溪七甲，辛八曾孙三：文忠为六甲祖，文善为七甲祖，文启为四甲祖。

麻阳符氏 始祖麒公，唐时江西吉安府吉水县乌鸦州吉街巷人。其裔孙宗杰为宋太原总兵，奉旨来辰州征洗南蛮，后镇守辰州，后为避金人之乱而避迁北京真定府老鸭乡。宗杰之子发盛、发明、发真、发龙四兄弟于明永乐二年（1404）自老鸭乡迁湘，暂居常德府。后发盛移徙麻阳，发明后迁云南。发真移居澧州，三子后移乾州。发龙迁沅陵。发盛始迁居麻阳岩峦洞，再迁白泥田黄家冲，后移居谭家寨。迁常德公议字派：宗发贵应德，文廷百万金。国正士之洪，世代永兴隆。迁居麻阳后自“发”字又重新议定20字：发贵文忠志，景正祖朝再。启上先有士，世代永兴隆。清乾隆二十二年（1757）修谱众议字派：长振光前德，其超学远传。肇基荣昌达，继绪显名扬。增补字派：敬承昭穆序，慎修自逢原。祯宝国家福，钟毓桂兰芳。

龙山苗族符氏 始祖启胜公，明成化九年（1473）自江西南昌迁广西桂林全州，后转迁湖南凤凰，娶苗女依入苗籍。隆庆五年（1571）复迁龙山桂塘马鹿塘、老寨沟居住。族人分布于蔡家湾、小溪、黄泥田、符家寨、老寨沟等地。

盘

炎陵常平乡东坪盘氏 始迁祖正莲公，明隆庆二年（1568）自蓝山县迁此。

炎陵龙渣盘氏 始迁祖永堂公，清顺治末年自资兴迁此。

新宁盘氏 清康熙年间与赵氏从江华游猎入新宁县境与东安接壤之山地定居，其中小部分属新宁县靖位乡。

资兴连坪乡上连峒盘氏 据郴县东波瑶村《盘氏宗谱》载：连坪乡瑶民盘氏，其祖居浙江绍兴、扬子江润州坝尾等地。先后于唐、宋之际迁至广东，明泰昌元年（1620）又从广东仁化县迁至湖南郴县东波，旋分房，由盘永堂徙入资兴连坪上连峒。

桂东瑶族盘氏 由广东仁化迁居酃县（今炎陵）龙渣，再徙桂东。一支落户彩洞，一支落户四都洋河溪。

蓝山舜乡蓝山冲盘氏 始迁祖秀香公，宋时来自零陵。至1931年，凡5户，男8人，女10人，共18人。

蓝山舜乡牛塘口盘氏 始迁祖进隆公，宋时来自广西。至1931年，凡1户，男3人，女2人，共5人。

蓝山上洞盘家瑶族盘氏 始祖幼九公，元至正四年（1344）64岁时携妻凤氏及子少芳、少蓝兄弟从广西贺县鸡笼山迁蓝山大桥堡城，居住八年后迁到江华、蓝山交界的甘竹冲、鱼跳尾之大塘。越八代，道旺公始迁居上洞桃花冲。

第十一代仁良于明崇祯九年（1636）开基上洞盘家，村名“蓝桂坊”，后裔分析大桥呈里源、源兴、蓝江、小目口、堡城等村。

蓝山舜乡盘家村盘氏 始迁祖幼九公，明初由广西迁来。至1931年，凡45户，男78人，女75人，共153人。

蓝山舜乡太溪源中洞盘氏 始迁祖幼九公，明初由广西迁来。至1931年，凡20户，男31人，女28人，共59人。

蓝山凤感乡上庙盘氏 始迁祖幡欢公，明正德间由广西迁来。至1931年，凡7户，男19人，女17人，共36人。

蓝山凤感乡枫木山盘氏 始迁祖幡国公，明正德间由广西迁来。至1931年，凡2户，男28人，女19人，共47人。

蓝山凤感乡敬冲盘氏 始迁祖幡来公，明正德间由广西迁来。至1931年，凡5户，男18人，女12人，共30人。

蓝山凤感乡尧光坪盘氏 始迁祖幡喜公，明正德间由广西迁来。至1931年，凡21户，男43人，女40人，共83人。

蓝山凤感乡带下山盘氏 始迁祖荣登公，明正德间由广西迁来。至1931年，凡13户，男35人，女27人，共62人。

蓝山凤感乡棉花地盘氏 始迁祖荣清公，明正德间由广西迁来。至1931年，凡16户，男44人，女43人，共87人。

蓝山凤感乡盘家盘氏 始迁祖士生公，清初由大水源迁来。至1931年，凡4户，男4人，女4人，共8人。

蓝山凤感乡天坪盘氏 始迁祖福庆公，清康熙间由枫木山分来。至1931年，凡7户，男18人，女15人，共33人。

蓝山荆竹寨、豆坪冲盘氏 清乾隆年间从酃县游猎到拐塘坪，后分居荆竹寨和豆坪冲。

蓝山凤感乡大冲山盘氏 始迁祖福德公，清嘉庆间由枫木山来。至1931年，凡8户，男26人，女22人，共48人。

蓝山凤感乡糍斫坳盘氏 始迁祖荣成公，清道光间由枫木山迁来。至1931年，凡4户，男13人，女9人，共21人。

蓝山凤感乡灯盏窝盘氏 始迁祖富丰公，清同治时由枫木山迁来。至1931年，凡1户，男2人，女3人，共5人。

蓝山凤感乡桐木冲盘氏 始迁祖富发公，清同治间由枫木山分来。至1931年，凡8户，男29人，女22人，共51人。

蓝山凤感乡牛塘盘氏 始迁祖荣谊公，清同治间由尧光冲迁来。至1931年，凡7户，男28人，女25人，共53人。

蓝山凤感乡苦竹冲盘氏 始迁祖受欣公，清同治间由尧光坪迁来。至1931年，凡3户，男15人，女10人，共25人。

蓝山凤感乡麻叶冲盘氏 始迁祖受封公，清同治间由尧光坪迁来。至1931年，凡7户，男25人，女11人，共36人。

蓝山凤感乡长冲盘氏 始迁祖受高公，清同治间由尧光坪迁来。至1931年，凡3户，男10人，女5人，共15人。

蓝山凤感乡马嘴盘氏 始迁祖玉才公，清同治间由尧光坪迁来。至1931年，凡7户，男25人，女16人，共41人。

蓝山舜乡沙子岭盘氏 始迁祖永琪公，清光绪时由江华分来。至1931年，凡3户，男7人，女6人，共13人。

蓝山舜乡拐塘坪盘氏 始迁祖朝保公，清时来自零陵。至1931年，凡3户，男5人，女6人，共11人。

蓝山舜乡龙塘、清塘盘氏 始迁祖善期公，清时来自零陵。至1931年，凡7户，男16人，女13人，共29人。

新田博大乡田队盘氏 始迁祖文祀公，唐时自江西徙居此。至1948年，已传18代，有300人。族人分布毛栗坪。

庹

张家界庹氏 始祖承满公，宋仁宗庆历四年（1044）由四川成都因镇抚九永叛蛮来湘，开基于永定卫（今张家界市）。至1948年，男女丁口1480余人。清同治六年（1867）设宗祠于县城南正街，1948年设族立学校于官尹乡尹家溪。族人以官尹乡聚居最多，余为永定镇之南正街、便河街和西庸乡。亦有迁桑植、永顺及广西、湖北等地者。据1998年大庸（今张家界市）庹氏族谱称：庹氏为土家族，庹从“田”来。晋末关中田和之裔田亮为蜀太守，莅任成都，唐安史之乱后田氏霸蜀，势力向东扩展。宋真宗大中祥符年间，田亮之裔孙承满，以太保职由高州（今湖北宣恩鹤峰）来大庸，镇抚武口寨。元末承满裔武口安抚田熙等诸土司，响应陈友谅，割据湘、鄂、川、黔十数年。明初太祖招抚土司，授以原官。洪武三年（1370），熙公子抚判公参与四川明玉珍部及慈利土酋覃垕等反叛，明太祖诛灭田氏九族，于是田氏兄弟及管事一人执九节牛角为凭逃难，易姓庹（tuǒ）。清光绪《永定县乡土志》称：相传其先为田氏，为宋显官，义不臣元，横被诛戮，因惧株连族坐，遂改而为庹。其事颇不经见考。大庸、桑植、永顺、慈利、澧县、石门、安乡及湖北、贵州、四川、台湾等地庹氏联谱合派：（自二十四派始）中和肇位育，孝友达治平。品泽经书韵，门联雅颂声。吉庆昭令绪，仁寿兆佳征。祚业宜同懋，君恩定久承。

澧县燕子山庹氏 始祖嗣甫公，明初官蜀入楚，由慈利迁居澧县，其长子福生开基于燕子山庹家河。后人分布于庹家河、庹家湾等地。宗祠在庹家湾。至1948年，已传25代，族人1700人。

澧县观音港庹氏 始祖嗣甫公，明初官蜀入楚，由慈利迁居澧县，其次子庆生迁居观音港。后人分布于玉家坪、涔河等地。宗祠在观音港。至1948年，已传25代，族人800人。

慈利庹家塔庹氏 始迁祖守珍公，明洪武二年（1369）官蜀入楚，征蛮来湘慈利庹家塔。族人分布在曹家峪、董家峪等地。至1948年，已传25代，共200人。

桑植木匣口庹氏 始迁祖守珠公，明洪武二年（1369）官蜀入楚，征蛮而至桑植木匣口（今庹家冈）。后人分布于慈利九溪、江垭、官地坪等地。宗祠有二，一在江椏，一在小佘头。至1948年，已传25代，约1000人。

桑植万民冈庹氏 始祖宗朝公，裔孙国模公于清中叶自张家界官尹乡迁居桑植县万民冈。宗祠在冯家坪。至1948年，已传10代，约160人。

永顺庹氏 始祖宗朝公，裔孙正祖、正儒、振秋于清中叶自张家界官尹乡迁居永顺县老寨及彭家包。至1948年，已传6代，约140人。

庾

衡阳庾氏 始祖演浚公，原籍武林新安府歙县，随明太祖征讨有功，赐明威将军，洪武十六年（1383）偕妻儿迁居金陵江宁府上元县。其子建宁公，字静庵，官至指挥，永乐九年（1411）偕妻儿来衡州，购东华门居住。

武冈庾家坪庾氏 始祖曾助公由江西鹅颈大丘徙楚益阳，后卜居武冈县城东三十里庾家坪。新排辈分：源溯商阳，泽承尧封。经邦论道，汉晋儒宗。清新大成，博爱仁通。崇文重教，孝友谦恭。弘扬祖德，永葆家风。

汝城集龙乡庾氏 一世祖宗祖公，原居楚南蓝山县，后迁居广东乳源县出水岩立业。传至七世孙兴仁公，于明万历四十八年（1620）徙江西崇义县丰州乡黄柘坪。清初又携妻及子世凤、世凰迁湖南汝城县集龙乡里长坝竹头下。

康

长沙嵩北乡龙潭康氏 始迁祖元焻公，字绎家，号振华，福建省永春县人，清康熙十四年（1675）因经商来湘，开基于长沙县嵩北乡阴功桥龙潭地方。生三子：晋坚、晋墀、晋塾。族人分布于长沙各乡。至1948年，已传10代，共500余人。宗祠在龙潭。

醴陵杨家坪康氏 始迁祖华廷公，清康熙十二年（1673）自广东兴宁迁此。族人分布于普口市、油草冲、冷水坑。至1948年，全族人口200人。

醴陵贯古塘康氏 始迁祖兆吉公，清乾隆间自江西泰和迁此。至1948年，全族人口100人。

衡山蒙衡康氏 康氏本姓匡，宋袁州路都使珣避太祖讳，易匡为康，开文举、文才、文弼三宗。文举一宗至元代有讳蕴学者，为蒙潭、衡山康氏基祖，开履常、履祯、履善三宗，子姓分徙衡山。族谱始修于南宋，元至顺二年（1332）、明崇祯元年（1628）、清乾隆二十四年（1759）、乾隆四十五年（1780）、嘉庆十二年（1807）、道光二十一年（1841）、同治十二年（1873）、光绪二十八年（1902）、1929年十修族谱。1919年匡、康合辑通谱于江西祁州。

邵阳康氏 始迁祖福一公，明洪武二十二年（1389）自江西泰和迁邵南罗城，继迁大陂田。

平江泉水康氏 始迁祖智理公，清乾隆二十年（1755）自江西迁此。至1994年，全族人口90人。

桃源康家坪康氏 始迁祖友谅公，明初自吉水迁桃源县西三阳村之株木桥。传至伏一再迁县北善溪港康家磴，旋又迁莫林村之康家坪。至1948年，已传25代，全族人口3000余人，分布于灵岩、三阳、龙池等地。清咸丰十年（1860）建宗祠于康家坪。族谱创修于同治十一年（1872）。

新化康氏 一世祖南八，字百万，江西泰和县千秋乡圳上谷村人。子发诏又生三子：和仲、政仲、明仲，三公由江西泰和县梅子坡圳上因避五季之乱迁湖南湘乡万家园，旋徙安化龙坳，复移新化陂头村温塘。后裔有析安化、宁乡、邵阳、湖北、四川等省县。至1949年，已传30代，仅新化县就有24000余人。派语：南诏仲发季，福友华祥瑞（海）。甫万廷显国（正），世天（仁）兴光文（明）。永（历）代朝伦（纲）纪，忠厚钦承兆。敦本开基绪，储才启俊英。诗书能迪哲，礼让可仪型。传家遵典则，祖德定长新。诰命垂周史，清廉贯古今。

汝城土桥康氏　始迁祖至德公，明正统年间由湖南衡州府迁汝城县土桥。九世楚阳分居濠头康家。至1932年，已传22代，100余人。

章

长沙、湘乡、湘潭章氏　脉祖鹏芝公，下再传至仔匀公，仕南唐为太傅，积德行仁于闽之浦，夫人练氏有全城功德。七传至得象公，宋时拜右相，封郇国公，仁宗器之，尝曰清忠无所阿附，其后必昌。致仕卜居善化花桥蓝田。历元而明，代有闻人，递传至明洪武间七世孙璧达公迁湘乡黄田，璧逵迁湘潭田心塅。清康熙五十八年（1719）三邑合修族谱，乾隆十二年（1747）又合建宗祠于黄田，门联：宗支百分，相业千秋。咸丰元年（1851）又续修族谱，有曾国藩赠序。练夫人百代歌：景直明昌茂，隆高厚裕能。泰运旋添仲，曾玄复秀升。显玉敬俊瑞，恭亮锦贤成。华表真仪杰，齐安启顺臣。壮丽熙祥固，嘉宁定会春。爱宜臻庆萃，盛益致新寅。昭继生荣美，超乘赐合伸。永延征吉士，喜见喻同登。季赏恢英烈，宏苞具玖文。才猷咸济出，应诚寿良昆。

长沙蓝田章氏　始祖得象公，宋徽宗时由陈州避乱迁湘，开基于善化县一都花桥。嗣又分迁善化三都之蓝田、湘乡黄田、湘潭田心塅。至重光公，字子明，居蓝田，为该支始迁祖。至1948年，已传20余代，人口7500余人。清嘉庆十一年（1806）建蓝田章氏宗祠于蓝田。清康熙五十八年（1719）合湘乡、湘潭、善化三邑联为一帙，嘉庆十八年（1813）、同治四年（1865）、1915年蓝田支已四修族谱。

长沙蓝田章氏　始迁祖贤书公，明洪武间由江西南昌府丰城县迁善化蓝田，生子忠、子明。子忠六世孙秀峰、左峰、梅峰、连峰，分为四大房。清康熙二十四年（1685）、嘉庆元年（1796）、光绪十四年（1888）、1943年纂修族谱。

长沙章氏　始迁祖云衢，讳意，明万历时因土蛮蠢动，由蓟北迁楚南，卜筑河西之沱市里，继又移宅省垣。再世子器公，明季以屯籍承当邮役，至祥公始能脱籍徙居黄许。至六世分八房。1935年章士钊主修族谱，草谱未刊，今藏上海图书馆，堂号河间。字派：（自八世始）国家永立，忠孝伦全。业安仁里，化乐光天。学崇正道，品绍名贤。诗书世泽，礼义心田。真才中范，宏量如川。明礼致用，守经达权。德修一念，功建百平。人文蔚起，祖绪绵延。

醴陵神仙坪章氏　始迁祖文贵公，自江西南昌迁此。族人分布于碧山。至

1948 年，全族人口 500 人。

湘乡黄田章氏 始祖得象公。至元末明初七派祖九连、九城两公因避陈友谅之变乱，始由长沙善化迁湘乡一都田心塅，后九连公再迁湘乡黄田（今属韶山）。至 1948 年，得象公已传 30 代，人口合计万余，多聚居湘乡黄田，余居湘乡之沙田、团田、白田及湘潭之石潭、田心塅、宁乡之灰汤等地。清乾隆十二年（1747）创祠黄田。明洪武十四年（1381）始修族谱，清康熙五十九年（1720）续修，咸丰元年（1851）三修，光绪二十一年（1895）四修。

湘阴樟湖岭章氏 始祖季生公，明初自江西南昌迁居巴陵。传九世至福詹于明季迁湘阴。

湘阴葛家冲章氏 始祖万清公，明洪武年间徙居湖南巴陵，至八世永礼再迁湘阴十八都牛口塅葛家冲。清光绪三十四年（1908）纂有族谱。

平江三犊源章氏 始迁祖锦云公，明洪武三年（1370）自江西分宜迁此。至 1994 年，全族人口 280 人。

新化小水李家坪章氏 始祖景一公，又名牢一，字谦吉，原籍江西泰和县圳上鹅颈大坵，宋咸淳年间，偕弟牢二徙迁湖南宝庆新邑，首居石马三都白溪，次迁横阳山雾溪章家坪，后卜居小水李家坪。族谱一修于清乾隆二十六年（1761），咸丰九年（1859）续修，光绪三十三年（1907）三修，1949 年四修。班次：（自十三代起）牢祖仲孙克源翊子宗祖如翰大圣文永定显承谟烈长诗书绵德泽克孝肃纲常一源发万派积厚自光昌。

溆浦低庄章氏 清代由江西金溪县徙溆浦低庄。

商

桃源灵岩商氏 先世明永乐二年（1404）自江西迁于桃源县北灵岩之禾场坪。至 1948 年，已传 20 代，全族人口 1000 余人，分布于高家坪、杨家庄、东村坪等处。宗祠在本乡七保。族谱创修于 1945 年。

阎

长沙高桥阎氏 始祖朝京公，字明泉，明成化十三年（1477）自京师顺天府护吉藩来家长沙。长子邦，字春霍，明万历丁丑进士，累官户部主事、工部员外郎、浙江台州府知府、广东布政司布政使，分居白沙河。次子都，随父来楚，身为王卫，葬省城小吴门外阎家湖，至八派衍为斌、斐、誉、焕四房。清光绪二十六年（1900）四修支谱。派语：单绍家声大振广世……

长沙茶花园阎氏 谱称该族原籍江西省南康府安义县。明洪武元年（1368），始祖雄甫公，字世杰，始迁湖北黄州府麻城县置业。公生子一，名文完，文完生道珪，遂人丁繁衍。后道珪公奋志读书，入麻城县庠生，生子三：侃、信、僎，均居湖北。明末，雄甫公裔志宏公次子士豪公，因避兵燹，由湖北继徙湖南长沙县石门乡学士桥大富塘发迹。族人分布于长沙、平江、浏阳、湘阴等处。至1949年，已传24代，男女丁口1000余人。宗祠设茶花园。

石门阎氏 鼻祖兰公，元初进士，家南昌，初任湘潭知县，晚官慈利教谕，遂为慈利人。传五世明洪熙间迁居石门，志高居南乡，志和居北乡。清乾隆十一年（1746）创修墨谱，光绪五年（1879）汇编成辑，1914年续修。

淦

临湘白沙都淦氏 始祖定二公，由进士升授通奉大夫，世居江西临江府新淦县，生七子：仁五、义一、礼三、义四、仁四、义五、礼六。长子仁五公任河南开封知府，复任湖广岳州府，与父由豫章临江府新淦县迁居洞庭之君山，遂家焉。后避陈兵之乱，于元顺帝年间复迁临湘之楚冲里白沙都。仁五公生二子：明武、明禄。禄公任户部尚书，仍居临湘印石畈牌楼坡（即淦家寨黄旗岭）。武公任保定知府，明洪武年间徙居巴邑，落业密松山，开基王坡洞。越十传至耀选公，同妣谢氏复迁谢家山，遂家焉。清道光十九年（1839）、光绪十年（1884）纂修族谱。派语：明念志廷万玉尚兴承立大邑是馨香。承先思佑启，修谱志荣昌。忠孝能垂训，贤良自发祥。

淳于

华容幸福乡淳于氏 迁湘祖清泰公，居四川，元末避兵乱徙湖南湘阴大施塘（今新泉乡先锋村）。传至十五世启光、启先，分为两支。启光分下福贵、秋良，为谋生计。清宣统三年（1911）从湘阴新泉乡迁居华容幸福，现人丁分居幸福、新河等地。派语：清河世立，贵大有为。吉人高卓，天必启之。文光祖德，后传礼诗。家声克振，守本典贻。名扬显达，功成学思。忠信孝义，福庆永宜。

梁

长河洋湖梁氏 始迁祖逢春、集衡、宏用等清康熙末年先后由广东嘉应州迁长沙河西，分为两支：洋湖支、麻田支。道光十八年（1838）麻田支纂修支谱，道光二十八年（1848）洋湖支纂修支谱。光绪三年（1877）两支合修，宣统三年（1911）、1937 年、2010 年续修。派引：（自十六派始）伟世太荣辉（大开文运光）培锦新。学承先世，泽启昌明。宏才广德，崇本敦仁。锡庆延远，永振家声。

长沙梁氏 清道光二十八年（1848）纂修支谱。派语：应世明仕立，经国大文章。克孝敦伦理，培元锡吉祥。光先声远显，裕尔福延长。

望城铜官梁氏 始祖吟公，原籍安徽，佐明太祖有功，敕赐护国侍卫镇抚将军，后调镇湖广长沙府，始落业攸县，生三子，梓忠、梓材、梓昊。材、昊二公各自为族，梓忠迁居长邑临湘都胡家冲。清乾隆五十五年（1790）、道光二十年（1840）、同治十二年（1874）纂修族谱。派序：清梓志覃思，允金胜爱日。枝开常茂香，本立承先泽。家声世有光，南国绍荣昌。忠孝延祥远，文明锡庆长。

湘潭梁氏 始迁祖光耀公，字文广，号宏图，原籍顺天府宛平，明洪武初升授指挥使，解组迁吉安府泰和县，既而复徙湘潭后所。生四子：胜建、龙建、舜建、干建。长房居后所，二房居射埠，三房居易俗河，四房居石潭。明万历十八年（1590）创修族谱，清乾隆五十年（1785）、同治六年（1867）、光绪二十六年（1900）、1932 年续修。行派：开源振祖德，佑启大荣昌。忠孝承先志，家声继世长。

湘潭梁氏 始祖也先贴木儿，官名公本，仕元，世居河南汝宁府汝阳县。五传至鉴公，于明洪武年间由汝阳徙居江宁（今南京）葛仙乡，再四传至丝公迁居湖墅村。后又有永安公官粤，子孙居临桂，梁漱溟即其裔。清咸丰初金田变起，朝仪公讳宝善，字楚珩，号子明，避乱来湘，居湘潭雨湖。清光绪三十一年（1905）建长沙梁氏家庙“敦恕堂”于长沙明道都一甲五区五里牌，民国间建湘潭家庙“五橘堂”于湘潭二都四甲大叶塘。字派：（自十九世始）增锡（宝）承本焕，培钦法懋光。该族名人：梁焕奎，清末创建华昌锑业公司，创办湖南实业学堂及湖南图书馆。

湘乡观山、邵阳洞上梁氏 始祖世机公，明洪武十年（1377）奉旨由江西吉安泰和县从晴乡六都白沙嘴迁湖南湘乡之迪坑，复迁安邑湖泉寺。世机公孙八：昌侣、昌信、昌仪、昌代、昌佐、昌佑、昌真、昌杰。三、四、五、六、七房均他徙。杰公因招赘，子孙变梁为谢。侣公由湖泉寺迁湘乡纯化乡之观山，有宗祠。信公迁邵邑洞上水源塘三溪六都六甲，即维一乡十二保洞上坳。后裔至1949年1万余人。清乾隆二十一年（1756）、嘉庆二十三年（1818）、光绪元年（1875）、1939年纂修族谱。1993年侣公裔五修。派行：宇顺应世文，昌隆立大春。元珠安定友，宗庙永兴崇。

醴陵黄城冲梁氏　始迁祖鸿基公，自江西迁此。至1948年，全族人口100人。

醴陵崇仁里梁氏　始迁祖维新公，清乾隆间自浏阳迁此。至1948年，全族人口60人。

耒阳梁氏　始迁祖观、仓两公，西汉建元间同游居耒阳，开江头举山基址。

邵东坪上梁氏　始祖千一公，原籍江西泰和县，元至正时初徙宝庆，后迁邵东坪上。曾孙德远，生子二：应宗、应祖，一居北乡新宁上一都陂陂街，一居柏林。

武冈黄桥团梁氏　始祖纲平公，河南人，宋南渡徙会同。至十世政二及福晚，明洪武二年（1369）徙武冈。

城步西门外梁氏　始迁祖锭公，江西高安人。明正德间避宸濠乱，寓武冈之麻冲，明嘉靖间徙城步县。

平江献钟横塘梁氏　始迁祖麟发公，宋淳祐元年（1241）自江西瑞州迁此。至1994年，全族人口822人。

常德花坪梁氏　迁湘始祖忠泰公，避南宋初金人之乱，由江西吉州迁楚之安化河曲。传至五世淳华，生五子：明一、明二、明三、明四、明五。次子明二，又名友珪，号广文，徙居武陵之前乡花坪。以佐明太祖敉平功，晋封元帅，退居老花坪。1950年曾七修族谱。

石门梁氏　十甲坪文昌公、上南圻溪文谟公、界溪河物公、王尔峪略公，明万历间先后由江西高安贸易迁楚。梳岗缙公、油榨滩国润公、三岔溪侣公、三圣白洋溶才伟公、百家峪才杰公、维新崔家井仕志公，分别自广东、芷江、津市迁来。道、咸时南溪纂修草谱。1924年南溪与维新合修，为三修。2015年南溪、白洋溶、百家峪、维新合修。皂市白云派语：嘉大文成正，国武定典全。功建声名盛，祖德宏开基。皂市十家坪前五派：昌玉明懋之。白云上南溪前五派：谟应廷世新。新关七松前五派：物材忠希胜。皂市王尔峪前五派：略佛缙楻一。维新前五派：元若东风振。

益阳二十里西峰冲梁氏 始迁祖喜连公，福建上杭人，曾任刑部主事，明洪武年间宦游益阳，定居此地，其后四支，分居板塞塘、道源冲、西峰冲、七里江、血脉冲。

益阳关公潭梁氏 始迁祖锦先公，清康熙年间自福建上杭避乱来此，后裔三支居二十里牛绹岭。

安化三衙冲梁氏 始祖鼎公，宋淳化中为殿中丞，改除吉州刺史。迁湘始祖隆公，以庶常官宋高宗朝监察御史，摄理尚书，后弃官徙潭州，卜居湘乡迪坑，又名迪康，今属涟源市常林乡。再迁祖太义公，由湘乡徙安化良溪，继徙三衙冲，世居常安乡十甲。

安化大桥水梁氏 始迁祖忠泰公，宋哲宗元符三年（1100）自江西吉安泰和迁湖南安化，家居教授。五传至淳华公，衍五房，散居武陵、新化、汉寿各邑。清康熙间、乾隆十一年（1746）、嘉庆二十四年（1819）、同治五年（1866）、1914年、1941年纂修族谱。

新化琅塘梁氏 始祖忠泰公，江西吉安人，北宋末年因避金人之乱而徙迁安化河丘。传五世至淳华，生五子：明一、明二、明三、明四、明五，分迁各地。其中第三子明三，字千一，生于元仁宗延祐元年（1314），卜居苏溪即今新化琅塘。后人分布于新化、安化、邵阳、湘乡、武陵、祁阳、宁乡及湖北等地。班次：忠伏福益淳千仁延仲富思万文天守正（希）大上光名耀开基来赵宋承先积长。续增班次：熙和绵厚泽，佑绪北祯祥。端本修佳训，勋铭焕典章。俊贤培植远，继序允传芳。

汝城水口梁氏 始迁祖德林公，清乾隆时自江西信丰县迁汝城水口。至1932年，已传6代，丁口50余人。

蓝山大慈乡大梁家梁氏 始迁祖林公，原籍江西吉安泰和县，五季官广西桂林知府，道经蓝山楠木桥大洲，卜居于此。至1931年，凡80户，男140人，女150人，共290人。

蓝山大慈乡大和堂梁氏 始迁祖林公，至二十世金意，明末由何家冲迁居墟头坪。清顺治十七年（1660）偕胞弟朝贵侄朝闻来此。至1931年，凡82户，男172人，女155人，共327人。

蓝山舜乡高良头梁氏 始迁祖美光公，清乾隆时由广东迁来。至1931年，凡3户，男3人，女5人，共8人。

蓝山凤感乡东瓜冲梁氏 始迁祖云凤公，清时由江西迁来。至1931年，凡

23户，男19人，女18人，共37人。

麻阳梁氏 始祖宣义公，宋咸淳年间析居会同堡子脚，后裔明天顺年间自会同迁芷江岩冲石坪。清同治年间裔孙由石坪移居龙婆溪（1954年划归麻阳）。石坪、龙婆溪朝鉴公系派语：延世定洪昌，景盛允千万，石单元景朝，永守兴邦胜，文才时宗大，学启世兴必，定国亨利壮。博厚高明，日远益光。位育中和，福祉灵长。祖宗培植，贻泽传芳。

溆浦梁家坡梁氏 始迁祖惠昭公，原籍会同，明时徙溆浦梁家坡。后裔有清武进士一人。

会同梁氏 始迁祖延继公，籍河南开封府祥符县云骥桥，受职宋徽宗政和时，佐山西平阳府临晋县迪功郎。胞兄延缙言王安石新法之非，黜湖广永平县尉，秩满偕子过会，择居乾溪口。其子进义挈家归汴。延继解组后于宋高宗绍兴十三年（1143）挈子传奉制置札送会同，遂家焉。聚居于会同县上方村，散居溆浦、常德、麻阳、新化以及贵州、广西、四川等省。谭其骧先生《近代湖南人中之蛮族血统》一文中说：会同梁氏疑为瑶蛮后裔。明万历四十年（1612）创修族谱，至1931年凡七修。至1948年，已传32代，人口约18600人。

会同梁氏 始迁祖权公，河南汴梁人，宋绍兴间擢靖州判，家于会同。

会同梁氏 始迁祖等添公，河南开封府广济桥人，宋宝祐进士，官拜侍郎，元时征聘故宋臣，更姓遁会同牛皮头。族人分布于伏乡等处。

靖州梁氏 始迁祖用公，字子载，明洪武中由新建以指挥至靖，遂家焉，分为五支。至清光绪三十四年（1908），已传18代。

龙山下卫东苗族梁氏 始祖茂禹公，从辰州迁永顺白小寨，复迁乌鸦河梁家湾，后迁水田坝下卫东。族人分布于下卫东、卡拉湖。

寇

慈利寇氏 慈利寇氏，为宋寇准弟寇则之裔。元至正间盗起，先世徙四川丰都实忠州。明末如圭，偕子极至、孙奇三转徙来慈利，定宅六都寇家坪（亦称伍家坪），后迁二十二都北山大门垭老鸦坑。谱尊奇三为一世，至五世衍为长静、长桢、长全、长圣、长年、长贤、长智、长玉八房。1934年长智房纂有族谱。派字：奇添承国长汝载兴大常绪自周。申伯之德，柔惠且直，揉此万邦，闻于四国，吉甫作诵，其诗孔硕。

谌

临湘谌氏 始迁祖伊兆公，号庆六，明洪武十一年（1378）由江西南昌县青沙村迁临湘县尤家山。清道光二十年（1840）、同治六年（1867）、光绪二十六年（1900）、1930年、2011年纂修族谱。派句：伊维有道，能永本宗。和均成世，朝正天同。文明渐启，德立度宏。作求以此，品望日崇。

平江西乡谌家谌氏 始迁祖敬文公，明洪武十七年（1384）自江西高安迁此。至1994年，全族人口218人。

益阳志溪河谌氏 始迁祖养元公，讳和，宋开禧时由江西泰和迁居益阳志溪河。七世仲连、仲远，仲连迁安化西州。仲远仍居益阳，十二世分为宗荣、宗贵两房，宗荣生志先，志先生希裕、希福。宗贵生志渊，志渊生希贤，又分裕、福、贤三房。清康熙五十四年（1715）三房建总祠于谌家坪。至1948年，人口2480余人。派歌：志必希宗爵，思忠绍可贞。益安孝义德，殷盛自敦伦。礼乐垂家范，诗书启国英。本原培植厚，兰桂绕庭生。

安化谌氏 南昌始祖汉昌侯文叠公，刺荆州，籍南昌。二十七世养元公，宋开禧时自江西泰和迁潭州，卜居益阳志溪河谌家坪。七传至仲连、仲远。仲远仍居志溪河，为五甲始祖。仲连，字泰仁，元元贞二年（1296）迁居安化西州，甲分四、六、一、九甲。清光绪二十 年（1895）建总祠于西州。明永乐十四年（1416）安邑始修族谱，万历二十八年（1600）二修，清康熙五十三年（1714）三修，乾隆十五年（1750）四修，嘉庆二年（1797）五修，道光二十二年（1842）六修，光绪二年（1876）七修，光绪三十三年（1907）八修，1937年安、益合修，1996年四甲十修。派语：志必希宗受，思忠绍可贞。益安孝义德，殷世贵敦伦。礼乐垂家范，诗书启国英。本源培植厚，兰桂绕庭生。该族名人：谌伊勋，民国间立法委员。

蓝山舜乡黄泥铺谌氏 始迁祖子其公，清乾隆时来自福建省。至1933年，共12人。

溆浦谌氏 谱称受姓始祖大节公为一世。五世思用公，东周定王时由洛阳迁居浙江金华府，为南迁始祖。二十三世佺公西汉昭帝时由金华迁居江西广信玉山。二十七世嗣丘公由玉山迁南昌。四十五世端甫公，唐懿宗时迁居筠州（今高安县）凤山，为凤山始祖。单传九代至宏公，生三子，长子乐全于宋德祐间入赘本邑灰埠五里村况氏，为五里始祖。明嘉靖间乐全十世孙益重，偕侄日料由高安五里迁居溆浦龙潭。明万历间建乐全公祠绳武堂于谌家村。至 1949 年，有男丁 6500 余人，女口 6900 余人。至 1998 年，有男丁 11600 余人，女口 11800 余人，多聚居于谌家村、乌峰、牛鼻洞、步下垅等处。清乾隆四十六年（1781）乐全公支下合修族谱，1932 年六修。派行：（自乐全公始）全夫宝其是，容宜节茂益。日以文会友，克守忠厚模。祖志贻鸿业，孙谋起令图。嘉修成彦士，理学尚纯儒。允善惟良嗣，同宗实有光。吾道能大用，世绪自蕃昌。

溆浦丝罗溪谌氏 始迁祖思浴公，原籍安化。先迁居益阳，明末复由益阳徙溆浦县丝罗溪。

屠

新田明义乡和壤岭屠氏 始迁祖柱公，明时自江西泰和徙居此。至 1948 年，有 20 人。

靖州屠氏 明洪武二年（1369）由绍兴迁靖。至清光绪三十四年（1908），已传 15 代。

隋

岳阳隋氏 一代祖文显公，讳伯达，为南京始祖。文显子帝拔，生二子：长子贵忠，讳受一，明洪武中由南京迁岳州府巴陵县南乡一都四甲李坡塘。次子群贤，讳受九，迁巴陵南乡荷塘十二都十甲兴福寺上四里夹圳湾，即今所居老鹳嘴之后名唇滢湾者。墨谱始修于清乾隆十年（1745），1917 年三修，1941 年四修。原派：伯仲受拾贰，孙文丹万胜。祖宗兴发旺，朝天庆大明。新派：际遇崇隆启，颁征运会良。诗书科第显，韨佩哲谋昌。孝友昭家国，勋猷炳校庠。寅恭敦鹭序，辰拱溯鹰扬。品重怀伊吕，才高拟召康。云礽长继述，世代树旂常。

隆

邵阳隆氏 始迁祖国相、国普、国华、国祥，元至正时由江西泰和县迁湖南宝庆府邵阳县。后国祥、国普居渡头谭华边，国华居枫树山。国相居朝天门，复迁张公滩。五派祖隆源公，字貂麟，明成化时人，育六子：思达、思恭、思明、思纲、思聪、思景。六房继由邵阳分衍宁乡、益阳、湘乡、安化、衡阳诸邑。思达公裔居宁乡、益阳，思纲、思恭公裔居宁乡，思景公裔居衡阳，思聪公裔居玉家庄。清乾隆四十年（1775）一修族谱，道光十七年（1837）、光绪十年（1884）、1919年、1942年续修。宗祠建于邵阳棠溪乡。派语：才天朝兴大正德永家昌仁志应忠孝万。（自二十四世始）清源征盛烈，明代建勋名。泽厚贻谋远，功成受爵荣。至1948年，已传24代，男女丁口约900人。

巢

湘阴巢氏 迁赣始祖真公，讳显一，原籍眉阳，以经义起家，宋熙宁二年（1069）为筠州教授，遂家枥阳，子孙衍居高安、新昌、修水等县。十一世至璜琪、璜道于明洪武十二年（1379）携族侄岳保自江西瑞州府高安县徙居楚之湘阴五都城江桥，今属汨罗。清乾隆三十三年（1768）建祠于此，道光二年（1822）始修族谱，1947年五修，时有丁口3589人。2014年六修。派序：志允王凤尚，兴胜枝宗逢。德盛文名显，功丰国泽钟。家声书礼绍，世业甲科隆。正学先仁孝，诒谋重友恭。

彭

长沙青山彭氏 始祖滢公，字汉霖，号旭湖，行政一，由彭城世居江西吉州之庐陵山口老杠树下，为唐保义郎。值江南黄巢乱，同招讨使姻舅陈端、蒋良杰共领兵征剿。后唐同光元年（923）与陈、蒋及甥孙常钧南行至湖南长沙雾阳乡火散桥，议曰：遇大则居。滢公家于青山大田铺，陈家于大塘，常家于大贤。滢公生六子：鄹字宗孟，行文一，仍居青山。郑字宗荣，居湘阴。郜字宗献，居火散桥等处。翁字宗明，居平江高桥。图字宗武，居平江入赘单氏。道字宗元，居湘阴读书坪。鄹裔十世孙文瑄，字仕和，行贤六，授参知政事，徙高仓。明正德七年（1512）彭泽编纂《长沙青山彭氏宗谱》，以二世祖文一公为宗，郑、郜、翁、图、道五房皆未合谱。清乾隆四年（1739）续谱，以九世祖中一公为宗，齐房又未合谱。旭湖公祠位于省垣三泰街，同治十年（1871）又建中一公祠于青山。派字：（自三十一世始）正（问）本清源，锡福延庆。景运隆开，瑞毓兆盛。维孝作忠，邦家式用。尚克绍先，英贤益振。仁智兼赅，德功并重。述古怀宗，经传弦颂。教澶冰渊，道包性命。瞻仰鸿基，衍绪垂荫。该族名人：彭泽，明进士，兵部尚书，太子太保。彭允彝，民国时参、众两院议员，教育总长。彭汉怀，著名书法家。

长沙青山五里牌彭氏 一世祖滢公，五代后唐时由江西庐陵迁长沙县青山大田铺。滢十传文瑄，自青山析居附近之高仓。文瑄又十世至文忠，为五里牌支祖。文忠两子铗、镇。铗五世孙世海、世溟、世岱、世河、世滔、世金，镇五世孙世翼、世衍、世圣、世继、世藩，启五里牌彭氏十一房。清光绪十三年（1887）、1915年十一房纂修支谱。字派：单单单罡伯，再仁守思文，公汝希应兴，子允梦单文，单廷时单良，世学单仪显，仕单光家有，道忠孝承先，维敬修德乃，善宗传品敦，方正志立清，廉隆开景运，大启英贤。

长沙坳上彭氏 始迁祖旭湖公，徙宅大田。十八世国玉公，字林宝，授长沙卫，明永乐四年（1406）落业长邑锦绣都坳上。二十五世衍新宇、华宇两房。清康熙六十年（1721）肇修支谱，1914年六修，1949年七修。派语：章时庆太允，尚友祖开家，运盛道学肇，辉光世德华。

长沙楂塘彭氏 始祖旭湖公，二世分为六房。长房鄹公六传分三房，第三房守遗即明用公，再传而彦光公，自青山徙园冲。二十二世伯良公徙横山头。二十四世健辉公，讳友刚，明景泰间迁明道都楂塘。清同治三年（1864）、光绪二十三年（1897）、1924年三修支谱。本支派语：友清永崇廷明良志朝。文昌成世业，学士启心传。立德家维孝，开基国尚贤。该族名人：彭定太，花翎记名提督简放福建总镇。

长沙马桥坝彭氏 一世滢公，后唐同光间由江西庐陵迁长沙青山大田铺。二十七世兴相（字爱宇）、兴敬（字受宇），明末由郡城湘春门外迁徙马桥坝。清道光三年（1823）、同治十年（1871）、1926年纂修支谱。三修谱有陆军上将兼中将行前大总统府侍卫武官阎鸿飞序。派字：（自三十一世始）上正本清良，端知发泽长。英贤恒济美，书味有真香。厚道宣通达，明哲益增光。直中开景运，积久自传芳。

长沙张家湾彭氏 一派滢公。十七派孙公，明昭信校尉，为长沙张家湾、林塘、浏阳石矶头、西冲、善化彰嘉湾等处支祖。清光绪四年（1878）三修、1922年四修支谱。派纪：滢鄑子罡伯，再仁守思文。公汝俙应仔，朝孙乾荣闻。偲单万允大，景开光绍勤。世立忠纯德，祥征硕彦联。

长沙皂角树彭氏 始迁祖滢公，十七传而有孙、孺两公。孙公房由西山塅始徙善化彰嘉湾，继徙长沙林塘塅。孺公则由西山塅徙善化皂角树。两房曾三次合修族谱。孺公裔衍述、绍、克、允四房。清宣统三年（1911）孺房四修。

字派：滢鄙子罡伯，再仁守思文。公汝俙应仔，朝孺乾荣闻。偲单万允大，映正宗启学。世立忠纯德，祥征硕彦联。

长沙洞井彭氏 系出庐陵，谱尊征君为一世。二十八世世达公，行本四，明嘉靖、隆庆间由庐陵石濑迁居善化八都洞井铺。清乾隆五十九年（1794）、道光二十三年（1843）、光绪八年（1882）、宣统三年（1911）纂修族谱。字派：世朝南松宗祖锦文明开之玉汝于成……

长沙星沙曹家冲彭氏 始迁祖与明公，元代自吉安府万安县迁湘，居潭州星沙明道都曹家冲。清光绪十九年（1893）三修族谱。

长沙坪山彭氏 始祖椿年公，自江西迁衡州府酃县铜口湾。其子寿，于明洪武二年（1369）复自酃县迁善化坪山。衍至六世，析为广、敬、能、达、远、斌、源、全八大房。清乾隆三十五年（1770）、道光五年（1825）、同治三年（1864）、光绪二十五年（1899）、1925年纂修族谱。宗派：寿考肇祥，厥志丕彰。人才蔚起，望重南湘。国之上瑞，家运维光。元本忠孝，世绪孔长。承先启后，振纪立纲。

长沙横溪彭氏 远祖致远公，明洪武间由江西泰和月池迁湘潭七都西祝冲。九派先机公再迁花市。先机公后裔承材公复迁潭邑署侧之凫头岭。谱以承材公为一世，承材生继龙，继龙生春寰、舜裳，两公于清顺治初由潭邑又迁善化六都横溪塘。清嘉庆二十四年（1819）、同治五年（1866）、光绪三十二年（1906）、1949年四修族谱。派语：文章光世泽，忠孝振家声。德厚鸿开运，源流广毓英。

长沙、宁乡、湘阴彭氏 始祖旭湖公，后唐同光元年（923）由吴来楚，世居长邑，嗣分六房。二十二派志海公，生龙、虎、凤。龙公居宁乡，虎公居长沙，凤公居湘阴。清道光十五年（1835）龙、凤两房合纂族谱，而虎房及凤房清都之金魁支未与。同治元年（1862）龙、凤两房续修。1916年龙、虎、凤三房续修。派语：继志已绳先祖武，发祥还翼后人谋。宏开景象，德必时敦。文明进化，豪杰达尊。齐治家国，旋转乾坤。伟功骏业，万代长存。

浏阳沙溪河口彭氏 始祖云公，字构云，唐时自河间瀛州徙居宜阳合浦，复迁庐陵隆源山口，子孙分析江西、湖南六府十三县。五世玕，任吉州刺史，官至金紫光禄大夫，左龙韬上将军，封安定王，敕葬潭州善化县集贤里，后迁葬吉水县折桂里。六世祖彦昭，字允明，行三，仕后唐明宗朝靖江军节度使，检校太保太傅。应顺元年（934）同兄彦晖统兵十万入江西，至后汉乾佑三年（950）归浏南沙溪。清咸丰五年（1855）纂有族谱。派字：汝永名声振，文人万邦兴。家传敦孝友，树立显朝廷。善良民之庆，厚道德乃成。继锡能长远，祖业应大增。

浏阳河口彭氏 始迁祖以隆公，明洪武时由江南长洲河口来浏沙溪，称河口彭氏。1927 年七修族谱。堂号培本。

浏阳新陂、水源彭氏 谱称明初伏玑、孟玑、季玑，原籍江西庐陵。季玑徙居湘阴，伏、孟占籍浏阳。孟玑居新陂。伏玑居水源，卒葬蕉溪岭，数传至添富公，明成化元年（1465）徙居沙塘常丰里彭家大屋，谱尊为一世祖。子孙散居浏阳及江西宜春。清嘉庆二十一年（1816）始修族谱，同治八年（1869）续修，光绪三十四年（1908）三修，1999 年四修。派行：添沧万德世日，崇宗应启贤良。荣华克绍先志，道学远焕宏光。前代贻谋美善，裔昆继绪久长。品重圭璋琦玮，材储桢干栋梁。

浏阳官桥彭家塅彭氏 江西始祖构云公二十三世孙奇善，生三子：文华、文松、文柏。明洪武间兵燹马乱，文松偕子思泉、文柏偕子思正，由江西丰城瓦子街迁浏西彭家塅大觉寺。派序：明思绍廷时，登芳兴忠启。世应开雯运，观光士业丛。维常施以德，乃我依乾坤。积久怡辉祝，精繁衍绪同。国盛家声旺，子肖孙贤能。环宇唯吾族，才学冠群伦。

浏阳泸渚湾彭氏 始祖建常公，自江西迁居长沙，其曾孙时中公自长沙城南迁浏北洞阳段。数传至亨清公，明永乐八年（1410）始占籍泸渚湾。至清光绪三十三年（1907），已传 20 代。

宁乡金紫山彭氏 始迁祖汝胜公，明洪武初年携子福谅、福海、福贵自江西吉安府泰和县迁居宁乡西冲山湾塘。后福谅居凫山，福贵居鹅公山，福海居金紫山。清乾隆二十四年（1759）三房合谱，道光九年（1829）、咸丰十年（1860）、光绪十六年（1890）、1924 年、1997 年金紫山续修。乾隆五十七年（1792）建宗祠于凤仙坪。派语：（自七世始）永兴绍祖学光显。瑞世贤才盛（泽相传长俊），名家（士逢）德谊彰。经猷匡国运，勋业应元良。

宁乡凫山彭氏 始迁祖汝胜公，长子福谅居凫山。清道光十年（1830）、咸丰八年（1858）、光绪二十三年（1897）、1930 年凫山续修族谱。派语同金紫山彭氏。

宁乡鹅山彭氏 始祖汝胜公，第三子福贵居鹅山。1949 年六修族谱。派语同金紫山彭氏。

宁乡彭氏 始迁祖志高公，明成化五年（1469）由江西南昌府丰城县迁居宁乡县一都四区草鸡塘，继徙选举湾、东沧湖、黄花坪等处。清康熙五十三年

（1714）创修族谱，道光八年（1828）、光绪十二年（1886）、1931年、2008年续修。字派：祖德学庭朝，文子世希尧。正大登贤选，方知士志超。忠厚先猷远，诗书燮鼎调。休光承佑启，令闻泳宣昭。

宁乡双市彭氏 始祖滢公，五代后唐时自庐陵老冈山口迁长沙青山大田铺。十九世荫清迁湘阴，荫清又三传志海，生三子：龙、虎、凤。龙迁宁乡双市，时当明末清初。虎徙台田，凤仍居湘阴。龙四子：正仁、正义、正礼、正信，义、信别徙长沙和益阳，仁、礼仍居宁乡。1942年宁乡仁、礼两支三修支谱。

宁乡彭氏 始祖云公。占籍宁乡者两支。一为三十五传日章公，字楚逵，清顺治四年（1647）由宝庆府武冈州大陂田徙居宁乡造钟。一支为二十三传嗣连公，明洪武间徙居宁乡八都乾江洞。清康熙三十九年（1700）、乾隆十二年（1747）、嘉庆二十三年（1818）、咸丰九年（1859）、光绪十九年（1893）、1929年、2008年纂修族谱。派语：孝友传为本，诗书泽孔长。廓基宏积庆，敦厚蔚隆昌。

宁乡泉冲彭氏 始祖廷垒，五世孙思明，清乾隆初自宁邑十都黄材迁邑之四都三区泉冲，为泉冲始迁之祖。1920年三修支谱。

湘潭花园彭氏 始迁祖道荣公，字显卿，行荣八郎，宣公四十九世孙，构云公二十四世孙，原籍江西。明洪武间以军功授茶陵卫千户，永乐迁湘潭韶山花园冲。清乾隆五十年（1785）、道光二十六年（1846）、光绪六年（1880）、1920年、1947年、2013年纂修族谱。派语：（自丨派始）世绍文章泽，敦崇孝友风。立心宜广大，垂裕在端躬。

湘潭高桥彭氏 征君十三派孙小五郎居江南徐州。二十一派浒公，号震川，明洪武二年（1369）以戎勋任莱州卫，颁券驻潭邑高桥。曾孙六：泷、鳞、深、海、□、鸣，析为六房。清康熙二十八年（1689）、乾隆十三年（1748）、嘉庆元年（1796）、道光二十五年（1845）、光绪十一年（1885）、1913年、1948年纂修族谱。字派：启一元修本，瑞开世泽昌。传家维孝友，方正显忠良。

湘潭湾头彭氏 远祖自汉长平侯以下传二十五世至唐开元、天宝间介亭征君，隐居宜春。七世师奭公复徙安福。二十一世至德远公，宦于湘潭，值明初兵燹，故乡蹦甚，遂挈眷卜居潭南十四都十甲下石滩。又传六世太安公移居八甲湾头，派分四房。老谱修于明万历十五年（1587），清雍正元年（1723）一修通谱，1929年五修，2006年六修。光绪十六年（1890）建祠于中湾。字派：思祖惟文太，宗兴伍伯年。念征有杰士，述信继商贤。安福源流永，中湘世泽绵。诗书昌令绪，孝友绍家传。

湘潭植树栗彭氏 系出唐征君构云后。迁湘始祖仲文公，北宋时自庐陵隐源山口徙居茶陵黄堂。再数传至志仁，明永乐四年（1406）自黄堂迁湘潭橘洲。1915 年六修族谱。

湘潭花石彭氏 始迁祖志安、玉、贵，明永乐时由江西安福迁来湘潭，分别置产于花市七星塘彭家湾、九洲滩、白龙坪。志安又五传至融、和、清、珠，以启四房。清同治六年（1867）志安派下四房三修房谱。

湘潭彭氏 该族本谭姓，可奕公二十一世孙万岳公明嘉靖间由茶陵迁湘潭。三传至朝录公，就室于彭。明季徭役繁重，公代役而承其籍。清道光二十六年（1846）、咸丰五年（1855）、1939 年三修族谱。派语：宗祖启荣昌，家声大显扬。登闻咸俊秀，世泽永传芳。

湘潭西祝冲彭氏 鼻祖为唐征君构云，由瀛州隐居袁州合浦，孙滋迁庐陵隐源山口。滋十数传至省安，北宋时由山口移家泰和县月池。省安十三传致远，字任重，明洪武二十六年（1393）始自月池开派湘潭七都九甲西祝冲。致远三子：钧谟、钧祖、钧楚，别为三房。清康熙五十九年（1720）、乾隆三十年（1765）、嘉庆十五年（1810）、同治五年（1866）、光绪二十六年（1900）、1937 年、2021 年纂修族谱。命名排系：致钧尚大闻，添山景先培，植本源忠良，鸿宗远绍，绪振中湘。

湘乡松江石底彭氏 始祖构云公。至五世瑫谷由吉州任荆州司马，左迁长沙教授，子孙因家于善化之侧岭。后唐同光三年（925），七世仁滨（字龙青）昆季由善化迁湘乡之方石潭。十三世崇铎为松江石底之祖。族谱始修于清乾隆四十一年（1776），咸丰六年（1856）、1947 年续修。旧班：仁文有万子思公，庭应居仲元国荣。泰道兴成常吉庆，荣华富贵永昌隆。续班：名士逢时显，诗书裕后英。盛德传祖泽，作述振家声。新班：敦本休祥集，观光际遇良。超宗由树立，继志兆言扬。

湘乡石花彭氏 总祖构云公，迁湘始祖仁滨、仁清、仁晟、仁秀。后唐同光三年（925），滨、晟、秀三公迁湘乡石花方石，清公迁邵阳。滨、秀二公又历十三世崇鉴公，为石花支祖。清乾隆四十一年（1776）、咸丰六年（1856）、光绪二十四年（1898）、1931 年纂修族谱。2018 年建塘六修族谱。字派同石底彭氏。

湘乡上扶彭氏 始祖云公，字构云。至十四代月天、荣翰两公，元时先后由江右吉安府庐陵县徙居湘乡上扶。月天讳明，号晓庵，行一。荣翰讳显，号贞庵，行四。族谱始修于清道光十八年（1838），光绪十七年（1891）续修。咸丰元年（1851）创建宗祠。班序：承宗光上达，永代万年隆。积厚传家远，安仁遗业长。诗书开甲第，孝友振纲常。

湘乡龙田彭氏 汉长平侯家淮阳，二十五世构云公家宜春。三十六世朝奉郎九公，字省庵，由宜春合浦迁泰和。九公十世至鼻祖乐翁，又名乐旺，明洪武二年（1369）诏徙江西民实楚南，公由江西泰和迁湘乡约冲。二世祖源裕公，讳宗海，行三，复迁龙田烟竹坪，称龙田彭氏。清雍正七年（1729）建宗祠于杨家坪。道光九年（1829）创修族谱，光绪二十年（1894）续修，1933 年三修，2009 年四修。班序：宗祖应必思，百庭万兴嗣。世代安邦定，乾昆永泰青。诗书敦素业，忠孝绍前型。德积家绵庆，勋高鼎列铭。

湘乡谷水、洲上、崟塘彭氏 始祖云公，字构云，号征君。至二十四派荣公之子以才、以仁、以清，明洪武四年（1371）由江西庐陵迁楚，卜居上湘。以才名富，字景德，居谷水。以仁即以德，字仁山，号金泉，居洲上。以清字清传，名大表，号鹤山，别号原泉，居崟塘。清康熙五十七年（1718）三房辑补旧谱，未及付梓。雍正四年（1726）德裔分修支谱，乾隆七年（1742）清裔分修支谱。道光三年（1823）、光绪九年（1883）两支合修。2009 年清裔续修。班例：重远惟志振，伯楚乾大明。国祚良臣起，家声诗礼宏。朝廷增爵禄，世代继华荣。与锡正祥盛，千载毓秀英。

湘乡福亭彭氏 始祖云公，字构云。传至二十四派谦公，讳开让，号翕受，明洪武二十八年（1395）由江西吉水迁湘乡，落屯黄莲坪。清嘉庆二十二年（1817）纂修族谱，咸丰七年（1857）续修，光绪三十一年（1905）三修。字派：谦时九万名正定添良尚养起应茂嗣荣绍祖……

湘乡北门花园彭氏 始迁祖明夷公，明洪武时自江西迁湖南上湘北门花园。越五世而分清、淮两支。1931 年二修支谱。

湘乡大村彭氏 始迁祖辛七郎，明初自江西泰和县梅岭迁湘乡县望春乡大村。族人分布在峡山、白竹山、萧家冲等地。至 1948 年，已传 20 余代，族人 2 万人。清雍正四年（1726）建宗祠于大屋湾。

湘乡白龙彭氏 始祖构云公。始迁祖铁公，字五端，明初由江西吉州徙楚之湘乡，聚居白龙（二十八都泉塘湾）。至 1949 年，已传 20 代，族人 2 万余人。族谱始修于清康熙四十六年（1707），康熙五十五年（1716）续修，乾隆四十七年（1782）三修，道光七年（1827）四修，光绪十六年（1890）五修，1926 年六修。康熙五十五年（1716）创建宗祠，门联：忠山秀拔，吉水流长。

班序：锳朝思廷良一文，登复先宗定国封。禄位崇隆征厚泽，英才盛起建奇勋。声华永振长平第，瑞藻增扬太傅芬。

湘乡城北门外彭氏 始迁祖瑞公，字辑五，世居江西瑞州府高安县樟树铺圳上，明建文时，将赴岳州府学教授任，道由萍乡，顺蒸水而下，泊潭邑之湘河口，闻靖难兵炽，金陵岌岌，遂弃官易小舟溯流而上抵于湘乡。时湘邑罹元末残寇杀掠之苦，村市多墟，三十年来犹人不满土，而江右之徙家于湘者踵相接，遂卜宅于邑治城北门外，生五子，衍为五房：程、仁、弼、明、富。清康熙三十五年（1696）始修族谱，乾隆五十四年（1789）续修，道光十一年（1831）三修，同治七年（1868）四修。乾隆二十二年（1757）创建宗祠。班辈：秉中良盛德，克绍振家声。济美维长泽，增辉在令名。茂庭森玉树，达世发琼英。继绪馨香远，光宗久耀荣。

湘乡官埠桥彭氏 始迁祖志文公，唐征君构云二十五代孙，明永乐十年（1412）自庐陵隐源山口迁湖南上湘屯一坊官埠桥。清道光二年（1822）、1928年、2011年纂有族谱。堂号粹然堂。班序：仕光荣祖德，文运振家声。性学传宗远，心田后世耕。

湘乡华秀彭氏 该族源出金陵，先世籍江西安福县四十四都王屯团村。支祖泗公讳丕纶，司铎宝庆之邵阳，遂家此。其后玉禄、隆遇、特生三公迁湘乡，世称华秀彭氏。清光绪二十年（1894）建宗祠于彭家湾，门联：枝环湘水，源溯金陵。1914年续修族谱。

双峰青兰彭氏 始祖彦秀公，由江西泰和月池出任清江县令，宋天圣八年（1030）旋调升茶陵州官，任满卜居州东黄堂。越三世，元至元初乡宾公，讳机，行千九郎，由茶陵秩堂迁湘乡大陂田（今双峰）。其孙二：通远开柘房。通华公长子士斌居陂田，次子士良开升堂房。斌公生子二：文富、文贵，今青山、兆嘉、合头、梓木房均富公裔。文贵公徙青兰，为青兰房。贵公孙仲瑶徙三十二都泉陂，今二十都彭家冲，开泉陂房。清康熙二十九年（1690）建宗祠于燕堂，乾隆十五年（1750）、道光二十七年（1847）、1914年、2001年四修。班序：中怀先赐美，贻训允恭承。孝顺家声振，诗书世业征。存心惟笃敬，绩学裕才能。高阳本源流，兰蕙竞群芳。乾坤腾紫气，励志谱新章。该族名人：彭洋中、彭文明皆官知府。彭纪南，署理长江水师提督。彭璋，国民革命军少将师长。彭幼莲，黄花岗七十二烈士之一。彭文凯，民国南京大学、西北大学教授。彭健，东北军区副司令员等。又知府、副将以上职官数十人。

双峰九溪彭氏 始迁祖景祥公，元至正三年（1343）由江西吉水迁湘，落籍二十五都，地名九溪湾六石屋场（今属双峰），派分汝圣、汝贤两大房。汝圣落业茅塘，汝贤建宅和庄。贤房又分智、聪、南、西、启、明、信、文诸房。清嘉庆六年（1801）建宗祠于二十六都划船塘。道光二十八年（1848）肇修族谱，1922 年续修，1993 年三修，2014 四修。班序：景汝邦宗孟，添思自汉兴。朝世代忠良，臣正安民清。康际运愈昌，其原绪以长。远绍先祖德，步履继淮阳。聪房二十世清宗，字怀归，即彭德怀，其先十四世忠遂公清康乾间迁居湘潭，卒葬班竹塘黄泥坪。

双峰约溪彭氏 始迁祖贵一公，明洪武二年（1369）因朝廷下诏徙民填湖广，由江西庐陵隐源山口迁湘乡荷塘二十四都今双峰县荷叶镇富托村。七世仲瑄，字石崖，行二，开溪、塘、崖、竹四房。绍模为溪房祖，绍极为塘房祖，绍彬为崖房祖，绍权为竹房祖。清乾隆四年（1739）始修族谱，嘉庆二十年（1815）续修，同治元年（1862）三修，光绪二十九年（1903）四修，1924 年五修，2020 年六修。宗祠建于井字镇白碧贺家坪。字派：贵达道以仁伯仲绍福。士登荣华显，宗亲安乐承。诗书光世泽，孝友振家声。

双峰高冲彭氏 始迁祖和重公，为唐征君二十四世孙，原籍江西泰和南塘，明洪武间偕兄法宝公迁湘乡，法宝公肇基黄山界田。和重公肇基高冲，今属双峰。和重公生源达、源通、源富、源贵，达、源两公随父居高冲，富、贵两公迁居邵阳叫鸡岩石湾里。清乾隆三十一年（1766）始修族谱，光绪十九年（1893）续修，1942 年三修。旧班：和源世仁志，定国安邦兴。富贵荣华久，长天永太平。新班：祖述昭文学，先贤德道隆。明经魁多士，爵位显朝中。

双峰坪壤彭氏 始迁祖遵智公，原居江西吉安府安福县永嘉乡，明宣德九年（1434）迁居湘乡县二十九都灵官庙小冲，四子：纲、纪、经、纶。经、纶两公归赣，纲公析居坪壤松下冲，纪公析居推车猫儿冲。清乾隆五十五年（1790）始修族谱，光绪十一年（1885）、1944 年、2003 年续修。班序：遵整吉儒范嘉正大兴国定安邦。孝友承先德，诗书启尔昆。卓立英贤士，学道尚中庸。代远长显达，世泽笃培隆。

醴陵丁家坊彭氏 始祖允和公，为醴陵老寨户。族人分布于五里墩、石家冲。至 1948 年，全族人口 200 人。

醴陵水口山彭氏 始迁祖富卿公，元末自茶陵迁此。族人分布于湘潭、攸县。至 1948 年，全族人口 800 人。

醴陵彭氏 始祖朝奉公，唐时因避乱自长沙迁江西庐陵白石。传至道宏公，明洪武二十年（1387）自茶陵黄堂卜居醴陵西乡儿狮岭。后人分布于醴南水口山。至1948年，已传21代，近千人。宗祠在醴西彭家垅栗山湾。

醴陵黄沙洲彭氏　始迁祖英公。学子英，号蔼庭，原籍江西吉安府庐陵县隐源山口，为征君公二十四代裔孙。因元末兵变，于明洪武二年（1369）迁醴陵县学宫前，复徙东乡黄沙瓦子园。1931年三修、2000年四修族谱。1948年时，全族人口2000人。

醴陵西塘洲彭氏　始迁祖点亭公，明洪武六年（1373）自江西吉水迁此。至1948年，全族人口2000人。

醴陵石屏彭氏　始迁祖庚公，明洪武间自江西安福迁此。族人分布于攸县、萍乡。至1948年，全族人口700人。

醴陵失鲤浦彭氏　始迁祖辰保公，明洪武初年自江西庐陵迁此。族人分布于十五都、下半境、榱木岭。

醴陵板塘坪彭氏　始迁祖继宝公，明洪武间自江西南昌迁此。至1948年，全族人口3200人。

醴陵蓼田湖彭氏　始迁祖国盛公，明洪武初年由江西庐陵迁此。族人分布于箭竹山、萍乡。至1948年，全族人口412人。

醴陵夏家坊彭氏　清顺治末年自广东揭阳迁此。至1948年，全族人口5000人。

醴陵水口彭氏　始祖构云公，号征君。裔孙奇芳、奇联，清康熙初自庐陵辗转于江西龙泉及湖南桃源、湘潭等地，至二十八年（1689）始定居于醴东二十都王庄境水口樟树下。清光绪二十九年（1903）重修族谱。

醴陵汆鸡垅彭氏　清康熙初年自江西吉安迁此。至1948年，全族人口216人。

醴陵高湾彭氏　始迁祖安生公，清乾隆间自江西庐陵迁此。族人分布于清水江、萍乡。至1948年，全族人口600人。

醴陵鲫鱼冲彭氏　始迁祖仕兴公，自广东迁此。族人分布于王家坊。至1948年，全族人口200人。

攸县阁塘彭氏　始迁祖志泰公，讳真淑，明洪武初因避乱自江西安福县严田迁湘之攸邑善化乡阁塘。族人分布在坞田江、阁塘等地。至1949年，已传32代，共4000人。宗祠在阁塘。

攸县永平乡彭氏　始迁祖敬祥公，明洪武间自江西丰城县圳上迁湖南攸邑永平乡。民国间续修族谱。

攸县崇瑞彭氏　始迁祖文礼公，明景泰元年（1450）自江西庐陵隐源山口迁攸县三十二都仙人石滩塘彭家湾。万历十年（1582）六世孙京公、应公又迁三十三都崇瑞埠。明嘉靖三十四年（1555）、清乾隆二十九年（1764）、道光三十年（1850）、1912 年、1941 年、2013 年纂修族谱。班行：可文任宝友，彭祖子胜宗。开国家声远，克昌万世传。贻谋先泽大，振作绍功勋。立德舒光裕，恢宏统绪垂。

茶陵黄堂彭氏 宣公历二十五世至构云公，子孙居庐陵隐源山口。越十二世朝奉郎九公徙泰和白下街口。九公五世孙仲文，宋天圣八年（1030）擢守茶陵，宝元二年（1039）携眷定居茶陵城南十里许之左濑，更名黄堂。仲文公四子，长子思永居黄堂九甲。次子思贤徙秩堂，传至十五世乐公，再由江西永新梅花村徙居黄堂本源之地。三子思默居黄堂十甲，四子思旦居黄堂后巷。清初始修族谱，乾隆十五年（1750）、嘉庆二年（1797）、道光八年（1828）、咸丰十年（1860）、光绪三十年（1904）、2001 年、2012 年续修。字派：伯公敷时兆，奇德中能成。广嗣志先业，声闻奕世荣。国以才英盛，家从孝友昌。经纶昭轨范，忠厚续书香。

炎陵河漠彭氏 始迁祖先秀公，清康熙二十四年（1685）自广东兴宁迁此。

炎陵七都九潭烂泥湖彭氏 始迁祖有万公，清乾隆十五年（1750）自广东平远迁此。

炎陵八都长远彭氏 始迁祖亿万公，清乾隆十五年（1750）自广东平远迁此。

炎陵垅溪彭氏 始迁祖万仁公，清乾隆三十年（1765）自广东兴宁迁此。

衡阳蒸西下段彭氏 淮阳开派第一代宣公，字子佩，治《易经》，汉成帝朝仕光禄勋，哀帝时拜为大司空，封长平候。二十五代景直公，生征君，名云，字构云。征君五世孙珏、彬、亏、玕、瑊。瑊官辰州刺史，子孙守辰州宣尉。玕公初为吉州刺史，因杨行密叛唐，伐之，不克，依楚王马殷。玕葬善化县莲花冈集贤里，后迁归吉水县折桂乡。诸子相随宦居三楚，惟第三子彦昭仕后唐，为太保，始由楚家永丰沙溪。彦昭第十五子师俊，生国宝，分居吉水双槽。俊十三代孙千十九郎，由吉水双槽宦游衡阳西乡两路口，攀龙公又迁募化下段。清乾隆四十七年（1782）三修、道光十八年（1838）四修、光绪十年（1884）五修、1917 年六修宗谱。原班：文才喜仲聘，仁义礼智信。诚正修齐治，匡辅国家兴。新班：克启贤俊秀，清高定贵荣。勋猷炳策纪，芳名世相承。

衡阳彭氏 始祖构云公，凡十八传至衡阳肇基祖国宝公，子孙先后来衡。清乾隆四十七年（1782）、咸丰二年（1852）、光绪七年（1883）、1912 年、

1949 年五修族谱。五修时因时局变迁，各房散居，道路遥远，经济不达，其原有山图、传序以及新添艺文未能尽行付印。班行：文武时福启，可为命世儒。方曰匡邦臣，家声从斯振。

衡阳五甲彭氏 鼻祖征君公，居袁州宜春县。阅十数代至秀叔公，宦游入楚，携子龙孙于元时由安福白土迁衡。龙孙公次子圣寿、三子国寿。明洪武时圣寿承编募伦五甲户，国寿承编光政八甲户。明万历、清雍正十年（1732）、乾隆三十五年（1770）、道光七年（1827）、光绪二年（1876）、1919 年六修族谱。字派：祖宗有福德，世代永兴隆。应必天长久，荣华定显文。肇基维良正，锡祚本纯明。英俊辅佐治，嘉言祝万春。

衡阳溪江彭氏 迁衡始祖千七郎，元朝末年由江西庐陵秩堂迁衡，初居大禾冲，后蕃衍于溪江两岸。生仁富，仁富生华一、真三。真三迁双江口。华一则为溪江始祖，开以暹、以懋两房。清乾隆五十一年（1786）、咸丰八年（1858）、光绪十七年（1891）三修族谱，1943 年四修，草稿未成，1999 年又续。班行：必以朝添景，显福绍良宗。世大承祖继，文运永兴隆。诗书载治道，礼义敦伦常。广德芳名远，宏仁祚定昌。孝友传家本，才能启国光。英贤万代盛，富贵兆年长。

衡阳何隆庙彭氏 始迁祖显明公，字声扬，明朝时自江西泰和县月池宦湘，开基于衡阳县福安乡何隆庙。至 1948 年，已传 22 代，共 1300 余人。宗祠为彭玉麟捐建。彭玉麟，字雪琴，官至兵部尚书，清同治五年（1866）主修五修族谱。字派：明有思宗祖惟待福德兴良才启亿兆永见万朝勋大……

衡阳高堡彭氏 始迁祖宣仪公，明时自茶陵迁衡阳香炉坪高堡。清光绪三十四年（1908）、1943 年、2011 年纂修族谱。班行：文世朝臣国，正应时明良。儒宗兴嘉庆，万积永隆昌。继绪光先德，恪守肇鸿基。仁义咸沾仰，安邦定太平。

衡山湾头洲彭氏 始迁祖云腾公，字雨华，号化龙，明洪武初由庐陵迁衡山乌塘，再传卜居湾头洲。清康熙二十二年（1683）、乾隆三十三年（1768）、嘉庆二十五年（1820）、咸丰四年（1854）、光绪十年（1884）、1912 年、1940 年纂修族谱。排行：始祖云腾初开衡，二世文公叠相连。彭氏果有仲谋子，道理思通宏泽绵。远守彭祖旧家绪，宗枝世有士林轩。英贤钟楚□，礼义振纲常。

衡山沙泉彭氏 宋天圣间，仲文公以进士官，由江西泰和出刺茶陵，解组而家茶陵黄堂。传六代保五公，明宣德间挈家徙衡山，为沙泉彭氏开基祖，衍景、升、昊、旦四大房。2005 年升裔惟正公房九修族谱。字派：祖宗培植厚，兰树在庭芳。立德通经学，诗书绪以长。

衡山、湘潭彭氏 一代构云公。十六代宋时仲文公，官茶陵，解组遂家茶。再传至二十代仁贵公，开添成、添从。添成生楚珩，徙居衡山沙泉。添从生楚杰，递传潮芳公，生友文、友谅，友文迁湘潭中路铺，友谅居衡山师古桥枫梓冲。清顺治七年（1650）、雍正元年（1723）合庐陵、泰和二派通修族谱，乾隆四十八年（1783）始修支谱，道光二年（1822）、咸丰二年（1852）、光绪九年（1883）、1919年、1943年续修。枫梓冲房班竹：友子大曰彭芳应均思成世启家声远仕名扬。忠孝维国政，相传继永昌。宗支绵奕叶，渊源肇秩堂。师古桥房班行：孔柽宣仕名扬。忠孝维国政，相传继永昌。宗文绵奕叶，渊源肇秩堂。中路铺房班行（同枫梓冲）。

衡南长岭彭氏 鼻祖仲文公，江西泰和人，宋时官茶陵州事，卜居黄堂。传十二世秉兴公，元末明初为避陈、徐之乱迁衡南怀节珍珠塘。清乾隆三十二年（1767）、道光十八年（1838）、同治五年（1866）、宣统三年（1911）、2011年纂修宗谱。班行：秉祖志均盛，朝世大新良。尚维孔德安，定启宏名彰。忠厚传家宝，诗书训泽长。济时崇俊秀，翊运肇隆昌。

常宁彭氏 一世构云公。三世倜公，字维贤，由合浦迁庐陵隐源山口。又传至五世玕公，由隐源迁吉水。再由玕公传德颙公（八世），由吉水返回隐源山口。由德颙传十二公，号泰平，由隐源山口迁安福江背。由泰平传至珊、鹤、鸾三公（三十五世），离祖居地江背。明洪武二年（1369），珊公迁居常宁砚瓦坪，鹤、鸾两公落业衡山。鹤公长子仲受、鸾公四子仲书又迁常。仲受先开赤塘，后发大栗、荆林。仲书先开渣州，后发新庄、凉水。珊、鹤、鸾后裔共十三房。清乾隆三十三年（1768）、咸丰三年（1853）、光绪二十一年（1895）、1926年、1994年、2017年六修族谱。字派：明良开景运，积善显荣昌。忠孝承先泽，家庭庆乐康。

常宁彭氏 一世元叔公，祖籍江西泰和，官茶陵，家黄塘，元元贞元年（1295）避地桂北莲塘。五世良卿徙屯酃县七都水西，成卿徙屯新田大广岭。良卿生以亮、以敬，成卿生以德。明永乐四年（1406），以亮、以敬、以德各以千户职奉调来常。清康熙三十一年（1692）、乾隆三十一年（1766）、嘉庆十年（1805）、道光二十九年（1849）、光绪十二年（1886）、1915年、1947年、1996年、2010年九修族谱。九修时入谱共8513人。字派：元道山叟卿以伏武（志）单志兴贤赞（才万金玉满）祖生成（堂仕大）宗祚崇（国明启）基运会芳德昭先祥发远焜。诗书忠孝泽，富业圣诚钦。益泰咸丰裕，恒谦鼎履荣。

邵阳大冲、小冲彭氏 云公二十七传至銮公，字梦春，明初年间携子阊（字德华）由江西吉安始迁北路烟祖，复迁上湘珍琏泉坑，转迁邵陵之大冲，衍为汶、泷、潮、浩、滔、洗、瀇等诸房。小冲祖御稷，与大冲祖同为一本，明初由吉安徙楚南，始居上湘谷水，复迁邵阳三溪，子三：仲甫、仲珊、仲旺，衍为三房。清乾隆五十七年（1792）两支始合修族谱，咸丰七年（1857）、光绪二十一年（1895）、1994 年、2007 年续修。大冲班次：再志启宋太仲承，守世有能必羡称。小冲班次：才远汝世嗣仲承，朝兴国正天星顺。新班次：爵禄（官清）荣先代，谟猷显大京。长平贻泽厚，多福久绥膺。

邵阳大塘彭氏 唐广陵节度使寿公十一传至孟懿公，生道春，自庐陵迁安福彭家山，传和成、济美两公。至思政公，明洪武间由安福迁邵阳大塘。清光绪三十一年（1905）首修族谱，1932 年续修。乾隆十九年（1754）邵阳彭氏十四房合修通谱，订立通班：（自三十七世始）惠迪家声振，美彰树栋梁。积善能绵远，存心肇祯祥。乘规传奕祀，简书增琳瑯。建谱储蠡斯，谟烈壮纪纲。

邵阳彭氏 始祖构云公，由宜春开庐陵延福乡，卜居隐源山口。十四传至宋初闻聪公，以武功授龙泉尉招讨，家安福西溪。又七传万俦公，明洪武初由西溪徙宝庆府邵东千庄丘。又一传叟公，生四子：贵、富、荣、华。南冲、畔山、古江、八十冲、上庄、帐子塘等处为贵、荣、华三公后裔，祁阳白地、归阳、衡阳则富公后裔。清乾隆十八年（1753）、道光元年（1821）纂修族谱。

邵阳青茅冈彭氏 始祖构云公。三十一世孙经济公，居江西安福县城南棠溪塘坊。子四：尚亿、尚侦、尚俭、尚儒。明弘治间侦、儒两公率侄贻恭、贻让、贻显同徙湖南邵东。迁葬经济公于青茅冈。清道光二十年（1840）一修，同治十一年（1872）二修，1914 年三修，1948 年四修族谱。1990 年经济公裔、道济公裔、仁端公裔、经宣公裔四大房合修族谱，2004 年六修。道济公为构云公三十世孙，由江西庐陵迁居邵阳城北乡小庙头，生佶，佶生炳清，炳清又开松、柏两房。仁端公为构云公三十四世孙，明万历三年（1575）由江西安福金溪迁居新邵。经宣公为经济公从堂兄弟。江西源流班次：构兹倜辅玗，彦师颙寿嗣。明霓能稔愈，兴复观圣进。仲朝君叔翁，远用文器资。湖南源流班次：济尚贻时克。祖宗修德厚，世代锡遐昌。诗礼传家永，易书兆庆长。奇瑞先声振，鼎铭前烈扬。

邵阳彭氏 始祖构云公。六传彦昭公，居江西永丰沙溪，生子十五，其中师旺、师奭两公后裔多有迁湘者。清乾隆十九年（1754）邵阳、祁东、湘乡彭氏十四大房二十六柱合修通谱，宣统二年（1910）三修，1993 年四修。派语同邵阳大塘彭氏。

邵阳彭氏 鼻祖唐构云公。始祖宋师庠、师旺、师奭公。师庠居江西永丰明德乡，派衍沙溪、北岸。道琚公于明正统时由北岸迁邵阳万安都。清光绪二十七年（1901）纂修族谱。派语同邵阳大塘彭氏。

邵阳彭氏 元芳公由江西泰和徙宝庆后街，户名木兰房，派衍祭旗坡、小景冲、西洋江、短陂桥、沉水桥。梅霖公明嘉靖间由江西安福南乡三十六都徙宝庆邵南鱼梁冲，国凰公由江西安福西溪三十七都徙邵南三子塘。国周公由江西安福西溪三十七都徙邵北隆回鸟树下，其弟国殷公复析居南乡三子塘。继宣公明成化间由西溪三十七都徙邵东富阳都留里冲，后裔复徙中乡二都朱家冲。光宣公，继宣公弟，卜居城南高枧冲。清乾隆、嘉庆间纂修族谱，宣统二年（1910）三修。

邵阳华秀彭氏 始祖嵩公，仕南唐，居江西。八世孙孝忠，宋绍兴进士，居高州北门外，建花园于河堤上，时称华秀里。始迁祖丕纶，明万历初由江西安福县王屯迁邵阳永丰一都。1948年三修族谱。

隆回二都石塘彭氏 始迁祖万通公，原籍江西泰和县金鱼塘圳上，宋时徙居邵北隆回二都石塘。四传至才智公派衍天云、天雨两房。天云又支分应源、应礼、应福三房，天雨支分应诚、应忠、应桂、应和、应鉴五房。清雍正八年（1730）创修族谱、宗祠。乾隆五十八年（1793）续修，道光二十三年（1843）三修，光绪十七年（1891）四修，1925年五修。班次：万时宗文才，天应必子承。富大思念世，安定守荣华。岳秀钟南国，商贤继楚湘。贻谋光奕兆，禄寿永维昌。应和房二十二世孙彭述之，谱名秀璠，《新青年》主编，后与陈独秀组织托派，1983年去世于美国。

武冈彭氏 始迁祖均礼公，讳成仲，号诚翁，元末明初兵乱，由江西太和县鹅颈大溪携四男迁武冈。二世景龙，字海山，复迁武攸东乡黄桥团仁龙里一甲金田。清道光十三年（1833）、同治八年（1869）、光绪二十五年（1899）、1932年、1994年五修族谱。班次：均景汝文志，宗廷希太祖。秀学政佾仁，长雍述洪勋。启俊光先世，修德育奇才。

武冈彭氏 迁湘始祖再蕙公，明嘉靖间由江西泰和游幕益阳，卒于官廨，葬益邑金瓜园。子受刚、受删，偕游武冈，下担城西，刚公居大坪，删公居下温冲。清嘉庆三年（1798）创修族谱，咸丰七年（1857）续修，光绪二年（1876）三修，光绪二十二年（1896）四修，1917年五修，1937年六修。班次：再受成大通，胜林世东定。元启文明盛，才学达朝廷。作善祥光远，修德福增荣。丕显商贤业，万代永超群。

绥宁彭氏 构云公二十七世孙重八公，明天顺间自江西吉安府莲花厅携子卿贤、卿良、卿芳等迁徙绥宁。清咸丰、宣统三年（1911）、1943年、1993年、2017年五修族谱。字派：务如仲渊至启君，继齐儒参赞兴隆。锦盛荣昌长华秀，富贵尊崇万福同。

汉寿彭氏 自明初至永乐间，由江西吉水陆续迁常德龙阳县之彭氏计有八支，皆以征君公为始祖。文茂迁龙阳大围堤，近族六房，远族七：荆障、大汛洲、岗塘坪、獠牙嘴，统称高冶系。俊东先迁邑治南关外姚家冲，再迁翻水口，又徙窑台湖之枞阳树，至其孙，卒分五大支，称窑台系。伏敏先迁龙阳，六子，分六房，长房祖志学第五子恭迁武陵港中坪，称港中系。宗一迁龙阳沙洋坪，称沙洋系。文寿迁龙阳南关外排楼湾，四孙，分四房，称小南门系。尚远迁龙阳五里塘，称五里塘系。德礼迁龙阳善同乡，称南赶系。长期以来，八系各自为祖，各自修谱。1944年，常德、桃源、汉寿、沅江、安乡、澧县等邑彭氏合修族谱。合族派语：（自二十一世始）晋履需谦益，乾颐渐萃升。随观咸鼎豫，坤震复丰临。

汉寿南赶系彭氏 始迁祖德礼公，明永乐时自江西庐陵延福乡迁居汉寿善同乡南赶障。八世孙彭之凤，清顺治间进士，官光禄寺少卿。清乾隆三十九年（1774）始修族谱，道光八年（1828）、咸丰九年（1859）、光绪十九年（1893）、1917年、1936年续修。康熙间建祠于邑城大南门，1915年重修。派语：德用思胜水，六尚七头龄。八之九世士，十山玉日金。述远京师道，成全自焕廷。崇先以敬慎，启绍贵元文。宏仁能沛义，裕后正延长。日新真富有，继盛永隆昌。

汉寿高冶系彭氏 鼻祖郁公，字文茂，行四，元至正十年（1350）生，明正统元年（1436）卒，由江西徙湖广，落业汉寿围堤。第三派远庆，字天云，明洪武二十六年（1393）生。据老谱言：何公珍官妣蔡氏，仅生一子名普，复继一女伍氏。时公居址在孙家河，家道殷盛，兼有欧阳港湖业。素与彭氏为旧契，见庆公俊秀伶俐，丰姿可爱，遂招为婿，既而何普于永乐年间出往广西桂林中卫当军未回，其父母之生事葬祭皆赖庆公之力，故承产祧更彭姓。1940年五修支谱。

汉寿彭氏 始迁祖朗公，字辉极，系江西袁州府宜春县归德里鸭子嘴宜城人，明永乐二年（1404）迁龙邑毓德总白洋湾，又迁栗山嘴。1946年五修族谱。堂号述古。字派：朗宗永九大广兴允尚学必成达国启文明泰家传晋……

桃源彭家坡彭氏 始迁祖茂祯公，明永乐二年（1404）自江西吉水迁桃源县杜青村之彭家坡。至1948年，已传21代，全族人口900人，分布于浔阳坪、北门坪等地。宗祠1943年建于彭家坡。族谱创修于1930年。

桃源畲田彭氏 始迁祖印公，字铭心，明永乐二年（1404）自吉水迁于桃源县东蔡家堰栗树嘴。至1948年，已传22代，全族人口300余人，分布于湖北鹤峰、慈利、临澧等县。宗祠在蔡家堰。族谱创修于1943年。

桃源九溪彭氏 始迁祖继仔公，明永乐二年（1404）由吉水迁桃源县北之九溪。至1948年，全族人口1500余人，分布于黄石、高东、灵岩、漆河、温泉、龙潭等地。宗祠在本乡第四保。族谱创修于1921年。

桃源深水港彭氏 迁湘始祖权公，明朝时自吉安迁湖广辰州，其孙竹塘因避乱再迁桃源县西之深水港狮子山，随后其父富公寻子来桃，遂以富公为始祖。至1948年，已传17代，全族人口2000余人，分布于金牛山、桐木港、三阳港等地，及桑植余氏桥。宗祠在黄土坡。墨谱创修于清嘉庆十三年（1808），道光十五年（1835）、光绪十八年（1892）、1914年续修，1923年三房合谱。

桃源木塘彭氏 始迁祖廷仰公，明永乐二年（1404）自吉水迁于县东杜青村之彭家河。至1948年，已传20代，全族人口500余人。宗祠于清光绪十八年（1892）建于彭家河。族谱创修于光绪二十九年（1903），2009年续修。旧派：廷尔基希崇之登弘世德朝国。新派：长天毓远秀，诗礼继家传。正泽如云起，智谋扬力年。

桑植彭氏 始祖嗣祖公，字宏先，原籍江西吉水县，元泰定元年（1324）任慈姑州事迁湘，开基于慈利县。传至胜甫公，明洪武二年（1369）迁居桑植县高堰台。族人分布在空壳树、水濑浦、沙塔坪等处。至1949年，已传24代，族人万余。宗祠在县城。2008年纂修族谱。字派：名贤辉清，长发齐荣。财华代盛，道显邦宁。家业恒振，朝冠再升。志正雅品，祚定永新。

澧县彭氏 始迁祖大广公，明洪武十八年（1385）奉旨由江西南昌府丰城县白水十一都迁澧州，居彭市（今澧县雷公塔镇彭家厂），生四子，分四门。清康熙十五年（1676）首修族谱未刊，乾隆三十八年（1773）、道光二十六年（1846）、光绪十八年（1892）、1923年、2012年续修。字派：承先宏启世，信述道丕光。正体传家学，文明祚永昌。才高为国用，德盛立朝芳。业必经书理，继开绪自香。

澧县彭氏 始迁祖官仁公，构云公之二十六世孙。明初由江西吉水来澧，落业滥田峪。越四传至让公又分居新渡河南坪。清乾隆十六年（1751）、道光二十四年（1844）、咸丰九年（1859）、1926 年、2017 年纂修族谱。老派：官大荣克厚德崇天人宗卿之正世金映启文明长奉思培。

澧县彭氏 始迁祖荣公、圣公，明洪武初由江西南昌府丰城县因遭陈乱播迁澧南。荣公落屯珠日砳，圣公落屯鳌山市。清乾隆二十七年（1762）始建祠于插翎旁老鹳嘴，嘉庆十八年（1813）迁建老鹤坪。1923 年续修族谱。

澧县彭氏 始迁祖仁森公，明永乐二年（1404）为避战乱，自江西吉水县折桂乡彭陈里大栎树迁湘，初居澧州石门县三圣乡彭家垣。三世昂公，自彭家垣又迁澧州西乡车桐口。生七子，衍七房。清同治八年（1869）、光绪三十四年（1908）、2005 年三修族谱。三修时大门 574 人，二门 6 人，三门 847 人，四门225 人，五门2285 人，六门2411 人，七门1850 人，共8198 人。字派：仁季昂永廷承之登必祖宗如。启正文方兴，世泽士应光。传述崇大学，元受名国邦。

张家界彭氏 始迁祖公显公，讳世荣，从明太祖征，授昭信校尉，屯兵永定，为永定始祖。四子：维善（无传）、维礼（居永定）、维贤、维玉（屯沔阳）。维贤以指挥屯澧阳安福，为由永定迁安福祖。维贤生崇、明、庆、訊四子，庆生英、雄、景、端、鼎。訊生俭。俭、鼎两支居太浮前山右所，英公居左所任家桥。清康熙间，永定元戎房纂修支谱，嘉庆八年（1803）续修，光绪十三年（1887）临澧左所庆公裔纂修支谱，而鼎、俭两房不与。光绪二十六年（1900）鼎、俭两支纂修支谱，1930 年续修。1927 年永定维礼公房、临澧维贤公房、沔阳维玉公房纂修族谱，而崇裔、明裔、鼎裔、俭裔未与。2017 年永定房续修。永定房派语：鹤梦两年居，之自学世光。一正兴万事，大廷庆应祥。举成文明重，振起继贤昌。

益阳三吾彭氏 该族世迁江南，始则子佩公徙至河南淮阳，继而构云公徙至江西南昌。值宋之衰，红巾倡乱，构云公十九世孙志仁、志道、志永、志和徙居楚南浏阳西乡枧头蚁住市。志道子仁四，仁四子辛七。辛七次子十六雷，名显，字宣义，曾任元明经，元末由浏迁益阳白鹿铺，子楚石，字宗枚，又徙城南三吾村。清乾隆九年（1744）创修族谱。1918 年资阳总祠二十五支合修通谱，称六修。1943 年由原陆军第七军军长彭杰如主持七修。2001 年八修。支派语：显楚惟有祖，传宏浩能人。聪明通达士，安邦定国兴。诗书光世业，忠孝大家声。克振人文选，先思德泽宏。

益阳泉塘湾彭氏 始迁祖南舜公，明洪武二十六年（1393）自江西吉水县圳上徙居益阳皇庄。清乾隆二十六年（1761）、嘉庆十一年（1806）、咸丰十年

（1860）、光绪二十三年（1897）、1930年纂修族谱。派语：龙凤朝阳地，诗书启后贤。祖道光昌远，芝兰彦世呈。奇祥欣大吉，福祉兆绵长。修齐惟善本，勋业永流芳。

益阳鹿鸣桥彭氏 始迁祖子章公，字淮永，明洪武二十六年（1393）自江西吉水迁居益阳皇庄，生七子：廷密、宇、安、彰、贞、容、宧。彰房无传，安房传十九世而止，今尚存五房。建祠于鹿鸣桥。清光绪二十三年（1897）五修，1929年六修家谱。派语：子上儒文立，廷魁庆有时。国运昌隆起，俊彦世呈奇。"俊"字后接通派：海岳风云会，中原气象雄。星罗如翼轸，才敏咏霓虹。宧籍同江右，馨香荐阁东。钟灵观后进，黼黻赞前勋。

益阳香炉山彭氏 鄱阳老派以西晋时抗公为一派。至二十一派始迁祖子福，字崇书，号淮齐，世居江西吉安府安福县郈云山，明永乐二年（1404）徙居益阳之香炉山黄源村。至四世，鉴滨居栗岗冲长塘湾，鉴源居栗岗村官人湾。鉴洪字泉溪，居彭家嘴老屋湾。鉴澄字泰清，居石板村岚公湾。族谱始修于清雍正四年（1726），嘉庆六年（1801）续修，道光十九年（1839）三修，光绪三年（1877）四修，宣统二年（1910）五修，1931年六修，2007年七修。鄱阳老派：抗世泽松英，才雍熙兆景。谐元善优隆，远渊思震汝。香炉山续修派语：子庆友鉴明，永绍以大钦。魁启化贤（仁）义，达用作朝宗。三修新续派语：华国惟家正，安邦定克昌。传其先志学，祖述显文光。通派派语：海岳风云会，中原气象雄。星罗如翼轸，述古咏霓虹。宧籍同江右，馨香荐阁东。钟灵观后进，黼黻赞前功。

益阳彭氏 始祖与明公，明建文间携子仲升、仲贵、仲奇由江西泰和迁居长沙龟塘、麻潭桥、曹家冲等地。永乐间仲升公又由长沙迁益阳百家湖。清嘉庆十一年（1806）、道光十一年（1831）、光绪十九年（1893）、1923年、1949年纂修族谱。字派：仁全美国政，道显良邦学。仕重流芳远，民安世泽长。鸿钧开泰运，骏德锡荣昌。文藻承先业，华宗庆永康。

益阳彭氏 征君十四传贵兴公，携子思诚由江西迁浏阳。思诚生万昂，昂生铎、鉴、钻、鍹，明正统间迁居益阳八里桃花江乌石村。1931年陇西堂纂修族谱。派语：海岳风云会，中原气象雄。星罗如翼轸，述古咏霓虹。宧籍同江右，馨香荐阁东。钟灵观后进，黼黻赞前功。

益阳彭氏 一世子禄公，字省山，世居江西吉安府安福县紫云山，六派隆五公，明嘉靖十九年（1540）迁居益邑二十里牌头园河山塘。清雍正四年（1726）、嘉庆二十二年（1817）、咸丰六年（1856）、光绪二十九年（1903）、

1932 年纂修族谱。至 1948 年，已传 22 代，族人千余。字派：子伯时彝在，隆会仕笃志。力行曰仁义，达用作朝宗。华国惟家正，安邦定克昌。传经先致学，祖述显文光。

沅江彭氏 始祖尊三公，原籍江西吉水县谷村，生三子：福庆、流庆、华庆，明洪武六年（1373）兄弟迁沅，卜居七都桑林塘。清嘉庆九年（1804）创修族谱，有骆孔僎序。道光二十三年（1843）续修，有李象鹍序，皆手写上板。光绪四年（1878）三修，光绪三十三年（1907）四修，1947 年五修。老派：庆文志惟立，祖学登绍成。尚之盛时耀，家兴乐有荣。续派：才能方大振，孝顺定长亨。务本新开泰，敦伦益启明。

沅江五谷神彭氏 始祖滢公，后唐同光二年（924）由江西庐陵迁居长沙青山大田。十八世添敬公于明洪武间迁居沅江五谷神。子孙现居益阳资阳区张家寨乡胜利村、兴湖村、高椅岭、洪合湖，此湖口乡瓦石矶，沅江八斗丘、净下洲，南县北景港、明山头等地。派次：（自一世始）旭急志罡伯再仁守思文公汝希应兴子允添朝明明照远玉贵盛邦英祚永世正本清源锡福延庆景运隆开瑞毓兆胜维孝。

安化彭氏 迁湘始祖敏一公，因宋末乱离，托迹陶朱，服贾楚南，乃由江西泰和县吉水白珏迁湖南宝庆府黄塘，又迁于常德府武陵县上德村。五世友园，奠基安化一都沙湾。清宣统元年（1909）四修族谱。字派：达衍敏宗伯（仲），仁友彦仕敬。常兴中子立，永代志斯文。经术深先哲，科名启后英。才华逢世盛，家学本传新。

新化温塘彭氏 始祖才库公，号十三郎，宋大中祥符九年（1016）偕弟才富、才志、才贵自江西泰和清坪乡金龟塘圳上南迁，才富居湘乡谷水，才志居邵阳岩口，才贵居安邑沙河。才库居梅邑温塘，七递衍为十三户。裔孙分布于沙渡早禾田、白茅江、下沙溪等地及隆回、邵阳、益阳、溆浦等地。清咸丰四年（1854）始修族谱，光绪二十年（1894）二修，1924 年三修。派语：肇源敦本，毓俊钟英。懋功管业，兆庆锡荣。先畴勤服，古训恪守。保民辅国，百禄齐臻。章显谟烈，纬武经文。麟凤献瑞，海宇清平。

岳阳彭氏 始迁祖本初公，字万甫，先世南昌铁树观人，五代后唐同光元年（923）携子大训、尧训、仕训迁岳州府临湘县漆家湾。本初卒后，三子皆移居巴陵，分别落业塘田、黄泥塘东岸、团头港。其后继续分迁，举凡沔阳、平江、监利、临湘之彭氏，大抵皆出其后。1933 年六修族谱。至 1948 年，已传 34 代，共 15600 余人。总祠在岳阳杨林乡。

华容墨山、禹山彭氏 始祖忠公，字济渊，江西安福人，明天顺六年（1462）进士，山东滨州吏。长子衍芳，字兰一。次子衍华，字珥珍，号春山，贡生。兄弟二人因兵祸于明弘治年间自安福迁华容。衍芳定居墨山，衍华定居禹山。堂名安城。后人繁衍，大部分居华容境内，也有迁往湖北、四川、邵阳、岳阳等地。派语：茂德为世守，裕善成远宗。开家先在孝，定国必以忠。

湘阴乙山审问厅彭氏 迁湘祖滢，字汉霖，号旭湖，行政一。唐同光年间由江西吉安府庐陵县山口老杠树下迁长沙青山大田铺。子六：鄹、郑、鄱、翁、图、道。次子郑，讳宗荣，再迁湘阴乙山。郑又十六传孙伏，明初始自乙山迁审问厅，为支祖。清雍正五年（1727）、嘉庆八年（1803）、咸丰四年（1854）、光绪九年（1883）、1916 年、1948 年、2016 年七修族谱。

湘阴树冲丰仓彭氏 始祖滢公。鄱公十七世重礼，明初自长沙迁湘阴树冲丰仓。重礼四子：德隆、德昂、德元、德亮，衍为四房。清宣统三年（1911）续修支谱。

湘阴团螺山谢家塘彭氏 始祖滢公。鄹公下二十一世惟有公，字成富，号裔昌，明洪武间由智源洞山赘湘阴新市曹门。传二十六世以服公长子泆玉，字绍龙，由麻塘冲彭家垅迁团螺山麓谢家塘。清雍正年间始修族谱，乾隆四十一年（1776）续修，道光二十一年（1841）三修，同治十三年（1874）四修，1916 年五修。派字：单单单罡伯再仁守思文公汝希应兴子允添原世。维时昭念祀，以玉尚序庠。正本清源远，明经大业扬，诗书传道德，礼义启隆昌。

湘阴高明乡白茅城彭氏 明洪武间由长沙青山徙湘阴县高明乡白茅城。清咸丰间建祠。至 1948 年，共 300 人。

湘阴大众塅彭氏 始迁祖灌公，鄹公二十世孙，明正德中自江西丰城迁湘阴。

湘阴大屋彭彭氏 始迁祖鸣珂公，讳銮，号金声，明正德间由江西南昌丰城县迁湘，开基于湘阴县归义上乡第五保大屋彭。族人分布在归义、武昌、黄谷、长乐等乡。至 1949 年，已传 17 代，共 1150 人。宗祠在大屋彭。

湘阴高明乡大塘彭氏 始由江西吉安迁湘阴县高明乡二都毛家坊，明弘治间复徙湘阴县高明乡大塘。清光绪九年（1883）建祠。至 1948 年，共 560 人。

湘阴樟树港彭氏 始迁祖梦尧公，鄹公二十七世孙，明万历中自长沙高仓迁湘阴。

湘阴高明乡藤树彭氏 明崇祯十六年（1643）自湘阴县东门外乙山徙高明乡藤树，族人分布于水埠头、石板脚、背细屋。清乾隆二十年（1755）建祠。

至 1948 年，共 2040 人。

平江彭氏 始祖滢公，字汉霖，号旭湖，后唐同光年间辞官偕戚友迁居长沙雾阳乡，卜居青山大田铺，生六子。第四子翁公，字宗明，迁居平江北乡高桥。图公迁居平江西乡乐心里。

平江君子巷彭氏 始迁祖梧所，字一榔，元翰林直学士。元季兄弟三人由江西庐陵访同系，来隐平江，居县治北君子巷。清同治五年（1866）纂有族谱。

郴州严塘彭氏 始祖唐征君构云，传至旺三公，明洪武二年（1369）以千户奉调守御桂阳，遂居于郴州凤德乡严塘。清同治四年（1865）五修族谱。

永兴水南彭氏 始迁祖若舟，江西南昌人，元至正间为郴州节制司议事。十七年（1357）郡帅杨佼使来摄永兴县事，后遂家于永兴水南。至 1906 年，已传 30 余代。

永兴彭氏 始祖忠旺公，由郴奠居永邑。二世祖成一郎，派衍四房。清光绪三年（1877）创修族谱。旧排：仕克佐贤良，大德显名扬。礼乐家声振，万代启荣昌。新排：治统继禹汤，邦国焕文章。永绍先人业，诗书教泽长。

汝城彭氏 始迁祖九万公，字天程，讳万四郎，原籍江西庐陵县，宋端平二年（1235）授桂阳（今汝城）知县，秩满爱桂邑山水之秀，卜居城内孔子坊。至 1932 年，已传 23 代，丁口 900 余人。1948 年七修、2001 年八修族谱。排行：朝廷昌远茂，道德永守正。尚忠文一兴，继承先世盛。英贤应时起，经济辅圣明。万邦咸雍睦，海宇乐升平。克绍前徽吉，诗书作式程。积厚庆流长，奕代愈增荣。该族名人：彭定守，字一峰，官布政使。

宜章南关彭氏 始迁祖子梅公，字仲玉，元进士，原籍江西泰和，因任长沙太守，后徙宜章埜石，继迁杨家坠大仓脚及县城南关。至 1948 年，已传 23 代，族人共 5870 余人。族人多分布在县城南关、成家村、黄土山、留军洞。

宜章南湾彭氏 始祖齐公，号三瑞，由安福而仕衡山。传至统公，字振常，号继瑞，由衡山县因任粤韶都指挥卸任而携眷落业于宜章近城乡南湾。至 1948 年，已传 22 代，族人共 1600 余人。宗祠在南湾。

宜章碕石彭氏 始迁祖元彤公，明洪武时因世袭云骑尉调授宜章黄沙堡百户，而由茶陵择居宜章县黄沙乡骑石村。至 1948 年，已传 20 代，有 1716 人。族人分布在矮山脚、董家湾、黄泥田、铁炉冲。2017 年纂有族志。

宜章彭家湾彭氏 始祖白璧公，宋元丰时仕广西玉林知州，后卜居广东乐昌县斗湾，传至如福公，世居长沙，易白姓彭，明洪武间因致仕始迁宜章县笆篱乡白队，后再迁近城乡彭家湾。至 1949 年，已传 23 代，族人共 3650 人。宗祠在彭家湾。

嘉禾天峰彭氏　始迁祖德叟公，宋至道间自江西泰和初迁桂阳，旋迁晋屏山麓木天峰下。后人分布于坳头岭、卷盘岭及宁远、新田等地。

嘉禾南岭彭氏　始迁祖才聪公，宋元祐时自江西吉安泰和县鹅颈坵迁居南区南岭。后人分布于麻冲、东溪、上下大岭、龙化岭、禾塘、潮水、小湖、天堂坪等地。

东安彭氏　始祖壬六郎。三世才三公，明万历间由江西迁永州东安北应乡田心塅线江冲。1934 年创修族谱。班次：才滚能敬国。世有思宗，天锡尔荣。长久启承，光昌定隆。大绍先德，克继自宏。方明正顺，知志福从。庆由善致，灵本厚钟。聪听彝训，竹帛旌功。

蓝山早禾乡彭家彭氏　始迁祖甫三公，宋淳熙年间由江西泰和县徙蓝山县早禾乡彭家。

蓝山古城彭氏　始祖志学公，元至正间任福州府推官，始迁蓝山城北门内。至一德，分居古城。

蓝山赤兰桥彭氏　始祖奇玉公，字和叔，行五七，籍江西袁州府宜春县化北乡大井头，明洪武十六年（1383）奉命来判粤东之连州，二十七年（1394）徙居毗邻湖广蓝山县，尊为一世祖。传至六世祖华表公，再次迁居蓝山之赤兰桥。清顺治十五年（1658）始修族谱，1998 年八修，是时已传 25 代，男女共计 269 户，1060 人。排行：奇志敏彦，荣华富贵。永世承恩，一绍先德。忠孝友良，敦崇道学。礼义昭彰，仁贤兆锡。俊伟光昌，谟烈敬宪。嘉名远扬，猷行辉灿。声镇楚邦，铭鼎理赞。拔萃超达，万代经传。

新田枧头村彭氏　始迁祖千户公，字源六郎，原籍江西，明朝时因避篡国之乱而迁湘，开基于新田县博大乡枧头村。族人分布在新田县上枧头以及桂阳县古城等地。至 1949 年，已传 20 代，共 120 人。

祁阳白地彭氏　族自彭祖钱铿发祥，溯钱铿至汉长平侯至唐征君构云，支派繁衍。递传至寿公，自江西迁宝庆，子学叟生贵、富、荣、华四子。富于明永乐二年（1404）由宝庆邵阳小东路南村迁居祁阳之白地，生子六：云、桂、见、建、魁、元。独元公一支徙衡阳，其他五支则分居祁阳各地。1995 年七修族谱，参修人数约 3000 人。清嘉庆十一年（1806）创建富公祠。班次：（自十五世始）惠迪家声振，美彰肇发扬。观光逢盛世，怀宝焕宗邦。骏起人文萃，联开甲第长。千秋国贵显，百代绍琳瑯。

溆浦彭家塘彭氏　始迁祖万章公，原籍江西吉安，宋末徙溆浦，居彭家塘。

溆浦鹤田垅彭氏 始迁祖昌保公，明永乐二年（1404）由贵州五开卫拨屯，徙溆浦鹤田垅。

芷江罗平彭氏 始迁祖瑊公，字紫梁，原籍江西吉安，唐懿宗时因官辰州刺史迁湘，开基于芷江罗平乡。族人分布在马公坪以及永顺、保靖等地。至1948年，已传37代，12000余人。

葛

湘潭葛氏 始迁祖百川公（汝字辈），清初由江苏苏县迁湘潭。清嘉庆七年（1802）纂有支谱。字派：……元鸣以汝树炳在原本祖德……

湘乡葛氏 始迁祖琳公，字贡玉，明宣德间从江苏太湖西洞庭之包山葛家坞迁湘乡县，孙宝光占籍荷叶长塘。清嘉庆十年（1805）创建宗祠于荷叶长塘大陇，光绪二十年（1894）重建。今为娄底市文物保护单位。清顺治十二年（1655）、乾隆八年（1743）、同治元年（1862）、光绪三十年（1904）、2005年纂修族谱。字派：（自五代始）希天之世生，长寿荣封镇，藩楚光增鉴，汝策勋在镐，洛材杰重钦。

邵阳葛氏 始祖树芦公，明洪武初由南京扬州江都县宦楚南宝庆，其子春、夏。春继父职，卜居曹娥井，衍为文、贤两房，子孙分居万安之长坡、中乡之龙井、富阳之水口。夏则潜居隆回，五传至再芳公由隆回转迁燕江村，生德、信、敬、明四房，惟敬公裔世居世江村龟山团。族谱始修于清道光二十三年（1843），光绪十七年（1891）续修，1933年三修。班序：树开基在宝，光永良世一。大亮伯定国，安万载昌隆。南邦鸿肇业，德远泽自长。继述逢景运，诗礼名共扬。

汝城彭家垅葛氏 始迁祖禄通公，原籍河南邓州新野县，明洪武二十九年（1396）调镇汝城县广安所，由此迁彭家。其中六世元贞分居蔡垅，希君分茅居坪，七世奇俊分居龙窠。至1932年，已传19代，200余人。

董

长沙东乡荷塘桥董氏 始祖和畅公，字泰安，籍顺天府通州漷县桃花村，有子三：望、材、澄。澄公四传继华，字含英，由江西迁湖南长沙岳麓。至八派仁亲，原名仁清，号宝轩，明嘉靖间迁长沙东乡锦绣镇荷塘桥之西董家湾。

清嘉庆十五年（1810）始建祠修谱，道光二十二年（1842）续修，光绪十九年（1893）三修，1922年四修。派文：允振家声，隆文世泽。崇德象贤，光宗华国。忠孝教敦，诗书学达。端本培元，其祥长发。

浏阳董氏 始迁祖明伯公，字沧海，明洪武四年（1371）由江西吉安府泰和县平乐乡西邻桥新塘里迁居湖南浏北长冲铺灵官庙，子二：良宜、良尊，分为两支。六世世安、世宇徙长沙荷塘桥。七世廷魁为吉王府仪宾，配郡主，生有五子。次子永爵徙湘潭，三子永禄徙直隶，各修各谱。清道光元年（1821）创修草谱，1996年四修。道光十五年（1835）建宗祠于灵官庙马跪桥。派序：明良朝益盛，世代永兴昌。克子显耀绍，先贤三策奇。才汉文传扬，大典正光前。

醴陵董家冲董氏 始迁祖均学公，明洪武四年（1371）自江西抚州迁此。至1948年，全族人口300人。

炎陵龙甫董氏 始迁祖彦芳、彦万公，于明万历年间自江西南雄迁来。彦芳生世浩、世源、世海、世满，开派酃县龙甫。彦万生圣礼、圣义，开派兴宁凤凰山、安仁鹏塘、耒阳东湖、常宁阳隔洲。清光绪十八年（1892）、1933年纂修族谱。

湘潭三坪董氏 谱称兴文公自宋景定间挈家相宇于攸邑石虎陂，三派万三公由攸分基衡邑之车头。迨秀兴公，迁居湘潭十一都小淦田，复徙十五都龙口三坪，明洪武十七年（1384）由游击加授武威将军，随沐国公英征云贵，没于王事，归葬湘潭十一都八甲回龙桥。清乾隆三十一年（1766）、道光四年（1824）、同治五年（1866）、光绪二十九年（1903）、1941年、2006年纂修族谱。字派：（自十五派始）名初贻世业，继序振家声。祖泽由来远，诗书裕后昆。

湘乡潭市、衡阳董氏 谱称湘乡董氏来自黄州，先世出于抚州乐安流坑。始迁祖尹忠，字敷奏，自班长子。尹芠字藻翰，自班五子。尹升字选阶，自联长子。明永乐间三公由江西南昌府南昌县来湖广，始隶潭州。后忠公继徙湘乡务门前，落籍潭市下泥二湾，复迁十五都。芠公分徙衡阳，子孙析居新化、祁阳、宁乡、善化。升公始隶潭州、宝庆，继落湘乡潭市之下湾，复徙十五都，卜居连山湾。清乾隆四十年（1775）三支共建祠于十五都坪上，名“醇儒堂”。清嘉庆元年（1796）三支合修族谱，同治元年（1862）续修。三支合派：自尹其必绍，志大文兴邦。定国安芳世，修心乐上湘。敦名加瑞庆，积德厚荣昌。祖序斯清盛，嗣贤益茂良。太和传启迪，儒学耀先光。

衡阳董氏 始迁祖日仁、日义。日仁生福聪，福聪生文献、文宝、文赓，祖孙三代，明嘉靖九年（1530）由江都迁衡。日仁为迁衡鼻祖，文宪居神皇山，文宝居株木桥，文赓居毛草凹。日义为白鹭江余家坳祖。清嘉庆十二年（1807）、道光二十七年（1847）、1919年、2006年纂修族谱。字派：天应红日，福文范大。永国成昌荣（承应其士朝），华世（端祚）孝友庭。声显元登甲，明贤学业隆。

衡山董氏 一世奉公，晋永嘉中任交州刺史，由浙江鄞州迁江西庐山。三十五世朝容公，生子定、子昌。子定迁武昌。子昌字兴文，宋理宗景定元年（1260）迁居湖南攸县西乡石虎陂，为攸、衡鼻祖。又三代至万一、万二、万三、万四。万一公裔代承云南军籍，万二分基攸县龙翔，万四留居石虎陂。万三字望震，元至元间由石虎陂徙居衡山车头。至六代衍为富、贵、荣、华、长、寿、康、宁八房。明崇祯十一年（1638），万二、万三、万四三房合修首谱，清雍正十年（1732）、乾隆三十八年（1773）、道光三年（1823）、道光二十六年（1846）、光绪元年（1875）万三房贵、荣、华、康、宁五支合修，宣统元年（1909）荣、华及贵房西川公一支续修，1938年华房淑彰支及淑显支惟正、惟直、惟忠四小支续修。至1948年，车头董氏共7000余人，分布于铜塘、官坪、石矶、大源塘、楞枷寺、霞沅冲等处。宗祠在车头篁竹园。车头老班：道德宗周孔，文章启人承。车头、龙翔原班：人承明正训，儒泽绍心传。孝友垂家范，诗书庆国恩。黄桑桥原班：人怀三第祖，奕世衍其传。孝友垂家范，诗书庆国恩。

华容万庾五谷村董氏 始祖继宣公，宋咸淳二年（1266）因兵乱由江西庐陵迁居湖北石首南江口。传十世廷圭，字国器，号恒轩，明景泰进士，山东、河南监察御史、山东按察副使，任满择地而居。明洪武时由南江口迁居华容石桥铺（今万庾五谷村六、八组），著有《中州吊古录》。孙从俨、从儆、从佐支分三房。现人丁居万庾北干堤两边、鲇鱼须程家岭和南山等地。原派：世可启吉良，邦传鼎大芳，鸿儒怀德盛，令绪嗣徽长，静山大辉续。新派：作善多生福，修文自有光。克遵先进训，永远亨荣昌。

平江柳公洞董氏 始迁祖富二公，宋淳熙二年（1175）自吉安永丰迁此。至1994年，全族人口1054人。

平江庐溪里董氏 始祖秩公，明处士，成化二年（1466）由江西迁平江，世居南乡庐溪里。

桃源盘塘桥董氏 始迁祖惠宇公，明洪武间自丰城宦游常郡，落业桃源县东硖州之盘塘桥。至1948年，已传25代，有5000人。族人分布于武陵、石门、慈利、桑植、汉寿等县。清同治十一年（1872）始修族谱，宣统元年（1909）、1934年、2005年续修。派行：应元文仲永，伯大胜兴希。启世宗国治，方正习学成。明道贤良举，先代有宏儒。万人怀祖德，家泽定光昌。育才基本富，鼎盛必恒谦。瑞兆吉祥远，和顺登寿康。宗祠在盘塘桥。该族名人：董维健，省参议员。

沅江董氏　始迁祖麟书公，明永乐十九年（1421）由江西吉水县迁居沅江郎保黄荆甲马埠塘董家坪。生四子：以德、和、深、凝，德房六世廷胤、廷发于明嘉靖间迁居浏阳，今千余人。清乾隆元年（1736）纂修草谱，光绪十一年（1885）二修，1931年三修，2004年四修，至今2000余人（含浏阳），主要分布于沅江三眼塘镇之三眼塘、洞口、董家坝、永丰坝等村。派语：以其上翁庭，仲芳学大人。佐理清朝辅，声名万世荣。祖泽光辉远，宗支发达长。

祁阳董氏　始迁祖九九公，字福生，行二郎，明洪武七年（1374）自江西泰和鹅颈大丘，携三子必达、必忠、必文迁祁阳龙溪，继迁梅溪。必达派居见心，必忠派居茅桥，必文派居梅溪。清乾隆五十六年（1791）、道光二十三年（1843）、同治十一年（1872）、光绪三十年（1904）、1936年纂修族谱。班行：作家方学盛，在祖训惟良。孝友承先志，贻谋庆克昌。

嘉禾董家董氏　始迁祖幼五郎，宋时自江西始迁嘉禾县大窝塘，后居董家。至1930年，凡21户，男46人，女56人，共102人。

溆浦西湖塘董氏　始迁祖万先公，明万历时自江南上元县徙湖南沅陵。六世治德，清康熙时徙溆浦西湖塘。

敬

邵阳夏田湾敬氏　迁湘始祖逵公，宋初由江西泰和县因宦游迁居湘省邵阳之长富墟。六世孙和甫、君甫再迁压山。十二世忠恕于宋末居衡阳长乐，元初复归邵阳夏田湾。至1948年，已传37代，共2888人，族人分布于夏田湾塔井、万安、小水冲、沙坪等处。宗祠在夏田湾。明正统七年（1442）、清康熙六十年（1721）、乾隆二十八年（1763）、道光四年（1824）、光绪二十五年（1899）、1949年纂修族谱。班次：希有朝廷大，天生福禄延。礼义传宗远，文章启后贤。明伦从正学，作善是良田。际会升平世，相安可永年。

桃源敬氏　谱称敬氏出自春秋妫姓陈历公之子敬仲，其嗣裔以谥为氏。洎五代因避石敬瑭讳，去文姓苟。厥后世繁衍于吴西吉水。明正统元年（1436），思敬公自吉安府吉水县吉安坝桐皮树湾携眷迁湘，至桃源大洑溪，遂家焉。清道光时复姓。同治三年（1864）、光绪十八年（1892）、1941 年、2022 年纂修族谱。宗派：思胜单德士，自宏明志单。正体时际开，泰邦泽应昌。人文今蔚起，宗本益维新。积善崇先祖，贻谋裕后昆。

蒋

湖南蒋氏 蒋氏之族出自周，周公三子伯龄封于蒋。至九世孙诞，为幽王太子太傅，幽王弑，平王立，而诞子孟仍归蒋。越十代孙蟾移居豫州之弋阳。又五代孙简遂为楚所并，厥后子孙四散。裔孙琬，居湘乡曲静。后唐同光二年（924）仲南公由江西返归曲静，生子三：文辕、文通、文炳，三支分派，散居湘潭、湘阴、湘乡、宁乡、善化、安化、益阳、邵阳、溆浦、武陵、沅陵。长文辕数传至真公，号洞添，生子十。除十无传，长居湘乡之石龙，二居安化之三都，三居溆浦之柳溪。四居邵阳之栎坑，清初又分栎坑、宁乡之团山、新化之税塘，五居安化之常安、归化，六居益阳之鲊埠，七居安化之四都，八居安化之通溪，九居安化之常丰。次文通数传至汝臣，迁湘阴之赤土坎。三子文炳，登宋建隆乡榜，为宁乡令，子孙卜居宁乡之横冈塘，湘潭之筠湖，善化黑石铺，宁乡道林，益阳之志溪、沧溪，武陵之泥湾。清嘉庆十年（1805）六邑合修通谱，光绪三十四年（1908）再续通谱。嘉庆通派：恭维先泽本隆昌，次序敦和肇锡长。巨望汉中经鼎盛，鸿勋楚宇灿云章。诗书力业登科甲，孝友承家选俊良。蔚起人才昭善述，魁名辉映冀联芳。

长沙蒋氏 迁湘始祖虎公，字啸溪，明洪武二十三年（1390）由江西丰城迁居浏北珠山，四代孙廷宣，由珠山迁苗田，生希量、希衡。希量仍居浏，希衡生志科、志贵、志学。贵裔居浏北上埠岭，学裔居浏西竺家园。志科子惟先、惟景、惟明明末由苗田再迁长沙东屯渡，建祠于马鞍山。清乾隆九年（1744）一修族谱，同治三年（1864）二修，1911 年三修，2005 年大豹公支四修。派式：虎叟均廷希，志惟文启应，士开光大运，朝典尚躬修，孝思本忠敬，敦厚方裕远，家声南楚振。

长沙蒋家塅蒋氏 始祖琬公，汉大司马，由江陵迁长沙。支祖万芰公，世居长沙锦绣都蒋家塅。

浏阳忠诚乡蒋家河蒋氏 始迁祖虎公，字啸溪，江西省丰城县人。明洪武年间因宦游迁湘，开基于湘省浏阳县北乡（即忠诚乡）珠山里（即蒋家河）。至1949年，已传24代，3000余人。宗祠设珠山里黄甲寮。

浏阳向埠岭蒋氏 始迁祖延宣公，明末迁此。至清光绪三十三年（1907），已传18代。

宁乡南圫蒋氏 仲南公第三子文炳公，宋时为宁乡令，卒于官，子孙肇基于横冈。传数世春伯、春仲，一居道林，一居南圫。春种生二子，长汝祈居南圫，次汝祚徙益阳志溪。清咸丰八年（1858）、光绪三十年（1904）、1933年纂修支谱。字派：汝瑞君桂继宗祖，显达忠仁世应尧。安邦重士思嗣孝，贤良治政禄荣高。

宁乡道林蒋氏 始迁祖春伯公第三子国宝公，榜名彦明，元时自宁乡横冈塘迁居本邑道林。子孙分为八房。族谱一修始于南宋绍熙年，二修于元代，明天顺八年（1464）三修，嘉靖十六年（1537）四修，清康熙四十四年（1705）与湘潭瓦子坪合修，乾隆五十五年（1790）六修，嘉庆十年（1805）宁乡、安化、湘乡、益阳通谱合修，道光二十三年（1843）八修，光绪二十四年（1898）九修，1922年十修，2019年道林十一修。

湘潭瓦子坪蒋氏 始迁祖际明公，明初自宁乡道林迁居湘潭锜湖。六世孙海清再迁瓦子坪，为瓦子坪支祖。1927年十修族谱。

湘乡石龙蒋氏 谱称蒋氏居湘乡，始于蜀汉司马琬公，五代之乱，迁徙靡定。后唐同光间仲南公自江西吉安回归琬公故里湘乡曲靖，生文辕、文通、文炳。文辕生应清，应清生伯万，伯万生士龙、士凤、士虎。士凤裔迁安化，士虎裔居湘乡戴家冲、横港、桥头。士龙十传至荣臣公，居湘乡石龙。又三传分为永贤、永芳两宗。永贤公六传而分八房，长房敏忠公，长子廷富居县门南，次子廷贵居黄连。次房海忠公居蜡树坳，三房祈忠公居黄家岭，四房益忠公居何家巷，五房全忠公居张家冲，六房玺忠公居蒋家湾，七房武忠公居娄底，八房敏忠居唐家湾。永芳公六传分为三房：长彝忠公无嗣，抚曾姓子，居西阳。次利忠公居杨树坡，三仕忠公居伏成。清康熙、乾隆间纂有族谱，嘉庆十年（1805）安化、湘乡、宁乡、益阳、常德等邑合修通谱。咸丰五年（1855）、光绪二十六年（1900）又续修族谱。旧班：安湘宁益德，祖泽永贤良。孝友敦伦重，光先裕业长。该族名人：蒋凝学，字先民，陕西布政使，赠内阁学士。蒋德钧，字少穆，蒋凝学之孙，龙安知府，参与筹设时务学堂。

湘乡西阳蒋氏 谱以伯龄为一世，七十一世仲南公。八十四世荣臣公，字时举，元贡生，由曲靖徙居石龙。荣臣公九世孙彝忠，抚内侄曾氏为嗣。十一世孙正芳字湘洲，正茂字湘台，兄弟复迁西阳。清光绪二十六年（1900）荣臣公裔合修族谱，而列该支为附录。1942 年西阳蒋氏另修族谱，以别于石龙蒋氏。2008 年杰斋公房纂修支谱。光绪三十一年（1905）西阳另建宗祠。行派：安湘宁益本隆昌，次序敦崇祖德其。国运文明家庆永，民权发达耀南乡（而不采用嘉庆蒋氏通谱）。

湘乡沙溪、衡阳梅树里蒋氏 远祖诩公，传六世琬，从父佐公官居零陵，卜居湘乡曲静。又八世至后梁时北宸公，由进士官内阁都堂学士，辞爵归里，值长沙马殷兵阻，遂趋江西吉安府泰和县，卜宅严庄。又二传至绍禄，后唐同光二年（924）携子仲南、仲山复还湘乡长乐乡崇义里普田冲沙塘落业。仲南三子：长文辕，派衍石龙。次文通未详。三文炳徙宁乡横港。谱以仲南为第一代鼻祖。炳裔十二代高荣，字绳武，行千五郎，明洪武时偕第四子如玠复徙迁上湘荷塘都中倚沙溪小星桥立业。三传思泷居故址。思凤派衍邵阳另修。思凰徙桐梁，复由湘迁衡，居四十二都梅树里。遂有沙溪、梅树之别。清乾隆八年（1743）创修族谱，嘉庆八年（1803）、同治十三年（1874）、宣统三年（1911）凡四修。乾隆五十四年（1789）创建宗祠。班行诗：（自二十五代始）安湘宁益德，祖泽庆贤良。孝政敦伦重，光先裕后长。

醴陵白竹、长垅蒋氏 始迁祖原公，明洪武初自江西南昌府丰城县蒋家楼迁醴陵白竹岭。另支始迁祖庆高公，自金陵迁醴北长垅。清光绪二十五年（1899）白竹支续修族谱，堂号报本。1924 年长垅支四修族谱。1937 年两支首次合修宗谱。长垅支至 1948 年，全族人口 2000 人，族人分布于枫树塘、南田桥。白竹岭支至 1948 年，全族人口 1400 人，族人分布于鹅头。白竹原派：世上惟有培其本，宏启家声在正名。长垅原派：学善蒋名远，尹大廷以开。希世仕如奇，志起定邦国。新编名派：家声传卓异，勋业著循良。人才瞻蔚起，扬显万年芳。

茶陵蒋氏 始迁祖一贵公，河南汝宁府光州人，明初领苏松归附军调茶陵卫任职，离任后定居上东（今下东乡四联村境），后裔分徙窑里、石井等地。

衡阳蒋氏 始迁祖原九郎公，为念九郎十二世孙，伯龄公九十五世孙，元世由全州迁衡阳，后裔多居渣江、金兰。清乾隆三十八年（1773）、道光六年（1826）、同治十一年（1872）、宣统三年（1911）、1943 年纂修族谱。富房旧班：信荣添嗣福，忠孝大文兰。新颖光礼乐，诗书传万年。兴房旧班：信荣添嗣福，忠孝大仁贤。文章学孔子，诗书传万年。新班：达士恒继启，功高庆俊材。怀芳定希尚，遇盛步云台。

衡阳玉兰蒋氏 高祖受三郎，原籍江南，宋理宗时平瑶乱，归组过祁邑五陵岗，遂卜居。传五世分为十九支。元时世荣公由祁迁衡。子志兴居段投桥，复迁玉兰冲。清乾隆三十一年（1766）、同治二年（1863）、光绪二十八年（1902）、1943年、1996年纂修族谱。班行：受五仲宗，世志应文。得用思崇，泗良希以。春惟如承显，祖国泰永扬。荣华联科甲，富贵必隆昌。

衡南神山蒋氏 始祖应兴公，元末明初由江西赣州（一说庐陵县）迁衡阳政平乡神山（今属衡南县）。三派分祖旺、祖达两房。祖达公派下四世祖友富公分二、五、六、十摊，友贵公分四、一、七、八摊及禄公房、正公房、考公房。族谱清雍正二年（1724）一修，2000年八修。宗祠始建于康熙间。班行：应正祖友单，士代忠世朝。兴文一廷景，万福允承先。宏才昭时望，芳名扬德光。传家惟笃厚，积善显荣昌。是族后裔蒋永和官至提督。蒋福泽任连州知州。蒋玉轩为湘中名医，著《医学歌括》。蒋璧城为黄花岗烈士。

耒阳蒋氏 始迁祖少一、少二公，明初由江西泰和县茅头岭迁耒北咬柴岭。

邵阳上贤都、隆回紫阳乡蒋氏 始祖千三公，原籍南京江夏卫，元泰定年间迁湖南宝庆府邵阳南乡大井头。三世万保、万福，分两大房。福公迁居武攸紫阳乡（今隆回）。保公迁居邵阳上贤都八弓塘，发四房：卿、富、贵、华。清乾隆三十六年（1771）、咸丰十年（1860）、光绪十七年（1891）保房三修家谱，1925年、1947年保、福两房合修。宗祠建于邵阳南乡大井头，保公祠建于七甲冲，福公祠建于武冈达石村。至1948年，已传25代，人口26000余人。班次：千万才必仲，仁义礼智信，天大惟馨晋，藻干舒民泽，宏贻佩久怀，迪思淑尔类，誉履庆方开。

邵东蒋氏 始迁祖安仁公，又名明公，字龙洲，为荣四公次子，明洪武二年（1369）携三子自隆回蒋家湾迁邵东廖家冲郭家山（旧谱称安仁公洪武时自泰和迁来）。清乾隆三十二年（1767）、光绪二十三年（1897）、1933年、1992年、2013年纂修族谱。派名：安泰应必仲，仁义礼智信。思才万代永，邦国家逢盛。光宗惟学德，昌嗣大显明。竞选贤良贵，品锡藻鉴文。

新宁西喉蒋氏 始祖百九公，江西吉安府泰和县人，宋末因避兵乱迁湘，开基于东安白滩。百九生千五，千五子四：万一、万二、万四分析广西、东安之禾仓头、中田。惟万三由东安迁新宁西喉村马栏田。四世庚一郎宋淳祐间居鸡笼寨，分东、南、西三房。清同治元年（1862）纂修族谱。1943年三修族谱。至1949年，已传30代，居西喉乡者共8000余人。1923年建宗祠于西喉乡亚蓝田。老班次：百千万景宝卿仲礼智忠。东、南两房班次；仁义必才世士可有启永。西房班次：从大良然一学上承之其。三房复合班次：登朝廷锡爵。三房新议班次：禄重廉能养，民和政益修。文昌新际盛，作育焕贻谋。

新宁金石镇等地蒋氏 始迁祖时通公，祖籍江西，明洪武八年（1375）迁武冈德江，后迁新宁县蒋家铺。

新宁江口桥蒋氏 始迁祖文达公，祖籍江西，明洪武年间迁新宁县江口桥。至1995年，已传24代。

城步蒋家团蒋氏 始迁祖士毅公，零陵人，官山西平阳府通判，明初徙武冈之儒林乡。明弘治中，置城步县于儒林乡，世居城步城内。

武冈蒋氏 始迁祖益公，明永乐间任职武冈守御千户所。清道光二十一年（1841）三修族谱。班次：清必仕文福，思仁义礼智。元亨承宗祖，朝廷允万兴。泰运开新景，乐安显炽昌。庆云昭海宇，家世裕忠良。

岳阳蒋氏 始祖朝万公，唐天复间迁巴陵黄龙山，传十一世至宁亚，遂家东陵。其后衍为日、月、浩、永、明、以、友、智八派。

华容三郎堰、南山、西乡蒋氏 始祖吉祥公，仕明平寇有功，封武略将军。明正德十四年（1519）吉祥后人暹、嘉祥、铳迁华容，暹居三郎堰，嘉祥居南山，铳居西乡。后人集居东山乡荷叶村一带。派语：玉日全文大，应基长命良。继述行宗哲，贤才士佐邦。体元常惠吉，奉祖永佳祥。德厚流芳远，声名万世扬。

湘阴奎楼蒋氏 迁湘始祖仲南公，后唐同光间由赣迁湘。其后第十代孙谦善、汝臣公迁湘阴奎楼市。明崇祯九年（1636）、清乾隆四十一年（1776）、嘉庆二十年（1815）、咸丰九年（1859）、光绪二十七年（1901）、1949年、2016年七修族谱。原江西行派：始广行为成，孙文伯忠廷。尚乐儒之常，继世定裕光。孝顺德传芳，本立道荣昌。翼敬惠迪康，象贤士敏皇。选才庆茂良，辅治以高骧。仪羽受命章，盛绪远而长。七邑合派：恭维先泽本隆昌，次序敦和肇锡长。巨望汉中经鼎盛，鸿勋楚宇灿云章。诗书力业登科甲，孝友承家选俊良。蔚起人才昭善述，魁名辉映冀联芳。

湘阴蒋家坪蒋氏 始迁祖成四、成九两公，江西丰城县人。元末时，成四官长沙府通判，成九官岳州府，明洪武中占籍湘阴。

常德蒋氏 始迁祖添祥公，明洪武初官指挥使，由江南华亭迁武陵铜鼓。四世纲公又迁益阳武潭蒋家湾，今属桃江。五世晟公迁安化。子孙散居三邑。宗祠建于铜鼓村。明嘉靖二十三年（1544）、清康熙三十年（1691）、乾隆十四年（1749）、嘉庆七年（1802）、同治五年（1866）、1919年、1995年七修族谱。派语：添彦心系日，廷世人尚承。之学永德政，以康兆极民。祖命本光大，惟鉴孝弟行。积善基伦首，贤圣可希臻。

常德蒋氏 始迁祖受卿公，原籍山东济南，从明太祖讨谅有功，居常德城西甄家桥。二世兴贵公任四川别驾，复迁北关外，三世清公、海公卜宅阳山。清康熙四十二年（1703）、嘉庆五年（1800）、同治三年（1864）、1923年纂修族谱。1998年乾分大房五修。原派：受兴单德单思从大单可如维（人之）。续派：祥兆东国，道宏南邦。文明开泰，金玉其光。

临澧马鞍山蒋氏 该族以伯龄为一代祖。七十一代始迁祖官一公，原籍江南，元末徙湖北黄州府黄安县黑马冲，明洪武御征，公以总兵随至永定卫黑松关，平苗有功，命公镇守，永乐二年（1404）表于朝，迁临澧马鞍山、南泉湾。生四子：先弈、安保、长寿、章保。安保奉命南讨贼阵亡，朝廷悯恤，着十一岁章保袭职食禄，历五代有富、贵两公，富公脉生四子：鉴、镛、铠、镇。清嘉庆二十三年（1818）始修族谱，咸丰十年（1860）二修、光绪二十五年（1899）三修、1923年四修、1948年五修并修总祠、2015年六修族谱。派语：（自八十八代始）明征定保，宗祖谟训。开国孝友，肇锡元勋。克成先德，丕振家声。云腾风起，祚延万春。九十一代保襄，即民国开国元勋蒋翊武。丁玲为该族九十二代孙。

益阳蒋氏 伯龄四十代孙诩公玄孙耀公西汉时徙居零陵郡营道。八十九代孙逢福，字东海，号真甫，仕元为四川池州府教授。元亡，率五子开泰、开祥、开汝、开昊、开朗回湘，分别卜居益阳沧溪、桤溪、北坪、水满冲、白皮湖，素称“洪武下寨”。族谱始修于清康熙四十五年（1706），1947年六修。以逢福为迁益启祖。派语采用嘉庆通派。

桃江龙拱滩六房村蒋氏 始迁祖荣六公，明永乐二年（1404）由安化迁龙拱滩六房村开垦。

安化蒋氏 始祖琬公，居湘乡。五代马楚时绍录迁江西泰和。后唐同光二年（924）仲南由吴转楚，仍居湘乡曲静，派衍文辕、文通、文炳三大支。文辕递传至真公，生十子，避元季之乱，荣二、荣五、荣七、荣八、荣九公同迁安化窑头。明正德间九房创修墨谱，万历四十八年（1620）荣二、八、九房合修。清康熙四十三年（1704）二、五、七、八、九房合修。嘉庆二十五年（1820）九房珪裔续修支谱，道光二十一年（1841）九房璁、琳两裔合八房四修，光绪四年（1878）八房五修，光绪十年（1884）九房五修。1924年八、九两房六修，共计男丁3874人，女口1850人。2017年荣五、荣八、荣九及方九房合修族谱。老派各支不一，如玉支房：荣如永宗然彦孟，金朝加益显忠诚。克立奇功修学业，英贤世守圣明君。嘉庆十年真公后裔公立新派：恭维先泽本隆昌，次序敦和肇锡长。巨望汉中经鼎盛，鸿勋楚宇灿云章。诗书力业登科甲，孝友承家选俊良。蔚起人才昭善述，魁名辉映冀联芳。

安化黄沙坪蒋氏 谱尊伯龄为第一世。至第七十一世仲南，后唐同光二年（924）返湘乡曲静。第八十七世真公，又名千七郎，字洞添，以宋章惇曾垦梅山，始入安化，生子十，荣二、五、七、八、九居安化。荣二公明初自窑头迁十三都。长子添明移三都，生忠、和、恭、智，次子添隆明初偕弟添臣自安化徙居沅陵赤鲤溪口大塌。荣七公明初自零陵迁安化四都蒋家坪。荣二、荣七两房合谱始修于明万历四十八年（1620），清康熙四十三年（1704）荣二、五、七、八、九房合修，乾隆四十七年（1782）、道光二十年（1840）、同治十年（1871）、光绪三十四年（1908）、1937 年荣二、七房合修。清嘉庆初，两房建总祠于安化黄沙坪。

安化南门蒋氏 谱称伯龄公四十八世至启祖耀公，自金陵蒋山徙居湖南零陵郡。又七十三世至派祖绍录公，因避马殷之乱，徙居江西吉安泰和之严庄。七十一世仲南公，后唐同光二年（924）复迁湘乡曲靖。八十七世真公，字洞添，行千七郎，迁居湘乡横港，生十子，第五子荣五公，于明洪武五年（1372）徙居安化大南门蒋家巷道谷坪。后裔析居安化之归化、仙溪、常丰、常安、石板溪及邵阳之墨溪、宁乡、湘乡、龙阳等地。清乾隆间建安邑宗祠于城西，同治间建仲南公总祠于宁乡西城外香山。清道光十年（1830）荣五公房纂修族谱，同治十三年（1874）续修，光绪三十四年（1908）三修。班行采用嘉庆通派。

安化蒋氏 始迁祖方九公，江西老谱原名年寿，行方九，今改行名为派名，以“年寿”为字，号长春。明嘉靖二十三年（1544）由江西抚州乐安县高楼坡龙义司给票同表弟黄受庆徙长沙府安化县归化义溪。清乾隆四十七年（1782）、道光十一年（1831）、光绪六年（1880）纂修族谱。旧派：方仕必维春，应永昌期世。德光先泽远，锡庆隆文治。新派：学业才华盛，功名作育成。登荣崇国典，显达绍家声。

汝城北水蒋氏 始迁祖贤可公，举人，原籍江西省清溪县。明初任郴州教授，迁汝城县北水。其中十八世希重徙资兴石角，二十六世仲玉分居上蒋，朝满迁耒阳，仲篪居上蒋。至 1932 年，已传 26 代，100 余人。

零陵蒋氏 1916 年湖南零陵、广西兴安蒋氏合修通谱，尊伯龄公为一世。

四十七世横公，生九子，皆封侯。第八子默、第九子澄，居漏湖东西，凡湘省蒋氏及由湘转徙者，皆两侯苗裔。通谱所收村落有廷阿头、半岭上、小岩村、白露井、新田冲、桐子山、斗江头、福塘村、凤人蒋家、桑叶田、田洞村、黑石头、蒋家岭、德甫里、大埠头、青蚨田、井头湾、鼎甫里、灯塘村、油榨塘、锦上田、茅栗铺、城子山、老宅村、柘田村、野寨、立楼寨、洵溪、上爻复、乌石冲、带花山。

零陵黄田铺涧山蒋氏 始迁祖四郎公，原籍江西泰和县，明初迁入零陵黄田铺涧山，其后裔迁居零陵水口山、新田、宁远、广西兴安一带。

东安蒋氏 始迁祖百九公，元末自江西吉安府庐陵县鄂公大丘徙楚南零陵郡。其孙万一、万二由零陵分别迁居东安石片塘和禾仓头居住，万四之子景量也自零陵徙居东安县中田。后裔先后析居大瀛桥、皂洲町等地。至1948年，已传30代，有9939人。宗祠在新宁西喉乡。

东安什田蒋氏 始迁祖癸湘公，元至正间自江西吉安庐陵县鄂公大丘迁徙东安芦洪市上游什田。清同治八年（1869）、1921年、2007年纂修族谱。班行：癸万祥蒋法愚文廷仕正有一尚九春仁义礼国世永明良朝代新安福天元德。

东安湘粤蒋氏 受姓始祖伯龄公。五十八世琬公，为陵阳湘乡人，属今祁阳地。琬公佐先主入蜀，封安阳侯，寿终葬涪县。夫人毛氏偕第三子□迁居零陵洮阳梅潭，今属全州。东安始迁祖兴辅公，明初由全州升乡兆村迁东安马迹潭，为东安四甲蒋氏始迁祖。清康熙间纂修墨谱，1929年创修族谱。旧班次：兴仕景思蒋志喜国付宗时（立）允毓成芳茂春枝生秀荣。新班次：仁（纯）孝齐家宝，诗书守典章。和睦敦友爱，伦纪振纲常。祖业贻谋远，勋名继显扬。

道县龙村蒋氏 龙村蒋氏族谱称：东汉桓帝时，蒋嵩封平都侯，因镇抚南邦，过宏道县而遂落其籍焉。今子孙甚藩，分布龙村、白面下、赤竹源、杨柳塘、莲花宅、红家山、洞子塘、筛子塘、陀仂复、花岭头、洞子口、黄泥石、内羊冲、坳背洞、鸡公神、下湾、龙头村、陈家山、麻湾、密里洞、上云坝、大塘、小塘复、马家岭、黄泥塘、木累洞、瑶官、银山、葫芦田、铁炉头、五洲、金岗车、小江口、土地堂、上汶、正岗头等村。

道县蒋氏 一世伯龄公。五十八世琬公为全湘、零陵始祖。瑜公为祁阳、营道始祖。瑜裔世宦迁居营道蒋居乡燕山脚。九十一世从明，流寓江西，卜宅泰和县桑树脚。九十三世肇基仍归营道城居。九十四世永宗，明洪武五年（1372）移居蒋家山，生远述、继述。清道光十八年（1838）、1923年纂修族谱。2009 年云第公派续修。远述支辈行：永述兴旺福安文德保世祖科第一大朝（万、继）仁义（光）振声儒学登。继述支辈行：永述百千万福玄玉宗师法文世祖应天安朝大国有仕振加声。

道县中村坊蒋氏 九十六世庚十六郎，字佛贞，明成化十一年（1475）自郴州桂阳县东林坡迁祁阳白鹤甸雷公塘向家岭。生五子，第五子辛五郎（又名德政）迁全州梅潭，于元末又迁江西泰和县禾市镇瓦坞村。德政长子万永公又迁零陵富家桥桃花洞甸里。1912 年、1943 年、2000 年、2020 年四修族谱。字派：庚辛万志思永福兴时友覆应仲忠尚六登显旭士起振家声。

宁远大阳洞、梅岗蒋氏 始祖顺甫公，原籍江左，唐太和年间官道州太守，迁居宁远天堂墟石海山，后人居大阳洞、梅岗一带。

江永黄甲岭蒋氏 始迁祖以文公，南北朝时因避乱自零陵出居永明兴化乡（今江永黄甲岭乡）总子岭之蒋家山。元至正年间，因避粤西贼寇，徙居邑城之南。而后分居城隍庙北门蒋家、西门蒋家，又分脉千家峒之戈武村等地。

江永水尾蒋氏 唐天宝十五年（756）自江西吉安徙居江华华盖。南宋端平年间徙松柏水美定居（今水尾）。

江永锦江蒋氏 始迁祖仲喜公，宋初职任县令，游宦至春陵，徙道县清塘香毛井，后卜居永邑锦江村。

江永井边锦堂蒋氏 始迁祖鸣凤公，宋初因仕宦来春陵，暂住几载，后卜居永明锦堂村，分脉允山油田。

蓝山南平乡窑头蒋氏 始迁祖德铭公，由江西吉安避乱来蓝山。至 1931 年，凡 21 户，男 62 人，女 60 人，共 122 人。

新田大坪塘蒋氏 始祖文旺公，字豪发，江西泰和县人。宋时南游开基湘省宁远，后迁新田长信乡大坪塘。至 1949 年，已传 34 代，族人约 6000 人。

祁阳大忠桥蒋氏 始祖伯龄公。九十世新扬公，生七子，南宋末年分别移居新田、江华、桂阳、广西。第五子诞公，居桂阳。明洪武初，九十六世已四郎公从桂阳东林坡迁居祁阳九牛坝。九十七世庚十六郎公，于明成化间又迁大忠桥。清光绪十八年（1892）一修族谱，1929 年续修，有蒋介石序。2004 年三修。班辈：己庚辛壬思言廷文应成第奇友向常登宗子永昌世。绍先观国政，继志秉人龙。芳发清香远，光明万载逢。

祁东五陵蒋氏 始迁祖受三郎，兄弟六人，宋末元初人，随父任居建康（南京），受一郎卜宅全州，受二郎迁徙大桥湾，四、五、六宦籍他郡。受三郎讳受爵，字继侯，应开庆元年诏自建康起义兵救鄂州，围解，旋旆道经祁阳，适峒瑶窃发，爰止歼除，遂留屯协守，卜居祁东五陵。生五峰，五峰生五子，长、四不详，次贤仲、五元仲，后裔迁衡阳。三子兴甫，四传至友胜公而分暄、旺、聪、铭四房。清乾隆五年（1740）始修族谱，乾隆五十四年（1789）合蜀族续修，道光二十九年（1849）三修，光绪二十五年（1899）四修，1935年五修，1996年六修。班行：受五兴宗，世友昭文。伯珊仲玉，应春成云。维士善启继，家声定显扬。荣华联科甲，富贵永隆昌。诗书锡庆，德业贻光。积修远大，发育绵长。

溆浦社灵堂蒋氏　始祖由江西吉安府迁至湖南。始迁祖荣三公，原籍湘乡县，明初徙溆浦社灵堂，子三：彦华、彦富、彦贵。

靖州蒋氏　始迁祖昌舜公，明洪武中由沅州别驾为渠阳郡，始居靖州。至清光绪三十四年（1908），已传20代。

会同蒋氏　始迁祖兴淑公，江西吉水人，由乡榜任永州府同知，迁云南按察司佥事，至靖州龙保七里街受阻，遂家会同，族人分布于东城外等地。

麻阳麻伊蒋氏　始迁祖道清公，明洪武年间自蓝山县玉平乡迁徙麻阳麻伊落业。至今已传20余代，后裔分布兰里、锦和、长潭等乡镇及远徙黔阳、凤凰、沅陵、辰溪等县。派语：道（单）宗仲如土，廷朝正奇人。世文必显荣，才学自光明。长发兴祥运，永承定国祯。

韩

湘赣韩氏　始祖宋时忠毅公，讳先，扈驾避元以忠烈卒于广东程乡县，其后子孙由福建宁化石壁而卜宅于此。传至胤公昆仲，徙居程乡平远笙竹村。后裔清康熙时由平远迁赣、湘、川、桂各省，尤以袁州万载居多。清道光二十八年（1848）、光绪十三年（1887）、1920年纂修族谱。名派：本接程乡祚，功烈秀联轩。际兹冠冕盛，常占吉星旋。

湘潭石门楼韩氏　始祖进公，字愈增，原籍南京凤阳府虹县枣儿村，元泰定四年（1327）官湖广长沙卫，至元六年（1340）致仕卜居湘潭石门楼。生成公，成公生莲、芳、英，惟英公留潭。英生敬，敬生荣、华。荣徙长沙麓山韩家湖，为府房。华裔为乡房，华生信，开垅、俸、岳、纲、琥、全六房。1925年五修族谱。字派：大继学养光，荣缘首名良。佑贤昭裕德，为善永贻芳。甲第承唐宋，忠廉重楚湘。家声恢振远，祖泽绍绵长。

湘潭云湖韩氏　一派始祖安徽凤阳进公，三派观公，子三：英、芳、蒲。

芳公分居北直通卫。蒲公分居河南归德。英公，明太祖时升长沙卫中所千户所副千户，征永瑶，卒葬长沙。十四派槐溪公，讳学植，字荣材，明天启间由星沙迁湘潭云湖。清乾隆二十七年（1762）建宗祠于云湖大塘冲。族谱始修于嘉庆八年（1803），同治元年（1862）续修，光绪二十二年（1896）三修，1936年四修。派语：学应单知金，世映兴朝久，家承建业传，作忠培远泽，笃孝绍先贤。

邵阳韩氏 始迁祖礼公，琦公十二世孙，原籍河南归德府永城县，明洪武间迁湖广荆州府远安县，又迁宝庆府邵阳县洪仁一都铁塘。1943 年三修族谱。

湘阴高明乡船山韩氏 明洪武间由湖南新市（今株洲）徙湘阴县高明乡。族人分布少屋韩、大塘韩。至 1948 年，凡 500 人。

汨罗六都韩氏 始迁祖圭公，宋绍定二年（1229）宦游来湘，卜居湘阴六都（今属汨罗）。

汨罗六都板桥韩氏 始迁祖溟公，南宋咸淳中自河南南阳至汨罗为官，后落籍六都板桥。

平江黄金洞韩氏 始迁祖有典公，明洪熙元年（1425）自湖北通山迁此。至 1994 年，全族人口 232 人。

南县韩氏 始祖琬公，字必兴，明洪武二年（1369）携弟瑗、瑄、琼由江西吉安吉水县黄蓬山瓦字台迁楚，居湖北天门皂市南白湖之滨。二世文清，生九子分九房。2017 年居南县十七世兹仁公派下纂修支谱。派字：生之兴兆，卜兹嘉祯，德裕崇高。中天景远，盛世宏纲，家承典则，国锡贤良，绍先思敬，积善致祥。

汉寿韩氏 始祖显公，原籍山西大同府宏州，元末明初从汤和征元。子礼公，调辰州卫。礼公生四子：逊、进、暹、迪。逊、进两公居沅陵，迪公屯辰溪，暹公由沅陵迁龙邑南关外斗山冲。明嘉靖时，峰公又由斗山冲迁居毓德总两港口。清同治七年（1868）创修族谱，1948 年四修，1996 年五修，2021 年六修。字派：五世单秉应原单国嗣单镇。启承光祖德，昌隆延世泽，后益振家声。

宜章温塘韩氏 明时自福建长汀县徙此。

溆浦韩家桥韩氏 始迁祖成公，原籍山东历城县，以官镇守贵州铜鼓卫。明永乐二年（1404）拨屯，徙溆浦韩家桥。

麻阳绿溪口、韩家湾韩氏 始迁祖通判公，原籍山东省济南府新城县正港。明永乐二年（1404）由山东迁辰州，沿辰河而上至麻阳绿溪口，见其土地肥沃，地势平坦，定居于此。明崇祯十一年（1638），通判裔孙又由绿溪口迁招谕中寨坪，选址韩家湾。今族人分布栗坪乡，全县共150余人。字派：友文迁通上启朝正天子宗景志永仲。

辜

新化满州村下垣辜氏　始祖本忠公，福建泉州府晋安县人。其子叔旺，字凤岐，号永兴，南宋官洪州刺史。传十七世至元弘公，明嘉靖年间自江西南昌县西河村迁湖南新化满州村下垣，子四：亨秀居塘冲、沙洲、马鞍山，亨胜迁居安邑长竹青峰及柏树、城步，亨杰、亨胜另迁。奉本忠公为一世祖，叔旺为江西始迁祖，元弘为新化始迁祖。元弘公后裔衍居新化枫林沙洲及冷水江市岩口镇塘冲村。族谱始修于清康熙五十九年（1720），同治十三年（1874）、1927年、1993年续修。派语：远嗣祖绪，笃守先传。厚德裕庆，隆运长延。1993年续订派语：宏扬开泰，广积源泉。和顺祥盛，高节清廉。亨胜房老派：元亨万思仲显秀孟世立文再光廷长仕官科。亨秀房老派：元亨仁世吉艺万启贤敬承永受其昌芳声肇。

平江献钟新江辜氏　一世始祖新公。二十世始迁祖志道公，字崇德，号伯仁，宋绍兴二十年（1150）自江西分宁西乡汪坪迁此。至1994年，全族人口615人。

覃

宁乡大楮树覃氏　始迁祖绍爵公，明永乐初偕弟千子、志金奉诏自江西吉安马氏巷迁来。千子公及身而止。绍爵、志金两公披荆斩棘，辟荒疆，苦心经营，凡大楮树附近一带之田庐几无不为其所创造。厥后虽政局沧桑，屡经兵燹，而子孙蕃衍数百户。清道光八年（1828）、同治元年（1862）、光绪四年（1878）、1922年纂修族谱。派语：绍南学之登，惟仕世芳人。开文运盛祖，启裔瑞呈麟。忠孝家丕振，诗书道贵遵。显扬先爱敬，昌大本经纶。

邵阳谷州覃氏　谱称始祖鳌公，江西吉安泰和人。宋绍兴年间平苗有功，尊为御前诸军都统。后裔关璟公隶籍辰州。子则公，行三，子孙居武冈毓兰山等处。富公，行七，居邵阳。富公第三子继旻，字景春，明时携子宗二、宗四迁游宝庆府，卜宅邵阳谷州。清乾隆间纂有墨谱，同治五年（1866）始刊行，

1916 年武、邵两邑合修，1945 年两邑三修。至 1948 年，男女丁口 7000 余人。宗祠、族校均设谷洲。

桃源木塘覃氏 始迁祖发林公，原籍吉水，明建文元年（1399）科解元，任施南府知府，明永乐二年（1404）调知常德府，遂落业于桃源县东杜青村之覃家冈。子三：薇锦留居覃家冈，薇铭居龙阳，薇钦居常德五村障。至 1948 年，已传 21 代，全族人口 700 余人。宗祠在县城东门桥。族谱创修于 1929 年。

桃源大田覃氏 始迁祖位碧公，明英宗正统十四年（1449）自陕西汉中府南郑县迁桃源县东大田村之罗家店。至 1948 年，全族人口 1000 余人，分布于木塘、莫林、高东及常德、石门、临澧等县。清乾隆十二年（1747）建宗祠于县东罗家店。族谱创修于 1931 年。该族名人：覃振，司法院副院长。

石门覃氏 谱称覃氏祖贯，雍秦汉中郡。唐天宝间安禄山倡乱，徙居四川瞿塘关。至宋哲宗元符间汝先公，生伯坚，官行军总管，守施州，因世其家。弟伯圭，生仕魁，官元帅，守中建。祥兴元年（1278）追寇至麻寮，辟土以居。仕魁生友仁，迁居石门金鸡山。至明初，石门覃氏分为添顺、添秀、拳甫、添廷、添佑五支。添廷裔今多居湖北松滋，添佑裔与桃源覃氏联谱，添顺裔祠名光裕，添秀裔祠名九如。添顺公三子六孙，衍为绳武、纲武、纶武、总武、纥武、缨武六房。现有人口 6 万余人。添秀公裔现有人口 5000 余人。明嘉靖四十五年（1566）光裕堂一修族谱，清道光六年（1826）二修，光绪元年（1875）三修，1922 年四修。嘉庆十八年（1813）九如堂一修族谱，光绪八年（1882）二修，1931 年三修。2004 年光裕堂、九如堂及拳甫裔合修族谱。字派：世继宗光祚，家声庆远长。文章遵正道，事业佐明堂。定国忠谟显，安人厚泽扬。熙廷常懋绩，奕代普联芳。志学希贤圣，征庸步寿康。百华祥豫兆，蕃衍序弥昌。

石门覃氏 旧谱称远祖琮公，原籍陕西汉中府西川县人，元明宗间任湖广常德府武陵县知县。子添秀，明洪武间自常德迁居石门。四世义政、义敏，义政四子：纪、纲、绅、瑺，称四大房。义敏一子奎，居易家渡，称老二房。清嘉庆十九年（1814）一修族谱，光绪八年（1882）二修，1931 年三修。旧派：明大国正自以勋，宇宙调和遇圣君。念昔开基多用武，从今继绪在修文。世传韬略光先德，兰桂腾芳永绍芬。

石门长梯隘覃氏 始祖权公，又名拳甫，元末由四川迁石门北乡衙基坪，明洪武二年（1369）授长梯隘掌印正百户。生三子，秀芳袭父职，秀林居梧子垭，秀清居薛家台。清光绪元年（1875）、1921 年、2004 年与添顺公裔合修族谱，现今2200余人。派语：拳秀显洪宝世正日双嘉云翔。永远绍先绪，盛朝多明士，兴业佐明堂。

澧县、津市覃氏 先世居石门。明正德间，缨武公后裔有分居永定天门山、石门南乡、澧州窑坡渡、何家咀、津市下江湾、新河口者。支谱始修于明，清道光元年（1821）二修，光绪十七年（1891）三修，1947年四修。2004年与石门光裕堂、九如堂合谱。派语同石门光裕堂覃氏。

慈利覃氏 始祖万传公，后汉时授五溪土官总管，后裔多居潼关一带。至明洪武年间添富、添顺、添明官职湘鄂边境，乃覃姓世居之地。清顺治年间，友义公创业慈利二十五都，慈邑覃氏所自始。清光绪三十年（1904）纂有族谱。

靖州覃氏 谱称本姓谭，始祖谭鳌，字立极，宋绍兴初年自江西泰和南征辰州，与黄尚书同镇是州，合筑一宅，去言为覃，名覃黄园，世居焉。子二：龙、虎。孙彪生有六子：关儒、关庆、关荣、关华、关琦分居靖州、绥宁、会同，关景居辰州。至清光绪三十四年（1908），已传26代。

麻阳八里桥、兰村覃氏 始祖鳌公，字立极，原籍江西吉安府泰和县黄龙街马高巷，宋绍兴间迁居靖州覃黄团。六世孙自靖州迁辰州，八世福元自辰州沿锦水而上，始居麻阳城西之八里桥，子孙迁居杜庄，分迁铜仁、芷江等处。兰村桐古垅覃家，即自杜庄迁徙而来（桐古垅原属芷江辖，1954年划属麻阳辖）。麻阳景公房旧议字派：庆廷时如应天子万代启（兴）隆。祖（宗）德光方远，仁文绍国华。进程开世册，昌大起家声（老字“光”对新派“立”）。五大公房1990年三届合修族谱新字：洪都京兆堂，诗书中科甲，立志辅朝纲。根培枝叶茂，积玉振家邦。健康享寿久，荣华富贵长。喜庆千秋景，祖传万代芳。

张家界三潭坪覃氏 谱称始祖汝先公，唐时护驾有功，受封施州行军总管，子孙世袭其职。至北宋友仁公，追寇至湖南石门金鸡山，祥应关帝梦兆，更金鸡山为覃家山，为添平之祖。元末添顺公受封正千户武德将军，置添平所土司衙门，子孙世袭其职。添顺生玉孙，玉孙生缨武，缨武生恒，恒公始迁永定三潭坪，为永定四支覃姓之始祖。恒公生六子：迎、递、经、贤、贵、常。迎、递仍居石门。经公后裔分居永定三潭坪、鲁家坪、关门岩、大庸桥及慈利、桑植等处，贤公后裔分居永定犀牛、复山界、水龙坪、茅头关及永顺、常德等处，贵公后裔分居永定九家坪、沧溪、覃家塌等地，常公后裔分居永定西溪坪、禹溪及桑植金刚、罗峪等地。祖祠建于县城。至1994年，石门有族人8万余，永定有3万余人。族谱创修于清道光二十八年（1848），1994年续修。三潭坪派派行：良尚宗光祚家声庆远长文章遵正大。石门派派行：世继宗光祚家声庆远长文章遵正道。茅岗御派派行：廷胤洪声纯祖忠熙朝嘉世德永代著。中湖派派行：国尚大学仕明登正朝长文章遵孔孟。旋家峪派派行：□□□德正红大其士宗文章遵孔孟。青竹界派派行：万正印新仕家启寿远长文章遵正大。榔溪派派行：万正印新仕家启寿远长祖泽延恒永。大庄派派行：宗仲印文德家声庆远长文章遵正大。五溪派派行：汝效星茂世启希士开成大运光德永。公定统一派行：良尚宗光祚，家声庆远长。文章遵正大，基业肇荣昌。定邦勋名在，承先盛绩扬。万传敦本序，佑启自联芳。忠厚前谟显，诗书宜训详。攀桂才高举，培兰庭满香。崇儒昭谦让，造育多熹康。逢原创京史，锡位振三纲。为孝垂能守，居临循五常。支源流泽久，百代若同堂。

粟

长沙河东夹塘粟氏　谱称该族原籍江左，五代时有宦星沙者，后唐同光二年（924）始隶星沙籍。宋真宗时，粟大用以神童官翰林学士。迄元时聚居河东夹塘，人烟户口成大村落，遂更名粟夹家塘。元至治间陈、张寇乱，加以辰蛮骚扰，人靡孑遗，族人迁徙者不知凡几。独明乾公，讳暨，居塘右金凤山，故以乾公为始祖，以乾公子“应”字派为第一派。五世衍为友广、友善、友云三房。清康熙三十八年（1699）始修族谱，乾隆七年（1742）、道光十二年（1832）、同治十一年（1872）、光绪二十八年（1902）续修，1921年六修。长房祠位于金山，二房祠位于金家垅，三房祠位于板石，总祠位于金凤山。老派：应万宗祖，友志文廷。崇再允兴，正逢子法。维时显翼，福庆长增。新派：源钟泰运，世业昌荣。直大敦厚，先德克承。光华远荫，恩瑞锡人。该族名人：粟龙山，记名提督补授甘肃宁夏镇总兵。粟戡时，湖南都督府外交司司长，著有《湖南反正追记》。粟掞，著名书法家。粟一凡，工程力学专家。

邵阳大湾冲粟氏　始迁祖仲库公，明洪武八年（1375）携子元进、元达、元述，自江西迁邵阳小南路，卜籍大湾冲。清道光十二年（1832）三房合谱，同治十二年（1873）续修，1925年三修。宗祠原建于大蒲塘，后移建牛厂坪。族人分布在义胜乡第五、六、七、八、十一保，东乡之仁风、黑田铺之贤田村等地。至1948年，已传32代，男女丁口万余人。

会同粟氏　该族衍自江陵，后迁江苏江宁府上元县东方厢柑子坪。始祖实寰公，生五子。长子顺朝，元武进士，官游击。明初，朝廷于湖广之辰澧、贵州之黎镇等处置戍屯兵，命公镇抚，遂携妻胡氏、子荣富、荣贵及其弟顺京、顺主、顺位、顺仁，就食于官。后没于王事，遂寓居通道之文坡，四弟各择乐土，渠阳、黔阳皆其裔也。明初荣富已还原籍。荣贵生子通魁，于洪武十八年（1385）徙居会同高溶村。通魁长子总会、次子总全徙城东之清溪小坡旧寨。居五世，克元、克先徙龙塘。族谱始修于清乾隆十九年（1754），嘉庆十一年（1806）、咸丰四年（1854）、光绪十八年（1892）、1930 年续修。旧派：总伯益济国，景克海世子。文昌粟廷万，受茂盛荣通。新派：储满宏用周多永泽盈积有博敷存大裕陈余达。粟裕为“多”字辈。

会同粟氏 始祖传诏公，原籍江南凤阳，其子富国于宋绍熙元年（1190）徙居黔阳托口，四代孙朝渊、朝仪、朝宗先后迁居会同。

喻

浏阳杨林喻氏 始迁祖原桢公，明初迁居浏阳杨林。清光绪十六年（1890）纂有族谱，堂号江夏。

宁乡喻氏 该族肇自武昌，原郡江夏，至归公迁居浙江杭州之钱塘，其后又迁江西袁州之萍乡。至初祖文林郎德彰公，讳韬，一字楚琼，宋建隆二年（961）进士，出为潭州教授，因无心仕宦，与子文义公择宁乡南岸而居。文义生子迺、子惠。子迺分居龙皋（今青山桥镇造福村），子惠仍居南岸（今青山桥镇花园堂村）。龙皋衍山坑、周田、河坞、香山诸房，南岸衍泉田、下落桥诸房。宋咸淳十年（1274）始修族谱，清康熙六年（1667）六修时仍龙、南两裔合修，之后各支分修。嘉庆八年（1803）两裔共建总祠“敦睦堂”于宁邑西正街。1921 年九修通谱，2015 年十修通谱。至 1948 年，有男丁 27000 人，女口 18000 人。通派：始文子延利，万君叔南周。孙季道德仁，义礼智贤良。方正本从天，锡源长达盛。忠孝光先绪，勋名昭世泽。惇伦懋克家，率典扬前烈。调燮北庥祥，寅恭协赞襄。楫霖藩翰彦，徽声远垂芳。谟猷传清卓，修业征鸿博。运会际时熙，珍宝完美璞。基厚益培元，余辉常照灼。

宁乡泉田喻氏 始祖韬公，三世子惠，为南岸祖。十二世季八公由南岸迁泉田，后建祠于夏落桥，名知本堂。至二十七世衍为邦甫（绎本堂祖）、邦朝（笃本堂祖）两支、清同治六年（1867）绎、笃两堂合修支谱，1936 年笃本堂续修，1947 年知本堂十二修族谱。

宁乡如在堂喻氏 一派祖韬公，十二派季八公为宁乡泉田祖。十八派继祖，元末蒙难逃于浏阳廖家村，遂留其家，廖公一郎器重之，妻以女，明洪武初始归宁。清同治元年（1862）始修如在堂支谱，1916年三修，1939年四修。

宁乡河坞喻氏 始祖德彰公，三派分为龙皋、南岸两支。龙皋籍山坑，至十五派祖楚安公，明时迁本邑六都河坞，堂号三宗。清咸丰九年（1859）创修支谱，光绪十九年（1893）续修，1925年三修，1948年四修，四修时因资金困窘，仅自“忠”字派以下征集各户生没葬向，“忠”字派以上仍沿三修不重梓。

宁乡香山喻氏 始祖韬公，三派子迺分居汉寿。十九派智贯公，为该支支祖。生贤文、贤斌，衍为桂、槐、模、栋、朴、松六房。清雍正间汉寿、宁乡始分修族谱，乾隆二十二年（1757）香山六房仍合修，之后或分或合，光绪二十六年（1900）桂、槐、模、朴、松五房合修，称十修。堂号雍睦。1940年槐房十二修支谱。

湘乡喻家坊喻氏 始祖韬公，字楚琼，号德彰，宋建隆年间由江西萍乡县因江西大乱宦湘，迁居宁乡郝家洞。至十二世祖始迁湘乡县珍琏喻家坊蒿溪。至1948年，已传30代，男女丁口约2000余人。宗祠在喻家坊。

醴陵喻家冲喻氏 始迁祖庭彰公，明洪武二年（1369）自江西丰城迁此。族人分布于大塘坳、鹅颈、渌口等地。至1948年，全族人口2000人。清乾隆十年（1745）、道光二十八年（1848）、光绪十五年（1889）、1940年、2012年纂修族谱。名派：庭礼以传家，敦伦克象贤。万谕显世国，秉当朝开元。隆绍大志光，昭文学启迪。

醴陵大塘坳喻氏 始迁祖万禄公，清顺治初自江西丰城迁此。族人分布于铁河口、大汾塘。至1948年，全族人口2500人。

衡山喻氏 汉苍梧太守猛公，易“渝”为“喻”，其后详公家世武昌。晋归公由武昌迁豫章，宋大武公复由南昌擢江夏县令。大武公十二世孙礼公，明洪武时由江夏司铎衡山，致仕家于衡山喻家巷。清乾隆三十七年（1772）、嘉庆二十年（1815）、咸丰九年（1859）、光绪十八年（1892）、1924年纂修族谱。班行：盛道文章开景运，祖宗德泽启贤良。思承忠义光家国，毓秀楚衡庆永昌。

岳阳喻氏 太祖恒公，字九三，宋末人，原居江西丰城县凤凰台。长子兴一，字恭阳，始徙平江木瓜长寿街，继迁台矶石，生钦聪，钦聪生朝祖，字念源，又迁巴陵县南薮。朝祖生七子：秀一为窑岭上门祖，秀二为窑岭下门祖，秀四为桃关祖，秀五为洲关祖。清道光三年（1823）、咸丰九年（1859）、光绪十七年（1891）、1921年、1989年、2011年六修族谱。字派：兴钦朝秀廷，必志伯时文，一希光登呈。英俊恢先绪，忠良应运熙。敬修昭懋德，世代景芳规。

平江喻氏 始祖药公，仕梁为太保，居江西桐庐。四世孙乔，迁万载虎符。十一世武翁，由虎符迁平江义口。后裔景公，由义口又迁长沙新宅。富翁由虎符迁皂山，十七世受可由皂山迁平江东乡义口。二十世伯林自平江迁浏阳，伯升自义口迁西乡，伯琥自义口迁培里，伯铭仍居义口。清乾隆二年（1737）平浏四支合修族谱，而新宅支不与。嘉庆六年（1801）升、琥、远三支次修，咸丰九年（1859）升、琥、远三支三修，同治十三年（1874）五支合修，光绪三十年（1904）、1943 年又续修。2016 年升支八修族谱。字派：伯原均尚文，志大世廷臣。亲和传圣道，万古庆科名。德积祥开远，芳垂祚衍崇。绍诒宗永茂，承绪正兴隆。

安化喻氏 子迺公十二代孙国章公，字焕廷，于韩林儿龙凤四年（1358）始由宁乡迁安化，居治东丰乐镇温塘瓦子坪。子铉孙徙居杨德坎，广富徙居龙出口。清嘉庆五年（1800）建安化宗祠于南门忠和坊。嘉庆二年（1797）、同治四年（1865）、1926 年三修族谱，1940 年纂修祠志。铉房派语：韬文子延利，万君镛杞彦。思忠有国铉，德文单绍宗。廷应继抡启，承光（昭）祖志理。广房派语：韬文子延利，万君镛杞彦。思忠有国广，彪仁朝兴正。大光明永太，科试昌荣盛。

石门喻氏 始迁祖维藩公，原籍江西丰城县湖北里杜人庙，元末明初官澧州知州，四子：大郎留丰城，二郎迁四川，三郎迁湖北，四郎迁石门喻家峪。1923 年石门、临澧、澧县、慈利、桑植、永定、石门等县堰垭、张家山、白沙渡、梅家桥、关门岩、三官寺、夹山、鹿山、陈官垱、教场坝、刻木山、东岳观、闵家源、双仁滩、竹天湖支系纂修族谱。2010 年又增武陵源、茅溪、郭家坪支系续修。宗祠位于石门楚江镇中渡。石门派语：国正永清定，文明世泽长。金枝生玉树，万代发祯祥。

郴州喻氏 始迁祖良贤公，江西丰城县人，明成化时徙郴东城外。

程

宁乡程氏 南宗始迁祖庚一公，讳鹏翮，以字行，新安歙县人，忠壮公二十八世孙，仕元，官部曹。子天麒公，元至正进士，任岳州府知府，迎养来南，遂家平江。十世蛟湖始迁祖庭春公，字敬泉，太学生，文林郎，河南永宁县知县，世居宁邑一都蛟湖，后移居省城。清康熙五十六年（1717）、乾隆四十六年（1781）、道光九年（1829）、咸丰八年（1858）、光绪十六年（1890）、1922

年、2018 年纂修族谱。派语：庭大良奇佑，志倍德泽昭。人材光士会，继序再贤超。华国文章盛，开宗正学纯。家声元有本，世业允维新。该族名人：程颂万，字子大，一字鹿训，晚号十发居士，1911 年任岳麓高等学堂监督，诗文词赋、金石书画无不擅长，有《十发居士全集》传世。堂兄程颂藩，官户部主事，有《程户部遗集》传世。著名古典文学研究专家程千帆、电影表演艺术家程之，都属该族。

宁乡易家河程氏　始祖端人公，分麟、鹏、鳌、狮、鹗五房。麟公传四世至高福公，字明海，明末由安徽休宁塘尾湖广景陵迁湘潭，继因贸易迁居宁乡县狮顾乡易家河程家老屋。至 1949 年，已传 15 代，男女丁口 100 余人。

湘潭韶山程氏　始祖宗贵公，世居徽州休宁十六都宿口。明隆庆间，子旼、侄灿迁居湘潭韶山。清同治间三修族谱，堂号二贤。

湘乡程氏　始迁祖庭吉公，字荣坡，明嘉靖年间由徽州歙县篁墩迁楚，开基于湘乡十三都横塘程家湾老屋。族人分布于宁乡檀木桥、汾水坳等地。至 1949 年，已传 15 代，丁口 100 余人。宗祠在新塘湾。

醴陵北乡长连村程氏　始迁祖谟公，元末明初由安徽歙县东砂徙居醴陵北乡狮子山长连村。族人分布于官庄、新庄。清光绪三十三年（1907）五修族谱，堂号崇本。至 1948 年，全族人口 600 人。

醴陵石亭程氏　始迁祖正沐公，清顺治初年自湖北黄陂迁此。族人分布于李婆塘、湘潭。至 1948 年，全族人口 900 人。

邵阳灵官殿程氏　唐开元间元皓、元谏两公以同科翰林分衍南北两派。元皓居汴梁，元谏居新安。南宋时元谏公裔万三七公，自安徽休宁宦游。万三七公生涛公，涛公官泉州参军，迁宝庆，家于邵阳县中一乡灵官殿。其孙汝楫、汝霖、汝棠、汝棣分居昭陵中乡及宁乡、川属简州、武冈、邵阳城垣、永丰、太平等处。至 1948 年，已传 26 代，族人 3420 余人。1918 年四修族谱。派语：士其学孔圣，光以融显心。立本贻家祚，通明世所钦。孝友基培厚，忠贞根树深。门闾高且大，永远庆林壬。

武冈赤塘程氏　始祖涛公，江南人，官泉州司户参军，生汝楫、汝棠。汝楫官宝庆教谕。汝棠从兄于官，因家邵阳，生彦清。彦清徙居武冈。

岳阳程氏　先世安徽歙县，元时迁泾县百花源。始迁祖斌公，明初迁岳阳。清光绪十五年（1889）重修族谱。字派：如景万守烈祖礼义为贤度谦……

华容西乡宋家垸程氏　始祖光显公，原姓陈，宋末山东制置使，其子安泰官荆州路总管，遂家沔水之洪陂垸。元陈友谅与朱元璋争夺天下，安泰之子克让为避杀身之祸，与弟友谦、友信率家人于明洪武元年（1368）从洪陂垸迁华容西乡宋家垸，改姓程，称陈程氏。克让生江、温、敏、敦，友谦生清，友信生洪、湘，衍为六房（洪、湘合为一房）。明天顺间始修族谱，嘉靖间、清康熙间、乾隆十四年（1749）、道光元年（1821）、光绪元年（1875）、1935年、1993年、2008年续修。尊光显为一世。至1949年，全族人口达4000余人。派语：（自十五世始）国运庆其远，学正斯可传。启家惟忠孝，祥发在咸贤。该族名人：五世程万里，字道远，号素轩，明天顺进士，官户部左侍郎等，后弃职回华，筑室县南，著《闲山集》等。十八世程斑，字蔚全，号晓峰，清乾隆举人，政绩载《河南省志》。

平江长寿街程氏　始迁祖承禧公，字喜位，号平山，唐时自江西南昌铁柱宫迁湘，开基于岳州府平江县东乡长寿街。至1949年，已传50余代，族人1000余人，至1994年，达1551人。族人分布于浏阳、湘阴、长沙、宁乡等处。

湘阴开福山程氏　始迁祖宗贵公，明洪武中自休宁县迁湘阴。

益阳程氏　董家冲支谱称一世伯符，七十四世衙公唐僖宗时自篁墩迁分宁程坊，八十七世必贤由江南徽州迁湖广浏阳。必贤子瑚公，明成化间由浏阳转徙益阳二十里董家冲。团山坪支谱称七十四公宥公，当宋南渡之际，避难桂阳州蓝山县，八十八世应风、应雨，明永乐间移家龙邑梅溪总团山坪。清嘉庆初，泰云公始迁益阳四里修山。修山支谱称思龙公官巴陵，始迁平江，第四子楚璜支庭春公迁长宁吐蛟，三迁益阳绕林店，又传二世至有谅公，明永乐间转徙四里修山。清乾隆四十五年（1780）、道光十五年（1835）、咸丰十一年（1861）、1924年纂修族谱。董家冲支字派：万载永楚国，以子立安邦。正大方荣盛，世代绍书香。修山支字派：清天永常明，世代兴仁义。度谦受福多，光裕嘉祥集。团山坪支字派：应用贵良鸣，国仲希文友。安邦定泰平，贤度谦和守。

澧县程氏　一世晚阁公，明中叶由江南徽州府休宁县迁湖南澧州桐山村仁块新市，后落业古堰冲、冷水峪。清光绪二十年（1894）、1944年纂修族谱。字派：大明万世应，国昌永隆兴。德泽恒芳远，家学道长清。文章恢先绪，忠孝裕后昆。继述传贤达，绍祖耀宗庭。

桃源麻寺堉程氏　始祖寿一公，因元末兵乱自南昌徙居湖广崇阳，其子云一于明洪武初年迁于桃源县西麻寺堉。至1948年，全族人口1500余人，分布于青云、浯溪、云岳等处及常德后乡流溪湖等处。宗祠在麻寺堉。族谱创修于清道光十八年（1838），1920年续修。

桃源大田程氏　始迁祖大章公，明初自湖广黄州嘉鱼迁于桃源大田村之朱家港。至1948年，全族人口300余人，分布于老官坪等处。宗祠在朱家港之龙头冈。1941年创修族谱。派语：礼义维贤度，谦恭有道光。齐家先孝弟，治国尚明章。学问通经济，勋名奏殿堂。祖功欣丕振，万世永其方。

桑植程氏 始迁祖福九公，清道光间随父自江西迁桑植县城落户。后人分布于凉水口、苦竹坪、汨湖、五里桥等地。

资兴石鼓程氏 谱尊伯符为一世。七十九世颐，号伊川先生。至九十世小六公，字仕诒，明初离安徽池州，过洞庭至资兴，再郴之桂阳。越一世厥政、厥盟两公折回资兴，卜居西乡石鼓。清道光十二年（1832）鄂湘合修谱，光绪六年（1880）资兴独修，1936年资兴三修。三修主修程子楷，同盟会员，曾任湖南讨袁军第一军司令，湖南军事参议。迁兴旧排：厥邦志思汉端进，孟仲继贤能有庆。世代书香启后昆，人文蔚起千秋盛。统宗新排：礼义为贤度，谦恭（和）有（大）道光。齐家先孝弟，治国尚文章。学问通经济，勋名奏殿堂。祖功欣丕振，奕世（祀）受其昌。

宜章堡城、石龟程氏 原籍安徽歙县，明初以茶陵卫百户戍宜章。

新田麻窝窑程氏 始迁祖伍拾八郎，字已良，元时因乱事自江西泰和迁湘，开基于新田县三和乡麻窝窑。至1949年，已传24代，族人450余人。族人分布粗石岭、社下洞等处。宗祠在麻窝窑。

溆浦鹤田垅程氏 始迁祖救保公，明永乐二年（1404）由贵州五开卫拨屯，徙溆浦鹤田垅。

会同程氏 始迁祖朝珍公，湖北武昌人，因贸易至会同，清道光二十七年（1847）纳监入籍，族人分布于城东。

傅

浏阳茂田里傅氏 始迁祖演公，字百川，宋端平三年（1236）自江西丰城县迁浏北毛公桥茂田里。其曾孙千纹徙仙桃湾岭。又三传至仲冬公迁居大江畔，别称大江畔傅氏，余或分徙邑城东街口、邑北傅家滩、大山洞、周落、大湾坑、小洞等处，也有别徙长沙、湘阴者。至清光绪三十三年（1907），已传30代，丁口1800余人。

浏阳花园里傅氏 始祖宗殷公，江西岭前甘棠人。明洪武初，公南游长邑至岳阳。有五子：元、鉴、衡、高、照。明永乐间，元偕衡、高、照诸弟由岳邑转迁长沙，复醴陵，再湘乡，最后卜居浏西之花园里。清雍正十二年

(1734) 创建宗祠，乾隆十八年（1753）改建，堂号金玉。至 1948 年，全族人口 16000 余人，分布浏、醴两邑。道光十三年（1833）始修族谱。派语：天廷旸国尚，有生应起文。道学正昌盛，贤良立大勋。功名荣世德，兰桂发清芬。金玉宏声显，英华萃景员。

宁乡粟溪傅氏 谱以说公为一世。九十七传至迁楚始祖太什公，名存审，号确庵，世居朔方。唐咸通十年（869）进士，官团练使，迁西平节度使，镇潼关。原籍直北真定府赞皇县中州二十四都，后唐同光元年（923）致仕，寄籍新康宿溪，今宁乡粟溪。明成化七年（1471）创修族谱，清乾隆三年（1738）续修，1943 年六修，2001 年宁乡傅家园房、东车房七修房谱。楚南合族班序：太道景思钦，俞自爱元龙，贵公侯伯子，世慎珍日百，应时壬永以，嗣志仲崇绍，卿宗登尚国，祚承陶唐胜，书香裕后昌。后续派：同心恭念典，源流庆兴隆。肇基本北冀，衍布蕃南荆。贻谋宣先绪，继起振徽声。再续派：伟绩山东著，儒林晋代彰。云台勋佑启，霖雨泽悠长。

宁乡、湘潭傅氏 始祖旺公，子四：本初、本登、本元、本科。登、元两支后裔散居长沙、湘阴、醴陵、宁乡等地。本科于明正统间由江西迁居湘潭三都高桥坪。本初孙廷松由长沙转居宁乡西城小桥。1914 年宁、湘两支六修族谱，堂号清河。

宁乡丹家河傅氏 迁湘始祖端士公，明季宦游南楚，占籍湘潭，卜居白鱼寨。长子方规，因避兵役，由白鱼寨迁于宁乡丹家河。阅七世，开仰吾、用吾、宾吾、先吾、文宇五大支。1915 年五支续修支谱，堂号雍睦。

湘潭板桥傅氏 始迁祖诚公，字忠信，号锦堂，江西人。明洪武二十年（1387）生，考选卫前官舍，随王入长沙，受职百户，年老致仕，卜居湘潭霜板桥樟树港。生鉴、铨、铭。清乾隆四年（1739）、道光十二年（1832）、同治九年（1870）、光绪三十一年（1905）、1934 年、2010 年六修族谱。堂号辅德。行派：端正宗儒道，衣冠绍祖先。文章光上国，毓秀启群贤。

湘潭塔岭傅氏 始迁祖乾一公，清顺治十八年（1661）避乱由湘阴十一都龙王山迁居湘潭二都八甲塔岭。1914 年二修族谱，堂号务本。

湘乡大塘傅氏 始祖太什公。传十七派至慎植公，字三槐，宋嘉定六年（1213）生，景定五年（1264）卒，自宁乡花园塘迁居湘乡独木桥。清同治元年（1862）创修族谱，光绪二十九年（1903）续修，1942 年三修。初修班序：陶（家）建由真定，举善尚敦伦。同心恭念学，源远庆昌（兴）隆。续修班序：肇基本北冀，衍布蕃南荆。贻谋宣先绪，蔚（继）起振芳声。该族名人：

傅敏才，记名提督。

醴陵崂山傅氏 始迁祖源公，字大纲，明洪武间自江西南昌府丰城县杨田迁居醴北石门口，继迁崂山。生二子：必荣、必富。富公世居崂山。五世孙允纲生华公，支分鼎、殷、武、懋四房。允纪生珏公，支分江、梓、林、彬四房。荣公五世孙必俊，由崂山迁居浏阳花园。至1948年，全族人口1万余人。清乾隆三十年（1765）建宗祠于崂山。道光十四年（1834）一修族谱，咸丰八年（1858）二修，光绪二十一年（1895）三修，1926年四修，2003年五修。原派：源必铭，惟文允。国九近，仁礼相。续派：大启应学贤，端正宗儒道，德业益见新。1948年醴、浏合派：始祖肇殷邦，世序衍昊湘。崂山承伟烈，花垣自芬芳。师古仰先哲，金玉迪前光。云台存浩气，奕叶永留香。

醴陵龙凤冲、水尾冲傅氏 潞公、澄公为巴陵松冈始祖。后裔大发公又迁星沙东冲，继徙春华市傅家冲。允茂公生四子：大经、大纪、大纲、大纶。经公仍居长沙，纲公迁醴陵崂山。纪公，字景玉，明正统四年（1439）迁醴北龙凤冲。伦公迁醴北水尾冲。清道光二十二年（1842）、同治九年（1870）、1919年三修族谱，2020年龙凤冲纪房四修。派字：（自十一派始）端正宗儒道，衣冠继祖先。文章光上国，毓秀庆蝉联。

醴陵蚂蝗塘傅氏 始迁祖文楚公，明洪武初自江西迁此。族人分布于豆田、攸县、萍乡、衡山、湘潭。至1948年，全族人口300人。

醴陵上堡冲傅氏 始迁祖荣可公，明洪武初年自江西丰城迁此。至1948年，全族人口1200人。

攸县低洲傅氏 一世俊公，前汉大将军。历唐、宋、元、明，相承既久，播迁频历，里居已无可稽。递传元末，俊公三十世孙由攸县东乡宝相寺池花峰迁居石桥村，衍为六房。其中才卿公裔又由石桥分居低洲。明万历三十年（1602）、清雍正七年（1729）、乾隆二十年（1755）、道光二十一年（1841）、1915年五修族谱。排行：纲常本正大，忠厚自光明。祖德贻芳远，英贤世启兴。

衡阳傅氏 一代荣裔公，宋末元初江西抚州府金溪县云林山人。六代朝嵩公，字惟岳，幕游于衡，遂家焉。弟朝华，徙永州祁阳傅家町。清嘉庆二十年（1815）、咸丰十年（1860）、光绪二十八年（1902）、1936年四修族谱。字派：荣华继宗祖，朝正见文明。彦廷友汝应，国（上）昌世代兴。永维嵩高德，承绍振家声。

邵阳中乡傅氏 谱尊始祖玉珍公，世居江西临江府新喻县凤巢岭石山里，生子六：荣卿、汉卿、华卿、贵卿、礼卿、耀卿。明洪武时荣卿公，字身显，偕弟汉卿，字天章，徙居湖南宝庆府邵阳县城东中乡南源伯狮村湾里白石屋场。荣公子如钟、如鐍再析中乡厚里源。汉公复迁中乡荷塘台上，子如鉴、如钧再析西洋江跳石桥。清乾隆三年（1738）始修族谱，1928 年五修。荣房旧班：玉卿如彦基，志友廷添朝。大尧文国继，世宁祝恩膏。汉房旧班：玉卿如彦基，志宗成文奇。廷大朝永继，世宁祝恩膏。继班：万代乐安康，咸欣祖泽长。化从生厚普，业自里仁昌。积绪辉先烈，贻谋裕后光。科名应并起，清直远传扬。

洞口岩山团傅氏 始迁祖惟椿公，系友德公长子。初友德辅明太祖开国，平定云南，封丽江王。惟椿公，字应说，明洪武二十七年（1394）由江西徙武冈岩山团（今属洞口县），其后一支迁绥宁武阳里。后裔分布于今洞口岩山、管竹、竹市、绥宁、武冈等县。至 1949 年，已传 27 代，族人万余人。清道光十五年（1835）、同治六年（1867）纂修族谱。班序：惟天道久，永行万世，为添韬九，允型宦仕，敏达英华。畅舒昭秀丽，祥光焕日星。芳培兰与桂，升香盈阶庭。显承恢谟烈，勋猷钟鼎铭。从来诒谋远，简修订常经。

城步三都西冲傅氏 始迁祖旺公，江西高安珠瑚塘人，明嘉靖间徙城步三都西冲。

岳阳傅氏 始祖卜公，世居南昌府，为江西义门第十一世。子毅，唐末因避黄巢之乱，偕子澄隐居清河县之潇滩驿。毅次子潞，后唐庄宗朝为岳州太守，迎其兄澄来岳州，居城南琴田落担墩，后迁松冈龙过岭。澄、潞同为迁巴陵之始迁祖。其后裔于明清时又分迁湘潭、长沙、湘阴等地。1948 年澄、潞两裔合修通谱，堂号帝赉。

岳阳田塘傅氏 始祖潞公，原籍南昌，唐授岳州郡，兄澄公宾绩宦中。潞公终于官，澄公不忍弃归，偕子侄居于岳州之田塘。清乾隆六年（1741）始修族谱。堂号版筑。

华容县城傅氏 江西始祖承公，字恩生，唐元和进士，官居江西。传至余峰，元至正十四年（1354）因兵灾，由江西进贤县迁居华容。余峰三子：长子岩孙官荆州府，落籍监利，为北支。次子鼎孙官石首，为中支。三子承孙仍居华容，为南支。南支旧派：千承元人远，言尚水良世。成如之梦信，三星作德昌。续派：治本为堂鉴，洪材志待钧。清荣炤远锡，泽树炳先铭。再续派：泰履乾坤复，咸观巽豫临。师颐丰益萃，震鼎晋升恒。中支江西老派：雱光节，清孙汝。启系嗣，山世水。续派：以善承天引，际铭文如上。志在传家惟孝友，谋能定国乃贤良。

华容注滋口傅氏 始迁祖荣扬公，居沔阳昌家湾傅家台，因水灾，清宣统二年（1910）迁居华容注滋口，住洲土，以渔樵为生。后裔分居注滋口、幸福、插旗和株洲等地。派语：文人蔚起，世代荣华。继承前烈，祖述宪章。巡回新百派：远祖起商朝，系祉克永世。言学开先端，治国昭宏计。平陆初显扬，广衍多俊睿。大德焕光辉，高贤赞统绪。持家本由朴，作事必须勤。存心以养性，载道重斯文。集善有余庆，慈惠方能群。公正识真理，宁静奏奇勋。圣修安天命，谨守叙彝伦。敬宗知行恕，尊亲与仁民。

湘阴傅氏 始祖说公肇基平陆。越二十世瑞公始由山西平陆分支迁灵州。唐时澄公迁巴陵。八十九世始迁祖伯高公，明永乐二年（1404）由巴陵琴田隐居湘阴长乐乡白茅滩。伯高十子，惟二子友梧、五子友桂仍居白茅。长子友椿、七子友裀、八子友槐、九子友榆四房子孙先后析居傅家山、六塘铺、矿公桥、七眼塘，遂别为四门。清乾隆七年（1742）创修族谱，嘉庆十九年（1814）、咸丰五年（1855）、光绪二十一年（1895）、1923 年续修。1932 年梧、桂两房续修族谱。堂号清河。旧派：伯友应忠万孟大兴尚闻乾坤。新派：端正宗儒道，衣冠绍祖先。文章光上国，毓秀启群贤。金玉芳声远，殷周盛德传。显荣昭后（万），作述令名全。

湘阴仁和团傅氏 始迁祖维壁公，清康熙中自福建上杭迁湘阴。

平江南门官岑傅氏 始迁祖友楠公，元延祐二年（1315）自岳阳迁此。至 1994 年，全族人口 3431 人。

桃源岩桥坪傅氏 始迁祖安朝公，原籍丰城，宦游至常德，明洪武年间携其四子迁于桃源县北上七里村。至 1948 年，已传 18 代，全族人口 200 余人，分布于高东、温泉、莫溪等处。清道光十七年（1837）建宗祠于岩桥坪。族谱创修于 1920 年。

桃源陬市傅氏 始迁祖春阳公，原籍侯官（福州），清雍正二年（1724）官骠骑将军，后落业于桃源县东陬市上街。至 1948 年，已传 11 代，全族人口 500 余人，分布于县城、漆家河、傅家峪及常德等地。宗祠在县城西街。族谱创修于清光绪二十四年（1898）。

石门大同山傅氏 始迁祖铉公，字斯臣，清乾隆间由福建汀州上杭县白砂里因贸迁石门大同山阴湾。1915 年、2010 年纂修族谱。宗派：臣开福芳，世怀忠良。翼佐熙朝，业建名扬。

益阳石牛江、九家塅傅氏 始迁祖志茂公，明成化时由江西丰城经商迁益阳，衍居石牛江、九家塅，今属桃江。

安化傅氏　始祖太什公，唐末卜宅宁乡花园堂。传至二十六派元昌公，讳嗣苍，明成化间由花园堂迁居安化小南门，子孙萃处东北两路。清乾隆三年（1738）、道光二十年（1840）、光绪十年（1884）、1922年纂修族谱。光绪二年（1876）建宗祠于安化小南门。派语：存道景思钦，俞自爱元珑。贵公侯伯子，试慎珍日百。应时壬永以，嗣实隆悦大。嘉宪希友正，偲潮泰祚承。续派：陶唐胜迹新，德业蔚人文。礼乐恢先绪，诗书启后昆。绵延贻世泽，发达显功名。学府重开甲，家声继雨霖。

新化傅氏　迁湘始祖太什公，字确庵，名存审，后唐同光元年（923）致仕后落籍宁乡花园堂。十九世孙日华公，字蒂固，宋元之际人，迁居新化横阳山傅家铺。其孙世光，字景行，于明洪武二年（1369）由横阳择居河东金子山傅家冲。世荣迁居崇瓦坪底村，世荣之孙德元于明永乐年间迁居西峰塘傅家洲，其裔廷虎携弟廷章于明正德元年（1506）迁居白溪市。族谱始修于清乾隆三十九年（1774），同治四年（1865）二修，宣统三年（1911）三修，1949年四修，1998年五修。新邑金子山旧派语：世代从商宫，德昌立朝中。上孟学为光，正大自兴隆。西峰塘旧派语：世代德文承，君诗永有振。绍宗万为光，正大自兴隆。溪市旧派语：荣永命家亥，白万诸玄崇，国文廷容德，起兰朝泰光，正大自兴隆。

桂阳锦湖塘傅氏　始迁祖希孟公，因避金元之乱，宋开庆年间由江西庐陵鹅颈坵迁居湖南桂阳县富有乡锦湖塘。至1948年，已传26代，族人万余人。

汝城县东傅氏　始迁祖九一公，原籍浙江上虞县阳春桥，明洪武初迁汝城县县东。后裔林安分居龙尾，廷相分居益将楼下。至1932年，已传20代，200余人。

汝城岭子头傅氏　始迁祖万顺公，清道光时自广东仁化县徙汝城岭子头。至1932年，已传7代，丁口50余人。

蓝山凤感乡傅家傅氏　始迁祖世福公，元时由江西南昌迁来。至1931年，凡26户，男54人，女48人，共102人。

溆浦陈林坪傅氏　始迁祖有叙公，原籍辰溪，清康熙时徙此。

溆浦低庄傅氏　始迁祖绍梅公，原籍江西，清康熙时徙此。

溆浦长岭傅氏　先世清乾隆四年（1739）由原籍江西清江县徙此。

会同傅氏　始迁祖廷峰公，江西临川人，明季由乡榜授黔省都匀府知府，丁忧归，受阻于兵，寄居会同之五招。

焦

长沙城南焦氏 一世祖琼公，字渭阳，官威平卫指挥，知云、贵两省军务兼福建卫指挥，明洪武十三年（1380）承旨征调，道经洞庭病故，葬湘阴东城外虎狼冲。至五世祖瑀公生麒、庶。麒公分支湘阴。庶公字绩熙，行二，明弘治二年（1489）徙居善化城南醴陵坡，葬于此，派衍长沙。明嘉靖三十八年（1559）创修族谱，清康熙五十七年（1718）、道光二十一年（1841）、咸丰十年（1860）续修，光绪二十七年（1901）再续时，现丁469人。同治元年（1862）建支祠于临都三甲夜乾塘。派语：（自六世起）攸分箕裘福，光明正宏常。生人惟立志，树德务知方。慈孝家庭乐，雍和嗣裔昌。湖湘呈瑞彩，钟毓启贤良。

浏阳焦氏 始迁祖甫公，元末自江西南昌迁浏北天井江。后人分布于龙伏、焦家桥。至清光绪三十三年（1907），已传22代，丁口1600余人。辛亥时湖南督军焦达峰即属该族。

湘阴中塅焦氏 始祖琼公，字渭阳，籍金陵，授威平卫指挥，知云贵两省军务兼福建卫指挥，明洪武十三年（1380）征调道经洞庭，病故，谕葬湘阴，子孙以卫务留宦潭州。至八世俊公，字维贤，明嘉靖九年（1530）始迁湘阴城东门外八甲。后人分布于南乡之中塅、三神乡之丰仓、高明乡之清泉冲、云静乡之三峰窑等地。宗祠在中塅。

华容三封莲花堰焦氏 始迁祖贵公，安徽凤阳人，元至正十四年（1354）隐迁华容七都（今三封寺莲花堰）。至六世有兄弟五人，惟次子虎、三子华、四子茂居原地。自贵公起连续八代均系戎马生涯，故称军家。子孙聚居莲花堰，星居各地。字派：（自十一世始）思祚致远大，修德自荣昌。毓秀钟奇俊，永为邦国光。续派：忠孝仁之本，廉明治必长。如斯传百世，绍启允贤良。

资兴焦氏 太始祖瑛公，以江南世胄膺礼部尚书兼太子太保，宋元丰六年（1083）自江苏镇江因奉剿来湘之郴县乌岭。四世（一说八世）景忠公于元末徙居兴宁之程水何家寨。再传必政公，徙居高冲坪头岭。十七世培公派下迁居城厢。至1949年，已传31代，族人3000余人。1914年五修族谱。该族焦起良，明永乐十六年（1418）进士。子从周，正统四年（1439）进士。清道光七年（1827）重建祠堂于高冲。祠联：祖天官孙天官祖孙著两朝闻望，父进士子进士父子冠四海英才。

麻阳毛坪焦氏 明洪武年间从江西徙居湖南麻阳楠木桥牛套坎，继迁毛坪（跃坪）居住，子孙散迁长潭、兰村和凤凰、怀化等处。字派：通光倡仕林，圣朝志景文。再异四枝开，世秀大长清。方复辉德庆，加增裕繁荣。又兆强万代，更转永全兴。

储

桃源显化冈储氏 始迁祖凤公，明洪武二十九年（1396）自宜兴迁于桃源县城北关外。至明末传至见龙，因避王马之乱再徙莫溪峪，又徙花岩河。至永祚始定居显化冈。至1948年，已传20代，全族人口200余人，分布于莫溪、漆河、高东、水田、漳江等地。清道光十八年（1838）建宗祠于显化冈。族谱创修于光绪十七年（1891）。

靖州储氏 始迁祖颙公，明洪武末年官广西左布政，忤权贵谪铜鼓卫，家于靖州堡子园，子孙遂籍铜鼓卫。至清光绪三十四年（1908），已传19代。

舒

长沙高沙坪舒氏 始迁祖福公，字受甫，原籍江西丰城，明中叶南迁星沙，始居杨梅庄、罗汉庄，继居高沙坪，葬罗汉庄赵家冲。二世祖尹昂，字万峰，生子四：弼、升、宪、佟。弼、升、佟三大房子孙聚族而居，惟宪公徙居湘阴。清嘉庆四年（1799）创建宗祠。光绪二十四年（1898）续修族谱。字派：（自四世始）廷金应国文人开绍宗枝修……

湘乡舒氏 远祖平公。至二十六世荣四公明洪武二年（1369）由江西泰和县始迁楚南湘乡何公桥岗树冲。越四世，原斌公继迁巴坵舒江桥，生五子：永得、永瑢、永瑞、永沧（无传）、永海（无传）。永得公支分处邵东芦茅冲、双江桥、濂塘、舒家牌等处。永瑢公支析居邵阳佘田桥、墨石岭、皇帝岭、衡阳库宗桥等处。惟永瑞公裔世居湘乡，开派甫、镳、渊三房。清乾隆三邑创修族谱，同治二年（1863）续修，1920年三修，1994年四修。乾隆五十六年（1791）创建宗祠。班排：荣应嗣原永，文庆庭广隆。世远仁方贵，祖代再兴洪。孝忠宜显达，正大自光明。良善承宗久，吉祥定万春。安国垂谟烈，克家重典章。熙朝崇作育，金玉信其相。

湘乡潭台舒氏 远祖平公，唐平阳郡守，进爵侯，世称平阳舒氏。十六传至茂先公，字世盛，宋人，居南昌城头，为南昌一派祖。又十九传至时轴公，字良车，号敬轩，行洵二。时钱公字良用，号爱轩，行彦五。明时二公自江西南昌县万安乡智崇里安仁西保团山迁湖南湘乡，卜居潭台。清乾隆十年（1745）建宗祠于县治西南四十里潭市二总。乾隆间纂有草谱，道光二十九年（1849）始有刻本。班次：守一时可，士作懿则。懋介昭融，继之英特。秉淑怀贞，允承嘉德。缉尔纯熙，归其有极。

双峰石江湾舒氏 谱称该族出自庐江舒城，派衍江西泰和早禾渡梅子坡圳上。鼻祖伯万公，字纯田，长子名通，字忠谕，元世祖时投元臣张宏范帐下功授大将军。伯万公乞田养老，卜居湘乡六十三都地名永丰石江湾，今属双峰县。三世惟广生文轩、文仲、文聪，轩、聪远徙。文仲单传四代至受清公，生志政、志桢、志镜、志斌、志镕，十一代衍为景万、景武、景文、景滔、景志、景缝、景绣、景缪、景绪、景纶、景清、景梅、景俊十三房。清乾隆四十九年（1784）始创建宗祠、纂修族谱，道光十二年（1832）续修。

平江驷马桥舒氏 始迁祖世国公，清康熙二十年（1681）自湖北蒲圻迁此。至1994年，全族人口793人。

益阳舒氏 初祖元舆公、成略公，元季由江西徙楚益阳十五里下田。清雍正四年（1726）、咸丰八年（1858）、光绪二十四年（1898）、1941年四修支谱。派语：玉荣有庭日，明良为善先。方正安邦国，世秀起云层。鼎训乾坤大，嘉言可盛传。祖宗隆德泽，富贵显英贤。

益阳漆家桥舒氏 始迁祖必论公，清康熙年间自湖北蒲圻迁此。

常德舒氏 始祖祉膺公，原籍江南，改籍江西进贤县。生棠、裳。棠、裳由进贤县塘门迁辰州溆浦。一派学源公，明永乐二年（1404）由拔贡考授常德府武陵县教谕，后慕此地膏腴，遂于前河花园坪而居焉。学源公以下第三派琼、琳、玉，始分三大支。清嘉庆八年（1803）、光绪十四年（1888）、1919年三修族谱。

桃源灵岩舒氏 先世明末自江西余干迁于桃源县北灵岩之舒家坪。至1948年，人口300人，族人分布于莫林、九溪、黄石等处。宗祠在舒家坪。

沅陵、溆浦舒氏 始祖祉膺公，字夏班，由江南迁江西南昌府进贤县，住大塘，仕南宋列知印职。长子棠字方伯，次子裳字元吉，同登绍熙元年（1190）进士。棠累官至参政。裳由大理寺评事出为辰州刺史，迎祉膺公就养辰州官署。因金人乱宋，棠公挈眷随至，弃官卜筑于沅陵东之长界。后祉膺公卒于官廨，营葬于沅邑壶头山，裳公丁艰卸篆，偕母卜居于溆浦古垄。后棠公又偕妣至溆省母，卒葬溆浦大潭。清嘉庆十一年（1806）创修族谱，1940 年续修。溆、沅合派：历代宗支序，克绍祖德长。正伦敦孝道，兰桂愈生香。必以彰先泽，因材教化扬。忠信传家本，前人见余光。

溆浦舒氏 始迁祖永叔公，字致和，原籍江西进贤县。宋绍兴时官湖南，从平五溪蛮，遂留溆。历三传派分保归、保临、保达、保誉四房。分居神田、葛草陇、黄茅各处。清道光二年（1822）保临公房续修族谱。1940 年致和公裔再次纂修通谱。各房旧派不一，光绪十年（1884）四房曾合纂族谱，而入谱者不及半数，拟定新班：（自二十一世始）乾坤符易象，孝友振纲常。国富恒丰豫，时亨晋吉祥。临升观鼎盛，履泰启安康。

溆浦花桥舒氏 谱称永炳公，字知印，永叔弟，官鼎州刺史，生棠、裳。裳公字元吉，原籍江西进贤县，由大理寺评事擢辰州刺史，解组卜居溆浦芦塘，继迁古垅，生三子：景奇、景元、景荣，分居大潭、古垅、花桥。花桥支祖景荣公又生四子：万迪、万安往蜀黔，万硕居颜家冲，万方公仍居花桥。清道光七年（1827）纂有通谱，光绪间各纂房谱，1938 年万方公房续修。班行：培钧清采煜，坊锡泽相耀。坤鉴澄东辉，里铭淞林熙。孝友家声振，贻谋百代昌。欲求大富贵，耕读绍书香。

武冈麻山舒氏 始迁祖维信公，亦称成六，明初由湖南辰州府溆浦县徙此。

麻阳舒氏 先祖原居江南圳上，后迁江西南昌府进贤县岩门塘。始祖致和公，南宋绍兴年间任长沙太守，后调辰州，不返原籍入溆邑陈堡湾。历三传而派衍四支：保归、保临、保达、保誉。保达第四子惟智，字明益，移居麻阳石眼潭。保誉第四子惟传之第三子鼎兴，移居麻阳舒家村。石眼潭、舒家村舒氏前代字派：大一明国良士，道（开）宗文万世。后续字派：永兴相继秀，应自有荣芳。广惠宽宏泰，天星日愈光。1933 年修谱时，公议和公一派：（从二十一派起）乾坤符易象（万世永兴相），孝友振纲常。国富恒丰豫，时亨晋吉祥。临升彰美盛，履泰启安康。福自同入锡，师征既济良。咸谦增益茂，积庆复光昌。祖德宗功远，家声永绍芳。

新晃侗族舒氏 原籍江西南昌府进贤县。始祖致和公于宋绍兴年间为长沙太守，后与弟致远官籍辰州，继徙溆浦。五世惟遴移居沅州，复迁晃州皂溪。后裔分布在港溪、云溪、渡溪、河坝、林冲、贡溪等地。

鲁

浏阳鲁家岭鲁氏 始迁祖奇可公，明初自江西丰城县迁浏北鲁家岭，衍显、富、通、质、海五支。清光绪十五年（1889）始修族谱，2008 年续修。字派：奇文添美，至道复光。慎修敦本，守经训方。风崇仁让，典教善良。绍前开后，钟秀发祥。俊才代作，高士名扬。颂声远振，泽遗永昌。

浏阳上东乡星湾鲁氏 始祖君卿公，由江西奉新徙高安幽岚。传至六世大器公，字春旋，于明初由江西高安县迁至湘浏，开基于浏阳上东乡星湾之鱼头。至 1948 年，已传 22 代，人丁 3000 余人。族人分布于攸县、平江、巴陵、道县、江华及江西义宁、陕西、广西等地。

宁乡鲁氏 汉时奚涓公起山东扶风，至尽忠公迁江右，肃公宦游荆楚，肃公子乾贞公族居嘉鱼净堡鹅塘。清康熙年间圣儒公子允山（讳世崇）、允文（讳世韬）两公扶母南迁，允文入籍常德汉寿，允山落籍宁乡道林市高茅屋。清同治十一年（1872）纂有墨谱，光绪二十年（1894）首次付梓。至 1948 年，共 1400 余人。派语：国运兆平（大）昌，洪（君）恩普万方。山川呈瑞应（映），云汉焕文章。时泰贤书盛，行高士品光。功（主）臣咸一德，端必庆明良。该族名人：鲁涤平，民国间曾任湖南、江西、浙江省主席。弟荡平，曾于北京创办民国大学，1949 年去台湾，任湖南同乡会理事长。

醴陵鲁家垅鲁氏 始迁祖卿干公，明洪武初年自江西丰城迁此。族人分布于萍乡、浏阳、湘潭。至 1948 年，全族人口 200 人。

华容鼎山鲁氏 始迁祖载四公，南宋末避难华容，择鼎山幽僻之所而居。堂号双桂。

湘阴鲁氏 一世德华公，南昌府新建县铁树观筲箕坡人，元至正二十七年（1367）迁湘阴县长乐市十字街。清嘉庆二十二年（1817）、同治五年（1866）、光绪三十一年（1905）、1934 年四修族谱。派语：德华天瑞志，文玉仲元新。朝廷之学士，国器起家兴。传后遗经在，儒生重迪光。嘉言标正直，异续表循良。

平江鲁家坪鲁氏 始迁祖仕能公，宋淳祐四年（1244）自江西高安迁此。至 1994 年，全族人口 961 人。

益阳鲁氏 始迁祖昂公，原籍山东曲阜，南宋理宗时官殿中御史，解组迁居益阳二里九冈山，今属桃江。子太清、太源，衍为清、源两房。清乾隆五十九年（1794）两房合修族谱，道光八年（1828）、咸丰十一年（1861）、光绪十八年（1892）、1930 年、2001 年续修。清房旧派：一派起于昂，太有及景高。世廷曰希之（尚邦），应延光崇泽。源房旧派：一派起于昂，太有及景南。学文曰尚德，金大士崇朝。合派：国治家先正，贤良定克昌。和宗承礼教，耀祖立纲常。

邵阳鲁氏 始祖觐扬公，原江西新城人，元末官山西安邑知县，生四子：正邦、正禄、正福、正材。邦迁湖北孝感，禄迁湖南桃源，福、材同迁湖南邵阳。福公卜居城内邓公祠，子孙再迁新宁都蓝塘村。材公卜居万安都火厂镇鲁家坪。1996年四修宗谱。蓝塘旧班：正旻秀珊一多国之学绍天。万安旧班：正辉瓒宦良廷国太民安万。合班：载光培世泽，天锡必荣昌。立志能尚达，永代佐朝纲。

澧县鲁氏 始迁祖太初公，明永乐二年（1404）由江西吉安府吉水县迁居澧州石塘堰。清光绪十八年（1892）创修族谱，1949年因与松山炳公支、涔河昊公支同自吉水迁来而合修族谱。石塘堰原派：添登世应士，大新以成名。合族新派：秉礼祖德远，绍先庆泽长。芳传惟孝友，至道本宗邦。家声能丕振，文谟显灵光。英才常蔚起，贤哲永昭彰。

桃源上坊鲁氏 始迁祖仲箓公，字敬斋，元至正间自江南华亭宦桃源学正，辞官后遂家于近城之上坊村。至1948年，已传24代，全族人口1000余人，分布于菉萝坪、车家冲、瓦屋场等地。宗祠在寺坪。族谱创修于清同治九年（1870），1920年续修。

桃源漆河鲁氏 始迁祖好礼公，明崇祯时自临江宦游湖广，落业桃源县北之郑家坪。至1948年，已传17代，全族人口1500余人，分布于金龟潭、凤凰山、黄石、九溪、灵岩、臭林等地及汉寿、南县等县。清乾隆八年（1743）建宗祠于鲁家坪。族谱创修于同治四年（1865），1928年续修。

麻阳景和鲁氏 原籍四川秀山，清代迁麻阳定居。

童

长沙金盆岭、湘阴白鹤冲童氏 始迁祖福良公，字黼座，一字公座，号蓝桥，明洪武间由江西南昌县铁树观迁湖南长沙县雾阳都虎踏石童家坊。传三世分两支：贵仲，名兴礼，仍居童家坊。志仲，名兴盈，迁湘阴十八都杨梅铺。贵仲支七世万仓迁湘阴白鹤冲，至十派分三支：成章公名尚得，居白鹤冲童家边山。表章公名尚正，迁居长沙塾塘冲金盆岭侧。用章公名尚泰，迁居金盆岭上手郭家屋。明正德间三房始修族谱，清嘉庆十年（1805）续修，咸丰三年（1853）三修，光绪四年（1878）四修，1914年五修。堂号敦睦。派语：自斯敦一本，敬尚永崇新。大传先圣道，必定启文名。俊彦桢邦国，英奇辅玉京。

功勋绵奕叶，基业绍前人。

浏阳童氏 始祖幼安公，居山西，生保公，迁江南。传十二世至临济公，登进士第，官闽建宁太守，家于瓯宁。传十四世至芳公，徙汀州武平。又传九世至惟贞公居江吴，惟敬公居中赤，惟信公居鲁溪。惟贞之后迁江西袁州之萍乡，惟敬之后迁袁州之万载，惟信之后迁广东。谱以惟信长子都一郎为一世，十世应臣、应杰、应礼，清康熙三十五年（1696）由江西南安府上犹县沙门隘乌石坑迁浏。清光绪七年（1881）、1916 年纂修族谱。派语：兆廷应启光，国化庆明良。世发隆昌远，家传道德长。俊彦兴湘楚，才贤正显扬。继修宗志广，万代绍书香。

宁乡企石岗童氏 始迁祖嗣兴公，字尚烈，明正德间由江西南昌府奉新县迁湖南宁乡，后裔世居二都飞凤里企石岗望霞湾。清道光十年（1830）、同治六年（1867）、光绪二十九年（1903）、1939 年、2020 年五修族谱，堂号雁门。民国间湘乡岱岳童氏邀同合谱，该族“虽以湘乡为数邑同姓之大宗，仍持吾宗以明季徙江右迁宁之说”而未允。派语：兴大保朝文，世应宗枝盛，开道勋光锡，恩祥善士鸣，滋材烝在鉴，汝本烈增铭，泽懋熙培巨，清相照执钧。该族进士 3 人：童翚、童秀春、童锡焘。又举人 5 人：童镇、童兆蓉、童光泽、童锡笙、童锡梁。

湘潭双林童氏 始迁祖鼎贵公，字开贤，号仲兴，先世江西安福圳上，明正统间授长沙卫，随父来长沙，先居宁乡聚石坑，宣德间又迁湘潭上五都碑头市双垅冲童家岭。六子：斐、凤、焕三房后裔徙居他乡，浩、郁、正三房仍居故里。清乾隆二十九年（1764）一修族谱，嘉庆二十年（1815）、咸丰七年（1857）、光绪二十四年（1898）、1930 年续修。排行：鼎庄大世应，邦启学儒明。宗承光裕杰，恩祥善士迎。英材恢在鉴，汝本灿增莹。咸庆贻谋远，熙培祖泽亨。

湘潭白盐童氏 明初自善化王家冲迁居湘潭白盐。1924 年五修支谱，堂号光耀。

湘乡岱岳童氏 始迁祖公常公，宋建隆元年（960）自江西泰和县迁湘乡清溪乡岱岳黄泥田，今属涟源。传至十五代纪胜公，衍为延福、延兴两支。延福公历十代衍为必升、必荣两支。延兴公衍一魁、一寿、一福三支，一魁徙新化，一寿、一福仍居湘乡。清嘉庆二年（1797）升、荣后裔建祠于黄土山，支祠建于台基头、天印湾。嘉庆十八年（1813）延福公裔始修族谱，同治六年（1867）延福、延兴两裔合修，1924 年三修，1947 年四修，1993 年五修、1994

年六修。延兴公裔清乾隆间与延福公裔合修族谱，嘉庆十七年（1812）、同治六年（1867）、光绪二十四年（1898）、1929年续修。2015年延福、延兴两支合谱，称七修。延福公裔班次：公子武朝廷，国用世守纪。延仁万汉诗，庭汝念良添。添必再仕景，嗣秀政兴宗。祖定乾坤胜，思继启贤忠。孝友经纶裕，衣冠制作隆。训行传奕代，兰桂兆先丰。正家克峻德，安邦乐永康。余庆光积善，敦本发清芳。延兴公裔班次：继述承先泽，敦伦秩叙彰。书香垂后代，礼义肃胶庠。

醴陵泉塘境童氏 始迁祖志安公，清康熙五十六年（1717）自江西安福迁此。至1948年，全族人口200人。

汉寿接港西祠童氏 始迁祖文经、圣经、华经，原籍江西饶州府余干县东乡村人，明中叶来常德府捕鱼为业，冬至而渔，春归而田，如是者有年。后见鱼利较胜，遂挈室徙居汉寿，华公居沧港，圣公居小港，文公居接港。清道光九年（1829）、咸丰七年（1857）、光绪二十七年（1901）、1919年、1947年纂修族谱。字派：心盛尚廷登，名宏德自成。宗功昭世守，骏业振家声。文光启万代，恩泽积厚荣。国富民安乐，义理能镇群。

张家界童氏 始迁祖兴绪公，明洪武二十三年（1390）自庐州合肥迁居湘之桃源，再迁大庸（今张家界市），其孙子山、子芳、子贵析居西庸乡、永定镇南庄坪、西教乡芭蕉。至1948年，已传20代，族人共1260余人。宗祠在西教乡芭蕉。

岳阳童氏 先祖渊公，北宋初年自江西迁居岳阳青江驿檀树港，十一世易占公，生宣宜，宜生九人。念一裔迁四川，念二、念七裔世居岳阳，念六裔居湖北洪湖、崇阳等地，念九裔分徙闽、蜀等地，余不详。1936年八修族谱。派语：（自二十一世始）本植开宗绪，贻谋裕后昆。长怀忠孝义，衍庆永培根。

平江石岭童氏 始祖琛公，原籍洪都南城，唐朝人。至八世汰公，号沙亭，由洪都南城徙湖广避难，宋雍熙二年（985）始定居平江石岭，为迁平始祖。传至十五世昌达，字道五，行孟一郎，分居平江梨树源樱桃坑。族人分布于平江、浏阳、长沙、沅江、汉寿、湘潭、常德、湘阴、岳阳等地。至1948年，已传40余代，逾万人，1994年时有11632人，宗祠在石岭。明天顺二年（1458）石岭始修族谱，清乾隆四十年（1775）续修，1925年七修。1989年昌达裔十五世孙大智房修有支谱，2008年昌达房九修。派语：（自十世始）世德宏芳远，昌隆福泽兴。万斯敦一本，敬尚永崇新。大传先圣道，必定启文明。勋业匡时茂，英才际运生。洪都承祖荫，青石树家声。彝训恒为宪，绵长庆显荣。

新化漆田童氏　始祖公常公，字克仁，祖籍辽东，迁江西庐陵，北宋建隆元年（960）辞宣城通判，自江西吉安泰和县早禾渡梅子坡圳上徙居湖南湘乡岱岳黄泥田（今涟源市水洞底镇大岳垅球树湾）。传二十五世癸公，癸公之长子魁始迁新化漆田。后人分布于洣田、坪烟、宝四坳及安化、邵阳、衡阳等县市。族谱始修于清乾隆年间，1994 年六修。咸丰五年（1855）建宗祠于余家坡。魁房班序：继述承先泽，敦伦秩叙彰。书香垂后代，礼义肃胶庠。绳缉征明永，修齐本圣经。英才奎壁焕，伟烈石金铭。运际熙嘉会，诗赓锡庆词。河山新日月，勋绩耀钟旗。

溆浦童家脑童氏　始迁祖再荣公，原籍江西泰和县。宋末官辰州参军，解组后来溆，遂居童家脑。

花垣童氏　始迁祖金鳌、金玉，清嘉庆末年自江西建昌府今抚州市南城县建昌镇因经商迁居永绥厅（今花垣县），开设大仁商号，经销桐油。2007 年纂修族谱。字辈：宪定金绍厚，诗书世泽长。普贤能继续，汉梅志申香。

奠

溆浦奠氏　由郑氏改姓而来。一世仕文公，宋元之际由江西新余县毛家坪迁辰州四眼井，复迁溆浦推村。生五子，第三子均通之五世孙源柒迁麻阳黄桑林。十世通公因避祸改姓奠。通公生三子：俊一迁溆浦八门，奠兴迁辰溪望乡，奠旺迁中方铜湾。2022 年四修族谱。溆浦旧派：俊海元兴曰宗。辰溪旧派：如凤荣朝天。合修班次：应汝文名成，学开万世昌，自先传厚泽，必有达人光。

曾

宁乡麻田曾氏　以曾参为一世。十五世关内侯据公，耻事新莽，于西汉末年自山东迁江西庐陵吉阳乡。三十七世庆公，二子：长伟，次骈。伟公南迁，繁衍湘、鄂、赣等省。骈公北归，繁衍山东等地。分为南宗、东宗。南宗五十六世芝公，字光显，号著翁，行六郎，明时授沅州知州，后家于宁乡西南四十里二都六区麻田。至六十三派镜澄公，生七子，衍为七支。清乾隆五十三年（1788），东宗、南宗建宗圣庙于长沙，又于宁乡麻田设谱局纂修总谱，嘉庆三年（1798）完成，称南宗谱。麻田支谱纂修于清光绪二年（1876），光绪三十二年（1906）续修。清圣祖赐派：（自六十三世始）宏闻贞尚衍，兴毓传纪广，昭宪庆繁祥。清宣宗赐派：令德维垂佑，钦绍念显扬。民国元年袁政府颁派：建道敦安定，懋修肇彝常。蔚文焕景瑞，永锡世绪昌。各族多不采用。

浏阳东门曾氏 始祖宗圣公，三十七传至泳沂公，泳沂公再二十八传至宗庆、得义、尚水、尚颖等，皆于清康熙中叶自广东兴宁镇平先后来浏，合十三支。

浏阳沙溪曾氏 旧公生宥、广、德，广生国俊，国俊二十传宗礼，徙江西吉水拖螺冈。宗礼四传伉新，迁广东兴宁龙骨洞。伉新三传宏吉，吉六传毓威，即三重公，携长子貤经商来湘，卜居浏阳南乡十二都施家坝。清光绪三十一年（1905）五修、1995年六修族谱。

湘潭淦田曾氏 始迁祖纹政、如湖、京益三公，元至顺间自江西永丰县龙潭徙至湘潭淦田。清雍正九年（1731）一修族谱，乾隆五十二年（1787）二修，嘉庆十二年（1807）三修，咸丰十年（1860）四修，光绪二十四年（1898）五修，1942年六修族谱。派语用通班。

湘潭石潭、莲汜曾氏 始迁祖纹昭公，曾子后第五十六世，明初自长沙徙居湘潭瀛湖，正德时第六十世泰湖徙石潭，泰韶、泰硪徙莲汜，合称石莲曾氏。清光绪二十七年（1901）七修，1931年八修族谱。

湘潭湖田曾氏 该族出自南房，第六十四世闻发于明万历间由茶陵州曾乡坪徙湘潭三都老屋园湖田。

湘乡沙石曾氏 湘乡曾氏多以曾参为一世，该族却以得姓始祖子巫为一世，五世曾参。五十世泰诚公，宋时自江西庐陵吉阳乡请社来楚，卜居龙城黄荆塘，今湘乡沙石。子孙析居湘乡皇管、沙石、石屋冲、坟山上、毛田、金家湾、荷叶塘、长背冲等处。旧派：梦仕子友祖，福受永兴隆。时正乾坤大，光辉日月明。续派：忠义立朝纲，孝行定炽昌。尊宗崇典训，贤哲绍书香。

湘乡、益阳曾氏 始祖远胜公，字高瞻，始籍江西吉安泰和县，明洪武二年（1369）迁湖南宝庆府武冈州陡溪铺，生子五：富、荣两公迁湘乡，传至九世翠庭、芳庭、云庭，后裔分析湘乡、益阳。芳庭孙朝瑄、朝玉、朝球、璨生、信生、公生徙益阳刘家陂、东塘陂、秀山，云庭子君瓒徙益阳瓦窑陂，翠庭公及芳庭公次子君奭后裔居湘乡各处。自清乾隆五十六年（1791）至咸丰九年（1859）仅叙成墨谱，光绪三十二年（1906）续修。支派：远志子宗汝伏思，文正大朝廷仕维。燕诒克善传家训，德铭先徽迪吉宜。世序钦承忠贯恕，云礽敬效孝成慈。南方峙立名山众，祖泽延绵启福祺。

湘乡团田曾氏 始迁祖贵容公，行圣三郎，由江西吉安府万安县泗源杏坛迁居湘乡县城，生三子：镇抚、应抚、廷抚。应抚于明洪武间又迁水洞底天堂车田冲，卒葬团田。应抚生大成、大通，大成生必文、必胜、必秀，大通生必明、必时、必才。必胜生梦荣、梦璋、梦源，后裔衍砂石、皇港、云山上、料嘉塘、穆家坊。必秀生梦龙，后裔衍荷叶塘、毛田、石井冲、萧家山。必明生梦富，必才生梦松，后裔衍大坡、石门、湖洞。清同治八年（1869）、1917 年、1996 年纂有族谱。今有族人约 45000 人。光绪十八年（1892）建宗祠于团田。

湘乡榭山曾氏　该族以曾参为一世祖。十五传至汉关内侯据公，由武城徙庐陵之吉阳，递传二十四世孙延构公，由庐陵徙泰和文溪。至五十四世孙镇抚公，讳太乙郎，字天锡，元天历元年（1328）由泰和徙居湘乡南门，明洪武初，子大俊居邑西榭山，今属涟源。大仁居邑南芭蕉溪等处。清康熙四十九年（1710）鲁、粤、湘、赣诸省合修通谱。乾隆三十年（1765）、嘉庆四年（1799）、光绪十九年（1893）、2014 年榭山纂修族谱。雍正三年（1725）建祠于普庵堂。班次：宏闻贞尚衍兴敏传纪广照宪庆繁祥。续班：祖泽遗东鲁，承宗远派开。镇湘成巨业，道贯启人才。

湘乡谭塘曾氏　五十四世镇抚公长子大俊迁珍琏十七都普半区榭山，今属涟源。五十八世廷旭公卜居谭家桥，廷端公卜居塘冲，总名谭塘房。清同治元年（1862）谭塘房订辑支房，光绪十九年（1893）、1941 年又续修，派次用通派。

湘乡寨子房曾氏　始祖延辉公，唐代人。始迁祖定四郎，明初由江西万载迁湘乡，卜居谷水七里塘曾家边，后世分徙寨子冲、茅田、松树头等地，总名寨子房。

湘乡大界曾氏　谱以曾参为一派祖，至十五派据，封关内侯，耻事新莽，挈家渡江而南，居江西庐陵之吉阳乡。三十四派珪，生唐开元间，留吉阳，弟旧、略皆他徙，曾巩即略公后。珪裔三十八派伟、骈。骈裔质粹明嘉靖间奉旨东归，世守宗圣庙墓，号东宗。伟裔号南宗。南宗四十二派孟鲁徙茶陵，为迁湖广始祖。四十五派霸，南宋时徙衡阳之唐福，为迁衡始祖。六十二派孟学，明清之际徙湘乡大界，今属双峰，为迁湘乡始祖。六十五派贞桢，号元吉，曾国藩、曾国荃兄弟即贞桢房七十派孙。大界曾氏族谱肇修于清康熙六十一年（1722），嘉庆五年（1800）、道光二十年（1840）、光绪二十六年（1900）、1944 年四次续修。该族名人尚有曾纪泽，著名外交家。曾纪鸿于算学成就斐然，惜英年早卒。曾广钧，幼年有神童之称，颇有诗名。曾昭抡，著名化学家，中国科学院学部委员，曾任高教部副部长。曾昭燏，曾任南京博物院院长。曾宝荪，民国初于长沙创办艺芳女校，解放前夕与弟曾约农携曾国藩家书手迹赴台。曾宪植，曾任全国妇联副主席。

双峰斗门曾氏　始祖宗圣公，十五传至汉关内侯据公，耻事新莽而挈族南渡，家庐陵。传十九世至珪公，历五世至延构公，又十二传至德昭公。德昭公之孙圣三郎子三：镇抚、应抚、廷抚。元天历元年，三兄弟徙湘，镇抚公屯居湘乡南门，继移梛山黄花园，生大俊。大俊公之子必洪、必庆、必可于明时徙溪口斗门，庆、可无传，洪公六世又分支居小窑，总名斗门房。清雍正三年（1725）建祠于普安塘。光绪十一年（1885）始修房谱，2001 年三修时，人丁共 1452 人。派语：宏闻贞尚衍，兴毓传纪广，昭宪庆繁祥，令德惟垂佑，钦绍念显扬。

醴陵石板滩曾氏　曾参后第六十世盟錡于明代自宁乡徙醴陵南乡石板滩。

醴陵牌前曾氏　始迁祖美清公，清顺治初迁此。族人分布于梅村。至 1948 年，全族人口 700 人。

醴陵龙家巷曾氏　始迁祖嗣蕃公，清顺治初自广东迁此。族人分布于龙家巷。至 1948 年，全族人口 1000 人。

醴陵曾家湾曾氏　始迁祖魁林公，清康熙十二年（1673）自湘潭迁此。族人分布于大坝冲。至 1948 年，全族人口 400 人。

醴陵版石洲曾氏　始迁祖其昌公，清康熙间自福建上杭迁此。族人分布于四川。至 1948 年，全族人口 1000 人。

醴陵荷田曾氏　清康熙末年自广东迁此。至 1948 年，全族人口 70 人。

醴陵松山下曾氏　始迁祖叔岑公，清乾隆间自广东迁此。族人分布于东坑、石湾、花椒冲、萍乡。至 1948 年，全族人口 100 人。

醴陵洪源冲曾氏　清乾隆间自广东兴宁迁此。至 1948 年，全族人口 314 人。

炎陵沔渡龙巷曾氏　始迁祖昌文公，清顺治末年自广东梅县迁入霞阳乡龙巷（今沔渡龙巷村）。后裔徙沔渡洞里、十都等地。

炎陵三河大坑曾氏　始迁祖闻良公，清雍正七年（1729）自广东兴宁迁入六都长岭（今垅溪），旋迁小坑（今三河大坑村）。

炎陵茶垅曾氏　始迁祖贞洪公，清雍正年间自广东兴宁迁入六都茶垅（今垅溪茶垅村）。

衡阳唐福曾氏　宗圣下衍四十五传至迁衡始祖坝公，赵宋初年由茶陵迁居南岳方广寺，又迁衡阳唐福町，生五子，珍、圭两公仍居唐福。开九族：欧阳族、塘头坳族、左家堰族、金兰族、琥翰族、面湖族、唐福族、庙山族、湘乡族。清康熙五十三年（1714）、雍正十年（1732）、嘉庆二十年（1815）、道光十五年（1835）、光绪二年（1876）、宣统三年（1911）、1945年纂修族谱。派语：思良邦宗祖，大可应子孙。惟汝仁文举，朝元必世兴。

衡阳面湖曾氏 衡始祖坝公生珍公，珍公长子德杭第五子继端，由唐福徙金兰育溪。端公六代孙友通始徙面湖，友通九代孙梦桂明洪武间始定居于此。1914年面湖曾氏独修族谱，称七修，2004年八修。1938年建宗祠于光明村山拔岭。

衡阳松陂曾氏 四十五传坝公，开衡湘十户。又三传继端公，落籍育溪。五十传行兴公开忠满、忠盈两支。忠满世居故址琥翰，忠盈七世孙世进肇基松陂，生松、玉、俊。松生应魁，后裔散居木口等地。玉生应斌，开礼、洪、秀、桦四房。俊生应端，开析胜房。1994年八修，2017年九修族谱。

衡阳龙田曾氏 该族系传东鲁，派衍宁乡。宗圣五十六派芝公，字光显，明永乐间由山东宦宁乡，为南宗之祖。芝孙铨居宁邑麻田。铨孙玉五，讳盟铧，六十派，明弘治年间由宁迁衡。玉五长子景，字映星，正德年间避兵乱，卜居衡邑龙田，为龙田始祖。生启梁、启相、启椿。椿公嗣讫，相公再传而止。梁公子三：仁德、仁南、仁志。志公嗣讫，衍为两房。七十三派昭衔，又号熙，字子缉，又号农髯，为民国间著名书法家。至1948年，已传17代，全族人口2700余人。族谱创修于清乾隆四十二年（1777），嘉庆七年（1802）续修，光绪元年（1875）三修，宣统二年（1910）四修，1940年五修。班次：启仁应宗祖，世代远传名。孝友承先训，诚正大家声。

衡阳东乡曾氏 支祖守公，为宗圣公五十一世孙，宁乡麻田澄修公十世孙，由宁乡客居邵阳，又迁衡南望江枫林，终居衡南铁丝塘甲山栗坪。1938年六修、2004年七修族谱。

衡东荷塘曾氏 五十五派祖椿公，字孟泳，徙衡东，生二子：长子炳徙攸县，次子煜徙荷塘。2005年纂修房谱。

南岳武城堂曾氏 2002年续修族谱，因老谱失传，何人何时迁南岳不详，从六十九代祖“繁”字派至七十七代“祥”字派，即清道光初年之后约一百八十余年繁衍，今健在约200人。七十四代曾汉荃，讳宪国，1978年任湖南省教育厅副厅长。

耒阳曾氏 始迁祖益公，官湖南善化县，于元末时家耒阳，生有三子：贯居常宁，泰居临武，存居耒阳。

邵阳太平曾氏 以曾参为一世。传至五十二世福仲，一名朝奉，行什一，号遁贞子，元末官太常博士。元至正七年（1347）自江西泰和县圳上迁潭州录事，弃职隐于邵阳太平老君塘，后徙枫树林屋上，尊为邵阳一世祖。清康熙三十一年（1692）、雍正十二年（1734）、乾隆三十九年（1774）、嘉庆二十三年（1818）、光绪十一年（1885）、1924 年、1994 年纂修族谱。通派同。旧立编排：福财友志景兴大，永惟朝廷万载荣，世子开宗延夏统，贤侯绍武示周行，文章代焕贻风远，忠恕家传德教成，勉迪后嗣善继述，聿怀绍义先扬名。该族名人：曾荣銈，乾隆举人，著《鼓吹轩集》。曾寿麟，同治举人，海宁知州。曾廉，光绪举人，著《瓻庵集》。

邵阳石狮曾氏 始祖福仲公，居邵东太平里，衍瑛、璩、曜、琦四大房，璩、琦两房无考，瑛公居太平。财曜公传友权，友权生志寿。志寿于明永乐间复徙安平之新宁下石狮，清康熙三十二年（1693）、嘉庆十一年（1806）、同治元年（1862）、光绪三十三年（1907）、1943 年、1993 年纂修族谱。字派同太平曾氏。

邵阳田心曾氏 始祖放熺公，明初由江西庐陵大岗教授资城，卜居邵阳县田家湾茶花园。子兴隆徙迁西坪田坛乡（今邵阳安义乡田心）。至 1949 年，已传 23 代，全族人口 9800 余人。

邵阳大罾滩曾氏 宗圣公五十六传至思义公，江西庐陵人，明初由江西同知官宝郡，睹世事疮痍，时局艰难，遂辞篆而居邵阳北乡大罾滩，派衍四房。后裔瓒，明进士，户部主事。纪凤，字挚民，贵州、云南布政使，赠太子少保。纪鄂，纪凤弟，知府补用，赠太常寺卿。清嘉庆二十年（1815）、道光二十九年（1849）、光绪十七年（1891）、1930 年纂修族谱。采用通派。

邵阳九龙岭大塘村曾氏 宗圣十五传关内侯据家吉阳，子阐十八传尚书丞，生珪、旧、略，珪仍居吉阳，旧徙云盖。略迁抚州南城，五传洪立，因仕家南丰，三传仁旺，六传凭，由南丰徙庐陵县北郭里。凭七传福庆，又名仲琳，自泰和迁邵阳棕树园，复迁九龙岭瓦子坪今大塘村。民国间四修宗谱。

邵阳北大坪曾氏 据公五十四传岷公，自江西吉阳永丰十七都龙潭迁邵北北大坪。1937 年田坛总祠纂修族谱。2010 年北大坪续修房谱。

邵阳方家塘曾氏 据公传五十三代如金公，迁宝庆北大坪方家塘。1943 年纂修墨谱，2011 年续修。

洞口杨林曾氏 初祖纹炳，宋时携男子荣自江西永丰大湖徙武冈谜头（今武冈、隆回、洞口接界处一带），后人分衍于杨林、横溪、花园、金田及武冈邓家铺等乡镇。

洞口石堰曾氏 始迁祖泰谕公，宋真宗咸平元年（998）自江西永兴迁居新化清水塘。孙文昭于元代自新化窝山徙武冈高沙石堰（今属洞口）。后人分衍于马鞍、洪茂、高沙等乡镇及武冈之马坪、花桥、城东等乡镇。1943年八修族谱。

汨罗洞坑曾氏 始祖暄公，明成化中自江西永丰迁湘阴南岑。传十一世至兴信公，迁汨罗洞坑。兴任公迁临沘市。

汨罗桃林曾氏 始迁祖杨西公，祖籍福建晋江，明崇祯中迁汨罗桃林。

华容范家岭曾氏 曾参后十五代据，据之后五十四世濂，居江西永丰县，元至正年间因旱灾迁华容东乡范家岭，生八子一女。长子榴之后居南山、鼎山一带。次子权之后居县城、蔡田铺一带，三子梧之后居三封寺龙开河（今松木桥、墨山铺之南）。子孙聚居护城之曾家嘴、曾家门，散居全县各地。

平江嘉义东山曾氏 始迁祖兴锡公，清康熙六年（1667）自广东镇平迁此。至1994年，全族人口13771人。

平江驷马桥曾氏 始迁祖尚祯公，清乾隆十年（1745）自江西会昌迁此。

安乡曾氏 始迁祖推公，字子恕，号东湖，原籍江西庐陵板陂。元至正年间至岳州省亲，因兵乱留湘，开基于安乡县治北乡系马台。至1948年，已传23代，共1500余人。

临澧曾氏 始迁祖闻天、闻地，明洪武二年（1369）从江西九江驾舟逆长江而上，入澧水至管渡，到弯船堰起坡，落下新安乡彭家铺后牛头山脚下。2006年四修族谱，现有后代131户，486人，采用通派。

汉寿曾氏 宗圣五十五传宣杰公，明永乐二年（1404）奉旨均丁，由江西吉水迁至汉寿小塘，生荣公。荣公生政、富、友三公，房分三大房。友公迁常德芷湾，裔衍汉寿古陂。政公迁押西。富公守康山井边，生鼎、雅、道三公。鼎公守祖基，道公居鸦鹊岭，雅公迁落笔滩，又衍琢、珏、瓒、环、玺、瑢、瑚、珠、宝九小房。清同治十二年（1873）建宗祠于邑城小南门。明万历十九年（1591）一修族谱，清康熙三十五年（1696）二修，皆未刊。嘉庆二十一年（1816）三修，咸丰十一年（1861）四修，光绪十六年（1890）五修，1928年六修，1948年七修，有于右任、孙科、何应钦、左舜生、陈立夫、吴铁城等民国政要题词及宪兵司令张镇序。

汉寿曾氏 始迁祖闻礼公，明永乐二年（1404）由江西迁居汉寿赤塘，生德清、德明。德清生信启、仲启、伏启、仕启。德明生仁启，信启迁毓德市队阡坪，仲启迁安化陶田，伏启迁龙潭桥，仕启失考，仁启迁横港。清乾隆十五年（1750）始修族谱，道光五年（1825）、咸丰七年（1857）、光绪五年（1879）、1916年、1948年续修。旧派：闻德启方单，寿子必应绍。忠光先自远，广嗣允宗道。

汉寿曾氏 迁湘始祖怀琛公，生八子，礼房居益阳兰溪镇蒋家塘，五传仕刚，生句、雍、雄、鹑、鄂，鄂子庭碧、庭环于明嘉靖二十一年（1542）迁汉寿南塘乡玉佛庵。1996年纂修族谱。

桃源黄石曾氏 先世明万历二年（1574）由江西迁于桃源县北之黄石。至1948年，已传17代，有4000人。族人分布于九溪、温泉、漆河等地。宗祠在两河处。清咸丰八年（1858）附修通谱。

益阳曾氏 宗圣五十五派孙怀琛，字玉珊，号鹤遐，明洪武二年（1369）自江西吉水县下符徙益阳十八里椆木嘴。八子：应富、应贵、应和、应礼、应祥、应深、应森、应沅，派衍八支。清雍正四年（1726）八房合修通谱，2006年八房二修通谱，后分房累修。乾隆五十年（1785）共建鹤遐公祠于邑城。车塘支派：怀应玄志□廷，训汝贤钦德昌。车塘迁千家洲、十二里支派：怀应玄先仁义，必魁印仕绍志。车塘迁十二里、铁炉冲支派：怀应玄志朝吾，日舜仕贤钦德。火田支派：怀应玄辉佳觐，万守文子德昌。间山支派：怀应必思希道，泰子继嘉自承。长塘支派：怀应玄志仕单，廷文朝大仁永。鲊埠支派：怀应玄志□端，廷必正大光明。清公潭支派：怀应必义映汉，忠朝大明（武胜）贤立。连河村支派：怀应必义映子，大庭朝登贤立。横堤支派：怀应必义映思，绍汉行国正清。桃花江支派：怀应吾如时玉，廷永国大贤德。桃花江迁七里斋婆桥支派：怀应继有增鼎，凤承省日德昌。续派：（各支同从十三世起）嗣其世业，益振家声。十传之学，惟本于诚。以是作圣，用克观成。善有余庆，久而发荣。流长两字，在读与耕。

益阳宝林冲曾氏 始迁祖时介公，明万历年间自江西庐陵经商来此。后嗣居宝林冲、水满冲、篦梳岭。

安化常丰石磴铺曾氏 始迁祖肇沅公，南宋绍兴五年（1135）由江西迁常丰石磴铺。

新化横阳月塘曾氏 始迁祖泰谕公，字柽卿，号鲁斋，北宋真宗咸平元年（998）携子延禨、延福、延寿及孙文谅、文迁等自江西泰和梅子坡早禾渡迁湘，卜居此地。延禨居古塘，延福居莴山（今属隆回），延寿居珂溪（今维山乡）。族谱一修于明正统八年（1443），1933年八修。

新化曾氏 一世祖泰谕，生三子：延禨、延福、延寿。延福又生八子：文官、文宣、文宁、文宫、文宓、文宾、文昭、文作。作房失传，昭房远徙武攸，余六房散居县境。自元元统至1913年八修，1947年九修族谱。班行：泰延文仲德承仕夫伯继添志友成伏朝廷宏闻贞尚衍兴毓传纪广昭宪庆繁祥令德。维垂佑钦，绍念显扬。正心诚意，知定静安。家齐国治，康阜熙咸。

新化祥户曾氏 宗圣曾子四十六代孙泰谕宋咸平间自江西吉安迁湖广梅山（今新化），祥户敬、庆两房即其第三子延寿后裔。族人聚居县南维山、珂溪、马鞍山一带。1936年五修族谱，其时人丁近万人，又迁居四川者130余人，迁居广西者约100人。总纂曾继辉，字月川，清末参与戊戌变法，开垦洞庭湖区，民国间任清理湖田总局局长，1950年病卒。

永兴石濑塘、石溪湾曾氏 始迁祖延通公，江西南丰曾巩后裔，宋靖康年间携家南移，由武昌、长沙迁居耒阳石湾。绍兴年间，其次子仲翊迁徙永兴十七都石濑塘，仲翊子耆长迁十八都申明亭、石溪湾及十九都深洞一带。

宜章南关曾氏 始迁祖子梅公，原籍江西泰和县，元末徙宜章县北埜石，定居杨家坠大仓脚，后多移居南关。

宜章乔口洞曾氏 元末由江西泰和县徙宜章。世系同宜章南关曾氏。

嘉禾乌田、赤土、横洞、沙仁、爻山曾氏 始祖彦龄公，原籍江西，偕其子贵德迁嘉禾乌田（又称田堡羊乌田、羊古湾）。数传至友彰居赤土，友德居爻山，友忠居横洞，友裕居沙仁。

嘉禾龙泉、车头、高坡曾氏 始迁祖子梱公，字复盛，明初宦湘之桂阳而家龙泉，即今平田区之龙泉窝村。四传至潮叟，子四：友浦、友仓、友祯、友祥。友仓乏嗣。友祯居龙泉，至1931年共761人。友祥分居车头，至1931年共369人。友浦居高坡。友祯生二子：仲桃分居东岸。仲柳之孙必鉴、必芳则分居碧池。

嘉禾太平坊曾氏 始祖善公，字大美，相传曾为长沙太守，因家耒阳。生有十子：千一、千二、千三、千四、千五、千六、千七、千八、千九、千十。千八迁桂阳水源下，其子添麒、添麟，自桂阳水源下迁嘉禾太平坊（俗名曾家）。至1930年，共919人，分出村者有樟溪铺（桂阳石头塘）、板山（192人）、洞水头（123人）等处。

临武曾氏 始迁祖如槐公，江西吉水县仁寿乡兰溪村人。南宋景定五年（1264）偕长子普惠迁居临武秀溪太平桥。2016年纂有族谱。该族名人：曾朝节，明神宗万历五年（1577）丁丑科沈懋学榜进士第三人。

临武曾氏　始迁祖希顽、如槐两公，祖籍江西庐陵县。元时分别卜居临武东隅和北隅。至1982年，有4999人，大都聚居于南强（1100人）、城关镇、土桥。

临武黄莲村曾氏　始迁祖成诗公，名传义，清康熙间自宜章一六镇香口洞上迁临邑，居黄莲村。2015年纂修族谱。

汝城西街曾氏　始迁祖泷公，江西泰和县人，宋淳祐六年（1246）迁汝城，后裔分析斗金、冈石桥边、石牛马、郭塘。至1932年，已传26代，1200余人。该族名人：曾鉴，字克明，明天顺进士，工部尚书，赠太子太保。

蓝山楠桥曾氏　始祖仁旺公，江西南丰人。始迁祖子荣（桦公），进士，宋徽宗宣和元年（1119）自江西南丰迁来楠桥之滨，后子孙散居楠市、祠堂圩、正市、蓝屏、城关等乡镇。

曾刘

益阳刘家坪曾刘氏　宗圣五十五传孙寿庆公，生福孙。福公于明洪武三年（1370）因兵扰乱，自湖北荆州府监利县九江村火把堤徙湖南沅江山田社廖官村，旋徙益阳。生文德、文菖、文亮。永乐十二年（1414）福公率德、菖两公仍归荆州。文亮入赘于益邑下七里刘家坪刘氏，遂姓刘，生四子，析居益阳古塘基、雅苗村、老屋塘、高家村、邹家桥等地。清乾隆二十五年（1760）初修族谱，嘉庆十年（1805）续修，皆从刘姓，咸丰九年（1859）三修时始返刘归曾，光绪十八年（1892）四修，1933年五修。

湛

长沙湛氏　始迁祖明贵公，明洪武间自江西隶籍善化大托铺、黑石铺之中牛角湖，1914年纂修支谱。派语：世元之自开，宗光大亨培。中正熙和会，嘉兆启良才。富贵有数定，圣朝雨路深。

汨罗湛氏　始祖东之公，明武显将军，居江西新淦，生六子：长子自心仍居新淦，三子自观迁广东，五子自有、六子自益迁湖南平江，次子自运、四子自正迁汨罗。自运无嗣，以自正三子朝保为继。自正另五子：朝祖、朝叙、朝寿、朝端、朝元为五房之祖。至今全族人口12000余人，分布于汨罗湛家山、柚子树、黄家坪、茨塘湖、青水冲、白水塅等处。1919年、1994年纂有族谱。

字派：东自朝兴世绪耀贵衍云礽大芳懋道启宗先培本茂忠……

平江北乡哲寮湛氏 始祖平治公，字福六，因避陈友谅之乱，由江西南昌县铁柱宫迁湘，开基平江县北乡哲寮。再传华叟公出力任国事，转漕给军，故子姓世承军籍。族人分布平江、湘阴、岳阳、华容、南京、四川、陕西等地，至今5600余人。清嘉庆三年（1798）、咸丰元年（1851）、光绪七年（1881）、宣统三年（1911）、1944年纂修族谱。字派：惟伯万朝文，显祖荣宗远。佑启先培德，西江发泽长。传家循孝友，献国尽忠良。礼乐遵周制，诗书绍讲堂。

温

浏阳温氏 温姓始自叔虞，虽封于唐，而后裔仍居河南温县。西汉时佐公宦于太原，故以太原为郡。七十四世詡公，唐开元间为虔化县令，遂籍于江西宁都县南双井下五里温坊檀树下。生四子：如璋、如珪、如玉、如金。清康熙初如玉公派下后裔由粤、闽、赣等省迁居浏阳、平江、岳阳、铜鼓、萍乡诸县。清光绪二十六年（1900）建总祠忠武祠于浏东清泉街，1924年改建于浏北田家巷。明崇祯七年（1634）一修族谱，清康熙三十年（1691）二修，雍正七年（1729）三修，乾隆三十九年（1774）四修，嘉庆七年（1802）五修，咸丰十年（1860）六修，光绪二十八年（1902）七修，1937年八修，1994年九修时，浏阳、平江、岳阳及江西万载共22房2090人。浏阳金龟山温氏：一百一世南庆，生绍溪，绍溪生时新，时新生日连，日连生景玉，居广东，后迁江西龙泉县。清康熙间景玉率子振彩自龙泉迁居浏东张坑金龟山。浏阳南乡北坑温氏，始迁祖朝卿，清康熙三十五年（1696）自江西南安府上犹县蛇鸡墟迁浏阳南乡十六都北坑。另支一百一世日亮，原居广东嘉应州兴宁县苦竹径，明崇祯末迁浏东南源冲，后迁浏南北坑十六都。浏阳河背垅温氏，九十四世念五郎，一百七世其贵公，清康熙间自福建携子德辉、德耀、德良迁浏阳东乡十都河背垅。浏阳南乡大坪温氏，一百一世升扬公，世居广东惠州府龙川县，生仕魁、仕昌、仕兴，清康熙初，仕昌率子有龙及仕兴子有胜由东粤而江右，徙浏阳南乡小溪南源冲之东冲口，后裔复迁南乡大坪。浏阳张坑板冈、高岭温氏，詡公传九代少九郎公迁居福建汀州府上杭县安乡，又传八代良善公，居嘉应州南城，又传四代八十一郎公生法优、法振、法璋、法养，共居嘉应州澄坑。法优生皓公，皓生璞，璞生春梅，春梅生仁、义、礼、达。义公曾孙体星，为浏阳板冈房支祖，礼公曾孙体上，为浏阳高岭房支祖，皆康熙时自嘉应州迁来。平江关上温氏，一百一世质仁，清康熙三十六年（1697）自广东嘉应州兴宁县迁湘阴县东街，仅二载又迁浏东大西洞大安坪。子茂华，自大西洞迁平东黄金洞大利里。浏阳东门南冲坳温氏，一百一世良善，明末由福建汀州府武平县岩前官上迁广东潮州府程乡县。一百五世亮儒，明末清初自江西兴国县下罗径迁浏东东门市南冲。浏阳古港温氏，一百四世应龙、应虎，清康熙间自广东平远县石正都迁浏东第七都三口塅毛家湾。浏阳杨潭庙温氏，一百四世和祥，原居广东嘉应州和平县菖蒲，清康熙间迁浏东石湾风门岭，嘉庆间又迁高车温家潭。浏阳上洪温氏，一百六世德祯，原居广东嘉应州董源桥木花塘，清康熙间迁江西万载县高岭石子冲。子集亮，雍正间自万载迁浏东张坊上洪下坑。浏阳山田和尚坑温氏，一百七世胜忠，清雍正间由福建迁浏北石柱峰北麓和尚坑。浏阳张坊金盆岭温氏，一百四世应运，康熙四十年（1701）自广东嘉应州平远县陈坑迁浏东达浒蒋坑，居数年，后徙黄泥道金盆岭。一百九世吉有，嘉庆间由金盆岭迁岳阳巴蕉新改回龙洞。通派：（自一百一世始）思源一本，肇自尧唐。家齐国治，佐正朝纲。贻谋燕翼，远绍书香。承先启后，训子义方。敦伦饬纪，大道五常。簪缨蔚起，世代荣昌。

醴陵温氏 位两公，原居粤东嘉应州，生“仕”派八子：周、召、望、毕、荣、登、宏、有。清康熙间，有公迁万载，周、召、望、毕、荣五公迁醴陵，召公居香水渡，另四公居插岭关下。清道光二十八年（1848）、同治十年（1871）、宣统二年（1910）、1936 年纂修族谱。2020 年湖南醴陵、浏阳、攸县、耒阳、宁远、广东兴宁，江西萍乡、湘东温氏八修族谱。字派：（自一百一世始）十开富文成，伯仲峰宾内。两仕朝国万，光友修成美（笃）。笃学（玉）宣贤训，砺志继书香。育才昌世运，建业佑民康。

醴陵新关温氏 清顺治初自广东迁此。族人分布于漏水坪、萍乡、万载。至 1948 年，全族人口 2000 人。

茶陵腰陂镇温氏 始迁祖肇昌公，明万历三十二年（1604）由江西泰和武溪竹园徙居茶陵石溪黄坪，后迁腰陂镇石陂村。

平江曲溪温氏 始迁祖玉琳公，明万历十一年（1583）自江西安远迁此。至 1994 年，全族人口 108 人。

益阳、华容温氏 迁湘始祖德一公，原居江西吉安府泰和县武溪苦竹岭，元时携子伯四、伯七经商长沙。三传良寿公，元顺帝至正六年（1346）徙居益阳十里湖肚塘。清乾隆九年（1744）、嘉庆四年（1799）、咸丰八年（1858）、光绪二十六年（1900）、1931 年、2001 年六修族谱。良寿公十五代腾镶，名润玉，字型训，号瑀门，同治贡生，光绪二十七年（1901）率五子三浚、三泽、三濩、三汁、三洞迁居华容县北景港，围挽禹甸垸，子孙聚居至今。2009 年纂修支谱。派语：伯秉良汝祖，必绍友朝守。应世逢其贤，立志腾三楚。敬修本孝忠，俊秀登庠序。文运启昌隆，才能廷选举。

资兴、永兴温氏 资兴始祖少三公，世居江西石城温坊，登宋进士，恭人金氏，天圣九年（1031）率三子徙居吉州泰和，分居三溪。第三子郜公二十世孙臣逊公，明隆庆间迁居资兴南门东关。永兴始迁祖福仕公，明清之际由江西石背迁永兴十九都铜锣冲。清光绪三年（1877）、1944 年纂修族谱。资永合班：秀毓宁都水，灵钟资永疆。人文瞻蔚起，辉映太原堂。

汝城温氏 始迁祖伯明公，自广东乐昌县九峰迁汝城狫猔湾。至 1932 年，已传 17 代，丁口 30 余人。

新田城内西门温氏 始迁祖国瑞公，清时因贸易自江西信丰迁县之城内西门。至 1948 年，已传 8 代，有 200 人。族人分布崇明乡蚂蝗洞。

游

湘潭、醴陵、长沙、湘阴游氏 始迁祖崇荣公，字竗祥，一字弼元，行历七，居江西抚州临南寨源四游村，生镒、锡、鉴、铿四子。明初率四子自江西丰城苦竹洲迁醴陵稍岗镇。镒公分迁湘潭，锡公分迁善化，鉴公仍居稍岗镇，铿公与侄万昂公分迁湘阴。清初与临川合修族谱，乾隆二十年（1755）四邑合修，嘉庆间潭、醴合修，同治间湘阴纂修，1916 年长沙白田纂修，1933 年四邑又合修，二十世纪九十年代各房曾分修，2020 年四邑再合修，称八修。湘潭、醴陵原派：新策广联，祖传世德。典正英华，详明品节。美秀绍先，庆延宗泽。湘醴同源，永希贤哲。长沙原派：志兴万大游，贤良应启明。登金光世泽，振翼步云程。忠孝遵先训，诗书裕后昆。显扬原在德，丰足本于勤。湘阴原派：新策广联，祖传清白。声振朝端，明经辅国。宠命有光，孝思维则。嘉泽长春，庆绵宗牒。新派：（自二十派始）宋隆文望，郑仰词章。先民彝训，经史堂皇。

浏阳松山里游氏 始迁祖正銮公，元至正二年（1342）自江西丰城迁此。后人散处龙伏市谢家段江边西冲等地。至清光绪三十三年（1907），已传 26 代。

醴陵荷田游氏 始迁祖九莱公，清康熙三十年（1691）自江西南丰迁此。至 1948 年，全族人口 1226 人。

隆回游氏 始祖文珠公为应天府尹，宋绍兴间解组卜居临川赛源。越五世仲一公徙居瑞州高安。又七世文礼公与弟文材公，明成化、嘉靖间人，由高安卜居昭陵隆中。明正德间与江西合修族谱。清康熙三十二年（1693）临川复修，乾隆二十年（1755）珠公苗裔迁南楚者通修，道光二年（1822）仲三公裔居隆回、益阳、安化、龙阳者合修。清同治三年（1864）、光绪二十九年（1903）、1936年隆回续修。字派：文廷国尚学应至以昌登新第广联祖训……

绥宁游氏 始迁祖仲谕公，江西抚州府崇仁县人，南宋淳祐年间任绥宁县教谕，卸任后定居都二里（今盐井乡一带）。传六代至有爵公生三子，一子迁鹅公岭。后裔今分布于盐井、鹅公岭、枫香等地。

湘阴城西门游氏 始迁祖羽臣公，清康熙初自福建莆田县王世街迁湘阴城西门。1933年纂有族谱。

益阳游氏 始祖文珪公，南宋建炎间由河南怀庆迁江西南丰。越五派仲二公复迁庐陵。又十派正儒公，字席珍，号即抡，世居庐陵县方郭乡二都登云坊康公庙王大塘，明天启五年（1625）携子学孟徙长沙南门外。清顺治初复迁益阳县小庐山下宝林冲。清道光十年（1830）始修族谱，同治十三年（1874）、1913年、1944年续修。派语：（自四世始）允远有道士修明本立源……

益阳筑金坝游氏 一世应德公，宋元丰八年（1085）由泰和迁新化。十世昭公元末由新化迁此。子克生长春、世春、回春。长春长子敏正衍鲊埠，次子胜生衍安化小溶溪，三子彦良世守先业。清宣统元年（1909）续修族谱。至1949年，敏正房约130人，胜生房171人，彦良房约50人。

新化游氏 尊应德公为始祖，宋元丰八年（1085）因世道坵墟，干戈扰攘，由江西吉安泰和永和乡圳上携两子善、美徙湖广，初往长沙安化县，二年后因安化山陬僻险，亦非乐土，始迁新化城东之青峰。子孙分籍新化、益阳、安化等地。清乾隆四十六年（1781）创建宗祠于新化城南永兴街。明嘉靖间始修族谱，清康熙元年（1662）续修，时存丁1115人。嘉庆九年（1804）三修，存丁2429人。咸丰十一年（1861）四修，存丁3177人。宣统元年（1909）五修，存丁4343人。1949年六修，存丁5066人。善房班次：应尽侍添承宗庆孙忠卓德能潮万光奉明大仕学嗣锦宪。美房班次：应尽侍富文添思庆维千翁能政兴永朝廷显宗尚大德承。清嘉庆定派：昌裔纯和克绍先，家规长佩服，世泽益绵延。该族名人：游昌炳，原名昌灼，登州同知并署知府。游智开，字子代，咸丰举人，官广东布政使署巡抚，有政声。

汝城马头墈游氏 始迁祖西泉公，原籍江西临川县，明万历时迁汝城马头头壋。四世分居上水溪、庙下等村。

常德通田坳荷花堰游氏　一世应德。十四世绍进，三传至世椿，迁居于此，生四子：以惠、以聪、以明、以智。惟惠支人丁渐繁，至1949年，220余人。

桃源游家河游氏　一世应德，居新化。十二世复春，明初由益阳筑金坝迁此。子蔚起，衍绍暹、绍进、绍通三房，分衍桃源东南、常德西南各地。至1949年，绍暹房约790人，绍进房约220人，绍通房约70人。

桃源浯溪游氏　一世应德。十二世南昌，明永乐二年（1404）自新化迁桃源县东大高村之高吾山。至1948年，已传20代，全族人口2000余人，分布于漆河、剪溪、仙人溪、乾溪等地。宗祠在县东街，支祠在议公庙。族谱创修于清宣统元年（1909）。该族名人：游如龙，省议员。

桃源翦家溪游氏　一世应德。十五世玉宝，明中叶由桃源游家河迁翦家溪天觃山、凤凰山之间。至1949年，约155人。

桃源安溪游氏　一世应德。十世昭公迁益阳筑金坝。十二世复春迁桃源游家河，又三传至玉礼公迁安溪。后裔分衍沅上、杨溪、沙坪、仙人等地。至1949年，约121人。

谢

长沙谢氏　始迁祖郁公，先世安徽凤阳府人，继徙庐州，明洪武初年以军功落屯长沙卫，遂为长沙人。清同治四年（1865）纂有族谱。

长沙谢氏　始迁祖成龙公，明洪武二十五年（1392）自江西万载西仁乡紫金塘落业长沙府善化县河西七都谢家巷、谢家桥等处。清道光十五年（1835）、同治十一年（1872）、光绪二十九年（1903）、1935年纂修族谱。

长沙白泉谢氏　始祖夷吾公，字尧卿。历三十四世至蕙公，字克振，号能轩，为江西义历始迁祖。四十六世海公，字文渊，号中兴，明成化进士，授惠州通判，初由安仁徙湘潭佛祖桥，再徙善化河西鹅州白水围之白泉，其子朝相，字国佐，生有六子：宪、用、松、柏、杰、鉴。至1948年，共4000余人。族谱始修于清嘉庆元年（1796），咸丰元年（1851）续修，光绪十六年（1890）三修，1935年四修。嘉庆年间建宗祠于白泉。派系：（自五十三世起）庭述万年，肇基心田。力修先绪，载锡其贤。英华俊秀，孝友忠廉。德业久大，体用一原。羽仪家国，麟凤腾绵。

浏阳路口谢氏　奕裔三十四世允钟，宋淳祐元年（1241）由平江鲇石迁浏北路口谢家塅。1929年三修族谱。

浏阳水口塅谢氏 始祖枋公，宋末知信州，督战元兵，败北乃变姓名入建宁唐石山避难，惟令三子各分路而行，逢阳落业。迁浏始祖定之，字精英，号保和，落业江西广信府弋阳县，后迁楚南，徙居浏阳水口塅田垅。清乾隆二十三年（1758）创修族谱，同治四年（1865）续修，宣统二年（1910）三修。派语：定一继书香，兴承祖训长。天应兆元学，禹绍先德芳。启祥万世昌，华国有文章。才能开景运，齐家复安邦。

浏阳渡头谢氏 该族以谢枋得子定之为始祖，二世一鲁公元初为石林书院山长，因贼陷潭州，举家遇害，惟长子继志幸免。清乾隆二十三年（1758）创修族谱，同治四年（1865）续修，宣统二年（1910）三修，1995年四修。

浏阳柏嘉山谢氏 该族为奕公后裔，先世居江西瑞州府高安县，明末上九公作幕来湘，寄迹星沙城东，落业百茭市。子元三，字富义，由善徙长，由长徙浏，卜居浏西柏嘉山。清乾隆二十四年（1759）创修族谱，嘉庆十一年（1806）二修，道光二十年（1840）三修，光绪三十四年（1908）四修，1942年五修。

浏阳谢氏 始祖裒公，一名铎，晋代名儒，吏部尚书，生有六子：奕、据、安、万、石、铁。居浏阳者，多为奕、据、安三公后裔，于明末清初自粤迁来。奕公裔析居浏阳石嘴头、太平山、七居坳、白沙寨上等处。据公裔析居沙田湾、栗树排、上洪、宝盖洞等地。安公裔析居溪头、观音堂、团山背、石阬里、杜家洲、荷花平、军山、白沙大平及平江石排里、万载株木桥、夏家岭等地。清同治三年（1864）共建宗祠于浏东观音堂华阳塅。族谱始修于道光八年（1828），同治十年（1871）续修，宣统二年（1910）三修，1940年四修。奕公汉聪房支派：道学应时起，英才待日登。金兰发秋秀，玉树占春先。德厚辉光远，恩深嗣绪绵。奕公俊浩房支派：世上启程梅，仕贤声必开。仁让恢先绪，谦恭拔美才。奕公成报（杰）房支派：洪永承先志，家传复旺声。义方长启盛，贞利日怀清。据公成福房支派：成元朝起，毓求文清。陞碧章焕，永用明庭。家余善庆，国普深仁。据公达生房支派：孔佳周海眷，京长衡祥芳。大德光前烈，永远绍书香。据公子野房支派：兆凤祥耀昌，绪长奕世芳。大德光前烈，永远绍书香。据公达传房支派：继永得仲友，时褕达仕兴。文章华尚国，世代沐恩深。安公立纪房支派：君正天心顺，世代献朝廷。文章先耀达，诗书起贤英。安公华远房支派：偲锡福生久，如升新碧天。方来中立定，其珍起发先。安公居俊（焕）房支派：居振沐廷钦，荣兴朝大清。文贤俊德显，定作万堂春。安公日高房支派：思奇敬锡，乔生九如。陞新维命，福善积储。安公天锡房支派：天达志玉，荣生九如。升新维命，福善积储。安公旻房支派：成元士文章，生玉润家声。凤麟赓济美，兰桂远传芬。安公法宁房支派：尚铉昆子，奕世荣昌。忠和永远，兰桂传香。广德发达，华彩名扬。加声有锦，万正星良。安公大五房支派：清逢希晋代，奕世绍书香。传家惟孝友，报国本文章。安公良善房梓兰支派：启伯升忠厚，文显国光华。英贤隆上品，俊德耀名家。安公良善房学谕支派：元才耀西晋，科发显东京。道德能济世，性善建嘉贞。安公怀善房乐勤支派：采展耀西东，文章五凤风。声华希祖德，事业焕宗功。安公怀善房乐敏支派：道学传宗祖，名贤光万邦。芳兰钟秀瑞，贵显定荣昌。安公法强房世还支派：文廷仕朝盛，世富永兴隆。传家惟忠厚，学业必恢宏。安公燕诒房支派：清正朝能举，恢先绍晋芳。允恭应克让，忠信颂声长。安公荣贵房支派：建登瑞贤，文芳名德。世有英才，大运宏开。安公天佑房支派：佑通宗昌，志日存英，元策士上，生仁锡正，景贤光先，绪传家世，代启书绅。安公均玉房支派：开万兴东福，声名日久长。忠厚传家宝，世代衍书香。安公念二郎支派：贤声远达，福禄悠长。家有余庆，世代荣昌。安公益进房支派：存东增和，才德兆兴。聪听彝训，远绍书香。欣逢景运，大振纲常。望隆士庶，名显朝堂。安公益达房支派：伯献列国，才能优长。聪听彝训，远绍书香。欣逢景运，大振纲常。望隆士庶，名显朝堂。安公益捷房支派：伯辉光华，家有善庆。聪听彝训，远绍书香。欣逢景运，大振纲常。望隆士庶，名显朝堂。安公子乐房支派：明廷联尚献，盛德耀文昌。声华光裕日，科甲振宗祊。通派：日月盈昃，辰宿列张。寒来暑往，秋收冬藏。闰余成岁，律吕调阳。云腾致雨，露结为霜。金生丽水，玉出昆冈。剑号巨阙，珠称夜光。果珍李奈，菜重芥姜。海咸河淡，鳞潜羽翔。龙师火帝，鸟官人皇。始制文字，乃服冠裳。推位让国，有虞陶唐。坐朝问道，垂拱平章。爱育黎首，臣伏戎羌。遐迩壹体，率宾归王。鸣凤在竹，白驹食场。化被草木，赖及万方。

宁乡谢氏 始祖深甫公，字子肃，谥惠正，宋太傅。五派祖宇春公，宋时自江右隶楚之宁乡唐市。九派祖闻应公居鳌山，生七子：添福、添禄、添寿、添星、添霞、添辉、添顺。添禄公居宁乡南岭，次子万一析居油麻田，三子维裘析居杨梅塘。添星公徙居宁乡石豁溪，添霞公徙居益阳县石燕冲，添寿公析居宁乡南江坪。禄、星、霞三房于清康熙间分房独修家谱，乾隆六十年（1795）三房合修。禄房宋绍熙三年（1192）一修族谱，明洪武十四年（1381）二修，万历二十九年（1601）三修，清康熙五十七年（1718）四修，光绪二十六年（1900）禄、星、霞三房合五修，1933 年禄、星、霞三房合六修，2019 年禄房维裘支七修。寿房族谱始修于道光九年（1829），同治六年（1867）、光绪二十九年（1903）、1930 年、2011 年续修。康熙间创建南江宗祠，嘉庆时纂修南江祠志，宣统二年（1910）续修祠志。大宗总纪老排：深方元孝宇，彦益碧闻添。禄房维裘支、星房、霞房老排：维思尧舜尚，文武佐熙邦，永斯嗣。禄房万一支老排：万宗以志思，劭既乾国邦，尚均成。寿房老排：深方元孝宇，彦益碧闻添，德绍义茛志，应祖良明道，思亲太。禄、星、霞、寿四房合排：继述承先泽，恢洪代有贤。蓝田传俊秀，宝树自绵连。礼义存敦厚，诗书正邃延。本支征锡类，誉望重瑶镌。

宁乡谢氏 宇春公，宋淳祐时由江西安福来宁，越三传碧溪公家唐市，至闻应公始卜迁鳌山。闻应生七子，长子添福生德芳，德芳生子贵，子贵生孙林、孙达。1930 年林、达房九修族谱。派语：我族谱昉宋，派起深方元。孝宇彦益碧，闻添德子孙。思祖仁信尚，隆允世芳安。继述承先泽，恢洪代有贤。

宁乡谢氏 始祖深甫公，传至宇为、宇春、宇宙，分别为泰和、宁乡、攸县三房支祖。宇宙公传十四世至一夔公，迁居南昌，明天顺四年（1460）进士，任工部尚书，卒后归葬泰和。再传至吴发公，由江西泰和县迁居湖南长沙。吴发公传五世至永珍公复徙居宁乡一都一区石硚垅、南靖港、打船厂等地。六世分为明奇、明林两大房。清雍正三年（1725）创修两房支谱，道光四年（1824）续修，同治四年（1865）三修。派语：吴之宁立永，应吉兆开源。继绪承基业，名贤溥厚恩。芝兰千古秀，玉树万年蕃。家世传忠孝，英雄重达尊。

宁乡、攸县谢氏 始祖深甫公，南宋前期自高安徙居金陵。其孙元升于咸淳间宦居吉州安福县泰和圳上。元至正间，五世孙宇春徙居宁邑之唐市为民籍之祖，宇为徙居攸县东泟乡为屯籍之祖。清乾隆五十七年（1792）续修族谱。

宁乡、长沙谢氏 始祖灵运公，传二十五世至春卿、始卿两公。春卿公为湖州推官，遂家天台，复徙梁县，传至郁、裕两公，于明洪武初年迁楚之星沙。郁公裔居省城、天井塅、道林桥、下八石、尖珈山，裕公裔居乌山、谢家山、谢家洲、大塘冲、铁家坪。始卿公传至君祥公，字文二，号兆溪，元至正年间官广西全州太守，明洪武初由江西高安来楚之宁乡，后裔居草坝冲、乌山、高田岭、石螺滩。清乾隆六年（1741）郁房纂修族谱，乾隆三十六年（1771）君祥房、裕房合修族谱。派语：纯懿绵吉祚，忠厚衍家声。克绍儒修粹，昭宣至道新。

宁乡谢氏 始迁祖友材公（字守真）、友森公（字道宏）、友林公（字宇洪），明永乐间由江西安福县始迁长沙，继迁宁乡三都、二都。至1949年，已传22代，族人共7000余人。族人分布于宁乡一、二、三、四、五都。宗祠在三都回龙铺。

宁乡谢氏 始祖深甫公。四传晟公，即孝臣公长子宇为，宋德祐间徙居攸县东恒乡。八传用文公，明洪武间奉例携子友森，应屯伍迁居宁乡回仑铺江家桥黄土塘等处。分邵隆、兴、祖、宗四支。

宁乡谢氏 始祖深甫公。八世孙仁卿自江西安福迁湖南宁乡。1933年六修族谱。

宁乡谢氏 鼻祖深甫公。始迁祖长乐于明中叶自江西泰和迁长沙。传五世至永珍，复徙居宁乡一都一区。清宣统二年（1910）续修支谱。

宁乡谢氏 始祖深甫公。其十二世孙用文，明初军屯宁乡回龙铺、江家桥、黄土塘等地，遂开派宁乡。用文三子，衍为三派，计有邵荣房、邵昌房、邵隆房、邵兴房、邵祖房、邵宗房、邵福房、邵祺房。1941年八修族谱。

宁乡碧塘谢氏 始祖智公，字荛卿，号夷吾，汉巨鹿太守，家会稽。传四十世至义硕公，世居江西安成辛里平都。曾孙忠烈于元末从兄赴长沙教授任，而自江西迁居湖南宁乡唐市。忠烈之子孝暹，明洪武时又自唐市徙居二十一都碧塘村，生有八子：思谅、思忠、思敬、思聪、思明、思义、思夏、思谦，衍为八房，其中谅、敬、聪三派后裔同在宁乡。清道光三十年（1850）建宗祠于碧塘。

宁乡小湖山谢氏 始迁祖君甫公，字佐庭，明景泰三年（1452）由江西吉安府庐陵县圳上鹅颈大丘迁居宁乡五都六区小湖山，衍鸾、注两大房。清康熙二十三年（1684）、乾隆四十七年（1782）、咸丰十年（1860）、宣统二年（1910）纂修族谱。1947年注房五修，2020年六修族谱。派语：甫赞赟。廷承孔明国，正开先世泽。诗礼振家声，勋猷垂典策。

宁乡沙田谢氏 始祖应甫公，字坤斋，世居金陵，宋时以进士为阆州观察。传至德藩公家吴江，越五传至受宇公徙长沙城北，又一传至会友公徙居宁乡城西。会友公之子怀平于明时徙居沙田。族谱创修于清道光十一年（1831），光绪十六年（1890）续修，1928年三修。同治十三年（1874）建宗祠于沙田。派语：（自十五世起）定安文国学，朝世代菁英。述承先泽远，洪恢业永昌。德懋崇贤哲，才高淑鉴衡。心愿忠厚广，品本进修成。诗书遵前训，湖湘建美名。长祥隆作育，道义振家声。

湘潭蒲湾谢氏　东汉智公居会稽山阴，八传至晋裒公。二十六传至蕙公，仕北宋徐州通判，始自山阴占籍江西安福。又十四传至云吉公，讳孔偕，明洪武初年自安福县义历楼背迁居湖南湘潭城东蒲湾。云吉公传五世至文显公，以五经举于乡，生有五子，一子迁云南，一子迁湖北，居湘潭者三，衍为三大房。建宗祠崇本堂于朱亭。清乾隆十五年（1750）始修族谱，1917年五修。行派：（自十六派始）朝熙维周之翰源开宗泽远业绍德辉扬。

湘潭福祖桥谢氏　尚德公生三子：孔仁、孔儒、孔偕。孔仁徙湖北安陆府竞陵县，孔偕为湘潭蒲湾祖。孔儒字贵吾，号庆斋，明洪武十二年（1379）徙居湘潭福祖桥。清乾隆四十七年（1782）、嘉庆二十二年（1817）、咸丰元年（1851）、光绪十五年（1889）、1920年纂修族谱。班行：本朝一邦嘉，庆先宗添祖（世希上大廷）。玉树腾芳，承源益盛。学贵懋达，书声克振。

湘潭古塘谢氏　始迁祖德芳公，先世江西安福人，明初避兵南迁，择家湘潭古塘桥。清光绪二十年（1894）续修族谱。

湘潭花石谢氏　始祖可佐公，字辅阳，原籍金陵，明初任江南吉安太守，因惠民罹祸，郡人以遗爱履葬于庐陵县白沙洲。至六世九鸿，生子四：文达、文焕、文煌、文煐。文焕无考，文煌籍资水，文煐籍沔阳。文达字南洲，明弘治元年（1488）生，嘉靖三十八年（1559）卒，为来潭初祖。1917年三修族谱。

湘潭宁乡巷谢氏　始祖蕙公于北宋大中祥符间宦居江西安福东门辛里古平都义历楼背。始迁祖良公于明永乐二年（1404）由江西吉安府城静乐坊迁湘潭宁乡巷。1920年三修支谱。

湘乡谢氏　始祖惟兴公，居江西吉安府泰和县千秋乡水北保梅子坡圳上，宋建隆元年（960）迁湖南。第三子汉三郎迁徙湖南宝庆邵、湘两界地名界牌铺。汉三郎第三子政三郎，字安诚，元皇庆二年（1313）迁居湘乡新田云岭，今属双峰吴湾。子应德，谱尊为一代祖。应德五子：祖五郎、祖六郎、祖七郎、祖九郎、祖十一郎。祖五郎又三子：宗五郎、宗七郎、宗八郎。共衍为必腾、财、胜、隆、通、贞、贤七房。财裔居新田，胜裔居长瑞塘，隆裔居云岭，通裔居鹦口西冲、划舡塘，贤裔居黄檀、云路、乾冲。腾裔十代至通添公，字政天，始由暮潭迁青山。胜裔八代敏德公由长瑞塘迁扶洲。祖七郎生宗十郎、宗十九郎，宗十郎衍必烈房，宗十九郎衍必跃房。祖九郎生宗十一郎，宗十一郎衍必达房。清康熙元年（1662）应德公派下合修通谱，乾隆五十九年（1794）、嘉庆七年（1802）宗五郎、宗七郎派合修，至1917年宗五郎派六修，2001年宗五郎派下青山侯堂支又续修。2017必胜公裔八修族谱。乾隆七年（1742）建大宗祠于羊牯峒。班行：惟汉政应祖宗必达思彦敏永通文元武，显添顺再振。兴仁征国瑞（邦嗣克家），合续肇南方。惠直声闻远，蕃宣世泽长。佐时毓哲辅，立学茂贤良。尚冀光先德，用期久发祥。通添公派下十八代孙振定，字一斋，又字竹湖，号芗泉，乾隆进士，曾官江南道御史，署兵科给事中。人誉为“烧车御史”，著有《知耻斋集》，子兴峣，亦有名。二十二代国光，字炳硅，曾任零陵镇守使，湘南护国军总司令。

湘乡白石谢氏 始迁祖梦来公，南宋末年自江西吉安府泰和县千秋乡行仁里水百保梅子坡因避兵乱，迁居湘乡扶洲。传至祥钦公，元明之交迁居白石，定居分水坳乌竹山。生八子：昌信居洞上，昌侣居观山，昌杰居白石，余迁安化等地不详。清康熙四十一年（1702）始修墨谱，乾隆二十九年（1764）一修，咸丰元年（1851）二修，宣统元年（1909）三修，时人口9996人，1994年四修，时人口28761人。康熙二十七年（1688）建祠于花桥甘棠边，乾隆九年（1744）重建。编次：昌隆立大春，元珠安定友，宗庙永兴崇。华章光上国，道学起鸿儒。玉树垂芳远，庭芝发秀英。蕃宣贻福厚，惠直令名传。文武成功肃，南邦式益延。

湘乡杨林谢氏 始迁祖祖武公，字克绳，明洪武间携子玄真自江西高安迁居湘乡杨林，今属双峰谢家坪。曾孙文忠公，生信、敏、谅、诚、暹、升、初七子，其中信、谅后裔繁衍于谢家坪，诚、暹后裔繁衍于衡阳高阡。清乾隆十六年（1751）始修族谱，之后各房分修，咸丰八年（1858）四修，光绪十七年（1891）五修，1921年六修，2003年七修。班次：（自十六世始）本立敦伦纪，家和兆吉祥。克勤臻大有，笃厚益醇良。培植源洵远，诗书泽日长。英才常启秀，得志自名扬。谦恭识礼义，科教振宗邦。泰运应天时，赤虹焕玉章。

湘乡案山谢氏 始迁祖锦材公，字楚一，明宣德二年（1427）携长子广生自本邑西阳枣子坪徙居案山。清道光十五年（1835）、光绪五年（1879）、1937年纂修族谱。班序：锦广允仲，宗祖兴旺。福德思先，昌大万代。俊杰振卓，延承世泽。忠厚传家，文章征国。敦笃伦纪，崇尚清白。玉树光荣，芝兰秀特。

双峰皂鸭塘谢氏 迁湘始祖惟兴公，宋末自江西泰和迁居湘、邵之交界牌铺。明初荣仲公自界牌铺迁居蜡子山，今属双峰。四世衍为海、政、隆、瑄四房。清乾隆二十五年（1760）建宗祠于皂鸭塘。明洪武间始修族谱于江西，二修不详，同治元年（1862）三修，1916年四修，2002年五修，时人丁7418人。班序：荣应有文才，思亲念祖庭。国正民安远，继源世永长。惠直崇先德，崧岳肇瑞祥。式南昭伟烈，笃庆载锡光。

醴陵豆田谢氏 始迁祖秀祥公，宋端平间自江苏上元迁此。族人分布于湾富、汪家垅、唐家渡、湘潭。至1948年，全族人口1300人。

醴陵江口谢氏 始迁祖兆吉公，字多庆，宋由江西丰城徙居醴陵江口。五世应元，生子七：行仲、贵仲、敬仲、仁仲、彦仲、德仲、季仲。惟贵仲裔居江口，余则迁居醴陵南乡清水潭、浏南之金树山、谢家濂，萍北之小水等。至1948年，全族人口3000余人。明正统三年（1438）、清顺治十二年（1655）、乾隆十六年（1751）、乾隆五十五年（1790）、同治十一年（1872）、光绪二十九年（1903）、1938年纂修族谱。

醴陵门村谢氏 一代惟庆，字原善，世居浙江会稽。二代汝超，因元兵乱迁居江西广信弋阳县。三代文用，字应时，号七六郎，元至正二十一年（1361）携子仲三、仲九又迁醴陵屈塘。明景泰元年（1450）始修族谱，万历十三年（1585）续修族谱并创建宗祠于门村。清康熙四十五年（1706）三修，乾隆三十六年（1771）四修，乾隆五十九年（1794）五修，道光十六年（1836）六修，光绪十年（1884）七修，其时男丁2120人，妇口1175人。1938年男丁2361人，妇口1936人。名派：惟汝文尧应则初子仲谢克谢上吾光士添。谢之祖宗德，玉树世逢春。本立枝高大，家庭万象新。

醴陵北城谢氏 始祖西晋桓彝公，子六：亦、据、安、万、石、铁。居醴陵者皆亦、据、安三公后裔。亦公裔孙超公，六传至均用，子四：紫福、紫道、紫兰、紫开。紫福公三传至仕芳、仕兰、仕英，芳裔卜居醴东大燕陇，兰裔卜居醴南老埠口，英裔卜居醴南杉仙、鸭塘、泗汾及醴西唐家渡。紫兰公传至金旺，其后裔徙醴南枫树下。紫开公二传至惟益、惟贤，分别徙居醴南荒田里、醴北纱帽头。亦公裔孙定之公，十五传至元俊公，其裔徙居醴南谢家冲等地。据公裔孙兑轩公，十五传至汉良公，居醴东大南桥。据公裔孙观福公后裔居醴北箭竹坡、苏民冲、醴东冷水坑等地。安公裔孙添佑公后裔居邑东东坑、南城、邑北葡桃坳、邑西黄田、邑南温家坳、邑西长寿桥等地。清道光二十一年（1841）、同治五年（1866）二次合修族谱。光绪元年（1875）建总祠于邑治北城。均用公支原派：传世能光，承先福长。东山秀美，万代呈祥。观福公支原派：日月光云汉，经纶垂锦钟。家声承祖德，世泽绵宗功。添佑公支原派：俊杰琼森立品章，存诚膺善远名扬。钦钊云霭澂江泳，烜烈恒临兆福祥。安之公支原派：煌祚益霖纶，贞泰任际逢。宗功广勋德，喜荣显尊荣。新编通派：（自四十世起）凤毛济美，丕振纪纲。丰功卓荦，履祉翱翔。芬崇善继，秀集同堂。

积余忠厚，敦饰伦常。雍和辑睦，远绍书香。

醴陵茂田谢氏 始迁祖子琅公，元顺帝初年自攸县迁此。族人分布于衡山、攸县、萍乡、茶陵。至1948年，全族人口600人。

醴陵冷水坑谢氏 始迁祖逢南公，明天启间自浙江会稽迁此。至1948年，全族人口100人。

醴陵板杉铺谢氏 始迁祖洞舒公，明崇祯初年自江西临川迁此。至1948年，全族人口500人。

醴陵谢家台谢氏 始迁祖开秀公，明崇祯初年自长沙迁此。至1948年，全族人口400人。

醴陵清潭桥谢氏 始祖新公，字朴六。十六世孙奎璧，明末由广东梅州徙湖南醴陵东乡十六都清潭桥，其子圣缵、圣谕又分住萍北绞水。

醴陵洪源冲谢氏 清顺治初年自广东长乐迁此。至1948年，全族人口322人。

醴陵温泉谢氏 始迁祖达士公，清康熙间自福建龙岩迁此。至1948年，全族人口1500人。

醴陵东坑谢氏 始迁祖万福公，清雍正初年自广东梅县迁此。至1948年，全族人口300人。

醴陵高园头谢氏 始迁祖胜云公，清初自广东龙川县王石约徙居湖南醴陵县东乡王庄大燕垅高园头。清同治四年（1865）纂有族谱。

攸县兰村谢氏 始迁祖潜发公，字昭伯，元顺帝时由江西安成义历上院圳上楼背花园竹山下徙居攸东兰村。后裔派衍茶陵、醴陵、衡山、萍乡。清康熙四十六年（1707）初修族谱，乾隆二十四年（1759）、嘉庆十一年（1806）、光绪六年（1880）、1944年、1995年、2005年续修。字辈：（自十一代始）朝鸣君士登，德加应传芳，式南振大邦，受宗之启佑，延世自荣昌。该族名人：谢华生，曾任中国航天航空工业部副部长。

茶陵狮江谢氏 始迁祖希鲁、希贤两公，明建文年间由江西永新思贤徙茶陵避兵乱，定居狮江。

炎陵七都枣树谢氏 始迁祖朝盛公，清康熙二十七年（1688）因避兵乱自福建连城迁此。后裔徙策源、垅溪、城东等地。

炎陵天坪谢氏 始迁祖正鼎公，清康熙年间自江西宁冈古城迁此。

衡阳七甲谢氏 始祖万选公，行十九郎，宋末由江西泰和县筮仕楚南，卜居衡阳金紫滩。至五世丙七公，讳升明，明洪武十四年（1381）开户于政平上里三都。至十二世友恩公，业衍清南，子三：文贯居奂子滩，文正居宣扬巷，文福居烟竹滩。友考公之子文志居满堂，故共衍贯、正、福、志四房。清光绪二十五年（1899）五修族谱，前有戴季陶序。主修谢彬，民国间任湖南省政府秘书长。

衡阳石鼓谢氏 始祖宁之公，字又清，元时因避乱由江西泰和县迁湘，开基于衡阳县东乡金紫滩，其曾孙文修公迁居新城乡石鼓。族人分布于石鼓、赤水、龙山桥等地。至1948年，已传29代，族人2400余人。宗祠在石鼓。

衡阳政平里谢氏 始迁祖德旺公，字兴楚，行伏七郎，爵崇福侯。明洪武三年（1370）由江西饶州府奉旨迁湘，开基于衡阳县南泉乡政平里，族人分布于七宝、城福、城基等乡。至1948年，已传24代，共5500余人。宗祠在茅洞桥。

衡南谢氏 始迁祖惟兴公，南宋末年自江西吉安府泰和县迁居衡阳金紫滩，今衡南相市镇。四代司岳公，生三子：文佾、文修、文三。文三居故址，佾、修分别徙居大岭石鼓、麦元等地。建有六祠：致敬堂、敦叙堂、笃敬堂、敦宗堂、敦睦堂、尊敬堂。2003年合修通谱。班行：明光思景友源祖均伯大世应天朝启国。泰熙昭至治，笃厚裕吉康。儒林钦选举，品望仰圭璋。汉晋原纪远，蕃轩庆余长。芝兰环阶秀，蓉镜定生香。

衡南尊敬堂谢氏 始祖惟兴公，南宋时自江西吉安府安福县迁衡南东乡金紫滩，其后文佾迁江口石茹、大岭，后裔建有惇叙堂、笃敬堂。文修迁花桥麦田。文三守金紫滩原籍，后裔建有致敬堂。文修又生三子：明远公裔居衡东朝霞，建敦宗堂。明逵公裔居石丘、大树桥、神仙岭，建尊敬堂。明达公裔居石丘散泉，建敦睦堂。尊敬堂族谱始修于清乾隆四年（1739），道光十二年（1832）、同治四年（1865）、光绪二十四年（1898）、1923年、2002年续修。班行：宏熙昭至治，笃厚裕吉康。儒林钦选举，品望仰圭璋。汉晋源纪远，蕃宣庆余长。芝兰环阶秀，蓉镜定生香。

衡南平岭谢氏 始迁祖子秀公，原籍江西吉安府泰和县，明洪武间因世乱迁徙衡阳南乡平长二十九都平岭。越五代衍友秀、友兰两支。清咸丰十年（1860）、1930年、2010年纂修族谱。班联诗：子思颜孟友，宗永廷文奇。希朝仕天开，景德芳宏基。光泽传训典，名扬启世仪。继述承祖宗，燕翼裕谋贻。

耒阳谢氏 始祖致深公，宋宁宗开禧二年（1206）自江西泰和县鹅掌大丘迁湘，始迁衡阳，复迁罗渡，再迁耒阳县西乡东江口。三世诚湛公生七子，开七房，析居西城四眼井、马家巷、大义乡小河滩、上堡街等地。至1948年，已传25代，共2万余人。宗祠在城隍庙巷。明正德十六年（1521）、清乾隆三十四年（1769）、道光六年（1826）、同治四年（1865）、光绪二十二年（1896）、1996年纂修族谱。排行：朝辅振廷光，辉联玉树芳。承先扬前烈，学彦继书香。

邵阳黑田铺谢氏 始祖惟兴公，宋绍兴间由江西吉安府泰和县千秋乡迁居邵阳。子汉三，生政一、政二，政二生太和，太和生安贵，宋宝祐五年（1257）由界牌铺田下冲紫云山迁黑田铺。明成化十一年（1475）始修族谱，清乾隆二年（1737）、乾隆五十七年（1792）、道光二十四年（1844）、光绪二十一年（1895）、1926年续修。派语：宣应梦再世，添子邦吉定。友仁嘉尚志，永宜继宗荣。显耀光祖德，忠孝启嗣贤。文武守道义，诗礼万代传。

邵阳界岭谢氏 始祖惟兴公，行十八，宋绍兴间由江西吉安泰和县千秋乡水北保梅子坡迁居湖南宝庆府邵阳县界牌（今属邵东）。其子汉三居界牌紫云山田下冲，生有三子：政一公裔徙居黑田、长塘各地，政二仍居界牌紫云山下，政三公失考。政一、政二共衍为贵、文、华、禄、海、玄六支。族谱始修于清嘉庆七年（1802），同治三年（1864）续修，1934年三修，1994年四修、2019年五修。班行：欣仁征家瑞，合续盛南方。惠直声闻广，蕃宣实泽长。佐时毓哲辅，立学茂贤良。尚冀光前德，用期久致祥。

邵阳墨溪谢氏 始祖惟兴公，过五代生应兴公。应兴生祖一、祖二，祖一生宗四，宗四生添隆。添隆自黑田铺迁田心坪高比，复迁墨溪燕娥。2014年纂修族谱。字派：惟汉政太安应祖宗添贵文兴思丹志。荣华世代昌，泰运魁廷秀。永振芝生茂，人财育万丁。家修能孝友，佐治定忠贞。

邵阳晐町谢氏 始祖惟兴公。四代宣义公自界牌铺紫云山田下冲分居晐町。清乾隆二年（1737）始修族谱，光绪二十一年（1895）五续。班次：宣应梦再世添子邦吉定友仁嘉尚志。永宜□宗荣，今接显字起。显辉光祖德，忠孝启嗣贤。文武守道义，诗礼万代传。

邵阳大田谢氏 始迁祖恭秋公，元季自江西泰和迁邵南扶田村。

邵阳谷洲谢氏 迁湘始祖栋梁公，字国器，号鼎臣，授河南布政兼授武职，因元世乱，解组归田，由江西迁湘乡。陈友谅与朱元璋鏖战，栋梁公又携眷避乱桂阳州。友谅败北，明兵围困桂阳，公又迁祁阳，标籍妙溪山与四板桥长冲口雨屏下。生召伍、召信、召保。召伍仍居祁阳，召保迁邵东仙槎桥。召信迁邵南谷洲田塘大塘冲。召信生贵，贵生昭、聪、俊、秀、标、森六子。森无传，昭、聪徙居中坝，俊居大塘冲。清乾隆五十九年（1794）建祠于中坝。同治三年（1864）、1915 年、2014 年纂修族谱。字派：国正天星明，世代五常维。贤嗣承祖泽，绍德肇鸿基。汉业光华启，安邦庆盛时。

邵阳庆丰门谢氏 始迁祖宗仁、宗贤、宗寿三公，明洪武七年（1374）由江西迁入。宗寿无后，宗仁迁居大东乡石灰冲及上车桥。

邵阳江北谢氏 始迁祖三益、三清二公，明洪武十七年（1384）自江西迁入。后裔分居槐树边、大坪铜盆塘、临津门、莫家冲等处。

邵阳楼底谢氏 始迁祖汉臣公，江西泰和人，明洪武初授宝庆卫指挥，居云路街打信巷。弟汉杰、汉寿随兄来湘，汉杰后回原籍，汉寿迁邵东黑田铺。汉臣子六：源信、源禄、源聪、源福、源佐、源兴。长子源信明洪武五年（1372）受父命于邵北沙子田沉山底建立福神寨，遂于沉山底山前筑室，曰“楼底”，余五子迁武冈。

邵阳道场山谢氏 庚一、二、三、四郎同居江右。明洪武间奉旨迁移民于湖南者甚众，而祖伯叔仲携家徙楚，各立户业。庚四郎讳功，生仁受，担落宝邵之西道场山谢家坪。清乾隆六十年（1795）、道光十九年（1839）、同治十一年（1872）、光绪三十一年（1905）纂修族谱。

邵阳谷洲谢氏 始迁祖栋梁公，明正德间自江西吉安府金田迁邵南谷洲乡大塘冲。九公桥谢吴氏出此源。后裔分析邵东仙槎桥、祁东等处。

邵阳新田铺谢氏 始迁祖近道、健道二公，江西安福人，明嘉靖间同徙邵阳之北乡新田铺。今属新邵。

邵阳白竹山谢氏 始迁祖俊公，江西泰和人。明时居邵阳县墨溪白竹山。后裔编洪仁十都九甲。

邵阳谢氏 始迁祖芳扬公，明末由江西迁邵北抱石潭。清道光二十一年（1841）、宣统元年（1909）、1943 年纂修族谱。班次：永添启学登，三缄世有盛。邦国乾坤定，家身百代荣。忠孝光前远，诗书裕后长。文章能广积，功业显朝堂。

邵阳井头谢氏 万一公派衍五道，明代晚期由江西吉安府安福辛里开基邵北新田井头。清乾隆四十三年（1778）、道光二十一年（1841）、光绪二十九年（1903）纂修族谱。班次：道闵宗应国，守三君子存。心绍先世期，家积德广厚。荣兴鸿禧长，代呈亿万祥。诗书绳祖武，显大吉永昌。

邵东太平谢氏 谱以惟兴公为鼻祖。应华公为一世祖，明洪武间奉编担籍宝郡太平一都一甲。清同治七年（1868）一修族谱，光绪十八年（1892）二修，1948 年祖玉裔三修。班次：应玄祖必志，财仲仁大兴。永远安邦国，世代辅朝廷。诗书传家策，学业启人文。庠序登贤士，名勋定超群。经义鸿儒基，功德振乾坤。纶纪修先达，本立道自生。

邵东双泉谢氏 始迁祖宣义公，字景隆，元宣义郎，明洪武间自江西安福辛里迁来，卜宅双泉，卒葬河通里。1931 年四修族谱。字派：（自第六世始）仁志祖定永文世正荣登治高贤辅绩成朝……

岳阳长安桥谢氏 鼻祖辛一公，原居江西安福县楼背洪山寺。生祖六，祖六生桂荪、桂溪。桂荪子受一，任江南于潜县令，任满迁居巴陵。桂溪迁居临湘漆家湾。受一生贤四，明洪武十四年（1381）由楠木源落业谢家坡，转徙杨公大丘。1995 年十修族谱。字派：辛祖桂受贤云文单仲伯惟尚兴良启显承志继祖盛南邦从……

临湘南庄谢氏 始祖胞公，字民同，官教授，后唐同光元年（923）由江西铁树贯铁炉巷迁楚南临湘西塘。传至二十世天佐公，字安孙，明洪武十五年（1382）入赘临湘杨林里南庄，为南庄开基始祖。至 1948 年，已传 22 代，3000 余人。清光绪二十二年（1896）南庄谢氏九修族谱。

华容县城谢氏 元代奠成公，居江西安城，任川西按察使。父建中，曾宦游楚地，卜居澧阳之城西。奠成之子名祉，字子从，元杭州知府，有四子。长汝弼，字元翼，元末任南京提学副使，从澧阳迁居华容。次子汝亮居松滋，三子汝元迁澧州青皮港，四子汝器住澧州谢家塌。弼有二子：长明寿居鲇鱼须周北山，次至诚居清水堰（今状元街北二里）。后人繁衍，尊奠成为华、松、澧谢氏一世。合立新派：上绍祖先志，代承圣朝光。家传正学体，盈庭庆隆昌。续派：福寿长生乐，诗书永世香。修身全孝道，华国有文章。

湘阴河夹塘谢氏 始迁祖伏奕公，明洪武十四年（1381）自江西吉水徙此。今属汨罗。

平江鲇石谢氏 始迁祖春公，为刘宋晦公之后，原居江左。当金辽侵宋时，避乱湖广岳州府平江县鲇石，次子允钟宋淳祐元年（1241）迁浏北谢家塅。

平江东乡黄坡陵谢氏 始迁祖应臣公，清雍正五年（1727）自广东大埔迁此。至 1994 年，全族人口 3121 人。

常德落伽寺谢氏 始迁祖绍祖，明永乐二年（1404）自江西丰城县迁居湖南常德前乡下汵村落伽寺。

桃源县城谢氏 始迁祖仲才公，元末自江西吉水迁桃源县城，葬东门外会宾桥。宗祠在县城上街。清道光三十年（1850）创修族谱，光绪二十六年（1900）续修，1932 年三修，2006 年续修。至 1948 年，已传 22 代，人口 3000

余人，分布于三阳港、狮子山、戏台坡、株木桥、张家湾、大洑溪、小洑溪、洞山坪等地。字派：元亨启泰运，传述应隆昌。诗礼承家学，宪章观国光。德明人自达，善积祚方长。宝树载先泽，慎修道益彰。

桃源宝洞堉谢氏 始迁祖世奇公，明洪武元年（1368）自常德德山迁桃源县后宝洞堉，原以捕鱼为生，来桃之后改业务农。

桃源新店驿谢氏 始迁祖爱泉公，明万历十八年（1590）自吉水迁于桃源县南之新店驿，以农为业。宗祠在新店驿。

桃源郑驿谢氏 始迁祖升四公，明万历间由江西金溪官常德府经历，有惠政，辞官后偕弟升五、升六落业于县南郑家驿。1936 年与青山湾谢氏、宝洞堉谢氏、新店驿谢氏合修族谱。至 1948 年，已传 15 代，人口共 877 人，分布洞中、澄溪、仙羊冲、板石溪、白马渡、新店驿等处。宗祠一在新店驿，一在郑家驿。

桃源漆河谢家垱谢氏 始迁祖项公，明万历时自丰城迁于桃源县北漆河之谢家垱。至 1948 年，已传 15 代，全族人口 500 余人，分布于小陬溪、鲫鱼池、石板坪等处。宗祠在谢家垱。1923 年创修族谱。

桃源漆河株木山谢氏 先世明万历时自江西迁于桃源县北漆河之株木山。至 1948 年，已传 12 代，全族人口 900 余人，分布于石板坪、八斗岭、小苏溪等处。宗祠在株木山。清光绪年间创修族谱，1925 年重修。

桃源青山湾谢氏 始迁祖而芳公，清乾隆元年（1736）自闽县因商贸迁来桃源县南之青山湾。1938 年纂有族谱。

慈利谢氏 始迁祖天禄公，字广文，原籍江西吉水县大樟树，明成化二年（1466）生，正德十四年（1519）卒，迁居慈利老棚。清康熙间始修族谱，乾隆二十九年（1764）续修，咸丰十一年（1861）三修，1916 年四修，1993 年五修，宗祠位于邑城南街。原派：天孟万兴胜文子启登。国正朝廷盛，世家永克昌。1925 年慈利、澧县、安乡、华容、石门、桃源联宗合派：国正朝廷盛，世家永迪光。遵闻遗学矩，第宅庆隆昌。远祚基炎德，熙功纪岳方。南邦传式是，汉代发其祥。各业懋江左，蕃滋仰豫章。本原怀缵述，大道在伦常。伯仲怡和吉，庭阶孝友良。敦仁昭典则，崇义益安康。忠厚贻谋久，诗书泽孔长。希贤如有立，玉树定垂芳。该族名人：谢永炎，国民革命军副军长。

慈利谢氏 始祖华壹公，原籍江西南昌府大栗树，迁居湖南辰州府沅陵县，生永全，永全生庆文，庆文生富、旺、发。发裔第七世奉元，清康熙间迁居桃源，继又迁零阳七都上古堤。清乾隆二十九年（1764）续修族谱，咸丰十一年

（1861）三修，宣统元年（1909）四修，1993 年五修，2004 年岩泊渡又增修。

益阳青龙洲谢氏 宋建隆时殷山公宦游南楚，派衍资江。宋宝庆三年（1227）汝嘉公镌历代谱图于福堂山祠，奉为一派祖。三传至克诚公，六传至荣卿公。荣卿生庭阳、庭桂、庭春、庭兰。桂、春无后，阳、兰两裔聚居于益阳青龙洲。1924 年六修支谱。派语：嘉山美玉继，卿庭大道基。荣时辉宝树，善宏龄远施。

益阳谢氏 忠烈公字南翁，元季由江西安成迁宁乡唐市。生孝暹、孝昌，明洪武初孝暹迁益阳古塘，孝昌迁益阳火田。宋、元、明凡四修族谱，皆在江西平都，五修则益、宁两邑暹、昌支裔合修，清乾隆六十年（1795）昌裔六修，咸丰六年（1856）七修，光绪二十年（1894）八修，1931 年九修。派序：硕纹允忠孝，思祖尧舜贤。青风传玉映，道学最为先。远锡兴方盛，英才定倍前。隆平征佐辅，多士羡班联。宝树增荣久，庭阶俊秀连。奇勋垂万古，德业尚纯全。

益阳、宁乡谢氏 始祖碧溪公，字琬琰，号楚山，元至正十六年（1356）由江西吉安府安福县因堂弟兑轩任长沙教授，随任落籍宁乡唐市。五派祖重瑞公子四：长子玉富，字绍基，号吉庵，明时迁居益阳县。次子玉贵，字曜楚，号珖琮，原名耀祖，后裔徙宁乡县一都、长沙县新都。三子玉悠，后裔居宁乡卢家江。四子玉远，字绍楚，号丛林，后裔析益阳、宁乡、湘乡、沅江等县。清嘉庆十年（1805）四房始修族谱，光绪十一年（1885）、1913 年续修。派语：碧珍为世重，玉树植庭芳。清正忠和顺，官开道学昌。诗书培祖德，礼乐效宗良。蔚起群贤俊，文章耀国光。

益阳柑木村谢氏 始迁祖乾磷公，明永乐时由江西吉安迁居今桃江三里柑木村。

益阳十五里团堤窑谢氏 始迁祖乐奥公，明崇祯年间自福建上杭避乱来此，其后五支，居团堤窑、鹅公桥、早禾冲。

益阳大栗港青山村谢氏 始迁祖铭寿公，清代由江西清江经商，卜居大栗港青山村，今属桃江。

安化、益阳谢氏 该族原籍江西太和县。宋建隆时远祖殷山公宦游南楚，驻迹资江（益阳）。谱以南宋时茱公，字克诚，号励斋为一世。三世继昌、继寿。继昌生详、拱、尧、俊四卿，继寿生原、明、荣、良、训、德六卿。分居安化、益阳及桃源等处。详卿公字维周，元、明间由益阳分徙安化木桐坪。清康熙五十一年（1712）、乾隆三十八年（1773）、嘉庆二十三年（1818）、咸丰二年（1852）、光绪十二年（1886）、1915 年、1948 年、1993 年、2013 年九修族谱。安化老派：嘉山美玉继，卿庭富仁志。仲载世应承，君子有三位。安化、桃源、益阳合修新派：意合家声盛，宗功德泽长。修齐征学守，科第显南邦。

新化谢氏 始祖圭甫、庆甫、琮甫、璧甫、得甫、干甫。圭甫原籍江西吉安千秋乡圳上，宋淳熙进士，官邵州防御使从事，生子寿宗，隐居新化石马乡黄沙村。寿宗生添麒、添麟、添福、添禄。添麒子孙居洋溪高田及高坪石坳，添麟子孙居水竹横田塍、大安山、梅花硐等处，添福居黔阳塘头湾，添禄居高坪税田。庆甫年老致仕，由江西泰和先迁宝庆，再迁新化横阳山，长子寿厚，复迁苍溪山，生添孙、添祯。添孙生文武、文秀、文忠、文富、文贵，添祯迁邵阳天壁。璧甫居新化白溪山下，传七世至志巍、志斐、志成。巍徙白茅界，斐徙安化木桐坪对口溪、敷溪、益阳四里河、高桥、松门口等处，成徙三都白沙溪、桃江周家园。琮甫宋末迁居新化黄沙坪，单传十世，始衍卿芳、卿秀两房，芳居长冲，秀居神仙岭。得甫讳枋得，生寿瑶、寿玫，寿瑶生云生，云生生以谦、以让。明永乐二年（1404），以谦留居中潮。以让迁居新化杨浦溪，复迁澧溪、蒋坪。寿玫生云庆，云庆生以七，迁新化麻罗，后迁官渡桥。干甫原籍江西高安，生广裕，裕生承哲，哲生邦瑜，瑜生贵华，华生良霖，霖生才露，由高安迁新化永兴巷，后迁白溪富溪村。1938 年新化六大房合谱班次：本原伦久重，笃厚泽循先。善继能贻远，知经复达权。规模前宪定，体用慎修全。卓立超群品，门高甲第联。

新化坪上谢氏 始祖惟兴公，隶籍江西泰和县千秋乡梅子坡圳上，其子汉三郎立业于湘、邵两界处紫云山田下冲。四传安诚、安明两公立业湘乡新田，五传应文公立业双泉，六传贵一公偕子添佐、添佑于元末明初迁居新化坪上。清乾隆四十八年（1783）建祠于坪上。族谱创修于嘉庆九年（1804），咸丰九年（1859）续修，光绪二十二年（1896）三修，1926 年四修。

新化青山谢氏 始迁祖六郎公，江西安福人，宋中叶徙新化城东青山。五世谢磷，明宣德进士，官刑部郎中。

新化谢绎山谢氏 始迁祖熹隆公，元至正二十年（1360）自江西吉安府太和县早禾田乡迁居新化冷水江花桥铎。清道光七年（1827）、同治九年（1870）、光绪间、1938 年、1993 年、2014 年六修族谱。老班次：隆伯添必思，贤良志荣华。世大兴上天，昌显裔承直。

郴州半都桑园谢氏 始迁祖景贤公，字子贵，原籍江西吉州永新县，因避元末流寇，由永新迁居茶陵西门牌楼下，复迁桂阳军今郴州半都桑园坪。又一支始迁祖岩公，号紫庵，永新人，进士，宋政和间徙居资兴平石。清嘉庆二年（1797）、道光二十八年（1848）、1934 年纂修族谱。景贤公房旧派：益应福德友文显，朝仕崇仁义孔伦。庆喜流芳行正道，诗书遗念绍先贤。岩公房旧派：世均如必福守仁，文武兴邦国正明。家庆宏图光祖泽，富贵荣华得道亨。合派：芳馨开宝树，枝秀本原敦，忠孝恢先绪，芝兰裕后昆。

郴州城南谢氏 始迁祖世邦公，原籍江西泰和，明洪武中，以进士宰衡阳，卜宅郴城南。

资兴谢氏 始祖汉夷吾公。传四十八世至昌公，字建中，元至顺元年（1330）由江西永宁（今宁冈）徙居酃县十一都上馆，生有六子。五、六子居酃县。长子士崇，名寿官，字三公，明洪武三年（1370）由上馆徙兴宁程乡蓼江市铁炉州；次子士魁，字敬全，徙程乡三都马头上。三子士贤，字孟昭，徙程乡鲁塘。四子士聪，字远明，明洪武七年（1374）徙水东。族谱创修于清雍正十三年（1735），1927 年五修。

永兴长庆乡石虎村谢氏 始祖什公，字子季，元时自吉安泰和鹅颈丘徙衡耒阳，居白沙堡。数世至通鉴，明初由耒阳徙永兴，居石虎洞，为永邑谢氏鼻祖，后人繁衍于县境内北关外、石老虎等处。

桂阳城西塘边谢氏 始迁祖嫩十二公，原籍江西泰和鹅颈塘，元世祖年间辟征投楚，守御桂阳，卜居城西塘边。

宜章均岭谢氏 始祖彀公，宋皇祐至和间以朝散大夫出仕攸县。五世祖迁居宜章和平。七世祖仲仁公迁居赤石乡均岭。至 1948 年，已传 30 余代，共 3700 余人。宗祠在均岭老屋堂。

宜章渌源水谢氏 始迁祖法公，字世模，明洪武六年（1373）自茶陵县仁源乡田心里奉调宜章笆篱，戍守西、莽两山，始居湾头圳，再迁谢家堆，三迁渌源水。至 1948 年，已传 19 代，共 1900 余人。

宜章天塘乡石灰冲谢氏 始迁祖大宣公，明初因抚瑶有功，由广东乳源县武丰乡奉调来宜，任指挥，加封千户亭长，于明建文年间定居石灰冲，原名全泉乡大竹园折桂洞。其四世孙天津迁居广西罗城，六世孙君门迁居成都金堂北门。

宜章才口冲谢氏 明初由茶陵卫调守宜章才口冲，附观音山。

宜章满塘谢氏 明初由茶陵卫调守宜章满塘。

宜章东风乡白腊冲谢氏 原居福建上杭，后迁广东翁源。明嘉靖年间，萼发携家由翁源迁居白腊冲。

嘉禾大源塘谢氏 始迁祖登云公，宋时因避金人之乱自江西泰和迁湘，开基于嘉禾县西溪。至二十五世学俊公析居大源塘。至1949年，已传23代，共100余人。宗祠在大源塘。

嘉禾老谢家谢氏 始迁祖朝位公，明初由嘉禾西头谢家分迁老谢家（即勉养坊）。至1930年，凡97户，男266人，女211人，共477人。

汝城坳下谢氏 始迁祖言吾公，明崇祯时由广东迁汝城坳下。至1932年，已传13代，丁口30余人。

汝城毛家谢氏 始迁祖一寰公，清顺治时由宜章县迁汝城毛家。至1932年，已传13代，400余人。

汝城坛官坝、长洲坝、新鸭谢氏 世系无考，清光绪间各村设祭，取其名曰必隆祖。至1932年，丁口190人。

宁远双井圩谢氏 原籍河南花人县大井脚。宋末元初因避兵乱，始祖九郎携家眷迁至江西鹅颈塘。后因饥馑逃生，秀宇移居零陵梓塘，再迁宁远双井圩定居。子孙散居下坠乡、保安乡、中心铺乡等地。

新田石门头谢氏 始迁祖登云公，宋时因避金人之乱而自江西泰和迁湘，开基于新田县三和乡石门头村。至1949年，已传27代，共400余人。宗祠在石门头村。

新田下塘窝谢氏 始祖登云公，字都台，宋时自江西泰和迁湘。至昌甫公卜居下塘窝村。至1949年，已传22代，族人1000余人。

新田游塘谢氏 始迁祖仲八郎，字子清，南宋时因避乱自江西弋阳县迁湘南新田县三和乡游塘村。至1949年，已传23代，共380人。宗祠在本村。

新田罗溪谢氏 始祖登云公，宋时来楚。至景初公，字太琬，元末始迁桂阳，再迁宁远，再迁新田坪塘，继落罗溪。自景初公至1949年，已传22代，共560人。

新田挂蓝谢氏 始迁祖宗兴公，字发祥，元泰定间自宁远县迁湘南新田县崇益乡挂蓝。至1949年，已传20代，共900余人。

新田长信乡大源塘谢氏 始迁祖丁云公，由嘉禾县迁居新田县长信乡大源塘。族人分布于坦头、栗尾江等地。至1949年，已传20代，共240人。宗祠在大源塘。

新田大历谢氏 始迁祖宗叔公，明万历时由本邑五柳塘迁居中和镇大历乡。至1948年，族人约300人。

新田北正街谢氏 始迁祖衍宗公，明时因经商由广东省乐昌县迁湘之新田县中和镇城内北正街。至1949年，已传10代，共200余人。

新田大观村谢氏 始迁祖正锡公，清初因经商自零陵县迁居新田县博大乡大观村。族人分布于大观村、枧头圩、新屋场等地。至1949年，已传9代，共300余人。宗祠在大观村。

新田城关北门谢氏 清康熙八年（1669）由福建上杭迁入新田城关北门。

怀化谢氏 始祖玉春公，字子礼，元末明初因避兵乱自江西泰和县圳上鹅颈大坵迁湘，开基于湘西。族人分布于怀化、辰溪、沅陵、溆浦、武冈等地。至1948年，已传27代，共1000余人。宗祠在怀化铜鼎乡。

辰溪谢氏 始迁祖子礼公，号玉春，明洪武初谨遵王命，拨军下屯，自江西泰和圳上鹅颈大丘徙居辰州府辰溪县白竹坪方庄脑。其后裔一支徙居铜鼎南方坊、赤岩湾等地。清宣统元年（1909）、2016年、2020年纂修族谱。派语：世大益其盛，申伯开景运，先泽源远长。忠孝克家本，贤能保邦良。英才必显达，多士焕文章。传之有万代，芳名永世昌。

沅陵谢氏 始祖公六公，原籍江西吉水织丝桥太和村，于宋仁宗时随狄青征“蛮”，镇守辰州，卜居怡溪凉水坪。族人分布马底驿等地。

溆浦莲塘村谢氏 始祖贵三公，原籍江西泰和县，后迁居湖南沅陵。明末，仲山由沅陵徙溆浦莲塘村。

鄢

湘潭鄢氏 鼻祖乐媚，随汉高祖起兵，食采鄢陵县。五世燧文迁福建，燧武迁江西清江樟树镇。武裔十世曜魓居丰城白马泉塘，曜魈居丰城金盆，曜魖居北湖白富。魓裔十八世九震、继仿、继杰兄弟三人迁楚南龙阳（今汉寿）罗家冲马头山，又迁五宝山，分迁石板滩、苍港。魖裔二十五世开源，明正德元年（1506）由江西丰城迁居湖南益阳。开源生导干、导经，导干生盈基、盈宝。盈基迁清泉县八方。盈宝生公禄，明万历间迁湘潭十七总钱家塘鄢家巷柞树园、乌石鄢家冲，又分迁剑峰等处。导经生四子：盈槐、盈栋迁益阳，盈林子致民迁沅江，盈梓迁桃源、武陵。湘潭鄢氏清光绪二十二年（1896）续修族谱，1943年三修。班行始于公禄公：公秀正奇昆，世裔广昌明。绍起文光显，永远庆宗宏。新增班行：兰桂腾芳茂，麟螽英蔚生。丕承昭穆序，万代继兴荣。

衡阳云里鄢氏 始迁祖必祀公，明洪武十四年（1381）由江西豫章迁湘，开基于衡阳县永福乡云里。族人分布于大坪石洞口、衡北樟木市、衡东冠市街。

至1948年，已传22代，共1800人。宗祠在云里。

益阳鄢氏 燧武后嗣箕辉、仲澄、宝廷、邦政、曜魁。曜魁生元兴、元世、元盛、元伟，传至季叔，生德山、关山、静山。关山生永英，永英生和厚，为大房祖。德山生朝英、邦英、国英，邦英生和政、和制。和政为二房祖，和制为四房祖。朝英生和贵，为三房祖。国英生和逊，为五房祖。和贵传至艮、览，兄弟徙居益阳汾湖洲湾塘西林。清光绪二十五年（1899）续修族谱。

安化茶溪鄢氏 派语：武子迄乐洙，希巽凤道仓。融珪斌辉澄，庭政曜元清。翁堂宗孙秀，山英和民众。州相木应文，时以承其士。永述法章定，继世克昌荣。才学受天爵，忠孝仲人伦。诗礼传家训，绵长富贵兴。

新化崇山鄢氏 始迁祖叔乐公，字庭铎，号美韶，祖籍江西，明天启六年（1626）自长沙宁乡侯司寨迁居新化毕家巷井头街，再迁蜈蚣村鄢家湾。生二子：光志、光克。光志迁崇山。清光绪二十六年（1900）八修、1996年九修族谱。主房派语：武子迄乐洙，希巽凤道仓。融珪斌辉仲，庭政曜元清。全万闻和德，文景士明兰。伯乐光则选，钦（爵）元国之应。世泽承周大，宗功自汉隆。本源江右启，钟毓楚南同。

新化大江村犇溪鄢氏 始祖全礼公，由南昌丰城北湖村迁居湖南安化。三传至本立、本周，再传至旺珊，由安化严朱坪迁居新化大江村犇溪。

临澧太浮山鄢氏 始迁祖璇公，明洪武间由江西南昌府丰城县携侄槐公、云公迁居澧州安福县之南太浮山下永左里樟树湾。后家窘人众，槐公迁桃源马桥坪，云公更徙三板桥，璇公仍住樟树湾。清同治五年（1866）创修族谱，1913年、1947年、2005年续修。派语：璇朝兼（葭）云陵士世维大自光。门庭启学运，仁孝定克昌。居上先明道，待征佐元良。

石门鄢氏 迁湘始祖冲淑公，原籍江西吉安府吉水县，明万历间迁常德前河。四世铃公，清初迁李子岔。五世启昌迁湖海坪。六世万珍、万献，被何姓害，其三子国英、国杰、国清，循澧溯渫而迁石门梅家园。清同治六年（1867）纂修草谱，1944年、2011年续修。派行：金启万国水，学士定朝纲。传家敦孝友，永远绍书香。

桃源兴隆街竹园村鄢氏 派语：喜于志腾，陈国曾文。登承仕大，朝兴洪臣。名邦开磊，光昌显应。学本乃祖，世泽长存。

靳

长沙靳氏 始迁祖望公，明正德年自江南丹徒县迁居长沙。

蓝

浏阳蓝氏 祖居广东潮州府嘉应州长乐县南乡清化都，清康熙间迁居浏阳。

衡湘蓝氏 谱载蓝氏为神农之后，帝榆罔其子昌奇诞生时适有熊国君贡蓝，帝遂赐以为姓。谱以唐时明德公为一代祖，由豫州而来江南。八传至宗训公迁濠州，九传昭公迁石壁，十传俊公迁临淮，十四传万福公还建康，十五传吉甫公为闽省始祖，十六传常新公又为汀州始祖。衡湘蓝氏均自闽以迁于楚，虽支分居异，要其根源则一。始徙楚者卢丰之奇仁公，生子三：国维、国隆、国阳。阳公生子振瑸，瑸生子儒玉、维玉、霞玉，继则章丰之芳贤公，涵九公后则盛玉公，亦离章丰以徙于楚。拔玉、尚玉、宏玉诸公，因寻伯兄盛玉，遂相与营建基址以肇于湘，时为清康熙间。道光十七年（1837）章丰、卢丰两房合修族谱，光绪七年（1881）续修。楚支班行：（自十四世始）玉应昌华，世传克家。光宗耀祖，富贵绵遐。永远垂裕，福泽孔嘉。英敏继起，于前有加。

醴陵古塘蓝氏 始迁祖万福公，清顺治初年自广东兴宁迁此。至1948年，全族人口514人。

醴陵仙源桥蓝氏 始迁祖宏理公，清康熙间自广东嘉应迁此。族人分布于小溪、攸县。至1948年，全族人口1300人。

炎陵上四都吉利蓝氏 始迁祖万满兄弟，清康熙年间自江西遂川迁此。后裔徙沔渡、十都、石洲、水口、中村。

城步凉国公蓝氏 据清道光二十九年（1849）《宝庆府志》载：始祖光晋公。子昌见从杨再思世居扶城（今丹口），其后分为七族。昌见之十四孙玉，明洪武二十一年（1388）封凉国公，后诬以谋反，灭其族。西平侯沐春因同乡，匿侍妾于府中，遗腹生子昌建。蓝氏之居扶城者皆改姓秦氏。及成化初，黔武僖公乃使昌建率其眷属归原籍扶城，属其世守王坟，于是扶城始复有蓝氏。

城步青苗蓝氏 据清光绪三十二年（1906）《城步县乡土志》，分布于上扶城、木宜之田头、层头、寨子坪等地。

湘阴蓝氏 得姓始祖昌奇公，传一百零八世明德公为南迁始祖。至宋开宝年间，每晓公，名通甫，字敏五，由江西宜春因授补湖广武陵知县，调任湘阴知县，遂开基于湘阴县长乐乡东北七步礓察之上岭屋。族人分布于湘阴之杉木江、五仑铺，岳阳、临湘、华容、长沙、浏阳、监利。至1948年，已传40代，族人10余万。宗祠在蓝家洞。族校设宏山桥。

平江蓝氏 得姓祖昌奇公，传一百零八世至明德，唐太宗时由北南徙金陵上元县，为蓝氏南迁始祖。明德十五传至吉甫，南宋末年流落闽之福清，其子常新遂居建宁崇善坊，为迁闽一世祖。常新子钜夫徙于汀州宁化。钜夫曾孙君厚于元明之际复徙武平大禾堡，生有七子，以寅、辰、庚、壬、甲、丙、戊为序称名，分为七房。长房祖念一郎，居长汀坪岭水口。十一世孙思绩于清康熙间自闽迁平江县南乡，由是五、六、七房后裔亦相继来平，析处四乡。清光绪七年（1881）纂有族谱。

桃源青云蓝氏 始迁祖必胜公，明洪武十四年（1381）自重庆府迁于桃源县西之雁落坪，至三世孙春再徙县北青云。至 1948 年，已传 23 代，共 1000 余人。族人分布于港塌坪、大屋场及北路各乡，以及大庸、永顺、龙山、恩施、秀山各县，多以修理油榨技术为业。宗祠在雁落坪。

沅江蓝氏 始迁祖念佛公，字慈仙，号海舲，明洪武间由江西迁沅江三合垸蚕山，五派祖学美公又徙八都安乐垸柘头河。清光绪十四年（1888）一修族谱，1928 年续修。派语：念时国玉学，君仕金大有。万世仁义本，传家孝可久。朝猷宝鼎铭，勋业儒珍守。

新化井头街蓝家坪蓝氏 始迁祖玉湖公，江西高安府兰坊人，明成化十六年（1480）贸易来湘，卜居新化井头街蓝家坪。派衍四房：昌、裯、袖、祥，分布于科头大水蓝家院、球溪、洋溪、渭溪、冷水江、宝庆等地。旧班：世序光先泽，文华裕典章。钦承昭可达，道学起荣昌。续派：谦和家国久，秉天自吉祥。守恒宏海志，正善永安康。

桂东畲族蓝氏 谱载四十一世祖维宏公，清康熙五十七年（1718）自江西遂川县左安、汤湖一带移居桂东三都（大地）。1988 年，经省民委批准恢复其畲族成分。

蓝山在城乡四亩田、癞子岭蓝氏 始迁祖廷兴公，清道光时由宜章分居蓝田四亩田、癞子岭。至 1931 年，共 136 人。

麻阳蓝氏 始祖明远公，明末从江西移居锦水尧里。其子廷郁，有三孙，长立忠迁居牛屎洞，次居尧里。三迁洪江，居尧里殿。后蓝立考裔孙两兄弟分别迁蓝家冲、武岩半坡。后人分布板栗树、高村等处。共 540 余人。派语：景立永茂祖宗用，应占瑞彩天士昌。世启文家绍先德，运兴作大自有光。续派：裕后明显长久远，始汉元纪福寿增。富贵荣华江万岁，乐享康建国太平。

蒯

桃源陬市蒯氏　始迁祖凤春公，原籍江西丰城，明永乐二年（1404）迁桃源县东陬市蒯家冈。至1948年，已传21代，人口5000余人，分布于麻家河、常德南湖坪等处。清乾隆五十六年（1791）建宗祠于蒯家冈。1921年创修族谱。

蓬

保靖蓬氏　原姓彭。保靖宣慰使彭氏见南渭州土知州彭什才势强，以其女妻之，故别彭为“蓬”，或作“芃”。即今土家所谓假彭。

蒲

江永蒲氏　始祖宗孟公，为宋翰林学士尚书左丞师道公之子。师道公一女归濂溪周先生。宋熙宁间，宗孟公奉使荆湖，来春陵宁妹氏，与京兆朱初平同游永州东湖，慕其佳胜，盘桓久之乃去。至五世孙侃公，宋淳熙来官永明，爱永明俗朴，遂家焉。

新晃西晃山蒲氏　鼻祖衣子启，原居山西平阳府河东郡池上，为蒲坂虞帝师，禹帝即位，遂封衣裔，传家于蒲坂，因以为氏。汉惠帝时，武公封为殿侯，因吕氏专权，不仕，遂隐居豫章南昌府丰城县七里街朱氏巷马头寨。至晋洪隋公，为来楚始祖，由楚迁黔至六龙山、米贡山，见其地山川秀丽，遂卜居于此。至元初统公，授辰沅总镇，四子：子佳、子臣、子裕、子昆，同徙居晃州西晃山。清嘉庆十五年（1810）始修族谱，清宣统二年（1910）续修。宗祠位于芷江城内。字派：承启文廷朝秀正，光昭祖德庆长春。尊宗规范贻谋远，继世簪缨沛泽新。礼义隆师钦士瑞，清廉辅主颂儒珍。渊源久绍重华代，美善同臻作相臣。

蒙

靖州蒙氏　始祖万户公，原籍山东登州府海城离城十里九龙江桂阳桥峨眉湾白沙场人。宋绍兴间，楚江苗蛮作叛，领兵剿古、洪两州及辰、沅、永、靖，后落业渠阳（靖州）长塘。后裔散处靖州、绥宁、城步各地。1999 年纂有族谱。

城步红苗蒙氏 据清光绪三十二年（1906）《城步县乡土志》载：分布于茶园。

楚

长沙楚氏 始祖成公，原籍江南凤阳府颍州颍上县黄土坡，明洪武时官鹰阳卫百户，征陕西华州阵亡。长子志端公，洪武十二年（1379）袭父爵为襄阳卫百户宰，二十九年（1396）以功授长沙卫千户。后裔世居星沙楚家湖畔。弟志贤公随任迁湘潭，为湘潭始祖。清乾隆三十四年（1769）、道光五年（1825）、光绪十一年（1885）、1947 年、2021 年五修族谱。派语：邦廷司直，道德盛昌。文名振起，勋业发祥。科第绵远，福荫南湘。本枝繁衍，百代传芳。

长沙洪塘楚氏 成公四子英随兄任居洪塘，为洪塘楚氏支祖。清咸丰八年（1858）洪塘五修支谱，光绪十四年（1888）洪塘六修支谱。

湘潭印子山楚氏 始迁祖志贤公，随兄志端宦游长沙，始居城南鸡公坡，继迁湘潭楚家桥。五子：长镇、季锋无稽，次斌开派楚家桥，四英开派洪塘，三刚开派印子山。清雍正十一年（1733）、乾隆三十一年（1766）、嘉庆九年（1804）、咸丰四年（1854）、光绪二十四年（1898）、1929 年纂修族谱。行派：家声振起，宅定中湘。士秉经训，才植秀良。忠廉守法，孝友传芳。敦伦笃本，宗泽宣扬。

湘阴白水乡、三神乡楚氏 迁湘祖志端公，明洪武十二年（1379）世袭襄阳卫百户宰。后征贼寨有功，授长沙卫千户，诰封英武将军，开基于长沙县城。传九代，光宗、光缙、光显，因明崇祯变乱，迁居湘阴之白水乡套塘冲、三神乡铜含口、黎家坡、中丰仓、黄家冲等处。至 1948 年，已传 21 代，共 1241 人。

张家界楚氏 始祖朝清公明末由济南迁辰州，元魁公清顺治初年迁永定。至 1906 年，已传 12 代。

裘

茶陵裘氏 始迁祖振仞公，字衣千一郎，明正德间由南京豹韬卫百户升长沙卫千户，署州指挥，后转徙茶陵台田。四代衍云峰、霞峰两房。清乾隆六十年（1795）一修族谱，道光二十七年（1847）二修，1937年三修，2007年四修。派语：裘来维厚，乃克长存。贻谋积善，垂裕后昆。奕世遵守，方耀吾门。宏开甲第，北厥元勋。璜衍藩盛，祚膺翩联。启佑孙子，亿万斯年。

赖

湖南赖氏　始祖遇祖、匡祖父子，卜居虔州松阳山，仕晋安帝，奏请松阳为郡，即准授之，子孙永传不朽。递传至标公，迁居福建汀州上杭县古田，族衍甚繁，厥后子孙徙居湖南三湘、益阳。清乾隆四十七年（1782）建祠于湘潭城内。乾隆五十六年（1791）始修通谱，光绪六年（1880）续修。字派：世国振由建，云昆绍晋唐。锦衣藩卫绩，青简秘书香。

浏阳赖氏　谱尊宋时世袭殿前指挥使五郎公为一世，生九子：六郎、七郎……十四郎。六郎生虞观、朝美，朝美生明佐，明佐生显佑、显益、显吉，兄弟世居汀州府永定县胜运里。七、十二、十三、十四郎居赣州，八郎居赣州安远县，九郎、十郎居赣州会昌县。后裔明末清初自闽、粤、赣陆续迁浏。清同治十三年（1874）建总祠于邑东文运街。光绪十年（1884）浏邑总祠纂修族谱，1919年续修。合宗派行：溯源怀颍水，荷笔赐松阳。凉烈垂青史，功勋映日光。春台名尚在，道院韵犹香。作训诗书继，遵经礼义方。麟兴常国泰，凤立久荣昌。耀祖宗亲厚，忠为世代长。英才隆辅佐，景运永安康。济美文章显，昭明兆吉祥。

宁乡赖氏　始祖待衿公，世居福建。三子：寿卿、明甫、舞庭。遭遇时乱，清初寿卿下十四世子念、子广、子仪，明甫下子海、子凤、子勤、子嘉、子岳，舞庭下子兆、子任，共十支，复陆续迁至宁乡。1933年十支三修族谱。

湘乡赖氏　始迁祖时能、时泰两公，明末清初自福建迁湘。时能公先迁衡阳三泥洞，后居湘乡评事二十九都黄泥洞。时泰公居湘乡宣丰二十都杏子区藏石冲。清道光七年（1827）始修墨谱，并建宗祠于杏子区穆家塘，今属双峰。1937年、1999年续修族谱。班序：时文生兴起，世代荣昌隆。诗书见孔圣，千秋常耀名。忠孝传家远，燕谋裕后长。吾宗遵彝训，定国在斯章。

醴陵、宁乡赖氏　赖氏周时受封于齐之赖邑，子孙以邑为姓，遂为颍川赖氏。该族始祖卿潜公，发祥于闽之汀州宁化。十七派圣金公，清顺治间应募从军，至湖广，克复衡永，有功补醴陵千总。子元标公，游山至宁乡，爱永盛冲山水之佳，遂卜居焉。清乾隆、嘉庆间两修墨谱。同治九年（1870）宁乡创修族谱，1925年续修。老派语：卿念寿保廷，善九宗永公，龄新天德良，应圣元文世。续定派语：起先承遗训，敦厚裕贤英，诗书垂祖泽，礼乐振家声。

醴陵高冈冲赖氏　始迁祖应元公，清顺治间自福建迁此。族人分布于石报滩、龙山铺、神福港等地。至1948年，全族人口7000人。

醴陵枧头洲赖氏　始迁祖起镕公，清乾隆间自福建龙岩迁此。族人分布于普口市、萍乡。至1948年，全族人口2000人。

平江赖氏　一世友宁公，初居江西赣州安远，后人籍长宁，越数传有迁饶州、广信、南昌等处及远徙浙、闽诸省者。十世上慧公，长子大鸿、三子大冶、四子名扬、五子大功，清雍正元年（1723）由江西赣州长宁大亭迁于平江北门外之汪涯塘饶嘉塅。又有大顺由长宁麻姑湾迁平江花门楼杨河岭，大玑迁平江游家源白石洞，大端由镇平迁平江木瓜坡丰源洞，大雅由福建上杭迁平江殷家洞等处。乾隆三十三年（1768）、道光八年（1828）、同治四年（1865）、光绪二十年（1894）纂有族谱。原派：友志安惟容兴饶，赖振上大定元朝。达士生逢清盛世，远信祖德庆祥昭。续派：恢宏蕃衍继先声，运际昌期泰复亨。咸萃恒丰观鼎益，家修廷献永传多。

平江南乡赖氏　始迁祖赤生公，清康熙四十八年（1709）自广东程乡迁此。清光绪五年（1879）赤生、乾佑、登科、九明、必文、贵爵、重恩、重德诸房纂有族谱。至1994年，全族人口4347人。

益阳赖氏　始迁祖超一公、百发公、永发公、生璟公、九联公、伯山公，清初自福建汀州府上杭县古田里迁益阳杉树坪、滩头坑、洞溪口，各择其山水之优美、风景之雅致而居焉。清乾隆五十六年（1791）始修族谱，同治初元又拟续修未果，光绪六年（1880）再修，1949年三修。

桃源赖氏　始迁祖锦伍公，明成化间由江西抚州府金鸡县二十四都顺德乡迁桃源县黄甲铺乾元村。2015年续修族谱。字派：锦赖天至，大登赖鹏。廷维文攀，学国纯益。家道永丰，世泽长宏。荣华富贵，仁和传东。

宜章新田赖氏　明末自广东乳源县迁来。

汝城均坪赖氏　始迁祖万益公，明永乐时自福建上杭徙汝城均坪。后裔分布老屋场、长塘、垇背冲、洋洞、姜阳大盈洞。至1932年，已传20代，300余人。

汝城西边村赖氏　始迁祖日盛公，清初自广东始兴县迁汝城西边村。至1932年，已传10代，丁口60余人。

汝城姜阳赖氏 始迁祖国盛公，清康熙时由广东乐昌县九峰迁汝城姜阳。至1932年，已传10代，丁口60余人，族人分居汝城浙江山、广东乐昌县黄圃司等处。

汝城楠木垅赖氏 由江西上犹县迁来。至1932年，丁口30余人。

蓝山在城乡蓝色洞赖氏 始迁祖昌鸿公，清道光间由江西迁此。至1931年，凡12户，男20人，女22人，共42人。

雷

长沙、宁乡雷氏 始迁祖进德公，明初由江西历汴城迁湖南宁乡。进通公由江西进贤县迁长沙。德裔分居宁乡赵家河、苦竹塘、白玉山、浅水湾、南田方、杨柳坪、临湘都白田铺、巴陵费子忠等处。通裔分居长沙七甲雷家塅、益阳黄灵塅、湘乡松树塘、浏阳界碑桥、永安、善化谷塘、烧田等。清道光二十年（1840）始修族谱，光绪二十五年（1899）续修，1935年三修，二十世纪九十年代各支分修，2019年五修。同治间建总祠于长沙紫荆街。派语：建宫培俊杰，名宦志贤良。忠孝家风永，勋功世泽长。贻经传理博，遵易绍书香。敦厚恢先绪，英才愈克昌。

长沙雷氏 一世焕公，二十二世千一公，四十世进泽公，四十七世“建”派，为南迁开派祖。建学公字朝宗，原籍江西南昌府进贤县崇信乡定华里桑城村，明宣德二年（1427）来潭州，卜业城南。长子宫槐，正德三年（1508）游善邑西乡，建业新阳坊。2019年五修族谱。派语：建宫培俊杰，名宦志贤良。忠孝家风永，勋功世泽长。贻经传理博，遵易绍书香。敦厚恢先绪，英才愈克昌。

浏阳雷氏 鼻祖焕公。三十七代仁叔公，字寿山，随明太祖南征有功，授职不就，洪武四年（1371）由江西丰城县瓦子街城陂卜迁浏阳北乡二十七都九甲雷家埠。后人聚居于永安、集里、河桥、牛石。清光绪十年（1884）、1936年、2021年纂修族谱。派语：（自三十八世始）国朝添太雷，有时孟仲季，荣华富贵启，光庆贤才登。

株洲、醴陵雷氏 始祖富、贵兄弟，世居茶陵赤石渡。富第三子清八传至显霄、显诰，分别于明万历和清顺治间自赤石渡迁株洲，后别为枧下、岭江、调冲三支。贵自赤石渡徙醴陵，子星旦，分为惊伯支。清光绪十七年（1891）株洲支六修支谱。

茶陵雷氏 始迁祖时公，字行夏，明洪武年间由江西丰城徙居茶陵湾山，永乐十九年（1421）其三子富析居渡里。

炎陵大院牛石坪雷氏 始迁祖鸣孙公，明末自江西遂川迁此。后裔徙三河、船形。

湘南雷氏 始祖晋丰城令焕公。焕公二十世孙烨公，长子珍公，生千一公，原居江西丰城县会昌乡，宋元丰间授衡山指挥使，为迁湘始祖。千一公生云元，宋翰林学士，迁居桂林。至十一世钧铭公，复迁东安。先是，焕公二十六世孙尚弼、乾郎、尚武、尚陶、百五由江西迁金陵，转迁湘南，落屯东安。云元公九世孙福明迁居零陵，为零陵杉木桥始祖。福巽官桂林，三迁至祁，派衍祁阳樟木塘、枫林塘、邵阳沈水桥、衡阳等处。福魁居祁阳财水庙，福春居祁阳三眼井，福庆居祁阳香花塘，福星、福全居邵阳。清同治九年（1870）湘、鄂合修通谱。1934 年祁阳、邵阳、零陵、东安、衡阳、新宁、湘乡七县续修。班行：（以焕公为一世）雷雷雷雷雷雷雷德宪泰朝雷雷雷霆梦庆日景雷五千云道代际盛益雷固伯。

常宁雷氏 唐贞观间才公，字万硕，世居江西丰城镡舍，授南昌县尉，生泽、涧、阴。泽公世居镡舍。涧公官岳州刺史，子孙居巴陵。阴公入赘城陂。阴裔烨公，生五七、五八。五七生千一，宋元丰间迁衡山县指挥使，卒于任，葬衡山雷家市。千一生云元、云克、云先、云光、云倪、云意、云亢。五八生千三，千三讳尚，原籍江西泰和县，徙居湖北黄冈高家堰，生云翔、云翎、云翅、云翼。云元迁嘉禾，云克迁邵阳，云先居衡山，云光居祁阳、常宁河洲，云倪、云意迁郴州，云亢迁桂阳，云翔、云翎归江西故里，云翅居黄州麻城孝简乡，云翼生震、铭、贵。明洪武间，铭公以镇抚职调守常宁，落担湾塘，生九子。长子迅公迁邑西高滩，八子瑛仍居湾塘，九子琛迁邑北黄旗塘，余六房不详。1997 年、2015 年纂修宗谱。字派：……廷鸣大春惊榜芳奇昌世序启贤良孝友崇先……

常宁雷氏 一世焕公。二十二世生千一、千三。千三居吴，千一居楚。千一生七子，第四子光公。光公生政公、敏公。政公明洪武时奉诏平贼，终于王事。敏公善继兄志，荡除贼纷，宠命来镇兹土，生甫公，遂家焉。清乾隆三十年（1765）、道光元年（1821）千一、千三合修族谱，光绪十五年（1889）常宁创修族谱。

常宁雷氏 千一公越十五世至宗善公，明时有功王室，奉旨调镇兹土，由蓝山楠木桥担落狮子园。清光绪十五年（1889）、1922 年、1939 年三修家谱。

班辈：荣至尚明正，仁义礼信，万代永昌，秀启隆盛，德厚有光，长发其祥，家声远振，世继贤良。

邵阳雷氏 始祖焕公。支祖三十二世福全公，明洪武十年（1377）由江西吉安担落邵阳小江湖。至三十七世发四房：文斌、震春、廷郭、震荣。斌公迁居白马田，春、郭仍居小江湖，荣公迁居新宁北乡冻江口。清乾隆三十八年（1773）始修族谱，嘉庆九年（1804）续修，嘉庆十八年（1813）三修，光绪元年（1875）四修，光绪三十年（1904）五修，1934 年六修，1995 年七修。斌房班行：（自三十二世始）福思荣碧友，文宗显继志。世鸣启绍佳，远安定裕承。鉴治树熙城，锦润权炳均。铨法植照培，镜源校耀增。钟湘标炜基，巨汉树煜坤。镇泓杲烜城，铭洋集灿圭。春房班行：（自三十二世始）福思荣碧友，震望朝时一，春鸣启绍佳，远安定裕承（以下与斌房同）。郭房班行：福思荣碧友，廷朝月继一。春鸣启绍佳，远安定裕承（以下与斌房同）。荣房班行：福思荣碧友，震正周宗学。世应作振佳，远安定裕承（以下与斌房同）。

邵阳雷氏 丰城公二十一世孙千一公，官衡州指挥使，殁葬雷家市。千一公第九代孙固行公，生伯道、伯通。伯道生福明、福巽、福魁、福星、福斗五子。伯通生福美、福庆、福春、福全四子。兄弟九人自江西吉安府迁湘。支祖福星公首迁邵阳新宁三都，第六代孙麦兰又迁南乡永城三都。1994 年七修族谱，2017 年八修。班行：福思必怀宗忠麦。志应本良大，国正天星佳。时大昌景韵，文章显道华。

邵阳雷氏 支祖福巽公，后裔一迁祁，一迁衡。清乾隆三十四年（1769）祁、邵两邑合谱，福魁公房与焉。嘉庆九年（1804）续修，福庆公房又与焉。道光二十六年（1846）续修，衡阳思敬公房又与焉。光绪元年（1875）祁阳福春公房、邵阳白马福全公房、新宁支派零陵福明公房又与焉。光绪三十年（1904）五修。1934 年六修，为湖南七县通谱。

邵阳雷氏 始迁祖仁公，字平翔，原居江西吉安府泰和县竹蓼村，元至正元年（1341）携三子万三、千三、百三徙居邵阳北乡，落籍小庙头。千三迁耒阳。清乾隆六十年（1795）与新化雷氏合修族谱，道光二十二年（1842）、光绪十四年（1888）、1934 年、1989 年续修。通谱班次：晋裕渊源远，纯丰统建勋。衣冠绵亿祀，运会振群英。圣主隆宏治，朝官政教新。蒙恩维辅弼，兆载庆升平。

武冈智胜乡旋岩团雷氏 始迁祖齐卿公，字霆发，元延祐间由江西吉安泰和县棱善乡因避乱迁湘，开基于武冈和康乡会龙团锣鼓田。至五世荣受公卜迁旋岩团。至1948年，已传24代，有3000人。宗祠在旋岩。

新宁麻林、黄金乡雷氏 祖籍江西，南宋端宗年间，始祖鹏飞落全州。其子通永迁城步。明初，通永次子光耀迁县境麻林大绢峒，五子光华长孙盛斌迁黄金黄岩峒，今为瑶族。

新宁雷氏 始迁祖文英公。清光绪三十三年（1907）纂修族谱。

岳阳白水塅雷氏 始祖添重公，号福九，元时由江西南昌滕王阁之西迁来湖南岳郡巴丘之东鲁家冲。生子二：德明、德清。复迁二十都茅田莲荷，明洪武时再迁二十五都之白水塅。至1948年，已传20代，共约2100人。族谱始修于明万历十三年（1585），清嘉庆十七年（1812）、道光二十三年（1843）、光绪七年（1881）、1928年、1992年、2015年续修。派语：本大云春启，朝廷富贵家。功名光显泽，世守庆荣华。

华容、澧县雷氏 始迁祖元益公，宋末元初因官自江西丰城县九里村迁楚之华容。逮福一郎公（六世）又迁澧南而分三支，至十世又分七支。子孙遍布津、澧、安、华、临、常、石、永、慈、张及湖北黄陂等处。明万历四年（1576）、清康熙二十八年（1699）、乾隆十五年（1750）、嘉庆四年（1799）、道光十一年（1831）、同治二年（1863）、光绪二十年（1894）七修，1948年八修未成。2009年七房二支球球山分支续修。派歌：元寿固伯兴，福添铭震锦。金春日善自，士先启开承。存心正大，立志光明。思全道德，首重言行。

常德雷氏 始迁祖文贵公，原籍江西吉安府丰城县。明初由豫章民籍科甲出身，特授湖广常德府同知，见义陵江澄朗水，素产名流，解组居鼎城。文贵公生海、铭、富。海公落业武陵。三世升公，迁于治南鸿鹤陂，生“应”字派九子，惟魁、龙、祥、瑞四公有传。清嘉庆四年（1799）、光绪十二年（1886）、1915年纂修族谱。名派：世之山如玉，宗德万年芳。孝友延其泽，英才定克昌。晋初传绪远，江右发源长。和善家余庆，兴仁国有光。

桃源黄土堤雷氏 始迁祖士万公，明初自丰城迁于桃源县东水田村之黄龙观，旋避乱不知逃往何处，其妻携子济归母家居黄土铺。至1948年，已传20代，全族人口1000余人，分布于水田、大拐、马家渡等地。宗祠在黄土堤。族谱创修于1914年。

临澧雷氏 迁湘始祖千一公，焕公二十二代孙，字应春，号辉山，宋真宗大中祥符二年（1009）生于江西会昌，元丰间以武功任衡山指挥使。六世孙元益公，宋理宗宝庆二年（1226）生，居华容，生寿九一、寿九二、寿九三。九二生固祥，固祥生伯选，伯选生兴广，兴广生福一郎、福二郎、福三郎。一郎迁澧州花桥峪，二郎迁临澧兰田坪，三郎留华容。二郎生添珍，留兰田。添宝居武陵，添贵迁雷虎坪，添重迁岳阳。明万历四年（1576）福一、福二、福三三大房总修族谱，清康熙三十八年（1699）福二郎裔二续，咸丰十年（1860）、光绪二十四年（1898）、1938 年、2016 年续修。派序：立志光明，思全道德。首重言行，文希周孔。学达天人，安邦定国。绍祖显亲，泽传子孙。

石门雷氏　兴广生福一郎、福二郎、福三郎。福二郎迁澧州西南、常德武陵及东南八里铺一带，建祠于蓝田坪。福三郎留居华容墨山铺一带，后裔辗转迁湖北石首窝基庙、公安及安乡东湖。福一郎后裔一支迁石门，清嘉庆二十四年（1819）建祠于石门城内，初修宗谱。道光二十六年（1846）、1933 年、2014 年续修。字派：元寿固伯兴，福添铭震锦。钟云承项颖，宜青子彩诚。安启景顺昺，杉楚昂仕宗。邦可添时震，锦生珊迅文（之自应世远）。

益阳雷氏　始迁祖长名公，行十一郎，明洪武元年（1368）自江西吉水县迁居益阳，先居梅子山，后居谢林港官田。清康熙五十五年（1716）始修族谱，乾隆三十六年（1771）、道光五年（1825）、咸丰十一年（1861）、光绪十九年（1893）、1923 年、2003 年续修。嘉庆十六年（1811）建祠于清塘村。派语：文德友元万，震兴鸣世英。绍祖超时彦，崇邦维允春。端本嗣先泽，敦伦定发祥。鸿才华盛典，良士耀遐万。

沅江赤山雷氏　始迁祖应显、应玉公，原籍江西吉水，元至正时兄弟偕迁南楚，落业赤山芭蕉冲。清嘉庆四年（1799）、同治三年（1864）、光绪二十二年（1896）、1947 年纂修族谱。字派：应永开宏烈，传家起凤仪。瑞钟敷德远，先兆国文思。伯毓庭芳，光宗道昌。贤英发秀，万世明良。

新化雷氏　始祖升公，字平世，号理安，四子：善、冲、烁、燔。冲以广东连州举人任湖南新化令，遂于明成化二十年（1484）携父偕兄弟迁居新化。善居沙江，烁、燔居水口。与邵阳雷氏合谱。升房旧班：发祥知本立，嗣世自光昌。

桂阳南园背雷氏　始迁祖宋内阁主事肇基公，因不满内侍专权而弃职归江西泰和县鹅颈丘，旋于宋真宗大中祥符元年（1008）迁入桂阳南园背（今属东成乡）定居。

桂阳锦里桥雷氏　始迁祖天锡公，宋嘉祐年间由潭州迁居桂阳西乡锦里桥。

嘉禾雷氏　始祖天锡公，名云元，号纯嘏，以字行。江西泰和县竹蓼村人，宋天圣元年（1023）出生，至和年间来湘。县境之雷氏皆祖天锡，尚有部分后裔徙居临武、蓝山、宁远等县。

嘉禾榜背山雷氏 始祖天锡公，宋时自江西迁桂阳锦里。其后裔香正一郎，迁嘉禾高脚下。一郎长子均仁五世孙才高，由高脚下迁冷泉（即冷水铺）榜背山村居。至1930年，共929人。

嘉禾茶窝岭雷氏 始祖均伯公，子三：仲庆、仲贤、仲鸿。明洪武时仲庆开村茶窝岭（一名茶坞坊），仲贤自龙头老屋分迁茶窝岭。至1930年，共1135人。

嘉禾定里雷氏 开派祖起荣、起涌，自嘉禾榜背山迁定里（旧名庙下，村旁有永丰庙）。至1930年，共1063人。

嘉禾田心雷氏 开派祖应高，由临武壕下迁嘉禾田心。至1930年，共507人，族人分析乐岭头、滑石口。

嘉禾大屋地雷家雷氏 始迁祖才举公，自嘉禾高脚下分迁大屋地雷家（一名萃秀坊）。至1930年，共757人。

临武雷氏 千一公长子天锡公，原籍江西泰和县竹蓼村，宋嘉祐二年（1057）进士，授徐州通判，居桂阳锦里。妣邱氏，生长子道祯，分派桂阳、嘉禾、蓝山、临武。次子道禧居蓝山夏陶坪，三子道祐居临武高坡，四子道祥居桂阳石洞。续妣宋氏，生道勋，迁邵阳、祁东、津市等地。三妣王氏，生道勤，分居长沙、湘阴、益阳等地。2017年临武雷氏道祯、道祐系下合修族谱。光绪二十四年湖广通谱班辈：（自天锡公起三十一派始）晋裕渊源衍，绳丰统建勋。依冠绵亿祀，运会振群英。

东安三水乡花桥雷氏 始迁祖钧铭公，原江西泰和县人，明初由桂阳乱石窠迁东安花桥。至1949年，已传20代，8000余人，族人分布于盐井铺、江西甸、茶园头等处。

宁远石安乡鲤溪雷氏 始迁祖久武公，字文全，江西雷冈人。元末明初迁湘，开基于宁远县石安乡鲤溪。至1948年，已传23代，男女丁口约1600人。族人分布于新鲤溪、新马场岭、洋塘等处。

蓝山火市乡雷氏 始迁祖道祯次子竑（香正二郎），宋绍兴八年（1138）由桂阳锦里桥迁蓝山县火市乡雷家岭定居。其子孙分居龙溪乡、城关镇、竹管寺镇、火市乡、田心乡、新圩乡。香正三郎定居毛俊镇井头，后分居太平圩、土市乡等地。香正四郎定居火市乡岸头村等处。

蓝山夏陶坪村雷氏 始迁祖道禧公，宋绍兴三十一年（1161）由桂阳锦里桥秋游蓝山而定居县城西门外夏陶坪村。其后裔分居于龙溪乡、所城乡、大麻乡、大桥乡部分村落。

蓝山凤感乡雷家岭雷氏 始迁祖竑公，字香正二郎，宋绍定年间进士，自桂阳县锦里迁居。至1931年，共952人。

蓝山凤感乡城腹雷氏 始迁祖梦诚公，宋景定间由江西泰和县迁来。至1933年，共514人。

新田长信乡白芒璧玉坊雷氏 始迁祖念二郎公，江西泰和县人，南宋时因避乱迁湘，开基于新田县长信乡白芒璧玉坊。至1949年，已传28代，共400余人。

新田长信乡草坪村雷氏 始迁祖千一公，原籍江西吉安县，宋时因授湖南衡阳指挥使迁湘，开基于新田长信乡草坪村。至1949年，已传59代，共1800余人。

溆浦大渭溪雷氏 始迁祖鸣皋公，元季由江西徙溆，居大渭溪。

溆浦思蒙雷氏 其先世由江西泰和县迁湖南。明初孔贤由辰溪徙此。

虞

攸县、安仁、茶陵虞氏 始祖汲公，为宋雍国公允文四世孙，元翰林，因季子槃守湘乡，遂宦寓长沙，复徙攸县。六世泽，生三子。次子则忠迁安仁益相，季子则舟仍居攸邑社田。攸裔十一世煌房凤琼，又独徙茶陵州鼓角石。清康熙三十七年（1698）三修、乾隆十一年（1746）四修、乾隆五十九年（1794）五修、道光四年（1824）六修、、咸丰七年（1857）七修、宣统元年（1909）攸房八修、1914年茶房八修、1942年九修族谱。九修时有孙科等题词。排行：盛朝庆皇恩，建业效则文。道与虞世尚，廷余绩承永。正会元运，肇宅南邦。忠良济美，信义传芳。祖德高厚，家谟显扬。俊儒能述，源流流长。

湘潭鹅洲虞氏 清康熙末年自新宁县迁来。1928年三修支谱。

湘阴洞冲虞氏 始祖槃公，江西吉水人，宋雍国公允文五世孙，元时官湘乡州判。其子必泰于皇庆中迁湘阴之御洗沟。必泰传六世至伏什迁洞冲，今属汨罗。

新化虞氏 始迁祖志明公，字横肇，原籍南京徽州府休宁县西乡蓝田，明洪武末年领宣仁侯之职，奉旨戍守梅山，遂宦居新化茅芦铺虞库坝（又名游户坝），今属上梅镇层峰村。生三子：洪江、洪清、洪海。后人衍居冷江、毛易、礼溪等地。1993年纂修族谱，已传25代。派语：史志洪永万，绍竣良应亨。振起文光大，长贻德泽宏。续增派语：诗书百代香，垂训首伦常。本来耕与读，勤俭得安康。

路

麻阳陶伊大河堡路氏　参见麻阳陶伊大河堡江氏。路飞次子与江成次子同由辰州移居麻阳陶伊大河堡居住。后裔分布栗坪、绿溪口、板栗树等乡镇。派语：永庆丹通上，再达日世廷。国开天心顺，家启必维新。泰和承靖宇，敦伦嗣先荣。尚德光前业，廉慎裕后昆。熟翼垂芳远，继述定长春。

简

醴陵简家湾简氏　始祖朝望公，宋时老寨户。族人分布于长沙。至1948年，全族人口100人。

邵阳大田村、温村简氏　修己公十三传至齐标公，明嘉靖十一年（1532）因经商事，自江西上高县枧头村迁湘，开基于湖南邵西永成里石屋坳温村，后卜居大田村。族人多分布在大田村、皇恩市、简家垅等地。至1948年，男女丁口达4120人。简氏宗祠在温村（今大田文昌村）和大田村之间，建于清康熙六年（1667）。清雍正二年（1724）、乾隆四十八年（1783）、道光十二年（1832）、同治八年（1869）、1925年五修族谱。班次：而文其大光昌。述存理学，以基经邦。思用立朝，自必成章。待时应治，万纪为良。忠孝衍绪，启迪延长。鼎峙蕃盛，声著赞襄。勋业攸垂，谟猷丕扬。该族名人：简而廉，明人，通五经，以孝行荐举，官监利训导。简廷佐，康熙举人，华阴知县。简昌璘，乾隆进士。

新宁简氏　远祖汉时昭德将军雍公，家蜀牛鞞县。宋淳化间，国鸣公为江州助教，因李顺陷蜀，遂居江西袁州牛栏峡。生三子：韶、頀、武。韶居桐村，頀居枫林，武居高安白沙。递传至锦江公，讳修己，由白沙迁上高枧村，生彦胜、彦通、彦荣。通、荣两裔不详，胜裔迁湖北兴山、长沙安化。彦胜公后十五传至永亨公，复由上高枧村迁新昌新丰团。又历二世至伯颜公，讳玄益，明嘉靖时由新昌迁新宁零阳里锁石坊。玄益生宗琰，宗琰生显模、显桂、显明、显英。显模居龙回杉木冲，显桂居小溪，显明居东安简家岭，显英迁蜀。清康熙间纂有草谱，1932年创修。班联：（自十二世始）述存理学，以（乃）基经邦。思用立朝（召），自（词）必成章。待时应治，奕载为良。忠孝衍绪，启迪斯长。鼎峙蕃盛，声著赞襄。勋业悠垂，谟猷丕扬。

桃源陬市简氏 始迁祖汉公，明永乐二年（1404）自江西迁于桃源县东陬市老屋冈之简家桥。至1948年，已传21代，全族人口520余人，分布于三阳港等处。清宣统二年（1910）建宗祠于贵竹园。族谱创修于1930年。

益阳简氏 始祖山宗公，原籍江西吉安府吉水县永丰庄。明太祖时为转运使，居上元。四世恕公，明宣德时为湖广岳州府守备，卒于官，子孙因家巴陵。第三子和公，字祥钟，天顺六年（1462）以明经进士为益阳县司训，卒葬益阳茅冈坪，子孙散居益阳、沅江。清嘉庆十九年（1814）始修族谱，咸丰十年（1860）二修，1921年三修。派语：庭海鸾华国，时降日明承。就光宏昌远，都玉焕新文。德修声永耀，学富兆嘉祥。名邦登俊士，世代显忠良。

安化简氏 始祖升璋公，明永乐时携子泰清自江西吉安上高县车溪徙居安化常丰乡一甲。传至九代孙日宣公，字球玉，号楼池，清初携母落业于新化东荸岭。族谱一修于清康熙十年（1671），康熙六十一年（1722）、嘉庆十七年（1812）、同治六年（1867）、1936年、1994年续修。派语：清思玉文正，益而大日通。永成光祖志，长远绍宗功。孝友传家训，贤良翊国忠。本原能世守，福泽自昌隆。统绪垂基业，贻谋启后伦。维新逢盛治，亿代振斯螽。

宜章大峻、杨桐江简氏 明正德时自福建徙宜章大峻、杨桐江。

汝城简家简氏 始迁祖积仁公，原广东高州府石城县人。元中叶由闽汀上杭县迁汝城。传二十世至永久，徙延寿夹水。至1932年，已传35代，400余人。

蓝山南平乡火烧坪简氏 始迁祖荣茂公，由广东迁来。至1931年，凡8户，男15人，女14人，共29人。

詹

长沙詹氏 始迁祖世明公，明末由江西南昌府南昌县游历荆楚，落业星沙锦都二甲横塘基。至六世永明公，生六子，分六房。清光绪十六年（1890）纂修支谱，1947年续修。老派：世应云登有永，兴正士俊光忠。新派：定志宗先尚，书声茂善良。仁之培一本，源远庆流长。

益阳詹氏 谱称詹氏本姬姓，系出黄帝，世传前至周宣王，其次子名文，王命治冀地，有德政，人皆瞻仰，王嘉之，以河间为食采邑，故詹氏以“河间”为堂名始此。传至五代礼公，王命以爵为氏，此詹氏得姓之始。至五十七代信公，官河南太守，始迁江西浮梁县新安乡。至七十九代荣五公，世居新安，木商为业。长子再九，官迁常卫，为今湖南桃江、常德、汉寿、桃源、宁乡、安化、靖州与四川城口等县詹氏始祖。公生于元顺帝至元三年（1337），年二十，随父经商，排泊鄱阳湖，适朱元璋为元兵所迫，避难于排，公待之以礼，遂弃商从戎，屡立功勋，赐姓为杨，晋升镇抚，洪武七年（1374）调长沙卫，十八年（1385）调常德卫，二十八年（1395）征会同苗寨，卒于军，追谥“政”，即杨政，葬会同县之太阳坪，今属靖州县甘棠镇龙峰乡。二世祖杨茂椿，即詹魁一，定居武陵。三世祖从善，永乐二年（1404）屯益阳鲊埠颜家山。至清康熙间十二代祥燕，因就益阳县试，始复詹姓。康熙九年（1670）创修族谱，乾隆九年（1744）续修，嘉庆二年（1797）三修，道光十九年（1839）四修，光绪二年（1876）五修，1923 年六修。族人分布于资阳两岸之碧螺乡、九岗乡等处。至 1948 年，已传 23 代，族人万余。宗祠在鲊埠。1995 年七修族谱，时已传 26 代，人口逾 3 万。派语：伯月廷文学，佳祥雅有能。荣昌天道显，万世庆敦仁。忠厚开基远，光明立德成。先朝传正范，南国美家声。族睦兴邦易，修齐利治平。同心图奋发，华夏定飞腾。

石门詹氏　清康熙末年自福建省靖县龙山镇南庶村迁来。清同治十一年（1872）、1995 年、2017 年三修族谱。字派：士建尊成，舜登永芳。世荣万代，长发其祥。家同鼎泰，豫观丰恒。咸临谦益，晋履萃升。

石门詹氏　福建双溪开基祖千三郎七世孙君唐长子元参，生二子，长子詹士本生建泰、建吉、建重、建金，次子詹士□生建文、建章、建俭、建元、建忠、建基，先后迁楚。同时迁入楚地者还有元震、元鲁、松先、从万、应科、应献、应祚等七支。清道光二十四年（1844）建宗祠于县城田家巷。同治十一年（1872）石门创修族谱。字派：士如承盛世，财德必开先。自有星志□，家门永可传。

蓝山南平乡詹家坊詹氏　始迁祖宗绍公，由江西经商迁来。至 1931 年，凡 40 户，男 78 人，女 80 人，共 158 人。

嘉禾下车詹氏　始迁祖代三公，元时自蓝山詹家坊迁嘉禾下车，以农为业。至 1930 年，凡 74 户，男 156 人，女 135 人，共 291 人。

靖县太阳坪詹氏　始祖再九公，四世铎公，其后裔廷信，明嘉靖四年（1525）举人，任绥宁知县，携眷迁居靖州。

靖县七里街詹氏　清初由广东迁居靖之七里街。至清光绪三十四年（1908），已传 16 代。

鲍

长沙鲍氏 始迁祖光虹公，字映辉，原籍安徽休宁县，幕游湖南，隶籍善化。

平江浊水白箬鲍氏 始迁祖如隆公，明万历三十八年（1610）自湖北高霞迁此。至1994年，全族人口33人。

华容鲍氏 始迁不详，今60余人，聚居幸福。

靖州大堰口鲍氏 明洪武初年因征苗由泰州迁居靖州之大堰口。至清光绪三十四年（1908），已传21世。

解

长沙解氏 一派思远公，讳睿，号明轩，明洪武、成化间人，自江西官湖广，迁长沙，落业杨林铺。清雍正十年（1732）、乾隆五十七年（1792）、同治七年（1868）、1916年纂修族谱。派语：思永廷政朝兴良宏宗士必昌。维邦有志，树德钟祥。家传忠孝，书上和康。英才大启，百世联芳。

邵阳解氏 始祖寿长公，元末自江西迁邵，五世孙国章复迁邵西老屋解家。

华容解氏 始迁不详，今90余人，分布插旗、梅田湖、城关等地。

雍

长沙雍氏 始祖齿公居徐州沛县，辅汉高祖起义兵，封为成都什邡侯。三十余传而生陶，陶十五传而生天佑。天佑生周裔，仕于元，世居江南凤阳寿州东门。裔祖生绍伯、绍通、绍达。绍伯生列，列生大亨、仕亨、道亨、永亨。大亨以明太祖龙兴于杭，同常遇春破采石矶，功授川陕总督，贬为湖北副将，世袭黄州卫指挥，赐禄田三分，坐落临湘，今湘邑孟家畈及武邑牧门子孙是其裔。道亨官军政印，以征兰溪功，世袭黄州卫百户，赐禄田壹分，坐落长港，今冈邑乾鱼埠子孙是其支。仕亨官黄州府守备，入黄州卫籍，今冈邑清源门、夏家畈子孙是其后。永亨以学博授扬州宝应教谕。绍达迁陕西不详。绍通迁江西吉安，生林、远。林生吾学、吾泰。远生吾纪。吾纪生齐广。吾学生邱广、平广。邱广为湘潭雍家垅开基祖。吾泰生奥广，为长沙河上桥开基祖。清嘉庆二十二年（1817）、咸丰七年（1857）、光绪二十三年（1897）、1924 年长沙房纂修家谱。字派：子孙昌荣，克振家声。文扬武烈，厚泽光明。门庭孝友，品节清贞。勋名焜耀，经济恢宏。

湘潭花石雍氏 一代祖绍通，由寿州迁江西吉安，三传至四代祖邱广，明永乐间由吉安迁湘潭花石。其堂弟奥广仕长沙，居河上桥，同为湘、长两邑雍氏开基祖。清康熙四十九年（1710）花石自修族谱，乾隆三十一年（1766）潭、长合修，嘉庆二十二年（1817）长沙、临湘合修，咸丰七年（1857）潭、长又合修，1924 年潭、长六修，2018 年花石七修。派语：（自九世始）承受宗祖德，永远子孙昌，荣克振家声。文扬武烈，厚泽光明。

阙

醴陵阙家湾阙氏 清乾隆间自广东梅县迁此。至 1948 年，全族人口 300 人。

安化阙氏 始祖绍梅公，明洪武初由江西抚州府乐安县峡源迁居湖南安化县南门，子三：尚胜居安化，越五传至士佑公派分七房。尚贤居龙阳，尚友居桃源。族谱始修于明嘉靖间，1938 年七修，时有男丁 1266 人，女口 935 人。清乾隆十三年（1748）三修订定班行：嘉修昭祖德，泰祚发清英。才高传高雅，贤良接续兴。清光绪二十一年（1895）六修增订班行：恢先原孝友，经世本纲常。名教尊东国，云礽盛楚湘。

桃源阙氏 始迁祖龙文远，原籍江西吉安庐陵西门外高沙村，明洪武二年（1369）迁居桃源大里坪蟠龙洲，生一女一子，因子智海年幼，招阙文昌为赘，智海后裔亦以阙户纳赋。明万历间创修草谱，清道光二十五年（1845）一续，1928 年二续，2004 年三续。清嘉庆间建宗祠于蟠龙洲。派名：（自十五世始）廷学为世泽本，道兴景祚基。方正永有益，上辅锡崇禧。

新田田围岭阙氏 始迁祖帝举公，宋时经商自福建迁湘之新田县博大乡田围岭。族人分布在宁远坪江洞。至 1949 年，仅 20 余人。

麻阳阙氏 先世居福建汀州府永定县丰田里，后徙江西吉安府庐陵县西门外淳化乡。迁湘始祖寿卿，明洪武二年（1369）率两子移居湖广。荣大落业桃源大里坪。荣昌落籍麻阳高村补池溪，明天顺三年（1459）移居双岔口。后裔分布谷达坡、高村镇，共 750 余人。字派：昌智庆茂，通祖友儒，景应朝启，世善文仁，宏国兴常。后与桃源续派：学为国泽本，道德成作善。方政永有益，上辅锡崇禧（“仁”对续派“学”）。

满

麻阳满氏 始祖昌国公，字武威，南宋人。长子运乾，南宋淳熙年间因与权要龃龉，而由江西泸溪知县降为辰州府泸阳县岩门分司，遂定居于麻阳县斌土（轻土），改呼其地为满家坪。传至八世孙存孝，明洪武三十一年（1398）携子立荣、立显迁居岩门城对河，存德携母及子立中、立厚迁居兰里偏喇，后分迁兰里坪、老弄口、湖北黄冈等地。字派：昌运洪恩锡，景子甫绍存。立善永文如，廷朝大其世。士陈长建万，帮元维延益。家兴祖德佑，星辉化日光。增议字派：宗藩序昭穆，代盛振纲常。河岳钟灵久，嗣均庆寿康。该族名人：满朝荐，明万历进士，官南京刑部郎中。

溥

蓝山大慈乡田心溥氏 始迁祖良孝公，清乾隆由广东乳源分迁蓝山田心。至1931年，凡39户，男42人，女40人，共82人。

褚

衡阳褚氏 始祖遂良公，唐谏议大夫，督潭州。二十四世孙仁卿公，宋汝州刺史。孙兴隆、兴贤、兴业，随祖、父由江西迁衡阳长乐里新丰里。兴隆居常（宁）北凉水大湖塘。兴贤居衡西堰头上，兴业居常（宁）北盟山岭，裔转迁社公町。清雍正十一年（1733）、乾隆四十年（1775）、光绪三十四年（1908）、1932年纂修族谱。

慈利褚氏 远祖遂良，十九世至通甫、明甫，原居河南开封府杞县白石村，元至正十二年（1352）迁湖广孝感县。二十一世秀益又迁湖南慈利。递传至逢才公，居三都，生两子：文魁、文选，分为两房。清光绪十八年（1892）始修族谱，1999年续修。以通甫为慈利一代祖。总祠位于慈利县南正街。慈利支派：国朝相延万年盛，家道宏开百世昌。尊祖敬宗光大典，敦仁本義绍先芳。希明泽远传心学，登善德隆启忠良。圣代佑贤广辅佐，永膺福祚际嘉祥。湖南常德、津市、临澧也有褚姓。常德支派：正大光明，天开有道百世昌。临澧支派：国朝相士万年盛，家道宏开百世昌。尊祖敬宗光大典，居仁由羲绍先芳。

华容万庾字藏岭褚氏 一世祖遂良，字登善，江西余干县洪博村人。十九世通甫自河南开封杞县逃迁湖北云梦。后裔启明（“在”字派）为生活所迫，于清同治六年（1867）由监利茅圻河迁居华容万庾字藏岭落居。通甫后裔现分居监利茅圻河、洪湖虎场镇、华容万庾镇塌西湖、安乡官垱镇、平江等地。祖祠建于湖北云梦。老派：（自三十世始）在能修有，范山模水，观玉式金。和平忠厚，正大光明。永承先泽，克振家声。新派：宏道传继，诗书联新。敦品立行，四维全遵。堂名登瀛。

綦

桃源陬市綦氏 始迁祖积德公，明永乐二年（1404）自江西余干徙居桃源陬市上街。至1948年，已传24代，有300人。族人分布于水田坪、老官、黄石、南湖坪等处。宗祠设在关岳庙左。

汉寿綦氏 始祖崇礼公，世居山东高密。宋高宗时因斥秦桧，谌居台州北海。长子淡然居浙东。次子淡峻，字岐庵，居衡阳江东。五世训公，生祉、寿。祉裔居衡山、汉寿，寿裔居衡南、华容。祉裔十二世为仁，号卫南，明永乐间迁汉寿。1997年七修族谱。字派：祉善则孝思永为邦干文昌开化调元参赞之启学联芳深……

衡山、衡阳綦氏 始祖崇礼公，字叔厚，翰林学士，世居山东高密县，后南渡居浙江之台州。仲子峻公，字洞然，号岐庵，入赘衡尹，遂家衡阳江东岸。岐庵公八世孙智，字模通，明永乐九年（1411）由西北三乡徙居衡山。至1948年，已传29代，两邑共万余人。宗祠设衡阳。1996年七修族谱。派语：（自七代始）善则孝思，永为邦干。文昌开化，调元参赞。高密建谋猷，衡湘群英冠。诗书振芳声，辅弼昭简翰。道积庆有余，功懋名自焕。万世长滋培，繁衍雄楚汉。

华容蔡田铺綦氏 始祖崇礼公，字叔厚，宋翰林学士，山东高密县人。次子岐庵，南宋定居湖南衡阳。十二传至清操，名为德，明成化年间任九溪卫运粮百总，因押运官粮失误，于正德初年避居华容蔡田垸蔡田铺附近建基创业，后名綦家台。华容支以清操为一世，子孙居鳌山坡、沙流河等地。清光绪十七年（1891）、1939年、1991年、2013年纂修族谱。堂号北海。旧派：（自十九世始）大玉邦家光，鸿才迪先德。后统一用衡州綦氏派语，从“德”字后接

“湘”字。

綦刘

常德上淦村綦刘坪綦刘氏 始祖景隆公，讳猛，仕北齐，以忠赐姓綦连氏，因以部为姓。迨南宋翰林学士綦崇礼归台州，单以綦为姓。其后世子孙徙豫章，乃以綦刘为姓。明初，一世祖德广公，字润身，官指挥，永乐二年（1404）奉敕征蛮，由吉安郡吉水县拖船埠来常坐镇卫军，解组归田，卜居武陵之上淦村綦刘坪，子二：长永福居旧址半隐山。次永寿公分居虎踏坪，即今上綦刘者。子孙就半隐山设立宗祠，屡圮屡修，1913 年又修。清光绪三年（1877）初修族谱，1937 年再修。原派：继启之光大，必有名儒安。续派：鸿开祚运远，丕承家道宽。笃孝基先立，纯仁本克端。元良方作育，善德庆传观。

慕容

浏阳慕容氏 始自陕西，后迁湘乡县瓦子坪桑梓村。明嘉靖三十八年（1559），敬斋公为王府仪宾宗人令，授亚中大夫，侨居长沙省城王府西门。凡三代，明季兵燹，公锡公又迁浏阳郭家园，也有居长沙、善化、攸县、平江及四川巴东、陕西新安者。清道光四年（1824）、1947 年纂有族谱。字派：……嘉汝单仁道正之心士为民贵……

蔡

长沙蔡氏 始迁祖用谦公，字德基，原籍燕京，元季从戎，明洪武五年（1372）以武校来长沙。四世文质、文斌，质生孟贵、孟海，斌生孟峪、孟峰。清道光十六年（1836）贵、海、峪三房合建宗祠于走马楼，咸丰五年（1855）、光绪十八年（1892）三房合修族谱，而峰房不与。1935 年质、斌又分修。峰房房谱纂修于清道光十一年（1831）、光绪十九年（1893）。峰裔十世启光为抹鞍铺祖，启和为滩头坪祖，启宗为灰埠房祖。2008 年滩头坪房续修。前八派：用福均文，孟法廷华。峪房支派：东之百中起，洪泽定廷昌。峰房支派：松启学中仕，德盛培源远。合派：克家先孝友，绳武尚端方。敬修时念典，垂裕常呈祥。

宁乡蔡氏 始祖剑公，唐僖宗时以军功官授左散骑常侍。子昭公，唐文宗太和时自河南汝宁府蔡州上蔡县徙居江西瑞州府高安县宣德里昌村。昭公重孙郢，仕唐庄宗检校尚书兼管江西诸镇，同光二年（924）奉旨领洪都三百余户来湖南潭州垦荒，挈家百余口渡湘江之北至益阳南乡千石村营里，生六子：彦瑜、彦琮、彦璜、彦玖、彦瑗、彦瑛。璜、玖、瑗、瑛失传。彦瑜为西宗所祖之大宗，递传六派至文倬公为西宗所祖之小宗。彦琮袭父职，始立五派字，即东宗所祖之大宗，至六派祖文儒公续立十五派字，迁居罗裙江，生五子：仲知世居益阳，仲明派衍冀州蕲水，仲行派衍湘潭，仲为派衍攸县，仲用为沩宁所祖分支之小宗。清乾隆六年（1741）宁乡蔡氏纂修族谱。堂号济阳。东宗老派：彦茂可万延，文仲友忠善。允必知贤才，克孝安邦国。继立崇希祖，时清达道亨。西宗老派：彦茂可万延，文明守朝天。镇中兴应得，光孟汝能宣。继立崇高尚，时方正用通。清乾隆四十三年（1778）东、西宗合续派：盛世敷声教，名家敬典章。雍和亲逊裕，仁厚品行庄。肇益开源远，承洪衍绪昌。寅恭敦秩序，模范肃冠裳。

湘潭盐埠蔡氏 始迁祖彦瑛公，明永乐时自江西丰城迁居湖南湘潭之盐埠。子孙有徙衡阳桃林者。清光绪二十七年（1901）四修族谱，堂号笃亲。

湘潭蔡氏 明洪武间由江西来茶邑。伯猷公又于明正德间迁湘潭，生廷萱、廷基。廷基又迁湖北。廷萱卜居湘潭上游油铺冲，派衍两房。清乾隆间、咸丰五年（1855）、光绪二十九年（1903）纂修族谱。班行：伯廷学楚养，思绍宗文韶。名德清远，务本垂光。家声振起，世泽传芳。

湘潭蔡氏 东蔡派祖继孟之十五世孙梓、楫，明中叶由吴县洞庭迁居湘潭。清光绪十一年（1885）苏、湘六修族谱，堂号济阳。

醴陵蔡家棚蔡氏 始迁祖仲德公，清康熙间自福建龙岩迁此。族人分布于老鸦山、赤竹岭。至1948年，全族人口1000人。

醴陵灌冲蔡氏 始迁祖维标公，清乾隆间自广东梅县迁此。至1948年，全族人口200人。

攸县渌田蔡氏 谱称宋靖康年间，上蔡人吉公南渡任江西洪州通判，再任潭州通判。十四传至元末明初朝端公，讳忠，号雪松，卜居于攸县禄田桑田。因几经兵寇，旧谱不存，故以朝端为一世祖，至今已传25代，嗣孙3万余人。明万历三十四年（1606）首修族谱，清光绪十年（1884）七修，1942年又八修草谱，未及付梓。2001年九修。明万历间建宗祠于桑田黄冈岭。门联：湖湘望族，科第世家。谱分上蔡长衡籍，志载三朝科第家。南干山川吴入楚，中州阀阅祖而孙。排行：朝元常琮蔡，国蔡思承而。祖来上蔡，贻谋允臧。言本道德，行由典章。诗书世泽，礼义家常。子孙益振，源远流长。该族名人：蔡思穆，官浙江巡按御史；蔡承甲，明万历进士，官广东惠州知府。蔡福斑，清康熙进士，官内阁中书。蔡会文，红军将领，1936 年牺牲。蔡人昌，国民革命军中将。蔡仪，著名美学理论家。

衡阳新桥蔡氏 迁湘始祖吉公，字泰常，先世居河南汝宁府上蔡县，宋靖康间由洪州牧通判潭州，占籍于潭。传至元末松溪公，生七子，其中祥一、祖二、辛三、锡五又自潭迁衡。祥一派衍新桥，祖二派衍东阳，辛三派衍西二，锡五派衍长乐。清乾隆四十年（1775）、嘉庆二十二年（1817）、同治元年（1862）、光绪二十一年（1895）、1922 年纂修族谱。

耒阳新城蔡氏 迁湘始祖吉公，字泰常，宋南渡时宦游潭州，致仕后定居攸县渌田。越十四世至朝宗、朝端、朝纲。朝宗不详，朝端开族攸县、安仁。朝纲于元至正间致仕，迁隐耒、衡交界新城（今新市），生荣公、华公。荣公居枫山，华公居水西坪。明弘治二年（1489）、万历三十四年（1606）、清乾隆五年（1740）、嘉庆七年（1802）、道光二十五年（1845）、光绪十四年（1888）凡六修皆荣、华两房合修。1913 年、1949 年、2011 年皆华房续修。班行：世统长发，宗自周邦。祖来上蔡，贻谋允臧。言本道德，行由典章。诗书先泽，礼义家常。子孙丕振，万代荣昌。

邵阳蔡氏 始迁祖元七公，元至正二十六年（1366）自益阳泥潭十八都迁宝庆，定居城北新宁都，今江北、田江渡等地皆其后裔。清咸丰九年（1859）为避战乱，蔡正陵一家迁居小东路蒋家冲，即今郊区蒋河桥乡蔡锷村，其子蔡锷，倡导反袁护国运动。

邵阳回族蔡氏 始迁祖能公，字澄远，原籍江南淮安山阳县，明洪武二年（1369）奉命自南京镇守宝庆，授指挥佥事，卒葬邵阳县西门外演武场。生子四人：莫、华、禧、礼。族人分布于九公桥镇。

华容南山鼓楼山蔡氏 始祖宋时用之公，字宗野，新昌人，因献万言书及词赋于真宗，受真宗旌表，视为异文，故有旌异堂一说。裔孙旸晖，字玺，北宋末年随岳家军平杨幺于洞庭，留镇岳州，遂家于此。次子龙升，随父入湘，致仕后于南宋淳熙年间迁居华容南山古楼山。派语：龙凤万朝景，添山文玉全。以周长之庆，如南国永升。锡衍东光远，鉴清秉照垂。

华容胜峰筲箕塌蔡氏 始祖唐代东昌刺史鑢公，自河南迁福建崇安。十四世梃公，随祖父元定、父沈遭贬入湘，后至岳州。梃公长子昺，元至元二十六年（1289）逃兵乱迁居华容白石岭（今胜峰筲箕塌）。梃公次子昱居岳州河西之黄金乡。以昺为崇安堂一世。至三世分光、明两支。明之后裔居南山荆竹山一带，称元房。光支分春、新、清三房。后裔聚居胜峰筲箕塌、三封寺、潘家、南山一带，星居全县各地。派语：一思金伯文，世应学良遇。永述光在全，源本大开先。勋均锦汉椿，秋重钦涵树。焯奎铨漳松，耀域鉴藻楚。照圭。续派：安邦正和杰，瑞章勤耘泽。

湘阴中洲蔡氏 江西始祖康公，居丰城县火盆岗三江口。十代孙胜开迁荆州公安县，生六子。第五子荣精公，由公安返江右，明洪武六年（1373）又近湘阴县对河中洲。七世景明、景时。景明子璠为大房支祖。景时子邦舜为二房支祖，邦梁为三房支祖。三房各祠各谱。大房族谱纂修于清道光十五年（1835）、光绪七年（1881）、1922 年。二房族谱纂修于光绪十年（1884）。三房不详。2009 年三房合修。字派：荣文鹤兴永得景王邦金定世之。正大光先德，文元启后贤。尚书承道学，蒙引绍心传。

湘阴小江蔡氏 始迁祖邦文公，明嘉靖九年（1530）自江西迁湘阴小江，今属汨罗。

平江思村蔡氏 始迁祖兰秀公，清康熙年间自江西龙南迁此。

常德蔡氏 始迁祖瑀公，明永乐二年（1404）由云南霍庆迁常德武陵。1912 年纂有族谱。

桃源天会山殷家堉蔡氏 始迁祖文甫公，明中叶自江右迁桃源县城。历六世德贤公，崇祯间再迁县北上七里村之殷家堉。至 1948 年，全族人口 200 余人，分布于温泉、天会山、蔡家坡等地。1917 年建支祠于此。道光初年，合桃源、石门、慈利、临澧创修族谱。咸丰七年（1857）、光绪三十二年（1906）、1937 年续修。

益阳东宗、西宗蔡氏 始祖郢公，仕后唐为检校尚书，同光二年（924）奉敕领洪都三百余户开垦潭州，遂家益阳，谥文忠，生六子：彦琮、彦璜、彦瑜、彦玖、彦瑗、彦瑛，五世同居，世称南乡蔡氏。厥后，璜、玖、瑗、瑛陆续徙蕲、潭、攸、宁等县，惟琮、瑜两公后裔多居益，琮公后裔称东宗，瑜公后裔称西宗。清同治十年（1871）建文忠公祠于益阳十九里泉交河蔡家冲墓前。清康熙时东、西两宗即各自为谱。西宗更递衍为庆、旼两支。庆公生光宗、光海，光海徙汉寿大围堤。旼公生光福、光寿、光左、光右。康熙五十七年（1718）西宗分修族谱，乾隆五十四年（1789）续修，嘉庆二十三年（1818）庆、旼两房分修，咸丰十年（1860）旼公下福、寿、左、右合修，光绪十九年

(1893) 福、寿、左、右亦分修，1921 年福、寿、左、右又合修，1948 年西宗庆、旼两房七修族谱。七修谱有李宗仁、孙科、于右任、白崇禧、何应钦、王东原、程潜、彭汉怀、赵恒惕等人题词，程潜、朱绍良序。1948 年益阳蔡氏又纂修联宗族谱。1996 年西宗七修，2021 年西宗八修。族人蔡用之，官陆军少将。西宗原派：文明守朝天，镇中兴应得，光孟汝能宣，继立崇高尚，时方正用通。东宗原派：文仲友忠善，允必知贤才，克孝安邦国，继立崇希祖，时清达道亨。东西宗合派：盛世敷声教，名家敬典章。雍和亲逊裕，仁厚品行庄。

益阳蔡氏 始迁祖龄公，字岁千，号次轩，元明相代之际由河南上蔡县徙居益阳千家洲。清乾隆九年（1744）、乾隆四十一年（1776）、嘉庆八年(1803)、道光二十三年（1843）、光绪四年（1878）、宣统元年（1909）纂修族谱。派语：（自三派始）庆朝定邦恒友志允希思文召光。青大鸿词学，儒修礼义长。诗书昭士守，维德尚贤良。

新化蔡氏 始祖源公，字世汉，号元纪，祖居河南汝宁府新蔡县，宋建炎间徙杭州。子维孟，字太和，宋孝宗淳熙间官统制参军，奉诏征讨苗蛮，编军宝庆卫。子均和，留驻梅山车田。均和传三世至兰孙公，五子：温、良、恭、俭、让。族谱始修于清嘉庆十九年（1814），道光十二年（1832）续修，同治八年（1869）三修，1947 年四修，1993 年五修。又一支，始祖丰周公，族谱始修于清雍正十年（1732），嘉庆二十年（1815）续修，同治八年（1869）与元纪公支合修，1992 年六修。元纪公裔派语：泰钧明昭，孙德应志。兴永伏祖，朝廷正大。光文洪世泽，锡玉景……丰周公裔派语：仲轩国正扶，贤敞应卿守。谦祐友仪通，敬宗修文秀。春裔见景远，英美际……以下合派：祺昌，立本崇忠孝，隆基启吉祥。熙和家益庆，宽厚业恒长。道广才能达，规成理学彰。

宜章黄沙乡堡城蔡氏 始迁祖吉公，字泰常，原籍浙江新昌，宋高宗南渡时伴驾迁湘，开基于茶陵县。明永乐六年（1408）荣公，讳奕昌，字朝宗，任茶陵卫指挥，奉调镇守宜章西、莽二山，又开基于黄沙堡城。至 1949 年，已传 19 代，族人 2000 余人。

新晃枫树屯村回族蔡氏 清康熙二十六年（1687），回民蔡忠山、胜顶为谋生计，自宝庆（邵阳）南路九拱桥，以行医、石工手艺为生来晃县方家屯乡枫树屯村犀角洞落户。派行：思宋体宏运，日开时正寅。昌宇临世泽，克裕泳希巡。沅远照祖德，茂盛维松柏。

麻阳惹都四甲兴隆田蔡氏 始祖元本公，原籍河南上蔡县，首迁邵陵北江。一世学齐公，迁居宝庆府邵阳县隆回三都花桥。十五世安辑于清末民初徙居麻阳县惹都四甲西晃山桐木坪兴隆田。族人分布大桥江、尧市、文昌阁等处。字派：元福文仲仕政，廷荣朝学尚国。永世安邦俊德，泽明左治贤良。

蔡林

湘乡永丰蔡林氏 始祖朝顺公之子仕职，生有三子：义臣徙居衡州，某臣徙广东，开臣葬其父于浏阳，清康熙十年（1671）奉母朱氏迁居湘乡县永丰人寿总季家巷（今属双峰县）。又有林氏舒国公，官探花翰林学士，娶朝顺公之女，生有二子：子亦、子辉。子亦之次子孝清，字启秀，康熙十年（1671）随舅仕职公及开臣公自闽迁湘乡之永丰，开臣公视之如己出，启秀公笃念其恩义，遂奉其祀而以蔡为氏。族谱始修于道光十七年（1837），宣统二年（1910）续修。同治三年（1864）建宗祠于人寿总，堂号述德。派次：清琦志百代，兴隆锦泽长。慎猷庸敬德，本礼植纲常，嗣绪雄南国，家声振楚湘，渊源传自远，亿世祝馨香。自启秀公传八世至锦鸿公，生三子：泽广、泽庶、泽膺。泽膺即蔡和森，字润寰，号觫仙。

蔺

浏阳蔺氏 尊相如为远祖，春秋时仕赵，为上卿。至明万历年间，国凰公，字柳池，号仪庭，自江西万载迁湖南浏阳南区兴德乡泉江里。至1949年，已传16代，族人2000余人，多居浏阳兴德乡。明嘉靖二十五年（1546）、清乾隆四十七年（1782）、嘉庆二十二年（1817）、道光二十八年（1848）、光绪三年（1877）、宣统二年（1910）六修族谱。1943年与江西宜春三阳桥支、万载龙田支七修，1994年八修，2006年九修。字派：国泰添心盛廷名臣树大常传万代绍德芳。培本隆世裔，蕃昌耀宗功。英华文光焕，显达振家声。

臧

益阳水白桥臧氏 始迁祖子文公，元至正年间自福建南台避兵迁益阳东门外水白桥定居，生必祥，祥公生五子：友仁、友义、友礼、友智、友信，分上下房。上房分富、洪、荣、贵，下房分华、澄、淮、锦。崇祯癸未秋寇兵残败，屠戮者半，窜亡者半，疫死者半，人口不及从前远甚。尚遗六支：富房衍沿河垸、臧家河、白竹园，荣房衍黄泥湖、松木塘，华房衍香铺仑、油麻垸，澄房衍碧津渡、西流湾、金花湖，淮房衍响水坝、长乐村，锦房衍千家洲、臧家塅、赫山庙、艾塘基。清乾隆二十六年（1761）、五十六年（1791）、道光元年（1821）、咸丰七年（1857）、光绪十六年（1890）、1933 年六修族谱。字派：……时余大天长生逢世祖。忠孝芳徽远，读书品秩清。育材储国器，德爵振家声。

华容臧氏　始迁不详，今400余人，聚居于南山。

靖州臧氏　明嘉靖二十六年（1547）由南昌迁靖。至清光绪三十四年（1908），已传15代。

裴

长沙裴氏　始迁祖公祥公，明成祖时自江西来楚，始居石泉村，后徙善化三都高塘（今属长沙）。清乾隆元年（1736）创建宗祠。嘉庆十五年（1810）始修族谱，同治四年（1865）续修。派语：太兴仁克旺，永正大朝光。忠孝传家本，诗书世业延。继起钦贤哲，明经汝迪承。文章华国士，富贵德为基。

湘潭裴氏　始迁祖素裕公，字居宽，明洪武初避陈友谅之乱，自江西丰城迁湘潭十二都尖冈山。长子友迭居衡山裴家洲，堂号河东。次子友运居长沙高塘，堂号存著。三子友通居湘潭裴家冲，堂号四支。1944 年三祠五修族谱。衡山祠旧派：（自第四派始）云景叙富，清元范尚，庆度鼎盛，荣昌有光，惟祖作。长沙祠旧派：（自八派始）太兴仁克旺，永正大朝光，忠孝传家本。湘潭祠旧派：（自第十五派始）启绍先德，振焕中湘。新派：（自第二十三派始）人文肇运康，典式允宣扬。宗泽恢宏远，功勋自久长。

平江东乡枫树下裴氏　始迁祖大畏公，清雍正十二年（1734）自长沙迁此。至1994 年，全族人口268 人。

临澧、安乡裴氏　唐晋公裴度十二世孙文达，宋理宗时为真定太守，落籍湖北监利。其五世孙珉公，生三子：纲、纪、缙。纲、纪两公明洪武初迁居湖南，纲裔居武陵裴家码头、丁家港，纪裔居临澧城关、合口、望城、陈二及安乡黄山头。缙裔居监利、澧县车溪河、中武乡、临澧新安镇等地。临澧、安乡纪公支族谱一修于清嘉庆二十五年（1820）、光绪三年（1877）、1947 年续修。临澧新安缙公支族谱续修于1913 年，2003 年两支合修。常德丁家湾纲公支族谱1998 年七修。常德字派：文兴英木王系土天仲尚绍烈鱼金志国纹定发元。万世其昌，大廷有相。名必显扬，喜德芳……临澧字派：文兴英木王系单日文廷单大（应）思相（启）上（如）正遇（学）世宏昌德景承先泽贻训孔长代毓秀良才超……安乡字派：文兴英木王系万通水玉金廷汝继一可元延宏世祚景仰先泽贻训孔长代毓秀良才超……新安字派：文兴英木王系寅富日志王朝仲天正元上八应宗龙之光永运维新祖德鸿承先启代昌……

安乡理兴乡黄山裴氏 始迁祖镒公，字万胜，原籍山西闻喜县。明永乐初年随父纪公自湖北监利出仕豫章，奉命镇楚，落籍临澧，后镒公以弟鉴公承父之业，乃转开基于安乡里理兴乡黄山之麓。至1949年，已传21代，共1000余人。宗祠设栗树冈。

桃源青云裴氏 先世于明成化四年（1468）自江西迁于桃源县北青云之裴家垇。至1948年，已传18代，全族人口2000余人，分布于县北各乡及常德等处。宗祠在裴家垇。族谱创修于清同治四年（1865）。

麻阳高村裴氏 始迁祖肇佳公，明末自江西丰城县滩头迁居麻阳高村刘家弄定居。字派：承继光首学，锡庆志来忠（万）。运际丁贤秀，时享拔俊聪。相山登极旭，彩映日华容。

麻阳兰里麻伊坪裴氏 始迁祖孙禄公，明末自江西丰城县滩头定居麻阳兰里麻伊坪。字派：孙生文希楚，学士志正明。民定发元，万世其昌。少庭有相，门必辉煌。

管

常德管氏 一世福公，唐懿宗时人，原籍安徽池阳，避五季之乱，迁浙江处州府龙泉县。七世君锡，又迁江西丰城。至明中叶，子孙迁湘，如玑公迁桃源九溪，宗廷、宗运迁桃源黄石。清公迁龙阳永逸障。清光绪十九年（1893）纂有族谱。

平江管氏 始迁祖应辉公，清康熙五十年（1711）自广东大埔迁此。至1994年，全族人口288人。

汝城城溪管氏 始迁祖万十一郎，明嘉靖时自湖南宁远迁汝城县城溪。至1932年，已传19代，60余人。

麻阳锦江管家洲管氏 始迁祖拾万公，明洪武七年（1374）奉旨征瑶，由江西率兵南征三载，解甲还乡，建宅于麻阳锦江大红滩畔之管家洲。传至明弘治年间，子孙分居管家宜、担管山、桐坪等处。族人分布于舒家村、江口圩、长潭、谭家寨等乡镇。字派：治国与天长，逢绍时先开。光耀宗祖盛，嗣后呈吉祥。新派：立人树榜样，徽弱化富强。振兴宗祖志，文武显晋阳。原派取到“逢”字，“逢”字对新派“立”字。

廖

湖南廖氏　始祖实蕃公，讳花，世居江西，宋初任湖广参政，后因乱迁闽之上杭。至十八传，清康熙年间共有七支迁湘。族人分布长沙、湘潭、醴陵、浏阳、平江、湘阴、沅江、益阳、宁乡、萍乡等地，约八千有奇。总祠设长沙白鹤巷，为十县族人公建。清嘉庆十七年（1812）、咸丰三年（1853）、光绪十八年（1892）、1925 年纂修族谱。派语：国泰逢时达，熙和顾俊襄。植滋恢贡宇，垂裕肇嘉祥。

长沙伍家冲、廖家冲廖氏　始迁祖显先公字光宗，显照公字耀祖，本籍江西南昌，明洪武时迁居善化八都伍家冲、廖家冲。清乾隆年间创修墨谱，嘉庆二十二年（1817）续修，宣统三年（1911）三修。光绪三年（1877）建宗祠于廖家冲。派次：显庭邵聪邦澜启，单之隆原辅开宜。逢世兴通成正士，恒修良善慎为云。

长沙白箬乡长冲廖氏　始迁祖永安公，明洪武时迁长沙城，随迁长沙县白箬乡长冲、城南外烂泥冲。至 1949 年，族人 12000 余人。宗祠设河西长冲。

长沙湘春门廖氏　始祖永忠公，字尽职，行二，安徽巢县人，元末归明太祖，历征各省有功，调守福建泉漳三载，封德庆侯。至第六代垂远公，字建源，明正统间由江西吉水迁居星沙湘春门北门正街，为廖氏始迁长沙之祖。第七代思智公，分宝贤、兴贤两支，宝裔居北门壕上。兴裔第十代又别孟符、仲符两房。仲房第十一代元度，字次裴，号大隐，辑《楚风补》《楚诗纪》等，清乾隆间列为禁毁书。1915 年兴裔仲、孟两房纂修支谱。派语：永公开裔，源远思贤。塘国元玉，宗启文光。振世家训，定发其祥。大崇庆典，庆晋寿康。承先贻泽，泰运鸿昌。敬培勋业，锡福均芳。

长沙廖家渡、乌龟山廖氏　始迁祖惟章公字承楚，惟颜字承弼，惟烈字承恩。三公原籍江西南昌府瓦子街，明万历年间徙南，落业湖南长沙廖家渡、廖家湾、乌龟山。清嘉庆二十四年（1819）创修支谱，光绪二年（1876）续修。派语：惟时士学之宗文，华国光先德永兴。景运宏开传贵嗣，恒修裕懋振家声。

长沙嵩北乡河洲、丁家铺、土地岭廖氏　始迁祖永清公，原籍江西南昌丰城县瓦瓷街，明进士，始任岳州别驾，累功右转长沙太守，致仕因家焉。至1949年，已传26代，族人25800余人。

浏阳石桥廖氏 始迁祖万一公，原籍浙江金华县八咏门外，明初徙居湘省浏东，卜宅濠溪上边沙洲，后徙居石桥下老屋场。清康熙二十五年（1686）始修族谱，1938年七修。至1948年，已传24代，人丁约4000人。乾隆二十年（1755）建宗祠于浏东白沙廖家塅。派行：一成明必宣，宗崇习德然。清之其承世，序允懋家传。才能光上国，功业振高贤。盛代宏文化，登庭大学联。

浏阳廖氏 福建始祖花公。三世徹、欧、敏三公，后裔明末清初迁居浏阳。1937年纂修族谱。历代派行：祖德乾坤镇，宗功庆泽深。沧松炳在锡，滋本焕均铭。江梅荣珪鉴，汉桂炜城铿。鸿材勋堂锦，永树燮尧钦。源根辉基镜，添东辉坚钧。湘楚然堪钰，清植熙培金。

浏阳东乡荷塘廖氏 开基祖上达公，福建杭永始祖花公二十二世孙，清康熙年间由广东兴宁迁居江西龙泉县，再迁湖南浏阳东乡荷塘成家立业。

宁乡廖氏 迁湘始祖淇惠公，原籍江西泰和县，宋端平间从戎镇潭州，遂隶于此。四世城景公，字庆云，元延祐间自长沙徙宁乡横田，生五子：万户、万重、万仪、万熙、万垠（凝）。万户迁湘乡潭溪，万重迁湘乡平溪。万重长子添庆，元季又迁湘乡白龙青陂。万垠迁益阳，万仪迁安化丰乐。惟万熙公居旧址，生宗盛、宗德。宗盛三子：瀚清、瀚澄、瀚洧。分析山底、廖家山、横田。宗德一子福华，迁四都九区输湖塘下廖家湾、潭府岭。清道光二年（1822）盛、德两房共建宗祠。清康熙五十四年（1715）盛、德两房纂修族谱，乾隆三十二年（1767）、道光二十四年（1844）德房续修，同治十一年（1872）盛、德两房又合修。派名：（自二十派始）锦章新灿，圭瓒清香。炎堂锡泽，采耀陵冈。道光二十七年（1847）宁乡、益阳、安化、湘乡五万合订派词：锦章新灿，基镇湘东。炳垂锡泽，采照培钟。洵楚炎瑞，铨治业勋。持钧衍懋，焕在铭洪。集烜增钜，溥植辉生。镜涵和煦，远鉴滋荣。

宁乡易家河廖氏 衡田祖万熙之孙海公，明季迁邑之易家河。1943年续修支谱。

宁乡桐子岭廖氏 鼻祖光景公，字德登，宋丞相，原籍江西，九子皆贵，第五子文亮公官翰林学士，迁于闽。六传至思敬公，宋季以御史出使粤之梅州，遂家于梅之程乡，谥三院太尉。传至清初雍正间，辉、麒、麟、凤、鸾、鸿、龙、志八房子孙相继迁湘之长、善、宁、益、阴、沅六邑，尤以宁乡为多。至1931年，已传24代，子孙1200余人。清道光十八年（1838）创修族谱，同治四年（1865）续修，光绪二十八年（1902）三修，1931 年四修。同治二年（1863）创建宗祠。派字：（自十九派始）宗泽定湘楚，躬逢泰运长。中和成位育，礼乐启贤良。人受诗书益，家传孝义芳。英才钦蔚萃，达用佐兴邦。麟房十九派宗元，署绍兴府知府，咸丰十一年（1861）卒于太平之役。

宁乡万寿山廖氏 始祖花公，字实蕃，宋太祖时湖广参政，由江西迁福建汀州。支祖周年公，字远清，清雍正初由福建龙岩州迁湖南宁乡，世居三都万寿山。

湘潭廖氏 始祖爽公，唐末进士，因功由南阳迁衡山。六传瑞公因宦占籍江西泰和。再八传至思兴、思政、思显三公，开籍衡山，时元末明初。至清尚智公由衡徙湘潭，开春、莹两房。春房子孙散处县城、九都、马公堰、易俗市等处，莹房子孙环居涓水之九斗坝一带。清乾隆十四年（1749）衡山廖氏二修族谱，嘉庆二十四年（1819）四修，咸丰十一年（1861）湘潭五修，宣统三年（1911）湘潭六修，1943 年湘潭八修。字派：景茂荣廷士大昌，邦家定国永安康。绍修先德文章焕，克笃前功世绪长。

湘乡平溪廖氏 鼻祖爽公，定居衡山，子息十匡，迁徙不一。一派淇惠公，五派万重公，迁湘乡平溪，今娄星区双江乡坪底村。万重生添庆、添枢。添庆元末明初由平溪迁青陂。添庆生梦周、梦益、梦颜，益裔失传。梦周生纹春，梦颜生纹斌、纹仁。明永乐二十二年（1424）青陂始修族谱，清顺治十七年（1660）、乾隆五十年（1785）、道光十一年（1831）续修，光绪十六年（1890）五修族谱，1929 年六修，七修各支分修不一，1993 年八修，2017 年九修。班派：淇林然城万添梦纹思单永兴宗祖秀继荣昌单锦。锦章新灿，基镇湘东。炳垂锡泽，采照培钟。

湘乡廖氏 一派祖淇惠居长沙。四派祖城景居宁乡横田，次子万重迁湘乡平溪。七派祖梦颜，字铭甫，生三子：斌、仁、义。斌裔又衍思荣、思宁两房。1937 年斌裔七修族谱。班派同平溪廖氏。

湘乡廖氏 城景公居宁乡横田，五子：万户、万重、万仪、万熙、万凝。城象居芙蓉塅，四子：万泰、万邦、万安、万定。万户公居湘乡潭溪，生添芳、添寿。明嘉靖六年（1527）、清顺治八年（1651）户、重、仪三房合修。康熙五十四年（1715）五大房合修。嘉庆三年（1798）、咸丰八年（1858）户、重两房合修，光绪十七年（1891）六修，1933 年七修，1993 年八修，2019 年户房九修。班派同平溪廖氏。

湘乡廖氏 始祖茂清，原籍江西抚州乐安县城边十里许箍田廖家村，明永乐间由赣迁湘，落业邵阳安平一都，今邵东四路亭。三世国仁留居原址，国义迁湘乡，义公下再分朝三房居廖家湾、坝塘冲、枫树山。朝四房居青树坪，朝五房居界岭，今多属双峰。复有朝四公位下添宠公子孙迁宁乡花明楼。清嘉庆间建宗祠于枫树山，光绪七年（1881）重建于廖家湾。族谱始修于 1928 年，2001 年续修。班序：国万朝添子，世代荣华长。忠邦定安泰，仁泽永兴祥。克纯宏祖武，光宗兆吉昌。自修至平治，经伦显名扬。文德播寰宇，道义振楚湘。礼贤承先训，敦行启善良。

醴陵东城廖氏　始祖花公，为宋参政大夫，由闽延平府顺昌县合阳市择居汀州永定，既而止于汀州上杭。递传至德源公，元明之际避乱迁居广东兴宁东厢和山讲村，生敬斋。敬斋生思明、思聪、思温、思恭、思忠、思敬、思问、思难、思义九公，分徙兴宁、长乐、潮州、惠州、大埔、海丰、归善、程乡诸县。后裔清初隶籍醴陵。清道光间建祠于东城。同治十二年（1873）、1912 年纂修族谱。派语：祥开世采堂，蔚起绍书香。作善家声振，修培自顺昌。良才征上理，惠政溥遐方。克念怀先泽，明经建业长。

醴陵廖家垅廖氏　始迁祖文昺公，明洪武二年（1369）自江西泰和迁此。至 1948 年，全族人口 4000 人。

醴陵南城廖氏　始迁祖德源公，明洪武初年自广东兴宁迁此。族人分布于萍乡、浏阳、攸县、善化。至 1948 年，全族人口 1 万人。

醴陵洙塘陂廖氏　明崇祯末年自福建龙岩迁此。族人分布于水口。至 1948 年，全族人口 535 人。

醴陵山口廖氏　始迁祖念周公，清康熙四年（1665）自福建迁此。至 1948 年，全族人口 1000 人。

醴陵横岭廖氏　始迁祖应德公，清康熙八年（1669）自福建永定迁此。至 1948 年，全族人口 380 人。

醴陵泉塘上廖氏　始迁祖庆常公，清乾隆间自福建迁此。族人分布于业稼垅。至 1948 年，全族人口 100 人。

茶陵秩堂、湖口廖氏　元世祖至元八年（1271）自江西泰和迁此。

茶陵石枧廖氏　一世刚公，字用中，宋高宗时工部尚书。十二世俊公，字庆福，名世泽，先世居泰和鹅岭，官授襄阳县令，解组归里，四邻侵害，不遑宁处，迁居茶陵石枧。十四世廖希颜，明嘉靖十一年（1532）进士，官山西提学、浙江按察使。

茶陵桃坑夏乐廖氏　清雍正八年（1730）由福建武平迁入。

炎陵枣树廖氏　始迁祖圣方公，清康熙末年自江西赣州长宁迁此。

炎陵七都黄板桥廖氏　始迁祖志壮公，清康熙末年自江西赣州长宁迁此。

衡山廖氏　远祖爽公，马楚时为衡州太守，拜丞相，进爵南阳郡开国侯，食邑衡山，为衡山廖氏始祖。十子，长子匡图，为楚天策府学士，有文集十卷。五世瑞公，由衡山迁江西。又传八世至思政公，字魁三，明洪武二年（1369）由江西吉安府泰和县圳上复回衡山，卜居龙溪一都。明宣德元年（1426）、天启四年（1624）纂有族谱，后散佚。清康熙五十二年（1713）首修族谱，1928年七修，2002年八修。至1948年，有族人12000余人，多居白果、新东、岭泉等乡。宗祠建于聚堂铺。班行：景茂荣廷士大昌，邦家定国永安康。绍修先哲文章焕，克笃前功继序良。承俊和华立维新，超学志敏望弘勋。任重惇远树伟泽，达尚秉正玉宇成。该族名人：廖山涛，北京大学数学系教授、中科院院士。

衡山山前石湾回澜山下廖氏　思政孙景琩，明洪武十四年（1381）复徙山前石湾回澜山下。清道光二十九年（1849）五修支谱。

常宁廖氏　始祖凝公，字熙绩，世居吉安泰和。始迁祖贵清公，字荣卿，行万一郎，明洪武十八年（1385）由泰和县鹅颈大丘携五子至常宁，次子思和担落上浯，产五子，析为五房。明万历四十二年（1614）、清乾隆五年（1740）、嘉庆五年（1800）、道光二十年（1840）、同治八年（1869）、光绪二十五年（1899）、1933年、2017年纂修族谱。班行：盛德本伦常，书声启秀长。忠贞敦厚泽，纯孝兆嘉祥。积庆贻谋美，培植定毓芳。英才辉建树，海宇令名扬。

常宁廖氏　远祖凝公，家世江西，仕五代南唐都昌令，擢升广西监察御史道。传六世至贵清、显清两公。显清公行万二郎，明洪武间由江西泰和鹅颈大丘徙常宁，落叶马塘大湾里。光绪二十九年（1903）贵、显两房合建宗祠于城内司马前。明弘治十四年（1501）、清康熙三十九年（1700）、乾隆五年（1740）、嘉庆五年（1800）、道光二十年（1840）、光绪六年（1880）、光绪二十九年（1903）、1937年纂修族谱。班行：（自十七辈始）盛德本伦常，诗书启秀长。忠心敦祖泽，奕代发祥光。

耒阳廖氏　鼻祖爽公，爽生凝，原籍江西泰和县，仕南唐，为都昌令，秩满挂冠，归老衡岳。凝公生三子。长秉乾卜居耒阳，为耒阳廖氏始祖。次子秉坤卜居永兴。秉乾子孙繁衍四乡，如夏塘、长岭、石准、春光铺、双洲、芭蕉、黄岗等地。

邵阳廖氏　始祖理安公，字日纯，宋熙宁年间由福建顺昌发迹任江西吉安太守。至七世祖淇惠公，字奇聪，镇守湖广长沙，遂居郡城，为迁湘之祖。十世祖再迁宁乡。十三世祖元镇，字明达，号世任，元至正年间由武孝廉任邵阳副将，致仕即家于此。后裔分布邵阳之三民乡、刚劲乡、仁义乡、敦仁乡及益阳、湘乡、安化等地。

邵阳河伯乡廖氏 始祖万公，元末自江西泰和迁武冈紫东里唐家屋场（今邵阳县河伯乡城背村）。

邵阳仁风廖氏 始祖如琥公，封镇国将军，守武昌，其先世为饶州人。如琥十世孙尔宇于清朝初年由湖北沔阳茅埠迁湖南邵阳，始居城东高家巷，后迁邵东县简家垅乡双板桥一带。清嘉庆十五年（1810）创修族谱，嘉庆二十二年（1817）、咸丰七年（1857）、光绪二十三年（1897）、1932 年、2003 年续修。班次：宗贤绍盛，世德昭明。前作后述，能显克承。文新国运，学振家声。昌隆有自，永观哲人。

新邵龙竹村廖氏 始祖万邦公，福建顺昌刚公十三世孙。殁后葬邵东县廉桥镇炉前村寒铁庙屋后，生子四：必珑迁隆回，必琥居邵东东塘村，必佐迁衡山京南，必佑世居廖家村（今新邵县大芝庙乡龙竹村）。

洞口湛田廖氏 始祖人俊公，江西吉安府泰和县人，元至元间官翰林侍讲学士。五世发祥，字汝表，老府君，天历进士，官翰林侍讲学士，谪永州路总管，迁任衡州，元至正末徙居武冈湛田（今属洞口）。生子四：德行、德文、德贞、德据。分为四房，又名“四田”。德行留住湛田，德文住隆回六都寨镇野鸡田，德贞明初携子万福由洞口县醪田镇湛田村徙居隆回五都大水田，德据徙隆回大梜田。现发祥后裔繁衍 10 万余人，分布于隆回、洞口、武冈、城步、新宁等十多个市县。清乾隆五十四年（1789）德贞房始修族谱。嘉庆十四年（1809）德行、德文、德贞房合修，咸丰十一年（1861）四房合修。德行公房清乾隆十年（1745）、嘉庆十一年（1806）、同治元年（1862）、宣统三年（1911）、1942 年纂修族谱。德文房光绪二年（1876）四修、1928 年五修族谱。江西旧班：人哲昭长发，英雄尚后来。永言多福显，景运自和开。湛田德行公房班次：德任介景福，仁思宗彦祖。文运启家声，世代振鸿名。鸡田德文公房班次：德子玉必仁，思文宗福显。景运添芳秀，世代振鸿名。大田德贞公房班次：德万添梅正，原仲仁思宗。彦凤吉光懋，世代振鸿名。梜田德据公房班次：德必仁应祖，宗思文才溪。国泰运开福，世代振鸿名。新化江东班次；德华志祖昌，仁义礼添玄。黄任声忠信，世代振鸿名。四田合班：继述承昌国，敦崇展达才。盛朝隆建立，富贵应常来。

湘阴廖氏 始迁祖法鹄公，原籍江西南昌府南昌县，为德庆侯允忠子。官湖南，客游长沙，览其风景之盛，偕兄弟徙居长沙捞刀河。生志高、志辅、志简三子，高、辅继徙湘阴归义，后裔多聚居廖家坪。简公他徙。明天启元年（1621）、清康熙四十六年（1707）、嘉庆十三年（1808）、道光十八年（1838）、光绪十一年（1885）、1917 年纂修族谱。至 1948 年，已传 23 代，共 4000 人，分布于归义乡鱼丝塘、河市乡。宗祠在黄谷乡。派语：志允山尚希，胜学启世之。儒道文章远，逢时大有为。德成名立，耀祖增光。家声克振，福泽延长。

临湘方山廖氏 始迁祖月山公，元末由湖北蒲圻徙居方山洞中央屋。五子：仁位、义位、礼位、智位、信位。仁、义、智远迁，礼后裔部分析居岳阳廖家塅。信公后裔仍居方山，信公三子：国洲、国清、国华。派行：（自十四世始）天应长兴永。祖源敦大启贤良，孝友传家世泽芳。国华文章膺上选，登朝佐治庆隆昌。

平江南乡白水廖氏 始迁祖显春公，清康熙五十八年（1719）自宜章迁此。至 1994 年，全族人口 2272 人。

平江献钟乡廖氏 始祖敬斋公，原籍广东兴宁县。清乾隆年间，敬公之子思明、思聪、思温、思恭、思敬、思义之裔孙，因经商迁湘，开基于平江献钟乡。族人分布于平江四乡。至 1948 年，已传 20 代，族人 2000 余人。

汉寿廖氏 始祖明善公，原籍江西吉安府吉水县拖船埠白鹤街。明洪武初授职南征，永乐二年（1404）徙常德府龙阳县，居蚂蝗岭栗树山冥冷陂。数传长房汝志公裔单鸾、单凤，一迁居港边廖家汊，一老守栗树山。次房汝早公裔迁仙宫殿，三房汝孝远徙武邑黄土店。四房汝道始迁县城，再徙赤山南嘴。清道光七年（1827）始修族谱，1942 年四修。

桃源仙源廖氏 始迁祖正四公，明万历间由江西吉水迁居桃源，落籍西东村。清道光十八年（1838）创修族谱，光绪三十年（1904）、1936 年续修。原派：正应国必胜，系大上士云。兴世德光华，新派又相承。1931 年桃源廖氏合派：道学辉先泽，诗书毓俊英。秀发清邦选，才高綵第荣。纲常昭典则，礼乐肃章程。贤良开泰运，万代庆升平。

桃源黄石廖氏 始祖子禄公，字之财，明洪武二年（1369）自南昌迁于桃源。传至廷兰再迁县北黄石。至 1948 年，已传 20 代，有 300 人。宗祠在黄石。族谱创修于清乾隆年间。

石门廖氏 一世升山公，原湖北蒲圻。九世誧之后居石门新关，九世谊公之后居石门夹山、南圻、望月坪、长官坪、白竹山等处，时清康熙间。明嘉靖二十四年（1545）、万历三十七年（1609）、清乾隆十三年（1748）、1919年、1934年、2002年六修族谱，四、五修未刊。派语：升瑜崇莼亻氵南钦言志臣应宗世昌。继绪永大，宏衍其基。克锡茂裔，惟德之宜。

益阳廖氏 鼻祖用中公，原籍福建顺昌。传至淇惠，宋时镇守星沙，尊为始祖。又三传城景公落业宁乡横田，子五，惟万凝，行五，明洪武初年迁益阳古塘。凝公下六世忠孝、忠禄、忠福、忠礼、忠仑五公，分称恭、宽、敏、惠、仑五房。恭房居益阳十三里古塘廖家湾。宽房居古塘廖家湾、黄田村等地，称古塘支。敏房居十三里月塘村、南冲，称月塘支。惠房裔滔、昔、棠三公由十三里迁县治西南六十里桃花江、古杉，称古杉支。仑房迁县治西十五里石桥、廖家堤，称石桥支。1941年五房七修族谱。派语：德应志忠单，孟显高时清。思宗传大本，永远效安宁。锦章新灿，基镇资深。勋封锡泽，彩烈储金。

安化廖氏 谱尊应彰为始祖，宋末由吴迁楚之安化。生日明，明生添宝、添序、添福，分析安化、蓝田、宁乡、益阳等地。清康熙间纂修族谱，嘉庆二年（1797）、道光二十年（1840）、同治十一年（1872）、1914年续修。派序：应日添元志，宗文立大昌。荣华兴富贵，永远德贤良。锦章新灿，基镇资深。勋封锡泽，彩烈储金。湘楚炳瑞，钟渐来鸿。持钧淑懋，焕起铭洪。

涟源桥头河镇廖氏 始祖爽公，字可挹，号西楼，五代后梁仕楚，授衡州太守，遂家于衡。六世至理安，居江西泰和，再六世至淇惠迁长沙城南，淇惠曾孙城景又迁宁乡县横田。城景第三子万仪，字鸿达，一字容观，元末迁居安化丰乐乡大屋村（今属涟源市）双陂，而后分析大屋村等地。至1949年，已传24代，男女丁口9500余人。宗祠设在大屋村，支祠数处。

新化廖氏 始祖璋孙公，祖籍江西泰和圳上九亩大丘，迁徙源流等皆存疑，一曰宋季自安化徙新化大阳三都黄杨山官庄桥。族谱一修于清康熙三十九年（1700），1996年六修。班次：可绍先人志，宜贻百代光。家声垣振作，德泽自延长。

郴州廖氏 始祖永忠公，原籍江西吉安府乌龙山。三子：志祯、志远、志道。志祯徙桂阳州临武县，子一叟任郴州学正，偕三弟卜宅郡南郭五通祠。明万历间创修族谱，清康熙七年（1668）、雍正七年（1729）、嘉庆二十一年（1816）、道光二十八年（1848）、光绪六年（1880）、宣统元年（1909）、1933年续修。排律诗：忠公立志迈寻常，四叟徙郴荣且芳。支派天生方毓秀，人丁祖发更呈祥。垂丝廷沼水应洁，逢步鸿恩金递长。世有德仁家可法，子维孝友臣宜良。秉忠守信国之瑞，克让允恭宗以光。业若绍先为继志，学如希圣及名扬。六龄蔚起多文士，万担霞蒸耀彩堂。

永兴鲤鱼塘廖氏 始祖再逢公，浙江杭州钱塘人，由进士第入选翰林院编修，唐文宗开成年间仕宦郴州，任满定居永兴樟田。

永兴松垣坊廖氏 始祖凝公，字熙绩，生子二：秉乾、秉坤。秉坤字巽兰，宋太平兴国年间举为岳州太守，不就。由衡阳至郴州，后卜居永兴松垣坊。

永兴廖氏 开派祖荣珊公，明洪武初由江西泰和徙永兴城东仓顶上。至煌宗公，开派三房。清乾隆三十七年（1772）、道光十三年（1833）、同治六年（1867）、光绪二十三年（1897）、1932 年纂修族谱。派语：荣文耀光，福景辉煌。思观廷世，大有贤良。盛朝辅佐，定国安邦。建立勋名，忠孝流芳。

宜章大地岭廖氏 始迁祖继善公，号体仁，系出福建汀州宁化县。宋淳祐年间，公以府同服官山东莱州，旋以胡兵内扰，解组归田，后改入楚之宜章，卜居城南罗家观。传至八世祖能守公迁居城南三十余里之秀溪，其子如贞、如贵再迁至距秀溪二十里之大地岭。至 1948 年，已传 31 代，族人 2000 余人。

宜章堡城廖氏 原籍攸县，明初自茶陵卫戍宜章堡城。

宜章城南廖氏 明初自茶陵徙宜章城南。

宜章关溪墟廖氏 清康熙年间自广东乐昌县出水岩徙宜章关溪墟。

嘉禾白磐廖氏 始迁祖崇隽公，字清卓，宋末自江西泰和县鹅颈坵迁新田清水洞。其后裔尚恺迁居白磐。至 1931 年，共 566 人，分布于金鸡岭、排楼脚及广西等地。

嘉禾白茅岭、石富冲廖氏 始迁祖均九公，字九郎，元至顺时自江西泰和县鹅颈坵始迁白茅岭。生九子，第八子八斗守白茅岭，第七子七斗之子才铭于明洪武间分居石富冲。

嘉禾岛石廖氏 始迁祖文李公，明万历时自桂阳黄田迁居今村左砠湾里，后乃卜宅岛石。至 1930 年，凡 83 户，男 202 人，女 183 人，共 385 人，分布于本村及上坪沙岭火石滩及新田等地。

汝城集龙廖氏 始迁祖有禄公，清初自广东乳源县出水岩迁居汝城长坝。至 1932 年，丁口 200 余人。

道县小坪村廖氏 始祖图公，由山东青州至交州，宦游全湘。至文宝又自全湘徙居舂陵郡西地系濂源，遂聚族于斯。后人分布九里、小坪、长兴、天堂福、坝子屋、廖亩塘、周子岭、鸟梨树、私家山、白公庙、廖家田、岩口等村。

江华石角岭廖氏 始祖致政公，宋元祐进士，籍隶江西抚州府金溪县，后改迁玉坡。廷经公，字居材，明洪武间由玉坡（一曰广西钟山县）迁湘，开基于江华县泰山乡石角岭。至1949年，已传14代，族人200余。宗祠设石角岭。

江华壮族廖氏　元时由广西南宁宾州迁江华大头山开头寨。

蓝山廖伏荣廖氏　始迁祖汉贤公，宋真宗时由江西迁来。至1933年，共346人。

蓝山凤感乡小富岭廖氏　始迁祖学晚公，宋时由江西泰和县迁来。至1931年，凡75户，男150人，女130人，共280人。

蓝山新圩乡涵江廖氏　始迁祖济贤公，江西泰和县人。元至正二年（1342）由衡阳来县，居今新圩乡涵江。后子孙散居五都、下源、卢溪等地。

蓝山凤感乡神边廖氏　始迁祖再宏公，元末由江西泰和县迁来。于1931年，凡58户，男130人，女150人，共280人。

蓝山竹围瑶族廖氏　始迁祖金华公，明嘉靖年间从广东连县来到蓝山高良源，入赘唐侯进为婿。

新田桥亭廖氏　始祖光胜公，后汉时由江西省泰和县迁湘之桂阳县黄田乡。后裔徙居新田县桥亭等处。至1949年，族人110余人。宗祠设桥亭村。

新田仁智乡下渫廖氏　始祖永忠公传至十四世金节公，字伯禄，始居郴县凤德乡雷大桥。清雍正时，因经商迁新田县仁智乡下渫。至1949年，已传10代，族人299人。

洪江安江中胜村廖氏　始祖伯九公，原籍江西吉安府泰和县北门外鹅颈大坵。元至正年间，随兄伯六外出做官，伯六任职贵州都匀。伯九任职于湖南辰州，后裔始居辰阳王岔尾，后迁洪江石二里桐湾。传至明科，由桐湾徙居黄桑坪，复迁安江中胜村，今硖洲乡红村，近靠安江镇。后裔分布硖洲、龙田、岔头、茅渡，至今已传25代。

麻阳曹家坪廖氏　先世明代奉旨自江西徙麻阳，荣南公居曹（豪）家坪，海公迁凤凰居住。泥溪派语：云启廷英正，必世永嗣学。长开万代亨，光宗还有文。朝选救仁秀，显玉至树林。

漆

株洲荷塘铺漆氏　始迁祖明公，字受福，原江西洪州人，明嘉靖年间迁湖南醴陵，复迁湘潭荷塘铺（今属株洲）。至1948年，已传23代，凡1500余人。宗祠在荷塘铺。

醴陵江口漆氏　始祖季直公，晋永嘉中以中散大夫为洪州刺史，遂家豫章梅仙乡杨舍里，至泰兴元年徙居筠州高安之新城。至明洪武初，福孙公，字渌南，号三台，由江西新昌大塘偕堂弟吉四、吉五同徙于楚。福孙公落业醴南，子四：朝安、朝富、朝尊、朝荣。朝安、朝富分别为大、小河背支祖。朝尊出继吉四，为醴北上下坳暨潭邑荷塘埠二代祖。朝荣出继吉五，为善邑洞井漆家桥祖。清乾隆二十年（1755）、嘉庆四年（1799）续修族谱，道光二十六年（1846）合醴、潭、善三邑续修。

平江黄沙港小坳漆氏 始迁祖冲九公，清康熙九年（1670）自湖北迁此。至1994年，全族人口198人。

张家界漆氏 始祖季高公，江西南昌人。后裔仲珍迁湖北蒲圻，九传至日登，乃迁永定。至光绪三十二年（1906），已传10代。

赛

常德维吾尔族赛氏 其祖随哈勒八士来常德，后定居常德县境赛李湾（今许家桥回族维吾尔族乡永镇山村）。

谭

长沙谭家园谭氏 始迁祖必达公，明洪武初由江西南昌斗门铁树观携四子大光、大伏、大仕、大奇迁湘，开基于长沙县北乡翔凤桥。族人分布于谭家园、茅埠桥、大埠头等地。至1949年，已传30余代，族人约3万人。宗祠位于谭家园。字派：必大德为肇，百世继敏学，从孔文逢显，达忠信传家法。续派：先泽贻承允，新枝衍庆长。振声昭孝义，辅国尚循良。

长沙云盖谭氏 始祖可亦公，字彦明，号宣义，行六，唐咸通四年（863）由江西泰和高行乡早禾渡官楚南，居茶陵。传二十一代至元公，明洪武间徙居善化六都云盖，生二子：忠仁徙云南。忠义生宝一、宝二，衍两房。清道光二十年（1840）宝一房始修支谱，同治七年（1868）宝一、宝二两房合修，1917年两房又续修。宗祠建于云盖柏梓塘。派词：忠宝必志彦，有胜绍荣正（学应）。启世（文仕）洪之序，家修冀道成。孝友承先泽，诗书继后人。声名欣显达，勋业著贤能。

长沙朱塘茅园峙谭氏 始祖可亦公。传二十五派至文钦公，讳贤一，明初自茶陵卜居长沙朱塘。清光绪初年建祠于茅园峙。族谱创修于明万历三十六年

(1608)，1929 年八修。至1948 年，已传45 代，人口约2000 人。该族名人：谭拔萃，署宁夏镇总兵。

长沙谭氏 始祖可奕公。始迁祖志材、志富于明成化间自茶陵迁善化，分居南乡八都周子塘、东乡八都洞井铺。清宣统二年（1910）续修族谱，堂号福荫。

长沙文津谭氏 始祖可奕公。十四世处尧公，字仁礼，迁居衡州府安仁县井下怀麓堂集，官宋司空相国。文津始迁祖平英公，字儒俊，清康熙中授读省垣，占籍善化文津。

浏阳浦梓港谭氏 始迁祖福缘公，南宋淳祐六年（1246）随父克光公自江西分宜来浏。克光公旋以事归原籍，而福缘公独留，值宋元多故，兵阻不得归，因遂家焉。至明成化间，九世祖鼎公，中举人，官四川重庆府大足县知县，因卓异升合州州牧，自是该族人文蔚然，缙绅先生翩联翼起。乾隆间建宗祠于距城二里邑南南市浦梓港。明嘉靖二十三年（1544）、清乾隆三十八年（1773）、嘉庆十八年（1813）、光绪二年（1876）、1936 年纂修族谱。老派：福大由兴仕友世，秉永单中国一鸣。曰自富贵文光显，宗祖常应启后人。新派：尚克汝守，若弼乃基。宏惟百祚，载锡引之。

浏阳梅花巷谭氏 始祖孝成公，宋靖康间由江西洪州新建县樵舍避金兵之难，徙居福建汀州长汀县。十七世纶公，四子功安公，明嘉靖间随父任湖广，因立业长沙。天启七年（1627）安公长子国垣之孙逢琪公览浏山川毓秀，兄弟四人卜迁浏邑，逢琪居邑治东城梅花巷丹桂坊，逢琳居邑治东乡七都桥头市(今沿溪乡流花村)，逢琅居东乡七都磨盘岭，逢均居东乡七都五斗坝。清顺治十三年（1656）、乾隆十四年（1749）、光绪六年（1880）、1915 年、1997 年纂修族谱。字派：孝敬承先代，良才启后人。如水心源荫，宗功国懋逢。国懋逢世之文，经学继嗣传恒。志士希光祖德，象贤克振家声。谱以孝成公为一世，二十六世继洵，官湖北巡抚，子嗣同，戊戌六君子之一。

宁乡河头冲谭氏 始祖可奕公，六世孙全忠于宋真宗咸平二年（999）迁居茶陵太傅。十二世孙大感于宋末迁宁乡河头冲。

宁乡晒谷石谭氏 可奕公生守禄，守禄生武兴，武兴生三进，三进生十八宏。宏益公五传至世勣公，宋徽宗末年由茶陵迁宁乡。十传尊三郎暹公，官佥宪，生彦材、彦礼。彦礼迁安化。彦材生孟高、孟檠。孟高徙浏阳，族远难稽。孟檠生庭蕴、庭修，为宁邑两大房。清康熙十年（1671）与安化礼公合修，乾隆元年（1736）、道光十七年（1837）、同治五年（1866）、光绪十八年

(1892)、1920 年、1993 年续修。堂号双桂。派行：世德仁闻鼎，万安绍祖尊。彦孟庭添日，景凤世学宗。正大光明显，文章华国兴。忠孝传家本，诗书裕后基。庆延恒业振，喜起际昌期。

宁乡谭氏 始祖忠凡公，由江西迁居湖南茶陵。至九派祖仔显公，由茶陵徙居湘乡七星街。明末十派祖庭秀公继徙宁乡八都杨梅冲。清道光十九年（1839）始修支谱，同治十年（1871）续修。派行：忠良永远承，仁义德仔庭。世学胜朝定，安邦国泰平。诚孝传家本，诗书裕后基。庆延鸿业振，喜起际昌期。

湘潭谭氏 始祖可奕公居茶陵，子守禄，生武兴，兴生进峰、进鸿、进颇，三公共生十八子。进峰九子：宏俭居酃县罗家冲，宏赛居衡山罗家冲，宏仁居茶陵南岸，宏福居茶陵樟塘，宏亮居茶陵严塘，宏秀居湘潭白家冲，宏智居茶陵西乡莲塘，宏政居酃县豪侠，宏韬居茶陵蕉冲太平园。进鸿四子：宏义居茶陵周陂甘塘，宏德居茶陵衷乡太亨，宏崇居茶陵衷乡中井，宏广居茶陵火田邓塘。进颇五子：宏肇居茶陵饶水神仙岭，后迁酃县。宏益居湘潭昭港。宏妙居茶陵杉园下市街，后迁湘乡一都东岸坪。宏伸居茶陵太傅毗塘。宏佐居茶陵陶江，后迁常宁南木山。后裔迁居湘潭者五十余支。清光绪九年（1883）湘潭谭氏纂修总谱。字派：（自三十四派始）世泽常新，毓秀钟英。敬遵先训，思诒令名。文章炳蔚，建澍昌明。联芳济美，光裕显荣。

湘潭、湘乡谭氏 一世祖可亦。十三世祖汉申于宋徽宗时自茶陵徙居湘潭之昭潭。传至二十二世虎于明中叶迁居积谷坪，后分两房三支。虎次子守祯之长子允科后裔居上湘一坊七星江，三子守达之长子允洪后裔居中湘七都积谷坪，守达次子允源后裔居上湘二都七星桥、遥湖冲等地。

湘潭锦石谭氏 始祖可奕公。其十八世孙仁善于元至正间自茶陵迁湘潭，卜居锦石（一作锦市）之乌窠树。1921 年三修族谱，堂号敦本。

湘潭马桥谭氏 始迁祖善志公，讳继孙，为进峰公第五子十一郎宏亮公之十七代孙，元末明初由茶陵避兵迁湘潭八十四都马桥下沙冲。子扬公，生荩臣、直臣。直臣析居七里桥。荩臣子文班公，讳虎，明宣德八年（1433）复卜居于本都上四甲下马山谭家冲。清嘉庆二十二年（1817）、同治三年（1864）、光绪九年（1883）、1921 年四修族谱。

湘潭谭氏 始迁祖胜文、庆文、祥文，明洪武、永乐年间相继由茶陵迁湘潭高湖冲、昭江等地。清道光十九年（1839）纂有族谱。

湘潭学前谭氏 始祖宏伸公。传十三世至伯达公，讳志通，明初自茶陵迁居岳州，复迁湘潭学宫前。伯达公四传至箕山、楚峰两公。箕山公子三：尧臣、勋臣、禹臣，衍龙谷、瑙林、厚乐三房。楚峰公子二：舜臣、武臣，衍金盆、云石两房。惟瑙林房七传而止。清乾隆十八年（1753）创修族谱，道光十五年（1835）续修，光绪四年（1878）三修。

湘潭射埠谭氏　开姓始祖祁公。三十二派至忠公，为幽州大将，由河南徙居金陵太平府。三十五派至奕明，唐咸通十四年（873）自江西泰和县卜居茶陵。又传二十六派至友谅公，字希贞，明授武毅郎，永乐二年（1404）由茶陵西乡田坪徙居湘潭十五都，生三子：长子溱清居田心，次子溢清居铜杯，季子潇清居瓮塘。族谱创修于清乾隆二十五年（1760），乾隆五十三年（1788）、同治三年（1864）、光绪三十二年（1906）、1943年续修。2021年瓮塘房七里铺支纂修家谱。光绪三十二年（1906）合建宗祠于射埠任家坪。班次：（自十一派起）开承光祖德，继述绍鸿猷。蔚起人文盛，英奇永敬修。

湘潭青山谭氏　始祖可奕公，字彦明，唐咸通十四年（873）迁居茶陵十五都邓塘。传至十四代庭玉公，字国珍，一字世重，宋朝人，开青山桥支。二十代贵用公，征红巾有功而授协将，生有两子：长子宣阳，字崇礼，号福护。次子宣理，字崇广，号福明。明永乐二年（1404）两公一居湘潭十四都三甲灯芯泉湾，一居二甲澄泉湾（即青山桥城前湾）。清初建祠于青山，故名青山谭氏。乾隆十五年（1750）与茶陵、宁乡合修族谱，嘉庆四年（1799）与宁乡续修，咸丰八年（1858）青山独修，光绪二十七年（1901）四修，1937年五修。历代祖名派：可守武进宏全思洸师世仙任正庭禹若惠护朝贵宣。老派：本景光乾希，一世廷邦奇。飏徽涵英秀，华国献隆仪。文章冠南楚，明训裕鼎彝。拔选诗书裔，萃宗永肇基。

湘潭金牌塅谭氏　始祖忠公。三十二代必端、必朝兄弟，明永乐间徙居衡山烧田。必朝公之后沅公又迁居湘潭金牌塅。清嘉庆九年（1804）纂修墨谱，咸丰十一年（1861）续修。

湘潭金牌塅谭氏　始祖忠公，宦游江西泰和县，解组寄迹高行乡早禾市赤石渡。唐咸通十四年（873）可奕携子守禄宦居湖南茶陵。传至三十六派沅公，字聚廷，明正德间由衡山烧田迁居湘潭县金牌塅，衍为志、惠两房。志房祠位于金牌塅，惠房祠位于阙家冲。清咸丰十一年（1861）始修族谱，1924年续修。派语：（自九派始）水木思源本，诗书世泽长。传家惟孝友，光裕作忠良。

湘潭涧子塘谭氏　始祖可奕公。六世孙深于宋太祖乾德五年（967）由杉园下市街徙居湘乡东凤一都屯落村。二十二世孙文茂于明嘉靖间复迁湘潭涧子塘。1924 年七修族谱，堂号敦本。

湘潭横塘谭氏 宏亮公传二十五世至仁富，迁湘潭横塘。1943 年横塘谭氏六修族谱。字派：……政春万大丕宗其忠良咏远承仁义德仔庭宇启正朝定安邦国泰平礼学……

湘乡塘湾谭氏 一世祖丙公，其子深公，后唐同光二年（924）自江西徙居湘乡第一都同落村。第十二世必源，生四子，幼子伯淋曾孙浚又生四子：文盟、文章、文礼、文表。清光绪十九年（1893）盟、表两房续修宗谱，堂号夺锦。

湘乡谭氏 谱以开姓始祖祈公为一派。四十七派始迁祖宏妙公，讳丙，字衡山，行十二郎，五代后梁时携子深由茶陵迁湘乡东凤一都屯落村。六十三派文训，生三子：学莪、学禄、学寿。禄、寿两支分徙鄢家山、坝塘，莪支居湖山。总祠建于湘乡县城塘湾。1931 年三修宗谱，1947 年莪、寿两房六修支谱，1949 年学禄公房六修支谱，1996 年文训公房七修支谱。塘湾宏妙公房统一班序：文学成一鸿，维兆振家声。安邦兴世绪，永远定宗盟。礼义昭先泽，诗书广令名。忠信敦言行，修齐裕治平。

湘乡苏坡堨谭氏 始祖可奕公，由江西迁茶陵。宏伸生两子：全仁、全忠。全忠传至四世师芮，居傅溪之西，为西派。师旦居傅溪之东，为东派。西派越十四至诒君公又由湘潭迁湘乡，其孙桂章又由东岸坪徙居苏坡堨。清咸丰十一年（1861）、光绪三十三年（1907）纂修族谱。班派：本有子文光永单。崇朝嘉国正，天心顺自人。慈孝承先德，纯良启后昆。

湘乡田乐荡谭氏 始祖顺续公，字荣弼，号斗雷，明洪武三年（1370）由江西吉安泰和县迁湖广长沙府湘乡县五十二都白杨，生泌泉、泌涌。泌涌公字树塘，生有两子：长子国旺，随军镇守贵州，以平寇有功而封总卫。次子国荣，字东华，为田乐荡谭氏始祖。族谱始修于清同治元年（1862），1924 年再修。光绪十一年（1885）建宗祠于龙堂。派序：天顺泌国源。文梦显昌伯，志仲万载兴。乾坤正世代，永享太平春。克夏全心德，端方立品行。贻谋宜积厚，书礼振家声。

湘乡七星桥谭氏 始祖可奕公，唐咸通十四年（873）由江西泰和县徙居湖南茶陵县。十六派至直成公，字以德，一字祥一，明初自茶陵衷乡二十一都小分坊徙居湘潭石潭市。直成公第三子昌祖之子纹斌，字兼全，由石潭徙居湘乡十四都黄华庙。纹斌公第三子庆忠生有三子：仲玟无传，仲珷分居尧侗桥，仲珩分居七星桥。珩裔十一派久沄公，字雯辉，开先、玉、灿、永、定、廷六房。清嘉庆九年（1804）建雯辉公祠于七里桥，乾隆五十六年（1791）珷、珩两支合修族谱。道光二十八年（1848）七星桥珩支创修支谱，光绪二十年（1894）续修，1930年三修。旧编班语：（自十派始）国久恒兴起，继作必承宗。续编班语：世泽常新，毓秀钟英。敬遵先训，思贻令名。再续班语：文章炳蔚，建树昌明。联芳济美，光裕显荣。中国人民解放军大将谭政，为该族二十世孙，谱名世铭，号举安。

湘乡横塘谭氏 始祖可奕公。二十七传至茌富公，字大济，明时迁湘乡横塘，至三十三派衍为十二房：启纹、启泰、启舜、启助、启义、启泷、启隆、启胜、启武、启圣、启贤、启同。族谱始修于清康熙十二年（1673），宣统元年（1909）五修。宗祠建于乾隆五十三年（1788）。派系：忠良咏远承，茌义得仔庭。宇启正朝定，安邦国泰平。礼学光先泽，书香懋后昆。贤才登景望，俊杰振家声。

湘乡谭氏 始迁祖兴富公，明代自邵阳迁湘乡。1929年三修族谱。堂号麟趾。

湘乡东郊谭氏 始祖彦明公，讳可奕，唐咸通元年（860）由宣州当涂县贵游乡徙居江西泰和县早禾市，后徙居湖南茶陵邓塘，其子德荣生世泰，世泰公子三：希峻、进鸿、进颇。进鸿生有四子，分居茶乡、邓塘、周陂、衷乡、大亨、石井等地。进颇生有五子，分居下市、太傅、毗塘、昭巷、湘阴、常宁等地。希峻公讳进峰，生有儿子，分布在严塘、蕉坑、南岸、鹤湖、樟塘、衡山、湘乡、湘潭等地。希峻公第五子熙载，讳宏亮，居严塘，传八代至祥一公，由茶陵徙居湘潭。又传十四代盛德公，字正有，宣统三年（1911）由湘潭白托乡四塘冲徙居湘乡东郊乡。清乾隆二十八年（1763）始修墨谱，1999年六修。

湘乡谭氏 始祖国器公，唐建中初籍仕西昌，厥后留居吉安泰和县。越二十余世至学林公，字明章，由江西筮仕湖南，奠居湘乡金铃山，继而徙安化株梅，再徙安化扶胜。学林公生六子，八郎名景清，字雪岩，又生七子：仲勋世居扶胜。仲高、仲经、仲湖、仲华、仲源均居安化常安，分为二、七、上九三户。仲和仍居湘乡洞冲，即下九户，递传至应益公，衍为梦祥、梦尧、梦斌三房。清乾隆五年（1740）创修族谱，咸丰七年（1857）三修，或合四户，或合二九。光绪二十六年（1900）仲和裔祥、尧、斌三房始独修。1937年祥、尧、斌三房五修，1994年祥、尧、斌三房六修，2019年祥、尧两房七修，2021年斌房七修。乾隆三十七年（1772）建总祠于安化蓝田。班行：（以“景”字为一世）学景仲志应梦。必秀添文永，汝廷治世兴。仁能钟有德，孝顺显周亲。

铭鼎勋华远，登云际会新。洪基膺福履，广业裕经纶。该族名人：谭钟梁，道光丁酉科进士。谭德锡，直隶知州。谭有瑾，字介甫，武汉大学教授。

湘乡田心垠谭氏　始迁祖诗仁公，明代自江西迁此。其十四世孙应春、应文之后分两大房，散居湘乡、湘潭。清嘉庆六年（1801）纂有族谱，堂号宏农。

双峰喊干塘谭氏　远祖可奕公。二十二世孙性孝公，字本初，明洪武元年（1368）迁居湖南双峰永丰五里牌，再传至伯聪公迁居喊干塘王机湾。清光绪九年（1883）纂修族谱，2001 年续修，称四修。宗祠建于五里牌街上。派语：伯崇添兴仲，万福禄寿长。文能佐国正，斌定仕仁邦。

醴陵鹅颈里谭氏　始迁祖必连公，元末自江西分宜迁此。至 1948 年，全族人口 600 人。

醴陵玉堂谭氏　始祖可奕公。第二十一代孙有志公、有行公，分迁攸县双富塘、泽田。有行公六代孙则忠，字盛裔，明时迁醴南玉堂。则忠生人逊，人逊生希纹，希纹生正能、正明、正昂、正华、正纲、正龙六子，衍六房。清康熙五十二年（1713）、乾隆三十六年（1771）、嘉庆二十三年（1818）、光绪二十三年（1897）、1935 年、1996 年、2020 年七修族谱。字派：祖芝肇衍，源本树德。经书传家，文章道国。昭辉来兹，惟尔启述。绍承善学，子其自策。

攸县西关谭氏　始祖世绩公。十五传至渊公，宋理宗端平元年（1234）自江西吉州以巡守湖南攸县凤岭而卜居攸县富头。又三传至仕安公，字民望，号龙塘，元明之际自富头徙居西关。仕安公生有三子：言无嗣。允生祖绍、祖定、祖祥，祖绍过继给言。庸生祖述、祖英、祖敬。族谱始修于明万历间，2001 年七修，其时人口 7011 人。明万历七年（1579）创建仕安公祠堂于西关。排行：（自十一世起）光大荣国祚，士进显忠良。德泽运长久，善贻远振扬。兴宗垂裕永，万世自联芳。

攸县双富谭氏　始祖可亦公。传至有志公于宋元之际迁湖南攸县阴山北乡之双富塘。1932 年七修族谱，堂号世德。

攸县枧砖街谭氏　始迁祖敬祥公，明洪武间自江西丰城访学湖南茶陵，永乐五年（1407）徙居攸县永平乡七都枧砖街。1924 年五修族谱，堂号敦伦。

攸县三达洲谭氏　一世祖仁京公，仕唐金紫光禄大夫，致仕后隐居云阳上方。五世祖德宏公，宋淳化进士，由上方徙居江西吉州。二十世祖金岂公，明弘治间由吉州又迁攸县三达洲。明嘉靖二十年（1541）、清乾隆三十五年（1770）、道光二十三年（1843）、光绪十八年（1892）、1940 年、2016 年六修族谱。字派：兴仁瑞庆长，本立日辉光。显耀承宗志，滋培永裕昌。

茶陵石床谭氏 一世世勣公，字元勋，南唐进士，巡抚江西，卒葬泰和。子冰鉴，因居泰和三社。冰鉴第三子季父，字时序，任永新学正，卜居城南。至十三世卿潜，讳君介，号子龙，明隆庆万历间由永新城南迁居茶陵高陇镇石床，为石床谭氏一世祖。衍为四房，两广总督谭钟麟为三房第十五世孙，子延闿，曾任国民政府主席兼行政院院长。族谱始修不详，清道光元年（1821）续修，光绪九年（1883）三修，1915 年四修，1994 年五修。排行：（自第八世始）启永绍士，谭世之作。斯文相传，其兆可卜。上光宗祖，太振家学。孝友行修，书策信笃。敦敏思勤，防检由约。仰维德范，敬慎亲睦。

茶陵石奥城前谭氏 始祖可奕公。二十五世孙文善、文旺、文敏居石奥、城前。自明天顺八年（1464）至 1947 年七修族谱，2007 年八修。七修时谱载人口 3286 人，八修时新增 2949 人。字派：道德显云阳，诗书恢祖光。鸿图传百世，骏业启隆昌。

茶陵鹤湖谭氏 始祖可奕公。六世季轩，名瑞俊，寓居睦乡，卒葬高水。传至悦道公，明洪武时授御驾左卫将军，十一孙鼎居高水，节居攸邑接龙桥，升居高水，涣居高水，豫、晋、巽居黄石，恒、复居楚堂，泰、震居鹤湖。高水、黄石、鹤湖、楚堂号称“四户谭”。2007 年鹤湖谭氏八修族谱。班行：士多忠良，家传孝友。报国全城，延和积厚。彝伦攸叙，嘉猷是守。聿昭明德，垂之永久。

茶陵白沙谭氏 始祖可奕公，唐咸通间偕子守禄自江西泰和迁居茶陵邓塘。守禄生武兴，武兴生进峰、进鸿、进颇，三公共生十八子。进颇第四子宏伸，居茶陵太傅毗塘，宏伸仲子全忠，全忠十一世孙拱宸，元季时人，居白沙，为白沙支祖。清顺治十七年（1660）、康熙五十八年（1719）、乾隆二十七年（1762）、嘉庆十一年（1806）、咸丰四年（1854）、光绪十三年（1887）、1913 年、1941 年纂修族谱。二修时有广西巡抚韩宜思序及湖广学政缪沅序，三修时有内阁大学士彭维新序，六修时有武英殿协修曹贻孙序，皆手写上板。

茶陵光裕堂谭氏 宏伸公次子全忠十三世孙祖思，元天历间由茶陵太傅徙居龙溪小严塘而辟光裕堂。1913 年九修，1943 年十修，2006 年十一修族谱。

茶陵毗塘谭氏 始祖寿璋公，字德崇，为十四郎宏伸公次子全忠公后裔，元至大间肇基于此。堂号惇伦。2018 年九修族谱。

茶陵山塘谭氏 宏智公传六世，衍为山塘、孟塘、岱棠、儒仕坪、湖田、唐雅风六支。山塘支祖世链公。清雍正十三年（1735）、乾隆五十一年（1786）、嘉庆十九年（1814）、道光二十一年（1841）、光绪七年（1881）、

1917 年、1947 年宏智房七修族谱，2006 年山塘支八修。字派：仁义之家，三俊日选。德本传经，猷能耀典。先绪是承，继嗣益勉。祉集祥迎，云仍通显。

茶陵岱塘谭氏 可奕公以下递衍十八宏。十五房宏智公为岱塘、普并、山塘、湖田、孟塘、儒仕坪、唐雅风祖。智公下传五世师言公，又为岱棠祖。清乾隆五十五年（1790）、嘉庆十九年（1814）、道光二十一年（1841）、光绪七年（1881）、1917 年、1947 年、2006 年纂修族谱。字派：仁义之家，三俊日选。德本传经，猷能耀典。先绪是承，继嗣益勉。祉集祥迎，云仍通显。

茶陵雩江乡上方谭氏 始迁祖仁京公，字克己，唐进士，官至兵部尚书，自江西泰和早禾市迁居湖南茶陵雩江乡。至 1948 年，已传 38 代。族人分布于上方、资水、潇水、严溪、天井湖等处。宗祠在上方。

茶陵虎踞三达谭氏 始迁祖士球公，清康熙间自茶陵高水迁居山下洲（三达）。前七修为茶陵四户谭合修。2010 年三达谭分修，称八修。

衡阳谭氏 鼻祖可奕公，递三传至礼部尚书宏伸公，生全仁、全忠。全仁十七世孙福田，讳天广，宋末居龙田桥。全忠十七世孙顺易（讳世贤），偕弟其得（讳世寿）于元大德间由茶陵迁居衡阳重江一都云峰里卧龙冈，历四世开源政、源录、源明、源福四房。政、录、福三房均居深陂。明公字淡庄，由重江迁居龙田，又衍为智、清两房。清乾隆三十七年（1772）、道光十八年（1838）、同治四年（1865）、光绪二十六年（1900）、1931 年五修族谱。龙田后裔谭上连，字云连，光绪间官新疆提督，卒于任。

衡山南湾谭氏 始祖可奕公，唐懿宗时由金陵迁泰和，又由泰和迁茶陵。至明初道明公，字象文，号克庵，由茶陵迁衡山，生六子：本濂为插花岭支祖，本浤为梅子洲支祖，本濒为霞流后山支祖，本清为杨梓坪支祖，本浚为清泉桥支祖，本源为木林支祖。一、二、三修族谱失考，清雍正十二年（1734）四修，1925 年八修，2002 年木林房九修房谱。班行：（自第三世始）雅韵步南薰，朝陛尚昌时。善承家学崇，儒业振宗风。世绪绵衡楚，纶恩益锡鸿。

衡山烧田谭氏 始祖可奕公，居茶陵。传数十代至必端公，字开衡，明永乐间携子法佑由茶陵下清水黄竹塘西阳乡南霞里迁居衡山烧田。清雍正元年（1723）始修族谱，乾隆十五年（1750）、乾隆五十八年（1793）、道光四年（1824）、咸丰七年（1857）、光绪十六年（1890）、1920 年、1950 年、2000 年续修。派语：必法冠允明端学世大光尚。毓秀芝兰聚，家承祖泽长。祥开衡岳远，忠孝裕贤良。雅昶晖常煦，怡和福自昌。清廉守正道，国泰寿宁康。

衡山横过塘谭氏 始迁祖必朝公，为必端公弟。派语：必开雅韵步南薰，朝陛尚昌时。善承家学校，用作士林师。礼乐经参定，图书昭训词。

衡山潭泊谭氏 奕公十三传德裔公徙茶陵章里。又十四传定曦公生文富公，明洪武二年（1369）徙居衡山潭泊。又至十代文礼、文学、文秀、文沛、文钟，分为五房。清乾隆十三年（1748）二修、同治七年（1868）三修、宣统元年（1909）四修、1941 年五修族谱。字派：世泽振衡湘，诗书继述扬。英贤光祖德，庆衍桂兰香。

衡山罗陂谭氏 始迁祖海荪公。派语：海明雅韵步南薰，朝陛尚昌时。兹本积方火，斯才盛益奇。忠良承世业，礼义继家规。允以恢先绪，于宗立丕基。

常宁谭氏 始迁祖汝能公，明洪武初由茶陵州迁常宁楠木山，生六子：以、拱、崇、良、心、显，衍六房。清嘉庆十六年（1811）创修族谱，光绪二十五年（1899）以、崇两房续修。班行：元贞辉祖德，孝义重人伦。忠信绳先泽，诗书裕后昆。芝兰腾彩秀，松柏发华英。喜际洪熙治，鸣盛在和声。

常宁蓬塘谭氏 始祖宏佐公，由茶陵迁居常宁楠木山。传至汝能，生六子：以道、拱道、崇道、良道、心道、显道。拱道递传至思聪公，生景佩、景和、景仁，景和，迁居蓬塘。清嘉庆十六年（1811）六房合修宗谱，同治九年（1870）、光绪二十四年（1898）、1929 年、1941 年蓬塘续修。班次：光明益正直，祥开万世荣。忠孝崇先志，诗书裕后昆。祖宗贻惠泽，显耀楚湘钦。

耒阳谭氏 耒阳谭氏，向分两派。一始祖钦公，字开祥，号敬庵，由粤连州尹致仕，宋末由江西泰和卜居耒阳南乡鸿鹤。明崇祯十五年（1642）、清乾隆六年（1741）、嘉庆十八年（1813）、道光二十七年（1847）、光绪四年（1878）、宣统元年（1909）、1944 年纂修族谱。另一始祖端公，系出十八宏，与茶陵谭氏同宗共谱。

邵阳平乡谭氏 始迁祖成孙公，元至正间由茶陵徙居邵东太平。成用公居万安一都元板冲，后裔华公明万历间迁中乡三都乱石窠。景芳公明永乐间自安化县沿河乡探溪五都迁邵阳中乡三都大田营，成僯公明永乐间由茶陵迁邵东中乡谭家冲，德明公元末明初由江西迁邵东西坪烟竹。合称平乡谭氏。清嘉庆七年（1802）始修族谱，同治元年（1862）续修，宣统二年（1910）三修，1944 年四修。1994 年五修时又并入自鄠县迁入金兰磨石铺之庆隆公房。2022 年六房六修族谱。孙、用两房原班：成宗祖应，志政兴邦。定国再添，世代荣昌。芳房原班：景必思文，添廷然朝。兴永万载，光宗幸昌。僯房原班：成武友安，定兴添永。正万载荣，朝廷昌大。明房原班：德太光明，志永朝文。思时国正，天心顺昌。合班：大学之道，修齐为先。新民至善，绪绍前贤。肇基南楚，科第愈联。庆余福积，纯嘏绵延。

邵阳仙槎谭氏　始迁祖贵宝公，明永乐二年（1404）为千夫长，由江西吉安府泰和县圳上迁宝庆东郭外鼓楼亭下洗脚塘，继迁小东山，又迁仙槎桥。又石子塘谭氏，始迁祖晚公，由江西迁邵阳东乡严家桥上石子塘。至1948年，贵宝公房约2500人，晚公房约300人，1931年两支创修族谱，1993年续修。贵宝房旧派：世子守道，国正天心。希文志永，景大昌明。晚公房旧派：武仲文景思，兴廷添祖宗。应大尔登连，科第世代安。

邵阳山塘谭氏　可奕公下历五传至宏智公。智公次子全湘公下历二十五传至天开公，由茶陵迁邵东山塘，为山塘房肇基祖。天开公独传四代，至才聪公，生志权、志忠、志和。智公三子全文公下历二十三传至正谊公，为杜方头、朱街坊、田贤村、新塘冲等处肇基祖。清同治六年（1867）山塘房创修族谱，1928年续修。班序：天丹思才志，谭祖宗庭仁。世上永万年，传代治安邦。猷能耀典，先绪是绍，继嗣益勉，祉集祥迎，云仍通显。

邵阳谭氏　始祖亿学公，原籍江西庐陵，生兆一、兆清。明成化三年（1467），兆一迁昭陵城东东山寺下，后嗣寻迁田贤村、中乡仁风等处。兆清初迁龙山岳坪峰，后嗣复迁朱街坊，又有迁湘乡、宁乡者。清乾隆五十年（1785）、同治三年（1864）、1912年、1949年纂修族谱。班行：虞夏商周起，什伯仟万亿。兆志春国有，希惟献良时。文心渊源启，正道学先思。忠孝能成贵，昌明定见奇。

隆回苗田谭氏　迁湘始祖旻贵公，后唐同光三年（925）由江西吉州泰和县高行乡早禾市赤石塘梅子坡圳上迁居湖南，初落湘乡金铃山，再迁丰乐里株梅东湾，三迁扶胜瓦子坪，而后胥宇蓝田。十代孙四五郎公，北宋宣和二年（1120）由蓝田迁隆回苗田塘泥湾。十八代孙志旻、志芳，明永乐二年（1404）由苗田迁隆回六都秋田。二十五代孙隆翔，字商霖，又字时沛，明永历时官黎靖总兵，封定远侯。明洪武间创修族谱，嘉靖二十八年（1549）、清康熙二十七年（1688）、乾隆八年（1743）、嘉庆七年（1802）、嘉庆二十二年（1817）、同治三年（1864）、光绪二十年（1894）、1924年、1992年、2007年纂修族谱。班行：良才国龙志，景秀添文永，昌隆世代兴。仁能忠有德，克绍显宗承。作善家声振，多贤理道明。诗书传教泽，守纪兆升平。

武冈、邵阳谭氏　始祖可奕公。进峰公第五子宏亮公传十九世至瑱公，字廷重，元代由茶陵迁宝郡武攸，生六子：亮、受、齐、柏、伍、英。亮裔居武攸大陂围五都八甲，受裔居邵陵南乡谭晚冲，齐裔居武攸城头团茶坪，柏裔居邵陵南乡孤洲茅坪，伍裔居武攸谭俊团梅树湾燕岩下，后裔有迁湘乡者，英裔居邵陵西乡麒麟。清嘉庆七年（1802）、同治十三年（1874）、1914 年、1948 年、1994 年纂修族谱。班派：成天世宗仲，礼信应文思。廷凤必登科，得安见泰清。英贤逢景运，隽秀启昌期。伟烈铭元鼎，洪功振巨基。

新宁碧田乡谭氏 始迁祖镇公，明初由江西迁今洞口县黄桥，后迁武冈邓家铺，终落新宁县碧田乡马棋塘。

岳阳、临湘谭氏 始迁祖尚达公，字仲山，原籍江西抚州临川蛇头嘴花石街，元末明初，为避兵燹，迁湘北临湘塅家冲，后又迁鹭屋。生六子：贤一迁巴陵，贤二留临湘，贤三迁华容，贤四迁沔阳，贤五迁衡阳，贤六迁龙斗嘴失联。清道光五年（1825）、咸丰九年（1859）、光绪二十三年（1897）、1927 年、1990 年、2015 年六修族谱。字派：国尚贤友，谭伯兴春。惟嘉启胜，世代兴隆。忠孝承祖，永绍书香。同恢先绪，福泽延长。

华容永固垸谭氏 迁湘祖宁公，唐乾符三年（876）迁高水。南宋咸淳元年（1265），兴公迁华容永固垸，至三世有兄弟八人，元末兵乱，兄弟散失。受一迁柿树岭，受二迁津市，受五迁石首，受七、受八迁江陵普济观，受三、受四、受六失祀。惟受一奉父守墓，仍居华容，子孙集居梅田湖，分居华容各地。1930 年、2013 年纂修族谱。万禄支旧派：言行具以正，得一方自新，学士希大成。（“成”字后用合派）三房旧派：受明二子祥，上元文仲宇，启世必明芳，积善传家。（“家”字后用合派）五房旧派：应义元木中，系学人必懋，永定家自宏，金声延祖（“祖”字后用合派）。七房旧派：惟鹏启文明，志士可大成（“成”字后用合派）。合族统派：显亲作则，孝友开先。道心克复，德泽长绵。

湘阴文洲围谭氏 始祖必达公，明洪武中自江西南昌迁长沙之谭家园。传十二世至文潜迁湘阴。

平江东乡谭氏 始迁祖景祥公，清康熙末年偕弟茂、胜、久及侄仕芳、仕旺、华、远、珍、连、周、宦诸公由江西南康县先后迁湘之岳州府平江县东乡。至 1948 年，已传 11 代，族人 4000 余人。

常德谭氏 始祖武兴公，唐僖宗时人，家楚南之茶陵。传十余世至斗垣，始迁武陵，其子彦继、彦纯为宋理宗时人，分居邑南之逆江坪、黄土市。1933 年五修族谱。

常德谭氏 一世原始公，元顺帝时由赣迁洛。二世祖安宁公自洛移荆，三世复兴公、四世万财公从荆徙澧。五世文昌、文彬、文理公，彬公迁武陵雷公庙纱绢湾，理公入赘尹氏，昌公居安乡插翎。又有景公，原籍江西省吉安府吉水县大樟树，迁居武陵县北门外大龙驿。清咸丰元年（1851）、光绪三年（1877）、1913 年、1937 年纂修族谱。派语：原安复万文思讳廷心讳应忠性起之万宏远于维正朝纲。德业光前哲，荣华富贵昌。礼乐家风古，孝友世泽长。

临澧澹津坪谭氏 始迁祖受三公，原籍江西吉水县大栗树，明永乐间从成祖征楚南武陵蛮，屯军澧阳白塘堰置家立业。子子荣又迁澹津坪。族人分布于团山、新安、吴家、合口等乡。至 1948 年，已传 22 代，族人 4000 余人。宗祠设在澹津坪。清道光二十九年（1849）、宣统二年（1910）、2010 年纂修族谱。字派：三荣水日玉金臣（应）一所（嘉）经圣邦金成（世）。名宏学永，祖德大光。孝友为本，佑启盛昌。

慈利谭氏 迁湘始祖兴公，明初携子添麒、麟、鸾、凤四公自江西吉安府吉水县大洲迁楚南衡州府安仁县宜阳八都。不数年添麟公随明太祖征，洪武二十三年（1390）由千户升九溪卫指挥使，子孙奉旨落籍，五大房蔓延慈利、石门、临澧、澧县之地。清康熙二十一年（1682）、嘉庆四年（1799）纂修族谱。1919 年慈利、澧州、安福、石门、公安、监利合纂族谱，2010 年慈利十余支又修。麟支派语：麟祥友涌隽，钺仲阳楚为。士学佩祖训，元吉永绍徽。敦本弘家政，崇文裕国辉。

益阳十九里谭家坊谭氏 始迁祖道伍公，明初自江西吉水迁此开垦，后裔居塘下田、柏家冲、泞湖、衡龙桥、颜家塘、清水寺、石仓冲。

益阳山青铺谭氏 始祖可奕公。始迁祖通僖公，明时由茶陵毗塘迁益阳山青铺，衍仁、义、礼、智、信五房。清乾隆四十五年（1780）、同治六年（1867）、1917 年三修支谱。派语：通秀原忠涧，惟廷显立文。大才能继述，贤德定昌荣。成名时达道，启后日思亲。孝顺千秋乐，国正万年亨。

安化谭氏 始祖可奕公，徙茶陵。宋时有章公徙宁乡。宏亮公派下裔孙彦礼、彦黄、彦圣、彦福、彦秀五公于明洪武初同徙安化，彦礼公居归化乡印石。清雍正十三年（1735）、嘉庆七年（1802）、道光二十五年（1845）、光绪二十四年（1898）、1928 年、1993 年、2020 年七修族谱。一修、二修为五房合修。三修时秀房已失联，故后修皆四房合修。乾隆初年礼、黄、圣、福四房建宗祠于安邑城西。派行：太德仁闻鼎，万安绍祖封。彦孟廷添日，友王永宇宗。正大光明世，文章华国英。忠孝传家本，诗书裕后基。庆延鸿业振，喜起际昌期。手泽芳徽著，心田义种陈。士林重作育，科第久弥新。

安化扶胜谭氏 始迁祖学林公，字明章，世居江西吉安府太和县早禾市千秋乡，元成宗大德八年（1304）由拔举仕长沙上湘，迁湘乡金铃山燕子塘，又名荷叶塘，今属娄底，再迁安化珠梅丰乐里，三迁扶胜瓦子坪，今属涟源。学林公生六子：大郎、二郎、五郎、七郎、八郎、九郎。八郎名景清，字雪岩，生七子：仲高、仲经、仲瑚、仲和、仲春、仲华、仲源，共衍三甲四户。清乾隆五年（1740），大郎、七郎、八郎、九郎四支创修族谱，1933 年仲瑚（字惟甫）房五修，1996 年八郎公派下诸房六修，2018 年七修。班行：（以“景”字为一世）学景仲志应梦，必秀添文永，汝廷治世兴。仁能钟有德，孝顺显周亲。铭鼎勋华远，登云际会新。洪基膺福履，广业裕经纶。

安化、新化谭氏　始迁祖冀公，号学林，原籍江西泰和县千秋乡，元大德十一年（1307）官湘乡令，后居湘乡金铃山，继迁安化株海东湾丰乐里，再迁扶胜瓦子坪，生六子：大、二、五、七、八、九郎。弟奠公，号信福，元泰定元年（1324）迁新化梅溪，再迁接龙桥，生三子：丙一、丙二、丙七郎，惟丙一郎仍居梅溪。清乾隆五年（1740）两房合修通谱，之后各房分修，2004 年续修通谱。

新化骑龙山谭氏　始祖信福公，元泰定年间自江西安福县东门迁湘，开基于新化县亲睦乡梅溪团峰背。传至四世祖汝和公改迁土桥骑龙山。族人分布于珂溪、潮水、木山铺、小南村等地。至 1949 年，已传 27 代，共 4000 人。宗祠在骑龙山。元至正十二年（1352）始修族谱，1993 年六修，2017 年七修。旧班次：丙友汝志添，景永朝正奉，肚文绍大希，仁政昌期国，万春显宗亲。续班次：铭鼎勋华运，登云际会新。洪基膺福履，广业裕经纶。

新化福田谭氏　始祖旻贵公。福田始迁祖良进公，元初人，由安化蓝田迁新化福田，生才登、才显、才扬。才登生国琮、璜、瑚、琏。琮裔派衍新邵栗坪草鞋铺，璜裔派衍五星白洋塘，瑚裔派衍隆回滩头棣毕塘，琏公从军贵州五开卫。明初、嘉靖二十八年（1549）、清康熙二十七年（1688）、乾隆八年（1743）、嘉庆七年（1802）、嘉庆二十二年（1817）、同治三年（1864）、光绪二十年（1894）、1925 年、1991 年、2019 年十一修族谱。班序：良才国龙志，景秀添文永，昌隆世代兴。仁能忠有德，克绍显宗承。作善家声振，多贤理道明。诗书光祖泽，俊杰佐君荣。

资兴永树圳谭氏　始祖可奕公。至二十世嗣阶公，讳洞玉，明永乐二年（1404）因避兵乱迁居资兴永树圳。至 1949 年，已传 25 代，族人共 3000 余人。宗祠在永树圳。

宜章观音寺谭氏　始迁祖昭宝公，字珍卿，号龙川，茶陵清溪塘头人，宋理宗时童科第一进士，授大理寺卿，因金人猖獗，谪官宜章县令，诈死埋名，更名重宝，隐居粟源潭斗，卜居笆篱乡观音寺。族人分布于澄江、渣水洞、宝塘、观音寺等地。至1948年，已传29代，共6000余人。宗祠在观音寺。

宜章黄土岭谭氏 始迁祖堂公，字入室，原籍茶陵县尧水上塘，明洪武年间奉旨抚瑶，因功升广东潮州府副将，奉调郴，转迁宜章县笆篱乡黄土岭。至1949年，已传23代，族人共4000余人。族人分布于大天塘等村落。

嘉禾水尾谭氏 始迁祖添俊公，明崇祯十三年（1640）由临武坪洋水迁嘉禾县水尾。至1930年，凡149户，男267人，女277人，共544人。清康熙时，德秀徙居顾村。

汝城南村谭氏 始迁祖小念七郎，宋度宗初由广东仁化县扶溪村徙汝城南村。后裔鲹公，明嘉靖年分居南乡竹村。聚汉，清初分迁铜锣坵。爱梧，清雍正六年（1728）分居寨仲。兴谅，清康熙中叶分居圭岗。至1932年，已传28代，共800余人。

汝城莲塘圳谭氏 始迁祖良宝公，明成化年间自广东始兴县迁汝城莲塘圳，子正位仍居白金洞，正梓居桑坪上横江，正端迁兴宁，正意居梓槽冲。至1932年，已传19代，900余人。

汝城高滩谭氏 清乾隆时由广东扶溪迁汝城高滩。又有分居白菓树、下田、罗木山等处者。至1932年，有200余人。

零陵、祁阳谭氏 始祖可奕公，唐咸通间由江西泰和迁零陵。六世全湘，生谕、谏。谕生考、教、敏三子。谏生政。考生光德、光行。光德后裔玉全，迁居零陵冷水滩潮水乡渲溪。光行后裔家佾，迁居祁西步云桥平塘杳湖岭。政生光荣，后裔昌泛迁居祁阳枣园岭下谭家桥。又有修正，由茶陵迁居永郡河街，生受，受生善，善复由郡城迁祁阳南隅里塘。清嘉庆十三年（1808）、咸丰十年（1860）、光绪二十七年（1901）零、祁合修宗谱，1995年五修。通派：（自二十三世始）国运方隆盛，逢时用选贤。人才宜继起，功职克占先。根深枝叶茂，源远水流（江河）长。祖德馨香著，怀仁裕后良。

零陵渲溪谭氏 光德公而下十六世玉全，由茶陵随父宦永州，落籍零陵渲溪，今属冷水滩市潮水乡。清道光二十二年（1842）创修族谱，光绪三十年（1904）续修，1995年合祁阳杳湖岭、里塘、谭家桥等支合修宗谱。派语：（自十五代始）上策观光，学际明盛，相治孔扬。宗嗣炳昭，祖德培芳。巨典恒守，永锡龙章。

祁阳谭家桥谭氏 光荣公后裔二十一世昌泛公，字禹平，宋景炎时因元人南侵，自茶陵迁居祁阳东隅谭家桥、枣园岭。四传至天池公，兄弟十三人又因战乱分徙东南北隅之沙头、百吉坳、双桥、鹅头石等地。清嘉庆、咸丰、光绪间合纂宗谱，1930 年谭家桥四修，1995 年五修。至 1949 年，已传 25 代，族人 12000 余人。总祠设在县府左侧。

祁阳里塘谭氏 始祖修正公，明洪武初由茶陵迁居永郡河街，生受，受生善，善公复由郡城迁居祁阳南隅里塘。清光绪三十年（1904）创修族谱，1995 年合湞溪、杳湖岭、谭家桥等支续修宗谱。

祁阳谭氏 始祖可奕公。十七代家佾，南宋间自茶陵迁居祁阳城内，子振金、有龙择居祁西杳湖岭下，谱奉家佾为祁西始祖。清嘉庆十三年（1808）、咸丰十年（1860）、光绪二十七年（1901）零、祁两邑合修宗谱，1932 年祁西四修，1992 年五修。班行：家有明思文，以志谭永仲，正大谈宏奇，光□万礼义，宗哲敦先绪。

蓝山凤感乡滨溪谭氏 始迁祖念明公，宋庆元六年（1200）由江西吉安府泰和县铜枧鹅颈坵迁来。至 1931 年，凡 120 户，男 264 人，女 220 人，共 484 人。

新田漕头源谭氏 始迁祖日文公，明时因兵灾自宁远县徙居新田县崇益乡漕头源。至 1949 年，已传 12 代，共 205 人。族人分布于大桥边、天地山、金陵圩等处。

新田城厦谭氏 始迁祖朝道公，清初自本邑坝头家迁居本邑中和镇城厦。至 1949 年，已传 11 代，共 120 人。宗祠设在城厦。

溆浦王家坪谭氏 始迁祖国琦公，原籍贵州黎平，明隆庆时徙溆浦王家坪。

麻阳谭氏 始祖子兴公，宋建炎年间随岳飞征讨杨幺而驻武陵，后定居泸溪浦市生宝（新堡），其裔孙自宋末至明初分迁各地，迁入麻阳者共五支。一世鳌由生宝移招渝雷脚泥。二善金徙荒田冲，后移龙公溪（黄双冲）。三善均、善分、善荣徙楠木底。四必颜之子秀辅于明成化十三年（1477）移居楠木冲。五谭晚先移三定岩，旋迁通灵溪。后人主要分布于栗坪、绿溪口、高村、兰村、岩门、谭家寨、板栗树、舒家村、郭公坪、江口圩、锦和等乡镇。生宝老字派：世子永必善正文。招渝沿袭七轮八转字派，1992 年同泸溪谭姓修谱时增加七字：甫宗长兴启良武。黄双冲老字派：通景显文伏，祖兴永上大，仕佳志立业，正运逢春会，宏开教学成。1919 年公议自老字派“正”字后加二十四字，成为三十字：世子永必善，正文（伦）再绍忠。相维贤作宝，学贵运气隆。发积开昌达，长荣庆万钟。由生宝移斯亚溪再迁楠木桥老字派：秀文实思单，贵祖胜兴单。国真元五正，天大有承先。清宣统元年（1909）公议自“天”字后续二十字：大有承先泽，宏开绍丕基，恩光隆万代，世庆我朝熙。楠木桥下村字派：如千一亚字，颜景永兴胜。朝学生启文，世宗必显荣。清同治元年（1862）自“显”字后续二十字：荣华继祖德，自有家国昌。延开隆万代，均茂安邦长。通灵溪字派：（由生宝移三定岩老字）永祖朝上道，士可学文儒，光昌仁德长。续议：世子永必善，正文再绍宗。国惟贤作宝，家贵运其通。祖泽成千户，恩荣庆万钟。楠木底字派：永祖朝上达，士可学文儒，光昌仁德长。

谯

沅江谯氏 远祖谯周，字允南，蜀南充人，事蜀汉帝。生三子：长秀公后裔居广安州岳池县。次子后裔一居湖南，一居贵州，一由湖广复祖业，仍居合州。三子后裔世居顺庆府龙门坝。清乾隆十三年（1748）广安岳池、合州、顺庆保宁沧溪三房子孙共修葺顺庆府城内谯周公祠墓。元至正间千一公，讳霄，由湖北松滋县转徙华容。传至乔岳公，生桂、柏、槐、槟，明正德六年（1511）迁居沅江。桂子兴仁居东，槟子居中，柏子居西，后中、西两房绝嗣。兴仁公后裔衍为十房。道光八年（1828）、光绪二十七年（1901）、1940年纂修族谱。又今华容境内内谯氏400余人，聚居桃花，分居东山、三封寺。派字：乔木兴门大，火声学仕衣。国家显秩应，平成任帝希。连理全枝茂，文明亿世辉。

翟

张家界、慈利翟氏 始祖德成公，原籍江南太平府，元末明初由湖广德安府随州迁葬慈利县翟家湾。二世世荣公，三世让公。四世祖公，明永乐七年（1409）奉调九溪卫，遂家焉。祖公生五子：庆、亮、广、永、立。庆、亮后裔多居澧水下游及湖北各处。广、永后裔居湖北、四川。立公后裔仍居九溪，今慈利江垭镇。清光绪二十四年（1898）三修、2015年四修族谱。字派：丕振千秋绪，盛景宗正昌。俊秀弘澧岳，儒法保帝邦。忠厚传家久，诗书继永长。明廷珍荣耀，爵禄远流芳。

蓝山舜乡堡城翟氏 始迁祖志通公，明初由宁远迁来。

溆浦岭头翟氏 元至正时由河南徙溆，居岭头。

溆浦翟家岭、凉水井翟氏 元至正年间自河南迁溆浦，集居翟家岭、凉水井。

熊

长沙河西沙河湾熊氏 始迁祖仲璜公，字廷璧，号清溪，明洪武六年（1373）由江西南昌丰城县拖船埠徙居长沙河西之沙河湾。子四：梓高、梓明、梓远、梓镜，后裔散隶于长、善、潭、阴、宁、益、沅诸邑。至1948年，已传23代，族人24000人。清雍正十二年（1734）始修族谱，光绪十四年（1888）远房五修，光绪十六年（1890）明房五修，1919年远房六修，1920年明房六修。创建宗祠于长沙市下黎家坡。派序：仲梓万永伯，庭梧引凤鸣。梦国光华盛，传家世泽荣。诗书敦巨典，文学振先声。运际承平会，人才树令名。

浏阳熊氏 始祖盛公，唐末进士，由寿光徙居丰城衙背街瓦子巷。传至元末孟公七郎，因朱陈鄱阳大战，徙居浏阳北乡砂市街八角井。生三子：仲璜、仲琦、仲琸。琦、琸分徙长沙、宁乡。仲璜世居浏北，再徙东山里梅坪堡。九传后志横、志权，三徙于金盆、毛源。1923年三修族谱。

浏阳鸡子岭熊氏 迁湘祖开植公，字瀛洲，明洪武二年（1369）由江西丰城县曜上迁长沙五美乡龙树湾。数传至翠宇公，迁浏西鸡子岭。族人分布长浏一带。至1949年，已传22代，共3000余人。宗祠设浏阳智道乡西港仓。

浏阳槐园熊氏 始迁祖启明公，字对坪，明万历间自江西丰城县石滩街田垛里徙居湖南浏阳西乡镇头市西满仓槐园。至1948年，已传16代，族人6000余人。清光绪十年（1884）三修族谱。

浏阳西乡熊氏 始迁祖上玖、上珍、上泰，清雍正四年（1726）自广东潮州府平远县东石乡迁居浏阳西乡。

浏阳江口熊氏 始祖宗维公，自江西丰城县迁长沙金鸡桥，其裔孙大方始迁浏北江边，后分居稻田段、栗树坡等地。至清光绪三十三年（1907），已传20余代。

宁乡熊氏 始祖图南公，明中叶自泰州徙居江西丰城。子三：长子廷学之子斌，明嘉靖间迁湖广靖州红牌楼。次子廷爵后裔未载，三子廷辅于明成化元年（1465）宦居靖州凤阳坪。斌五世孙共计十五：国臣、国祚、国宝、国相、国瑞、国仁、国祥、国志、国玙（失考）、国隆、国学、国璘、国安、国儒、国珍。清康熙三十七年（1698），国相、国隆及国祚子仕纪同迁宁乡大金山川门湾。康熙五十五年（1716），国臣孙藩世偕弟藩继子涓林亦徙宁乡，居洪山庙营冲。国志子仕原，康熙初由靖州迁宝庆武冈州，子二：长子藩臣于康熙二十五年（1686）复迁宁乡，次子藩相之子涓盛亦于康熙四十七年（1708）徙宁乡。其余“国”字辈后裔仍留居靖州。道光二十年（1840）宁邑各支始修族谱，光绪十年（1884）续修，1914年三修。原派：南熊廷尚希，鸣周国政奇。百世钟人文，克道应仲宜。迁楚老派：珷冕朝北，国仕藩涓。维周之桢，明润业煌。新派：升鉴江林照，增铭泽本煊。圭钟湘楚焕，孝锡汉樛辉。经义鸿猷裕，勋高美赞襄。崇儒贤继起，励志自荣昌。该族名人：熊复元，花翎总兵记名提督。

湘潭黄龙巷熊氏　长沙河西沙河湾熊氏始迁祖仲璜公九世孙鸣起，挈子侄徙居湘潭黄龙巷。清道光二十二年（1842）纂有族谱，堂号儒孝。

湘乡中沙、鸡笼山、石禾塘、独溪门楼熊氏　始祖万福公，原籍江西丰城淦上，元季明初宦游楚南，卜居湘乡兴让乡石禾塘。子二：寿试、寿碱。寿试公递传五代彦芳开中沙支，彦章、彦湘开鸡笼山支，彦椿开石禾塘支，寿碱公开独溪门楼支。族人分布于兴让乡中沙、铜梁乡、珍涟乡等地。至1949年，已传20余代，族人2万余。族谱始修于清康熙十年（1671），乾隆五年（1740）、乾隆四十八年（1783）、道光八年（1828）、同治六年（1867）、宣统三年（1911）、2006年续修。班排：福（杰）寿思志泰，彦添循守大（开建源大奏）。仕一奇金（兴国正□）兆，秀世基绍霈。德立名方达，功崇誉益宣。文章昭树植，礼义振班联。该族名人：熊清泉。

湘乡熊氏　始祖东川公，明永乐、成化间人，世居江西丰城瓘山，明正统初，奉诏填湘，落籍湘乡卫汪家坳石头塘，今属双峰县永丰镇黄坛仑。2012年纂修支谱。班序：卿邦日明懋，正修齐治金。性道慎和位育，扬善达德经纶。庄敬昭崇安定，厚膺端理恭宁。

醴陵熊家围熊氏　始迁祖彰公，元末自江西迁此。族人分布于湘潭、攸县。至1948年，全族人口100人。

醴陵佑冲熊氏　迁湘始祖开植公，字瀛洲，号怀圳，原籍江西丰城瓘山，明洪武二年（1369）迁湖南长沙府善化四都龙树湾。四传至正泰、正山，又迁醴北佑冲。2020年五修族谱。字派：正启光明，茂仲日本。应梦永文，长立安邦。忠良开世业，厚德裕仁贤。传道成金学，家声绍祈昌。

醴陵南城熊氏　始迁祖光义公，清道光初年自江西丰城迁此。族人分布于上坪冲、西林、双湾。至1948年，全族人口400人。

衡山熊氏　始祖宣哲公，字洪裕，官翰林学士，生允文、允武。允文生克昌，克昌生孝敬，孝敬生庭殖。庭殖字曲塘，明洪武中率子寿岳及堂弟集甫、麟岳由江西丰城熊塘迁居南岳。寿岳居熊家坪，集、麟居城西铅锡坪。清乾隆十八年（1753）、嘉庆二十一年（1816）、咸丰十年（1860）、光绪十五年（1889）、1914 年、1948 年六修族谱。

衡山石湾熊氏　始迁祖瑞菊、普芳、世举，由江西丰城迁居衡山县登山石门石湾。清嘉庆七年（1802）纂有族谱，堂号挹翠。

常宁熊氏　始迁祖正彪公，字绘彩，行一，原籍江西临江府清江县樟树下，明洪武十二年（1379）偕子见先、见兴、见偕、见海迁居衡州府常宁县南乡曲市洞。见先后归原籍，见兴裔居沙塘、青圳、烟竹湖街处，见偕裔卜居萍塘及清泉之沙塘，见海裔居下液洞。清乾隆四十九年（1784）、道光四年（1824）、咸丰八年（1858）、光绪二十四年（1898）、1943 年纂修族谱。班辈：正见贤思一，显胜渊光道成志天开。天开文运通，积庆秀崇隆。昭穆源流序，风云际会逢。芳声扬祖泽，大器表精忠。传芳贻谋厚，诗书乐育融。

邵阳熊氏　始迁祖孝言公，明季由江西南昌府丰城县迁邵陵郡城东关外八蜡庙。子自诣公，派衍八房。至 1948 年，已传 20 代，族人 3000 余人。宗祠建于廉桥，今属邵东。清乾隆四十五年（1780）创修族谱，光绪十年（1884）续修，1938 年三修。班排：植根基必厚，立干叶垂芳。作善千祥集，贻谋百代昌。诗书尤及远，简策益增光。春满兰芽秀，秋来桂子香。传家绵惠泽，琢质重圭璋。郅治昭亲睦，休命庆对扬。

隆回熊氏　始祖有恒公，江西丰城人，明成化中举乡耆。三世奇，明嘉靖间徙邵阳县隆回。后裔分析城北万岁庙、万桥村、山溪。

武冈石羊桥百户熊氏　始迁祖志公，江西新淦人，明洪熙元年（1425）随岷庄王至武冈，授武冈守御所百户，其后居石羊桥。

华容熊氏　一世祖叨公，字汝敌，居江西丰城，二世延福。二十七世洪鼎，字象之，明末清初率三子迁楚，先居益阳，后居华容。字派：（自十世始）师宾元时父训名彦伯志接贻谋钟洪乘耀时钦淑懋毓德先……

湘阴熊家疃熊氏　迁湘始祖志明公，原名孔学，字远瞻，号监亭，元至正间由江西丰城县拖船埠迁湘阴县界头铺熊家塅。生三子：仲琦、仲潢、仲倬。明永乐间，志明公曾孙开汲公由熊家塅分居申明乡东南团万家冲。清乾隆二十八年（1763）琦、倬两房合谱，道光七年（1827）琦房二修，同治六年（1867）琦房三修，光绪十四年（1888）琦房四修，1930 年琦房五修。志明公十四世孙光椿公生五子，称五支堂。2010 年五支堂第四房六修。字派：志仲宏开昭世德，本先中正显荣光。宗绍高阳绪，家传翰集香。人才常毓秀，昌大永垂芳。

湘阴麻塘、长乐市、熊家塅熊氏 该族宋元时土著豫章南昌县西门河泊所，元末明初，兰公子三：长子毓良之子安常公，洪武进士，授蓝山县令，后携弟安华公落业湘阴麻塘。次子毓忠之子安鼎公，河南按院，偕子伯龙落籍长乐市。三子毓显之子安仁公偕子伯湘落业熊家塅。清乾隆三十二年（1767）麻塘、长乐、熊家塅三支合修族谱。派语：祖德由来茂，贻谋世序清。诗书承懿范，礼乐蔚宗盟。玉树根长盛，金枝叶自荣。传家惟孝友，百代焕文明。

湘阴南堤熊氏 始祖俊江公，明洪武中自江西丰城迁湘阴之高华岭，今属汨罗。传四世志选迁南堤。

湘阴大湾熊氏 始迁祖富公，明嘉靖初年自江西南昌迁湘阴。

湘阴油草塘熊氏 始迁祖俊三公，明嘉靖中官湖南，遂与胞弟俊四、俊七隶籍湘阴，家于油草塘。清道光二十八年（1848）纂有族谱。

湘阴熊氏 始迁祖安华、安御、安彻、安珠堂兄弟，明中叶由江西丰城县隶籍湘阴。清光绪六年（1880）纂有族谱。

平江九岭、洞口、清潭熊氏 谱称宋季时，文瑞、文琮、文璜由江西高安县同迁平江。文瑞字祥兴，居九岭。文琮居洞口，文璜居清潭，长兄文端仍居江西。清康熙五十九年（1720）文瑞支、文端支合修宗谱，乾隆四十八年（1783）、道光二十一年（1841）文瑞、文琮两支又二次合修，光绪二十六年（1900）四支合修，1912 年文瑞一支五修。乾隆二十六年（1761）文瑞支建宗祠于九岭，光绪间重修。

常德熊氏 始迁祖闇和公，字秉彝，号怡悦，原籍江西吉安府泰和县第二十七都七樟树，宋时迁居湖南武陵县上大村之中溪村老屋村。十一传元文公分迁益阳，至“兴”派又分迁龙阳。清康熙三十一年（1692）、乾隆十三年（1748）、道光五年（1825）、同治八年（1869）、光绪二十九年（1903）、1938 年续修。派语：（自六世始）嗣应景添必，元文维兴绍，宗义胜邦仁，大若敬重祖，子志以承先。

常德熊氏 始迁祖元公，原籍江西吉安府吉水县，明永乐二年（1404）迁居武陵石公桥马家堰。子春、霭，奠居井边。清光绪十九年（1893）创修族谱，1945 年续修。派语：盛邦安家承（用），祖（绍）廷道孔明。丕隆光绪泽，继述振先声。孝义荣昌远，忠良节永贞。诗书开秀运，百世庆登瀛。

常德德山熊氏 远祖元公，生天玉、天配。天玉迁南昌东檀氏之原，天配仍居南昌县仙贤里八角庙。明宣德初，天配四派孙我玥、天玉四派孙安广并家武陵。安广两子：思文、思章，居石公桥北。我玥四子：九睦、九经、九成、九龄，均由鼎城落业乡村。清咸丰十年（1860）、光绪十九年（1893）、1924年、1997年纂修族谱。派语：宗正大可登，继述以先成。名家必有用，祖德万年新。

常德前河五家冲熊氏 始迁祖守乾公，明嘉靖五年（1526）由江西入楚，卜居武陵前河五家冲。清嘉庆二十一年（1816）纂有族谱。

常德武前乡花叶港熊氏 始迁祖良祖，明万历间自江西南昌府丰城县迁居常德武前乡花叶港。民国时三修族谱。

汉寿熊氏 始祖键公为常郡太守，其子先、玺、华、帝、玙于明永乐元年（1403）因兵燹猖獗，由江西丰城迁居湖南常德府龙阳县。先落业熊家滩，玺落业笑藤港。华落业大茅坪，旋迁大栏冲。帝长子发祥落业柳林嘴，次子天高落业鼎港。玙落业大堤头。清光绪三年（1877）创修族谱，三十三年（1907）续修，1934年三修。1919年建宗祠于县城西关内殷家井。派语：绍业兴华执明，顺道景显正直。昭兹来许，绳其祖武。於万斯年，受天之祐。鼎履乾坤泰，家人大有恒。晋观谦复益，豫萃渐随升。

桃源水田熊氏 始迁祖万福公，明永乐二年（1404）自吉水迁于桃源县东水田村。至1948年，已传20代，全族人口900余人，分布于毛七湾、龙头冈、梓树湾、福龟堰等地。1935年建宗祠于本乡一保。族谱创修于1938年。

桃源陬市熊氏 始迁祖志让公，明永乐间自丰城迁于桃源县东陬市熊家冈。至1948年，已传20代，全族人口300余人，分布于李家洲、延泉等地。宗祠于清乾隆初年建于县城。族谱创修于1919年。

桃源热水坑熊氏 始迁祖文举公，因避乱于明末自岳州永卫水田坪迁于桃源县北上七里村之热水坑。至1948年，已传12代，全族人口100余人，分布于温泉、热水坑一带。清宣统间建宗祠于官寨坪。族谱创修于1946年。

桃源锅耳潭熊氏 始迁祖应祯公，应富商佘某御匪之请，自石门官渡桥迁居桃源锅耳潭。至1948年，已传12代，全族人口100余人，分布于温泉、高东及慈利、石门两县。清道光初年建宗祠于锅耳潭。1917年续修族谱。该族名人：熊新民，曾任国民革命军少将师长。

临澧熊氏 始迁祖觉寿公，原籍江西南昌府南昌县铁树宫，明永乐二年（1404）奉旨征苗，屯驻天门山，生道盛，道盛生文、武、辅，衍为三房。1924

年续修，2006 年三修族谱。派名：之明运士，成正隆昌。宏大家国，宗祖悠长。经传绍继，永观发祥。懋学应选，登廷安邦。

临澧熊氏 始迁祖茂富、茂贵、茂才三公，明正统、天顺间由江西临江府清江县金盘乌湘洲贸迁南楚，卜居临澧、新安等处。清乾隆、道光间纂有草谱，光绪首刊族谱，1924 年续修，2001 年三修。派说：（自十五世始）师承继先哲，昭穆次第多。典学恢骏烈，家同国共和。

桑植、永顺、张家界熊氏 始迁祖安国、安世、安楚三公，明洪武二年（1369）由江西丰城古树桥马家岗迁楚。安国公择地慈利羊角山，洪武五年（1372）又迁桑植幡杆坪麻腊岗。至五世翼龙，一名礼龙，行一，分居桑植熊家坪官溪盏，后裔分居桑、永两县。飞龙，一名应龙，行二，分居永顺桃溪尖山，今张家界后坪、杉树坪众族后裔之祖。云龙，行三，分居永定县。2000 年三支曾合谱。今为白族。派序：再明文国尚英，良相世正朝廷。隆恩宠锡昌达，遐迩远镇乾坤。忠孝常嘉贤士，金阶时传芳声。荣耀光宗宏振，盛开诗礼元勋。学业丕启清泰，词华宜绍前人。山川钟其灵秀，佐理先卜台星。

张家界鱼泉峪熊氏 始祖安国公，明洪武时避陈友谅乱，由丰城马家冈迁于澧源，落籍慈利羊角山，继移桑植幡杆坪。十三世祖大坤公复迁大庸鱼泉峪，今属张家界市。

益阳熊氏 始迁祖仲璜公，明洪武六年（1373）自江西丰城拖船埠来湘，落业今长沙望城新康镇沱市村。二派梓高、明、远、镜四房。梓远公子万灵公又自新康迁益阳南冲。五派伯华居当地，伯富迁龙光桥清溪棚。清雍正十三年（1735）、嘉庆二年（1797）、道光十五年（1835）、同治三年（1864）、光绪十四年（1888）、1917 年、2014 年纂修族谱。字派：仲梓万永伯，庭梧引凤鸣。梦国光华盛，传家世泽荣。诗书敦巨典，文学振先声。运际承平会，人才树令名。

益阳熊氏 始迁祖仲明公，明永乐五年（1407）由江西丰城徙楚，始寓长沙，继居沩宁，三迁益城之西常乐街，落业沧水铺聂家塘，生三子：子兴、子旺、子则。清乾隆五十六年（1791）、道光十七年（1837）、光绪七年（1881）、1914 年、1943 年纂修族谱。派语：概公绵百世，仲子万允年。开国朝之启，尔邦庭直宣。忠良绳祖武，孝义继名贤。友于为政本，诗礼绍家传。

益阳三里熊氏 谱以唐御史孺登公名端，字立极，为一世。传二十一世文周公，字晓生，明成化间由江西南昌府奉新县法城乡之夏城迁益阳鲊埠。清康熙五十六年（1717）肇修族谱，乾隆五十八年（1793）续修，道光十四年

（1834）三修，光绪十八年（1892）四修，1914 年五修，1947 年又续编五修。1915 年资江公裔纂修支谱。派语：允守日正丹，大应芳声起。天开文运亨，科第家传美。忠孝裕国华，信义培伦纪。福祚集光荣，长延奉宗祀。

益阳华林熊氏 谱称始祖祥裔公，字珍器，明嘉靖间由江西金溪县凤冈西保周王祠下来湖南省城，落业驿步门内。生两子：福康、福宁。福康从父返籍。福宁迁善化，五传至思圣公，字灿台，号敬亭，落业于益阳十九里华林塅乐家冲。清道光间建宗祠于孙家山。族谱始修于同治元年（1862），光绪二十年（1894）续修，1930 年三修。派语：祥福海原思，应朝日月光。文章开世运，诗礼振家纲。绍锡荣名盛，承恩德泽芳。懋昭其祖训，继述士贤良。

益阳黄泥湖熊氏 始迁祖学清公，明万历年间自江西南昌迁此，其后一支居十五里，一支居在城里。

沅江熊氏 远祖绎凤公，生宋嘉定丁丑（1217），以都御史镇兴隆府，即江西南昌县。三子：朋来、富士、居广。富公原籍南昌府丰城县，元大德十一年（1307）迁沅江县乐山乡，览山水毓秀，居民鲜少，遂卜家焉，为沅邑熊氏五房村支祖。嗣后广公四传至璇玉公，讳鼎，安如山，原籍丰城县观上石塘村，元末明初差出楚南，迂道至沅，访问次房，遗命子孙分徙沅邑，为冷水窑支祖。厥后朋公七传至维熙公，原籍丰城县老塘拖船埠，以明洪武十六年（1383）举人知广西中州县，道经沅邑，得见两房后裔，亦命次子邦宪公卜迁沅邑之马公铺以笃亲谊，为西门街支祖。自此三房鼎峙。长房维熙公祠位于沅江县城琼湖镇原市堡三甲西门街，原建于清乾隆三十九年（1774），1927 年重修，作为三房公有祠宇。1946 年三支合修族谱。派语：绎公锡藩封，礼乐政之基。宁静可致远，敬慎乃相宜。心勤志诚恪，法立民保持。建功承仲武，修业在平时。孝友必荣显，纲常励守为。敏求敦直道，亿代训遵师。

南县花甲村熊氏 始迁祖鼎公，明洪武初年自江西南昌迁华容九都宋田山（今南洲镇花甲村）。

安化熊氏 该族分千一、千二、千三、千四、准公五大房。明成化、弘治间自南昌丰城先后徙居安化，后复分徙益阳、宁乡、湘乡、武陵、桃源等邑。清康熙五十三年（1714）创修族谱，乾嘉之际二修，咸丰八年（1858）三修，光绪二十九年（1903）四修。各支派语不一，咸丰三修时新增派语：咸丰豫履泰，师萃贲观临。益需谦节晋，乾震鼎恒升。

新化熊易坪熊氏 始迁祖元亨公，明洪武初年自江西南昌丰城县迁居新化县熊易坪。后人分布于熊家坳白沙、辇溪小洋、游家湾、青岗山、闵家排石田、蕖溪、炉观、白羊坪及邵阳、新邵、武冈等地。族谱一修于清道光九年（1829），光绪九年（1883）、1943年、1990年续修。班次：应国加永世，思述明先训，忠孝达天君，朝廷钦锡爵，光宗得圣恩，道德由仁义，贻谋裕后长，躬行能服肄，兰桂自腾芳。续派：（自二十六代起）雄风辉楚业，嗣裔荫湘云。和平逢盛运，华夏育群英。宪章隆典礼，勤学扬声名。圣教敦伦纪，纲常重本根。

汝城田庄熊氏 始迁祖亮斋公，原籍江西临川县，明初迁桂东大塘，后迁汝城田庄。至1932年，已传20代，70余人。

蓝山大慈乡熊家熊氏 始迁祖政公，自江西鹅颈塘迁至宁远城石磬象形，明洪武八年（1375）再迁此。至1931年，凡68户，男116人，女103人，共219人。

麻阳木江溪熊氏 参见麻阳三跃邓氏。后裔分布吕家坪、黄桑、长潭等处。派语：子显如朝庭大茂，承士文章启国通。家声丕振开盛世，箕裘克绍光先宗。长首治邦宝维善，忠孝相传万代同。兆自昌甫贤成应，荣华永远庆兴隆。

凤凰熊氏 始祖世伟公，原籍江西南昌府丰城县广丰乡，明末时始迁居湖南凤邑。十一传至熊希龄，号秉三，行二，曾官至国务总理。

缪

长沙板仓缪氏 始迁祖仁二公，元末明初自江西南昌铁树观迁湖广，卜居长沙县清泰乡飘峰山下。十二世德甫徙居板仓。再传两世，派衍三千、向四、廷秀、惟丙、程万五房。清乾隆五十九年（1794）始修族谱，道光四年（1824）、咸丰四年（1854）、光绪十年（1884）、1914年、1944年、2006年续修。派语：（自十三世始）兴隆崇祖德，诗礼振家声。邦国昌期会，英才著盛名。该族名人：缪伯英。

华容缪氏 始迁不详，至今约400人，聚居鲇鱼须、插旗。

樊

长沙楚塘樊氏 始祖麟公，明初迁居长沙北门三早园。清光绪三十一年（1905）六修支谱，堂号柔嘉。

醴陵官寮樊氏 始迁祖钦文公，明崇祯初年自江西南丰迁此。族人分布于塘冲、落星湖、萍乡。至1948年，全族人口1200人。

湘乡黄莲潭樊氏 始祖怀韬公。九派孙庚秀，字岐山，别号斗雷，明洪武三年（1370）由江西南昌府宁州迁湘乡三十九都之娄底黄莲潭（今属娄底）。子辛礼，又卜居龙城（湘乡县城）。至五派宗义、宗贵。宗义谨守丘墓，世居龙城。宗贵归居娄底故里。宗祠位于黄莲潭。清乾隆二年（1737）两房合纂族谱，咸丰七年（1857）续修。旧派：庚辛元明，宗福再昌。永太荣华，富贵兴旺。加爵禄显，朝廷贤上。新派：朝廷开景运，世代焕文名。道盛昭先烈，心愿启后生。

衡阳樊公嘴樊氏 远祖重公，字君云。二十八代至知谕，知谕又十六代至通胜，字开杰，明洪武十一年（1378）生，成化六年（1470）卒，卒葬衡北政义乡四十都楼阁大王樊公嘴。2013年五修族谱。堂号崇德。派语：知潜镇怀添，原九昌泗忠。宗秀叔克仲，通良启子本。进仁尚承仕，文章应朝廷。清高爵位显。

衡阳樊氏 鼻祖若水公，宋太祖朝献策江南，官吉安太守。十一传至孔英公，原籍江西吉水，生三子：仲贤、仲隆、仲辅。仲贤籍隶清南太平里，仲辅侨居东江柿花园，仲隆后裔迁樟木市与湘乡。清嘉庆十八年（1813）、道光四年（1824）、同治元年（1862）、1928年纂修族谱。

常宁樊氏 一世春伯公，明洪武二十一年（1388）职千户，奉调镇常。1931年、2013年纂修族谱。排行：（自十二世始）人生如有志，诗书贻泽长。奕叶芝兰茂，千秋俎豆香。

平江长冲樊氏 始迁祖子懋公，清康熙二十二年（1683）自长沙迁此。

益阳樊氏 始迁祖才惠、才翱、才翔，原籍江西南昌县，宋祥兴间迁居资江二里渡口武潭。才惠支六世孙德懋，于明洪武十九年（1386）定居十三里樊家庙，德亲徙湖北黄冈。才翱四派孙自慧徙长沙星沙，十一派邦清、邦舜明万历间由星沙回益阳，落业十八里樊家塅。才翔三派孙诗新徙湖北监利，十八派本逵、本乾等由监利徙常德，沅江大兴、永丰等垸，后落业南县麻河口蔡家铺。清乾隆二十三年（1758）一修族谱，嘉庆二十一年（1816）、咸丰七年（1857）、光绪十八年（1892）、1921年、1948年、2004年续修。派语：义正福任萃，子元礼法真。词雄赋乃美，才高诗自清。德诵崇思道，存必秉忠孝。见立本仁宗，光前华国肇。富庶英贤盛，作善吉祥临。耀祖彰先烈，学益永传名。邦家昭大业，庆笃万年康。恩长功泽久，雍熙世寿昌。

益阳樊氏 一派怀韬公，居江西进贤县。传至柔仲、雍仲、和仲，因吴西兵戈之扰，义宁尤甚，兄弟聿来于益，胥宇于二里渡口。1921年五修族谱。

常德樊氏 吴楚开基鼻祖韬公，五世“昌”派三十有六人。宋王虎作乱，兄弟尽忠，所存仅昌朝、昌盛、昌庆、昌谔四人。昌盛仍居三阳，昌朝徙淦川，昌庆止宁州。昌谔赘南昌府南昌县泰浦邓氏，遂家泰浦。常德澧州一支为昌谔公三世孙宗仁公之裔，安福马家垱支祖叔兴公为宗仁公二世孙，北嘉山、樊家坪、落子山三处支祖克壮公为宗仁公三世孙，大湫溪、岩梁滩、水溪、蒿子岗支祖裕公、衡公为宗仁公四世孙鼎仲公次子、三子，周家店支祖广公，南赶障、沧港、流溪湖支祖郁公为宗仁公八世曾孙。清咸丰九年（1859）、1936年二修族谱。老派：重实本谦恭，贞淳希明哲。孝友启后昆，德义光前烈。

张家界樊氏 始祖兴肇公，合肥人，明代从征洞蛮有功，世袭指挥使。传智、俭，世家永定。至光绪三十二年（1906），已传20余代。

安乡樊氏 始迁祖曰泗公，明洪武间由江西安邑迁安乡焦圻。2018年安乡焦圻支派第十五世续修族谱。字派：怀天原九昌世忠祖（宗）秀叔克仲用柏仕公。曰以一与尚，重实本谦恭，贞淳希明哲。孝友启后人，德义光前烈。

新化十都泥湾金洲樊氏 始祖庚秀公，字岐山，别号斗雷，明洪武三年（1370）由江西南昌府宁州迁湘乡三十九都娄底黄莲潭。二世辛礼公迁邑城二坊黄莲坪。五世宗义公居黄莲坪，宗贵公居娄底故居黄莲潭。贵裔八世孙昌铎公，弘治二年（1489）自黄莲潭徙居新化十都泥湾金洲。昌铎后荣奇、荣琇、荣海、荣朝。海房迁安化，朝房迁邵阳。清雍正十三年（1735）义、贵两房创修族谱，咸丰六年（1856）两房续修，1913年昌铎裔三修。1994年娄底、新化、邵阳、湘乡、宁乡等县四修。新化旧班：庚辛元明宗，福再昌永太。荣华富贵兴，旺加爵禄显。邵阳旧班：庚辛元明宗，熙汝玉奇庭。再思大有应，安邦永士正。新编合班：朝廷开景运，世代焕文名。道盛昭先烈，人原启后生。樊锥为该族二十三派孙，谱名开富。

资兴樊氏 始迁祖思斋公，字舜臣，号玉庵，豫章峨岭（今江西泰和、遂川之地）髦士也。元至正元年（1341）游学兴宁，广设绛帐，门徒众多，遂以此为乐土，卜居城东梵石坳，后世继迁管塘。明弘治十五年（1502）、万历四十八年（1620）、清康熙五十九年（1720）、乾隆四十七年（1782）、道光十六年（1836）、同治八年（1869）、1921年、2019年纂修族谱。字派：思景夫宗俊，克樊大从楚。朝廷兴文士，英豪启典谟。忠孝传家国，彦秀志诗书。

祁阳、常宁樊氏 始祖若水公。传十代至庚一郎仲贤公，迁居祁阳，生四子，福一居祁东白鹤铺牛头桥。福二生周旻，居衡南车江，分迁渣江等地。福三居枧头桥白茅冲新老屋，一支迁零陵芝城、东安、宁远等处。福四居皮塘，后迁常宁江口等处。一至四修皆福一、福三两房合修，1937 年五修时分修，2013 年六修时两房又合。字派：（自十代始）义思仁大正道学德隆盛绍先巨汉瑞全会起绪余上。

新田博大乡田队樊氏 始迁祖文祭公，唐时自江西徙居新田博大乡田队。至 1948 年，有 120 人，分布于桑梓、杉木坪。

溆浦洞底湾樊氏 始迁祖德胜公，原籍江西星子县，明初徙溆浦洞底湾。

酆

华容酆家山酆氏 唐初长安酆姓最多，宋以浙江居多，元以江西吉安居多。始迁祖儒虞公，明洪武二年（1369）因瘟疫从今之浙江杭州西南龙井迁居华容之岳家山（现名酆家山），后人聚居护城白鼎村、操军中嘴村。老派：学廷启宗周。清光绪十八年（1892）纂修族谱。1949 年与岳阳、安乡合修族谱。华容老派：学廷启宗周，长安卜宏休。文元开楚地，筮仕建勋猷。敦崇在名节，德业见其优。绳继光先烈，燕翼赖贻谋。岳阳老派：国兆启宗周，名扬在作求。文人必得第，历代传家休。礼乐绳祖武，诗书贻孙谋。熙朝崇盛德，振藻壮鸿猷。安乡老派：有一尚兴，秉执其政。经伟仁国，修家献廷。丕承先志，思贻令名。德隆泽远，克际昌荣。联修新派：敦崇孝友，励志修德。继光先祖，泽普南国。

湘阴中疃酆氏 始祖遇春公，明洪武十四年（1381）自南直隶寿州从西平侯沐英征云南，次年战殁于乌蒙芒部畔，其子则宽、则荣占籍湘阴。

平江酆氏 远祖西晋新城侯隆公始居洛阳。十四世孙徽公，唐元和间任吉州别驾，遂迁居吉州，子孙散处于龙泉、庐陵、吉水三县。鉴公居龙泉，宋时任隆兴、临江两路提刑，迁居丰城，子祥公，元符时御史，隐居折桂大洲山。祥公之子文达，建炎进士，授遵化县令，生有四子：长子回吉州，次、三、季分居高埠、黄埠、陈埠。八世逊公，由黄埠迁居清江县车溪。清乾隆年间，二十世承亶公经商于鄂汉间，因土匪起事而迁道归乡，中途卜居平江县献钟。之后，其兄承亨，弟承辛、承衮随迁平江。族人分布于长寿、献钟、百房洞等地。清康熙十八年（1679）、雍正元年（1723）、乾隆三十三年（1768）、道光十年（1830）、同治元年（1862）、光绪十八年（1892）与江西六修合谱，1919 年平江始修支谱，2014 年续修。至 1948 年，全族人口 100 余人。江西老派：承启瑞恒明裕传。平江续派：齐家崇孝友，治国懋经纶。念祖修纯德，清芬振后昆。

绥宁酆氏 始迁祖宽一、宽二、宽三，江西丰城人，明万历十四年（1586）由靖州西关打油街迁绥宁城西大冻翁溪，后裔分布于在市、枫香、双河一带。

桃源酆氏 始迁祖汉珮公，兄弟七人，明中叶由江西吉安迁常德府桃源县西小洑溪牧马口。2012 年创修族谱。字派：学兴邦本（学绍正宗）。佳和百世荣，国泰兆吉庆。富贵延祖德，祥瑞永添顺。

石门酆氏 迁湘始祖鸣碧公，明嘉靖时自江西南昌率两子舜、文迁居湖南，始居武陵上大村，继迁龙阳、长沙，又移宅安乡、华容。支祖锦公，迁居石门杨坪乡中坪村，生泰、禄、兴、仁四子。清康熙四十八年（1709）、乾隆五十一年（1786）、同治九年（1870）、1938 年、2000 年纂修族谱。派词：锦永廷世上国之起，承名大家声。应远光宗德，丕毓乐显荣。

石门新安坪酆氏 始迁祖贵公，明洪武间因官自江西迁石门花溪峪。至 1948 年，已传 22 代，有 400 人。宗祠设新安。

黎

湖南黎氏 始祖伯三公，字同季，籍始江西赣州雩都县，壮游闽省。元延祐二年（1315）解组，卜居上杭县，生子五：志和、志清、志秀、志千、志丰，子孙徙居不一。明清两朝相继落业善化、宁乡、益阳、邵阳者，皆志和公子南淑公之裔及志清公裔。族谱创修于清乾隆三十四年（1769），1928 年五修。道光十一年（1831）长、善、潭、浏、宁、益、沅七邑合建宗祠于益阳泉交河。派语：（自二世始）志南友仲民宗文万朝世廷斐。致惟振烈远，祖泽广荣昌。显达家钟瑞，隆恩大锡光。承先思孝歌，立德尚慈祥。自应培其本，昭垂定久长。

长沙圭塘黎氏 始迁祖原占公，宋初自江西丰城迁长沙南流乡。1921 年纂有支谱。字派：原干孟大念丙受万武辛秀显服祖必德崇志思廷泳文子民添福为善庆宗伯厚道立……

长沙托溪黎氏 始祖圭公，字介之，号瑞斋，原籍四川，元进士，任武冈州录事，后升詹事府丞，敕建攀桂坊于浏阳李家巷口，为迁浏始祖。四世朝礼公，明洪武间由浏阳迁长沙榔梨市，五世文广公又迁长沙托溪，八世达庵公生六子，衍为六房。1917 年三修族谱。行派：（自十八世始）志定承先尚，书升懋秀良。人之敦一本，英毓如春芳。

长沙黎氏 始祖添麟公，福建汀州宁化县人，元元统间仕粤，徙居嘉应州。十六传文锦公，清康熙三十八年（1699）偕侄进辅自粤迁楚，创业于长沙西乡栗山、曹家湾等处。明万历二十二年（1594）、清乾隆三十八年（1773）纂修族谱，道光十一年（1831）长、善、潭、宁、益、沅六邑合修族谱，同治十三年（1874）四修、1917年五修、1947年六修。老派：添闻士源德，肯梦道发抚。行传泰岳，国文进仕。道光十一年（1831）六邑合谱派语：生遇昌明世，经纶治泽洪，振家承祖绪，上达步青中。

浏阳壕上黎氏 该族先世原籍四川绵竹县，尊圭公为迁浏一世祖。圭公字介之，号瑞斋，元至正丁亥科举人，戊子科进士，初授武冈州录事，历官詹事府丞。敕建攀桂坊于浏邑李家巷口。四世衍为朝祖、朝宗、朝富、朝用、朝宪、朝仪六房。明成化十五年（1479）建宗祠于西城下壕并始纂族谱，清同治十一年（1872）七修，光绪二十九年（1903）八修时因争族产，四、五房不与。1949年一、二、三、六房九修。至今族人3000余人，分布于县城及东乡高平、范家岭、大岸、南乡文市、西乡三官冲、普迹、柏嘉山、枨冲等处。浏阳黎氏兄弟三院士黎鳌、黎介寿、黎磊石为三房二十四世孙。字派：（自十八世始）志定宗先尚，书升懋善良。人之敦一本，万毓如春芳。

宁乡黎氏 始祖甲二公，东汉建武十二年（36）徙居潭州（长沙）珑虎湾，子孙分居各邑。明洪武四年（1371）必通公自潭州徙居宁乡，置产于八都大田垅，清嘉庆四年（1799）建宗祠于此。清顺治十七年（1660）、雍正十一年（1733）湘、宁、浏、长、善五邑合修族谱，嘉庆二十三年（1818）宁邑独修支谱，咸丰元年（1851）又续修。

湘潭黎氏 该族自甲二公东汉建武十二年（36）携子允通开基于潭州珑虎湾。其间阅世既久，世系难稽。至明洪武初，兵戈四起，笃生公潜避大岭洞中，食黄土，饮清泉，免于难，自改名曰笃生。至三世尊周、绪周，分别两房。绪周世居县北。尊周，字郁文，明正统入赘建宁乡燕子窠，后仍黎姓。后裔聚居湘潭晓忠乡、天衢乡、仙女乡、黄龙乡、建宁乡。至1949年，已传25代，族人1480人。宗祠在湘潭橙子岭。清雍正十二年（1734）创修族谱，1932年尊周房已五修。十八派孙黎吉云，道光进士，著有《黛方山庄诗集》。十九派孙黎培敬，咸丰十年（1860）进士，官江苏巡抚，谥文肃。子承礼，派名锦紫，光绪二十年（1894）进士，署合州知州。孙泽泰，为现代湖南著名书法家。班派：（自十八世始）光培锦泽，模烈钧鉴。湘东娗基，锡永懋灿。

醴陵西城黎氏 始迁祖宰臣公，唐朝时自四川成都迁此。族人分布于双江口、柞树下、梅霞里等地。至1948年，全族人口1万人。

醴陵攸坞黎氏 始迁祖诚公，元泰定四年（1327）迁此。族人分布于大陂塘、湘潭。至1948年，全族人口500人。

醴陵沙窝黎氏 始迁祖继二公，明洪武二年（1369）自江西新喻迁此。族人分布于青泥湾、黄城冲、铁河口。至1948年，全族人口100人。

醴陵下塅冲黎氏 始迁祖宗福公，明洪武二年（1369）自江苏上元迁此。族人分布于杨坑、温泉。至1948年，全族人口500人。

醴陵渣江口黎氏 始迁祖肇武公，明洪武初年自四川渠江迁此。族人分布于江口、王仙。至1948年，全族人口452人。

醴陵江口黎氏 明建文三年（1401）自江西丰城迁此。至1948年，全族人口1800人。

炎陵八都平坑黎氏 始迁祖日发公，清康熙年间自江西遂川迁此。后裔少数徙沔渡上馆。

耒阳黎氏 谱载八一公，唐天宝时由章华迁耒。清顺治十一年（1654）创修族谱，康熙五十九年（1720）、乾隆二十三年（1758）、嘉庆十八年（1813）、咸丰元年（1851）、光绪十六年（1890）、1930年续修族谱。字派：懋绪恢先泽，诒谋福禄崇。守身明哲保，立学圣贤功。道统开精一，心微允执中。赞襄逢景运，济美庆恩隆。

邵阳坝头江黎氏 始迁祖爵公万一郎，元至元元年（1264）自江西泰和迁邵阳城南坝头江。派衍十大房，子孙散布长、岳、衡、永、宝诸郡间。清嘉庆十二年（1807）、同治十三年（1874）、1924年纂修族谱。

华容老垱堤黎氏 属京兆支黎氏刘黎支。南宋末年从江西新余县迁居华容老垱堤，因无子嗣，元末时招收湖北大冶县刘以忠入赘，生二子，从母姓。长子黎组，居长江之岸，称河房。次子黎综，居老垱堤之右，称庙房。后人繁衍，集居华容塔市驿、江洲、洪山头和集成，星居全县各地。宗派：光学士必鸿，好希昌大钟。述职咸际振，余思绍先隆。续派：兴祚德惟溥，高厚福来崇。鸣盛章华耀，远景书义同。

华容黎氏 属弘农支黎氏杨黎支，与杨家畈杨氏同出一宗。杨美实有子二：一名绍庆，一名绍祥。绍祥有四子二女，大女嫁黎姓季二郎，无生育，绍祥令次子受孙到姐夫黎家支撑门户，娶胡氏，生子元铭、元勋（五世），元大德年间继黎氏后从黎姓。元勋生子有常，字仕祯（六世），常有三子，三子如斌

（七世）又生子四。长子浚（八世），有文学。次子淳，明景泰七年（1456）中乡试，次年，即天顺元年（1457）丁丑科中进士，英宗殿试取状元。淳中状元后，上表奏请复姓杨，英宗御批："首拔得人，勿用更张，弗允。"淳历任翰林院修撰、左春坊左谕德、左庶子，升南京工部尚书，改礼部尚书，进一品，加荣禄大夫，赐三代诰封，卒谥文僖。生六子，有四子居官，历宪宗、孝宗、武宗至世宗。黎氏子孙甲第连科，文风鼎盛。长子民牧，将其父兴建的龙秀书院（今胜峰龙秀村石堰垄黎家大堰）改为宗祠，修家谱，称杨黎氏，仍用杨氏弘农郡堂名。杨黎氏子孙大部分居华容境内，一部分迁往南县、石首、安乡、澧县、岳阳等地。宗派：世美绍孙元，有如子民循。勉学志永大，忠孝诚敬成。光添承德祖，安邦定国臣。文章宗孔孟，亿万斯年君。新派：仁义道德广，敦厚启贤良。繁荣昌盛远，惠泽国祚长。

湘阴黎氏 始迁祖梦魁公，元末明初由云南易门县迁居湖南湘阴城东门外，后复迁文家铺，子孙散居湘东沙塘基、铁铺塅、苏溪塅、麦子湾、盐井塅等处。清光绪二十一年（1895）纂有族谱，堂号京兆。

湘阴黑鱼塘黎氏 始迁祖福清公，字斐庵，江西吉水县人，元末寓居华容县，明洪武五年（1372）迁湘阴，居县北二十里五仑铺黑鱼塘。清嘉庆六年（1801）、咸丰十一年（1861）、1916年、1943年、2014年纂修族谱。原派：文友志应，万谷金兴。永正朝正，宗德光辉。续派：仪成鸣上国，昌炽显华庭。本立群枝茂，家隆贻泽深。

湘阴牌楼黎氏 始迁祖文广公，元至正中自江西吉水迁湘阴牌楼，今属汨罗。

湘阴四户垅黎氏 始迁祖士奇公，明成化八年（1472）自长沙迁湘阴。

平江枫树段黎氏 始迁祖永能公，宋宝祐四年（1256）自湘潭迁此。至1994年，全族人口2600人。

平江梅仙黎氏 始迁祖添一公，元代时自湖北通城迁此。

平江思村黎氏 始迁祖万先公，明万历十一年（1583）自江西龙南迁此。

汉寿沧软总黎氏 始祖希声公，原籍江西吉安府吉水县黎家大园。至七世华溯公由江西迁华容。十二世汉光公于明正统二年（1437）以举人授常德府龙阳县教谕，又由华容迁龙阳，遂落业于沧软总，为龙阳（今汉寿）始迁祖。后裔散居大围堤、人和桥、大汛洲及赤山总、慈利县等处。清光绪九年（1883）始修族谱，1919年续修。堂号经术。

慈利黎氏 始迁祖天锡公，元初与兄天佑自江西吉水油榨潭宦游湖广岳州府，既而有超出尘外之思，卜居于慈姑索溪，以此地僻，人烟稀散，遂于两河合流之官渡坡而安宅焉。四世荣祥公，生八子。长子志立公，明初志在报国，无由上进，权充麻寮所总旗，获叛寇二人解官，被贼反诬倡乱，于是群弟恐祸及，散往安邑、永桑、川陕，而依依不去者，惟二房志忠、五房志权。清道光二十六年（1846）始修族谱，光绪二十九年（1903）与胡家山支、枫香塔支续修，2008 年又合三修。今为土家族。字派：天应觉荣志黎黎永世朝添元正维（拱）之显文兴定大成德盛开。昌运钟贤达，高才焕科名。绍先宏远业，华国振家声。

桃源九溪黎氏　先祖世杰，本姓杨，官长安刺史，因金兵南侵，隐居江西吉安。生美实，任华容县令，承嗣姑丈黎姓，遂姓黎。传至德颙公，名元通，系华容县四里官籍，明洪武十七年（1384）迁居桃源县北路上苏村蔡船堰。至 1948 年，已传 20 代，全族人口 500 余人，分布于太平桥、水田坪、三阳港等处。宗祠在正气山。清光绪十一年（1885）纂修族谱，1919 年续修。2005 年再修，其时人口 1445 人。派次：德文景兆禹，仲钦循自之。九观长庭敬，诚光天继祖。业家道丕振，兴由传克复。广昭先逢春，良士怀上达。

桃源黄石黎氏　先世明洪武时由江西迁湖广华容，旋再迁桃源县北之黄石。至 1948 年，全族人口 400 余人。宗祠在圣公旁。明洪武二十八年（1395），黎汉、廖玺、苏彬以田荒额粮难办，具疏击登闻鼓，彬遂自缢其下，得疏于怀，特免粮二万三千石，今黄石立三义祠祀之。族谱创修于 1919 年。

益阳十八里烂竹冲黎氏　始迁祖南淑公，明洪武年间自福建上杭经商来此。其后三支，分居石头铺、长冈冲、蒋家河。

桃江高桥大水田黎氏　始迁祖两峰公，明洪武时由江西吉安避乱桃江高桥大水田。后裔居黎家湾、黎家洞。

新化黎氏　始祖九万公，祖籍南京乌口巷，后居江西泰和县铜枧乡圳上，明洪武元年（1368）迁湖广岳州府南门外，二迁湘乡娄底，三迁新化河东虾溪村老泥湾定居。其孙千一郎徙居东安县花竹山；千二郎徙居邵阳南路上贤板桥；千三郎居武冈峦山；千四郎居隆回老鸭田；千五郎居华容；千六郎居新化黄沙坪，一支往益阳大水田；千七郎居武冈大木山；千八郎居新化沧溪；千九郎居新化青坪，一支往邵阳南路瓜冲；千十郎居新化吉庆村戴家冲，一支往邵阳北溪冲，一支往宁乡等处。族谱始修于清雍正十一年（1733），嘉庆十三年（1808）二修，同治五年（1866）三修，1919 年四修，1994 年五修。六公房旧派：千应添文嗣，志朝兴正显。民大佐锡光，荣华迪吉昌。益阳房旧派：千应添文嗣，孟迁正楚尚。国泰民安乐，绪云礽久长。八公房旧派：千应添文嗣，受望仲丹正。祥光志大基，荣华迪吉昌。安化八公旧派：千应添文嗣，志伏仲朝学。民尚国安宁，乾云礽绍馨。九公房旧派：千应添文嗣，受望仲丹正。祥光志大基，荣华迪吉昌。十公房旧派：千应添文嗣，正资秀胜显。宗绍继有光，荣华迪吉昌。三修班次：忠孝传家宝，崇先裕后良。鸣儒登甲第，经术世流芳。四修班次：敦本预长发，桂馥庆兰香。潜修希仰圣，德达树声彰。

新田长信乡鸦鹊塘黎氏　始迁祖德公，元末因避乱由广东琼州迁湘之桂阳，迄袭义公再迁新田长信乡鸦鹊塘。至1949年，已传30代，共70余人。

会同黎氏　始迁祖文奎公，河南开封人，官两广御史，致仕值金乱，遂自华容迁黔阳，复徙会同。族人分布大岳村、黎家团、平涧等地。

虢

长沙新康都虢家坪虢氏　赐姓受氏始于周王季。明成化年间，始迁祖含育公由豫章迁湘省，落业于长沙新都六甲，后裔繁居虢家坪。含育公子二：有致、有熊。致公子三：伯璟、伯琏、伯玜。熊公子二：伯瑶、伯琛。伯琏、伯玜由长沙新都徙常德。传至四世祖分房兴邦、兴爵、兴颜、曾、思、唐、隆举七大房。七房合建宗祠，谱则各修支谱。清光绪十四年（1888）、1918年、2007年纂修族谱。派语：有伯庭兴，承之可荣。清初增：文光上楚，武显大清。咸丰七年（1857）邦房新增：代著芳名重，时昭令德成。诗书传世泽，礼义振家声。同治十三年（1874）颜房改：代传名振，时昭德成。诗书世泽，礼义家声。又增：元勋永绍，峻业维宏。忠孝继启，道学昌明。

滕

常宁大美乡鹅院滕氏　始祖相公，原籍东莱。十传至仲四公，南宋开基于湖南麻阳。由仲四公六传至宗公，于明洪武二十二年（1389）以中千户职奉令镇剿峒寇，分屯常宁西鹅院，永乐二年（1404）落业大美乡之鹅院。至1948年，已传21代，族人6000余人。

桃源滕氏　鼻祖仲四公，字凤翔，宋淳祐间因金元乱华，携眷由江西吉水迁居麻阳高村。传至十五世维国、维范，明末清初由高村迁居桃源大安村赤岩山。清光绪三十四年（1908）麻、桃两邑合续家谱，宣统三年（1911）完成，

1944 年桃源独修，2004 年续修。至 1948 年，全族人口 200 余人，分布于南竹山、曹家冲、红山冲等处。清乾隆间建总祠于时家冲，乾隆六年（1741）、1936 年建支祠于牛油坝、邱家铺。派语同麻阳滕氏。

麻阳高村滕氏 始祖相公，原籍山东莱州。十传至仲三、仲四公，因宋时金元乱华，携眷由北京真定府赵州乌鸦溪黄栗岭逃难至湖广辰州府北江洞，后移卢阳县，即沅州府。不久，仲三公奔云南。仲四公号凤翔，始奔麻阳齐天坡，又先后迁移谷牛坪、江漆塘、牛隘，复迁麻阳车头硚溪口大河埠低村落脚，因水溢，元世祖十年（1273）徙居高村坪，生秉一、秉二。秉一生华庆、茂庆、时庆、衍庆、和庆，分居车头、通溪、世里桥、现塘头、大毛坡等处。秉二生隆庆、朝庆、辉庆、际庆，分居高村、窑里、鱼翅坡、马南、绿溪口、苦栗寨等处。至 1948 年，已传 28 代，族人 2 万余人。麻阳宗祠设高村凤凰城。清嘉道间纂有草谱，宣统三年（1911）首次付梓。道光五年（1825）建宗祠于沅州城（今芷江）。字派：□□仲秉庆，毕谷添志子，茂永祖腾朝，启世善运自，成家国代久。咸丰十年（1860）续修族谱议增：树建昭明德，敦伦沛泽长。克开荣继序，作育裕经帮。宣统三年（1911）续谱议增：谱术治燕翼，蕃昌荫楚湘。俊英宏起秀，炳蔚焕东阳。原铁道部长滕代远即属该族。

颜

浏阳颜氏 先世章玉公及兄弟叔侄二十余人清初由粤而楚，时先后不一，或居常德之桃源，或居星沙之浏东。及至子岩公，复圣七十五世孙，清康熙间自常德卜居浏阳，初迁桎木冲，继迁赤塘。清嘉庆二十二年（1817）省祠曾合修族谱，光绪二十七年（1901）纂修支谱。

宁乡沙田颜氏 复圣颜回四十传至唐鲁公真卿，四十四传至诩、翊、翔三公，诩公为永新令，遂偕两弟家于永新双乳峰下。宋景炎间潜公由吉水梅子坡设教楚南，卜居梅城（今新化）小溪，生三子：秀可、秀道、秀均。可裔派新化，均裔衍湘乡。秀道生源施，字有政，元元统间由小溪徙邵阳西路高田铺长塘，又至恒九公，自长塘振铎宁邑，卜居沩宁九都沙田。

宁乡颜氏 奉颜回为鼻祖，四十传曰真卿，真卿四传曰诩、翊、翔，由鲁迁吉州永新，为南迁始祖。翊再传而庐陵芗域，又三世徙吉水泸源，七世能始由泸源迁宁乡田心。能之十九世孙高淙生有四子：明春、明德、明珠、明元。明清之际，明德徙居九都井冲大桃源，明珠徙居杨梅塘，明元迁篁子冲，明春仍居田心。1937 年明元之裔续修族谱，堂号希圣。

宁乡枫林颜氏 始迁祖子高，诩之二十世孙，真卿之二十四世孙，颜回之六十四世孙，于明初自江西永新浯溪徙湖南长沙城，寻再迁宁乡关塘。孙贵华、贵贤兄弟于景泰七年（1456）复由关塘迁邑之枫林营。贵华生震、兴，震生友铭、友泰。兴生友彬。贵贤生荣，荣生友广，衍为四支。清宣统元年（1909）纂有族谱，堂号克复。

湘潭颜氏 尊颜回为始祖。其四十四世孙诩、翊、翔，唐代后期由鲁南迁江西永新，之后三公子孙散处吴楚间。其中诩公支四十七世元晋之二十代孙福寿迁湘潭秋陂潭。五十八世应才徙湘潭黄泥铺，为姜畲初祖。六十五世行童徙湘潭广林桥。翊公支五十八世讳迁，裔孙再徙湘潭株洲、善化炭陂。六十世希文之子孙徙居湘潭两头塘。六十三世肫、脱，分别徙湘潭颜冲、高山坝。六十八世禄居湘潭枫树冲。翔公支六十一世庭琉徙湘潭淦田青塘，子孙分居河东、河西。清同治七年（1868）各支四修合谱，堂号元吉。

湘潭两头塘颜氏 复圣五十九世孙友公，世居衡阳石壁。七十二世孙思学公，字瑞元，清康熙间由祁阳徙居湘潭上十七都两头塘。清光绪三十一年（1905）涟湘合纂族谱，1941 年两头塘纂修支谱。字派：崇怀宗邦，其泽永昌。家学克复，道德昭扬。肇庆宏祚，应毓国良。惟思一本，继起有常。

湘乡颜氏 始祖诩公，为鲁公之后，与弟翊、翔卜居吉州禾川。至千伯十一郎，讳潜，宋末元初由江西泰和迁居湖南湘乡。清康熙五十二年（1713）鲁、赣、湘、鄂诸省始修通谱，嘉庆二十二年（1817）建总祠于湖南省城东隅，并续通谱，该族皆未参入。康熙三十七年（1698）该族纂修草谱，嘉庆二十五年（1820）该族合修支谱，咸丰九年（1859）、光绪三十一年（1905）、1993 年续修，堂号干度。该族名人：颜昌灿，花翎记名提督。颜家龙，原湖南省书法家协会主席。

湘乡颜氏 一派复圣公，五十九派潜公，为迁湘始祖。六十五派思邦公，字嗣隆，号伯祥，明正统二年生，弘治六年卒，为该支支祖。清同治四年（1865）、光绪三十二年（1906）纂修支谱。堂号庶几。班序：思宗彦祖，秀继元祥。仁明大振，永代应昌。

湘乡颜氏 迁湘始祖五十九世潜公。六十五禄公、让公、邦公。清同治五年（1866）禄房与政孙公裔合谱，光绪三十三年（1907）、1944 年禄房续修。堂号克复。派语：思宗念（彦）祖，续（秀）继元祥。仁明大振，永代应昌。

醴陵颜家巷颜氏 始迁祖与道公，明洪武二年（1369）自江西永新迁此。

族人分布于长安、汪颜、大障。至1948年，全族人口1000人。

醴陵湾溪颜氏 始迁祖鲁政公，明洪武间由江西安福徙楚，居醴南泗汾之望江，建祠于湾溪。1942年三修支谱，堂号崇礼。族人分布于萍乡、攸县。至1948年，全族人口900人。

醴陵楠桥颜氏 始迁祖世杰公，讳与道，明洪武由浯溪梅洲徙醴南巷前。其十一世孙应相卜居楠桥。清道光六年（1826）纂有族谱，堂号两美。

茶陵颜氏 远祖友公。十七传至复圣公颜回。复圣四十四派孙诩、翊、翔三公，始居江西永新，其后三公之子孙迁徙吴楚间，派衍分支。诩公第三子谳之，生子五，北宋乾德间多徙居茶陵州龙陂。后裔分徙潞水、湖口、火田、枫井等地。班行：（自七十四派起）崇怀宗邦，其泽永昌。家学克复，道德昭扬。肇庆宏祚，应毓国良。惟思一本，继起有常。

衡阳颜氏 真卿八代孙元晋，字天一，武魁进士，北宋太平兴国元年（976）自江西永新统兵镇楚衡郡，遂卜居衡阳石壁。传至十世孙孟四郎再迁邑之木瓜山。又三传政一郎，子时用迁于攸县。政三郎徙衡山东岸。政二郎生三子：添福、添佑、添瑞，别为三支，仍居衡阳。清道光九年（1829）纂有族谱，堂号孝友。族人分布于衡阳、衡山、耒阳、攸县、安仁、湘潭、长沙、湘阴等地。至1948年，已传37代，族人2万余人。宗祠在衡阳巨麓乡。

衡山东岸颜氏 谱称自友公迄十七代复圣公回，为鲁国始祖。迄四十代鲁公真卿为豫章始祖。迄四十七代元晋公，字天一，行何一郎，宋太平兴国间武魁进士，由江西吉安府永新县秋山迁居衡阳石壁，为衡阳始祖。迄六十代碧三公，讳友文，字有松，行政三郎，明洪武间迁居衡山东岸杨林桥。清康熙四十七年（1708）初修族谱，乾隆二十八年（1763）、嘉庆二十五年（1820）、咸丰十年（1860）、光绪二十年（1894）、1938年、2004年凡七修。七修时人口18076人，其中男9546人，女8530人。东岸原班：碧添尊颜允海胜域硕为蹈得世绵。通谱班行：崇怀宗邦，其泽永昌。家学克复，道德昭扬。肇庆宏祚，应毓国良。惟斯一本，继起有常。御赐班行：宏闻贞尚衍，兴毓传继广，昭宪庆繁祥。令德维垂佑，钦绍念显扬。

衡山颜氏 四十七世元晋公，宋太平兴国元年（976）由江西迁居衡阳石壁，今属衡南。六十四世有隆公，明永乐十七年（1419）生，弘治十四年（1501）卒，由石壁迁居衡山白沙源，生四子：德宝裔居颜家堡，德中裔居双峰湾，德实裔居朱陂坝，德流迁居白果。1924年六修族谱，1996年七修。班序：（自六十一世始）添明惟有德思锡盛朝荣应启登。清康熙赐派：（自七十四世始）崇怀宗邦，其泽允昌。家学克复，道德昭扬。肇庆宏祚，应毓国良。惟思一本，继起有常。

邵阳颜氏 一世回公，四十世真卿公。四十四世翊公，生俨、兴两公。俨裔五十六世子文，宋宁宗庆元间由江西永新沙田迁安福县城内铁治巷。五十九世荣钦，元成宗大德十一年（1307）由江西迁宝庆府武冈县太平坊，为武冈颜氏始迁之祖。兴裔五十五世资道公，为邵阳基祖，四传至以光、以著，以光子潜公，由赣迁居梅城小溪，为新化颜氏始迁之祖。潜公之孙源施公，由新化迁籍邵西高田铺长塘。四代孙义聪，迁邵南廖家桥。义明迁邵东飞天庙。七代孙荣孙，迁邵西隆回添璧。以著公四子，长溥公由江西永新捣石坡迁邵东梅塘，三清公迁邵东洗马桥、下马石、清潭等处。又兴公裔世华自江西安福迁邵东新宁四都湾泥渡。1933 年邵阳颜氏共十七支建总祠于邑城。1934 年七修通谱。

邵阳小江水边颜家颜氏 始迁祖世进公，明洪武中叶自新化迁邵南小江水边颜家。

岳阳白石岭颜氏 五十八世迁公，字东乔，号升君，宋光宗间由召避官，游于楚，留居岳州南关外朱师巷。六十一世受一公，字天德，号秉虔，明洪武二年（1369）因避兵由朱师巷徙居旧江村口子河，因地势低下，旋迁二十一都白石岭。2002 年与湖北合修族谱。班行：崇怀宗邦，其泽永昌。家学克复，道德昭扬。肇庆宏祚，应毓国良。惟思一本，继起有常。

湘阴临泚口颜氏 始迁祖秀山公，清康熙中自湖北沔阳迁湘阴。

益阳颜氏 唐永泰间，颜真卿谪江西吉州司马。四传至诩，与弟翊、翔同居永新双乳峰下。翊生兴，由永新沙田徙庐陵芗城，其三世孙衡，由芗城徙吉水庐源。衡生怡，怡生容，容生广，广生晓，晓生林，林生庆余，庆余生元亮，元亮生资道，资道生廷辉，廷辉生鉴、镜、铎。鉴之裔衍新化小溪，铎之裔衍郡阳梅塘。镜生以盛，卜居益邑之西。以盛数传至尧派，值元季世乱，迁徙不一。尧训徙十八都泉塘，尧初、尧宏徙高山洞及柏垅，尧臣居鲊埠，尧正迁龙阳清安陂，尧文与子天钧仍居荷塘。

益阳、沅江颜氏 诩、翊、翔三公由永新分徙湖湘。翊公裔以盛公繁衍徙益阳，翊公裔德所公繁衍于沅江赤江觜，诩公裔学攀公繁衍于沅江石矶湖。1921 年资阳颜氏纂修支谱。

益阳颜氏 大兴堰始迁祖正启公，清康熙间自湖北树子湾迁居益阳下乡毗沅大兴堰。荷塘村始迁祖以盛公，南宋游益，卜居益邑中乡荷塘村。清光绪十三年（1887）两支合修族谱。

常德长岭岗、桃源水田坪颜氏 临澧始祖庭珊五世孙兴隆由佛塔寺迁常德长岭岗，为长岭岗始祖。第五子濂，明万历二十四年（1596）进士，又由长岭岗迁桃源水田坪白龙洞，为水田坪始祖。

临澧佛塔寺颜氏 尊唐鲁公颜真卿为吴楚始祖。鲁公二十一代庭珊，字君用，庠生，明洪武三年（1370）自江西永新沙田迁湖广澧州安福（今临澧）佛塔寺，为临澧始祖。传四世衍为思通、思龙、思聪三支。清康熙四十一年（1702）、乾隆二十三年（1758）、嘉庆二十一年（1816）纂修南北通谱。光绪元年（1875）佛塔寺首修族谱，1917年、1942年续修，1946年又修洞庭湖西澧县、安乡、临澧、常德、桃源、石门、松滋、公安八县通谱，2002年佛塔寺五修。康熙四十一年（1702）钦赐派行：崇怀宗邦，其泽允昌。家学克复，道德昭扬。肇庆宏祚，应毓国良。惟思一本，继起有常。

桃源菉萝坪颜氏 始迁祖章玉公，清顺治间因避兵乱自浏阳迁桃源县南菉萝坪。二世祖岩复归浏阳，子岸、子昆则永居于此。至1948年，有100余人。族人分布于大安、曹家冲、沅溪坪等地。宗祠在菉萝坪。清嘉庆年间合修通谱。

石门颜氏 临澧始祖庭珊五世孙兴贵，二子，次子翕受，供职兵部，自佛塔寺迁居石门，为石门始祖。后裔分居文庙、茅坪、曹家棚等地。

新化小溪颜氏 始迁祖潜公，字伏昭，号载道，别字耀夫，行千百十一郎，宋景炎间由江西吉安府泰和县梅子坡设教于梅城，卜居小溪，后人主要分布在洋溪车田。族谱始修于明嘉靖二十五年（1546），1984年七修。派语：崇怀宗邦，其泽允昌。家学克复，道德昭扬。肇庆宏祚，应毓国良。惟思一本，继起有常。

宜章堡城颜氏 明初由茶陵卫戍宜章。

宜章黄岑岭颜氏 明初自茶陵徙宜章黄岑岭。

宜章堡城颜氏 明永乐时自江西庐陵县徙宜章堡城。

汝城溪浦颜氏 始祖必寿公，湖南衡州府清泉县（今衡南）人。官广州新安知县，继调桂阳。宋咸淳元年（1265）迁汝城城内乾塘。传四世，护周生项政，徙溪浦洞。后裔析黄草坪、龙虎洞、田庄墟。至1932年，已传22代，300余人。

祁阳颜氏 复圣四十世裔孙鲁郡开国文忠公，宦吉州，时悦永新禾山之胜，大书“龙溪”二字于悬崖石壁间。越五派孙诩公来守是邦，眷念先人遗迹，与弟翊、翔卜居双乳峰下。又十数传翊公之裔希玟公（六十世）迁居祁阳。后裔通公派衍三角塘，达公派衍狮子岭，如林公派衍洪砾。清道光二十七年

（1847）、同治十年（1871）、光绪二十四年（1898）、1930 年、1995 年纂修族谱。班行：崇怀宗邦，其泽允昌。家学克复，道德昭扬。肇庆鸿祚，应毓国良。维思一本，继起有常。

新田仁智乡星子坪颜氏 始迁祖泰辉公，清康熙时自宜章避难迁新田仁智乡星子坪。至 1948 年，已传 11 代，有 200 人。宗祠在星子坪。

麻阳三跃颜氏 参见麻阳三跃邓氏。后人分布吕家坪、隆家堡、长潭等处。派语：崇怀宗邦，其泽允昌。家学克复，道德昭扬。肇庆鸿祚，应毓国良。维思一本，继起有常。

翦

桃源翦氏 始迁祖哈勒八士，籍本回部，明洪武五年（1372）奉旨南征，官封镇南将军，赐姓翦，殁于疆，葬常德东门外黄龙冈。子二：长子常蒲，辞官北归。次子常黎，袭父职，居桃源翦旗营牌楼冈。今有学者以为该族因居剪刀溪，以地为姓。清乾隆二十九年（1764）始修族谱，光绪十五年（1889）续修，1922 年三修，至 1948 年，已传 25 代，人口 2000 人。1996 年四修，人口约 8000 人。二十一世孙翦伯赞，谱名象时，为著名史学家。宗派：（自十六世始）山体恒敦，万象凝英。传家以善，继绪其荣。敏慎修德，廉积佐仁。洪开泰运，丕振芳声。惟民光厚，景尔咸宁。克恭孝友，本立道生。

潘

长沙潘氏 始祖孙诒公，字魁楚，居星沙郡城北门内潘家坪。二世美南公，官指挥，宋末元初辞职隐居清塘冲。九传楚澜公，明景泰三年（1452）迁居三望冲，后改潘家冲。十一世召虎公，生廷用、廷恩、廷松、廷槐、廷柏五子，松公无传，衍四房。清乾隆四年（1739）、道光十八年（1838）、光绪五年（1879）、1914 年、1943 年、2009 年纂修族谱。派语：万怀天召，廷崇学国。正大世昌，高明代得。肇起俊良，懋钟弼翊。庆锡芳延，式遵典职。

浏阳珠溪圳上潘氏 始祖安庆公，宋绍兴中自河南迁武陵，转迁浏阳之琴塘。四传至国祯公始宅珠溪圳上。又十二传衍为四支：从富迁汪家塘，从贵迁伍家渡，从通迁长沙石塘铺，从达迁岭下园，各自成族，源皆出于珠溪。2017 年与明末来浏龙潭必值公系、清雍正四年来浏关口、太平桥等生簧公系、清乾隆四十三年来浏社港竹冲冠玉公系合修族谱。

浏阳软桥潘氏 始迁祖谷佳公，明初自江西迁浏北软桥。八传至世繁、世遵、世安，三公后裔分居太源洞、螺丝陂等地。

浏阳北乡花桥竹冲潘氏 始迁祖元直公，字冠玉，原籍江西赣州安远县项山村，清康熙四十七年（1708）始迁湖南平江辜家洞白石坑之袁吉庵，继迁平南之金坑阳济江，乾隆二十三年（1758）三迁浏阳北乡花桥竹冲。道光二十年（1840）始修族谱，同治八年（1869）续修，光绪二十三年（1897）三修，1936年四修。堂号荥阳。宗派：元生洪运启文明，奕叶其昌锡俊英。志德永存承伟烈，荥阳源本庆长清。续派：国祚重光泰，家声愈振亨。人才齐发达，作述立勋名。

浏阳会同塅潘氏 始祖安庆公，四世孙国宁自琴塘迁此，别称会同潘氏。

浏阳小溪潘氏 始祖安庆公，四世孙国祥自琴塘迁此，别称小溪潘氏。

浏阳盘涧潘氏 始祖安庆公，四世孙国泰自琴塘迁此，别称盘涧潘氏。

宁乡水南冲、田心潘氏 系出荥阳，派衍楚南。以汉启昭公为始祖，分简、筠两房。简公裔仕安公，后唐庄宗时由江右吉安泰和转徙楚南星沙，后居宁邑之水南冲。筠公裔兆璜公，南宋中叶由长沙府城迁宁乡田心。族谱创修于明正统十年（1445），清康熙六十一年（1722）续修，乾隆五十年（1785）三修，道光二十五年（1845）四修，光绪二十九年（1903）五修。派语：德力昭先训，培植在心诚。美彦能振起，宜述定儒林。

宁乡白关潘氏 唐僖宗时作兴公，为吏部中书，避黄巢乱，弃官走吴西吉州泰和圳上，其子仕安公为潭州通判，庄宗时圳上被藩王夺占，转徙湘中，著土宁乡，传九代而肇基公出为吴兴令，由是子姓繁衍，各立宗祠，别开一族，几满湘中，而水南冲一族尤甚。其分著于潭、湘、宁交错者，则有白关房，聚居于泉山、白关、麻山、白田之间。1929年白关房纂修支谱，堂号文忠。

湘潭潘氏 始祖仕荣公，元翰林学士，居湘乡十四都滚陂塘。孙继先、大名，明洪武二年（1369）始迁潭邑上五都二甲。明正统十年（1445）、清康熙六十一年（1722）、乾隆五十年（1785）、道光二十五年（1845）、宣统二年（1910）纂修族谱。序派：力昭诒训，芳远泽深。美彦振起，宣述儒林。际逢景运，为国家琛。

湘乡涟西潘氏 始祖杲公，字启昭，原籍江西吉安府泰和县梅子坡圳上，生简、筠两公，今宁乡田心即筠公后裔。简公八代孙作兴，生仕安，唐庄宗时为潭州通判，时藩王占夺民居，公挈家徙楚南，九传至肇基公，为吴兴令，生纹新、纹恺。恺公后裔明初由邑中迁湘潭。新公生伏一，伏一生庚一、庚二、庚六，庚二公子友清迁宁乡水南冲，庚六公子文清迁攸县生塘铺。庚一公次子渭清徙居福建崇安县。长子道清卜居湘乡，三传合椿、隆、荣三公衍聪、广、琥、豹、福、禄、启七房。清咸丰十一年（1861）广支始修支谱，1915 年续修。旧派：兆景文兴，廷应朝承。登明月照，国家英升。新派：封隆昭代，秀毓衡湘。诗书贻训，孝友凝祥。士崇俊选，品重忠良。积善余庆，允迪前光。

醴陵潘家围潘氏 始迁祖明公，元末自茶陵迁此。族人分布于湘潭、攸县。至 1948 年，全族人口 1300 人。

醴陵兰宜潘氏 基祖成公，明初由江西吉安府太和县迁居武冈州三岚埠。十世友国公，明末避乱，自武冈州徙居醴东华富村，继而析居兰宜坡。族人分布于兰宜坡、荷田、潼塘。至 1948 年，全族人口 3000 人。清同治二年（1863）三修族谱，堂号明伦。派行：应友日时，文才思必。克培先德，用裕贤嗣。

醴陵潘家塅潘氏 始迁祖敬凡公，明天启初年自浏阳迁此。至 1948 年，全族人口 500 人。

醴陵王仙潘氏 始祖祖贤公，明洪武时自湖南王字洞徙居常宁大冲口。六世孙礼敬，万历时再迁福建长汀县。九世孙长城、金城兄弟，于清康熙间复徙湖南醴东，子孙析居醴邑城乡。清代中叶，裔孙承炘析居王仙。1933 年三修族谱。

醴陵大冲潘氏 始迁祖仲亮公，清康熙末年自福建武平迁此。族人分布于清水江、浏阳、萍乡。至 1948 年，全族人口 1000 人。

炎陵潘家村潘氏 始祖唐寿公，元至正间因避乱自江西泰和早禾市迁湘，开基于酃县（今炎陵县）康乐乡濑溪潘家村。至 1947 年，已传 27 代，族人 2000 余人。宗祠在潘家村。

炎陵潘家潘氏 始迁祖天柱公，明成化年间自江西泰和游猎至酃，遂迁于此定居。后裔徙三河大坑、塘田澎溪等地。

邵阳路塘、太平潘氏 始迁祖历本公，元大德四年（1300）生，明洪武四年（1371）卒，元泰定二年（1325）由浙江金华府迁邵阳河街，复由河街迁邵东路塘村。生允忠、彦忠。允忠生源，彦忠生贵。贵公而下二传澄公，生钦、录、铁，铁公失传。钦裔半居路塘，半迁太平。录裔全迁太平，而今子孙繁衍于邵东路塘村及太平乡者皆钦、录两公之苗裔。清道光五年（1825）、光绪二十五年（1899）、1933 年、1990 年、2016 年五修族谱。堂号敦本。班序：禄世之有源（禹一继朝国），昌朝廷启仕（泰民安万邦）。爵盛（祖德）宗功远，人文应运生。贤才佐圣主，孝友振家声。

邵阳潘氏 始迁祖载公，明初由江西吉安府安福县鹅颈大坵迁湘，开基于邵阳东塔岭，转徙北乡三民乡陡岭。族人分布于本邑东乡潘家冲、北乡大富坪等地。至1948年，已传20余代，族人2000余人。

武冈惟塘团潘氏 始祖应麟公，江西泰和人，明永乐二年（1404）徙武冈城西三岗铺。九世应斗，字章辰，明崇祯进士，授万州知州，改吏部郎中，加太常寺卿，著《白石山史评补》《武冈图经》等书，诗见《沅湘耆旧集》。该族后裔多分布于邓元泰、城西、江塘和城步威溪等处。

洞口潘氏 始祖贞周公，北宋神宗熙宁七年（1074）自山东临朐县竹搭桥迁居黔阳中方。又传八世至志齐公于宋元之际迁洞口岩塘。今多分布于横溪、醪田、石柱、山门等乡镇。

城步潘氏 始祖金盛公，唐末五代系“飞山蛮”，后裔分布城步、绥宁、靖州、会同、通道等县。据清光绪三十二年（1906）《城步县乡土志》载：城步青苗潘氏分布于杓杓、蓬峒之横水、上下岩头。

常德潘氏 始迁祖百五、千五、万五、十五四公，宋末由江西宦游湖广。百五寄籍临澧月堤村。千五侨居华容南山下，继而转徙安乡，至八世应宾卜居澧县，十一世必爵徙寓松滋。万五、十五两裔不详。1951年湘、鄂两省纂修族谱。各支派语不一，如千五公支原派：运直廷福希单单永单宗世国泰明钟单单登弘祖训孝。各支合派：永有能文，道恒其中。嘉修廷献，丕绍前功。续派：先贤裕后，令名维新。长依圣宇，普化同春。

汉寿铁山、金孔、沧港潘氏 始祖开基公，兵燹后家南京，一说世居江西吉安府吉水县。生八子，第八子元八公，素具雄才大略，矢志从戎，以功授都督将军，镇守辰州，后移屯常德汉寿，四子：琴、海、聪、明。琴公落业汉寿铁山，海公落业辰郡辰溪。聪、明两公落业汉寿金孔岭，称金孔支。又有存实公，清初由江西吉安府吉水县拖船埠迁辰阳（汉寿），卜居沧浪港，称沧港支。清道光十八年（1838）金孔支始修族谱，光绪十年（1884）续修。同治十一年（1872）沧港支始修族谱，1915年两支合修，堂号紫岩。

桃源潘氏 始迁祖志高公，明永乐二年（1404）由江西南昌府丰城县大栎树迁桃源县东大田村，生四子：华、福、金、银。金、银后迁石门白羊湖。清光绪三十三年（1907）首修族谱，2002年续修。乾隆五十九年（1794）建宗祠于潘家溶。长房一修时入谱人口993人，其中男592人，娶进媳257人，幼女144人。二修时长房入谱人口1753人，男918人，女835人。长房老派：志单景德彦兴万朝世之星单。二房老派：志单兆明单大文印腾士单一。合族续派：学士应光国，邦家定永昌。诗书贻谋远，忠孝裕训长。

桃源木塘潘氏 始迁祖思源公，明中叶自吉水迁于桃源县东杜青村之潘家河。至1948年，已传17代，全族人口1000余人，分布于浔阳、白麟洲、河洑等地。清咸丰间建宗祠于潘家河。族谱创修于清光绪六年（1880），宣统二年（1910）、1941年续修。

临澧潘氏 原籍江西南昌铁树宫。明永乐二年（1404）以军功落屯楚省。乐武居安乡，万武居公安，千武居澧州，百武居九溪卫。清康熙五十一年（1712）、道光二十九年（1849）二修墨谱，1945年首修族谱。

湘阴高明乡口泉、石楼潘氏 元朝末年由江西南昌铁树岩徙湘阴县高明乡，今属汨罗。族人分布于新门前、大路潘。1934年建祠。至1948年，共1500人。

平江潘氏 一世祖维文公，宋武威节度使，封晋平王。至六世大成（字又孔）、大章（字景云）两公，原江西南昌人，元天历元年（1328），兄弟南游于楚，始迁平江。大成公长子惟达，字特聪，为石桥、石坑、湖源之祖。大章公长子惟春，字仁济，为西门忠孝桥之祖。清康熙二十三年（1684）、乾隆九年（1744）、嘉庆十四年（1809）、道光十八年（1838）、光绪三十年（1904）续修族谱。至1994年，全族人口7420人。大成公派语：维仁璋善源，淑大惟昌庆，天万永仲胜，文学应朝甲。大章公派语：维仁璋善源，淑大惟昌庆。良中秀廷兴，子尚承芳远。济公派语：维仁璋善济，庆重盛垂芳。永仲兴胜守，文汝之发受。合派：世德传忠厚，才华见典章。勋名登上列，百代继前光。

华容潘氏 始祖致尧公，居金华，仕宋高宗，子良贵，为高宗时中书舍人。良贵弟良能，生怀振，号十二郎，居江西南昌县龙架村安林，生万五、万六、万八、万九、千五。万八公始迁衡山，生子禄，禄生在龙、在现、在田。在现于元至正四年（1344）自衡山经岳州太平街徙华容东山，落籍龙开河牛栏嘴。在龙生和裕、和梅，和梅官巴东副总，自衡山迁巴陵东乡沙壁。和梅孙其彪，明永乐二年（1404）迁华容，子孙落籍东山松里铺、潘家湾。和裕官安陆指挥，自衡山迁岳州太平街，生会锦，会锦生其虎、其豹，其虎孙致先、致福。其豹孙致光、致德，先后来华。致先官岳州游击，明景泰间定居松木桥东南二里许潘家牌坊屋场，为军籍，子孙分布于松木桥、三岔港、潘家湾、南山、花串垸、钱粮湖、团洲等处。致福由岳州太平街于明天顺间迁居华容，先居潘家牌坊屋场，复迁巴陵河西刘家冲，子孙再迁马鞍山、惊雷寺、龙坑庙下，为民籍。其虎、其豹房旧派：在和会其仲，致盛启应良。文士必愈发，世绍祖志昌。

新派：修为善培远，泽存心训长。原在厚方久，率履正自常。以克守大道，可相传宏章。名成家学立，继嗣秉周行。斗冈房新派：克缵前人绪，家声丕振长。诚心惟孝友，启后在忠良。书□□□□，池田翰墨香。积善浪流远，百世运其昌。

华容东西垸潘氏 始迁祖启鸿公，为生计，清道光末年自监利潘王岭迁居华容又东垸（今操军闸口），围垦湖洲开荒。现人丁集居操军闸口、六角等地。派语：友尔鸿家学，宗祖启佑芝。传经昭惟守，树泽永治长。

益阳潘氏 始迁祖乌田公，讳字生卒俱未详，南渡避靖康之乱，由浙江钱塘县潘家桥迁益，初居二十里乌田村，旋迁城东水北桥。系下分善、景、藩三老房。清雍正四年（1726）善房创修族谱，嘉庆四年（1799）善、藩两房合修，咸丰十年（1860）善、景、藩三房合修，1913 年、1937 年三房续修。字派：（自四派始）箕裘树后业，忠厚步前徽。宗梦若承瑞，贤良必应时。运兴征德懋，长发衍清资。世泽延周采，家声振毅贻。

安化潘氏 谱称周之毕公相武胜殷有功，长子封于魏，次子季孙荀食采于藩，遂以潘为姓。传八十二世至宋宁宗间，添君公由江西泰和县圳上迁湖南宝庆，生万一、万二、万三。万一公徙居湘潭、湘乡河东滑石滩、宁乡夏落桥等处。万三公迁居武冈、邵阳四塘红桥铺、宁乡粟溪、浏阳等地。万二生汝梅、汝和，汝梅居新化，汝和宅安化，为该支开基祖。汝和生鸾，鸾生循振、循礼。振公三传思敬、思忠两房，礼公八传正龙、正化两房。族谱创修于清雍正八年（1730），嘉庆二十一年（1816）续修，光绪十年（1884）三修，1922 年四修，堂号紫岩。派行：忠厚传家久，存心启裔昌。经营多秀实，绩治载玄黄。博学诗书富，宗儒月桂香。乾坤敦孝蔚，仲伯笃恭芳。燕翼贻谋远，周基德泽良。季孙分衍派，世代与天长。

新化潘氏 万二生汝梅、汝和。汝梅居新化，生和凤、和甫、和舆。和凤又生四子，长子裔居新化桥头、白溪、化溪、龙家桥及宁乡、沅陵、新邵等地。次子裔居新化土桥、新邵小南山、隆回白沙坪。三子外徙。四子裔居新化竹花坳、南烟铺、石纲、方竹山、寒母坳。和甫裔居金鸡坪、岩底下、禾青坪、枫树坳、雷公井、灵光坪等处。和舆裔居土地坝、龙胜院、义方、梓仁岭、先德岭、布溪等处。清雍正八年（1730）始修族谱，嘉庆二十二年（1817）续修，同治二年（1863）三修，光绪二十一年（1895）四修，1924 年五修，1991 年六修。派语同安化潘氏。

郴州下湄桥潘氏 始迁祖荣公，明成化中官户部右侍郎，由江西龙溪迁郴州市下湄桥。

汝城漳溪宝沙潘氏 始迁祖廷彦公，明嘉靖时自江西泰和县徙汝城漳溪宝沙。至1932年，已传17代，100余人。

零陵潘氏 一世荣锡公，授指挥职，明洪武初来永，卜居黎塘。本籍或云江南苏州太仓马船埠，或云江西吉安太和鹅公大丘。清宣统元年（1909）创修族谱。

新田龙井塘潘氏 始迁祖自玄公，元至正时由江西泰和县迁湘，开基于宁远县龙井塘（今属新田县）。至1949年，已传23代，族人200余人。宗祠在龙井塘。

黔阳潘氏 谱称始祖贞周公，为潘美三世孙，宋熙宁七年（1074）由山东青州府临朐县宦籍黔阳中方。七世斗一、斗二、斗三、斗四、斗五、斗六、斗七。一、二徙四川，三迁靖州剪羽坡，四过继，五、六无传。斗七字占魁，号元林，生志荣，仍居中方。志齐迁武攸西乡岩塘，志翁迁贵州清溪县桑树坪。清康熙四十七年（1708）纂有草谱，嘉庆二十三年（1818）始刊成帙，道光二十年（1840）续修，光绪十二年（1886）三修，1994年四修。班次：祖是中方籍，寓武派始元。志亮澄单崇，仁廷文荣移。宗绍周之德，永嗣忠厚传。缉熙昭景福，宏道裕光天。简锡常维运，兴家克若先。英才恒盛见，世守有部原。

溆浦鹤田垅潘氏 始迁祖伏四公，明永乐二年（1404）由贵州五开卫拨屯，徙溆浦鹤田垅。

麻阳锦和潘氏 祖籍江西，后由江西迁山东，再由山东徙湖南之黔阳。志才生十子，五房永祚于明代中叶迁居麻邑潘家村（今潘家坪），旋迁锦和岩头坡，再移石网坪、西皮溪等地。后裔分布文昌阁、大桥江、锦和等处。派语：贞仕世宗友，子念思应起，达泽魁志永。单庭守正时，继以日之单。世祚兴昌盛，荣先启瑞长。全忠为上吉，克孝自生光。治善尊三代，恩同福万方。人文恒茂定，久远绍其祥。

新晃潘氏 源出江南，后徙广东杏山，派衍于吴越闽楚，至潘美徙居江西丰城。三世孙明周继迁金陵，后于明洪武年间入靖州。其裔皖于明永乐间迁居会同远口一带营贸，皖第四子金花复迁鱼塘，又传四世至通金定居黄雷寨，后分八、九、十甲，分居偏洞、桓胆、小簸、冲首等地，今多为侗族。据清光绪三十四年（1908）《靖州乡土志》载："靖州潘氏，宋绍兴中奉命征蛮，由南京迁居靖。"

燕

桃源燕氏 始祖仕朝公，宋时自山东青州府沂水县鹑鸠村客游湖广，居蒲圻县。始迁祖桂茂公，讳榜，行五，明洪武二年（1369）自蒲圻迁居桃源县白石村红莲湖。生三子：星一居大洑溪，星二居寺坪，星三居陬市盘塘桥、牧塘。清康熙间三支建宗祠于县城通道桥。至1948年，全族人口约4000人。清末、民国间曾二次纂有草谱，2000年三修。派序：（自十五派起）绍宗起序，学正为良。道明德立，源远泽长。宏开锡庆，永登平康。家声丕振，百世其昌。乾坤月朗，贻爱甘棠。孝贤礼义，荣耀东方。

薛

宁乡薛氏 始迁祖冕公，字南极，授承信校尉，宋绍兴间由浙江钱塘官潭州，隶籍宁乡二都薛家洲，后裔衍为祐、柏、相三房。清康熙四十四年（1705）肇修族谱，乾隆四十三年（1778）、道光十二年（1832）、光绪十一年（1885）、1921年续修，堂号三凤。

益阳沙渭薛氏 始祖昂公，原籍钱塘，南宋绍兴年间由中书舍人官至大学士，从岳飞讨武陵蛮而卜居益阳武潭沙渭村，今属桃江。昂公祠建于沙渭港口桑坪。族谱始修于清乾隆七年（1742），嘉庆八年（1803）、道光二十年（1840）、同治十二年（1873）、光绪三十年（1904）、1933年续修。始用欧式，二、三修采苏式，四、五修仍用欧式。后因生齿日众，卷帙太繁，若纯用欧式，则空白过多，故六修时稽合前编体例，参酌变通，仍以五世为一图，取五服相属之义，每一图起首以横格列表，只书派名，俾亲亲者一目了然，次以直幅作记，详其字号生没葬并官阶出身。派语：允载时良正，崇文绍祖宗。运昌修善守，祈祚永兴隆。敬典能承志，培才在育英。诗书延世泽，礼义焕家声。

平江金坪薛氏 始迁祖振奋公，清康熙六十年（1721）自江西安远迁此。至1994年，全族人口276人。

桃源薛氏 宋时辅仁公，绍兴时官廷尉，明岳飞之冤，忤秦桧，谪饶州，遂卜居乐平。数传而迁居静安，又数传而至禄公，明初徙居楚南桃源。1918年创修族谱，堂号三凤。

桃源陬市薛氏 该族为回族，始迁祖廷车公，讳守仁，从翦常黎镇守常郡，有功于朝，安业于桃源，卒葬陬市后薛家岭。清光绪十五年（1889）始修族谱，堂号三凤。序称："闻之回民锡姓不一，哈、马、沙、哒见于唐，未闻有薛氏者。传闻丁山子四：猛、勇、刚、强。刚酿祸，强避乱入回国，为回民，大抵回民以薛姓者，或强后欤？"

桃源陬市薛氏　1948 年《桃源县志》载："始迁祖禄公，明永乐二年（1404）自吉安迁于桃源县东陬市之薛家嘴。"至 1948 年，已传 19 代，全族人口 200 余人，分布于木塘、栖凤山、界山湾及常德等地。宗祠在薛家嘴。族谱创修于清同治六年（1867），1920 年续修。

宜章母老薛氏　始迁祖向彦公，讳彦博，字美士，世籍徽州歙县，宋熙宁间进士，乾道二年（1166）任郴州刺史，告罢卜家于宜章母老。一说宋太平兴国元年（976）自徽州歙县因官徙宜章母老。子通公，通公之子珪公又迁南关土桥头。明正德、清顺治、康熙四十九年（1710）、乾隆五十年（1785）、道光二十年（1840）、同治八年（1869）、光绪二十三年（1897）纂修族谱。至 1948 年，已传 32 代，共 3175 人。族人分布在蕉溪、来佛洞、大屋场。宗祠在大屋场。排行：向可克明德，忠孝辉其前。邦家尚勤读，列朝宗圣贤。三凤征祥瑞，英豪仰秀良。宏功昭海宇，书泽庆延长。

溆浦舒容溪薛氏　始祖显公，原籍赵州，明洪武八年（1375）迁湖南辰溪。显公子辛公迁居麻阳。清乾隆时，长清由麻阳徙溆浦舒容溪。

麻阳下岔薛氏　明洪武八年（1375）辛一、辛二公自赵州移居湖南，同居辰溪龙铺。二十一年（1388）辛二移居麻阳下岔。辛二子二：文忠、文泗。正统十三年（1448），文忠居祖基下岔为下岔房，文泗居下山王木坪为下山房。文忠后裔分居麻阳数地，远迁芷江、四川、贵州等处。字派：辛宣文贵子，永单启朝太。正国仁世天，长佳维廷上。清道光十一年（1831）续派：祖德开从夏，端由继述良。嗣隆宗克显，运盛族生光。作诰书传仲，兼官学出唐。后人宏绍复，一本万年昌。

霍

酃县霍氏　一世余干始祖定国公。七世始迁祖卷嵩公，字中山，号石崖，原居江西饶州余干，时任顺天府通判，元至治二年（1322）钦命同大学士、相国阿沙不花谒祭炎陵，见酃邑山水秀丽，携子同迁酃邑康乐里二都。崖公生世安，世安生景元，景元生仁英，仁英生道洪，道洪生富、琥、闵、荣、琳，派生五房。明万历二十一年（1593）一修族谱，清乾隆二十年（1755）二修，嘉庆七年（1802）三修，咸丰九年（1859）四修，1914 年五修，其时 481 户、1607 人。2004 年六修，时入谱 3888 人，在世 2685 人。排行：（自四世始）明伦书万卷，道德永长存。声振光宗祖，善余应子孙。忠厚垂芳远，文章科学全。传家惟世泽，佑启咸英贤。瑞锦湘楚广，祥发太原奇。良秀承先训，荣华显盛时。谋贻宏燕翼，美济多凤毛。绳乃大魁武，千秋麟阁高。该族名人：霍揆彰，国民革命军第十一兵团中将司令。

冀

长沙冀氏　始迁祖名讳生卒不详。清顺治间迁长沙南郊善邑八都兴化乡丰仁里冀家冲。2010 年纂修族谱。派序：光阳耀祖，正启明良。国恩家庆，人寿隆昌。忠愿为本，礼让恭谦。福孝康乐，永保族传。

穆

泸溪穆氏　清初自河南入川，从四川至泸溪。

璩

桃源碧云乡仙人溪璩氏　元末明初，鄱阳盗贼之乱，始祖妣璩佘氏携子万钧、万正、万富三公由江右豫章饶州迁湘，万钧居益阳，万富居岳州，万正开基于桃源县碧云乡仙人溪。至 1949 年，已传 21 代，共 700 余人。1944 年建宗祠于碧云乡新湘溪。族谱创修于清乾隆四十二年（1777），1931 年三修。字派：万仲良思系，荣正廷可三。兆永镇芳宣，庆禄世系安。培元先立本……

戴

长沙高桥戴氏　始迁祖存会公，世居江西吉安府庐陵县清水塘，明洪武初迁居星沙草潮门流水桥，入赘张宅。生政公，开业高桥。泰公，建业枫树铺。清康熙间纂修草谱，咸丰十一年（1861）、光绪二十六年（1900）续修。派语：居添定国，世大光明。开宗振达，肇起人文。兴家立业，守义崇仁。敬承先德，以永芳声。

长沙槲梨戴氏 始祖成宇公，明初自豫章避乱来湘，卜居浏阳上北乡。其子楚寰，讳子清，移居长沙槲梨市。1923 年始修谱建祠。老派：成子暨手洪（逢）。续派：兆士文伟，南衡繁奇。大礼经宗，东鲁衍学。诗书泽远，忠孝伦全。正道允崇，名贤克绍。明体致用，修德行仁。定国安邦，建功立业。清湘环玉，寿岳屏云。蔚起后人，增光先哲。

长沙清塘戴氏 一世祖思安，元中叶江西丰城人。五世孙国龙生五子：永泰、永雍（一作因）、永熹、永良、永康，明洪武二十三年（1390）合家迁湖广武冈州石河。国龙命永泰家此，而携其他四子再迁浏阳石冲。永良以石冲硗狭，乃于永乐间独徙长沙县临湘都四甲清塘冲，生有八子：忠聪、忠贤、忠宣、忠名、忠雄、忠祥、忠湘、忠琦，衍为八房。1934 年创修族谱，堂号谯国。

长沙戴家塅戴氏 始祖匡思公，后唐庄宗同光二年（924）由江西徙居浏北枫林洞。十五世支祖成轩公，明初由浏邑徙居长沙戴家塅，世居于此。

浏阳戴氏 谱称戴氏自微子受封于宋，其七世孙名㧑谥戴公，以其仁而爱民，为国人所仰戴，故曰戴。厥后支裔即其谥为氏。先祖世居姑苏洞庭山，唐天祐间仲仪、仲贤两公。仲仪迁婺源之凤亭里贤。仲贤迁江西南昌郡广润门铁树宫西山下大牌楼前，生时一、时二。时一第六子匡师随伯祖仲仪官游来浏，五兄匡正、七弟匡恒均随任，爱浏风土淳厚，兄弟遂卜居于金银洞（又称枫林洞）、双江口、楼底屋场。清康熙四十三年（1704）创修族谱，乾隆二十二年（1757）、嘉庆五年（1800）、道光十六年（1836）续修。派语：匡师承子，知文世士。宗彦忠大，汝兴再立。原才国伯，嗣德鼎仁。祖应福生，复益重伦。朝盛明良会，家传注礼声。宏猷开教泽，佑启步云程。

浏阳戴氏 始祖杏公，字楷孙，原居休宁隆阜，为安公九世孙，宋末之际迁福建汀州府宁化县石壁乡杏花村，后为湖广荆州副将。杏公生恭、谦、逊、让四子，恭移海阳，谦居潮程，逊居嘉应，让移浙湖。后裔明末清初迁居湖南浏阳、江西万载。建总祠于浏邑东关外操厂坪，建支祠于浏东永和市。清道光六年（1826）、同治七年（1868）、光绪二十六年（1900）纂修族谱。逊公十二世起支派字句：历代功德胜时天，绍世勋奏升平年。鸿禧运泰家长裕，志道安邦信可传。让公六世起支派字句：廷德龙一发，良朝尚国正。添禄兆芳英，勋奏升平庆。合族公派：（自杏公始）杏澄玉荣镜，金清本灿堆。鉴源根炤睦，钦济植蒸培。锡永杭恢绪，铭淮集耀基。镇流材杰旺，钟衍树辉奎。

宁乡道林戴氏 始迁祖汝攀公，字季荣，明初因避乱由江西庐陵县迁湘，开基于宁乡麟峰乡。族人分布于田心、麻山、月湖塘等地。1936年五修族谱，堂号注礼。至1949年，已传23代，共900人。宗祠设于葆光塘。

宁乡唐市戴氏 始迁祖汝旂公，字公义，明中叶因贸易自江西安福迁宁乡望北乡唐市。至1948年，已传25代，共5000人。宗祠在唐市。清乾隆三十三年（1768）、嘉庆十八年（1813）、咸丰十年（1860）、光绪二十三年（1897）、1930年、1994年、2014年纂修族谱。字派：汝日言廷梦，朝万国家隆。得贵逢文运，腾云上九程。学纯章世泽，定志立修名。显耀时方盛，光先大有人。

宁乡戴氏 始祖天性公，五代时徙居江西黄陂。传至七派祖元凯公，元祐间徙乐安东林。传至二十六派祖汉恩公，号麟台，徙居宁乡水竹村八都，为水竹支祖。二十八派祖君弼公，徙居宁乡黄莺冲八都，为黄莺冲支祖。君弼公之四世族孙达元由黄莺迁居龙阳（今汉寿）。清光绪十二年（1886）沩宁始修支谱，光绪二十三年（1897）、1916年又与东林合谱，1932年沩宁二次续修。水竹宗祠建于道光十一年（1831）。水竹派序：天泽熙有经，仲元乾坤蒙。履泰咸师奉，志文思良宾。奎永音久希，恩应世添英。定振安邦国，基堂万纪新。盛典承修远，余芳集庆长。礼仪传益广，忠信道恒昌。黄莺派序：天泽熙有经，仲元乾坤蒙。履泰咸师奉，兴希德云隆。茂显寅霄绍，子明君启士。文星为邦国，习业万纪新。盛典承修远，余芳集庆长。礼仪传益广，忠信道恒昌。

茶陵戴氏 派祖世积公，由江西吉安县梅塘镇瞟村迁湘。四代孙宏正，明洪武间偕弟邦思、邦恩落籍茶陵虎踞镇高水村石东组。邦思、邦恩居茶陵枣市镇灵官村。清乾隆十三年（1748）、乾隆四十三年（1778）、道光八年（1828）、咸丰十年（1860）、光绪七年（1881）、1922年、2014年纂修族谱。排行：宗祖日月光，诗书家庆长。文章华国秀，兰桂满庭芳。

茶陵虎踞戴氏 清代由江西大庾徙茶陵枣市灵官，复于清康熙二十六年（1687）迁虎踞，后裔散居于八团、湖口。

炎陵枣树戴氏 始迁祖昌俊公，清康熙十三年（1674）因避兵乱自江西遂川迁此。

炎陵七都枣树戴氏 始迁祖王定公，清康熙十三年（1674）自广东兴宁迁此。

炎陵水口枣树戴氏 始迁祖全彝公，清康熙三十七年（1698）自广东兴宁迁入七都杉窝里（今水口枣树村）。

湘潭许嘉洲戴氏 始迁祖明禄公，原籍福建兴化府莆田县，元至正间徙浙，寄籍奉化县，明初又迁湘潭鹤岭，世居许嘉洲。生三子：甫二、甫三、银山，别为三大支。1932 年六修族谱，堂号紫薇。

湘乡戴氏 始祖伯万公，字期兆，号正品，元时由江西吉州府泰和县梅子坡始迁楚南潭州，复徙湘乡光冲，为光冲之祖，嗣衍五房。本逵公，字万亿，号悠然，元时由泰和沙溪徙居湖南湘乡百石，为百石之祖，嗣派七房。清乾隆二十三年（1758）两支始修谱建祠，道光五年（1825）续修族谱。光绪十二年（1886）三修，1943 年四修，2003 年五修，时有人口 27028 人。班行：大育开群户，洪斌文元本（伯）。南宗世允（道务思惟）仲，定国安邦民。显祖荣华久，玉堂富贵长。丹桂联芳秀，麒麟应瑞昌。赞治受恩爵，含和保泰祥。积德兴隆远，辉煌日月光。熙朝崇俊彦，景运乐平康。孝友传家宝，诗书继绪香。躬修伦纪笃，学植品行庄。彝典稽殷宋，先芬荫楚湘。誉闻经席耀，善庆礼闱彰。风云逢际会，贤达载赓扬。振奋成勋业，傅通昭宪章。敦睦主诚信，仁义播万方。

衡山戴家冲戴氏 始迁祖钧玉公，字秉国，原籍江西永新县，明洪武时任长沙教授，游岳，爱其名胜，遂家于衡山巾紫峰下戴家冲。至 1949 年，已传 22 代，4000 余人。宗祠在县西外街。

邵阳戴氏 始迁祖万户公，原籍山东沂州郯城县，元至正时功封万户侯，职任宝庆府。明洪武初致仕迁居邵阳东乡龙合山。子明珪，复迁赵家冲，生五子：梦金居赵家冲，梦园居黎家冲，梦坚、梦贤无传，梦春居王母殿。清乾隆三十九年（1774）创建宗祠。清道光十年（1830）初修族谱，光绪十五年（1889）续修。字派：明梦文才仲景志汝思朝廷邦国治振宗耀祖光……

邵阳芭蕉塘戴氏 始祖千胜公，由江西泰和县奉诏迁湘，开基于新化县之溆溪。后裔彦虎公迁邵阳县三民乡芭蕉塘。至 1948 年，族人 1000 余人。

邵阳白马寺戴氏 始迁祖千三公，生殁未详，天性乐和，喜游览。先居衡阳，后籍邵阳白马寺，今属娄底市涟源白马镇，生世福、世禄，衍两房。三、四修谱时，两房分修。1993 年合修（五修），2020 年六修。班序：千世应源梦志景定惟仲续以兴宗安。邦正国增荣，前哲恩隆重，贻谋祐泽长。

武冈西关外戴氏 始迁祖友明公，凤阳人，官宜良县尹，元天历间致仕徙武冈。

武冈法相岩塘富冲戴氏 明洪武年间自江西徙湖南武冈县法相岩塘富冲戴家定居，子孙徙居凤凰、麻阳等处。字派：千远安虎海，甫清明文廷。永承世应宗，祖英才朝盛。景定国大作，求先……

城步安化乡戴氏 始迁祖尚当公，江西人，元至正八年（1348）徙绥宁之安化乡。明弘治中割隶城步。

城步落居坪戴氏 先祖垛元公世居江西。后裔友文公于元顺帝至元五年（1339）由江西泰和迁徙楚南，隶籍城步。三世秀亨公裔应祯、应祥居一都八、九甲，秀实迁三区。一说始祖友文公，元成宗大德六年（1302）与妻弟段立开自江西泰和同来城步，下籍落居坪，为永丰戴姓之始。2017 年友超公房七修族谱。班次：友汝秀梦，尚应添良。朝廷明训，圣学典章。祖宗德泽，永世荣昌。

岳阳清水冲戴氏 始迁祖仲才公，江西吉安铁树观人，元至正间迁岳阳荆州乡清水冲。

湘阴戴氏 始迁祖满公，字盈浴，贡举，明洪武元年（1368）自江西吉安府庐陵县花园迁湘阴县东关外堤南塔寺前南坛冲。清嘉庆八年（1803）、咸丰八年（1858）、光绪二十年（1894）、1931 年、2015 年纂修族谱。派式：满彦子惟明单允廷自启胜一枝宗松青茂。新派：忠孝家声远，源流祖泽长，文章光景运，冠盖耀书香。

湘阴树冲戴氏 始迁祖元亮公，明洪武三年（1370）自江西大庾迁此。今属汨罗。

湘阴丰仓戴氏 始迁祖庚六公，明初自江西吉水紫溪迁湘阴密岩山麓丰仓，今属汨罗，后派分六房。

湘阴三姊桥戴氏 该族原籍河南上蔡县，东汉时徙湘居长里，元明间后裔避乱于江西丰城县。明成化时，始迁祖伯珪自江西丰城回祖地南石碑，再迁湘阴高明乡之三姊桥。今属汨罗。1932 年建宗祠于此。至 1949 年，已传 22 代，共 500 人。

平江戴氏 始迁祖文源公，字德全，原住江西洪州铁树观水南村南，唐敕封户部尚书，后唐同光三年（925）徙居平江岑川。生四子：应魁居岑川，应奎迁长寿，应元迁张家陂，应高迁东陵。明崇祯十六年（1643）、清乾隆三十二年（1767）、嘉庆十年（1805）、道光十八年（1838）、同治六年（1867）、光绪二十三年（1897）、1925 年纂修族谱。派语：文源为始祖，应祐奕叶昌。世泽洪流远，先德胜仁芳。时受定万玉，友楚兴启邦。发成显祖式，永锡耀宗光。新派语：齐家能治国，秉政绍前贤。敬典思忠厚，徽猷福禄绵。

华容钟鼓楼戴氏 该族来自江西，世居常德武陵。明初仑源公任河南郡守，因忤权贵，退职闲游，择地而居，迁华容钟鼓楼（今南山罗家嘴芝家岭），传三世，斗明留居南山中古楼，斗山迁东山桃花山。子孙多居南山、东山。明正德二年（1507）、嘉靖八年（1529）、万历四年（1576）、清康熙三年（1664）、乾隆三十八年（1773）、嘉庆八年（1803）、道光二十八年（1848）、光绪三十三年（1907）、1992年、2018年纂修族谱。字派：仑资斗景（振）必，金志山良门（梦志恩九昌）。可玉（光）逢裕学，宽远绍治传。琮永芳辉士，利泽模为先。钦承述荣世，锡顺保熙全。

常德柳叶湖戴氏 始迁祖必胜公，明永乐二年（1404）由湖北沔阳卫千户所军职屯田常德小西门外栗子林暨柳叶湖。至1948年，已传23代，共1000余人。宗祠在柳叶湖。

汉寿清水坝戴氏 始迁祖崇纪公，为有榛公长子，明永乐二年（1404）由江西吉安府吉水县奉诏南迁，卜居龙阳姚戴坝。清康熙三十九年（1700）、咸丰八年（1858）、光绪十年（1884）、1917年、1946年、1995年、2018年七修族谱。原派：崇德喜英廷昊明子星启。老派：天开文运辉先哲，士笃忠清裕后昆。

汉寿戴氏 始迁祖闵公偕弟清公宦游京师，镇守荆南，寻至辰阳，始簏处于沧浪寺，继择小塘村暖水港。闵公生儒善、则善、理善。则迁澧州石马堰，理随父归江右。惟儒善世居小塘，生思恭、思志。清道光十二年（1832）、光绪四年（1878）、宣统元年（1909）、1934年、1995年纂修族谱。派诗：全修光映远，性学道开基。继世传经业，兴家大有为。

桃源白栗坪戴氏 始迁祖孟文、孟武，明永乐二年（1404）自江西吉水县戴家村大栎树迁来。1928年桃源戴氏八支建总祠于桃源县城东街，统修宗谱未成。1995年白栗坪支纂修族谱。派语：孟朝世均衡，王自圣尚致。全修光应远，琼开道宏施。继绪传祖德，兴隆大有时。崇学正源本，敬业善行知。

桃源宝塔坪戴氏 始迁祖胜禄、胜远两公，清顺治五年（1648）由江右迁沅陵。历三世至正芳于雍正八年（1730）始迁桃源县北上七里村之杉枋溪。清光绪九年（1883）建宗祠。1917年纂有族谱。至1948年，全族人口1500余人，分布于温泉、九溪、黄石等处。

澧县戴氏 鼻祖元初镐公，世居金陵。数传至大廊公，仕江西吉安府庐陵县，遂家吉安，生四子：文敏、文旺、文绅、文绣。明洪武初，因红巾之乱，敏、绅两公散处湖北监利、竟陵，旺公居江陵。文绣于明洪武二年（1369）留居澧境闸口石马堰，后裔衍为荣、华、富、贵、仁、义、礼七门。今存四、五、六、七门。清嘉庆五年（1800）五门创修支谱，光绪三年（1877）五门续修，1922年四、六、七门及临澧、新安文旺公裔合修。1949年四修未果，2001年续修，其时人口3757户，13786人。字派：必仲应添春，朝廷胜有君。士方永登大，锡泽世鸿承。作述林上风，启绍金玉鸣。立志定华国，先达本道尊。祖德兴昌祚，儒学宗圣训。家法能恪守，门第增显荣。祖祠位于石马堰，建于清道光五年（1825）。

益阳戴氏 始迁祖魁公，字伯让，明洪武三年（1370）由江西吉安府吉水县偕弟凤公迁居今益阳桃花江。凤公居新桥观，谱另修。魁公三子：荣居丰家冲、石井头，富居鲊埠，贵居山田冲。族谱始修不详，清乾隆间、道光七年（1827）、同治十一年（1872）、光绪三十四年（1908）、1946 年、1993 年续修。派语：魁洪志吉相大廷钦裔贤时应世。圭章绳祖武，兰桂启腾芳。孝友传家远，勋名裕后昌。中和昭化育，礼义振纲常。

益阳十七里合兴垸戴氏 始迁祖正卿公，清雍正年间自湖北监利迁此开垦。

新化戴氏 始祖千胜公，系出新安，宋时由江西吉安安福迁来宝庆府新化县芭蕉回龙湾，生有九子：远一开派邵东白马市，远二迁武冈州安乐乡，远三落业安化县五都九甲范溪，远四、远久、远智、远慧散居新化各乡，远隆分支宁乡塘市，远昌迁溆浦县。宋熙宁十年（1077）始修族谱，清康熙元年（1662）、乾隆三十二年（1767）、道光五年（1825）、光绪二年（1876）、1925 年，1994 年续修。远三房班次：远安福思万，绍景曰成甫。玉世国嗣大，天人祖先功。远四房班次：远干福楚明，元宗永思万。显胜荣希启，卿谛天文献。远久房班次：远安福明楚，元宗永思万。显胜廷希启，盛世祖先功。远智房班次：远安福慕子，必宗思友万。荣兴（文君）廷继（嗣）大，盛世祖先功。远慧房班次：远安福慕子，志仁邦时世。彦兴政天友，元拔承先功。合班：（自二十一代始）前哲恩隆重，贻谋祜泽长。诗书魁甲第，典礼振纲常。秩叙家声耀，簪缨奕叶芳。本源仁义立，和睦肇祯祥。

沅陵戴氏 始祖千胜公，北宋元丰八年（1085）由江西泰和（一说安福）迁新化潮溪回龙湾，今琅塘镇芭蕉村。子远昌自芭蕉溪迁辰州戴家巷，生文旺，文旺生继蕃，继蕃生钦一、钦二。钦一居今辰溪县船溪乡家鱼井，钦二居今沅陵县二酉乡戴家坪。清宣统三年（1911）、2013 年纂修族谱。班辈：德业承先祖，熙雍一道同，声名多丕振，运会庆崇隆。

溆浦黑岩、车头戴氏 始祖千胜公，江西人，北宋时迁湖南新化。继翕于南宋时复由新化徙溆，子彦珍、彦成，居溆浦黑岩、车头。

魏

长沙魏氏 始迁祖国富公，字寿宝，直隶冀州真定府柏乡籍，一云保定千牛卫。元泰定四年（1327）从事湖广行省，后值伪帜蜂起，遂谢职客长沙，卜居赤塘。嗣三派大宗迁黔省，六派小宗又有迁浏邑者。清道光二十八年（1848）五修、光绪十二年（1886）六修、1923年七修族谱。家庙建于大贤都虎踏山。派序：国世元水万学文朝宗玉之（大）光培（成）。式传先泽，振启家声，景象宏昌，尚克绍承。

长沙麓山魏氏　始祖国贵公，传三世祖元刚、元清。元刚公字海扬，原籍山东济南，明万历间始官顺天府，后调南楚，落业长沙莲花桥。元清字明扬，授广东龙川县教谕，传至八世祖相奇公，由龙川授长沙都阃府，落业长沙王田坳，又称旺丁坳。清光绪五年（1879）两房合修族谱，1922年续修。至1948年，已传16代，人口2400余人。宗祠建于旺丁坳。派语：国世元美，应之宗相。正大光明，式传先泽。慎谨敦厚，道在永承。昭垂孝友，聿振家声。

宁乡魏氏　始祖必兴公，字文杰，原籍江西南昌，明洪武初随驾南征，加封靖安将军，调守长沙。子应麒、应麟落户宁乡高田。麟公之子思龙，字云从，后裔多居高田。麒公长子思虎，字风宪，后裔仁龚分居魏家坳。次子思豹，字兆先，其子征峣分居溇上魏家坪。族谱始修不详，清乾隆二年（1737）续修，道光四年（1824）三修，咸丰十年（1860）四修，光绪三十年（1904）五修。云房旧派：必应思征彦，邵公德大贤。国正宏经济，忠孝振家全。风房旧派：必应思仁义礼智信绍廷万国正宏经济忠孝振家。兆房旧派：必应思征彦绍庭希尚国仕泽栋兴隆忠孝振家全。合派：声远元敦本，功高世业传。营培铭汝栋，熙城锡治权。教学申庠序，勋庸纪太常。右文垂后裕，绳武迪前光。

湘乡魏氏　始祖林公，字朝捌，明隆庆年间由金陵迁居湖南湘乡永丰。厥后玉侯公于清雍正间迁居县治东岸。族谱始修于清乾隆十四年（1749），1941年五修，光绪十二年（1886）建宗祠于柑子园。班次：林承正国德，桢贵世代显。名士兴家绪，孝友笃前光。安邦思纪盛，达道庆明良。雍睦敦伦久，万古振纲常。

醴陵大燕团魏氏　始迁祖庭禧公，明崇祯初年自广东嘉应迁此。族人分布于青山坝、萍乡、泮川冲。至1948年，全族人口242人。

衡阳永福乡畲堂魏氏　始迁祖请社公，发迹巨鹿，南宋绍兴二十二年（1152）奉敕迁贵州，乾道六年（1170）奉诏落屯衡阳城埠头，复迁永福乡畲堂。至1948年，已传31代，族人12300余人。宗祠设永福乡白茅岭。清雍正二年（1724）、嘉庆二年（1797）、道光二十四年（1844）、光绪八年（1882）、1914年、1949年纂修族谱。字派：清仕郎郎祖道郎兴进百千万代福应国式心嗣绍先贤学业诗书启后读。

常宁魏氏 始迁祖贵辅公，元末明初任湖广从军参谋，明洪武元年（1368）携子添琦、添授、添旻由衡阳迁常北大冲坪。添琦居大冲坪，其子志善分居罗麻冲。添授居了江湾里，其子志达居湾里。志隆居邑西鹅湖岭，志洁分居江边。添旻及其后裔分居香花岭。清乾隆三十五年（1770）始修族谱，嘉庆二十二年（1817）续修，1913年三修。班行：贵添志仁景，单良大尚正（正守）。宗嘉世德熙，纯心笃孝慈。忠厚圣贤泽，诗书丹桂基。文章能华国，学术定昌时。丰功勤远略，伟烈启宏规。

邵东魏氏 始迁祖万一公，明洪武间因兵燹自江西太和迁长沙善化县，又于永乐间由长沙迁邵阳。二世文富、三世添福居魏家桥，添禄居长冲口。清道光二十五年（1845）、1928年、1996年纂修族谱。字派：万文添单显单廷永学功（凤兴）世太荣昌承启正国光宗耀祥。德业辉先祖，经济定家邦。孝友敦秩叙，诗书佐朝纲。

华容县城魏氏 始迁祖清公，字显国，号绣斋，南昌举人，元至正年间任华容教谕，建家业于儒学岭。孙四人：长克明，字从来，号爽高，迁居南山。次克皋，字从鹤，号东贤，赠户部主事，迁居沙港（今三封福兴）。三克让，字从俭，迁居塔市驿。四克胜，字从新，号起群，迁居巴陵。支分四房，现人丁分居塔市驿、江洲、插旗、南山、潘家、城关等地。老派：（自三世始）克廷伯文世，添存友用时。铭宗常祖永，士志尚为师。新派：忠孝传家宝，诗书裕国资。大名宏佑启，树德耀荣施。续派：纯淑启贤嗣，端方自立垂。奇才好学正，修善其能之。

平江魏氏 先世于唐季由山东益都县开化乡迁平江县青芬村，数传至恻公，由青芬再迁邑之大桥。恻生四子，第三子绍富于南宋高宗时始居洞口之青竹湾。清嘉庆二年（1797）青竹湾支重修族谱，堂号巨鹿。至1994年，平江魏氏约6000人。

常德魏氏 始祖荣权、荣华、荣德兄弟，明永乐间自江西丰城县拖船埠迁湘。权、德居桃源县，华居常德府城。荣华子三：伯暹、伯选、伯遗，鼎足为三大房，裔孙散居武陵（今常德）、龙阳（今汉寿）两邑。1949年常德魏氏五修族谱。

桃源双溪口魏氏 始祖荣权公，明永乐二年（1404）自丰城拖船埠二十五都迁于桃源县北高都村之双溪口。至1948年，已传20代，全族人口3000余人，分布于陬市、显化冈、城墙垭等处，及常德善卷村、龙山茨山堂、慈利魏家坪、临澧殷家溪等地。清乾隆十二年（1747）建宗祠于第九保六甲。同治年间纂有族谱，民国初续修，1937 年三修。

益阳七里桥铁炉冲魏氏 始迁祖德铭公，明洪武末年自广东龙川宦游益阳，遂定居此地。

安化魏氏 九海、超俨、景成公后裔，明时由江西从宦入楚，同游安邑。海裔寓三都，成裔居常丰，俨裔居四都杨陶溪。清乾隆十五年（1750）、道光九年（1829）、同治十三年（1874）、1916 年、1947 年、1997 年、2018 年纂修族谱。世系：中邦传世美，奕代启宏猷。继述光先德，芳名万载留。

新化魏氏 始祖兰溅、兰汉为同宗兄弟，兰溅于元至正年间由江西南昌迁居益阳科举山，其子绍宣于明宣德二年（1427）自科举山迁居新化南门毕家巷。兰汉原籍南昌官渡村，迁居湖北襄阳南彰县，五世显庆官蜀，迁四川，八世辕于明万历三十年（1602）由蜀徙居新化梅城十字街。十世应作，派衍炳、焕、燧、灼四房。清康熙二年（1663）始修族谱，道光十一年（1831）二修，光绪二十七年（1901）三修，1915 年四修，1999 年五修。两裔宗祠建于罗冲。班次：应元裔茂启，高宏景定昌。贻谋传祖泽，嗣代显龄长。二裔合班：承先立巨业，守纲安千年。笃慎求达睦，爱民崇仲廉。

隆回金潭魏氏 始祖良佐公，仕宋福建布政司参政，致仕返籍河南开封，道经江西赣州，阻于兵而定居石城（今宁都）龙上里塘台乡赖家庄，子财禄，举人。财禄生四子：元、亨、利、贞。时值宋末天下大乱，元公徙居广东五华县。亨公徙福建汀州，后又迁广东龙川。利公徙居江西安达，贞公仍居石城。元末红巾之乱，贞公后裔又自江西吉安府泰和县鹅颈大丘迁居湖南长沙府善化县。明永乐间万一公偕弟万二由善化复迁邵北隆回金潭，以补锅为业。万一公子三：文广、文彬、文隆，衍为三大房。明崇祯间建万一公祠于金潭。族谱始修于清乾隆五十年（1785），道光二十二年（1842）二修，1939 年三修，1995 年四修。隆房十五世孙魏源，道光进士，官江苏高邮知州，著有《海国图志》等。隆房十七世孙魏光焘，字午庄，曾任两江、闽浙、陕甘、云贵总督。班次：万文必再兴，宗祖添元朝。永大正邦达，纲纪守荣华。先人绵世德，积厚有余光。诗礼承庭训，芳名愈炽昌。

隆回高坪魏氏 一世廷椅公，三世子吉公为江西吉安府安福县陂头祖。十一世超华公，字起伏，号笃斋，明正统九年（1444）生，嘉靖十五年（1536）卒，由陂头五斤田迁新化县高坪永宁乡二都彭家坳，今属隆回。明成化四年（1468）、清康熙二十七年（1688）、嘉庆九年（1804）安福纂修族谱，新化与焉。乾隆三十二年（1767）、道光二十八年（1848）、2020 年新化分修。班行：超朝仲良天，应宗化友志。仁义兼礼智，元亨合利贞。继述承先祖，乐享太平春。

桂阳五美乡溪里魏氏 始迁祖少八郎，南宋嘉定六年（1213）因金沙虎之乱，由江西泰和迁湘，开基于桂阳县五美乡溪里。至 1948 年，已传 28 代，共 284 人。

东安魏氏 始迁祖天作公，原籍江西南昌县西乡六十六都大木山，明正德间营商于东安芦洪市。另支始迁祖廖公，字仕元，号坪洋，原籍江西吉安府庐陵县鹅颈丘，勤劳王事，封南直公，明洪武二年（1369）因官与弟胜公随沐国公巡行古滇，卜居锦亿厂。洪武三十年（1397）兄弟由滇迁楚，胜公居宝庆安化。廖公居永州府东安县三水乡岭脚下，次徙寨脚下，今大湾蒋安。天作公房清顺治间创修墨谱，嘉庆二十四年（1819）续修墨谱，同治六年（1867）续修付梓，光绪三十年（1904）续修。廖公房乾隆三十一年（1766）始修墨谱，光绪十九年（1893）续修成书，1915 年、1941 年又续修。1933 年、2002 年两房续修。廖公房旧班：一、泰伯千万辛壬显继廷希正用国太民安守祖宗世德本纯芳。二、伯千才仲仁义礼志文廷朝大良祖功宗德载启之。天作公房旧班：兴国思昌久，承朝永世章，贤士定绍远志。合班：基祐宏先绪，存诚裕后昆。云礽盈亿兆，奕代炳声闻。

蹇

华容、安乡蹇氏 元初继公，迁蜀始入巴邑之江北里凤居沱。历四传至忠定公，明洪武进士，生子荃。荃生霆、震、辂、贤。霆公授陕西按察使，复升南京监察御史。震公之裔犹宅故里，而蔓延于四川江油、江津、合川、眉山等县。辂公之裔迁湖北松滋、长阳、五峰等县。贤公以举人历湖广布政，督华容县令杨鐩修四十八垸，生珍、瑜、璲。璲以举人任衡州学正，居华容西北之感坛庙右。瑜公亦落籍华容。珍公，明赐进士，授中书郎至太子少师，后游安化县北黄山，遂徙居毗近之东高村大河堰南畔。祖祠在理兴乡蹇下院。至 1948 年，自继公已传 25 代，男女丁口 3000 余人。至今华容蹇氏 400 余人，聚居鲇鱼须、万庾。1912 年创修墨谱，1942 年续修未付梓，2012 年三修。派字：昌后承先德，振宗在敦常，斯文大启正，永代迪前光。

蓝山黄漕头蹇氏 始迁祖文兰公，清同治间由常宁迁黄漕头。至 1931 年，共 64 人。

瞿

长沙瞿氏 始祖伯福公，明洪武间以神武卫百户始迁长沙岳麓之西。九传至叔美公，讳仕美，明季卜居善化之西冲。清同治九年（1870）始修家乘，光绪十年（1884）、光绪三十三年（1907）、1934年多次续修。九世瞿鸿禨（1850—1918），字子玖，号止庵，晚号西岩老人，清末任军机大臣，内阁协办大学士，谥文慎。其子宣颖（1893—1973）字兑之，号蜕园，致力于古籍整理校勘，著有《人物风俗制度丛谈》《中国社会史料丛抄》等。班行：（自五世起）应运文明，鸿宣祖泽。善余孚佑，代永名芳。咸式孝恭，诗书宝训。聿崇功业，克绍荣徽。

浏阳大家塅瞿氏 始祖楚能公，江南凤阳泗州人，官宋统制，靖康初迁浏北义台（后属永安市巡检司），后由义台迁大家段大水湾。其三子宋仪之裔允昌分居焦家桥殿栗山，允吉分居新开市培里山，允信分居程梓垅，衍为三支。至清光绪二十二年（1907），已传35代。清嘉庆十二年（1807）、道光十年（1830）各房分修，同治八年（1869）三房合修，1915年、1992年、2011年续修。派语：楚宋万千，百细受汉。文智荣仲，相春一应。继启再洪，世振家声。能臣际泰，俊才毓钟。诗礼教学，孝友传心。德崇业广，本立道生。

醴陵横岭铺瞿氏 始迁祖景鸿公，五代末年自浙江迁此。族人分布十大樟、梓木塘、汉村、萍乡。至1948年，全族人口1000人。

醴陵鳌仙瞿氏 始祖宜祥公。十八世继宝公，元至正年间因兵乱自四川迁湘之醴陵鳌仙。族人多分布在清湾乡。至1949年，已传38代，共2300余人。宗祠在鳌仙。

醴陵官寮瞿氏 始迁祖显七公，字星垣，元顺帝时自金陵携眷徙居湖北监利，旋入籍潭州，明洪武元年（1368）迁醴陵东乡官寮明兰塅。族人多聚居在官寮一带。至1948年，已传23代，8000余人。宗祠在官寮东岸山下。另一支始迁祖三略公，明洪武二年（1369）自江苏上元迁此。族人分布于杜步桥、明兰塅。至1948年，全族人口4500人。

湘阴高明乡瞿家湾瞿氏 宋绍熙间由潭州（今长沙）徙湘阴县高明乡瞿家湾。宗祠建于清道光十九年（1839）。至1948年，族人1008余人。

湘阴三峰山瞿氏 始迁祖若淮公，明洪武中自南京应天府洗马巷徙居湘阴黄茅洲，为三峰山陶户之一。

汨罗三姊桥瞿氏　始迁祖天作公，明洪武初自江苏武进徙湘阴县文家乡高株山（今属汨罗市三姊桥）。至1948年，已传20代，共1300人。

益阳瞿氏　始迁祖才公，明时自江西泰和迁湘，葬益阳一里扬武坪。清同治三年（1864）建祠于此。子孙散居安化、益阳、汉寿、常德。光绪九年（1883）四修族谱，1917年五修。派语：（自六世始）绍宗久联芳，单昌功业伟，泽远世延长，忠孝……

溆浦长坪瞿氏　始祖原籍江西新建县，迁湖南沅陵。沅陵字派：高远开运，绍继红章。贻谋燕翼，颜正茂长。家声克振，华贵腾芳。玉南殿秀，万世淳昌。明时庆七公自沅陵徙溆浦长坪。

穰

衡山石冈穰氏　始祖仁禄公，明洪武七年（1374）由江西永新敖城徙衡山石冈，后裔散居龙阳、湘邑梅冲、攸县及四川万县等地。清光绪二十六年（1900）六修族谱。

后 记

湖南历代省志，皆未列“氏族”一门。抗战胜利后，1946 年湖南省政府成立湖南省文献委员会，除收集、抢救战后劫余文物、文献外，编纂新一届省志也是其重要职责之一，并将“氏族志”首次列为分册。为此，省文献委员会特编制了“湖南氏族概况调查表”，由县、乡各级政府饬令全省各氏族填报上呈，其时共有 2000 多个氏族上交了材料。随着大陆解放，此事也因之搁置，但这批氏族志原始文献至今仍完整保存于湖南图书馆。

新世纪初，湖南图书馆以此为基础，并对馆藏各姓氏族谱、地方志、诗文集等文献作了大规模系统的梳理，著录全省 300 多个姓氏、10000 多个家族迁湘始祖、迁湘时间、迁徙缘由、迁出地、迁入地、族谱纂修概况、各届修谱时人口概况、字派及族中名人等内容，并于 2006 年由岳麓书社出版。此书出版后，影响较好，销售亦旺，对研究湖南氏族迁徙、人口发展及海内外民众寻根问祖皆发挥了较好作用。在一定程度上，实际起到了“湖南省氏族志”的作用。

应社会需求，湖南图书馆拟对此书进行增订，除删除原书中记载过于简略的条目外，主要据近年入藏的各姓氏族谱作了大量的补充。删减、增补字数达 40 余万字。涉及全省 360 个姓氏、约 15000 个氏族。

本书资料主要来源于各姓氏族谱。族谱为各族自纂之史，普遍存在着攀附、夸大、讹误等现象，甚至有同一人名、地名或事件，不同的族谱记载不一致者。由于数量巨大，本书仅依谱著录，不辨不改，读者阅读引用时要有存疑之心。

湖南图书馆族谱收藏研究中心

2022 年 7 月

图书在版编目(CIP)数据

湖南氏族迁徙源流/湖南图书馆编．—增订版．—长沙：岳麓书社，2024.2

ISBN 978-7-5538-1809-2

Ⅰ．①湖…　Ⅱ．①湖…　Ⅲ．①氏族—研究—湖南　Ⅳ．①K820.9

中国国家版本馆CIP数据核字(2023)第049327号

HUNAN SHIZU QIANXI YUANLIU

湖南氏族迁徙源流（增订版）

编　　者：湖南图书馆

责任编辑：刘　文

责任校对：舒　舍

封面设计：罗志义

岳麓书社出版发行

地址：湖南省长沙市爱民路47号

直销电话：0731-88804152　0731-88885616

邮编：410006

版次：2024年2月第1版

印次：2024年2月第1次印刷

开本：710mm×1000mm　1/16

印张：77

字数：1340千字

书号：ISBN 978-7-5538-1809-2

定价：280.00元

承印：湖南省众鑫印务有限公司

如有印装质量问题，请与本社印务部联系

电话：0731-88884129